Duden Lexikon **A–Z**

Duden

Lexikon A–Z

7., aktualisierte Auflage
Herausgegeben und bearbeitet von
Meyers Lexikonredaktion

Dudenverlag
Mannheim · Leipzig · Wien · Zürich

Redaktionelle Bearbeitung der 7. Auflage: Dr. Hannelore Gärtner

Die Deutsche Bibliothek – CIP-Einheitsaufnahme
Ein Titeldatensatz für diese Publikation ist
bei der Deutschen Bibliothek erhältlich.

Das Wort **Duden** ist für den Verlag
Bibliographisches Institut & F. A. Brockhaus AG
als Marke geschützt.

Das Werk folgt der neuen Rechtschreibung.

Namen und Kennzeichen, die als Marken bekannt sind
und entsprechenden Schutz genießen, sind beim fett
gedruckten Stichwort durch das Zeichen ® gekennzeichnet.
Handelsnamen ohne Markencharakter sind nicht gekennzeichnet.
Aus dem Fehlen des Zeichens ® darf im Einzelfall nicht
geschlossen werden, dass ein Name oder Zeichen frei ist.
Eine Haftung für ein etwaiges Fehlen des Zeichens ®
wird ausgeschlossen.

Satz: Bibliographisches Institut & F. A. Brockhaus Setzerei GmbH,
Mannheim (PageOne, alfa Media Partner GmbH)
Druck: kro druck, Karlsruhe
Bindung: Graphische Betriebe Langenscheidt, Berchtesgarden
Umschlaggestaltung: Sven Rauska, Wiesbaden

Printed in Germany
ISBN 3-411-05127-2

Vorwort

Das **Duden** Lexikon **A–Z** gehört zur traditionsreichen Familie des Verlages Bibliographisches Institut & F. A. Brockhaus AG. In seiner nunmehr 7., aktualisierten Auflage bietet es wieder in bewährter Weise aktuelles und traditionelles Wissen, knapp und übersichtlich aufbereitet. Die prägnanten Texte zu allen Bereichen des öffentlichen Lebens, zu Wissenschaft, Technik, Geschichte, Kultur und Alltag werden durch farbige Abbildungen, Grafiken und Tabellen ergänzt. Auch die informativen Übersichten am Ende des Buches und der Kartenteil machen das **Duden** Lexikon **A–Z** zum idealen Nachschlagewerk für Schule, Beruf und Freizeit.

Leipzig und Mannheim, im Frühjahr 2001
Verlag und Herausgeber

Zur Einrichtung des Buches

Reihenfolge und Schreibung der Stichwörter

Als Stichwort gilt der fett gedruckte Begriff am Anfang eines Artikels. Er kann aus einem oder mehreren Buchstaben bzw. Zeichen oder aus einem bzw. mehreren Wörtern bestehen. Die Einordnung der Stichwörter erfolgt alphabetisch vom ersten bis zum letzten fett gedruckten Buchstaben, auch wenn das Stichwort aus mehreren Wörtern zusammengesetzt ist, z. B. Neues Testament.
Die Umlaute ä, ö, ü werden wie die Buchstaben a, o und u behandelt. Die Verbindungen ae, oe, ue, auch wenn sie wie Umlaute gesprochen werden, sind dem Schriftbild entsprechend eingeordnet. Buchstaben mit diakritischen Zeichen sind gleichen Buchstaben ohne diakritisches Zeichen nachgeordnet, z. B. Abbe, Abbé.

Für die Schreibung der Stichwörter gilt allgemein die Dudenschreibweise.
Stichwörter aus Sprachen mit Lateinschrift erscheinen in der Originalschreibweise, einschließlich der in den verschiedenen Sprachen üblichen diakritischen und Sonderzeichen.
Wörter aus Sprachen mit nichtlateinischer Schrift werden in einer der Aussprache oder dem allgemeinen Sprachgebrauch angepassten Umschrift (Transkription) gebracht.
Stichwörter aus dem Chinesischen werden im Allgemeinen in der amtlichen chinesischen Lateinumschrift (Pinyin-Transkription) angegeben.
Von wichtigen Schreibvarianten wurde in zahlreichen Fällen auf die Hauptform verwiesen.

Betonung und Aussprache

Die Personen- und geographischen Namen und z. T. die fremdsprachigen Stichwörter sowie das gesamte Fremdwortgut haben als Betonungshilfen einen Punkt (bedeutet Kürze) oder einen Strich (bedeutet Länge) unter dem betonten Laut. Bei mehreren möglichen Betonungen erfolgt die Betonungsangabe in eckigen Klammern.

Wird die Aussprache eines Stichwortes in eckigen Klammern angegeben, wird eine phonetische Umschrift verwendet, die dem Internationalen Lautschriftsystem der Association Phonétique Internationale folgt. Bedürfen nur Teile der Aussprachehilfe, steht für die anderen ein Bindestrich. Die Zeichen bedeuten:

- a = helles a, dt. Bl*a*tt, frz. p*a*tte
- ɑ = dunkles a, dt. w*a*r, engl. r*a*ther
- ã = nasales a, frz. bl*an*c
- ʌ = dumpfes a, engl. b*u*t
- β = halb offener Reibelaut b, span. Ha*b*anera
- ç = deutscher I*ch*-Laut
- ð = stimmhaftes engl. th, engl. *th*e
- æ = breites ä, engl. h*a*t
- ε = offenes e, dt. f*e*tt
- e = geschlossenes e, engl. *e*gg, dt. B*ee*t
- ə = dumpfes e, dt. all*e*
- ɛ̃ = nasales e, frz. f*in*
- ɣ = geriebenes g, span. Tarra*g*ona, niederländ. *G*ogh
- i = geschlossenes i, dt. W*ie*se
- ɪ = offenes i, dt. b*i*n
- ĩ = nasales i, portugies. *I*nfante
- ł = dunkles l, poln. Stanis*ł*aw
- ʎ = lj, ital. e*gl*i
- ŋ = deutscher ng-Laut, dt. la*ng*e
- ɲ = nj-Laut, frz. Champa*gn*er
- ɔ = offenes o, dt. K*o*pf
- o = geschlossenes o, dt. T*o*r
- õ = nasales o, frz. *on*
- ø = geschlossenes ö, dt. H*öh*le
- œ = offenes ö, dt. H*ö*lle
- œ̃ = nasales ö, frz. *un*
- s = stimmloses s, dt. wa*s*
- z = stimmhaftes s, dt. *s*ingen
- ʃ = stimmloses sch, dt. *Sch*uh
- ʒ = stimmhaftes sch, frz. *j*our
- θ = stimmloses th, engl. *th*ing
- u = geschlossenes u, dt. K*u*h
- ʊ = offenes u, dt. b*u*nt
- ũ = nasales u, portugies. F*u*nchal
- v = deutsches stimmhaftes w, dt. *W*ald
- w = halb vokalisches w, engl. *w*ell
- x = deutscher Ach-Laut, dt. Kra*ch*
- y = deutsches ü
- ɥ = konsonantisches ü, frz. h*u*ile, S*u*isse
- ː bezeichnet Länge des Vokals
- ˈ bezeichnet Betonung und steht vor der betonten Silbe, z. B. ˈætlɪ = Attlee

b, d, f, g, h, j, k, l, m, n, p, r, t geben in den meisten Sprachen etwa den Lautwert wieder, den sie im Deutschen haben.

Sprachliche Herkunft der Wörter

Herkunftsangaben stehen in der eckigen Klammer hinter dem Stichwort. Sie sind auf die kürzestmögliche Form gebracht. Im Allgemeinen wird nur die Herkunftssprache genannt, z. B. anno [lat.]; wenn die wörtliche deutsche Entsprechung des fremden Begriffs von Bedeutung ist, wird sie angegeben.

Verweisungen

Verweisungen sollen helfen, den Inhalt des Lexikons allseitig zu erschließen. Der Pfeil (↑) fordert auf, beim dahinter stehenden Stichwort nachzuschlagen, um weitere Informationen zu erhalten, die zum besseren Verständnis erforderlich sind. Hinweise auf Bilder und Karten stehen ohne Verweispfeil.

Verzeichnis der Abkürzungen und Zeichen

A

Abb.	Abbildung
Abg.	Abgeordneter
Abk.	Abkürzung
Abt.	Abteilung
afrik.	afrikanisch
A.-Gew.	Atomgewicht
ags.	angelsächsisch
ahd.	althochdeutsch
akad.	akademisch
Akad.	Akademie
allg.	allgemein
allm.	allmählich
amer.	amerikanisch
anat.	anatomisch
Anf.	Anfang
aram.	aramäisch
argent.	argentinisch
Art.	Artikel
ASSR	Autonome Sozialistische Sowjetrepublik
at.	alttestamentlich
A. T.	Altes Testament
Atm.	Atmosphäre
Aus.-B.	Ausbildungsberuf
ausgen.	ausgenommen
außerh.	außerhalb
Ausw.	Auswahl

B

b.	bei; bis
B.-	Bundes...
ba.-wü.	baden-württembergisch
Ba.-Wü.	Baden-Württemberg
Bay.	Bayern
Bbg.	Brandenburg
BdL	Bank deutscher Länder
bearb.	bearbeitet
Bearb.	Bearbeitung
bed.	bedeutend
Bed.	Bedeutung
beg.	begonnen
begr.	begründet[e]
Begr.	Begründer
bek.	bekannt
ben.	benannt
bes.	besondere; besonders
best.	bestimmt[e]
betr.	betreffend
Bev.	Bevölkerung
bez.	bezeichnet
Bez.	Bezeichnung; Bezirk
boliv.	boliv[ian]isch
Bot.	Botanik
BR	Bundesrepublik
brasil.	brasilianisch
BRD	Bundesrepublik Deutschland

C

C	Celsius
charakt.	charakteristisch
chin.	chinesisch

D

d.	der, die, das
d. Ä.	der Ältere
dargest.	dargestellt
Darst.	Darstellung
DDR	Deutsche Demokratische Republik
Dép.	Département
dgl.	dergleichen; desgleichen
d. h.	das heißt
Dir.	Direktor
Distr.	Distrikt
d. J.	der Jüngere
Doz.	Dozent
dt.	deutsch
Dtl.	Deutschland
durchschn.	durchschnittlich
Dyn.	Dynastie

E

E	Einwohner
ehem.	ehemalig, ehemals
Eigensch.	Eigenschaft
eigtl.	eigentlich
Einfl.	Einfluss
einschl.	einschließlich
El.	Element[e]
entspr.	entsprechend
entw.	entweder
Entw.	Entwicklung
erb.	erbaut
erfolgr.	erfolgreich
erh.	erhalten
Erz.	Erzählung
Erzb.	Erzbischof
europ.	europäisch
ev.	evangelisch

F

f.	folgende; für
Fa.	Firma
Fabr.	Fabrik; Fabrikation
Fam.	Familie
ff.	folgende
Fin.	Finanz[en]
Fl.	Fluss
Forts.	Fortsetzung
fotogr.	fotografisch
Fotogr.	Fotografie
Fp.	Fließpunkt (Schmelzpunkt)
fr.	früher[e]
französ.	französierend
Frhr.	Freiherr
Frkr.	Frankreich
fruchtb.	fruchtbar
frz.	französisch
Ft.	Fürstentum

G

Gatt.	Gattung
geb.	geboren[e]
Geb.	Gebirge
Ged.	Gedicht
gegr.	gegründet
Gem.	Gemahl[in]; Gemeinde
gen.	genannt
Gen.	General
Ger.	Gericht
ges.	gesamt
Ges.	Gesellschaft; Gesetz
Gesch.	Geschichte
Gew.	Gewicht
Gf.	Graf
Gfn.	Gräfin
Gft.	Grafschaft
GG	Grundgesetz
gg.	gegen
ggf.	gegebenenfalls
ggs.	gegensätzlich
Ggs.	Gegensatz
Gouv.	Gouvernement
gr.	groß
gr., griech.	griechisch
Gramm.	Grammatik
Großbrit.	Großbritannien und Nordirland

H

H. d.	Hälfte des
hebr.	hebräisch
hergest.	hergestellt
Herst.	Herstellung
hg.	herausgegeben
Hg.	Herausgeber
Hk.	Handwerk
hl.	heilig[e]
holl.	holländisch
hpts.	hauptsächlich
Hptst.	Hauptstadt
Hzg.	Herzog
Hzgn.	Herzogin
Hzgt.	Herzogtum

I

i. Allg.	im Allgemeinen
idgm.	indogermanisch
i. e. S.	im engeren Sinne
IHK	Industrie- und Handelskammer
ind.	industriell[e]
Ind.	Industrie
Ing.	Ingenieur
innerh.	innerhalb
isl.	isländisch
isr.	israelisch

ital.	italienisch
i. w. S.	im weiteren Sinne

J

J.	Jahr[e]
jap.	japanisch
Jh.	Jahrhundert
Jt.	Jahrtausend

K

Kap.	Kapital
kath.	katholisch
Kathedr.	Kathedrale
Kfz	Kraftfahrzeug
KG	Kommanditgesellschaft
Kg.	König
kgl.	königlich
Kgn.	Königin
Kgr.	Königreich
kl.	klein
Kl.	Klasse
klim.	klimatisch
kolumb.	kolumb[ian]isch
konst.	konstant
konstit.	konstitutionell
Kr.	Kreis
Krfst.	Kurfürst
Krfstn.	Kurfürstin
krsfr.	kreisfrei
Krst.	Kreisstadt
Ks.	Kaiser
Ksn.	Kaiserin
Kt.	Kanton
Kurzw.	Kurzwort
kW	Kilowatt
Kw.	Kunstwort
kWh	Kilowattstunde
KZ	Konzentrationslager

L

l.	links; linker
landw.	landwirtschaftlich
Landw.	Landwirtschaft[s-]
lat.	lateinisch
latin.	latinisiert
Ldsch.	Landschaft
LG	Landgericht
lib.	liberal
Lit.	Literatur
lothr.	lothringisch
Lothr.	Lothringen
lt.	laut (gemäß)
luth.	lutherisch

M

M-	Mittel...
ma.	mittelalterlich
MA	Mittelalter
Masch.	Maschine
math.	mathematisch
Math.	Mathematik
Mckbg.	Mecklenburg
Mckbg.-Vorp.	Mecklenburg-Vorpommern
MdB	Mitglied des Bundestages
Mdg.	Mündung
MdL	Mitglied des Landtages
MdR	Mitglied des Reichstages
mech.	mechanisch
Mech.	Mechanik
med.	medizinisch
Med.	Medizin
mehr.	mehrere
mex.	mexikanisch
mgr.	mittelgriechisch
mhd.	mittelhochdeutsch
mil.	militärisch
Mil.	Militär
Mill.	Million
min, Min.	Minute
Min.	Minister[ium]
mind.	mindestens
Mitarb.	Mitarbeit[er]
Mitgl.	Mitglied[er]
mittl.	mittlere
mlat.	mittellateinisch
mod.	modern
Mrd.	Milliarde[n]
Mrz.	Mehrzahl

N

N	Nord[en]
Nachf.	Nachfolge[r]
nat.	national
nat.-soz.	nationalsozialistisch
Nat.-Soz.	Nationalsozialismus
Nbfl.	Nebenfluss
n. Br.	nördliche Breite
Nd.-	Nieder...
Nds.	Niedersachsen
neugr.	neugriechisch
nhd.	neuhochdeutsch
niederl.	niederländisch
nlat.	neulateinisch
NO	Nordost[en]
nö.	nordöstlich
NRW	Nordrhein-Westfalen
nt.	neutestamentlich
N. T.	Neues Testament
NW	Nordwest[en]
nw.	nordwestlich

O

O	Ost[en]
o. ä.	oder ähnlich
o. Ä.	oder Ähnliches
Obb.	Oberbayern
obh.	oberhalb
od.	oder
öff.	öffentlich
offiz.	offiziell
Ofr.	Oberfranken
ö. L.	östliche Länge
OLG	Oberlandesgericht
Opt.	Optik
Ordn.	Ordnung
orient.	orientalisch
orth.	orthodox
östr.	österreichisch
Östr.	Österreich[er]
OZ	Ordnungszahl

P

pädag.	pädagogisch
Pädag.	Pädagogik
Pfl.	Pflanze[n]
PH	Pädagogische Hochschule
philos.	philosophisch
Philos.	Philosophie
Pol.	Politik
portug.	portugiesisch
Präs.	Präsident
Prof.	Professor
Progr.	Programm
prot.	protestantisch
Prov.	Provinz
PS	Pferdestärke
Pseud.	Pseudonym
Pt.	Punkt

R

r.	rechts; rechter
R.-	Reichs...
rd.	rund
ref.	reformiert
reg.	regiert
Reg.	Regierung
relig.	religiös
Rep.	Republik
Rhld.	Rheinland
RP	Rheinland-Pfalz

S

s	Sekunde
S	Süd[en]
s.	seit
Sa.	Sachsen
Sa.-Anh.	Sachsen-Anhalt
sanskr.	sanskritisch
s. Br.	südl. Breite
SBZ	Sowjetische Besatzungszone
...sch.	...schule
Schl.-Ho.	Schleswig-Holstein
sec, sek, Sek.	Sekunde
Sekr.	Sekretär
selbst.	selbstständig
senkr.	senkrecht
skand.	skandinavisch
Slg.	Sammlung
SO	Südost[en]
sö.	südöstlich
sowj.	sowjetisch
soz.	sozial

Sp.	Siedepunkt
spez. Gew.	spezifisches Gewicht
Spr.	Sprache
SSR	Sozialistische Sowjetrepublik
St.	Sankt; Stadt
Std.	Stunde
stellvertr.	stellvertretend
Str.	Straße
svw.	so viel wie
SW	Südwest[en]
sw.	südwestlich
Symb.	Symbol

T

Tab.	Tabelle
teilw.	teilweise
Temp.	Temperatur
TH	Technische Hochschule
Thür.	Thüringen
tradit.	traditionell
tschech.	tschechisch
TU	Technische Universität

U

u. a.	und anderes; unter anderem
u. Ä.	und Ähnliches
übers.	übersetzt
Übers.	Übersetzung; Übersetzer; Übersicht
übertr.	übertragen
überw.	überwiegend
u. d. M.	unter dem Meeresspiegel
ü. d. M.	über dem Meeresspiegel
u. d. T.	unter dem Titel
Ufr.	Unterfranken
ugs.	umgangssprachlich
umfangr.	umfangreich
unabh.	unabhängig
Univ.	Universität; Université; University
unterh.	unterhalb
urspr.	ursprünglich
u. v. a.	und viele[s] andere

V

v.	von
v. a.	vor allem
VAR	Vereinigte Arabische Republik
venezol.	venezolanisch
verarb.	verarbeitet; verarbeitend
Verarb.	Verarbeitung
Verbdg.	Verbindung
verf.	verfasste
Verf.	Verfasser; Verfassung
verh.	verheiratet
veröff.	veröffentlicht[e]
Veröff.	Veröffentlichung
Vers.	Versammlung
versch.	verschieden
Vertr.	Vertrag; Vertreter
verw.	verwendet
Verw.	Verwaltung
vis.	visuell
vollst.	vollständig
Vors.	Vorsitz; Vorsitz[end]er
vorw.	vorwiegend
VR	Volksrepublik

W

W	West[en]
waagr.	waagrecht
wahrsch.	wahrscheinlich
wirtsch.	wirtschaftlich
Wirtsch.	Wirtschaft[s-]
wiss.	wissenschaftlich
Wiss.	Wissenschaft[s-]
w. L.	westl. Länge
wm.	weidmännisch
württ.	württembergisch
Württ.	Württemberg

Z

Z-	Zentral...
zahlr.	zahlreich
Zeich.	Zeichen (chemisch)
zeitw.	zeitweise
ZK	Zentralkomitee
z. [gr.] Teil	zum [großen] Teil
zus.	zusammen
zw.	zwischen

Abgekürzt werden häufig die Endungen:

...bar	(fruchtb. fruchtbar)
...fach	(mehrf. mehrfach)
...haft	(krankh. krankhaft)
...ich	(peinl. peinlich)
...ig	(förm. förmig)
...isch	(chem. chemisch)
...iv	(posit. positiv)
...logie	(Biol. Biologie)
...logisch	(biol. biologisch)

Die angeführten Abkürzungen gelten auch für die flektierten Substantive (Adjektive, Verben) des entsprechenden Wortes (z. B. fruchtb. für fruchtbare, fruchtbarer, fruchtbares, fruchtbaren).

Zeichen

*	geboren
≈	getauft
†	gestorben
⚔	gefallen
♂	männlich; Männchen
♀	weiblich; Weibchen
☠	giftig
®	eingetragene Marke
Ø	Durchmesser
↑	siehe
𝍈	Bauwesen
⚒	Bergbau
⚗	chemische Industrie; Chemie
🚉	Eisenbahnknotenpunkt
⚡	Elektrotechnik
🛢	Erdöl
☎	Fernmeldewesen
✈	Flugplatz
🕮	grafische Technik
⚓	Hafen
🚗	Kraftfahrzeug[wesen]; Kraftfahrzeugkennzeichen
𝄞	Musik
§	Rechtswesen

Außer den oben aufgeführten Abkürzungen wurden noch allgemein übliche Abkürzungen verwendet. Zudem wurden Ableitungssilben abgekürzt, die leicht zu entschlüsseln sind. Alle Abkürzungen werden auch innerhalb zusammengesetzter Wörter (Komposita) gebraucht (z. B. Temp.-Bereich, Textilmasch.). Stichwörter, die sich im Text wiederholen, werden in der Regel, auch bei zusammengesetzten Wörtern, mit ihren Anfangsbuchstaben wiedergegeben (z. B. **Bürgertum,** das aufstrebende B.).

A

A: 1) 1. Buchstabe des Alphabets; **2)** 6. Stufe der C-Dur-Tonleiter, im MA der Grundton des ganzen Tonsystems; eingestrichenes a (a[1]) ↑Kammerton (𝄞).

A, Abk. für: Anno (↑Anno Domini).

A, Einheitenzeichen für: ↑Ampere.

Å, Einheitenzeichen für: ↑Ångström.

a, Einheitenzeichen für: ↑Ar.

a, Zeichen für: ↑Atto-.

à [frz.], zu, für, je, je zu, nach.

a..., A..., an..., An... [gr.], verneinende Vorsilbe.

AA, Abk. für: ↑**A**uswärtiges **A**mt.

A. A., Abk. für: ↑Anonyme Alkoholiker.

Aachen, St. in NRW, 250 000 E; TH, Museen; LG, IHK, Bergamt; Textil-, Glas-, Masch.-Ind.; Thermalquellen *(Bad A.)*. – Röm. Gründung; 936–1531 Krönungsst. der Röm. Könige; bis 1801 R.-St. Dom *(A.er Münster)* mit Grab Karls d. Gr., Domschatz; got. Rathaus. – Im **A.er Becken** Steinkohle; am S-Rand Blei, Zink.

Aale, schlangenförm. Knochenfische; Schuppen sehr kl., keine Bauchflossen; im Süßwasser u. Meer. – *Flussaal* am bekanntesten, laicht in der Sargassosee u. stirbt dann; Larven wandern über den Atlantik, die europ., nordafrik. u. vorderasiat. Flüsse hinauf, teils zu Seen, leben dort als nächtl. Räuber, ♂♂ werden rd. 50, ♀♀ 100 cm lang; Speisefische; nach 5–7 J. Rückwanderung zum Meer u. dann zu den Laichplätzen in der Sargassosee.

Aalen, Krst. in Ba.-Wü., 66 500 E; Hüttenind.; ehem. Reichsstadt.

Aalto, Alvar, * 1898, † 1976, finn. Architekt; Vertreter des organ. Bauens (der Bauaufgabe entsprechende Gestaltung); baute u. a. Hansaviertel in Berlin.

Aarau, Hptst. des schweizer. Kt. Aargau, 16 000 E; spätma. Stadtbild; vielseit. Industrie.

Aare, schweizer. Nebenfluss des Rheins, 295 km.

Aargau, nordschweizer. Kt., 1 405 km², 519 000 E; Hptst. Aarau.

Aaron, älterer Bruder des Moses, erster Hoher Priester des Alten Bundes.

Aas, verwesender Tierkörper.

Aasinsekten, ernähren und entwickeln sich von/in Aas, bes. Aaskäfer (u. a. Totengräber), -fliegen.

Abadan, iran. Hafenst. im Mdg.-Gebiet des Schatt Al Arab, 310 000 E; Erdölraffinerie und Export von Erdölderivaten; ✈.

Abaelard, Peter (Pierre Abélard), * 1079, † 1142, frz. Theologe u. Philosoph der fr. Scholastik; manche seiner Lehrsätze durch das Konzil von Sens (1141) verurteilt. Berühmt sein (von ihm frei gestalteter) Briefwechsel mit Heloise; nach Liebesbeziehung zu ihr von seinen Feinden entmannt.

Abakus [gr.]: **1)** Rechen- oder Spielbrett der Antike; **2)** Deckplatte eines Säulenkapitells.

Abandon [abã'dõ; frz.], Verzicht auf ein Recht zugunsten einer Gegenleistung.

Abbado, Claudio, * 1933, ital. Dirigent.

Abbas Ibn Abd Al Muttalib, * um 565, † um 653, Onkel Mohammeds, Ahnherr der *Abbasiden* (Kalifendynastie, regierte 750–1258 in Bagdad, danach bis 1517 in Kairo).

Abbas I., der Große, * 1571, † 1629, Schah von Persien (1587–1629); erhebl. Gebietserweiterungen.

Abbau: 1) Spaltung komplizierter gr. in einfache kl. Moleküle (z. B. Eiweiß in Aminosäuren); **2)** Gewinnung nutzb. Bodenschätze im Untertage- od. Tagebau (⚒).

Abbe, Ernst, * 1840, † 1905, dt. Physiker u. Sozialpolitiker; Begr. der mod. opt. Technik; 1875 Teilhaber, 1889 Alleininhaber der Firma Carl Zeiss, Mitbegr. der Fa. „Jenaer Glaswerk Schott und Gen."; vorbildl. Sozialordnung in der v. A. gegr. *Carl-Zeiss-Stiftung:* Gewinnbeteiligung, Pensionskasse, Siedlungsbau.

Abbé [a'be; frz.], Titel der Weltgeistlichen in Frankreich.

Abbildung: 1) Projektion eines Gegenstandes durch ein opt. System auf eine Bildebene (Optik); **2)** A. einer math. Figur oder eines Bereiches ist die Herst. einer 2. Figur od. eines 2. Bereiches nach einer best. Vorschrift, sodass sich beide punktweise entsprechen – Abb. S. 12.

Aachen. *Innenstadt mit Dom und Elisenbrunnen (im Vordergrund rechts)*

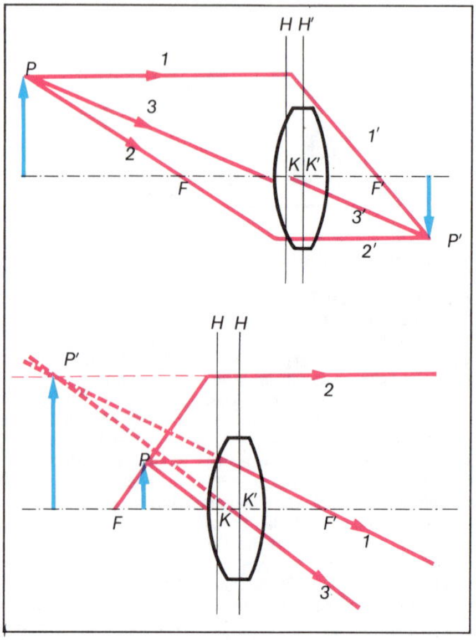

Abbildung. *Konstruktion eines reellen (oben) und eines virtuellen Bildes (P Dingpunkt, P' Bildpunkt, H, H' Hauptebenen der Linse, K, K' Hauptpunkte der Linse, F, F' Brennpunkte der Linse)*

Abbrand: 1) die dem Brennstoff in einem Kernreaktor entnommene Energie, meist angegeben in Megawatt-Tag pro Tonne Brennstoff (1 MWd/t); **2)** in der Raketentechnik Verbrennung von Festtreibstoffen; **3)** beim Schmelzen von Metallen entstehender Oxidationsverlust.

ABC [eɪ bɪ sɪ], Abk. für: ↑**A**merican **B**roadcasting **C**ompany.

ABC-Waffen, Sammelbez. für **a**tomare, **b**iol. (bakteriolog.) u. **c**hem. Waffen und Kampfmittel; 1975 in Kraft getretenes UNO-Abkommen über ein Verbot v. bakteriolog. Waffen; 1992 Konvention zum Verbot v. chem. Waffen verabschiedet, tritt in Kraft nach Ratifikation durch 65 Staaten.

Abd Ar Rahman [-rax'ma:n]: **1) A. Ar R. I.,** * 731, † 788, Begr. der Herrschaft der ↑Omaijaden in Spanien; **2) A. Ar R.** Ibn Abd Allah, ⚔ 732, arab. Statthalter in Spanien; unterlag 732 Karl Martell.

Abd El Kader, * 1808, † 1883, arab. Emir; führte 1830–42 Berberstämme im Kampf gg. Frankreich.

Abdera, altgriech. St. in Thrakien; die *Abderiten* galten als skurril; daher svw. ↑Schildbürger.

Abdomen [lat.]: **1)** Bauch (Med.); **2)** Hinterleib, bes. bei Gliederfüßern (Zool.).

Abdrift, von Wind od. Strömung verursachte Kursabweichung eines Schiffs, Flugzeugs u. a.

Abélard, Pierre ↑Abaelard, Peter.

Abendland, der [west]europ. Kulturkreis, geformt durch Antike u. Christentum.

Abendmahl, Feier zum Gedächtnis des letzten Mahles Christi mit seinen Jüngern, zugleich zum Gedächtnis seines Opfertodes; schon in der Urkirche feierl. begangen, allm. Entw. kult. Formen; über die Vergegenwärtigung Christi verschiedene Auffassungen. – ↑auch Eucharistie.

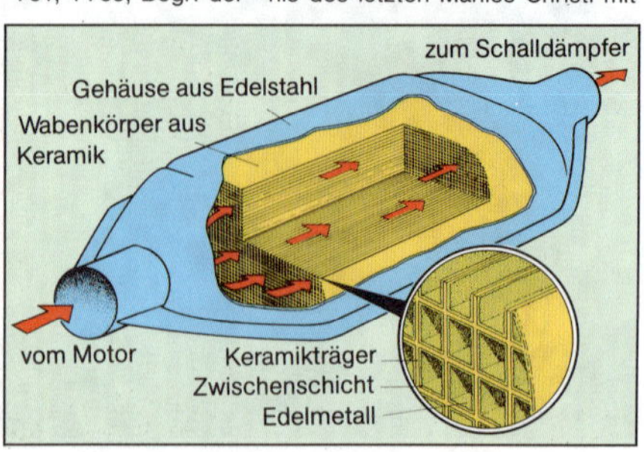

Abgaskatalysator. *Schematische Darstellung*

Abendrot, durch Überwiegen d. roten Anteils im Sonnenlicht gekennzeichnete abendl. Dämmerungserscheinung.

Abendstern, der Planet ↑Venus.

Abeokuta, Stadt in SW-Nigeria, 396 000 E; Handelszentrum.

Aberdeen [æbə'di:n], Hptst. der schott. Region Grampian Region, am Dee, 190 000 E; Univ.; Maschinenbau, Fischverarbeitungsind., Schiffbau; ⚓. Eine der Versorgungsbasen für die Erdöl- u. Erdgasfelder in der Nordsee.

Aberglaube, Glaube, der vom relig. od. empir. Standpunkt aus negativ bewertet wird.

Abernathy, Ralph David [æbə'næθɪ], * 1926, † 1990, amer. baptist. Geistlicher; in der Nachfolge M. L. Kings führender schwarzer Bürgerrechtler.

Aberration [lat.]: **1)** Abweichung der Strahlen vom idealen Bildpt. eines opt. Instruments aufgrund v. Abbildungsfehlern; **2)** scheinbare Ortsveränderung eines Gestirns aufgrund der endl. Lichtgeschwindigkeit u. der Bahngeschwindigkeit der Erde.

Abessinien, ältere Bez. für ↑Äthiopien.

abessinischer Brunnen, Saugpumpe, deren geschlitzter Pumpenstutzen ohne Vorbohrung in die Erde getrieben wird.

Abfahrtslauf, alpine Skidisziplin, Schnelligkeitswettbewerb; Höhenunterschied 800 bis 1 000 m für Männer, 400–700 m für Frauen; Teil der ↑alpinen Kombination.

Abfallbeseitigung, Verfahren zur Lagerung, Umwandlung und Wiederverwertung (Recycling) von Haus- und Industrieabfällen.

Abfindung, einmal. Entschädigung in Geld zur Abgeltung von Rechtsansprüchen.

Abgaben, durch Zwang erhobene öff. Einkünfte, bestehend aus Steuern (einschl. Zöllen), Gebühren u. Beiträgen; *A.ordnung* (AO), wichtigstes Verfahrensges. für die Finanzverwaltung in Dtl.

Abgas, gasförmiges Verbrennungsprodukt aus Feuerungen, Kraftwerken u. Motoren; enthält Schadstoffe wie Kohlenmonoxid, -dioxid, Stickoxide, Kohlenwasserstoffe.

Abgaskatalysator, in die Auspuffanlage von Kfz-Motoren einge-

Abendmahl. *Öltempera von Hans Schäufelein (1515) im Ulmer Münster*

baute Katalysatoranlage, in der Stickoxide reduziert sowie Kohlenmonoxid und Kohlenwasserstoffe oxidiert werden.

Abgassonderuntersuchung, Abk. ASU, in Dtl. gesetzl. vorgeschriebene, durch Prüfplakette u. -bescheinigung nachzuweisende jährl. Untersuchung der Abgase eines Kfz (Gehalt an Kohlenmonoxid) sowie Überprüfung von Leerlaufdrehzahl u. Zündzeitpunkt.

Abgasturbolader ↑Aufladung.

ABGB, Abk. für: ↑**A**llgemeines **B**ürgerliches **G**esetz**b**uch für Österreich.

Abgeordnete[r], Mitgl. eines parlamentar. Gremiums.

Abgott, falscher Gott, Götze.

Abhörverbot, strafrechtl. Verbot, nicht öffentlich Gesprochenes mit techn. Hilfsmitteln abzuhören; *A.-Ges.* von 1968 ermächtigt Verfassungsschutz- und Strafverfolgungsbehörden beim Verdacht schwerer Straftaten oder verf.-feindl. Betätigung in engem Rahmen zum Abhören von Telefongesprächen.

Abidjan [-dʒ-], Reg.-Sitz der Republik Elfenbeinküste, 1,9 Mill. E; Univ.; Ind.-Zentrum, Ausfuhr v. Kakao, Kaffee, Bananen; ⚓, ✈.

Abitur [lat.], Abgangs-, Reifeprüfung als Abschluss der gymnasialen Oberstufe.

Ablass, nach kath. Lehre der Nachlass zeitl. Sündenstrafen, d. h. von Strafen, die entw. auf Erden od. im ↑Fegefeuer zu büßen wären; urspr. Nachlass verhängter Kirchenbußen (daher Zählung nach Jahren u. Tagen); *vollkommener A.,* Nachlass aller zeitl. Sündenstrafen.

Ablativ [lat.], Kasus idgm. Sprachen (u. a. im Lat. erh.), auf die Frage: wo, woher, womit, wann?

Ablaut, Wechsel best. Vokale in etymolog. zusammengehörigen Wörtern; z. B. binden – band – gebunden, der Bund.

Ableitung, in der Math. svw. ↑Differenzialquotient.

ABM [eɪbɪem], Abk. für engl.: **a**nti**b**allistic **m**issile, Abwehrrakete, die in Verbdg. mit einem Radarüberwachungssystem feindl. Raketen orten und im Anflug zerstören soll.

Abmusterung, Beendigung des Heuerverhältnisses bei Seeleuten.

Abodriten, svw. ↑Obotriten.

Abonnement [abɔnəˈmã; frz.], durch Vorauszahlung gesicherter Dauerbezug von Büchern, Zeitungen u. a.; Dauermiete für Theater- u. Konzertplätze.

Abort[us] [lat.], Fehlgeburt; *A. artificialis,* svw. ↑Schwangerschaftsabbruch.

Abotriten, svw. ↑Obotriten.

Abplattung, Verformung eines Himmelskörpers durch Rotationskräfte; mit Verkürzung der Polarachse gegenüber dem Äquatordurchmesser.

Abraham, erster der drei bibl. Patriarchen; Urbild des Gläubigen.

Abraham, Paul, * 1892, † 1960, ungar.-dt. Operettenkomponist (Blume von Hawaii).

Abraham a Sancta Clara, eigtl. Johann Ulrich Megerle, * 1644, † 1709, Augustiner-Barfüßer; bes. sprachgewalt. u. volkstüml. Prediger der Barockzeit.

Abrasion, abtragende Tätigkeit der Brandung an der Küste.

Abraum, das bei Tagebaubetrieb abzuräumende Deckgebirge im Bergbau.

Abrechnungsverkehr, alle zur Durchführung des bargeldlosen Ausgleichs von Forderungen u. Verbindlichkeiten durchgeführten Maßnahmen, i. d. R. im Rahmen des Bankapparates.

abrupt [lat.], abgebrochen, plötzlich.

Abrüstung, teilw. od. vollst. Beseitigung der Rüstungen und Streitkräfte, die Chancen einer internat. vereinbarten Friedensordnung zu vergrößern (↑auch Atomteststoppabkommen, ↑Atomwaffensperrvertrag, ↑SALT, ↑START, ↑MBFR, ↑INF, ↑VSBM, ↑VKSE).

Abraham a Sancta Clara

Abseits *beim Fußball (links) und beim Eishockey (rote Pfeile: verbotene Pässe, blaue Pfeile: erlaubte Pässe)*

Abruzzischer Apennin, höchster Teil (bis 2914 m) des Apennin.
Abs, Hermann Josef, * 1901, † 1994, dt. Bankier.
ABS, Abk. für: **A**nti**b**lockier**s**ystem (↑Bremsschlupfregler).
Absalom, dritter Sohn Kg. Davids; empörte sich gg. ihn.
Absatz, die letzte Phase des Betriebsprozesses; schließt den betriebl. Wertkreislauf, in dem durch Verkauf von Waren u. Dienstleistungen das eingesetzte Kapital in den Betrieb zurückfließt.
Abschirmung: 1) Schutz elektr. Bauteile od. Geräte gegenüber elektr. od. magnet. [Stör]feldern; **2)** Schutz vor energiereicher, radioaktiver oder Röntgenstrahlung (↑Strahlenschutz).
Abschöpfung, in den Agrarmarktordnungen der EU Erhebung einer Einfuhrabgabe in Höhe der Differenz zw. In- u. Auslandspreis zur Marktsicherung im Inland.
Abschreibung: 1) betriebswirtschaftl. u. steuerrechtl. Verfahren zur Verteilung der Anschaffungs- od. Herstellungskosten des abnutzbaren Anlagevermögens auf die Nutzungsdauer; **2)** Anlage eines eigenen Grundbuchblatts für einen abgetrennten Teil eines Grundstücks (Sachenrecht).
Abseits, Bez. für regelwidr. Verhalten; im Fußball: wenn sich ein Spieler näher an der gegner. Torlinie befindet als der Ball u. er nicht mind. 2 Gegner (Torwart und einen Feldspieler auf gleicher Höhe) vor sich hat; im Eishockey: wenn ein Spieler in das gegner. Drittel gelaufen ist, bevor der gespielte Puck dort angelangt ist.
Absence [ap'sã:s; frz.], anfallartige Bewusstseinstrübung.
Absinth [gr.], grünl. Branntwein aus Wermut.
absolut [lat.], unbedingt.
Absolutbetrag, Größe einer Zahl, unabhängig vom Vorzeichen, z. B. $|-3| = |+3| = 3$.
absoluter Nullpunkt, die tiefste mögl. Temp., $-273{,}15°C$ = 0 K(elvin).
absolutes Gehör, Fähigkeit, einen Ton ohne Bezugston nach Gehör zu bestimmen.
absolute Temperatur, vom ↑absoluten Nullpunkt aus in ↑Kelvin gemessene Temperatur.
Absolution [lat.], rechtl.: Freisprechung; kath. Kirche: Lossprechung von Sünden.
Absolutismus [lat.], Staatsform, in der der Herrscher unbeschränkte (absolute) Staatsgewalt ausübte; der *aufgeklärte A.* sah im Herrscher den [ersten] Diener des Staates.
Absolvent [lat.], jemand, der eine Schule, Studium erfolgr. beendet hat.
Absonderung: 1) ↑Konkurs; **2)** ↑Sekretion 1).
absorbieren [lat.]: **1)** aufsaugen, in sich aufnehmen; **2)** [gänzl.] beanspruchen.
Absorption: 1) Schwächung einer Strahlung beim Durchgang durch ein Medium (z. B. Blei); **2)** Aufnahme v. Gasen durch Flüssigkeiten oder feste Körper.
Abstammungslehre, svw. ↑Deszendenztheorie.
Abstimmung: 1) Herbeiführung einer Entscheidung durch Feststellung des Willens der Mehrheit; **2)** Frequenzeinstellung an Sendern u. Empfängern (Telegrafie, Rundfunktechnik).
Abstinenz [lat.], Enthaltsamkeit;

abstrakte Kunst. *Kasimir Sewerinowitsch Malewitsch, Suprematistische Komposition (1915)*

Enthaltung, z. B. von Alkohol, Sexualität.

abstrahieren [lat.], etwas gedankl. verallgemeinern.

abstrạkt [lat.], vom Dinglichen gelöst, unwirklich, nur gedacht.

abstrạkte Kunst, Kunstrichtung des 20. Jh.s in Malerei und Plastik, die sich vom Gegenständlichen löst; das Kunstwerk selbst ist Gegenstand, Inhalt u. Aussage; ausgehend v. a. vom Fauvismus u. Kubismus; Anfänge in d. Malerei um 1910 in Dtl. (Kandinsky), Frkr. (Delaunay) sowie mit dem Konstruktivismus in Russland (Malewitsch) u. d. Niederlanden (Mondrian); nach dem 2. Weltkrieg breitete sich die „informelle“ abstrakte Malerei aus (↑abstrakter Expressionismus). Die Wiederaufnahme konstruktivist. Ansätze führte zur Neuen Abstraktion (Farbfeldmalerei, Hard edge), zu Op-Art u. kinet. Kunst.

abstrạkter Expressionịsmus, Stilphase, die die europ. u. amer. Kunst der Fünfziger- u. frühen Sechzigerjahre bestimmte. Betont wird beim Farbauftrag der spontane Schaffensakt, die Gestik, wobei auch automat. Techniken (z. B. ein Pendel, das Farbe abgibt) benutzt wurden. In Frkr. u. Dtl. wird der a. E. meist als *Tachismus* bezeichnet, in den USA als *Actionpainting;* gebräuchl. auch *Informel* oder *informelle Kunst.*

Abstrich, Entnahme von Organmaterial zu bakteriolog. u. histolog. Untersuchungen.

absụrd [lat.], sinnwidrig, sinnlos; *a.es Theater,* Form d. Theaters, das die Sinnlosigkeit des Daseins enthüllen will.

Abszẹss [lat.], Eiteransammlung in einer anatom. nicht vorgebildeten Gewebshöhle.

Abszịsse [lat.], erste ↑Koordinate eines Punktes; wird auf der *A.nachse* abgetragen.

Abt [aram. abba = Vater], Vorsteher einer *Abtei;* dem Papst oder einem Erz-A. unterstellt.

Abteufen, Niederbringen eines senkrechten Schachts im Grubenbau.

Äbtịssin, Vorsteherin eines Frauenklosters oder Damenstifts.

Abtreibung, fr. jurist., heute umgangssprachl. Bez. für einen ↑Schwangerschaftsabbruch.

Abtretung, Übertragung von Forderungen u. Rechten durch Vertr. zw. Abtretendem (Zedent) und Empfangendem (Zessionar).

Abtrieb, Kahlschlag kleinerer Waldflächen.

Ạbu [arab.; = Vater], Teil arab. Personennamen.

Abu Simbel. *Die vier Kolossalstatuen vor dem Tempel von Abu Simbel*

Ạbu Bạkr, * 573, † 634, Schwiegervater u. Nachf. Mohammeds, erster Kalif (seit 632).

Ạbu Dhạbi (arab. Abu Sabi), größtes der ↑Vereinigten Arab. Emirate, Hptst. A. Dh. (360 000 E).

Abuja [-dʒ-], Hptst. von Nigeria, an der Mündung des Benue in den Niger, ab 1979 aufgebaut, 379 000 E.

Abukịr, ägypt. Ort b. Alexandria; 1798 Sieg Nelsons über die frz. Flotte; 1799 Sieg Napoleons über die Türken.

ab ụrbe cọndita [lat.], „seit Gründung der Stadt“ [Rom] (753 v. Chr.).

Ạbu Sịmbel, 2 bed. Felsentempel Ramses' II. (1290–24) am westl. Nilufer mit kolossalen Sitz- u. Standfiguren des Kg. und der Königin; wegen des Assuanstausees landeinwärts verlegt.

Abusus [lat.], Missbrauch, z. B. von Alkohol.

Abwärme, in einem wärmetechn. Prozess anfallende nicht genutzte Wärmeenergie; *A.verwertung,* ihre spätere Nutzung, z. B. für Heizzwecke.

Abwasserreinigung, Reinigung von [städt.] Abwässern in Kläranlagen; 1. *mech. Reinigung* mit Rechen, Becken, Filtern u. a.; 2. *biol. Reinigung* unter Einsatz aerober Bakterien.

Abwehrmechanismen, psych. Verhaltenspraktiken im Konflikt zw. Befriedigung und Verzicht, z. B. ↑Verdrängung, ↑Kompensation 2), ↑Sublimation 2).

Abwehrstoff ↑Antikörper.

Abwertung (Devaluation, Devalvation), Senkung des Außenwertes einer Währung; Ggs.: (Erhöhung des Außenwertes) *Aufwertung.*

Abydos: 1) antike St. in Kleinasien, berühmt durch den Brückenbau des Xerxes (480 v. Chr.); **2)** (ägypt. Abodu) bed. Ruinenstätte in Oberägypten, nw. v. Luxor; Kultstätte des Osiris; Königsgräber.

Abzahlungsgeschäft, Verkauf bewegl. Gebrauchsgegenstände gg. Ratenzahlung.

Abzinsung, Ermittlung des Anfangskapitals aus dem Endkapital bei gegebenem Zinsfuß; Ggs.: Aufzinsung (Ermittlung des Endkapitals aus dem Anfangskapital).

Ac, Symb. für ↑Actinium (☢).

Académie française [aka'demi frã'sɛ:z], Akad. für frz. Spr. u. Lit., 1635 in Paris gegr., 40 Mitgl.; 1793 aufgehoben, 1803 wieder gegründet im Rahmen des ↑Institut de France.

a capẹlla [ital.], mehrstimm. Gesang ohne Instrumentalbegleitung.

Achat *in angeschliffenem Zustand*

Aconcagua

Acapulco de Juárez [- ðɛ xu'arez], mex. Hafenst. am Pazifik, 592 000 E, Seebad; ✈.

Accademia della Crusca, 1582 in Florenz gegr. Akad. zur Pflege der ital. Spr.; gab 1612 das 1. Wörterbuch der ital. Spr. heraus.

accelerando [attʃe-; ital.], allmählich schneller werdend, beschleunigend (𝄞).

Accessoires [aksɛ'swa:rs; frz.], modisches Beiwerk.

Accra (Akkra), Hptst. v. Ghana, 1,7 Mill. E; vielseitige Ind.; ✈.

Acetate [lat.], Salze oder Ester der Essigsäure, essigsaure Salze; organ. A. bed. als Lösemittel.

Aceton [lat.], Dimethylketon (↑Ketone), feuergefährl. Löse- u. Extraktionsmittel.

Acetylen [lat.; gr.], **Äthin,** farbloser, gasförm., brennbarer Kohlenwasserstoff, mit Sauerstoff zum autogenen Schweißen verw.; bed. für die A.chemie (Reppe-Chemie); chem. Formel HC≡CH.

Achäer, altgriech. Volksstamm in Thessalien u. auf der Peloponnes; bei Homer Name aller Griechen.

Achaia, Ldsch. der Peloponnes, griech. Verw.-Geb., Hptst. Patras.

Achat [gr.], Schmuckstein mit charakterist. Bänderung, Abart des Chalzedons, Härte 7; Sonderformen: *Onyx* und *Sardonyx.* – Abb. S. 15.

Achenbach, Andreas, * 1815, † 1910, dt. Landschaftsmaler; Vertr. der Düsseldorfer Schule.

Achensee, See in Tirol, 133 m tief; gr. Stauanlage u. *A.werk* (erzeugt rd. 220 Mill. kWh jährl.).

Acheron, in der griech. Mythol. Fluss der Unterwelt.

Achill[es], Held des Trojan. Krieges; von seiner Mutter Thetis bis auf eine Ferse (Achillesferse) unverwundbar gemacht; tötet Hektor, wird selbst von Paris, dessen Pfeil Apoll lenkt, tödl. an der Ferse verwundet.

Achillesferse, verletzl. Stelle.

Achillessehne, Sehnenverbdg. zw. Wadenmuskulatur u. Fersenbein.

a. Chr. [n.], Abk. für: ↑**a**nte **Chr**istum [**n**atum].

Achse: 1) jede Gerade, zu der die Punkte einer Figur symmetr. liegen; ↑auch Koordinatensystem (Math.); **2)** mit Zapfen versehener Stab zur Aufnahme v. Rollen, Rädern und Scheiben (Techn.).

Achsenmächte, seit 1936 Bez. für das Dt. Reich u. Italien, dann (seit 1940) auch für Japan (Achse Berlin–Rom–Tokio).

Achslast, der auf die einzelne Achse entfallende Teil des Fahrzeuggesamtgewichts (lt. StVZO höchstens 10 t für Einzel- u. 16 t für Doppelachsen).

Acht, im altgerman. und ma. Recht Friedloserklärung eines Verbrechers (mit soz. Folgen); *A. u. Bann,* Hinzutritt der geistl. Strafe der Exkommunikation.

Achternbusch, Herbert, * 1938, dt. Schriftsteller u. Filmemacher.

Acidität [lat.], Säuregrad.

Ackerschachtelhalm ↑Schachtelhalm.

Ackersenf, Kreuzblütler; ↑Senf.

Ackja [finn.], Rentierschlitten in Bootsform, auch Bez. für Rettungsschlitten der Bergwacht.

Aconcagua, höchster Berg Amerikas, in den argent. Anden, 6958 m.

Aconitum [gr.], Hahnenfußgewächs; Stauden d. Alten Welt, ☠. – *Blauer Eisenhut* geschützt!

Acqui Terme ['ɑkwi -], ital. Badeort (Schwefelquellen) im N der Ligur. Alpen, 19 000 E.

Acre ['eɪkə; engl.], angloamerikan. Flächeneinheit, 4 046,85 m².

Acrylfarben (Acrylatfarben), Dispersionsfarben, die als Bindemittel in Wasser fein verteilte Acrylharze enthalten.

Acrylglas, organ. Glas aus ↑Polymethacrylsäureestern.

Acrylharze, svw. ↑Polyacrylharze.

ACS, Abk. für **A**utomobil-**C**lub der **S**chweiz, 1898 in Genf gegründet.

Actinium [gr.], radioakt. chem. El., Symb. Ac, OZ 89; entsteht durch Zerfall d. Uranisotops U 235.

Actinoide [gr.], Gruppe untereinander sehr ähnl. chem. El.; (El. mit OZ 89 bis 103); die A. sind durchweg radioaktiv.

Action française [aks'jõ frã'sɛz], 1898 gegr. rechtsradikale frz. Bewegung, royalist.-chauvinist.; 1936 verboten.

Actionpainting ['ækʃn 'peɪntɪŋ; engl.] ↑abstrakter Expressionismus.

a. D., Abk. für: **a**ußer **D**ienst.

A. D., Abk. für: ↑**A**nno **D**omini.

ad absurdum führen [lat.], den Widersinn einer Behauptung oder Sache beweisen.

ADAC, Abk. für: **A**llg. **D**t. **A**utomobil-**C**lub; größte dt. u. europ. Kraftfahrerorganisation; gegr. 1903, Sitz München.

adagietto [a'da:dʒieto; ital.], sehr langsam, zieml. ruhig; *adagio* [a'da:dʒio], langsam, ruhig (𝄞).

Adalbert von Bremen, * um 1000, † 1072; 1043 Erzb. von Hamburg-Bremen; ab 1063 Regent für den minderjährigen Heinrich IV., erlangte maßgebl. Einfluss auf die Reichspolitik; 1066 gestürzt.

Adam, nach dem A.T. der erste Mensch, von Gott erschaffen.

Adam de la Halle [a'dã də la'al], * um 1240, † um 1287, frz. Dichter; verfasste und komponierte Lieder; u.a. Schöpfer des ersten Singspiels (Jeu de Robin et de Marion).

Adamellogruppe, Gebirgsstock nw. von Trient, vergletschert; Monte Adamello 3 554 m.

Adamsapfel, Schildknorpel des Kehlkopfes (bes. beim Mann).

Adana, südosttürk. St., 931 000 E; Baumwoll-, Tabakind., Maschinen- u. Konservenfabr.; ✈.

Adaptation (Adaption) [lat.], svw. ↑Anpassung.

Adapter, 1) in der Elektrotechnik Gerät zur Anpassung von Steckverbindern; **2)** in der Raumfahrt Kopplungshilfsmittel.

adäquat [lat.], angemessen, entsprechend.

Addams, Jane ['ædəmz], *1860, †1935, amer. Sozialreformerin; Mitarbeit in der Weltfriedensbewegung; Friedensnobelpreis (mit N. M. Butler) 1931.

Addis Abeba, Hptst. und wirtschaftl. Zentrum Äthiopiens, 2420 m ü. d. M., 1,5 Mill. E; Univ.; ✈.

Addison, Thomas ['ædısn], *1793, †1860, engl. Mediziner; nach ihm benannt die *A.-Krankheit,* Abmagerung, Hautbräunung („Bronzehaut") usw. bei Fehlen von Nebennierenrindenhormon.

Addition [lat.]: **1)** Zusammenzählen von Zahlen *(Summanden)* zu einer Zahl *(Summe)* (Math.); **2)** Anlagerung v. chem. El. od. Verbdg. an ungesättigte Moleküle unter Bildung einer neuen Verbdg. (☊).

Additive, Wirkstoffe, die Kraft- o. a. Betriebsstoffen (z. B. Kunststoffen, Lacken, Schmierölen, Waschmitteln) zur Verbesserung ihrer Betriebseigenschaften zugesetzt werden.

Adduktion [lat.], Heranführung von Gliedmaßen an den Körper; **Adduktor,** d. entspr. Muskel.

Adel, aufgrund von Geburt, Besitz oder Leistung ehem. bevorrechteter Stand. In Dtl. 1919 alle Vorrechte d. A.s aufgehoben, Titel fortan Namensbestandteil.

Adelaide ['ædəleıd], Hptst. Südaustraliens am Saint-Vincent-Golf, 960000 E; Univ.; Auto- u. Maschinenind.; Hafen: *Port A.,* ✈.

Adelboden, schweizer. Kur- und Wintersportort in den Berner Alpen, 1353 m ü. d. M.; 3300 E.

Adelheid, hl., * um 931, † 999, dt. Ksn.; Gemahlin Ottos I., Regentin für Otto III. 991–94.

Adelsberg ↑Postojna.

Adelung, Johann Christoph, *1732, †1806, dt. Sprachforscher; verf. u. a. ein dt. Wörterbuch.

Aden, Haupthafen des Jemen, 365000 E; Erdölraffinerie in Little Aden; befestigter Hafen, ✈. – 1839–1967 britisch.

Adenauer, Konrad, *5. 1. 1876, †19. 4. 1967, dt. Politiker; Oberbürgermeister von Köln 1917–33; nach dem 1. Weltkrieg Eintreten für ein autonomes Rheinland innerhalb des Dt. Reiches; 1920–33 Präs. des Preuß. Staatsrates; Mitglied der CDU ab 1945, bis 1966 Parteivors.; Präs. des Parlamentar. Rates 1948/49, Bundeskanzler 1949–63, gleichzeitig Außenmin. 1951–55; bemüht um Verbesserung der dt. Position auf dem Wege über die europ. Integration; Eintreten für mil. Stärke des Westens; stärkte die dt.-frz. Freundschaft.

Adenom [gr.], gutart., drüsenart. Geschwulst.

Adenosin [gr.], Nukleosid; biol. wicht., glykosidart. Verbdg. aus Adenin u. Ribose; **A.triphosphat** ↑ATP.

Aderhaut ↑Auge.

Aderlass, Blutentnahme aus einer Vene mittels Hohlnadel oder Schnitt; früher zu Heilzwecken üblich.

Adermin [gr.], Vitamin B_6 (↑Übers. Vitamine).

Adern: 1) Blattrippen u. -nerven zur Festigung u. Stoffleitung; **2)** Nerven in den Flügeln v. Insekten zur Festigung; **3)** Blutgefäße: ↑Arterien, ↑Arteriolen, ↑Haargefäße, ↑Venen.

ADGB, Abk. für: ↑**A**llgemeiner **D**eutscher **G**ewerkschafts**b**und.

Adhäsion [lat.], auf Molekularkräften beruhendes Aneinanderhaften zweier versch. Stoffe.

ad hoc [lat.], [eigens] zu diesem [Zweck].

ad honorem [lat.], zu Ehren.

adiabatisch [gr.], ohne Wärmeaufnahme od. -abgabe erfolgend (Phys.).

Adige ['a:didʒe] ↑Etsch.

ad infinitum [lat.], ohne Ende, unaufhörlich.

Adjektiv [lat.], attribut. oder prädikat. Eigenschaftswort.

adjustieren [lat.], [Werkstücke] zurichten; eichen, fein einstellen.

Adjutant [lat.], dem Befehlshaber beigegebener Offizier (Mil.).

Adler: 1) Alfred, *1870, †1937, östr. Psychologe; begr. die Individualpsychol.; **2)** Victor, *1852, †1918, Einiger u. Leiter der östr. Sozialdemokrat. Partei, 1918 Außenminister.

K. Adenauer

Adler, Greifvogel mit kräft. Hakenschnabel; Jäger und Aasfresser; in Dtl. seltene Brutvögel. – *Stein-A.* (Alpen; Abb. S. 18); *Fisch-A.,* bussardgroß, kosmopolit. (östl. Dtl.); *See-A.,* Spannweite 225 cm (Nordeuropa, auch Dtl.); *Harpyie,* rd. 1 m lang (Südamerika).

Adlerfarn, heim. Farn, bildet bis mannshohe Horste in lichten Wäldern; Stängelquerschnitt zeigt Figur des Doppeladlers (Abb. S. 18).

Adlergebirge (tschech. Orlické hory), mittl. Teil der böhm. Sudeten; bis 1115 m.

Adlerorden: 1) (Schwarzer A.) höchster preuß. Orden, gestiftet 1701, verbunden mit erbl. Adel; **2)** (Roter A.) zweithöchster preuß. Orden, gestiftet 1705, 1792 von Preußen übernommen, 4 Klassen.

Administration, Verwaltung.

Admiral, Tagfalter mit roten Querbinden auf den Vorderflügeln; spannt 55–60 mm; Wanderfalter.

Admiral [arab.], Marineoffizier im Generalsrang.

Admiralitätsinseln, Inselgruppe des Bismarckarchipels, Papua-Neuguinea, 2070 km²; Hauptinsel: Manus; melanes. Bevölkerung.

Adolf von Nassau, * um 1255, ⚔ 1298, Röm. Kg. (seit 1292); fiel im Kampf gg. Albrecht von Österreich.

Adonai [hebr.; = mein Herr], Anrede Gottes im A. T., der die Nennung des Gottesnamens ↑Jahwe vermeiden sollte.

Adonis, urspr. orient. Vegetationsgott; in der griech. Mythol.: junger u. schöner Mann; Geliebter Aphrodites.

Adonisröschen, ein Hahnenfußgewächs; *Frühlings-A.,* Arzneipflanze.

Adoption [lat.], svw. ↑Annahme als Kind.

Adoptivkaiser, durch Adoption zur Herrschaft gelangte röm. Ks. (96–180 n. Chr.).

Adorno, Theodor, eigtl. Th. Wiesengrund, *1903, †1969, dt. Philosoph, Soziologe u. Musiktheoretiker.

ADP, Abk. für: **A**denosin**d**i**p**hosphat; biochem. wichtige Verbindung.

Adrenalin [lat.], Hormon des Nebennierenmarks, erhöht den Blutzuckerspiegel, ist daher Gegenspieler des ↑Insulins; steigert Grundumsatz u. Herzleistung (erhöht Blutdruck u. Herzfrequenz).

adrett [frz.], hübsch, sauber, ordentlich.

Adriatisches Meer (Adria), Nebenmeer des Mittelmeeres, zw. Apennin- und Balkanhalbinsel, 132000 km², im N bis 262 m, im S

Adler. *Steinadler*

bis 1260 m tief, mittl. Salzgehalt 3–3,8 %.

Adsorption [lat.], Aufnahme u. physikal. Bindung von Gasen, Dämpfen u. Flüssigkeiten an der Oberfläche von Stoffen.

Adstringenzi|en [lat.], zusammenziehende Arzneimittel; wirken u. a. blutstillend.

Adular, monokliner ↑Feldspat, Härte 6, durchsichtig, farblos.

ad usum [lat.], zum Gebrauch.

Adveniat [lat.], 1961 gegr. „Hilfe der dt. Katholiken für die Kirche in Lateinamerika".

Advent [lat.; = Ankunft], Zeit der Vorbereitung auf Weihnachten, beginnend mit dem 4. Sonntag vor Weihnachten.

Adventisten [engl.], Anhänger einer Religionsgemeinschaft (zz. rd. 3,6 Mill.); 1831 von dem amer. Farmer u. Prediger *William Miller* (* 1782, † 1849) gegr.; lehrt die bald. Wiederkunft Christi.

Adverb [lat.], svw. ↑Umstandswort.

Advokat, veraltet für ↑Rechtsanwalt.

Adlerfarn

AE, Einheitenzeichen für: ↑**a**stronom. **E**inheit.

Aerarium [lat.], altröm. Staatskasse, in der Ks.zeit Senatskasse.

a|ero..., A|ero..., Bestimmungswort; Bed.: „Luft, Gas".

Aerobic [ɛ'robɪk], ein Fitnesstraining, das aus einer Mischung von Gruppengymnastik, Konditionstraining u. Diskotanz besteht.

A|erobi|er, Organismen, die nur mit Sauerstoff leben können; Ggs. ↑Anaerobier.

A|erodynamik, Teilgebiet der Strömungslehre; i. e. S. die Wissenschaft v. den Kräften, denen ein in einem Gas, speziell in der Luft bewegter [Flug]körper ausgesetzt ist.

A|eronautik, Luftfahrttechnik und -kunde.

A|erosol, feinste, kolloidale Verteilung fester (Staub, Rauch) od. flüss. Stoffe (Nebel) in Gas; *A.therapie,* Behandlung mit nebelförmig verteilten, kolloidalen Medikamenten.

A|erosonde, an einem Ballon hängendes Messgerät, sendet Messwerte (Luftdruck, -temperatur, -feuchtigkeit) zur Erde.

A|erostatik, Lehre vom Gleichgew. gasförm. Stoffe.

AFC, Abk. für: **a**utomatic **f**requency **c**ontrol, automat. Scharfabstimmung bei Rundfunkgeräten, v. a. im UKW-Bereich.

Affäre [frz.], Vorfall, wichtige oder Aufsehen erregende Angelegenheit.

Affekt [lat.], starke Gefühlserregung.

Affen (Simiae), Ordn. Primates, Herrentiere. – Drei Unterordn.: I. *A.,* in Afrika u. Asien Altwelt-A. od. Schmalnasen, in Südamerika Neuwelt-A. od. Breitnasen; menschenähnlichste Säugetiere; Großhirn stark entwickelt, lebhaftes Mienenspiel, Sohlengänger, z. T. fähig zu aufrechtem Gang; vorw. Pflanzennahrung; meist Baumbewohner; Herdentiere, poly- od. monogam; 16 bis 200 cm lang; II. u. III. *Halbaffen* u. *Makis (Lemuren),* wenig Ähnlichkeit mit I. in Lebensweise u. Körperbau; sehr dicht behaartes „Fuchs"-Gesicht, Intelligenz wenig entwickelt; scheue Baumbewohner, meist Nachttiere; pflanzl., gemischte od. tier. Kost; 14–100 cm lang.

affettuoso [ital.], leidenschaftl., innerl. bewegt (𝄞).

Affinität [lat.]: **1)** Bez. für das Bestreben chem. El. od. Verbdg., sich untereinander zu binden (⚗); **2)** (affine Abbildung) ↑Abbildung 2), bei der die A.sachse erh. bleibt (Geometrie).

Affront [a'frõ; frz.], Kränkung, Beleidigung, Schmähung.

Afghan, zentralasiat., meist dunkelrot grund., geometr. gemusterter Wollteppich.

Afghanistan, Republik zwischen Iran u. Pakistan, schwer zugängl. Geb.-Land; in Tälern Ackerbau (Getreide, Baumwolle, Obst), künstl. Bewässerung, meist 2 Ernten; Karakulschafzucht; Hirtennomaden (etwa 2 Mill.). – Bodenschätze: Lapislazuli, Erdgas, Kohle, Gold; Eisenerz noch unerschlossen. Textil- u. Zuckerind. – Seit 1747 selbst. Monarchie (Ahmed Schah), im 19. Jh. starker brit. Einfluss; 1973 Ausrufung der Rep.; 1978 [kommunist.] Militärputsch. Nach inneren Machtkämpfen Bürgerkrieg, den die UdSSR mit militär. Mitteln (1979–89 Besetzung A.s.) zu beenden suchte. Nach Abzug der sowjet. Truppen brachen anhaltende Kämpfe zw. rivalisierenden Widerstandsgruppen aus; Ende 1996 Eroberung Kabuls durch radikal islam. ↑Taliban, Ausrufung eines „Gottesstaates" in dem von ihnen beherrschten Gebiet; weiteres Vordringen scheiterte.

AFN, Abk. für: ↑**A**merican **F**orces **N**etwork.

AFP ↑Übers. S. 463.

Afrika, zweitgrößter Erdteil, 30,3 Mill. km², rd. 710 Mill. E; geschlossene Landmasse, schwach gegliederte Küsten. Nieder-A. (200 bis 500 m ü. d. M.) mit N-, W- (Sahara, Sudan), Zentral-A. (Kongobecken) u. Hoch-A. (über 1000 m ü. d. M.) mit O- u. S-A. Oberfläche durch gr. Becken u. Schwellen gegliedert; v. Roten Meer bis zum unteren Sambesi das System des z. T. von Vulkanen (z. B. Kilimandscharo, 5895 m, Mount Kenia, 5194 m, Karissimbi, 4507 m) begleiteten ost-

Afghanistan

Fläche: 652090 km²
Einwohner: (1995) 20,1 Mill.
Hauptstadt: Kabul
Amtssprachen: Paschtu und Dari (Neupersisch)
Zeitzone: MEZ +3½ Stunden

afrik. Grabensystems mit den größten Seen A.s (Victoria-, Tanganjika-, Malawisee u.a.). – Vom Äquator nach N u. S alle Zonen des trop. Klimabereichs, N u. S subtropisch. Größte Stromsysteme: Nil, Kongo, Niger, Sambesi, Oranje u. Senegal; abflusslose Gebiete: Tschadbecken, Kalahari, Etoschapfanne, Teile O-A.s. Vegetationsgürtel: trop. Regenwald, Savannen (Feucht-, Trocken-, Dornsavannen), Sahel u. Wüste. Am N-Rand A.s u. im sw. Kapland mediterrane Vegetation. – Tierwelt nördl. der Sahara ähnl. der der Mittelmeerländer; südl. der Sahara in Grasländern u. Savannen Antilopen, Gazellen, Büffel, Giraffen, Nashörner, Elefanten u.a.; in ihrem Gefolge Raubwild (Löwen, Panther, Schakale, Hyänen); arm an Säugetieren die Regenwaldgebiete (Affen, Okapis); in Gewässern: Flusspferde, Krokodile; Schlangen, Vögel und Insekten überall. – Bev. nach Rasse, Kultur u. insbes. Spr. sehr versch.; hellfarbige Khoisaniden (Buschmänner, Hottentotten), Bantu (Zulu, Sotho, Xhosa, Kongo u.a.), Sudanneger (Mandingvölker, Yoruba u.a.), Niloten (Schilluk, Dinka, Nuer), Hamiten (u.a. Tuareg, Galla, Massai), Semiten (Araber, Berber) und Pygmäen. – Feldbauwirtsch. als Hackbau im trop. A., randl. u. in den Hochländern in Verbdg. mit Viehzucht (Rinder, Ziegen, Schafe). Buschmänner u. Pygmäen sind Jäger und Sammler. Neben Naturreligionen sind im N der Islam, in Äthiopien das kopt. Christentum vorherrschend; christl. Kirchen u. Missionen in fast allen Teilen A.s. – *Wirtsch.:* A. liefert bed. Rohstoffe, u.a. Diamanten (Kimberley, Namib), Gold (Witwatersrand), Kupfer (Sambia, Zaire), Eisenerz (Liberia, Mauretanien), Bauxit (Guinea), Erdöl (Algerien, Libyen, Nigeria, Angola), Erdgas (Algerien), Phosphat (Marokko, Westsahara), Holz, Uran u.a. Metalle, Baumwolle (Ägypten, Sudan), Kaffee (Elfenbeinküste, Uganda, Äthiopien), Kakao (Ghana, Nigeria, Elfenbeinküste), Erdnüsse, Kautschuk u.a., z.T. in Plantagen angebaut. Größere Ind.gebiete im Kupfergürtel Sambias u. Zaires (Shaba), in Simbabwe u. Südafrika (Witwatersrand) sowie um einige Hafenstädte. Überwiegend Lkw-Transport, von zahlr. Hafenstädten Eisenbahnen ins Hinterland, Luftverkehr v. zunehmender Bedeutung. – *Entdeckungsgesch.:* Im Altertum war der N- u. NO-Rand A.s bekannt, um 600 v.Chr. Umsegelung des Kontinents durch Phönizier; um 500 v.Chr. drang der Karthager Hanno entlang der W-Küste bis Kamerun vor; im MA Erforschung durch Araber (Ibn Battuta, Leo Africanus) u. Portugiesen (B. Diaz und V. da Gama), 1488 Umseglung des Kaps der Guten Hoffnung; im 19. Jh. Beginn der Erforschung des Innern durch Livingstone, Stanley, Barth, Vogel, Nachtigal, Rohlfs, Emin Pascha, Hans Meyer, Speke u.a. – *Gesch.:* Zeichen vorgeschichtl. Kulturen sind zahlr. megalith. Grab- u. Kultusbauten (Menhire, Dolmen) sowie Felsbilder. – Im Altertum gehörte A. nördl. der Sahara zum mittelmeer. Kulturkreis; v. Ägypten aus frühe Handels- u. Kulturbeziehungen zu Äthiopien, der Somaliküste u. dem Sudan; phönik., griech. u. röm. Niederlassungen (Karthago, Cyrene) entlang der N-Küste. Eroberung N-A.s durch den Islam im MA; in M-, W- u. O-A. große Reiche mit organisiertem Staatswesen. Zu Beginn der Neuzeit erste europ. Stützpunkte an der W-Küste (Elfenbein-, Gold-, Sklavenküste, Küste v. Niederguinea), aus denen sich zunächst Küstenkolonien entwickelten; v. dort aus Sklavenhandel mit Amerika, nach dessen Rückgang Anwachsen der Plantagenwirtsch., Ausdehnung des Kolonialbesitzes auch ins Binnenland; namentlich nach 1870 scharfer Wettkampf, bes. der großen Kolonialmächte England u. Frkr. (↑Faschodakrise), später auch Deutschlands und Italiens, um die noch freien Gebiete. Im Burenkrieg (1899–1902) annektierte Großbrit. die selbst. Burenrepubliken. Seit 1881 auch ital. Kolonien (Eritrea, Libyen, Somalia, 1935 bis 1941 Äthiopien) u. 1884–1918 auch dt. (Kamerun, Togo, Dt.-SW-A. und Dt.-O-A.). Nach dem 2. Weltkrieg starke Unabhängigkeitsbewegungen in allen afrik. Kolonialgebieten, Unruhen, Entstehung souveräner Staaten häufig mit polit. Instabilität, die Staatsstreiche nach sich zog; daneben ethn. Rivalitäten.

Afrikaans, Kapholländisch, Spr. aus niederl. Dialekten mit dt., engl., afrik. El.; neben Englisch Amtsspr. in der Rep. Südafrika.

Afrikanischer Nationalkongress (engl. African National Congress, Abk. ANC), 1912 gegr. südafrik. Partei der Bantu; fordert eine demokrat. Gesellschaft, in der die sozial und polit. gleichberechtigten Rassen integriert zusammenleben; 1960–90 verboten (im Untergrund); Sprachrohr der schwarzen Bev.-Mehrheit; nach freien Wahlen 1994 Reg.-Partei. Führende Persönlichkeit: N. ↑Mandela.

afrikanische Sprachen, vier Sprachgruppen: 1. Nigerkordofanisch, 2. Nilosaharanisch, 3. Khoi-San, 4. Hamitosemitisch. – Verkehrssprachen: Hausa (Sudan), Swahili (Ostafrika); die meisten Sprachen ohne eigene Schrift.

after..., hinter..., nach..., in Zusammensetzungen.

After, Öffnung am äußersten Ende des Mastdarms, mit innerem und äußerem Schließmuskel.

Ag, Symbol für ↑Silber (☾).

AG, Abk. für: **1)** ↑**A**ktien**g**esellschaft; **2)** ↑**A**mts**g**ericht.

Aga (Agha), fr. Titel für türk. Offiziere u. Beamte; Anrede („Herr").

Agadir, marokkan. Hafenstadt am Atlantik, 110000 E; fischverarb. Ind.; Fremdenverkehr; ✈. 1960 schweres Erdbeben.

Ägäisches Meer (Ägäis), Nebenmeer des Mittelmeeres zw. Griechenland, Kreta u. Kleinasien; 179000 km²; bis 2962 m (bei Kreta) tief; sehr buchten- u. inselreich. *Ägäische Inseln:* v.a. Kykladen, Sporaden.

Aga Khan, Titel des erbl. Oberhauptes der islam. Sekte der Hodschas (Zweig der ↑Ismailiten).

Agamemnon, in der griech. Sage Kg. von Mykene; Führer der Griechen im Trojan. Krieg; nach Rückkehr v. seiner Gattin Klytämnestra u. Ägisth ermordet.

Agape [gr.; = Liebe], schenkende Liebe Gottes, Nächstenliebe.

Agar-Agar [malai.], Gallertstoff aus Rotalgen, Geliermittel, Nährböden für Bakterienzucht, Textilappretur u.a.

Agatha, hl., † um 251 als Märtyrerin in Catania.

Agaven. *Blühende Sisalagaven (links).* – **Ägina.** *Aphaiatempel (rechts)*

Agaven [gr.], mächt. Sukkulenten im wärmeren Amerika; Rosettenpflanzen; blühen erst nach Jahren an bis 10 m hohem Schaft und sterben nach der Fruchtreife ab; Blätter liefern Fasern; in Mexiko Saft zu alkohol. Getränken ↑Pulque vergoren; viele Zier- u. Topfpflanzen.

AGB, Abk. für: ↑**A**llgemeine **G**eschäfts**b**edingungen.

Agende [lat.], [Buch für] Gottesdienstordnung[en].

Agent [lat.], jeder im Auftrag u. Interesse eines anderen Tätige: **1)** Bez. für Spion; **2)** jemand, der berufsmäßig Künstlern Engagements vermittelt.

Agent provocateur [a'ʒã prɔvɔka'tœ:r; frz.], Lockspitzel.

Agentur [lat.]: **1)** Firmenvertretung durch Agenten; Geschäftsnebenstelle; **2)** svw. Nachrichtenagentur; **3)** Büro, das Künstlern Engagements vermittelt.

Aggäus, Form der Vulgata für ↑Haggai.

Agglomerat [lat.], aus groben (v. a. vulkan.) Bruchstücken locker zusammengeballte Gesteinsmasse.

Agglutination [lat.], Verklumpung von Zellen, Blutkörperchen, Erregern u. ä., bewirkt von *Agglutininen* (Antikörpern).

Aggregat [lat.], Anhäufung [von zusammengehör. Teilen]: 1. mehrgliedr. Ausdruck (Math.); 2. Satz von gekuppelten Masch. (Techn.).

Aggregatzustand, physikal. Erscheinungsform von Stoffen: fest, flüssig und gasförmig.

Aggression [lat.]: **1)** krieger. Angriffshandlung (Völkerrecht); **2)** [affektbedingtes] Angriffsverhalten, feindselige Haltung eines Menschen (Psychologie).

Ägide [gr.], Schutz, Obhut, Schirmherrschaft.

Agilolfinger, ältestes bayr. Herzogsgeschlecht, erscheint um 555, erlischt 788 mit Herzog Tassilo III.

Ägina (griech. Aigina), griech. Insel im Saron. Golf, 85 km², 6 300 E; im N Reste eines dor. Tempels.

Agio ['a:dʒo; ital.], Aufgeld; Differenz zw. Kurs- u. Nennwert; *A.papiere,* festverzinsl. Wertpapiere, die mit A. zurückgezahlt werden.

Ägisth, in der griech. Sage mit Klytämnestra Mörder des heimgekehrten Agamemnon; von Orestes getötet.

Agitation [lat.], aggressive polit. Propaganda.

Aggregatzustand. *Bezeichnungen der Übergänge zwischen den einzelnen Aggregatzuständen*

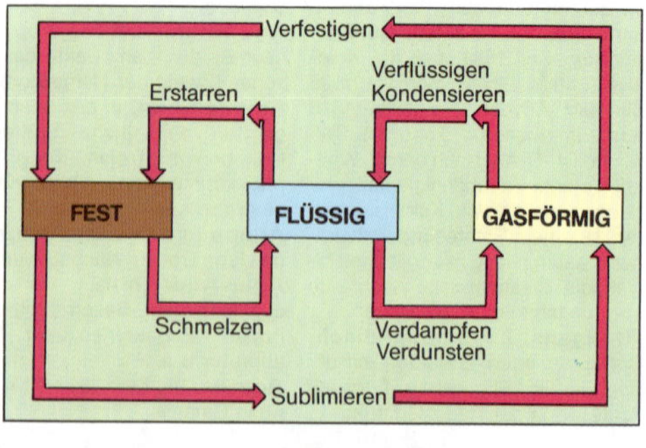

agitato [adʒ-; ital.], sehr bewegt, erregt (𝄞).

Agnaten [lat.], im german. Recht alle Personen mit Abstammung von einem gemeinsamen Stammvater allein in männl. Linie.

Agnes, hl., röm. Märtyrerin des 3. Jahrhunderts.

Agnes von Poitou, * um 1025, † 1077, Gem. Kaiser Heinrichs III.; 1056–62 Regentin für Heinrich IV.

Agnon, Samuel Josef, eigtl. Czaczkes, * 1888, † 1970, neuhebr. Schriftsteller; Nobelpreis (mit N. Sachs) 1966.

Agnostizismus [gr.], phil. Lehre, die jede über das Erfahrungswissen hinausgehende Erkenntnis ablehnt.

Agnus Dei [lat.; = Lamm Gottes]: **1)** Bez. und Symbol für Christus; **2)** liturg. Gebetsruf.

Agonie [gr.], Todeskampf.

Agora [gr.], Marktplatz, auch die dort stattfindende Volksvers. im alten Griechenland.

Agra, ind. Stadt sö. v. Delhi, 747 000 E; Universität; Moscheen, *Taj Mahal* (Grabmal, 1632 bis 1654); eine der führenden Industriestädte Indiens; ✈.

agrar..., Agrar... [lat.], Bestimmungswort; Bed.: „Landw., Boden".

Agrarier [lat.], allg. Bez. für Vertr. landw. Interessen; bes. für preuß. Großgrundbesitzer nach 1871.

Agrarreform, svw. ↑Bodenreform.

Agreement [ə'gri:mənt; engl.], Vereinbarung auf Treu u. Glauben *(Gentlemen's A.),* bes. im diplomat. Verkehr.

Agrément [agre'mã; frz.], [vertraul.] eingeholte Zustimmung zur Person eines diplomat. Vertr. beim Empfangsstaat.

Agrigent (ital. Agrigento), ital. St., Sizilien, 56 500 E; Fremdenverkehr; griech. Siedlung (Tempelruinen), Blüte 6./5. Jh. v. Chr.

Agrikultur, Ackerbau, Landw.

Agronom [gr.], akadem. ausgebildeter Landwirt.

Agudat Jisrael [hebr.], Weltorganisation des orth. Judentums, gegr. 1912; heute polit. Partei in Israel.

Ägypten, Rep. in NO-Afrika; Flussoase des Nils im Gebiet d. Sahara; im W: Libysche Wüste mit Oasen u. Kattarasenke, im O: Arab. Wüste, die steil zum Roten Meer abfällt; durch Flussanschwemmungen fruchtb. Nildelta; Anbau v. Baumwolle, Mais, Reis, Weizen, Zuckerrohr; Viehzucht; Bodenschätze: Erdöl, Phosphate, Mangan-, Eisenerze; Textil-, Eisen- u. Stahl-, Nahrungsmittelind., Fremdenverkehr. – *Gesch.:* ↑ägyptische Geschichte.

ägyptische Augenkrankheit (Trachom), infektiöse u. hartnäck. bakterielle Bindehautentzündung, meist Übergreifen auf die Hornhaut; Behandlung mit Antibiotika.

ägyptische Geschichte, um 2900 v. Chr. Entstehung des ägypt. Einheitsreiches, Gründung von Memphis (b. Kairo); 1. u. 2. Dyn. (Thiniten), Ausbau der Verw.; *Altes Reich,* etwa 2660–2160 (3.–8. Dyn.), Residenz Memphis, absolutes Erbkönigtum; Eroberungszüge nach Nubien u. Palästina; Naturalwirtsch., Handel; Zerfall des Reiches in Gaufürstentümer; 2053 neue Einigung, Residenz zunächst Theben, dann wechselnd; *Mittleres Reich,* in der 12. Dyn. (1991–1785) Beginn innerer Wirren; Eroberung N-Ägyptens durch die Hyksos um 1650–1550; *Neues Reich* (1552 bis 1070), Ägypten wird Weltmacht, gewinnt Nubien; 1490–68 Königin Hatschepsut; 1364–47 ↑Amenophis IV. (Echnaton), Nachfolger sein Schwiegersohn ↑Tutanchamun; 1184 bis 1153 ↑Ramses III.; dann Verfall der ägypt. Macht; wechselnde Fremdherrschaften; seit 525 pers. Prov., 332 durch Alexander d. Gr. besetzt; 304 bis 30 unter den ↑Ptolemäern, 30 v. Chr. von Rom erobert; im 2. Jh. n. Chr. Beginn der Verödung Ägyptens; frühchristl. Gemeinden; 619–28 pers.; 638/644 Eroberung durch die Araber; ab 1250 Mameluckenherrschaft; seit 1517 türk. Prov., zeitw. prakt. selbst.; 1798 ägypt. Expedition Napoleons; 1869 Eröffnung des Suezkanals; 1882 brit. Schutzherrschaft; 1885 Aufstand der Mahdisten (↑Mahdi); 1922 unabh. (konstit. Monarchie); 1952 Staatsstreich, 1953 Republik (↑Nasser), 1956 Suezkrise (Konflikt mit Großbrit., Frkr. u. Israel); 1958–61 mit Syrien zur Vereinigten Arab. Rep. zusammengeschlossen, deren Namen Ägypten bis 1971 beibehielt; 1967 3. Isr.-Arab. Krieg.

Ägypten

Fläche: 1 001 449 km^2
Einwohner: (1995) 62,93 Mill.
Hauptstadt: Kairo
Amtssprache: Arabisch
Zeitzone: MEZ +1 Stunde

Seit 1971 amtl. Staatsname „Arab. Rep. Ägypten". Nach dem 4. Israel.-Arab. Krieg (Okt./Nov. 1973) ägypt.-israel. Truppenentflechtungsabkommen (Jan. 1974), 1979 ägypt.-israel. Friedensvertrag, danach Isolierung in der arab. Welt; seit Ende der 1980er-Jahre wieder regionale Führungsmacht; im Golfkrieg 1991 Unterstützung der Streitkräfte gg. Irak; seit 1992/93 zunehmend Terroranschläge islam. Fundamentalisten; im Konflikt zw. Israel u. PLO förderte Ä. die Friedensbemühungen.

ägyptische Kunst, *Frühzeit* (etwa 4. Jt.): Ton- u. Steingefäße, Figuren, Felsbilder (Jagdszenen); gg. Ende der Frühzeit Anlage gr. Grabkammern (Mastabas), Wände mit Kampf-, Jagd- und Tanzszenen bemalt (Grab von Hierakonpolis); *Altes Reich* (um 2660 bis 2160): Grabanlagen als Stufenpyramiden; Pyramide auf eine Mastaba gesetzt; in der 4. Dyn. endgültige Form der Pyramide (Pyramiden der Kg. Cheops, Chephren und Mykerinos bei Giseh), reiche Reliefkunst u. Wandmalereien in den Grabkammern; grundlegend für Darst. u. Bauten der Gedanke, die Person des Toten zu verewigen, auch in Haltung der Statuen und Sitzbilder; *Mittleres Reich* (2040–1550): es entstanden gr. Tempelanlagen; Versuch einer Charakterisierung bei den Bildnisstatuen; endgültige Form des ↑Obelisken; *Neues Reich* (1551–1070), keine Pyramiden, sondern Terrassentempel, Kolossalstatuen, Reliefkunst und Wandgemälde v. höchster Feinheit; in Bauten der 19. u. 20. Dyn. (1306–1070 v. Chr.) Zurückgreifen auf alte Kultbauten (↑Abu Simbel); allmähl. Verfall aller Kunstgattungen (Abb. S. 22).

ägyptische Religion, urspr. tiergestaltige Ortsgottheiten (in Memphis Ptah, in Heliopolis Atum u. a.), allm. Aufkommen kosm. Gottheiten, wie Sonnengott Re, Himmelsgöttin Nut, Erdgott Geb, Vegetationsgott und Totengott Osiris war in jedem rituell Bestatteten (Mumie) verkörpert, Totenreich war Fortsetzung ird. Lebens; Pharao als menschl. Verkörperung des Allgottes Horus, der ihn schützt; relig. Reform ↑Amenophis' IV., der nur Aton, die Sonnenscheibe, verehrte (änderte seinen Namen in Echnaton); nach seinem Tode Wiederherstellung der alten Staatsreligion.

ägyptische Sprache, Spr. der alten Ägypter, die im Koptischen weiterlebt; Schrift: ↑Hieroglyphen, später ↑hierat. u. ↑demot. Schrift.

Ahaggar (Hoggar), Geb. in der mittl. Sahara, fast 3 000 m.

Ahasver[us], Name des *Ewigen Juden* (der zu ewiger Wanderung verurteilte Jude); Legende s. dem 6. Jh. bekannt.

Ahlen, Ind.-St. in NRW, 55 000 E; Steinkohlenbergbau, vielseitige Industrie.

Ahmad [ax-]: **1) A. I.,** * 1590, † 1617, türk. Sultan (1603–17); Bau der A.-Moschee in Istanbul; **2) A. III.,** * 1673, † 1736, türk. Sultan (1703–30); Gegner Prinz Eugens.

Ahmadabad, St. im ind. B.-Staat Gujarat, 2,2 Mill. E; Univ.; Bibliotheken; alte Moscheen u. Tempel; Textilind.; ✈.

Ahnenforschung, svw. ↑Genealogie.

Ahnentafel ↑Stammtafel.

Ahnenverehrung, Verehrung der verstorbenen Vorfahren; in allen Kulturen, v. a. bei Naturvölkern; bed. u. a. im antiken Rom; in China u. Japan wesentl. Teil der Religion.

Ähnlichkeit, Eigenschaft geometr. Figuren; entsprechende Winkel u. Verhältnisse entsprechender Seiten sind gleich.

Ahorngewächse, Laubbäume nördl. gemäßigter Zonen mit meist gelappten Blättern u. geflügelten Spaltfrüchten; *Spitz-, Berg-, Feldahorn* in Mitteleuropa, *Zuckerahorn* in N-Amerika, *Eschenahorn* in Japan (Abb. S. 23).

Ahr, l. Nbfl. des Rheins, 89 km.

Ahrensburg, Stadt nö. von Hamburg, Schl.-Ho., 27 400 E; Renaissanceschloss (um 1595); paläolith. u. mesolith. Funde.

Ägyptische Kunst. *Chephrenpyramide (um 2500 v. Chr.) mit der Sphinx von Giseh (oben); König Sesostris I. (12. Dynastie; unten)*

Ahwas, Prov.-Hptst. in SW-Iran, 725000 E; med. u. landw. Hochschule; Zentrum d. Eisen- u. Stahlind.; Verkehrsknotenpunkt.

AI, Abk. für **a**rtificial **i**ntelligence (↑künstliche Intelligenz).

Aichinger, Ilse, * 1921, dt. Schriftstellerin östr. Herkunft; gehörte zur „Gruppe 47".

Aids [eɪdz; Abk. für engl.: **a**quired **i**mmune **d**eficiency **s**yndrome; = erworbenes Immunschwäche-Syndrom], 1980 entdeckte, tödlich verlaufende Infektionskrankheit (durch Viren): schwere, offenbar irreversible Störung der zellulären Immunabwehr.

Aïr, Gebirgsmassiv in der südl. Sahara (Rep. Niger), bis 2310 m; Zinn- u. Uranerzabbau.

Airbag ['eəbæg], selbsttätig sich aufblasender Luftsack im Auto zum Insassenschutz bei Aufprall.

Airbus [eəbʊs], Passagierflugzeug mit großer Sitzkapazität, v. a. für Kurz- u. Mittelstrecken, seit 1975 gebaut v. d. *A. Industrie* (Sitz Blagnac bei Toulouse) unter frz., dt., span. u. brit. Beteiligung.

Airedaleterrier [εə'deɪl-], eine Haushundrasse, 60 cm hoch, drahthaarig.

Air France [ε:r 'frã:s; frz.] (AF), staatl. frz. Luftverkehrsgesellschaft; Verw. in Paris.

Airmail ['eəmeɪl; engl.], Luftpost.

Aischa, * um 614, † 678, Lieblingsfrau Mohammeds; Tochter des Abu Bekr.

Ais|chylos ↑Äschylus.

Aix-en-Provence [εksãprɔ'vãs], frz. St. nördl. von Marseille, 121000 E; Univ., roman. Kathedr.; Bad (röm. *Aquae Sextiae*).

Aix-les-Bains [εksle'bε̃], frz. Kurort östl. von Lyon, 23000 E; Schwefelquellen.

Aja [ital.], Erzieherin, Kinderfrau; *Frau A.,* Scherzname für Goethes Mutter.

Ajaccio [aʒak'jo], Hptst. Korsikas, 55000 E; ⚓, ✈; Geburtsort Napoleons I.

Ajatollah ↑Ayatollah.

Ajax [der Große], in der griech. Sage Held im ↑Trojan. Krieg.

Akaba, einziger jordan. Hafen, am *Golf von A.,* 37000 E; ✈. Die **A.-Bahn** verbindet seit 1975 A. mit den Phosphatlagern bei Al-Hassa.

Akademie [gr.]: 1. Gelehrtenvereinigung; 2. Fachhochschule.

Akademie der Arbeit, 1946 wiedergegr. Hochschule in Frankfurt a. M. zur Ausbildung von Arbeitnehmern für spezielle Aufgaben im wirtsch. u. öff. Leben.

Akademie der Wissenschaften, Vereinigung von Gelehrten zur Pflege wiss. Austauschs u. zur Förderung der Forschung, meist unter staatl. Betreuung; gliedert sich häufig in eine mathemat.-naturwiss. Klasse u. eine philosoph.-histor. Klasse. – Erste A. d. W. der Neuzeit 1470 in Florenz gegr., Preuß. A. d. W. entstand 1700 in Berlin.

Akademiker [gr.], Person mit Hochschulbildung.

Akazie. *Schirmakazien (links)*
Ahorngewächse. *Bergahorn (Frucht, Blütenstand und Blatt)*

akademische Grade, nach best. Prüfungen verliehene akad. Titel; ↑Doktor, ↑Magister, ↑Diplom.

akademisches Viertel, ¼ Std., um die akad. Veranstaltungen später als angegeben beginnen; *c. t.* (*c*um *t*empore = mit Zeit), im Ggs. zu *s. t.* (*s*ine *t*empore = ohne Zeit), also pünktlich.

Akanthus [gr.], Ornament, in der griech. Kunst im 5. Jh. an Grabreliefs, dann an korinth. Säulen am Kapitell; auch in der röm., byzantin., roman. Kunst, in der Renaissance und im Barock.

Akarinose ↑Übers. S. 528 ff.

Akazi|e [gr.]: **1)** artenreiche Gattung der Mimosengewächse; Tropen, Subtropen; meist Bäume; *Schirm-A.,* Charakterbaum O-Afrikas; *Acacia senegal* liefert Gummiarabikum; **2)** häufig verw. falsche Bez. für ↑Robinie.

Akbar, * 1542, † 1605, Großmogul von Indien (reg. seit 1556), führte Mogulreich zur Blüte.

Akelei [mlat.], geschütztes Hahnenfußgewächs; Gebirgswälder u. -wiesen; fünfzählige gespornte Blüten; blüht meist violett, rosa, gelb und weiß; Zuchtformen.

Akihito, * 1933, persönl. Name des Kaisers von Japan; 1990 inthronisiert; Devise: Heisei (Frieden und Eintracht).

Akita, jap. Hafenst. in NW-Honshū, 302 000 E; TU; ✈.

Akka ↑Akko.

Akkad, um 2300 v. Chr. Hptst. des Reiches A., nördl. v. Bagdad.

Akkadisch [nach Akkad], semit. Spr., Keilschrift; neuere Bez. für Babylon. und Assyrisch.

Akklamation [lat.], Zustimmung durch Zuruf.

Akklimatisation [nlat.], Anpassung an veränderte, umweltbedingte Lebensverhältnisse; Gewöhnung an fremdes Klima.

Akko (Akka), isr. St. an der *A.bucht,* 43 500 E; Metall-, chem. Ind.; bed. in phöniz. Zeit; in den Kreuzzügen umkämpft.

Akkommodation [lat.], Anpassung, Einstellung eines Organs, insbes. beim Auge die Erhöhung der Brechkraft der Linse, um etwas in der Nähe Liegendes scharf zu sehen.

Akkord [frz.], Zusammenklang von Tönen versch. Tonhöhe; im System des Terzaufbaus (seit ↑Rameau): *Moll-A.* als Dreiklang mit kl., *Dur-A.* als Dreiklang mit großer Terz.

Akkordarbeit, Arbeit, die nach Leistung (Norm[stück]zahl) bezahlt wird.

Akkordeon [frz.-nlat.], Ziehharmonika mit Tastenreihe für die Melodie- u. Knopfreihe für die Bassstimmen (Akkorde).

Akkra ↑Accra.

akkreditieren [lat.]: **1)** beglaubigen; diplomat. Vertr. beim Empfangsstaat amtl. einführen (*Akkreditiv* = Beglaubigungsschreiben); **2)** eine Bank beauftragen, einem Dritten (dem *Akkreditierten*) fristgerecht eine best. Summe auszuzahlen.

Akku, Kurzw. für ↑**Akku**mulator.

Akkumulation [lat.]: **1)** Anhäufung, Speicherung; **2)** nach K. ↑Marx die Aufspeicherung der Gewinne unter Wegnahme des ↑Mehrwerts vom Arbeitsertrag des Arbeiters.

Akkumulator [lat.] (Akku), auf elektrochem. Basis arbeitender Stromspeicher; *Blei-A.* (elektrolyt. Umsetzungen v. Bleisulfatplatten in Schwefelsäure), liefert 2 V pro Zelle; höhere Spannungen durch ↑Hintereinanderschaltung.

akkurat [lat.], sorgfältig, genau.

Akkusativ [lat.] (Wenfall, 4. Fall), ↑Kasus 2), antwortet auf die Frage: wen oder was?

Akanthus *(links).*
Akkommodation *des Auges, a bei Fischen (zurückverlegte Linse = Ferneinstellung), b bei Säugern, einschließlich Mensch (obere Bildhälfte: Naheinstellung, untere Bildhälfte: Ferneinstellung)*

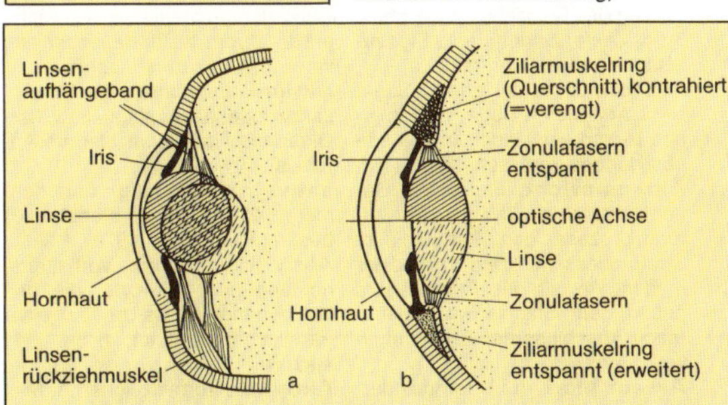

Akropolis *von Athen (Parthenon)*

Akne [gr.], mit Knötchen- und Pustelbildung einhergehende Talgdrüsenentzündung; meist hormonell bedingt.

AKP-Staaten, Kurzbez. der Staaten **A**frikas, des **K**arib. Raumes u. des **P**azif. Ozeans, die durch die Konventionen von Lomé (1975/79) mit der EWG assoziiert sind, 1997: 70 Staaten.

Akquisiteur [-tœ:r; frz.], Kundenwerber; Anzeigenwerber.

Akribie [gr.], größtmögl. Genauigkeit.

Akrobat [gr.], Turnkünstler, Artist.

Akropolis [gr.], Festung auf Burgbergen griech. Städte, bes. die A. von Athen mit ↑Parthenon, ↑Propyläen 1), ↑Erechtheion.

Akroter[ion] [gr.], selbst. figurales od. ornamentales Zierglied auf der Spitze od. an den Ecken eines Giebels (griech. Antike bis Klassizismus).

Akt [lat.]: **1)** Vorgang, Handlung; **2)** Aufzug eines Theaterstückes; **3)** Darst. eines nackten Menschen; **4)** Vollzug des Beischlafs; **5)** ↑Potenz 3); **6)** (Akte) Schriftstück, Slg. zusammengehör. Schriftstücke.

Aktäon, Jäger der griech. Sage; sieht Artemis im Bade, wird in einen Hirsch verwandelt u. von seinen Hunden zerrissen.

Akteneinsicht, Einsicht in Gerichtsakten; im Zivil- u. Verwaltungsprozess den Parteien, im Strafprozess nur dem Verteidiger u. dem Anwalt des Privatklägers neben dem Staatsanwalt erlaubt (nach Abschluss des Ermittlungsverfahrens).

Akteur [-tœ:r; frz.], Handelnder; Schauspieler.

Aktie, an der Börse zum Kurswert gehandeltes Wertpapier, übertragbarer Anteilschein am Kap. einer AG; lautet auf einen best. Nennwert (Mindestnennwert 50 DM).

Aktiengesellschaft (AG), Kapitalges. mit eigener Rechtspersönlichkeit; Anteile bestehen in ↑Aktien; *Aktionär* (Aktieninhaber) haftet nicht persönl.; Organe: Aufsichtsrat, Vorstand (Geschäftsführung) u. *Hauptvers.,* in der Regel jährl. einmal, beschließt Gewinnverteilung (↑Dividende), Entlastung v. Aufsichtsrat u. Vorstand sowie Neuwahl des Aufsichtsrates; Grundkap. mind. 100 000 DM.

Aktinium ↑Actinium.

Aktinomykose [gr.], Strahlenpilzkrankheit, verursacht durch *Aktinomyzeten* (pilzmyzelartig wachsende Bakterien); Infektion der Mundhöhle, Atemwege, Lunge ausgelöst u. a. durch Gräserkauen.

Aktionär ↑Aktiengesellschaft.

Aktionspotenzial, durch Zellreizung verursachte Spannungsveränderung an den Membranen lebender Zellen (Muskeln, Nerven); der entstehende schwache elektr. Strom heißt *Aktionsstrom;* verw. im ↑Elektrokardiogramm.

Aktium (La Punta), westgriech. Landzunge; bei A. siegte 31 v. Chr. Oktavians Flotte über Marcus Antonius.

aktiv [lat.]: **1)** tätig, unternehmend; **2)** im Dienst stehend; **3)** bes. reaktionsfähig (☊).

Aktiv [lat.], Tatform, Verhaltensrichtung des Zeitworts, die den Satzgegenstand als Urheber einer Handlung bezeichnet.

Aktiva ↑Bilanz.

Aktivität, Formelzeichen A, Maß für die Zahl der Zerfälle einer radioaktiven Substanz in einer Zeiteinheit, Einheit ist das Becquerel.

Aktivgeschäfte ↑Banken.

Aktivkohle, porenreiche Kohle, v. a. aus Torf, Holz, Kokosnussschalen; dient als Adsorbens zur Reinigung v. Gasen und Flüssigkeiten.

Aktivkonto ↑Haben.

Aktivlegitimation, im Zivilprozess die Rechtszuständigkeit auf der Klägerseite.

aktuell [frz.], zeitgemäß, gegenwartsbezogen.

Akupressur [lat.], Heilmethode, bei der durch Druck der Fingerkuppen den Organen zugeordnete Körperpunkte beeinflusst werden sollen (z. B. bei Migräne, Rheuma, Asthma).

Akupunktur [lat.], alte chin. Heilmethode; Metallnadeln werden best., den Organen zugeordneten Hautpunkten eingestochen, um Erkrankungen zu bekämpfen; heute bes. bei rheumat. und Nervenkrankheiten.

Akustikkoppler, Gerät zur Datenfernübertragung über Fernsprechleitung.

Akustik [gr.], Lehre vom Schall.

akut [lat.], dringend, vordringl.; unmittelbar; unvermittelt auftretend und von heftigem, kurzdauerndem Verlauf.

Akzeleration [lat.; = Beschleunigung]: **1)** eine Störung in der Bewegung des Mondes; **2)** Zeitunterschied zw. mittl. Sonnen- u. Sterntag; **3)** Beschleunigung der körperl.-biol. Entw. von Jugendlichen.

Akzent [lat.]: **1)** Betonungszeichen (Akut: ´, Gravis: `, Zirkumflex: ˆ); **2)** Betonung einer Silbe, eines Redeteils im Satz; **3)** Tonfall; **4)** Nachdruck.

Akzept [lat.]: **1)** Annahme eines gezogenen Wechsels durch Unter-

Albanien

Fläche: 28 748 km²
Einwohner: (1995) 3,4 Mill.
Hauptstadt: Tirana
Amtssprache: Albanisch
Zeitzone: MEZ

zeichnung; **2)** der angenommene Wechsel.

Akzẹptkredit, kurzfrist. Kredit, durch ↑Wechsel 1) gesichert.

Akzeptor, in der Halbleitertechnik ein Fremdatom, das ein Elektron aufnimmt.

Al, Symbol für ↑Aluminium (☞).

à la [frz.], auf, nach Art von ...

Alabama [engl. ælə'bæmə], Abk. Ala., SO-Staat der USA am Golf von Mexiko, 133 915 km², 4,06 Mill. E; Hptst. Montgomery; Baumwolle, Mais; Schwer-, Textilind.

Alabạster [gr.], feinkörn., durchscheinende Gipsart.

Alạigebirge, Kettengebirge in Zentralasien, bis 5 539 m.

Alamain, Al, ägypt. Küstenort westl. von Alexandria; d. Kämpfe bei Al A. vom 30. 6. bis 3. 11. 1942 setzten Rommels Durchbruchsversuch auf Alexandria ein Ende.

Alamạnnen, svw. ↑Alemannen.

Alamogọrdo, St. in New Mexico, USA, 30 000 E; ✈; in der Wüste bei A. wurde am 16. 7. 1945 die 1. Atombombe gezündet.

Ålandinseln [o:-] (finn. Ahvenanmaa), finn. Inselgruppe im Bottn. Meerbusen, 1 527 km², 24 500 meist schwed. sprechende E; Hauptinsel: Åland (650 km²) mit der Hptst. *Mariehamn* (9 700 E); Fischerei, Viehzucht.

Alarich I., * um 370, † 410, Westgotenkg.; eroberte 410 Rom; bei Cosenza im Busento begraben.

Alạska [engl. ə'læskə], nördlichster Staat der USA, 1,530 Mill. km², 550 000 E, davon 17 % Eskimo und Indianer, Hauptstadt Juneau. Von vergletscherten Kettengebirgszügen (im *Mt. McKinley* 6 229 m) eingeschlossene Hochfläche *(Yukon)* mit Kontinentalklima; Haupteinnahmen aus Fischerei, Bergbau, Holz u. Pelzen; reiche Bodenschätze, z. T. wenig erschlossen (Gold, Steinkohle, Eisen, Kupfer, Uran, Beryllium, Wolfram), Erdölförderung (seit 1977 die *Alaska-Pipeline);* Hauptind.: Fisch- und Holzverarb.; im 2. Weltkrieg Bau des *A. Highway* von Dawson Creek (Kanada) bis Fairbanks (2 450 km). – 1741 entdeckt, Gründung russ. Pelzhandelsstationen *(Kodiak),* 1867 von Russland an die USA verkauft, wurde 1959 der 49. Staat der USA.

Alạssio, ital. Seebad an der westl. Riviera, 12 800 E.

Ạlba, Fernando Álvarez de Toledo, 3. Herzog von, * 1507, † 1582, span. Feldherr; 1537 Oberbefehlshaber der kaiserl. Heere, siegte 1547 bei Mühlberg/Elbe über den ↑Schmalkald. Bund; 1567–73 Statthalter in den Niederlanden (Schreckensherrschaft); eroberte 1580 Portugal.

Albaner Bẹrge, vulkan. Ringgeb. (bis 956 m) sö. Roms.

Albani|en, Rep. an der sö. Adria, Bergland, verkehrsmäßig wenig erschlossen; Ind. u. Energieerzeugung gewinnen an Bed.; Erdölgewinnung; weitere Bodenschätze werden ausgebeutet. Haupthafen Durrës; *Bev.:* vorw. Albaner (mehr als 50 % Muslime). – 167–395 röm.; im MA teilw. von Bulgarien (bis 1018), bis 1343 von Byzanz, dazw. zeitw. durch Despoten von Epirus, seit 1343 von Serben, 1479–1913 von Türken beherrscht; seit 1913 Ft. unter Mbret (= Herrscher) Wilhelm I. (Prinz zu Wied), 1925 Rep., 1928 Kgr. (Zogu I., ehem. Min.-Präs.). 1939–43 Personalunion mit Italien; 1946 VR (Verstaatlichung der Wirtsch., KP Staatspartei). A. betrieb die Entwicklung der kommunist. Gesellschaftsform radikaler als die anderen europ. sozialist. Staaten; bis 1960 enges Verhältnis zur UdSSR, danach bis 1977/78 zur VR China. 1989/90 einsetzende Reformbewegung führte seit 1991 zur polit. Umwandlung in demokrat. Staat.

Albany ['ɔ:lbənɪ], Hauptstadt des B.-Staates New York, USA, 102 000 E; Eisen-, Textil- und Elektroind.; Univ.; Fluss-⚓, ✈.

Alb (Nachtmahr), nächtl. Gespenst; ↑auch Albdrücken.

Ạlbatrosse [arab.], Vogelfam., ausgezeichnet segelnde Meeresvögel v. a. auf der Südhalbkugel; *Wander-A.,* die größten Meeresvögel, Spannweite rd. 350 cm.

Albdrücken, Beklemmung und Angstgefühl im [Halb]schlaf.

Ạlbe [lat.], weißes liturg. Gewand.

Albedo [lat.], Verhältnismaßzahl zw. einfallenden und reflektierten Strahlungen an nicht strahlenden Körpern; oberflächenabhängig.

Albee, Edward ['ɔ:lbɪ], * 1928, amer. Dramatiker; „Wer hat Angst vor Virginia Woolf?" (dt. 1963).

Ạlberich, Zwerg der dt. Sage, Hüter des Nibelungenhorts.

Ạlbers, Hans, * 1891, † 1960, dt. Schauspieler; in seinen Filmen verkörperte er meist Abenteurer und Draufgänger.

Ạlbert: *Belgien:* **1) A. I.,** * 1875, † 1934, Kg. seit 1909; Verteidiger der belg. Neutralität im 1. Weltkrieg. – **2) A. II.,** * 1934, Kg. seit 1993. – *Großbrit.:* **3) A.,** * 1819, † 1861, Prinz von Sachsen-Coburg und Gotha, s. 1840 verh. mit Kgn. Viktoria.

Albert, Eugen d' [dal'bɛ:r], * 1864, † 1932, dt. Komponist u. Pianist frz. Herkunft; über 20 Opern, u. a. „Tiefland", „Die toten Augen".

Albẹrta [æ:l'bə:tə], kanad. Prov. östl. d. Rocky Mountains, 661 190 km², 2,55 Mill. E; Hptst. Edmonton; Landw., Kohlen- u. Erdölvorkommen.

Albẹrti, Leon Battista, * 1404, † 1472, Baumeister u. Kunsttheoretiker der ital. Frührenaissance.

Albertina [nlat.], graf. Slg. in Wien, begr. 1769 von Hzg. Albert Kasimir v. Sachsen-Teschen.

Albertiner, Linie der ↑Wettiner.

Ạlbertkanal, Kanal zw. der Maas bei Lüttich u. der Schelde bei Antwerpen, 130 km.

Ạlbertsee (Mobutu-Sese-Seko-See), See im Zentralafrik. Graben, 618 m ü. d. M., 5 300 km², 48 m tief; Ausfluss: *Albertnil.*

Albẹrtus Mạgnus, hl., eigtl. Albert Graf von Bollstädt, * um

H. Albers

H. Albertz

1200, † 1280, Dominikaner; einer der bedeutendsten Gelehrten des MA.

Albertz, Heinrich, * 1915, † 1993; dt. ev. Theologe und Politiker (SPD); 1966/67 Regierender Bürgermeister von Berlin (West); in den frühen 1980er-Jahren Vertr. d. Friedensbewegung.

Albi, Hptst. des frz. Dep. Tarn, 48 000 E; Erzbischofssitz; Kathedrale (13./14. Jh.).

Albigenser, Gruppe der ↑Katharer aus Albi; extrem asket.; in den *A.kriegen* (1209–29) ausgerottet.

Albinismus [lat.], anlagemäß., rezessiv erbl. Fehlen der Pigmentbildung; *Albino,* an A. Leidender.

Ålborg ['ɔ:lbɔr], dän. Hafenstadt am Limfjord, 158 000 E; vielseitige Ind., Werft; ⚓.

Albrecht: *Hl. Röm. Reich:* **1) A. I.,** * 1255, † 1308 (ermordet von seinem Neffen Johann Parricida), Sohn Rudolfs I. v. Habsburg, Hzg. von Östr. u. Steiermark, 1298 Kg.; **2) A. II.,** * 1397, † 1439, Hzg. von Östr., 1437 Kg. von Böhmen und Ungarn, 1438 Kg. – *Brandenburg:* **3) A. I.,** der Bär, * um 1100, † 1170, Askanier, Gründer und 1. Markgraf der Mark Brandenburg. – *Mainz:* **4) A. II.,** * 1490, † 1545, Erzb. und Krfst. von Mainz, Erzb. von Magdeburg und Administrator des Bistums Halberstadt; ließ von Tetzel den Ablass vertreiben, gegen den sich Luther mit seinem Thesenanschlag 1517 wandte. – *Preußen:* **5) A.,** * 1490, † 1568, Sohn Markgf. Friedrichs IV. v. Brandenburg-Ansbach; 1510/11 Hochmeister des Dt. Ordens in Preußen, wurde luth. und wandelte 1525 den Ordensstaat in ein weltl. Hzgt. unter poln. Lehnshoheit um.

Albright, Madeleine ['ɔ:lbraɪt], * 1937, amer. Politikerin, 1993–97 ständige UN-Botschafterin der USA, 1997–2001 Außen-Min.

Albula, rechter Nbfl. des Hinterrheins, Schweiz, 36 km, Mdg. b. Thusis; *A.straße* über den *A.pass* (2312 m ü. d. M.); *A.bahn* Thusis–Sankt Moritz mit *A.tunnel* (5,9 km).

Albumen [lat.], svw. ↑Eiweiß.

Albumine [lat.], wichtigste Gruppe der Eiweißstoffe.

Albuquerque ['ælbəkə:kɪ], St. in New Mexico, USA, 385 000 E; 2 Univ.; Nahrungsmittelind.; Kernforschungsanlagen; Kurort, Fremdenverkehr; ⚓.

Alcantara ®, wildlederähnl. Textilstoff aus feinsten Polyesterfasern; voll waschbar.

Alcántara, span. St. am Tajo, 2300 E; Stammsitz des *Ritterordens von A.* (gegr. um 1160).

Alcazar ↑Alkazar.

Alchemie ↑Alchimie.

Älchen, 1–2 mm lange Fadenwürmer, meist parasitär, Landwirtschaftsschädlinge.

Alchimie [arab.], „Chemie" des MA (Spätantike bis 17. Jh.), mit dem Ziel, Materie in einen vollkommenen Zustand zu bringen; im 17./18. Jh. zur Pseudowiss. entartend mit dem Ziel, Gold aus unedlen Stoffen zu gewinnen.

Aldegrever, Heinrich, eigtl. Trippenmecker, * um 1502, † nach 1555, dt. Kupferstecher u. Goldschmied.

Aldehyde [Kurzw.], aus primären Alkoholen durch Dehydrierung (daher Al-dehyd), aus organ. Säuren durch Reduktion gewonnene chem. Verbdg., die *Aldehydgruppe* –CHO enthaltend; *niedere A.* sind flücht., *höhere* flüss. bis fest; wicht. bei biochem. Vorgängen; techn. wicht. als Ausgangsprodukte für viele Synthesen (z. B. Formaldehyd).

Aldehydharze, durch alkal. Kondensation best. ↑Aldehyde entstehende Kunstharze; für Lacke u. a.

Alder, Kurt, * 1902, † 1958, dt. Chemiker; Nobelpreis 1950 für die Dien-Synthese (mit O. Diels).

Alexander I. Pawlowitsch

Ale [eɪl; engl.], helles obergäriges Bier.

alea iacta est [lat. „der Würfel ist geworfen"], sprichwörtl. „die Entscheidung ist gefallen"; angebl. v. Cäsar bei Überschreiten des Rubikons gesagt.

Alejchem, Scholem ↑Scholem Alejchem.

Alemannen, urspr. Verband v. Teilstämmen der westgerman. Sweben, zuerst 212 am oberen Main gen.; im 3. Jh. Vorstöße über den ↑Limes, um 260 Ansiedlung im ↑Dekumatland; im 5. Jh. Ausdehnung über Pfalz, Elsass, N-Schweiz, Rätien; um 500 von den Franken unterworfen. – Das zu Beginn des 10. Jh.s entstand. Stammeshzgt. Schwaben umfasste das gesamte alemann.-schwäbische Stammesgebiet.

Alemannisch, oberdt. Mundart (oberrhein.), in der die hochdt. ↑Lautverschiebung am stärksten durchgedrungen ist.

Alembert, Jean Le Rond d' [alã'bɛr], * 1717, † 1783, frz. Mathematiker und Schriftsteller; Wegbereiter des Positivismus, mit ↑Diderot bis Bd. 7 Hg. der frz. „Encyclopédie" (33 Bde., 1751–80). Formulierte u. a. das *d'alembertsche Prinzip* der Dynamik.

Alençon [alã'sõ], Hptst. des frz. Dép. Orne, 31 500 E; Baumwollind., berühmte Spitzen.

Aleppo (Halab), St. in NW-Syrien, 985 000 E; Univ.; Ind.-, Verkehrs- u. Handelszentrum; ⚓.

Alessandria, ital. Prov.-Hptst. in Piemont, 91 000 E; Handelszentrum mit Messen, Textilindustrie.

Aletschgletscher, Großer, größter Alpengletscher, Berner Alpen, 87 km², 23 km lang; westl. das *Aletschhorn,* 4195 m.

Aleuten, Inselkette zwischen Alaska und Kamtschatka, zu USA, etwa 150 Inseln, 37 840 km²; südl. der *A.graben,* bis 7822 m tief.

Alexander II. Nikolajewitsch

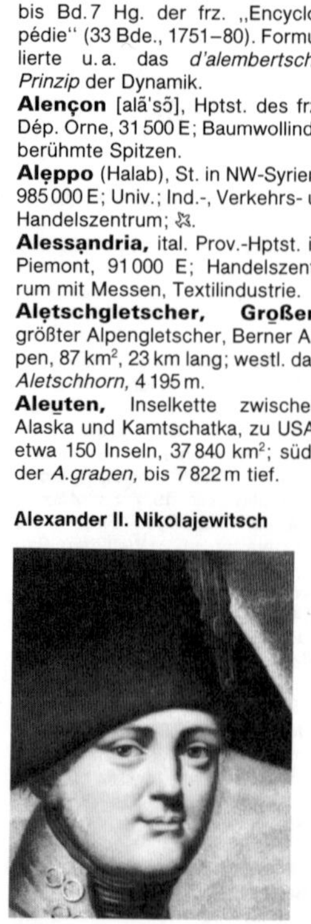

Alexander: Päpste: **1) A. III.,** † 1181, Papst seit 1159, Gegner der Staufer; **2) A. VI.,** * 1431 (1432?), † 1503, vorher Rodrigo de Borgia, Papst seit 1492, bed., skrupelloser Staatsmann.

Alexander: *Bulgarien:* **1) A. I.,** * 1857, † 1893, Prinz von Battenberg, 1879 Fürst von Bulgarien; 1886 auf Russlands Betreiben gestürzt. – *Jugoslawien:* **2) A. I.** Karađorđević, * 1888, † 1934 (in Marseille durch Attentat), Kg. seit 1921. – *Makedonien:* **3) A. der Große,** * 356, † 13. 6. 323, Sohn Philipps II. von Makedonien, seit 336 Kg.; trug 338 entscheidend zum Sieg über die Griechen bei Chaironeia bei; 334 Zug gegen Persien: Siege in Kleinasien am Granikos (334) u. bei Issos (333) über Darius III.; Eroberung von Palästina u. Ägypten, Vernichtung der Perser bei Gaugamela (331); 327–25 Zug nach Indien. Übernahme u. Organisation des Perserreiches. Durch A.s Eroberungen u. Städtegründungen Verbreitung der griech. Kultur in Asien. – *Russland:* **4) A.** Newski, hl., * um 1220, † 1263, russ. Großfürst; Nationalheld; Siege über die Schweden u. die Schwertritter; **5) A. I.** Pawlowitsch, * 1777, † 1825, Zar seit 1801; Versuche lib. Reformen; Verbündeter Preußens und Österreichs im Kampf gg. Napoleon; Stifter der „Hl. Allianz"; **6) A. II.** Nikolajewitsch, * 1818, † 1881 (durch Attentat), Zar seit 1855; Aufhebung der Leibeigenschaft u. a. Reformen; unterdrückte den poln. Aufstand (1863), 1873 Dreikaiserbund mit Östr. und Dtl., 1877/78 Krieg gg. Türkei; **7) A. III.** Alexandrowitsch, * 1845, † 1894, Zar seit 1881; reaktionär, Panslawist. – *Serbien:* **8) A. I.** Obrenović, * 1876, † 1903 (ermordet), Kg. seit 1889.

Alexandria (arab. El Iskandarijja; Alexandrien), wichtigster Hafen u. wichtigste Ind.-St. Ägyptens, im westl. Nildelta, 3,3 Mill. E; Univ.; ✈. – 332/31 v. Chr. von Alexander d. Gr. gegr., Hptst. der Ptolemäer; Alexandrin. Bibliothek.

Alexandrinische Bibliothek, größte Bibliothek des Altertums, in Alexandria, gegr. im 3. Jh. v. Chr., vor dem Brand (47 v. Chr.) etwa 700 000 Rollen; die *kl. A. B.* im Serapistempel.

alexandrinisches Zeitalter, Zeit der Blüte der griech.-hellenist. Kultur, Zentrum Alexandria.

Alexandrit [nlat.], Abart des ↑ Chrysoberylls, Härte 8,5; durchsicht., grün.

Alexie [gr.], Verlust der Fähigkeit, Buchstaben od. Wörter zu erkennen (trotz Sehvermögens); ↑ auch Legasthenie.

Aleppo. *Die Zitadelle*

Al Fatah ↑ Fatah, Al.

al fine [ital.], bis zum Schluss [eines Musikstückes].

Alföld ↑ Großes Ungar. Tiefland.

Alfons: *Kastilien und León:* **1) A. X.,** der Weise, * 1221, † 1284, Kg. seit 1252; Enkel Philipps von Schwaben, 1257 zum Röm. König gewählt, ohne je das Hl. Röm. Reich betreten zu haben. – *Spanien:* **2) A. XIII.,** * 1886, † 1941, Kg. seit Geburt; verließ 1931 nach Wahlsieg der republikan. Parteien das Land, ohne abzudanken.

Alfred der Große, * 848 (?), † 899 (?), Kg. von England seit 871; schwere Kämpfe mit den Dänen, schuf eine Flotte; bed. Gesetzgeber und Übersetzer.

Alfons X., *der Weise*

Algarve, Ldsch. und histor. Prov. (heute: Distrikt Faro) in S-Portugal, 4 960 km^2, 340 000 E; Hptst. *Faro* (32 000 E).

Algebra [arab.], Lehre von den Gleichungen u. ihren Lösungen; die mod. A. untersucht die Strukturen math. Mengen.

Algeciras [alxe'θiras], span. Hafenst. westl. Gibraltar, 102 000 E; Fremdenverkehr. – *A.-Konferenz* 1906: Frkr. erreichte (gg. Dtl.) die Anerkennung seiner Vormachtstellung in Marokko.

Algen [lat.], nach den Bakterien u. Blau-A. die niedrigste Pflanzenabt. (Lagerpfl.); hpts. Wasserbewohner, flächig od. fadenförmig, noch ohne Wurzeln u. Gefäße; ein- oder mehrzellig; Chlorophyll, auch andere Farbstoffe enthaltend; Ernährung auto-, manchmal heterotroph; u. a. Geißel-, Grünalgen.

Algenpilze, niedr., mikroskop. kl. Pilze; Parasiten und Moderpfl. (z. B. Schimmelpilze).

Algeri|en, Rep. in NW-Afrika, grenzt an Marokko, Mauretanien und Mali. Zw. Tellatlas u. Saharaatlas Hochland der Schotts (800 bis 1 000 m), südl. die Sahara; Landw. bes. an der Küste, Viehzucht im Geb.; Bodenschätze: Erdöl, Erdgas, Phosphate, Eisenerze, Zink; vielseitige Ind. – Im Altertum röm. Provinz, im 7. Jh. arab., kam 1519 unter türk. Oberhoheit, vom 16.–19. Jh. Seeräuberstaat. Seit 1830 frz. Vordringen, Aufstände unter ↑ Abd El Kader, erneut s. 1954 unter Führung der ↑ FLN; Waffenstillstand von Évian-les-

Algerien

Fläche: 2381741 km^2
Einwohner: (1995) 27,94 Mill.
Hauptstadt: Algier
Amtssprache: Arabisch
Zeitzone: MEZ – 1 Stunde

Bains (19. 3. 1962), Volksentscheid für Unabhängigkeit am 1. 7. 1962; bis Ende der 1980er-Jahre sozialist. orientierte Politik; seit dem annullierten Wahlsieg fundamentalist. islam. Kräfte 1991 Bürgerkrieg; Präs. Bouteflika unterbreitete nach seiner Wahl 1999 einen Friedensplan.

Algier ['alʒi:r], Hptst., wirtsch. Zentrum und wichtigster Hafen Algeriens, 1,7 Mill. E; Univ.; Nahrungsmittelind.; ✈.

Algonkin, indian. Stämme im NO Nordamerikas, bilden eine Sprachfam.; u. a. Micmac, Delaware, Ojibwa, Cree und Fox.

Algonkium ↑Geologie, Formationstabelle.

Algorithmus [mlat.], Rechenvorgang mit sich wiederholendem Schema; bek. Euklids A. zur Bestimmung des größten gemeinsamen Teilers.

Alhambra [arab. al hamra; = die Rote], Burg über Granada; bed. islam. Schloss (13./14. Jh.).

Alibi [lat.; = anderswo], bes. im Strafprozess wicht. Beweis der Abwesenheit vom Tatort zur Tatzeit.

Alicante, ostspan. Prov.-Hptst. am *Golf v. A.*, 268000 E; Seebad; ⚓, ✈; Ausfuhr: *A.wein,* Südfrüchte, Alfagras, Erze, Maschinen.

alicyclische Verbindungen (Naphtene), organ. Verbdg. mit Ringstruktur (Ringe aus 3–30 Kohlenstoffatomen), ausgenommen Benzolringe (↑Benzol) u. deren Derivate (↑aromat. Verbindungen).

Aligarh, ind. Stadt sö. v. Delhi, 320000 E; Universität.

Alimente [lat.], Unterhaltsbeitrag (aufgrund gesetzl. Unterhaltspflicht).

aliphatische Verbindungen, Bez. für alle organ. Verbdg. mit geraden od. verzweigten Kohlenstoffketten (Ggs.: alicycl. und aromat. Verbdg.); Öle, Zucker, Benzin.

ALITALIA, Abk. für: **A**erolinee **Italia**ne Internazionali, staatl. ital. Luftverkehrsges., Sitz Rom.

Alkalilen [arab.], Hydroxide der Alkalimetalle; charakt.: eine OH-Gruppe; oft nur Bez. für Natrium- oder Kaliumhydroxid; wässrige Lösungen färben Lackmusindikator blau *(alkal. Reaktion);* ätzend; umfassen noch d. Hydroxide der Erdalkalimetalle und das Ammoniumhydroxid.

Alkalimetalle, Elemente der 1. Hauptgruppe des Periodensystems: Lithium, Natrium, Kalium, Rubidium, Cäsium und Francium.

Alkalimetrie, chem. Analyseverfahren, bei dem der Alkaligehalt einer Lösung mit Säure definierter Konzentration titriert wird.

Alkaloide [arab.; gr.], bas., meist giftige Stickstoffverbdg. in Pfl.; schmerzlindernd, krampflösend, betäubend (u. a. Morphin, Kokain).

Alkalose [nlat.], krankhafter Zustand mit Basenüberschuss od. Säureverlust im Blut; kann bis zur ↑Tetanie führen.

Alkane [Kw.], svw. ↑Paraffine.

Alkäus (Alkaios), * um 620, † um 580 v. Chr., griech. Lyriker; mit Sappho Hauptvertr. der äol. Lyrik.

Alkazar [al'kaθar; arab.], Bez. für Burg u. Schloss in Spanien; u. a. der A. in Sevilla (im sog. Mudejarstil, 14. Jh.) u. der A. in Toledo (im Span. Bürgerkrieg zerstört, heute Nationaldenkmal).

Alken [nord.], entengroße, arkt. Meeresvögel, an Pinguine erinnernd; der 90 cm gr. *Riesenalk* 1844 ausgerottet; ↑Tordalk, ↑Papagei[en]taucher.

Alkene [Kw.], svw. ↑Olefine.

Alkibiades, * um 450, † 404 v. Chr. (ermordet), athen. Staatsmann und Feldherr; bestimmte Athen 415 zur unglückl. Expedition nach Sizilien u. erhielt den Oberbefehl; Flucht nach Sparta u. Kampf gg. Athen; Zwist mit Sparta, erneut athen. Feldherr, Seesiege, 408 triumphale Rückkehr; im nächsten Jahr abgesetzt u. verbannt.

Alkine, Acetylene, ungesättigte azykl. Kohlenwasserstoffe mit Dreifachbindung.

Alkmaar, niederl. St. in Nordholland, 90000 E; tradit. Käsemarkt an der Stadtwaage.

Alkmene, im griech. Mythos Gattin des Amphitryon, der Zeus in der Gestalt ihres Gatten naht, Mutter des Herakles.

Alkohole [arab.], flüss. bis feste Oxidationsprodukte der Kohlenwasserstoffe mit der charakterist. OH-Gruppe; bed. v. a. *Äthylalkohol,* C_2H_5OH (i. e. S. als Alkohol bez.), in gr. Mengen durch alkohol. Vergärung von Stärke oder Zucker (u. a. Korn), aber auch synthet. gewonnen; desinfizierend, in reiner Form giftig.

Alkoholismus, durch übermäß. Alkoholgenuss bedingte krankh. körperl. u. seel. Erscheinungen; akuter A. führt zur Enthemmung, Bewusstseinstrübung bis zu Erregungszuständen, Übelkeit, Erbrechen; chron. A. bewirkt geist. u. körperl. Dauerschäden, schwere Organerkrankungen der Leber, des Herzens, des Magens, der Nieren u. Nerven; ↑auch Delirium (Delirium tremens).

Alkoholvergiftung ↑Vergiftungen.

Alkoven, Nebenraum, Bettnische, Verschlag.

Alkuin, * um 730, † 804, ags. Gelehrter; am Hof Karls d. Gr., einer seiner Berater, beteiligt an der Abfassung der Libri Carolini, einer theolog. Streitschrift.

Alkydharze [Kw.], Polyester, wicht. Grundstoffe für die Lackind., entstehen durch Kondensation von mehrwert. Alkoholen mit mehrbas. Säuren unter Zusatz weiterer Substanzen (v. a. fetten Ölen).

Alkyl- [Kw.], einwert. Kohlenwasserstoffrest $C_nH_{2n+1}-$, wichtige Gruppierung in organ. Verbindungen.

alla breve, beschleunigt; Taktmaß, nach Halben statt Vierteln gezählt (𝄞).

Allah [arab.; = der Gott], Name des einen Gottes im ↑Islam.

Allahabad, ind. Wallfahrtsort am mittl. Ganges, 806000 E; Univ., bed. Handelsplatz; ✈.

Alldeutscher Verband, 1891 als Reaktion auf den Helgoland-Sansibar-Vertr. gegr. (bis 1894 *Allg. Dt. Verband*); verfocht eine nationalist. Expansionspolitik; 1939 aufgelöst.

Allee [frz.], von Bäumen gesäumte Straße (auch Weg).

Allegheny River ['ælɪgenɪ 'rɪvə], Quellfluss des Ohio, 523 km.

Allegorie [gr.], die Darstellung eines Begriffs in einem Bild; Ggs. ↑Symbol 1).

allegretto [ital.], langsamer als allegro, mäßig schnell; *allegro,* freudig, lebhaft (𝄞).

Allemande [al'mãd; frz.], „Tanz im dt. Stil", zuerst etwa 1550; s. 17. Jh. 1. Satz der Suite.

W. Allen

Allen, Woody ['ælın], eigtl. Allen Stewart Konigsberg, * 1935, amer. Regisseur und Schauspieler; Vertr. einer intellektuellen Komik („Der Stadtneurotiker").

Allende Gossens, Salvador, * 1908, † 1973, chilen. Politiker; Arzt, Mitbegr. der Sozialist. Partei; 1970–73 Präs. Chiles, bei Militärputsch erschossen.

Allenstein [poln. Olsztyn], ostpreuß. Stadt an der Alle, 165 000 E; landw. Hochsch.; Schloss (14. Jh.).

Aller, r. Nbfl. der Weser, 211 km.

Allergie [gr.], von körperfremden Substanzen *(Allergenen)* ausgelöste Bildung von ↑Antikörpern und die dadurch bedingte Reaktion des Körpers, u. a. mit Ekzemen u. Entzündungen (z. B. bei Heufieber). – ↑auch Anaphylaxie.

Allerheiligen, kath. Fest zum Gedächtnis aller Heiligen (1. Nov.).

Allerheiligstes: 1) der hinterste Raum des Tempels in Jerusalem mit der Bundeslade; **2)** die konsekrierte Hostie (kath.).

Allerseelen, kath. Gedächtnistag für alle verstorbenen Gläubigen (2. Nov.).

Allesfresser, svw. ↑Omnivoren.

Allgäu, dt. Landschaftsraum zw. Bodensee und Lech, Hauptort Kempten. Im S die *A.er Alpen* mit Hochfrottspitze, 2 649 m, Mädelegabel, 2 645 m; Viehzucht, Milchwirtsch., Fremdenverkehr.

Allgemeine Geschäftsbedingungen, Abk. AGB, für eine Vielzahl von Verträgen vorformulierte Vertragsbedingungen, die eine Vertragspartei (Verwender) der anderen Partei bei Abschluss eines Vertrages stellt (z. B. Lieferungs-, Zahlungsbedingungen).

Allgemeine Ortskrankenkassen, Abk. AOK, Träger der gesetzlichen Krankenversicherung für alle Pflichtversicherten, Versicherungsberechtigten und freiwillig Weiterversicherten eines örtl. Bezirks, die keiner anderen Krankenkasse angehören; gegr. 1883.

Allgemeiner deutscher Arbeiterverein, Abk. ADAV, unter F. Lassalle erste selbst. dt. Arbeiterpartei, gegr. 1863; 1875 Zusammenschluss mit der Sozialdemokrat. Arbeiterpartei zur Sozialist. Arbeiterpartei Deutschlands.

Allgemeiner Deutscher Gewerkschaftsbund (ADGB), 1919–33 Spitzenorganisation der freien Gewerkschaften.

Allgemeines Bürgerliches Gesetzbuch (ABGB), seit 1. 1. 1812 gült., mehrf. ergänztes östr. Gesetzbuch.

Allianz [frz.], Bündnis zw. Staaten.

Allier [al'je], l. Nbfl. der Loire, 410 km.

Alligatoren [engl.], hochentwickelte Raubreptilien (Krokodile) subtrop. u. trop. Flüsse u. Sümpfe; bis 6 m lang.

Alliierte [frz.], verbündete Mächte, v. a.: **1)** die im Kampf gg. Napoleon I. verbündeten Mächte; **2)** im 1. Weltkrieg England, Frkr. u. Russland als Gegner der Mittelmächte; **3)** im 2. Weltkrieg die Gegner der Achsenmächte.

Alliierte Hohe Kommandantur Berlin, gemeinsames Organ der vier Besatzungsmächte für Berlin, bestand Juli 1945 bis Okt. 1990.

Alliierte Hohe Kommission, Abk. AHK, 1949–55 oberstes Kontrollorgan der 3 Westmächte für die BRD u. Berlin (West).

Alliierter Kontrollrat, 1945 eingesetzte Behörde der 4 Besatzungsmächte zur Ausübung der Reg.-Gewalt in Dtl.; seit 1948 nicht mehr zusammengetreten, 1990 formal aufgelöst.

Alliierte und assoziierte Mächte, die ↑Alliierten 2) u. die ihnen (ohne Bündnisvertrag) angeschlossenen Gegner Deutschlands im 1. Weltkrieg.

Allmende, Teil der Gemeindeflur, der den berechtigten Gemeindemitgl. zur gemeinschaftl. Nutzung zusteht.

Alkazar *von Segovia (11., hauptsächlich 14./15. Jh.)*

Allod[ium] [mlat.], lehnsfreies Eigentum.

Allongeperücke [a'lõʒ-; frz.], künstl. Haartracht mit langen Locken (17. u. 18. Jh.).

Allopathie [gr.], Heilmethode mit Heilmitteln, deren Wirkung den Krankheiten entgegengerichtet ist; Ggs. ↑Homöopathie.

Allotropie [gr.], Auftreten versch. Zustandsformen bei chem. El., z. B. Kohlenstoff als Graphit und Diamant.

all right [ɔːl'raıt; engl.], richtig, in Ordnung.

Allstromgerät, elektr. Gerät für Gleich- und Wechselstrom.

Allüren, Benehmen, Auftreten.

Alluvium ↑Geologie, Formationstabelle.

Alm, Bergweide (über der Baumgrenze).

Alma-Ata, bis 1992 Name von ↑Almaty.

Almadén [-ðen], südspan. St., 9 500 E; reichste Quecksilberlager der Erde; heute fast erschöpft; Bergbauschulen.

Alma Mater [lat.; = nährende Mutter], urspr. Beiname röm. Göt-

Alligator. *Mississippialligator*

Alraune *nach einer Handschrift aus dem 15. Jh. (links).*
Alsfeld. *Rathaus (1512–16)*

tinnen (u. a. Ceres); jetzt bildungssprachl., oft scherzhafte Bez. für Universität.

Almanach [mlat.], urspr. astronom.-astrolog. Kalendertafel, seit dem 17. Jh. svw. Jahrbuch.

Almandin [nlat.], Eisentongranat, Härte 7,5, durchsichtig, rot; Schmuckstein.

Almaty, s. 1992 Name von Alma-Ata, Hptst. von Kasachstan, 2 Mill. E; Univ.; Nahrungsmittel-, Textilind.; ✈.

Almansor ↑Mansur, Al.

Almeria, südspan. Prov.-Hptst. am *Golf v. A.,* 158 000 E; Solarkraftwerke; maur. Burg, Kathedrale (16. Jh.); ⚓.

Alm[en]rausch ↑Alpenrosen.

Alo|e [gr.], sukkulente [stammbildende] Rosettenpfl. der afrik. Trockengebiete; Kleinformen als Topfpfl.; Heilpfl.: *A. ferox* u. a.

Alpaka [indian.]: **1)** Wolle des A. (Guanakorasse in Bolivien u. Peru); **2)** svw. ↑Neusilber.

al pari [ital.], zum Nennwert (Wertpapierhandel).

Alpen, bogenförmig durch M-Europa ziehendes Gebirge (Montblanc 4 807 m), in Phasen aufgefaltet (Kreide, Tertiär). Der von S wirkende starke Druck schob u. verfaltete große Gesteinsdecken über das Liegende. Grenze zw. W- u. O-A.: die Linie Bodensee–Comer See. In den höchsten W-A. überwiegen mesozoische Gesteine in komplizierter Deckentektonik, verknetet mit dem kristallinen Untergrund. Die weniger hohen O-A. gliedern sich in drei Zonen: Nördl. Kalk-A., kristalline Zentralzone, Südl. Kalk-A.; Abtragungsschutt (Flysch u. Molasse) in den nördl. u. südl. Randsenken. Die Eiszeit prägte den typ. Hochgebirgscharakter: Trogtäler, Kare, spitze Gipfel, Seen. *Klima:* im N gemäßigt, im O trocken, ganz im S mediterran. Grenzen der vertikalen Vegetationsgürtel im S meist höher als im N. Durch niedere Pässe u. breite Täler gut zugängl.; *Besiedlung* seit vorgeschichtl. Zeit. Anteil an den A. haben: Italien, Frkr., Schweiz, Liechtenstein, BRD, Östr. und Slowenien. In den Tälern u. an Hängen Ackerbau, Alm-, Vieh- und Forstwirtsch.; Bergbau (Salz u. Erze); Nutzung der Wasserkräfte durch Talsperren und Kraftwerke; starker Fremdenverkehr, der sich nach dem 2. Weltkrieg z. T. zum Massentourismus internat. Prägung entwickelte, mit vielfach negativen Auswirkungen.

Alpenbock: 1) Steinbockart; **2)** Bockkäferart.

Alpenglöckchen, Primelgewächs; geschützte Hochgebirgspflanze.

Alpenpflanzen, i. w. S. alle Hochgebirgspflanzen (einige hundert Arten in Europa); i. e. S. die Pfl. der alpinen Stufe, also von der Baumgrenze (1800–2200 m) bis zur Schneegrenze (um 3250 m).

Alpenrosen, immergrüne Bäume od. Sträucher der Geb., vorwiegend nördl. Halbkugel; in den Alpen *Rostrote Alpenrose* auf kalkarmen Böden; *Behaarte Alpenrose* (Alm[en]rausch) auf Kalk, in Dtl. geschützt; Topf- u. Gartenpfl.

Alpentiere, in den Alpen (z. T. auch anderen Geb.) vorkommende Tiere, z. B. Einwanderer der Nacheiszeit (v. a. Alpenhase, Felsenschneehuhn, Mornellregenpfeifer, Leinfink und bes. niedere Tiere); ältere mittelasiat. Einwanderer (v. a. Murmeltier, Alpensteinbock, Gämse, Alpendohle, Alpenbraunelle, Alpenmauerläufer, Ringdrossel, Schneefink); während der Eiszeit eingewanderte Taigatiere (Dreizehenspecht, Raufußkauz); *Alpeninsekten:* Apollofalter, Eismohrenfalter, Alpenbock, Gletscherfloh; *Amphibien:* Alpenmolch, Alpensalamander.

Alpenveilchen, Primelgewächse: **1)** *Cyclamen europaeum,* kleine geschützte Bergwaldpfl. (bes. Kalkalpen); **2)** Topfpfl., meist vom westasiat. *Cyclamen persicum* abstammend.

Alpha, 1. Buchstabe des griech. Alphabets (A, α).

Alphabet [gr.], Reihenfolge der Schriftzeichen einer Sprache; ben. nach den ersten Buchstaben des griech. A.s: Alpha, Beta.

Alphastrahlen (α-Strahlen), beim radioakt. Zerfall Korpuskularstrahlen, aus *Alphateilchen* (Heliumkerne, ${}^{4}_{2}He^{++}$) bestehend; zur Auswertung werden die Bahnen z. B. in der Nebelkammer sichtbar gemacht.

Alphorn, bis zu 10 m langes Holzblasinstrument.

alpine Kombination, Skiwettbewerb: Abfahrtslauf u. Slalom *(alpine Zweierkombination)* od. Abfahrtslauf, Slalom u. Riesenslalom *(alpine Dreierkombination).*

alpine Stufe, Gebirgsregion von der Baumgrenze (in den Alpen 1800 bis 2200 m) bis zur klimat. Schneegrenze (Sonderflora).

Alpinismus (Alpinistik) [nlat.], Bergsteigen im Hochgeb. aus sportl. u. wiss. Interesse.

alpinotyp, Bez. für eine Gebirgsbildung durch Faltung u. Überschiebung.

Alpirsbach, Stadt u. Luftkurort im Schwarzwald, 7000 E; ehem. Benediktinerkloster (1095 gegr.).

Alraune, menschenähnl. Figur aus der Wurzel der *Alraunpfl.* (Mandragora); soll Glück und Reichtum bringen.

Alsfeld, hess. Stadt am Vogelsberg, 17700 E; Kirchen d. 13. Jh.s, viele alte Fachwerkbauten.

Alster, r. Nebenfluss der Elbe, 51 km, größtenteils im Gebiet Hamburgs; seeartige Erweiterungen: *Binnen-, Außen-A.;* mündet in den Hamburger Hafen.

Alt (rumän. Olt), l. Nbfl. der Donau, Rumänien, 680 km.

Alt ↑Stimmlagen.

Altai, Geb. in Innerasien (Belucha 4506 m); z. T. arides Klima; Silber-, Kupfer-, Blei-, Zink-, Eisenerze.

altamerikanische Kulturen, Kulturen der indian. Hochkulturvölker Mittel- u. Südamerikas bis zur europ. Eroberung: *1. Mittelamerika:* Sammler u. Jäger, allm. Entw. zu Ackerbauern *(Tlatilco-Bauern)* mit Tempeln und Wohnungen aus luftgetrockneten Ziegeln (Adoben), kl. Tonfiguren. *Teotihuacánzeit* (etwa 3.–7. Jh.): Pyramidentempel, Wandmalerei, Gesichtsmasken. *Tolteken* (etwa 850 bis 1168): Kulturzentrum Tula, Pyramidentempel, Federschlangen als Pfeiler. *Zapoteken* (etwa 200 bis 800): Tempelstadt auf dem Monte Albán. *Mixteken:* Aufschwung nach Auswanderung der Tolteken, Bücher aus Leder und Papier. *Azteken:* im 14. Jh. ins Mexiko-Tal eingewandert; Zentrum Tenochtitlán; Tempel, Paläste, Kolossalstatuen der Götter, Vasenmalerei. *Mayakultur* (in Mexiko, Guatemala und Honduras; klass. Zeit 4. bis 10. Jh.): monumentale Bauten, Skulpturen, Keramik; Astronomie, Kalenderwiss.; nachklass. Zeit (Yucatán, 10.–16. Jh.): Kultplätze Chichén Itzá, Mayapán, Uxmal. *2. Südamerika:* im Andengebiet relativ einheitl. Kulturentw.; *Chavín* im N (Keramik) u. *Paracas* im S („Mantos", Weberei, bemalte Tongefäße); *Moche-* (N-Peru) und *Nazcakultur:* Höhepunkt d. Töpferei; 8.–11. Jh. *Tiahuanacozeit:* bemalte Keramik; 13.–15. Jh. *Chimureich:* Keramik, Bronzearbeiten; 1440–1533 *Inkaherrschaft* (Ausbreitung v. Cuzco aus bis Ecuador u. N-Chile): Terrassen mit künstl. Bewässerung, Haustiere, ausgebautes Verkehrs- und Militärwesen, Sonnenkult, Knotenschnüre (Quipu) als Schriftersatz, Töpferei, Weberei, Metalltechnik (kein Eisen). Im nördl. Andengebiet (Kolumbien) wenig erforschte Kulturen: San Agustín, Quimbaya und Calama (Goldarbeiten), Chibcha (Bogotá, Priesterkg. von Guatavira = El Dorado).

Altamira, Höhle bei Santillana (N-Spanien) mit 1879 entdeckten, altsteinzeitl. Deckenmalereien.

Altan [ital.], balkonartiger Anbau, vom Boden aus gestützt.

Altar [lat.], erhöhter Opferplatz, in der Antike vor dem Tempel, im Christentum in der Kirche (Mittelpt. der Abendmahlsfeier); ↑auch Flügelaltar, ↑Antependium, ↑Retabel, ↑Ziborium 2).

Altdorfer, Albrecht, *um 1480, †1538, dt. Maler u. Grafiker; Hauptmeister der Donauschule; Schöpfer des mod. Landschaftsbildes.

Altdorf, Hauptort des schweizer. Kt. Uri, östl. der Reuß, 8200 E; Schauplatz der Tellsage.

Altenberg, Ortsteil der Gem. *Odenthal* (14000 E) bei Köln, NRW; ehem. Zisterzienserabtei (1133–1803) mit Wallfahrtskirche.

Albrecht Altdorfer,
Alexanderschlacht (1529; rechts)

altamerikanische Kulturen.
Maske aus grünem Stein aus La Venta

Amaryllisgewächse. *Amaryllis*

Altenburg, Krst. in Thür., 50 000 E; Schloss (18. Jh.), Renaissancerathaus; Spielkartenmuseum und -fabrik.

Altenglisch, älteste Stufe des Engl.; aus der Sprache der Angelsachsen entstanden.

Altenhilfe, alle im Rahmen der Sozialhilfe älteren Menschen zuerkannten Maßnahmen (u. a. Unterbringung in Heimen, Hilfe im Krankheitsfall und bei der Haushaltsführung); gesetzl. geregelt im B.-Sozialhilfegesetz 1961.

Altenkirchen (Westerwald), Krst. an der Wied, RP, 6 300 E; Luftkurort.

Altenteil (Ausgedinge), die Rechte des den Hof an seinen Nachf. übergebenden Bauern lt. Übergabevertrag (Wohnrecht, Unterhalt u. a.).

Alte Pinakothek, Gemäldegalerie, München, gegr. 1836.

Alter Dessauer ↑Leopold I. von Anhalt-Dessau.

Alter Ego [lat.; = das andere Ich], sehr vertrauter Freund.

Alternative, Wahl, Entscheidung zw. zwei sich ausschließenden Möglichkeiten.

alternierender Vers, regelmäß. Wechsel von einsilb. Hebung und Senkung (z. B. Jambus).

Altersentlastungsbetrag, in der BRD einkommensteuerfreier Betrag für Personen, die vor Beginn des Veranlagungszeitraums (Kalenderjahr) das 64. Lebensj. vollendet haben.

Altersgrenze, Zeitpt., zu dem best. gesetzl. Folgen eintreten, z. B. Pensionierung.

Alterspräsident, ältestes Mitgl. einer neugewählten Körperschaft (Vors. bis zur Präsidentenwahl).

Alterssichtigkeit, Einschränkung od. Verlust der Fähigkeit des Auges zur ↑Akkommodation.

Altertum, im allg. der Zeitraum von den Anfängen der Gesch. bis zum Beginn der Völkerwanderung (um 375) od. bis zum Untergang des Weström. Reiches (476); *klass. A.:* griech.-röm. Antike (um 800 v. Chr. bis um 500 n. Chr.).

Altes Land, fruchtb. Marschldsch. zw. Stade und Hamburg.

Ältestenrat, Parlamentsausschuss zur Unterstützung des Bundespräsidenten.

Altes Testament ↑Bibel.

Altgläubige, svw. ↑Raskolniki.

Altgrad ↑Grad 5).

Althing, das isl. Parlament.

Althochdeutsch, älteste Stufe d. Hochdt. (ab 6. Jh.), mundartl. differenziert; westgerman. Spr. mit ↑Lautverschiebung; ↑auch deutsche Sprache.

Altkatholiken, Glieder einer Kirche, die sich aus Anlass der Dogmatisierung der Unfehlbarkeit des Papstes (1870) von der röm.-kath. Kirche getrennt hat; stützen sich auf altkirchl. Traditionen; in der Utrechter Union verbunden.

Altlasten, Bez. für ehem. Mülldeponien, Grubenverfüllungen, Aufschüttungen u. Ä., auch Bodenschichten unter ehem. Industriebetrieben und militär. Anlagen, die mit Schad- und Giftstoffen versetzt sind; auch Bez. für die Schad- und Giftstoffe selbst.

Altlutheraner, Mitgl. der dt. luth. Freikirchen, im 19. Jh. unter Protest gg. Unionsbestrebungen zw. ref. u. luth. Kirchen entstanden; 1972 meist zur Selbst. Ev.-Luth. Kirche (SELK) zusammengeschlossen.

Altman, Robert ['ɔ:ltmən], * 1925, amer. Filmregisseur, bissige satir. Gesellschaftsstücke, u. a. „M. A. S. H."; „Short Cuts"; „Prêt-à-porter"; „Kansas City".

Altmark, Gebiet zw. Lüneburger Heide u. mittl. Elbe; Grünlandwirtschaft, Erdgasfeld bei Salzwedel.

Altmühl, l. Nbfl. der Donau, 220 km, Teil des Rhein-Main-Donau-Großschifffahrtsweges.

altnordische Literatur, älteres Schrifttum Norwegens und Islands; erst zw. 12. u. 14. Jh. aufgezeichnet; u. a. ältere u. jüngere ↑Edda, ↑Skaldenlieder, ↑Saga.

Alto de Pico, höchster Berg auf den Azoren, 2 351 m.

Altokumulus [lat.], Haufenschichtwolke; in 3–4 km Höhe.

Altona, seit 1937 Stadtteil von ↑Hamburg.

Altostratus [lat.], stabile graue Schichtwolke, in 4–5 km Höhe.

Altötting, Wallfahrtsort u. Krst. in Bayern, 12 500 E.

Altphilologie, svw. ↑klassische Philologie.

Altruismus [lat.], stets auf das Wohl der Mitmenschen bedachtes Verhalten.

Altsteinzeit, ↑Übersicht Vorgeschichte.

Altvater, höchster Berg (1 492 m) im *A.gebirge,* einem Teil der Ostsudeten (ČR).

Altweibersommer: 1) Bez. einer in Europa und Nordamerika auftretenden Schönwetterperiode, 2. Sept.-Hälfte bis Anf. Oktober; **2)** im Herbst v. jungen Spinnen erzeugte Spinnfäden, die mit den Tieren umhergeweht werden.

Aluminate [lat.], aluminiumhaltige Salze, die durch Auflösen von Aluminiumhydroxid in Alkalilösungen entstehen.

Aluminium [lat.], chem. El., Symbol Al, OZ 13, rel. A.-Masse 26,9815, Leichtmetall; silberglänzend, gut leitend, Dichte 2,702 g/cm³ (20 °C), Fp. 660,37 °C, Sp. 2467 °C; weich, dehnbar; im Luftsauerstoff dünner Oxidüberzug, dadurch korrosionsbeständig; in Vbdg. dreiwertig; *A.oxid,* Al_2O_3, Tonerde; *A.hydroxid* m. bas. u. sauren Eigensch.; *A.chlorid* hygroskop.; *Vorkommen:* häufigstes Metall (8 %) der Erdkruste; durch Elektrolyse aus Bauxit gewonnen. Rein od. in Form v. sehr widerstandsfähigen Legierungen verw.

Alveole [lat.]: **1)** kl. Fach im Kiefer, in dem der Zahn sitzt; **2)** Lungenbläschen (↑Lunge).

Alwegbahn [nach dem schwed. Industriellen *A. L. We*nner-*G*ren], Einschienenhochbahn für hohe Geschwindigkeiten.

Alzey, Krst. in RP, 17 800 E; Pfarrkirche (15. Jh.); Weinbau; Einkaufszentrum.
Alzheimer-Krankheit, allmähl. Abbau der Gehirnsubstanz infolge Hirnatrophie. Ursache unklar.
Am, Symbol für ↑Americium (☊).
a. m., Abk. für: ↑**a**nte **m**eridiem.
Amagasaki, jap. Ind.- u. Hafenst. auf Honshū, 499 000 E.
Amalasuntha (Amalaswintha), † 535, Ostgotenkönigin, Tochter Theoderichs des Großen.
Amalfi, ital. St. u. Seebad am Golf von Salerno, 6 000 E.
Amalgam ↑Quecksilber.
Amarna (Al Amarna; Tall Al Amarna), Ruinenstätte der Hptst. Amenophis' IV., in M-Ägypten; Ausgrabungen seit 1890: u. a. Büste der Nofretete, polit. Korrespondenz zw. Pharaonen u. ausländ. Fürsten *(A.briefe)* auf Tontafeln in babylon. Keilschrift.
Amaryllisgewächse [gr.; dt.], meistens Zwiebelpfl., viele mit schönen Blüten; Schneeglöckchen, Narzissen u. a.; Topfpfl. aus wärm. Zonen: Agave, Amaryllis.
Amateur [-'tœ:r; frz.], aus Liebhaberei (nicht berufl.) mit etwas Beschäftigter; im Sport durch A.statut definiert, Aufwandsentschädigung erlaubt.
Amati, Geigenbauerfamilie in Cremona; am bedeutendsten: *Nicola A.,* * 1595, † 1684, Lehrer Guarneris und Stradivaris.
Amato, Giuliano, * 1938, ital. Politiker; parteilos; 1992–93 und seit 2000 Min.-Präsident.
Amazonas: **1)** zweitgrößter Fluss der Erde, im nördl. Südamerika, 6 400 km, 7 Mill. km² Einzugsgebiet, Oberlauf Río Marañón, Río Huallaga u. Río Ucayali (peruan. Anden); über 200 Nebenflüsse; **2)** größter brasil. Staat, 1 567 954 km², 2,1 Mill. E, Hptst. Manaus; meist trop. Regenwald, im N Savanne.
Amazonen [gr.], in der griech. Mythologie krieger. Frauen Kleinasiens (u. a. Kampf mit Achill).
Amber (Ambra) [arab.], öl. Darmausscheidung des Pottwals; Duftstoff für Parfüms.
Amberg, Stadt in der Oberpfalz, 43 500 E; Wehranlagen aus dem MA, got. Kirchen; spätgot. Rathaus; LG; Elektro-, Porzellanind., Gießerei.
Ambesser, Axel von, eigtl. A. Eugen von Oesterreich, * 1910, † 1988, dt. Schriftsteller, Schauspieler und Regisseur.
Ambiguität [lat.], Zweideutigkeit, Doppelsinnigkeit.
Ambition [lat.], Ehrgeiz, Streben.
Ambivalenz [lat.], Doppelwertigkeit von Begriffen.
Ambon: **1)** Molukkeninsel, Indonesien, 813 km², 651 000 E; **2)** Hafen u. Hptst. v. 1), 201 000 E; Univ.; Werften; ✈.
Amboss: **1)** Unterlage bei der Metallbearb., bes. beim Schmieden; **2)** ↑Ohr.
Ambra, svw. ↑Amber.
Ambras (Amras), St.-Teil v. Innsbruck, ma. Schloss, früher gr. Sammlungen (jetzt Östr. Nat.-Bibliothek), darunter *A.er Handschrift,* Slg. mhd. Epen, auf Veranlassung Kaiser Maximilians I. 1504 ff. aufgezeichnet.
Ambrosia [gr.], in der griech. Mythol. Speise der Götter, durch die sie unsterbl. bleiben.
Ambrosius, hl., * um 340, † 397, lat. Kirchenlehrer; Bischof von Mailand; Begr. des abendländ. Kirchengesangs.
ambulant [lat.], wandernd, ohne festen Sitz; *a.e Behandlung,* Behandlung, bei der der Kranke den Arzt aufsucht.
Ambulanz [lat.]: **1)** veraltet für bewegl. Feldlazarett; **2)** Krankentransportwagen; **3)** Abt. einer Klinik zur Behandlung nicht stationär aufgenommener Kranker.
Ameisen, artenreiche, global verbreitete, fast immer Staaten bildende Insekten mit Arbeitsteilung u. Polymorphismus (geflügelte ♂♂ u. ♀♀, Arbeiterinnen, Soldaten); *Rote Wald-A.* u. a. einheim. Arten: unter die Erde reichende Haufennester; *Azteca-A.* u. a. trop. Arten: freihängende Papiernester; trop. *Wander-A.:* kunstlose Wandernester; *Weber-A.* (Ceylon): Nester aus Blättern; gewisse Wüsten-A. verwenden Arbeiterinnen als lebende Honigvorratstöpfe; *Blattschneider-A.* (Amerika) züchten unterird. Pilzgärten zur Ernährung; *Amazonen-A.* rauben fremde Brut als zukünftige Sklaven; als *A.gäste,* Nahrung spendend (z. B. Zuckersaft) u. dafür geschützt, leben viele Gliederfüßer mit den A. symbiotisch.
Ameisenbären, südamer. Ameisen- u. Termitenfresser mit röhrenartig ausgezogenen zahnlosen Kiefern u. etwa ½ m langer, klebriger Zunge; *Gr. Ameisenbär* rd. 2½ m lang.
Ameisenigel, Kloakentier (Australien); zahnloser Insektenfresser mit röhrenförm. Schnabel, wurmart. Zunge, starken Grabkrallen und stacheligem Pelz.
Ameisensäure, HCOOH, einfachste organ. Säure; im Gift der Ameisen u. a. Insekten; Hauptbestandteil des Brennnesselgifts; als Konservierungsstoff für best. Lebensmittel zugelassen.
Ameland, eine der Westfries. Inseln, 57 km², 3 200 E; Seebäder; Fähre von Holwerd.
amen [hebr.; wahrlich; es geschehe!], Gebetsschlusswort.
Amenophis (Amenhotep), Na-

Ameisenigel *(rechts)*

Ameisen. *Rote Waldameise bei der Kopulation (links)*

Ammoniten. *Ammonit aus dem Lias.*

Amiens. *Kathedrale (1220–88; links)*

me ägypt. Kg. der 18. Dyn.: **1) A. III.** (1402–1364), Vater von 2), Erbauer des Tempels v. Luxor; ↑Memnonkolosse; **2) A. IV.** (Echnaton; 1364–47), relig. Reformator: Sonnengott Aton alleiniger Gott; Gemahl der ↑Nofretete.

Amenorrhö [gr.], Ausbleiben bzw. Fehlen der ↑Menstruation.

American Broadcasting Company [ə'merıkən 'brɔ:dkɑ:stıŋ 'kʌmpənı], Abk. ABC, private Rundfunkges. der USA, gegr. 1943.

American Forces Network [ə'merıkən fɔ:sız 'netwə:k] (AFN), Rundfunkanstalt für die amer. Truppen außerhalb der USA.

American Telephone & Telegraph Company [ə'merıkən 'telıfəʊn ænd 'telıgrɑ:f 'kʌmpənı] (AT & T), größte [private] Fernmeldeges. der Erde.

Americium [nlat.], chem. El., Symbol Am, OZ 95, mehrere Isotope, am langlebigsten Isotop 243; künstl. hergestellt (↑Transurane), radioaktiv, zur Gruppe der ↑Actinoide.

Amerika, einziger Doppelkontinent (↑Nordamerika, ↑Südamerika), durch eine Landbrücke (↑Zentralamerika) verbunden; 42 Mill. km², rd. 740 Mill. E. Die „Neue Welt" (im Ggs. zur „Alten Welt") hat eine N–S-Ausdehnung von 16 000 km. Name nach Amerigo Vespucci. *Geographie:* Im W erstreckt sich von N nach S ein junges Faltengeb. (Rocky Mountains; Anden); daran schließen sich ostwärts weite Tiefländer u. alte Rumpfschollengebirge an; klimat. reicht A. vom polaren N über die Tropen bis zur südl. gemäßigten Zone. Die Hauptentwässerung geht zum Atlantik. *Bev.:* A. wurde vor etwa 20 000 Jahren über eine damals wahrsch. vorhandene Landbrücke von N-Asien aus durch kl. Gruppen von Großwildjägern besiedelt. Hauptrassen ↑Eskimo und ↑Indianer. Wirtsch.-Formen Wildbeuter u. Pflanzer, keine Hirtennomaden. Keine Kenntnis der Eisenbearbeitung in Gesamt-A. Im Andengebiet u. in Mexiko Hochkulturen u. a. der Tolteken, Azteken, Maya und Inka (↑altamer. Kulturen), etwa 125 versch., unabh. Sprachfamilien; durch Europäer Umwandlung oder Zerstörung der alten Kulturen. *Entdeckungsgesch.:* Um 1000 erreichte der Wikinger Leif Eriksson v. Island aus Nord-A. (Vinland, Markland). 1492 landete Kolumbus auf Guanahani. Spanier und Portugiesen eroberten im 16. Jh. auf der Suche nach Gold weite Teile Süd- u. Mittel-A.s. In Nord-A. erschlossen vorw. Engländer, Franzosen und Deutsche das Land.

Amerikanisches Mittelmeer, den Golf von Mexiko u. das Karib. Meer umfassendes Nebenmeer des Atlantiks, 4,3 Mill. km², größte Tiefe 7 680 m.

Amerikanisch-Samoa, Territorium der USA im Z-Pazifik, umfasst die 7 östl. ↑Samoainseln (Hauptinsel Tutuila), 197 km², 47 500 E, Hptst. Pago Pago; Export v. Thunfischkonserven, Uhren, Kopra.

Amerikanismus [nlat.]: **1)** bes. Merkmal d. amer. Engl.; **2)** Entlehnung aus dem amer. Engl., z. B. Bluejeans, Playboy.

Améry, Jean [ame'ri], eigtl. Hans Mayer, * 1912, † 1978 (Selbstmord), österreich. Schriftsteller; „Charles Bovary, Landarzt".

Amethyst ↑Quarz.

Amidasen [Kw.], Enzyme, die Amidbindungen (–CO–NH) hydrolytisch spalten.

Amiens [a'mjɛ̃], Hptst. des nordfrz. Dép. Somme u. der Region Picardie, 156 500 E; Univ.; got. Kathedr.; Textilind. – 1802 *Friede zu A.* zw. Frkr., Spanien, der Batav. Rep. u. Großbritannien, der den 2. Koalitionskrieg beendete.

Amine [Kw.], Ammoniakderivate: Ersatz von 1, 2 od. 3 H-Atomen durch Alkyl- od. Arylreste.

Aminosäuren [Kw.], wesentl. Bausteine d. Eiweiße mit charakt. Aminogruppe $-NH_2$ und Carbonsäuregruppe $-COOH$; Pfl. bauen A. selbst auf, Tier u. Mensch müssen 9 A. *(essenzielle A.)* mit der Nahrung aufnehmen.

Amitose ↑Zellteilung.

Amman, Hptst. Jordaniens, 850 m ü. d. M., 1,5 Mill. E; Univ.; vielseitige Ind.; ✈.

Amman[n], Jost, * 1539, † 1591, seit 1561 in Nürnberg, Maler, Kupferstecher, Holzschneider.

Ammer, l. Nbfl. der Isar, 175 km; durchfließt den *A.see* (47,6 km², Tiefe 82,5 m), danach *Amper.*

Ammon ↑Amun.
Ammoniak [gr.], NH_3, stechend riechendes Gas (seine wässr. Lösung als *Salmiakgeist* bek.). In der chem. Ind. Ausgangsprodukt für viele Synthesen zur Herst. wicht. Ammoniumsalze (z. B. Düngemittel); meist vollsynthet. aus Luftstickstoff u. Wasserstoff erzeugt (Haber-Bosch-Synthese).
Ammoniten [gr.], ausgestorbene Kopffüßer mit meist spiral. eingerollter Schale; Versteinerungen *(Ammonshörner)* wichtige Leitfossilien.
Ammonium [gr.], Bez. für das NH_4^+-Kation, das sich wie ein Alkalimetall verhält, aber nicht isoliert werden kann; *A.salze:* Verbdg. des A.s mit einem Säurerest.
Ammoniumchlorid, svw. ↑Salmiak.
Ammoniumphosphat, ein Ammoniumsalz; *Di-A.,* $(NH_4)_2HPO_4$, wicht. Düngemittel.
Ammoniumsulfat, Ammoniumsalz $(NH_4)_2\,SO_4$, wichtigstes Stickstoffdüngemittel.
Amnesie [gr.], Verlust der Erinnerung; z. B. bei Gehirnerschütterung.
Amnestie [gr.], Strafbefreiung durch Ges. (Richtschnur meist ein best. Strafmaß).
Amnesty International ['æmnestı ıntə'næʃnl], 1961 in London gegr. internat. Hilfsorganisation für polit. Gefangene; erhielt 1977 den Friedensnobelpreis. A. I. hat rd. 1,1 Mill. Mitgl. in über 150 Ländern.

A. M. Ampère

Amöben [gr.], Einzeller, die durch Fließbewegungen des Protoplasmas (lebende Grundsubstanz, hpts. Eiweißstoffe) ständig die Gestalt wechseln; meist Wasserbewohner; viele Parasiten.
Amöbenruhr, Tropenkrankheit mit in den Darm aufbrechenden Abszessen, Durchfällen.
Amoklauf [malai.; dt.], Affektzustand; Drang, wahllos andere anzufallen u. zu töten; anfallartig auftretend.
Amor, röm. Liebesgott.
Amorbach, bayr. St., Luftkurort im östl. Odenwald, 4 300 E; Barockkirche (innen Rokoko) mit bed. Orgel.
Amoretten [ital.], geflügelte kl. Liebesgötter der Antike; ↑auch Putten.
amorph [gr.], form-, gestaltlos; Ggs. kristallin.
Amortisation [lat.]: **1)** planmäßige Tilgung von Schulden; **2)** Kraftloserklärung v. Urkunden u. Wertpapieren.
Amos, einer der 12 „kleinen" Propheten des A. T.
Amosis I. (ägypt. Ahmose), 1551 bis 1527 ägypt. Kg., gründete die 18. Dyn. u. das Neue Reich mit der Hptst. Theben.
Amoy ↑Xiamen.
Ampelkoalition, ugs. für Reg.-Koalition von SPD, FDP u. Grünen, anknüpfend an die den Parteien zugeordneten Farben: SPD rot, FDP gelb, Grüne grün.
Amper ↑Ammer.
Ampere [am'pɛ:r], Einheitenzeichen A, SI-Einheit der elektr. Stromstärke; definiert als die Stärke eines zeitl. unveränderl. Stroms, der, durch zwei im Vakuum parallel im Abstand 1 m voneinander angeordnete, geradlinige, unendl. lange Leiter von vernachlässigbar kleinem, kreisförmigem Querschnitt fließend, zw. diesen Leitern von je 1 m Leiterlänge elektrodynam. die Kraft $2 \cdot 10^{-7}$ Newton hervorruft.
Ampère, André Marie [ã'pɛ:r], * 1775, † 1836, frz. Physiker u. Mathematiker; grundlegende Entdeckungen über die Wechselwirkungen zw. elektr. Strömen und Magnetfeldern; erste mathemat. fundierte thermodynam. Theorie.
Amperemeter [am'pɛ:r-], Messinstrument für die elektr. Stromstärke.
Amperesekunde [am'pɛ:r-], Einheitenzeichen As, Einheit der Elektrizitätsmenge, entspricht 1 Coulomb (C).
Ampfer, Knöterichgewächs v. a. d. nördl. gemäßigten Zone; *Sauer-A.:* Unkraut, Gewürz- u. Heilpfl.; *Garten-A.:* spinatart. Gemüse.
amphi..., Amphi... [gr.], Bestimmungswort; Bed.: „um – herum, beid..., doppel...".
Amphibien [gr.] (Lurche), Wirbeltierklasse; Eier legend, Kiemen tragende Larven; erwachsene Tiere mit Lunge, im Wasser u. auf dem Land; wechselwarm, schlüpfrige Haut; fehlen nur in den Polargebieten; älteste A. schon im Devon; z. B. Frösche, Salamander.

Amphora *(Ende des 5. Jh. v. Chr.)*

Amphibienfahrzeug, schwimmfähiges Landfahrzeug.
Amphitheater [gr.], dachloses Bauwerk mit ansteigenden Sitzreihen, um eine ellipt. Arena gebaut; u. a. ↑Kolosseum.
Amphitryon, in der griech. Sage Kg. von Tiryns, Gemahl der ↑Alkmene.
Amphora [gr.], zweihenkel. Tongefäß der Antike; Vorratsgefäß.
Amplitude [lat.], größter Funktionswert period. Funktionen; bei mech. Schwingungen größter Abstand v. d. Ruhelage.
Amplitudenmodulation ↑Modulation 1).
Ampulle [lat.]: **1)** zugeschmolzenes Glasröhrchen (bes. für keimfreie Arzneimittel); **2)** kl. Kanne mit Wein, Öl u. dgl. für den liturg. Gebrauch.
Amputation [lat.], operative Abtrennung eines Körperteils (Med.).
Amritsar, nordind. Stadt im Pandschab, 709 000 E; Univ.; Handel, Ind. (Teppiche); „Goldener Tempel", Hauptheiligtum der Sikhs.

Amsel *(Männchen)*

Amsterdam. *An der Amstel, im Hintergrund der Münzturm (1490, 1619 erhöht)*

Amrum, nordfries. Insel, Schl.-Ho., Hauptort Nebel, 20,4 km², 1100 E; Seebäder; Fähre v. Dagebüll u. Schlüttsiel.

Amsel (Schwarzdrossel), Singvogel; Teilzieher (Abb. S. 35).

Amselfeld (serb. Kosovo polje), fruchtbares Becken in Serbien; 1389 Sieg der Türken über die Serben, 1448 über die Ungarn.

Amsterdam, Hptst. der Niederlande (nicht Reg.-Sitz), 720000 E; seit dem 17. Jh. Welthandelsplatz, zweitgrößter Hafen des Landes. Am Ijsselmeer, Kanäle zur Nordsee, zum Rhein u. a.; Stadtkern (im 13./14. Jh. in Sumpfgelände auf Pfählen erbaut) von verkehrsreichen Grachten durchzogen. In der Altstadt Patrizierhäuser, repräsentat. Bauten (Backstein); Rembrandthaus; mod. Außenviertel; 2 Univ., Akad. der Wiss., Hochschulen, Museen (u. a. ↑Rijksmuseum), Kunsthandel; bed. Banken, Börse; Diamantenschleifereien, Schiffbau, chem. u. Masch.-Ind.; ✈.

Amsterdam-Rhein-Kanal, zw. Amsterdam u. Waal bei Tiel, 72 km.

Amtmann, Dienstbez. im gehobenen Verw.-Dienst.

Amtsgericht (AG), unterstes Gericht in der BRD; von Einzelrichtern besetzt; in Strafsachen Einzelrichter od. ↑Schöffengericht (1 Richter und 2 Schöffen).

Amtsvormundschaft, ↑Vormundschaft des Jugendamtes.

Amudarja (im Altertum Oxus), Fluss in W-Turkmenistan, 2540 km, fließt zum Aralsee.

Amulett [lat.], Gegenstand, der dem Träger mag. Schutz od. mag. Kraft verleihen soll.

Amun (Ammon), altägypt. Gott; später als *A. Re* Sonnengott, Kg. der Götter.

Amundsen, Roald, * 1872, † 1928 (verschollen), norweg. Polarforscher; befuhr 1903–06 die Nordwestl. Durchfahrt, gelangte als Erster am 14. 12. 1911 zum Südpol u. überflog 1926 mit Ellsworth und Nobile den Nordpol.

Amur, ostasiat. Fluss, 4510 km (ohne Quellflüsse: 2824 km), mündet ins Ochotsk. Meer.

Amylase [gr.], ↑Enzym, das Stärke spaltet (Verdauungsenzym).

Amylum [gr.], svw. ↑Stärke.

ana..., Ana... [gr.], Vorsilbe; Bed.: „hinauf, wieder, entsprechend".

Anabolika (anabole Steroide), den Eiweißaufbau des Körpers fördernde, sich vom Testosteron ableitende synthet. Arzneimittel; Missbrauch als Dopingmittel.

Anachronismus [gr.], durch den Zeitablauf Überholtes.

Anaerobier [gr.], niedere Organismen, die ohne Sauerstoff leben können; Ggs. Aerobier.

Anaglyphen [gr.], 2 zusammengehörende rote u. grüne Teilbilder, die, durch eine Brille mit grünen u. roten Gläsern betrachtet, einen räuml. Eindruck vermitteln.

Anagramm [gr.], Umstellung der Buchstaben eines Wortes, wodurch sich ein neues Wort ergibt.

Anakonda [singhal.?], ↑Boa, Schlange in den feuchten trop. Wäldern S-Amerikas.

Anakreon, * um 580, † nach 495 v. Chr., griech. Lyriker, lebte am Hof des Polykrates auf Samos, später in Athen, besang Wein, Freundschaft und Liebe.

anal [lat.], zum After gehörig.

Analeptika [gr.], anregende, wieder belebende Mittel.

Analgetika [gr.], schmerzstillende Mittel.

analog [gr.], ähnl., entsprechend.

Analogieschluss, Schluss von einem Gegenstand auf einen anderen.

Analogrechner, eine Rechenanlage, bei der die Berechnung nicht ziffernmäßig (wie beim Digitalrechner) erfolgt, sondern durch kontinuierl. veränderl. Größen, z. B. Längen, Winkel, elektr. Ströme.

Analphabet [gr.], des Lesens u. Schreibens Unkundiger; etwa 27 % der Erdbevölkerung (lt. UNESCO).

Analysator [gr.], Teil eines ↑Polarisationsgerätes, das den Polarisationszustand des Lichtes feststellt.

Analyse [gr.]: **1)** bei Aristoteles Schluss- u. Beweislehre (*Analytik* = Logik), bei Kant zergliedernde Denktechnik; **2)** Zerlegung eines Stoffes in seine Bestandteile, z. B. El., Ionen, Radikale od. einfachere Verbdg. *(chem. A.)*, Ggs. ↑Synthese 3) (♫); **3)** ↑Psychoanalyse.

Analysis [gr.], Teil der Math., in dem mit ↑Grenzwerten gearbeitet wird (Differenzial- u. Integralrechnung, Differenzial- u. Integralgeometrie, Funktionentheorie).

analytische Geometrie ↑Geometrie.

Anämie [gr.] (Blutarmut), Erkrankung durch Verminderung von ↑Hämoglobin, meist auch der Erythrozyten; u. a. ↑perniziöse A., ↑Bleichsucht.

Anamnese [gr.], Vorgesch. einer Krankheit.

Ananas, Kulturpfl. warmer Länder; Blütenachse u. Deckblätter des Blütenstandes werden zur saft.-fleisch. Scheinfrucht.

Anapäst [gr.], Versmaß aus zwei Kürzen (bzw. Senkungen) und einer Länge (bzw. Hebung): ◡ ◡ – (umgekehrt der ↑Daktylus).

Anaphylaxie [gr.], bes. Form der Überempfindlichkeit (↑Allergie) gg. artfremde Eiweißkörper in der Blutbahn; ein *anaphylakt. Schock* kann tödl. sein.

Anarchie [gr.], Herrschafts-, Gesetzlosigkeit.

Anarchismus, Theorie der Anarchie, die jede allg.-gült. staatl. u. rechtl. Ordnung ablehnt.

Anästhesie [gr.], Unempfindlichkeit, Schmerzbetäubung; *allg. A.* (↑Narkose) unter Ausschaltung des Bewusstseins mit versch. mod. Methoden, *Lokal-A.*, örtl. Betäubung.

Anastigmat [gr.], Linsensystem, bei dem ↑Astigmatismus, Farbfehler und Bildfeldwölbung korrigiert sind.

Anathema [gr.], svw. ↑Exkommunikation.

Anatolien, asiat. Teil d. Türkei.

Anatomie [gr.], Lehre v. Bau d. tier. u. pflanzl. Körpers; gründet sich auf Zergliederung u. mikroskop. Untersuchung; *systemat. A.:* Lehre von den Knochen und Bändern, Muskeln, Gefäßen, Eingeweiden u. Nerven; *mikroskop. A. (Histologie):* Feingewebslehre; *topograph. A.:* Lehre v. der Lage der Organe u. ihren Lagebeziehungen; *vergleichende A.:* Lehre v. den anat. Bezieh. der Lebewesen.

ANC [eıensı] ↑Afrikanischer Nationalkongress.

Anchorage ['æŋkərıdʒ], größte St. Alaskas; 227000 E; Univ.; ✈.

Ancien Régime [ã'sjɛ̃ re'ʒi:m; frz.], die alte Regierungsform, bes. die frz. bis 1789.

Ancona, Hptst. der mittelital. Region Marken, Hafenst. an der Adria, 101000 E; Dom (1128); ✈. – Syrakus. Gründung (387 v. Chr.).

Andalusien (span. Andalucía), südspan. autonome (seit 1982) Region, 87268 km², 6,9 Mill. E, Zentrum Sevilla; umfasst das gut bewässerte fruchtb. Guadalquivirbecken (Zitrusfrüchte, Wein), den S-Abfall der Sierra Morena u. (im S) die Betische Kordillere. Macchien u. Garriguen; Fischerei, Korkgewinnung, Ölbaumkulturen; Viehzucht (Kampfstiere). Erzreichtum (Kupfer, Eisen, Blei, Zink).

Andaman and Nicobar Islands ['ændəmən ænd 'nıkəʊbɑ: 'aıləndz; engl.], ind. Unionsterritorium (Inselgruppen *Andamanen* u. *Nikobaren* im Golf v. Bengalen), 8249 km², 280000 E, Hptst. Port Blair.

Andante [ital.], ruhiges, mäßig langsames Musikstück.

Andechs, oberbayr. Wallfahrtsort östl. vom Ammersee, 2600 E; Benediktinerkloster, spätgot., barockisierte Kirche.

Anden (Kordilleren), junges Faltengeb. am W-Rand Südamerikas, von d. venezolan. Küste bis zum Kap Hoorn; im zentralen Teil bis 800 km breit; reich an Vulkanen; zw. W- und O-Kordillere das innerandine Hochland, im W die Küstenkordillere; *Aconcagua* 6958 m.

Andermatt, schweizer. Kur- u. Wintersportort nördl. des St. Gotthard, 1441 m ü. d. M., 1350 E.

Andernach, St. am Rhein, RP, 29500 E; Holz-, Bimssteinind., Tabakwaren; Römergründung.

Andersch, Alfred, * 1914, † 1980, dt. Schriftsteller; „Sansibar od. der letzte Grund" u. a. Romane.

Andersen, Hans Christian, * 1805, † 1875, dän. Dichter; schrieb Märchen und Romane.

Andersen-Nexø, Martin ['neksø], * 1869, † 1954, dän. Arbeiterdichter; sein Hauptthema ist das soziale Elend.

Anderson ['ændəsn]: **1)** Maxwell, * 1888, † 1959, amer. Dramatiker; „Johanna von Lothringen" (1947); **2)** Sherwood, * 1876, † 1941, amer. Schriftsteller; Roman „Winesburg, Ohio".

Andorra, Ft. in den östl. Pyrenäen, zw. Spanien und Frankreich; Staatsoberhaupt sind formal der span. Bischof von Urgel und d. frz. Staatspräs.; Spr. vorw. Katalan., Religion röm.-katholisch. – Talbecken mit Weiden und Wäldern; Pferde-, Rinder- u. Schafzucht; Fremdenverkehr. Selbst. seit 1278; Verf. v. 1993, UN-Mitglied.

Andorra

Fläche: 453 km²
Einwohner: (1995) 68000
Hauptstadt: Andorra la Vella
Amtssprache: Katalanisch
Zeitzone: MEZ

Andreas-Salomé, Lou, Pseud. Henry Lou, * 1861, † 1937, dt. Schriftstellerin russ.-frz. Herkunft; Freundin Nietzsches, Rilkes und Freuds; schrieb Erz., Romane sowie eine Rilke-Biographie.

Andres, Stefan, * 1906, † 1970, dt. Schriftsteller; „Wir sind Utopia" (Novelle), „Der Knabe im Brunnen" (Roman).

Andrić, ['andritʃ], Ivo, * 1892, † 1975; serb. Schriftst., Romane („Die Brücke über die Drina"), Erz. aus der Gesch. Bosniens, Autobiographisches; Nobelpreis für Literatur 1961.

Andromache, in der „Ilias" die Gattin Hektors.

Andromeda, in der griech. Mythol. Königstochter; wird v. ihrem Vater Kepheus an einen Felsen geschmiedet, um die Götter zu versöhnen; v. Perseus befreit.

Andromeda, Sternbild d. nördl. Himmels, im Herbst und Winter sichtbar, mit hellstem Stern (α) *Alpheratz* u. dem mit bloßem Auge sichtbaren *A.nebel* (Spiralnebel).

Andros, nördl. Kykladeninsel, Griechenland, 374 km², 9000 E; Wein-, Oliven-, Obst-, Getreideanbau; Fremdenverkehr.

Androsteron [gr.], männl. Sexualhormon, Umwandlungsform von ↑Testosteron.

Äneas, in der griech. Sage Sohn des Anchises u. der Aphrodite; flieht aus Troja, landet nach langer Irrfahrt in Italien und wird Ahnherr der Julier.

Äneis, Epos des ↑Vergil; schildert die Irrfahrt des Äneas.

Anekdote [gr.], knappe Erzählung, die mit oft überraschender

R. Amundsen *(links)* **Anakreon** *(rechts)*

Fra Angelico, *Christus erscheint Magdalena, Ausschnitt aus einem Fresko im Kloster San Marco in Florenz (nach 1436)*

Wendung eine charakterisierende Begebenheit wiedergibt.

Anemometer [gr.], Gerät zur Messung der Windgeschwindigkeit.

Anemone [gr.], Gatt. d. Hahnenfußgewächse; Kräuter der nördl. gemäßigten Zone, viele Frühlingsblüher (*Buschwindröschen,* ↑Leberblümchen), teilw. geschützt.

Anerbenrecht, Sondererbrecht für ländl. Grundbesitz zur Verhinderung unwirtschaftl. Teilungen.

Anerkennung, im Völkerrecht die formelle (de jure) oder dem Handeln nach vollzogene (de facto) Bestätigung der Völkerrechtsfähigkeit eines Staates.

Aneto, Pico de, höchster Berg in den Pyrenäen, Spanien, 3404 m.

Aneurin [gr.], Vitamin B_1, in Getreide, Hefe, Obst, Leber u. a., verhindert ↑Beriberi.

Aneurysma [gr.], krankhafte örtl. Schlagadererweiterung, Ursachen u. a. Arterienverkalkung.

Anfechtung, Angreifen einer jurist. Situation, z. B. der Rechtswirkung eines Vertrages.

Angara, r. Nbfl. des Jenissei, 1779 km, aus dem Baikalsee.

Angebot, Gesamtheit der Waren u. Dienstleistungen, die auf dem Markt abgesetzt werden sollen; Ggs.: ↑Nachfrage; A. u. Nachfrage bilden zusammen den ↑Markt.

Angehörige, im Sinne des StGB Verwandte u. Verschwägerte auf- u. absteigender Linie, Adoptiv- u. Pflegeeltern u. -kinder, Ehegatten u. deren Geschwister, Geschwister u. deren Ehegatten, Verlobte.

Angeklagter, der einer Straftat Beschuldigte nach der Eröffnung des Hauptverfahrens.

Angel, als *Hand-A.* aus Rute, Schnur, Floß und beködertem Haken bestehendes Gerät zum Fischfang. – *Angelsport:* Fischfang nach sportlichen Regeln.

Angelico [an'dʒɛ:liko], **Fra A.,** * um 1400, † 1455, ital. Maler; Dominikanermönch; seine Altarbilder und Fresken in S. Marco in Florenz gehören zu den schönsten Zeugnissen der Frührenaissance.

Angeln, fruchtb. Ldsch. im NO v. Schl.-Ho., Hauptort Süderbrarup.

Angelsachsen, seit dem 8. Jh. Name der Angeln, Sachsen und Jüten, der german. Einwanderer Britanniens (um 470); drängten die Kelten zurück; 827 Zusammenschluss der Teilreiche unter Egbert; Christianisierung im 6./7. Jh.; 1016 von Dänen, 1066 von Normannen unterworfen.

Angelus [gr.-lat.], Engel; Bote; *A. Domini* [= Engel des Herrn], Anfangsworte eines kath. Gebetes; Glockenzeichen dafür: *A.läuten.*

Angelus Silesius, eigtl. Johann Scheffler, * 1624, † 1677, dt. Barockdichter; „Cherubin. Wandersmann".

Angerapp, Abfluss des Mauersees, Ostpreußen, 170 km, größter Quellfluss des ↑Pregels.

Ångermanland ['ɔŋər-], histor. Prov. in N-Schweden.

Angeschuldigter, der einer Straftat Beschuldigte nach Erhebung der öff. Klage (bis zur Eröffnung des Hauptverfahrens).

Angestelltenversicherung, Zweig der ↑Sozialversicherung.

Angestellter, Arbeitnehmer in wirtsch. Abhängigkeitsverhältnis v. Arbeitgeber; im Ggs. zum ↑Arbeiter bezieht er ein festgelegtes monatl. Gehalt; bes. Kündigungsfristen.

Angina [gr.], mit Schluckschmerz, Rötung u. Schwellung bes. der Mandeln verbundene Entzündung des lymphat. Rachenrings (Halsentzündung).

Angina pectoris (Herzbräune), anfallsweise auftretende, krampfart. Schmerzen hinter dem Brustbein, die in den linken Arm ausstrahlen; Ursache meist Verengung der Herzkranzarterien.

Angiokardiographie [gr.], röntgenol. Darstellung der Herzinnenräume u. gr. Blutgefäße nach Injektion von Kontrastmitteln.

Angiom [gr.], Gefäßgeschwulst (↑Hämangiom, ↑Lymphangiom).

Angkor, Ort in Kambodscha, Ruinen d. Hptst. des alten Khmerreiches (↑Khmer). Tempel *A. Wat* (1112–52).

anglikanische Kirche (Church of England), engl. Staatskirche (im Commonwealth, in den USA u. Südamerika); 65 Mill. Mitgl.; entstand durch Bruch Heinrichs VIII. mit Rom; Hauptrichtung: *High Church* (hochkirchl., liturgiebetont), *Low Church* (kalvinist.), *Broad Church* (liberaltheol.); Abtrennung des ↑Methodismus; ↑auch Oxfordbewegung.

Anglistik [nlat.], Wiss. von der engl. Sprache und Literatur.

Angloamerika, Bez. für d. hpts. engl.-sprachige ↑Nordamerika; Ggs.: Lateinamerika.

anglophil, englandfreundlich.

Angola, Staat an der südl. W-Küste Afrikas, grenzt an Kongo, Zaire, Sambia und Namibia; Landw.: Maniok, Bohnen, Mais, Sisal, Kaffee und Zuckerrohr; Bodenschätze: Diamanten, Kupfer, Eisen, Mangan, Erdölförderung bei Luanda; Ind. im Ausbau. – 1520 portug. Küstensiedlung, seit Ende des 19. Jh.s Vordringen ins Innere; 1951–75 portug. Überseeprov.; im Bürgerkrieg setzte sich 1975 die prosowjet. MPLA gg. prowestl. Befreiungsbewegungen durch; seit 11. 11. 1975 unabhängig, MPLA-Reg. bis 1989 v. kuban. Truppen gegen prowestl. Befreiungsbewegung UNITA unterstützt; s. 1978–89 in S-A. wiederholt südafrikan. Vorstöße gegen Stützpunkte der namib. Unabhängigkeitsbewegung SWAPO. 1991 Friedensabkommen zw. MPLA und UNITA; s. 1997 Reg.beteiligung der UNITA, der s. 1975 andauernde Bürgerkrieg konnte jedoch nicht beendet werden.

Angorakaninchen, langhaar. Kaninchenrasse; liefert je Tier im Jahr 700–800 g Angorahaare.

Angorawolle, verspinnb. Haare der *Angoraziege* od. des *Angorakaninchens.*

Angosturarinde, getrocknete Rinde eines südamer. Baumes, Bestandteil eines Bitterlikörs.

Angoulême [ãgu'lɛ:m], Hptst. des westfrz. Dép. Charente, 46 000 E; roman. Kathedr.; Papier-, keram. und chem. Industrie.

Ångström (Å.-Einheit) ['ɔŋstrøm; nach dem schwed. Physiker *A. J. Ångström,* * 1814, † 1874], Einheitenzeichen Å, nicht gesetzl. Längeneinheit, 1 Å = 10^{-8} cm.

Anguilla [æŋ'gwılə], brit. Kolonie mit innerer Autonomie, Insel der Kl. Antillen, 91 km², 7 000 E, Hptst. The Valley; Salzgewinnung, Fischerei, Rinderhaltung. Ab 1650 brit. Kolonie; 1967–80 (fakt. bis 1971) Teil v. Saint-Kitts and Nevis.

Anhalt, histor. Territorium an der mittl. Elbe, unteren Saale u. im Unterharz; Hptst. Dessau, 2 326 km², 432 000 E (1939). Jahrhundertelang durch Erbteilungen der ↑Askanier zersplittert; 1863 alle anhalt. Lande durch Erbfall vereinigt; 1919 Freistaat; 1933–45 mit Braunschweig unter einem Reichsstatthalter; bildete 1945 mit Sachsen das Land Sachsen-A. 1952 Teil der neu gebildeten Bez. Halle und Magdeburg; s. 1990 Teil des Bundeslandes Sachsen-Anhalt.

Anhydride [gr.], chem. Verbindungen, die durch Abspalten von Wasser aus Säuren entstehen.

Anhydrit, wasserfreier Gips.

Anilin [arab.], organ., aromat., stickstoffhalt. Verbdg. der Formel $C_6H_5NH_2$ (Aminobenzol); bed. Ausgangsmaterial zur Herst. von Arzneimitteln und vielen z. T. wicht. *A.farben* (Teerfarbstoffe), z. B. A.blau; auch zur Herst. von *A.harzen* verw., die bes. elektr. Eigensch. haben; mit A. im Steinkohlenteer vorkommende aromat. Stickstoffverbdg. werden *A.basen* gen.; *A.vergiftung:* akute oder chron. Vergiftung mit A., meist durch Einatmen der *A.dämpfe,* bes. bei Pelzfärbern.

Animosität [lat.], Erbitterung, Abneigung, Widerwille.

Anion, negativ geladenes Ion; ↑auch Elektrolyse.

Anis [gr.], Doldengewächs; Samen dienen als Gewürz, zur Herst. v. Heilmitteln u. Likör *(Anisette).*

Anjou [ã'ʒu]: **1)** Seitenlinie d. frz. Königsdyn. d. ↑Kapetinger; *älteres Haus A.* 1246–1435, *jüngeres Haus A.* 1356–1481; **2)** ehem. frz. Gft. an der unteren Loire, Hptst. Angers, größtenteils im heutigen Dép. Maine-et-Loire; 1154–1204 engl., 1480 endgültig französisch.

Anjou-Plantagenet ↑Plantagenet.

Ankara, Hptst. der Türkei (seit 1923), 2,55 Mill. E; mit mod. Neustadt; 3 Univ., bed. Museen, Nationalbibliothek; Handels- u. Verkehrszentrum, Industriestandort; ✈. – Im Altertum ↑Ankyra.

Ankathete, im rechtwinkligen Dreieck die einem spitzen Winkel anliegende Kathete.

Anker [gr.-lat.]: **1)** Gerät zum Festlegen von Wasserfahrzeugen; **2)** Eisenteil zum Zusammenhalten von Bauteilen; **3)** bewegl. Eisenstück in elektromech. Geräten (z. B. ↑Relais), das von einem Elektromagneten angezogen werden kann; **4)** Teil einer elektr. Maschine, in dem durch ein veränderl. Magnetfeld eine elektr. Spannung induziert wird; **5)** bewegl. Teil zur Hemmung des Steigrades der Uhr.

Anklage, Antrag bei Gericht, gg. eine od. mehr. Personen ein Strafverfahren zu eröffnen; Erhebung der A. durch die Staatsanwaltschaft mit Antrag auf Eröffnung der Voruntersuchung od. durch Einreichung der Anklageschrift.

Ankyra (heute ↑Ankara), phryg. St., v. ↑Midas gegr., Hptst. der röm. Prov. Galatien, Blüte in d. röm. Kaiserzeit; Ruinen, bed. Inschriften.

Anlagevermögen, zur dauernden Nutzung best. Vermögen (Sach- und Finanzanlagen).

Anlasser: 1) elektr. Schalter, kombiniert mit Widerständen, zum Inbetriebsetzen von Elektromotoren; **2)** alte Bez. für ↑Starter.

Anleihe, Aufnahme langfrist., festverzinsl. Darlehen durch öff.-rechtl. Körperschaften od. Privatunternehmen.

Anlieger, Eigentümer von an öffentl. Straßen oder Wasserläufen gelegenen Grundstücken; *A.beiträge,* Beiträge der A. zu den bei Anlegung, Ausbau u. Unterhaltung von Straßen entstehenden Kosten.

Anna, hl., Mutter Marias.

Angola

Fläche: 1 246 700 km²
Einwohner: (1995) 11,07 Mill.
Hauptstadt: Luanda
Amtssprache: Portugiesisch
Zeitzone: MEZ

Angkor.
Tempelbezirk Angkor Wat

Anna: *England:* **1) A.** Boleyn ['bʊlɪn], * 1507 (?), † 1536, 2. Gemahlin Heinrichs VIII., Mutter Kgn. Elisabeths I., wegen angebl. Ehebruchs enthauptet; **2) A. Stuart** ['stjʊət], * 1665, † 1714, 1702 Kgn.; vereinigte England mit Schottland. – *Sachsen-Weimar:* **3) A.** Amalia, * 1739, † 1807, Regentin 1758–75; nahm regen Anteil am geist. Leben.

Annaba (fr. Bône), nordostalger. Hafen- u. Ind.-Stadt, 228 000 E.

Annaberg, höchste Erhebung Oberschlesiens, 385 m, Wallfahrtskirche.

Annaberg-Buchholz, Krst. in Sa., 25 000 E; spätgot. Hallenkirche, Erzgebirgsmuseum; Ind., v. a. Spitzenklöppelei, Posamentiergewerbe.

Annahme als Kind (Adoption), die Begründung der rechtl. Stellung eines ehel. Kindes; erfordert ggf. dessen Einwilligung sowie die seiner Eltern u. erfolgt auf Antrag des Annehmenden durch Beschluss des Vormundschaftsgerichts. Der Annehmende muss i. d. R. 25 J., das Kind mindestens acht Wochen alt sein.

Annahmeverzug, die rechtl. Position, in die ein Gläubiger gerät, wenn er die vom Schuldner angebotene Leistung nicht annimmt.

Annalen [lat.], Jahrbücher; jährl. Aufzeichnungen.

Annam, Gebiet im mittl. Vietnam, Hptst. Huê; ehem. Kaiserreich, 1883/84 von Frkr. erobert.

Annan, Kofi, ghana. Politiker, * 1938, nach versch. Positionen bei der UNO s. 1997 deren Gen.-Sekr.

Annapolis [ə'næpəlɪs], Hptst. von Maryland, USA, 33 000 E.

Annapurna, Berg im Himalaja (Nepal), 8 091 m.

Annecy [an'si], Hptst. d. frz. Dep. Haute-Savoie, südlich von Genf, am *Lac d'A.* (27 km²), 50 000 E.

annektieren [lat.], sich etwas [gewaltsam] aneignen.

Annexion [lat.], [gewaltsame] Aneignung fremden Staatsgebiets.

Anno II., hl., * um 1010, † 1075, Erzb. von Köln, Vormund Heinrichs IV.

Anno Domini [lat.] (A. D.): im Jahre des Herrn, d. h. nach Christi Geburt.

Annolied, anonyme frühmhd. Geschichtsdichtung über Erzb. ↑ Anno II., verf. wahrsch. 1080/85.

Annonce [a'nɔ̃sə; frz.], Zeitungsanzeige.

Annonengewächse [indian.], vorw. trop. Holzpfl.; liefern teils Früchte, teils Gewürze und Öl.

annuell [lat.], svw. ↑ einjährig.

Annuität, gleich bleibende, aus Zins u. Tilgungsrate zusammengesetzte Zahlung zur allm. Rückzahlung langfristiger [Hypotheken]-schulden.

annullieren [lat.], für ungültig, für nichtig erklären.

Annunzio, Gabriele d', * 1863, † 1938, ital. Dichter; Freund der Duse; Romane, Dramen, Lyrik.

Anode [gr.], positive ↑ Elektrode; *A.nschlamm,* Schlamm, der bei der elektrolyt. Raffination v. Metallen als edelmetallhalt. Metallpulver an der A. ausfällt; *A.nstrahlen,* Strahlen posit. Ionen, die von einer geheizten und mit Alkali- oder Erdalkalisalzen präparierten A. infolge therm. Ionisation ausgehen.

Anökumene [gr.], unbewohnte Welt (Polargebiete, Ödland u. a.).

Anomalie [gr.], Regelwidrigkeit, Abweichung v. Normalen.

anonym [gr.], ungenannt, ohne Angabe des Verfassers, Absenders.

Anonyme Alkoholiker, Abk. A. A., von ehem. Alkoholabhängigen 1935 in den USA gegr., weltweit verbreitete Selbsthilfeorganisation von Alkoholkranken.

Anopheles [gr.], Fiebermücke, trop. u. südeurop. Stechmückengattung; überträgt u. a. Malaria.

Anorak [eskimo.], Kajakjacke d. Eskimo; Wind- od. Schneebluse mit angearbeiteter Kapuze.

anorganische Chemie, Teilgebiet der Chem., untersucht sämtl. El. u. alle Verbdg. ohne Kohlenstoffanteil (Ausnahmen u. a. CO, CO_2, Carbide).

Anouilh, Jean [a'nuj], * 1910, † 1987, frz. Dramatiker; griff oft antike Themen auf, die er virtuos ins Moderne wendete.

ANP ↑ Übers. S. 463.

Anregung, Übergang z. B. eines Atoms, Moleküls in einen Zustand höherer Energie durch Photonenabsorption oder inelast. Stoß.

Anreicherung, Erhöhung des Anteils eines Isotops in einem Isotopengemisch durch Isotopentrennung, v. a. zur Uran-A.

Anrufbeantworter, Gerät im Fernmeldeverkehr, kann Informationen an den Anrufenden geben und Nachrichten für den Angerufenen speichern.

ANSA ↑ Übers. S. 463.

Ansbach, Hptst. des Reg.-Bez. Mittelfranken, Bay., krsfr. u. Krst., 39 600 E; Schloss (Anf. 18. Jh.); LG; vielseitige Ind. – 1420–1791 Sitz der Markgrafen von A. (zeitweise *A.-Bayreuth*).

Ansbach-Bayreuth, ehem. fränk. Markgft.; Teilung in die Ft. Ansbach u. Bayreuth 1473; wiederholt vereinigt; 1791 preuß.; 1810 bayrisch.

Anschlussbewegung, nach Auflösung der östr.-ung. Monarchie (1918) entstandene Bewegung, die den Anschluss Dt.-Östr. an Dtl. erstrebte; die Verwirklichung scheiterte am Widerspruch der Alliierten. Im östr. Staatsvertrag (1955) Anschluss verboten.

Anschovis [port.]: **1)** eine Sardelle; Mittelmeer, westeurop. Küsten; rd. 15 cm lang; auch der konservierte Fisch; **2)** Handelsbez. für eingedoste norweg. Sprotten.

Anselm von Canterbury, hl., * 1033, † 1109, Benediktiner; s. 1093 Erzb. von Canterbury; „Vater" der Scholastik; Versuch einer streng wiss. Theol.; formulierte den ontolog. Gottesbeweis.

Ansermet, Ernest [ãsɛr'mɛ], * 1883, † 1969, schweiz. Dirigent.

Annecy. *Am Canal du Thiou*

Ansgar, hl., * um 801, † 865, Erzb. von Hamburg-Bremen; missionierte in Dänemark, Schweden.

Anshan, chin. St. in der Prov. Liaoning, 1,3 Mill. E.

Ansichtssendungen, Sendungen unbestellter od. bestellter Ware zur Ansicht ohne Kaufzwang. Den Empfänger unbestellter Ware trifft weder eine Ablehnungs- noch Aufbewahrungs- od. Rücksendungspflicht.

Anstalt des öffentlichen Rechts, Träger öffentl. Verw.-Aufgaben, die außerh. der unmittelb. Staatsverw. liegen (z. B. Rundfunkanstalten); hat im Ggs. zur Körperschaft öff. Rechts keine Mitgl. u. ist Teil der Staatsverw. od. rechtsfäh. Anstalt.

Anstand (Ansitz), versteckte Stelle, an der d. Jäger d. Wild erwartet (wm.).

ansteckende Krankheiten, svw. ↑ Infektionskrankheiten.

ant[i]..., Ant[i]... [gr.], Vorsilbe od. Bestimmungswort; Bed.: „gegen".

Antagonismus [gr.], Ggs., Gegnerschaft, Widerstand.

Antalya [-'talja], türk. St., an der Mittelmeerküste, 379 000 E; Seebad; ✈.

Antananarivo (frz. Tananarivo), Hptst. v. Madagaskar, im zentralen Hochland, 1,05 Mill. E; Univ., Hochschulen; Montagewerke, Holz-, Textil- u. a. Ind.; ✈.

Antarktis, Land- und Meergebiete um den S-Pol; gebirgiges Festland (*Antarktika;* „6. Erdteil") mit Inseln (86 000 km²) u. Schelfeis etwa 14 Mill. km²; Festland vom Eis bedeckt (bis über 4 335 m mächtig), nur 2 500 km² Küstengebiet eisfrei; tiefste bisher gemessene Temp.: −88,3 °C. Algen, Moose, Flechten, auf den Inseln Tundra; Seevögel, zahlr. Meerestiere; Aufteilung der A. in Form von Sektoren vom S-Pol aus, wurde v. den USA u. der damaligen UdSSR nicht anerkannt. – Erste Umseglung 1772–75 durch James Cook; 1911 erreichte Amundsen als Erster den geograph. Südpol; 1956–58 Errichtung ständiger Forschungsstationen.

J. Anouilh

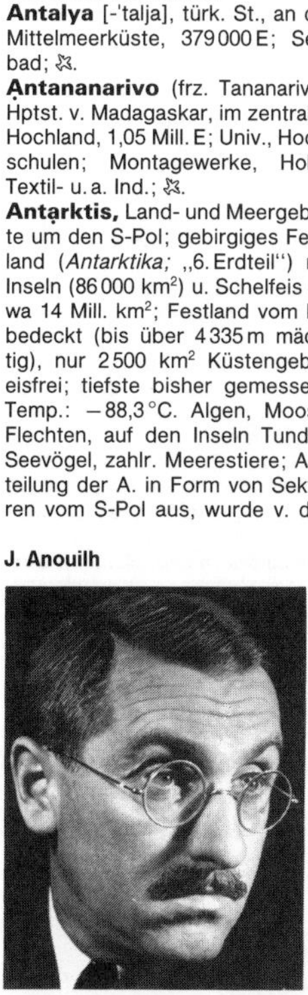

Anselm von Canterbury

Antarktis-Vertrag, 1961 in Kraft getretenes Abkommen, das die wiss. Forschung im S-Polargebiet fördern u. die Nutzung für ausschließl. friedl. Zwecke sicherstellen soll; BRD 1979 beigetreten; ergänzend 1991 *Antarktis-Abkommen,* das die kommerzielle Nutzung der Antarktis auf 50 Jahre verbietet.

Antarktische Halbinsel, westantarkt. gebirg. Halbinsel.

ante..., Ante... [lat.], Bestimmungswort; Bed.: „vor".

ante Christum [natum] [lat.], Abk. a. Chr. [n.], vor Christi [Geburt].

Antelami, Benedetto, * um 1150, † um 1225, ital. Bildhauer.

ante meridiem [lat.], Abk. a. m., vor Mittag, vormittags.

Antenne [lat.]: **1)** Sende- und Empfangsvorrichtung für elektromagnet. Wellen; nach der Anbringung: *Außen-* u. *Innen-A.n,* nach der Gestalt: *Stab-, Flächen-, Rahmen-* u. *Hoch-A.n;* für Dezimeterwellen *Dipol-, Hohlspiegel-A.n* u. *Rundstrahler;* **2)** 1 oder 2 Fühlerpaare am Kopf d. Insekten, Krebstiere, Tausendfüßer, mit Geruch- und Tastsinnesorganen.

Antes, Horst, * 1936, dt. Maler; rudimentäre kurze breite Figuren drängen sich auf engem Bildraum.

Anthemion [gr.], Schmuckfries mit stilisierten Palmblättern und Lotosblüten (bes. griech. Baukunst).

Anthere [gr.], Staubbeutel der Blütenpflanzen.

Antheridium [gr.], ♂ Geschlechtsorgan der Algen, Moose und Farne.

Anthologie [gr.], Auswahl von Gedichten od. Prosastücken.

Anthozoa [gr.], svw. ↑ Korallentiere.

Anthrazit, hochwert., gasarme Steinkohle (etwa 95 % Kohlenstoff).

anthropo..., Anthropo... [gr.], Bestimmungswort; Bed.: „zum Menschen gehörig", „Mensch".

Anthropoiden, svw. ↑ Affen.

Anthropologie, Lehre vom Menschen: **1)** in der Naturwiss.: Abstammungslehre, Rassenkunde, Anatomie, Physiol., Med., Vererbungslehre, Verhaltensforschung; sie erforschen die Grundlagen u. Zusammenhänge des menschl. Lebens; **2)** in der Geisteswiss.: Lehre vom Menschen, seinem Wesen u. seiner Stellung in der Welt; gewann durch ↑ Scheler, Plessner, A. ↑ Gehlen zentrale philos. Bed.; auch im amer. ↑ Pragmatismus.

Anthroposophie, von R. ↑ Steiner begr. Lehre von der Wesenheit des Menschen, will durch „geistige Schau" ein höheres Wissen v. den übersinnl. Kräften erlangen; eigene Formen der Lebensgestaltung und Pädagogik (↑ Waldorfschulen, Freie).

anti..., Anti... ↑ ant[i]..., Ant[i]...

antiautoritär, gg. autoritäre Normen gewendet, bes. bei theoret. Einstellungen u. soz. Verhaltensweisen („antiautoritäres Denken", „antiautoritäre Erziehung").

Antibabypille [-'be:bi-] ↑ Empfängnisverhütung.

Antibes [ã'tib], frz. Hafenst. an der Côte d'Azur, 63 000 E. Seebad, Fremdenverkehr. Zentrum eines Blumenzuchtgebietes.

Antibiotika, Stoffe, die von lebenden (Mikro)organismen produziert werden u. viele versch. Krankheitserreger (Bakterien, Pilze) in ihrer Entw. hemmen od. abtöten; Penicillin, Streptomyzin u. a.

Antiblockiersystem, Abk. ABS, ↑ Bremsschlupfregler.

Antichrist, Widersacher, Gegner u. Gegenspieler Christi, Verderber vor Christi Wiederkunft.

Antidiabetika, Mittel zur Behandlung der Zuckerkrankheit.

Antifaschismus, urspr. Bez. für jede Art von Opposition gg. den ital. Faschismus, dann für den Widerstand gg. die faschist. Regime bis 1945 bzw. danach gg. die [neo]faschist. Systeme und Bewegungen. Internat. polit. Bed. erhielt der A. durch die nat.-soz. Machtergreifung 1933. Im Span. Bürgerkrieg kam es zur ersten po-

Antigua und Barbuda

Fläche: 442 km²
Einwohner: (1995) 66 200
Hauptstadt: Saint John's
Amtssprache: Englisch
Zeitzone: MEZ –5 Stunden

lit.-mil. Koalition einer Vielzahl polit. Gruppen im Zeichen des A. („Internat. Brigaden").

Antigene [gr.], artfremde Eiweißstoffe (z. B. Bakterien und deren Toxine), die die Bildung von ↑Antikörpern bewirken, durch die sie unschädl. gemacht werden.

Antigone, in der griech. Sage Tochter des Ödipus, bestattet gg. das Verbot des Kg. Kreon den Leichnam ihres gefallenen Bruders u. wird zur Strafe lebendig eingemauert. Tragödie von Sophokles (442 v. Chr.) und von J. Anouilh (1946).

Antigonos I. Monophthalmos („der Einäugige"), * um 384, ⚔ 301, seit 306 Kg. v. Makedonien; einer der ↑Diadochen.

Antigua und Barbuda, Staat in der Karibik, umfasst drei Inseln der Kleinen Antillen (Antigua, Barbuda, Redonda), Fremdenverkehr; Baumwollexport. – Seit 1667 brit.; 1967 assoziierter Staat, seit 1981 selbst. Staat im brit. Commonwealth.

antik [lat.], altertüml., dem Altertum angehörend.

Antikathode [gr.], Anode einer Röntgenröhre.

Antike [lat.], die griech.-röm. Kulturwelt (kret.-myken. Zeit bis zum Ende Westroms).

Antiklopfmittel, Zusätze bei Kfz-Treibstoff, meist organ. Bleiverbindungen.

Antikoagulanzilen, gerinnungshemmende Stoffe.

Antikominternpakt, Abkommen zw. Dtl. u. Japan (1936) zur Bekämpfung der ↑Komintern; 1937 ff. Beitritt Italiens u. a.

antikonzeptionelle Mittel, Mittel zur ↑Empfängnisverhütung.

Antikörper, im Blutserum als Reaktion auf ↑Antigene gebildeter Abwehrstoff; Sammelbez. für immunisierende Blutstoffe.

Antilibanon, Geb. in Libanon u. Syrien, im *Tall Musa* 2629 m.

Antillen, Inselbogen zw. Nord- u. Südamerika (außer den Bahamas). Es gibt *Gr. A.:* ↑Kuba, ↑Jamaika, Hispaniola (↑Haiti), ↑Puerto Rico, und *Kl. A.:* Inselkette (z. T. niederl., brit., frz., USA) zw. Puerto Rico und Trinidad.

Antilopen [mgr.], gehörnte, grazile Huftiere; 30 cm hoch bis Pferdegröße; Afrika, Asien; in Wald u. Busch meist kl. Familienverbände, in der Steppe Herden.

Antibes. *Altstadt*

Antimachiavell [-makia-], anonyme Schrift Friedrichs II., des Gr., (1739) zur Widerlegung des „Il Principe" von ↑Machiavelli.

Antimaterile [gr.], aus Antiteilchen aufgebaute Materie.

Antimon [mlat.], chem. El., Symbol Sb, Oz 51, A.-Gew. 121,75, Metall; spröde; guter elektr. Leiter, Dichte des gewöhnl. A.s (graues od. metall. A.): 6,691 g/cm³, Fp. 630,74 °C, Sp. 1750 °C; beständig in der Luft, verbrennt oberh. vom Siedep., nicht lösl. in nicht oxidierenden Säuren, energ. Reaktion mit Halogenen; selten rein, oft in Form von *A.erzen* (*A.glanz, A.blüte* usw.); viele A.verbdg. fast so giftig wie Arsenverbdg.; Legierungsbestandteil, härtet weiche Metalle.

Antineuralgika, schmerzstillende Mittel (gg. Neuralgien).

Antinomie [gr.], Widerspruch einer Aussage in sich oder zweier Sätze, von denen jeder beweisbar scheint; auch eines Gesetzes.

Antiochia, Name zahlr. antiker Städte; bed. v. a. *A. in Syrien* (heute Antakya), 300 v. Chr. gegr., Hptst. des Seleukidenreiches.

Antiochos III., d. Gr., * 242, † 187 v. Chr., syr. Kg.; 212–205 Eroberungszug bis nach Indien.

Antioxidantilen, Oxidation verhindernde anorgan. oder organ. Stoffe; werden oxidationsempfindl. Substanzen (z. B. Kunststoffen, Lebensmitteln) zugesetzt.

Antipathie [gr.], Abneigung, Widerwille.

Antiphon [gr.], liturg. Kehrvers bei Psalmengesang.

Antipode [gr.]: **1)** auf dem entgegengesetzten Punkt der Erde wohnender Mensch; **2)** Mensch mit entgegengesetztem [geist.] Standpunkt.

Antipoden, zwei opt. aktive Stoffe, die sich in allen Eigensch. gleichen, jedoch die Schwin-

Antikathode *in einer Röntgenröhre*

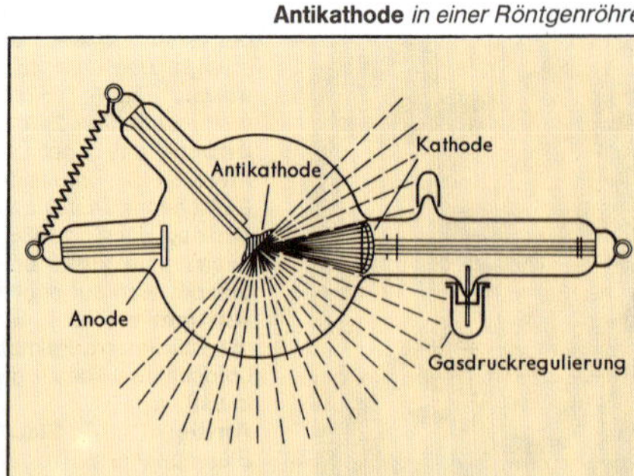

gungsebene polarisierten Lichts in entgegengesetzte Richtung drehen.

Antipodeninseln, unbewohnte Inselgruppe sö. von Neuseeland, 62 km² Landfläche.

Antiquariat, Handel mit [seltenen] alten Büchern, Kunstblättern, Handschriften, ↑Autographen sowie ganzen Bibliotheken; *mod. A.,* Verkauf neuerer Werke zu herabgesetzten Preisen; *Groß-A.,* erwirbt Auflagenreste u. vertreibt sie nach Aufheb. des Ladenpreises.

antiquiert, veraltet.

Antiquitäten, durch Alter und Seltenheitswert ausgezeichnete Kunst- u. Gebrauchsgegenstände.

Antireflexbelag, transparenter Belag aus aufgedampften Metallfluoriden auf opt. Gläsern (z. B. Brillen) zum Entspiegeln.

Antisemitismus, von W. Marr 1879 zuerst verw. Bez. für Feindschaft gg. die Juden (nicht gg. andere Semiten, z. B. Araber); bereits im vorchristl. Altertum (durch relig. u. gesellschaftl. Absonderung der jüd. Diasporagemeinden); im MA Neubelebung durch die span. Reconquista u. die Kreuzzugsidee; relig. Motivierung oft nur Vorwand für wirtsch. Beweggründe; seit der Judenemanzipation im 19. Jh. „völk." A.; rass. Begründung durch pseudowiss. Theorien; latenter A. im 19. Jh. (Ausbrüche in Russland u. Ende des Jh.s in Frkr., Dtl. u. Östr.); in Dtl. seit 1933 Programm des Nat.-Soz. (↑auch Nürnberger Gesetze), der die Ermordung von etwa 5 bis 6 Mill. Juden verantwortet. Auch nach dem 2. Weltkrieg vielerorts latent vorhanden.

Antisklavereiakte ↑Sklaverei.

Antisthenes, * um 455, † um 360 v. Chr., griech. Philosoph; gründete die philos. Schule der Kyniker.

Antiteilchen, einem ↑Elementarteilchen komplementäres Teilchen, das sich von ihm in den Vorzeichen sämtl. ladungsartiger Quantenzahlen unterscheidet.

Antithese, der ↑These entgegengesetzte Behauptung; bed. Begriff der Dialektik bei ↑Hegel.

Antitoxin, körpereigener Immunstoff, Gegengift gg. eingedrungene Gifte, v. a. gg. Bakterien; ↑auch Antikörper.

Antitrinitarier, Sammelbez. für die Gegner der Lehre von der ↑Trinität (v. a. ↑Unitarier 1).

Antizyklone, svw. ↑Hoch.

Antofagasta, nordchilen. Hafen- u. Provinzhauptstadt, 205 000 E; Universität.

Antonescu, Ion, * 1882, † 1946 (hingerichtet), rumän. General; 1940 autoritärer Reg.-Chef, stürzte Kg. Karl II.

Antisemitismus., *SA-Mann vor einem jüdischen Geschäft in Berlin zu Beginn des Boykotts der von Juden betriebenen Geschäfte im April 1933*

Antoninus Pius, * 86, † 161, seit 138 röm. Ks.; Adoptivsohn Hadrians; errichtete in Schottld. den nach diesem ben. Schutzwall; adoptierte Mark Aurel.

Antonioni, Michelangelo, * 1912, ital. Filmregisseur (u. a. „Die Nacht", „Blow up").

Antonius, Marcus, * 82, † 30 v. Chr.; röm. Staatsmann und Feldherr, Anhänger Cäsars; bildete nach dessen Tod mit Oktavian u. Lepidus das 2. Triumvirat; siegte 42 bei Philippi, 40 Herrscher im Orient, Geliebter der Kleopatra; unterlag 31 v. Chr. bei Aktium gg. Oktavian, floh nach Alessandria, dort Selbstmord. – Abb. S. 44.

Antragsdelikte, Straftaten, die nur auf Antrag des in seinem Recht Verletzten behördl. verfolgt werden, z. B. Beleidigung.

Antrieb: 1) der einer Masch. zugeführte ↑Impuls 2); auch die den mech. A. liefernde Masch.; als Einzel- oder Gruppen-A. (Techn.); **2)** seel. Grundfunktion, die zur Ausführung best. Verhaltensweisen drängt (Psychol.).

Antwerpen (frz. Anvers), belg. Prov.-Hptst. am r. Ufer der Schelde, 88 km vom Meer, 185 000 E (Agglomeration: 459 000 E); einer der größten Häfen der Erde; Hochschulen; Bauten aus d. MA, spätgot. Kathedrale mit Rubenswerken, Rubens-Grabkapelle; Renaissancerathaus; bed. Ind., u. a. petrolchem., Diamanten-, Nahrungsmittelind., Maschinen- u. Schiffbau; Straßentunnel unter der Schelde, ✈. – Im 8. Jh. erwähnt, 1291 Stadt, im 16. Jh. größter Handelsplatz der Erde.

Anubis, ägypt. Totengott, als schakalköpf. Mensch dargestellt.

Anus [lat.], After; *A. praeternaturalis,* künstl. angelegter After.

Anwaltszwang, Zwang, sich im Zivilprozess vor Amtsger. (in Familiensachen), Landger. u. höheren Ger. durch einen Rechtsanwalt vertreten zu lassen.

anzeigepflichtige Krankheiten ↑meldepflichtige Krankheiten.

Anzengruber, Ludwig, * 1839, † 1889, östr. Schriftsteller; Bühnenstücke mit volksnaher Thematik u. lib. Tendenz.

ANZUS-Pakt, Pakt (1951) zur Sicherung des Pazifiks zw. **Aus**tralien, **N**ew-**Z**ealand (Neuseeland) und den **US**A; s. Aug. 1986 wegen der neuseeländ. Ablehnung amer. Kernwaffen auf Australien u. die USA beschränkt.

AOK, Abk. für ↑**A**llgemeine **O**rts**k**rankenkasse.

Äolien, im Altertum von den Äoliern bewohnte Ldsch. an der NW-Küste Kleinasiens mit Lesbos.

Äolische Inseln ↑Lipar. Inseln.

Äolus, in der griech. Mythol. Beherrscher der Winde.

a. o. Prof., Abk. für: **au**ßer**o**rdentl. **Prof**essor.

Marcus Antonius *(links)*
L. Anzengruber *(rechts)*

Aorta [gr.], Hauptschlagader; geht aus der l. Herzkammer hervor u. führt sauerstoffreiches Blut.

Aosta, Hptst. der autonomen ital. Region *A.tal* (3262 km², 116000 E), am Oberlauf der Dora Baltea, 36000 E; bed. röm. Baudenkmäler.

AP ↑Übers. S. 463.

APA ↑Übers. S. 463.

Apachen, Indianerstämme der Athapasken im SW der USA, im 19. Jh. Kämpfe mit europ. Siedlern.

Apanage [-ʒə; frz.], [Geld]zuwendung zum Unterhalt nicht regierender Mitgl. von Fürstenhäusern.

Apartheid [afrikaans], Bez. für die v. der weißen südafrikan. Reg. praktizierte Pol. d. Rassentrennung; stieß auf internat. Ablehnung, führte zur Isolation der Rep. S-Afrika; 1991 teilweise aufgehoben, 1992 Volksentscheid der weißen Bev.-Minderheit für die 1993 endgültig vollzogene völlige Abschaffung.

Apastron ↑Apsiden.

Apathie [gr.], Teilnahmslosigkeit, Gleichgültigkeit.

Apatit [gr.], $Ca_5(PO_4)_3(F,Cl)$, techn. wicht. Mineral (Phosphorsäure- u. Düngemittelherst.); als *Hydroxyl-A.* Schmuckstein.

Apeldoorn, niederl. St., Prov. Geldern, 146000 E; kgl. Sommerresidenz *Het Loo* (17. Jh.).

Apennin, Faltengeb. in Italien, aus Gebirgsketten u. -stöcken (z. B. Abruzz. A. bis 2914 m) bestehend, von der Toskana bis Sizilien. Im Altertum bewaldet, heute fast kahl.

aper [oberdt.], schneefrei.

Aperçu [-'sy; frz.], geistreiche Bemerkung.

Aperitif [frz.], appetitanregendes alkohol. Getränk.

Apfelbaum, Kernobstgewächs, Fam. Rosengewächse; zahlreiche, aus der Wildform gezüchtete Edelsorten.

Apfelblütenstecher, Übers. S. 528 ff.

Apfelmehltau ↑Übers. S. 528 ff.

Apfelsäure, organ. Säure in unreifen Äpfeln, Stachelbeeren, Trauben u. a.

Apfelsine ↑Zitrusfrüchte.

Apfelwickler ↑Übers. S. 528 ff.

Aphasie [gr.], Verlust d. Sprechfähigkeit, d. Sprachverständnisses od. d. Spracherinnerung b. intaktem Sprechwerkzeug.

Aphel ↑Apsiden.

Aphorismus [gr.], origineller, kurzer u. krit. Prosaausspruch.

Aphrodisiaka [gr.], den Geschlechtstrieb steigernde Mittel.

Aphrodite, in der griech. Mythol. Göttin der Schönheit u. der Liebe; Tochter des Zeus u. der Dione od. aus dem Schaum des Meeres geboren *(Anadyomene).*

Aphthen [gr.], [schmerzhafte] gelbl. weiße Flecken der Mundschleimhaut; Erreger: Herpesvirus; *A.seuche,* svw. ↑Maul- u. Klauenseuche.

Apis, hl. Stier der ägypt. Religion (Kultstätte Memphis).

APL, Abk. für **A P**rogramming **L**anguage, eine Programmiersprache für wiss.-techn. Anwendungen.

APO, Abk. für **a**ußer**p**arlamentarische **O**pposition. In der BRD s. 1966 Bez. für eine Aktionsgemeinschaft, die ihre Interessen nicht von den parlamentar. Kräften vertreten sah u. diese außerhalb des Parlaments durchzusetzen versuchte; zerfiel nach 1969.

apo..., Apo... [gr.], Bestimmungswort; Bed.: „von – weg, von – ab, seit, nach".

apodiktisch [gr.], ohne Einschränkung beweiskräftig.

Apogäum ↑Apsiden.

Apokalypse [gr.], Abk. Apk., Enthüllung, Offenbarung; Schrift über das Weltende, bes. die *Offenbarung des Johannes.*

Apokalyptik: 1) Deutung von Ereignissen im Hinblick auf ein [nahes] Weltende; **2)** Sammelbez. des Schrifttums über das Weltende.

apokalyptische Reiter, die vier Reiter der Apokalypse, meist als Pest, Krieg, Hunger, Tod gedeutet.

Apokryphen [gr.], altchristl. Schriften, die nicht im Gottesdienst verw. werden durften; s. ↑Hieronymus die Bücher des A. T. in der ↑Vulgata, die nicht im jüd. Kanon waren; im ↑Tridentinum die meisten als deuterokanon. anerkannt. Von der ref. Kirche verworfen, von den übr. prot. Kirchen als nicht vollwertige Schriften angesehen. *A. des N. T.* (nachnt. Zeit) fanden keine kirchl. Anerkennung.

Apollo, griech. Gott, Sohn des Zeus u. der Leto, Gott der mus. Künste u. des Lichtes (Beiname „Phoibos"), später auch als Helios (Sonne) verehrt.

Apollo, Gatt. seltener Ritterfalter.

Apollonios von Perge, * um 262, † um 190 v. Chr., griech. Mathematiker; *apollon. Kreis* zur Konstruktion eines Dreiecks, wenn eine Seite u. das Verhältnis der beiden anderen gegeben sind.

Apollo-Programm, Raumfahrtprogramm der NASA mit dem Ziel, Astronauten auf dem Mond landen zu lassen. Mit Apollo 11 betraten am 20. 7. 1969 erstmals Menschen den Mond. Insgesamt wurden im Rahmen des A. 6 bemannte Mondlandungen zw. 1969 u. 1972 durchgeführt.

Apollo-Sojus-Mission, im Jahre 1975 gestartetes gemeinsames Raumflugunternehmen der USA u. UdSSR, in dessen Verlauf Sojus 19 an eine Apollo-Raumkapsel ankoppelte; Durchführung gemeinsamer Experimente.

Apologeten [gr.], Verfechter, Verteidiger, bes. d. Christentums; i. e. S. die *frühchristl. A.,* u. a. ↑Justin.

Apologie [gr.], Verteidigung best. Lehren (berühmt die *A. des Sokrates* von Platon).

Apoplexie [gr.], svw. ↑Schlaganfall.

Apostel [gr.], die von Jesus berufenen 12 Sendboten des Evangeliums: Simon Petrus, Andreas, Jakobus d. Ä., Johannes, Philippus, Bartholomäus, Thomas, Matthäus, Jakobus d. J., Judas Thaddäus, Simon, Judas Ischariot (später durch Matthias ersetzt), dazu Paulus; leitende u. missionierende Tätigkeit; *A.briefe,* Briefe des A.s Paulus u. a. A., an Einzelpersonen und Gemeinden; *A.geschichte* (Apg.), Gesch. der Urkirche, ihrer Missionstätigkeit u. Ausbreitung; *A.lehre,* älteste christl. Kirchenordnung.

apostolisch: **1)** auf die Apostel zurückgehend; **2)** päpstlich.

Apostolischer Stuhl (Hl. Stuhl), das Amt des Papstes, der Papst u. seine Hilfsorgane.

Apostroph [gr.], Auslassungszeichen ('), kennzeichnet u. a. den Ausfall eines Lautes, einer Silbe.

Apotheke [gr.], von approbiertem Apotheker geleiteter Betrieb, in dem Arzneimittel zubereitet u. fert. Pharmaka vorrätig gehalten werden; Abgabe bei Rezeptpflicht nur auf ärztl. Verordnung; sonst freier [Hand]verkauf.

Apotheose [gr.], Erhebung eines Menschen zum Gott, Verklärung, Verherrlichung.

Appalachen, Geb.-System im O Nordamerikas, rd. 2600 km lang, 200 bis 300 km breit; im *Mount Mitchell* 2037 m; reiche Steinkohle- u. Eisenerzvorkommen.

appassionato [ital.], leidenschaftl., entfesselt, stürmisch (𝄞).

Appeasement [ə'pi:zmənt; engl.], Beschwichtigung[spolitik].

Appellation [lat.], veraltet für Berufung (§).

Appendix [lat.]: **1)** Anhängsel; **2)** Anhang eines Buches; **3)** svw. Wurmfortsatz (↑Blinddarm).

Appenzell, schweizer. Kt. in den *A.er Alpen* (Säntis 2502 m), seit 1597 (Gegenreformation) geteilt in die Halbkantone: *A. Innerrhoden* (vorw. kath.; 173 km², 13000 E, Hauptort *A.:* 4900 E) u. *A. Außerrhoden* (vorw. reformiert; 243 km², 50000 E, Hauptort ist Herisau: 14500 E); Fremdenverkehr; Milchwirtsch., Viehzucht, Textilind.

Appetitzügler, anregende Mittel (↑Weckamine o. Ä.) mit appetithemmender Nebenwirkung.

Applikate [lat.], dritte Koordinate eines Punktes.

Applikation [lat.]: **1)** Verabreichung v. Medikamenten od. Anwendung v. Heilverfahren; **2)** Aufnäharbeit mit Stoffteilen u. Ä.

apportieren [lat.], Gegenstände od. Wild herbeibringen (v. Hund).

Apposition [lat.], substantiv. Attribut, steht im gleichen Fall wie das Bezugswort.

appretieren [frz.], Gewebe, Gewirke u. Gestricke ausrüsten, gebrauchsfertig machen (Glätte u. Glanz geben), i. w. S. die Gesamtheit aller Veredlungsarbeiten an Textilien.

Approbation [lat.]: **1)** kirchl. Bestätigung eines Priesters, Ordens u. a.; **2)** staatl. Zulassung (Bestallung) für Ärzte, Zahnärzte, Tierärzte u. Apotheker.

Approximation [lat.] (Näherung), Näherungslösung einer unbek. Größe od. Funktion (Math.).

Appenzell. *Giebelhäuser an der Hauptstraße*

Aprikose [frz.], Untergatt. der Rosengewächse; aus Zentral- u. Ostasien, verlangt mildes Klima; wohlschmeckende Steinfrucht.

April [lat.], 4. Monat des Jahres.

apropos [apro'po; frz.], übrigens, nebenbei bemerkt.

Apscheron, Halbinsel an der W-Küste des Kasp. Meeres mit den Erdölfeldern von Baku.

Apsiden [gr.], die beiden Punkte auf einer ellipt. Bahn eines Himmelskörpers um einen anderen, für die die Entfernung zw. den Körpern am größten bzw. am kleinsten ist. Bei Doppelsternen *Apastron* bzw. *Periastron,* bei Planeten *Aphel* (Sonnenferne) bzw. *Perihel* (Sonnennähe), bei Erdsatelliten entspr. *Apogäum* (Erdferne) bzw. *Perigäum* (Erdnähe); d. Verbindungslinie *(A.linie)* ist gleich der gr. Achse der Bahn.

Apsis [gr.]: **1)** (Exedra) halbrunde Altarnische (Chorhaupt) d. christl. Kirche; auch polygonal; **2)** [halbrunde] Nische im Zelt.

APS-System, 1996 eingeführtes Kleinbildsystem (APS, Abk. für **A**dvanced **P**hoto **S**ystem), soll in der Amateurfotografie neben das klass. 35-mm-Kleinbildformat treten; schmaleres Filmformat mit Magnetschicht zur Kennzeichnung von Filmtyp u. Empfindlichkeit sowie zur kameraeigenen Aufzeichnung von Belichtungsdaten für den Fotofinisher, im Filmpatronenmaul Speicherung weiterer Daten zur Filmverarbeitung; erlaubt die Verwendung von 3 unterschiedl. Bildformaten.

Apulien (ital. Puglia), Ldsch. in SO-Italien, als Region: 19347 km²,

Aphrodite *von Melos, auch Venus von Milo, Marmor; 204 cm hoch, um 130/120 v. Chr. (Paris, Louvre)*

Aquädukt. *Pont du Gard bei Nîmes, Frankreich*

4,1 Mill. E, Hptst. Bari. Wasserarme Hochfläche, fruchtb. Schwemmland an der NO-Küste (Wein-, Olivenbau).

Aqua [lat.], Wasser; *A. destillata,* destilliertes (chemisch reines) Wasser.

Aquädukt, röm. Wasserleitung, Kanal auf einer Pfeiler-Bogen-Reihe (u. a. Nîmes, Ruinen in Rom).

Aquae, röm. Bez. für Orte mit Mineralbädern (z. B. Aachen: A. Grani).

Aquamarin, hellblaue bis meergrüne Abart des ↑Berylls, Mohshärte 7,5–8.

Aquanaut [lat.; gr.], Forscher einer Unterwasserstation, die bes. Lebens- und Umweltbedingungen in Meerestiefen erforscht.

Aquaplaning [engl.], Aufgleiten von Kfz-Reifen auf Wasseransammlungen der Fahrbahn; tritt auf, wenn der Reifen nicht mehr in der Lage ist, genügend Wasser durch das Profil abzuleiten, ist mit dem Verlust der Antriebs-, Brems- und Lenkkräfte verbunden.

Aquarell [ital.], mit (pflanzl. od. mineral.) Wasserfarben auf Papier oder Pergament gemaltes Bild.

Aquarell. *Asger Jorn, Blatt aus der Serie „Die Didasker" (1944)*

Aquarium [lat.], Glasgefäß zur Haltung v. Wassertieren und -pfl.

Aquarius [lat.] (Wassermann), zum Tierkreis gehörendes Sternbild der Äquatorzone.

Aquatinta [ital.], Kupferstichverfahren, das die Wirkung der Tuschzeichnung nachahmt.

Äquator [lat.]: **1)** (Erd-Ä.) größter Breitenkreis (40 076,592 km), Ebene senkrecht auf der Rotationsachse der Erde; **2)** (Himmels-Ä.) Projektion des Erd-Ä.s auf die gedachte Himmelskugel; **3)** (magnet. Ä.) Linie, die die Orte mit der Inklination null verbindet.

Äquatorialguinea, Rep. am Golf von Guinea mit dem Festlandsteil Mbini u. den Inseln Bioko (früher Fernando Póo) u. Pagalu. – Seit Anfang des 20. Jh. span. Kolonie, seit 1959 Überseeprov.; 1963 innere Autonomie; 1968 unabh.; bis 1979 Diktatur, seither Reg. durch einen Obersten Militärrat; 1989 erste freie Präsidentschaftswahlen.

Aquavit [lat.], mit Kümmel gewürzter Trinkbranntwein.

Aquila, L', ital. Prov.-Hptst. u. Hptst. der Region Abruzzen, 67 500 E; Fremdenverkehr.

Aquileia, oberital. St., 3 300 E; röm. Ruinen, Dom (11.–14. Jh.).

Aquino [-'ki-], Corazon Cojuangco, * 1933, philippin. Politikerin. Trat nach der Ermordung (1983) ihres Mannes, des Oppositionsführers Benigno A., polit. hervor, erreichte 1986 den Sturz von Präs. F. Marcos; war bis 1992 gewählte Staatspräsidentin.

Äquinoktium [lat.], Tagundnachtgleiche, Zeitpt., an dem die Sonne auf ihrer jährl. scheinbaren Bahn, der ↑Ekliptik, den Himmelsäquator schneidet *(Frühlings-* und *Herbstäquinoktium).*

Aquitanilen, histor. Ldsch. in SW-Frankreich, heute Region, 41 308 km², 2,79 Mill. E, Hptst. Bordeaux.

äquivalent [lat.], gleichwertig.

Ar [frz.], Einheitenzeichen a, Flächeneinheit (1 a = 100 m²).

Ar, Symbol für ↑Argon (☞).

Ara ↑Aras.

Ära [lat.], Zeitalter, Zeitabschnitt; [Amts]zeit; Zeitrechnung von einem best. Ereignis an.

Araber, orientalides Volk, das sich von der Arab. Halbinsel nach N-, NO- u. O-Afrika u. in den Sudan ausbreitete; Anhänger des Islams.

Arabeske [ital.-frz.]: **1)** islam. Ornament, aus hellenist.-röm. Motiven entwickelt; in der Renaissance als Maureske; **2)** heiteres, phantastisches Musikstück.

Arabische Halbinsel, in SW-Asien, etwa 3,5 Mill. km², eine sich nach O abdachende Hochscholle, deren Inneres etwa 1000 m hoch liegt, deren Ränder (Hedschas, Asir, Jemen, Hadramaut, Oman) aber noch größere Höhen erreichen u. in Steilstufen zum Küstenland abfallen. Das Binnenland wüstenhaft (Oasenwirtsch.), Küsten z.T. feuchtheiß, im SW genügend Niederschlag für den Anbau v. Kaffee, Hirse, Gerste, Weizen, Sesam, Mais. Bev. im Innern meist Hirtennomaden, ungleich über den Raum verbreitet, auf etwa 10 Mill. (vorw. Araber) geschätzt. Am Pers. Golf Erdölförderung. – Die arab. Reiche des Altertums bewahrten infolge d. Unzugänglichkeit ihres Gebiets ihre Unabhängigkeit gegen Assyrer, Babylonier, Perser u. Römer. Später in Beduinenstaaten zersplittert, durch die Lehre Mohammeds geeint (↑Islam). Anf. des 16. Jh.s gerieten der N mit Mekka u. der Jemen unter osman. Herrschaft. Nach dem 1. Weltkrieg entstanden arab. Teilstaaten (teilw. zunächst unter brit. bzw. frz. Mandat oder als Protektorat).

arabische Kunst ↑islamische Kunst.

Arabische Liga, 1945 Zusammenschluss arab. Staaten (1991: 21 Mitgl.) zu mil., wirtsch. u. polit. Zusammenarbeit; 1950 Sicherheitspakt (v.a. gg. Israel). Ägyptens Mitgliedschaft ruhte 1979–89.

arabische Literatur, in *vorislam. Zeit* Beduinendichtung in Form der Kasside, ab 8. Jh. Diwane u. Anthologien (Kampf-, Trauer-, Liebeslieder); in *islam. Zeit* (Blüte 8.–12. Jh.) Prosaspr. im Koran ausgebildet, Reimprosa bei Al Hariri, höf. Prosa (Harun Ar Raschid) nach pers. Vorbild; Gedichte v.a. von Abu Nuwas u. Al Mutanabbi; poet. Invektive u. Satire bei Farasdak; „Tausendundeine Nacht" verbindet arab. Erzählkunst mit arab., pers. u. ind. Überlieferung. In d. Moderne überwiegt europ. Einfluss.

arabische Musik ↑oriental. Musik.

Arabisches Meer, NW-Teil des Ind. Ozeans zw. Arab. Halbinsel u. Vorderindien, durchschnittl. Tiefe 3000–4000 m.

arabische Sprache, semit. Sprache, verbreitet in N- u. NO-Afrika u. Vorderasien; viele Mundarten, einheitl. nur das Schriftarabisch der Lit. u. Wiss.; Schrift läuft von r. nach l., die Vokale werden z.T. unter od. über die Konsonanten oder gar nicht gesetzt.

Arabische Wüste, östl. Teil der Sahara in Ägypten, zw. Nil und Rotem Meer.

arabische Ziffern, im 13. Jh. von den Arabern nach W-Europa vermittelte, urspr. ind. Zahlensymbole von 0 bis 9.

Äquatorialguinea

Fläche: 28051 km²
Einwohner: (1995) 400400
Hauptstadt: Malabo
Amtssprache: Spanisch
Zeitzone: MEZ

Arafat, Jasir, * 1929, arab. Politiker; s. 1967 Führer der Al ↑Fatah; s. 1969 Vors. des Exekutivkomitees der PLO, s. 1989 Präs. des internat. nicht anerkannten „Staates Palästina"; schloss 1994 mit Israel Autonomieabkommen für Jericho und den Gazastreifen; s. 1996 gewählter Präs. des palästinens. Autonomierats. 1994 Friedensnobelpreis mit S. Peres u. Y. Rabin.

Aragon, Louis [-'gõ], * 1897, † 1982, frz. Schriftsteller; Lyrik, Essays und Romane; prominenter Vertreter des Surrealismus.

Aragonien (span. Aragón), Ldsch. in NO-Spanien, von den Pyrenäen über das Becken des mittl. Ebro zum Iber. Randgeb.; als Region: 47650 km², 1,2 Mill. E, Hptst. Zaragoza. Meist Alfagrassteppe mit Bewässerungsoasen. – 1035 Kgr., s. 1479 im span. Gesamtreich. 1982 Autonomiestatut.

Aralsee, abflussloser See östlich des Kaspischen Meeres; 64500 km², größte Tiefe 40 m, 28 ‰ Salzgehalt, durch Ableitungen vom Austrocknen bedroht.

Aramäer, westsemit. Nomadenvolk, drang s. etwa 2000 v. Chr. v. Arabien nach Syrien u. Mesopotamien vor; um 1000 v. Chr. Kleinstaaten, die bis ins 8. Jh. v. Chr. den Assyrern erlagen; 626 Gründg. des neubabylon. Reiches.

Aramide, Gruppe v. ↑Polyamiden; u.a. zur Herst. techn. Fasern *(Aramidfasern)* verwendet.

Aranjuez [araŋ'xuεθ], span. St. am oberen Tajo, 36000 E; Sommerresidenz Philipps II.

Aräometer [gr.], auf dem archimed. Prinzip (↑Archimedes) beruhendes Gerät zur Bestimmung der Dichte von Flüssigkeiten.

Ararat, höchster Gipfel (5165 m) der Türkei, in Ostanatolien; nach dem A.T. (Gen. 8,4) Landeplatz der Arche Noah.

Aras [indian.], Gruppe der größten lebenden Papageien mit 17 Arten; M- und S-Amerika.

Arbeit: 1) zielgerichtete Betätigung, berufl. Beschäftigung; auch Objekt u. Ergebnis geist. od. körperl. Betätigung; **2)** *physikal. A.*, Produkt aus Kraftkomponente in Wegrichtung u. zurückgelegtem Weg; *elektr. A.* ist zur Verschiebung einer Ladung in einem elektrostat. Feld erforderlich; *techn. A.* ist die von einer Masch. (bzw. ihrem Antriebsstoff) gelieferte A.; gesetzl. Einheit (SI-Einheit) ↑Joule, daneben v.a. ↑Kilowattstunde, Megawattstunde.

Arbeiter, i.w.S. jeder, der eine Arbeit verrichtet; i.e.S. der Lohn-A. (hpts. Ind.-A.) im Ggs. zum Angestellten.

Arbeiterbewegung, organisierte Bestrebungen der Arbeiter zur Verbesserung ihrer Lebensbedingungen; Anf. im fr. 19. Jh. (bes. in England); Zusammenschlüsse s. 1863 (*Allg. dt. Arbeiterverein* von Lassalle, 1869 *Sozialdemokrat. Arbeiterpartei* mit Bebel u. Liebknecht); bald darauf erste Gewerkschaften; 1864 I. Internationale in London, 1889 II. Internationale in Paris, 1919 III. Internationale in Moskau; seither z.T. strenge Teilung in Kommunisten, Sozialisten und Sozialdemokraten.

Arbeiterpriester, Geistliche, die als Arbeiter tätig sind und ihre Arbeitskollegen seelsorgerisch betreuen (v.a. in Frankreich).

Arbeiter-Samariter-Bund ↑Samaritervereine.

Arbeiter-und-Soldaten-Räte, von Arbeitern u. Soldaten zur Übernahme der Staatsleitung gewählte Vertretungen; in Russland 1905 u. 1917, in Dtl. während d. Novemberrevolution 1918.

Arbeitervereine, Bez. f. Kultur-, Sport-, Geselligkeitsvereine innerhalb der Arbeiterbewegung.

Arbeiterwohlfahrt e.V., Abk. AWO, gegr. 1919, neu gegr. 1945, Spitzenverband der freien Wohlfahrtspflege.

Arbeitgeber, meist Unternehmer mit Kap. und Produktionsmitteln; Partner des Arbeitnehmers im Arbeitsvertrag; *A.verbände,*

Vereinigungen der A., Vertragspartner der Arbeitnehmerverbände, mit denen sie Tarifverträge aushandeln.

Arbeitnehmer, abhängig Beschäftigter, dem Arbeitgeber vertraglich verpflichtet; *A.verbände* ↑Gewerkschaften (Übers.).

Arbeitsämter, Behörden der Arbeitsverw., dem Bund unterstellt; Aufgabe v.a. Arbeitsvermittlung und Berufsberatung.

Arbeitsbeschaffungsmaßnahmen, Abk. ABM, Maßnahmen der Bundesanstalt für Arbeit nach dem ↑Sozialgesetzbuch III zur Schaffung von Arbeitsplätzen.

Arbeitsbewertung, Verfahren zur Ermittlung der angemessenen Entlohnung; ↑auch REFA.

Arbeitsdienst, freiwillig oder auf Grund gesetzl. Zwanges geleistete körperl. Arbeit ohne ein den übl. Lohnbedingungen entspr. Entgelt. Freiwill. A. z.Z. der Massenarbeitslosigkeit (nach 1930) in Dtl., versch. europ. Staaten u. in den USA; im nat.-soz. Dtl. zwangsweiser Reichs-A. (RAD) für männl. u. weibl. Jugendliche s. 1935.

Arbeitsdirektor, Mitgl. des zur gesetzl. Vertretung berufenen Organs in Gesellschaften, für die das Mitbestimmungsgesetz gilt.

Arbeitserlaubnis, bes. Erlaubnis der B.-Anstalt für Arbeit, die ausländ. Arbeitnehmer für eine Arbeitsaufnahme in der BRD benötigen (mit Ausnahme v. Angehörigen der EG-Staaten u. heimatlosen Ausländern).

Arbeitsförderungsgesetz, Abk. AFG, Ges. v. 1969, regelte die Aufgaben u. Leistungen der Bundesanstalt für Arbeit. S. 1998 ist das Sozialgesetzbuch III Rechtsgrundlage der Arbeitsförderung.

Arbeitsfrieden, konfliktloser Zustand, den das kollektive Arbeitsrecht in zahlr. Fällen gebietet. Eine *Friedenspflicht* herrscht für die Tarifvertragsparteien während der Laufzeit von Tarifverträgen.

Arbeitsgerichte ↑Gerichte (Übers.).

Arbeitslosengeld ↑Arbeitslosenversicherung.

Arbeitslosenhilfe, aus Steuermitteln finanziertes, beitragsfreies System zur Unterstützung Arbeitsloser, die den Anspruch auf Arbeitslosengeld erschöpft haben; wird zeitl. unbegrenzt gewährt; Leistungsempfänger ohne Kind erhalten 53%, mit einem Kind 57% d. früheren Nettolohns.

Arbeitslosenversicherung, gesetzl. geregelte Pflichtversicherung für alle Arbeitnehmer zur Erhaltung bzw. Schaffung von Arbeitsplätzen sowie zur Finanzierung von Arbeitslosen-, Insolvenz-, Kurzarbeiter-, Schlechtwettergeld, Arbeitslosenhilfe u.a.m.; d. Arbeitslose muss in den letzten 3 Jahren vor der Arbeitslosmeldung mind. 12 Monate beitragspflicht. beschäftigt gewesen sein, um einen Anspruch auf *Arbeitslosengeld* zu erwerben; die Bezugsdauer beträgt je nach Länge der beitragspflichtigen vorhergehenden Beschäftigung u. Lebensalter 6–32 Monate. Beiträge zur A. zahlen Arbeitgeber und Arbeitnehmer je zur Hälfte.

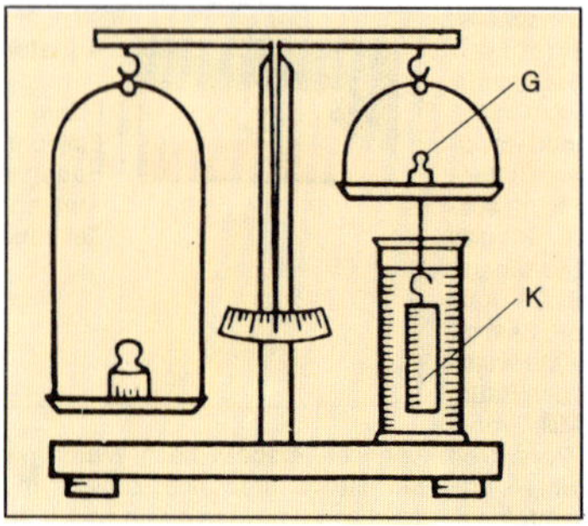

Archimedes. *archimedisches Prinzip. Der Auftrieb des eintauchenden Körpers K wird vom Gewicht G kompensiert*

Arbeitsmarkt, abstrakte Zusammenfassung von Angebot u. Nachfrage bei Arbeitsleistungen.

Arbeitsmedizin, Sondergebiet der Med., das die Einwirkungen der versch. Arbeitsprozesse auf d. menschl. Körper untersucht.

Arbeitsrecht, Zweig der Rechtswiss., betrifft die vertragsmäßige abhängige Arbeit; A. ist auch Schutzrecht, seine Ergänzung das Sozialrecht.

Arbeitsschule, Institution des Arbeitsunterrichts.

Arbeitsschutz, gesetzl. Schutz der Arbeitnehmer: 1. allg. Betriebsschutz u. Unfallverhütung, 2. Arbeitszeitschutz, 3. Kündigungsschutz, 4. Lohnschutz; Sonder- und Zusatzbestimmungen für Frauen, Jugendliche, Heimarbeiter und Schwerbehinderte.

Arbeitsspeicher, Speicher in der Zentraleinheit eines Computers, der Programme, Daten, Zwischenergebnisse aufnimmt.

Arbeitsstudien, Studien für rationellen Arbeitsablauf u. sachgemäßen Aufbau einer Arbeitsbewertung; ↑REFA.

Arbeitstherapie, svw. ↑Beschäftigungstherapie.

Arbeitsunterricht, pädag.-didakt. Unterrichtsmethode, die im Ggs. zur Lernschule auf Selbsttätigkeit des Schülers aufbaut.

Arbeitsvertrag, vertragl. Vereinbarung zw. Arbeitgeber u. -nehmer; u.a. an Gesetze u. Tarifverträge gebunden.

Arbeitsverweigerung, Unterlassung der Arbeitsleistung seitens des Arbeitnehmers; zuläss., wenn d. Arbeitnehmer unter unzumutbaren Bedingungen (z.B. Missachtung von Arbeitsschutzvorschriften) arbeiten soll.

Arber, Werner, * 1929, schweizer. Mikrobiologe; Arbeiten v.a. zur Molekulargenetik; erhielt für Entdeckungen in der Enzymforschung 1978 den Nobelpreis f. Physiologie oder Medizin (mit D. Nathans u. H. O. Smith).

Arbitrage [-'traːʒə; frz.], Bewertungs- u. Kursunterschied gleichwert. Waren od. Wertpapiere an versch. Plätzen zu gleicher Zeit; auch die geschäftl. Ausnutzung der Arbitrage.

arc, Formelzeichen f. ↑Arkus.

Arcadius, * 377, † 408, röm. Ks.; Sohn Theodosius' I., erhielt bei der Teilung 395 das Oström. Reich.

Archaikum ↑Geologie, Formationstabelle.

Archaismus [gr.], Rückgriff auf veraltete Wörter, Sprachformen od. Stilmittel.

Archangelsk, nordruss. Hafenstadt an der Nördl. Dwina, 416000 E; Hafen bis 6 Monate im J. vereist, bedeutendste Holzind. und -ausfuhr Russlands.

Archäologie [gr.], Altertumskunde; Ausgrabung und Erforschung v. Funden; bes. d. [von Winckelmann begr.] Wiss. von den Kunstdenkmälern des Altertums; v.a. *klass.* (gr.-röm.), *frühchristl., orient., bibl., präkolumb.*, auch *vor- u. frühgeschichtl. Archäologie.*

Archäopteryx [gr.], taubengroßer Urvogel mit Reptil- u. Vogelmerkmalen; 1861 in Solnhofener Plattenkalken gefunden.

Arche [lat.], Schiff ↑Noahs.

Archetyp [gr.], Urform, urtüml.

maßgebendes Bild; in der Psychol. C. G. ↑Jungs: Leitbild menschl. Erfahrung.

Archimedes, *um 287, †212 v. Chr., griech. Mathematiker und Physiker; entdeckte math. u. physikal. Ges., berechnete π, Kreisfläche u. -umfang, Kegelschnitte, Quadratwurzeln, kub. Gleichungen; konstruierte d. Flaschenzug, Schraube zur Wasserförderung *(archimed. Schraube),* Drillbohrer; von ihm stammt das *archimed. Prinzip,* nach dem der stat. Auftrieb eines Körpers gleich dem Gew. der von ihm verdrängten Flüssigkeitsmenge ist; gilt entspr. für Gase.

Archipel [gr.], allg. Bez. für Inselgruppe.

Archipelagos, Inselwelt im Ägäischen Meer.

Archipoeta, *zw. 1130 u. 1140, fahrender Sänger; dichtete lat. Vagantenlieder.

Architekt [gr.], Baufachmann; wichtigster dt. A.enverein: *Bund Dt. A.en* (BDA), gegr. 1903.

Architektur, svw. ↑Baukunst.

Architrav [ital.] (Epistyl), unmittelbar auf den Säulen ruhender Querbalken.

Archiv [gr.], [geordnete] Slg. von Urkunden, Akten usw.; Raum für deren Aufbewahrung.

Archivar, wiss. Verwalter eines Archivs.

Archivolte [ital.], sichtb. Teil eines Bogens an Portalen.

Archonten [gr.], im antiken Athen die 9 obersten republikan. Beamten.

Arco, Georg Graf von, *1869, †1940, dt. Physiker; Pionier der Funktechnik.

Arcus ↑Arkus.

ARD, Abk. für: **A**rbeitsgemeinschaft der öff.-rechtl. **R**undfunkanstalten der BR **D**eutschland.

Ardenne, Manfred Frhr. von, *1907, †1997, dt. Physiker. Zahlr. Entw. in Elektronik, Funk- und Fernsehtechnik, Elektronenmikroskopie u. Krebstherapie.

Ardennen (frz. Ardennes), westl. Forts. des Rhein. Schiefergeb. in Luxemburg, Belgien u. O-Frkr.; waldreiche, wellige Hochfläche, Hochmoore; Steinbrüche, Zement-, Textilind., Weidewirtsch.; Fremdenverkehr.

Areal [lat.]: **1)** Bodenfläche; **2)** Verbreitungsgebiet einer Tier- oder Pflanzenart.

Arelat (Arelat. Reich), Kgr. in SO-Frkr., Hptst. Arles; ↑Burgund 1), Geschichte.

Arena [lat.], im Altertum ein sandbestreuter Kampfplatz in Amphitheater u. Zirkus; Sportplatz; auch svw. Manege.

Argentinien

Fläche: 2780092 km²
Einwohner: (1995) 34,59 Mill.
Hauptstadt: Buenos Aires
Amtssprache: Spanisch
Zeitzone: MEZ −5 Stunden

Arendal, norweg. St. am Skagerrak, Hptst. v. Aust-Agder, 12000 E; Schulst., vielseitige Ind.; ⚓, Fähre nach Hirtshals, Dänemark.

Arendt, Hannah, *1906, †1975, amer. Soziologin dt. Herkunft.

Areopag [gr.], höchster Gerichtshof im antiken Athen.

Arequipa [are'kipa], peruan. St. in den Anden, 591000 E; 2 Univ.

Ares, griech. Gott des Krieges; Sohn des Zeus und der Hera.

Arezzo, ital. Prov.-Hptst., Toskana, 92000 E; histor. Bauten, got. Dom, roman. Kirche; Weinbau, Textilindustrie.

Argenteuil [arʒã'tœj], frz. St. nw. von Paris, 96000 E.

Argentini|en, Rep. in Südamerika. Im W Hochgeb. (Anden), östl. zahlr. Vorgebirge, dann Steppenebene der Pampas; im N Gran Chaco. Größte Ströme Paraná und Uruguay. 41% der Gesamtfläche Wiesen u. Weiden, 10% Ackerland, 23% Wald; Viehzucht, bes. wichtig: Rinder, Schafe, Pferde, Schweine; Ackerbau (zugunsten der Ind. zurückgegangen): Weizen, Mais; bed. Bodenschätze; Nahrungsmittelind. (Gefrierfleisch, Zucker), Textil- und Kfz-Ind. – *Gesch.:* 1515 La-Plata-Mündung entdeckt (de Solís); 1776 span. Vizekgr.; 1816 Unabhängigkeitserklärung, Bürgerkrieg; 1880 Bundesstaat; 1930 Umsturz: Sieg der konservativen Kräfte; 1943 Machtübernahme durch das Militär; ab 1946 Präs. J. D. Perón (soziale u. wirtschaftliche Reformen), 1955 gestürzt, Militärjunta; 1973–76 Zivilregierungen (Perón), 1976–83 erneut Militärdiktatur; Dez. 1983 Rückkehr zu demokrat. Reg.-System; Niederlage im Krieg um die Falklandinseln (1982); s. 1991/92 wirtschaftl. Aufschwung.

M. von Ardenne

Argentum [lat.], svw. ↑Silber.

Arglist, Anwendung unlauterer Mittel im Rechtsverkehr, ↑Täuschung.

Argolis, histor. griech. Ldsch., jetzt Verw.-Gebiet im NO der Peloponnes, Hptst. Navplion.

Argon [gr.], chem. El., Symbol Ar, OZ 18, A.-Masse 39,948, ↑Edelgas; Dichte $1{,}7837 \cdot 10^{-3}$ g/cm³, Fp. −189,2 °C, Sp. −185,7 °C; Vorkommen: Erdatmosphäre.

Argonauten, Jason u. seine Begleiter, die auf dem Schiff Argo nach Kolchis fahren, um das Goldene Vlies zu gewinnen.

Argonnen, Bergland im östl. Pariser Becken, Frkr., zw. Aisne u. Aire.

Argument [lat.]: **1)** Beweis, Begründung; **2)** unabh. Veränderliche einer ↑Funktion 5).

Argus, der hundertäugige Wächter der ↑Io; daher: *A.augen,* scharfe, wachsame Augen.

Århus ['ɔrhus] (Aarhus), dänische Provinz-Hptst. am Kattegat, 274000 E; Univ., Domkirche (13. bis 15. Jh.); Ind.; ⚓, ✈.

Ariadne, in der gr. Mythol. Tochter des Kg. Minos v. Kreta, hilft Theseus aus dem Labyrinth.

Ariane, von der ESA entwickelte europ. Trägerrakete zum Start v. Kommunikations-, Navigations- u. Wettersatelliten.

Arianismus, von *Arius* (Presbyter in Alexandria, 4. Jh.) ausgehende Lehre: Christus war Mensch und ist erst durch seine Erlösungstat zur Gottheit erhoben worden; verurteilt auf dem Konzil von Nizäa (325).

Arias Sánchez, Oscar [-s], *1941, costarican. Politiker. 1986 bis 1990 Staatspräs.; 1987 Friedensnobelpreis.

Armenien

Fläche: 29 800 km²
Einwohner: (1995) 3,6 Mill.
Hauptstadt: Jerewan
Amtssprache: Armenisch
Zeitzone: MEZ +3 Stunden

Ari|el: 1) im Judentum ein Engel; **2)** Luftgeist; **3)** ein Mond des Uranus.

Ari|er [sanskr.]: **1)** Angehörige frühgeschichtl. Völker mit idgm. Spr. in Indien u. Iran; i. w. S. Indogermanen; **2)** in der nat.-soz. Rassenpol. fälschl. für Menschen „dt. u. artverwandten" Blutes.

Ariosto, Ludovico, * 1474, † 1533, ital. Dichter; Epos „Der rasende Roland".

Ariovist, † vor 54 v. Chr., Swebenfürst; ging um 71 v. Chr. über den Rhein nach Gallien, 61 v. Chr. Sieg über die Häduer, 58 v. Chr. Niederlage durch Cäsar.

Aristarchos von Samos, * um 310, † um 230 v. Chr., griech. Astronom; heliozentr. Weltbild, erkannte die Größe des Sonnensystems.

Aristokratie [gr.]: **1)** Staatsform, Herrschaft des Adels; Ggs. zu Monarchie u. Demokratie; **2)** hervorragende Minderheit (Adel, Geistes-, Geldaristokratie).

Aristoteles

Aristophanes, * um 445, † um 385 v. Chr., bedeutendster griech. Dichter der att. Komödie; etwa 40 Stücke, 11 erhalten, u. a. „Die Wolken", „Lysistrate", „Die Frösche".

Aristoteles, * 384 v. Chr., † 322 v. Chr., griech. Philosoph aus Stagira; Schüler Platons, Erzieher Alexanders d. Gr.; begr. 335 die peripatet. Schule in Athen; sein universales wiss. Werk ist Grundlage für die ges. abendländ. Philos., Norm für die ma. Scholastik; Begr. des immanenten Idealismus; Werke: „Organon", „Physik", „Metaphysik", „Poetik", „Nikomach. Ethik", „Politik", „Rhetorik".

Arithmetik [gr.], Zahlenlehre; Rechnen mit Zahlen; *niedere A.:* Rechnen mit best. Zahlen u. Variablen; *höhere A.:* Reihentheorie, Kombinatorik, Wahrscheinlichkeitsrechnung und Zahlentheorie.

arithmetische Reihe ↑ Reihe.

arithmetisches Mittel, Quotient aus dem Zahlenwert einer Summe u. der Anzahl der Summanden.

Arius ↑ Arianismus.

Arizona, Abk. Ariz., Staat im SW der USA, 295 260 km², 3,7 Mill. E (etwa 100 000 Indianer in Reservationen), Hptst. Phoenix; Bewässerungsfeldbau; Vorkommen von Kupfer, Gold, Uran.

Arkadi|en, griech. Berg- u. Hochland der Peloponnes; im Altertum Hirtenland; in der Dichtung das Land der Glückseligkeit.

Arkansas, Abk. Ark., Staat der USA, 137 754 km², 2,36 Mill. E, Hptst. Little Rock; stark bewaldet, Anbau von Baumwolle, Reis, Weizen; reiche Bauxitlager, Erdöl; Holz verarb. Industrie.

Arkansas River, r. Nbfl. des Mississippi, 2 334 km.

Arktis [gr.], um den N-Pol liegende Länder und Meere (Nordpolargebiet); begrenzt durch d. 10 °C-Juli-Isotherme, etwa 26,4 Mill. km² (30 % Festland). Den Zentralteil bildet das Nordpolarmeer (rd. 14 Mill. km²) mit Tiefen bis etwa 5 000 m. Meeresoberfläche fast das ganze Jahr mit Eis bedeckt; Boden des Festlandes nur im Sommer oberflächlich auftauend; geringe Besiedlung (Jäger und Ren-Nomaden): Nordeuropa: Lappen; N-Asien: Nenzen, Chanten, Ewenken, Jakuten, Tschuktschen; N-Amerika und Grönland: Eskimo. Meist Tundren, auch Zwergstrauchheiden und Matten mit niedrigen Blütenpflanzen; Moschusochsen, Rene, Eisfüchse u. -bären, Schneehasen, Wale, Walrosse, Alke, Insekten.

Arkus (Arcus) [lat.], Formelzeichen arc, Bogen oder Bogenmaß eines Winkels.

Arlberg, Alpenpass in 1 793 m Höhe zw. Tirol u. Vorarlberg, mit *A.straße;* s. Dez. 1978 auch Straßentunnel (14 km lang) in 1 200 m Höhe; *A.bahn* mit 10,25 km langem *A.tunnel.*

Arles [arl], frz. St. am Rhonedelta, 57 000 E; roman. Kathedrale, röm. Amphitheater; Weinbau; *Kanal v. A.* (47 km) zum Mittelmeer.

Armada [span.], [mächtige] Flotte, bes. die von Philipp II. 1588 gg. England gesandte Flotte; von der engl. Flotte unter ↑ Drake u. a. zerstreut, vom Sturm vernichtet; Ende der span. Seegeltung.

Armagnac [-'ŋak], südfrz. Ldsch., Hauptort Auch; Weinbau.

Armatur [lat.], Bedienungs-, Schalt- u./oder Messvorrichtung an techn. Anlagen; *A.enbrett,* Leiste mit Mess- u. Kontrollinstrumenten.

Ärmelkanal ↑ Kanal, Der.

Armenbibel ↑ Biblia pauperum.

Armeni|en, 1) Landschaft in Vorderasien, die heute zur Türkei, im Übrigen zu Russland u. zu Iran gehört. Im 6. Jh. v. Chr. Besiedlung durch die Armenier; in pers. u. frühhellenist. Zeit fakt. unabh.; 188 v. Chr. zwei armen. Kgr., 95 v. Chr. vereinigt, später unter röm., byzantin., pers. u. arab. Herrschaft; 1516 Hauptteil an die Türkei, der Rest an Persien. Seit 1828 teilw. Eroberung durch Russland. Der größte Teil des armen. Volkes wurde durch türk. Massaker, v. a. 1895–97, 1909, 1914/15, vernichtet. 1918 Gründung der nat. Rep. A., 1920 von der Roten Armee besetzt (Sozialist. Rep.); 1936–91 Armen. SSR. **2)** Rep. in Vorderasien (Transkaukasien). – Landwirtschaft, Kupferbergbau. – Unabhängigkeitserklärung Sept. 1991; Mitglied der GUS.

armenische Kirche, erste christl. Nat.-Kirche im Orient (↑ orientalische Kirchen).

armenische Kunst, Blütezeit der christl. Kunst Armeniens im 4. bis 11. Jh.; bed. Bauten, v. a. zentrale Kuppelbauten u. Basiliken.

Arminianer, Anhänger des *Jacobus Arminius* (eigtl. Jakob Harmenszoon, * 1560, † 1609; Prof. in Leiden, Gegner d. kalvinist. Prädestinationslehre); seine Lehre wurde von der Dordrechter Synode verdammt; seit 1625 wurden die A. wieder geduldet.

Arminius (fälschl. Hermann der Cherusker), * um 17 v. Chr., † 19 n. Chr. (ermordet), Cherusker-

armenische Kunst. *Reliefs an der Ostseite der Kirche vom Heiligen Kreuz auf der Insel Ahtamar (915–921; links).*

Louis „Satchmo" Armstrong

fürst; besiegte 9 n. Chr. die Römer unter Varus im Teutoburger Wald.

Armstrong ['ɑ:m-]: **1)** Louis „Satchmo", * 1900, † 1971, amer. Jazztrompeter; **2)** Neil A., * 1930, amer. Astronaut (Gemini 8, Apollo 11); betrat als erster Mensch am 20. 7. 1969 den Mond.

Arndt, Ernst Moritz, * 1769, † 1860, dt. Dichter, Publizist u. Politiker; polit. Schriften, Lieder.

Arnheim (niederl. Arnhem), Hptst. der niederl. Prov. Geldern, am Neder-Rjin, 133 000 E; ⚓, Textil-, Metallindustrie.

Arnika, Heilpfl. (Korbblütler), geschützt; orange blühend.

Arnim: 1) Achim von, eigtl. Ludwig Joachim v. A., * 1781, † 1831, dt. Dichter der Romantik; mit C. ↑Brentano Hg. der Volksliederslg. „Des Knaben Wunderhorn"; Dramen, Erzählungen; **2)** Bettina von, * 1785, † 1859, Gattin v. 1), Schwester von C. ↑Brentano; „Goethes Briefwechsel mit einem Kinde".

Arno, ital. Zufluss zum Ligur. Meer, 241 km.

Arnold, Karl, * 1901, † 1958, dt. Politiker; seit 1920 aktiv in der christl. Arbeiterbewegung, 1945 Mitbegr. der CDU, 1947–56 Min.-Präs. v. NRW.

Arnsberg, Hptst. des Reg.-Bez. A., NRW, an der oberen Ruhr, 79 000 E; LG, IHK.

Arnulf: *Hl. Röm. Reich:* **1) A.** von Kärnten, * um 850, † 899, ostfränk. Kg. seit 887, Ks. seit 896. – *Metz:* **2) A.,** * um 580, † 641, hl., Bischof von Metz, Ahnherr der *Arnulfinger,* bed. Einfluss auf die fränk. Politik.

Arolsen, hess. St. im Kr. Waldeck-Frankenberg, 15 000 E; Luftkurort, Barockschloss. – Sitz des Internat. Suchdienstes des Roten Kreuzes.

Aroma [gr.]: **1)** Wohlgeruch und -geschmack; **2)** Geschmacksstoff für Lebensmittel.

aromatische Verbindungen, wicht. Klasse organ. Verbdg., die sich v. Benzol od. dessen zwei- u. mehrkern. Homologen ableiten (auch Azulen u. seine Derivate); aromat. Grundverbdg. in der *aromat. Reihe* zusammengefasst.

Aronstabgewächse, oft epiphyt. Lianen od. großblättr. Rosettenpfl., meist in trop. Wäldern; in Dtl. *Drachenwurz* in Mooren, *Aronstab* in Laubwäldern; Zimmerpfl.: ↑Philodendron, ↑Kalla.

N. A. Armstrong

Arosa, Höhenluftkur- u. Wintersportort in Graubünden, Schweiz, um 1 800 m ü. d. M., 3 800 E.

Arp, Hans, * 1887, † 1966, dt. Bildhauer, Maler u. Dichter; einer der Begr. des Dadaismus u. des Surrealismus.

Arpad, † um 907, ungar. Großfürst; Begr. der Dyn. der *Arpaden* (um 890 bis 1301).

Arpeggio [-ddʒo; ital.], svw. ↑Harpeggio.

Arrangement [arɑ̃ʒ'mɑ̃; frz.]: **1)** Anordnung, Übereinkommen; **2)** Bearb. eines Musikstücks für nicht in der Originalpartitur vorgeschriebene Instrumente; **3)** in der Psychologie A. Adlers unbewusster Abwehrmechanismus.

Arras, Hptst. des nordfrz. Dep. Pas-de-Calais u. der Ldsch. Artois, 42 000 E; Kathedr.; alte, berühmte Wandteppichwirkerei, Industrie.

Arrau, Claudio, * 1904, † 1991, chilen. Pianist.

Array: 1) Datenfeld in den Programmiersprachen ALGOL und FORTRAN; **2)** matrixförmige Anordnung elektron. Bauelemente; **3)** Anordnung mehr. verschiebbarer Radioteleskope.

Array-Prozessor [ə'reɪ-], Feldrechner mit parallelen Rechenwerken z. B. zur Lösung von Matrizenoperationen.

Arrest [mlat.]: **1)** Haft, in der BRD nur für Jugendliche (↑Jugend-A.); mil. Disziplinarstrafe; **2)** Beschlagnahme; Mittel zur Sicherung der Zwangsvollstreckung in das bewegl. od. unbewegl. Vermögen (Zivilprozess); im Konkursverfahren u. Steuerrecht bes. Regelung.

Arrhenius, Svante, * 1859, † 1927, schwed. Chemiker u. Physiker; begr. die Theorie der elektrolyt. Dissoziation, Nobelpreis für Chemie 1903.

Ar Rijad ↑Rijad, Ar.

Arroganz [lat.], Anmaßung, Eigendünkel.

Arrondissement [arõdis'mã; frz.], in Frkr. Teil eines Dép.; auch Stadtbezirk.

Arsen [gr.], chem. El., Symbol As, OZ 33, rel. A.-Masse 74,9216, tritt in mehreren Modifikationen auf, beständigste Form ist die kristallisierte (metall. [graues] A.), daneben nichtmetall. [gelbes], unbeständ. A.; Dichte 5,73 g/cm³, Fp. 817 °C (bei 2,8 MPa); bei gewöhnl. Druck sublimiert A. bei 613 °C; verbindet sich mit vielen El. bei Erwärmen, wird durch stark oxidierende Säuren zu A.säure. A. kommt in der Natur gediegen sowie v. a. in Form von A.erzen und -salzen vor. Die wichtigste Verbdg. ist das Arsentrioxid *(Arsenik),* As_2O_3, das beim Abrösten von A.erzen erhalten wird (wie alle A.verbdg. sehr giftig), Zwischenprodukt für zahlr. weitere Arsenverbindungen.

Arsenal [arab.], Zeughaus, Geräte-, Waffenlager.

Art (Spezies, Species), natürl. gegebene ↑Kategorie 1) der Pfl.- und Tiersystematik, besteht aus Individuen, die in allen wesentl. Merkmalen übereinstimmen und zur Fortpflanzungsgemeinschaft befähigt sind; Unterarten (geograph. u. ökol. Rassen), Lokalformen u. a.

Artaxerxes: *Persien:* **1) A. I.** Makrocheir, † 424 v. Chr. (?), seit 464 Kg.; Friedensvertrag mit Athen; **2) A. II.** Mnemon, * um 451 od. 443, † zw. 363 u. 357, Kg. s. 405; schlug seinen aufständ. Bruder Kyros d. J. 401, Machtausdehnung über Kleinasien u. Griechenland.

Art déco [a:r de'ko:; frz.], Kurzbez. für frz. art décoratif, Bez. für die Kunst (eigtl. das Kunstgewerbe) der Jahre 1920–40. Gemeinsam ist allen Objekten eine geometr. Struktur.

Artefakt [lat.], Kunsterzeugnis; von Menschenhand bearb. Gegenstände (Vor-, Frühgeschichte).

Artemis, griech. Göttin der Jagd; Tochter des Zeus u. der Leto, Zwillingsschwester Apolls.

Artemisia [gr.] (Beifuß), Gatt. d. Korbblütler, teils Gewürz- u. Heilpfl., bes. *Echter Wermut.*

Artenschutz, der durch versch., v. a. behördliche Maßnahmen angestrebte Schutz von vom Aussterben bedrohten Tier- u. Pflanzenarten; Handhabe bieten d. *Washingtoner A.abkommen* v. 1973 bzw. d. *Bundes-A.-VO.*

Arteri|en [gr.] (Schlagadern), Adern, die Blut vom Herzen zu Organen u. Geweben führen (umgekehrt bei Lungenarterien).

Art déco. *Édouard Garcia Benito, Illustration aus „Lettres persanes" (1921)*

Arteri|enverkalkung (Arteriosklerose), häufigste krankhafte Veränderung der Arterien (Lipoid- und Kalkablagerungen an der innersten Schicht der Arterien).

Arteriolen, kleinste, in Haargefäße übergehende Arterien.

Arteriosklerose, svw. ↑Arterienverkalkung.

artesischer Brunnen [frz.; dt.], durch natürlichen (artesischen) Druck des Grundwassers fließender Brunnen.

Arthritis, Gelenkentzündung.

Arthrose [gr.], degenerat. nichtentzündl. Gelenkerkrankung.

Artikel [lat.]: **1)** Geschlechtswort; *best. A.:* der, die, das; *unbest. A.:* ein, eine; **2)** Abschnitt eines Vertr., Gesetzes usw.; **3)** Handelsgegenstand; **4)** Zeitungsaufsatz; **5)** Glaubenssatz einer Religion.

Artikulation [lat.], gegliederte Aussprache, Lautbildung.

Artischocke [ital.], bis 2 m hoher, mediterraner, nur in Kultur bekannter Korbblütler; fleischiger Blütenboden als Feingemüse.

Artois [ar'twa], fruchtbare Ldsch. in N-Frkr., ehem. Gft., Hauptort Arras.

Artus, sagenhafter walis. Kg., der mit den Rittern seiner Tafelrunde (↑Lanzelot, ↑Erec, ↑Parzival u. a.) in vielen ma. literar. Denkmälern auftritt.

Arzneimittel, Stoffe zur Verhütung, Linderung u. Beseitigung von Krankheiten, Beschwerden oder Körperschäden. Im Sinne des *A.gesetzes* der BRD (1976) sind A. Stoffe chem., pflanzl. od. tier. Ursprungs, die körperl. Funktionen beeinflussen, v. menschl. od. tier. Organismus erzeugte Wirkstoffe ersetzen od. Krankheitserreger u. Ä. unschädl. machen.

Arzt [gr.], Heilkundiger aufgrund eines Fachstudiums mit staatl. Approbation; Tätigkeit als Amts-A. erfordert Sonderprüfung. ↑Berufsgeheimnis (eingeschränkt durch Meldepflicht); der ärztl. Beruf ist ein freier Beruf, kein Gewerbe; Berufs- u. Standesvertretungen der Ärzte sind die *Ärztekammern* mit Berufs- u. Ehrengerichten.

As, 1) Symbol für ↑Arsen (☞); **2)** alte röm. Gewichts- u. Münzeinheit; **3)** Einheitenzeichen für ↑**A**mpere**s**ekunden.

ASA, Abk. f.: **A**merican **S**tandards **A**ssociation; Einheit für die Lichtempfindlichkeit fotograf. Materials.

Asad, Hafis, * 1928, † 2000, syr. Gen. u. Politiker; 1970/71 Min.-Präs., s. 1971 Staatspräsident.

Asam, Cosmas Damian, * 1686, † 1739, dt. Maler; tätig mit seinem

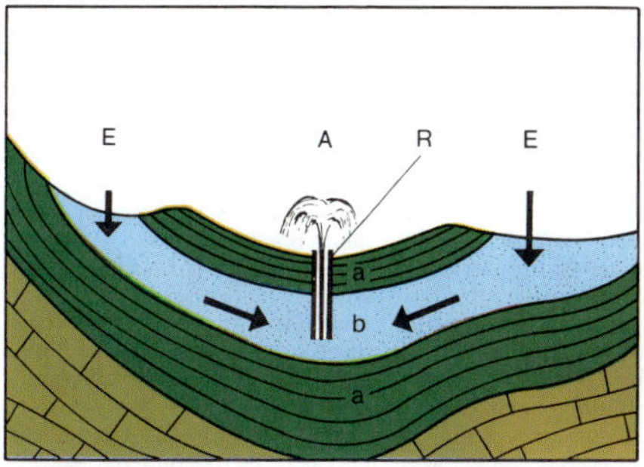

artesischer Brunnen.
A Brunnenauslauf,
E Wassereinzugsgebiet,
R Brunnenrohr,
a wasserundurchlässige und
b wasserdurchlässige Schicht

Artischocke *(blühend; rechts)*

Bruder Egid Quirin A. (* 1692, † 1750), Bildhauer und Baumeister; Spätbarock.

Asbest [gr.], mineral. Faser aus ↑Hornblende od. Serpentin; biegsam, widerstandsfähig gg. Hitze und schwache Säuren; früher bes. für feuerfeste Gewebe. A. ist Krebs erregend, Verwendung seit Beginn der 80er-Jahre stark eingeschränkt.

Ascension [ə'senʃən], brit. Vulkaninsel im S-Atlantik, 88 km², 1040 E; Kabelstation.

Aschaffenburg, bayr. Krst. in Unterfranken, 69000 E; LG, IHK; Stiftskirche, Renaissanceschloss (Wiederaufbau n. 1945), Museum; Textil-, Papierind.; Main-⚓.

Aschkenasim, hebr. Bez. für die Juden in M- u. O-Europa; Ggs. Sephardim, von denen sie sich durch Umgangsspr. (Jiddisch), Gebetsritus u. andere Aussprache d. Hebr. unterscheiden.

Äschylus (Aischylos), * 525/24, † 456/55 v. Chr., griech. Tragiker; schuf das att. Drama; „theol." Deutung u. metaphys. Durchdringung der Handlung; von etwa 90 Dramen sind 7 erhalten, u. a. „Perser", die Trilogie „Orestie".

ASCII, Abk. für **A**merican **S**tandard **C**ode for **I**nformation **I**nterchange, eine aus 7 Bits bestehende Codierung in der Datenverarbeitung.

Ascoli Piceno [- pi'tʃɛ:no], mittelital. Prov.-Hptst., 53000 E; got. Dom (15. Jh.), röm. Brücke über den Tronto; Ind.; Bischofssitz.

Ascorbinsäure, svw. Vitamin C (↑Übers. Vitamine).

ASEAN ['eɪzɪæn], Abk. für: ↑**As**sociation of **S**outh **E**ast **A**sian **N**ations.

Aserbaidschan

Fläche: 86600 km²
Einwohner: (1995) 7,56 Mill.
Hauptstadt: Baku
Amtssprache: Aserbaidschanisch
Zeitzone: MEZ +3 Stunden

Aschanti, Sudannegervolk im zentralen S-Ghana, etwa 1,5 Mill. A.; Hackbauern; im 18./19. Jh. bed. Reich; Gold-, Gelbguss- u. a. künstler. Arbeiten.

Aschermittwoch, Beginn der Fastenzeit.

Aschersleben, Krst. in Sa.-An., 34000 E; Askanierburg; Kalibergbau, Masch.-Ind.

Asen, german. Göttergeschlecht, geführt von ↑Wodan.

Asepsis [gr.], Keimfreiheit.

Aserbaidschan, 1) 2 Prov. in NW-Iran (*A.-Ost,* 67102 km², 3,2 Mill. E, Hptst. Täbris; *A.-West,* 38850 km², 2,3 Mill. E, Hptst. Urmia).

2) Republik in Vorderasien, zw. Russland, Georgien, Iran, Armenien und dem Kasp. Meer; in einigen Teilen subtrop., ansonsten Halbwüsten- u. Steppenklima; petrochem. Ind.; Land- u. Forstwirtschaft (Maulbeerbaumkulturen u. Seidenraupenzucht). – 1828 von Persien an Russland abgetreten; 1920 Sowjetrep.; s. 1936 Unionsrep. der UdSSR; unabhängig s. 1991, Konflikt mit Armenien um Berg-Karabach.

Ashdod [aʃ'dod], St. in S-Israel, 71000 E; Ind., bed. ⚓.

Ashkenazy, Vladimir [aʃke'nazi], * 1937, isländ. Pianist russ. Herkunft.

Ashqelon [aʃ-], St. in S-Israel nö. v. Gaza, 56000 E; Betonröhrenwerk u. a. Ind.; Fremdenverkehr; das antike *Askalon* war einer der 5 Hauptorte der Philister.

Asien, größter Kontinent der Erde (44,4 Mill. km²); rd. 3,4 Mrd. E (60 % der Weltbev.); A. u. Europa bilden die euras. Landmasse. *Begrenzung:* im W das Uralgeb. und der Fluss Ural, Manytschniederung, Schwarzes u. Ägäisches Meer, im SW und S Suezkanal, Rotes Meer u. Ind. Ozean, im SO u. O Arafurasee, Pazifik u. Beringmeer, im N Nordpolarmeer. *Oberflächenform:* von Kettengebirgen durchzogen, die sich vom Hochland von Kleinasien über das armen. Hochland, die iran. Ketten bis zum Hindukusch erstrecken, dort Teilung: Südketten mit Himalaja und den N–S verlaufenden Geb.-Zügen Hinterindiens; Nordketten mit Pamir, Tienschan, Alatau, Altai, Sajan, Jablonoi- und Stanowoigebirge sowie den sibirischen Randkettengebirgen. Zwischen den Gebirgszügen ausgedehnte Hochebenen od. -becken (Iran, Tarimbecken, Tibet). Den Kettengebirgen sind Tiefländer vorgelagert; Stromgebiete des Euphrat und Tigris, Indus, Ganges u. Hinterindiens, die Tiefländer O-A.s u. Sibiriens. 2 Tafelländer: Arabische Halbinsel u. d. Hochland von Dekhan (Indien). Das mittelsibir. Bergland ist eine well. Rumpfflächenlandschaft. *Klima:* A. hat Anteil an allen Klimabereichen von den Tropen bis zur Arktis (N-Sibirien, nördl. Kältepol Station Oimjakon im Indigirkagebiet mit Temperaturen bis −78 °C). *Vegetation:* längs der Eismeerküste bis 1 000 km breite Zone der ↑Tundra, südl. anschließend ↑Taiga; Laubwaldzone nur wenig ausgeprägt. Von Vorder-A. über Inner-A. bis in die Mandschurei eine Trockenzone: Steppen, Salzsteppen u. Wüsten; in den Hochgebirgen z. T. arkt. Florenelemente, jedoch reichen Steppen u. Wüsten oft bis in die alpine Stufe hinauf. In Vorderindien große Savannen u. Dornbuschsteppen, nur an d. Malabarküste, am Fuße des Himalaja u. am unteren Brahmaputra dichte Regen- und Monsunwälder mit Mangroveküsten; auch in Hinterindien Monsunregenwälder; im feuchtheißen Tropengebiet der südostasiat. Inselwelt immergrüne Regenwälder. *Tierwelt:* in der Tundra Ren, Lemming, Schneehase, Eisfuchs u. an der Küste Eisbär; Waldregion reich an Pelztieren, bes. Zobel, Marder u. a.; in Steppen u. Wüsten des Innern: Wildesel, Antilope, Nagetiere, Wolf; in O-Turkestan Wildkamel u. in Tibet Jak, Bambusbär und Gnuziege; südasiat. Monsunwaldgebiet u. trop. Regenwaldgebiet der Inselwelt haben eigene Tierregionen (Orientalis und indoaustral. Zwischengebiet): Menschenaffen, Nashorn, Elefant, Tiger, Schlangen, farbenprächtige Vögel und Insekten. *Bev.:* Ballung der Bev. in den fruchtb. Stromtiefländern Vorderindiens u. Chinas u. auf den jap. Hauptinseln. Am verbreitetsten (3/5) ist der mongolide Rassenkreis (Mongolen, Tibeter, N-Chinesen, Japaner, Koreaner, Ewenken, Tschuktschen, Thai u. Annamiten), zu ihnen gehören auch Turkvölker und Malaien. *Religionen:* am weitesten verbreitet Buddhismus (Tibet, Mongolei, Hinterindien, China und Japan), Hinduismus (Indien), Islam (ganz Vorder-A., Kasachstan, Afghanistan, Pakistan, Malaysia, Indonesien u. China), Konfuzianismus (China u. Korea), Christentum (Armenien, Russland, auf den Philippinen u. in den Missionsgebieten A.s), Schintoismus (Japan), Judentum (Israel), Naturreligionen der Völker in den Rückzugsgebieten. Die *Wirtsch.* ist bestimmt durch den Ggs. von intensiver Landw. in den von Natur aus begünstigten Gebieten, Nomadismus in den Steppen, Jagd u. Sammelwirtsch. in den Rückzugsgebieten, Jagd, Fischerei u. Rentierzucht in der Tundra und Taiga. Beginnende Industrialisierung, bis in die Gegenwart Rohstofflieferant. Bed. Ind.-Gebiete: Ural, Karaganda, Ferganabecken u. Kusbass; Japan mit hoch entwickelter Ind., die aber nur eine unzureichende Rohstoffbasis besitzt. *Entdeckungsgesch.:* Den Griechen war A. bis nach Indien bekannt; Vertiefung der Kenntnisse durch die Alexanderzüge; Vordringen der Araber beendete europ. Beziehungen zu A.; erst die Kreuzzüge brachten neues Wissen; Araber bereisten die ganze süd- u. südostasiat. Küste; Ende des 13. Jh.s zogen ital. Kaufleute (u. a. Marco Polo) u. päpstl. Gesandtschaften ins Mongolenreich und brachten neues Wissen; 1498 landete Vasco da Gama in Indien; später folgten die Kolonialmächte: Spanier, Holländer, Portugiesen, Engländer u. Franzosen hielten bis ins 20. Jh. hinein Kolonialgebiete; seit 1577 drangen russ. Kosaken erobernd nach Sibirien vor u. erreichten 1648 die Beringstraße; seit dem 18. Jh. Erforschung des Innern; bek. Forscher: ↑Hedin, ↑Filchner u. F. von ↑Richthofen.

Asimov, Isaak [ə'si:mɔv], * 1920, † 1992, amer. Biochemiker u. Schriftsteller russ. Herkunft; naturwissenschaftl. Abhandlungen und Sciencefiction.

Asjut, oberägypt. Gouvernementshauptstadt am l. Nilufer, 213 000 E; Univ.; Superphosphatfabr., Kunstgewerbe; ⛯.

Askalon ↑Ashqelon.

Askanier, altes dt. Fürstengeschlecht, 1134–1319 in Brandenburg, bis 1918 in Anhalt.

Askari [arab.], eingeborener Soldat im ehem. Dt.-Ostafrika.

Askese [gr.], Verzicht; strenge Lebensweise zur Verwirklichung sittl. und relig. Ideale.

Asklepios, griech. Gott d. Heilkunst; b. d. Römern **Äskulap.**

Äskulapnatter, bis 2 m lange, ungiftige Natter.

Äskulapstab, schlangenumwundener Stab, Arztsymbol.

Äsop, angebl. Mitte 6. Jh. v. Chr., legendärer griech. Fabeldichter.

Asowsches Meer, nördl. Nebenmeer des Schwarzen Meeres, bis 14,5 m tief, 38 000 km². Im S durch die Straße v. Kertsch Verbdg. zum Schwarzen Meer.

Asparagus [gr.], Gatt. d. Liliengewächse, z. T. Zimmerpfl. (Zierspargel); als Nutzpfl. Spargel.

Aspekt [lat.]: **1)** Ansicht, Betrachtungsweise, Gesichtspt.; **2)** Konstellation v. Sonne, Mond, Planeten (Astron., Astrol.); **3)** Verwendung versch. Verbalformen für Vorgänge, die als Faktum festgestellt od. als im Verlauf betrachtet werden; bes. im Engl. und in slaw. Sprachen.

Aspern, ehem. niederöstr. Dorf, heute Stadtteil v. Wien. – 1809 bei *A.* und *Eßling* östr. Sieg über Napoleon I.

Asphalt [gr.], brennbares, braunes od. schwarzes, festes od. zähflüss., mit Mineralstoffen gemischtes ↑Bitumen; *Natur-A.* entsteht durch Verdunsten der leicht flücht. und durch Oxidation der schwer flücht. Stoffe des Erdöls; *A.see* bei La Brea auf Trinidad, *A.sümpfe* in Kalifornien und Galizien.

asphärisch, nicht kugelförmig (z. B. a. Linsen in fotogr. Objektiven).

Asphyxie [gr.], Atemstillstand mit drohender Erstickung; oft bei Neugeborenen.

Aspik [frz.], Gallert aus Gelatine oder Kalbsknochen.

Aspirant [lat.], Anwärter auf einen Posten.

Aspiration, Bestrebung, Hoffnung, Ehrgeiz.

Aspisviper [gr.; lat.], in Dtl. (Schwarzwald) einzige Giftschlange neben der Kreuzotter.

Ass, höchste Spielkarte in versch. Kartenspielen.

Assagai, Wurfspeer (1–2 m) südafrikan. Stämme.

assai [ital.], sehr, genug, recht (𝄞).

Assam, B.-Staat im NO Indiens, vom Brahmaputra entwässert u. von hohen Gebirgen eingerahmt; 78 438 km², 22,3 Mill. E; Hptst. Dispur; v. a. Anbau von Tee.

Asseln, kl., flache Krebstiere in Süßwasser, im Meer, auf d. Land.

Assembler [ə'semblə; engl.], Übersetzungsprogramm eines Computers, das ein in *Assemblersprache* (eine kurz ebenfalls als A. bezeichnete, maschinenorientierte Programmiersprache) geschriebenes Programm in die Maschinensprache übersetzt.

Assessor [lat.] (Ass.), Bewerber für höhere Beamtenlaufbahn nach Univ.-Ausbildung und Vorbereitungsdienst; auch Titel des Juristen mit 2. Staatsprüfung.

Assignaten [frz.], 1790–96 Papiergeld der Frz. Revolution, gedeckt durch nationalisierten Grundbesitz; schrankenlos vermehrt, zuletzt wertlos.

Assimilation [lat.]: **1)** Überführung v. körperfremden Stoffen in körpereigene; bes. CO_2-A. bei den grünen Pfl., die aus CO_2 u. H_2O mithilfe v. ↑Chlorophyll u. Sonnenlicht

Assisi. *Doppelkirche des Klosters San Francesco*

assyrische Kunst. *Apotropäischer geflügelter Stier mit Menschenkopf vom Palast Sargons II. in Dur-Scharrukin (rechts)*

(Photosynthese) Kohlenhydrate erzeugen, wobei Sauerstoff frei wird; **2)** Angleichung v. Menschen an eine andere ethn. Gruppe, auch des Einzelnen an die umgebenden Gruppen.

Assisi, ital. Stadt in Umbrien, 25 000 E; Geburts- u. Begräbnisort (got. Klosterkirche, 1228–53) des hl. Franz v. Assisi.

Association of South East Asian Nations [əsəʊsɪ'eɪʃn əv saʊθ i:st 'eɪʃn 'neɪʃɪnz; engl.], Abk. ASEAN, 1967 gegr. Vereinigung südostasiat. Nationen zur Förderung v. Frieden soz. u. wirtsch. Wohlstand in ihrer Region; Mitgl. (1999): Brunei, Burma, Indonesien, Kambodscha, Laos, Malaysia, Philippinen, Singapur, Thailand, Vietnam.

Associé [asɔ'sje; frz.], Teilhaber einer Handelsgesellschaft.

Assoziation [lat.]: **1)** Vereinigung, Verbindung od. Ges. zu gegenseitiger Unterstützung (z. B. Genossenschaft, Interessenverband); **2)** Verknüpfung von Bewusstseinsinhalten (z. B. Karbolgeruch – Krankenhaus); Grundbegriff der Psychol. seit ↑Aristoteles; **3)** Zusammenlagerung mehrerer gleichart. Moleküle, bes. bei Flüssigkeiten; Ergebnis: *Assoziat.*

Assuan (arab. Aswan), oberägypt. St., 191 000 E; 2 Staudämme im Nil; der A.-Hochdamm (121 m hoch, 4 km lang) staut den Nil zum 500 km langen *Nassersee;* Handelsplatz, Fremdenverkehr; Kraftwerke; ✈.

Assur, Gott der St. Assur, oberster Gott Assyriens.

Assur, Ruinenstätte am r. Tigrisufer; im Altertum Ausgangspt. u. Hptst. des Assyr. Reiches; Ausgrabungen: zahlr. Tempel, Paläste, Festungsanlagen.

Assurbanipal (griech. Sardanapal), assyr. Kg. (669–627); bed. d. v. ihm angelegte Tontafel-Bibliothek in Ninive.

Assyri|en ↑Babylonien und Assyrien.

Assyrisch ↑Akkadisch.

assyrische Kunst, beginnend mit dem Aufstieg des Assyr. Reiches, Blütezeit 9.–7. Jh. v. Chr., Residenzbauten v. Assur, Ninive und Nimrud, Tempel, Paläste, Zikkurats; Wandmalerei; bes. bed. Reliefs (Kriegs-, Jagdszenen).

assyrische Literatur ↑babylonisch-assyrische Literatur.

assyrische Religion ↑babylonische Religion.

Assyriologie [gr.], Wiss. von der assyr.-babylon. Kultur u. Spr., bes. der Keilschrift.

a. St., Abk. für: **a**lten **St**ils, d. h. nach dem julian. Kalender.

AStA, Abk. für: **A**llg. **St**udenten**a**usschuss; gewählte Organe student. Selbstverw. an den Hochsch. u. Univ. der BRD.

Astaire, Fred [əs'teə], eigtl. Frederick Austerlitz, * 1899, † 1987, amer. Tänzer u. Filmschauspieler.

Astarte, Fruchtbarkeitsgöttin Kanaans, der babylon. Ischtar ähnlich.

Astat [gr.], chem. El., Symbol At, OZ 85, rel. A.-Masse des stabilsten Isotops 210, Halogen; zahlr. stark radioaktive Isotope.

Aster [gr.], Korbblütler; im Sommer oder Herbst blühend.

Asteroiden [gr.], svw. ↑Planetoiden.

Astheniker, svw. leptosomer Typ (↑Körperbautypen).

Ästhet [gr.], Mensch mit stark ausgeprägtem Schönheitssinn.

ästhetisch, schön, geschmackvoll, ansprechend.

Asthma [gr.], in Anfällen auftretende Atemnot; *Bronchial-A.* mit hochgrad. Atemnot infolge Zusammenziehung der kleinsten Bronchien mit Schleimabsonderung; oft allerg. bedingt; *Herz-A.* bes. bei ↑Angina pectoris.

Asti, ital. St. in Piemont, 74 000 E; Weinbau; *Asti spumante,* ital. Schaumwein.

Astigmatismus [gr.], Abbildungsfehler von Linsen: Strahlenbündel, die von einem außerh. der opt. Achse befindl. Punkt ausgehen, haben in 2 zueinander senkr. Schnitten längs der opt. Achse versch. Konvergenzpunkte; auch als Augenfehler infolge einer abnormalen Wölbung der Hornhaut.

ästimieren [frz.], schätzen, würdigen.

Aston, Francis William ['æstən], * 1877, † 1945, engl. Chemiker und Physiker; begr. die ↑Massenspektroskopie; Nobelpreis 1922.

Astor, Johann Jakob ['æstə],

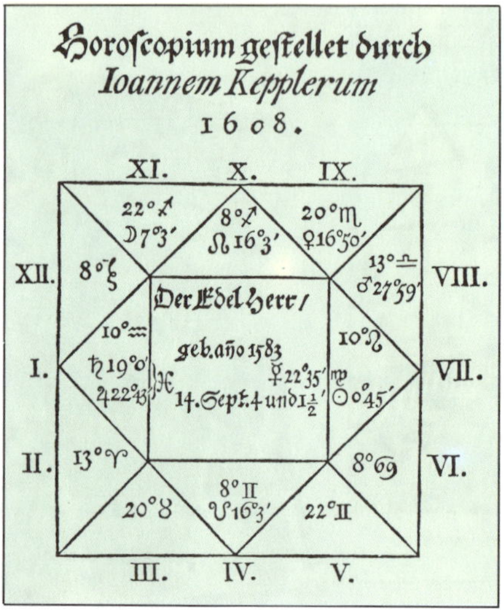

Astrologie. *Wallensteins Horoskop für die Zeit von 1583 bis 1609, gestellt 1608 durch Johannes Kepler*

* 1763, † 1848, amer. Großkaufmann dt. Herkunft; wanderte 1783 nach Amerika aus; erwarb durch Pelzhandel u. Bodenspekulation ein großes Vermögen.

Astra, direkt strahlende Rundfunksatelliten, Empfang über Parabolantenne od. Kabelnetz.

Astrachan, russ. St. im Wolgadelta, 509 000 E; Hochschulen; bed. Fischerei; ⚓.

Astragal [gr.], konvexes Gesimsglied, oft als Perlstab.

astral [gr.], die Gestirne betreffend.

astro..., Astro... [gr.], Bestimmungswort; Bed.: „Stern".

Astrologie (Sterndeutung), Lehre vom angebl. Einfluss der Gestirne auf ird. Geschehen, schon früh in China, Indien, Babylon u. a.; heute Schicksalsdeutung aus Horoskop; naturwiss. unhaltbar.

Astronaut [gr.], svw. ↑Weltraumfahrer.

Astronomie, Sternkunde, exakte Naturwiss.; die *Stellar-A.* erforscht Verteilung und Bewegung der Materie im Weltraum, die *Astrophysik* Aufbau, Zusammensetzung, physikal. Zustand und Entw. der Himmelskörper; *klass.* od. *fundamentale A.* (die Forschungszweige, die auf der Messung der Richtung der Gestirnstrahlung beruhen): *sphär. A., Astrometrie, Bahnbestimmung, Himmels-Mech., astronom. Orts- und Zeitbestimmung;* Messungen der Richtung, Quantität *(Astrophotometrie)* und Qualität *(Astrospektroskopie)* der Sternstrahlung sowie statist. Methoden *(Stellarstatistik);* die *Kosmogonie* behandelt Werden und Vergehen v. Sternen od. Sternsystemen, die *Kosmologie* die Struktur des Universums. Nach dem Spektralbereich unterscheidet man *opt. A., Radio-, Infrarot-, Ultraviolett-, Röntgen-, Gamma-Astronomie.*

astronomische Einheit, Einheitenzeichen AE, Entfernungsmaß im Sonnensystem; 1 AE = 149,600 Mill. km (etwa mittlere Entfernung Erde–Sonne).

astronomische Zeichen, symbol. Zeichen für Tierkreisbilder, Planeten u. deren Konstellationen.

Astrophotometrie ↑Astronomie.

Astrophysik ↑Astronomie.

Astrospektroskopie ↑Astronomie.

Asturien, histor. Prov. u. Region an der span. N-Küste, 10 565 km², 1,1 Mill. E, Hptst. Oviedo. Bergbau: Steinkohle, Eisen-, Quecksilbererze. – Ausgangsort der Reconquista; ehem. Kgr. (nach 722), 1230 im Kgr. Kastilien aufgegangen. 1982 Autonomiestatut.

Asunción [-'sjɔn], Hptst. von Paraguay, 794 000 E; Verw.-, Wirtsch.- u. Verkehrszentrum d. Landes, Univ.; ✈.

Asyl [gr.]: **1)** Freistätte, Zufluchtsort für Verfolgte; **2)** Heim zur vorübergehenden Aufnahme v. Obdachlosen sowie Hilfs- und Schutzbedürftigen.

Asylrecht, Bestimmungen der einzelnen Staaten über den Schutz Fremder (v. a. polit. Verfolgter). – Im Altertum und im MA genossen Verfolgte an hl. Stätten Asylrecht.

Asymptote [gr.], Gerade, an die sich eine Kurve anschmiegt, ohne sie im Endl. zu erreichen.

asynchron [gr.], nicht mit gleicher Geschwindigkeit laufend, entgegenlaufend.

Asynchronmotor, ein ↑Elektromotor.

Aszendent: 1) „Aufgang" best. Sterne (Tierkreis-Astrologie); **2)** Gestirn im Aufgang, Aufgangspt. (Astronomie); **3)** Vorfahr, Verwandter aufsteigender Linie (Vater, Großvater usw.).

at, Einheitenzeichen für: techn. ↑**At**mosphäre.

At, Symbol für ↑Astat (⊂).

A. T., Abk. für: **A**ltes **T**estament.

Atacama, nordchilen. Wüste zw. Haupt- und Küstenkordillere, regenarm, bis 4 000 m, Salzbecken (Salpeter), reiche Kupfer-, Zinn- und Silbererzlagerstätten.

Atahualpa, * um 1502, † 1533, letzter Herrscher des Inkareiches, von ↑F. Pizarro umgebracht.

Atatürk ↑Kemal Atatürk.

Atatürk-Damm, Staudamm des

Athen. *Lykabettos (Hintergrund)*

Euphrat in der Türkei, 1989 fertig gestellt, Stausee 817 km^2.

Atavismus, Wiederauftreten stammesgeschichtl. älterer Körpermerkmale u. Verhaltensweisen.

Ataxie [gr.], Störung des geordneten Bewegungsablaufs von Muskelgruppen.

Atbara, Nbfl. des Nil, 1 120 km.

Atemfrequenz, Anzahl der Atemzüge pro Minute (Mensch, normal 12–20).

a tempo [ital.]: **1)** sofort; **2)** im Anfangstempo [weiterspielen] (𝄞).

Atemwurzeln, über den Boden od. das Wasser ragende Wurzeln, die wahrsch. der Atmung dienen.

Atemzentrum, im verlängerten Rückenmark gelegenes, selbst. Regulationsorgan der Atmung.

Äthan, Ethan [gr.], $H_3C{-}CH_3$, Kohlenwasserstoff, farb- u. geruchloses Gas, z. B. in Erdgas.

Athanasios, hl., * um 295, † 373, griech. Kirchenlehrer; Bischof v. Alexandria; bekämpfte den ↑ Arianismus.

Äthanol, Ethanol, chem. Bez. des ↑ Äthylalkohols, ↑ Alkohol.

Athapasken, indian. Jäger- u. Fischervölker (einheitl. Sprachgruppe) in Alaska, Kanada u. im W der USA.

Atheismus [gr.], Leugnung der Existenz od. Erkennbarkeit Gottes bzw. von Göttern.

Athen, Hptst. von Griechenland, am Saron. Golf, 885 000 E (Groß-A. mit Piräus 3,03 Mill.); Univ., Akademie, Hochschulen, archäol. Institute, Museen; bed. antike Baudenkmäler, u. a. ↑ Akropolis. Reger Fremdenverkehr u. Handel; Seebäder, Leder-, Textil- u. a. Ind.; ⚓ ↑ Piräus: ✈. – Glanzzeit im 5. Jh. v. Chr. (↑ griech. Geschichte), Niedergang durch den Peloponnes. Krieg (431–404), Plünderung durch Sulla 86 v. Chr., Verfall im 3./4. Jh.; unter osman. Herrschaft (ab 1456) weitgehend bedeutungslos; 1834 Hptst. Griechenlands.

Athene, in der griech. Mythol. Lieblingstochter des Zeus, aus seinem Haupte entsprungen; Göttin des Kriegs u. des Friedens, der Weisheit, der Künste und des Handwerks.

Äther [gr.]: **1)** Himmelsluft, Himmel; **2)** Ether, chem. Verbindungen der allg. Formel $R_1 - O - R_2$, bei denen R_1 und R_2 gleiche oder versch. Alkyl- oder Arylreste sind; wichtiges Beispiel ist: Diäthyläther, $C_2H_5 - O - C_2H_5$, Lösungsmittel, fr. Inhalationsnarkotikum.

ätherische Öle, etherische Öle, flücht. pflanzl. Öle mit charakt., angenehmem Geruch; für Parfüms, Liköre u. a.

Äthiopien

Fläche: 1 097 900 km^2
Einwohner: (1995) 55,05 Mill.
Hauptstadt: Addis Abeba
Amtssprache: Amharisch
Zeitzone: MEZ +2 Stunden

äthiopide Rasse, Mischrasse aus Negriden u. Orientalen in NO-Afrika; typ. Galla, Massai, Somal.

Äthiopilen, Staat in NO-Afrika. Zerklüftetes Gebirgsland, sommerl. Regenzeit, trockene Winter. *Bev.:* etwa 40 % Amharen u. Tigre, 40 % Galla, außerdem Danakil, Somal u. a. Mehr als 85 % der Bev. treiben Ackerbau (Kaffee, Mais, Hirse) u. Viehzucht (Schafe); Ausbau der Ind., Hauptausfuhr Kaffee. – *Gesch.:* im Altertum Reich v. Aksum (6. Jh. v. Chr. bis 10. Jh. n. Chr.), im 4. Jh. christianisiert. Bis zum 17. Jh. unter Königen mit Statthaltern (Ras); dann Zerfall in Teilreiche, um 1850 Schaffung eines neuen Gesamtstaats, 1890 ↑ Eritrea an Italien abgetreten; 1895/96 erfolgr. Kampf gg. Italien; 1930–74 Kaiserreich unter Haile Selassie I. (v. Militär abgesetzt). 1936–41 von Italien annektiert. 1974 übernahm das Militär die Herrschaft, 1975 Abschaffung d. Monarchie; 1974–93 Unabhängigkeitsbestrebungen in ↑ Eritrea u. Tigre; Sturz der Militärreg. 1991. *Kirche:* christl. Kirche monophysit. Richtung. *Lit.:* Bibelübersetzung (4. bis 7. Jh.); Übersetzungen aus dem Arab. (seit d. 13. Jh.); Königslegenden u. a.

äthiopische Sprache, semit. Spr., s. dem 14. Jh. nur noch in der Liturgie der äthiop. Kirche u. in der Lit.; *neuäthiop. Sprachen*: *Amharisch* (Staatsspr.); *Tigrinja* im N Äthiopiens, *Tigre* in Eritrea.

athletischer Typ ↑ Körperbautypen.

Athos, östlichste Halbinsel der Chalkidike, N-Griechenland; gebirg., im *Berg A.* bis 2033 m; am Berg griech.-orthodoxe Mönchsrep.; seit dem 9. Jh. histor. belegte Mönchsansiedlungen; bed. durch Denkmäler der byzantin. Kunst in den Klosteranlagen.

Äthyl-, Ethyl- [gr.], einwert. Kohlenwasserstoffrest C_2H_5-; in vielen organ. Verbdg., z. B. Diäthyläther (↑ Äther 2).

Äthylalkohol, Ethylalkohol ↑ Alkohole.

Äthylen, Ethylen, Äthen, Ethen, einfachster ungesättigter Kohlenwasserstoff der Formel C_2H_4 aus der Gruppe der Alkene.

Atlant [gr.], kraftvolle Männerfigur als Gebälkträger anstelle eines Pfeilers oder einer Säule; nach dem Riesen ↑ Atlas.

Atlanta [ətˈlæntə], Hptst. von Georgia, USA, 425 000 E; Wirtschafts- u. Kulturzentrum im SO der USA, Universitäten, TH; ✈.

Atlantikcharta, 1941 zw. Roosevelt und Churchill beschlossene Grundsatzerklärung: u. a. Verzicht auf Annexionen, Anerkennung des Selbstbestimmungsrechts d. Völker, vollst. Entmilitarisierung aller Aggressorstaaten; eines der Grunddokumente der UN.

Atlantikpakt, svw. ↑ NATO.

Atlantikwall, dt. Befestigungsanlagen entlang der frz., belg. u. niederl. Küste, erbaut 1942–44, 1944 in der Normandie durchbrochen.

Atlantis, im Altertum sagenhaftes Inselreich mit hoher Kultur, durch Naturkatastrophe versunken.

Atlantischer Ozean (Atlantik), zweitgrößtes Weltmeer, zw. Europa u. Afrika im O u. Amerika im W; 106,6 Mill. km^2 (einschließl. Nebenmeere); 5 500 km mittlere Breite, N–S-Erstreckung (Beringstraße–Nordpol–Antarkt. Kontinent) etwa 21 300 km, mittl. Tiefe 3 293 m, größte Tiefe 9 219 m (Puerto-Rico-Graben); Grenze zum Pazifik: im N Beringstraße, im S kürzeste Verbindung Kap Hoorn–Antarkt. Halbinsel, zum Ind. Ozean: 20° ö. L. Etwa $^1/_5$ der Gesamtfläche wird von Nebenmeeren eingenommen (Nordpolarmeer, Baffinmeer, europ. Nordmeer, europ. u. amer. Mittelmeer, Hudsonbai, Nord- u. Ostsee, brit. Gewässer, Weddellmeer). Inselarm, nur in Nebenmeeren größere Inseln, Meeresbodenoberfläche durch die Atlant. Schwelle in 2 Längsbecken geteilt, durch Seitenschwellen in Becken gegliedert. Die Meeresströmungen hängen mit dem Windsystem zusammen; 2 gr. Kreisläufe nördl. und südl. des Äquators.

Atlas, Riese der griech. Mythologie, Bruder des Prometheus, trägt auf seinen Schultern den Himmel.

Atlas, Faltengebirgssystem in NW-Afrika, in mehrere Ketten gegliedert (Tell-, Sahara-, Hoher, Mittl., Rif- und Anti-A.), dazw. Hochland der Schotts; Djebel Toubkal 4165 m.

Atlas. *Hoher Atlas am Pass Tizi-n-Tichka*

Atlas [gr.], geograph. Kartenwerk od. Bildtafeln in Buchform.

atm, Abk. für: physikal. ↑**Atmosphäre** 2).

Atmosphäre [gr.]: **1)** gasförm. Hülle eines Himmelskörpers, bes. der Erde. Gliederung der Erd-A.: *Troposphäre,* etwa 9 (Pole) bis 17 km (Äquator), Zone der Wettervorgänge, Temp.-Abnahme bis −80 °C an der Obergrenze (Tropopause), darin ↑Jetstreams; *Stratosphäre,* bis 50 km, Temp.-Unterschiede v. −80° bis etwa 0 °C, mehr. Schichten mit hohem Ozongehalt; *Mesosphäre* mit Temp.-Abnahme bis etwa 80 km Höhe, darüber *Thermosphäre* mit starkem Temp.-Anstieg. Zw. 80 und 500 km *Ionosphäre,* elektr. leitend, Kurzwellen reflektierend, Temp. bei 400 °C, schichtenweise starker Gehalt an Ionen; *Exosphäre,* genaue Obergrenze nicht anzugeben. Zusammensetzung der A. in Bodennähe: 78 % Stickstoff, 21 % Sauerstoff, 0,9 % Argon, Rest Kohlendioxid u. Edelgase, stark wechselnder Wasserdampfgehalt; **2)** Einheit des ↑Drucks (gesetzl. seit 1978 nicht mehr zulässig); *physikalische A.* (atm), 1 atm = 101 325 Pa = 1,01325 bar; *techn. A.* (at, bei Überdruck auch atü), 1 at (= 1 kp/cm²) = 98 066,5 Pa = 0,980 665 bar.

Atmung, Energie freisetzende Stoffwechselabbauvorgänge: **1)** *anaerobe A.:* Spaltung von energiereicheren organ. Verbdg. in energieärmere ohne Mitwirkung v. Sauerstoff (Gärung); **2)** *aerobe A.:* Verbrennung organ. Stoffe unter Aufnahme von Sauerstoff (Endprodukt: Kohlendioxid, Wasser): 1. *äußere A.* der Tiere durch Lungen (im allg. Landwirbeltiere), Kiemen (Wassertiere), Tracheen (Insekten u. a.) u. zusätzl. (bei niederen u. sehr kl. Tieren ausschließl.) A. durch die Hautoberfläche; 2. *Gewebs-A.:* Gasaustausch zw. Blut u. Gewebe; 3. *innere* od. *Zell-A.:* Oxidation v. organ. Verbdg. in der Zelle zur Energiegewinnung.

Ätna, tätiger Schichtvulkan im O Siziliens, Gipfel 3340 m, meist schneebedeckt; Lava aus Nebenkratern; Observatorium.

Ätoli|en (griech. Aitolia), Landschaft im westl. Mittelgriechenland.

Atoll [malaiisch], ringförm. Koralleninsel, die eine ↑Lagune einschließt; bes. in der Südsee.

Atom [gr.], kleinstes Teilchen eines chem. El., das aufgrund seiner Struktur (↑Atomkern mit umgebender ↑Elektronenhülle) für dessen chem. u. physikal. Eigenschaften verantwortl. ist. Zahl der A.sorten entspr. der Zahl der chem. El. (↑Periodensystem der chem. El.), wobei innerh. einer A.sorte im Allg. A.arten unterschiedl. Masse, die ↑Isotope des betr. El., auftreten. Die Massen der A.e liegen zw. $1{,}6736 \cdot 10^{-24}$ g beim leichten Wasserstoff u. etwa $4{,}3 \cdot 10^{-22}$ g bei den schwersten Transuranen, die A.durchmesser bei rd. 10^{-8} cm, wobei der A.kern, in dem die wesentl. Masse des A.s vereinigt ist, nur einen Durchmesser von einigen 10^{-12} cm hat. Die Elektronen der Atomhülle halten sich infolge der Coulombwechselwirkung mit dem positiv elektr. geladenen A.kern in Bereichen auf, die schalenförmig *(Elektronenschalen)* um den Kern liegen, wobei jedes Elektron mit einer best. Bindungsenergie an den A.kern gebunden ist, d. h. sich in einem durch diese Energie (bzw. durch 4 ↑Quantenzahlen) gekennzeichneten Energie- oder Quantenzustand befindet. Als Grundzustand oder Elektronenkonfiguration des A.s bez. man denjenigen Atomzustand, in dem die Elektronen die niedrigsten der für sie möglichen Energiezustände besetzen. Durch Energiezufuhr (z. B. durch Teilchenstöße, Absorption von Photonen) können die Elektronen in Zustände höherer Energie (geringerer Bindungsenergie) gelangen *(A.anregung),* aus denen sie im Allg. nach etwa 10^{-8} s in unbesetzte Zustände tieferer Energie unter Abstrahlung der Energiedifferenz ΔE als elektromagnet. Strahlung (Emission eines Photons der Energie $h\nu = \Delta E$; h plancksches Wirkungsquantum, ν Frequenz der Strahlung) zurückkehren. Diese *Quantensprünge* liefern ein für das A. bzw. El. charakt. ↑Spektrum.

Atombindung, Art der chem. Bindung, bei der Elektronenpaare den beteiligten Atomen gemeinsam angehören.

Atombombe ↑Atomwaffen.

Atomenergie, svw. ↑Kernenergie.

Atomgewicht (relative Atommasse), dimensionslose Größe, die angibt, wievielmal die mittl. Masse eines Atoms eines El. (im Allg. Isotopengemisch) größer ist als $\frac{1}{12}$ der Masse eines Atoms des Kohlenstoffisotops ^{12}C.

Atomkern, im Zentrum eines Atoms befindl., aus ↑Nukleonen zusammengesetztes Gebilde sehr gr. Massendichte ($1{,}4 \cdot 10^{14}$ g/cm³) und sehr geringer Ausdehnung (einige 10^{-12} cm), in dem über 99,9 % der Masse des Atoms vereinigt sind. Die Anzahl Z der Protonen bestimmt die Kernladungszahl u. damit ↑Ordnungszahl 2), die Zahl der Nukleonen (Protonen und Neutronen) die ↑Massenzahl. Die wirkl. Masse des A.s ist um den sog. Massendefekt kleiner als die Summe der Massen seiner Nukleonen; Unterschiede in der Neutronenzahl bei gleichem Z bedingen die Isotopie (↑Isotope). Der Zusammenhalt (Bindung) der Nukleonen im Atom erfolgt durch die Kernkräfte.

Atommodell, mehr od. weniger anschaul., meist räuml. Vorstellung vom Aufbau des Atoms, das in möglichst einf. Weise Verhalten u. Eigensch. der Atome näherungsweise erklärt; z. B. *rutherford-bohr-sommerfeldsches A.:* Elektronen bewegen sich (ähnl. den Planeten bei ihrer Bewegung um die Sonne) strahlungslos auf best. Kreis- (Rutherford-Bohr) oder ellipt. Bahnen *(Quantenbahnen)* um den Atomkern u. besitzen dabei durch Quantenzahlen festgelegte Energien. Emission bzw. Absorption elektromagnet. Strahlung durch Übergänge der Elektronen zw. diesen „erlaubten" Bahnen *(Elektronen-* od. *Quantensprung).*

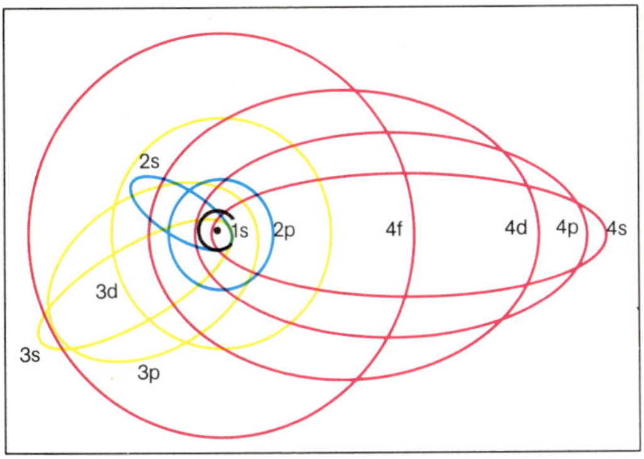

Atommodell. *Die Quantenbahnen des Wasserstoffatoms im rutherford-bohr-sommerfeldschen Atommodell*

Atommüll, radioakt. Abfall.

Atomreaktor ↑Kernreaktor.

Atomteststoppabkommen, 1963 von Großbrit., den USA u. der UdSSR unterzeichnetes Abkommen über die Einstellung der Kernwaffenversuche in der Atm., im Weltraum und unter Wasser. 1976 Vertr. zw. den USA u. der UdSSR über die Unterlassung unterird. Kernwaffenversuche mit einer Sprengkraft v. mehr als 150 kt TNT; Beitritt weiterer Staaten.

Atomuhr ↑Uhr.

Atomwaffen *(Kern-, A-, Nuklearwaffen),* Geschosse, Raketen, Bomben u. a. mit Sprengladungen aus Kernsprengstoff. A. unterteilt man in solche, die auf der Kernspaltung von Uran 235 oder Plutonium 239 beruhen, u. solche, bei denen eine Verschmelzung leichter Atomkerne (z. B. Deuterium, Tritium) zu Helium eintritt *(Wasserstoff-* oder *H-Bombe).* Schwerste Waffen sind die *Dreiphasenbomben* mit einem Zünder aus Uran 235, Lithiumdeuterid als Fusionsmaterial und Uran 238, das die größten Anteile der Explosions- und Strahlungsenergie liefert. Die Sprengenergie der A. wird im Vergleich mit herkömml. Sprengstoff angegeben: 1 Kilotonne (kt) entspricht dem Energieinhalt von 1 000 t Trinitrotoluol (TNT); 1 Megatonne (Mt) = 1 000 000 t TNT. Von der Gesamtwirkung einer A-Bombe entfallen rd. 50 % auf Druckwirkung, 35 % auf Wärmewirkung und 15 % auf radioaktive Strahlung. Bei der Detonation entsteht ein Atompilz mit ungeheuren Drücken und Temperaturen von 15 bis 20 Mill. °C im Zentrum (↑Neutronenwaffe).

Atomwaffensperrvertrag, 1968 v. den USA, v. Großbrit. u. der UdSSR unterzeichneter „Vertr. über die Nichtverbreitung v. Kernwaffen" (in Kraft s. 1970); 178 Staaten (1995), darunter die BRD, schlossen sich an; Probleme bei der Durchsetzung des A. bereiten die Staaten, die Kernwaffen produzieren können (Schwellenmächte), aber dem A. nicht beigetreten sind.

Atomwärme, Wärmemenge, die nötig ist, um ein ↑Grammatom eines El. um 1 °C zu erwärmen (Produkt aus ↑Atomgew. u. spezif. Wärme); Einheit JK^{-1} mol^{-1}.

Atomzeitalter, eine Bez. für das gegenwärtige Zeitalter, beginnend mit der Explosion der 1. Atombombe (1945), gekennzeichnet durch die techn. Nutzung der Kernenergie.

Aton, Sonnenscheibe der Ägypter, von Echnaton (↑Amenophis IV.) als höchstes Wesen verehrt.

atonale Musik, Musik ohne tonales Zentrum; Grundlage ist nicht eine Folge (Tonleiter), sondern eine Zahl von Tönen.

ATP, Abk. für: **A**denosin**tri**phos**p**hat; biochem. Verbdg. zur vorübergehenden Energiespeicherung u. -übertragung.

Atrium [lat.]: **1)** im röm. Haus in der Mitte nach oben offene Halle (Innenhof); die Dachöffnung ist von Säulen gestützt. Das moderne *Atriumhaus* ist ein eingeschossiger Haustyp mit Wohnhof; **2)** Säulenhof des röm. Tempels; später Säulenvorhof der ↑Basilika.

Atrophie [gr.], Schwund v. Organen, Geweben, Zellen.

Atropin [gr.], Alkaloid der Nachtschattengewächse (Tollkirsche u. a.); ☠; in kleinen Dosen für Heilzwecke.

ATS-SDA ↑Übers. S. 463.

Attaché [ata'ʃe; frz.], Rangbez. für die Eingangsstufe im diplomat. Dienst; Diplomat im Auslandsdienst mit bes. Aufgaben.

Attenborough ['ætnbrə], Sir Richard Samuel, * 1923, brit. Schauspieler und Regisseur. Der Film „Ghandi" (1982), bei dem A. Regie führte, erhielt 8 Oscars.

Attentat [lat.-frz.], Anschlag auf einen [polit.] Gegner.

Attersee (Kammersee), östr. See im Salzkammergut, 45,9 km².

Attest [lat.], Bescheinigung, [ärztl.] Zeugnis.

Attika, Halbinsel im östl. Mittelgriechenland, Hptst. Athen.

Attika [gr.], niedr. Aufsatz über dem Hauptgesims eines Baus, oft mit Pilastern und Inschriften.

Attila, † 453, seit 434 Kg. der Hunnen; 451 Zug nach Gallien, Niederlage durch den weström. Feldherrn Aetius; 452 Einfall in Italien.

Attisch-Delischer Seebund, Vereinigung griech. Staaten unter Führung Athens (477–404); urspr. gg. die Perser gerichtet, nach 449 Machtinstrument athen. Hegemonialpolitik.

Atto- [skand.], Zeichen: a, Vorsatz vor Einheiten zur Kennzeichnung des 10^{18}ten Teils der Einheit, 1 Attometer = 1 am = 10^{-18} m.

Attraktion [frz.], Anziehungskraft, Anziehung; Zugnummer, Glanznummer, -stück.

Attrappe [frz.], Nachbildung eines Gegenstandes; bei Waren für Werbeausstellungen u. Ä.

Attribut [lat.]: **1)** wesentl. Merkmal einer Sache; **2)** Beifügung, nähere Bestimmung (Sprachwiss.); **3)** kennzeichnende Beigabe einer dargest. Person (Gottheit, Held, Heiliger).

atü, Abk. für: veraltet für Druck in techn. **At**mosphären **ü**ber dem Luftdruck (↑Atmosphäre 2).

Atum, ägypt. Gott, Ortsgottheit von Heliopolis, später mit Re identisch.

Attila. *Medaille (16. Jh.)*

Ätzen, Verändern der Oberfläche von Stoffen (Metalle, Glas, lebendes Gewebe) durch chem. hoch akt. Verbdg. *(Ätzmittel),* z. B. Laugen, Säuren, Schwermetallsalze, auch Gase; zur Entfernung von Oberflächenschichten, Sichtbarmachung von Texturen, in der graf. Technik, beim Textildruck.

Au, Symbol für ↑Gold (♁).

Auber, Daniel François Esprit [o'bɛ:r], * 1782, † 1871, frz. Opernkomponist; „Die Stumme von Portici", „Fra Diavolo".

Aubergine [ober'ʒi:nə; frz.], ein Nachtschattengewächs, dunkelviolette bis weißl. ei- bis gurkenförm. Frucht; Feingemüse.

Aubusson [oby'sõ], frz. St. östl. von Limoges, 6200 E; histor. Zentrum der frz. Gobelin- und Teppichkunst.

a. u. c., Abk. für: ↑**a**b **u**rbe [**c**ondita].

Auckland [ɔ:klənd], größte St. und Haupthafen Neuseelands, 855000 E (städt. Agglomeration); Univ.; ✈. – Gegr. 1840 als erste Europäersiedlung in Neuseeland.

Audiberti, Jacques Séraphin [odi-], frz. Schriftsteller, * 1899, † 1965; Gedichte, Romane, Essays, Theaterstücke („Quoat-Quoat", „Die Zimmerwirtin").

Audienz [lat.], Empfang bei hoch gestellten polit. oder kirchl. Würdenträgern.

Audion, älteste Schaltung einer Elektronenröhre für gleichzeit. Gleichrichtung und Verstärkung hochfrequenter Schwingungen.

Audivision, Oberbegriff für Geräte und Verfahren zum gleichzeitigen Sehen und Hören, dazu zählen z. B. die Bildplatte und das Videoband.

Auditorium [lat.]: **1)** Hörsaal der Hochsch.; *A. maximum,* größter Hörsaal einer Hochsch.; **2)** Hörerschaft.

Aue, Krst. in Sa., 25000 E; Besteckherstellung, Textil-, Maschinenindustrie.

Auerbach, Berthold, eigtl. Moses Baruch Auerbacher, * 1812, † 1882, dt. Erzähler („Schwarzwälder Dorfgeschichten").

Auerbachs Keller, alte Weinstube in Leipzig; der Sage nach gemeinsam v. ↑Faust u. ↑Mephisto besucht.

Auerbach/Vogtland, Krst. in Sa., 21000 E; Maschinenbau.

Auerhuhn, Raufußhuhn; etwa 90 cm lang; gefährdete Art; Europa, Sibirien.

Auerochse (Ur), ausgerottete Stammform des Hausrindes.

Auerstedt, Dorf im Kr. Apolda (Thüringen), 600 E; 1806 Schlacht von Jena und A. (↑Jena).

Aufbauschulen, versch. Schultypen: 1. zur Hochschulreife führende Schulen, die auf der Realschule aufbauen (3 Jahre); 2. zur mittleren Reife führende Schulen, die auf der Hauptschule aufbauen; 3. ↑Berufsaufbauschulen.

Aufbereitung, mech., chem. oder elektrolyt. Behandlung v. Rohstoffen zur Abscheidung unerwünschter Bestandteile. In der Kerntechnik die Extraktion von Uran und Thorium aus dem Erz bis zur Gewinnung der Oxide.

Aufbewahrungspflicht, Pflicht des Kaufmanns, Handelsbücher, Bilanzen, Inventare 10 J., Briefe 6 J. aufzubewahren, auch bei Auflösung des Unternehmens.

Aufgebot: 1) kirchenrechtl.: öff. A. kath. Brautleute, um etwaige Ehehindernisse zu erfahren; **2)** im Eherecht bis 1998 Aushang zur Ermittlung etwaiger Ehehindernisse; **3)** Aufruf zu den Waffen; **4)** öff. Aufforderung zur Anmeldung v. Rechten od. zur Erhebung v. Ansprüchen an unbek. Beteiligte.

Aufgeld, svw. ↑Agio.

Aufheller ↑optische Aufheller.

Aufklärung, geist. Bewegung des 17. u. 18. Jh.s, v. England über Frkr. u. Dtl. sich in ganz Europa ausbreitend; Forderung nach log. klarem u. richt. Denken, relig. u. kirchl. Autoritäten wurden scharf kritisiert, v. a. durch Voltaire (als Freund Friedrichs d. Gr. in Dtl. bed. Einfl.); La Mettrie u. d'Holbach in Frkr.: radikaler Atheismus. Vertrauen auf die Macht d. Vernunft; daher in der Gesch.-Philos. optimist. Fortschrittsglaube (Montesquieu, Condorcet), in der Sozialphilos. Toleranzidee, Glaube an

Aufladung. *Abgasturbolader.*
1 Lufteintritt durch Luftfilter,
2 Turbokompressor, 3 verdichtete Luft zum Vergaser,
4 Abgaseintritt, 5 Abgasturbine,
6 Abgasaustritt

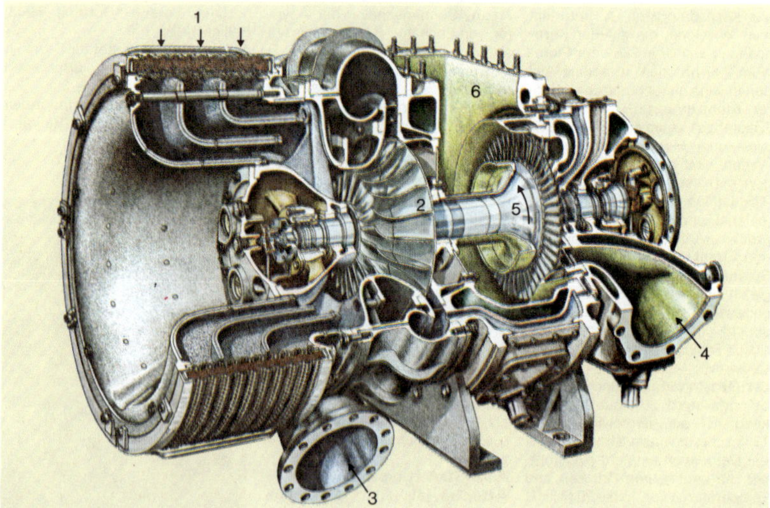

die Erziehbarkeit des Menschen; die allen gemeinsame Vernunft schafft Gleichheit vor dem Gesetz (Naturrecht); Schaffung der ↑Enzyklopädie. *Lit.:* strenge Forderung nach Einhaltung literar. Regeln und Abgrenzung der poet. Gattungen (Boileau-Despréaux, Gottsched); lehrhaft-nützl. Dichtung (Gellert, Haller), oft in moral. Wochenschriften; Selbstkritik u. Satire b. Lichtenberg, Anerkennung natürl.-genialer Begabung b. Lessing (Neubewertung Shakespeares); Vorliebe für Lehrgedicht, Fabel, Epigramm u., bes. in England u. Frkr., für Reise- und Bildungsroman (Swift, Defoe, Rousseau, in Dtl. Wieland); gleichzeitig Rückbesinnung auf gemüthafte u. seel. Kräfte: Empfindsamkeit, Pietismus; bes. Ausformung der literarischen A. in der Kleinkunst des Rokoko.

Aufladung: 1) das Aufnehmen positiver od. negativer elektr. Ladung durch einen Körper, ein Gerät (z.B. Kondensator) u.a.; **2)** Erhöhung der den Zylindern von Verbrennungsmotoren zugeführten Luftmenge bzw. des Kraftstoff-Luft-Gemischs durch Zuführung vorverdichteter Luft (z.B. mit *Abgasturboladern,* bei denen ein Turbokompressor durch die Abgase angetrieben wird); führt zu erhebl. Leistungssteigerung.

Auflage: 1) Verpflichtung zu einem Tun oder Unterlassen bei privatrechtl. Zuwendungen (z.B. Schenkung) od. verantwortungsrechtl. Verfügungen (z.B. Baugenehmigungen); **2)** Gesamtzahl der vervielfältigten Exemplare eines Werkes (Verlagswesen).

Auflassung, die zur Übertragung des Eigentums an einem Grundstück erforderl. Einigung zw. Veräußerer u. Erwerber bei gleichzeitiger Anwesenheit vor einem Notar; im dt. Recht erforderlich.

Auflösungsvermögen, die Güte eines opt. Systems bestimmende Trennfähigkeit für sehr nahe beieinander liegende Gegenstandspunkte.

Auflösungszeichen, Zeich. ♮, Zurücknahme einer vorher angegebenen Tonerhöhung (♯) oder -erniedrigung (♭) (𝄞).

Aufriss, senkr. Projektion eines Körpers auf eine vertikale Ebene.

aufschließen, schwerlösl. Stoffe in lösl. Verbdg. bringen.

Aufsichtspflicht, Pflicht zur Beaufsichtigung Minderjähriger od. bes. Beaufsichtigung Bedürftiger (für Eltern, Lehrer, Vormünder, Pfleger).

Aufsichtsrat, Verw.-Organ von Kapitalges., v.a. von ↑Aktienges. zur Bestellung des Vorstands und Überwachung der Geschäftsführung; für jeweils 3J. von der Hauptvers. gewählt; mind. 3 Mitgl.; besteht unter best. Bedingungen zu einem Drittel aus Arbeitnehmervertretern.

Auftakt: 1) der ein Tonstück od. ein musikal. Motiv eröffnende leichte Taktteil; **2)** am Versanfang: unbetonte Silbe[n] vor der 1. Hebung.

Auftrag, Vertrag, durch den der Beauftragte sich verpflichtet, ein ihm übertragenes Geschäft unentgeltl. zu besorgen (§).

Auftrieb: 1) (stat. A.) gewichtsmindernde Kraft, die ein Körper nach dem archimedischen Prinzip (↑Archimedes) in einer Flüssigkeit od. einem Gas erfährt; **2)** (dynam. A.) senkrecht zur Anströmrichtung eines umströmten Körpers (z.B. Flugzeugflügel) wirkende Kraft.

Aufwand (Aufwendungen), die von einem Unternehmen im Verlauf einer Abrechnungsperiode verbrauchten Güter, in der Gewinn- und Verlustrechnung zur Ermittlung des Periodenergebnisses dem Ertrag gegenübergestellt.

Aufwandsentschädigung, (steuerfreie od. beschränkt steuerpflichtige) Vergütung für Aufwendungen, die durch die Berufsausübung veranlasst sind (z.B. Umzugskosten).

Aufwertung ↑Abwertung.

Aufzinsung ↑Abzinsung.

Auge, Sehorgan; bei Menschen u. Tieren paar., kompliziert gebautes Sinnesorgan, das als Linsen-A. aus dem *Augapfel* u. seinen Anhangsgebilden besteht; d. Augapfel liegt in der *A.nhöhle;* d. Sehnerv bildet die Verbdg. zum Gehirn; äußere Hülle d. Augapfels die *Lederhaut (Sklera),* vorn in d. durchsichtige Hornhaut übergehend, hinter der die ↑Iris folgt, d. mit Ziliarkörper u. der gut durchbluteten *Aderhaut* die 2. Schicht des A.s bildet; in der Iris die Pupille 1); dahinter Linse u. Glaskörper; zw. Glaskörper u. Aderhaut als 3. Schicht die Netzhaut; vordere u. hintere *A.nkammer* vor u. hinter der Iris; auf der Netzhaut umgekehrtes, reelles Bild (durch Sehnerv und -bahnen zum Sehzentrum im Hinterhauptslappen des Großhirns geleitet); räuml. Sehen durch Vermischung der von beiden A.n gelieferten Bilder; Eintrittsstelle des Sehnervs in den Augapfel nicht lichtempfindl. *(blinder Fleck),* schläfenwärts davon der *gelbe Fleck,* Stelle des schärfsten Sehens; Nah- u. Fernsehen durch Akkommodation; Anhangsgebilde zum Schutz u. zur Pflege der A.: *A.nlider,* Tränendrüsen mit Ausführgängen befeuchten A. mit Tränenflüssigkeit. ↑Bindehaut, ↑auch Lichtsinn.

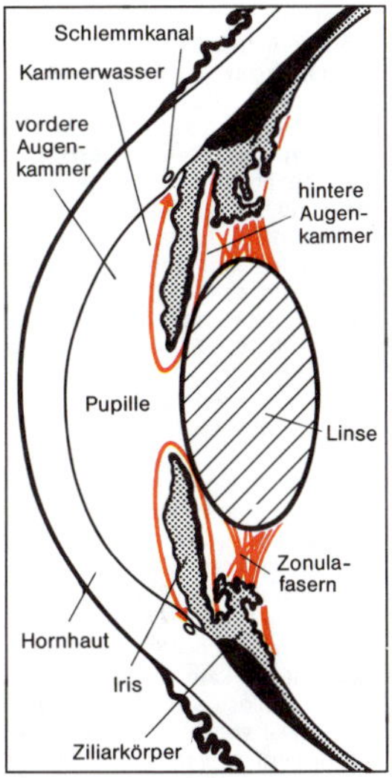

Auge. *Querschnitt durch das vordere Segment des menschlichen Auges*

Augenverletzungen, durch Eindringen von Fremdkörpern oder durch Verätzungen u.a. verursachte Verletzung der Augen. – Erste Hilfe: Lose Fremdkörper wenn möglich mit Zipfel eines Taschentuches entfernen; bei Verätzung Auge mit Wasser ausspülen; stets *beide* Augen verbinden; [Augen]arzt aufsuchen!

Augias, sagenhafter Kg. v. Elis, dessen riesige Ställe *(A.stall)* Herakles an einem Tag reinigt.

Augsburg, Hptst. des bayr. Reg.-Bez. Schwaben, 259000 E; Univ., Konservatorium, PH, Verw.-Akad., LG; IHK; Verkehrsknotenpunkt, Ind.-St.: Textil-, Masch.-, Papierind.; Dom (1047ff.) u.a. bed. Kirchen, Zeughaus (1602ff.), Rathaus (1615ff.), Fuggerei (1516ff.). – Römergründung *(Augusta Vindelicum),* seit 5./6. Jh. Bischofssitz; R.-St.; bed. Reichstage.

Augsburger Bekenntnis (lat. Confessio Augustana), von ↑Melanchthon für den R.-Tag von Augsburg 1530 verf. Glaubensbekenntnis mit 28 Artikeln; heikle Fragen (Papsttum u.a.) unerwähnt. Zus. mit der Apologie

Melanchthons Bekenntnisschrift der reformator. Lehre.
Augsburger Interim, 1548 erlassenes R.-Ges.: vorläuf. Zugeständnisse an die ev. Stände.
Augsburger Religionsfriede, den Anhängern des Augsburger Bekenntnisses (nicht Kalvinisten u. Zwinglianern) Besitz u. Frieden zusicherndes Grundgesetz des Hl. Röm. Reiches (1555).
Augst, schweizer. Ort im Kt. Basel-Ldsch., 840 E; nahebei die um 44 v. Chr. gegr., z. T. ausgegrabene röm. Stadt *Augusta Raurica.*
Augstein, Rudolf, * 1923, dt. Publizist; Hg. des Nachrichtenmagazins „Der Spiegel".
Auguren [lat.], altröm. Priester, die nach best. Zeichen (Vogelflug u. a.) weissagten.
August II., der Starke, * 1670, † 1733, als Friedrich August I. Kurfürst von Sachsen; 1697 nach Übertritt zur kath. Kirche Kg. von Polen; schloss sich dem Bündnis gg. Karl XII. von Schweden an, wurde besiegt u. verlor 1706 Polen, das er aber nach Karls XII. Niederlage wiedererlangen konnte (1709); prunkvoller Ausbau Dresdens und Warschaus.
August [lat.], 8. Monat d. Jahres.
Augusta [ɔːˈgʌstə]: **1)** St. im östlichen Georgia, USA, 48 000 E; Textil- u. a. Ind.; ✈; **2)** Hptst. v. Maine, USA, 21 000 E; Textil-, Papier-, Schuhind.; Verkehrsknotenpt.; ✈.
Augusta, Ehrenname röm. Ksn.; auch Bez. vieler nach röm. Ksn. ben. Kolonien, z. B. *A. Vindelicum* (Augsburg).
Auguste Viktoria, * 1858, † 1921, letzte dt. Kaiserin, ⚭ s. 1881 mit Ks. Wilhelm II.
Augustiner, männl. u. weibl. Ordensgenossenschaften nach der Augustinerregel: 1. *A.-Chorherren,* Zusammenschluss der Kanoniker eines Chorherrenstifts (entspr. *A.-Chorfrauen); 2. A.-Eremiten,* Bettelorden.
Augustinus, Aurelius, hl., * 354, † 430, Bischof von Hippo; bedeutendster Kirchenlehrer des Abendlandes; neuplaton. beeinflusst; überzeugt von der inneren „erleuchteten" Erkenntnismöglichkeit des Seins; „Confessiones", „De civitate Dei".
Augustus, urspr. Gaius Octavius, * 23. 9. 63 v. Chr., † 19. 8. 14 n. Chr., röm. Kaiser; von Cäsar adoptiert; nach Cäsars Tod Kampf um die Alleinherrschaft, 42 Sieg bei Philippi, 31 bei Aktium; röm. Ks. (eigtl. Princeps); rundete das Reich ab, ordnete es im Innern, förderte Kunst u. Wiss. („goldenes" augusteisches Zeitalter).
Augustus [lat.], röm. Ks.-Titel ab 27 v. Chr.
Auktion, svw. ↑Versteigerung.
Aula [lat.]: **1)** freier, hofähnl. Platz in griech. u. röm. Häusern; **2)** Palast in der röm. Kaiserzeit; **3)** Festsaal in Schulen u. Universitäten.
Aung San Suu Kyi [-dʒi], * 1945, birman. Politikerin, Einsatz für Menschen- u. Bürgerrechte in Birma gg. herrschendes Militärregime, Friedensnobelpreis 1991.
au pair [oˈpɛːr; frz.], Leistung gg. Unterkunft u. Verpflegung ohne Bezahlung; *Aupairmädchen,* Mädchen, die gg. Unterkunftsgewährung, Verpflegung, Taschengeld im Ausland als Haushaltshilfe arbeiten, um eine Fremdsprache zu erlernen.
Aurelian[us], Lucius Domitius * 214, † 275, röm. Ks. seit 270; Kampf gg. Goten u. Vandalen, Sicherung der Donaugrenze; Bau d. *aurelianischen Mauer* in Rom.
Aureole [lat.]: **1)** atmosphär. Leuchterscheinung, Hof um Sonne od. Mond (atmosphär. Optik); **2)** Lichtkreis um die Gestalt Christi (Kunst).
Aureus [lat.], röm. Goldmünze, seit dem 1. Jh. v. Chr.
Aurich (Ostfriesland), St. am Ems-Jade-Kanal, in Nds., 39 500 E; LG; Sitz zahlr. Behörden; Staatsarchiv; Marktort.
Aurikel [lat.], Primelgewächs in den Kalkalpen; Gartenformen.
Aurora, lat. Name der ↑Eos.
Ausbildungsberufe, Berufe d. Ind. u. d. Hk. mit fachl. Ausbildung (fr. Lehr- u. Anlernberufe).
Ausbildungsförderung, Geldleistungen des öffentl.-rechtl. Gemeinwesens zur Förderung der allg. u. berufl. Bildung. Die A. betrifft 1. die Ausbildung an Hochschulen (B.-A.sgesetz [Abk. BAföG]) u. 2. Maßnahmen d. berufl. Bildung (Arbeitsförderungsgesetz [AFG]).
Ausbürgerung, Entziehung der Staatsangehörigkeit; in der BRD nur zulässig, wenn die Folge nicht Staatenlosigkeit ist.
Auschwitz (poln. Oświecim), polnische St. sö. von Kattowitz, 45 000 E. Während des 2. Weltkrieges in A. berüchtigtes KZ (Vernichtungslager).
Ausdehnung, Längen- od. Volumenerhöhung eines Körpers bei Temperaturerhöhung. Als A. des Alls wird die aus dem Doppler-Effekt ermittelte Vergrößerung der Abstände der Galaxien bezeichnet.
Auseinandersetzung, Aufteilung eines Vermögens einer Personengemeinschaft zu od. nach deren Auflösung, z. B. im Erbfall, bei Scheidung.
Ausfallbürgschaft, Bürgschaft über den Ausfall, den der Gläubiger an seiner Forderung an den Hauptschuldner erleidet.
ausfällen, einen gelösten Stoff ganz od. z. T. in Kristalle, Flocken od. Tröpfchen überführen (⚗).
Ausfuhr ↑Export.
Ausgabekurs ↑Emissionskurs.
Ausgedinge, svw. ↑Altenteil.
Ausgleichsgetriebe ↑Differenzial 1).
Ausgleichspflicht (Kollationspflicht), Verpflichtung der Abkömmlinge als gesetzl. Erben, das vom Erblasser zu Lebzeiten Erhaltene bei der Erbauseinandersetzung auszugleichen.
Auskragung, vorspringender Bauteil (z. B. Erker, Balkon, Sims).

Auskragung *zweier Stockwerke an einem Fachwerkhaus*

Auskultation [lat.], Behorchen der im Körper entstehenden Geräusche (Herz, Lunge, Darm) mit Ohr oder ↑Stethoskop.
Auskunftsverweigerungsrecht, Recht des Zeugen, auf best. Fragen die Antwort zu verweigern (z. B., wenn die Antwort ihn od. einen Angehörigen im Strafverfahren belasten würde).
ausländische Arbeitnehmer, Bez. für Personen, die [vorübergehend] in einem Land arbeiten, deren Staatsangehörigkeit sie nicht besitzen; i. d. R. kommen a. A. aus ind. unterentwickelten Ländern mit unzureichenden Beschäftigungsmöglichkeiten in Ind.-Länder, in denen Arbeitskräftemangel v. a. für arbeitsintensive, häufig geringe Qualifikation erfordernde, schlecht bezahlte Tätigkeiten besteht; euphemist. auch Gastarbeiter genannt.
Ausleger, bei Kränen das über die Stützkonstruktion hinausragende Gerüst.
Auslese: 1) als Zuchtwahl *natürl. A.* in der Auseinandersetzung des

Individuums (Art, Gatt.) mit der Umwelt (Anpassung) durch Ausmerzung z.B. des Schwächeren (↑Selektionstheorie); *künstl. A.* durch ↑Züchtung (Biol.); **2)** 3. Prädikatsstufe bei Qualitätsweinen.

Auslieferung, Übergabe eines Ausländers an seinen Heimat- oder einen dritten Staat wegen eines Verbrechens (Einzelheiten meist in Verträgen festgelegt); keine A. wegen polit. Verbrechen; Deutsche dürfen nicht an das Ausland ausgeliefert werden (Art. 16 GG).

Auslobung, öff. und bindende Aussetzung einer Belohnung für die Vornahme einer Handlung (§).

Ausnahmezustand, staatl. Notstandssituation; in der BRD ↑Notstand, ↑Notstandsgesetze.

Auspizilen [lat.], Vorzeichen, Vorbedeutungen; bei den Römern Orakel aus dem Vogelflug.

Auspuff: 1) Abdampf od. Abgas von Dampf- und Verbrennungsmasch.; **2)** Ableitungsrohr für 1).

Aussatz, svw. ↑Lepra.

Ausschlag, svw. ↑Exanthem.

Außenhandel, grenzüberschreitender Warenverkehr, wichtigster Teil der ↑Außenwirtschaft; Ggs.: Binnenhandel; *A.smonopol,* ausschließl. Berechtigung einer staatl. Zentralstelle zum Betreiben des A.s, v.a. in Ländern mit Planwirtschaft; *A.sstatistik,* statist. Erfassung u. Darstellung des A.s nach Menge, Wert, Volumen, Bezugs- u. Absatzgebieten sowie Zollsollerträgen. – ↑auch Zahlungsbilanz.

Außenstände, Forderungen im Geschäftsverkehr.

Außenwirtschaft, Gesamtheit aller ökonom. Transaktionen zw. Wirtschaftssubjekten d. Inlands u. d. Auslands mit d. Ziel, die internat. Arbeitsteilung zu nutzen u. damit d. Wohlstand d. beteiligten Volkswirtsch. zu erhöhen; die grundsätzl. Freiheit (mit Beschränkungsmöglichkeiten) der A. ist im *A.sgesetz* v. 1961 geregelt.

außergewöhnliche Belastungen ↑Einkommensteuer.

Aussetzung: 1) bedingter Strafaufschub; **2)** vorläufiger Stillstand eines Gerichtsverfahrens durch Gerichtsbeschluss; **3)** vorsätzl. Verlassen einer hilflosen Person.

Aussiedler, dt. Staatsangehörige od. Volkszugehörige, die vor dem 8. 5. 1945 ihren Wohnsitz in den dt. Gebieten östl. d. Oder-Neiße-Grenze, in Polen, Rumänien, der Sowjetunion, Ungarn u. der Tschechoslowakei hatten u. diese Länder nach Abschluss d. allg. Vertreibungsmaßnahmen verlassen haben od. verlassen.

Australien

Fläche: 7 682 300 km²
Einwohner: (1995) 18,09 Mill.
Hauptstadt: Canberra
Amtssprache: Englisch
Zeitzonen: MEZ +7, 8½ und 9 Stunden (von W nach O)

Aussig (tschech. Ústi nad Labem), tschechosl. St. an der Elbe, 106 000 E; Braunkohlen-⚒, chem. Ind.; ⚓.

Aussperrung, Maßnahme der Arbeitgeber im Arbeitskampf: Ausschließung von Arbeitnehmern.

Ausstand, svw. ↑Streik.

Austerlitz (tschech. Slavkov u Brna), tschechosl. St. östl. von Brünn, 7 000 E. – 1805 Sieg Napoleons I. über Österreicher u. Russen (Dreikaiserschlacht).

Austern [niederl.], gesell. Muscheln aller gemäßigten u. warmen Meere; Massenvorkommen auf *A.bänken;* A.zucht in *A.parks;* A. gelten als Delikatesse.

Austernfischer, krähengroßer, schwarz und weißer Strandvogel; Hauptnahrung Muscheltiere.

Austin, ['ɔ:stɪn], Hptst. v. Texas, USA, 465 000 E; Univ.; Ind.; ✈.

austral [lat.], südlich.

Australian Capital Territory ↑Australischer Bund.

Australilen, kleinster Erdteil u. zugl. der B.-Staat Austral. Bund (↑Übers.); zugehör. ↑Tasmanien 1) u. einige kl. Inseln; die Hauptinsel: gedrungene Gestalt, schwach gegliederte Küsten; der Westaustral. Schild senkt sich zum Tiefland des Inneren, nach O folgen die Downs, dann die Ostaustralischen Kordilleren (Mt. Kosciusko 2 230 m); gewässerarm, nur im SO größeres Stromsystem (Murray/Darling); waldarm; im N u. O an der Küste Mangroven, Kokospalmen u. Bambus, im SW u. SO Eukalyptus- und Akazienwälder, im Landesinnern Halbwüsten u. Wüsten; über 150 Beuteltierarten, Kloakentiere, Eidechsen, Dingos. *Bodenschätze:* Eisen, Bauxit, Blei, Uran, Stein-, Braunkohle, Erdgas. *Bev.:* Weiße; etwa 260 000 ↑Australier [einschließlich Mischlinge]. *Wirtsch.:* an 1. Stelle der Weltwollerzeugung, Ackerbau auf 19,6 Mill. ha, meist Weizen, außerdem Gerste, Hafer u. Mais, Zuckerrohr, Baumwolle, Tabak, Wein u. Obst; Elektro-, Masch.-, Lebensmittel- und chem. Ind.; Hauptausfuhr: Wolle, Fleisch, Zucker, Erze, Steinkohle. *Gesch.:* im 16. Jh. Entdeckung durch Handelsschiffe der Niederländer, Spanier u. Portugiesen; seit 1616 Entdeckungen an der W-Küste, Name „Neuholland"; 1770 erreichte J. Cook die Ostküste; um 1800 waren die Küsten bekannt; seither Name „Australien" (= Südland); 1788 Beginn der Be-

Australischer Bund
(amtlich Commonwealth of Australia),
Bundestaat, Mitglied des Commonwealth

	km²	E (1994)	Hauptstadt
Neusüdwales	801 600	6 081 000	Sydney
Queensland	1 727 200	3 234 000	Brisbane
Südaustralien	984 000	1 472 000	Adelaide
Tasmanien	67 800	472 600	Hobart
Victoria	227 600	4 487 000	Melbourne
Westaustralien	2 525 500	1 715 000	Perth
Australian Capital Territory	2 400	301 700	Canberra
Nordterritorium	1 346 200	172 000	Darwin
Austral. Bund	7 682 300	17 935 300	Canberra

Dem Austral. Bund unterstehen Außenpol., Verteidigung, Handel u. Verkehr sowie Sozialfürsorge; die übrigen Angelegenheiten sind Sache der einzelnen B.-Staaten; ↑auch Australien.

siedlung (brit. Strafkolonie nahe der jetzigen St. Sydney). Im 19. Jh. Gründung der Kolonien Neusüdwales, West-A., Süd-A., Victoria, Queensland und Tasmanien, die sich 1901 zum *Austral. Bund* zusammenschlossen; v. a. im 2. Weltkrieg Entw. zum Industriestaat.

Australiler, Eingeborenenbev. Australiens, noch etwa 260 000 Ureinwohner (einschl. Mischlinge) z. T. in Reservaten; Wildbeuter; Narbentatauierung; ↑Totemismus.

Austrasilen ↑Austrien.

Austria, nlat. Name für Österreich.

Austrian Airlines ['ɔ:strɪən 'ɛəlaɪnz; engl.] (AUA), östr. Luftverkehrsgesellschaft.

Austrilen (Austrasien), der östl. Teil des Merowingerreiches, mit Königssitz in Reims, später Metz.

Austrofaschismus, Bez. für eine polit. Bewegung in Östr. nach 1918, die sich auf den rechten Flügel der Heimwehren stützte; vertrat ständestaatl. Ziele.

Austromarxismus, östr. Sonderform des [Neo]marxismus im 1. Viertel des 20. Jahrhunderts.

Auswärtiges Amt (AA), das für die auswärtigen Beziehungen zuständige Ministerium in der BRD.

Ausweispflicht, Pflicht aller in der BRD lebenden Personen über 16 J., einen Personalausweis od. Pass zu besitzen.

Ausweisung, Aufforderung zum Verlassen des Staatsgebietes; in der BRD nur gg. Ausländer.

Auswuchten, Massenausgleich am Rand von Rotationskörpern (z. B. Kfz-Reifen bzw. -Felgen), damit die Drehachse durch den Schwerpunkt geht.

Auswurf, svw. ↑Sputum.

Auszehrung, Kräfteabnahme mit starker Abmagerung, u. a. bei ↑Krebs 1) und bei ↑Tuberkulose.

Auszubildender, Bez. des Berufsbildungsgesetzes für die nicht mehr verwendete Bez. Lehrling und Anlernling; der Auszubildende erlernt aufgrund eines Ausbildungsvertrages unter Anleitung des Ausbildenden durch Mitarbeit seinen gewerbl. oder kaufmänn. Beruf. Grundlage ist der Ausbildungsvertrag, der vor Beginn der Lehre schriftl. abzuschließen u. dessen Abschluss in das Ausbildungsverzeichnis einzutragen ist. Die Ausbildungszeit dauert meist 3 Jahre. Nach Beendigung der Ausbildungszeit ist ein schriftl. Ausbildungszeugnis auszustellen u. eine Prüfung abzulegen, über deren Ergebnis ein Gesellenbrief (Handwerk) bzw. Kaufmannsgehilfenbrief (Handel und Industrie) ausgestellt wird.

Autarkie [gr.], wirtsch. Unabhängigkeit eines Landes.

authentisch [gr.], echt, zuverlässig, verbürgt, glaubwürdig.

auto..., Auto... [gr.], Bestimmungswort; Bed.: „selbst".

Auto[mobil], Kraftwagen.

Autobahnen, mehrbahn., kreuzungsfreie Straßen für Kfz-Schnellverkehr. In Dtl. ab 1928; *Bundes-A.:* nur für Fahrzeuge mit Geschwindigkeit über 60 km/h; Halten nur auf Parkplätzen; Zu- u. Abfahrt auf *Zubringerstraßen.*

Autobiographie [gr.], [literar.] Darstellung des eigenen Lebens.

autochthon [gr.]: **1)** alteingesessen, eingeboren; **2)** am Fundort entstanden (Geol.).

Autodafé [portug.]: **1)** Bekanntgabe u. Vollstreckung des Ketzergerichtsurteils; **2)** öff. Verbrennung verbotener Bücher.

Autodidakt, Person, die sich durch Selbstunterricht Kenntnisse erworben hat.

Autogamie [gr.], Selbstbefruchtung bei [zwittr.] Lebewesen.

autogen [gr.]: **1)** urspr.; selbsttätig; **2)** aus dem Körper selbst entstanden (Med.).

autogene Metallbearbeitung, [Gas]schweißen u. Schneiden mit Brenngas-Sauerstoff-Gebläse (hohe Flammentemperatur).

autogenes Training [-'trɛ-], psychotherapeut. Methode zur „konzentrativen Selbstentspannung".

Autogramm [gr.], eigenhänd. Namenszug [einer bekannten Persönlichkeit].

Autograph [gr.], vom Verf. eigenhänd. (auch masch.-schriftl.) geschriebenes Schriftstück.

autokephal ↑orientalische Kirchen.

Autoklav [frz.], Behälter zum Erhitzen von Stoffen bei hohem Druck (☊).

Autokratie [gr.], unumschränkte Staatsgewalt in der Hand des Herrschers *(Autokrat).*

Automat [gr.], Vorrichtung, in der nach dem Start ein programmierter Prozess weitgehend selbsttätig abläuft mit mindestens einer Verzweigung im Programm mit versch. Ablaufmöglichkeiten.

Automation [engl.], Entwicklungsstufe der Mechanisierung in techn. Bereichen mit weitgehender **Automatisierung:** Entw. elektron. Geräte, die Produktionsabläufe automat. regeln.

Autonomie [gr.], Befugnis zur selbstständigen Regelung der eigenen [Rechts]verhältnisse.

Autonomstaaten, amtl. Bez. für die ehem. Bantuheimatländer (Homelands); Gebiete in der Rep. Südafrika, die im Rahmen d. Apartheidpol. best. Stammesgruppen d. Bantubev. zugewiesen wurden; 1994 aufgelöst u. in d. Rep. Südafrika integriert.

Autopsie [gr.], Leichenöffnung durch den Pathologen.

Autor [lat.], Urheber, Verf. eines Werkes der Lit., Kunst, Fotografie, Musik (↑auch Urheberrecht).

autorisieren [lat.], bevollmächtigen, ermächtigen.

autoritärer Staat, Staat, der ohne tatsächl. Kontrolle durch ein Parlament oder eine sonst. Volksvertretung regiert wird.

Autorität [lat.]: **1)** Einfluss und Ansehen einer Person od. Einrichtung; **2)** maßgebende Person, meist auf best. Fachgebiet.

Autosuggestion, Selbstbeeinflussung (↑Suggestion).

autotroph [gr.], anorganische Stoffe in körpereigene Stoffe umsetzend (Biol.).

Autun [o'tœ̃], frz. St. sw. von Dijon; 26 000 E; bed. antike Ruinen; Kathedr. (12. Jh.).

Ávila *mit der mittelalterlichen Stadtmauer und der Kathedrale (im Hintergrund)*

Auvergne [o'vɛrɲ], Hochflächenldsch. im frz. Zentralmassiv; großartiges, heute erloschenes Vulkangeb.; *Puy de Sancy* 1886 m. Thermalquellen; Weidewirtsch., Weinbau; Steinkohlen-⚒.

Avantgarde [avã'gard; frz.], Vorhut; *Avantgardisten,* Vorkämpfer (einer Idee oder Richtung).

AvD, Abk. für: **A**utomobilclub **v**on **D**eutschland e. V.; 1899 in Berlin als Deutscher Automobilclub gegr.; ältester Kraftfahrzeugklub Deutschlands.

Ave Maria [lat.; = Gegrüßet seist du, Maria], Anf. u. Bez. des volkstümlichsten kath. Mariengebetes; Gruß des Engels bei der Verkündigung *(Engl. Gruß).*

Aventin, einer der 7 Hügel Roms.

Aventurin [roman.], gelber, grüner od. brauner Quarz mit metall. glänz. Einlagerungen; Schmuckstein.

Avenue [frz. avə'ny, engl. 'ævənju:], Zufahrt; städt. Prachtstraße.

Averroles (arab. Ibn Ruschd), * 1126, † 1198, arab. Philosoph, Theologe, Jurist u. Mediziner; Interpret des ↑ Aristoteles; wirkte im MA schulbildend *(Averroismus);* seine panpsychist. u. allegor. Religionsdeutung wurde kirchlicherseits verurteilt.

Avers [frz.], Münzvorderseite.

Avesta ↑ Awesta.

AVG, Abk. für: **A**ngestellten**v**ersicherungs**g**esetz.

Avicenna (arab. Ibn Sina), * um 980, † 1037, pers. Philosoph u. Arzt; sein medizin. Handbuch war 700 Jahre lang unbestrittene Autorität.

Avignon [avi'ɲõ], Hptst. des südfrz. Dép. Vaucluse, an der Rhone, 89 000 E; Handelsplatz, Ind. – Von Römern gegr. *(Avenio),* 1309–76 Sitz der Päpste; Papstpalast; Dom (12. Jh.).

Ávila, span. Prov.-Hptst. in Altkastilien, 44 000 E; Nahrungsmittelind.; Stadtmauern (11. Jh.).

Avis [a'vi; auch: a'vis; frz.]: **1)** Nachricht, Anzeige (im Handel); **2)** Mitteilung des Ausstellers über den Grund der Wechselziehung an den Bezogenen; **3)** Strafanzeige bei Behörden.

Avocado (Avocato), bis 20 m hoher immergrüner Baum in M- u. S-Amerika, S-Afrika, Israel; Früchte birnenförmig, Fruchtfleisch zucker- u. ölhaltig.

Avogadro, Amedeo, Graf von Quaregna u. Ceretto, * 1776, † 1856, ital. Physiker u. Chemiker; 1811 *a.sches Gesetz:* Gleiche Volumina versch. Gase enthalten bei gleicher Temp. u. gleichem Druck gleich viel Moleküle, *A.-Konstante:* $N_A \approx 6{,}022 \cdot 10^{23}$ Atome oder Moleküle in einem Mol eines Stoffes; mit der *a.schen Zahl* wurde die Anzahl der Moleküle je cm^3 bezeichnet. Heute verwendet man zur Angabe der Moleküle je m^3 eines idealen Gases die Loschmidt-Konstante $\approx 2{,}687 \cdot 10^{25}\,m^{-3}$.

Avus (**A**utomobil-**V**erkehrs- und **Ü**bungs**s**traße), fr. Rennstrecke in Berlin; heute zur Stadtautobahn.

Awaren, türk.-mongol. Steppennomaden, v. Karl d. Gr. besiegt, seit 822 nicht mehr genannt.

Awesta [pers.] (Avesta), Buch des ↑ Parsismus mit Lehren u. Vorschriften; in altiran. Sprache.

Axenberg, Felssporn am Vierwaldstätter See, 1022 m, am Fuß die Tellsplatte und -kapelle. Am Seeufer *Axenstraße* m. Tunneln u. Galerien.

Axiom [gr.], unmittelbar einleuchtender Grundsatz, seinerseits nicht mehr begründbar.

Axolotl [aztek.], nord- u. mittelamer. Molch, der sich als ausgewachsene Larve fortpflanzt (Neotenie) u. erst bei Wassermangel zum Landtier wird.

Ayacucho [aja'kutʃo], Hptst. des peruan. Dep. A., 83 000 E; Univ.; Handelszentrum.

Ayatollah (Ajatollah), im schiit. Islam Ehrentitel herausragender Geistlicher.

Aymé, Marcel [ɛ'me], * 1902, † 1967, frz. Schriftsteller; z. T. vom ↑ Surrealismus beeinflusst.

Azaleen [gr.], Heidekrautgewächse, Verwandte der Alpenrose; Garten- und Topfpfl. aus Asien; kalkfeindlich.

Azidose [lat.] (Blutübersäuerung), krankhafter Zustand mit Säureüberschuss (pH > 7,38) in Blut u. Geweben.

Azimut, in der Astronomie der Winkel zw. Südpunkt und dem Schnittpunkt des Vertikalkreises eines Gestirns mit dem Horizont.

Avocado. *Avocadobirnen*

Aznar Lopéz [aδ'nar 'lopεθ], José Maria, * 1953, span. Politiker; s. 1996 Min.-Präs. einer konservativen Reg.

Azofarbstoffe, wicht. Gruppe von Textilfarbstoffen (enthalten die *Azogruppe* –N=N–).

Azoikum ↑ Geologie, Formationstabelle.

Azoren, portug. Inselgruppe im Atlantik, 9 Inseln mit zus. 2 247 km², 236 500 E; vulkan. Ursprungs (Alto de Pico 2 355 m); Klima u. Vegetation mediterran; Anbau von Orangen, Bananen, Ananas, Mais u. Weizen. Fremdenverkehr. – Im Altertum Karthagern und Arabern bek.; 1427 von Portugiesen wieder entdeckt; 1895 Autonomie.

Azteken, bedeutendster Indianerstamm in Mexiko (↑ altamer. Kulturen).

Azur [frz.], Himmelsblau; Färbemittel in der Mikroskopie.

B

B, 2. Buchstabe des Alphabets.

B, Abk. für: **Br**ief (Kurszettel).

B, Kurzzeichen für: ↑ Bel.

B, Symbol für ↑ Bor (♁).

Ba, Symbol für ↑ Barium (♁).

Baader-Meinhof-Prozesse, 1975–77 durchgeführte Strafverfahren gegen Mitgl. der terrorist. „Rote-Armee-Fraktion" (RAF; Baader-Meinhof-Gruppe nach ihren Anführern A. Baader [* 1944, † 1977] und U. Meinhof [* 1934, † 1976; Selbstmord]); Verurteilung zu lebenslangen bzw. zu langjährigen Freiheitsstrafen. Nach dem Scheitern des Versuchs ihrer Freipressung verübten A. Baader, G. Ensslin und J.-C. Raspe in der Vollzugsanstalt Stuttgart-Stammheim Selbstmord (18. 10. 1977).

Baal, semit. Himmelsgott.

Baalbek (griech. Heliopolis), libanes. St., 20 000 E; Ruinen einer bed. Tempelanlage des 1./2. Jh.s. – Abb. S. 66.

Baar, klimat. raue Schichtstufenldsch. zw. dem südl. Schwarzwald und der Schwäb. Alb; vorwiegend Hochflächen in 700 m ü. d. M.

Baas [niederl.], Herr, Meister, Aufseher.

Baath-Partei ↑ Bath-Partei.

BAB, Abk. für: **B**undes**a**uto**b**ahn.

Bab Al Mandab, Meerenge, die das Rote Meer mit dem Golf v. Aden verbindet.

Baalbek. *Der Bacchustempel (2. Jh.)*

Babel, hebr. Name für ↑Babylon.

Babenberger, fränk. Grafengeschlecht, 976–1246 Markgrafen bzw. Herzöge von Österreich.

Babeuf, François Noël [ba'boef], *1760, †1797 (hingerichtet), frz. Jakobiner.

Babylon, St. am Euphrat, seit dem 2. Jt. Hptst. des Babylon. Reiches, Mittelpt. der altorient. Kultur; Blütezeit unter Nebukadnezar II., 539 v. Chr. von Kyros II. erobert; heute Ruinenfeld.

Babyloni|en und Assyri|en, antike Ldsch. an Euphrat und Tigris um Babylon u. Assur. Bed. frühgeschichtl. Kulturen. Im S seit dem 4. Jt. v. Chr. die ↑Sumerer, im N um 2350 Eindringen der semit. *Akkader;* Vermischung mit den Sumerern. – Stadtstaaten, auch größere Reichsbildungen, v. a. unter der Dyn. von Babylon (altbabylon. Reich, 1894–1595) mit ↑Hammurapi, dessen Reich ganz B. u. A. umfasste. Seit etwa 1475 Babylonien unter der Herrschaft der Kassiten. Zusammenbruch, Eindringen der *Aramäer* u. neuer Aufstieg bis zu Tiglatpileser III. (745–727), dem eigtl. Begr. des neuen assyr. Weltreichs; abgelöst vom spätbabylon. Reich (626–539; Herrschaft der *Chaldäer*); im Bund mit den Medern Zerstörung des Assyr. Reiches, Großmacht unter Nebukadnezar II., dann rascher Verfall und Eroberung durch Kyros II. (539); als Teil des Perserreiches 331 v. Chr. von Alexander d. Gr. erobert.

Babylonisch ↑Akkadisch.

babylonisch-assyrische Kultur, Urheber ↑Sumerer u. eingewanderte Semiten; hoch entwickelt waren Landw., Handwerk, Handel, Wiss. (Schrift, Math., Astronomie, Med.), Recht (Gesetzbuch des Hammurapi); Einflüsse bis zum Hellenismus.

babylonisch-assyrische Literatur, zunächst in sumer., dann in akkad. Spr. verfasste Hymnen, Gebete u. Epen (v. a. ↑Gilgamesch-Epos).

Babylonische Gefangenschaft: 1) Wegführung des größten Teils der Juden nach Babylon 597 u. 587, ab 538 v. Chr. unter Kyros II. schubweise Rückkehr; **2)** Aufenthalt der Päpste in Avignon (1309–77).

babylonische Kunst, Kunst im altbabylon. (1894–1595 v. Chr.) und im spätbabylon. Reich (626–539). In der Frühphase, v. a. Zeit des ↑Hammurapi: Hochtempel auf Stufenbasis *(Zikkurat),* lebensgr. plast. Figuren, Stelen (erh.: Stele des Hammurapi mit eingemeißeltem Gesetz). Spätphase: Höhepunkt unter Nebukadnezar II. mit bed., repräsentativer Kunst, z. B. mit farbigen Schmelzfliesen verzierte Bauten (Prozessionsstraße, Ischtartor); nach Ausgrabungen Rekonstruktion des Marduk-Tempels Nebukadnezars II. (Turm von Babel).

babylonische Religion, entstand mit dem Sieg der Marduk-Religion um 1700 v. Chr. (↑Marduk), die Götter der Volksreligionen (v. a. der Sumerer) wurden beibehalten u. in ein Rangsystem eingeordnet; weitgehende Übereinstimmung mit der *assyr. Religion,* doch blieb ↑Assur auf Assyrien beschränkt; ↑Ischtar ist in der b.n R. Göttin des Morgen- u. Abendsterns, in Assyrien Kriegs- u. Siegesgöttin. In beiden Religionen ist der Kg. Träger des Kultes.

Babylonischer Turm, in 1. Mos. 11 *(Turmbau zu Babel)* gen. Turm, der den Himmel erreichen sollte; Gott bestrafte diese Hybris mit der *Babylon. Sprachverwirrung.*

Bacchanali|en [gr.], ausschweifende Bacchusfeste der Antike.

Bacchantinnen, svw. ↑Mänaden.

Bacchus ↑Dionysos.

Bach: 1) Carl Philipp Emanuel, *1714, †1788, dt. Musiker u. Komponist; Hofcembalist Friedrichs d. Gr., dann Kirchenmusikdir. in Hamburg; Klaviersonaten, Sinfonien, Kammermusik, Lieder, Kantaten; **2)** Johann Christian, *1735, †1782, dt. Musiker u. Komponist; Domorganist in Mailand, seit 1762 in London Musikmeister der Kgn.; Opern, Oratorien, Sinfonien, Klaviersonaten, Kammermusik; **3)** Johann Sebastian, *21. 3. 1685, †28. 7. 1750, dt. Musiker u. Komponist; alle europ. Traditionen aufnehmend, Meister der ↑Generalbasszeit, weit reichende Wirkung; Thomaskantor in Leipzig; geistl. u. weltl. Kantaten, Johannespassion, Matthäuspassion, Weihnachtsoratorium, Hohe Messe in h-Moll, Orchester-, Kammer- und Klaviermusik, Fugen, Präludien, Partiten, Tokkaten; **4)** Wilhelm Friedemann, *1710, †1784, dt. Musiker u. Komponist; v. a. Organist; Klaviersonaten u. -konzerte, Fugen, Sinfonien, geistl. u. weltl. Vokalwerke.

Bacharach, St. am Mittelrhein, RP, 2300 E; Weinbauschule.

Bachmann, Ingeborg, *1926, †1973, östr. Dichterin; Lyrik, Hörspiele, Erzählungen, Essays.

Bachstelze, schwarzweißer Singvogel mit langem Wippschwanz; Wasser liebend.

Bachtaran (fr. Kermanschah), iran. Prov.-Hptst., 624000 E; Erdölraffinerie, Textilindustrie.

Backbord, linke Schiffseite (vom Heck aus gesehen).

Backnang, Stadt in Ba.-Wü., 31500 E; Leder- u. a. Industrie.

Backoffen (Backofen, Backoff), Hans, *zw. 1470 u. 1475, †1519, bed. Bildhauer in Mainz.

Backpulver, Gemischzusatz, der während der Teigzubereitung bzw. während des Backens CO_2 freisetzt.

Backsteinbau, Bau aus unverputzten gebrannten Ziegeln; schon s. Ende des 4. Jt.s v. Chr. in Meso-

F. N. Babeuf

potamien; Entw. einer Backsteinornamentik v. a. in der islam. Baukunst und im MA in Oberitalien, Norddtl. und den Niederlanden (*Backsteingotik* ↑ Gotik).

Bacon ['beıkən]: **1)** Francis B., Baron Verulam, * 1561, † 1626, engl. Staatsmann u. Philosoph; wiss. Begr. des Empirismus; „Novum organum scientiarum"; Essays; **2)** Francis, * 1909, † 1992, engl. Maler.

Bacon ['beıkən; engl.], leicht gesalzener u. angeräucherter Speck.

Bad, im Allg. jedes Eintauchen eines Körpers in eine Flüssigkeit, auch chem. u. techn. Begriff; Bäder als kult. Akte, zur Erholung, zur Körperpflege od. -heilung. *Badekuren* mit natürl. Quellen, die durch ihre Temp. od. ihre Stoffe (Schwefel, Salz, Eisen, Kohlensäure u. a.) wirken.

Bad Aussee, östr. Solbad in der Steiermark, 5 000 E.

Bad Bentheim, St. im Emsland, Nds., 14 500 E; Thermal-, Schwefel-, Solquelle.

Bad Bergzabern, St. in RP, 8 000 E; Kneippbad.

Bad Berka, St. südl. v. Weimar, 4 600 E; schwefel-, eisenhalt. Quellen.

Bad Berleburg, St. am S-Rand des Rothaargeb., NRW, 21 500 E; Holz- u. Papierind.; Kneippkurort.

Bad Berneck i. Fichtelgebirge, bayr. Kneippbad u. Luftkurort, 4 800 E.

Bad Bevensen, St. in Nds., 8 900 E; Thermal-Jod-Solquelle.

Bad Blankenburg, Luftkurort in Thüringen, 11 000 E.

Bad Bleiberg, östr. Marktgem. bei Villach, Kärnten, 3 800 E; Thermalbad; Blei- u. Zinkerzabbau.

Bad Boll ↑ Boll.

Bad Breisig, Heilbad in RP, am Rhein, 8 500 E; Thermalquellen.

Bad Brückenau, bayr. St. in der Rhön, 6 100 E; Stahl-, Schwefelquelle, Moorbad.

Bad Buchau, St. am Federsee, Ba.-Wü., 3 700 E; Moorbad; Federseemuseum; ehem. R.-Stadt.

Bad Cannstatt ↑ Stuttgart.

Bad Deutsch Altenburg, östr. Kurort, 1 200 E; Jodschwefelbad.

Bad Doberan, Krst. in Mckbg.-Vp., 13 700 E; Stahl-, Moorbad.

Bad Driburg, Stadt in NRW, 19 500 E; Schwefelmoor, Stahlquelle.

Bad Dürkheim, Krst. am Haardtrand, RP, 18 500 E; Kneippbad, arsen- und jodhaltige Solquellen; Weinbau.

Bad Eilsen, Kurort im Weserbergland, Nds., 2 300 E; Schlamm- u. Schwefelbad.

C. Ph. E. Bach *(links)* **J. S. Bach** *(rechts)*

Bad Ems, Krst. an der Lahn, RP, 10 000 E; alkal. Thermen (bis 50 °C); *Emser Salz* zum Gurgeln.

Baden: 1) westl. Teil v. Ba.-Wü. mit den Reg.-Bezirken Karlsruhe u. Freiburg. – *Gesch.:* Aus der Vereinigung einzelner Territorien der Zähringer im Hzgt. Schwaben entstand im 12. Jh. die Markgft. Baden, bed. Gebietszuwachs in der napoleon. Zeit, 1806 Großhzgt., 1818 Verf.; 1848/49 revolutionäre Unruhen, 1918 Freistaat; 1945 z. T. frz., z. T. amer. Zone; 1951 zu ↑ Ba.-Wü.; **2)** schweizer. Kur- und Ind.-St. im Aargau, 14 000 E; Schwefelthermalquellen; Elektroind.; **3)** östr. Kurort südl. von Wien, 28 000 E; Schwefelthermalquellen.

Baden-Baden, St. am nw. Schwarzwald, Ba.-Wü., 52 000 E; internat. Badeort, radioaktive Kochsalzthermen; über der Stadt Altes Schloss Hohenbaden; LG; IHK; älteste Spielbank Dtl.; alljährl. internat. Rennwoche in Iffezheim.

Baden-Powell, Robert Stephenson Smyth Baron ['beıdn'pəʊel], * 1857, † 1941, brit. General; Begr. u. Leiter der brit. Pfadfinderbewegung (1907) u. der internat. Pfadfinderorganisation.

Badenweiler, Kurort im südl. Schwarzwald, Ba.-Wü., 3 400 E; radioakt. Thermalquellen (rd. 26 °C).

Baden-Württemberg, Land der BRD, 35 751 km², 9,82 Mill. E, Hptst. Stuttgart. B.-W. umfasst einen Teil des Oberrhein. Tieflandes, den Schwarzwald, den Kraichgau und Teile des Odenwaldes, Teile des dt. Alpenvorlandes, das Schwäb. Schichtstufenland mit der Schwäb. Alb. *Wirtsch.:* fruchtb., landw. genutzte Gebiete, Forstwirtsch. u. starke verarbeitende Ind., v. a. Textil-, Masch.-, Bau-, Holz-, feinmech., Elektro-, Metallwarenind.; Zentren sind Stuttgart, Karlsruhe und Mannheim; Fremdenverkehr. – *Gesch.:* 1945–47 Errichtung der Länder Württemberg-Baden (US-Zone), Württemberg-Hohenzollern und (S-)Baden (frz. Zone) durch die Besatzungsmächte. Nach Volksabstimmungen 1951 Errichtung v. B.-W.; Verfassung v. 11. 11. 1953.

Bad Frankenhausen/Kyffhäuser, St. in Thüringen, 9 500 E; Solquellen.

Bad Freienwalde/Oder, Krst. in Brandenburg, 11 000 E; Eisen- u. Moorheilbad.

Bad Friedrichshall, St. an d. Kochermdg., Ba.-Wü., 12 000 E; Salzbergwerke.

Bad Füssing, Gem. am Inn, Bay., 5 400 E, schwefelhaltige Thermalquelle.

Bad Gandersheim, St. im Leinebergland, Nds., 11 400 E; Solbad; Domfestspiele; Glas-, Konservenind.; Zollschule.

Badgastein, östr. Kurort in Salzburg, 5 600 E; radonhaltige Thermalquellen.

Bad Godesberg, heute zu Bonn, NRW, kohlensäurehaltige Mineralquellen; Sitz diplomat. Vertretungen.

Bad Grund (Harz), St. im Harz, Nds., 3 100 E; ⚒; Moorbäder.

Bad Harzburg, St. im N-Harz, Nds., 23 700 E; Solbad, Arsen-Schwefel-Quelle. Nahebei die *Harzburg* (1065–68).

Bad Herrenalb, St. im Schwarzwald, Ba.-Wü., 6 100 E; ev. Akad.; heilklimat. Kurort; Therme.

Bad Hersfeld, hess. Krst. an der Fulda, 31 000 E; Textilind.; Eisenquelle; Ruine der Abteikirche (8.–16. Jh.; Festspiele).

Bad Homburg v. d. Höhe, hess. Krst., 51 500 E; Schloss (17. Jh.); Kochsalz-, Stahlquellen, Spielbank.

Bad Honnef, St. am Mittelrhein, NRW, 24 500 E; Säuerling.

Bad Iburg, Stadt im Teutoburger Wald, Nds., 10 100 E; ehem. bischöfl. Schloss u. Benediktinerkloster; Kneippkurort.

Bad Ischl, östr. Kurort im Salzkammergut, 13000 E; Sol-, Schwefelbäder.
Bad Karlshafen, hess. St. an d. Weser, 4600 E; Solbad.
Bad Kissingen, bayr. Krst. an der Fränk. Saale, 22000 E; kohlensaure u. eisenhaltige Kochsalzquellen.
Bad Kreuznach, Krst. an der unteren Nahe, RP, 43000 E; LG; histor. Brückenhäuser; Tabak-, Leder-, opt. Industrie; Radiumsolbad; Weinbau.
Bad Krozingen, Thermalbad sw. von Freiburg im Breisgau, Ba.-Wü., 12500 E.
Bad Langensalza, Krst. in Thür., 21000 E; Travertinwerke, Schwefelquelle.
Bad Lauterberg im Harz, Kneippkurort am Südharz, Nds., 13700 E.
Bad Liebenstein, Kurort in Thür., 8400 E; kohlensäure- und arsenhalt. Eisenquelle.
Bad Liebenwerda, Krst. in Brandenburg, 6500 E; Eisenmoorbad; Möbelindustrie.
Bad Liebenzell, St. im nördl. Schwarzwald, Ba.-Wü., 6600 E; Thermalquellen.
Bad Meinberg ↑Horn-Bad Meinberg.
Bad Mergentheim, St. an der Tauber, Ba.-Wü., 20000 E; Schloss; Glauber-, Bitterquellen. – 1527 bis 1809 Sitz des Hochmeisters des Dt. Ordens.
Badminton ['bædmɪntən; engl.], Federballspiel (Einzel od. Doppel); der Ball, ein Korken, in den 14–16 Federn eingelassen sind (Gew. 4,7 bis 5,5 g), ist über das Netz (1,55 m) zu schlagen.
Bad Münster am Stein-Ebernburg, Kurort, RP, 3600 E; radioakt. Kochsalzthermen.
Bad Muskau, St. an der Lausitzer Neiße, Sachsen, 5000 E; Eisenvitriolquelle.
Bad Nauheim, hess. St. im Taunus, 29000 E; kohlensäurereiche Kochsalzthermen, Max-Planck-Inst. (Herzforschung).
Bad Nenndorf, Badeort am Nordrand des Deisters, Nds., 8600 E; Schwefelquellen, Schlamm-, Solbad.
Bad Neuenahr-Ahrweiler, Krst. an der Ahr, RP, 24800 E; alkal. Thermen (rd. 36 °C); Spielbank; Weinbau.
Bad Neustadt a. d. Saale, bayr. Krst. am SO-Fuß der Rhön, 16000 E; Kochsalzquellen.
Bad Oeynhausen ['ø:-], St. sw. der Porta Westfalica, NRW, 49000 E; kohlensaure Kochsalzthermen, Chlor-Calcium-Quelle.
Bad Oldesloe [-lo:], Krst. an der Trave, Schl.-Ho., 23000 E; Eisen-, Möbel-, chem. Industrie. – 1813–30 Heilbad.
Bad Orb, hess. St. im Spessart, 10000 E; kohlensäurehaltige Solquellen.
Bad Pyrmont [auch -'pyr-], St. im Weserbergland, Nds., 21400 E; kohlensäurehaltige Eisenquellen, Solquellen, Moorbäder.
Bad Radkersburg, östr. Bezirkshptst. in der Steiermark, 1800 E; Magnesium-Calcium-Hydrogencarbonat-Säuerling.
Bad Ragaz, schweizer. Kurort im Kt. St. Gallen, 3700 E; radioaktive Mineraltherme (37 °C).
Bad Reichenhall, oberbayr. Krst., 16500 E; Solquellen, Moorbäder; Münsterkirche St. Zeno (1136 ff.).
Bad Rippoldsau-Schapbach, Gem. im N-Schwarzwald, Ba.-Wü., 2500 E; Mineral- u. Moorheilbad.
Bad Sachsa, St., heilklimat. Kurort u. Wintersportplatz am S-Rand des Harzes, Nds., 8500 E.
Bad Säckingen, St. am Hochrhein, Ba.-Wü., 15000 E; Fridolinsmünster; Holz-, Masch.-, Textilind.; Solbad.
Bad Salzuflen, St. im Lipper Bergld., NRW, 55000 E; Solquellen, Kochsalzthermen.
Bad Salzungen, Krst. in Thüringen, 21300 E; Solquellen; Salzgewinnung, Walzwerk.
Bad Schussenried, St. in Oberschwaben, Ba.-Wü., 7600 E; ehem. Prämonstratenserabtei (1183 bis 1803); Moorheilbad.
Bad Schwalbach, hess. Krst. am Taunus, 11000 E; kohlensäurehalt. Eisenquellen, Eisenmoorbäder.
Bad Schwartau, St. nördl. von Lübeck, Schl.-Ho., 20000 E; Nahrungsmittelind.; Solbad.
Bad Segeberg, Krst. in Schl.-Ho., 15500 E; Sol- u. Moorbad.
Bad Soden am Taunus, hess. St., 20000 E; kohlensäurehaltige Kochsalztherme; Glashütte.
Bad Sooden-Allendorf, hess. St. an der Werra, 9500 E; Solbad.
Bad Tölz, oberbayr. Krst. an der Isar, 16500 E; Jodquellen.
Bad Urach, St. in Ba.-Wü., 11500 E; Thermalquelle; Schloss (15. Jh.), Fachwerkrathaus (1562), spätgot. Stadtkirche, Ruine *Hohenurach.*
Bad Vilbel [fi-], hess. St. in der Wetterau, 26000 E; kohlensäurehalt. Quellen; Mineralwasserversand.
Bad Waldliesborn ↑Lippstadt.
Bad Warmbrunn (poln. Cieplice Śląskie Zdrój), Teil v. Hirschberg i. Rsgb., Polen; schwefelhalt., radioaktive Thermalquellen.
Bad Wiessee, bayr. Gem. am Tegernsee, 4500 E; Jod-Schwefel-Heilquelle.
Bad Wildungen, hess. St. am Kellerwald, 18000 E; ev. Stadtkirche St. Nikolaus (1. H. d. 14. Jh.s) mit dem „Wildunger Altar" des Konrad von Soest; Fahrzeugbau; kohlensäurereiche Mineralquellen.
Bad Wimpfen, St. am Neckar, Ba.-Wü., 6000 E; Reste der stauf. Kaiserpfalz u. der Stadtmauer; Solbad.
Bad Windsheim, bayr. St. nördl. d. Frankenhöhe, 12000 E; Rathaus (1713–17); Solbad.
Bad Wörishofen, bayr. St. im Kr. Mindelheim, 13500 E; ältestes Kneippkurbad; Wirkungsstätte S. ↑Kneipps.
Bad Zwischenahn, Großgem. am Zwischenahner Meer, Nds., 23400 E; Ind.; Moorbad.
Baeck, Leo [bɛk], * 1873, † 1956, jüd. Theologe; wirkte bes. s. 1933 für seine Glaubensgenossen; ab 1943 im KZ Theresienstadt.
Baez, Joan ['baɪəz], * 1941, amer. Sängerin u. Gitarristin; bed. Interpretin der Folkmusic.
BAföG ↑Ausbildungsförderung.
BAG, Abk. für: **B**undes**a**rbeits**g**ericht (↑Gerichte).
Bagatelle [frz.]: **1)** Geringfügigkeit; **2)** kurzes Instrumentalstück.
Bagatellsachen: 1) vermögensrechtl. Ansprüche, deren Wert unter 50 DM liegt; **2)** im Strafrecht geringfügige Straftaten (z. B. Ordnungswidrigkeiten).
Bagdad (arab. Baghdad), Hauptstadt von Irak, am Tigris, 3,8 Mill. E; 2 Univ., Wirtschaftszentrum; ☧. 763 Hptst. der Abbasiden, Blüte unter Harun Ar Raschid.
Bagdadbahn, rund 2500 km lange Eisenbahnstrecke v. Konya, Türkei, über Bagdad nach Basra u. Umm Kasr (am Pers. Golf), Irak.
Bagger [niederl.], Gerät zur Gewinnung u. Förderung v. Erd- u. Geröllmassen, meist fahrbar; Arbeitsweise stetig od. absetzend (Löffel-, Saug-, Schaufelrad-B.).
Bahamas (Commonwealth of the B.), Staat (Inselgruppe) im Bereich der Westind. Inseln; Fremdenverkehr; Tropenklima; 1492 Landung v. Kolumbus auf San Salvador, 1718 brit. Kronkolonie, s. 1973 selbst.
Bahasa Indonésia, amtl. Bez. der Staatsspr. Indonesiens (seit 1945); gehört zur indones.-polynes. Sprachgruppe.
Bahia, brasil. B.-Staat am Atlantik, 566979 km², 11,9 Mill. E; Hptst. Salvador; Kakao-, Baumwollanbau.

Bahnelemente, himmelsmech., voneinander unabh. Angaben über die Bahn eines Himmelskörpers.
Bahnhof, Verkehrs- und Betriebsanlage der Eisenbahn (auch anderer öff. Verkehrsmittel), planmäß. Haltestelle (dagegen: *Haltept.;* ohne Weichen) der Züge [u. Busse] des öff. Verkehrs; ↑auch Eisenbahn.
Bähr, George, * 1666, † 1738, dt. Barockbaumeister; Frauenkirche in Dresden (1945 zerstört, derzeit Wiederaufbau).
Bahrain, Emirat (Inselgruppe) im Pers. Golf, Erdölförderung u. -raffinerie, Aluminiumwerk, Handelszentrum; s. 1971 souverän.
Bai [niederl.], Meeresbucht.
Baikal-Amur-Magistrale, Abk. BAM, 3145 km lange Eisenbahnlinie in Sibirien, verläuft 400–600 km nördl. der Transsibir. Eisenbahn, verbindet Ust-Kut an der Lena mit Komsomolsk-na-Amure im Fernen Osten.
Baikalsee, Geb.-See in S-Sibirien, 31500 km^2, bis 1620 m tief (tiefster See der Erde), 455 m über dem Meer.
Baikonur, Ort in Kasachstan; Raumfahrtstartplatz.
Baisse ['bɛːs; frz.], starker Rückgang oder Tiefstand der Börsenkurse; Ggs. ↑Hausse 1).
Bajadere [portug.], ind. Tempeltänzerin.
Bajazzo [ital.], Possenreißer.
Bajer, Frederik, * 1837, † 1922, dän. Politiker; Gründer des Internat. Friedensbüros in Bern 1891; Friedensnobelpreis 1908.
Bajonett [frz.], Stichwaffe mit Stahlklinge, am Gewehr befestigt.
Bajonettverschluss, Schnellverbdg. v. Rohren, Stangen u. a.
Bajuwaren, älterer Name der Bayern.
Bake, festes Orientierungszeichen für See-, Luftfahrt, Straßenverkehr und Vermessungen.
Baker, Josephine ['beɪkə], * 1906, † 1975, amer. Tänzerin, Sängerin.
Bakony ['bɔkonj], Teil des ungar. Transdanub. Mittelgeb., nördl. des Plattensees.
Bakschisch [pers.], Almosen, Trinkgeld, Bestechungsgeld.
Bakterien [gr.], einzell., meist $^1/_{1000}$ mm (bis über $^1/_{10}$ mm) gr. Mikroorganismen ohne abgegrenzten Zellkern (werden mit den Blaualgen als Prokaryonten den Pfl. u. Tieren gegenübergestellt); sehr viele Arten; Vermehrung durch Querteilung; Dauersporen äußerst widerstandsfähig; auf bzw. in Nährmedien züchtbar als Aerobier oder Anaerobier; wirtsch. wicht. zur Alkohol-, Essig-, Antibiotikagewinnung, Käsebereitung, Konservierung u. a.; Gruppen: Kokken (u. a. Mikrokokken), Rickettsien, Sporenbildner (z. B. Bacillus), Schleim-B., Spirillen, Spirochäten, Strahlenpilze, Vibrionen.

Bahamas

Fläche: 13864 km^2
Einwohner: (1995) 276000
Hauptstadt: Nassau
Amtssprache: Englisch
Zeitzone: MEZ −6 Stunden

Bakterienwelke ↑Übers. S. 528 ff.
Bakteriologie [gr.], Lehre von den Bakterien, ihrer systemat. Einteilung, ihrer Lebensbedingungen, ihrer Züchtung bzw. Bekämpfung.
Bakteriophagen [gr.], ↑Viren, befallen Bakterien, die sich dann meist auflösen.
Baku, Hptst. Aserbaidschans, am Kasp. Meer, 1,1 Mill. E; Zentrum der Erdgas- und Erdölind., Maschinenbau; Univ.; ⚓, ⚒.
Bakunin, Michail Alexandrowitsch, * 1814, † 1876, russ. radikalsozialist. revolutionärer Anarchist und Schriftsteller.
Balakirew, Mili Alexejewitsch, * 1837, † 1910, russ. Komponist.
Balalaika [russ.], 3-sait. russ. Volksmusikinstrument mit langem Hals u. dreieck. Resonanzkörper; gezupft oder gerissen.
Balance [ba'lãs; frz.], Gleichgewicht.
Balanchine, George [balã'ʃiːn], eigtl. Georgi Balantschiwadse, * 1904, † 1983, russ.-amer. Choreograph; neoklass. Stil.
Balaton ↑Plattensee.
Balchaschsee, abflussloser Steppensee in Kasachstan, 17500 bis 22000 km^2, bis 26,5 m tief.
Baldachin [ital.]: **1)** urspr. kostb. Stoff aus Bagdad; dann Prunkbedachung v. Altar, Thron, Kanzel; auch Traghimmel; **2)** Zierdach aus Stein über Statuen oder Altären.
Baldr (Baldur), german. Gott des Lichtes, Wodans Sohn.
Baldrian [mlat.], Gattung der B.gewächse; der *Gemeine B.* an feuchten Orten, auch angebaut; Wurzel liefert Beruhigungsmittel.
Balduin: *Belgien:* **1) B.** ↑Baudouin I. – *Jerusalem:* **2) B. I.,** Graf von Boulogne, * 1058, † 1118, Teilnahme am 1. Kreuzzug, seit 1100 Kg. von Jerusalem.
Baldung, Hans, gen. **Grien,** * 1484 od. 1485, † 1545, dt. Maler und Kupferstecher; in Nürnberg, Freiburg i. Br. u. Straßburg tätig (Altäre, Bildnisse, Grafik), in seinen Spätwerken dem ↑Manierismus zugewandt.
Baldwin [bɔːldwɪn]: **1)** James, * 1924, † 1987, amer. Schriftsteller; **2)** Stanley, Earl B. of Bewdley, * 1867, † 1947, brit. konservat. Politiker; 1923–29 u. 1935–37 Premierminister.
Balearen, span. Inselgruppe im Mittelmeer, mit *Formentera, Ibiza, Mallorca* und *Menorca;* 5014 km^2, 673000 E; Fremdenverkehr. 1983 Autonomiestatut.
Balfour, Arthur James Earl of ['bælfə], * 1848, † 1930, brit. konservativer Politiker; 1902–07 Min.-Präs., 1916–19 Außenmin.; versprach 1917 durch die *B.-Deklaration* „eine nat. Heimstätte für das jüd. Volk in Palästina".
Balgfrucht, Frucht, die aus einem Fruchtblatt hervorgeht und sich an dessen Verwachsungs-(Bauch-)Naht öffnet.

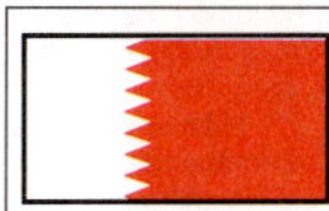

Bahrain

Fläche: 688 km^2
Einwohner: (1995) 564000
Hauptstadt: Menama
Amtssprache: Arabisch
Zeitzone: MEZ +3 Stunden

Bali. *Taman-Ajun-Tempel*

Bali, Sundainsel östl. von Java, Indonesien, 5501 km², 2,75 Mill. E; Hptst. Singaraja; Vulkane.

Balkan, von W nach O streichendes Faltengeb. in Bulgarien, Forts. des Karpatenbogens; 2370 m.

Balkanhalbinsel, das gebirgige SO-Europa südl. v. Save u. Donau; Faltengeb., bes. im S in viele Becken und Horste zerstückelt, Küste stark gegliedert; Anteil an der B. haben: Bosnien und Herzegowina, Montenegro, Makedonien, Serbien, Teile von Kroatien und Slowenien, Albanien, Griechenland, Bulgarien, europ. Teil d. Türkei.

Balkankrieg: 1) 1. B. 1912/13 zw. Bulgarien, Griechenland, Serbien, Montenegro u. dem zerfallenden Osman. Reich: Albanien u. Makedonien von der türk. Herrschaft befreit; **2)** 2. B. 1913: Bulgarien vernichtend geschlagen; Friede zu Bukarest.

Ball, Hugo, * 1886, † 1927, dt. Dichter; Mitbegr. des Dadaismus.

Ballade [frz. u. engl.], knappes ep.-dramat., meist gereimtes Strophengedicht über ein schicksalvolles Geschehen.

Balladur, Édouard [bala'dy:r], * 1929, frz. Politiker, 1993–95 Premierminister.

Ballen, schwielige Sohlenpartie unter den Zehen.

Ballett [ital.], europ. Kunsttanz seit dem 15./16. Jh.; wesentl. Bestandteil der Oper, seit dem 18. Jh. auch selbstständig.

Ballistik [gr.], Lehre von der Bewegung von Geschossen.

Ballon [auch: ba'lõ; frz.]: **1)** mit Wasserstoff oder Helium *(Gas-B.)* oder mit erhitzter Luft *(Heißluft-B.)* gefüllter Hohlkörper aus beschichtetem Gewebe oder Kunststofffolien; als *Frei-B.* (mit Korb f. B.fahrer) zum sportl. B.fahren, unbemannt z. meteorolog. Forschung *(Wetter-B.),* als *Fessel-B.* (mit [Stahl]seilen am Boden verankert) fr. v. a. als Hindernis gg. feindl. Flugzeuge; **2)** bauch. Glasbehälter mit kurzem Hals.

Balmer, Johann Jakob, * 1825, † 1898, schweizer. Mathematiker; stellte die nach ihm ben. *B.formel* zur Berechnung der Wellenlängen best. Linien des Wasserstoffspektrums auf *(B.linien; B.serie).*

Balsa [span.]: **1)** indian. Binsen- od. Holzfloß; **2)** leichtes trop. Nutzholz.

Balsam [hebr.], dickflüss. Gemisch aus Harzen u. äther. Ölen.

Balser, Ewald, * 1898, † 1978, dt. Schauspieler.

Balten, idgm. Völkergruppe: Altpreußen, Letten u. Litauer.

Baltikum, seit Ende des 19. Jh.s Bez. für die histor. Landschaften Livland, Estland u. Kurland als Provinzen des Russ. Reiches, später Bez. für das Gebiet der balt. Staaten Lettland u. Estland, vielfach auch unter Einbeziehung Litauens.

Baltimore ['bɔ:ltɪmɔ:], Hafenst. in Maryland, USA, 736000 E; Univ.; Handelsplatz, Ind.; ✈.

Baltischer Höhenrücken, End- u. Grundmoränenldsch., von Ostpreußen bis Holstein.

Baltrum, kleinste der ostfries. Inseln zw. Norderney u. Langeoog, Nds., 9 km², 530 E; Fremdenverkehr. Fähre v. Norddeich u. Neßmersiel.

Balustrade [frz.], Brüstung mit kl. Säulchen.

Balz, Liebesspiele der Vögel und Fische in d. Paarungszeit.

Balzac, Honoré de [bal'zak], * 1799, † 1850, frz. Schriftsteller; Romane mit scharf analysierten Charakteren; erste Sammelausgabe: „Die menschl. Komödie".

Bamako, Hptst. von Mali, am oberen Niger, 646000 E; ✈.

Bamberg, bayr. Krst. in Ofr., 70000 E; Altstadt mit vielen Barockhäusern, Dom (Weihe 1237) u. a. bed. Kirchen, Alte u. Neue Residenz; Sternwarte, Museen, PH, Univ., OLG, LG; Hopfenhandel, vielseitige Ind.; Main-⚓. – 1007 Bistum, seit 1817 Erzbistum.

Bamberger Reiter, Reiterstandbild am nördl. Chorpfeiler im Bamberger Dom (vor 1237).

Bambus [malai.], meist trop. u. subtrop., verholzende Gräser; oft baumhoch, schnellwüchsig.

Bambusbär (Großer Panda), seltener, scheuer ↑Kleinbär, 150 cm lang, Bambusfresser; Tibet, China.

Bamm, Peter, eigtl. Curt Emmrich, * 1897, † 1975, dt. Schriftsteller.

Ban [serb., kroat.], Titel kroat. und ungar. [Stammes]fürsten.

banal [frz.], abgedroschen.

Banane, baumähnliche Staude; wicht. trop. Nutzpfl.; liefert Obst-B.n, Stärkemehl, ↑Manilafaser.

Banat (ungar. Bánát, Bánság), histor. Ldsch. zw. Theiß, Donau, Maros u. den Südkarpaten; in der Ebene fruchtbare Felder, im Bergland Wälder, Erz- u. Kohlenlagerstätten; im 18. Jh. wurden dt. Kolonisten, *B.er Schwaben,* angesiedelt; 1920 zw. Ungarn, Jugoslawien und Rumänien aufgeteilt.

Banause [gr.], kleinl., engstirniger Mensch, Spießbürger.

Band: 1) (Ligament) strang- oder plattenförm. Gebilde aus bindegeweb. od. elast. Fasern zur Befestigung bewegl. Teile des Körpers (Med.); **2)** schmaler Bereich von Frequenzen (Frequenz-B.); *B.breite* angegeben in Hz; Ausblenden durch *B.filter,* Sperren durch *B.sperren* (Nachrichtentechnik).

Band [bænd; engl.], Bez. für eine Gruppe von Musikern (hpts. im Jazz und Rock).

Bandage [-daʒə; frz.], elast. Stützbinde (Med.).

Bandainseln, Inselgruppe der Molukken, Indonesien, 180 km², rd. 60000 E; Gewürzanbau.

Bandar Seri Begawan (bis 1970 Brunei), Hptst. v. Brunei, 58000 E; ⚓, ✈.

Bande [frz.], Einfassung der Reit- u. Kegelbahn, der Billardtafel und des Eishockeyfeldes.

Banderilla [-rilja; span.], ge-

schmückter Wurfspieß des *Banderilleros* im Stierkampf.
Bändermodell, theoret. Modell zur Beschreibung der Energiezustände von Elektronen in Festkörpern.
Banderole [frz.], Steuerzeichen (Papierband), bes. für Tabakwaren.
Bandgenerator, Hochspannungserzeuger (mehr. Mill. Volt über ein umlaufendes ladungssammelndes Kunststoffband), v. a. zur Beschleunigung geladener atomarer Teilchen.
Bandkeramik, mit Bandornamenten verzierte Gefäße der Jungsteinzeit im Donauraum.
Bandleader ['bændli:də; engl.], Leiter einer ↑Band.
Bandoneon (Bandonion) [nach dem Erfinder H. Band], ziehharmonikaart. Volksinstrument.
Bandscheibe, knorpel., zw. je 2 Wirbelkörpern der Wirbelsäule liegende Scheibe mit weichem, gallertart. Kern; *B.nvorfall,* Heraustreten einer B. mit schmerzhaftem Druck auf Nervenwurzeln.
Bandung, Hptst. der indones. Prov. Westjava, 1,5 Mill. E; Univ.; ✈.
Bandungstaaten, asiat. u. afrik. Staaten, die auf der *Bandungkonferenz* (1955) kulturelle u. wirtsch. Zusammenarbeit vereinbarten.
Bandwürmer, vielgliedr. Darmparasiten, meist in Wirbeltieren; bis 15 m lang; für d. Menschen gefährl.: Rinder-, Fisch-, Schweinebandwurm; meist nach dem Genuss von rohem Fleisch.
Bangali, Staatsbürger v. Bangladesch.
Bangalore ['bæŋgəlɔ:], Hptst. d. südind. B.-Staates Karnataka, 2,8 Mill. E; Univ.; Handels- u. Wirtschaftszentrum; ✈.

Bangladesh

Fläche: 143 998 km²
Einwohner: (1995) 120,43 Mill.
Hauptstadt: Dhaka
Amtssprache: Bengali
Zeitzone: MEZ +5 Stunden

Bangemann, Martin, * 1934, dt. Politiker; 1984–88 B.-Min. für Wirtschaft, 1985–88 Parteivors. der FDP, 1989–99 Mitgl. der EG(EU)-Kommission, bis 1995 auch einer der Vizepräs.
Bangkok, Hptst. Thailands, am unteren Menam, städt. Agglomeration 5,6 Mill. E; kultureller u. wirtsch. Mittelpt.; Univ., Königspalast; ⚓, ✈.
Bangladesh, Staat im Ganges-Brahmaputra-Delta, bis 1971 als Ost-Pakistan östl. Landesteil Pakistans; hohe Bev.-Dichte, vorw. Muslime, Amtsspr. Bengali; fruchtbare Schwemmlandebenen, reichl. Niederschläge (Monsun); Anbau v. Reis, Zuckerrohr, Jute, Tabak, Tee; Ind. im Aufbau. 1971 Verkündung der unabhängigen VR B. durch Scheich Mujibur Rahman (1975 von putschenden Truppen ermordet); nach Bürgerkriegswirren u. Militärdiktatur 1991 Rückkehr zu demokrat. Verfassung.
Bangui [-gi], Hptst. der Zentralafrik. Rep., am Ubangi, 450 000 E; Univ., Forschungsinstitute; Wirtschaftszentrum; ✈.
Banihalpass, einziger für den Verkehr bed. Pass zw. Indien und Kaschmir, 2832 m ü. d. M.; Straßentunnel.
Banjarmasin [-dʒ-] (Bandjarmasin), indones. Prov.-Hptst. auf Borneo, 444 000 E; Univ.; ⚓, ✈.
Banjo [amer.], 5- bis 9-sait. Gitarre mit langem Hals; Trommel als Resonanzboden.
Banjul ['bandʒul] (bis 1973 Bathurst), Hptst. von Gambia, 45 000 E; Flughafen.
Bank deutscher Länder (BdL), 1948–57 dt. Zentralnotenbank; heute ↑Deutsche Bundesbank.
Bänkelsang, Vortrag (↑Moritat) fahrender Sänger auf Märkten, Messen u. a.; s. dem 17. Jh.; häufig parodiert.
Banken, Kreditinstitute, die Bankgeschäfte betreiben, deren Umfang einen in kaufmänn. Weise eingerichteten Betrieb erfordert. *Aktivgeschäfte:* Kreditgabe (Kontokorrent-, Diskont-, Lombard-, langfrist. Kredite u. a.) u. Kreditleihe (Aval- u. Akzeptkredit); *Passivgeschäfte:* Kreditaufnahme (Depositeneinlagen, Geldaufnahme, Emission von Obligationen u. Pfandbriefen); *Dienstleistungs-* bzw. *indifferente* oder *irreguläre Geschäfte* (bargeldloser Zahlungsverkehr, Wertpapier- u. Devisenkäufe u. -verkäufe, Einzug von Schecks, Wechseln u. Ä., Depotgeschäfte, Unterbringung v. Neuemissionen u. a.). *Arten:* nach der Stellung im B.system: Noten-B. u. Kreditinst. (Geschäfts-B.); die Dt. Bundesbank unterscheidet: 1. Dt. Bundesbank, 2. Kreditinst., 3. Repräsentanten ausländ. B., 4. Arbeitsgemeinschaften und Verbände der Kreditinst., 5. sonst. abwickelnde Kreditinst. u. solche, für die Treuhänder oder Abwesenheitspfleger bestellt worden sind, 6. Bausparkassen u. Verbände der Bausparkassen.
Bankett [ital.], Festmahl.
Bankett [frz.]: **1)** [befestigter] Seitenstreifen (Straßenbau); **2)** un-

Bangkok. *Buddhistischer Tempel*

Barbados

Fläche: 430 km²
Einwohner: (1995) 262 000
Hauptstadt: Bridgetown
Amtssprache: Englisch
Zeitzone: MEZ −5 Stunden

terster Teil des [Gebäude]fundamentes.

Bank für Internationalen Zahlungsausgleich (BIZ), gegr. 1930 zur Förderung der Zusammenarbeit der europ. Zentralbanken, Sitz Basel.

Bankgeheimnis, Mitteilungsbeschränkung der Bank über Vermögensverhältnisse von Kunden.

Bankleitzahlen, achtstellige Schlüsselzahlen zur numer. Kennzeichnung der Bankstellen nach einem einheitl. System im bargeldlosen Zahlungsverkehr des Kreditgewerbes u. der Dt. Bundesbank.

Banknote, von Notenbanken ausgegebener Geldschein; in der BRD das einzige unbeschränkte gesetzl. Zahlungsmittel.

Bankrate, Diskontsatz d. Notenbank.

Bankrott [ital.], Zahlungsunfähigkeit eines Schuldners.

Bank von England, brit. Zentralnotenbank, gegr. 1694.

Bank von Frankreich, frz. Zentralnotenbank, gegr. 1800.

Bann: 1) Friedensgebot bei Eröffnung des german. Things; im MA Ausschluss aus der Rechtsgemeinschaft (meist svw. ↑Acht); **2)** Ausschluss aus der kirchl. Gemeinschaft (↑Exkommunikation).

Banner [frz.], an einer Querstange befestigte Fahne.

Bannmeile, geschützter Bereich um Parlaments- u. Reg.-Gebäude (in BRD: *B.nges.* v. 1955).

Bantamgewicht ↑Übers. S. 658.

Banting ['bæntɪŋ], Sir Frederick Grant, *1891, †1941, kanad. Arzt; mit *Ch. H. Best* (*1899, †1978) Entdecker des Insulins (1921); Nobelpreis 1923.

Bantu [= Menschen], versch. Stämme u. Völker in Mittel- u. Südafrika.

Barcelona. *Kirche „Templo de la Sagrada Familia"*

Banz, ehem. Benediktinerabtei in Ofr., gegr. um 1070; bed. Kirche (1710–19) von J. Dientzenhofer.

Baptisten [gr.; = Täufer], in England Anf. des 17. Jh.s entstandene christl. Freikirche mit Erwachsenentaufe.

Baptisterium [gr.], s. dem 4. Jh. Bez. für das christl. Taufbecken, später für die Taufkirche.

Bar [gr.], Einheitenzeichen bar, Einheit des Drucks; 1 bar (≈ 1 at) = 10^5 Pa; 1 Millibar (mbar) = $^1/_{1000}$ bar = 1 Hektopascal (hPa).

Barak, Ehud, *1942, isr. Politiker; s. 1999 Min.-Präsident.

Barbados, Staat u. östlichste Insel der Kl. Antillen; Fremdenverkehr, Zuckerrohranbau; 1627 bis 1966 brit.; parlamentar. Monarchie im Commonwealth.

Barbar [gr.], roher, ungesitteter Mensch; urspr., im antiken Griechenland: Nichtgrieche.

Barbara, hl., nach der Legende Märtyrerin des 3. oder 4. Jh.s, gehört zu den 14 Nothelfern.

Barbarossa [ital.; = Rotbart], Beiname des Ks. ↑Friedrich I.

Barbarossahöhle, Höhle bei Bad Frankenhausen/Kyffhäuser.

Barbecue ['bɑːbɪkjuː; engl.], beliebtes Gartenfest mit Spießbraten, urspr. in Amerika.

Barber, Samuel ['bɑːˌbə], *1910, †1981, amer. Komponist; meist instrumentale Kompositionen; Oper „Vanessa".

Barbitursäure [Kw.], Malonylharnstoff, Grundbestandteil vieler Schlafmittel.

Barbizon, Schule von [barbi'zɔ̃], frz. Malerkolonie um 1840–70 im Wald v. Fontainebleau, der die gr. Landschaftsmaler des Vorimpressionismus angehörten.

Barbusse, Henri [bar'bys], *1873 †1935, frz. Schriftsteller; Pazifist; „Das Feuer".

Barcelona [barθe'lona], span. Ind.- u. Hafenstadt.; Hptst. von Katalonien, 1,63 Mill. E; got. Kathedr., Rathaus (1369–78), zahlr. Museen; 2 Univ., TH, Metall- u. chem. Ind.; internat. Messe; ✈.

Barde [kelt.], kelt. Dichter und Sänger des MA.

Bardeen, John ['bɑːdiːn], *1908, †1991, amer. Physiker; Forschungsarbeiten zur Theorie der Supraleitung u. zur Entw. des Transistors; Nobelpreis 1956 und 1972.

Bardendichtung, dt. Dichtart um 1770; als Vorbild diente die altgerman. Dichtung.

Bardot, Brigitte [bar'do], *1934, frz. Filmschauspielerin; typbildender Star der 1950er- u. 1960er-Jahre; heute Engagement für bedrohte Tiere.

Bardowick, Gem. nördl. von Lüneburg, Nds., 4800 E; got. Dom; im frühen MA bed. Handelsplatz.

Bareilly [bəˈreılı], ind. St., B.-Staat Uttar Pradesh, 583500 E; Moscheen (17. Jh.); Industrie.

Bären: 1) Raubtierfam.; rd. 1–3 m gr. Allesfresser, Sohlengänger; u. a. Lippen-, Kragen-, Malaien-, Brillen-, Braunbär (seit rd. 140 J. in Dtl. verschwunden), Eisbär; **2)** (B.spinner) stattl. Spinner (Nachtfalter), auffallend bunt (Warnfarben); Raupen behaart.

Barenboim, Daniel, israel. Pianist u. Dirigent, * 1942.

Bäreninsel, norweg. Insel südl. v. Spitzbergen; 178 km²; meteorolog. Station.

Bärenklau, Gatt. der Doldengewächse, kräft. Stauden bildend.

Bärenspinner, svw. ↑Bären 2).

Bärentraube, Heidekrautgewächs mit glänzend roten beerenart. Früchten.

Barentsz, Willem, * um 1550, † 1597, niederl. Seefahrer; suchte die ↑Nordostpassage; entdeckte 1596 Bäreninsel u. Spitzbergen; nach ihm ben.: *Barentssee* (östl. von Spitzbergen).

Barfüßer, Ordensleute, die entsprechend ihrer Regel barfüßig in Sandalen gehen.

bargeldloser Zahlungsverkehr, Zahlung v. Geldschulden v. Konto zu Konto ohne Verwendung von Bargeld.

Bari, ital. Prov.-Hptst. u. Hptst. der Region Apulien, 339000 E; Univ.; Kathedr. (12. Jh.), San Nicola (11. Jh.), Kastell Friedrichs II. (13. Jh.); bed. Ind.- und Handelsst.; ⚓, ✈.

Bariton ↑Stimmlagen.

Barium [gr.], chem. El., Symbol Ba, OZ 56, rel. A.-Masse 137,33, Erdalkalimetall; silberglänzendes Leichtmetall, Dichte 3,76 g/cm³, Fp. 710 °C, Sp. 1537 °C; im Schwerspat; *B.sulfat,* unlösl. Kontrastmittel (Röntgendiagnostik).

Bark [niederl.], dreimast. Segelschiff.

Barkarole [ital.], [urspr. venezian.] Gondellied; meist 6/8-Takt.

Barke [niederl.], Küstenboot.

Barlach, Ernst, * 1870, † 1938, dt. Bildhauer, Grafiker u. Dichter; einfache Formen, starker Ausdruck; das dichter. Werk vom Mystizismus bestimmt, expressionist., visionär u. gleichnishaft die hintergründ. Dramen.

Ernst Barlach,
Singender Mann (1930)

Bärlappgewächse, Farnpfl., meist in trop. Regenwäldern; heim. u. a. Kolbenbärlapp, Tannenbärlapp.

Barmen, Teil von ↑Wuppertal.

Barmherzige Brüder, Barmherzige Schwestern, Angehörige versch. kath. Krankenpflegeorden.

Bar-Mizwa [hebr.], der mit 13 J. relig. mündige männl. Jude sowie der Akt der Einführung des B.-M. in die jüd. Glaubensgemeinschaft.

Barn [engl.], Flächeneinheit in d. Kernphysik, 1 B. = 10^{-28} m².

Barnard, Christiaan [ˈbɑːnəd], * 1922, südafr. Chirurg; erste Herztransplantation am Menschen.

Barnim, Ldsch. nördl. u. nö. v. Berlin.

Barnsley [ˈbɑːnzlı], mittelengl. Ind.-St., Hptst. der Metropolitan County South Yorkshire, 73600 E.

Barock [portug.], Stilbegriff der neueren Kunst- und Literaturgesch.; in der *Kunstgesch.* etwa 1580–1760 (Übergang zum Rokoko etwa ab 1730). Die Wurzeln des B.stils liegen in Rom, die geschichtl. Wurzeln in der Gegenreformation u. im Absolutismus. Die Säulenordnungen der Renaissance wurden beibehalten, jedoch wich die Ruhe der Bewegung, die klass. Schönheit dem Ausdruck von Kraft, Pathos, Ekstase. Die einzelnen Kunstgattungen vereinigen sich, um einen illusionist. Raum zu schaffen. Die Baukunst – außen die Fassade durch Hervorhebung der Mitte gegliedert – ist innen nur Schale für die dekorat. Ausschmückung durch Malerei u. Plastik. Höhept. der illusionist. Deckenmalerei; daneben bed. Porträtmalerei u. -plastik. Führende Länder u. Meister: Italien (Bernini, Borromini, Pietro da Cortona, Guarini, Iuvara, Caravaggio, Carracci), Östr. u. Dtl. (Fischer von Erlach, Schlüter, Hildebrandt, Pöppelmann, Neumann, Asam, Permoser, Donner, Elsheimer), Niederlande (Rubens, Rembrandt), Frkr. (Hardouin-Mansart, Poussin, Claude Lorrain, Watteau), Spanien (Velázquez), England (Wren, Gainsborough). *Literatur:* Dichtung geprägt von Pessimismus u. Jenseitshoffnung, Gestaltung des Vanitaserlebnisses; Steigerung der Stilmittel der Antike und Renaissance, Marinismus und Gongorismus bes. Bez. ihrer sprachl. Artistik; höchste Vollendung in der Einbeziehung aller Kunstgattungen im Theater, das durch Kulissensystem u. Perspektive die Scheinhaftigkeit der Welt abbilden soll. Ausgang v. Italien (↑Marino), Spanien (↑Góngora, Lope de ↑Vega, ↑Calderón) u. den Niederlanden (van den Vondel); Hauptvertr.

Barock.
Johann Bernhard Fischer von Erlach, Fassade der Dreifaltigkeitskirche in Salzburg (1694–1702)

Barock. *Peter Paul Rubens, Raub der Töchter des Leukippos (um 1616/17)*

in Dtl. J. Bidermann, ↑Gryphius, ↑Grimmelshausen, ↑Angelus Silesius, F. Spee, ↑Lohenstein, ↑Hofmann von Hofmannswaldau, P. F. ↑Fleming.

Barockmusik ↑Generalbasszeit.

Barometer [gr.], Luftdruckmesser; *Quecksilber-(Hg-)B.* messen die luftdruckabhäng. Verschiebung einer Quecksilbersäule, *Aneroid-(Dosen-)B.* die entspr. Verformung einer evakuierten Blechdose; *Hypsometer* (Siede-B.) messen mit einem genauen *Hypsothermometer* den Sp. des Wassers (Dampfdruck = Luftdruck); fortlaufende Aufzeichnung der Messung im *Barographen* als *Barogramm.*

Baron [frz.], Freiherr.

Baronet ['bærənɪt; engl.], erbl. Titel im niederen engl. Adel.

Barranquilla [-'kija], kolumbian. St. an der Mdg. des Magdalenenstroms, 927 000 E; Univ.; Ind.; ⚓, ⚒.

Barras, François Paul Vicomte de, * 1755, † 1829, frz. Politiker; stürzte 1794 Robespierre, Präs. des Konvents, 1795–99 Mitgl. des Direktoriums.

Barrault, Jean-Louis [ba'ro], * 1910, † 1994, frz. Schauspieler und Regisseur.

Barrel ['bærəl; engl.], engl. Raummaß; 1 B. = 163,56 dm^3; 1 *Petroleum-B.* = 158,76 dm^3; in den USA 1 *Dry-B.* = 115,63 dm^3.

Barren [frz.]: **1)** in Blöcke best. Abmessungen gegossenes Metall, meist Gold und Silber; **2)** Turngerät (2 parallele Holme).

Barriere [frz.], Schranke.

Barrikade [frz.], Straßensperre.

Barsche, Fischfam.; räuber. in Süßgewässern; *Flussbarsch,* bis 40 cm lang.

Barschel, Uwe, * 1944, † 1987, dt. Politiker (CDU); 1982–87 Min.-Präs. in Schl.-Ho.; nach Vorwürfen wegen rechtswidrigen Verhaltens beim Wahlkampf 1987 zurückgetreten; Freitod (?).

Barsoi [russ.], russ. Windhund.

Barsortiment, Buchgroßhandelsbetrieb.

Barteln, Bartfäden bei Fischen, meist mit Tast- u. chem. Sinnesorganen.

Barten, fein gefaserte Hornplatten im Maul der Bartenwale.

Bartenwale, bis üb. 30 m lange Meeressäugetiere, die statt eines Gebisses am Gaumen 2 Reihen Barten als Filter für die Planktonnahrung tragen.

Bartgeier (Lämmergeier), Greifvogel, Spannweite bis 3 m; Aasfresser; u. a. in S-Europa.

Barth, Karl, * 1886, † 1968, schweizer. ref. Theologe; Mitbegr. der dialekt. Theologie.

Bartholin-Drüsen, Schleimdrüsen am Scheideneingang.

Bartholomäus, hl., Apostel.

Bartholomäusnacht, Nacht zum 24. 8. 1572, in der nach der Hochzeit Heinrichs v. Navarra mit Margarete von Valois auf Befehl Katharinas v. Medici Tausende von ↑Hugenotten ermordet wurden.

Bartók, Béla, * 1881, † 1945, ungar. Komponist; erforschte und verwertete die Lieder Ungarns u. seiner Nachbarvölker (v. a. Rumänen und Slowaken); Orchesterwerke, Kammermusik.

Bartoszewski, Władysław [-toʃ-], * 1922, poln. Publizist und Historiker; 1986 Friedenspreis des Dt. Buchhandels.

Baruch, at. Gestalt; Gefährte des ↑Jeremia[s].

bary..., Bary... [gr.], Bestimmungswort; Bed.: „schwer".

Baryonen [gr.], zusammenfassende Bez. für Nukleonen, Hyperonen und ihre Antiteilchen (schwere Elementarteilchen).

Barzel, Rainer, * 1924, dt. Politiker (CDU); war 1964–73 Vors. d. CDU/CSU-Bundestagsfraktion, 1972 Kanzlerkandidat; 1983–84 Bundestagspräsident.

Basalt [gr.], Gruppe von dunklen, dichten, bas. Ergussgesteinen; häufig in gebündelten Säulen.

Basaltemperatur, morgens vor dem Aufstehen gemessene Körpertemp. [der Frau (zur Feststellung des Follikelsprungs)].

Basar [pers.]: **1)** Händlerviertel in orient. Städten; **2)** fr. Warenhaus, heute Warenverkauf zu Wohltätigkeitszwecken.

Baschkiren ↑Finnougrier.

Baseball [beɪs'bɔ:l; engl.], nordamer. Schlagballspiel, 2 Mannschaften zu je 9 Mann.

Basedow [-do], Johannes Bernhard, * 1724, † 1790, dt. Pädagoge; Gründer der Erziehungsanstalt „Philanthropin", Dessau; betonte die Realfächer, mod. Sprachen u. Körpererziehung.

Basedow-Krankheit [-do-, nach dem dt. Arzt *K. v. Basedow,* * 1799, † 1854], Allgemeinerkrankung, Ursache: Schilddrüsenüberfunktion; Symptome u. a. Glotzaugen, Steigerung der Herzschlagfrequenz, Kropf.

Basel, Hptst. des schweizer. Halbkantons *B.-Stadt* (37 km^2, 197 000 E) beiderseits des Hochrheins, 176 000 E; Univ., Münster (11.–14. Jh.), Museen; bed. Handelsplatz, chem. und Textilind.; ⚓, ⚒. – 374 erste Erwähnung; 1006 zum Dt. Reich, 1501 als 9. Ort zur Eidgenossenschaft; 15./16. Jh. Blütezeit des Handels. – Kt. *B.-Landschaft* mit Hptst. *Liestal,* hpts. im Jura; 428 km^2, 250 000 E; Obstbaumkulturen, bed. Industrie.

Basen [gr.], chem. Verbdg., die mit Säuren unter Wasseraustritt Salze bilden; reagieren *bas.* (= alkal.; Blaufärbung v. rotem Lackmuspapier), weil in wässr. Lösung OH-Ionen auftreten.

BASIC ['beɪsɪk], Abk. für engl.: **b**eginner's **a**ll purpose **s**ymbolic **i**nstruction **c**ode = symbol. Universalbefehlscode f. Anfänger, einfache problemorientierte Programmiersprache, die über Tastatur unmittelbar in eine EDV-Anlage eingegeben werden kann.

Basie, William „Count" ['beɪsɪ], * 1904, † 1984, amer. Jazzpianist u. Bandleader.

Basilika [gr.; = Königshalle], in der griech. und röm. Baukunst Markt- u. Gerichtsgebäude, aus dem sich die Hauptform des christl. Gotteshauses entwickelte; 3 od. 5 Schiffe, das mittl. höher als die seitlichen.

Basilisk [gr.], ma. Fabelwesen mit todbringendem *B.enblick.*

Basilisken [gr.], bis 80 cm lange Echsen mit Hautkämmen über Schwanz u. Rücken, Hautlappen am Kopf; trop. Amerika.

Basilius d. Gr., hl., * 329, † 379, gr. Kirchenlehrer; begr. das Klosterwesen der Ostkirche.

Basis [gr.]: **1)** Grundlage; **2)** Grundlinie eines Dreiecks, -fläche eines Prismas, -zahl einer Potenz (Math.); **3)** mittl. Bereich eines bipolaren Transistors (⚡); **4)** Pfeilersockel; **5)** Pflanzenteil nahe der Wurzel.

Basiseinheiten, die zu den Basisgrößen gehörenden Einheiten (fr. Grundeinheiten).

Basisgrößen, voneinander unabhängige physikal. Größen, die nicht aus anderen Größen abgeleitet werden. Sie bilden die Grundlage eines Größensystems.

Basken (span. Vascos), voridgm. Volksstamm in den W-Pyrenäen; eigene Sprache. Die span. Region *B.land* (Euzkadi) hat s. 1979 Autonomie (Baskisch als offiz. Unterrichtssprache zugelassen).

Basketball [engl.], Korbballspiel (2 Mannschaften, je 5 Spieler u. 7 Auswechselspieler).

Basküle [frz.], Treibriegelverschluss f. Fenster u. Türen, schließt zugleich seitl., oben und unten.

Basra, wichtigste irak. Hafenst., am Schatt Al Arab, 872 000 E (städt. Agglomeration); Univ; ⚔; 1991 im 2. Golfkrieg stark zerstört.

Basrelief [barə'ljɛf; frz.], svw. Flachrelief († Relief 2).

Bass [ital.]: **1)** tiefstes Instrument einer Instrumentenfamilie; **2)** † Stimmlagen.

Basses-Alpes [basə'zalp], südostfrz. Dép., Hptst. Digne.

Bassgeige, svw. † Kontrabass.

Bassin [ba'sɛ̃; frz.], Wasserbecken.

Basso continuo [ital.], dem Stück durchlaufend zugrunde liegende Bassstimme, besetzt mit tiefem Streich- od. Blasinstrument und Cembalo oder Orgel oder Theorben und Lauten.

Basso ostinato [ital.], sich oft wiederholendes Bassthema.

Bassschlüssel † Schlüssel 2).

Basstölpel, gänsegr. weißer Seevogel; Westküsten Europas.

Bast: 1) sekundäre Rinde von Stämmen oder Stängeln, zugfeste Faserstränge; **2)** behaarte, filz. Haut auf neu gebildetem Geweih (wird durch Reiben an Zweigen *abgefegt*).

Bastard [frz.]: **1)** früher Bez. für unehel. Kind, Kind aus nicht ebenbürt. Ehe eines Adligen; **2)** aus Kreuzung v. Eltern mit versch. Erbgut hervorgegang. heterozygotes Tochterindividuum (Genetik).

Bastardierung † Kreuzung 1).

Bastei, svw. † Bastion.

Bastille [bas'ti:j; frz.]: **1)** urspr. Bez. für befestigtes Schloss; **2)** ehem. frz. Staatsgefängnis in Paris. – Abb. S. 76.

Bastion [ital.] (Bastei), vorspringender Teil an Festungsbauten.

Bastonade [frz.], orient. Prügelstrafe auf die Fußsohlen.

Basuto † Sotho.

Basutoland † Lesotho.

BAT, Abk. für: † **B**undes-**A**ngestellten-**T**arifvertrag.

Bataillon [bata'jõ; frz.], Truppenteil eines Regiments oder einer Brigade, auch selbst. Einheit einer Division.

Bataver, german. Stamm im Rheindelta; v. Cäsar unterworfen, 69/70 vergebl. Aufstand; ihr Gebiet 288 v. salischen Franken besetzt.

Batavia † Jakarta.

Bath [bɑ:θ], St. in SW-England, 80 000 E; heiße Quellen, röm. Badeanlagen; Universität.

Batho..., batho... [gr.], Bestimmungswort v. Zusammensetzungen mit d. Bedeutung „Tiefen..., Höhen...".

Bath-Partei (Baath-Partei), 1942 gegr., in Irak u. Syrien herrschende arab. Partei, die den föderativen Zusammenschluss d. arab. Staaten auf sozialist. Grundl. anstrebt.

Bathurst [bæθə:st] † Banjul.

Batik [malai.], [urspr. indones.] Verfahren z. Herst. v. Musterungen auf Stoffen; der Stoff wird entspr. d. Musterung mit Wachs überzogen, die abgedeckten Stellen bleiben beim Färben ungefärbt.

Batist [frz.], feines [Baumwoll]gewebe.

Battelle Memorial Institute [bə'tɛl mɪ'mɔrɪəl 'ɪnstɪtju:t], gemeinnütz. Forschungsinst. in den USA; Zweigniederlassung in Frankfurt am Main.

Battenberg, bis 1314 Name eines hess. Grafengeschlechts; s. 1858 Titel der morganat. Nachkommen Prinz Alexanders v. Hessen († 1888); engl. Linie 1917 in † Mountbatten umbenannt.

Batterie [frz.], zusammengeschaltete elektr. Stromquellen (z. B. Akkumulatoren).

Batumi, Hptst. der autonomen Rep. Adscharien, Georgien, an der O-Küste des Schwarzen Meeres, 137 500 E; ⚓.

Batzen, ehem. süddt. u. schweizer. Münze zu 4 Kreuzer.

Bauaufsicht, Überwachung der Einhaltung gesetzl. Vorschriften f. alle Bauten durch d. *Baupolizei.*

Bauch, unterer Rumpfabschnitt mit *B.höhle* u. darin liegenden Verdauungs-, Harn- u. inneren Geschlechtsorganen, mit dem *B.fell* (dünne, seröse Haut) bedeckt.

Bauchhöhlenschwangerschaft, Schwangerschaft außerhalb der Gebärmutter bei der die Frucht abstirbt.

Bauchpilze, Ständerpilze mit meist rundl., oberird. Fruchtkörper, Fruchtschicht im Innern; Stinkmorchel, Bofiste u. a.

Bauchspeicheldrüse (Pankreas), hinter dem Magen liegendes drüsiges Organ; sondert Verdauungsfermente u. Insulin, Glucagon ab († Langerhans-Inseln).

Baucis, Gattin des † Philemon.

Baud [auch: bo:t; nach *J. M. É. Baudot,* * 1845, † 1903], Einheit der Schrittgeschwindigkeit in d. Fernschreib- u. Datenübertragung: 1 Baud (Bd) = 1 Schritt/Sek.

Bath. *Palladian Bridge im Prior Park*

Bastille. *Zeitgenössisches Gemälde eines unbekannten Malers vom Sturm auf die Bastille am 14. Juli 1789*

Baudelaire, Charles [bo'dlɛ:r], * 1821, † 1867, frz. Dichter; Vorläufer des Symbolismus; Lyrik: „Die Blumen des Bösen".

Baudouin I. [bo'dwɛ̃; frz.], * 1930, † 1993, Kg. der Belgier seit 1951; seit 1960 verh. mit Doña Fabiola de Mora y Aragón.

Bauelement, Einzelteil einer elektron. Schaltung, *aktive B.* sind z. B. Transistoren, *passive B.* z. B. Widerstände, Kondensatoren.

Bauer, Gustav, * 1870, † 1944, dt. Politiker (SPD); 1919/20 Reichskanzler.

Bauernbefreiung, Lösung der Bauern aus den Bindungen des Feudalstaates durch lib. Reformen im 18./19. Jh.; Hauptziele: Aufhebung der Leibeigenschaft u. Grundherrschaft.

Bauernkrieg, Aufstand der süd- u. mitteldt. Bauern 1524/25; Vorläufer waren ↑Armer Konrad und ↑Bundschuh 2); soz. Forderungen in *12 Artikeln* unter Berufung auf d. Bibel; endete mit der vernichtenden Niederlage der Bauern.

Bauhaus, Lehr- u. Forschungsinst. für Architektur, bildende Künste u. Handwerk, 1919 von W. Gropius in Weimar gegr., 1925 nach Dessau verlegt, 1933 aufgelöst, heute wieder Lehrbetrieb in Dessau; 1937 als *New B.* in Chicago, *B.-Archiv* seit 1979 in Berlin. Ziel: Einheit von Künsten, Wiss. u. Technik. Mitgl.: Feininger, Klee, Kandinsky, Schlemmer, Mies van der Rohe u. a.

Bauherrenmodell, Modell zur Kapitalanlage im privaten Wohnungsbau zum Zweck der Steuerersparnis; Verluste aus Vermietung oder Verpachtung können im Anschluss an die Fertigstellung (oder Anschaffung) steuermindernd geltend gemacht werden.

Bauhütte, Verbdg. v. Bauleuten u. Bildhauern b. ma. Kirchenbau.

Baukunst (Architektur), Bauen nach künstler. Gesichtspunkten. Nach der Zweckbestimmung unterscheidet man kirchl. und weltl. B., nach dem Material Holz-, Stein-, Eisen-, Glas- und Betonbau. Die Ästhetik der B. untersucht Form, Maß, Proportion u. Kompositionsweise u. versteht unter B. Raumgestaltung.

Baum: 1) Gerhart, * 1932, dt. Jurist u. Politiker; 1978–82 Bundesmin. des Innern; **2)** Vicki, * 1888, † 1960, östr. Schriftstellerin; Romane, u. a. „Menschen im Hotel".

Baum: 1) meist mehr als 5 m Höhe erreichendes Holzgewächs mit Wurzelwerk, Stamm u. Krone; *Laub werfende* und *immergrüne Bäume;* **2)** Rundholz, z. B. für die Takelage; **3)** Webstuhlwalze.

Bäumer, Gertrud, * 1873, † 1954, dt. Schriftstellerin u. Frauenrechtlerin; Romane.

Baumgarten, Alexander Gottlieb, * 1714, † 1762, dt. Philosoph; Begr. der Ästhetik in Dtl.

Baumgrenze, klimabedingte Grenzzone, bis zu der normaler Baumwuchs noch möglich ist.

Baumhörnchen, mittelgr. Nagetiere, Baum- u. Tagtiere; bauen kugelförm. Nester; *Eichhörnchen,* Europa bis Japan, rot, braun, schwarz; *Grauhörnchen,* Nordamerika; *Rothörnchen,* Kanada.

Baumschule, garten- od. forstwirtsch. Anlage, i. d. Junggehölze u. Sträucher, oft auch Stauden im Freiland gezogen werden.

Baumwolle, Malvengewächs, in vielen heißen, teils gemäßigten Gegenden in Strauchform gezogen; die etwa 5 cm langen Samenhaare werden zu Garn versponnen.

Bausparkassen, Zwecksparkassen zur Gewährung von langfrist. Darlehen aufgrund v. Bausparverträgen.

Bautzen, Krst. in Sachsen, 49 000 E; Fahrzeugbau; Zentrum des Sorbentums.

Bauxit, erd., braunes od. gelbes, durch Verwitterung entstandenes Mineral, enthält 50–70 % Al_2O_3, ferner H_2O, Fe_2O_3, SiO_2 u. a. Metalloxide; Aluminiumerz.

Bavaria, lat. Name für Bayern; auch die Personifikation Bayerns.

Bayerische Akademie der Wissenschaften, 1759 gegr., Sitz München; philosoph.-histor. u. math.-naturwiss. Klassen mit wiss. Kommissionen u. Forschungsinstituten.

Bayerische Alpen, Teil der dt. Alpen zw. Lech u. Inn (Zugspitze 2 962 m); Fremdenverkehr.

Bayerischer Wald, dt. Mittelgeb. zw. der Cham-Further Senke, dem unteren Regen, der Donau u. der Grenze gg. Östr. u. die ČR; gegliedert in: *Hinterer B. W.* mit Gr. Arber (1 457 m) u. *Vorderer B. W.* mit Einödriegel (1 121 m); waldreich; Fremdenverkehr, Waldwirtsch., Glasindustrie.

Bayerische Volkspartei, Abk. BVP, 1918 vom ↑Zentrum abgespaltene, föderalist. Partei; 1922 bis 1932 Reg.partei, 1933 aufgelöst.

Bayern (Freistaat B.), Land der BRD, 70 554 km², 11,99 Mill. E, Hptst. München. Großlandschaften: Bayer. Alpen, Alpenvorland, Fränk. Alb u. Fränk. Stufenland. Im NO Begrenzung durch Fichtelgeb., Oberpfälzer u. Bayer. Wald. Im Alpengebiet bes. Alm- u. Molkereiwirtsch., hoch entwickelte Rinderzucht; im Alpenvorland zahlr. Wasserkraftwerke; Weizen-, Zuckerrüben-, Hopfenanbau, Viehzucht; in den ostbayr. Grenzgeb. Forstwirtsch., Glasind., in der Oberpfalz Abbau von Kaolin u. Baustoffen; im Fichtelgeb. bes. Glas- u. Porzellanind.; im Stufenland sehr unterschiedl. Bodenfruchtbarkeit und -bewirtschaftung; Erdöl- u. Erdgasförderung; Industrien konzentrieren sich auf die Städte, bes. bekannt die Bierbrauereien; am Main auch Weinbau; reger Fremdenverkehr. – *Gesch.:* Alt-B. (zw. Alpen, Donau, Lech u. Salzach, dazu Oberpfalz) ab Mitte des 6. Jh.s Stammeshzgt. unter den Agilolfingern, ab 788 fränk. Prov., s. Anf. des 10. Jh.s wieder Stammeshzgt., von 1070–1180 unter welf., 1180–1918 unter wittelsbach. Herrschaft; 1214 mit der rhein. Pfalzgft. verbunden, ab 1329 Teilung in die rhein. Pfalz u. Oberpfalz sowie das restl. B.; erst 1777 Wiedervereinigung nach Aussterben der bayr. Linien. 1623 Kurft., 1806 Kgr., 1818 Verf., 1918 Freistaat. Erwerb der meisten (v. a. fränk.) geistl. Stifte 1803, dazu 1806 Nürnberg u. Ansbach, 1810 Bayreuth.

Bayernpartei (BP), 1947 gegr., extrem föderalist. dt. Partei.

Bayeux [ba'jø], frz. St. i. d. Normandie, 15 000 E; got. Kathedrale (13. Jh.).

Bayeux-Teppich, bed. Bildteppich des 11. Jh.s, Darst. der normann. Eroberung Englands (Bayeux, Museum).

Bayreuth, Hptst. v. Oberfranken, Bay., 73 000 E; Wagner-Festspielhaus (1872–76 erb.), got. Kirche, Altes u. Neues Schloss, ehem. Markgräfl. Opernhaus (1744–48); LG; IHK; Univ.; PH; Sternwarte; Textil-, Maschinenindustrie.

Bazillen [lat.]: **1)** ugs. für ↑Bakterien; **2)** (Bacillus) Gatt. aerober, Sporen bildender, stäbchenförm. Bakterien.

BBC [bi:bi:'si:], Abk. für: ↑**B**ritish **B**roadcasting **C**orporation.

BBG, Abk. für: **B**undes**b**eamten**g**esetz.

BBU, Abk. für: ↑Bundesverband Bürgerinitiativen Umweltschutz e. V.

BDA, Abk. für: **1) B**und **D**t. **A**rchitekten; **2) B**undesvereinigung der **D**t. **A**rbeitgeberverbände e. V.

BDI, Abk. für: **B**undesverband der **D**t. **I**ndustrie.

BDKJ, Abk. für: **B**und der **D**eutschen **K**atholischen **J**ugend (↑katholische Jugend).

BdL, Abk. für: ↑**B**ank **d**t. **L**änder.

BdV, Abk. für: ↑Bund der Vertriebenen, Vereinigte Landsmannschaften u. Landesverbände.

Be, Symbol für ↑Beryllium (⚗).

Beamte, Personen im öff. Dienst (vorw. hoheitl. Aufgaben) in bes. Treueverhältnis zur BRD, zu einem B.-Land od. zu einer Gem.; das *B.nverhältnis* wird begr. durch Ernennung („auf Lebenszeit", „auf Probe", „auf Widerruf", „als Ehren-B."); nur Deutsche zugelassen; bes. Pflichten: Amtsverschwiegenheit, Annahmeverweigerung von Geschenken; unterstehen dem Disziplinarstrafrecht.

Beardsley, Aubrey Vincent ['bɪədslɪ], * 1872, † 1898, engl. Zeichner; Einfluss auf den Jugendstil, Buchillustrationen.

Beat [bi:t; engl.], Schlag[rhythmus]; *B.musik,* Musik mit charakt. Beat.

Beatles [bi:tlz], Eigenbez. des erfolgreichsten Quartetts der Beatmusik: *Paul McCartney* (* 1942), Bassgitarrist; *Ringo Starr* (eigtl. Richard Starkey, * 1940), Schlagzeuger; *John Lennon* (* 1940, † 1980), Rhythmusgitarrist; *George Harrison* (* 1943), Melodiegitarrist.

Beatrice (B. Portinari) [bea'tri:tʃe], † 1290, Geliebte Dantes.

Beatrix, * 1938, seit 1980 niederl. Kgn.; s. 1966 verh. mit Claus v. Amsberg.

Beatty, Warren ['bi:tɪ], * 1938, amer. Filmproduzent, Schauspieler und Regisseur.

Beaufortskala ['bəʊfət-; nach dem engl. Admiral *F. Beaufort,* * 1774, † 1857], Skala der ↑Windstärke.

Beauharnais [boar'nɛ]: **1)** Alexandre Vicomte de, * 1760, † 1794, verh. mit 4), frz. General; **2)** Eugéne de ↑Leuchtenberg; **3)** Hortense, * 1783, † 1837, Kgn. v. Holland, Tochter von 1), Mutter Napoleons III.; **4)** Joséphine de, * 1763, † 1814, Ksn. der Franzosen (s. 1804), in 2. Ehe verheiratet mit Napoleon I. (1809 geschieden).

Beaujolais [boʒɔ'lɛ], bek. frz. Weinbaugebiet in Burgund.

Beaumarchais, Pierre Augustin Caron de [bomar'ʃɛ], * 1732, † 1799, frz. Dramatiker; Lustspiele: „Der Barbier von Sevilla" u. „Figaros Hochzeit".

Beauté [bo'te:; frz.], Schönheit, schöne Frau.

Beauty ['bju:tɪ; engl.], Bez. des 5. ↑Quarks.

Beauvais [bo'vɛ], Hptst. des frz. Dép. Oise, nördl. v. Paris, 54 000 E; got. Kathedr.; Tapisseriemuseum; Maschinen-, Flugzeugbau; ✈.

Beauvoir, Simone de [bo'vwar], * 1908, † 1986, frz. Schriftstellerin aus dem Kreis um ↑Sartre.

Bebel, August, * 1840, † 1913, dt. Politiker; 1867 Vors. des Verbandes Dt. Arbeitervereine, Mitgründer u. Vors. der Sozialdemokrat. Arbeiterpartei, MdR.

Becher, Johannes R[obert], * 1891, † 1958, dt. Schriftsteller; expressionist. Lyrik, frühe Wendung zur polit. Dichtung.

Becherwerk, Elevator, Stetigförderer mit Metallbechern für den Transport von Schüttgütern.

Bechterew, Wladimir Michailowitsch, * 1857, † 1927, russ. Neurologe; nach ihm ben. die *B.-Krankheit,* chron.-entzündl. Erkrankung der Wirbelsäule mit Versteifung.

Beck: 1) Kurt, * 1949, dt. Politiker (SPD), s. Okt. 1994 Min.-Präs. von RP; **2)** Ludwig, * 1880, † 1944, dt. General; 1935–38 Gen.-Stabschef des Heeres; führend in der dt. Widerstandsbewegung; nach dem 20. 7. 1944 nach gescheitertem Selbstmordversuch erschossen.

Becken: 1) tellerförm. Metallscheiben (Bronze od. Messing), die gegeneinander geschlagen werden; urspr. asiat. (𝄞); **2)** aus unpaar. Kreuzbein mit Steißbein und den paar. Darm-, Sitz- und Schambeinen gebildeter Knochengürtel, Verbdg. zw. Beinen u. Lendenwirbelsäule; ↑Skelett; **3)** Mulde (Geomorphol.); **4)** schüsselförm. geschlossener Sedimentationsraum (Geol.).

Beckenbauer, Franz, * 1945, dt. Fußballspieler; 103 Länderspieleinsätze (1965–77), dabei 1972 Europa-, 1974 Weltmeister, mit

Beatles.
Paul McCartney, George Harrison, John Lennon und Ringo Starr (von links) nach einer Ordensverleihung durch Königin Elisabeth II. (1965)

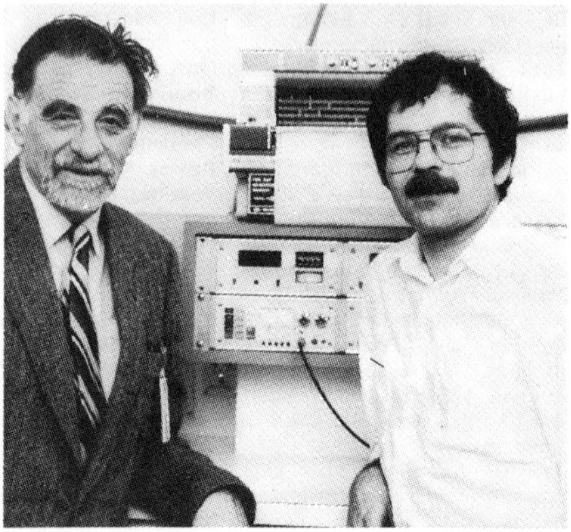

J. G. Bednorz *(rechts) und K. A. Müller*

Bayern München mehrfach dt. Meister u. [Europa-, Welt]pokalsieger; 1984–90 „Teamchef" der dt. Nationalmannschaft, die er 1990 zur Weltmeisterschaft führte.

Becker: 1) Boris, * 1967, dt. Tennisspieler; Wimbledon-Sieger 1985, 1986 u. 1989, 1992 u. 1995 ATP-Weltmeister; **2)** Jurek, dt. Schriftsteller, * 1937, † 1997, trag.-iron. Romane.

Becket, Thomas, hl., * 1118, † 1170, Erzb. von Canterbury; vertrat die kirchl. Unabhängigkeit gegenüber Kg. Heinrich II.; von königstreuen Rittern in seiner Kathedrale ermordet.

Beckett, Samuel, * 1906, † 1989, ir. Schriftsteller; schrieb auch in frz. Sprache; Romane und Dramen; Nobelpreis 1969.

Beckmann, Max, * 1884, † 1950, dt. Maler u. Grafiker; vielfigurige, expressionist. Kompositionen von zeitkrit. od. symbol. Charakter; 1933 emigriert.

Beckmesser, Sixtus, Nürnberger Meistersinger des 16. Jh.s; **Beckmesserei,** kleinl. Kritik.

Beckum, St. nö. von Hamm, NRW, 38 500 E; Baustoff-, Maschinen-, Holzindustrie.

Becquerel [bɛ'krɛl]: **1)** Edmond, * 1820, † 1891, frz. Physiker; Entdecker photoelektr. Erscheinungen in Elektrolyten *(B.-Effekt);* **2)** Henri, * 1852, † 1908, Sohn von 1), frz. Physiker; Entdecker der Radioaktivität (*B.-Strahlen*); Nobelpreis (mit M. u. P. Curie) 1903.

Becquerel [-k-], Einheitenzeichen Bq, Einheit der Aktivität einer radioaktiven Substanz; 1 Bq = 1/s (= 1 Zerfall pro Sekunde).

Beda, gen. B. Venerabilis, * um 672, † 735, engl. Benediktiner und Kirchenlehrer, begründete die engl. Geschichtsschreibung.

Bedecktsamer, höchst entwickelte Pfl., bilden mit den Nacktsamern die Abt. der Samen- od. Blütenpfl.; 2 Kl.: Zweikeimblättrige und Einkeimblättrige Pflanzen.

Bedeckungsveränderliche, Doppelsterne, die sich, von der Erde aus gesehen, zuweilen überdecken; dabei Helligkeitsabfall.

Bedford ['bedfəd], engl. St. nw. v. London, Hptst. der Gft. B., 74 000 E; Fahrzeugindustrie.

bedingte Strafaussetzung, zur Bewährung ausgesetzte Gefängnisstrafe zur Erlangung von Straferlass wegen guter Führung während der Bewährungsfrist; *bedingte Verurteilung* (v. a. im Jugendstrafrecht u. in angloamer. Ländern): Straffestsetzung unterbleibt, wenn der Betroffene sich während einer best. Zeit gut führt.

Bednorz, Johann Georg, * 1950, dt. Physiker. Erhielt mit dem schweizer. Physiker *Karl Alex Müller* (* 1927) den Nobelpreis für Physik 1987 für die Entdeckung einer neuen Klasse von Supraleitern.

Beduinen, kamelzüchtende Araber, Nomaden; leben in Zelten.

Beecham ['bi:tʃəm], Sir Thomas, * 1879, † 1961, engl. Dirigent; gründete 1946 das „Royal Philharmonic Orchestra".

Beelzebub, Dämonenfürst im N.T.

Beer Sheva, St. im nördl. Negev, S-Israel, 128 500 E; Zentrum der Erschließung des Negev, Forschungsinstitute; Industrie.

Beethoven, Ludwig van, * 17. 12. 1770, † 26. 3. 1827, dt. Komponist; Studium bei Haydn, Salieri u. a.; 1795 erstes öff. Auftreten als Pianist; beginnendes Gehörleiden; erschütterndes Dokument das „Heiligenstädter Testament"; 1805 Erstaufführung der einzigen Oper „Fidelio"; 1818 völlige Taubheit; Ausweitung der musikal. Mittel zu gr. persönl. Aussagekraft, Reichtum der Erfindung bei formaler Geschlossenheit; 9 Sinfonien, 16 Streichquartette, 5 Streichtrios u. andere Kammermusikwerke, 32 Klaviersonaten, 5 Klavierkonzerte, 1 Violinkonzert, Lieder, Chorwerke (u. a. die „Missa Solemnis"), Schauspielmusik (zu „Egmont", „Coriolan" u. a.).

Befangenheit, Parteilichkeit eines Beamten od. Richters hinsichtlich einer von ihm zu treffenden Entscheidung, ein Ablehnungsgrund.

Befehl, in der Datenverarbeitung eine Anweisung innerhalb einer Programmiersprache, die sich nicht weiter zerlegen lässt.

Befreiungskriege (Freiheitskriege), die Kämpfe 1813–15, die Europa von der Herrschaft Napoleons I. befreiten. Nach der Vernichtung der Gr. Armee in Russland Konvention v. Tauroggen 1812; 1813 Bündnis zw. Russland u. Preußen, Beitritt Englands, Östr. u. Schwedens. Herbstfeldzug: 3 Armeen gg. Napoleon, wechselnde Erfolge, Entscheidung in der Völkerschlacht bei Leipzig, Rückzug Napoleons über den Rhein, Auflösung des Rheinbundes; 1814 Einzug der Verbündeten in Paris, Napoleon nach Elba verbannt, 1. Pariser Friede (Frkr. auf die Grenzen von 1792 beschränkt); 1815 Napoleons Herrschaft der Hundert Tage u. entscheidende Niederlage b. ↑Waterloo (Belle-Alliance); 2. Pariser Friede (Grenzen v. 1790); Neuordnung Europas auf dem ↑Wiener Kongress.

Befreiungstheologie, Lehrmeinung in der kath. Kirche Lateinamerikas, die eine „Kirche der Armen" fordert, die sich für die gewaltlose Befreiung der Armen und politisch Unterdrückten einsetzen soll (L. Boff, G. Guitérrez) z. T. im Widerspruch zur Amtskirche.

Befruchtung (Fekundation), Vereinigung verschiedengeschlechtl. Keimzellen zu einer Zygote mit väterl. u. mütterl. Chromosomensatz (↑Chromosomen); bei Blütenpfl. wächst der Pollen nach der Bestäubung durch die Narbe zu einem Pollenschlauch aus, der bis zur Eizelle vordringt u. die B. ermöglicht; bei Tieren *äußere* und *innere B.*, je nachdem, ob die Vereinigung v. Samen- u. Eizelle außerh. (Fisch, Seeigel) oder innerh. (Insekten, Vögel, Säugetiere) des weibl. Organismus vollzogen wird; *künstl. B.* in der Haustier- u. Pflanzenzucht.

Begattung, Übertragung des ♂

L. van Beethoven

Samens in den ♀ Organismus durch körperl. Vereinigung.

Bẹgin, Menachem, * 1913, † 1992, isr. Politiker; 1948 Gründer u. bis 1983 Vors. der rechtsgerichteten Cherut-Partei, Gründer u. Führer (1973–83) des Likud-Blocks; 1977–83 Min.-Präs.; 1978 (mit A. As ↑ Sadat) Friedensnobelpreis.

Beglaubigung, amtl. Zeugnis für Echtheit u. Zeitpt. einer Unterschrift od. für die Richtigkeit einer Abschrift; *B.sschreiben* ↑ akkreditieren 1).

Begnadigung, gänzl. od. teilw. Verzicht auf Strafvollstreckung durch hoheitl. Gnadenakt.

Begoniengewächse, kraut. u. strauch. trop. Pfl. mit unsymmetrischen („schiefen") Blättern; Topf- und Gartenpflanzen.

Begriff, Denkinhalt, der Allgemeines, durch Abstraktion [u. *B.sbestimmung*] aus Einzelmerkmalen Gewonnenes aussagt; Nachbar-B.e in *B.ssysteme* geordnet (*disparate B.e* gehören zu versch. B.ssystemen); *kontradiktor. B.e* schließen einander aus, *konträre* stehen einander polartig gegenüber, *disjunktive* berühren einander nicht; ↑ auch Realienstreit.

Begünstigung, strafbarer Beistand zu einem Vergehen od. Verbrechen nach der Tat (§).

Behaviorismus [bihevjə-; engl.], amer. Richtung der Psychol.; sucht durch Verhaltensbeobachtung objektive psychol. Ergebnisse zu erzielen.

Behörde, Organ jurist. Personen des öff. Rechts (Staat, Gemeinde, Kirche), keine Rechtsfähigkeit.

Bẹhring, Emil von, * 1854, † 1917, dt. Bakteriologe; Mitbegr. der Immunitätslehre; entwickelte Seren gg. Diphtherie und Tetanus; Nobelpreis 1901.

Bei (Beg, Bej, Bey) [türk.], türk. Ehrentitel; heute svw. Herr (Anrede).

Beichte, persönl. Schuldbekenntnis; *kath. Kirche:* Teil des Sakraments der ↑ Buße 2); B. persönl. u. geheim (an den Priester); *ev. Kirche:* im Allg. gemeinsame, öff. B. *Beichtgeheimnis,* die absolute Schweigepflicht des *Beichtvaters.*

Beifügung, svw. ↑ Attribut 2).

Beifuß, svw. ↑ Artemisia.

beige [bɛʒə; frz.], sandfarben.

Beigeordneter, [höherer] Beamter od. Angestellter einer Stadt od. Landgem., ehrenamtl. oder bezahlt.

Beihilfe, vorsätzl. Unterstützung eines Verbrechens; wird im Allg. milder bestraft als die Haupttat (§).

Beilegung, gütliche, Vergleich zw. den Parteien eines Rechtsstreits; ↑ auch Sühneversuch.

Beirut, Hptst. von Libanon mit bed. ⚓, rd. 1,5 Mill. E; 5 Univ.; bis zum Bürgerkrieg wichtiges Handelszentrum; ✈.

Beischlaf, svw. ↑ Geschlechtsverkehr.

Beischlaf zwischen Verwandten, korrekte Bez. für den veralteten Begriff Blutschande.

Beiträge: 1) im öff. Recht Abgaben zur Vorteilsausgleichung; **2)** Finanzierungsumlagen bei öff. Körperschaften, Vereinen u. Privatversicherungen; **3)** im Gesellschaftsvertrag vereinbarte Leistungen der Gesellschafter, bes. Geldeinlagen.

Beitragsbemessungsgrenze, diejenige Grenze, bis zu der Löhne u. Gehälter der in der gesetzl. Sozialversicherung Pflichtversicherten zur Beitragsberechnung herangezogen werden; für die Rentenversicherung jährl., sonst nach Bedarf neu festgesetzt.

Beitreibung, zwangsmäß. Einziehung.

Beize: 1) Falknerei, Jagd mit *Beizvögeln* auf kl. Vögel u. Säugetiere; **2)** Färb-, Desinfizierstoff, Stoff zum Rostentfernen und dgl.

Beizen: 1) Färbung von Holz, lässt die Struktur des Holzes stärker hervortreten; **2)** Oberflächenbehandlung von Metallen mit geeigneten Lösungen (Herst. v. Schutzschichten); **3)** Behandlung des Saatgutes mit chem. Mitteln gg. Pflanzenkrankheiten.

Béjart, Maurice [beˈʒaːr], * 1927, frz. Tänzer u. Choreograph; freie Tanzkompositionen.

Bekassine [frz.] (Himmelsziege), Schnepfenvogelart, einheimische Sumpfbewohner.

Bekennende Kirche, Bewegung der dt. ev. Kirchen s. 1934 gg. die Eingriffe des Nat.-Soz. u. der ↑ Deutschen Christen 2).

Bekenntnis, formelhaft zusammengefasster Inhalt der Glaubensüberzeugung einer Religionsgemeinschaft; *B.schriften,* Slg. kirchlicher normat. Glaubensbekenntnisse u. theol. Lehrschriften; *B.schule,* Schule mit Lehrern u. Schülern desselben Bekenntnisses im Unterschied zur *Gemeinschaftsschule.*

Bẹl [nach dem schott.-amer. Physiologen A. G. Bell, * 1847, † 1922], Kurzzeichen B, Hinweiswort bei dimensionslosen Größen, die als dekad. Logarithmus des Verhältnisses einer Größe (z. B. Schalldruck) zu einer Bezugsgröße (z. B. Bezugsschalldruck) definiert sind; in der Praxis meist Angaben in *Dezibel* (dB), 1 dB = 0,1 Bel.

Bẹlchen, Name v. Bergen: **1)** im S-Schwarzwald, 1414 m; **2)** *Gr. B. (Sulzer B., Gebweiler B., Grand Ballon),* 1423 m, Südvogesen; **3)** *Elsässer* od. *Welscher B., Ballon d'Alsace,* 1248 m, Südvogesen.

Beleidigung, Kundgabe der Missachtung der Ehre eines andern; als Antragsdelikt strafrechtlich verfolgbar.

Belém [beˈlɛ̃j]: **1)** Stadtteil von Lissabon; bed. histor. Bauten; **2)** (auch Pará) Hptst. des brasil. Staates Pará, 1,2 Mill. E; Univ.; ⚓, ✈.

Belemniten [gr.], fossile, tintenfischähnl. Kopffüßer (Trias bis Kreide).

Beleuchtungsstärke, Verhältnis des auf eine Fläche auftreffenden Lichtstroms zu ihrer Größe; Einheit 1 Lux (lx) = 1 Lumen/m².

Belfast, Hptst. v. N-Irland u. des Distr. B., Newtonabbey u. Castlereagh, 283000 E; Univ.; Schiffbau, Textilind.; ⚓, ✈.

Belfort [bɛlˈfɔːr]: **1)** (Territoire de B.) ostfrz. Dép.; **2)** Hptst. v. 1), 51000 E; Elektro-, Textilind.; histor. Festung.

Bẹlfried, Turm, bes. der Glockenturm der flandr. Städte des MA.; auch Bergfried.

Belga ↑ Übers. S. 463.

Bẹlgi|en (Kgr. B.), Staat in W-Europa. Amtssprachen: Frz., Niederl. u. Dt.; Bev.: im S Wallonen, im N Flamen, dt. Minderheiten um Eupen u. St. Vieth; Agglomeration Brüssel zweisprachig. – Im Tiefland (W u. N) Ackerbau, Viehzucht, Steinkohlenbergbau, chem., Metall-, Woll-, Leinenind.; im Hügelland (SW) Weizen-, Zuckerrübenanbau, Obstbau, Steinkohlenbergbau, Eisen-, Metall-, Textilind.; in Hoch-B. (SO) Grünlandwirtschaft mit Milchviehzucht, Forstwirtsch. – *Gesch.:* Das Kgr. B. (s. 1831) entstand, als das 1815 geschaffene Kgr. der Vereinigten ↑ Niederlande infolge des Ggs. zw. N u. S 1830 zerbrach. Im 19. Jh. starke Indust-

Belgien

Fläche: 30518 km²
Einwohner: (1995) 10,11 Mill.
Hauptstadt: Brüssel
Amtssprachen: Französisch, Niederländisch, Deutsch
Zeitzone: MEZ

rialisierung; in beiden Weltkriegen von dt. Truppen besetzt. 1948 belg.-niederl.-luxemburg. Zollunion (Benelux). Seit den 60er-Jahren Verschärfung des Sprachenkampfes, 1970 Einteilung in 3 Regionen (Flandern, Wallonien u. Brüssel), 1980 in 4 Sprachgebiete (niederl., frz., zweisprachig, dt.); zahlr. Reg.-Krisen; Kg. s. 1993 Albert II. *Belg. Lit.* in frz. Spr.: Blüte im Symbolismus, bes. Lyrik u. Drama (M. Maeterlinck, E. Verhaeren); in niederl. Spr.: bed. seit etwa 1840, besonders Erzähllit. (H. Conscience, St. Streuvels, E. Claes, F. Timmermans). Expressionist. Drama: A. van de Velde; Erneuerung des Romans durch G. Walschap, P. van Aken. *Belg. Kunst:* seit 1830. Architektur: H. van de Velde u. a.; Plastik: C. Meunier, G. Minne. Malerei: J. Ensor, F. Masereel, R. Magritte, P. Delvaux.

Bẹlgrad (serbisch Beograd), Hptst. Serbiens, an der Mdg. der Save in die Donau, 1,13 Mill. E; 2 Univ., Hochschulen; mod. Stadtbild, histor. Festung; Theater, Museen. Handelszentrum (Internat. Messe); v. a. Masch.-, Fahrzeugbau; ✈.

Belize [bə'li:z]: **1)** Staat an der O-Küste Zentralamerikas; Anbau von Bananen; Kerngebiet der Maya; s. 1638 brit. besiedelt; 1862/71 Kolonie bzw. Kronkolonie *Britisch-Honduras;* 1964 innere Autonomie; 1973 Umbenennung in B.; s. 1981 unabhängiger Staat im Commonwealth; **2)** ehem. Hptst. von 1), 45000 E; ✈.

Belladọnna, svw. ↑Tollkirsche.

Belle-Alliance [bɛla'ljãs], Gehöft südl. von Brüssel; danach preuß. Bez. der Schlacht bei ↑Waterloo 1815.

Belletrịstik [frz.], schöne Lit., Unterhaltungsliteratur.

Bellevue [bɛl'vy:; frz.]: **1)** ein Punkt mit schöner Aussicht; **2)** Schloss in Berlin (Amtssitz des B.-Präs.), erb. 1786.

Bellini, Vincenzo, * 1801, † 1835, ital. Komponist; v. a. Opern, u. a. „Norma".

Bellinzọna, Hptst. des schweizer. Kt. Tessin, 17500 E; histor. Stadtbild; Burgen, Kirchen.

Bẹllman, Carl Michael, * 1740, † 1795, schwed. Dichter; Lyrik aus der Welt der Vagabunden.

Bellow, Saul ['beləʊ], * 1915, amer. Schriftsteller; Nobelpreis für Literatur 1976.

Belmondo, Jean-Paul, * 1933, frz. Filmschauspieler.

Belo Horizonte [belori'zonti], Hptst. des brasil. B.-Staates Minas Gerais, 2,34 Mill. E; Univ.; Ind.; ✈.

Bẹlorussland ↑Weißrussland.

Belsazar, † 539 v. Chr., Sohn des letzten Kg. von Babylon; 539 von den Persern besiegt.

Bẹlt: 1) ↑Gr. Belt; **2)** ↑Kl. Belt.

Belụtsch, zentralasiat., dunkelblau- od. dunkelrotgrund., dicht geknüpfter, geometr. gemusterter Wollteppich.

Belutschistan, Hochland in SO-Iran u. SW-Pakistan; Bev. muslim. Belutschen; Weidewirtsch., Kohlevorkommen.

Benacerraf, Baruj [benə'sera:f], * 1920, amer. Mediziner; 1980 Nobelpreis für grundlegende Forschungsarbeiten auf dem Gebiet der Immungenetik.

Benchmark-Test [bentʃ'ma:k], bei Personalcomputern übl. Testverfahren zur Ermittlung der Rechengeschwindigkeit unter Verwendung „standardisierter Bewertungsprogramme".

Bender, Hans, * 1907, † 1991, dt. Psychologe; Arbeiten zum Problem der außersinnl. Wahrnehmung.

Bẹnedikt, Name von 15 Päpsten; **B. XV.,** vorher Giacomo della Chiesa, * 1851, † 1922, Papst seit 1914; aktive Friedenspolitik; Einführung eines neuen kirchl. Gesetzbuches (Codex Juris Canonici [bis 1983 in Kraft]).

Bẹnedikt von Nursia, hl., * um 480, † 547 (?); gründete um 529 Montecassino, das Stammkloster des Benediktinerordens.

Benediktbeuern, bayr. Gemeinde in den Voralpen, 2600 E; bed. Benediktinerabtei (um 740 bis 1803), barocke Bauten.

Benedịktenwand, Gebirgszug (1801 m) in den Bayer. Alpen.

Benediktiner (OSB), abendländ. Mönche nach der Regel Benedikts v. Nursia, erneuert im 10./11. Jh. in Cluny; Einheit von Gebet, Arbeit, Wiss., Kunst.

Bẹnelux, 1948 in Kraft getretene Zoll-, s. 1960 Wirtsch.-Union zw. **Be**lgien, den Niederlanden (**Ne**derland) und **Lux**emburg.

Benevẹnt (ital. Benevento), ital. Prov.-Hptst. nö. von Neapel, 63000 E; Reste antiker Bauwerke.

Bengalen, Ldsch. des Ganges- u. Brahmaputradeltas, dicht besiedelt, feuchtheiß, fruchtb.; seit 1947 in W-B. (Indien) u. O-B. (heute Bangladesh) geteilt.

Bengasi, libysche Hafenst. an der Gr. Syrte, 446000 E; Univ.; ✈.

Benguẹla, St. an d. Küste Angolas, 41000 E; ✈.

Benguelastrom, kühler, nordwärts fließender Meeresstrom vor der SW-Küste Afrikas.

Ben Guriọn, David, * 1886, † 1973, isr. Politiker poln. Herkunft; Mitbegr. der Mapaipartei (1965 ausgeschlossen); danach Mitbegr. der neuen Arbeiterpartei Rafi; 1948–53, 1955–63 Min.-Präsident.

Bẹni Israel, braunhäut. Juden Vorderindiens; jüd. Religion mit christl. und islam. Elementen.

Benin, ehem. Kgr. (bis ins 19. Jh.) im heutigen Nigeria (um *B. City*), mit hochentwickelter, seit dem 12. Jh. nachgewiesener Kultur, Höhept. 16. u. 17. Jh. (Bronzeguss, Elfenbeinschnitzerei).

Belize

Fläche: 22965 km²
Einwohner: (1995) 215000
Hauptstadt: Belmopan
Amtssprache: Englisch
Zeitzone: MEZ –7 Stunden

Benin (bis Nov. 1975: Dahomey), Rep. in W-Afrika, trop. Klima, Feuchtsavanne; Ackerbau, Export v. Kakao, Baumwolle, Ölpalmprodukten; Hafen (auch f. Niger u. Nigeria): Cotonou. – Das Kgr. Dahome an der Guineaküste, 1894 von frz. Truppen besetzt, wurde 1904 frz. Kolonie, 1946 Überseeterritorium, 1958 zur autonomen Rep. Dahomey (1960 unabhängig); 1975 Proklamation der VR Benin.

Benjamin, Walter, * 1892, † (Freitod) 1940, dt. Schriftst.; vom Marxismus beeinflusste Essays, Literatur- u. Zeitkritiken.

Benn, Gottfried, * 1886, † 1956, dt. Dichter; expressionist. Lyrik, Essays.

Bennigsen, Rudolf von, * 1824, † 1902, dt. Politiker; Mitbegr. der Nat.-lib. Partei, MdR.

Benno, hl., † 1106 (?), Missionar der Wenden.

Benrath, Henry, eigtl. Albert H. Rausch, * 1882, † 1949, dt. Schriftsteller; Romane u. Lyrik.

Bensheim, hess. St. an der Bergstraße, 35 000 E; Metallverarb. u. a. Ind., Weinbau.

Bentonit, Ton mit sehr starkem Quellungs- u. Adsorptionsvermögen; Verdickungsmittel für Farben, Substrat für Hydrokultur.

Benz, Carl, * 1844, † 1929, dt. Ingenieur; baute den 1. Kraftwagen u. gründete 1983 die Firma B. & Cie., heute *Daimler-Chrysler AG.*

Benzin [arab.], Gemisch aus gesättigten Kohlenwasserstoffen, Sp. 40 bis 200 °C, verw. als Treibstoff od. Lösungsmittel; hergest. u. a. durch Destillation des Erdöls, Kohlehydrierung u. nach dem ↑Fischer-Tropsch-Verfahren.

Benzo|eharz, vanilleartig duftendes Harz best. *Benzoebäume* (Hinterindien).

Benzo|esäure, einfachste aromat. Carbonsäure; Konservierungsmittel.

D. Ben Gurion

	Benin Fläche: 112 622 km² Einwohner: (1995) 5,41 Mill. Hauptstadt: Porto-Novo Amtssprache: Französisch Zeitzone: MEZ – 1 Stunde

Benzol, einfachster aromat. Kohlenwasserstoff (C_6H_6-Benzolring), ☠; Lösungsmittel, Kraftstoffzusatz, Ausgangsprodukt vieler Kunst- u. Farbstoffe; hergest. vielfach aus Erdöl. – B. zählt zu den Krebs erregenden Stoffen.

G. Benn

Benzpyren, Krebs erregender Bestandteil des Steinkohlenteers.

Ben Zwi, Isaac, * 1884, † 1963, isr. Politiker russ. Herkunft; Präs. des Nat.-Rates der Juden Palästinas 1931–48, ab 1953 Staatspräs.

Beograd ↑Belgrad.

Beratungshilfe ↑Prozesskostenhilfe.

Berber, europide Stämme in NW-Afrika (u. a. Kabylen, Tuareg); Hirtennomaden und Ackerbauern; heute etwa 10 Mill. Berber.

Berbera, Hafenst. in N-Somalia, 70 000 E; ✈.

Berberitzengewächse (Sauerdorngewächse), kraut. u. holz. Pfl.; Früchte meist Beeren; N-Halbkugel, Südamerika.

Berchtesgaden, heilklimat. Kurort im *B.er Land,* Obb., 8 000 E; starker Fremdenverkehr; Schloss (ehem. Klostergebäude; 12. Jh.), Stiftskirche (12.–15. Jh.). In der Nähe der Königssee u. Nationalpark B.; Umgebung: *B.er Alpen* mit *Watzmann* (2 713 m).

Berengar I., † 924, Markgf. von Friaul; 888 Kg. von Italien, 915 zum Ks. gekrönt; ermordet.

Berenike II., † 221 v. Chr., Gem. des Ptolemäus III. Euergetes; nach der Legende wurde ihr der Aphrodite geopfertes Haar in ein Sternbild (Coma Berenices) verwandelt.

Beresina, r. schiffb. Nbfl. des Dnjepr, 613 km.

Berg: 1) Alban, * 1885, † 1935, östr. Komponist; Schüler von Schönberg; Opern: „Wozzeck", „Lulu"; Lieder, Kammermusik; freie Atonalität; **2)** Bengt, * 1885, † 1967, schwed. Zoologe und Schriftsteller; Tierbücher; **3)** Claus, * um 1475, † um 1532, Lübecker Bildschnitzer der Spätgotik.

Berg, ehem. dt. Hzgt. (s. 1380) östl. des Niederrheins. Hptst. Düsseldorf; 1614 an Pfalz-Neuburg, 1777 bayr., 1806 napoleon. Großhzgt., 1815 preuß.; jetzt zu NRW.

Bergamasker Alpen, Teil der ital. Alpen zw. Comer See u. dem Oglio, bis 3 052 m.

Bergamo, nordital. Prov.-Hptst. am Rand der Bergamasker Alpen, 116 000 E; Dom (15. Jh. beg.); chem., Fahrzeug-, Maschinenind.

Bergamotte [türk.], Zitrusfrucht; liefert **Bergamottöl** (für Parfüms, Liköre u. a.).

Bergbau, Lagerstättenwirtsch., umfasst Aufsuchen, Erschließen, Gewinnen, Fördern, Aufarbeiten u. Verhütten fester, flüss. u. gasförm. nutzb. Stoffe (↑Bergwerk). In der BRD Abbau v. Stein- u. Braunkohle, Erzen, Salzen, Bauxit, Feld- u. Flussspat, Erdöl, -gas, Gips, Graphit, Kalkstein, Kieselerde, Sand, Quarzit, Quarzsand, Schiefer, Schwerspat, Ton, Kaolin, Torf u. a.; hohe volkswirtsch. Bed. für Energiewirtsch. und Industrie.

Bergen: 1) St. in der Lüneburger Heide, Nds., 13 800 E. Sw. von B. liegt das ehem. KZ *B.-Belsen;* **2)** zweitgrößte St. Norwegens, Hptst. von Hordaland, 218 000 E; Univ.; Marienkirche (12./13. Jh.); Fischkonservenherst., Maschinenind., Schiffbau; ⚓, ✈.

Bergengruen, Werner, * 1892, † 1964, dt. Schriftsteller; Romane, Essays.

Bergen op Zoom ['bɛrxə ɔp zo:m], niederl. St. an der Oosterschelde, 47 000 E; Metall- u. chem. Industrie.

Bẹrghaus, Ruth, * 1927, † 1996; dt. Regisseurin (v. a. Opern), z. T. provokator. Inszenierungen.

Bẹrgisches Land, Teil des rechtsrhein. Schiefergebirges, reicht von der Ruhr bis zur Sieg; 506 m hoch.

Bẹrgisch Glạdbach, Krst. d. Rheinisch-Berg. Kreises, NRW, 105 500 E; chem., Papierind., Verlagswesen.

Bẹrgius, Friedrich, * 1884, † 1949, dt. Chemiker; erfand u. a. mit M. Pier das *B.-[Pier-]Verfahren* der Kohlehydrierung, wobei flüss. Kohlenwasserstoffe (Benzine, Öle) gewonnen werden; Nobelpreis 1931.

Bẹrgkarabach, autonomes Gebiet der *Bergkarabachen,* eines armen. Volksstammes in Aserbeidschan; am SO-Abhang des Kleinen Kaukasus, 4 400 km^2, 193 000 E, Hptst. Stepanakert.

Bergkiefer, meist strauch. Gebirgskiefer mit schwärzl. Rinde; Unterart u. a. Latsche.

Bergkrankheit (Fliegerkrankheit), mit Kopfschmerz, Schwindel, Erbrechen u. a. einhergehende Erkrankung bei schnellem Übergang in gr. Höhen. Erste Hilfe: Sauerstoffzufuhr.

Bergkristall, bes. reiner ↑Quarz.

Bergman ['bærj-]: **1)** Hjalmar, * 1883, † 1931, schwed. Schriftsteller; Romane u. Schauspiele; **2)** Ingmar, * 1918, schwed. Film- und Theaterregisseur; **3)** Ingrid, * 1915, † 1982, schwed. Filmschauspielerin; verh. mit R. Rossellini.

Bẹrgner, Elisabeth, * 1897, † 1986, östr. Schauspielerin; verh. mit P. Czinner; 1933–49 in der Emigration.

Bergpredigt, von den Evangelisten zusammengefasste Worte Jesu (v. a. Seligpreisungen und Vaterunser; Matth. 5–7); auf einem Berg Galiläas gesprochen.

bergrechtliche Gewerkschaft, Ges., die Bergwerke betreiben kann.

Bergsọn, Henri, * 1859, † 1941, frz. Philosoph; spiritualist. Philos., verstanden als Reflexion auf die Gegebenheiten der Intuition; Einfluss auf die Lebensphilosophie.

Bẹrgstraße, von Wiesloch bis Darmstadt reichende Landschaftseinheit zw. Odenwald u. Rheinebene; mildes Klima, Obst- und Weinbau; beliebtes Wohngebiet.

Bergversatz ↑Bergwerk.

Bergwacht, Organisation freiwill. Helfer, leistet Hilfe in Bergnot.

Bergwerk, Bergbaubetrieb; bei oberflächennaher Lagerstätte im *Tage-,* sonst *Untertagebau;* Richtschächte bis in die Tiefe der Lagerung, Querschläge bis zum Vorkommen, *Blindschächte* u. *Gesenke* als Stapel- od. Transportschächte; wichtigste *Abbauverfahren:* 1. ohne Benutzung (od. mit Absenken) des Hangenden zur Neuauflagerung *Strebbau* mit langen Abbaufronten, *Schrägbau* mit schrägem Abbaustoß (Arbeitsort) u. a., alle mit *Bergversatz,* d. h. Einbringen des tauben Gesteins in abgebaute Grubenteile, 2. unter Zu-Bruch-Werfen des Hangenden in ausgeräumte Kammern, 3. Magazin-, Etagen-, Firstenkammerbau, bleiben nach Abbau bestehen; techn. Gewinnung u. a. durch Drucklufthämmer, Schrämmasch. und Sprengen; *Förderung* z. B. über Schrämlader, Doppelkettenförderer, „Hunde" zum Füllort, weiter allg. mit Förderkorb zutage; *Hydroabbau* durch biolog. u. bakterielle Laugung.

Beriberi, Vitamin-B_1-Mangel-Krankheit mit Nervenlähmungen, Wassersucht, allg. Verfall.

Bering, Vitus Jonassen, * 1680, † 1741, russ. Asienforscher dän. Herkunft; nach ihm ben. das *B.meer,* nördlichster Teil des Pazifiks, 2,27 Mill. km^2, bis 4 097 m tief, sowie die *B.straße,* 92 km breite Meeresstraße zw. Amerika u. Asien.

Berkeley ['bə:klı], St. in Kalifornien, USA, 103 000 E; Univ.; Nahrungsmittel-, chem., pharmazeut. Ind., Motorenbau.

Berkẹlium [nlat.], künstl., radioakt. El. aus der Gruppe der ↑Transurane; Symbol Bk, OZ 97.

Bẹrlepsch, Hans Hermann Frhr. von, * 1843, † 1926, preuß. Politiker; Mitbegr. der „Internat. Vereinigung für gesetzl. Arbeiterschutz".

Bẹrlichingen, Götz (Gottfried) von, * 1480, † 1562, „der Ritter mit der eisernen Hand"; Anführer eines Bauernheeres 1525.

Berlin. *Turmruine und Neubau der Kaiser-Wilhelm-Gedächtniskirche (1891–95 Franz Schwechten, 1962 Egon Eiermann)*

Berlin, Irving ['bə:lın], eigtl. Israel Baline, * 1888, † 1989, amer. Komponist russ. Herkunft; Operetten-, Tonfilm- und Schlagermusik.

Berlin, 1) Land der BRD (s. 3. 10. 1990), 889 km², 3,40 Mill. E; **2)** St. am Zusammenfl. von Spree u. Havel, s. 1990 Hptst. der BRD, s. 1999 Sitz von Bundestag u. Bundesreg.; 2 Univ., TU, zahlr. Fachhochsch., Bauakad., kirchl. Hochsch., Forschungsinstitute (Max-Planck-Ges.); zool. Gärten, Rundfunkanstalten; Theater, Bibliotheken, Museen u. a. Viele der bed. Bauten im 2. Weltkrieg zerstört, z. gr. Teil wieder hergest., u. a. Marienkirche (13./15. Jh.), Dt. Staatsoper (1741–43), Univ. (1748 ff.; heute Humboldt-Univ.), ehem. Zeughaus (1695–1706), Reichstag (urspr. 1884–94; nach Umbau 1999 Sitz des Dt. Bundestages). Neue Bauten: Freie Univ. (1951 ff.), Kongresshalle (1957 u. 1986), Hansaviertel (1955–60), Philharmonie (1963), Neue Nat.galerie (1965 bis 1968), Staatsbibliothek (1967–78), Internat. Congress-Centrum (1976 bis 1979), Fernsehturm (1965–69) am Alexanderplatz; Neugestaltung u. a. Spreebogen u. Potsdamer Platz. – *Wirtsch.:* Elektro-, Masch.-, Textil-, Nahrungsmittel-, graf. Ind., Verkehrsknotenpkt., mehrere ✈ (Tegel, Tempelhof u. Schönefeld) u. Kanalverbdg. zur Elbe, zum Mittellandkanal, zur Oder u. nach Mckbg.-Vorp. – *Gesch.:* B. entstand aus den wend. Fischerdörfern B. u. Kölln, die um 1235 Stadtrechte erhielten. 1486 landesherrl. Residenz, wesentl. Anteil am Aufstieg des preuß. Staates. Nach 1685 Anwachsen der Bev. durch Zuzug der ↑Hugenotten, Entw. zum wirtsch. u. kultur. Mittelpt. Preußens; 1848 Straßenkämpfe; 1871 bis 1945 Hptst. des Dt. Reiches, schnelle Entw. zur Weltst.; 1918/19 revolutionäre Unruhen. Nach starker Zerstörung im 2. Weltkrieg u. sowjet. Eroberung wurde B. 1945 in vier Besatzungssektoren geteilt u. stand bis 1990 unter Viermächtekontrolle (UdSSR, USA, Großbrit., Frkr.); 1948 sowjet. Blockade der Westsektoren (↑Luftbrücke). Garantien der westl. Alliierten für die Westsektoren führten zur Bildung von B. (West) (480 km², 1,85 Mill. E) u. B. (Ost) (403 km², 1,19 Mill. E). B. (West) war nach dem GG Land der BRD, dessen Bindung aber aufgrund alliierter Vorbehalte eingeschränkt war (u. a. nur beratendes Stimmrecht in Bundestag u. Bundesrat). B. (Ost) wurde zum Sitz der Verw.-Organe der DDR ausgebaut.

Berlin. *Die Schlossbrücke (1819–24); im Bildhintergrund der Dom (1894–1904)*

Abriegelung der Grenzen zw. B. (West) u. B. (Ost) (13. 8. 1961) u. Errichtung eines innerstädt. Sperrgürtels (Berliner Mauer) entlang d. Grenzen. 1971 B.-Abkommen der Vier Mächte, schuf Voraussetzungen für prakt., zw. B. (West), d. DDR u. d. BRD auszuhandelnde Regelungen (u. a. Transitverkehr). Okt./Nov. 1989 Massenproteste in B. (Ost), am 9. 11. 1989 Öffnung der Berliner Mauer. 1990 Wiedervereinigung B.s; s. 1994 Amtssitz des Bundespräs. (Schloss Bellevue).

Berlioz, Hector [bɛr'ljɔs], * 1803, † 1869, frz. Komponist; Romantiker; erster Programmmusiker; Opern, Sinfonien, Chorwerke u. a.

Berlusconi, Silvio, * 1936, ital. Unternehmer u. Politiker, Gründer der „Forza Italia", 1994/95 Min.-Präsident.

Berlitzschulen [nach dem dt.-amer. Pädagogen *M. Berlitz,* * 1852, † 1921], Fremdsprachenschulen (betont praxisbezogen).

Bermudadreieck, Teil des Atlantiks, etwa zw. den Bermudainseln, Hispaniola u. Florida, in dem sich angeblich auf nicht befriedigend erklärte Weise Schiffs- u. Flugzeugunglücke häufen.

Bermudainseln, 360 Inseln im nw. Atlantik, davon 20 bewohnt, 75 000 E; Hauptort Hamilton; Anbau von Südfrüchten, Gemüse, Blumen. Seit 1684 brit. Kolonie, s. 1968 mit Selbstverwaltung.

Bern, Hptst. der Schweiz, an der Aare, 129 500 E; maler. Altst., Münster u. Rathaus 15. Jh., repräsentatives B.-Haus, Univ., Museen; Textil-, Metall-, Schokoladenind.; ✈. Zugleich Hptst. des *Kantons B.,* (6 049 km², 941 000 E), umfasst v. a. Seeland (Getreide-, Obstbau), Berner Voralpen (Viehzucht) und die nördl. ↑Berner Alpen (Viehzucht, Fremdenverkehr).

Bernadette [-dɛt], hl., eigtl. Maria Bernarda Soubirous, * 1844, † 1879, frz. Hirtenmädchen, das in einer Grotte bei Lourdes mehrere Marienerscheinungen erlebte.

Bernadotte, Jean-Baptiste [bɛrna'dɔt], * 1763, † 1844, frz. Marschall Napoleons I.; seit 1818 als Karl XIV. Johann Kg. von Schweden und Norwegen.

Bernanos, Georges, * 1888, † 1948, frz. Schriftsteller; Romane: „Tagebuch eines Landpfarrers", „Die Sonne Satans".

Bernauer, Agnes, † 1435, Badertochter, heiml. Ehefrau Hzg. Albrechts III. von Bayern; dessen Vater ließ sie als Hexe ertränken.

Berner Alpen, Teil der nördl. Schweizer Alpen vom Rhonequertal bis zum oberen Aaretal (Haslital), z. T. vergletschert. *Finsteraarhorn* 4 274 m, *Jungfrau* 4 158 m.

Berner Konvention: 1) ↑Urheberrecht; **2)** internat. Verträge zur Gründung des Weltpostvereins (Bern 1874).

Bernhard, * 1911, Prinz der Niederlande, Prinz zu Lippe-Biesterfeld, verh. mit Kgn. Juliana.

Bernhard von Clairvaux, hl., * um 1090, † 1153, gründete 1115 die Abtei Clairvaux (Dép. Aube), die für die Ausbreitung des Zisterzienserordens bed. wurde; Begr. der ma. Mystik.

Bernhard, Thomas, * 1931, † 1989, östr. Schriftsteller; Lyrik, Prosa (u. a. „Holzfällen"), Dramen.

Bernhardiner, Haushunde mit mächt. Körper, kurzer Schnauze; gute Wach- u. Spürhunde.

Bernhardt, Sarah [bɛr'na:r], eigtl. Henriette Rosine Bernard, * 1844, † 1923, frz. Schauspielerin.

Berninagruppe, Teil der Rät. Alpen südl. von Sankt Moritz; *Piz Bernina* 4049 m; *Berninabahn* (61 km) St. Moritz–Tirano (Italien) über den *Berninapass,* 2323 m.

Bernini, Gian Lorenzo, * 1598, † 1680, ital. Baumeister u. Bildhauer; führender Meister des röm. Hochbarock; Hauptwerk: Kolonnaden auf d. Petersplatz, Rom.

Bernkastel-Kues [ku:s], St. an der Mosel, RP, 7500 E; Weinbau.

Bernoulli [bɛr'nʊli], schweizer. Mathematikerfam.; bed.: **1)** Daniel, * 1700, † 1782; **2)** Jakob, * 1654, † 1705, Mitbegr. der Wahrscheinlichkeitsrechnung; **3)** Johann, * 1667, † 1748, Bruder von 2).

Bernstein ['bə:nstaın], Leonard, * 1918, † 1990, amer. Komponist u. Dirigent; u. a. Sinfonien, Opern; Musical „Westside story" (1957); Bühnen- u. Filmmusiken.

Bernstein, fossiles Harz eozäner Nadelbäume, Härte 2,5–2, meist durchsichtig, gelb, gelbbraun u. rötl. gelb; hpts. in Samland *(B.küste);* beliebter Schmuckstein.

Bernsteinsäure, organ. Säure, weiß, geruchlos, in Wasser lösl., sublimiert bei 120 °C; in Bernstein, Braunkohlen und Harzen.

Bernward, hl., * 960, † 1022, Bischof von Hildesheim; Erzieher Ottos III., polit. einflussreich.

Beromünster, schweizer. Gem., Kt. Luzern, 1800 E; Landessender.

Berry [bɛ'ri], frz. Ldsch. westl. der Loire; ehem. Herzogtum.

Berserker [altnord.] (Bärenhäuter), Krieger von unbänd. Wildheit (nord. Mythol.).

Bertelsmann AG, dt. Medienkonzern, Sitz: Gütersloh; 1835 von C. Bertelsmann (* 1791, † 1850) in Gütersloh gegr., nach dem 2. Weltkrieg von R. Mohn (* 1921) neu organisiert, AG seit 1971; Bücher, Zeitschriften, Schallplatten, Filme, Fernsehen, elektron. Medien; Lesering; graf. Betriebe; international tätig.

Berthold von Henneberg, * um 1442, † 1504, Erzb. u. Kurfürst von Mainz; Führer d. ständ. Reformpartei im Reichstag.

Berthold von Regensburg, * zw. 1210 u. 1220, † 1272, dt. Franziskaner; bed. Prediger.

Bertolucci, Bernardo [berto'luttʃi], * 1940, ital. Filmregisseur („Der letzte Tango in Paris", „Der letzte Kaiser", „Little Buddha").

Bertram, Meister, * um 1345, † 1415, dt. Maler u. Bildschnitzer; norddt. Hauptmeister in der Zeit der Spätgotik.

Bertran[d] de Born [bɛr'trã də -], * um 1140, † vor 1215, provenzal. Troubadour.

Berufsaufbauschule, eine als Einrichtung des ↑zweiten Bildungsweges zur Fachschul- bzw. Fachoberschulreife führende Schule (nach od. neben einer Berufsausbildung).

Berufsberatung, Beratung über Ausbildungsmöglichkeiten bei Berufswahl und -wechsel durch die Arbeitsämter; Träger der B. und Lehrstellenvermittlung ist die B.-Anstalt für Arbeit durch die Arbeitsämter.

Berufsfachschule, Schule, die Berufssch. u. prakt. Lehre in sich vereint.

Berufsgeheimnis, Schweigepflicht über die bei amtl. od. best. berufl. Tätigkeit erfahrenen Tatsachen.

Berufsgenossenschaften, öff.-rechtl. Unternehmerorganisationen, die Träger der Unfallversicherung sind.

Berufskrankheiten, hinsichtl. des Versicherungsschutzes den Betriebsunfällen gleichgestellte Krankheiten durch in best. Berufsgruppen auftretende Schädigungen; meldepflichtig.

Berufsschule, Pflichtsch. für alle in einem Ausb.- od. Arbeitsverhältnis stehenden od. auch erwerbslosen Jugendlichen, sofern sie nicht eine andere öff. Fachsch. besuchen; Besuch bis zum 18. Lebensj. bzw. bis zur Beendigung der prakt. Berufsausbildung.

Berufung, durch Antrag an die *B.sinstanz* innerh. einer best. *B.sfrist* einzulegendes Rechtsmittel zur Anfechtung u. Nachprüfung eines Urteils (§).

Beryll, berylliumhalt., verschiedenfarb. Mineral, Härte 8–7,5; oft schöne, klare Kristalle, u. a. ↑Aquamarin, ↑Smaragd.

Beryllium [gr.], chem. El., Symb. Be, OZ 4, rel. A.-Masse 9,01218, stahlgraues, sehr hartes, sprödes Leichtmetall, Dichte 1,8477 g/cm^3, Fp. 1285 ± 5 °C, Sp. 2970 °C; leicht oxidierbar, ☠; Gesamtverhalten ähnl. dem des Aluminiums; hpts. als ↑Beryll vorkommend; Legierungsbestandteil.

Besamung (Insemination), Eindringen des Samens in die Eizelle; *künstl. B.* in der Pflanzen- u. Tierzüchtung ↑Befruchtung; *extrakorporale B.* ↑Retortenbaby.

Besan [niederl.], Gaffelsegel des Kreuz- u. des *B.mastes* (hinterster Mast auf Barken) (seemänn.).

Besançon [bəzã'sõ], Hptst. des ostfrz. Dép. Doubs u. der Region Franche-Comté, 114000 E; Univ., röm. Bauten, Kathedr. (11.–13. Jh.); Uhrenindustrie.

Besatzungsstatut, von den 3 Westmächten (Großbr., Frkr., USA) 1949 einseitig erlassene Regelung des Verhältnisses ihrer Hoheitsgewalt zu jener der BRD; mit In-Kraft-Treten der ↑Pariser Vertr. v. 5. 5. 1955 aufgehoben.

Beschädigte (fr. Versehrte), Personen, die im Wehrdienst eine erhebl. Körperbeschäd. erlitten haben; erhalten Leistungen aus d. Kriegsopferversorgung.

Beschäftigungstherapie (Arbeitstherapie), Heilbehandlung durch sinnvolle Beschäftigung.

Beschir, turkmen., ziegelrotgrund. Wollteppich, u. a. Wolkenbandmuster.

Beschlagnahme, zwangsweise Sicherstellung v. Gegenständen; im *Strafprozess* zur Sicherung v. Beweismitteln; in *Steuersachen* bei Beitreibung öff. Abgaben; *B. von Druckerzeugnissen* durch richterl. Anordnung.

Beschleuniger, svw. ↑Teilchenbeschleuniger.

Beschleunigung, zeitl. Änderung der Geschwindigkeit (v) nach Betrag und/oder Richtung (s Weg, t Zeit): Einheit: m/s^2,

$$a = \frac{dv}{dt} = \frac{d^2s}{dt^2}.$$

Beschneidung, rituelle Vorhauteinschneidung bzw. -kürzung; meist an Knaben vorgenommen; bei einigen Völkern auch das Entfernen der Klitoris oder der kleinen Schamlippen bei Mädchen.

Beschwerde, Rechtsmittel zur Anfechtung best. beschlussmäß. [Gerichts]entscheidungen; als *unbefristete* (einf.) od. *sofort. B.*

Beschwörung ↑Exorzismus.

Besenginster, hohe gelbblühende Ginsterart, Schmetterlingsblütler, an Waldrändern, auf Sandböden.

Besetzung: 1) völkerrechtl.: Okkupation fremden Staatsgebietes; **2)** Ensemblezusammenstellung (Theater, Musik).

Besitz, tatsächl. Verfügungsgewalt über eine Sache im Unterschied zum ↑Eigentum (§).

Besitzsteuern, Personen- (Einkommen-, Körperschaft-, Vermögen-, Erbschaft-) u. Realsteuern (Gewerbe-, Grundsteuer).

Beskiden, nw. Verzweigungen der Karpaten in Polen u. der Slowak. Rep. (in der *Babia Góra* 1726 m hoch).

Besoldung, Dienstbezüge der Beamten, Richter u. Soldaten.

Besprechen, mag.-suggestives Volksheilverfahren zur Behandlung

v. Krankheiten durch Sprechen von [alten] Heilsprüchen.
Bessarabilen, hügel., fruchtb. Ldsch. zw. Pruth, Dnjestr u. der unteren Donau; s. 1940 zur UdSSR, heute südl. Teil zur Ukraine, Hauptteil zu Moldawien, Hauptort Chisinau; Bev.: Rumänen, Ukrainer; bis zur Umsiedlung 1940 auch Deutsche.
Bessemer-Verfahren [nach dem brit. Ing. H. Bessemer (* 1813, † 1898)], Verfahren zur großtechn. Stahlerzeugung im Bessemer-Konverter.
Bestallung: 1) Übertragung eines Amtes unter Überreichung der *B.surkunde;* **2)** svw. ↑Approbation 3).
Bestäubung, Übertragung von Blütenstaub auf Blütennarben durch Wind, Wasser, Tiere (v. a. Insekten).
Bestechung, Anbieten, Versprechen, Gewähren *(aktive B.)* sowie Annehmen, Fordern oder Sichversprechenlassen *(passive B.)* von Geschenken od. anderen Vorteilen bei Beamten u. Richtern; Verleitung zur Amtspflichtverletzung, strafbar (§).
Besteck: 1) transportable Slg. ärztl. Instrumente (Med.); **2)** durch geogr. Länge u. Breite festgelegter Ort eines Schiffes auf See.
Bestialität: 1) Unmenschlichkeit; **2)** svw. ↑Sodomie.
Bestile, wildes Tier.
Beta [gr.], 2. Buchstabe des griech. Alphabets *(Β, β).*
Betablocker (β-Blocker, Betarezeptorenblocker) ↑Sympathikolytika.
Betastrahlen (β-Strahlen), bei radioakt. β-Zerfall ausgesandte Elektronenstrahlen (bis 99 % der Lichtgeschwindigkeit).
Betateilchen, beim ↑Betazerfall ausgesandte Elektronen.
Betatron (Elektronenschleuder), Apparatur zur Beschleunigung von Elektronen auf Kreisbahnen mittels schnell ansteigender magnet. Felder; im B. entstehende, extrem harte Röntgenstrahlen zur Strahlenbehandlung v. Geschwülsten.
Betäubung ↑Anästhesie, ↑Narkose.
Betäubungsmittelgesetz ↑Rauschgifte.
Betazerfall, radioakt. Zerfall, bei dem ein Kern seine Kernladungs-, nicht die Massenzahl ändert u. Betastrahlen entstehen.
Beteiligung, [dauernde] Kapitalbindung an ein Unternehmen; *B.sfinanzierung* ↑Finanzierung.
Betelnusspalme, indomalaiische Palmenart; Samen (Betelnüsse) werden für anregende Mittel *(Betelbissen)* verwendet.
Bethe, Hans Albrecht, * 1906, amer. Physiker dt. Herkunft; Arbeiten auf quantentheoret. u. kernphysikal. Gebiet; Nobelpreis 1967.
Bethel, ehem. St. 17 km nördl. von Jerusalem, heute das Dorf Baitin; eine der ältesten kanaanit.-israelit. Kultstätten.
Bethel, Kranken-, Heil- u. Fürsorgeanstalten v. a. für Anfallskranke u. erziehungsgefährdete Jugendliche in Bielefeld; angeschlossen ev. kirchl. Hochsch. und Missionsseminar; 1872 gegr. v. F. v. Bodelschwingh.
Bethesda, Teich im antiken Jerusalem mit heilkräft. Wasser.
Bethe-Weizsäcker-Zyklus, thermonukleare Reaktion, bei der jeweils 4 Protonen unter katalyt. Mitwirkung eines ^{12}C-Kerns zu einem ^{4}He-Kern zusammentreten; eine der Energiequellen im Innern der Fixsterne.
Bethlehem, St. südl. von Jerusalem, 30 000 E; im N.T. Geburtsort Jesu; Geburtskirche um 330 erbaut, umgebaut im fr. 6. Jh.
Bethmann Hollweg, Theobald von, * 1856, † 1921, dt. Politiker; 1909 Reichskanzler; erstrebte Verständigung mit Großbrit.; 1917 zum Rücktritt gezwungen.
Beton [be'tɔŋ; frz.], Baustoff aus Bindemitteln (u. a. Zement) u. Zuschlagstoffen (u. a. Sand, Kies), meist in *B.mischmaschinen* mit Wasser angemacht; Raumgew. von gewöhnl. B. *(Schwer-B.):* 1 900 bis 3 500 kg/m³, von *Leicht-B.:* 200 bis 1 900 kg/m³; ↑Stahlbeton.
Betrieb, planvoll organisierte Wirtschaftseinheit, die durch Kombination versch. Produktionsfaktoren Sachgüter produziert u. Dienstleistungen bereitstellt; *B.sausschuss,* geschäftsführendes Organ des B.srats [bei 9 oder mehr B.sratsmitgl.]; *B.sbuchhaltung* ↑Finanzbuchhaltung; *B.sgeheimnis,* svw. ↑Geschäftsgeheimnis; *B.skapital,* svw. ↑Umlaufvermögen; *B.sklima,* Summe aller innerbetriebl. sozialpsychol. Faktoren, die hemmend od. fördernd auf die Arbeit im Betrieb einwirken (Human Relations); *B.skrankenkassen* ↑Krankenkassen; *B.sprüfung,* steuerl. Überprüfung der betriebl. Buchführung; *B.srat,* Organ u. Interessenvertretung der Arbeitnehmer eines Betriebes [bei Betrieben bis zu 20 Wahlberechtigten 1 Betriebsobmann]; Mitbestimmung in soz., personellen u. teilw. auch wirtschaftl. Angelegenheiten; geregelt durch *B.sverfassungsges.* v. 1972; Sonderbestimmungen für ↑Tendenzbetriebe, Montanind. (im Aufsichtsrat zur Hälfte

Bethlehem. *Kloster und Geburtskirche*

Arbeitnehmer), öff. Betriebe u. a.; *B.sstatistik,* zahlenmäß. Erfassung aller betriebl. Vorgänge u. Tatbestände; *B.sverfassung,* Gesamtheit der Normen, die das Verhältnis zw. Arbeitgeber u. Arbeitnehmer im Betrieb regeln; *B.sversammlung,* Vers. der Arbeitnehmer eines Betriebs unter Vorsitz d. Betriebsratsvors.; Entgegennahme v. Tätigkeitsberichten und Anträgen; *B.swirt,* 1. Akademiker mit abgeschlossenem betriebswirtschaftl. Studium (Diplomkaufmann), 2. Absolvent einer höheren Wirtschaftsfachschule; *B.wirtschaftslehre,* Teilgebiet der Wirtschaftswiss., das die wiss. Beschreibung u. Erklärung des wirtsch. Handelns im Betrieb u. im Verkehr der Betriebe mit anderen Wirtschafteinheiten zum Gegenstand hat.
Betrug, Schädigung des Vermögens eines anderen durch Vorspiegelung falscher od. Entstellung wahrer Tatsachen zur Erlangung eines rechtswidr. Vermögensvorteils (§).
Betschuanaland ↑Botswana.
Bettelorden, im 13. Jh. gegr., Seelsorge betreibende Mönchsorden, bei denen nicht nur die *Bettelmönche,* sondern auch die Ordensgemeinschaft zur Armut verpflichtet sind; v. a. ↑Franziskaner.
Beugung: 1) bes. an Rändern v. Öffnungen u. Blenden auftretende Abweichung von der Geradlinigkeit der Ausbreitung von [Licht]wellen; bei B. von Licht z. B. entstehen deutl., durch dunkle Streifen voneinander abgesetzte, je nach Wel-

Bhutan

Fläche: 47 000 km^2
Einwohner: (1995) 1,63 Mill.
Hauptstadt: Thimphu
Amtssprache: Dzongkha
Zeitzone: MEZ $+4\frac{1}{2}$ Stunden

lenlänge des Lichtes versch. stark abgelenkte B.sbilder; so kann man mittels *B.sgittern B.sspektren* erzeugen; **2)** Oberbegriff für Deklination u. Konjugation.

Beuron, Ort an der Donau, Ba.-Wü., 900 E; Benediktinererzabtei seit 1884, Zentrum wiss. Forschung und liturg. Erneuerung.

Beuteltiere, altertüml. Säugetiere, gebären Embryonen (bis 16 Stück), die, fest mit den mütterl. Zitzen verbunden, meist in äußeren Brutbeuteln ausreifen; größte Verbreitung im Alttertiär; durch höhere Säuger verdrängt; Weiterentw. nur in Australien, SO-Indonesien, Neuguinea, Südamerika. Z.B. Opossums, Kängurus.

Beuthen O. S. (poln. Bytom), St. im oberschles. Industriegebiet, Polen, 229 000 E; Steinkohle-, Blei-, Zink-⚒, chem., Elektroind.

Beuys, Joseph [bɔɪs], * 1921, † 1986, dt. Objektkünstler, Aktionskünstler u. Zeichner – Abb. S. 285.

Bevölkerung (Population), Gesamtheit der E eines best. Gebietes; *B.sdichte,* Quotient aus E-Zahl u. Fläche; die *B.spolitik* beeinflusst mit staatl. Maßnahmen Quantität (v.a. bei Missverhältnis zw. *B.swachstum* u. Nahrungsmittelspielraum) und Qualität der B. (z.B. durch Ehe- u. Steuergesetzgebung, Geburtenregelung, Schulpolitik); Schätzung des B.swachstums der Erde (1981: 4,5 Mrd.) für das Jahr 2000: 6,3 Mrd., schwerpunktmäßig in Afrika, Asien und Südamerika.

Bewährungsfrist, svw. ↑bedingte Strafaussetzung.

Bewährungshelfer, zur Beratung, Betreuung u. Überwachung eines auf Bewährung Verurteilten bestellte Person.

Bewehrung, in Baustoffe (Beton) eingelegte Stahlstäbe und -gitter zur Verstärkung.

Beweis: 1) schlüss. Begründung der [Un]richtigkeit einer Aussage (Logik); **2)** im Zivilprozess Aufgabe der Prozessparteien zur Überzeugung des Gerichts von der [Un]wahrheit vorgebrachter Tatsachen *(B.last);* im Strafprozess freie B.würdigung des Gerichts für die v. Staatsanwalt u. Angeklagten beigebrachten *B.mittel:* richterl. Augenschein, Zeugen, Sachverständige, Urkunden; *B.einrede,* Behauptungen zur Erschütterung der gegner. Beweiskraft.

Bewusstlosigkeit, Fehlen bzw. Ausschaltung des Bewusstseins; versch. Grade u.a. bei Rausch, Narkose, Gehirnerschütterung.

Bewusstsein: 1) Vergegenwärtigung seel. Vorgänge *(B.sinhalte)* u. Erfahrung ihrer Zugehörigkeit zum Ich (Psychol.); **2)** das von sich und anderen (anderem) wissende Subjekt (Erkenntnistheorie).

Beyle, Henri ↑Stendhal.

Bezogener, im Wechselverkehr derjenige, auf den ein ↑Wechsel 1) od. ↑Scheck gezogen worden ist (d.h., der ihn einlösen muss).

Bezugsperson, Person, deren Handlungs- und Verhaltensweisen, Urteile und Meinungen aufgrund eines intensiven sozialen Kontakts Orientierungsgrundlage für einen anderen Menschen sind; für Kinder u. Jugendliche die Eltern u.a.

Bezugsrecht, Recht eines Aktionärs, bei Aktienkapitalerhöhung „junge" Aktien zu beziehen.

BfA, Abk. für: ↑Bundesversicherungsanstalt für Angestellte.

BGB, Abk, für: ↑Bürgerliches Gesetzbuch.

BGB-Gesellschaft ↑Gesellschaft des bürgerlichen Rechts.

BGH, Abk. für: **B**undes**g**erichts**h**of.

Bhagwan, hinduist. Ehrentitel; bes. bekannt der ind. Guru Rajneesh Chandra Mohan (gen. Sri B. Rajneesh, * 1931, † 1990), Gründer einer sektenähnl. Gemeinschaft in Pune (Poona).

BHE, Abk. für: **B**und der **H**eimatvertriebenen u. **E**ntrechteten.

Bhumibol Adulyadej ↑Rama IX.

Bhutan, Kgr. im östl. Himalaja, Landwirtschaft (Reis-, Weizenanbau, Obstbau, Viehzucht); Außenpol. von Indien geführt; seit 1971 UN-Mitglied.

Bhutto, Zulfikar Ali-Khan, * 1928, † 1979, pakistan. Politiker; 1971 bis 1973 Staatspräs., seit 1973 Min.-Präs.; 1977 gestürzt, später angeklagt u. hingerichtet.

bi..., Bi... [lat.], Bestimmungswort; Bed.: „zwei, doppel[t]".

Bi, Symbol für ↑Wismut (Ω).

Biafra ↑Nigeria.

Bialas, Günter, * 1907, † 1995, dt. Komponist.

Biarritz, frz. See- u. Heilbad am Atlantik, 26 600 E; ✩.

Biathlon [lat.; gr.], Skilanglauf für Männer (über 20 km, 10 km u. 4 × 7,5 km), für Frauen (über 7,5 km, 15 km u. 4 × 7,5 km), mit eingeschobenen (je nach Wettbewerb 2 oder 4) Schießübungen.

Bibel [gr.], nach christl. Lehre d. *Hl. Schrift,* enthält die Heilsgesch. u. das „geoffenbarte" Wort Gottes (↑Inspiration 2), besteht aus *Altem* (hebr. u. griech.; geschichtl., Gesetzes-, prophet. Bücher, Spruchweisheit, Psalmen u.a., zus. 45 bzw. 38 Bücher) u. *Neuem Testament* (griech.; Evangelien, Apostelgesch., -briefe u. Apokalypse; zus. 27 Bücher); bed. *B.übersetzungen:* ↑Septuaginta, ↑Vulgata und die von ↑Luther; 1982 in rd. 1750 Spr.; *B.kritik:* wiss. Untersuchung der bibl. Bücher (Text- und Formkritik, histor.-krit., traditions- und formgeschichtl. Methode).

Bibelforscher, Ernste, svw. ↑Zeugen Jehovas.

Bibelgesellschaften, ev. Gemeinschaften zur Herst. u. Verbreitung der Bibel.

Bibelkritik ↑Bibel.

Biber, Nagetiere der nördl. Erdhälfte; bis 1 m lang; mit Schwimmhäuten (an Hinterfüßen); errichtet Dammsysteme zur Konstanthaltung des Wasserspiegels im Bereich seiner Wohnbauten; in Dtl. unter Naturschutz.

Biber, angeraute Gewebe aus Baumwolle oder Wolle.

Biberach an der Riss, Krst. sw. von Ulm, Ba.-Wü., 30 500 E; Wieland-Archiv; Metall-, pharmazeut. Ind. – Ehem. Reichsstadt.

Bibernelle (Pimpinella), Gatt. der Doldengewächse; in Dtl. angebaut: *Gr.* und *Kl. B.* (Heilpfl.) sowie ↑Anis.

Biberratte (Nutria, Sumpfbiber), Wassertier des gemäßigten Südamerika, wegen seines Pelzes gezüchtet.

Bibiena, Galli da, ital. Baumeister- u. Malerfam.: **1)** Alessandro, * 1687, † vor 1769, Sohn v. 3), Jesuitenkirche u. Pläne für das Schloss (?) in Mannheim; **2)** Antonio, * 1700, † 1744, Sohn von 3), Theaterdekorationen; **3)** Ferdinan-

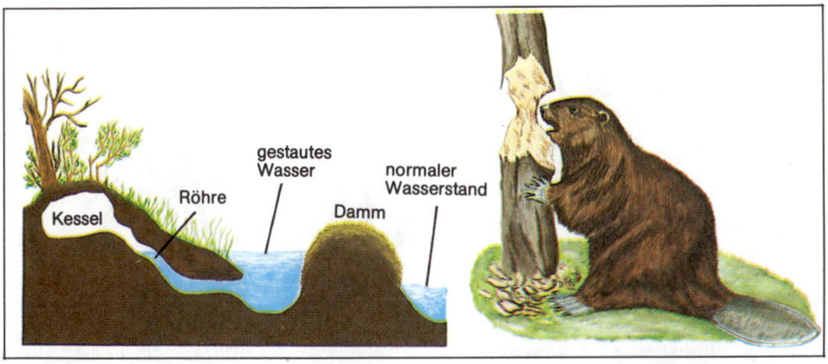

Biber *und Schema seines Uferbaus (links)*

do, * 1657, † 1743, Theater in Mantua, Theaterdekorationen; **4)** Giuseppe, * 1696, † 1756, Sohn v. 3), Innenausstattung des Theaters in Bayreuth.

Biblia pauperum [lat.; = Armenbibel], volkstüml. Bilderbibel des Spät-MA.

Bibliographie [gr.], Literaturverzeichnis mit Angabe von Verf., Titel, Seiten- u. Bandzahl, Illustrationen, Erscheinungsjahr u. -ort.

Bibliographisches Institut & F. A. Brockhaus AG, dt. Verlagsunternehmen mit Sitz in Mannheim; entstanden 1984 durch Vereinigung des Bibliographischen Instituts, gegr. 1826 von J. ↑Meyer in Gotha, 1828 nach Hildburghausen, 1874 nach Leipzig verlegt, seit 1915 AG, 1946 enteignet (VEB), seit 1953 in Mannheim (heute v. a.: Duden-Wörterbücher, Meyers Lexika u. a. Nachschlagewerke, wiss. Bücher, Atlanten), mit dem Verlag F. A. Brockhaus, gegr. 1805 durch F. A. ↑Brockhaus in Amsterdam, 1811 nach Altenburg, 1817 nach Leipzig verlegt, 1953 enteignet (VEB), ab 1945 in Wiesbaden, seit 1985 in Mannheim (heute v. a. Lexika). 1946–90 bestand mit Sitz Leipzig der VEB Bibliograph. Inst., ab 1990 eine GmbH, s. 1991 Tochterunternehmen von B. I. & F. A. B. AG. – Mehrheitsaktionär s. 1988 Langenscheidt.

Bibliophilie [gr.], Liebhaberei für schöne und kostbare Bücher.

Bibliothek [gr.]: **1)** für die Aufbewahrung von Büchern best. Raum oder Bau; **2)** planmäß. BüchersIg., als *wiss., öff.* und *private Büchereien; Präsenz-B.* ohne Ausleihe; von *Bibliothekaren* verwaltet; alphabet. Verf.- u. Sachkataloge; regionale *Zentralkataloge* verzeichnen den Besitz mehr. B.en u. sind für den [internat.] Leihverkehr v. gr. Bed.

Biblis, Gem. im Hess. Ried, 8700 E; Kernkraftwerk mit 2 Kraftwerksblöcken.

Bichsel, Peter, * 1935, schweiz. Schriftst., Erz. aus dem kleinbürgerl. Alltagsmilieu („Eigtl. möchte Frau Blum den Milchmann kennenlernen").

Biedenkopf, Kurt, * 1930, dt. Jurist u. Politiker. – 1964–70 Prof. in Bochum, 1973–77 Gen.-Sekr. der CDU, 1976–80 MdB; s. 1990 Min.-Präs. von Sachsen.

Biedenkopf, hess. St. an der oberen Lahn, 14500 E; Schloss (13. Jh.), Eisen-, Textil-, Holz verarbeitende Industrie.

Biedermeier, die nachklassizist. Epoche (heute meist Bez. für die J. 1815–48); zeittyp.: Treuherzigkeit, Geruhsamkeit, bürgerl. Lebenshaltung (Wohnkultur, Mode, Kunstsinn); am ausgeprägtesten in der Möbelkunst (betont schlicht). In der Malerei v. a. Schilderung des intimen bürgerl. Lebens (Spitzweg, Waldmüller u. a.); auch in der Literatur.

Biel (BE) (frz. Bienne), schweizer. St. im Kt. Bern, 52000 E; Uhren- u. Masch.-Ind.; am *Bieler See.*

Bielefeld, krsfr. St. am Teutoburger Wald, NRW, 309000 E; Univ., Fachhochschulen, LG; IHK; Leinen- u. a. Industrie.

Bieler, Manfred, * 1934, dt. Schriftsteller, Parodien, Romane („Der Mädchenkrieg").

Bienek, Horst, * 1930, † 1990, dt. Schriftsteller, Lyrik u. Romane („Die erste Polka").

Bienen (Immen), Hautflüglerüberfam. mit Sammelapparaten zum Eintragen von Pollen u. Nektar (Ausnahme Schmarotzer-B.); die meisten Arten leben ungesell.; Staaten bildend u. z. T. hoch organisiert die Stachellosen B., die ↑Hummeln u. die *Honig-B.;* letztere als Haustiere in *B.körben* oder *-stöcken* gehalten; ein *B.volk* besteht aus der Königin (♀), 20000–70000 Arbeiterinnen (sterile Weibchen, ♀♀) u. rd. 1000 Drohnen (♂♂); das von der Königin beim Hochzeitsflug aufgenommene Sperma reicht 2–4 J.; die Arbeit u. Brutpflege verrichten die

Alessandro Galli da Bibiena, *Jesuitenkirche in Mannheim (1733–60)*

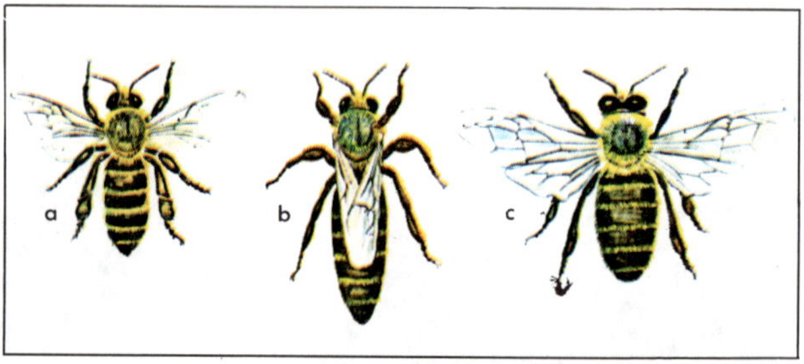

Bienen. *Arbeiterin (a), Königin (b) und Drohne (c) der Honigbiene*

Arbeiterinnen in Arbeitsteilung; Kopfspeicheldrüsen sezernieren Futtersaft, Hautdrüsen des Hinterleibes Wachs zum Bau der Waben, in denen die Nahrung gespeichert u. die Brut untergebracht wird; durch „Tänze" teilen die B. die Lage einer Trachtquelle mit („B.sprache"); wirtschaftlich wichtig als Honig- und Wachslieferanten und als Blütenbestäuber.

Bier, alkohol. Getränk, aus stärkehalt. Rohstoffen (Gerstenmalz), Hopfen u. Wasser sowie gärungserzeugender Hefe hergestellt.

Biermann, Wolf, * 1936, dt. Schriftsteller u. Liedersänger; zeit- u. gesellschaftskrit., polem. u. pazifist. Lieder und Balladen; zog 1953 in die DDR, dort 1976 ausgebürgert.

Bier-Stauung ↑ Hyperämie.

Bietigheim-Bissingen, Stadt nördl. von Ludwigsburg, Ba.-Wü., 37 500 E; spätgot. Pfarrkirche, Rathaus (1507); Linoleum-Werke, Glas- u. Werkzeugindustrie.

Bifokalgläser, Brillengläser mit 2 Brennpunkten; oberer Teil für Fern-, unterer für Nahsicht.

Bigamie [gr.], Doppelehe; strafbares Eingehen einer zweiten Ehe vor Auflösung der bestehenden.

Bigband [-bænd; engl.], großes Jazz- oder Tanzorchester.

Big Ben [engl.], Name d. Stundenglocke der Uhr im Turm des Londoner Parlamentsgebäudes sowie des Turmes selbst.

bigott [frz.], enggläubig, scheinheilig, frömmelnd.

Bihargebirge ↑ Westsiebenbürgisches Gebirge.

Bijou [bi'ʒu; frz.], Kleinod; *B.terie,* [billiger, mod.] Schmuck.

Bikaner, ind. Oasenst. in der Wüste Thar, 249 000 E; berühmte Teppichwebereien, Lederindustrie.

Bikini, 1) Atoll in der Ralikgruppe der Marshallinseln; dort amer. H-Bombenversuche; **2)** zweiteil. Badeanzug.

bikonkav [lat.], beiderseitig hohl [geschliffen].

bikonvex [lat.], beiderseitig erhaben [geschliffen].

Bilanz [ital.], summar., gegliederte Gegenüberstellung aller am B.stichtag in einer Unternehmung eingesetzten Vermögens- (Aktiva) und Kapitalwerte (Passiva).

bilateral [lat.], zweiseitig.

Bilbao, nordspan. Hafen-, Ind.- u. Prov.-Hptst., 382 000 E; Univ., got. Kathedr.; Schwerind.; ⚓.

bildende Kunst, zusammenfassende Bez. für Malerei, Plastik, Baukunst, Grafik.

Bilderschrift, vor der Wort- und Buchstabenschrift liegende Entwicklungsstufe; graf. Darstellung von Sachverhalten oder Begriffen durch Bilder oder Symbole; u. a. Altägypten, Kreta, Maya.

Bilderstreit ↑ Bilderverehrung.

Bildersturm, Zerstörung v. Heiligen- und Christusbildern durch Zwinglianer u. Kalvinisten während der Reformation.

Bilderverehrung, Kult von Bildern, die höhere Wesen darstellen; urspr. heidn. (im Judentum verboten); s. dem 4. Jh. Darst. Christi u. der Heiligen (nicht als „Repräsentation" des Dargestellten gedacht); *Bilderstreit* durch einschneidende bilderfeindl. Verordnungen Ks. Leos III. (726 u. 730), endete mit dem Sieg der *Bilderfreunde* (Konzil v. Nizäa, 787).

Bildfernsprecher ↑ Bildtelefon.

Bildfunk, svw. ↑ Bildtelegrafie.

Bildleitkabel, biegsames Rohr bzw. Schlauch zur Licht-(Bild-) Übertragung (↑ Glasfaseroptik).

Bildplatte (Videoplatte), Speichervorrichtung für Fernsehsendungen bzw. über Fernsehgeräte wiedergebbare Darbietungen; System CED und VHD mit kapazitiver Abtastung (zur Wiedergabe), System LV (auch VLP) mit Abtastung durch Laserstrahl.

Bildrauschen, grauer Hintergrund beim Fernsehbild („Schneegestöber"), durch zu geringe Eingangs- bzw. Antennenspannung verursacht.

Bildröhre, braunsche Röhre (Elektronenstrahlröhre) in Fernsehempfangsgeräten.

Bildschirmspiele (Telespiele), Unterhaltungsspiele, die auf dem Bildschirm eines Fernsehgeräts ausgetragen werden; Spielaufbau u. -ablauf werden v. einer Programmkassette gesteuert, können aber vom Spieler bzw. den Mitspielern beeinflusst werden.

Bildschirmtext, Abk. Btx, Informationssystem, bei dem zentral (in der Btx-Leitzentrale) u. in externen Rechnern gespeicherte Informationen (Text u. Grafiken) über das Telefon abgerufen u. über eine Anschlussbox (Modem) eines mit Decoder ausgerüsteten Fernsehgeräts dargestellt werden können; auch Dialogverkehr (Bestellungen, Buchungen, Mitteilungen) möglich.

Bildspeicher, Magnetbandvorrichtung od. Bildplatte, die die Videofrequenzen eines elektron. erfassten opt. Bildes speichert.

Bildtelefon (Bildfernsprecher), Fernsprecheinrichtung mit Fernsehkamera u. Bildschirmgerät; die Gesprächsteilnehmer können sich gegenseitig auf dem Bildschirm sehen.

Bildtelegrafie (Bildfunk), originalgetreue photoelektr. Übermittlung v. Schriftstücken und Bildern auf dem Funk- oder Drahtwege.

Bildung, die bewusste Entw. der natürl. Anlagen des Menschen durch Erziehung u. eigenes Streben sowie deren Ziel, die sittl. Reife u. geist. Fähigkeit, Wissensgehalte u. eth. Werte zu integrieren.

Bildungsroman, bes. Form des Romans, schildert die innere Entw. eines Menschen auf ein best. Bildungsziel hin; basiert auf Vorstellungen der ↑ Aufklärung.

Bildungsurlaub, der Weiterbildung der Arbeitnehmer dienende urlaubsähnliche Freistellung von der Arbeit (bei Fortzahlung des Entgelts); in einzelnen B.-Ländern gesetzl., bundeseinheitl. bisher nur für Betriebsratsmitgl. geregelt.

Bildwandler, elektronenopt. Vorrichtung zur Umwandlung lichtschwacher (Nachtsichtgeräte) od. mit unsichtb. Licht entworfener Bilder in lichtstarke Bilder, u. a. *Röntgen-B.* (gestatten geringe Bestrahlungsdosis).

bilinguisch [lat.], zweisprachig.

Bill [engl.], vorgelegter Gesetzentwurf in angloamer. Parlamenten; *B. of rights,* engl. Staatsgrundgesetz (1689).

Billard ['bɪljard; frz.], Kugelspiel auf einem mit Tuch bezogenen Tisch; massive Kugeln (früher Elfenbein, heute meist Kunststoff) werden mit einem Stab *(Queue)* gestoßen.

Billiarde [frz.], 1000 Billionen, 10^{15}.

Billion [frz.], 1000 Mrd., 10^{12}; in den USA 1000 Mill., 10^9.

Bilsenkraut, Nachtschattengewächs, ☠; Arzneipflanze (enthält Hyoscyamin).

Biluxlampe, Glühlampe mit 2 getrennt schaltb. Glühfäden (v. a. Kfz-Lampe, für Fern- u. Abblendlicht).

Bimetallstreifen, geschweißte od. geklebte Verbdg. v. 2 Metallstreifen versch. gr. Wärmeausdehnung; bei Temp.-Änderung krümmt sich der B. (u. a. verw. im Thermostat).

Bimsstein, helles, schaumigporöses, vulkan. Gestein, v. a. als Schleifmittel u. Baustoff.

binär [lat.]: **1)** aus 2 Einheiten bestehend; **2)** *b.e quadratische Form,* math. Ausdruck vom Typ $ax^2 + bxy + cy^2$.

Binärcode, aus nur 2 (Binär-)Zeichen aufgebauter Code, bes. zur Darstellung von digital zu übertragenden Daten.

Binärsystem, svw. ↑Dualsystem.

Bindegewebe, die Organe umhüllendes u. verbindendes, sehr wandlungsfäh. Gewebe; verbindet einzelne Körperbestandteile, füllt Zwischenräume aus, stützt u. festigt.

Bindegewebsmassage, eine Strichmassage zur Erhöhung der Bindegewebsspannung.

Bindehaut (Konjunktiva), Augenschleimhaut, die Lidinnenfläche u. Vorderteil der Lederhaut überzieht und innen an die Hornhaut anschließt; *B.entzündung,* Rötung u. Schwellung der B., auch Brennen, Absonderungen, Lichtscheu; meist infektiös.

Binder: 1) Tragwerk des Dachstuhls; **2)** mit seiner Längsseite in die Mauer hineinragender Stein (▦); **3)** Werkzeug zum Bündeln der Moniereisendrähte; **4)** nicht pigmentierter Anstrichstoff; mit Wasser verdünnbar; trocken prakt. wasserunlöslich.

Bindewort, svw. ↑Konjunktion.

Bindung: 1) Fadenverbund (Textiltechnik), als *Leinwand-* (2-bind., beidseit. Schachbrettmusterung), *Köper-* (quer über das Gewebe verlaufende Köpergratlinien) u. *Atlas-B.* (dichte, glatte Gewebe); **2)** Teil des Skis; **3)** Zusammenhalt v. Atomen in Molekülen und Kristallgittern (*chem. Bindung*) sowie von ↑Nukleonen im Atomkern (Kernphysik).

Bingen am Rhein, St. in RP, an der Nahemdg., 24500 E; Hafen, Weinbau u. -handel; im Rhein die Stromenge *Binger Loch,* dort der ↑Mäuseturm.

Binghöhle, Tropfsteinhöhle bei Streitberg (Ofr.), 300 m lang.

Binnenmeer ↑Meer.

Binnenreim, Reim innerh. einer Verszeile: „Eine starke, schwarze Barke" (Heine).

Binnenschifffahrt, gewerbsmäß. Beförderung v. Personen u. Gütern auf natürl. und künstl. Binnenwasserstraßen; Binnenschiffe sind billige Transportmittel; bevorzugt für nicht verderbl. Massengüter; größter Umschlag in der BRD in Duisburg und Mannheim/Ludwigshafen am Rhein.

Binnenwanderung, Wanderungsbewegung der Bev. innerh. eines Staates.

Binnig, Gerd, * 1947, dt. Physiker. – Entwickelte mit H. Rohrer das Raster-Tunnel-Mikroskop; erhielt 1986 (mit E. Ruska und H. Rohrer) den Nobelpreis für Physik.

Binokel [lat.]: **1)** opt. Gerät für beide Augen; **2)** Kartenspiel mit 48 Karten (Schweiz).

binokular, für das Sehen mit beiden Augen eingerichtet; *b.es Sehen* ermöglicht Tiefenwahrnehmung und räuml. Sehen.

Binom, 2-gliedr. Summe od. Differenz, z. B. a + b; *binom. Lehrsatz,* Regel zur Entwicklung einer beliebigen Potenz eines B. in eine Reihe, z. B. $(a + b)^2 = a^2 + 2ab + b^2$.

Binsen, windblüt. grasartige Pfl. feuchter Standorte, teilw. für Flechtwerk verwendet.

Binz, Seebad auf Rügen, Mckbg.-Vorp., 6000 E.

bio..., Bio... [gr.], Bestimmungswort; Bed.: „Leben".

Biochemie, Wiss.Gebiet zw. Biol. u. Chemie; untersucht den chem. Aufbau u. die Stoffwechselvorgänge der Organismen.

biochemischer Sauerstoffbedarf, Abk. BSB, diejenige Sauerstoffmenge, die im Wasser (gelöst) vorhanden sein muss, damit in ihm enthaltene organ. Substanzen (bei der biolog. Abwasserreinigung) durch Mikroorganismen abgebaut werden können.

Bioelektrizität, elektr. Phänomene im Ablauf der Lebensvorgänge in lebenden Substanzen.

Biogas (Dunggas), bei der bakteriellen Zersetzung organ. Stoffe (Stalldung, Faulschlamm) entstehendes Gas, das 54–70 % Methan enthält; verw. für Heizzwecke.

Biogemüse, Gemüse aus Anbaumethoden, bei denen u. a. statt mineral. Stickstoff organ. gebundener (z. B. Kompost, Mist) verwendet wird.

biogen, durch Tätigkeit von Lebewesen entstanden, durch abgestorbene Lebewesen gebildet (z. B. Kohle, Erdöl).

biogenetisches Grundgesetz, Theorie, wonach die frühe Individualentwicklung der Lebewesen mit der Stammesentwicklung übereinstimmt (F. Müller und E. Haeckel).

Biogeographie, Teilgebiet der Geographie, untersucht die Beziehungen der Tier- und Pflanzenwelt zum geograph. Raum.

Biographie [gr.], Darst. der Lebensgesch. einer Person; als literar. Gatt. s. dem 4. Jh. v. Chr.

Bioindikator, biolog. Präparate u. lebende Organismen, die typ. auf Schadstoffeinwirkungen reagieren, können als Imissionsnachweis dienen.

Biokeramik, keram. Werkstoffe, die gute Verträglichkeit mit biolog. Gewebe aufweisen; v. a. als Gelenk-, Knochen- od. Zahnwurzelersatz.

Bioklimatologie (Bioklimatik), Lehre v. d. Klimaeinwirkungen auf Lebewesen (bes. den Menschen).

Biokybernetik, Teilgebiet der Kybernetik, das durch Analyse der Steuerungs- und Regelungsprozesse in biolog. Systemen und durch Aufstellen von Modellen und Systemtheorien eine Klärung des Ablaufs biolog. Vorgänge zu geben versucht.

Biologie [gr.], Lehre vom Leben, aufgeteilt in Anthropol., Zool., Botanik.

biologisch, naturbedingt; die Biol. betreffend.

biologische Medizin, Therapie mit nur natürl. Heilmitteln, wie Luft, Wasser, Fasten, Rohkost.

biologische Schädlingsbekämpfung, land- u. forstwirtsch. Bekämpfung von Schädlingen durch deren natürl. Feinde.

biologische Uhr, svw. ↑physiologische Uhr.

Biomasse, die Gesamtheit aller lebenden, toten und zersetzten

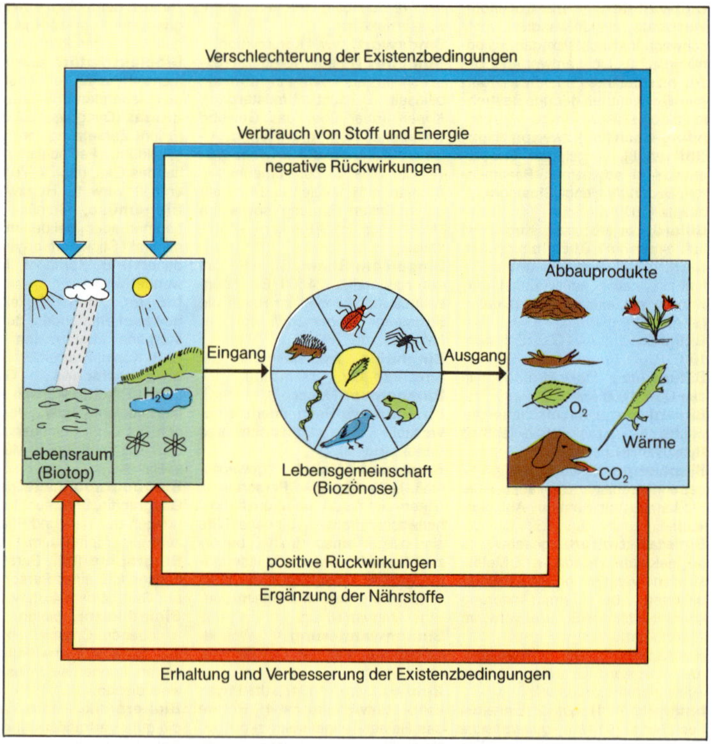

Biozönose. *Rückkopplungskreise in den Regulationsmechanismen der Biozönose*

Organismen und der von ihnen stammenden Substanz (hpts. innerhalb eines bestimmten Lebensraums).

Bionik [Kurzw. aus *Bio*logie u. Tech*nik*], Bereich der Technik, der Organe bei Lebewesen auf ihre Eignung als techn. Modelle untersucht u. entspr. verwendet.

Biophysik, naturwiss. Gebiet; Untersuchung biol. Erscheinungen mit physikal. Methoden.

Biopsie [gr.], histol. Untersuchung von entnommenen Gewebsproben.

Biorhythmus, svw. ↑Rhythmus 4).

Biosphäre, Gesamtlebensraum der Erde.

Biosynthese, Aufbau von chem. Verbdg. in der lebenden Zelle.

Biot, Jean-Baptiste [bjo], * 1774, † 1862, frz. Physiker; ↑biot-savartsches Gesetz.

Biotechnologie, Wiss. von den Methoden und Verfahren zur techn. Nutzbarmachung biolog. Prozesse. Die B. erarbeitet in erster Linie die Grundlagen für die Verwendung von lebenden Organismen, v.a. Mikroorganismen, in techn. Prozessen (z.B. bei der biolog. Abwasserreinigung, bei Gärungsprozessen, bei der Herst. v. Enzymen, Antibiotika u.a.).

Biotop [gr.], Lebensraum einer best. Pflanzen- u. Tiergesellschaft oder einer einzelnen Art.

Biotropie [gr.], wetterbedingte Empfindlichkeit des Organismus.

biot-savartsches Gesetz ['bjo sa'va:r-; nach J.-B. ↑Biot u. F. ↑Savart], elektrodynam. Ges., ermöglicht die Berechnung des von einem elektr. Strom erzeugten Magnetfeldes.

Biozönose [gr.], Lebensgemeinschaft von Pfl. u. Tieren in einem ↑Biotop.

bipolar, zweipolig.

Bipolartechnik, Verfahren zum Aufbau integrierter Schaltungen aus bipolaren Transistoren.

Biquadrat, 4. Potenz einer Zahl.

Bircher-Benner, Maximilian, * 1867, † 1939, schweizer. Arzt; Vorkämpfer der vegetar. Ernährung und reinen Rohkost.

Birgel, Willy, * 1891, † 1973, dt. Schauspieler.

Birgitta, hl., * 1303, † 1373, schwed. Mystikerin u. Ordensstifterin, berühmt durch ihre Visionen (Revelationes).

Birke, Gatt. der Birkengewächse; Arten: *Weiß-B.* (liefert u.a. Werkholz, B.nsaft), *Moor-* oder *Haar-B.;* beide in Nord- und O-Europa zus. mit Erlen, Espen, Kiefern auch Wald bildend.

Birkenfeld, Krst. nördl. des Naheoberlaufes, RP, 6500 E.

Birkhuhn, euras. Raufußhuhn; glänzend schwarzes Gefieder, leierförm. Schwanz; bevorzugt Heide, Moore, Gehölze; gefährdet.

Birma (amtl. Myanmar, engl. Burma), B.-Staat in Hinterindien; zw. den westl. Randgebirgen u. dem Schanhochland im O d. Kernland, das trockene Irawadibecken. In den Geb.-Gegenden reichl. Niederschläge; ertragreichstes Reisgebiet Hinterindiens, Viehzucht (Wasserbüffel), Gewinnung von Teakholz, Erdöl, Wolfram u. Zinn; Ausbau der Ind. Im 19. Jh. Kriege gg. Großbrit., 1886 Brit.-Indien angegliedert, s. 1948 selbst., 1974 sozialist. Verf.; s. 1988 Militärregierung.

Birmingham ['bə:mɪŋəm]: **1)** mittelengl. St., 994000 E; 2 Univ.; Auto-, Eisenwaren-, Masch.-, chem. Ind.; ✈; **2)** St. in Alabama, USA; 285000 E; Ind.-Zentrum.

Birnau, Wallfahrtskirche am Bodensee (1747–50).

Birne [lat.], Kernobst (Rosengewächs); die Kultur-B. wurde u.a. aus der dorn. Wild-B. (Misch-, Auwälder) gezüchtet; viele Sorten, bes. bekannt: Williams Christ, Alexander Lucas, Gute Luise.

Biron, Ernst Johann Reichsgraf von, * 1690, † 1772, Hzg. v. Kurland; Günstling der Zarin Anna.

Bisamratte [hebr.], nordamer. Nagetier, Lebensweise ähnl. der des Bibers, unterwühlt Dämme; 1906 in Europa eingeführt; Fell zu Pelzwerk verarbeitet.

Bischof [gr.], höherer Geistlicher; nach *kath. Lehre* Träger der höchsten Weihe u. der nur dem Papst unterstellten Lehr- und Jurisdiktionsgewalt, Nachf. der Apostel, Ortsordinarius einer Diözese; in der *orth. Kirche* Inhaber der höchsten Leitungs- und Weihegewalt; in den *reformator. Kirchen* überdauerte nur das *anglikan.* u. *schwed.-luth.* B.samt; in den *dt. ev. Landeskirchen* zunächst Übergang des Amtes auf den Landesherrn; s. 1918 Amtsbez. der Leiter versch. Landeskirchen.

Bischofsstab, langer liturg. Stab des Bischofs, Symbol des Hirtenamtes.

Bischofswerda, Krst. in Sa., 12600 E; Granitsteinbrüche, Glas-, Keramik-, Landmasch.-, Textilind.

Biserta, nordtunes. Hafen- und Prov.-Hptst., 95000 E.

Bisexualität [lat.], Doppelgeschlechtigkeit.

Biskaya, Golf von, Teil des Atlantiks zw. der frz. W- und der span. N-Küste.

Biskra, alger. Oasenst. südl. des Saharaatlas, 130000 E; Dattelpalmen; Kurort; ✈.

Biskuit [bis'kvi:t; frz.], lockeres Feingebäck aus Eiern, Zucker, Weizenmehl.

Bismarck: 1) Herbert Fürst v., * 1849, † 1904, Sohn von 2), seit 1874 im auswärt. Dienst; **2)** Otto Fürst von B.-Schönhausen, Hzg. von Lauenburg, * Schönhausen 1. 4. 1815, † Friedrichsruh 30. 7. 1898, preuß.-dt. Staatsmann; als preuß. Gesandter am Bundestag in Frankfurt am Main (1851–59) Kämpfer für Preußens Vorherrschaft; 1862 Min.-Präs., Heereskonflikt. Vorbereitung der mil. Entscheidung der Dt. Frage, 1866 Krieg mit Östr. u. maßvoller Friede (Prag). Kanzler des ↑Norddt. Bundes, 1871 des nach dem Dt.-Frz. Krieg 1870/71 von ihm geschaffenen Dt. Reiches; zurückhaltende u. auf Ausgleich bedachte Außenpol.; Ziel: Sicherung des Friedens. Weg: Isolierung Frkr. u. Annäherung an Östr.-Ungarn, Pflege guter Beziehungen zu Russland. B. schuf Bündnisse (1873 Dreikaiser-Abkommen, 1879 Zweibund mit Östr., 1882 durch Italien zum Dreibund erweitert, 1887 Rückversicherungsvertr. mit Russland), um Dtl. vor feindl. Koalitionen zu schützen. Innenpol.: B. suchte den preuß. Staatsgedanken mit der Nat.-Bewegung des 19. Jh.s zu verbinden; von obrigkeitsstaatl. Denken geprägte Innenpolitik (u.a. Kulturkampf, Sozialistengesetze). 1890 Entlassung durch Wilhelm II.

Birma

Fläche: 676552 km²
Einwohner: (1995) 46,52 Mill.
Hauptstadt: Rangun (Yangon)
Amtssprache: Birmanisch
Zeitzone: MEZ + 5½ Stunden

Bismarck ['bɪzmɑ:k], Hptst. von North Dakota, USA, 44500 E; Handelszentrum, Nahrungsmittelindustrie; ✈.

Bismarckarchipel, vulkan. Inselgruppe östl. u. nö. v. Neuguinea, Papua-Neuguinea, rd. 48000 km², Hptst. Rabaul; trop. Vegetation; ehem. dt. Schutzgebiet.

Bismarckheringe, marinierte Heringe.

Bison [german.], Rinderart Nordamerikas, dem europ. Wisent nahe verwandt; 1870–84 nahezu ausgerottet, heute in Schutzgeb. wieder etwa 20000–30000 Tiere.

O. von Bismarck

Bissau, Hptst. v. Guinea-Bissau, an der Mdg. des Geba, 128000 E; ⚓, ✈.

Bistum [gr.], Diözese, Sprengel eines Bischofs.

Bit, Abk. für engl.: **b**inary dig**it** (Zwei[er]schritt), Informationselement (Nachrichteneinheit), repräsentiert in Stromstoß u. -pause die alternativen Aussagen „Ja" und „Nein".

Bitburg, Krst. in der Eifel, RP, 12500 E; Ind.; Mil.-✈.

Bithynien, histor. Ldsch. am Schwarzen Meer u. Marmarameer.

Bitola (serb. Bitolj, türk. Monastir), zweitgrößte Stadt in Makedonien, 83000 E; Handelsplatz, Lederfabrik, Ind., Seidenweberei.

Bitterfäule ↑Übers. S. 528 ff.

Bitterfeld, Ind.- u. Krst. Sa.-Anh., 16800 E; Braunkohlentagebau, Wärmekraftwerk, elektrochem. Industrie.

Bitterklee, svw. ↑Fieberklee.

Bitterling, kl., Süßwasserfisch (Europa bis Kleinasien); legt Eier zw. die Kiemen von Muscheln; Kaltwasseraquarienfisch.

Bittermandelöl, Samenöl (bittere Mandeln, Pflaumen), auch künstl. *(Benzaldehyd).*

Bittersalz, $MgSO_4 \cdot 7H_2O$, Magnesiumsulfat; Abführmittel; in vielen als *Bitterwässer* bez. Mineralwässern enthalten.

Bittersüß, Nachtschattengewächs m. roten Beeren; ☠.

Bitterwässer ↑Bittersalz.

Bitumen [lat.], natürl. (Naturasphalte) od. bei der Aufarbeitung v. Erdöl gewonnene zähflüss. od. feste Kohlenwasserstoffgemische.

Bizeps [lat.], Vorderarmbeugemuskel des Oberarms.

Bizet, Georges [bi'ze], * 1838, † 1875, frz. Komponist; Oper: „Carmen".

Bjørnson, Bjørnstjerne ['bjø:rnsɔn], * 1832, † 1910, norweg. Dichter des Realismus: Epen, Erzählungen, Dramen, norweg. Nationalhymne; Nobelpreis 1903.

Bk, Symbol für ↑Berkelium (☢).

BKA ↑**B**undes**k**riminal**a**mt.

Blạcher, Boris, * 1903, † 1975, dt. Komponist balt. Herkunft; Orchester-, Chorwerke, Opern, Ballette.

Blackbox ['blæk'bɔks; engl.], Bez. für ein kybernet. System in Wiss. od. Technik, dessen innerer Aufbau unbekannt ist oder vernachlässigt werden kann.

Blackburn ['blækbə:n], Ind.-St. in NW-England, 88000 E; Textil-, Masch.-Industrie.

Black Muslims ['blæk mʊslɪmz], straff organisierte relig. Bewegung v. Schwarzen in den USA (gegr. 1932).

Blackpool ['blækpu:l], St. in NW-England, 146000 E; Seebad; ✿.

Blackpower ['blæk'paʊə], seit 1966 Parole jenes Teils der afroamer. Bewegung, der die Schaffung eines unabhängigen Staates der Schwarzen auf dem Territorium der USA fordert.

Blähungen, Gasbildung im Magen u. Darm durch Gärung, auch durch verschluckte Luft.

Blair, Anthony (Tony) [bleə], * 1953, brit. Politiker (Labour Party); s. 1997 Min.-Präsident.

Blake ['bleɪk]: **1)** Robert, * 1599, † 1657, engl. Admiral; Mitbegr. der engl. Seeherrschaft; **2)** William, * 1757, † 1827, engl. Maler, Kupferstecher und Dichter; romant.-visionäre Illustrationen.

Blanc, [Jean Joseph] Louis [blã], * 1811, † 1882, frz. Politiker, Historiker u. Theoretiker des Sozialismus.

Blanchard, Jean-Pierre [blã'ʃa:r], * 1750, † 1809, frz. Ballonfahrer; überquerte 1785 mit dem Amerikaner J. Jeffries als Erster von Dover aus den Ärmelkanal in einem Ballon.

blanchieren ['blãʃi:rən; frz.], abbrühen.

Blạnkenburg/Harz, St. in Sa.-Anh., 9800 E; Metallverarbeitung.

Blankenese, Stadtteil v. Hamburg (s. 1937).

blạnko [ital.], leer; noch nicht vollst. ausgefüllt.

Blạnkokredit, Kredit ohne Sicherheiten.

Blạnkopapiere, Wertpapiere, auf denen wesentl. Einzelheiten nicht eingetragen sind.

Blạnkovollmacht, Generalvollmacht.

Blankvers [engl.], fünfhebiger, reimloser ↑Jambus; zuerst in der engl. Lit.; der Vers des klass. dt. Dramas.

Blantyre ['blæntaɪə], größte St. Malawis u. dessen Wirtsch.-Zentrum, 402000 E; oberster Gerichtshof, internat. ✿.

Blase: 1) Hohlorgan (↑Harn-, ↑Gallen-, ↑Schwimm-B.); **2)** Haut-B. mit Blut, Serum od. Eiter.

Blasenkammer, Gerät der Hochenergie- und Kernphysik zur Sichtbarmachung der Bahnen ionisierender Teilchen.

Blasenkeim, svw. ↑Blastula.

Blasensprung, Reißen der Eihäute unter Entleerung des Fruchtwassers vor oder bei der Geburt.

Blasensteine, fortgeleitete Nierensteine, u. a. bei chron. Harnstauung.

Blasentang, häufigste Braunalge der Nord- u. Ostseeküste; Heil- u. Nutzpfl. (Jodgehalt).

Blasinstrumente, Musikinstrumente aus festem Material (Holz, Metall, Horn, Bein, Rohr, Ton u. a.); die Luftsäule in B.n wird durch Anblasen in Schwingungen versetzt; Luftzufuhr mit dem Mund oder künstl. über einen Blasebalg (Dudelsack, Orgel); ohne u. mit Mundstück (bei Blechinstrumenten); Erzeugung der Schwingungen: 1. durch die Lippen, 2. durch einf., 3. durch doppeltes Rohrblatt, 4. durch Metallzungen.

Blạsius, hl., Bischof, Märtyrer des frühen 4. Jh.s; einer der 14 ↑Nothelfer.

Blasphemie [gr.], Gotteslästerung.

Blasrohr, bis 2 m lange Jagd- u. Kriegswaffe bei Naturvölkern; Hohlrohr, aus dem (meist vergiftete) Pfeile geblasen werden.

Blạsshuhn, kräft. schwarzer Wasservogel mit weißem Stirnschild (Blesse) und weißem Schnabel.

Blastem [gr.], embryonaler, undifferenzierter Gewebeverband.

Blastogenese [gr.], ungeschlechtliche Vermehrung durch Knospung oder Sprossung.

Blạstula [gr.] (Blasenkeim), frühes Entwicklungsstadium des Embryos.

Blatt: 1) fläch. *(Laubblatt)* oder nadelförm. *(Nadelblatt)* Anhangsorgan des Sprosses zur Assimilation, Atmung u. Verdunstung; **2)** Schulterteil des Wildes, auch des Schlachtviehs; *B.schuss* ist tödlich.

Blattbräune ↑Übers. S. 528 ff.

Blattdüngung, Düngung durch Besprühen der Blattflächen mit Nährstoffen.

Blattern, svw. ↑Pocken 1).

Blätterpilze, Ständerpilze; Hutunterseite trägt senkr. gestellte Lamellen (Blätter); viele Speise- und Giftpilze.

Blattfallkrankheit ↑Übers. S. 528 ff.

Blattflöhe, an Pfl. saugende schädl. Insekten, z. B. Apfelblattsauger.

Blattgold, zu dünnen Folien ausgeschlagenes Gold, Schichtdicke zw. 0,002 u. 0,0001 mm.

Blattgrün, svw. ↑Chlorophyll.

Blattläuse, Pflanzenläuse, Weibchen meist ungeflügelt; oft Überträger von Viruskrankheiten der Pflanzen.

Blattrandkäfer ↑Übers. S. 528 ff.

Blaubart, frz. Märchenheld, der seine sechs Frauen tötet.

Blaubeere, svw. ↑Heidelbeere.

Blaubeuren St. westl. v. Ulm, Ba.-Wü., 11600 E; ev.-theol. Seminar; spätgot. Klosterkirche; nahebei Karstquelle der *Blau* (Blautopf).

Blaubuch ↑Farbbücher.

Blaue Bẹrge ↑Blue Mountains.

blaue Blume, Symbol für die romant. Dichtung bzw. für die Sehnsucht nach dem Unendlichen (nach Novalis).

Blaue Grọtte, Höhle auf Capri, bei der Licht durch den teilw. u. d. M. liegenden Eingang fällt.

Blauer Nil, r. Quellfl. d. Nil, entfließt dem Tanasee, Äthiopien.

Blauer Reiter, Künstlergemeinschaft, 1911 in München v. Kandinsky und Marc gegr. (Ausstellungen, Almanach); zugehörig: Klee, Macke, Kubin, Jawlensky u. a.

Blaues Band, Auszeichnung für: **1)** Sieger im ↑Derby; **2)** schnellstes Schiff auf der N-Atlantikroute (1952 „United States").

Blaues Kreuz, Bund zur Rettung von Alkoholikern.

Blaufelchen (Maräne), etwa 40 cm langer forellenart. Speisefisch; in den Seen des Alpengebiets u. Nordeuropas.

Blaufuchs, blaugrauer Polarfuchs; Sibirien; Fell sehr wertvoll.

Blauhelme, ugs. für Angehörige der UN-Friedenstruppen, nach den von ihnen getragenen blauen Schutzhelmen.

Blaukraut, svw. ↑Rotkohl.

Blausäure (Cyanwasserstoffsäure, Ameisensäurenitril), HCN, in geringen Mengen in bitteren Mandeln u. Obstkernen, ☠; ihre Salze sind die Cyanide, stark giftig.

Blaustrumpf, veraltete spött. Bez. für eine Frau, die zugunsten der geistigen Arbeit die angebl. typ. weibl. Eigenschaften zurückgedrängt hat.

Blausucht, blaurote Verfärbung des Körpers, bes. bei Herzinsuffizienz und Lungenkrankheiten.

Blauwal, bis 33 m langer Furchenwal, in allen Weltmeeren.

Blazer ['bleɪzə; engl.], Klubjacke.

Bleche, aus Stahl u. a. Metallen (Kupfer, Zink, Zinn, Blei u. a.)

durch Walzen hergest. Platten, Bänder u. Streifen; *Grob-* (über 4,76 mm), *Mittel-* (3–4,76 mm), *Fein-B.* (unter 3 mm).

Bled (dt. Veldes), slowen. Kurort in den Julischen Alpen, 4800 E; warme Quellen, Wintersport, Wallfahrtskirche auf einer Insel im *Bleder See;* Burg.

Blei, chem. El., Symbol Pb (von lat. plumbum), OZ 82, rel. A.-Masse 207,2, blaugraues, weiches Schwermetall, ☠, Dichte 11,34 g/cm³, Fp. 327,5 °C, Sp. 1744 °C, leicht oxidierbar; *Vorkommen:* als B.erz meist ↑B.glanz; *Darst.:* meist durch Röstreduktionsverfahren mit B.glanz als Ausgangsmaterial; *Verwendung:* für Kabelmantel (biegsam, korrosionsfest), Strahlenschutz, Gefäßmaterial für aggressive Flüssigkeiten in der chem. Ind., Akkumulatorenplatten, zur Herst. von ↑B.legierungen und ↑B.verbindungen.

Blei, svw. ↑Brachse.

bleichen, die Farbe aufhellen, chem. od. physikal. durch Peroxide, Chlorite u.a. sowie *Bleicherden,* ↑optische Aufheller u.a.

Bleichsucht (Chlorose), seltene Form der Eisenmangelanämie bei Mädchen und jungen Frauen.

Bleiglanz (Bleisulfid, Galenit), PbS, wichtiges Bleierz, enthält oft bis 1 % Silber.

Bleikammern: 1) fr. berüchtigtes Staatsgefängnis in Venedig; **2)** Vorrichtungen bei der Gewinnung von ↑Schwefelsäure.

Bleikristall, Bleioxidgehalt 18 bis 38 %, stark glänzendes Glas mit hoher Brechzahl.

Bleilegierungen, Legierungen v. Blei mit anderen El.; am wichtigsten *Bleilagermetalle* aus Pb mit Sb, Sn, Cu, Cd u.a., *Letternmetall* (Pb mit 30 % Sb, 5 % Sn), *Schnelllot* (Pb mit Sn, Bi, Cd) u. *Hartblei* (Pb mit 5 bis 25 %, meist 13 % Sb).

Bleistift, in Holz eingebettete Graphitmine.

Bleisulfid, svw. ↑Bleiglanz.

Bleiverbindungen, wichtig als Pigmente für Farben, als Chemikalien in der Färberei, ferner *Bleitetraäthyl* (Antiklopfmittel im Benzin). Alle lösl., leicht aufschließbaren oder flücht. B. sind stark giftig.

Bleivergiftung, Berufskrankheit; *akute B.:* Magenkrämpfe, Erbrechen, Darmkoliken u.a.; *chron. B.:* Kopfschmerzen, Schwäche, Koliken, fahle Hautfarbe, Bleisaum am Zahnfleisch, Lähmungen.

Bleiweiß, wetterfeste, weiße Bleifarbe aus bas. Bleicarbonat.

Blende: 1) Vorrichtung zur Begrenzung des Querschnitts von Strahlenbündeln in d. Optik; in d. fotogr. v.a. als veränderl. Iris-B.; selbstregelnde B. des Auges ist die *Pupille* (b. Dunkelheit Erweiterung, bei Licht Verengung); **2)** in d. Baukunst flache Wandvertiefung od. d. glatten Wand vorgesetztes Schmuck- u. Gliederungsmotiv (z.B. *Blendarkaden, Blendfassaden, Blendfenster*); **3)** durchscheinende Metall-Schwefel-Verbdg., u.a. Manganblenden, Zinkblende, Pechblende ↑Uranpecherz.

Blériot, Louis [ble'rjo], * 1872, † 1936, frz. Flugpionier; überquerte am 25.7.1909 als Erster den Kanal zw. Calais u. Dover mit einem Flugzeug.

Bleuler, Eugen, * 1857, † 1939, schweiz. Psychiater, prägte den Ausdruck Schizophrenie.

Blies, rechter Nebenfluss der Saar, 96 km lang, im Unterlauf Grenzfluss zw. Dtl. u. Frankreich.

Blinddarm, blindgeschlossenes Anfangsteil des Dickdarms mit Anhangsgebilde (Wurmfortsatz [Appendix]). – *Blinddarmentzündung,* unricht. Bez. für *Appendizitis,* da nicht der Blinddarm, sondern der Wurmfortsatz erkrankt. Zeichen: Schmerzen im Unterbauch (meist rechts), Erbrechen, Stuhlverstopfung. Fieber, anfangs nicht hoch; lebensgefährliche Komplikation: *Durchbruch* u. Vereiterung der Bauchhöhle (eitr. Peritonitis).

Blindenschrift, Reliefpunktschrift, von Louis ↑Braille für den prakt. Gebrauch eingerichtet (auch Kurz- und Notenschrift).

blinder Fleck ↑Auge.

Blindflug, ältere Bez. für: ↑Instrumentenflug.

Blindleistung, Anteil der elektr. Leistung, der nicht zur Arbeitsleistung in einem Wechselstromkreis beiträgt.

Blindschleiche, schlangenähnliche harmlose Echsenart, lebend gebärend; geschützt.

Blitz, Funkenentladung zw. versch. aufgeladenen Wolken od. zw. Wolken u. Erde; Spannung einige 10^8 Volt, Stromstärke etwa 10^5 Amp., Ladung 10–20 C, Dauer etwa 10^{-5} s, Energie etwa 40 kWh; als Linien-, Kugel- u. Perlschnurblitz.

Blitzableiter, von ↑Franklin erfundene Blitzfang- u. -ableitungsanlage; Metallstange mit direkter Leitung zum Grundwasser; bes. zum Gebäudeschutz.

Blitzlicht, in der Fotografie künstl., intens. Licht sehr kurzer Dauer, erzeugt in ↑Blitzröhre, wird in *B.synchronisation* mit der Verschlussöffnungszeit abgestimmt.

Blitzröhre, Gasentladungsröhre, die durch Kondensatorentladungen Lichtblitze im Milli- u. Mikrosekundenbereich erzeugt; in Elektronenblitzgeräten u. Stroboskoplampen.

Blizzard ['blɪzəd; engl.], nordamer. NW-Schneesturm, durch arkt. Kaltlufteinbrüche verursacht.

Bloch, Ernst, * 1885, † 1977, dt. Philosoph; von Marx und älteren Sozialutopien ausgehend, kommt er zu einem teleol. Weltprinzip; Hauptwerk „Das Prinzip Hoffnung“.

Block: 1) Unterbrechung des Herzreizleitungssystems (Med.); **2)** Erinnerungsblatt mit [mehr.] Postwertzeichen.

Blockflöte, Längsflöte aus Holz mit schnabelförm. Mundstück; beliebt in Renaissance u. Barock; heute bes. als Haus- u. Schulmusikinstrument.

blockfreie Staaten, Staaten, die sich im Ost-West-Ggs. als neutral bezeichnen.

Blocksberg, in der Volkssage der Brocken im Harz als Versammlungsort der Hexen.

Bloemfontein [blu:mfɔn'teɪn], Hptst. der Prov. Oranjefreistaat, Rep. Südafrika, 300 000 E, Sitz des obersten südafrik. Gerichtes, Univ.; vielseit. Ind.; ⚒.

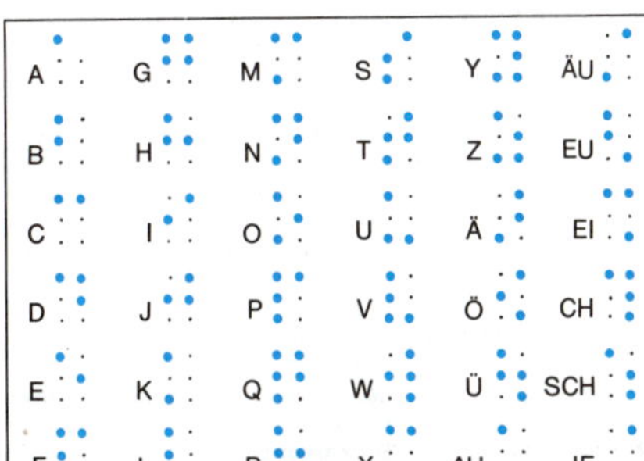

Blindenschrift. *Alphabet*

G. L. Fürst Blücher von Wahlstatt *(links).* **R. Blum** *(rechts)*

Blois [blwa], Hptst. des mittelfrz. Dép. Loir-et-Cher, 49 200 E; Kirche (12. Jh.), Renaissanceschloss, Kathedr. (Krypta 10. u. 11. Jh); Industrie; Handelszentrum; ✈.

Blọmberg, Werner von, * 1878, † 1946, dt. Feldmarschall; 1935–38 R.-Kriegsmin. u. Oberbefehlshaber der dt. Wehrmacht.

Blụcher, Gebhardt Leberecht, Fürst B. von Wahlstatt, * 1742, † 1819, preuß. Feldmarschall; siegte 1813 bei Leipzig, 1815 bei Belle-Alliance (↑Waterloo); gen. „Marschall Vorwärts".

Blụdenz, östr. Bez.-Hptst. in Vorarlberg, 13 000 E; Textilindustrie.

Blueboxverfahren ['blu:bɔks-], fernsehtechn. Bildmischverfahren, bei dem die Farbe Blau als Schlüsselsignal dient: überall dort, wo im Bild Blau vorkommt, wird vom Farbsignalformer (Bluebox) und dem Trickmischer ein zweites Bild hinzugemischt, z. B. als Hintergrund hinter Nachrichtensprechern od. zur Realisation utop. Darstellungen.

Bluejeans ['blu: 'dʒi:nz], strapazierfähige, enge Hose aus blauem Baumwollköper, urspr. Arbeitshose (s. 1820 in den USA; um 1955 nach Europa gekommen).

Blue Mountains ['blu: 'maʊntɪnz]: **1)** höchster Geb.-Zug Jamaikas, im O, im Blue Mountain Peak 2292 m; **2)** Geb.-Zug im östl. Oregon, USA; **3)** Sandsteinplateau im S der Ostaustral. Kordilleren.

Blues [blu:z; engl.]: **1)** langsamer, traur. Gesang der amer. Schwarzen mit meist 12-takt. Formschema und stets wiederkehrender Harmonik; **2)** langsamer Gesellschaftstanz im 4/4-Takt.

Blum: 1) Léon, * 1872, † 1950, frz. sozialist. Politiker; mehrf. Min.-Präs.; **2)** Robert, * 1807, † 1848, dt. Schriftsteller u. Politiker; 1848 Mitgl. der Frankfurter Nat.-Vers., wegen Teilnahme am Aufstand in Wien standrechtl. erschossen.

Blüm, Norbert, * 1935, dt. Politiker; 1982–98 B.-Min. für Arbeit u. Sozialordnung, s. 1987 CDU-Vors. in NRW, s. 1998 einer der stellvertr. Vors. der CDU.

Blumenau, südbrasil. Stadt im B.-Staat Santa Catarina, 150 000 E; Univ.; 1850 von v. a. dt. Siedlern gegründet.

Blumenfliegen, weltweit verbreitete kleinere, unscheinbare Fliegen; Larven in faulenden Pflanzenabfällen oder minierend in (Kultur)pflanzenteilen.

Blumenkohl, Kulturform des Gemüsekohls mit kompaktem, weichfleisch. Blütenstand.

Blumenrohr ↑Kanna.

Blumentiere ↑Korallentiere.

Blụmhardt, Christoph, * 1842, † 1919, dt. ev. Theologe u. Politiker; Begr. des religiösen Sozialismus.

Blut, im B.kreislauf umlaufende Flüssigkeit, die dem Stofftransport (Sauerstoff, Nähr-, Immunstoffe, Hormone u. a.) zu den Geweben u. der Abfuhr von Schlacken zu den Ausscheidungsorganen dient; Zusammensetzung: flüss. Bestandteil *(B.plasma)* mit Eiweißkörpern, Wasser, anorgan. Salzen, Transportstoffen; feste Bestandteile: rote (*Erythrozyten,* 4–5 Mill. pro mm^3) und weiße (*Leukozyten,* 6 000–8 000 pro mm^3; bed. für Eiterbildung) *B.körperchen (B.zellen)* und *B.plättchen* (*Thrombozyten,* 300 000 pro mm^3 beim Menschen). Roter *B.farbstoff* ↑Hämoglobin; *B.serum,* von B.körperchen und ↑Fibrin befreiter wässr. Teil des B.es mit ↑Globulinen, ↑Albuminen, Immunstoffen; Sauerstoff- u. Kohlendioxidtransport durch rote B.körperchen; ↑auch B.gerinnung; *B.bildung:* Eiweißkörper werden in Leber u. Knochenmark, feste Teile in Knochenmark, Milz u. Lymphgeweben gebildet; *B.menge* des erwachsenen Menschen etwa 5–6 Liter.

Blutarmut, svw. ↑Anämie.

Blutauffrischung, Einkreuzung eines nicht verwandten, gleichrass. Tieres.

Blutbank ↑Blutkonserve.

Blutbann ↑hohe Gerichtsbarkeit.

Blutbild, Ergebnisse versch. Untersuchungen des menschl. Blutes: Zahl der roten und weißen Blutkörperchen, des Hämoglobingehaltes, Färbeindex, Verhältnis der versch. weißen Blutkörperchen zueinander.

Blutdruck, Druck in den Blutgefäßen, angegeben in mm Quecksilber oder kPa; B.höhe best. durch Herzkraft, Blutmenge und Gefäßwiderstand; sie steigt im Laufe des Lebens normalerweise etwas an; *B.messung* mit Armmanschette ergibt während ↑Systole und ↑Diastole folgende Werte (in mm Hg): 80–100/60 (bis zu 10 Jahre). 125/85–130/90 (zw. 30 u. 50 Jahre), 140–150/90 (über 60 Jahre).

Blüte: 1) bei Pfl. gestauchter Spross begrenzten Wachstums, der die zur geschlechtl. Fortpflanzung dienenden u. entspr. umgestalteten Blätter trägt; besteht aus grünem Kelch *(Calyx),* farb. Blumenkrone *(Korolle),* ♂ Staubblättern *(Stamina)* und ♀ Fruchtblättern *(Karpelle);* die Staubblätter tragen die *Pollensäcke* (Erzeugung des *B.nstaubs*); die *Fruchtknoten* enthalten die Samenanlagen; **2)** Falschgeld (Gaunerspr.).

Blutegel (Egel), wasserbewohnende Ringelwürmer mit Saugnäpfen; fr. zum Schröpfen verwendet.

blütenlose Pflanzen, svw. ↑Kryptogamen.

Blütenpflanzen, svw. ↑Samenpflanzen.

Blütenstand, Blüten tragender Abschnitt der Pfl., ↑auch Blüte 1).

Blütenstaub ↑Blüte 1).

Bluterguss (Hämatom), Blutaustritt aus Adern unter der Haut ins Gewebe.

Bluterkrankheit, geschlechtsgebundene rezessiv vererbb. Erkrankung mit schwer stillb. Blutungen. *Bluter* sind immer männl. Geschlechts; Weitervererbung durch phänotyp. gesunde Frauen.

Blutersatz, Ersatz von Blut durch ↑Bluttransfusion, Kochsalzinfusion o. Ä.

Blutgefäße, svw. Adern (↑Arterien, ↑Arteriolen, ↑Haargefäße, ↑Venen).

Blutgerinnung, kurze Zeit nach Austritt aus einem Blutgefäß eintretende Erstarrung des Blutes; das gerinnungsfördernde Ferment *Thrombokinase* der Blutplättchen, das im Blut enthaltene Calcium u. das Ferment *Thrombin* wirken bei der B. zus. u. wandeln das lösl. Fi-

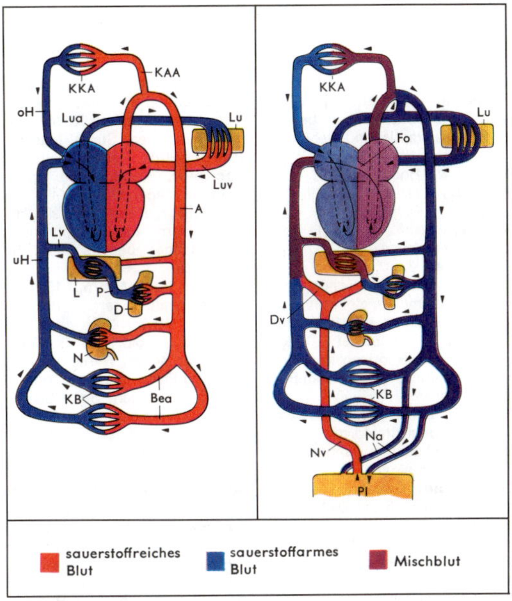

Blutkreisläufe *eines erwachsenen Menschen und eines menschlichen Embryos (rechts). A Aorta, Bea Beinarterien, D Darm, Dv Ductus venosus (Arantii), Fo Foramen ovale, KAA Kopf–Arm-Arterien, KB Kreislauf Beine, KKA Kapillarensystem Kopf-Arme, L Leber, Lu Lunge, Lua Lungenarterie, Luv Lungenvene, LV Lebervene, N Niere, Na Nabelarterien, Nv Nabelvene, oH obere Hohlvene, P Pfortader, Pl Plazenta, uH untere Hohlvene*

brinogen in unlösl. ↑Fibrin, durch Fibrinzusammenziehung wird Blutserum ausgepresst, sodass *Blutgerinnsel* entstehen.

Blutgruppen, zeitlebens unveränderl. u. erbl. Merkmal des Blutes, best. durch 2 in den Blutkörperchen vorhandene od. fehlende Substanzen A bzw. B u. 2 im Serum vorhandene Ballungsstoffe Anti-A (α) bzw. Anti-B (β); 4 B.: A, B, AB, 0; zur ↑Bluttransfusion ist gruppengleiches Blut notwendig; nur im Notfall darf 0-Blut als Universalspenderblut verw. werden (↑auch Rhesusfaktor).

Blutjaspis, svw. ↑Heliotrop.

Blutkonserve, bes. behandeltes Blut od. Blutplasma *(Plasmakonserve)* für ↑Bluttransfusionen; zentrale Vorratshaltung bei der *Blutbank.*

Blutkörperchen ↑Blut.

Blutkreislauf, durch die Herztätigkeit bewirkte Bewegung des Blutes in den Adern. Der Weg des Blutes geht v. der l. Herzkammer durch die Hauptschlagader in die Körper- u. kleinen Schlagadern, von da in die Kapillaren der Gewebe (hier Austausch von Sauerstoff u. Nährstoffen gg. Kohlendioxid und Schlacken); Rückfluss des Blutes über Blutadern u. Hohlvenen zum r. Vorhof; von da über die r. Kammer zur Lunge (hier Abgabe des Kohlendioxids, Aufnahme neuen Sauerstoffs) u. wieder zum l. Vorhof u. zur l. Kammer; B. durch die Lunge *„kl."*, der durch den Körper *„gr. Kreislauf".*

Blutlaus, auf Apfelbäumen parasitierende Blattlaus mit braunroter Körperflüssigkeit; ↑auch Übers. S. 528 ff.

Blutplasma ↑Blut.

Blutplättchen ↑Blut.

Blutprobe: 1) spektroskop. od. chem. Blutnachweis in Auswurf, Urin, Stuhl, auch in Kleidern; **2)** (Alkoholblutprobe), Untersuchung des Blutes zur Feststellung des Trunkenheitsgrades bei Verkehrsunfällen od. Verkehrsgefährdung; erzwingbar.

Blutrache, urtüml. Form der Rechtspflege; Pflicht, einen getöteten Sippenangehörigen an dem Mörder oder einem Mitgl. seiner Sippe zu rächen.

Blutsbrüderschaft, Freundschaftsbindung mit gegenseit. Blutopfer u. -trunk (übl. u. a. bei den Germanen).

Blutschande, veraltete Bez. für Beischlaf zw. Verwandten.

Blutschwamm (Feuermal), gutartige Blutgefäßgeschwulst.

Blutsenkung, Messung der Senkungsgeschwindigkeit der Blutkörperchen u. -plättchen in ungerinnbar gemachtem Blut; Beschleunigung bei best. Krankheiten.

Blutserum ↑Blut.

Blutspiegel, Konzentrationshöhe best. im Blutserum gelöster Stoffe.

blutstillende Mittel (Hämostatika), Blutstillung bewirkende Arzneimittel, u. a. Alaun (äußerl.), Thrombin u. Thrombokinase.

Blutsturz ↑Lungenblutung.

Blutsverwandtschaft (Konsanguinität), Abstammung zweier (mehr.) Personen von gemeinsamen Vorfahren.

Bluttransfusion, Übertragung von „Spenderblut" als Blutersatz bei gr. Blutverlusten (z. B. bei Operationen); *direkte B.:* unmittelbar vom Spender auf den Empfänger; *indirekte B.:* Spenderblut wird aufgefangen und später als Blutkonserve verabreicht; wicht. die ↑Blutgruppen.

Blutung, Austritt von Blut bei Gefäßverletzungen und vielen Krankheiten. *Äußere B.:* Schlagader-B. (Arterien-B.), hellrotes Blut; Blutader-B. (Venen-B.), dunkelrotes Blut. *Innere B.:* B.squelle im Körperinnern, u. a. Lungen-, Magen-, Darm-B. – Erste Hilfe: Bei Arterien-B. Blutstillung durch ↑Druckverband, nötigenfalls verletztes Glied herzwärts der Wunde kräftig umschnüren (Abbindung nie länger als 2 Stunden!), wenn Abbinden nicht mögl., Schlagader mit Daumen abdrücken; bei Venen-B. Druckverband. Innere B.: sofort ärztl. Behandlung (bis dahin ruhig lagern); ↑auch Nasenbluten.

Blutvergiftung, svw. ↑Sepsis.

Blutzucker, Traubenzuckergehalt des Blutserums, normal 80 bis 120 mg in 100 cm^3 Blutserum; Erhöhung der B.menge nach Kohlenhydratmahlzeiten und bei Diabetes mellitus (↑Diabetes); Senkung der B.menge bei Hunger und nach Insulininjektion. Steigt der B. über 180 mg an, tritt Zucker in den Harn über *(Harnzucker).*

Blyton, Enid [blaɪtn], * 1896, † 1968, engl. Schriftstellerin; etwa 400 Kinder- u. Jugendbücher,

Abenteuer- u. Schulgeschichten, u. a. „Hanni u. Nanni", in zahlr. Sprachen übersetzt.

BND, Abk. für: ↑ Bundesnachrichtendienst.

Boaschlangen [lat.; dt.], bis 9 m lange, giftlose Schlangen, bes. im trop. Amerika; lebend gebärend; u. a. ↑ Anakonda, ↑ Königsschlange.

Bob, svw. ↑ Bobsleigh.

Bobby, volkstüml. für engl. Polizisten.

Bober, l. Nbfl. der mittl. Oder, 272 km; *B.talsperre.*

Böblingen Krst. sw. von Stuttgart, Ba.-Wü., 46 700 E; got. Pfarrkirche; Automobil-, elektron., Textil-, Möbel-, chem. u. a. Industrien.

Bobsleigh ['bɔbsleɪ; engl.] (Bob), lenkb. Sportschlitten für 2 od. 4 Personen; auf vereisten Bahnen gefahren.

Bobtail ['bɔbteɪl] (Altengl. Schäferhund), Begleithund mit grauem oder geschecktem langhaarigen Fell u. Stummelrute.

Boccaccio, Giovanni [bok'kattʃo], * 1313, † 1375, ital. Dichter und Humanist; Hauptwerk „Decamerone"; Romane, Erzählungen, lat. Eklogen, Kommentar zur ↑ Divina Commedia, Biographie Dantes, zahlr. lat. geschriebene gelehrte Sammelwerke u. a.

Boccherini, Luigi [bokke-], * 1743, † 1805, ital. Komponist; Cellovirtuose; Kammermusik, Cellokonzert, Sinfonien.

Boccia ['bottʃa; ital.], ital. Kugelspiel, bei dem die B.kugeln möglichst nahe an die Zielkugel geworfen werden sollen.

Bochum. *Malakoffturm der Zeche Hannover (heute Industriemuseum)*

Bocholt, St. in NRW, an der niederl. Grenze, 70 500 E; got. Kirche, Renaissancerathaus; Textil-, Eisen-, Elektroindustrie.

Bochum, krsfr. St. im Ruhrgebiet, NRW, 400 000 E; Univ., Verw.- u. Wirtsch.-Akad., LG, IHK; Museen, Sternwarte; bed. Stahl-, Masch.-, Auto-, Elektro-, chem. Industrie.

Bockbier, Starkbier mit hohem Stammwürzegehalt.

Bockkäfer, Käfer mit kräft., langen Fühlern: Larven bohren im Holz Gänge; bes. schädl. der *Hausbock.*

Böckler, Hans, * 1875, † 1951, dt. Gewerkschaftsführer; 1949–51 Vors. des DGB.

Böcklin, Arnold, * 1827, † 1901, schweizer. Maler; Werke voll Fantasie und Farbenpracht („Toteninsel", 5 Fassungen; Selbstbildnis; „Triton u. Nereide").

Bocksbart, Wiesenblumen mit gr., gelben Blütensternen (Korbblütler).

Bocksbeutel, flache, bauchige Weinflasche für Frankenweine.

Bodden [niederdt.], flachgründige Meeresbucht der mecklenburg.-pommerschen Ostseeküste.

Bode, l. Nbfl. der Saale, 169 km, mehrere Talsperren (u. a. Rappbodetalsperre).

Bodega [span.], Weinschenke.

Bodelschwingh: 1) Friedrich von, * 1831, † 1910, dt. ev. Theologe; begr. die berühmten Heilstätten in ↑ Bethel; Einrichtung der Betheler Mission; **2)** Friedrich von, * 1877, † 1946, Sohn und Nachf. v. 1), baute d. Werk seines Vaters aus; rettete seine Kranken vor dem nat.-soz. Euthanasieprogramm.

Boden, die belebte oberste Verwitterungsschicht der Erdkruste; versch. *B.arten,* u. a. Sand-, Kalk-, Lehmböden; Klima, B.art und Vegetation bestimmen die Ausbildung der versch. *B.typen.*

Bodenkunde (Pedologie), Wiss., die sich mit dem Zustand u. der Verbesserung des Bodens für land- u. forstwirtsch. Zwecke befasst.

Bodenmechanik, Lehre von v. a. den bauphysikal. Eigenschaften des Erdbodens.

Bodenorganismen, *Bodenbakterien* u. *Pilze,* bed. für Entstehung u. Erhaltung der Bodenfruchtbarkeit; sie zersetzen, mineralisieren und humifizieren tote organ. Substanzen zu Kohlensäure, Wasser und Ammoniak; *Bodentiere* schaffen für Gas- und Wasseraustausch des Bodens wichtige Hohlraumsysteme.

Bodenreform (Agrarreform), Bestrebungen zur Reformierung des Bodenbesitzrechtes; Ziel meistens die Aufteilung des Großgrundbesitzes in [rentable] Bauernstellen; landw. B. nach 1945 in der SBZ (entschädigungslose Enteignung des Besitzes über 100 ha); ↑ auch Flurbereinigung.

Bodenrente, svw. ↑ Grundrente 1).

Bodenschutz, der Schutz des Erdbodens vor zunehmender Belastung durch Schadstoffe, zunehmendem Landverbrauch, Verlust heim. Tier- und Pflanzenarten u. a. Gefährdungen. In der BRD wurde im Febr. 1985 eine B.konzeption beschlossen, in der u. a. Lösungsansätze für konkrete Schutzmaßnahmen vorgeschlagen werden.

Bodensee, Alpenvorlandsee, 538,5 km² (einschl. Inseln), bis 252 m tief, mit dt., schweizer. und östr. Anteil. Vom Rhein durchflossen; *Obersee* mit *Überlinger See* u. *Untersee;* 3 Inseln: Mainau, Reichenau, Lindau; mildes Klima.

Bodenwelle, an die Erdoberfläche gebundene elektromagnet. Welle (Langwellen) zw. Sender u. Empfänger; Ggs. ↑ Raumwelle.

Bodhisattwa [sanskr.], erleuchteter, hl. Mensch; künft. Buddha.

Bodin, Jean [bo'dɛ̃], * 1530, † 1596, frz. Humanist u. Rechtslehrer; Verfechter relig. Duldsamkeit; entw. den Begriff der Souveränität.

Bodmer, Johann Jakob, * 1698, † 1783, schweizer. Schriftsteller und Kritiker; „Crit. Abhandlung von dem Wunderbaren in der Poesie ..."; Hg. ma. Dichtung; Gegner Gottscheds.

Bodø ['bu:dø], Hafenst. in N-Norwegen, 38 000 E. Hptst. des Verw.-Gebietes Nordland; mil. Zentrum, Reedereien, Fisch-, Holzverarb.; Endpt. der Nordlandbahn, ✈.

Bodybuilding ['bɔdɪbɪldɪŋ; engl.], mod. Methode der Muskelbildung durch gezieltes Training.

Bodycheck ['bɔdɪtʃek], beim Eishockeyspiel erlaubtes Rempeln (Stoß mit Schulter oder Hüfte) des Gegners.

Boethius, Anicius Manlius Severinus, * um 480, † 524, röm. Staatsmann u. Philosoph; schrieb im Kerker „Trost der Philosophie"; unter Theoderich hingerichtet.

Bofiste, versch. ↑ Bauchpilze.

Bogarde, Sir Dirk ['bəʊgɑ:d], eigtl. Derek Niven van den Bogaerde, * 1921, † 1999, brit. Schauspieler („Der Tod in Venedig").

Bogart, Humphrey ['bəʊgɑ:t], eigtl. H. de Forest B., * 1899, † 1957, amer. Filmschauspieler; wurde durch seine Rollen in Abenteuer- und Kriminalfilmen zum Mythos.

H. Bogart

Boğazkale [bɔ:'ɑzkɑlə], Dorf östl. v. ↑Ankara, mit ausgegrabenen Ruinen der hethit. (↑Hethiter) Hptst. Hattusa; Funde versch. Schriftzeugnisse.

Bogdanovich, Peter [bɔg'dænəvɪtʃ], * 1937, amer. Filmregisseur.

Bogen, niederbayr. St. an der Donau, 10 000 E; über B. der *B.berg* mit spätgot. Wallfahrtskirche.

Bogen: 1) Teilstück einer gekrümmten Linie; **2)** Tragwerk mit Vertikal- und Horizontalkräften im Auflager (Statik); **3)** Schusswaffe aus Stab u. Sehne, vorw. für Pfeile; **4)** elast., mit Rosshaaren bespannte Holzstange zum Anstreichen der Saiten (𝄞); **5)** ungefalztes Papierblatt; **6)** bedrucktes, gefalztes Blatt (📖).

Bogengänge, Gleichgewichtsorgan im Innenohr; Teil des Labyrinths. – ↑auch Ohr.

Bogenlampe, Lichtquelle mit elektr. Lichtbogen zw. 2 Kohleelektroden.

Bogenmaß, Maß f. d. Größe eines ebenen Winkels; Quotient aus der Länge des im Innern des Winkels gelegenen Bogens eines Kreises um den Scheitelpt. u. der Länge des Kreisradius; angegeben als ↑Arkus.

Bogenminute, $^1/_{60}$ der Winkeleinheit [Bogen]grad.

Bogenschießen, Sportart, bei der aus einer Entfernung v. 30–90 m auf eine Scheibe v. 80 bzw. 122 cm Durchmesser geschossen wird.

Bogensekunde, $^1/_{60}$ Bogenminute.

Bogotá, Hptst. v. Kolumbien, 5,1 Mill. E; 2640 m ü. d. M.; mehrere Univ., Kathedr.; Handelszentrum; Ind.; ✤.

Boheme [bɔ'ɛ:m; frz.], unkonventionelles Künstlermilieu.

Böhm, Karl, * 1894, † 1981, östr. Dirigent.

Böhme, Jakob, * 1575, † 1624, dt. Philosoph; verband naturmyst. und christl.-prot. Motive.

Böhmen, hist. Gebiet im nördl. u. westl. Teil der Tschech. Rep., umsäumt v. Böhmerwald, Erzgeb., Sudeten u. Böhm.-Mähr. Höhen, Hptst. Prag. Stark entwickelte Landw. (Getreide, Obst, Gemüse, Hopfen, Zuckerrüben); Wald; Erzbergbau; Braun- und Steinkohlenreviere, Glas- u. Edelsteinind., Brauereien; berühmte Heilbäder (Karlsbad, Teplitz u. a.). – *Gesch.:* Nach den kelt. Bojern „Bojohaemum" gen.; um Christi Geburt v. Markomannen, s. dem 6. Jh. von slaw. Tschechen besiedelt; im MA wechselnde Abhängigkeit vom Hl. Röm. Reich, 1198 erbl. Kgr. (Przemysliden), 1310 bis 1437 Herrschaft der Luxemburger, durch Karl IV. polit. und kultureller Mittelpunkt des Hl. Röm. Reiches; 1. Univ. des Reiches in Prag (1348); 1419–36 Hussitenkriege; 1526 an die Habsburger; im 19. Jh. Erstarken des tschech. Nationalbewusstseins; 1918 Teil der ↑Tschechoslowakei.

Böhmerwald, Grenzgeb. zw. Dtl., der Tschech. Rep. und Östr., mit Gr. Arber (1 457 m); dt. Anteil: *Oberpfälzer* bzw. *Vorderer Bayer. Wald;* waldreich; Holz-, Glasind.

Böhmische Brüder (Mährische Brüder), Anhänger einer böhm. Glaubensgemeinschaft im 15. Jh.; durch Abspaltung von den Hussiten entstanden; Reste gingen in der Brüdergemeine auf.

Böhmische Malerschule, Malerei v. a. z. Z. Karls IV.; Buchmalerei (Liber viaticus), Tafelmalerei (Hohenfurther Altar), Wandmalerei (auf Schloss Karlstein); u. a. Theoderich v. Prag (Kreuzkapelle), Meister v. Wittingau (Passionsaltar).

Böhmisches Mittelgebirge, Gebirge in N-Böhmen, im *Milleschauer* 837 m ü. d. M.

Bohne, Schmetterlingsblütler; wertvolle Gemüsepfl.

Bohnenrost ↑Übers. S. 528 ff.

Bohr: 1) Aage [Niels], * 1922, dän. Physiker, Sohn von 2); entdeckte (mit Mottelson u. Rainwater) die Zusammenhänge zw. Kollektiv- u. Partikelbewegungen in Atomkernen; Nobelpreis für Physik 1975; **2)** Niels, * 1885, † 1962, dän. Physiker; grundlegende Forschungen auf dem Gebiet der Atomphysik (Atommodell, 1913), Entdecker des Korrespondenzprinzips zw. klass. und Quantenphysik; Nobelpreis 1922.

Bohrinsel, künstl. Plattform im Meer mit Einrichtungen für Bohrungen nach Erdöl u. Erdgas; meist auf ausfahrbaren Stützen.

Bohrkäfer (Holzbohrer), versch. Käfer, deren Larven v. a. in Balken, Möbeln u. Holzdielen leben (Klopftöne).

bohrscher Radius, Radius der innersten Elektronenbahn im bohrsommerfeldschen ↑Atommodell.

bohrsches Magneton ↑Magneton.

Boieldieu, François Adrien [bwal'djø], * 1775, † 1834, frz. Opernkomponist („Die weiße Dame").

Boise ['bɔɪsɪ], Hptst. von Idaho, USA, 126 000 E; ✤.

Bojar [russ.], fr. Adelsbez. in Russland, Litauen u. den Donaufürstentümern.

Boje, verankertes schwimmendes Seezeichen.

Bolero [span.]: **1)** span. Volkstanz im $^3/_4$-Takt; in der Kunstmus. u. a. bei Ravel; **2)** kurzes Jäckchen, offen getragen.

Bolesławiec ↑Bunzlau.

Boleyn, Anna ['bʊlɪn] ↑Anna 1).

Bolide [gr.]: **1)** svw. Feuerkugel (↑Meteore); **2)** Rennwagen.

Bolívar, Simón, * 1783, † 1830, Befreier Südamerikas von der span. Herrschaft; Schöpfer der Staaten Kolumbien (1819–30 Präs. von Groß-Kolumbien) und Bolivien.

Bolivien, südamerikan. Republik, Reg.-Sitz La Paz. In B. erreichen d. Anden ihre größte Breite; zw. der W- u. NO-Kordillere liegt das boliv. Hochland; im O Savannen mit feuchtheißem Klima. *Bev.:* 55 % Indianer, 30 % Mestizen, 12 % Weiße, 3 % Schwarze, Asiaten u. a. Etwa

Bolivien

Fläche: 1 098 581 km²
Einwohner: (1995) 7,41 Mill.
Hauptstadt: Sucre
Regierungssitz: La Paz
Amtssprachen: Spanisch, Ketschua, Aimara
Zeitzone: MEZ –5 Stunden

⅔ der Bev. leben v. Landw.; Anbau v. Weizen, Reis, Tabak und Baumwolle; Viehzucht; reiche Bodenschätze, bes. Zinn. Silber und Erdöl; wenig Ind. – *Gesch.:* Teil des Inkareichs, 1538 von Spanien erobert, 1825 unabh. Rep. (Name nach S. ↑Bolívar), nach dem „Salpeterkrieg“ gg. Chile 1879–84 Abtretung des Küstengebiets an Chile; 1932–35 verlustreicher „Chacokrieg“ gg. Paraguay, Unruhen, 1938 neue Verf.; 1971 Machtübernahme durch eine Mil.-Junta; wechselnde Regierungen, zahlreiche Umsturzversuche; 1982 Rückkehr zur Demokratie.

Boll, Ort sw. v. Göppingen, Ba.-Wü., 5000 E; Schwefelbad, im Ortsteil *Bad B.* Ev. Akademie.

H. Böll

Böll, Heinrich, * 1917, † 1985, dt. Schriftsteller; zeitkrit. Romane, Satiren, Kurzgeschichten, Essays, Hörspiele; „Wo warst du, Adam?“, „Und sagte kein einziges Wort“, „Ansichten eines Clowns“, „Die verlorene Ehre der Katharina Blum“, „Frauen vor Flusslandschaft“; Nobelpreis 1972; 1971–74 Präs. des internat. PEN-Clubs.

Böller, im 16. Jh. Mörser für gr. Steinkugeln, heute kl. Salutgeschütz.

Bologna [bo'loɲa], Hptst. der italien. Region Emilia-Romagna, 395000 E; Univ., Kunstakad.; bed. Kirchen; Ind., v. a. Lebensmittel.

Bolometer [gr.], Widerstandsthermometer zur Messung der Strahlungsenergie v. Licht- u. Wärmestrahlungen.

Bolschewiki [russ.], die Mitgl. der KPdSU, urspr. die aus der Abstimmung auf dem 2. Parteitag der russ. Sozialdemokraten 1903 in London siegreich hervorgegangene Gruppe; Ggs.: Menschewiki (bolsche = mehr, mensche = weniger); ↑auch Bolschewismus, ↑Kommunismus.

Bolschewismus [russ.], im kommunist. Sprachgebrauch bis zu Stalins Tod (1953) übl. Sammelname für Theorie u. Praxis des Sowjetkommunismus u. der v. ihm beeinflussten kommunist. Parteien u. Organisationen.

Bolschoi-Ballett, das dem *Bolschoi-Theater* in Moskau angeschlossene Ballettensemble; gilt als eines der besten der Welt.

Boltzmann, Ludwig, * 1844, † 1906, östr. Physiker; einer der Begründer der kinetischen Gastheorie; *B.-Konstante (k),* Naturkonstante (auf das einzelne Gasmolekül bezogene Gaskonstante), $k = 1{,}380 \cdot 10^{-23}$ J/K.

Bolzano, Bernhard, * 1781, † 1848, Philosoph und Mathematiker ital. Herkunft; Arbeiten zu den Grundlagen der Analysis u. der Mengenlehre.

Bolzano ↑Bozen.

Bombay ['bɔmbeɪ], nach Kalkutta zweitgrößte St. der Ind. Union, 9,9 Mill. E (städt. Agglomeration); an der W-Küste Vorderindiens; Univ.; Kernenergiezentrum; wichtigstes Handels-, Ind.- u. Finanzzentrum Indiens; ⚓, ✈.

Bombe [gr.], mit Sprengstoff oder Brandsätzen gefüllter Hohlkörper mit einer Zündvorrichtung, z. B. für den Abwurf vom Flugzeug aus (Spreng-B.n, Brand-B.n, Atom-B.n) oder zur Bekämpfung von getauchten U-Booten (Wasser-B.n).

Bon [bɔ̃; frz.], Gutschein, Kassenzettel.

bona fide [lat.], guten Glaubens, auf Treu und Glauben.

Bonaparte: 1) Jérôme, * 1784, † 1860, Bruder Napoleons I., Kg. von Westfalen 1807–13, 1850 Marschall von Frkr.; **2)** Joseph, * 1768, † 1844, Bruder Napoleons I., 1806 Kg. von Neapel, 1808–13 Kg. von Spanien; **3)** Letizia (Laeticia), * 1750, † 1836, Mutter Napoleons I., seit 1804 Titel „Madame Mère“; **4)** Louis, * 1778, † 1846, Bruder Napoleons I., Vater Napoleons III., 1806–10 Kg. von Holland; **5)** Lucien, * 1775, † 1840, Bruder Napoleons I., dessen Staatsstreich er unterstützte; **6)** Maria Anna, gen. Elisa, * 1777, † 1820, Schwester Napoleons I., Großherzogin von Toskana; **7)** Marie-Annonciade, gen. Caroline, * 1782, † 1839, Schwester Napoleons I., Kgn. von Neapel; **8)** Marie Paulette, gen. Pauline, * 1780, † 1825, Schwester Napoleons I., Hzgn. von Guastalla; **9)** Napoléon ↑Napoleon I.

Bonaventura, eigtl. Johannes Fidanza, hl., * 1221, † 1274, ital. Franziskaner; Erneuerer seines Ordens; myst. Schriften.

Bond [engl.], festverzinsl., auf den Inhaber lautendes Wertpapier in Großbrit. u. in den USA.

Bonddiagramm, zeichnerische Darst. techn. Systeme mit Hilfe vereinfachter Symbole (Buchstaben, Linien); wichtig für d. programmgesteuerte Berechnung solcher Systeme.

Bonden, Verfahren zum Kontaktieren von Halbleiterbauelementen durch Schweißen und Löten.

Bône [bo:n; frz.] ↑Annaba.

Bongo, lateinamer. einfellige Trommel, paarweise verwendet.

Bonhoeffer, Dietrich, * 1906, † 1945, dt. ev. Theologe; Mitgl. der ↑Bekennenden Kirche, als Widerstandskämpfer hingerichtet; dogmat. Schriften, Gedichte.

Bonifacio [-fa'sjo, auch -'fatʃo], St. an der S-Spitze von Korsika, 2700 E; an der *Straße v. B.,* zw. Korsika und Sardinien (120 km lang, 12 km breit, bis 70 m tief).

Bonifatius (Winfrid), hl., * um 672/73, † 754, ags. Benediktiner; von Papst Gregor II. Missionsauftrag für die german. Länder; „Apostel der Deutschen“.

Bonifatius (Bonifaz), Name von 9 Päpsten, davon bed.: **B. VIII.,** vorher Benedetto Caetani, * um 1235, † 1303, Papst seit 1294; verfocht in der Bulle „Unam sanctam“ (1302) Überordnung der geistl. Gewalt über die weltliche.

Bonifatiuswerk der deutschen Katholiken, Verein zur Förderung der kath. Diasporaseelsorge, gegr. 1849, Sitz in Paderborn.

Bonifikation [lat.], Jahresbonus, Preisnachlass.

Bonität, Kreditwürdigkeit.

Bonmot [bɔ̃'mo:; frz.], treffende, geistreiche Wendung.

Bonn, kreisfreie St. (Bundes-St.), am Rhein, NRW, 291500 E; Sitz von B.-Rat u. B.-Behörden; Univ., Sternwarte, wiss. Institute; roman. Münster, Stadtschloss (Univ.), Geburtshaus Beethovens, Rhein. Landesmuseum; Rheinhafen, ✈ Köln-Bonn; vielseitige Ind. – Ehem. röm. Kastell *Castra Bonnensia.*

Bonsels, Waldemar, * 1880, † 1952, dt. Schriftsteller; Natur- und Reise-Erz.; „Die Biene Maja“.

Bonus [engl.], Sondervergütung, bes. in Form eines Zuschlags zur Dividende bei einmal. Gewinnen; auch Gutschrift auf nicht voll eingezahltes Aktienkap. bei Versicherungsgesellschaften.

Bonvivant [bɔ̃vi'vã; frz.], Lebemann.

Boogie-Woogie ['bugi 'vugi; engl.], ursprünglich Art der Klavierbegleitung des ↑Blues mit ostinaten Bassfiguren, dann Gesellschaftstanz.

Boom [bu:m; engl.] ↑Konjunktur.

Booster ['bu:stə], techn. allg. svw. Verstärker (z. B. als elektron. Bauelement, bei Teilchenbeschleunigern, als Hilfstriebwerk bei Flugzeugen u. Raketen).

Booth, William [bu:ð], * 1829, † 1912, brit. Prediger; Gründer (1878) u. General der ↑Heilsarmee.

Böotien, alte griech. Ldsch. zw. Attika und Phokis.

Bootsmann, dem Wachoffizier zugeordneter Matrose; bei der B.-Marine Unteroffizier im Rang eines Feldwebels.

Bop, svw. ↑Bebop.

Bophuthatswana, 1977–94 internat. nicht anerkannte Rep. in S-Afrika, hervorgegangen aus dem Homeland der Tswana, 40 430 km² in 7 Teilgebieten, 1,42 Mill. E; Hptst. Mmabatho; Ackerbau u. Viehzucht, Abbau v. Platin-, Chromerz; Asbest u. a. ⚒. – 1972 Selbstverwaltung; 1977 Unabhängigkeit; 1994 wieder in die Rep. Südafrika eingegliedert.

Boppard, St. südl. v. Koblenz, RP, 16 000 E; Weinbau; Elektro-, chem. Industrie.

Bor [pers.], chem. El., Symbol B, OZ 5, rel. A.-Masse 10,81; reines kristallisiertes B. schwärzlich grau, neben Diamant härtestes El., Dichte 2,46 g/cm³, Fp. 2 100 °C, Sp. 2 550 °C; nicht reaktionsfreudig, starkes Reduktionsmittel; in der Natur meist als B.säure u. deren Salze.

Bora, Katharina von, * 1499, † 1552, Zisterzienserin; seit 1525 verheiratet mit Martin Luther.

Borate, Verbindungen der Borsäure, in vielen Mineralen; schmelzbar.

Borax, Alkaliborat; in der analyt. Chemie zum Nachweis von Metallen; zur Glasur von Porzellan u. a.; wasserenthärtend.

Borchardt, Rudolf, * 1877, † 1945, dt. Dichter und Essayist; „Das hoffnungslose Geschlecht"; Übersetzer.

Borchert, 1) Jochen, * 1940, dt. Politiker (CDU), 1993–98 Bundesmin. für Ernährung, Landw. u. Forsten; **2)** Wolfgang, * 1921, † 1947, dt. Dichter; Hauptwerk das hörspielart. Drama „Draußen vor der Tür"; Erzählungen, Lyrik.

Börde, flacher, fruchtb. Landstrich, z. B. Magdeburger Börde.

Bordeaux [bɔr'do], Hptst. des frz. Dép. Gironde u. der Region Aquitanien, an der Garonne, 210 500 E; alte Univ., Kathedr. (13. Jh.), mehrere Kirchen des späten MA; Place de la Bourse (18. Jh.); wichtiger frz. Seehafen am Atlantik, für Seeschiffe bis 8,5 m Tiefgang. Weinbauzentrum, Schiffswerften, Zuckerfabriken, Zementwerke, Erdölraffinerien; internat. Messe, ✈.

Bordeauxweine [bɔr'do-], rote u. weiße, ungewöhnl. blumige Weinsorten der südwestfrz. Flussgebiete.

bördeln, Blech an den Rändern [um]biegen.

Bordighera [-ge:ra], Kurort an der ital. Riviera, 12 000 E.

Borg, Björn [bɔrj], * 1956, schwed. Tennisspieler; 1976 Profiweltmeister, ab 1976 5-mal hintereinander Wimbledonsieger.

Borghese, röm. Adelsfamilie. In der von *Scipione B.* († 1633) erbauten *Villa B.* bed. Gemäldeslg., antike Skulpturen.

Borgia ['bɔrdʒa]: **1)** Cesare, * um 1475, † 1507, Sohn v. Papst Alexander VI., skrupelloser Renaissancepolitiker; **2)** Lucrezia, * 1480, † 1519, Tochter von Papst Alexander VI., typ. Renaissancefürstin; **3)** Rodrigo ↑Alexander VI., Papst.

Boris: *Bulgarien:* **1) B. I.,** hl., † 907, Fürst der Bulgaren 852–89; wurde 864 Christ (Michael); ab 889 Mönch. – *Russland:* **2) B. Godunow** ↑Godunow, Boris.

Boris und Gleb, Märtyrer der russ. Kirche, von ihrem Halbbruder 1015 erschlagen.

Borke, abgestorbene, verkorkte Rinde bei Holzgewächsen.

Borken, Krst. im westl. Münsterland, NRW, 38 500 E; spätgot. Pfarrkirche, Wasserburgen; Textilindustrie.

Borkenkäfer, etwa 5 mm lange Käfer, in Holzgewächsen.

Borkum, größte u. westlichste der Ostfries. Inseln, Nds., 30,7 km², mit St. *B.,* Nordseebad, 5 900 E. Fährverbdg. v. Emden u. Eemshaven; ✈.

Born, Max, * 1882, † 1970, dt. Physiker; begr. die Gittertheorie der Kristalle u. mit W. Heisenberg u. P. Jordan die Quantenmechanik; Nobelpreis (mit W. Bothe) 1954.

Börne, Ludwig, eigtl. Löb Baruch, * 1786, † 1837, dt. Schriftsteller. Schriftsteller des Jungen Deutschland, leidenschaftl. Einsatz für die Demokratie als Voraussetzung für soziale und geistige Freiheit.

Borneo (Kalimantan), drittgrößte Insel der Erde, 746 951 km²; zentrale Massenerhebungen, von Niederungen umgeben; trop. Vegetation. Bev.: Dajak, Malaien u. Chinesen; Gewinnung von Sago, Kopra, Kautschuk, Kohle u. Erdöl; gehört größtenteils zu Indonesien, im NW Teil von ↑Malaysia und ↑Brunei.

Bornholm, dän. Ostseeinsel, 588 km². bis 162 m ü. d. M., 45 000 E, Hauptort Rønne; Landw., Fischerei. Alte befestigte Rundkirchen.

Borodin, Alexandr Porfirjewitsch, * 1833, † 1887, russ. Komponist; Sinfonien, Kammermusik; Oper „Fürst Igor".

Borretschgewächse [mlat.] (Raublattgewächse), vorw. kraut., borst. behaarte Pfl.; *Borretsch,* Heil- und Gewürzpfl., blaue bis blauviolette Blüten.

Borromäische Inseln (ital. Isole Borromee), Inselgruppe im Lago Maggiore mit gr. Gartenanlagen.

Borromini, Francesco, * 1599, † 1667, ital. Baumeister; Hauptvertr. des röm. Hochbarock neben Bernini.

Borsäure, H_3BO_3, hemmt in 1- bis 3%iger Lösung das Wachstum

Bonn: *Blick über das Stadtzentrum und den Rhein*

Bosnien und Herzegowina

Fläche: 51 129 km²
Einwohner: (1995) 3,46 Mill.
Hauptstadt: Sarajevo
Amtssprachen: Serbisch, Kroatisch
Zeitzone: MEZ

von Bakterien; fr. als mildes Antiseptikum verw.; techn. bedeutend.
Börse [niederl.], regelmäß. Markt für vertretb. Güter: Wertpapiere *(Wertpapier-B.),* Geld *(Devisen-B.)* od. best. Waren *(Produkten-B.);* in der BRD durch B.nges. und B.nordnungen geregelt. Der *B.nkurs* ergibt sich aus Angebot und Nachfrage; tägl. Veröffentlichung: Kurszettel; an der B. gehandelte Wertpapiere bedürfen der *B.nzulassung; B.naufträge* werden in der BRD im Allg. an die Banken erteilt, die an der B. als Vermittler auftreten.
Börsenverein des Deutschen Buchhandels, Standesorganisation der Verleger u. Buchhändler; gegr. 1825 in Leipzig, nach 1945 getrennte Organisationen in d. DDR (Leipzig) u. d. BRD (Frankfurt am Main), beide gaben ein *Börsenblatt für den Dt. Buchhandel* heraus; nach der Wiedervereinigung Zusammenlegung. Veranstalter der *Frankfurter* und der *Leipziger Buchmesse.*
Borussia [nlat.], Frauengestalt als Sinnbild Preußens.
Bọsch: 1) Carl, * 1874, † 1940, Neffe von 3), dt. Chemiker; großtechn. Entw. der Ammoniaksynthese *(Haber-B.-Verfahren;* ↑Ammoniak) u. der Kohlehydrierung; Nobelpreis (mit F. Bergius) 1931; **2)** Hieronymus (Jheronimus B. van Aken, gen. Jeroen), * um 1450, † 1516, niederl. Maler; schuf Darstellungen des Jüngsten Gerichts und der Höllenstrafen von fantast., lehrhaft-drast. Charakter; **3)** Robert, * 1861, † 1942, dt. Industrieller; Gründer der *Robert B. GmbH* in Stuttgart (dt. Konzern der Elektroindustrie).
Bọsni|en und Herzegowina, Staat in SO-Europa, gliedert sich in den nördl. Landesteil Bosnien u. den südl. Herzegowina; bis auf die Saveniederung im N ein Gebirgsland mit Gebirgsstöcken über 2 000 m und großen Hochflächen in die große Becken eingelassen sind. Zugang zum Adriat. Meer nur durch einen schmalen Küstenstreifen von 20 km ohne Hafen. Bev.: mehrheitlich Muslime, orthodoxe Serben u. röm.-kath. Kroaten, daneben nat. Minderheiten. – Industriestaat (Eisen- u. Stahlind.) mit starker agrar. Prägung.
Von Illyrern bewohnt, 9 n. Chr. von Römern unterworfen u. der Prov. Dalmatia eingegliedert; s. 600 von Slawen besetzt, 1463 türk.; 1908 formlose Annexion durch Östr.-Ungarn, 1918 zu Jugoslawien; s. 1989/90 Unabhängigkeitsbestrebungen, 1991 Ausrufung der Unabhängigkeit, in blutigem Bürgerkrieg zw. v. a. bosn. Serben und Muslimen umkämpft; nach militär. Eingreifen der NATO und UN 1995 Abschluss eines Friedensvertrags zw. den Bürgerkriegsparteien.
Boson, Elementarteilchen mit ganzzahligem Spin.
Bọsporus, Meerenge zw. Europa u. Kleinasien, Türkei, 31,7 km lang, 0,7–3,3 km breit; verbindet das Schwarze Meer mit dem Marmarameer; seit 1973 Hängebrücke (1 560 m lang) in Istanbul.

Botswana

Fläche: 581 730 km²
Einwohner: (1995) 1,49 Mill.
Hauptstadt: Gaborone
Amtssprache: Englisch
Zeitzone: MEZ +1 Stunde

Bọssenwerk [frz.], Quadermauerwerk mit roh behauenen Steinaußenseiten u. kräft. Fugen (▦).
Boston ['bɔstən], Hptst. von Mass., USA, 563 000 E; Ind., bes. Textilien, Schuhe, Masch.; ⚓, ✈; Vorort ↑Cambridge 2). – 1630 gegr.; in B. 1773 Beginn des Nordamer. Unabhängigkeitskrieges.
Botanik [gr.], Pfl.-Kunde; altes naturwiss. Forschungsgebiet, heute in zahlr. Teilgebiete aufgeteilt; die *Pflanzenmorphol.* beschäftigt sich mit dem makro- und mikroskop. Aufbau der Pflanze, die *Pflanzenphysiol.* erforscht ihre Lebensvorgänge, die *Pflanzensystematik* ordnet die Pflanzen in ein System, die *Pflanzenökol.* untersucht die Beziehungen der Pfl. zu ihrer Umwelt; *angewandte Botanik,* Arzneipflanzenforschung, Forstbotanik, ↑Bakteriologie u. a.
Botha: 1) Louis, * 1862, † 1919, südafrik. Gen. und Politiker; Oberbefehlshaber im ↑Burenkrieg; 1. Min.präs. der brit. Kolonie Transvaal (1907) u. der Südafrik. Union (1910); **2)** Pieter Willem, * 1916, südafrik. Politiker; 1966–80 Verteidigungsmin., 1978–84 Premiermin. und Min. für nat. Sicherheit, 1984 bis 1989 Staatspräsident.
Bothwell, James Hepburn, Earl of ['bɔθwəl], * 1536, † 1578, dritter Gemahl Maria Stuarts, Mörder ihres zweiten Gatten, Lord Darnley.
Bötsch, Wolfgang, * 1938, dt. Politiker (CSU), 1993–98 Bundesmin. für Post u. Telekommunikation.
Botschafter, höchster Staatsvertreter im Ausland; im Ggs. zum Gesandten zugleich persönl. Vertr. des Staatsoberhauptes; sein erster Mitarb.: *Botschaftsrat.*
Botswana, Rep. in S-Afrika, abflussloses Halbwüstenhochland (Kalahari, Okawangobecken); Rinderzucht, Diamantengewinnung. Ab 1884 brit. Protektorat *(Betschuanaland),* 1966 unabhängig.
Bọttger (Böttiger), Johann Friedrich, * 1682, † 1719, dt. Keramiker; stellte unter Anleitung des Naturforschers E. W. Gf. v. Tschirnhaus (* 1651, † 1708) das erste europ. ↑Porzellan fabrikmäßig her.
Botticelli, Sandro [-'tʃɛlli], eigtl. Alessandro di Mariano Filipepi, * 1445, † 1510, ital. Maler; allegor.-mythol. und relig. Bilder („Frühling", „Geburt der Venus").
Bọttnischer Meerbusen, langgestreckter nördl. Teil der Ostsee zw. Schweden und Finnland.
Bọttrop, krsfr. Ind.-St. in NRW, nw. v. Essen, 120 500 E; Steinkohlen-⚒, chem. Ind. – Stadtrecht 1919.
Bougainville, Louis-Antoine

Comte de [bugɛ̃'vil], * 1729, † 1811, erster frz. Weltumsegler (1766 bis 1769); nach ihm ben. die *Bougainvillea,* brasil. Kletterpfl., in Dtl. Topfpflanze.

Bougainville [bugɛ̃'vil], größte der Salomoninseln, 10049 km^2; Kupfererz-⚒.

Bouillon, Gottfried IV. v. [bu'jɔ̃] ↑Gottfried IV. v. Bouillon.

Boulanger, Georges [bulɑ̃'ʒe], * 1837, † 1891, frz. Gen.; 1886/87 Kriegsmin., Chauvinist u. Wortführer der Revancheforderungen gg. das Dt. Reich.

Boule [bu:l; frz.], dem ↑Boccia ähnl. frz. Kugelspiel.

Boulevard [bulə'va:r; frz.], breite Prachtstraße; *B.presse,* marktschreierisch aufgemachte, billige Zeitungen (auf B.s angeboten).

Boulez, Pierre [bu'lɛz], * 1925, frz. Komponist und Dirigent; serielle Satztechnik.

Boulogne-Billancourt [bu'lɔɲ bılɑ̃'ku:r], frz. St. im Vorortbereich von Paris, 102500 E; Renaultwerke.

Boulogne-sur-Mer [bu'lɔɲ syr'mɛ:r], nordfrz. Hafenst. an der Straße v. Dover, 48000 E; bed. Hochseefischerei; Fährverkehr nach Dover.

Boumedienne, Houari [bumə'djɛn], * 1927, † 1978, alger. Politiker; ab 1962 Verteidigungsmin.; 1965–78 Staatspräsident.

Bourbon [bur'bɔ̃], frz. Dyn., Zweig des kapeting. Königsgeschlechts aus der Ehe Roberts, des Sohnes Ludwigs IX., mit der Erbin der Gft. B. (1278); Stammburg *B.-l'Archambault;* ältere Linie 1527 erloschen; jüngere Linie (*Vendôme;* erloschen 1883) s. 1555 in Navarra; 1589–1792 u. 1814–30 Könige von Frkr., s. 1700 Kg. v. Spanien (1808–14, 1868–75, 1931–75 des Throns entsetzt), 1735–1860 von Neapel, 1748–1802, 1847–59/60 Herzöge von Parma.

Bourbonnais [burbɔ'nɛ], histor. mittelfrz. Prov., Stammland des Hauses Bourbon, Hptst. Moulins. Viele Heilquellen (z.B. Vichy). – 1327–1527/32 Hzgt., 1651–1789 Nebenlinie Bourbon-Condé.

Bourgeoisie [burʒwa'zi:], urspr. im Frz. Bez. der soz. Schicht zw. Adel und Bauernschaft. In der *marxist. Terminologie* Bez. für die herrschende Klasse der kapitalist. Ges., die im Besitz der Produktionsmittel ist.

Bourges [burʒ], Hptst. des frz. Dép. Cher, 75600 E; got. Kathedrale; Waffen-, Textil-, Lederindustrie.

Bournemouth ['bɔ:nməθ], Hafenst. u. Seebad in S-England, 145000 E; ⚓.

Bourrée [bu're; frz.], alter frz.

Hieronymus Bosch, *Teufelsbote. Detail aus den „Versuchungen des heiligen Antonius" (zwischen 1490 und 1505)*

Volkstanz in geradem Takt, später Hoftanz, s. 1650 auch Teil der Orchestersuite.

Boutique [bu'tik; frz.], kl. Laden für [exklus.] modische Neuheiten.

Bouton [bu'tɔ̃; frz.], Schmuckknopf, Brillantanhänger.

Bouts, Dirk [bɔuts], * um 1415, † 1475, niederl. Maler in der Nachfolge der Gebrüder van Eyck.

Boutros-Ghali, Boutros ['bu-], * 1922, ägypt. Diplomat, 1992–97 Gen.-Sekr. der UN.

Bowdenzug [baʊdən; engl.], Draht, mit dem Bewegungen und Kräfte übertragen werden.

Bowiemesser, langes Jagdmesser (nordamer.).

Bowle ['bo:lə; engl.], kaltes Getränk aus Wein, Sekt, Zucker und Früchten od. Kräutern; auch das Gefäß zum Servieren.

Bowling [bəʊlıŋ] ↑Kegelsport.

Bọxen [engl.], Faustkampf nach festgelegten Regeln mit Boxhandschuhen; Kampf wird im Ring ausgetragen; beim Amateur-B. 3, beim Berufs-B. bis 15 Runden zu je 3 Min.; Sieg: wenn ein Boxer mind. 10 Sek. durch Niederschlag kampfunfähig ist, Aufgabe od. Abbruch des Kampfes od. durch Punktwertung; Einteilung in Gewichtsklassen; Schläge: *Gerade, Haken* u. *Schwinger.*

Bọxer [engl.], Hunderasse (Gruppe Doggen); stämmige intelligente Schutz- und Wachhunde.

Bọxer [engl.], christen- u. fremdenfeindlicher chin. Geheimbund (18./19. Jh.); *B.aufstand* gg. die „Fremden" (1900); Ermordung des dt. Gesandten in Peking; bewaffnetes Eingreifen der Großmächte.

Bọxermotor, Verbrennungsmotor mit 2 gegenüberliegenden Zylinder[reihe]n.

Bọxkalf [engl.], Kalbsoberleder, fein genarbt, chromsalzgegerbt.

Boyen, Hermann von, * 1771; † 1848, preuß. General; Mitarb. Scharnhorsts; 1814–19 u. erneut 1841–47 preuß. Kriegsmin., setzte 1814 die allg. Wehrpflicht durch.

Boykọtt, planmäß. Ächtung als Kampfmittel (nach dem engl. Güterverwalter in Irland *Ch. C. Boycott,* * 1832, † 1897, wegen seiner Strenge v. Pächtern zur Auswanderung gezwungen).

Boyle, Robert [bɔıl], * 1627, † 1691, engl. Physiker u. Chemiker; schuf den Begriff des chem. El.; entdeckte den bei konst. Temp. zw. Druck *(p)* u. Volumen *(V)* idealer Gase geltenden Zusammenhang: $p \cdot V = \text{const.}$ *(b.-mariottesches Gesetz).*

Boyscout ['bɔıskaʊt; engl.], Pfadfinder.

Bozen (ital. Bolzano), Hptst. der Prov. B., Südtirol, Italien, 98000 E; Wein-, Obstbau; internat. Messe; Pfarrkirche u. Franziskanerkloster (14. Jh.); bed. Fremdenverkehr.

BP, Abk. für ↑**B**ayern**p**artei.
Bq, Einheitenzeich. für ↑Becquerel.
Br, Symbol für ↑Brom ([illegible]).
Brabançonne [brabã'sɔn; frz., nach Brabant], belg. Nationalhymne.
Brabant, hist. Gebiet in Belgien u. den Niederlanden, gliedert sich in die niederl. Prov. N-B. (4957 km^2, 2,2 Mill. E, Hptst. Herzogenbusch), d. belg. Prov. Antwerpen (2867 km^2, 1,63 Mill. E, Hptst. Antwerpen) und Flämisch-B. (2106 km^2, 1,95 Mill. E, Hauptort Löwen) u. Wallonisch-B. (1090 km^2, 303000 E, Hauptort Nivelles). – Ehem. selbst. Hzgt.; 1430 burgund.; das nördl. B. ist s. 1648 niederl., das südl. B. Teil der span. bzw. östr. Niederlande, seit 1830 belgisch.
Brač [bra:tʃ], gr. Adriainsel, gegenüber von Split, Kroatien, 395 km^2, Hauptort Supetar.
Brache, gepflügtes, nichtbestelltes Ackerland; zur Nährstoffanreicherung.
Bracher, Karl Dietrich, * 1922, dt. Historiker u. Politikwissenschaftler; v. a. Werke zu zeitgeschichtl. Themen.
Brachialgewalt, Faustgewalt, rohe Gewalt.
Brachse (Blei, Brasse), Karpfenfisch, in Seen, Bächen u. Flüssen O-, M- u. Nordeuropas; bis 6,5 kg schwerer Speisefisch.
Brachvogel, Albert Emil, * 1824, † 1878, dt. Schriftsteller; Roman „Friedemann Bach".
Brachvögel, Schnepfenvögel; sehr langschnäbelige Watvögel, nisten bes. in Sumpfgegenden; Europa, Asien, N-Amerika.
brachy..., Brachy... [gr.], Bestimmungswort; Bed.: „kurz".
Bracken, derbhaarige, laut jagende Jagdhunde.
Brackwasser, Gemisch aus Salz- und Süßwasser, bes. an Flussmündungen.
Bradbury, Ray Douglas ['brædbərɪ], * 1920, amer. Schriftsteller; gesellschaftskrit. Sciencefictionromane u. pessimist. Kurzgeschichten („Fahrenheit 451").
Bradford ['brædfəd], Ind.-St. in NO-England, 281000 E; Kathedr. (15. Jh.), Univ.; Masch.-, Stahl-, Textilind., Wollhandel.
brady..., Brady... [gr.], Bestimmungswort; Bed.: „langsam".
Bradykardie, langsame Herztätigkeit; Ggs. ↑Tachykardie.
Braga, Distrikthptst. in NW-Portugal, 90000 E; roman. Kathedrale (12. Jh.).
Bragança [bra'ɣãsa], von Alfons I., Hzg. v. B. († 1461), begr. Dyn.; reg. in Portugal 1640–1853, 1822–89 auch in Brasilien.
Brahe, Tycho, * 1546, † 1601, dän. Astronom; hinterließ ↑Kepler exakte Aufzeichnungen, aus denen dieser die Gesetze der Planetenbewegung ableitete.
Brahm, Otto, eigtl. Otto Abraham, * 1856, † 1912, dt. Kritiker; Theaterleiter in Berlin; Wegbereiter des naturalist. Dramas u. des naturalist. Aufführungsstils.
Brahman [sanskr.], in der ind. Religion das Absolute, personifiziert als Gott der Schöpfung.
Brahmanen, Angehörige der obersten Kaste des Hinduismus, urspr. ausschließl. Priester.
Brahmanismus, Vorform des Hinduismus; inhaltl. charakterisiert durch eine ausschließl. am Opferwesen orientierte „Wiss.", durch Kastensystem u. Wiedergeburtslehre.
Brahmaputra, südasiat. Fluss, 2900 km, 670000 km^2 Einzugsbereich; entspringt nördl. des Himalaja, Oberlauf: *Tsangpo,* durchbricht als *Dihang* in Assam die Himalajaketten; mit dem Ganges gemeinsames Delta am Golf von Bengalen; 1300 km schiffbar.
Brahms, Johannes, * 1833, † 1897, dt. Komponist u. Pianist; befreundet mit Schumann; 4 Sinfonien, 1 Violin-, 2 Klavierkonzerte, Kammermusik, Lieder, Chorwerke („Ein Dt. Requiem"), Klavierwerke; betont das klass. Erbteil stärker als das romant. Element.
Braila [brə'ila], rumän. Hafenstadt am Unterlauf der Donau, 234000 E; Getreideausfuhr, Holzhandel, vielseit. Industrie.
Braille, Louis [bra:j], * 1809, † 1852, frz. Blindenlehrer; entwickelte 1825 die Blindenschrift *(B.-Schrift)* mit 6 Punkten.
Brainstorming ['breɪnstɔ:mɪŋ], Verfahren, durch Sammeln v. spontanen Einfällen innerh. einer Arbeitsgruppe die beste Lösung für ein Problem zu finden.
Braintrust ['breɪntrʌst; amer.; = Gehirntrust], urspr. die Berater des Präsidenten F. D. Roosevelt beim ↑New Deal; heute allg. Gremium qualifizierter Fachberater.
Bräker, Ulrich, gen. der arme Mann im Toggenburg, * 1735, † 1798, schweizer. Schriftsteller; u. a. Autobiographie: „Lebensgeschichte u. natürl. Ebentheuer des Armen Mannes im Tockenburg".
Brakteaten [lat.], einseitig hohlgeprägte ma. Münzen (Pfennige).
Bramante, eigtl. Donato d'Angelo, * 1444, † 1514, ital. Baumeister u. Maler; Begr. der hochklass. Architektur der Renaissance (Hauptwerke in Mailand und Rom).
Bramme, Roheisenstück mit rechteck. Querschnitt, zu Blech oder Stabeisen ausgewalzt.
Branche ['brãʃə], Wirtschafts-, Geschäftszweig.
Branco, Rio [riu 'braŋku], l. Nebenfluss des Rio Negro, Brasilien, rd. 780 km.
Brancuşi, Constantin [brɪŋ'kuʃj], * 1876, † 1957, rumän.-frz. Bildhauer; bed. Vertreter der abstrakten Richtung.
Brand: 1) (Gangrän) örtl. Gewebstod bei erh. Gesamtorganismus; Ursache örtl. Ernährungsstörungen, z. B. bei Arterienverkalkung, Diabetes; *trockener B. (Mumifikation):* blaurote bis schwarze Hautverfärbung, Kühle, Gefühllosigkeit; *nasser B.:* rötl. bis blaue Verfärbung, Blasenbildung, Fäulnisgeruch, Eiter; **2)** durch ↑Brandpilze und Bakterien verursachte Pflanzenkrankheiten.
Brandauer, Klaus Maria, * 1944, dt.-östr. Schauspieler; auch Fernsehen u. Filme („Mephisto", „Oberst Redl").
Brandenburg, Land im NO von Dtl., 29056 km, 2,53 Mill. E, Hptst. Potsdam; waldreiche Ldsch., karger, sandiger Boden; nur die trockengelegten Brüche ergeben bes-

J. Brahms *(links).* **W. Brandt** *(rechts)*

sere Ackerbaugebiete; Seen, viele Flussarme, dichtes Kanalnetz. – *Gesch.:* Nach der Völkerwanderung von Slawen besiedelt, vorübergehend Eingliederung ins Hl. Röm. Reich (10. Jh.; Gründung der Bistümer Havelberg und B.), seit 1134 Wiedereroberung durch die Askanier; intensivere dt. Besiedlung, Erwerbung neuer Gebiete, 1323 an die Wittelsbacher (1356 Kurft.), 1373 an d. Luxemburger, 1415 an Burggf. Friedrich VI. v. Nürnberg (Hohenzollern), 1539 Einführung der Reformation, 1614 Erwerb v. Kleve, Mark u. Ravensberg, 1618 endgült. Erwerb des Hzgt. Preußen; eigtl. Begr. des brandenburg.-preuß. Staates war Friedrich Wilhelm, der Gr. Krfst. (weiteres ↑Preußen); 1952 um die Gebiete östl. der Oder verkleinert, 1952 in Bez. Potsdam, Frankfurt/Oder u. Cottbus aufgeteilt; 1990 wiedererrichtet.

Brandenburger Tor, Eingangstor zur Straße Unter den Linden in Berlin, als Wach- und Zolltor von C. G. Langhans 1788–91 errichtet.

Brandenburg/Havel, Krst. in Bbg., 90 500 E; Stahl- und Walzwerk, Werft.

Brando, Marlon ['brændəʊ], * 1924, amer. Filmschauspieler („Endstation Sehnsucht"; „Der letzte Tango in Paris"; „Apocalypse now").

Brandopfer, in versch. Religionen übl. Opfer zur Verehrung oder Versöhnung der Gottheit.

Brandpilze, parasit. höhere Pilze, infizieren andere Pfl. durch Brandsporen (Generations- u. Wirtswechsel).

Brandrodung, Abbrennen v. Wald für den Ackerbau, wobei die Asche als Dünger dient.

Brändström, Elsa, gen. „Engel von Sibirien", * 1888, † 1948, sorgte als schwed. Abgeordnete des Roten Kreuzes 1914–20 für die dt. Gefangenen in Russland.

Brandt, Willy, * 1913, † 1992, dt. Politiker (SPD); 1933 Emigration, 1957–66 Regierender Bürgermeister von Berlin; 1964–87 Vors. der SPD; 1966–69 Außenmin., 1969–74 (Rücktritt) Bundeskanzler; Friedensnobelpreis 1971; Vors. d. Sozialist. Internationale (1979–92) u. der „Nord-Süd-Kommission"; 1979–83 Mitgl. des Europ. Parlaments.

Brandung, auf die Küste aufprallende, sich überstürzende Wellen.

Brandy ['brændɪ; engl.], engl. Bez. für Weinbrand.

Branntwein, Gemisch aus Äthylalkohol u. Wasser; durch Destillation aus Getreide, Kartoffeln,

Brasilien

Fläche: 8 511 996 km²
Einwohner: (1995) 161,8 Mill.
Hauptstadt: Brasília
Amtssprache: Portugiesisch
Zeitzonen: MEZ −4 bis −6 Stunden (von O nach W)

Zucker oder gegorenem Fruchtsaft gewonnen; *Trink-, Edel-* (aus wertvollen Weinen od. Maischen) mit mind. 38, *Schank-B.e* mit mind. 22,5 Volumen-% Alkohol, *Liköre* mit Zucker[lösung] und aromat. Geschmacksträgern; **B.monopol,** in Dtl. seit 1919 Staatsmonopol zur Übernahme des erzeugten B.s; auch zur Herst., Einfuhr u. Verwertung.

Brant, Sebastian, * um 1458, † 1521, dt. Satiriker; „Das Narrenschiff".

Braque, Georges [brak], * 1882, † 1963, frz. Maler u. Grafiker; v. a. Stillleben u. Interieurs, mit ↑Picasso einer der typischsten Vertreter des Kubismus.

Brasch, Thomas, * 1945, dt. Schriftsteller; subjektivist. Geschichten, Theaterstücke, Szenarien, Essays.

Brasília, seit 21. 4. 1960 Hptst. Brasiliens, im Innern des Landes, 940 km nw. von Rio de Janeiro, 1,6 Mill. E; Univ.; moderne Architektur, weiträumige Anlage; ✈.

Brasili|en, südamer. Bundesrepublik; Dreiteilung: Bergland von Guayana, Amazonastiefland, Brasil. Bergland; im Amazonasgebiet trop. Regenwald, im Brasil. Bergland Campos (Trockenwald u. offene Grasfluren) u. Caatinga (Dornsträucher und Sukkulenten). *Wirtsch.:* etwa 30 % der Welt-Kaffee-Ernte, daneben Anbau von Baumwolle, Kakao, Tabak, Zuckerrohr, Orangen und Bananen; bed. Rinderzucht; außerdem: Fichtenholz, Rohgummi, Karnaubawachs, Paranüsse; wenig erschlossene Bodenschätze: Kohle, Eisen- und Manganerze, Bauxit, Gold; Aufbau der Ind.; gut ausgebautes Luftverkehrsnetz (etwa 1 100 Flugplätze). – *Gesch.:* 1500 Landung Vincente Yáñez Pinzóns an d. Küste B.s; bis 1821 portug. Kolonie, 1822 unabh. Kaiserreich (Peter I., Peter II.), 1889 Rep., 1930–45 und 1950–54 Vargas Präs., seit 1937 autoritäre Reg., 1946 demokrat. Verf., nach Mil.-Putsch 1964–85 Militärherrschaft; UN-Mitgl. – *Sprache:* Portug. mit brasil. El. – *Lit.:* Anfänge im 17. Jh., Gesellschaftssatiren des G. de Matos Guerra; seit der Romantik Nationallit., Verherrlichung des Indianertums; Vorläufer u. a. Frei José de Santa Rita Durão; Höhepunkt: Romane von J. M. de Alencar; Lyrik von A. de Castro Alves. Spätere bed. Erzähler: J. M. Machado de Assis u. J. Lins do Rêgo Cavalcanti. Zeitgenöss. Lyrik u. a. von dem Modernisten C. Drummond de Andrade.

Brassica [lat.], Gatt. der Kreuzblütler; Gemüse- und Futterpfl. z. B. Kohl; Öl- und Gewürzpfl., z. B. Raps.

Bratislava ↑Preßburg.

Brätling, orangebrauner Blätterpilz (Milchling); guter Speisepilz.

Bratsche [ital.], Streichinstrument, Stimmung 1 Quinte tiefer als die Violine; Notierung im Altschlüssel.

Brauchitsch, Walter von, * 1881, † 1948, dt. Generalfeldmarschall; ab 1938 Oberbefehlshaber des Heeres, 1941 nach Differenzen mit Hitler verabschiedet.

Brauerei, Gewerbebetrieb zur Bierherst.; Sudhaus mit Maisch- u. Läuterbottichen, Kühlanlagen, Gär- und Lagerkeller, Mälzerei, vollautomat. Flaschenabfüllanlage.

Braun: 1) Felix, * 1885, † 1973, östr. Schriftsteller u. Dramatiker; Roman „Herbst des Reiches"; **2)** Lily, geb. v. Kretschmann, * 1865, † 1916, dt. Frauenrechtlerin und Schriftstellerin; **3)** Mattias, * 1933, dt. Schriftsteller u. Dramatiker; „Die Troerinnen", „Medea"; **4)** Otto, * 1872, † 1955, dt. Politiker (SPD); 1920–33 mit kurzen Unterbrechungen preuß. Min.-Präs., emigrierte in die Schweiz; **5)** Wernher Frhr. v., * 1912, † 1977, amer. Physiker u. Raketeningenieur dt. Herkunft; an der Entwicklung der V-2-Raketen maßgebl. beteiligt; seit 1945 in den USA, 1959–72 Mitarbeiter der NASA, Entw. v. antriebsstarken Weltraumraketen. – Abb. S. 104.

Braunalgen, oft gr., meist mari-

Seite 104

W. Freiherr von Braun *(links).* **B. Brecht** *(rechts)*

ne, oft braune Algen; fädig od. blattartig.

Braunau am Inn, Bez.-Hptst. in Oberöstr., 17 000 E; spätgot. Kirche; Holzind., Aluminiumhütte.

Braunbär ↑Bären 1).

Braunfäule, Bez. für versch. durch Pilze hervorgerufene Pflanzenkrankheiten, z. B. Fruchtfäule der Tomaten, Knollenfäule der Kartoffeln u. a.

Braunkohle, aus untergegangenen Wäldern hpts. im Tertiär entstandene erd. bis faser. ↑Kohle, braun- bis schwarzfarbig, mit hohem Wasser-, Asche- und Bitumengehalt; Abbau meist im Tagebau.

Braunlage, heilklimat. Kurort im Harz, 5 800 E; Wintersportplatz.

Braunsberg (Ostpr.) (poln. Braniewo), St. im Ermland, Polen, 14 000 E; Ordensschloss von 1241.

braunsche Röhre [nach K. F. Braun, * 1850, † 1918], die 1897 entwickelte ↑Elektronenstrahlröhre.

Braunschweig: 1) Reg.-Bez. in Nds., 8 096 km², 1,67 Mill. E; umfasst Teile des Harzes und des niedersächs. Gebirgsvorlandes. – *Gesch.:* B. u. sein Umland waren welf. Allodialbesitz; seit 1235 Hzgt., aus dem Ende des 17. Jh.s neben dem Kurft. Hannover das Hzgt. B. entstand; 1918–22 sozialist. Rep.; 1922–33 Freistaat; 1946–77 Verw.-Bez.; **2)** Hptst. v. 1), krsfr. St., 252 500 E; TU; Akademien, Fach[hoch]sch., Physikal.-Techn. u. Biol. B.-Anstalt; OLG, LG, IHK; im Dom Grabmal Heinrichs des Löwen, vor der Burg *Dankwarderode* ein bek. Löwenstandbild.

Braut, Verlobte; *B.geschenke,* Geschenke unter Verlobten; Rückforderung mögl. bei späterer Ehescheidung od. wenn das Verlöbnis nicht zur Ehe führt (§); *B.kauf,* Heiratsform bei Naturvölkern; Kaufpreis an die Sippe der Braut.

Bravo [ital.]: **1)** Beifallsruf; **2)** ital. für Meuchelmörder, Räuber.

Bravour [bra'vu:r; frz.], Tapferkeit, Schneid.

Brazzaville [braza'vil], Hptst. der Rep. Kongo, 937 000 E; Univ.; vielseit. Ind., Fluss-⚓ am Kongo, ✈.

BRD, nichtamtl. Abk. für: **B**undesrepublik **D**eutschland.

Break [breɪk; engl.], im *Sport:* 1. Durchbruch aus der Verteidigung heraus (v. a. beim Eishockey u. Basketball); 2. Durchbrechen des gegner. Aufschlags (Tennis); 3. Trennkommando des Ringrichters beim Boxkampf.

Breakdance ['breɪkdæns], Sammelbez. für Tanzformen meist jugendl. Rockfans; s. Anf. der 1980er Jahre in amer. Großstadtghettos; die Elemente reichen v. roboterhaften rhythm. Bewegungen bis zu akrobat. Sprüngen, Wirbeln, Pirouetten auf Schultern, Kopf, Rücken.

Brecht, Bertolt, eigtl. Eugen Berthold Friedrich B., * 1898, † 1956, dt. Schriftsteller; Neuerer des Theaters; „Dreigroschenoper" mit Bänkelliedern (Songs), „Mutter Courage und ihre Kinder", Theorie des ep. Theaters: „Kleines Organon für das Theater"; „Kalendergeschichten" u. a.

Brechung (Refraktion), Änderung der Fortpflanzungsrichtung v. Wellen an der Grenzfläche zweier Substanzen, in denen die Welle versch. Ausbreitungsgeschwindigkeit hat; *Brechzahl* (B.sindex), Brechungsverhältnis eines Stoffes gegenüber dem Vakuum.

Breda, niederl. St. in N-Brabant, 127 000 E; Textil-, Maschinenind.

Bredouille [bre'duljə; frz.], Verlegenheit, Bedrängnis.

Breeches ['britʃız; engl.], Reithose; oben weit, an Knien und Unterschenkeln eng.

Breg, rechter Quellfluss der Donau, Schwarzwald.

Bregenz, Hptst. v. Vorarlberg, Östr., am Bodensee, 27 500 E; Ind., Fremdenverkehr.

Bregenzerwald, Teil der Nördl. Kalkalpen in Vorarlberg, Östr., Teile: *Vorderwald, Hinterwald;* durchflossen v. der *Bregenzerach;* im *Hochifen* 2 232 m; Fremdenverkehr.

Brehm: 1) Alfred, * 1829, † 1884, dt. Zoologe; Zoodirektor in Hamburg und Gründer des Berliner Aquariums; „Illustriertes Tierleben" (später „Brehms Tierleben"); **2)** Bruno, * 1892, † 1974, östr.

A. Brehm

Schriftsteller; „Der böhmische Gefreite" u. a. Romane.
Breisach am Rhein, St. westl. von Freiburg i. Br., Ba.-Wü., 12 000 E; Weinhandel; roman.-got. Münster („Jüngstes Gericht" von ↑Schongauer, Hochaltar des Meisters H. L.).
Breisgau, fruchtb. Ackerbaulandsch. westl. des südl. Schwarzwaldes.
Breit, Ernst, * 1924, dt. Gewerkschafter; 1982–90 Vors. des Dt. Gewerkschaftsbundes (DGB).
Breitbandantibiotika, Antibiotika mit gr. Wirkungsbreite.
Breitbandkommunikation, drahtlose oder kabelgebundene Nachrichtenübermittlung, die wegen der Menge der zu übertragenden Informationseinheiten (Daten) einen Frequenzbereich von mehreren MHz benötigt, z. B. Kabelfernsehen, Bildfernsprechen u. a.
Breitbildverfahren (Breitwandverfahren), Filmaufnahme- u. -projektionsverfahren, die mit Hilfe von Spezialoptiken Filmszenen großer Breitenausdehnung aufzunehmen u. auf einer breiten Bildwand wiederzugeben erlauben, z. B. Cinemascope®, Todd-AO®, Cinerama®.
Breitinger, Johann Jakob, * 1701, † 1776, schweizer. Gelehrter; Mitarb. J. J. ↑Bodmers.
Breitscheid, Rudolf, * 1874, † 1944 im KZ Buchenwald, dt. Politiker (SPD); preuß. Innenmin. 1918/19.
Breitwandverfahren, svw. ↑Breitbildverfahren.
Bremen: 1) Land Freie Hansestadt B.; 404 km² (kleinstes Land der BRD) mit den Städten Bremen (Hptst.) und Bremerhaven, 680 000 E; Seeklima; liegt in fruchtb. Marschldsch.; **2)** Hafenst. an der Weser, Hptst. v. 1), 550 000 E; Staatsgerichtshof, OLG, LG; Univ., Fachhochschulen; Handelskammer, Börse; berühmter Marktplatz (Dom, Rathaus, Rolandsäule); See-⚓, Sitz gr. Reedereien; Umschlag von Wolle, Baumwolle, Tabak, Petroleum, Holz; Werften; Erdölraffinerie, Maschinenbau, Stahlwerke; ✈. – *Gesch.:* Bistum B. noch unter Karl d. Gr. entstanden; 965 Marktrecht; 1303 Aufzeichnung des Stadtrechts; 1358 Mitgl. der Hanse; 1522 Reformation; 1666 Reichsstandschaft; 1806 Freie Hansestadt; 1827 Anlage ↑Bremerhavens.
Bremerhaven, Hafenst. an der Wesermdg., 130 000 E; Fischereigroßhafen, Vorhafen von Bremen, bed. Container- und Stückgut-⚓; IHK, Fachhochschule, Inst. für Meeresforschung, Schifffahrtsmuseum, Nordseeaquarium.
Bremervörde, St. an der Oste, Nds., 19 000 E; Textil-, Möbel-, Kunststoffindustrie.
Bremgarten (AG), Bez.-Hptst. im schweizer. Kt. Aargau, 4 800 E; Kapuzinerkloster (1618–21).
Bremse, mech. od. elektr. Vorrichtung, die die Bewegung eines umlaufenden (Rad, Welle) oder sich geradlinig bewegenden Körpers (z. B. Fahrzeug) verzögert, aufhebt oder arretiert.
Bremsen, Fliegen, deren Weibchen sich vom Blut der Warmblüter ernähren; in Dtl. v. a. *Rinderbremse.*
Bremsschlupfregler (Antiblockiersystem, ABS), elektron. Einrichtung, die beim Bremsen eines Rades verhindert, daß die Bremskraft die Reibungskraft zw. Rad u. Untergrund überschreitet u. das Rad blockiert.
Bremsweg, Weg, der zw. Beginn des Bremsvorganges u. Stillstand des abgebremsten Körpers zurückgelegt wird; *Anhaltestrecke* (🚗): Reaktions- + Bremsweg.
Brennelement, kleinste Brennstoffeinheit aus mehreren gasdicht abgeschlossenen Brennstäben in Leichtwasserreaktoren. In Kugelhaufenreaktoren werden B.-Kugeln verwendet.
Brenner (ital. Brennero), wichtigster Pass (1 375 m) in den Ostalpen; Autobahn, Bahn; s. 1919 Grenze zw. Östr. und Italien.
Brenner, Roter ↑Übers. S. 528 ff.
Brennerei, Herst. von ↑Branntwein (Weingeist, Spiritus) aus gegorenen, alkoholhalt. Flüssigkeiten; Stärke wird in Zucker verwandelt, nach Zusatz von Hefe Alkoholentw.; Konzentrierung durch Destillation.
Brennfleckigkeit ↑Übers. S. 528 ff.
Brennkammer, Verbrennungsraum von Strahltriebwerken u. Raketenantrieben.
Brennnessel, Nesselgewächs; in Dtl.: *Große B.* an Schuttplätzen, Heilpfl., auch Wildgemüse; *Kleine B.,* einjähr. Unkraut.
Brennpunkt (Fokus), Sammelpt. achsenparalleler Strahlen, die eine Sammellinse passierten od. von einem Hohlspiegel reflektiert werden.
Brennspiegel, Hohlspiegel zur Konzentration einfallender Sonnenstrahlen im ↑Brennpunkt oder in einer Brennlinie.
Brennspiritus, vergällter (durch Zusatz von z. B. Methanol ungenießbar gemachter) Äthylalkohol.
Brennstoffe, 1. *natürl. B.* (u. a. Kohle, Erdgas), 2. *künstl. (veredelte) B.* (u. a. Benzin, Hüttenkoks), 3. *nukleare B.* (Kern-B., spaltb. Isotope v. Uran, Plutonium u. a.).
Brennstoffelement: 1) im Prinzip ein galvan. El., bei dem die Oxidationsenergie von flüss. od. gasförm. Brennstoffen unmittelbar in elektr. Energie umgesetzt wird;

Bremse. *Schematische Darstellung einer hydraulischen Bremsanlage (Trommelbremsen): 1 Bremspedal, 2 Hauptzylinder, 3 Bremsleitung, 4 Radzylinder, 5 Bremsbacken, 6 Bremstrommel*

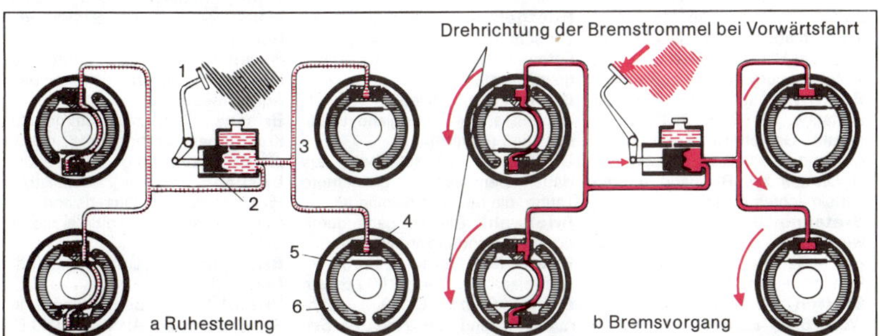

elektrochem. Prozess zw. d. Elektroden durch Ionen; hohe therm. Wirkungsgrade; **2)** svw. Brennelement.

Brennstoffkreislauf, Verfahren zur Ver- und Entsorgung von Kernkraftwerken, von der Uranerzgewinnung bis zur Wiederaufbereitung oder Endlagerung.

Brennweite, Abstand zw. Linsen-(Spiegel-)Mitte u. reellem od. imaginärem Schnittpt. von parallel einfallenden Strahlen.

Brennwert, die bei vollst. Verbrennung von 1 kg einer Substanz (bei Gasen 1 m^3) frei werdende Reaktionswärme.

Brentano: 1) Clemens, * 1778, † 1842, Bruder von Bettina von Arnim, dt. Dichter der Romantik; Roman „Godwi"; gab mit ↑Arnim die Nachdichtungen von Volksliedern heraus: „Des Knaben Wunderhorn"; Märchen, Erzählungen, Romanzen; **2)** Franz, * 1838, † 1917, Neffe von 1), dt. Philosoph u. Psychologe; Begr. der beschreibenden Psychol.; **3)** Lujo (Ludwig Josef), * 1844, † 1931, Neffe von 1), dt. Nationalökonom; Mitbegr. des „Vereins für Socialpolitik".

Breschnew, Leonid Iljitsch, * 1906, † 1982, sowj. Politiker; 1960–64 u. 1977–82 Staatsoberhaupt der UdSSR; 1964–82 1. Sekretär des ZK der KPdSU.

Brescia ['brɛʃʃa], nordital. Prov.-Hptst. 192 000 E; Dom (um 1100), Hochschule, Biblioteca Queriniana; vielseit. Industrie.

Bresgen, Cesar, * 1913, † 1988, östr. Komponist; Jugend- u. Märchenopern, Chorwerke.

Breslau (poln. Wrocław), St. an der Oder, Polen, kulturelles, wirtsch. u. Verw.-Zentrum der Woiwodschaft B., 641 000 E; Univ. (gegr. 1702), TH, Kunstakad., Stadttheater; got. Rathaus, Dom 13./14. Jh.; u. a. Masch.- u. Textilind., Schiffswerft; Oder-⚓, ✈. – Um 1000 Bischofssitz, 1163–1335 Residenz der schles. Piasten; 1241 Zerstörung durch die Mongolen; 1261 Magdeburger Stadtrecht; Mitgl. der Hanse; 1335 an Böhmen, 1526 habsburg., 1742 preußisch.

Brest: 1) westfrz. Hafenst. in der Bretagne, 148 000 E; **2)** (fr. B.-Litowsk) Gebiets-Hptst. in Weißrussland, 277 000 E; *Frieden von B.-Litowsk* zw. Russland u. den Mittelmächten (1918).

Bretagne [brə'taɲ], größte u. westlichste Halbinsel Frkr., zugleich Region, 27 208 km^2, Hptst. Rennes. – Bis 1532 selbst. Hzgt.

Bretten, St. im Kraichgau, Ba.-Wü., 26 000 E; Haushaltsgeräte-, Metallindustrie.

Bretton Woods ['bretn wʊdz], Ort in New Hampshire, USA; hier wurden 1944 die Verträge über die Gründung des ↑Internat. Währungsfonds und der Weltbank geschlossen.

Breuel, Birgit, * 1937, dt. Wirtschaftspolitikerin (CDU), 1978–86 Wirtschaftsmin., 1986–90 Finanzmin. in Nds., 1991–95 Präs. der Treuhandanstalt.

Breughel (Brueg[h]el) ['brø:xəl], niederl. Malerfamilie: **1)** Abraham, * 1631, † 1690, Sohn von 3); Stillleben; **2)** Jan, d. Ä., * 1568, † 1625, Sohn von 4); gen. „Samt- oder Blumen-B."; **3)** Jan, d. J., * 1601, † 1678, Sohn von 2); **4)** Pieter, d. Ä., * 1520, † 1569; gen. „Bauern-B."; Landschaften und Bauernleben; Hauptwerke in Wien; **5)** Pieter, d. J., * um 1564, † um 1638, Sohn von 4); gen. „Höllenbreughel".

Brevier, Slg. des tägl. Stundengebetes der Geistlichen u. Ordensleute der kath. Kirche.

Brevis, Notenwert v. 2 ganzen Noten; ↑Mensuralnotation (𝄞).

Breytenbach, Breyten, * 1939, südafrikan. Schriftsteller, Maler u. Grafiker; 1975–82 in Haft. Tagebuch „Wahre Bekenntnisse eines Albino-Terroristen".

Briand, Aristide [bri'ã], * 1862, † 1932, frz. Politiker; wiederholt Min.-Präs.; erstrebte als Außenmin. (zuletzt 1925–32) die Verständigung mit Dtl. u. leitete mit Stresemann 1925 die Locarnopol. ein; Friedensnobelpreis (mit G. Stresemann) 1926.

Bridgeman-Verfahren, Kristallzüchtungsverfahren, bei dem sich die Schmelze in einem absenkbaren Tiegel befindet.

Bridgetown ['brɪdʒtaʊn], Hptst. von Barbados, 7 500 E; ✈.

Brie [bri:], frz. Ldsch. östl. von Paris; bek. der *Fromage de B.* (weicher Rahmkäse).

Brief [lat.]: **1)** schriftl. Mitteilung; **2)** Angebot im Börsenwesen.

Briefgeheimnis, der Schutz jeder schriftl. Mitteilung, mit Post- u. Fernmeldegeheimnis in Art. 10 GG gewährleistet.

Briefmarke, aufklebb. Postwertzeichen, s. 1840 in England, in Dtl. seit 1849 (Bayern).

Brieftaube (Reisetaube), aus Haustaubenrassen gezüchtete Taube, die bes. gut heimfindet.

Briefwahl, Stimmabgabe durch postal. Zusendung an Wahlleiter.

Brienz (BE), Gem. u. Kurort im schweizer. Kt. Bern, 2 800 E; am *Brienzer Rothorn* (2 350 m; Zahnradbahn) und am *Brienzer See* (261 m tief, 30 km^2).

Bries (Kalbsmilch), Thymusdrüse des Kalbes.

Brigach, linker Quellfl. der Donau.

Brigade [ital.-frz.]: **1)** kleinster Großverband aller Truppengattungen, der selbst. Kampfaufträge durchführen kann; **2)** in kommunist. Staaten unter produktionstechn. Gesichtspunkten gebildetes kleinstes Kollektiv v. Ind.- bzw. Landarbeitern.

Brigg [engl.], kleineres Schiff mit 2 vollgetakelten Masten, *B.schoner* mit Rahsegeln am Fockmast.

Brig-Glis, St. im schweizer. Kt. Wallis, 10 600 E; maler. St.bild, Fremdenverkehr.

Brighton ['braɪtn], engl. Seebad an der Kanalküste, 146 000 E; Univ., TH.

Brikett [frz.], aus feinkörnigem Material durch Pressen gewonnenes festes Produkt (z. B. Braunkohlen-B.).

Brillant [brɪ'ljant; frz.] ↑Diamant 1).

Brille [gr.], Augengläser zur Korrektur von Brechungsfehlern des Auges od. zum Schutz; mit Sammellinsen für Weit- od. Alterssichtige, mit Zerstreuungslinsen für Kurzsichtige; zylindr. geschliffene Linsen für astigmat. Augen. B.nstärke nach ↑Dioptrien.

Brillenschlangen (Hutschlangen), Giftnattern, in warmen Ländern Asiens und Afrikas; ihr Gift meist tödl.; *Königskobra,* bis 450 cm lang; *Brillenschlange* (Schlange der ind. Schlangenbeschwörer), bis 175 cm.

Brilon, St. im östl. Sauerland, NRW, 27 500 E; Fremdenverkehr, Holzind., Glockengießerei.

Brindisi, südostital. Hafenst. in Apulien, 93 000 E; Erdölind.; ✈. – Im Altertum Brundisium.

Brinellhärte [nach dem schwed. Metallurgen *J. A. Brinell* (* 1849, † 1925)], Zeich. *HB,* Härtemaß.

Brio [ital.], Lebhaftigkeit (𝄞).

Brion, Friederike, * 1752, † 1813, Pfarrerstochter aus Sesenheim, Goethes Jugendliebe.

Brionische Inseln, kroatische Inselgruppe an der Küste des Adriat. Meeres.

Brisanz [frz.], zertrümmernde Kraft eines Sprengstoffs durch plötzl. Freisetzung gr. Energien.

Brisbane [brɪzbən], ostaustral. Hafenst., Hptst. v. Queensland, 1,3 Mill. E (städt. Agglomeration); Univ.; ✈.

Brise [roman.], günst. Segelwind; ↑auch Windstärke.

Bristol [brɪstl], bed. Hafenst. in SW-England, am Avon, 420 000 E, Hptst. der Gft. Avon; Univ., Ka-

thedr. (12./14. Jh.), vielseitige Industrie; ⚓.
Bristolkanal, tiefe Bucht des Atlant. Ozeans im SW Englands, an der Severnmündung.
Britannilen, s. Cäsars Unternehmungen gg. B. (55/54 v. Chr.) Name für England u. Schottland.
Briten, urspr. die kelt. Bev. Britanniens vor der german. Einwanderung (um 470 n. Chr.); heute die Bewohner Großbritanniens und Nordirlands.
Britische Inseln, zusammenfassender Name für ↑Großbritannien u. Nordirland, ↑Man, ↑Irland.
Britisches Museum, Museum u. Bibliothek in London, gegr. 1753, eine der größten Slg. der Erde; Bibliotheksabteilungen gehören s. 1973 zur neugegr. British Library.
Britisches Reich ↑Commonwealth of Nations.
Britisch-Guayana ↑Guyana.
Britisch-Honduras ↑Belize.
British Antarctic Territory ['brıtıʃ ænt'ɑ:ktık 'terıtərı], brit. Kronkolonie in der Antarktis, 5,4 Mill. km², davon 1,7 Mill. km² Land, Verw.-Sitz: London (s. 1989).
British Broadcasting Corporation ['brıtıʃ 'brɔ:dkastıŋ kɔ:pəreıʃn] (BBC), staatl. brit. Rundfunkgesellschaft; gegr. 1922.
British Commonwealth of Nations ['brıtıʃ 'kɔmənwelθ ɔv 'neıʃnz], bis 1948 Bez. für Commonwealth of Nations.
Britten, Benjamin, * 1913, † 1976, brit. Komponist; gemäßigt mod. Orchester- u. Chorwerke.
Britting, Georg, * 1891, † 1964, dt. Lyriker u. Erzähler; Roman: „Lebenslauf eines dicken Mannes, der Hamlet hieß".
Brixen (ital. Bressanone), St. im Eisacktal, Südtirol, Italien, 16 200 E; Dom (18. Jh.); Weinbau.
Brjansk, Hafenst. an der Desna, Russland, 452 000 E; Masch.-Bau, Stahlwerk, Textil- u. a. Ind.
Broad Church ['brɔ:d tʃə:tʃ; engl.] ↑anglikanische Kirche.
Broadway ['brɔ:dweı], Hauptstraße in New York, 25 km lang.
Broch, Hermann, * 1886, † 1951, östr. Schriftsteller; Romane: „Die Schlafwandler" (Trilogie), „Der Versucher", „Der Tod des Vergil".
Brockdorff-Rantzau, Ulrich Gf. von, * 1869, † 1928, dt. Diplomat und Politiker; 1918/19 Staatssekr. bzw. Reichmin. des Äußeren und 1919 Leiter der dt. Friedensdelegation, aus Protest gegen Versailler Vertrag 1919 zurückgetreten; 1922–28 Botschafter in Moskau.
Brocken, höchster Berg (1 142 m) im Harz.
Brockhaus, Friedrich Arnold, * 1772, † 1823, dt. Verleger. – ↑Bibliographisches Institut & F. A. Brockhaus AG.
Brod, Max, * 1884, † 1968, isr. Schriftsteller östr. Herkunft; Biograph Kafkas; Romane, Lyrik.
Brodskij, Iossif Aleksandrowitsch, * 1940, † 1996; russ. Lyriker; lebt nach Ausweisung (1972) in den USA; auch Übersetzungen u. Essays; Nobelpreis 1987.
Brokat [ital.], schwerer, gemusterter [Seiden]stoff mit schillernden Metallfäden.
Brokdorf, Gem. am r. Elbufer, 15 km sw. v. Itzehoe, Schl.-Ho., 830 E; Kernkraftwerk.
Broker ['brəʊkə; engl.], Börsenmakler in Großbrit. und den USA.
Brom [gr.], chem. El., Symbol Br, OZ 35, rel. A.-Masse 79,904; Halogen; bei gewöhnl. Temp. dunkelbraune Flüssigkeit, lösl. in Wasser; Dichte 3,12 g/cm³, Fp. −7,2 °C, Sp. 58,78 °C; Verhalten analog ↑Chlor, Reaktionen weniger energ.; *Vorkommen:* nur in Verbdg. (v. a. $MgBr_2$ im Meerwasser).
Brombeeren, Sammelart der Rosengewächse, viele Sorten, z. T. auch dornenlos.
Bromberg (poln. Bydgoszcz), Woiwodschaftshptst. nahe der unteren Weichsel, Polen, 384 000 E; TH; Holzind. u. -handel, Maschinenbau.
Bromfield, Louis ['brɔmfi:ld], * 1896, † 1956, amer. Schriftsteller; Romane; „Der große Regen".
Bronchialasthma ↑Asthma.
Bronchialkarzinom (Lungenkrebs), bösartige Geschwulst der Bronchialschleimhaut, die von den Luftröhrenverzweigungen ausgeht.
Bronchialkatarrh (Bronchitis), Entzündung der Bronchialschleimhaut, oft auch der Luftröhre; akut oder chronisch; auch Symptom von Keuchhusten, Masern, Herzkrankheiten, Lungenkrebs u. a.
Bronchilen, die stärkeren, mit einer Schleimhaut ausgekleideten Äste der Luftröhre.
Bronchiolen, die feineren Verzweigungen der Bronchien.
Bronchitis, svw. ↑Bronchialkatarrh.
Bronchopneumonie ↑Lungenentzündung.
Bronchus, Hauptast der Luftröhre.
Brontë [brɔnti], drei Schwestern, engl. Romanschriftstellerinnen: **1)** Anne, * 1820, † 1849; „Agnes Grey"; **2)** Charlotte, * 1816, † 1855; „Jane Eyre"; **3)** Emily Jane, * 1818, † 1848; „Sturmhöhe".
Brontosaurier [gr.], bis 30 m langer ↑Dinosaurier; Pflanzenfresser.
Bronx, nördl. Stadtteil von New York.
Bronze [brõsə; roman.], Kupfer-Zinn-Legierung mit versch. Zusätzen; seit etwa 2500 v. Chr.
Bronzekunst, Bildnerei und Kleinkunst aus Bronze in Vollod. Hohlguss; viertausendjähr. Geschichte: u. a. Wagenlenker von Delphi, Reiterstatue des Mark Aurel, Bernwardstür in Hildesheim, Statuen von Donatello und Verrocchio, Sebaldusgrab in Nürnberg, Perseus v. Cellini, Statuen u. Brunnen von Giovanni da Bologna u. seiner Schule, Schlüters Standbild des Gr. Krfst., Schadows Quadriga in Berlin.
Bronzezeit ↑Übersicht Vorgeschichte.
Brook, Peter [brʊk], * 1925, engl. Theater- u. Filmregisseur; inszenierte Stücke von Shakespeare.
Brooklyn ['brʊklın], Stadtteil v. New York.
Broschüre ↑Buch.
Broszat, Martin [-ʃ-], * 1926, † 1989, dt. Historiker (Zeitgeschichte).
Brot, Gebäck aus Getreidemehl oder -schrot, Wasser, Salz u. a.; Teiglockerung durch Kohlensäureentwickler, v. a. Hefe oder Sauerteig; Backtemp. 200–250 °C; *Vollkorn-B.* stärkster Vitamin-B-Träger, *Weizenkeim-B.* reich an Vitamin E.
Broteinheit (BE), Einheit zur Berechnung der Kohlenhydratmenge; für die Diät bei Zuckerkrankheit; 1 BE entspr. 12 g Kohlenhydraten bzw. 20 g Weißbrot.
Brotfruchtbaum, Maulbeergewächse aus Südostasien; mehl. Früchte (Nahrungsmittel).
Brot für die Welt, von den dt. ev. Kirchen getragene Hilfsaktion für notleidende Menschen v. a. in Asien, Afrika u. Lateinamerika.
Brouwer, Adriaen ['brɔʊwər], * 1605 oder 1606, † 1638, fläm. Maler; derbe Wirtshaus- u. Prügelszenen.
Browning ['braʊnıŋ]: **1)** Elizabeth Barrett, * 1806, † 1861, engl. Dichterin; „Sonette aus dem Portugiesischen"; **2)** Robert, * 1812, † 1889, Gatte von 1), engl. Dichter; Viktorianer; Epen u. Dramen.
Browning ['braʊnıŋ], Handfeuerwaffe mit Selbstladeeinrichtung.
brownsche Molekularbewegung ['braʊn-; nach dem brit. Botaniker *Robert Brown* (* 1773, † 1858)], durch Molekülstöße verursachte unregelmäß. Bewegung kleinster, in Flüssigkeiten oder Gasen schwebender Teilchen.

Brunei

Fläche: 5765 km^2
Einwohner: (1995) 285 000
Hauptstadt: Bandar Seri Begawan
Amtssprache: Malaiisch
Zeitzone: MEZ +7 Stunden

BRT, Abk. für: **B**rutto**r**egister**t**onne (↑Registertonne).

Bruch, Max, * 1838, † 1920, dt. Dirigent und Komponist; weltl. Oratorium, Violinkonzerte.

Bruch: 1) (Eingeweide-B.) Heraustreten von Baucheingeweiden durch eine Bauchwandlücke *(B.pforte)* in eine Ausstülpung des Bauchfells *(B.sack),* die von Haut überdeckt ist; auch *Narben-B.* nach Verletzung od. Operation; wichtigste Formen: *Leisten-, Schenkel-, Nabel-, Hoden-B.* (Med.); **2)** svw. ↑Knochenbruch (Med.); **3)** Quotient zweier Zahlen:

$$\frac{\text{Zähler}}{\text{Nenner}} \text{ (z. B. } \frac{3}{4} = {}^3\!/_4\text{);}$$

der B.strich steht dabei anstelle der Teilungspunkte *(gemeiner B.);* einen B., dessen Nenner eine Potenz von 10 ist, schreibt man als *Dezimal-B.:* $^1\!/_{10}$ = 0,1 (Math.); **4)** svw. Sumpfland.

Bruchsal, St. in Nordbaden, Ba.-Wü., 40 000 E; barockes Schloss; vielseit. Industrie.

Bruck an der Leitha, östr. Bez.-Hptst. sö. von Wien, 7 200 E.

Bruck an der Mur, östr. Bez.-Hptst. in der Steiermark, 16 000 E. Vielseit. Ind.; Verkehrsknotenpt.

Brücke, 1905 in Dresden gegr. Künstlervereinigung des dt. Expressionismus (Kirchner, Schmidt-Rottluff, Heckel, Pechstein, Nolde u. Otto Mueller); bestand bis 1913; B.-Museum in Berlin.

Brücke: 1) Bauwerk zur Überführung v. Verkehrswegen (Straße, Eisenbahn, Kanal) über Hindernisse (Gewässer, Verkehrswege, Täler); aus *Überbau* (Haupttragwerk, Lager u. a.), *Fahrbahn* u. *Unterbau* (Widerlager, Pfeiler u. a.) bestehend; Einteilung der festen B.n: 1. nach Hauptträgerausbildung (z. B. Vollwandträger-, Fachwerkträger-B.n) u. Stützungsart, z. B. *Balken-B.n* (Hauptträger als Balken auf 2 od. mehr. Stützen), *Bogen-B.n, Hänge-B.n* (bei gr. Spannweiten; Hauptträger hängen an Kabeln, Ketten oder Schrägseilen *(Schrägseil-B.),* die über Pylonen [Stützpfeiler] laufen), 2. nach Lage (Deck-, Trag-B.n) u. Anzahl der Fahrbahnen (ein- oder mehrgeschoss. B.n) u. a.; 3. bewegl. B. (Dreh-, Hub-, Klapp-B.). **2)** Hohlkreuzstellung auf Händen und Füßen, beim Ringer auf Fersen und Kopf (Sport).

Bruckner: 1) Anton, * 1824, † 1896, östr. Komponist; 1856 Organist im Stift St. Florian; 11 Sinfonien, Streichquintett, 4 Messen, Tedeum, 150. Psalm, Männerchöre; **2)** Ferdinand, eigtl. Theodor Tagger, * 1891, † 1958, dt. Dramatiker östr. Herkunft; Essays, Übers., Dramen: „Die Verbrecher", „Kampf der Engel".

Brückner, Christine, * 1921, † 1996, dt. Schriftstellerin; Novellen, Dramen, Hörspiele, Romane („Nirgendwo ist Poenichen").

Brüdergemeine, v. N. L. Gf. v. Zinzendorf 1727 in Herrnhut (Oberlausitz) gestiftetes kirchl. Gemeinwesen (1749 staatl. anerkannt in Sachsen); selbst. Zweig des Pietismus; missionar. Tätigkeit; Hauptsitz in Dtl. in Bad Boll (Württ.).

Brüder vom gemeinsamen Leben (Fraterherren), aus der ↑Devotio moderna im 14. Jh. allm. entwickelte Form klosterähnl. Gemeinschaft ohne bind. Gelübde.

Brügge (amtl. Brugge, frz. Bruges), Hptst. von Westflandern, Belgien, 116 000 E, mit Vorhafen Zeebrugge; Europa-Kolleg; bed. Bauten aus der Blütezeit B.s Ende d. MA u. Anf. d. Neuzeit; Werften, Getreide-, Vieh-, Leinen-, Holzhandel.

Brüggemann, Hans, * um 1480 † nach 1523, dt. Bildschnitzer der Spätgotik.

Brühl, St. südl. v. Köln, NRW, 44 000 E; Barockschloss mit Treppenhaus von B. ↑Neumann; Gemüsebau, vielseit. Industrie.

Brüllaffen, Neuweltaffen (Südamerika) mit stark entwickeltem Kehlkopf; Blätterfresser.

Brundtland, Gro Harlem [-lan], * 1939, norweg. Politikerin, 1974 bis 1979 Min. für Umwelt, 1986 bis 1989, 1990–96 Min.-Präsidentin.

Bruneck (ital. Brunico), Kurort im Pustertal, Italien, 11 600 E.

Brunei, Sultanat in N-Borneo; trop. Klima, Gewinnung v. Kautschuk u. Sago, Anbau v. Reis, Pfeffer; Erdöl. 1888 brit. Protektorat; 1959 innere Autonomie; 1984 unabhängig.

Brunelleschi (Brunellesco), Filippo [-'leski], * 1377, † 1446, ital. Baumeister u. Bildhauer der Renaissance in Florenz.

Brunft, wm. für ↑Brunst.

Brunhilde, im Nibelungenlied Gemahlin Gunthers.

Brunhilde, * um 550, † 613, westgot. Königstochter; Regentin seit 575; ermordet.

Brünig (auch Brünigpass), schweizer. Pass (1 008 m ü. d. M.) zw. Aaretal u. Sarnen; Luftkurort *B.* auf der Passhöhe.

Brüning, Heinrich, * 1885, † 1970, dt. Politiker (Zentrum); 1930–32 R.-Kanzler und Außenmin. (ab 1931), Notverordnungen, von Hindenburg entlassen.

Brünn (tschech. Brno), südmähr. Gebietshptst., ČR, 390 000 E; Univ., TH; Dom (15. Jh.); Textil-, Masch.- Ind.; Internat. Messe; ✈.

Brunnen, zur Trink- oder Nutzwasserentnahme bzw. -sammlung dienende Anlage; *Schacht-B.:* für langsam sickerndes Grundwasser, *Rohr-B.:* für größere Tiefen, *Tief-B.:* bis zu 280 m Tiefe; ↑auch artesischer Brunnen.

Brunnenkresse, Echte, kleine, grüne Pfl. in Bächen u. Quellen (Kreuzblütler); als Salat.

Brunnenpest ↑Eisenbakterien.

Brunner, Emil, * 1889, † 1966, schweizer. ev. Theologe; Mitbegr. der dialekt. Theologie.

Bruno I., hl., * um 925, † 965, Bruder Ks. Ottos I., Erzb. von Köln, seit 951 Erzkanzler.

Bruno, Giordano, * 1548, † 17. 2. 1600 (als Ketzer verbrannt), ital. Renaissancephilosoph; erster neuzeitl. systemat. Pantheismus (Unendlichkeit u. Einheit des beseelten Universums).

Brunsbüttel, St. am W-Ausgang des Nord-Ostsee-Kanals, Schl.-Ho., 14 000 E; ⚓, chem. Ind., Kernkraftwerk.

Brunst (Brunft), period. auftret. Paarungsbereitschaft bei Tieren.

Brüssel (niederl. Brussel, frz. Bruxelles), Haupt- u. Residenzst. d. Kgr. Belgien, 135 000 E, Hauptort d. zweispr. Region B. 951 000 E; Sitz vieler übernat. europ. Behörden und Institutionen sowie der NATO; 2 Univ., Akad., Museen, Konservatorium; got. Rathaus, maler. Altstadt; Handels- u. Verkehrszentrum, ✈, am *B.-Rupel-Kanal*

(32 km, für Schiffe bis 6 000 BRT), der B. mit Antwerpen verbindet; Textil-, Metall-, Auto-, chem. Ind.

Brüsseler Pakt ↑Westeuropäische Union.

Brussilow, Alexei Alexejewitsch, * 1858, † 1926, russ. General; leitete 1916 die erfolgreiche russ. Offensive in Galizien u. Wolynien.

Brustbein ↑Brustkorb.

Brustdrüsen (Mammae), Milchdrüsen des Menschen u. mancher Säugetiere.

Brustfell ↑Brustkorb.

Brustfellentzündung, svw. ↑Rippenfellentzündung.

Brustkorb (Thorax), oberer Teil des menschl. Rumpfes; nach unten durch das Zwerchfell abgeschlossen, umgibt die mit dem *Brustfell* ausgekleidete *Brusthöhle* mit Herz, Lungen, Hauptschlagader u. Speiseröhre; Halt u. Form wird durch die Rippen u. das vorn liegende *Brustbein* gegeben.

Brustkrebs (Mammakarzinom), fast ausschließl. bei Frauen auftretende, bösartige Geschwulst der Brustdrüsen. I. d. R. beginnt der B. unmerkl. im Innern der Brust mit schmerzlosen kleinen harten Knoten, später entsteht nach Durchbrechen der Haut ein Krebsgeschwür. *Behandlung:* Entfernung der erkrankten Brustdrüse.

Brutalismus, Architekturrichtung, zeigt unverhüllt Konstruktion, Material u. techn. Einrichtungen, erstrebt hohe Plastizität.

Brüten, Übertragung d. Körperwärme d. Elternvogels auf das Eigelege zur Entwicklung der Keime zu schlüpfreifen Jungtieren.

Brüter, svw. ↑Brutreaktor.

Brutkasten (Inkubator), geschlossenes Wärmebett für Frühgeburten.

Brutreaktor (Brüter), Kernreaktor, der durch Umwandlung von Uran 238 in Plutonium 239 bzw. von Thorium 232 in Uran 233 neuen Reaktorbrennstoff produziert, u. U. mehr, als er selbst verbraucht; in *schnellen B.* durch Neutronen hoher Energie (10–1 000 keV).

brutto [ital.], Abk. btto., ohne Abzug.

Bruttoformel, svw. Summenformel (↑chem. Formel).

Bruttogewicht, Gewicht einschließl. Verpackung.

Bruttoregistertonne ↑Registertonne.

Brutus, Beiname des röm. Geschlechts der Junier: **1)** Lucius Junius; sagenhafter Gründer der röm. Rep.; **2)** Marcus Junius, * 85, † 42 v. Chr., einer der Mörder Cäsars; 42 in der Schlacht bei Philippi geschlagen, beging Selbstmord.

Brüssel. *Maison du Roi (1875–85)*

Brüx (tschech. Most), St. in N-Böhmen, Tschech. Rep., 71 000 E; Zentrum d. tschech. Braunkohlengebietes; Stahlwerke, chem. Ind.

Bruxelles [bry'sɛl] ↑Brüssel.

Bruyèreholz [bry'jɛ:r-; frz.; dt.], Wurzelholz d. mittelmeer. Baumheide, bes. für Tabakspfeifen.

BSE (bovine spongiforme Enzephalopathie), stets tödl. verlaufende Infektionskrankheit der Rinder (Rinderwahnsinn) mit charakterist. Veränderungen des Gehirns, Verhaltens- u. Bewegungsstörungen; Übertragung auf Menschen erfolgt durch infizierte Rinderprodukte (↑Prionen) und manifestiert sich als neue, aber ebenfalls tödl. Variante der ↑Creutzfeldt-Jakob-Krankheit.

Btx, Abk. für: ↑**B**ildschirm**t**e**x**t.

Buber, Martin, * 1878, † 1965, jüd. Religionsphilosoph; Vertr. des [unpolit.] Zionismus, Interpret des ↑Chassidismus.

Bubis, Ignatz, dt. Unternehmer, * 1927, † 1999; s. 1992 Vors. des Z.-Rats der Juden in Deutschland.

Bucer, Martin, eigtl. Butzer, * 1491, † 1551, dt. Reformator u. Humanist; um Ordnung der reformator. Gem. u. Einheit der reformator. Bewegung bemüht.

Buch, mehr. zu einem Ganzen verbundene bedruckte Blätter; s. dem MA meist aus mehr. gefalzten ↑Bogen 6) Papier, die, als Buchblock zusammengeheftet, in einem Umschlag *(Broschüre)* oder in einer festen Einbanddecke *(Band)* geleimt sind.

Buchara, Gebietshptst. in Usbekistan, 249 000 E; Textilind. u. Pelzverarb.; bek. alte Teppichknüpferei. Im MA islam. Kulturzentrum und wicht. Handelsort.

Buchara, turkmen., rotgrund. Wollteppich; im Fond wellenkant. Achtecke.

Bucharin, Nikolai Iwanowitsch, * 1888, † 1938 (hingerichtet), sowj. Politiker u. Wirtschaftstheoretiker; wesentl. Rolle in der Oktoberrevolution; zunächst Anhänger Stalins, wandte er sich später v. dessen Plänen ab.

Buchbinderei, Zusammenfügen von gefalzten Druckbogen durch Draht- od. Fadenheftung od. von Einzelblättern durch Leimung (↑Lumbeckverfahren) zu Broschüren od. Bänden.

Buchdruck, Form des ↑Hochdrucks.

Buche, Gatt. d. ↑Buchengewächse, hohe, sommergrüne Bäume; *Rot-B.,* M-Europa, bis 40 m hoch, Früchte *(Bucheckern)* liefern u. a. Speiseöl, ihr Holz dient als Brenn-, Faser-, Möbelholz; Spielarten der Rot-B.: Blut-, Gold-, Trauer-, Pyramidenbuche.

Buchengewächse, Holzpfl. mit einhäus. Blüten und einsam., von einem Fruchtbecher umgebenen Früchten; u. a. Buche, Eiche.

Buchenwald, 1937–45 nat.-soz. KZ bei Weimar. 1945–50 sowjet. Internierungslager.

Bücherskorpion, etwa 5 mm gr. Afterskorpion v. a. in Büchern.

Buchfink, Fink mit doppelter

Buckingham Palace. *Ostfassade mit dem Victoria Memorial (erbaut 1911) links im Vordergrund*

weißer Flügelbinde u. weißen äußeren Steuerfedern.

Buchführung (Buchhaltung), laufende, planmäßige Aufzeichnung aller Geschäftsvorfälle. Am Ende des Geschäftsj. wird eine ↑Bilanz erstellt; *doppelte B.,* Erfolgsermittlung durch Bestandsvergleich u. über Erfolgskonten; *einfache B.* nur Bestandsvergleich (nur noch bei Kleinbetrieben); *kameralist. B.* bei öff. Verwaltungen. – Verfahren: *Übertragungs-* (Belege werden im Grundbuch festgehalten, ins Hauptbuch übertragen), *Durchschreibe-* (Grund- u. Hauptbuch im Durchschreibeverfahren gleichzeitig geführt), *Masch.-* (kombinierte Buchungsmaschinen) u. *EDV-B.* (elektronische vollautomat. B.); *B.spflicht* für jeden Kaufmann.

Buchgemeinschaft, gewerbl. Unternehmen, das Bücher in Lizenzausgaben herstellen lässt u. an einen festen Abonnentenstamm vertreibt.

Buchhaltung, svw. ↑Buchführung.

Buchhandel, Herst. u. Verbreitung von vervielfältigten Werken der Lit., Tonkunst, Kunst und Fotogr., wie Bücher, Zeitschriften, Musikalien, Kunstblätter, Atlanten, Globen, Lehrmittel. – *Fachgruppen:* 1. Verleger, 2. verbreitender B. (Sortiment, Antiquariate, Reise- und Versand-, Bahnhofs-B.), 3. Zwischen-B. (Kommissionäre, Barsortimenter, Grossisten).

Buchholz, Horst, * 1933, dt. Filmschauspieler („Die Bekenntnisse des Hochstaplers Felix Krull").

Buchmacher, gewerbsmäß. Vermittler v. Wetten.

Buchmalerei, im MA Ausstattung v.a. handgeschriebener Bücher mit gemalten oder gezeichneten Darstellungen figürl. oder ornamentaler Art, ausgeführt in Deckfarben und Gold.

Büchner, Georg, * 1813, † 1837, dt. Dichter; Dramen: „Dantons Tod", „Woyzeck" (Fragment); Vorwegnahme des ep. Stils.

Buchse [lat.], in Lagerbohrungen oder Zylinder eingesetzter Hohlzylinder aus Metall od. Kunststoff zur Verbesserung des Laufs und zur Verminderung von Verschleiß.

Büchse, [Jagd]gewehr mit gezogenem Lauf für Langgeschosse.

Buchsgewächse [lat.], vorw. Holzgewächse, meist immergrün; Mittelmeergebiet, W-Asien, Mittelamerika; *Buchsbaum* in Dtl. als Zierstrauch.

Buchstabenrechnung, Rechnung mit Buchstaben u.a. Symbolen anstelle belieb. Größen *(allg. Zahlen, Variablen).*

Buchung, buchhaltungsmäßige Eintragung eines Geschäftsvorfalls nach Beleg; *B.sfehler* durch Storno zu berichtigen; ↑auch Buchführung.

Buchweizen, Knöterichgewächs, aus Mittelasien stammende Körnerfrucht; bes. auf sandigen u. moorigen Böden.

Buchwert, Ansatz, mit dem Anlage- u. Umlaufvermögen in Büchern und Bilanzen verzeichnet sind.

Buck, Pearl S[ydenstricker] [bʌk], * 1892, † 1973, amer. Schriftstellerin; Erzählungen und Romane, u.a. „Die gute Erde"; Novellen; Nobelpreis 1938.

Bückeberge, Höhenzug des Weserberglandes (367 m), östl. der St. Bückeburg.

Bückeburg, St. in Nds., zw. Wesergebirge u. den Bückebergen, 21 000 E; Renaissanceschloss u. -kirche; Staatsgerichtshof, LG. – Bis 1946 Hptst. von ↑Schaumburg-Lippe.

Buckel, Wirbelsäulenverkrümmung oder -knickung, bes. nach Rachitis od. Wirbelbrüchen *(Kyphoskoliose)* sowie Wirbeltuberkulose *(Gibbus).*

Buckingham Palace ['bʌkɪŋəm 'pælɪs], Residenz der brit. Könige in London (1705 ff.).

Bückling, geräucherter Hering.

Buckram [engl.], sehr fester, geglätteter Einbandstoff aus Leinen.

Budapest, Hptst. Ungarns, 2,11 Mill. E; besteht aus Pest (l.) und Buda (r. Donauufer); Vereinigung der ehem. selbst. Städte 1872; 7 Univ., zahlr. andere Hochschulen, viele Theater u. Museen, Akad. der Künste u. d. Wiss.; Donaukai mit Prachtgebäuden; zahlr. bed. Thermen. Verkehrsknotenpt.; ✈. Messe; vielseit. Ind. – Ehem. röm. Militärkolonie; 1526 (bzw. 1541) bis 1686 türkisch.

Buddha, eigtl. Siddharta, auch Gautama, * um 560 v.Chr., † um 480 v.Chr., Begr. des Buddhismus; zog sich mit 29 J. aus dem weltl. Leben zurück, Wanderleben als Asket, erlangte nach langen Meditationen die Erleuchtung u. begann die erfolgr. Predigt seiner [Selbsterlösungs]lehre v. d. Überwindung des Leides in der Welt durch Versenkung u. Läuterung; 40-jähr. Lehrtätigkeit im nordöstl. Indien.

Buddhismus, aus der Lehre ↑Buddhas hervorgegangene Religion; Grundlage: Seelenwanderungslehre (Kreis der Wiedergeburten bis zum Aufgehen im ↑Nirwana); Erlösung durch stufenweise Abtötung der Begierde, der Quelle des Leidens; zunächst strenge Mönchsbewegung; Richtungen: *Hinayana* (strenger B., Erlösung nur in strengster Mönchsaskese), heute noch in Sri Lanka, Birma, Thailand, Laos, Kambodscha; *Mahayana* (jüngerer u. freierer Laien-B.), heute v.a. in Nepal, Vietnam, China (hier v.a. als *Zen-B.*), Korea, Japan (ebenfalls vorw. Zen-B.); *Vajrayana* (esoter., mag.-rituelle Heilslehre), v.a. als *Lamaismus* in Tibet, Sikkim (Indien), Bhutan u. der Mongolei (Verschmelzung mit einheim. Zauber- u. Geisterkult; Leitung: ↑Dalai-Lama u. ↑Pantschen-Lama).

Budget [by'dʒe; frz.], Haushalt einer Körperschaft des öffentl. Rechts.

Büdingen, hess. St. südl. vom Vogelsberg, 20 500 E; altes Schloss, Rathaus (15. Jh.).

Budjonny, Semjon Michailowitsch, * 1883, † 1973, sowj. Marschall (1935); 1919–21 „roter" Reiterführer im Bürgerkrieg.

Bulgarien

Fläche: 110 994 km²
Einwohner: (1995) 8,77 Mill.
Hauptstadt: Sofia
Amtssprache: Bulgarisch
Zeitzone: MEZ + 1 Stunde

Budweis (tschech. České Budějovice), St. an der Moldau, Tschech. Republik, 100 000 E; Dom (17. Jh.), Barockrathaus; vielseit. Industrie.

Buenaventura, Haupthafen Kolumbiens an der Pazifikküste, 166 000 E.

Buenos Aires, Hptst. Argentiniens, am Rio de la Plata, 2,96 Mill. E; polit., kultureller u. wirtsch. Mittelpt. des Landes mit acht Univ., Ind.; ⚓, ✈.

Buff, Charlotte, * 1753, † 1828, Goethes Freundin in Wetzlar; Vorbild für die Lotte im Werther.

Buffalo ['bʌfələʊ], St. im Staat New York, USA, am O-Ufer des Eriesees, 313 000 E; Univ.; Ind.; ⚓, ✈.

Büffel [gr.], kurzhaar. Horntiere mit weit ausladenden, gebogenen Hörnern u. tonnenförm. Rumpf; asiat. *Wasser-B.*, afrik. *Kaffern-B.*

Buffo [ital.], Sänger kom. Rollen (Tenor-, Bassbuffo).

Bug: 1) l. Nbfl. des Narew, 776 km; **2)** Südl. B., Fl. in der Ukraine, 806 km.

Bug: 1) Vorderteil eines Schiffes, eines Flugzeugs u. a.; **2)** Schulterstück, bes. bei Pferd u. Rind.

Bugatti, Ettore [ital. bu'gatti; frz. by'gati], * 1882, † 1947, frz. Automobilkonstrukteur u. Industrieller ital. Herkunft.

Buggy ['bʌgɪ; engl.]: **1)** leichter, ungedeckter, einspänn. Wagen, bei Trabrennen benützt; **2)** geländegäng. Freizeitauto m. offener Karosserie; **3)** zusammenklappbarer Kindersportwagen.

Bühler: 1) Charlotte, * 1893, † 1974, Gattin v. 2), Kinder- u. Jugendpsychologin; **2)** Karl, * 1879, † 1963, dt.-amer. [Jugend]psychologe; Arbeiten zur Kinder- u. Wahrnehmungspsychologie.

Buhne [niederdt.] (Abweiser), ins Flussbett od. Meer ragender Dammkörper (Strömungsregulierung, Uferschutz).

Bühne, eine gg. den Zuschauerraum abgegrenzte, meist erhöhte Spielfläche für szen. Darst.

Bühnenaussprache, fr. die für alle deutschsprachigen Bühnen verbindl. Musspr. Festgelegt 1898 (Th. Siebs).

Bujumbura (fr. Usumbura), Hptst. v. Burundi, 236 000 E; Univ., Konsumgüterind.; ⚓ am N-Ufer des Tanganjikasees, ✈.

Bukarest (rumän. București), Hptst. v. Rumänien, im Walach. Tiefland, 2,35 Mill. E; Univ., TH, Hochschulen, Museen; ausgedehnte Parkanlagen; polygraph. Kombinat, Metall-, Textil-, Nahrungsmittel-, chem. Ind.; Verkehrsknotenpt., ✈. – 1459 erstmals gen., Entw. zur Stadtanlage erst im 19. Jh.; Zerstörungen im 2. Weltkrieg, durch Erdbeben 1977; 1989 blutiger Volksaufstand zum Sturz des Ceaușescu-Regimes.

Buke [jap.], altjap. Militäradel.

Bukowina Ldsch. der Ostkarpaten (N zur Rep. Moldawien, S zu Rumänien).

Bulawayo, St. in Simbabwe, 630 000 E, Handel, Goldbergbau; ✈.

Bule [gr.]: **1)** Ratsvers., bes. im alten Athen; **2)** heut. griech. Parlament.

Bulgarilen, Rep. auf der Balkanhalbinsel. Der W B.s (Hoch-B.) ist charakterisiert durch Beckenebenen, die von hohen Gebirgen umrahmt sind; südl. v. Hoch-B. die Rila (2925 m ü. d. M.) u. der Pirin (2915 m ü. d. M.); nach O anschließend die Rhodopen (2191 m ü. d. M.); zw. Rhodopen im S und Balkan (bis 2376 m ü. d. M.) im N die von der Maritza und ihren Nbfl. durchströmte ostrumel. Beckenzone, mit Antibalkan und der Talldsch. von Kasanlak (Rosenzucht); im O ist Ostrumelien ein Hügelland, mit der Hafenst. Burgas; der Balkan geht nach N in das v. fruchtb. Löss bedeckte Tafelland (Donau-B.) über, das zur Donau hin abfällt. *Wirtsch.:* Eisenerz, Blei, Braunkohle; Acker- u. Gartenbau, Viehzucht; Ausfuhr: Rosenöl, Tabak, Obst, Tomaten, Wein, Teppiche. Haupthafen Warna. Schwarzmeerküste, Rhodopen, Rila und Balkan haben starken Fremdenverkehr (Seebäder, Wintersport). – *Gesch.:* Um 680 erste R.-Gründung im Gebiet des heutigen B.; unter Boris I. (852–89) Christianisierung; 1018 B. v. dem byzantin. Ks. Basileios II. („Bulgarentöter") unterworfen, bis 1186 byzantin.; selbst. Reich (Dyn. Asen bis 1258); 1396–1878 türk. Prov. Der Berliner Kongress schuf das Ft. B. unter † Alexander I. (1879–86); Ostrumelien wurde autonome Prov., 1885 bulgar.; Ferdinand v. Sachsen-Coburg 1887 Fürst, 1908 Zar im Kgr. B.; 1912 im Balkanbund, 1915 Anschluss an die Mittelmächte; im 2. Weltkrieg aufseiten der Achsenmächte, 1944 Kapitulation, 1946 VR unter G. Dimitrow, Friedensvertr. zu Paris; 1955 Mitgl. der UN; 1989/90 erzwang Reformbewegung demokrat. Umgestaltung. – *Kunst:* Blütezeit der Kunst B.s im 9.–14. Jh., unter byzantin. Einfluss. Kirchentypen: Rundkirche (Palastkirche Simeons I., d. Gr.), Basilika, Kreuzkuppelkirche. Bed. Zeugnisse d. Buch- u. Wandmalerei (Fresken v. Bojana).

bulgarische Literatur, Anfänge in einem altbulgar.-makedon. Dialekt († Kyrill); vorw. geistl. Inhalts; *10. Jh.:* mittelbulgar. volkstüml. Lit. der † Bogomilen (Polemik gg. Byzanz u. Bojarentum); *18. Jh.:* Neubelebung einer nat. Literaturspr. durch Paissi Chilendarski; im *19. Jh.* vorw. revolutionäre Dichtung; G. Rakowski schrieb das erste bulgar. Epos; Lyrik u. a. von Ch. Botew; nach der Befreiung v. d. Türken vielfältigere Entw.: Vorbild der Realisten; I. Wasow; Satire v. A. Konstantinow, Romane von Elin Pelin u. a.; um *1900* westeurop. Einfluss: Betonung der Kunstform bei P. Jaworow, P. Todorow u. a.; Symbolismus b. D. Debelzanow u. E. Bagrjana. Nach dem 2. Weltkrieg im Wesentl. sozialist. Realismus: D. Dimow, D. Talew.

Bulimie, bes. bei Frauen zw. dem 15. u. 30. Lebensjahr auftretende Störung des Essverhaltens; Heißhunger u. anschließend selbst herbeigeführtes Erbrechen.

Bullauge, dick verglastes, rundes Schiffsfenster.

Bulldogge, engl. † Dogge.

Bulldozer [-do:zər; amer.] (Planierraupe), schweres Raupenfahrzeug zur Geländeeinebnung od. für Erdbewegungen.

Bulle [lat.]: **1)** Schutzkapsel für ein metallenes, an einer Schnur befestigtes Urkundensiegel; **2)** beiderseits geprägtes Urkundensiegel aus Metall (Gold, Silber, Blei); **3)** Urkunde mit Metallsiegel, bes. *päpstl. B.* mit Bleisiegel.

Bulle, männl. Tier u. a. bei Giraffen, Antilopen, Elefanten, bei Hausrindern Stier genannt; ♂ Zuchtrind.

Bullterrier
(Schulterhöhe 40–55 cm)

Bulletin [byl'tɛ̃; frz.], amtl. Bekanntmachung, Tagesbericht.
Bullterri|er, aus Bulldoggen und Terriern gezüchteter engl. Rassehund, sehr wachsam u. angriffsfreudig.
Bully [engl.], Anspiel durch je einen Spieler beider Mannschaften beim Hockey, Eis- und Rollhockey.
Bülow [*...lo*]: **1)** Bernhard Heinrich Martin Fürst von, * 1849, † 1929, dt. Politiker; 1900–09 R.-Kanzler und preuß. Min.-Präs.; **2)** Hans Guido Frhr. von, * 1830, † 1894, dt. Dirigent; detaillierte Werkdeutung.
Bultmann, Rudolf, * 1884, † 1976, dt. ev. Theologe; bed. Exeget; Versuch einer Entmythologisierung des N.T.
Bulwer-Lytton, Edward George ['bʊlwəlɪtn], * 1803, † 1873, engl. Romanschriftsteller; „Die letzten Tage von Pompeji".
Bumbry, Grace ['bʌmbrɪ], * 1937, amer. Sängerin (Mezzosopran).
Bumerang [austral.], sichelförm. Wurfholz der Eingeborenen Australiens; teilw. „Kehrwieder"keule; auch Sportgerät.
Buna ® [Kw.], synthet. Kautschuk, auf Butadiengrundlage.
Bund: 1) Zusammenschluss, der weder ↑Gemeinschaft (Fam.) noch Gesellschaft ist (Soziol.); **2)** Verhältnis Gottes zum Volke Israel im A.T., im N.T. durch Christus begr. neue Ordnung *(Neuer B.)*; **3)** staatsrechtlich: ↑Bundesstaat, ↑Staatenbund.
BUND, Abk. für ↑**B**und für **U**mwelt u. **N**aturschutz **D**tl. e.V.
Bund der Vertriebenen, Vereinigte Landsmannschaften und Landesverbände, Abk. BdV, s. 1957 Spitzenorganisation der Heimatvertriebenen; Sitz Bonn.
Bundes-Angestellten-Tarifvertrag (BAT), Tarifvertr. für Angestellte des öff. Dienstes.
Bundesanstalt für Arbeit, Nürnberg, 1952 gegr. Körperschaft des öff. Rechts mit Selbstverwaltung zur Durchführung der Arbeitslosenversicherung, Arbeitsvermittlung, Berufsberatung und Ausbildungsförderung durch die Arbeitsämter.
Bundesanwaltschaft ↑Staatsanwaltschaft der BRD.
Bundesanzeiger, v. B.-Min. der Justiz hg. Publikationsorgan; im amtl. Teil v.a. Bekanntmachungen v. Behörden, staatl. Ausschreibungen, im nichtamtl. Teil v.a. Parlamentsberichterstattung, Bekanntmachungen v. Handelsgesellschaften.
Bundesarbeitsgericht ↑Gerichte (Übers.).
Bundesarchiv, Archiv der BRD, 1952 eingerichtet, enthält Urkunden u. Akten der Bundesreg., Bestände der DDR sowie des R.-Archivs; Sitz Koblenz und Potsdam, mehrere Außenstellen.
Bundesausbildungsförderungsgesetz, Abk. BAföG, ↑Ausbildungsförderung.
Bundesbahn ↑Dt. Bundesbahn.
Bundesbank ↑Dt. Bundesbank.
Bundesbaugesetz, Rahmengesetz von 1960 zur Vereinheitlichung des dt. Städtebaurechts.
Bundesfinanzhof ↑Gerichte (Übers.).
Bundesfürsten, die Landesherren der deutschen Einzelstaaten (1871–1918).
Bundesgartenschau, alle 2 Jahre (zuerst 1950 in Stuttgart) veranstaltete dt. Gartenbauausstellung.
Bundesgenossenkriege, drei Kriege der Antike: **1)** Athen gg. Mitgl. des 2. Att. Seebundes (357 bis 355); **2)** Achäischer gg. Ätol. Bund (220–217); **3)** Roms italische B.-Genossen gg. Rom um Zuerkennung d. Bürgerrechts (91–89).
Bundesgerichtshof ↑Gerichte (Übers.).
Bundesgesetzblatt, amtl. Organ für Gesetze und Rechtsverordnungen der BRD.
Bundesgrenzschutz, Abk. BGS, 1951 errichtete, dem B.-Min. des Innern unterstellte Sonderpolizei des Bundes (Sollstärke: rd. 22000 Mann) zum Schutz des B.-Gebietes gg. verbotene Grenzübertritte u.a. Störungen der öff. Ordnung im Grenzgebiet bis zu 30 km Tiefe u. zum Einsatz in gesetzl. geregelten Fällen; Zusammensetzung: Grenzschutztruppe, Grenzschutzeinzeldienst (Personenkontrolle an Grenzübergängen); Sicherung v. Bahn- u. Fluganlagen (s. 1992). Spezialeinheit: Grenzschutzgruppe 9 *(GSG 9)* zur Bekämpfung des Terrorismus.
Bundesjugendring, Deutscher, Spitzenorgan der Jugendverbände der BRD, gegr. 1949, Sitz Bonn.
Bundesjugendspiele, s. 1951 in der BRD Leistungswettkämpfe für Jugendliche (8. Lebensjahr) im Geräteturnen, Schwimmen u. in der Leichtathletik.
Bundeskanzler: 1) im *Norddt. Bund* (1867–71) der durch das B.-Präsidium ernannte Vors. des B.-Rats u. Leiter der B.-Exekutive; **2)** in der *BRD* auf Vorschlag des B.-Präs. vom B.-Tag gewählter Leiter der B.-Reg.; bestimmt die Richtlinien der Pol.; im Verteidigungsfall Befehlshaber der B.-Wehr; kann durch ↑konstruktives Misstrauensvotum gestürzt werden; **3)** in *Östr.* der Vors. der B.-Reg., die als Kollegialorgan die Staatsgeschäfte leitet; v. B.-Präs. ernannt; **4)** in der *Schweiz* Vorsteher der B.-Kanzlei, von der B.-Vers. für 4 J. gewählt.
Bundeskartellamt ↑Kartellgesetz.
Bundeskriminalamt, Abk. BKA, Zentralstelle der Kriminalpolizei der BRD, Sitz Wiesbaden.
Bundeslade, altisraelit. Heiligtum, Kasten aus Akazienholz mit den zwei Gesetzestafeln.
Bundesliga, in der BRD höchste Spielklasse in zahlr. Sportarten.
Bundesminister, Mitgl. der ↑Bundesregierung; ernannt u. entlassen v. B.-Präs. auf Vorschlag des B.-Kanzlers; jeder B. leitet innerh. der v. B.-Kanzler best. Richtlinien seinen Geschäftsbereich selbst. u. eigenverantwortlich.
Bundesnachrichtendienst, Abk. BND, aus der „Organisation Gehlen" hervorgegangener, unmittelbar dem B.-Kanzleramt unterstehender Geheimdienst zur Beschaffung v. Nachrichten aus dem Ausland.
Bundespräsident: 1) Staatsoberhaupt u. völkerrechtl. Repräsentant der BRD, gewählt durch die B.-Vers. für 5 Jahre, Wiederwahl einmal mögl.; **2)** in *Östr.* auf 6 J. vom Volk gewähltes Staatsoberhaupt; **3)** in der *Schweiz* der Vors. des B.-Rates, von der B.-Vers. für ein Jahr gewählt.
Bundesrat, föderatives Verf.-Organ eines B.-Staates, durch das die Gliedstaaten bei der Gesetzgebung u. Verwaltung des Bundes mitwirken: **1)** Dt. Reich 1871 bis 1918: Vertretung der Reg. der 22 B.-Staaten im Reich unter Vorsitz des R.-Kanzlers, **2)** BRD: Vertretung der Länderreg.; wirkt bei Gesetzgebung u. Verw. des Bundes mit; sein Präs. ist stellvertr. B.-

Präs.; **3)** Östr.: Vertretung der B.-Länder; **4)** Schweiz: oberste Exekutive der Eidgenossenschaft, 7 Mitglieder.

Bundesrechnungshof, nur dem Gesetz unterworfene oberste B.-Behörde (gegr. 1950); prüft die Haushalts- u. Wirtschaftsführung der BRD; Sitz Frankfurt am Main.

Bundesregierung, oberstes, kollegial gebildetes Organ der Exekutive eines B.-Staates. In der BRD bestehend aus B.-Kanzler u. B.-Min.; entscheidet über alle Angelegenheiten v. allg. innen- od. außenpolit., wirtsch., soz., finanzieller od. kultureller Bed.; vom Vertrauen des B.-Tages abhängig.

Bundesrepublik Deutschland ↑Deutschland.

Bundessicherheitsrat, Ausschuss der B.-Reg. zur Koordinierung der Landesverteidigung u. zur Beratung v. Fragen der Abrüstung u. Rüstungskontrolle.

Bundessozialgericht ↑Gerichte (Übers.).

Bundesstaat, Staatsform, bei der mehr. Gliedstaaten (in der BRD Länder) einen Zentralstaat *(Bund)* bilden, dem sie einen best. Teil ihrer Staatsgewalt übertragen.

Bundestag: 1) im *Dt. Bund* (1815–66) Bez. für die B.-Versammlung; **2)** in der *BRD* auf 4 Jahre v. Volk gewählte Vertretung; Hauptaufgaben u. Rechte: Beschlussfassung über B.-Gesetze, Budgetrecht, Zustimmung zu Verträgen, Wahl des B.-Kanzlers, Mitwirkung bei der Besetzung der obersten u. oberen B.-Ger. u. des B.-Verf.-Ger., Festlegung der Geschäftsordnung des B.s, Einsetzung von Untersuchungsausschüssen, Behandlung von Petitionen, Präs.-Anklage.

Bundesverband Bürgerinitiativen Umweltschutz e. V. (BBU), s. 1972 bestehender Dachverband der im Umweltschutz tätigen Bürgerinitiativen.

Bundesverband der Deutschen Industrie e. V. (BDI), Spitzenorganisation der Industriefachverbände, Sitz Köln.

Bundesverfassungsgericht ↑Gerichte (Übers.).

Bundesversammlung: 1) im *Dt. Bund* (1815–66) Vertretung aller Gliedstaaten, die die auswärtigen, mil. u. inneren Angelegenheiten des Bundes unter dem B.-Präsidium Östr. besorgte; **2)** in der *BRD* zur Wahl des B.-Präs. zusammentretende Vers. aus den Abg. des B.-Tages u. einer gleichen Zahl v. Delegierten der Landtage; **3)** in *Östr.* Vers. aus allen Mitgl. des B.- u. des Nationalrats; **4)** in der *Schweiz* oberstes Organ des Bundes, aus National- und Ständerat.

Bundesversicherungsanstalt für Angestellte (BfA), 1953 gegr. Träger der gesetzl. Rentenversicherung der Angestellten; Sitz Berlin.

Bundesverwaltungsgericht ↑Gerichte (Übers.).

Bundeswehr, Streitkräfte der BRD, aufgrund der Pariser Verträge v. 1954/55 der NATO unterstellt; zunächst nur für Freiwillige, ab 1956 allg. Wehrpflicht; sie unterstehen dem Oberbefehlshaber der Alliierten Streitkräfte in Europa; an der Spitze der B. steht im Frieden der B.-Min. für Verteidigung, im Kriegsfall der B.-Kanzler; Kontrollen durch den *Verteidigungsausschuss* des B.-Tages u. den *Wehrbeauftragten* des B.-Tages (zur Wahrung der Grundrechte des Soldaten).

Bundeszentrale für politische Bildung, 1952 gegr. Institution für überparteil. polit. Bildungsarbeit; dem B.-Min. des Innern unterstellt; Sitz Bonn.

Bundeszentralregister, zentrales Register für die BRD, das in Berlin vom Generalbundesanwalt beim Bundesgerichtshof geführt wird; eingetragen werden u. a. strafgerichtl. Verurteilungen.

Bundeszwang, Maßnahmen zur Erzwingung der Bundespflichten gg. ein B.-Land (GG).

Bund für Umwelt und Naturschutz Deutschland e. V., Abk. BUND, Organisation zur Förderung des ökolog. Verständnisses, Sitz Bonn.

bündische Jugend ↑Jugendbewegung.

Bündnis 90/Die Grünen, polit. Partei, gegr. 1993, entst. durch Zus.schluss v. Bündnis 90 (1990 gebildetes Wahlbündnis in der DDR) u. der Partei Die Grünen; s. 1998 Reg.-Koalition mit der SPD.

Bundschuh: 1) Schuh des Bauern im MA; **2)** Name u. Feldzeichen aufständ. Bauernverbände, hpts. Anfang des 16. Jh.

Bunin, Iwan Alexejewitsch, * 1870, † 1953, russ. Dichter; „Das Dorf" u. a. Romane; Nobelpreis 1933.

Bunker [engl.]: **1)** [unterird.] meist mil. [Stahlbeton]schutzanlage; **2)** gr. Lagerbehälter (Technik).

Bunsen, Robert Wilhelm, * 1811, † 1899, dt. Chemiker; entwickelte mit Kirchhoff die Spektralanalyse; Erfindung des *B.brenners* (Leuchtgasbrenner, zugeführtes Gas saugt Verbrennungsluft durch verstellb. Öffnung an) u. des *B.-Elements* (↑Element 5).

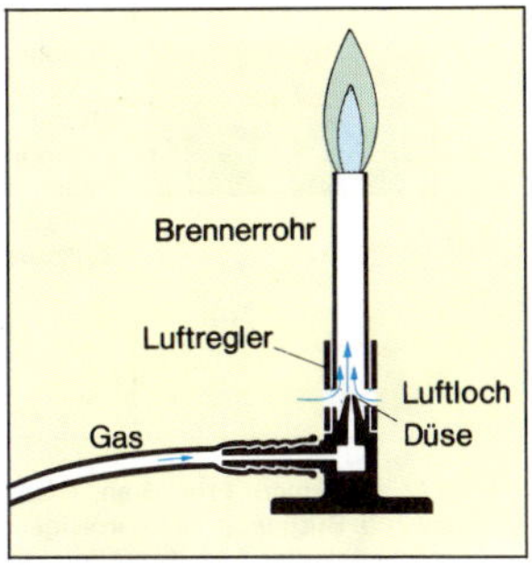

R. W. Bunsen. *Funktionsweise des Bunsenbrenners*

Buntkäfer, Fam. bunt gefärbter metall. glänzender, kosmopolit., bis 25 mm gr. Käfer; in M-Europa Immenkäfer.

Buntmetalle, Gruppe häufig vorkommender Nichteisenmetalle, z. B. Kupfer, Blei, Zink.

Buntnessel (Coleus), Lippenblütler mit bunten taubnesselartigen Blättern; aus den Tropen.

Buntsandstein ↑Geologie, Formationstabelle.

Buntspecht, Großer, etwa 24 cm gr. Specht; schwarzer Rücken mit weißen Schulterflecken u. rotem Nacken.

Buñuel, Luis [buɲuɛl], * 1900, † 1983, span. Filmregisseur („Der andalus. Hund"; „Belle de jour"; „Der diskrete Charme der Bourgeoisie").

Bunzlau (poln. Bolesławiec), St. am Bober, Polen, 43 000 E; Kupfererz-⚒, Töpfereien; *B.er Gut,* s. dem 16. Jh. hergest. Steingutgeschirr, teilw. mit Reliefdekor.

Burckhardt: 1) Carl Jakob, * 1891, † 1974, schweizer. Historiker u. Diplomat; 1937–39 Hoher Kommissar des Völkerbundes in Danzig; histor. u. biograph. Werke, 1954 Friedenspreis des Dt. Buchhandels; **2)** Jacob [Christoph], * 1818, † 1897, schweizer. Kultur- und Kunsthistoriker; eigtl. Begr. einer systemat. Kunstwiss.

Buren (Afrikaners), Nachkommen der s. 1652 im Kapland eingewanderten niederl. u. dt. Siedler, Sprache Afrikaans; 1835 „Großer Treck" nach N, Gründung v. Natal, Transvaal u. dem Oranjefreistaat (heute zur Rep. Südafrika).

Burenkrieg, 1899–1902 zw. Großbrit. u. den Burenstaaten Transvaal u. Oranjefreistaat; im Frieden von Pretoria wurden die Burenrep. brit. Kolonien.

Burg, allg. Wehrbau, i. e. S. befestigte Wohn- u. Schutzanlage des

Burkina Faso

Fläche: 274 200 km²
Einwohner: (1995) 10,32 Mill.
Hauptstadt: Ouagadougou
Amtssprache: Französisch
Zeitzone: MEZ – 1 Stunde

MA; Vorformen: Flieh-B.en, ↑Kastell 2) u. Burgus; s. der Karolingerzeit wehrhafter Sitz des Adels; in der Ebene oft als Wasserburg.

Burgas, bulgar. Hafenst. am Schwarzen Meer, 200 000 E; Erdölraffinerie; Schiff-, Waggonbau; ⚓.

Burg auf Fehmarn, St. auf Fehmarn, 6 000 E; Seebad.

Burgenland, B.-Land im O Österreichs, 3 965 km², 274 000 E, Hptst. Eisenstadt; hpts. Hügelland, im O am Neusiedler See Steppenldsch.; Viehzucht, Obst-, Wein- u. Ackerbau; Zuckerfabriken. Bis zum Ende des 1. Weltkrieges Teil der ungar. Reichshälfte der Donaumonarchie.

Bürgenstock, schweizer. Geb.-Rücken (mit Luftkurort *B.*), am Südufer des Vierwaldstätter Sees; 1 128 m ü. d. M.

Bürgerinitiative, neue Form polit. Selbstorganisation und -hilfe einer Gruppe von Bürgern, die ihre speziellen Bedürfnisse durch Parteien und Parlamente nicht ausreichend verwirklicht sehen.

Bürgerkönig, Beiname des frz. Kg. ↑Louis Philippe.

bürgerliche Ehe, vor dem Standesbeamten geschlossene Ehe.

bürgerliche Ehrenrechte ↑Ehrenrechte, bürgerliche.

Bürgerliches Gesetzbuch (BGB), von 1896, in Kraft seit 1. 1. 1900; vielf. geänderte Zusammenfassung des dt. Zivilrechts in 5 Büchern: allg. Teil, Recht der Schuldverhältnisse, Sachen-, Familien-, Erbrecht.

bürgerliches Recht (Privatrecht), alle Normen, die die Rechtsbeziehungen der Individuen untereinander regeln (Ggs. ↑öffentliches Recht).

Bürgermeister, Vertr. der Exekutive in Stadt- od. Gemeindeverwaltungen.

Bürger-Prinz, Hans, * 1897, † 1976, dt. Psychiater u. Neurologe; gründete die Ges. für Sexualwissenschaft.

Bürgerrechtsbewegung, organisierte Bemühungen um die Durchsetzung v. Menschen- u. Bürgerrechten; v. a. B. für die Rechtsgleichheit der Schwarzen (u. a. in den USA, Südafrika), für die polit.-soz. Gleichstellung der Minderheit der Katholiken in N-Irland; wichtig als oppositionelle Gruppen zur Durchsetzung von Bürger- und Menschenrechten in den europ. kommunist. Ländern.

Bürgertum, Stand der Bürger, im Altertum der Stadtbürger, als Glieder des Gemeinwesens. Im MA Gemeinfreie als 3. Stand neben Adel u. Klerus. Stadtrechte sind Bürgerrechte; die Frz. Revolution war eine Tat des B.s; es beherrschte kulturell, wirtsch. u. polit. das 19. Jh.; das dt. B. war lib., monarchist., antisozialist. u. konservativ; in der Folge z. T. Entw. zum *Groß-B.* mit gr. Kapitalunternehmen; im Marxismus Gegenbegriff zum Proletariat; die Angleichung der soz. Verhältnisse lässt den Begriff B. heute nicht mehr für eine best. Bev.-Schicht zu.

Burggraf, ma. Amt in gr. R.- od. Bischofsburgen, aus dem Amt des ↑Vogtes entstanden.

Burgiba, Habib, * 1903, tunes. Politiker; 1956–70 Min.-Präs., 1957–87 auch Staatspräsident.

Burgos, span. Prov.-Hptst. im NO v. Altkastilien, 163 000 E; got. Kathedr., Rathaus (14. Jh.); Textil-, keram. Industrie, Gießereien.

Bürgschaft, Verpflichtung des Bürgen dem Gläubiger des Hauptschuldners gegenüber, für die Erfüllung der Verpflichtungen des Hauptschuldners einzustehen.

Burgund (frz. Bourgogne): **1)** ostfrz. histor. Ldsch. u. Region; Weinbaugebiet, Durchgangsland (↑Burgundische Pforte); Kanalverbdg. zw. den Flusssystemen Rhone–Seine: *Kanal v. B. Gesch.:* um 420 german. Burgunder am Rhein, Zentrum Speyer od. Worms, 437 v. d. Hunnen besiegt; unter röm. Oberhoheit Ansiedlung der Burgunder in der Gegend von Genf (Sapaudia). Um 500 Aufzeichnung des burgund. Rechts. 532–34 Krieg mit den Franken. Zerstörung d. burgund. Reiches. B. fränk.; im Vertrag von Verdun (843) Teilung, Saône wurde Grenze. Um 880 bestanden Hoch-B. (Westschweiz u. spätere Freigft.) unter dem Welfen Rudolf I. u. Nieder-B. (Arelat) unter Boso von Vienne. Daneben entstand allm. das frz. Hzgt. (↑B. 2). Um 934 vereinigte Rudolf II. Hoch- u. Nieder-B. unter dt. Lehenshoheit. 1033 mit d. Hl. Röm. Reich vereinigt. Heirat Friedrich Barbarossas mit Beatrix von B.; seit 1378 nach u. nach an Frkr. gefallen mit Ausnahme der Freigft. B.; **2)** das frz. Hzgt. B., westl. d. Saône, wurde von Richard le Justicier († 921) begr., Hzgt. s. 1032, unter einer kapeting. Nebenlinie bis 1361. 1363 gab Johann II. v. Frkr. B. an seinen Sohn Philipp d. Kühnen († 1404); Heirat mit d. Erbin v. Flandern u. der Freigft. B. Umfangr. Gebietserwerbungen unter seinen Nachf.; Höhepunkt der burgund. Macht: Karl der Kühne (1467–77); Gebietsabrundungen, Versuch, Lothringen zu gewinnen. Das Hzgt. B. zog Frkr. als erledigtes Lehen ein; die übrigen Länder kamen durch die Heirat Marias v. B. mit Maximilian an Habsburg, die nördl. Länder an die habsburg. Niederlande; die Freigft. (Franche-Comté) fiel im Frieden v. Nimwegen (1678/79) an Frankreich.

Burgundische Pforte, relativ niedriges, hügeliges Gelände zw. Vogesen u. Jura, in O-Frkr., das eine gute Verbdg. zw. Rheintal und Saône-Rhone-Tal erlaubt.

Burkina Faso, westafrik. Rep. nördl. von Ghana; vorw. Savannenhochland. *Landw.:* Hirse, Mais, Reis, Baumwolle, Erdnüsse; Viehzucht; Gewinnung v. Sheabutter (Speisefett); Flussfischerei; Export: Baumw., Ölfrüchte. – 1896 frz. Eroberung, 1919–32 Kolonie, 1947 Territorium innerh. der Frz. Union, 1958 autonome Rep., 1960 unabh. (als Obervolta), s. 1965 wiederholt Militärputsche (zuletzt 1983); Aug. 1984 in B. F. umbenannt; Demokratisierungsprozess s. 1987.

Burleske [frz.], ausgelassen heiteres Tonstück; Schwank, Posse.

Burma ↑Birma.

Burns, Robert [bəːnz], * 1759, † 1796, schott. Dichter, Wegbereiter d. engl. Romantik.

Bürokratie: 1) Bez. für das System der Verw. durch Beamte; *Ministerial-B.,* d. führende Schicht der Verwaltungsbeamten; **2)** engstirnige Beamtenherrschaft.

Bursa (fr. Brussa), türk. Prov.-Hptst. in NW-Anatolien, 838 000 E; schwefel- u. eisenhalt. Quellen; Seidenwarenherst. u. a. Ind.; ⚓.

Burschenschaft, studentische

Verbdg., 1815 in Jena begr. zur Stärkung des Vaterlandsgefühls u. zur Läuterung des student. Lebens, 1817 Wartburgfest, 1819–48 unterdrückt, danach versch. Organisationen, 1935 aufgelöst; nach 1945 Neugründ. *(Dt. B.)*.

Burton, Richard [bə:tn], eigtl. R. Jenkins, * 1925, † 1984, brit. Schauspieler.

Burundi, Rep. in Z-Afrika; Bergland nö. des Tanganjikasees; Anbau v. Mais, Hirse, Maniok, Kaffee; Viehzucht. Ab 1890 Teil Dt.-Ostafrikas; ab 1919 mit Ruanda Völkerbundsmandat, ab 1946 UN-Treuhandgebiet unter belg. Verw.; 1962 unabh. Kgr., 1966 Rep., 1976 Putsch, 1993 erneuter Umsturz; danach Bürgerkrieg zw. Hutu u. Tutsi.

Burundi

Fläche: 27 817 km^2
Einwohner: (1995) 6,39 Mill.
Hauptstadt: Bujumbura
Amtssprachen: Rundi und Französisch
Zeitzone: MEZ + 1 Stunde

Burzenland, fruchtb. Gebiet im sö. Siebenbürgen, Rumänien; Zentrum ist Kronstadt.

Busch, Wilhelm, * 1832, † 1908, dt. Dichter, Maler, Zeichner; satir. Bildergeschichten: „Max u. Moritz", „Die fromme Helene" u. a.; „Kritik des Herzens" (Ged.).

Buschmänner, khoisanides Volk in SW-Afrika, durchschn. 1,50 m groß, gelbl.-braune Hautfarbe; Wildbeuter u. Sammler; in Rückzugsgebieten noch rd. 15 000.

Buschwindröschen † Anemone.

Bush [bʊʃ], **1)** George Herbert Walker, * 1925, amer. Politiker (Republikan. Partei); 1981–89 Vizepräs., 1989–93 41. Präs. der USA; **2)** George Walker, * 1946, amer. Politiker (Republikan. Partei); Sohn von 1), 1995–2000 Gouv. von Texas, seit 2001 43. Präs. der USA.

Busoni, Ferruccio, * 1866, † 1924, ital.-dt. Pianist u. Komponist; Opern: „Turandot" u. a.

Bussarde [frz.], Gruppe zieml. plumper Greifvögel; u. a. † Mäusebussard, Raufußbussard.

Buße: 1) allg.: Sühne für Schuld; **2)** Sakrament der B. (kath. Kirche); nach † Beichte u. Reue wird die † Absolution erteilt.

Bußgeld, Geldstrafe zur Ahndung von Ordnungswidrigkeiten, u. a. gegen die Straßenverkehrsordnung; *B.verfahren:* bei Geringfügigkeit durch die Polizei ausgesprochen, bei Erheblichkeit *B.bescheid* durch die Verwaltungsbehörde.

Büste [frz.], plast. Darstellung eines Menschen in Halbfigur oder bis zur Schulter.

Büsum, Nordseebad u. Fischereihafen in Schl.-Ho., 4 900 E.

Butadien [Kw.], C_4H_6, ungesättigter, gasförmiger Kohlenwasserstoff, wicht. Ausgangsprodukt der synth. Kautschukherst. († Buna).

Butan [gr.], Kohlenwasserstoff, C_4H_{10}, brennb. Gas; B.-Sauerstoffgemische zum Schweißen v. Aluminium, Kupfer u. a.; Ausgangsprodukt für † Butadien.

Butenandt, Adolf, * 1903, † 1995; dt. Chemiker; bed. Arbeiten über Sexualhormone; Nobelpreis 1939.

Butjadingen, Marschlandsch. zw. Jadebusen u. Wesermündung.

Butler ['bʌtlə]: **1)** Nicholas Murray, * 1862, † 1947, amer. Philosoph u. Publizist; Friedensnobelpreis (mit J. Addams) 1931; **2)** Reginald, * 1913, † 1981, brit. Bildhauer; **3)** Richard Austen, * 1902, † 1982, brit. konservativer Politiker; wiederholt Min.; **4)** Samuel, * 1612, † 1680, engl. Schriftst.; Satire „Hudibras"; **5)** Samuel, * 1835, † 1902, engl. Schriftst.: Romane, Essays, Satiren; **6)** Walter Gf. von, * um 1600, † 1634, kaiserl. Oberst; Ire; an der Ermordung Wallensteins beteiligt.

Büttel, früher svw. Gerichtsbote, niederer Vollstreckungsbeamter.

Büttenpapier, [aus der Bütte] handgeschöpftes Papier mit gefransten Rändern; heute auch maschinell nachgeahmt.

Butter, aus Milch gewonnenes Speisefett; Herst.: Ausrahmen der Milch in Zentrifugen, Verarb. des Rahms in *B.fässern* (B.masch.), bis sich B.klümpchen abscheiden; aus 25 kg Milch etwa 1 kg Butter.

Butterflystil, svw. † Schmetterlingsstil.

Butzenscheiben, runde Fensterglasscheiben mit Verdickung in der Mitte, in Blei gefasst; bes. im 16. Jh.; *B.lyrik,* herabsetzende Bez. für altertümelnde, klischeehafte, sentimentale ep. und lyr. Dichtung Ende des 19. Jh.

Buxtehude, Dietrich, * 1637 (?), † 1707, dt. Organist u. Komponist; Einfluss auf J. S. Bach.

Buxtehude, St. westl. von Hamburg, Nds., 32 500 E; Fachhochschule; got. Kirche.

BVerfG, Abk. für: **B**undes**verf**assungs**g**ericht.

BVerwG, Abk. für: **B**undes**verw**altungs**g**ericht.

BVG, Abkürzung für: **1) B**etriebs**v**erfassungs**g**esetz; **2) B**undes**v**ersorgungs**g**esetz.

Bypass ['baɪpɑ:s; engl.]: **1)** Überbrückung eines krankhaft veränderten Blutgefäßabschnittes durch Einpflanzen eines (körpereigenen) Gefäß- bzw. Kunststoffstückes; **2)** Umgehungsleitung in der Technik, in der Fluide vom Primärstrom abgezweigt werden.

Byron, George Gordon Noel Lord [beɪərən], * 1788, † 1824, engl. Dichter der Romantik; starb im griech. Freiheitskrieg; u. a. „Ritter Harold's Pilgerfahrt", „Don Juan", „Manfred".

Byronismus [beɪərən-], nach Lord Byron ben. Stil- u. Lebenshaltung Anf. 19. Jh. (v. a. Weltschmerz).

Byssus [gr.]: **1)** Haftfäden von Muscheln, zur Befestigung am Meeresgrund; **2)** feines Leinen- od. Seidengewebe des Altertums (z. B. ägypt. Mumienbinden); **3)** ® feines Baumwollgewebe.

Byte [baɪt; Kw.], in der Datenverarbeitung die kleinste adressierbare Informationseinheit; umfasst meist 8 † Bit [u. 1 Prüfbit].

byzantinische Kunst, Kunst des Byzantin. Reiches, beginnend mit der Erhebung von Byzanz zur Hptst. des Röm. Reiches (330 n. Chr.); für die abendländ. Kunst Mittlerin der Antike u. Vorbild für Form u. Ikonographie. In der Frühzeit v. a. bed. Baukunst: Kuppelbasilika, Durchdringung von Longitudinal- und Zentralbau (Hagia Sophia, 532–537). In der Buchmalerei spätantikes Erbe. Das Bild (Ikone) wird Gegenstand der Verehrung († Bilderverehrung). In der Baukunst des MA v. a. Kreuzkuppelkirchen. Darst. an Wänden und Gewölben der Kirchen (Malerei u. Mosaik), theol. durchdacht u. an feste Regeln gebunden (Hosios Lukas, fr. 11. Jh.). Großreliefs, u. a. auch Elfenbeinreliefs; Seidenweberei; Ikonen; bed. Goldschmiedearbeiten mit Zellenschmelz. – Abb. S. 116.

byzantinische Kunst. *Kaiser Justinian I. mit Erzbischof Maximilian und Gefolge (um 547). Wandmosaik (San Vitale, Ravenna)*

byzantịnische Musịk, einstimmige vokale, auch doppelchör. respondierende Fest- u. Kirchenmusik des Byzantin. Reiches zu griech. Texten; eigenständ., eigene Notation; Wurzeln im Frühchristentum. Hymnen u. a. liturg. Gesänge, Troparion, Kontakion, Kanon u. a.; neuer, „orient." Stil im 11. Jh. Noch lebendige Tradition.

Byzantịnisches Reich, abendländ. Bez. für das Oström. Reich; entstanden 395 durch Teilung des Röm. Reiches (östl. Teil mit Byzanz). Unter Justinian I. Eroberungen in N-Afrika und Italien, kulturelle Blüte; dann Verfall: Verlust des größten Teils von Italien an die Langobarden, Bedrohung durch Slawen (Ansiedlung auf d. Balkan) u. Perser, Verlust v. Syrien u. Ägypten an die Araber; im 8. Jh. Streit um ↑Bilderverehrung, s. dem 9. Jh. wieder kulturelle u. polit. Machtentfaltung, erfolgreiche Kämpfe gg. Araber u. Bulgaren. Im 11. Jh. Verlust Unteritaliens an die Normannen, Kleinasiens an die Seldschuken. 1204–60 Lat. Kaiserreich; 1261 Wiederherst. des Reiches, Verfall durch Kriege und Unruhen, erlag 1453 den Türken.

Byzạnz, antike Handelsst. am Bosporus, um 660 v. Chr. gegr., 330 als *Konstantinopel* Hptst. des Röm., s. 395 Byzantin. Reiches, 1453 türkisch; heute ↑Istanbul.

C

C: 1) 3. Buchstabe des Alphabets; **2)** Anfangston der Grundtonleiter (C-Dur).

C, Abk. für: Celsius.

C, Symb. für ↑Kohlenstoff (☊).

C, röm. Zahlzeichen für 100.

C, Einheitenzeichen für: ↑Coulomb.

c, Formelzeichen für: ↑Lichtgeschwindigkeit.

c, Abk. für: **1)** Zenti... (1/100); **2)** Kubik... (dritte Potenz); **3) c**ent (Cent), kl. Scheidemünze, u. a. in den USA.

Ca, Symb. für ↑Calcium (☊).

c. a., Abk. für **c**oll' **a**rco, mit dem Bogen (𝄞).

Caballero [kaβa'ʎero], span. Bez. für Herr, Ritter, Edelmann.

Cabochon [kabɔ'ʃɔ̃; frz.], gewölbt geschliffener Edelstein.

Cabọra-Bạssa-Staudamm, 164 m hoher Staudamm (erbaut 1969–75) im unteren Sambesi, Moçambique, zur Elektrizitätsgewinnung; 200 km langer Stausee von 2 800 km^2.

Cabọto, Giovanni (engl. John Cabot), * um 1450, † 1498, ital. Seefahrer; entdeckte in engl. Diensten 1497 das nordamer. Festland.

Cabral, Pedro Álvarez [ka'βral], * um 1467, † um 1520, portug. Seefahrer; entdeckte 1500 die O-Küste Südamerikas (Brasilien).

Cachucha [kat'ʃutʃa; span.], andalus. Volkstanz (Solotanz).

Cäcịlia, hl., röm. Märtyrerin des 3. Jh. (?), Schutzheilige d. Musik.

CAD, Abk. für engl.: **c**omputer **a**ided **d**esign = rechnerunterstützte Konstruktion; techn. Konstruktion mithilfe geeigneter Computerprogramme u. Datenverarbeitungsanlagen am Bildschirm.

Caddie ['kædɪ; engl.], Junge, der Golfgeräte für Spieler trägt; auch Bez. für den Wagen, der die Golfschläger transportiert.

Cádiz ['kaðiθ], südwestspan. Prov.-Hptst., 156 000 E; Hafen u. Festung an der Bucht v. C.; Kathedralen; Schiffbau, Fischerei; ⚒.

Cạdmium (Kadmium) [gr.], chem. El., Symb. Cd, OZ 48, rel. A.-Masse 112,41, Dichte 8,65 g/cm^3, Fp. 321 °C, Sp. 767 °C; silberweißes, weiches Metall; *Vorkommen* als C.blende u. C.carbonat zus. mit Zinkblende u. a.; *verw.* als Elektrodenmaterial für galvan. El.; als Legierungszusatz bei Lagermetallen. C.sulfid (CdS) und C.selenid (CdSe) werden als gelbes bzw. rotes Farbpigment verw. CdS ist ein wicht. Halbleiter, u. a. zur Herst. v. Photowiderständen.

CAE, Abk. für engl.: **c**omputer **a**ided **e**ngineering = rechnerunterstützte Technik; der Einsatz von Computern in allen Bereichen des Ingenieurwesens.

Caen [kã], Hptst. des frz. Dép. Calvados u. der Region Basse-Normandie, an der Orne, 113 000 E; Univ.; roman. und got. Kirchen; Eisen- u. Stahlind.; ⚒.

Caesar, Gajus Julius ↑Cäsar.

Cagliari ['kaʎari], Hptst. Sardiniens, Italien, 219 000 E; Univ.; Dom (13. Jh.); ⚓, Handelsplatz; ⚒.

Caissonkrankheit [kɛ'sɔ̃-; frz.], svw. ↑Druckfallkrankheit.

CAJ, Abk. für: ↑**C**hristliche **A**rbeiter-**J**ugend.

cal, Einheitenzeichen für ↑Kalorie.

Calais [ka'lɛ], nordfrz. Hafenst. an d. Straße v. Dover, 75 500 E; Fährverkehr nach England; ⚒; Ind.

Calcịt [lat.], svw. ↑Kalkspat.

Cạlcium (Kalzium) [lat.], chem. El., Symb. Ca, OZ 20, rel. A.-Masse 40,08, Dichte 1,53 g/cm^3, Fp. 851 °C, Sp. 1 482 °C ± 30 °C; silberweißes, weiches, reaktionsfreud. Metall; häufig, jedoch nur in Verbdg.: als Sulfat (Gips), Carbonat (Marmor, Kalkstein, Kreide), Silicat, Phosphat, Fluorid.

Cạlciumsulfat, das Calciumsalz der Schwefelsäure; in der Natur als ↑Anhydrit und ↑Gips.

Calderón de la Barca, Pedro, * 1600, † 1681, bed. span. Dramatiker des Barock; Geistlicher; „Das gr. Welttheater", „Der Richter von Zalamea", „Das Leben ein Traum", „Der standhafte Prinz", „Dame Kobold".

Caldwell ['kɔ:ldwəl]: **1)** Erskine, * 1903, † 1987, amer. Schriftsteller; Romane: „Die Tabakstraße", „Gottes kl. Acker"; **2)** [Janet] Taylor, * 1900, † 1985, amer. Romanschriftstellerin; erfolgreiche Unterhaltungsromane.

Calẹndae ↑Kalenden.

Calgary ['kælgərɪ], Ind.-St. in der kanad. Prov. Alberta, 710 000 E; Mittelpt. eines Erdölgebiets; ⚒.

Cạli, Hptst. des kolumb. Dep. Valle del Cauca, 1,7 Mill. E; Univ.; Ind.- u. Handelsst.; ⚒.

Califọrnium, chem. El., Symb. Cf, OZ 98, A.-Gew. des stabilsten bek. Isotops 251, Transuran; aus Curium durch α-Teilchen-Beschuss

1950 von ↑Seaborg in Kalifornien hergestellt.

Caligula, eigtl. Gaius Iulius Caesar Germanicus, * 12 n. Chr., † 41, Sohn des Germanicus, s. 37 röm. Ks.; Verschwörungen gg. ihn wegen despot. Herrschaft u. Verschwendungssucht; ermordet.

Callao [ka'ʎao], Haupthafen Perus, 638000 E; Fischerei-⚓; Ind.

Callas, Maria, eigtl. M. Kalojeropulos, * 1923, † 1977, griech.-amer. Sängerin; die führende Sopranistin ihrer Zeit.

Maria Callas

Calvados, 1) frz. Dép. in der Normandie, Hptst. Caen; **2)** normann. Apfelbranntwein (aus Cidre destilliert, im Eichenfass gelagert).

Calvin, Johannes, eigtl. Jean Cauvin, * 10. 7. 1509, † 27. 5. 1564, frz.-schweizer. Reformator; 1536 entstand in Basel seine „Christianae religionis institutio", Grundlage der Entw. der ref. Konfession; seit 1541 in Genf; Kirchenordnung, harte Gerichtsverfahren gegen Andersgläubige; wichtige Punkte der Lehre C.s (Prädestination und Abendmahlslehre) weichen von der Luthers ab.

Calvino, Italo, * 1923, † 1985, ital. Schriftsteller, neorealist., später märchenhaft-fantast. Erz. u. Romane.

Calw, Krst. im nördl. Schwarzwald, Ba.-Wü., 24000 E; Holz-, elektrotechn. u. Textilind.; im Ortsteil *Hirsau* ehem. Klosterkirche.

CAM, Abk. für engl.: **c**omputer **a**ided **m**anufacturing = rechnerunterstützte Fertigung; der Einsatz von Computern zur Steuerung u. Überwachung von Produktionsabläufen, z. B. mithilfe numer. gesteuerter Maschinen u. Industrieroboter.

Camargue ['kamərg], südfrz. Ldsch. des Rhonedeltas; versumpfte Strandseen; extensive Viehwirtsch.; Reisfelder.

Cambrai [kã'brɛ], nordfrz. St. an der oberen Schelde, 35000 E; Kathedr. (18. Jh.); Textilind. – *Liga v. C.* (1508), Bündnis zw. Papst, Ks. u. den Kg. v. Frkr. u. Spanien gg. Venedig. *Damenfriede v. C.* (1529) zw. Ks. Karl V. u. Franz I. von Frkr., vermittelt durch die Tante des Ks. und die Mutter des frz. Kg.; u. a. frz. Verzicht auf Italien.

Cambridge ['keɪmbrɪdʒ]: **1)** ostengl. St., 92000 E; berühmte Univ. (gegr. 13. Jh.), got. King's College Chapel; Fitzwilliam-Museum; Elektroind.; **2)** St. im Vorortbereich von Boston, USA, 95000 E; Sitz der Harvard Univ. (gegr. 1636); vielseit. Industrie.

Camcorder, Kamera mit integriertem Videorekorder, der auch allein verwendet werden kann.

Camembert [kamã'bɛr; frz.], fetter Weichkäse (nach dem Ort C. in der Normandie).

Camera obscura [ital.], svw. ↑Lochkamera.

Cammin i. Pom. (poln. Kamień Pomorski), St. an der Dievenow, 10000 E; am *Camminer Bodden,* Polen; Bistum (um 1180–1648).

Camorra [ital.], ein terrorist. Geheimbund in Neapel sowie Süditalien (19./20. Jh.).

Campagna [-'paɲa], hügel. Steppenland um Rom; in d. Antike fruchtb., dann verödet; rekultiviert (seit 19. Jh.).

Camping ['kæmpɪŋ; engl.], zeitweil. Leben auf *C.plätzen* (Zeltplätzen) in Zelten oder Wohnwagen.

Campoformio, Gem. in der oberital. Prov. Udine, 6200 E. – *Friede v. Campoformio* (1797) zw. Frkr. u. Östr., das seine niederl. (das spätere Belgien) sowie oberital. Besitzungen abtrat, in einem Geheimartikel der Abtretung des l. Rheinufers von Basel bis Andernach zustimmte u. dafür Venetien, Istrien u. Dalmatien erhielt.

Camposanto [ital.] ital. für Friedhof.

Campus [engl.], Gesamtanlage einer Hochsch., Univ. (v. a. USA).

Camus, Albert [ka'my], * 1913, † 1960, frz. Schriftsteller; Résistancemitgl.; beeinflusst vom frz. Existenzialismus; philos. Essays: „Der Mythos von Sisyphos", „Der Mensch in der Revolte"; Romane: „Die Pest", „Der Fremde"; Dramen: „Caligula" u. a.; autobiograph. Romanfragment „Der erste Mensch" 1994 aus dem Nachlass; Nobelpreis 1957.

Canaletto: 1) C., eigtl. Giovanni Antonio Canal, * 1697, † 1768, ital. Maler u. Radierer; Städtebilder von gr. Genauigkeit, v. a. von Venedig, Rom u. London; **2) C.,** eigtl. Bernardo Bellotto, * 1720, † 1780, Neffe u. Schüler von 1), ital. Maler; Stadtansichten, v. a. von Dresden und Wien.

Canaris, Wilhelm, * 1887, † 1945, dt. Admiral; Leiter des dt. Abwehrdienstes s. 1935; Gegner Hitlers; nach dem 20. 7. 1944 abgesetzt, hingerichtet.

Canasta [span.], südamer. Kartenspiel: 2–6 Spieler, 2 × 52 Karten und 4 Joker.

Canaveral, Kap [kə'nævərəl], (1964–73 Kap. Kennedy), Kap an der O-Küste Floridas, USA, 28° 28′ n. Br., 80° 33′ w. L.; Raketenstartplatz d. amer. Weltraumforschung.

Canberra ['kænbərə], Hptst. des Austral. Bundes, 286000 E; Univ.; ✈. 1913 gegr.

Cancan [kãkã; frz.], Schau- u. Schnelltanz, 1830 in Paris eingeführt.

Cancer [lat.] (Krebs), zum Tierkreis gehörendes Sternbild des nördl. Himmels.

cand., Abk. für: ↑Kandidat 2).

Candela [lat.], Einheitenzeichen cd, Einheit d. Lichtstärke; die C. ist die Lichtstärke einer Strahlungsquelle, welche monochromat. Strahlung der Frequenz $540 \cdot 10^{12}$ Hertz in eine best. Richtung aussendet, in der die Strahlstärke 1/683 Watt durch Steradiant beträgt.

Canes Venatici [lat.] (Jagdhunde), Sternbild des nördl. Himmels.

Canetti, Elias, * 1905, † 1994, Schriftsteller; in Bulgarien geboren, Studium in Wien, Emigration 1938 nach London. Schrieb in dt. Sprache. Nobelpreis für Literatur 1981.

Canisius, Petrus, hl., eigtl. Pieter Kanijs, * 1521, † 1597, Jesuit; bed. Vertr. der Gegenreformation.

Canis Maior [lat.] (Großer Hund), Sternbild südl. des Himmelsäquators mit ↑Sirius, dem hellsten Fixstern.

Canis Minor [lat.] (Kleiner Hund), Sternbild der Äquatorzone.

Cannae, Ort in Apulien, bek. durch Hannibals Sieg über die Römer in einer Umfassungsschlacht (216 v. Chr.).

Cannes [kan], frz. St. an der Côte d'Azur, 72000 E; Seebad; Filmfestspiele.

Cañon [ka'ɲon; span.], enges, tief eingeschnittenes Tal; bek. der ↑Grand Canyon.

Canopus, hellster Stern (α) im Sternbild Carina (südl. Himmel), zweithellster Stern des Himmels.

Canossa, Burg im N-Apennin; im 11. Jh. Besitz der Markgf. v. Tuszien; hier löste 1077 Papst Gregor VII. Kg. Heinrich IV. vom Bann; der Kg. errang mit der persönl.

Demütigung *(Canossagang)* die polit. Handlungsfreiheit zurück.

cantabile [ital.], gesangartig, ausdrucksvoll (𝄞).

cantando [ital.], singend (𝄞).

Canterbury ['kæntəbərı], St. sö. von London, 34 000 E; kirchl. Mittelpt. (seit 597 Erzbistum); Univ.; got. Kathedrale.

Cantor, Georg, * 1845, † 1918, dt. Mathematiker dän. Herkunft; begründete die Mengenlehre.

Cantus [lat.], Gesang, Melodie; auch melodieführende Stimme; *C. firmus,* in der Notenfolge unveränderl. Melodie; Tenor einer mehrstimm. Komposition.

Caodaismus, mod. synkretist. Religion in Vietnam, beruht auf Offenbarungen des Gottes *Cao-Dai* (großer Palast), verschmilzt primit., buddhist., konfuzian., taoist. u. christl. Elemente.

Capone, Al[phonse] od. Alfonso [ital. ka'ponə, engl. kə'pəʊn], gen. Scarface, * 1899, † 1947, berüchtigter amer. Bandenchef.

Capote, Truman [kə'pəʊtı], * 1924, † 1984, amer. Schriftsteller; „Die Grasharfe", „Frühstück bei Tiffany"; dokumentar.: „Kaltblütig".

Capra, Frank ['kapra], * 1897, † 1991, amer. Filmregisseur italien. Herkunft („Arsen u. Spitzenhäubchen").

Capri, Kalkfelseninsel im Golf v. Neapel, 10,4 km², bis 589 m ü. d. M., Höhlen (Blaue Grotte); Städte: *C.,* 7 500 E, *Anacapri,* 4 600 E; Fremdenverkehr; ⛯.

Capriccio [ka'prıttʃo; ital.], laun. Einfall; formal ungebundene Komposition (𝄞).

Capricornus [lat.] (Steinbock), zum ↑Tierkreis gehörendes Sternbild des südl. Himmels.

Caprivi, Georg Leo Graf von C. de Caprera de Montecuccoli, * 1831, † 1899, dt. General und Politiker; 1890–94 R.-Kanzler, 1890 bis 1892 preuß. Min.-Präsident.

Capstan ['kæpstən; engl.], Stahlwelle, die mithilfe einer Gummiandruckrolle das Tonband an den Magnetköpfen vorbeiführt.

Captatio Benevolentiae [lat.], Werben um Gunst; rhetor. Formel.

Capua, ital. St. nördl. v. Neapel, 18 000 E; 4 km sö. Reste des antiken Capua.

Caput mortuum [lat.] (Englischrot, Polierrot), bes. feinpulvr. rotes Eisen(III)-oxid; zum Polieren von Glas, Metallen und Edelsteinen und bes. als Malerfarbe.

Carabinieri [ital.], s. 1814 ital. Polizeitruppe, Teil des Heeres.

Caracalla, Marcus Aurelius Antonius, * 186, † 217, röm. Ks. seit 211; gab 212 allen freien Reichsangehörigen röm. Bürgerrecht; ermordet.

Caracas, Hptst. Venezuelas, 1,83 Mill. E; Univ.; mod. Ind.- u. Handelsstadt; ⛯, ⚓: La Guaira.

Caracciola, Rudolf [-tʃo-] * 1901, † 1959, dt. Automobilrennfahrer; größte Erfolge 1935 auf Mercedes-Rennwagen.

Caragiale, Ion Luca [kəra'ddʃaIə], * 1852, † 1912, herausragender rumän. Dramatiker.

Caravaggio [kara'vaddʒo], eigtl. Michelangelo Merisi, * 1573, † 1610, ital. Maler; Hauptmeister des frühen Barock.

carb[o]..., Carb[o]..., Bestimmungswort, Bed.: Kohle.

Carbide [lat.], binäre Kohlenstoffverbdg.; i. e. S. Verbdg. des Kohlenstoffs mit Metallen, Bor od. Silicium.

Carbonate (Karbonate) [lat.], Salze der ↑Kohlensäure, charakterisiert durch das Anion $-CO_3$.

Carbonsäuren, organ. Verbdg. mit der chem. Gruppe $-COOH$ *(Carboxylgruppe).*

Carcassonne [karka'sɔn], Hptst. des südfrz. Dép. Aude, 43 500 E; hoch gelegene ma. Festung; Textilind., Weinhandel.

Cardenal, Ernesto, * 1925, nicaraguan. Lyriker u. Politiker; 1979 bis 1990 Kultusmin.; 1980 Friedenspreis des Börsenvereins des Dt. Buchhandels.

Cardiff, Hptst. von Wales, 285 000 E; Univ.; Kathedr. (12. Jh.); bed. Kohleausfuhr-⚓, Werften, Schwerind.; ⛯.

Cardinale, Claudia, * 1939, ital. Filmschauspielerin.

CARE ['kɛə; engl.], Abk. für **C**ooperative for **A**merican **R**emittances to **E**urope, amer. Hilfsorganisation, in den USA, 1946 gegr., u. a. *C.-Pakete* u. Spenden für Dtl. für rd. 300 Mill. DM (bis 1960).

Carillon [karı'jɔ̃; frz.], *Glockenspiel,* mit Klöppeln geschlagen oder mit Tastatur gespielt.

Caritasverband, kath. Wohlfahrtsorganisation.

Carl XVI. Gustav, König v. Schweden ↑Karl XVI.

Carlos: 1) Don C., * 1545, † 1568, Sohn Philipps II., Infant von Spanien; kränkl., schwachsinnig, von der Thronfolge ausgeschlossen; **2)** Don C. Maria Isidro de Borbón, * 1788, † 1855, Sohn Karls IV., Bruder Ferdinands VII. v. Spanien; erkannte 1830 die weibl. Thronfolge nicht an, nahm 1833 als Karl V. den Königstitel an, verursachte dadurch die Karlistenkriege.

Carlsson, Ingvar Gösta, * 1934, schwed. Politiker (Sozialdemokrat. Arbeiterpartei). Politikwissenschaftler. Seit 1982 stellvertr. Min.-Präs. Nach der Ermordung O. Palmes 1986–91, wiederum 1994–96 Min.-Präs., s. 1986–96 auch Parteivorsitzender.

Carl-Zeiss-Stiftung ↑Abbe, E.

Carmina Burana [mlat.], 1803 gefundene Slg. lat. u. dt. ma. Vagantenlieder aus dem Kloster Benediktbeuren; von C. Orff in Auswahl vertont.

Carnap, Rudolf, * 1891, † 1970, dt.-amer. Philosoph; Hauptvertr. des log. Positivismus.

carnotscher Kreisprozess, von N. L. S. Carnot (* 1796, † 1832) entwickelter reversibler Kreisprozess, liefert das Optimum für den Wirkungsgrad period. arbeitender Wärmekraftmaschinen.

Caro, Heinrich, * 1834, † 1910, dt. Chemiker; Verfahren zur Synthese von Anilinfarben.

Carolina (Constitutio Criminalis C.) [lat.], Abk. C. C. C., Peinl. Gerichtsordnung Ks. Karls V. (1532); erstes allg. dt. Strafgesetzbuch, gültig bis zum Ende des 18. Jh.

Caron, Leslie [ka'rɔ̃], * 1931, frz. Schauspielerin („Gigi").

Carossa, Hans, * 1878, † 1956, dt. Dichter; Werke z. T. autobiograph.; Romane, Erzählungen, Lyrik, Essays.

Carow, Heiner [ka:ro], * 1929, † 1997, dt. Filmregisseur.

Carrara, mittelital. St., 66 000 E; berühmte Marmorbrüche; Ausfuhrhafen u. Seebad: *Marina di C.* (10 km westl. v. C.).

Carreras, José, * 1946, span. Sänger (Tenor).

Carrington, Peter Alexander ['kæriŋtən], Baron of C., * 1919, brit. Politiker (Konservativer); 1970 bis 1974 Verteidigungsmin., 1974 bis 1979 Oppositionsführer, 1979 bis 1982 Außenmin., 1984–88 Gen.-Sekr. der NATO.

Carroll, Lewis ['kærəl], eigtl. Charles Lutwidge Dodgson, * 1832, † 1898, engl. Schriftsteller; Kinderbücher, u. a. „Alice im Wunderland"; Nonsenserzählungen.

Carson City ['ka:sn 'sıtı], Hptst. v. Nevada, USA, 40 500 E; Fremdenverkehr; Silber-⚒.

Carstens, Karl, * 1914, † 1992, dt. Politiker (CDU); 1979–84 B.-Präs.

Cartagena [-xena]: **1)** span. Hafenst. am Mittelmeer, 176 000 E; Hütten- u. chem. Ind. – Als *Carthago nova* von Karthagern gegr.; röm. Prov.-Hptst., westgot., arab., seit 1276 aragon.; **2)** Hafenst. in N-Kolumbien, 491 000 E; Univ.; Kanal zum Rio Magdalena, Ölleitung; ⛯.

Carter ['ka:tə]: **1)** Howard, * 1873, † 1939, brit. Archäologe; entdeckte u. a. das Grab des Tutanchamun;

2) James Earl (gen. Jimmy), * 1924; 39. Präs. d. USA 1977–81, Demokrat. Partei.

Caruso, Enrico, * 1873, † 1921, ital. Sänger (Tenor).

Casa, Lisa della, * 1919, schweizer. Sängerin (Sopran).

Casablanca, Hafenst. in NW-Marokko, 3,7 Mill. E; Univ.; wirtsch. Zentrum des Landes; ✧. – Jan. 1943 *Konferenz v. C.* zw. Churchill und Roosevelt: Forderung nach bedingungsloser Kapitulation der Achsenmächte.

Casals, Pablo, * 1876, † 1973, span. Cellist; auch Komponist.

Casanova, Giacomo Girolamo, nannte sich G. G. C., Chevalier de Seingalt, * 1725, † 1798, ital. Abenteurer; kulturgeschichtl. wertvolle „Memoiren".

Cäsar (Gajus Julius Caesar), * 100 od. 102, † 44 v. Chr., röm. Staatsmann und Feldherr; 60–53 1. Triumvirat mit Pompejus u. Crassus, 59 1. Konsul, 58–51 Unterwerfung Galliens, 49 Überschreitung des Rubikon, damit Beginn des Bürgerkriegs (bis 45) gg. Pompejus, den er 48 bei Pharsalos schlug; führte 46 den Julian. Kalender ein, 44 Diktator auf Lebenszeit; fiel der Verschwörung des Brutus u. Cassius zum Opfer; schrieb über den Gall. Krieg und über den Bürgerkrieg.

Cäsar [lat.], Beiname im röm. Geschlecht der Julier; s. Augustus Kaiser-, s. Hadrian auch Thronfolgertitel, s. Diokletian Titel der Unterkaiser.

Cäsaropapismus, Staatsform, in der der weltl. Herrscher auch geistl. Oberhaupt ist; zeitw. im Byzant. Reich u. zarist. Russland.

Cascade Range [kæs'keɪd 'reɪndʒ], Kaskadengebirge, etwa 1100 km lange nördl. Forts. der Sierra Nevada, im W der USA; bis 4392 m; aktive Vulkane; bed. Holzwirtschaft.

Cash, Johnny [kæʃ], * 1932, amer. Sänger (hpts. Countrymusic).

Cash [kæʃ; engl.], Kasse, Barzahlung, Bargeld; *C.-and-carry-Prinzip* [- ənd 'kærɪ-], Verkauf zu niedr. Preisen, ohne Kundendienst.

Cashewnuss ['kæʃu-] (Akajounuss), nierenförm., einsam. Frucht des Nierenbaumes, essbar.

Cashflow ['kæʃ 'fləʊ; engl.], Kennziffer zur Beurteilung der finanziellen Struktur eines Unternehmens. Der C. ist der Quotient aus dem Betrag der langfristigen Schulden, dividiert durch die Summe aus dem Bilanzgewinn, dem Betrag, der den Rücklagen zugeführt wird, und den Abschreibungen einer Periode.

Cäsium, chem. El., Symb. Cs, OZ 55, rel. A.-Masse 132,905, seltenes Alkalimetall; Dichte 1,87 g/cm³, Fp. 28,5 °C, Sp. 705 °C; reagiert analog dem ↑Kalium, ist aber reaktionsfähiger; verwendet in Fotozellen, Atomuhren, radioaktives Isotop Cs 137 zur Strahlentherapie.

Cassino, mittelital. St. am S-Fuß des Abruzz. Apennins, 31000 E; im 2. Weltkrieg zerstört; über der St. Kloster ↑Montecassino.

Cäsar *(römische Marmorbüste)*

Cassiopeia (Kassiopeia), Sternbild des nördl. Himmels, nach d. Anordnung d. Hauptsterne auch *Himmels-W* genannt.

Cassirer, Ernst, * 1874, † 1945, dt. Philosoph; emigrierte 1933; Vertr. des Neukantianismus (Erkenntnistheorie).

Cassius, Gajus C. Longinus, † 42 v. Chr., röm. Feldherr u. Politiker; 44 Verschwörer gegen Cäsar.

Casteau [kas'to], Ortsteil der belg. St. Soignies nö. von Mons; Hauptquartier der NATO.

Castel del Monte, um 1240 erb. achteckiges Schloss Ks. Friedrichs II. in Apulien, westl. von Bari.

Castel Gandolfo, ital. St. am Albaner See, 4400 E; päpstl. Sommerresidenz.

Castellammare, Name ital. Hafenstädte; *C. di Stabia,* Heil- u. Seebad im Golf v. Neapel, 68000 E; das alte *Stabiae.*

Castle [kɑ:sl; engl.], Schloss, Burg.

Castro, Fidel, * 1927, kuban. Politiker; seit 1959 Min.-Präs., s. 1976 auch Vors. des Staatsrats (Staatsoberhaupt); sozialist. Umgestaltung in Wirtsch. u. Gesellschaft.

Castrop-Rauxel, St. in NRW, 78300 E; Steinkohlen-⚒, chem. Ind.; ⚓ am Rhein-Herne-Kanal.

Casus ↑Kasus; *C. belli,* Kriegsfall, Kriegsgrund.

Çatal Hüyük [tʃa'tal hy'jyk], sö. der türk. St. Konya gelegene Ausgrabungsstätte (St. aus dem 7. Jt. v. Chr. mit bed. Kulturdenkmälern).

Catania, Prov.-Hptst. an der O-Küste Siziliens, 364000 E; alte Univ.; Dom (18. Jh.); ⚓, ✧.

Catch-as-catch-can ['kætʃ æz 'kætʃ 'kæn; engl.] (Catchen), Freistilringen der Profis *(Catcher).*

Catilina, Lucius Sergius, * um 108, ⚔ 62 v. Chr., röm. Patrizier; seine Verschwörung durch Cicero entdeckt.

Cato: 1) Marcus Porcius C. Censorius (Cato d. Ä.), * 234, † 149 v. Chr., röm. Feldherr, Staatsmann u. Historiker; Feind Karthagos, Vertr.

Castel del Monte

altröm. Sittenstrenge; **2)** Marcus Porcius C. Uticensis (Cato d. J.), * 95, † 46 v. Chr., röm. Staatsmann; als Vertreter republikan. Freiheit altröm. Gesinnung Gegner Cäsars, nach dessen Sieg Selbstmord; Idealgestalt der Rep. in der Kaiserzeit.

Cattleya, Gatt. der Orchideen im trop. Amerika, farbenprächt. Gewächshauspflanzen, als Schnittblumen beliebt.

Catull (Gajus Valerius Catullus), * um 84, † um 54 v. Chr., röm. Lyriker.

Caudillo [kau'ðiʎo; span.], im MA Heerführer in Spanien; im span. Amerika polit. Machthaber; Titel Francos.

Causa [lat.]: **1)** Grund, Ursache (Philosoph.); **2)** prozessualer Klaggrund, z. B. aus Ges., Vertr.; Rechtssache, Prozessgegenstand.

Cavour, Camillo Benso, Graf von [ka'vur], * 1810, † 1861, ital. Staatsmann; s. 1852 Min.-Präs. von Piemont-Sardinien; 1858 Bund mit Napoleon III., siegreicher Kampf gg. Östr. um die Lombardei (1859); 1860/61 gelang C. die Einigung Italiens.

Cayenne [ka'jɛn], Hptst. von Frz.-Guayana, 38 000 E; ⚓, ✈.

Cayman Islands ['keɪmən 'aɪləndz], flache Koralleninseln im Karib. Meer, 259 km^2, 25 500 E, Hptst. Georgetown; Viehzucht; brit. Kronkolonie.

CB-Funk [Abk. für engl. **ci**tizen **b**and, eigtl. = Bürgerband], Sprechfunk geringer Reichweite, Frequenzbereich 26,960–27,410 MHz, kann ohne bes. Funklizenz betrieben werden. Die Funkgeräte müssen v. Fernmeldetechn. Zentralamt (FTZ) zugelassen sein, ortsfeste Anlagen sind anmelde- u. gebührenpflichtig.

Cembalo, *Tonerzeugung*

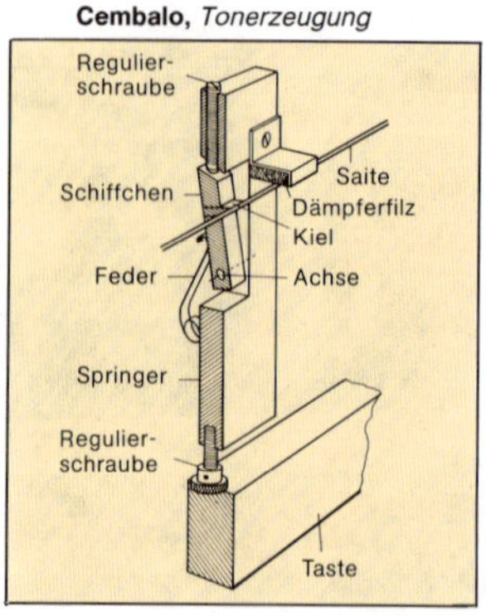

cbm, fr. Abk. für: Kubikmeter (m^3).

C.C.C., Abk. für: **C**onstitutio **C**riminalis **C**arolina (↑ Carolina).

CCD [Abk. für engl.: **c**harge-**c**oupled **d**evice = ladungsgekoppeltes Bauelement], Halbleiterbauelement, das u. a. als bildauflösender Strahlungsempfänger (Festkörperbildwandler) in Videokameras verw. wird.

ccm, fr. Abk. für: Kubikzentimeter (cm^3).

cd, Einheitenzeichen für: ↑ **C**an**d**ela.

Cd, Symb. für ↑ Cadmium (☞).

CD, Abk. für **C**ompact**d**isc (↑ Schallplatte).

C. D. (CD), Abk. für: **C**orps **d**iplomatique („diplomatisches Korps").

CD-ROM [Abk. für: **c**ompact **d**isc **r**ead-**o**nly **m**emory], opt. Speicherplatte (Festwertspeicher) für Personalcomputer, die nach dem Prinzip der Compactdisc (↑ Schallplatte) mit Laserabtastung arbeitet. Speicherkapazität 500 Megabyte (entspricht rd. 300 000 Schreibmaschinenseiten).

CDU, Abk. für: ↑ **C**hristlich-**D**emokratische **U**nion.

Ce, Symb. für ↑ Cer (☞).

Ceaușescu, Nicolae [tʃɛau'ʃesku], * 1918, † (hingerichtet) 1989, rumän. Politiker; Vors. der rumän. KP, 1967–74 Vors. des Staatsrates, Präs. s. 1974, 1989 gestürzt u. zum Tod verurteilt.

Cedille [se'di:j(ə); frz.], Ausssprachezeichen (¸), z. B. der frz. Spr.: ç [*ß*] vor a, o und u.

Celan, Paul, * 1920, † 1970, östr. Lyriker; vom Surrealismus beeinflusste Gedichte, „Sprachgitter".

Celebes [tse-] (Sulawesi), drittgrößte der Gr. Sundainseln, Indonesien, 189 035 km^2; wichtigste Städte Ujung Pandang u. Manado; vulkan. Gebirgsland; trop. Urwald; Bodenschätze: Silber, Nickel, Kupfer, Eisen, Gold.

Celebessee, Teil des Australasiat. Mittelmeeres zw. Borneo, Celebes u. Mindanao, bis 6 220 m tief.

Celibidache, Sergiu [tʃelibi'dake], * 1912, † 1996; rumän. Dirigent.

Cella [lat.]: **1)** Hauptraum im antiken Tempel; **2)** fr. Mönchszelle, auch kl. Kloster.

Celle, Krst. in Nds., am S-Rand der Lüneburger Heide, 74 000 E; ehem. herzogl. Schloss; OLG; Museum; Landesgestüt; Industrie.

Cello [(t)ʃ-; ital.], Kurzform für ↑ Violoncello.

Cellophan®, glasklare, dünne Folie; für Verpackungs- u. Verschlusszwecke.

Celluloid ↑ Zelluloid.

Celsius, Anders, * 1710, † 1744, schwed. Astronom; führte die heute gebräuchl. Temp.-Skala ein (Abstand zw. Gefrierpt. u. Siedept. des Wassers in 100 gleiche Teile [°C] unterteilt).

Celsus: 1) Aulus Cornelius, † 1. Jh. n. Chr., röm. Enzyklopädist; nur 8 Bücher über die Medizin erhalten; **2) C.,** griech. Philosoph des 2. Jh. n. Chr.; vom Stoizismus beeinflusster Platoniker; Gegner des Christentums.

Cembalo ['tʃɛm-; ital.] (Klavizimbel), Kurzform von *Clavicembalo,* Tasteninstrument, dessen Saiten mit Federkielen od. Lederzungen angerissen werden.

Ceneri, Monte [- 'tsɛ:neri], schweizer. Pass im S des Kt. Tessin, an der Straße Bellinzona–Lugano, 554 m ü. d. M.

Centaurus (Zentaur), Sternbild des südl. Himmels; im C. steht der unserem Sonnensystem nächste Fixstern *Proxima Centauri.*

Central Intelligence Agency ['sentrəl ɪn'telɪdʒəns 'eɪdʒənsɪ] (CIA), seit 1947 Zentralamt des amer. Geheimdienstes.

centum [lat.], hundert.

Cepheus, Sternbild unserer Breiten, immer über dem Horizont.

Cer, chem. El., Symb. Ce, OZ 58, rel. A.-Masse 140,12, Dichte 6,67–8,23 g/cm^3, Fp. 795 °C, Sp. 3 468 °C, graues, weiches Metall, kommt in Zerit u. Monazit vor.

Ceram, C. W., eigtl. Kurt W. Marek, * 1915, † 1972, dt. Schriftsteller; „Götter, Gräber u. Gelehrte".

Ceres, italische Göttin der Feldfrucht u. des Wachstums, entspr. der griech. Demeter.

Cermets, Abk. für engl. **cer**amics und **met**al, Kompositwerkstoffe aus keram. u. metall. Komponenten.

CERN, Abk. für Organisation (fr.: **C**onseil) **E**uropéenne pour la **R**echerche **N**ucléaire, Europ. Organisation für Kernforschung; 1952 gegr., Sitz Genf.

Certosa [tʃ-; ital.], svw. ↑ Kartause.

Cervantes Saavedra, Miguel de [θɛr'ßantes saa'ßeðra], * 1547, † 1616, span. Dichter; sein satir.-realist. Roman „Der sinnreiche Junker Don Quijote von der Mancha", zunächst als Parodie auf den Ritterroman gedacht, wurde zum Bild menschl. Lebens.

Cervi, Gino ['tʃɛrvi], * 1901, † 1974, italien. Filmschauspieler; v. a. bekannt als Peppone in den „Don-Camillo"-Filmen (ab 1951).

Césaire, Aimé [se'zɛ:r], * 1913, frz. Dichter; bilderreiche Lyrik, auch Dramatiker.

Cestiuspyramide, in die aurelian. Stadtmauer in Rom einbezogene Grabpyramide des Gaius Cestius Epulo († 12 v. Chr.).

Cetan, $C_{16}H_{34}$, Kohlenwasserstoff, optimal klopffester und zündfreud. Dieselkraftstoff, im Gemisch mit α-Methylnaphthalin als Eichkraftstoff für die **C.zahl** (Maß für die Zündfreudigkeit von Dieselkraftstoffen).

Ceuta ['θeuta], span. Hafenst. an der marokkan. Mittelmeerküste, span. Exklave von 19 km², 65 000 E; befestigt.

Cevennen, sö. Teil d. frz. Zentralmassivs; hohe Bruchstufe zum Rhonetal; bis 1702 m.

Cevennenkrieg ↑Kamisarden.

Ceylon [tsailɔn], Insel sö. von Indien, bildet den Staat ↑Sri Lanka.

Cézanne, Paul [se'zan], * 1839, † 1906, frz. Maler; vom Impressionismus ausgehend, dann eigener Stil, der entscheidend für die mod. Kunst (Expressionismus, Fauvismus, Kubismus) wurde; Landschaften, Stillleben, Figurenbilder.

cf (cfr.), Abk. für lat.: **c**on**f**er! (= vergleiche!).

Cf, Symb. für ↑Californium (℘).

CFK (KFK), Abk. für: **c**arbon**f**aserverstärkte **K**unststoffe (d. h. kohlefaserverstärkte Kunststoffe), v. a. im modernen Flugzeugbau eingesetzte hochfeste Werkstoffe.

CGS-System, Maßsystem mit den Einheiten **c**m, **g, s.**

Chablis [ʃa'bli; frz.], berühmter weißer Burgunder aus der Umgebung der frz. Stadt Chablis.

Chabrol, Claude [ʃa'brɔl], * 1930, frz. Filmregisseur u. -kritiker („Die Fantome des Hutmachers").

Cha-Cha-Cha ['tʃa-], geradtakt. Modetanz (aus Mexiko).

Chacokrieg ['tʃako-], Krieg (1932) zw. Bolivien u. Paraguay um Zugang zum Meer über den Paraguay u. um das Chacogebiet; 1938 erhielt das siegr. Paraguay den größten Teil des umstrittenen Gebiets, Bolivien einen Korridor zum Paraguay.

Chaconne [ʃa'kɔn; frz.]: **1)** mäßig bewegter Tanz im ¾-Takt; **2)** Instrumentalmusik mit Variationen über einer ständig wiederholten Bassfigur.

Chadwick, Sir James ['tʃædwɪk], * 1891, † 1974, brit. Physiker; Entdecker des Neutrons; Nobelpreis 1935.

Chagall, Marc [ʃa'gal], * 1887, † 1985, russ. Maler; lebte in Frkr.; traum- u. legendenhafte Motive aus der Welt des russ.-jüd. Volkslebens u. des Chassidismus; auch bed. Buchillustrationen.

Chagrin [ʃa'grɛ̃; frz.]: **1)** Leder mit eigentüml. Erhöhungen auf der Narbenseite; mit ähnl. Musterung auch *Ch.papier, Ch.leinwand* (für Bucheinbände); **2)** frz. Seidengewebe.

Chairman ['tʃɛəmən; engl.], engl. Bez. für den Vors. eines polit. oder wirtsch. Gremiums.

Chaise [ʃɛz; frz.], veraltet für: **1)** Stuhl; **2)** halb verdeckter Wagen.

Chaiselongue [ʃɛz'lɔ̃ŋ; frz.], Liegesofa.

Chalaza [gr.]: **1)** Basis einer Samenanlage bei Samenpfl; **2)** (Hagelschnur) 2-spiralig gedrehte Eiweißstränge im Ei der Vögel.

Chaldäer [k-], semit. Volksstamm, der sich in Südmesopotamien ansiedelte; auch in Babylonien und Assyrien.

chaldäische Kirche [k-] ↑orientalische Kirchen.

Chalet [ʃa'lɛ; frz.], Sennhütte, Schweizerhaus; auch Landhaus in diesem Stil.

Chalid (Khalid), Ibn Abd Al Asis Ibn Saud [x-], * 1913, † 1982, ab 1975 Kg. von Saudi-Arabien.

Chalkedon (Chalzedon, heute der Istanbuler Stadtteil Kadıköy), St. am Bosporus; megar. Kolonie, seit 74 v. Chr. röm.; Bischofssitz s. Ende des 2. Jh.; 451 Konzil.

Chalkidike, griech. Halbinsel in Makedonien; waldreich; springt mit den 3 gebirg. Landzungen Ajion Oros mit ↑Athos, Sithonia und Kassandra weit ins Ägäische Meer vor; Fremdenverkehr.

Chalkis, Hptst. der griech. Insel Euböa, 45 000 E; durch Brücke mit dem Festland verbunden; ⚓.

Challenger ['tʃælɪndʒə; engl.], Name eines Raumtransporters der NASA; bei seinem 10. Start (28. Jan. 1986) explodiert; die 7 Astronauten fanden den Tod.

Châlons-sur-Marne [ʃalɔ̃syr'marn], Hptst. des frz. Dép. Marne, an der Marne, got. Kathedr., 55 000 E; Ind., Sektkellereien.

Chalon-sur-Saône [ʃalɔ̃syr'so:n], frz. Ind.-St. im Dép. Saône-et-Loire, 58 000 E; Schwerind.; Weinhandel.

Chalumeau [ʃaly'mo; frz.]: **1)** Schalmei, Vorläufer v. Klarinette u. Oboe; **2)** Orgelregister, Zungenpfeife.

Chalzedon [k-; griech.], durchscheinende, matt glänzende Abarten des Quarzes, Härte 7; je nach Farbe u. a. als Chrysopras, Jaspis, Karneol.

Cham [kam] ↑Ham.

Chamäleon [k-], Echsenfam., bis 75 cm lang; vorschnellb., klebr. Zunge (Insektenfang); hat Farbwechselfähigkeit; meist baumbewohnend; [trop.] Afrika, Vorderindien.

Chamberlain ['tʃeɪmbəlɪn]: **1)** Arthur Neville, * 1869, † 1940, Sohn von 3), 1937 brit. Premiermin.; suchte Verständigung mit Hitler; **2)** Houston Stewart, * 1855, † 1927, brit. Kulturphilosoph; **3)** Joseph (Joe), * 1836, † 1914, brit. Politiker; Vorkämpfer des brit. Imperialismus; **4)** Sir Joseph Austen, * 1863, † 1937, Sohn von 3), brit. Politiker; beteiligt am Locarnopakt 1925; Friedensnobelpreis 1925.

Chambord [ʃã'bɔ:r; frz.], berühmtes Renaissanceschloss (erb. 1519 ff.) an der Loire.

Chambre [ʃãbr; frz.], Zimmer; Kammer, Volksvertretung, Gerichtshof; *Ch. des Députés* [- dedepy'te; frz.], frz. Abgeordnetenkammer 1814–48 u. 1875 bis 1940; *Ch. séparée* [- sepa're; frz.], abgesondertes Zimmer.

Chamisso, Adelbert von [ʃa'miso], eigtl. Louis Charles Adélaide de Ch. de Boncourt, * 1781, † 1838, dt. Dichter u. Naturforscher; aus lothr. Adelsgeschlecht; floh 1789 nach Dtl.; „Peter Schlemihls wundersame Geschichte"; Balladen, Liederkreis „Frauenliebe u. -leben".

Chamois [ʃam'wa; frz.], weiches Gämsen-, Ziegen-, Schafleder; *Ch.papier,* hellgelbes (gämsfarbenes) Kopierpapier (Fotogr.).

Champagne [ʃã'paŋ], weiträumige Schichtstufenldsch. im östl. Pariser Becken; *trockene Ch.* im W. (Weizenanbau), u. *feuchte Ch.* im O. (Ackerbau, Viehzucht), Weinbau mit bekannten Spitzensorten.

Champagner [ʃam'panjər; frz.], frz. Schaumwein, aus Weinen der Champagne durch eine 2. Gärung (in der Flasche) hergestellt.

Champignon ['ʃampiɲɔŋ], Gatt. der Blätterpilze; Speisepilze mit hellem Hut, rosafarbenen bis dunkelbraunen Lamellen.

Champion ['tʃæmpjən], der jeweilige Meister in einer best. Sportart, auch in übertragenem Sinne gebraucht.

Champollion, Jean-François [ʃãpɔl'jɔ̃], * 1790, † 1832, frz. Ägyptologe; entzifferte als erster ägypt. Hieroglyphen.

Champs-Élysées [ʃazeli'ze; frz.], eigtl. Avenue des Ch.-É., Prachtallee in Paris zw. Place de la Concorde u. Place Charles de Gaulle (fr. Place de l'Étoile).

Chancellor ['tʃɑ:nsələ; engl.], Bez. für den Kanzler in England; *Ch. of the Exchequer* [- ɔv ðɪ ɪkst'ʃekə; engl.], der brit. Schatzkanzler.

Change [ʃãʒ; frz.; auch: tʃeɪndʒ; engl.], Tausch, Wechsel (bes. von Geld).
Changeant [ʃa'ʒã; frz.]: **1)** Schmuckstein mit schillernder Färbung; **2)** leinwandbind., schillerndes Gewebe.
changieren [ʃã-]: **1)** veraltet für: wechseln, verändern; **2)** Reithand wechseln (Reitkunst); **3)** die Fährte wechseln (vom Jagdhund); **4)** [verschieden]farbig schillern.
Channel Islands ['tʃænl 'aɪləndʒ] ↑Kanalinseln.
Chanson [ʃã'sɔ̃; frz.; = Lied], urspr. jedes gesungene stroph. Gedicht weltl. Inhalts, zunächst einstimmig; s. dem 15. Jh. mehrstimm. volkstüml. Lied; heute iron.-witziges, freches, vielf. kabarettist. Lied.
Chansonnette [ʃãsɔ'nɛt]: **1)** Liedchen leichten, auch kom. Inhalts; **2)** Chansonsängerin.
Chantilly [ʃãti'ji], frz. St. nördl. v. Paris, 10000 E; Renaissanceschloss; Pferderennen, fr. Herst. der *Ch.spitzen.*
Chanukka [x-; hebr.; = Weihe], 8-täg. Fest der Juden (im Nov./Dez.) zur Erinnerung an die Wiederaufnahme des Jerusalemer Tempeldienstes 165 v. Chr.
Chaos [kaos; gr.]: **1)** ungeordneter Urzustand der Welt; formloser Urstoff der Welt; im griech. Denken Ggs. zu ↑Kosmos; **2)** Wirrwarr, ungeordnete Masse.
Chaoten [k-; gr.], polem. abwertende Bez. für Anhänger linksradikaler polit. Gruppen, die keinen Zusammenhang zw. ihren erklärten Zielen u. ihren Aktionen erkennen lassen.
Chapeau [ʃapo; frz.], Hut; **Ch. claque** [- *'klak], Klappzylinder.*
Chaplin, Sir Charles (Charlie) ['tʃæplɪn], * 1889, † 1977, brit. Filmschauspieler, Drehbuchautor u. Produzent („Goldrausch"; „Der große Diktator"; „Ein König in New York").
Charakter [k-; gr.], Eigenart einer Person, einer Sache oder eines Sachbegriffs; in der Psychol. geistig-seel. Prägung.
Charakteristik [k-; gr.]: **1)** Kennzeichnung, treffende Schilderung einer Person od. Sache; **2)** Bez. für die [graf. Darst. der] Abhängigkeit physikal. Größen voneinander bei best. physikal. Gesetzmäßigkeiten; bei nur zwei Größen auch *Kennlinie* gen.; **3)** svw. ↑Kennziffer; **4)** einen best. math. Sachverhalt kennzeichnende Kurve oder Fläche.
Charakteristikum [k-], bezeichnende Eigenschaft.
Charente [ʃa'rãt]: **1)** Fl. in W-Frkr., 360 km; **2)** frz. Dép. an 1), Hptst. Angoulême. – An der Ch.-Mdg. das Dép. *Ch.-Maritime,* Hptst. La Rochelle.
Charge [ʃarʒə; frz.]: **1)** Bez. für Dienstgrad; **2)** Hochofenbeschickung; **3)** im Schauspiel scharf ausgeprägte, oft kom. übertreibende Nebenrolle; **4)** in einem best. Arbeitsabschnitt hergestellte Menge eines Stoffes.
Charisma [k-; gr.]: **1)** göttl. [außerordentl.] Gnadengabe, **2)** soziol.: wesenhafte Begabung zu einem best. Dienst, v. a. zur Übernahme einer Führerrolle u. einer damit verbundenen irrationalen Herrschaft.
Charité [ʃari'te; frz.], fr. allg. für Kranken-, Pflegeanstalt als barmherzige Einrichtung; heute die Univ.-Kliniken in Berlin und Paris.
Chariten [gr.], in der griech. Mythol. Göttinnen der Anmut; *Aglaia* (Glanz), *Euphrosyne* (Frohsinn) u. *Thalia* (Blüte); Töchter des Zeus.
Charles, Prince of Wales ['tʃɑ:lz], * 1948, brit. Thronerbe; verh. 1981 bis 1996 mit Lady Diana Frances Spencer (* 1961, † 1997).
Charles, Jacques Alexandre César [ʃarl], * 1746, † 1823, frz. Physiker; baute 1783 den ersten Ballon mit Wasserstoff als Füllgas *(Charlière),* erster bemannter Flug am 1. 12. 1783.
Charleston ['tʃɑ:lstən]: **1)** Hafenst. in South Carolina, USA, 81000 E; vielseitige Ind.; ⚓; **2)** Hptst. von West Virginia, USA, 64000 E; bed. chem. Ind.; ⚓.
Charleston ['tʃɑ:lstən], afroamer. Foxtrott (nach d. Stadt ↑Ch. 1) im $^2/_2$-Takt; Modetanz d. 20er-J.
Charlotte: 1) Ch. (Marie Ch.), * 1840, † 1927, Tochter Leopolds I. von Belgien; seit 1857 mit Maximilian von Östr. verh. (seit 1864 Ksn. von Mexiko); **2) Ch.,** * 1896, † 1985, 1919–65 Großhzgn. v. Luxemburg; 1940 im Exil.
Charon, in der griech. Mythol. Fährmann der Unterwelt; fährt die Schatten der Toten über die Unterweltsgewässer.
Charta [k-; lat.], Pergament, Urkunde; im MA Recht setzende Urkunde; im heut. Staats- u. Völkerrecht grundlegende Urkunde (z. B. *Ch. der Vereinten Nationen*).
Charta 77 [k-], 1977 gegr. Bürgerrechtsgruppe in der ČSSR; kämpfte für die Anerkennung der Bürger- u. Menschenrechte.
chartern [(t)ʃar-; engl.], ein Schiff oder Flugzeug mieten.
Chartres [ʃartr], Hptst. des frz. Dép. Eure-et-Loir, 40000 E; berühmte got. Kathedrale (1194 bis 1225).
Chartreuse [ʃar'trø:z] (La Grande Ch.), Mutterkloster des Kartäuserordens, nördl. von Grenoble, gegr. 1084; 1792 aufgehoben, seit 1940 wieder von Kartäusermönchen bewohnt.
Charybdis ↑Szylla.
Chassidismus [xa-; hebr.], eine Richtung des Judentums, die die Liebe Gottes betont und eine Verinnerlichung des religiösen Lebens erstrebt, begr. im 18. Jh. in Galizien. Wesentl. an der Frömmigkeit des Ch. ist, dass der Fromme (der Chassid, Mrz. Chassidim) die Allgegenwart Gottes erkennt und sich mit ihr auf myst. Weise vereinigen kann, indem er seine Seele an Gott „anschmiegt". Der Leiter der Gemeinden des Ch. ist der Zaddik (der „Gerechte").
Chassis [ʃa'si; frz.], Fahrgestell von Wagen, bes. Kfz; Rahmen (z. B. eines Rundfunkgerätes).
Château [ʃa'to; frz.], Schloss.
Chateaubriand, François René Vicomte de [ʃatobri'ã], * 1768, † 1848, frz. Politiker u. Schriftsteller; Novellen: „Atala", „René", „Denkwürdigkeiten von jenseits des Grabes".
Chatschaturjan, Aram Iljitsch [xa-], * 1903, † 1978, armen. Komponist; Sinfonien, Konzerte, auch Ballette.
Chaucer, Geoffrey ['tʃɔ:sə], * 1340, † 1400, engl. Dichter; „Canterbury tales".
Chaudeau [ʃo'do; frz.], warme, schaumige Eierweinsauce.
Chauvinismus [ʃo-; frz.], übertriebener Nationalismus (nach dem überpatriot. Rekruten *Chauvin* in einem frz. Lustspiel).
Checkpoint ['tʃekpɔɪnt; engl.], svw. [Grenz]kontrollpunkt.
Chef d'Œuvre [ʃef'døvrə; frz.], Hauptwerk, Meisterwerk.
Chemie [arab.], Naturwissenschaft, beschäftigt sich mit Zusammensetzung u. Eigensch., Reaktionen, Umsetzungen, Umwandlungen von Stoffen, gegliedert in *organ. Ch.* u. *anorgan. Ch.,* nach den Methoden in *theoret. Ch.* u. *physikal. Ch.,* nach der Aufgabenstellung in *analyt. Ch.* und *synthet. Ch.; angewandte Ch.* zur Lösung best. Probleme, u. a. Nahrungsmittel-Ch., pharmazeut. Ch., gerichtl. Chemie.
Chemiefasern ↑Fasern.
Chemigraphie, Metallätzverfahren, nach dem Originaldruckplatten für den Buchdruck hergest. werden.
Chemikalien, industriell hergest. chem. Stoffe.
chemische Analyse, svw. ↑Analyse 2).

chemische Bindung ↑Bindung 3).

chemische Elemente, Grundstoffe, die sich chem. nicht weiter zerlegen lassen; z.Z. sind 112 ch. E. bekannt (die El. mit OZ 95 bis 112 sowie das El. Technetium [OZ 43] sind nur künstl. mithilfe von Kernreaktionen darstellbar; ↑auch Periodensystem der ch.n E.); 20 El. sind *Reinelemente,* die in d. Natur nur in 1 Isotop auftreten; d. übrigen sind *Mischelemente,* d. aus 2 oder mehr ↑Isotopen (in konstantem Mischungsverhältnis) bestehen.

chemische Formel, Schreibweise, die mithilfe der ↑chem. Zeichen Art und Zusammensetzung [der Moleküle] einer chem. Verbdg. wiedergibt; in *Summenformeln* Aneinanderreihung der chem. Zeichen der enthaltenen El., z.B. H_2O (Wasser); in *Strukturformeln* Verbindung der chem. Zeichen durch *Valenzstriche,* z.B. H–O–H bei Wasser.

chemische Industrie, ·Ind.-Zweig, der durch Umwandlung von mineral. u. organ. Rohstoffen Produkte mit best. gewünschten Eigensch. erzeugt.

chemische Kampfstoffe ↑chemische Waffen.

chemische Keule, Bez. für ein Gerät zum Versprühen v. tränengasähnl. Reizstoffen.

chemische Reaktionen, Vorgänge, die von stoffl. Veränderungen begleitet sind; durch *chem. Gleichungen* versinnbildlicht.

chemische Reinigung, Reinigung v.a. von nicht waschbaren Textilien mit chem. Lösungsmitteln (meist Perchloräthylen).

chemische Verbindungen, Stoffe, die aus chem. El. in best., gesetzmäß. Mengenverhältnissen aufgebaut sind (↑chem. Formel).

chemische Waffen, Waffen, deren Wirkung auf den in ihnen enthaltenen *chem. Kampfstoffen* beruhen, chem. Verbdg., die den Feind durch Einwirkung auf die Atmungsorgane (Nasen-Rachen-Reizstoffe, Blaukreuzkampfstoffe), die Augen (Augenreizstoffe), die Haut (Hautgifte, Gelbkreuzkampfstoffe) oder das Zentralnervensystem (Nervengifte u. Psychogifte) kampfunfähig machen oder auch tödl. wirken; i.w.S. werden auch Entlaubungsmittel zu den chem. Kampfstoffen gerechnet.

chemische Zeichensprache, internat. System, Kurzzeichen für die chem. El. (Anfangsbuchstaben u. meist noch einem zweiten Buchstaben des wiss. Namens d. Elemente) u. aus diesen zusammengesetzte Formeln, Symbolen u. Gleichungen.

Chemismus, Gesamtheit der chem. Vorgänge, bes. im Tier- u. Pflanzenkörper.

Chemnitz [k-], Kreisstadt in Sa. am Fuße des Erzgebirges, 294 000 E. TH, Museen, Oper und Theater. U.a. Textil- und Werkzeugmaschinenbau. Erhalten bzw. wieder aufgebaut u.a. die Schlosskirche (15./16. Jh.), das Alte Rathaus (15.–17. Jh.), der Rote Turm (12. Jh.). Modernes Stadtzentrum. – Vermutlich 1136 als Benediktinerabtei gegr.; zunächst Reichsstadt, 1254/1308 an die Wettiner; im 16. Jh. rege Montanwirtschaft; ab 1770 Textilind., später Maschinen- und Automobilfabrikation; seit Mitte des 19. Jh. Zentrum der dt. Arbeiterbewegung; hieß 1953–90 Karl-Marx-Stadt.

Chemoresistenz, Unempfindlichkeit von Krankheitserregern gg. anfängl. wirksame Chemotherapeutika.

Chemotaxis [gr.], durch chem. Reize bewirkte Orientierungsbewegung frei bewegl. pflanzl. u. tier. Organismen sowie von ↑Gameten.

Chemotherapie, Behandlung v. Infektions- und Krebskrankheiten mit chem. Mitteln *(Chemotherapeutika).*

Chenille [ʃni:l; frz.; eingedeutscht ʃəˈniljə], raupenartig gedrehtes Garn, u.a. für Stickereien.

Cheops (Chufu), ägypt. Herrscher der 4. Dynastie (etwa 2650–2540 v. Chr.); für ihn errichtet die *Ch.pyramide* bei Giseh.

Chephren, ägypt. Kg. der 4. Dyn.; Sohn des Cheops, regierte um 2500, Erbauer d. Ch.pyramide.

Cherbourg [ʃɛrˈbu:r], frz. Hafenst. auf der Halbinsel ↑Cotentin, Normandie, 47 000 E; Schiffbau.

cherchez la femme! [ʃɛrʃelaˈfam; frz. = sucht nach der Frau!], sprichwörtl. für: dahinter steckt sicher eine Frau.

Chéreau, Patrice [ʃeˈro], * 1944, frz. Regisseur; Avantgardist („Der Ring des Nibelungen" in Bayreuth, 1976).

Cherokee [ˈtʃerəkɪ; engl.] (Tscherokesen), zur irokes. Sprachgruppe gehörender nordamer. Indianerstamm; heute in Oklahoma.

Chersones, antiker Name mehrerer Halbinseln: **1)** Thrak. Ch. (heute Gelibolu), mit der türk. Hafenst. *Gelibolu* (fr. Gallipoli); **2)** Taur. Ch. (die heutige ↑Krim).

Cherub [hebr.], (bibl.) Engel, himml. Wächter.

Cherubini, Luigi [ke-], * 1760, † 1842, ital. Komponist; Opern („Der Wasserträger"), Messen.

Cherusker, westgerman. Volk an der mittl. Weser; kämpften unter Arminius gg. die Römer, u.a. im Teutoburger Wald (9 n. Chr.).

Chester [ˈtʃestə], Hptst. der engl. Gft. Cheshire, 58 000 E; Kathedrale (13.–15. Jh.); Metallind., Maschinenbau.

Chesterton, Gilbert Keith [ˈtʃestətn], * 1874, † 1936, engl. Schriftsteller; Kriminalerzählungen um Pater Brown sowie fantast. Erzählungen.

Chevalier, Maurice [ʃəvalˈje], * 1888, † 1972, frz. Chansonsänger u. Filmschauspieler („Gigi").

Chevalier [ʃevalˈje; frz.], Ritter; frz. Adelsbezeichnung.

Chevreau [ʃeˈvro; frz.], feines Ziegenleder.

Cheyenne [ʃaɪˈen], Hptst. von Wyoming, USA, 51 000 E; Nahrungsmittelind.; ✈.

Cheyenne [ʃaɪˈen; engl.], nordamer. Indianerstamm der Algonkingruppe.

Chiang Ching-kuo [tʃiaŋtʃiŋ-], * 1910, † 1988, chin. Politiker (Taiwan); Sohn Chiang Kai-sheks, 1972–1978 Min.-Präs., ab 1978 Staatspräsident.

Chiang Kai-shek [tʃiaŋkaiʃɛk], eigtl. Chiang Chung-cheng, * 1887, † 1975, chin. Marschall u. Politiker; führend in der ↑Kuomintang; 1927 Bruch mit der UdSSR u. den chin. Kommunisten, vereinigte gr. Teile Chinas unter seiner Kontrolle (bis 1949 mehrf. Präs. in Kanton, Nanking u. Peking); v. d. Kommunisten zum Rückzug nach Taiwan gezwungen, dort ab 1950 Staatspräsident.

Chianti [ˈkjanti], fruchtb. mittelital. Hügelland in der Toskana; Wein- und Olivenanbau.

Chiasmus [gr.; nach der Gestalt des griech. Buchstabens Chi = X], rhetor. Figur; spiegelbildl. Gegenüberstellung meist antithet. Wortpaare.

Chiasso [ˈkjasso], schweizer. Grenzort im Kt. Tessin, 8600 E.

Chiavenna [kja-], nordital. St., 7700 E; Verkehrsknotenpt. an den Straßen über den Splügen u. den Malojapass.

Chibcha [ˈtʃibtʃa; span.], indian. Sprachfam. im NW Südamerikas u. im S Zentralamerikas.

Chicago [ʃɪ:kagəʊ], nach New York zweitgrößte St. der USA am SW-Ufer des Michigansees, Illinois, 2,8 Mill. E; 8 Univ., TH; bed. Handelszentrum; Nahrungs-, Genussmittel-, Elektro-, Eisen- u. Stahlind.; größter Bahnknotenpunkt u. größter Binnenhafen der Erde; ✈.

Chichén Itzá [tʃɪtʃen itˈsa;

Chicago *mit Chicago River; im Vordergrund Union Station*

span.], Ruinenst. auf Yucatán, Mexiko, gegr. Anf. des 6. Jh., vor der span. Eroberung zerstört; Maya- und Toltekenstadt.

Chicorée [ʃiko're; frz.], die unentfalteten, bleichen Blattrosetten der Zichorie (↑Cichorium).

Chiemsee ['ki:m-], mit 80 km^2 größter See Bayerns, im Alpenvorland, 3 Inseln: auf der *Herreninsel* Prunkschloss Ludwigs II. *(Herrenchiemsee);* auf der *Fraueninsel* Benediktinerinnenabtei, *Krautinsel* (unbewohnt).

Chiffon [ʃi'fɔ̃; frz.], feinfäd. Baumwoll- oder Seidengewebe.

Chiffre ['ʃifrə; frz.]: **1)** Ziffer; **2)** Geheimzeichen, Geheimschrift *(chiffrieren);* **3)** bei Annoncen Kennziffer.

Chihuahua [tʃi'wawa]: **1)** größter Staat Mexikos im N des Landes, 247 087 km^2, 2,4 Mill. E; Bergbau auf Silber, Gold, Kupfer, Blei; fruchtb. Täler; **2)** Hptst. von 1), 516 000 E; vielseitige Ind.; ⚒; **3)** Zwerghundrasse.

Chile ['tʃile], Rep. im W Südamerikas; subtrop. bis warmgemäßigtes Klima (im N Kakteen, im S reiche Waldbestände); 62 % des Landes nicht nutzbar; 7 % Ackerland, 9 % Weiden; Weizen, Hafer, Gerste; Schaf- u. Rinderzucht; Fischerei; Bodenschätze: Kupfer, Eisenerze, Kohle, Erdöl, Salpeter; Bergbau u. Textilind.; 2 wichtige Transandenbahnen. – S. 1539 span. Eroberung; 1818 Proklamation der Unabhängigkeit; 1879–83 siegreicher „Salpeterkrieg" gg. Peru u. Bolivien; nach dem 1. und 2. Weltkrieg jeweils schwere wirtsch. u. soz. Krisen; ab 1964 Reformprogramm; s. 1970 S. Allende Gossens Präs.; nach Putsch 1973 Militärjunta unter Gen. A. Pinochet; 1980 neue Verf. (Präsidialsystem), s. 1990 Zivilreg. unter gewähltem Präsidenten.

Chile

Fläche: 756 626 km^2
Einwohner: (1995) 14,26 Mill.
Hauptstadt: Santiago de Chile
Amtssprache: Spanisch
Zeitzone: MEZ – 5 Stunden

Chiliạsmus [gr.], Lehre von der Erwartung eines 1 000-jähr. Reiches (Millennium) am Ende der geschichtl. Zeit.

Chimära [gr.], Ungetüm der griech. Sage mit dreigeteiltem Leib, vorne Löwe, in der Mitte Ziege, hinten Schlange.

Chịna (VR Ch.), Staat in Ostasien. – *Oberflächenform:* innerasiat. Hochfläche nach O zum Meer abfallend; im N weite, mit Löss bedeckte Tafelländer, im S stärker gegliederte Berglandschaften. *Klima:* in N-Ch. gemäßigtes Kontinentalklima, in S-Ch. subtrop. Klima. *Vegetation:* in den randl. Geb. gr. Wälder; weite Ackerbaugebiete im O; Fächerpalmen, Kampfer- u. Ginkgobaum, im S Bambusarten. *Wirtsch.:* v. a. Landw. (bes. Reis u. Weizen, Zuckerrohr, Baumwolle, Tee u. Sojabohnen); Viehzucht. *Bodenschätze:* reiche Kohlevorkommen, bes. in N-Ch., außerdem Eisen-, Zinn-, Wolfram-, Molybdän-, Kupfererze; Erdöl. *Ind.:* zunehmende Industrialisierung, Entwicklung der Energiewirtsch., chem. und Masch.-Ind., Produktionsmittel- u. a. Schlüsselind. – *Gesch.:* in der Frühzeit bäuerl. Feudalstaaten; erste bek. Dyn.: Hsia (23.–18. Jh.) und Shang (18.–12. Jh.); Begr. der Zhoudyn. (12. Jh. bis 249 v. Chr.) Wu Wang („Ordner des Staates"); ritterl. Feudalstaat, höf. Kultur; 6. Jh. Blüte der Philos.: Laozi, Konfuzius (Kungtse). Seit dem 5. Jh. Zerfall in absolutist. Einzelstaaten. 221 v. Chr. Einigung unter Qin Shi Huangdi (Qindyn.): Bau der ↑Chin. Mauer gg. die Hunnen. 206 v. Chr. bis 220 n. Chr. Hochblüte unter den beiden Dynastien Han: theokrat.-zentralist. Beamtenstaat. Unter Kaiser Ming Ti (58–76) Eindringen des Buddhismus. – Zerfall des alten Reiches, Spaltung in drei Reiche. Wiedererstarken unter der Tangdyn. (618–907). Weltreich, das sich bis zum Kasp. Meer, nach Korea u. Tibet erstreckte. Beginn der polit. Auflösung. 960–1280 Songdyn. Polit. Schwäche, kulturelle Glanzzeit. 1280 begr. Khubilai (Kublai Khan) die mongol. Yuandyn. Unter der Mingdyn. (1368 bis 1644) Abschirmung gg. Innerasien, Ausbau der Mauer. Beginn der europ. Einwirkung: 1567 Portugiesen in Macau, 1583 Jesuitenmissionare. 1644–1911 Mandschu- oder Qingdyn. Erstarren der Formen des polit. u. geistigen Lebens. Eroberung v. Taiwan u. Tibet. Mitte des 19. Jh. Ch. gewaltsam dem europ. Handel erschlossen (Opiumkrieg, Vertrag v. Tientsin). Errichtung v. Kolonien durch Großbrit., Dtl., Frkr., Japan u. Russland; 1900 Boxeraufstand (↑Boxer), durch ausländ. Truppen niedergeworfen. 1911 Revolution: Sturz der Mandschu. Proklamation der Rep. Ch. unter Sun Yat-sen. Abfall Tibets u. der Mongolei. Ständige Wirren u. Bürgerkriege. Bedrohung vonseiten Japans. 1928 Nat.-Reg. unter Chiang Kai-shek. Kommunist. Opposition unter Mao Zedong. 1931 Verlust der Mandschurei (als Mandschukuo unter jap. Protektorat). 1937–45 Krieg mit Japan; Kriegsbündnis mit den Alliierten. 1945 Mandschurei und Taiwan wieder chin. Im Bürgerkrieg (1946–49) eroberten die Kommunisten Festlandchina; Chiang Kai-shek musste nach Taiwan fliehen. 1949 Proklamation der VR China durch Mao Zedong: umfassende Bodenreform; 1953–57 Kollektivierungspol.; 1958 Verkündung des *Großen Sprungs nach vorn*, Bildung von *Volkskommunen;* Bruch des Bündnisses mit der UdSSR. 1960–62 die *Drei Bitteren Jahre* (Hungersnot mit Mill. Toten). 1966–69 Kulturrevolution, die auf Anregung Maos die Ordnung v. Partei u. Staat aufbrach und das Land wirtsch. zurückwarf. Anfang der 1970er-Jahre Aufnahme v. polit. Beziehungen zum W, die in der Folgezeit wirtsch. u. kulturell ausgebaut wurden. Nach Maos Tod 1976 übernahm Hua Guofeng mithilfe der Armee die Macht; Ausschaltung der radikalen Fraktion um Maos Witwe Jiang Qing (↑Viererbande); 1977 Rehabilitierung u. seitdem wachsender Einfluss von Deng Xiaoping, unter ihm Einleitung eines wirtsch. Reformprogr. 1978 Friedensvertrag mit Japan, 1979 diplomat. Anerkennung durch die USA. Im Innern Spannungen zw. wirtsch. u. techn. Öffnung u. polit. Abkapselung; Demonstrationen für größere Freiheiten wurden Juni 1989 blutig unterdrückt. 1993 Amtsübernahme Jiang Zemins als Staatspräs. (seit 1989 auch KP-Chef), Kurs auf „sozialist. Marktwirtsch.“. 1997 kam Hongkong, 1999 Macao wieder unter chin. Hoheit.

China

Fläche: 9 572 000 km²
Einwohner: (1995) 1,2 Mrd.
Hauptstadt: Peking
Amtssprache: Chinesisch
Zeitzonen: MEZ +5 bis +8 Stunden

Chinarinde (Fieberrinde), Rinde versch. Bäume aus d. Gatt. Cinchona u. Remijia; enthält ↑Chinin.

Chinchillas [tʃ-], südamer. Nagetiere; wertvolles Fell.

chinesische Kunst, kontinuierl. Entw. s. ca. 1500 v. Chr.; Bronzegefäße mit Tierornamentik. Mit dem allm. Eindringen des Buddhismus (etwa vom 1. Jh. n. Chr. an) entstanden gr. Tempelanlagen, Klöster, Pagoden, Höhlentempel mit Skulpturen, Plastiken (älteste Buddhastatue 338 n. Chr.); fr. Malerei nur in Kopien erh. (Buddhistenverfolgungen des 9. Jh.). Während der Songdyn. (960–1280) Malerakademien, Höhepunkt der Landschaftsmalerei, Blüte der Tuschmalerei, Erfindung d. Porzellans; in der Yuanzeit bed. Keramik (Blauweißporzellan) u. Lackkunst (Rotlackarbeiten), Malerei blieb führend. In der Mingzeit (1368 bis 1644) v. a. bed. Bauten (Palastanlagen und Tempel in Peking), Blüte der Malerei. Im 17. Jh. Literatenschule (Literatenmaler), Blüte des Farbholzschnitts. Nach der Revolution (1911) formale Tradition mit neuen sozialist. Inhalten.

chinesische Literatur, sehr altes u. reiches Schrifttum (2. Jt. v. Chr. chin. Schrift, frühe Kenntnis der Buchdruckerkunst); am Anfang stehen die Kanon. Bücher (Gesch., Philos., Dichtung; z. T. mit Konfuzius in Verbdg. gebracht); aus der Zeit v. Chr. 3776 Bände Geschichtsschreibung; schöne Lit. etwa seit dem 4. Jh. v. Chr.; als „goldene“ Zeit gilt die Tangzeit; seit dem 12. Jh. Volkslit. (Realismus), erst seit 1919 (literar. Revolution) Lit. in der Umgangsspr.; ab 1942 polit. Belletristik. – In Europa wurde die ch. L. nur teilw. bekannt, so u. a.: Gedichte aus der Tangzeit, bes. die von ↑Li Taibai; aus der Yuanzeit, der klass. Zeit des Dramas, „Der Kreidekreis“, teils humorist., teils galante Geschichten (aus alter und neuer Zeit) in den Slg. „Chinku ch'ikuan“ u. „Seltsame Geschichten aus der Zuflucht“; historische Romane, u. a. „Gesch. der drei Reiche“, „Jin-ping-mei“.

Chinesische Mauer (Große Mauer), Ende des 3. Jh. v. Chr. in

chinesische Kunst. *Opfergefäß aus Bronze (späte Shangzeit, um 1100–1000)*

Chinesische Mauer *nordöstlich von Peking*

N-China errichtete Schutzmauer vom Golf von Liaodong bis Gansu (Hauptlinie: 3500 km); vorw. aus gestampftem Lehm, nördl. v. Peking aus Steinen gebaut, mit Türmen u. befestigten Toren, 4–16 m hoch, 5–8 m dick.

chinesische Schrift, eine Wortschrift in Zeichen, v.a. Sinngeber, daneben Lautgeber, insges. etwa 50000 Zeichen (3000–4000 im allg. Gebrauch); Zeilenlauf von oben nach unten und von r. nach l.; s. 1958 Vereinfachung der Zeichen, Zeilenlauf von l. nach r. u. horizontal.

chinesische Sprache, meistgesprochene Spr. der Welt; gehört zur indochin. Sprachfam., 8 Dialektgruppen u. eine von der Umgangsspr. stark abweichende Lit.-Spr.; urspr. monosyllab., keine Ableitungs- und Beugungsaffixe, die Wortstellung spielt eine grammatikal. wicht. Rolle. Jede durch ein Schriftzeichen dargest. Silbe besitzt eine best. Tonhöhe; ändert sich diese, entsteht ein neues Wort mit anderem Sinn.

Chinin [indian.], bitteres Hauptalkaloid der Chinarinde; Arzneimittel, v.a. fr. gg. Malaria, heute als Derivat *Chinidin* gg. best. Herzrhythmusstörungen.

Chinoiserie [ʃinwaz'ri; frz.], Dekorationsstil des 18. Jh., angelehnt an chin. Motive.

Chinone [indian.], cyclische Verbdg. mit 2 Carbonylgruppen, die sich vom Benzol *(Benzo-Ch.)* od. mehrkern. aromat. KW-Stoffen ableiten; Ch. sind Grundstrukturen vieler Farbstoffe.

Chios: 1) gebirg. griech. Insel im östl. Ägäischen Meer, 806 km²; **2)** Hptst. von 1), an der Ostküste, 24000 E; ⚓.

Chip [tʃip; engl.] (Halbleiterchip), dünnes Halbleiterplättchen, meist aus einer Siliciumeinkristallscheibe (Wafer), wenige mm² groß, auf dem sich eine integrierte Schaltung bzw. ein System integrierter Schaltkreise mit mikroelektron. Bau- u. Schaltelementen befindet.

Chipkarte [tʃip-], Plastikkarte mit integriertem Mikroprozessor und mehrfach beschreibbarem Speicher, Verwendung z.B. als Kredit-, Abbuchungs- u. Ausweiskarte.

Chippendalestil ['tʃipəndeɪl; engl.], von Thomas Chippendale (* 1718, † 1779) entwickelter engl. Möbelstil mit Elementen des frz. Rokokos.

Chirac, Jacques René [ʃi'rak], * 1932, frz. Politiker (UdR bzw. RPR); 1974–76 u. 1986–88 Premiermin.; 1977–95 Bürgermeister v. Paris; s. 1995 Staatspräsident.

Chirologie [gr.]: **1)** (Chiromantie) wiss. nicht anerkannte Lehre von der Charakter- u. Schicksalsdeutung aus Formen und Linien der Hände; **2)** svw. ↑Daktylologie.

Chiropraktik, Methode, Bandscheibenluxationen u. Wirbelsäulenverrenkungen mit best. Einrenkungshandgriffen zu behandeln.

Chirurg [gr.], Facharzt für Chirurgie.

Chirurgie [gr.], Lehre von der meist operat. Krankheitsbehandlung durch mechan. od. instrumentelle Eingriffe.

Chitin [gr.], stickstoffhalt. Polysaccharid, Hauptbestandteil des Außenskeletts der Gliederfüßer, der Zellmembran best. Pilze.

Chittagong [tʃ-], Hafenst. in Bangladesch, am Golf v. Bengalen, 1,56 Mill. E; Handelszentrum, Stahlwerke u.a. Ind.; ✈.

Chiusi ['kju:zi], mittelital. St. (Toskana), 9300 E; das antike *Clusium.*

Chlodwig I., * um 465, † 511, seit 482 fränk. Kg. (Merowinger); Gründer des Frankenreiches, 498 getauft.

Chlor [gr.], chem. El., Symbol Cl, OZ 17, rel. A.-Masse 35,453, Dichte $3{,}214 \cdot 10^{-3}\,g/cm^3$, Fp. −100,98 °C, Sp. −34,06 °C, Halogen, gift. Gas, in Wasser gut lösl., verbindet sich mit fast allen Elementen.

Chloride, Verbdg. d. Chlors mit Metallen u. Nichtmetallen, v.a. Salze d. Salzsäure.

Chlorkalk, CaCl(OCl), Bleich- u. Desinfektionsmittel.

Chloroform (Trichlormethan), $CHCl_3$, süßl. riechende, nichtbrennb. Flüssigkeit; dient als Lösungsmittel; fr. Narkosemittel.

Chlorophyll (Blattgrün), grüner Farbstoff in Blättern u. grünen Teilen der Pfl., in Chloroplasten enthalten; dient der Assimilation.

Chloroplasten ↑Chromatophoren.

Chloropren (2-Chlorbutadien-1,3), farblose Flüssigkeit, wird u.a. ausgehend v. ↑Butadien hergestellt, verw. zur Herst. v. synthet. Kautschuk.

Chlorose [gr.]: **1)** svw. ↑Bleichsucht; **2)** bei Pfl. mangelnde Ausbildung des Chlorophylls.

Choderlos de Laclos, Pierre [ʃodɛrlodla'klo], * 1741, † 1803, frz. Schriftsteller; Briefroman „Gefährliche Liebschaften".

Chodowiecki, Daniel [xodo'vjɛtski], * 1726, † 1801, dt. Kupferstecher, Zeichner u. Maler.

Choke [tʃoʊk; engl.], im Lufteintrittsrohr des Vergasers von Ottomotoren eingebaute Klappe, mit der d. Luftzutritt stark gedrosselt werden kann, sodass der kalte Motor leichter anspringt.

Cholera [k-; gr.] (Cholera asiatica), heute v.a. in Indien verbreitete, durch ↑Endotoxine der *Ch.-vibrionen* hervorgerufene, endem. u. epidem. auftretende schwere Darmkrankheit mit Brechdurchfall (Sterblichkeitsrate 20–60 %).

Choleriker [k-], reizbarer, jähzorn. Mensch.

Cholesterin [ç-, auch k-; griech.], wichtigstes tier. ↑Sterin; in fast allen Geweben, bes. in der Nebenniere, im Nervengewebe u. im Gehirn; ein *Ch.spiegel* über 250 mg pro ml Blut fördert vermutlich d. Arterienverkalkung.

Chomeini, Ruhollah ↑Khomeini.

Chongqing ['tʃuŋtʃin], chin. St. am Jangtsekiang, Prov. Sichuan, 3,1 Mill. E; Univ.; Hütten-, Masch.-, Fahrzeug- u. a. Ind.; Fluss-⚓, ✈. – Vor 1945 vorübergehend Sitz der Kuomintangregierung.

Chopin, Frédéric [ʃɔ'pɛ̃], * 1810, † 1849, poln.-frz. Klavierkomponist u. -virtuose; sensibler, eigener Stil mit Anklängen an die poln. Nationalmusik, formenreiche Rhythmik; 2 Klavierkonzerte; Polonaisen, Mazurkas, Nocturnes, Impromptus u. a.

Chor: **1)** in der griech. Kultur Gemeinschaftstanz mit Gesang, an Götterfesten vorgetragen; Teil der griech. Tragödie; **2)** in der kirchl. Baukunst im MA der für den Mönchsklerus od. d. Domkapitel abgesonderte Raum, durch *Ch.schranken* od. *Lettner* vom Langhaus abgetrennt; später meist mit dem Sanktuarium (Raum für den Hochaltar) zu einem Raum vereint; Ausstattung mit *Ch.gestühl;* **3)** Gruppe von Sängern.

Choral [gr.]: **1)** in der kath. Kirche svw. ↑gregorian. Gesang; **2)** seit dem Ende des 16. Jh. verwendete Bez. für das volkssprachige ev. ↑Kirchenlied.

Chorda dorsalis [gr.; lat.], knorpelähnl. Achsenstab als Vorstufe der Wirbelsäule bei *Chordatieren* (Schädellose, Mantel- und Wirbeltiere).

Choreographie [gr.], schriftl. Fixierung u. Einstudierung eines Tanzes od. Balletts.

Chorherren, Mitgl. einer Klerikergemeinschaft mit gemeinsamem Chordienst. Die Niederlassung der Ch. heißt Stift, der Vorsteher Abt od. Propst.

Chow-Chow ['tʃaʊ-; chin.], 55 cm gr. chin. brauner od. schwarzer Spitz, blau(schwarze) Zunge.

Chrétien (C[h]restien) de Troyes [kret'jɛ̃ də'trwa], * vor 1150, † vor 1190, altfrz. Epiker; bed. Vertr. des ma. höf. Romans; u. a. „Yvain", „Perceval".

Christentum, die sich auf ↑Jesus [v. Nazareth] (als Stifter und ↑Christus) berufende Offenbarungs- und Weltreligion, gegr. auf die nt. Schriften, die Lehre der Apostel, den Glauben an die ↑Trinität und die heilswirksame ↑Passion 1) u. Auferstehung Jesu sowie seine eschatol. Wiederkehr (Jüngstes Gericht); fordert tätige Gottes- und Nächstenliebe. Um 100 gab es bereits kl. Gemeinden in allen Teilen des Röm. Reiches; die Institutionalisierung der Kirche und die Theologisierung der Lehre verursachte bed. Spaltungen (↑Schisma, ↑Reformation).

Christenverfolgung, Versuch, das Christentum durch Verfolgung seiner Anhänger auszurotten; erste Ch.en örtl. begrenzt, zuerst in Jerusalem, dann 64 durch Nero in Rom, 96 durch Domitian; systemat. erst im 3. Jh. unter Decius (249), Valerian (257) und Diokletian (303 ff.).

Christian: *Dänemark:* **1) Ch. I.,** * 1426, † 1481, s. 1448 Kg. v. Dänemark, s. 1450 v. Norwegen u. s. 1457 v. Schweden, Hzg. v. Schleswig u. Graf v. Holstein s. 1460, **2) Ch. IV.,** * 1577, † 1648 Kg. von Dänemark u. Norwegen, Hzg. v. Schleswig u. Holstein s. 1588, im Dreißigjähr. Krieg 1626 v. Tilly geschlagen; **3) Ch. IX.,** * 1818, † 1906, Kg. seit 1863, musste nach dem Dt.-Dän. Krieg Schleswig, Holstein u. Lauenburg abtreten, **4) Ch. X.,** * 1870, † 1947, Kg. v. Dänemark s. 1912 u. Island (1918); im 1. Weltkrieg neutral, übergab 1940 nach erfolglosem Widerstand das Land den dt. Truppen.

Christian Science ['krɪstjən 'saɪəns; engl.; = Christl. Wiss.] (C. S.), v. *Mary [Baker-]Eddy* 1876 gegr. amer. Heilungsbewegung.

Christie, Dame Agatha ['krɪstɪ], * 1890, † 1976, erfolgreiche engl. Kriminalschriftstellerin; „Letztes Weekend", „Zeugin der Anklage".

Christine, * 1626, † 1689, 1632 bis 1654 Kgn. v. Schweden, Tochter Gustavs II. Adolf, wurde kath., lebte in Rom.

Christkatholische Kirche, die altkath. Kirche der Schweiz.

Christlich-Demokratische Union (CDU), 1945 in den dt. Ländern (außer Bayern) gegr. polit. Partei, nach Progr. u. Anhängerschaft überkonfessionell; enge Bindung an die ↑Christl.-Soz. Union: CDU/CSU-Fraktion im B.-Tag; in der DDR bis Ende 1989 von der SED abhängig.

Christlichdemokratische Volkspartei der Schweiz (CVP), s. 1970 Name der 1912 gegr. Schweizer. konservativen Volkspartei, 1957–70 Konservativ-christlichsoziale Volkspartei der Schweiz.

Christliche Arbeiterjugend (CAJ), 1947 gegr. dt. kath. Jugendorganisation.

Christlicher Verein Junger Menschen (CVJM), interkonfessionelle Vereinigung junger Menschen; Weltbund: *Young Men's Christian Association* (YMCA); gegr. 1844; ökumen. ausgerichtete soz. u. erzieher. Betreuung junger Männer u. Frauen, urspr. nur Männer. Dt. Zentrale in Kassel; Sitz des Weltbundes Genf.

Christlich-Soziale Union (CSU), 1945 gegr., auf Bayern beschränkte, der ↑Christl.-Demokrat. Union in den anderen Bundesländern entsprechende Partei; gemeinsame Fraktion mit der CDU im Bundestag.

Christmette ↑Mette.

Christologie [gr.], christl. Lehre über die [gottmenschl.] Person Jesu Christi.

Christophorous, hl., legendärer, unhistor. Märtyrer aus der Ostkirche, nach der Legende Träger des Christuskindes.

Christrose ↑Nieswurz.

Christus [gr.; = der Gesalbte], Übers. des hebr. „Messias", in der christl. Verkündung Würdename ↑Jesu [von Nazareth].

Christusdorn ↑Wolfsmilchgewächse.

Christusmonogramm, Symbol für den Namen Christus, aus den griech. Anfangsbuchstaben (XP [Chi, Rho]), s. dem 15. Jh. auch IHS (latein. Jesusmonogramm).

Chrom [gr.], chem. Element, Symbol Cr, OZ 24, rel. A.-Masse 51,996, silberglänzendes, zähes

Chippendalestil.
Thomas Chippendale, Entwurf eines Stuhls (1754)

Metall, Dichte 7,18–7,20 g/cm^3, Fp. 1 890 °C, Sp. 2 670 °C; oxidiert bei normalen Temp. nicht in Luft und Wasser; *Vorkommen:* hpts. als *Ch.eisenstein;* verw. als Oberflächenschutz u. Legierungsmaterial für Hartstähle.

Chromatik [gr.]: **1)** Erhöhung oder Erniedrigung von Tönen durch Versetzungszeichen um einen halben Ton nach oben od. unten; **2)** svw. Farblehre.

Chromatin [gr.], anfärbbare Chromosomenabschnitte zw. zwei Zellteilungen.

Chromatographie [gr.], zur chem. Analyse von Stoffgemischen verwend. physikal.-chem. Trenn- u. Nachweisverfahren, die auf unterschiedl. Wanderungsgeschwindigkeiten der versch., in einer bewegl. Phase (z. B. Flüssigkeit) gelösten Stoffe in od. entlang einer unbewegl. Phase beruhen.

Chromatophoren [gr.], Farbstoffträger, bei Pfl. farb. Zellbestandteile: *Chloroplasten* (grün, Träger des ↑Chlorophylls), *Chromoplasten* (gelb bis rot); bei Tieren Pigmente führende Zellen der Körperdecke; Größe od. Pigmentverteilung oft veränderlich.

Chromdioxid, Sauerstoffverbdg. des Chroms; braune bis schwarze pulverige Substanz mit stark ferromagnet. Eigenschaften; zur Beschichtung v. Ton- u. Videobändern *(Ch.bänder).*

Chromomeren ↑Chromosomen.

Chromonema ↑Chromosomen.

Chromoplasten ↑Chromatophoren.

Chromosomen [gr.], stark färbbare Strukturen im Kern aller Zellen (Geschlechtszellen mit einf., Körperzellen mit doppeltem Satz paarweise gleicher Ch.); ihre Anzahl ist arttyp. (Mensch 46, Taufliege 8, Kartoffel 48, Hartweizen 28); Ch. gehen ausnahmslos durch Längsteilung aus bereits vorhandenen Ch. hervor; sie bestehen aus einer Matrix, die ein zweif. spiralisiertes Fadenel. *(Chromonema)* umschließt, das viele knot. Verdickungen *(Chromomeren)* aufweist, die aus Nukleoproteiden bestehen und Sitz der Erbanlagen sind.

Chromosphäre, eine Schicht der Sonnenatmosphäre zwischen ↑Photosphäre und Sonnenkorona; nur bei totaler Sonnenfinsternis sichtbar.

Chronik [gr.]: **1)** Aufzeichnung geschichtl. Ereignisse nach ihrer Zeitfolge; **2)** 2 at. *Bücher der Ch.,* 2. Hälfte d. 4. Jh. v. Chr.

chronisch [gr.], langsam verlaufend, langwierig; Ggs. ↑akut.

Chronist, Verf. einer Chronik.

Chrono... [gr.], „Zeit..."

Chronologie [gr.], [Wiss. v. der] Zeitrechnung.

Chronometer, Präzisionsuhr, die in Bezug auf Ganggenauigkeit amtl. Prüfbedingungen erfüllt.

Chruschtschow, Nikita Sergejewitsch, * 1894, † 1971, sowj. Politiker; s. 1939 Mitgl. des Politbüros, s. 1953 1. Sekretär des ZK der KPdSU, s. 1958 Min.-Präs.; Entstalinisierung u. damit eine gewisse Lockerung im wirtsch. u. polit. Bereich (auch außenpolit.); wurde 1964 aller Ämter enthoben.

Chrysanthemum [gr.], svw. ↑Wucherblume.

Chryso... [çry-; gr.], Bestimmungswort, Bed.: „Gold...".

Chrysoberyll [gr.], seltenes Berylliummineral, Edelstein, Härte 8,5; grün; 3 Arten: Ch. i. e. S. (gelb), ↑Alexandrit, Cymophan.

Chrysolith [gr.], Schmuckstein, blassgrüne Abart des Olivins.

Chrysopras [gr.], Edelstein, Abart des Chalzedons, Härte 7; [blau]grün.

Chrysostomus (Johannes Ch.), hl., * um 354, † 407, griech. Kirchenlehrer; Patriarch von Konstantinopel; bed. Prediger.

Chur [kuːr], Hptst. des schweizer. Kt. Graubünden, 30 000 E; Theol. Hochschule; got. Kathedr.; Fremdenverkehr. – Das Bistum Ch. wurde im 4./5. Jh. gegründet.

Churchill, Sir Winston Spencer [ˈtʃəːtʃɪl], * 1874, † 1965, brit. konservativer Staatsmann; 1908 erstmals Minister; 1924–29 Schatzkanzler, 1940–45 Premiermin. u. Verteidigungsmin., rettete Großbr. aus der gefährl. Lage u. Isolierung; 1951–55 erneut Premiermin.; schrieb „Die Weltkrise 1911 bis 1918", „Der Zweite Weltkrieg" u. a.; erhielt dafür Nobelpreis für Literatur 1953.

Churfirsten [ˈkuːr-], ostschweizer. Berggruppe, bis 2 306 m.

Churriter [x-], (Hurriter), bed. Kulturvolk des alten Orients; nachweisbar s. etwa 2250 v. Chr. im Osttigrisland u. in Mesopotamien (↑Mitannireich).

Ci: 1) Einheitenzeichen für: ↑**C**urie; **2)** Abk. für: **C**irrus (svw. ↑Zirruswolken).

CIA [siːaɪeɪ], Abk. für: ↑**C**entral **I**ntelligence **A**gency.

Ciampi [ˈtʃampi], Carlo Azeglio, * 1920, ital. Politiker; parteilos, Bankier, 1993–94 Min.-Präs., seit 1999 Staatspräs.

Ciano, Galezzo [tʃaːno], Gf. von Cortellazzo, * 1903, † 1944, ital. Politiker; Faschist; 1936 Außenmin.; geriet in Ggs. zu Mussolini; hingerichtet.

Ciborium ↑Ziborium.

CIC, Abk. für: ↑**C**odex **I**uris **Cano**nici.

Cicero, Marcus Tullius, * 106, † 43 (ermordet), röm. Staatsmann, Redner u. Schriftsteller; vereitelte 63 als Konsul die Verschwörung des Catilina; Schöpfer des klass. Lateins, Vermittler griech. Denkens.

Cicerone [tʃitʃeˈroːne; ital.], Bez. für einen [redsel.] Fremdenführer.

Cichorium [gr.], Gatt. der Korbblütler; u. a. Wegwarte (Zichorie; ↑Chicorée) und Endivie.

Cid, El [θið], eigtl. Rodrigo (Ruy) Díaz de Vivar, * 1043, † 1099, span. Nationalheld; eroberte 1094 Valencia; in Legenden und Romanzen (14.–16. Jh.) besungen; Tragikomödie v. P. Corneille (1636).

Cie. [frz.], veraltete Abk. für frz.: **C**ompagn**ie**; ↑auch Co.

cif [sɪf; auch: zif], ↑Handelsklauseln.

Cincinnati [sɪnsɪˈnætɪ], St. in Ohio, USA, 364 000 E; Univ.; Masch.-Bau, Textil- und chem. Ind.; ✈.

Cinemascope® [sinɪ; engl.], ein ↑Breitbildverfahren.

Cinemathek, ↑Filmothek des Filmliebhabers.

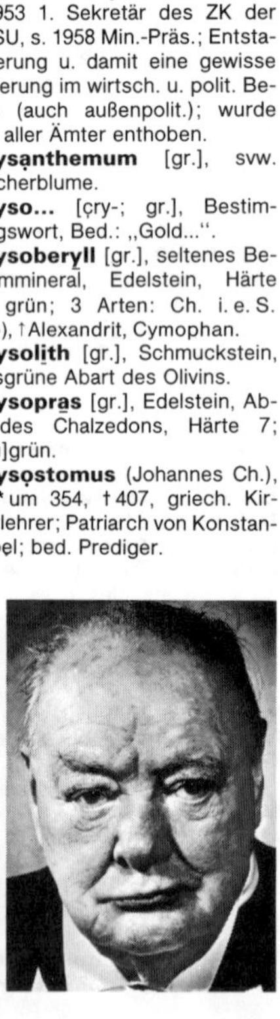

N. S. Chruschtschow *(links).* **Sir Winston Churchill** *(rechts)*

Cinerama® ↑Breitbildverfahren.
Circe, in der „Odyssee" Zauberin, verwandelt die Gefährten des Odysseus in Schweine; übertr. für: verführer. Frau.
Circuittraining ['sə:kɪt'treɪnɪŋ; engl.], mod. Methode sportl. Trainings; besteht aus einer pausenlosen Aufeinanderfolge von Kraftübungen an versch. Geräten.
Circulus vitiosus, Zirkelschluss, bei dem das zu Beweisende in der Voraussetzung enthalten ist (Logik); übertr. „Teufelskreis".
Circus maximus [lat.], größte und älteste Anlage in Rom für Wagenrennen, 600 m lang, 150 m breit.
Ciskei, ehem. Bantuhomeland der Xhosa in der östl. Kapprovinz, Republik Südafrika, 12 075 km², 884 000 E, Verw.-Sitz: Bisho; erhielt 1972 Selbstregierung, internat. nicht anerkannt, im Dez. 1981 formell unabhängig. 1994 wieder zur Rep. Südafrika.
Cîteaux [si'to; frz.], im frz. Dép. Côte-d'Or gelegenes Stammkloster der ↑Zisterzienser, gegr. 1098.
Citlaltépetl [s-] (Pico de Orizaba), höchster Berg Mexikos, 5700 m.
City ['sɪtɪ; engl.], Geschäftsviertel in Großstädten, Innenstadt.
Civitas [lat.]: **1)** im röm. Recht Inbegriff der Rechte eines freien Bürgers *(civis)*; **2)** geschlossene, polit. selbst. german. Volksgemeinde; **3)** im dt. MA allg. für St.; *C. imperii,* Reichsstadt.
Civitas Dei, Gottesstaat, Titel u. Grundbegriff des Hauptwerkes von Augustinus.
Civitavecchia [tʃivita'vɛkkia], mittelital. Hafenst. an der tyrrhen. Küste, 52 000 E; Seebad.
cl, Einheitenzeichen für: Zentiliter ($^1/_{100}$ l).
Cl, Symbol für ↑Chlor (☞).
Clair, René [klɛ:r], eigtl. R. Chomette, * 1898, † 1981, frz. Filmregisseur.
Clair-obscur [klɛrɔbs'kyr; frz.] ↑Helldunkelmalerei.
Clairvaux [klɛr'vo], im Dép. Aube gelegene ehem. Zisterzienserabtei, gegr. 1115 von ↑Bernhard v. Clairvaux, 1792 aufgehoben.
Clan [klæn; engl.]: **1)** Sippen- od. Stammesverband im inselkelt. Bereich; **2)** ↑Klan.
Clapton, Eric ['klæptən], * 1945, brit. Rockmusiker (Gitarrist), einer der einflussreichsten Rockmusiker.
Claudel, Paul [klo'dɛl], * 1868, † 1955, frz. Diplomat u. Dichter; von kath. Geist geprägte Werke, v. a. Schauspiele.
Claudius (Tiberius C. Nero Germanicus), * 10 v. Chr., † 54 n. Chr., röm. Ks.; Gelehrter, von seiner 4. Gem. Agrippina vergiftet.
Claudius: 1) Hermann, * 1878, † 1980, Urenkel von 2), dt. Dichter; **2)** Matthias, * 1740, † 1815, dt. Dichter; Hg. der Zeitschrift „Der Wandsbecker Bote".
Claus, Prinz der Niederlande (ursprüngl. C. v. Amsberg); * 1926, Diplomat (1957–65); s. 1966 verh. mit Prinzessin (s. 1980 Kgn.) Beatrix der Niederlande.
Clausewitz, Karl von, * 1780, † 1831, preuß. Offizier; zählte zum Kreis der preuß. Reformer, mit „Vom Kriege" begr. er die moderne Kriegslehre.
Clausius, Rudolf (Julius Emanuel), * 1822, † 1888, dt. Physiker; begr. die kinet. Gastheorie, entdeckte den 2. Hauptsatz der Wärmelehre.
Clausthal-Zellerfeld, Bergst. im W-Harz, Nds., 16 900 E; etwas Blei- u. Kupfer-⚒ (im MA bis ins 18. Jh. Silber-⚒); TU; Bergwerksmuseum, Oberbergamt; Holzind.
Clay, Lucius Dubignon [kleɪ], * 1897, † 1978, amer. General; 1947 Militärgouv. in Dtl.; organisierte die Luftbrücke für Berlin, 1961/62 Sonderbeauftragter des amer. Präs. für Berlinfragen.
Clearing ['klɪərɪŋ; engl.], gegenseitige Verrechnung von Schuldverpflichtungen.
Clemenceau, Georges [klemã'so], * 1841, † 1929, frz. Politiker; 1906–09 u. 1917 Min.-Präs. (auch Kriegsmin.), Vors. der Versailler Friedenskonferenz.
Clemens, Päpste, ↑Klemens.
Clement, Wolfgang, * 1940, dt. Politiker (SPD); s. 1998 Min.-Präs. in NRW.
Clementi, Muzio, * 1752, † 1832, ital. Klaviervirtuose und -pädagoge; schrieb 106 Klaviersonaten, -sonatinen u. Etüdenwerk.
Clermont-Ferrand [klɛrmɔ̃fɛ'rã], Hptst. d. frz. Dép. Puy-de-Dôme u. der Region Auvergne, 136 000 E; Univ., got. Kathedr.; Gummiind., Maschinenbau; ✈.
Cleveland ['kli:vlənd], größte St. in Ohio, USA, 503 000 E; Univ., TH; Metall- u. Farbenind.; Verkehrs- und Handelszentrum; ✈.
Cleverness [engl.], Klugheit.
Clift, Montgomery, * 1920, † 1966, amer. Schauspieler; Charakterrollen bei Bühne u. Film („Verdammt in alle Ewigkeit").
Clinch [klɪntʃ; engl.], Umklammern des Gegners im Boxkampf.
Clinton, Bill [klɪntən], * 1946, 42. Präs. der USA (1993–2001, Wiederwahl 1996; Demokrat. Partei). Jurist; 1976–78 Justiz-Min. in Arkansas, 1979–81 und wieder ab 1984 ebd. Gouverneur; war bemüht um innenpolit. Reformen (Bildung, Gesundheit), führte die Außenpolitik seiner Vorgänger fort.
Clive, Robert [klaɪv], Baron C. of Plassey, * 1725, † 1774, brit. General u. Staatsmann; Begr. der brit. Macht in Indien.
Cloisonné [klwasɔ'ne; frz.], Zellenschmelztechnik in der ↑Emailkunst.
Cloppenburg, Krst. im Oldenburg. Münsterland, Nds., 28 000 E; Museumsdorf; Nahrungsmittel-, Textilindustrie.
Clou [klu; frz.], Glanz-, Höhept., Zugstück.
Clouzot, Henri-Georges [klu'zo], * 1907, † 1977, frz. Filmregisseur („Lohn der Angst", „Picasso", „Die Hölle").
Clown [klaʊn; engl.], der ↑Hanswurst der altengl. Bühne; im Zirkus und Varieté als Spaßmacher.
Club of Rome, The [engl. θə klʌb ɔv roʊm], lockere Verbindung v. Wissenschaftlern u. Industriellen, initiiert v. dem ital. FIAT-Manager *A. Peccei* (* 1908, † 1984). Ziele: Untersuchung, Darstellung u. Deutung d. „Lage d. Menschheit" sowie die Friedenssicherung.
Cluny [kly'ni], frz. St. im Dép. Saône-et-Loire, 4400 E. Ehem. Benediktinerabtei, gegr. 910. Im 10. u. 11. Jh. wichtiges Zentrum der Reform des Mönchtums und der ganzen Kirche *(kluniazens. Reform).* Ruine der Abteikirche.
Clyde [klaɪd], Fl. in SW-Schottland, 171 km; durch den *Forth and C. Canal* Verbdg. zum Firth of Forth.
cm, Einheitenzeichen für: ↑Zentimeter.
Cm, Symbol für ↑Curium (☞).
cm², Einheitenzeichen für: Quadratzentimeter.
cm³, Einheitenzeichen für: Kubikzentimeter.
Co, Symbol für ↑Kobalt (☞).
Co., Abk. für frz.: **Co**mpagnie bzw. engl. **Co**mpany.
Coach [ko:tʃ; engl.]: **1)** Kutsche für 4 Pers.; **2)** Trainer.
Coase [koʊs], Ronald, * 1940, brit. Wirtschaftswissenschaftler, erweiternde Untersuchungen zur institutionellen Struktur des wirtschaftl. Systems, Nobelpreis 1991.
COBOL, Abk. für **Co**mmon **B**usiness **O**riented **L**anguage, eine Programmiersprache für kommerzielle Anwendung.
Coburg, bayr. Krst. in Ofr., 44 300 E; LG; IHK; Holz-, Textil-, Spielwarenind. (Puppen). – Zeitw. wettin. Residenz; 1920 an Bayern. Oberhalb der St. *Veste C.* (um 1300 ff.), heute Museum.

Cochem, Krst. an der Mosel, RP, 5800 E; Burg (11. Jh.); Weinbau.
Cochläus, Johannes, * 1479, † 1552, dt. Humanist; kath. Theologe; Gegner Luthers; „Germania".
Cocker, Joe ['kɔkɛ], * 1944, brit. Rockmusiker, von Blues und Soul geprägter Sänger.
Cockerspaniel [engl.], engl. Jagdhundrasse; auch Haushund.
Cockney ['kɔknɪ; engl.]: **1)** volkstüml. Londoner Mundart; **2)** Londoner, der C. spricht.
Cockpit [engl.]: **1)** Führerkabine eines Flugzeugs; **2)** Fahrerplatz in Sport- u. Rennwagen; **3)** vertiefter Sitzraum auf Segel- und Motorbooten.
Cocktail ['kɔkteɪl; engl.], [alkohol.] Mischgetränk.
Cocteau, Jean [kɔk'to], * 1889, † 1963, frz. Dichter, Maler, Komponist u. Filmregisseur; Romane: „Kinder der Nacht" u. a.; „Orpheus" u. a. Dramen, Gedichte, Ballette, Filme.
Code [ko:t; frz.]: **1)** Schlüssel zu Geheimschriften, auch Telegrafen- und Telegrammschlüssel, *Binär-C.* in der Computertechnik; **2)** in der frz. Rechtssprache svw. Gesetzbuch (↑ Gesetz).
Code civil [- si'vil; frz.] (Code Napoleón), das 1804 in Kraft getretene frz. Zivilgesetzbuch; gr. Einfl. auf den europ. Rechtskreis.
Codein ↑ Kodein.
Codex ↑ Kodex.
Codex Iuris Canonici [lat.] (CIC), Gesetzbuch der kath. Kirche, seit 1918; seit 1983 Neufassung.
Coesfeld ['ko:s-], Krst. im Münsterland, NRW, 31500 E; Masch.- u. a. Industrie.
cogito, ergo sum [lat.; = ich denke, also bin ich], Grundsatz der Philos. des ↑ Descartes.
Cognac [kɔ'ɲak], St. im frz. Dép. Charente, 21000 E; Zentrum eines Weinbaugebietes und der Weinbrandherstellung.
Cognac [kɔ'ɲak], Trinkbranntwein aus Weinen der Charente; Name gesetzl. geschützt.
Coimbra [ku-], mittelportug. St., 75000 E; älteste Univ. Portugals (1290 gegr.).
Coitus, svw. ↑ Beischlaf oder Begattung.
Coitus interruptus (C. incompletus, C. reservatus), kurz vor dem Samenerguss [zur Empfängnisverhütung] unterbrochener Geschlechtsverkehr.
Col [frz.] (ital. Colle), Bez. für Pässe in den frz. (u. ital.) Alpen.
Colbert, Jean-Baptiste [kɔl'bɛr], Marquis de Seignelay, * 1619, † 1683, frz. Staatsmann, Finanzmin. Ludwigs XIV. seit 1661; grundlegende Reformen; bedeutendster Vertr. des Merkantilismus.
Coleridge, Samuel Taylor ['koʊlərɪdʒ], * 1772, † 1834, engl. Dichter u. Literaturkritiker der Romantik; meisterhafte Balladen.
Colette [kɔ'lɛt], eigtl. Sidonie Gabrielle C., * 1873, † 1954, frz. Romanschriftstellerin; „Mitsou".
Colibakterien, Bakteriengattung, deren Art Escherichia coli zur Best. von Fäkalien in der Wasseranalyse benutzt wird.
Colhuacán [kolʊ-; span.], toltek. Stadtstaat des 12.–14. Jh., heute zu Mexiko.
Coligny, Gaspard de [kɔli'ɲi], Seigneur de Châtillon, * 1519, † 1572, Führer der Hugenotten.
Collage [kɔ'laʒə; frz.], aus buntem Papier u. a. geklebtes Bild.
College ['kɔlɪdʒ; engl.]: **1)** in England höhere Schule mit Internat, die zum Univ.-Studium vorbereitet (z. B. Eton C.); als Teil einer Univ. ist C. eine Gemeinschaft v. Dozenten u. Studenten sowie das Gebäude, in dem sie zus. wohnen (z. B. Oxford, London); **2)** in den USA Eingangsstufe des Hochschulwesens od. Fachschule.
Collège [kɔ'lɛ:ʒ; frz.], in Frkr. 1. vierjährige weiterführende Schule, 2. ein- bis dreijährige techn. Schule, 3. Lehrerbildungsanstalt.
Collegium Romanum [lat.], die von Ignatius v. Loyola 1551 gegr. päpstl. Univ., heute nach ihrem Hauptförderer Gregor XIII. *Gregoriana* genannt.
Collie [engl.], schott. Schäferhund.
Colloquium ↑ Kolloquium.
Colmar, Hptst. des ostfrz. Dep. Haut-Rhin, im Oberelsass, 64000 E; Museum Unterlinden mit Isenheimer Altar des Matthias Grünewald; Textilind., Weinhandel.
Colombo, Hptst. von Sri Lanka, 615000 E; Univ.; bed. Hafen- u. Handelsst.; ✈; **C.-Plan,** Hilfs- u. Entwicklungsplan zur Hebung des Lebensstandards u. zur Ausdehnung des Handels in den süd- u. südostasiat. Staaten; beschlossen 1950 in C. von den Außenmin. des brit. Commonwealth.
Colonia [lat.], Ansiedlung röm. Bürger in unterworfenem Gebiet u. mil. Stützpt. Häufig Bestandteil röm. Städtenamen (z. B. C. Agrippinensis = Köln).
Colorado [kɔlə'rɑ:doʊ]: **1)** Fl. im SW der USA, 2334 km, im *C. Plateau* eingeschnitten (↑ Grand Canyon); **2)** Abk. Col., auch Colo., B.-Staat der USA, 269596 km², 3,29 Mill. E, Hptst. Denver; reiche landw. Produktion mit verarb. Ind.; Fremdenverkehr; Bodenschätze: Gold, Uran, Eisenerze, Molybdän, Kohle, Erdöl, Erdgas.
Coloradokäfer (Kartoffelkäfer) ↑ Übers. S. 528 ff.
Colorado River [kɔlə'rɑ:doʊ rɪvə], Fl. in Texas, 1440 km; mündet in den Golf von Mexiko.
Colorado Springs [kɔlə'rɑ:doʊ 'sprɪŋz], St. in Colorado, USA, 270000 E; Fremdenverkehr; Goldbergbau; ✈.
Colosseum ↑ Kolosseum.
Columbia [kə'lʌmbɪə]: **1)** ↑ District of Columbia; **2)** Hptst. von South Carolina, USA, 98000 E; 2 Univ.; Baumwollind. ✈.
Columbia Broadcasting System [kə'lʌmbɪə 'brɔ:dkastɪŋ 'sɪstɪm; engl.], Abk. CBS, private Rundfunkorganisation der USA, Sitz New York.
Columbia River [kə'lʌmbɪə 'rɪvə], Fl. im W Nordamerikas, 1953 km, mündet in den Pazifik.
Columbia University [kə'lʌmbɪə ju:nɪ'və:sɪtɪ], Univ. in New York, 1754 als King's College gegr.
Columbium, veraltete Bez. für das El. ↑ Niob.
Columbus ↑ Kolumbus.
Columbus [kə'lʌmbəs]: **1)** Hptst. v. Ohio, USA, 633000 E; 3 Univ.; Metall- u. a. Ind.; ✈; **2)** Stadt in Georgia, USA, 175000 E; Textil- u. a. Ind.; ✈.
Combo [amer.], im Jazz kl. ↑ Band (etwa 3–6 Musiker).
Come-back [kʌm'bæk; engl.], Wiederauftreten nach längerer Pause, bes. von Künstlern, Sportlern, Politikern.
COMECON, Abk. für: **Co**uncil for **M**utual **Econ**omic Aid, ↑ Rat für gegenseit. Wirtschaftshilfe.
Comédie-Française [kɔme'di frɑ̃'sɛ:z; frz.], frz. Nationaltheater, gegr. 1680.
Comenius, Johann Amos, eigtl. Jan Amos Komenský, * 1592, † 1670, Bischof der Böhm. Brüder; bed. Pädagoge.
Comer See (ital. Lago di Como), nordital. Alpenrandsee, 146 km².
Comics ['kɔmɪks; engl.] (Comicstrips), von wenig Text (meist in Sprechblasen) begleitete Bildreihen abenteuerl. Inhalts.
Commedia dell'Arte [ital.], in Italien entstandene Stegreifkomödie mit typ. Figuren und Masken.
Commodus, Marcus Aurelius C. Antoninus, * 161, † 192 (ermordet), röm. Kaiser s. 180; letzter Adoptivkaiser.
Common Law ['kɔmən lɔ:; engl.], engl. gemeines Recht s. dem MA (gilt auch in den USA) im Ggs. zum *Civil Law,* dem in England wirksam gewordenen röm. Recht.

Common Prayer Book ['kɔmən 'preıə 'buk; engl.], 1549 eingeführtes amtl. Gebetbuch u. Bekenntnisschrift der anglikan. Kirche.
Commons ['kɔmənz; engl.], Mitglieder des engl. Unterhauses.
Commonsense ['kɔmən'sens; engl.], gesunder Menschenverstand.
Commonwealth ['kɔmənwelθ; engl.; Gemeinwohl), Staatenbund.
Commonwealth of Nations ['kɔmənwelθ ɔv 'neıʃnz], Verband der souveränen, unabh. Staaten, die die formale Oberhoheit der brit. Krone anerkennen. Mitgl.: Vereinigtes Kgr. Großbrit. u. Nordirland, Antigua u. Barbuda, Austral. Bund, Bahamas, Bangladesch, Barbados, Belize, Botswana, Brunei, Dominica, Gambia, Ghana, Grenada, Guyana, Indien, Jamaika, Kanada, Kenia, Kiribati, Lesotho, Malawi, Malaysia, Malediven, Malta, Mauritius, Moçambique (s. 1995; ohne je brit. Kolonie gewesen zu sein), Namibia, Nauru, Neuseeland, Nigeria, Pakistan, Papua-Neuguinea, Saint Christopher and Nevis, Saint Lucia, Saint Vincent, Salomoninseln, Sambia, Seychellen, Sierra Leone, Simbabwe, Singapur, Sri Lanka, Südafrika (wieder s. 1994), Swasiland, Tansania, Tonga, Trinidad und Tobago, Tuvalu, Uganda, Vanuatu, Westsamoa, Zypern. Innerhalb des C. of N. tragen Großbrit., Australien und Neuseeland Verantwortung für abhäng. Gebiete. – *Gesch.:* Entstand aus dem *Brit. Reich (British Empire),* das sich etwa s. dem 17. Jh. durch Erwerbung v. Kolonien bildete; nach u. nach Gewährung der Selbstreg., Bildung v. ↑Dominions (1867 Kanada, 1901 Australien, 1907 Neuseeland, 1910 Südafrika). 1931 *Westminsterstatut:* Umwandlung des Empire zur Verbdg. des *„British C. of N.".*
Communauté française [kɔmyno'te frã'se:z], svw. Französische Gemeinschaft (↑Frankreich, Geschichte).
Como, ital. St. am Comer See, 90 000 E; Sant' Abbondio (11. Jh.), Dom (14.–16. Jh.); Seidenind.
Compactdisc [kəm'pæktdısk; engl.], Abk. CD, ↑Schallplatte.
Company ['kʌmpənı; engl.; = Gesellschaft], engl. für: Handelsgesellschaft.
Compiègne [kõ'pjɛɲ], nordfrz. St. an der Oise, 40 000 E; Schloss (18. Jh.). Im Wald von C. Waffenstillstandsverträge von 1918 zw. dem Dt. Reich u. den Alliierten und 1940 zw. dem Dt. Reich u. Frankreich.
Compiler [kəm'paılə], Übersetzungsprogramm für eine Programmiersprache.
Compton, Arthur Holly [kɔmptən], * 1892, † 1962, amer. Physiker; Nobelpreis (mit C. T. R. Wilsen) 1927; entdeckte den **C.-Effekt,** Wellenlängenänderung elektromagnet. Strahlung infolge *Compton-Streuung* von Photonen an Elektronen.
Computer [kɔm'pju:tər; engl.], programmgesteuerte elektron. Rechenanlage. – ↑auch Datenverarbeitung.
Computertomographie [kɔm-'pju:tər-] ↑Tomographie.
Computerviren [kɔm'pju:tər-], in Rechner eingeschleuste Störprogramme, die sich auf Codewort oder mit einem best. Datum vervielfältigen; können zur Verstopfung der Speicher oder Vernichtung ganzer Datenbestände führen.
Comte, Auguste [kõt], * 1798, † 1857, frz. Philosoph und Soziologe; Positivist; vertrat ein *Dreistadienges.* der Menschheitsentw. (theol., metaphys., positives Stadium).
Comte [kõt; frz.], frz. Bez. für Graf.
Comtesse [kõ'tɛs; frz.], frz. Bez. für Gräfin.
Conakry, Hptst. von Guinea, 1,3 Mill. E; polytechn. Hochschule; Wirtschafts- und Verwaltungszentrum; ⚓, ✈.
con brio [ital.], mit Feuer, mit Schwung (𝄞).

Concorde *der französischen Luftverkehrsgesellschaft Air France*

Concerto grosso [kɔn'tʃɛrto], wichtige Gatt. der barocken Orchestermusik, mehrsätz. Instrumentalwerk; die Besetzung aufgeteilt in das *Concertino* (meist 3 Solisten) u. das *Tutti* (die Ripienisten).
Concord ['kɔŋkɔ:d], Hptst. von New Hampshire, USA, 37 000 E; Holz-, Metall- u. a. Industrie; ✈.
Concorde [kõ'kɔ:d; frz.], 4-strahl. brit.-frz. Überschallverkehrsflugzeug (Reisegeschwindigkeit 2 200 km/h); 1976–2000 im Liniendienst.
Concordia ↑Konkordia.
Condé [kõ'de], Seitenlinie des Hauses Bourbon; Prinz Louis II., gen. le Grand C., * 1621, † 1686, kämpfte zur Zeit der ↑Fronde gg. die Krone; später bed. Feldherr Ludwigs XIV.
Conditio sine qua non [lat.], notwend. Bedingung.
Condorcet, Antoine Marquis de [kõdor'sɛ], * 1743, † 1794, frz. Geschichtsphilosoph u. Mathematiker.
Coney Island ['kounı 'aılænd], Halbinsel im S des New Yorker Stadtteils Brooklyn; Bade- und Vergnügungszentrum.
Conférencier [kõferã'sje; frz.], Sprecher, Ansager bei öffentl. oder privaten Veranstaltungen.
Confessio [lat.]: **1)** Bekenntnis; Sünden-, Glaubensbekenntnis; **2)** Vorraum eines altchristl. Märtyrergrabes.
Confessio Augustana, svw. ↑Augsburger Bekenntnis.
Confessio Helvetica (Helvet. Konfessionen), Bekenntnisschriften der schweizer.-ref. Kirche: 1. *C. H. Prior* (Basel 1536), 2. *C. H. Posterior* (verf. v. Bullinger, veröff. 1566, neben dem ↑Heidelberger Katechismus wichtigste Bekenntnisschrift der ref. Kirche).
Confiteor [lat.; = ich bekenne], Sündenbekenntnis.
con forza [ital.], mit Kraft, wuchtig (𝄞).

con fuoco [ital.], mit Feuer, feurig bewegt (𝄞).

Congreve, William ['kɔngri:v], * 1670, † 1729, engl. Dichter.

Connacht ['kɔnət] (engl. auch Connaught), histor. Prov. im NW d. Rep. Irland, 17 122 km², 424 000 E.

Connecticut [kə'nektıkət], Abk. Conn., NO-Staat der USA, 12 997 km², 3,3 Mill. E, Hptst. Hartford; Waffen- und Masch.-Ind.

Connery, Sean, * 1930, brit. Schauspieler; v. a. bekannt durch „James-Bond"-Filme.

Conrad, Joseph ['kɔnræd], eigtl. Józef Teodor Konrad Korzeniowski, * 1857, † 1924, engl. Schriftsteller poln. Herkunft; Novellen, Romane: „Lord Jim".

Conrad von Hötzendorf, Franz Graf, * 1852, † 1925, östr.-ungar. Feldmarschall; im 1. Weltkrieg Oberbefehlshaber des Heeres.

Conseil [kõ'sɛj; frz.], Rat, Ratsvers., bes. in Frankreich.

Consensus [lat.], Übereinstimmung, Zustimmung.

Conservative and Unionist Party [kən'sə:vətıv ənd 'ju:njənıst 'pɑ:tı; engl.], um 1832 aus den Tories hervorgegangene engl. Partei, lib.-konservat. Programm (älteste polit. Partei der Welt).

con spirito [ital.], geistvoll, feurig (𝄞).

Constable, John ['kʌnstəbl], * 1776, † 1837, engl. Maler; neben Turner Hauptvertreter der engl. Landschaftsmalerei; nahezu impression. Gemälde.

Constantine, Eddy [-kõstã'tin], * 1917, † 1993, frz. Filmschauspieler amer. Herkunft; v. a. bekannt durch „Lemmy-Caution"-Filme.

Constantine [kõstã'tin], St. in N-Algerien, 450 000 E; Univ.; Textilind., Motorenbau; ✠.

Container [kɔn'te:nə(r); engl.], Großbehälter.

Containerschiff [kɔn'te:nər...], Spezialfrachtschiff mit bes. großen Ladeluken zum Transport genormter Container; z. T. mit schiffseigener Verladeeinrichtung.

Conte [ital.], Graf; *Contessa,* Gräfin (in Italien).

Contergan, ehem. Handelsname für das Schlafmittel Thalidomid; verursachte embryonale Missbildungen.

contra.., Contra... ↑kontra..., Kontra...

Contrat social [kɔnt'rɑ sos'jal; frz.; = Gesellschaftsvertr.], Titel eines Werkes v. J.-J. Rousseau; Darst. einer Vertragstheorie, nach der die Individuen ihre Freiheit einem Gesamtwillen unterordnen.

Cook, James [kʊk], * 1728, † 1779, brit. Entdecker; unternahm drei bed. Forschungsreisen im Pazifik (1769–71, 1772–75, 1776–79), entdeckte u. a. die O-Küste Australiens.

Cookstraße, Meerenge zw. d. Nord- u. Südinsel von Neuseeland.

Coolidge, Calvin ['ku:lıdʒ], * 1872, † 1933, 30. Präs. der USA (1923).

Cooljazz ['ku:l'dʒæz; engl.], den Bebop ablösende „kühle" Jazzrichtung.

Cooper ['ku:pə]: **1)** Gary, eigtl. Frank James C., * 1901, † 1961, amer. Filmschauspieler („12 Uhr mittags"); **2)** James Fenimore, * 1789, † 1851, amer. Schriftsteller; Lederstrumpfgeschichten.

Copacabana, Stadtteil v. Rio de Janeiro; bek. Badestrand.

Copán, Ruinenstätte der Mayakultur in Honduras (u. a. Tempelpyramiden).

Copernicus ↑Kopernikus.

Coppola, Francis Ford ['kɔpələ], * 1939, amer. Filmregisseur („Der Pate"; „Apocalypse now").

Copyright ['kɔpırəıt; engl.]: **1)** ↑Urheberrecht in den USA; **2)** Urheberrechtsschutz in allen Ländern, die dem *Welturheberrechtsabkommen* (WUA) vom 6. 9. 1952 angeschlossen sind, wenn das Impressum © den Inhaber des Urheber- oder Verlagsrechts und das J. des 1. Erscheinens aufweist.

coram publico [lat.], öffentl., in aller Öffentlichkeit.

Corbie [kɔr'bi], nordfrz. St. an der Somme, 6 200 E; ehem. bed. Benediktinerkloster (um 660–1790).

Corbusier [kɔrby'zje] ↑Le Corbusier.

Cord (Kord) [engl.]: **1)** stark geripptes, dichtes Gewebe aus Kammgarn, Streichgarn u. a., meist mit samtartiger Oberfläche *(C.samt);* **2)** loses Gewebe aus scharf gezwirnten Garnen als Zwischenlage in Reifen *(Reifen-C.).*

Corday d'Armont, Charlotte de [kɔr'dɛ dar'mõ], * 1768, † 1793, frz. Republikanerin; erstach ↑Marat; hingerichtet.

Córdoba: 1) südspan. Prov.-Hptst., 307 000 E; maur. Stadtanlage, Kathedr. (ehem. Moschee); Univ.; Gold-, Silberverarb., Metall- u. a. Ind.; ✠. – 152 v. Chr. gegr.; seit 50 v. Chr. Hptst. der röm. Prov. Baetica; s. 3. Jh. Bischofssitz, 756–1031 Residenz der maur. Kalifen; 1236 kastil.; **2)** zentralargentin. Prov.-Hptst., 1,15 Mill. E; 2 Univ.; Handels-, Verkehrs- und Ind.-Zentrum; ✠; gegr. 1573.

Cordon bleu [kɔrdõ'blø; frz.], mit Käsescheibe und gekochtem Schinken gefülltes Kalbsfiletsteak.

Core [kɔ:; engl.; = Kern], innerster Bereich eines Kernreaktors (Reaktorkern), der das spaltbare Material enthält.

Corelli, Arcangelo, * 1653, † 1713, ital. Geiger u. Komponist; u. a. Concerti grossi, Trio- und Kammersonaten.

Corinth, Lovis, * 1858, † 1925, dt. impressionist. Maler; relig. Bilder, Landschaften, [Selbst]bildnisse, Radierungen.

Coriolis, Gaspard Gustave, * 1792, † 1843, frz. Physiker; entdeckte die nach ihm ben. *C.-Kraft,* eine Trägheitskraft, die eine Rechtsabweichung jeder Bewegung auf der N-Halbkugel der rotierenden Erde bewirkt *(C.-Effekt).*

Cork (irisch Corcaigh), Hptst. der ir. Gft. C., 133 000 E; Univ., Seehafen: *C. Harbour;* ✠.

Cormack, Allan McLeod ['kɔ:mæk], * 1924, † 1998, amer. Physiker; erhielt für d. Entw. der Computertomographie 1979 den Nobelpreis für Medizin.

Cornedbeef ['kɔ:nd bi:f; engl.], gepökeltes, zerkleinertes Büchsenrindfleisch.

Corneille, Pierre [kɔ:r'nɛj], * 1606, † 1684, frz. Dramatiker; Begr. des klass. frz. Dramas; „Le Cid", „Horace", „Cinna", „Le menteur".

Cornelia, † nach 121 v. Chr., altröm. Patrizierin; eine der bed. röm. Frauen, Mutter v. Tiberius u. Gajus ↑Gracchus.

Cornelius, Peter, * 1824, † 1874, dt. Dichter und Komponist; Opern: „Der Barbier von Bagdad" u. a.; Lieder.

Cornell, Joseph [kɔ:'nel], * 1903, † 1972, amer. Maler, v. a. Kästen mit Sammelobjekten.

Cornwall ['kɔ:nwəl], südwestengl. Gft. (C. and isles of Scilly, 477 000 E), Hptst. Truro; Halbinsel mit zerklüfteter Steilküste u. vermoorten Hochflächen im Innern; Kupfer-, Zinn-, Kaolinvorkommen.

Corona Australis [lat.] (Südl. Krone), Sternbild des südl. Himmels.

Corona Borealis [lat.] (Nördl. Krone), Sternbild des nördl. Himmels.

Corot, Camille [kɔ'ro], * 1796, † 1875, frz. Maler, Grafiker, Zeichner; dem Impressionismus nahe stehend; Landschaften.

Corps diplomatique [kɔ:rdiplɔma'tik; frz.] (CD) ↑diplomatisches Korps.

Corpus ↑Korpus.

Corpus Christi, Leib Christi [im Abendmahl].

Corpus Delicti [lat.], Gegenstand der Straftat, Beweisstück.

Corpus Iuris Civilis [lat.], Gesetzeswerk Ks. Justinians I., bestehend aus Institutionen (4 Bücher), Digesten oder Pandekten (50 Bücher), Codex Justinianus (12 Bücher) und Novellen.

Correggio [kɔr'reddʒo], eigtl. Antonio Allegri, * 1489, † 1534, ital. Maler; starker Einfluss auf die Malerei des Barock; Fresken, Altar-, mythol. Bilder.

Cortes, v. a. auf der iber. Halbinsel bis Anf. 19. Jh. Vers. der Landstände, danach in Spanien (bis 1936/39 u. s. 1977/78) u. in Portugal (1822–1911) Volksvertretung.

Cortéz, Hernando (Fernando) ['kɔrtɛs], * 1485, † 1547, span. Konquistador; 1519–21 Eroberung des Aztekenreiches; Generalkapitän v. „Neuspanien".

Cortina d'Ampezzo, ital. Höhenkurort und Wintersportplatz in den Dolomiten, 8 500 E.

Cortona, mittelital. St., 22 000 E; v. Etruskern gegr. (Stadtmauer); Dom (v. a. 15. Jh.); Museum.

Corvey [-vai], ehem. Benediktinerabtei (822–1803, von ↑Corbie aus gegr.) in Höxter, NRW; Westwerk der karoling. Kirche erhalten.

cos, Abk. für Kosinus (↑Winkelfunktionen).

Cosenza, ital. Stadt in Kalabrien, 84 000 E; frühgot. Dom; Univ.; Agrarhandel.

Costa Brava, span. Küstenstreifen am Mittelmeer nördl. v. Barcelona; felsig, buchtenreich.

Costa del Sol, span. Küstenstreifen an der andalus. S-Küste (Mittelmeer).

Costa Rica, Rep. in Mittelamerika; nördl. Teil fruchtb. Hochland mit noch tätigen Vulkanen (hier über 75 % der Bev.); wenig Ind.; Anbau von Zucker, Kaffee, Reis, Bananen. – 1502 entdeckte Kolumbus die Küste v. C. R., span. Eroberung erst in den 1560er-Jahren; 1821 Loslösung v. Spanien im Verband des Gen.-Kapitanats Guatemala; 1848 Gründung der Rep. C. R., Revolutionen, [Bürger]kriege; ab 1948 Präsidialdemokratie.

Costner, Kevin [kɔstnər], * 1955, amer. Filmschauspieler und -regisseur; internat. Erfolge u. a. mit „Der mit dem Wolf tanzt" (auch Regie), „J. F. K.", „Bodyguard", „Waterworld".

cot, Abk. für Kotangens (↑Winkelfunktionen).

Côte d'Azur [ko:tda'zy:r], Bez. für die frz. u. monegass. Riviera.

Côte d'Or [ko:t'dɔ:r], bergige ostfrz. Ldsch. südl. von Dijon.

Cotentin [kɔtɑ̃'tɛ̃], frz. Halbinsel im W der Normandie, mit dem bed. Hafen Cherbourg. – Im 2. Weltkrieg 1944 Landeplatz amer. Truppen und Ausgangspunkt ihres Vormarsches.

Costa Rica

Fläche: 51 100 km²
Einwohner: (1995) 3,42 Mill.
Hauptstadt: San José
Amtssprache: Spanisch
Zeitzone: MEZ −7 Stunden

Cottbus: 1) St. an der Spree, Bbg., 127 000 E; u. a. Textilindustrie. **2)** 1952–90 Bez. in der DDR, 8 262 km², 883 000 E; bed. Braunkohlen-⚒ in der Niederlausitz; im Spreewald z. T. sorb. Bev.

Cotti, Flavio, * 1939, schweizer. Politiker; 1984–86 Präs. der Christlichdemokrat. Volkspartei (CVP); seit 1986 Bundesrat (bis 1993 Innendepartement, seither Außendepartement); 1991 Bundespräsident.

Cotton [kɔtn; engl.], engl. Bez. für Baumwolle.

Coubertin, Pierre Baron de [kubɛr'tɛ̃], * 1863, † 1937, frz. Pädagoge; Begr. der mod. Olymp. Spiele.

Coudenhove-Kalergi, Richard Nicolas Graf [ku-], * 1894, † 1972, pazifist. Politiker; Begr. der Paneuropa-Bewegung.

Couleur [ku'lœ:r; frz.]: **1)** Farbe, auch studentische Verbindungsfarben; **2)** Trumpf (im Kartenspiel).

Coulomb, Charles Augustin de [ku'lɔ̃], * 1736, † 1806, frz. Physiker; ↑c.sches Gesetz.

Coulomb [nach Ch. A. de Coulomb], Einheitenzeichen C, Einheit der elektr. Ladung; 1 C = 1 Amperesekunde (As).

coulombsches Gesetz, Gesetz von Ch. A. de Coulomb für die Kraft zw. 2 elektr. Ladungen; diese *Coulombkraft* ist dem Produkt der Ladungen direkt, dem Quadrat ihres Abstandes umgekehrt proportional.

Count-down [kaʊnt'daʊn], rückschreitende Ansage der Zeiteinheiten (bis Null), z. B. vor dem Start gr. Raketen.

Countrydance [kʌntrɪdɑ:nz], engl. Gesellschaftstanz des 16. bis 18. Jh.

Countrymusic [kʌntrɪ'mju:zɪk; amer.], die Volksmusik im S und Mittel-W der USA.

County [kaʊntɪ; engl.], Grafschaft; in Großbrit. u. USA Verw.- u. Ger.-Bezirk.

Coup [ku; frz.], Schlag; Streich, Kunstgriff; *C. d'État* [- de'ta], Staatsstreich.

Corregio, *Verlöbnis der heiligen Katharina mit dem Jesuskind (Ausschnitt; um 1520)*

Coupé [ku'pe; frz.], veraltet für Wagenabteil; heute: geschlossenes Auto mit 2 Sitzen [u. 2 Notsitzen].

Couperin, François [kupə'rɛ̃], gen. C. le Grand, * 1668, † 1733, frz. Komponist; Kammermusik, 4 Bücher „Pièces de clavecin"; Vokalkompositionen.

Couplet [ku'ple; frz.], scherzhaftsatir. Strophenlied mit wiederkehrendem witz. Kehrreim.

Coupon [ku'pɔ̃] ↑ Kupon.

Cour [ku:r; frz.]: **1)** Hof, Hofhaltung; **2)** frz. Bez. für Gerichtshof.

Courage [ku'ra:ʒə; frz.], Mut, Tapferkeit, Schneid.

Courante [ku'rãt; frz.]: **1)** Gesellschaftstanz des 16. Jh.; **2)** Satz der ↑ Suite 3).

Courbet, Gustave [kur'bɛ], * 1819, † 1877, frz. Maler; realist. und naturalist. Bilder.

Courtage [kur'ta:ʒ(ə); frz.], bei Abschluss eines Wertpapiergeschäfts Vermittlungsgebühr beider Vertragspartner an den Makler.

Courths-Mahler, Hedwig [ku-], * 1867, † 1950, dt. Schriftstellerin, üb. 200 Unterhaltungsromane.

Courtoisie [kurtwa'zi; frz.], ritterl. Benehmen; Höflichkeit.

Courtrai [kur'trɛ] ↑ Kortrijk.

Cousteau, Jacques-Yves [kus'to], * 1910, † 1997, frz. Marineoffizier u. Meeresforscher; ozeanograph. Expeditionen.

Coventry [kɔvəntrı], mittelengl. Ind.-St., 314 000 E; Kathedr.; Univ.; 1940 durch dt. Luftangriffe stark zerstört.

Coward, Noël [Pierce] ['kaʊəd], * 1899, † 1973, engl. Bühnenschriftsteller; „Geisterkomödie".

Cowboy ['kaʊbɔı; engl.], berittener nordamer. Rinderhirt.

Cowper, William ['kaʊpə], * 1666, † 1709, engl. Anatom; nach ihm ben. die *C.-Drüsen,* paarige, in die Harnröhre der meisten Säugetiere (auch des Menschen) mündende Anhangsdrüsen des männl. Geschlechtsapparates.

Cr, Symbol für ↑ Chrom (☐).

ČR [tʃe:-], Abk. für tschech. Česka Republica, ↑ Tschechische Republik.

Crack [kræk], bed. Sportsmann.

Crailsheim, St. an der Jagst, Ba.-Wü., 30 500 E; spätgot. Stadtkirche; Bekleidungs-, Lebensmittelind., Zementwerke.

Lucas Cranach d. Ä., *Venus (1532)*

Craiova, Hptst. des rumän. Verw.-Geb. Dolj u. Mittelpt. der Kl. Walachei, 304 000 E; Univ., Masch.- u. Fahrzeugbau, Leder-, Textil- u. a. Ind.; ✈.

Cramm, Gottfried Frhr. v., * 1909, † 1976, dt. Tennisspieler; mehrf. dt. Meister, 1933 Sieger in Wimbledon (Mixed).

Cranach: 1) Lucas, d. Ä., * 1472, † 1553, dt. Maler, Kupferstecher u. Zeichner; Frühwerke der ↑ Donauschule nahe stehend; von 1505 an in Wittenberg; Bildnis M. Luthers, Bibelillustrationen, **2)** Lucas, d. J., * 1515, † 1586, dt. Maler; Sohn, Schüler u. Mitarb. von 1), bed. v. a. seine Porträts.

Crane, Stephen [kreın], * 1871, † 1900, amer. Schriftsteller, meisterhafte Kurzgeschichten.

Cranko, John ['kræŋkoʊ], * 1927, † 1973, brit. Choreograph, förderte experimentelles Ballett.

Cranmer, Thomas ['krænmə], * 1489, † 1556, engl. Reformator; Erzb. von Canterbury; Hauptverf. des ↑ Common Prayer Book.

Crassus, Marcus Licinius C. Dives („der Reiche"), * 115 od. 114, ⚔ 53, röm. Politiker u. Feldherr; schlug 71 den Aufstand des Spartakus nieder, 60/59 1. Triumvirat mit Cäsar und Pompejus.

Creangă, Ion [kre'angə], * 1839, † 1889, rumän. Schriftsteller; Kunstmärchen (u. a. „Der weiße Mohr"), „Kindheitserinnerungen".

Crébillon [krebi'jɔ̃]: **1)** Claude Prosper Jolyot de, * 1707, † 1777, frz. Schriftsteller, erot.-psycholog. Romane; **2)** Prosper Jolyot de, * 1674, † 1762, Vater von 1); frz. Dramatiker.

Credo ↑ Kredo.

Creek [krı:k; engl.]: **1)** in Amerika kl. Flusslauf; **2)** in Australien period. fließender Fluss; **3)** Indianervolk in Nordamerika, bildete im 17./18. Jh. die C.-Konföderation (etwa 50 Dörfer umfassend).

Creglingen, St. an der Tauber, Ba.-Wü., 4 900 E; bei C. die Herrgottskirche mit berühmtem Marienaltar Riemenschneiders.

Creme [krɛm, auch kre:m]: **1)** salbenart. Hautpflegemittel; **2)** Sahne; **3)** schaum. Süßspeise; **4)** dickflüss. Likör.

Cremona, nordital. Provinz-Hptst. im S der Lombardei, 73 500 E; Dom (12./13. Jh.); Textilind.; im 16.–18. Jh. Geigenbau (Amati, Stradivari).

Crêpe [krɛp; frz.], **1)** svw. ↑ Krepp; **2)** dünner Eierpfannkuchen, oft mit Likör getränkt.

crescendo [krɛʃ'ʃɛndo; ital.], wachsend [in der Tonstärke] (♪).

Creusot, Le [lə 'krø'zo], frz.

Ind.-St., Dép. Saône-et-Loire, 32 000 E; Zentrum d. frz. Schwerind.; Steinkohlenbergbau.
Creutzfeldt-Jakob-Krankheit, seltene, durch ↑Prionen verursachte, seit 1994 meldepflichtige tödl. Erkrankung mit schwammartig durchlöchertem Hirngewebe; durch BSE-verseuchte Rinderprodukte wird die neue Variante der C.-J.-K. hervorgerufen.
Crew [kru:; engl.], Schiffsmannschaft; Flugzeugbesatzung; Kadettenjahrgang der Marine.
Crispi, Francesco, * 1819, † 1901, ital. Politiker; führend an Garibaldis Expedition nach Sizilien beteiligt; 1887–91 u. 1893–96 Min.-Präs.
Croce, Benedetto ['kro:tʃe], * 1866, † 1952, ital. Philosoph, Historiker u. Politiker; Begr. des ital. Neuidealismus, Hegelianer.
Cromagnontypus [kroma'ɲɔ̃-; frz.], nach der Fundstätte in d. Dordogne ben. Menschenrassengruppe d. jüng. Altsteinzeit.
Cromwell: 1) Oliver, * 25. 4. 1599, † 3. 9. 1658, engl. Staatsmann u. Heerführer; strenger Puritaner; Haupt der ↑Independenten im Bürgerkrieg gg. Karl I., den er hinrichten ließ; 1653 Lordprotektor mit diktator. Vollmachten; stärkte die engl. Seemacht; **2)** Thomas, Earl of Essex * um 1485, † 1540, engl. Staatsmann; Staatssekr. Heinrichs VIII.; hingerichtet wegen Hochverrats.
Cronin, Archibald Joseph ['krəʊnɪn], * 1896, † 1981, brit. Schriftsteller, erfolgr., oft sozialkrit. Romane; u. a. „Die Zitadelle".
Croquet ↑Krocket.
Croquetten, svw. ↑Kroketten.
Crosscountry [krɔs'kʌntrɪ; engl.], Querfeldein-, Jagdrennen.
Croupier [kru:'pje; frz.], in Spielbanken Angestellter für die Durchführung des Glücksspiels.
Crüger, Johann, * 1598, † 1662, dt. Komponist; vertonte P. Gerhardts Kirchenliedertexte.
Cruisemissile ['kru:z'mɪsaɪl; engl.] (Marschflugkörper), unbemannter militär. Flugkörper, der seinen vorprogrammierten Flugweg mithilfe eines kombinierten Radar-, Computer- u. Trägheitsnavigationssystems auch in geringen Höhen einhalten u. seinen [nuklearen] Sprengsatz mit hoher Treffgenauigkeit ins Ziel bringen kann. Reichweite bis 2500 km.
Crux [lat.], (Kreuz [d. Südens]), Sternbild des südl. Himmels.
Crux [lat.; = Kreuz], Leid.
Cs, Symbol für ↑Cäsium (☊).
Csardas ['tʃa:rda:ʃ], ungar. Nationaltanz.
ČSFR [tʃe:-], Abk. für tschech. **Č**eská a **S**lovenská **F**ederátivni **R**epublika u. für slowak. **Č**eská a **S**lovenská **F**ederátivna **R**epublika, ↑Tschechoslowakei.
ČSSR [tʃe:-], Abk. für: **Č**esko**s**lovenská **S**ocialistická **R**epublika, ↑Tschechoslowakei.
CSU, Abk. für: ↑**C**hristlich-**S**oziale **U**nion.
ct., Abk. für **C**en**t**, **C**en**t**ime[s].
c. t. ↑akademisches Viertel.
ctg (cot, cotg), Abk. für Kotangens (↑Winkelfunktionen).
CTK [tʃe:-] ↑Übers. S. 463.
Cu, Symbol für ↑Kupfer (☊).
Cuenca, span. Prov.-Hptst. in Neukastilien, 43 000 E; got. Kathedr.; Möbel-, Leder-, Nahrungsmittelind.
cui bono? [lat.], wem nützt es?
cuius regio, eius religio [lat.; = wessen das Land, dessen die Religion], Grundsatz des ↑Augsburger Religionsfriedens, nach dem der Landesherr die Konfession der Untertanen bestimmte.
Cul de Paris [kydpa'ri; frz.], ein unter dem Kleid getragenes Gesäßpolster (1880–1900).
Cullinan ['kʌlɪnən; engl.], größter bek. Diamant (1905 gefunden, 3106 Karat); ben. nach seinem Fundort in Südafrika.
Culm (Kulm, poln. Chełmno), poln. St. am r. Ufer der Weichsel, 19 000 E; got. Kirchen; Eisenind. Das C.er Stadtrecht wurde Vorbild für das dt. Stadtrecht im Gebiet des Dt. Ordens.
Cumae (gr. Kyme), älteste griech. Kolonie in Italien, bei Neapel, gegr. um 750 v. Chr.
Cumberland ['kʌmbələnd], engl. Herzogstitel, verliehen an Ruprecht von der Pfalz (1644), Georg von Dänemark (1689) u. mehrere Prinzen des Hauses Hannover; seit 1799 erbl. im Hause Hannover.
cum grano salis [lat.; = mit einem Körnchen Salz], mit Einschränkung, nicht wörtlich.
cum laude [lat.; = mit Lob], drittbestes Prädikat der Doktorprüfung.
cum tempore ↑akadem. Viertel.
Cuno, Wilhelm, * 1876, † 1933, dt. Politiker; 1922/23 R.-Kanzler; Politik des „passiven Widerstandes" gg. die frz. Repressalien und die Ruhrbesetzung.
Cup [kʌp; engl.], Pokal, Ehrenpreis (b. Sportwettkämpfen).
Cuprum [lat.] svw. ↑Kupfer.
Curaçao [kura'sao], niederl. Insel der Kl. Antillen vor der venezol. Küste, 444 km², 147 000 E, Hptst. Willemstad; Erdölraffinerien, Handel, Fremdenverkehr.
Curaçao®, nach der Insel C. ben. Likör aus den Schalen der Curaçaopomeranze.
Curie [ky'ri]: **1)** Irène ↑Joliot-Curie, Irène; **2)** Marie, geb. Skodowska, * 1867, † 1934, Gattin von 3), frz. Chemikerin u. Physikerin poln. Herkunft; Begr. der Radiochemie; Nobelpreis für Physik (mit Pierre C. u. H. Becquerel) 1903, Nobelpreis für Chemie 1911; **3)** Pierre, * 1859, † 1906, frz. Physiker; entdeckte die ↑Piezoelektrizität u. mit 2) Radium u. Polonium; Nobelpreis 1903 (mit Marie C. und H. Becquerel).
Curie [ky'ri], Einheitenzeichen Ci, nicht gesetzl. Einheit der Aktivität eines radioakt. Strahlers ($3{,}7 \cdot 10^{10}$ Zerfallsakte je Sekunde).
Curium [nlat.], chem. El., Symbol Cm, OZ 96, stark radioaktives Transuran.
Curling ['kə:lɪŋ; engl.], schott. Eisspiel, ähnl. dem ↑Eisschießen, gespielt mit einem abgeflachten Granitstein.
Curry ['kœri; auch: kʌrɪ; engl.], milde bis scharfe ind. Gewürzmischung; v. a. für Reisgerichte.
Cursor ['kə:sə; engl.], steuerbare Leuchtmarkierung auf dem Bildschirm v. Computern.
Curtiz, Michael ['kə:tis], eigtl. M. Kertész, * 1888, † 1962, amer. Filmregisseur („Casablanca").
Curzon, George Nathaniel, Marquess C. of Kedleston ['kə:zn], * 1859, † 1925, brit. konservativer Politiker; 1919–24 Außenmin.; schlug 1919 die *C.-Linie* als O-Grenze Polens vor (1945 nahezu verwirklicht).
Custoza, Ort in Oberitalien; 1848 östr. Sieg über Kg. Karl Albert v. Sardinien, 1866 über die Italiener.
Cut[away] ['kʌt(əweɪ); engl.], offiz. Herrenanzug, Rock mit abgerundeten Vorderschößen.
Cutter ['kʌtə; engl.], Schnittmeister b. Film, Fernsehen, Rundfunk.
Cuvée [ky've; frz.], Verschnitt mehrerer Weinsorten zur Herstellung von Schaumwein.
Cuvilliés, François de, d. Ä. [kyvi'je], * 1695, † 1768, frz.-dt. Baumeister und Stuckator des Rokoko; Amalienburg in Nymphenburg, Residenz-(C.-)Theater, München.
Cuxhaven, St. in Nds., an der Elbmündung, 55 400 E; Vor-⚓ Hamburgs; Hochseefischerei-⚓.
Cuzco ['kusko], Hptst. des südperuan. Dep. C. in den Anden, 275 000 E; Univ.; ✠. Bis 1533 Hptst. des Inkareiches (Ruinen).
CVJM, Abk. für: ↑**C**hristlicher **V**erein **J**unger **M**enschen.
CVP, Abk. für ↑**C**hristlichdemokrat. **V**olks**p**artei der Schweiz.
Cyanide [gr.], Salze der Blausäure, meist ☠; z. B. † Zyankali.
Cyanwasserstoff, svw. ↑Blausäure.

cyclische Verbindungen, gr. Gruppe organ. Verbdg., in denen 3 od. mehr Atome zu einem Ring zusammengeschlossen sind; der Ring enthält entweder nur Kohlenstoffatome (bei den ↑alicycl. Verbdg. u. den ↑aromat. Verbdg.) oder auch andere Atome, z. B. N, S, O (bei d. heterocycl. Verbdg.).

Cygnus [lat.] (Schwan), Sternbild des nördl. Himmels. Seine hellsten Sterne lassen sich zum *Kreuz d. Nordens* verbinden. Der hellste Stern (α) ist der *Deneb.*

Cymbal ↑Zimbel.

Cyprianus, Thasicus Caecilius, hl., * um 200, † 258, Märtyrer; Bischof von Karthago.

Cyrano de Bergerac, Savinien de [sira'no də bɛrʒə'rak], eigtl. Hector Savinien Cyrano, * 1619, † 1655, frz. Schriftsteller; Gedichte, Dramen, Romane; Held eines Versdramas von E. Rostand.

Cyrenaika (arab. Al Barka), Ldsch. und ehem. Verw.-Gebiet im O Libyens, Bev. meist Hirtennomaden. Am Dschabal Saltan ♃-Förderung. – Seit dem 7. Jh. v. Chr. griech. Kolonialgebiet, 321 v. Chr. an Ägypten, 74 v. Chr. röm. Prov., 643 arab., 1517 türk., 1911 ital., 1951 zu Libyen.

Cyrill[us], hl., ↑Kyrill.

Czibulka, Alfons Frhr. von [tʃ-], * 1888, † 1969, östr. Schriftsteller.

Czinner, Paul [ts-], * 1890, † 1972, öster. Regisseur; berühmt durch Filme mit seiner Frau E. Bergner, u. a. „Fräulein Else“, „Der träumende Mund“.

D

D: 1) 4. Buchstabe des Alphabets; **2)** 2. Stufe der C-Dur-Tonleiter; **3)** röm. Zahlzeichen für 500.

D, Symbol für ↑Deuterium (♃).

d, Vorsatzzeichen für ↑Dezi...

D., Abk. für: **1) D**octor Theologiae (↑Doktor); **2)** span. **D**on (Herr).

da, Vorsatzzeichen für: ↑**Deka**...

d. Ä., Abk. für: **d**er **Ä**ltere.

da capo [ital.], [wieder] von vorn [anfangen]; *da c. al fine,* da c. bis zu dem Zeichen *Fine* (𝄋).

Dacca ↑Dhaka.

Dach, Überdeckung eines Bauwerkes, aus *D.stuhl* u. *D.deckung* (Ziegel, Schiefer, Holz, Stroh u. a.).

Dachau, oberbayr. Krst. an der Amper, 35 000 E; Papier-, Elektro-, Möbelind.; am Ortsrand 1933–45 KZ; im S u. O das *D.er Moos,* kultiviertes ehem. Moorgebiet.

Dach der Welt, Bez. für das Hochland des Pamir.

Dachgaube (Dachgaupe), svw. ↑Gaube.

Dachreiter, Türmchen aus Holz oder Stein auf dem ↑First 1).

Dachs, Marderart, Länge bis 70 cm, Höhe 30 cm; Haarkleid grau, Grabkrallen; Europa, N-Asien.

Dachstein, östr. Gebirgsstock in den Alpen, 2 995 m; mit Rieseneishöhle und Mammuthöhle.

Dackel (Dachshund, Teckel), Haus- u. Jagdhund mit lang gestrecktem Körper u. kurzen, stämmigen Beinen.

Dadaismus [frz.], internat. Kunst- und Lit.-Richtung, begr. 1916 von H. Ball, R. Huelsenbeck, H. Arp, T. Tzara u. a.; Ablehnung aller konventionellen, bürgerl. und idealist. Kunstauffassungen bzw. des Bildungsbürgertums; Prinzip: „Simultaneität“, d. h. gleichzeit. Wiedergabe aller inneren u. äußeren Wahrnehmungen ohne kausalen u. log. Zusammenhang unter Einbeziehung des Unbewussten; Vorbereitung des Surrealismus.

Dädalus, griech. Sagengestalt; Erbauer des Labyrinths auf Kreta; von König Minos gefangen gehalten, entflieht er mit seinem Sohn ↑Ikarus mithilfe künstl. Flügel.

DAF, Abk. für ↑**D**t. **A**rbeits**f**ront.

DAG, Abk. für: **D**eutsche **A**ngestellten-**G**ewerkschaft.

Dagestan, kaukas., rot- oder blaugrund. Wollteppich mit stark farb. Musterung.

Dagobert, Name mehrerer fränk. Könige aus dem Hause der Merowinger.

Dagover, Lil, * 1887, † 1980, dt. Schauspielerin.

Dahl, Roald, * 1916, † 1990, brit. Schriftsteller norweg. Abkunft; Vertreter d. schwarzen Humors.

Dahlie, beliebte Zierpfl. (Korbblütler), viele Zuchtformen.

Dahlke, Paul, * 1904, † 1984, dt. Schauspieler.

Dahme: 1) schiffb. l. Nbfl. der Spree; 95 km; **2)** Ostseeheilbad in Schl.-Ho., an der Lübecker Bucht, 1 200 E.

Dahn, Felix, * 1834, † 1912, dt. Schriftsteller u. Historiker; u. a. „Ein Kampf um Rom“.

Dahomey [-'mɛ] ↑Benin.

Dáil Eireann [daɪl 'ɛərən], Unterhaus der Rep. Irland.

Daimler, Gottlieb Wilhelm, * 1834, † 1900, dt. Erfinder; konstruierte neben C. Benz die ersten Kfz; 1890 Gründung der *D.-Motoren-Ges.* (Mercedes); 1926 Fusion mit *Benz & Cie.* zur heutigen *D.-Chrysler AG,* Stuttgart-Untertürkheim.

DAK, Abk. für: **D**eutsche **A**ngestellten-**K**rankenkasse.

Dakar, Hptst. u. wichtigster ⚓ der Rep. Senegal, W-Afrika, 1,4 Mill. E; Univ.; ♃-Raffinerie; ✈.

Dakien, im Altertum Land zw. Donau, Theiß u. Karpatenbogen; Sitz der indogerman. *Daker;* 106–271 röm. Prov. *(Dacia).*

Dakota, nordamer. Indianerstämme der Siouxfam., westl. des Missouri.

Daktylologie (Chirologie) [gr.], Fingersprache, z. B. der Gehörlosen.

Daktyloskopie, Fingerabdruckverfahren, polizeil. Hilfsmittel.

Daktylus [gr.], antiker Versfuß, eine Länge und 2 Kürzen (′–⏑⏑).

Daladier, Édouard [dala'dje], * 1884, † 1970, frz. radikal sozialist. Politiker; 1933/34, 1938 Min.-Präs.; Mitunterzeichner des Münchner Abkommens.

Dalai-Lama [tibet.], Titel des bedeutendsten tibet. Priesterfürsten im hierarch. System des ↑Lamaismus; gilt als ↑Bodhisattwa, 14. D. L. (Tenzin Gyatso, * 1935) Friedensnobelpreisträger 1989.

Dalberg, dt. Adelsgeschlecht: **1)** Karl Theodor Reichsfrhr. von, * 1744, † 1817, 1802–13 Krfst. von Mainz; **2)** Wolfgang Heribert Reichsfrhr. von, * 1750, † 1806, Bruder v. 1), Intendant des Mannheimer Nationaltheaters (Uraufführung v. Schillers „Die Räuber“).

Dalí, Salvador, * 1904, † 1989, span. Maler; exzentr. Surrealist mit fantast. Bildvorstellungen.

Dallas ['dæləs], St. im nördl. Texas, USA, 1 Mill. E, städt. Agglomeration 3,88 Mill. E; 2 Univ.; Zentrum eines Baumwollanbau- u. Erdölgebietes; vielseitige Ind.; bed. Handels- u. Finanzzentrum; Verkehrsknotenpt.; ✈.

Dalmatien (serbokroat. Dalmacija), überwiegend kroat. Küstenldsch. an der Adria, reich gegliedert, mit vorgelagerter Inselflur *(Dalmatin. Inseln);* mediterrane Vegetation; Fischfang, Fremdenverkehr, Handel. Städte vom Einfluss Venedigs geprägt; starke Befestigungen. – *Gesch.:* v. Illyrern bewohnt, 9 n. Chr. röm. Prov., im 7. Jh. von Slawen besetzt, wurde nacheinander byzantin., kroat., venezian., türk., venezian., 1797/1815 östr., 1920 (bis 1992) zum späteren Jugoslawien.

Dalmatiner, alte Jagd- u. Haushunderasse; weiß mit dunklen Flecken.

dal segno [- 'seɲo; ital.], vom Zeichen 𝄋 ab wiederholen (𝄋).

Dänemark

Fläche: 43 093 km²
Einwohner: (1995) 5,26 Mill.
Hauptstadt: Kopenhagen
Amtssprache: Dänisch
Zeitzone: MEZ

Dalton, John ['dɔ:ltən], * 1766, † 1844, brit. Physiker und Chemiker; Begr. der wiss. Atomtheorie; *d.sches Gesetz* über den Gesamtdruck eines Gasgemisches.

Daman ↑ Goa.

Damaskus, Hauptstadt Syriens, 1,5 Mill. E; Univ.; neben der engen Altst. mod. europ. Viertel mit Hochhäusern, zahlr. Moscheen; Baumwoll-, Schuh-, Zementind., Getreidemühlen; bed. Handelsplatz; ✈. – Erstmals erwähnt im 15. Jh. v. Chr., 64 v. Chr. röm. 635/636 arab., 1516 osmanisch.

Damast, vorw. einfarb., feinfäd. Jacquardgewebe aus Baumwolle, Leinen u. a.; urspr. aus Seide.

Damaszener Stahl (Damaststahl), Stahl aus verschweißten u. verdrillten Stahlstäben u. Drähten, fest u. elast.; durch Ätzung mosaikart. Musterung.

Dame [frz.]: **1)** [deɪm] brit. Adelstitel (Lady) vor dem Vornamen, entspricht dem Sir; **2)** wirkungsvollste Figur im Schachspiel; **3)** dritthöchste Spielkarte des frz. Spiels; **4)** altes Brettspiel.

Damenfriede ↑ Cambrai.

Damhirsch, Hirschart; Fell i. A. rotbraun, weiße Flecken, Schaufelgeweih, kleiner als Rothirsch; M-Europa.

Damiani, Petrus, hl., * 1007, † 1072, ital. Frühscholastiker; bed. für die gregorian. Reform.

Damm: 1) Erdaufschüttung (Bahn-, Deich-, Grubenbau); **2)** (Perineum) Gegend zw. After u. Geschlechtsteilen.

Dämmerung, Übergang zw. Tag u. Nacht; D. entsteht durch Streuung des Sonnenlichts in der oberen Atm.; Dauer nimmt mit der geograph. Breite zu.

Damnum [lat.], Differenz zwischen Rückzahlungs- und Ausgabebetrag bei Verbindlichkeiten, die nicht Anleihen (↑ Agio) sind.

Damokles, Höfling Dionysios' I. od. Dionysos' II. von Syrakus, der D. unter einem Schwert, das an einem Haar hing, speisen ließ; daher sprichwörtlich *„D.schwert"* für eine stets drohende Gefahr.

Dämon [gr.], Geist, Mittelwesen zw. Gott u. Mensch; auch Bez. für das Böse im Menschen.

Dampf, gasförm. Aggregatzustand eines Stoffes, der mit der flüss. od. festen Phase des gleichen Stoffes in thermodynam. ↑ Gleichgewicht steht *(gesättigter D.)* od. nicht *(ungesättigter D.)*, i. e. S. der Wasser-D.; D. ist als Gas unsichtbar, sichtb. Wasser-„D." enthält fein verteiltes, tröpfchenförm. Wasser (Kondensat).

Dampfbad, Aufenthalt in wasserdampfhalt. Luft von 40–60 °C; ↑ auch Sauna.

Dampfkessel, Dampferzeugungsanlage für Masch., Koch- u. Heizzwecke durch Brennstoff[ver]feuerung, Abhitze od. elektr. Beheizung. Nach Bauart u. Wirkungsweise: *Röhren-, Flammrohr-, Wasserrohrkessel* u. a.

Dampfkochtopf, mit Dampfüberdruck arbeitender Schnellkochtopf.

Dampflokomotive, Triebfahrzeug der Eisenbahn, mit einer ↑ Dampfmaschine als Antrieb.

Dampfmaschine, mit Wasserdampf betriebene Wärmekraftmasch.; der unter Überdruck stehende Dampf wirkt auf bewegl. Teile ein und setzt Druckenergie in mech. Energie um; dies geschieht in der *Kolben-D.* durch wechselseit. Einwirkung auf einen Kolben, der sich im Dampfzylinder hin und her bewegt; über Kreuzkopf und ↑ Pleuelstange wird diese Bewegung durch eine Kurbel auf ein Schwungrad übertragen u. damit in eine rotierende Bewegung umgesetzt. – Die erste doppelt wirkende Kolben-D. geht auf J. ↑ Watt zurück.

Dampfturbine ↑ Turbinen.

Dämpfung, durch Energieverlust (z. B. Reibung, Wirbelströme) verursachte Abnahme der ↑ Amplitude einer Schwingung.

Dana|e, griech. Sagengestalt; Zeus naht sich ihr in Gestalt eines goldenen Regens, D. wird Mutter des Perseus.

Dandolo, Enrico, * um 1110, † 1205, Doge v. Venedig s. 1192; Begr. der Macht Venedigs in der Levante; erreichte im Verlauf des 4. Kreuzzugs die Eroberung Dalmatiens u. Konstantinopels.

Danebrog, dän. Flagge: rot mit weißem Kreuz.

Dänemark, Kgr. zw. Nord- und Ostsee, Halbinsel u. Inselbrücke zw. Mittel- u. N-Europa; Bev. rd. 97 % Dänen, 2 % Deutsche; 90 % Protestanten. Halbinsel Jütland (fast 70 % der Landfläche), der Rest die Inseln Seeland, Fünen, Lolland, Falster, Bornholm u. über 400 z. T. unbewohnte kl. Inseln. Zum Kgr. D. gehören ↑ Grönland u. die ↑ Färöer. Trotz der starken Zergliederung landschaftl. Einheit; eiszeitl. Ablagerungen über mesozoischem (Kreidefelsen) und tertiärem Gestein. O-Jütland u. die Inseln fruchtb. Moränenland (intensiver Ackerbau); W-Jütland vorw. Sandboden mit Heideland und Mooren und Dünenküste. Keine Bodenschätze. *Wirtsch.:* v. a. Landw. (musterhafte Viehzucht), Konservenind., Brauereien, Eisen schaffende u. verarbeitende Ind.; Fischfang. *Verkehr:* Fährbetrieb zu den Inseln u. nach Skandinavien (↑ auch Vogelfluglinie). – *Gesch.:* Kimbern, Teutonen, dann Angeln, Sachsen u. Jüten verließen das Land; Ende des 5. Jh. Einwanderung der Dänen; erste Einigung unter Gorm d. Alten. Ausdehnung D.s unter Knut d. Gr., d. 1028 Norwegen eroberte; 1042 wurde Magnus v. Norwegen durch Erbvertrag Kg. von D. Unter Waldemar I., d. Gr., Wiederherst. u. Festigung der R.-Einheit; er u. seine Söhne eroberten Rügen, die südl. Ostseeküste u. Estland. 1227 Verlust der Ostseeküste bis zur Eider. 1397 *Kalmarer Union:* Vereinigung der drei Reiche D., Schweden u. Norwegen unter Kgn. Margarete I. Mitte des 15. Jh. Loslösung Schwedens. 1536 Einführung der Reformation. Erfolgloses Eingreifen in den ↑ Dreißigjähr. Krieg. Seit 1660 volle erbl. Souveränität des Königs. Ende des 18. Jh. aufgeklärter Absolutismus: Bauernbefreiung, Reformen. Wegen brit. Angriffe Verbündeter Napoleons I.; D. verlor im Kieler Frieden 1814 Norwegen an Schweden, Helgoland an Großbrit., erhielt im Wiener Kongress Schwed.-Pommern (gg. Lauenburg vertauscht). Bestrebungen auf Eingliederung Schleswigs führten im 19. Jh. zu dt.-dän. Kriegen (1848–50 u. 1864). D. musste Schleswig, Holstein und Lauenburg an Östr. u. Preußen abtreten. 1849 wurde die absolute durch die konstit. Monarchie abgelöst. Im 1. Weltkrieg neutral; 1918 wurde ↑Island selbst. Kgr. (Personalunion mit D. bis 1944); D. erhielt durch den Versailler Vertrag Nordschleswig. 1940 bis Kriegsende von dt. Truppen besetzt. Seit 1949 Mitgl. der NATO. 1953 Verf.-Reform: Grönland gleichberechtigt (1979 innere Autonomie), Einkammersystem, weibl. Thronfolge zugelassen (s. 1972 Kgn. Margarete II.). Mitgl. der UN, des Europarats u. der EU. – *Kunst:* bis in die Neuzeit norddt., niederl. u. frz. Einflüsse bestimmend; Backsteinbau seit dem 12. Jh. (Roskilde, Odense, Århus). Hauptwerke der lüb. Bildschnitzer der Spätgotik in Århus (Bernt Notke) u. Odense (Claus Berg); Renaissance- und Barockschlösser; Blütezeit im Klassizismus: C. F. ↑Hansen, B. ↑Thorvaldsen. – *Lit.:* aus der ↑altnord. Lit. hervorgegangen; um 1200 in lat. Spr. „Gesta Danorum" des Saxo Grammaticus; es folgten Chroniken; in der Reformationszeit v. a. theol. Werke u. geistl. Dichtung. Höhept. mit den Dramen L. ↑Holbergs; Einfluss F. G. Klopstocks; Auseinandersetzung Klassik–Romantik in J. Baggensens Polemik gg. A. G. Oehlenschläger. Nach einer nat., realist. Lit. in der 1. H. des 19. Jh. (H. C. Andersen u. a.) machte G. Brandes d. dän. Lit. wieder offen für dt. u. frz. Einflüsse. In seiner Nachf. u. a. J. P. Jacobsen, H. Drachmann, H. Bang. Im 20. Jh. Romane u. a. von L. Andersen-Nexø, T. Blixen, H. C. Branner; Dramen v. K. Munk u. a. – *Musik:* nach langer Tradition – hpts. ep. berichtende Volkslieder – s. dem 16. Jh. Teil der europ. Musikkultur mit dem Zentrum Kopenhagen; Adrianus Petit Coclico u. a.; H. Schütz war 1633 zeitweise am dän. Hof; s. der Mitte des 17. Jh. Opernaufführungen (Schindler), v. a. dt. u. ital. Musiker; seit etwa 1830 Blüte der dän. Mus.: F. Kuhlau, J. P. E. Hartmann, N. W. Gade, P. A. Heise, C. A. Nielsen, K. Jeppesen, Per Nørgård (* 1932).

Darmkrankheiten.
Darmeinstülpung (Invagination) als häufige Ursache der Darmverschlingung

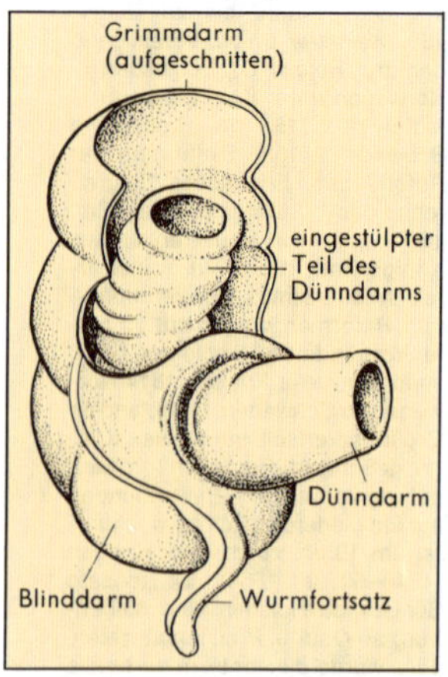

Danewerk, s. dem 9. Jh. dän. Grenzwall in Schleswig.

Daniel, Prophet des A. T. (vermutl. im 6. Jh. v. Chr.).

D'Annunzio ↑Annunzio.

Dante Alighieri * 1265, † 14. 9. 1321, ital. Dichter; zeitlebens in Parteienkämpfe der Guelfen und Ghibellinen verwickelt (1302 aus Florenz verbannt); verband Summe und Höhe ma. Wissens und Denkens mit den neuen Konzeptionen des Dolce stil nuovo; sein Hauptwerk, „Divina Commedia", geschrieben in toskan. Sprache, brachte D. den Titel des „Vaters der ital. Dichtung" ein.

Danton, Georges [dã'tõ], * 1759, † 1794, frz. Revolutionär; 1792 Justizmin. (Septembermorde); aufgrund einer gemäßigteren Politik sowie als Gegner Robespierres guillotiniert.

Danzig (poln. Gdańsk), bed. Hafenst. am Weichseldelta, 5 km von der *D.er Bucht* (zw. Samland und Halbinsel Hela) entfernt, Polen, 462 000 E; im 2. Weltkrieg zum größten Teil zerstört; got. Marienkirche, Rathaus, Artushof, Krantor und zahlr. Backsteinhäuser wieder aufgebaut; TU, Univ.; Verw.-Sitz; Werften, Maschinen-, Lebensmittel- u. chem. Ind.; ✈; ⚓. – 1309 vom Dt. Orden erworben; 1361 Mitgl. der Hanse. Mitte des 15. Jh. unter poln. Lehnshoheit; 1793 an Preußen (1807–14 v. Napoleon zum Freistaat erklärt); durch d. Versailler Vertrag selbst. Staat als „Freie Stadt D."; Polen erhielt außenpolit. Vertretung, Handels- u. Zollprivilegien. Am 1. 9. 1939 dem Dt. Reich eingegliedert. Seit 1945 unter poln. Verw., s. 1991 zu Polen.

Daphne, Nymphe der griech. Mythol., die, von Apoll verfolgt, auf ihr Gebet hin in einen Lorbeerbaum verwandelt wird.

Daphnia [gr.], Wasserflohgatt. (Kleinkrebse), 4 heim. Arten in Tümpeln; Fischnahrung.

Daphnis, in der griech. Mythol. sagenhafter Hirt von jugendl. Schönheit, Liebling der Nymphen.

Da Ponte, Lorenzo, eigtl. Emanuele Conegliano, * 1749, † 1838, ital. Librettist; u. a. Libretti zu Mozarts „Figaros Hochzeit", „Don Giovanni" und „Così fan tutte".

Dardanellen, Meerenge zw. Ägäis und Marmarameer, engste Stelle etwa 1 km, rd. 65 km lang; bereits im Altertum *(Hellespont)* Übergang nach Europa. Machtstreben Russlands veranlasste die *D.frage* im 19. Jh.; 1841 *D.vertrag,* nichttürk. Kriegsschiffen Durchfahrt ohne türk. Genehmigung verboten. Im 1. Weltkrieg heftig umkämpft; 1923 (Friede v. Lausanne) Meerengenstatut: freie Durchfahrt, Entmilitarisierung. Seit 1936 wieder unter türk. Souveränität, erneut befestigt.

Dardaner: 1) im Altertum Bez. für die Trojaner; **2)** illyr. Stamm im heut. Südjugoslawien.

Daressalam, größte Stadt u. Haupt-⚓ von Tansania, 1,4 Mill. E; Univ.; Textil-, Metall-, chem., Schuh-, Zigarettenind.; ✈; auch ⚓ für Sambia.

Darío, Rubén, eigtl. Félix Rubén García y Sarmiento, * 1867, † 1916, nicaraguan. Dichter und Diplomat; Hauptvertr. des ↑Modernismo.

Darius: *pers. Könige:* **1) D. I.,** d. Große, † 486 v. Chr., Großkg. s. 522; schuf Einheit des Pers. Reiches; unterlag den Griechen bei Marathon 490; **2) D. III.** Codomannus, * um 380 v. Chr., † 330 v. Chr., Großkg. s. 336, v. Alexander d. Gr. bei Issos 333 u. bei Gaugamela 331 besiegt.

Darjeeling [da:'dʒi:lɪŋ], St. in West Bengal, im Vorderhimalaja, NO-Indien, 57 000 E; Kurort, Teehandel.

Darlehen, Hingabe von Geld od. anderen vertretb. Sachen (allg. gg. Zinsen) mit der Verpflichtung der Rückerstattung in Sachen von gleicher Art und Güte. Zinsen können bedungen werden.

Darlington [dɑ:lɪŋtən], nordengl. Ind.-St., 85 000 E; Masch.-, Stahlind.; 1825 1. öff. Dampfeisenbahn zw. D. und Stockton-on-Tees.

Darm, schlauchförm. Abschnitt des Verdauungskanals zw. Magenausgang u. After; besteht beim Menschen aus dem *Dünn-D.* (Zwölffinger-, Leer- u. Krumm-D.) u. dem kürzeren *Dick-D.* (beginnt mit dem Blind-D. mit Wurmfortsatz, endet mit den ↑Mast-D.). Der D. verdaut u. befördert die Nahrung; die *D.zotten* der *D.schleimhaut* nehmen die gelösten Nährstoffe auf.

Darmflora, Sammelbez. für die im unteren Dünndarm u. im ges. Dickdarm vorhandenen Mikroorganismen (v. a. Darmbakterien); bed. für die Aufbereitung des Nahrungsbreis.

Darmkrankheiten, *Darmbrand,* Absterben einzelner Darmabschnitte bei mangelnder Blutversorgung als Folge von Darmbruch (↑Bruch 1) od. Darmverschlingung; *Darmfistel,* durch Verletzung, Operation, Tuberkulose oder Krebs verursachter Gang vom Darm in die Bauchhöhle od. zur Körperoberfläche; *Darmgeschwüre,* treten bei Ruhr, Typhus, Tuberkulose, Krebs u. Kolitis auf; Durchfall im Wechsel mit Verstopfung u. *Darmblutung; Darmkatarrh,* Entzündung des Dünndarms *(Enteritis),* oft Miterkrankung bei Gastritis (Gastroenteritis); Darmkolik, krampfartiger Bauchschmerz; *Darmlähmung,* Versagen der Darmbewegung; *Darmperforation,* Durchbruch eines Darmgeschwürs in die Bauchhöhle; *Darmverschlingung,* Drehung einer Darmschlinge, führt zu *Darmverschluss.*

Darmspülung, svw. ↑Einlauf.

Darmstadt, Hptst. des hess. Reg.-Bez. D., 139 000 E, krsfr. St. u. Krst.; TH, Dt. Akad. für Spr. u. Dichtung, PEN-Zentrum der BRD, Dt. Rechenzentrum; LG, Fernmeldetechn. und Posttechn. Zentralamt, IHK; Landestheater, Landesmuseum; Sitz der ESOC (europ. Raumfahrtkontrollzentrum); Renaissanceschloss, Rathaus des 16. Jh.; chem., Metall-, Papier-, Glasindustrie, Verlage, graf. Betriebe. – Ehem. Hptst. des Großhzgt. Hessen-Darmstadt.

Darre, Trocknungsanlage f. Malz, Kartoffeln, Rüben, Obst u. a.

Darrieux, Danielle [dar'jø:], * 1917, frz. Filmschauspielerin.

Darß, Halbinsel an der dt. Ostseeküste, mit Naturschutzgebiet im Mittelteil (der D. i. e. S.), Seebädern im S (Wustrow, Ahrenshoop) und O (Prerow, Zingst). Nordspitze: *D.er Ort* mit Leuchtturm.

darstellende Geometrie ↑Geometrie.

Dartmoor ['datmʊə], Ldsch. in SW-England; vorw. Moor und Heide; Nationalpark.

Darwin, Charles Robert ['dɑ:wɪn], * 1809, † 1882, brit. Naturforscher; verschaffte der ↑Deszendenztheorie allg. Anerkennung u. begr. die ↑Selektionstheorie.

Darwin ['dɑ:wɪn], Hptst. des austral. Nordterritoriums, 73 000 E; ⚓, Endpt. des transaustral. Highway, bed. ✈.

Darwinismus ↑Selektionstheorie.

Dassin, Jules [da'sɛ̃], * 1912, amer.-frz. Filmregisseur („Rififi").

DAT, Abk. für ↑**D**igital **A**udio **T**ape.

Datei, geordnete Datenmenge gleichartiger Datensätze.

Datenbank, ein Speicher großer Kapazität in Datenverarbeitungsanlagen, besteht aus log. verketteten Dateien, auf die mit Programmen zugegriffen werden kann.

Datenschutz, alle Maßnahmen zum Schutz des Individuums vor missbräuchl. Verwendung (Speicherung, Weitergabe) der bei Behörden, Versicherungen, Banken u. a. über seine Person gespeicherten Informationen (v. a. geregelt im B.-Datenschutzgesetz von 1978); Kontrollinstanzen sind die *D.-Beauftragten* bei Bund, Ländern u. in Betrieben.

Datenverarbeitung, i. w. S. jeder Prozess, bei dem aus eingegebenen oder [automat.] registrierten Eingangsdaten durch Erfassung, Aufbereitung, Speicherung und Bearbeitung Ausgangsdaten gewonnen werden; i. e. S. die Gesamtheit der in einem Computer aufgrund log. bzw. math. Verknüpfungen ablaufenden Prozesse, bei denen die Eingangsdaten sowohl von numer. als auch von nichtnumer. Charakter sein können (*elektron. D.,* Abk. EDV). Die D. erfolgt hier nach einem zuvor gespeicherten Programm, das die Verarbeitungsschritte festlegt.

Datex [Kw. aus engl. data exchange = Datenaustausch], von der Dt. Telekom AG im Rahmen ihres integrierten Fernschreib- und Datennetzes (IDN) angebotener leitungs- oder paketvermittelter Dienst zur Übertragung digitalisierter Informationen (Geschwindigkeiten 300 bit/s–64 000 bit/s).

Dativ [lat.], Kasus der Zuwendung, antwortet auf die Frage: wem?; auch Wemfall od. 3. Fall.

dato [ital.], heute; *bis d.,* bis heute.

Datowechsel ↑Wechsel 1).

Datscha [russ.], russ. Landhaus, Sommerwohnung.

Datteln, St. in NRW, 37 700 E; Steinkohlenbergbau, Baustoffind.; Knotenpunkt von Kanälen: Wesel-D.-, D.-Hamm-, Dortmund-Ems-, Rhein-Herne-Kanal.

Dattelpalme (Phoenix), bis 20 m hohe Palme; Charakterpflanze der Oasen; wichtige Nutzpflanze (pro Baum 50–150 kg Früchte).

Datumsgrenze, ungefähr dem 180. Längengrad östl. bzw. westl. von Greenwich folgende Linie, bei deren Überschreitung man einen Kalendertag überspringen (Richtung W) od. doppelt zählen muss (Richtung O).

Dau (Dhau, Dhaw) [arab.], Küstensegelschiff mit Dreiecksegel, u. a. in Arabien, Ostafrika.

Dauben, die gebogenen Holzbretter des Fasskörpers.

Daudet [do'dɛ]: **1)** Alphonse, * 1840, † 1897, frz. Schriftsteller; „...Tartarin von Tarascon" u. a. Romane; Erzählungen: „Briefe aus meiner Mühle"; Schauspiel „L'Arlésienne"; **2)** Léon, * 1867, † 1942, Sohn v. 1), frz. Journalist u. Schriftsteller; sozialkrit. Romane.

Dauerauftrag, Auftrag des Kunden, vom Konto best. Zahlungen regelmäßig zu überweisen.

Dauerfrostboden, ständig gefrorener Boden (bis zu 300 m Tiefe), im Polargebiet.

Dauha, Ad, Hptst. des Scheichtums Katar, 217 000 E; bed. Handelsplatz; ✈.

Daume, Willi, * 1913, † 1996; dt. Sportfunktionär; 1950–70 Präs. des Dt. Sportbundes, 1961–92 Präs. des Nat. Olymp. Komitees (NOK), 1972–76 Vizepräs. des Internat. Olymp. Komitees (IOC).

Daumier, Honoré [dom'je], * 1808, † 1879, frz. Grafiker, Maler und Plastiker; Illustrationen und Karikaturen.

Daun, Krst. in der Vulkaneifel, RP, 8 500 E; Kneipp-, Mineralbad.

Daunen, svw. ↑Dunen.

Dauphin [do'fɛ̃; frz.], s. 1349 Titel des frz. Thronfolgers (bis 1830).

Dauphiné [dofi'ne], südostfrz. Ldsch. zw. mittl. Rhone u. der ital. Grenze, Zentrum Grenoble; Fremdenverkehr.

Dauthendey, Max[imilian], * 1867, † 1918, dt. Dichter; impressionist. Lyrik, Dramen, Erzählungen.

Davidstern

David, israelit. Kg. (1. Hälfte des 10. Jh. v. Chr.); vereinigte Juda u. Israel; gilt als Dichter zahlr. Psalmen.

David: 1) Gerard ['da:vit], * zw. 1455 u. 1460, † 1523, niederl. Maler in d. Nachfolge ↑Memlings; **2)** Jacques-Louis [da'vid], * 1748, † 1825, frz. Maler des Klassizismus; Hofmaler Napoleons I.; **3)** Johann Nepomuk, * 1895, † 1977, östr. Komponist; Orgelwerke, Motetten, Kammermusik, Sinfonien.

Davidstern, Symbol in der Form eines *Hexagramms* (Sechsstern), das aus zwei gleichseit., ineinander geschobenen Dreiecken besteht; seit dem MA eines der Symbole des Judentums; im Dritten Reich diskriminierendes [meist gelbes] Erkennungszeichen mit der Aufschrift „Jude", musste von den Juden s. 1941 getragen werden; Emblem des Staates Israel. – Abb. S. 139.

Davis ['deɪvɪs]: **1)** Bette, eigtl. Ruth Elizabeth D., * 1908, † 1989, amer. Schauspielerin („Alles über Eva"); **2)** Jefferson, * 1808, † 1889, amer. Politiker; im Sezessionskrieg Präs. der konföderierten Südstaaten; **3)** John, * 1550, † 1605, engl. Seefahrer; entdeckte die *D.straße* zw. Grönland u. Baffinland.

Daviscup ['deɪvɪs'kʌp], internat. Tenniswanderpokal (mit Unterbrechungen jährl. ausgetragen), 1900 von Dwight F. Davis (* 1879, † 1945) gestiftet.

Davit ['de:vɪt; engl.], kranähnl., dreh- und schwenkb. Hebezeug an Bord eines Schiffes zum Aussetzen von Booten u. a.

Davos, schweizer. St. in Graubünden, 1556 m ü. d. M., 11 500 E; Kurort u. Wintersportplatz, Sportanlagen, Lungenheilstätten.

Dawes, Charles Gates [dɔ:z], * 1865, † 1951, amer. Politiker u. Finanzmann; 1924 Vors. der Londoner Konferenz über dt. Reparationszahlungen, Friedensnobelpreis (mit Sir J. A. Chamberlain) 1925. Das *Dawesgutachten* hatte **D.plan** u. *D.abkommen* zur Folge; Festsetzung der dt. Jahreszahlungen nach einer Anlaufzeit auf 2,4 Mrd. Mark. Dtl. erhielt *D.anleihe,* um zahlungsfähig zu sein (1928 durch d. Youngplan ersetzt).

Day, Doris [deɪ], eigentlich D. Kappelhoff, * 1924, amer. Filmschauspielerin („Bettgeflüster").

Dayan, Moshe, * 1915, † 1981, isr. Gen. u. Politiker; 1956 Oberbefehlshaber d. Sinaifeldzugs, 1967–74 Verteidigungs-, 1977–79 Außenminister.

db, Kurzzeichen f.: Dezibel († Bel).

DB, Abk. für: **D**t. **B**ahn AG.

DBB, Abk. für † **D**t. **B**eamten**b**und.

DBGM, Abk. für: **D**t. **B**undes**g**ebrauchs**m**uster († Gebrauchsmuster).

DBP, Abk. für **D**t. **B**undes**p**atent († Patent).

DBPa, Abk. für **D**eutsches **B**undes**p**atent **a**ngemeldet.

DBV, Abk. für: **D**eutscher **B**auern**v**erband e. V.

DC, Abk. für: † **D**emocrazia **C**ristiana.

ddp † Übers. S. 463.

DDP, Abk. für: † **D**eutsche **D**emokratische **P**artei.

DDR, Abk. für: † **D**eutsche **D**emokratische **R**epublik.

DDT, Abk. für: **D**ichlor**d**iphenyl**t**richloräthan, wicht. Insektizid; ist wegen Speicherung im tier. u. menschl. Organismus in Dtl. verboten.

Deadweight ['dedweɪt], Gesamttragfähigkeit eines Schiffes († tdw).

Dealer ['di:lə], illegal arbeitender Verteiler, v. a. v. Drogen.

James Dean

Dean, James [di:n], eigtl. James Byron D., * 1931, † 1955, amer. Schauspieler; weltberühmtes Jugendidol („Jenseits von Eden", „Giganten").

Death Valley ['deθ 'vælɪ], arides Becken in O-Kalifornien, USA, bis 86 m u. d. M.; Sommertemp. bis 57 °C; Salzwüste.

Deauville [do'vil], nordfrz. Seebad an d. Seinebucht, 4700 E; Pferderennen; ⚝.

Debakel [frz.], Zusammenbruch.

Debatte [frz.], Diskussion, Erörterung, bes. in Parlamenten; **D.nschrift,** Kurzschrift mit stark abkürzenden Zeichen, bes. für Verhandlungen.

Debet [lat.], die Sollseite eines Kontos, seine Belastungen.

Debilität [lat.], leichtester Grad einer Intelligenzstörung (Med.).

Debitor [lat.], Schuldner; *D.enkonto,* Konto für die Forderungen aus Leistungen u. Lieferungen sowie aus Krediten.

Debrecen ['dɛbrɛtsɛn] (Debreczin), ostungar. St., 217 000 E; 3 Univ.; ⚝; umgeben v. der *D.er Heide,* einer typ. Pusztalandschaft.

Debussy, Claude [dəby'si], * 1862, † 1918, frz. Komponist; neue Klangwirkungen durch neue Klangstrukturen und Instrumentation; „Prélude à l'après-midi d'un faune", Oper „Pelléas et Mélisande", Ballette, Lieder.

Debüt [de'by; frz.], erstes öffentl. Auftreten.

Debye, Peter [də'bɛjə], * 1884, † 1966, niederl. Physiker u. Chemiker; seit 1940 in den USA; Arbeiten u. a. über Kristallphysik u. Molekülstruktur; Nobelpreis für Chemie 1936.

Decca-Navigation, Funkortungsverfahren, entwickelt v. der Decca Navigator Co. Ltd., London; arbeitet mit Hyperbeln als Standlinien, die an Bord des Schiffes durch Phasenvergleich zweier Senderfelder gewonnen werden.

Dechant, svw. † Dekan 2) u. † Superintendent.

dechiffrieren [-ʃ-; frz.], entziffern, bes. v. Geheimschriften.

Decius, Gaius Messius Quintus Trajanus, * um 200, ⚔ 251 im Kampf gg. die Goten, röm. Ks. (seit 249); erste systemat. Christenverfolgung im ganzen Reich.

Deck [niederdt.], [Zwischen]boden auf Schiffen: u. a. *Ober-D.,* oberster horizontaler Abschluss des Rumpfes, darunter *Zwischen-D.,* darüber *Promenaden-, Bootsdeck.*

Decken: 1) Abschlüsse von Räumen nach oben (▦); **2)** bei der Geb.-Bildung auf eine fremdartige Unterlage geschobene Gesteinsmasse *(tekton. Überschiebungs-D.); vulkan. D.* aus Lavaergüssen u. durch Anhäufung vulkan. Tuffe.

Deckgewebe, svw. † Epithel.

Deckung: 1) Mittel, mit denen Forderungen bezahlt (gedeckt) werden können; **2)** Gold- u./oder Devisenbestand einer Notenbank zur Einlösung umlaufender Banknoten.

Deckungsrücklage, bei Versicherungen vorgeschriebene Rücklage zur Abdeckung von Risiken.

Declaration of Independence [deklə'reɪʃn ɔv ɪndɪ'pendəns; engl.], Unabhängigkeitserklärung der 13 brit. Kolonien in Amerika v. 4. 7. 1776.

Declaration of Rights [deklə'reɪʃn ɔv 'raɪts; engl.], Erklärung des engl. Parlaments zur Wahrung der Grundrechte (1689), später zur *Bill of Rights* erweitert.

Decoder [engl.], Gerät bzw. elektron. Schaltung zur Wiederherstellung der urspr. Form eines zu Übertragungszwecken codierten elektr. Signals, z. B. bei d. Stereophonie, beim Bildschirmtext u. Videotext.

Decollagen [dekɔ'la:ʒən; frz.], Kunstwerke, die durch Abtragung, Reduktion und Destruktion entstehen.

Decorated Style ['dekəreıtıd 'staıl; engl.], Stilphase der engl. Gotik, um 1250–1350; dekorative Bereicherung der Formen, z. B. in der Kirche von Westminster Abbey u. bei der Kathedrale v. Exeter.

De Coster, Charles, * 1827, † 1879, belg. Schriftsteller, Roman „Thyl Ulenspiegel et Lamme Goedzak".

Dedikation [lat.], Zueignung, Geschenk.

Deduktion [lat.], log. Verfahren, Herleitung des Besonderen aus dem Allgemeinen.

de facto [lat.], tatsächl. [bestehend].

De-facto-Anerkennung, prakt. vollzogene völkerrechtl. Anerkennung.

Defätismus [frz.], Neigung zum Aufgeben des [mil.] Widerstandes.

Defektelektron, unbesetzter Zustand (Loch) im Valenzband eines Halbleiters.

Defensive [frz.], Verteidigung, Abwehr.

defilieren, vorbeimarschieren.

definieren [lat.], den Inhalt eines Begriffes genau bestimmen.

definitiv [lat.], endgültig.

Defizit [lat.], Fehlbetrag.

Deflagration [lat.], langsamer Verbrennungsvorgang b. Explosivstoffen; Ggs. ↑Detonation.

Deflation [lat.]: **1)** Absinken des Preisniveaus u. Rückgang der Investitionen in einer Volkswirtsch.; **2)** Ausblasen u. Transport lockeren Gesteins durch Wind.

Defloration [lat.], Entjungferung; Einreißen des ↑Jungfernhäutchens.

Defoe, Daniel [də'fo:], eigentl. [De] Foe, * 1660 (?), † 1731, engl. Schriftsteller; „Robinson Crusoe", neben Abenteuerromanen polit. und soz. Schriften, Satiren.

Deformation [lat.], Verunstaltung, Missbildung; in der Physik Formänderung eines Körpers durch angreifende Kräfte.

Degas, Edgar [də'ga], * 1834, † 1917, frz. Maler; Bewegungsstudien, v. a. Ballettszenen, weibl. Akte u. Pferderennen; Pastellzeichnungen, Radierungen, Lithographien; Statuetten.

De Gasperi, Alcide, * 1881, † 1954, ital. Politiker; Mitbegründer der Democrazia Cristiana, 1944–53 mehrfach Min.-Präs. und Außenminister.

Degen, Hieb- u. Stoßwaffe mit gerader, schmaler Klinge.

Degeneration [lat.], Entartung: **1)** Anhäufung erbmäßig ungünst. Merkmale durch Inzucht; **2)** Umänderung u. Abbau von Zellen u. Organen durch Krankheit u. Alter.

Degradation [mlat.], svw. ↑Degradierung 2).

Degradierung [frz.]: **1)** Entziehung eines Ranges; **2)** Verschlechterung eines Bodens durch Auswaschung u. Ä. (Landw.).

Degustation [lat.], Bez. für Prüfung von Lebensmitteln in Bezug auf Geruch u. Geschmack.

Dehaene, Jean-Luc [də'ha:nə], * 1940, belg. Politiker; Mitgl. der Christl. Volkspartei (CVP) Flanderns; 1981–91 Min. für Sozialpolitik und institutionelle Reformen; 1992–99 Ministerpräsident.

Dehio, Georg, * 1850, † 1932, dt. Kunsthistoriker; „Handbuch der dt. Kunstdenkmäler".

Dehler, Thomas, * 1897, † 1967, dt. Politiker; aktiver Gegner des Nat.-Soz., 1949–53 B.-Justizmin., 1954–57 Vors. der FDP, 1960–67 Vizepräs. des Bundestages.

Dehmel, Richard, * 1863, † 1920, dt. Dichter; Vorläufer des Expressionismus; Gedichte, Dramen, Prosa.

Dehmelt, Hans-Georg, * 1922, amer. Physiker dt. Abstammung, Entwicklung von Elektronen- u. Ionenfallen; Nobelpreis 1989.

Dehydrierung [lat.; gr.], Abspaltung v. Wasserstoff aus best. chem. Verbindungen.

Dehydrogenasen [lat.; gr.], Wasserstoff abspaltende Enzyme.

Deianira, Gemahlin d. Herakles.

Deich, künstl. Damm an der Küste od. längs eines Flusses zum Schutz gg. Überschwemmungen; *D.verbände,* [regionale] öff. Körperschaften zur Anlage und Unterhaltung von Deichen.

Dei gratia [lat.], von Gottes Gnaden.

Deisenhofer, Johannes, * 1943, dt. Biophysiker, Arbeiten zur Photosynthese; Nobelpreis in Chemie 1988.

Deismus [lat.], Gottesauffassung der ↑Aufklärung, die Gott als den Weltschöpfer, nicht aber als in das Weltgeschehen eingreifend ansieht; vertreten v. a. von den *Deisten* Herbert v. Cherbury, J. Toland, M. Tindal, Voltaire, Reimarus, Lessing.

Deister, Teil des Weserberglandes, sw. von Hannover.

de jure [lat.], rechtl., oft im Widerspruch zu tatsächl. (↑de facto).

Deka... [gr.; = zehn], Vorsatzzeichen da, Vorsatz vor Einheiten im Messwesen, bez. das 10fache der betr. Einheit, z. B. 1 dag (Dekagramm) = 10 g.

Dekabristen [russ.], Teilnehmer eines antizarist. Aufstands in Russland (Dez. 1825).

Dekade [gr.], Zeit- oder Zahleinheit aus 10 Gliedern.

Dekadenz [frz.], Verfall, Niedergang, Entartung.

Dekalog [gr.; = Zehnwort], die „Zehn Gebote", die Moses nach dem Bericht des A. T. auf dem Sinai empfing.

Dekan [lat.]: **1)** Vorsteher einer ↑Fakultät 1); **2)** in der kath. Kirche Vors. des Kardinalskollegiums; Würdenträger eines Dom- oder Stiftkapitels; Vorsteher eines Kirchenkreises *(Dechant);* **3)** in einigen ev. Landeskirchen svw. ↑Superintendent.

Deklamation [lat.], kunstgerechter Vortrag.

Deklaration [lat.], grundsätzl. Erklärung (Politik, Zoll usw.).

deklassieren, herabsetzen.

De Klerk, Frederik Willem, * 1936, südafrikan. Politiker, Vors. der „National Party", 1989–94 Präs., beendete die Apartheidspolitik u. leitete erste allgemeine Wahlen ein, Friedensnobelpreis (mit N. Mandela) 1993.

Deklination [lat.]: **1)** (Flexion) Formenabwandlung der Haupt-, Eigenschafts-, Für- u. Zahlwörter und Artikel; **2)** Winkelabstand eines Gestirns vom Himmelsäquator; **3)** Abweichung der Richtung einer Magnetnadel *(magnet. Missweisung)* von der geograph. Nordrichtung.

Deklinationskreis ↑Wendekreis.

Dekolleté [-kɔl'te; frz.], [tiefer] Ausschnitt an Damenkleidern.

Dekompensation [lat.], versagende ↑Kompensation 1) von Organdysfunktionen.

Dekontamination (Entseuchung), Maßnahmen, durch die ein von ABC-Kampfstoffen verseuchtes Gebiet oder Objekt entgiftet wird; Beseitigung radioaktiver Verunreinigungen.

De Kooning, Willem [engl. də 'kəʊnıŋ], * 1904, amer. Maler niederl. Herkunft; Hauptvertreter des Actionpainting.

Dekor [frz.], Verzierung.

Dekret [lat.], Verfügung, behördl. richterl. Erlass.

Dekumatland, [lat./dt.] (lat. decumates agri), bei Tacitus vorkommende Bez. für das zw. Rhein, Neckar u. Main liegende, seit Ende des 1. Jh. n. Chr. durch den Limes eingegrenzte Gebiet; gehörte zur röm. Prov. Germania superior.

dekuvrieren [frz.], aufdecken, zu erkennen geben.

del., Abk. für lat.: **1) del**eatur auf

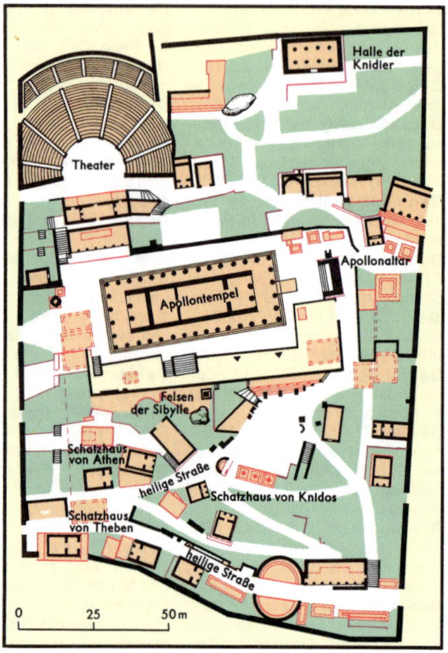

Delphi

Korrekturbogen: soll getilgt werden; Zeichen ₰; **2) del**ineavit; auf Kupferstichen: hat gezeichnet.

Delacroix, Eugène [dəla'krwa], *1798, †1863, frz. Maler u. Grafiker der Romantik, v. a. Historienbilder, oft orient. Motive; barocke Malweise.

de la Mare, Walter John [delə'mɛə], eigtl. Walter Ramal, *1873, †1956, engl. Lyriker u. Erzähler.

Delamuraz, Jean-Pascal [dəlamy'ra], *1936, schweizer. Politiker; s. 1975 Nat.rat, s. 1981 Staatsrat, s. 1984 Bundesrat (Militär, s. 1986 Wirtschaft), 1989 u. 1996 Bundespräsident.

Delaware ['delawɛə], Abk. Del., zweitkleinster Staat der USA, 5295 km^2, 670000 E, Hptst. Dover; Flachland auf der *Delmarva Peninsula,* 60 % d. Landes Farmland; chem. u. Stahlindustrie.

Delaware ['deləwɛə] (Lenape), nordamer. indian. Stammesverband der Küsten-Algonkin, von weißen Siedlern aus dem Gebiet v. New Jersey u. New York vertrieben.

Delbrück, Max, *1906, †1981, amer. Biologe; u. a. Aufklärung der genet. Struktur von Viren, 1969 Nobelpreis.

Delcassé, Théophile [dɛlka'se], *1852, †1923, frz. Politiker; 1898–1905 u. 1914/15 Außenmin.; begr. die Entente cordiale (1904).

deleatur ↑del. 1).

Delegation [lat.]: **1)** Abordnung; **2)** Übertragung von Befugnissen und Zuständigkeiten.

Delegierter, Abgeordneter.

Delémont [dələ'mõ] (Delsberg), Hptst. (seit 1978) des schweizer. Kt. Jura, 11800 E; Uhren-, Textil-, Metallindustrie.

Delft, niederl. St., 90000 E; TH; maler. Stadtbild; Museen; Fayencemanufaktur.

Delfter Fayencen [- fa'jãsən], Tonwaren mit bemalter Zinnglasur aus Delft (v. a. Blauweißdekor).

Delhi ['de:li], ind. Unionsterritorium u. Hptst. der Ind. Union, besteht aus *Alt-D., Neu-D.,* dem Sitz der Reg., und *D.-Cantonment,* 1485 km^2, 7,2 Mill. E; Univ.; größtes Handelszentrum N-Indiens u. wichtige Ind.-St. (Textilien); ⚒. – Im 11. Jh. gegr., Hptst. eines islam. Reiches, dann der Großmogulen, s. 1803 brit., s. 1911 Hptst. von Indien.

Delibes, Léo [də'li:b], *1836, †1891, frz. Opernkomponist; Ballette „Coppélia", „Sylvia".

Delikatesse [frz.], Leckerbissen, Feinkost; Zartgefühl.

Delikt [lat.], Vergehen, Straftat, unerlaubte Handlung; *D.fähigkeit,* Bez. für die zivil- (ab dem 7.) bzw. strafrechtl. (ab dem 14. Lebensj.) Verantwortlichkeit.

Delila (Dalila), Philisterin, Geliebte des Simson, den sie an ihre Landsleute verriet (A. T.).

delineavit ↑del. 2).

Delinquent [lat.], Missetäter, Verbrecher.

Delirium [lat.], Bewusstseinstrübung und Sinnestäuschungen bei versch. Krankheiten; *D. tremens,* akute Alkoholpsychose, v. a. bei chron. Alkoholismus.

Delitzsch, Franz, *1813, †1890, dt. ev. Theologe; gründete 1886 das „Institutum Judaicum" für die Missionierung der Juden (heute für judaist. Forschung).

Delmenhorst, krsfr. St. in Nds., 78500 E; ma. Wasserburg; Linoleumherstellung, Textilindustrie.

Delon, Alan [də'lõ], *1935, frz. Filmschauspieler („Der eiskalte Engel").

Delos (heute Mikra Dilos), kl. griech. Kykladeninsel, 4 km^2; im Altertum Zentrum des Apollkultes und der ion. Griechen.

Delphi, altgriech. Kultstätte des Apoll u. Orakelstätte der Griechen, denen hier die ↑Pythia ihre Ratschläge gab.

Delphine, Zahnwale, Meeressäugetiere, Kosmopoliten, bis 6 m lang.

Delphinschwimmen ↑Schmetterlingsstil.

Delsberg ↑Delémont.

Delta [gr.]. **1)** der 4. Buchstabe des griech. Alphabets (δ, Δ), entspricht dem lat. D; **2)** von einem Fl. seiner Mdg. vorgeschobenes, von Flussarmen durchzogenes Gebiet.

Deltaplan, Wasserbauprojekt in den Niederlanden: Abriegelung der Meeresarme im Küstenbereich des Rhein-Maas-Deltas und der Oosterschelde zur Küstenbegradigung u. Sturmflutabwehr; von 1957 bis 1986 verwirklicht.

Deltgen, René, *1909, †1979, dt. Schauspieler luxemburg. Herkunft.

Delvaux [dɛl'vo], Paul, *1897, †1994, belg. Maler, Surrealist, meist isolierte Figuren (Akte) in kulissenhafter Architektur.

Demagoge [gr.; = Volksführer], Aufwiegler, gewissenloser Politiker.

Demarkationslinie, durch *D.svertrag* vereinbarte Linie zur Abgrenzung der Hoheitsbefugnisse bei Waffenstillstand, Besatzungszonen oder Interessenaufteilung.

Demawend (pers. Damawand), nordiran. Berg, höchster Berg des Elbursgebirges, 5601 m; ständig schneebedeckt.

Dementi [frz.], amtl. Richtigstellung; Widerruf.

Dementia [lat.], erworbene, meist irreversible Minderung geistiger Fähigkeiten (Gedächtnis, Intelligenz u. a.) durch Hirnschädigung, Gefäßschädigung (arteriosklerot. D.), chron. Vergiftung (z. B. durch Alkoholmissbrauch), Infektionen u. a.; *D. senilis,* altersbedingte Dementia.

Demeter, griech. Göttin des Ackerbaus und der Fruchtbarkeit (röm. *Ceres*).

Demetrios Poliorketes („der Städtebelagerer"), * 336, † um 282 v. Chr., von 294–287 Kg. von Makedonien; bekannt durch Anwendung riesiger Belagerungsmaschinen vor Rhodos während der Diadochenkämpfe.

Demetrius, russ. Großfürsten u. Herrscher ↑Dmitri.

Demission [frz.], freiwill. oder erzwungener Rücktritt einer Reg. oder eines anderen hohen [Staats]funktionärs.

Demiurg [gr], bei Platon der göttl. Weltschöpfer.

Democrazia Cristiana, Abk. DC, christl.-demokrat. Partei Italiens; ging 1942/43 aus dem antifaschist. Widerstand hervor; bis 1992 in allen Nachkriegsreg. vertreten; löste sich unter dem Vorwurf parteipolit. Verflechtungen mit der organisierten Kriminalität und der Korruption gegen führende Politiker im Jan. 1994 auf; Nachfolgeparteien u. a. *Partito Popolare Italiano (PPI)* und *Centro Democratico Cristiano (CDC).*

Demodulation [lat.], Abtrennung einer niederfrequenten Schwingung von einer hochfrequenten Trägerschwingung, der sie erst wegen besserer Übertragungsmöglichkeit überlagert wurde (↑Modulation 1).

Demographie [gr.], Beschreibung des Bev.-Bestandes u. der Bev.-Bewegung.

Demokratie [gr.; = Volksherrschaft], Herrschaftsform, bei der alle Gewalt beim Volk liegt. Zur D. als Staatsform gehören folgende wesentl. *Prinzipien:* gleichberechtigte u. freie Teilnahme aller Erwachsenen am polit. Willensbildungsprozess, Informations- u. Meinungsfreiheit, Möglichkeit zu polit. Gruppenbildung u. Opposition, Entscheidung nach Mehrheitsprinzip, Schutz der Minderheit, Minimum an sozialer Gleichheit, Unabhängigkeit der Rechtsprechung. *Formen:* 1. unmittelbare (direkte, plebiszitäre) D., im antiken Athen; heute noch in Schweizer Kantonen (Volksvers.); 2. mittelbare (repräsentative) D., die urspr. dem ganzen Volk gebührende Ausübung der Staatsgewalt wird bestimmten vom Volk bestellten Organen (bes. dem Parlament) auf Zeit übertragen (z. B. BRD); 3. Rätedemokratie, Mischform zw. mittelbarer u. unmittelbarer D., Ausdehnung auf den wirtsch. Bereich, Aufbau d. Räte pyramidenartig von unten nach oben, die Gewählten sind an Aufträge gebunden u. jederzeit abwählbar (z. B. dt. Novemberrevolution 1918). Mod. demokrat. Reg.-Systeme: 1. *parlamentar. D.* (hpts. in W-Europa), 2. *Präsidial-D.* (USA), 3. *Direktorial-D.* (Schweiz). Neben der demokrat. parlamentar. Rep. gibt es die *demokrat.-parlamentar. Monarchie* (z. B. Großbrit.). Lange Zeit Reg.-System verschiedener kommunist. regierter Staaten: ↑Volksdemokratie. Versuche zur Demokratisierung anderer gesellschaftl. Bereiche, z. B. der Wirtschaft (↑Mitbestimmung) u. des Bildungswesens, sind bisher nur in Ansätzen gelungen.

Demokratische Partei (Democratic Party), polit. Partei in den USA; gegr. 1828; kaum ideolog. Unterschiede zu den Republikanern; Präs. der D. P. u. a. F. D. Roosevelt, H. S. Truman, J. F. Kennedy, J. Carter, B. Clinton.

Demokrit, * 470, † um 380 v. Chr., griech. Philosoph; begr. mit Leukipp den Atomismus; bed. Einfluss auf spätere griech. Philosophen.

Demonstration [lat.]: **1)** anschaul. Beweisführung; **2)** Massen-, Protestkundgebung.

Demontage [-ta:ʒə; frz.], Abbau, bes. von Masch. und Ind.-Anlagen.

Demoralisation [frz.], Auflösung von Sitte u. Ordnung, bes. der mil. Disziplin.

Demos [gr.]: **1)** Volksgemeinde u. Gebiet einer griech. ↑Polis; **2)** Bez. für den kleinsten staatl. Verw.-Bezirk im mod. Griechenland.

Demoskopie [gr.], svw. ↑Meinungsforschung.

Demosthenes, * 384, † 322 v. Chr., griech. Redner u. Staatsmann; rief mit seinen Reden gg. Kg. Philipp II. von Makedonien zur Verteidigung der athen. Freiheit auf.

demotische Schrift, altägypt. (etwa zw. 600 v. Chr. u. 400 n. Chr.) volkstüml. Schrägschrift.

Denar [lat.], röm. u. ma. Silbermünze.

denaturieren [lat.], Stoffe durch Zusätze ungenießbar machen; auch Naturstoffe durch chem. od. physikal. Vorgänge verändern.

Dendera, Ort in Oberägypten, in der Nähe Haupttempel der Göttin Hathor (1. Jh. v. Chr.).

Dendriten [gr.]: **1)** fein verästelte Fortsätze der Nervenzellen (Med.); **2)** verästelte Kristallbildungen *(dendrit. Wachstum).*

Deneuve, Cathérine [də'nœv], eigtl. C. Dorléac, * 1943, frz. Filmschauspielerin.

Deng Xiaoping, * 1904, † 1997, chin. kommunist. Politiker, s. den 50er-Jahren hohe Partei- u. Staatsämter; 1966 u. 1976 wegen „Abweichungen" gestürzt, jedoch wieder rehabilitiert; leitete 1978 bis 1987 die VR China, vollzog die wirtschaftl. Liberalisierung, unterdrückte Demokratisierungsbestrebungen, blieb auch ohne offizielle Ämter einflussreich.

Demetrios *Poliorketes (attische Tetradrachme)*

Denim [von frz. de Nîmes = aus Nîmes], kräftiges, im Garn gefärbtes Baumwollgewebe in Köperbindung; verw. f. Bluejeans, Monteuranzüge u. Ä.

Denkmalpflege (Denkmalschutz), Schutz und Pflege der erhaltenswerten kulturellen Güter („Boden-, Bau- u. Kultur-D.").

Denktas, Rauf Raşit [-taʃ], * 1924, zypr. Politiker; 1973 Vizepräs. Zyperns, s. 1975 Präs. der „Türk. Rep. N-Zypern", deren Unabhängigkeit er 1983 proklamierte.

dental [lat.]: **1)** zu den Zähnen gehörig (Med.); **2)** mithilfe der Zähne gebildet (von Lauten).

Dentallaut, svw. ↑Zahnlaut.

Dentist [lat.], Zahnheilkundiger ohne akad. Ausbildung (in der BRD war Ausbildung zum D.en bis 1952 möglich).

Denudation [lat.], flächenhafte Abtragung der Erdoberfläche durch Schwerkraft, Wind, Wasser u. Eis.

Denunziation [lat.], Namhaftmachung [polit.] Missliebiger aus unehrenhaften Beweggründen.

Denver, Hptst. von Colorado, USA, 468 000 E; Univ.; Handels- u. Industriezentrum; ✈.

Deodorant [engl.] (Desodorant), Mittel gg. Körpergeruch (hemmt u. a. schweißzersetzende Bakterien).

Deo gratias [lat.], Dank sei Gott.

Depardieu, Gérard [dəpar'djø], * 1948, frz. Filmschauspieler („Danton", „Cyrano de Bergerac", „Elisa").

Département [departə'mã; frz.]: **1)** Verw.-Bez. in Frkr. u. a. Staaten, **2)** Verw.-Instanz in der Schweiz (entspricht den Ministerien). Veraltet für Abt., Geschäftsbereich.

Department [dɪ'pɑ:tmənt; engl.], in den USA u. in Großbrit. svw. Ministerium.

Dépendance [depã'dã:s; frz.], Nebengebäude; Zweigstelle.

Dependenz [lat.], Abhängigkeit (Philos.).

Depesche [frz.], veraltet für Telegramm.

Deplacement [deplas'mã; frz.], Wasserverdrängung eines Schiffes.

Deponens [lat.], in einigen idgm. Sprachen Zeitwort mit pass. Form und akt. Bedeutung.

Deponie, Kurzbez. für: (zentraler) Müll- u. Schuttabladeplatz.

deponieren [lat.], hinterlegen, zur Aufbewahrung geben.

Deportation [lat.], zwangsweise Verschickung, Verbannung.

Depositen [lat.], die bei einer öff. Stelle od. Bank hinterlegten Wertsachen i. e. S.: die bei Kreditinst. unbefristet *(Sichteinlagen)* und befristet *(Termineinlagen)* eingelegten Gelder, soweit sie keine Anlagen auf Sparkonten sind.

Deposition, im Umweltschutz Bez. für die Ablagerung von Schadstoffen (z. B. Schwefeldioxid) aus der Luft in Boden, Wasser und Vegetation.

Depot [de'po]: **1)** Aufbewahrungsort von Sachen; **2)** Ablagerung (Med.); **3)** (Wertpapierdepot) die einem Kreditinst. zur Verwahrung übergebenen Wertpapiere; man unterscheidet v. a. *Streifband-D.,* gesonderte Aufbewahrung, u. *Sammel-D. (Sammelverwahrung),* Aufbewahrung zus. mit eigenen u. fremden Beständen der Bank.

Depotdünger [de'po-], (Langzeitdünger), spezielle Düngemittel, die die Pflanzennährstoffe verzögert an den Boden abgeben und daher für eine länger anhaltende Düngung geeignet sind.

Depotfund [de'po-], archäol. Sammelfund von Stein- od. Metallgeräten, die von ihren Besitzern vergraben wurden.

Depotgeschäft [de'po-], Bankgeschäft, Verwahrung u. Verw. v. Wertpapieren.

Depotpräparate [de'po-], Medikamente mit Langzeitwirkung (durch resorptionsverzögernde Zusätze).

Depotstimmrecht [de'po-], das d. Bank übertragene Recht zur Ausübung des Stimmrechts für die für Kunden verwahrten Aktien.

Depotwechsel [de'po-] ↑Wechsel 1).

Depression [lat.]: **1)** in der *Psychiatrie* als häufigste Form der seel. Störung Zustand gedrückter Stimmungslage, die u. a. mit verminderter Reizansprechbarkeit verbunden ist; **2)** Festlandsgebiet, dessen Oberfläche u. d. M. liegt, z. B. Totes Meer −396 m, Eyresee −12 m; **3)** svw. ↑Tiefdruckgebiet (Meteorol.); **4)** ↑Konjunktur.

deprimiert [lat.], entmutigt, niedergeschlagen.

Deputat [lat.], Arbeitsentgelt in Form von Sachleistungen (Naturallohn).

Deputation [lat.], Abordnung, Vertretung einer Körperschaft.

derangieren [derã'ʒi:rən; frz.], stören, verwirren.

Derby ['dɑ:bɪ], Hptst. der mittelengl. Gft. *D.shire,* 219 000 E; Textil-, Eisen-, Flugzeugind., Porzellanmanufaktur; ✈.

Derby ['də:bɪ; engl.], bei Epsom jährl. stattfindendes Pferderennen für Dreijähr. (2400 m); ben. nach dem 12. Earl of D., der 1780 das erste D. veranstaltete. Auch in anderen Ländern (Dt. D. in Hamburg-Horn, seit 1869).

Derivat [lat.]: **1)** in der Sprachwiss. abgeleitetes Wort; **2)** Abkömmling einer chem. Verbindung.

Dermatologe [gr.], Facharzt für Hautkrankheiten.

Dermoplastik [gr.], Präparationstechnik zur möglichst naturgetreuen Darst. von Wirbeltieren.

Dernier Cri [dɛrnje'kri; frz.; = letzter Schrei], letzte Neuheit (z. B. in der Mode).

Derwisch [pers.; = Bettler] (arab. Fakir), Mitgl. eines relig. Ordens des Islam (v. a. 12.–16. Jh.); lebt von frommen Stiftungen.

des., Abk. für ↑**des**ignatus.

des..., Des... [frz.], Vorsilbe, bed.: „ent..., Ent...".

Desaster [frz.; = Unstern], Missgeschick, Zusammenbruch.

des|avouieren [dezavu-; frz.], verleugnen, bloßstellen.

Descartes, René [de'kart], latin. Renatus Cartesius, * 31. 3. 1596, † 11. 2. 1650, frz. Philosoph; von gr. Wirkung auf die ges. Philos. der Neuzeit; unterwirft den ganzen Bereich des philos. Wissens einer method., an der Mathematik orientierten Zweifelsbetrachtung und findet allein im Selbstbewusstsein die eine, unumstößl. Gewissheit: „cogito, ergo sum" (= ich denke, also bin ich); Lehre von den beiden Grundsubstanzen der Welt, des „res cogitans" (der menschl. Geist) u. der „res extensa" (die nach mech. Ges. geordnete Außenwelt); Grundlegung der analyt. Geometrie.

Desensibilisierung [lat.]: **1)** Herabsetzung der Überempfindlichkeit bei Allergien (Med.); **2)** Herabsetzung der Lichtempfindlichkeit fotograf. Materials.

Deserteur [dezɛr'tø:r; frz.], Fahnenflüchtiger, Überläufer.

De Sica, Vittorio, * 1902, † 1974, ital. Schauspieler u. Regisseur; Vertr. des ital. Neorealismus.

Desiderat [lat.; = Gewünschtes], Vermisstes, Gesuchtes.

Design [dɪ'zaɪn; engl.], Entwurfsskizze für ein zweckmäß., formgerechtes u. ästhet. ansprechendes Industrieprodukt.

Designerdrogen [dɪ'zaɪnə-], synthet. hergestellte Rauschgifte, chem. Abkömmlinge bekannter Suchtstoffe mit z. T. stärkerer, oft unberechenbarer, häufig schon in geringster Menge tödl. Wirkung.

Desinfektion [lat.], Entkeimung; Unschädlichmachen von Krankheitserregern.

Desintegration [frz.], Auflösung, Auseinanderfallen einer Einheit.

Desinteresse, Unbeteiligtheit, Gleichgültigkeit.

Désirée [dezi're] (D. Eugénie Bernardine), geb. Clary, * 1777, † 1860, Kgn. von Schweden; von Napoleon I. verehrt, seit 1798 vermählt mit Gen. Bernadotte, dem späteren Karl XIV. Johann von Schweden.

Deskription [lat.], Beschreibung.

Des Moines [dɪ'mɔɪn], Hptst. von Iowa, USA, 193 000 E; Univ.; bed., vielseit. Ind.; ✈.

Desna, l. Nebenfl. des Dnjepr, 1130 km; Mdg. bei Kiew.

Desodorant, svw. ↑Deodorant.

desolat [lat.], trostlos.

desorientiert [frz.], nicht unterrichtet, nicht im Bilde.

Desoxyribonukleinsäure (DNS, engl. DNA), wesentl. Bestandteil des Zellkerns, Träger der Erbinformationen.

despektierlich [lat.], geringschätzig, verächtlich.

Desperado [span.; = Verzweifelter], [polit.] Abenteurer.

desperat [lat.], hoffnungslos.

Despot [gr.], Tyrann, Gewaltherrscher.

Dessau, Stadt in Sa.-Anh., 92 000 E; Eisen-, Masch.-, chem. Ind., Waggonbau; Elbekraftwerk, Elbhafen. – 1603–1918 Residenz, bis 1945 Landeshptst. v. Anhalt; Sitz des ↑Bauhauses.

Dessauer, Friedrich, * 1881, † 1963, dt. Biophysiker u. Philosoph; Untersuchungen über den Einfluss der Röntgenstrahlen auf biol. Vorgänge.

Dessert [dɛ'sɛ:r; frz.], Nachtisch.

Dessertwein, Wein mit hohem Alkohol- und Restzuckergehalt.

Dessin [dɛ'sɛ̃; frz.], Entwurf, Muster (Textilien).

Dessous [dɛ'su:s; frz.], Damenunterwäsche.

Destillation [lat.], Stofftrennungsverfahren, mit dessen Hilfe Gemische u. Lösungen flüss. Stoffe versch. Flüchtigkeit (od. auch flücht. Stoffe v. festen) getrennt werden. Dabei werden allg. aus einer flüss. Lösung Dämpfe entwickelt, in denen der leichter flücht. Stoff in größerer Menge als der schwerer flücht. vorhanden ist. Diese Dämpfe werden niedergeschlagen (kondensiert); durch D. werden so aus einer Ausgangslösung zwei Lösungen versch. Zusammensetzung erhalten; b. d. *fraktionierten D.* werden die Gemische mehr. verdampfb. Stoffe zerlegt: Zuerst gehen die nieder-, dann stufenweise d. höher siedenden Bestandteile in d. Dampfphase über; die *Rektifikation* dient der völligen Trennung zweier od. mehr. vollkommen od. teilw. ineinander lösl. flücht. Stoffe.

Destination [lat.], Bestimmung. Endzweck.

DESY, Abk. für: ↑**D**t. **E**lektronen-**Sy**nchroton.

Deszendent [lat.], Gestirn im Untergang; Untergangspt. eines Gestirns.

Deszendenztheorie (Abstammungslehre, Evolutionstheorie), Wiss.-Zweig der Biol., der die Entstehung der Mannigfaltigkeit der Organismen u. ihre Höherentw. zum Menschen untersucht (mithilfe v. anat., genet., physiol. u. a. Erkenntnissen); geht davon aus, dass 1. alle Pfl. u. Tiere ↑Mutationen 1) unterliegen, die zus. mit Sexualität u. ↑Auslese den Evolutionsmechanismus darstellen u. zu neuen Arten, Gatt. usw. führen (Stammbaumsystem); 2. dass Pfl. u. Tiere gemeinsame Ahnen haben u. 3. der Mensch ein Glied des tier. Stammbaums ist.

Detail [de'taj; frz.], Einzelheit, Einzelteil; *D.handel,* Einzelhandel.

Detektiv [engl.], in Großbrit. u. den USA Kriminalpolizist; in Dtl. gewerbl. Ermittler von Beweismaterial in privatem Auftrag.

Detektor [lat.], Vorrichtung zum Nachweis einer Strahlung (durch Umwandlung in elektr. Signale) oder von sehr schwachen Wechselströmen.

Detergenzien [lat.] (Tenside), grenzflächenaktive seifenfreie [hautschonende] Wasch- u. Reinigungsmittel.

Determinante [lat.], einer quadrat. Matrix zugeordneter math. Ausdruck mit best. Zahlenwert, tritt v. a. (als Koeffizienten-D.) bei Auflösung linearer Gleichungssysteme auf.

Determination [lat.], Begriffsbestimmung; zwangsläufige Bestimmung.

Determinismus, philos. Lehre v. d. grundsätzl. Unfreiheit des Menschen u. der notwend. Bestimmtheit *(Determiniertheit)* allen Geschehens.

Detmold, Hptst. des Reg.-Bez. D. in NRW u. Krst. des Kreises Lippe, 73 500 E; Verw.-Akad., LG, IHK, Staatl. Hochschule f. Musik; Renaissanceschloss.

Detonation [lat.], stoßartig und extrem schnell verlaufender Verbrennungsvorgang bei Sprengstoffen; Ggs. ↑Deflagration.

Detroit [dɪ'trɔɪt], Hafen- u. Ind.-St. in Michigan, USA, 1,01 Mill. E; 2 Univ.; Mittelpt. der Autoind. d. USA; Autozubehör-, Flugzeug-, chem., Elektroind.; Werften; ✈.

Deus ex machina [lat.; = der Gott aus der Masch.], im griech. Theater eine mit mech. Hilfe auf die Bühne gebrachte Göttergestalt zur Konfliktlösung; heute svw. unerwartete Hilfe.

Deut (Duit), kleine altniederl. Münze.

Deuterium [gr.], Symbol D oder ^{2}H, *schwerer Wasserstoff,* Wasserstoffisotop mit rel. Atommasse 2,01408; sein positiv geladener Kern *(Deuteron)* besteht aus einem Proton und einem Neutron.

Deuteronomium [gr.], 5. Buch Mose.

Deutsch: 1) Ernst, * 1890, † 1969, dt. Schauspieler (Charakterdarsteller); **2)** Julius, * 1884, † 1968, östr. sozialdemokrat. Politiker; Führer des Aufstands gg. Dollfuß.

Deutsch, bez. urspr. die Sprache des Volkes im Ggs. zur lat. Amts- u. Kirchenspr.; entstanden um 700 (ahd. diutisc, lat. theodiscus; wahrsch. aus ahd. diot = Volk).

Deutsch-Dänischer Krieg: 1) 1848–50: dän. Versuch, das mit Holstein verbundene, nicht zum Dt. Bund gehörige Schleswig zu annektieren; **2)** 1864: nach preuß.-östr. Sieg über Dänemark Errichtung eines Kondominiums über Schl.-Ho. (bis 1866).

Deutsche Arbeitsfront (DAF), nat.-soz. Pflichtorganisation für Arbeitnehmer u. -geber 1933–45 anstelle der aufgelösten Gewerkschaften, Sonderdienststelle „Kraft durch Freude"; Reichsorganisationsleiter R. Ley.

Deutsche Bahn AG, Abk. DB AG, im Zug der Reformen der dt. Bahnen (Dt. Bundesbahn u. Dt. Reichsbahn) zum 1. 1. 1994 entstandenes privates Eisenbahnverkehrsunternehmen (↑Eisenbahn).

Deutsche Bibliothek, seit Dez. 1990 gemeinsamer Name der Archivbibliotheken u. bibliograph. Zentren für Dtl.; Gliederungseinheiten die ehem. *Deutsche Bibliothek,* Frankfurt am Main (gegr. 1947), die ehem. *Deutsche Bücherei,* Leipzig (gegr. 1912) sowie das *Deutsche Musikarchiv,* Berlin (gegr. 1970); sammelt u. verzeichnet dt.-sprachige Lit. des In- und Auslands, fremdsprachig in Dtl. erscheinende Lit., Musiknoten u. Tonträger; Hg. der Dt. Nationalbibliographie.

Deutsche Bücherei, ↑Deutsche Bibliothek.

Deutsche Bucht, sö. Teil der Nordsee zw. d. W-Küste Jütlands bis Esbjerg u. d. dt.-niederl. Küste bis Terschelling; in ihrem Zentrum liegt Helgoland.

Deutsche Bundesbahn (DB), bis 1994 im Bundesbesitz befindl. dt. Verkehrsunternehmen, gegr. 1949. (↑Deutsche Bahn AG)

Deutsche Bundesbank (Bbk), Zentralnotenbank der BRD, 1957 hervorgegangen aus der Bank deutscher Länder.

Deutsche Bundespost (DBP), 1950 gegr. öffentl. Unternehmen des Post- u. Fernmeldewesens. Mit der Neuordnung der D. B. („Postreform") s. 1989 wurden 1995 die eigenständigen Bereiche *Dt. Post AG, Dt. Postbank AG* u. *Dt. Telekom AG* geschaffen.

Deutsche Christen: 1) 1927 gegr. Kirchenbewegung; erstrebte eine dt. Nat.-Kirche, 1945 verboten; **2)** 1932 gegr. Glaubensbewegung, vom Nat.-Soz. stark gefördert, forderte eine R.-Kirche luth. Prägung für Christen ar. Rasse, Auflösung 1945.

Deutsche Demokratische Partei (DDP), 1918 von F. Naumann gegr. linksliberale Partei; 1930 nach Fusion mit liberalen Splittergruppen in *Dt. Staatspartei* umbenannt, 1933 aufgelöst.

Deutsche Demokratische Republik (DDR), ehem. Republik

in M-Europa, zw. Ostsee u. Erzgeb., Elbe/Harz und Oder/Neiße, 108 333 km², 16,66 Mill. E; volksdemokrat. Reg.-System unter Führung d. SED mit Staatsrat, Ministerrat und Volkskammer; Reg.-Sitz Berlin (Ost). – *Gesch.*: In der SBZ 1945 Boden-, Schul-, Justizreform, Enteignung u. Verstaatlichung großer Teile der Industrie. 1946 Vereinigung v. SPD u. KPD zur SED. 1947 Schaffung der Dt. Wirtschaftskommission, 1949 des 2. Dt. Volksrates als Vorläufer einer Reg. u. eines Parlaments. Juni 1948 Währungsreform. 1949 Aufstellung der Volkspolizei. 7.10. 1949 Verfassung. Sozialist. Aufbau: 1950 Einführung der Einheitsliste der ↑Nat. Front für die Volkskammerwahlen, 1952 Aufstellung nat. Streitkräfte (zunächst kasernierte Volkspolizei), Bildung von landw. Produktionsgenossenschaften, vorrangige Entwicklung der Schwerindustrie. 1950 Mitglied des ↑Rats für gegenseitige Wirtsch.hilfe. 1952 Verwaltungsreform (14 Bezirke). 1953 Aufstand des ↑Siebzehnten Juni. 1955 Gründungsmitgl. des ↑Warschauer Pakts. 1957/58 Aktionen gg. „revisionist. Abweichler". 1960 Abschluss der „Vollkollektivierung" der Landwirtschaft. 1961 Abriegelung Berlins (O) u. der DDR von der BRD (Mauerbau, Sperrgürtel). 1962 Einführung der Wehrpflicht. 1968 neue Verf. (sozialist. Rechtsform). Seit dem ↑Grundvertrag mit der BRD (1972) diplomat. Anerkennung durch fast alle Staaten. 1960–73 W. Ulbricht, 1973–76 W. Stoph, 1976–89 E. Honecker, danach E. Krenz (für kurze Zeit) Staatsratsvors. 1973 Mitgl. der UN. Okt. 1989 Feier d. 40. Jahrestags d. Staatsgründung, bereits unter Druck einer Oppositions- u. Reformbewegung. Massendemonstrationen erzwangen Rücktritt v. E. Honecker aus allen Ämtern (18.10.) sowie d. Politbüros (8.11.); E. Krenz (Okt.–Dez.) Staatsratsvors., 9.11. Öffnung der Grenze zur BRD u. Berlin (West); s. 13.11. „Reg. der nat. Verantwortung" zur demokrat. Umgestaltung d. DDR, u.a. Vorschlag einer Vertragsgemeinschaft zw. beiden dt. Staaten; 18.3. 1990 erste freie Volkskammerwahlen; gewählter Min.-Präs. L. de Maizière (CDU) befürwortete raschen Beitritt der DDR zur BRD nach Art. 23 GG; In-Kraft-Treten der Wirtschafts-, Währungs- u. Sozialunion zw. beiden Staaten zum 1.7. 1990 schuf techn.-wirtschaftl. Voraussetzungen für den Beitritt, der nach innerdeutschen (Einigungsvertrag) u. Verhandlungen mit den 4 Alliierten (Zwei-plus-vier-Verhandlungen) am 3.10. 1990 vollzogen wurde.

Deutsche Einheitskurzschrift (DEK), in Dtl. übl. ↑Kurzschrift; 1922 entworfen, 1924 für verbindl. erklärt, 1936 vereinfacht, 1968 erneut normiert.

Deutsche Forschungsgemeinschaft (DFG), gemeinnützige Körperschaft zur Förderung von Forschern u. Forschungsvorhaben; zur Koordinierung der Forschung in Dtl. u. zur Pflege internat. Zusammenarbeit.

Deutsche Friedensunion (DFU), 1960 gegr. neutralist.-pazifist. Linkspartei der BRD, ohne Bed. s. 1969.

DEUTSCHE GESCHICHTE

Das Hl. Röm. Reich erwuchs aus dem Frankenreich Karls d. Gr.: Das Machtstreben der Söhne Ludwigs des Frommen führte zur Auflösung des Fränk. Reiches; Vertr. von Verdun 843: Der Ostteil kam an Ludwig den Dt., der Westteil an Karl den Kahlen. Der nördl. Teil des Lotharing. Zwischenreiches fiel (Vertr. von Meerssen 870, Ribemont 880) an das Ostfränk. Reich (843–911), aus dem das Hl. Röm. Reich entstand. In Kämpfen gg. Slawen u. Ungarn bildeten sich starke erbl. Stammeshzgt.; Sinken des kgl. Ansehens. Tragende Stämme: Sachsen, Franken, Bayern, Schwaben. Nach vergebl. Versuchen Konrads I. gelang Heinrich I. die Wiederherstellung der Königsmacht (Sieg über die Ungarn 933, Zurückgewinnung Lothr.). Unter seinem Sohn Otto I., d. Gr., weitere Festigung; 955 Sieg auf dem Lechfeld gg. die Ungarn; Gründung von Grenzmarken gg. die Slawen; Errichtung des Erzbistums Magdeburg (Mission). Der R.-Episkopat wurde tragendes Element des Reiches; Bischöfe u. Äbte wurden geistl. R.-Beamte mit Rechten (Immunitäten) u. Pflichten (Hof- u. Heerfahrt). 951 Gewinn des Kgr. Italien. Die Ks.-Krönung Ottos I. in Rom (962) brachte die damal. Hegemonie im Abendland zum Ausdruck. Otto II. suchte vergebl. ganz Italien zu erobern; Aufstand der Slawen 983 führte zum Zusammenbruch der Kolonisation u. der Mission östl. der Elbe. Auch Ks. Ottos III. Plan einer auch die Kirche beherrschenden Universalmonarchie (Renovatio imperii Romanorum) scheiterte. Heinrich II. und Konrad II. begr. die äußere Macht neu; Wiedergewinnung Böhmens u. der Lausitz, endgült. Erwerbung Burgunds 1033.

Unter dem Salier Heinrich III. Förderung der kluniazens. Klosterreform; Übertragung der Reform auf die Weltgeistlichkeit (Verbot der Simonie u. der Laieninvestitur), die die polit. Befreiung des Papsttums einleitete. Der Ggs. zw. Königtum u. Fürsten, die während Heinrichs IV. Unmündigkeit ihre Sonderinteressen verfolgten, verknüpfte sich mit dem Kampf des Kg. gg. Papst Gregor VII., der ihm das Recht zur Einsetzung von Bischöfen absprach (Investiturstreit). Heinrich IV. löste sich in Canossa 1077 vom Bann u. unterwarf die aufständ. Fürsten. Heinrich V. schloss 1122 das Wormser Konkordat. Nach dem Tod des letzten Saliers Wahl Lothars von Sachsen-Supplinburg zum Kg. und 1127 Erhebung des Staufers Konrad III. zum Gegenkg., der 1138 die Nachfolge antrat. Friedrich I. Barbarossa dämpfte den stauf.-welf. Ggs. (Privilegium minus 1156); Stärkung der kgl. Macht und Erneuerung des Imperiums (1155 Ks.-Krönung; Kämpfe mit den oberital. Städten). Die Hilfeverweigerung Heinrichs des Löwen führte zu dessen Sturz. Heinrich VI. wurde durch Heirat mit Konstanze zugleich Kg. v. Sizilien. Sein Erbreichsplan scheiterte; sein früher Tod bedeutete das Ende der Hegemonie über das Abendland u. führte zu Thronwirren. Doppelkönigtum Philipps v. Schwaben u. Ottos IV., dessen Pol. sich Papst Innozenz III. mit der Erhebung Friedrichs II. entgegenstellte. Dieser schuf sich in seinem sizilian. Erbreich ein straff organisiertes Staatswesen u. suchte in Dtl. das Imperium wieder aufzurichten; Erneuerung und Ausbau des stauf. R.-Territoriums, zugleich zunehmender Ggs. zum Papsttum. Gr. Zugeständnisse an die Fürsten (Privilegium in favorem principum ecclesiasticorum 1220, Statutum in favorem principum 1231). Friedrich II. starb 1250 vor der Entscheidung des Kampfs mit dem Papst; Nachf. 1254 sein Sohn Konrad IV. Nach dem Zerfall der Zentralgewalt war die Entw. zum Territorialstaat besiegelt, der Ausbau der Landesherrschaften begann.

Der Grundsatz der freien Kg.-Wahl wurde allg. anerkannt. Die Hausmachtpol. der Herrscher aus versch. Häusern (Tabelle S. 150) war der einzig mögl., aber auch vergebl. Versuch, den Fürsten Macht u. Einfluss zu entwinden. Im Spät-MA Aufblühen d. dt. Städtewesens, Aufstieg u. Zusammenbruch d. Dt. Ordens u. Ausdehnung d. dt. Ostseehandels (Hanse). Beendigung des Interregnums durch Wahl Rudolfs von Habsburg, der in Kämpfen gg. Kg. Ottokar v. Böhmen die habsburg. Hausmacht begründete. Hausmachtpol. gr. Stils betrieb der Luxemburger Heinrich VII., der seinem Sohn Böhmen u. Mähren übertrug; sein Enkel Karl IV. konnte, da die von Ludwig dem Bayern geschaffene wittelsbach. Hausmacht durch Erbteilungen schnell wieder zerfiel, ↑Brandenburg u. die Lausitz gewinnen; sein Sohn Sigismund gab Brandenburg an die Hohenzollern (1415), gewann aber durch Heirat Ungarn. Albrecht II. verband die luxemburg. mit seinen habsburg. Besitzungen. Diese Hausmacht war so stark, dass das Kaisertum bis 1806 bei den Habsburgern verblieb. Karl IV., der bedeutendste Herrscher des Spät-MA, machte Böhmen zum territorialen Musterstaat. Nachdem der Kurverein von Rhense 1338 die Lösung des Kaisertums vom Papsttum festgelegt hatte, regelte Karl IV. durch die Goldene Bulle das Königswahlrecht. Die R.-Gewalt wurde damit an die Krfst. übertragen. Unter Wenzel u. Ruprecht v. d. Pfalz weitere Schwächung der kgl. Macht. Das Konstanzer Konzil (1414–18) unter Vorsitz Ks. Sigismunds rettete die Kircheneinheit, löste aber die Hussitenkriege aus, die erst nach einem Vergleich (Prager Kompaktaten 1433) beendet werden konnten. Nach den Erfolgen der Hausmachtpol. Friedrichs III. brachte die Heirat Maximilians I. 1477 den Gewinn v. Burgund u. den Niederlanden. Unter Maximilian I. ständische R.-Reform; die Ehe zw. Philipp, Sohn Maximilians, u. Johanna, Erbin v. Kastilien u. Aragonien, brachte die Vereinigung Spaniens mit den Niederlanden und den östr. Erblanden.

1517 Thesenveröffentlichung Luthers; 1521 verhängte das Wormser Edikt über ihn u. seine Anhänger die R.acht. Die Kämpfe Karls V. mit Franz I. v. Frkr. u. die Türkengefahr kamen der luth. Bewegung zugute; 1524/25 erschütterten die Erhebung der Ritter u. der Bauernkrieg das Land. Doch wurde gleichzeitig der innere Ausbau der luth. Landeskirche vorangetrieben. 1529 Protestaktion der ev. R.-Stände gg. den Reichstagsabschied v. Speyer, der das Wormser Edikt erneuert hatte; Zusammenschluss der prot. R.-Stände im Schmalkald. Bund. 1546/47 Schmalkald. Krieg, der die Selbstständigkeit des dt. Territorialft. zugunsten des Kaisertums brechen u. die konfessionelle Einheit des Reiches wieder herstellen sollte; Niederlage der Protestanten in der Schlacht bei Mühlberg/Elbe. 1548 Augsburger Interim. Krfst. Moritz v. Sachsen wandte sich zum Schutz der „Libertät" der dt. Fürsten im Bündnis mit Heinrich II. v. Frkr., der dafür Metz, Toul u. Verdun besetzte, gg. den Ks.; Ende der Auseinandersetzungen im Augsburger Religionsfrieden 1555.

Nach der Abdankung Karls V. 1556 Teilung der habsburg. Besitzungen unter die östr. (Ferdinand I.) u. die span. Linie (Philipp II.); letztere erhielt auch die dt. R.-Lehen Mailand, Franche-Comté, Luxemburg u. die Niederlande. Später als im W u. NO Europas setzte die Gegenreformation im Reich ein. Hervorragender Vertr.: Hzg. Albrecht V. v. Bayern; auch in den habsburg. Ländern unter Rudolf II. gegenreformator. Maßnahmen. Furcht vor einem Angriff der kath. Mächte führte 1608 zur Gründung der prot. Union unter Führung Friedrichs V. v. d. Pfalz; 1609 unter bayr. Führung Gegengründung der kath. Liga. Der Aufstand der prot. Stände Böhmens unter Gf. Thurn u. die Wahl des pfälz. Krfst. zum böhm. Kg. führten 1618 zum Dreißigjähr. Krieg, der 1648 durch den Westfäl. Frieden beendet wurde.

Im Zeitalter des Absolutismus Auseinandersetzung zw. den Habsburgern u. Frkr. (Ludwig XIV.), das bei wechselnden Bündnissen in seinem Kampf um die Vorherrschaft in Europa sein Herrschaftsgebiet erweitern konnte; die Kräfte des Ks. waren durch Kämpfe gg. die Türken gebunden. 1683 Belagerung Wiens, Befreiung durch ein R.-Heer u. poln. Hilfstruppen unter Kg. Johann III. Sobieski. In den Türkenkriegen Gewinn v. Ungarn u. Siebenbürgen, vorübergehend auch der Kl. Walachei u. v. Teilen Serbiens mit Belgrad. Der ungar. R.tag übertrug an Habsburg die erbl. Thronfolge: Personalunion Östr.-Ungarn. Entscheidung des Kampfes im Span. Erbfolgekrieg; Karl VI. erkannte den Utrechter Frieden an und erhielt die span. Niederlande sowie die bisher span. Nebenländer Mailand, Sardinien, Neapel. Östr. wurde damit zur führenden Macht in Italien. Tausch mit Savoyen, das Sizilien abtrat u. Sardinien erhielt. Die Pragmat. Sanktion (1713) sicherte die weibl. Nachf. u. die Unteilbarkeit der östr. Monarchie. In Dtl. wicht. Veränderungen: Ausdehnung gr. Territorien über die R.-Grenzen; 1697 gelangte Friedrich August I. v. Sachsen als August II. auf den poln. Thron; Personalunion bis 1763; 1714 wurde der Krfst. v. Hannover Kg. v. Großbrit. (Personalunion Großbrit.-Hannover bis 1837). – Beginn des Aufstiegs v. Brandenburg-Preußen; 1675 Sieg des Gr. Krfst. über die Schweden bei Fehrbellin. Unter Friedrich Wilhelm I. Aufbau einer straffen Staatsverw. (Beamtenschaft, stehendes Heer). Im Nord. Krieg Gewinn von Stettin u. Vorpommern bis zur Peene. Friedrich II., d. Gr., setzte den Ausbau des Staates im Sinne des aufgeklärten Absolutismus fort. – Nachf. Karls VI. wurde seine Tochter Maria Theresia; trotz Anerkennung der Pragmat. Sanktion erhoben die Krfst. v. Sachsen und Bayern Ansprüche auf das habsburg. Erbe. Ausbruch des Östr. Erbfolgekrieges, ausgelöst durch den Einfall Friedrichs II. in Schlesien, das er aufgrund sehr umstrittener Rechtstitel für sich beanspruchte; 1. (1740) u. 2. (1744) Schles. Krieg; Ergebnis: Abtretung Schlesiens u. der Gft. Glatz an Preußen; Anerkennung Franz' I., Gemahls Maria Theresias, als Ks. Der Östr. Erbfolgekrieg wurde 1748 im Frieden zu Aachen beendet: Östr. trat Teile von Mailand an Sardinien, Parma u. Piacenza an Spanien ab. Beginn des Kampfes zw. Preußen u. Östr. um die Vorherrschaft in Dtl. Im Siebenjähr. Krieg konnte Friedrich II. gg. eine gr. Koalition (Östr., Frkr., Russland, Sachsen u. die meisten R.-Fürsten) Schlesien behaupten. Damit war die Stellung Preußens als Großmacht bestätigt. In Östr. brachte der aufgeklärte Absolutismus unter Joseph II (Josephinismus) den Aufbau einer zentralisierten Verw., den Erlass eines Toleranzedikts für Protestanten u. die Einziehung der Kirchengüter. Die Solidarität der Throne gg. die Frz. Revolution führte 1792 zur frz. Kriegserklärung an Östr. u. Preußen (1. Koalitionskrieg); 1795 frz.-preuß. Basler Frieden. Gleichzeitig 3. Teilung Polens. 1797 Sieg Napoleons über Östr., das im Frieden v. Campoformio die östr. Niederlande, Mailand, Modena und Mantua an Frkr. abtreten musste u. die Rheingrenze anerkannte. Bestätigung dieser Bedingungen im Frieden v. Lunéville 1801. Der R.-Deputationshauptschluss (1803) brachte eine Neuordnung des Reiches: Säkularisierung der geistl. Territorien, alle R.-Städte (bis auf Lübeck, Hamburg, Bremen, Augsburg, Nürnberg

u. Frankfurt am Main) verloren ihre Selbstständigkeit. Außer Preußen wurden bes. Baden u. die neuen Kgr. (s. 1806) Bayern u. Württemberg vergrößert. 1806 Rheinbund der Mittelstaaten mit Napoleon I.; Habsburgs Vormacht in Europa gebrochen; am 6. 8. 1806 legte Franz II. die Ks.-Krone nieder, Ende des Hl. Röm. Reiches Dt. Nation.
1806/07 völl. Niederlage Preußens gg. Napoleon I. (Schlachten v. Jena u. Auerstedt), Abschluss des Friedens v. Tilsit. Reformen Steins u. Hardenbergs. Die Niederlage Napoleons I. im russ. Feldzug löste die ↑Befreiungskriege aus; Okt. 1813 Völkerschlacht bei Leipzig, Sieg der verbündeten preuß.-russ.-östr. Truppen. – Der Wiener Kongress brachte für Dtl. u. a. die Schaffung des Dt. Bundes, eines losen Staatenbundes v. 35 souveränen Fürsten u. 4 R.-Städten unter östr. Vorsitz. Unter Metternich Unterdrückung der nat. u. lib. Tendenzen in Dtl. Der Kampf zw. Metternich und den revolutionären Kräften führte zu den Karlsbader Beschlüssen. Freiheitl.-nat. Regungen u. die Februarrevolution in Frkr. lösten die Revolution v. 1848 aus: Sturz Metternichs in Wien. Nach dem Zusammentritt eines Vorparlaments am 18. 5. Eröffnung der Frankfurter Nationalversammlung. Erzhzg. Johann v. Östr. zum R.-Verweser gewählt; damit Bildung einer vorläuf. Zentralreg.; Friedrich Wilhelm IV. v. Preußen zum dt. Erbks. gewählt, lehnte die Wahl ab. Sein Versuch, die R.-Einheit durch eine Einigung der Fürsten zu erreichen, scheiterte (Vertr. v. Olmütz). Verf.-Konflikt in Preußen führte zur Berufung Bismarcks. Der Bruch der dän. Verpflichtungen gg. Schl.-Ho. hatte den preuß.-östr. Feldzug u. die gemeinsame Annexion zur Folge: Östr. erhielt Holstein, Preußen Schleswig. Die von Bismarck angestrebte „kleindt." Lösung führte zum Krieg gg. Östr. 1866. Entscheidungsschlacht bei Königgrätz; das diplomat. Geschick Bismarcks vereitelte die drohende frz. Einmischung. Maßvoller Friede v. Prag; Schonung Östr., das Venetien an Italien abtrat. Gründung des ↑Norddt. Bundes unter Führung Preußens, das Schl.-Ho., Nassau, Kurhessen, Hannover u. Frankfurt annektierte. 1870/71 Dt.-Frz. Krieg; am 18. 1. 1871 Kaiserproklamation im Spiegelsaal v. Versailles; Kg. Wilhelm I. v. Preußen erbl. dt. Kaiser.
Gründung des Dt. Reiches mit einer Verf. nach dem Modell des Norddt. Bundes (B.rat, R.tag, R.kanzler). Im Dt. Reich verfolgte Bismarck mit wechselnden parlament. Mehrheiten eine Innenpol., die zu Spannungen mit den Katholiken (Kölner Kirchenstreit, Kulturkampf) u. Kämpfen mit den Sozialdemokraten (Sozialistengesetz) führte. Bismarcks außenpolit. Ziel war die Wahrung des europ. Friedens u. die Neutralisierung gegner. Koalitionen durch ein bündnispolit. System; 1879 dt.-östr. Zweibund, 1882 Dt. Reich–Östr.–Italien: Dreibund; 1881 Dreikaiservertrag Dt. Reich–Östr.–Russland; 1887 Rückversicherungsvertr. mit Russland. Erwerb v. Kolonien (SW-Afrika, Kamerun, Togo, O-Afrika). 1888 Reg.-Antritt Wilhelms II., Konflikt zw. Ks. u. Kanzler, Entlassung Bismarcks. Der „Neue Kurs" brachte die Auflösung des bismarckschen Bündnissystems. 1890 wurde der Rückversicherungsvertr. mit Russland nicht erneuert, das daraufhin 1892 ein Bündnis mit Frkr. schloss. Großbrit. wurde u. a. durch die Flottenpol. (Tirpitz) u. die dt. Einflussnahme in brit. Interessensphären auf die gegner. Seite getrieben. Die Marokkokrisen 1905/06 u. 1911 (Panthersprung) zeigen deutl. die dt. Isolierung. Die Annexion Bosniens 1908/09 durch Östr. u. die Balkankrisen 1912/13 brachten neue Spannungen. Letzter Verständigungsversuch mit Großbrit. scheiterte 1912. Die Ermordnung des östr. Thronfolgers Franz Ferdinand in Sarajevo löste den Ersten Weltkrieg aus. Die geplante Umwandlung Dtl. in eine parlamentar. Monarchie kam zu spät; Nov. 1918 Waffenstillstand u. Revolution. Erhebung der Matrosen; Wilhelm II. dankte ab und ging ins Exil.
Der Rat der Volksbeauftragten übernahm die Reg.; eine Nationalvers., aus allg. u. gleichen Wahlen hervorgegangen, trat in Weimar zusammen u. schuf die Weimarer Verf.; Ebert 1. R.-Präs.; Reg.-Basis war die Weimarer Koalition (SPD, Zentrum, Demokraten). In Dtl. hatte man die harten Bedingungen des Friedens von Versailles nicht erwartet, der Vertr. stieß auf leidenschaftl. Widerstand, seine Erfüllung blieb Gegenstand dauernder Parteikämpfe u. belastete die Weimarer Rep. Verwilderung des pol. Lebens (Ermordung Erzbergers, Rathenaus); Rechtsputsch unter Kapp zusammengebrochen. Die Reparationsfrage führte 1923 zur Ruhrbesetzung durch Frkr. u. Belgien und zur Inflation. Die Erfüllungspol. Stresemanns beendete den „pass. Widerstand" u. überwand die R.-Krise (Separatisten im Rhld., Putsch Hitlers in München).
1923 Stabilisierung der Währung durch das „Wunder der Rentenmark" (Helfferich, Luther, Schacht); 1924 Dawesplan, 1925 Räumung des Ruhrgebiets. Die Politik ↑Stresemanns u. Briands leitete die dt.-frz. Verständigung ein, der Locarnopakt garantierte die dt.-frz. Grenze u. führte zum Eintritt Dtl. in den Völkerbund. 1925 Wahl Hindenburgs zum R.-Präs.; Kampf um Annahme des Youngplans. Der Tod Stresemanns u. der Beginn der Weltwirtschaftskrise förderten den Radikalismus der Parteien, heft. Wahlkämpfe, Notverordnungen. Unter R.-Kanzler Brüning „autoritäre Rep.". Nach dem Sturz Brünings Reg. Papen ohne Mehrheit. Reichstagswahlen im Juli 1932 brachten der NSDAP 230 Sitze (Harzburger Front); Ende der Reparationszahlungen (Lausanner Konferenz); nach dem Sturz v. Papens und General v. Schleichers am 30. 1. 1933 Berufung Hitlers zum R.-Kanzler.
Innenpol. Ziel Hitlers: Ausschaltung der demokrat. Ordnung u. Errichtung eines totalitären Regimes; Göring errichtete die Geheime Staatspolizei (Gestapo). Der Reichstagsbrand bot den Vorwand zum Verbot der KPD. Zustimmung aller Fraktionen (mit Ausnahme der SPD) zum Ermächtigungsges. (24. 3. 1933). Folgen: Auflösung der Parteien; NSDAP einz. Partei. Das Ges. „über den Neuaufbau des Reiches" (1934) beseitigte das staatliche Eigenleben der Länder; 1934 Röhm-Putsch. Nach dem Tod Hindenburgs (1934) Vereinigung der Ämter des R.-Präs. u. R.-Kanzlers in Hitlers Hand. Aufbau der Wehrmacht, Übernahme des OKW durch Hitler. 1933 Austritt aus dem Völkerbund; 1935 Einführung der allg. Wehrpflicht, Flottenabkommen mit England, Rückgliederung des Saargebiets; 1936 Kündigung des Locarnopaktes, Rhld.-Besetzung u. Anfang der Bündnispol.: Antikominternpakt mit Japan; Beginn der dt.-ital. Annäherung. Erweiterung des dt. „Lebensraumes" auf dem Weg der Gewalt (Hoßbachprotokoll 1937); 1938 Anschluss Östr.; das Münchner Abkommen führte zur Angliederung der sudetendt. Teile der ČSR u. zur Garantie des Restbestandes; die Besetzung der ČSR 1939 zeigte den imperialist. Charakter v. Hitlers Pol., die auf harten Widerstand der Westmächte stieß. Abschluss des dt.-russ. Wirtsch.- u. Nichtangriffspaktes unter Abgrenzung der Interessensphären. Der Einmarsch in Polen eröffnete den 2. Weltkrieg, der mit der dt. Kapitulation am 7./8. Mai 1945 endete (Potsdamer Abkommen). Zunächst Ende des dt. Staates; Teilung in 4 Be-

satzungszonen, gemeinsame Besetzung Berlins; der Alliierte Kontrollrat bildete die oberste staatl. Autorität. Dezentralisation der Wirtsch., Demontage, Reparationen; Entnazifizierung; Nürnberger Prozesse. Die Gebiete östl. der Oder-Neiße-Linie wurden unter poln. u. russ. Verw. gestellt. 1990 Anerkennung der Grenzziehung. Die staatl. Neugestaltung Dtl. begann mit der Bildung der Länder u. Parteien:
Im W wurden die amerikan. u. die brit. Zone zum „Vereinigten Wirtschaftsgebiet" (Bizone) zusammengefasst, bald erweitert zur Trizone; am 1.7. 1948 die 11 Min.-Präs. der entstandenen W-Länder beauftragt, eine verfassunggebende Versammlung (Ausarbeitung des GG) für die Errichtung eines westdt. Bundesstaates einzuberufen. – In der sowjet. Besatzungszone (SBZ) schuf die sowjet. Militäradministration in Dtl. (SMAD) 1945 dt. Zentralverwaltungen u. fasste sie 1947 in der Dt. Wirtschaftskommission zusammen, 1949 folgte die Gründung der DDR. – In der BRD begann (nach der Währungsreform vom Juni 1948) der wirtsch. Neuaufbau (Marshallplan); 1949 ↑Besatzungsstatut. 1948/49 Berliner Blockade durch die UdSSR (↑Luftbrücke); 23.5. 1949 Verkündung des GG; am 14.8. 1949 Wahl des 1. Dt. Bundestages, Konstituierung der BRD u. am 7.10. 1949 der ↑Deutschen Demokratischen Republik. Außenpolit. Integration in das westl. Bündnissystem: 1951/52 Beitritt zur Europ. Gemeinschaft für Kohle u. Stahl, Revision des Besatzungsstatus; 1952 ↑Deutschlandvertrag; 1955 ↑Pariser Verträge (u.a. Aufnahme in die Westeurop. Union u. die NATO), BRD souverän. 1955–69/70 ↑EWG und ↑EURATOM. 1958–61 2. Berlinkrise (Mauerbau); 1968 Notstandsgesetzgebung. Entspannungspolitik gegenüber dem O: 1970 Dt.-Sowj. Vertr. u. Dt.-Poln. Vertr., 1971 Viermächteabkommen über ↑Berlin; 1973 ↑Grundvertrag mit der DDR. Aufnahme in die UN.
Gestärkt durch die Reformbestrebungen in den osteurop. Staaten, bes. aber durch die Umorientierung der sowjet. Außenpolitik, brach sich in der DDR eine bereits länger bestehende Protestbewegung Bahn. Manipulationen bei den Kommunalwahlen im Mai 1989 sowie eine ständig anwachsende Fluchtbewegung v. a. über Ungarn, die Tschechoslowakei u. Polen in die BRD, daneben regelmäßig Massendemonstrationen in allen größeren Städten der DDR, führten am 18.10. zum Rücktritt von Staats- u. Parteichef E. Honecker u. weiterer Politbüromitgl. Die von Honecker-Nachfolger E. Krenz eingeleitete ‚Wende' zeigte die Öffnung der Grenzen zw. beiden dt. Staaten an. Die seither in den Vordergrund tretende Frage nach einer Überwindung der Teilung Deutschlands wurde zunächst in beiden Staaten unterschiedlich angegangen. Während der seit 13.11. amtierende DDR-Min.-Präs. H. Modrow ein Zusammenwachsen über eine Vertragsgemeinschaft befürwortete, legte Bundeskanzler H. Kohl am 28.11. 1989 einen Zehn-Punkte-Plan vor, wonach eine Konföderation zur dt. Einheit führen sollte. Die aus den ersten freien Wahl in der DDR hervorgegangene Regierung einer großen Koalition unter Min.-Präs. L. de Maizière strebte eine zügige Vereinigung nach Art. 23 GG an. In einem Staatsvertrag, in Kraft getreten 1.7. 1990, zw. BRD und DDR wurden die Grundzüge der Vereinigung durch die Wirtschafts-, Währungs- u. Sozialunion zw. beiden Staaten festgelegt. Dem Einigungsvertrag stimmten sowohl Bundestag als auch Volkskammer zu, sodass der Beitritt der DDR zur BRD am 3.10. 1990 vollzogen werden konnte.
Zum 3.10. 1990 trat auch die von der Volkskammer der DDR beschlossene Umstrukturierung der Territorialgliederung in Kraft: die fünf Länder Brandenburg, Mecklenburg-Vorpommern, Sachsen, Sachsen-Anhalt u. Thüringen wurden wieder hergestellt.
Der dt.-dt. Einigungsprozess wurde begleitet von Verhandlungen der vier Siegermächte mit den beiden dt. Staaten (Zwei-plus-vier-Verhandlungen), um seine Einbettung in das europ. Sicherheitskonzept zu erreichen. In ausdrückl. Erklärungen betonten sowohl der Dt. Bundestag als auch die Volkskammer die Endgültigkeit u. Unverletzlichkeit der bestehenden Ostgrenze Dtl.s. In den folgenden Jahren standen zunächst die Probleme in den neuen Bundesländern (Wirtschafts- u. Arbeitsmarkt), der zunehmende Rechtsradikalismus sowie Asylrechtsfragen im Vordergrund, danach bestimmten v.a. Finanzprobleme die polit. Diskussion.
Weiteres: ↑Deutsche Demokratische Republik

Staatsoberhäupter
Deutsches Reich

Reichspräsidenten

Friedrich Ebert	1919–1925
Paul von Hindenburg	1925–1934
Adolf Hitler („Führer und Reichskanzler")	1934–1945
Karl Dönitz	1945

deutsche Geschichte.
Brandenburger Tor im Sommer 1991 mit restaurierter Quadriga und Siegesgöttin (Blick von der Ostseite)

deutsche Geschichte, Könige und Kaiser			
Dynastie			bestattet in
Karolinger	* Ludwig II., der Deutsche	843–876	Lorsch
	* Karlmann (von Bayern)	876–880	Altötting
	* Ludwig III., der Jüngere	876–882	Lorsch
	Karl III., der Dicke	876/881–887	Reichenau
	Arnulf (von Kärnten)	887/896–899	Regensburg
	* Ludwig IV., das Kind	900–911	Regensburg
Konradiner	* Konrad I., der Jüngere	911–918	Fulda
Liudolfinger	* Heinrich I.	919–936	Quedlinburg
	Otto I., der Große	936/962–973	Magdeburg
	Otto II., der Rote	973/967–983	Rom
	Otto III.	983/996–1002	Aachen
	Heinrich II., der Heilige	1002/14–1024	Bamberg
Salier	Konrad II.	1024/27–1039	Speyer
	Heinrich III.	1039/46–1056	Speyer
	Heinrich IV.	1056/84–1106	Speyer
Rheinfeldener	(Rudolf von Rheinfelden, Gegenkönig	1077–1080)	Merseburg
Lützelburger	(Hermann von Salm, Gegenkönig	1081–1088)	Metz
Salier	(Konrad, Sohn Heinrichs IV., Gegenkönig	1087–1098)	Florenz
	Heinrich V.	1106/11–1125	Speyer
Supplinburger	Lothar III. (von Sachsen)	1125/33–1137	Königslutter
Staufer	* Konrad III.	1138–1152	Bamberg
	Friedrich I. Barbarossa	1152/55–1190	Tyrus
	Heinrich VI.	1190/91–1197	Palermo
	* Philipp (von Schwaben)	1198–1208	Speyer
Welfen	Otto IV. (von Braunschweig)	1198/1209–1218	Braunschweig
Staufer	Friedrich II.	1212/20–1250	Palermo
	(Heinrich [VII.]	1220–1235)	Cosenza
Ludowinger	(Heinrich Raspe von Thüringen, Gegenkönig	1246–1247)	Eisenach
Staufer	* Konrad IV.	1250–1254	(Messina)
Holland	* Wilhelm	1248–1256	Middelburg
Plantagenets	* Richard von Cornwall	1257–1272	Hayle
Burgunder	* Alfons (X. von Kastilien und León)	1257–1273	Sevilla
Habsburger	* Rudolf I.	1273–1291	Speyer
Nassauer	* Adolf	1292–1298	Speyer
Habsburger	* Albrecht I.	1298–1308	Speyer
Luxemburger	Heinrich VII.	1308/12–1313	Pisa
Habsburger	* Friedrich III., der Schöne	1314–1330	Wien
Wittelsbacher	Ludwig IV., der Bayer	1314/28–1347	München
Luxemburger	Karl IV.	1346/55–1378	Prag
Schwarzburger	(Günther, Gegenkönig	1349)	Frankfurt am Main
Luxemburger	* Wenzel	1378–1400	Prag
Wittelsbacher	* Ruprecht von der Pfalz	1400–1410	Heidelberg
Luxemburger	* Jobst (von Mähren)	1410–1411	Brünn
	Sigismund	1410/33–1437	Oradea (Großwardein)
Habsburger	* Albrecht II.	1438–1439	Székesfehérvar (Stuhlweißenburg)
	Friedrich (IV). III.	1440/52–1493	Wien
	Maximilian I.	1493/1508–1519	Wiener Neustadt
	Karl V.	1519/30–1556	Escorial
	Ferdinand I.	1531/56–1564	Prag
	Maximilian II.	1564–1576	Prag
	Rudolf II.	1576–1612	Prag
	Matthias	1612–1619	Wien
	Ferdinand II.	1619–1637	Graz
	Ferdinand III.	1637–1657	Wien
	Leopold I.	1657–1705	Wien
	Joseph I.	1705–1711	Wien
	Karl VI.	1711–1740	Wien

deutsche Geschichte, Könige und Kaiser Fortsetzung

Dynastie			bestattet in
Wittelsbacher	Karl VII. Albrecht	1742–1745	München
Habsburg-Lothringer	Franz I. Stephan	1745–1765	Wien
	Joseph II.	1765–1709	Wien
	Leopold II.	1790–1792	Wien
	Franz II.	1792–1806	Wien
Hohenzollern	Wilhelm I.	1871–1888	Berlin[-Charlottenburg]
	Friedrich (III).	1888	Potsdam
	Wilhelm II.	1888–1918	Doorn

Die Herrschertitel lauteten: 1. **König der Franken (rex Francorum),** hier des Ostfränk. Reiches seit 843. – 2. **König der Römer (rex Romanorum),** seit dem 11. Jh. zunehmend gebräuchl. für den noch nicht zum Kaiser gekrönten Herrscher. – 3. **Röm. Kaiser (imperator Romanorum)** für das Deutschland, Italien und ab 1032/33 Burgund (von Letzterem später nur noch Teile) umfassende Hl. Röm. Reich. – 4. **Erwählter Röm. Kaiser (Imperator Romanorum electus),** seit 1508 für den regierenden Kaiser (nur in Verbindung mit diesem Herrschertitel seit 1508 auch rex Germaniae). – 5. **Dt. Kaiser,** 1871–1918.

Zeichenerklärung: { = Doppelwahl; * = nur König; ( ) = Gegenkönig/König nur zu Lebzeiten des Vaters

DEUTSCHE KUNST

Karoling. Kunst (8.–10. Jh.): Nur wenige Denkmäler auf dt. Boden erh.: Aachen, Pfalzkapelle; Reichsklöster in Fulda, Hersfeld, Seligenstadt. Charakterist. Sonderform: Westwerk (Corvey, Essen-Werden). Torhalle in Lorsch (774). Wandmalerei: St. Johann in Münster/Graubünden u. St. Maximin, Trier, 9. Jh. Bed. Buchmalerei u. bed. Kunsthandwerk (u. a. Tassilokelch).

Otton. Kunst (10.–11. Jh.): Beginn einer eigtl. dt. Kunst. Zentrum: Sachsen (Niedersachsen, Harzgegend). Erh. Bauten: Nonnenstiftskirche in Gernrode, 961 begonnen; St. Michael, Hildesheim; St. Pantaleon, Köln. Gründung der Bischofsdome in Magdeburg, Mainz, Worms, Bamberg, Augsburg, Straßburg. Plastik: Bronzetüren in Hildesheim; Goldene Madonna im Münster Essen; Gerokreuz, Köln, Dom. Buchmalerei: Reichenauer, Echternacher, Kölner u. Regensburger Schule. Goldschmiedekunst: Mathildenkreuze in Essen; Basler Antependium (Paris); Reichskreuz u. Kaiserkrone (Wien); Wandmalerei: Reichenau-Oberzell, Wundertaten Christi, gegen 1000.

Romanik (11.–13. Jh.); Salierzeit (1024–1125): v. a. Baukunst; Limburg a. d. Haardt, Abteikirche; Speyer, Kaiserdom, Grabkirche der Salier (neuer, rein abendländ.-roman. Kirchentyp: kreuzförm. Basilika mit ausgeschiedener Vierung, ganz gewölbt). – Reformrichtung (auf den altchristl. Typus der ungewölbten Säulenbasilika zurückgreifend), Hirsauer Schema: Hirsau, St. Peter u. Paul (nicht erh.), Alpirsbach, Paulinzella u. a. – Stauferzeit (1125–1250): eine kaum übersehbare Fülle von Denkmälern, v. a. die Neubauten der gr. otton. Dome: Mainz, Worms, Bamberg (frz.-frühgot. Einfluss), Straßburg, Abtei- u. Stiftskirchen in Maria Laach, Köln (St. Aposteln, St. Maria im Kapitol, St. Gereon), Soest (St. Patroklus). Eine eigene Gruppe die Zisterzienserkirchen (Verzicht auf Schmuck, Verbot der Türme): Maulbronn, Eberbach; Übergang zur Frühgotik in Heisterbach, Ebrach u. a., Pfalzen u. Burgen in Goslar, Wimpfen, Gelnhausen, Seligenstadt, Münzenberg. Plastik: Herausbildung echter Monumentalität: Braunschweiger Löwe, Lesepult aus Alpirsbach (in Freudenstadt), Chorschranken in Hildesheim u. Halberstadt. Zur Frühgotik überleitend: Goldene Pforte in Freiberg/Sachsen, Wechselburger Triumphkreuz. Höhepunkt: Straßburg, Bamberg, Naumburg (Saale). Goldschmiedekunst: Reliquiare, Tragaltäre, Schreine; Maasschule (Taufbecken des Reiner v. Huy, Lüttich; Servatiusschrein, Maastricht), Nikolaus v. Verdun (Klosterneuburger Altar, Dreikönigenschrein, Köln). Malerei: Wandgemälde in Prüfening bei Regensburg; Soest, „Hohnekirche". Anfänge der Glasmalerei: Augsburg, Straßburg. Buchmalerei: Salzburger, Regensburg-Prüfeninger (Federzeichnungen), sächs.-thüring. Schule (Zackenstil).

Früh- u. Hochgotik (etwa 1220 bis Mitte des 14. Jh.s): Baukunst: Formen der frz. Gotik erst ab 1200, vermittelt v. a. durch die Zisterzienser. Frühgot. Bauten: Kloster Maulbronn, Stiftskirche in Limburg a. d. Lahn, Dom in Magdeburg (Chor). Hochgotik: Trier (Liebfrauen), Marburg a. d. Lahn (St. Elisabeth), Straßburg (Münster, Langhaus u. Fassade), Köln (Dom). Eine Gruppe für sich die Bettelordenskirchen (Regensburg, Dominikaner; Erfurt, Prediger). Hallenkirchen in Westfalen (Minden; Herford; Soest, St. Maria zur Wiese), Hessen (Haina; Friedberg) u. Österreich (Zwettl; Wien, St. Stephan). Plastik: Skulpturenzyklen in Straßburg, Bamberg, Magdeburg, Mainz, Naumburg/Saale. In der Hochgotik got. S-Linie, zunehmende Idealisierung (Straßburg, Westfassade; Köln, Pfeilerfiguren im Domchor). Für die Mystik typ. das Andachtsbild: Christus-Johannes-Gruppen, Vesperbild (Pietà), Schmerzensmann, Gabel- oder Pestkruzifix. Entstehung des got. Altarretabels mit Flügeln. Malerei: Tafelmalerei, bes. wichtig die Böhmische Malerschule. Bed. Werke der Glas- u. Buchmalerei (Maness. Handschrift in Heidelberg).

Spätgotik (etwa 1350–1500): Baukunst: Eigenständige Entwicklung in Dtl. (Sondergotik), Städte u. Bürgertum als Auftraggeber (Nürnberg, Ulm, Straßburg, Lübeck), zahlr. schöpfer. Kräfte, v. a. die Künstlerfam. der Parler (Hüttenmeister): von Heinrich Parler die Heiligkreuzkirche in Schwäb. Gmünd, von Peter Parler der Chor des Veitsdoms sowie die Karlsbrücke mit Turm in Prag. Weitere spätgot. Baumeister: Hans Stethaimer (Landshut, St. Martin), Ulrich von Ensingen (Ulm, Straßburg), Madern Gerthener (Dombaumeister in Frankfurt am Main), Jörg Ganghofer (München, Frauenkirche), Arnold v. Westfalen (Meißen, Albrechtsburg). Gruppe der sächs. Hallenkirchen: Annaberg; Halle/Saale, Marienkirche. Bauten des Bürgerstolzes auch die gr. Backsteindome: Marienkirchen in Lübeck, Stralsund, Wismar, Danzig, Prenzlau u. Greifswald, St. Katharinen in Brandenburg/Havel; bed. Rathäuser (Lübeck, Stralsund, Thorn, Münster [Westf.], Braunschweig). Plastik: Neue Wirklichkeitsnähe bei Peter Parler (Porträtbüsten u. Grabmäler im Prager Domchor). Weicher Stil, um 1400–1430: bezeichnend die „schönen Madonnen" (Thorn, Bonn). Wegbereiter u. Hauptvertreter eines neuen Stils (1430–1520; Knitterfalten, neuer Realismus niederl. Ursprungs; Hauptgattung: geschnitzter u. gemalter Flügelaltar): Hans Multscher (Sterzing, Hochaltar), Nikolaus Gerhaert v. Leyden (tätig in Trier, Straßburg, Konstanz, Wien), Michael Pacher (St.-Wolfgangs-Altar), B. Notke (Lübeck; hl. Georg, Stockholm), E. Grasser (München, Moriskentänzer), G. Erhart (Blaubeuren), A. Pilgram (Wien), H. Backoffen in Mainz, H. Leinberger in Landshut, T. Riemenschneider in Würzburg; in Nürnberg: Veit Stoß, A. Krafft u. Peter Vischer d. Ä. (Sebaldusgrab). Malerei: Fülle von Werken u. Meistern; auch hier neuer Wirklichkeitssinn. Böhm. Malerschule (Wittingauer Altar). Meister Bertram (Grabower Altar). Weicher Stil: Konrad v. Soest, Meister Francke, Frankfurter Paradiesgärtlein (Oberrhein 1410), Kölner Malerschule. – Periode 1430–1500: niederl.-burgund. Einflüsse, Entdeckung der Landschaft bei L. Moser u. K. Witz. Es folgen H. Multscher (Ulm), St. Lochner (Köln), M. Pacher (Tirol), M. Schongauer (Oberrhein), H. Pleydenwurff u. M. Wolgemut (Nürnberg), H. Holbein d. Ä. (Augsburg).

Renaissance u. Manierismus (etwa 1500–80): Höchste Blüte der dt. Malerei in der Dürerzeit: A. Dürer in Nürnberg, v. a. bed. als Zeichner u. Grafiker; M. Grünewald (Mathis Gothart Nithart) am Mittelrhein (Isenheimer Altar in Colmar); A. Altdorfer in Regensburg, Haupt der Donauschule (Landschaften); L. Cranach d. Ä. in Wittenberg; H. Baldung Grien am Oberrhein (Freiburger Hochaltar); H. Holbein d. J. in Basel, später in London, berühmt v. a. als Bildnismaler. In der Baukunst dominiert der Schlossbau, beherrscht von den ital. Säulenordnungen: Dresden, Torgau, Wismar, Brieg, Antiquarium der Münchener Residenz, Ottheinrichsbau in Heidelberg, Rathäuser in Rothenburg ob der Tauber, Köln, Straßburg. Plastik: Hauptwerk Maximiliansgrab in Innsbruck. Bildhauer: H. Daucher in Augsburg, P. Flötner in Nürnberg, K. Meit in Burgund. Blüte des Kunsthandwerks in Nürnberg und Augsburg.

Frühbarock (etwa 1580–1630): Neue Epoche in Süddtl., getragen von der Gegenreformation. Baumeister: F. Sustris (München, St. Michael), E. Holl in Augsburg, G. Ridinger in Aschaffenburg. Plastik: Schüler Giovanni da Bolognas in Augsburg (H. Gerhard, A. de. Vries, H. Reichle), ebenfalls in Augsburg: J. Petel; H. Krumpper in München, J. Zürn in Überlingen, L. Münstermann u. E. Wolff in Norddtl. Maler: A. Elsheimer, J. Liss, H. Rottenhammer, P. Candid.

Spätbarock u. Rokoko (etwa 1680–1770): In der Spätzeit des Barocks noch einmal überragende Größe der dt. Kunst (Schlösser, Abteien u. Wallfahrtskirchen). Baumeister: J. B. Fischer v. Erlach u. J. L. v. Hildebrandt in Wien; J. Prandtauer in Melk; die Vorarlberger Bauschule mit C. A. Moosbrugger, F. Beer von Bleichten und P. Thumb; J. Effner, die Brüder Asam, J. M. Fischer u. D. Zimmermann in Bayern; die Dientzenhofer in Franken u. Böhmen; M. v. Welsch u. B. Neumann in Franken; A. Schlüter in Berlin; M. D. Pöppelmann u. G. Bähr in Dresden; J. C. Schlaun in Münster (Westf.); G. W. v. Knobelsdorff in Potsdam. Bildhauer: G. R. Donner in Wien. E. Qu. Asam in München, A. Schlüter in Berlin, B. Permoser in Dresden, P. Egell in Mannheim, I. Günther in Bayern, J. A. Feuchtmayer im Bodenseegebiet. Malerei: gr. süddt. Freskomaler: J. M. Rottmayr, D. Gran, P. Troger in Österreich; C. D. Asam, Johannes Zick, J. E. Holzer, M. Günther in Bayern u. Schwaben. Kunsthandwerk: Weltruf genießen Porzellane aus Meißen (J. J. Kändler) u. Nymphenburg (F. Bustelli), Möbel aus Neuwied (D. Roentgen).

Klassizismus u. Romantik (etwa 1770–1830): Baukunst: Vorspiel seit 1770 in Norddtl.: F. W. v. Erdmannsdorff in Wörlitz b. Dessau, C. G. Langhaus u. K. v. Gontard in Berlin. Hauptvertr.: F. Gilly, H. Gentz u. K. F. Schinkel in Berlin, F. Weinbrenner in Karlsruhe, L. v. Klenze u. F. v. Gärtner in München. Plastik: v. a. Werke der Bildniskunst; J. G. Schadow und Ch. D. Rauch in Berlin, J. H. v. Dannecker in Schwaben. Malerei: versch. Strömungen: Klassizismus: A. R. Mengs, D. Chodowiecki, A. Graff, J. H. Füßli. Romantik (Landschaft): J. A. Koch, Ph. O. Runge, C. D. Friedrich, W. v. Kobell. Nazarener (relig. Malerei): P. Cornelius, J. Schnorr v. Carolsfeld, F. Overbeck, F. Pforr, die Gebrüder v. Olivier. Heidelberger Romantiker: C. Ph. Fohr, F. Horny, C. Rottmann.

19. Jahrhundert: Malerei: Wendung zum Realismus bei den Berlinern K. Blechen, F. Krüger u. A. v. Menzel. Konservativ-bürgerl. Richtung (Märchen, Historie, Genre); M. v. Schwind, A. L. Richter, A. Rethel, C. Spitzweg, G. F. Waldmüller. Neue Wege suchten A. Feuerbach, H. v. Marées, die Schweizer A. Böcklin u. F. Hodler; H. Thoma, W. Leibl, W. Trübner. Baukunst: G. Semper in Dresden u. Wien, Th. E. v. Hansen in Wien, F. A. Stüler in Berlin.

Gegenwart: Abkehr von Eklektizismus des Fin de siècle u. Hinwendung zu elementaren Formen der künstler. Mittel u. des Ausdrucks. Baukunst: Jugendstil: O. Wagner, H. van de Velde, J. Olbricht, J. Hoffmann, A. Endell; Zweckbauten für Ind. u. Verw.: P. Behrens, H. Poelzig, A. Loos, P. Bonatz, O. Bartning, L. Mies van der Rohe, E. Mendelsohn; von überragender Bed. das 1919 v. W. Gropius in Weimar gegr. Bauhaus. Nach dem 2. Weltkrieg v. a. städtebaul. Aufgaben; bed. Vertr. u. a. E. May, H. B. Scharoun, E. Eiermann; in den 80er-Jahren sind Namen wie O. M. Ungers u. J. P. Kleihues bek. geworden. Malerei: Impressionismus und Freilichtmalerei fortgeführt u. a. durch M. Liebermann, L. Corinth, M. Slevogt. Loslösung vom opt. Eindruck u. Durchbruch zum Expressionismus: Ch. Rohlfs, E. Nolde, Paula Modersohn-Becker. 1905–13 Künstlervereinigung „Brücke" in Dresden (O. Mueller, E. L. Kirchner, M. Pechstein, E. Heckel, K. Schmidt-Rottluff, zeitweilig E. Nolde); bed. Grafik (Holzschnitt). 1911 bis etwa 1914 Künstlergemeinschaft „Der Blaue Reiter" in München (W. Kandinsky [Russe], F. Marc, A. Macke, zeitweilig A. v. Jawlensky, [Russe], A. Kubin [Östr.], P. Klee). Um 1910 Entstehung der abstrakten Malerei (u. a. W. Kandinsky, P. Klee, H. Arp). Nach dem Krieg in Berlin, Köln und Hannover (K. Schwitters) Dada-Aktivitäten. Krieg u. Nachkriegszeit bestimmten themat. die krass realist. Gemälde u. Grafiken von K. Kollwitz, M. Beckmann, O. Dix, G. Grosz, A. Kanoldt, G. Schrimpf. Expressionist. Landschaften u. Porträts v. G. Münter, C. Hofer, H. Purrmann, O. Kokoschka (Östr.). Zentrum der abstrakten Malerei nach dem 1. Weltkrieg war das „Bauhaus" (W. Kandinsky, L. Feininger [USA], P. Klee, O. Schlemmer). Während der Zeit des Nat.-Soz. Unterdrückung der mod. Kunst als „entartet". Nach dem

Sankt Michael in Hildesheim (1033 geweiht; oben); Tilman Riemenschneider, Engelkonzert (um 1500; Detail; links); Max Beckmann, Die Nacht (1918/19; unten links); Caspar David Friedrich, Segelschiff (um 1810; unten rechts)

2. Weltkrieg starker Einfluss des Exilschaffens dt. Maler; überw. abstrakte u. surrealist. Tendenzen: W. Baumeister, M. Ernst, E. W. Nay, F. Winter; in Paris: H. Hartung, Wols; dem Tachismus folgte eine figurative, plakative u. neokonstruktivist. Malerei (H. Antes, G. K. Pfahler, G. Fruhtrunk). Arbeiten im Grenzbereich zur Objektkunst (O. Graubner) u. von amer. Pop-Art u. Fotorealismus beeinflusster Neuer Realismus (Berliner krit. Realisten, u. a. J. Grützke, W. Patrick, K. Vogelsang) entwickeln sich neben- u. nacheinander, in den 80er-Jahren treten die Neuen Wilden (Salomé, M. Kippenberger, H. Middendorf) daneben, M. Lüpertz, H. Baselitz, A. Kiefer, A. R. Penck werden bekannt. Plastik: Allmähl. Aufgabe des klass.-impressionist. Kanons (Rodin) u. Formgebung im Sinne des Expressionismus u. Surrealismus bis zur Aufhebung des Gegenstandes in der abstrakten Komposition: Nach der Generation von E. Barlach, G. Kolbe, R. Scheibe, W. Lehmbruck, E. Scharff, E. Mataré, T. Stadler, Renée Sintenis, G. Marcks, H. Blumenthal, R. Belling, H. Arp treten nach dem Krieg K. Hartung, O. H. Hajek, E. Hauser, H. E. Kalinowski, N. Kricke, O. Piene, H. Mack, U. Rückriem, R. Ruthenbeck, H. G. Prager, K. Rinke u. a. hervor. In die 1960er-Jahre reichen auch Konzept- u. Aktionskunst zurück (J. Beuys, J. Gerz, F. E. Walther, T. Ulrichs, S. Polke). – Nach 1945 stand die Kunst in der DDR ganz im Zeichen des sozialist. Realismus; eigenständige Leistungen auf dem Gebiet der Illustration (u. a. J. Hegenbarth). Als Repräsentanten des 40-jährigen Kunstschaffens in der ehem. DDR gelten W. Sitte, B. Heisig, W. Mattheuer, W. Tübke (Panorama-Wandbild über den Bauernkrieg, Frankenhausen), s. den 70er-Jahren auch V. Stelzmann, A. Rink, S. Gille u. W. Peuker sowie C. Claus u. G. Kettner.

DEUTSCHE LITERATUR

Karolingerzeit (750–900): Europ. Klerikerdichtung, meist in lat. Spr. (mittellat. Literatur); Übers. von theol. Texten in ahd. Stammesdialekte; Glossare, Interlinearversionen; Überlieferung aus vorliterar. Zeit spärl. (Hildebrandslied u. Merseburger Zaubersprüche); christl. Ursprungs das Wessobrunner Gebet, Muspilli, Evangelienharmonien nach Tatian, Heliand, das Evangelienbuch des Otfrid von Weißenburg; histor. Preislied Ludwigslied.
Ottonen- u. Salierzeit (etwa 900–1150): Erst seit 1060 frühmhd. Dichtung (vorw. christl.-bibl.): „Wiener Genesis", Ezzolied, „Leben Jesu" der Frau Ava u. a.; neu das eschatol.-moral. memento mori; Mariendichtungen; universalgeschichtl. Allegorien; Symbolik u. a. im Physiologus; heilsgeschichtl. Rahmen der Historie im Annolied, in der Kaiserchronik, im Rolandslied, in den Alexanderepen (u. a. beim Pfaffen Lamprecht), christl., dabei diesseitsfreudig das Epos König Rother.
Stauferzeit (etwa 1150–1250): Geprägt von einer „aristokrat." Ästhetik; bestimmt u. a. von immer neuer Variation vorherrschender Themen (Vervollkommnung durch hohe Minne, ritterl. Bewährung, Ehrfurcht vor Gott bei starkem ritterl. Selbstgefühl, höf. Zucht u. Humanität). – Hohe ritterl. Dichtung im höf. Epos (meist nach frz. Quellen) zuerst bei Heinrich von Veldeke, dann bei den drei großen Epikern Hartmann von Aue, Wolfram von Eschenbach u. Gottfried von Straßburg; Verbdg. ritterl. Gefühls und german. Weltsicht im wieder auflebenden Heldenepos (u. a. Nibelungenlied, Kudrun). – Der Minnesang hatte bed. Vertr. in Heinrich von Morungen, Reinmar von Hagenau u. Walther von der Vogelweide (Letzterer auch hervorragender polit. Spruchdichter).
Spähöf. Epoche (1210–50): Zeichen kulturellen Niedergangs, Parodie auf ritterl. Lebensformen u. den Minnesang, u. a. bei Neidhart von Reuenthal; realist. Kurzerzählungen des Stricker.
Spätes MA (etwa 1250–1450): Fortgang des Zerfalls der höf. Kultur, Aufstieg von Bürger- u. Bauerntum (u. a. Wernher der Gartenaere); Vorwiegen des rezeptiven Elements; Dualismus von Jenseitsbetrachtung u. realist. Diesseitsdarstellung, Heiligem u. Derb-Profanem; Schwankdichtungen, Legenden; artist. Formkunst bei den Meistersingern; neue literar. Prosaspr. bei den Vertr. der Mystik; bed. für die Entwicklung des Dramas: Oster- und Fronleichnamsspiele, Fastnachtsspiele.
Humanismus u. Reformation (1450–1600): Rückgriff auf Vorbilder der ital. Renaissance, u. a. bei J. Wickram; bed. literar. Wirkung Luthers; ev. Kirchenlied als neue lyr. Form; humanist.-nat. Bestrebungen v. a. U. v. Huttens; Stärkung des Individualismus auch von Wirkung auf die Lit.; Schulung an den antiken Sprachen (der größere Teil der Lit. ist lat.) u. Rückgriff auf volkshaftes Sprachgut in Luthers Bibelübers.; bed. das humanist. Schuldrama; reiche Satirenlit.; Streitgespräche; neue literar. Gattung des Briefes (Dunkelmännerbriefe); Schwankslg. v. a. nach ital. Quellen; Fastnachtsspiele (Höhepunkte bei H. Sachs); Lyrik nach Vorbild von Horaz u. Ovid u. a. bei K. Celtis; Volksbücher (bed. v. a. das um D. Johann Faust); Übersetzung des Amadisromans.
Barock (17. Jh.): Bemühungen um die Aneignung der Kunstformen der Renaissance; bed. Poetiker M. Opitz; Einfluss der Gegenreformation; bed. die Wiener Hofbühne u. das Jesuitendrama; allg. starke Neigung zur Antithetik, starke Wirkung des Erlebnisses der Vanitas; als Lyriker u. a. F. Spee v. Langenfeld, als Prediger Abraham a San[c]ta Clara herausragend; auf dem Gebiet des Dramas charakterist. die Haupt- u. Staatsaktionen; Alexandrinerdramen von A. Gryphius u. D. C. v. Lohenstein; dem Schelmenroman nahe stehend der Simplicissimus Grimmelshausens; myst. Lyrik u. a. von Angelus Silesius; zunehmend Esoterik u. Exklusivität im Spätbarock, u. a. bei C. Hofmann von Hofmannswaldau; G. P. Harsdörffer als einer der Vertr. der Schäferdichtung; heroisch-galante Romane v. a. von P. v. Zesen, Anton Ulrich von Braunschweig, Lohenstein; Zeitsatire bei H. M. Moscherosch u. F. v. Logau; literar. Parodie bei Ch. Reuter.
Das 18. Jh. (bis zu Goethes Tod):
Aufklärung (1720–85): Starke Wirkung der leibnizschen Philos.; lehrhafte Dichtung mit z. T. theol. Naturbetrachtung u. a. bei B. H. Brockes u. A. v. Haller; hervorragendste lyr. u. ep. Leistung durch F. G. Klopstock; einflussreich die physiognom. Arbeiten J. K. Lavaters u. G. C. Lichtenbergs; Entwicklung der empfindsamen Dichtung unter Einfluss des Pietismus; starke Neigung zu seel. Analyse u. zum autobiograph. Roman; psychol. Interesse, Tendenz zum Erzieher.; moral. Wochenschriften; gr. Satiren- u. Fabellit. (C. F. Gellert, G. E. Lessing u. a.); didakt. auch Robinsonaden u. Staatsromane; Toleranz u. Weltbürgertum als Ideale u. a. bei Lessing; Erziehungsroman C. M. Wielands „Agathon" (Einfluss der Welt des Rokokos); typ.

die Werke der Anakreontiker; klassizist. Dramenideal J. C. Gottscheds, polem. angegriffen u. a. von Bodmer, Breitinger und Lessing.
Sturm und Drang (etwa 1767–85): Auch als Geniezeit bezeichnet; Vorbilder W. Shakespeare, Ossian, F. G. Klopstock; Neuentdeckung der Gotik; polit. Ideen antiabsolutist.; starke Wirkung J. G. Hamanns u. J. G. Herders; bed. Dramen von F. M. Klinger, J. A. Leisewitz, H. L. Wagner, J. M. R. Lenz, vom jungen Goethe u. von Schiller; Neuentdeckung der Ballade (G. Bürger), polit. Lyrik (C. F. D. Schubart); herausragend die Lyrik Goethes.
Klassik (1786–1832): V. a. J. J. v. Winckelmann u. W. v. Humboldt sowie v. der Philos. I. Kants beeinflusstes Ethos u. Kunstideal; überragende dichter. Leistung die Gesamtwerke Goethes u. Schillers, die z. T. aus wechsels. Ermunterung u. Ergänzung entstanden.
Romantik (1795–1830): Philos. Grundlegung v. a. durch Schelling; Entstehen von Altertumskunde, Germanistik, Romanistik u. Geschichtswiss.; histor. Betrachtung von Lit. u. Recht; Erwachen eines Nationalbewusstseins; bed. kunsttheoret. Fragmente u. Aphorismen; Mittelpunkte in Berlin, Heidelberg, Jena u. Halle; enge Wechselbeziehungen zw. F. u. A. W. von Schlegel, Schleiermacher, Schelling, Fichte; v. a. bei Wackenroder u. L. Tieck starke Rückbesinnung auf das Altdeutsche; daneben Entdeckung andersartiger Kunstepochen, u. a. Calderóns; wichtige Motive: das Geheimnisvolle, Sehnsucht u. Suche („blaue Blume" als Symbol der Romantik), das Chaotische (u. a. bei C. Brentano u. in den „Nachtwachen des Bonaventura"); vielseitige Lieddichtung (Eichendorff, Brentano, Achim von Arnim); Lustspiele; Märchenslg. der Brüder Grimm; Einwirkung der Romantik auf einige Alterswerke Goethes; bed., im Wesentl. noch der Spätromantik zugehörend: Eichendorff, E. T. A. Hoffmann, F. de la Motte Fouqué und Chamisso.
Sowohl von der Romantik beeinflusst, als auch im Nachklang der Klassik stehend, die durchaus eigenständigen Werke Jean Pauls, Hölderlins u. H. von Kleists.
Das 19. Jh. (1832–89):
Realismus (1830 bis um 1890): Antiklass. die Dramen Grabbes, zw. Romantik u. Realismus die Büchners; nach klass. Vorbild die Dramen Grillparzers, bei dem auch die Wiener Barocktradition nachwirkte; Märchendramen von Raimund, Possen u. Parodien von Nestroy; Erkenntnis des Epigonentums v. a. bei Immermann; bedeutendste dichter. Leistung des Biedermeiers bei Mörike; an der Klassik geschulte, eigenständige Dichtung im Werk Stifters; polit. engagiert das Junge Deutschland; Einfluss von C. H. de Saint-Simon, Hegel; bed. Vertr. Börne, Heine, Laube, Gutzkow, Mundt, Herwegh, Freiligrath; reiche Reisebrieflit. (u. a. bei Pückler-Muskau); gr. Bed. des Feuilletons; bed. erzähler. Werk bei A. von Droste-Hülshoff, Gotthelf, Keller, Storm, O. Ludwig, M. von Ebner-Eschenbach, Fontane, F. Reuter; histor. Erzählwerke u. a. bei Freytag, Scheffel u. – dichter. bedeutender – bei C. F. Meyer; bed. Dramatiker Hebbel und H. L. Wagner.
Jahrhundertwende u. 20. Jh.:
Naturalismus (1889–1900): Begr. 1889 durch die Aufführung von G. Hauptmanns „Vor Sonnenaufgang" u. die Veröffentlichung von „Papa Hamlet" durch Holz u. Schlaf; bed. Dramen auch von Wedekind; Lyriker mit erot. Themen v. a. Dehmel; Durchbruch Hauptmanns in Richtung zur nichtnaturalist. Dichtung. – P. Ernst als Vertr. des Neuklassizismus; streng antinaturalist. George; in Wien Tendenz zum Impressionismus (Schnitzler u. a.), auch im Frühwerk Rilkes; als Lyriker u. Dramatiker bed. Hofmannsthal; Anfänge des hervorragenden Erzählwerks von Th. Mann.
Expressionismus (1911): Vorbereitet durch Strindberg, Wedekind u. Morgenstern; Gestaltung des „neuen Menschen"; bed. Dramatiker Sorge, Hasenclever, Sternheim, G. Kaiser, Barlach, Toller, bed. Lyriker G. Trakl, Heym, Däubler, Becher, Stramm, Benn, Lasker-Schüler u. a.
Daneben die Leistungen von Hoffmannsthal, Rilke, die Neuentdeckung älterer literar. Formen durch R. A. Schröder, Borchardt, Weinheber; Zeit der gr. Prosawerke von Th. Mann, Musil, Döblin, A. Zweig, R. Huch u. Kafka; Neuerung der Bühnenkunst durch das epische Theater von Brecht. Neu die Gattung Hörspiel (später vervollkommnet durch Eich, Dürrenmatt, Bachmann u. a.).
Während des Dritten Reiches Emigration zahlr. Schriftsteller. Weiterführung des Romanwerks u. a. von Hesse, Th. u. H. Mann, Werfel, Broch.
Einfluss der dt. Teilung auch auf die Lit.; in der dt.-sprach. Lit. der *BRD, Österreichs* u. der *Schweiz:* Vielfalt der Stile, Experimentierfreude; neue Ansätze in der Lyrik (u. a. bei Krolow, I. Bachmann, Celan, Eich, M. L. Kaschnitz, N. Sachs, Enzensberger, Fried, Jandl, Heissenbüttel), in Prosawerken von E. Jünger, Böll, E. Langgässer, Doderer, Frisch, Nossack, A. Schmidt, M. Walser, Andersch, Grass, Johnson, H. Lenz, Bernhard, Kempowski, Born, Härtling, Rosei, F. Roth, Jelinek, Mayröcker, Artmann, Frischmuth, Inglin, A. Muschg, Bichsel, H. Burger, Späth u. a., den Dramen von Zuckmayer, Dürrenmatt, Frisch, P. Weiss, Hochhut, Handke, Hildesheimer, Strauß, Kroetz, R. W. Fassbinder, Dorst. In der ehem. *DDR* v. a. Zielsetzung des sozialist. Realismus; eigenständige Züge u. a. bei A. Seghers, Huchel, Bobrowski u. Biermann; bekannt sind ferner S. u. R. Kirsch, Fühmann, Hacks, Marchwitza, Strittmatter, Kant, Ch. Wolf, S. Heym, Kunze, Brasch, de Bruyn, Braun, Kunert, J. Becker, Morgner, Plenzdorf, Hermlin, H. Müller. Der Ausbürgerung W. Biermanns (1976) folgten weitere Ausweisungen bzw. Ausreisen, die die Bereitschaft, Gesellschaftskrit. zu thematisieren, unterdrückte. Erst nach Mitte der 80er-Jahre neue Ansätze zur Kritik, beeinflusste die revolutionäre polit. Entwicklung.

DEUTSCHE MUSIK

Die Anfänge dt. Musik sind liturg. Gesänge, aus denen später das deutschsprach. Kirchenlied entstand. Daneben Entw. des *Minnesangs* (etwa um 1150 bis um 1450), Höhepunkt mit Heinrich v. Morungen, Reinmar v. Hagenau, Walther v. d. Vogelweide, Neidhart v. Reuenthal u. a. Blüte des Meistersangs um 1530–60 in Mainz, Colmar, Augsburg, Nürnberg (Hans Sachs), Prag, Danzig u. a. Neben dieser meist einstimm. Musik in relativ häufiger Verbreitung bis ins 15. Jh. das Organum der *Ars antiqua.* Im 15. u. beginnenden 16. Jh. Anschluss an die Kompositionstechnik der burgund. u. niederländ. Schule; nach 1550 stark homophoner Satz; Endpt. der Entw.: monod. Stil um 1600. Immer stärker werdende Bed. des *Orgelspiels,* u. a. Konrad Paumann („Fundamentum organisandi"). Die *Lieder* dieses Zeitraumes, meist 2- u. 3-stimmig, überliefert u. a. im Lochamer u. im schedelschen Liederbuch (beide um 1460). Später überw. Vierstimmigkeit (Adam v. Fulda, Heinrich Finck, Heinrich Isaak, Paul Hofhaimer). Im 16. Jh. wurden Lieder u. Tanzsätze auf die Orgel übertragen u. mit Umspielungen „koloriert", z. B. A. Schlicks „Tabulaturen etlicher lobgesang und lidlein" mit weltl. u. geistl. Liedern, Tänzen, Fantasien u. Präambeln. Mit der Reformation entstanden die frühen prot. *Gesangbücher,* u. a. J. Walters „Geistlich Gesangbüchlein". Wichtig G. Rhaus „Neue Deutsche Geistl. Gesenge" (1544) mit mehrstimm. Choralbegleitungen, M. Vehe gab 1537 in Leipzig das erste kath. Gesangbuch heraus. Die Generalbasszeit (17. Jh.) wurde vorbereitet durch die Chorsätze von H. L. Haßler u. a. Auf dem Gebiet der *Instrumentalmusik* trat Dtl. verhältnismäßig spät in Erscheinung. Etwa 1600–1750 pflegte man in Dtl. die 4- bis 6-stimm. *Orchestersuite.* Komponisten der 1. Epoche bis 1635: H. L. Haßler, V. Haußmann, M. Franck, J. H. Schein, S. Scheidt; der 2. Epoche bis 1670: A. Hammerschmidt, J. Rosenmüller, J. Ch. Pezelius. Wichtiger als die Instrumentalmusik ist für diese Zeit die *Orgelmusik.* Der „dt. Organistenmacher" J. P. Sweelinck bildete heran: S. Scheidt, P. Siefert, M. Schildt, H. Scheidermann u. J. Praetorius d. J.; nächste Generation: M. Weckmann u. J. A. Reinken. Die Satztechnik von Reinken, D. Buxtehude, J. Pachelbel u. a. gehörte zu den Voraussetzungen J. S. Bachs. Hauptformen: Tokkata, Ricercar, Kanzone, Capriccio, Choralvariationen, Präludium, Fuge. Um 1600–50 Trennung der *Cembalomusik* von der Orgelmusik. Der Frescobaldi-Schüler J. J. Froberger in Wien bürgerte um 1640 die klass. Suitenform Allemande–Courante–Sarabande–Gigue ein, die sich bis 1750 hielt. Weitere dt. Cembalomeister: J. K. Kerll in Wien u. München, Georg Muffat u. sein Sohn Gottlieb in Wien u. Passau, J. E. Kindermann in Nürnberg. Bed. J. C. F. Fischer, Hofkapellmeister in Baden; sein Werk „Ariadne Musica" mit Präludien u. Fugen in 20 Tonarten (1715) wurde der Vorläufer von Bachs „Wohltemperiertem Klavier". In Mitteldeutschland: S. Scheidt, Hg. der „Tabulatura nova" u. des Görlitzer Tabulatur-Buchs, der Thomaskantor, J. Kuhnau mit ersten „Sonaten" u. den „Bibl. Historien".

Den Beginn des dt. *Opernschaffens* setzt man mit der „Dafne" von H. Schütz an (1627; nicht erh.). 1678 Gründung der Hamburger Oper am Gänsemarkt, eingeweiht mit J. Theiles „Adam und Eva". Höhepunkt um 1700 unter J. S. Kusser u. R. Keiser, J. Mattheson, G. Ph. Telemann. Die Oper bestand bis 1750. Oper in Weißenfels 1680–1736 mit Aufführungen der Werke von Joh. Ph. Krieger u. seinem Sohn Joh. Gotthelf; in Leipzig 1693–1720 unter N. A. Strungk.

Die Wende des 17. zum 18. u. die 1. Hälfte des 18. Jh.s beherrschten in der dt. Musik J. S. Bach u. G. F. Händel. Im Mittelpt. des Schaffens des Thomaskantors Bach steht die *Kirchenmusik:* rd. 190 Kantaten, Choräle, Orgelwerke, die dramat. Passionen, die h-Moll-Messe als Vollendung der Stilepoche des Barock. Zusammenfassung der bachschen *Fugenkunst* die beiden Teile des „Wohltemperierten Klaviers", das „Musikal. Opfer" u. „Die Kunst der Fuge". G. F. Händel wandte sich der Oper („Giulio Cesare") u. dem *Oratorium* zu („Israel in Agypten", „Messias", „Judas Maccabaeus"). Wie bei Bach auch eine Fülle kammermusikal. Werke u. Orchesterstücke. – G. Ph. Telemann wurde als fruchtb. Komponist (Passionen, Opern, Konzerte) seinerzeit mehr geschätzt als Bach.

Neben den gr. Meistern gestalteten in Dtl. die Mannheimer Schule (mit J. Stamitz als ihrem Gründer, F. X. Richter, I. Holzbauer, C. Stamitz, F. Danzi) u. die Berliner Schule (mit J. G. Graun, seinem Bruder K. H. Graun, F. Benda, C. Ph. E. Bach) das Musikleben des 18. Jh.s. Cembalo- u. Klavichordmusik im Stil der empfindsamen Zeit u. a. von den Söhnen Bachs. Ende der „liederlosen" Zeit mit dem „Augsburger Tafelkonfekt" (1733) des V. Rathgeber. Es folgte 1736–45 „Die singende Muse an der Pleiße" von Sperontes. 1750–81 1. „Berliner Liederschule" unter Führung von Ch. G. Krause mit C. Ph. E. Bach, Ch. G. Neefe u. a. Zur 2. „Berliner Liederschule" rechnet man J. A. P. Schulz, J. F. Reichardt u. C. F. Zelter. Die bis zu Mozart übl. Form der Nummernoper (Rezitativ, Arie, Chor) hatten die Mitgl. der Florentiner Camerata entwickelt. Die ital. Oper herrschte weitgehend in allen europ. Hauptstädten. Neben dem reformierenden Opernschaffen C. W. Glucks wurde das dt. Singspiel wichtig für die Entw. einer dt. Oper: G. Benda, J. A. Hiller, F. L. Gaßmann, K. Ditters von Dittersdorf. In allen Bereichen der Musik trat am Ende des 18. Jh.s Wien in den Vordergrund. J. Haydn, W. A. Mozart u. L. v. Beethoven sind die beherrschenden Erscheinungen der *Wiener Klassik.* Haydn gab den neuen Formen der Instrumentalmusik, dem Streichquartett, der Sinfonie, der Klaviersonate, ihre klass. Gestalt. Ebenso bed. die Oratorien „Die Schöpfung" u. „Die Jahreszeiten", zahlr. Messen u. Chorwerke. Mozart führte das dt. Singspiel auf einen Höhept. („Entführung aus dem Serail", „Die Zauberflöte") u. erreichte mit „Don Giovanni" einen ersten Gipfel der dramat. Oper. Werke höchsten Ranges auf allen Gebieten der Musik: Kammermusik, Instrumentalkonzerte, Sinfonien u. Kirchenmusik (Messen, Requiem). Beethovens 9 Sinfonien, die Streichquartette u. Klaviersonaten, die „Missa solemnis" u. „Fidelio" sind Höhepunkte eines Gesamtwerkes, Abschluss u. Überhöhung der Wiener Klassik.

F. Schubert wurde zum Meister des romant. Liedes (Zyklen „Die schöne Müllerin", „Die Winterreise"); daneben bed. Sinfonien, Kammermusikwerke, Klaviersonaten.

Neben dem Zentrum Wien erlebte in der Zeit der Romantik ganz Dtl. eine Blütezeit der Musik. C. M. v. Webers „Freischütz" brachte 1821 mit der *romant. Oper* die Lösung von fremden Einflüssen. Neben Weber: L. Spohr, H. Marschner u. die kom. Oper mit A. Lortzing, O. Nicolai, F. v. Flotow, P. Cornelius. R. Schumann zeichnete in seiner Klaviermusik fantast. u. lyr. Stimmungen u. wurde mit seinem Liedschaffen zum Nachf. Schuberts.

A. Bruckner u. J. Brahms als *Spätromantiker* waren die gr. Vertr. der sinfon. Musik in der 2. Hälfte des 19. Jh.s. Neue Wege in der Liedkunst ging H. Wolf, in der Sinfonik G. Mahler. In der Instrumentalmusik allm. Auflösung der Sonatenform, v. a. durch F. Liszt (sinfon. Dichtungen). In der Oper wurde R. Wagner durch das durchkomponierte Musikdrama zum Schöpfer eines musikal. Gesamtkunstwerks („Tristan u. Isolde"). In der Nachf. Wagners standen E. Humperdinck („Hänsel u. Gretel") u. H. Pfitzner („Der arme Heinrich", „Palestrina"). In der Nachf. Brahms' M. Reger. R. Strauss ist zu den *Nachromantikern* zu rechnen („Elektra", „Rosenkavalier", „Ariadne auf Naxos" u. a.). Übergang von der Nachromantik zur Moderne: *Zweite Wiener Schule.* Im Umkreis von Arnold Schönberg Entw. über den freitonal schweifenden Stil (Mahlers „Lied von der Erde", Schönbergs „Pierrot Lunaire") zum atonal geballten *Expressionismus* (A. Bergs „Wozzeck"). Mit der erstmals durch J. M. Hauer u. Schönberg systematisierten *Zwölftonmusik* (Dodekaphonie) setzt nach dem 1. Weltkrieg eine kompositionstechn. Neuformierung des Tonmaterials ein (Schönbergs „Moses und Aron", Bergs

„Lulu“, Weberns „Stücke“). Zw. den Weltkriegen gewann eine Art Neoklassizismus an Boden, *Jugend-* u. *Volksmusikelemente* u. die Wiederentdeckung alter Musik wirkten mit (Hindemiths „Mathis der Maler“, C. Orffs „Carmina Burana“, W. Egks „Zaubergeige“), während H. Eisler u. P. Dessau Musik mit revolutionärem Inhalt schufen. Eigene Beiträge zur Neuen Musik lieferten E. Křenek, B. Blacher, K. A. Hartmann, W. Fortner u. B. A. Zimmermann.

Nach dem 2. Weltkrieg erfährt die Schönberg-Schule eine Ausweitung zur *seriellen* u. *elektron. Musik* (K. Stockhausen). Komponisten der 3. Generation Neuer Musik wie H. W. Henze u. G. Klebe erweisen sich als eigenschöpfer. Kräfte im dt. Beitrag zum musikal. Gegenwartsstil. In neuester Zeit vermehrt Rückkehr zu einer musikal. Ausdruckssprache (u. a. bei U. Zimmermann, W. Rihm, H.-J. v. Bose, H. U. Engelmann, J. Höller, R. Gehlhaars u. a.).

Deutsche Kommunistische Partei (DKP), 1968 in der BRD neugegr. kommunist. Partei.

deutsche Kunst ↑Übers. S. 151 ff.

Deutsche Landwirtschafts-Gesellschaft (DLG), Vereinigung von Landwirten u. Wissenschaftlern zur Förderung der Entwicklung der dt. Landw., gegr. 1885; vergibt Gütezeichen.

Deutsche Lebens-Rettungs-Gesellschaft e. V. (DLRG), 1913 begr. Organisation, die Maßnahmen gg. den Tod durch Ertrinken fördert.

deutsche Literatur ↑Übers. S. 154 ff.

Deutsche Lufthansa AG (DLH), dt. Luftverkehrsunternehmen, Sitz Köln; 1926 aus der Junkers Luftverkehrs AG und der Aero Lloyd-AG entstanden; Einstellung der Tätigkeit 1945 nach Kontrollratsbeschluss, 1953 als AG für Luftverkehrsbedarf (Luftag) wieder gegr., seit 1954 nach Rückgabe der Lufthoheit heutige Firma.

Deutsche Mark ↑DM.

deutsche Mundarten, von der Hoch- u. Schriftspr. abweichende, regional unterschiedl. Sprachformen. Durch d. zweite od. hochdt. Lautverschiebung entstanden zwei Gruppen: 1. *niederdt. Mundarten* (Niederfränk., Niedersächs.), von der Lautverschiebung nicht betroffen; 2. *hochdt. Mundarten:* a. Oberdeutsch (Bayr., Alemann., Schwäb., Süd- und Ostfränk.), Lautverschiebung durchgreifend, b. Mitteldt. (Mittelfränk., Rheinfränk., Thüring., Obersächs., Schles.), Lautverschiebung nicht durchgängig.

deutsche Musik ↑Übers. S. 155 ff.

deutsche Ostsiedlung, die v. a. im MA erfolgte Besiedlung, Erschließung u. Christianisierung des Landes jenseits der Elbe u. Saale, Oder u. Weichsel durch dt. Siedler; Ansätze unter den Karolingern u. im 10. Jh. (Errichtung des Erzbistums Magdeburg als Mittelpt. der Slawenmission). Bei der im 12. Jh. neu einsetzenden Einwanderung Beteiligung fast aller nordwest- u. mitteldt. Stämme. Erschließung Holsteins durch die Gf. von Schaumburg, Meißens durch die Wettiner, Brandenburgs durch die Askanier. Heinrich der Löwe unterwarf Wagrien, Lauenburg, die Gft. Schwerin u. errang die Lehnshoheit über das restl. Mecklenburg u. Pommern. Im 12. bis 14. Jh. auch dt. Einwanderung nach Schlesien u. in die Randgebiete Böhmens. Vorstoß bis ins altpreuß. Gebiet durch den ↑Dt. Orden. Im SO Ansiedlung bis Galizien, Ungarn u. Siebenbürgen.

Deutsche Partei (DP), 1945/47 gegr. konservat., betont nat. Partei; 1961 mit dem Gesamtdt. Block/BHE zur Gesamtdt. Partei vereinigt.

Deutsche Post AG ↑Deutsche Bundespost.

Deutsche Presse-Agentur GmbH (dpa) ↑Nachrichtenagenturen (Übers.).

Deutscher Bauernverband e. V. ↑landw. Organisationen.

Deutscher Beamtenbund (DBB), Gewerkschaftsbund der Berufsbeamten.

Deutscher Bund, der durch die *Dt. Bundesakte* 1815 gegr. dt. Staatenbund unter Vorsitz von Östr.; 1866 aufgelöst.

Deutsche Reichsbahn (DR): **1)** alle Ländereisenbahnen umfassendes Verkehrsunternehmen im Dt. Reich, entstanden 1920; **2)** staatl. Unternehmen des öffentl. Eisenbahnverkehrs in der DDR, blieb nach der Wiedervereinigung bis 1993 bestehen. (↑Eisenbahn).

Deutsche Reichspost, s. 1871 Träger des Postwesens im Dt. Reich mit Ausnahme der Postreservate Bayern u. Württ., deren Postverw. bis 1919 ihre Selbstständigkeit behielten.

Deutscher Entwicklungsdienst (DED), 1963 gegr. Organisation, Einsatz von Freiwilligen bei Aufbauarbeiten in Entwicklungsländern.

Deutscher Evangelischer Kirchentag, Zusammenkunft ev. Laien; seit 1949; organisator. u. finanziell v. der EKD unabhängig.

Deutscher Fußballbund (DFB), Dachorganisation des dt. Fußballsports.

Deutscher Genossenschafts- und Raiffeisenverband, Dachverband der dt. genossenschaftl. Spitzenverbände.

Deutscher Gewerkschaftsbund ↑Übers. Gewerkschaften.

Deutscher Industrie- und Handelstag ↑Industrie- und Handelskammer.

Deutscher Orden (Deutscher Ritterorden, Deutschherren), 1198 gegr. christl. Orden: Ritter, Priester, dienende Brüder. Aufgaben: v. a. Kampf gg. die „Heiden“ und Krankenpflege. Tracht: weißer Mantel mit schwarzem Kreuz. 1211 im Burzenland, unter Hermann v. Salza nach Preußen berufen. 1237 Vereinigung mit dem Schwertbrüderorden in Livland. Sitz des Hochmeisters Venedig, ab 1309 Marienburg. Höchste Blüte unter Winrich v. Kniprode, 1410 Niederlage gg. Polen bei Tannenberg. Im 2. Thorner Frieden 1466 Verlust v. Westpreußen u. Ermland, Ostpreußen wurde poln. Lehen. 1525 Umwandlung in ein weltl. prot. Hzgt. Sitz des Hochmeisters der kath. gebliebenen Brüder wurde Mergentheim. 1809 im Bereich des Rheinbundes aufgehoben; s. 1929 nur noch geistl. Orden.

Deutscher Ritterorden, svw. ↑Deutscher Orden.

Deutscher Sportbund (DSB), Dachorganisation des gesamten dt. Sports (s. 1990), gegr. 1950.

Deutscher Sprachverein ↑Gesellschaft für dt. Sprache.

Deutscher Städtetag, Zusammenschluss der dt. Städte und Städteverbände zur Förderung d. öff. Rechts u. d. Verw.; Sitz Köln.

Deutscher Zollverein, 1833/34 gegr. zollpolit. Zusammenschluss der meisten dt. Länder unter Führung Preußens u. mit Ausschluss Östr. mit dem Ziel einer wirtsch. Einigung.

Deutsches Eck, Landspitze zw. Rhein u. Mosel in Koblenz, RP.

Deutsches Elektronen-Synchrotron, Abk. DESY, Teilchenbeschleunigeranlage der Elementarteilchen- u. Hochenergiephysik mit versch. Speicherringen (DORIS, PETRA, HERA) in Hamburg-Bahrenfeld, in Betrieb seit 1964.

Deutschland

Fläche: 356 854 km^2
Einwohner: (2000) 82,15 Mill.
Hauptstadt und Regierungssitz: Berlin
Amtssprache: Deutsch
Zeitzone: MEZ

Deutsches Museum von Meisterwerken der Naturwissenschaft und Technik (Deutsches Museum), 1903 in München von O. von Miller gegründet; zeigt die Entw. der naturwiss. Forschung, der Technik und Industrie.

deutsche Sprache, i. e. S. die nhd. Hoch- u. Schriftspr.; gehört zum idgm. Sprachstamm; 3 Entwicklungsperioden: 1. Althochdeutsch, 2. Mittelhochdeutsch, 3. Neuhochdeutsch.

deutsches Recht, das aus westgerman. Wurzeln erwachsene Recht; beruhte in älterer Zeit auf ungeschriebenem Gewohnheitsrecht; wurde in der Zeit vom 5. bis 9. Jh. durch Aufzeichnungen regional fortgebildet (Volks- und Stammesrechte). Daneben bestanden noch Sonderrechte. Infolge d. Zersplitterung des d. R.s vollzog sich in Dtl. Ende des MA allg. die Rezeption des röm. Rechts, d. h. die Aufnahme des im ↑Corpus Juris Civilis vorliegenden Rechtsstoffes als gemeines d. R.; im 18. Jh. durch Hinwendung zum Naturrecht wieder zurückgedrängt. Das heute geltende Bürgerliche Gesetzbuch hat v. a. röm. und dt. Bestandteile.

Deutsches Reich, amtl. Bez. für den dt. Staat 1871–1945; auch fälschl. für das Kaiserreich bis 1806 *(Hl. Röm. Reich).*

Deutsches Rotes Kreuz (DRK), dt. Zweig des Internat. ↑Roten Kreuzes 2), Sitz Bonn.

Deutsche Volkspartei (DVP), unter Führung Stresemanns 1918 gegr. lib. Partei, 1933 aufgelöst.

Deutsch Eylau (poln. Iława), Stadt am S-Ufer des Geserichsees, Polen, 30 000 E; Holz-, Eisenindustrie.

Deutsch-Französischer Krieg 1870/71, unmittelbarer Anlass: frz. Protest gg. die span. Thronkandidatur eines Hohenzollernprinzen u. Bismarcks ↑Emser Depesche. 19. 7. 1870 frz. Kriegserklärung; am 2. 9. 1870 Kapitulation Napoleons III. nach der Niederlage bei Sedan. Die neue frz. Rep. führte den Kampf weiter. Nach dem Fall von Paris Vorfriede von Versailles u. Friede von Frankfurt am Main (10. 5. 1871). Frkr. trat das Elsass u. Teile von Lothringen ab u. zahlte 5 Mrd. Franc Kriegsentschädigung.

Deutsch-Französischer Vertrag, 1963 v. K. Adenauer u. C. de Gaulle unterzeichneter Freundschaftsvertr. (u. a. regelmäßige Konferenzen der Außenmin., wirtschaftl., polit. u. militär. Zusammenarbeit).

DEUTSCHLAND

1) Zentral in M-Europa gelegenes Land, umfasst weite Teile des ehem. Dt. Reiches in den Grenzen v. 1937. Mannigfaltige Landschaftsformen: versch. Küstentypen, Tiefländer, Mittel- u. Hochgeb., vulkan. Gebiete. *Geologie:* Älteste Gesteine (Präkambrium) stehen nur selten an; die Gesteine des Grundgebirges – Gneise, Granite u. kristalline Schiefer – stammen aus versch. geol. Zeitaltern (Kambrium im Hohen Venn, Silur im Vogtland, Thür. Wald u. Harz); erst Devon in weiter u. mächtiger Verbreitung (bes. im Rhein. Schiefergeb.) als Grauwacken, Sandsteine, Quarzite, Tonschiefer, Diabas u. Porphyr. Dem Karbon verdankt D. seinen Reichtum an Steinkohle (v. a. Ruhrgebiet u. Saargebiet). Bereits im Devon, aber bes. im Karbon, bildete sich in mehreren Phasen das varisk. Geb. mit den meisten gr. Granitstöcken der dt. Mittelgeb. (schon Ende Perm größtenteils wieder eingeebnet). Perm steht an u. a. im Schwarzwald, Thür. Wald, am Harzrand u. westl. von Chemnitz als Rotliegendes; als Zechstein dank wicht. Salzlagerstätten gr. wirtsch. Bed. Die Trias ist in den Alpen in alpiner, nördl. davon in german. Ausbildung vorhanden. Aus ihren Schichten sind u. a. das südwestdt. Schichtstufenland, die Haardt, weite Teile des Hess. u. Weserberglandes, das Thür. Becken u. Teile des Harzvorlandes aufgebaut. Der Jura ist am schönsten in der Schwäb.-Fränk. Alb ausgebildet, die Kreide am Alpenrand, bei Regensburg, in der Münsterländer Bucht, im Harzvorland, Elbsandsteingeb. u. auf Rügen. Jura, Kreide sowie auch Tertiär erweisen sich in M- u. Nord-D. stellenweise als Erdölspeichergesteine. Am Ende der Kreidezeit u. zu Beginn des Tertiärs hoben sich die Alpen heraus; etwa gleichzeitig erhielten viele der heut. Gebirge u. Senken ihre gegenwärt. Umrisse. Diese Vorgänge begleitete eine lebhafte vulkan. Tätigkeit, die die jungen Ergussgesteine förderte, ihr verdankt D. seinen Reichtum an Mineralquellen u. Thermen. Ebenfalls im Tertiär Entstehung der Braunkohle sowie mächt. sedimentärer Gesteinsserien, die im Alpenvorland, Oberrhein. Tiefland, im Mainzer Becken, in der Wetterau, Kölner Tieflandsbucht usw. vorkommen. Im anschließenden Pleistozän mehrmal. Vereisung mit Ablagerungen im Alpenvorland, Oberrhein. Tiefland (Löss), in Schlesien, M-D. u. hpts. Nord-D., das seine Oberflächengestaltung im Wesentl. dem Inlandeis verdankt (Moränenldsch.). Die Periglazialgebiete wurden durch Solifluktion, Deflation und Ablagerung von Löss überformt. – *Oberflächenformen:* Im Bild der Geb. drei Hauptstreichrichtungen: die varisk. (od. erzgebirg.) von SW nach NO, die herzyn. (od. sudet.) von SO nach NW und die rhein. von SSW nach NNO. – Eine zonale Dreigliederung der Großlandschaften unterscheidet von S nach N: 1. Hochgeb., 2. Mittelgeb., 3. Tiefland. Das dt. Hochgeb. zw. Bodensee u. Salzach gehört den nördl. Kalkalpen an. Das Alpenvorland teilt sich in 3 Zonen: Grund- und Endmoränen mit Seen im S, gr. Schotterfelder in der Mitte, tertiäres Hügelland im N. – Zum Mittelgeb. gehören gr., voneinander versch. Landschaftsräume: das südwestdt. Schichtstufenland u. die mitteldt. Gebirgsschwelle. Auffallendste Einheit des südwestdt. Schichtstufenlandes ist das Oberrhein. Tiefland, ein im Tertiär eingesunkener Graben, von Randgebirgen gesäumt (Vogesen, Pfälzer Wald im W, Schwarzwald, Odenwald im O). Vulkan. Gesteine u. Formen im Kaiserstuhl, Hegau, auf der Schwäb. Alb. Zw. Fränk. Jura, Bayer. Wald u. Oberpfälzer Wald liegt die Senke der Oberpfalz. Das mitteldt. Geb.-Land hat ein sehr lebhaftes Relief: eingeebnete alte Rumpfflächen u. tief eingeschnittene Täler. Dem Rhein. Schiefergeb. mit Hunsrück, Eifel, Taunus u. Westerwald schließt sich das Hess. Bergland beiderseits der Fulda an, das in viele Kleinlandschaften zerfällt. In ebensolche Kleinlandschaften gliedert sich das Weserbergland. Das Thür. Becken wird im N vom Harz, im S vom Thür. Wald u. Frankenwald begrenzt; an das Fichtelgeb. schließen sich das Sächs. Bergland u. die Sudeten an. Das Tiefland greift weit in die Mittelgeb. hinein mit Kölner, Münsterländer, Leipziger u. Breslauer Bucht. Die Nordseeküste ist flach, dahinter Marsch- und Geestldsch., vor der Küste die Ost- u. Nordfries. Inseln mit ihren Dünenwällen; zw. Küste u. Inseln das Wattenmeer. Die Halligen sind Reste des Marschlandes, Helgoland ein Stück des alten Festlandsockels. An der Ostsee (v. W nach O): Förden-, Bodden-, Ausgleichs- u. Nehrungsküste; auf Rügen z. T. Steilküste (Kreidefelsen). – *Klima:* D. liegt im kühleren Teil der gemäßigten Zone, Mittellage zw. maritimem Klima im W u. kontinentalem im O, westl. Winde bringen genügend Feuchtigkeit vom Ozean, sodass Niederschläge zu allen Jahreszeiten fallen. – *Gewässer:* Überall Dauerflüsse; sie folgen im Allg. der Abdachung v. S nach N, im Tiefland streckenweise auch den Urstromtälern. Auffallend sind die Läufe des Mains (v. O nach W) u. der Donau (v. W nach O). Diese Flüsse sowie Rhein, Weser, Elbe u. Oder sind wicht. Schifffahrtswege, verbunden u. ergänzt durch bed. Kanäle, für die Seeschifffahrt der Nord-Ostsee-Kanal. Talsperren dienen der Wasserstandsregulierung, ferner der Elektrizitäts-, Trink- u. Brauchwasserversorgung. Die Seen sind in ihrer Anlage meist eiszeitl. Ursprungs. – Wicht. *Bodentypen* sind: gebleichte, rostfarbene u. braune Waldböden, fruchtb. Lössböden (u. a. in der Magdeburger Börde). – *Pflanzenwelt:* Mit der allmähl. Erwärmung u. dem Rückzug des Eises Verdrängung der arkt. Pflanzengesellschaften. Zuerst erschienen Kiefer u. Birke (subarkt. Pflanzen), danach Hasel-, Eichenmischwald (Eiche, Linde, Ulme, Erle), später Tanne, Fichte u. Buche. Dieser Bestand ist weitgehend verändert durch Rodung u. Umwandlung in Nutzwälder. Steppenflora wanderte durch das Donautal u. die Mähr. Pforte ein; durch die Burgund. Pforte u. die Alpentäler kamen mediterrane, von W-Europa atlant. Pflanzen nach D. Viele Kulturpflanzen sind eingeführt worden. – *Tierwelt:* der urspr. Bestand weitgehend verändert. Viele Großtiere ausgerottet (Auerochse), vermindert oder nur noch in Naturschutzgebieten gehegt (Elch, Adler, Uhu). Gemsen u. Muffelwild wurden erfolgreich angesiedelt. Jagdbar sind u. a. Hirsch, Reh, Wildschwein, Hase. Sehr vielfältige Vogelwelt. Der Fischbestand ging durch Verschmutzung der Gewässer zurück. Von den durch Einwanderung u. Einschleppung nach D. gelangten Tierarten wurden viele zu Schädlingen (z. B. Bisamratte, Wollhandkrabbe). – *Bev.-Schwerpunkte* sind: Rhein.-Westfäl. Ind.-Gebiet, Rhein-Main-Gebiet, Gebiete an der Neckarmündung (Mannheim, Ludwigshafen am Rhein), um Stuttgart u. Nürnberg, mitteldt. Ind.-Raum Leipzig-Halle/Saale, Zwickauer Hügelland, die Millionenstädte Berlin, Hamburg u. München sowie Köln.

2) Bundesrepublik Deutschland: Die Bundesrepublik Deutschland (Abk. BRD) ist ein Bundesstaat, bestehend aus den Ländern Baden-Württemberg, Bayern, Berlin, Brandenburg, Bremen, Hamburg, Hessen, Mecklenburg-Vorpommern, Niedersachsen, Nordrhein-Westfalen, Rheinland-Pfalz, Saarland, Sachsen, Sachsen-Anhalt, Schleswig-Holstein und Thüringen. Hptst.: Berlin, Reg.-Sitz: Bonn: Hoheitszeichen: Bundesflagge (schwarz-rot-gold), Bundeswappen (einköpfiger, rotbewehrter schwarzer Adler auf goldenem Grund) u. Bundessiegel. *Verfassung:* Das Grundgesetz (GG) der BRD vom 23. 5. 1949 (Änderung durch Bundesgesetze) bestimmt den föderativen, demokrat., sozialen u. rechtsstaatl. Charakter der BRD (Art. 20). Alle Gewalt geht vom Volke aus, das seinen Willen in Wahlen u. Abstimmungen äußert. Gewaltenteilung in gesetzgebende Gewalt (↑Legislative), vollziehende Gewalt (↑Exekutive) und Rechtsprechung (↑Jurisdiktion; ↑auch Übers. Gerichte). Volksvertretung: ↑Bundestag, Ländervertretung: ↑Bundesrat; Staatsoberhaupt ist der ↑Bundespräsident; die ↑Bundesregierung besteht aus dem ↑Bundeskanzler u. den ↑Bundesministern. *Fläche:* 356 978 km². *Bev.:* 1995 hatte die BRD 81,538 Mill. E. Die ev. Landeskirchen zählten 1995 rd. 28,2 Mill. Gläubige, die röm.-kath. Kirche (20 Bistümer u. 6 Erzbistümer) rd. 26,7 Mill. Mitglieder.

Wirtsch.: Die BRD ist ein Industriestaat, der zur Deckung seines Rohstoffbedarfs auf beträchtl. Einfuhren angewiesen ist. Die wichtigsten Bodenschätze sind: Steinkohle (Ruhrgebiet, Saarland, Aachener Land), Braunkohle (Nordhessen, Kölner Bucht, Leipziger Bucht u. Niederlausitz), Kalisalz (Harzvorland, Werragebiet), Steinsalz (an Werra u. Neckar sowie Oberbayern), Steine u. Erden für Bauzwecke u. Gewerbe (in allen Gebieten in verschiedensten Arten, z. B. Marmor, Basalt, Schiefer, Kalkstein, Ton). Während die BRD in der Welt-Steinkohleförderung nur einen Mittelplatz einnimmt, zählt sie in der Welt-Braunkohleförderung zur Spitzengruppe. Einen weiteren Spitzenplatz nimmt die BRD in der Hüttenind. ein. Die sich im Wesentlichen auf die Gebiete an Rhein und Ruhr, an der Saar u. um Aachen konzentrierenden Betriebe verarbeiten neben dem im Land geförderten Eisenerz in gr. Mengen importierte Erze. – Trotz der bed. Industrialisierung ist die BRD auch ein wichtiger Agrarstaat, obwohl sie aufgrund ihrer hohen Bev.-Dichte auf die Einfuhr landwirtschaftl. Produkte angewiesen ist. Die Eigenversorgung bei Fetten, Zucker u. Frischmilch ist gesichert, bei Weizen u. Kartoffeln beträgt sie jeweils um die 90 %. Angebaut werden Weizen, Gerste, Hafer, Roggen, Zuckerrüben, Futterrüben, Kartoffeln, Hopfen, die verschiedensten Gemüsesorten sowie Obst u. Wein.

Im Außenhandel erwirtschaftete die BRD einen Exportüberschuss. Wichtigste Exportprodukte waren nichtelektr. Maschinen, Fahrzeuge, chem. Erzeugnisse, elektr. Maschinen, Apparate, Geräte, Eisen- u. Stahlwaren, Garne, Gewebe, Textilwaren, Bekleidung, Kunststoffe u. Kunstharze, feinmechan. Geräte. Traditionelle Bedeutung besitzen darüber hinaus Glas-Ind. (Thüringer u. Bayer. Wald, Jena), Keramik-Ind. (Meißen, Berlin), Spielwaren-Ind. (v. a. Handfertigungen im Erzgebirge u. Thüringer Wald) sowie die in u. um Leipzig konzentrierte Rauchwaren-Ind. Die Forst- u. Fischereiwirtschaft trug nur unwesentlich zum Bruttoinlandsprodukt bei. Den Energiebedarf der letzten Jahre deckten neben den Kohlekraftwerken zu etwa 30 % Kernkraftwerke ab. Daneben befinden sich Projekte zur Alternativenergiegewinnung (Wind- u. Solarenergie) entweder im Planungs- oder Erprobungsstadium.

Verkehr: Die BRD ist in allen Teilen durch ein dichtes Straßen- u. Eisenbahnnetz gut erschlossen. Dem Schnell- u. Durchgangsverkehr dienen bes. die im Ausbau befindl. Hauptstrecken des Eisenbahnnetzes sowie die Bundesautobahnen. Wichtigste Flughäfen: Frankfurt am Main, Berlin, Düsseldorf, München,

Hamburg, Stuttgart, Köln/Bonn, Leipzig, Dem Güterverkehr dienen außer Eisenbahn Lkw, Rohrfernleitungen, dem Gütertransport per Schiff die fast stets regulierten oder kanalisierten Flüsse Rhein, Weser, Elbe, Main, Mosel und Neckar sowie die sie verbindenden Binnenwasserstraßen (Kanäle). Anteil am Welthandelsverkehr nimmt die BRD in hohem Maße durch die Seeschifffahrt. Bed. Häfen sind Hamburg, Bremen (mit Bremerhaven) u. Wilhelmshaven an der Nordsee sowie Lübeck, Kiel, Rostock und Wismar an der Ostsee; internat. bed. Schifffahrtswege sind noch Nord-Ostsee-Kanal u. Oder-Havel-Kanal. *Kultur:* Die kulturellen Einrichtungen in der BRD unterstehen der Hoheit der Länder. In der BRD gab es 1995 322 Hochschulen, darunter 90 Univ.

Bundespräsidenten

Theodor Heuss	1949–1959
Heinrich Lübke	1959–1969
Gustav Heinemann	1969–1974
Walter Scheel	1974–1979
Karl Carstens	1979–1984
Richard Frhr. v. Weizsäcker	1984–1994
Roman Herzog	1994–1999
Johannes Rau	seit 1999

Bundesregierung

Die Bundesregierung der BRD besteht aus dem Bundeskanzler und den Bundesministern. Der Bundeskanzler wird vom Bundestag gewählt. Er führt die Regierung u. bestimmt die Richtlinien der Politik. Im Verteidigungsfall geht die Befehls- u. Kommandogewalt über die Bundeswehr auf ihn über. Die Bundesminister leiten ihre Geschäftsbereiche in eigener Verantwortung. Das XIX. Kabinett v. 27. 10. 1998:
B.-Kanzler: *Schröder* (SPD), Min. des Äußeren: *J. Fischer* (Bündnis 90/Die Grünen), Min. des Innern: *Schily* (SPD), Min. der Finanzen: *Eichel* (SPD; seit 1999), Min. f. Wirtschaft u. Technologie: *Müller* (parteilos), Min. f. Verbraucherschutz, Ernährung und Landwirtschaft: *Künast* (Bündnis 90/Die Grünen; seit 2001), Min. f. Arbeit u. Sozialordnung: *Riester* (SPD), Min. der Verteidigung: *Scharping* (SPD), Min. f. Familie, Frauen, Senioren u. Jugend: *Bergmann* (SPD), Min. f. Gesundheit: *Schmidt* (SPD; seit 2001), Min. f. Verkehr, Bau u. Wohnungswesen: *Bodewig* (SPD; seit 2000), Min. f. Umwelt, Naturschutz u. Reaktorsicherheit: *Trittin* (Bündnis 90/Die Grünen), Min. f. Bildung u. Forschung: *Bulmahn* (SPD), Min. f. wirtsch. Zusammenarbeit u. Entwicklung: *Wieczorek-Zeul* (SPD), Staats-Min. beim Bundeskanzler: *Bury* (SPD; seit 1999), Staats-Min. f. die Angelegenheiten der Kultur u. der Medien: *Nida-Rümelin* (SPD; seit 2001), Staats-Min. f. die Angelegenheiten der neuen Länder: *Schwanitz* (SPD).

Bundestagswahlen

14. 8. 1949: Mandate: 139 CDU/CSU, 131 SPD, 52 FDP, 17 DP, 17 Bayernpartei, 15 KPD, 10 Zentrum, 5 DRP, 16 sonstige; Bundeskanzler: K. Adenauer
6. 9. 1953: Mandate: 243 CDU/CSU, 151 SPD, 48 FDP, 27 GB/BHE, 15 DP, 3 Zentrum; Bundeskanzler: K. Adenauer
15. 9. 1957: Mandate: 270 CDU/CSU, 169 SPD, 41 FDP, 17 DP; Bundeskanzler: K. Adenauer
17. 9. 1961: Mandate: 242 CDU/CSU, 190 SPD, 67 FDP; Bundeskanzler: K. Adenauer, (ab 1963) L. Erhard
19. 9. 1965: Mandate: 245 CDU/CSU, 202 SPD, 49 FDP; Bundeskanzler: L. Erhard, (ab 1966) K. G. Kiesinger
28. 9. 1969: Mandate: 242 CDU/CSU, 224 SPD, 30 FDP; Bundeskanzler: W. Brandt
19. 11. 1972: Mandate: 230 SPD, 225 CDU/CSU, 41 FDP; Bundeskanzler: W. Brandt, (ab 1974) H. Schmidt
3. 10. 1976: Mandate: 243 CDU/CSU, 214 SPD, 39 FDP; Bundeskanzler: H. Schmidt
5. 10. 1980: Mandate: 226 CDU/CSU, 218 SPD, 53 FDP; Bundeskanzler: H. Schmidt, (ab Okt. 1982) H. Kohl
6. 3. 1983: Mandate: 255 CDU/CSU, 202 SPD, 35 FDP, 28 Grüne/AL; Bundeskanzler H. Kohl
25. 1. 1987: Mandate: 234 CDU/CSU, 194 SPD, 48 FDP, 44 Grüne/AL; Bundeskanzler: H. Kohl
2. 12. 1990: Mandate: 319 CDU/CSU, 239 SPD, 79 FDP, 17 PDS, 8 Bündnis 90/Grüne; Bundeskanzler: H. Kohl
16. 10. 1994: Mandate: 294 CDU/CSU, 252 SPD, 49 Bündnis 90/Grüne, 47 FDP, 30 PDS; Bundeskanzler: H. Kohl
27. 9. 1998: Mandate: 285 SPD, 245 CDU/CSU, 47 Bündnis 90/Die Grünen, 43 FDP, 36 PDS; Bundeskanzler: G. Schröder

Länder der Bundesrepublik Deutschland

Bundesländer	Fläche in km²	Wohnbevölkerung 1999 in 1000	Landeshauptstadt
Baden-Württemberg	35751	10428	Stuttgart
Bayern	70545	12117	München
Berlin	889	3399	Berlin
Brandenburg	29480	2590	Potsdam
Bremen	404	660	Bremen
Hamburg	755	1704	Hamburg
Hessen	21114	6043	Wiesbaden
Mecklenburg-Vorpommern	23170	1795	Schwerin
Niedersachsen	47609	7873	Hannover
Nordrhein-Westfalen	34075	17983	Düsseldorf
Rheinland-Pfalz	19845	4027	Mainz
Saarland	2570	1072	Saarbrücken
Sachsen	18408	4476	Dresden
Sachsen-Anhalt	20446	2664	Magdeburg
Schleswig-Holstein	15738	2772	Kiel
Thüringen	16175	2456	Erfurt

Deutschlandlied, „Deutschland, Deutschland über alles ...", Gedicht von A. H. Hoffmann v. Fallersleben (1841), Melodie der östr. Kaiserhymne von J. Haydn (1797), 1922 dt. Nationalhymne; seit 1952 ist das D., mit dem Text der 3. Strophe („Einigkeit und Recht und Freiheit ..."), Nationalhymne der BRD.

Deutschlandvertrag, Vertr. über die Beziehungen zw. d. BRD u. den 3 Besatzungsmächten USA, Großbrit., Frkr. vom 26. 5. 1952; trat am 5. 5. 1955 in Kraft. Die BRD erhielt unter Vorbehalt einzelner Rechte u. Pflichten für die Westmächte die volle Souveränität (Aufhebung des Besatzungsstatuts).

Deutschnationale Volkspartei (DNVP), 1918 konservat. Partei in Dtl., s. 1928 unter A. Hugenbergs Führung.

Deutsch-Polnischer Grenzvertrag, im Rahmen der dt. Einigungsbestrebungen Nov. 1990 zw. der BRD und der Rep. Polen geschlossener Vertrag über die Oder-Neiße-Linie als künftige dt. Ostgrenze sowie den gegenseitigen Verzicht auf Gebietsansprüche; in Kraft s. 1991.

Deutsch-Polnischer Vertrag (Warschauer Vertr.), 1970 unterzeichneter Vertr. über die Normalisierung der Beziehungen zw. der BRD u. Polen; u. a. Anerkennung der Oder-Neiße-Linie als westl. poln. Staatsgrenze, keine gegenseitigen Gebietsansprüche, Gewaltsverzichtsklausel; in Kraft s. 3. 6. 1972.

Deutsch-Sowjetischer Nichtangriffspakt, am 23. Aug. 1939 in Moskau für 10 Jahre abgeschlossener u. sofort in Kraft gesetzter Vertrag mit geheimem Zusatzprotokoll. Es beinhaltete die Möglichkeit der Teilung Polens, der Einbeziehung Finnlands, Estlands, Lettlands und Bessarabiens in die sowjet., Litauens mit Wilna in die dt. Macht- und Interessensphäre. Erleichterte Hitler die Entfesselung des 2. Weltkrieges und öffnete der UdSSR den Weg nach M-Europa.

Deutsch-Sowjetischer Vertrag, 1970 abgeschlossener Vertr. zw. der BRD u. der UdSSR im Zuge der Entspannungspolitik: Verzicht auf Gewaltanwendung u. -androhung, Achtung der territorialen Integrität aller europ. Staaten; in Kraft s. 1972.

Deventer, niederl. St. an der Ijssel, 68 000 E; spätgot. Sankt-Lebuinus-Kirche (15. u. 16. Jh.); kgl. Teppichfabrik, chem., Masch.-Ind.

Devise [frz.], Wahlspruch, Motto.

Devisen [lat.], auf fremde Währung lautende und im Ausland zahlbare Forderungen gegenüber Ausländern. Forderungen gegenüber ausländ. Banken sind D. im engeren Sinn, ausländ. Banknoten und Münzen werden als Sorten bezeichnet. Der *D.handel* findet am freien und am organisierten *D.markt* (D.börsen) statt.

Devon ↑Übers. Geologie, Formationstabelle.

devot [lat.], unterwürfig.

Devotionalien [lat.], Gebrauchsgegenstände privater Frömmigkeit, z. B. Bilder, Medaillen, Statuen.

Dewargefäß ['dju:ə-] (nach dem brit. Chemiker Sir J. Dewar [* 1842, † 1923]), ein Vakuummantelgefäß zur Aufbewahrung tiefgekühlter Stoffe; auch als Thermosflasche.

Dewey, John ['dju:ɪ], * 1859, † 1952, amer. Pädagoge u. Philosoph; bedeutendster Vertr. des amer. Pragmatismus; „Demokratie u. Erziehung".

Dextrine [lat.], Abbauprodukte der Stärke; hpts. aus Kartoffelstärke gewonnen; für Klebstoffe, Bindemittel.

Dextrose [Kw.], svw. ↑Traubenzucker.

Dezember [lat.], bei den Römern urspr. der 10., dann der 12. Monat des Jahres.

Dezennium [lat.], Jahrzehnt.

dezent [lat.], zurückhaltend; unaufdringlich, nicht auffallend.

Dezentralisation [lat.], Auseinanderlegung von Kompetenzen; in der Verw. Verlegung des Schwergewichts auf die örtl. und provinziellen Behörden.

Dezernat [lat.], Geschäftsbereich eines Richters od. Verw.-Beamten.

Dezernent, Leiter eines Dezernats.

Dezi... [lat.], Bestimmungswort; Bed.: „Zehntel"; als Vorsatz v. Einheiten im Messwesen (Zeichen d) z. B. *Dezimeter* (1 dm = 0,1 m), *Deziliter* (1 dl = 0,1 Liter).

dezidiert [lat.], entschieden.

Dezimalbruch ↑Bruch 3).

Dezimalklassifikation (DK), systemat. Einteilung der Wiss. in Zehnergruppen, die mit 0 bis 9 beziffert u. dann in weitere Zehnergruppen unterteilt werden. Für das *Bibliothekswesen* s. 1876 entwickelt, z. B. 6: exakte Wiss., 62: Ingenieurwesen, 621: Maschinenbau usw.

Dezimalsystem ↑Zahlensystem.

Dezime [mlat.], Intervall von 10 diaton. Stufen.

Dezimeterwellen, elektromagnet. Wellen für drahtlose Telegrafie, Richtfunk, Fernsehen; Wellenlängen zw. 1 m und 10 cm (UHF-Bereich).

DFB, Abk. für: ↑**D**eutscher **F**uß**b**allbund.

DFG, Abk. für ↑**D**eutsche **F**orschungs**g**emeinschaft.

DFU, Abk. für: ↑**D**eutsche **F**riedens**u**nion.

dg, Einheitenzeichen für: **Dezig**ramm ($\frac{1}{10}$ g).

DGB, Abk. für: **D**eutscher **G**ewerkschafts**b**und; ↑Übers. Gewerkschaften.

Dhaka (Dacca), Hptst. von Bangladesh, 3,64 Mill. E; 2 Univ.; Handelszentrum; Binnen-⚓, ✈.

di..., Di... [gr.], Vorsilbe; Bed.: „zweifach, doppelt".

dia..., Dia... [gr], vor Selbstlauten di..., Di..., Vorsilbe; Bed.: „durch, hindurch, auseinander".

Diabetes [gr.], Harnruhr; *D. insipidus* (Wasserharnruhr), mit Ausscheidung sehr gr. Harnmengen (ohne Eiweiß- u. Zuckergehalt); Ursache: Zwischenhirn-Hypophysen-Fehlregulation; *D. mellitus* (Zuckerharnruhr, Zuckerkrankheit), mit Ausscheidung v. a. von Zucker im Harn, meist eine Folge der Erkrankung der Langerhans'schen Inseln der Bauchspeicheldrüse; Folge: mangelhafte Kohlenhydratverwertung, erhöhter Blutzuckergehalt u. Ketonkörpervermehrung; Behandlung: Diät, Insulingaben.

diabolisch [gr.], teuflisch.

Diadem [gr.], urspr. einfache Stirnbinde aus Stoff od. Metall, später Hoheitszeichen aus Metall für fürstl. Personen, heute bes. Kopfschmuck für Frauen.

Diadochen [gr. = Nachfolger], die Feldherren Alexanders d. Gr., die sich nach dessen Tod (323 v. Chr.) das Reich teilten *(Diadochenreiche).*

Diaghilew, Serge, * 1872, † 1929, russ. Ballettimpresario; berühmt durch die „Ballets Russes".

Diagnose [gr.], Erkennen, Feststellen [einer Krankheit].

Diagonale [gr.], Verbindungslinie zweier nicht benachbarter Ecken eines Vielecks.

Diagonale. *Die neun Diagonalen eines Sechsecks*

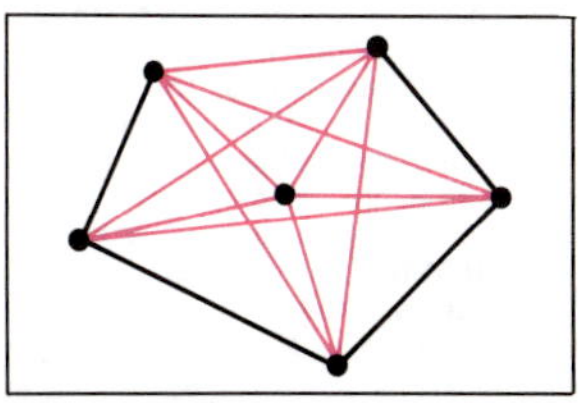

Diagramm [gr.], Schaubild; graf. Darst. von Größenverhältnissen (Zahlenwerten) durch Kurven in einem durch Stäbe, Kreissektoren u. Ä., oder von math. Zusammenhängen Koordinatensystem; auch Blütendiagramme.

Diakon [gr.; = Diener], 1. *kath., orth.:* unterste Stufe des Weihesakramentes (Ordination); nach 2. Vatikan. Konzil auch verheiratete kath. Diakone; 2. *ev.:* Armenpfleger, Jugendhelfer, zweiter Geistlicher einer Gemeinde, Verantwortlicher der Inneren Mission.

Diakonisches Werk – Innere Mission und Hilfswerk der Evangelischen Kirche in Deutschland, Spitzenverband d. freien Wohlfahrtspflege, 1957 durch Fusion der Inneren Mission u. des Hilfswerks der Ev. Kirche in Dtl. entstanden.

Diakonissen, ev. Gem.- u. Pflegeschwestern, ausgebildet in *D.mutterhäusern.*

Dialekt [gr.], svw. ↑Mundart.

Dialektik [gr.], philos. Arbeitsmethode, die ihre Ausgangsposition (These) durch gegensätzl. Behauptung (Antithese) infrage stellt und in der Synthese eine Erkenntnis zu gewinnen sucht; v. a. bei G. W. F. Hegel von Bedeutung.

dialektischer Materialismus (DIAMAT), von K. Marx und F. Engels unter Einfluss G. W. F. Hegels u. L. Feuerbachs entwickeltes [natur]philos. System, das die Welt als materielle Einheit (↑Materialismus) unter dem Prinzip d. Dialektik versteht, in der die prakt.-ökonom. Verhältnisse dominieren; Antriebskraft des geschichtl. Fortschritts (↑histor. Materialismus) seien dialekt. Entwicklungssprünge innerhalb der Materie u. die Spannungen Mensch–Natur, Mensch–Mensch sowie zw. den Gesellschaftsklassen; Grundlage des ↑Marxismus.

Dialog [gr.], Zwiegespräch, Wechselrede von zwei oder mehreren Personen.

Dialyse [gr.]: **1)** Trennung kolloider Stoffe von echten Lösungen durch Membranen, die die kolloiden Teilchen nicht durchlassen; **2)** Blut-D. mit ↑künstl. Niere.

Diamant [frz.], härtestes Mineral (Härte 10), chem. reiner Kohlenstoff; spröde, stark lichtbrechende, [in reinstem Zustand] wasserklare kub. Kristalle; u. a. am Kongo u. in Südafrika; geschliffen als *Brillant* Schmuckstein; auch künstl. Gewinnung (zu techn. Zwecken).

DIAMAT, Abk. für ↑**dia**lektischer **Mat**erialismus.

diametral [gr.], entgegengesetzt.

Diana, röm. Göttin der Jagd; der griech. Göttin Artemis entsprechend.

Diana [daɪˈænə], *1961, †1997, Princess of Wales, verh. 1981–96 mit dem brit. Thronfolger Prinz Charles.

diaphan [gr.], durchscheinend.

Diaphorese [gr.], Schweißsekretion.

Diaphragma [gr.]: **1)** Scheidewand in hohlen Pflanzenteilen; **2)** Zwerchfell; **3)** Blende (Opt.); **4)** poröse Wand, die Stoffe trennt, aber Stromdurchgang gestattet.

Diapositiv [gr.; lat.], Abk. Dia, durchsicht. fotograf. Bild.

Diarium [lat.], veraltet: Tagebuch.

Diarrhö [gr.], svw. ↑Durchfall.

Diaspora [gr.], relig. (auch nat.) Minderheit sowie deren Situation.

Diastase [gr.], svw. ↑Amylase.

Diastole [gr.], Erschlaffung des Herzmuskels in der Phase der Blutauffüllung.

Diät [gr.], zweckmäß., gesunde Ernährung; bei Kranken unter bes. Berücksichtigung der jeweil. Erfordernisse: Zucker-, Leberdiät u. a.

Diäten [mlat.], Tagegelder, bes. der Abgeordneten.

Diathermie [gr.] (Kurzwellendiathermie, Hochfrequenzbehandlung), Heilverfahren, bei dem hochfrequente Wechselströme den Körper durchwärmen.

Diathese [gr.], Veranlagung für best. Krankheiten.

diatonische Tonleiter, siebenstuf. Tonleiter, die im Ggs. zur zwölfstuf. chromat. Tonleiter alle nicht zur jeweil. Grundskala gehörenden Halbtöne auslässt.

Diaz (Dias), Bartolomeu [ˈdiaʃ], * um 1450, †1500, portug. Seefahrer; umfuhr 1487/88 d. Kap der Guten Hoffnung.

Diaz, Porfirio [ˈdias], *1830, †1915, mex. Politiker; Gegner Ks. Maximilians; 1877–80 und 1884 bis 1911 Präs. mit diktator. Macht; begünstigte Großgrundbesitzer u. amer. Großkapital.

Dibelius, Otto, *1880, †1967, dt. ev. Theologe; 1945–66 Bischof von Berlin-Bbg.; 1949–61 Vors. des Rates der EKD.

Di|chromasie ↑Farbenblindheit.

Dichte (spezifische Masse), Quotient ϱ der Masse *m* einer Substanzmenge und ihres Volumens *V* *(Massendichte):* $\varrho = m/V$; Einheit: kg/m^3; allg. jede auf die Volumeneinheit (m^3 u. cm^3) bezogene physikal. Größe.

Dichtung: 1) Sprachkunstwerk; Lyrik, Epik, Drama, dichterische Prosa; **2)** Vorrichtung, die einen Stoffaustritt an Verbindungsstellen (z. B. v. Rohren) verhindert.

Dickblattgewächse, Trockenlandpflanzen mit einfachen, fleisch. Blättern; heim.: Fetthenne, Hauswurz.

Dickdarm ↑Darm.

Dickens, Charles, *1812, †1870, engl. Schriftsteller; trotz Neigung zum Grotesken realist. Darstellung der soz. Zeitverhältnisse; schrieb u. a. „Oliver Twist", „David Copperfield", „Die Pickwickier".

Dickfußröhrling, gr. Röhrenpilz in Laub- u. Nadelwald; ungenießbar.

Dick-Read, Grantly [-ˈriːd], *1890, †1959, brit. Gynäkologe, ↑schmerzlose Geburt.

Didaktik [gr.], Unterrichslehre.

Diderot, Denis [diːˈdro], *1713, †1784, frz. Schriftsteller u. Philosoph der Aufklärung; philos. Essays, Romane, Dramen: Hg. u. Mitarb. der frz. Enzyklopädie.

Dido, sagenhafte Prinzessin aus Tyros und Gründerin der Burg Byrsa von Karthago.

Didot [diˈdo], frz. Drucker- u. Verlegerfamilie, im 18. und 19. Jh. berühmt durch ihre Klassikerausgaben; nach ihr ben. die *D.antiqua.*

Diebskäfer, Fam. etwa 5 mm langer Käfer; [Lebensmittel]schädlinge.

Diebstahl, rechtswidr. Wegnahme einer fremden bewegl. Sache zwecks Aneignung.

Dieburg, hess. St. östl. von Darmstadt, 14 500 E; Wallfahrtskapelle (13., 17. u. 18. Jh.), Textil-, Lederwarenindustrie.

Dielektrikum [gr.-nlat.], elektr. nichtleitender Stoff (Isolator; auch Vakuum).

Di|elektrizitätskonstante, Maß für dielektr. ↑Polarisation 1) eines Stoffes.

Diem, Carl, *1882, †1962, dt. Sportwissenschaftler; Organisator der Olymp. Spiele 1936 in Berlin, 1947 Gründer d. Dt. Sporthochschule Köln.

Diemel, l. Nbfl. d. Weser; 105 km; im Oberlauf *D.talsperre* (D.see) sö. von Brilon.

Diên Biên Phu [djɛnbjɛnˈfu], Ort im N Vietnams, in W-Tonkin; im Indochinakrieg 1954 entscheidender Sieg der Vietminh über die Franzosen.

Dienst, langes, dünnes Säulchen am got. Bündelpfeiler, das d. Rippen u. Gurte der Gewölbe aufnimmt.

Dienstaufsicht, Überwachung d. Tätigkeit v. Beamten durch eine höhere Behörde.

Dienstaufsichtsbeschwerde, formlose Beschwerde gg. einen Verw.-Akt bei der übergeordneten Behörde.

Dienstbarkeit (Servitut), ↑dingl. Recht an einer Sache, das den Berechtigten eine best. Einzelnutzung gewährt; Berechtigter ist entw. der jeweil. Eigentümer eines best. „herrschenden" Grundstücks (Grund-D.) od. eine best. Person (beschränkte, persönl. D.).

Dienst|eid, Amtseid, Beamteneid.

Dienstvertrag, Vertr. zw. ↑Arbeitnehmer, der Dienste irgendwelcher Art verspricht, u. ↑Arbeitgeber, der Vergütung verspricht (§§ 611 ff. BGB); zu unterscheiden vom ↑Werkvertrag.

Dientzenhofer: 1) Christoph, * 1655, † 1722, dt. Baumeister; bed. Vertr. der spätbarocken, von Oberitalien beeinflussten Architektur; St. Nikolaus auf der Kleinseite in Prag; **2)** Johann, * 1665, † 1726, Bruder v. 1), dt. Baumeister; Vertr. d. hochbarocken Baukunst v. a. in Bamberg, Banz, Fulda; **3)** Johann Leonhard, * nach 1655, † 1707, Bruder von 1), dt. Baumeister; Residenz u. St. Michael in Bamberg; **4)** Kilian Ignaz von, * 1689 oder 1690, † 1751, Sohn von 1), dt. Baumeister; Vertr. des böhm. Spätbarocks; Kirchen in Prag.

Diepgen, Eberhard, * 1941, dt. Politiker (CDU); 1984–89 Regierender Bürgermeister v. Berlin (West), s. 1991 v. Berlin.

Dieppe [djɛp], nordfrz. Hafenst. am Kanal, 36 500 E; Seebad, Schiffbau; Fährverkehr nach England.

Diesel, Rudolf, * 1858, † 1913, dt. Ingenieur; erfand den *D.motor,* Verbrennungskraftmasch., die mit *D.kraftstoff* (*D.öl;* ein dem Heizöl ähnl. Kohlenwasserstoffgemisch) betrieben wird; hohe Verdichtung der Luft im Zylinder (30 bis 55 bar), führt zu Temp. v. 700 bis 900 °C. In die erhitzte Luft wird zerstäubtes Dieselöl eingespritzt, das sich hoch verdichtet etwas zeitverzögert entzündet und den Kolben abwärts treibt.

Diesterweg, Adolf, * 1790, † 1866, dt. Pädagoge und Schulpolitiker.

Dietrich von Bern (Bern = Verona), Idealgestalt eines urspr. got. Sagenkreises; Vorbild: Theoderich d. Große.

Dietrich, Marlene, eigtl. Maria Magdalena von Losch, * 1901, † 1992, dt.-amer. Filmschauspielerin u. Sängerin („Der blaue Engel", 1930).

Dietzfelbinger, Hermann, * 1908, † 1984, dt. ev. Theologe; 1955–75 Bischof der ev.-luth. Landeskirche Bayerns, 1967–73 Vors. des Rats der EKD.

Diez, St. an der Lahn, RP, 10 500 E; frühgot. Hallenkirche; Schloss Diez; Steinbrüche.

diffamieren, verleumden, in Verruf bringen.

Differenz: 1) Unterschied, Fehlbetrag; **2)** Meinungsverschiedenheit; **3)** ↑Subtraktion.

Differenzenquotient, Bez. für den Quotienten aus der Differenz $\Delta y = y(x_2) - y(x_1)$ zweier Funktionswerte und der Differenz $\Delta x = x_2 - x_1$ ihrer Argumente (Abszissenwerte).

Differenzial [lat.]: **1)** (D.-Getriebe) Räderwerk, das aus 2 versch. Drehzahlen eine Summen- oder Differenzdrehzahl bildet; i. e. S. *Ausgleichsgetriebe,* das im Kfz das Antriebs[dreh]moment gleichmäßig auf die Antriebsräder verteilt sowie unterschiedl. (v. a. in Kurven) an den Rädern angreifende Kräfte u. Umlaufgeschwindigkeiten ausgleicht; **2)** die Größe $dy = f(x)\,dx$; dabei ist $f(x)$ der Differenzialquotient der Funktion $y = f(x)$, dx eine kleine Änderung des Argumentwerts x (Math.).

Differenzialgeometrie, Teilgebiet der Math., das v. a. mithilfe der Differenzialrechnung die Eigensch. geometr. Kurven, Flächen und Räume untersucht.

Differenzialgleichung, Gleichung für eine gesuchte Funktion, in der neben dieser wenigstens einer ihrer Differenzialquotienten vorkommt.

Differenzialquotient (Ableitung), Grenzwert des ↑Differenzenquotienten $\Delta y/\Delta x$ einer Funktion $y = f(x)$ der unabh. Veränderlichen x für $\Delta x \to 0$:

$$y' = \frac{dy}{dx} = \lim \frac{f(x+\Delta x) - f(x)}{\Delta x}$$

liefert geometr. die *Steigung (Anstieg)* der Tangenten in den versch. Punkten der durch $y = f(x)$ best. Kurve.

Differenzialrechnung, Teilgebiet der Math., insbes. der Analysis, das auf dem Begriff ↑Differenzialquotient basiert; stellt allg. Sätze u. Regeln bereit für die Bildung des Differenzialquotienten, Potenzreihenentw. u. a. von Funktionen.

Marlene Dietrich

differenzieren: 1) unterscheiden, trennen; **2)** den Differenzialquotienten bilden (Math.).

differieren, verschieden sein, voneinander abweichen.

diffizil [lat.], schwierig; überaus korrekt.

diffus [lat.], zerstreut, ungeordnet, z. B. d.es Licht.

Diffusion [lat.], die von selbst erfolgende allm. Vermischung (Ausgleich von Konzentrationsunterschieden) versch., aneinander grenzender Stoffe; bewirkt durch die Eigenbewegung der Moleküle.

Digest ['daɪdʒɛst; engl.], Zeitschrift mit Auszügen aus Büchern, Nachdruck von Aufsätzen usw.

Digital|anzeige, Anzeige eines Mess- oder Einstellwerts in Ziffern, heute meist mithilfe von Leuchtdioden *(LED-Anzeige)* oder Flüssigkristallzellen *(LCD-Anzeige).*

Digital Audio Tape ['dɪgɪtəl ɔ'dɪə teɪp], Abk. DAT, Tonträger mit digitaler Tonaufzeichnung. Magnetbandkassetten in DAT-Technik verfügen über höhere Aufnahme- und Wiedergabequalität als herkömmliche.

Digitalis, Pflanzengatt. Fingerhut, heim. 2 Arten, geschützt; ☠, Arznei-, z. T. Zierpflanzen; *D.glykoside,* stark wirkende Giftstoffe in den Blättern (Herzmittel).

Digitalrechner, eine Rechenanlage, bei der die Berechnung (im Ggs. zum Analogrechner) ziffernmäßig erfolgt.

Digitalschallplatte ↑Schallplatte.

Dignität [lat.], kath. kirchl. Würde (auch ohne Amt); bes. die Würde eines Propstes od. Dekans.

DIHT, Abk. für: **D**eutscher **I**ndustrie- und **H**andelstag.

Dijon [di'ʒõ], Hptst. des ostfrz. Dép. Côte-d'Or u. der Region Burgund, 148 000 E; Univ., Akademie; Abtei St-Bénigne (525–1792), Kathedr. (13. Jh.) u. a. bed. Kirchen, ehem. Palast der burgund. Hzg. mit Museum; Zentrum des Burgunderweinhandels; Masch.-, Nahrungsmittelind.; ⚔.

Diktat [lat.], Niederschrift nach Vorgesprochenem; aufgezwungene, harte Verpflichtung.

Diktatur [lat.], Konzentration der öffentl. Gewalt in der Hand eines einzelnen *(Diktator)* od. einer Gruppe, entw. verfassungsmäßig verankert zur Überwindung einer Krise od. als unbeschränkte Herr-

schaft ohne zeitl. Grenzen; *D. des Proletariats,* nach marxist. Lehre Übergangsstadium zw. kapitalist. u. sozialist. Gesellschaftsform.
Diktiergerät, [Tonband]gerät zur Aufnahme u. Wiedergabe von Gesprochenem.
Dilatation [lat.]., [Aus]dehnung, Erweiterung.
Dill, Doldengewächs aus dem Mittelmeergebiet; Würzkraut.
Dillenburg, Stadt in Hessen, 25100 E; IHK; spätgot. Pfarrkirche (nassau-oran. Grablege); Landgestüt; Eisenverarbeitung.
Dillingen a. d. Donau, bayr. Krst. in Schwaben, 17500 E; Akad. für Lehrerfortbildung; Schloss (13., 15.–18. Jh.), Studienkirche (1610 bis 1617), Peterskirche (17. Jh.); Textil-, Möbel-, Leder-, Glasindustrie.
Dillingen/Saar, Ind.-Stadt im Saarland, 22500 E.
Dilthey, Wilhelm, * 1833, † 1911, dt. Philosoph; begr. die Erkenntnistheorie der Geisteswiss.; Historiker (skept. Historismus) der Geistesgeschichte.
dim, Abk. für: ↑**diminuendo.**
Dimension [lat.]: **1)** allg.: Ausdehnung, Ausmaß; Bereich; **2)** Ausdehnung geometr. Gebilde nach Länge, Breite, Höhe (jeweils eine D.); Punkte haben 0, Geraden 1, Ebenen 2 D.en, der Raum hat 3 D.en; **3)** das bei Zurückführung einer [abgeleiteten] physikal. Größe auf die verw. Grundgrößen[arten] *(Grund-D.en)* erhaltene Potenzprodukt dieser Grundgrößen.
diminuendo [ital.], Abk. dim., abnehmend, schwächer werdend (𝄞).
Diminutiv[um] [lat.], Verkleinerungsform eines Substantivs, z. B. Schätzchen.
Dimitrow, Georgi Michailow, * 1882, † 1949, bulgar. kommunist. Politiker; 1933 im Berliner Reichstagsbrand-Prozess freigesprochen; 1946 Min.-Präsident.
Dimmer [engl.], svw. Helligkeitsregler; elektron. Schaltung zur stufenlosen Steuerung der Helligkeit v. Glühlampen.
Dimorphismus [gr.], Zweigestaltigkeit, z. B. von einer Tier- oder Pflanzenart.
Dinariden (Dinar. Geb., Dinar. Alpen), Geb. zw. Laibach und Drin, bis rd. 2700 m z. T. verkarstet; dünn besiedelt.
DIN Deutsches Institut für Normung e. V., nat. Normenorganisation für die BRD, Sitz Berlin. Erarbeitet Normen, die der Rationalisierung, der Sicherheit u. der Qualitätssicherung in Technik u. Wiss. dienen. Die Arbeitsergebnisse werden als *DIN-Normen* in das Dt. Normenwerk aufgenommen.
Dinescu, Mircea, * 1950, rumän. Lyriker, Exponent der rumän. Bürgerrechtsbewegung.
Dingelstedt, Franz Frhr. von, * 1814, † 1881, dt. Theaterleiter und vielseit. Schriftsteller.
Dingi (Dinghi) [Hindi], kl. Beiboot; kl. Sportsegelboot.
dingliches Recht, Recht an einer Sache, im Ggs. zum persönl. od. Forderungsrecht gg. jedermann.
Dingo [austral.], austral. Wildhund.
Dingolfing, niederbayr. Krst. an der Isar, 17500 E; altes Stadtbild, spätgot. Pfarrkirche; Textil- u. Autoindustrie.
Dinkel (Spelz), anspruchslose Weizenart, meist unreif geerntet u. getrocknet *(Grünkern),* für Suppenmehl und Schrot.
Dinkelsbühl, bayr. St. an der Wörnitz, 11500 E; ma. Gepräge, Stadtmauer, spätgotische Kirche; Holz-, Leder-, Strumpfindustrie.
Dinner [engl.], Hauptmahlzeit in Großbrit. (vorw. abends).
Dinosaurier [gr.], fossile Reptilien, bes. des Erdmittelalters, darunter die größten Landtiere überhaupt (etwa 40 m Länge, Gewicht 80 t); die räuber. Fleischfresser bewegten sich meist auf den Hinterbeinen fort, die Pflanzenfresser auf 4 Beinen. Ihr Aussterben wird kontrovers diskutiert.
Dinslaken, St. in NRW, 69500 E; spätgot. Pfarrkirche; Steinkohlenbergbau, Stahlverarbeitung.
Diode [gr.], elektron. Bauelement, dessen Widerstand in so hohem Grade von der Polarität der angelegten elektr. Spannung abhängt, dass ein Stromfluss prakt. nur in einer Richtung erfolgen kann. D.n dienen als elektr. Ventile (Gleichrichter); techn. Ausführung: Hochvakuumröhren, heute meist Halbleiterbauelemente mit (mind.) einer Sperrschicht.
Diogenes von Sinope, * um 400, † 323 v. Chr., griech. Philosoph, kritisierte unreflektierte Bedürfnisbefriedigung u. gesellschaftl. Zwänge.
Diokletian (Gaius Aurelius Valerius Diocletianus), * um 243, † 313 (316?), röm. Ks. 284–305; Reform der Verw. des Röm. Reiches, Reichsverf. mit absoluter Monarchie nach orient. Muster; Aufgliederung des Reiches in 4 Teilgebiete; seit 303 Christenverfolgung.
Diolen® ↑Polyester.
Dionysios I., d. Ä., * um 430, † 367 v. Chr., seit 405 Tyrann von Syrakus; kämpfte gg. Karthager, Etrusker u. Griechen, erstrebte d. Herrschaft über alle Westgriechen.
Dionysios Areopagites, auch *Pseudo-D. A.,* apokrypher christl. Schriftsteller d. 5/6. Jh.; einflussreichster christl. Neuplatoniker.
Dionysos (lat. Bacchus), griech. Gott des Weines u. der Fruchtbarkeit.
Dioptrie [gr.], Einheitenzeichen dpt, Maß für das opt. Brechungsvermögen von Linsen (dpt = 1/Brennweite in m).
Dior, Christian, * 1905, † 1957, frz. Modeschöpfer.
Dioskuren, in der griech. Mythologie Zwillingssöhne des Zeus: Kastor (lat. Castor) u. Polydeukes (lat. Pollux).
Diouf, Abdou [djuf], * 1935, senegales. Politiker; mehrf. Min., 1970–80 Min.-Präs., seit 1981 Staatspräsident.
Dioxid ↑Oxide.
Dioxine, chem. Verbdg., die sich von einer [hypothet.] sechsgliedrigen heterocycl. Verbdg. Dioxin herleiten, insbes. die chlorierten Derivate des Dibenzodioxins, die als Nebenprodukte bei der Herst. bestimmter Herbizide u. Desinfektionsmittel anfallen; als „Dioxin" („Seveso-Gift") bekannt wurde das 2, 3, 7, 8-Tetrachlordibenzodioxin (TCDD), das zu den giftigsten organ. Verbdg. gehört.
Diözese [gr.]: **1)** im Röm. Reich Verw.-Bez. innerhalb einer Prov.; **2)** kirchl. Verw.-Bez.; Sprengel eines Bischofs; Amtsbereich eines Superintendenten.
Diözie [gr.], Zweihäusigkeit, Getrenntgeschlechtigkeit, Verteilung der ♂ u. ♀ Geschlechtsorgane auf zwei versch. Individuen.
Diphterie [gr.], meldepflichtige bakterielle Infektionskrankheit (bes. bei Kindern) des Hals- u. Rachenraums; Mittelohrentzündung u. Herzmuskelschwäche als mögl. Folgewirkungen; Behandlung: Antibiotika, *D.heilserum;* vorbeugende Schutzimpfung möglich.
Diphthong [gr.], Doppellaut, z. B. au, ei.
Dipl.-, Abk. für: **Diplom...**
Diplom [gr.], amtl. Schriftstück, Urkunde, v. a. nach bestandener Schlussprüfung an einer Univ., TH oder TU verliehen.
Diplomat [frz.], höherer Beamter im auswärt. Dienst.
Diplomatie: 1) Kunst der Verhandlung in Staatsgeschäften mit den Mitteln des diplomat. Verkehrs (Audienzen, Konferenzen, Notenwechsel u. a.); **2)** Gesamtheit der für auswärt. Staatsverhandlungen tät. Amtsorgane.
Diplomatik, Urkundenlehre.

diplomatisches Korps (frz. Corps diplomatique), Abk. C. D., CD, die Gesamtheit der bei der Reg. eines Landes beglaubigten Vertr. fremder Staaten.
Dipol [gr.], Anordnung zweier entgegengesetzt gleich großer elektr. Ladungen in best. Abstand; schwingen die Ladungen gegeneinander, so liegt ein *hertzscher D.* vor, von dem elektromagnet. Wellen ausgehen; *D.antenne* ↑Antenne 1).
Diptam [mlat.], Rautengewächs, reich an äther. Ölen; S-Europa bis N-China.
Diptychon [gr.], zusammenklappb. zweiteil. Schreibtafel im Altertum; zweiflügel. ma. Altarbild.
Dirac, Paul Adrien Maurice [dɪ'ræk], * 1902, 1984, brit. Physiker; grundlegende Arbeiten zur Quantentheorie; Nobelpreis 1933.
Direktive [frz.], Weisung, Verhaltensregel.
Direktor [lat.], Leiter, Vorsteher.
Direktorium [lat.], Vorstand, leitende Behörde; 1795–99 in Frkr. die oberste Reg.-Behörde (aus 5 Mitgl. bestehend).
Dirigent [lat.], Leiter eines Chors und/oder Orchesters.
Dirigismus [lat.], übermäßige staatl. Eingriffe in marktwirtschaftl. Systeme.
Dirne, urspr. Jungfrau, Mädchen; im 16. Jh. Bed.swandel im Sinne von ↑Prostituierte.
dis..., Dis... [lat.], Vorsilbe; Bed.: „zwischen, auseinander, weg".
Di|saccharide [gr.], Kohlenhydrate, aus 2 Monosacchariden gebildet, z. B. Rohrzucker.
Disagio [dis'ɑ:dʒo; ital.]. **1)** Abzug vom Nennwert eines Wertpapiers; Ggs. ↑Agio; **2)** Differenz zw. Darlehens- und Auszahlungsbetrag bei Kreditgeschäften.
Discountgeschäft [dɪs'kaʊnt-; engl.; dt.], Einzelhandelsgeschäft, das die Waren unter Verzicht auf Aufmachung und Kundendienst unter übl. Preis verkauft.
Disengagement [dɪsɪn'geɪdʒmənt; engl.], das mil. Auseinanderrücken [der Machtblöcke in Europa].
Disentis (rätoroman. Mustér), schweizer. Luftkurort im Vorderrheintal, Graubünden, 2200 E; alte Benediktinerabtei (im 7. Jh. gegr.).
Disharmonie [gr.], Missklang; Uneinigkeit.
Diskette (Floppydisk), in der elektron. Datenverarbeitung verw. kl. Datenspeicher; mit einer magnetisierbaren Schicht versehene flexible Platte von rd. 19 cm Durchmesser in einer Schutzhülle.
Diskjockey ['dɪskʒɔke], jemand, der in Hörfunk od. Fernsehen u. bes. in Diskotheken Musikaufnahmen präsentiert.
Diskont [ital.], der beim Verkauf einer zu einem späteren Zeitpunkt fälligen Forderung (insbes. Wechsel) vom Nennbetrag vorweg abgezogene Zinsbetrag. Der Weiterverkauf von Wechseln durch eine Bank an eine andere Landeszentralbank heißt Rediskontierung; der Abzug erfolgt nach dem D.satz der Dt. Bundesbank.
Diskontinuität [lat.], Mangel an Zusammenhang.
Diskordanz [lat.], allg. Uneinigkeit, Missklang: Richtungsverschiedenheit bei der Gesteinsschichtung, z. B. obere Schicht waagerecht, untere gefaltet (Geol.).
Diskothek [gr.]: **1)** Schallplattensammlung; **2)** Tanzlokal mit Schallplatten- bzw. Tonbandmusik.
diskreditieren [lat.], in Verruf bringen, verdächtigen.
Diskrepanz [lat.], Zwiespalt, Widerspruch.
diskret [lat.], verschwiegen; rücksichtsvoll, taktvoll.
Diskriminierung, Herabwürdigung, Verdächtigung; unterschiedl. Behandlung Gleichberechtigter.
Diskurs [lat.], Gespräch; Abhandlung, Erörterung.
Diskus, scheibenförm. Wurfgerät aus Holz mit Metallrand u. -kern *(Männer-D.* 2 kg, *Frauen-D.* 1 kg).
Diskussion [lat.], Erörterung, Meinungsaustausch, Aussprache.
diskutieren, Meinungen austauschen und besprechen.
Disney, Walt ['dɪznɪ], eigtl. Walter Elias D., * 1901, † 1966, amer. Trickfilmzeichner (u. a. „Mickymaus") u. Filmproduzent (u. a. „Alice im Wunderland", 1951). Die nach seinen Plänen errichteten Vergnügungsparks *D.land* und *W. D. World* befinden sich in Kalifornien und Florida sowie bei Paris.
disparat [lat.], verschieden, unvereinbar, widersprechend.
Dispatcher [dɪs'pætʃər; engl.], Betriebs- od. Abt.-Leiter im Ind.-Betrieb, verantwortl. für den Ablauf des Produktionsprozesses.
Dispensation (meist Dispens) [lat.], Ausnahmebewilligung, -befreiung; im Kirchenrecht z. B. Entbindung v. Ehehindernissen.
Dispersion [lat.]: **1)** Zerlegung weißen Lichtes in ein ↑Spektrum bei Brechung, z. B. durch ein Prisma; **2)** Verteilung eines fein zerteilten Stoffes *(Dispersum)* in einem D.smittel *(Dipergens).*
Displaced Persons [dɪs'pleɪst 'pə:snz; engl.; „verschleppte Personen"], Abk. DP (D. P.), Personen fremder Staats- oder Volkszugehörigkeit, die während des 2. Weltkriegs von den Deutschen oder deren Verbündeten aus ihrer Heimat verschleppt wurden oder die Flüchtlinge waren und sich bei Kriegsende im ehem. dt. Reichsgebiet aufhielten (etwa 8,5 Mill.). Sie wurden von Hilfsorganisationen der UN betreut und zum größten Teil repatriiert oder in andere Staaten umgesiedelt.
Display [dɪs'pleɪ; engl.]: **1)** Aufsteller; Dekorationsmittel zur Schaufenstergestaltung; **2)** in der *Datenverarbeitung* und *Messtechnik* Gerät oder Bauteil zur opt. Darstellung einer Information in Form von Ziffern, Buchstaben, Zeichen oder graf. Elementen.
Disponent [lat.], kaufm. Angestellter mit bes. Vollmacht.
disponieren [lat.], verfügen, anordnen.
Disposition [lat.]: **1)** allg. Anordnung, Gliederung, Verfügung; Neigung, Anlage; **2)** angeborene oder erworbene Ansprechbarkeit des Körpers auf Krankheiten.
Disproportion [lat.], Missverhältnis.
Disput [lat.], Wortwechsel.
Disputation [lat.], gelehrtes (öffentl.) Streitgespräch.
Disqualifikation [lat.], Ausschluss (bes. b. [grober] Verletzung sportl. Regeln).

B. Disraeli

Disraeli, Benjamin [dɪs'reɪlɪ], Earl of Beaconsfield, * 1804, † 1881, brit. konservativer Politiker; 1868 und 1874–80 Premiermin.; Wahlrechtsreform v. 1867; erreichte die Kontrolle Großbrit. über den Sueskanal, Erhebung Kgn. Viktorias zur Ksn. von Indien u. auf dem Berliner Kongress die Abtretung Zyperns.
Dissenters [engl.], „Andersgläubige", „Nonkonformisten", in England die nicht der anglikan. Kirche Angehörenden.

Djibouti

Fläche: 23 200 km²
Einwohner: (1995) 577 000
Hauptstadt: Djibouti
Amtssprachen: Arabisch, Französisch
Zeitzone: MEZ +2 Stunden

Dissertation [lat.] (Inauguraldissertation), schriftl. wissenschaftliche Arbeit zur Erlangung des Doktorgrades.

Dissidenten [lat.], außerhalb einer Religionsgemeinschaft Stehende; Konfessionslose; auch Bürgerrechtler in kommunist. Staaten.

Dissimilation [lat.; = Entähnlichung]: **1)** Ausstoßung od. Veränderung eines von zwei gleichen od. ähnl. Lauten; **2)** Abbau v. Nahrungsstoffen beim Stoffwechsel.

Dissonanz [lat.]: **1)** Missklang; **2)** Klang, der nach Auflösung verlangt (𝄞).

Dissoziation [lat.], Zerfall von Molekülen in kleinere Bestandteile, z. B. durch Wärmeeinwirkung *(therm. D.)*.

Distanz [lat.], Abstand; Entfernung.

Distel, Gatt. stacheliger Korbblütler, z. T. Unkraut.

Distelfink, svw. ↑Stieglitz.

distinguiert [lat.], ausgezeichnet; vornehm.

Distinktion [lat.], Auszeichnung; Ansehen; [hoher] Rang.

Distler, Hugo, * 1908, † 1942, dt. Komponist u. Organist; mod. ev. Kirchenmusik.

Distorsion [lat.], svw. ↑Verstauchung.

Distribution [lat.], Verteilung, Aufteilung.

District of Columbia ['dıstrıkt ɔv kə'lʌmbıə], Abk. D. C., dem Kongress unmittelbar unterstellter Bundesdistrikt der USA, ident. mit der Hptst. Washington, 178 km².

Distrikt [lat.], Bezirk, Abteilung; abgeschlossener Bereich.

Disziplin [lat.]: **1)** Zucht, Ordnung; **2)** Wissens-, Fachzweig.

Disziplinarverfahren, bei Dienstvergehen von Beamten u. Soldaten vom Vorgesetzten einzuleitende Verfahren.

Dithmarschen, Ldsch. an der Nordsee zw. Elbe u. Eider, Schl.-Ho.; Hauptorte Meldorf u. Heide.

dito [lat.-ital.], Abk. do., dto., gleichfalls, dasselbe.

Ditters von Dittersdorf, Karl, * 1739, † 1799, östr. Komponist; Sinfonien, Konzerte, Opern.

Diu ↑Goa.

Diuretika, harntreibende Mittel.

Diva [lat.; = die Göttliche], gefeierte Sängerin oder Schauspielerin.

Divergenz [lat.]: **1)** Abweichung; Meinungsverschiedenheit; **2)** das Nichtvorhandensein von Grenzwerten bei Reihen od. best. Integralen (Math.).

Diverses, Verschiedenes, Allerlei.

Divertimento [ital.], unterhaltendes Instrumentalstück in der Art der Suite.

Dividend ↑dividieren.

Dividende [lat.], auf eine Aktie entfallender Gewinnanteil, *Ausschüttung* an die Aktionäre.

dividieren [lat.], teilen; eine Zahl suchen, die angibt, wie oft in einer gegebenen Zahl *(Dividend)* eine andere *(Divisor)* enthalten ist.

Divina Commedia [ital.; = Göttl. Komödie], Hauptwerk ↑Dante Alighieris.

Division [lat.]: **1)** mil. Großverband; **2)** Teilung, Umkehrung der Multiplikation; ↑dividieren.

Divisor ↑dividieren.

Diwan [pers.]: **1)** niedr. Liegesofa; **2)** fr. Bez. für oberste Verw.-Behörden in islam. Ländern; urspr. „Verwaltungsurkunde"; **3)** Slg. von Gedichten eines orientalischen Dichters.

Dix, Otto, * 1891, † 1969, dt. Maler; in den 20er-Jahren extremer, krit. Realismus (*Verismus;* Kriegsbilder u. Bilder zu polit. u. sozialen Missständen).

Dixieland ['dıksilænd], in Nordamerika Bez. für die Südstaaten, **Dixielandjazz,** Stil der tradit. Jazzbands weißer Musik (etwa s. 1917).

Diyarbakır, Hauptst. des türk. Verw.-Gebietes D. am Tigris, 376 000 E; Textil-, Nahrungsmittel-, Papierind.; ✈.

d. J., Abk. für: **1)** **d**er **J**üngere; **2)** **d**ieses **J**ahres.

Djakarta ↑Jakarta.

DJH, Abk. für: **D**eutsches **J**ugend**h**erbergswerk e. V. (↑Jugendherbergen).

Djibouti, Dschibuti, Rep. in NO-Afrika; trockenes Halbwüstengebiet; Hauptst. D. (220 000 E) am Golf von Aden mit ⚓ u. Eisenbahn nach Addis Abeba; ✈. – Salzgewinnung, Viehzucht. – Seit 1884 frz. (Frz. Somaliland, s. 1967 Frz. Afar-und-Issa-Küste), s. 27. 6. 1977 unabhängig.

Djidda [dʒ-], Hafenst. am Roten Meer, Saudi-Arabien, 1,5 Mill. E; Univ.; Wirtschaftszentrum; histor. Altstadt mit moderner Architektur; Sammelplatz d. Mekkapilger; ✈.

Djihad [dʒ-], hl. Krieg zur Verteidigung u. Ausbreitung d. Islam.

Djinn [dʒ-], Geist, Dämon im islam. Volksglauben.

DK, Abk. für: ↑**D**ezimal**k**lassifikation.

DKP, Abk. für ↑**D**eutsche **K**ommunistische **P**artei.

dl, Einheitenzeichen für: Deziliter ($^1/_{10}$ l).

DLG, Abk. für: **D**eutsche **L**andwirtschafts-**G**esellschaft.

DLPF [Abk. für engl.: **d**ynamic **l**ow **p**ass **f**ilter = dynam. Tiefpassfilter], Zusatzeinrichtung bei Kassettenrekordern zur Unterdrückung des Bandrauschens.

DLRG, Abk. für: ↑**D**eutsche **L**ebens-**R**ettungs-**G**esellschaft e. V.

DLV, Abk. für: **D**eutscher **L**eichtathletik-**V**erband.

dm, Einheitenzeichen für: **D**ezi**m**eter (10 cm).

DM, Abk. für: **D**eutsche **M**ark, seit dem Währungsges. v. 20. 6. 1948 Währungseinheit der BRD.

d. M., Abk. für: **d**ieses **M**onats.

Dmitri Iwanowitsch (Demetrius), * 1583, † 1591, Sohn Zar Iwans des Schrecklichen, angebl. auf Anstiften B. ↑Godunows ermordet.

Dnjepr, Fl. zum Schwarzen Meer in der Ukraine, 2 200 km.

Dnjepropetrowsk, Stadt am Dnjepr, Ukraine, 1,19 Mill. E; Univ., Hochschulen, Hüttenind., Masch.-Bau; ⚓, ✈.

Dnjestr, Fl. im SW der Ukraine, 1 352 km; mündet ins Schwarze Meer.

DNS, Abk. für: ↑**D**esoxyribo**n**uklein**s**äure.

DNVP, Abk. für: ↑**D**eutsch**n**ationale **V**olks**p**artei.

Döbel (Aitel), Karpfenfisch, Laichräuber in Forellengewässern, bis 60 cm lang und bis 3 kg schwer.

Dobermann (D.pinscher), Rasse des Haushundes; guter Diensthund.

Döblin, Alfred, * 1878, † 1957, dt. Arzt u. Schriftsteller; Wegbereiter des Expressionismus, später Realist; „Wallenstein", „Berlin Alexanderplatz".

Dobrudscha (rumän. Dobrogea), Ldsch. zw. der untersten Donau und Schwarzem Meer; hpts. rumän., im S ein kl. Teil (Cadrilater) bulgarisch.

Dock [engl.]: **1)** *Trocken-D.*, Anlage zum Trockensetzen von Schiffen, meist als Reparatur-D. (ausgemauertes Becken, das ausgepumpt werden kann); **2** *Schwimm-D.*, hohlwand. Schwimmkörper aus Stahl, der leer gepumpt ein eingefahrenes Schiff anhebt.

Dodekaeder [gr.], v. 12 Flächen begrenztes Polyeder; *Pentagon-D.*, von 12 regelmäß. Fünfecken begrenzt.

Dodekanes [gr.; = Zwölfinseln] (Südl. Sporaden), griech. Inselgruppe im sö. Ägäischen Meer; 12 große u. rd. 40 kl. Inseln mit hpts. griech. Bev.; Hauptinsel u. -ort: Rhodos; Öl-, Weinbau.

Doderer, Heimito von, * 1896, † 1966, östr. Schriftsteller; Lyrik, Novellen, Romane: „Die Strudlhofstiege“, „Die Dämonen“ u. a.

Dodoma, Hptst. v. Tansania, 90 000 E; Handelszentrum; ✈.

Doge ['do:ʒə; ital. 'dɔ:dʒɛ], fr. Titel des Staatsoberhauptes von Venedig und von Genua.

Doggen, kräft., kurz- u. glatthaar. Hunde, z. B. Dt. Dogge, Boxer, Mops, Neufundländer.

Dogger ↑Übers. Geologie, Formationstabelle.

Doggerbank, Sandbank in der Nordsee, zw. England u. Dänemark, 300 km lang, 100 km breit, die bis 13 m u. d. M. aufsteigt.

Dogma [gr.], theol. od. philos. Lehrsatz; christl. Glaubenssatz.

Dogmatik, wiss. Darstellung der [christl.] Glaubenslehre.

Dogmatismus, unkrit. Bestehen auf Sachverhalten oder lehrhaften Sätzen.

Dohle, etwa 33 cm gr., schwarzer Rabenvogel mit grauem Nacken.

Dohnanyi, Klaus von, * 1928, dt. Politiker (SPD); Bruder von Ch. v. Dohnányi; 1976–81 Staatsmin. im AA, 1981–88 Erster Bürgermeister v. Hamburg.

Dohnányi ['doxna:nji]: **1)** Christoph von, * 1929, dt. Dirigent; Bruder K. v. Dohnanyis, Enkel von 2), 1977–84 Intendant der Hamburg. Staatsoper, danach Leiter des Cleveland Orchestra; **2)** Ernö (Ernst von D.), * 1877, † 1960, ungar. Komponist, Pianist und Dirigent.

Dokkum, niederl. Gemeinde in Friesland, 12 300 E; 754 wurde bei D. Bonifatius ermordet. Wallfahrtskapelle.

Doktor [lat.], Abk. *Dr.* (Ehrenwürde bei Theologen: *D.*), akad. Grad, von Hochsch. bei Promotion oder ehrenhalber verliehen *(Dr. h. c.* od. *Dr. e. h.)*.

Doktrin [lat.], Lehre, Theorie; Standpunkt; *doktrinär*, einseitig auf best. (engen) Standpt. festgelegt.

Dokument [lat.], Urkunde, Schriftstück, Beweismittel.

Dokumentation, Slg. u. Ordnung von Dokumenten und Informationsmaterialien jeder Art.

Dolby-Verfahren®, von R. M. Dolby 1965 entwickeltes elektron. Verfahren zur Unterdrückung des Bandrauschens bei magnet. Tonaufzeichnungen.

dolce ['doltʃe; ital.], süß, sanft, liebl., weich (𝄞).

Dolce Vita [ital.; = süßes Leben], Inbegriff des ausschweifenden Müßiggängertums.

Dolchstoßlegende, die v. Ludendorff aufgebrachte u. v. dt.-nat. Kreisen nach 1918 aufgegriffene Behauptung, Dtl. habe den Krieg nicht mil.-wirtsch., sondern durch Sabotage in der Heimat verloren.

Dolde, schirmähnl. Blütenstand.

Doldengewächse (Umbelliferen), Kräuter und Stauden der nördl. Erdhälfte, führen äther. Öle und Gummiharze; z. B. Echter Sellerie, Karotte.

Doline [slaw.], napf- od. trichterförm. Eintiefung in Karstgebieten.

Dollar [engl.-amer.], Zeichen $, Währungseinheit der USA (US-$), Kanadas (kan. $) u. a. Staaten. – ↑Übers. Währungen.

Dollart, Nordseebucht im Bereich der Emsmdg.; durch Sturmfluten im 14.–16. Jh. entstanden.

Dollfuß, Engelbert, * 1892, † 1934, östr. Politiker; 1932 Bundeskanzler; errichtete ein autoritäres Regierungssystem; bei einem nat.-soz. Putschversuch ermordet.

Döllinger, Johann Joseph Ignaz von, * 1799, † 1890, dt. kath. Theologe und Kirchenhistoriker; gab der altkath. Kirche ihre theol. Grundlage.

Dolmen [kelt. „Steintische“] der, vorgeschichtl. Grabkammer aus Steinblöcken, aus 4–6 senkrecht gestellten Trag- u. 1–2 Decksteinen errichtet.

Dolmetscher [ungar.], (berufsmäß.) Übersetzer, bes. mündlich.

Dolomit, 1) calcium- und magnesiumhaltiges Mineral, dem Kalkspat ähnlich; **2)** aus D. bestehendes marmorähnl. Gestein.

Dolomiten, Teil der Südl. Kalkalpen (Italien) mit bizarren Felstürmen, etwa 150 km lang, 80 km breit; in der Marmoladagruppe bis 3 342 m.

Dom [lat.], Bischofskirche, Kathedrale, auch andere gr. Kirche.

Domagk, Gerhard, * 1895, † 1964, dt. Mediziner u. Chemiker, Mitbegr. der Chemotherapie, führte Sulfonamide als Arzneimittel ein.

Domäne [frz.]: **1)** land- oder forstwirtsch. Grundbesitz des Staates; oft Lehr- od. Mustergut; **2)** bes. Arbeits-, Wissensgebiet.

Domestik[e] [frz.], Dienstbote.

Domestikation [lat.], Umwandlung wilder Tiere u. Pfl. in Haustiere bzw. Kulturpflanzen durch den Menschen.

Domin, Hilde, * 1912, dt. Schriftstellerin, Lyrik, Essays, Romane.

Dominanz, Übergewicht eines als dominant bezeichneten allelen Gens (Allels) gegenüber d. Wirkung des anderen (rezessiven) Allels im Erbgang (Genetik).

Domingo, Plácido, * 1941, span. Sänger (Tenor).

Dominica, Rep. u. Insel im Bereich der Westind. Inseln; Ausfuhr von Bananen, Kopra und Kakao; von Kolumbus 1493 entdeckt, seit 1783 brit., seit 1978 unabhängig.

dominieren [lat.], vorherrschen, beherrschen.

Dominica

Fläche: 751 km²
Einwohner: (1995) 71 000
Hauptstadt: Roseau
Amtssprache: Englisch
Zeitzone: MEZ – 5 Stunden

Dominikaner (OP), v. Dominikus 1215 gegr. Predigerorden; in der Inquisition tätig; wiss. Bed. (v. a. Thomas von Aquin).

Dominikanische Republik, Rep. im östlichen Teil der Insel Hispaniola; fruchtb. Küstenland, waldreiche Geb. im Innern mit dicht besiedelten Tälern; Anbau von Kakao, Kaffee, Bananen, Zu-

Dominikanische Republik

Fläche: 48 442 km²
Einwohner: (1995) 7,8 Mill.
Hauptstadt: Santo Domingo
Amtssprache: Spanisch
Zeitzone: MEZ –6 Stunden

ckerrohr, Gewürzen u. Kokosnüssen; Hauptexport: Zucker. – 1492 entdeckt, bis 1795 span., bis 1808 frz., dann wieder span., 1821 v. hait. Truppen besetzt, 1844 Lösung v. Haiti und Gründung der D.n R., 1861–65 erneut span., dann selbst., stete Präs.-Krisen, 1930 bis 1951 Terrorregime der Fam. Trujillo, 1965 Sturz der Mil.-Junta Cabrals, Bürgerkrieg, Eingreifen der USA und OAS. Bis 1996 regierten die Konservativen. Sie wurden von den gemäßigten Linksliberalen abgelöst.

Dominikus, hl. * um 1181, † 1221, Spanier; Begründer des Dominikanerordens.

Dominion [də'mɪnjən; engl.], ehem. Bez. für bes. staatsrechtl. Verhältnis brit. Kronländer zum Mutterland.

Dominus [lat.], Herr, insbes. für Gott; Gebieter; *D. vobiscum* [lat.; = der Herr sei mit euch], liturg. Gruß.

Domitian (Titus Flavius Domitianus), * 51, † 96, röm. Ks. s. 81; Baubeginn des Limes und Errichtung der Prov. Germania superior und inferior; ermordet.

Domkapitel, geistl. Kollegium mit den Aufgaben: feierl. Gestaltung des Gottesdienstes in einem Dom u. Mitwirkung an der bischöfl. Verwaltung.

Domleschg (rätoroman. Tumliasca), unteres Hinterrheintal im schweizer. Kt. Graubünden.

Dommeln, Unterfam. der ↑ Reiher, v. a. ↑ Rohrdommel.

Dompfaff (Gimpel), euras. Finkenvogel mit schwarzer Kopfplatte, rotem Bauch.

Dompteur, Dompteuse [dɔmp'tø:r, -'tø:zə; frz.], Tierbändiger[in].

Don, Fl. in Russland, 1 870 km, zum Asowschen Meer.

Don [span.; ital.], Herr; weibl. Form span.: *Doña*, ital.: *Donna.*

Donar, altgerman. Gott des Donners.

Donatello, eigtl. Donato di Niccolò di Betto Bardi, * 1386, † 1466, ital. Bildhauer; Hauptmeister der Frührenaissance; erste Freifiguren seit der Antike; Rundfiguren u. Reliefs in Marmor u. Bronze.

Donatoren [lat.; = Geber, Stifter]: **1)** Atome od. Moleküle, die bei chem. Reaktionen Elektronen abgeben (Ggs. Akzeptoren); **2)** Fremdatome im Kristallgitter, aus denen bereits mit geringer Energie Elektronen freisetzbar sind und die elektr. Leitfähigkeit erhöhen.

Donau, europ. Fluss, gebildet aus Breg und Brigach bei Donaueschingen; Mdg. in Rumänien ins Schwarze Meer in Form eines sumpfigen Deltas; 2 858 km lang; schiffb. ab Kelheim, zunehmende Bed. als Großschifffahrtsweg. *D.versickerung* zw. Immendingen u. Fridingen (D.wasser erscheint im Aachtopf wieder).

Donaueschingen, St. in Ba.-Wü. (↑ Donau), 20 500 E; Fürstenberg. Schloss mit bed. Bibliothek; alljährl. Konzertveranstaltungen zur Pflege zeitgenöss. Musik.

Donaumonarchie, Bez. für das Kaisertum Östr. u. Östr.-Ungarn.

Donaumoos, ehem. moor., jetzt trockengelegte Niederung sw. v. Ingolstadt, Bayern.

Donauried, v. der Donau durchflossene Landschaft zw. Ulm u. Donauwörth.

Donauschule, eine Gruppe bayr.-donauländ. Maler eigener stilist. Prägung des frühen 16. Jh.s; u. a. A. Altdorfer, L. Cranach d. Ä. und Wolf Huber.

Donauschwaben, s. 1922 Begriff für die Deutschen beiderseits der mittl. Donau im [ehem.] ungar. Staatsgebiet.

Donau-Schwarzmeer-Kanal, Schifffahrtskanal in Rumänien, verkürzt den Schifffahrtsweg zw. Cernavoda (Donau) u. dem Schwarzmeerhafen Konstanza um rd. 400 km; 64 km lang, 70 m breit, 2 Schleusen.

Donauwörth, bayr. Krst. (des Landkreises Donau-Ries) an der Mdg. der Wörnitz in die Donau, 18 500 E; spätgot. und barocke Kirchen; Brauerei. Puppenherstellung, Waggonbau.

Donbass (Donez-Steinkohlenbecken), wichtigstes Kohlenbecken Russlands u. der Ukraine, westl. des ↑ Donez.

Donez, r. Nbfl. des Don, 1 053 km, umfließt im Unterlauf die *D.platte* mit dem ↑ Donbass.

Donezk (bis 1961 Stalino), Stadt im Donbass, Ukraine, 1,11 Mill. E; Univ.; Steinkohlenbergbau, Hüttenwerke, Maschinenbau, chem. Industrie.

Dönitz, Karl, * 1891, † 1980, dt. Großadmiral; ab 1943 Oberbefehlshaber der Kriegsmarine, vollzog als Nachf. Hitlers 1945 die dt. Kapitulation.

Donizetti, Gaetano, * 1797, † 1848, ital. Opernkomponist; „Lucia di Lammermoor".

Don Juan [- xu'an], literar. Gestalt span. Herkunft, Typus des stolzen, gottlosen Verführers.

Donna ↑ Don.

Donner, krachendes u. rollendes Geräusch, verursacht durch Druckwelle, die infolge der starken, plötzl. Erhitzung der Luft in der Blitzbahn entsteht und sich als Schall fortpflanzt.

Donnersberg, bewaldeter Porphyrgebirgsstock im Nordpfälzer Bergland, RP, 686 m; Fernsehsender; vorgeschichtl. Ringwallanlage.

Donnerstag [Tag des Donar], 4. Tag der Woche.

Don Quijote [dɔŋ ki'xote] (auch Don Quixote, Don Quichotte), Titelheld eines Romans v. M. de Cervantes Saavedra, „Ritter von der traurigen Gestalt", Typ des weltfremden Idealisten.

Donskoj, Mark, * 1901, † 1981, russ. Filmregisseur; bekannt durch seine Gorki-Trilogie.

Döpfner, Julius, * 1913, † 1976, dt. Kardinal (seit 1958); seit 1961 Erzb. v. München und Freising; seit 1965 Vors. der Dt. Bischofskonferenz.

Doping [engl.], Zuführen von Analgetika, Narkotika, Anregungs- u. Muskelaufbaumitteln zur Steigerung der sportl. Leistung; durch Wettkampfregeln verboten.

Doppelbesteuerungsabkommen, zwischenstaatl. Abkommen, die zweifache Steuerbelastung verhindern sollen.

Doppelbindung, chem. Bindung von Atomen durch zwei Elektronenpaare.

Doppelbrechung, Aufspaltung von Lichtstrahlen in zwei senkrecht zueinander polarisierte Teilstrahlen beim Durchgang durch nichtreguläre Kristalle.

Doppelkopf, Kartenspiel für 4 oder 5 Teilnehmer mit 2 Spielen zu 24 Karten (dem Schafkopf ähnl.).

Doppelsterne, sehr nahe beieinander stehende Sterne; 1. *opt. D.,* die nur zufällig in fast gleicher Beobachtungsrichtung stehen, 2. *phys. D.,* die durch gegenseit. Massenanziehung um einen gemeinsamen Schwerpt. kreisen.
Doppler, Christian, * 1803, † 1853, östr. Physiker; entdeckte den nach ihm ben. *D.effekt* (d.sches Prinzip), die Frequenzänderung einer Schwingung (Schall u. Licht) in Abhängigkeit von der relat. Bewegung v. Sender (Quelle) u. Empfänger (Beobachter).
Dorado, svw. ↑Eldorado.
Dorchester ['dɔ:tʃıstə], südengl. St., 14 000 E; Verw.sitz der Gft. Dorset; Bierbrauereien; Baureste aus der Römerzeit.
Dordogne [dɔr'dɔŋ; frz.], r. Nbfl. der Garonne, rd. 490 km; im *D.gebiet* Felshöhlen mit prähist. Funden u. Felsbildern.
Dordrecht, niederl. Hafenst. in Südholland, 112 000 E; altes Stadtbild, got. Kirche; Masch.-, Schiffbau, Holz-, Erzumschlag; *D.er Synode,* entscheidende allg. ref. Bekenntnissynode (1618/19); Festlegung der orth. kalvinist. Lehre, Ausschluss der Arminianer, neue Kirchenordnung.
Doré, Gustave, * 1832, † 1883, frz. Illustrator u. Maler; Buchillustrationen zur Bibel, zu „Don Quijote", Rabelais, Balzac.
Dorf, ländl. Siedlung vorw. bäuerl. Charakters, bildete urspr. zus. mit umliegender Flur eine wirtsch. Einheit; Hauptformen. *Haufen-D.* (unregelmäßig, dicht bebaut); *Waldhufen-D.* und *Marschhufen-D.* (Bebauung entlang einer Straße, Flurstücke hinter den Gehöften); *Straßen-D.* (entlang einer Straße).
Dorfprosa, Richtung der russ. Gegenwartslit. seit den 50er-Jahren, schildert Zerfall traditionell dörfl. Lebensformen durch Industrialisierung u. Urbanisierung.
Doria, Andrea, * 1466, † 1560, ital. Seeheld; s. 1528 Doge v. Genua.
Dorier (Dorer), altgriech. Hauptstamm, zog in der *dor. Wanderung* (1100–900 v. Chr.) nach der Peloponnes.
Dormagen, St. in NRW, 61 500 E; chem. Großind., Metall-, Bauind.
Dornen, zu spitzen, starren Gebilden umgewandelte Blätter[teile], Sprossachsen od. Wurzeln.
Dornfortsatz, der nach hinten gerichtete unpaare Fortsatz eines Wirbels.
Dorpat (estn. u. russ. Tartu), St. in Estland, 114 000 E; Univ., Landw.-Akad.; Landmasch.-Bau, Lederindustrie.
Dorschfische, Knochenfische in nord. Meeren, im Atlantik u. Mittelmeer; Speisefische, u. a. Kabeljau.
Dorst, Tankred, * 1925, dt. Schriftsteller; Dramen, Romane.
Dorsten, St. im N des Ruhrgebietes, NRW, 80 900 E; Steinkohlenzechen, vielseit. Industrie; ⚓.
Dortmund, krsfr. St. in NRW, Ruhrgebiet, mit 599 000 E größte St. Westfalens u. bed. Verkehrsknotenpt.; LG, Materialprüfungsamt, IHK, Getreide- u. Produkten-

Dotterblume.
Sumpfdotterblume

börse, Univ., wiss. Institute, Fachhochschulen, Sozialakad., Oberbergamt; Theater, Museen, bed. ma. u. mod. Kirchen, Fernsehturm, Westfalenhalle; Eisen- und Stahlwerke, bed. Brauereien, Maschinenbau; am *D.-Ems-Kanal,* Kanal zw. dem östl. Ruhrgebiet und Emden, 269 km.
Dosis [gr.]: **1)** best. Menge, v. a. von verordneten Arzneimitteln, **2)** Maß f. die einem System zugeführte Strahlungsmenge *(Strahlen-D.);* je nach Strahlungsart werden unterschiedl. Äquivalentdosen gemessen (gesetzl. Einheit Sievert [Sv], früher Rem; 1 Sv = 1 J/kg).
Dos Passos, John [dəs 'pæsəs], * 1896, † 1970, amer. Schriftsteller; „Manhattan Transfer", „U.S.A.".
Dossier [dɔ'sje; frz.], Aktenbündel, das alle eine Angelegenheit betr. Schriftstücke enthält.
Dost, Lippenblütler, auf Trockenrasen und in lichtem Gebüsch; etwa 10 Arten, v. a. im Mittelmeergebiet; z. B. Majoran.
Dostal, Nico, * 1895, † 1981, östr. Operetten- und Filmkomponist; „Clivia", „Die ungar. Hochzeit".
Dostojewski, Fjodor Michailowitsch, * 1821, † 1881, russ. Schriftsteller; Novellen, autobiograph. Schriften u. Romane: „Schuld u. Sühne", „Der Idiot", „Die Brüder Karamasow" (mit der „Legende vom Großinquisitor"); Schöpfer des psychol. Romans; beeinflusste Naturalismus, Expressionismus u. Existenzialismus.
dotieren [lat.]: **1)** ausstatten, stiften, bezahlen (von Gehalt); **2)** Fremdatome in Halbleitermaterial einlegieren oder eindiffundieren lassen (z. gezielten Veränderung der elektr. Leitfähigkeit).
Dotter, Eigelb der tier. Eizelle, enthält die zur Bildung u. Ernährung des Embryos notwend. Nährstoffe.
Dotterblume, Hahnenfußgewächs; blüht gelb auf sumpf. Wiesen; u. a. Sumpfdotterblume.
Douane [dwan; frz.], frz. Bez. für Zoll. **Douanier** [dwan'je], Zöllner.
Douaumont [dwo'mɔ̃], frz. Fort nö. von Verdun; 1916 stark umkämpft.
Double [du:bl; frz.; = doppel], Ersatzdarsteller, z. B. für Beleuchtungsproben, v. a. für gefährl. Szenen (↑auch Stuntman).
Doublé [du'ble] ↑Dublee.
Doubs [du], l. Nbfl. der Saône, 430 km.
Douglas ['dʌgləs]: **1)** James, Earl of Morton, * um 1516 (?), † 1581, 1572–78 Regent von Schottland; Führer der schott. Protestanten, Gegner Maria Stuarts, hingerichtet; **2)** Kirk, eigtl. Issur Danielowitsch Demskij, * 1916, amer. Filmschauspieler; **3)** Michael, * 1945, Sohn von Kirk D., amer. Filmschauspieler, -regisseur u. -produzent.

K. Douglas

Douglas ['dʌgləs], Seebad, ⚓ und Hptst. d. engl. Insel Man, 19 900 E.
Douglastanne [du-], nordamer. Nadelbaum; wertvolles Holz.
Dover ['dəʊvə]: **1)** engl. Hafenst. u. Seebad an der *Straße von D.,* 32 800 E; Fährverkehr nach Calais, Boulogne-sur-Mer, Ostende, Seebrügge und Dünkirchen; **2)** Hptst. v. Delaware, USA, 27 500 E; landw. Handelszentrum, Nahrungsmittelind.; ✈.

Dovifat, Emil, * 1890, † 1969, dt. Publizistikwissenschaftler; Mitbegr. der Freien Univ. Berlin.

Dow-Jones-Index ['daʊ 'dʒoʊnz-], internat. Aktienindex von 30 amer. Standardwerten.

down! [daʊn; engl.], nieder! (Befehl in der Tierdressur); übertr.: niedergeschlagen, bedrückt.

Downing Street ['daʊnɪŋ 'stri:t], Straße in London mit Amtssitz des Premiermin. (10 D. St.), Schatzamt u. Foreign Office.

Doxologie [gr.], Lobpreisung Gottes; hymn. Lobspruch.

Doyle, Sir Arthur Conan [dɔɪl], * 1859, † 1930, brit. Schriftsteller; Kriminalromane um Meisterdetektiv „Sherlock Holmes".

Dozent [lat.], Abk. Doz., Lehrer an Hochsch., Fachhochsch. u. Volkshochschulen; i. e. S. Hochschullehrer, der nicht Prof. ist.

dpa ↑Übers. S. 463.

dpt, Abk. für: ↑**Dioptrie.**

Dr., Abk. für: ↑**Doktor.**

Drache, Fabelwesen, das in Mythen u. Märchen der meisten Völker vorkommt. Der Sieg über den D.n bedeutet Sieg über Chaos, Finsternis.

Drachen, Fluggerät aus einem leichten Stabgerüst mit Stoff- od. Papierbespannung.

Drachenbäume, Liliengewächse in wärmeren Gebieten der Alten Welt; liefern z. T. *Drachenblut,* rotes Farbharz.

Drachenfels: 1) 324 m hohe Erhebung im Siebengeb., am Rhein, mit Burgruine (12. Jh.); **2)** Erhebung im Pfälzer Wald, RP, 571 m.

Drachenfliegen (Deltafliegen), Flugsportart mit Hängegleitern (Flugdrachen, Deltagleitern), deltaförmigen, von einem Aluminiumgerüst gehaltenen Tragsegeln.

Drachenköpfe, Fam. der Fische, Köpfe vielf. mit Dornen, Flossenstacheln mit Giftdrüsen; u. a. Rotbarsch.

Drachmann, Holger ['drag-], * 1846, † 1908, dän. Dichter; nationalist. Lyrik.

Drachme, altgriech. Silbermünze und Gewichtseinheit, auch europ. Apothekergewicht; seit 1831 Währungseinheit Griechenlands.

Dracula, Titelheld eines Romans von B. Stoker, der Berichte aus Siebenbürgen über Grausamkeiten des walach. Fürsten Vlad Țepeș († 1476/77) mit Vampirlegenden verknüpfte; diente als Vorlage für den Film „Nosferatu" (1922). Seit 1931 einer der Prototypen des Horrorfilms.

Dragee [dra'ʒe; frz.], zucker- od. schokoladenüberzogene Frucht oder Arzneipille.

Dragoner [frz.], urspr. berittene Infanterie, später leichte Reiterei.

Draht, metall. Erzeugnis von kl., meist kreisförm. Querschnitt und gr. Länge; aus Metallblöcken gewalzt u. durch Zieheisen gezogen.

Drahtglas, Sicherheitsglas mit eingelegtem Drahtgewebe (vermindert Splitter- und Bruchgefahr).

Drahtwürmer ↑Übers. S. 528 ff.

Drainage [drɛ'na:ʒə; frz.]: **1)** Ableitung von Wundabsonderungen; **2)** svw. ↑Dränung.

Drais, Karl Frhr. D. von Sauerbronn, * 1785, † 1851, dt. Forstmann; Erfinder der Draisine, Vorläufer des Fahrrads (Laufrad).

Drake, Sir Francis [dreɪk], * zw. 1539 u. 1545, † 1596, engl. Admiral u. Seeheld; 1577–80 Weltumseglung, Kämpfe gegen die span. Armada.

Drakensberge, Gebirge in Südafrika, bis 3 482 m hoch.

Drakon, athen. Gesetzgeber; zeichnete um 621 v. Chr. das geltende Strafrecht auf, das durch seine Härte u. Strenge sprichwörtl. wurde *(drakon. Strafen).*

Drall: 1) svw. ↑Drehimpuls; **2)** das Rotieren eines Körpers um eine Achse durch seinen Schwerpunkt, z. B. von Geschossen um ihre Längsachse; **3)** Windung der Züge im Lauf von Feuerwaffen.

Drama [gr.; = Handlung], Dichtung, die darauf angelegt ist, in Wort u. Mimik auf einer Bühne dargest. zu werden (Abweichung: Lese-D.). Wesentl. Merkmal ist der allen Dramen zugrunde liegende Dialog (Ausnahme: Monodrama), alle übr. mögl. Ingredienzien wie Monolog, chor. od. lyr. Einlage, ep. Einschübe u. Illusionsdurchbrechung können d. jeweil. D.form unterschiedl. stark bestimmen. Mod. Dramen- und Bühnentheoretiker prägten für das meist fünfakt. klass., an Aristoteles' Poetik orientierte D. mit Exposition 1), Peripetie u. Katastrophe 2) od. Lösung den Terminus „geschlossenes" D. im Ggs. zur demonstrierend-erzählenden Szenenreihung des „offenen" od. „ep." D.s. Die wichtigsten Formen des D.s sind: Tragödie, Komödie, Tragikomödie, Schauspiel, Lustspiel.

Dramatik: 1) die dramat. Dichtkunst; **2)** erregende Spannung eines Geschehens.

Dramaturg, urspr. Verf. u. Aufführungsleiter v. Dramen, jetzt literar. u. theaterwiss. Berater der Theaterleitung.

Dränung [engl.-frz.] (Drainage), Entwässerung von Böden durch Röhren- oder Grabensysteme.

drapieren [frz.], kunstvoll in Falten legen.

Drau, r. Nbfl. der mittleren Donau, 749 km.

Drawert, Kurt, * 1956, dt. Schriftsteller, Elektroniker u. Bibliothekar; Lyrik sowie Prosa.

Drehbank ↑Drehmaschine.

Drehbuch, Manuskript für Film oder Fernsehsendungen.

Dreh|impuls (Drall, Impulsmoment), durch das vektorielle Produkt $L = [r \times p]$ aus Impuls p und Ortsvektor r eines Massenpunktes (Teilchen) best. physikal. Größe; *D.satz* ↑Erhaltungssätze.

Drehkolbenmotor, svw. ↑Wankelmotor.

Drehkondensator, Kondensator mit stetig änderbarer Kapazität (feste u. drehb. Kondensatorplatten).

Drehkrankheit, tödl. Krankheit, bes. bei Schafen (durch Hundebandwurmfinnen).

Drehmaschine (Drehbank), Werkzeugmaschine zur rotationssymmetr. spanabhebenden Bearbeitung.

Drehmoment, durch das vektorielle Produkt $M = [r \times R]$ aus Ortsvektor r eines Massenpunktes u. der an ihm angreifenden Kraft R best. physikal. Größe.

Drehstrom (Dreiphasenstrom), Verkettung dreier um 120° phasenverschobener Wechselströme.

Drehzahl, Umdrehungen eines rotierenden Körpers pro Zeiteinheit (Min., Sekunde).

Dreibund, Verteidigungsbündnis zw. Dt. Reich, Östr.-Ungarn und Italien (1882) gg. Frkr. u. (unausgesprochen) gg. Russland; zerbrach 1914 mit ital. Neutralitätserklärung.

Dreieck, von 3 Geraden (Seiten) begrenzte geometr. Figur; Winkelsumme 180°; *stumpfwinkl. D.* (1 stumpfer ↑Winkel), *rechtwinkl. D.* (1 rechter Winkel), *spitzwinkl. D.* (3 spitze Winkel), *gleichseitiges D.* (3 gleich lange Seiten), *gleichschenkl. D.* (2 gleich lange Seiten); *sphär. D.* (von 3 Großkreisbogen begrenztes D. auf d. Kugeloberfläche, Winkelsumme ≠ 180°).

Dreieich, hess. St. im Kr. Offenbach, 39 500 E; Maschinenbau.

Dreifaltigkeit, svw. ↑Trinität.

Dreifelderwirtschaft, im fr. Ackerbau die regelmäßige Fruchtfolge von Winter- (Herbstsaat), Sommergetreide (Frühjahrssaat) und Brache.

Dreifuß, kunstvolles Bronzegestell für ein Gefäß (in der Antike).

Dreikaiserbund, informelles Bündnisverhältnis zw. Dtl., Östr.-Ungarn u. Russland (1872).

Dreikaiserjahr, im Dt. Reich

Dresden. *Die nach ihrer Zerstörung im Frühjahr 1945 in den Jahren 1976–85 wiederaufgebaute Semperoper*

das Jahr 1888, als Wilhelm I., Friedrich III. u. Wilhelm II. nacheinander regierten.

Dreikaiserschlacht ↑Austerlitz.

Dreiklang, Zusammenklang v. 3 Tönen; bes. der in Terzen aufgebaute Dur- oder Molldreiklang.

Dreiklassenwahlrecht, preuß. Parlamentswahlrecht (1849 bis 1918); Einteilung d. Wähler nach Steuerzahlung in 3 Klassen, von denen jede ⅓ d. Wahlmänner, die d. Abg. wählten, wählte; 1. Klasse umfasste rd. 4 %, 2. Klasse 14 % u. 3. Klasse 82 % d. Wähler; gewährte keine Gleichheit.

Drei Könige (Heilige Drei Könige), die nt. „Magier aus dem Morgenland", nach der Legende *Kaspar (Mohr), Melchior, Balthasar;* Feiertag: 6. Januar.

Dreimächtepakt, Vertr. zw. Dtl., Italien und Japan (1940).

Dreimeilenzone, nat. Hoheitsgebiet in den Küstengewässern (5,556 km); neuerdings ist eine *Zwölfmeilenzone* weitgehend anerkannt.

Dreiperiodensystem, Gliederung der europ. Kulturgesch. in Stein-, Bronze-, Eisenzeit.

Dreiphasenstrom, svw. ↑Drehstrom.

Dreisatz (Regeldetri), Rechenverfahren, bei dem aus dem Verhältnis zweier gegebener Größen zueinander eine unbekannte Größe bestimmt wird, die zu einer gegebenen 3. Größe im selben Verhältnis steht wie die beiden ersten Größen zueinander.

Dreispitz, Hut mit dreiseit. hochgeklapptem Rand (18. Jh.).

Dreisprung, Disziplin der Leichtathletik, in der 3 Sprünge aufeinander folgen.

Dreißigjähriger Krieg, europ. Religions- u. Staatenkonflikt, 1618 bis 1648; *Ursachen:* Konfessionsggs. [↑Union 2), ↑Liga 1)], Machtstreben der R.-Stände; *Anlass:* Aufstand des vorw. prot. böhm. Adels gg. das kath. Landesft. – *1. Böhm.-Pfälz. Krieg,* 1618–23: 1618 Prager Fenstersturz, Friedrich V. v. d. Pfalz zum Kg. gewählt; 1620 bei Prag (am Weißen Berge) besiegt. *2. Niedersächs.-Dän. Krieg,* 1625–29: Eingreifen Christians IV. v. Dänemark in Dtl.; 1626 von ↑Tilly geschlagen, der zus. mit ↑Wallenstein Norddtl. unterwarf; das Restitutionsedikt von 1629 verlangte Rückgabe aller seit 1552 durch die Protestanten eingezogenen geistl. Güter. *3. Schwed. Krieg,* 1630–35: Gustav II. Adolf von Schweden landete in Pommern, besiegte Tilly bei Breitenfeld u. zog bis Augsburg und München; fiel 1632 bei Lützen; 1634 Wallenstein ermordet, 1635 Separatfriede zw. Sachsen u. Ferdinand II. *4. Schwed.-Frz. Krieg,* 1635–48: Eingreifen Frkr.s; unentschiedener Kampf und Kriegsmüdigkeit führten zum ↑Westfälischen Frieden.

Dreitagefieber, eine Infektionskrankheit (Virus) in den Mittelmeerländern, mit hohem Fieber.

Dresden: 1) Hptst. von Sa., 1952–90 auch Hptst. von 2), 464 500 E; in landschaftl. schöner Lage am Rand der *D.er Heide;* 1945 sehr stark zerstört. Bed. Bauten aus dem 18. Jh., z. gr. T. zerstört, wieder hergest. bzw. wieder aufgebaut wurden u. a. Zwinger, Semperoper, Brühlsche Terrasse, Hofkirche, Kreuzkirche; TU, Forschungsinstitute, Militärakademie, Fachhochschulen; Theater, Museen; Zoo; Elektro-, feinmechn., opt., Bekleidungs-, Tabak-, Masch.-Ind.; Zentralinst. für Kernphysik bei Rossendorf, Elbhafen, ✈. – Zw. 1206 u. 1216 gegr., 1485–1918 Residenz der Wettiner (Albertin. Linie). **2)** Bez. in der ehem. DDR, 6 738 km², 1,78 Mill. E, umfasste Oberlausitz, Elbsandsteingebirge, östl. Erzgeb., Elbtalkessel, NO-Sachsen. Im O u. W Landw., in der Lausitz v. a. Textilind. und Waggonbau, Garten-, Obstbau, bei Meißen Kaolingewinnung u. bed. keram. Ind. (u. a. Porzellan); in den Geb. Holz-, Papierindustrie.

Dress [engl.], bes. Kleidung, z. B. der Sportler *(Sportdress).*

Drewitz, Ingeborg, * 1923, † 1986, dt. Schriftstellerin; zeitkrit. Stücke, Hörspiele, Romane über die Situation u. Empfindungsweise der Frau.

Dreyfus, Alfred [drɛ'fys], * 1859, † 1935, frz. Offizier; seine Verurteilung zu lebenslängl. Deportation wegen angebl. Landesverrats löste die *D.affäre* aus (1894–1906), polit. Machtkampf um seine Rehabilitierung.

Dr. h. c. ↑Doktor.

Drift (Trift), durch Wind erzeugte Strömung an der Meeresoberfläche.

Drilling, Jagdgewehr mit zwei Schrotläufen u. einem Kugellauf.

Drin, alban. Fluss zur Adria, rd. 300 km; 2 Quellfl.: *Weißer D., Schwarzer D.;* mündet in d. *Dringolf.*

Drina, r. Nbfl. der Save, Bosnien u. Herzegowina, 346 km.

Dritter Orden (Terziaren, Tertiarier), nach kath. Kirchenrecht Männer u. Frauen, die unter Leitung eines Ordens nach einer anerkannten Regel, nicht aber in Klöstern leben.

dritter Stand, in Frkr. bis 1789 Bez. für die gegenüber Adel u. Geistlichkeit nicht privilegierte Schicht der Bürger, Handwerker u. Bauern.

Drittes Reich: 1) Reich des Hl. Geistes (im ma. Chiliasmus); **2)** polit. Schlagwort, Bez. der Jahre der nat.-soz. Herrschaft in Dtl. (1933–45).

Dritte Welt, Bez. für Staaten Afrikas, Asiens u. Lateinamerikas, die wirtsch. u. soz. gegenüber kapitalist. u. sozialist. Ind.ländern unterentwickelt sind.

Drive [draıv; engl.]: **1)** Treibschlag im Tennis- und Golfspiel; **2)** treibender Rhythmus (Jazz).

DRK, Abk. für: **D**eutsches **R**otes **K**reuz.

Drobeta-Turnu Severin, rumän. St. an der Donau, unterhalb des Eisernen Tores, 115500 E; Schiffswerft, Waggonbau, Nahrungs- u. Genussmittelind.; ⛯.

Drogen [frz.], urspr. pflanzl., tier. [od. chem.] Heilpräparate, Stimulanzien od. Gewürze; heute svw. Rauschgifte.

Drohne: 1) männl. ↑Biene; **2)** unbemannter mil. Flugkörper, z. B. zur Aufklärung *(Aufklärungs-D.).*

Drohung, Androhung eines Übels; im *Zivilrecht* Anfechtungsgrund einer Willenserklärung; *strafrechtl.* Tatbestand u. a. bei Erpressung, Vergewaltigung, Raub.

Dromedar, einhöcker. Kamel; Reit- u. Lasttier (N-Afrika, Vorderasien).

Drontheim, norweg. Stadt ↑Trondheim.

Droschke [russ.], Mietwagen.

Drosselklappe, verstellb. Regelvorrichtung in Rohrleitungen (u. a. in Vergasern).

Drosseln, Vogelfam., meist Zugvögel, gute Sänger; u. a. Amsel, Singdrossel, Nachtigall, Rotkehlchen.

Drosselspule, Spule mit oder ohne Eisenkern, mit unterschiedl. Widerstand bei Gleich- u. Wechselstrom, zur Drosselung v. Wechselstrom.

Droste-Hülshoff, Annette Freiin von, eigtl. Anna Elisabeth Freiin von D. zu H., * 1797, † 1848, dt. Dichterin; Lyrik, Balladen; Erz.: „Die Judenbuche".

Drottningholm, schwed. kgl. Sommerresidenz (17. Jh.) auf d. Insel Lovö im Mälarsee, westl. v. Stockholm.

DRP, Abk. für **1)** **D**eutsches **R**eichs**p**atent; **2)** **D**eutsche **R**eichs**p**artei; **3)** **D**eutsche **R**eichs**p**ost.

Druck: 1) Quotient aus der senkr. auf eine Fläche wirkenden Kraft und dem Inhalt dieser Fläche; gesetzl. Einheit ist d. ↑Pascal bzw. ↑Bar; früher ↑Atmosphäre und ↑Millimeter Quecksilbersäule; **2)** ↑Druckverfahren.

Drucker, Ausgabegerät von EDV-Anlagen, das die Daten mit hoher Geschwindigkeit auf Papier ausdruckt; heute v. a. gebräuchlich ↑Tintenstrahldrucker, ↑Laserdrucker.

Druckfallkrankheit (Taucher-, Caissonkrankheit), durch zu schnelle Druckminderung (Freiwerden v. Stickstoff im Blut) hervorgerufenen Kranheitserscheinungen (u. a. Muskel- u. Gelenkschmerzen, Nasenbluten).

Druckkabine, hermet. abgeschlossener Raum in Luft- u. Raumfahrzeugen, erhält (unabhängig v. Außendruck) einen normalen Luftdruck aufrecht.

Druckluft (Pressluft), in Kompressoren verdichtete Luft für *D.werkzeuge* (D.hämmer u. a.) u. *D.geräte* (Sandstrahlgebläse u. a.).

Druckmaschinen: 1. *Hand-*, 2. *Tiegeldruck-* (für kl. Formate), 3. *Schnellpressen* (Buch-, Stein-, Lichtdruck), 4. *Offset-* (indirekter Druck), *5. Rotationsmaschinen* (Buch-, Offset-, Tiefdruck; v. a. für Werke mit hohen Auflagen).

Druckverband, Wundverband zur Unterdrückung v. Blutungen durch Zusammenpressen der Gefäße.

Druckverfahren, graf. Verfahren der Vervielfältigung, wobei von einem Druckträger Farbe auf eine Druckfläche (Papier, Stoff usw.) übertragen wird. ↑Hochdruck 2), ↑Flachdruck, ↑Tiefdruck, ↑Siebdruck, *nichtmech. D.,* auf elektrostat. (u. a. Xerographie), elektrofotograf. od. elektromagnet. Basis; bei elektrochem. Verfahren bewirkt Veränderung des pH-Wertes von Papier Farbreaktionen. D. können ein- oder mehrfarbig ausgeführt werden.

Druckwelle, Ausbreitung einer Druck- oder Dichteänderung.

Drude, svw. ↑Alb.

Drudenfuß (Pentagramm), fünfstrahl. Zeichen als mag. Mittel gg. Geister u. Gespenster.

Drugstore ['drʌgstɔ:; engl.], in den USA urspr. Drogerie, jetzt Gemischtwarenladen mit Imbissecke.

Druiden, heidn. kelt. Priester, zugleich Richter u. Heilkundige.

Drusen [arab.], heterodoxe islam. Sekte u. Volksgruppen in Libanon, Syrien u. Israel.

Drüsen, sezernierende Organe; endokrine D. (Hormondrüsen) geben ↑Hormone an die Blut- bzw. Lymphbahn (z. B. die Schilddrüse), andere scheiden direkt nach außen od. zum Magen-Darm-Kanal ab.

Drusus, Nero Claudius D. Germanicus, * 38, † 9 v. Chr., Stiefsohn des Ks. Augustus; zus. mit Tiberius erfolgreicher Feldherr (Vordringen bis zur Elbe).

dry [draı; engl.], trocken (für alkohol. Getränke).

Dryden, John ['draıdn], * 1631, † 1700, engl. Dichter; Poet laureate; Vertr. des engl. Klassizismus; polit. Satiren, Oden, Essays, „heroische Tragödien"; Begr. der Comedy of manners.

Drygalsky, Erich von, * 1865, † 1949, dt. Geograph, leitete 1901–03 die 1. dt. Antarktisexpedition, die das Kaiser-Wilhelm-Land entdeckte.

DSB, Abk. für: **D**t. **S**port**b**und.

Dschainismus ↑Jainismus.

Dschingis-Khan, eigtl. Temüjin, * 1155, † 1227, mongol. Herrscher; Begr. eines Weltreichs; unterwarf südsibir. Stämme, China, das Reich von Chorasan, Nordpersien, Armenien, Georgien und Südrussland.

Dschungel [ind.], ugs. für subtrop. u. trop. Wälder u. Sumpfdickichte.

Dschunke [malai.], chin. Segelschiff; Segel durch Latten versteift.

Dschunke

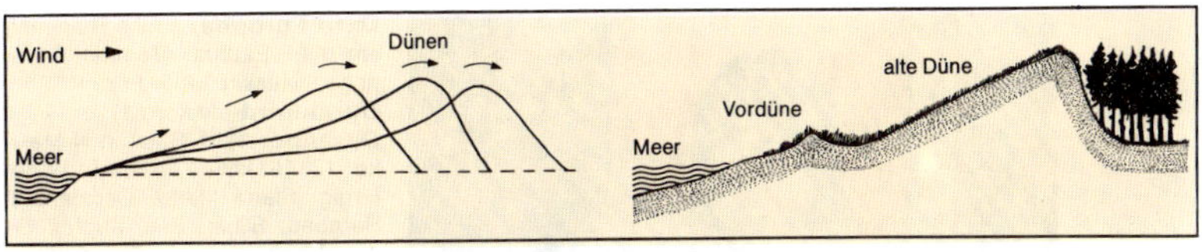

dto., svw. ↑dito.

Duala (frz. Douala), wichtigste Ind.-St. Kameruns, 1,21 Mill. E (mit Bonaberi); wichtigster ⚓, ✈.

Dualismus: 1) Zweiheit; Gegensätzlichkeit; **2)** philos. Lehre von zwei versch. [u. U. ggs.] Prinzipien des Weltgeschehens (u. a. *metaphys., kosmol., eth. D.*); **3)** Welle-Korpuskel-Verhalten der Elementarteilchen (Phys.).

Dualsystem (Binärsystem), auf der Zwei u. deren Potenzen aufbauendes, 2 Ziffern (0 und 1) verwendendes Zahlensystem; bed. für elektron. Rechenanlagen.

Dubai, eines der ↑Vereinigten Arab. Emirate, 3750 km², 501 000 E, Hptst. D. (266 000 E); Erdölförderung; ⚓, ✈.

Dubarry (du Barry), Marie Jeanne Gräfin [dyba'ri], geb. Bécu, * 1743, † 1793, Mätresse Ludwigs XV. von Frkr.; hingerichtet.

Dubček, Alexander [-tʃek], * 1921, † 1992, tschechosl. Politiker; 1968/1969 des ZK der KP der ČSSR; geriet mit seiner Reformpol. in Ggs. zur KPdSU; 1970 aus der KP ausgeschlossen, 1989 rehabilitiert u. Parlamentspräsident der ČSFR.

Dübel, Verbindungsstück zur Sicherung der vorgesehenen Lage zweier Bauteile, z. B. zylindr. Hartholz-D. f. Schreinerarbeiten; in ein Loch eingelassene Vorrichtung zur Befestigung von Haken u. dgl.

Dubiosen [lat.], Forderungen zweifelhaften Wertes, in der Bilanz: *D.konto* mit minderem Wert.

Dublee (Doublé) [frz.]: **1)** mit Feingold überzogene Kupferlegierungen od. Tombak (↑Messing); **2)** Stoß beim Billardspiel.

Dublin ['dʌblın] (ir. Baile Átha Cliath), Hptst. der Rep. Irland, an der Ir. See, 502 000 E; 2 Univ.; schönes Stadtbild, ma. Kirchen, Justizpalast (ehemaliges Schloss, 13. u. 18. Jh.); bed. Kunstsammlungen; Schiff-, Masch.-Bau, Textilind., Brauereien; ✈. – 1172–1921 Sitz des engl. Vizekg.; seit 1922 Hptst. d. Rep. Irland.

Dublone [span.], span. Goldmünze (16.–19. Jh.).

Dubna, Stadt nördl. von Moskau, 70 000 E; s. 1956 Kernforschungszentrum.

Dubnium ↑Kurtschatovium.

Dubrovnik (ital. Ragusa), Hafenst. an der süddalmatin. Küste Kroatiens, 44 000 E; got. u. barocke Bauten, mod. Seebad, bed. Fremdenverkehr; ✈. – 1991/92 im jugoslaw. Bürgerkrieg histor. Altstadt (Weltkulturerbe) stark zerstört; Wiederaufbau mit UNESCO-Hilfe.

Dubuffet [dyby'fɛ], Jean, * 1901, † 1985, frz. Maler u. Grafiker, beeinflusste die Kunst nach 1945, Vertreter der „Art brut“.

Duc [dyk], höchster frz. Adelstitel, Herzog; *Duca,* ital. Adelstitel, Herzog.

Duce ['du:tʃe; ital.], Führer, Titel Mussolinis s. 1922.

Duchamp [dy'ʃã], Marcel, * 1887, † 1968, frz. Maler u. Schriftsteller, Vertreter des Dadaismus.

Duchesse [dy'ʃɛs; frz.]: **1)** Herzogin; **2)** glänzendes Atlasgewebe; **D.spitze,** Spitze mit Klöppel- u. Nadelarbeit.

Dudelsack, schott.-ir.-breton. Volksinstrument (Windsack mit Schalmei und 3 Stimmen).

Duden, Konrad, * 1829, † 1911, dt. Philologe; 1869–1905 Gymnasialdir.; „Orthograph. Wörterbuch der dt. Sprache“ (1880).

Duecento [due'tʃɛnto], das 13. Jh. (ital. Kunstgeschichte).

Duero (portug. Douro), Fl. in Spanien und Portugal, 895 km; bildet auf rd. 100 km die span.-portug. Grenze; mündet in den Atlantik; am portug. Oberlauf Weinbau.

Dufay, Guillaume [dyfa'i], * um 1400, † 1474, niederl. Komponist; Chansons, Motetten, Messen.

Dufflecoat ['dafəlko:t; engl.], dreiviertellanger Sportmantel.

Dufourspitze [dy'fu:r] (Monte Rosa), Berg in den Walliser Alpen, Schweiz, 4634 m.

Duisburg ['dy:s-], krsfr. St. an der Mdg. der Ruhr in den Rhein, NRW, 555 200 E; größter Binnenhafen Europas; IHK; LG; Gesamthochschule; Eisenhütten, Walzwerke, Kupfer- und Zinkverarb., Erdöl-, Mühlenind., Schiffbau.

Duisenberg ['dœjzənbɛrx], Willem (Wim), * 1935, niederl. Finanzpolitiker; seit 1998 Präs. der Europ. Zentralbank.

Dukaten [ital.], urspr. venezian. Goldmünze, später in ganz Europa.

Dukatengold, Gold mit einem Feingehalt von 986 ‰.

Dünen. *Schema der Bildung von Küstendünen*

Dulles, John Foster ['dʌlıs], * 1888, † 1959, amer. Politiker (Republikaner); 1953–59 Außenminister.

Dülmen, St. in NRW, 44 300 E; Textil-, Holz-, Eisenind.; Gestüt, Wildpferdgehege.

Dulong, Pierre Louis [dy'lɔ̃], * 1785, † 1838, frz. Physiker und Chemiker; entdeckte den Chlorstickstoff und formulierte mit Petit die *D.-Petit Regel* [-pə'ti-], nach der die molare Wärmekapazität vieler festen Elemente annähernd gleich ist [25 J/(K · mol)].

Duma [russ.; = Gedanke], fr. Bojarenrat des Zaren, 1906–17 *Reichs-D.* (Parlament).

Dumas [dy'ma]: **1)** Alexandre, d. Ä., * 1802, † 1870, frz. Roman- und Theaterschriftsteller; Abenteuerromane, u. a. „Die drei Musketiere“, „Der Graf von Monte Christo“; **2)** Alexandre, d. J., * 1824, † 1895, Sohn v. 1), frz. Theaterschriftsteller; „Die Kameliendame“.

du Maurier, Daphne [dju:'mɔ:rıeı], * 1907, † 1989, engl. Schriftstellerin; „Rebecca“.

Dumdumgeschoss, Halbmantelgeschoss mit frei liegendem Bleikern; sprenggeschossart. Wirkung; völkerrechtl. verboten.

Dummy ['dʌmı], Attrappe; menschenähnl. Testpuppe, v. a. in der Kfz-Unfallforschung verwendet.

Dumping ['dʌmpıŋ; engl.], Export einer Ware unter Inlandpreis.

Düna (Westl. Dwina), russ.-lett. Fl. zur Ostsee, 1020 km.

Dunant, Henri [dy'nã], * 1828, † 1910, schweizer. Schriftsteller und Philanthrop; gründete das Rote Kreuz u. veranlasste die Genfer Konvention (1864); Friedensnobelpreis (mit F. Passy) 1901.

Duncan, Isadora ['dʌŋkən], * 1878, † 1927, amer. Tänzerin; Wendung gg. das klass. Ballett.

Dundee [dʌn'di:], schott. Hafenst. am Firth of Tay, 177 700 E; Univ.; Juteverarb., Schiffbau, Fischerei.

Dünen, vom Wind aufgeschüttete Sandablagerungen am Meer u. in Wüsten, als halbmondförm. *Sichel-, Strich-* (parallel zur Windrichtung) od. *Querdünen.*

Albrecht Dürer, *Madonna mit dem Kind (undatiert; Ausschnitt)*

Düngemittel, Substanzen, die dem Boden zugeführt werden, um den Gehalt an Pflanzennährstoffen zu erhöhen; fr. nur *Natur-D.* (Mist, Kompost usw.), später auch Guano, Knochenmehl, Natursalpeter u.a.; heute wird d. überw. Teil der D. synthet. hergestellt; derart. *Kunstdünger* enthalten v.a. Verbindungen des Stickstoffs (Ammoniumsalze, Harnstoff, Nitrate), des Phosphors (Phosphate), Kalium- und Calciumsalze, häufig auch Zusätze von Spurenelementen.

Dunhuang, chin. Stadt im nw. Gansu; bei D. mehr als 400 buddhist. Höhlentempel mit Wandmalereien, Handschriften.

Dunkelkammer, von fotogr. wirksamem Licht abgeschirmter Raum.

Dunkelmännerbriefe (Epistolae obscurorum virorum), fingierte, von Humanisten zur Unterstützung Reuchlins in barbar. Latein 1515–1517 verf. Satiren auf die Scholastik.

Dunkelziffer, statist. nicht erfassbare Zahl [von Delikten].

Dünkirchen (frz. Dunkerque), frz. Hafenst. an der Nordsee, 73 100 E; Fischerei, Schiffbau, Eisen- u. Stahlind.; Fährverkehr nach Dover. – Von D. aus 1940 Rückzug der brit. u. frz. Truppen nach Großbr.; *Vertr. von D.,* 1947, frz.-brit. Bündnisvertr. auf 50 Jahre.

Dunlop, John Boyd ['dʌnlɔp], * 1840, † 1921, schott. Erfinder; erfand die pneumat. Gummireifen.

Dünndarm ↑ Darm.

Dünndruckpapier, Druckpapier mit einem Flächengewicht von 25–45 g/m^2.

Dünnsäure, bei chem.-techn. Prozessen (v.a. bei der Gewinnung von Titandioxid) anfallenden, meist stark verunreinigten Säuren niederer Konzentration.

Duns Scotus, Johannes, * um 1266, † 1308, Franziskaner, Scholastiker; der *Scotismus* stellte sich im Anschluss an Augustinus gg. Thomas von Aquin; Primat des Willens vor dem Intellekt.

Dunst, Trübung der Atm. durch schwebende Teilchen (Staub, Rauch, feinste Wassertröpfchen).

Dunstable, John ['dʌnstəbl], * um 1380, † 1453, engl. Komponist; Motetten, Messen.

Dünung, weit schwingende Wellenbewegung der Meeresoberfläche.

Duo [lat.], Musikstück für 2 Instrumente.

Duodez [lat.]: **1)** Buchformat, bei dem der Bogen in 12 Blätter (12°) gefalzt wird; **2)** in Zusammensetzungen für kl., lächerl.: *D.fürst* (Kleinfürst), *D.staat* (Kleinstaat).

Duodezimalsystem, Zahlensystem mit der Grundzahl 12.

Duodezime [lat.], 12. Ton der diaton. Tonleiter.

Duplex... [lat.], Doppel...

Duplikat, Zweitausfertigung; Abschrift.

Dur [lat. durus = hart], das „harte" Tongeschlecht mit der großen Terz.

Dura Europos, antike Ruinenst. am mittl. Euphrat (Tempel, Synagoge, Hauskirche; 3. Jh.).

Durakkord ↑ Akkord 1).

Durango: 1) B.-Staat in N-Mexiko; 123 181 km^2, 1,35 Mill. E; W gebirgig (Sierra Madre Occidental), Bergbau: Silber, Blei, Kupfer, Eisen; Hochland im O: Baumwollanbau, Viehzucht; **2)** Hptst. v. 1), 348 000 E; Textil- u. Metallind; ⚒.

Duras, Marguerite [dy'ra], * 1914, † 1996; frz. Schriftstellerin, psychol. vertiefte Romane, Drehbuch: „Hiroshima mon amour".

Durazzo ↑ Durrës.

Durban ['də:bən], bed. Hafenst. der Rep. Südafrika, am Ind. Ozean, 716 000 E; 2 TH, 2 Univ.; Erdölraffinerie; Werften, Walfangstation; ⚒.

Durchbrucharbeit, Handarbeit mit Ausziehen, Ausschneiden u. Umsticken von Fäden eines Gewebes.

Durchfall (Diarrhö), häuf. Entleerung dünnflüss., reichl. Stühle; meist Symptom einer Entzündung im Magen-Darm-Kanal.

Durchführung, Teil d. ↑ Fuge 1).

Durchgang, das scheinb. tägl. Durchlaufen des Meridians durch ein Gestirn (zur Feststellung der *D.szeit* dient das *D.sinstrument*); auch der Vorübergang von Merkur (8-jährl.) u. Venus (nur selten) vor der Sonne.

Durchlauferhitzer, Warmwassergerät (gas- oder elektr. betrieben), bei dem das Wasser während der Entnahme aufgeheizt wird.

Durchmesser, jede Sehne ebener od. räuml. Figuren, die durch den Mittelpt. geht; *scheinb. D.,* Winkel, unter dem der *wahre D.* eines Gestirns erscheint.

Durchschuss, Zeilenzwischenraum (📖).

Durchsuchung, Haus[durch]suchung nach Personen u. Sachen, auch D. v. Personen *(Leibesvisitation),* nach StPO nur auf richterl. Anordnung (nachts nur bei Verfolgung auf frischer Tat), nach ZPO durch Gerichtsvollzieher (bei Zwangsvollstreckung) (§).

Düren, Krst. in NRW, an der Rur, 90 400 E; Papier-, Textil-, Glas-, Metallindustrie.

Dürer, Albrecht, * 21.5. 1471, † 6.4. 1528, dt. Maler u. Grafiker; Schüler seines Vaters und M. Wolgemuts in Nürnberg; 1490–94 am Oberrhein, 1494/95 und 1505/06 in Italien, 1520/21 niederl. Reise; steht zw. Spätgotik und Renaissance; Gemälde (Altartafeln, Bildnisse), Zeichnungen, Aquarelle (Landschaften), Holzschnitte (Apokalypse, Kl. u. Gr. Passion, Marienleben), Kupferstiche.

Durham ['dʌrəm], nordengl. St., 26 000 E; Univ.; Kathedrale (11.–15. Jh.), Schloss (11. Jh.); Süßwaren-, Teppich-, Eisenind.

Durieux, Tilla [dy'rjø], eigtl. Ottilie Godefroy, * 1880, † 1971, dt. Schauspielerin.

Durrell, Lawrence ['dʌrəl], * 1912, † 1990, angloir. Schriftsteller; „Alexandria Quartett", (Romantetralogie); Lyrik; Reiseschilderungen.

Dürrenmatt, Friedrich, * 1921, † 1990, schweizer. Dramatiker; „Die Ehe des Herrn Mississippi", „Der Besuch der alten Dame", „Die Physiker"; Romane, u. a. „Der Richter und sein Henker".

Durrës (Ital. Durazzo), bedeutendste Hafenst. Albaniens, 72 400 E; das antike *Epidamnos,* röm. *Dyrrhachium;* byzantin., 1392 zu Venedig, 1501 türk.; 1913 alban. Hptst.

Dürrfleckigkeit ↑Übers. S. 528 ff.

Duse, Eleonora, * 1858, † 1924, ital. Schauspielerin; neben S. Bernhardt bedeutendste Tragödin der Jahrhundertwende.

Düse, Verringerung eines Strömungsquerschnitts zur Umwandlung von Druck- in Geschwindigkeitsenergie.

Düsentriebwerke, svw. Strahltriebwerke (↑Flugzeug).

Düsseldorf, Hptst. v. NRW, am Rhein, 571 000 E; Handels- und Ind.-Zentrum; Univ., OLG, LG; IHK; Akad. für Staatsmed., Verw.- und Wirtsch.-Akad., Kunstakad.; Forschungsinst., Theater; Eisenind., Glashütte, Papier-, chem. Ind., Braugewerbe, Sitz des DGB u. vieler Konzernverw.; Rheinhafen, ✈. – 1288 Stadtrecht; Ende 15. Jh. ständige Residenz des Hzgt. Berg; 1638 Haupt- und Residenzstadt d. pfälz. Kurfürsten (bis 1716).

Dutschke, Rudi, * 1940, † 1979, dt. Studentenführer (SDS); wirkte im Rahmen der ↑APO.

Dvořák, Anton ['dvɔrʒa:k], * 1841, † 1904, tschech. Komponist; 9 Sinfonien (Nr. 9 „Aus der Neuen Welt"), slaw. Tänze, Konzerte, 10 Opern („Rusalka"), Kammermusik, Lieder; Repräsentant der nat. tschech. Musik.

F. Dürrenmatt

DVP, Abk. für: ↑**D**eutsche **V**olkspartei 2).

DX [Abk. für engl.: **d**istance **X** = unbekannte Entfernung], im Amateur- u. Kurzwellenhörfunk große Sende- od. Empfangsreichweiten.

Dy, Symbol für ↑Dysprosium (⚗).

Dyck, Anthonis van [dɛjk], * 1599, † 1641, der bedeutendste fläm. Maler des 17. Jh.s neben Rubens, dessen Schüler er war; in Italien von Tizian beeinflusst, seit 1632 in London; repräsentative höf. Bildnisse, Landschaftsaquarelle, auch relig. Bilder.

Dylan, Bob ['dılən], eigtl. Robert Zimmermann, * 1941, amer. Sänger u. Komponist; begründete 1964 den Folkrock.

Dynamik: 1) ↑Mechanik, **2)** Stärkegrade bei der musikal. Wiedergabe (u. a. „piano"); allg. das Verhältnis zw. der größten u. der kleinsten vorkommenden Schallstärke; **3)** Schwung, Triebkraft (Psychol.).

dynamische Rente, mit der Entwicklung des Sozialprodukts steigende Rente.

Dynamit, Sprengstoff (hpts. Nitroglyzerin), 1867 von Nobel erfunden.

Dynamo, kl. Generator.

dynamo|elektrisches Prinzip, Arbeitsprinzip des Generators: remanenter Magnetismus (zw. den Magnetpolen) erzeugt einen zunächst schwachen Induktionsstrom, der das Magnetfeld verstärkt, sodass sich der Generator selbst zu voller Leistung „aufschaukelt" (⚡).

Dynamometer: 1) Apparat zum Messen von Kraft- od. Drehmomenten von Masch.; **2)** (Elektro-D.) Gerät zur Messung von Gleich- u. Wechselströmen.

Dynastie [gr.], Herrschergeschlecht.

dys..., Dys... [gr.], Vorsilbe mit der Bed. „abweichend von der Norm, miss..., krankhaft".

Dysenterie [gr.], svw. ↑Ruhr.

Dysfunktion, gestörte Organtätigkeit (Med.).

Dysmenorrhö [gr.], schmerzhafte Monatsblutung (Med.).

Dyspepsie [gr.], Verdauungsstörung mit Aufstoßen, Sodbrennen.

Dysphasie [gr.], Sprachstörung, erschwerte Wortfindung (Med.).

Dysprosium [nlat.], chem. El., Symbol Dy, OZ 66, rel. A.-Masse 162,50; Metall d. ↑Lanthanoide.

Dystonie [gr.], Störung des Spannungszustandes der Muskeln und Gefäße; *vegetat. D.:* Störung im Gleichgewicht des vegetat. Nervensystems.

Dystrophie [gr.], Ernährungsstörung, allg. Schwäche als Folge v. Eiweiß-, Fett- u. Vitaminmangel oder nach längerer Unterernährung (Hunger-D.).

dz, Einheitenzeichen für: **D**oppel**z**entner (100 kg).

Dzibilchaltún [-tʃal-], bed. Ruinenstätte der Maya im N der Halbinsel Yucatán, Mexiko, 10 km nördl. von Mérida. 1942 entdeckt. 1956–65 ausgegraben; seit 1000 v. Chr. besiedelt.

D-Zug, Reisezug mit Durchgangswagen, durch Interregio-, Intercity- bzw. Eurocityzüge ersetzt.

E

E: 1) 5. Buchstabe des Alphabets, entspricht dem griech. Epsilon; **2)** 3. Stufe der C-Dur-Tonleiter (𝄞).

E, Abk. für: **1)** ↑**E**ast; **2) E**inschreiben (Post).

e, Zeichen für: **1)** Elementarladung (auch für: ↑Elektron 1); **2)** die Zahl 2,71828... (Basis der natürl. Logarithmen; Math.).

E 605 ® (Parathion), system. Insektizid, Phosphorsäureester; ☠; wirkt als Berührungs-, Fraß- u. Atemgift.

Eanes, António dos Santos Ramalho ↑Ramalho Eanes, António dos Santos.

EAN-System [Abk. für: **E**urop. **A**rtikel-**N**ummerierung], mit einem Strichkode arbeitendes System zur Kennzeichnung v. Konsumgütern; der auf dem Produkt aufgedruckte Strichkode kann z. B. an Ladenkassen maschinell abgelesen u. registriert werden.

Earl [ə:l; engl.], dritthöchster engl. Adelstitel, svw. Graf.

Eastwood, Clint ['i:stwʊd], * 1930, amer. Filmschauspieler; Erfolge mit der Verkörperung einsamer Desperados, u. a. in „Für eine Handvoll Dollar", „Dirty Harry" (1993), „Die Brücken am Fluss" (auch Regie).

Ebbe ↑Gezeiten.

Ebenbürtigkeit, in geburtsständ. gegliederten Ges. Gleichheit der Rechtsstellung wegen Gleichheit des Geburtsstandes. In Dtl. bis zur Abschaffung adl. Standesvorrechte (1919) von rechtl. Bedeutung.

Ebene: 1) durch 3 nicht auf einer Geraden liegende Punkte eindeutig festgelegte Fläche; **2)** Ldsch. mit geringem Höhenunterschied; *Tief-E.* (unter 200 m ü. d. M.) und *Hochebene.*

Ebenholz, hartes, dauerhaftes, dunkles Holz, meist v. Diospyrosarten; v. a. für Kunsttischlerei.

Eberbach: 1) St. am Neckar, im Odenwald, Ba.-Wü., 15400 E; ma. Bauten, Burg Stolzeneck; Fremdenverkehr, Elektromotorenbau; **2)** ehem. Zisterzienserkloster im Rheingau, Hessen; 1135 gegr., die Kirche zählt zu den schönsten Zisterzienserbauten in Dtl.

Eberesche, Gatt. der Rosengewächse, Bäume und Sträucher; u. a. *Vogelbeerbaum* mit Fiederblättern, roten Beeren.

Ebernburg, Burgruine an der Nahe, obh. der Gem. Bad Münster am Stein-E., RP; ehem. Hauptburg Franz von Sickingens.

Eberswalde (1970–93 Eberswalde-Finow), Krst. in Bbg., 49000 E; Institute für Forstwirtschaft u. Landnutzungsforschung, Kran-, Rohrleitungs- u. Apparatebau.

F. Ebert

Ebert, Friedrich, * 1871, † 1925, dt. Politiker; seit 1913 Vors. der SPD; wurde am 9. 11. 1918 R.-Kanzler (antirevolutionäre Ordnungspol.), am 10. 11. 1918 Vors. im Rat der Volksbeauftragten, seit 1919 R.-Präs. (Stabilisierung der parlamentar. Demokratie, Verzicht auf weitgehende Republikanisierung v. Heer u. Verwaltung).

Eberwurz, Gatt. der Korbblütler; in Dtl. (geschützt) *Gemeine E.* und *Stengellose E.* (Silberdistel).

Ebicon [Abk. für engl.: **e**lectron-**b**ombardment **i**nduced **con**ductivity valve = Röhre mit durch Elektronenbeschuss hervorgerufener Leitfähigkeit], eine Fernseh-Bildspeicherröhre.

Ebner-Eschenbach, Marie Freifrau von, geb. Gräfin Dubsky, * 1830, † 1916, östr. Erzählerin.

Ebro, Fl. in NO-Spanien, 910 km; durchfließt das *E.becken,* trockene Steppenldsch., z. T. durch künstl. Bewässerung fruchtbar.

Ebsicon [Abk. für engl.: **e**lectron-**b**ombardment **si**licium-**i**nduced **con**ductivity valve = Röhre mit durch Elektronenbeschuss in Silicium hervorgerufener Leitfähigkeit], eine Fernseh-Bildspeicherröhre.

Ecce Homo ['ɛktsə-; lat.; = Sehet, welch ein Mensch!]: **1)** Ausspruch des Pilatus über Jesus nach der Geißelung; **2)** Darst. des dornengekrönten, gegeißelten Jesus (Kunst).

Ecclesia [gr.], religiöse Vers., Gemeinschaft der Christen, svw. Gemeinde, Kirche.

Echnaton ↑Amenophis IV.

Échographie, elektroakust. Prüfung und Aufzeichnung der Dichte eines Gewebes mittels Ultraschallwellen **(Echogramm);** in der Med. eine Diagnosemethode.

Echolot, Gerät zur Messung von Wassertiefen durch Registrierung der Zeit für Hin- u. Rückweg des am Meeres- bzw. Erdboden reflektierten Schalles.

ECHO-Viren (Abk. für engl.: **e**nteric **c**ytopathogenic **h**uman **o**rphan), Gruppe von Viren, die bes. für Erkältungskrankheiten beim Menschen verantwortlich sind.

Echsen, Unterordn. der Kriechtiere, Schuppen oder Schilder tragend, meist vierfüßig, wechselwarm; Fam.: Agamen, Geckos, Leguane, Eidechsen, Skinke u. a.

Echternach, Grenzst. in Luxemburg, 4200 E; ehem. Benediktinerabtei (gegr. 698), frühroman. Basilika St. Willibrord (11. Jh.); *E.er Springprozession,* berühmte Tanzprozession, alljährl. am Pfingstdienstag.

Eck, Johannes, eigtl. May[e]r oder Mai[e]r aus Eck (Egg), * 1486, † 1543, dt. kath. Theologe; Hauptgegner Luthers in Streitgesprächen und in Schriften.

Eckball, in versch. Ballspielen von der angreifenden Mannschaft aus der Spielfeldecke ausgeführter Freistoß bzw. -wurf, wenn die verteidigende Mannschaft den Ball ins eigene Toraus gespielt hat.

Eckener, Hugo, * 1868, † 1954, dt. Luftfahrtpionier; Mitarb. von Gf. Zeppelin; 1. Luftschiff-Atlantiküberquerung 1924.

Eckermann, Johann Peter, * 1792, † 1854, dt. Schriftsteller, seit 1823 Vertrauter u. literar. Helfer Goethes; u. a. „Gespräche mit Goethe...".

Eckernförde, St. in Schl.-Ho., an der **E.r Bucht** (Förde der Ostsee zw. Schwansen und Dän. Wohld), 23000 E; Seebad; Fischerei-⚓, Bootswerften, Holz-, Masch.-Ind.

Eckhart (Eckart, Eckehart, Meister E.), * um 1260, † 1328, dt. Mystiker; Dominikaner; lehrte in Paris u. Köln; bed. Prediger; erstrebte die Unio mystica (größtmögl. Vereinigung der Seele mit Gott); nach seinem Tode Verurteilung von 26 Sätzen; „Buch d. göttl. Tröstung".

Ecklohn, der im Tarifvertr. für eine best. Lohngruppe (Facharbeiter) festgesetzte Normalstundenlohn, nach dem sich die Grundlöhne anderer Lohngruppen mit Hilfe eines tarifl. festgelegten Schlüssels errechnen lassen.

Eco, Umberto, * 1932, ital. Kunstphilosoph u. Schriftsteller („Der Name der Rose").

ECOSOC ['i:kɔsɔk], Abk. für: **Eco**nomic and **So**cial **C**ouncil, Wirtschafts- und Sozialrat der UN.

Ecstasy ['ɛkstəsı], synthet. hergestellte Droge, ein Abkömmling der Amphetamine, kann zu euphor. Stimmungen führen, aber auch Herzrasen, Muskelkrämpfe u. einen gefährl. Wasserverlust des Körpers hervorrufen.

ECU, Abk. für engl.: **E**uropean **C**urrency **U**nit; Name der europ. Rechnungseinheit seit 1979 (↑Europäisches Währungssystem).

Écu [e'ky; frz.], Name alter frz. Gold- u. Silbermünzen. Ein Silber-E. war auch in Dtl. bis ins frühe 19. Jh. gebräuchlich.

Ecuador (Ekuador), Rep. im nw. Südamerika; Bev.: Weiße 5%, [Indianer]mischlinge 40%, Indianer 50%; Rest Mulatten, Schwarze u. a.; größte St. u. Haupthafen Guayaquil; Landesspr. Span.; *landschaftl. Gliederung* in Andenhochland (Sierra), Küstenebene (Costa) und oberes Amazonasbecken (Oriente). In der Sierra etwa 60% der Bev.; Ackerbau u. Viehzucht; nur 4,5% des Landes landw. genutzt; in der Costa Anbau v. Kaffee, Kakao, Bananen u. Zuckerrohr; rd. 52% von Regenwald bedeckt (Balsaholz, Kautschuk), der Rest Hochgeb. (Chimborasso 6272 m, Cotopaxi 5896 m u. a.). *Bodenschätze:* Erdöl, Gold, Silber, etwas Kupfer, Eisen, Kohle. Verkehrstechn. nur z. T. erschlossen. – *Geschichte:* D. damalige Inkareich wurde 1531 durch die Spanier unter F. Pizarro erobert und der span. Herrschaft unterworfen; 1822 Teil des unabh. Gr.-Kolumbien, seit 1830 selbst. Republik; 1972–79 regierte eine Militärjunta; seither demokrat. Verf. mit Präsidialsystem.

Edam-Volendam, nordholl. Gem., 24 800 E; Butter-, Käseherst.; *E.er Käse,* harter Fettkäse, meist in Form von Kugeln mit roter Rinde im Handel.

Edda: 1) Saemundar-E. (ältere od. Lieder-E.), Slg. altnord. Götter- u. Heldenlieder, entstanden zw. dem 9. und 12. Jh., aufgezeichnet in Island im 13. Jh.; **2)** Snorra-E. (jüngere od. Prosa-E.), um 1220 vielleicht v. Snorri Sturluson verf. altnord. Poetik; überliefert in Handschriften des 13. und 14. Jh.s.

Edelfäule ↑Übers. S. 528 ff.

Edelgase, die Elemente Helium, Neon, Argon, Krypton, Xenon, Radon; einatom., farb- u. geruchlose Gase; chem. fast völlig inaktiv.

Edelhagen, Kurt, * 1920, † 1982, dt. Jazzmusiker u. Orchesterleiter.

Edelkastanie, Buchengewächs wärmerer Gebiete; Früchte („essbare Kastanien", Maronen) stärkereiches Nahrungsmittel.

Edelmarder (Baummarder), etwa 50 cm lange dunkelbraune Marderart m. gelbem Kehlfleck.

Edelmetalle, Gold, Silber, Quecksilber u. die Platinmetalle; chem. sehr beständig.

Edelreizker, rötlich gelber Speisepilz (Milchling).

Edelstähle, Qualitätsstähle, d. sich durch bes. Eigenschaften (Härte, Zugfestigkeit, Rostfreiheit usw.) auszeichnen; enthalten wertverbessernde Legierungsbestandteile (z. B. Cr, Ni, Mo, V, W).

Edelsteine ↑Schmucksteine.

Edelweiß, weißl., dicht behaarte Korbblütler, in den Geb. Europas und Asiens; z. T. Zierpflanzen.

Eden, Sir Robert Anthony [i:dn], Earl of Avon, * 1897, † 1977, brit. konservativer Politiker; 1935–38, 1940–45, 1951–55 Außenmin.; 1955/57 Premierminister.

Eden [hebr.], Paradies (im A. T.).

Eder, l. Nbfl. der Fulda, 177 km; entspringt am *E.kopf* (im südl. Rothaargeb., 676 m); im Unterlauf gestaut: *E.see,* 202 Mill. m³.

Edessa ↑Urfa.

Edikt [lat.], amtl. Erlass.

Edinburgh ['edınbərə], Hptst. v. Schottland, am Firth of Forth (Hafen Leith); 419 000 E; Festspiele; 2 Univ., Akad., Fachhochschulen, bed. Bibliotheken, Museen, kgl. Observatorium; Kathedr. (14./15. Jh.), ma. Burg, Parlamentsgebäude (17. Jh.), Holyroodpalast (17. Jh.). Bed. Papierind., nach London größter Platz für Buchdruck u. -handel in Großbrit., chem. Ind.; ☆. – Ehem. Residenz der schott. Könige.

Edirne (fr. auch Adrianopel), türk. St. an der Maritza, 102 000 E; Rosenöl-, Obstkonserven-, Webwaren-, Teppichherst., Lederind.

Ecuador

Fläche: 270 670 km²
Einwohner: (1995) 11,46 Mill.
Hauptstadt: Quito
Amtssprache: Spanisch
Zeitzone: MEZ –6 Stunden

Edison, Thomas Alva ['edısn], * 1847, † 1931, amer. Erfinder (über 2 000 Patente); u. a. Phonograph, Kohlenfadenlampe, entdeckte den *E.-Effekt,* Emission v. Elektronen aus einer erhitzten Kathode.

Edition [lat.], Abk. Ed., Herausgabe von Druckwerken.

Editor, Teil des Computerbetriebssystems, das die Text- und Grafikbearbeitung steuert.

Edmonton ['edməntən], kanad. Prov.-Hptst. am North Saskatchewan River, 618 000 E; Univ.; Getreide-, Holz- u. Pelzhandel, vielseitige Ind.; Kohlenbergbau, Erdöl- u. Erdgasverarb.; ☆.

Eduard: *ags. Könige:* **1) E.** der Bekenner, hl., * um 1003, † 1066, Kg. seit 1042. – *England/Großbritannien:* **2) E. I.,** * 1239, † 1307, Kg. seit 1272; eroberte 1277–84 Wales; **3) E. II.,** * 1284, † 1327, Kg. seit 1307, Sohn von 2); gestürzt, im Gefängnis ermordet; **4) E. III.,** * 1312, † 1377, Kg. seit 1327, Sohn v. 3); löste den Hundertjähr. Krieg aus; **5) E. IV.,** * 1442, † 1483, Kg. seit 1461; besiegte das Haus Lancaster (↑Rosenkriege); **6) E. VI.,** * 1537, † 1553, Sohn Heinrichs VIII., Kg. seit 1547 (letzter Tudor); unter ihm Reformation der engl. Kirche; **7) E. VII.,** * 1841, † 1910, Kg. von Großbritannien u. Irland u. Ks. v. Indien seit 1901; begünstigte die Entstehung der Entente cordiale (↑Entente); **8) E. VIII.,** * 1894, † 1972, Enkel. v. 7), Kg. von Jan. bis Dez. 1936; heiratete Mrs. Wallis W. Simpson; lebte als Hzg. von Windsor im Ausland.

Eduard, Fürst von Wales, * 1330, † 1376, engl. Heerführer im Hundertjährigen Krieg; nach der Rüstung gen. „Der schwarze Prinz".

EDV, Abk. für: **e**lektron. ↑**Daten**verarbeitung.

EEG, Abk. für: ↑**E**lektro**e**nzepha**l**o**g**ramm.

Efe ↑Übers. S. 463.

Efeu, Herbstblüher, dessen schwarze Beeren im Frühj. reifen, Wurzelkletterer, Heilpflanze.

Effloreszenz [lat.]: **1)** (Hautblüte) durch krankhafte Vorgänge an der Haut od. Schleimhäute verursachte, wahrnehmbare Veränderungen (Pusteln, Flecken); **2)** Bildung von Mineralüberzügen (Ausblühungen) auf Gesteinen.

Effusivgesteine, svw. ↑Ergussgesteine.

EFTA, Abk. für. **E**uropean **F**ree **T**rade **A**ssociation (Europ. Freihandelsassoziation), 1960 gegr. handelspolit. Zusammenschluss mehrerer europ. Staaten, dem Island, Norwegen, Liechtenstein u. die Schweiz angehören. Die früheren Mitgl. Dänemark, Finnland, Irland, Großbrit., Österreich, Portugal, Schweden u. Spanien wurden Mitgl. der EG (heute EU). Mit Schaffung eines europ. Wirtschaftsraums zum 1. 1. 1993 wurde die EFTA verstärkt in den Wirtschaftsraum der EU einbezogen.

eG, Abk. für: **e**ingetragene ↑**Ge**nossenschaft.

EG, Abk. für: ↑**E**uropäische **G**emeinschaften.

Egas Moniz, António Caetano de Abreu Freire ['εɣaʃ mu'niʃ], * 1874, † 1955, portug. Neurologe; führte Röntgendarst. der Hirnarterien ein, entwickelte die ↑Leukotomie; Nobelpreis (mit W. R. Heß) 1949.

Egbert d. Gr., * 775, † 839, seit 802 Kg. v. Wessex; vereinigte erstmals alle ags. Teilreiche.

Eger: 1) (tschech. Ohře) l. Nebenfluss der Elbe in N-Böhmen, 291 km; **2)** (tschech. Cheb) St. an 1), 31 400 E; Ruine der alten Kaiserpfalz (12. Jh.), Kirchen (13. Jh.); Textil-, Uhren-, Masch.-Ind.; **3)** (dt. Erlau) Komitatshauptstadt in N-Ungarn, 64 000 E; Barockschloss; bed. Weinbau.

Egge (Eggegebirge), waldreicher Teil des Weserberglandes zw. dem Teutoburger Wald und der Diemel, bis 468 m.

Egge, landw. Gerät zur Bodenbearbeitung u. Unkrautbekämpfung (hpts. Zerkrümelung).

Eggebrecht, Axel, * 1899, † 1991, dt. Journalist u. Schriftsteller („Die zornigen alten Männer").

Egk, Werner, * 1901, † 1983, dt. Komponist; „Zaubergeige“, „Peer Gynt“ u. a. Opern, Ballette.
EGKS, Abk. für: ↑**E**uropäische **G**emeinschaft für **K**ohle u. **S**tahl.
Egli, Alphons, * 1924, schweizer. Politiker (CVP); s. 1975 Mitgl. des Ständerats, 1983–86 B.-Rat (Inneres), 1986 Bundespräsident.
egozentrisch [lat.], ichbezogen.
Ehe, Lebensgemeinschaft zw. Mann und Frau, als Grundform menschl. Zusammenlebens festen soz. u. rechtl. Bindungen unterworfen, häufig relig. legitimiert. Neben *Monogamie* (Ein-E.), vorherrschende Form d. E., *Polygamie* (Mehr-E.; Viel-E.): *Polygynie* (Vielweiberei), *Polyandrie* (Vielmännerei) u. Gruppen-E. (Gemeinschaft mehr. Männer und mehr. Frauen).
eheähnliche Gemeinschaft (freie Ehe, früher: Konkubinat), auf Dauer angelegtes, jedoch unbefristetes Zusammenleben einer Frau und eines Mannes ohne förml. Eheschließung; keine Erbrechte.
Eheberatung, Bez. für konfessionelle od. weltanschaul. neutrale Institutionen, die ehel. u. vorehel. Schwierigkeiten durch Beratung zu beheben versuchen.
eheliche Kinder, Kinder von untereinander rechtswirksam verheirateten Personen.
Ehenichtigkeit, bis 1998 die Möglichkeit, eine Ehe wegen schwerer, schon bei der Eheschließung vorhandener *Ehemängel* von Anfang an für ungültig zu erklären. Als Folge einer rechtsfehlerhaften Eheschließung ist seit 1998 nur noch die Aufhebung der Ehe durch gerichtl. Urteil für die Zukunft vorgesehen (§§ 1313ff. BGB). Aufhebungsgründe (müssen bereits bei der Eheschließung vorgelegen haben): u. a. Geschäftsunfähigkeit, Doppelehe, arglistige Täuschung.
Eherecht, im Wesentl. der Teil des Familienrechts, der von der ↑Ehe handelt, geregelt in §§ 1297–1588 BGB; das EheG von 1946 wurde 1998 aufgehoben. Die Ehe genießt verfassungsrechtl. Schutz (Art. 6 Absatz 1 GG). 1. Das der Eheschließung oft vorausgehende, formlos gültige *Verlöbnis* hat allg. rechtl. Wirkungen; u. a. haben Verlobte vor Gericht ein Zeugnisverweigerungsrecht. 2. Ein Paar kann die Ehe schließen, wenn beide Partner geschäftsfähig u. volljährig sind. Ist nur einer volljährig u. der andere mindestens 16 Jahre alt, können beide die Ehe schließen, wenn das Familiengericht dies genehmigt (Befreiung). Die Ehe kann nur vor dem Standesbeamten geschlossen werden (obligator. Zivilehe); dies schließt eine spätere kirchl. Eheschließung nicht aus. 3. Eheleute sind einander zur ehel. Lebensgemeinschaft und zum Unterhalt verpflichtet. Sie sollen einen gemeinsamen Familiennamen (Ehenamen) führen. Dies kann der bisherige Name des Mannes oder der Frau sein. Der Ehegatte, dessen Name nicht Ehename wird, kann den Ehenamen in Verbindung mit seinem alten Namen führen, wenn er dies gegenüber dem Standesbeamten erklärt. Die Ehegatten können untereinander frei vereinbaren, wer von ihnen in welchem Umfang erwerbstätig sein bzw. den Haushalt führen soll. Schließt einer der Ehegatten allein Geschäfte ab, die den Lebensbedarf der Familie decken sollen, so ist in aller Regel neben ihm auch der andere Ehegatte Geschäftspartner; Rechte und Pflichten aus dem Vertrag treffen auch ihn. 4. Treffen die Ehegatten keine Vereinbarung über ihre vermögensrechtl. Beziehungen (Regelfall), so leben sie im gesetzl. Güterstand der Zugewinngemeinschaft. Die Vermögen der Eheleute bleiben jedoch voneinander getrennt. Erst im Falle der Scheidung oder bei Vereinbarung von Gütertrennung oder -gemeinschaft wird berechnet, um wie viel das Vermögen beider Partner während der Ehezeit gewachsen ist. Wer den geringeren Zuwachs erzielte, hat Anspruch auf Ausgleich in Höhe der Hälfte des vorhandenen Überschusses des anderen Ehegatten (Zugewinnausgleich). Über sein jeweiliges Vermögen im Ganzen u. über den Hausrat kann ein Ehegatte nur verfügen, sofern der andere zustimmt. Die Eheleute können beim Notar auch die vertragl. Güterstände der Gütergemeinschaft od. der Gütertrennung vereinbaren. 5. Die Ehe kann nur durch Urteil (des Familiengerichts) geschieden werden u. nur, wenn sie unheilbar zerrüttet ist (Zerrüttungsprinzip). Hiervon geht das Gericht immer aus, wenn die Ehegatten wenigstens 1 Jahr getrennt gelebt haben u. beide die Scheidung wollen. Will nur ein Ehepartner die Scheidung, so kann die Ehe grundsätzl. nach drei Jahren Trennungszeit geschieden werden, auch während des Getrenntlebens besteht die gegenseitige Unterhaltspflicht. Das Scheidungsverfahren soll vom Gericht zusammen mit den Scheidungsfolgesachen (Unterhaltsregelung, Zugewinnausgleich, Versorgungsausgleich, Hausratsverteilung) entschieden werden (Entscheidungsverbund). Der Versorgungsausgleich geschieht im Grundsatz in der Weise, dass vom Rentenkonto desjenigen, der die größeren Rentenanwartschaften hat, die Hälfte des Wertunterschiedes abgezogen u. dem Rentenkonto des anderen zugeschlagen wird.
Ehescheidung ↑Eherecht.
Eheschließung ↑Eherecht.
Ehre, Ida, * 1900, † 1989, dt. Schauspielerin, Regisseurin u. Theaterleiterin; gründete 1945 die Hamburger Kammerspiele.
Ehre, im subjekt. Sinn die sittl. Würde einer Person; im objekt. Sinn die dieser Würde entspr. äußere Achtung für eine Person.
ehrenamtlicher Richter, neben den Berufsrichtern gleichberechtigt an der Rechtsprechung ehrenamtl. mitwirkende Personen, die keiner jurist. Vorbildung bedürfen *(Laienrichter)*; bei Strafgerichten *Schöffen* genannt.
Ehrenburg, Ilja, * 1891, † 1967, russ.-sowj. Schriftsteller; „Tauwetter“ war namengebend f. Liberalisierungsperiode nach Stalins Tod.
Ehrenbürgerrecht, von Städten u. Gemeinden (auch Hochsch.) verliehene Auszeichnung.
Ehrenpreis (Veronika), ein- od. mehrjähr. blau blühender Rachenblütler; meist Ackerunkräuter.
Ehrenrechte, bürgerliche E., Rechte u. Befugnisse, die sich aus der Staatsangehörigkeit ergeben, *(staatsbürgerl. Rechte)*, z. B. akt. u. pass. Wahlrecht; ihre Aberkennung als Nebenstrafe seit Aufhebung der Zuchthausstrafe (1970) beseitigt. Das Gericht kann aber im Einzelfall üb. Verlust der Amtsfähigkeit u. des pass. u. akt. Wahlrechts entscheiden.
Ehrlich, Paul, * 1854, † 1915, dt. Mediziner u. Chemiker, entdeckte mit S. Hata das Salvarsan zur Syphilisbehandlung; Nobelpreis (mit Metschnikow) 1908.
Ei (Eizelle, Ovum), ♀ Geschlechtszelle bei Mensch, Tier und Pflanze; Bildung der Eier bei allen höheren Lebewesen in bes. Geschlechtsorganen: ↑Samenanlagen (bei Pflanzen), ↑Eierstock (bei Mensch u. Tier); das Ei (außer bei Pfl.) besteht aus *Eikern* (Keimbläschen), *Eiplasma* (mit Dotter) und *Eimembran*; i. e. S. Bez. für das Hühnerei als Nahrungsmittel.
Eibe (Taxus), zweihäusiges Nadelholz der Nordhalbkugel (geschützt); Holz harzlos, hart, elastisch; Samenmantel rot, fleischig.
Eibsee, Bergsee am NW-Fuß der Zugspitze, 1,8 km².
Eich, Günter, * 1907, † 1972, dt.

Dichter; Erzählungen; bed. Hörspiele u. Lyrik.

Eichel: 1) rundl. Nussfrucht der Eichen, **2)** (Glans) vorderstes Ende des Penis bzw. des Kitzlers.

Eichel, Hans *1941, dt. Politiker (SPD), 1991–99 Min.-Präs. von Hessen, s. 1999 B.-Min. der Finanzen.

Eichelhäher ↑Häher.

eichen, Maße u. Messgeräte mit den Normalgeräten der *Eichbehörden* (Physikal.-Techn. Bundesanstalt, Eichämter) abstimmen.

Eichen, Buchengewächse, vielf. Nutzbäume, bis zu 60 m hoch; werden 500–1000 J. alt; dt. Arten. *Stiel-* od. *Sommereiche,* Früchte lang gestielt, *Trauben-, Stein- od. Wintereiche,* Früchte kurz gestielt; beide Arten liefern dauerhaftes Nutzholz, die Rinde Gerbstoff.

Eichendorff, Joseph Frhr. v., *1788, †1857, dt. Dichter der jüngeren Romantik; bed. Lyrik; Novelle „Aus dem Leben eines Taugenichts"; Romane.

Eichhörnchen ↑Baumhörnchen.

Eichmann, Adolf, *1906, †1962, dt. SS-Obersturmbannführer; 1941 bis 1945 einer der Hauptverantwortl. für die Vernichtung der im dt. Machtbereich lebenden Juden; von einem isr. Gericht verurteilt u. hingerichtet.

Eichsfeld, Hochfläche zw. Harz und unterer Werra.

Eichstätt, bayr. Krst. an der Altmühl, 12300 E; kirchl. Gesamthochschule; Dom (11.–14. Jh.).

Eid, feierl. Wahrheitsversicherung [unter Anrufung Gottes] v. a. vor Gericht; strafbar: ↑Meineid u. fahrläss. ↑Falscheid.

Eidechsen, Fam. der ↑Echsen in Europa, Asien, Afrika; bis 60 cm lange, lebh. Tagtiere; leben v. a. von Insekten.

Eiderdänen, nationalist. dän. Partei, propagierte, Schleswig bis zur Eider Dänemark anzugliedern (1848–69).

Eiderente, gr. Meerente an den Küsten der nördl. Meere; liefert Daunenfedern.

Ei des Kolumbus, sprichwörtl. für eine verblüffend einf. Lösung (nach Kolumbus, der das Problem, ein Ei aufrecht hinzustellen, gelöst haben soll, indem er die Eispitze eindrückte).

eidesstattliche Versicherung (fr.: Offenbarungseid), Mittel zur Glaubhaftmachung einer Tatsache (schriftl., mündl.), z. B. bei der Zwangsvollstreckung, beim Vergleichsverfahren.

eidetisch, bildhaft.

Eidgenossenschaft, Schweizerische E., amtl. Name der ↑Schweiz.

Eidophorverfahren, Verfahren zur Wiedergabe von Fernsehbildern auf großen Flächen, z. B. Kinoleinwand.

Eierstock (Ovarium), ♀ Geschlechtsorgan (paarig) bei Mensch u. Tieren, in dem die Eizellen (↑Ei) sowie Geschlechtshormone gebildet werden. Reife Eizellen liegen rindennah im E. in flüssigkeitsgefüllten Bläschen (die Graaf-Follikel); beim Menschen platzt etwa alle 28 Tage ein Follikel *(Follikelsprung),* wonach das Ei in die Gebärmutter gelangt.

Eifel, Teil des westl. Rhein. Schiefergeb. nördl. der Mosel, zw. Rhein u. Ardennen; rauhe Hochfläche mit tief eingeschnittenen Tälern; höchster Berg: Hohe Acht, 747 m; *Vulkan-E.* mit Vulkankuppen, alten Lavaströmen, Aschen- und Bimssteinfeldern u. reizvollen Maaren.

Eiffel, Alexandre Gustave [ɛ'fɛl], *1823, †1923, frz. Ingenieur; erbaute für die Pariser Weltausstellung von 1889 den *E.turm* (heute mit Antenne 320,8 m hoch).

Eigen, Manfred, *1927, dt. Physiker u. Chemiker; Untersuchungen v. a. über den Verlauf schneller Reaktionen in Lösungen; Nobelpreis für Chemie 1967.

Eigenkapital, der Teil des Kap., den der od. die Eigentümer in das Unternehmen eingebracht haben; Ggs. ↑Fremdkapital.

Eigenschaftswort, svw. ↑Adjektiv.

Eigentum, bürgerl.-rechtl. absolute Herrschaftsmacht über eine Sache; nicht gleich ↑Besitz.

Eigentumsvorbehalt, die vorl. Nichtübertragung des Eigentums beim Verkauf einer bewegl. Sache bis zur vollen Bezahlung.

Eigentumswohnung ↑Wohnungseigentum.

Eiger, Gipfel der Finsteraarhorngruppe in den Berner Alpen (Schweiz), 3970 m, durch das **E.joch** (3619 m) mit dem ↑Mönch verbunden.

Eileiter (Tube, Tuba), paar. Schlauch, leitet die reife Eizelle v. ↑Eierstock in d. Gebärmutter.

Eileiterschwangerschaft (Tubargravidität), abnorme Entwicklung einer Frucht im Eileiter.

Einäscherung, svw. ↑Feuerbestattung.

einbalsamieren, Leichname konservierend behandeln, um sie zu mumifizieren; v. a. im alten Ägypten; heute Einspritzung v. fäulnishemmenden Flüssigkeiten in die Blutgefäße.

Einbruchdiebstahl, Entwendung einer Sache nach gewalts. Öffnung der den Zutritt verwehrenden Umschließung; Form des schweren Diebstahls.

Einbürgerung (Naturalisation), Erwerb der ↑Staatsangehörigkeit durch einen Ausländer oder Staatenlosen.

Eindhoven, Ind.-St. in der niederl. Prov. N-Brabant, 194000 E; Elektroind.; ⚘.

Einem, Gottfried v., *1918, †1996; östr. Komponist; tonal gebundener, mod. Stil; Opern, Orchesterwerke.

Einfallswinkel, Winkel zw. einfallendem Strahl u. Lot auf der spiegelnden oder brechenden Fläche.

Eingemeindung, Einbeziehung angrenzender Gebiete in den Verw.-Raum einer Gemeinde.

eingeschlechtig (diklin), nur Staub- oder nur Fruchtblätter tragende Blüten.

eingetragen, in einem öff. Register vermerkt (u. a. *e.er Verein*).

Eingeweide, v. a. die in Brust- und Bauchhöhle eingeschlossenen inneren Organe; *E.senkung* bei Erschlaffung der Haltebänder.

einhäusig (monözisch), ♂ u. ♀ Blüten tragend (von Pflanzen).

Einheit, zur quantitat. Festlegung physikal. Größen vereinbarte Vergleichsgröße (z. B. Meter als E. der Länge); *gesetzl. E.en* [f. d. geschäftl. u. amtl. Verkehr] in der BRD 1969 (mit späteren Änderungen) im Ges. über E.en im Messwesen festgelegt.

Einheitssystem ↑SI.

Einheitskurs, der für Kassageschäfte an der Börse für alle Aufträge des Tages einheitl. festgesetzte Kurs; Ggs. *fortlaufende Notierung,* bei der der *Anfangs-* u. der *Schlusskurs* festgesetzt werden.

Einheitskurzschrift ↑Deutsche Einheitskurzschrift.

Einheitsschule, Schule, die alle Schüler zusammenfasst; bes. in Dtl. und der UdSSR in den 20er-Jahren propagiert, in der DDR die 10-klassige allgemein bildende polytechn. Oberschule, in der BRD als *Gesamtschule* mit differenziertem Lehrangebot (Grund- und Leistungskurse).

Einheitswert, einheitl. Steuerwert nach dem BewertungsG; die Feststellung des E.s gewährleistet, dass die Besteuerungsgrundlage für die Vermögen-, Erbschaft-, Grund- u. Gewerbekapitalsteuer nach einheitl. Bewertungsgrundsätzen ermittelt worden ist. Der E. wird festgestellt für Betriebe der Land- und Forstwirtschaft, Grundvermögen, Betriebsgrundstücke u. Gewerbebetriebe.

Einhorn, Sternbild ↑Monoceros.

Einsiedeln. *Kloster mit Klosterkirche*

Einhorn, ziegen- oder pferdeähnl. Fabeltier mit gr. Horn auf der Stirn.
Einhufer, Huftiere, die nur auf der Mittelzehe laufen (alle anderen Zehen rückgebildet); Zebra, [Halb]esel, Pferd.
einjährig, nur eine Vegetationsperiode überdauernd (von Pfl.).
Einkammersystem, Organisationsform der Volksvertretung mit nur einer gesetzgebenden Körperschaft.
Einkeimblättrige (Einkeimblättrige Pfl., Monokotyledonen), Pfl., die nur ein endständig angelegtes Keimblatt und parallelnervige Blätter besitzen; meist Stauden, selten Bäume (z. B. Palmen).
Einkommen, die einer Wirtschaftseinheit (Person, Ges.) regelmäßig od. in einem best. Zeitraum zufließenden Geldleistungen oder anderen Erträge, auch Forderungen; bes. *Arbeits-E.* (Lohn, Gehalt, Gage), *Besitz-E.* (Kapitalzins, Bodenrente); *abgeleitetes E.* (z. B. Rente, Pension); *Nominal-E.* ist das im Nennwert ausgedrückte E., *Real-E.* dessen tatsächl. Kaufkraft.
Einkommensteuer, eine der Hauptsteuern des Finanzsystems wirtsch. entwickelter Industriestaaten. Sie ist eine Personensteuer, bei deren Ermittlung die persönl. Leistungsfähigkeit des Steuerpflichtigen in versch. Weise berücksichtigt wird. Arten: 1. veranlagte E., 2. Lohnsteuer, 3. Kapitalertragsteuer, 4. Körperschaftsteuer.
Einkristall, aus einem einheitl. Kristallgitter aufgebauter, bes. regelmäßig gewachsener Kristall.
Einlagen: 1) Kreditinstituten überlassene Geldbeträge (Spargelder, ↑Depositen); **2)** Beteiligungen an Unternehmen.
Einlassung, jede Stellungnahme des Beklagten zu den Vorbringungen des Klägers (ZPO).
Einlauf (Darmspülung, Klistier, Klysma), Einführung körperwarmer Flüssigkeiten in den Mastdarm mit Irrigator od. Spritze; zur Anregung der Darmentleerung.
Einrede, gg. einen Anspruch bestehendes Leistungsverweigerungsrecht, z. B. bei Verjährung.
Einschlüsse, fremde Bestandteile in Mineralien, Gesteinen und Werkstoffen.
Einschreiben, Postsendungen (Briefe, Postkarten, Päckchen u. a.), die gegen bes. Gebühr bei der Einlieferung von der Post quittiert und dem Empfänger gegen Bescheinigung zugestellt werden; den Zugang hat die Post im Zweifelsfall nachzuweisen.
Einsiedeln, schweizer. Ort im Kt. Schwyz, 10 000 E; Stift *Maria E.,* berühmter Wallfahrtsort der Schweiz („Schwarze Madonna"); bed. Barockkirche (1719 ff.); Klosterbibliothek mit zahlr. Handschriften.
Einsiedler, Mönche, die sich aus der Welt zurückziehen und die Einsamkeit als Lebensform übernehmen; heue meist in *Einsiedlerorden* (z. B. Kartäuser).
Einsiedlerkrebse, bes. im Mittelmeer u. Atlantik beheimatete Zehnfußkrebse, nisten sich in leere Schneckengehäuse ein; oft in Symbiose mit auf dem Gehäuse sitzenden Seeanemonen.
Einspritzpumpe, Pumpe zum Einspritzen des Treibstoffs über *Einspritzdüsen* in die Zylinder von Verbrennungsmotoren.
Einspruch, Rechtsmittel gg. Vollstreckungsbefehl (↑Mahnverfahren), ↑Versäumnisurteil, ↑Strafbefehl, Anmeldung eines ↑Patentes, ↑Verwaltungsakt, ↑Steuerbescheid u. a.
Einstein: 1) Albert, * 14. 3. 1879, † 18. 4. 1955, dt.-amer. Physiker; Schöpfer der ↑Relativitätstheorie; 1929 Feldtheorie, in der die Vereinigung von Mechanik u. Elektrodynamik angestrebt wird; Nobelpreis 1921; **2)** Alfred, * 1880, † 1952, dt.-amer. Musikwissenschaftler; verf. u. a. die Biographie „Mozart".
Einsteinium [nlat.], chem. El., Symbol Es, OZ 99, künstl. hergest. radioakt. Metall (Transuran).
einstweilige Anordnung, gerichtl. Maßnahme (Entscheidung) im Verlauf eines Rechtsstreites, die der endgültigen Entscheidung vorausgehen oder nachfolgen kann; sie soll verhindern, dass vor Rechtskraft einer gerichtl. Entscheidung ein endgültiger Zustand herbeigeführt wird.

einstweilige Verfügung, die in einem abgekürzten (summar.) Zivilprozess oder Arbeitsgerichtsverfahren ergehende vorläufige, allerdings sofort vollstreckbare gerichtl. Anordnung zur Sicherung eines Individualanspruchs oder des Rechtsfriedens. Voraussetzung ist ein Verfügungsanspruch.

Eintagsfliegen, Ordn. der Insekten, deren Larven im Süßwasser leben; Lebensdauer der geschlechtsreifen Tiere (Imagines) oft nur wenige Stunden.

Einzahl, svw. ↑Singular.

Einzeller (Protisten), Lebewesen aus nur einer Zelle; Bakterien, versch. Algen, Urtierchen.

Eis, Wasser in festem Aggregatzustand, kristallin erstarrt; spez. Gew. 0,9167 (schwimmt auf Wasser), Schmelzpt. 0 °C. Herst. v. *künstl. E.* in Kältemaschinen.

Eisack (ital. Isarco), l. Nbfl. der Etsch, 95 km.

Eisbär, in der Arktis lebender Bär, bis 2,5 m lang, weißgelb; vorw. Fleischfresser.

Eisberg, im Meer schwimmende Eismasse, nur $\frac{1}{5}$ bis $\frac{1}{8}$ über die Meeresoberfläche herausragend; entsteht durch Abbrechen („Kalben") von Gletschern.

Eisbrecher: 1) Abwehrvorrichtung gg. Eis an Brückenpfeilern u. a.; **2)** Schiffe mit starker Antriebsleistung u. bes. Bugkonstruktion; brechen Fahrrinnen auf.

Eisen, chem. El., Symbol Fe, OZ 26, rel. A.-Masse 55,847, Dichte 7,874 g/cm³, Fp. 1535 °C, Sp. 2750 °C; silberweißes, verhältnismäß. weiches Metall, beständ. in trockener Luft u. kohlendioxidfreiem Wasser, kommt nur selten in gediegenem Zustand (Meteore), hpts. in oxid. u. sulfid. Erzen vor; wichtigstes Gebrauchsmaterial, in Form v. Legierungen (↑Gusseisen, ↑Ferrolegierungen, ↑Stahl); Gewinnung von Roheisen im ↑Hochofen.

Albert Einstein

Eisenach, Krst. am NW-Fuß des Thüringer Waldes, Thür., überragt von der ↑Wartburg, 42000 E; Nikolaikirche (12. Jh.), Lutherhaus, Reuterhaus, Geburtshaus Bachs; Masch.-, Fahrzeugbau.

Eisenbahn, schienengebundenes Verkehrsmittel mit einzelnen od. zu Zügen zusammengekuppelten Wagen, die entweder selbst Antriebsaggregate besitzen od. von ↑Lokomotiven gezogen werden; sie verkehren auf einem Gleisstreckennetz. – Die *Schienen* der Gleisanlage sind im lichten Abstand der Spurweite auf den Schwellen (aus Holz, Stahl od. vorgespanntem Stahlbeton) befestigt. *Weichen* ermöglichen den Übergang der Schienenfahrzeuge von einem Gleis zum anderen. – *Signale* (Form- u. Lichtsignale) geben dem Lokomotivpersonal Fahranweisung. *Stellwerke* dienen zum fern wirkenden Stellen der Weichen u. Signale. Die induktive Zugbeeinflussung *(Indusi),* mit der die Schnellfahrstrecken der Dt. Bundesbahn ausgerüstet sind, verhindert das Überfahren eines auf Halt stehenden Signals. Sie löst automat. die Notbremsung aus. Eine weitere Sicherheitseinrichtung ist die ↑Linienzugbeeinflussung. – Bei *Personenbahnhöfen* unterscheidet man nach Lage des Empfangsgebäudes zur Gleisanlage Kopf-, Anschluss-, Insel-, Kreuzungs- u. Keilbahnhöfe. Der Warenumschlag von Straßen- auf Schienenfahrzeuge geschieht in *Güterbahnhöfen.* Im *Rangierbahnhof* werden u. a. die Güterwagen nach Bestimmungsorten geordnet u. zu Güterzügen zusammengestellt. Die *elektr. Lokomotiven* der DB besitzen mehrere Achsen, die mit Elektromotoren ausgerüstet sind (Gesamtleistung je nach Typ zw. etwa 2000 u. 7500 kW [rd. 3000–9500 PS]). Eine neue Generation von E-Loks (bei der DB unter der Baureihenbez. 120 eingeführt) arbeitet unter Verwendung moderner Leistungselektronik mit frequenzgesteuerten Drehstrom-Asynchronmotoren. Wegen der vielseitigen betriebl. Einsatzmöglichkeiten – sie finden z. B. auch in Form der *Triebköpfe* am Anfang und am Ende der modernen Hochgeschwindigkeitszüge (ICE) der DB Verwendung – werden diese Drehstromlokomotiven als *Universallokomotiven* bezeichnet. Auf nicht elektrifizierten Strecken werden Diesellokomotiven eingesetzt. Für den Nah-, Bezirks- u. Schnellverkehr wurden Reisezugwagen mit eigener elektr. oder dieselgetriebener Antriebsanlage *(Triebwagen)* entwickelt. Neuerdings kommen im Nahschnell- und im Regionalverkehr Züge mit selbstneigendem Wagenkasten zum Einsatz. *Gesch.:* Die erste Dampflokomotive erbaute 1804 der Engländer Trevithick. 1825 wurde die von G. Stephenson geschaffene Bahnlinie Stockton-on-Tees–Darlington in Betrieb genommen, die erste E. mit Dampflokomotive; am 7. 12. 1835 Eröffnung der „Ludwigsbahn" von Nürnberg nach Fürth (1. dt. Bahnlinie). 1921 wurden die dt. Bahnlinien zur Dt. Reichsbahn zusammengefasst. Mit Gründung der BRD ging die E. in den Besitz des Bundes über (Dt. Bundesbahn); in der DDR bestand weiterhin die Dt. Reichsbahn, die nach dem Beitritt der DDR zur BRD 1990 erhalten blieb; 1994 mit der Dt. Bundesbahn zur Dt. Bahn AG zusammengelegt.

D. D. Eisenhower

Eisenbakteri|en, Bakterien, die in Wasser gelöste zweiwert. Eisenverbdg. zu dreiwert. oxidieren; bilden in Wasserleitungen gallert. Fäden *(Brunnenfäden),* d. Röhren verstopfen können *(Brunnenpest).*

Eisenbarth (Eysenbarth), Johann Andreas, gen. Doktor Eisenbart[h], * 1663, † 1727, wandernder Chirurg; wegen seines marktschreier. Auftretens zu Unrecht als Kurpfuscher hingestellt.

Eisenberg, Kreisstadt nw. von Gera, Thür., 12000 E.; Barockschloss Christianenburg (1677), Renaissancerathaus (1579–95).

Eisenerz, Bergbaust. in den *E.er Alpen* (Steiermark), 10000 E; Abbau der Erze des nahen Erzbergs.

Eisenerze, mind. 20 %, hochwertige bis 70 % Fe enthaltende, verhüttb. Gesteine od. Minerale, v. a. Magnetit, Hämatit, Brauneisenstein, Eisenspat, Pyrit.

Eisenhower, Dwight D[avid] („Ike") ['aɪzənhauə], * 1890, † 1969, amer. General, 34. Präs. der USA

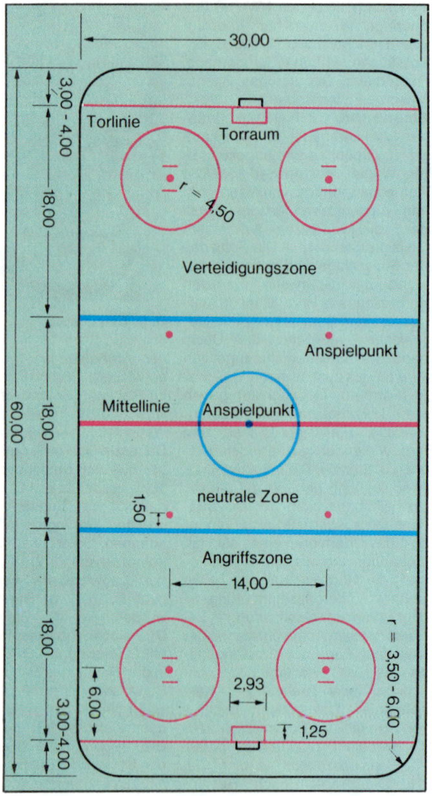

Eishockey
Spielfeld

(1953–61); 1943 Chef der alliierten Invasionstruppen.

Eisenhut, svw. ↑Aconitum.

Eisenhüttenstadt, Krst. in Bbg., südl. von Frankfurt/Oder, 47 500 E; Stahl-, Walz-, Zementwerk; Schiffswerft; ⚓. Von 1950 (gegr.) bis 1953: Wohnstadt des Eisenhüttenkombinats Ost; 1953–61 Stalinstadt, 1961 mit der Krst. Fürstenberg/Oder vereinigt und in E. umbenannt.

Eisenkern, magnetisierbarer Massivkörper aus Weicheisen in Spulen, v. a. in Transformatoren; zur Verstärkung u. Konzentrierung des magnet. Feldes.

Eisenkraut (Verbena), heim. Staude mit blasslilafarbenen kl. Blüten; an Wegen u. Ackerrändern.

Eisenlegierungen, Legierungen des Eisens mit Übergangsmetallen (v. a. Chrom, Mangan, Molybdän, Titan, Vanadium), Kohlenstoff u. Silicium; wicht. Gebrauchslegierungen für Werkzeuge.

Eisenmangelanämie, ↑Anämie bei gestörter Eisenresorption od. Eisenverlusten (durch Blutungen).

Eisenquellen, eisenhaltige Heilquellen (Trinkkuren u. Bäder).

Eisenspat (Siderit, Spateisenstein), ein gelbl. braunes Mineral, $FeCO_3$, rhomboedr. Kristalle; wicht. Eisenerz.

Eisenstadt, Hptst. des Burgenlandes, Östr., 11 000 E; Landesarchiv u. -museum, Barockschloss, Haydn-Museum; Weinbau.

Eisenstein, Sergei Michailowitsch, * 1898, † 1948, sowjet. Filmregisseur; bed. Einfluss auf den internat. Film („Panzerkreuzer Potemkin").

Eisenzeit ↑Übers. Vorgeschichte.

eiserne Hochzeit ↑Hochzeit.

eiserne Lunge, Gerät zur künstl. Beatmung bei drohender Atemlähmung, bes. bei ↑Poliomyelitis.

Eiserner Vorhang, von Churchill 1946 geprägtes polit. Schlagwort zur Kennzeichnung der weltanschaul. Trennungslinie zw. Ost und West.

Eisernes Tor: 1) 130 km lange Durchbruchstrecke der Donau durch die Südkarpaten, deren vierte u. letzte Enge das Eiserne T. i. e. S. ist; Staustufe mit 2 Kraftwerken in rumän.-jugoslaw. Gemeinschaftsarbeit erbaut u. 1972 eingeweiht; **2)** Pass in den Südkarpaten, 656 m ü. d. M., zw. Caransebes u. Hateg.

Eisheilige (Gestrenge Herren), volkstüml. Bez. für die Tage vom 11. bis 13. Mai (Mamertus, Pankratius, Servatius), in Süddtl. vom 12. bis 15. Mai (Pankratius, Servatius, Bonifatius, „Kalte Sophie"); oft Kaltlufteinbrüche mit Frost.

Eishockey [-hɔkı; engl.], Hockeyspiel auf spez. Schlittschuhen; auf einer 56–61 × 26–30 m gr. Eisfläche von 2 Mannschaften mit je 6 Spielern (bis zu 18 ständige Auswechselspieler) gespielt. Der *Puck* (Hartgummischeibe von 7,62 cm ∅) muss ins gegner. Tor geschlagen werden; 3 × 20 Min. Spielzeit (bei Unterbrechung Anhalten der Uhr).

Eislauf, Laufen auf Schlittschuhen: 1. *Eiskunstlauf* (Einzel- und Paarlauf mit Kurzprogramm u. Kür), 2. *Eistanzen,* 3. *Eisschnelllauf* über Strecken zw. 500 und 10 000 m für Männer u. 500 u. 3 000 m für Frauen.

Eisleben, Lutherstadt E., Krst. in Sa.-Anh., 24 000 E; Gedenkstätten für Luther (Geburts- u. Sterbeort); alter Kupferschiefer-Bergbau (nach 1945 eingestellt).

Eisler, Hanns, * 1898, † 1962, dt. Komponist; Schüler v. A. Schönberg; als Mitgestalter der sozialist. Musikbewegung komponierte er zahlr. Vokal- u. Instrumentalwerke sowie Bühnen- u. Filmmusiken.

Eisner, Kurt, * 1867, † 1919 (ermordet), dt. Politiker (USPD); proklamierte 1918 den republikan. „Freistaat Bayern", wurde dort Min.-Präsident.

Eispickel, Gerät für den Hochalpinisten in der Gletscherregion; v. a. zum Stufen schlagen in Eis und Schnee.

Eisprung (Ovulation), Freiwerden der reifen, befruchtungsfähigen Eizelle aus dem Graaf-Follikel des Eierstocks.

Eispunkt, einer der beiden Fundamentalpunkte; Gleichgew.-Temp. zw. Eis u. luftgesättigtem Wasser bei einem Normaldruck von 1,013 bar: 0 °C.

Eisschießen, Eisspiel, bei dem ein „Stock" (eisenbeschlagene Holzscheibe mit Griff) auf einer

42 m langen, 4 m breiten Bahn möglichst nahe an ein Ziel (*Daube,* ein Holzwürfel) geschoben wird.

Eisvögel, meist sehr bunte, mittelgr. Vögel mit langem, kräftigem Schnabel; weltweit (Ausnahme: Polargebiete); Nahrung meist Fische und Wasserinsekten.

Eiszeit (Glazial), Vergletscherung riesigen Ausmaßes in versch. geol. Zeiten; einwandfrei nachgewiesen für: Präkambrium, Karbon/Perm, Quartär (Pleistozän); entstanden durch weltweiten Temp.-Rückgang, verbunden mit allg. Klimaverschlechterung. – E. i. e. S. ist das jüngste *E.alter,* die pleistozäne (diluviale) Vereisung der N-Hemisphäre sowie der hoch gelegenen Gebiete der Erde. Vorstöße u. Rückzüge des Eises (Abschmelzen) mit versch. Schwankungen; 4 (od. mehr) Hauptvereisungen, dazw. 3 Warmzeiten mit wesentl. Erwärmung *(Zwischen-E.en* od. *Interglazialzeiten);* von Skandinavien schob sich das Inlandeis bis Norddtl. vor, von den Alpen flossen die Gletscher ins Vorland (Verzahnungen); Tätigkeit des Eises erodierend und akkumulierend.

Eiter, abgesonderte Flüssigkeit aus Leukozyten, zerfallenem Gewebe und Serum; *E.bildung* ist Abwehrreaktion des Körpers gegen E.erreger (Streptokokken u. Staphylokokken), die von den Leukozyten vernichtet werden.

Eiweiße (Eiweißkörper), Träger der lebenden Substanz, Bausteine aller Organismen; organ. Naturstoffe aus Kohlenstoff, Wasserstoff, Sauerstoff u. Stickstoff (auch Schwefel und Phosphor) mit hohem Molekulargew.; z. T. kolloidale Systeme; ↑Aminosäuren als konstituierende Molekülverbände. Einteilung: 1. einf. E. *(Proteine):* a) eigtl. E. u. b) Gerüst-E. *(Skleroproteine),* 2. zusammengesetzte E. *(Proteide).*

Eizelle, svw. ↑Ei.

Ejakulation [lat.], Samenerguss.

Ekbatana, Hptst. des Mederreichs, heute Hamadan.

EKD (EKiD), Abk. für: ↑**E**vangelische **K**irche in **D**eutschland.

EKG (Ekg), Abk. für: ↑**E**lektro**k**ardio**g**ramm.

Eklat [e'kla; frz.], Aufsehen erregendes Ereignis, Skandal.

Eklipse [gr.], Sonnen- oder Mondfinsternis.

Ekliptik [gr.], größter Kreis am Himmel, in dem die scheinb. Bewegung der Sonne vor sich geht; auch Tierkreis gen. (nach den längs ihrer Bahn liegenden Sternbildern); *Schiefe der E.,* Winkel zw. E. u. Himmelsäquator (23° 27′).

Ekloge [gr.], altröm. Hirtengedicht.

Ekstase [gr.], [relig.] Verzückung, Begeisterung.

Ektoderm [gr.], äußeres Keimblatt.

Ektohormone [gr.] (Pheromone), nach außen abgegebene Hormone: sexuelle Lockstoffe (z. B. bei Insekten), Soziohormone (z. B. bei Staaten bild. Insekten) u. a.

EKU, Abk. für: **E**vangelische **K**irche der **U**nion.

Ekuador ↑Ecuador.

Ekzem [gr.], juckende Hauterkrankung mit Rötung u. Nässen der Haut, auch Schuppung.

El [hebr.], semit. Bez. für Gott.

Elaborat [lat.], [schlechte] schriftl. Ausarbeitung; Machwerk.

Elam, alter Name des Landes östl. der Euphrat- u. Tigrismdg., Hptst. Susa; Blütezeit des *Reiches von E.* im 13./12. Jh. v. Chr.; später in Persien aufgegangen.

Elan [frz.], Schwung, Begeisterung.

Elastizität [gr.], Fähigkeit eines Stoffes, nach erfolgter Dehnung od. Zusammenpressung wieder in die alte Form zurückzukehren.

Elat (Eilat), südisr. Hafenst. am Golf von Akaba, 29 700 E; wicht. Exporthafen, ⚓.

Elba, ital. Insel im Tyrrhen. Meer, 2 235 km²; Hauptort Portoferraio; Eisenerz-⚒, Fischerei, Obst-, Weinbau. – 1814/15 Verbannungsort Napoleons I.

Elbe, zweitlängster dt. Fluss, 1 165 km, 940 km schiffb.; entspr. auf dem böhm. Riesengebirgskamm, durchbricht das Böhm. Mittelgeb. u. das Elbsandsteingeb., durchfließt die Elbtalwanne (Pirna–Meißen) u. das Norddt. Tiefland, mündet bei Cuxhaven in die Nordsee; Kanalverbdg. zu Oder, Weser/Rhein und Ostsee.

Elberfeld, Stadtteil v. ↑Wuppertal.

Elbeseitenkanal, zw. der Elbe b. Artlenburg und dem Mittellandkanal b. Edesbüttel, 115 km lang, mit dem größten Schiffshebewerk Europas (38 m Höhenunterschied) bei Lüneburg.

Elbing (poln. Elbląg), poln. Hafenstadt in der Weichsel-Nogat-Niederung, Polen, 127 000 E; Schiffbau, Masch.-Ind. – Im 13. Jh. im Schutz einer Burg des ↑Dt. Ordens gegr. u. Hauptort des Ordenslandes, Mitgl. der Hanse, 1457 Freie St. unter poln. Oberhoheit, 1772 preuß.

Elbrus, höchster Berg des Kaukasus, 5 642 m.

Elbsandsteingebirge, waldreiches Bergland aus Kreidesandstein, beiderseits der Elbe, zw. Erzgeb. u. Lausitzer Bergland; im Hohen Schneeberg bis 721 m.

Elbursgebirge, Geb. südl. des Kasp. Meeres, Iran; höchste Erhebung: Demawend (5 601 m).

Elche, Gatt. der Paarzeher; größte Hirscharten (bis über 3 m lang u. über 2 m hoch) in Nordamerika, Asien, O- u. Nordeuropa.

Eldorado [span.], sagenhaftes Goldland im nördl. Südamerika; übertr. für Traumland, Paradies.

Electronicbanking [ılɛk'trɔnık 'bæŋkıŋ], computergestützte, kundenbezogene Bankdienstleistungen (z. B. Geldausgabe mittels Automaten, Ausdrucken von Kontoauszügen, Informationsabfrage an Kundenterminals).

Elefanten, gr. Rüsseltiere, leben als Pflanzenfresser in Herden; Rüssel aus Oberlippe und Nase gebildet (Greiforgan); Stoßzähne (bis 2 Ztr.) liefern Elfenbein, seinetwegen wurden die E. örtl. ausgerottet; *Afrik. E.* großohrig, *Indische E.* mit kleineren Ohren; werden oft als Arbeitstiere abgerichtet.

Elefantenschildkröten (Riesenschildkröten), 2 Arten bis 150 cm langer Landschildkröten (u. a. Galápagosinseln, Seychellen).

Elefantiasis [gr.-lat.], unförm. Verdickung von Haut und Unterhautzellgewebe infolge von Lymphstauung.

Elegie [gr.], in der Antike Gedicht in Distichen, später wehmütiges Gedicht, Klagelied.

Elektra, griech. Sagengestalt; Tochter des Agamemnon u. der Klytämnestra; treibt ihren Bruder Orestes an, den ermordeten Vater an Klytämnestra und Ägisthus zu rächen; Oper v. R. Strauss, Text v. H. v. Hofmannsthal.

elektrische Bahnen, mit elektr. Strom betriebene Bahnen; Betriebsspannung in Dtl. bei Wechselstrom 15 000 V, Frequenz 16⅔ Hz; für elektr. Straßenbahnen in der Regel Gleichstrom von 500 V. Stromzuführung meist durch Oberleitung über Bügelabnehmer; Rückleitung durch die Schiene.

elektrische Maschinen, Geräte, die nach den Ges. der elektromagnet. Induktion mech. Energie in elektr. umwandeln (↑Generator 1) od. umgekehrt (↑Elektromotor) od. elektr. Energie einer Art in solche anderer Art umformen (↑Transformator, Umformer, Stromrichter); Wirkungsgrad infolge Reibung, Verlustwärme u. a. 80 bis 95 %.

elektrische Organe, bestehen aus umgewandelter Muskulatur, erzeugen elektr. Felder; z. B. Zitteraal 600 V bei 0,7 A.

elektrischer Strom, durch ein elektr. Feld bewirkter Transport elektr. Ladungen.
elektrischer Stuhl, [sesselähnl.] Vorrichtung zur Vollstreckung der Todesstrafe durch Stromstöße (bis zu 10000 Volt).
elektrischer Widerstand ↑Widerstand 2).
elektrisches Feld ↑Feld.
elektrische Spannung, Maß für die potenzielle elektr. Energie (↑auch Potenzial 2); Einheit ↑Volt.
elektrische Stromstärke, die in der Zeiteinheit durch einen Leiterquerschnitt fließende Elektrizitätsmenge; Einheit ↑Ampere.
elektrische Wellen (hertzsche Wellen), übl. Bez. elektromagnet. Wellen, die mittels elektr. Anordnungen (z. B. Schwingkreise) erzeugt werden; entspr. ihrer Wellenlänge unterscheidet man Lang-, Mittel-, Kurz-, Ultrakurz- und Höchstfrequenzwellen.
elektrische Zündung ↑Zündung.
elektrisieren, elektr. Ladungen erzeugen, übertragen.
Elektrisiermaschine, Apparatur zur Erzeugung von Elektrizität durch Reibung od. Influenz.
Elektrizität [gr.], Gesamtheit der Erscheinungen, die auf elektr. Ladungen und den von ihnen ausgehenden bzw. verursachten elektr. u. magnet. Feldern beruhen (Erscheinungsformen z. B. atmosphär., galvan., Reibungs-, Piezo- und Thermo-E.); in der Technik v. a. der als Energie- und Kraftquelle dienende elektr. Strom (bzw. die elektr. Spannung) u. die zugehör. elektr. Energie; i. e. S. Inbegriff der elektr. Ladungen, von denen die elektr. Wirkungen ausgehen (als *posit.* u. *negat. E.* bzw. *Ladung* bez.). – Die *E.slehre* umfasst u. a. ↑Elektrostatik u. ↑Elektrodynamik.
Elektrizitätsmenge, Menge der elektr. Ladung[en]; kleinste E. ist die Elementarladung (↑Elektron 1); in ↑Coulomb od. ↑Amperesekunden (ggf. in Elementarladungen) gemessen.
Elektrizitätszähler, Zählgerät zur Messung der elektr. Arbeit.
Elektroakustik, der ges. Erscheinungskomplex der Umformung akust. in elektr. Impulse u. umgekehrt sowie die damit zusammenhängenden Übertragungs- und Aufzeichnungsprobleme.
Elektrochemie, Lehre von den Beziehungen zw. elektr. u. chem. Prozessen.
Elektrochirurgie, mit hochfrequenten Wechselströmen arbeitende Chirurgie; Durchtrennung (*Elektrotomie,* Schmelzschnitt), Zerstörung *(Elektrokoagulation, Kaltkaustik)* u. Entfernung v. Geweben *(Elektroresektion).*
Elektrode [gr.], meist metall. Kontakt, der den Übergang von elektr. Ladungsträgern in ein anderes Leitermaterial (im Allg. gasförm. od. flüss.) vermittelt: *Kathode* (negat. E.), *Anode* (posit. E.).
Elektrodynamik, Teilgebiet der theoret. Physik; Lehre von den [räuml. u. zeitl. veränderl.] elektromagnet. Feldern u. ihren Verknüpfungen mit vorgegebenen oder von ihnen freigesetzten elektr. Ladungen u. deren Bewegungen (elektr. Ströme); ↑Maxwell, J. C. (maxwellsche Gleichungen), ↑Elektrostatik.
Elektroenzephalogramm (EEG, Eeg), elektr. Aufzeichnung der Gehirnaktionsströme; Verfahren der *Elektroenzephalographie,* wichtig zur Diagnose bei Gehirnleiden u. -verletzungsfolgen.
Elektrofahrzeuge, durch Elektromotor angetriebene, nicht schienengebundene Fahrzeuge; beziehen elektr. Energie aus mitgeführten, aufladbaren Batterien (z. B. Elektroauto, Elektrokarren), aus Oberleitung (z. B. Obus), aus Oberleitung und Batterie oder Generator mit Dieselantrieb (Duobus); neuerdings auch durch direkte Umwandlung von chem. Energie in einer Brennstoffzelle oder von Sonnenenergie in Solarzellen (Solarmobil).
Elektrokardiogramm (EKG, Ekg), Aufzeichnung des zeitl. Verlaufs der Aktionsströme (↑Aktionspotenzial) des Herzens mit Verstärkerelektrokardiographen; Ableitung der Ströme v. Armen, Beinen und Brustwand; Kurvenverlauf des E.s erlaubt Rückschlüsse auf die Funktionsweise des Herzens.
Elektrolumineszenz ↑Lumineszenz.
Elektrolyse [gr.], stoffl. Umsetzungen in einem Elektrolyten, verursacht durch Anlegen einer elektr. Spannung an die in ihn eintauchenden Elektroden; dabei wandern die negat. Ionen *(Anionen)* zur Anode, die posit. *(Kationen)* zur Kathode, es fließt ein elektr. Strom; die Ionen werden an den Elektroden abgeschieden od. gehen mit dem Elektrodenmaterial od. dem Elektrolyten eine neue Verbdg. ein.
Elektrolyt, jeder Stoff, der der elektrolyt. Dissoziation unterliegt (z. B. Salze); ↑Elektrolyse.
Elektrolytkondensator, Kondensator, dessen Dielektrikum durch eine dünne, elektrolyt. auf die Oberfläche best. Metallbleche aufgebrachte isolierende Oxidschicht gebildet wird.
Elektromagnet, im Allg. einen Weicheisenkern enthaltende Spule aus elektrisch leitendem Material; wirkt bei Stromfluss als Magnet; *elektromagnetische Induktion* ↑Induktion 1); *elektromagnetische Schwingungen* ↑Schwingung; *elektromagnetisches Feld* ↑Feld; *elektromagnetische Wellen,* svw. elektromagnet. ↑Schwingungen.
Elektromagnetismus, die Gesamtheit der elektr. und magnet. Erscheinungen und ihre wechselseit. Verknüpfungen.
Elektromechanik, Sachgebiet, das die Hervorbringung mech. Vorgänge durch Elektrizität umfasst (z. B. in Schaltanlagen).
Elektrometer, elektrostatisches Messinstrument zum Messen elektr. Ladungen u. Spannungen.
Elektrometrie, elektrometr. Maßanalyse; Bestimmung eines chem. Reaktionsablaufes, z. B. durch Messung der Leitfähigkeit.
Elektromotor, elektr. Energie in mech. Arbeit umwandelnde elektr. Maschine: Ein drehbarer, mit Wicklungen versehener Teil (Läufer, Rotor od. Anker gen.) mit Antriebswelle wird bei Stromfluss in seinen [Anker]wicklungen durch das in den [Erreger- oder Feld]-wicklungen eines ruhenden Teiles (Ständer, Stator) elektr. erregte Magnetfeld in Drehung versetzt.
Elektron [gr.]: **1)** Zeichen e, negativ geladenes Elementarteilchen mit der Ladung $e = 1{,}602 \cdot 10^{-19}\,\mathrm{C}$ *(Elementarladung, -quantum)* und der Ruhemasse $m_e = 9{,}1093897 \cdot 10^{-31}\,\mathrm{kg}$; E.en bilden die Hülle des ↑Atoms, sie sind die Ladungs- u. Stromträger v. a. in metall. Leitern; **2)** ® Gruppe v. Magnesiumlegierungen versch. Zusammensetzung; wegen Leichtigkeit u. Festigkeit für Flugzeugteile, Autofelgen u. a. verwendet.
Elektronenbeugung, durch ↑Beugung 1) von Elektronen-[strahlen] an Kristallgittern hervorgerufene Interferenz- u. Beugungserscheinungen; Beweis für die Wellennatur v. Elektronen; verw. zur Kristallstrukturbestimmung u. für Materialprüfungen.
Elektronenblitzgerät, Gerät, das elektron. ausgelösten, kurzzeit., sehr hellen Gasentladungsstoß als Lichtquelle für fotograf. Zwecke erzeugt.
Elektronenhülle, die zu einem Atomkern gehörenden, ihn umgebenden Elektronen; bilden mit ihm zusammen das [elektrisch neutrale] ↑Atom.

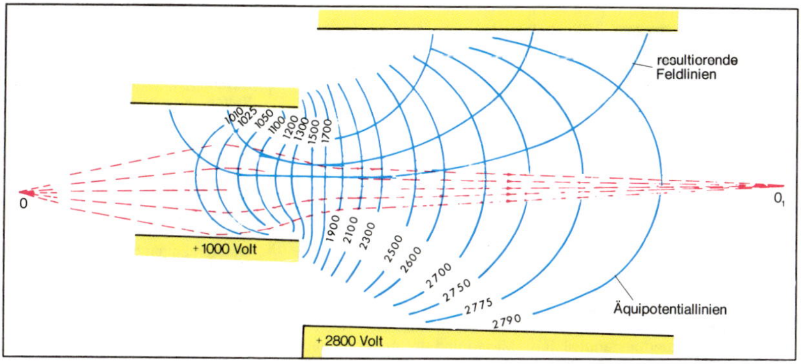

Elektronenkanone, Vorrichtung zur Erzeugung scharf fokussierter Elektronenstrahlen, die aus einer Glühkathode austreten u. elektronenopt. gebündelt werden, u. a. beim Elektronenmikroskop.

Elektronenmikroskop, Mikroskop, das anstelle von Licht- mit Elektronenstrahlen arbeitet, die vom Objekt ausgehen *(Emissionsmikroskop)* oder die das Objekt durchstrahlen *(Durchstrahlungsmikroskop)* u. in elektr. u. magnet. Feldern abgelenkt werden; bis etwa 1000fache Steigerung des Auflösungsvermögens gegenüber Lichtmikroskopen.

Elektronenoptik, Teilgebiet d. Physik, das sich mit dem Verhalten von Elektronenstrahlen in ablenkenden elektr. u. magnet. Feldern befasst, insbes. mit ihren d. Lichtoptik analogen abbildenden Eigenschaften (z. B. Elektronenmikroskop).

Elektronenorgel, Orgel, deren Töne nicht pneumat., sondern durch elektron. angeregte Schwingungen erzeugt werden.

Elektronenröhre, Anordnung von mind. 2 metall. Elektroden in einem hochevakuierten Glas- od. Metallgefäß, von denen eine, die *Glühkathode,* elektr. aufgeheizt wird u. Elektronen emittiert; diese werden durch ein elektr. Feld zur *Anode* gezogen; *Dioden* (Zweipolröhren) enthalten nur Glühkathode und Anode (v. a. zur Gleichrichtung von Wechselströmen); *Trioden* (Dreipolröhren) mit gitterförm. [Steuer]elektrode dienen zur Verstärkung und Erzeugung von Wechselströmen bzw. -spannungen; *Tetroden* (Vierpolröhren) enthalten zw. Anode und Steuergitter ein [Abschirm]gitter *(Schirmgitterröhre);* weitere Zusatzgitter in *Pentoden* (Fünf-), *Hexoden* (Sechs-), *Heptoden* (Sieben-) u. *Oktoden* (Achtpolröhren). In modernen elektron. Geräten sind E. weitgehend durch Transistoren verdrängt, in der Leistungselektronik (z. B. für Sender) noch von gr. Bedeutung.

Elektronenstrahlröhre, eine Elektronenröhre, bei der ein Elektronenstrahl gesteuert bzw. gelenkt u. auf einem Bildschirm als Leuchtpunkt sichtbar gemacht wird.

Elektronentheorie, Erklärung von physikal. Erscheinungen und Eigensch. der Materie durch die [Wechsel]wirkung u. Bewegung der in der Materie enthaltenen Elektronen.

Elektronenvervielfacher (Sekundärelektronenvervielfacher, Multiplier), Gerät zur Vervielfachung eines schwachen primären oder sekundär durch Photoeffekt entstandenen *(Photomultiplier)* Elektronenstroms; enthält mehr. *Prallelektroden* (Dynoden), an denen die auftretenden Elektronen jeweils eine Vielzahl neuer Elektronen auslösen.

Elektronenvolt, svw. ↑Elektronvolt.

Elektronik, Zweig der Elektrotechnik, der sich mit der durch elektr. u. magnet. Felder, durch elektr. Ströme, Wärme, Licht u. a. gesteuerten Elektrizitätsleitung befasst; i. e. S. Entwicklung und Einsatz elektron. Bauelemente.

elektronische Bauelemente, Einzelteil einer elektron. Schaltung, als diskrete e. B. z. B. Dioden, Transistoren, als integrierte Schaltkreise mit über 10^5 e. B. auf dem Chip.

elektronische Datenverarbeitung ↑Datenverarbeitung.

elektronische Musik, Herst. von Tonmaterial auf elektroakust. Weg, auf Tonband festgehalten, dann mithilfe komplizierter Bandmanipulationen verarbeitet; Aufführung durch Lautsprecherübertragung. Komponisten: M. Kagel, L. Nono, K. Stockhausen.

Elektronenoptik.
Elektronenlinse mit sammelnder Wirkung

elektronische Musikinstrumente, Instrumente mit elektron. Schwingungserzeugung, enthalten außer dem Tasten- und Schaltermechanismus keinerlei mechan.-schwingenden Teile, außer der Lautsprechermembran. S. den 1930er-Jahren wurden e. M. entwickelt, u. a. Hammondorgel. Heute dominieren Elektronenorgel und Synthesizer.

Elektronvolt, Einheitenzeichen eV, Energieeinheit der Kernphysik: diejenige kinet. Energie, die eine Elementarladung beim freien Durchlaufen eines Spannungsgefälles von 1 V gewinnt; 1 eV = $1{,}602 \cdot 10^{-19}$ Joule.

Elektrooptik, Lehre von der Beeinflussung des Lichtes durch starke elektr. Felder.

Elektroresektion ↑Elektrochirurgie.

Elektroskop, Nachweisgerät für geringe elektr. Ladungen.

Elektrostahl, im Induktions- oder Lichtbogenofen erschmolzener Stahl.

Elektrostatik, Lehre von den ruhenden elektr. Ladungen u. den von ihnen erzeugten stat. elektr. Feldern und Wirkungen.

Elektrotechnik, techn. Disziplin, wendet die Grundges. der Elektrizitätslehre zum Zweck der Elektroenergieerzeugung, -umwandlung und -nutzung an.

Elektrotherapie [gr.], Verwendung elektr. Energie zu Heilzwecken; auch die therapeut. Anwend. elektr. Stroms.

Elektrozaun, für Mensch u. Tier ungefährl., durch leichte elektr.

Elfenbeinküste

Fläche: 322 463 km²
Einwohner: (1995) 14,25 Mill.
Hauptstadt: Yamoussoukro
Amtssprache: Französisch
Zeitzone: MEZ −1 Stunde

Schläge (hohe Spannungen, geringe Stromstärken) der Abschreckung dienender Weidezaun.

Element [lat.]: **1)** allgemein Grundstoff, Grundbestandteil [eines Ganzen]; Grundlage; Grundsatz; **2)** Grund- bzw. Urstoff aller Dinge, z. B. die 4 E.e der griech. Naturphilos.: Erde, Wasser, Feuer, Luft; **3)** svw. ↑Bahnelement; **4)** ↑chem. Elemente; **5)** Kombination zweier ↑Elektroden, die in einen od. zwei ↑Elektrolyten eintauchen und chem. Energie direkt in elektr. umwandeln; durch die chem. Reaktion entsteht eine Spannung (EMK) zw. den Elektroden, elektr. Strom fließt bei Schließung des äußeren Kreises; u. a. *Volta-E.* (Zink u. Kupfer in Schwefelsäure), *Bunsen-E.* (Zink in Schwefelsäure, Kohle in Salpetersäure), *Daniell-E.* (Kupfer in Kupfersulfat, Zink in Zinksulfat), *Leclanché-E.* (Kohle mit Braunstein und Zink in Salmiaklösung), *Trocken-E.* (Elektrolyt pastenartig). Wieder aufladbare E.e bez. man als ↑Akkumulatoren; ↑auch Brennstoffelement; **6)** Grundbegriff der Mengenlehre; ↑Menge (Math.).

Elementarladung ↑Elektron 1).

Elementarteilchen, nicht weiter zerlegbare, in Wechselwirkungsprozessen mit hoher Energie- und Impulsübertragung sich ineinander umwandelnde bzw. auseinander hervorgehende, also keine unzerstörb. Individualität besitzende kleinste [materielle] Teilchen (z. T. ohne Ruhemasse); Träger aller atomaren bzw. subatomaren Erscheinungen. Nach ihrer Masse und der Art ihrer Wechselwirkung unterscheidet man: ↑Leptonen, ↑Mesonen, ↑Baryonen sowie die ↑Photonen. Neben diesen *langlebigen E.,* von denen die nicht zerfallenden Elektronen und Protonen sowie die in Atomkernen stabilen Neutronen die Atome u. damit die ges. Materie aufbauen, gibt es extrem *kurzlebige E.* (Lebensdauer $< 10^{-16}$ s), *Resonanzen.*

Elen [litau.], svw. ↑Elch.

Elenantilope, rinderartige Antilope (schwerste Art); O- bis S-Afrika; bis 3,20 m lang u. 1,80 m hoch.

Elephantiasis ↑Elefantiasis.

Eleusinische Mysteri|en, antiker Mysterienkult der Demeter; in Eleusis.

Eleusis, griech. St. am Saron. Golf, mit Athen durch die Hl. Straße verbunden, 20 300 E; im Altertum bed. Tempelanlagen (Ausgrabungen). Heute Ind.-Ort, u. a. Erdölraffinerie.

Elevator [lat.], Fördereinrichtung (z. B. ↑Becherwerk) zur Weiterbeförderung v. landw. u. a. Gütern.

Elfen, in der german. Mythol. hilfreiche od. bösart. kl. Geister.

Elfenbein, Zahnbein aus den Stoßzähnen v. Elefant, Handel verboten; Ersatzstoffe aus Zähnen v. Flusspferd, Walross, Mammut.

Elfenbeinküste, Rep. in W-Afrika, Reg.-Sitz u. wichtigster Hafen Abidjan. Lagunenreiche Flachküste, im Innern Regenwald, dann Savanne; trop. Klima; Ölpalmen-, Kaffee-, Kakao-, Bananenpflanzungen; trop. Hölzer; Nahrungsmittel-, Textil- u. a. Ind. – Seit Anf. d. 19. Jh.s frz. Kolonisation an der E., 1893 Kolonie, 1958 autonome Rep. in der Frz. Gemeinschaft; seit 1960 unabhängig.

Elfenbeinschnitzerei, seit den ältesten Zeiten betriebenes Kunsthandwerk; v. a. bed. in der griech. (Goldelfenbeinbilder des Phidias), altchristl.-byzantin. (Diptychen), karoling.-otton. Kunst (Buchdeckel, Reliquiare); Wiederaufleben im Barock (Intarsien u. a. an Möbeln); auch in Asien u. Afrika; nach Handelsbeschränkungen für Elfenbein Suche nach Ersatzstoffen, bes. geeignet: Mammutzahn.

Elfmeter, Strafstoß vom E.punkt beim Fußball; darf nur vom Torwart abgewehrt werden.

Elia, Prophet im A. T.

Eliot, T[homas] S[tearns] ['eljət], * 1888, † 1965, engl. Dichter amer. Herkunft; bed. für die Entwicklung der mod. angloamer. Lyrik; christlicher Humanist; Dramen: „Mord im Dom“, „Die Cocktailparty“, „Ein verdienter Staatsmann“; Nobelpreis 1948.

Elis, Küstenldsch. im W der Peloponnes; fruchtb. Tief- und Hügelland; Weinbau.

Elisa, Prophet im A. T.

Elisabeth, Name von Heiligen: **1)** bibl. Gestalt, Frau des Priesters Zacharias u. Mutter Johannes' des Täufers; **2) E.,** * 1207, † 1231, Gemahlin des Ldgf. Ludwig von Thüringen; wegen ihrer Mildtätigkeit und ihres entsagungsreichen Lebens verehrt.

Elisabeth: *England/Großbrit.:* **E. I.,** * 1533, † 1603, Kgn. seit 1558, Tochter Heinrichs VIII. u. der Anna Boleyn; Wiederherst. der anglikan. Staatskirche; Hinrichtung Maria Stuarts; Begr. der engl. Großmachtstellung; **2) E. II.,** * 1926, Kgn. v. Großbrit. u. Nordirland s. 1952; Haupt des Commonwealth. – *Orléans:* **3) E. Charlotte** (Liselotte von der Pfalz), * 1652, † 1722, kurpfälz. Prinzessin, Gattin Hzg. Philipps I. von Orléans; bek. durch ihre Briefe. – *Österreich-Ungarn:* **4) E.,** * 1837, † 1898 (ermordet), bayr. Prinzessin, verh. mit Ks. Franz Joseph I. – *Russland:* **5) E. Petrowna,** * 1709, † 1762, Ksn. seit 1741; im Östr. Erbfolgekrieg u. im Siebenjähr. Krieg mit Maria Theresia verbündet.

Elite [frz.], Auslese, die Besten.

T. S. Eliot *(links).* **Elisabeth Charlotte** *(Liselotte von der Pfalz; rechts)*

Elitis, Odisseas (Elytis), * 1911, † 1996, neugriech. Dichter; Nobelpreis für Literatur 1979.
Elixier [arab.]: **1)** Stein der Weisen; Lebenssaft; **2)** wein[geist]-halt. Tinktur mit Zusätzen von äther. Ölen u. a.
Elizabeth [ɪ'lɪzəbəθ], Ind.- und Hafenst. in New Jersey, USA, 106 000 E; Schiff-, Masch.-Bau, petrolchem. Industrie; ⚓.
Elle: 1) (Ulna) Unterarmknochen der Kleinfingerseite; **2)** von 1) abgeleit. altes Längenmaß in Preußen (0,6669 m) u. Östr. (0,78 m).
Ellington, Edward Kennedy ['elɪŋtən], gen. Duke E., * 1899, † 1974, amer. Jazzpianist, -komponist und Bandleader.
Ellipse [gr.]: **1)** Kegelschnitt; der geometr. Ort aller Punkte, für die die Summe der Entfernungen von 2 festen Punkten F_1 u. F_2 (Brennpunkte) konstant ist; **2)** Weglassung eines aus dem Zusammenhang leicht zu ergänzenden Wortes (Gramm.).
Ellipsoid [gr.], geschlossene, gekrümmte Fläche, deren ebene Schnitte ↑ Ellipsen 1), in best. Fällen Kreise sind. Ein *Rotations-E.* ergibt sich durch Rotation einer Ellipse um eine ihrer Achsen.
Elm, Höhenzug (bis 327 m) sö. v. Braunschweig; Kalksteinbrüche.
Elmshorn, Ind.-St. in Schl.-Ho., nw. v. Hamburg, 47 000 E; Masch.-, Leder-, Textilindustrie.
Eloge [e'loʒə; frz.], Lobrede.
Elohim, at. Gottes-, Götterbezeichnung.
E-Lok, Abk. für: **e**lektrische **Lo**komotive.
Eloquenz [lat.], Beredsamkeit.
Eloxalverfahren ® [Kw. aus **el**ektrolyt. **Ox**idation des **Al**uminiums] (Eloxieren), elektrolyt. Verfahren, bei dem auf Metalloberflächen (v. a. von Aluminium und -legierungen) durch anod. Oxidation die Oxidschicht verstärkt und damit ein verbesserter Oberflächenschutz erzielt wird.
El Paso [- 'pə:səʊ], St. in Texas, USA, an der mex. Grenze, 515 500 E; Erdölraffinerien, Nahrungsmittel- u. Textilindustrie; ⚓.
Elritze, bis knapp 15 cm langer, schlanker Karpfenfisch in klaren euras. Gewässern.
El Salvador ↑ Salvador, El.
Elsass (frz. Alsace), ostfrz. Ldsch. u. Region zw. Vogesenkamm u. Oberrhein, Jura u. Pfälzer Wald, mit den Dep. Haut-Rhin u. Bas-Rhin, 8 280 km², 1,62 Mill. E, Regionshptst. Straßburg. Im Oberrhein. Tiefland Obst-, Gemüse-, Weizen-, Zuckerrübenanbau; b. Mülhausen Kali-⚒; an den Hängen der Vogesen Weinbau; in den Vogesen Milchwirtsch.; Textil-, chem., Metallind. – *Gesch.:* im Altertum von Kelten bewohnt, 58 v. Chr. röm., im 4. Jh. alemann., 496 fränk., s. 925 Teil des Hzgt. Schwaben, das s. dem 13. Jh. in selbst. Territorien zerfiel; im 17. Jh. weitgehende Eroberung durch Frkr. (1681 Straßburg), während der Frz. Revolution völlig eingegliedert. 1871–1918 mit Teil Lothringens als *„Reichsland E.-Lothringen"* beim Dt. Reich, 1940–44/45 dt. Besetzung
Elsheimer, Adam, * 1578, † 1610, bed. dt. Landschaftsmaler am Übergang zum Barock.
Elster ↑ Kleine Elster, ↑ Schwarze Elster, ↑ Weiße Elster.
Elster, Rabenvogel; sehr langer Schwanz, schwarzweißes Gefieder; Allesfresser, Nesträuber; in Europa, Asien, Nordamerika.
Elstergebirge, Bergland zw. Erz- und Fichtelgeb., im Kapellenberg 759 m.
elterliche Sorge, Recht u. Pflicht der Eltern, f. Person u. Vermögen des minderjährigen Kindes zu sorgen (auch rechtl. Vertretung). Die e. S. steht den Eltern gemeinsam zu; sind sie nicht miteinander verh., haben sie die gemeinsame e. S., wenn sie erklären, sie gemeinsam auszuüben, sonst hat die Mutter die e. S.
Eltville am Rhein [auch -'vɪlə], hess. St. im Rheingau, 16 800 E; kurfürstl. Burg; Weinbau und Weinhandel, Sektkellerei.
Éluard, Paul [ely'a:r], eigtl. Eugène Grindel, * 1895, † 1952, frz. Dichter des Surrealismus.
Ely ['i:lɪ], engl. St. nö. v. Cambridge, 10 300 E; bed. normann.-roman. Kathedr. (1083 ff.).
Élysée-Palast [eli'ze-], s. 1873 Amtssitz der Präs. der Frz. Rep.; 1718 von C. Mollet erbaut.
Elysium [gr.], in der griech. Mythol. das Gefilde der Seligen.
Elytis, Odysseas, ↑ Elitis.
E-Mail [i:'meɪl], elektron. Daten- u. Nachrichtenaustausch über Computernetze.
Email (Emaille) [e'maj; frz.], eine durch Schmelzen od. Sintern entstandene, meist glasig erstarrte Masse, die in einer od. mehreren Schichten auf metall. Werkstücke aufgeschmolzen wird.
Emailkunst [e'maj], Schmelzarbeit mit farb. Glasfluss auf Metall; als Furchen- u. Grubenemail seit d. Antike; Blüte der *Zellenschmelztechnik* (*Cloisonné;* aufgelötete Goldbänder bilden Zellen für das Email) in Byzanz; *Grubenschmelz* (Vertiefungen in der Metallplatte) im Maas- und Rheingebiet (12./13. Jh.), u. a. Nikolaus v. Verdun (Klosterneuburger Altar). In Limoges bestand eine Werkstatt s. d. 12. Jh.; seit Ende des 15. Jh.s das *Maleremail* (Schmelzfarbenmalerei auf Kupfer ohne Zellen od. Gruben).
Emanation [lat.], das Hervorgehen aller Dinge aus dem unveränderl., vollkommenen, göttl. Einen; bes. in der neuplaton. Lehre.

Ely. *Kathedrale Holy Trinity*

Emanuel I. (Manuel I.), gen. der Glückliche, * 1469, † 1521, Kg. v. Portugal seit 1495; unter ihm Blütezeit Portugals.

Emanzipation [lat.], Befreiung aus einem rechtl., polit. od. soz. Abhängigkeitsverhältnis (E. der Frau ↑Frauenbewegung).

Embargo [span.]: **1)** Zurückhalten od. Beschlagnahme v. [Handels]schiffen u. deren Ladung; **2)** staatl. Waren- u. Kapitalausfuhrverbot.

Emblem [ã'ble:m; frz.], Kennzeichen, Sinnbild; Hoheitszeichen.

Embolie [gr.], plötzl. Blutgefäßverschluss durch Fremdkörper *(Embolus),* meist Blutgerinnsel (↑Thrombose); auch Fett-, Luft-, Geschwulstzellenembolie.

Embryo [gr.], Keim, ungeborene Frucht: **1)** der in der Entwicklung begriffene, im Ei od. im mütterl. Organismus befindl. Keim, beim Menschen nach dem 3. Monat ↑Fetus gen.; **2)** bei Pflanzen der im reifen Samen enthaltene Keimling.

Embryotransfer, Einbringen einer aus künstl. Besamung entstandenen Frucht in die Gebärmutter.

Emden, Hafenstadt in Ostfriesland, Nds., krsfr. St., 51 500 E; Fachhochschule Ostfriesland, Kunsthalle; günstige Binnenwasserstraßenverbdg. (Ems, Ems-Jade-Kanal, Dortmund-Ems-Kanal), Umschlaghafen für das Ruhrgebiet, Fährverkehr nach Borkum; IHK; Schiffbau; Erdgasterminal, Erdölraffinerie. – Um 800 entstanden, Blütezeit in der 2. H. des 16. Jh.s während des niederl. Freiheitskampfes; Sonderstellung innerhalb Ostfrieslands bis ins späte 18. Jh.

Emeritierung, Versetzung in den Ruhestand (v. a. Hochschullehrer).

Emerson, Ralph Waldo ['eməsn], * 1803, † 1882, amer. Philosoph u. Dichter.

Emetika, svw. ↑Brechmittel.

Emigrant [lat.], Auswanderer (aus polit., relig. od. rass. Gründen).

Emilia-Romagna [- ro'maɲa], oberital. Region zw. Apenninkamm, Po u. Adria, 22 123 km², 3,92 Mill. E; Hptst. Bologna.

eminent [lat.], hervorragend, außerordentlich.

Eminescu, Mihai, eigtl. Mihail Eminovici, * 1850, † 1889, rumän. romant. Dichter, Schöpfer der rumän. Literatursprache.

Emin Pascha, Mehmed, eigtl. Eduard Schnitzer, * 1840, † 1892 (ermordet), dt. Afrikaforscher; errichtete Handelsstationen in Ostafrika (Victoriasee).

Emir [arab.], arab. Fürstentitel.

Emissär [frz.], Abgesandter mit geheimem Auftrag.

Emission [lat.]: **1)** Ausgabe neuer Wertpapiere, in der Regel durch Banken[konsortien]; **2)** Aussendung einer Wellen- oder Teilchenstrahlung; **3)** Ausströmen luftverunreinigender Stoffe in die Außenluft.

Emissionskurs, Ausgabekurs eines Wertpapiers.

Emitter, eine der drei Elektroden des bipolaren Transistors.

Emmanuel ↑Immanuel.

Emme: 1) (Gr. E.) r. Nbfl. der Aare, 80 km; **2)** ↑Kleine Emme.

Emmendingen, Krst. an der Elz, Ba.-Wü., 24 500 E; Altes (16. Jh.) u. Neues (18. Jh.) Schloss; Masch.-Ind. und Apparatebau. – 1418 Markt-, 1590 Stadtrecht.

Emmental, Talschaft im Schweizer Mittelland, Kt. Bern. Viehzucht; Herst. von *E.er Käse.*

Emmeram, hl., fränk. Missionsbischof des 7. (8.) Jh.s; wirkte in Regensburg (dort auch beigesetzt).

Emmerich, St. am Niederrhein, NRW, 29 500 E; Metallind., Spirituosenfabrik; ⚓.

Emotion [lat.], Gemütsbewegung, seel. Erregung.

EMP, Abk. für **e**lektro**m**agnet. **P**uls, von Kernwaffenexplosionen in der Exosphäre ausgelöster Induktionsstoß, der elektron. Geräte noch in etwa 100 km Entfernung zerstören kann.

Empedokles, * 483 od. 482, † zw. 430 u. 420, griech. Philosoph; Vorsokratiker; sah in den vier Elementen den Urgrund aller Dinge.

Empfängnis (Konzeption), ↑Befruchtung des menschl. Eies durch eine Samenzelle.

Empfängnisverhütung, Maßnahmen, die eine Empfängnis verhindern (u. a. zur ↑Geburtenregelung); durch Enthaltsamkeit in den „fruchtb." Tagen der Frau (etwa 10.–18. Tag nach Beginn d. Regelblutung, nach *Knaus-Ogino*); *empfängnisverhütende Mittel:* ↑Kondom, ↑Pessar 2), chem. Mittel (in Form von Salben, Tabletten, Sprays od. Zäpfchen), die die Samenzellen in der Scheide abtöten od. bewegungsunfähig machen, heute v. a. orale E. *(Antibabypille),* beruhend auf der Wirkung hormonaler Mittel, die das Follikelwachstum hemmen; ↑auch Coitus interruptus.

empfindsame Dichtung, Literaturströmung des 18. Jh.s; pflegte psychol. Selbstbeobachtung, subjekt. Naturgefühl, schwärmer. Freundschaftskult.

Emphase [gr.], Nachdruck, den man auf einen Ausdruck legt, um seine Bed. hervorzuheben.

Emphysem [gr.], Aufblähung v. Organen od. Körperteilen; *Lungen-E.,* Lungenblähung, übermäß. Erweiterung der Lungenbläschen.

Empire: 1) [ã'pi:r; frz.], das frz. Kaiserreich Napoleons I. u. III.; **2)** klassizist. Stil d. Zeit Napoleons I. bis etwa 1830 in Europa; röm.-klass. u. ägypt. Formelemente, strenge Kühle; v. a. bed. Innenarchitektur, Möbel, Mode; **3)** ['empaɪə; engl.], ↑Commonwealth of Nations.

empirisch, erfahrungsgemäß.

Empirismus [gr.], philos. Richtung, die als einzige Erkenntnisquelle d. Erfahrung gelten lässt.

Empore, galerieart. Raumteil, bes. in Kirchen.

Empyem [gr.], Eiteransammlung in Körperhöhlen.

Ems, Fl. in NW-Dtl., 371 km, von der Senne zum Dollart bei Emden; 238 km schiffbar, z. T. kanalisiert; wicht. Wasserweg (Dortmund-Ems-Kanal); der *E.-Jade-Kanal* verbindet Dollart u. Jadebusen; d. *E.-Weser-Kanal* ist ein Teil des Mittellandkanals.

Emser Depesche, von Bismarck durch Kürzungen u. Umformulierungen verschärfte Fassung eines Telegramms aus Bad Ems (13. 7. 1870) über Unterredungen Kg. Wilhelms I. mit dem frz. Botschafter. Inhalt: Ablehnung der frz. Forderungen in der Frage der span. Thronkandidatur. Führte zur frz. Kriegserklärung.

Emser Salz, urspr. aus den Quellen von Bad Ems gewonnenes, heute auch künstlich hergestelltes Salzgemisch; bei Erkrankungen des Magen-Darm-Kanals u. der Harnwege sowie v. a. bei Katarrhen der Atemwege getrunken oder inhaliert.

Emsland, Gebiet beiderseits der mittl. Ems; bedeutendstes dt. Erdölgebiet; Landkreis mit Krst. Meppen, Niedersachsen.

Emu [portug.], Laufvogel Australiens, dem Strauß ähnlich.

Emulsion [lat.]: **1)** ↑Kolloid; **2)** lichtempfindl. Schicht fotogr. Platten, Filme und Papiere.

Encke, Johann Franz, * 1791, † 1865, dt. Astronom.

Endemie [gr.], in best. Gebieten ständig bestehende Verseuchungszustände; ↑auch Epidemie.

Enders, John Franklin, * 1897, † 1985, amer. Bakteriologe; Untersuchungen über Viruserkrankungen; Nobelpreis 1954.

en détail [ãde'taj; frz.], im Kleinen, im Einzelnen; Ggs. ↑en gros.

Endlagerung, Beseitigung

schädl. Abfallstoffe durch lang dauernde Isolierung vom (menschl.) Lebensbereich. – ↑auch Entsorgung.

Endlösung der Judenfrage, nat.-soz. Umschreibung für die Anf. 1941 beschlossene Vernichtung der im dt. Herrschaftsbereich ansässigen jüd. Bev.; durchgeführt in best. Konzentrationslagern.

endo..., Endo... [gr.], Vorsilbe; Bed.: „innen, innerhalb".

Endogamie [gr.], Heiratsordn., nach der nur innerh. einer soz. Gruppe geheiratet werden darf.

endogen [gr.]: **1)** von innen kommend (Krankheiten); **2)** von innen, aus tieferen Gewebeschichten der Pflanzen entstehend (Bot.); **3)** innen sich entwickelnd od. lebend (z. B. Parasiten); **4)** innenbürtig (Ursprung im Erdinnern).

Endokard [gr.], Herzinnenhaut.

endokrine Drüsen ↑Drüsen.

Endokrinologie [gr.], Lehre von der Funktion endokriner ↑Drüsen.

Endorphine [Kw.], körpereigene, den Schmerz blockierende Stoffe.

Endoskop [gr.], Instrument zur unmittelb. Untersuchung von Hohlorganen od. Körperhöhlen, mit Spiegelvorrichtung u. elektr. Lichtquelle; zur Spiegelung der Harnblase *Zystoskop,* des Mastdarmes *Rektoskop,* der Bronchien *Bronchoskop,* der Bauchhöhle *Laparoskop,* der Brusthöhle *Thorakoskop.*

Endotoxine, beim Bakterienzerfall frei werdende Giftstoffe.

Endymion, in d. griech. Mythologie schöner Hirt, v. Zeus mit ewigem Schlaf und ewiger Jugend beschenkt, allnächtl. von Selene besucht.

Energie [gr.]: **1)** Antriebskraft im Wollen, Denken, Handeln; **2)** Fähigkeit eines physikal. Systems, ↑Arbeit zu verrichten; *potenzielle E.* (E. der Lage; z. B. die eines gehobenen Körpers, Produkt aus Gew. u. Höhe) u. *kinet. E.* (E. der Bewegung); Formel: $E_{kin} = \frac{1}{2}mv^2$ (m Masse, v Geschwindigkeit); neben d. mech. E. auch Wärme-, elektr., chem., Kern-E. u. a.; Einheiten sind ↑Joule, ↑Kilowattstunden u. a.; *E.wirtschaft,* Wirtsch.-Zweig, der die mit der Herst. und Verteilung von E. (Elektrizität und ↑Gas) beschäftigten Betriebe umfasst; wichtigste E.quellen sind noch heute Brennstoffe organ. Ursprungs (v. a. Kohle, Erdöl, Erdgas), daneben Kernenergie; nutzbare Wasserkräfte (etwa 500 Mill. kW) werden z. T. genutzt (in Europa etwa 80 %), die Nutzung der Wind- und Solar-E. wird experimentell untersucht, Solarkraftwerke sind schon im Einsatz, daneben Windparks in Küstengebieten.

Energie-Masse-Relation (Einstein-Gleichung), der zw. Energie E u. Masse m eines Teilchens bestehende Zusammenhang $E = mc^2$ (c Lichtgeschwindigkeit). Danach ist Masse nur eine Erscheinungsform der Energie.

Energiesatz (Energieerhaltungssatz), allg. Grundges. der Physik; besagt, dass bei [physikal.] Vorgängen Energie weder aus nichts erzeugt noch vernichtet werden kann.

en face [ã'fas; frz.], von vorn, gegenüber.

en famille [ãfa'mij; frz.], in der Fam.; im engeren Kreis.

Enfant terrible [ãfã tɛ'rɪbl; frz.; = schreckliches Kind], jemand, der durch ständiges Verletzen gesellschaftl. Normen seine Umgebung in Verlegenheit bringt.

Engadin, 95 km lange Talschaft des Inns im schweizer. Kt. Graubünden; in der Bev. hat sich die rätoroman. Spr. erhalten. Im *Ober-E.,* vom Malojapass bis Zernez (bis 1 800 m ü. d. M.), die Kurorte St. Moritz u. Pontresina; *Unter-E.,* v. Zernez bis zum Pass Finstermünz (bis 1 023 m ü. d. M.).

Engagement [ãgaʒə'mã; frz.]: **1)** persönl. Einsatz, Gefühl des Verpflichtetseins; **2)** [An]stellung [eines Künstlers].

Engel [gr.; = Bote], Bote Gottes, überird. Wesen, reines Geistwesen ohne Körper.

Engelberg, schweizer. Ort südl. des Vierwaldstätter Sees, 3 200 E; Höhenluftkurort, Wintersport.

Engelke, Gerrit, * 1890, † 1918; Arbeiterdichter, expressionist. Lyrik.

Engelmacherin, volkstüml. Bez. für Pflegemutter, die Kinder absichtl. sterben lässt; auch Bez. für Frau, die illegale Abtreibungen vornimmt.

Engelmann, Bernt, * 1921, † 1994, dt. Schriftsteller; 1977–83 Präs. des Dt. Schriftstellerverbands.

Engels, Friedrich, * 1820, † 1895, dt. Theoretiker des Sozialismus; lernte in Großbrit. die Lage des Proletariats kennen; nahm 1849 am Pfälzer Aufstand teil; seit 1844 Zusammenarbeit mit K. Marx, aus der 1847/48 das Kommunistische Manifest entstand; wiss. Arbeiten zur Theorie d. Sozialismus.

Engelsburg, Mausoleum Ks. Hadrians am Tiber in Rom; im 13. Jh. wiederhergestellt, v. den Päpsten zur Festung ausgebaut; heute Museum.

Engelsüß ↑Tüpfelfarn.

Engelwurz, Doldenblütlergatt. in gemäßigten Zonen; u. a. *Angelica archangelica,* weiß blühende Heil- u. Gemüsepflanzen.

Engerling, Larve der Blatthornkäfer (bes. des Maikäfers).

Engholm, Björn, * 1939, dt. Politiker (SPD). – Schriftsetzer, Politologe, 1981–82 Bundesmin. für Bildung u. Wiss.; 1988–93 Min.-Präs. von Schl.-Holst.; 1991–93 Vors. der SPD.

England, Teil von Großbritannien, Kernland des Vereinigten Kgr. von Großbritannien und Nordirland, 130 363 km², 47,05 Mill. E, davon über 90 % prot.; Hptst. London. 2 Großlandschaften: 1. im N die seenreichen Cumbrian Moun-

englische Kunst. *Kathedrale von Salisbury (1220 ff.)*

englische Kunst. *William Turner, Der Park von Petworth (1831)*

tains und die Pennines, mit Kohlelagerstätten an ihren Flanken und weiten, abgeholzten Hochflächen, 2. im S Niederbritannien, eine Schichtstufenldsch. mit zwei markanten Stufen (Jura, Kreide) u. mehreren Einzellandschaften, z. B. Londoner Becken, Weald-Aufwölbung, Fen-Distrikt, im äußersten SW d. Halbinsel Cornwall.

Engländer, Schraubenschlüssel mit verstellbarer Maulweite.

Englisch, Lucie, * 1902, † 1965, dt. Schauspielerin.

englische Krankheit, svw. ↑Rachitis.

englische Kunst, die Kunst der Brit. Inseln, die von d. Insellage geprägt ist; stark gegensätzl. Momente: rational u. fantasiereich, konservativ u. fortschrittl., mit der kontinentalen Kunst wechselseit. Einwirkung. *Ags. Frühzeit:* Einf. Saalkirchen; bed. ir.-ags. Buchmalerei. *Normann. Kunst* (1066 bis 1175): Roman. Kathedralen mit geradem Chorschluss u. Vierungsturm (Vorbild Cluny): Winchester, Ely, Durham, Peterborough. Bildteppich v. Bayeux. *Gotik* in 3 Perioden: 1. *Early English* (1175 bis 1250), Eindringen u. Umbildung der frz. Hochgotik: Kathedr. in Canterbury, Lincoln, Salisbury; 2. *Decorated style* (1250–1350), Vorbereitung der Spätgotik (rd. 100 Jahre früher als auf dem Kontinent); dekorat. Netz- u. Sterngewölbe, Flammenmaßwerk: Westminster Abbey, Kathedr. in Lincoln (Engelschor), Wells, York, Exeter, Gloucester; 3. *Perpendicular Style* (1350–1520), Spätgotik, Vorherrschen senkrechter Gliederung, Vergitterung der Wände, Fenster, Gewölbe: Kreuzgang in Gloucester (Fächergewölbe), Langhaus in Winchester u. Canterbury, Kapelle Heinrichs VII. in Westminster. Grabmäler, Wandmalereien, Buchminiaturen. *Renaissance* (Tudorzeit, 16. Jh.): Aus dem Perpendicular Style entwickelt; Schloss Hampton Court u. a. Schlösser (Elisabethan. Stil). H. Holbein d. J. s. 1526 in England (Porträts). *Barock u. Klassizismus* (17./18. Jh.): Inigo Jones Schöpfer eines neuen, klassizist. Stils (Anknüpfen an Palladio); frz. Einfluss bei Ch. Wren (Wiederaufbau Londons nach d. Brand v. 1666, u. a. St. Paul's Cathedral). Baumeister des 18. Jh.s: N. Hawksmoor, J. Vanbrugh, J. Gibbs, W. Kent (Schöpfer des engl. Landschaftsgartens), die Brüder Adam (Ausgangspt. des europ. Klassizismus); Neugotiker: H. Walpole u. J. Wyatt. In der Malerei klass. Zeit der engl. Kunst: Bildnis (Reynolds, Gainsborough), Ldsch. (Wilson, Gainsborough, Turner, Constable), Illustration u. Satire (Hogarth, W. Blake); Möbel v. Chippendale. *19./20. Jh.:* Erneuerung v. Innenraumkunst u. Kunstgewerbe: J. Ruskin, W. Morris (Einfl. auf den Jugendstil). Malerei: die Präraffaeliten Rossetti, Burne-Jones; der Zeichner Beardsley. Architektur des 20. Jh.s: P. u. A. Smithson, die Gruppe Archigram, Rogers, Foster, Stirling. Mod. Malerei: Nicholson, Sutherland, Pasmore, Bacon, Op-Art (B. Riley), Pop-Art (Hamilton, Blake, Hockney), Performances, Videofilme, plakative Fotokunst u. Malerei (Gilbert & George), Plastik: Moore, B. Hepworth, Caro, Paolozzi, Long (Landart), McLean (Installationen, auch heftige Malerei).

englische Literatur, die Literatur der Brit. Inseln. *Altengl. Periode* (7.–11. Jh.): Vorw. relig. Dichtung (Caedmon, Cynewulf), bed. Werke von Beda (vorw. lat.); im 8. Jh. Beowulf; unter Kg. Alfred d. Gr. (Übers. u. Prosaist) Anf. der engl. Chroniklit.; 10./11. Jh. Homilien von Ælfric u. Wulfstan. *Mittelengl. Periode* (12.–15. Jh.): Eindringen roman. Stoffe u. Motive; im 13./14. Jh. Vordringen mittelengl. Lit. (Chaucer: Canterbury Tales); um 1380 Bibelübers. von Wyclif; Niedergang im 15. Jh., Blüte der schott. Lit. (Jakob I., Dunbar). *Neuengl. Periode: Renaissance* und *Reformation:* Anregungen aus der antiken u. der ital. Lit.; relig. Ernst in der metaphys. Dichtung von Donne u. a.; Prosa von Lyly u. Sidney, Lyrik u. Versepik von Skelton, Sidney, Spenser; Blüte der Bühnendichtung („elisabethan. Drama") u. a. durch Kyd, Marlowe, Shakespeare, Jonson u. a. Während des *Puritanismus* relig. Themen in erzählender (Butler, Milton, Bunyan) und lyr. Dichtung (Herbert, Crashaw, Vaughan), gelehrte Prosa von Bacon. Schließung der Theater 1642. In der *Restauration* u. *Aufklärung* v. a. frz. Gedankengut; in der Versdichtung neben klassizist. (Pope) empfindsame u. vorromant. Tendenzen (J. Thomson, Young, Gray, Macpherson, Chatterton u. a.); Blüte der Prosa (Swift, Johnson, Addison, Steele), bes. des Romans (Swift, Defoe, Richardson, Fielding, Smollett, Sterne, Goldsmith); spätklassizist. Romane von J. Austen; Neubelebung der Bühnendichtung (Dryden, Congreve, Gay, Sheridan). *Romantik:* dem dt. Sturm u. Drang verwandt; von Individualismus, Volkstum, Mystik, Pantheismus, Gegenwartsflucht geprägt; v. a. lyr. u. lyr.-ep. Versdichtungen (Blake, Burns, Wordsworth, Coleridge, Scott, Byron, Shelley, Th. Moore, Keats), histor. Romane (Scott) u. Schauerromane (Walpole, A. Radcliffe, M. W. Shelley); bühnenfremde Lesedramen u. a. von Byron u. Shelley. *Viktorianismus:* Wachsende Wendung zur Alltagswirklichkeit; daneben Nachwirken der Romantik, z. B. bei E. Brontë u. den Präraffaeliten um D. G. Rossetti; bed. Werke von Carlyle u. Ruskin; Aufschwung des bürgerl. u. sozialen Romans (Dickens, Thackeray, Trollope, G. Eliot, Meredith); einflussreich die Werke Paters; Versdichtungen von R. u. E. B. Browning, Tennyson u.

Swinburne. *Gegenwartslit.* (im Wesentl. nach 1880): neue Blüte des Romans; neue Ausdrucksformen auch in der Bühnendichtung u. der Lyrik. Utop. Romane von Butler, Wells, später Huxley u. Orwell, naturalist. Züge bei Hardy, sozialkrit. Tendenz u. a. bei Gissing u. Wells, realist. [Familien]romane von Galsworthy u. Bennett; bei Stevenson romant., bei Conrad abenteuerl., oft exot. Motive wie später bei Maugham u. Forster; bei Kipling imperialist. Gedankengut; Beginn des mod. engl. Detektivromans bei Conan Doyle, später u. a. auch Chesterton, D. Sayers, Wallace, A. Christie; bed. Essays von Strachey; kühne Experimente von Joyce, der u. a. auf V. Woolf wirkte; Sonderstellung von Th. E. u. D. H. Lawrence; bed. Werke auch v. Belloc, den Brüdern Powys, Priestley, Greene, Hilton, Cronin, Maugham, D. du Maurier, Waugh, I. Compton-Burnett, Lowry, Snow, Braine, Durrell, Golding, I. Murdoch, D. Lessing, Amis, Wilson, Sillitoe u. Wain; Einfluss des frz. Nouveau roman und der Werke S. Becketts, Zunahme der Sciencefiction; fantast. Mythen von Tolkien; Formexperimente und Infragestellung vertrauter Erzählweisen bei Ch. Brooke-Rose, B. S. Johnson, Burgess u. a.; Darstellung weibl. Identitätskrisen u. a. durch M. Drabble, M. S. Spark; weitere wichtige Romane von Fowles, A. S. Byatt, A. Carter, Bradbury, Lodge. Lyrik v. a. von Hopkins u. F. Thompson, de la Mare u. Masefield, von Pound, Aldington u. T. S. Eliot (Imagismus), Sassoon u. Owen (Kriegsdichtung) sowie von Day Lewis, Auden, Spender, D. Thomas, Th. Gunn, T. Hughes u. Larkin, Enright, Tomlinson, Hill. Für die Bühnenlit. bed. die Werke von Wilde (auch Romancier), Shaw, Priestley, Fry, T. S. Eliot u. D. Thomas, von Osborne („Angry young men"), Arden, Bond, Pinter, Wesker, Sh. Delaney, Ustinov, ferner die radikalen Dramen von Barnes, Brenton, C. Churchill u. a., die Identitätskrisen und Neurosen darstellenden Stücke von Shaffer, Mercer, Storey; den schwarzen Humor vertritt Orton, die Farce erneuert Ayckbourn.

englische Musik, die Musik der Brit. Inseln, bis ins 17. Jh. von gr. Einfluss auf die Musik des Kontinents. MA: Kirchenmusik, röm. Einfluss wahrscheinl. seit dem 7. Jh., daneben bes. Pflege der weltl. Musik. *1400–1600:* Wechselbeziehung mit Frkr. (Dunstable–Dufay), Übernahme des frz. Chansonstils; Musikpflege am Hofe, Sängerkapelle der Chapel Royal und ähnl. Chöre an Kathedralen und Colleges, die bis heute fortleben. Um 1500 v. a. Marien-Antiphon, Magnifikat, Messe. Gebräuchlichstes Instrumentalensemble s. 1520 das Violenconsort; Th. Tallis, einer d. ersten Komponisten d. anglikan. Liturgie. Slg. höchstentwickelter Cembalomusik im Fitzwilliam Virginal Book (1562–1612), Kompositionen v. Byrd, Bull, Morley u. a.; gleichzeitig die engl. Madrigalisten Dowland, Gibbons, Morley. Bed. engl. Lautenkunst (v. a. Dowland). *1600–1800:* London Zentrum der Musikpflege, Aufführung höf. Masques. Gleichzeitig Anfänge der engl. Oper (Sir William Davenants „Siege of Rhodes", 1656). Nach der Restauration (1660) Musik wieder in Wechselwirkung mit dem Kontinent (Frkr. u. Italien). Gr. Musiker dieser Zeit in England: H. Purcell u. G. F. Händel (s. 1710); beide schufen Opern, Oratorien, Anthems, Cembalo- u. Kammermusik. J. Ch. Bach organisierte mit dem Gambisten C. F. Abel die Bach-Abel-Concerts (1765–82). Gattungen des 18. Jh.s außer der heroischen Oper: 1. die singspielart. Ballad-Opera, auch kom. Inhalts, in Nachf. v. „The beggar's opera" von Gay/Pepusch (1728), 2. Pantomime, 3. die Glees (mehrstimm. homophone Lieder), 4. das auch in die Kunstmusik eindringende Volkslied, 5. Concerti Grossi, 6. das Orgelkonzert. Pflege der geistl. u. weltl. „alten Musik" bis heute. Im *19. Jh.* Wiederaufleben eines nat. Stils mit repräsentat. Instrumentalwerken von Elgar u. z. T. impressionist. gefärbten Orchesterstücken u. Opern von Holst; Vaughan Williams hat bes. Verdienste um die Förderung der Musikfolklore. Im *20. Jh.* Anschluss an die kontinentalen Vertr. der Moderne. Es haben sich durchgesetzt: R. Vaughan Williams, W. Walton, M. Tippett, A. L. Webber. Um die Mitte des Jh.s waren B. Britten als Opernkomponist, P. R. Fricker als Sinfoniker u. H. Searle mit neuer Musik führend. Zur internat. Avantgarde zählen A. Goehr, H. Birtwithle, P. M. Davies, B. Ferneyhough, R. Smalley, J. Taverner u. T. Souster.

Englischer Gruß, svw. ↑Ave Maria.

englische Sprache, aus dem Altengl. hervorgegangene westgerman. Spr., mit griech., lat., kelt. u. frz. Elementen; die Ausspr. hat sich von der „großen Vokalverschiebung" um 1500 bis heute laufend verändert; ↑auch Slang, ↑Pidgin-English.

Englischhorn ↑Oboe.

Englishwaltz ['ɪŋlɪʃwɔ:lts; engl.], langsamer Walzer.

en gros [ã'gro; frz.], im Großen; Ggs. ↑en détail.

Enharmonik [gr.], versch. Notierung u. Benennung von Tönen u. Akkorden bei gleichem Klang, z. B. durch Auswechseln von ♯ und ♭.

Enkaustik [gr.] (Wachsmalerei), Maltechnik, Farben durch Wachs gebunden (ägypt. Mumienbildnisse).

Enklave [frz.], fremdes Staatsgebiet innerh. der eigenen Staatsgrenzen ohne Verbdg. mit dem Mutterland; für den besitzenden Staat: *Exklave.*

en masse [ã'mas; frz.], in Massen; gehäuft.

en miniature [ãminja'ty:r; frz.], in kl. Maßstab, im Kleinen.

Ennepe, l. Nbfl. der zur Ruhr fließenden Volme, NRW, mit der *E.-Talsperre* (12,6 Mill. m²).

Ennepetal, St. an der Ennepe, NRW, 34 000 E; bed. Metallind.

Enns, r. Nbfl. d. Donau, 254 km, Mdg. unterh. der St. E. (9 700 E), Oberösterreich.

Ennstaler Alpen, Teil d. Nördl. Kalkalpen, Österreich.

en passant [ãpa'sã; frz.; = im Vorübergehen], beiläufig.

Enquete [ã'kɛ:t; frz.], Umfrage, Untersuchung, Erhebung.

Enschede ['ɛnsxəde:], Stadt in der niederl. Prov. Overijssel, 147 500 E; TH; Textil- und Masch.-Ind.; ✈.

Ensemble [ã'sã:bəl; frz.]: **1)** ges. künstler. Theaterpersonal; **2)** in der Oper Musiknummer mit mehr. Solisten; **3)** kl. Besetzung in der Instrumental- u. Unterhaltungsmusik; **4)** Kleid mit Jacke od. Mantel.

Ensingen, Ulrich v. (U. Ensinger), * um 1350 oder 1360, † 1419, Münsterbaumeister in Ulm (1392 bis 1417) und (seit 1399) in Straßburg (Oktogongeschoss).

Ensor, James, * 1860, † 1949, belg. Maler; Symbolist; visionäre Bilder d. mod. Großstadtlebens in grellen Farben.

en suite [ã'sɥit; frz.], im Folgenden, demzufolge.

entartete Kunst, während der nat.-soz. Herrschaft offiz. Bez. für das mod. Kunstschaffen des 20. Jh.s, das nicht den nat.-soz. Vorstellungen von Kunst entsprach. Brandmarkende Ausstellungen 1937 in München u. a. Städten.

Entbindung, ↑Geburt einer mind. 7 Monate alten Leibesfrucht beim Menschen, auch bei Totgeburten v. mind. 35 cm Körperlänge.

Enteignung, staatl. Entzug oder Belastung v. Grundstücken, Mobilien od. vermögenswerten Rechten.

Entelechie [gr.], Prinzip d. Zielstrebigkeit in der Materie (Aristoteles).

Entenbühl, höchster Berg des Oberpfälzer Waldes, 901 m.

Entente [ã'tãt; frz.], Bündnis; **E. cordiale** [- kɔr'djal; frz.], brit.-frz. Abkommen v. 1904 über koloniale Fragen, 1907 durch Beitritt Russlands zur sog. *Tripel-E.* erweitert; 1920/21 *Kl. E.* zw. ČSR, Jugoslawien und Rumänien gg. Östr. u. Ungarn (1938/39 zerfallen).

Entenvögel, weltweit verbreitete Wasservögel (Säger, Schwäne, Gänse, Enten); fressen Pfl., Insekten u. a.; *Schwimmenten* „gründeln", *Tauchenten* tauchen nach Nahrung; Stammform der Hausente: Wild- oder Stockente.

Enterbung, Ausschluss von der gesetzl. Erbfolge durch Testament; ↑auch Erbrecht.

Entführung, allg. Verschleppung in räuber. Absicht.

Entkolonisation (Dekolonisation), Aufhebung einer Kolonialherrschaft u. Rückgängigmachung der Folgen des Kolonialismus; heute v. a. Bez. für den nach 1945 einsetzenden Verfall der europ. Kolonialreiche in Afrika u. Asien.

Entladung, Ladungs- bzw. Spannungsausgleich zw. entgegengesetzt aufgeladenen Körpern, in Gasen meist mit Leuchterscheinungen (Blitz, Funke; ↑Gas-E.); *E.slampen,* Lichtquellen, in denen Gase und/oder Metalldämpfe durch Gas-E.en zum Leuchten angeregt werden; meist zusätzl. Leuchtstoffe enthaltend.

Entmannung (Emaskulation), in der Medizin: 1. Entfernung der männl. Keimdrüsen (↑Kastration); 2. operative Entfernung des Penis u. der Hoden (bei Peniskrebs).

Entmündigung, Aufhebung (bei Geisteskrankheit) oder Beschränkung (b. Geistesschwäche, Trunksucht) der ↑Geschäftsfähigkeit durch Gerichtsbeschluss.

Entnazifizierung, nach dem 2. Weltkrieg von den Besatzungsbehörden eingeleitete Verfahren „zur Befreiung des dt. Volkes vom Nat.-Soz. u. Militarismus"; 5 Klassen: Hauptschuldige, Belastete, Minderbelastete, Mitläufer und nicht Betroffene; 1953 im Wesentl. abgeschlossen.

ento..., Ento... ↑endo..., Endo...

Entoderm [gr.], inneres Keimblatt.

Entomologie [gr.], die Insektenkunde.

Entrecôte [ãtr'ko:t; frz.], Zwischenrippenstück vom Rind; in Scheiben geschnitten, gegrillt od. gebraten.

Entree [ã'tre; frz.]: **1)** Eintritt, Eingang; **2)** Vorspeise od. Zwischengericht; **3)** Vorspiel (𝄞).

Entre Ríos, Prov. in NO-Argentinien, 78781 km, 1,02 Mill. E, Hptst. Paraná.

Entropie [gr.], Zustandsgröße eines makroskop. Systems; in abgeschlossenen Systemen (ohne Energiezufuhr u. -abfuhr) kann die Gesamt-E. nie abnehmen, bei reversiblen Vorgängen bleibt sie konstant (Idealkonstruktion).

Entropiesatz, Bez. für den 2. Hauptsatz der ↑Wärmelehre.

Entschwefelung, Beseitigung von Schwefeldioxid aus Rauchgasen von Verbrennungsanlagen, v. a. von Kraftwerken.

Entseuchung, svw. ↑Dekontamination.

Entsorgung, Abtransport u. Beseitigung v. Abfällen, insbes. v. radioaktiven Abfällen aus Kernkraftwerken; ausgediente Brennelemente werden in *Abklingbecken* unter Wasser rd. 1 Jahr zwischengelagert, bis ihre Radioaktivität auf 1% abgeklungen ist; in *Wiederaufarbeitungsanlagen* werden die Kernbrennstoffe v. den Spaltprodukten (etwa 3%) befreit, die in Fässern einzementiert („verglast") der Endlagerung (z. B. in Salzstöcken) zugeführt werden.

H. M. Enzensberger

Entstickung, Beseitigung von Stickoxiden (NO_x) aus Autoabgasen und Rauchgasen von Verbrennungsanlagen.

Entweichgeschwindigkeit, zur Überwindung eines Schwerefeldes erforderl. Geschwindigkeit, für das der Erde 11,2 km/s (Weltraumfahrt).

Entwickler, wässrige Lösung von schwach reduzierenden aromat. Verbdg. (Hydrochinon, Aminophenol u. a.), die ein latentes Bild sichtbar machen (Fotogr.).

Entwicklung: 1) (Evolution) Entfaltung der einf. zu höheren Formen im Lauf der Erdgesch.; **2)** Werdegang der Einzellebewesen v. der Eizelle bis zum Tod; 4 Abschnitte: 1. *Keimes-E.* (E. der befruchteten Eizelle bis zur Geburt [b. höheren Säugetieren]), 2. *Jugendstadium* (Geburt bis Geschlechtsreife, u. a. über Larvenstadien u. Metamorphosen), 3. *Reifezustand* (Zeit der Zeugungsfähigkeit), 4. *Seneszenz* (Zeit des Alterns bis zum Zerfall bzw. Tod); **3)** fotogr. Arbeitsgang (↑Entwickler).

Entwicklungshilfe, Unterstützung von Ländern mit vergleichsweise niedrigem wirtsch. Entwicklungsstand durch private u. öffentl., nat. u. internat. Organisationen in Form v. *techn. Hilfe* (Bildungs-, Beratungshilfe), *Kapitalhilfe* (Kredite, Bürgschaften), *Güterhilfe* (Nahrungsmittel, Medikamente, Investitionsgüter) u. *handelspolit. Maßnahmen* (Abbau v. Zöllen, Kontingenten, internat. Stabilisierungsabkommen); staatl. u. private Leistungen aus der BRD 1994: 38,8 Mrd. DM.

Entwicklungspsychologie, Wiss., die die Entw. des Seelenlebens des Einzelnen sowie des Menschengeschlechts untersucht.

Entzündung, Heilung anstrebende Reaktion des Gewebes (mit Rötung, Schwellung, Wärme, Schmerzen) auf infektiöse, chem., physikal. Reize; u. a. Austreten v. weißen Blutkörperchen u. Blutplasma, Einschmelzen v. Gewebe, Bildung von Granulationsgewebe.

Enveloppe [ãvə'lɔp; frz.], eine Kurve, die alle Kurven einer gegeb. Kurvenschar berührt (Math.).

en vogue [ã'vɔg; frz.], in Mode.

Enz, l. Nbfl. des Neckars, 103 km.

Enzensberger, Hans Magnus, * 1929, dt. Schriftsteller u. Lyriker; 1965–75 Hg. des „Kursbuchs", s. 1985 Hg. von „Die andere Bibliothek"; 1963 Büchner-Preis.

Enzephalitis [gr.], svw. Gehirnentzündung (↑Gehirn).

Enziangewächse, meist kraut. Pfl., bes. in Geb. der gemäßigten Zone; Hauptgatt. der meist blau blühende *Enzian* (viele Arten geschützt); in Dtl. in moor. Wiesen der *Gemeine Enzian;* Heilpfl. u. a. der *Gelbe Enzian* (Magenmittel) u. das *Tausendgüldenkraut* auf trockenen Wiesen.

Enzyklika [gr.], päpstl. Rundschreiben über aktuelle Glaubens- und Sittenprobleme.

Epidauros.
Griechisches Theater (3. Jh.)

Enzyklopädie [gr.], übersichtl., umfassende Darst. des Wissensstoffs aller Disziplinen *(Universal-E.)* od. eines Fachgebietes *(Spezial-E.; Reallexikon)* in alphabet. od. systemat. Anordnung; Ansätze in der Antike; bes. im 18. Jh. (Aufklärung), berühmt die frz. *Encyclopédie,* hg. von Diderot u. d'Alembert (35 Bände, 1751–80), *Encyclopaedia Britannica* (s. 1768); in Dtl. Zedlers „Gr. vollständ. Universal-Lexikon aller Wiss. u. Künste" (64 Bde. u. 4 Ergänzungsbände, Halle u. Leipzig 1732–54), seit dem 19. Jh. meist als populärwiss. Konversationslexikon.

Enzyme [gr.] (Fermente), Sammelbez. für die Katalysatoren der lebenden Zelle; zusammengesetzt aus einer einfacheren Wirkungsgruppe *(Ko-E., Koferment)* und hoch kompliziertem Eiweißkörper *(Apo-E., Apoferment);* durch die E. wird der Stoffwechsel ermöglicht; z. B. bed. für das Aufschließen der Nährstoffe (↑Pepsin, ↑Amylase, ↑Lipase, ↑Trypsin u. a.) u. für die Atmungs- u. Gärungsvorgänge.

Eos, griech. Göttin der Morgenröte.

Eosander, Johann Friedrich Nilsson, Frhr. Göthe, * um 1669, † 1728, dt. Baumeister livländ. Herkunft; hpts. in Berlin tätig, röm.-klassizist. Stil.

Eosin [gr.], roter Xanthenfarbstoff (verw. u. a. zur Herst. von roten Tinten, Lacken, Zuckerwaren).

Eozän ↑Geologie, Formationstabelle.

ep..., Ep... ↑epi..., Epi...

Epaminondas, * um 420, ⚔ 362, theban. Feldherr; besiegte 371 die Spartaner bei Leuktra (in Böotien).

Eparch [gr.], höherer Beamter u. Offizier, bes. der Statthalter einer byzantin. Prov. *(Eparchie).*

Epaulette [epo'lɛt; frz.], Schulterstück auf Uniformen.

epd ↑Übers. S. 463.

Épernay [epɛr'nɛ], frz. Weinbaust. in der Champagne, 28 000 E; Sektkellereien.

Epheben [gr.], im alten Griechenland die Jünglinge zw. 18 u. 20 Jahren.

ephemer [gr.], eintägig, kurzfristig.

Ephesus (Ephesos; türk. Efes), altgriech. St. an der W-Küste Kleinasiens; im Altertum bed. Handelsplatz mit berühmtem Artemistempel; mit dem Vordringen des Islams verlor E. an Bedeutung.

epi..., Epi... [gr.], Vorsilbe; Bed.: „darauf, daneben, bei, darüber".

Epidauros (Epidawros), altgriech. Kurort in der ↑Argolis, Kultstätte des ↑Asklepios; das besterhaltene griech. Theater u. a. Ruinen.

Epidemie [gr.], zeitl. und örtl. gehäuftes Auftreten einer Infektionskrankheit.

Epidermis [gr.], äußere Zellschicht der Haut, mehrschichtig.

Epidiaskop ↑Projektionsapparat.

Epigonen [gr.]: **1)** in der griech. Sage die Helden, die den Kampf der Sieben gg. Theben wieder aufnahmen u. die St. zerstörten; **2)** schwächere Nachkommen, Nachahmer ohne eigene Schöpferkraft.

Epigramm [gr.] (Sinngedicht), urspr. „Aufschrift" auf Grabmal u. a.; schon in der Antike Kunstgattung; geistreicher Gedanke, meist in Form des Distichons; *E.dichtung* von Martial u. a.

Epigraphik, Inschriftenkunde, Teil der Altertumswissenschaft.

Epik [gr.], erzählende Dichtung in Vers od. Prosa; Großformen: Epos, Saga, Roman; Kleinformen: Ballade, Romanze, Götterlied u. Heldenlied, Kurzgeschichte, Anekdote, Fabel, Parabel, Märchen, Sage, Legende und Novelle.

Epiktet, * um 50, † um 138, griech. Philosoph; Stoiker, dem Kynismus nahe stehend.

Epikur, * 341, † 270, griech. Philosoph; Gründer der nach ihm ben. Philosophenschule; Mittelpt. seiner Ethik ist das Problem der Eudämonie (↑Eudämonismus).

Epikureer, Anhänger der Lehre Epikurs; galten schon in röm. Zeit als Genussmenschen; daher *epikureisch,* [fälschl.] für genusssüchtig.

Epilepsie [gr.] (Fallsucht), Anfallskrankheit, die meist mit Bewusstseinsstörungen einhergeht u. von abnormen Bewegungsabläufen begleitet ist. *Grand mal,* gr. Krampfanfall; *Petit mal,* kl. Anfall; erbl. *(genuine E.)* oder nach Verletzungen *(traumat. E.);* auch bei organ. Hirnerkrankungen.

Epilog [gr.], Nachspiel, Schlussrede im Drama; Nachwort.

Epiphanie [gr.], in der Antike die Erscheinung einer Gottheit, dann der feierl. Einzug des göttl. verehrten Herrschers. – In der christl. Kirche ist E. *(Epiphanias)* das Fest der „Erscheinung des Herrn"; volkstüml. auf das Dreikönigsfest (6. Jan.) eingeengt.

Epiphyse [gr.]: **1)** gelenknaher Abschnitt der Röhrenknochen; **E.nfuge,** knorpel. Wachstumszone der Knochen mit deren Verknöcherung das Längenwachstum aufhört; **2)** svw. ↑Zirbeldrüse.

Epiphyten [gr.] (Scheinschmarotzer, Überpflanzen), Pflanzen, die auf anderen Gewächsen, meist Bäumen, leben; gewöhnlich selbst. Ernährung; mitunter halbparasitäre Formen (Mistel).

Epirus, Geb.-Ldsch. in Albanien u. Griechenland, am Ion. Meer, im Smolikas bis 2637 m.

episches Theater, eine von B. Brecht formulierte und gestaltete Dramen- und Theaterform, antiillusionist.; [krit.] Distanz des Schauspielers u. Zuschauers v. Rolle u. Bühnenvorgang, der „gezeigt" u. „erzählt" wird.

Episkop ↑Projektionsapparat.

Episkopat [gr.], Amt u. Würde eines Bischofs *(Episkopus);* auch Gesamtheit der Bischöfe [eines Landes].

Episode [gr.], vorübergehendes Ereignis; in dramat. od. ep. Werken kurze Nebenhandlung.

Epistel [gr.]: **1)** Brief; Sendschreiben (z. B. der Apostel im N. T. sowie deren Lesung in der Liturgie); **2)** didakt. od. eleg. Briefgedicht nach dem Vorbild von Horaz u. Ovid.

Epistyl [gr.], svw. ↑Architrav.

Epitaph [gr.]: **1)** Gedenktafel [mit Inschrift] für einen Verstorbenen; im MA. auch Grabinschrift; **2)** in der Ostkirche das am Karfreitag aufgestellte Christusbild.

Epitaxie, versch. Verfahren (Flüssigphasen-, Gasphasen-, Molekularstrahl-E.) zur Kristallzüchtung für Bauelemente der Mikroelektronik.

Epithel [gr.] (Deckgewebe), oberste Zellschicht der tier. u. menschl. Haut sowie der inneren Hohlorgane.

Epizentrum ↑Erdbeben.

Epoche [gr.]: **1)** [geschichtl.] Zeitabschnitt; **2)** zeitl. Bezugspt. astronom. Größen od. Beobachtungen.

Epos [gr.], Großform der erzählenden Dichtung in gehobener Spr. u. einer stilist. auf Monumentalität u. Gleichmaß gestellten, metr. Gestaltung mit idealtyp. Stilisierung der Personen u. Ereignisse und heroischen od. myth.-geschichtl. Inhalten. *Frühzeitl. Epen:* Gilgamesch-E., Mahabharata, Ilias, Odyssee, Äneis; *german. Bereich:* Beowulf, Waltharius, Nibelungenlied; *ritterl. Artus-* u. *Gralsepik:* Chrétien de Troyes, Hartmann von Aue, Wolfram von Eschenbach, Gottfried von Straßburg; *religiöse Epik:* Heliand, Dante, Milton, Klopstock; *bürgerl. E.,* idyll. getönt, Höhepunkt: Goethes „Hermann und Dorothea".

Epoxidharze [gr.], Kondensationsprodukte aus mehrwert. Phenolen u. Epichlorhydrin; enthalten die Epoxyendgruppe $-CH-CH_2$; Rohstoffe für Lacke, Klebstoffe, Pressmassen.

Eppelmann, Rainer, * 1943, dt. Politiker (CDU). Pfarrer; Mitbegründer des „Demokrat. Aufbruchs"; April–Okt. 1990 Min. für Abrüstung und Verteidigung der DDR; s. 1990 MdB; s. 1994 Vors. der Sozialausschüsse der Christl.-Demokrat. Arbeitnehmerschaft.

Epstein, Sir Jacob ['epstaın], * 1880, † 1959, amer.-engl. Bildhauer, z. T. monumentale Werke (Grabmal v. O. Wilde).

Epstein-Barr-Virus ['ɛpstaın ba:; nach den brit. Mediziner M. A. Epstein u. M. L. Barr], ein Herpesvirus sehr weiter Verbreitung; führt mit großer Sicherheit zu bestimmten Krebserkrankungen beim Menschen (z. B. Burkitt-Tumor).

Equalizer ['i:kwəlaızə; engl.], Einrichtung an Verstärkern von Hi-Fi-Anlagen, mit der einzelne Frequenzbereiche unabhängig voneinander geregelt werden können.

Equipe [e'kip; frz.], ausgewählte Mannschaft, bes. im Reit- u. Fechtsport.

Erasmus von Rotterdam, nannte sich Desiderius E., * 1469 (1466?), † 1536, niederl. Theologe u. Philologe; Humanist, Gegner Luthers im Streit um das Problem der Willensfreiheit („De libero arbitrio"); Kosmopolit; bemüht um die Synthese von Antike u. Christentum.

Erato, Muse der Lyrik.

Eratosthenes von Kyrene, * um 284, † um 202 v. Chr., hellenist. Gelehrter; Leiter der Bibliothek von Alexandria; entwarf eine Gradnetzkarte der bekannten Welt.

Erbbaurecht, veräußerl. u. vererbl. Recht, auf od. unter der Oberfläche eines fremden Grundstücks ein Bauwerk zu errichten u. zu halten.

Erbe ↑Erbrecht.

Erbeskopf, höchster Berg des Hunsrücks, 816 m.

Erbfaktor, theoret. Begriff für ein deutl. in Erscheinung tretendes erbl. Merkmal.

Erbfolge ↑Erbrecht.

Erbium, chem. El., Symbol Er, OZ 68, rel. A.-Masse 167,26; zur Gruppe der ↑Lanthanoide.

Erbkrankheiten, erbl. Krankheiten: genuine Epilepsie, man.-depress. Irresein, Diabetes insipidus, Gicht, Bluterkrankheit, angeb. Taubstummheit u. a.

Erbpachtrecht, erbl., veräußerl., dingl. Nutzungsrecht an einem Grundstück.

Erbrecht, *objektiv* die Gesamtheit aller Vorschriften über das Vermögen eines Verstorbenen; *subjektiv* das mit dem Tode des Erblassers entstehende Recht auf den Nachlass. Mit dem Tode einer Person *(Erbfall)* geht deren Vermögen *(Erbschaft)* als Ganzes unmittelbar (ohne ausdrückl. Annahme) auf den Inhaber des E.s, den od. die Erben, über; Erben treten auch in die Verpflichtungen des Erblassers ein. *Erbfolge:* 1. *gesetzl.,* wenn eine Verfügung des Erblassers fehlt, nach dem Grad der Verwandtschaft; ist kein solcher Erbe vorhanden, so erbt der Fiskus; 2. *willkürl.* durch Testament od. Erbvertr. (↑auch Pflichtteil); durch jede Person über 16 J., die nicht entmündigt od. sonst geschäftsunfähig ist; das *Testament* muss eigenhändig ge- und unterschrieben sein (*Privattestament*), es kann in amtl. Verwahrung gegeben werden; das *öff. Testament* wird durch Erklärung des *letzten Willens* od. Übergabe einer schriftl. Erklärung vor einem Richter od. Notar errichtet; in Notfällen *Nottestamente;* das Testament ist grundsätzl. durch den Erblasser frei widerrufl.; *Erbvertr.* ist bei gleichzeit. Anwe-

Erasmus von Rotterdam. *Kupferstich (Ausschnitt) von A. Dürer (1526)*

senheit beider Teile vor einem Richter od. Notar zu schließen; Auflagen versch. Art mögl.; im Testament kann der Erblasser einen *Testamentsvollstrecker* zur Ausführung der Verfügungen ernennen; *Miterbenrecht:* der Nachlass wird gemeinschaftl. Vermögen der Miterbengemeinschaft u. wird gemeinsam verwaltet; Miterben können jederzeit *Auseinandersetzung* verlangen (↑auch Ausgleichspflicht); eine Erbschaft kann einem *Vorerben* spätestens bis zu seinem Tod, dann dem *Nacherben* zufallen; *Ausschlagung:* jeder Erbe hat das vererbl. Recht, die Erbschaft auszuschlagen, Frist 6 Wochen; *Erbschein:* das Nachlassgericht hat dem Erben auf Antrag ein Zeugnis über sein Erbe u. dessen Umfang auszustellen.

Erbschleicherei, unredl. Einflussnahme auf einen vermutl. Erblasser.

Erbse, Schmetterlingsblütler, bereits zur Steinzeit kultivierte Hülsenfrucht (Nahrungsmittel).

Erbsenrost ↑Übers. S. 528 ff.

Erbsenwickler ↑Übers. S. 528 ff.

Erbsünde, nach christl. Lehre der durch den Sündenfall allen Menschen vererbte Zustand der Ungnade vor Gott.

Erciyas Daği ['ɛrdʒijas dɑ:'ə; türk.], höchster Berg Inneranatoliens, 3916 m; erloschener Vulkan.

Erdalkalimetalle, Sammelbez. f. die Elemente der II. Hauptgruppe des ↑Periodensystems der chem. El.: Beryllium, Magnesium, Calcium, Strontium, Barium, Radium.

Erdaltertum ↑Geologie, Formationstabelle.

Erdapfel: 1) svw. ↑Kartoffel; **2)** svw. ↑Topinambur.

Erdbeben, natürl. Erschütterung v. Teilen der Erdkruste; als *vulkan. E., Einsturzbeben* (beide relativ schwach u. selten) u. *tektonische E.* (über 90 % aller E.; entstehen durch Ausgleich von Spannungen in der Erdkruste). Vom *E.herd* pflanzen sich die elast. *E.wellen* als Verdichtungs- (longitudinal) u. Scherungswellen (transversal) fort u. breiten sich an der Erdoberfläche aus. Über dem E.herd an der Erdoberfläche das *Epizentrum,* umgeben vom Schüttergebiet; Stärke in den 12 Graden der *Mercalli-Skala* ausgedrückt (von „unmerkl." bis „gr. Katastrophe") oder in der nach oben offenen *Richter-Skala* (z. B. 8,6 für extrem starke E.). Registrierung durch rd. 500 *E.warten* (↑Seismograph).

Erdbeeren, Gatt. der Rosengewächse; Ausläufer treibende Stauden m. 3-zählig gefiederten Blättern; rote (Sammelnuss-)Früchte vom Blütenboden gebildet.

Erdbeschleunigung, ↑Beschleunigung, die ein nahe der Erdoberfläche frei fallender Körper im Vakuum durch die Gravitationskraft erfährt; der Normwert $g_n = 9{,}80665\ m/s^2$.

Erde, der die Sonne als drittnächster umkreisende Planet; bewegt sich infolge der Gravitationskraft der Sonne auf einer ellipt. Bahn, in deren einem Brennpt. die Sonne steht (↑Ekliptik); der Umlauf um die Sonne erfolgt – vom Nordpol aus gesehen – gg. den Uhrzeigersinn (Umlaufszeit etwas mehr als 365 Tage = 1 J.); numer. Exzentrizität der Erdbahn: 0,0167 (Bahn weicht also nur wenig von einem Kreis ab); mittl. Abstand Erde–Sonne = 149,6 Mill. km = 1 astronom. Einheit (AE); im Perihel im Jan., im Aphel Anfang Juli. Bahngeschwindigkeit durchschnittl. 29,8 km/s; dabei gleichzeitig Drehung (Rotation) um die Erdachse, von W nach O, im gleichen Drehsinn wie die Erdbahn; Rotationsdauer ein Tag (Einheit der Zeitmessung). Mit der Sonne nimmt die E. an der Rotation um das Zentrum des Milchstraßensystems teil (Umlauf in 234 Mill. J., Geschwindigkeit 217 km/s); *Gliederung u. Größenzahlen der Erdoberfläche:* die E. ist ein *Geoid* (an den Polen abgeplattet), Polarradius 6357 km, Äquatorradius 6378 km, Äquatorumfang 40077 km; Erdoberfläche 510,1 Mill. km², davon entfallen 148,1 Mill. km² (29 %) auf Land, 362 Mill. km² (71 %) auf Meer.

Erdferkel, nachtaktives, Termiten fressendes, bis 1 m langes Urhuftier Afrikas mit langen Ohren u. schweineähnl. Schnauze, lange, klebrige Zunge.

Erdflöhe, Käfer, die sich hpts. von Blättern ernähren; Kohl- u. Rapsschädlinge.

Erdgas, i. w. S. alle natürl. in der Erde vorkommenden Gase; i. e. S. die vielfach zus. mit Erdöllagerstätten, auch allein (in porösen Sanden) auftretenden brennb. Kohlenwasserstoff-Gasgemische; bestehen zu 80–95 % aus Methan (Rest Äthan, Propan usw., Kohlendioxid, Schwefeldioxid u. a.); werden f. Heizzwecke verw. u. sind wicht. Rohstoffe f. d. Herst. v. Wasserstoff u. Synthesegasen.

Erdgeschichte, Entwicklungsgesch. der Erde v. der Bildung der ersten festen Erdkruste bis zur Gegenwart; Arbeitsgebiet der ↑Geologie (↑auch Geologie, Formationstabelle); Entw. des Lebens auf der Erde ↑Paläontologie.

Erdhunde, zum Aufstöbern von Fuchs u. Dachs in d. Erdbauten verwendete Hunderassen, z. B. Dackel, Foxterrier.

Erding, bayr. Krst. nö. von München, 27700 E; ma. Kirchen; feinmechan. Industrie.

Erdinger Moos, Niedermoorgebiet im nö. Teil der Münchner Ebene, Bayern; im E. M. der Flughafen F.-J. Strauß, München.

Erdkunde, svw. ↑Geographie.

Erdmagnetismus, Wirksamkeit des Magnetfeldes der Erde; eine frei drehb. Magnetnadel stellt sich in eine vom geograph. Meridian um die magnet. Deklination abweichende Richtung zum magnet. Pol ein; nördl. Magnetpol (magnet. S-Pol) 77,3° n. Br., 101,8° w. L. (1980), südl. Magnetpol (magnet. N-Pol) 65,8° s. Br., 139,4° ö. L. (1975); Lage der Pole u. magnet. Feldstärke kurzperiod. u. langsamen *(Säkularvariation)* Schwankungen unterworfen, zusätzl. starke Schwankungen durch erhöhte Sonnenaktivität.

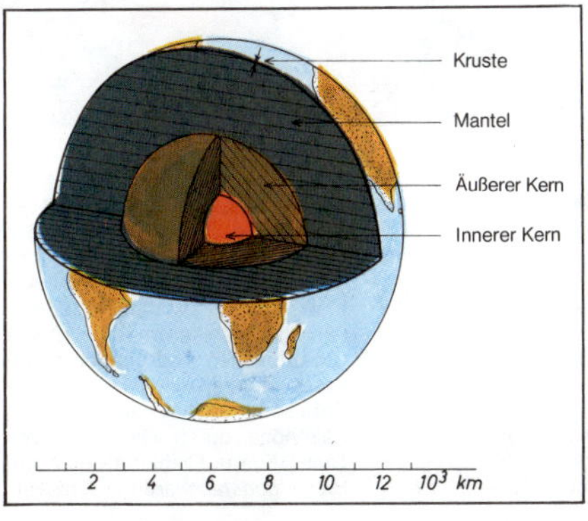

Erde. *Die Tiefengliederung des Erdkörpers*

ERDÖL

Erdöl ist ein hpts. aus Kohlenwasserstoffen bestehendes flüssiges Gemenge, das als Rohstoff in natürl. Lagerung vorkommt. Hauptbestandteile: 80,4–87 % Kohlenstoff, 9,6–13,8 % Wasserstoff, 0–3 % Sauerstoff, 0–5 % Schwefel, 0–2 % Stickstoff. Der Charakter wird hpts. durch die vorherrschende Kohlenwasserstoffgruppe bestimmt (Paraffine, Naphthene, aromat. Verbindungen); E. ist wahrsch. aus organ. Stoffen im Kambrium bis Silur entstanden; horizontale u. vertikale Bewegungen des E.s *(Migrationen)* können zur Bildung abbauwürdiger E.lagerstätten führen. Der Inhalt von Auffangstrukturen *(E.fallen)* trennt sich nach dem unterschiedl. spezif. Gewicht in Lagerstättenwasser, Öl u. Erdgas. Man unterscheidet untersättigte, gesättigte u. übersättigte E.lagerstätten, je nach dem Anteil des im Öl gelösten Gases.

Exploration: Dem E.bergbau geht das Aufsuchen u. Erforschen neuer Lagerstätten *(Exploration)* voraus. Unbekannte Gebiete werden fotogeol. gedeutet. Günstig beurteilte Geländeteile werden von Feldgeologen *(Prospektoren)* eingehend untersucht. Durch geophysikal. Verfahren (Reflexions- bzw. Refraktionsseismik) verschafft man sich weiteren Einblick in den geol. Aufbau. Die kartograph. erfassten Ergebnisse ermöglichen die günstigsten Aufschlussbohrungen, von denen im statist. Durchschnitt etwa jede Achte erfolgreich ist.

Gewinnung: Stellenweise wird die Ausbeutung von E.lagerstätten durch untertägig aufgefahrene Sickerstrecken oder Untertagebohrungen vorgenommen *(E.bergbau).* Weitaus billiger, bei allerdings geringerem Entölungsgrad, ist die E.gewinnung durch Bohrlöcher von über Tage im Rotary-Verfahren. Die rasche Entwicklung der Tiefbohrtechnik gestattet die Erbohrung von E. auch in küstennahen, flachen Meeresbecken, z. T. von künstl. Bohrinseln aus. Um das selbsttät. Aufsteigen des Öls zu bewirken, expandiert man das im Öl gelöste Gas. Lässt der Lagerstättendruck nach, wird gepumpt.

Aufbereitung: Das geförderte Rohöl ist meist ein Gemisch aus E., Erdgas, Salzwasser u. Schlamm (Nassöl). Durch Analyse wird der Rohstoff auf seinen Gebrauchswert untersucht. Durch therm., mech., physikal., chem. u. elektr. Behandlung erhält man ein von Salz, Wasser, Gas u. Feststoffen gereinigtes, verkaufsfähiges Reinöl. In mod. Anlagen wird der Aufbereitungsprozess ganz od. teilw. schon beim Transport des Rohöls in die Raffinerie durchgeführt.

Verarbeitung: Die Verarbeitungsverfahren richten sich nach den erforderl. Eigenschaften der gewünschten E.produkte. In erster Linie ist die fraktionierte Destillation zu nennen, bei der man das Rohöl zunächst nach Siedebereichen in Raffineriegase (Methan, Äthan), Flüssiggase (Propan, Butan), Benzine (Leicht-, Mittel-, Schwerbenzin), Petroleum (Leuchtöl, Kerosin), Gasöle, Schweröle, Bitumen usw. zerlegt; aus diesen Primärprodukten werden dann u. a. durch weitere Verfahren wie Destillation, zusätzl. Reinigungsoperationen, chem. Veränderungen (Cracken, Reformieren, Isomerisieren, Dehydrieren usw.) die zahlreiche E.endprodukte (wie Kfz-Benzin, Flugbenzin, Turbinenkraftstoffe, Heizöle, industrielle Synthesegase usw.) hergestellt.

Erdöl. *Lagerstätten im Schema. Die Bohrungen beim 3. und 6. Turm von links sind geschlossen*

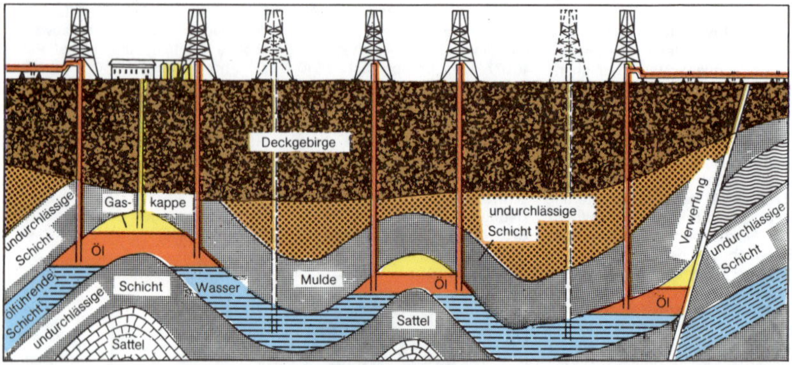

Erdmittelalter ↑Geologie, Formationstabelle.

Erdneuzeit ↑Geologie, Formationstabelle.

Erdnuss, südamer. Schmetterlingsblütler m. Fiederblättern, gelben Blüten, geokarpen Früchten; trop. u. subtrop. Kulturpfl.; *E.öl:* Speiseöl u. zur Margarinebereitung; *E.kuchen:* Rückstand nach Auspressen des Öles, eiweißreiches Kraftfutter.

Erdsatellit, natürl. (Mond) oder künstl. die Erde umkreisender Himmelskörper; *künstl. E.en* umkreisen die Erde ohne weiteren Antrieb, der ↑Gravitation unterworfen; Start mithilfe von Raketen; die Umlaufbahnen sind gestreckte Ellipsen, in deren einem Brennpt. die Erde steht; auch Kreisbahn mögl.; Bahnhöhe durch Gleichheit von Gravitation u. Fliehkraft bestimmt. Bei *geostationären Satelliten* (rd. 36 000 km Höhe) Umlaufgeschwindigkeit = Umdrehungsgeschwindigkeit der Erde, scheinen über einem Pt. der Erde fest zu stehen.

Erdströme, elektr. Ströme in der Erdrinde, durch Schwankungen des Erdmagnetfeldes induziert od. beim Ausgleich von Spannungen entstehend, durch luftelektr. od. chem. Vorgänge erzeugt od. von elektr. Anlagen ausgehend.

Erdung, Verbdg. elektr. Geräte mit elektr. gut leitenden Erdschichten (z. B. Grundwasser) zur Vermeidung von Unglücksfällen beim Schadhaftwerden von Leitungen.
Erdwärme, Wärme des Erdkörpers, nur in der obersten Schicht d. Erdkruste durch Sonneneinstrahlung, sonst nur Innenwärme; nimmt mit der Tiefe zu; teils Restwärme aus dem Frühstadium der Erde, teils durch Zerfall radioaktiver Substanzen verursacht; Erdkerntemperatur schätzungsweise 2000 bis 10000 °C.
Erec (Erek), Ritter aus der Tafelrunde des Kg. Artus.
Erechtheion, Tempel ion. Ordnung auf der Akropolis v. Athen (zw. 421 u. 406).
Erektion [lat.], Festwerden u. Sichaufrichten infolge Blutstauung in Schwellkörpern, z. B. des Penis.
Eremitage (Ermitage) [-'ta:ʒə; frz.]: **1)** Nachahmung einer Einsiedlerklause in Gärten des 18. Jh.s; **2)** Museum in St. Petersburg (bed. Gemäldeslg.).
Erft, l. Nbfl. des Niederrheins, NRW, 113 km.
Erftstadt, St. am W-Rand der Ville, NRW, 48700 E; Masch.-, Textil-, Nahrungsmittelindustrie.
Erfurt: 1) Hptst. Thüringens u. kreisfreie Stadt an der Gera, 210500 E; med. Akad., pädag. Inst., philos.-theol. Hochschule, Ing.-Schule, Fachschule für Gartenbau; Dom mit hochgotischem Chor (Mitte 12.–15. Jh.), Severikirche (1278 bis 1400). – Masch.-Bau, Elektroind., Schuhfabrikation; berühmte Blumen- u. Samenzucht; ✡. – *Gesch.:* Das v. ↑Bonifatius 741 gegr. Bistum bestand nur kurze Zeit; E. kurmainz. bis 1803; im frühen MA wichtiger Umschlagplatz für den dt.-slaw. Handel; im 14./15. Jh. eine der bedeutendsten dt. Städte; Univ. 1392 bis 1806; 1952–90 Hptst. von 2); **2)** 1952–90 Bezirk der ehem. DDR, der den Hauptteil des Thüringer Beckens, dazu das obere Eichsfeld, einen kl. Teil des S-Harzes mit Vorland u. den N des Thüringer Waldes umfasst; 7349 km², 1,24 Mill. E. Im N und an den Rändern waldreich, im inneren Becken fruchtb. Ackerland mit Weizen-, Zuckerrübenanbau u. a., im Unstruttal u. bei 2) Gemüse- u. Obstanbau. Im N Kali- u. Steinsalzbergbau (bes. Bleicherode), in den Städten vielseit. Ind.
Erfurter Programm, das 1891 in Erfurt umgestaltete ↑Gothaer Programm der SPD.
Erg [gr.], Zeich. erg, nicht gesetzl. Einheit der Energie (Arbeit); 1 erg = 1 dyn · cm = 10^{-7} Joule.

Eritrea

Fläche: 117400 km²
Einwohner: (1995) 3,53 Mill.
Hauptstadt: Asmara
Amtssprachen: Arabisch, Tigrinja
Zeitzone: MEZ +2 Stunden

Ergussgesteine (Vulkanite), Gesteine, entstanden aus Schmelzflüssen von ↑Magma, das an der Erdoberfläche erstarrte; z. B. Basalt, Porphyr.
Erhaltungssätze, die in abgeschlossenen physikal. Systemen gült. Sätze von der Erhaltung der Energie (Energiesatz), des Impulses (Impulssatz), des Drehimpulses (Drehimpulssatz) und der Schwerpunktsbewegung (Schwerpunktsatz) sowie der Masse u. der Ladung.
Erhard, Ludwig, * 1897, † 1977, dt. Politiker; 1949–63 B.-Wirtschaftsmin., 1957 bis 1963 Vizekanzler, 1963–66 Bundeskanzler, 1966/67 Vors. der CDU; Mitbegr. der „soz. Marktwirtschaft".
Erich: *Dänemark, Norwegen, Schweden:* **1) E. VII.** (E. der Pommer), * 1382, † 1459, Kg. von Norwegen 1389–1442, Unionskg. 1397–1439. – *Schweden:* **2) E. IX.**, der Hl., † 1159 od. 1160, Teilherrscher s. 1158; Bekehrer SW-Finnlands, schwed. Nationalheiliger; **3) E. XIV.**, * 1533, † 1577, Kg. 1560 bis 1568; eroberte Reval und Estland.
Erich der Rote, † um 1007, norweg. Wikinger; besiedelte 986 Grönland.
Eriesee ['ɪərɪ] südlichster der 5 Großen Seen Nordamerikas, 25745 km², größte Tiefe 64 m.
Erikagewächse, svw. ↑Heidekrautgewächse.
Erinnyen [gr.], griech. Göttinnen der Rache; steigen aus der Unterwelt herauf, verfolgen Frevler, v. a. Mörder; 3 meist namentl. gen.: *Alekto, Teisiphone* u. *Megaira.*
Eritrea, Staat in Afrika, grenzt im N an Sudan, im O an das Rote Meer, im SO an Djibuti, im S u. W an Äthiopien; niederschlagsarme Küstenebene, NW zum äthiop. Hochland aufsteigend, SO halbwüstenhaft; überwiegend Landwirtschaft. – Seit ältesten Zeiten mit Äthiopien verbunden, s. 1890 ital. Kolonie, 1934/35 Basis zur Eroberung Äthiopiens durch Italien, 1941–45 unter brit. Militärverw., 1945–52 brit. Treuhandgebiet der UN; danach zu Äthiopien (1952–62 Föderation, danach Prov.); s. Anfang der 1960er-Jahre militante Unabhängigkeitsbewegungen, die 1987 E. zur autonomen Region erklärten; 1991 provisor. Reg.; nach Referendum 1993 unabhängige Republik.
Eriwan ↑Jerewan.
Erkelenz, St. sw. v. Rheydt, NRW, 37500 E; Masch.-, Möbel-, Textil-, Kunststoffindustrie.
Erkrath, St. am W-Rand d. Berg. Landes, NRW, 42500 E; Masch.-, Papier-, Edelstahlindustrie.
Erlangen, bayr. Univ.-St. in Mittelfranken, 101700 E; barockes St.-Bild in d. Ende des 17. Jh.s planmäßig angelegten Hugenottensiedl.; elektrotechn., Textilind.
Erlass: 1) Vertr. zw. Gläubiger u. Schuldner, durch den der Gläubiger auf seine Forderung verzichtet; **2)** behördl. Anordnung.
Erlen, Birkengewächse; Laubhölzer; einheim.: *Schwarzerle* (Rinde dunkelbraun), *Grauerle* (Rinde hellgrau), *Grünerle* (im Geb., strauchartig).
Erler, Fritz, * 1913, † 1967, dt. Politiker (SPD); ab 1964 Fraktionsvors. u. stellvertr. Parteivors.
Ermächtigungsgesetz, Ges., d. im Notstand die Staatsreg. ermächtigt, Rechtsverordnungen mit Gesetzeskraft ohne Mitwirkung des Parlaments zu erlassen; z. B. Notgesetze der Inflationszeit (1923) u. bes. das „Gesetz zur Behebung der Not v. Volk u. Reich" vom 24. 3. 1933, das den Machthabern des Nat.-Soz. Scheinlegalität verschaffte.
Erman[a]rich (Ermanerich), † nach 370, Ostgotenkg., von den Hunnen besiegt; in der dt. Heldensage Gegner Dietrichs von Bern.
Ermittlungsverfahren, im Strafprozess vom Staatsanwalt geleitetes Verfahren, klärt Berechtigung einer öff. Anklage.
Ermland, fruchtb. ostpreuß. Gebiet zw. Frischem Haff u. Allenstein; wurde vom Dt. Orden besiedelt; 1243 Bistum, 1466 poln., 1772 preußisch. Seit 1945 zu Polen.

Ernährung, Zufuhr der zur Lebenserhaltung, zur Arbeitsleistung und zum Wachstum notwend. pflanzl. u. tier. Stoffe in fester u. flüssiger Form; durchschnittl. Nahrungsbedarf eines Menschen rd. 2500 kcal (= 10500 J) pro Tag.

Ernst: *Hannover:* **1) E. August I.,** * 1629, † 1698, Hzg. v. Braunschweig u. Lüneburg, 1. Krfst. von Hannover s. 1692; führte das Erstgeburtsrecht ein; **2) E. August II.,** * 1771, † 1851, Hzg. v. Braunschweig-Lüneburg, Hzg. von Cumberland (s. 1799), Kg. seit 1837; hob d. Verf. v. 1833 auf. – *Hessen-Darmstadt:* **3) E. Ludwig,** * 1868, † 1937, Großhzg. 1892 bis 1918; Gründer der Darmstädter Künstlerkolonie. – *Sachsen:* **4) E.,** * 1441, † 1486, Krfst. seit 1464; durch Teilung der Wettin. Lande (1485) Begr. der Ernestin. Linie. – *Sachsen-Gotha-Altenburg:* **5) E. I.,** der Fromme, * 1601, † 1675, Hzg. s. 1641; Anhänger Gustavs II. Adolf; beispielhafte Verw. – *Schwaben:* **6) E. II.,** * um 1010, ⚔ 1030, Hzg. s. 1015; empörte sich mehrf. gg. seinen Stiefvater, Ks. Konrad II., fiel als Geächteter.

Ernst, 1) Max, * 1891, † 1976, dt. Maler u. Bildhauer; dadaist. Anfänge, Vertr. des Surrealismus mit traumh.-irration. Bildern; Plastiken. **2)** Richard, * 1933, schweiz. Chemiker, entwickelte das Verfahren der kernmagnet. Resonanzspektroskopie, Nobelpreis 1991.

erogen [gr.], geschlechtlich reizbar.

Eros, griech. Liebesgott, entspr. dem röm. Amor (auch Cupido).

Eros, kl. Planet mit einer außergewöhnl. Bahn (mittl. Entfernung von der Sonne nur 1,46 AE, größte Annäherung an die Erde 0,15 AE).

Erosion [lat.], ausfurchende Abtragung, bes. die des fließenden Wassers *(fluviatile E.;* daneben *Glazial-, Wind-* u. *marine E.),* abhängig von Wasserführung, Flussgefälle, Gesteinshärte u. der vom Wasser mitgeführten Schuttmenge; *Tiefen-E.* schreitet flussaufwärts fort *(rückschreitende E.), Seiten-E.* wirkt durch Uferunterspülung; allg. E.sbasis ist der Meeresspiegel.

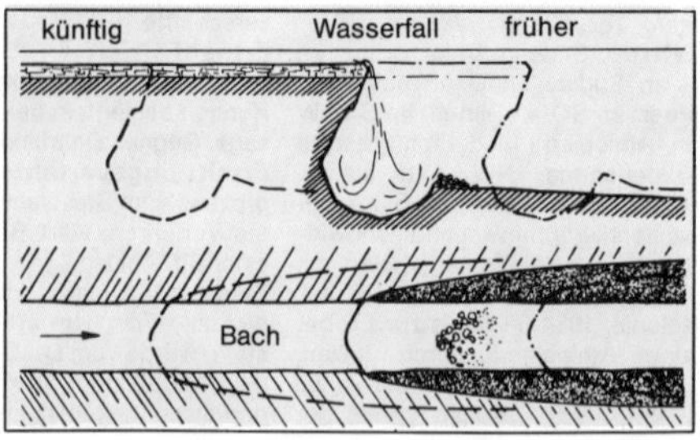

Erosion. *Schematische Darstellung der rückschreitenden Erosion; Verlagerung eines Wasserfalls entgegen der Strömungsrichtung (Pfeil)*

Erotik [gr.], Inbegriff dessen, was sich auf die sinnl. Liebe bezieht, sowohl auf rein körperl. als auch auf geist.-seel. Beziehungen.

Erpressung, mit Bereicherungsabsicht verbundene ↑Nötigung zu einer Handlung, Duldung od. Unterlassung mit der Folge einer Vermögensschädigung.

errare humanum est [lat.], „irren ist menschlich".

erratische Blöcke (Findlinge), vom Eis verschleppte Gesteinsblöcke in ehem. vergletscherten Gebieten.

Error [lat.], Irrtum, Fehler.

Ersatzdienst ↑Zivildienst.

Ersatzkassen ↑Krankenkassen.

Ersitzung, Eigentumserwerb an bewegl. Sachen nach 10-jähr. gutgläub. Besitz.

Erskine, John ['ə:skın], * 1879, † 1951, amer. Schriftsteller.

Erstarrungsgesteine, svw. ↑magmatische Gesteine.

erste Hilfe ↑Augenverletzungen, ↑Blutung, ↑Erfrieren, ↑Erhängen, ↑Ersticken, ↑Ertrinken, ↑Gasvergiftung, ↑Hitzschlag, ↑Knochenbruch, ↑Kollaps, ↑Nasenbluten, ↑Ohnmacht, ↑Verätzungen, ↑Verbrennung 2), ↑Vergiftungen, ↑Verrenkung, ↑Verstauchung.

Erstes Deutsches Fernsehen (bis 1. Okt. 1984: Deutsches Fernsehen), das von den in der ARD zusammengeschlossenen Rundfunkanstalten gemeinsam betriebene Fernsehprogramm.

Erstgeburt, bes. Stellung des Erstgeborenen.

Ersticken, Tod infolge Sauerstoffmangels durch Behinderung der äußeren Atmung od. der Zellatmung.

Ertragsteuern, Steuern auf den Ertrag aus Objekten, ohne Rücksicht darauf, wem die Erträge zufließen (z. B. Grund-, Gewerbe-, Kapitalertragsteuer).

Ertrinken, Art des Erstickungstodes. Erste Hilfe: Kleidung lockern, Mund u. Nase von Schmutz befreien, Verunglückten mit dem Bauch über Stuhl oder Knie legen, Kopf zurückbeugen (damit Wasser auslaufen kann), künstl. Atmung.

eruieren [lat.], ermitteln

Eruption [lat.], vulkan. Ausbruch.

Eruptivgesteine, svw. ↑magmatische Gesteine.

Erwachsenenbildung, Weiterbildung Erwachsener an Volkshochschulen, Bildungswerken gewerkschaftl., kirchl. oder berufsständ. Verbände.

Erweckung: 1) plötzl. Bekehrung eines Sünders od. Gleichgültigen zu intensivem [christl.] Leben; **2)** prot. Erneuerungsbewegung mit bibl. u. antirationalist. Tendenz, im 17.–19. Jh. in allen prot. Ländern; in England Vorläufer des Methodismus, in den USA *(„The Great Awakening")* zahlr. Freikirchen.

Erwerbsunfähigkeit, Unfähigkeit, sich durch eigene Arbeit den vollen Lebensunterhalt zu verdienen.

Erythroblastose, krankh. Vermehrung unreifer Vorstufen der roten Blutkörperchen, u. a. bei best. ↑Anämien.

Erythrozyten ↑Blut.

Erz, metallhalt. Mineral od. Gestein.

erz..., Erz..., Bestimmungswort; Bed.: „ober, ur...".

Erzählung, mündl. wie schriftl. Darst. v. realen od. fiktiven Ereignisfolgen, meist in Prosa, aber auch in Versform.

Erzämter, im Hl. Röm. Reich v. a. die obersten Hofämter, mit der Kurwürde fest verknüpft: *Erztruchsess* (Pfalzgf. b. Rhein), *Erzmarschall* (Sachsen), *Erzkämmerer* (Bbg.), *Erzschenk* (Böhmen), *Erzkanzler* (die 3 Erzb. v. Mainz, Köln, Trier).

Erzberger, Matthias, * 1875, † 1921 (ermordet), dt. Politiker (Zentrum); 1919/20 Finanzmin. u. Vizekanzler; unterzeichnete am 11. 11. 1918 den Waffenstillstandsvertr. von Compiègne; initiierte eine Finanzreform (das Dt. Reich erhielt eine eigene Finanzverwaltung u. eigene Einnahmen aus direkten Steuern).

Erzbischof, regierender Bischof einer *Erzdiözese,* auch Ehrentitel v. Bischöfen (kath. Kirche).

Erzgebirge, sächs.-böhmisches Grenzgeb. zw. Elstergeb. u. Elbsandsteingeb., in Dtl. u. d. ČR; im Fichtelberg 1214 m, im Keilberg 1244 m; im MA reger Bergbau, bes. Silber; wirtsch. bed. heute Holz- u. Spielzeugind.; Fremdenverkehr.

Erzherzog, Titel der Glieder des östr. Herrscherhauses; 1453 bis 1918.

Erziehung, Bez. für alle pädag. Maßnahmen, durch d. ein Mensch an die Normen u. Wertvorstellungen seiner ges. Umwelt angepasst wird, wobei eine richtig verstandene E. zu einer krit. Haltung gegenüber d. Ges. u. ihren Normen ermutigt. Ziel ist also d. Fähigkeit, sich in d. Ges. zurechtzufinden u. sich in ihr zu behaupten; *E.swiss.* ↑Pädagogik; *E.sberatungsstellen* sind psycholog.-pädagog. Beratungsstellen insbes. für Eltern; *E.sberechtigte* sind v. a. die Eltern; *E.sbeistandschaft* wird bei Gefährdung der E. eines Jugendlichen von Jugendämtern geleistet; *E.smaßregeln,* jugendgerichtl. Handhaben gg. straffäll. Jugendliche (u. a. Schutzaufsicht, Fürsorgeerziehung); ↑auch Ausbildungsförderung.

Erziehungsgeld ↑Mutterschutz.

Erzkanzler, im 10.–15./16. Jh. Titel des Leiters der kgl. Hofkanzlei, eins der ↑Erzämter.

Erzurum, Hptst. d. osttürk. Verw.-Geb. E., 1950 m ü. d. M., 241300 E; Univ.; Nahrungsmittelind., Zementfabr.; ✈.

Erzväter (Patriarchen), die im A. T. gen. Stammväter Israels: Abraham, Isaak, Jakob mit seinen Söhnen.

Es, Symbol für ↑Einsteinium (⚗).

Es, das Unbewusste, die psych. Tiefenschicht.

ESA, Abk. für engl.: **E**uropean **S**pace **A**gency, 1975 gegr. europ. Weltraumorganisation mit Sitz in Paris. Entwickelte u. a. den Wettersatelliten Meteosat, die Trägerrakete Ariane u. das Weltraumlabor Spacelab. – ↑ESOC.

Esau, im A. T. Zwillingsbruder Jakobs, von diesem um das Erstgeburtsrecht gebracht.

Esbjerg ['ɛsbjɛr], dän. Hafenst. an der Nordsee, W-Jütland, 82000 E; Fischerei, Schiffbau; Ausfuhr landw. Produkte.

Es|chatologie [gr.], relig. Vorstellungen u. theol. Lehre v. den *Eschata,* den letzten Dingen (im Christentum: Tod, Auferstehung der Toten, Jüngstes Gericht), dem Endschicksal v. Welt u. Mensch.

Eschen, Ölbaumgewächse; in Dtl. bes. die *Gemeine Esche,* schöner Laubbaum, bis 30 m hoch, liefert wertvolles Holz.

Eschenbach, Christoph, * 1940, dt. Pianist u. Dirigent.

Eschwege, hess. Krst. an der Werra, 22500 E; Schloss (14.–16. Jh.); Textil-, Leder-, chem. Industrie.

Eschweiler, Ind.-St. nö. von Aachen, NRW, 56500 E; Braunkohlentagebau.

Escorial, El, Schloss u. Kloster bei Madrid, erbaut 1563–84 für Philipp II.; bed. Gemäldeslg. u. Bibliothek; Grabstätte der span. Könige.

Esdras ↑Esra.

Esel, Art der Fam. Pferde, mit langen Ohren, Quastenschwanz; genügsames Herdentier; *Wild-E.* (Afrika), wahrsch. Stammform des Haus-E.s (v. a. Lastentier); Kreuzung zw. Haus-E. (♀) u. Pferd (♂) ergibt *Maul-E.,* im umgekehrten Fall *Maultier,* beide nicht fortpflanzungsfähig; *Halb-* od. *Pferde-E.* in Steppen und Wüsten Asiens.

Eselsbrücke, Gedächtnisstütze, z. B. Merkvers; ↑Mnemotechnik.

Eskadron, vom 18. Jh. bis 1935 svw. ↑Schwadron.

Eskalation [lat.], [schnelle] stufenweise Steigerung der eingesetzten Mittel.

Eskapade [frz.]: **1)** seitl. Ausbrechen eines Pferdes; **2)** Seitensprung, mutwill. Streich.

Eskilstuna [-stu:na], schwed. St. südl. des Mälarsees, 89000 E; Metallindustrie.

Eskimo, Volk in der Arktis, Selbstbez. *Inuit* („Menschen"); sprachl., rass. u. kulturelle Einheit; Jäger u. Fischer.

Eskişehir [ɛs'kiʃɛhir], türk. St. in NW-Anatolien, 413500 E; vielseitige Ind.; nahebei d. einzige Meerschaumvorkommen d. Erde.

Eskorte [frz.], mil. Geleit.

Esmarch, Johann Friedrich August v., * 1823, † 1908, dt. Chirurg; führte die *E.-Blutleere* ein: Abbinden von Oberarm od. -schenkel bei Blutungen od. Operationen.

ESOC, Abk. für engl.: **E**uropean **S**pace **O**perations **C**entre, Europ. Operationszentrum f. Weltraumforschung der ESA in Darmstadt; mit der Überwachung u. dem Betrieb der Satelliten der ESA sowie der Erfassung u. Verarbeitung ihrer Daten betraut.

esoterisch [gr.], geheim, nur für einen Kreis von Eingeweihten.

Esparsette [frz.], Schmetterlingsblütler, rosa Blüten, Futterpfl. u. Bienenweide, auf Kalkböden.

Espe (Zitterpappel), Nutz- u. Zierbaum, Blätter zittern schon beim leichtesten Windhauch.

Esperanto, v. Ludwik Zamenhof († 1917) entwickelte Welthilfsspr., hpts. auf roman. Spr. und Engl. aufbauend.

Espiritu Santo, größte Insel der Neuen Hebriden (↑Vanuatu), 38 km², bis 1811 m ü. d. M., Hauptort Luganville.

espressivo [ital.], ausdrucksvoll (𝄞).

Espresso [ital.], in einer Spezialmasch. sehr rasch zubereiteter, starker Kaffee.

Esprit [ɛs'pri:; frz.], Geist, Witz, Scharfsinn.

Esquilin[ischer Hügel], einer der sieben Hügel Roms.

Esquire [ɪs'kwaɪə; engl.], Knappe; s. dem 16. Jh. Titel des niederen engl. Adels u. wappenführender Bürger, dann für Inhaber höherer Staatsämter; s. dem 19. Jh. allg. engl. Briefanschrift, abgekürzt *(Esq.),* dem Namen (ohne Mr.) nachgestellt.

Esra (gr. Esdras), Priester aus der babylon. Judenschaft, führte im 4. Jh. (?) v. Chr. jüd. Rückwanderer nach Jerusalem, relig.-polit. Reformer.

Essaouira [ɛsa'wira, frz.] (fr. Mogador), marokkan. Prov.-Hptst., Fischereihafen u. Badeort, 42000 E.

Essay ['eseɪ; engl.; = Versuch], im Ggs. zur streng wiss. Untersuchung die treffsichere, aber nicht unbed. erschöpfende Prosaabhandlung in eleganter Form.

Essen, kreisfreie Stadt in NRW, 615000 E; Sitz zahlreicher Wirtschaftsverbände, Forschungsstellen u. a.; Münster; IHK, LG; Univ., Landespolizeischule, Verw.- u. Wirtschaftsakad., Folkwang-Hochschule; Museum Folkwang, Villa Hügel (Kunstausstellungen); Hüttenwerke; Handel, Dienstleistungsbetriebe.

Essenz [lat.]: **1)** das Wesentliche; **2)** konzentrierte, meist alkohol. Lösungen von äther. Ölen od. anderen, meist pflanzl. Stoffen (zur Geschmacks- u. Geruchsverbesser. v. Nahrungsmitteln u. Ä.).

essenziell [lat.]: **1)** wesentl., wesensmäßig; **2)** ohne erkennb. Ursache (von Krankheiten).

Esparsette. *Futteresparsette*

etruskische Kunst. *Kopf des Charun (Tonkrug; 5. Jh. v. Chr.)*

Essex ['esɪks], Robert Devereux, Earl of, * 1567, † 1601, Günstling Elisabeths I. von England; nach Aufstandsversuch hingerichtet.
Essex ['esɪks], engl. Gft. nö. von London, 1,5 Mill. E, Hptst. Chelmsford; eines der 7 ags. Kg.-Reiche.
Essig, sauer schmeckendes, flüssiges Würz- und Konservierungsmittel, eine verdünnte wässr. Lösung von Essigsäure [u. Aromastoffen]; wird durch Essigsäuregärung (↑ Gärung) aus alkoholhalt. Flüssigkeiten (z. B. Wein; *Weinessig*) gewonnen; kommt als Speise-, Tafel-, Einmach-E. usw. in den Handel (mit 5–15 % Säure).
Essigsäure (Äthansäure), wicht. organ. Säure, kommt z. B. im ↑ Essig vor; wird synthet. in großen Mengen hergestellt.
essigsaure Tonerde, Lösung von Aluminiumacetat; zusammenziehend, keimtötend (Med.).
Esslingen am Neckar, Krst. bei Stuttgart, Ba.-Wü., 91 200 E; ma. St.-Bild; IHK; vielseit. Industrie.
Establishment [ɪs'tæblɪʃmənt; engl.], die Oberschicht der polit., wirtsch. u. gesellschaftl. einflussreichen Personen.
Este, ital. Adelsfam., seit dem 10. Jh. nachweisbar; 1097 Teilung in dt. (Begründung der jüngeren Linie der ↑ Welfen) u. ital. Linie (s. 1471 Herzöge): **1)** Alfonso I. d'E., Hzg. von Ferrara, * 1476, † 1534, Gem. der Lucrezia Borgia; bed. Renaissancefürst; **2)** Ippolito d'E., * 1509, † 1572, Kardinal; Erbauer der *Villa d'E.,* eines Schlosses mit großart. Park im W von Tivoli (bei Rom).
Este, nordital. St. in Venetien, 18 000 E; Palazzo del Castello (16. Jh.), bed. Antikensammlung.
Ester [Kw. aus Essigäther], wicht. Gruppe organ. Verbdg., die aus organ. Säuren u. Alkoholen unter Wasserabspaltung entstehen, v. a. als Lösungsmittel (bes. f. Lacke), als Riech- u. Geschmacksstoffe.
Esterházy von Galántha, ungar. Adelsgeschlecht, bes. seit dem 17. Jh. bed. Stellungen in habsburg. Diensten; Kunst- u. Musikmäzene.
Esther, jüd. Frau des Perserkönigs Xerxes; Titelheldin des nach ihr ben. Buches des A. T.
Estland, Rep. im Baltikum, zw. Finn. u. Rigaischem Meerbusen u. Peipussee. – *Gesch.:* Anf. des 13. Jh.s Unterwerfung u. Christianisierung der Esten durch Deutsche u. Dänen; 1346 wurde das Land vom Dt. Orden erworben; 1561 schwed.; 1584 wurde der N des alten ↑ Livland zum Hzgt. „Esten" erhoben. Es wurde 1721 russ., 1918 (um Gebiete im S erweitert) selbst. Republik. 1940 wurde Estland von der UdSSR annektiert, 1941–44 dt. Besetzung; 1945 Sowjetrepublik, 1989/90 Unabhängigkeitsbestrebungen, Aug. 1991 Ausrufung der „Rep. Estland", vom Staatsrat der UdSSR Sept. 1991 anerkannt, UN-Mitgl. s. Sept. 1991.
Estragon, Gewürzpfl.; Heimat O-Europa u. W-Asien.
Estremadura, histor. span. Prov. (Region), an der portug. Grenze, zw. der Sierra de Gata u. der Sierra Morena; 1983 Autonomiestatut.
Estrich, fugenloser Fußboden.
Eta, griech. Buchstabe; Zeichen H, η.
ETA, Abk. für: **E**uzkadi **ta A**zkatasuna [bask. „Baskenland u. Freiheit"], s. 1959 terrorist. bask. Untergrundorganisation; fordert einen selbst. bask. Staat; zahlr. Mordanschläge u. Entführungen.
Etappe [frz.]: **1)** Versorgungsgebiet hinter der Front; **2)** Teilstrecke, Abschnitt, Stufe.
Etat [e'ta; frz.], svw. Haushaltsplan (↑ auch öffentlicher Haushalt).
et cetera [lat.; = und das Übrige], Abk. etc., und so weiter.
Eternit® [Kw.], wetter- und feuerfester Asbestzement (☒), Verwendung stark eingeschränkt.
Ether, neue chem. fachsprachl. Schreibweise für Äther.
Ethik [gr.] (Moralphilos.), Sittenlehre; forscht nach spekulat. od. vorgegebenen Normen u. deren prakt. Anwendung für das sittl. Wollen u. Handeln.
Ethnologie [gr.] ↑ Völkerkunde.
Ethos [gr.], moral. Gesinnung, geistig-sittl. Lebensgrundlage.
Eton ['i:tn], engl. St. westl. von London, 5 000 E; mit *E. College,* einer der berühmtesten Schulen Englands (gegr. 1440).

Estland

Fläche: 45 215 km^2
Einwohner: (1995) 1,53 Mill.
Hauptstadt: Reval
Amtssprache: Estnisch
Zeitzone: MEZ + 1 Stunde

Etrurilen, in der Antike das von den ↑Etruskern beherrschte Gebiet, reichte vom Arno bis zum Tiber im S u. O.

Etrusker, nichtidgm. Volk aus dem mediterranen Bev.-Bereich; genaue Herkunft unsicher (Kleinasien?); eroberten etwa Anf. des 1. Jt.s v. Chr. das spätere Etrurien; Anfänge etrusk. Kultur im 9. Jh., Höhept. im 6./5. Jh.; Königtum (↑Tarquinier; ↑röm. Gesch.), Einfl. des Adels in zahlr. autonomen Städten; Nachwirkung auf die altröm. Kultur; Städte u. Straßenanlagen, Nekropolen, Ahnenverehrung, Mantik, Gladiatorenkämpfe; Unterwerfung unter Sulla.

etruskische Kunst, eigenständ. u. bed. Kunst des etrusk. Raumes; Datierungen schwankend; Blüte im 6. u. 5. Jh. v. Chr.; Rekonstruktionen der Tempel nach Angaben des Vitruv u. Ausgrabungen: gr. Säulenvorhallen, hölzerne Architektur mit tönernen Schmuckplatten; zahlr. Urnen (Kanopen); charakt. Sarkophage mit Deckelfiguren; bed. Porträtplastik, Grabmalereien in Freskotechnik; Vasenmalerei: rotfigurige Keramik (Pont. Vasen, Caeretaner Hydrien); Goldschmuck (Granulationstechnik).

Etsch (ital. Adige), oberital. Fl., 415 km, v. Reschenpass z. Adria. Das Etschtal ist als Verkehrsweg von gr. Bedeutung.

Ettal, oberbayr. Gem. nördl. von Garmisch-Partenkirchen, 1 000 E; ma. Klosterkirche (hochgot. Zentralbau, im 18. Jh. umgebaut).

Ettlingen, St. südl. von Karlsruhe, Ba.-Wü., 38 500 E; Schloss und Rathaus (18. Jh.); Textil-, Papier-, Metallindustrie.

Etüde [frz.], musikal. Übungsstück in freier Form; auch künstler. gestaltete *Konzert-E.n* (Liszt u. a.).

Etui [etyˈi; frz.], Futteral, Hülle, Behälter; ärztl. Besteck.

Etymologie [gr.], Forschungsrichtung der histor.-vergleichenden Sprachwiss., die sich mit Ursprung u. Gesch. der Wörter u. Wortfam. befasst.

Etzel, in der dt. Heldensage Name für den Hunnenkg. Attila.

Eu, Symbol für ↑Europium (☞).

EU, Abk. für ↑**E**uropäische **U**nion.

eu..., Eu... [gr.], Vorsilbe; Bed.: „gut, schön, reich".

Euböa (neugr. Ewwia), gebirg. griech. Insel am W-Rand des Ägäischen Meeres, 3654 km²; waldreich, fruchtbar.

Eucharistie [gr.-lat.], seit Ausgang des 1. Jh.s sich durchsetzender Begriff für das Abendmahl der Kirche, der im Bereich der orth. und röm.-kath. Theologie bis heute bestimmend ist. Die E. gilt seit etwa Anf. des 2. Jh.s als Sakrament. Liturg. Feier der E. ist die Messe.

Eudämonismus, philos. Morallehre: Ziel menschl. Lebens ist vollkommene Glückseligkeit (↑auch Epikur, ↑Epikureer).

Eugen, Prinz von Savoyen-Carignan, bekannt als „Prinz Eugen", * 1663, † 1736, östr. Feldmarschall u. Staatsmann; kämpfte mehrf. erfolgr. gg. die Türken (Zenta 1697, Belgrad 1717) u. Ludwig XIV. (Span. Erbfolgekrieg); bed. Mäzen.

Eugénie [øʒeˈniː], * 1826, † 1920, frz. Kaiserin; Tochter des span. Grafen de Montijo; seit 1853 Gemahlin Napoleons III., lebte nach 1870 im Exil.

Eugenik [gr.], [Lehre v. der] Verhütung v. Erbschädigungen, Bekämpfung von Erbkrankheiten; vom Nat.-Soz. im Sinne seiner Rassenpol. missbraucht.

Eukalyptus [gr.], Gatt. der Myrtengewächse; bis zu 150 m hohe Bäume mit oft wertvollem Holz; meist Australien; heute Forstbaum d. Subtropen; **E.öl,** äther. Öl best. E.arten; Mittel gg. Erkrankungen der Atmungsorgane.

Euklid, um 300 v. Chr., griech. Mathematiker; lehrte in Alexandria; „Elemente" mit fast 500 Sätzen u. Beweisen.

euklidische Geometrie, zuerst von Euklid dargest., auf Definitionen, Axiomen u. Postulaten begr. klass. Geometrie, für die das *euklid. Parallelenaxiom* wesentl. ist: Zu einer Geraden gibt es durch einen nicht auf ihr gelegenen Pt. genau eine Parallele.

euklidischer Lehrsatz (Kathetensatz), Satz über das rechtwinklige Dreieck: Das Quadrat über einer Kathete ist flächengleich dem Rechteck aus der Hypotenuse und der Projektion der Kathete auf die Hypotenuse.

Eulen: 1) kleinere Tiere jagende Vögel mit gr. Kopf, unbewegl., nach vorne gerichteten Augen (Dämmerungssehen); sehr feines Gehör; meist im Wald lebende, weltweit verbreitete Nachttiere, z. B. Schleiereulen, Uhus; **2)** Nachtfalter mit unscheinbarer dunkler Färbung, dicht behaart.

Eulenburg, Philipp Fürst zu E. u. Hertefeld, Graf v. Sandels, * 1847, † 1921, Vertrauter Ks. Wilhelms II.

Eulengebirge (poln. Góry Sowie), Teil der M-Sudeten zw. der Weistritz u. der Glatzer Neiße, Polen; in der *Hohen Eule* bis 1 014 m hoch.

Eulenspiegel, Till, bäuerl. Schalknarr, Titelgestalt eines dt. Volksbuches (angeblich * um 1300, † 1350); seine Narrenstreiche wurden 1515 in hochdt. Sprache aufgezeichnet; frühe niederdt. Fassung verloren.

Euler, Leonhard, * 1707, † 1783, schweizer. Mathematiker u. Physiker; arbeitete an der Entw. der Integral-, Differenzial- u. Variations-

Eulenspiegel. *Titelblatt der Straßburger Ausgabe (1515)*

L. Euler

rechnung, der Algebra, Zahlentheorie, Elementar- und Differenzialgeometrie u. d. Mechanik.

Euler-Chelpin [-'kɛlpi:n], Ulf Swante von, * 1905, † 1983, schwed. Physiologe; für Arbeiten zur Erregungsübertragung im Nervensystem Nobelpreis 1970.

Eunuch [gr.], Kastrat; Haremswächter.

Eupen, ostbelg. Gem., 17 000 E; Sommerfrische am N-Rand des Hohen Venns, zentraler Ort im deutschsprach. Belgien; Textilind., Brauerei. – Bis 1920 dt., dann mit Malmedy u. einem 70 km langen, 5–30 km breiten, als *E.-Malmedy* bez. Gebietsstreifen an Belgien.

Euphorie [gr.], Gefühl gesteigerten Wohlbefindens, z. B. unter dem Einfluss von Genussmitteln.

Euphrat (türk. Fırat, arab. Al-Furat), Fl. in Vorderasien, 2700 km, vom Inneren Osttaurus (2 Quellflüsse) zum Pers. Golf (nach Vereinigung mit dem Tigris); Atatürk-Damm, 1989 fertig gestellt.

Eupolis, * um 446, † nach 412, neben Aristophanes Hauptvertr. der alten att. Komödie.

Eurasien, Kurzw. für die Erdteile **Eur**opa und **Asien.**

EURATOM, Kurzw. für **Eur**opäische **Atom**gemeinschaft; Sitz Brüssel; eine der Europ. Gemeinschaften, gegr. 1957 zur friedl. Nutzung der Kernenergie sowie der Förderung von Forschung und industrieller Betätigung auf dem Gebiet der Kerntechnik.

EUREKA, Abk. [z.T. eingedeutscht] für engl.: **Eu**ropean **Re**search **C**oordination **A**gency, zunächst als Agentur geplante (west)europ. Forschungskoordination im zivilen Technologiebereich; gegr. 1985.

Euripides, * um 480, † um 406 v. Chr., griech. Tragiker: 17 Dramen erh., u. a. „Medea", „Iphigenie in Aulis", „Alkestis", „Herakles".

Euro, Abk. EUR, europ. Einheitswährung, 1 E. = 100 Cent; ab 1. 1. 1999 in zunächst 11 Teilnehmerländern der Europ. Wirtschafts- u. Währungsunion im bargeldlosen Verkehr eingeführt; ab 1. 1. 2002 gesetzl. Zahlungsmittel.

Eurocard ↑Kreditkarten.

eurocheque [-'ʃæk], Scheck, der bei Vorlage der ↑Scheckkarte bis zu einem best. Höchstbetrag (400 DM) aufgrund einer Garantieverpflichtung der Bank eingelöst wird.

Eurocityzüge (Abk. EC), Schnellverkehrszüge im europ. grenzüberschreitenden Verkehr.

Eurokommunismus, von westeurop. KPs seit Ende der 1970er-Jahre vertretene polit. Richtung, die sich v. der KPdSU abgrenzte, bürgerl.-demokrat. Rechte u. Freiheiten anerkannte, um eine Reg.-Beteiligung zu erreichen.

Europa, in der griech. Mythol. Tochter des Kg. von Phönizien, die von Zeus (als Stier) über das Meer nach Kreta entführt wird.

Europa, tief gegliederte Halbinsel (Erdteil), in breiter Landfront mit nur schwachen natürl. Grenzen (Ural [Geb. u. Fl.], Kasp. und Schwarzes Meer) mit Asien verbunden, aufgrund seiner histor. Rolle als selbst. Erdteil bez.; rd. 10 Mill. km². *Bev.:* rd. 682 Mill. E; hpts. Romanen, Germanen u. Slawen. *Religion:* überw. Christen. *Gliederung u. Aufbau:* starke Küstengliederung mit Randmeeren, gr. Halbinseln u. Inseln, Schwärme v. kl. Inseln. Im O gr. Tiefland, das, immer schmaler werdend, bis zur W-Küste reicht; trennt das gebirg. Skandinavien v. d. mitteleurop. Gebiet der Rumpfschollengeb.; höchste Erhebungen in den Alpen (Montblanc 4807 m). *Bodenschätze:* Braun- u. Steinkohle, Eisenerze, Bauxit, Blei, Antimon, Kupfer, Stein- u. Kalisalze, Quecksilber, Platin, Erdöl u. Erdgas. *Klima:* mildes ozean. Klima, das im O in Kontinentalklima übergeht. Nur im äußersten N polares Klima. Mittelmeerländer mit trockenen Sommern u. Winterregen. *Vegetation:* entspr. d. Klima gliedert sich E. v. N nach S in Tundra, Waldgürtel u. mediterrane Hartlaubzone.

Europäische Atomgemeinschaft ↑EURATOM.

Europäische Demokratische Union (EDU), 1978 gegr. Vereinigung christl.-demokrat. und konservativer Parteien Europas.

Europäische Freihandelsassoziation ↑EFTA.

Europäische Gemeinschaften, Abk. EG, Bez. f. die Europ. Gemeinschaft (bis 1. 11. 1993 Europ. Wirtschaftsgemeinschaft), die Europ. Gemeinschaft f. Kohle u. Stahl u. die Europ. Atomgemeinschaft. Die 3 Gemeinschaften bestehen formalrechtl. nebeneinander mit eigener Rechtspersönlichkeit u. Zuständigkeit, sind jedoch (s. 1967) zu einer Einheit zus.gewachsen u. bilden s. 1993 eine der wesentl. Säulen der Europ. Union. Organe: Europ. Parlament, Rat der Europ. Union (Min.-Rat), Europ. Kommission, Europ. Gerichtshof u. Europ. Rechnungshof.

Europäische Gemeinschaft für Kohle und Stahl (Montanunion), Abk. EGKS, Organisation zur gemeins. Verwertung v. Kohle, Eisenerz u. Schrott; gegr. 1951; Mitgl. sind die Mitgl. der EWG.

Europäische Kommission (Kommission der Europ. Gemeinschaften), gemeinsames Organ der EG in Brüssel. Die 20 Kommissare werden von den Reg. der EU-Staaten f. 5 Jahre ernannt. Die E. K. verfügt über Initiativrecht beim Rechtssetzungsverfahren, ist f. die Durchführung der gemeinschaftl. Rechtsakte verantwortlich, hat die Einhaltung des Gemeinschaftsrechts zu überwachen, handelt Abkommen mit Drittstaaten u. internat. Organisationen aus.

Europäische Organisation für Kernforschung ↑CERN.

Europäischer Gerichtshof für Menschenrechte, Organ des Europarats (s. 1959), Sitz Straßburg; bis 1998 nichtständiges Organ, tagt seitdem als Ständiger E. G. f. M.; zuständig f. Beschwerden v. Staaten u. Einzelpersonen; Urteile sind verbindlich.

europäisches Gleichgewicht, polit. These, unter den europ. Mächten die Hegemonie eines Staates zu verhindern; bes. in der engl. Bündnispol. des 18./19. Jh.s.

Europäische Sicherheitskonferenz ↑KSZE.

Europäisches Parlament, gemeinsames parlamentar. Organ der Europ. Gemeinschaften, Sitz in Straßburg, Brüssel u. Luxemburg. S. 1979 werden die (s. 1995: 626) Abg. direkt gewählt.

Europäisches Währungssystem, Abk. EWS, 1979 errichtetes Wechselkurssystem der EG-Länder; ihm gehörten die Zentralbanken der EU-Länder an (Griechenland, Großbrit. u. Schweden nahmen nicht am Wechselkurs- bzw. Interventionssystem teil). Kernstück des EWS war der ECU. Mit der 3. Stufe der Europ. Wirtschafts- u. Währungsunion hörte das EWS am 1. 1. 1999 auf zu existieren.

Europäisches Wiederauf-

bauprogramm (Marshallplan, ERP), auf Anregung G. C. Marshalls (1947) v. den USA begr. Hilfswerk; 1948 begonnen von der Verw. für wirtsch. Zusammenarbeit, Sitz Washington, für Europa Sitz in Paris; die Organisation für europ. wirtsch. Zusammenarbeit (OEEC, 1948 begr., Sitz Paris, schlug die Verteilung der *Marshallplanhilfe* vor und verfolgte in Europa die Ziele des ERP; 1961 durch die ↑OECD abgelöst.

Europäische Union, Abk. EU, durch den am 1. 11. 1993 in Kraft getretenen Vertrag v. Maastricht gegr. wirtsch. u. polit. Zus.schluss der Mitgl.länder der Europ. Gemeinschaften. Grundlagen: die um die Europ. Wirtschafts- u. Währungsunion ergänzten EG (1. Säule), die Gemeinsame Außen- u. Sicherheitspolitik (2. Säule) u. die Zus.arbeit in Innen- u. Justizpolitik (3. Säule). Die EU ist ein Staatenverbund, in dessen Rahmen sowohl die EG als auch die Mitgl.staaten Rechtspersönlichkeit bewahren.

Europäische Volkspartei (EVP), 1976 gegr. Föderation der christl.-demokrat. Parteien in den EG; Sitz Brüssel.

Europäische Weltraumorganisation ↑ESA.

Europäische Wirtschaftsgemeinschaft ↑EWG.

Europäische Wirtschafts- und Währungsunion, Abk. EWWU, Form der wirtsch. Integration der EU-Staaten. Am 1. 1. 1999 wurde in zunächst 11 EU-Ländern der Euro als Währung eingeführt; die Verantwortung f. die gemeinsame Geldpolitik trägt das Europ. System der Zentralbanken (Europ. Zentralbank u. nat. Notenbanken).

Europäische Zentralbank, Abk. EZB, 1998 gegr. Institution, die mit den Notenbanken der Mitgl.länder das Europ. System der Zentralbanken (ESZB) bildet u. f. Geldpolitik u. Sicherung der Preisniveaustabilität zuständig ist, Sitz Frankfurt am Main; Beschlussorgane: EZB-Rat u. Direktorium; erster Präs. W. Duisenberg.

Europarat, 1949 gegr. internat. Organisation europ. Staaten (derzeit 40 Mitgl.) zum Schutze u. zur Förderung ihrer Ideale u. Grundsätze sowie ihres wirtsch. u. soz. Fortschritts; Beratende Vers. in Straßburg; Ministerkomitee (Außenmin. aller Mitgl.-Staaten), Gen.-Sekretariat.

Europastraßen, Straßen des internat. Verkehrs, die durch Verkehrsschilder (weißes E auf grünem Grund) gekennzeichnet sind.

Europide, Großrasse mit dem größten Teil der weißen (mit Varianten bis zu recht dunkler Haut-, Haar- und Augenfarbe), autochthonen Bev. Europas, N-Afrikas, Vorder- u. S-Asiens u. Polynesiens.

Europium, chem. El., Symbol Eu, OZ 63, rel. A.-Masse 151,96, seltenstes El. der ↑Lanthanoide; u. a. für Spezialleuchtmassen.

Eurovision [Kurzw.], europ. Organisation zur Kettenübertragung von Fernsehsendungen.

Eurydike, in der griech. Sage Gemahlin des Sängers Orpheus.

Eusebios von Caesarea, * um 265, † 339, Bischof von Caesarea; Verf. der ersten Kirchengesch.

Euskirchen, Krst. an der Erft, NRW, 52 500 E; Berufsfachschulen; Textil-, Glasindustrie.

Eustachi, Bartolomeo [-'stakki], * 1520, † 1574, ital. Anatom; nach ihm ben. die *Eustachi-Röhre,* Verbdg. zw. Nasenrachenraum u. Paukenhöhle des Ohrs.

Euthanasie [gr.], Sterbehilfe, Erleichterung des Sterbens; strafrechtl. relevante Tötung; der Nat.-Soz. tarnte als E. die Ermordung von Geisteskranken.

Eutin, Krst. des Kr. Ostholstein, Schl.-Ho., 17 500 E; Schloss (17./18. Jh.); Fremdenverkehr.

Eutrophierung, Überangebot an Pflanzennährstoffen v. a. in stehenden Gewässern. Die Biomasse verbraucht den Sauerstoff im Wasser, dadurch ‚Umkippen' des Gewässers (Fischsterben, Fäulnis).

eV, Einheitenzeich. für: ↑Elektronvolt.

e. V., Abk. für: eingetragener Verein.

Eva, Frau Adams.

evakuieren [lat.]: **1)** ein Vakuum herstellen; **2)** ein Gebiet räumen.

Evangeliar, liturg. Buch mit dem Evangelium der Sonntage usw.; im MA mit bed. Buchmalereien.

evangelikal [gr.-mlat.], theol. Richtung, die die unbedingte Autorität des N. T. im Sinne des Fundamentalismus vertritt.

evangelisch: 1) den Evangelien entspr.; **2)** allg. Kennzeichnung der Kirchen, die aus der Reformation hervorgegangen sind.

Evangelische Kirche in Deutschland (EKD), Kirchenbund, zu dem sich 24 luther., ref. u. unierte Kirchen in Dtl. zus.geschlossen haben, als 25. Gliedkirche die Ev. Kirche der Union (EKU); angeschlossen sind die Brüdergemeine u. der „Bund ev.-ref. Kirchen Dtl.s". Rechtl. Grundlage ist die am 3. 12. 1948 in Kraft gesetzte Grundordnung. Mit (1998) rd. 27,1 Mill. Mitgl. der Gliedkirchen umfasst sie den größten Teil der ev. Christen in Dtl. – Organe: Synode, Rat und Kirchenkonferenz.

Evangelischer Kirchentag ↑Deutscher Evang. Kirchentag.

Evangelisten: 1) die Verf. der 4 Evangelien; **2)** in der Ostkirche Bez. für die das Evangelium verlesenden Diakone; **3)** [Wander]prediger, bes. einer ev. Freikirche.

Evangelium [gr.], Bez. für die eschatol. Reich-Gottes-Botschaft Jesu; dann die mündl., später [ausschnittweise] gesammelte schriftl. Überlieferung über Jesu Worte, Taten u. Leben (E. nach Matthäus, Markus, Lukas [Synoptiker] u. Johannes; diese gelten als anerkannte, *kanon. Evangelien,* daneben auch *apokryphe* des 2./3. Jh.s).

Everding, August, * 1928, † 1999, dt. Regisseur u. Intendant.

Everest, Mount [maʊnt'evərɪst; nach Sir G. ↑Everest] (tibet. Cho-

Mount Everest. *Südwestwand*

Expressionismus. *Oskar Kokoschka, Die Windsbraut (1914; links); Karl Schmidt-Rottluff, In der Dämmerung (1912)*

molungma), höchster Berg der Erde, im Himalaja, 8846 m; Erstbesteigung 1953 durch Hillary u. Tenzing Norgay.

Évian-les-Bains [evjãle'bɛ̃], frz. Badeort am S-Ufer des Genfer Sees, 6000 E; Rathaus (12. Jh.), got. Kirche; alkal. Mineralquellen.

evident [lat.], offenkundig, unmittelbar überzeugend.

Evolution [lat.]: **1)** svw. ↑Entwicklung 1); **2)** gleichmäß., friedl. Entw. der menschl. Gesellschaft.

Evolutionstheorie, svw. ↑Deszendenztheorie.

Évora ['ɛvurə], portug. St. sö. v. Lissabon, 34100 E; maur. Altstadt, Reste aus der Römerzeit, Kathedr. (12./13. Jh.).

EVP ↑**E**urop. **V**olks**p**artei.

Evren, Kennan, * 1918, türk. Gen. u. Politiker; s. 1978 Gen.-Stabschef der Armee, nach seinem Putsch 1980–89 Staatspräsident.

Évry [e'vri:], frz. St. bei Paris, Hptst. des Dep. Essonne, 45500 E; Pferderennbahn.

EWG, Abk. für: **E**urop. **W**irtschafts**g**emeinschaft („Gemeinsamer Markt"), 1957 in Rom durch zeitl. unbegrenzten Vertr. zw. Belgien, BRD (s. 3. 10. 1990 Gesamt-Dtl.), Frkr., Italien, Luxemburg u. den Niederlanden begr.; weitere Mitgl. ab 1973: Dänemark, Großbrit., Irland, s. 1981 Griechenland, s. 1986 Spanien, Portugal, s. 1995 Finnland, Östr., Schweden. 1993 in *Europ. Gemeinschaft (EG)* umben.; Kernstück ist eine Zollunion; Sonderregelungen gelten u. a. f. die Landwirtsch. sowie die handelspolit. Angliederung überseeischer Gebiete. S. 1967 ist die EWG/EG durch Fusionsvertrag Bestandteil der Europ. Gemeinschaften. Assoziierungsabkommen mit vielen Mittelmeerländern, den AKP-Staaten sowie mittel- u. osteurop. Transformationsländern.

Ewiger Jude ↑Ahasver[us].

Ewiger Landfriede, Reichsges. Ks. Maximilians I. von 1495: Verbot der Fehde als Rechtsmittel.

EWS, Abk. für: **E**uropäisches **W**ährungs**s**ystem.

ex..., Ex... [lat.], Vorsilbe; Bed.: „aus, aus – heraus, weg, ent...".

Exa..., Zeich. E, Vorsatz vor Einheiten im Messwesen; bez. das 10^{18}fache der betr. Einheit.

exakt [lat.], genau, sorgfältig.

exakte Wissenschaften, Wiss., deren Ergebnisse auf log. oder math. Beweisen oder auf genauen Messungen beruhen, z. B. Mathematik, Physik.

Exaltation [lat.], Überspanntheit, leidenschaftl. Erregung.

Examen [lat.], Prüfung.

Exanthem[a] [gr.], ausgedehnter Hautausschlag bei Infektionskrankheiten (z. B. Masern, Scharlach, Röteln) u. Allergien.

Exarch [gr.], urspr. Titel für Statthalter d. byzantin. Ks., dann in der Ostkirche Vertr. des Patriarchen.

Exarchat, Bez. für eine byzantin. Prov., bes. für das *E. v. Ravenna* (553–751; zunächst ganz Italien, später das Gebiet um Ravenna).

ex cathedra ↑Unfehlbarkeit.

Exchange [ɪks'tʃeɪndʒ; engl.], Wechsel, Börse[nkurs].

Exchequer [ɪks'tʃekə; engl.], das brit. Finanzministerium; *Chancellor of the E.,* Titel des brit. Finanzministers.

Exegese [gr.], Erklärung, Auslegung eines Textes, bes. d. Bibel.

Exekution [lat.], Vollstreckung gerichtl. Entscheidungen; im Strafrecht Vollstreckung eines Strafurteils (Hinrichtung); im Staatsrecht ↑Bundeszwang; in Östr. auch svw. ↑Zwangsvollstreckung.

Exekutive, dritte, vollziehende Gewalt (Reg. u. Verw.), neben ↑Legislative u. ↑Jurisdiktion; ↑auch Gewaltenteilung.

Exemtion [lat.], Befreiung innerh. des Geltungsbereichs eines Ges. oder Rechts von diesem (§).

Exequien [lat.], [Musik bei der] kath. Begräbnisfeier; Totenmesse.

Exerzitien [lat.], in der kath. Kirche geistl. Übungen.

Exeter ['eksɪtə], Stadt in SW-England, 98100 E; Hptst. der Gft. Devon; Univ.; Kathedr. (13./14. Jh.); Masch.-Bau.

Exhibition [lat.]: **1)** Ausstellung; **2)** Darlegung; **3)** Zurschaustellung.

Exhibitionismus, Trieb, vor anderen die Geschlechtsteile zu entblößen; strafbar.

exhumieren [lat.], [einen Leichnam] ausgraben.

Exil [lat.], Aufenthalt im Ausland nach Flucht od. Verbannung.

Existenzialismus, Form der ↑Existenzphilosophie.

existenziell, auf das unmittelb., wesenhafte Dasein bezogen.

Existenzminimum, Mindestmaß der zur Lebensführung nöt. Einnahmen (steuerl. d. Freibetrag, bis zu dem Steuerfreiheit besteht).

Existenzphilosophie (Existenzialphilosophie), versch. philos. Richtungen (v. a. in Dtld., Frkr., Italien), die im Wesentl. auf einen subjektivist., individualist. Begriff der Existenz (hier = Seinsweise des Menschen) aufbauen. Die frz. E. wird meist als *Existenzialismus* bezeichnet.

Exitus [lat.], Ausgang; Tod.

Exklave ↑Enklave.

exklusiv [lat.], ausschließend; sich absondernd; unnahbar.

Exkommunikation (Kirchenbann), Kirchenstrafe gg. natürl. Personen: Ausschluss aus d. kirchl. Gemeinschaft.

Exkremente [lat.] (Fäzes, Kot, Stuhl), Ausscheidungen, bes. feste Stoffwechselendprodukte (Med.).

Exkrete [lat.], Ausscheidungen bei Pfl., Tier u. Mensch (z.B. Schweiß).

Exkurs [lat.], Abschweifung; Anhang.

Exkursion, wiss. Ausflug, Lehrfahrt.

Exlibris [lat.], [künstler.] Bucheignerzeichen, versehen mit Namen, Monogramm u./od. Wappen des Eigentümers.

Exmatrikulation [lat.], Streichung eines Studenten aus der *Matrikel* (Liste der Studierenden) einer Hochschule.

exo..., Exo... [gr.], Vorsilbe; Bed.: „aus, aus – heraus, außen, außerhalb".

Exodus [gr.]: **1)** Schlusslied des Chors (bzw. Schlussteil) im altgriech. Drama; **2)** in der Vulgata das 2. Buch Mose (Auszug aus Ägypten).

exogen [gr.]: **1)** außerhalb des Organismus entstehend, von außen in ihn eindringend (Biol., Med.); **2)** außenbürtig (von Kräften, die auf die Erdoberfläche einwirken); **3)** außerwirtsch. (v. Ursachen bei Wirtschaftskrisen).

Exorzismus [gr.; = Beschwörung] (Teufelsaustreibung), in allen Religionen, in denen Besessenheit von Menschen oder Sachen für mögl. gehalten wird, das Verfahren, Dämonen auszutreiben; auch heute noch in der kath. Kirche vereinzelt angewandt.

Exote [gr.], veraltet für: Angehöriger ferner Länder (übertr. auch Pfl., Tier, Wertpapier aus fernen Ländern).

exotherm [gr.], wärmeliefernd.

Expander [lat.], Sportgerät zur Kräftigung der Muskeln, besteht aus Metallspiralen od. Gummizügen mit Handgriffen.

Expansion [lat.]: **1)** Ausdehnung [v. Gasen u. Dämpfen]; **2)** Ausdehnung eines Staatsgebietes; **3)** ↑Konjunktur.

Expektoranzilen [lat.], husten- bzw. schleimlösende Mittel.

Experiment [lat.], [wiss.] Versuch; [gewagtes] Unternehmen.

Expertensystem, Computersystem mit Faktenwissen zu einem best. Gebiet, kann eigenständig Problemlösungen liefern, zählt zur ↑künstlichen Intelligenz.

Expertise, Untersuchung, Gutachten eines **Experten** (Sachverständigen).

Externsteine

Explantation [lat.], Gewebeübertragung auf Nährböden zur Weiterzüchtung.

Exploration [lat.], Aufsuchen u. Erforschen v. Lagerstätten.

Explosion [lat.], plötzl. Volumenvergrößerung bei Gasen u. Dämpfen; bei chem. Sprengstoffen als Folge schnell ablaufender chem. Reaktionen; meist mit beträchtl. mechan. und akust. Wirkungen.

Explosivstoffe (Sprengstoffe), chem. Verbdg. od. Gemenge zur Herbeiführung einer ↑Explosion.

Exponent [lat.]: **1)** herausgehobener Vertr. [einer Partei]; **2)** ↑Potenz 2), ↑Wurzel 3).

Exponentialfunktion, Funktion der Form $y = a^x$ (a belieb. Konstante ≠ Null); insbes. die E. für $a = e$ (Basis der natürl. Logarithmen); $y = e^x = \exp x$.

Exponentialgleichung, Gleichung, bei der die Unbekannte im Exponenten einer Potenz vorkommt.

exponieren, hervorheben; bloßstellen.

Export [lat.] (Ausfuhr), Warenlieferungen ins Ausland u. Dienstleistungen für Ausländer; Teil des Außenhandels.

Exposé [frz.], Entwurf; Bericht, Denkschrift.

Exposition [lat.]: **1)** Einführung in Situation u. Vorgeschichte der Dramenhandlung; **2)** erster Teil des Sonatensatzes; bei der Fuge Themenstellung u. erste Durchführung (𝄞); **3)** die Belichtung in der Fotografie.

Expressgut, bevorzugtes Versandgut (Bahnwesen).

Expressionismus [lat.], revolutionierende Kunstrichtung nach 1900: 1. in der *bildenden Kunst* im Ggs. zum Impressionismus Ausdruck geistiger Anschauung und seel. Erlebnisse; Verfestigung der Linie, kraftvolle Farben, Verzerrung der Naturformen bis zur Abstraktion; Wegbereiter: Cézanne, van Gogh, Munch und Gauguin; Künstlervereinigungen: Brücke, Blauer Reiter (bedingt Fauves); Einzelgänger: Rouault, Rohlfs, Kokoschka, Beckmann und Nolde; Plastik: Lehmbruck, Archipenko, Barlach; Architektur: Höger, Poelzig, Mendelsohn, Taut. 2. in d. *Lit.:* E. nur in Dtl. (etwa 1910–25); Anreger u.a. Strindberg, Dostojewski, Whitman, frz. Symbolismus; gg. George u. Rilke, Ggs. zum ↑Naturalismus 3), ausdrucksstarke Spr.; Erlebnis des „neuen Menschen" (u.a. bei Kaiser); pathet.-ekstat. „Schreibdichtung"; bed. Dramen u.a. v. Sorge und Kaiser; bildstarke Lyrik u.a. von Trakl, Stadler, Heym, Benn, Stramm. 3. in der *Musik* vorwiegend in den 20er-Jahren; charakteristisch: extrem rascher Wechsel der Dynamik, extreme Tonhöhen, schroffe Dissonanzen, Tendenz zur Vereinzelung d. Akkords u. zum Bauen ohne Thema; Jazzeinflüsse; Vertreter: Höhepunkte bei Berg („Wozzeck"), in Schönbergs ersten Zwölftonwerken und im Frühwerk Bartóks; Wirkung bis Henze, Stockhausen u. a.

expressis verbis [lat.], mit ausdrückl. Worten, deutlich.

exquisit [lat.], erlesen.

extemporieren [lat.], aus dem Stegreif *(ex tempore)* übersetzen, schreiben, reden; einflechten.

Extensionsverband, Spezialverband zur ständ. Dehnungsbehandlung *(Streckverband)* v. a. bei Knochenbrüchen.

Extensität [lat.], Ausdehnung.

extensiv [lat.], ausgedehnt, umfassend; Ggs. ↑intensiv; *e.e Wirtschaft,* Bewirtschaftung des Bodens mit relat. geringem Einsatz v. Arbeit u. Kapital.

extern [lat.], außen, auswärtig.

Externsteine, Felsgruppe im Teutoburger Wald südl. von Detmold; ehem. german. Heiligtum (umstritten); benediktin. Felsenkapelle (Anf. 12. Jh.), gr. Relief der Kreuzabnahme. – Abb. S. 205.

Exterritorialität [lat.], völkerrechtl. geregelter Status v. Staaten u. Staatsorganen auf dem Gebiet eines anderen Staates; Befreiung von der Rechtsordnung u. Staatsgewalt des Gastlandes; 1. *absolute E.* für Staaten u. Staatsoberhäupter; für Kriegsschiffe, Mil.-Flugzeuge und Truppenkontingente in Kriegszeiten (in Friedenszeiten evtl. eingeschränkt), 2. *beschränkte E.,* z. B. bei Truppen auf dem Sektor der Strafgerichtsbarkeit, 3. *diplomat. E.* f. diplomat. Vertreter.

extra [lat.], nebenbei; bes.; außerdem, eigens; Bestimmungswort mit der Bed.: „außer, außerhalb, besonders".

extrahieren [lat.], herausziehen.

Extrakt [lat.]: **1)** eingedickter Auszug aus tier., pflanzl. u. techn. Stoffen; **2)** Auszug aus Büchern; **3)** Hauptinhalt, Kern.

Extraktion: 1) Auszug; **2)** Herauslösen einzelner Bestandteile aus einem Stoffgemisch mit geeignetem Lösungsmittel (☈); **3)** Herausziehen, z. B. eines Zahnes. (Med.).

extraordinär [frz.], außergewöhnl., außerordentl.

extra|uterin [lat.], außerh. der Gebärmutter; z. B. **Extrauteringravidität,** Entw. der Leibesfrucht außerh. der Gebärmutter.

extravagant [frz.], überspannt, übertrieben, ausgefallen. *Extravaganz,* Überspanntheit.

Extrem [lat.], das Äußerste; höchster Grad; Übertreibung.

Extremistenbeschluss (Radikalenerlass), der 1972 vom B.-Kanzler u. den Reg.-Chefs der Länder der BRD gefasste Beschluss in der Frage der Überprüfung von Bewerbern für den öffentl. Dienst u. zur Mitgliedschaft von Beamten in extremist. Organisationen.

Extremitäten, Gliedmaßen.

Extremsportarten, Bez. für außergewöhnl. z. Teil risikoreiche (dann auch *Risikosportarten* gen.) sportl. Disziplinen, bei denen der Ausübende höchsten phys. u. psych. Belastungen ausgesetzt ist, z. B. Bungeejumping.

Extruder, Maschine zum Strangpressen thermoplast. Kunststoffe.

Exulanten [lat.], Verbannte, Vertriebene; insbes. die um ihres protestant. Glaubens willen vertriebenen Böhmen u. Salzburger (17./18. Jh.).

exzellent [lat.], hervorragend.

Exzellenz, v. a. Botschaftern u. Gesandten zustehender Titel.

exzentrisch: 1) außerh. des Mittelpt. liegend (Geometrie); **2)** verschroben, überspannt.

Exzentrizität: 1) Abweichen, Abstand vom Mittelpt.; übertr. svw. Überspanntheit; **2)** *lineare E.,* Abstand der Brennpt. vom Mittelpt., *numer. E.,* Verhältnis der linearen E. zur großen Halbachse (b. Kegelschnitten).

exzeptionell [frz.], ausnahmsweise eintretend, einmalig.

exzerpieren [lat.], aus einem Buch einen Auszug *(Exzerpt)* machen.

Exzess [lat.], Ausschreitung; Unmäßigkeit.

Eyck [ɛjk]: **1)** Hubert van, * um 1370, † 1426 (?) u. Jan van, * um 1390, † 1441, Brüder, niederl. Maler; Begr. der altniederl. Schule u. der Harzölmalerei, Hofmaler der burgund. Hzg., v. a. in Brügge tätig; Turin-Mailänder Stundenbuch, Genter Altar; **2)** Peter van, * 1913, † 1969, dt.-amer. Schauspieler; „Lohn der Angst".

Eyresee ['ɛə-], rund 8 000 bis 15 000 km² gr., seichter Salzsee in S-Australien, 12 m u. d. M.

Eyth, Max von, * 1836, † 1906, dt. Ingenieur u. Schriftsteller; konstruierte mit J. Fowler einen Dampfpflug; Begr. der Dt. Landwirtschaftsgesellschaft.

Ezechi|el (Hesekiel), Prophet des A. T. (6. Jh. v. Chr.).

Ezzolied, von Ezzo, einem Bamberger Chorherrn, um 1060 verfasstes, ältestes frühmittelhochdt. Gedicht. Thema ist die Heilsgeschichte nach dem Johannes-Evangelium. – Ein Scholastikus Ezzo ist auch als Teilnehmer am Pilgerzug des Bischofs Gunther von Bamberg nach Jerusalem (1064/65) bezeugt.

F

F: 1) 6. Buchstabe des Alphabets; **2)** 4. Ton der C-Dur-Tonleiter (𝄞).

F, Einheitenzeich. für: **1)** ↑**Fahrenheit**; **2)** ↑**Farad**.

F, Symbol für ↑Fluor (☈).

f, Abk. für: ↑**forte**.

f, Vorsatzzeich. für: ↑**Femto...**

f., Abk. für: ↑**Femininum**.

Fa., Abk. für: ↑**Firma**.

Fabel [lat.]: **1)** knappe Zusammenfassung des einer Erz. od. einem Drama zugrunde liegenden Handlungsverlaufs; **2)** kurze, bildh., belehrende Erz., gibt Natur u. Tier Vernunft u. Spr. (in Antike, MA u. Aufklärung).

Fabeltiere, Fantasiegeschöpfe in Mythen u. Märchen (u. a. Drache, Einhorn).

Fabian Society ['feɪbjən sə'saɪətɪ; engl.], 1883 gegr. Vereinigung brit. Sozialisten, erstrebten eine allm., gesetzl. Sozialisierung; Grundlage für die Labour Party.

Fabiola, geb. de Mora y Aragón, * 1928; s. 1960 verh. mit Kg. Baudouin I. v. Belgien († 1993).

Fabrikmarke, von einem Herstellungsbetrieb benutztes [geschütztes] Warenzeichen.

fabulieren [lat.], [fantast.] Geschichten erfinden u. erzählen; einen Bericht ausschmücken.

Facelifting ['feɪslɪftɪŋ; engl.], kosmet. Gesichtsoperation (Hautstraffung).

Facette [fa'sɛtə; frz.], eckig geschliffene Zierfläche v. Schmucksteinen u. Glaswaren.

Facettenauge [fa'sɛtən-] (Netzauge), Sehorgan der Insekten u. a. Gliederfüßer (aus zahlreichen Ommatidien [Sehkeilen]) zusammengesetzt.

Facharbeiter, Arbeiter mit abgeschlossener Ausbildung (auch nach mehrjähr. Tätigkeit) in einem Beruf der Industrie.

Facharzt, Arzt für ein med. Spezialgebiet (z. B. Chirurgie).

Fachbereiche ↑Fakultät.

Fachhochschule ↑Hochschulen.

Fachmesse ↑Messe 2).

Fachoberschulen (Berufsoberschulen), Klasse 11 u. 12 umfassende Schulen, die zur Fachhochschulreife führen. Realschulabschluss od. Besuch der Berufsaufbauschule od. einer Vorklasse der F. ist Voraussetzung.

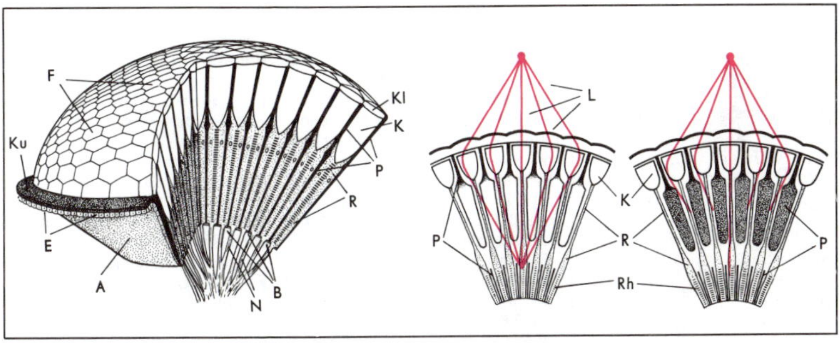

Facettenauge. *Links: Appositionsauge; rechts: Superpositionsauge bei Dämmerung (links) und bei Helligkeit. A Augenkapsel, B Basalmembran, E Epidermis, F Facetten der Einzelaugen, K Kristallkegel, Kl Kornealinse des dioptrischen Apparats, Ku Kutikula der Kopfkapsel (mit Epithelschicht), L Lichtstrahlenverlauf, N Nervenfasern, P Pigment der Pigmentzellen, R Retinula (Sehzellen mit Rhabdom), Rh Rhabdom*

Fachschulen, berufsbildende Tages- od. Abendschulen, zur Vermittlung vertieften Berufswissens für qualifizierte Berufe; Voraussetzung: Gesellen- oder Facharbeiterprüfung, Praxis.

Fachwerk, Wandgerüstbauweise (Holz, Eisen, Stahlbeton), später mit Lehm, Mauerwerk u. a. ausgefüllt.

Fackel, brennendes, mit teergetränktem Werg umwickeltes Holzscheit (zur Beleuchtung).

Faden, fr. dt. Raum-, auch Längenmaß; Seefahrt: 1 F. = 1,829 m.

Fadenglas, [venezian.] Kunstglas mit eingeschmolzenen weißen Fäden, häufig fälschlicherweise als *Filigranglas* bezeichnet.

Fadenkreuz, Kreuz aus sehr dünnen Fäden in opt. Instrumenten; Hilfsmittel zum Visieren.

Fadenwürmer (Nematoden), Kl. der Rundwürmer; frei lebende u. parasitierende Formen; u. a. Pferdespulwurm, Trichinen.

Fading ['feɪdɪŋ; engl.], Schwunderscheinung, z. B. beim Radioempfang *(Schwund)* und bei der Kfz-Bremse.

Faenza, ital. St. sö. von Bologna, 54 000 E; Dom (1779), Palazzo del Podestà (12. Jh.); berühmte keram. Ind. (↑Fayence).

Fafner (Fafnir), Riese d. german. Sage, der in Drachengestalt einen gr. Goldschatz hütet; v. Sigurd getötet.

Fagott [ital.], Holzblasinstrument (Bass) mit doppelter Röhre; Umfang ,B bis es^{2}; Ton schnarrend bis näselnd. *Fagottino,* kl. F., bes. Quintfagott.

Fahd, Ibn Abd Al Asis [faxd], * 1920, Kg. v. Saudiarabien (s. 1982); jüngerer Bruder Kg. Faisals, übte bereits s. 1975 als Kronprinz u. 1. stellvertr. Min.-Präs. die eigtl. Macht aus.

Fähe, Füchsin, Wölfin, weibl. Dachs, weibl. Marder (wm.).

Fahne: 1) ein Stück Tuch (best. Farben, teils mit Emblem) an einer Stange; **2)** Korrekturabzug auf losen Streifen od. Blättern von dem noch nicht zu Buchseiten „umbrochenen" Satz des reinen Textes.

Fahneneid, Treueid des Soldaten.

Fahnenjunker, in der Bundeswehr Offiziersanwärter im Range eines Unteroffiziers.

Fähnlein, Truppeneinheit im 16./17. Jh. (etwa 300 Mann).

Fähnrich, Fahnenträger im Landsknechtsheer; heute in der Bundeswehr Offiziersanwärter im Range eines Feldwebels.

Fahrende, umherziehende ma. Schausteller, Spielleute, Gaukler u. a. (bis ins 15. Jh. ehr- u. nahezu rechtlos).

Fahrenheit, Daniel Gabriel, * 1686, † 1736, dt. Physiker; führte die nach ihm ben. Temp.-Skala ein; 0 °F ≙ – 17,777... °C; Gefrierpunkt des Wassers: 32 °F ≙ 0 °C; Sp. des Wassers: 212 °F ≙ 100 °C.

Fahrerflucht, ↑Unfallflucht eines Kfz-Führers.

Fahrerlaubnis, behördl. Erlaubnis, auf öff. Straßen ein Kfz zu führen; je nach Fahrzeugart in mehr. Klassen eingeteilt. Die F. ist durch amtl. Bescheinigung (*Führerschein,* s. 1999 EU-Führerschein) nachzuweisen. S. 1986 wird die erstmalig erworbene F. auf Probe (2 Jahre) erteilt. Dauernder oder befristeter Entzug der F. *(Führerscheinentzug)* kann durch strafgerichtl. Entscheidung oder durch behördl. Verwaltungsakt erfolgen (↑Fahrverbot).

Fahrlässigkeit, Außerachtlassung der im [Rechts]verkehr erforderl. Sorgfalt; zivilrechtl.: *leichte, grobe, konkrete F.;* strafrechtl.: Schuldelemente bei best. Delikten (u. a. fahrlässige Tötung, Körperverletzung), als *bewusste* od. *unbewusste Fahrlässigkeit.*

Fährte, hintereinander stehende Trittspuren von Schalenwild, Bär, Wolf u. a., ebenso Auerhahn, im Boden oder Schnee.

Fahrtschreiber Registriergerät zur Überwachung des ges. Fahrtverlaufs (Geschwindigkeit, Wegstrecke); *Tachygraphen* registrieren zusätzl. Arbeits- u. Ruhezeiten; v. a. bei schweren Kfz u. Omnibussen gesetzl. vorgeschrieben.

Fahrverbot, kurzfrist. (1–3 Monate) richterl. Führerscheinentzug bei Verkehrsdelikten (§).

Faible ['fɛ:bl; frz.], Schwäche, Vorliebe, Neigung.

fair ['fɛə; engl.], anständig, ehrenhaft, einwandfrei.

Fairness ['fɛənes], ehrenhaftes [sportl.] Verhalten.

Fairplay [-'pleɪ], anständiges Spiel (bes. im Sport).

Faisal Ibn Abd Al Asis Ibn Saud, * 1906, † 1975 (ermordet), Kg. v. Saudi-Arabien seit 1964.

Fäkalilen [lat.], Kot, Exkremente.

Fakir [arab.; = Armer], urspr. islam. Bettler (↑Derwisch), dann islam. u. hinduist. Asket (Sadhu, Jogi), Bettler und Gaukler.

Faksimile [lat.; = mach ähnlich!], originalgetreue Wiedergabe einer Vorlage (z. B. Handschrift).

faktisch, tatsächl., wirkl., auf Tatsachen gegründet.

Faktor [lat.; = Macher]: **1)** allg. Umstand, mitbestimmende Ursache; **2)** Zahl oder Größe, die mit einer and. multipliziert wird (Math.).

Faktotum [lat.; = mach alles!], bewährter Diener für alles.

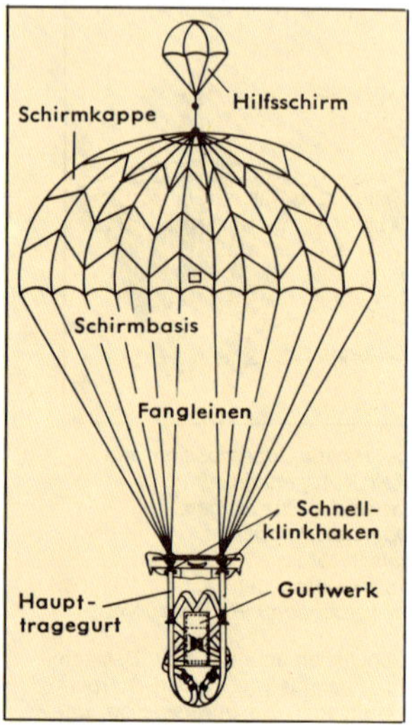

Fallschirm

Faktum [lat.], unabänderliche Tatsache.

Fakultät [lat.]: **1)** Teil der fachl. gegliederten Hochschulkörperschaft (5–9 F.en) unter der geschäftsführenden Leitung des *Dekans;* zunehmend ersetzt durch die kleineren *Fachbereiche;* **2)** Vollmacht (Kirchenrecht); **3)** fortlaufendes Produkt d. natürl. Zahlen: $n!$ (gesprochen: n-Fakultät) $= 1 \cdot 2 \cdot 3 \cdot ... (n-1) \cdot n$.

Falange [Española Tradicionalista] [fa'laŋxe espa'ɲola tradiθi̯ona'lista], 1934 gegr., ab 1937 von F. Franco Bahamonde geleitete faschist. span. Staatspartei, 1976/77 aufgelöst.

Falerner, kampan. Wein.

Falken, weltweit verbreitete Greifvögel, gewandte Flieger, schlagen ihre Beute vielf. im Flug; in Dtl. brüten der *Wander-,* der *Turm-* u. der *Baumfalke.*

Falken (Sozialist. Jugend Dtl. – Die F.), der SPD nahe stehender Jugendverband, 1946 [wieder] gegründet.

Falkenhayn, Erich von, * 1861, † 1922, dt. General; 1913–15 preuß. Kriegsmin., 1914–16 Generalstabschef (Nachf. Moltkes).

Falklandinseln (engl. Falkland Islands, Malvinen), brit. Inselgruppe im S-Atlantik, 11 961 km², 1 900 E; Hauptort Stanley; von Argentinien beansprucht. Zur brit. Kolonie F. gehören außerdem noch Südgeorgien u. die Süd-Sandwich-Inseln. – 1592 entdeckt, ab 1820 argentin., s. 1833 brit.; April–Juni 1982 von Argentinien besetzt und von Großbrit. zurückerobert.

Fall, Leo, * 1873, † 1925, östr. Operettenkomponist; „Der fidele Bauer", „Die Rose von Stambul", „Madame Pompadour".

Fall: 1) svw. ↑Kasus; **2)** gleichförmig beschleunigte Bewegung eines Körpers im Schwerefeld der Erde in Richtung auf den Erdmittelpt.; *F.gesetz:* $s = \frac{1}{2} g t^2$ (s F.weg, g Erdbeschleunigung, t Zeit), entdeckt von Galilei; *freier F.:* F. ohne Luftwiderstand.

Falla, Manuel de ['faʎa], eigtl. F. y Matheu, * 1876, † 1946, span. Komponist; verband span. Nationalkolorit mit Elementen d. frz. Impressionismus. Opern, Ballette, Lieder.

Fallada, Hans, eigtl. Rudolf Ditzen, * 1893, † 1947, dt. Schriftsteller; sozialkrit. Romane; „Kleiner Mann – was nun?", „Wer einmal aus dem Blechnapf frisst".

Fallingbostel, Krst. in der Lüneburger Heide, Nds., 11 000 E; Kneippkurort, Fremdenverkehr.

Fallout ['fɔ:laut], engl. Bez. für ↑radioaktiven Niederschlag.

Fallreep, an der Bordwand anbringbare Strickleiter od. Treppe.

Fallschirm, Schirm zur Abbremsung des freien Falles; in Form einer Halbkugel *(Rundkappen-F., Kugelkappen-F.)* oder mit tragflächenartiger Schirmkappe *(Gleit-F.),* für F.springer, aus Flugzeugen abgeworfene Lasten *(Lasten-F.)* u. für die Landung von Raumkapseln verw., als *Brems-F. (Bremsschirm)* auch zur Verringerung der Landestrecke v. Flugzeugen.

Fallsucht, svw. ↑Epilepsie.

Fallwind, abwärts gerichtete Luftströmung an der Leeseite von Gebirgen (u. a. Föhn, Bora).

Falsch|eid, im Ggs. zum ↑Meineid die vom Schwörenden für wahr gehaltene, aber objekt. falsche Aussage unter Eid.

Falschmünzerei ↑Münzverbrechen und Münzvergehen.

Falsifikat [lat.], gefälschtes Stück.

Falstaff, Sir John, prahler., aber geistvoller Lügner in Shakespeares „Heinrich IV." u. den „Lustigen Weibern von Windsor".

Falzen: 1) Druckbogen zum gewünschten Buchformat zusammenfalten; **2)** Bleche einf. oder mehrf. umbördeln.

Fama, in der röm. Sage Tochter der Erdgöttin, Personifikation des Gerüchtes.

Famagusta, Hafenst. an der O-Küste Zyperns, 39 500 E.

Famili|e: 1) menschl. Lebensgemeinschaft, durch Verwandtschaft begr., i. e. S. die Eltern mit den unselbst. Kindern; wicht. soz. Funktion der F.; rechtl. bes. geschützt (↑Eherecht); **2)** Einheit der biol. Systematik, Zusammenfassung verwandter Gattungen.

Famili|enbuch, vom Standesamt für jede Fam. angelegtes Personenstandsbuch (Karteikarte; Eintrag von Heiraten, Geburten, Todesfällen).

Famili|engericht, eine ausschließl. für ehebezogene Streitigkeiten, Regelung der elterl. Sorge, des Unterhalts u. a. zuständige Abt. beim Amtsgericht.

Famili|enhilfe, Leistungen der gesetzl. Krankenversicherung an Fam.-Mitgl. von Versicherten.

Famili|enname ↑Namensrecht.

Famili|enstand ↑Personenstand.

Famulatur [lat.], von Medizinstudenten abzuleistende prakt. Ausbildung im Krankenhaus oder bei einem frei praktizierenden Arzt.

Fan [fæn; engl.], Kurzwort aus *fanatic,* bes. für Sport, Jazz od. Filmhelden Begeisterter.

Fanal [frz.], Flammenzeichen; allg. weithin wirkendes Signal.

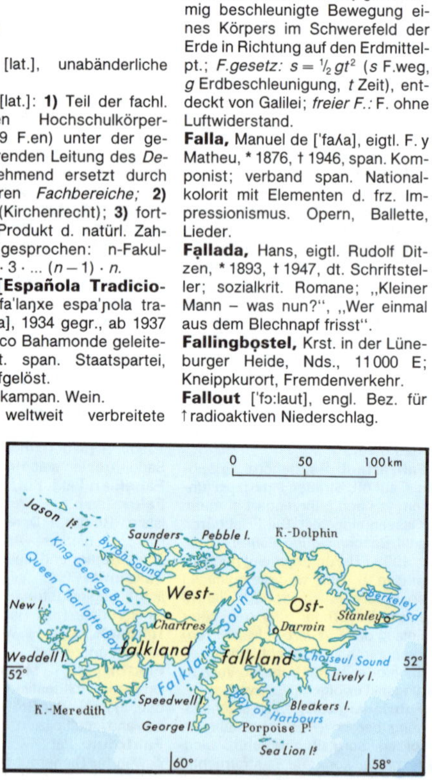

Falklandinseln

Fandango [span.], Tanz im 3/4- oder 3/8-Takt, zu dem lyr., relig. u. a. Texte gesungen werden.

Fanfare (frz.): **1)** Trompetensignal; **2)** kurzes, freud. Motiv (𝄞); **3)** ventillose Trompete.

Fangarme (Tentakel), Körperanhänge in Mundnähe bei Wirbellosen, zum Aufspüren u. Ergreifen der Beute; mit Sinnesorganen.

Fangio, Juan Manuel [faŋxio], *1911, †1995, argentin. Automobilrennfahrer; 1951–57 5-mal Fahrerweltmeister.

Fango [ital.], mineral. Schlamm vulkan. Ursprungs, am Boden best. heißer Quellen abgelagert; *F.packungen* bei rheumat. Erkrankungen.

Fano, ital. Hafenst. an der Adria, 54 600 E; in der Altstadt röm. Augustusbogen, roman.-got. Dom (1113–40); Seebad, Fischerei, Seidenindustrie. – F. ist das antike *Fanum Fortunae.*

Fanø, dän. Insel vor Esbjerg, Jütland, 56 km², 2 700 E; Nordseebad; Fischerei.

Fan Si Pan, mit 3 142 m die höchste Erhebung Vietnams.

Fantasie [gr.], **1)** Fähigkeit, aus Sinneseindrücken Bewusstseins- u. Erlebnisinhalten neuart. Vorstellungsbilder zu gewinnen; **2)** freies Instrumentalstück (𝄞).

Fantast, Träumer, Mensch mit wirklichkeitsfremden Ideen.

Fantasyliteratur ['fæntəsɪ-], der Sciencefiction nahe stehende, aber rückwärts in einen Sagenbereich gewandte fantast. Erz. u. Romane.

FAO, Abk. für: **F**ood and **A**griculture **O**rganization of the United Nations; Sonderorganisation der UN für Ernährung und Landw.; Sitz Rom.

Farad [nach dem Physiker M. ↑Faraday], Zeich. F, Einheit der ↑Kapazität 3); ein ↑Kondensator 1) hat die Kapazität 1 F, wenn eine Ladung von 1 Coulomb eine Spannung v. 1 Volt erzeugt: 1 F = 1 C/V.

Faraday, Michael ['færədɪ], *1791, †1867, brit. Physiker u. Chemiker; entdeckte die *f.schen* Gesetze der Elektrolyse (f.sche Konstante); 1825 Entdeckung des Benzols, 1831 der elektromagnet. Induktion (Aufstellung der allg. Induktionsgesetze); fand die Drehung der Polarisationsebene des Lichtes im Magnetfeld *(F.-Effekt);* beobachtete die Abschirmung äußerer Felder durch metall. Gitter oder Umhüllungen *(F.-Käfig); F.-Konstante,* Formelzeich. *F,* Produkt aus Avogadro-Konstante und Elementarladung:

$$F = N_A \cdot e = 96485{,}309\,\mathrm{C/mol}.$$

Farbauszug, fotogr. mithilfe v. Farbfiltern od. lichtelektr. (mit ↑Scanner) hergestelltes Transparentbild in einer best. Teilfarbe als Kopiervorlage im Farbdruck.

Farbbücher, amtl. Veröffentlichungen zur Reg.-Politik, v. a. Außenpolitik, u. a. als *Weiß-* (Dtl., erstmals 1876), *Rot-* (Östr., USA), *Blau-* (Großbrit.), *Gelb-* (Frkr.), *Grünbuch* (Italien).

Farbdruck, der mehrfarb. Druck od. die Reproduktion mehrfarb. Vorlagen (3 od. mehr Farben). Grundprinzip ist das „Zusammensehen" (Punkte nebeneinander in zwei Farben werden aus genügender Entfernung als Mischfarbe wahrgenommen). Nach Farbauszügen der Vorlagen (zusätzl. eine Schwarzaufnahme) werden nach versch. Methoden die Druckformen hergestellt, die beim Neben- und Übereinanderdrucken (Grundfarben u. Mischfarben) das farb. Wiedergabebild entstehen lassen.

Farbe: 1) ↑Farblehre; **2)** allg. Bez. für ↑Farbstoffe u. ↑Pigmente.

Farbechtheit, Widerstandsfähigkeit v. Färbungen v. a. bei Textilien gg. Einwirkungen, denen sie bei der Fabrikation (z. B. Säuren, Alkalien) und im Gebrauch (z. B. Licht, Wasser) ausgesetzt sind.

Färben, das Einfärben von Textilien; entw. durch intens. Einwirkung der heißen *Farbflotte* (wässr. Farbstofflösung) auf das Färbgut od. durch Erzeugung der Farbstoffe auf der Faser.

Farbenblindheit, Unfähigkeit, Farben wahrzunehmen *(Achromatopsie)* od. best. Komplementärfarben zu unterscheiden *(Dichromasie, Rotgrün-, Blaugelbblindheit).*

Farbensinn, Fähigkeit, versch. Wellenlängen des Lichtes zu unterscheiden, beim menschl. Auge rd. 160 *Farbtöne* von 380 nm (Violett) bis 780 nm (Rot).

Farbensymbolik, symbol. Sinngebung von Farben oder Zuordnung zu psych. Befindlichkeiten.

Farbfernsehen ↑Fernsehen.

Farbflechten, strauch. Flechten, bes. südl. Länder, die Farbstoffe, z. B. Lackmus, liefern.

Farbfotografie ↑Fotografie.

Farbhölzer, Farbstoffe liefernde, fr. in der Färberei wicht. ausländ. Hölzer; Rot-, Gelb-, Blau-, Sandelholz u. a.

Farbkörper, svw. ↑Pigment 1).

Farblehre, Wiss. von der Farbe als opt. Erscheinung, als farbgebende Substanz (Anstrichfarbe, Farbstoff, Pigment), als Buntheit (im Ggs. zu unbunt = weiß, grau, schwarz) sowie als elektromagnet. Strahlungsart (z. B. blaues Licht). Man unterscheidet Lichtfarben und Körperfarben. *Lichtfarbe* ist die Farbe eines Selbstleuchters, z. B. der Sonne oder einer Glühlampe. *Körperfarbe* ist die Farbe eines nicht selbstleuchtenden Körpers, z. B. eines Gewebes od. eines Glases; sie bedarf zur Sichtbarkeit einer beleuchtenden Strahlung. Die physikal. Kennzeichnung der Farben als Licht best. Wellenlänge ist für sich allein unzureichend. Als 2. Faktor muss die Art der *Farbwahrnehmung* durch das Auge berücksichtigt werden. Das menschl. Auge verfügt in der Netzhaut über 2 verschiedenart. Sinneszellen, die Stäbchen und die Zapfen. Bei sehr schwacher Beleuchtung treten nur die Stäbchen in Funktion *(Nachtsehen),* sie vermitteln nur die Wahrnehmung von Helligkeitsunterschieden. Bei stär-

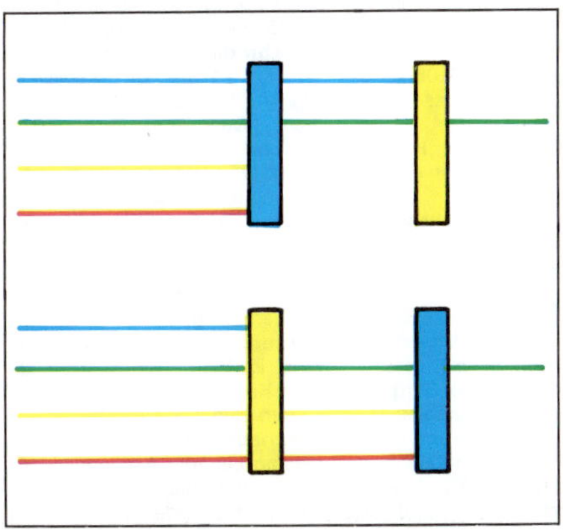

Farblehre. *Jeder Filter absorbiert in Abhängigkeit von der Wellenlänge einen Teil der Lichtstrahlung und bewirkt somit eine Farbänderung*

kerer Beleuchtung wirken nur die Zapfen *(Tagessehen).* Sie vermitteln das Farbensehen. Dazw. gibt es ein Übergangsgebiet, in dem Stäbchen u. Zapfen gemeinsam angesprochen werden *(Dämmerungssehen).* 1931 wurde das erste einheitl. Farbensystem von der Internat. Beleuchtungskommission aufgestellt: das *C. I. E.-System;* es ist internat. Norm. In diesem System wird jede Farbe durch 3 Bestimmungsgrößen eindeutig gekennzeichnet, demgemäß ist eine dreidimensionale Darstellung notwendig („Farbenraum"). Weitere Farbsysteme sind das fr. sehr verbreitete *Ostwald-System,* das in den USA entwickelte u. z. Z. am meisten verw. *Munsell-System* u. das von M. Richter aufgestellte System der *DIN-Farbenkarte.*

Farbstoffe, chem. Verbdg., die ein Trägermaterial einzufärben vermögen; fr. verwendete man natürl. F., heute benutzt man v. a. synthet. F. (Azo-, Chinon-F. usw.).

Farbstoffträger, svw. ↑Chromatophoren.

Farbwechsel, rasche Veränderung der Körperfarbe, bes. bei Fischen, Lurchen, Krebsen; zur Anpassung an die Umgebung.

Farce ['fars(ə); frz.]: **1)** derbkom. Einlage im ma. frz. Mirakelspiel; heute oft gleichbed. mit Posse; **2)** Kochkunst: Fleischfüllung.

Farm [engl.], landw. Betrieb (angloamer. Länder); in Dtl. Hof mit Geflügel- od. Pelztierzucht.

Farne, kraut., seltener baumart. Pfl.; Hauptverbreitung in den Tropen; meist gr., reich gefiederte Blätter (Wedel), tragen Sporangien; Fortpflanzung mit ausgeprägtem Generationswechsel.

Farnese, ital. Fürstengeschlecht, das 1545–1731 im Hzgt. Parma und Piacenza herrschte. – Im *Palazzo F.,* Rom (1541 ff.), bed. Kunstslg. (1731 nach Neapel). – Villa Farnesina, Rom, 1508–11 erbaut, prachtvoller Renaissancebau mit Fresken von ↑Raffael.

Faro ['faru], südportug. Hafenst., 32 000 E; Hptst. der Algarve; Fremdenverkehr; ⚓.

Färöer [dän.; = Schafinseln], dän. Inselgruppe zw. Island und Norwegen, 1 399 km², 47 800 E, Hptst. Tórshavn; bes. Schafzucht, Fischfang; s. 1948 innere Selbstverw. mit eigenem Parlament.

Farsala, griech. St. in Thessalien, 6 400 E, mit Resten einer Burg (z. T. myken.); das alte ↑Pharsalos.

Färse (Sterke), geschlechtsreifes ♀ Rind vor dem ersten Kalben.

Faruk I., * 1920, † 1965, 1937–52 Kg. v. Ägypten; 1951 Kündigung des brit.-ägypt. Militärvertr.; zur Abdankung gezwungen.

Fasanen [gr.], weltweit verbreitete Unterfam. der Hühnervögel; meist Stand- od. Strichvögel; der heim. *Jagdfasan* stammt aus Asien; *Silber-* u. *Goldfasan* aus China (Ziergeflügel).

Fasanerie [frz.], Fasanengehege.

Fasching, bayr.-östr. svw. ↑Fastnacht.

Faschismus [ital.]: **1)** i. e. S. die unter dem Symbol der Faszes (im antiken Rom Symbol der Strafgewalt) von Mussolini geführte ital. rechtsradikale Bewegung; 1919 Kampfbund, 1921 Partei, 1922 Marsch auf Rom (Mussolini Min.-Präs.), 1925 Staatsstreich (Mussolini als „Duce" Diktator); faschist.-autoritärer Einheitsstaat. 1943 Ende durch Staatsstreich Badoglios; **2)** i. w. S. polit. Begriff zur Kennzeichnung rechtsradikal-nationalist., nach dem Führerprinzip organisierter Bewegungen seit dem 1. Weltkrieg mit dem Ziel eines autoritären Einparteienstaates, u. a. ↑1), Nat.-Soz., Spanien unter Franco, Portugal unter Salazar; ↑auch Neofaschismus.

Faschodakrise, brit.-frz. Kolonialkonflikt um die Herrschaft über den Sudan 1898/99; durch brit. Kriegsdrohung wurde Frkr. bei Faschoda (heute Kodok) zum bedingungslosen Abzug gezwungen.

Fasern, zu Garnen verspinnb. kurze, feine Gebilde: *pflanzl.* (u. a. Baumwolle, Sisal), *tier.* (u. a. Wolle, Seide), *Mineral-* (u. a. Glas-F.) u. *Chemie-F.* (aus Zellstoff, Eiweiß od. vollsynthetisch).

Faseroptik ↑Glasfaseroptik.

Fashion ['fæʃn; engl.], Mode.

Fasnacht, svw. ↑Fastnacht.

Fassade [frz.], Vorder-, Schau-, Stirnseite (v. a. von Gebäuden).

Fassbaender, Brigitte, * 1939, dt. Sängerin (Mezzosopran).

Fassbinder, Rainer Werner, * 1945, † 1982, dt. Regisseur; „Berlin Alexanderplatz", „Lili Marleen", „Querelle".

Fasson [fa'sõ; frz.], Art; Muster, Form (v. Kleidern, Hüten u. Ä.); Haltung (d. F. bewahren).

Fasten, in fast allen Religionen die rituelle zeitw., teilw. od. völl. Enthaltung v. Nahrung od. best. Speisen *(Abstinenz)* als Opfer, Sühne, Reinigung.

Fastenzeit, Periode des ↑Fastens; im Islam ↑Ramadan; in der kath. Kirche v. Aschermittwoch bis Ostern u. in d. Adventszeit.

Fastnacht, die Zeit vom Dreikönigstag bis zum Aschermittwoch. In Bez. u. Brauchtum zahlr. regionale Unterschiede.

Faszikel [lat.], [Akten]bündel.

Faszination [lat.], Bezauberung, Gebanntsein; fesselnde Wirkung, d. v. Person od. Sache ausgeht.

Fatah, Al (El F.), militante palästinens. Kampforganisation unter J. Arafat; 1958 gegr.; Kern der PLO.

Fatalismus [lat.], pessimist. Glaube an die Unabänderlichkeit des blinden Schicksals.

Fata Morgana [lat.], eine ↑Luftspiegelung, gaukelt in Wüstengebieten Wasserflächen vor u. rückt ferne Teile der Landschaft näher.

Fatima, * um 606, † 632, jüngste Tochter Mohammeds; Urahnin der *Fatimiden* (schiit. Dyn. in Ägypten 909–1171).

Fátima, portug. Wallfahrtsort, sö. von Leiria, 6 400 E.

Faulbaum (Pulverholz), Strauch, meist in feuchten Laubwäldern Europas; Rinde liefert Abführmittel.

Faulhaber, Michael v., * 1869, † 1952, dt. Kardinal s. 1921; seit 1917 Erzb. v. München u. Freising; Gegner des Nat.-Soz.

Faulkner, William ['fɔ:knə], * 1897, † 1962, amer. Schriftsteller; Romane, vorw. aus der zerfallenden Welt der Pflanzeraristokratie der S-Staaten; „Die Freistatt", „Requiem für eine Nonne"; Nobelpreis 1949.

W. Faulkner

Fäulnis, Zersetzung stickstoffhaltiger organ. Stoffe durch Bakterien bei Sauerstoffmangel; unter extremen Bedingungen (Meeresgrund) Übergang in *Faulschlamm* (Sapropel), der v. a. mikroskop. kl. Algen, Öl- u. fetthalt. Tier- u. Pflanzenreste enthält.

Faultiere, träge, an Baumleben u. Blätternahrung angepasste südamer. Säugetiere (Zahnarme).

Faun, altröm. Naturgott, Schirmherr der Herden.

Fauna, röm. Waldgöttin, Beschützerin der Tiere.

Fauna [lat.]: **1)** Tierwelt eines best. Gebietes; **2)** Tierbestimmungsbuch.

Faunus, röm. Fruchtbarkeits-, Feld- u. Waldgott; dem griech. Pan angeglichen.

Faure, Edgar [fɔ:r], * 1908, † 1988, frz. Politiker; 1945/46 einer der Anklagevertr. bei den Nürnberger Prozessen; s. 1950 mehrfach Min., 1952 u. 1955–56 Min.-Präs.; 1973–78 Präs. der Nat.-Vers., s. 1978 Mitgl. der Académie française, 1979–81 des Europ. Parlaments.

Fauré, Gabriel [fo:'re], * 1845, † 1924, frz. Komponist; Orchestersuite „Pelléas et Mélisande".

Faust, Johannes, wahrsch. Georg F., * um 1480, † 1536 od. 1540, dt. vagabundierender Arzt und Schwarzkünstler; aus mehreren St. ausgewiesen; schon zu Lebzeiten zur Sagengestalt geworden; die *F.sage* erfuhr viele dichter. Darst.: im Volksbuch, durch Marlowe, Lessing, Goethe, Grabbe, Lenau, Th. Mann.

Faustball, Ballspiel mit 2 Mannschaften (je 5 Spieler), Ball muss mit Faust od. Unterarm über die 2 m hohe Mittelschnur geschlagen werden.

Faustkeil, vorgeschichtl. Steinwerkzeug.

Faustpfand, bewegl. Sache des Schuldners im Besitz des Gläubigers (Pfandrecht).

Faustrecht, in der älteren Rechtssprache Bez. für tätl. Streitigkeiten u. die darauf gesetzte Strafe; heute ugs. für (unzulässige) Selbsthilfe.

Fauves [fo:v; frz.; = Wilde], Gruppe frz. Maler; erste Ausstellung 1905 in Paris; v. Cézanne u. d. Impressionismus herkommend; durch leuchtende Farbigkeit und Flächigkeit expressionist. Wirkung (Matisse, Derain, Dufy, Friesz, de Vlaminck, Braque).

Fauxpas [fo:'pa; frz.; = Fehltritt], Versehen, Taktlosigkeit.

Favorit [frz.], Günstling; Liebling; als Sieger zu erwartender Teilnehmer, bes. Sportler.

Fawkes, Guy [fɔ:ks], * 1570, † 1606, engl. Verschwörer; als Haupt der ↑Pulververschwörung in London hingerichtet.

Fayence [fa'jãs; frz.] (Majolika), Tonwaren mit ornamental od. figural bemalter Zinnglasur; ben. nach Faenza; Blüte in der Renaissance (Faenza, Urbino, Deruta); blauweiße Delfter F. (17. Jh.); Nachahmung in Frkr. u. Dtl. (Berlin, Ansbach, Bayreuth).

Fäzes, svw. ↑Exkremente.

Fazit [lat.; = es macht], Ergebnis, Endsumme, Schlussfolgerung.

FBI ['ɛf bi: 'aɪ], Abk. für: ↑**F**ederal **B**ureau of **I**nvestigation.

FCKW, Abk. für ↑**F**luor**c**hlor**k**ohlen**w**asserstoffe.

FDGB, Abk. für: ↑**F**reier **D**eutscher **G**ewerkschafts**b**und.

FDJ, Abk. für: ↑**F**reie **D**eutsche **J**ugend.

FDP: 1) Abk. für: ↑**F**reie **D**emokratische **P**artei; **2)** übl., jedoch nicht parteioffiz. Abk. für: ↑**F**reisinnig**d**emokrat. **P**artei der Schweiz.

Fe, Zeich. für ↑Eisen (☌).

Feature ['fi:tʃə; engl.], Rundfunk-, Film- od. Fernsehgestaltung an sich undramat. aktueller Themen, aus Reportage u. Kommentar gemischt.

Februar [lat.], nach dem altröm. Sühnefest *(februa)* ben. 2. Monat des Jahres (28, in Schaltj. 29 Tage).

Februarrevolution: 1) Pariser Revolution v. 24. 2. 1848, Sturz Kg. Louis Philippes; **2)** russ. Revolution v. 17. 3. 1917 (nach damaliger russ. Zeitrechnung 27. 2.), Absetzung des Zaren u. Bildung einer provisor. bürgerl. Regierung.

fec., Abk. für: **fec**it [lat.; = hat es gemacht], häufig hinter dem Künstlernamen auf Bildwerken.

Fécamp [fe'kã], nordfrz. Hafenst. nö. v. Le Havre, 21 400 E.

Fechten, Zweikampf mit Hieb- u. Stoßwaffen; *Sport-F.:* der Gegner muss durch Hieb od. Stoß getroffen werden (Herren 5, Damen 4 Treffer), beim Florett auf den Oberkörper ohne, bei Säbel mit Kopf u. Armen, beim Degen auf den ganzen Körper; Treffer werden mit der Waffe od. durch Ausweichen *pariert* (Parade); in der BRD *Dt. Fechter-Bund.*

Fedajin [arab.; Einz. Fidai], urspr. Mitgl. der Sekte der Assassinen, die mit Mordaufträgen ausgeschickt wurden; heute Selbstbez. arab. u. iran. Freischärler.

Feder: 1) kompliziertes Horngebilde der Vogelhaut für Flug und Wärmeschutz; aus dem *F.balg* kommt der *F.kiel* (aus *F.spule* u. *-schaft*) mit der *F.fahne* (aus *F.ästen* u. *-strahlen*); v. a. als Deck-, Daunen-, Schwung- u. Steuer-F.n; **2)** spiral- od. blattförm. Gebilde aus Stahl u. a. elast. Material zum Auffangen od. Ausüben v. Druck, Zug, Biegung, Dehnung; dient zus. mit anderen Bauel. in *Federungen* zur Dämpfung von Erschütterungen u. a.; als *Trieb-F.* zur Erzeugung von Bewegungen verw. (Uhrwerk).

Federal Bureau of Investigation ['fedərəl bju:'rəʊ ɔf ɪnvestɪ'geɪʃn], Abk. FBI, B.-Kriminalpolizei der USA, gegr. 1908.

Federball ↑Badminton.

Federgewicht ↑Übers. S. 658.

Federsee, See in Oberschwaben, 1,4 km², z. T. verlandet *(Federmoor);* vorgeschichtl. Funde; Naturschutzgebiet.

Federung ↑Feder 2).

Federwaage, Gerät zur Messung v. Kräften (z. B. Gewicht) durch elast. Verformung einer Feder.

Federwechsel, svw. ↑Mauser.

Federweißer, gärender, flockiger Weinmost; u. a. auch als Bitzler u. Sauser bezeichnet.

Fee [frz.], [meist] freundl. Märchenfrau (Geist); in orient., altfrz., mhd. Dichtung, bei Wieland, Grimm, Shakespeare.

Feed-back ['fi:dbæk; engl.], svw.

Fayence. *Schale mit figürlichem und floralem Dekor (persische Arbeit; um 1250)*

Felsbilder.
Bogenschützen (libysche Wüste)

↑Rückkopplung; Regelung eines Vorgangs, bei der die Eingangsgröße durch eine Änderung der Ausgangsgröße beeinflusst wird. – ↑auch Biofeedback.

Fegefeuer, kath. Lehre vom Reinigungszustand für die Seelen Verstorbener, die noch lässl. Sünden u. zeitl. Sündenstrafen abbüßen.

Fehde, im MA Privatkrieg zur Durchsetzung von Rechtsansprüchen; geordnet im F.recht; im Ewigen Landfrieden 1495 verboten.

Fehlgeburt, svw. ↑Abort.

Fehling, Hermann von, * 1811, † 1885, dt. Chemiker; gab die *f.sche Lösung* an, eine Kupfersulfat- u. -tartratlösung zum Nachweis u. zur quantitat. Bestimmung v. Traubenzucker u. a. Aldehyden bzw. reduzierend wirkenden Substanzen.

Fehmarn, dt. Ostseeinsel zw. Kieler u. Mecklenburger Bucht, 185,1 km², Getreideanbau; Fremdenverkehr; Hauptort Burg auf Fehmarn. Von Puttgarden aus Fährverkehr über den *F.belt* im Verlauf der ↑Vogelfluglinie.

Fehn (Fenn, Venn), sumpf.-moor. Gelände (Niederlande, NW-Dtl.).

Fehrbellin, St. in Bbg., 3500 E; Ind. – 1675 Sieg des Gr. Krfst. über die Schweden.

Feiertag, weltl. od. kirchl. Festtag mit Arbeitsruhe; gesetzl. F.e mit F.sschutz u. Vergütung des Arbeitsverdienstausfalls.

Feigenbaum, einer der wichtigsten Obstbäume der Mittelmeerländer (Maulbeergewächs).

Feile, gezahntes oder gerieftes Werkzeug aus gehärtetem Stahl zum Abnehmen v. Spänen.

Feingehalt (Feinheit), der Anteil eines Edelmetalls in einer Legierung [angegeben in Promille, fr. in ↑Karat 3)].

Feininger, Lyonel, * 1871, † 1956, dt.-amer. Maler u. Grafiker; 1919–33 Mitgl. des Bauhauses, Bildaufbau in Prismen u. Kuben (Städtebilder, Schiffe).

Felchen (Renken), forellenart. Speisefische; *Blau-F.* bes. in den Alpenseen.

Feld, jede physikal. Erscheinung, bei der die sie charakterisierende physikal. Größe *(F.größe,* häufig eine ↑*F.stärke)* eine Funktion der Ortskoordinaten [u. der Zeit] ist; auch die Gesamtheit dieser den Raumpt. zugeordneten Funktionswerte bzw. das in diesem physikal. [Erregungs]zustand befindl. Raumgebiet; i. e. S. *Kraft-Feld.* Beispiele: *Schwere-* (Gravitations-), *elektr., magnet., elektromagnet. F.*

Feldberg, höchster Berg des Schwarzwaldes, 1493 m; Wetterstation.

Feldberg, Großer ↑Großer Feldberg.

Feldeffekt, durch ein elektr. Feld hervorgerufene Änderung der elektr. Stromdichte bzw. des Widerstands in einem Halbleiter[gebiet]; zur Steuerung im *F.transistor* (FET) genutzt.

Feldhühner, Unterfam. der Hühnervögel; u. a. Rebhuhn, Rothuhn, Steinhuhn, Wachtel.

Feldjäger: 1) in Preußen 1740 bis 1919 berittene Truppe, u. a. für Kurierdienst; **2)** Mitgl. der *F.truppe* der B.-Wehr, Militärpolizei.

Feldlini|en (Kraftlinien), Hilfslinien z. Veranschaulichung eines vektoriellen ↑Feldes, geben an jedem Pt. die Richtung der Kraftwirkung des Feldes an.

Feldmarschall, fr. hoher mil. Rang (*Gen.-F.* höchster Rang).

Feldsalat (Rapunzel), heim. Baldriangewächs, Winter- und Frühjahrssalat.

Feldscher, fr. Bez. für Wundärzte bei der Truppe.

Feldschlange, spätma. Geschütz mit relativ langem Rohr.

Feldspäte, weit verbreitete Gruppe gesteinsbildender Minerale; *Alkali-F.* sind Gemische zw. den Grenzzusammensetzungen $Na(AlSi_3O_8)$ (Albit) u. $K(AlSi_3O_8)$ (monokliner Orthoklas; trikliner Mikroklin); *Kalknatronfeldspäte* zwischen $Na(AlSi_3O_8)$ (Albit) und $Ca(Al_2Si_2O_8)$ (Anorthit).

Feldstärke, vektorielle Größe zur Kennzeichnung [der lokalen Kraftwirkung] eines ↑Feldes.

Feldstecher, binokulares galileisches Fernrohr.

Feldwebel, mil. Dienstgrad.

Feldzeugmeister, fr. Titel des Oberbefehlshabers der Artillerie.

Felge: 1) Verbindungsglied zw. Reifen u. Radkranz; **2)** turner. Übung (Reck, Ringe, Barren), bei der der Turner eine ganze Drehung aus dem Stand od. Hang zum Stütz ausführt.

Felix (V.), * 1383, † 1451, seit 1416 Herzog Amadeus VIII. von Savoyen; 1439–49 [letzter] Gegenpapst.

Fellachen, Ackerbau treibende Landbev. in arab. Ländern.

Fellbach, St. im nö. Vorortbereich von Stuttgart, Ba.-Wü., 42500 E; vielseit. Ind., Weinbau.

Felleisen [frz.], Mantel-, Rucksack.

Fellini, Federico, * 1920, † 1993, ital. Filmregisseur u. Drehbuchautor; „La Strada", „Das süße Leben".

Felsbilder, ortsfest an Felsen od. in Höhlen angebrachte Malereien (meist mit Eisenoxiden) u. Gravierungen der letzten 10 Jt.e; äußerst vielgestalt. von verist. Tierbildern (teilw. im *Röntgenstil,* Kennzeichnung äußerl. unsichtbarer Organe) bis zu abstrakten Gebilden; bed. Fundorte in allen Erdteilen.

Felsenstein, Walter, * 1901, † 1975, östr. Regisseur; seit 1947 Intendant der Kom. Oper in Berlin (Ost).

Felsentempel, Tempel in natürl. oder künstl. Felshöhlen, u. a. buddhist., ägypt. (Abu Simbel) u. hethit. F. (Yazılıkaya).

Feme ↑Femgericht.

Femel[schlag]betrieb (Plenterbetrieb), Waldbewirtschaftung mit dem Ziel, zu einem ungleichaltr. Mischbestand zu kommen.

Fememorde, von Geheimges. durchgeführte polit. Morde, in Dtl. bes. an Politikern der Mitte- u. Linksparteien nach 1919 durch rechtsradikale Verbände verübt.

Femgerichte [wohl ident. mit niederl. veem = Genossenschaft], seit dem 13. Jh. vereinzelt in Westfalen nachweisbare öff. Gerichte (Freiding; Vors.: Freigraf, mind. 7 Freischöffen); Urteil: nur Freispruch od. Tod (bei Nichterscheinen Verfemung); allm. Übergang zu heiml. Verhandlung; Verfall seit dem 15. Jh., vereinzelt bis Ende des 18. Jh.s.

feminin [lat.]: **1)** weiblich; **2)** charakteristisch für die Frau.

Femininum, weibl. Hauptwort (z. B. *die* Uhr); ↑auch Genus 1).

Feminismus, Teil der Frauenbewegung, strebt durch Veränderung gesellschaftl. Normen Befreiung d. Frau von Diskriminierung u. Unterdrückung an.

Femto... [skand. = fünfzehn], Zeich. f, Vorsatz vor Einheiten im Messwesen, bez. den 10^{15}ten Teil der betr. Einheit.

Fenchel, Doldengewächs, im Mittelmeergebiet heim.; auch bei uns angebaute Gewürzpfl.; Kulturformen auch als Gemüse.

Fendant [fã'dã; frz.] ↑Gutedel.

Fenek, kl., sandgelber Wüstenfuchs N-Afrikas mit sehr gr. Ohren.

Fénelon, eigtl. François de Salignac de La Mothe-F. [fen'lõ], * 1651, † 1715, frz. Schriftsteller; Erzb. v. Cambrai, Erzieher am Hofe Ludwigs XIV.; Quietist; „Les aventures de Télémaque" (dt. Ausgabe 1734–39); Vorläufer der Aufklärung.

Fenn, svw. ↑Fehn.

Fenrir (Fenriswolf), Dämon der nord. Mythol., Sohn des Loki.

Fensterblatt, Art der Aronstabgewächse aus Mexiko; Kletterstrauch mit zahlr. Luftwurzeln u. bis 100 cm langen, etwa 70 cm breiten, fensterartig durchlöcherten Altersblättern.

Fensterrose, Rundfenster mit Maßwerk in Form einer Rose, v. a. in der Gotik.

Feofan Grek (Theophanes der Grieche), * wohl um 1330, † um 1410, griech. Maler; führte in Russland den spätbyzantin. Stil ein; Fresken; Ikonostase der Verkündigungskathedrale im Moskauer Kreml (1405).

Ferdausi, Abol Ghasem Mansur, * um 940, † 1020 od. 1026, pers. Dichter; Verf. des pers. Nationalepos „Schah Name".

Ferdinand: *Hl. Röm. Reich:* **1) F. I.,** * 1503, † 1564, Enkel Maximilians I., Bruder u. Stellvertr. Karls V. in Dtl. (seit 1521); 1526 Kg. v. Böhmen und Ungarn, 1531 dt. König, 1556 Nachf. Karls V. als Ks.; Abwehr der Türken, Augsburger Religionsfriede 1555; **2) F. II.,** * 1578, † 1637, Enkel von 1), 1619 Ks.; bekämpfte den Protestantismus in den habsburg. Erblanden, führte den 30-jähr. Krieg für eine kath. Reorganisation des Reiches; **3) F. III.,** * 1608, † 1657, Sohn von 2), 1637 Ks.; schloss 1648 den Westfäl. Frieden. – *Aragonien:* **4) F. II.,** der Kath., * 1452, † 1516, Kg. seit 1479; vereinigte durch seine Heirat mit Isabella v. Kastilien Aragonien u. Kastilien, eroberte 1492 Granada, den letzten Stützpunkt der Mauren; Zusammenschluss v. ganz Spanien nach der Eroberung v. Navarra (1512). – *Bulgarien:* **5) F. I.,** * 1861, † 1948, aus dem Hause Sachsen-Coburg-Koháry, 1887 von den Bulgaren zum Fürsten gewählt, 1908 Zar des Kgr. Bulgarien; dankte 1918 ab. – *Kastilien:* **6) F. I.,** d. Gr., * um 1017, † 1065, reg. s. 1035; Kg. von León seit 1037; s. 1054 als „Ks." Oberherr des christl. Spaniens. – *Östr.:* **7) F. I.,** * 1793, † 1875, Ks. s. 1838, dankte 1848 zugunsten seines Neffen Franz Josef ab. – *Rumänien:* **8) F. I.,** * 1865, † 1927, aus dem Hause Hohenzollern-Sigmaringen, Kg. s. 1914. – *Spanien:* **9) F. VII.,** * 1784, † 1833, 1808 Kg.; v. Napoleon I. abgesetzt, 1814 wieder eingesetzt, reg. absolutist.-reaktionär; 1823 mit frz. Hilfe Sieg über die Revolutionäre.

Fenek

Fergana, St. in Usbekistan, 226 500 E; PH; Textil-, Nahrungsmittel-, Erdöl verarbeitende Ind.

Fermat, Pierre de [fɛr'ma], * 1601, † 1665, frz. Mathematiker; wicht. Sätze auf dem Gebiet der Zahlentheorie, Infinitesimalrechnung und Optik.

Fermate [ital.], Zeichen: 𝄐 (über der Note), das Aushalten einer Note od. Pause über den angegebenen Zeitwert hinaus.

Fermentation [lat.], unter dem Einfluss von Enzymen ablaufende chem. Reaktion; tritt u. a. bei der Gärung auf, bei der Warmlagerung v. Tabak, Tee u. a.

Fermi, Enrico, * 1901, † 1954, ital.-amer. Physiker; entdeckte 1934 die Kernumwandlung durch Neutronenbeschuss; setzte 1942 den 1. Kernreaktor in Chicago in Betrieb; Nobelpreis 1938.

Fermium, chem. El., Symb. Fm, OZ 100, Metall, radioakt. ↑Actinoid; 1954 durch Einwirkung von Neutronen auf Plutonium gewonnen.

Fernandel [-nã'dɛl], eigtl. Fernand Joseph Désiré Contandin, * 1903, † 1971, frz. Filmschauspieler; hauptsächl. Darsteller kom. Rollen, v. a. bekannt durch die Titelrolle in den „Don-Camillo u. Peppone"-Filmen der 50er-Jahre.

Fernau, Joachim, * 1909, † 1988, dt. Schriftsteller; unterhaltsame Geschichtsdarstellung.

Fernkopierer (Telekopierer), Zusatzgerät zum Fernsprecher zum Übertragen von Schriftstücken über Fernsprechleitung; Bez. bei der Dt. Telekom: *Telefax.* Die Vorlage wird zeilenweise opt. abgetastet, die Schwarzweißwerte werden in Frequenzen (im Hörbereich) umgesetzt.

Fernlenkung (Fernsteuerung), Steuerung unbemannter Land-, Luft-, Wasser- u. Raumfahrzeuge durch drahtlos übermittelte elektr. Signale.

Fernmeldewesen, die Fernsprech-, Telegrafen-, Funk- u. Fernsehwesen umfassende Nachrichtenübertragung; in der BRD von der Dt. Telekom betrieben.

Fernpass, Nordtiroler Pass, 1 209 m.

Fernrohr (Teleskop), opt. Instrument, das entfernte Gegenstände durch Vergrößerung des Sehwinkels scheinbar näher rückt; *keplersches F.* aus 2 Sammellinsen[systemen] (Objektiv u. Okular; umgekehrtes Bild); *galileisches (holländ.) F.* aus einer Sammel- (Objektiv) u. einer Zerstreuungslinse (Okular; aufrechtes Bild).

Fernschreiber, schreibmaschinenähnl. Drucktelegraf, der über die Tastatur eingegebene Text wird kodiert übertragen, Ein- u. Ausgabe im Klartext (↑Telexnetz).

Fernsehen (Television, Abk. TV), die Aufnahme, funktechn. oder kabelgebundene Übertragung u. Wiedergabe sichtbarer, bewegter Vorgänge od. ruhender Vorlagen. Grundprinzip: 1. Umwandlung der Helligkeitswerte (beim Schwarzweißfernsehen) der Farbtöne und deren Sättigung (beim Farbfernsehen) innerh. eines Bildfeldes in elektr. Signale, 2. Weiterleitung dieser elektr. Signale an best. Stellen (Industrie-F., Verkehrsüberwachung) od. Ausstrahlung über

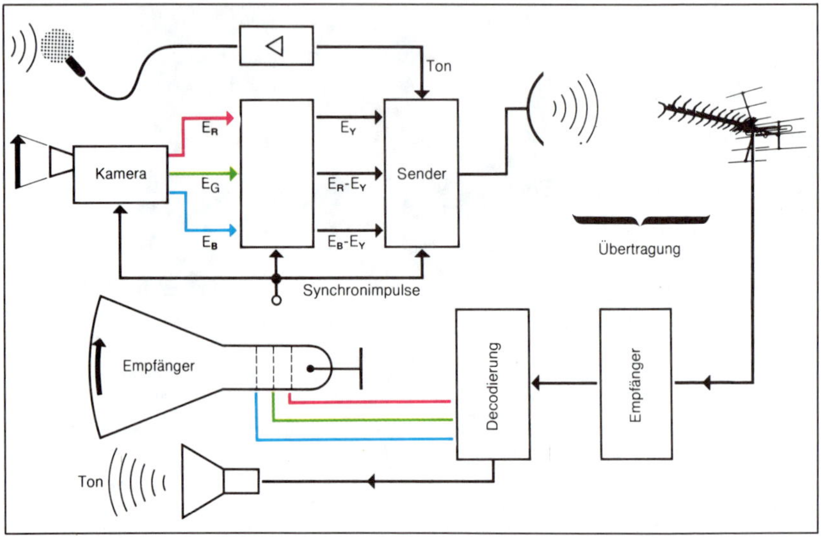

Fernsehen. *Schema der Farbfernsehübertragung*

Sendeanlagen zum allg. Empfang, 3. Rückwandlung der elektr. Signale in entsprechende Helligkeits- od. Farbwerte. Bei der *Fernsehübertragung* werden die einzelnen Helligkeitswerte eines Bildfeldes nacheinander übermittelt. Das Bildfeld wird dazu in waagerechte Zeilen zerlegt. In M-Europa ist seit 1952 eine Normzahl von 625 Zeilen auf Beschluss des CCIR (*C*omité *C*onsultatif *I*nternational de *R*adio communications) festgelegt. – Ein *Fernsehsender* besteht aus dem Fernsehbildsender, dem Fernsehtonsender u. der gemeinsamen Antenne. Die Fernsehsendeantennen bestehen aus Gruppen von Doppelstrahlern (Dipolen), die entw. horizontal (waagerechte Stäbe) oder vertikal (senkrechte Stäbe) polarisiert strahlen. Die *Empfangsantennen* bestehen aus Dipolgruppen in senkrechter od. waagerechter Lage. Der *Fernsehempfänger* arbeitet nach dem Überlagerungsprinzip, sowohl im Bild- als auch im Tonteil. Die Frequenzen des gewünschten Bild/Tonsender-Paares werden mit einem Kanalwähler ausgewählt, auf feste Zwischenfrequenzen (ZF) umgesetzt u. verstärkt. Aus der Bild-ZF wird durch Gleichrichtung das Videosignal wiedergewonnen u. der Steuerelektrode der Bildröhre zugeführt. Das sichtbare Bild entsteht auf dem Fluoreszenzschirm der Bildröhre (Prinzip der braunschen Röhre, ↑Elektronenstrahlröhre).

Farbfernsehen: Zur Umwandlung eines farbigen Bildes in übertragbare elektr. Signale werden drei Farbauszüge Rot (R), Grün (G) u. Blau (B) mit drei Fernsehaufnahmeröhren unter Verwendung von Farbfiltern hergestellt.

Mittels eines elektr. Übertragungssystems werden die drei Farbsignale drei Elektronenstrahlsystemen in der Bildröhre zugeführt, die durch eine exakt justierte Loch- bzw. Schlitzmaske hindurch die Farbpunkte bzw. -streifen des Bildschirms *(Delta-, Inline-Röhre)* zum Aufleuchten bringen, wobei die Farbauszüge im Auge des Beobachters als farb. Gesamtbild in additiver Farbmischung vereint erscheinen. Zur Zeit sind neben dem amer. *NTSC-Verfahren* (NTSC, Abk. für engl. *N*ational *T*elevision *S*ystem *C*ommitée) zwei europäische Systeme in Gebrauch, das *PAL-System* (PAL, Abk. für engl. *P*hase *A*lternating *L*ine) und das *SECAM-System* (SECAM, Abk. für frz. séquentiel à mémoire). Seit 1994 ermöglicht die modifizierte PAL-Norm *PALplus* mit einem Breite-Höhe-Verhältnis von 16:9 eine verbesserte Bildqualität. Die 1991 eingeführte analoge Übertragungsnorm *D2-Mac* (Mac, Abk. für *M*ultiplexed *a*nalogue *c*omponents) wurde 1993 zugunsten einer geplanten digitalen Fernsehnorm für das *HDTV* (HDTV, Abk. für *H*igh *D*efinition *TV*) mit einer Auflösung in 1 250 Bildzeilen aufgegeben.

Fernsprechen, die Nachrichtenübermittlung über einen *Fernsprecher (Telefon),* wobei für jeden Teilnehmer ein Mikrofon u. ein Fernhörer (über einen Übertrager) in Serie geschaltet u. an beide Adern der Verbdg.sleitung angeschlossen sind; im gleichen Maße, wie sich die Widerstände im Mikrofon beim Sprechen ändern, ändert sich der Strom im Sprechkreis; die Stromschwankungen ändern im *Hörer* die Feldstärke eines Permanentmagneten, vor dessen Pole eine Stahlmembran gespannt ist, deren Bewegungen hörbare Schallwellen erzeugen.

Fernsteuerung, svw. ↑Fernlenkung.

Fernuniversität, Univ., die ihre nicht ortsgebundenen Studenten v.a. mittels Studienbriefen unterrichtet. Erste Gründung in der BRD 1974 durch das Land Nordrhein-Westfalen in Hagen.

Fernunterricht, eine Unterrichtsart, bei der Unterrichtsmedien, v.a. Studienbriefe mit Tests und individuell geschriebene Briefe sowie Hörfunksendungen, eingesetzt werden.

Ferrara, nordital. Prov.-Hptst. am Po, 137 500 E; Univ.; Kathedr. (12. Jh.), Kastell der ↑Este (14. bis 16. Jh.), Renaissancepaläste; Ind.

Ferrer [fəˈreə]: **1)** José, * 1912, † 1992, amer. Schauspieler u. Regisseur („Moulin Rouge"); **2)** Mel, eigtl. Melchior F., * 1917, amer. Schauspieler u. Regisseur („Krieg u. Frieden").

Ferrit [lat.]: **1)** reine, kohlenstofffreie, magnet. Eisenkriställchen („α-Eisen"); **2)** Verbdg. von Eisen(III)oxid mit anderen Metalloxiden (Oxidkeramik); Magnetwerkstoffe.

Ferrit|antenne, spulenförm., auf einen Ferritstab gewickelte Antenne, starke Richtwirkung.

Ferrolegierungen, Eisenlegierungen, die im Ggs. zum Stahl größere Mengen (bis 95%) anderer Metalle oder Nichtmetalle enthalten; z. B. Ferromangan, Ferrosilicium.

Ferromagnetismus, Eigensch. best. Stoffe (*Ferromagnetika,* v. a. Eisen, Kobalt, Nickel u. best. Legierungen u. Oxide), im Magnetfeld eine sehr starke ↑Magnetisierung 1) zu erfahren, die permanent sein kann; der F. ist keine Eigenschaft der einzelnen Atome, sondern von kleinen *weissschen Bezirken,* die als Elementarmagnete fungieren u. sich in Richtung des Magnetfeldes einstellen.

Fersenbein, größter Fußwurzelknochen.

Fertilität [lat.], Fruchtbarkeit.

Fès, nordmarokkanische St., 449 000 E; Handelszentrum; zwei Univ.; Textil-, Leder-, Metallind.; ✈.

Fes [türk.], rote Filzkappe der Araber, noch bei Balkantrachten.

Fessel, beim Menschen Übergang von der Wade zur Knöchelgegend, bei Huftieren Teil des Fußes zw. Fesselgelenk u. Huf.

Festgeld (Termingeld), auf einen best. Rückzahlungstermin (mind. 1 Monat) geliehenes Geld; Ggs. *tägl. Geld* (tägl. kündbar).

Festigkeit, Widerstandskraft eines Stoffes [in N/mm²] gg. Formänderungen (u. a. Eisen, Stahl; 400 bis 2000 N/mm²).

Festival [festiˈval, frz.; ˈfestɪvəl, engl.], Musikfest; Festspiel.

Festmeter, Einheitenzeichen Fm od. fm, 1 m³ fester Holzmasse; Ggs. ↑Raummeter.

Festnahme, vorläufige, Ergreifen des Straftäters auf frischer Tat, bei Fluchtverdacht oder zur Identitätsfeststellung; zur v.n F. ist jedermann berechtigt; spätestens nach einem Tag Vorführung vor den Haftrichter.

Festplatte, Magnetplattenspeicher, der i. Ggs. zur Diskette nicht gewechselt werden kann.

Feststellungsklage, gerichtl. Klage auf die Feststellung des [Nicht]bestehens eines Rechtsverhältnisses.

Fetthenne. *Mauerpfeffer*

Festung, sehr starke Ortsbefestigung an strateg. wicht. Stelle; Höhept. der europ. F.sbaukunst im 17./18. Jh. durch ↑Vauban.

festverzinsliche Wertpapiere, ↑Schuldverschreibungen, ↑auch Anleihe.

FET, Abk. für: **F**eld**e**ffekt**t**ransistor (↑Feldeffekt).

fetal [lat.], zum ↑Fetus gehörend.

Fetisch [frz.], ein Gegenstand (Stein, Horn; Figur), dem übernatürl. Kräfte zugeschrieben werden (Völkerkunde).

Fetischismus [frz.]: **1)** Fetischverehrung; **2)** sexuelle Anomalie, Verlagerung d. Begehrens auf Körperteile od. Gegenstände v. Personen des gleichen od. anderen Geschlechts.

Fette, aus pflanzl. u. tier. Gewebe gewonnene Stoffe, wicht. für die menschl. Ernährung (1 g entspr. 39 Joule = 9,3 kcal) u. für techn. Zwecke; Glycerinester der höheren [un]gesättigten Fettsäuren mit 10–24 C-Atomen; *harte F.* sind Ester gesättigter u. langkettiger, *weiche F.* ungesättigter und kurzkettiger Fettsäuren.

Fettelschoß, Marita, * 1951, dt. Sozialpädagogin, Arbeiten zur Problematik der Zweierbeziehung.

Fettfleckigkeit ↑Übers. S. 528 ff.

Fettgewebe, lockeres Bindegewebe mit tropfenförmig verteiltem Fett in den Zellen.

Fetthenne (Sedum), Gattung der Dickblattgewächse der nördl. Erdhälfte.

Fettkraut, Wasserschlauchgewächs; Fleisch fressende Pflanze.

Fettpflanzen, svw. ↑Sukkulenten.

Fettsäuren, einbas. organ. Säuren, z. B. Ameisen-, Essig-, Butter-, Stearinsäure usw.; längerkettige (höhere) F. kommen v. a. in den Fetten vor (wicht. f. d. Ernährung); zahlr. nied. u. höhere F. werden f. techn. Zwecke (Synthese, Kunststoffe, Weichmacher) hergestellt.

Fettsucht, [krankhafte] Fettanreicherung im Körper durch Überernährung, Erkrankungen der endokrinen Drüsen (Schilddrüsen-, genitale F.) u. a.

Fetus (Fötus) [lat.], menschl. Leibesfrucht vom 4. Monat an.

Feuchtersleben, Ernst Frhr. v., * 1806, † 1849, östr. Lyriker u. Essayist.

Feuchtmayer (Feichtmayr): **1)** Johann Michael, * 1709 od. 1710, † 1772, dt. Stuckator; **2)** Joseph Anton, * 1696, † 1770, bed. dt. Bildhauer u. Stuckator; Ausstattung der Wallfahrtskirche Birnau.

Feuchtwanger, Lion, * 1884, † 1958, dt. Schriftsteller; zeitkrit. u. histor. Romane, „Jud Süß".

feudal [mlat.]: **1)** das Lehnswesen betr.; **2)** herrschaftlich.

Feudalismus [mlat.], im 17. Jh. entstandener Begriff, der zunächst den Gesamtkomplex lehnsrechtl. Normen (↑Lehen) bezeichnete, Ende des 18. Jh. krit. als die dem Staat des Ancien Régime entsprechende Gesellschaft aufgefasst wurde, die durch adligen Grundbesitz und damit verbundene Herrschaftsrechte und Standesprivilegien gekennzeichnet war. Im 19. Jh. wurde F. – als Gegenbegriff zu Kapitalismus – zum Typenbegriff erweitert u. so auch auf außereu-

Anselm Feuerbach. *Francesca da Rimini und Paolo Malatesta*

rop. Gebiete (Asien, Amerika) anwendbar.

Feuerbach: 1) Anselm, * 1829, † 1880, dt. Maler; Verbdg. v. klass. u. romant. El.; „Iphigenie", „Das Gastmahl des Plato"; **2)** Ludwig, * 1804, † 1872, dt. Philosoph; Einfluss auf Marx u. Engels.

Feuerbestattung, Art der Totenbestattung; [kult.] in Vorzeit u. Altertum; in Dtl. nur in *Krematorien* unter behördl. Aufsicht.

Feuerdorn, Zierstrauch mit feuerroten Früchten in wärmeren Gegenden Europas.

Feuerflunder, Stechrochen, bis 2,5 m lang, mit gift. Schwanzstachel; Kosmopolit.

Feuerland, südamer. Insel südl. der Magalhãesstraße, 47 000 km²; mit den umliegenden Inseln bildet sie den *F.-Archipel* (71 000 km²; O zu Argentinien, W zu Chile); Schafzucht; Erdöl- u. Erdgasförderung.

Feuerlilie, heim. Lilienart mit feuerroten Blüten; geschützt.

Feueropal, Abart des ↑Opals 1).

Feuersalamander, etwa 25 cm langer schwarzer Schwanzlurch mit gelben Flecken auf der Körperoberseite u. Giftdrüsen; M- u. S-Europa; geschützt.

Feuerschiff, Schiff mit Leuchtfeuer als Navigationshilfe an Seewasserstraßen.

Feuerschwamm, Holz zerstörender Pilz an Laubbäumen, zur Familie der Porlinge.

Feuerstein (Flint), Abart des ↑Jaspis; als Knollen hpts. in der ↑Kreide 1); zu Steinwerkzeugen u. zum Feuerschlagen, u. a. als **F.schloss** an alten Handfeuerwaffen.

Feuerwalzen, Manteltiere trop. Meere; Leuchtvermögen (Ursache des sog. Meeresleuchtens).

Feuerwanzen, Wanzen mit auffallender rotschwarzer Färbung.

Feuerwehr, Organisation zur Bekämpfung u. Verhütung v. Bränden u. zum Katastropheneinsatz; 1. *Berufs-F.* (bei Gemeinden über 100 000 E gesetzl. vorgeschrieben) rückt bei *Feueralarm* von der *Feuerwache* aus an; hat mind. einen Löschzug (2 Löschgruppen), Kraftspritzen, Löschwagen u. Sonderfahrzeuge; auch für *techn. Nothilfe* u. *vorbeugenden Brandschutz* (feuerpolizeil. Aufgaben); 2. *freiwill. F.* (ebenfalls gesetzl. vorgeschrieben), entweder aus freiwill. Mitgl. oder als Pflicht-F., falls keine freiwillige F. zustande kommt; Aufgaben wie Berufs-F. (jedoch keine feuerpolizeilichen); 3. *Werks-F.* in Großbetrieben od. Betrieben mit erhöhter Brandgefahr.

Feuerwerker: 1) Hersteller von ↑Feuerwerkskörpern; **2)** Sprengmeister.

Feuerwerkskörper, mit pyrotechn. Mischungen aus Schwarzpulver u. Zusätzen gefüllte Papphülsen u. Ä. als Signal (Leuchtkugeln) od. für Feuerwerk.

Feuerzangenbowle, eine Art Glühwein aus Rot- od. Weißwein mit Rum (od. Arrak), der brennend von einem Zuckerhut auf einer *Feuerzange* herabtropft.

Feuilleton [fœj(ə)'tõ; frz.], kultureller Teil einer Zeitung.

ff, Abk. für: **1)** fortissimo (= sehr stark) (𝆑𝆑); **2)** sehr fein (von Waren).

ff., Abk. für: folgende [Seiten].

Fiaker [frz.], [zweispännige] Pferdedroschke (wienerisch).

Fiale [ital.], schlankes Spitztürmchen (Gotik).

Fianna Fáil [-fɔjl; ir.; = Fenischer Wall], v. de ↑Valera 1926 gegr. radikale republikan. ir. Partei.

Fibel [gr.]: **1)** Kinderlesebuch; **2)** Elementarbuch eines Wissensgebietes.

Fibel [lat.], Gewandschließe (Nadel mit Bügel); Leitform der Archäol. Europas: eingliedr. im S, zweigliedr. im N (Bronze- bis Merowingerzeit); bis ins hohe MA benutzt.

Fiber [lat.], allg. svw. Faser.

Fibrin [lat.], „Faserstoff" des Blutes, der bei Blutgerinnung aus *Fibrinogen,* seiner gelösten Vorstufe im Blut, entsteht.

Fibrom [lat.], gutart. Geschwulst aus gefäßreichem Bindegewebe.

Fichte: 1) Hubert, * 1935, † 1986, dt. Schriftsteller; „Das Waisenhaus", „Lazarus u. die Waschmaschine"; **2)** Johann Gottlieb, * 1762, † 1814, dt. Philosoph; Vertr. des dt. Idealismus; entwarf ein System der Transzendentalphilosophie u. Wissenschaftslehre.

Fichtelberg, höchster Berg im dt. Teil des Erzgeb., 1 214 m.

Fichtelgebirge, dt. Mittelgeb. im nö. Bayern, im Schneeberg 1 053 m, großenteils bewaldet; Glas-, Porzellan-, Masch.- u. Textilind.; Fremdenverkehr; Granit-, Basalt-, Marmorbrüche.

Fichten, Nadelhölzer der nördl. Halbkugel; *Fichte* oder *Rottanne* wichtigster Waldbaum in Nord- u. M-Europa, bis 50 m hoch und 500 J. alt; wicht. Holzlieferant.

Fichtenspinner, dickleib., großer Schmetterling; Larve Kiefernschädling.

Ficino, Marsilio [fi'tʃi:no], * 1433, † 1499, ital. Renaissancephilosoph.

Fideikommiss [lat.], unveräußerl. u. unpfändb. Fam.-Vermögen in best. Erbfolge; mit Ges. v. 1938 in Dtl. aufgelöst.

Fidel, Streichinstrument; meist birnenförm. Korpus, mehr. Saiten.
Fidschi (Fiji), Staat im Pazifik; umfasst die F.inseln u. Rotuma; 1643 entdeckt, s. 1874 brit. Kronkolonie, 1970 unabhängig; UN- u. Commonwealth-Mitglied.
Fidschi|inseln, Gruppe von 320 (davon 100 bewohnt) Inseln im Pazifik, 18 272 km², Gewinnung von Kopra, Anbau v. Zuckerrohr, Bananen; Rinderzucht; ↑Fidschi.
fiduziarisch [lat.], treuhänderisch.
Fieber, erhöhte Körpertemp. (beim Menschen über 38 °C) bei krankhaft verändertem Allgemein-

Fiale

zustand, Abwehrmaßnahme des Körpers gg. Schädigungen; Temp. über 37 bis 38 °C: *subfebrile Temperatur.*
Fieberklee (Bitterklee), Enziangewächs mit kleeähnl. Blättern u. weißen, am Rand gefransten Blüten; Volksheilmittel gg. Fieber u. a.
Fiedel: 1) volkstüml. Bez. für Geige (↑Violine); **2)** ↑Fidel.
Fielding, Henry ['fi:ldɪŋ], * 1707, † 1754, engl. Schriftsteller; humorist.-realist. Romane, „Tom Jones oder die Gesch. eines Findelkindes".
Fieschi, Giovanni Luigi de [fi'eski], Gf. v. Lavagna, gen. Fiesco, * 1522, † 1547, Haupt der Verschwörung v. 1547 gg. den Dogen von Genua, starb beim Angriff auf dessen Flaggschiff.
Fieseler, Gerhard, * 1896, † 1987, dt. Flugzeugbauer; unter seiner Leitung wurde 1937 der *F.-Storch,* das erste Langsamflugzeug, konstruiert.
Fiesole, ital. St. nö. von Florenz, 14 800 E; Kathedr. (11. bis 13. Jh.), Baureste aus etrusk. u. röm. Zeit; Europ. Univ. (s. 1976).
FIFA, Abk. für: **F**édération **I**nternationale de **F**ootball **A**ssociation, Internat. Fußballfachverband; gegr. 1904; Sitz Zürich.

Fidschi

Fläche: 18 272 km²
Einwohner: (1995) 784 000
Hauptstadt: Suva
Amtssprachen: Englisch, Fidschianisch
Zeitzone: MEZ + 11 Stunden

Figaro, Lustspielfigur (listenreicher Diener); scherzhaft für Friseur.
Figl, Leopold, * 1902, † 1965, östr. Politiker (ÖVP); Bundeskanzler 1945–53; 1953–59 Außenmin., 1959–62 Präs. des Nationalrates.
Figur [lat.]: **1)** äußere Gestalt, Umriss (Math.); **2)** geschlossener Bewegungsablauf (Tanz); **3)** melod. od. rhythm. Notengruppe.
Fiktion [lat.]: **1)** Erdichtung, Erfindung; **2)** Annahme als wiss. Hilfsmittel; **3)** für eine best. gewünschte Rechtsfolge unterstellter falscher Tatbestand (§).
fiktiv [lat.], angenommen; auf einer Fiktion beruhend.
Filari|en [lat.], durch Insekten übertragene Fadenwürmer; können ↑Elefantiasis erzeugen.
Filchner, Wilhelm, * 1877, † 1957, dt. Forschungsreisender in Z-Asien u. Nepal, Leiter der 2. dt. Südpolexpedition (1911/12).
Filder, fruchtb. Ebene südl. v. Stuttgart; Gemüseanbau.
Filderstadt (urspr. Filderlinden), St. in Ba.-Wü., auf den Fildern, 41 000 E; elektron. u. Nahrungsmittelind.; 1975 gebildet.
File [faɪl; engl.], Datei v. a. in einer EDV-Anlage.
Filet [fi'le; frz.]: **1)** Lenden- (Schlachtvieh, Wild), Brust- (Geflügel), Rückenstück (Fisch); **2)** netzart. Wirkware: *F.häkelei, -spitze, -stickerei.*
Filiale, Zweigniederlassung.
Filialgeneration [lat.], Tochtergeneration (Genetik).
Filigran [lat.], Zierwerk aus feinen Gold- od. Silberdrähten.
Film [engl.]: **1)** dünnes Häutchen (z. B. Öl-F.); **2)** biegsamer, durchsicht. Träger für lichtempfindl. Material, aus best. Kunststoffen (Fotogr.); **3)** durch Projektion des belichteten F.streifens auf einer Leinwand wiedergegebenes Lichtspiel; in Aufnahme u. Darstellung Möglichkeiten zu künstler. Gestaltung; als *Spiel-, Kultur-, Dokumentar-, Werbe-F.* u. a. – *Filmtechnik:* Objekt od. Szene werden auf perforierten Film mit 24 Bildern/s (Fernsehen 25 Bilder/s) aufgenommen. Nach jeder Belichtung zieht ein Greifer in der Kamera das Filmband weiter. Die Bildfrequenz kann (je nach dem Zweck) zw. 8 u. 64 Bildern/s variiert werden. Wird eine unter 24 liegende Frequenzzahl gewählt, ergibt die Wiedergabe einen Zeitraffer-, umgekehrt einen Zeitlupeneffekt.
Amateure u. Fernsehanstalten arbeiten mit dem beschränkt kopierbaren, jedoch bereits nach dem Entwickeln vorführbaren Umkehrfilm, Filmgesellschaften bevorzugen den beliebig oft kopierbaren Negativfilm, von dem nach dem Entwickeln zunächst Probepositive gezogen werden, die vom Cutter nach Auswahl zum vollständigen [Spiel]film zusammengeklebt werden. Diesem Film wird nach erfolgter Tonmischung die vom endgültigen Magnettonband hergestellte Lichttonspur beigegeben. Bes. Verfahren erfordern Zeichentrick- u. Puppenfilme. Trickaufnahmen versch. Art werden auch in anderen Filmgattungen verwendet. Durch die Trägheit des Auges werden rasch aufeinander folgende gleichartige opt. Eindrücke mit einer Frequenz von mehr als rd. 15 Bildern/s nicht mehr getrennt aufgenommen. Ein bewegter Vorgang kann also in eine Reihe Einzelbilder (Phasenbilder) zerlegt festgehalten (fotografiert) werden. Erfolgt die Wiedergabe in einem Rhythmus von mehr als 15 Einzelbildern/s, so entsteht der Eindruck eines geschlossenen Bewegungsablaufes („stroboskop. Bewegungstäuschung"). Die für eine flimmerfreie Wiedergabe erforderliche Frequenz von mindestens 48 Bildern/s (Flimmerverschmelzungsfrequenz) wird durch eine die Einzelbilder mehrmals abdeckende Flügelblende im Projektor erreicht.
Filmothek (Cinemathek), Slg. von Filmen u. Filmlit., Drehbüchern.
Filou [fi'lu:; frz.], Spitzbube, Schlaukopf, gerissener Mensch.
Filter [lat.]: **1)** poröser, netzart.

Finnland

Fläche: 338 145 km^2
Einwohner: (1995) 5,1 Mill.
Hauptstadt: Helsinki
Amtssprachen: Finnisch, Schwedisch
Zeitzone: MEZ + 1 Stunde

Körper (Schicht), der feste, ungelöste Teilchen von Gasen od. Flüssigkeiten abtrennt; Ergebnis: *Filtrat;* v.a. poröses Papier, Aktiv-Kohle, Bimsstein, Sandschichten (F.stein) u.Ä.; **2)** Kombination von Schwingungskreisen, die best. Frequenzbereiche aus einem Frequenzgemisch aussiebt; *Tiefpässe* sperren Hochfrequenz, *Hochpässe* Niederfrequenz; **3)** opt. Vorrichtung, die unerwünschte Strahlungsanteile des Lichtes ausschließt *(Farb-F.)* od. Licht polarisiert *(Polarisations-F.).*

Filz, Faserverband aus losen, nicht gesponnenen [Tier]haaren (Haar-F.) oder Wolle (Wollfilz).

Filzkraut (Fadenkraut), Gatt. der Korbblütler mit etwa 20 Arten; kleine Kräuter mit filzig behaarten Stängeln u. Blättern und sehr kleinen, wenigblütigen Köpfchen in Knäueln.

Filzlaus, Läuseart, befällt vorw. menschl. Schambehaarung.

Finale [ital.]: **1)** Schlusssatz (𝄞); **2)** Endkampf, Endrunde (Sport).

Finanz|amt ↑Finanzverwaltung.

Finanz|ausgleich, Ausgleich der Einnahmen u. Ausgaben zw. den Gebietskörperschaften (Bund, Länder, Gem.).

Finanzbuchhaltung, Buchhaltung zur Darst. der Außenvorgänge eines Unternehmens (akt. u. pass. Finanzierungsvorgänge) im Ggs. zur *Betriebsbuchhaltung* (Darst. der internen Vorgänge u. Bestände).

Finanzgericht, Gericht für Klagen u. Beschwerden gg. Entscheidungen der Finanzverw.; oberstes F. in der BRD: B.-Finanzhof, Sitz München.

Finanzierung, Bereitstellung oder Beschaffung von F.smitteln für Betriebszwecke; Arten: *Außen-* od. *Beteiligungs-F.* durch Eigenkapital von außen, z.B. Aktien (Eigen-F.) oder durch Aufnahme von Darlehen (Kredit- bzw. Fremd-F.); *Innen-F.* durch Zurückbehaltung von Gewinnen (Selbst-F.), Freisetzung von Abschreibungsgegenwerten.

Finanzverwaltung, Steuer- u. Zollverw. eines Landes; in der BRD *B.-F.:* B.-Finanzmin., Oberfinanzdirektionen (gemeins. Behörden von Bund u. Ländern), örtl. Behörden sind die Hauptzollämter; *Landes-F.:* Landesfinanzmin., Oberfinanzdirektionen, örtl. Behörden sind die *Finanzämter.*

Finck, Werner, * 1902, † 1978, dt. Kabarettist u. Schriftsteller.

Finderlohn ↑Fund.

Fin de siècle [fɛ̃d'sjɛkl; frz.; = Ende des Jh.s], überfeinerte Kunst- u. Geschmacksrichtung im späten 19. Jh.

Findlinge: 1) svw. ↑erratische Blöcke; **2)** svw. ↑Findelkinder.

Fine Gael ['fɪnəgɛːl], ir. polit. Partei, die sich aus Befürwortern des angloir. Vertr. v. 1922 innerhalb der ↑Sinn Féin bildete.

Finesse [frz.], Feinheit, kl. Kniff, Kunstgriff.

Fingerabdruckverfahren, svw. ↑Daktyloskopie.

Fingerhut, svw. ↑Digitalis.

Fingerkraut, Gatt. der Rosengewächse mit meist fingerförm. gefiederten Blättern; u.a. Gänse-F., Blutwurz.

fingieren [lat.], erdichten, ersinnen, vortäuschen.

Finish ['fɪnɪʃ; engl.]: **1)** letzter Schliff; **2)** Endkampf, -spurt (Sport).

Finkenvögel, meist kl. Singvögel; vorw. Körnerfresser mit kurzem Schnabel; z.B. Buchfink.

Finne: 1) Larvenform der Bandwürmer, blasenartig, bis kindskopfgroß; entwickelt sich im Magen des Zwischenwirtes aus dem Ei, wandert in best. Organe und gelangt durch Genuss rohen Fleisches in den Endwirt; **2)** Rückenflossen der Haie u. Wale.

Finnen ↑Finnougrier.

Finnisch: 1) Spr. der Finnen; eine der finn.-ugr. Sprachen; Schrift lat.; Amtsspr. seit 1883; **2)** Gruppe der finn.-ugr. Sprachen.

Finnischer Meerbusen, östl. Ausbuchtung der Ostsee zw. Estland u. Finnland, rd. 430 km lang, bis 120 km breit, bis 115 m tief; bis 170 Tage im Jahr vereist.

finnisch-ugrische Sprachen, Gruppe agglutinierender Spr. in Osteuropa u. Asien; 3 Gruppen: 1. *Ugrisch:* Ungarisch, Wogulisch, Ostjakisch; 2. *Permisch:* Syrjänisch, Wotjakisch; 3. *Finnisch:* Tscheremissisch, Mordwinisch, Ostseefinnisch (Finnisch, Karelisch, Wepsisch, Wotisch, Estnisch, Livisch), Lappisch.

Finnland, Rep. in Nordeuropa; Bev. 93,6 % finn.- und 6 % schwed.-sprachig; Religion: ev.-luth. (96 %). F. ist reich an Wäldern, Seen u. Mooren; Ackerbau nur in den küstennahen Gebieten; Viehzucht: v.a. Rinder, ferner Schafe, Schweine, Pferde, im N etwa 145 000 Rentiere (nach Reaktorunglück v. Tschernobyl 1986 in wirtschaftl. Bedeutung gesunken). Bed. Holzwirtsch. (waldreichstes europ. Land): Holz, Zellstoff u. Papier rd. 58 % des Exports. Bodenschätze: Kupfer und Zink; Energieerzeugung hpts. durch Wasserkraft. Bed. Metallind., Masch.-, Schiffbau. Für den Binnenverkehr wichtig die Wasserstraßen. – *Geschichte:* Vielleicht schon seit dem 2. Jh. v. Chr. v. Finnen besiedelt; im 12./13. Jh. schwed., christianisiert. 1713 u. 1808 russ. besetzt; 1809 autonomer Status im Zarenreich, 1918 unabh.; 1939/40 und 1941 bis 1944 Krieg gg. die UdSSR, endete mit Gebietsverlusten (Wyborg, Petsamo); 1948 Freundschafts- u. Beistandspakt mit der Sowjetunion; 1984–94 Mitgl. d. EFTA; 1995 Beitritt zur EU.

Finnougri|er, aufgrund sprachl. Gemeinsamkeiten zusammengefasste Völkergruppe; ursprüngl. Heimat (vorgeschichtl.) das mittl. u. östl. Russland; 1. die eigtl. *Finnen* in Finnland, *Waldfinnen* in Schweden u. Norwegen, *Karelier* u. *Wepsen* (Tschuden) hpts. in Karelien, *Esten* u. *Liven* im Baltenland, 2. *Wolgafinnen* mit *Mordwinen* u. *Mari* an der mittl. Wolga (bis oberer Don), 3. *Permier,* westl. des nördl. Ural mit *Komi* (Syrjänen) u. *Udmurten* (Wotjaken), 4. *Ugrier* mit *Ungarn* (Magyaren) an Donau u. Theiß, *Baschkiren* (turkisierte Ugrier) in den Steppen des südl. Ural bis zur unteren Wolga, *Mansen* (Wogulen) zw. mittl. Ural u. Tobolsk u. *Chanten* (Ostjaken) an Ob, Irtysch u. bei Tomsk.

Finnwale, Gattung der Furchenwale; *Finnwal,* rd. 25 m lang; ↑Blauwal.

Finsteraarhorn, höchster Gipfel der Berner Alpen, Schweiz, 4 274 m, mit *F.gletscher.*

Finsternis, Verfinsterung eines Gestirns, v.a. als *Sonnen-F.*

(Mond in der Visierlinie Sonne–Erde) und *Mond-F.* (Mond im Erdschatten).

Finsterwalde, Krst. in Bbg., 23 300 E; got. Kirche (16. Jh.); vielseit. Industrie.

Finte [ital.]: **1)** Ausflucht, Vorwand; **2)** Scheinhieb (-stoß), u.a. beim Boxen u. Fechten.

Firdausi ↑Ferdausi.

Firma [ital.], Abk. Fa., Name, unter dem ein Kaufmann seine Geschäfte betreibt u. der ins Handelsregister eingetragen werden muss; *Personen-F.* lautet auf den Namen des Inhabers, *Sach-F.* gibt den Gegenstand des Unternehmens an; Grundsätze: *Firmenwahrheit* (Auskunft über den Inhaber), *Firmeneinheit* (nur eine F.), *Firmenausschließlichkeit* (Unverwechselbarkeit mit anderen Firmen); bei Übergang des Handelsgeschäfts ist Fortführung mögl. *(Firmenbeständigkeit);* häufig vermögensrechtl. Wert *(Firmenwert* oder *Goodwill).*

Firmenzeichen, [Werbe]symbol einer Firma, häufig gesetzl. geschützt.

Firmung [lat.], *kath.:* Sakrament zur Spendung des Hl. Geistes (Handauflegung u. Salbung der Stirn des *Firmlings* mit Chrisam); *orth.:* Salbung nach der Taufe.

Firmware ['fəːmwɛə; engl.], zur ↑Hardware zählende Programme, die fest im Rechner installiert sind.

Firnis [frz.], rasch trocknender Schutzanstrich (aus Leinöl u.a.).

First, Oberkante des Daches.

Fischart, Johann, gen. Mentzer, * um 1546, † um 1590, dt. Satiriker; „Geschichtsklitterung", freie Bearb. von Rabelais' „Gargantua".

Fischauge, extremes, stark verzeichnendes Weitwinkelobjektiv (Bildwinkel bis 197°; Fotogr.).

Fischbein, aus den ↑Barten der ↑Bartenwale gewonnene Substanz.

Fischblase: 1) Schwimmblase der Fische; **2)** spätgot. Maßwerkform mit fischblasenart. Umriss (in Frkr. mehr flammenartig).

Fische, das Sternbild ↑Pisces.

Finsternis.
Sonnen- und Mondfinsternis (nicht maßstäblich)

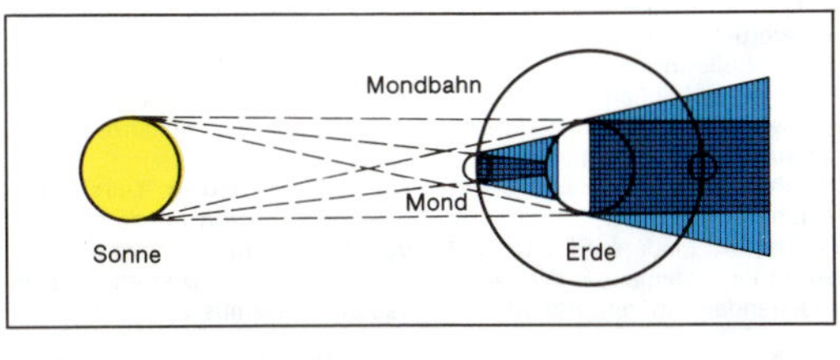

Fische, weltweit verbreitete Überkl. der Wirbeltiere mit über 25 000 Arten; wechselwarme, kiemenatmende Wassertiere mit meist spindelförm. Körper, Flossen u. (meist) Schwimmblase; Haut mit Schuppen bedeckt; Skelett knorpelig od. knöchern; meist eierlegend.

Fischer: 1) Edwin, * 1886, † 1960, schweizer. Pianist u. Dirigent; **2)** Emil, * 1852, † 1919, dt. Chemiker; bed. Arbeiten über Kohlenhydrate (v.a. Zucker), Purine u. Eiweißstoffe; Nobelpreis 1902; **3)** Franz, * 1877, † 1947, dt. Chemiker; an der Entw. des ↑Fischer-Tropsch-Verfahrens hervorragend beteiligt; **4)** Johann Michael, * 1692, † 1766, dt. Barockbaumeister; **5)** Joseph („Joschka"), * 1948, dt. Politiker (Bündnis 90/Die Grünen); 1983 bis 1985 u. seit 1994 MdB, 1985–87 u. 1991–94 Min. für Umwelt u. Energie in Hessen; s. 1998 Bundes-Außenmin.; **6)** Kuno, * 1824, † 1907, dt. Philosoph; Hegelianer; „Gesch. der neueren Philos."; **7)** Otto Wilhelm (O. W.), * 1915, östr. Bühnen- u. Filmschauspieler; **8)** Robert (Bobby), * 1943, amer. Schachspieler; 1958 internat. Großmeister; 1972–75 Weltmeister.

Fischer-Dieskau, Dietrich, * 1925, bed. dt. Opern- u. Liedersänger (Bariton).

Fischerei, Fang [u. Hege] nutzb. Wassertiere; durch die mod. Meeresbiol. Wirtschaftszweig von wachsender Bed.; als *Hochsee-, Küsten-* u. *Binnen-F.* betrieben.

Fischer-Tropsch-Verfahren, Verfahren zur Kohlenwasserstoffsynthese: Umwandlung von Koks (Braunkohle) durch hohen Druck u. hohe Temp. in Wassergas (CO u. H_2), aus dem durch Katalysatoren u. Druck Benzin, Paraffin, Schmieröle u.a. erhalten werden.

Fischer von Erlach, Johann Bernhard, * 1656, † 1723, östr. Baumeister; bed. Werke des Spätbarock.

Fischmehl, eiweißreiches Futtermehl aus Fischabfällen.

Fischsauri|er ↑Ichthyosaurier.

Fischvergiftung, Erkrankung nach Genuss v. verdorbenem od. gift. Fisch; Durchfall, Krämpfe u.Ä.; erste Hilfe: Erbrechen (reizen).

Fischwanderungen, Massenwanderungen von Fischen; u.a. zum Aufsuchen der Laichplätze u. als Nahrungswanderungen bedingt.

Fiskus [lat.], Kasse, Staatskasse; der Staat als Eigentümer des Staatsvermögens; *fiskalisch:* staatlich, steuerlich.

Fistel [lat.], anomale, röhrenförm. Verbdg. zw. Hohlorganen od. Körperhöhlen bzw. der äußeren Körperoberfläche; auch künstl. angelegt.

Fittings [engl.], Verbindungs- u. Passstücke bei Rohranschlüssen.

Fitzgerald [fɪts'dʒerəld]: **1)** Ella, * 1918, † 1996; amer. Jazzsängerin; **2)** F[rancis] Scott [Key], * 1896, † 1940, amer. Schriftsteller; einer der Hauptvertr. der Lost generation; Romane.

Fiume ↑Rijeka.

fix [lat.]: **1)** feststehend; **2)** ugs. für: schnell, gewandt, anstellig.

Fixativ [lat.], Lösung, mit der man Zeichnungen besprüht, damit sie wischfest werden; Präparat z. Festlegen der Frisur usw.

fixe Idee, Wahnvorstellung.

Fixer, jmd., der starke Drogen (z.B. Heroin) nimmt.

fixieren: 1) festsetzen; **2)** lichtunempfindl. machen (Fotogr.); **3)** haltbar machen; **4)** anstarren.

Fixiersalz, [meist] Natriumthiosulfat zum Herauslösen des überschüss. Silberbromids nach der Entw.; macht das Bild lichtbeständig (Fotogr.).

Fixkosten, vom Umfang der Produktion unabh. Kosten.

Fixpunkt, Fest-, Bezugspunkt.

Fixsterne, Bez. der antiken Astronomen für die „feststehenden" ↑Sterne im Ggs. zu den „Wandelsternen" (Planeten).

Fixum, festes Einkommen.

Fizz [fɪz; engl.], alkohol. Mischgetränk mit Fruchtsaft.

Fjord [skand.], überflutetes eiszeitl. Trogtal.

FKK, Abk. für: ↑**F**rei**k**örper**k**ultur.

Fla, Abk. für: ↑**Fl**ug**a**bwehr.

Flachdruck, Druck von einer geätzten Metallplatte, deren druckende u. nicht druckende Teile in einer Ebene liegen; v.a. ↑Offsetdruck, Steindruck.

Fläche, geometr. Begriff; ein sich nach Länge und Breite erstreckendes Gebiet. Die einfachsten F. sind die Ebene und die Kugeloberfläche.

Flächentreue, Eigensch. maßstabgetreuer Abb. [der Erdoberfläche].

Flachs, blau blühendes Leingewächs; Faserpfl., bis 1 m hoch,

Heimat W-Asien u. Mittelmeergebiet; Samen liefern Leinöl.

Flachs|aufbereitung, Verarb. des Flachses nach der Ernte, um ihn spinnfäh. zu machen; *Riffeln* (Entfernen der Samenkapseln), *Rösten, Trocknen, Brechen* u. *Schwingen* (Trennung der Faser vom Holz der Stängel), *Hecheln* (Zerteilung der Faserbündel).

Flagellanten [lat.] (Geißler), sich zur Buße geißelnde Laienscharen; 1417 durch das Konstanzer Konzil verboten.

Flagellaten [lat.], uneinheitl. Gruppe v. Einzellern; ↑Geißelalgen, ↑Geißeltierchen.

Flageolett [flaʒo'lɛt; frz.]: **1)** Schnabelflöte mit hoher Tonlage; **2)** hohes Orgelregister.

Flageolettöne [flaʒo'lɛt-], flötenähnl. Töne bei Streichinstrumenten.

Flaggen, Hoheitszeichen von Staaten u. Ländern; Erkennungszeichen u. Verständigungsmittel für Schiffe; bes. Arten: Reederei- od. Kontor-F., Post-, Zoll-, Lotsen-, Quarantäneflaggen.

Flaggoffiziere, Bez. für höhere Seeoffiziere, denen ein Verband von Kriegsschiffen unterstellt ist und die eine Flagge als Kommandozeichen führen; danach *Flaggschiff* für Kriegsschiff, das die Flagge eines an Bord befindl. F. gehisst hat (Admiralsschiff); auch Bez. für das jeweils größte Schiff einer Flotte oder Reederei.

Flaherty, Robert ['flɛətɪ], * 1884, † 1951, amer. Filmregisseur; gilt als Schöpfer des künstler. Dokumentarfilms.

Flak, Abk. für: **Flu**g**a**bwehr**k**anone.

Flake, Otto, * 1880, † 1963, dt. Schriftsteller; kulturhistor. u. zeitkrit. Romane.

Flakon [fla'kõ; frz.], Fläschchen, Riechfläschchen.

Flamboyantstil [flãbwa'jã-; frz.; lat.], Stilform der Spätgotik in Frkr. u. England (1350–1500): flammenähnl. Maßwerkformen.

Flamen, die niederl. Mundarten als Muttersprache sprechenden Belgier.

Flamingos [span.], grazile, hohe Stelzvögel (Wasservögel), weiß od. rosa mit schwarzen Partien; Afrika, Asien, Amerika, S-Frkr. (Camargue), S-Spanien.

Flämische Bewegung, Bewegung in Belgien zur Erhaltung von fläm. Spr. u. Brauchtum; seit 1830; im 1. u. 2. Weltkrieg z.T. aufseiten der dt. Verw.; neuerdings verstärkte Aktivität.

Flamme [lat.], unter Leuchterscheinungen u. Hitzeentwicklung brennendes Gas, oft bei Hitzezersetzung fester Stoffe.

Flammendes Herz, svw. ↑Tränendes Herz.

Flammeri [engl.], kalte, sturzfähige Süßspeise, meist ↑Pudding genannt.

Flammpunkt, Abk. FP, Temp., bei der sich die über einer brennbaren Flüssigkeit befindl. Dämpfe entzünden.

Flandern (niederl. Vlaanderen), histor. Ldsch. an der Nordseeküste, zw. Scheldemdg. u. Calais; im 9. Jh. fränk. Gft., im 11. Jh. teils Reichs-, teils frz. Lehen; Aufstieg der Städte Antwerpen, Gent, Ypern, Brügge zu wicht. Umschlagplätzen, bed. Tuchind.; 1384 burgund., 1477 habsburg. (1556 span.), 1794 frz., 1830 z. gr. T. belgisch.

Flanell [frz.], Halbkammgarn-, Baum- od. Zellwollstoff, ein- od. beidseitig geraut.

flanieren, müßig umherschlendern.

flankieren, von der Seite decken, seitl. begleiten.

Flansch, verbreitertes Ende von Rohren zum dichten Verbinden mit Rohren od. ↑Fittings.

Flaschenbaum, Bez. für Bäume trockener Gebiete mit flaschenförm., Wasser speichernden Stämmen; bes. in Australien.

Flaschenbovist, Art der Bauchpilze; jung essbar.

Flaschenzug, Lastenhebegerät, bei dem ein Seil od. eine Kette über Rollengruppen geführt wird; *Differenzial-F.* aus zwei konzentr., festen oberen Rollen mit versch. Durchmesser, einer bewegl. unteren Rolle u. endlosem Seil (bzw. Kette). Der F. verringert den Kraftaufwand bei verlängertem Weg.

Flattermakis, svw. ↑Pelzflatterer.

Flatulenz [lat.], Darmaufblähung, Abgang von Darmwinden.

Flaubert, Gustave [flo'bɛ:r], * 1821, † 1880, frz. Romanschriftsteller; Begr. des frz. Realismus; „Madame Bovary" (1857, dt. 1892); Briefe, Tagebücher.

Flavi|er, röm. Kaiserhaus (Vespasian, Titus u. Domitian).

Flavine, natürl. wasserlösl. Farbstoffe m. 3-gliedr. heterocycl. Ringgerüst; wichtigstes Flavin ist das ↑Riboflavin.

Flavon [lat.], chem. Verbdg. (2-Phenylchromon), $C_{15}H_{10}O_2$, Muttersubstanz der natürl. F.farbstoffe.

Flechte, Bez. für versch. Krankheitsbilder der Haut.

Flechten, niedere Pfl., Doppelwesen aus miteinander in Symbiose lebenden Algen u. Pilzfäden an Felsen, Baumrinden u.Ä.; u.a. Isländ. Moos, Rentierflechte.

Fleckfieber (auch Flecktyphus), schwere, fieberh. Infektionskrankheit mit Kreislaufschwäche, fleckigem Hautausschlag, Fieber; Erreger: Rickettsia prowazeki, Übertragung durch Kleiderlaus; Vorbeugung durch Bekämpfung der Läuse; Schutzimpfung möglich.

Fleckvieh (Höhen-F.), rotbraunweiß gescheckte Rinder, Verdrängungskreuzung von schweizer. mit dt. Rassen.

Flederhunde, Unterordn. d. Fledertiere m. hundeähnl. Kopf, großen Augen; Früchtefresser in altweltl. Tropen u. Subtropen. Gatt. Flugfüchse *(Fliegende Hunde)* auf Madagaskar, S- u. SO-Asien, N- u. O-Australien.

Fledermäuse, Unterordn. der Fledertiere; fliegende, meist Insekten od. fruchtfressende Nachttiere mit Flughaut zw. Rumpf u. Gliedmaßen; orientieren sich durch Ultraschall, in rd. 1 000 Arten auf der ganzen Erde verbreitet.

Fledertiere, Ordn. d. Säugetiere, befähigt zu aktivem Flug d. Flügel (umgebildete Vordergliedmaßen); Unterordn. Fledermäuse u. Flederhunde.

Fleet Street ['fli:t stri:t], Straße in London, fr. Zentrum des brit. Pressewesens.

Fleisch, allg. die Weichteile von Tieren (auch bei Pfl., z.B. Frucht-F.); v.a. die zur menschl. Ernährung geeigneten Teile warmblüt. Tiere; hoher Nährwert wegen seines Gehalts an leicht verdaul. Eiweißstoffen.

Fleischbeschau, amtl., heute meist tierärztliche Untersuchung des zur menschl. Nahrung best. Schlachtviehs vor (Lebendbeschau) u. seines Fleisches nach der Schlachtung.

Fleischfleckigkeit ↑Übers. S. 528 ff.

Fleischfliegen, etwa 600 Arten umfassende, weltweit verbreitete Familie der Fliegen.

Fleisch fressende Pflanzen, Pfl. nährstoffarmer Böden, die zusätzl. zur CO_2-Assimilation kl. Tiere (Insekten u.a.) durch auffäll. Färbung u. süße Säfte anlocken, durch Festleimen, Zuschnappen *(Blattfallen)* u.a. fangen u. verdauen; heim.: Fettkraut, Sonnentau, Wasserschlauch; ausländ.: Venusfliegenfalle, Kannenpflanze, Sarrazenie.

Fleischvergiftung, Durchfall u. Erbrechen hervorrufende schwere Vergiftung durch verdorbenes, bes. bakteriell infiziertes Fleisch; ↑auch Botulismus.

Fleißer, Marieluise, * 1901, † 1974, dt. Schriftstellerin; sozialkrit. Stücke, u. a. „Pioniere in Ingolstadt".

flektieren, beugen (↑Flexion 1).

Flémalle, Meister von [fle'mal], wohl ident. mit Robert Campin (* um 1378, † 1444); einer der Begr. der altniederl. Malerei; u. a. Mérode-Altar.

Fleming: 1) Sir Alexander, * 1881, † 1955, brit. Bakteriologe; entdeckte 1928 das Penicillin; Nobelpreis (mit E. B. Chain u. Lord H. W. Florey) 1945; **2)** Paul F. (Flemming), * 1609, † 1640, dt. Barockdichter; Liebeslyrik, geistl., lateinische Gedichte.

Flensburg, Hafenst. (krsfr.) an der *F.er Förde* (etwa 50 km von der Ostsee ins Land reichend), Schl.-Ho., 87 500 E; Nikolai- und Marienkirche (Backsteingotik), Theater; LG; IHK; Kraftfahrt-Bundesamt, PH, Marineschule *(F.-Mürwik),* Schiffsing.- u. Seemaschinistenschule; Reedereien, Werften; Nahrungsmittel-, Papier-, Masch.-Ind.; Spirituosenherstellung.

Fleury [flœ'ri; frz.] (Saint-Benoît-sur-Loire), Benediktinerabtei im Dep. Loiret, gegr. um 640, führend in der kluniazens. Klosterreform; während der Frz. Revolution zerstört; roman. Kirche erhalten.

Flexenpass (Flexensattel), östr. Pass in Vorarlberg, 1773 m ü. d. M., verbindet Lech- u. Klostertal; über den Pass führt die *Flexenstraße.*

Flexion [lat.], Beugung eines Wortes, ↑Deklination 1), ↑Konjugation 1).

Flexodruck (fr. Anilin-, Gummidruck), Hochdruckverfahren, bei dem die Druckform aus Gummi od. Kunststoff besteht.

Flick, Friedrich, * 1883, † 1972, dt. Industrieller.

Flickenschildt, Elisabeth, * 1905, † 1977, dt. Schauspielerin (Charakterdarstellerin).

Flieder: 1) Gatt. der Ölbaumgewächse, meist in O-Asien, seltener SO-Europa; u. a. Garten-F.; **2)** volkstüml. Bez. für Schwarzer Holunder.

Fliedner, Theodor, * 1800, † 1864, dt. ev. Theologe; Pfarrer in Kaiserswerth (heute zu Düsseldorf), Begr. der weibl. Diakonie.

Fliegen, sehr artenreiche Insektenordn.; mit stechend-saugenden od. leckenden Mundwerkzeugen, oft stark verkürzten Antennen, häut. Vorder- u. zu ↑Halteren umgebildeten Hinterflügeln; fußlose Larven (Maden), z. T. parasit. od. im Wasser lebend.

Fliegende Fische, svw. ↑Flugfische.

Fliegengewicht ↑Übers. S. 658.

Fliegenpilz, bek., meist sehr gift. Blätterpilz; roter Hut mit weißen Flocken, Stiel weiß, beringt; enthält das Rauschgift Muskarin.

Fliegenschnäpper, kleine Singvögel, den Würgern nahe stehend.

Fliehkraft ↑Zentrifugalkraft.

Fliesen, Ton-, Stein-, Kunststoff- u. Glasplatten zum Verblenden von Fußböden u. Wänden.

Fließarbeit, stets gleiche, genormte Arbeitsgänge am *Fließband* zur Montage od. Fertigung eines Ind.-Produktes.

Fließpapier (Löschpapier), ungeleimtes Papier mit hoher Saugfähigkeit.

Flimmern (Fimbrien, Wimpern, Zilien), feine, peitschenförm. Anhangsgebilde *(Flimmerepithel)* v. tier. u. pflanzl. Zellen, die durch ständ. Schwingen der Fortbewegung, dem Herbeistrudeln v. Nahrung od. dem Transport v. Stoffen in Körperhohlräumen dienen.

Flims (rätoroman. Flem), schweizer. Luftkur- u. Wintersportort am Fuß des *F.ersteins,* in Graubünden, 2 400 E.

Flint, svw. ↑Feuerstein.

Flinte, [Jagd]gewehr mit glattem Lauf für Schrotmunition.

Flintglas, Bleiglas mit hohem Brechungsindex.

Flip [engl.], alkohol. Mischgetränk mit Ei.

Flirt [flə:t; engl.], [harmlose] Liebelei.

FLN, Abk. für: **F**ront de **L**ibération **n**ationale („Nat. Befreiungsfront"); s. 1955 alger. Unabhängigkeitsbewegung, 1963–91 Einheitspartei Algeriens.

Floating ['floʊtɪŋ], durch vorübergehende Wechselkursfreigabe eingeleitete Schwankungsmöglichkeit des Außenwerts einer Währung in einem System ansonsten fester Wechselkurse.

Flockenblume, Korbblütlergatt., u. a. ↑Kornblume u. Wiesen-F. mit rötl. Blüten.

Flöhe, Insektenordn., auf Vögeln u. Säugetieren parasitierend u. Blut saugend; bis 5 mm lang, flügellos; Krankheitsüberträger.

Flamingos. *Rosaflamingos*

Flohkraut, Korbblütler; in M-Europa Kl. F. u. Kragenblume.

Flohkrebse, kl. bis mittelgr. höhere Krebse mit seitl. zusammengedrücktem Körper.

Flom[en] (Schmer), Bauch- u. Nieren[roh]fett von Schwein u. Gans.

Floppydisk, svw. ↑Diskette.

Flor [lat.]: **1)** feines, zartes Gewebe; **2)** schwarzes Band *(Trauer-F.);* **3)** aufrecht stehende Faserenden bei Samt, Plüsch u. Teppichen.

Flora: 1) Pflanzenwelt eines best. Gebietes; **2)** Bakterienwelt eines Körperorgans (z. B. Darmflora).

Florenreich, pflanzengeograph. einheitl. Verbreitungsraum mit *Florenprov.* u. *Florengebieten:* 1. *holarkt.* (gemäßigte u. polare Zone der Nordhalbkugel), 2. *paläotrop.*

Fledermäuse
Spät fliegende Fledermaus

(Tropenländer der Alten Welt), 3. *kapländ.*, 4. *neotrop.* (Mittel- u. Südamerika), 5. *austral.*, 6. *antarkt.* Florenreich.

Florentiner Hut, Sommerhut aus Stroh mit breitem Rand.

Florenz (ital. Firenze), Prov.-Hptst. u. Hptst. der ital. Region Toskana, am Arno, 408400 E; Univ., Kunsthochsch., Accademia della Crusca, Bibliotheken, Staatsarchiv; eine der bedeutendsten Kunststädte: Dom (1296 beg.) mit Kuppel des Brunelleschi, Baptisterium (1059 beg.), Santa Croce (1494/95 ff.), San Lorenzo (1420/1421 ff.) mit Medici-Grabstätte (Michelangelo) u. a.; Palazzo Vecchio (1298 ff.); berühmte Museen: Palazzo Pitti, Uffizien u. a.; zahlreiche Paläste. – Bed. Kunsthandwerk; graf., Masch.-, chem. Ind.; Fremdenverkehr; ✠. – *Gesch.:* F. (das alte *Municipium Florentia*) wurde im 4. Jh. Bischofssitz; im 12. Jh. Konsulatsverf.; Entw. zur mächt. Ind.- u. Handelsst. Im 14. Jh. Ausbildung einer oligarch. Reg. des Adels u. d. reichen Kaufleute. 1406 Pisa unterworfen, Hafen v. Livorno 1421 erworben. Während eines halben Jh.s waren die *Medici*, die mit Cosimo de' Medici 1434 die Reg. v. F. übernahmen, das mächtigste Bankhaus Europas. Zw. 1494 und 1512 republikan. Verf., dann Rückkehr der Medici, die bis 1737 (seit 1569 Großherzöge von Toskana) regierten. 1738 mit Toskana lothr. (1765 östr. Sekundogenitur); 1865–71 Hptst. des Kgr. Italien.

Florett [frz.], Stoßdegen mit vierkant. Klinge u. Handschutz (↑auch Fechten).

Florfliegen, Netzflügler, zarte, gelblich grüne Insekten; Larven: Blattlauslöwen.

Florian[us], hl., † um 304, Märtyrer; in der Enns ertränkt; Patron gg. Feuersgefahr.

Florida, Abk. Fla., Halbinsel u. Staat im SO der USA, 151939 km², 13 Mill. E, Hptst. Tallahassee; flach, von zahlr. Seen u. Sümpfen durchsetzt, buchtenreiche W-Küste, Lagunen u. Dünen an der O-Küste; vor der S-Küste Koralleninseln *(F. Keys);* subtrop. Klima mit winterl. Kälteeinbrüchen u. Wirbelstürmen; Anbau von Zitrusfrüchten, Tabak, Baumwolle, Reis u. Gemüse; Küstenfischerei; bed. Phosphatgewinnung; bed. Fremdenverkehrsorte an der O-Küste (u. a. Miami). – 1513 entdeckt, bis 1763 span., bis 1783 brit. u. bis 1819 wieder span.; wurde an die USA verkauft; seit 1845 B.-Staat.

Floridastraße, Meeresstr. zw. Florida, Kuba u. den Bahamainseln, v. *Floridastrom* durchflossen.

Floris, Cornelis, * 1514, † 1575, fläm. Baumeister u. Bildhauer (Antwerpen, Rathaus).

Flossen, durch Skelettelemente *(F.strahlen)* gestützte Hautsäume bei Fischen; *Brust-* u. *Bauch-F.* paar., *Rücken-, Schwanz-* u. *After-F.* unpaar.; Bewegungs- u. Steuerorgane.

Flöte, wahrsch. ältestes Holzblasinstrument; *Quer-F.* mit Klappensystem, wird durch seitl. Mundloch angeblasen; *Pikkolo-F.* eine Oktave höher; ↑auch Blockflöte. – Bei der *Orgel* ist F. der gemeinsame Name für alle Labialpfeifen.

Flötner, Peter, * zw. 1486 u. 1495, † 1546, dt.-schweizer. Holzschneider und Kunsttischler; bed. als Ornamentstecher.

Flotte, Gesamtheit (auch Teil) der Schiffe eines Staates; unterteilt in Handels-, Fischerei- u. Kriegsflotte.

Flottille [auch: -'tiljə; span.], Verband gleichart. Kriegsschiffe.

Flöz, Schicht nutzbarer Minerale (z. B. Kohlenflöz).

Fluchtdistanz, Abstand, von dem ab ein Tier keine weitere Annäherung eines mögl. Feindes mehr duldet: es flieht oder greift an.

Flüchtlinge, im Völkerrecht Personen, die v. a. aus polit., relig. od. rass. Gründen ihren Heimatstaat verlassen haben u. deshalb keinen diplomat. Schutz mehr im Ausland genießen. Nach dem Genfer Abkommen von 1951 haben F. Anspruch auf Ausstellung eines Reise- bzw. Personalausweises durch den Aufenthaltsstaat; eine Ausweisung od. Zurückweisung über die Grenzen eines Staates, in dem ihr Leben od. ihre Freiheit wegen Rasse, Religion, Staatsangehörigkeit, Zugehörigkeit zu einer best. soz. Gruppe od. polit. Überzeugung gefährdet wäre, ist untersagt.

Fluchtpunkt ↑Perspektive 2).

Flüelapass, schweizer. Pass zw. Prättigau u. Unterengadin, 2383 m.

Flüelen, Dorf im schweizer. Kt. Uri, 1700 E; bei F. Tellskapelle.

Flugabwehr, Abk. Fla, vom Boden aus geführte Verteidigung gg. feindl. Flugzeuge mithilfe von F.kanonen (Flak), F.raketen bzw. F.lenkgeschossen (in Verbdg. mit Radar) u. herkömml. Maschinenwaffen.

Flugbeutler, kl., baumbewohnende, durch eine zw. Vorder- u. Hinterbeinen ausbreitbare Flughaut zum Gleitflug befähigte Beuteltiere.

Flugboot ↑Flugzeug.

Flugbrand (Staubbrand), häufigster Brandpilz; gefährl. Getreideschädling.

Flugdrache, rd. 20 cm lange Agamenart mit seitl. spreizb. Flughäuten; Südostasien.

Flügel: 1) Organe zur Fortbewegung in der Luft (Vögel, Insekten); übertr. u. a. für Tragflächen, Fenster-F.; **2)** ↑Klavier.

Flügelaltar, [spät]gotische Altarform nördl. d. Alpen, mit feststehendem Mittelteil (geschnitzt od. gemalt) u. 2 bewegl. Flügeln.

Flügelschnecken, Meeresschnecken mit flügelart. erweitertem Mundrand; Vorderkiemer.

Flugfische, in warmen Meeren lebende Fische, mit gr. Brustflossen; schnellen aus dem Wasser u. gleiten bis zu 200 m weit.

Flugfrösche, zum Gleitflug befähigte Frösche; S-Asien, Madagaskar.

Flughaut, Hautfalte zw. einzelnen Gliedern zum Fliegen od. Gleiten bei versch. Wirbeltieren.

Flughörnchen, nachtaktive Nager d. nördl. Erdhälfte; Baumtiere mit Flughaut zw. Vorder- u. Hinterbeinen.

Flughühner, taubengr. Vögel der Trockengebiete Asiens, Afrikas u. des Mittelmeerraumes.

Flughunde, svw. ↑Flederhunde.

Flugnavigation, Führen eines Flugzeugs vom Startort zum Ziel mittels Berechnung u. [elektron. u. Funk]navigationshilfen.

Flugsauri|er, ausgestorbene fledermaus- oder vogelähnl. Reptilien (Jura bis Kreide) mit Flughaut, bis zu 15,5 m Flügelspannweite; Fossilienfunde bei Solnhofen.

Flugsicherung, Gesamtheit der Organisation *(F.sdienst)* zur Sicherung des Flugverkehrs, internat. geregelt durch den Weltverband des Luftverkehrs (IATA); in der BRD: *Bundesanstalt für F.* (BFS), Frankfurt am Main, mit den Aufgabenbereichen Flugverkehrskontrolldienst, Fluginformationsdienst, Flugalarm-, Flugberatungs-, Flugfernmelde- und Flugnavigationsdienst.

Flugsimulator, Flugbedingungen nachbildendes Gerät zur Pilotenschulung.

Flugwetterdienst, Anwendung der Meteorol. zur Beratung u. Sicherung des Flugverkehrs.

Flugzeug, Luftfahrzeug, das durch den aerodynam. Auftrieb feststehender Tragflügel (Flächen-F. oder Starrflügel-F.) oder schmaler, rotierender Flügel (Drehflügel-F.) mit geeignetem Profil getragen wird. Die Hauptbauteile eines *Starrflügel-F.s* sind neben den mit

Querrudern (zur Drehung des F.s um die Längsachse) und Landeklappen (zur Auftriebserhöhung) versehenen Tragflächen das Leitwerk (Höhen- u. Seitenleitwerk mit Höhen- u. Seitenruder), der Rumpf und das Fahrwerk (Hauptfahrwerk nahe dem F.schwerpunkt u. Bugrad oder [heute selten] Spornrad), das meist als Einziehfahrwerk gestaltet ist. *Wasser-F.e* sind mit bootsförm. Schwimmern *(Schwimmer-F.e)* ausgestattet oder als *Flugboote* mit bootsförm. Rumpf u. zusätzl. Stützschwimmern. – Als *Triebwerke* dienen Kolbenmotoren oder Gasturbinen (Turboproptriebwerke), die Propeller antreiben, oder Turboluftstrahltriebwerke (Düsentriebwerke), deren Rückstoß den erforderl. Vortrieb liefert. – Nach dem *Verwendungszweck* unterscheidet man im zivilen Bereich u. a. Sport-F.e, [Geschäfts]reise-F.e, Verkehrs-F.e (als Passagier-, Fracht- oder Mehrzweck-F.e) für Kurz-, Mittel- oder Langstrecken, im militär. Bereich u. a. Jagd-F.e, Jagdbomber, strateg. Bomber, Erdkampf-F.e, Aufklärungs-F.e u. Transportflugzeuge. – F.e, die aufgrund ihrer bes. Konstruktion mit sehr kurzen Start- u. Landestrecken auskommen, werden als *STOL-F.e* bezeichnet (Abk. für engl. short take-off and landing), F.e, die senkrecht starten u. landen können (z. B. mithilfe schwenkbarer Strahltriebwerke) nennt man *VTOL-F.e* (Abk. für engl. vertical take-off and landing). – *Drehflügel-F.e* werden fast ausschließl. als *Hubschrauber (Helikopter)* gebaut. Der von einem Kolbenmotor oder einer Gasturbine angetriebene Hauptrotor besitzt 2–5 Rotorblätter mit tragflügelartigem Profil, die bei gleichem Anstellwinkel gg. die jeweilige Luftströmung senkr. Start u. Landung, bei gesteuert unterschiedl. Anstellwinkeln Vorwärtsflug ermöglichen. Sofern nicht zwei (gegenläufige) Hauptrotoren vorhanden sind, sorgt ein kleinerer Heckrotor für den erforderl. Drehmomentausgleich u. ermöglicht die Steuerung um die Hochachse.

Flugzeugtriebwerke ↑Flugzeug.

fluid [lat.], flüssig, fließend.

Fluidik [lat.], Wiss., die sich mit der Signalerfassung u. -verarbeitung mithilfe flüssiger oder gasförmiger Stoffe (anstelle v. elektr. Strömen) befasst; die entspr. Schaltelemente werden als *Fluidics* bezeichnet.

Fluktuation [lat.], period. Hin- u. Herschwanken, Wechsel.

Flunder, Art der Plattfische, geschätzter Speisefisch.

Fluor [lat.], chem. El., Symbol F, OZ 9, rel. A.-Masse 18,9984; Nichtmetall, ↑Halogen; schwach gelbl. grünes, gift. Gas; Fp. −219,62 °C, Sp. −188,14 °C, Dichte 1,696 g/l; reaktionsfähigstes El., bildet mit Wasserstoff *F.wasserstoff* (Flusssäure), greift fast alle Metalle unter Bildung v. Fluoriden an; Vorkommen u. a. im Flussspat, Kryolith, Apatit; wird aus Salzschmelzen durch Elektrolyse gewonnen; verw. u. a. zur Herst. fluorhalt. organ. Verbdg. (↑Fluorkohlen[wasser]stoffe), in Raketentreibstoffen, als Brenngas für spezielle Schneidbrenner; geringe Mengen an F.-Verbdg. werden Zahnpasten zur Verhütung der Karies zugesetzt.

Fluoreszenz [lat.], Eigensch. v. Substanzen, durch [Primär]strahlung zu Eigenleuchten angeregt zu werden (z. B. Umwandlung von Röntgenstrahlen in sichtbares Licht auf dem Röntgenbildschirm; *F.mikroskop,* Gerät zur Beobachtung von Präparaten, die bei ultravioletter Bestrahlung fluoreszieren; *F.schirm,* Leuchtschirm aus fluoreszierenden Substanzen.

Fluorchlorkohlenwasserstoffe, Abk. FCKW, techn. wicht. Kl. organ. Verbdg. mit Fluor; für Schmiermittel, Kältemittel u. hochbeständ. Kunststoffe; tragen zur Zerstörung der Ozonschicht bei, deshalb verstärkte Reduzierung.

Fluorwasserstoff ↑Fluor.

Flurbereinigung, rationalisierende Zusammenlegung zersplitterter Fluren.

flüssige Luft, durch mehrf. Kompression u. Expansion unter ihren Siedept. (−194,5 °C) gebrachte u. dadurch verflüssigte Luft (zur Gewinnung v. Sauerstoff, Stickstoff u. Edelgasen).

Flüssiggas, bei best. Drücken u. Temp. verflüssigtes Gas (z. B. Propan, Butan) in Druckflaschen; für Kraftverkehr u. Haushalt.

Flüssigkristalle, Flüssigkeit mit kristallähnl. Struktur, die u. a. ihre Lichtdurchlässigkeit bei Anlegen eines elektr. Feldes ändert; verw. z. B. bei *Flüssigkristallanzeigen* (LCD) in Taschenrechnern u. a.

Flusskrebse, Fam. Scheren tragender Zehnfußkrebse; 4 mitteleurop. Arten.

Flussmuscheln, weit verbreitete Gatt. im Süßwasser lebender Muscheln; z. B. Teichmuscheln.

Flusspferde, Pflanzen fressende Säugetiere, Ordn. Paarzeher; *Fluss-* oder *Nilpferd,* M-Afrika (rd. 2 t schwer, bis 4 m lang), amphib.; *Zwerg-F.*, bis 1,7 m lang, westafrik. Urwälder.

Flusssäure ↑Fluor.

Flussspat (Fluorit), CaF_2, Mineral (meist auf Erzgängen); Härte 4; vielf. farbig.

Flut ↑Gezeiten.

Flutwellen, durch Seebeben, Wirbelstürme oder untermeer. Vulkanausbrüche entstandene Meereswellen, an den Küsten oft mit verheerender Wirkung.

fluvial [lat.], vom fließenden Wasser geschaffen, zum Fluss gehörend.

Flynn, Errol [flın], * 1909, † 1959, amer. Filmschauspieler; Helden- u. Liebhaberrollen.

fm, Einheitenzeichen für: ↑**F**est**m**eter.

Fm, Symbol für ↑Fermium (♀).

FM, Abk. für: **F**requenz**m**odulation.

Fo, Dario, * 1926, ital. Dramatiker, Schauspieler, Regisseur u. Theaterleiter; gesellschaftskrit. u. polit. Volkstheater („Offene Zweierbeziehung", Schauspiel); Nobelpreis 1997.

Foch, Ferdinand [fɔʃ], * 1851, † 1929, frz. Marschall; Oberbefehlshaber der alliierten Armeen in Frkr. (1918).

Fock, Gorch, eigtl. Hans Kinau, * 1880, ⚔ 1916, dt. Schriftsteller; „Seefahrt ist not!", Erzählungen, z. T. in niederdt. Sprache.

Fock, unterstes [Rah]segel am vordersten Mast von Segelschiffen.

Föderalismus [lat.], dezentralisierter (Ggs. Zentralstaat) Aufbau des Staates durch in sich geschlossene Gliedstaaten, als ↑Bundesstaat od. ↑Staatenbund.

Föderation [lat.]: **1)** polit. Bündnis zw. Staaten; **2)** svw. ↑Staatenbund.

Foerster, Friedrich Wilhelm, * 1869, † 1966, dt. Philosoph u. Pädagoge; Pazifist, Gegner des preuß.-dt. Imperialismus.

Foggazaro, Antonio, * 1842, † 1911, ital. Schriftsteller, Erzählwerke mit humorvollen Menschenschilderungen („Miranda", „Der Heilige" u. a.); als Vertreter eines liberalen Katholizismus in Konflikt mit der Amtskirche.

Foggia ['fɔdʒa], südital. St. in Apulien, 159 500 E; Agrarzentrum; im 13. Jh. Stauferresidenz (Ks. Friedrich II.).

Föhn, durch entspr. Luftdruckverteilung zum Überwehen eines Geb. gezwungene Luftströmungen, die an der Luvseite Feuchtigkeit abgeben u. sich in Lee beim Absteigen erwärmen; *F.mauer,* hoch reichende Staubewölkung an der Luvseite, bis zum Geb.-Kamm reichend;

H. Fonda *(links)* **B. Franklin** *(rechts)*

F.wolken, linsenförm., mittelhohe Wolken; *F.krankheit,* durch F. bedingte körperl. (Kreislauf, Nervensystem) u. seel. (Depressionen) Beschwerden.

Fohr, Carl Philipp, * 1795, † 1818, dt. Maler u. Zeichner der Heidelberger Romantik.

Föhr, nordfries. Insel, 82 km², 9800 E, Hauptort: Wyk auf Föhr; Badebetrieb, Fischerei.

Föhre ↑Kiefer.

Fokus [lat.], svw. ↑Brennpunkt.

Fokussierung [lat.], Vereinigung divergierender od. paralleler Strahlen in einem Pt.; Kernphysik: Sammeln von Strahlen, die aus geladenen Teilchen bestehen, durch geeignete elektr. od. magnet. Felder.

Foli|e [lat.]: **1)** dünnes Blatt, u. a. aus Metall (z. B. Blattgold), Kunststoff; **2)** Hintergrund.

Folklore [engl.], Sammelbez. für Volksüberlieferungen (Lied, Tracht, Tanz u. a.).

Folkunger, schwed. Königsgeschlecht; regierte in Schweden 1250–1363, in Norwegen 1319 bis 1387 u. 1375–87 auch in Dänemark.

Folkwang, Museum F., bed. Slg. mod. Kunst in Essen; gegr. 1902.

Follikel [lat.], Säckchen, Bläschen: **1)** Haarbalg; **2)** Talgdrüse der Haut; **3)** Lymphknoten der Darmwand; **4)** Teile der Schilddrüse; **5)** ↑Eierstock.

Follikelhormon, Hormon der weibl. Keimdrüse; bewirkt das Wachstum der weibl. Genitalorgane u. die Ausbildung der weibl. Geschlechtsmerkmale.

Folter, Erregung körperl. Qualen, fr. legales Mittel zur Geständniserzwingung im Strafprozess; im MA als *„peinl. Befragung";* abgeschafft zuerst in Preußen (1740, 1754); heute noch häufig in totalitären Staaten u. Militärdiktaturen, v. a. gg. polit. Verdächtige.

Folz (Foltz), Hans, gen. der Barbierer, * um 1450, † um 1513, dt. Meistersinger, reformierte den Meistersang; relig. Lieder, Sprüche, Schwänke; mit Fastnachtsspielen Einfluss auf H. Sachs.

Fond [fõ; frz.]: **1)** Rücksitz eines Wagens; **2)** Hintergrund, z. B. eines Gemäldes; **3)** beim Braten, Dünsten oder Schmoren von Fleisch sich in der Pfanne bildender Satz, Grundlage für Soßen oder Suppen.

Fonda ['fɔndə]: **1)** Henry, * 1905, † 1982, amer. Filmschauspieler; v. a. klass. Westernrollen („Spiel mir das Lied vom Tod"); **2)** Jane, * 1937, amer. Filmschauspielerin, Tochter von 1); polit. Aktivitäten; **3)** Peter, * 1939, amer. Filmschauspieler u. -produzent („Easy Rider"); Sohn von 1).

Fondant [fõ'dã; frz.], Zuckermasse mit Farb- u. Aromazusätzen (u. a. als Schokoladenfüllung).

Fonds [fõ; frz.], Geld- od. Vermögensvorrat.

Fondue [fõ'dy; frz.], Gericht entweder aus geschmolzenem Käse u. a. Zutaten oder am Tisch im F.-Topf ausgebackenes Fleisch mit versch. Saucen.

Fontainebleau [fõtɛn'blo], St. sö. v. Paris, 18800 E; Schloss (16. Jh.), Innenausstattung durch die Renaissancemaler der *Schule v. F.* u. Florentiner Manieristen.

Fontane, Theodor, * 1819, † 1898, dt. Dichter u. Theaterkritiker; Balladen, „Wanderungen durch die Mark Brandenburg" u. Gesellschaftsromane, u. a. „Frau Jenny Treibel", „Effi Briest".

Fontäne [frz.], Springbrunnen.

Fontanellen [frz.], Knochenlücken im Schädeldach Neugeborener.

Fonteyn de Arias, Dame Margot [fɔn'teɪn], eigtl. Peggy Hockham, * 1919, † 1991, brit. Tänzerin.

Foot [fʊt; engl.], Einheitenzeich. ft, Fuß, engl. Längenmaß, 1 ft = 12 inches = 30,48 cm.

Football ['fʊtbɔ:l; engl.], dem Rugby ähnl., hartes amer. Ballspiel zw. 2 Mannschaften mit je 11 Spielern, 4 × 15 Min. Spieldauer; ein eiförmiger Lederball muss über die gegner. Grundlinie getragen od. mit dem Fuß über die Torlatte befördert werden.

forcieren [-'si-; frz.], erzwingen, vorantreiben.

Ford [fɔ:d]: **1)** Gerald Rudolph, * 1913, 38. Präs. d. USA (1974–76; Republikaner); **2)** Harrison, amer. Filmschauspieler, * 1942, berühmt in Actionfilmen u. als Charakterdarsteller; **3)** Henry, * 1863, † 1947, amer. Großindustrieller; begr. die *F. Motor Company;* Gründer der *F. Foundation* zur Förderung v. Wiss., Erziehung u. Sozialarbeit; **4)** John, eigtl. Sean Aloysius O'Fearna, * 1895, † 1973, amer. Filmregisseur ir. Herkunft („Früchte des Zorns").

Förde, tief ins Flachland eindringende Meeresbucht.

Förderstufe, in der BRD z. T. eingeführte 2-jähr. Orientierungsstufe nach der Grundschule.

Forderung, schuldrechtl. Anspruch auf ein Tun od. Lassen (z. B. Zahlung des Kaufpreises); übertrag-, pfänd- u. durch Nießbrauch belastbar.

Forechecking ['fɔ:tʃekɪŋ], im Eishockey das Stören des gegner. Angriffs bereits im gegner. Verteidigungsdrittel.

Forellen, räuber. Kaltwasserfische, meist im Spätherbst im Süßwasser laichend; Speisefische; u. a. Bach-, See-, Meer-, Regenbogenforellen.

forensisch [lat.], gerichtl.; *f.e Medizin* ↑gerichtliche Medizin.

Forester, Cecil Scott ['fɔrɪstə], * 1899, † 1966, engl. Schriftsteller; Abenteuerromane, v. a. Seegeschichten; „Kapitän Hornblower".

Form, äußerer Umriss; Gestaltungsprinzip; Idee.

Formaldehyd, – CHO, farbloses, stechend riechendes Gas, in Wasser leicht zu *Formalin®* (35–40 % F.) lösl.; u. a. zur Desinfektion u. Konservierung, Herst. v. Kunstharzen. F. wirkt stark reizend auf die Schleimhäute und verursacht Entzündungen der Atemwege; Verdacht auf mutagene und karzinogene Wirkung.

Formalismus, Überbetonung der Form gegenüber dem Inhalt.

Format [lat.]: **1)** Maß, [genormtes] Größenverhältnis; im Buchdruck: ↑Folio, ↑Quart 1), ↑Oktav, ↑Duodez 1); **2)** übertr. für: hervorragende Tüchtigkeit.

Formatieren, Einteilen von Disketten in Sektoren; Zusammenstellen von Daten als *festes Format* nach Regeln, als *freies Format* nach Nutzerwünschen.

Formation: 1) Gliederung einer [mil.] Truppe, für einen bestimmten Zweck gebildet; **2)** Einheit b. Pfl.-Gesellschaften (Biologie); **3)** Gesteinsschichtenfolge in einem größeren erdgeschichtl. Zeitraum sowie der Zeitraum selbst (Geol.).

Formel [lat.]: **1)** feststehender Ausdruck; **2)** Kurzfassung von Axiomen, Ableitungen und Gesetzmäßigkeiten durch allg. Ausdrücke u. Symbole (Logik, Math., Physik); **3)** Kurzform für die Anordn. u. Gewichtsverhältnisse der El. einer chem. Verbdg.; **4)** Mustersatz im Prozess (§).

Formenlehre: 1) die Lehre von Stammbildung und Flexion der Wörter (Gramm.); **2)** die Lehre vom Aufbau einzelner Musikwerke (z. B. Sonatensatz).

Formentera, kleinste Insel der Balearen, Spanien, 115 km², Hauptort San Francisco Javier; Fremdenverkehr.

Formosa ↑Taiwan.

Formosastraße (Fukienstraße), Meeresstraße zw. Taiwan u. dem chin. Festland.

Formsand, tonhaltiger (4–25 %) Sand zum Aufbau v. Gussformen.

Formvorschriften, gesetzl. vorgeschriebene Erklärungsform für ein Rechtsgeschäft; zu beachten u. a. bei Bürgschaft, Testament.

Forseti (Forsite, fries. Fosite), in der germ. Mythol. Gerichtsgott.

Forst, Willi, eigtl. Wilhelm Froß, * 1903, † 1980, östr. Schauspieler.

Forst, Wirtschaftswald; Einteilung nach dem *Eigentum:* Staats-, Körperschafts-, Privat-F.; nach der *Bestockung:* Laub-, Nadel-, Mischwald; nach der *Betriebsweise:* Hoch-, Mittel-, Niederwald.

Forster, Edward Morgan, * 1879, † 1970, engl. Schriftsteller.

Förster (Revierförster), Forstbetriebsbeamter des gehobenen Dienstes.

Forst/Lausitz, Krst. an der Lausitzer Neiße, Bbg., 25 800 E; Textilind.; Stadtteile östl. der Neiße seit 1945 zu Polen (Zasieki).

Forstregal, staatl. Hoheitsrecht über fiskal. Waldungen.

Forstrevier, Forstbetrieb; u. a. Oberförsterei, [Revier]försterei, [Ober]forstwartei.

Forstwirtschaft, Wirtschaftszweig, betreibt die Erhaltung u. Nutzbarmachung der Wälder.

Forsythie, sehr zeitig im Frühj. leuchtend gelb blühender Zierstrauch aus Ostasien.

Fort [fo:r; frz.], Befestigungsanlage zur Verteidigung strateg. wicht. Geländepunkte, auch Außenwerk in einem ausgedehnten Festungssystem.

forte [ital.], Abk. f, stark, laut; *f.piano,* Abk. fp, plötzl. Übergang von laut zu leise (𝄞).

Fortifikation [lat.], Befestigung, Befestigungswerk.

fortissimo [ital.], Abk. ff, sehr stark, sehr laut (𝄞).

Fort Knox [fɔ:t 'nɔks], Mil.-Lager in Kentucky, USA, sw. v. Louisville; Aufbewahrungsort der amer. Goldreserven.

Fortner, Wolfgang, * 1907, † 1987, dt. Komponist; Ballett „Die weiße Rose“, Opern, Orchesterwerke.

Fortpflanzung (Reproduktion), Erzeugung von Nachkommen; bei Tieren: *ungeschlechtl.* (vegetat.) durch Zellteilung od. Knospung, *geschlechtl.* (sexuelle F.) durch ↑Befruchtung; Geschlechtszellen (Gameten) bilden sich meist in getrennten Geschlechtern (Gonochorismus), seltener im gleichen Individuum (Hermaphroditismus); *Jungfernzeugung* (Parthenogenese), F. durch unbefruchtete Eier; bei Pflanzen sowohl ungeschlechtl. durch Brutkörper, Ableger u. a. als auch geschlechtl. F. durch Blütenstaub (Pollen), der mit Pollenschlauch von der Blütennarbe zur Samenanlage dringt; ↑auch Generationswechsel.

FORTRAN [Kw. aus engl.: **for**mula **tran**slator = Formelübersetzer], eine Programmiersprache, die v. a. für wiss. u. techn. Rechenprogramme geeignet ist.

Fortuna, röm. Schicksalsgöttin, auch Göttin des Glücks; der griech. Göttin Tyche gleichgestellt.

Fort Worth [fɔ:t 'wə:θ], St. in Texas, USA, am oberen Trinity River, 414 600 E; Univ., mit ↑Dallas Zentrum einer bed. Luftfahrtind.; ✈.

Forum [lat.]: **1)** Marktplatz in röm. Städten; **2)** Gerichtshof; **3)** Öffentlichkeit.

Forum Romanum, Marktplatz im alten Rom; Mittelpt. des polit. Lebens der Stadt u. des ges. Röm. Reiches; bed. Tempel, Triumphbögen u. öff. Bauten (Abb. S. 226).

Fosbury-Flop ['fɔsbəri 'flɔp], Hochsprungtechnik, bei der der Springer die Latte mit Kopf u. Rücken voraus überquert.

Fossa [lat.], Schleichkatze Madagaskars; rd. 60 cm lang.

fossil [lat.], aus der erdgeschichtl. Vergangenheit.

Fossilien, Tier- u. Pflanzenreste (Versteinerungen) aus erdgeschichtl. Vergangenheit; *Leit-F.* sind für eine best. stratigraph. Schicht od. Stufe charakteristisch (Zeitbestimmung).

fotogen, bildwirksam (von Personen gesagt).

Fotografie, das Festhalten der durch opt. Abb. erzeugten Bilder von Gegenständen auf lichtempfindl. Material, neuerdings auch über Festkörperbildsensoren auf Magnetschichten. Grundlage der herkömml. F. ist das Halogensilberverfahren mit hpts. Bromsilber (AgBr) in einer Suspension in Gelatine („Emulsion“) als lichtempfindl. Substanz, in der sich durch Belichtung und nachfolgende Entw. metall. Silber bildet. Das restl. AgBr muss durch Fixage entfernt werden. Das entstandene Bild ist ein Negativ, von dem durch Wiederholung des Vorgangs ein Positiv gewonnen wird *(Negativ-Positiv-Prozess).* Es kann auch durch Ausbleichen vor der Fixage entfernt und das restl. AgBr durch erneute Entwicklung zu einem Positiv „umgekehrt“ werden (*Umkehrfilm* für Diapositive). – Bei der *Farb-F.* entstehen die Farben durch die Reaktion spezieller Farbkuppler mit Entwicklungsprodukten des AgBr-Prozesses. Bei der *Sofortbildfotografie* sind die Entwicklerchemikalien bereits im Fotomaterial enthalten, aus dem sie durch Walzen freigesetzt werden. Es entstehen positive Bilder, sobald die Bildeinheit die Kamera verlassen hat.

Fotograf. Apparate: Das 1. Jh. der F. bestimmten große Aufnahmeformate mit den entspr. Kameras. 1913 wurde das Kleinbildformat (24 × 36 mm) u. die erste Kleinbildkamera (Leica) vorgestellt. Mittelformatkameras haben die Aufnahmeformate 4,5 × 6 cm, 6 × 6 cm, 6 × 7 cm u. 6 × 9 cm, Großbildkameras verwenden Planfilm (od. Platten) in den Formaten 9 × 12 bis 18 × 24 cm. Die hpts. für den Amateurmarkt entwickelten Kleinstbildu. Pocketkameras (Filmformat 13 × 17 mm) sowie die Diskkamera (Aufnahmematerial auf scheibenförmigem Träger) traten in den letzten Jahren zugunsten automatisierter (Belichtung, Entfernungseinstellung, Filmtransport) Kleinbildkameras zurück. Diese beherrschen heute als Systemkameras (Spiegelreflexkameras mit Wechselobjektiven) sowie als Sucherkameras den Markt. 1996 wurde das ↑APS-System (APS, Abk. für **Ad**vanced **Photo System**) mit dem Aufnahmeformat 13 × 36 mm eingeführt. Neben die traditionellen fotografischen Kameras treten die digitalen Kameras, die die Bilddaten digital speichern u. ihre Weiterleitung an digitale Ausgabe- und/oder Bearbeitungsgeräte ermöglichen.

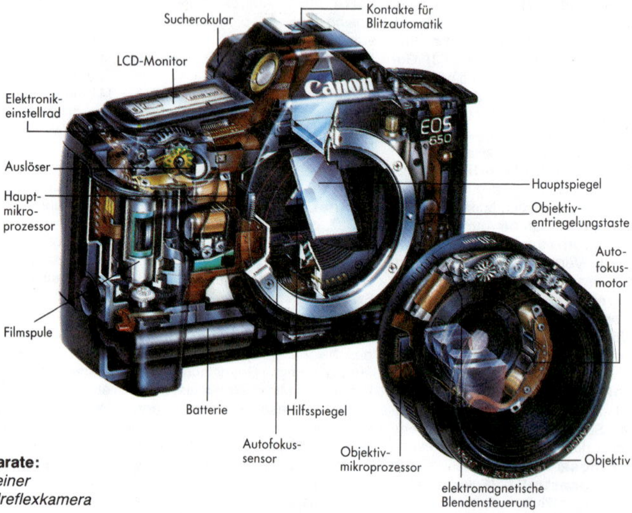

fotografische Apparate:
Sprengzeichnung einer einäugigen Spiegelreflexkamera

Fotokopie, unmittelbare fotogr. Übertragung von Vorlagen auf lichtempfindl. Papier.

Fotomontage [-ta:ʒə], Zusammensetzung von Fotos u. Bildausschnitten zu einem Bild.

Fötus [lat.], svw. ↑Fetus.

Foucault, Léon [fu'ko], * 1819, † 1868, frz. Physiker; bestimmte die Lichtgeschwindigkeit (mit Drehspiegel); wies 1850/51 mit dem *foucaultschen Pendelversuch* die Erdrotation nach.

Fouché, Joseph [fu'ʃe], Hzg. v. Otranto, * 1759, † 1820, frz. Politiker; 1794 am Sturz Robespierres führend beteiligt, 1799–1802 u. 1804–10 Polizeimin. (Spitzelsystem); heiml. mit Napoleons Gegnern in Verbdg.; 1816 verbannt.

Fouqué, Friedrich Baron de La Motte-F. [fu'ke], * 1777, † 1843, dt. Dichter der Romantik; „Undine".

Fourier, Joseph Baron de [fur'je], * 1768, † 1830, frz. Physiker u. Mathematiker; entwickelte die math. Theorie der Wärmeausbreitung; entdeckte, dass fast jede Funktion durch eine Reihe trigonometr. Funktionen *(F.-Reihe)* dargestellt werden kann *(F.-Entwicklung)*.

Fowler ['faulə]: **1)** Sir John, * 1817, † 1898, brit. Ingenieur; erbaute die Londoner U-Bahn, konstruierte die Firth-of-Forth-Brücke; **2)** John, * 1826, † 1864, brit. Ingenieur; erfand mit M. v. Eyth den Dampfpflug.

Foxterrier [engl.], kleinerer weißer, schwarz gefleckter engl. Begleit- u. Jagdhund.

Foxtrott [engl.], Gesellschaftstanz im 4/4- od. 2/2-Takt.

Foyer [fwa'je; frz.], Wandelhalle [im Theater], Vorhalle.

FP, Abk. für: ↑**Flamm**p**unkt.

FPÖ, Abk. für: ↑**F**reiheitliche **P**artei **Ö**sterreichs.

FPOLISARIO (POLISARIO), Abk. für span. **F**rente **Po**pular para la **Li**beración de **Sa**guia el Hamra y **Rí**o de **O**ro, 1973 gegr. Befreiungsbewegung für die span. ↑Westsahara.

Fr, Symbol für ↑Francium (☞).

Fra [ital.], Kurzw. für Frater.

Fracht: 1) ugs. für Transportgut; **2)** Entgelt für den Transport.

fragil [lat.], zerbrechlich, gebrechlich, zart.

Fragment [lat.], Bruchstück, unvollendetes Werk.

Fragonard, Jean Honoré [fragɔ'na:r], * 1732, † 1806, frz. Maler des Rokoko; galante Szenen, Charakterfiguren.

frais[e] [frɛ:s; frz.], erdbeerfarbig.

Fraktion [lat.]: **1)** Zusammenschluss von Abg. einer Partei in einer parlamentar. Institution; **2)** abgetrennter Teil eines Stoffgemisches (☞).

Fraktionszwang, Verpflichtung der Abg. bei parlamentar. Abstimmungen od. Debatten, die fraktionsinternen Beschlüsse einzuhalten.

Fraktur [lat.]: **1)** svw. ↑Knochenbruch; **2)** „gebrochene" dt. Schreib- u. Druckschrift; in Dtl. seit 1942 durch die Antiqua (↑Schrift) verdrängt.

Françaix, Jean [René] [frã'sɛ], * 1912, † 1997, frz. Komponist; Ballette, Opern, Oratorien.

France, Anatole [frãs], eigtl. Jacques Anatole Thibault, * 1844, † 1924, frz. Schriftsteller; Romane, Dramen; Nobelpreis 1921.

Francesca, Piero della [fran'tʃeska], * um 1416, † 1492, ital. Maler der Frührenaissance; Fresken in Arezzo.

Franche-Comté [frãʃ kõ'te; frz.] (Freigrafschaft Burgund), histor. Prov., Region in Frankreich, zw. oberer Saône und frz.-schweizer. Grenze, 16 202 km², 1,08 Mill. E, Hauptstadt Besançon. – 1032/34 als Teil des Kgr. Burgund zum Hl. Röm. Reich; 1674/78 an Frankreich.

Franchise ['fræntʃaiz], Unternehmensform; der F.-Geber (Franchisor) erlaubt dem F.-Nehmer (Franchisee) gegen Bezahlung die Verwendung eines Markennamens.

Francium, chem. El., Symbol Fr, OZ 87, rel. A.-Masse 223–229, Alkalimetall; sehr seltenes, stark radioakt. Zerfallsprodukt des natürl. Actiniums; Darst. erstmals 1939.

Franck: 1) César [frãk], * 1822, † 1890, frz. Komponist belg.-dt. Herkunft; Oratorien, Orchester- und Kammermusik, Orgelkompositionen; **2)** Hans, * 1879, † 1964, dt. Schriftsteller; Dramen, Romane, Novellen; **3)** James, * 1882, † 1964, dt.-amer. Physiker; mit G. Hertz Nachweis der Existenz diskontinuierl. Anregungszustände im Atom; Nobelpreis (mit G. Hertz) 1925.

Francke: 1) Meister, dt. Maler; nachweisb. 1410 in Hamburg; Altäre in Helsinki u. Hamburg; **2)** August Hermann, * 1663, † 1727, dt. ev. Theologe u. Pädagoge; Pietist; Schöpfer der *F.schen Stiftungen* in Halle (Armen-, Bürger-, Waisenschule, Pädagogium, Waisenhaus).

Franco Bahamonde, Francisco, * 1892, † 1975, span. Gen. u. Politiker; nach dem Militäraufstand 1936 Befehlshaber in Span.-Marokko u. Chef der nat. span. Reg. u. Generalissimus, weitete den Aufstand zum Bürgerkrieg aus, den er 1939 mithilfe der Achsenmächte siegreich beendete; faschist. Diktatur.

François-Poncet, André [frãswapõ'sɛ], * 1887, † 1978, frz. Diplomat; 1931 Botschafter in Berlin, 1953–55 in Bonn, s. 1952 Mitgl. der Académie française, 1955–67 Präs. des Internat. Roten Kreuzes.

Frank: 1) Adolph, * 1834, † 1916, dt. Chemiker; entwickelte mit H. ↑Caro das F.-Caro-Verfahren z. Herstellung v. Kalkstickstoff; **2)** Anne, * 1929, † im KZ Bergen-Belsen 1945, Tochter eines dt.-jüd. Bankiers, bek. durch erschütternde Tagebuchaufzeichnungen aus dem Versteck ihrer Fam. in Amsterdam während der dt. Besetzung 1942; **3)** Bruno, * 1887, † 1945, dt. Schriftsteller; Lyrik, Dramen, histor. Novellen, Romane; **4)** Hans, * 1900, † 1946 (hingerichtet), dt. NS-Politiker; s. 1939 als Gen.-Gouverneur in Polen verantwortl. für brutale Besatzungspolitik.

Franken, westgerman. Stamm; im 3. Jh. zuerst erwähnt; drangen im 4.–6. Jh. v. Nieder- u. Mittelrhein aus in linksrhein. Gebiet u. nach Gallien vor; Teilstämme: Salier, Ripuarier u. a.

Franken, altes dt. Hzgt., umfasste das Gebiet an Main, Mittelrhein u. Neckar; zerfiel in W- od. Rhein-F. u. O- od. Main-F.; 939 als selbst. polit. Gebilde aufgelöst; Name später nur für Ostfranken.

Frankenthal (Pfalz), kreisfreie St. in RP, 46 800 E; LG; Maschinen-, Kunststoffind. – Im 18. Jh. berühmte Porzellanmanufaktur.

Frankenwald, bewaldetes Hochland zw. Fichtelgeb. u. Thüringer Wald; Döbraberg 795 m.

Frankfurt am Main, krsfr. St. in der Untermainebene, Hessen, 644 600 E; eine der wirtsch. bedeutendsten dt. Städte; Univ., versch. Hochschulen, Museen, Theater, Bibliotheken; IHK; OLG; LG; Dom (13./14. Jh.), Rathaus („Römer") mit Ks.-Saal, Goethehaus, Alte Oper. Vielseitige Ind., Druck- u. Buchgewerbe, Banken, Börse, bed. internat. Messen und Ausstellungen. Verkehrsknotenpunkt; ✈. – Röm. Kastell, karoling. Pfalz u. stauf. Burg, R.-St. seit dem 14. Jh., seit 1356 Ort der dt. Königswahl, 1562–1806 auch der Kaiserkrönung, 1815–66 Sitz der B.-Vers. des Dt. Bundes, 1848/49 Tagungsort der Nat.-Vers. (Paulskirche), seit 1866 preuß., seit 1945 hess.

	**Frankreich** Fläche: 543 965 km² Einwohner: (1995) 57,98 Mill. Hauptstadt: Paris Amtssprache: Französisch Zeitzone: MEZ

Frankfurter Friede, 10. 5. 1871, bestätigte den Vorfrieden v. ↑Versailles, beendete den Dt.-Frz. Krieg: Das Elsass (ohne Belfort) u. ein Teil Lothringens (mit Metz) fielen an das Dt. Reich.

Frankfurter Nationalversammlung, das am 18. 5. 1848 in der Paulskirche in Frankfurt am Main zusammengetretene Parlament; Aufgabe: Schaffung eines demokrat. dt. Nationalstaates; scheiterte am Ggs. zw. ↑Klein- u. ↑Großdeutschen, das nach Stuttgart verlegte Rumpfparlament wurde 1849 aufgelöst.

Frankfurt/Oder, St. an der mittl. Oder, Bbg., 87 100 E; Stadtteile r. der Oder seit 1945 zu Polen (poln. Słubice); vielseitige Ind.; Oder-⚓. – 1368 Hansest.; 1505–1811 Universität.

Fränkische Alb (Frankenalb), Hochfläche von der Wörnitz u. der Donau bis zum Main bei Lichtenfels; Poppenberg 657 m.

Fränkische Saale, r. Nbfl. des mittl. Mains, 142 km.

Fränkische Schweiz, Gebiet im N-Teil der Fränk. Alb; bizarre Felsbildungen, Tropfsteinhöhlen.

Fränkisches Reich, begr. von Chlodwig I., der den größten Teil Galliens unterwarf u. Alemannen u. Westgoten besiegte; im 6. Jh. Ausdehnung auf Thüringen, Burgund und die Provence. Seit 751 Herrschaft der Karolinger, größte Macht u. Ausdehnung d. Reiches unter Karl d. Gr. (Langobardenreich, Sachsen, Bayern, Span. Mark). Verfall durch Teilungen (Vertr. v. Verdun 843, Meerssen 870, Ribemont 880), Entstehung des *Ostfränk.* u. des *Westfränk. Reiches* (später Dtl. u. Frkr.); letzte Vereinigung des Fränk. Reichs unter Karl III.

Franklin ['fræŋklın]: **1)** Benjamin, * 1706, † 1790, amer. Politiker, Schriftsteller u. Physiker (Erfinder des Blitzableiters); wirkte für die amer. Unabhängigkeit; entscheidende Mitarbeit an der amer. Verf. (Abb. S. 224); **2)** Sir John, * 1786, † 1847, brit. Nordpolforscher; auf der Suche nach der ↑Nordwestpassage im Melvillesund gescheitert.

Frankokanadier, frz. sprechende Bewohner Kanadas.

frankophil [mlat.; gr.], franzosenfreundlich.

Frankreich, Rep. in W-Europa; Bev. überwiegend Franzosen, geringe Minderheiten (v. a. Basken, Bretonen); überw. röm.-kath.; Hptst. ↑Paris; polit. Gliederung in 96 Departements; durch Flusssysteme u. Bergländer deutl. gegliedert; im NO Ardennen, Vogesen, westl. anschl. das Pariser Becken, westl. vom Breton. Massiv begrenzt; südl. der Vogesen Anteil am Jura u. d. Alpen, westl. d. Rhone-Saône-Senke das Zentralmassiv, im W das Aquitan. Becken, im S bzw. SW Provence, Languedoc u. Pyrenäen. – *Klima:* mediterran im S, maritim-atlant. im W, mitteleurop. im O. – *Wirtsch.:* Ind. u. Landw. gleich bed.; Weizen, Weinbau, Obst u. Gemüse; Viehzucht: Rinder, Schweine, Schafe, Fleisch- u. Molkereiprodukte (Käse); an 1. Stelle der Ind. steht die Textilind., bed. Hütten-, Automobil-, Flugzeug-, Masch.- (bes. Motoren), chem. u. Lederind.; Konfektions-, Galanteriewaren u. Parfümherst. – *Bodenschätze:* neben Kohle u. Eisen v. a. Bauxit, Erdöl u. -gas, Kali, Kaolin, Zinn, Blei, Zink u. Uran. Zur Energiegewinnung werden zunehmend Wasserkraft u. Kernkraft (über 70 %) genutzt. – *Verkehr:* bed. Häfen am Atlantik u. Kanal, am Mittelmeer Marseille; gut ausgebautes Flug-, Straßen-, Eisenbahn-, Kanalnetz. – *Gesch.:* Beginn der frz. Gesch. mit der Teilung des Fränk. Reiches. 843–987

Herrschaft der westfränk. Karolinger; 911 Ansiedlung der Normannen in der Normandie; 987–1328 Kapetinger, neben ihnen mächt. Kronvasallen, 1154–89 Blüte des Angevin. Reiches, zu dem ganz W-F. gehörte. Philipp II. August eroberte den größten Teil der engl. Festlandbesitzungen in F. (1214 Schlacht b. Bouvines), entscheidende Stärkung der frz. Zentralgewalt. Neue Bedrohung durch den ↑Hundertjähr. Krieg gg. England, das nach der durch d. Auftreten v. Jeanne d'Arc eingetretenen Wende des Kriegsverlaufs alle frz. Besitzungen außer Calais verlor; erfolgloser Kampf Franz' I. gg. Karl V. um Italien; 1562–98 Hugenottenkriege (1572 Bartholomäusnacht, 1598 Edikt v. Nantes). 1589–1792 Haus Bourbon; unter Ludwig XIII. durch Richelieus überlegene Staatsleitung F. Großmacht; im Westfäl. Frieden Gewinn des habsburg. Elsass; unter Ludwig XIV. Vollendung des frz. Absolutismus, Eroberungskriege gg. Spanien, die Niederlande u. das Reich. 1685 Aufhebung des Edikts v. Nantes; 1763 Verlust der nordamer. Kolonien an England nach Teilnahme am Siebenjähr. Krieg; Folge der Misswirtsch. unter Ludwig XV. u. Ludwig XVI.: Ausbruch der *Frz. Revolution.* 1789 Einberufung der États généraux (↑Generalstände), Erklärung des dritten Standes zur Nat.-Vers. (Verfassunggebende Vers., 1789–91), Sturm auf d. Bastille (14.7.), 1790 Bildung der gr. Parteien der Girondisten u. der Bergpartei, 1792 gesetzgebende Vers., Abschaffung des Königtums durch den Nat.-Konvent, 1793 Hinrichtung des Kg., 1793/94 Schreckensherrschaft, 1795–99 Direktorium; Siege der frz. Truppen in den Koalitionskriegen; Aufstieg Napoléon Bonapartes: 1799 Erster Konsul, 1804 als Napoleon I. Kaiser der Franzosen; Kriege gg. Preußen, Spanien, Portugal, Östr., erfolgloser Zug der Gr. Armee nach Russland, 1813 ↑Befreiungskriege, 1814 Verbannung Napoleons I. nach Elba, Rückkehr der Bourbonen, nach Napoleons I. Herrschaft der „Hundert Tage" (1815 Niederlage b. Waterloo) Restauration; 1830 Julirevolution, 1848 Februarrevolution und Sturz des „Bürgerkg." Louis Philippe; Zweite Rep.; unter Ks. Napoleon III. 1859 Krieg mit Sardinien gg. Östr., 1870/71 ↑Dt.-Frz. Krieg, Sturz des Kaisertums, Dritte Rep., 1871 Kommuneaufstand in Paris; Kolonialerwerbungen: 1881 Tunis, 1883 Annam, 1885 Madagaskar; Ausdehnung in Äquatorialafrika. Gleichzeitig Besitzerweiterung am Niger, in der Sahara, in Oberguinea, auf Tahiti u. in Siam. 1893 frz.-russ. Mil.-Konvention. 1898 Faschodakrise. 1905/11 Marokkokonflikt mit Dtl., 1912 Marokko größtenteils unter frz. Schutzherrschaft. 1914–18 1. Weltkrieg, 1919 Vertr. von Versailles, 1923 ↑Ruhrbesetzung; 1936 Volksfrontreg. Blum, 1938 Kabinett Daladier, ↑Münchner Abkommen, 1939–45 2. Weltkrieg; 1940 Waffenstillstand, Reg. Pétain in Vichy; 1944 Befreiung F.s durch brit. u. amer. Truppen, Vierte Rep., die mit dem Putsch v. Algier 1958 endete; Fünfte Rep. u. neue Verf., Stärkung der verfassungsrechtl. Stellung des Staatspräs. durch Volksentscheid; Aufbau einer Atomstreitmacht, Betonung der nat. Unabhängigkeit Hauptanliegen der Außenpol.; die bürgerkriegsähnl. Maiunruhen 1968 lösten eine schwere Staatskrise aus. 1981–95 F. Mitterrand Staatspräs., s. 1995 J. Chirac; Mitgl. der UN, NATO, WEU, EU; 1966 Ausscheiden aus d. mil. Integration d. NATO. – Das frz. Kolonialreich löste sich nach dem 2. Weltkrieg zum größten Teil auf; 1946 Gründung der *Frz. Union,* bestehend aus der Rep. F., den Überseeterritorien und den assoziierten Staaten, 1958 abgelöst v. der *Frz. Gemeinschaft,* einem Staatenbund unter Führung der frz. Rep.; Oberhaupt der frz. Staatspräs., gemeinsamer Wirtsch.- u. Sozialrat. Außer F., den frz. Überseedep. u. -territorien gehören dazu die Zentralafrik. Rep., Kongo, Gabun, Madagaskar, Senegal u. Tschad sowie einige assoziierte afrik. Staaten. 1954 Verlust Indochinas, 1956 von Tunesien u. Marokko, zw. 1958 u. 1960 von fast allen afrik. Kolonien, 1962 wurde Algerien unabhängig.

französische Kunst. *Jules Hardouin-Mansart, Invalidendom (1677–1706)*

Frantz, Justus, dt. Pianist, * 1944; Initiator u. 1986–94 Intendant des alljährl. Schl.-Ho.-Festivals.

Franz: 1) F. von Assisi, hl., eigtl. Giovanni Bernardone, latin. Franziskus, * 1181 od. 82, † 1226, ital. Stifter der Franziskanerbewegung; gewann als wandernder Prediger Anhänger (Franziskaner); innige Frömmigkeit u. Weltbejahung; **2) F.** von Sales, hl., * 1567, † 1622, frz. Bischof v. Genf; bed. Humanist der Gegenreformation; Kirchenschriftsteller.

Franz: *Hl. Röm. Reich:* **1) F. I.** Stephan, * 1708, † 1765, Hzg. von Lothringen; seit 1737 Großhzg. v. Toskana, Gem. Maria Theresias, s. 1740 Mitregent in Östr., s. 1745 Ks., **2) F. II.** Joseph Karl, * 1768, † 1835, Enkel v. 1), Ks. s. 1792; 1804 als F. I. Ks. v. Östr., legte 1806 die Kaiserkrone des Hl. Röm. Reiches nieder. – *Frkr.:* **3) F. I.,** * 1494, † 1547, Kg. s. 1515; Kriege um Italien mit Ks. Karl V., 1525 Niederlage bei Pavia; starker Einfluss auf die frz. Kirche s. 1516 (Konkordat); scharf zentralist. Reg. – *Östr.:* **4) F. I.** ↑2). – *Östr.-Ungarn:* **5) F. Joseph I.,** * 18. 8. 1830, † 21. 11. 1916, Ks. s. 1848; nach absolutist. Anfängen streng konstit. gebunde-

ner Monarch; **6) F. Ferdinand,** * 1863, † 1914, Erzhzg. v. Östr.-Este, Neffe v. 5), Thronfolger; mit seiner Gem. in Sarajevo ermordet.

Franzbranntwein, aromatisierte alkohol. Lösung als Wasch- u. Einreibemittel.

Franziskaner, Mitgl. der v. Franz v. Assisi begr. od. v. ihm ausgehenden Orden; Grundlage die Regel v. 1223 (Bettel- u. Barfüßerorden; Selbstheiligung, Seelsorge, Unterricht); im 13. Jh. Aufspaltung in 3 Richtungen: Spiritualen (existieren nicht mehr); Konventualen (gegliedert in Observanten, Minoriten u. Kapuziner) u. eine mittlere Richtung, auch als Franziskanerbrüder bezeichnet. Nach deren Regeln leben auch die weibl. Kongregationen.

Franzose, Schraubenschlüssel mit verstellbarer Maulweite.

französische Kunst, in der *karoling. Epoche* (8.–10. Jh.) noch als Einheit mit der dt. Kunst anzusehen. Abtei Centula u. Germigny-des-Prés; Utrecht-Psalter; Elfenbeinarbeiten; in der *roman. Epoche* (980–1150) gr. Abteikirchen: Cluny II; Tours, Saint-Martin; Dijon, Saint-Bénigne; Tournus, Saint-Philibert. Monumentale Kirchen (meist gewölbt) mit reich figurierten Portalen u. Kapitellplastik. Im 11. Jh. v. a. in Burgund: Cluny III, vorbildl. f. Paray-le-Monial, Autun, Beaune, Vézelay. Provence: Saint-Gilles; in Arles Saint-Trophime. SW-Frkr.: Hallenkirchen im Poitou, Kuppelkirchen in Aquitanien (Périgueux), Emporenkirchen in der Auvergne u. Midi-Pyrénées (Toulouse, Saint-Sernin). Normandie: Vorbereitung der Gotik: Caen, Sainte-Trinité u. Saint-Étienne. Wand- und Buchmalerei. Entstehung der *Gotik* in der Île de France (Schöpfungsbau: Abtei Saint-Denis, 1137 ff.). Frühgotik (1150–1190): Sens; Noyon; Laon; Paris, Notre-Dame; Zisterzienserabtei Pontigny. Figurenportale von Chartres. Hochgotik (1190–1350): Kathedralen v. Chartres, Reims, Amiens, Sainte-Chapelle u. Notre-Dame in Paris (Querschifffassaden). Papstpalast Avignon. Skulpturenzyklen von Chartres, Paris, Amiens, Reims. Blüte der Glas- u. Buchmalerei (Zentrum Paris). Spätgotik (1350–1500; Flamboyantstil): Künstler. Führung Burgunds (C. Sluter, Brüder Limburg, van Eyck u. a.). Bed. frz. Tafel- u. Buchmalerei: J. Fouquet, N. Froment. *Renaissance u. Manierismus* (1500–1620): Blütezeit der frz. Schlossbaukunst: Blois, Chambord, Fontainebleau. Baumeister: Lescot, die Du Cerceaus, Ph. Delorme. Bildhauer: J. Goujon, G. Pilon. Malerei: Schule v. Fontainebleau, angeregt durch Florentiner Manieristen, frz. Meister J. u. F. Clouet u. die Cousins. *Barock und Rokoko* (1620–1789), Zeit der frz. Klassik (style classique); v. a. Schloss- u. Gartenbau. Blüte unter Ludwig XIV. (1643–1715), Baumeister: J. Lemercier, L. Le Vau (Versailles), F. Mansart (Kirche Val de Grâce), C. Perrault (Louvrefassade), J. Hardouin-Mansart (Invalidendom, Versailles). Bildhauer: F. Puget, A. Coysevox u. F. Girardon. Maler: die Brüder Le Nain, N. Poussin, Claude Lorrain, Ph. de Champaigne. Neue Stile: *Régence* (1715–23), *Louis-quinze* (1723–74; *Rokoko*) und *Louis-seize* (1774–92). Bauten: Pariser Stadthäuser (Hôtels); Panthéon (J.-G. Soufflot). Bildhauer: J.-A. Houdon, É.-M. Falconet. Maler: A. Watteau, H. Rigaud, F. Boucher, J.-H. Fragonard, N. Lancret, J.-B. S. Chardin, J. B. Greuze. Blüte der Dekoration und des Kunsthandwerks. *Revolutionszeit und Empire* (1789–1830): Revolutionsarchitektur C. N. v. Ledoux; Umbau des Louvre (C. Percier u. P. F. L. Fontaine). Bildhauer: P. J. David d'Angers, F. Rude, L. Barye. Maler: J. L. David, J. A. D. Ingres. *Romantik u. Naturalismus* (etwa 1800–50): Malerei führend: T. Géricault, E. Delacroix, H. Daumier, G. Courbet, C. Corot mit d. Schule von Barbizon. Vertreter des *Impressionismus* (seit 1860/70): É. Manet, C. Monet, C. Pissarro, E. Degas, A. Sisley, A. Renoir, P. Bonnard, H. de Toulouse-Lautrec, des *Neoimpressionismus:* G. Seurat u. P. Signac. *Kunst des 20. Jh.s:* Architektur: Le Corbusier, G. Candilis, R. Bofill; Bildhauer: A. Rodin, A. Maillol, G. Richier, *Nouveau réalisme:* César, Y. Klein, N. de Saint Phalle. Malerei: P. Cézanne, P. Gauguin, V. van Gogh bahnbrechend; mehr. Richtungen: die Fauves: H. Matisse, B. Dufy, A. Derain, M. de Vlaminck, G. Rouault; *Kubismus:* P. Picasso, daneben G. Braque, F. Léger; *Orphismus:* R. Delaunay, J. Villon; *Dadaismus* (M. Duchamp) u. *Surrealismus:* M. Ernst, Y. Tanguy, A. Masson; *École de Paris:* M. Chagall, A. Modigliani, C. Soutine, V. Vasarély, A. Manessier, P. Soulages, J.-P. Riopelle, die *Tachisten,* J. Dubuffet. *Kinet. Kunst:* R. Soto, N. Schöffer; *Konzeptkunst u. Spurensicherung:* Boltanski, A. u. P. Poirier.

französische Kunst. *Antoine Watteau, Die Tonleiter der Liebe (undatiert; links); Paul Cézanne, Stillleben (1892–94; rechts)*

französische Literatur, erster zusammenhängender altfrz. Text in den „Straßburger Eiden"; christl. Thematik der ältesten literar.

Zeugnisse; im *12. Jh.* Entwicklung von literar. Gattungen: 1. Chanson de geste, das Volks- u. Heldenepos; „Chanson de Roland" (Rolandslied) u. a., 2. der höf. Roman mit Stoffen aus Antike, Orient u. kelt. Sage: u. a. Artus- u. Gralsromane von Chrétien de Troyes; die byzantin. Erzählung: u. a. Floire et Blancheflor, 3. Troubadourlyrik. Seit dem *13. Jh.* vorw. Prosadichtung; Vorliebe für die Allegorie: „Roman de la Rose"; Legenden, Novellen, Traktate, Satiren. – Entw. des Dramas: erster Ansatz im „Adamsspiel" (12. Jh.); *14. Jh.:* Mirakel-, Mysterienspiele; Ausbildung der Farce, Sottie u. Moralität. Die Lyriker (J. Froissart, E. Deschamps, Christine de Pisan, Alain Chartier, F. Villon) entwickeln kunstvolle Formen wie Rondel u. Ballade. Im *16. Jh.* bed. Einfluss der ital. Renaissance; Lyoneser Dichterschule (L. Labés Sonette), Dichtergruppe der Pléiade (Haupt der Schule: P. de Ronsard; Pflege des Sonetts, der Ode, Hymne, Elegie); maßgebende klassizist. Dramentheorie bei Scaliger; repräsentat. für die neue Lebenshaltung die Romane von F. Rabelais und M. de Montaignes Essays. *17. Jh.:* Der Forderung nach sprachl. Klarheit u. Einhaltung formaler Regeln (3 Einheiten im Drama u. Ä.) entspricht das Ideal geordneten Denkens u. gezügelter Leidenschaft. Satire u. gesetzgebundene Poetik (N. Boileau-Despréaux, F. de Malherbe) bestimmen d. Tragödie (J. B. Racine, P. Corneille). Starkes Interesse für den Menschen, in „Maximen u. Reflexionen" von F. de La Rochefoucauld, „Gedanken" von B. Pascal, Fabeln von J. de La Fontaine, in der Memoiren- u. Brieflit. (Marquise de Sévigné) sowie in den die ges. europ. Lit. beeinflussenden Komödien Molières. *18. Jh.:* Neben den gr., auch sprachformenden Leistungen der Philos. u. enzyklopäd. Wiss. stehen die zeitgebundenen Romane von J.-J. Rousseau (Thema: Erziehung; soz. Utopie), Voltaire u. a., Komödien von P. N. Destouches u. P. C. de Marivaux, empfindsame Lustspiele von Nivelle de La Chaussée, pathet. Tragödien von C. B. Crébillon u. die in ihrer psychol. Motivierung vorausweisenden Romane von A. F. Prévost d'Exiles. Die geistvoll-aggressive Komödie P. A. Beaumarchais' blieb erfolgreiches Theaterrepertoire. Lyr. Dichtung von A. M. Chénier, der auf Vorbilder der griech. Antike und der Pléiade (16. Jh.) zurückgreift. *19. Jh.:* Vorbereitet von F. R. Chateaubriand u. Mme. de Staël, setzt seit 1820 die Romantik ein: Ablehnung einer verbindl. Poetik; Einmaligkeit des Erlebens als Kriterium für die Gedichte A. de Lamartines, Gestaltung des immer mit Leid behafteten Geschöpfes bei A. de Vigny; wirksame Formulierung des neuen Programms bei V. Hugo, der gegenüber A. de Musset u. dessen Lebensskepsis einflussstärker war („Notre-Dame de Paris": Neuentdeckung des MA). Literar. Kritik bei C. A. de Sainte-Beuve: Wertung der Einzelpersönlichkeit u. ihres bes. Talentes. Nach 1850 versch. literar. Strömungen; Abwendung von der Romantik im *Realismus* (Stendhal, H. de Balzac, G. Flaubert, P. Mérimée): Distanz zum Gestalteten, genaue Beschreibung von Einzelseele u. Gesellschaft; im *Naturalismus* der Roman als Dokument nahezu wiss. Milieuerfassung (Brüder Goncourt, E. Zola; auch bei G. de Maupassant u. a.). Artist. Formkunst in der Lyrik T. Gautiers u. der parnass. Schule. Vorbereitung des Symbolismus durch C. Baudelaire: höchste formale Gestaltung pessimist. Lebensanschauung und existenzieller Isolierung; seine Kunstauffassung wurde fortgeführt durch P. Verlaine, A. Rimbaud, S. Mallarmé. *20. Jh.:* Wiederaufnahme literar. Traditionen und Aufbruch zu Neuem in der reichen Romandichtung (M. Proust, R. Rolland, A. Gide, G. Duhamel u. a.). Neuer Ansatz in der Lyrik nach dem Vorbild der Symbolisten (P. Valéry, G. Apollinaire, P. Éluard, A. Breton, L. Aragon). In der dramat. Dichtung Rückgriff auf antike Stoffe (J. Giraudoux, J. Anouilh, J. Cocteau), inhaltl. – in allen Gattungen – Infragestellung des überlieferten Menschenbildes; bes. Ausformung dieser neuen Interpretation menschl. Seins durch die relig. Dichtung (P. Claudel, F. Mauriac, G. Bernanos, J. Green), im Umkreis des Existenzialismus (J. P. Sartre, A. Camus) u. im absurden Theater (S. Beckett, E. Ionesco u. a.). Darstellung neuer Erfahrungen des Schreibens im experimentellen Nouveau roman (N. Sarraute, F. Ponge, A. Robbe-Grillet, M. Butor, G. Simon, M. Duras). In der erzählenden Literatur Fortführung traditioneller Muster (H. Bazin, M. Tournier) oder Entwicklung neuer Formen im Umkreis von Zeitschriften wie „Tel Quel" (1960–83; D. Roche, C. Simon, P. Sollers, J.-P. Faye u. a.), Auseinandersetzung u. a. mit der Résistance (P. Modiano) oder mit der Situation der Frau (M. Wittig, H. Cixous). Weitere Vertreter der zeitgenöss. Prosa: M. Yourcenar u. Le Clézio, der Essayistik nach Sartre: R. Barthes, M. Foucault, J. Derrida, J. Kristeva.

französische Literatur. *Illustration (um 1370) zum „Roman de la Rose"*

französische Musik, im MA v. a. in Klöstern gepflegt. Eigener „Dialekt" des gregorian. Chorals. Weltl. Formen s. d. *11. Jh.* in den Chansons de geste u. bei den Troubadours. *Um 1200* „Notre-Dame-Schule" in Paris mit Leoninus u. Perotinus (Organum, Conductus, Motetus). Die höf. Musik verbürgerlicht *gg. Ende des 13. Jh.s,* etwa bei Adam de la Halle; Guillaume de Machault ist Dichter u. Komponist der Ars nova (ben. nach dem gleichnam. Traktat des Philippe de Vitry um 1320); vorherrschend die meist 4-stimm. isorhythm. Motette. Im *15. Jh.* Gilles Binchois u. Guillaume Dufay mit Messen, Motetten, geistl. u. weltl. Chansons. *16. Jh.:* 4- bis 5-stimm. Chansons u. Psalmen von Clément Janequin; Slg. v. Chansons v. a. von Pierre Attaignant. Gg. Ende des Jh.s bed. Claude Le Jeune. *17. Jh.:* in der 1. H. d. Jh.s Lautenistensch. mit Denys Gaultier. Nach 1650 größere Bed. der Cembalomusik (Übernahme der Suitenform); nach Einführung der ital. Oper in Paris durch Kardinal Mazarin nach 1643 wurde J.-B. Lully zum eigtl. Schöpfer der frz. Oper; um 1715 erste Opéras comiques; neue Musikgattung: Ballettoper. *18. Jh.:* Höhept. der Cembalomusik (F. Couperin, J.-P. Rameau). Mit C. W. Glucks „Iphigénie en Aulide" (1774) Sieg der neuen dramat. Oper. *19. Jh.:* Aus Elementen der Revolutionsmusik u. der dt. Musik entwickelte sich die frz. Romantik (v. a. H. Berlioz). Opéra comique u. „große Oper" (F. A. Boieldieu, D. F. E. Auber, A. Adam, G. Meyerbeer, A. Thomas, C. Gounod, C. Saint-Saëns, G. Bizet). *20. Jh.:* v. a. C. Debussy, dessen Oper „Pelléas et Mélisande" (1902) die frz. Moderne einleitete, u. M. Ravel. Bed. die Gruppe der „Six" (D. Milhaud, A. Honegger u. a.), O. Messiaen, P. Schaeffer, J. Francaix; Zeitgenossen sind: P. Boulez, P. Henry, L. Ferrari u. G. Amy.

Französische Revolution ↑Frankreich, Geschichte.

Französischer Jura, Teil des ↑Juras.

französische Schweiz, Bez. für den westl., französischsprach. Teil d. Schweiz.

französische Sprache, aus dem Vulgärlatein Galliens unter starkem Einfluss des Fränk. entwickelte roman. Spr.; bis zum 14. Jh. *Altfrz.* (mit Pikard., Norman., Champagn., Wallon.; ↑auch Provenzal.); Entw. des *Neufrz.* aus der Mundart der Île de France (seit 16. Jh. Schriftspr.).

Französische Union ↑Frankreich, Geschichte.

Französisch-Guayana, frz. Überseedep. an der NO-Küste Südamerikas, 91 000 km², 115 000 E, Hptst. Cayenne, Raketenstartplatz Kourou.

Französisch-Polynesien, frz. Überseeterritorium, besteht aus d. Marquesas-, Tuamotu-, Gesellschafts-, Tubuaiinseln u. Îles Gambier, 201 000 E; Hptst. Papeete auf Tahiti.

Frascati, ital. St. am N-Hang d. Albaner Berge, Latium, 19 400 E; Villenvorort von Rom, bed. Weinbau; im S die Ruinen v. ↑Tusculum; Kernforschungszentrum.

Fräse [frz.]: **1)** Halskrause; **2)** svw. ↑Bodenfräse; **3)** ↑fräsen.

fräsen [frz.], Werkstücke auf Fräsmasch. mit rotierender *Fräse* (Werkzeug mit Stahlschneiden) spangebend bearbeiten.

Frater [lat.], [Ordens]bruder.

Fraterherren, svw. ↑Brüder v. gemeinsamen Leben.

fraternisieren [lat.], sich verbrüdern.

Frauenbewegung, die organisierte Form des Kampfes um polit.; soz. u. kulturelle Gleichstellung der Frau; Beginn z. Z. der Frz. Revolution, v. a. seit 1848; in Dtl. *Allg. Dt. Frauenverein* (1865), in England ↑Suffragetten; Hauptanliegen der fr. F. war das ↑Frauenwahlrecht. Eine neue, radikalere F. entstand s. Ende der 1960er-Jahre (u. a. in den USA) „*Women's Liberation Movement*") aufgrund der trotz verfassungsrechtl. Gleichberechtigungsgebots anhaltenden gesellschaftl. Diskriminierung der Frauen.

Frauenfarn, Farngatt., 2 mitteleurop. Arten; häufig z. B. *Wald-F.* m. fein zerteilten, hellgrünen Wedeln.

Frauenfeld, Hptst. des nordschweizer. Kt. Thurgau, 19 000 E; Schloss (12. Jh.), Museum; Metallwaren-, Textilind., Zuckerfabrik.

Frauenhaar: 1) (Widertonmoos) häuf. Laubmoos; **2)** eine Zierfarngattung (Adiantum).

Frauenhaus, Haus, in dem von ihren Männern misshandelte Frauen vorübergehend Aufnahme finden.

Frauenheilkunde, svw. ↑Gynäkologie.

Frauenkrankheiten, Erkrankungen der weibl. Geschlechtsorgane u. Brustdrüsen.

Frauenlob ↑Heinrich v. Meißen.

Frauenschuh, heim. Orchidee, mit schuhförm. braungelben Blüten; geschützt.

Frauenwahlrecht, als akt. u. pass. F. erstmals 1789 gefordert; seit der Mitte des 19. Jh.s erbittert umkämpft, bes. in England (↑Suffragetten). Zuerst in Australien 1861; in Dtl. 1918.

Fraunhofer, Joseph v., * 1787, † 1826, dt. Physiker; Konstrukteur opt. Instrumente, Entdecker der [dunklen] *fraunhoferschen Linien* im Sonnenspektrum.

Freak [fri:k]: **1)** jemand, der sich nicht ins normale bürgerl. Leben einfügt; **2)** jemand, der sich in übertriebener Weise für etwas begeistert (z. B. Computer-F.).

Frederiksberg, dän. St., Enklave in Kopenhagen, 85 800 E; Hochschulen, Unternehmenssitze.

Frederiksborg, dän. Schloss (17. Jh., niederl. Renaissance) bei Hillerød.

Freejazz ['fri:'dʒæz; „freier Jazz"], ein um 1960 entstandener Stilbereich des Jazz, in dem s. 1965 drei Entwicklungen stattfanden: 1. der „Mainstream" des F., der bluesbetont ist; 2. ein an der europ. Neuen Musik orientierter Stil; 3. ein an die außereurop. („exot.") Musik angelehnter Stil.

Freesie, Schwertliliengewächs, weiße od. bunte, duftende Zierpfl.

Fregatte [roman.]: **1)** schnell segelndes Kriegsschiff mit 26 Geschützen; im 17. Jh. im Kaperkrieg; **2)** Geleitschiff mit leichterem Geschütz.

Freibank, Verkaufsstelle des Schlachthofes für nicht vollwert., aber geprüftes Fleisch.

Freiberg, Krst. am Fuß des Erzgeb., Sachsen, 48 600 E; Bergakad., Bergbaumuseum; spätgot. Dom mit roman. Portal („Goldene Pforte"). Im MA bed. Silber-⚒, jetzt ⚒ auf Blei, Schwefelkies, Zinkblende, vielseit. Ind., bes. Erzverhüttung; *F.er Mulde,* Fl. in Sachsen, 102 km, vereinigt sich mit der Zwickauer Mulde zur ↑Mulde.

Freibeträge, steuerfreie Beträge, die bei der Berechnung der Steuerbemessungsgrundlage unberücksichtigt bleiben, z. B. Arbeitnehmerfreibetrag.

Freiburg: 1) (frz. Fribourg, auch F. im Uechtland) Hptst. von 2), a. d. Saane, 33 900 E; kath. Univ., Museen, alte Kirchen; Masch.-Ind., Schokoladenherst.; **2)** (frz. Fribourg) westschweizer. Kt., umfasst Teile d. Schweizer Mittellandes u. der Voralpen (zw. Genfer u. Thuner See), 1 670 km², 207 700 E (überw. Frz. sprechend); Nahrungs- u. Genussmittelindustrie.

Freiburg im Breisgau, Hptst. des Reg.-Bez. Freiburg und krsfr. Stadt, Ba.-Wü., am W-Hang des S-Schwarzwaldes, 189 800 E; got. Münster mit spätroman. Querhaus; Univ., PH, versch. Hoch- u. Fachschulen, Museen, OLG, IHK, Oberbergamt; Textil-, Holz-, Elektroind.; Fremdenverkehr. – Gegr. 1120 von den Zähringern.

Freidenker, zuerst Bez. für die engl. Deisten (↑Deismus), dann für Atheisten u. relig. unabh. Denkende.

Freie, altgerman. Stand mit allen polit. Rechten (Thingfähigkeit), soz. geschieden v. Adel; im MA viele F. in Abhängigkeit d. Grundherren, wurden *Mittel-, Minder-F., Hörige;* andere wurden adl. *Hochfreie.*

Freie Demokratische Partei (FDP), 1948 aus versch. lib. Landesgruppen gegr. dt. Partei.

Freie Deutsche Jugend (FDJ), dt. kommunist. Jugendorganisation, gegr. 1946, aufgelöst 1990; einziger Jugendverband in der DDR, der SED eng verbunden, ↑auch Junge Pioniere.

Freier Deutscher Gewerkschaftsbund (FDGB), Einheitsgewerkschaft u. größte Massenorganisation (rd. 9 Mill. Mitgl.) in der DDR; 1945 entstanden, 1990 aufgelöst, Zusammenschluss von 15 Ind.-Gewerkschaften.

freier Fall ↑Fall 2).

freies Geleit: 1) im MA dem flücht. Angeklagten zugesichertes Recht auf freie Rückkehr, wenn er sich dem Gericht stellt; **2)** Schutz vor an sich rechtmäßigen Eingriffen in die persönl. Freiheit diplomat. Vertr. eines fremden Staates, insbes. bei Abbruch der diplomat. Beziehungen od. Kriegsausbruch.

freie Städte ↑Reichsstädte.

Freie Universität Berlin, Abk. FU, 1948 im damaligen Berlin (West) von Studenten u. Doz. der (Ost-)Berliner Humboldt-Univ. gegr. Universität.

Freihafen, Hafen für zollfreien Im- u. Export, Lagerung, Veredelung usw. von Waren (Zollausland).

Freihandel, freier, von keinen einzelstaatl. Beschränkungen wie Kontingentierung, Schutzzoll, Embargo u. dgl. behinderter Handelsverkehr; als wirtschaftspolit. Idee zuerst in England (v. a. A. Smith).

Freiheit, grundsätzl. Entscheidungsbefugnis über eigene Angelegenheiten (Art. 2 GG), v. a. als Glaubens-, Gewissens-, Meinungs-, Presse-, Vers.-, Koalitionsfreiheit.

Freiheit der Meere, völkerrechtl. Grundsatz freier Meeresschifffahrt (Pariser Seerechtsdeklaration 1856).

Freiheit, Gleichheit, Brüderlichkeit (frz. Liberté, Égalité, Fraternité), Losung der Frz. Revolution von 1789.

freiheitliche demokratische Grundordnung, Kernbestand der staatl. Ordnung in der BRD (Art. 18 GG), die unter Ausschluss jegl. Gewalt- u. Willkürherrschaft eine rechtsstaatl. Herrschaftsordnung auf der Grundlage der Selbstbestimmung des Volkes darstellt.

Freiheitliche, Die Freiheitlichen, s. 1995 Name der ↑Freiheitlichen Partei Österreichs.

Freiheitliche Partei Österreichs (FPÖ), s. 1955 östr. polit., rechts gerichtete Partei mit nationalist. Zügen, in deren Programm Mitte der 1960er-Jahre liberale Gedanken Eingang fanden. Trug 1983–86 mit der SPÖ eine Koalitionsreg.; seither zunehmend nationalistisch; 1995 Umbenennung in „Die Freiheitlichen".

Freiheitskriege, svw. ↑Befreiungskriege.

Freiheitsstrafe, einzige Form der Strafe durch Freiheitsentzug nach dem StGB; zeitl. begrenzt od. lebenslang.

Freiherr, dt. Adelstitel, im Rang nach dem Grafen; Anrede Baron.

Freikirche, allg. eine vom Staat unabh. ev. Kirche, i. e. S. Bez. für d. neben den Territorialkirchen stehenden Kirchen.

Freikörperkultur (FKK), gemeins. Freiluftleben u. Wassersport beider Geschlechter ohne Bekleidung, Lebensgestaltungsprinzip des *Dt. Verbandes für F.*

Freikorps [-kɔ:r], [para]mil. Freiwilligentruppe.

Freilauf, selbsttätige Trennung von Antrieb u. angetriebener Achse, wenn die Drehzahl der Achse größer als die des Antriebs ist (z. B. beim Fahrrad).

Freiligrath, Ferdinand, * 1810, † 1876, dt. Dichter, zunächst Gedichte mit Interesse am Exotischen; später polit. Lyrik (Ideen der Revolution von 1848).

Freimaurerei, eine übernat., aus ma. Bauhüttenbräuchen sich herleitende Gemeinschaft von Männern mit humanitärem Bildungsprogramm (natürl. Ethik); in *Logen* organisiert, denen *Großlogen* übergeordnet sind; erste Großloge 1717 in London; 1737 in Hamburg.

freireligiös, Bez. für eine relig. Haltung, die jede dogmat. gebundene Religionsgemeinschaft ablehnt; seit 1949 „Bund freirelig. Gem. Deutschlands".

Freischaren, mil. Verbände aus Freiwilligen, die neben regulären Truppen kämpfen.

Freischärler, Mitgl. einer Freischar; häufig svw. ↑Guerilla.

Freising, oberbayr. Krst. an der Isar, 35 800 E; Dom (Baubeginn 1160), Fakultäten d. TU München.

Freisinnig-demokratische Partei der Schweiz (FDP), s. 1894 schweizer. polit., im Wesentl. großbürgerl. Partei, die einen soz. Liberalismus verfolgt.

Freisinnige Partei, die 1884 aus der Dt. Fortschrittspartei hervorgegangene linkslib. *Dt. F. P.,* 1893 gespalten in *Freisinn. Vereinigung* u. *Freisinn. Volkspartei;* 1910 Zusammenschluss mit der Dt. Volkspartei zur *Fortschrittl. Volkspartei,* die 1918 in der Dt. Demokrat. Partei aufging.

Freisler, Roland, * 1893, † 1945, dt. Jurist u. Politiker (NSDAP); s. 1942 Präs. des Volksgerichtshofes, Personifikation des nat.-soz. Justizterrors.

Freispruch, gerichtl. Entscheidung, dass der Angeklagte unschuldig ist.

Freistaat, dt. Bez. für ↑Republik.

Freistil: 1) Stilart beim Schwimmen; **2)** eine Art des Ringens; auch Griffe an den Beinen sowie Beinstellen sind erlaubt.

Freistoß, im Fußballspiel von der durch Regelwidrigkeit benachteiligten Mannschaft ausgeführter unbehinderter Schuss.

Freitag, 5. Wochentag (Tag der german. Göttin Freyja).

Freizügigkeit, Grundrecht gem. Art. 11 GG, sichert allen Deutschen freie Wahl des Ortes d. Niederlassung u. des Aufenthalts im Bundesgebiet sowie das Recht zur Auswanderung.

FRELIMO, Abk. für: **Fre**nte de **Li**bertação de **Mo**çambique, s. 1962 Befreiungsbewegung, 1975 einzig zugelassene polit. Partei in Moçambique; gab sich 1977 ein marxist.-leninist. Programm.

Fremdbestäubung (Allogamie), übl. Form d. ↑Bestäubung (Blütenstaub d. einen Blüte wird auf Narbe einer anderen übertragen).

Fremdenlegion (Légion étrangère), s. 1831 frz. Truppe aus Angeworbenen aller Nationen, fr. v. a. im Kolonialdienst.

Fremdenverkehr (Tourismus), Reiseverkehr; bed. Devisenbringer u. Erwerbszweig (Hotel-, Gaststättengewerbe).

Fremdfinanzierung ↑Finanzierung.

Fremdkapital, langfrist. Verbindlichkeiten eines Unternehmens.

Fremdstoffe, Stoffe, die bei der Gewinnung, Herst. u. Zubereitung unabsichtl. in Lebensmittel gelangen (z. B. Reste v. Pflanzenschutzmitteln, Wuchsstoffen, Reinigungsmitteln) oder diesen absichtl. zugesetzt werden (Zusatzstoffe, z.B. Farbstoffe, Geschmacksstoffe, Konservierungsmittel).

frequentieren [lat.], häufig besuchen; ein- und ausgehen; verkehren.

Frequenz [lat.]: **1)** [Besucher]zahl, Häufigkeit; **2)** Anzahl der Schwingungen in der Zeiteinheit, Formelzeich. *ν, f;* Einheit Hertz (Hz): 1 Hz = 1 Schwingung pro Sek. ($2\pi n = \rho$; *Kreis-F.).*

Frequenzband, svw. ↑Band 2).

Frequenzmodulation ↑Modulation 1).

Frescobaldi, Girolamo, * 1583, † 1643, ital. Komponist u. Orgelvirtuose.

Freskomalerei [ital.; dt.], Malerei auf dem noch feuchten (a fresco) Putz; in Italien s. dem 14. Jh. zunächst auf trockenem Putz (a secco; *Fresco secco*), seit Michelangelo reine F. *(Fresco buono).*

Fresnel, Augustin Jean [frɛ'nɛl], * 1788, † 1827, frz. Physiker; verhalf d. Wellentheorie d. Lichtes zur Anerkennung.

Fresnel-Linse [frɛ'nɛl; nach A. J. Fresnel] (Stufenlinse), in Ringzonen unterschiedl. Brechung unterteilte flache Sammellinse (gr. Öffnungsverhältnis), v. a. für Beleuchtungs- u. Signalzwecke.

Fresszellen (Phagozyten), Zellen od. weiße Blutkörperchen, die abgestorbene Gewebsteile u. Bakterien aufnehmen u. vernichten.

Frettchen, domestizierte Form d. Iltisses, zur Kaninchenjagd.

Freud, Sigmund, * 1856, † 1939, östr. Psychiater und Neurologe; Begr. der ↑Psychoanalyse u. der psychol. Traumdeutung.

Freudenstadt, Krst. im nö. Schwarzwald, Ba.-Wü., 22 500 E; Luftkur- u. Wintersportort.

Freundschaftsinseln ↑Tonga.

Freyja (Freia, Freya), nord. Göttin der Liebe u. Schönheit, vieler Zauberkünste mächtig.

Freyr, nord. Gott der Fruchtbarkeit, Bruder der Freyja.

Friaul (ital. Friuli), Ldsch. beiderseits des mittl. Tagliamento, am Rand d. Venetianer u. Jul. Alpen. Der östl., von Slowenen bewohnte Teil seit 1947 zu Jugoslawien (heute zu Slowenien), der Hauptteil in der ital. Region *Friaul-Julisch-Venetien* (ital. Friuli-Venezia Giulia), Hptst. Triest.

Frick, Wilhelm, * 1877, † 1946 (hingerichtet), dt. nat.-soz. Politiker; 1933 R.-Innenmin., 1943–45 R.-Protektor v. Böhmen u. Mähren.

Fricsay, Ferenc ['fritʃɔj], * 1914, † 1963, ungar. Dirigent.

Fried: 1) Alfred Hermann, * 1864, † 1921, östr. Publizist; Mitbegr. der Dt. Friedensges. (1892); Friedensnobelpreis (mit T. M. C. Asser) 1911; **2)** Erich, * 1921, † 1988, östr. Schriftsteller, s. 1938 in London. Zeitkrit., polit. u. gesellschaftl. stark engagierte Lyrik.

Friede, völkerrechtl. der Zustand ungebrochener Rechtsordnung zw. Staaten, bei dem Waffengewalt zur Durchsetzung von Interessen ausgeschaltet ist.

Friedell, Egon, eigtl. E. Friedmann (bis 1916), * 1878, † 1938, östr. Publizist und Schauspieler; „Kulturgesch. der Neuzeit".

Friedensbewegung, polit. uneinheitl. Bewegung in der Bev. ohne feste Organisationsstruktur, die für Abrüstung u. friedl. Lösung internat. Konflikte eintritt; versucht, mit Aktionen in der Öffentlichkeit, v. a. die eigene Reg. zu polit. Handeln zu veranlassen. Nach dem Scheitern der F. vor dem 1. und 2. Weltkrieg lebte sie Anfang der 1980er-Jahre in zahlr. westl. Ländern auf breiter Basis u. in Ansätzen in der DDR neu auf, dort Kristallisationskern der Opposition u. der Bürgerrechtsbewegung.

Friedensforschung, ein Forschungszweig, an dem sich versch. wiss. Disziplinen und Einrichtungen beteiligen und der folgende El. enthält: 1. Friedenssicherung durch polit. und mil. Stabilität (balance of power); 2. Schutz für Einzelne und Gruppen vor individueller und kollektiver Gewalt (staatl., rechtl. geordnetes Gewaltmonopol); 3. Sicherung gegen Not und Teilhabe am gesellschaftl. Reichtum (minimal welfare); 4. Gewährleistung staatsbürgerl. Freiheit (Rechtsstaat). – ↑auch Konfliktforschung.

Friedenspfeife, svw. ↑Kalumet.

Friedensrichter, u. a. in ags. Ländern, in Frankreich sowie in der Schweiz Einzelrichter für Bagatellsachen.

Friedland, Gem. im Landkr. Göttingen, Nds., 9 500 E; 1945–90 Grenzdurchgangslager.

S. Freud *(links)* **Friedrich V.,** *Kurfürst von der Pfalz (rechts)*

Friedrich: *Hl. Röm. Reich:* **1) F. I.** Barbarossa („Rotbart"), * 1122 (?), † 1190, Sohn v. F. v. Schwaben, 1152 Kg., 1155 Ks.; 1177 Friede v. Venedig mit Papst Alexander III., 1183 Friede zu Konstanz mit den lombard. Städten, 1189 Führer des 3. Kreuzzugs, im Salef ertrunken; **2) F. II.,** * 1194, † 1250, Kg. v. Sizilien u. Jerusalem; Enkel v. 1), Sohn Ks. Heinrichs VI., aufgewachsen unter der Vormundschaft v. Papst Innozenz III., 1212 Kg., 1220 Ks.; Wiederherst. der stauf. Macht in Dtl. u. Italien sowie Errichtung eines mod., straff organisierten Staates in Sizilien u. S-Italien, in Dtl. gr. Zugeständnisse an die Fürsten; Kreuzzug (1228/1229); sein Hof Mittelpt. des geist. u. künstler. Lebens; **3) F. III.,** * 1415, † 1493, Kg. s. 1440, 1452 Ks.; schwere Verluste an habsburg. Gebieten (Böhmen, Ungarn, schweizer. Gebiete). – *Dt. Reich:* **4) F.,** * 1831, † 1888, dt. Ks. (1888); als Kg. v. Preußen F. III., von lib. Haltung; s. Gattin ↑Viktoria 1). – *Brandenburg:* **5) F. I.,** * 1371, † 1440, Burggf. v. Nürnberg, 1415 (bzw. 1417) mit der Mark Brandenburg belehnt, seitdem Krfst.; **6) F. Wilhelm,** der Gr. Krfst., * 1620, † 1688, reg. s. 1640; erwarb 1648 Hinterpommern, 1660 Loslösung Preußens v. Polen; schlug 1675 die Schweden b. Fehrbellin, schuf die Basis für den späteren Aufstieg Brandenburg-Preußens. – *Dänemark:* **7) F. VI.,** * 1768, † 1839, Kg. s. 1808; verlor 1814 Norwegen u. Helgoland, gab Vorpommern an Preußen gg. Lauenburg; **8) F. IX.,** * 1899, † 1972, Kg. s. 1947. – *Hessen-Homburg:* **9) F. II.,** * 1633, † 1708, Landgf., bek. als „Prinz von Homburg"; brandenburg. Gen., kämpfte bei Fehrbellin. – *Pfalz:* **10) F. V.,** * 1596, † 1632, Krfst. seit 1610; Haupt der prot. Union, Kg. v. Böhmen („Winterkg.") 1619/20; geächtet. –

Friedrich II., *der Große, König von Preußen*

Preußen: **11) F. I.** (als Krfst. F. III.), * 1657, † 1713, reg. s. 1688, 1701 Kg. in Preußen; **12) F. Wilhelm I.**, gen. der Soldatenkönig, * 1688, † 1740, Sohn von 11), Kg. s. 1713; sparsame, geregelte Finanzverw.; innere Reformen, Ausbau des Beamtenstaates; **13) F. II.**, d. Gr., gen. der „Alte Fritz", * 24. 1. 1712, † 17. 8. 1786, Sohn v. 12), Kg. seit 1740; streng erzogen, durch Fluchtversuch 1730 Konflikt mit Vater. 1740 Eroberung Schlesiens, sicherte seinen Besitz durch den zweiten Schles. Krieg, behauptete im Siebenjähr. Krieg gg. Östr., Frkr. und Russland seine Eroberungen, erwarb bei der 1. Teilung Polens (1772) Westpreußen, Ermland u. das Netzegebiet; erhob Preußen zur Großmacht, bekämpfte im Bayer. Erbfolgekrieg u. durch den Dt. Fürstenbund (1785) die habsburg. Bestrebungen zur Stärkung d. kaiserl. Macht; im Sinne des „aufgeklärten Absolutismus" umfassende Reformen in Wirtsch., Rechtswesen, Heer, Verw., Landw. (Kolonisation); **14) F. Wilhelm II.**, * 1744, † 1797, Neffe v. 13), Kg. s. 1786; gewann Ansbach-Bayreuth u., durch die Teilungen Polens, Posen u. Warschau; **15) F. Wilhelm III.**, * 1770, † 1840, Sohn v. 14), Kg. s. 1797; schwankende Außenpol., verlor im Frieden von Tilsit die Hälfte des Landes; Reorganisation des Staates durch die Reformen Steins u. Hardenbergs; Bündnis mit Russland u. Befreiungskrieg 1813/14; Gründung der Univ. Berlin; **16) F. Wilhelm IV.**, * 1795, † 1861, Sohn v. 15), Kg. seit 1840; lehnte 1849 die dt. Kaiserkrone ab; seit 1858 reg. für ihn sein Bruder Wilhelm I.; **17) F. III.** ↑4). – *Sachsen:* **18) F. I.**, der Streitbare, * 1370, † 1428, Markgf. v. Meißen; 1423 nach dem Aussterben der Wittenberger Askanier mit dem Kurkreis belehnt; **19) F. III.**, der Weise, * 1463, † 1525, Krfst. seit 1486; Gründung der Univ. Wittenberg (1502); lehnte 1519 die Kaiserkandidatur ab, schützte Luther 1521; **20) F. August I.** (als Krfst. F. A. III.), der Gerechte, * 1750, † 1827, Kg. s. 1806; Mitgl. des Rheinbundes; erhielt dafür den Königstitel u. 1807 das Hzgt. Warschau; Verlust der Hälfte des Landes an Preußen (1815).

Friedrich, Caspar David, * 1774, † 1840, dt. Maler der Romantik; v. a. Landschaften.

Friedrichshafen, Krst. des Bodenseekreises, Ba.-Wü., 53 700 E; Schlosskirche (um 1700); Motoren-, Flugzeugbau, Textilindustrie.

Fries [frz.]: **1)** gliedernder schmückender Wandstreifen (⊞); **2)** kräft. dicker Wollstoff.

Friesen, westgerman. Stamm an der Nordseeküste (Kernraum zw. Vliestroom u. Ems), der um 700 ein Großreich von Brügge bis zur Weser bildete (später Ausdehnung der F. bis ins heutige N-Friesland). Karl d. Gr. unterwarf das F.reich 785. Die seit dem Hoch-MA in einer Art Landfriedensbund (↑ auch Upstallsboom) zusammengeschlossenen Bauernrepubliken zerfielen im Spät-MA mit den Rivalitätskämpfen der örtl. Machthaber (Häuptlinge). Während das Land westl. der Zuidersee schon früh in der Gft. Holland aufging, fiel der Teil zw. Zuidersee und Lauwerszee im 16. Jh. den Habsburgern zu (heutige niederl. Prov. Friesland). ↑ Ostfriesland war seit 1464 selbstständiges Territorium.

Friesische Inseln, Inselkette längs d. Nordseeküste v. d. Niederlanden bis Jütland. Die *Westfries. Inseln* v. Texel bis Rottumeroog, die *Ostfries.* von Borkum bis Wangerooge, die *Nordfries.* von Nordstrand bis Fanø. Die West- u. die Ostfries. Inseln sind Dünenbildungen, die Nordfries. Inseln meist Geest od. Marsch (Halligen).

Friesland: 1) Prov. in den nördl. Niederlanden, Hptst. Leeuwarden; **2)** Landkreis in Nds., Krst. Jever.

Frigen® [lat.], halogenierte Kohlenwasserstoffe (verw. als Kältemittel, Treibgase).

Frigg (Frija, Frea), nord. Göttin, Gattin Wodans u. Mutter v. Baldr.

frigid [lat.], kalt, kühl; *Frigidität,* geschlechtl. Kälte [der Frau].

Frikativlaut [lat.; dt.], Reibelaut, z. B. f, sch, w.

Friktion [lat.]: **1)** Reibung zw. gegeneinander bewegten Körpern, ermöglicht Fortbewegung und Übertragung von Drehungen; **2)** Einreibung; Massagegriff (Med.).

Frings, Joseph, * 1887, † 1978, dt. Kardinal (s. 1946); 1942–69 Erzb. v. Köln, 1945–67 Vors. d. Deutschen Bischofskonferenz.

Frisch, Max, * 1911, † 1991, schweizer. Schriftsteller; Dramen: „Andorra", Romane: „Stiller", „Homo Faber".

Frische Nehrung, Landzunge zw. der Danziger Bucht u. dem ↑ Frischen Haff, Polen u. Russland; 56 km langer Dünenwall, nur rd. 2 km breit.

Frisches Haff, flaches Ostseehaff im Gebiet der Nogat- u. der Pregelmdg., zw. ostpreuß. Küste u. ↑ Frischer Nehrung, Polen und Russland.

Frischling, junges Wildschwein.

Frist, Zeitraum, innerh. dessen eine Handlung vorgenommen, ein Recht ausgeübt od. eine Willenserklärung abgegeben werden soll.

Fritfliege ↑ Übers. S. 528 ff.

Fritsch: 1) Werner Frhr. v., * 1880, ⚔ 1939, dt. General; 1935 Oberbefehlshaber des dt. Heeres, 1938 entlassen; **2)** Willy, * 1901, † 1973, dt. Filmschauspieler („Der Kongress tanzt").

Frittung, Umschmelzen von Sedimentgesteinen durch Magmahitze.

Fritzlar, hess. St. an der unteren Eder, 13 800 E; maler. St.-Bild; ehem. Benediktinerabtei mit Kirche („Dom", 11./14. Jh.); Elektro-, Textilindustrie.

frivol [frz.], leichtfertig, schlüpfrig; *Frivolität,* Leichtfertigkeit.

Fröbe, Gert, * 1913, † 1988, dt. Schauspieler („Berliner Ballade"; „Goldfinger").

G. Fröbe

Fröbel, Friedrich, * 1782, † 1852, dt. Pädagoge; widmete sich der Erziehung der Kinder im vorschulpflicht. Alter (1837 Gründung des 1. Kindergartens; Spielzeugentwicklung „F.-Bausteine").

Frobenius, Leo, * 1873, † 1938, dt. Ethnologe u. Afrikaforscher; einer der Begr. der Kulturkreislehre.

Fronde ['frõdə; frz.], Oppositionspartei u. Aufstand des frz. Hochadels (1648–53) gg. den während der Minderjährigkeit Ludwigs XIV. von Mazarin vertretenen Absolutismus.

Fronleichnam [mhd. vrōnlīcham; = Leib des Herrn], kath. Kirchenfest (mit antireformator. Tendenz) am Donnerstag nach Trinitatis: feierl. u. öff. Verehrung der Eucharistie.

Front [frz.], Vorder-, Stirnseite; die dem Feind zugekehrte Seite kämpfender Truppen; Gebiet zw. warmen u. kalten Luftmassen.

Frontispiz [frz.]: **1)** Giebeldreieck des vorspringenden Mittelteils eines Gebäudes (▦); **2)** dem eigentl. Titelblatt gegenüberliegendes Schmucktitelblatt (📖).

Frontlader (Hublader), Fahrlader mit vorn angebrachter Ladeschaufel.

Frosch: 1) bei Streichinstrumenten das Griffende des Bogens; **2)** Explosionsstampfer (Straßenbau u. a.).

Froschbiss, zierl. Schwimmpfl. mit herzförm. dicken Blättern.

Frösche, volkstüml. für: ↑Froschlurche.

Froschlaichalge, Rotalgengatt. des Süßwassers.

Froschlurche, Ordnung der Amphibien; Hinterbeine sind Sprung- u. Schwimmbeine; Eier (Laich) werden im Wasser abgelegt; Larven *(Kaulquappen)* haben Ruderschwänze u. Kiemen, die bei der Metamorphose verschwinden; heim.: Wasser-, See-, Gras-, Spring- u. Moorfrosch.

Froschmann, ugs. Bez. für einen Taucher mit Spezialausrüstung für [mil.] Sonderaufgaben.

Froschperspektive, Ansicht eines Gegenstandes von einem tief liegenden Blickpt. aus.

Froschtest ↑Schwangerschaftsreaktion.

Frost, Temp. unter d. Gefrierpt. d. Wassers; *F.klima,* Klima mit ewigem Frost.

Frostschutzmittel (Gefrierschutzmittel), Zusatzmittel (v. a. Alkohole od. anorgan. Salze) zu wässr. Flüssigkeiten, verhindern das Gefrieren.

Frostspanner, Schmetterlinge; der *Gr.* u. *Kl. F.* sind Obstbaumschädlinge.

Frottee [frz.], Gewebe aus *F.zwirn* (Grundfaden mit sich kräuselnd darumschlingendem *F.faden*).

Frucht [lat.]: **1)** aus der ↑Blüte 1) hervorgegangenes Organ, umhüllt den Samen bis zur Reife u. dient seiner Verbreitung; besteht aus den *F.blättern,* die den F.knoten (↑Blüte 1) bilden, sowie zuweilen aus anderen Teilen der Blüte; ↑auch Fruchtformen; **2)** bei Mensch u. Tier svw. ↑Embryo.

Fruchtblase, den Embryo umschließende, mit Fruchtwasser gefüllte Hülle.

Fruchtblätter ↑Blüte 1).

Fruchtfäule ↑Übers. S. 528 ff.

Fruchtfliegen, kl. Fliegen, die ihre Eier mit Legeröhren in Teile lebender Pfl. legen; Schädlinge.

Fruchtformen, System von Fruchttypen: 1. *Einzelfrüchte,* darunter *Öffnungs- od. Streufrüchte* u. in geschlossenem Zustand von der Pf. abfallende *Schließfrüchte,* 2. *Sammelfrüchte,* eine Gesamtheit von Einzelfrüchten, u. 3. *Fruchtstände* (z. B. Ananas).

Fruchtknoten ↑Blüte 1).

Fruchtkörper, die Sporen erzeugenden Teile der Pilze; bei höheren Pilzen die Hüte.

Fruchtsäuren, organ., im Obst vorkommende Säuren, bes. Wein-, Äpfel- u. Zitronensäure.

Fruchtwasser ↑Fruchtblase.

Fruchtzucker, $C_6H_{12}O_6$, Zuckerart (mit Traubenzucker im Saft süßer Früchte u. im Honig).

Fructose [lat.], Fruchtzucker.

frugal [lat.], mäßig, einfach (in Bezug auf Speisen und Getränke); oft fälschl. im Sinne von „üppig“.

Frühgeburt, Geburt eines nicht voll ausgetragenen, lebensfäh. Kindes (zw. 28. u. 39. Schwangerschaftswoche), auch Bez. für das Kind selbst; *künstl. F.* kann vom Arzt aus best. Gründen herbeigeführt werden.

Frühgeschichte ↑Vorgeschichte.

Frühling, Jahreszeit, astronom. etwa 21. 3.–22. 6. (Nordhalbkugel) bzw. 23. 9.–22. 12. (Südhalbkugel); meteorol. in mittl. Breiten etwa März–Mai (bzw. Sept.–Nov.); *F.spunkt,* Pt. der ↑Ekliptik, den die Sonne zum F.säquinoktium (↑Äquinoktium) erreicht.

Frühlingskuhschelle, geschützte Anemonenart: weiße, violettrosa überhauchte Blüten, Pfl. dicht bräunl. gelb behaart.

Frundsberg, Georg von, * 1473, † 1528, dt. Landsknechtführer.

Frustration [lat.], Erlebnis der Enttäuschung u. Zurücksetzung durch erzwungenen Verzicht od. Versagung von Befriedigung.

Fry, Christopher [fraɪ], * 1907, engl. Dramatiker; Versdramen in poet., symbolreicher Sprache.

ft, Einheitenzeich. für: ↑**Foot.**

Fuad I., eigtl. Ahmad F., * 1868, † 1936, s. 1917 Sultan v. Ägypten; s. 1922 Kg.

Fuchs, Ernst, * 1930, östr. Maler und Grafiker, gehört zur Wiener Schule des Fantast. Realismus; bibl. Themen, daneben mytholog. und kabbalist. Inspirationen.

Fuchs: 1) ↑Füchse; **2)** Tagfalter (Fleckenfalter).

Fuchs: 1) Pferd mit hellem Mähnen- u. Schweifhaar, je nach Körperhaar *Gold-, Brand-, Lehmfüchse* u. a.; **2)** Abzugskanal im Feuerungsbau, meist mit *Rauchschieber* zur Regelung des Zuges.

Füchse, hundeartige Raubtiere; *Rotfuchs,* nördl. Erdhalbkugel, in vielen Farbschlägen (z. B. *Silberfuchs*); zirkumpolar verbreitet: *Polarfuchs;* in Afrika der *Wüstenfuchs.*

Fuchsie, zierliche Laubgehölze Südamerikas mit oft hängenden u. zweifarbigen Blüten; Zierpflanzen.

Fuchsin (Rosanilin), intensiv roter Triphenylmethanfarbstoff.

Fuchsjagd, svw. ↑Schnitzeljagd.

Fuchsschwanz, Grasgatt., bes. in Asien, Europa; einheim. bes. Wiesenfuchsschwanz.

Fuchsschwanz, eingriff. Holzsäge mit breitem Blatt.

Fuerteventura, eine der Kanar. Inseln, Spanien, 1731 km²; Fremdenverkehr.

Fuge [ital., von lat. fuga = Flucht], im 17. Jh. (bes. v. J. S. Bach) ausgebildete musikal. Kunstform von streng gesetzl. Eigenart; vollendetste Ausbildung des vielstimm. Satzes, bei dem das Thema nacheinander in den versch. Stimmen auftritt u. kunstvoll gegeneinander gesetzt wird; *Doppel-, Tripel-, Quadrupel-F.* sind F.n mit mehreren Themen.

Fugger, fürstl. u. gräfl. Geschlecht, urspr. Webermeister in Augsburg, s. Mitte des 15. Jh.s Finanzgeschäfte; Begr. der Hausmacht: *Jakob F., der Reiche,* * 1459, † 1525, der u. a. die Kaiserwahl Karls V. finanzierte; bed. Kunstmäzene.

Fuggerei, von J. Fugger, dem Reichen, 1514 gegr. Siedlung für arme Bürger in Augsburg.

Fühler ↑Antenne 2).

Führerschein ↑Fahrerlaubnis.

Führungszeugnis (fr. polizeil. F.), Zeugnis über den Inhalt des ↑Bundeszentralregisters.

Fujijama (Fudschisan), heiliger und höchster Berg Japans, westl. v. Tokio, 3776 m; Vulkan.

Fulbe, hellfarb., im Sudan histor. bed. Volk in W-Afrika.

Fulbright, James William ['fʊlbraɪt], * 1905, † 1995; amer. Politiker (Demokrat); brachte als Kongressabg. 1943 die F.-Resolution ein, eine der Grundlagen für die Schaf-

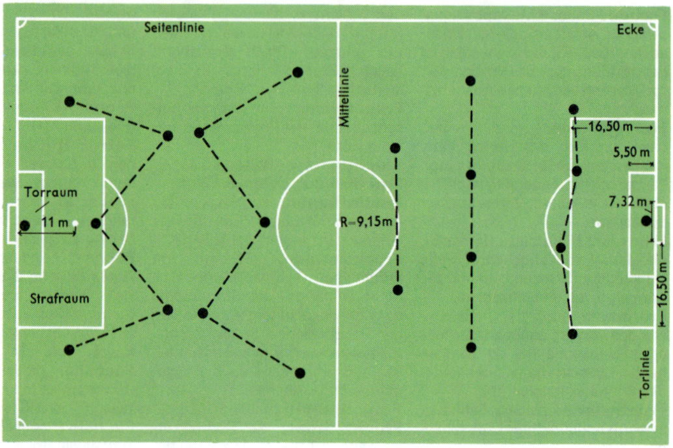

Fußball. *Spielfeld mit Aufstellung der Mannschaften im WM-System (linke Hälfte) und im 2-4-4-System (rechte Hälfte)*

fung der UN. Auf seine Initiative reichen *F.-Stipendien* (s. 1946) zur Finanzierung eines europ.-amer. akadem. Austauschprog. zurück.

Fulda: 1) Quellfl. der Weser, 218 km, 109 km schiffbar; **2)** hess. Krst. an 1), 55 800 E; ma. Stadtkern mit teilw. erh. Mauerring, Michaelskirche, Dom 1704–12, barockes Schloss; Museen, philos.-theol. Hochsch., Konservatorium, LG; IHK; Gummi-, Elektro-, Bekleidungsind. – F. entstand im 8. Jh. neben dem 743 gegr. Kloster.

Füllhorn, in der griech. Mythol. Horn des Überflusses.

Fulton, Robert ['fʊltən], * 1765, † 1815, amer. Mechaniker; führte als erster die Dampfschifffahrt zu prakt. u. wirtsch. Erfolg.

Funchal [fũ'ʃal], Hptst. u. Hafen der portug. Provinz F. (Madeira), 48 600 E; Kurort; ✈.

Fund, das An-sich-Nehmen einer einem anderen abhanden gekommenen Sache; verpflichtet bei einem Wert von über 10 DM zur Anzeige bei der Polizei u. berechtigt zum Finderlohn; *F.unterschlagung* ist Unterschlagung (strafbar).

Fundament [lat.]: **1)** Grundlage, Basis; **2)** bis auf tragfähigen Untergrund hinabgeführter Unterbau zur Aufnahme der Last.

Fundamentalismus, urspr. im (v. a. nordamer.) Protestantismus das Ablehnen darwinist. Erkenntnisse unter Berufung auf die irrtumsfreie Bibel; heute weitgehend Bez. für orthodoxe Strömungen des Islam.

Fundus [lat.]: **1)** Grund und Boden, Grundstück; **2)** Bestand an Kostümen, Requisiten u. a. in Theater u. Film; **3)** Grund, Boden eines Organs; *F. oculi,* Augenhintergrund; *F. uteri,* gewölbter Grund der Gebärmutter.

Fünen, dän. Insel zw. Gr. u. Kl. Belt, 2 976 km², Hauptort Odense.

Funeralien [lat.], zeremonielles Leichenbegängnis.

Fünfkampf, sportl. Wettkampf nach dem Muster des griech. ↑Pentathlons; in der *Leichtathletik* F. für Männer (Weitsprung, Speerwurf, 800-m-Lauf, Diskuswurf u. 1 500-m-Lauf). – *Moderner F.,* Vielseitigkeitswettbewerb, an 4 Tagen in der Reihenfolge Degenfechten, Schwimmen, Pistolenschießen, Geländelauf u. Springreiten ausgetragen.

Fünfkirchen ↑Pécs.

fünfte Kolonne, 1936 im Span. Bürgerkrieg entstandene Bez. für polit. Gruppen, die im Interesse einer fremden Macht polit. Ziele verfolgen.

Fungizide [lat.], Pilzbekämpfungsmittel.

Funk, drahtlose Nachrichtenübermittlung mithilfe elektromagnet. Wellen, die von einer Sendeantenne abgestrahlt u. mithilfe einer Empfangsantenne empfangen werden; ↑auch Rundfunk.

Funkfeuer, ortsfester Sender als Navigationshilfe in d. Luft- u. Seefahrt.

Funkhöhenmessung ↑Höhenmesser.

Funkie, Gatt. der Liliengewächse mit vielen ausdauernden Zierstauden; glockige Blüten blau, violett, weiß.

Funkmessung, svw. ↑Radar.

Funknavigation, Navigation mittels elektromagnetischer Wellen (↑GPS).

Funksprechgeräte ↑Sprechfunkgeräte.

Funkspruch, durch Funk übermittelte Nachricht.

Funktelefon ↑Mobilfunk.

Funktion [lat.]: **1)** Tätigkeit; Obliegenheit; Dienst; **2)** wechselseit. Abhängigkeit eines Faktors o. Ä. von einem anderen innerh. eines Gefüges; **3)** Zuordnung v. 2 od. mehr Begriffsgruppen zueinander nach begriffl. Regeln u. Ges. (bes. in der Math.); Methode, alles in bloße Geflechte von F.en aufzulösen: *Funktionalismus;* **4)** grammat. Aufgabe od. Leistung v. Wörtern od. Wortbestandteilen; **5)** zahlenmäß. Abhängigkeit einer Größe y (abhäng. Variable) von einer (x) oder mehreren $(x_1, ..., x_n)$ unabhäng. Variablen od. Größen; man schreibt: $y = f(x)$ bzw. $y = f(x_1, ..., x_n)$; für F.en mit komplexen Werten bes. *F.entheorie;* man unterscheidet u. a.: *Exponential-, trigonometr., hyperbol., zyklometr., logarithm., transzendente, rationale* u. *irrationale F.:* häufig gebrauchte F.en sind in *F.stafeln* dargestellt (Math.); **6)** Betätigungsweise eines Organs od. Gewebes (Biol.).

Funktionalismus [nlat.]: **1)** ↑Funktion 3); **2)** ausschließl. Berücksichtigung des Gebrauchszweckes bei der Gestaltung [von Bauten] (künstler. Prinzip).

Funktionär, hauptberufl. od. ehrenamtl. Beauftragter in gesellschaftl. Organisationen, z. B. Verbände, Parteien, Gewerkschaften.

Furchung, erster Abschnitt der Embryonalentw. bei den Tieren; das befruchtete Ei wird durch *F.steilungen* in eine Anzahl von Zellen zerlegt; Ergebnis ↑Blastula.

Furiant, böhm. Nat.-Tanz, wechselnder Takt ($^{2}/_{4}$ u. $^{3}/_{4}$); scharf akzentuiert u. schnell.

Furi|e [lat.], röm. Rachegöttin.

furioso [ital.], erregt, wild, leidenschaftl. (𝄞).

Furka (Furkapass), schweizer. Pass vom Oberwallis (Goms) ins Urserental, 2431 m ü. d. M.; mit *F.straße,* 1864–66 angelegt, u. *F.-Oberalp-Bahn* (Meterspur); 15,407 km langer *F.basistunnel* (1982 eröffnet). Nahe der F. das *Gr.* (3217 m) u. *Kl. F.horn* (3026 m).

Furnier [frz.], dünnes Blatt aus Edelholz, das auf minderwertiges Holz aufgeleimt wird.

Furore, rasender Beifall, Leidenschaftlichkeit; *F. machen:* Aufsehen erregen.

Furor teutonicus [lat.; teuton. Ungestüm], [alles niederwerfendes] Ungestüm; zuerst gebraucht bei Lukan.

Furrer, Jonas, * 1805, † 1861, schweizer. Politiker; befürwortete die Auflösung des Sonderbundes u. die Einführung der neuen B.-Verf., 1. schweizer. B.-Präs. 1848.

Fürsorgeerziehung, Erziehungsmaßnahme, die durch die Neuregelung des Kinder- und Jugendhilferechts durch das Kinder- und Jugendhilfeges. entfallen ist.

Fürsorgepflicht, z. T. gesetzl. geregelte Pflichten des Arbeitgebers zum Schutz v. Rechtsgütern des Arbeitnehmers (z. B. Leben, Gesundheit, Eigentum); bei Verletzung Schadensersatz.

Fürst: 1) allg. Bez. für die Mitglieder der aristokrat., Herrschaftsfunktionen ausübenden Führungsschicht eines Volkes oder Stammes; auch Bez. für monarch. Staatsoberhaupt; **2)** seit dem MA Bez. für die höchste Adelsschicht; seit dem 12. Jh. Stand von weltl. und geistl. F.en (Hzg., Markgf., Bischöfe, Äbte), darunter die Krfst.

Fürst|abt, fr. Titel eines Abtes im Reichsfürstenstand.

Fürstbischof, Titel einzelner östr. Bischöfe, vor 1806 Titel geistl. Reichsfürsten.

Fürstenberg, altes schwäb. Grafen- u. Fürstengeschlecht.

Fürstenberg, Gem. südl. von Höxter, 1300 E; ehem. Renaissanceschloss; seit 1763 Porzellanmanufaktur.

Fürstenfeldbruck, oberbayr. Krst. westl. v. München, 30800 E; ehem. Zisterzienserkloster (Barockbau) mit bed. Kirche.

Fürstenspiegel, Schriften, die das Idealbild eines Fürsten entwerfen, u. a. von Petrarca, Machiavelli, Fénelon, Wieland.

Fürstentage, Vers. der dt. R.fürsten außerhalb der R.tage.

Fürstprimas, Titel, der Karl Theodor, zuvor Kurfürst v. Mainz u. R.-erzkanzler, durch die Rheinbundsakte 1806 verliehen wurde.

Fürth, Krst. u. krsfr. St. in Mittelfranken, Bay., 103000 E; got. Michaeliskirche, LG; vielseit. Ind.

Furtwängler: 1) Adolf, * 1854, † 1907, dt. Archäologe; Ausgrabungen in Olympia, Ägina u. Orchomenos; **2)** Wilhelm, * 1886, † 1954, Sohn v. 1), dt. Dirigent, Komponist u. Musikschriftsteller.

Furunkel [lat.], durch Eindringen von Staphylokokken verursachte akut eitr. Entzündung eines Haarbalges u. seiner Talgdrüse; schmerzhafte Knoten.

Fürwort ↑ Pronomen.

Fushun, chin. Stadt am Hunho, 1,3 Mill. E; Zentrum des Kohlebergbaus der Mandschurei.

Füsiliere [frz.], urspr. die mit Steinschlossgewehr bewaffnete frz. Infanterie, später die mit Gewehr bewaffnete [leichte] Infanterie.

Fusion [lat.], allg. Vereinigung: **1)** Verschmelzung zweier od. mehr. Unternehmungen, meist Kapitalges.; **2)** Vereinigung nicht homologer Chromosomenbruchstücke (Genetik); **3)** Vereinigung der Bilder des r. u. des l. Auges (Med.); **4)** (thermonukleare Reaktion) Verschmelzung leichter Atomkerne zu schweren, wobei in der Regel Energie (Bindungsenergie) frei wird; ↑ auch Kernenergie.

Fuß, altes dt. Längenmaß (zw. 25 u. 34 cm); ↑ auch Foot.

Fuß, unterster Teil des Beines, durch das *F.gelenk* mit dem Unterschenkel verbunden; beim Menschen 7 *F.wurzelknochen* (Fersen-, Sprung-, Kahn-, Würfelbein u. 3 Keilbeine), 5 *Mittel-F.knochen* (Röhrenknochen) u. 14 Zehenknochen (gr. Zehe mit 2, die anderen Zehen mit je 3 Knochen), die durch straffe Bänder verbunden sind.

Fußangeln, eingerammtes Eisen mit langen Spitzen, fr. als mil. Hindernis.

Fußball, Ballspiel, gespielt von 2 Mannschaften (je 1 Torwart u. 10 Feldspieler) unter Aufsicht eines Schieds- u. zweier Linienrichter; ein Ball (rd. 70 cm Umfang) muss möglichst oft nach best. Regeln ins gegner. Tor getrieben werden, wobei er vorw. mit dem Fuß gespielt wird, aber auch mit dem ganzen Körper berührt u. weitergegeben werden darf; nicht erlaubt ist das Berühren mit Hand od. Arm; Spieldauer 2 × 45 min, Frauen 2 × 40 min.

Futurismus. *Umberto Boccioni, Urformen der Bewegung im Raum (1913)*

Fußwaschung, altorient. Reinigungssitte (vor der Mahlzeit; Sklavenarbeit); liturg. F. in kath. u. orth. Kirchen am Gründonnerstag (nach Vorbild Jesu beim ↑Abendmahl).

Futter: 1) Fütterungsmittel; der tier. Ernährung dienende organ. od. mineral. Stoffe, meist pflanzl. Herkunft; *Fütterungsnorm,* aus *F.-nährwert* u. *-bedarf* berechnete tägliche F.menge; **2)** Vorrichtung zum Einspannen von Werkstücken, bei Bohrmasch., Drehmasch. u. a.; **3)** Auskleidung von Schmelzöfen (mit feuerfesten Steinen), von Dampfkesseln u. Ä.; **4)** Schutz- u. Stützstoff auf der Innenseite von Textilien u. a.

Futur[um] [lat.], Zeitform des Verbs, für ein in der Zukunft ablaufendes Geschehen; *1. Futur,* z. B. er wird gehen, *2. Futur,* z. B. er wird gegangen sein.

Futurismus, 1909 entstandene, durch den Dichter F. T. Marinetti begr., polit., literar. u. künstler. Bewegung in Europa, die eine radikale Erneuerung forderte u. alle tradit. Werte ablehnte; revolutionäre Ausprägung v. a. in Italien u. Russland (Abb. 237).

Futurologie, Wiss., die die Möglichkeiten der Zukunft erforscht.

Fux, Johann Joseph, * 1660, † 1741, östr. Komponist; bed. Meister des südd.-östr. Barock. In seinen „Gradus ad Parnassum" (1725) schuf er eine lange Zeit maßgebl. und noch bis heute gebrauchte Kontrapunktlehre. Er komponierte über 500 Werke.

Fuzhou [fudʒoʊ], chin. Hafen- u. Hptst. der Prov. Fujian, 1,16 Mill. E; Univ.; chem. Ind.; Teehandel, Fischfang.

Fylde [faɪld], halbinselartiger Abschnitt der nordwestengl. Küstenebene zw. Ribble und Lune mit zahlr. Seebädern.

Fylgjur, in der nord. Mythol. menschl. u. tier. Schutzgeister.

Fyt, Jan [fɛjt], * 1611, † 1661, fläm. Maler u. Radierer; Jagd- u. Tierbilder, Stillleben.

fz, Abk. für: **f**or**z**ando (↑sforzando).

G

G: 1) 7. Buchstabe des Alphabets, entspr. dem griech. Gamma; **2)** 5. Stufe der C-Dur-Tonleiter (𝄞).

G, Einheitenzeich. für: ↑**G**auß.

G, Vorsatzzeich. für: ↑**G**iga...

G, Abk. für: **G**eld; Zusatz auf Kurszetteln: zu diesem Kurs herrschte Nachfrage, aber kein Angebot.

g, Einheitenzeich. für: ↑**G**ramm.

g, Abk. für: **G**roschen (in Östr.).

g, Formelzeich. für die ↑Erdbeschleunigung.

Ga, Symbol für ↑Gallium ( ).

Ga., Abk. für: **G**eorgi**a**.

Gäa, in der griech. Mythol. Mutter v. Himmel, Meer u. Bergen.

GaAs, Abk. für Galliumarsenid.

Gabardine [frz.], Kammgarn- od. Baumwollgewebe mit Schrägrippung; für Oberbekleidung.

Gabel|antilope, Paarhufer in den nordamer. Prärien mit (bei ♂♂ gegabeltem) Gehörn.

Gabelbein, die verwachsenen Schlüsselbeine der Vögel.

Gabès [ga'bɛs], tunes. Hafenst. am *Golf v. G.,* 92 000 E.

Gabin, Jean [ga'bɛ̃], eigtl. Jean Alexis Moncorgé, * 1904, † 1976, frz. Filmschauspieler (u. a. „Kommissar-Maigret"-Filme).

Gable, Clark [geɪbl], * 1901, † 1960, amer. Filmschauspieler („Vom Winde verweht").

Gabler ↑Geweih.

Gaborone [engl.], Hptst. v. Botswana, 138 000 E; Univ.institute, Nat.museum; Viehzucht; ⚒.

Gabri|el, einer der Erzengel.

Gabri|el, Sigmar, * 1959, dt. Politiker (SPD), s. 1999 Min.-Präs. in Niedersachsen.

Gabrieli: 1) Andrea, * um 1510, † 1586, venezian. Komponist; weltl. u. geistl. Werke; Orgelkompositionen; **2)** Giovanni, * zw. 1554 u. 1557, † 1612 od. 1613, Neffe v. 1), venezian. Komponist; Kirchenmusik, Madrigale, Orgelwerke.

Gabun, zentralafrik. Rep. am Golf v. Guinea; weitgehend trop. Regenwald, im Innern Bergland (im N bis 1 200 m ü. d. M.); größter Fluss: Ogowe; Bev.: Bantuvölker u. Pygmäen. Bodenschätze: Mangan-, Uranerz, Erdöl; Ausfuhr: Erdöl, Holz (auch bearb.), Erze, Kakao. – 1472 durch Portugiesen entdeckt, s. 1886 frz. Kolonie, 1958 innerh. der Frz. Gemeinschaft selbst., 1960 unabhängig.

Gad, semit. Glücksgott.

Gad, israelit. Stamm; Nachkommen Jakobs u. der Sklavin Silpa.

Gadamer, Hans-Georg, * 1900, dt. Philosoph, entwickelte eine Theorie der Hermeneutik.

Gaddafi, El ↑Kadhdhafi, Al.

Gadolinium [nlat.], chem. El., Symbol Gd, OZ 64, rel. A.-Masse 157,25; zur Gruppe der ↑Lanthanoiden gehörend.

Gaffel, schräg aufwärts gerichtetes Rundholz am Mast eines Segelschiffes, trägt das *Gaffelsegel.*

Gagarin, Juri Alexejewitsch, * 1934, † 1968, sowj. Kosmonaut; erster Mensch im Weltraum (1 Erdumrundung mit Wostok 1 am 12. 4. 1961).

Gagat [gr.] (Jet), polierfäh., samtschwarze ↑Pechkohle; hpts. als Schmuckstein verwendet.

Gage ['gaʒə; frz.], Bezahlung, Gehalt [von Künstlern].

Gaillarde [ga'jardə; frz.], Springtanz der späten Renaissance und des Barock im Tripeltakt.

Gainsborough, Thomas ['geɪnzbərə], * 1727, † 1788, engl. Maler; Bildnisse der kgl. Fam. und des Adels, Landschaften.

galaktisch [gr.], auf das Sternsystem der Milchstraße (↑Galaxis) bezogen, ihm angehörend.

galant [frz.], höflich, artig, ritterlich, rücksichtsvoll.

Galanterie, höfl. Benehmen [gegenüber Frauen].

Galápagos|inseln, ecuadorian. Inselgruppe im Pazifik, 7 812 km², 9 500 E; bis 1 707 m ü. d. M; Hauptort Puerto Baquerizo; endem. Tierwelt (v. a. Riesenschildkröten, Echsen, Vogelarten).

Galatea, eine der ↑Nereiden.

Galater, kelt. Stamm, wanderte im 3. Jh. v. Chr. aus M-Europa über Makedonien nach Kleinasien (*Galatien;* 25 v. Chr. röm. Prov.); *G.brief,* Sendschreiben des hl. Paulus an die Gemeinden Galatiens.

Galatz (rumän. Galați), Hptst. d. rumän. Verw.-Geb. (Judet) G., Hafenst. an der unteren Donau, 326 000 E; Univ.; vielseit. Ind.; ⚒.

Galaxis (Galaxie) [gr.], Sternsystem; urspr. nur die ↑Milchstraße.

Galeere [ital.], von der Antike bis ins 18. Jh. gebräuchl. Kriegsschiff mit meist 2 Masten; 25–50 Ruder-

Gabelantilope. *Gabelbock*

bänke für je 3–5 Mann (meist *G.nsklaven* oder *-sträflinge*).

Galen, * 129, † 199, röm. Arzt gr. Herkunft; fasste das ärztl. Wissen seiner Zeit systemat. zus.; Tierexperimente u. -sektionen; Leibarzt Ks. Mark Aurels; neben Hippokrates der bedeutendste Arzt der Antike, dessen Schriften über Jh.e die Heilkunst beherrschten.

Galen, Clemens August Gf. v., * 1878, † 1946, dt. Kardinal; seit 1933 Bischof v. Münster; Gegner des Nat.-Sozialismus.

Galeone [span.-ital.], span. u. portug. Schiffstyp des 15. bis 18. Jh.s; gr. armierte Schiffe mit 3–4 Decks, 3–5 Masten.

Galerie [ital.]: **1)** lang gestreckter Raum oder einseitig offener Gang; **2)** Kunstslg.; **3)** oberster Rang [im Theater]; **4)** Stollen (⚒); **5)** Tunnel an einem Berghang mit fensterartigen Öffnungen zur Talseite hin.

Galicilen, histor. Prov. in NW-Spanien (umfasst als Region die Provinzen La Coruña, Lugo, Orense, Pontevedra); 1980 Autonomiestatut.

Galiläa, Ldsch. in N-Israel, zw. Libanon u. Karmel; vorw. Ackerbau.

Galilei, Galileo, * 1564, † 1642, ital. Mathematiker, Physiker u. Astronom; durch Einführung des Experiments Begr. der mod. Naturwiss.; vertrat die heliozentr. Lehre des ↑Kopernikus, 1633 v. der Inquisition zum Widerruf gezwungen; Fallgesetze, Pendelgesetze, hydrostat. Waage; konstruierte 1609 das *galileische Fernrohr,* mit dem er u. a. die 4 gr. Jupitermonde u. die Sonnenflecke entdeckte; *galileisches Trägheitsgesetz* ↑Trägheitsgesetz.

Galileo, von der NASA 1989 gestartete Raumsonde zur Erkundung des Jupiter, ein Teil von G. tauchte 1995 in die Jupiteratmosphäre ein u. übermittelte erste Daten.

Galion [gr.], Vorbau am Bug älterer Schiffe; *G.sfigur,* aus Holz geschnitzte Verzierung am Galion.

Galione, svw. ↑Galeone.

Gälisch: 1) Bez. für die goidel. Gruppe der kelt. Sprachen; **2)** Bez. für die drei Einzelsprachen der goidel. Gruppe, bes. die schott.-gäl. Spr., seltener für die ir. Spr. oder das Manx.

Galizilen, Land nördl. der Karpaten, zw. Weichsel, Lubliner u. Wolyn.-Podol. Platte, Hauptort Lemberg; W-Teil zu Polen, O-Teil zur Ukraine; Landw., bed. Erdgas-, Erdöl- u. Kaligewinnung. – 1772–1919 östr. Kronland, dann wieder poln.; Ost-G. ist seit 1939 ein Teil der Ukraine.

Gabun

Fläche: 267 667 km^2
Einwohner: (1995) 1,32 Mill.
Hauptstadt: Libreville
Amtssprache: Französisch
Zeitzone: MEZ

Galla Placidia, * um 390, † 450, Tochter d. röm. Ks. Theodosius I.; 417 Gem. des späteren Ks. Konstantius III., als Witwe Regentin für Valentinian III. (s. 425); berühmt das von ihr errichtete Mausoleum in Ravenna (nicht dort bestattet).

Galle: 1) Absonderung der Leber; gelangt entweder direkt durch den Leber-G.n-Gang in den Zwölffingerdarm od. wird zunächst in der ↑G.nblase eingedickt u. gespeichert; bes. wichtig für die Verdauung aller Fette; *G.nsteine,* Steinbildungen (Kalk, Cholesterin, Bilirubin) in den G.nwegen od. [meist] in der G.nblase, bei *G.nsteinkrankheit* und *G.nblasenentzündung* häufig *G.nkoliken:* krampfart. Schmerzen unter dem r. Rippenbogen, evtl. mit Fieber; **2)** svw. ↑Gallenblase; **3)** Tierheilkunde: krankhafte Flüssigkeitsanslg. in Gelenken u. Sehnenscheiden.

Gallenblase, birnenförm. Hohlorgan am unteren Leberrand, bei manchen Tieren fehlend.

Gallerte [lat.], zähe, durchsichtige Masse, gewonnen aus Gelatine oder durch Auskochen von Knochen u. Knorpel; kann bis 99 % Wasser enthalten.

Galli da Bibiena ↑Bibiena, Galli da.

Gallilen (lat. Gallia), Land der *Gallier,* Kelten, die in der 1. H. des 1. Jt.s v. Chr. von O einwanderten;

G. Galilei

umfasste Oberitalien (*Gallia cisalpina;* 222–191 v. Rom unterworfen) u. das heut. Frkr. u. Belgien (*Gallia transalpina;* 58–51 v. Cäsar erobert); s. dem 3. Jh. n. Chr. Germaneneinfälle, durch Chlodwig I. 486 Beseitigung der Reste röm. Herrschaft, G. Kernland des Fränk. Reiches.

Gallikanismus, Bestrebungen zur Schaffung einer vom Papst weitgehend unabh. frz. kath. Nat.-Kirche *(gallikan. Kirche);* begr. v. a. in der Pragmat. Sanktion von Bourges (1438).

Gallium [lat.], chem. El., Symbol Ga, OZ 31, rel. A.-Masse 69,72, Dichte 5,904 g/cm^3, Fp. 29,78 °C, Sp. 2 403 °C; seltenes Metall, u. a. in Zinkblende; verw. u. a. zur Herst. v. Halbleitern, G.-Arsenid (GaAs).

Gallone, ein engl.-amer. Hohlmaß, in Großbrit. 4,546 l, in den USA 3,785 l.

Gallup-Institut [auch: 'gæləp-], 1935 in den USA gegr. Inst. zur Erforschung der öff. Meinung; Begr. G. H. Gallup (* 1901, † 1984).

Gallus, hl., * um 555, † um 645, ir. Missionar; aus der v. ihm begr. Mönchssiedlung entstand das Kloster St. Gallen.

Gallus, Gaius Cornelius, * 69, † 26 v. Chr., röm. Dichter; gilt als Schöpfer der röm. Elegie.

Galluslsäure, in Galläpfeln, Teeblättern u. a. vorkommende organ. Säure; für *Eisengallustinte* und pharmazeut. Präparate.

Galmei [gr.], zusammenfassende Bez. für versch. carbonat. u. silicat. Zinkerze, v. a. Zinkspat und Hemimorphit.

Galopp: 1) schnellste Gangart von Vierbeinern (Pferd, Hund u. a.); **2)** schneller Gesellschaftstanz (Rundtanz) d. 19. Jh.s im $^2/_4$-Takt, der Polka verwandt.

Galsworthy, John ['gɔ:lzwə:ðı], * 1867, † 1933, engl. Schriftsteller; Romane, „Die Forsyte Saga", realist. Schilderungen der engl. Ges. mit Sozialkritik; Dramen; Nobelpreis 1932.

Galt (gelber Galt), durch Streptokokken verursachte Euterentzündung bei Hausrindern und Ziegen.

Galvani, Luigi, * 1737, † 1798, ital. Mediziner; entdeckte an Froschschenkeln die „galvan." Elektrizität.

galvanisieren, Metalle od. oberflächig leitend gemachte Nichtmetalle elektrolyt. mit Metall überziehen.

Galvanokaustik, Trennen oder Zerstören von Körpergewebe mit dem *Galvanokauter,* Gerät mit einem durch Gleichstrom zum Glühen gebrachten Platindraht (Chirurgie).

Galvanometer, empfindl. Gerät zum Messen schwacher elektr. Ströme od. kurzer Stromstöße *(ballist. Galvanometer).*

Galvanoplastik (Elektroplattierung), Herst. oder Nachbildung eines Gegenstandes durch elektrolyt. Abscheidung.

Galvanostegie, elektrolyt. Überziehen v. Metallflächen mit Metall, z. B. Vernickelung.

Galvanotechnik, techn. Verfahren der elektrochem. Oberflächenbehandlung von Metallen.

Galveston ['gælvɪstən], Hafenst. in SO-Texas, USA, auf *G. Island,* am Golf von Mexiko, 62 000 E; petrolchem., chem. Ind.; ✈.

Gama, Dom Vasco da, Gf. v. Vidigueira, * um 1469, † 1524, portug. Seefahrer; entdeckte 1497/98 den Seeweg um Afrika nach Indien, 1524 Vizekg. v. Indien.

Gambe [ital.], Streichinstrument der Violenfamilie, Stimmung: D–G–c–e–a–d^1.

Gambetta, Léon, * 1838, † 1882, frz. Staatsmann; Führer der Republikaner, 1881/82 Min.-Präs.

Gambia: 1) westafrik. Fl., etwa 1 150 km; **2)** Staat an der W-Küste Afrikas, am Unterlauf von 1), 11 295 km^2, 735 000 E, Hptst. Banjul; feuchtheißes Klima; Ausfuhr v. Erdnüssen, Erdnussöl u. -kuchen. – S. 1447 den Portugiesen bekannt, 1843 brit. Kronkolonie, 1888 Protektorat, 1965 unabhängig, s. 1970 Rep.; 1. 2. 1982.–21. 9. 1989 Föderation mit Senegal; *„Senegambia";* 1994 Militärputsch.

Gamelan [malai.], Orchester auf Bali u. Java, aus einheim. Schlag-, Blas- und Saiteninstrumenten.

Gameten [gr.], ♂ und ♀ Geschlechts- od. Keimzellen, gleich *(Iso-G.)* od. unterschiedl. gestaltet *(Anisogameten).*

Gamma, dritter Buchstabe des griech. Alphabets (Γ, γ).

Gammaglobulin, abtrennb. Teil der Globuline des Blutplasmas (Immunglobulin); hat Antikörpercharakter.

Gammastrahlen (γ-Strahlen), die nach Kernumwandlungen v. angeregten Atomkernen emittierte energiereiche elektromagnet. Strahlung; Wellenlänge zw. $4 \cdot 10^{-8}$ u. $8 \cdot 10^{-12}$ cm; i. w. S. auch die Bremsstrahlung sehr energiereicher Elektronen mit z. T. noch kleinerer Wellenlänge.

Gämse, brauner ziegenähnl. Paarhufer der europ. Hochgeb.; Rückenhöhe 80 cm.

Gämswurz, Korbblütlergatt.; große gelbe Blüten; Zierpflanzen; Europa, Asien.

Ganda, Bantustamm in Uganda.

Gandhi: 1) Indira, * 1917, † 1984 (ermordet), ind. Politikerin; Tochter J. Nehrus; 1966–77 u. ab 1980 Min.-Präs.; **2)** Mohandas Karamchand, gen. „Mahatma" (gr. Seele), * 1869, † 1948, Führer der ind. Freiheitsbewegung; Haupt der Bewegung des gewaltlosen Widerstandes im erfolgr. Kampf um die polit. Autonomie durch Verweigerung der Mitarbeit in Behörden (Non-cooperation) u. bürgerl. Ungehorsam (Civil disobedience); Gefängnisstrafen; Milderung des Kastenwesens; ermordet; **3)** Rajiv, * 1944, † 1991, ind. Politiker. Sohn Indira G.s; nach deren Ermordung Nachf. als Min.-Präs. (bis 1989); ermordet.

Gang: 1) im Schaltgetriebe des Kfz Zahnradübersetzung eines best. Übersetzungsverhältnisses; **2)** Spaltenausfüllungen aus Mineralen od. Eruptivgestein, die das vorherrschende [ältere] Gestein durchsetzen (Geol.); **3)** bei der Uhr die Hemmung der Unruh.

Mahatma Gandhi

Ganges, ind. Fl., 2700 km; entsteht im Kumaonhimalaja, durchfließt die *G.ebene* nach SO u. bildet mit dem Brahmaputra ein gewaltiges Mündungsdelta zum Golf von Bengalen.

Ganggesteine, Bez. für alle als Spaltenfüllungen od. in gangförm. Lagerung auftretenden magmat. Gesteine.

Gangli|enblocker, Arzneimittel, die durch Beeinflussung von Ganglienzellen des vegetat. Nervensystems Erregungsleitungen unterbrechen; z. B. Sympathikolytika.

Ganglion [gr.]: **1)** Nervenknoten; Ansammlung von Nervenzellen *(Ganglienzellen);* **2)** Geschwulst aus schleimig verändertem Bindegewebe im Bereich von Gelenkkapseln oder Sehnenscheiden.

Gangrän [gr.], svw. ↑Brand 1).

Gangspill, Schiffswinde.

Gangtok, Hptst. von Sikkim, 36 800 E; Handelsplatz.

Gangway ['gæŋweɪ; engl.], bewegl. Laufgang zum Besteigen eines Schiffes oder Flugzeuges.

Gänse, gr. Wasservögel der gemäßigten u. kälteren Gebiete Eurasiens u. Amerikas; Hals länger als bei Enten; die (meist weiße) *Hausgans* (Stammform: *Graugans*) liefert Fleisch, Fett, Federn.

Gänseblümchen, Korbblütler; kl. Wiesenpfl. mit Blattrosette u. weißen Blüten.

Gänsefingerkraut, gelb blühendes Rosengewächs der Gatt. Fingerkraut.

Gänsekresse, Kreuzblütlergatt.; z. T. Hochgebirgspflanzen; viele Steingartenzierpflanzen.

Gänserich (Ganter), ♂ Gans.

Ganymed: 1) in der griech. Mythol. von Zeus wegen seiner Schönheit geraubter u. zum Mundschenk der Götter bestimmter Jüngling; **2)** größter Jupitermond.

Ganz, Bruno, * 1941, schweizer. Schauspieler.

Gambia

Fläche: 11 295 km^2
Einwohner: (1995) 1,12 Mill.
Hauptstadt: Banjul
Amtssprache: Englisch
Zeitzone: MEZ – 1 Stunde

Ganzheit, Totalität, Vollständigkeit; als Ordnung, Struktur einer Mannigfaltigkeit eine den Teilen übergeordnete Einheit; *G.spsychologie,* Psychol., die das Seelenleben od. seel. Akte als strukturierte G.en versteht; *G.sunterricht,* pädag. Methode, die von der Ganzheit des Erlebens u. Erfassens ausgeht u. von hier aus den ges. Unterricht formt.

Ganzton, aus einer gr. Sekunde bestehendes Intervall; *G.leiter,* Aneinanderreihung von G.schritten (𝄞).

Garant [frz.], Gewährsmann.

Garantie, Bürgschaft, Gewährleistung; *G.versicherung,* Versicherung gg. Veruntreuung durch Arbeitnehmer (zugunsten des Arbeitgebers) u. als Sachmängelhaftung (Masch.-G.-Versicherung); *G.vertrag,* Verpflichtung, einem anderen gegenüber für einen best. Erfolg einzustehen u. einen evtl. Schaden zu übernehmen.

Garbe, Bund von Getreidehalmen oder Ölfruchtpflanzen.

Garbo, Greta, eigtl. Greta Lovisa Gustafsson, * 1905, † 1990, schwed. Filmschauspielerin; einer der berühmtesten Stars der Filmgeschichte.

García Lorca, Federico [gar:θia-], * 1898, † 1936, span. Dichter; Dramen: „Mariana Pineda", „Bluthochzeit", „Bernarda Albas Haus"; im Span. Bürgerkrieg v. Falangisten erschossen.

Gardasee (ital. Lago di Garda), größter oberital. See, am Alpenrand, 370 km², bis 346 m tief; üpp. Vegetation; Fremdenverkehr.

Garde [frz.], Leibwache eines Fürsten; Kern-, Elitetruppe.

Gardenie [nach dem schott. Naturforscher *A. Garden,* † 1791], Rötegewächs; Zierpfl. mit wohlriechenden weißen Blüten.

gardez! [gar'de; frz.], beim Schachspiel höflicher Hinweis: „schützt [die Dame]!".

Gärfutter (Silage), in Silos od. Erdgruben eingesäuertes Futter (Grünfutter oder Hackfrüchte).

Gargantua, Riese in einem frz. Volksbuch, danach Titelheld eines Romans von F. Rabelais (*„G. u. Pantagruel",* 1532 ff.).

Garibaldi, Giuseppe, * 1807, † 1882, ital. Freiheitskämpfer; 1849 Führer der erfolglosen Verteidigung der Rep. Rom gg. frz. u. bourbon. Truppen u. 1860 des „Zugs der Tausend", der Sizilien eroberte und in Unteritalien die Bourbonen stürzte.

Garmisch-Partenkirchen, oberbayr. Marktgemeinde und Verw.-Sitz d. Landkrs. G.-P., am Fuße des Wettersteingeb., rd. 750 m ü. d. M., 26 400 E; viel besuchter Kur- u. Wintersportort.

Garn: 1) durch Spinnen von Faserstoffen hergest. Faden versch. Stärke u. Dehnbarkeit; mehrf. gedrehtes G. heißt *Zwirn;* für die Bestimmung der Feinheit *(Nummerierung)* sind Längen- u. Gewichtsmaße übl. (z. B. Tex); **2)** abenteuerl. Gesch., *Seemannsgarn.*

Garnelen, Unterordn. der Zehnfußkrebse; *Gemeine Garnele* („Krabbe") in der Nordsee.

Garnierit [nlat.; nach dem frz. Geologen *J. Garnier,* † 1904] (Numeait), hellgrünes Mineral, wasserhalt. Magnesium-Nickel-Silicat; wicht. Nickelerz.

Garonne [ga'rɔn], Hauptfl. in SW-Frkr., 575 km, von den span. mittleren Pyrenäen durch das Aquitan. Becken zum Golf v. Biskaya; Mdg. in gr., 70 km langem Trichter, der nach Aufnahme der Dordogne Gironde gen. wird. Durch Canal du Midi Verbdg. zum Mittelmeer.

Garrotte [span.], Halseisen, Würgeschraube zur Vollstreckung der Todesstrafe; v. a. in Spanien angewendet (bis Anf. der 1970er-Jahre).

Gärung, Sammelbez. für den unter Einwirkung von Enzymen (v. a. aus Pilzen, Bakterien) erfolgenden Abbau von organ. Verbindungen; wicht. Beispiele sind: die *alkohol. G.* (↑ Alkohole), die *Milchsäure-G.* (Überführung von Zucker in Milchsäure durch Milchsäurebakterien), die *Buttersäure-G.* (hervorgerufen durch anaerob lebende Bakterien, bed. für die Zersetzung von Zellulose, Verrottung des Laubes), die *Essigsäure-G.* (Abbau von Äthylalkohol zu Essigsäure durch Essigbakterien in Gegenwart von Luftsauerstoff); als *Glykolyse* wird der zur Milchsäure führende anaerobe Abbau im Zellplasma bezeichnet (wicht. für die Energiegewinnung der Zellen).

Gas, Materie in *gasförm.* Aggregatzustand, bei dem zw. den Materieteilchen *(G.molekülen)* keine Bindungen bestehen u. diese sich frei und ungeordnet bewegen. G.e können daher beliebig gr. Volumina ausfüllen. Zusammenhänge zw. Temp., Druck und Volumen einer G.menge geben die *G.gesetze* bzw. Zustandsgleichungen: in *idealen G.en* (punktförmige Moleküle, die keine Kräfte aufeinander ausüben) boyle-mariottesches Ges. (↑ Boyle), gay-lussacsches Ges. (↑ Gay-Lussac, J. L.), avogadrosches Ges. (↑ Avogadro), in *realen G.en* die van-der-waalssche Zustandsgleichung. *G.verflüssigung* durch Abkühlung auf Temp. unterhalb des Sp. bzw. (unterhalb der krit. Temp.) durch hohen Druck.

Gasa ↑ Gaza.

Gasbeton, Leichtbeton, der durch Gas bildende Stoffe vor dem Erstarren aufgebläht wird.

Gasbrand (Gasödem), schwere Wundinfektion mit Clostridiumarten; Gewebszerstörung unter Gasbildung; lebensgefährlich.

Gaschromatographie, analyt. Verfahren zur Trennung u. Bestimmung v. Stoffgemischen.

Gascogne [gas'kɔŋ], histor. Ldsch. in SW-Frkr., zw. Garonne und Pyrenäen; Hauptort Auch.

Gasel ↑ Ghasel.

Gasentladung, meist mit Leuchterscheinungen verbundener Stromdurchgang durch Gase; bei *unselbst. G.en* werden die Ladungsträger (Ionen u. Elektronen) durch äußere Einwirkung (z. B. Ionisierung der Gasmoleküle durch Strahlung) erzeugt, bei *selbst. G.en* (Mindestspannungen von einigen tausend Volt nötig) [vorw.] durch ↑ Stoßionisation.

Gasmaske, Gesichtsmaske mit Filter zum Schutz v. Atmungsorganen und Augen gg. Einwirkung von Gas, Rauch u. Ä.

Gasnebel, galakt. Nebel aus interstellarer Materie, deren Gas zum Leuchten angeregt wird.

Gasödem, svw. ↑ Gasbrand.

Gasperi, Alcide de ↑ De Gasperi, Alcide.

Gassendi, Petrus [gasɛ̃'di], eigtl. Pierre Gassend, * 1592, † 1655, frz. Philosoph u. Mathematiker; Gegner von Descartes.

Gast (Mrz. Gasten), bei der Marine Matrose mit bes. Aufgaben, z. B. Signalgast.

Gastarbeitnehmer (Gastarbeiter) ↑ ausländische Arbeitnehmer.

Gastein (Gasteiner Tal), dicht besiedeltes Hochtal der *G.er Ache* in den Hohen Tauern, 40 km lang; mit *G.er Klamm* u. Badgastein.

gastr[o]... [gr.], Bestimmungswort; Bed.: „Magen".

Gastralgie [gr.], Magenkrampf.

Gastrektomie [gr.], vollständige operative Entfernung des Magens, v. a. bei Magenkrebs.

Gastritis, Magenkatarrh (↑ Magen).

Gastroenteritis, Magen-Darm-Entzündung.

Gastronomie: 1) Feinschmeckerei, höhere Kochkunst; **2)** Gaststättengewerbe.

Gastroskopie [gr.], Magenspiegelung mit dem *Gastroskop;* Form der Endoskopie.

Gastrula [gr.], zweischicht. Becherkeim (Entwicklungsstadium

Paul Gauguin, *Contes barbares (1902)*

vielzell. Tiere), aus ↑Ektoderm und ↑Entoderm bestehend.

Gasturbine ↑Turbine.

Gasvergiftung, Vergiftung durch Einatmen von Gasen, v. a. Kohlenmonoxidvergiftung. – Erste Hilfe: frische Luft, Arzt rufen.

Gates, William Henry („Bill") [geits], * 1955, amer. Unternehmer; 1974 Mitbegr., heute Präs. der Firma Microsoft; führendes Unternehmen der Entwicklung von Anwendungssoftware (u. a. MS-DOS, Windows).

Gatt (Gat) [niederdt.], enges Loch; z. B. in der Reling für den Wasserablauf (Spei-G.); auch für eine enge Meeresdurchfahrt (z. B. Kattegat); kleiner Raum eines Schiffes (z. B. Kabelgatt).

GATT [auch: gæt; engl.], Abk. für: **G**eneral **A**greement on **T**ariffs and **T**rade, Allg. Zoll- u. Handelsabkommen, am 30. 10. 1947 unterzeichnetes Abkommen zur Durchsetzung einer weltweiten handelspolit. Ordnung; Sitz: Genf. Bed. Zollsenkungen u. andere Fortschritte in der Liberalisierung des internat. Handels brachten die Kennedy-Runde (1964–67; 42 % Zollsenkungen) u. die Tokio-Runde (1973–79), die Uruguay-Runde (s. 1986) trat für unabhängige Struktur im Rahmen d. UN ein; 1995 in der ↑Welthandelsorganisation aufgegangen.

Gattung: 1) allg. Wesenheit, das mehreren Arten Gemeinsame; **2)** (Genus) Einheit der biol. Systematik, die einander ähnl. (verwandte) Arten zusammenfasst.

Gau: 1) bei den Germanen Teil des Stammesgebietes, dann Verw.-Bez., Gerichtssprengel, geograph. Einheit u. Ä.; **2)** territoriale Organisationseinheit der NSDAP, mit Hitler bzw. dessen Stellvertr. direkt untergeordneten *Gauleitern.*

GAU, Abk. für: **g**rößter **a**nzunehmender **U**nfall, z. B. in ↑Tschernobyl; bei sicherheitstechn. Überlegungen u. Ausrüstungen zugrunde gelegter schwerster denkbarer Störfall beim Betrieb eines Kernreaktors.

Gauck, Joachim, * 1940, dt. ev. Theologe und Politiker. 1989 Mitbegr. des „Neuen Forums"; seit Sept. 1990 Sonderbeauftragter der Bundesreg. für die Verwaltung der Akten der Staatssicherheit der DDR.

Gaugamela, antiker assyr. Ort; bei G. 331 v. Chr. Sieg Alexanders d. Gr. über Darius III.

Gauguin, Paul [go'gɛ̃], * 1848, † 1903, frz. Maler; frühexpressionist., exot. Bilder.

Gaulle, Charles de [go:l], * 1890, † 1970, frz. General u. Politiker; 1940 von London aus Forts. des frz. Widerstandes; nach der Befreiung Staatsoberhaupt u. Reg.-Chef bis 1946; 1958 offiz. Reg.-Auftrag; 1958–69 Präs. der Fünften Republik, führte ein Präsidialsystem mit starker Exekutive und Plebiszit ein; 1963 dt.-frz. Aussöhnung.

Gaumen, oberer Abschluss der Mundhöhle gg. die Nasenhöhle; vorn harter (knöcherner) G., hinten weicher, aus Muskulatur u. Bindegewebe bestehender G. *(G.segel),* der in das in der Mitte liegende *G.zäpfchen* u. in die seitl., doppelten *G.bögen* übergeht, zw. denen die *G.mandeln* (lymphat. Organe) liegen.

Gaumenspalte, angeborener Spalt im harten Gaumen; Trink- u. Sprechschwierigkeiten, operat. Behandlung; ↑auch Wolfsrachen.

Gaunersprache, Umgangsspr. der Landstreicher und Gauner; die dt. G. wird ↑Rotwelsch genannt.

Gaurisankar, Berg im Himalaja, 7 145 m.

Gauß, Carl Friedrich, * 1777, † 1855, dt. Mathematiker, Astronom u. Physiker; Begr. der mod. Zahlentheorie, weiter u. a. Arbeiten zur Differenzial- u. nichteuklid. Geometrie sowie zur Ausgleichs- und Fehlerrechnung; konstruierte mit W. Weber die ersten elektr. Telegrafen.

Gauß, Einheitenzeich. G, nicht gesetzl. Einheit der magnet. Induktion: $1\ G = 10^{-4}\ Vs/m^2$.

Gautama, Geschlechtsname des ↑Buddha.

gautschen: 1) Fasern entwässern u. zusammenpressen (Papierfabr.); **2)** den Buchdrucker nach Abschluss der Lehre in eine Wasserbütte tauchen (Zunftbrauch).

Gavial [Hindi], Fisch fressende Krokodilart Indiens, bis 7 m lang, schmale, lang gestreckte Schnauze.

Gavotte [ga'vɔt(ə); frz.], alter frz. Tanz im $^2/_2$-Takt; Teil der Suite.

Gawein (Gawan), Gestalt der Artussage.

Gay-Lussac, Joseph Louis [gely'sak], * 1778, † 1850, frz. Physiker u. Chemiker; Entdecker des El. Bor; verbesserte die techn. Gewinnung v. Schwefelsäure; fand das *gay-lussacsche Gesetz* üb. das Verhalten idealer Gase: Das Volumen (bzw. der Druck) vergrößert sich bei konstantem Druck (Volumen) linear mit steigender Temp.; Ausdehnungskoeffizient $\alpha = 1/273{,}15$.

Gaza [engl.: -z-], (Gasa), St. in SW-Palästina, nahe der Küste, Mittelpt. des *G.streifens* (202 km², rd. 564 000 E), bis 1948 Teil des brit. Mandats Palästina, 1949 unter ägypt. Verw.; 1956 u. Juni 1957 bis Juni 1994 von Israel besetzt, seither palästinens. Selbstverwaltung.

Gaze ['ga:zə; frz.], netzart., oft appretiertes Gewebe.

Gazẹllen [arab.], Gatt. der Antilopen, schnelle Herdentiere der Steppen u. Wüsten Asiens, N- und O-Afrikas.

Gazẹtte [frz.], Zeitung.

GBl., Abk. für **G**esetz**bl**att.

GBO, Abk. für: **G**rund**b**uch**o**rdnung.

Gd, Symbol für ↑Gadolinium (⚗).

Gdạnsk ↑Danzig.

Gdịngen (poln.: Gdynia, 1939 bis 1945 Gotenhafen), poln. Hafenst. an der Danziger Bucht, 250 000 E; Schiffbau, Fischerei.

Ge, Symbol für ↑Germanium (⚗).

Gebärmutter (Uterus), zw. Blase und Mastdarm liegendes, birnenförm., muskulöses Hohlorgan der ♀♀ von Säugetier und Mensch; zur Aufnahme des befruchteten Eis, zur Beherbergung während seiner Entwicklung u. zur Austreibung der reifen Frucht b. der Geburt; besteht aus *G.körper, G.hals, Muttermund* mit vorderer und hinterer Muttermundslippe (in die Scheide ragend). – Gutart. (Polypen, Myome, Zysten) und bösart. (Karzinome) *G.geschwülste,* Hauptsymptom: unregelmäßige Blutungen, *G.knickung* aufgrund von schlaffen Bändern, Entzündungen od. Geschwülsten, oft Ursache von Sterilität; *G.senkung,* Verlagerung der G. nach dem Scheideneingang zu, in extremen Fällen zum *G.vorfall* führend (Hervortreten der G. aus den äußeren Geschlechtsorganen).

Gebet, die mit Worten u. begleitenden Handlungen verbundene Anrede einer als Person vorgestellten Gottheit durch den Menschen; *G.smühlen,* Gefäße od. Rollen, in denen mit G.en beschriebene Papierstreifen drehbar gelagert sind; Drehen gilt als Beten (hpts. im Lamaismus); *G.sriemen* (Tefillin), Riemen mit Lederkapseln (darin Pergamentröllchen mit Thoratexten) im jüd. Kult (um Arm u. Stirn gelegt); *G.steppich,* Wollteppich kleineren Formats, auf dem der Muslim seine G.e verrichtet.

Gebinde, größeres Fass; auch Flüssigkeitsmaß versch. Größen.

Gebirge, hoch gelegene Gebiete der Erde, durch Berge, Hochflächen, Täler u. Senken gegliedert; nach der Höhe eingeteilt in *Mittel-G.* mit mäß. Reliefenergie, gerundeten Gipfeln u. gewölbten Rücken u. *Hoch-G.* mit steilen Hängen, spitzen Gipfeln u. schmalen Graten, nach den Gipfelformen in *Kamm-, Ketten-, Kuppen-, Grat-* u. *Plateau-G.* G. entstehen durch endogene (↑Orogenese u. Hebung) u. exogene (Abtragung) Kräfte; außerdem *vulkan. G.* Nach dem tekton. Bau unterteilt man in *Falten-* u. *Decken-G.* (durch Schubwirkung entstanden; alpinotyp) u. *Bruch-* u. *Schollen-G.* (Hebung, Senkung, Kippung; Bruchtektonik; germanotyp).

Ch. de Gaulle *(links).* **C. F. Gauß** *(rechts)*

Gebiss, Gesamtheit der Zähne bei Wirbeltier u. Mensch; bei den Säugetieren nur einmal. Zahnwechsel; beim Menschen wird das erste G. (*Milch-G.;* in Ober- und Unterkiefer je 4 Schneide-, 2 Eck- u. 4 Backenzähne) vom 6. Lebensjahr an durch das bleibende G. mit 32 Zähnen ersetzt.

Gebrauchsmuster, Erfindung tech. Art für Gebrauchs- od. Arbeitszwecke; Schutz der Gebrauchsgegenstände u. Arbeitsgeräte durch Eintragung in die *G.rolle* beim Patentamt; führt das Zeichen DBGM; geregelt durch *G.gesetz* (GebrMG).

Gebühr, Entgelt für die bes. Inanspruchnahme der öff. Verw. od. einer öff. Anstalt *(Verw.-* u. *Benutzungsgebühr).*

Geburt, Ausstoßung der Leibesfrucht aus dem Mutterleib (beim Menschen auch ↑Entbindung); *Stadien der G.:* Eröffnungsperiode mit Erweiterung der G.swege (bes. Muttermund) durch Eröffnungswehen; Austreibungsperiode mit Austreibung der Frucht durch Presswehen nach Platzen der Fruchtblase; Nachgeburtsperiode mit Ausstoßen der Nach-G. (↑Plazenta mit Eihäuten); Zusammenziehung der Gebärmutter durch Nachwehen; normalerweise (rd. 95 % der G.en) wird das Kind mit dem Hinterhaupt voran geboren („Schädellage" des Kindes; Komplikationen bei Steiß-, Quer- u. Schräglagen; Anwendung von Damm-, ↑Kaiserschnitt oder Zangengeburt); sofort nach der G. des Kindes Abbinden u. Durchtrennen der Nabelschnur, Baden des Kindes, steriler Nabelverband u. gesetzl. vorgeschriebene Augentripper-Prophylaxe.

Geburtenbuch, standesamtl. Personenstandsbuch zur Eintragung der Geburten.

Geburtenregelung, Planung d. Familiengröße u. der zeitl. Aufeinanderfolge der Geburten durch Geburtenkontrolle (↑Empfängnisverhütung).

Geburtshelferkröte, Froschlurch; ♂ wickelt sich die Eischnüre um Hinterteil u. Hinterbeine u. trägt sie bis zum Schlüpfen der Jungen.

Geburtshilfe, Teilgebiet der Frauenheilkunde; alle ärztl. Maßnahmen bei Schwangerschaft, Geburt u. am Wochenbett.

Gẹckos [malai.], meist nachtakt. [sub]trop. Echsen; können an senkrechten glatten Wänden laufen.

Gedächtnis, Fähigkeit, Informationen abrufbar zu speichern. Körperl. Grundlage für das G. ist bei Mensch und Tier die Gesamtheit der Nervenzellen. Ggs. Vergessen.

gedackt, beim [Orgel]pfeifenbau svw. gedeckt (am oberen Ende geschlossen); g.e Pfeifen sind um eine Oktave tiefer als offene Pfeifen.

Gedankenübertragung ↑Telepathie.

Gedicht, Dichtung in gebundener metr. Form.

gediegen, rein, als El. vorliegend, g. kommen in der Natur z. B. Gold u. Silber vor.

Gedinge, Akkordlohnvertrag im Bergbau u. Transportgewerbe.

gedruckte Schaltung, in Mi-

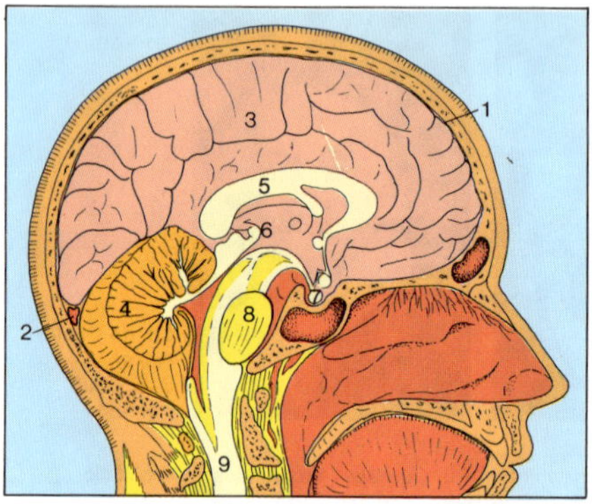

Gehirn *des Menschen (Längsschnitt; links). 1 harte Gehirnhaut, die bei 2 eine Falte (Gehirnzelt) bildet, 3 Großhirn, 4 Kleinhirn, 5 Balken, 6 Zirbeldrüse, 7 Hypophyse, 8 Brücke, 9 verlängertes Mark.*
Gemini. *Gemini 6 in 295 km Höhe (rechts; aufgenommen aus Gemini 7)*

niaturbauweise ausgeführte elektron. Schaltung, bei der einseitig mit Kupferfolie kaschierte Isolierstoffplatten auf der Folienseite mit dem Bild der gewünschten Leiterbahnen bedruckt werden; das unbedruckte Kupfer wird anschließend abgeätzt. Die andere Seite der Platte wird mit elektron. Bauelementen bestückt, deren Anschlussdrähte durch eingestanzte Löcher hindurchführen; weitgehend durch integrierte Schaltungen verdrängt.

Gedser ['gesər], dän. Ort an der Südspitze d. Insel Falster, 1 200 E; Eisenbahnfähre nach Rostock-Warnemünde, Autofähre nach Lübeck-Travemünde.

Geest, die sich in N- u. NW-Dtl. an die Marsch anschließenden, höher gelegenen, trockeneren u. weniger fruchtbaren sand. Altmoränengebiete.

Gefahrensymbole, s. 1955 internat. eingeführte Warnzeichen im Verkehr mit gefährl. Stoffen.

Gefälle, Höhenunterschied zw. 2 Punkten, bezogen auf die horizontale Entfernung.

Gefängnis: 1) ↑Strafvollzug; **2)** (G.strafe) früher mittelschwere ↑Freiheitsstrafe; Dauer 1 Tag bis 5 Jahre. Seit der Strafrechtsreform von 1969 gibt es nur noch eine einheitl. Freiheitsstrafe.

Gefäße, röhrenart. Hohlorgane in Organismen zum Flüssigkeitstransport; 1. im tier. Organismus: Blut-G. (↑Adern 3), Lymph-G.; 2. im pflanzl. Organismus lang gestreckte tote *(Xylem)* bzw. lebende *(Siebteil)* Zellen, die zu Gefäßbündeln verbunden sind.

Geflügel, Sammelbez. für Hühner, Enten, Gänse, Truthühner, Tauben u. a. Nutzvögel, die als Haustiere gehalten werden.

Geflügelkrankheiten, meist Infektionskrankheiten, u. a. *Geflügelcholera, Geflügelpest* od. *Hühnerpest* (blaurote Verfärbung von Kamm u. Kehllappen), *Geflügelpocken, Geflügeldiphtherie, Geflügeltuberkulose, Rote* u. *Weiße Kükenruhr;* für Tiere ansteckend u. vielf. tödlich.

Gefreiter, mil. Mannschaftsdienstgrad.

Gefrieren, Übergang von Wasser bzw. wässr. Lösungen vom flüss. in den festen Aggregatzustand (Eisbildung) beim *Gefrierpunkt* (0 °C bei reinem Wasser). – G. heute wicht. Methode zur Konservierung von wasserhalt. Lebensmitteln, Überführung von 90–98 % des Wasseranteils durch schnelles G. (–20 bis –40 °C) in Eis; *Gefrierlagerung (Tiefkühlung)* bei –18 bis –25 °C.

Gefrierschnitt, an künstl. gefrorenem Gewebsteil ausgeführter histolog. Schnitt.

Gefrierschutzmittel, svw. ↑Frostschutzmittel.

Gefriertrocknung, qualitätserhaltendes Verfahren zur Konservierung von hochwert. Stoffen (Blutkonserven, Vitaminpräparate) u. Lebensmitteln; das Wasser wird im gefrorenen Zustand im Vakuum entzogen.

Gefüge, Aufbau u. [innere] Anordnung, z. B. bei Metallen, Gesteinen.

Gefühl: 1) Grundphänomen seel. Erlebens; bedingt als individuelle seel. Gestimmtheit (Lust–Unlust) Einstellung u. Verhalten des Menschen (Psychol.); **2)** Gefühlssinn: Druck-, Kälte-, Wärme-, oberflächl. Schmerzempfindung, Muskelsinn (Physiol.).

Gegenreformation, Ende des 18. Jh.s von der prot. dt. Geschichtsschreibung geprägter Begriff für die gewaltsame Rekatholisierung prot. gewordener Gebiete (etwa 1555–1648); sie führte als Teil der allg. polit. Konfessionalisierung in den Dreißigjährigen Krieg u. wurde durch den Westfäl. Frieden beendet (Besitzstandsgarantie des Normaljahrs 1624).

Gegenstromprinzip, Methode beim Wärme- od. Stoffaustausch: Zwei Stoffe werden in entgegengesetzter Richtung aneinander vorbeigeführt.

Gegenwart ↑Präsens.

Gehalt, im Ggs. zur Form svw. Inhalt, Stoff, Materie; bes. der in sprachl. Form ausgedrückte Gedankeninhalt.

Gehalt, nach Zeitabschnitten (meist Monaten) bemessenes Arbeitsentgelt für Angestellte.

Geheimbünde, esoter. Gesellschaften mit primitiv-mag., relig., polit. od. auch gesellschaftl. Zielen, die streng geheim gehalten werden; polit. G. sind oft terrorist. Untergrundbewegungen (z. B. Ku-Klux-Klan).

Geheimer Rat: 1) in absolutist. Zeit (bis 19. Jh.) oberstes Reg.- u. Beratungsorgan des Fürsten; **2)** Mitgl. von 1); **3)** bis 1918 hoher [Beamten]titel.

Geheime Staatspolizei ↑Gestapo.

Geheimschrift, Schrift zur Weitergabe v. Nachrichten in einer nur Eingeweihten verständl. Form, hergest. mit unsichtb. Schreibstoff

(Geheimtinte) od. verabredeten Zeichen *(Chiffren).*

Geheimwissenschaften, Lehren von den dunklen, dem Verstand nicht zugängl. Urgründen der Natur u. des Menschenlebens.

Gehen, Disziplin der Leichtathletik für Männer; im Ggs. zu den Laufwettbewerben muss jeweils immer ein Fuß Kontakt mit dem Boden haben.

Gehirn (Hirn, Cerebrum), bei den Wirbeltieren der in der knöchernen Schädelhöhle liegende Teil des Nervensystems mit allen wicht. Lebenszentren, Empfangsstellen für psych. u. Sinneseindrücke, Steuerungsstellen für willkürl. Bewegungen und bedingte Reflexe; bei Mensch und Säugetieren Großhirn u. Hirnstamm (Zwischen-, Mittelhirn, verlängertes Mark) mit Kleinhirn; *Großhirn,* besteht aus 2 an der Oberfläche stark gefurchten Hemisphären, Bindung der versch. Funktionen an best. Rindenbezirke der Großhirnrinde; *Zwischenhirn,* regelt Stoffwechsel, Wasser- u. Wärmehaushalt, körperl.-seel. Wechselbeziehungen; *Mittelhirn,* wicht. Umschaltstelle für Nervenbahnen, Ursprung versch. Hirnnerven; *Kleinhirn,* Reflexzentrale, Kontrollorgan der normalen Körperlage; *verlängertes Mark,* Atem- und Kreislaufregulation, Ausgangspt. der meisten Hirnnerven. Das G. ist von 3 *G.häuten* (Harte Hirnhaut, Spinnwebhaut, weiche Hirnhaut) umgeben, die *G.substanz* besteht aus grauer Hirnrinde (Ganglienzellen) u. weißem Mark (Nervenfasern), *G.abszess,* Abszessbildung im G. durch Infektionserreger od. nach G.verletzungen; *G.blutung* durch Platzen eines geschädigten Hirngefäßes, Ursache des ↑Schlaganfalls; *G.entzündung* (Enzephalitis), meist infektiöse Erkrankung des G.s mit Bewusstseinsstörung, oft Fieber; *epidemische G.entzündung (G.grippe)* mit Schlafsucht, Kopfschmerzen, Lähmungen; *G.erschütterung,* Folge von Gewalteinwirkungen auf d. Schädelkapsel; Symptome: Benommenheit, Bewusstlosigkeit, Erbrechen, Erinnerungslücken; *G.erweichung,* herdförm. Erweichung von G.teilen mit Funktionsausfällen, bes. nach Embolie u. Thrombose; auch Bez. für die progressive Paralyse; *G.hautentzündung,* entzündl. Erkrankung der weichen G.häute; u. a. epidem. (Erreger Meningokokken), eitrig (Folge von Schädelverletzungen u. a.), tuberkulös; Symptome: Kopfschmerzen, Erbrechen, Genickstarre, Benommenheit, Hirnnervenausfälle; *G.schlag* ↑Schlaganfall.

Gehirnwäsche, Zerstörung der persönl. u. weltanschaul. Wertbegriffe eines Menschen u. gesteuerte Neuorientierung durch psych. Druck u. Suggestion.

Gehlen: 1) Arnold, * 1904, † 1976, dt. Soziologe; „Sozialpsychol. Probleme in d. industriellen Ges."; **2)** Reinhard, * 1902, † 1979, dt. Gen.; 1955–68 Präs. des B.-Nachrichtendienstes.

Gehör: 1) die Fähigkeit, Schallwellen mit dem G.organ (↑Ohr) wahrzunehmen; **2)** die Fähigkeit, Töne im Zusammenklang zu unterscheiden *(relatives G.);* ↑auch absolutes Gehör.

Gehörknöchelchen ↑Ohr.

Gehörn: 1) svw. ↑Hörner; **2)** ↑Geweih.

Geibel, Emanuel, * 1815, † 1884, dt. Dichter; volksliedh. Lyrik, patriot. Lieder u. Dramen.

Geier, adlerart., Aas fressende Greifvögel; *Altwelt-G.* v. a. in den Trockengebieten Afrikas u. S-Asiens; *Neuwelt-G.* in den [Sub]tropen Amerikas (u. a. Kondor m. Flügelspannweite von 3 m).

Geige, svw. ↑Violine.

Geiger, Hans, * 1882, † 1945, dt. Physiker; Mitarb. von E. Rutherford; wies die Gleichheit von Kernladungs- u. Ordnungszahl nach; erfand den *Spitzenzähler* u. 1928 das *G.-Müller-Zählrohr* (G.zähler), Registriergerät für ionisierende Strahlen.

Geisel, gewaltsam od. widerrechtl. ergriffene Person, die vom G.nehmer festgehalten u. bedroht wird, um Forderungen gegen Dritte durchzusetzen.

Geiser ↑Geysir.

Geiserich, * um 390, † 477, seit 428 Kg. der Vandalen u. Alanen; gründete in N-Afrika das erste unabh. Germanenreich auf röm. Boden, das Rom 442 anerkannte.

Geisha ['ge:ʃa; jap.], Gesellschafterin, Tänzerin, Sängerin in jap. Teehäusern.

Geisir ↑Geysir.

Geiß, ♀ Tier bei Ziege, Reh u. a.

Geißblatt, kletterndes od. aufrechtes Holzgewächs der nördl. Halbkugel, z. B. Jelängerjelieber.

Geißel, fadenförmiges, bewegl. Fortbewegungsorganell bei Einzellern.

Geißelalgen, Gruppe d. Flagellaten; besitzen Chlorophyll, ernähren sich wie Pflanzen.

Geißeltierchen, Gruppe d. Flagellaten, ernähren sich wie Tiere.

Geißelung, im Altertum weit verbreitete Körperstrafe, vollzogen mit Peitschen od. Ruten; als kirchl. Strafe od. Bußübung bei kath. Ordensgemeinschaften (bes. im MA; ↑auch Flagellanten).

Geißler, Heinrich, * 1930, dt. Politiker; 1977–89 Gen.-Sekr. der CDU, 1982–85 B.-Min. für Jugend, Familie u. Gesundheit.

Geißler, svw. ↑Flagellanten.

Geisteskrankheiten, Sammelbez. für in ihren Ursachen z. T. noch ungeklärte krankh. Störungen der seel. u. geist. Funktionen, die oft zu Persönlichkeitsveränderungen u. Einschränkungen der geist. Fähigkeiten führen: 1. *endogene G.:* man.-depress. Irresein, Schizophrenie, endogene Depressionen, 2. *exogene G.:* Alkoholismus-, Morphinismus-, Syphilisfolgekrankheiten, psych. Störungen infolge best. Schädelverletzungen.

Geistesschwäche ↑Schwachsinn.

Geisteswissenschaften ↑Wissenschaft.

geistiges Eigentum, immaterielles Eigentum des schöpfer. Menschen an seinem Werk; ↑Urheberrecht.

Geistliche, Standesbez. der Kleriker, Seelsorger (seit dem 15. Jh.).

geistliches Drama, dramat. Form der geistl. Dichtung; gesamteurop. Erscheinung im Spät-MA; Darst. der Heilsgesch. urspr. in der Kirche, im 14./15. Jh. Aufführung auf Marktplätzen.

Gekröse: 1) (Mesenterium) Bauchfellfalte, befestigt den Darm an der Wandung der Bauchhöhle; gefäß- u. nervenreich; **2)** Magen, Netz u. Darm v. a. von Kalb u. Lamm; beim Rind als *Flecke* od. *Kaldaunen* bezeichnet.

Gel, gallertartige Ausflockung eines Kolloids.

Gelasius I., hl., † 496, Papst s. 492; Lehre v. den zwei gleichberechtigten Gewalten Kirche u. Staat *(Zweischwertertheorie).*

Gelatine [ʒe-; frz.], aus tier. Knochen u. Hautabfällen hergest., Geliermittel, farb-, geschmacklos.

Gelbbleierz, svw. ↑Wulfenit.

Gelber Fluss ↑Hwangho.

Gelbe Rübe, svw. ↑Karotte.

Gelbes Meer, Randmeer des Pazifiks zw. Korea u. der NO-Küste Chinas.

Gelbfieber, trop., durch das G.virus hervorgerufene Infektionskrankheit; Schüttelfrost mit Fieber, Schädigung der Leber u. Niere; von der *G.mücke* übertragen; Impfung im internat. Reiseverkehr vorgeschrieben.

Gelbkörper, im Eierstock nach der Eiausstoßung (Follikelsprung) gebildete endokrine Drüse; das im G. gebildete *G.hormon* (Progesteron) verhindert nach der Befruchtung weitere Eireifungen.

Gelbkreuz, nicht flücht., öl., ätzende chem. Kampfstoffe, z. B. Lost, Lewisit.

Gelbsucht (Ikterus), Gelbfärbung der Haut, Schleimhäute u. des Weißen des Auges; Folge des Übertritts von Gallenfarbstoffen ins Blut; Zeichen versch. Leber- u. Gallenkrankheiten.

Geld, Recheneinheit u. Zahlungsmittel zur Bewertung der gegenseit. Leistungen, ermöglicht den allseit. Tauschverkehr; in primit. Wirtsch. nichtmetall. Werte (Naturalien); weitere Entwicklung: gewogenes, dann geprägtes [Edel]metall, Papiergeld u. Giralgeld.

Geldmarkt, im Ggs. zum ↑Kapitalmarkt der Markt für kurzfrist. Kredite.

Geldpolitik, Maßnahmen der Zentralnotenbank zur Beeinflussung der Geldmenge u. über diese zur Einflussnahme auf die wirksame Nachfrage u. die Investitionstätigkeit u. damit die Konjunktur. Mittel: Diskont-, Mindestreserven-, Offenmarktpolitik u. a.

Geldstrafe, Ahndung einer strafb. Handlung durch Auferlegung einer Zahlung, bemessen in *Tagessätzen* (entsprechend den persönl. u. wirtsch. Verhältnissen des Täters); bei Ordnungswidrigkeiten *Geldbuße.*

Geldwäscherei, Finanztransaktionen, durch die Vermögenswerte illegaler Herkunft (v. a. aus Drogen-, Waffen-, Frauenhandel, Raub, Erpressung) als legal erworben scheinen u. danach in den legalen wirtschaftl. Kreislauf eingeschleust werden können.

Geldwirtschaft, Wirtschaftsform, in der im Ggs. zur urspr. Natural- od. Tauschwirtsch. der Güteraustausch in 2 selbst., durch Geld vermittelte Kaufakte zerfällt.

Gelee [ʒə'le:; frz.], eingedickter, gallertart. Frucht- od. Fleischsaft; **G. royale** [rɔ'jal], Nährsaft, mit dem die Bienen Königinnenlarven ernähren; vitaminreich.

Geleit, im MA Schutz v. Reisenden, v. a. Kaufleuten, vor Überfällen gg. *G.sgeld* (↑auch freies G.).

Geleitzug (Konvoi), Verband aus Handelsschiffen, die von Kriegsschiffen gg. feindl. Unternehmungen abgeschirmt werden.

Gelenk: 1) bewegl. Verbdg. zweier od. mehrerer Knochenenden; besteht aus den mit Knorpel überzogenen *G.flächen* oder gegeneinander bewegten Knochenteilen, der mit *G.schmiere* erfüllten *G.höhle* u. der bindegeweb. *G.kapsel; G.entzündung* (Arthritis), schmerzh. Erkrankung eines G.s, oft mit *G.erguss* (Serum, Blut od. Eiter), Folge v. Trauma od. Infektion; *G.maus,* in die G.höhle abgestoßenes, meist knorpeliges Stück aus den gelenkbildenden Geweben; verursacht oft Bewegungshemmung und Schmerz; G.rheumatismus ↑Rheumatismus; **2)** bewegl. Verbdg. zweier Maschinen- od. Bauteile; *G.kette,* gelenk. Kette zur Kraftübertragung (z. B. Rollen- od. Zahnkette für Kfz u. Fahrrad).

Gellert, Christian Fürchtegott, * 1715, † 1769, dt. Dichter; „Fabeln u. Erzählungen", „Geistliche Oden u. Lieder", Romane, Lustspiele.

Gelon, * um 540, † 478 v. Chr., griech. Tyrann v. Gela (s. 491?) u. Syrakus (s. 485); bed. Staatsmann.

Gelsenkirchen, krsfr. Ind.-St. in NRW, 289 800 E; Fachhochschule Bochum (Abt. G.); gr. Kanalhafen, Sitz bed. Bergwerksges.; Kohlenbergbau; Eisen- u. Stahlind., Kohlechemie, Textilind., Glashütten.

GEMA, Abk. für: **Ge**sellschaft für **m**usikal. **A**ufführungs- u. mech. Vervielfältigungsrechte (fr. STAGMA); Sitz Berlin; nimmt ↑Urheberrechte wahr.

gemäßigte Zonen, die Gebiete zw. den Polar- u. Wendekreisen, mit *gemäßigtem Klima.*

Gemeinde: 1) Gebietskörperschaft des öff. Rechts mit dem Recht der kommunalen Selbstverw.; unterstes polit. Gemeinwesen im Staat; **2)** kleinste Einheit kirchl. Gliederung, svw. Pfarrei (↑Pfarramt).

Gemeindekirchenrat, in den dt. ev. Kirchen Verw.-Organ der Gem., bestehend aus Pfarrer u. Vertr. der Kirchengemeinde.

Gemeindeordnungen (GO), in der BRD Länderges., in denen die Einordnung der Gem. in den Staat mit Aufgaben u. Rechten festgelegt ist.

Gemeinderat ↑Gemeindeverfassung.

Gemeindesteuern, von den Gem. aufgrund ihrer Steuerhoheit erhobene Abgaben: Grund-, Gewerbe-, Schankerlaubnis-, Gemeindegetränke-, Vergnügungs-, Hundesteuern u. a.

Gemeindeverbände, svw. ↑Kommunalverbände.

Gemeindeverfassung, System der Vertretung u. Verw. einer Gem.; wichtigstes Organ der Gem. ist die von den Angehörigen der Gem. meist auf 4 J. gewählte *Gemeindevertretung* (als Gemeinderat, Stadtverordnetenvers. oder Stadtrat), ein Beschlussorgan, das zugleich Vollzugsorgan sein kann *(Ratsverf.)* od. neben dem der Bürgermeister als Vors. des verwaltenden Magistrats zus. mit diesen *(Magistratsverf.)* od. monokrat. *(Bürgermeisterverf.)* die Verw. durchführt.

Gemeineigentum, kollektives, durch Sozialisierung (Verstaatlichung) entstehendes, gemeinwirtsch. zu nutzendes Eigentum des Volkes.

gemeingefährliche Straftaten, Delikte, die eine allgemeine Gefahr *(Gemeingefahr)* für Menschen u. Sachen herbeiführen, z. B. Brandstiftung, Trunkenheit im Verkehr.

Gemeinkosten, die nicht unmittelb. für die einzelnen Leistungen erfassb. Kostenarten.

gemeinnützige Unternehmen, private od. öffentl. nicht auf Gewinn ausgerichtete Unternehmen, die gemeinnützige, mildtätige u./od. kirchl. Zwecke verfolgen u. die steuerl. Vergünstigungen erhalten od. ganz von der Steuer befreit sind. Beispiele: Heime, kulturelle Einrichtungen, gemeinnützige Wohnungsunternehmen.

Gemeinsame Außen- und Sicherheitspolitik, Abk. GASP, im Maastrichter Vertrag (1993) begr. Element der Europ. Union; Ziel: Koordinierung der Außen- u. Sicherheitspol. der Mitgl.staaten, Durchführung gemeinsamer Aktionen in Bereichen, in denen kollektive Interessen bestehen. Entscheidungen werden nach dem Konsensprinzip getroffen.

Gemeinsamer Ausschuss (Notparlament, Notstandsausschuss), spezielles Verf.-Organ der BRD für den Verteidigungsfall, das aus 22 Abg. des B.-Tages u. 11 des B.-Rates besteht.

Gemeinsamer Markt ↑EWG.

Gemeinschaft Unabhängiger Staaten, Abk. **GUS**, in der Nachfolge der UdSSR am 21. 12. 1991 gegr. Staatenbund, umfasst die Rep. Armenien, Aserbaidschan, Georgien, Kasachstan, Kirgistan, Moldawien, Russland, Tadschikistan, Turkmenistan, Ukraine, Usbekistan, Weißrussland. Höchstes Reg.-Gremium ist der „Rat der Staatschefs" mit einer wechselnden Präsidentschaft, daneben ministerielle Komitees zur gemeinsamen Außen-, Verteidigungs-, Wirtschafts- sowie Innenpolitik, für Verkehr u. Fernmeldewesen u. zur sozialen Sicherheit. Die GUS-Staaten übernahmen die internat. Verpflichtungen der UdSSR.

Gemeinschaftsbewegung, im 19. Jh. in Dtl. entstandene ev. Erweckungs- u. Evangelisationsbewegung; 1897 Gründung der Organisation des *Gnadauer Verbands.*

Gemeinschaftsschule, Ggs. von Bekenntnisschule (↑Bekenntnis); seit den 1960er-Jahren in der BRD Regelschule.

Gemeinschaftsteuern, Steuern, die Bund u. Ländern gemeinsam zustehen, z. B. Einkommen-, Lohn-, Körperschaft-, Mehrwertsteuer.

Gemeinschuldner, ein Schuldner, über dessen Vermögen der Konkurs eröffnet ist.

Gemeinwirtschaft, nur auf Bedarfsdeckung ausgerichtete Wirtschaft im Unterschied zum erwerbswirtschaftl. orient. Wirtsch.-System; u. a. ↑Planwirtschaft.

Gemenge, Stoffgemische, die sich im Ggs. zu den chem. Verbdg. durch physikal. Trennmethoden in chem. einheitl. Bestandteile zerlegen lassen.

Gemination [lat.], [Konsonanten]verdoppelung.

Gemini [lat.]: **1)** (Zwillinge) zum Tierkreis gehörendes Sternbild des nördl. Himmels, Hauptsterne Kastor (α) u. Pollux (β); **2)** Name von 12 Erdsatelliten (davon 10 bemannt), die 1961–66 von den USA zur Vorbereitung des Apollo-Programms in eine Erdumlaufbahn gebracht wurden (Abb. S. 244).

gemischtwirtschaftliche Unternehmen, Unternehmen mit privater u. öff.-rechtl. Beteiligung.

Gemme, geschnittener Schmuckstein mit vertiefter *(Intaglio)* od. erhabener Darst. *(Kamee).*

Genchirurgie, svw. ↑Genmanipulation.

Gendarm [ʒã-; frz.], seit dem 19. Jh. Bez. für einen uniformierten Polizeibeamten.

Gene [gr.], Träger der Erbanlagen, sie liegen linear angeordnet auf den Chromosomen (↑Desoxyribonukleinsäure).

Genealogie [gr.], (Ahnenforschung, Geschlechterkunde), Wiss. von Ursprung, Folge u. Verwandtschaft der Geschlechter; Darstellung genealog. Zusammenhänge auf *geneal. Tafeln.*

General [lat.]: **1)** höchste Offiziersrangklasse (Heer, Luftwaffe); in der dt. Bundeswehr; *G., G.leutnant, G.major, Brigade-G.;* **2)** in kath. Orden od. Kongregationen der oberste Vorsteher; **3)** oberster Vorsteher der Heilsarmee.

General Agreement on Tariffs and Trade ['dʒenərəl ə'gri:mənt ɔn 'tærıfs ænd 'treıd] ↑GATT.

Generalbass ↑Basso continuo.

Generalbasszeit (Barockmusik), die Musik des 17. bis zur Mitte des 18. Jh.s; mit Monteverdi, Scarlatti, Vivaldi in Italien; Lully, Couperin u. Rameau in Frkr.; Purcell u. Händel in England; Schütz, Bach, Telemann in Deutschland.

Generaldirektorium, 1723 bis 1808 oberste preuß. Zentralverwaltungsbehörde.

Generalgouvernement [-guvɛrnəmã; frz.], Bez. für das Restgebiet Polens nach der dt. u. sowjet. Besetzung 1939 u. der Abtretung großer Gebiete an Dtl. u. die UdSSR.

Generalinspekteur [-tø:r; frz.], Dienststellungsbez. für den ranghöchsten Soldaten der dt. Bundeswehr.

Generalklausel, allg. Gesetzesvorschrift ohne kasuist. Regelung.

Generalmusikdirektor (GMD), erster Dirigent; der Orchester-(Opern-)Chef.

Generalpause, für alle Sing- u. Instrumentalstimmen einzuhaltende Pause (𝄐).

Generalsekretär, oberster Geschäftsführer v. Parteien, Verbänden u. internat. Organisationen.

Generalstaaten, im 16.–18. Jh. Vers. der Abg. der Stände (niederl. staten) der 7 souveränen niederl. Provinzen (Provinzialstaaten); seit 1814 das niederl. Parlament.

Generalstaatsanwalt, erster Beamter der Staatsanwaltschaft beim OLG.

Generalstab, Gesamtheit der bes. ausgebildeten Offiziere, die die höheren Führer in der Truppenführung unterstützen.

Generalstände (frz. États généraux), in Frkr. die Vers. der Vertr. des Adels, der Geistlichkeit u. seit 1302 auch der Bürgerschaft, jeweils vom Kg. zur Steuerbewilligung einberufen, bis 1614, erneut 1789; am 17. 6. 1789 erklärte sich der 3. Stand *(Tiers État)* allein als Nationalversammlung.

Generation [lat.]: **1)** Einzelglieder der Geschlechterfolge; **2)** Menschenalter; **3)** alle gleichzeitig lebenden Menschen.

Generationswechsel, Wechsel d. Fortpflanzungsweise bei Pfl. u. Tieren im Verlauf v. 2 od. mehr Generationen, oft mit Gestaltwechsel verbunden; häufig Wechsel von geschl. und ungeschlechtl. Generation *(Metagenese),* auch v. zweigeschlechtl. u. parthenogenet. Fortpflanzung *(Heterogonie).*

Generator [lat.]: **1)** Maschine zur Umwandlung mechan. in elektr. Energie; **2)** Schachtofen zur Erzeugung v. *G.gas* durch Vergasung v. Kohle, Koks od. Holz.

Genese [gr.], Entstehung, Entwicklung.

Genesis [gr.]: **1)** Werden, Entstehen; **2)** 1. Buch Mos. im A. T. (Schöpfungsgesch. u. a.); **3)** (altsächs. G.) freie Bearb. des Bibelstoffes in altniederdt. Spr., um 830.

Genetik [gr.], Vererbungslehre.

genetischer Fingerabdruck, der Personenidentifikation dienendes genet. Untersuchungsverfahren, ermittelt die für jede Person spezif. Genmuster anhand von Körpersekreten, Blut, Haaren od. Gewebeteilen, ermöglicht ähnl. dem Fingerabdruck eine eindeutige Zuordnung.

Genève [ʒə'nɛ:v] ↑Genf.

Genever [ʒe-; frz.], Getreidebranntwein mit Wacholdergeschmack.

Genezareth, See von (See von Tiberias), fischreicher See im N-Teil des Jordangrabens, an der isr.-syr. Grenze; 209 m u. d. M., 21 km lang, bis 13 km breit.

Genf (frz. Genève): **1)** schweizer. Kt. an der Rhone u. am SW-Ende des G.er Sees, 282 km², 375 900 E; **2)** Hptst. v. 1), 169 600 E; größte St. der frz. Schweiz, bed. Kulturzentrum u. Sitz vieler internat. Institutionen; Univ., Konservatorium, Museen, Theater, Kathedrale (12. Jh.), Palais des Nations (beg. 1930), Île Rousseau. Uhren-, Masch.-, Bekleidungsind.; ⚓, ✈; Fremdenverkehr; Tagungsort; internat. Fachmessen. – Kelt. Gründung, um 400 Bischofssitz; 1526 Bündnis mit Bern (u. Freiburg), seit 1541 Mittelpt. des Kalvinismus; 1798 von Frkr. annektiert, 1815 Mitgl. der Schweizer. Eidgenossenschaft.

Genfer Konvention, auf Anregung H. Dunants 1864 in Genf geschlossenes internat. Abkommen „zur Verbesserung des Loses der Verwundeten u. Kranken der im Feld stehenden Heere“, 1899 auf d. Seekrieg ausgedehnt; 1906 neu gefasst, 1929 ergänzt, 1949 durch die 4 *Genfer Abkommen* ersetzt u. erweitert (Schutz von Kriegsgefangenen und Zivilpersonen in Kriegszeiten); Einrichtungen durch rotes Kreuz auf weißem Grund gekennzeichnet (↑auch Rotes Kreuz 2).

Genfer See (frz. Lac Léman), See am S-Rand des Schweizer Mittellandes, von der Rhone durchflossen, 581 km², bis 310 m tief. Durch den See verläuft die frz.-schweizer. Grenze.

Genie [ʒe'ni; frz.]: **1)** überragende schöpfer. Geisteskraft; **2)** außergewöhnl. begabter, schöpfer. Mensch.

Geniezeit [ʒe'ni-], Bez. für die Epoche des Sturm und Drang.

Genitalien [lat.], svw. ↑Geschlechtsorgane.

Genitiv [lat.], Kasus, antwortet auf die Frage nach Herkunft, Besitzer u. Zugehörigkeit; auch Wesfall od. 2. Fall.

Genius [lat.], [Schutz]geist; in der Kunst geflügelt dargestellt.

Gennes ['ʒɛn], Pierre-Gilles de, * 1932, frz. Physiker, Arbeiten zur Erklärung von geordneten Zuständen in komplexen physikal. Systemen, z. B. in Flüssigkristallen auftretende Phänomene; Nobelpreis 1991.

Genom, Gesamtheit der Gene eines Organismus. Im Febr. 2001 wurde die fast vollständige Sequenz des menschl. G. veröffentlicht.

Genossenschaft, Personenvereinigung mit eigener Rechtspersönlichkeit zur Förderung des Erwerbs od. der Wirtsch. ihrer Mitgl. *(Genossen)* durch gemeinschaftl. Geschäftsbetrieb; gesetzl. Grundlage *G.sges.* v. 1. 5. 1889 mit umfangreichen Änderungen v. 9. 10. 1973; unbeschränkte Mitgliederzahl (mind. 7), Kapitalaufbringung durch Einzahlungen der Mitgl. auf den Geschäftsanteil; Organe: Vorstand (mind. 2), Aufsichtsrat (mind. 3 Mitgl.) u. General-Vers.; Satzung (Statut) u. Vorstandsmitgl. sind in das *G.sregister* beim Registerger. einzutragen; alle G.n firmieren mit dem Zusatz eG (= eingetragene G.). Erste genossenschaftl. Gründungen in Dtl. durch H. Schulze-Delitzsch u. F. W. Raiffeisen. Arten: *Kreditvereine, Rohstoffvereine, Produktiv-G.en* (Herst. u. Verkauf von Gütern auf gemeinschaftl. Rechnung), *Konsumvereine* (gemeinschaftl. Einkauf), *Wohnungs-G.en* (Bau v. Wohnungen) u. a.; Zusammenschluss der G.en in Verbänden; Dachorganisation: *Ausschuss der Dt. G.sverbände,* dessen Mitgl.: Dt. Genossenschafts- u. Raiffeisenverband e. V., Gesamtverband gemeinnütziger Wohnungsunternehmen u. Zentralverband Dt. Konsum-Genossenschaften e. V.

Genotyp [gr.], Erbbild, Gesamtheit des Erbgutes.

Genoveva (Genovefa) v. Brabant, Gestalt der Legende; lebte, des Ehebruchs beschuldigt, mit ihrem Sohn in der Wildnis, bis sich ihre Unschuld herausstellte.

Genre ['ʒã:r(ə); frz.], Gattung, Wesen, Art; *G.malerei,* Sittenmalerei, Darst. v. Begebenheiten des alltägl. Lebens.

Genscher, Hans-Dietrich, * 1927, dt. Politiker (FDP); 1969–74 B.-Min. des Innern, 1974–92 des Auswärtigen, 1974–85 FDP-Vors.

Gent, Hptst. der belg. Prov. Ostflandern, an der Schelde, 230 800 E; maler. Stadtbild; bed. Baudenkmäler u. wertvolle Sammlungen; Univ., Akademien, got. Kathedrale mit *G.er Altar* (Flügelaltar der Brüder van Eyck; 1432 vollendet). Zweitgrößter Hafen Belgiens, Hauptsitz der belg. Baumwollind.; bed. Blumenzucht.

Gentechnik (Gentechnologie), Teilgebiet der Molekularbiologie und Biotechnologie, Verfahren zur gezielten Veränderung der Erbanlagen (Gene) v. Mikroorganismen, Pflanzen und Tieren. Nach dem Stand der Technik sind z. Zt. gentechn. produzierte Medikamente, Pflanzen und Tiere möglich. Die Kritik der Umweltverbände verweist bes. auf das Risiko der Freisetzung gentechn. veränderter Organismen.

Gentherapie, der Austausch defekter gegen gesunde Gene bei Erbkrankheiten. G. ist sehr umstritten.

Gentleman ['dʒentlmən; engl.], allg.: Mann von Lebensart u. ehrenhaftem Charakter; *gentlemanlike,* vornehm, anständig; *G.'s Agreement* (Gentlemen's A.) [-mənz ə'gri:mənt] ↑Agreement.

Gentry ['dʒɛntrı], engl. niederer Adel u. reiche, nichtadelige Führungsschicht.

Genua (ital. Genova), Hptst. d. ital. Region Ligurien u. der Prov. G., am *Golf v. G.,* 701 000 E; ma. Kirchen und Paläste; Univ., Kunstakad., Fachschulen, Theater, Kunstsammlungen; Schiff-, Masch.-, Fahrzeugbau, Textil-, Nahrungsmittelind.; ⚓, ✈. – Ehem. mächtige Handelsrep. mit Niederlassungen bis zum Schwarzen Meer.

genuin [lat.], echt, rein, unverfälscht; angeboren.

Genus [lat.]: **1)** grammat. Geschlecht der Substantive u. Pronomen; **2)** ↑Gattung 2).

geo..., Geo... [gr.], Bestimmungswort; Bed.: „Erde, Land".

Geodäsie [gr.], Erdmessung und ihre Lehre *(höhere G.)* sowie Land- u. Feldmessung *(niedere G.).*

Geodät [gr.], Landmesser.

Geographie [gr.; = Erdbeschreibung], (Erdkunde), Wiss. von der Erdoberfläche. 1. *allg. G.: phys. G.* (Geomorphol., Klimatol., Hydro-G.), *Bio-G.* (Pflanzen-, Tier- u. phys. Anthropo-G.) u. *Kultur-* od. *Anthropo-G.* (Bevölkerungs-, Siedlungs-, Verkehrs-, Sozial-, Religions-, polit. u. Wirtschafts-G.); 2. *Länderkunde (spezielle G.),* untersucht u. beschreibt einzelne Räume der Erdoberfläche.

geographische Breite ↑Gradnetz der Erde.

geographische Länge ↑Gradnetz der Erde.

geokarp [gr.], unter der Erde reifend (von Pflanzenfrüchten z. B. Erdnuss).

Geologie [gr.], Lehre von der Entstehung, der Entw. u. dem Bau der Erde. Disziplinen: *allg.* od. *dynam. G.* (untersucht die auf die Erdkruste einwirkenden geol. Kräfte), *histor. G.* (erforscht u. stellt die Erdgesch. dar; Stratigraphie, Paläogeographie, Paläontologie), *angewandte G.* (nutzt die geol. Forschungsergebnisse und Erfahrungen für die Zwecke der Wirtsch.). (↑Formationstabelle S. 250 f.).

Geometer [gr.], Landvermesser, Feldmesser; heute: Vermessungsingenieur.

Geometrie [gr.], Teil der Math., der sich mit Gebilden der Ebene u. des Raumes u. ihren Eigenschaften befasst. Die *elementare G.* behandelt solche, die sich mit Zirkel u. Lineal konstruieren lassen. G. der Ebene heißt *Planimetrie,* des Raumes *Stereometrie,* der Kugelfläche *sphär. G.* Prakt. wichtig ist die *darstellende G.,* die geometr. Gebilde durch Projektion auf Ebenen darzustellen lehrt. Die *analyt. G.* stellt Kurven u. Flächen durch Gleichungen dar. Zur *angewandten* od. *prakt. G.* gehören ↑Geodäsie u. graf. Statik.

geometrischer Ort, Punktmenge, die best. geometr. Bedingungen genügt; die Mittelsenkrechte einer Strecke ist z. B. der geometr. O. aller Pt.e, die von den Endpunkten der Strecke gleiche Entfernung haben.

geometrisches Mittel, *n*-te Wurzel aus dem Produkt von *n* Zahlen; g. M. aus *a, b, c* ist

$$\sqrt[3]{a \cdot b \cdot c}.$$

Geomorphologie [gr.], Teilgebiet der Geographie; beschreibt die Formen der Erdoberfläche u. erforscht deren Entstehung und Weiterbildung.

Geophysik [gr.], Wiss. von den physikal. Erscheinungen in u. auf der Erde u. in der Erdatmosphäre.

Geopolitik [gr.], Lehre von der Bed. geograph. Verhältnisse für die Politik.

Georg, hl. Märtyrer unter Diokletian, bes. in der Ostkirche gefeiert; einer der 14 Nothelfer.

Georg: *Bayern-Landshut:* **1) G.** der Reiche, * 1455, † 1503, Hzg. s. 1479; vererbte sein Land Ruprecht v. der Pfalz. – *Griechenland:* **2) G. I.** (Prinz Wilhelm v. Dänemark), * 1845, † 1913, 1863 als Nachf. Ottos I. zum Kg. der Hellenen gewählt; ermordet; **3) G. II.,** * 1890,

† 1947, Enkel v. 2), Kg. s. 1922; 1924 und 1941 in Großbrit. im Exil. – *Großbritannien/Hannover:* **4) G. I.** Ludwig, * 1660, † 1727, Krfst. s. 1698, brit. Kg. s. 1714; reg. mit den lib. Whigs; konnte die Hzgt. Bremen u. Verden gewinnen; **5) G. II.** August, * 1683, † 1760, Sohn u. s. 1727 Nachf. v. 4), gründete die Univ. Göttingen u. das Brit. Museum; unterstützte im Östr. Erbfolgekrieg Maria Theresia, im Siebenjähr. Krieg Preußen; **6) G. III.** Wilhelm Friedrich, * 1738, † 1820, Enkel v. 5), Kg. s. 1760; musste 1783 die Unabhängigkeit der nordamer. Kolonien anerkennen; **7) G. IV.** August Friedrich, * 1762, † 1830, Sohn und Nachf. v. 6), s. 1811 Prinzregent, s. 1820 Kg. – *Großbritannien* (↑ auch 4–7): **8) G. VI.,** * 1895, † 1952, Kg. s. 1936 nach Abdankung seines Bruders Eduard VIII. – *Hannover* (↑ auch 4–7): **9) G. V.,** * 1819, † 1878, Kg. s. 1851; 1866 als Gegner Preußens entthront.

George: 1) Götz, * 1938, dt. Schauspieler, Sohn v. 2); bes. bekannt als „Schimanski" in der Fernsehserie „Tatort"; **2)** Heinrich, eigtl. Georg Heinrich Schulz, * 1893, † 1946, dt. Schauspieler (Charakterdarsteller); **3)** Stefan, * 1868, † 1933, dt. Dichter; harte, formstrenge Spr., Ethos des adl.-geist. Menschen.

Georgetown ['dʒɔ:dʒtaʊn], Haupt- u. Hafenst. von Guyana, 200 000 E; Univ.; ⚓.

George Town ['dʒɔ:dʒtaʊn] (Penang, Pinang), Hptst. des malays. Staates Pinang (Penang), 248 000 E; Univ.; Werften; ⚓.

Georgia ['dʒɔ:dʒə], Abk. Ga., Staat der USA, 152 576 km², 6,6 Mill. E, Hptst. Atlanta; Tiefland, im NW gebirgig; Landw.; 75 % der US-Kaolingewinnung.

Georgi|en (Grusinien), histor. Land am S-Hang des Gr. Kaukasus. – 1801 russ., 1917 unabh., 1921 als Georg. SSR zur UdSSR.

Georgi|en, Rep. am Gr. Kaukasus, Grenzen zu Russland, Armenien, Aserbaidschan u. der Türkei; Kohlenbergbau, Maschinen- u. Fahrzeugbau. – Hervorgegangen aus der Georg. SSR der UdSSR, April 1991 Unabhängigkeitserklärung, nichtkommunist., autoritäre Präsidialherrschaft Anfang 1992 gestürzt.

Georgi|er (Grusinier), kaukas. Volk, hpts. in ↑ Georgien, in der Türkei u. im Iran.

Geotektonik, Lehre von den Krustenbewegungen, Massenverlagerungen u. magmat. Erscheinungen der äußeren Erdschale.

H. George

Geotropismus [gr.], (Erdwendigkeit), Vermögen der Pflanzen, ihr Wachstum nach der Schwerkraft zu orientieren.

Geozentrik [gr.], Weltbild, das die Erde in den Mittelpt. des Universums stellt (↑ Ptolemäus, C.).

Gepard [frz], gefleckte Großkatze der afrik. u. asiat. Steppe, kl. Kopf, hochbeinig; schneller Läufer; wird über 1,30 m lang.

Gepiden, ostgerman. Volk, Teilstamm der Goten, errichteten in Ungarn ein Reich, erlagen 567 den Langobarden u. Awaren.

Ger, german. Wurfspieß.

Gera: 1) Nbfl. der Unstrut, 80 km; **2)** Krst. in O-Thüringen, an der Weißen Elster, 129 700 E; Rathaus (16. Jh.); Theater, Museen; Bergbauschule; botan. Garten; Textil-, Masch.- und Metallindustrie. Verkehrsknotenpunkt Ostthüringens.

Gerade, in der euklid. Geometrie die kürzeste Verbdg. zweier Pt.e, die beiderseits über diese beiden Pt.e hinaus ins Unendliche verlängert wird.

gerade Zahl, eine durch 2 ohne Rest teilbare Zahl.

Geradflügler, zusammenfassende Bez. für die Insektenüberordnung Orthopteroidea (Heuschrecken, Ohrwürmer, Gespenstheuschrecken u. a.).

Geranie [gr.] ↑ Pelargonie.

Geranium ↑ Storchschnabelgewächse.

Geräusch, Gehörwahrnehmungen, die durch nichtperiod. Schwingungen entstehen.

Gerberei, Herst. von Leder aus tier. Häuten; Behandlung der Rohhäute mit Kalk u. Natriumsulfid zwecks Entfernung der Ober- (mit Haaren) u. Unterhaut; Gerbung durch Anlagerung v. ↑ Gerbstoffen an Eiweißstoffe der Fasern.

Gerbsäure, svw. ↑ Tannin.

Gerbstoffe, Verbdg., die Eiweiß d. tier. Häute zu Leder verfestigen: 1. *pflanzl. G.:* Gerbrinden u. -hölzer, 2. *mineral. G.:* Salze des Chroms, Aluminiums u. Eisens, 3. *synthet. G.:* Kondensationsprodukte, v. a. aus Phenolen u. Formaldehyd. Gerbende Eigensch. haben auch einige Trane u. Fette.

Gerechtsame, [Vor]recht, v. a. Nutzungsrechte an Grundstücken.

Geriatrie [gr.] (Altersheilkunde), Lehre von den Alterskrankheiten.

Gerichte ↑ Übers. S. 252.

gerichtliche Medizin (forensische Medizin), Zweig der Med., der sich mit der Anwendung med. u. naturwiss. Erkenntnisse in der Rechtspflege befasst (u. a. med. Begutachtung bei Mordfällen); Beurteilung der Schuldfähigkeit von Angeklagten durch die *gerichtl. Psychiatrie.*

Gerichtsbarkeit, die Verwirklichung der Rechtsordnung durch Streitentscheidung; Rechtspflege.

Gerichtskosten, Abgaben an den Staat für die Gewährung der Rechtspflege, u. a. Prozesskosten.

Gerichtsstand, Gerichtsort, an dem die Klage zu erheben ist (im Zivilprozess in der Regel Wohnsitz des Beklagten). Der G. kann auch durch Parteivereinbarung bestimmt werden. Im Strafverfahren bestimmt in erster Linie der Begehungsort den Gerichtsstand.

Gerichtsverfassung, Rechtsvorschriften über Zusammensetzung und Zuständigkeit der ordentl. Gerichte.

Gerichtsvollzieher, staatl. Beamter, der nach Vorlegung eines

Georgien

Fläche: 69 700 km²
Einwohner: (1995) 5,46 Mill.
Hauptstadt: Tiflis
Amtssprache: Georgisch
Zeitzone: MEZ + 3 Stunden

Geologie, Formationstabelle

Zeitalter	Formation		Abteilung		Beginn vor (in Mill. J.)	geolog. Ereignisse	Entwicklung des Lebens
Erdneuzeit (Känozoikum, Neozoikum)	Quartär		Holozän (Alluvium)			Rückgang der Vergletscherung, Herausbildung der heut. Landschaftsformen	Pflanzen- u. Tierwelt der Gegenwart, Züchtung von Haustieren
			Pleistozän (Diluvium)		1,5–2	Ausklingen des tertiären Vulkanismus, mehrere Eiszeiten mit warmen Zwischenzeiten. Abschluss der Heraushebung der dt. Mittelgebirge	Höhlenbär, Mammut, Nashorn, Wisent, Rentier, Schneehase, Eisfuchs, Hirsche; rasche Entwicklung des Menschen
	Tertiär	Jungtertiär	Pliozän Miozän			Höhept. u. Abklingen der alpid. Faltung (Pyrenäen, Alpen, Karpaten, Apennin, Kaukasus, zentralasiat. Hochgebirgsketten, Kordilleren); starker Vulkanismus; Bildung gr. Braunkohlenlager	Vorherrschen der Blütenpflanzen (Eichen, Kastanien) u. Nacktsamer (Koniferen); zahlreiche Vögel und Insekten, Schildkröten, Schlangen; schnelle Entwicklung der Säugetiere; erste Vertreter der Hominiden
		Alttertiär	Oligozän Eozän Paläozän		67		
Erdmittelalter (Mesozoikum)	Kreide		Oberkreide Unterkreide		137	starke alpid. Faltung (Rocky Mountains, Anden, Kernzone der Alpen); Cenoman-Überflutung	Riesensaurier u. Ammoniten sterben aus; erste Blütenpflanzen (Gräser, Weiden, Pappeln, Eichen)
	Jura		Malm Dogger Lias		195	Meeresüberflutungen; beginnende Auffaltung der Rocky Mountains	erste Vögel; Ammoniten, Belemniten; [Riesen]saurier
	Trias		(German. Tr.) Keuper Muschelkalk Buntsandstein	(Alpine Tr.) Rät Nor Karn Ladin Anis Skyth	225	häuf. Wechsel von Land u. Meer auf dt. Gebiet, Entstehung der alpid. Geosynklinale; starker Vulkanismus auf der S-Halbkugel; Bildung von kleineren Salzlagern	Fische und Amphibien; Nacktsamer, Kalkalgen; Reptilien (Saurier); erste Säugetiere treten auf; Ammoniten

	Perm	Zechstein Rotliegendes	285	Ausklingen der varisk. Geb.-Bildung, starker Vulkanismus; auf der N-Halbkugel wüstenhaftes Klima und Entstehung mächtiger Salzlager; auf der S-Halbkugel Vereisungen	Nadelbäume beginnen vorzuherrschen; Auftreten zahlreicher hoch entwickelter Reptilien, Trilobiten sterben aus
	Karbon	Oberkarbon (Produktives K.) Unterkarbon (Kulm)	350	varisk. Geb.-Bildung (Harz, Altaigeb., Appalachen); Bildung gr. Kohlenlager, Eindringen starker, vorw. granit. Schmelzflüsse in die Erdkruste (Erze); Eiszeit (Gondwania)	reichhalt. Pflanzen- u. Tierwelt; Bärlappgewächse, Schachtelhalme, Farne, erste Nadelhölzer, erste geflügelte Insekten; Spinnen, Krebse, Korallen
Erdaltertum (Paläozoikum)	Devon	Oberdevon Mitteldevon Unterdevon	405	starke Überflutung des Festlandes; Entstehung der varisk. Geosynklinale; starker Vulkanismus	Knochen- u. Knorpelfische, erste Insekten; Goniatiten, Korallen, Muscheln, Schnecken
	Silur (fr. Gotlandium)		440	Höhepunkt der kaledon. Gebirgsbildung	Seeigel, erste primitive Landpflanzen; Graptolithen
	Ordovizium		500	fortschreitende Meeresüberflutung, lebhafter Vulkanismus	Graptolithen, Seeigel, Muscheln; erstes Auftreten von Wirbeltieren (Panzerfische)
	Kambrium	Oberkambrium Mittelkambrium Unterkambrium	570	weiteres Vordringen des Meeres, Entstehung der kaledon. Geosynklinale, Magmatismus	Trilobiten, erste Korallen, Kopf- u. Armfüßer, Spinnen, Krebse, Algen, Ringelwürmer
Präkambrium (Kryptozoikum)	Proterozoikum (Algonikum)	Jungproterozoikum Altproterozoikum	2 500	Vereisungen, Entstehung der ersten Kontinente	Kalkalgen, Oktokorallen, Ringelwürmer u. a. Wirbellose Vermutl. Abspaltung der ersten primitiven tier. Organismen von den Algen
	Archaikum (Archäozoikum) Azoikum			Bildung der ältesten Erdkrustenteile	Entstehung des Lebens

GERICHTE

Gerichte sind staatl. Ordnungsinstitute, die auf der Grundlage des geltenden Rechts Rechtsverhältnisse regeln, gestalten od. aus rechtswidr. Verhalten die rechtl. vorgesehenen Konsequenzen ziehen. Die G. sind die ausschließl. Träger der Rechtsprechung (Art. 92 GG). Die Rechtsprechung hat sich einen durch ihre Kontrollfunktion im Rechtsstaat gleichwert. Rang neben Legislative u. Exekutive erobert. Die Bindung an das Recht ist oberster Grundsatz (Art. 20 GG). Die G. müssen mit Richtern, die nur dem Ges. verpflichtet sind u. keinen Weisungen unterliegen, besetzt sein. Laien steht unter dem Vorsitz von Berufsrichtern eine gleichrangige Mitwirkung zu (Schöffen u. fr. Geschworene). Der Weg zum Gericht steht jedermann offen (Rechtsweggarantie in Art. 19, Abs. 4 GG). Jeder hat Anspruch auf rechtl. Gehör bei ihn betreffenden Entscheidungen (Art. 103 GG). Niemand darf seinem gesetzl. Richter, d. h. dem für ihn zuständ. Gericht entzogen werden. Gerichtsverhandlungen sind grundsätzl. mündl. u. öffentl. – *Organisation des Gerichtswesens* in der BRD (Gerichtsverfassung): Die G. sind grundsätzl. Einrichtungen der Länder. Ausgenommen sind das B.-Verfassungsgericht, der Gemeinsame Senat der obersten Gerichtshöfe des B. zur Wahrung der einheitl. Rechtsprechung (Sitz Karlsruhe) sowie die 5 obersten Gerichtshöfe des Bundes: 1. B.-Gerichtshof (BGH) in Karlsruhe, 2. B.-Verw.-Gericht (BVG) in Berlin, 3. B.-Finanzhof (BFH) in München, 4. B.-Arbeitsgericht (BAG) u. 5. B.-Sozialgericht (BSG) in Kassel.

Die Justizverw. untersteht im Allg. dem Justizmin. des zuständ. Landes bzw. dem zuständ. Min. des Bundes (die Arbeitsgerichtsbarkeit fällt z. B. in das Ressort des Arbeitsmin., die Verw.-Gerichtsbarkeit in das des Innenmin.). In der BRD gibt es Amtsgerichte (AG), Landgerichte (LG), Oberlandesgerichte (OLG), das Bayer. Oberste Landesgericht sowie das Kammergericht in Berlin. Diesen Gerichten obliegt die Ausübung der Zivil- u. Strafgerichtsbarkeit (geregelt im Gerichtsverfassungsges.; GVG). 1. Die *AG:* In Zivilsachen entscheidet der Einzelrichter. Er ist zuständig für vermögensrechtl. Streitigkeiten bis 5000 DM u. ausschließl. für bes. Streitigkeiten. Eine Abt. der AG ist das *Familien-G.* In Strafsachen wird das AG bei Übertretungen u. best. Vergehen durch den Einzelrichter, bei einer über eine best. Grenze hinausgehenden Straferwartung durch das Schöffengericht (Amtsrichter u. 2 Schöffen; beim erweiterten Schöffengericht 2 statt 1 Richter) tätig. 2. Die *LG* entscheiden in Kammern; in Zivilsachen ist das LG mit 3 Berufsrichtern besetzt. Die Zivilkammer ist zuständig: in erster Instanz für vermögensrechtl. Streitigkeiten über 5000 DM, für Ansprüche wegen Amtspflichtverletzung u. gg. den Fiskus sowie als Rechtsmittelinstanz für Berufungen u. Beschwerden gg. AG-Entscheidungen, bes. Kammern für Handelssachen; in Strafsachen wird das LG tätig in erster Instanz durch die Gr. Strafkammer, in der Hauptverhandlung besetzt mit 3 Berufsrichtern u. 2 Schöffen, bei schweren Vergehen u. bestimmten Verbrechen, bei Kapitalverbrechen durch das *Schwurgericht,* in gleicher Besetzung. Als Rechtsmittelinstanz entscheidet das LG durch die Kl. Strafkammer (1 Berufsrichter, 2 Schöffen) über Berufungen gg. Urteile des Amtsrichters (als Einzelrichter), durch die Gr. Strafkammer über Berufungen gg. Schöffengerichtsurteile. 3. Die *OLG* entscheiden in Senaten, regelmäßig besetzt mit 3 Berufsrichtern; in Zivilsachen Rechtsmittelgericht für Berufungen u. Beschwerden der AG in Familiensachen sowie gegen erstinstanzl. Entscheidungen des LG; in Strafsachen erstinstanzl. zuständ. für polit. Verbrechen (Staatsschutzsachen); als Rechtsmittelgericht entscheidet das OLG über die Revision gg. Berufungsurteile des LG u. über die mit der Berufung nicht anfechtbaren Urteile des AG, ausnahmsweise über die Revision gg. erstinstanzl. Urteile des LG, wenn die Revision ausschließl. auf die Verletzung von Landesrecht gestützt wird. 4. Der *BGH* entscheidet in Senaten, besetzt mit 5 Richtern (1 Vors. u. 4 B.-Richter); in Zivilsachen ist der BGH Revisionsinstanz für Berufungsurteile der OLG u. ausnahmsweise für erstinstanzl. LG-Urteile (Sprungrevision); in Strafsachen: Rechtsmittelgericht für Revision gg. Urteile des Schwurgerichts u. sonst. erstinstanzl. LG-Urteile, falls nicht die Zuständigkeit des OLG begründet ist. – Bei Abweichung eines Senats von der bisher. Rechtsprechung tritt der Große [Zivil- oder Straf]senat, bestehend aus dem Präs. des BGH u. 8 B.-Richtern, zusammen. Bei Abweichung eines Zivilsenats von einer Entscheidung eines Strafsenats oder umgekehrt entscheiden die Vereinigten Gr. Senate. – Die *Verwaltungs-G.* sind zuständig für allg. öff.-rechtl. Streitigkeiten, die *Finanz-G.* für Abgabenangelegenheiten, die *Arbeits-G.* für privatrechtl. Streitigkeiten zw. Arbeitnehmern u. -gebern sowie für Streitigkeiten zw. Tarifparteien, die *Sozial-G.* für öff.-rechtl. Streitigkeiten über Sozialversicherung, Arbeitslosenversicherung, Kriegsopferversorgung, Streitigkeiten zw. Ärzten u. Krankenkassen od. kassenärztl. Vereinigungen (↑freiwillige Gerichtsbarkeit).

---

vollstreckb. Titels im Auftrag des Gläubigers die ↑Pfändung u. Verwertung bewegl. Sachen besorgt.

Gerinnung, Vorgang, der durch Ausflockung v. Eiweißstoffen aus einer kolloidalen Lösung gekennzeichnet ist, z. B. ↑Blutgerinnung.

Gerlach, Walther, * 1889, † 1979, dt. Physiker; Arbeiten über [Wärme]strahlung, Atombau u. Magnetismus, über experimentelle Grundlagen der Quantentheorie mit O. Stern (Stern-Gerlach-Versuch).

Germanen, Teilgruppe der Indogermanen, in ↑Germanien; erste Nachrichten durch Cäsar u. Tacitus („Germania"). Dreigliederung in *Nord-G.* (Skandinavien u. Dänemark), *West-G.* (zw. Rhein, Elbe, Donau) u. *Ost-G.* (Oder- u. Weichselgebiet); 113 v. Chr. (Noreia) erster Zusammenstoß mit den Römern, die unter Augustus weit in das rechtsrhein. Germanien vordrangen. Nach der Niederlage im Teutoburger Wald (9 n. Chr.) Zurücknahme der röm. Reichsgrenze an den Rhein; 166–180 erster german. Großangriff an der Donaugrenze (↑Markomannen), im 3. Jh. Durchbrechung des ↑Limes 1) durch die Alemannen, während der ↑Völkerwanderung Gründung german. Reiche.

Germani|en (lat. Germania), im Altertum das v. Germanen bewohnte mitteleurop. Gebiet, das sich in die 2 röm. Prov. *Germania inferior* (Köln) u. *Germania superior* (Mainz) u. das nichtröm. freie G. gliederte.

germanische Kunst, die Kunst der Germanen etwa zw. 1800 v. Chr. u. 800 n. Chr. (bzw. 1200 in Skandinavien); v. a. ornamental. *Bronzezeit* (1000–600 v. Chr.): geradlinige Muster, später Spiral- u. Sternmuster; etwa ab 900 Wellenranken u. -bänder. In der *Eisenzeit* (600 v. Chr. bis Christi Geburt) überw. keltische Einflüsse. In der *Völkerwanderungszeit* Schmuck der Fibeln durch Filigran u. Granulation. Im farbigen Stil (350 bis 550) Übernahme v. Emailtechnik u. Kerbschnittverzierung aus der pont. Kultur. Hochblüte der g.n K. im 6.–8. Jh., Hauptkennzeichen Tierornament und Bandgeflecht. Spätblüte in der Wikingerkunst in Skandinavien (800–1200, z. B. Osebergfund).

germanische Religion und Mythologie, durch Vermischung des Kultes der *Asen* u. der *Wanen* (urspr. z. B. Freyja, Freyr, Nörd), eines Fruchtbarkeitskultes, entstanden. Die Götter sind erhöhte menschl. Wesen. Sie haben die ganze *Hamingja* (göttl. Kraft), die Menschen nur einen Teil. Zw. Gott u. Mensch steht die Fylgja, der Schutzgeist, als Vermittlerin. – Verehrung u. Kult in den einzelnen Ländern unterschiedlich.

germanische Sprachen, Sprachgruppe des idgm. Sprachstammes; charakterisiert v. a. durch den auf die Stammsilbe festgelegten, vorher freien Wortakzent u. durch die erste Lautverschiebung; Fortentw. einer [angenommenen] urgerman. Spr.; herkömml. Gliederung: O-German. (Got., Burgund u. a. Sprachreste), N-German. (Schwed., Dän., Norweg., Isländ.), W-German. (Engl., Fries., Niederl., Deutsch).

Germanistik [lat.], dt. (auch german.) Sprach- u. Literaturwiss.; i. w. S. Deutschkunde.

Germanium, chem. El., Symbol Ge, OZ 32, rel. A.-Masse 72,59, Dichte 5,323 g/cm³, Fp. 937,4 °C, Sp. 2 830 °C; sprödes, grauweißes Halbmetall; Verwendung zur Herst. von Transistoren u. a.

germinal [lat.], den Keim betreffend.

Gero, * um 900, † 965, Markgf. der Ostmark; Kämpfe gg. die Slawen.

Gerolstein, St. u. Kurort in der Eifel, RP, 7 300 E; Mineralquellen.

Gerona [xe'rona], nordostspan. Prov.-Hptst., 71 000 E; maler. Altst., got. Kathedr.; Textilind.; ⚔.

Geronten ↑ Gerusia.

Gerontologie [gr.], Lehre von den Alterungsvorgängen u. vom unterschiedl. Krankheitsverlauf in den versch. Lebensaltern.

Gershwin, George ['gə:ʃwɪn], * 1898, † 1937, amer. Komponist; „Rhapsody in blue", „Ein Amerikaner in Paris", „Porgy and Bess".

Gerste, Grasgatt.; *Saat-G.,* eine der ältesten Getreidearten (Abb. S. 254).

germanische Kunst. *Zierbeschlag aus Seeland (um 500)*

Gerstenfleckigkeit ↑ Übers. S. 528 ff.

Gerstenkorn (Hagelkorn), Entzündung und Vereiterung einer Talgdrüse am Augenlid.

Gerstenmaier, Eugen, * 1906, † 1986, dt. Politiker (CDU); Mitgl. des Kreisauer Kreises, nach dem 20. Juli 1944 zu Zuchthaus verurteilt; 1954–69 Präs. des Dt. Bundestages.

Gerstenstreifigkeit ↑ Übers. S. 528 ff.

Geruchsorgane (Riechorgane, olfaktor. Organe), der Wahrnehmung von Geruchsstoffen dienende chem. Sinnesorgane bei tier. Organismen und beim Menschen. Die Geruchssinneszellen (Osmorezeptoren) liegen bei Wirbellosen i. A. über den ganzen Körper verstreut: Spinnen u. Krebse tragen sie an den Extremitäten, Insekten vorwiegend an den Antennen. Bei den Wirbeltieren sind die Geruchssinneszellen stets in einem als ↑ Nase bezeichneten Organ vorn am Kopf vereinigt.

Geruchssinn (Geruch, Riechsinn), durch niedrig liegende Reizschwellen ausgezeichneter Fernsinn, der mithilfe bes. Geruchsorgane als chem. Sinn die Wahrnehmung von (gasförmigen) Geruchsstoffen ermöglicht.

Geruchsverschluss (Siphon), U-förm. Rohr oder Bechergefäß in Abwasserleitungen; verhindert durch Wasserabschluss den Rücktritt v. Abgasen.

Gerusia [gr.], in antiken griech. Stadtstaaten Rat der Alten, in Sparta 28 Mitgl. *(Geronten),* mind. 60 Jahre alt.

Gesamtdeutscher Block/Block der Heimatvertriebenen und Entrechteten (GB/BHE), 1952–61 Bez. des BHE.

Gesamthandsgemeinschaft, Gemeinschaft von Personen, denen ein Recht gemeinschaftl. zusteht; jeder Berechtigte hat ideellen Anteil am *Gesamthandseigentum,* kann aber nicht allein über seinen Anteil verfügen.

Gesamthochschule, die inhaltl., verwaltungsmäßige und organisator. Verbdg. herkömml. Hochschulen wie Univ., PH oder Fachhochsch., in der innerhalb der gleichen Fachrichtung für versch. Studienziele nach Schwerpunkten, Dauer und Abschluss unterschiedene Studiengänge angeboten werden.

Gesamtschule ↑ Einheitsschule.

Gesang, Bez. für die von einem einzelnen (Solo-G.) oder mehreren Sängern zugleich (Chor-G.) ausgeübte Tätigkeit des Singens wie auch für eine abgeschlossene musikal. Einheit (G.sstück).

Geschäftsfähigkeit, Fähigkeit, rechtswirksame Handlungen selbst. vorzunehmen; wird mit Vollendung des 18. Lebensjahres erlangt. Kinder bis 7 J. sind geschäftsunfähig, Jugendliche bis 18 J. beschränkt geschäftsfähig; Verlust der G. bei Entmündigung. – Für das *östr. Recht* gilt Entsprechendes. – Im *schweizer. Recht* entspricht der G. die Handlungsfähigkeit.

G. Gershwin

Geschäftsgeheimnis (Betriebsgeheimnis), betriebsinterne Tatsachen, an deren Geheimhaltung der Unternehmer ein berechtigtes Interesse hat.

Geschäftsjahr, Rechnungsjahr eines Gewerbebetriebes; nicht notwendigerweise mit dem Kalenderjahr übereinstimmend, aber nicht länger als 12 Monate.

Geschäftsträger, Vertr. des Botschafters, Gesandten od. deren rangniedrigerer Vorläufer.

Geschichte, das vergangene u. gegenwärt. Geschehen und die Kunde hiervon, vermittelt durch die *Geschichtswissenschaft.*

Geschichtsklitterung, Bez. für eine die Tatsachen entstellende Geschichtsdarst. (nach dem Roman von J. Fischart, 1575).

Geschichtsphilosophie, die in Deutung u. Wertung an der Frage nach dem Sinn orientierte Betrachtung der Geschichte.

Geschichtsschreibung, Darst. histor. Geschehens; *referierende* („erzählende"), *pragmat.* („lehrreiche") u. *genet. G.,* die jede geschichtl. Erscheinung als Gewordenes auffasst.

Geschiebe, von Gletschern, Inlandeis od. Wasser transportierte Gesteinsbrocken, oft kantengerundet u. gekritzt; *G.lehm,* verwitterter, dadurch entkalkter G.mergel, mit vielen Gesteinsblöcken *Blocklehm; G.mergel,* kalk., inhomogenes Mischgestein (Ton, Schluff, Sand, Kies, G.).

Geschlecht: 1) (Sexus) die besondere Ausprägung von Lebewesen als ♂ Gameten hervorbringende (♂ G.) u. ♀ Gameten hervorbringende (♀ G.) Individuen; zeigt sich im sexuellen ↑Dimorphismus 1); ↑auch Zwitter; **2)** die Angehörigen eines Stammes (Blutsverwandtschaft); **3)** svw. ↑Genus 1).

Geschlechtschromosomen ↑X-Chromosom, ↑Y-Chromosom.

Geschlechtsdrüsen (Keimdrüsen, Gonaden), drüsenähnl. Organe der ♂ (Hoden) u. der ♀ (Eierstock) Tiere u. Menschen, in denen die Keimzellen u. Geschlechtshormone gebildet werden.

Geschlechtshormone, svw. ↑Sexualhormone.

Geschlechtskrankheiten, meist durch Geschlechtsverkehr übertragene akut od. chron. verlaufende Erkrankungen (↑Tripper, ↑Syphilis, weicher ↑Schanker, ↑Lymphogranuloma inguinale); anzeigepflichtig.

Geschlechtsmerkmale, *primäre G.:* ↑Geschlechtsorgane; *sekundäre G.:* Wuchs, Brust, Haarwuchs, Stimme u. a.

Geschlechtsorgane (Fortpflanzungsorgane, Genitalien), die der Fortpflanzung dienenden Organe der Lebewesen. Beim *Mann:* Hoden, Nebenhoden, Samenleiter; Anhangsgebilde: Samenblase, Prostata, cowpersche Drüsen; Begattungsorgan: Penis. Bei der *Frau:* Eierstock, Eileiter, Gebärmutter, Scheide (mit bartholinischen Drüsen), Scham.

Geschlechtsreife, Periode des Eintretens der Fortpflanzungsfähigkeit; beim Menschen ↑Pubertät.

Geschlechtsumwandlung: 1) hormonal bedingtes Auftreten der jeweils entgegengesetzten Geschlechtsmerkmale bei Frau u. Mann; **2)** alle ärztl. Maßnahmen, die bei ↑Intersexen die Merkmale eines Geschlechts zurückdrängen; rechtl. geregelt im *Transsexuellen-G.* v. 1980 (z. B. Änderung des Vornamens mögl.).

Geschlechtsverkehr (Geschlechtsakt, Beischlaf, Koitus), genitale Vereinigung beim Menschen durch Einführung des Penis in die Vagina (entspr. der ↑Begattung bei Tieren) u. rhythm. Hin- und Herbewegen des Penis in der Vagina, wobei es gewöhnlich zum Samenerguss kommt, durch den ♂ Keimzellen durch die Begattungsorgane in den ♀ Organismus übertragen werden mit der mögl. Folge einer Befruchtung und Schwangerschaft.

Geschlechtswort ↑Artikel 1).

Geschlechtszellen ↑Gameten.

Geschmackssinn (Geschmack, Schmecksinn), chem. Nahsinn zur Wahrnehmung von Nahrungsstoffen u. zum Abweisen ungenießbarer bzw. schädl. Substanzen beim Menschen und bei Tieren. Die *Geschmackssinneszellen (Geschmacksrezeptoren)* sprechen auf gelöste Substanzen *(Geschmacksstoffe)* an.

Geschwader: 1) Verband v. Kriegsschiffen (Marine); **2)** fliegender Verband mehrerer Staffeln (Luftwaffe).

Geschwindigkeit, der in der Zeiteinheit zurückgelegte Weg; Einheiten: m/s, km/h u. Ä.; **G.smesser** ↑Tachometer; höchstmögl. G. ↑Lichtgeschwindigkeit.

Geschworene, fr. Laienrichter des Schwurgerichts; heute ↑Schöffen.

Geschwulst: 1) allg. Schwellung; **2)** (Tumor) Gewebsneubildung; *gutart. G.:* langsam wachsend, keine ↑Metastasen bildend (Myom, Fibrom); *bösart. G.:* schneller wachsend, zerstört durch hemmungslose Neubildung unreifer Zellen u. Metastasen den Körper (Karzinom, Sarkom).

Geschwür (Ulkus), durch Gewebszerfall entstehender örtl. Substanzverlust in Haut oder Schleimhaut.

Gesellenbrief ↑Auszubildender.

Gesellschaft, die im staatl., wirtsch. u. geist. Leben zusammenwirkende Gesamtheit der Individuen als Träger der soz. Beziehungen.

Gesellschaft des bürgerlichen Rechts (BGB-Gesellschaft, §§ 705 ff. BGB), vertragl. Zusammenschluss zweier od. mehrerer Personen zur Erreichung eines gemeinsamen Zieles.

Gesellschaft für deutsche Sprache, Wiesbaden, 1947 in Lüneburg gegr. Verein zur Pflege u. Erforschung der dt. Spr.; Nachfolgerin des *Dt. Sprachvereins.*

Gesellschaft Jesu ↑Jesuiten.

Gesellschaft mit beschränkter Haftung ↑GmbH.

Gesellschaftsinseln, zu ↑Französisch-Polynesien gehörende Inselgruppe im Pazifik, 1 647 km²; Koralleninseln u. einige erloschene Vulkane; seit 1840 französisch.

Gerste.
a vielzeilige Gerste, b zweizeilige Gerste, c oberster Teil der Blattscheide, d bepelztes und e nacktes Korn

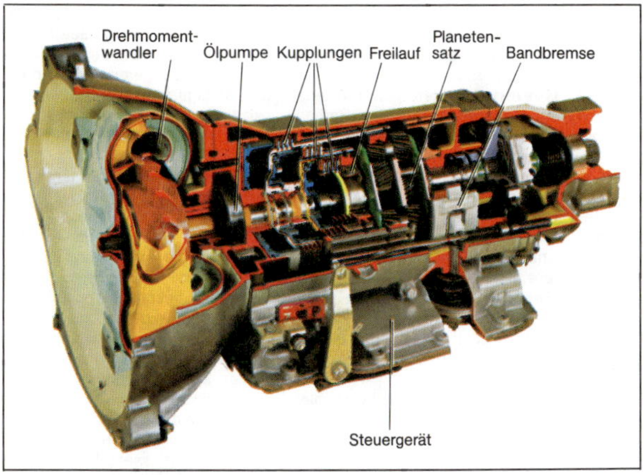

Getriebe. *Automatisches Getriebe mit vorgeschaltetem Strömungswandler*

Gesellschaftsvertrag ↑Contrat social.

Gesetz: 1) immanentes Ordnungsprinzip; **2)** gesetztes, mit öff. Autorität versehenes Recht, kodifiziert im *G.buch* (Kodex, Code) eines Landes.

Gesetzesvorbehalt, die in einem Ges. ausdrückl. enthaltene Möglichkeit, seinen Inhalt durch Ges. wieder einzuschränken.

Gesetzgebung, Ausarbeitung, Beratung u. Beschluss v. Gesetzen; in Demokratien durch die gesetzgebenden Körperschaften.

gesetzliche Erbfolge ↑Erbrecht.

gesetzlicher Vertreter ↑elterliches Sorgerecht, ↑Vormundschaft.

gesetzliche Zinsen, durch Ges. für best. Verbindlichkeiten (bei Verzug u. dgl.) vorgeseh. Zinsen.

ges. gesch., Abk. für: **ges**etzlich **gesch**ützt.

Gesicht: 1) vorderer Teil des Kopfes; **2)** svw. ↑Vision; Zweites Gesicht: übersinnl. Wahrnehmung.

Gesichtsfeld, mit dem Auge ohne Kopf- od. Augenbewegung übersehbarer Teil des Raumes.

Gesichtsneuralgie, Neuralgie des ↑Trigeminus.

Gesichtssinn (Gesicht), die Fähigkeit von Organismen, sich mithilfe der im Gesicht lokalisierten Augen als Lichtsinnesorganen in der Umwelt zu orientieren.

Gespenst, Spukgestalt des Volks- u. Aberglaubens.

Geßler (Gryßler), Hermann, gen. G. v. Bruneck, der Sage nach tyrann. Landvogt in Uri; angebl. von Tell getötet.

Gestagene [lat.; gr.], Steroidhormone; ♀ ↑Sexualhormone wie Gelbkörperhormon (↑Gelbkörper) u. Östrogene.

Gestapo, Abk. für: **Ge**heime **Sta**ats**po**lizei; s. 1933 polit. Polizei zur Verfolgung aller v. nat.-soz. Regime als polit. Vergehen u. Verbrechen bez. Handlungen; sie konnte Schutzhaft in Gefängnissen u. KZ verhängen, foltern, hinrichten.

Geste [lat.], Körperbewegung als Ausdruck einer bestimmten inneren Haltung.

Gesteine, natürl. Bildungen der Erdkruste aus einem Mineralgemenge, einer einzigen Mineralart od. organ. Resten; Kennzeichnung durch gesteinsbildende ↑Minerale als Haupt-, Neben- od. akzessor. Gemengteile, durch Gefüge u. Lagerung; nach der Entstehung der G. unterscheidet man ↑magmat. G., ↑Sediment-G. u. ↑metamorphe G.; eine Zwischenstellung nehmen die ↑Migmatite ein.

Gestikulation [lat.], Gebärde[nsprache].

Gestrenge Herren, svw. ↑Eisheilige.

Gestüt, Zuchtstätte für Pferde; **G.szeichen,** eingebrannte Zeichen als Herkunftsnachweis.

Gesundheitsamt, Behörde zur Überwachung der öff. Gesundheitspflege.

Gesundheitspflege (Hygiene): **1)** persönl. G., gesunde Lebensweise; **2)** öff. G., Seuchenbekämpfung u. Vorbeugung (Impfungen, Röntgenreihenuntersuchungen), Überwachung der Befolgung des Nahrungsmittelges., Schwangeren-, Wöchnerinnenfürsorge und -beratung, auch Mütterberatung; Geschlechtskranken- u. Tuberkulosefürsorge; Fleischbeschau u. Trinkwasserüberwachung u. a.

Gesundheitszeugnis, amtsärztl. Bescheinigung über den Gesundheitszustand einer Person u. das Nichtvorhandensein von ansteckenden Krankheiten.

Geszty, Sylvia ['gɛsti], * 1934, dt. Sängerin ungar. Abkunft (Koloratursopran).

Gethsemane, Garten am Fuß des Ölbergs, Ort der Gefangennahme Jesu.

Getränkesteuer, Gemeindesteuer auf best. in Gastwirtschaften ausgeschenkte Getränke.

Getreide, aus Grasarten gezüchtete Kulturpfl.: Roggen, Weizen, Gerste, Hafer, Reis, Hirse, Mais; verwendet werden die Körner.

Getreidehähnchen ↑Übers. S. 528 ff.

Getreidelaufkäfer ↑Übers. S. 528 ff.

Getreidemehltau ↑Übers. S. 528 ff.

Getriebe, Vorrichtung zur Übertragung u. Umformung von Bewegungen u. Energien, meist zur Übertragung einer Drehbewegung von einer Welle auf eine andere (Drehmomentwandler). Formen (ben. nach dem typ. Glied): Schrauben-G., Kurbel-G., Zugmittel- od. Rollen-G., Sperr-G., Räder-G., Flüssigkeitsgetriebe. Bei Kfz *Schalt-G.* zur „Gangschaltung", handbetätigt oder sich automat. den jeweiligen Bedingungen anpassend *(automat. Getriebe).*

Getter, Substanz, mit der Restgase in Hochvakuumgefäßen gebunden werden.

Getto ↑Ghetto.

Gettysburg ['getɪsbə:g], St. in S-Pennsylvania, USA, 7300 E; 1863 Sieg der Unionsarmee über die Konföderierten.

Geusen [frz.; = Bettler], urspr. Spott-, dann Ehrenname der im 16. Jh. gg. die Spanier kämpfenden Niederländer.

Gewächshaus, [erwärmtes] Glashaus zur [Früh]zucht von Pflanzen; je nach Temp. *Kalt-* od. *Warmhaus (Treibhaus).*

Gewaltenteilung, Trennung v. ↑Jurisdiktion, ↑Exekutive u. ↑Legislative; tragendes demokrat. Gestaltungsprinzip seit Montesquieu.

Gewaltverzicht, im Völkerrecht Verzicht auf Androhung od. Anwendung v. Gewalt zur Lösung strittiger Fragen (u. a. in der UN-Charta); die BRD erklärte den G. bereits 1954.

Gewandhaus (Tuchhalle), im späten MA von den Gilden der Gewandschneider errichtetes Lager-, Verkaufs-, Fest- u. Repräsentationshaus, u. a. in Brügge u. Leipzig (Neubau als Konzerthaus).

Gewebe: 1) Verband v. Zellen mit gemeinsamer Aufgabe u. gleichem Bau, als Bauel. pflanzl. u. tier. Organismen; **2)** textiles Flächengebilde aus 2 rechtwinklig sich kreuzenden Fadensystemen (*Kette* [Längs-] u. *Schuss* [Querfäden]).

Gewebekultur, Züchten von Zellen höherer Organismen (z. B. menschl. Tumorzellen) auf bzw. in Nährmedien.

Gewehr, Handfeuerwaffe mit langem Lauf; für mil. Zwecke (z. B. Schnellfeuer-G., Kaliber meist 7,62 mm), für Jagd (z. B. Flinte), Sport (z. B. Luft-, Kleinkaliber-G.).

Geweih, paar. Knochenauswuchs des Stirnbeins bei ♂ Hirschen (auch beim ♀ Ren); G.masse zuerst weich, von ↑Bast 2) umgeben; wird jährl. abgeworfen u. erneuert (zunehmende Gabelung); beim Rehbock auch *Gehörn* gen., bei Damwild u. Elch *Schaufeln;* Rehbock u. Hirsch nach Anzahl der G.enden bez.: *Spießer* mit unverzweigtem G., *Gabler, Sechsender,* beim Hirsch weiter *Acht-, Zehn-, Zwölf-, Zwanzigender (Kapitalhirsch).*

Gewerbe, jede planmäß., auf Gewinnerzielung gerichtete, selbst. wirtsch. Tätigkeit mit Ausnahme der Urproduktion (bes. Land- u. Forstwirtsch.) u. der freien [wiss. u. künstler.] Berufe, also insbes. Handwerk, Handel, Ind., Verkehr u. persönl. Dienstleistungen. Gesetzl. Regelung in der *G.ordnung* von 1978 u. den gewerbl. Nebengesetzen. Die *G.aufsicht,* die Überwachung der Einhaltung der Bestimmungen über Arbeitszeit, Betriebssicherheit u. Arbeitsordnung, obliegt besonders den *G.aufsichtsämtern.*

Gewerbefreiheit, Prinzip, nach dem jeder zum Gewerbebetrieb zugelassen ist, wenn er die gesetzl. Voraussetzungen erfüllt.

Gewerbesteuer, [Gem.-]Steuer auf alle Gewerbebetriebe; Bemessungsgrundlagen: *Gewerbeertrag, Gewerbekapital.*

Gewerkschaft ↑Übers. S. 258.

Gewerkschaft, bergrechtliche, [veraltete] Unternehmensform für Betriebe des Bergbaues; Anteilseigner sind *Gewerken;* Anteile sind die Kuxe.

Gewicht, durch Wägung ermittelte Masse eines Körpers; *G.skraft* ist die Kraft, mit der ein Körper v. der Erde angezogen wird.

Gewichtheben, schwerathlet. Sportart, bei der ein Gewicht durch Reißen od. Stoßen zur Hochstrecke gebracht wird.

Gewichtsklassen, internat. Einteilung der Kämpfer in Sportarten, bei denen das Körpergew. die Leistung beeinflusst (↑Übers. S. 658).

Gewinde, in Form einer Schraubenlinie in die Außenfläche eines zylindr. Körpers *(Außen-G.)* od. in die Innenfläche eines Hohlzylinders *(Innen-G.)* eingeschnittene Nut von best. Profil, z. B. *Spitz-G.* (Dreiecksprofil, Flankenwinkel beim *metr. G.* 60°), *Trapez-G.,* die es ermöglicht, zwei mit entspr. Außen- u. Innen-G. versehene Maschinenteile lösbar miteinander zu verbinden. G. dienen zur Befestigung sowie Kraft- und/oder Bewegungsübertragung.

Gewinn, Differenz zw. Einnahmen u. Ausgaben bzw. zw. Ertrag u. Aufwand bzw. Erlösen u. Kosten (einen einheitl. betriebswirtschaftl. G.begriff gibt es nicht). Die Differenz zw. allen Einnahmen u. allen Ausgaben während der Lebensdauer eines Unternehmens wird als Total-G. bezeichnet. Aus der Notwendigkeit der Ermittlung von G.größen für Teilperioden (z. B. Geschäftsjahr) folgt die Periodisierung von Ausgaben u. Einnahmen als Aufwand u. Ertrag, deren positive Differenz den Bilanz- od. pagator. G. des Unternehmens ergibt. Im Ggs. zu diesen an den Zahlungsströmen orientierten Gewinnbegriffen knüpft der Betriebs- bzw. kalkulator. G. an den Mengenbewegungen des betriebl. Kreislaufs an; er ergibt sich aus der Differenz der bewerteten Leistungen (Erlöse) u. des bewerteten leistungsbezogenen Güterverzehrs (Kosten).

Gewinn-und-Verlust-Rechnung (Erfolgsbilanz), Teil des Jahresabschlusses eines Unternehmens, Erfolgsrechnung im Rahmen der doppelten Buchführung, in der sich der Erfolg (Gewinn od. Verlust) einer Periode als Saldo zw. Aufwendungen u. Erträgen ergibt. Im Ggs. zur ↑Bilanz ist es Aufgabe der G.-u.-V.-R., Einblick in das Zustandekommen des Erfolgs zu vermitteln.

Gewissensfreiheit, Recht, in Äußerungen u. Handlungen nur dem Gewissen zu folgen.

Gewitter, Wettererscheinung, die durch die Ausbildung mächtiger Quellwolken (*G.wolken,* Kumulonimbus) gekennzeichnet ist, in denen (bzw. zw. denen u. der Erde) es zu elektr. Entladungen in Form v. (mit Donner verbundenen) Blitzen kommt, u. bei der kräftige Niederschläge sowie heftige, böige Winde auftreten. *Wärme-G.* entstehen beim Aufsteigen feuchtwarmer Luftmassen, bei der Abkühlung in d. Höhe kondensiert der Wasserdampf (Wolkenbildung), die starken Aufwinde innerhalb der G.wolke bewirken ein Zerstieben der Wassertröpfchen u. damit eine Trennung elektr. Ladungen (Auftreten von Spannungen bis 300 Mill. Volt). *Front-G.* entstehen bei Abkühlung der oberen Luftschichten infolge einbrechender Kaltluftmassen.

GewO, Abk. für: **Gew**erbe**o**rdnung (↑Gewerbe).

Gewohnheitsrecht, ungeschriebene, durch andauernde gleichmäß. Übung entwickelte Rechtsgrundsätze.

Gewölbe, Überdeckung eines Raumes mit bogenförmigem Querschnitt aus Naturstein, Ziegel od. Beton; *Tonnen-G.* mit halbkreisförm. Bogen, *Kloster-G.* in Sektorenanordnung, *Kreuz-G. (Kreuzrippen-* und *Kreuzgrat-G.)* als Durchdringung zweier Tonnen-G., *Sterngewölbe* u. a.

Gewürzinseln, fr. Bez. für die Inselgruppe der ↑Molukken.

Gewürznelken, getrocknete, tiefbraune, 12–17 mm lange Blütenknospen des *G.baumes* (Myrtengewächs der Molukken; Haupterzeuger heute: Sansibar, Madagaskar); Gewürz.

Geysir (Geiser, Geisir, Springquelle), period. od. unregelmäßig heißes Wasser ausstoßende Quelle vulkan. Ursprungs.

Gezeiten (Tiden), zweimal tägl. Ansteigen *(Flut)* u. Fallen *(Ebbe)* des Meeresspiegels, bes. wahrnehmbar an Küsten, verursacht v. a. durch Anziehungskraft des Mondes; max. Tidenhub bis 15 m, Fundy-Bay; ↑auch Springflut.

Gezeitenkraftwerk (Flutkraftwerk), Kraftwerk, das die Wasserstandsunterschiede zw. Ebbe u. Flut zur Energiegewinnung nutzt.

GFK, Abk. für: ↑**g**las**f**aserverstärkte **K**unststoffe.

GG, Abk. für: **G**rund**g**esetz.

Ghana: 1) Rep. in W-Afrika; schwer zugängl. Lagunenküste; im SW Regenwald; im Inneren Savanne, trop. Klima; Bev.: Twi, Ashanti, Mossi, Ewe, Fanti, Adangme. Kakaoanbau; außerdem Ausfuhr v. Holz, Rohaluminium, Diamanten, Gold, Manganerz. – 1850 Proklamation der brit. Kolonie *Goldküste,* seit 1957 selbst., seit 1960 Republik; **2)** (Gana) um 300 von Berbern gegr. Negerreich in W-Afrika; hoch stehende Kultur; Ende des Reiches im 13. Jh.

Ghasel (Gasel) [arab.], orient. Gedichtform mit 6 bis 30 vierheb. Versen; Reimschema: aabacada...; auch bei Rückert, Platen.

Ghetto (Getto) [ital.], Bez. für ein von Juden zunächst freiw., seit dem MA zwangsweise bewohntes, streng abgesondertes Stadtviertel. Heute auch Bez. für einen Ort, in dem rass. od. relig. Minderheiten in aufgezwungener Segregation leben, auch für Leben in geistiger u. polit. Unterdrückung.

Ghibellinen (Gibellinen), s. Anf. des 13. Jh.s Bez. der Anhänger des Ks. in Italien; Gegner: ↑Guelfen.

Ghiberti, Lorenzo [gi-], * 1378, † 1455, ital. Bildhauer u. Goldschmied; einer der Wegbereiter der Renaissance.

Ghirlandaio, Domenico [gi-], * 1449, † 1494, ital. Maler.

Ghom (Kum, Qum), St. in Iran, sw. v. Teheran, 681 300 E; bed. schiit. Wallfahrtsort; Teppichherst.; nahebei Erdölförderung.

Ghostwriter ['gəʊstraɪtə; engl.], anonym bleibender Schriftsteller, der für andere Personen Werke verfasst.

Gibbons [frz.], menschenaffenähnl. Langarmaffen, Baumbewohner SO-Asiens; Bestände bedroht.

Gibraltar, brit. Kronkolonie auf einer Halbinsel an der S-Spitze Spaniens, an der Bucht von Algeciras, 5,8 km², 28 800 E (meist Span. sprechend), mit dem bed. Kriegs- u. Handelshafen G., an der strateg. wichtigen *Straße* (Meerenge) *von G.,* die Mittelmeer u. Atlantik verbindet; geringste Breite 14 km, über 300 m tief. – 711 Anlage eines arab. Kastells, 1462 span., 1704 britisch.

Gicht: 1) Gelenkerkrankung infolge Abscheidung v. harnsauren Salzen in den Gelenken mit Ausbildung v. *G.knoten;* **2)** ↑Hochofen.

Gide, André [ʒid], * 1869, † 1951,

Ghana

Fläche: 238 537 km²
Einwohner: (1995) 17,45 Mill.
Hauptstadt: Accra
Amtssprache: Englisch
Zeitzone: MEZ – 1 Stunde

frz. Schriftsteller; „Die Verliese des Vatikan“, „Die Falschmünzer“, „Die Schule der Frauen“; Tagebücher; Nobelpreis 1947.

Gideon (Gedeon), israelit. Heerführer; etwa um 1200 v. Chr. zum Richter berufen.

Giebel, seitl. Abschlusswand eines Sattel- od. Pultdachs.

Giehse, Therese, * 1898, † 1975, dt. Schauspielerin (Charakterdarstellerin); 1933–45 Emigration.

Gießen, hess. Krst. an der Lahn, 74 000 E; Univ.; landwirtschaftspädag. Inst., Fachhochschule, Museen, Theater, LG; IHK; vielseitige Ind.; Verkehrsknotenpunkt.

Gießen, Einbringen flüss. Metalle in vorgefertigte Formen; wicht. maschinelle Gießverfahren: Druckguss, Schleuderguss, Strangguss.

Gift, jeder im Körper schädl. Wirkungen hervorrufende [chem.] Stoff; viele in größerer Menge giftig wirkende Stoffe sind in kl. Menge wicht. Heilmittel, z. B. Alkaloide (Opium); ↑auch Toxine.

Giftmüll (Sondermüll), Abfall, der Menschen, Luft, Boden, Wasser gefährdet; die Behandlung ist gesetzl. vorgeschrieben.

Giftpflanzen, Pflanzen, die oft nur in best. Teilen Stoffe führen, die als Gifte wirken; z. T. zugleich Heilpflanzen (z. B. Tollkirsche).

Giftschlangen, Schlangen, die ihre Beute durch Gift (↑Schlangengift) töten.

Gig [engl.]: **1)** offener, zweirädr. Einspänner mit Gabeldeichsel; **2)** Sportruderboot.

Giga... [gr.], Zeich. G, Vorsatz vor Einheiten im Messwesen, bez. das 10^9fache der betr. Einheit.

Giganten, in der griech. Mythol. Riesen, Söhne der Gäa.

Gigli, Beniamino ['dʒiʎi], * 1890, † 1957, ital. Sänger; Tenor.

Gijón [xi'xɔn], span. Hafen- u. Ind.-St. am Golf von Biskaya, 265 000 E; TH; Seebad; Eisen-, Stahl- u. a. Industrie.

Gilbert, Walter, ['gɪlbət], * 1932, amer. Molekularbiologe; 1980 Nobelpreis für Chemie für Forschungen über DNS u. Nukleinsäuren.

Gilbert Islands ['gɪlbət 'aɪləndʒ], Atolle im Pazifik, 1 012 km², s. 1979 Teil der Rep. Kiribati.

Gilde, fr. genossenschaftl. Vereinigung; u. a. Handwerker-G.n (später ↑Zünfte); heute ↑Innung.

Giotto di Bondone, *Der heilige Franziskus teilt seinen Mantel (1296–99)*

GEWERKSCHAFTEN

Die Gewerkschaften sind Organisationen von Arbeitnehmern zur Durchsetzung ihrer soz. Interessen. Bei Zugehörigkeit zu Dachorganisationen auf nat. od. internat. Ebene sind die G. nach Fachberufen, Tätigkeitsmerkmalen od. Beschäftigungszweigen sowie regional organisiert. Die G. legen für die Berufs- od. Industriezweige best. Länder od. Bezirke mit dem Tarifpartner, dem entspr. Arbeitgeberverband od. Arbeitgeber, Tarifverträge fest. – Ziele der G.: gerechter Anteil am Sozialprodukt u. arbeitsgerechte Löhne, Verminderung der Arbeitszeit, ausreichender Arbeitsschutz, soz. Sicherheit (dauernde Beschäftigung, Existenzsicherung bei Konjunkturschwankungen), Mitbestimmung im Betrieb, polit. Repräsentation der Arbeitnehmer zur Verstärkung des polit. Gewichts. – Zur Durchsetzung ihrer Interessen stehen den G. – obwohl keine jurist. Personen – die Parteifähigkeit im Prozess vor dem Arbeitsgericht zu, das Recht, bindende Verträge mit staatl. anerkannten Mindestbedingungen festzulegen, ggf. den Streik auszurufen. – Der innere Aufbau ist demokrat., hauptamtl. Funktionäre übernehmen Organisation u. Verw. Die G. finanzieren sich durch die Beiträge der Mitglieder.
Die mod. G. sind bewusst Mitträger der staatl. Gesamtordnung u. werden auch als solche betrachtet. Die Kollektivvereinbarungen sind vom Staat als soz. u. rechtl. Institution anerkannt (Tarifautonomie). In den sozialist. Staaten hatten die G., entsprechend der unterschiedl. Wirtschafts- u. Gesellschaftsordnung, andere Aufgaben (Erziehung zu soz. Bewusstsein u. Arbeitsdisziplin, Planerfüllung u. a.).
Geschichte: G. sind eine Erscheinung des ind. Zeitalters. Sie waren im 19. Jh. Selbsthilfeinstrumente soz. schwacher Gruppen, zunächst als Vereinigung qualifizierter Facharbeiter zu gegenseit. Hilfe (in Großbrit. u. den USA: Friendly Society, Mutual Association). Die ersten Zusammenschlüsse waren durch zeitl. Notstände bedingt u. polit. neutral. Als Fremdkörper der Wirtschaftsordnung wurden die G. dem Koalitionsverbot unterworfen. In Dtl. bildeten sich 1846 Kolpings kath. Gesellenverein, 1848 Borns „Arbeiterverbrüderung“ auf dem Allg. Dt. Arbeiterkongress in Berlin, 1852 die ersten Genossenschaften v. Schulze-Delitzsch, 1849 wurden die Arbeitervereine v. den dt. Reg. verboten. 1861 Aufhebung des Koalitionsverbots in Sachsen. 1863 gründete F. Lassalle den „Allg. dt. Arbeiterverein“, aus dem die Sozialdemokrat. Partei hervorging. 1868 Gründung des sozialist. (freien) „Verbandes Dt. Arbeiterschaften“ auf dem Allg. Dt. Arbeiterkongress in Berlin sowie der lib. Gewerkvereine v. Hirsch u. Duncker. 1869 Koalitionsfreiheit für gewerbl. Arbeitnehmer. Bismarcks Sozialistengesetz v. 1878 unterbrach die gewerkschaftl. Arbeit bis 1890. Gründung der „Gen.-Kommission der G. Dtl.“ 1890 unter C. Legien, 1901 „Gesamtverband christl. G.“ unter A. Stegerwald. Die Weimarer Verf. brachte uneingeschränkte Koalitionsfreiheit (1919). Zu den Arbeiter-G. traten die Angestellten-G. Die freien G. organisierten sich im „Allg. Dt. Gewerkschaftsbund“ (ADGB), im „Allg. freien Angestelltenbund“ (Afa-Bund) u. im „Allg. Dt. Beamtenbund“ (ADB). Der „Dt. Gewerkschaftsbund“ (DGB) war die Dachorganisation der christl.-nat. G. Die hirsch-dunckerschen Gewerkvereine bildeten mit anderen Verbänden den „Gewerkschaftsring Dt. Arbeiter-, Angestellten- u. Beamtenverbände“. 1933 wurden die G. verboten; an ihre Stelle trat die nat.-soz. „Dt. Arbeitsfront“. Nach dem 2. Weltkrieg entstanden in Westdtl. 1949 der „Dt. Gewerkschaftsbund“ (DGB) mit 9,4 Mill. Mitgl. (1995) in 16 (15 ab 1996) Einzelgewerkschaften und die „Dt. Angestelltengewerkschaft“ (DAG) mit 507 000 Mitgl. (1995). 1955 wurde die „Christl. Gewerkschaftsbewegung Dtl.“ gegr., s. 1959 „Christl. Gewerkschaftsbund Dtl.“ (CGB) mit 304 000 Mitgl. (1995). – In Großbrit. existiert s. 1868 der „Trades Union Congress“ (TUC), ein Zusammenschluss von heute 68 Verbänden, die z. T. der Labour Party angeschlossen sind. – In den USA ist die „American Federation of Labor/Congress of Industrial Organizations“ (AFL/CIO) der größte Dachverband. – Die wichtigsten frz. Organisationen sind die links orientierte Confédération Générale du Travail“ (C. G. T.), die christl. „Confédération Française des Travailleurs Chrétiens (CFTC) und die „Force Ouvrière“ (F. O.), eine Abspaltung der C. G. T. – In Österreich gibt es den überparteil. „Östr. Gewerkschaftsbund“ (rd. 1,5 Mill. Mitgl., 1992). – Nach dem 2. Weltkrieg entstand als wichtigste internat. Organisation der „Weltgewerkschaftsbund“ in Paris, heute Prag, der vollständig unter kommunist. Einfluss geriet. 1949 wurde der nichtkommunist. „Internat. Bund Freier Gewerkschaften“ (IBFG) in Brüssel gegründet. Die christl. Gewerkschaften sind im „Weltverband der Arbeitnehmer“ (Sitz: Brüssel) zusammengeschlossen.

Gilgamesch-Epos, babylon. Epos, besingt *Gilgamesch,* den sagenhaften Herrscher von Uruk (28./27. Jh.), u. seine Abenteuer; fragmentarisch überliefert.

Gillespie, Dizzy [gi'lespı], eigtl. John Birks G., * 1917, † 1993, amer. Jazzmusiker.

Gimpel, svw. ↑Dompfaff.

Gin [dʒın; engl.], Wacholderbranntwein; *G.-Fizz* [-fiss], Mixgetränk aus Gin, Zitronensaft u. Sodawasser.

Ginsberg, Allen ['gınzbə:g], * 1926, † 1997, amer. Lyriker; Dichter der Beatgeneration, Kritiker der amer. Gesellschaft.

Ginseng [chin.], ausdauernde ostasiat. Pfl., deren Wurzel bes. in Korea, China u. Japan als Allheilmittel dient.

Ginster, gelb blühende, teils dorn. Sträucher (Schmetterlingsblütler) an trockenen Stellen; Bienenweidepflanze.

Giorgione [dʒor'dʒo:ne], eigtl. Giorgio da Castelfranco, * 1478, † 1510, ital. Maler; Schüler G. Bellinis, Begr. der klass. Malerei in Venedig, Lehrer Tizians.

Giotto di Bondone ['dʒotto], * 1267, † 1337, ital. Maler u. Baumeister in Florenz; u. a. Freskenzyklus in der Arenakapelle in Padua (Abb. S. 257).

Giovanni da Bologna [dʒo'vanni], gen. Giambologna, * 1529, † 1608, fläm.-ital. Bildhauer.

Gips, gesteinsbildendes, farbloses bis weißes, selten gefärbtes Mineral, $CaSO_4 \cdot 2\,H_2O$ (Dihydrat des Calciumsulfats); bei Erhitzung auf etwa 150°C bildet sich ein Halbhydrat, das als gebrannter G. mit Wasser zu einer festen amorphen Substanz abbindet; verw. als Bau-G., für G.abgüsse, als Düngemittel; *G.verbände* zur Ruhigstellung von Knochenbrüchen.

Giraffen, bis 6 m hohe Paarhufer; Fell braun gefleckt; in den Steppen des südl. Afrikas.

Giraudoux, Jean [ʒiro'du], * 1882, † 1944, frz. Schriftsteller u. Diplomat; Romane, Dramen.

Girlitz, zierl., gestreifter, gelbl. europ. Finkenvogel.

Giro ['ʒi:ro; ital.]: **1)** Überweisung im bargeldlosen Zahlungsverkehr *(G.verkehr),* hierfür *G.banken* und deren *G.zentralen;* **2)** (Indossament) Vermerk, durch den ein Orderpapier übertragen wird *(girieren).*

Giro d'Italia ['dʒi:ro], s. 1909 alljährl. ausgetragenes Etappenradrennen durch Italien.

Gironde [ʒi'rõd]: **1)** Mdg.-Trichter von ↑Garonne u. Dordogne; **2)** Dep. in SW-Frkr., Hptst. Bordeaux; Weinbau.

Girondisten [ʒirõ-], in der Frz. Revolution gemäßigte Republikaner; gerieten in Ggs. zu der sich immer stärker radikalisierenden jakobin. Bergpartei, 1793/94 großenteils hingerichtet.

Gisel, Ernst, * 1922, schweizer. Architekt, Pionier der neuen schweizer. Architektur, u. a. Mitarbeit am Märk. Viertel, Berlin (1966–71).

Gitarre [span.], Zupfinstrument mit flacher Decke [u. Boden] u. kreisförm. Schallloch; 6 Saiten.

Gitter: 1) gitterförm. Elektrode einer ↑Elektronenröhre; zur Steuerung des Elektronenstromes; **2)** (Beugungs-G.) Vorrichtung zur Erzeugung v. Beugungsspektren (Optik); **3)** ↑Kristall.

Gizeh, ägypt. St. sw. von Kairo, 1,89 Mill. E; in der Nähe die bedeutendsten ägypt. Pyramiden (z. B. Cheopspyramide).

Glacé [gla'se; frz.], glänzendes od. changierendes Gewebe aus Naturseide od. Reyon; *G.leder,* feines Zickel- od. Lammleder.

Gladbeck, Ind.-St. im nw. Ruhrgebiet, NRW, 80 000 E; Eisen-, Textil-, Kunststoffindustrie.

Gladiatoren [lat.], altröm. Schaufechter (Sklaven, Kriegsgefangene, Verbrecher) in Kampfspielen auf Leben u. Tod *(G.spiele).*

Gladiole [lat.], (Siegwurz), ein Schwertliliengewächs; Gartenpfl.

Gladstone, William Ewart ['glædstən], * 1809, † 1898, brit. Staatsmann; mehrf. Premiermin., Gegner Disraelis; trat für Wahlreform, Freihandel u. ir. Autonomie ein.

Glarner Alpen, Teil der nördl. Schweizer Alpen zw. Vorderrhein u. Reuß, im Tödi 3614 m hoch.

Glarus, schweizer. Ort an der Linth, 5600 E; Holz-, Tabak-, Textilind.; Hauptort des *Kt. G.,* 685 km², 39 000 E; Masch.-, Holz-, Textilind.

Glas, lichtdurchläss., fester, spröder anorgan. Werkstoff, der als eine amorph erstarrte Schmelze anzusehen ist. Gebrauchs-G. durch Zusammenschmelzen von Quarzsand, Soda bzw. Pottasche, Kalkstein u. z. B. Bleioxid bei etwa 1500 °C in *G.öfen* hergest., Färbung durch Zusatz v. Schwermetalloxiden; Verarb. in zähflüss. Zustand bei rd. 900 °C; Fabrikationsstätte für G. ist d. *G.hütte;* Unterscheidung zw. *Flachglas-* u. *Hohlglasindustrie.*

Glasbatist, merzerisiertes und mit Schwefelsäure behandeltes feines Leinengewebe; geprägt od. bedruckt als *Organdy.*

Glasfaser, fadenförm. Glasprodukt zur Herst. wärme- u. schallisolierender *Glaswolle (Glaswatte),* von *Glasgeweben* (z. B. für glasfaserverstärkte Kunststoffe) oder als Lichtleitfasern (↑Glasfaseroptik) oder ↑Lichtwellenleiter.

Glasfaseroptik (Fiberoptik), opt. Abb. durch ein Bündel feiner Glasfasersysteme *(Lichtleitfasern),* von denen jedes für sich einen opt. isolierten Lichtleiter darstellt; ermöglicht Bildübertragung durch Schläuche u. Röhren; u. a. verw. in der Nachrichtentechnik, Medizin. – ↑Lichtwellenleiter.

glasfaserverstärkte Kunststoffe, Abk. GFK, mit Glasfasergeweben, -matten u. Ä. durchsetzte Kunststoffe, die sich durch bes. Druck-, Biege-, Zug- u. Schlagfestigkeit auszeichnen; v. a. im Boots-, Flugzeug- u. Karosseriebau verwendet.

Glasflügler, Schmetterlingsfam., Flügel meist unbeschuppt u. glasklar; z. B. Himbeer-G., Hornissenschwärmer.

Glasgow ['glɑ:sgəʊ], größte Stadt u. wichtigstes Wirtsch.-Zentrum Schottlands, Verw.-Sitz d. Strathclyde Region, am Clyde, 765 000 E; 2 Univ., TH, Kunstsammlungen, frühgot. Kathedr.; Schiffbau, Eisen-, Metall-, Textil- u. a. Ind.; ⚒; See- u. Binnen-⚓ (Kanal zum Firth of Forth).

Glasharmonika, Musikinstrument des 18. u. frühen 19. Jh.; Glasglocken auf einer rotierenden Achse, durch angefeuchtete Finger zum Erklingen gebracht.

Glaskörper, gallertart. Hauptmasse des Augapfels.

Glasmalerei, farb. Gestaltung v. Glasfenstern; fr. Form *musiv. G.:* mosaikart. Zusammensetzung der gefärbten u. geschnittenen Gläser (v. a. frz. Gotik); im 16. Jh. Gemälde auf Glas mit Schmelzfarben, Entwürfe u. a. von Dürer.

Glasnost [russ.; = Öffentlichkeit], Schlagwort für eine Politik d. Transparenz; (neben Perestroika [russ.; = Umbau]), Bestrebungen M. S. ↑Gorbatschows um eine Reform des Sowjetsystems.

Glasur [nlat.]: **1)** Zuckerguss; **2)** glasart. Masse als Überzug auf Tonwaren u. Porzellan.

Glatz (poln. Kłodzko), schles. St. an der oberen Glatzer Neiße, Polen, 30 000 E; Masch.-, Holzind. – G. liegt inmitten des 1500 km² gr., an Mineralquellen u. Eisenerzen reichen *G.er Kessels,* der umgeben ist vom *G.er Bergland* mit dem Reichensteiner Geb. (O), Eulengeb. (N), Heuscheuer (NW), Habelschwerdter Geb. (SW) u. der höchsten dieser Gebirgsketten, dem *G.er Schneegeb.* (im Gr. Schneeberg bis 1425 m).

Glatzer Neiße (Neiße, Schles. Neiße). l. Nbfl. der oberen Oder, 195 km.

Glaubensartikel, Bez. für die einzelnen Abschnitte im christl.

Glaubensbekenntnis, die Zusammenfassung der wesentl. Aussagen der christl. Glaubenslehre.

Glaubens- und Gewissensfreiheit, das in vielen mod. Staatsverf. verankerte Recht des Einzelnen, nach seiner relig. Überzeugung zu leben u. bei inneren Gewissensentscheidungen von staatl. Zwang frei zu sein.

Glaubersalz [nach dem dt. Chemiker *J. R. Glauber,* * 1604, † 1670], in d. Glasfabrikation sowie als Abführmittel u. a. verw. Natriumsulfat ($Na_2SO_4 \cdot 10\,H_2O$).

Glas. *Maschinelle Herstellung einer Flasche*

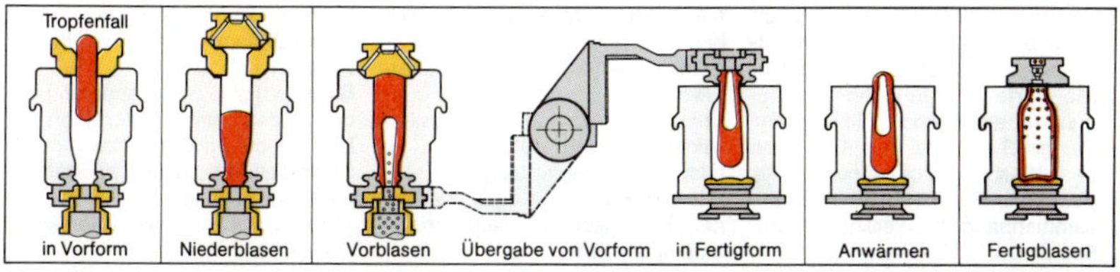

Gläubiger, Inhaber einer Forderung gg. den ↑Schuldner.
Gläubigerausschuss, von der Gläubigervers. beim ↑Konkurs gewählte Interessenvertretung.
Gläubigerverzug, svw. ↑Annahmeverzug.
Glaukom [gr.], grüner ↑Star.
glazial [lat.], eiszeitl.; Eis od. Gletscher betreffend.
Glazial, svw. ↑Eiszeit.
Gleichberechtigung, rechtl. Gleichstellung von Mann u. Frau (Art. 3 des GG); *G.sgesetz* (vom 21.6. 1957), sichert die G. von Mann und Frau auf dem Geb. des bürgerl. Rechts (viele Änderungen im Erb- u. Prozessrecht).
Gleichgewicht, Zustand eines Körpers, bei dem die Summe aller auf ihn wirkenden Kräfte gleich null ist; *stabiles, labiles* und *indifferentes G.; therm. (thermodynam.) G.* eines physikal. Systems, wenn zw. seinen Teilen ein vollständ. Temp.- u. Wärmeausgleich erfolgt ist; bei einer chem. Reaktion herrscht *chem. G.,* wenn sich in einer best. Zeit genauso viel Moleküle bilden wie zerfallen.
Gleichgewichtsorgane, stat. Organe, die Tier u. Mensch über ihre Lage im Raum bzw. zur Schwerkraft orientieren; bei Wirbeltieren u. Mensch Teil des mit Endolymphe ausgefüllten häutigen Labyrinths (Innenohr).
Gleichrichter, Gerät zur Umwandlung von Wechsel- in Gleichstrom; wirkt als *elektr. Ventil,* d. h., lässt den Strom nur in einer Richtung hindurch. Früher verw. *Röhren-G.* (Elektronenröhren) durch *Halbleiter-G.* abgelöst, die die Sperrschicht an versch. dotierten Halbleitern ausnutzen (↑Diode).
Gleichschaltung, polit. Schlagwort während der nat.-soz. Machtergreifung 1933; bezeichnet die (weitgehende oder vollständige) Aufhebung des polit.-gesellschaftl. Pluralismus zugunsten der NS-Bewegung u. ihrer Ideologie (1933/34); auch analog verwendet.
Gleichstrom, elektr. Strom gleich bleibender Richtung; wird von galvan. Elementen, Akkumulatoren, aber auch von elektr. Generatoren geliefert.
Gleichung, durch Gleichsetzung zweier math. Ausdrücke entstandene Beziehung; *ident. G.en* enthalten nur bek. Größen od. sind für alle Werte einer in ihnen enthaltenen Unbekannten erfüllt. *Bestimmungs-G.en* sind nur für einen best. Wert der Unbekannten erfüllt, *Funktions-G.en* drücken einen Zusammenhang zw. veränderl. Größen aus.
Gleitflug, Sinkflug eines Segelflugzeugs bzw. eines Flugzeugs mit abgestelltem Triebwerk.
Glencheck ['glentʃek; engl.], Gewebe (meist aus Kammgarn) mit großflächiger Karomusterung.
Gletscher, Eismassen der Landoberfläche, die sich als Ströme in best. Bahnen bewegen *(Tal-G.)* od. als Eisüberflutung gr. Teile des festen Landes begraben (*Plateau-G.* wie auf Island u. *Inlandeis* wie auf der Antarktis); man unterscheidet: Zuwachs- *(Nähr-)* und Abtragungs- *(Zehr-)*gebiete; ↑auch Moräne.
Gletschergarten, Stellen einer ehem. vergletscherten Ldsch. mit schön ausgebildeten glazialen Erscheinungen.
Gliederfüßer, Unterstamm der Gliedertiere: Krebse, Spinnentiere, Tausendfüßer, Insekten.
Gliederkaktus, Kaktusgewächs mit blattähnl., dickfleisch. Sprossen; S-Amerika.
Gliedertiere (Artikulaten), Tierstamm, aufgeteilt v.a. in Ringelwürmer u. Gliederfüßer; äußere u. innere Gliederung des Körpers in mehrere Segmente.
Gliedsatz (Nebensatz), Satzglied in Gestalt eines abhäng., vollständ. Satzes.
Glimmer, Gruppe wicht. gesteinsbildender Minerale; Tonerdesilicate; elast. biegsame, blättrigtafelige Kristalle, nach der Basisrichtung vollkommen spaltbar; Spaltfläche mit Perlmutterglanz (Tonerde-, Kali-G. Muskovit; Magnesiumeisen-G. Biotit; Lithium-G. Lepidolith); *G.schiefer,* Gruppe ↑metamorpher Gesteine mit hohem Gehalt an Quarz u. Glimmermineralen.
Glimmlampe, Gasentladungslampe, bei der sich infolge kl. Elektrodenabstands nur das negat. Glimmlicht ausbildet, verw. zur Anzeige an elektr. Geräten.
Glimmlicht, Leuchterscheinung bei einer [selbst.] Gasentladung mit kalten Elektroden; diese sind von einer „glimmenden Haut" überzogen.
global [lat.], auf die ges. Erdoberfläche bezügl.; gesamt; ungefähr.
Globigerinen [lat.], Gatt. der ↑Foraminiferen; *G.schlamm,* kalkreiche, vorw. aus G.schalen bestehende Meeresablagerung in 2000 bis 5000 m Tiefe.
Globuline [lat.], weit verbreitete Eiweißstoffe; u.a. in Blutserum (Plasma-G., Immun-G.), Muskeln (Aktin, Myosin), Milch, Eiern, als pflanzl. Reservestoffe.
Globus [lat.; = Kugel], verkleinertes, winkel- u. flächentreues Modell der Erde.
Glocken, metallene Hohlkörper in Gestalt stumpfer, unten auswärts gebogener Kegel, aufgehängt im *G.stuhl;* heute vorw. elektr. zum Schwingen gebracht. – Größere G. zu kirchl. Gebrauch s. dem 6. Jh. (genietet); s. dem 9. Jh. nur noch gegossen (heute meist aus Gussbronze od. -stahl).
Glockenbecherkultur, Kulturkreis der Jungsteinzeit.
Glockenblumengewächse, Pflanzenfam., meist Kräuter; Hauptgatt. *Glockenblume,* zahlr. Arten.

Glockenblumengewächse. *Nesselblättrige Glockenblume*

Glockenspiel: 1) ↑Carillon; **2)** Orchesterinstrument aus abgestimmten Stahlstäben od. Metallplättchen.
Glocknergruppe, östr. Bergmassiv in den Hohen Tauern, zahlr. über 3000 m hohe Gipfel, u.a. Großglockner (3797 m) u. Kleinglockner (3770 m).
Glorious Revolution ['glɔːrɪəs revə'luːʃn], *„glorreiche Revolution",* Bez. für den unblutigen Thronwechsel v. 1688 in Großbrit., der die Herrschaft des 1660 restaurierten Stuartkönigtums beendete (↑auch Großbritannien und Nordirland, Geschichte).
Glossar [gr.]: **1)** Slg. von ↑Glossen 1), alphabet. od. sachl. geordnet; **2)** Wörterverzeichnis mit Erklärungen.
Glosse [gr.]: **1)** urspr. erklärungsbedürft. Ausdruck, später dessen Erklärung bzw. Übersetzung; **2)** [spött.] Randbemerkung, auch kurzer polem. Kommentar in der Presse.
Glottis [gr.], Stimmapparat [aus den beiden Stimmbändern]; oft nur Bez. für die Stimmritze zw. beiden Stimmbändern; *G.krampf,* krampfhafte Verengung der *Stimmritze; G.ödem,* Schwellung der Kehlkopfschleimhaut, Atemnot.

Gloxinie [nach dem elsäss. Arzt *B. P. Gloxin,* 18. Jh.], Zimmerpfl. mit versch.-farbigen, glockenförmigen Blüten; Heimat Brasilien.

Gluck, Christoph Willibald Ritter v., * 1714, † 1787, dt. Komponist; mit der Reformoper „Orpheus und Eurydike" Wendung zu ausdruckhafter, empfindsam-dramat. Musik; „Iphigenie in Aulis", „Alceste", „Iphigenie auf Tauris"; Ballette, Vokalwerke u. Kammermusik.

Glücksklee, Sauerklee mit 4-zähl. Blättern.

Glücksspiel, Spiel, dessen Ausgang im Wesentl. vom Zufall abhängt; G.e um hohe Beträge strafbar, wenn öff. u. behördl. nicht erlaubt.

Glucose [gr.], svw. ↑Traubenzucker.

Glühkerze, Starthilfe (glühender Draht) in Dieselmotoren.

Glühlampe, elektr. Lichtquelle, deren Strahlung durch Glühen (infolge Stromwärme) eines in einem evakuierten Glaskolben befindl. Fadens (aus Wolfram od. anderen Metallen mit hohem Schmelzpt.) erzeugt wird; neben sichtb. Licht wird Wärme erzeugt. Zur Erhöhung der Leuchtdichte wird der Glühdraht gewendelt; zur Verhinderung schnellen Verdampfens des Glühfadens Füllung mit Edelgas; die erste techn. verwendb. G. konstruierte Edison (1879).

Glühwürmchen, Larven u. ♀♀ der Leuchtkäfer, im Hinterleib Leuchtorgane.

Glutaminsäure [lat.; gr.; dt.], physiolog. bed. Aminosäure, u. a. reichl. in der Hirnsubstanz.

Gluteline [lat.], den Globulinen nahe stehende Eiweiße, wicht. Bestandteile des Getreidemehls.

Gluten [lat.], (Kleber[eiweiß]), Hauptanteil des Eiweißes im Weizenmehl (enthält Gliadin u. Glutnin [ein Glutelin]), bewirkt Quellfähigkeit u. plast.-zähe Konsistenz des Teiges.

Glykogen [gr.], stärkeart. Polysaccharid, ist in der Leber u. in den Muskeln als tierische Stärke gespeichert.

Glykol, einfachster zweiwertiger Alkohol, CH_2OH-CH_2OH, süß, ☠; Frostschutz-, Lösungsmittel, verwendet bei der Synthese von Polyesterharzen u. -fasern.

Glykolyse ↑Gärung.

Glykoside (Glucoside), Sammelname für eine wicht. Gruppe natürl. od. synthet. Verbdg.; ein Zuckermolekül mit einem anderen, oft kompliziert gebauten Molekül verbunden (pharmakol. Wirkung).

Glyptik [gr.], Steinschneidekunst; Schneiden der Gemmen.

Glyptothek [gr.], eigtl. Gemmenslg.; bed. Antikenmuseum in München.

Glyzerin [gr.], einfachster dreiwert. Alkohol, hygroskop.; kommt chem. gebunden in Fetten vor; vielseit. verwendbar, u. a. zur Herst. v. Kunststoffen (Alkydharzen), als Weichmacher für Zellulosehydratfolien, als Feuchthaltemittel für Tabak, Kosmetika usw.

GmbH, Abk. für: **G**esellschaft **m**it **b**eschränkter **H**aftung; jurist. Person, Kap.-Ges.; Stammkap. mind. 50 000,– DM; Entstehung durch Eintragung ins Handelsregister; Organe: Geschäftsführer, Gesellschaftervers. u. Aufsichtsrat; nur Gesellschaftsvermögen haftet für Verbindlichkeiten; *GmbH & Co. KG,* Kommanditges. mit einer GmbH als Komplementärin.

Gmeiner, Hermann, * 1919, † 1986, östr. Sozialpädagoge; gründete 1949 das Sozialwerk der SOS-Kinderdörfer.

GMT, Abk. für engl.: **G**reenwich **M**ean **T**ime = mittlere Greenwich-Zeit, svw. ↑Weltzeit.

Gmundner See ↑Traunsee.

Gnade: 1) Gewährung v. Milde [gg. einen Besiegten, Verurteilten]; *G.nrecht;* **2)** allg. od. bes. göttl. Hilfe zu Heil u. Erlösung des Menschen (v. a. im Hinduismus, Islam, Christentum); wird in der tradit.-scholast. kath. Lehre u. a. unterschieden in *heilig machende* (Rechtfertigungs-) u. *aktuelle* (helfende) G.; in der reformator. G.nlehre Ablehnung menschl. Mitwirkung, Rechtfertigung kommt allein aus G. *(sola gratia)* u. aus Glauben *(sola fide).*

Gnadenhochzeit ↑Hochzeit.

Gnadenstuhl, Darst. der Trinität: thronender Gottvater hält im Schoß das Kruzifix, darüber schwebt die Taube.

Gneis, weit verbreitetes ↑metamorphes Gestein; Hauptgemengteile Quarz, Feldspat u. Glimmer; je nach Ausgangsgestein unterscheidet man *Ortho-G.* (ehem. Magmengesteine, insbes. Granit) u. *Para-G.* (ehem. Sediment).

Gneisenau, August Gf. Neidhardt v., * 1760, † 1831, preuß. Heerführer; verteidigte 1806/07 (mit Nettelbeck) Kolberg; Heeresreform (mit ↑Scharnhorst; u. a. Einführung d. allg. Wehrpflicht).

Gnesen (poln. Gniezno), poln. St. östl. v. Posen, 65 000 E; Dom (beg. um 1000); Leder-, Eisen-, Nahrungsmittelind. – Bis um 1320 Krönungsst. der poln. Kg.; 1793 bis 1919 preußisch.

Gnom, Kobold, Zwerg, Erdgeist.

Gnosis [gr.; = Erkenntnis], Bez. für ein intellektuelles, spekulat. Erkennen, das dem Menschen ein esoter. Wissen von der übersinnl. Welt u. den heilbringenden Weg zu ihr eröffnen soll. *Gnostizismus,* Bez. für Ideen, Lehren, Gruppen u. Richtungen aus der Grundhaltung der Gnosis.

J. W. von Goethe. *Goethe in der Campagna. Gemälde von Johann Heinrich Wilhelm Tischbein (1787; Ausschnitt)*

Gnu [hottentott.], Kuhantilope der Steppen u. Savannen Südafrikas.

Go [jap.], ostasiat. Brettspiel für 2 Spieler; Strategiespiel.

Goa, ind. Bundesstaat, umfasst *Goa* (3 496 km²), *Daman* (545 km²) und *Diu* (Insel, 50 km²), die ehem. portug. Besitzung an der ind. W-Küste, 1,17 Mill. E, Hptst. Panaji, Reisanbau; Eisen-, Manganerz-⚒. – Seit 1510 portug., 1951 bis 1961 Hauptteil der portug. Überseeprov. „Estado da India", 1961 mit Waffengewalt der Ind. Union als Unionsterritorium eingegliedert. Goa ist s. 1987 B.-Staat.

GOÄ, Abk. für: **G**ebühren**o**rdnung für **Ä**rzte; nach ihr richtet sich seit 1983 das ärztl. Honorar.

Gobelin [gɔbˈlɛ̃; frz.], von Hand gewirkter Wandteppich, nach der frz. Färbefam. des *Jean G.* ben., in deren Haus die erste Manufaktur war (1662).

Gobert, Boy, * 1925, † 1986, dt. Schauspieler, Regisseur u. Theaterleiter.

Gobi, größtenteils abflussloses, von Gebirgen umgebenes Hochbecken (1 000 m ü. d. M.) Innerasiens (Mongolei, N-China), Wüsten- und Steppenlandschaft.

Godard, Jean-Luc [gɔˈdaːr], * 1930, frz. Filmregisseur; führender Vertr. der frz. „Neuen Welle".

God save the King [ˈgɔd ˈseɪv ðə ˈkɪŋ; engl. = Gott schütze den Kg.] (G. s. the Queen [engl. ˈkwiːn; = Kgn.]), brit. Nationalhymne.

Godunow, Boris [Fjodorowitsch], * um 1551, † 1605, russ. Zar s. 1598; s. 1584 Regent; ließ angebl. den Zarewitsch Dmitri Iwanowitsch ermorden, löste die russ. Kirche v. Konstantinopel.

Goebbels, Joseph, * 1897, † 1945 (Selbstmord), nat.-soz. Politiker; enger Mitarb. Hitlers, s. 1929 R.-Propagandaleiter der NSDAP; s. 1933 Reichs-Min. für Volksaufklärung u. Propaganda; propagierte den „totalen Krieg".

Goeppert-Mayer, Marie, * 1906, † 1972, dt.-amer. Physikerin; Arbeiten über das Schalenmodell des Atomkerns; Nobelpreis für Physik 1963.

Vincent van Gogh, *Der Spitalgarten von Saint-Paul (1889/90)*

Goerdeler, Carl Friedrich, * 1884, † 1945, dt. Politiker; 1930–37 Oberbürgermeister von Leipzig; mit Gen.-Oberst Beck geist. Führer einer bed. Widerstandsgruppe gg. Hitler; nach dem Attentat v. 20. 7. 1944 hingerichtet.

Goethe: 1) August v., * 1789, † 1830, Sohn v. 4); **2)** Christiane v., geb. Vulpius, * 1765, † 1816, Gattin v. 4); **3)** Johann Kaspar, * 1710, † 1782, Vater v. 4); **4)** Johann Wolfgang von, * Frankfurt am Main 28. 8. 1749, † Weimar 22. 3. 1832, dt. Dichter; 1765–68 Studium der Rechte in Leipzig, 1768/69 in Frankfurt am Main, 1770 in Straßburg (Beeinflussung durch Herder; Begegnung mit den Sturm-und-Drang-Dichtern J. Lenz, F. M. Klinger); 1771–75 in Frankfurt am Main (1772 in Wetzlar); 1775 Übersiedlung nach Weimar; pflegte Umgang mit der Hzgn. Anna Amalia u. ihrem Sohn Karl August, Wieland, Herder, Frau v. Stein, Jacobi; 1786–88 1. Italienreise; 1788 erstes Zusammentreffen mit Schiller, seit 1794 Zusammenarbeit u. Freundschaft (Zusammenarbeit bei den „Xenien", 1796; im „Balladenjahr", 1797, im Wettstreit mit Schiller); 1790 2. Italienreise; 1806 Trauung mit Christiane Vulpius; neben der literar. u. polit. Tätigkeit naturwiss. Arbeiten (geol. u. mineral. Studien; Farbenlehre; Konzeption der Urpflanze; Entdeckung des Zwischenkieferknochens beim Menschen), mit allen geist. Strömungen seiner Zeit vertraut; 1791 bis 1817 Leiter des Weimarer Hoftheaters. *Werke:* v. der Rokokolit. beeinflusste Gedichte u. Schäferspiele: „Die Laune des Verliebten". Erste Erlebnislyrik (Liebe zu Friederike Brion; 1770/71); „Von dt. Baukunst", „Götz v. Berlichingen mit der eisernen Hand", Satiren, u. a. „Götter, Helden u. Wieland"; „Clavigo" (1774), „Die Leiden des jungen Werthers", „Urfaust"; Gedichte, insbes. in der Frankfurter Zeit u. in den 1780er-Jahren; „Wilhelm Meisters theatral. Sendung", „Iphigenie auf Tauris", „Egmont", „Torquato Tasso", „Reineke Fuchs", „Röm. Elegien", „Unterhaltungen dt. Ausgewanderter"; „Wilhelm Meisters Lehrjahre" (Vorbild für den Bildungsroman), Versepos „Hermann u. Dorothea", „Faust, der Tragödie erster Teil", „Die Wahlverwandtschaften", „Aus meinem Leben. Dichtung und Wahrheit", „Ital. Reise", „West-östl. Divan", „Marienbader Elegie", „Wilhelm Meisters Wanderjahre od. Die Entsagenden", „Faust II"; Briefwechsel (mit Schiller u. a.), Gespräche (mit Eckermann u. a.); (Abb. S. 261); **5)** Katharina Elisabeth, geb. Textor, gen. „Frau Rat", * 1731, † 1808, Frau v. 3) und Mutter v. 4).

Goethe-Institut, 1932 in München gegr., von den Nationalsozialisten für ihre Zwecke missbrauchtes, 1952 neu gegr. Institut zur Pflege u. Verbreitung dt. Spr. u. dt. Kulturgutes im Ausland.

Goetz, Curt, * 1888, † 1960, dt. Schauspieler u. Schriftsteller, auch Filmregisseur; Bühnenstücke u. Filmdrehbücher; u. a. „Dr. med. Hiob Prätorius".

Gogh, Vincent van [xɔx], * 1853, † 1890, niederl. Maler; Hauptwerke aus den letzten Lebensjahren v. ekstat. Ausdruckskraft u. starker Farbigkeit (Landschaften, Selbstbildnisse, Porträts, Stillleben).

Go-go-Girl ['gəʊ'gəʊ'gə:l], Animiertänzerin im Showgeschäft.

Gogol, Nikolai Wassiljewitsch, * 1809, † 1852, russ. Schriftsteller; groteske Schilderung des Alltags u. Ges.-Kritik im Roman „Die toten Seelen" u. in der Komödie „Der Revisor".

Golanhöhen, Basaltplateau östl. des Sees v. Genezareth u. des Jordans, zw. Hermon im N u. unterem Jarmuk im S, Hpt-Ort Kunaitra. – Im Sechstagekrieg 1967 eroberte Israel die den NO seines Staatsgebiets beherrschenden syr. G. u. annektierte sie 1981.

Gold, Käthe, * 1907, † 1997, östr. Schauspielerin; auch Filme.

Gold, chem. El., Symbol Au, OZ 79, rel. A.-Masse 196,9665, Dichte 19,32 g/cm^3, Fp. 1 064 °C, Sp. 3 080 °C, rötlich gelbes, weiches Edelmetall, sehr gut walz- u. dehnbar (b. zu einer Blättchendicke v. 0,0001 mm); beständig gg. Luft u. Säuren, lösl. nur in starken Oxidationsmitteln; G.verbdg. werden bei Erwärmen leicht zersetzt; *Vorkommen:* meist in gediegenem Zustand mit Verunreinigungen an Silber, Kupfer u. a., aber auch in Verbdg.; *Gewinnung:* Goldhalt. Gestein wird mech. zerkleinert, danach wird das G. durch Legieren mit Quecksilber (Amalgamverfahren) od. Extraktion mit Kaliumcyanid (Cyanidlaugung) in Lösung übergeführt, aus der es durch ↑Elektrolyse od. Ausfällen mit Zink abgeschieden wird. Gediegenes G. (Berg-G., Seifen- od. Wasch-G.) wird mit Wasser vom stets spezif. leichteren Gestein getrennt (G.wäscherei).

Goldammer, Finkenvogel Europas; gelb, oberseits braun gestreift.

Golddevisen ↑Goldwährung.

Golden Delicious ['geʊldən dɪ'lɪʃəs; engl.], Apfelsorte; saftige, säurearme Früchte.

Goldene Aue, von der Helme durchflossene Senke im nw. Thüringer Becken, zw. Harz u. Kyffhäuser; fruchtb. Lössboden, Zuckerrüben-, Getreideanbau.

Goldene Bulle, 1356 von Karl IV. erlassenes R.-Ges., das v.a. das Recht der 7 Krfst. festlegte, den Kg. zu wählen.

goldene Hochzeit ↑Hochzeit.

Goldene Horde, urspr. Bez. für das mongol. Heerlager, dann für das russ.-sibir. Mongolenreich (13.–15. Jh.).

goldener Schnitt, Teilung einer Strecke *($\overline{AB}$)* in 2 Teile, deren größerer zum kleineren sich verhält wie die ganze Strecke zum größeren Teil.

Goldenes Dreieck, Dreiländereck zw. Thailand, Birma u. Laos, Hauptanbaugebiet für Mohn zur Gewinnung von Heroin.

Goldenes Horn: 1) Hafenbucht von Istanbul; **2)** Hafenbucht von Wladiwostok.

Goldenes Kalb, im A. T. das von Aaron den Israeliten am Sinai übergebene Kultbild.

Goldenes Vlies, in der griech. Mythologie das Fell des goldenen Widders, das die Argonauten erobern.

goldenes Zeitalter, sagenhaftes erstes Zeitalter der Menschheit, paradies. Zustand.

Golden Gate ['gəʊldən 'geɪt], Einfahrt in die Bucht v. San Francisco, von der 2,8 km langen *G. G. Bridge* (1,28 km Spannweite) überbrückt.

Goldfisch, aus China stammende Zuchtform der Silberkarausche.

Goldhamster, aus Syrien (nach 1945) importiertes Nagetier (Heimtier) mit sehr hoher Fortpflanzungsrate.

Golding, William Gerald ['gəʊldɪŋ], * 1911, † 1993, engl. Schriftsteller; pessimist., philosoph.-allegor. Romane über die Natur des Menschen; Nobelpreis 1983.

Goldküste ↑Ghana 1).

Goldlack, Kreuzblütlergattung; stark duftende Zierpflanzen.

Goldmann, Nahum, * 1895, † 1982, 1949–78 Präs. des Jüd. Weltkongresses, 1956–68 Präs. der Zionist. Weltorganisation.

Goldmark, fr. dt. Rechnungseinheit (= 0,398248 g Feingold).

Goldoni, Carlo, * 1707, † 1793, ital. Dramatiker; Vertr. der Commedia dell'Arte u. deren Überwinder; „Der Diener zweier Herren".

Goldorfe ↑Aland.

Goldparität, Wertverhältnis der Währungen zum Gold mit festgelegtem Feingoldgehalt.

Goldparmäne, Apfelsorte, hoher Vitamin-C-Gehalt.

Goldregen, in Trauben gelb blühender Zierstrauch; Heimat SO-Europa; ☠.

Goldröhrling, gelber Röhrenpilz, unter Lärchen; Speisepilz.

Goldrute, Korbblütlergattung, goldgelb blühende Gartenstauden.

Goldschlägerei, Herst. von ↑Blattgold durch Hämmern zw. Pergamentblättern u. später zw. *Goldschlägerhaut* (feine Darmhaut).

Goldschmiedekunst, künstler. Verarb. der Edelmetalle Gold, Silber u. Platin, oft zus. mit Schmucksteinen u. Perlen; Techniken: Treiben, Stanzen, Prägen, Ziselieren, Punzen, Gießen, Gravieren, Filigran, Email, Niello u.a.; schon in vorgeschichtl. Zeit; Blüte in Ägypten; im MA (Reichskleinodien, Reliquienschreine), in der Renaissance u. im Barock (bes. Augsburg, Nürnberg, Wien) bed. Werke.

Goldschnitt, schmückende Vergoldung des Buchschnitts.

Goldwährung, Währung mit fester Wertbeziehung zum Gold; bei reiner Gold- oder Goldumlaufswährung genaue Übereinstimmung von Nenn- u. Materialwert der allein als gesetzl. Zahlungsmittel geltenden Goldmünzen, in die das umlaufende Papiergeld auf Verlangen jederzeit umgetauscht werden muss; bei *Goldkernwährung* nur prozentuale Golddeckung; bei der *Golddevisenwährung* Deckung durch *Golddevisen* (Forderungen in Währungen, die bei ausländ. Notenbanken in Gold eingelöst werden können).

Golf, größere Meeresbucht.

Golf [engl.], urspr. schott. Rasenballspiel, bei dem ein Hartgummiball (45 g) mit möglichst wenigen Schlägen über versch. lange Bahnen (insges. 18) in ein Loch an deren Ende zu treiben ist.

Golfkrieg, 1) Bez. für den 1980–88 dauernden Krieg zw. Irak u. Iran; **2)** Bez. für die 1991 im Auftrag der UN vorgenommenen krieger. Maßnahmen einer internat. Truppe gegen Irak zur Befreiung Kuwaits.

Golfstrom, warme Meeresströmung, ben. nach dem Golf v. Mexiko; entsteht aus der Vereinigung eines Teiles des S-Äquatorial- u. des N-Äquatorialstromes im Karib. Meer, im Golf v. Mexiko u. im westl. Atlantik, zieht vor der O-Küste Nordamerikas nordwärts u. wird südl. v. Neufundland nach Ostnordost abgelenkt, überquert, sich fächerförmig ausbreitend, als Atlant. Strom den nördl. Atlantik, bestreicht die W-Küsten Europas u. schickt seine Ausläufer bis ins Nordpolarmeer.

Goldschmiedekunst. *Anhänger in Form eines Schwans. Französische Arbeit, Gold mit Email (um 1900)*

Golgatha (Golgotha, lat. Calvaria), Anhöhe außerhalb der Stadtmauer Jerusalems, Ort der Kreuzigung und Bestattung Jesu.

Goliath, im A. T. ein Riese bei den Philistern, vom jungen David mit der Schleuder getötet.

Gollancz, Sir Victor [gə'lænts], * 1893, † 1967, engl. Schriftsteller u. Verleger; bekämpfte nach 1945 die These v. der dt. Kollektivschuld, organisierte ein Hilfswerk für Deutschland; 1960 Friedenspreis des Dt. Buchhandels.

Gollwitzer, Helmut, * 1908, † 1993, dt. ev. Theologe; u.a. Kriegsgefangenenbuch „... und führen, wohin du nicht willst".

Gomera, La, eine der Kanar. Inseln, westl. v. Teneriffa, 352 km²; Hauptort San Sebastián de la Gomera. Ackerbau auf terrassierten Hängen, Fremdenverkehr.

Gomulka, Władysław, * 1905, † 1982, poln. Politiker; 1945–49 stellvertr. Min.-Präs.; 1951–54/55 als „Titoist" in Haft; 1956–70 Erster Sekr. d. ZK d. Poln. Arbeiterpartei.

Gon (fr. Neugrad), Einheitenzeichen gon, eine v. a. in der Geodäsie verw. Einheit für ebene Winkel: der 100. Teil eines rechten Winkels (90°), 1 gon = 0,9°, unterteilt in 10 dgon (Dezigon) = 100 cgon (Zentigon).

Gonaden [gr.], svw. ↑Geschlechtsdrüsen.

gonadotrope Hormone [gr.] (Gonadotropine), von Hypophysenvorderlappen gebildete, auf die Keimdrüsen wirkende Sexualhormone.

Goncourt, Edmond Hout de [gõ'ku:r], * 1822, † 1896, u. sein Bruder Jules Hout de G., * 1830, † 1870, frz. Schriftsteller; realist. Erfassung des Milieus im Roman; Studien zur Sittengesch. des 18. Jh.; „Das Dienstmädchen Germinie", kulturhistor. bed. das Tagebuch; die *Académie G.,* eine von E. de G. begr. Institution, vergibt jährl. den *Prix Goncourt.*

Göncz, Árpád [gønts], * 1922, ungar. Schriftst. u. Politiker, 1958 wg. Teilnahme am Aufstand v. 1956 zu lebenslanger Haft verurteilt, 1963 amnestiert, s. 1990 Staatspräsident.

Gondar, St. in N-Äthiopien, 69 000 E; Hochschule; Kaffeeanbau; Palastruinen, ✈. – Ehem. äthiop. Hauptstadt (17.–19. Jh.).

Gondel [ital.]: **1)** schmales venezian. Boot; **2)** Kabine am Luftschiff u. an Seilbahnen.

Gondwanaland (Gondwania), im Präkambrium gr. Kontinent der Südhalbkugel, bestand bis ins Mesozoikum; umfasste weite Teile Südamerikas, Afrika mit Vorderindien u. W-Australien; Zerlegung durch d. Kontinentalverschiebung.

Góngora y Argote, Luis de, * 1561, † 1627, span. Dichter des Barock; Versdichtungen, Sonette, Kanzonen; begr. den *Gongorismus,* eine barocke, span. Stilrichtung mit gekünstelter, aber virtuoser Sprache.

Gonokokkus [gr.], von dem dt. Dermatologen *A. Neisser* (* 1855, † 1916) 1879 entdeckter Erreger des Trippers.

Gonorrhö [gr.], svw. ↑Tripper.

González Márquez, Felipe [gɔn'θalεθ 'markεθ], * 1942, span. Politiker; 1974–97 Gen.-Sekr. der sozialist. PSOE, 1982–96 Min.-Präsident.

Goodman, Benny ['gʊdmən], eigtl. Benjamin David G., * 1909, † 1986, amer. Klarinettist u. Bandleader des Swing.

Göppingen, Krst. östl. v. Stuttgart, Ba.-Wü., 58 000 E; Metall-, Textil-, Kunststoffindustrie.

Gorbatschow, Michail Sergejewitsch, * 1931, sowjet. Politiker; s. 1978 Sekretär des ZK der KPdSU, s. Okt. 1980 Mitglied des Politbüros, s. April 1984 Vors. des außenpolit. Ausschusses des Obersten Sowjets. 1985–91 (Rücktritt) Generalsekretär der KPdSU; 1988 zum Staatsoberhaupt, 1990 zum Präs. der UdSSR gewählt; strebte zunächst wirtschaftl. Umgestaltung, nach gescheitertem Putsch im Aug. 1991 (für einige Tage amtsenthoben) pol. Umgestaltung der Sowjetunion an; nach dem Scheitern seiner Politik 25. 12. 1991 zurückgetreten. 1990 Friedensnobelpreis.

Gordimer ['gɔ:dımə], Nadine, * 1923, südafrikan. Schriftstellerin; Kritik an südafrikan. Rassenpolitik, Nobelpreis 1991; Romane „Entzauberung", „Burgers Tochter", „July's Leute", „Die Geschichte meines Sohnes" u. a.

Gordischer Knoten, kunstvoll geknüpfter Knoten an einem kgl. Streitwagen in *Gordion* (Phrygien); wer ihn löste, sollte Herrscher über Asien sein; Alexander d. Gr. durchhieb ihn mit seinem Schwert.

Gore, Albert (Al) [gɔr], * 1948, amer. Politiker (Demokrat. Partei), 1993–2001 Vizepräsident.

Gorgias v. Leontinoi, * um 485, † um 380, griech. Philosoph u. Rhetor; Vertr. der Sophistik.

Gorgonen, drei Ungeheuer der griech. Mythol. mit Schlangenhaaren (Stheno, Euryale, Medusa).

Gorgonzola, nach dem ital. Dorf G. ben. Weichkäse, mit Schimmelpilzen durchsetzt.

Gorilla [afrik.], größter Menschenaffe, bis 270 kg schwer, bis 1,75 m gr.; lebt in Fam. in Urwäldern Afrikas; Pflanzenfresser.

Göring, Hermann, * 1893, † 1946 (Selbstmord), dt. nat.-soz. Politiker; s. 1933 preuß. Innenmin. (bis 1934) u. Min.-Präs. sowie R.-Luftfahrtmin., 1940 R.-Marschall; in Nürnberg zum Tode verurteilt.

Gorki, Maxim, eigtl. Alexei Maximowitsch Peschkow, * 1868, † 1936, russ. Schriftsteller; Mitbegr. des sozialist. Realismus; „Die Mutter", „Nachtasyl".

Gorleben, Gem. im Landkr. Lüchow-Dannenberg. Nds., am linken Ufer der Elbe, 645 E. – Zw.lager f. radioaktive Abfälle; Prüfung des Salzstocks im Hinblick auf Endlagerung radioaktiver Stoffe.

Görlitz, Krst. an der Lausitzer Neiße, Sachsen, 69 500 E; vielseit. Ind.; östl. Stadtteile seit 1945 zu Polen.

Michail S. Gorbatschow

Görlitz (poln. Zgorzelec), St. in Polen, am r. Ufer d. Lausitzer Neiße, 36 000 E, vielseit. Ind.; umfasst die östl. d. Neiße gelegenen Stadtteile der dt. St. Görlitz.

Görlitzer Neiße ↑Lausitzer Neiße.

Gorm der Alte, * um 860, † um 940, dän. Kg.; eroberte Haithabu; missionierte Dänemark.

Gornergletscher, gr. Gletscher in den Walliser Alpen, Schweiz, 13 km, 69 km²; zw. G. u. Findelengletscher der 3089 m hohe *Gornergrat.*

Görres, Joseph v., * 1776, † 1848, dt. Gelehrter u. Publizist der Romantik; Gegner Napoleons I.; „Die teutschen Volksbücher"; *G.-Gesellschaft,* 1876 zur Pflege der Wiss. gegr. Gesellschaft.

Gortyn, Ruinenstätte im südl. M-Kreta; minoische Gründung; ehem. röm. Prov.-Hptst.

Gorze, ehem. Benediktinerabtei sw. v. Metz; im 10./11. Jh. Ausgangspt. einer von Cluny unabh. Reformbewegung.

Gosau, Tal im Dachsteingebiet, Oberöstr.; der *G.bach* wird im *Vorderen* u. *Hinteren G.see* für Kraftwerke gestaut; unterh. die Gem. G., 1800 E; Sommerfrische.

Göschen, Georg Joachim, * 1752, † 1828, dt. Verleger; verlegte in seinem 1785 in Leipzig gegr. Verlag die Werke v. Goethe, Schiller, Wieland u. Klopstock.

Goschenen, schweizer. Sommerfrische am N-Ausgang des Gotthardtunnel, 650 E; 1097 m ü. d. M.

Goslar, Krst. am N-Rand des Harzes, Nds., 46 000 E; ma. Stadtbild mit roman. Kirchen u. Kaiserpfalz; alter ⚒; Bleiwerk, Textil-, chem. Baustoff- u. a. Ind. – Im 13. Jh. R.-Stadt.

Gospelsong [engl.], jüngere Form der Negrospirituals.

Gossaert, Jan [xɔsa:rt], gen. Mabuse, * zw. 1478 u. 1488, † 1532, fläm. Maler unter dem Einfluss Leonardos u. Michelangelos.

Gossau (SG), Bez.-Hauptort im schweizer. Kt. St. Gallen, 16 000 E.

Götakanal, Kanal vom Vänersee zum Vättersee u. zur Ostsee sö. v. Norrköping, Schweden, 191 km.

Göteborg, schwed. Prov.-Hptst. u. Hafenst. an der Mdg. des Götaälv in das Kattegat; 434 000 E; Univ., Museen; Ind.; Messe; ✈.

Goten, ostgerman. Volk, urspr. in S-Skandinavien u. wahrsch. auf Gotland; um 270 Trennung in ↑ Ostgoten u. ↑ Westgoten.

Gotha, Krst. in Thüringen, 52 300 E; Schloss Friedenstein (17. Jh.), Museum, Ind., Verlage. – Ehem. Residenzstadt.

Gothaer Programm, auf dem Vereinigungskongress des Allg. dt. Arbeitervereins (Lassalleaner) u. der Soz.-demokrat. Arbeiterpartei (Eisenacher) in Gotha 1875 angenommenes Kompromissprogramm der Sozialist. Arbeiterpartei Dtl.

Gotik [lat.], Stilepoche des MA, in Frkr. etwa seit 1140, in England etwa s. 1175, in Dtl. s. 1220; als Baustil frz. Schöpfung; Merkmale: Rippengewölbe, Spitzbogen, Strebewerk; Maßwerk, Triforium, Dienste, Netz- u. Sterngewölbe; durchscheinende Wandstruktur, Vertikalismus. *Früh-G.:* Saint-Denis (Chor; 1137), Sens, Senlis, Noyon, Laon, Paris, Magdeburg, Limburg a. d. Lahn. *Hoch-G.* (1194–1350): Chartres (1194 ff.), Reims, Amiens, Trier (Liebfrauen, 1235 ff.), Marburg (St. Elisabeth, 1235 ff.), Straßburger Münster, Kölner Dom. In Dtl. s. Mitte des 13. Jh.s *Backstein-G.* mit starker Vereinfachung der got. Formen (Lübeck, Marienkirche; Marienburg b. Danzig). *Spät-G.* (1350–1500): Bereicherung der Formen (Maßwerk, Gewölbe), Vordringen der Hallenkirche *(Sonder-G.)* bes. in Böhmen, Schwaben, Franken, Östr.; u. a. P. Parler, U. Ensinger, H. Stethaimer. *Plastik:* got. Gewandfigur mit Bindung an die Architektur, got. S-Schwingung; Rundfiguren, Reliefs an Grabmälern u. Altären; G. Pisano, P. Parler, C. Sluter, H. Multscher, N. Gerhaert, T. Riemenschneider, V. Stoß. *Malerei:* Glas-, Tafel- u. Buchmalerei in höchster Blüte; Giotto, die Brüder van Eyck, Rogier van der Weyden, Konrad von Soest, L. Moser, K. Witz, J. Fouquet, St. Lochner, M. Schongauer (↑ auch Abb. S. 266).

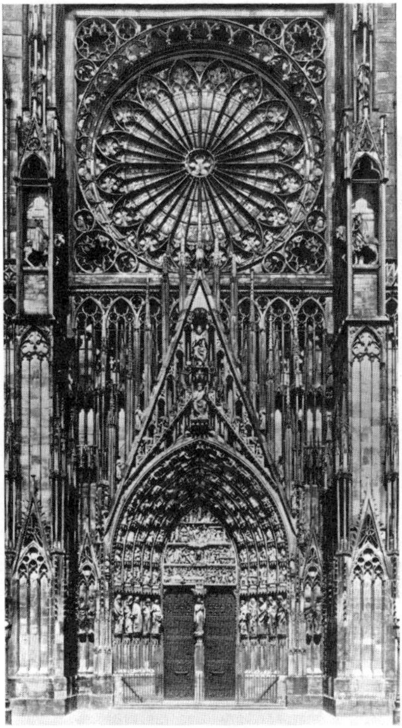

Gotik. *Straßburger Münster, Teilansicht der Westfassade (1277 ff.).*

Gotisch, ostgerman. Sprache; Sprachdenkmal u. a. die Bibelübers. des Ulfilas.

gotische Schrift, schmale, eck. Schrift des 13.–15. Jh.; danach gestaltete Druckschrift.

Gotland, schwed. Insel in der Ostsee, 3001 km², Hptst. Visby; waldreich, Weizen-, Gerstenanbau, Schafzucht, Fischfang.

Gotlandium ↑ Geologie, Formationstabelle.

Gott, in allen Religionen eine persönl., erlebte u. verehrte Wirklichkeit, übermächtig dem Menschen begegnend; ausgeprägt im Monotheismus u. Polytheismus.

Götterdämmerung, in der nord. Mythol. Untergang der Götter u. der Welt. *Götterdämmerung,* Musikdrama v. R. Wagner.

Gottesanbeterin, heim. Fangheuschrecke, die in Fangstellung die Vorderbeine wie zum Gebet erhoben hält.

Gottesbeweise, die [nicht zwingenden] Versuche, das Dasein Gottes mittels vernünft. Schlussfolgerungen unabh. v. Glaubenserfahrung u. Offenbarung zu beweisen; v. a. *kosmol.* (Schluss auf den „ersten Beweger"), *ontol.* (auf das Vollkommenste), *teleol.* (auf das Zweckmäßigste), *moral.* (Gott als Forderung der prakt. Vernunft).

Gottesfriede, im MA kirchl. Gebot, best. Personen, Orte u. Sachen von der Fehde auszuschließen; erweitert zum Fehdeverbot zu best. Tagen u. Zeiten.

Gottesgnadentum, der Anspruch abendländ. Herrscher auf göttl. Legitimation, bes. ausgeprägt im Absolutismus.

Gottesurteil, Verfahren zur Ermittlung eines Täters bei fehlenden od. unzureichenden Beweismitteln, bes. im MA u. a. als Los, Zweikampf, Gift- u. Feuerprobe.

Gottfried IV. (G. von Bouillon), * um 1060, † 1100 Hzg. v. Nd.-Lothr.; Führer im 1. Kreuzzug; eroberte 1099 Jerusalem.

Gotik. *Der Sündenfall. Miniatur aus einer Bibel aus Nordfrankreich (um 1280–90)*

Gottfried von Straßburg, mhd. Dichter des späten 12. u. frühen 13. Jh.s; „Tristan u. Isolt" (um 1210, unvollendet).

Gotthardgruppe, N-Teil der Tessiner Alpen, Schweiz; Geb.-Massiv, bis 3 192 m; mit den Quellen von Rhone, Aare, Reuß, Rhein, Tessin, *Sankt Gotthard* (Pass mit *Gotthardstraße* Andermatt–Airolo, 2 108 m ü. d. M.); *Gotthardtunnel* (Göschenen–Airolo) der *Gotthardbahn* in rd. 1 100 m ü. d. M., 15 km lang (1882 eröffnet); 1980 Eröffnung des wintersicheren, 16,32 km langen Straßentunnels Göschenen–Airolo.

Gotthelf, Jeremias, eigtl. Albert Bitzius, * 1797, † 1854, schweizer. Erzähler des Realismus; „Wie Uli der Knecht glücklich wird".

Göttingen, Krst. an der Leine, Nds., 126 000 E; maler. Stadtbild mit bed. Baudenkmälern; Univ., Akad. der Wiss., mehr. Max-Planck-Institute, PH, Fachhochschule, Verw.- u. Wirtsch.-Akad., Dt. Ostarchiv; Dt. Theater; LG; feinmech. u. opt. Ind., Aluminiumherst., Verlage. – Planmäß. Gründung der 2. H. d. 12. Jh.

Gottsched, Johann Christoph, * 1700, † 1766, dt. Literaturtheoretiker u. Kritiker; sein Vorbild war das frz. klassizist. Drama.

Götze, Kreatürliches (Mensch, Naturwesen, Ding, Machwerk u. Ä.), das als Gott verehrt wird.

Gouda [xɔuda:], niederl. Stadt nö. von Rotterdam, 67 500 E; Herst. des bek. *G.käses.*

Gould, Glenn [gu:ld], * 1932, † 1982, kanad. Pianist.

Gounod, Charles [gu'no:], * 1818, † 1893, frz. Komponist; Opern, Messen, Oratorien, Kantaten; „Faust" (auch „Margarethe").

Gourmand [gur'mã; frz.], Schlemmer.

Gourmet [gur'me:; frz.], Feinschmecker, Weinkenner.

Gouvernement [guvɛrn'mã; frz.], Reg., auch Prov., in Russland Verw.-Bez. bis 1929.

Gouverneur [guvɛr'nø:r; frz.], höchster Exekutivbeamter eines B.-Staates (USA), einer Prov. (Belgien), einer Kolonie.

Goya y Lucientes, Francisco José de ['goja i lu'θientes], * 1746, † 1828, span. Maler, Radierer, Lithograph; Bildnisse, Genre- u. Historienbilder.

Goyen (Goijen), Jan van ['xo:jə], * 1596, † 1656, niederl. Landschaftsmaler u. Radierer.

Gozzi, Carlo Gf., * 1720, † 1806, ital. Dramatiker; „Turandot".

Gozzoli, Benozzo, eigtl. B. di Lese, * 1420, † 1497, florentin. Maler der Frührenaissance.

GPS, Abk. für **G**lobal **P**ositioning **S**ystem, Funknavigationssystem aus 18 Satelliten, mit dem überall Position u. Geschwindigkeit von Land-, See- u. Luftfahrzeugen bestimmt werden kann.

GPU, Abk. für die russ. Bez. der Staatl. Polit. Verw. (= sowj. Geheimpolizei 1922–34); ↑NKWD.

Grabbe, Christian Dietrich, * 1801, † 1836, dt. Dramatiker; „Scherz, Satire, Ironie u. tiefere Bedeutung"; „Napoleon od. die hundert Tage", „Don Juan u. Faust".

Grabwespen, räuber., einzeln lebende Wespen; z. B. Sandwespen, Bienenwolf.

Gracchus ['graxus]: **1)** Gaius Sempronius, * 154 od. 153, † 121 v. Chr., röm. Politiker; sein Versuch, den italischen Bundesgenossen Bürgerrechte zu geben, führte zu inneren Unruhen; Selbstmord; **2)** Tiberius Sempronius, * 163 od. 162, † 133 v. Chr., Bruder v. 1), röm. Politiker; wollte den Großgrundbesitz beschränken u. das Land an Kleinbauern aufteilen; erschlagen.

Gracia Patricia, geb. Grace Kelly, * 1929, † 1982 (Unfall), Fürstin v. Monaco; 1949–56 Schauspielerin, heiratete 1956 Fürst Rainier III.

Grad [lat.]. **1)** rechtl. Bestimmungsbez. für Verwandtschaftsverhältnisse; **2)** ↑akad. Grade; **3)** ↑Schriftgrad; **4)** höchste Potenz, in der die Unbekannte in einer Gleichung auftritt; **5)** Einheit für [ebene] Winkel, auch als Altgrad bez.; Zeichen: °; 1° ist gleich dem 90. Teil eines rechten Winkels; 1° = 60′ (Minuten) = 3600″ (Sek.); **6)** Temperatureinheit (u. a. ↑Celsius).

Gradient [lat.], Änderung einer physikal. Größe längs einer best. Strecke.

Gradierwerk, Holzgerüst, belegt mit Reisig, über das Sole herabrieselt, dessen Salzgehalt infolge Verdunstung ansteigt; therapeut. zu Inhalationen genutzt.

Gradnetz der Erde, Netz der sich senkrecht schneidenden Längenkreise (↑Meridian) u. Breiten-(Parallel-)Kreise; dient zur Ortsbestimmung u. Orientierung auf der Erde. Die Meridiane, von Pol zu Pol, werden von dem durch ↑Greenwich laufenden Längenkreis (0°) nach O u. W bis 180° gezählt u. geben die *geograph. Länge* an; die Breitenkreise vom Äquator zu den Polen, von 0° bis 90° gezählt, geben die *geograph. Breite* (= Polhöhe) an.

graduell [frz.], grad-, stufenweise, allmählich.

graduieren, einen akad. Grad erteilen.

Graf: 1) Oskar Maria, * 1894, † 1967, dt. Schriftsteller; „Das bayr. Dekameron", „Das Leben meiner Mutter"; **2)** Steffi, * 1969, dt. Tennisspielerin; Wimbledon-Siege 1988, 1989, 1991, 1993, 1995 u. 1996; Grand Slam u. Olympiasieg 1988; **3)** Urs G. (Graff), * um 1485, † 1527 od. 1528, schweizer. Zeichner u. Holzschneider.

Graf [gr.-mlat.], urspr. kgl. Kommissar, Vertr. der kgl. Interessen in einem Verw.-Bez. (Gft.) des Königsgutes; Organisation des Heerbannes, Gerichtsbarkeit u. a. Vollmachten; s. dem 9. Jh. allm. erbl. Amt u. Adelstitel.

Grafenwöhr, St. an der Fränk. Alb, Bayern, 6900 E; Truppenübungsplatz.

Grafschaft ↑Graf, ↑County.

Grajische Alpen, stark vergletscherter Teil der Westalpen in Frkr. u. Italien; Gran Paradiso 4061m.

Gral [frz.], in der ma. Dichtung Glückseligkeit spendender Stein od. Abendmahlsschale; von den *G.srittern* auf der G.sburg behütet; meist in Verbdg. mit der Dichtung um Kg. Artus u. Parzival.

Gram-Färbung [nach dem dän. Bakteriologen *H. C. J. Gram,* * 1853, † 1938], wichtige Methode zur Charakterisierung v. Bakterien.

Gramm [gr.], Einheitenzeich. g, Einheit d. Masse; $1\,g = \frac{1}{1000}\,kg$ (↑Kilogramm).

Grammatik [gr.], Teil der Sprachwiss., der sich mit den sprachl. Formen u. deren syntakt. Funktionen beschäftigt.

Grammatom, Menge eines chem. El., die seiner relativen Atommasse in Gramm entspricht.

Grammmolekül, die Menge einer chem. Verbdg., die ihrer Molekülmasse in Gramm entspricht.

Grammophon® [gr.], Bez. für ↑Plattenspieler.

Grampian Mountains ['græmpjən 'maʊntɪnz], mittelschott. Geb., nur in tieferen Lagen Wälder; viel Moor- u. Heideland; Ben Nevis 1343m; Teil der Highlands.

Gran (ungar. Esztergom), ungar. St. an der Donau, 33000 E; Schwefelquellen, Weinbau; Maschinenbau, Elektroindustrie.

Gran [lat.], fr. dt. Apotheker- u. Edelmetallgewicht.

Granada: 1) südspan. Prov.-Hptst. in Andalusien, 269000 E; viele maur. Baudenkmäler, bes. die zinnengekrönte ↑Alhambra; bed. Kirchen; Univ.; Zuckerind.; ⚒.; **2)** nach 1) ben. maur. Reich in Südspanien, 1238–1492.

Granados y Campiña, Enrique [gra'naðɔs i kam'piɲa], * 1867, † 1916, span. Pianist u. Komponist; bed. Vertreter der neueren nat.-span. Musik.

Granat [lat.], Gruppe häuf., gesteinsbildender Mineralien; kub.; Härte 6,5–7,5; chem. Zusammensetzung, Dichte u. Farbe sehr unterschiedl.; in metamorphen Gesteinen; Schmucksteine u. a. Almandin, Grossular, Melanit, Pyrop.

Granatapfelbaum, Strauch od. kl. Baum, rot blühend, Frucht *Granatapfel;* Fruchtbaum, Zierstrauch, v. a. Mittelmeergebiet, Orient.

Granate [lat.], mit Sprengstoff gefülltes Geschoss.

Gran Canaria, eine der Kanar. Inseln, 1532 km²; Hptst. u. ⚓ Las Palmas de Gran Canaria.

Gran Chaco [-'tʃako], (Chaco), flaches östl. Andenvorland in N-Argentinien, W-Paraguay u. S-Bolivien.

Grand Canyon ['grænd 'kænjən], etwa 350 km langes, bis 1800 m tiefes, schluchtartiges Tal des Colorado im Colorado Plateau in NW-Arizona, USA.

Grande [span.], seit 1520 hoher span. Adelstitel.

Grande, Rio: 1) Quellfl. des Paraná, S-Brasilien, 1450 km; **2)** l. Nbfl. des Rio São Francisco, Brasilien, rd. 600 km; **3)** ↑Rio Grande.

Grand Prix [grã'pri:; frz.], frz. Bez. für „Gr. Preis".

Granit [ital.], körn. Tiefengestein; Hauptgemengteile: Quarz, Glimmer u. Feldspat, der die Grundfarbe bestimmt, gelegentl. Hornblende.

Granne, steife Borste an den Deckspelzen bei Gräsern; *G.nhaare,* borst. Oberhaare im Fell der Säugetiere.

Gran Paradiso, ital. Gebirgsgruppe in den Grajischen Alpen, bis 4061 m.

Gran Sasso d'Italia, Geb.-Stock im Abruzz. Apennin, im Corno Grande 2912 m.

Gransee, Krst. am Geronsee, Bbg., 5000 E. Konserven- u. Ziegeleiind. – Spätgot. Kirche Sankt Marien (15. Jh.).

Grant [grænt]: **1)** Cary, eigtl. Archibald Alexander Leach, * 1904, † 1986, amer. Filmschauspieler

Granada. *Palast Generalife*

brit. Herkunft (Abb. S. 268); **2)** Ulysses Simpson, * 1822, † 1885, amerikan. Gen., 18. Präs. der USA (1869–77; Republikaner); im Sezessionskrieg Befehlshaber der Unionstruppen.

Grandseigneur [grãsɛ'ɲœ:r], vornehmer, weltgewandter Herr.

Grand Slam ['grænd 'slæm; engl.], urspr. das Einheimsen aller Stiche beim Bridge u. a. Kartenspielen, heute Bez. für den Sieg eines Tennisspielers bei den internat. Meisterschaften von Australien, Frankreich, England u. den USA.

Granger, Stewart ['greɪndʒə], eigtl. James Lablache Stewart, * 1913, † 1993; amer. Filmschauspieler brit. Herk. (Abb. S. 268).

Granikos (heute Kocabas), Fl. in Kleinasien; am G. 334 v. Chr. Sieg Alexanders d. Gr. über die Perser.

Granulat [lat.], Substanz in Form unregelmäß. Körnchen.

Granulation [lat.]: **1)** Verzierung von Metallarbeiten durch Auflöten v. goldenen od. silbernen Körnchen; **2)** die auf der nicht gleichmäßig hellen Oberfläche der Sonne sichtb. körn. Struktur aus *Granulen,* d. h. aufsteigenden Gebilden heißen Gases von etwa 1000 km

S. Granger *(links).* **C. Grant** *(rechts)*

Durchmesser; **3)** Bildung bindegewebigen, gefäßreichen Gewebes, *G.sgewebe,* das charakteristisch ist bei Heilung von Wunden und Narben (Med.).

Grapefruit ['greıpfru:t; engl.], Frucht des G.baums; ↑auch Pampelmuse.

Graph [gr.], zeichner. Darstellung einer math. Relation, insbes. einer Funktion.

Grafik [gr.], bes. mittels der Linie, heute auch mit [Druck]farben künstler. gestaltete, vervielfältigte Blätter. I. w. S. werden auch Handzeichnungen dazu gezählt.

grafische Darstellung ↑Diagramm.

Graphit [gr.], hexagonal kristallisierende stabile Modifikation des reinen Kohlenstoffs; meist derbe, schuppige od. blättr. Massen, weich, undurchsichtig, schwarz, elektr. u. therm. gut leitend; stark färbend; vielseit. industrielle Verwendung.

Graphologie [gr.], Wiss. von der Handschrift (ihre Deutung als Ausdruck des Charakters eines Menschen).

Gräser, weltweit verbreitete, artenreiche Pflanzenfam. (Monokotyledonen); sehr raschwüchs., meist kraut., oft Rasen bildende, windblüt. Pfl.; wirtsch. bed. die Getreidearten, Zuckerrohr, Bambus.

Graslilie, Gatt. der Liliengewächse; grasähnl. Stauden mit weißen Blüten.

Grasmücken, kl. lebhafte, Insekten fressende Singvögel.

Grasnelken, Gatt. d. Bleiwurzgewächse, ausdauernde Kräuter an trockenen Standorten.

Grass, Günter, * 1927, dt. Schriftsteller; Romane „Die Blechtrommel", „Hundejahre", „Der Butt", „Die Rättin"; Bühnenstücke, Lyrik; Nobelpreis 1999.

grassieren [lat.], um sich greifen, wüten (bes. von Seuchen).

Gratian[us], Flavius, * 359, † 383 (ermordet), röm. Ks. s. 367; besiegte 378 die Alemannen bei Colmar, erhob 379 Theodosius I. auf den Thron des Ostens.

Gratifikation [lat.], freiwill. Sonderzuwendung des Arbeitgebers an den Arbeitnehmer aus bes. Anlass (z. B. Abschluss, Weihnachten, Dienstjubiläum).

gratinieren [frz.], überbacken, überkrusten.

Graubünden, größter Kt. der Schweiz, 7106 km², 182000 E (60 % sprechen Dt., 25 % Rätoroman., die übrigen Ital.), Hauptst. Chur; bed. heilklimat. Kurorte; Wintersportplätze. – *Gesch.:* In röm. Zeit Teil der Prov. Raetia prima, 536 fränk., 843 zum Ostfränk., später zum Hl. Röm. Reich; im 14./15. Jh. polit. Bünde, die sich 1497/98 der Eidgenossenschaft anschlossen. 1803 schweizer. Kt.

Graudenz ↑Grudziadz.

graue Eminenz, Bez. für „hinter den Kulissen" wirkende einflussreiche Person (v. a. Politiker).

grauer Markt, Warenverkauf unter Umgehung der Preis- od. Vertriebsbindung im Handel.

Graugans ↑Gänse.

Graupeln, Niederschlag; milch. Körner (kleiner als 5 mm ∅), aus Eiskristallen bestehend.

Graupen, enthülste u. entspitzte Gersten- od. Weizenkörner.

grave [ital.], schwer, langsam, wuchtig (𝄞).

Graves, Robert [Ranke] [greıvz], gen. Robert v. Ranke G., * 1895, † 1985, engl. Schriftsteller; u. a. „Ich, Claudius, Kaiser und Gott".

Gravidität [lat.], svw. ↑Schwangerschaft.

gravieren [frz.], Metallflächen, Stein, Elfenbein, Holz u. a. durch Einritzen mit Zeichnungen od. Schrift versehen.

gravierend [lat.], gewichtig, belastend, erschwerend.

Gravimetrie [lat.; gr.]: **1)** Gewichtsanalyse, Verfahren zur quantitat. Bestimmung von chem. El. u. Gruppen in Stoffgemischen; **2)** Messung der Schwereunterschiede an der Erdoberfläche.

Gravis [lat.] (Accent grave), Betonungszeichen (`), z. B. frz. è.

Gravität [lat.], Würde, [steife] Feierlichkeit.

Gravitation [lat.] (Massenanziehung, Schwerkraft), Eigensch. v. Massen, sich gegenseitig anzuziehen; in der klass. Mech. beschrieben durch das von Newton aus den keplerschen Gesetzen abgeleitete *newtonsche G.sgesetz:* 2 Massen m und M im Abstand r [ihrer Schwerpunkte] ziehen sich mit der längs ihrer Verbindungslinie wirkenden *G.skraft* vom Betrage $F = Gm \; M/r^2$ an. $G = 6{,}672 \cdot 10^{-11}\ \mathrm{m^3\ kg^{-1}\ s^{-2}}$ ist die *G.skonstante.* Das G.sgesetz legt u. a. die Bewegung der Planeten um die Sonne, des Mondes od. eines Satelliten um die Erde sowie die ird. Schwerkraft und die Erdbeschleunigung fest. – Die Vorstellung, dass der Raum durch Anwesenheit einer Masse M in seinen physikal. Eigenschaften verändert wird, führt zum Begriff des *G.sfeldes.* Einstein deutete in seiner allg. Relativitätstheorie die G. als Änderung der geometr. Struktur (Krümmung) des Raumes (genauer: des vierdimensionalen Raum-Zeit-Kontinuums) durch die Anwesenheit von Massen.

Gravüre [frz.], allg. Bez. für Erzeugnis der Gravierkunst (Kupfer-, Stahlstich), insbes. für die auf photomech. Wege hergest. Tiefdruckform u. den davon hergest. Druck.

Gray [greı], Einheitenzeich. Gy, gesetzliche Einheit der Energiedosis ionisierender Strahlung; 1 Gy = 1 J/kg.

Graz, Hptst. der Steiermark, Östr., an d. Mur, 232000 E; Univ., TH, Landesarchiv, Museen, got. Dom, Schloss Eggenberg (17. Jh.); vielseit. Ind.; Fremdenverkehr; ✈; v. der Pyhrnautobahn im 1987 eröffneten Plabutschtunnel (9,7 km) umgangen. – 1281 Stadt, s. dem 14. Jh. zeitw. Residenz der steir. Habsburger.

Grazien, röm. Göttinnen der Anmut, den griech. Chariten entsprechend; danach *Grazie,* Anmut.

grazil [lat.], zart, zierlich, schlank.

Gräzismus [gr.], altgriech. Spracheigentümlichkeit in einer nichtgriech. Sprache.

Great Basin ['greıt 'beısn], rund 600000 km² gr. abflussloses Gebiet in N-Nevada, USA; vorw. Wüstensteppe, reiche Erzlager.

Great Salt Lake ['greıt 'sɔ:lt 'leık], (Großer Salzsee), abflussloser flacher Salzsee in NW-Utah, USA.

Grẹco, El, eigtl. Domenikos Theotokopulos, * um 1541, † 1614, griech.-span. Maler; Hauptmeister des span. Manierismus; gr. Altarbilder, Porträts u. Landschaften.

Gréco, Juliette [gre'ko], * 1927, frz. Chansonette und Schauspielerin; Vertreterin der frz. Existenzialistengeneration der Nachkriegszeit.

Green, Julien [grin], * 1900, † 1998, frz. Schriftsteller amerikan. Herkunft; „Leviathan" (Roman), auch Dramen und Tagebücher.

Greene, Graham [gri:n], * 1904, † 1991; engl. Schriftsteller, Romane mit meist religiösem Hintergrund, „Die Kraft u. die Herrlichkeit", „Das Herz aller Dinge", „Der dritte Mann".

Greenhorn ['gri:nhɔ:n; engl.], Neuling, Grünschnabel.

Greenpeace ['gri:npi:s], internat. Umweltschutzorganisation, die seit 1971 mit oft unkonventionellen Aktionen in aller Welt gegen Umweltverschmutzung protestiert und sich für den Schutz bedrohter Tiere einsetzt.

Greenwich ['grɪnɪdʒ], St.-Bezirk von London, bek. durch die einstige, 1675 gegr. Sternwarte, deren Durchgangsinstrument den Nullmeridian der geograph. Längenzählung definiert; *G.er Zeit,* seit 1925 Weltzeit.

Greenwich Village ['grɪnɪdʒ 'vɪlɪdʒ], Künstlerviertel im St.-Bez. Manhattan, New York.

Gregor: Name v. Heiligen: **1)** G. v. Nazianz, hl., * 330, † 390, griech. Kirchenlehrer; **2) G.** v. Nyssa, hl., * um 335, † um 394, Bischof v. Nyssa; wicht. polem. (gg. Arianismus u. a.) u. dogmat. Schriften; **3) G.** v. Tours, hl., * um 538, † 594, s. 573 Bischof v. Tours; Bücher zur fränk. Gesch. („Historia Francorum").

Gregor: Päpste: **1) G. I.,** d. Gr., hl., * um 540, † 604, Papst s. 590, Kirchenvater; Neuordnung der päpstl. Domänenverw., Beginn der Germanenmission (Angelsachsen); **2) G. VII.,** hl., * um 1021, † 1085, Papst s. 1073; vorher Mönch Hildebrand; Benediktiner; profilierter Vertr. der kluniazens. Reform; kämpfte für die Vorrangstellung des Papsttums gegenüber dem Kaisertum und innere Reformen (Zölibat); Verbot von Simonie und Laieninvestitur führte zum ↑ Investiturstreit; **3) G. IX.,** * um 1170, † 1241, Papst s. 1227; Gegner Ks. Friedrichs II.; Förderer der Bettelorden, führte die Inquisition ein; **4) G. XIII.,** * 1502, † 1585, Papst s. 1572; förderte die Gegenreformation, führte 1582 den gregorian. Kalender ein.

El Greco. *Die Eröffnung des siebten Siegels (um 1613)*

gregorianischer Gesang, einstimm. Choral der kath. Liturgie, ben. nach Papst Gregor I.

gregorianischer Kalender ↑ Kalender 1).

Greif, geflügeltes Fabeltier mit Adlerkopf und Löwenkörper.

Greifswald, Krst. in Vorpommern, nahe dem *G.er Bodden,* Mckbg.-Vorp., 63 500 E; Univ., ma. Bauwerke, Renaissancegiebelhäuser; Masch.- u. Textilind.; Kernkraftwerk bei Lubmin am G.er Bodden. – G. wurde 1278 Hansestadt; 1648–1815 schwedisch.

Greifvögel (Tagraubvögel), kosmopolit. Ordnung tagaktiver, sich tier. ernährender Vögel mit Hakenschnabel u. kräftigen, gekrümmten Krallen; Neuweltgeier, Sekretäre, Habichtartige, Falken.

Greisenhaupt, Säulenkaktus mit langen weißen Borstenhaaren.

Greiz, Krst. im Vogtland, Thüringen, 30 500 E; Oberes (um 1700) u. Unteres (19. Jh.) Schloss; Ing.-Schule; Papiermuseum; Textil- und Metallindustrie.

Grẹmium [lat.], Ausschuss, Körperschaft.

Grenada [grə'neɪdə], Staat im Bereich der Westind. Inseln, umfasst die Hauptinsel G. u. einen Teil der Grenadine Islands. – 1498 von Kolumbus entdeckt, seit 1674 frz., s. 1762/63 brit., 1967 Mitgl. der Westind. Assoziierten Staaten, unabhängig seit 1974, 1983 karib.-amer. Intervention; Mitgl. des Commonwealth.

Grenadier [frz.], urspr. mit Handgranaten ausgerüsteter Soldat, später svw. Infanterist.

Grenadịll, Holz des in Afrika heim. Grenadillbaums; Drechselholz, u. a. für Holzblasinstrumente.

Grẹnchen, schweizer. Bez.-Hauptort im Kanton Solothurn, 17 000 E; Uhrenindustrie.

Grenoble [grə'nɔbl], Hptst. des südostfrz. Dep. Isère, 151 000 E; Univ., Kathedr. (12./13. Jh.); Handschuh-, Lebensmittel-, Metall-, Elektro-, Baustoff-, Masch.-Ind.

Grenzwert (Limes), Zeichen lim, wicht. math. Begriff; der Wert *x,*

Grenada

Fläche: 344 km²
Einwohner: (1995) 92 000
Hauptstadt: Saint George's
Amtssprache: Englisch
Zeitzone: MEZ – 5 Stunden

Griechenland

Fläche: 131 957 km²
Einwohner: (1995) 10,45 Mill.
Hauptstadt: Athen
Amtssprache: Neugriechisch
Zeitzone: MEZ + 1 Stunde

gg. den eine unendl. Folge reeller Zahlen $\{x_n\}$ konvergiert (d. h.: bei genügend gr. n unterscheiden sich die x_n beliebig wenig von x); Schreibweise: $\lim x_n = x$. $\lim n \to \infty$.

Gretna Green ['gretnə 'gri:n], schott. Dorf an der engl. Grenze; bek. als Ort für Eheschließungen Minderjähriger ohne elterl. Zustimmung (bis 1969) vor dem Dorfschmied (Friedensrichter).

Greven, St. an der Ems, NRW, 33 200 E; eines der Zentren des münsterländ. Textilbezirks.

Grevenbroich [-'bro:x], St. an der unteren Erft, NRW, 63 600 E; Konserven-, Textil- u. Metallind.; Braunkohlentagebau, Großkraftwerk, Aluminiumwerke.

Greyerz (frz. Gruyères), westschweizer. Gem., Kt. Freiburg, 1 300 E; Herst. v. *G.er Käse.*

Greyhound ['greɪhaʊnd; engl.], **1)** bis 76 cm gr., kurzhaariger Windhund; **2)** in den USA ugs. für Überlandbus, benannt nach dem Omnibusunternehmen *G. Corporation.*

Griechenland, Rep. im S der Balkanhalbinsel; Bev. rd. 95 % Griechen; nat. Minderheiten wie Makedonier, Türken, Albaner u. a.; Religion 98 % griech.-orthodox. – Zahlr. Inseln; stark gegliederte Küsten; sehr gebirgig, die Beckenzonen bilden den Lebensraum für die Bev.; Klima u. Vegetation mediterran. 27 % der Gesamtbodenfläche land- und forstwirtsch. genutzt; die wichtigsten Ackerbaugebiete: Thessalien u. Euböa. Export: Tabak (bes. in Thrakien und Makedonien) u. Olivenöl (bes. an der Küste des Peloponnes), ferner Wein, Korinthen, Sultaninen, Zitrusfrüchte und Baumwolle. Wiesen- u. Weideland (extensive Ziegen- u. Schafzucht) nehmen 39 % der Gesamtfläche ein. Außerdem Fischerei, reger Handel (Haupthafen Piräus) u. Fremdenverkehr; Gewinnung von Marmor, Schmirgel, Bauxit, Eisen- u. einigen anderen Erzen sowie chem. Nahrungsmittel- u. Textilind. (Wolle, Baumwolle, Kunstseide, Teppiche). – *Gesch.:* Die Eroberung Konstantinopels durch die Türken (1453) brachte das Ende des Byzantin. Reiches; G. wurde bis 1461 vollst. türk.; Freiheitskrieg 1821 bis 1829; Anerkennung der Unabhängigkeit G.s durch das Londoner Protokoll v. 1830; 1832 Kgr. (Kg. Otto I.). In den Balkankriegen 1912/13 u. a. Erwerbung von Kreta u. Teilen Makedoniens. Im 1. Weltkrieg anfangs neutral, dann aufseiten der Entente; Erwerb von S-Makedonien, S-Thrakien. 1922 Verlust Smyrnas u. O-Thrakiens im Krieg gg. die Türkei. 1924–35 Rep., 1940 Angriff Italiens, 1941–44 dt.-ital.-bulgar. Besetzung, 1942–49 Bürgerkrieg; 1946 Rückkehr Georgs II. auf den Thron; 1967–74 Militärdiktatur; 1973 Abschaffung der Monarchie; seit Juli 1974 Rückkehr zu demokrat. Verhältnissen; Mitgl. der EU, UN, der NATO u. des Balkanpaktes.

griechische Geschichte, beginnt mit der Einwanderung idgm. Stämme am Ende des Frühhelladikums (1900 vor Chr.). Allm. Mischung mit der mediterranen, voridgm. Bev. Um 1600 v. Chr. Entw. der myken. Kultur unter starkem Einfluss der minoischen Kultur (Knossos, Phaistos); Machtzentren: Mykenä u. Tiryns. Um 1400 v. Chr. Eroberung Kretas durch die Achäer. – Um 1100–900 dor. Wanderung, dadurch Verstärkung des idgm. Bev.-Elements; die Dorier unterwarfen Argolis, Lakonien u. Messenien, besiedelten dann die südl. Kykladen u. Sporaden bis Rhodos u. den S der kleinasiat. W-Küste; die NW-Griechen saßen in Thessalien, N- und M-Griechenland; die Ionier blieben beschränkt auf Attika u. Euböa, zu ihrem Siedlungsbereich gehörten Chios, Samos u. die kleinasiat. Küste nördl. von Milet. Im 10./9. Jh. Aufsplitterung der Stammesverbände, begünstigt durch die starke Gliederung der griech. Ldsch. Verfall des Königtums. Übergang zur Aristokratie. Seit dem 8. Jh. Aufkommen der Polis; wirtsch. Wandlungen u. gesellschaftl. Änderungen brachten eine Krise des Adelsstaates mit sich. Forderungen nach polit. Gleichberechtigung führten zur Tyrannis. Im 8.–6. Jh. Kolonisation in Sizilien, M- u. Unteritalien, an der Rhonemündung, auf Korsika u. an den Küsten des Schwarzen Meeres. – *Sparta* wurde nach der Eroberung Messeniens (8. Jh.) u. der Herausbildung des Peloponnes. Bundes im 6. Jh. als konservativ-aristokrat. Mil.-Staat zur griech. Vormacht. – *Athen* entwickelte sich vom Adels- (7. Jh.) zum Rechtsstaat mit Rechtsgleichheit aller Bürger (Reformen Solons) u. unter Kleisthenes zum wirkl. Volksstaat, zur Demokratie. – Nach Niederwerfung des ion. Aufstandes (500–494) Versuche der Perser, Griechenland zu unterwerfen. Darius I. scheiterte 490 bei Marathon, Xerxes 480 bei Salamis, 479 pers. Niederlage bei Platää. Gleichzeitig Sieg der Griechen Siziliens über die Karthager bei Himera. Rivalität zw. Sparta u. der Seemacht Athen (477 Gründung des Att.-Del. Seebundes), die den Kampf gg. die Perser allein weiterführte u. 448 beendete. Blüte der att. Demokratie unter Perikles; das perikleische Zeitalter brachte Höhepunkte der bildenden Kunst, der Dichtung, der Philos. (Sokrates) und Wiss. (Herodot, Thukydides). Der Peloponnes. Krieg endete mit der völligen Niederlage Athens, doch konnte Sparta seine Hegemonie trotz pers. Unterstützung nicht halten; Königsfriede (387/386), Höhept. der pers. Macht in Griechenland. Auch der Versuch Thebens, die Griechen zu einigen, misslang. Nach der Eroberung Griechenlands durch Philipp II. von Makedonien (Chaironeia, 338) schuf Alexander d. Gr. mit der Eroberung Persiens ein Weltreich. Aus den Kämpfen der Diadochen ging Makedonien mit Griechenland unter den Antigoniden (277–168) als einer der drei Nachfolgestaaten hervor. Nach dem Sieg Roms über Makedonien (Kynoskephalai, 197) wurden die Griechen von den Römern 196 für frei erklärt; 186 v. Chr. Niederlage der Makedonen bei Pydna; Ende der polit. Selbstständigkeit der Griechen, Griechenland wurde röm. Provinz; ↑auch röm. Geschichte, ↑Byzantinisches Reich, ↑Griechenland.

griechische Kunst, die Kunst der Griechen etwa vom 11. bis 1. Jh. vor Chr. *Geometrische Kunst* (1000–700): erste griech. Kunstäußerung, in der bereits d. Keime der Klassik liegen; bes. Keramik mit geometr. Ornamentik; *Archaik*

griechische Kunst. *Poseidon, Apollon und Artemis, Teil des Relieffrieses von der Ostseite des Parthenon (um 440 v. Chr.; links); Niketempel auf der Akropolis von Athen (Ende des 5. Jh. v. Chr.; rechts)*

(700–480): Es entstanden der dor. Tempel (Korfu, Athen, Selinus, Ägina), der ion. Tempel (Heraion v. Samos, Artemision v. Ephesus) und die monumentale Statue (Göttin v. Auxerre). Einfluss des Orients, bes. in der Vasenmalerei (orientalisierende oder dädal. Kunst, 7. Jh. v. Chr.), v. a. korinth. und rhod. Gefäße (protokorinth. Stil, Tierfriese). Kuroi (stehende nackte Jünglinge) und Koren (Mädchenfiguren, z. B. der Akropolis), meist Weih- oder Grabstatuen, auch Grabstelen. Entw. der Bauplastik: Giebel (Korfu, Athen, Ägina), Friese, Metopen. In Athen Blüte der schwarzfigur. (Exekias) u. rotfigur. (etwa s. 530: Andokides-Maler, Epiktet, Euphronios) Vasenmalerei. *Klassik:* In der frühklass. Kunst (strenger Stil: 480–450) Betonung des Einfachen, Schlichten, Organischen. Hauptwerk: Zeustempel v. Olympia (470–456; mit Skulpturen d. Giebel u. Metopen); originale Bronzewerke: Wagenlenker v. Delphi, Gott v. Kap Artemision. Von der Malerei nichts erh. (Nachklang in der Vasenmalerei). Hochklass. Kunst (450–400): höchste Blüte im perikleischen Athen u. damit der g.n K. überhaupt; Harmonie u. Schönheit (Kontrapost); Parthenon, Propyläen, Niketempel, Erechtheion; drei gr. Erzbildner: Myron, Polyklet u. Phidias; Skulpturenzyklen: Parthenon (Metopen, Friese, Giebel), Phigalia, Nikebalustrade; Vasenmalerei: Lekythen; reicher Stil (Meidias). Spätklassische Kunst (400 bis 330): Verinnerlichung; Bildhauer: Kephisodot, Praxiteles, Leochares, Skopas, Lysipp; Maler: Apelles, Nikias, Philoxenos (Alexanderschlacht). Große Tempel, Theater u. Mausoleen in Ephesus, Epidauros, Didyma, Halikarnassos. *Hellenistische Kunst* (330–1. Jh. v. Chr.): „barockes" Pathos, verbunden mit realist. Zügen; gr. Burg-, Stadt- u. Marktanlagen, Bibliotheken u. Gymnasien in Pergamon, Priene, Alexandria, Ephesus u. Delos. Bed. Plastik: Pergamonaltar mit gr. Fries (um 180), Nike v. Samothrake (um 180), Venus von Milo (um 130), Laokoongruppe (um 50 v. Chr.). Übergreifen der hellenist. Kunst auf Rom.

griechische Literatur, die Lit. der antiken Griechen bis zum 3. Jh. n. Chr.; fahrende Sänger an ion. Fürstenhöfen schufen das hexametr. Epos, als dessen Vollendung im 8. Jh. v. Chr. „Ilias" u. „Odyssee" entstanden. Sie u. weitere Heldenlieder vom Kampf um Troja wurden Homer zugeschrieben. Der Böotier Hesiod verwendete den ep. Hexameter für seine Lehrgedichte, deren Themen das bäuerl. Leben u. die Entstehung der Götter sind; erstmals wird Persönliches ausgesprochen. Das 7. Jh. bringt die Elegie (Tyrtäus' Kampfgesänge, Mimnermos' Liebeslieder, Solons polit. Gedichte), den Jambus (Archilochos) u. das lyr. Einzellied (Sappho, Alkäus); Neubelebung des alten Chorgesangs (Alkman, Stesichoros), der im 6. Jh. mit Pindar u. Bakchylides ausklang. Zur selben Zeit traten die frühesten Naturphilosophen (Anaximander, Heraklit) als erste Prosaiker auf; Parmenides u. Empedokles bevorzugten wieder den Hexameter. Hekatäus führte um 500 die Historie ein; ihm folgte als Schilderer der Perserkriege u. ihrer Vorgeschichte Herodot. Er wirkte lange in Athen, das im 5. Jh. die Blüte der Tragödie (Äschylos, Sophokles, Euripides) und Komödie (Aristophanes), der Sophistik und der pragmat. Geschichtsschreibung (Thukydides) erlebte. Nach Athens Zusammenbruch im Peloponnes. Krieg kam der Prosa noch mehr Bedeutung zu: Redner u. Lehrer der Beredsamkeit (Lysias, Isokrates, Demosthenes) beeinflussten griech. Politik u. Lit.; die Sokratesschüler Platon u. Xenophon führten den Dialog als literar. Form ein, die Peripatetiker Aristoteles u. Theophrast übertrugen den Vorlesungsstil in ihre Abhandlungen. Auch die Schulen Epikurs u. Zenos waren literar. fruchtbar, daneben histor. Schriften von Xenophon, Ephoros u. Theopompos. Mit Menander, Philemon u. Diphilos erhob sich die Typenkomödie (neuere Komödie) zu hoher Blüte. Im 3. Jh. wurde Alexandria literar. Mittelpt. Dort wirkten als Dichter u. Gelehrte Kallimachos, Theokrit u. Aratos sowie der Epiker Apollonios von Rhodos. Die Klein-

griechische Kunst. *Attische Deckelbüchse (1. Hälfte des 8. Jh. v. Chr.)*

formen des Epigramms u. des Mimos (Herodas) skizzieren Alltagsszenen, die Fachwiss. (Eratosthenes) zeigen Tiefe u. Weite der alexandrin. Forschung. Die Historiographie des 2. u. 1. Jh. v. Chr. (Polybios, Diodor, Dionysios), die Stoiker Panaitios u. Poseidonios u. der Geograph Strabo standen schon unter dem Einfluss Roms, dessen Lit. sich nun über die griech. erhob. Im 2. Jh. n. Chr. ist Plutarch als moralisierender Historiker u. Pädagoge neben dem Stoiker Epiktet zu nennen, dazu der Arzt Galen, der Astronom Ptolemäus u. Pausanias mit seiner Beschreibung Griechenlands. Grammatiker traten als Kommentatoren und Stoffsammler auf, die Satire (Lukian) u. der Roman wurden beliebte literar. Gattungen. Die Krise Roms im 3. Jh. erlebten der Historiker Cassius Dio u. der Neuplatoniker Plotin; eine Nachblüte griech. Rhetorik u. Philosophie in Konstantinopel, wo christl. Einflüsse sich jedoch verstärkten; Mönche waren bis zum Ende des Byzantin. Reiches als Annalisten und Hofdichter tätig; ↑auch neugriech. Literatur.

griechische Mythologie und Religion, Religion der Griechen der Antike; eng an die Mythol. gebunden; undogmat. Glaube, bezeugt v. a. durch die Epen Homers, die homer. Hymnen u. Hesiods „Theogonie". – Vertiefung u. Variierung der Göttervorstellung durch die griech. Dichter, v. a. durch Pindar, Äschylos u. Sophokles (über den Göttern steht als höchste, schicksalkund. Macht die Moira). Kult als Teil des staatl. Lebens: Befragung der Orakel vor polit. Entscheidungen (Delphi); gr. Opferfeste mit Prozession, singenden u. tanzenden Chören, mus. und sportl. Wettkämpfen; neben dem offiz. Kultus die Eleusinischen Mysterien u. die Orphik.

Griechisches Alphabet

Buchstabe	Name	Lautwert
Α α	Alpha	a
Β β	Beta	b
Γ γ	Gamma	g
Δ δ	Delta	d
Ε ε	Epsilon	e̜
Ζ ζ	Zeta	z
Η η	Eta	e̱
Θ ϑ	Theta	th
Ι ι	Jota	i
Κ κ	Kappa	k
Λ λ	Lambda	l
Μ μ	My	m
Ν ν	Ny	n
Ξ ξ	Xi	x
Ο ο	Omikron	o
Π π	Pi	p
Ρ ϱ	Rho	r(h)
Σ σ, ς	Sigma	s
Τ τ	Tau	t
Υ υ	Ypsilon	y
Φ φ	Phi	ph
Χ χ	Chi	ch
Ψ ψ	Psi	ps
Ω ω	Omega	o̱

griechische Schrift, die vom phönik. Alphabet spätestens im 9. Jh. v. Chr. entlehnte Schrift der Griechen; Übernahme phönik. Konsonantenzeichen für fehlende Vokalzeichen.

griechische Sprache, Spr. der Griechen in der Antike, selbst. Zweig der idgm. Sprachenfam.; schriftl. Überlieferung seit dem 8. (?) Jh. v. Chr. Drei Hauptdialekte: das Ionisch-Attische, das Äolische, das Dorische; ↑auch Neugriechisch.

griechisch-orthodoxe Kirche, die orth. Kirche Griechenlands, eine der ↑orientalischen Kirchen.

griechisch-römisches Ringen ↑Ringen.

Grieg, Edvard, * 1843, † 1907, norweg. Komponist; Spätromantiker; Bühnenmusik zu Ibsens „Peer Gynt", Kammermusik, Klavierwerke.

Grien ↑Baldung, Hans.

Grieshaber, HAP (H[elmut] A[ndreas] P[aul]), * 1909, † 1981, dt. Maler und Grafiker.

Grieß, kleinkörnig gemahlener Weizen, Reis oder Mais.

Griffel, stielart. Verlängerung des Fruchtknotens bei Pfl., trägt die Narbe.

Griffith, Arthur ['grɪfɪθ], * 1871, † 1922, ir. Politiker; erreichte 1921 die Errichtung des Ir. Freistaates; 1922 1. Premiermin.

Grillen, Fam. der Geradflügler; meist in wärmeren Gebieten; einheim.: Heimchen oder Hausgrille und Feldgrille; artspezif. „Gesang" (Zirpen).

Grillparzer, Franz, * 1791, † 1872, östr. Dichter; Dramen „Sappho", „Das goldene Vließ" (Tril.), „Kg. Ottokars Glück u. Ende", „Weh dem, der lügt", „Des Meeres u. der Liebe Wellen"; Novelle „Der arme Spielmann"; Autobiographie.

Grimaldi, genues. Adelsgeschlecht, s. dem 13. Jh. Herren, dann Fürsten von Monaco.

Grimm: 1) Jacob, * 1785, † 1863, dt. Sprachwissenschaftler; Begr. der Germanistik, mit seinem Bruder Wilhelm Hg. der Slg. „Kinder- u. Hausmärchen" u. der „Dt. Sagen"; der „Dt. Grammatik", der „Dt. Mythol." sowie des „Dt. Wörterbuchs"; **2)** Wilhelm, * 1786, † 1859, dt. Germanist; Ausgaben mhd. Dichtungen u. Zusammenarbeit mit seinem Bruder Jacob.

Grimmelshausen, Johann (Hans) Jakob Christoffel v., * um 1622, † 1676, dt. Dichter des Barock; „Der Abenteuerl. Simplicissimus Teutsch", Darst. eines abenteuerl. Lebens während des Dreißigjähr. Krieges.

Grimsby, s. 1979 Great G., ostengl. Hafenst. am Ausgang des Humber, 92 100 E; größter brit. Fischerei-⚓.

Grimsel (G.pass), schweizer. Pass v. Haslital ins ob. Rhonetal, 2 165 m.

Grindelwald, schweizer. Höhenluftkurort u. Wintersportplatz im Berner Oberland, rd. 1 040 m ü. d. M., 4 000 E.

Gringo [span.], verächtl. Bez. für einen Nichtromanen im Span. sprechenden Amerika.

grippaler Infekt, Sammel-Bez. für oft durch Viren verursachte fieberhafte Allgemeinerkrankungen (Beteiligung der oberen Luftwege).

Grippe [frz.] (Influenza), Virusinfektionskrankheit mit Fieber, Gliederschmerzen, Katarrh der oberen Luftwege u. a., oft epidem.; *asiat G.* durch eine Abart des G.virus A.

Gripsholm, schwed. Schloss am Mälarsee (1537 ff.).

Gris, Juan, eigtl. José Victoriano Gonzáles, * 1887, † 1927, span. Maler; mit Picasso u. Braque Begründer des Kubismus; meisterhafte Stillleben.

Grislibär [engl.], Unterart des Braunbären, bis 2,50 m lang; Nordamerika.

Grock, eigtl. Adrian Wettach, * 1880, † 1959, schweizer. Clown.

Groden [niederdt.], deichreifes oder eingedeichtes Marschland. Ein hinter dem Hauptdeich liegender Binnen-G. wird auch *Polder* oder *Koog,* ein vor ihm liegender Außen-G. *Heller* genannt.

Grödner Tal (Ital. Val Gardena), Talldsch. in Südtirol, Italien, mit den Zentren Sankt Ulrich und Wolkenstein; Ladin. sprechende Bev., Holzschnitzkunst, Fremdenverkehr; obh. das *Grödner Joch,* Pass in den Dolomiten (2 137 m ü. d. M.).

Grodno, St. an der mittl. Memel, Weißrussland, 284 800 E; Univ.; vielseitige Industrie.

Groener, Wilhelm, * 1867, † 1939, dt. Gen. u. Politiker, 1928–32 Wehr-, war 1931/32 auch Innenminister.

Großbritannien und Nordirland

Fläche: 244 100 km^2
Einwohner: (1995) 58,39 Mill.
Hauptstadt: London
Amtssprache: Englisch
Zeitzone: MEZ −1 Stunde

Grog [engl.], heißes Getränk aus Rum (od. Arrak, Weinbrand), Zucker u. Wasser.

Gromyko, Andrei Andrejewitsch, * 1909, † 1989 sowj. Politiker; 1957–85 Außenmin.; s. 1973 Mitgl. des Politbüros des ZK der KPdSU, 1985–88 Staatsoberhaupt.

Gronau (Westf.), St. in NRW, 43 500 E; Textilindustrie.

Groningen, Prov.-Hptst. in den nördl. Niederlanden, 170 000 E; Univ.; chem., Textil-, Masch.-, Elektro-, Papier- u. a. Industrie; ✈.

Grönland, größte Insel der Erde, im N-Atlantik, zum arkt. Nordamerika gerechnet, 2 175 600 km^2, 55 500 E; Hptst. Godthåb (Nuuk); stark gegliederte Küste, Inlandeismasse (bis 3 500 m Dicke) bedeckt 1,83 Mill. km^2, W-Küste südl. 75° n. Br. eisfrei; an der Diskobucht, im Jameson- u. Pearyland Tundravegetation. *Tierwelt:* Eisbär, Moschusochse, Ren, Polarfuchs, Vögel, Robben; *Bev.:* meist Eskimo u. Mischlinge. *Wirtsch.:* Schafzucht, Fischerei; Kryolith, Steinkohle. – Um 900 von Normannen entdeckt, s. 1261 unter norweg. Oberhoheit, s. 1721 dän. Niederlassungen; s. 1953 gleichberechtigter Teil Dänemarks; s. 1979 innere Autonomie.

Gropius, Walter, * 1883, † 1969, dt. Architekt; 1919–28 Dir. des ↑Bauhauses in Dessau; s. 1937 in den USA; Bauten in Berlin, Stuttgart, Cambridge (Mass.).

Gros [*gro;* frz.], Hauptmasse.

Gros [niederl.], 12 Dutzend = 144 Stück.

Groschen, fr. dt. Silbermünze, heute ugs. für Zehnpfennigstück.

Großbritannien, i. e. S. die großbritann. Hauptinsel zw. Atlantik, Ir. See, Kanal u. Nordsee, mit 219 805 km^2 größte Insel Europas.

Großbritannien und Nordirland (Vereinigtes Kgr. G. u. N.), parlamentar. Monarchie in NW-Europa (ohne Kanalinseln und Insel Man, die eigene gesetzgebende Einrichtungen haben); Bev.: Engländer, Schotten, Waliser, Iren. *Religion:* hpts. Protestanten (in England anglikan., in Schottland presbyterian.), Freikirchen, daneben rund 5 Mill. Katholiken (bes. in Nordirland); G. u. N. ist polit. gegliedert in England (S u. Mitte), Wales (zw. Bristolkanal und Ir. See), Schottland (N) u. Nordirland. – *Klima:* milde Winter, kühle Sommer, viele Niederschläge. – *Wirtsch.:* Von der Gesamtfläche rd. 30 % ackerbaul. (einschl. Baumkulturen), 47 % durch Viehzucht genutzt, nur 8 % Wälder, Anbauerzeugnisse hpts. Futterpflanzen, Kartoffeln, Zuckerrüben, Rüben, Weizen, Gerste, Hafer; in der Weidewirtsch. v. a. Schafzucht, dann Rinder- und Schweinezucht; berühmt die Pferdezucht; ertragreicher Fischfang. Wichtigster Wirtschaftszweig die Ind., Zweige: Hüttenind., Maschinen-, Fahrzeug-, Schiff-, Flugzeugbau, Rüstungs-, chem., Papier-, Nahrungsmittelind.; v. bes. Bed. Textil- u. Brauind.; an Bodenschätzen nur Steinkohle. – *Verkehr:* zahlr. ausgezeichnete Naturhäfen; ein Zentrum des Weltverkehrs, bes. des Überseeschiffs- u. -luftverkehrs. Straßen u. Eisenbahnnetz bes. in England u. S-Schottland dicht. – *Geschichte:* im Altertum von kelt. Stämmen (darunter die Briten) bewohnt; 55 v. Chr. Landung Cäsars in Britannien; 43 n. Chr. der SO-Teil Englands röm. Prov. Im 5./6. Jh. Einwanderung der Angeln, Jüten u. Sachsen in England. Unter Papst Gregor I. Beginn der Christianisierung. Alfred d. Gr. festigte das aus 7 ags. Kgr. gebildete Reich. 1016 bis 1042 dän. Herrschaft in England (Knut d. Gr. u. seine Söhne). Nach dem Sieg Wilhelms d. Eroberers bei Hastings (1066) Beginn der Normannenherrschaft. Heinrich II. beherrschte als bedeutendster Kg. Englands im MA auch gr. Teile von Frkr. als frz. Lehen. Unter Johann ohne Land Verlust des größten Teiles der Besitzungen in Frkr.; 1215 Magna Charta [Libertatum]. Im 13. Jh. Ausbildung des Parlaments. Im Hundertjähr. Krieg Verlust aller Festlandbesitzungen außer Calais. 1455–85 Rosenkriege zwischen den Häusern Lancaster u. York. Heinrich VIII. brach mit Rom u. machte sich zum Oberhaupt der engl. Kirche. Unter Eduard VI. und Elisabeth I. Ausbildung der anglikan. Kirche. Aufblühen von Handel u. Schifffahrt, Erweiterung u. Festigung der engl. Macht (Hinrichtung Maria Stuarts, Vernichtung der span. Armada 1588, Unterwerfung Irlands) u. Entwicklung zur Kolonialmacht (Gründung Virginias, Ostind. Kompanie). 1603–1714 Haus Stuart. Jakob I. vereinigte England, Schottland und Irland in Personalunion als Kg. von Großbrit. u. Irland. 1605 Pulververschwörung, Bürgerkrieg, 1649 Hinrichtung Karls I., 1649–60 England Rep. (O. Cromwell), 1660 Wiederherst. des Königtums, Testakte, Habeaskorpusakte; 1688 Wilhelm von Oranien nach England berufen, Jakob II. abgesetzt („glorreiche" Revolution), 1689 Bill of Rights (Grundlage des parlamentar. Königtums). 1707 Vereinigung von England u. Schottland zum Kgr. Großbrit. 1714 mit Hannover in Personalunion vereinigt. Im Siebenjähr. Krieg Erweiterung des Kolonialbesitzes (1763 Kanada u. Louisiana, östl. des Mississippi, von Frkr., Florida von Spanien an Großbrit.), gleichzeitig Eroberung O-Indiens; damit stärkste Kolonial- u. Wirtsch.-Macht der Erde. Loslösung der nordamer. Kolonien (außer Kanada) im Unabhängigkeitskrieg (1775–83). 1801 „Vereinigtes Kgr. Großbrit. u. Irland". Im Kampf gg. das revolutionäre Frkr. u. Napoleon I. Gewinn v. Malta, Ceylon, Malakka, Kapland, Mauritius, Trinidad u. Helgoland. Sicherung d. engl. Seeherrschaft durch die Siege von Abukir u. Trafalgar. Im 19. Jh. weitere Liberalisierung u. Demokratisierung (Gleichberechtigung der Katholiken 1829; Abschaffung der Sklaverei; Freihandel). Im Zeitalter der beginnenden industriellen Revolution Übergang zur großkapitalist. Wirtsch.; 1837 Ende der Personalunion mit Hannover. Unter Gladstone u. Disraeli innere Reformen (Wahlrechtserweiterung); Bildung von Gewerkschaften, Außenpol. der „Splendid Isolation" u. Wahrung des Gleichgewichts der Kräfte; Ausbau des Kolonialreiches. Der brit. Imperialismus verschärfte den Ggs. zu Frkr. (Faschoda); 1899–1902 Burenkrieg. Ausgleich mit Dtl. scheitert (Krüger-Depesche, Tirpitz' Flottenpol.). Aufgabe der „Splendid Isolation": 1902 Bündnis mit Japan, 1904 Entente cordiale mit Frkr., 1907 einschl. Russlands. Der

Sieg im 1. Weltkrieg über die Mittelmächte u. der Gewinn von Völkerbundsmandaten ging mit der Auflockerung des Weltreichs einher. Umwandlung des *Empire* in das *Commonwealth.* S-Irland erhielt 1921 Dominionstatus. Zw. den Weltkriegen Ausgleichspol. Großbrit. zw. Frkr. und Dtl. Schwere Wirtschaftsdepression 1929, Abwendung vom Goldstandard. Zunehmende Rüstungsvorbereitungen in Dtl. führten zur Bildung der Stresa-Front (1935) mit Frkr. u. Italien; dennoch Flottenabkommen mit Dtl. Nach Annexion der ČSR durch Hitler Rüstungsverstärkung u. Garantieerklärungen für Polen, Griechenland u. Rumänien; Pol. der Koalitionsbildung gg. Dtl. Nach fehlgeschlagenen Ausgleichsversuchen von Chamberlain 1939 Kriegserklärung an Dtl.; kurz danach folgten die Dominions; Irland neutral. Bildung eines Kriegs-, seit Mai 1940 eines Koalitionskabinetts unter W. Churchill. Im 2. Weltkrieg u. nach 1945 weitere Auflösung des Brit. Reiches. 1949 S-Irland unabhängig. Innenpolit. bed. das groß angelegte Sozialisierungs- und Verstaatlichungsprogramm (bes. unter Attlee 1945–51). Nach dem Sieg der Konservativen unter Churchill Beginn der Reprivatisierung der Wirtsch.; 1955 Rücktritt Churchills; Nachf. Eden; 1957–63 Macmillan, 1963/64 Douglas-Home, 1964–70 Wilson, 1970–74 Heath, 1974–76 Wilson, 1976–79 Callaghan Premierminister. Seit 1969 bürgerkriegsähnl. Unruhen in N-Irland, 1972 Übernahme der direkten Reg.-Gewalt durch die brit. Reg. Unter der konservativen Reg. M. Thatcher (1979–90) restriktive Wirtschafts- u. Währungspol. zur Überwindung d. Rezession, unter der Reg. J. Major (1990–97) gelokkert u. Hinwendung zu Europa; die Reg. T. Blair (Labour Party, seit 1997) aktivierte die brit. Rolle in der EU. Lösung des Rhodesienkonflikts (1979) u. Rückeroberung der Falklandinseln (1982). Staatsoberhaupt ist s. 1952 Kgn. Elisabeth II. – Mitgl. von UN, NATO, EU, Europarat, OECD.

Großdeutsche, Mitglieder der Frankfurter Nat.-Vers. (1848/49), die eine Einigung Dtl. unter Einschluss Östr. anstrebten.

Großdeutsches Reich, in nat.-soz. Zeit Bez. für das ↑Dt. Reich nach dem Anschluss Österreichs 1938 (bis 1945).

Größe (physikal. Größe), Bez. für einen Begriff, der eine qualitative Aussage über ein messbares Einzelmerkmal eines physikal. Sachverhalts, eines physikal. Objektes oder eines physikal. Phänomens enthält; physikal. G.n bezeichnen also Eigensch. oder Merkmale, die sich quantitativ erfassen lassen.

Große Mauer, svw. ↑Chinesische Mauer.

Größenordnung, ungefähr angegebener Zahlenbereich (meist als Zehnerpotenz), in dem die Maßzahl einer Größe liegt.

Großer Bär, svw. ↑Ursa Maior.

Großer Belt, dän. Meeresstr. in der Ostsee, zw. Fünen u. Seeland.

Großer Feldberg, höchste Erhebung des Taunus, 878 m.

Großer Hund, svw. ↑Canis Maior.

Großer Kaukasus, Geb. zw. Schwarzem u. Kasp. Meer, über 1 100 km lang, bis 180 km breit, im Elbrus 5 633 m. Südl. davon der *Kl. Kaukasus,* der zum Hochland von Armenien gehört.

Großer Kurfürst ↑Friedrich Wilhelm, Krfst. v. Brandenburg.

Großer Preis (Grand Prix), im Automobilsport Bez. für einen Formel-1-Wertungslauf.

Großer Rat, parlamentar. Vertretungskörperschaft der schweizer. Kt. (auch *Kantonsrat, Landrat*).

Großer Salzsee ↑Great Salt Lake.

Großer Sankt Bernhard, Pass in den Westalpen, vom Aostatal (Italien) ins Rhonetal (Schweiz), 2 469 m ü. d. M.; Straßentunnel (5,8 km, 1964 eröffnet).

Großer Wagen, svw. ↑Ursa Maior.

Große Seen, fünf zusammenhängende Seen im Grenzbereich Kanada–USA: Oberer, Michigan-, Huron-, Erie- u. Ontariosee, zus. 246 500 km²; zw. Erie- u. Ontariosee die Niagarafälle; lebhafter Schiffsverkehr, durch den St.-Lorenz-Seeweg für die Hochseeschifffahrt erschlossen (bis 10 000 t).

Großes Ungarisches Tiefland (Niederungar. Tiefland; Alföld), Großldsch. zw. Donau, Unterlauf der Save u. Karpaten; hpts. zu Ungarn, Rumänien, Serbien.

Großfürst, Herrschertitel, v. a. Titel der russ. Herrscher bis zur Annahme des Titels Zar, danach der russ. Prinzen.

Groß-Gerau, hess. Krst. nw. von Darmstadt, 23 000 E; Industrie.

Großglockner, höchste Erhebung der Hohen Tauern, zugleich höchster östr. Berg, 3 797 m; zu Füßen des G.s die *Pasterze* (Gletscher, 10 km lang). Im O die *G.-Hochalpenstraße,* N–S-Verbdg. zw. Salzburg u. Kärnten.

Großherzog, Adelsrang zw. Kg. u. Hzg. bzw. Kurfürst.

Grossist [frz.], Großhändler; Ggs. Detaillist, Einzelhändler.

Großjährigkeit, svw. Volljährigkeit (↑Mündigkeit).

Großkreis (Orthodrome), die Schnittlinie der Oberfläche einer Kugel mit einer durch den Kugelmittelpt. gelegten Ebene; kürzeste Verbdg. zweier Punkte auf einer Kugel.

Großkreuz, höchste Klasse vieler Orden.

Großmeister, Titel für die Oberen der geistl. Ritterorden.

Großmogul, europ. Bez. für die mongol. Herrscher islam. Religion in Indien 1526–1837.

Großstadt, Stadt mit über 100 000 E.

Grossular, Varietät des Granats, gelblich grün, Schmuckstein.

Großwardein, St. in Rumänien, ↑Oradea.

Großwesir, bis 1922 Titel des obersten Amtsträgers im Osman. Reich.

Großwetterlagen, Bez. für die Wetterlagen eines größeren Bereiches, die eine deutl. Erhaltungsneigung besitzen.

Grosz, George, * 1893, † 1959, dt.-amer. Maler u. Grafiker; satir. Bilder der kapitalist. Gesellschaft.

grotesk [gr.], wunderl., überspannt, verzerrt.

Groteske: 1) Rankenornament mit eingeflochtenen Tier-, Menschendarst. u. a.; bes. in der Antike u. Renaissance; **2)** verzerrende literar. Darst. durch Verbdg. des Gegensätzlichen.

Grotewohl, Otto, * 1894, † 1964, dt. Politiker (SED); maßgebl. an der Fusion der SPD u. KPD zur SED beteiligt, s. 1949 Min.-Präs. der DDR.

Grotius, Hugo, eigtl. Huig de Groot, * 1583, † 1645, niederl. Gelehrter u. Staatsmann; einer der Begr. des Völkerrechts.

Grottenolm, Schwanzlurch der Höhlengewässer SO-Europas.

Grubenwurm, gefährl., im menschl. Darm parasitierender Fadenwurm (↑Hakenwürmer); bewirkt Blutarmut.

Gruber, Karl, * 1909, † 1995, östr. Politiker (ÖVP); 1945–53 Außenmin., 1946 Gruber-De-Gasperi-Abkommen mit Italien zur Regelung der Südtirolfrage.

Grumbach, Wilhelm von, * 1503, † (hingerichtet) 1567, fränk. Reichsritter, stellte sich krieger. gegen den Bischof v. Würzburg u. den Krfstn. v. Sachsen (G.sche Händel), der ihn 1567 vierteilen ließ.

Grün: 1) Anastasius, eigtl. Anton Alexander Gf. v. Auersperg, * 1806, † 1876, östr. Dichter; **2)** Max von der, * 1926, dt. Schriftsteller; sozialkrit. geprägte Romane, Arbeiterdichtung, auch Erzählungen.

Grünberg i. Schlesien (poln. Zielona Góra), Verw.-Sitz d. Woiwodschaft G. i. Sch., Polen, am N-Fuß der *Grünberger Höhen* (bis 203 m), 115 000 E; TH, Braunkohlen-⚓, Textil-, Masch.-Ind., Waggonbau; Obst-, Weinbau.

Grünbuch ↑Farbbücher.

Grundbuch, öff. Register, Verzeichnis aller im Zuständigkeitsbereich liegenden Grundstücke u. der Rechtsverhältnisse an diesen, geführt v. Amtsger. als dem *G.amt* (in Ba.-Wü. auch v. Notariat). Für jedes Grundstück ist in der Regel ein *G.blatt* angelegt, das über Eigentumsverhältnisse, Lasten und Beschränkungen, Grundschulden u. Hypotheken Angaben enthält. Konstitutive Wirkung d. Eintragung bei Rechtsgeschäften.

Grundeis, am Grunde v. Binnengewässern gebildetes Eis.

Gründerjahre, Zeit von 1871 bis 1873, in der es durch die von Frkr. gezahlte Kriegsentschädigung in Dtl. zu vielen spekulativen Unternehmensgründungen kam.

Grunderwerbsteuer, Steuer auf den Erwerb von inländ. Grundstücken; Bemessungsgrundlage: Kaufpreis samt Nebenkosten.

Gründgens, Gustaf, * 1899, † 1963, dt. Schauspieler, Regisseur u. Intendant.

Grundgesetz: 1) allg. grundlegende Verfassungsurkunde; **2)** (GG) Verf. der BRD vom 23. 5. 1949.

Grundgrößen[arten] (Basisgrößen), physikal. Größen, die voneinander unabhängig sind, nicht aus anderen Größen abgeleitet werden, sie bilden ein Größensystem.

Grundherrschaft, Organisationsform des Grundbesitzes im MA, bei der der Grundherr nur einen Teil seines Landbesitzes selbst bewirtschaftete, den größeren Teil zu einer eigentumsähnl. Nutzung an abhäng. Bauern vergab, die dafür Abgaben u. Dienste zu leisten hatten.

grundieren, Grundfarbe auftragen.

Grundkapital, das Aktienkap. nach der Satzung einer AG; ihm entspricht das *Stammkap.* einer GmbH.

Grundlasten, öff. Lasten auf dem Grundstück, die vom Grundeigentümer zu tragen sind.

Gründling, bis zu 15 cm langer Karpfenfisch NW-Afrikas u. Eurasiens.

Grundlohn, in der gesetzl. Krankenversicherung das auf den Kalendertag umgerechnete Arbeitsentgelt, Bemessungsgrundlage für Krankengeld u. Beiträge.

Gründonnerstag, s. dem 12. Jh. in Dtl. übl. Bez. für den Donnerstag der Karwoche.

Grundpfandrecht, pfandrechtliche Grundstücksbelastung durch Hypothek, Grund-, Rentenschuld.

Grundrechenarten, die vier Rechenarten (Spezies): Addition (Zusammenzählen [+]), Subtraktion (Abziehen [−]), Multiplikation (Vervielfachen [·]), Division (Teilen [:]).

Grundrechte, über den staatl. Ges. stehende unveräußerl. Menschen- u. Bürgerrechte gegenüber dem Staat: Menschenwürde, Gleichheit, Unverletzlichkeit der Person u. a.; in der Regel in den Verf. der Länder garantiert (im GG insbes. in den Art. 1–19).

Grundrente: 1) (Bodenrente) das ausschl. auf die Bodennutzung zurückzuführende Einkommen; **2)** im Sozialrecht Bestandteil der Kriegsopferversorgung.

Grundriss, senkr. Projektion eines Gegenstandes auf eine waagr. Ebene.

Grundschuld, dingl. Recht an einem Grundstück (§ 1191 ff. BGB), meist als Sicherheit für eine Forderung, aber von dieser rechtl. unabh. (im Ggs. zur Hypothek).

Grundschule, die ersten 4 Pflichtschuljahre.

Grundsteuer, Steuer auf landw., Wohn- u. gewerbl. Zwecken dienende Grundstücke; Bemessungsgrundlage: Einheits- bzw. Ertragswert.

Grundstoffe: 1) ↑chemische El.; **2)** wicht. natürl. Rohstoffe (z. B. Kohle, Erze, Salze) u. die aus ihnen hergestellten Rohmaterialien.

Grundstück, abgegrenztes, zusammenhängendes Stück der Erdoberfläche, nach dt. Recht im Grundbuch verzeichnet; *G.smakler,* Vermittler v. Grundstücksgeschäften gg. Gebühr.

Grundumsatz, die vom ruhenden menschl. Körper b. nüchternem Magen in 24 Stunden erzeugte Wärmemenge in kJ (normal für Menschen von 70 kg 6300–7100 kJ); bei Krankheiten verändert.

Gründung ↑Fundament.

Grundvertrag (Grundlagenvertrag), Vertr. über die Grundlagen der Beziehungen zw. BRD u. DDR v. 21. 12. 1972; diente der Entw. gutnachbarl. Beziehungen zw. beiden Staaten auf der Grundlage der Gleichberechtigung; umfasste Gewaltverzicht mit Bekräftigung der Unverletzlichkeit der Grenze u. der Achtung der territorialen Integrität. Unterschiedl. Auffassungen, v. a. zur nat. Frage, wurden in zusätzl. Dokumenten niedergelegt; Okt. 1990 mit der Vereinigung beider dt. Staaten hinfällig geworden.

Grundwasser, durch Versickern v. a. der Niederschläge in Erd- u. Gesteinsschichten gelangtes Wasser, das unterird. fließt *(G.strom)* oder als Quelle zutage tritt.

Grundzahl: 1) bei Potenzen die Basis, z. B. $3^2 = 9$ (3 = G., 2 = Exponent); **2)** svw. ↑Kardinalzahl.

Grüne (Die Grünen), polit. Partei der BRD, s. Anf. 1980 Zusammenschluss versch. regionaler Gruppen; Grundwerte: ökolog., soz., basisdemokratisch, gewaltfrei; 1993 mit dem „Bündnis 90" zur neuen Partei „Bündnis 90/Die Grünen" zusammengeschlossen. – Die G. waren ab 1984 im Europ. Parlament u. 1983–90 im Bundestag vertreten. In Hessen (1985–87) u. Berlin (1989/90) bildeten sie Koalitionsreg. mit der SPD; Bündnis 90/Die G. s. 1994 im Bundestag, s. 1998 Reg.-Koalition mit der SPD.

grüner Star ↑Star.

Grünewald, Matthias, vielleicht ident. mit Mathis Gothart, gen. Nithart, * um 1470/80, † nach 1529, dt. Maler; Kreuzigungsbilder, Isenheimer Altar in Colmar.

Grünkern ↑Dinkel.

Grünkohl (Winterkohl), winterharte Gemüsepfl.; Kreuzblütler mit gekräuselten Blättern.

Grünling, olivgrüner Finkenvogel, u. a. in Europa.

Grünspan, Gemenge bas. Kupfer(II)-acetate; giftig.

Grünspecht, grüner Specht m. roter Kopfkappe.

Grünstadt, St. an der Weinstraße, RP, 13 200 E; barocke Pfarrkirche; Konserven- u. Steingutind.

Grunzochse ↑Jak.

Gruppe: 1) math. Begriff; Menge von El., in der eine [zweistell.] Verknüpfung definiert ist u. in der best. *G.naxiome* (Assoziativgesetz, Existenz eines *Eins-* u. eines *inversen El.*) gelten müssen; mit der Untersuchung v. G.n befasst sich die *G.ntheorie;* **2)** soziol. Begriff; eine v. außen erkennb. soz. Einheit mit gemeins. Zielen.

Gruppe 47, 1947 in München von H. W. Richter begr. Vereinigung junger dt. Autoren; Auseinandersetzung mit Zeitproblemen; jährl. *Literaturpreis der Gruppe 47;* 1977 aufgelöst.

Gruppentheorie ↑Gruppe 1).

Gruppentherapie, zur Behebung von Kontaktschwierigkeiten, sozialen Fehlanpassungen u. a. mit mehreren Personen in einer Gruppe durchgeführtes psychotherapeut. Verfahren.

Grusinilen, svw. Georgien.

Grütze, enthülste, grob geschrotete Körner (Gerste, Hafer u. a.).
Gryphius, Andreas, eigtl. A. Greif, * 1616, † 1664, dt. Dichter des Barock; Tragödien, u. a. „Catharina von Georgien", Lustspiele, Lyrik.
Grzimek, Bernhard ['gʒi:mɛk], * 1909, † 1987, dt. Zoologe; 1945 bis 1974 Dir. des Zool. Gartens Frankfurt am Main, 1969–73 Beauftragter d. B.-Reg. für Tier- u. Naturschutz.
G-Schlüssel ↑ Schlüssel.
GSG 9 ↑ Bundesgrenzschutz.
Gstaad, Kurort u. Wintersportplatz im Berner Oberland, Schweiz, Ortsteil von Saanen.
Guadalajara [gʊaðala'xara], Hptst. des mexikan. B.-Staates Jalisco, 2,2 Mill. E; Univ.; Bergbauzentrum; vielseit. Ind.; ✈.
Guadalcanal [gwɔdlkə'næl; engl.] (Guadalcanar), größte der ↑ Salomoninseln, Pazifik, 6 475 km², Hptst. Honiara.
Guadalquivir [gʊaðalki'βir], span. Fl. z. Golf v. Cádiz, 657 km.
Guadalupe, span. Gem. am SO-Rand der *Sierra de G.* (W-Spanien), 3 000 E; Wallfahrtsort.
Guadeloupe [gwad'lup], größte Insel der Kl. Antillen, 1 510 km· Hptst. Basse-Terre; zwei Teile, Basse-Terre (bewaldet) u. Grande-Terre (flache, waldlose Koralleninsel); G. ist Hauptinsel des frz. *Überseedep. Guadeloupe,* das auch noch benachbarte Inseln umfasst: 1 780 km², 387 000 E.
Guadiana, Fl. in SW-Spanien (Unterlauf portug.), mündet in den Golf von Cádiz, 830 km.
Guam, größte u. südlichste Insel d. Marianen im Pazifik, 520 km², Hptst. Agaña; bis 1898 span., dann Besitz der USA; US-Militärstützpt.; ✈.
Guantánamo, Hafenst. an der SO-Küste Kubas, 216 000 E; an der *Bahía de Guantánamo* US-Flottenstützpunkt.
Guardini, Romano, * 1885, † 1968, dt. kath. Theologe u. Philosoph ital. Herkunft; Reden u. Schriften zu Zeit- u. Kulturfragen.
Guareschi, Giovanni [gua'reski], * 1908, † 1968, ital. Schriftsteller u. Karikaturist; „Don Camillo u. Peppone".
Guarini, Guarino, eigtl. Camillo G., * 1624, † 1683, bed. ital. Baumeister des Hochbarock.
Guarneri, berühmte ital. Geigenbauerfam. in Cremona.
Guatemala: 1) mittelamer. Rep.; Bev.: über 50 % Indianer, 30–40 % Mestizen, außerdem Schwarze, Mulatten und Weiße; Hochgebirgsland mit zahlr. Vulkanen u. fruchtb. Hochebenen, im N Hügelland; trop. Klima; trop. Regenwald im Tiefland, dann Laub- u. Nadelwald; Gewinnung von Wildkautschuk, Mahagoni, Anbau v. Kaffee, Zuckerrohr, Bananen u. Kakao. – Ab 1524 span. Eroberung; 1821 Loslösung v. Spanien, 1823–38 Mitgl. der Zentralamer. Föderation; ab 1951 Präs. J. Arbenz Guzmán: radikale Bodenreform, 1954 gestürzt; 1966 Übergang zu einer Zivilreg., die eigtl. Macht behielt jedoch die Armee, die 1982 erneut eine Diktatur errichtete, s. 1961 bekämpft v. links orientierten Guerillatrupps; s. Jan. 1986 amtiert wieder ein gewählter Präs.; Ende 1996 beendete d. Friedensschluss zw. Guerillabewegung u. Reg. den latenten Bürgerkrieg; **2)** Hptst. von 1), 1 500 m ü. d. M., 1,3 Mill. E; 5 Univ.; Textilind.; ✈. 1776 gegr.

Guatemala

Fläche: 108 889 km²
Einwohner: (1995) 10,62 Mill.
Hauptstadt: Guatemala
Amtssprache: Spanisch
Zeitzone: MEZ –7 Stunden

Guayana, Ldsch. im NO Südamerikas, umfasst ↑ Frz.-G., ↑ Guyana, ↑ Surinam sowie Teile von Brasilien u. Venezuela; gebirgig, flache Küstenebene; trop. Klima, hohe Niederschläge.
Guayaquil [-'kil], Haupthafen v. Ecuador, 50 km obh. der Mdg. des *Río Guayas,* 1,5 Mill. E; Univ.; vielseit. Ind.; ✈.
Guben, Krst. am l. Ufer der Lausitzer Neiße, Bbg., 30 000 E; Tuchfabrikation, Chemiefaserwerk. Östl. Stadtbereich s. 1945 zu Polen.
Guelfen, s. Anf. des 13. Jh. Bez. der Anhänger der päpstl. Partei in Italien im Ggs. zu den ↑ Ghibellinen.
Guericke (Gericke), Otto v. ['ge-], * 1602, † 1686, dt. Physiker; Bürgermeister von Magdeburg; wies den Luftdruck nach (Versuch mit den *Magdeburger Halbkugeln*), Erfinder der Luftpumpe u. eines Barometers, erkannte den Zusammenhang von Barometerstand u. Wetter, entwickelte eine Elektrisiermasch. u. erklärte den Blitz als elektr. Entladung.
Guerilla [ge'riʎa; span.]: **1)** Kleinkrieg, den irreguläre Einheiten der einheim. Bev. gg. eine Besatzungsmacht (od. im Rahmen eines Bürgerkriegs) führen; **2)** Angehöriger einer bewaffneten Gruppe, die einen Kleinkrieg führt.
Guernica [gɛr'nika], nordspan. Ort nö. von Bilbao, 17 500 E; im Span. Bürgerkrieg 1937 schweres Bombardement der [offenen] St. durch ein auf faschist. Seite kämpfendes dt. Geschwader (Gemälde von Picasso).
Guernsey ['gə:nzi], der brit. Krone unterstehende Kanalinsel (autonomer Amtsbezirk), 63 km², 59 000 E; Steilküste; Hauptort ist Saint Peter Port.
Guevara Serna, Ernesto [ge'βara-], gen. Che Guevara, * 1928, † 1967, kuban. Arzt u. Politiker; einer d. Anführer d. kuban. Kommunismus. 1961–65 Ind.-Min. Kubas; s. 1966 in Bolivien als Guerillaführer, dort gefangen genommen u. ohne Gerichtsurteil erschossen.
Gugel [lat.], urspr. kapuzenart. Kopfbedeckung, später Kapuze mit Schulterkragen.
Guide [frz. gi:d, engl. gaɪd], Begleiter, Führer; Reisehandbuch.
Guido von Arezzo (G. Aretinus), * um 992, † um 1050 (?), ital. Musiktheoretiker; fixierte in der Notenschrift erstmalig die Tonabstände.
Guillaume de Lorris [gi:'jo:m], † nach 1240, frz. Dichter; Verf. des 1. Teils des „Rosenromans".
Guillaume de Machau[l]t [gi:'jo:m], * um 1300, † 1377, frz. Dichter u. Komponist; Balladen, Motetten.
Guilloche [gi'jɔʃ; frz.], verschlungene Linienzeichnung, v. a. auf Wertpapieren.
Guillotine [gijɔ'ti:nə; frz.], nach J. I. Guillotin (* 1738, † 1814) ben. Hinrichtungsgerät, s. 1792 in der Frz. Revolution verw., später in versch. Ländern.
Guinea [gi'nea], Rep. in W-Afrika, hinter d. Küstenniederung Anstieg zum Bergland (Fouta Djalon, Nimba), Landw., Eisenerz- und Bauxit-⚒. Ausfuhr von Tonerde, Bauxit, Diamanten, Kaffee. S. 1880 frz. Handelsniederlassungen, 1946 Mitgl. der Frz. Union, s. 1958 selbst. Rep.; 1958–84 terrorist. Diktatur Sékou Tourés; nach s. Tod (1984)

wurde eine 1982 eingeführte Verf. suspendiert, das Militär übernahm die Macht; 1991 neue Verf., 1993 Legitimierung des bisherigen Präs. in umstrittenen Wahlen.

Guinea ['gɪnɪ], fr. engl. Goldmünze (= 21 Shilling), hielt sich als Recheneinheit bis in die neueste Zeit.

Guinea-Bissau ['gi-], Rep. in W-Afrika, Tiefland (v. a. Feuchtsavanne) m. aufgelöster Küste (Watt, Inseln), randtrop. Klima (Regenzeit Mai bis Okt.); Anbau v. Erdnüssen (Hauptexportgut), Reis, Mais u. a.; Öl- u. Kokospalmbestände. – 1446 v. Portugiesen entdeckt, ab 1588 besiedelt; 1879 Kolonie mit Selbstverw., 1951 Überseeprov., seit 10. 9. 1974 unabh. Rep.

Guineastrom ['gi-], warme Meeresströmung vor der SW- u. S-Küste W-Afrikas.

Guinness, Sir Alec ['gɪnɪs], * 1914, † 2000, bed. brit. Bühnen- u. Filmschauspieler.

Guiscard [gis'ka:r] ↑ Robert 1).

Guise [gi:z], fr. Hzg.-Fam., Nebenzweig des Hauses Lothringen (1527–1675), führend im Kampf gg. die Hugenotten.

Guitry, Sacha [gi'tri], eigtl. Alexandre Pierre Georges G., * 1885, † 1957, frz. Schriftsteller, Schauspieler u. Regisseur.

Gulag (auch **GULag**), russ. Abk. für **G**lawnoje **U**prawlenije **Lag**erej, die um 1920 eingerichtete Hauptverwaltung der Straflager in der UdSSR; danach A. Solschenizyns Roman „Archipel G.".

Gulbrannssen, Trygve, * 1894, † 1962, norweg. Schriftsteller; „Und ewig singen die Wälder".

Gulbransson, Olaf, * 1873, † 1958, norweg. Zeichner; Karikaturist; Mitarb. des „Simplicissimus"; Buchillustrationen.

Gulda, Friedrich, * 1930, † 2000, östr. Pianist, spielte Klassik u. Jazz.

Gulden, urspr. die nach florentin. Vorbild geprägten dt. Goldmünzen; später die silbernen *Reichsguldiner* u. a.; heute niederl. Währungseinheit.

Guldin, Paul, * 1577, † 1643, schweizer. Mathematiker (Jesuit); stellte die *g.schen Regeln* zur Berechnung von Volumen u. Oberfläche von Rotationskörpern auf.

Gulliver [auch: 'gʌl-], Titelgestalt des satir. Romans *G.s Reisen* von J. Swift (1726, dt. 1788).

Gummersbach, Krst. d. Oberberg. Kreises, Berg. Land, NRW, 53 000 E; Gesamthochsch. Siegen; Eisen-, Papier- u. a. Industrie.

Gummi ↑ Kautschuk.

Gummiarabikum, aus den Rinden versch. Akazienarten gewinnb. Pflanzenprodukt (Klebemittel).

Guinea

Fläche: 245 857 km²
Einwohner: (1995) 6,7 Mill.
Hauptstadt: Conakry
Amtssprache: Französisch
Zeitzone: MEZ – 1 Stunde

Gummibaum: 1) 20–25 m hoch werdendes Maulbeergewächs; O-Indien, Malai. Archipel; Kautschuklieferant; Zimmerpflanze; **2)** svw. ↑ Kautschukbaum.

Gunnarsson, Gunnar, * 1889, † 1975, isl. Schriftsteller; „Die Leute auf Borg".

Gunn-Effekt ['gʌn-; nach J. B. Gunn, * 1928], physikal. Erscheinung in Halbleitern, oberhalb einer krit. Feldstärke werden Mikrowellen abgestrahlt.

Gunnera [nach *J. E. Gunnerus,* † 1773], an eine ries. Rhabarberstaude erinnernde südamer. Pfl.

Günsel, Lippenblütlergatt.; kl. blau blühende Kräuter; auch Zierpfl.; der *Kriechende G.* häufig in Wiesen u. Laubwäldern.

Günther: 1) Agnes, geb. Breuning, * 1863, † 1911, dt. Schriftstellerin; „Die Heilige und ihr Narr"; **2)** Ignaz, * 1725, † 1775, führender Bildschnitzer des bayr. Rokoko; **3)** Johann Christian, * 1695, † 1723, dt. Lyriker des Spätbarock.

Guppy ['gupi, engl. 'gʌpɪ], (Millionenfisch), Art der lebend gebärenden Zahnkarpfen; ♂ mit variabler bunter Zeichnung; beliebter Warmwasseraquarienfisch.

Gurgel, Kehle, vorderer Hals mit Schlund u. Kehlkopf.

Gurke, vorderind. Kürbisgewächs; einjähr., rankend.

Gurkenkraut, svw. Borretsch (↑ Borretschgewächse).

Gurkha, in brit. Militärdiensten stehende nepales. Söldner.

Gurlitt, Willibald, * 1889, † 1963, dt. Musikwissenschaftler; Forschungsgebiete: Orgelbau u. Orgelmusik, Praetorius, Buxtehude, J. S. Bach.

Gürtelrose (Zoster, Herpes zoster), im Versorgungsgebiet einzelner Rumpfhautnerven halbseitig auftretende, Bläschen bildende schmerzhafte Viruskrankheit.

Gürteltiere, Erdwühler (Zahnarme); d. oft verknöcherte Hautpanzer setzt sich aus halb gürtelförm. aneinander gefügten Hornplatten zusammen, die das Zusammenrollen der Tiere ermöglichen; Mittel- u. Südamerika; die *Gürtelmaus* (Gürtelmull) wird nur 15 cm, das *Riesengürteltier* 175 cm lang (mit Schwanz).

Guru [hindustan.], relig. Lehrer im Hinduismus.

Gusseisen, graues Roheisen zur Herst. von Gusswaren.

Gustav: *schwed. Könige:* **1) G. I.** (G. Eriksson Wasa), * 1496 od. 1497, † 1560, Kg. seit 1523; befreite Schweden von der dän. Herrschaft, sicherte seiner Dyn. d. Krone, führte 1527 d. Reformation ein; **2) G. II. Adolf,** * 19. 12. 1594, † 16. 11. 1632, Enkel v. 1), Kg. s. 1611; innere Reformen u. Ausbau der schwed. Machtstellung in Europa; kämpfte gg. Russland, Dänemark u. Polen, gewann Karelien, Ingermanland u. Livland; griff in den Dreißigjähr. Krieg ein, weil er das Vordringen der Habsburger in den Ostseeraum u. eine kath. Restauration befürchtete, fiel in der Schlacht bei Lützen (Abb. S. 278); **3) G. III.,** * 1746, † 1792, Kg. seit 1771; schränkte die Rechte d. Adels ein; **4) G. IV. Adolf,** * 1778,

Guinea-Bissau

Fläche: 36 125 km²
Einwohner: (1995) 1,07 Mill.
Hauptstadt: Bissau
Amtssprache: Portugiesisch
Zeitzone: MEZ – 1 Stunde

Gustav II. Adolf *von Schweden*

† 1837, Sohn von 3), Kg. 1792–1809; Gegner Napoleons I., verlor Finnland an Russland, Vorpommern an Frkr.; abgesetzt; **5) G. V.,** * 1858, † 1950, Kg. s. 1907; wahrte im 1. u. 2. Weltkrieg die Neutralität Schwedens; **6) G. VI. Adolf,** * 1882, † 1973, Sohn v. 5), König ab 1950.

Gustav-Adolf-Werk der EKD, s. 1946 Name für den fr. Gustav-Adolf-Verein (gegr. 1832); Aufgabenbereich: Unterstützung d. Diasporaarbeit.

Güstrow [-o:], Krst. Mckbg.-Vorp., 35 700 E; Dom (13./14. Jh.), Schloss (16. Jh.), Barlach-Gedenkstätte; Zucker-, Holz-, Masch.-Industrie.

Gutedel (Chasselas, Fendant), Rebsorte; Trauben groß, mit runden, hell- bis gelbgrünen *(Weißer G.)* oder zartbraunen *(Roter G.)* Beeren; leichte, säurearme Weine.

Gutenberg, Johannes, eigtl. Johann Gensfleisch zum G., * zw. 1397 u. 1400, † 1468, dt. Buchdrucker; erfand um 1445 d. Druck mit bewegl., gegossenen Lettern, berühmt die 42-zeil. *G.bibel.*

Güterbahnhof ↑ Eisenbahn.

Gütergemeinschaft ↑ Eherecht.

guter Glaube, im Zivilrecht geschütztes Vertrauen auf eine in Wahrheit nicht bestehende Rechtslage; Schutz in der Regel nur für leicht fahrläss. Vertrauen.

Güterrechtsregister, beim Amtsger. geführtes öff. Register, in das auf Antrag güterrechtl., durch bes. Ehevertr. geregelte Verhältnisse eingetragen werden.

Gütersloh, Krst. im östl. Münsterland, NRW, 92 800 E; Textil-, Holz-, Nahrungsmittel-, Masch.-Ind.; Verlage u. Druckereien.

Gütertrennung ↑ Eherecht.

Güteverfahren, arbeitsrichterl. Sühneversuch; Hinwirken auf Parteienvergleich.

Guthaben, Habensaldo eines Kontos, bei dem die Gutschriften die Belastungen übersteigen.

Gutschrift, Eintragung einer Summe als Guthaben.

Gutsherrschaft, v. a. in O-Dtl. seit dem 15. Jh. aus der älteren Grundherrschaft entwickelte Organisationsform des ausgedehnten, arrondierten Großgrundbesitzes; vom Gutsherrn selbst (Obrigkeit) mit erbuntertänigen, auch fronpflicht. Leuten bewirtschaftet.

GutsMuths, Johann Christoph Friedrich, * 1759, † 1839, Mitbegr. der dt. Turnpädagogik.

Guttemplerorden, 1852 gegr. Bewegung zur Bekämpfung des Alkoholismus.

Guyana, Staat an der NO-Küste Südamerikas, Mitgl. des Commonwealth; flache Küstenzone, im Innern Hügelland mit trop. Feuchtwald u. Savannenbergland; Reis, Zuckerrohr-, Holz-, Bauxit- u. Goldgewinnung. – 1498 v. Kolumbus erkundet; Ende 18. Jh. frz.; dann brit. besetzt; 1815 zw. Großbrit. *(Brit. Guayana)* u. den Niederlanden *(Surinam)* aufgeteilt; s. 1966 unabh. parlamentar. Monarchie, s. 1970 Republik.

Guyenne [gɥi'jɛn], südwestfrz. histor. Ldsch. in der Garonneniederung; Hptst. Bordeaux.

Gwalior, ind. St. am Rande des Dekhan zur Gangesebene, Madhya Pradesh, 693 000 E; in der Nähe Hinduburg mit Tempeln u. dem Palast des Man Sing (um 1500); Tabak-, Textil- u. Zementind.; ✱.

Gwynedd ['gwɪneð], Gft. in Wales, Hptst. Caernarvon.

Guyana

Fläche: 214 969 km²
Einwohner: (1995) 835 000
Hauptstadt: Georgetown
Amtssprache: Englisch
Zeitzone: MEZ – 5 Stunden

Gy, Einheitenzeich. für: ↑ Gray.

Gyges, † 652 v. Chr., Kg. von Lydien seit 685 (?); seine Gesch. wurde novellist. gestaltet von Herodot, mythol. von Platon; Tragödie von F. Hebbel.

Gymnasium [gr.], in der BRD weiterführende Schule, die mit dem Abitur die allg. Hochschulreife vermittelt; in Ba.-Wü., Bbg., Mckbg.-Vorp., Sa., Sa-Anh., Thür. und Schl.-Ho. gibt es Sonderformen (berufl. und Fach-G.), die zur Fachhochschulreife führen.

Gymnastik [gr.], systemat. betriebene körperl. Bewegungsübungen; *reine* od. *rhythm. G.* (Ausdrucks-G.), die Körperschule od. *Zweck-G.* (Leistungssteigerung) u. die *Heil-G.* (med. Heilverfahren).

Gymnospermen [gr.], svw. ↑ Nacktsamer.

Gynäkologie [gr.], (Frauenheilkunde), Lehre v. d. Frauenkrankheiten (einschl. Geburtshilfe).

Gynander (Mosaikzwitter), mosaikartig aus Zellbezirken mit ♀ und ♂ Geschlechtsmerkmalen bestehendes Individuum; v. a. bei Insekten.

Gynözeum, die gesamten ♀ Organe der Blüte bei bedecktsamigen Pflanzen.

Gyroskop [gr.], Gerät zum Nachweis oder zur Messung v. Drehbewegungen mithilfe eines Kreisels, heute auch mit Laserstrahlen (opt. G., Ringlaser-G.).

H

H: 1) 8. Buchstabe des Alphabets; **2)** 7. Stufe der C-Dur-Tonleiter (𝄞).

H, Abk. für: **1) H**ärte; **2)** ↑ **H**enry; **3)** ↑ **H**och, **4) H**ydrant.

H, Symbol für ↑ Wasserstoff (⚗).

h, Abk. für: **1) h**ora [= Stunde]; 8 h = 8 Std., 8^h = 8 Uhr, **2)** ↑ **H**ekto..., z. B. hl = Hektoliter (= 100 Liter).

h, Formelzeichen für das plancksche Wirkungsquantum (↑ Planck, Max).

ha, Einheitenzeich. für: **Hekta**r.

Ha, Symbol für ↑ Hahnium (⚗).

Haag, Den (amtl. 's-Gravenhage), Reg.-Sitz u. kgl. Residenz der Niederlande, Hptst. der Prov. Südholland, 445 000 E; Sitz des Internat. Gerichtshofes der UN (Friedenspalast), des internat. Ständ. [Haager] Schiedshofs u. a. internat. Verbände u. Institute; Völkerrechtsakad.; Museen; ✱.

Haager Abkommen ↑Haager Konventionen.
Haager Friedenskonferenzen, Konferenzen auf Anregung Russlands (1899 u. 1907) zur Überwindung polit. Ggs.; Ergebnis ↑Haager Landkriegsordnung u. Internat. Ständ. [Haager] Schiedshof (↑Schiedsgericht 2) zur Beilegung zwischenstaatl. Streitigkeiten.
Haager Gerichtshof, andere Bez. für: ↑Internationaler Gerichtshof.
Haager Konventionen (Haager Abkommen), Abmachungen der internat. Konferenzen in Den Haag: u. a. Haager Landkriegsordnung, Haager Musterabkommen, Haager Kulturgüterschutzabkommen, Haager Kaufrechtsübereinkommen, Haager Luftpiraterieabkommen, Verträge im Rahmen der Haager Konferenz für internat. Privatrecht.
Haager Landkriegsordnung, Abkommen auf den ↑Haager Friedenskonferenzen über die Durchführung v. Landkriegen, z. B. Behandlung der Zivilbevölkerung.
Haardt, Steilabfall des Pfälzer Waldes zum Oberrhein. Tiefland, RP; Kalmit 673 m; am Fuß die Dt. Weinstraße.
Haare (Pili), zellige, rein epidermale Bildungen bei Tier u. Pfl.; bei Säugetieren schließen sich absterbende, verhornende Zellen im *Haarbalg* zu einem Faden zus., der langsam aus der Haut geschoben wird; das *Haarkleid* schützt vor Wärmeverlust; *Spür-H.* (z. B. Schnurr-H. der Katze) dienen als Tastorgane; beim Menschen sind Körperbehaarung u. Bartwuchs sekundäres Geschlechtsmerkmal; Ergrauen der H. ist Folge v. Farbstoffschwund; *Pflanzen-H.* sind 1- bis 4-zellig; mannigfalt. Aufgaben: *Wurzel-, Brenn-, Kletter-H.* u. a.
Haargefäße (Kapillaren), feinste, meist netzförm. Ausläufer von Blut- u. Lymphgefäßen; für den Stoffaustausch zw. Blut u. Gewebe.
Haarlem, Hptst. der niederl. Prov. Nordholland, 149 000 E; Museen, Bibliotheken; Zentrum der niederl. Blumenzwiebelzucht.
Haarlemmermeer-Polder, Polder sö. v. Haarlem, Niederlande; 180 km², Zuckerrüben-, Weizenanbau, Blumenzwiebelzucht.
Haarsterne, Kl. meerbewohnender Stachelhäuter mit 5 häufig gegabelten Armen; u. a. mit der Gruppe der *Seelilien.*
Habakuk, einer der zwölf „Kleinen" Propheten des A. T.
Habeaskorpusakte [lat.], engl. Grundges. zum Schutz der persönl. Freiheit (1679): Niemand darf ohne richterl. Haftbefehl verhaftet od. ohne gerichtl. Untersuchung in Haft gehalten werden.
Haben, r. Seite eines Kontos; zeigt bei *Aktivkonten* Vermögensabnahme, bei *Passivkonten* Schuldenzunahme; bei den *Erfolgskonten* auf der Habenseite Ausweis der Erträge; Ggs. ↑Soll.
Haber-Bosch-Synthese ↑Ammoniak.
Habermas, Jürgen, * 1929, dt. Philosoph u. Soziologe; „Kultur u. Kritik".
Habichte, weltweit verbreitete Unterfam. der Greifvögel, u. a. ↑Hühnerhabicht, ↑Sperber.
Habichtspilz, brauner Stachelpilz, häufig in Nadelwäldern; Gewürzpilz.
Habichtswald, Teil des nördl. hess. Berglands, westl. v. Kassel; im Hohen Gras 615 m.
Habilitation [lat.], Erwerb der Lehrberechtigung an Univ. u. Hochsch. durch *H.sschrift* (wiss. Arbeit), Kolloquium u. Probevorlesung.
Habitus [lat.], Aussehen, Erscheinungsbild eines Lebewesens.
Habsburg (Habichtsburg), Stammsitz der Habsburger, zw. Aare u. Reuß; erbaut 1020.
Habsburger, nach der Habsburg ben. Herrschergeschlecht; urspr. Grafen mit Besitzungen in der Schweiz u. im Elsass; erlangten mit Rudolf v. Habsburg, der 1282 auch Österreich und die Steiermark erwarb, die Königswürde; 1438–1740 und 1745–1806 Röm. Kaiser; 1556 Teilung in eine span. (bis 1700) u. eine östr. Linie (bis 1740, seither *Habsburg-Lothr.*); 1804–1918 Ks. von Österreich.
Hácha, Emil ['ha:xa], * 1872, † 1945, tschechosl. Politiker; 1938 Staatspräs. der ČSR, 1939–45 Präs. des Protektorates Böhmen u. Mähren.
Hackbau, primit. Ackerbauform; Feldbearbeitung mit Hacke.
Hackbrett, zitherart., [meist] trapezförm. Saiteninstrument.
Hacker ['hækə], Computerfreak, der sich widerrechtl. über Datenfernverbindungen Zugang zu Datenbanken verschafft.
Hackethal, [Karl Heinrich] Julius, * 1921, † 1997, dt. Mediziner; Kritiker der ärztl. Berufsordnung u. -ethik; umstrittenes Eintreten für Sterbehilfe.
Hackman, Gene ['hækmæn], * 1931, amer. Filmschauspieler, u. a. in „Bonnie u. Clyde", „Mississippi Burning", „Birdcage – Ein Paradies für schrille Vögel".
Hacks, Peter, * 1928, dt. Dramatiker u. Essayist; „Moritz Tassow", „Margarete in Aix" u. a.

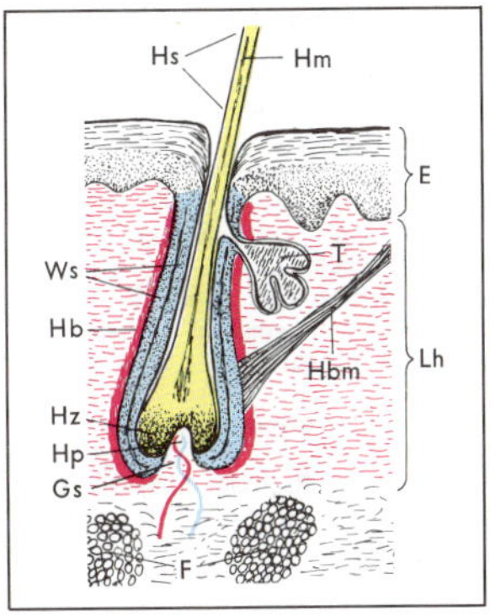

Haare. *Längsschnitt durch eine behaarte Hautstelle (E Epidermis, F Fettgewebe im Unterhautbindegewebe, Gs Gefäßschlinge, Hb Haarbalg, Hbm Haarbalgmuskel, Hm Haarmark, Hp Haarpapille, Hs Haarschaft, Hz Haarzwiebel, Lh Lederhaut, T Haarbalgdrüse, Ws innere und äußere Wurzelscheide des Haarfollikels)*

Hadersleben (dän. Haderslev), dän. St. in Nordschleswig, an der *H.er Förde,* 31 000 E; Dom (13.–15. Jh.); Textilind., Masch.-bau.
Hades, griech. Gott der Unterwelt; herrscht mit seiner Gem. *Persephone* über die Schatten der Toten; später allgemein Bez. für die Unterwelt.
Hadramaut, Ldsch. in Jemen, mit dem fruchtb. *Wadi Hadramaut.*
Hadrian: Päpste: **1) H. IV.,** * um 1110, † 1159, Papst s. 1154; der einzige engl. Papst; krönte 1155 Friedrich I., begann aber später den Kampf gg. das stauf. Kaisertum; **2) H. VI.** (Adrian v. Utrecht), * 1459, † 1523, Papst s. 1522; ab 1507 Erzieher Karls V.
Hadrian (Hadrianus), Publius Aelius, * 76, † 138, röm. Ks. s. 117; Sicherung des Imperiums, Bau v. Grenzwällen in Germanien (↑Limes 1), Britannien *(H.swall);* innere Reformen (Justiz, Beamtenapparat); Bauten: H.svilla b. Tivoli, Mausoleum in Rom (Engelsburg).
Haeckel, Ernst, * 1834, † 1919, dt. Zoologe und Naturphilosoph; kämpfte für Darwins Abstammungslehre; „Die Welträtsel".
Haecker, Theodor, * 1879, † 1945, dt. philos. Schriftsteller u. Kulturkritiker.
Hafen, schützender Anker- u. Anlegeplatz mit Anlagen für Verkehr u. Güterumschlag; offener od. *Ti-*

de-H.: Verbdg. zum Außenwasser bei geringem Gezeitenunterschied; geschlossener oder *Dock-H.:* Ausgleich des zu hohen Gezeitenunterschiedes durch eine Schleuse; *Flut-H.:* nur bei Flut anzulaufen.

Hafer, anspruchsloses kälteresistentes Sommergetreide; Pferdefutter (auch als H.stroh); enthülst u. geschrotet als *H.grütze* u. *H.flocken,* fein gemahlen als *Hafermehl.*

Haferflugbrand ↑Übersicht S. 528 ff.

Haferkronenrost ↑Übersicht S. 528 ff.

Hafermilbe ↑Übersicht S. 528 ff.

Hafernematode ↑Übersicht S. 528 ff.

Hafes (Hafis), * um 1325, † 1390, pers. Dichter; besang Liebe, Freundschaft u. Wein, oft myst.-allegor. Naturlyrik, starker Einfluss auf pers. Lyrik.

Haflinger [nach dem Südtiroler Ort Hafling], kl., stämmige Gebirgspferderasse; meist dunkle Füchse m. hellem Mähnen- u. Schweifhaar.

Hafnium, chem. El., Symbol Hf, OZ 72, rel. A.-Masse 178,49, glänzendes, leicht walz- u. ziehbares Metall, Dichte 13,31 g/cm³, Fp. 2227 °C, Sp. 4602 °C; überzieht sich in Luft mit Oxidhaut; kommt hpts. in Zirkoniummineralen vor.

Haft: 1) fr. leichteste Freiheitsstrafe bei Übertretungen (höchstens 6 Wochen, mindestens 1 Tag); **2)** Untersuchungshaft; **3)** gerichtl. (Beugehaft) oder Verwaltungszwangsmittel (Ersatzzwangshaft) zur Bewirkung best. rechtl. gebotener Handlungen; **4)** gerichtl. Ordnungsstrafe.

Haftbefehl, schriftl. richterl. Anordnung zur Festnahme einer Person unter Angabe des Grundes.

Haftbeschwerde, Rechtsmittel gg. Erlass des Haftbefehls.

Haftgläser (Haftlinsen, -schalen, Kontaktgläser), anstelle einer Brille verw. dünne durchsicht. Kunststoff- od. Glasschalen mit Linsenschliff; unmittelbar auf der Hornhaut des Auges zu tragen.

Haftorgane, Körperteile bei Tieren u. Pfl. zum Festhalten an einer Unterlage, z. B. Saugnäpfe.

Haftpflicht, Pflicht zum Ersatz fremden Schadens.

Haftpflichtversicherung, Versicherung gg. Schadenersatzansprüche Dritter (für Kfz-Halter Pflicht).

Haftprüfungsverfahren, richterl. Nachprüfung der Voraussetzungen für die Fortdauer der Untersuchungshaft.

Haftung, Einstehen für eigene od. fremde Schuld (auch mit Gegenständen od. einem Geschäftsanteil); *persönl. H.:* H. mit dem ges. Vermögen.

Hagana [hebr.], Selbstschutzorganisation des Jischuw, der jüd. Gemeinschaft in Palästina z. Z. der brit. Mandatsherrschaft, gg. arab. Übergriffe, 1920 aus der älteren Gruppe *Haschomer* entstanden; s. 1948 Armee des Staates Israel.

Hagebutte, rote rundl. Sammelfrucht der Rose; reich an Vitamin C.

Hagel, Niederschlag harter Eiskörner v. über 5 mm Durchmesser (bis 50 mm).

Hagelkorn, harter Knoten im Oberlid des Auges.

Hagelschnur, svw. ↑Chalaza 2).

Hagelstange, Rudolf, * 1912, † 1984, dt. Schriftsteller; u. a. „Venezian. Credo", „Spielball der Götter", Essays.

Hagen von Tronje, Gestalt der Nibelungensage, treuer Vasall Gunthers; Mörder Siegfrieds.

Hagen, krsfr. St. am NW-Rand des Sauerlandes, NRW, 212 000 E; PH, Fernuniv., Fachhochschule, Verw.-, Wirtschaftsakad., LG, IHK.

Hagenbeck, Carl, * 1844, † 1913, dt. Tierhändler; Gründer des Tierparks in Hamburg-Stellingen.

Haggai (in der Vulgata Aggäus), einer der 12 „Kleinen" Propheten.

Hagia Sophia [gr.], 532–537 von Ks. Justinian I. erb. Krönungskirche der oström. Kaiser in Konstantinopel, seit 1453 Moschee, seit 1934 Museum; bedeutendstes Bauwerk der ↑byzantin. Kunst; hoher Kuppelbau, reiche Marmor- u. Mosaikverkleidung.

Hagnower (von Hagenau), Niclas, * um 1445, † vor 1538, Bildschnitzer, schuf die Schreinfiguren des Isenheimer Altars.

Häher, Rabenvögel; u. a. *Eichel-H.,* in Nadel- u. Laubwäldern, *Tannen-H.,* in Nadelwäldern der Gebirge.

Hahn: 1) Kurt [Martin], * 1886, † 1974, dt.-brit. Pädagoge, Gründer der Landerziehungsheime in Salem und (nach seiner Emigration 1933) in Gordonstoun in Schottland; **2)** Otto, * 1879, † 1968, dt. Chemiker; 1946–60 Präs. der Max-Planck-Ges.; Pionier der Radiochemie; entdeckte mit F. Straßmann 1938 die Kernspaltung des Urans durch Bestrahlung mit Neutronen; Nobelpreis 1944.

Hahnemann, Samuel Friedrich, * 1755, † 1843, dt. Arzt; Begründer der Homöopathie.

Hahnenfußgewächse (Ranunculaceae), Pflanzenfam., meist Kräuter od. Stauden; gemäßigte nördl. Halbkugel; u. a. Gatt. *Hahnenfuß,* oft giftig, meist gelb blühend.

Hahnenkamm, Berg bei Kitzbühel (Tirol), 1655 m; Skirennen.

O. Hahn

Hahnenklee-Bockswiese (Oberharz), heilklimat. Kurort im Harz, Nds.; Teil v. Goslar.

Haider, Jörg, * 1950, östr. Politiker; 1989–91 und seit 1999 Landeshauptmann in Kärnten; als Bundesobmann der FPÖ (1986 bis 2000) umstritten wegen seines Rechtspopulismus.

Haifa, nordisrael. Hafenstadt, 251 000 E; Univ., TH; Schwerind., Werft, Erdölraffinerie; ⚓.

Haifische, Ordn. der Knorpelfische; meist Raubfische; 5–7 Kiemenspalten, Maul ventral; viele Arten lebend gebärend; Meeresbewohner; gefährl. der *Blau-* od. *Menschenhai* in trop. u. gemäßigten Meeren.

Haile Selassie I., * 1892, † 1975; 1928 (durch Staatsstreich) bis 1974 (vom Militär abgesetzt) Ks. v. Äthiopien.

Hainan, chin. Insel vor der S-Küste Chinas, durch die *H.straße* vom chin. Festland getrennt, 34 000 km²; wichtigste St. Haikou; in den Küstengebieten Anbau von Erdnüssen, Reis, Kautschuk, Zuckerrohr; im Innern Bergland mit Eisen- und Wolframerzvorkommen. – Sonderwirtschaftszone.

Hainbuche (Weißbuche), bis 25 m hoher Baum (Haselnussgewächs), Blätter ellipt., doppelt gesägt, längs d. Seitennerven gefaltet; bes. hartes Holz.

Haiphong, Hafenst. im N Vietnams, im Delta des Roten Flusses, 1,45 Mill. E; Metall- u. Baustoffind.; Werften; ⚓.

Haithabu, bed. Handelsplatz des fr. MA, am Handelsweg über die Landenge zw. Eider u. Schlei; gegr. wohl um die Mitte des 8. Jh., um 1050 zerstört; Ausgrabungen.

Haiti, Rep. im W der Insel Hispaniola, Hauptanbauprodukte: Kaffee, Bananen, Sisal, Baumwolle und Zuckerrohr; wenige Straßen u. Bahnlinien. – *Geschichte:* 1697 wurde der W-Teil Hispaniolas frz.; 1804 unabh. zunächst als Ks.-Reich, 1820 als Rep., die 1822–44 auch den O-Teil der Insel umfasste; 1849–59 wieder Ks.-Reich, danach Anarchie; 1915–34 v. den USA besetzt; 1957–86 unter der Willkürherrschaft der Fam. Duvalier; anschließend Machtkämpfe, seit 1994 schwieriger Demokratisierungsprozess (Präs. Aristide).

Hạjek, Otto Herbert, * 1927, dt. Bildhauer; abstrakte Bronze- u. Betonplastiken, Platzanlagen.

Hakenkreuz (sanskr.: Swastika), uraltes relig. Symbol (Bed. umstritten); Emblem des Nat.-Soz. u. a. faschist. Bewegungen; *H.flagge,* 1935–45 dt. Reichsflagge.

Hakenwürmer, hpts. dünndarmbewohnende Parasiten (Fadenwürmer) der Landwirbeltiere; v. a. ↑Grubenwurm.

Håkon (Haakon) ['ho:kɔn]: *Norwegen:* **1) H. IV.** Håkonsson, der Alte, * 1204, † 1263, Kg. s. 1217; unterwarf 1261 Grönland u. 1262 Island; **2) H. VI.** Magnusson, * 1340, † 1380, Kg. s. 1345; reg. s. 1355; heiratete 1363 Margarete, Tochter Waldemars IV. v. Dänemark; **3) H. VII.,** * 1872, † 1957, Sohn Kg. Friedrichs VIII. v. Dänemark; 1905 nach Beendigung der Union mit Schweden Kg. v. Norwegen; 1940–45 im Exil in Großbritannien.

Hạlbe, Max, * 1865, † 1944, dt. Schriftsteller; Drama „Jugend".

Halbedelsteine, svw. ↑Schmucksteine.

Hạlberstadt, Krst. im nördl. Harzvorland, Sa.-Anh., 42 700 E; maler. Stadtbild mit got. Dom, roman. u. got. Kirchen; Masch.-, Konserven-, Gummi-, Zuckerindustrie.

Halbfliegengewicht ↑Übersicht S. 658.

Halbkantone, die jeweils beiden Teile derjenigen drei schweizer. Kantone, deren Gebiete in je zwei Teile geteilt sind, nämlich Unterwalden, Appenzell, Basel.

Halblederband, Bucheinband mit Papier- od. Leinenüberzug u. Lederrücken (🕮).

Halbleichtgewicht ↑Übersicht S. 658.

Halbleinenband, nur am Rücken mit einer Buchbinderleinwand überzogener Bucheinband (🕮).

Halbleiter, kristalline Stoffe (v. a. chem. El. wie Ge, Si, Se u. intermetall. Verbdg. wie Galliumarsenid, Indiumantimonid u. a.), die sich bei tiefen Temp. wie Isolatoren verhalten, bei Zimmer- u. höheren Temp. dagegen eine merkl. elektr. Leitfähigkeit zeigen, die jedoch unterhalb der v. Metallen liegt. Charakterist. ist die Zunahme der Leitfähigkeit mit wachsender Temp. bzw. (bei *Photo-H.n*) bei Licht- od. Infraroteinstrahlung. Große techn. Bedeutung: Verwendung für *H.-Bauelemente,* wie Dioden u. Trioden in thermoelektr. Generatoren u. Kühlelementen, v. a. jedoch für ↑integrierte Schaltungen.

Haiti

Fläche: 27 750 km²
Einwohner: (1995) 7,18 Mill.
Hauptstadt: Port-au-Prince
Amtssprachen: Französisch, Kreolisch
Zeitzone: MEZ −6 Stunden

Halbmetalle, chem. Elemente, die z. T. metall., z. T. nichtmetall. Eigenschaften haben (z. B. Arsen, Silicium).

Halbmittelgewicht ↑Übersicht S. 658.

Halbschwergewicht ↑Übersicht S. 658.

Halbseitenlähmung, motor. Lähmung einer Körperseite bei ursächl. Herd auf der gegenseit. Hirnhälfte; meist Folge eines Schlaganfalls, Hirntumors; *Hemiparese:* unvollständige, rückbildungsfähige Lähmung einer Körperhälfte; *Hemiplegie:* vollständige motor. Lähmung einer Körperhälfte.

Halbton, kleinstes Intervall des diaton. Systems (𝄞).

Halbweltergewicht ↑Übersicht S. 658.

Halbwertszeit, Zeitspanne, nach der eine [physikal.] Größe auf die Hälfte ihres Anfangswertes abgesunken ist.

Haldane, John Scott ['hɔ:ldeɪn], * 1860, † 1936, brit. Physiologe; Physiol. der Atmungsorgane.

Halévy [ale'vi]: **1)** Jacques Fromental Élie, eigtl. Elias Lévy, * 1799, † 1862, frz. Opernkomponist; „Die Jüdin"; **2)** Ludovic, * 1834, † 1908, Neffe v. 1), frz. Schriftsteller; Romane; Libretti.

Halifax, Edward Frederick Lindley Wood, Earl of ['hælɪfæks], * 1881, † 1959, brit. konservativer Politiker; 1925–31 Vizekg. in Indien, 1938–40 Außenminister.

Halifax ['hælɪfæks]: **1)** nordengl. St. sw. v. Bradford, 87 500 E; Kammgarnherst. u. -verarb., Maschinenfabr.; **2)** Hptst. der ostkanad. Prov. Nova Scotia, 115 000 E; Univ.; Werften, Textil- u. a. Ind., Erdölraffinerie; eisfreier See-⚓, ✈.

Halikarnạssos, antike St. an der SW-Küste Kleinasiens, bek. durch das Grabmal Mausolos' II. (352 v. Chr.), eines der sieben ↑Weltwunder; ↑auch Mausoleum.

Hạlle, 1952–90 Bez. in der DDR, umfasste den S der ehem. preuß. Prov. Sachsen u. das ehem. Land Anhalt; 8771 km², 1,8 Mill. E; meist fruchtb. Ackerbaugebiet, im S bed. Ind.-Zentrum; Braunkohlen-⚒ mit Chemiegroßwerken (Leuna, Wolfen, Schkopau, Bitterfeld), bei Mansfeld u. Sangerhausen Kupferschiefer-⚒, in Thale/Harz Eisenhütte.

Hall-Effekt [nach E. H. Hall, * 1855, † 1938], ein galvanomagnet. Effekt; in elektr. Leitern, die sich in einem homogenen Magnetfeld befinden u. in denen senkrecht zum Magnetfeld ein elektr. Strom fließt, wird eine Spannung (Hall-Spannung) induziert.

Hallein, östr. St. an der Salzach, südl. von Salzburg, 17 300 E; maler. Altstadt; Solbad.

Hạller, Albrecht v., * 1708, † 1777, schweizer. Dichter der Aufklärung; „Die Alpen", Ged.; auch Romane, naturwiss. Schriften.

Hạlle/Saale, kreisfreie St. in Sa.-Anh., 287 000 E; Univ. Halle-Wittenberg (gegr. 1694), Dt. Akad. der Naturforscher (Leopoldina), pädag. Institut, Franckesche Stiftungen (↑Francke); got. Dom, Burg Giebichenstein (10. Jh.), Moritzburg (um 1500); Museum, Theater, Händelfestspiele; vielseit. Ind. – Ehem. Hansest. mit bed. Salzhandel, 1952–90 Hptst. des Bez. Halle.

Halley, Edmond ['hælɪ], * 1656, † 1742, engl. Astronom; nach ihm ben. der *H.sche Komet,* der alle 76 Jahre (Umlaufzeit um die Sonne) am Himmel erscheint; 1985/86 durch Raumsonden erforscht.

Hạlligen, Gruppe der Nordfries. Inseln im Wattenmeer vor der W-Küste von Schl.-Ho.; flache, meist unbedeichte Marschinseln (Viehzucht), flutgefährdet.

Hạllimasch, Holz zerstörender brauner, gekocht essb. Lamellenpilz mit weißem Stielring.

Hạll in Tirol (fr. Solbad H. i. T.), östr. St. im Unterinntal, 13 000 E; Solbad; Bergbaumuseum (ehem.

Hamburg. *Luftbild mit dem Rathaus (Bildmitte)*

Salzbergwerk), Metall- u. Holzverarbeitung; Fremdenverkehr.

Hallstatt, oberöstr. Gem. (Markt), 1500 E, am W-Ufer des bis 125 m tiefen *Hallstätter Sees* im Salzkammergut. Salzbergbau seit frühgeschichtl. Zeit; reiche Funde des 8.–5. Jh. auf dem Gräberfeld von H. (Bronze, Eisen), namengebend für die *Hallstattzeit,* eine Epoche der Eisenzeit.

Hallstein: 1) Ingeborg, * 1937, dt. Sängerin (lyr. Koloratursopran); **2)** Walter, * 1901, † 1982, dt. Jurist u. Politiker (CDU); 1958–67 Präs. der Kommission der EWG; 1968–74 Präs. der Europ. Bewegung.

Hallsteindoktrin [n. W. Hallstein], unter Adenauer 1955 formulierter außenpolit. Grundsatz: Abbruch diplomat. Beziehungen zu Ländern, die die DDR völkerrechtl. anerkannten; 1972 aufgegeben.

Halluzination [lat.], Trugwahrnehmung.

Halma [gr.], seit dem Altertum bek. Brettspiel, bei dem 2 od. 4 Spieler versuchen, mit ihren Figuren den gegner. Eckhof schnell zu besetzen.

Halmfliegen ↑Übersicht S. 528 ff.

Halmstad, südschwed. Prov.-Hptst. (von Halland) am Kattegat, 81000 E; Maschinenbau, Textilind.; ⚓, ⚒.

Halo [gr.]: **1)** (Hof) durch Spiegelung od. Brechung des Mond- od. Sonnenlichtes hervorgerufene Lichterscheinung; Formen: Ring, Bogen, Gegensonne, Lichtkreuz; **2)** (Hof) Erhellung um Kometen; **3)** sphär. System aus ↑Kugelhaufen und ↑RR-Lyrae-Sternen um Milchstraßensysteme.

Halogene [gr.], Sammelbez. für Fluor, Chlor, Brom, Jod, Astat; bes. reaktionsfreud. El., bilden mit Metallen Salze, *Halogenide,* in denen die H. negat. einwert. vorliegen.

Halogenide ↑Halogene.

Halogenlampe, Glühlampe mit hoher Lichtausbeute u. langer Lebensdauer, die eine Edelgasfüllung mit einem best. Halogenanteil (Brom) besitzt. Aus dem Wolframglühfaden verdampfendes Wolfram geht mit dem Halogen eine gasförm. Verbdg. ein (Wolframbromid), die in der Nähe des Glühfadens wieder zerfällt, wobei sich das Wolfram auf dem Glühfaden niederschlägt und diesen erneuert.

Hals, Frans, * zw. 1581 u. 1585, † 1666, niederl. Maler; Bildnisse, Gruppenporträts, Genrebilder in frischer Lebendigkeit.

Halsbandaffäre, Skandalaffäre am frz. Hof 1785/86, die das Ansehen des Königtums am Ende des Ancien Régime weiter erschütterte.

Halsentzündung ↑Angina.

Halsfäule ↑Übersicht S. 528 ff.

Halsgericht, s. dem 13. Jh. Bez. für ein Ger., das Strafen an Leib u. Leben verhängte.

Halteren [gr.], Schwingkölbchen (umgewandelte Hinterflügel der Zweiflügler).

Haltern, Ind.-St. im Lippetal, NRW, 35600 E; röm.-german. Museum; Glas-, Textilindustrie.

Ham (Vulgata: Cham), Sohn Noahs, Stammvater der Hamiten.

Hamadan, iran. Prov.-Hptst., sw. v. Teheran, 350000 E; bed. Handelszentrum (Textil-, Leder-, Kupferwaren); ⚒; das antike *Ekbatana.*

Hamamelis [gr.], (Zaubernuss), aus Nordamerika und Ostasien stammende Ziersträucher; Blütenblätter fadenförmig, gelb, rot, braun; Blätterextrakt als Heilmittel.

Hämangiom [gr.], gutart. Blutgefäßgeschwulst (Feuermal).

Hamann, Johann Georg, * 1730, † 1788, dt. Philosoph u. Schriftsteller; Gegner der Aufklärung.

hämat[o]..., Hämat[o]... [gr.], Bestimmungswort; Bed.: „Blut“.

Hämatologie, Lehre vom Blut u. seinen Krankheiten.

Hämatom, svw. ↑Bluterguss.

Hambacher Fest, demokrat. republikan. Massenversammlung (20000–30000 Teilnehmer) auf Schloss Hambach an der Weinstraße vom 27. bis 30. 5. 1832; Forderung nach Einigung Deutschlands.

Hamburg (amtl. Freie u. Hansestadt H.), Großstadt u. zugleich Bundesland der BRD, zu beiden Seiten d. unteren Elbe, 755 km², 1,7 Mill E; wirtsch. Mittelpt. der Hafen, auch für sehr gr. Seeschiffe erreichbar, mit 1620 ha gr. Freihafen; 2 Elbtunnel (450 m u. 3325 m); Sitz bed. dt. Schifffahrtslinien, 50 % der Wirtsch. an den Hafen gebunden; Werften samt Zulieferbetrieben, Eisen- u. Metallgießereien, opt.-naut. Werkstätten; Seefischmarkt, Verarbeitungsbetriebe für Kaffee, Tabak, Erdöl, Pflanzenöle, Gummi; Reis- u. Getreidemühlen, Schokoladefabriken, Fisch-, Leder-, Juteverarb., chem. u. a. Ind.; Börsen, Versicherungen, Banken u. Ä.; Sitz mehrerer B.-Behörden (u. a. Wasserwirtsch. u. Fischerei), OLG, LG, Handelskammer; Univ., TU, Hamburgisches Weltwirtschaftsarchiv, Institut für Tropenkrankheiten, Hochschulen, Bundesschule des DGB; Oper, Theater, Museen; bed. Ausstellungen u. Messen, Tierpark; Norddt. Rundfunk, 275 m hoher Fernsehturm, Filmateliers, Fernsehstudios, Verlage; ⚒. Wahrzeichen der 132 m hohe Turm der St.-Michaelis-Kirche; Petri-, Katharinen- u. Jakobikirche (14. Jh.), Börse (um 1840), Rathaus (um 1890), Chilehaus (1923). Einkaufszentrum im Bereich der Binnenalster; bek. Vergnügungsviertel in St. Pauli. – H. entstand neben einer um 808 erbauten Burganlage, 831 Bischofssitz, 834–845 Sitz eines Erzb.; Ausgangspt. für die

Missionierung des Nordens. Erweiterung durch Anlage einer Neustadt im 12. Jh.; Blüte zur Zeit der Hanse (bis um 1450); s. 1510 R.-Stadt; 1529 Reformation; Aufstieg zum bed. Seehandelsplatz, Behauptung der Unabhängigkeit gg. Dänemark; 1810–14 frz., 1815 zum Dt. Bund, 1867 zum Norddt. Bund, seit 1871 zum Dt. Reich; heute Land der BRD.

Hameln, Krst. im Weserbergland, Nds., 58 800 E; alte Hansest. mit Gebäuden im Stil der Weserrenaissance; vielseit. Industrie.

Hamilkar Barkas, * um 290, † um 229, Vater Hannibals, karthag. Feldherr; eroberte 236–229 S-Spanien.

Hamilton ['hæmıltən]: **1)** Alexander, * 1755, † 1804, amer. Politiker; verdient um die Schaffung der amer. Verf.; **2)** Lady Emma, geb. Lyon, * 1765, † 1815, Gattin v. 3), seit 1798 Geliebte Nelsons; **3)** Sir William, * 1730, † 1803, brit. Diplomat u. Archäologe; förderte die Ausgrabungen in Pompeji u. Herculaneum; **4)** Sir William, * 1788, † 1856, schott. Philosoph des „Commonsense"; **5)** Sir William Rowan, * 1805, † 1865, ir. Mathematiker.

Hamiten, Sprachgruppe v. a. in N- u. O-Afrika bei orientaliden u. negroiden Volksstämmen.

hamitosemitische Sprachen ↑ semitohamitische Sprachen.

Hamlet, sagenhafter dän. Prinz, der seinen ermordeten Vater rächt u. dabei selbst den Tod findet; Tragödie von Shakespeare (1603).

Hamm, krsfr. St. an der Lippe, NRW, 183 500 E; gr. ⚓ u. einer der größten Verschiebebahnhöfe Europas; OLG; Textil-, Eisen- u. Lackfabriken; im Stadtteil Uentrop Kernkraftwerk (296 MW).

Hammamet, nordtunes. St. am *Golf v. H.*, 31 000 E.

Hammarskjöld, Dag [-ʃœld], * 1905, † 1961, schwed. Diplomat; seit 1953 Generalsekr. der UN, auf einer UN-Mission in Katanga tödl. verunglückt; Friedensnobelpreis postum 1961.

Hammel (Schöps) kastrierter Schafbock.

Hammelburg, St. an der Fränk. Saale, Bay., 12 300 E; Weinort.

Hammelsprung, aus Großbrit. stammendes parlamentar. Abstimmungsverfahren: Auszählung der Abgeordneten beim Eintritt durch eine „Ja"-, eine „Nein"- u. eine Stimmenthaltungstür.

Hammer: 1) Werkzeug für alle Arbeiten, die eine Schlagwirkung erfordern, **2)** Sportgerät (↑ Hammerwerfen); **3)** ↑ Ohr.

Hammerfest, nördlichste St. Europas, in N-Norwegen, auf der Insel Kvaløy, 7 400 E; Fischfang u. -verarb., kl. Werften; ⚓.

Hammerwerfen, sportl. Wurfübung, bei der eine Metallkugel an einem Drahtseil („*Hammer*", 7,25 kg) aus einem Wurfkreis (Ø 2,14 m) geschleudert wird.

Hammondorgel ['hæmənd-], nach dem amer. Erfinder L. Hammond (* 1895, † 1973) ben. elektroakust. Orgel.

Hammurapi, Kg. von Babylonien 1728–1686; gliederte seinem Reich Assyrien ein, ließ das babylon. Recht kodifizieren.

hämo..., Hämo... [gr.], Bestimmungswort; Bed.: „Blut".

Hämoblastosen, Sammelbez. für bösart. Bluterkrankungen.

Hämoglobin [gr.], Farbstoff der roten Blutkörperchen, für Sauerstoffbindung, -transport u. -abgabe; *H.ometer,* Gerät zur Bestimmung des H.gehaltes des Blutes; *H.urie,* Ausscheidung v. rotem Blutfarbstoff im Urin infolge plötzl. Blutzerfalls.

Hämolyse [gr.], Auflösung der roten Blutkörperchen durch Austritt v. Hämoglobin b. Einwirkung von Blutgiften oder durch osmot. Vorgänge.

Hämophilie [gr.], svw. ↑ Bluterkrankheit.

Hämorrhoiden [gr.], krankhafte knotenart. Erweiterungen des Venengeflechts am unteren Mastdarm; außerhalb od. innerhalb des Afters.

Hämostatika, svw. ↑ blutstillende Mittel.

Hämozyten [gr.], svw. Blutkörperchen (↑ Blut).

Hampton, Lionel ['hæmptən], * 1913, amer. Jazzmusiker.

Hamster (Feldhamster), etwa 30 cm gr. Nagetier M-Europas u. Asiens; trägt Körner u. Ä. als Wintervorrat (bis zu 50 kg) zusammen.

Hamsun, Knut, eigtl. K. Pedersen, * 1859, † 1952, norweg. Dichter; bedeutendster norweg. Romancier; „Hunger", „Segen der Erde"; Nobelpreis 1920.

Hanau, hess. Krst. (d. Main-Kinzig-Kreises) östl. v. Frankfurt am Main, 89 000 E; LG, IHK, staatl. Zeichenakad.; Dt. Goldschmiedehaus; Edelmetallwerke, Schmuckwaren-, Gummi-, kerntechn. Industrie.

Hancock, Herbie ['hænkɔk], * 1940, amer. Jazzmusiker; Keyboarder u. Komponist.

Hand, Endabschnitt der Vordergliedmaßen bei Wirbeltieren u. Mensch; Teile: *H.wurzel* mit 8, *Mittel-H.* mit 5 Knochen; *Finger* mit je 3 (Daumen 2) Endgliedknochen; *H.rücken* u. *H.teller;* je nach Funktion stark umgebildet (z. B. Vogelflügel, Huf).

Handball, Ballspiel zw. 2 Mannschaften mit einem Lederball von 60 cm (Männer) bzw. 56 cm (Frauen) Umfang; Spielzeit: Männer 2 × 30, Frauen 2 × 20 Min.; *Hallen-H.:* je 7 Spieler u. 3 Auswechselspieler, Spielfeld 38–44 × 18–22 m; der Ball darf mit allen Körperteilen

Hammurapi. *Ausdehnung seines Reiches*

außer Fuß u. Unterschenkel gespielt, höchstens 3 Sek. gehalten u. bis zu 3 Schritten in der Hand mitgeführt werden.

Handel: 1) gewerbsmäß. Weitergabe von Gütern vom Produzenten zum Verbraucher; *Groß-H.* (Absatz an Weiterverarbeiter oder Einzel-H.), *Einzel-H.* (Weitergabe an Verbraucher); weitere Arten: ambulanter, Kommissions-, Effektiv-, Spekulations-, Binnen-, Außen-H. u. a.; **2)** Gesamtheit der Handelsbetriebe.

Händel, Georg Friedrich, * 23. 2. 1685, † 14. 4. 1759, dt. Komponist u. Organist; s. 1712 in London; mehr als 40 Opern, Oratorien („Der Messias"); daneben Kammermusik u. Orchesterwerke.

G. Fr. Händel

Handelsbilanz: 1) Gegenüberstellung der Warenein- u. -ausfuhr einer Volkswirtsch.; *aktive H.:* Warenausfuhr überwiegt; *passive H.:* Wareneinfuhr überwiegt; **2)** ↑Bilanz nach den Vorschriften des Handelsrechts.

Handelsbrauch (Usance), im Handelsverkehr geltende Gepflogenheiten; b. Rechtsstreitigkeiten beachtet.

Handelsflotte, Gesamtheit d. im Seeschiffsregister eines Landes geführten Seeschiffe, in der BRD 5,4 Mill. BRT (1995). Größte H.n: (1995; in Mill. BRT): Panama 64,4; Liberia 56,8; Griechenland 29,2; Japan 20,4; USA 11,3; Russland 10,8; Philippinen 8,9; Großbrit. 5,3; Welt 406,5.

Handelsgesellschaft, auf den Abschluss von Handelsgeschäften gerichtete Personenvereinigung unter einer Firma: offene H., ↑Kommanditges., ↑Aktienges., ↑GmbH u. a.

Handelsgesetzbuch (HGB), Gesetzbuch zur Regelung des dt. *Handelsrechtes,* von 1897.

Handelsklauseln, im Handelsverkehr gebräuchl. Abk. für best. Vereinbarungen; sie gelten nur dann, wenn ein entspr. Handelsbrauch besteht oder wenn sie ausdrückl. vereinbart werden. Wichtige H.: *cif* (Abk. für engl.: **c**ost, **in**surance, **f**reight = [Verlade]kosten, Versicherung, Fracht [trägt der Verkäufer]), *fob* (Abk. für engl.: **f**ree **o**n **b**oard = frei an Bord [der Verkäufer trägt die Transportkosten einschl. der Verladekosten, aber ohne Versicherung]), frei Waggon, frei Haus.

Handelskrieg ↑Wirtschaftskrieg.

Handelsmarke, Warenzeichen, das von einem Handelsbetrieb verwendet wird.

Handelsrecht ↑Handelsgesetzbuch.

Handelsregister, vom Amtsger. geführtes öff. Verzeichnis der Kaufleute u. Handelsges. u. ihrer rechtl. Verhältnisse.

Handelsschulen, Berufsfachschulen (meist 2 J.) zur Vermittlung kaufmänn.-techn. u. betriebswirtsch. Kenntnisse; *höhere H.* (1 bis 2 J.) setzen den Besuch der 10. Kl. einer Realsch. od. eines Gymnasiums voraus; zusätzl. Unterricht in einer zweiten Fremdspr. u. Volkswirtschaftslehre.

Handelsvertreter, selbst. Kaufmann, aufgrund seines Agenturvertrages ständig beauftragt, für seine Auftraggeber gg. Provision Geschäfte zu vermitteln od. abzuschließen.

Handgranate, Sprengkörper, der mit der Hand geworfen wird, als *Eier-, Kugel-* od. *Stiel-Handgranate.*

Handikap ['hændıkæp; engl.]: **1)** Behinderung, Benachteiligung; **2)** Reit- od. Laufwettbewerb mit Vorgabe für Leistungsschwächere; beim Golf Vorgabe aufgrund geringerer Spielstärke.

Handke, Peter, * 1942, östr. Schriftsteller; experimentiert mit den Möglichkeiten der Sprache.

Handlungsbevollmächtigter, Inhaber einer ↑Handlungsvollmacht.

Handlungsvollmacht, Recht begrenzter Vertretung in einem Handelsgewerbe, weniger weit reichend als Prokura. *Artvollmacht* erstreckt sich auf best. Arten von Geschäftsabschlüssen wie Einkauf, Kassieren; *Sondervollmacht* nur auf Einzelfälle.

Hand- und Spanndienste, im MA. Fronen, die als Handarbeit (z. B. Erntearbeiten) od. als Transportdienste mit zu stellenden Zugtieren zu leisten waren.

Handwerk, Berufsstand u. Betriebssystem des Gewerbes: dem Kunden werden Dienste geleistet

Hannibal

od. eigens für ihn hergest. Erzeugnisse verkauft; Berufsweg: Auszubildender – Geselle – Meister; hpts. kl. oder mittl. Betriebe, Produktionsmittel sind Eigentum des Meisters; keine konsequente Arbeitsteilung.

Handwerkskammer, Interessenvertretung des Handwerks, Selbstverw.-Körperschaft des öff. Rechts; regelt Berufsausbildung, erlässt Prüfungsordn., führt die Handwerksrolle u. a.

Handwerksrolle, Verzeichnis b. den Handwerkskammern, in die jeder Handwerksbetrieb eingetragen werden muss.

Handy ['hændı], umgangssprachl. für ein kleines, netzunabhängiges Mobiltelefon.

Hanefiten, Anhänger der bed. islam. Schulrichtung des Gesetzeslehrers *Abu Hanifa* (* um 699, † 767); Betonung des Gesetzes; v. a. im ind. u. türk. Raum.

Hanf, aus Asien stammende Faserpfl., bis 3 m hoch; bes. geeignet für reißfeste Textilien; Samen zur Ölgewinnung.

Hänfling, 13 cm gr., gesellig lebender bräunl. bis grauer Finkenvogel.

hängende Gärten, Terrassengärten im Altertum; bek. die zu den sieben Weltwundern zählenden h.n G. der Semiramis.

Hängewerk, Tragwerk bei Holz- u. Eisenkonstruktionen zum Überspannen größerer Räume (beim Brücken-, Saalbau u. a.); d. überbrückende Balken wird von oben getragen (an *Hängesäulen* befestigt); einf. H. in Dreiecks-, doppeltes in Trapezform.

Hangtäter (fr. Bez.: Gewohnheitsverbrecher), Täter, der infolge eines Hanges zu erhebl. Straftaten für die Allgemeinheit gefährl. ist; Sicherungsverwahrung möglich.

Hangwind, am Tage als therm. Aufwind, nachts als Abwind (Talwind) an Berghängen auftretende Luftströmung.

Hangzhou [-dʒɔʊ], ostchin. Hafenst. an der *H.bucht,* 1,1 Mill. E; Univ.; Seidenind., Masch.-Bau; ⚘.

Hanks, Tom ['hænks], * 1956, amer. Schauspieler; Film-, Fernseh- und Theaterrollen mit häufig komödiant. Zügen; u. a. „Forrest Gump", „Apollo 13".

Hannibal, * 247, † 183, karthag. Feldherr; Sohn v. Hamilkar Barkas; eroberte Spanien, zog im 2. Pun. Krieg über die Alpen, besiegte die Römer 217 am Trasimen. See u. 216 bei Cannae; 211 Zug vor Rom; unterlag Scipio b. Zama 202.

Hannover: 1) Hptst. v. Nds., des Reg.-Bez. u. d. Landkr. H., krsfr. St., an der Leine, 523 000 E; von mod. Architektur u. Verkehrsführung geprägtes Stadtbild; Wiederaufbau zerstörter bed. Baudenkmäler der Altstadt, Herrenhäuser Park (mit Schloss, 17. Jh., 1943 zerstört), Stadtwald Eilenriede; TU, tierärztl. und medizin. Hochsch., Fachhochsch., Akad. für Raumforschung u. Landesplanung, Leibniz-Akad. (Verw. u. Wirtsch.), B.-Anstalt u. Landesamt für Bodenforschung, mehr. Theater u. Museen; Zoo; LG, Börse, IHK; Spielbank; bed. Messen; vielseit. Ind.; ⚘. – 1241 St.-Privilegien; seit 1386 Hansest.; 1636–1866 Residenz; **2)** histor. Territorium, entstanden aus den 1512 vereinigten Ft. Calenberg u. Göttingen u. den Gft. Hoya u. Diepholz; 1692 zum Kurft. H. erhoben, 1705 mit dem Ft. Lüneburg vereinigt, 1714–1837 in Personalunion mit Großbrit.; 1814 Kgr.; 1866 preuß. Provinz; seit 1946 Teil d. Landes Niedersachsen.

Hanoi, Hptst. v. Vietnam, am r. Ufer d. Roten Flusses, rd. 3 Mill. E; Univ.; Textil-, Masch.-, chem., Nahrungsmittelind.; ⚘.

Hanse, im MA Verbdg. dt. Kaufleute im Ausland zum Schutz gemeinsamer Handelsbelange; durch Verbdg. v. Lübeck u. Hamburg Entw. zum größten dt. Städtebund; während der Blütezeit (14. Jh.) Mitgliedschaft fast aller bed. Städte in Nord- u. Ostdtl. (u. a. Bremen, Rostock, Danzig, Riga) u. bis nach West- u. Mitteldtl.; lose Organisation, Beratungen auf *H.tagen;* Grundlagen der wirtsch. Macht: Beherrschung der Ostsee, Handelsmonopol auf den nord. Meeren, Handelsvorrechte in engl. u. niederl. Häfen; Niedergang seit dem 15. Jh., u. a. durch Erstarken Englands u. der Niederlande, zunehmende Macht der Landesfürsten, Verlagerung d. Handelswege.

Hansen: 1) Christian, * 1803, † 1883, dän. Baumeister u. Archäologe; Ausgrabungen auf der Akropolis (Niketempel); **2)** Christian Frederik, * 1756, † 1845, Baumeister des dän. Klassizismus; **3)** Theophil Edvard Frhr. v., * 1813, † 1891, Bruder v. 1), dän. Baumeister; Bauten in historisierendem Stil in Wien (v. a. das Parlament).

Han Shui [-ʃui], l. Nbfl. des Jangtsekiang, China, 1500 km.

Hanswurst, possenhafte Theaterfigur s. dem 17. Jh. (heute noch im Puppenspiel u. im Wiener Volksstück), schlagfertig, schlau u. von unmäß. Appetit.

Hantel, Sportgerät für Freiübungen u. zum Stemmen, meist 2 durch einen Griff verbundene Kugeln; beim Gew.-Heben als *Scheiben-H.* mit auswechselbaren Gewichtsscheiben.

haplo..., Haplo... [gr.], Bestimmungswort; Bed.: „nur aus einem Teil bestehend, einfach".

haploid [gr.], mit nur einf. (ausgehend v. diploiden) Chromosomensatz versehen.

Happening ['hæpənɪŋ; engl.], überraschendes od. alltägl. „Geschehnis" als provokator. Kunstereignis; zuerst in den USA. Bis heute in „Aktionen" weitergeführt.

Hapteren [gr.]: **1)** Haftorgane gr. Algen in Form v. wurzelähnl. Auswüchsen; **2)** Sporenbänder der Schachtelhalme.

Harakiri [jap.], fälschlich für ↑Seppuku.

Harald: *England:* **1)** ↑Harold II. – *Norwegen:* **2) H. I.** Hårfagre [= Schönhaar], * um 850, † 933, Kg. s. etwa 863; einte nach 872 (?) Norwegen, teilte das Reich unter seine Söhne; **3) H. V.,** * 1937, s. 1991 König von Norwegen.

Harappa, bed. Ruinenstätte in Pakistan; neben ↑Mohendscho Daro Hauptfundstätte der H.- od. Induskultur; Ausgrab. seit 1920.

Harare, (fr. Salisbury), Hptst. von Simbabwe, 681 000 E; Univ.; Verkehrs- u. Handelszentrum; Zement- u. Konsumgüterind.; ⚘.

Hardcopy ['hɑ:dkɔpɪ], in der EDV die Datenausgabe über Drucker od. Plotter.

Hardcover ['hɑ:d 'kʌvə; engl.], Buch mit festem Einbanddeckel.

Harddisc svw. ↑Festplatte.

Harden, Maximilian, eigtl. M. Felix Ernst Witkowski, * 1861, † 1927, dt. Schriftsteller; polit. Schriften, Kritiken; scharfe Angriffe auf Ks. Wilhelm II.

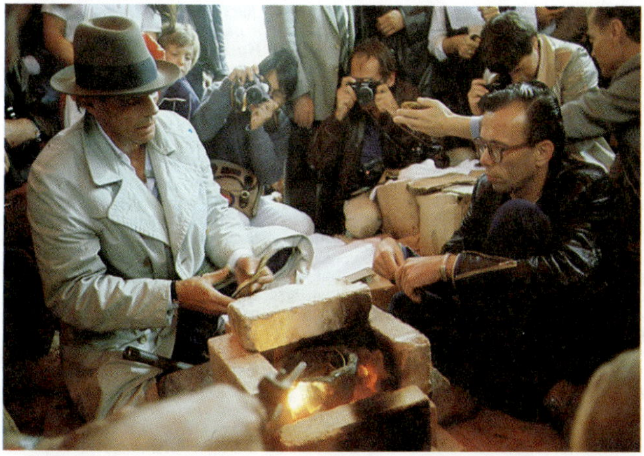

Happening. *J. Beuys, Einschmelzaktion Zarenkrone – Friedenshase; 1982 (Kassel, documenta 7)*

Hạrdenberg: 1) Friedrich Leopold Frhr. v. ↑Novalis; **2)** Karl August Fürst v., * 1750, † 1822, preuß. Staatsmann, 1804–06 Außenmin., s. 1810 Staatskanzler; führte die Reformen des Frhr. vom Stein weiter (Liberalisierung).
Harding, Warren Gamaliel ['hɑːdɪŋ], * 1865, † 1923, 29. Präs. der USA (s. 1921); lehnte den Eintritt der USA in den Völkerbund u. Handelsbeziehungen zur UdSSR ab.
Hardtop ['hɑːdtɔp; engl.], abnehmbares Verdeck (aus Metall od. nichtfaltbarem Kunststoff) von Kraftfahrzeugen, bes. Sportwagen.
Hardware ['hɑːdwɛə; engl.], die konstruktionsbedingten, unveränderl. Teile eines Datenverarbeitungssystems (Ggs. ↑Software).
Hạrdy, Thomas ['hɑːdɪ], * 1840, † 1928, engl. Schriftsteller; von pessimist. Schicksalsglauben best. Novellen u. Romane.
Harem [arab.], Frauengemächer des islam. Hauses.
Häresie [gr.], v. der kirchl. Lehre abweichende Glaubensüberzeugung; **Häretiker,** Anhänger u. Wortführer einer Häresie.
Harfe, Zupfinstrument mit parallel zum Schallkörper verlaufenden Saiten; sehr früh bei allen Kulturvölkern; europ. Typen: *diaton., chromat., Haken-H.; Pedal-H.:* 5 od. 7 Pedale ermöglichen alle Tonarten zw. Es u. E; als *Doppelpedal-H.* mit zweifacher Pedalrückung (7 Pedale können alle Saiten zweimal um einen Halbton erhöhen).
Hạrkort, Friedrich, * 1793, † 1880, dt. Industrieller u. Politiker; Begr. des Linken Zentrums des preuß. Abg.-Hauses; Interesse für soz. Probleme u. Arbeiterbildung.
Hạrlekin (Stachelbeerspanner), 4 cm spannender Schmetterling; weiße Flügel schwarz gefleckt, gelbe Streifen auf Vorderflügeln.
Hạrlekin [ital.], im 17. Jh. aus dem Arlecchino der Commedia dell'Arte entwickelte kom. Stegreiffigur des dt. Theaters.
Hạrlinger Lạnd, fruchtb. Seemarsch an der ostfries. Küste, beiderseits der *Harle,* Nds.; zentrale Orte sind Esens u. Wittmund.
Harmonie [gr.]: **1)** Übereinstimmung, Ebenmaß, **2)** in Akkorden u. Intervallen sich äußernde verwandtsch. Beziehung v. Tönen (𝄞).
Harmonielehre, Lehre v. den Gesetzen der ↑Harmonie 2).
harmonisches Mittel, Bez. f. den aus *n* Zahlen $x_1, x_2, ..., x_n$ gebildeten Wert

$$x = n/\left(\frac{1}{x_1} + \frac{1}{x_2} + ... + \frac{1}{x_n}\right);$$

das harmon. M. zweier Zahlen *a* und *b* ist also

$$x = 2/\left(\frac{1}{a} + \frac{1}{b}\right) = 2ab/(a+b).$$

harmonische Teilung, innere (Teilpt. *C*) u. äußere (Teilpt. *D*) Teilung einer Strecke (AB) im gleichen Verhältnis: $\overline{AC}:\overline{BC} = \overline{AD}:\overline{BD} = m:n$.
Harmonium [gr.], Tasteninstrument in Klavierform mit orgelähnl. Klang; Tonerzeugung durch saug- oder druckluftbewegte Zungen.
Harn (Urin), bei Mensch u. Tier Absonderungsprodukt der Nieren, enthält v. a. Reststoffe des Eiweißstoffwechsels; tägl. H.menge beim Menschen: 1–1,5 l.
Hạrnack, Adolf v., * 1851, † 1930, dt. ev. Theologe; „Lehrbuch der Dogmengesch.", „Das Wesen des Christentums".
Harnblase, muskulöses Organ im kl. Becken zur Aufnahme des Harns; Speicherfähigkeit beim Menschen bis etwa 0,5 l.
Harnisch: 1) ↑Rüstung 1); **2)** durch Reibung v. Gesteinsmassen geglättete od. geschrammte Felswand.
Harnleiter (Ureter), muskulöser Verbindungsschlauch zw. Niere u. Blase.
Harnoncourt, Nikolaus [arnõ'kuːr], * 1929, öster. Dirigent u. Violoncellist, Wegbereiter der originalen Klanggestaltung von Renaissance- und Barockmusik.
Harnröhre (Urethra), Ausführungsgang der Harnblase; beim Mann 20–25, bei der Frau 3–5 cm.
Harnsäure, ein Endprodukt des Eiweißstoffwechsels.
Harnstoff (Urea), $CO(NH_2)_2$, wichtigste Stickstoffverbdg. im Harn der Säugetiere, Fische u. Amphibien, Endprodukt des Eiweißstoffwechsels; techn. hergest. für Stickstoffdünger, Kunststoffe.
Harnvergiftung ↑Urämie.
Harnverhaltung: 1) oft für ↑Anurie; **2)** (Ischurie) Unfähigkeit, Harn zu lassen; bei Schließmuskelkrampf, Abflussverlegung u. a.
Harold II. Godwinson (Harald), * um 1020, † 1066, letzter ags. Kg. in England (1066); fiel im Kampf gg. die Normannen b. Hastings.
Harpune, Wurfspieß mit Widerhaken u. Leine; bei der Unterwasserjagd auf Fische (von Sporttauchern) auch durch Federkraft od. Luftdruck abgeschossen, beim Walfang durch H.nkanonen.
Harpyien, Sturmdämonen in Gestalt v. vogelart. Mädchen (griech. Mythol.)
Harrisburg ['hærɪsbəːg], Hptst. v. Pennsylvania, USA, 52 400 E; Ind.; ✈; Kernkraftwerk (Unfall 1979).
Harrogate ['hærəgɪt], engl. St. nördl. v. Leeds, 66 500 E; Kurort; chem. Industrie.
Hạrsdörffer, Georg Philipp, * 1607, † 1658, dt. Barockdichter.
Hartblei ↑Bleilegierungen.
Härte: 1) Widerstand eines Körpers gg. das Eindringen eines anderen; *H.bestimmung* v. a. durch Kugeldruckprobe nach Brinell (↑Brinellhärte); **2)** Durchdringungsfähigkeit v. Strahlung (z. B. Röntgenstrahlen) durch Materie; **3)** Gehalt des Wassers an gelösten Ca- u. Mg-Verbdg.; **4)** H. v. mineral. Stoffen als Maßstab für ihre Bestimmung u. Einordnung nach der *mohsschen H.skala:*

Härtestufe	Mineral
1	Talk
2	Gips
3	Kalkspat
4	Flussspat
5	Apatit
6	Orthoklas
7	Quarz
8	Topas
9	Korund
10	Diamant

Hạrtebeests [afrikaans], Gatt. geselliger Kuhantilopen; Afrika.
Hartfasern, steife, harte Fasern versch. Tropenpfl. (Sisal, Kokosfasern, Manila u. a.).
Hartfaserplatten ↑Holzfaserplatten.
Hartford ['hɑːtfəd], Hptst. von Connecticut, USA, 139 800 E; Univ.; Handels-, Finanzzentrum; ✈.
Hartgummi, aus Natur- od. Kunstkautschuk gewonnenes Produkt mit hohem Gehalt an Schwefel u. a. Zusatzstoffen (30–50 %), durch Heißvulkanisation gehärtet; in der Elektroind. Isolierstoff.
Hartheugewächse, Fam. vorw. holz. Pfl. in warmen Gegenden; u. a. ↑Johanniskraut.
Hartlaubgewächse, immergrüne Gehölze mit lederigen Blättern.
Hạrtleben, Otto Erich, * 1864, † 1905, dt. Schriftsteller.
Hạ̈rtling, Peter, * 1933, dt. Schriftsteller; Romane, Gedichte, Essays u. Kinderbücher.
Hartlot ↑Löten.
Hạrtmann von Aue, * um 1160, † nach 1210, mhd. Dichter; höf. Epen „Erec", „Iwein" sowie Legendendichtungen „Gregorius", „Der arme Heinrich"; Minne- u. Kreuzzugslieder.
Hạrtmann: 1) Eduard v., * 1842, † 1906, dt. Philosoph; vielfält. Werk; „Philos. des Unbewußten"; **2)** Karl Amadeus, * 1905, † 1963, dt. Komponist; Sinfonien, Konzerte,

Kammermusik; **3)** Max, *1876, †1962, dt. Biologe, biochem. Forschungen zur Geschlechtsphysiol.; **4)** Nicolai, *1882, †1950, dt. Philosoph; entwarf eine kategoriale Schichtenlehre des Seienden: „Der Aufbau der realen Welt".

Hartmannbund, 1900 v. dem dt. Arzt *Hermann Hartmann* (*1863, †1923) gegr. Verein dt. Ärzte zur Wahrung ihrer Interessen.

Hartmetalle, metall. Werkstoffe mit bes. Härte u. Widerstandsfähigkeit; meist gesintert aus Hartstoffen (Carbide, Nitride) u. Bindemetallen (v. a. Kobalt, Nickel), auch Kobalt-Chrom-Legierungen mit Carbidbildnern (Mo, W u. a.).

Hartog, Jan de ['hartɔx], *1914, niederl. Schriftsteller; Romane u. Schauspiele.

Hartriegel, meist Sträucher od. kl. Bäume mit sehr hartem Holz.

Hartspann (Myogelose), Verhärtung in der Muskulatur bei Muskelrheumatismus.

Hartung: 1) Hans, *1904, †1989, dt.-frz. Maler u. Grafiker; seit 1935 in Paris; abstrakte, s. 1952 informelle Bilder; **2)** Hugo, *1902, †1972, dt. Schriftsteller; Romane, „Ich denke oft an Piroschka", „Wir Wunderkinder"; **3)** Karl, *1908, †1967, dt. Bildhauer; abstrakte Werke.

Hartzink, Zinkeisenlegierung mit 90–95% Zink; v. a. zur Herst. von Zinkweiß (ZnO).

Harun Ar Raschid, *766, †809, Kalif v. Bagdad s. 786. Gilt als Idealbild des Kalifen.

Harvard University ['hɑːvəd juni'vəːsɪtɪ], älteste u. bedeutendste Univ. der USA, gegr. 1636 in Cambridge (Mass.).

Harvey ['hɑːvɪ]: **1)** Lilian, *1907, †1968, engl.-dt. Schauspielerin; **2)** William, *1578, †1657, engl. Anatom; entdeckte den gr. u. den kl. Blutkreislauf.

Haryana, B.-Staat in NW-Indien, 44222 km², 16,3 Mill. E, Hptst. Chandigarh.

Harz, nördlichstes dt. Mittelgeb. zw. dem Thüringer Becken u. dem Norddt. Tiefland, der Leine u. der Saale; im Brocken bis 1142 m; *Ober-H.* mit gr. Nadelwäldern, im Durchschnitt 200 m höher als der östl. *Unter-H.;* Flüsse bilden oft tief eingeschnittene Täler, z. T. in gr. Talsperren gestaut (Oker-, Rappbodetalsperre u. a.). Alter Abbau von Silber-, Blei-, Eisen- u. Kupfererzen; Lagerstätten z. T. erschöpft; im H.vorland Abbau v. Kali-, Steinsalz, Kupfer, Braunkohle; reger Fremdenverkehr.

Harzburger Front, Zusammenschluss der Dt.-Nationalen (Hugenberg) mit den Nat.-Sozialisten u. dem Stahlhelm (Seldte) am 11. 10. 1931 in Bad Harzburg; Ziel: Sturz der Reg. Brüning.

Haselnussstrauch. *Blühender Zweig mit Fruchtstand*

Harze, amorphe, organ., feste od. zähflüss., meist wasserunlösl. Stoffe, die von Pfl. ausgeschieden werden (Kopal, Kolophonium; Ausnahme Schellack) od. aus fossilen Pfl. entstanden sind (Bernstein).

Harzer Käse, ein Sauermilchkäse.

Harzer Roller ↑Kanarienvogel.

Hasan II., *1929, †1999, Kg. v. Marokko s. 1961.

Hasard [frz.], Kurzw. für H.spiel: Glücksspiel; **Hasardeur** [-'døːr], Glücksspieler.

Haschimiden (Haschemiten), v. Haschim begr. arab. Geschlecht, dem Mohammed u. Ali entstammten; heute: jordan. Königshaus.

Haschisch [arab.], Rauschmittel aus dem Harz des Ind. Hanfs (als *Marihuana* in Amerika aus getrockneten Pfl.-Teilen).

Hasdrubal: *karthag. Feldherren.* **1) H.,** *um 270, †221, gründete in Spanien Neu-Karthago, schloss mit Rom den Vertr. über die Grenze am Ebro; **2) H.,** *245, †207, Bruder Hannibals, sicherte Spanien, fiel, als er im 2. Pun. Krieg ein Heer über die Alpen führen wollte, am Metaurus.

Hašek, Jaroslav [ha'ʃek], *1883, †1923, tschech. Schriftsteller; satir. Roman „Die Abenteuer d. braven Soldaten Schwejk...".

Hasel, Gatt. der Haselnussgewächse, hpts. Sträucher, mit essb. Nussfrüchten; Eurasien, N-Amerika.

Haselmaus, hausmausgr., gelbbrauner Bilch; geschützt.

Hasel[nuss]strauch, wärmeliebende europ. Haselart; Frucht *Haselnuss.*

Hasen, fast weltweit verbreitete nagetierähnl. Säuger mit sehr langen Ohren u. verlängerten Hinterbeinen; ↑Kaninchen, *Feldhase.*

Hasenclever, Walter, *1890, †1940, dt. Dramatiker des Expressionismus; „Der Sohn"; Lyrik.

Hasenscharte, angeborene Lippenspalte; Folge embryonaler Entw.-Hemmung.

Hass, Hans, *1919, östr. Zoologe; unternahm zahlr. Unterwasserexpeditionen.

Hassan ↑Hasan II.

Haßberge, bis 511 m hohe waldbedeckte Keupersandsteinstufe nw. von Bamberg.

Hasse, O[tto] E[duard], *1903, †1978, dt. Schauspieler (Film „Canaris").

Hassel, Kai-Uwe v., *1913, †1997, dt. Politiker (CDU); 1963–66 B.-Verteidigungsmin., 1966–69 B.-Vertriebenenmin.; 1969–72 Präs., 1972–76 Vizepräs. d. B.-Tages.

Hassell, Ulrich v., *1881, †1944, dt. Diplomat; Widerstandskämpfer gg. Hitler, nach dem 20. Juli 1944 hingerichtet.

Hasselt, Hptst. der nordostbelg. Prov. Limburg, 67500 E; Tabak- u. a. Ind.; Kathedrale.

Haßler (Hasler), Hans Leo, *1564, †1612, dt. Komponist u. Organist; Schüler Gabrielis; geistl. u. weltl. Lieder; Messen.

Hastings ['heɪstɪŋz], südostengl. St. u. Seebad an der Kanalküste, 74800 E. Bei H. siegte 1066 Wilhelm der Eroberer über Kg. Harold II.

Hatheyer, Heidemarie, *1919, †1990, östr. Schauspielerin.

Hathor, ägypt. Göttin, Herrin des Himmels u. der Toten.

Hatschepsut, ägypt. Königin (1490–68) der 18. Dyn.; Höhepunkt der Machtentfaltung des Neuen Reiches.

Hạttingen, St. an der Ruhr, NRW, 58700 E; Metall-, Masch.-Ind.; Bundesschule des DGB.

Hattrick ['hættrɪk; engl.], dreimal. Torerfolg hintereinander des gleichen Spielers innerhalb einer Halbzeit (v. a. Fußball).

Haubenlerche, etwa 17 cm gr. Lerche mit spitzer Haube; gemäßigtes Eurasien, N-Afrika.

Haubentaucher, fast 50 cm langer Lappentaucher.

Haubịtze, Flach- u. Steilfeuergeschütz.

Hauer, Josef Matthias, * 1883, † 1959, östr. Komponist; entwickelte unabh. v. Schönberg die Zwölftonmusik.

Haufensterne, Sterne eines Sternhaufens; Ggs. Feldsterne.

Haufenwolke, svw. ↑Kumulus.

Hauff, Wilhelm, * 1802, † 1827, dt. Dichter; Märchenzyklen, u. a. „Das Wirtshaus im Spessart" in seinem „Märchenalmanach", Novellen, Romane („Lichtenstein").

Hauhechel, dorn. Zwergsträucher, oft an Wegrändern (Schmetterlingsblütler).

Hauptmann: 1) Carl, * 1858, † 1921, Bruder v. 2), dt. Schriftsteller; „Einhart der Lächler", „Mathilde"; auch Dramen, **2)** Gerhart * 1862, † 1946, dt. Dichter; in den frühen Werken Naturalist, später versch. Richtungen folgend; „Vor Sonnenaufgang", „Die Weber", „Michael Kramer", „Der Biberpelz", „Hannele[s Himmelfahrt]", „Fuhrmann Henschel", „Rose Bernd", „Und Pippa tanzt"; Autobiographie „Das Abenteuer meiner Jugend", Nobelpreis 1912.

Hauptmann, Offiziersdienstgrad.

Hauptnenner (Generalnenner), das kleinste gemeinsame Vielfache der Nenner mehr. ungleichnam. Brüche, z. B. ist bei $\frac{1}{2}$, $\frac{1}{3}$, $\frac{1}{4}$ der H. 12.

G. Hauptmann

Haupt- und Staatsaktionen, Stücke der dt. Wanderbühnen um 1700.

Hauptverhandlung, 2. Teil des strafprozessualen Hauptverfahrens; Grundsätze u. a. ↑Offizialprinzip u. Mündlichkeit (Richter, Staatsanwalt u. der Angeklagte [mit Verteidiger] müssen ununterbrochen anwesend sein); schließt mit der Urteilsverkündung; ↑auch Strafprozess.

Hauptversammlung ↑Aktiengesellschaft.

Hauptwort, svw. ↑Substantiv.

Hausbesetzung, das Einziehen in leer stehende Häuser durch Personen ohne die Erlaubnis des Eigentümers bzw. gg. dessen Widerspruch.

Hausbock ↑Bockkäfer.

Hausen, bis 9 m langer Stör (Kasp. u. Schwarzes Meer); Rogen liefert Kaviar.

Hauser, Kaspar, * angebl. 1812, † 1833, dt. Findelkind vermutl. fürstl. Abkunft, anscheinend in fast völliger Isolierung aufgewachsen; von einem Unbekannten erstochen. Sein Schicksal wurde Gegenstand zahlr. literar. Gestaltungen.

Hausfriedensbruch, widerrechtl. Eindringen od. Verweilen in fremden Räumen od. auf fremden Grundstücken; Strafverfolgung nur auf Antrag.

Haushaltsplan (Etat, Budget) ↑öffentlicher Haushalt.

Haushofer, Albrecht, * 1903, † 1945 (v. der Gestapo erschossen), dt. Schriftsteller; anfängl. Nat.-Sozialist., dann Widerstandskämpfer; Dramen u., nach seiner Verhaftung 1944, „Moabiter Sonette".

Haushuhn, vom südasiat. Bankivahuhn abstammendes, wahrsch. im 3. Jt. v. Chr. in Indien domestiziertes Huhn; viele Zuchtrassen.

Hausmann, Manfred, * 1898, † 1986, dt. Lyriker u. Erzähler; „Salut gen Himmel", „Abel mit der Mundharmonika"; auch Dramen.

Hausmeier, urspr. Vorsteher des Haushalts an german. Fürstenhöfen; im 7. Jh. bei den Merowingern im fakt. Besitz der kgl. Gewalt, s. 751 mit Pippin d. J. Inhaber der fränk. Königswürde.

Haussa, muslim. äthiopides Volk im mittl. Sudan; meist Händler; bed. Metall- u. Lederbearbeitung.

Hausschwamm (Echter H., Holzschwamm), Holz zerstörender Rindenpilz mit oberflächl. flachem braunem Fruchtkörper; bes. in Gebäuden.

Hausse ['o:s; frz.], Steigen bzw. hohes Niveau der Börsenkurse; Ggs. ↑Baisse.

Haussmann, Georges Eugène Baron [os'man], * 1809, † 1891, Präfekt des Seine-Dep. 1853–70; Schöpfer des mod. Paris (Anlage v. Avenuen u. Boulevards unter Vernichtung des ma. Stadtbildes).

Haussuchung ↑Durchsuchung.

Hauswurz (Sempervivum), Zierpfl. (Dickblattgewächs) im Steingarten.

Haut: 1) bei Tier u. Mensch den Körper nach außen abschließendes Gewebe aus Ober-, Leder-H. u. Unterhautfettgewebe, zum Stoffaustausch u. -wechsel, zur Sinneswahrnehmung, Wärmeregulierung u. a.; durch Zellenverhornung Haare, Nägel, bei Wirbeltieren auch Hörner, Federn, Schuppen u. Ä.; **2)** bei Pfl. aus der meist einschicht. ↑Epidermis gebildete Zellenschicht als Verdunstungsschutz, oft verkorkt (Borke, Bast u. Ä.).

Hautblüte, svw. ↑Effloreszenz 1).

Haute Couture [otkut'y:r; frz.], modebestimmendes Schneiderhandwerk, bes. von Paris.

Hautevolee [o:tvo'le:; frz.], spött. Bez. für die gesellschaftl. Oberschicht.

Hautflechten, volkstüml. Bez. für ↑Hautpilzerkrankungen.

Hautflügler, weltweit verbreitete Insektenordn., mit 2 häut. Flügelpaaren; ♀♀ 18 mit Legestachel; u. a. Schlupf-, Blatt-, Gallwespen, Stechimmen.

Hautgout ['ogu:; frz.]: **1)** Geschmack, den Fleisch v. Wild nach längerem Lagern annimmt; **2)** übertragen: Anrüchigkeit.

Hautkrebs, v. Hautschichten ausgehende bösart. Wucherungen.

Hautpilzerkrankungen (Dermatomykosen). Erkrankungen durch Pilzinfektionen d. Oberhaut, d. Haare od. Nägel.

Hautrelief [orəl'jɛf; frz.], svw. Hochrelief (↑Relief 2).

Hautwirkung, der ↑Skineffekt.

Havạnna (eigtl. San Cristóbal de la Habana), Hptst. u. Haupt-⚓ v. Kuba, an d. NW-Küste der Insel Kuba, 2,06 Mill. E (städt. Agglomeration Ciudad de la Habana); Univ.; Ind.-Zentrum, Ausfuhr von Südfrüchten, Tabak u. Zucker; ✈.

Havarie [arab.-frz.], Schäden an Schiff u. Ladung auf Fahrt.

Hạvel, Václav, * 1936, tschech. Schriftsteller; s. 1968 Publikationsverbot; 1977 einer der Sprecher der Bürgerrechtsgruppe „Charta 77"; mehrfach inhaftiert, setzte an der Spitze einer Massenbewegung Ende 1989 demokrat. Reformen durch, Dez. 1989–Juli 1992 Präs. der ČSFR, s. Jan. 1993 Präs. der Tschech. Republik.

Havel, rechter Nbfl. d. mittl. Elbe, 341 km.

Havelberg, Krst. an der Havel nahe der Mdg. in die Elbe, Sa.-Anh., 7100 E; spätgot. Dom.

Havelock, langer, ärmelloser Mantel mit Pelerine.

Havemann, Robert, * 1910, † 1982, dt. Chemiker; Regimekritiker in der DDR; stand zeitweise unter Hausarrest.

Havre, Le [lə'a:vr], frz. Hafenst. an der Seinemdg., Kanalküste, 196000 E; Güterumschlag- u. Passagier-⚓; Textil-, chem.-, Erdöl-, Fahrzeug-, Masch.-Industrie.

Hawaii: 1) Hauptinsel der ↑Hawaiiinseln, 10398 km^2; Hauptort u. Haupt-⚓ Hilo; im Innern Vulkane; an der NO-Küste Zuckerrohr-, an der S-Küste auch Kaffeeanbau; **2)** Staat der USA, ↑Hawaiiinseln.

Hawaiiinseln, Inselgruppe im nördl. Pazifik (fr. Sandwich Islands), B.-Staat (Hawaii) der USA, 16705 km^2, 1,11 Mill. E, Hptst. Honolulu; 8 größere Vulkaninseln (Hawaii, Maui, Oahu, Kauai, Molokai, Lanai, Kahoolawe, Niihau) u. viele kl. Koralleninseln; Anbau v. a. von Zuckerrohr u. Ananas; Haupthäfen: Honolulu (mit Marinestützpt. Pearl Harbor) u. Hilo. – 1778 v. J. Cook entdeckt, im 19. Jh. Kgr., 1898 Annexion durch die USA, 1959 50. B.-Staat der USA.

Hawking, Stephen William [hɔ:kiŋ], * 1942, brit. Physiker, Forschungen zum unmittelbaren Entstehen des Universums („Eine kurze Gesch. der Zeit"; „Einsteins Traum").

Hawks, Howard ['hɔ:ks], amer. Filmregisseur, * 1896, † 1977; „Blondinen bevorzugt", „Red River", „Rio Bravo" u. a.

Haydn, [Franz] Joseph, * 1732, † 1809, östr. Komponist; Kapellmeister bei N. Fürst Esterházy v. Galántha in Eisenstadt u. Wien; Oratorien („Die Schöpfung", „Die Jahreszeiten"), mehr als 100 Sinfonien, Kirchenmusik. Opern, 83 Streichquartette, u. a. „Kaiserquartett".

J. Haydn

Havanna. *Revolutionsmuseum (ehemaliger Präsidentenpalast)*

Hayek, Friedrich August von, * 1899, † 1992, östr. Nationalökonom; bed. Vertreter des Neoliberalismus; Nobelpreis 1974.

Hayworth, Rita ['heɪwə:θ], eigtl. Margarita Carmen Cansino, * 1918, † 1987, amer. Tänzerin u. Filmschauspielerin; Sexidol („Es tanzt die Göttin").

HB ↑Brinellhärte.

H-Bombe ↑Atomwaffen.

h. c., Abk. für: **h**onoris **c**ausa [lat.; = ehrenhalber], z. B. Dr. h. c.

HDTV, Abk. für **H**igh **D**efinition **T**ele**v**ision (hoch auflösendes Fernsehen), ↑Fernsehen.

He, Symbol für ↑Helium (⚘).

Hearing ['hɪərɪŋ; engl.], Anhörung v. Experten; öff. parlamentar. Untersuchung.

Heaviside, Oliver ['hevɪsaɪd], * 1850, † 1925, brit. Physiker; entwickelte die Vektor- u. Operatorenrechnung; entdeckte die nach ihm ben. *H.schicht,* eine elektrisch leitende Atmosphärenschicht, an der kurze elektr. Wellen reflektiert werden.

Hebamme, staatl. geprüfte u. anerkannte Geburtshelferin; 2-jähr. Ausbildung (Staatsprüfung) in *H.nschulen.*

Hebbel, Christian Friedrich, * 1813, † 1863, dt. Dichter; zw. Idealismus (Hegel) u. Realismus stehend; Dramen: „Judith", „Maria Magdalene", „Herodes u. Mariamne", „Agnes Bernauer", „Gyges u. sein Ring"; Theorie der Tragik: „Mein Wort über das Drama"; Gedichte, Tagebücher.

Hebei (Hopeh), chin. Prov. nördl. des Hwangho, 202700 km^2, 62,8 Mill. E; Hptst. Shijiazhuang.

Hebel, Johann Peter, * 1760, † 1826, dt. Dichter; Gedichte in alemann. Mundart; Slg. „Schatzkästlein des rhein. Hausfreundes".

Hebel, um eine Achse drehbarer, meist stabförm. Körper zur Kraftübertragung; *einarm. H.:* alle Kräfte wirken nur auf einer Seite des Drehpt.; *zweiarm. H.:* die Kräfte greifen beiderseits des Drehpt. an.

Hebephrenie [gr.], Jugendirresein; Form der ↑Schizophrenie.

Heber, Gerät zur Flüssigkeitsentnahme aus offenen Gefäßen mit Hilfe des Luftdrucks; einschenklig als *Stech-H.,* zweischenklig als *Saugheber.*

Hebräer, svw. Israeliten od. Juden.

Hebräerbrief, Brief im N. T., unbek. Verf. aus dem Kreis um Paulus.

Hebräisch, dem semit. Sprachstamm zugehör. Spr., in der die meisten Bücher des A. T. verf. sind; als Umgangsspr. nach der

Ch. F. Hebbel

Erich Heckel, *Schlafender Pechstein (1910)*

Babylon. Gefangenschaft vom Aram. verdrängt; seit 1948 Amtsspr. in Israel.

hebräische Literatur ↑jüdische Literatur.

hebräische Schrift, in der hebr. u. jidd. Lit. gebrauchte Schrift *(Quadratschrift),* aus der aram. Schrift entwickelt; Konsonantenschrift (22 Buchstaben); Vokalisation später durch Punktation.

Hebriden, schott. Inselgruppe v. rd. 500 Felseninseln (etwa 100 bewohnt), westl. v. N-Schottland, 7700 km^2.

Hebron, südl. von Jerusalem gelegene St., 80000 E. – Residenz Davids, nach der Überlieferung Grabstätte Abrahams; hl. Stätte von Judentum, Islam u. Christentum. – 1997 palästinens. Verwaltung unterstellt.

Hecht, Raubfisch der Flüsse u. Seen Eurasiens u. Nordamerikas; 40 bis mehr als 100 cm lang; Speisefisch.

Heckel, Erich, * 1883, † 1970, dt. Maler u. Grafiker; Mitbegr. der ↑Brücke; expressionist. Gemälde, Aquarelle, Holzschnitte.

Hecker, Friedrich, * 1811, † 1881, dt. Revolutionär; Vorkämpfer der Rep.; floh 1848 in die USA.

Hedin, Sven, * 1865, † 1952, schwed. Forschungsreisender; überquerte den Himalaja u. hielt sich bes. in China u. Tibet auf; erforschte die Quellgebiete des Indus u. Brahmaputra, entdeckte das *H.gebirge* (↑Transhimalaja); zahlr. Reisebeschreibungen u. Expeditionsberichte.

Hedonismus [gr.], in der Ethik: höchstes Ziel menschl. Verhaltens ist der Glückszustand der Seele (v. a. Epikur).

Hedschas, arab. Landschaften, ↑Hidjas.

Hedschra ↑Hidjra.

Hedwig: *Polen:* **1) H.** (poln. Jadwiga), * um 1374, † 1399, Kgn. v. Polen seit 1382; heiratete 1386 Jagello v. Litauen. – *Schlesien:* **2) H.,** hl., * um 1174, † 1243, Hzgn. s. 1186 bzw. 1190, Gattin von Hzg. Heinrich I.; Patronin Schlesiens.

Heerlen ['hɛ:rlə], niederländ. Stadt, 95000 E; Ind.- u. Dienstleistungszentrum.

Heesters, Johannes, * 1903, östr. Sänger u. Schauspieler niederl. Herkunft.

Hefei (Hofei), Hptst. der chin. Prov. Anhui, 733000 E; Univ.; Stahl- u. Aluminiumind., chem., Textilindustrie.

Hefepilze, winz. Schlauchpilze, bestehend aus kugel. od. zylindr. Zellen u. zu Sprossketten vereint; aus den „wilden Hefen" wurden die *Kulturhefen* gezüchtet.

Hefner-Alteneck, Friedrich von, * 1845, † 1904, dt. Elektrotechniker; Mitarb. v. W. v. ↑Siemens, Erfinder des Trommelankers für elektr. Generatoren (1872); konstruierte die *Hefnerlampe,* eine Amylacetatlampe als Grundmaß für die *Hefnerkerze,* Kurzzeichen HK, ältere Einheit der Lichtstärke; ersetzt durch ↑Candela (cd); 1 HK = 0,903 cd.

Hegau, bad. Ldsch. nw. des Bodensees; mit steil aufragenden vulkan. Bergkegeln.

Hegel, Georg Wilhelm Friedrich, * 1770, † 1831, dt. Philosoph; Höhepunkt des dt. Idealismus (absoluter Idealismus); der objektive [Welt]geist kommt im Entfaltungsprozess der Weltgesch. in dialekt. Schritten zum Bewusstsein seiner selbst; „Phänomenol. des Geistes", „Wiss. der Logik", „Enzyklopädie der philos. Wissenschaften"; bed. Wirkung.

Hegemonie [gr.], Vorherrschaft [eines Staates].

Hegenbarth, Josef, * 1884, † 1962, dt. Maler u. Grafiker; bed. Buchillustrator.

Hehlerei, Ansichbringen strafbar erlangter Sachen od. Mitwirken bei deren Absatz um des eigenen Vorteils willen.

Heidegger, Martin, * 1889, † 1976, dt. Philosoph; schuf eine Existenzphilos., die Fundamentalontologie.

Heidekrautgewächse (Erikagewächse), meist kl. Sträucher mit immergrünen Blättern; u. a. Alpenrose, *Heidekraut* auf Moor- u. Sandböden, Heidel-, Preiselbeere.

Heidelbeere (Blaubeere, Bickbeere), Heidekrautgewächs, bes. in lichten Wäldern u. Gebüschen; Europa, N-Asien.

Heidelberg, St. am Neckar und an der Bergstraße, Ba.-Wü., 139000 E; Stadtkreis u. Verw.-Sitz des Rhein-Neckar-Kreises; Univ., H.er Akad. d. Wiss., Max-Planck-Institute, Krebsforschungszentrum, PH, Tier-, botan. Garten, Kurpfälz. Museum, ↑Heidelberger Schloss; die Altst. nach d. Zerstörung 1689 u. 1693 über ma. Grundriss aufgebaut. Spätgot. Heiliggeistkirche, barocke Jesuitenkirche, Haus zum Ritter (1592), Alte Brücke (18. Jh.); LG; IHK; vielseit. Ind. – 1239 St., ehem. kurpfälz. Residenz.

Heidelberger Katechismus, einflussreichste ref. Bekenntnisschrift, verfasst v. Z. Ursinus u. C. Olevianus, veröff. 1563.

Heidelberger Liederhandschrift: 1) (Manessische Handschrift) *Große H. L.* (C), größte u. kostbarste Slg. mhd. Lyrik (Werke von 140 Dichtern; 138 Miniaturen; 14. Jh.); **2)** *Kleine H. L.* (A), Slg. mhd. Lyrik (ohne Bilder; 13. Jh.).

Heidelberger Schloss, ehem. Residenz der pfälz. Kurfürsten, 1689 zerstört, z. T. wiederhergest.; spätgot. u. Renaissanceteile.

Heiden, im christl. Sprachgebrauch urspr. alle Nichtchristen, dann alle Menschen, die nicht dem Christentum, Judentum od. Islam angehören.

Heidenheim an der Brenz, Krst. in der östl. Schwäb. Alb, Ba.-Wü., 52 600 E; Schloss; IHK; Masch.- u. Textilindustrie.

Heidschnucke, Rasse kl., sehr genügsamer, v. a. in der Lüneburger Heide gehaltener Schafe.

Heiland (Salvator), Retter, Erlöser; in der Antike für Götter u. göttl. verehrte Personen, bibl. u. christl. für Gott, Messias, Christus.

Heilbronn, Krst. am Neckar, Ba.-Wü., 122 300 E; Stadtkreis, Sitz d. Regionalverbandes Franken; Kilianskirche (13.–16. Jh.), Rathaus (15./16. Jh.); Fachhochschule; LG; IHK; Steinsalzbergbau, Salinen; Masch.-, Textil-, Nahrungsmittel-, chem. Ind.; mod. gr. Flusshafen.

Heilbutt, Plattfischart, bis 2 m lang; N-Atlantik, N-Pazifik.

Heilige, in der kath. Kirche Menschen, die ihr Leben für ihren Glauben hingaben (Märtyrer) od. die christl. Tugenden in heroischem Maße übten.

Heilige Allianz, Bund [v. a.] zw. Russland, Östr. u. Preußen (1815), dem später alle christl. europ. Mächte außer Großbrit. u. dem Hl. Stuhl beitraten; propagierte christl. Staatsgrundsätze, diente aber v. a. der Unterdrückung freiheitl.-demokrat. Bewegungen.

Heilige der letzten Tage, svw. ↑Mormonen.

Heiligenkreuz, Ort im Wienerwald, sw. von Wien; berühmte Zisterzienserabtei (gegr. 1133).

Heiligenschein (Gloriole), in der christl. bildenden Kunst Lichtscheibe od. Strahlenkranz um das Haupt Gottes od. eines Heiligen.

Heiliger Geist, nach christl. Glaubenslehre die dritte Person der Trinität, wesensgleich dem Vater u. dem Sohn.

heiliger Krieg ↑Dschihad.

Heiliger Rock, der Leibrock Christi. – Unter den Tuniken Christi, die gezeigt werden, nimmt die im Dom zu Trier eine hervorragende Stelle ein. Der als eine aus konstantin. Zeit stammende Berührungsreliquie angesehene H. R. soll (nach wiss. Untersuchungen) aus dem 12. Jh. stammen.

H. Heine

Heiliger Synod ↑Synod.

Heiliges Jahr ↑Jubeljahr 2).

Heiliges Römisches Reich, amtl. Bez. für d. Herrschaftsbereich d. abendländ. Röm. Ks. u. die in ihm verbundenen Reichsterritorien vom MA bis 1806; s. d. 15. Jh. *„H. R. R. dt. Nation".*

Heiligsprechung (Kanonisation), in der kath. Kirche feierl. Aufnahme eines „Dieners Gottes" in das Verzeichnis *(Kanon)* der ↑Heiligen durch den Papst nach *Seligsprechung[sprozess]* u. *H.sprozess.*

Heilmagnetismus (Mesmerismus), Lehre des dt. Arztes *F. A. Mesmer* (* 1734, † 1815) von der heilenden Wirkung magnet. Kräfte eines Menschen auf Kranke.

Heilpädagogik, Erziehung entwicklungsgestörter, körperl. u. geist. behinderter Kinder.

Heilpflanzen, Pfl. mit med. verwertb. Substanzen, i. e. S. industriell (oft in gr. Maßstab) pharmazeut. genutzte Pfl. *(Arzneipflanzen).*

Heilpraktiker, Berufsbez. für jemanden, der die Heilkunde berufsmäßig ausübt, ohne als Arzt bestallt zu sein (§ 1 Heilpraktikerges. v. 17. 2. 1939). Der H. darf keine rezeptpflichtigen Heilmittel verschreiben u. auf best. med. Gebieten (z. B. Frauenheilkunde) nicht tätig werden.

Heilquellen, Mineralquellen, ↑Thermalquellen u. ↑heiße Quellen, die bei Bade- u./od. Trinkkuren Heilerfolge bringen.

Heilsarmee (Salvation Army), aus der von W. Booth 1865 gegr. Ostlondoner Zeltmission 1878 hervorgegangene Gemeinschaft, die sich der Rettung Verwahrloster, dem Kampf gg. das Laster u. der Sorge für Arbeitslose widmet; mil. organisiert mit einem Gen. an der Spitze; in der BRD rd. 2 000 Mitgl. u. 2 500 registrierte Freunde.

Heilserum, gereinigte Blutflüssigkeit v. Tieren (meist Pferden) mit gr. Mengen v. ↑Antikörpern; zur pass. Immunisierung.

Heilsgeschichte, christl. Sicht der Gesch. als Nacheinander des göttl. Handelns an, für u. mit Menschen.

Heilungsbewegung, Bez. mod. Religionsgemeinschaften, die jede ärztl. Therapie ablehnen u. durch „mentale" Reinigung Heilung erwarten; u. a. Christian Science.

Heimaey ['hɛi̯maɛi̯], Insel vor der SW-Küste Islands, 16 km², 4 800 E; 1973 Ausbruch des Vulkans Helgafell, der die Siedlung z. T. vernichtete.

Heimatvertriebene ↑Vertriebene.

Heimchen ↑Grillen.

Heine, Heinrich, eigtl. Harry H., * 1797, † 1856, dt. Dichter; zeitkrit. Tendenz, pointierte Zerstörung des romant. Illusionismus; 1835 Verbot seiner Werke in Dtl.; „Buch d. Lieder", „Romanzero", „Dtl. Ein Wintermärchen", „Reisebilder".

Heinemann, Gustav W[alther], * 1899, † 1976, dt. Politiker (SPD), 1949/50 B.-Innenmin.; 1966–69 B.-Justizmin., 1969–74 B.-Präsident.

Heinkel, Ernst, * 1888, † 1958, dt. Flugzeugkonstrukteur; entwickelte 1938/39 das erste Strahlturbinenflugzeug.

Heinrich: *Hl. Röm. Reich:* **1) H. I.,** * um 875, † 936, Kg. s. 919; v. Konrad I. zum Nachf. bestimmt, besiegte 933 die Ungarn; **2) H. II.,** der Heilige, * 973, † 1024, Hzg. v. Bayern, Kg. s. 1002, Ks. s. 1014; 1003–18 Kriege gg. Boleslaw I. v. Polen, Rückgewinnung Böhmens; Anhänger der kluniazens. Reformbewegung; 1007 Stiftung des Bistums Bamberg; **3) H. III.,** * 1017, † 1056, Sohn Konrads II., Hzg. v. Bayern, Kg. s. 1038, Ks. s. 1046; Höhept. kaiserl. Machtentfaltung; Lehnshoheit über Böhmen, Polen, Ungarn; beendete 1046 (Synoden in Rom u. Sutri) das Schisma der drei Päpste; **4) H. IV.,** * 1050, † 1106, Sohn v. 3), Kg. s. 1056, Ks. s. 1084; reg. bis 1066 unter d. Vormundschaft seiner Mutter Agnes v. Poitou u. des Erzb. Adalbert v. Hamburg-Bremen; seine Absetzung Papst Gregors VII. auf der Wormser Synode führte zum Investiturstreit; Lösung v. Bann 1077 in Canossa; **5) H. V.,** * 1086, † 1125, Sohn v. 4), Kg. s. 1098, Ks. s. 1111; letzter Salier; stärkte die kgl. Macht, beendete 1122 den Investiturstreit durch das Wormser Konkordat; **6) H. VI.,** * 1165, † 1197,

Heinrich VIII., *König von England und Irland (links).* **Kaiser Heinrich II.,** *der Heilige (rechts)*

Sohn Friedrichs I. Barbarossa; 1186 Heirat mit Konstanze v. Sizilien, Kg. s. 1169, Ks. s. 1191, Kg. v. Sizilien s. 1194; Höhept. der stauf. Macht; der Plan eines Erbkaisertums scheiterte an d. R.-Fürsten. – *Bayern u. Sachsen:* **7) H.** der Löwe, * 1129, † 1195, Hzg. v. Sachsen 1142–80, 1156–80 auch v. Bayern; dehnte v. Sachsen aus sein Territorium weit in das slaw. Gebiet östl. der Elbe aus; 1158 Neugründung Lübecks. Förderung des dt. Ostseehandels; wegen Verweigerung der Teilnahme an den Italienfeldzügen geächtet; nach seiner Unterwerfung blieb ihm nur der welf. Familienbesitz um Braunschweig-Lüneburg. – *England:* **8) H. II.** Kurzmantel, * 1133, † 1189, Hzg. der Normandie (1150), Graf v. Anjou (1151), Kg. s. 1154; aus dem Haus Plantagenet; verh. mit Eleonore v. Aquitanien, begr. das Angevin. Reich; **9) H. V.,** * 1387, † 1422, Kg. s. 1413; kämpfte erfolgr. im Hundertjähr. Krieg (Sieg bei Azincourt; Vertrag von Troyes); **10) H. VII.,** * 1457, † 1509, Kg. s. 1485, erster Kg. aus dem Haus Tudor; beendete durch den Sieg über Richard III. die † Rosenkriege, stärkte Macht u. Ansehen d. Krone; **11) H. VIII.,** * 1491, † 1547, Sohn v. 10), Kg. s. 1509; die vom Papst verweigerte Scheidung v. seiner ersten Gattin Katharina v. Aragonien war Anlass zur Trennung der engl. Kirche v. Rom; machte sich 1534 selbst zum Oberhaupt der † anglikan. Kirche (Suprematsakte); Einziehung des Klosterbesitzes zugunsten der Krone; ließ seine zweite Gattin, Anna Boleyn, 1536 hinrichten; ihre Nachfolgerin, Johanna Seymour, starb 1537; 1540 Scheidung v. Anna v. Kleve; seine fünfte Gattin, Katharina Howard, 1542 hingerichtet, seine sechste Gattin, Katharina Parr, überlebte ihn. – *Frkr.:* **12) H. III.,** * 1551, † 1589, Kg. v. Frkr. s. 1574 u. Kg. v. Polen (1574); erließ unter dem Einfluss der kath. Liga 1585 das Edikt v. Nemours gg. die Hugenotten, wandte sich aber dann gg. die Liga u. ließ ihre Führer, die Herzöge v. Guise, ermorden; **13) H. IV.,** * 1553, † 1610, Kg. v. Navarra s. 1562 u. Kg. v. Frkr. s. 1589; erster Bourbone; Hugenottenführer, heiratete Margarete von Valois (Schwester H.s III.; † Bartholomäusnacht); aus innen- u. außenpolit. Gründen 1593 Übertritt zum Katholizismus; erließ das Edikt v. Nantes 1598; ermordet. – *Portugal:* **14) H.** der Seefahrer, * 1394, † 1460, Sohn Kg. Johanns I., Infant v. Portugal; schuf die Voraussetzungen für die portug. Seemacht u. das portug. Kolonialreich.

Heinrich v. Meißen, gen. Frauenlob, * um 1250, † 1318, mhd. Dichter; Vorbild der Meistersinger.

Heinrich von Morungen, mhd. Lyriker um 1200; z. T. relig.-überhöhte Steigerung d. Minneethik.

Heinrich von Plauen, * um 1370, † 1429, Hochmeister des Dt. Ordens 1410–14; verteidigte nach der Niederlage bei Tannenberg 1410 die Marienburg gg. Polen.

Heinrich v. Veldeke, * um 1145, † vor 1210, mhd. Dichter; unreflektierte Minnelieder, Naturmotive; „Eneit", die erste dt. Bearb. eines antiken Stoffes im höf. Sinne.

Heirat, svw. Eheschließung († Eherecht).

Heisenberg, Werner, * 1901, † 1976, dt. Physiker; bis 1976 Direktor des Max-Planck-Instituts für Physik und Astrophysik; Prof. in München; schuf mit M. Born u. P. Jordan die Quantenmech.; die von ihm 1927 im Rahmen der Quantenmech. aufgestellte *h.sche Unschärferelation* besagt, dass in atomaren Systemen kanon. konjugierte Größen (z. B. Ort u. Impuls eines Teilchens) niemals gleichzeitig exakt messbar sind. Grundlegende Arbeiten über Kernphysik, Quantenfeldtheorie u. Elementarteilchen; Nobelpreis 1932.

heiße Quellen, Quellen mit Wassertemp. über 50 °C.

Heizöl, bei der Destillation von Erdöl, Schwelteeren u. a. anfallende hoch siedende (300–700 °C) Kohlenwasserstofffraktion.

Heizung, Anlage zum Beheizen v. Räumen: 1. als *Einzel-H.* durch Öfen (in Verbdg. mit Luftkanälen *Luft-H.*); 2. als *Sammel-H.* durch *Warmwasser-* od. *Dampfheizungsanlagen* od. durch Kombination dieser Systeme (z. B. bei Fernheizung).

Heizwert, Wärmemenge (in kJ), die bei vollständ. Verbrennung von 1 kg eines Brennstoffs frei wird (oberer H. = Brennwert, mit Kondensationswärme des Wasserdampfs; unterer H.: ohne Kondensationswärme).

Hekatombe [gr.], urspr. Opfer v. 100 Stieren, dann jedes gr. Opfer.

hekt[o]..., Hekt[o]... [gr.], Bestimmungswort; Bed.: „hundert-, vielfach"; als Vorsatzzeichen vor Einheiten im Messwesen: h (z. B. *Hektoliter,* 1 hl = 100 l; *Hektopascal,* 1 hPa = 100 Pascal = 1 mbar).

Hektar [gr.], Zeichen ha, Flächeneinheit (1 ha = 100 a = 10 000 m^2).

hektisch [gr.], fieberhaft, von krankh. Betriebsamkeit.

Hektographie [gr.], Vervielfältigungsverfahren, bei dem ein mit bes. Tinte od. Farbband beschriebenes Original auf einen Gelatinedruckstock übertragen wird.

Hektor, griech. Sagenheld, Sohn Kg. Priamos' v. Troja u. Gatte der Andromache; fällt im Zweikampf mit Achill.

Hel, nord. Göttin der Unterwelt; auch Wohnstätte der Toten in der nord. Mythologie.

Held, Martin, * 1908, † 1992, dt. Schauspieler.

Heldenepos, ep. Dichtung des MA, die Stoffe des † Heldenliedes aufgreift u. erweitert; herber u. realistischer als das höf. Epos († höf. Dichtung), meist Strophenform.

Heldenlied, ep. Dichtung der Germanen zur Zeit der Völkerwanderung; trag. Deutung der Heldensagen, eth. Grundlage: Ehrbegriff; knappe Darst. in Stabreimversen.

Heldensage, sagenhafte Überlieferung der held. Frühzeit eines Volkes; um gr. Persönlichkeiten od. best. Orte z. T. *Sagenkreise.*

Helena, in der griech. Mythol. Tochter des Zeus u. der Leda, mit Menelaos verh.; Entführung durch Paris Anlass zum Trojan. Krieg.

Helena ['helınə], Hptst. von Montana, USA, 24 600 E; Gold- u. Silber-⚒; Erzaufbereitung.

Helgoland, Nordseeinsel in der Dt. Bucht (deren innerer Teil

Helgoländer Bucht), Schl.-Ho., 2,09 km² (einschl. der Düne), 1700 E; Buntsandsteinsockel mit steiler Kliffküste; östl. die bis 1720 mit H. verbundene Düne, H.s Badestrand. Meeresbiol. Anstalt, Vogelwarte; Fremdenverkehr, Fisch- u. Hummerfang. – 1714 dän., 1807 brit., 1890 durch den Helgoland-Sansibar-Vertrag an Dtl.; 1945–52 brit. Bombenübungsplatz; Wiederaufbau; steht seit 1981 unter Naturschutz; Zollfreiheit.

Heliand, altsächs. Evangelienharmonie (um 825).

Helikon (neugr. Ellikon), Geb.-Stock in M-Griechenland, 1748 m; der Musenberg der alten Griechen.

Helikopter [gr.], svw. Hubschrauber (↑Flugzeug).

helio..., Helio... [gr.], Bestimmungswort; Bed.: „Sonne".

Heliodor [gr.], Schmuckstein, [grünlich] gelbe Abart des Berylls.

Heliopolis: 1) im Altertum Stadt in Unterägypten mit berühmtem Sonnenheiligtum; **2)** ↑Baalbek.

Helios, griech. Sonnengott.

Helioskop [gr.], Instrument zur Sonnenbeobachtung.

Heliotherapie [gr.] (Lichttherapie), Heilbehandlung mit Sonnenlicht.

Heliotrop [gr.]: **1)** (Blutjaspis) ein Schmuckstein, Abart des Jaspis, dunkelgrün mit roten Punkten; **2)** Sonnenlicht reflektierender Signalspiegel.

heliozentrisch [gr.], auf die Sonne als Mittelpt. bezogen; *h.es Weltsystem,* von Kopernikus gelehrtes Weltsystem mit der Sonne als Mittelpt.; Ggs. geozentr. System.

Heliozoen [gr.], svw. ↑Sonnentierchen.

Helium, chem. El., Symbol He, OZ 2, rel. A.-Masse 4,0026; ein Edelgas, Dichte $0{,}1785 \cdot 10^{-3}$ g/cm^3, Fp. (bei 30 bar Druck) −268,9 °C, Sp. −267,95 °C, wird v.a. aus Erdgas (enthält zw. wenigen ‰ und 9% He) gewonnen.

Heliummethode, Methode zur Altersbestimmung v. Gesteinen; Vergleich des Uran- od. Thoriumgehaltes mit eingeschlossenem Helium, das durch radioakt. Zerfall daraus hervorgeht.

Hellas, klass. u. s. 1833 amtl. Name für Griechenland.

Helldunkelmalerei (Clair-obscur), in d. Malerei ausgebild. Gestaltungsweise, bei der Lichtquelle u. Bildwelt als geschieden vorgestellt sind (v.a. Caravaggio u. Rembrandt); auch in d. Grafik.

Helle, griech. Sagengestalt, flieht mit ihrem Bruder Phrixos u. stürzt in das Meer, das nach ihr *Hellespont* gen. wird.

Hellebarde, ma. Stoß- u. Hiebwaffe mit axtförm. Klinge u. scharfer Spitze an 2–2,5 m langem Schaft.

Hellenen, urspr. die Bev. der Ldsch. Hellas, dann die Griechen.

Hellenismus, im Weltreich Alexanders des Großen entstandene griech.-orient. Mischkultur (etwa Ende des 4. Jh.s bis Christi Geburt).

hellenistische Kunst ↑griechische Kunst.

Heller, André, * 1946, östr. Literat u. Unterhaltungskünstler. Aufsehen erregte er 1976 mit dem „Zirkus Roncalli" im altmod. naiven Stil.

Heller [nach dem Prägeort Schwäb. Hall], urspr. Silberpfennig; später auch Kupfermünze.

Heller, svw. Außengroden (↑Groden).

Hellespont [gr.], antike Bez. für die Dardanellen.

Helling, Schiffbauplatz mit geneigten Ablaufbahnen für das Schiff.

Hellsehen (Clairvoyance), Fähigkeit, außerhalb der sinnl. Wahrnehmung liegende Dinge od. Vorgänge zu erkennen.

Helm, haubenförm. Kopfschutz aus Metall od. Leder.

Helmholtz, Hermann Ludwig Ferdinand von, * 1821, † 1894, dt. Physiker u. Physiologe; erfand den Augenspiegel, gab die exakte Begründung des Ges. v. der Erhaltung der Energie; Arbeiten über Hydrodynamik, Optik, Elektrizität, Akustik, Musiktheorie, Tonphysiol.; begr. die chem. Thermodynamik.

Helmstedt, Krst. östl. v. Braunschweig, Nds., 27000 E; roman. u. got. Kirchen, Juleum (1592–97) Gebäude der ehem. Univ.; Braunkohlengruben, Textil-, Metallind.

Heloise, * 1101, † 1164, Geliebte ↑Abaelards.

Helsingborg [hɛlsiŋ'bɔrj] (fr. Hälsingborg), südschwed. Hafenst. am Sund, 111000 E; got. Marienkirche. Ind.- u. Handelszentrum, Fähre nach Helsingør.

Helsingør [hɛlsiŋ'øːr], dän. Hafenst. am Sund, auf Seeland, 56800 E; Schloss Kronborg (16. Jh.); Werft, Maschinenbau u.a. Ind.; Fähre nach Helsingborg.

Helsinki (schwed. Helsingfors), Hptst. Finnlands u. bedeutendste Hafenst. des Landes, auf einer felsigen Halbinsel am Finn. Meerbusen, 490000 E; Univ., TH; finn. Ind.-Messe; Werften, Metall-, Textil-, Nahrungsmittel- u.a. Ind.; Fremdenverkehr; Olympiastadion; ⛴.

Heluan ↑Hilwan.

Helvetia, lat. Name der Schweiz, nach den *Helvetiern,* einem kelt. Volksstamm der Westschweiz im 1. Jh. v. Chr. (bei ihrem Vorstoß nach Gallien v. Cäsar 58 v. Chr. besiegt).

hemi..., Hemi... [gr.], Bestimmungswort; Bed.: „halb".

Hemingway, Ernest [hemɪŋweɪ], * 1889, † 1961, amer. Schriftsteller; sparsamer, nüchterner Prosastil; „Fiesta", „In einem anderen Land", „Wem die Stunde schlägt", „Der Schnee vom Kilimandscharo", „Der alte Mann u. das Meer"; Nobelpreis 1954.

E. Hemingway

Hemisphäre [gr.]: **1)** Erd- od. Himmelshalbkugel; in der Geographie *nördl.* u. *südl. H.* (vom Äquator aus) od. *östl.* u. *westl. H.* (svw. Alte und Neue Welt); **2)** r. u. l. Hälfte des ↑Gehirns.

Hemlocktanne [engl.] (Schierlingstanne, Tsuga), Gatt. der Kieferngewächse; *Kanad. H.* in Dtl. als Zierbaum.

Hemmel von Andlau, Peter, * um 1420, † nach 1501, bedeutendster Glasmaler der dt. Spätgotik; Werke in Straßburg, Ulm, Tübingen, München u. Salzburg.

Hemmung: 1) zw. Gangregler (Unruh, Pendel) u. Gehwerk einer mech. Uhr geschaltete Vorrichtung (Anker u. Ankerrad), die die Reglerwirkung auf das Gehwerk u. die Antriebskraft auf den Regler überträgt; **2)** Störung im normalen Ablauf seel. Geschehens durch verdrängte Affekte (Psychol.); **3)** Einschränkung der Handlungsmöglichkeit durch sittl. Überzeugung (Ethik).

Henan (Honan), chin. Prov. am Hwangho, 167000 km², 88,6 Mill. E; Hptst. Zhenzhou; Anbau v. Weizen, Reis, Baumwolle; Kohlen- u. Eisenerz-⚒; bek. die *Honanseide,* Rohseidenstoff in Taftbindung.

Hendrix [-ks], Jimi, eigtl. James Marshall H., * 1942, † 1970, amer. Rockmusiker, expressiver Starsolist; Rockidol.

Herbstzeitlose

Hengst, ♂ Tier bei versch. Huftieren (u. a. Pferd, Esel, Kamel).

Henie, Sonja, * 1912, † 1969, norweg. Eiskunstläuferin; 1928–36 3-mal Olympiasiegerin, 1927–36 Weltmeisterin, 1931–36 Europameisterin; schuf die 1. große Eisrevue, die internat. Erfolg erlangte.

Henlein, Peter, * um 1485, † 1542, dt. Mechaniker; fertigte als Erster in Nürnberg um 1510 tragbare Taschenuhren in Dosenform an (das Nürnberger Ei kam später auf).

Hennastrauch, Weiderichgewächs der [Sub]tropen, liefert *Henna* (roter Farbstoff).

Henneberg, ehem. Gft. in Franken u. Thüringen; das Geschlecht der *Grafen v. H.* erlosch 1583.

Hennegau, histor. Region westl. der Ardennen; Gft. s. spätkaroling. Zeit; südl. Teil s. dem 17. u. 18. Jh. frz., der übrige Teil s. 1830 belgisch.

Henry, Joseph, * 1797, † 1878, amer. Physiker; trug entscheidend zur Entw. des Morsetelegrafen bei, entdeckte die Selbstinduktion.

Henry [nach J. † Henry], Einheit der † Induktivität 2); Einheitenzeichen H; 1 H = 1 Vs/A.

Henze, Hans Werner, * 1926, dt. Komponist; Vertr. der Moderne; Opern, Ballette, Sinfonien, Violin- u. Klavierkonzerte, Kammermusik.

Hepatitis [gr.], svw. † Leberentzündung.

Hepburn ['hebən]: **1)** Audrey, eigtl. Edda H. van Heemstra, * 1929, † 1993, amer. Filmschauspielerin niederl.-brit. Herkunft („Frühstück bei Tiffany"); **2)** Katharine, * 1909, amer. Bühnen- und Filmschauspielerin („Am goldenen See").

Hephäst, griech. Gott des Feuers u. des Schmiedehandwerks, hinkender Sohn des Zeus u. der Hera; Gem. der Aphrodite.

Hera, griech. Göttin der Ehe, Schwester u. Gem. des Zeus.

Herakleia, im Altertum Name mehr. Städte; bes. bek. H. in Bithynien (am Schwarzen Meer).

Herakles (Herkules), bedeutendster Held der griech. Sage; Halbgott, Sohn des Zeus u. der Alkmene; vollbringt 12 Taten; in den Olymp aufgenommen, erhält Hebe zur Gemahlin.

Heraklion † Iraklion.

Heraklit von Ephesus, * um 550, † um 480, griech. Philosoph; lehrte den Wandel aller Dinge als ständ. Aufeinanderfolge u. Ablösung v. Gegensätzen, feste Einheit des Logos; bewegende Kraft das Urfeuer.

Heraldik [german.-frz.], svw. † Wappenkunde.

Herat, pers., meist rotgrundiger Wollteppich, charakt. *Heratimuster* (Sterne, Rosetten, Blüten u. Blätter in geometr. Anordnung).

Herbarium [lat.], Slg. gepresster Pflanzen.

Herberger, Joseph („Sepp"), * 1897, † 1977, dt. Sportlehrer; s. 1936 R.-Fußballtrainer, 1949–64 B.-Trainer des Dt. Fußballbundes; führte die Nationalmannschaft 1954 zur Weltmeisterschaft.

Herbizide, chem. Unkrautbekämpfungsmittel.

Herbst, Jahreszeit, etwa vom 23. 9. bis 22. 12. (Nordhalbkugel) bzw. vom 21. 3. bis 22. 6. (Südhalbkugel); *H.punkt:* der dem Frühlingspunkt gegenüberliegende Schnittpt. v. Ekliptik und Himmelsäquator.

Herbstäquinoktium † Äquinoktium.

Herbstzeitlose, krokusähnl. Liliengewächs, blüht hell lilafarben im Herbst auf feuchten Wiesen; enthält das giftige Kolchicin.

Herculaneum, antike St. in Kampanien, durch den Vesuvausbruch 79 n. Chr. vernichtet; ab 1709 Ausgrabungen.

Herd: 1) häusl. Feuerstätte; **2)** Schicht durchläss. Formsands zur Herst. v. einf. Gussformen (Gießerei); **3)** unterster Teil des Hochofens zur Ansammlung der geschmolzenen Massen (Hüttenwesen); **4)** Vorrichtung zur Klassierung *(H.arbeit)* des feinsten Korns (Erzaufbereitung); **5)** (Fokus) Ausgangspunkt von Krankheitsprozessen im Körper (Fokalinfektion).

Herdecke, St. nw. von Hagen, NRW, 26 500 E; private Univ.; karoling. Stiftskirche; 2 Stauseen, Pumpspeicheranlage mit Kraftwerk; Metallverarb., Textil-, chem. Industrie.

Herder, Johann Gottfried von, * 1744, † 1803, dt. Dichter u. Philosoph; prägte den Begriff der originalen Poesie, sah die Gesch. als organ. Prozess u. erkannte den Eigenwert der versch. Völker u. Kulturen; einer der gr. Anreger der dt. Geistesgesch.; „Über die neuere dt. Literatur", „Krit. Wälder", „Abhandlung über den Ursprung der Sprache", „Stimmen der Völker in Liedern", „Ideen zur Gesch. der Menschheit".

Herero, Bantuvolk im SW Afrikas (über 100 000); Hirtennomaden; Schaf- u. Rinderzucht; *H.-Aufstand* von dt. Kolonialmacht 1904 blutig niedergeschlagen.

Herford, Krst. an der Werre, NRW, 66 000 E; u. a. Münsterkirche (13. Jh.); Textil-, Möbelindustrie.

Heringe, oft in Schwärmen lebende, kleinere bis mittelgr. Knochenfische in den Küstengewässern der meisten Meere; Nahrung vorw. Plankton; wicht. Speisefische, u. a. Hering, Sprotte, Sardine, Sardelle.

Herkules † Herakles.

Hermann 1) H. Billung, † 973, Hzg. v. Sachsen s. 961; Ahnherr der Billunger; v. Otto I. 936 als Markgf. an der Niederelbe gg. Dänen u. Obotriten eingesetzt; **2) H. der Cherusker,** fälschl. Name des † Arminius; **3) H. von Salza,** † 1239, Hochmeister des Dt. Ordens seit 1209; Begr. des Ordensstaates in Preußen.

Hermannsdenkmal, Denkmal des † Arminius im Teutoburger Wald; Figur rd. 26 m hoch; 1838–75 errichtet von E. v. Bandel.

Hermannstadt (rumän. Sibiu), Stadt am N-Rand der S-Karpaten, in Siebenbürgen, Rumänien, 170 000 E; Sitz des dt. ev.-luth. Bischofs; altes Stadtbild; Eisen- u. Stahl verarb., Textilind.; ✈. – Im 12. Jh. von dt. Siedlern als *Hermannsdorf* gegr., vom 14. bis 19. Jh. Zentrum Siebenbürgens.

Hermaphrodit [gr.], svw. † Zwitter 1); **H.ismus** † Fortpflanzung.

Herme [gr.], vierseit. Kultpfeiler mit Büste, urspr. des Hermes, u. Phallus (am Pfeiler); auch als *Doppel-H.* ausgebildet.

Hermelin, schlankes Wiesel; im Sommer Oberseite rotbraun, im Winter teilw. od. ganz weiß; frisst Vögel, Kleinsäuger u. a.; Pelztier.

Hermeneutik [gr.], Kunst der Auslegung u. Erklärung v. Texten od. Kunstwerken.

Hermes, griech. Gott, Sohn des Zeus u. der Nymphe Maia; Götterbote, Seelengeleiter; Gott der Wanderer, Kaufleute, Diebe und

Redner; Erfinder der Leier; dargestellt mit Flügelschuhen u. Stab.

hermetisch [gr.], [luft]dicht verschlossen.

Hermlin, Stephan, eigtl. Rudolf Leder, *1915, †1997, dt. Schriftsteller; Lyrik, Erzählungen.

Hermon, Grenzgeb. zw. Libanon u. Syrien, südl. Forts. des Antilibanon, bis 2814 m.

Hermosillo [ɛrmo'sijo], Hptst. des nordwestmex. B.-Staates Sonora, 406000 E; Univ.; landw. Handelszentrum; Erz-⚒; ✈.

Herne, krsfr. St. am Rhein-H.-Kanal im Ruhrgebiet, NRW, 180000 E; Renaissanceschloss Strünkede; Steinkohlen-⚒, chem. u. a. Ind.; ⚓.

Hernie: **1)** Eingeweidebruch (↑Bruch 1); **2)** krankhafte Wucherungen an Kohlpflanzen.

Herodes: *jüd. Herrscher:* **1) H. I., d. Gr.,** *73, †4 v. Chr., Kg. von Judäa s. 37; vereinigte das jüd. Land, erneuerte den Tempel in Jerusalem; **2) H. Antipas,** * um 20 v. Chr., †39 n. Chr., Sohn v. 1), s. 4 v. Chr. Tetrarch v. Galiläa u. Peräa; ließ Johannes den Täufer enthaupten; **3) H. Agrippa I.,** *10 v. Chr., †44 n. Chr., Enkel v. 1), s. 41 Kg. v. Judäa; vereinigte noch einmal das jüd. Land; ließ Jakobus d. Ä. hinrichten.

Herodias, 2. Gattin des Herodes Antipas, Mutter der Salome.

Herodot, * nach 490, † nach 430, griech. vorchristl. Geschichtsschreiber; 9 Bücher „Historien" (Auseinandersetzung zw. Griechenland u. dem Orient, Höhepunkt die Perserkriege).

Heroin [gr.], Diacetylmorphin, ein Rauschgift, aus Morphin gewonnen.

heroisch, heldenmütig.

heroisch-galanter Roman, Spätform des Barockromans; [pseudo]histor. u. erot. Motive vor dem Hintergrund des Hoflebens.

Herold [frz.], v. Fürsten u. Institutionen berufener Wappenkundiger u. Zeremonienmeister im ritterl. Kriegs- u. Turnierwesen.

Heron von Alexandria, griech. Mathematiker um 100 n. Chr.; Verf. grundlegender naturwiss. Werke; *H.sball,* nach H. ben. Gefäß, aus dem Flüssigkeit mittels eingeblasener Luft herausgetrieben wird (z. B. bei Spritzflaschen).

Heros [gr.], zw. Gott u. Mensch stehender Held, Halbgott.

Herpes [gr.], zusammenfassende Bez. für entzündl. Haut-(Schleimhaut-)Erkrankungen mit Bläschenbildung; *H. zoster,* svw. ↑Gürtelrose.

Herrenchiemsee ↑Chiemsee.

Herrnhut, Stammort der H.er ↑Brüdergemeine, nördl. v. Zittau.

Herschel: **1)** Sir John Frederick William ['hə:ʃəl], *1792, †1871, Sohn v. 3), brit. Astronom; erstmals systemat. Beobachtungen am südl. Sternhimmel; **2)** Lucretia Karoline, *1750, †1848, Schwester v. 3), dt. Astronomin; entdeckte 8 Kometen; **3)** Sir William (Friedrich Wilhelm), *1738, †1822, brit. Astronom dt. Herkunft; entdeckte mit Instrumenten aus eigener Werkstatt den Uranus, zahlr. Sternhaufen, Nebel u. a.; Erkenntnisse über Eigenbewegung des Sonnensystems.

Herten, Ind.-St. westl. v. Recklinghausen, NRW, 69200 E; Wasserschloss (v. a. 18. Jh.); Steinkohlen-⚒, Maschinenindustrie.

Hertz: **1)** Gustav, *1887, †1975, Neffe v. 2), dt. Physiker; entdeckte zus. mit J. Franck die Anregung v. Atomen durch Elektronenstoß, entwickelte Isotopentrennverfahren durch Diffusion; Nobelpreis (mit J. Franck) 1925; **2)** Heinrich Rudolph, *1857, †1894, dt. Physiker; bestätigte die elektromagnet. Lichttheorie Maxwells experimentell, indem er mithilfe des h.schen ↑Dipols die ↑elektr. Wellen entdeckte u. damit die Grundlagen der Nachrichtentechnik schuf.

Hertz, Einheitenzeich. Hz, Einheit der Frequenz eines period. Vorgangs (1 Schwingung/Sekunde); in der Funktechnik häufig: *Kilo-H.* (1 kHz = 1000 Hz), *Mega-H.* (1 MHz = 1000 kHz) u. *Giga-H.* (1 GHz = 1000 MHz).

hertzsche Wellen, svw. ↑elektromagnet. Wellen, die in der Elektrotechnik erzeugt werden.

Hertzsprung, Ejnar ['hɛrdsbrɔŋ], *1873, †1967, dän. Astronom; Bestimmung von Entfernungen und Leuchtkräften im Universum.

Hertzsprung-Russell-Diagramm ['hɛrdsbrɔŋ 'rʌsl-], Zustandsdiagramm der Fixsterne, in dem Leuchtkraft (bzw. absolute Helligkeit) und Spektraltyp (bzw. Farbenindex) in Beziehung gesetzt werden; zeigt die meisten Sterne in diagonaler Reihe (Hauptreihe) und einem *Riesenast.*

Herz, zentrales Organ des Blutgefäßsystems; beim Menschen etwa faustgr. Hohlorgan; hält durch Kontraktionen den Blutstrom in Bewegung (↑Diastole, ↑Systole); Schichten: Endokard, Myokard, Epikard, Perikard; Hohlräume: *r.* u. *l. Vorhof* mit *Kammern:* 4 *H.klappen* verhindern den Blutrückfluss; Ernährung über *H.kranzgefäße.*

Herzasthma ↑Asthma.

Herzautomatismus (Herzautorhythmie), Fähigkeit d. Herzens, eigenständig rhythm. tätig zu sein; die v. *Automatiezentrum* ausgehende Erregung wird im *Erregungsleitungssystem* über das gesamte Herz geleitet.

Herzbeutel (Perikard), äußerste Umhüllung des Herzens, 2 Schichten (dazw. die flüssigkeitserfüllte *Perikardialhöhle*); *H.entzündung,* svw. ↑Perikarditis; *H.erguss,* Flüssigkeitsanslg. im Perikardraum bei entzündl. Herzerkrankungen.

Herzblatt, ausdauerndes Steinbrechgewächs nasser Wiesen mit herzförm. Blättern; weiße Blüten.

Herzblume, svw. ↑Tränendes Herz.

Herzegowina, histor. Ldsch. in SO-Europa, im Altertum zur röm. Prov. Dalmatia, im Hoch- u. Spät-

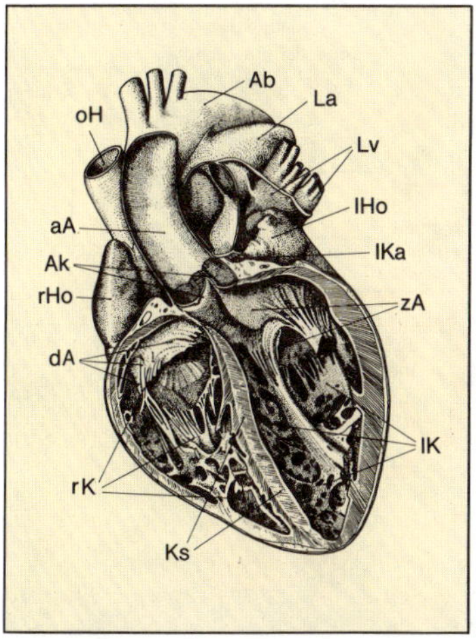

Herz. *Frontalschnitt des menschlichen Herzens. aA aufsteigende Aorta, Ab Aortenbogen, Ak Aortenklappe, dA dreizipfelige Atrioventrikularklappe, Ks Kammerseptum, La Lungenarterie (mit sauerstoffarmem Blut), Ho linkes Herzohr, lK linke Herzkammer, lKa linke Kranzarterie, Lv Lungenvene (mit sauerstoffreichem Blut), oH obere Hohlvene, rHo rechtes Herzohr, rK rechte Herzkammer, zA zweizipfelige Atrioventrikularklappe*

MA wechselnd unter byzantin., serb. u. bosn. Oberhoheit; 1482 osman., 1878 mit Bosnien an Östr., s. 1918 Teil des neu gegr. Jugoslawien, s. 1992 Teil von Bosnien u. Herzegowina.

Hẹrzen, Alexander Iwanowitsch, eigtl. A. I. Jakowlew, * 1812, † 1870, russ. Schriftsteller u. Sozialpolitiker; Vorkämpfer sozialist. Ideen.

Herzerweiterung, Erweiterung einzelner od. aller Herzabschnitte durch Blutstauung.

Herzfehler, Abweichungen vom normalen Bau des Herzens u. der großen herznahen Blutgefäße mit Störungen des Blutkreislaufes.

Herzflimmern, Störung der Herztätigkeit; *Vorhofflimmern:* unkoordinierte Vorhoftätigkeit mit über 300 Schlägen pro Minute; *Kammerflimmern:* wogende Bewegungen der Herzkammern infolge ungeordneter Kontraktion der Muskelfasern.

Herzhypertrophie, Vermehrung der Herzmuskulatur bei vermehrten Anforderungen, z. B. bei Schwerarbeitern u. Sportlern (normal) sowie bei ↑ Hypertonie.

Herzinfarkt ↑ Infarkt.

Herzinsuffizienz, svw. ↑ Herzschwäche.

Herzkatheterismus, Methode zur Druck- u. Sauerstoffmessung im Herzen durch Einführung eines dünnen Schlauchs v. der Armvene her (W. Forßmann).

Herzklappenfehler, Störung der Ventilfunktion einer od. mehr. Herzklappen durch Verschlussunfähigkeit od. Verengung.

Herzkranzgefäße ↑ Herz.

Hẹrzl, Theodor, * 1860, † 1904, jüd. östr. Schriftsteller; mit s. Buch „Der Judenstaat" Begr. des Zionismus. Berief 1897 den 1. Zionist. Weltkongress in Basel.

Herz-Lungen-Maschine, künstl. Herz-Lungen-System mit Blutpumpen, übernimmt bei herzchirurg. Eingriffen die Funktionen des Herzens u. die Sauerstoffaufsättigung des Blutes.

Herzmassage, Methode zur Wiederbelebung nach Herzstillstand; *indirekte H.:* durch Schläge mit der Hand auf die Herzgegend bzw. rhythm. Druck auf das Brustbein; *direkte H.:* durch „Kneten" des Herzens bei geöffnetem Brustkorb.

Herzmuscheln, Muscheln mit herzförm., gerippten Schalen u. geknicktem Fuß (zum Springen).

Herzmuskelentzündung, svw. ↑ Myokarditis.

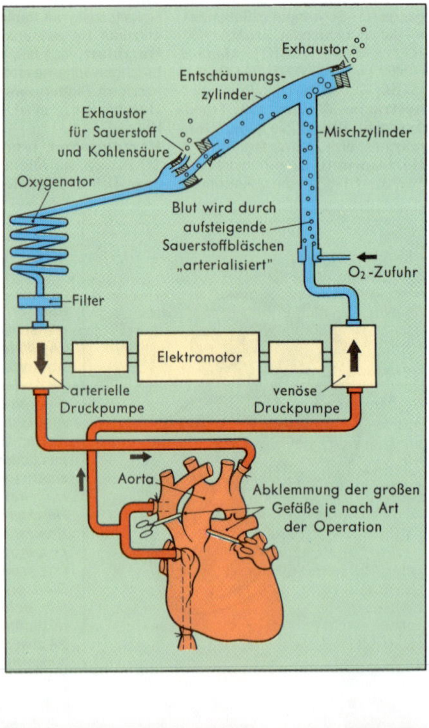

Herz-Lungen-Maschine. *Schematische Darstellung ihrer Funktionsweise*

Hẹrzog: 1) Chaim, * 1918, † 1997, isr. Gen. u. Politiker; 1975–78 Chefdelegierter bei den UN, 1983–93 Staatspräsident; **2)** Roman, * 1934, dt. Staatsrechtslehrer u. Politiker (CDU), 1994–99 B.-Präsident; **3)** Werner, eigtl. W. Stipetič, * 1942, dt. Filmregisseur („Nosferatu – Phantom der Nacht", „Fitzcarraldo").

Herzog, Heerführer in altgerman. Zeit; später höchster Adelsrang (frz. Duc; engl. Duke).

Herzogenbusch (niederl. 's-Hertogenbosch), Hptst. der südniederländ. Prov. Nordbrabant, 94 300 E; Kathedr. (13., 15./16. Jh.); Textil-, Masch.-Ind.; Kanal-⚓.

Herzogenrath, St. nördl. von Aachen, NRW, 45 900 E; ehem. Burg (Rathaus); Kohlen-⚒; Gießereien, Maschinenbau, Glaswerk.

Herzschlag: 1) volkstüml. Bez. für plötzl. Tod infolge versch. Herzkrankheiten; **2)** ↑ Systole u. ↑ Diastole des Herzmuskels.

Herzschrittmacher, meist in den Körper implantierter Impulsgenerator, der elektr. Impulse zur period. Reizung der Herzmuskulatur liefert.

Herzschwäche (Herzinsuffizienz), Herzmuskelschwäche mit unzureich. Pumpleistung des Herzens.

Hesekiel [-ki'el] ↑ Ezechiel.

Hesiod, griech. Dichter um 700 v. Chr.; schildert persönl. Erlebtes u. die Ldsch. Böotien; die Götter seiner „Theogonie" sind gewaltige Mächte.

Hẹß, Rudolf, * 1894, † 1987 (Selbstmord), dt. nat.-soz. Politiker; s. 1933 „Stellvertr. des Führers"; flog 1941 nach Großbrit., um zu vermitteln; dort interniert, 1946 in Nürnberg zu lebenslängl. Haft verurteilt.

Hẹss: 1) Victor Franz, * 1883, † 1964, östr. Physiker; seit 1938 in den USA; entdeckte 1912 die Höhenstrahlung; Nobelpreis (mit C. D. Anderson) 1936; **2)** Walter Rudolf, * 1881, † 1973, schweizer. Neurophysiologe; Forschungen über das vegetative Nervensystem, lokalisierte elektr. Hirnreizung; Nobelpreis 1949.

Hẹsse, Hermann, Pseud. Emil Sinclair, * 1877, † 1962, dt. Erzähler u. Lyriker; s. 1923 schweizer. Staatsbürger; in seiner Erzählkunst von Goethe u. G. Keller geprägt; „Demian", „Der Steppenwolf", „Narziß u. Goldmund", „Das Glasperlenspiel"; Nobelpreis 1946.

Hẹssen, Land der BRD, 21 114 km², 6 Mill. E, Hptst. Wiesbaden; H. umfasst kl. Teile des Weser- u. d. Hess. Berglandes (im

N), Westerwalds (im W) u. Spessarts (im SO), im S den Taunus, Rheingau, den rechtsrhein. N-Teil des Oberrhein. Tieflands u. den Hauptteil des Odenwalds. *Wirtsch.:* Von der Gesamtfläche werden 772 200 ha landw. u. rd. 867 000 ha forstwirtsch. genutzt. Die ergiebigsten Ackerbaugebiete (Weizen, Zuckerrüben) sind Untermainebene, Wetterau, unteres Lahntal, Schwalm u. Kasseler Becken. Rheingau u. Bergstraße sind wichtige Wein-, Obst- u. Gemüseanbaugebiete, im Oberrhein. Tiefland Spargel- u. Tabakanbau. Bodenschätze: bed. Kalisalzlager (Werra), Eisenerze (Lahn, Dill), Erdöl u. -gas (Hess. Ried), Braunkohle (v.a. Borken). Die Untermainebene bis Darmstadt im S gehört zu den größten dt. Ind.- u. Verkehrszentren. – Im frühen MA Teil des Hzgt.s Franken, 1122 an Thüringen, nach dem Erlöschen des thüring. Landgrafenhauses selbstständiges Land- und Reichsft. (1292); 1567 in Ober-H. (↑H.-Darmstadt) u. Nieder-H. (↑H.-Kassel) geteilt. 1945 wurde das Land H. aus Teilen des ehem. Freistaates Hessen-Darmstadt u. der preuß. Prov. Hessen-Nassau gebildet.

Hessen-Darmstadt, ehemals dt. Landgft., 1567 durch Erbteilung entstanden; s. 1806 Großhzgt., s. 1918 Freistaat; r.-rhein. Gebiete 1945 zu Hessen, l.-rhein. zu Rheinland-Pfalz.

Hessenfliege ↑Übers. S. 528 ff.

Hessen-Homburg, ehem. dt. Landgft., im Besitz einer Seitenlinie v. Hessen-Darmstadt 1622–1866; 1866 preuß.; s. 1945 Teil des Landes ↑Hessen.

Hessen-Kassel, ehem. dt. Landgft., 1567 durch Erbteilung entstanden, 1803 Kurfürstentum, s. 1868 Teil der preuß. Prov. Hessen-Nassau; seit 1945 Teil des Landes Hessen.

Hessen-Nassau, ehem. preuß. Prov., gebildet 1868 aus Hessen-Kassel, Hessen-Homburg, Nassau, Frankfurt am Main u. a.; s. 1945 Teil des Landes Hessen.

Hessisches Bergland, Berg- u. Hügelland zw. Rhein. Schiefergeb. u. Thüringer Wald, mit Vogelsberg, Rhön, Knüll, Meißner, Habichts- u. Kaufunger Wald.

Hestia, griech. Göttin des Herdes bzw. Herdfeuers.

Hetäre [gr.], Bez. für einen Typ der altgriech. Prostituierten; in den mus. Künsten gebildet u. sozial anerkannt.

hetero..., Hetero... [gr.], Bestimmungswort; Bed.: „anders, ungleich".

H. Hesse *(links).* **Th. Heuss** *(rechts)*

heterogen, ungleichartig, aus Verschiedenartigem zusammengesetzt; Ggs. homogen.

Heterogonie [grch.], Form des ↑Generationswechsels.

Heteromorphie (Heteromorphismus; Polymorphie, Polymorphismus), d. Auftreten mehrerer unterschiedl. Erscheinungsformen, z. B. in der Biol. unterschiedl. gestalteter Lebewesen innerh. einer Art (z. B. Dimorphismus der Geschlechter od. gewisser Organe), bei Kristallen unterschiedl. Kristallformen eines best. chem. Stoffes (etwa Kohlenstoff als Diamant u. Graphit).

Heteronomie, Fremdgesetzlichkeit, v. außen her bezogene Gesetzlichkeit; Ggs. Autonomie.

Heterosexualität, dem anderen Geschlecht zugewandtes Geschlechtsempfinden; Ggs. Homosexualität.

Hethiter, idgm. Volk; im 2. Jt. v. Chr. Gründung eines Großreiches in O-Kleinasien; Hptst. Kussara, später Hattusa (↑Boğazkale); unter Kg. Mursili I. (um 1560–31) Raubzug gg. Babylon (um 1531/30); unter Muwatalli (um 1295–1282) Kämpfe gg. Ägypten um Syrien; um 1200 Zerfall in Kleinstaaten; Untergang des H.reiches in einer Schlacht gg. Seevölker zw. 1190 u. 1181.

hethitische Kunst, die v. a. durch Ausgrabungen in Boğazkale deutl. gewordene Kunst der Hethiter; Blütezeit etwa 1450 bis 1200; Festungsbauten, Tempel (bek. der des Wettergottes); zahlr. Reliefs: meist Darst. v. Gottheiten; bed. Steinschneidekunst (Siegel) u. Keramik.

hethitische Sprache, Spr. der Hethiter, älteste, zumeist keilschriftlich (Keilschrifthethitisch) überlieferte idgm. Sprache.

Heuer, Entgelt der Schiffsmannschaft; *H.baas,* gewerbsmäß. Stellenvermittler für Schiffsleute (in der BRD verboten); *H.vertrag,* Dienstvertr. zw. Reeder bzw. Kapitän u. einem Mitgl. der Schiffsbesatzung.

Heufieber, allg. Erkrankung mit Fieber, Bindehautentzündung u. Niesanfällen *(Heuschnupfen)* bei Überempfindlichkeit (Allergie) gg. Pollen.

Heupferd, Gatt. der Laubheuschrecken, z. B. Grünes Heupferd.

heureka! [gr.; = ich hab's gefunden!], angebl. Ausruf des Archimedes nach Entdeckung des Auftriebsprinzips.

Heuriger, junger Wein.

Heuschnupfen ↑Heufieber.

Heuschrecken, Insekten der Überordn. Geradflügler; meist mit sprungkräft. hinterem Beinpaar u. Zirporgan.

Heuss, Theodor, * 1884, † 1963, dt. Politiker u. Publizist; 1924–28 u. 1930–33 MdR (DDP); Mitbegr. der FDP nach 1945 u. ihr erster B.-Vors.; 1945/46 Kultusmin. v. Württ.-Baden; als Mitgl. des Parlamentar. Rates maßgebl. Mitarb. an der Schaffung des GG; 1949–59 erster Bundespräs. der BRD.

Heuwurm ↑Sauerwurm.

hexa..., Hexa... [gr.], Bestimmungswort; Bed.: „sechs".

Hexachord [gr.], Folge von 6 Tönen der diaton. Tonleiter; Grundlage der Solmisation.

Hexaeder, Sechsflächner, von 6 Vierecken begrenzter Körper; *regelmäß. H.:* Würfel.

Hexagon, Sechseck.

Hexagramm, sechsstrahliger Stern; ↑Davidstern.

Hexameter, sechsfüß., daktyl. Vers (↑Daktylus), dessen letzter Fuß um eine Silbe gekürzt ist; Grundvers im antiken Epos (Homer, Vergil); im MA, Humanismus u. in der dt. Klassik.

Hexen, in abergläub. Vorstellung Frauen mit schädigenden Zauberkräften; gg. Ende des MA Steigerung des H.glaubens zum *H.wahn;* kirchl. und staatl. Gesetzgebung führten zu ausgedehnten *H.verfolgungen;* nur vereinzelt Einspruch

(so durch Spee, Thomasius); Rückgang u. Aufhören der *H.prozesse* erst im 18. Jh.
Hexenhammer, v. den Dominikanern H. Institoris u. J. Sprenger 1487 veröff. Kompendium des Hexenglaubens; diente als „Hexenprozessordnung".
Hexenröhrling (Hexenpilz), Bez. für zwei bedingt essb. Röhrenpilze.
Hexenschuss (Lumbago), plötzl., heft. Schmerz im Kreuz u. in der Lendengegend.
Heydrich, Reinhard, * 1904, † 1942, dt. nat.-soz. Politiker; s. 1936 Chef der Sicherheitspolizei u. des SD, s. 1939 Leiter des R.-Sicherheitshauptamtes, s. 1941 mit der „Endlösung der Judenfrage" beauftragt, s. Sept. 1941 auch stellv. Reichsprotektor für Böhmen u. Mähren, starb an den Folgen eines Attentats in Prag.
Heyerdahl, Thor, * 1914, norweg. Forscher; zahlr. Expeditionen; u. a. „Kon-Tiki" (1947), „Ra II" (1970).
Heym: 1) Georg, * 1887, † 1912, dt. Lyriker des Frühexpressionismus; auch Erzählungen; **2)** Stefan, eigtl. Helmut Flieg, * 1913, dt. Schriftsteller; zog 1952 in die DDR, zeitkrit. Romane, 1979–90 Ausschluss aus dem Schriftstellerverband; „Collin", „Ahasver".
Heyse, Paul von, * 1830, † 1914, dt. Schriftsteller; Theoretiker u. Meister der Novelle; Lyrik, Dramen u. Romane; Nobelpreis 1910.
Hf, Symbol für ↑Hafnium (☐).
HF, Abk. für: ↑**H**och**f**requenz.
Hg, Symbol für ↑Quecksilber (☐).
HGB, Abk. für: ↑**H**andels**g**esetz**b**uch.
Hiatus [lat.]: **1)** (Hiat) Zusammentreffen eines vokal. schließenden Wortes mit einem vokal. beginnenden; **2)** Spalt, Öffnung (Anatomie); **3)** durch Sedimentationsunterbrechung entstandene Schichtlücke.
Hickory[nuss]baum [engl.], bis 30 m hohes Walnussgewächs, wertvolles Holz, essb. Nüsse *(Pekannüsse);* östl. Nordamerika, Ostasien.
Hiddensee, Ostseeinsel westl. v. Rügen mit den Orten Kloster, Neuendorf und Vitte, 18,6 km².
Hidjas [-dʒ-], (Hedschas), zu Saudi-Arabien gehörende Landschaften am W-Rand der Arab. Halbinsel zw. Golf v. Akaba u. Hochland v. Asir, mit den Pilgerstätten Mekka u. Medina; Küstengebiet heiß, wüstenhaft u. hafenarm, Landesinnere Steppenlandschaft.
Hidjra [-dʒ-], (Hedschra), Auswanderung Mohammeds von Mekka nach Medina, Ende Sept. 622; Beginn der islam. Zeitrechnung.
hier[o]..., Hier[o]... [gr.], Bestimmungswort; Bed.: „heilig".
Hierarchie [gr.], Gesamtheit des Klerus u. seine Abstufung. In d. kath. Kirche als *hierarchia ordinis,* d. h. H. der Weihe (Bischöfe, Priester, Diakone), u. als *H. der Jurisdiktion* (Papst [Primat], Bischöfe [Episkopat]). Im übertragenen Sinn Bez. für ein Herrschaftssystem von vertikal u. horizontal fest gefügten u. nach Über- u. Unterordnung gegliederten Rängen.
hieratische Schrift, vereinfachte Hieroglyphenschrift (Beschreibstoff Papyrus statt Stein).
Hieroglyphen [gr.], altägypt. Bilderschrift; 1822 v. Champollion auf dem Stein von Rosette entziffert; auch Bez. für kret., hethit. u. a. Bilderschriften.
Hieronymus, hl., * um 347, † 420, lat. Kirchenlehrer; Neubearb. der ↑Vulgata.
Hierro (Ferro), westlichste der Kanar. Inseln, 278 km², Hpt.ort Valverde. – Der Meridian v. Ferro war von 1634 bis Ende des 19. Jh.s Nullmeridian.
Hi-Fi [haɪ'faɪ; engl.], Abk. für: **Hi**gh**fi**delity, Gütebez. für größte Wiedergabetreue elektroakust. Wiedergabesysteme.
High Church [haɪ'tʃətʃ; engl.], Hochkirche; ↑anglikanische Kirche.
Highlands ['haɪləndz], schott. Hochland, durch das Glen More in Grampian Mountains u. North West H. gegliedert; im Ben Nevis 1 343 m.
High School ['haɪsku:l], amer. höhere Schule; führt zum College.
Hightech [haɪ'tɛk; engl.; Kw. aus engl. high technology], svw. Spitzen- oder Hochtechnologie, Technologie, in der neueste Forschungsergebnisse angewandt und/oder neu entwickelte Verfahren, Materialien, Bauteile u. a. (insbes. aus den Bereichen Mikroelektronik, Bio- u. Gentechnologie, Raumfahrt, Kommunikationstechnik) eingesetzt werden.
Hilbert, David, * 1862, † 1943, dt. Mathematiker; grundlegende Arbeiten über Invariantentheorie, höhere Zahlentheorie, Algebra u. math. Logik.
Hildebrandslied: 1) ahd. Heldenlied vom Zweikampf Hildebrands, des Waffenmeisters Dietrichs v. Bern, mit seinem Sohn Hadubrand; aufgezeichnet um 800 in Fulda; **2)** (Jüngeres H.) Bearb. des Stoffes v. 1) in 2 Fassungen des 16. Jh.s; ohne trag. Ausgang.
Hildebrandt, Johann Lukas v., * 1668, † 1745, bed. östr. Baumeister des Barock; Unteres u. Oberes Belvedere (Wien), Schloss Pommersfelden (Treppenhaus), Residenz in Würzburg (Gartenfront).
Hildegard von Bingen, hl., * 1098, † 1179, dt. Mystikerin; Benediktinerin; bed. literar. Werk.
Hilden, St. im Berg. Land, NRW, 55 100 E; Metall-, Textil-, Maschinenind., Röhrenwerke.
Hildesheim: 1) Krst. in Nds., an der Innerste, 106 100 E; Fachhochschulen; LG, IHK; Altstadt mit Dom (11. Jh.) u. a. bed. Kirchenbauten (11.–16. Jh.), u. a. St. Michael (1010 beg.); Roemer-Pelizaeus-Museum mit bed. ägypt. Slg.; vielseitige Ind.; **2)** ehem. geistl. Reichsft. (Bistum); gegr. 815, Blütezeit unter Bischof Bernward um 1000; Gebietsverluste in der *Hildesheimer Stiftsfehde* (1519–23); 1803 an Preußen; 1813 zu Hannover.
Hildesheimer, Wolfgang, * 1916, † 1991, dt. Schriftsteller; Satiren, Schauspiele, Hörspiele, Collagen.
Hilfsverben (Hilfszeitwörter), Verben, mit deren Hilfe fehlende Formen eines Verbs gebildet werden.
Hillary, Sir Edmund Percival ['hɪlərɪ], * 1919, neuseeländ. Bergsteiger; erstieg 1953 als Erster den Mount Everest.
Hillebrecht, Rudolf, * 1910, † 1999, dt. Architekt u. Städtebauer; Wiederaufbau v. Hannover.
Hillery, Patrick John ['hɪlərɪ], * 1923, ir. Politiker (Fianna Fáil); 1959–72 mehrfach Min., 1976–90 Staatspräsident.
Hillgruber, Andreas, * 1925, † 1989, dt. Historiker, Forschungen zum Dt. Reich s. 1871, v. a. zum Nationalsozialismus.
Hilversum [-sym], Stadt in Nordholland, sö. von Amsterdam, 84 700 E; Rundfunksender.
Hilwan (Heluan), ägypt. St. südl. von Kairo, 203 000 E; Univ., Observatorium; Thermalquellen; Ind.
Hima, äthiopides Volk in O-Afrika; halbnomadische Großviehzüchter; ehem. Reiche *(H.staaten).*
Himalaja [sanskr.; = Schneewohnung], Faltengeb. in Zentralasien, zw. dem Hochland v. Tibet u. der nordind. Tiefebene, 2 500 km lang u. durchschnittl. 200 km breit, das höchste Geb. der Erde mit zahlr. Achttausendern; Klimagrenze zw. Zentralasien u. Vorderindien, Niederschläge meist im Sommer. Die Täler zw. 1 500 u. 2 500 m z. T. dicht besiedelt (im N Tibeter, im S autochthone Stämme); Ackerbau u. Viehzucht (Jak, Schaf, Ziege).
Himbeere, Rosengewächs an feuchten Waldstellen; viele gärtner. Formen, mit roten, weißen u. gelben Früchten (Obst).
Himbeerkäfer: 1) Käfer, deren Larven in Himbeeren leben; **2)** Rüsselkäfer, der seine Eier in Himbeerblüten legt.

Himmel: 1) das scheinbare Gewölbe über dem Horizont; in der Astronomie theoret. zu einer Kugel (H.skugel) ergänzt, die sich in jeweils 24 Stunden scheinbar einmal um die Himmelsachse dreht; **2)** in mehr. Religionen Stätte alles Überirdischen.

Himmelfahrt Christi, christl. Kirchenfest am 40. Tag nach Ostern.

Himmelfahrt Mariens, kath. Kirchenfest am 15. August.

Himmelsachse, die ins Unendl. verlängerte Erdachse.

Himmelsäquator ↑Äquator 2).

Himmelsglobus, Darst. des Sternhimmels auf einer Kugel.

Himmelskugel ↑Himmel 1).

Himmelskunde, svw. ↑Astronomie.

Himmelsmechanik, Gebiet der Astronomie; behandelt die Bewegungen von Himmelskörpern unter Einfluss der ↑Gravitation; *Bahnbestimmung* aufgrund von Beobachtungsdaten, bei künstl. Satelliten durch Computerberechnungen.

Himmelspol, svw. ↑Pol 2).

Himmler, Heinrich, * 1900, † 1945, dt. nat.-soz. Politiker; baute als „Reichsführer SS" (s. 1929) die SS neben Partei u. Wehrmacht zur dritten Macht des nat.-soz. Dtl. aus; Organisator der Gestapo; neben Hitler verantwortl. für die Terrormaßnahmen gg. die Gegner des Regimes (↑Konzentrationslager), für brutale Umsiedlungs- u. Germanisierungspol. in O- u. SO-Europa u. für die Vernichtung der Juden; 1943 R.-Innenmin.; Selbstmord.

Hinajana ↑Buddhismus.

Hindelang, Marktgem. u. Luftkurort in den Allgäuer Hochalpen, östl. v. Sonthofen, Bay., 5 000 E; Schwefelmoorbad, Wintersport.

Hindemith, Paul, * 1895, † 1963, dt. Komponist; Bahnbrecher der Moderne; Opern, Orchesterwerke, Kammermusik; wicht. theoret. Schriften.

Hindenburg, Paul v. Beneckendorff u. v., * 1847, † 1934, dt. Gen.-Feldmarschall (s. 1914) u. Reichspräs. (1925–34); 1914 Armeeoberbefehlshaber, besiegte mit Ludendorff die Russen in Ostpreußen; ernannte 1930 Brüning zum R.-Kanzler (Übergang zum Präsidialregime); nach Präsidialkabinetten unter Papen u. Schleicher berief er am 30. 1. 1933 Hitler zum R.-Kanzler.

Hindenburgdamm, Eisenbahndamm zw. dem Festland u. der Insel Sylt, 11 km, erb. 1923–27.

Hindenburg O. S. (polnisch Zabrze), St. im oberschles. Ind.-Gebiet, Polen, 203 500 E; Steinkohlengruben, Schwer-, Maschinen-, chem. Industrie.

Hindernislauf, leichtathlet. Wettbewerb für Männer (3 000 m) u. Jugendliche (1 500 m) über Hürden (91,4 cm hoch) u. einen Wassergraben (3,66 m lang u. breit).

P. von Beneckendorff und von Hindenburg

Hindernisrennen, Pferderennen über Hindernisse; *Hürdenrennen* (über Hecken) od. *Jagdrennen* (über zusätzl. schwere, z. T. fest eingebaute Hindernisse).

Hindi [pers.], wichtigste Spr. Indiens (idgm.); seit 1965 die offiz. Staatsspr.; *Hindustani:* Hauptverkehrsspr. in N-Indien (von rund 150 Mill. gesprochen).

Hindu, urspr. pers. Bez. für den Bewohner Indiens, heute für den Anhänger des Hinduismus.

Hinduismus, Religion der Inder, im 1. Jt. v. Chr. aus Brahmanismus, Kastenwesen u. Opferkult entstanden; differenzierte relig. Formen (Zauber-, Dämonenkult, hpts. Polytheismus, auch Monotheismus); entscheidend die Kastenzugehörigkeit im unendl. Kreis der Wiedergeburten; höchste Götter: Shiva, Vishnu, Brahma.

Hindukusch, Faltengeb. in Zentralasien, hpts. in Afghanistan, z. T. vergletschert; im Tirich Mir (im O) 7 708 m.

Hindustan, fr. Name für N-Indien, heute für das Gangesgebiet.

Hindustani ↑Hindi.

Hingis, Martina, * 1980, schweizer. Tennisspielerin, 1997 Siegerin im Einzel u. Damendoppel bei den Offenen Meisterschaften v. Australien.

Hinnøy ['hinœj], mit 2 198 km^2 größte norweg. Insel, gehört zu den Vesterålinseln.

Hintereinanderschaltung (Serienschaltung, Reihenschaltung), Schaltung elektr. Bauelemente (Stromquellen, -verbraucher) so, dass die Ausgangsklemme des vorhergehenden Bauelements mit der Eingangsklemme des folgenden verbunden ist, alle Bauelemente werden vom gleichen Strom durchflossen; Ggs. Parallelschaltung.

Hinterglasmalerei, Malerei mit starken, opaken Farben auf der Glasrückseite; Blütezeit um 1500; Wiederbelebung im dt. Expressionismus.

Hinterindien, Halbinsel SO-Asiens, zw. Golf von Bengalen, Andamanensee u. Malakkastraße im W, Südchin. Meer u. Golf von Thailand im O.

Hinterlegung, Mittel zur Befreiung von Verbindlichkeiten durch Übergabe der geschuldeten Sache an eine öff. H.sstelle (meist Amtsger.); bei Rücknahmeverzicht endgültige Befreiung; *H.sobjekte:* Geld, Wertpapiere u. a.

Hinterrhein, rechter Quellfluss des Rheins, entspringt in der Adulagruppe, Schweiz.

Hintersassen: 1) vom Grundherrn abhängige Bauern (↑Grundherrschaft); **2)** bis ins 19. Jh. Ortseinwohner geringeren Rechts (v. a. ohne Grundbesitz).

Hinterzarten, heilklimat. Kurort im Hochschwarzwald, Ba.-Wü., 2 400 E; Wintersportplatz.

Hinz, Werner, * 1903, † 1985, dt. Schauspieler (Charakterdarsteller).

Hiob, Buch des A. T.; Gesch. eines frommen u. gerechten Mannes, der trotz Unglück u. Leid an seinem Glauben festhält.

hipp[o]..., Hipp[o]... [gr.], Bestimmungswort; Bed.: „Pferd".

Hipparchos v. Nizäa, * um 190, † um 125 v. Chr., bed. griech. Astronom; ermittelte Jahres[zeiten]längen, entdeckte die Präzession der Erde; genaue Bestimmung der Entfernung Erde–Mond.

Hipparcos, 1989 gestarteter Astrometriesatellit der ↑ESA, Vermessung von Sternpositionen.

Hippias von Elis, 5. Jh. v. Chr., griech. Philosoph u. Mathematiker; vertrat das Ideal enzyklopäd. Bildung.

Hippodamos v. Milet, griech. Baumeister der 1. Hälfte des 5. Jh.s v. Chr.; legte Milet, Piräus u. Thurioi nach mesopotam. Vorbild an.

Hippodrom [gr.], im Altertum Pferde- u. Wagenrennbahn; heute Reitbahn.

Hippokrates, * um 460, † um 370 v. Chr., griech. Arzt; Begr. der wiss. Heilkunde; Diagnose aufgrund des Krankheitsbildes; verantwortungsbewusste Haltung im bis heute vorbildl. *hippokratischen Eid,* der eth. Grundlage des Arztberufes.

Hiroshima *wenige Tage nach dem Abwurf der ersten Atombombe*

Hippo Regius, Ruinenstätte bei Annaba, Algerien; phönik. Gründung, später Residenz numid. Könige, röm. Kolonie, Bischofssitz; 697 zerstört.

Hirn, svw. ↑Gehirn.

Hirnanhang[sdrüse], svw. ↑Hypophyse.

Hirohito, * 1901, † 1989, persönl. Name des 124. Ks. (Tenno) v. Japan; s. 1921 Regent, s. 1926 Tenno; s. 1947 auf Repräsentativfunktionen beschränkt.

Hiroshima [-ʃ-], Hptst. der jap. Präfektur H. auf Honshū, ⚓ an der Inlandsee, 1,09 Mill. E; Univ.; Ind.-Zentrum; durch den ersten Atombombenabwurf am 6. 8. 1945 weitgehend zerstört.

Hirsau, Gem. an der Nagold, nördl. v. Calw, Ba.-Wü.; seit 1. 1. 1975 Teil der Stadt *Calw-H.;* ehem. Benediktinerabtei, 830 gegr.; Träger der *H.er Reform,* kluniazens. beeinflusste kirchl. Reformbewegung in Dtl. (11./12. Jh.); von hier aus verbreiteter Bautypus *(H.er Schema):* flach gedeckte Säulenbasilika ohne Krypta.

Hirschberg i. Rsgb. (poln. Jelenia Góra), niederschles. St. im *Hirschberger Kessel,* einem 20 km langen Becken am N-Rand des Riesengebirges, Polen, 93 000 E; Textil- u. a. Industrie.

Hirsche, Familie der Paarhufer; ♂♂ (Ausnahme: Moschustier, Wasserreh), beim Ren auch ♀♀, tragen Geweih, das sich alljährl. erneuert; zu den H.n zählen u. a. Elch, Rot- u. Damhirsch.

Hirschhornsalz, Mischung aus Ammoniumhydrogencarbonat u. Ammoniumcarbamat; Treibmittel beim Backen.

Hirschkäfer, mit 4–8 cm Länge größter europ. Käfer, ♂ mit gewalt., geweihart. Oberkiefern.

Hirse, Gräser mehrerer Pflanzengatt. mit kl. rundl. Körnern; u. a. *Echte H.,* seit der Steinzeit in M-Europa angebaut, heute fast ganz verdrängt.

Hirtentäschelkraut (Capsella), häufiges weiß blühendes Feldunkraut (Kreuzblütler), herzförmige Schotenfrüchte; blutstillend.

Hispania, lat. Name für Spanien (bzw. die Pyrenäenhalbinsel).

Hispaniola (Haiti), eine der Westind. Inseln, zw. Kuba und Puerto Rico, 76 192 km^2. Polit. geteilt in die Dominikan. Rep. u. Haiti.

Histamin [Kw.], im Körper aus der Aminosäure *Histin* entstehendes ↑Gewebshormon; bewirkt Gefäßerweiterung, Kopfschmerz u. a.

Histologie ↑Anatomie.

Historienmalerei, Darst. histor. Ereignisse, bes. im 19. Jh.: Rethel, v. Menzel, Piloty u. a.

historischer Materialismus, von Marx u. Engels aus dem dialekt. Materialismus entwickelte geschichtsphilos. Lehre: Vorrang der materiellen Existenz vor dem Bewusstsein; den *Unterbau* (Basis) der histor.-gesellschaftl. Entwicklung bilden die Produktionsverhältnisse, zu denen das geist., polit. u. rechtl. Leben den *Überbau* abgibt; durch sozialist. Revolutionen soll nach der Phase der *Diktatur des Proletariats* das Endziel des histor.-ökonom. Prozesses erreicht werden: die Aufhebung der Klassen u. des Privateigentums sowie die Vergesellschaftung der Arbeit.

Historismus [nlat.], Geschichtsbetrachtung (v. a. im 19. Jh.), die alle Erscheinungen aus ihren geschichtl. Bedingungen zu verstehen versucht; in Kunst u. Kunsthandwerk d. 19. Jh.s histor. orientierte Stilhaltung (z. B. Neugotik, Neurenaissance, Neubarock).

Hit [engl.], Spitzenschlager; *H.parade:* Vorstellung der jeweils beliebtesten Schlager.

Hitchcock, Sir Alfred ['hɪtʃkɔk], * 1899, † 1980, brit.-amer. Filmregisseur u. Autor; Meister des psycholog. motivierten Kriminalfilms.

Hitler, Adolf, * 1889, † 1945, dt. nat.-soz. Politiker östr. Herkunft; nach missglücktem Putsch 1923 Festungshaft; s. 1924 Neuaufbau der NSDAP, Schaffung halbmil. Verbände (SA, SS); am 30. 1. 1933 v. Hindenburg zum Kanzler berufen; nach dem Reichstagsbrand ↑Ermächtigungsgesetz; nach Hindenburgs Tod Vereinigung der Ämter des R.-Präs. u. des R.-Kanzlers in H.s Hand; s. 1938 auch allein. Befehlshaber der Wehrmacht; Anerkennung durch wirtsch. u. außenpolit. Erfolge (Rheinlandbesetzung, Anschluss Östr. u. des Sudetenlandes durch Münchener Abkommen); die Besetzung Böhmens u. Mährens (März 1939) machten H.s aggress. Pol. endgült. deutl.; sein Angriff auf Polen entfesselte den 2. Weltkrieg; Diktatur u. Terror, insbes. eine rassenideolog. begr. brutale Unterdrückungs- u. Vernichtungspol. in Dtl. u. den besetzten Gebieten nahmen unvorstellb. Ausmaße an. Mill. Menschen fielen den Maßnahmen zur „Endlösung der Judenfrage“ zum Opfer. Ein Attentat auf H. am 20. Juli 1944 misslang. H. versuchte in seinem Durchhaltefanatismus, der jeden Realitätsbezug verloren hatte, das unvermeidl. Kriegsende hinauszuschieben; Selbstmord; „Mein Kampf“ (1925/26).

Hịtlerjugend (HJ), Jugendorganisation der NSDAP, 1926–45; 1936 Staatsjugend unter Führung des „R.-Jugendführers“.

Hịtlerputsch, Versuch Hitlers u. Ludendorffs, am 8./9. 11. 1923 zunächst in Bayern, anschließend im ganzen Dtl. die Macht an sich zu reißen; v. der ähnl. Ziele verfolgenden bayr. Reg. v. Kahr unterdrückt.

hịttorfsche Röhre [nach J. W. Hittorf, * 1824, † 1914], Gasentladungsröhre mit kalten Elektroden zur Erzeugung von Kathodenstrahlen.

Hitzschlag, Wärmestau im Körper, verursacht durch körperl. Anstrengungen bei feucht-schwüler, heißer Witterung; der Körper stellt die Schweißbildung ein, dadurch kommt es zur Überhitzung. Erkennen: zunächst hochroter, später blasser Kopf, heiße, trockene Haut, sehr hohe Körpertemperatur (über 40 °C). – Erste Hilfe: Kleidung weit öffnen! An schattigem Ort lagern! Mit kaltem Wasser getränkte Tücher auflegen und nach kurzer Zeit erneuern. Für Körperruhe sorgen.

HJ, Abk. für: ↑**H**itler**j**ugend.

HK, Einheitenzeich. für: ↑**H**efner**k**erze.

hl, Einheitenzeich. für: **H**ekto**l**iter (= 100 Liter).

Ho, Symbol für ↑Holmium (☌).

HO, Abk. für: staatl. **H**andels**o**rganisation der DDR; gegr. 1948, 1990 aufgelöst.

Hoangho ↑Hwangho.

Họbbema, Meindert, * 1638, † 1709, niederl. Landschaftsmaler; „Allee von Middelharnis“.

Hobbes, Thomas [hobs], * 1588, † 1679, engl. Philosoph; vertrat einen naturalist. Materialismus; von großer Wirkung die Staatsphilos. des Absolutismus im „Leviathan“.

Hobel, Werkzeug zum Glätten von Holz- oder Metallflächen; *H.bank,* Arbeitstisch zum Einspannen u. Festhalten hölzerner Werkstücke; *H.maschinen* arbeiten mit 2 bis 4 rotierenden Messern; bei der *Metallhobelmasch.* wird ein *H.meißel* zur Bearb. verwendet.

Hoch (Hochdruckgebiet, Antizyklone), Abk. H, Gebiet hohen Luftdrucks mit absinkender Luftbewegung; in den unteren Schichten fließen die Luftmassen (auf der N-Halbkugel im Uhrzeigersinn) aus dem H. heraus, zum Ausgleich sinkt Luft aus höheren Schichten ab, wobei sich die Wolken auflösen.

Hochdeutsch ↑dt. Sprache.

Hochdruck: 1) Drücke zw. 50 u. 100 bar (10^7 Pa); *Höchstdruck:* Drücke über 1 000 bzw. 5 000 bar; **2)** Druck von einer Druckform, bei der nur die erhabenen Teile Farbe übertragen, z. B. beim Buch-, Flexo-, Holz- od. Linolschnittdruck.

Hochdruckgebiet, svw. ↑Hoch.

Hochfrequenz, Abk. HF, elektromagnet. Schwingungen mit Frequenzen von 10 kHz bis 300 MHz (darüber meist als *Höchstfrequenz* bez.). – *H.technik* umfasst d. Erzeugung, Fortleitung u. techn. Anwendung dieser Schwingungen (u. a. Nachrichtentechnik, H.erwärmung, H.trocknung).

Hochgerichtsbarkeit, svw. ↑hohe Gerichtsbarkeit.

Họchhuth, Rolf, * 1931, dt. Schriftsteller; Dramen, u. a. „Der Stellvertreter“; „Eine Liebe in Dtl.“; auch zeitkrit. Essays.

Ho Chi Minh [-tʃi-], * 1890, † 1969, vietnames. kommunist. Politiker; 1930 Mitbegr. der KP Indochinas, gründete 1941 die Vietminh u. führte den Kampf um die Unabhängigkeit Indochinas.

Ho-Chi-Minh-Stadt [-tʃi-] (fr. Saigon), vietnamesische Stadt am Mekongdelta, 3,93 Mill. E; 2 Univ.; Ind.-Zentrum, Flusshafen, ✈. – 1954–76 Hptst. S-Vietnams.

Hochkirche, svw. High Church (↑anglikanische Kirche).

Hochmeister, Oberhaupt des Deutschen Ordens.

Hochmoor, über den Grundwasserspiegel hinausgewachsenes Torfmoor mit gewölbter Oberfläche; hpts. Torfmoos, Binsen, Sonnentau.

Hochofen, Schachtofen zur Gewinnung von Roheisen aus Eisenerzen; Beschickung an der Schachtöffnung *(Gicht)* schichtweise mit *Koks* u. *Möller* (Erze, Schlacken bildende Zuschläge [v. a. Kalkstein]). Durch aus dem Winderhitzer (Cowper) eingeblasene Heißluft verbrennt der Koks, das kohlenoxidhalt. Verbrennungsgas steigt hoch u. verbindet sich mit dem Sauerstoff der Erze; das frei werdende Eisen verflüssigt sich, nimmt dabei Kohlenstoff auf u. sammelt sich im *Gestell; H.gas,* aus der Gicht des H.s entweichendes Gas *(Gichtgas);* brennbar.

Hochpolymere, svw. ↑Makromoleküle.

Hochrelief ↑Relief 2).

Hochschulen, 1. wiss. H.: Univ.; techn. Univ.; [in der BRD] alle übr. H. mit Rektoratsverf. und Promotionsrecht, auch wenn an ihnen nur eine Fachrichtung vertreten ist (z. B. Bergakad. Clausthal-Zellerfeld, Tierärztl. Hochschule Hanno-

A. Hitler

ver); 2. Fach-H. für best. Berufsvorbereitung, z. B.: pädag. H., Verw.-H., Sport-H., H. für Musik, für Theater, für bildende Künste; 3. H. in einer Mittelstellung zw. 1. u. 2., z. B. philos.-theol. H., kirchl. H. u. Bundeswehr-H.; die Grenzen sind nicht scharf zu ziehen, bes. bei H. außerh. der BRD. – Voraussetzung für das *Hochschulstudium* ist im Allg. das Abitur bzw. d. Fachhochschulreife. – ↑auch Gesamthochschule.

Hochspannung, elektr. Spannungen über 1 000 V (nicht klar abgegrenzt); zur Fortleitung elektr. Energie werden Spannungen bis 750 kV benutzt.

Hochspannungsgenerator: 1) in Kraftwerken verw. Masch. zur Erzeugung elektr. Energie; Spannung um 20 000 V; **2)** svw. ↑Bandgenerator.

Hochsprung, leichtathlet. Disziplin, bei der eine Sprunglatte übersprungen werden muss.

Hö̱chster Porzella̱n, Porzellan der 1746 in Höchst gegr. Porzellanmanufaktur (bed. Werke u. a. von J. P. Melchior).

Höchstfrequenz ↑Hochfrequenz.

Hochverrat, in der BRD der Versuch, gewaltsam die verfassungsmäß. Ordn. zu ändern, das B.-Gebiet einem fremden Staat einzuverleiben od. die gebietsmäß. Ordnung der Länder zu ändern; mit hohen Freiheitsstrafen bedroht; ähnl. im östr. und schweizer. Recht.

Họchvogel, Berg in den Allgäuer Alpen, an der dt.-östr. Grenze, 2 593 m.

Hochwald, Forstbetriebsart: hochstämm. Waldbestand mit wertvollem Nutzholz; Baumbestand bleibt 80–120 Jahre lang stehen; Ggs. ↑Niederwald.

Hochwild, wm. Bez. für Elch, Rot-

u. Damhirsch, Schwarzwild, Gämse, Steinbock, Mufflon, Auerhuhn.

Hochzeit, urspr. jedes hohe Fest; heute Feier der Eheschließung *(grüne H.);* nach 25 Ehej. *silberne H.,* nach 50 *goldene,* nach 60 *diamantene,* nach 65 *eiserne H.,* nach 70 *Gnadenhochzeit.*

Hockenheim, St. in Ba.-Wü., südl. v. Mannheim, 18 500 E; nö. der *H.ring* (Motodrom).

Hockergrab, Grabstätte mit einem in Hockstellung liegenden Toten; Bestattungsart bei vielen Naturvölkern, in M-Europa v. a. in der Bronzezeit.

Hockey ['hɔke:, 'hɔkɪ; engl.], Ballspiel, 2 Mannschaften zu je 11 Spielern; der Vollball aus Leder od. Kunststoff darf nur mit der flachen Seite der abgebogenen Keule des *H.stocks* gespielt werden; ein gültiges Tor kann nur erzielt werden, wenn sich der Ball beim Torschuss innerhalb des Schusskreises befindet; Spielzeit 2 × 35 Min.

Hockney, David ['hɔknɪ], * 1937, engl. Maler u. Grafiker, Vertreter der Pop-Art.

Hodeida, (Hudaydah, Al H.), Hafenst. in Jemen, 155 000 E; ✈; in *Al Ahmadi,* 4 km nördl. v. H., mod. ⚓, auch für Erdölumschlag.

Hoden ↑ Geschlechtsorgane.

Hodgkin-Krankheit ['hɔdʒkɪn; nach dem brit. Internisten *Th. Hodgkin,* * 1798, † 1866], svw. ↑ Lymphogranulomatose.

Hodler, Ferdinand, * 1853, † 1918, schweizer. Maler; Landschaften u. Historienbilder in monumentalem Flächenstil.

Hoek van Holland [hu:k van -], niederl. Fährhafen u. Seebad; Ortsteil v. ↑ Rotterdam.

Hof, krsfr. St. u. Krst. in Bay., an der Saale, 52 600 E; LG; vielseit. Industrie.

Hofburg, das ehem. kaiserl. Schloss in Wien (13.–19. Jh.).

Hofer, Andreas, * 1777, † 1810, Tiroler Freiheitskämpfer; Anführer des Tiroler Volksaufstandes 1809 gg. Napoleon I.; in Mantua erschossen.

Hoff, Jacobus Henricus van't, * 1852, † 1911, niederl. Physikochemiker; begr. die Stereochemie u. mit W. Ostwald die physikal. Chemie; entwickelte die Lehre v. chem. Gleichgewicht; Nobelpreis 1901.

Hoffman, Dustin ['hɔfmæn], * 1937, amer. Filmschauspieler („Die Reifeprüfung", „Tootsie").

Hoffmann: 1) E[rnst] T[heodor] A[madeus], * 1776, † 1822, dt. Jurist, Dichter, Musiker u. Maler der Romantik; Verbdg. v. Realistik u. Fantastik; u. a. „Die Elixiere des Teufels", „Lebensansichten des Katers Murr ...", Märchen u. Erzählungen; Oper „Undine"; **2)** Kurt, * 1910, dt. Filmregisseur („Das Wirtshaus im Spessart").

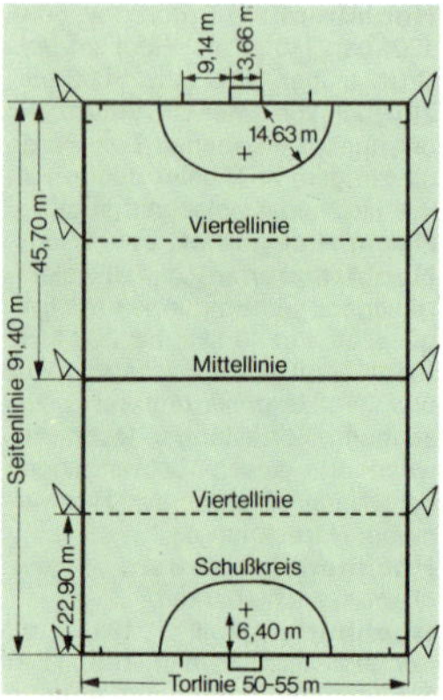

Hockey. *Spielfeld und Maße*

Hoffmann von Fallersleben, August Heinrich, * 1798, † 1874, dt. Germanist u. Dichter; nat.-lib. Haltung; 1841 Deutschlandlied.

Hofgeismar, nordhess. Stadt, nördl. von Kassel, 16 600 E; Pfarrkirche (13.–15. Jh.); ev. Akad.; Textilindustrie.

Hofheim am Taunus, St. westl. von Frankfurt am Main, Hessen, 36 300 E; Maschinenbau.

höfische Dichtung, mhd. Dichtung etwa zw. 1170 u. 1250; poet. Gestaltung der ritterl.-höf. Ideale in Minnesang, Spruchdichtung u. großen Versepen.

Hofmann, Peter, * 1944, dt. Sänger; Wagner-Tenor; Rockmusiker.

Hofmannsthal, Hugo v., * 1874, † 1929, östr. Dichter; Erneuerung des ma. Mysterienspiels in „Jedermann", der Barockdramatik in „Das Salzburger Große Welttheater"; antiker Stoff in „Elektra" u. a.; von R. Strauss u. a. vertonte Opernlibretti: „Der Rosenkavalier", „Ariadne auf Naxos", „Die Frau ohne Schatten", „Arabella"; Lustspiele: „Cristinas Heimreise", „Der Schwierige", „Der Unbestechliche"; Essays, Reden.

Hofmann von Hofmannswaldau, Christian, * 1617, † 1679, dt. Dichter des Spätbarock; galante virtuose Lyrik, Heldenbriefe.

Hogarth, William ['həʊgɑ:θ], * 1697, † 1764, engl. Maler u. Grafiker; gesellschaftskrit. u. satir. Gemäldefolgen, die als Kupferstiche weite Verbreitung fanden.

Höger, Fritz, * 1877, † 1949, dt. Architekt; Schöpfer des mod. norddt. Backsteinbaus (Chilehaus in Hamburg).

Hoggar ↑ Ahaggar.

Höhe: 1) Abstand eines Pt. von der Grundfläche od. -linie; **2)** senkr. zum Horizont gemessener Winkel zw. Gestirn u. Horizont.

Hohe Acht ↑ Eifel.

Hohe Behörde, fr. Exekutivorgan der Montanunion; s. 1967 fusioniert mit den Exekutivorganen von EWG u. EURATOM.

hohe Gerichtsbarkeit (Hochgerichtsbarkeit), die s. dem dt. MA durch Verleihung des *Blutbanns* übertragene Gerichtsbarkeit über Kapitalverbrechen; stand als öffentl. Gewalt dem Landesherrn zu.

Hoheitsakt, Handlung in Ausübung der staatl. Gewalt.

Hoheitsgewässer, Gewässer unter der Nationalhoheit eines Staates; ↑ auch Dreimeilenzone.

Hoheitsrechte, Rechte des Staates, z. B. Legislative, Ausübung der Gerichtsbarkeit.

Hoheitszeichen, Flaggen, Wappen u. a. Symbole eines Staates.

Hohenasperg, alte Bergfestung bei Asperg, nördl. v. Stuttgart; im 18. u. 19. Jh. Staatsgefängnis (heute Landesstrafanstalt).

Höhenleitwerk, Teil des Leitwerks v. Flugzeugen; besteht aus fest stehender Flosse u. daran angebrachtem *Höhenruder* oder ist als Ganzes schwenkbar *(Pendelleitwerk);* zur Steuerung um die Querachse (Steigen, Sinken).

Höhenlinien, svw. ↑ Isohypsen.

Hohenlohe-Schillingsfürst, Chlodwig Fürst zu, Prinz v. Ratibor u. Corvey, * 1819, † 1901, dt. Politiker; 1866–70 bayr. Min.-Präs., 1894–1900 dt. R.-Kanzler u. preuß. Ministerpräsident.

Höhenmesser, in Luftfahrzeugen verw. Geräte zur Anzeige der Flughöhe. Man unterscheidet *barometr. H.* (Luftdruckmessgeräte) u. *Funk-H.* (elektr. H., Radar-H.); Letztere arbeiten mit elektromagnet. Wellen nach d. Laufzeitverfahren.

Höhenruder ↑ Höhenleitwerk.

Hohensalza (Inowrocław), Stadt sö. von Bromberg, Polen, 79 000 E; Solbad; Metall-, chem. Industrie.

Hohenschwangau, Schloss am Alpsee, östl. v. Füssen; nach Zerstörung 1833–37 neu erb.; Innendekoration z. T. v. M. v. Schwind.

Hohenstaufen, Zeugenberg vor dem Steilrand der Schwäb. Alb, Ba.-Wü., 684 m; auf dem H. ehem. Stammburg der ↑ Staufer.

Hohenstein-Ernstthal, Krst. in Sa., 15 300 E; Textil-, Masch.-Ind.; Karl-May-Museum im Geburtshaus v. Karl May; im N *Sachsenring* (Rennstrecke für Motorsport).

Hohenstoffeln, vulkan. Bergkegel im Hegau, nw. v. Singen (Hohentwiel), Ba.-Wü., 844 m.

Höhenstrahlung (kosm. Strahlung, Ultrastrahlung), äußerst energiereiche Korpuskularstrahlung aus dem Weltraum (vorw. Protonen), die in die Erdatm. eindringt u. wegen ihrer elektr. Ladung durch das Erdmagnetfeld beeinflusst wird; in der Erdatm. Erzeugung einer sekundären H.; ↑auch Polarlicht, ↑Van-Allen-Gürtel.

Hohentwiel, vulkan. Bergkegel mit Burgruine bei Singen (Hohentwiel), Hegau, Ba.-Wü., 686 m.

Hohenzollern, dt. Fürstengeschlecht; um 1214 Teilung in: 1. *fränk. Linie:* 1363 R.-Fürsten, s. 1417 Kurfürsten v. Bbg., s. 1701 preuß. Kg.; 1871–1918 dt. Kaiser; 2. *schwäb. Linie:* im 16. Jh. Teilung in H.-Hechingen (erloschen 1869) u. H.-Sigmaringen.

Hohenzollern: 1) 855 m hoher Zeugenberg vor dem Steilrand der Schwäb. Alb, südl. v. Hechingen, mit der Stammburg des gleichnam. Fürstengeschlechts; **2)** (Hohenzollernsche Lande) 1849–1945 preuß. Verw.-Bez., jetzt zum Reg.-Bez. Tübingen (Ba.-Wü.).

Hohe Pforte, urspr. der Sultanspalast in Istanbul, ben. nach der Eingangspforte; 1718–1922 Bez. für die Reg. u. v. a. für das Außenmin. des Osman. Reiches bzw. der Türkei.

Hoher Dachstein, höchste Erhebung des Dachsteins, Östr., 2995 m.

höhere Gewalt, von außen her einwirkendes, außergewöhnl., nicht vorhersehbares, durch äußerste zumutbare Sorgfalt nicht abwendbares Ereignis.

Hoher Meißner ↑Meißner.

Hoher Priester, Oberpriester des Tempels v. Jerusalem, höchster Würdenträger u. Vors. des Hohen Rates.

Hoher Rat ↑Synedrium.

hohe Schule, höchste Stufe des Dressurreitens.

hohe See, diejenigen Meeresteile, an denen nach Völkerrecht keine Hoheitsrechte bestehen.

Hohes Lied, Buch des A. T., Slg. v. Liebes- u. Hochzeitslyrik; Kg. Salomo als Verf. unwahrsch.; vielf. allegor. gedeutet.

Hohes Venn [- fen], Teil der Ardennen, südl. v. Aachen, mit dt. u. belg. Anteil; bis 694 m; Moorldsch.

Hohe Tatra, höchster Teil der Karpaten, bis 2633 m (Gerlsdorfer Spitze, ČR).

Hohe Tauern, Gebirgszug in den Ostalpen, Österreich, im Großglockner 3797 m.

Hohhot, (Huhehot), Hptst. der Inneren Mongolei (China), 810000 E; Univ.; ⚘

Höhle (Grotte), gr. Hohlraum im Gestein; als *primäre H.* zugleich mit der Gesteinsbildung entstanden: im Korallenriff, Kalktuff od. als Lava-H.; als *sekundäre H.* durch Erosion (Brandung) od. Auslaugung (Korrosion) in Gips, Steinsalz, Kalkstein, Dolomit; am größten *Karst-H.n,* z. T. in Form von *H.nsystemen,* oft mit ↑Tropfsteinen; in Gesteinsklüften entstehen [pfeilerdurchsetzte od. hallenart.] *Kluft-H.n;* bei Bildung v. Eissäulen u. Ä. durch eintretendes Wasser: *Eishöhlen.*

Höhlenmalerei, svw. Felsmalerei (↑Felsbilder).

Höhlentempel, svw. ↑Felsentempel.

Hohler, Franz, * 1942, schweizer. Kabarettist u. Schriftsteller, tragikom. groteske Geschichten.

Hohlleiter, Rohre aus elektr. leitendem Material zur Fortleitung von Mikrowellen.

Hohlspiegel, Körper mit gekrümmter reflektierender Fläche, der auf d. Innenfläche treffende Strahlen reflektiert; meist sphär. (Kugelspiegel) od. parabol. gekrümmt.

Hohltiere, Unterabt. vielzell. wasserlebender Tiere mit einheitl. Körperhohlraumsystemen; noch keine sekundäre Leibeshöhle: Nesseltiere, Rippenquallen.

Hohlvenen, gr. Blutgefäße, die das verbrauchte Blut zum r. Herzvorhof führen.

Hohlziegel (Lochziegel), Ziegelstein mit Löchern *(Querloch-, Langlochziegel)* zur Verringerung des Gew. u. der Wärmedurchlässigkeit.

Hokkaidō, nördlichste der jap. Hauptinseln, 85519 km², Hptst. Sapporo; gebirgig; Kohle- u. Eisenerz-⚒.

Hokusai [hoksai] Katsushika, * 1760, † 1849, jap. Meister des Farbholzschnitts; Einfluss auf frz. und engl. Malerei des 19. Jh.s.

Holbein: 1) Hans, d. Ä., * um 1465, † 1524, dt. Zeichner u. Maler; an der Wende der Spätgotik zur Renaissance; **2)** Hans, d. J., * 1497, † 1543, Sohn v. 1), dt. Maler u. Zeichner; s. 1515 in Basel, 1536 Hofmaler Kg. Heinrichs VIII. von England, Repräsentant der dt. Renaissance; bed. v. a. seine Bildnisse; Altäre, Zeichnungen für Holz- u. Metallschnitte (Bibelillustrationen), Wandmalerei; Entwürfe für Glasgemälde.

Holberg, Ludvig Baron von, * 1684, † 1754, dän. Dramatiker u. Historiker der Aufklärung; „Der politische Kannegießer".

Holden, William ['həʊldən], * 1918, † 1981, amer. Filmschauspieler.

Hölderlin, Friedrich, * 1770, † 1843, dt. Dichter; 1796–98 in Frankfurt am Main Hauslehrer bei dem Bankier Gontard, dessen Frau Susette er als „Diotima" verehrte; s. etwa 1802 geisteskrank; „Griechenland", Roman „Hyperion" (Ode „Dichterberuf"); das Dramenfragment „Der Tod des Empedokles", „Friedensfeier".

Holdinggesellschaft ['həʊldɪŋ-; engl.; dt.], zur einheitl. Leitung u. Verwaltung eines Konzerns gegr. Obergesellschaft, die selbst keine Produktions- od. Handelsfunktionen ausübt u. damit eine rechtl. Verselbstständigung der Konzernhauptverwaltung darstellt.

Holland: 1) ugs. für ↑Niederlande; **2)** i. e. S. die Prov. N- u. S-Holland.

holländisches Fernrohr, svw. galileisches ↑Fernrohr.

Hölle, nach tradit. christl. Auffassung Ort der ewigen Verdammnis.

Höllengebirge, Gebirgsstock der Nördl. Kalkalpen zw. Attersee u. Traunsee, Oberöstr.; im Gr. Höllkogel bis 1862 m hoch.

Höllenstein, Stifte aus Silbernitrat (Ätzmittel u. zur Blutstillung).

Höllental: 1) Hochtal im Wettersteingeb., sw. v. Garmisch-Partenkirchen, Bayern, mit Klamm *(H.klamm);* **2)** Engtal des Rotbachs im S-Schwarzwald, Ba.-Wü., mit *Höllentalbahn* (Freiburg im Breisgau–Neustadt); **3)** Schlucht der Schwarza zw. Rax u. Schneeberg, Niederösterreich.

Hollerith, Hermann, * 1860, † 1929, dt.-amer. Ingenieur; erfand u. a. das *H.-Lochkartenverfahren* der Informationsverarbeitung.

Hollywood [-wʊd], nw. Stadtteil v. Los Angeles; Zentrum der amer. Filmindustrie.

Holmenkollen, Erhebung im NW von Oslo, Wintersportgebiet; bekannte Skisprungschanze.

Holmium, chem. El., Symbol Ho, OZ 67, rel. A.-Masse 164,9304; Seltenerdmetall (Lanthanoid), silbergrau, Dichte 8,795 g/cm³, Fp. 1474 °C, Sp. 2700 °C.

holo..., Holo... [gr.], Bestimmungswort; Bed.: „ganz, völlig".

Holocaust ['ho:lokaust; engl. 'hɔləkɔ:st], im Engl. Bez. für ein Opfer, das vollst. verbrannt wird; daraus abgeleitet als Steigerung für Völkermord verwendet zur Kennzeichnung der v. den Nat.-Sozialisten betriebenen Vernichtung des jüd. Volkes; neuerdings allg. für Massenvernichtung.

Holoeder [gr.], Kristall mit dem höchsten in seinem Kristallsystem mögl. Grad an Symmetrie; alle Flächen sind ausgebildet.

Holofernes, assyr. Feldhauptmann, nach dem at. Buch Judith von Judith mit List getötet.

Holographie [gr.], Verfahren zur Speicherung u. Wiedergabe dreidimensionaler Bilder: Ein Gegenstand wird mit Laserlicht beleuchtet; die von ihm reflektierten Wellen überlagern sich mit den aus d. Laserstrahl abgezweigten Bezugswellen u. ergeben auf einer Fotoplatte ein Interferenzbild *(Hologramm).* Bestrahlt man dieses mit gleichart. Laserlicht (Weißlichthologramme auch mit normalem gebündeltem Licht), so erhält man ein frei im Raum schwebendes dreidimensionales (virtuelles) Bild des Gegenstands.

Holozän ↑Geologie, Formationstabelle.

Holsteinische Schweiz, seenreiche, kuppige Ldsch. in Ostholstein.

Hölty, Ludwig Christoph Heinrich, * 1748, † 1776, dt. Dichter; volkstüml. Lyrik, Balladen.

Holunder (Holder), Gatt. der Geißblattgewächse; meist Sträucher; heim.: *Schwarzer H.,* dessen dunkelblaue Beeren in der Küche u. für Heilzwecke verw. werden; *Trauben-H.,* bes. in Gebirgswäldern.

Holz, Arno, * 1863, † 1929, dt. Dichter; Mitbegr. des konsequenten Naturalismus; Lyrik („Phantasus"), theoret. Schriften.

Holz, der v. Rinde u. Bast umgebene, aus lang gestreckten Zellen bestehende Teil der Stämme u. Äste; dient Bäumen u. Sträuchern zur Wasserleitung, mech. Festigung u. Aufspeicherung v. Baustoffen; Zuwachs im Frühjahr aus hellen großlumigeren (↑Lumen 2) Zellen: *Früh-H.,* im Herbst aus dunklen kleinlumigeren: *Spät-H.* (dadurch ↑Jahresringe); innerer Teil des H.körpers *Kern-H.,* äußerer *Splint-H.;* unterschiedl. Dichte je nach H.art 0,5–1,0 g/cm^3.

Holzbock, u. a. an Säugetieren u. Vögeln blutsaugende Schildzeckenart.

Holzdestillation (Holzverkohlung), Zersetzung v. Holz durch trockenes Erhitzen unter Luftabschluss; fr. im ↑Meiler, heute prakt. nur noch in Retorten; Hauptprodukte der H. sind Holzkohle, Holzgas, Holzteer, Holzgeist u. Holzessig (Rohholzessig).

Holzfaserplatten, aus geringwert. Faserholz, Holzabfällen u. a. sowie Kunstharzen als Bindemittel hergest. Platten; *Holzfaserhartplatten (Hartfaserplatten)* sind in hydraul. Heißpressen stark verdichtet u. verfestigt worden.

Holzgas ↑Holzdestillation.

Holzgeist ↑Holzdestillation.

Holzkohle, Hauptprodukt (etwa 35 %) der ↑Holzdestillation; enthält rd. 80 % C, 13–14 % O_2, 4 % H_2, Rest Asche; verw. als Brennmaterial, als Filterkohle, Aktivkohle u. a.

Holzschnitt, 1. Holzschneidekunst, eine der ältesten graf. Künste, 2. die dafür benutzte Druckform (Stock), 3. Abdruck vom Druckstock. – Der Formschneider arbeitet die Linien der Zeichnung als erhöhte Stege heraus (der Künstler schneidet selten selbst); neben Einzelblättern u. Zyklen (z. B. Passion, Marienleben) v. a. Buchillustrationen; im 15. und 16. Jh.: Dürer, Cranach, Baldung, Holbein d. J., Beham u. a.; im 19. u. 20. Jh.: Daumier, Doré, Menzel, Richter, Morris, Munch, Barlach, Beckmann, Grieshaber u. a.; ↑auch jap. Kunst.

Holzteer ↑Holzdestillation.

Holzverkohlung, svw. ↑Holzdestillation.

Holzwespen, Pflanzenwespen, teils sehr gr., mit langem Legestachel; Holzschädlinge.

hom[o]..., Hom[o]... [gr.], Bestimmungswort; Bed.: „gleich".

Homburg: 1) Krst. im östl. Saarland, 45 800 E; med. Fakultät der Univ. Saarbrücken; Institut für Biophysik; röm. Freilichtmuseum; Eisenind., Walzwerk; **2)** ↑Bad Homburg v. d. Höhe.

Homburg, steifer Herrenhut aus Filz mit eingefasster Krempe.

Homelands ['həʊmlændz] ↑Autonomstaaten.

Homer, griech. Epiker der 2. Hälfte d. 8. Jh.s v. Chr.; wandernder – nach späterer Legende blinder – Rhapsode an ion. Fürstenhöfen; unter seinem Namen v. a. die Ilias und die Odyssee überliefert.

Homerule ['həʊmru:l; engl.; = Selbstregierung], Schlagwort der ir. Nat.-Partei, die die Selbstständigkeit Irlands im Rahmen des brit. Empire auf parlamentar. Wege zu erreichen suchte.

Homiletik [gr.], Gesch. u. Theorie der Predigt.

Homilie [gr.], Auslegung der Bibel in Predigtform.

Hominiden [lat.], Fam. der Primaten, in welcher der heutige Mensch das einzige noch lebende Mitgl. ist.

Homo [lat.], svw. ↑Mensch; *H. faber,* der prakt., techn. begabte Mensch; *H. heidelbergensis (Heidelbergmensch),* der bisher älteste in Europa bek. Mensch [der Pithekanthropusstufe], v. dem 1907 sö. von Heidelberg ein Unterkiefer gefunden wurde; *H. neanderthalensis,* svw. ↑Neandertaler; *H. sapiens,* vernunftbegabter Mensch.

homo..., Homo... ↑hom[o]..., Hom[o]...

homö[o]..., Homö[o]... [gr.], Bestimmungswort; Bed.: „ähnl.".

Homo|erotik, svw. ↑Homosexualität.

homogen [gr.], gleichartig; Ggs. heterogen.

Homogonie [gr.], Entstehung aus Gleichartigem; Ggs. Heterogonie.

Homo heidelbergensis ↑Homo.

homoio..., Homoio... [gr.], urspr. Form von ↑homö[o]..., Homö[o]...

Holzschnitt. *HAP Grieshaber, Siamkatzen (1960)*

Homonyme [gr.], gleich lautende Wörter mit versch. Bed., z.B. Lerche–Lärche; i.w.S. auch *Homogramme* (gleich geschriebene Wörter, z.B. Steuer [Abgabe od. Lenkvorrichtung]).

Homöopathie [gr.], von S. F. ↑Hahnemann begr. Heilverfahren, wonach Krankheiten mit niedrig dosierten Medikamenten behandelt werden, die in höherer Dosierung diesen Krankheiten ähnl. Erscheinungen hervorrufen.

Homophonie, Satztechnik, in der die Melodiestimme hervortritt u. die anderen Stimmen nur begleiten (Ggs. Polyphonie), angewandt im homophonen Satz (Kontrapunkt) (𝄞).

Homo sapiens ↑Homo.

Homosexualität, dem gleichen Geschlecht zugewandtes Geschlechtsempfinden, unter Männern *Uranismus* u. *Päderastie (Knabenliebe),* unter Frauen *sapph.* od. *lesb. Liebe,* auch *Tribadie* genannt; homosexuelle Handlungen an u. von Männern in der BRD s. 1994 nicht mehr strafbar; Jugendliche unter 16 Jahren durch § 182 StGB (↑Verführung) geschützt.

homozygot [gr.], mit gleichart. Erbanlagen, reinerbig; Ggs. heterozygot.

Hondo ↑Honshū.

Honduras, zentralamer. Rep. Im NO lagunenreiches Flachland, sonst Geb.-Land; v.a. Kaffeeanbau u. Rinderzucht. Bergbau: Silber, Gold, Blei, Zink; Haupthafen Puerto Cortés am Golf v. H. – *Gesch.:* 1502 von Kolumbus entdeckt, 1525 span. Prov., seit 1828 selbst. Republik; Bürgerkriege, Konflikte mit Nachbarstaaten kennzeichneten H. im 20. Jh.; 1972–81 Militärjunta, seither präsidialdemokrat. Verfassung.

Honecker, Erich, * 1912, † 1994, dt. Politiker (DDR); 1946–55 1. Vors. der FDJ; s. 1958 Mitgl. des Politbüros, s. 1971 1. Sekr. (s. 1976 Gen.-Sekr.) des ZK der SED, s. 1976 Vors. des Staatsrats (Staatsoberhaupt), am 18. 10. 1989 von allen Ämtern zurückgetreten, 3. 12. 1989 aus SED ausgeschlossen, nach Wiedervereinigung Ermittlungsverfahren (eingestellt Jan. 1993) wg. Amtsmissbrauch u.a.; 1991/92 in Moskau, nach Rückkehr inhaftiert, Strafverfahren (Totschlag, versuchter Totschlag) Jan. 1993 wg. Erkrankung eingestellt; übersiedelte nach Chile.

Honegger, Arthur, * 1892, † 1955, frz.-schweizer. Komponist. In s. Musik gr. Stil- u. Formenreichtum.

honen [engl.] (ziehschleifen), metall. Werkstücke mithilfe von Ziehschleifahlen mit eingesetzten Schleifkörpern (Honstein) oder auf Honmaschinen zur Erzielung hoher Maßgenauigkeit bearbeiten.

Hongkong, chin. **Xianggang,** s. 1997 Sonderverwaltungszone der VR China an der südchin. Küste, sö. v. Kanton, 1 075 km², 6,19 Mill. E (hpts. Chinesen); umfasst die Insel H. (79,99 km²), mit dem Verw.sitz Victoria, die Halbinsel Kowloon u. einen Teil ihres Hinterlands, zwei Univ.; Werften, Textil- u. Bekleidungsind.; Hafen, ✈. – 1842 brit. Kronkolonie. Im 2. Weltkrieg 1941–45 jap. besetzt. Gemäß brit.-chin. Abkommen v. 1984 Rückgabe zum 1. 7. 1999 an China, das es als Sonderverwaltungszone (innere Autonomie) behandelt; Wirtsch.-, Gesellschafts- u. Rechtssystem sollen f. 50 Jahre nicht fundamental verändert werden.

Honig, klebr., süße Flüssigkeit (rd. 75 % Invertzucker, 20 % Wasser), v. Bienen [u.a. Hautflüglern] im *H.magen* v.a. aus Nektar u. unter Zusatz v. Drüsensäften hergest. u. zur Reifung in [später eingedeckelten] *H.waben* gespeichert.

Hon[n]i soit qui mal y pense [ɔ'ni 'swa kimali 'pãs; frz.; = ein Schelm, wer Arges dabei denkt], Devise des ↑Hosenbandordens.

Honneurs [ɔ'nœ:rs; frz.], Ehrenerweisungen; *H. machen,* Gäste willkommen heißen.

Honolulu, Hptst. u. Haupthafen des US-Bundesstaates Hawaii, an der S-Küste der Insel Oahu, 839 000 E; zwei Univ.; Zucker- u. Obstkonservenind.; ✈.

Honorar [lat.], Vergütung, insbes. für Leistungen in freien Berufen.

Honoratioren [lat.], angesehene Einwohner, bes. in kl. Städten.

honorieren: 1) ein Honorar bezahlen; **2)** einen Wechsel einlösen.

honoris causa ↑h.c.

Honshū (Hondo), größte Insel Japans, 231 090 km², 100 Mill. E; bewaldetes Geb.-Land mit Höhen über 3 000 m (↑Fujijama) u. z.T. noch tät. Vulkanen; häuf. heft. Erdbeben; Küsten stark gegliedert, Klima ozean., ständ. feucht (Monsun). Anbau von Reis, Getreide, Kartoffeln, Sojabohnen, Tee u. Tabak; *Bodenschätze:* Kupfer, Zinn, Eisen, Kohle und Erdöl.

Homer. *Bildniskopf (460–450 v. Chr.; römische Kopie)*

Hoorn, Kap, südlichster Punkt S-Amerikas, 55° 59′ s.Br., 67° 15′ w.L.

Hoover, Herbert Clark ['hu:və], * 1874, † 1964, 31. Präs. der USA (1929–33; Republikaner); veranlasste 1931 den *H.-Plan,* ein Zahlungsmoratorium zur Stärkung der dt. Wirtschaft.

Hoover Dam ['hu:və 'dæm] (1933 bis 1947 Boulder Dam), Talsperre des Colorado, USA; staut rd. 36 Mrd. m³ Wasser im 180 km langen Lake Mead.

Hope, Bob ['həʊp], eigtl. Leslie Townes H., * 1903, amer. Komiker brit. Herkunft.

Hopeh ↑Hebei.

Hopfe, höhlenbrütende Rackenvögel; Eurasien, Afrika; u.a. Wiedehopf.

Honduras

Fläche: 112 088 km²
Einwohner: (1995) 5,7 Mill.
Hauptstadt: Tegucigalpa
Amtssprache: Spanisch
Zeitzone: MEZ –7 Stunden

Hopfen, windendes Hanfgewächs; der ♀ Fruchtzapfen liefert das für die Bierherst. wicht. Lupulin (v. a. Bitterstoffe).

Hoplit [gr.], schwer bewaffneter Fußsoldat im alten Griechenland.

Hoppe, Marianne, * 1911, dt. Bühnen- u. Filmschauspielerin.

Höppner, Reinhard, * 1948, dt. Politiker (SPD), s. 1994 Min.-Präs. von Sa.-Anhalt.

hora [lat.] (h oder ʰ), Stunde.

Horaz (Quintus Horatius Flaccus), * 65, † 8 v. Chr., röm. Dichter; Freund des Maecenas u. Augustus; Formkünstler hohen Ranges; „Epoden", „Satiren", „Oden".

Hörbiger: 1) Attila, * 1896, † 1987, östr. Schauspieler; verh. mit P. Wessely; **2)** Christiane, * 1938, östr. Schauspielerin, Tochter von 1); **3)** Paul, * 1894, † 1981, östr. Schauspieler, Bruder von 1).

Horch, August, * 1868, † 1951, dt. Automobilkonstrukteur u. -industrieller.

Horen, Töchter des Zeus und der Themis: *Eunomia* (Gesetzlichkeit), *Dike* (Recht), *Eirene* (Friede); auch [4] Göttinnen der Jahreszeiten.

Hörigkeit: 1) im MA die Abhängigkeit der dingl. unfreien *Hörigen* vom Grundherrn; **2)** bis zur Aufgabe der eigenen Person gehende, v. a. sexuell bedingte Abhängigkeit von einem anderen Menschen.

Horizont [gr.], Gesichtskreis; *natürl. H.,* sichtb. Grenzlinie zw. Himmel u. Erde (auf See *Kimm* gen.); *wahrer H.,* Schnittlinie einer durch den Erdmittelpt. gelegten Ebene mit der unendl. gr. gedachten Himmelskugel; *künstl. H.,* spiegelnde Fläche (Quecksilber) zur Bestimmung der Richtung zum Zenit bzw. Nadir (Astronomie) oder Kreiselgerät *(Kreisel-H.)* zur Darstellung der Lage eines Flugzeugs bezügl. des H.s beim Instrumentenflug (Luftfahrt).

Horkheimer, Max, * 1895, † 1973, dt. Soziologe u. Philosoph; „Dialektik der Aufklärung" (mit Th. W. Adorno).

Hormondrüsen, svw. endokrine ↑Drüsen.

Hormone [gr.] (Inkrete), körpereigene Wirkstoffe der Lebewesen, meist v. ↑Drüsen mit innerer Sekretion erzeugt u. an die Körpersäfte abgegeben; beeinflussen andere Organe u. halten sie in funktionellem Gleichgew.; H. werden auch synthet. hergestellt.

Horn, v. den Epidermiszellen gebildeter harter, zäher Eiweißstoff, v. a. aus Keratin; ↑auch Haut 1).

Horn: 1) Kurzform für Waldhorn, ein Blechblasinstrument mit kreisförmig gewundenem, stark kon. Rohr, trichterförmigem Mundstück u. 3 Ventilen; **2)** Oberbegriff f. Blasinstrumente, deren Ton durch d. schwingenden Lippen des Bläsers erzeugt wird.

Hornblatt, Wasserpfl.; in M-Europa bes. das *Gemeine H.* mit vielgliedr. Blattquirlen; Aquarienpfl.

Hornblenden (Amphibole), Gruppe gesteinsbildender Calcium-Magnesium-Silicatminerale (mit oder ohne Al und Fe); meist monoklin (u. a. ↑Strahlstein), seltener orthoromb.; sehr verbreitet in ↑magmat. Gesteinen.

Hörner (Gehörn), Kopfschmuck gewisser Paarhufer (u. a. Ziegen, Schafe, Antilopen, Rinder); bestehen aus v. Hornscheiden überdeckten, v. Stirnbein ausgehenden Knochenzapfen.

Horney, Brigitte, * 1911, † 1988, dt. Bühnen- u. Filmschauspielerin.

Hornhaut: 1) (Hornschicht) äußerste Hautschicht aus abgestorbenen Epithelzellen; **2)** (Kornea) uhrglasartig gewölbte, durchsicht. Augapfelvorderfläche; *H.entzündung* (Keratitis), entzündl. Trübung der H. (u. a. bei Syphilis, Tbc).

Hornisgrinde, höchster Berg d. nördl. Schwarzwaldes, 1 164 m.

Hornisse, größte einheim. Wespe; ♀ bis 35 mm.

Hornkraut, Gatt. der Nelkengewächse; weiß blühende Kräuter trockener Standorte, auch Zierstauden.

Hornsilber (Chlorsilber), wicht. Silbererz, AgCl, grau, gelb, braun.

Hornung, alter dt. Name für Februar.

Horoskop [gr.], in der Astrol. schemat. Zeichnung mit der Gestirnskonstellation zur Zeit eines wicht. Ereignisses od. der Geburt eines Menschen; für Schicksalsdeutungen.

Horowitz, Wladimir, * 1904, † 1989, amer. Pianist ukrain. Herkunft.

Horror [lat.], Schrecken, Abscheu; *H. vacui,* Scheu vor dem Leeren.

Hörschwelle, derjenige Schalldruck, der im Gehörorgan gerade noch eine Hörempfindung hervorruft; frequenzabhängig; niedrigster Wert bei 0,0002 μbar im Bereich zw. 1 000 und 2 000 Hz.

Horsd'œuvre [ɔr'dœvr; frz.], Vorspeise, auch Beigericht.

Horsepower ['hɔːspauə; engl.], Abk. hp., fr. HP, angloamer. Einheit der Leistung: 1 hp. = 1,01387 PS = 745,6998 W.

Hörspiel, für den Rundfunk entwickelte, rein auf das Akust. ausgerichtete dramat. Gattung.

Hörsturz, plötzl. auftretende Schwerhörigkeit bzw. Taubheit, oft mit Schwindel verbunden; evtl. Ursache: Gefäßkrämpfe, Embolien d. Innenohrkapillaren u. a.

Hortensie, Gatt. der Steinbrechgewächse; meist Sträucher, z. T. Zierpflanzen.

Horthy, Miklós (Nikolaus H. v. Nagybánya), * 1868, † 1957, ungar. Admiral u. Politiker; 1920–44 ungar. R.-Verweser; s. 1948 im Exil.

Horváth, Ödön v., * 1901, † 1938, östr. Schriftsteller; realist. Wiener Volksstücke und satir. Romane.

Hosea (Osee), einer der 12 „Kleinen" Propheten des A. T.

Hosenbandorden, höchster brit. Orden, 1348 gestiftet; goldgesäumtes, blaues Samtband, unter dem l. Knie getragen; Devise: ↑„Hon[n]i soit qui mal y pense".

Hosianna [hebr.; = hilf doch!], at. Gebets- u. Freudenruf; Teil des Sanctus.

Hospital [lat.], ältere Bez. für Krankenhaus.

Hospitalismus, Bez. für die durch fehlende persönl. Zuwendung (bes. bei längerem Heimaufenthalt) bedingten körperl.-seel. Schäden.

Hospiz [lat.], in ma. Klöstern Unterkunftsstätte für Reisende; heute meist großstädt. Beherbergungsbetrieb mit christl. Hausordnung.

Hostess [engl.]: **1)** Betreuerin, Auskunftsdame (bei Messen u. Ä.); *Ground-H.* auf Flughäfen; **2)** Prostituierte.

Hostie [lat.], ungesäuertes Abendmahlsbrot in Form einer runden Scheibe.

Hotel [frz.], Beherbergungs- u. Verpflegungsbetrieb; *H. garni,* nur für Übernachtung und Frühstück.

Hotline [hot'laın], *Datenverarbeitung:* Bezeichnung einer zentralen telefonischen Anlaufstelle für Auskünfte und Beratung aller Art rund um Produkte eines Soft- und/oder Hardwareherstellers; oft 24 Stunden am Tag erreichbar.

Hotmelts, Bez. der Kunststofftechnik für Werkstoffe, die bei Erwärmung flüssig werden u. für Verpackungen, Beschichtungen sowie als Klebstoffe verw. werden.

Hot Springs ['hɔt 'sprıŋz], Kurort in Z-Arkansas, USA, sw. von Little Rock, 35 800 E; im *H. S. National Park* heiße Mineralquellen; ♨.

Hottentotten, khoisanides Volk in Namibia, Hirtennomaden, verarmt; äußerl. Ähnlichkeit mit ↑Buschmännern.

Hotzenwald, Teil des südl. Schwarzwaldes nördl. von Säckingen und Waldshut, Ba.-Wü.

House of Commons ['həus ɔv 'kɔmənz; engl.], svw. ↑Unterhaus.

House of Lords ['haʊs ɔv lɔ:dz; engl.], svw. ↑Oberhaus 1).
Houston ['hju:stən], Ind.-St. in SO-Texas, USA, 1,75 Mill. E; Univ., med. Forschungszentrum; Baumwollmarkt; vielseit. Ind.; Überseehafen, da durch einen Schifffahrtskanal mit dem Golf von Mexiko verbunden; ✈ u. Anlagen der NASA.
Hoxha, Enver ['hodʒa], * 1908, † 1985, alban. Politiker; Gründer der alban. KP, 1944–54 Min.-Präs.; danach 1. Sekr. des ZK der Partei der Arbeit.
Höxter, Krst. an der Weser, NRW, 33 500 E; roman. Kilianikirche, Fachwerkbauten; Abt. H. d. Gesamthochschule Paderborn; Gummi-, Papierind.; im NO ↑Corvey.
Hrabanus Maurus (Rhabanus, Rabanus), * 780, † 856, Erzb. v. Mainz; Gelehrter u. Schriftsteller der Karolingerzeit; wurde 822 Abt von Fulda, 847 Erzb. v. Mainz.
Hradschin, Burg u. Stadtteil in Prag; die Burg ist Sitz des Staatspräs. der Tschech. Rep.
Hrdlicka, Alfred ['hɪrdlɪtska], * 1928, östr. Bildhauer u. Grafiker. Steinskulpturen und Reliefs sowie graf. Zyklen.
HTML, Abk. für engl. **H**yper**t**ext **M**arkup **L**anguage, *Datenverarbeitung:* Bez. einer Beschreibungssprache zur Gestaltung von Inhalten im World Wide Web.
http, Abk. für engl. **H**yper**t**ext **T**ransfer **P**rotocol, *Datenverarbeitung:* Bez. eines Datenübertragungsprotokolls zur Anforderung und Übertragung von Daten, die sich auf einem an das Internet angeschlossenen Computer befinden. Die Daten werden angefordert, sobald ein Hypertext in einem Dokument des World Wide Web aktiviert wird.
Huai He (Hwaiho), Fl. im S der Gr. Ebene, China, 1 087 km.
Huascarán [uaska'ran], erloschener Andenvulkan, höchster Berg Perus (6 768 m).
Huaxteken [uas'te:kən], Indianerstamm in Mexiko, gehört zur Sprachgruppe der Maya-Quiché.
Hub (Kolbenhub), der Weg, den der Kolben im Zylinder v. Kolbenmasch. bei einem Hin- od. Hergang zurücklegt; *H.raum,* der Raum zw. oberem und unterem Tot-(Umkehr-)Pt. des Kolbens.
Hubble, Edwin Powell ['hʌbl], * 1889, † 1953, amer. Astronom; bewies, dass die außergalakt. Nebel selbst. Sternsysteme sind; Theorie über die Expansion des Weltalls, ausgehend vom *H.-Effekt,* einer als Doppler-Effekt gedeuteten systemat. Rotverschiebung der Spektrallinien in den Spektren der Spiralnebel, die proportional der Entfernung der Nebel ist.
Hubble-Weltraumteleskop ['hʌbl-, nach E. P. Hubble], von der NASA 1990 ausgesetztes Teleskop in einer Erdumlaufbahn, nach Korrektur des fehlerhaft geschliffenen Spiegels Fülle wiss. wertvoller Daten.
Huber: 1) Kurt, * 1893, † 1943, dt. Philosoph u. Musikwissenschaftler; seit 1942 führendes Mitgl. der ↑Weißen Rose; hingerichtet; **2)** Wolf, * um 1485, † 1553, östr. Maler u. Zeichner; ab 1510 in Passau tätig; einer der bedeutendsten Maler der Donauschule.
Hubert[us], hl., * um 655, † 727, Bischof v. Lüttich; Patron der Jäger; *Hubertusjagd* (3. Nov.), festl. Treib- oder Reitjagd.
Hubertusburg, ehem. kurfürstl. Schloss im Kr. Oschatz, 1763 beendete der *Friede von H.* den ↑Siebenjähr. Krieg.
Hubraum ↑Hub.
Hubschrauber ↑Flugzeug.
Huch, Ricarda, * 1864, † 1947, dt. Dichterin.
Huchel, Peter, * 1903, † 1981, dt. Schriftsteller; realist. Naturgedichte und Hörspiele.
Hudson ['hʌdsn]: **1)** Henry, * um 1550, † 1611, engl. Seefahrer; entdeckte 1609 die *H.mündung,* befuhr 1610/11 die ↑Hudsonbai; **2)** Rock, eigtl. Roy Fitzgerald, * 1925, † 1985, amer. Filmschauspieler.
Hudsonbai ['hʌdsn-], Binnenmeer im nö. Kanada, 1,23 Mill. km²; durch die *Hudsonstraße* (über 700 km lang) mit dem Atlantik verbunden; Schifffahrt nur von Juli bis Oktober.
Hudson River ['hʌdsn 'rɪvə], Fl. im NO der USA, 493 km; mündet bei New York in den Atlantik.
Huê, St. im zentralen Vietnam, 211 000 E; Univ.; ⚓, ✈.
Huf, die das Zehenendglied *(H.bein)* der ↑Huftiere umgebende Hornmasse *(Hornkapsel).* Der H. des Pferdes besteht aus *Hornwand, -sohle* u. *-strahl;* die Hornwand wird am unteren Rand zum Schutz mit *H.eisen* beschlagen.
Hufeland, Christoph Wilhelm, * 1762, † 1836, dt. Arzt; Verdienste um die Einführung der Pockenschutzimpfung u. um die Seuchenbekämpfung.
Huflattich, ausdauernder, sehr früh blühender Korbblütler (gelbe Blüten); Acker- u. Schuttunkraut; Hustenmittel.
Hüfte (Coxa, Koxa), Bereich vom Vorderrand des Beckens bis zum Beginn des Oberschenkels.
Hüftgelenk, knöchernes Becken und Oberschenkel verbindendes Kugelgelenk; *H.entzündung* (Coxitis, Koxitis), eitrige od. seröse, rheumat. oder infektiöse Entzündung, führt oft zu Versteifung; *H.verrenkung,* meist angeborene Verrenkung, wobei der Oberschenkelkopf nicht in der Pfanne steht.

Hühnerhabicht

Huftiere, Überordn. meist gr., Pflanzen fressender Säugetiere, deren Zehenendglieder von einem Huf umhüllt werden (Unpaarhufer und Paarhufer).
Hügelgrab, Grab unter bzw. in einem aufgeschütteten Erdhügel; s. der Jungsteinzeit.
Hugenotten, fr. Anhänger des Kalvinismus in Frkr.; der relig. und polit. Ggs. zur kath. Partei führte zu den *H.kriegen* (1562–98); 1572 ↑Bartholomäusnacht; 1598 Edikt v. ↑Nantes, nach dessen Aufhebung durch Ludwig XIV. (1685) Flucht der H.; Gleichberechtigung in Frkr. erst nach der Frz. Revolution.
Hugo: *Frkr.:* **1) H. Capet** [-ka'pɛ], * um 940, † 996, Kg. s. 987; Begr. des kapeting. Königshauses. – *Italien:* **2) H.,** † 947, Markgf. von Vienne; 926 Kg., 947 vertrieben.
Hugo, Victor [Marie] [y'go], * 1802, † 1885, frz. Dichter der Romantik; Oden, Balladen; Romane: „Notre Dame v. Paris", „Die Elenden"; stellte in der Vorrede des Dramas „Cromwell" das poet. Programm der frz. romant. Schule auf.
Huehot ↑Hohhot.
Hühner, die ♀♀ vieler Hühnervögel, bes. des Haushuhns.
Hühnerauge, Hornhautschwiele an den Füßen, reicht in tiefere Hautschichten.
Hühnerhabicht (Habicht), bis

60 cm gr. Taggreifvogel Eurasiens und N-Amerikas; jagt [Hühner]vögel u. a. (Abb. S. 307).

Hühnerpest ↑Geflügelkrankheiten.

Hühnervögel, weltweit verbreitete Ordn. sehr verschiedenart., meist kräft., kurzflügel. Boden- (Scharr-)Vögel von mittlerer Größe; Nestflüchter.

Huitzilopochtli [uitsilopɔtʃtli], Kriegs-, Sonnen- u. Stammesgott der Azteken (Menschenopfer).

Huizinga, Johan [ˈhœjziŋxa], * 1872, † 1945, niederl. Kulturhistoriker; „Herbst des MA".

Hula [hawaiisch], [urspr. kult.] Gemeinschaftstanz der Polynesier von Hawaii.

Hull, Cordell [hʌl], * 1871, † 1955, amerikan. Politiker (Demokrat); 1933–44 Außenmin.; Friedensnobelpreis 1945.

Hull [hʌl] (offiz. Kingston upon Hull) ostengl. Hafenst. am Humber, Verwaltungssitz d. Gft. Humberside, 269 500 E; Univ.; ma. Kirchen; Schiffbau u. a. Industrie.

Hülsenfrüchte, Früchte der ↑Hülsenfrüchtler; Samen als Nahrungsmittel: Erbsen, Linsen, Bohnen, Erdnüsse u. a., reich an Kohlenhydraten, Eiweiß.

Hülsenfrüchtler (Leguminosen), Pflanzenordn. mit über 12 000 wirtsch. z. T. sehr wichtigen Arten (↑Hülsenfrüchte); Fam.: Mimosen-, Caesalpiniengewächse, Schmetterlingsblütler.

human [lat.], menschl., menschenfreundl., gesittet.

Humanismus, eine geistesgeschichtl. Bewegung mit dem Ziel edler, allseitig ausgebildeter Menschlichkeit unter Berufung auf das Vorbild der klass. Antike; in der ital. Renaissance als Gegenbewegung zur Scholastik u. kirchl. Autorität; Hauptvertr. in Dtl.: Erasmus, Reuchlin, Hutten; Wiederaufnahme humanist. Gedankenguts v. a. im 18./19. Jh. u. a. durch Winckelmann, Herder, Lessing, Goethe, Schiller.

W. Freiherr von Humboldt

Humanität [lat.], allg. eine Gesinnung, die die Verwirklichung der Menschenrechte (↑Grundrechte) anstrebt.

Humanmedizin ↑Medizin.

Humberside [ˈhʌmbəsaɪd], Gft. in England, Hptst. Hull.

Humboldt: 1) Alexander Frhr. von, * 1769, † 1859, Bruder v. 2), dt. Naturforscher u. Geograph; begr. die Pflanzengeographie und die physikalische Erdbeschreibung; 1799–1804 gr. M- u. S-Amerikareise (Besteigung des Chimborasso); 1829 Ural- u. Altaiexpedition; „Kosmos"; **2)** Wilhelm Frhr. v., * 1767, † 1835, dt. Staatsmann, Philosoph und Sprachforscher; führender Vertr. des humanist. Bildungsideals; wegweisend seine Ideen zur Universitätsreform.

Humboldtstrom (Perustrom), kalte, nordwärts gerichtete Meeresströmung vor der W-Küste Südamerikas.

Hume, David [hju:m], * 1711, † 1776, schott. Philosoph der Aufklärung u. des Empirismus; vorbereitend für den Psychologismus, Einfluss auf Kants Vernunftkritik.

humid[e] [lat.], feucht.

Hummel, Gatt. gr., pelzig behaarter Bienen mit langem Saugrüssel; wicht. Blütenbestäuber.

Hummelfliegen, langrüsselige Fliegen; Larven schmarotzen oft in anderen Insektenlarven.

Hummer, Zehnfußkrebs mit gr. Scheren, bis 5 kg schwer; an europ. Felsküsten; Fleisch sehr geschätzt.

Humor [lat.], allg. Feuchtigkeit; Körperflüssigkeit (Med.).

Humor [lat.], heitere, die Unzulänglichkeiten des Lebens belächelnde Einstellung.

Humoreske [lat.]: **1)** kl. humorist. Erzählung; **2)** Musikstück kom. od. erheiternden Charakters.

Humus [lat.], Zersetzungsprodukte von pflanzl. u. tier. Substanzen im Boden.

Hunan, chin. Prov. südl. des mittl. Jangtsekiang, 210 500 km², 62,7 Mill. E, Hptst. Changsha; vorw. Bergland; Abbau von Antimon, Blei, Zink, Zinn; Anbau hpts. v. Reis u. Tee.

Hund (Hunt), Förderwagen (⚒).

Hunde, weltweit verbreitete Raubtierfam., mit Füchsen, Wölfen, Schakalen u. a.; außer den Füchsen gesell. lebend, ihre Beute hetzend; die *Haus-H.* stammen vom Wolf ab.

hundertjähriger Kalender, auf Beobachtungen (1652–58) des Abtes Mauritius Knauer beruhende, astrol. begr. [wertlose] Wettervorhersagen für 1701–1801.

Hundertjähriger Krieg, Krieg zw. England u. Frkr. um die Vorherrschaft in Westeuropa 1337 bis 1453; England verlor alle Besitzungen in Frkr. außer Calais.

Hundertwasser, Friedensreich, eigtl. Friedrich Stowasser, * 1928, † 2000, östr. Maler u. Grafiker; buntfarb., ornamentale Bilder, spiralförm. Linienführung; auch architekton. Projekte; Sonderausgabe „Brockhaus-Enzyklopädie".

Hundsgiftgewächse, den Enziangewächsen nahe stehende, meist Milchsaft führende Holzpfl., oft giftig; u. a. Immergrün.

Hundsstern, svw. ↑Sirius.

Hundstage, die Tage vom 23. 7. bis 23. 8., an denen die Sonne in der Nähe des Sirius (Hundsstern) steht; für Europa die heißeste Jahreszeit.

Hünengrab, volkstüml. Bez. für norddt. Megalithgrab (↑Megalithkulturen), auch für ↑Hügelgrab.

Hungertuch (Fastentuch), oft mit Passionsszenen bemaltes od.

Friedensreich Hundertwasser, *Sie haben Bethäuser und benutzen sie nicht (1964)*

besticktes Tuch, in der Fastenzeit vor dem Chor od. Altar aufgehängt (v.a. im 15. u 16. Jh.).

Hunnen, ostasiat. Nomadenvolk, bildete um 200 v. Chr. ein Großreich in der Mongolei; die West-H. besiegten die Alanen u. O-Goten (375), Vorstoß bis Frkr. u. Italien; Zerfall des Reichs nach Attilas Tod.

Hunsrück, Teil des westl. Rhein. Schiefergeb. zw. Rhein, Mosel u. Nahe, im Erbeskopf 818 m.

Hunte, größter l. Nbfl. der Weser, 189 km.

Huntington ['hʌntıŋtən], Ind.-St. im westl. Virginia, USA, am Ohio, 64 000 E; Univ.; Kohle-, Erdöl-, Erdgasgewinnung; ⚒.

Huntsville ['hʌntsvıl], Stadt in N-Alabama, 143 000 E. Eines der Zentren der amerikan. Raketen- und Weltraumforschung.

Hürdenlauf, leichtathlet. Disziplin (Männer über 110, 200, 400 m; Frauen über 100 u. 400 m), bei der regelm. aufgestellte Hürden (Höhe 76,2–106,7 cm) überlaufen werden.

Hürdenrennen ↑Hindernisrennen.

Huronen, nordamer., fast ausgestorbener Indianerstammesverband der irokes. Sprachfamilie.

Huronsee, zweitgrößter der fünf Gr. Seen in N-Amerika, 59 596 km², bis 228 m tief, 177 m ü. d. M., Abfluss zum Eriesee.

Hurrikan [auch: 'hʌrıkən; indian.], trop. Wirbelsturm im Bereich der Westind. Inseln und im SO der USA.

Hurriter ↑Churriter.

Hus, Jan (Johannes Huß), * um 1369, † 1415, tschech. Reformator; verbreitete die Lehren John Wyclifs, kämpfte für kirchl. Verselbstständigung der Tschechen; auf dem Konzil in Konstanz verurteilt u. verbrannt.

Husain, Saddam, * 1937, irak. Politiker (Bath-Partei); 1969–79 stellvertr. Vors., s. 1979 Vors. des Kommandorats der Revolution, s. 1979 auch Staatspräs; seine Okkupation Kuwaits löste 1991 den Golfkrieg aus.

Husain II. (Hussein), * 1935, † 1999, seit 1952 Kg. v. Jordanien.

Husák, Gustáv, * 1913, † 1991, tschechosl. Politiker; 1969–87 Gen.-Sekr. des ZK der KPČ, 1975 bis 1989 Staatspräsident.

Husaren [ungar.], urspr. ungar. Reitertruppe; später allg. leichte Reitertruppen in ungar. Tracht.

Husky ['hʌskı] (Siberian Husky), mittelgroßer (bis 58 cm Schulterhöhe), spitzähnl., kräftiger, aus Sibirien stammender Schlitten- u. Haushund.

Husserl, Edmund, * 1859, † 1938, dt. Philosoph; forderte die Apriorität der reinen Logik; seine Phänomenol. (von vorgefassten Theorien freie Untersuchung der Phänomene) übte große Wirkung aus.

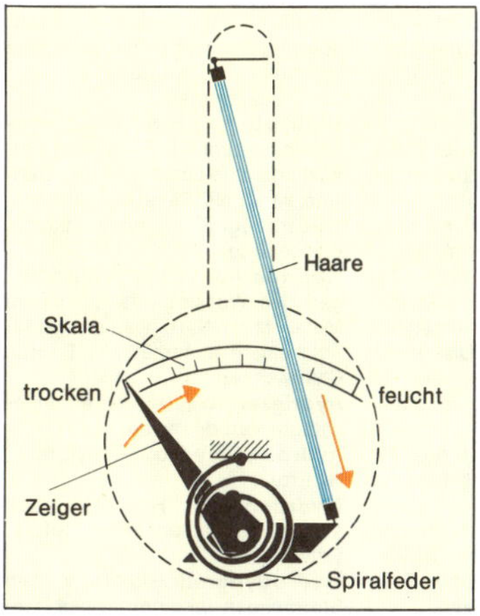

Hygrometer. *Schematische Darstellung eines Haarhygrometers*

Hussiten, Anhänger v. J. Hus, dessen Verbrennung (1415) Aufstände in Böhmen hervorrief; die Ablehnung der 4 *Prager Artikel* (Grundsätze der H. zur Kirchen- u. Staatsreform, u. a. Forderung d. Abendmahlskelches für Laien) durch Kg. Sigismund führte zu den *H.kriegen* (1419–36); in den Forderungen der H. verbanden sich kirchl., tschech.-nationalist. u. radikal-antifeudale Bestrebungen; 2 Richtungen: die gemäßigte der *Utraquisten* od. *Kalixtiner* u. die radikale der *Taboriten;* die H. besiegten unter der Führung v. Žižka u. Prokop die Reichsheere und zogen bis zur Ostsee. 1433 *(Prager Kompaktaten)* Friedensschluss zw. Kg. u. Kalixtinern, die 1434 zus. mit einem Reichsheer die Taboriten vernichtend schlugen.

Husten, explosives Ausstoßen der Luft aus dem Tracheobronchialraum (bei Entzündung od. Reizung der Bronchialschleimhaut durch Fremdkörper, Rauch o. Ä.).

Husum, Krst. des Kreises Nordfriesland, Schl.-Ho., 21 500 E; Giebelhäuser (15./16. Jh.), Werften, Maschinen- u. Nahrungsmittelind.

Hütte, industrielle Anlage zur Gewinnung v. Metallen aus Erzen u. zur Weiterverarb.; auch Werk zur Herst. u. Verarb. v. Glas. ↑auch Bauhütte.

Hutten, Ulrich v., * 1488, † 1523, dt. Humanist; Reichsritter; polit. Ideal eines einheitl., starken dt. Kaiserreiches mit führender Beteiligung der Ritterschaft.

Hüttenkunde, Zweig der Metallurgie, der sich v. a. mit der Gewinnung der Metalle aus Erzen (oder Schrott) und ihrer Weiterverarbeitung befasst; je nach Rohstoffen als *Eisen-H.* (bei Eisen) oder *Metall-H.* (bei NE-Metallen) bezeichnet.

Huxelrebe, weiße Rebsorte, Kreuzung aus Gutedel u. Muscat Courtillier, frühreif, ertragreich.

Huxley ['hʌkslı]: **1)** Aldous [Leonard], * 1894, † 1963, Bruder von 2) u. 3), engl. Schriftsteller; „Parallelen der Liebe", „Kontrapunkt des Lebens", „Schöne neue Welt"; **2)** Andrew Fielding, * 1917, brit. Physiologe; entdeckte die spezif., mit den Erregungsvorgängen gekoppelte, selektive Durchlässigkeit der Nervenmembran; Nobelpreis für Physiol. od. Medizin (mit Sir J. C. Eccles und A. L. Hodgkin) 1963; **3)** Sir Julian Sorell, * 1887, † 1975, brit. Biologe u. Schriftsteller; 1946–48 Dir. der UNESCO; zahlr. Arbeiten über die Entstehung der Arten.

Huygens, Christiaan ['hœįxəns], * 1629, † 1695, niederl. Physiker; erfand die Pendeluhr sowie die Federuhr mit Unruh, fand Pendel- u. Stoßgesetze; entdeckte den Saturnring, den Orionnebel u. den ersten Saturnmond; erkannte die Polarisation des Lichtes; stellte in seiner Wellentheorie des Lichtes das *h.sche Prinzip* auf: Jeder Punkt einer Wellenfront ist Ursprung einer kugelförm. Elementarwelle.

Huzulen, Hirtenstamm in den Wald- u. Ostkarpaten (Moldawien, Rumänien).

Hwaiho Fluss in S-China, ↑Huai Ho.

Hwangho (Hoangho, Huang He), der „Gelbe Fluss", größter Fl. N-

Chinas, 4845 km, vom Hochland v. Tibet bis zur Bo Hai-Bucht (Gelbes Meer); schlammreichster Strom der Erde.

Hyänen [gr.], Raubtierfam. in Afrika u. SW-Asien; etwa Wolfsgröße, Rücken zum Schwanz hin abfallend; vorw. Aasfresser.

Hyänenhund, variabel schwarz, gelb, weiß gescheckter Wildhund afrik. Steppen.

Hyazinth, in der griech. Mythol. schöner Jüngling, der versehentl. v. Apollon durch einen Diskuswurf getötet wird; aus seinem Blut ließ Apollon die nach H. ben. Blume sprießen.

Hyazinth, [gr.], Abart des Zirkons, Härte 7,5; durchscheinend, gelbrot; Schmuckstein.

Hyazinthe [gr.], Liliengewächs aus Kleinasien u. dem Balkan; glockige, duftende Blüten in Trauben; Garten-, Topfpflanzen.

Hybride [lat.], Kreuzungsprodukt, Bastard, Mischling.

Hybris [gr.], frevelhafter Übermut, Selbstüberhebung, v. a. im antiken Drama oft dargestellt als Haltung, die den Zorn der Götter herausfordert.

hyd[ro]..., Hyd[ro]... [gr.], Bestimmungswort; Bed.: „Wasser".

Hyderabad ['haɪ-]: **1)** Hptst. des B.-Staates Andhra Pradesh, rd. 3 Mill. E; Univ.; Handelszentrum; Textil-, Glas-, Metallind.; ✈; fr. Hptst. von 2); **2)** ehem. ind. Ft.; 1948 zum Eintritt in die Ind. Union gezwungen; 1956 (1960) in den ind. B.-Staaten Mysore, Maharashtra u. Andhra Pradesh aufgegangen; **3)** pakistan. Stadt am Indus, 752 000 E; Universität; Verkehrsknotenpunkt; Ind. u. Kunsthandwerk.

Hydra [gr.] (Nördl. Wasserschlange), Sternbild der Äquatorzone.

Hydra von Lerna (Lernäische Hydra), neunköpf. Wasserschlange, v. Herakles getötet.

Hydrant, Zapfstelle zur Wasserentnahme aus Rohrleitungen.

Hydraulik [gr.]: Wiss.-Bereich von Flüssigkeitsströmungen in Rohrleitungen u. offenen Gerinnen; i. e. S. die *hydraul. Antriebe,* Verfahren u. Ausrüstungen zur Kraftübertragung durch inkompressible Flüssigkeiten in geschlossenen Leitungssystemen.

Hydrazin [gr.], H_2N-NH_2, ammoniakähnl. riechende Flüssigkeit; Reduktions- und Lösungsmittel; Derivate verw. als Raketentreibstoffe.

Hydria [gr.], altgriech. bauch. Wasserkrug.

Hydride [gr.], chem. Verbindungen des Wasserstoffs mit einem Metall (z. B. NaH, Natriumhydrid) oder einem Nichtmetall (z. B. HCl, Chlorwasserstoff).

hydrieren, Wasserstoff an ungesättigte Verbdg. anlagern (⚗).

hydro..., Hydro... ↑hyd[ro]..., Hyd[ro]...

Hydrochinon, $HO-C_6H_4-OH$, starkes Reduktionsmittel, fotogr. Entwickler.

Hydrodynamik, Lehre v. den Strömungen inkompressibler Medien, v. a. Flüssigkeiten; die Probleme werden (im Ggs. zur *Hydraulik)* mehrdimensional behandelt.

Hydrogensulfate (alte Bez.: Bisulfate), $MHSO_4$, saure Salze der Schwefelsäure; entstehen durch Ersetzen von einem H-Atom der Säure durch ein Metallatom (M).

Hydrogensulfite (alte Bez.: Bisulfite), $MHSO_3$, saure Salze der schwefl. Säure.

Hydrographie [gr.], Gewässerkunde (↑Hydrologie).

Hydrokultur, svw. ↑Hydroponik.

Hydrologie [gr.], Lehre vom Wasser, seinen Erscheinungsformen auf der Erde, seinen Eigenschaften u. seiner prakt. Nutzung; umfasst v. a. die *Hydrographie (Gewässerkunde),* die sich mit den Gewässern des Festlandes befasst.

Hydrolyse [gr.], Spaltung v. chem. Verbdg. durch Wasser, z. B. von Salzen in Base und Säure, von Estern in Alkohol und Säure usw.

Hydromechanik, Wiss., die sich mit den Gleichgewichtszuständen (↑Hydrostatik) u. den Strömungsgesetzen (↑Hydrodynamik) inkompressibler Flüssigkeiten befasst.

Hydrometer [gr.], Wassermessgerät (bes. zur Durchflussmessung).

Hydrophobie [gr.], Wasserscheu.

Hydroponik [gr.] (Wasserkultur, Hydrokultur), Kultivierung von Nutzpfl. in Nährlösung.

Hydrops[ie] [gr.], svw. ↑Wassersucht.

Hydrosphäre [gr.], Wasserhülle der Erde (Meere, Seen, Grundwasser u. a.).

Hydrostatik [gr.], Lehre v. den Gleichgew.-Zuständen in ruhenden Flüssigkeiten (Druckverteilung u. a.).

Hydrotherapie [gr.], Heilbehandlung mit Wasser; ↑auch Kneipp.

Hydroxide [gr.], Verbdg. eines El. od. Molekülrestes mit einer od. mehreren ↑Hydroxylgruppen.

Hydroxylgruppe [gr.] (Hydroxygruppe), OH-Gruppe; einwert., funktionelle chem. Gruppe.

Hydroxysäuren [gr.; dt.], organ. Säuren mit einer oder mehreren OH-(Hydroxyl-)Gruppen; z. B. Zitronensäure, Milchsäure, Salicylsäure.

Hydroxytryptamin, svw. ↑Serotonin.

Hydrozephalus [gr.], svw. ↑Wasserkopf.

Hydrozoen [gr.], Kl. der Nesseltiere; fast durchweg Meerestiere mit Generationswechsel.

Hygieia, griech. Göttin der Gesundheit, Tochter des Asklepios.

Hygiene [gr.], svw. ↑Gesundheitspflege.

hygro..., Hygro... [gr.], Bestimmungswort; Bed.: „Feuchtigkeit".

Hygrometer [gr; = Feuchtigkeitsmesser], Gerät zur Messung der Luftfeuchtigkeit, deren Änderung sich z. B. in der Längenveränderung eines Haares *(Haar-H.)* oder der Leitfähigkeitsänderung eines Elektrolyten *(Elektrolyt-H.)* äußert (Abb. S. 309).

hygroskopisch [gr.], wasseranziehend; *h.e Stoffe* (z. B. Calciumchlorid, konzentrierte Schwefelsäure), Trockenmittel.

Hyksos, Stammesgruppe umstrittener Herkunft; die H. unterwarfen um 1650 v. Chr. N-Ägypten (15. u. 16. ägypt. Dynastie) u. Palästina-Syrien; um 1540 von Amosis I. verdrängt.

Hymen, griech. Gott der Hochzeit.

Hymen [gr.]: **1)** feierl. griech. Hochzeitsgesang; **2)** svw. ↑Jungfernhäutchen.

Hymettos, griech. Bergrücken östl. v. Athen, bis 1028 m; Marmorbrüche.

Hymir, Riese der nord. Mythol.

Hymne [gr.], urspr. feierl. Lied zum Ruhm einer Gottheit; frühchristl. als Lobgesang im Stunden-

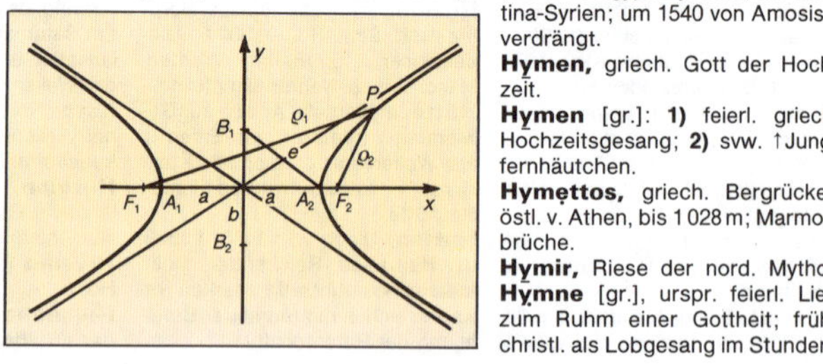

Hyperbel ϱ_1, ϱ_2 *Abstände eines Punktes P von den Brennpunkten F_1 und F_2, a Abstand der Hauptscheitel A_1 und A_2 vom Mittelpunkt, b Abstand der Nebenscheitel B_1 und B_2 vom Mittelpunkt*

gebet; in der dt. Dichtung freie, anfängl. der Ode ähnl. Form, bei Goethe, Hölderlin, George u. a.; ↑auch Nationalhymnen.

hyper..., Hyper... [gr.], Vorsilbe; Bed.: „über[mäßig]".

Hyperämie [gr.], vermehrte Blutansammlung in Organen od. Körperteilen durch verstärkten Blutzufluss *(reaktive H.)* od. verminderten Blutabfluss *(Stauungs-H.)*; künstl. zu Heilzwecken hervorgerufen *(Bier-Stauung)*.

Hyperästhesie [gr.], Überempfindlichkeit, bes. der Sinnes- u. Gefühlsnerven.

Hyperbel [gr.]: **1)** zu den Kegelschnitten gehörende, zweiäst. Kurve; gebildet von allen Punkten *P*, für die die Differenz ihrer Entfernungen v. 2 Brennpunkten F_1 u. F_2 einen festen Wert hat. Beide Äste der Hyperbel verlaufen ins Unendliche; *H.funktionen*, best. gebrochen rationale Funktionen der Exponentialfunktion e^x, z. B.:
H.sinus: $\sinh x = \frac{1}{2}(e^x - e^{-x})$,
H.kosinus: $\cosh x = \frac{1}{2}(e^x + e^{-x})$,
H.tangens: $\tanh x = \sinh x / \cosh x$,
H.kotangens: $\coth x = 1/\tanh x$.
Ihr Zusammenhang mit der H. entspricht dem der trigonometr. Funktionen mit dem Kreis; **2)** Übertreibung als Stilmittel.

hyperbolische Geometrie, Art der nichteuklid. Geometrie, bei der das Parallelenaxiom der ↑euklid. Geometrie durch das *hyperbol. Parallelenaxiom* ersetzt ist: Zu einer Geraden einer [„hyperbol."] Ebene gibt es durch einen nicht auf ihr gelegenen Pt. mindestens 2 Parallelen.

Hyperboloid [gr.], Fläche 2. Ordnung aus ein od. 2 Schalen; *Rotations-H.e* kann man sich durch Rotation einer ↑Hyperbel 1) um die die Brennpt. verbindende Achse *(zweischal. H.)* od. um die dazu senkr. Symmetrieachse *(einschal. H.)* entstanden denken.

Hyperion, Titan der griech. Mythologie.

Hypermetropie [gr.] (Übersichtigkeit, Weitsichtigkeit), eine Fehlsichtigkeit, bei der die von einem Pt. ausgehenden Lichtstrahlen im Auge erst hinter der Netzhaut wieder in einem Pt. zusammenlaufen würden, d. h., erst dort würde ein scharfes Bild entstehen.

Hyperonen [gr.], Elementarteilchen aus der Kl. der ↑Baryonen; ihre [Ruhe]masse ist größer als die eines Nukleons.

Hyperthyreose [gr.], Schilddrüsenüberfunktion; ↑auch Basedow-Krankheit.

Hypertonie [gr.], Krankheitsbild mit chron. erhöhtem Blutdruck.

Hyphen ↑Myzel.

hypn[o]..., Hypn[o]... [gr.], Bestimmungswort; Bed.: „Schlaf".

Hypnos, griech. Gott d. Schlafs.

Hypnose [gr.], durch ↑Suggestion herbeigeführter schlafähnl. Zustand; dabei Beeinflussung des Mediums durch den *Hypnotiseur* bis hin zur Willensübertragung aufgrund einer bes. Art des Kontakts (Rapport); v. a. zur Behandlung nervöser Leiden (Stottern, Bettnässen u. a.) u. zur Erinnerung vergessener Erlebnisse in der Psychotherapie.

Hypnotika [gr.], svw. ↑Schlafmittel.

hypo..., Hypo... [gr.], Vorsilbe; Bed.: „unter".

Hypochonder [gr.], „eingebildet Kranker".

Hypochondrie [gr.], Gefühl körperl. od. seel. Krankheit ohne pathol. Grundlage bei nervös überempfindl. Menschen; oft Zeichen der ↑Neurasthenie.

Hypokalzämie [gr.], Verminderung des Calciumgehalts im Blut.

Hypokrit [gr.], Heuchler.

Hypophyse [gr.], Hirnanhang(sdrüse) an der Unterseite des Gehirns, 14 mm lang, aus Vorder-, Mittel- u. Hinterlappen bestehend; zur zentralen Steuerung aller Hormondrüsen, Wirkung auf Gebärmutterkontraktion u. Dickdarmperistaltik.

Hypotenuse [gr.], im rechtwinkl. Dreieck die dem r. Winkel gegenüberliegende [größte] Seite.

Hypothek [gr.], Pfandrecht an einem Grundstück zur Sicherung einer Forderung; Voraussetzungen: gült. Schuldverhältnis, Einigung der Parteien und Eintragung ins Grundbuch; Arten: *Brief-H.,* wenn Urkunde *(H.enbrief)* ausgestellt ist (einfache Übertragung mögl.), sonst *Buch-H.* (Übertragung nur in Verbdg. mit Grundbucheintragung); *Gesamt-H.* (an mehreren Grundstücken zugleich), *Sicherungs-H.* (Buch-H., Gläubiger muss Forderung beweisen), *Verkehrs-H.* (Gläubiger kann sich auf Eintragung od. H.enbrief berufen, ohne Forderungsrecht zu beweisen); Sonderformen der Sicherungs-H.: *Zwangs-H.* (Eintragung auf dem Wege der Zwangsvollstreckung), *Höchstbetrags-H.* (statt Eintragung der Forderungssumme Eintragung des Höchstbetrages, bis zu dem das Grundstück haftet); bei mehr. H.en Haftung nach der Reihe der Eintragungen *(erststellige, nachstellige Hypotheken)*.

Hypothese [gr.]: **1)** zunächst unbewiesene Annahme, die später durch Beweise gesichert werden

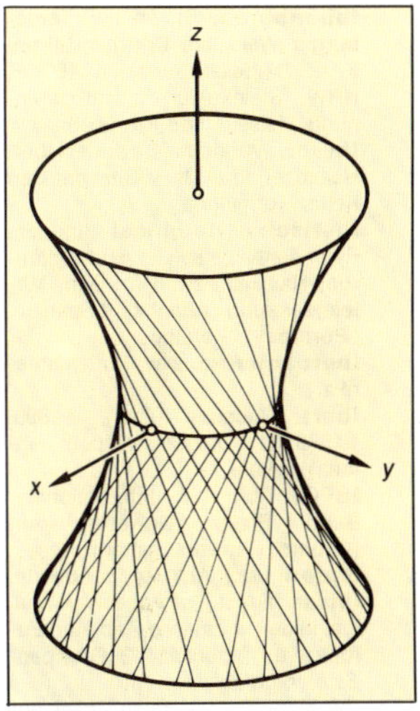

Hyperboloid *(einschalig)*

soll; **2)** log. Vordersatz eines „hypothet. Urteils" (wenn A gilt, gilt auch B).

Hypotonie [gr.], Krankheitsbild mit chronisch vermindertem Blutdruck.

Hypozentrum [gr.], svw. Erdbebenherd (↑Erdbeben).

Hysterie [gr.], abnorme Verhaltensweise (Fluchtreaktionen), z. T. mit körperl. Krankheitsbild; oft aus dem Erlebnis heraus, [selbstgestellten] Anforderungen nicht zu genügen; Grenzen zur Simulation fließend; *Anfall-H.* mit Krämpfen und Delirien.

Hz, Einheitenzeich. für: ↑**H**ert**z**.

I

I, 9. Buchstabe des Alphabets.

I, röm. Zahlzeichen für 1.

I, Symbol für ↑Jod (♂).

i ↑imaginäre Zahlen.

Ia., Abk. für: **I**ow**a**.

i. A., Abk. für: **i**m **A**uftrag.

IAEA, Abk. für: **I**nternational **A**tomic **E**nergy **A**gency (↑Internationale Atomenergie-Organisation).

IAO, Abk. für: ↑**I**nternationale **A**rbeits**o**rganisation.

Iasi ↑Jassy.

ib. (ibd.), Abk. für: ↑**ib**idem.

Ibbenbüren, St. im nw. Teutoburger Wald, am Dortmund-Ems-K. u. Mittellandkanal, 47400 E, NRW; Steinkohlen-⚒, Kalkgewinnung, vielseit. Ind.; Kraftwerk.
Iberer, voridgm. Bev. der Iber. Halbinsel, im 1. Jt. v. Chr. mit den Kelten vermischt.
Iberische Halbinsel (Iberien, Pyrenäenhalbinsel), südwesteurop. Halbinsel zw. Pyrenäen, Mittelmeer und Atlantik; ↑Spanien, ↑Portugal, ↑Gibraltar.
Iberoamerika, svw. ↑Lateinamerika.
Ibert, Jacques [i'bɛr], * 1890, † 1962, frz. Komponist; Opern, sinfon. Werke u. a.
IBFG, Abk. für: **I**nternationaler **B**und **F**reier **G**ewerkschaften (↑Übers. Gewerkschaften).
ibidem [lat.], Abk. ib[d]., ebenda.
Ibisse [ägypt.], storchähnl. Vögel, v. a. in den wärmeren Gebieten Europas u. Amerikas; 2 Gruppen: *Sichler, Löffler.*
Ibiza [i'βiθa]: **1)** span. Insel der Pityusen, Balearen, 572 km²; Obstbau; Fremdenverkehr; **2)** Hafen- u. Hptst. von 1), an der S-Küste, 25500 E; ✈.
IBM, Abk. für **I**nternational **B**usiness **M**achines Corporation, bedeutender amer. Hersteller von Computern.
Ibn [arab.], arab. für Sohn.
Ibn Saud, wahhabit. Dyn. in Arabien, im 18. Jh. begr.; bed. *Abd Al Asis I. S.,* * 1880, † 1953, s. 1926 Kg. v. Saudi-Arabien; Modernisierung u. Technisierung seines Landes durch Erdölkonzessionen.
IBRD [aıbıɑːdı], Abk. für: **I**nternational **B**ank for **R**econstruction and **D**evelopment (↑Internat. Bank für Wiederaufbau u. Entwicklung).
Ibsen, Henrik, * 1828, † 1906, norweg. Dichter; bed. gesellschaftskrit. Dramen, z. B. „Nora oder Ein Puppenheim".
Ibykos, griech. Chorlyriker des 6. Jh.s v. Chr.; Balladengestalt bei Schiller („Die Kraniche des I.").
IC: 1) Abk. für: **i**ntegrated **c**ircuit = ↑integrierte Schaltung; **2)** **I**nter**c**ity (↑Intercityzüge).
ICAO [aısıəıəʊ], Abk. für: **I**nternational **C**ivil **A**viation **O**rganization (Internat. Zivilluftfahrtorganisation), Sonderorganisation der UN, gegr. 1944, Sitz Montreal.
ICBM [aısıbıɛm], Abk. für engl.: **i**nter**c**ontinental **b**allistic **m**issile = interkontinentale ballist. Rakete, für den Einsatz v. Kontinent zu Kontinent geeignete militär. Rakete.
ICE ↑Intercityzüge.
I-ching ↑Yi jing.
Ichneumon [gr.], Schleichkatze, bes. in Spanien u. N-Afrika.
Ichthy[o]... [gr.], Bestimmungswort; Bed.: „Fisch".
Ichthyologie [gr.], Fischkunde.
Ichthyosaurier [gr.] (Fischsaurier), ausgestorbene Reptilien des Erdmittelalters mit delphinart. Körper (bis 10 m); Meerestiere, gute Schwimmer; lebend gebärend.
id., Abk. für: ↑**id**em.
Ida, Geb. auf Kreta, bis 2456 m.
Idaho ['aıdəhəʊ], Abk. Id., Staat im NW der USA, 216432 km², 1 Mill. E; Hptst. Boise; bewaldetes Geb.-Land, kontinentales Klima, geringe Niederschläge; vorw. Landw.: Weizen, Obst; Blei-, Zink-, Gold-, Silber- und Phosphatbergbau; Holz- und Mühlenindustrie.
Idar-Oberstein, St. an der oberen Nahe, RP, 34500 E; Felsenkirche (1482); Schmuckfachschule; Diamanten- und Edelsteinbörse; Schmucksteinschleifereien; Dt. Edelsteinmuseum.
Ideal [gr.-lat.], Musterbild; Inbegriff der Vollkommenheit.
Idealismus [gr.-lat.], **1)** allg. das Streben nach eth. und ästhet. Idealen; **2)** philos. Lehre, die die Wirklichkeit nur in der ↑Idee 2) (*theoret. I.,* u. a. von Platon), im subjekt. Bewusstsein (*subjekt. I.,* u. a. von Fichte) od. in der nach vorgegebenen (a priori) Formen mögl. Erkenntnis (*krit. I.,* von Kant) sieht.
Idealkonkurrenz (Tateinheit), Verletzung mehrerer Strafgesetze durch *eine* strafbare Handlung; wird nach dem Ges. mit dem höchsten Strafmaß bestraft; Ggs. Realkonkurrenz.
Idee [gr.]: **1)** Einfall; Vorstellung, Leitgedanke; **2)** das sinnl. nicht fassbare Urbild eines Dinges (z. B. bei Platon).
idem [lat.], Abk. id., dasselbe.
Iden [lat.], der 13. od. (im März, Mai, Juli, Okt.) 15. Monatstag des altröm. Kalenders.
Identifikation [lat.], Sichgleichsetzen mit einer anderen Person oder Gruppe, Übernahme von Motiven u. Idealen.
Identifizierung [lat.], Gleichsetzung, [polizeil.] Feststellen der Identität.
Identität [lat.], [Wesens]gleichheit, völlige Übereinstimmung.
Ideologie [gr.], urspr. [frz.] Wissenschaftsrichtung, die prakt. Regeln für Erziehung, Ethik u. Pol. zu gewinnen suchte; heute für weltanschaul. Konzeptionen, in denen „Ideen" der Erreichung gesellschaftl. und pol. Ziele dienen (Faschismus, Konservatismus, Liberalismus, Sozialismus, Kommunismus). Von der ideologiekrit. Richtung in den Sozialwiss. wird I. als „falsches Bewusstsein" bezeichnet, das v. a. zur Absicherung von Herrschaft benutzt wird.
Idiom [gr.], Spracheigentümlichkeit, Mundart.
Idiosynkrasie [gr.], [krankhafte] Überempfindlichkeit gg. Substanzen, in d. Psychologie auch gg. Lebewesen u. Personen (↑auch Allergie).
Idiotie [gr.], hochgrad. Schwachsinn, angeboren oder frühkindl. durch Gehirnkrankheiten erworben.
Idiotikon [gr.], Mundartenwörterbuch.
Idisen (Disen), german., weibl. Gottheiten mit nicht eindeutig bestimmbarer Funktion, u. a. Fruchtbarkeitsgöttinnen, Geburtshelferinnen, häusl. Schutzgeister.
Ido, Welthilfssprache, 1907 aus dem Esperanto entwickelt.
Idol [gr.], Götzenbild; Abgott, falsches Ideal.
Idomeneus, Anführer der Kreter im Trojan. Krieg.
Idris I. as Senussi, Mohammad, * 1890, † 1983, s. 1917 Oberhaupt der Senussi, 1950–69 Kg. von Libyen.
Idun, german. Göttin der ewigen Jugend.
Idylle [gr.], kl. ep.-dialog. Gedicht, oft mit lyr. Einlagen; beschaul.-heitere Stimmung; Preis des einf. ländl. Lebens.
Iffland, August Wilhelm, * 1759, † 1814, dt. Schauspieler und Dramatiker.
Ifflandring, angebl. v. A. W. Iffland gestifteter Ring, jeweils vom Träger (s. 1996 B. Ganz) testamentarisch dem besten dt.-sprach. Schauspieler vererbt.
IG, Abk. für: **1)** **I**ndustrie**g**ewerkschaft; **2)** Abk. für: ↑**I**nteressen**g**emeinschaft.
Igel, etwa rattengr., kurzbein., spitzköpf. Insektenfresser (Säuger); rollen sich bei Gefahr zus., durch stacheliges Fell geschützt.
Igelfische, Knochenfische in trop. Meeren, deren Haut aufrichtbare Stacheln trägt.
Iglau (tschech. Jihlava), tschech. St. sö. v. Prag, 52800 E; vielseit. Ind.; gegr. Anf. 13. Jh.s v. dt. Bergleuten.
Iglu [eskimo.], die kuppelförmige Schneehütte der Eskimo.
Ignatius: Name von Heiligen: **1) I.** von Antiochia, hl., † nach 110, Bischof von Antiochia; Märtyrer; Verf. von 7 Briefen an kleinasiat. Gemeinden; **2) I.** von Loyola, hl., eigtl. Íñigo López Oñaz y Loyola, * 1491, † 1556, span. Ordensstifter; urspr. Offizier; begr. den Jesuitenorden.
Ignorant [lat.], unwissender Mensch.

Ignoranz [lat.], Unwissenheit.
ignorieren [lat.], absichtl. übersehen, nicht beachten.
Iguaçu, Rio [iɣua'su, rriu], l. Nbfl. des Paraná, 1 320 km, S-Brasilien; im Unterlauf die 57–72 m hohen *Saltos do Iguaçu* (Wasserfälle).
IHC, byzantin. Christusmonogramm.
IHK, Abk. für: **1)** Industrie- u. Handelskammer; **2)** ↑Internat. Handelskammer.
IHS, latin. Christusmonogramm.
Ijssel ['ɛjsəl], niederl. Flussarm vom Neder-Rijn b. Arnheim zum Ijsselmeer.
Ijsselmeer ['ɛjsəl-], der aus der ehem. Nordseebucht Zuidersee durch Abschlussdeich gebildete Süßwassersee; gr. Teile eingepoldert; rd. 120 000 ha sollen als Süßwasserreservoir verbleiben.
Ikarus, griech. Sagengestalt; Sohn des Dädalus, stürzt auf der Flucht aus dem kret. Labyrinth ab.
Ikebana [jap.], jap. Blumensteckkunst.
Ikone [gr.], [gemaltes] Kultbild der Ostkirche.
Ikonographie [gr.], urspr. Beschreibung [antiker] Bildnisse; heute Bildkunde, d. h. Wiss. vom Inhalt der Kunstwerke.
Ikonostase [gr.], dreitür. Bilderwand zw. Altar- u. Gemeinderaum in den orth. Kirchen.
Ikterus [gr.], svw. ↑Gelbsucht.
Iktus [lat.], Versakzent (Sprachwiss.).
Île de France [ildə'frãs], histor. Gebiet um Paris.
Ile|us, Darmverschluss.
Ilex [lat.], svw. ↑Stechpalme.
Ilias, unter dem Namen Homers überliefertes Epos vom Trojan. Krieg.
Ilion, antiker Name v. Troja.
Ill, Nebenflüsse des Rheins: **1)** in Vorarlberg, 75 km, Kraftwerke *(I.werke)*; **2)** im Elsass, 208 km.
Ill., Abk. für: **Ill**inois.
illegal [lat.], ungesetzlich.
illegitim [lat.], gesetzwidrig; ungesetzmäßig; unehelich.
Iller, r. Nbfl. der Donau, 165 km.
Illinois [ılı'nɔı(z)], Abk. Ill., Staat der USA, zw. Michigansee, Mississippi und unterem Ohio; 145 934 km², 11,43 Mill. E, Hptst. Springfield; Anbau von Mais, Getreide, Obst. Viehzucht, Bodenschätze: Kohle, Erdöl und -gas, Eisen-, Zink- und Bleierze. Nahrungsmittel-, Eisen-, Stahl-, Masch.-, Textil- u. chem. Ind.; bed. Ind.- u. Wirtschaftszentrum Chicago.
Illiquidität [lat.], Zahlungsunfähigkeit.
Illit [nlat.], glimmerart. Tonmineral.
Illumination [lat.]: **1)** festl. Beleuchtung; **2)** Ausmalen v. Handschriften, Drucken; **3)** göttl. Erleuchtung.
Illusion [lat.]: **1)** [Selbst]täuschung; **2)** Täuschung, absichtlich durch ein Kunstwerk hervorgerufen.
Illustration [lat.], Bildbeigabe in einem Druckwerk.
Illustrierte, Zeitschrift, hpts. mit Fotoreportagen u. Berichten [aus dem Zeitgeschehen].
Illyrer, idgm. Stämme des Altertums an der östl. Adriaküste und auf dem nw. Balkan.
Ilm: 1) l. Nbfl. der Saale, 120 km; **2)** r. Nbfl. der Donau, 75 km.
Ilmenit (Titaneisen), schwarzes Mineral, $FeTiO_3$; hpts. in Eruptivgesteinen; wichtigstes Titanerz.
Ilmensee, seichter See südl. v. Nowgorod, je nach Wasserstand 600–2 100 km².
ILO, Abk. für: **I**nternational **L**abour **O**rganization (↑Internat. Arbeitsorganisation).
ILS, Abk. für: **I**nstrument **L**anding **S**ystem (Instrumentenlandesystem), Funknavigationsverfahren für landende Luftfahrzeuge.
Iltisse, wieselähnl., nächtlich jagende Marder.
Ilz, l. Nbfl. der Donau, 54 km, mündet bei Passau.
Image ['ımıdʒ; engl.], [vorgefasste] Meinungen *(Stereotype)* psych. Inhalts, z. B. Vorstellungen, die der Einzelne od. eine Gruppe von sich od. anderen hat.
imaginäre Zahlen, ↑komplexe Zahlen, deren Realteil null ist; sie sind die Vielfachen der imaginären Einheit $i = -1$.
Imagination [lat.], Einbildungskraft, [schöpfer.] Fantasie.
Imago ↑Insekten.
Imam [arab.]: **1)** urspr. Prophet, jetzt allg. Vorbeter in der Moschee; **2)** islam. geistl. Würdentitel; Titel verdienter Gelehrter; **3)** Titel der Kalifen.
Imamiten ↑Islam.
IMF, Abk. für: **I**nternational **M**onetary **F**und (↑Internat. Währungsfonds).
Immaculata [lat.; = die Unbefleckte], Ehrenname Marias, der Mutter Jesu (↑Unbefleckte Empfängnis).
Immanenz, das Innewohnende, innerh. einer Grenze Bleibende (Ggs. Transzendenz), u. a. *Bewusstseins-I.* (Erkenntnis kommt ausschließl. aus dem Bewusstsein).
Immanuel [hebr.; = Gott mit uns], Name des Messias im A. T.
Immatrikulation [lat.], Einschreibung in die Matrikel, Aufnahme an einer Hochschule.
immediat [lat.], unmittelbar.
Immen, svw. ↑Bienen.
immens [lat.], unermessl., gewaltig.
immensurabel [lat.], unmessbar.
Immergrün, Hundsgiftgewächs; immergrüner Zwergstrauch; trichterförmige blaue Blüten.
Immigration [lat.], Einwanderung.
imminent [lat.], nahe bevorstehend; drohend.
Immissionen [lat.], Einwirkungen auf ein Grundstück vom Nachbargrundstück aus (z. B. Geräusche); ↑Umweltschutz.
Immobili|en, Gebäude, Grundstücke (einschl. fest verbundener Sachen), unbewegl. Vermögen.
Immoralismus [lat.], philos. Lehre, leugnet jede Geltung gewissensbindender moral. Normen.
Immortalität [lat.], Unsterblichkeit.
Immortellen [frz.] (Strohblumen), Sammelbez. für versch. Korbblütler mit strohtrockenen Hüllblättern u. bunten Blüten.
Immunisierung, Herbeiführung von ↑Immunität 3), z. B. durch ↑Impfung.
Immunität: 1) v. a. im MA Befreiung best. Grundbesitzes von Einwirkungen der öff. Gewalt; **2)** verfassungsrechtl. Schutz des Abg. vor behördl. Strafverfolgung; ähnl. die ↑Exterritorialität; **3)** angeborene oder erworbene Unempfänglichkeit gg. Infektionen oder Gifte.
Imperativ [lat.], Befehlsform des Zeitworts; ↑auch kategorischer Imperativ.
Imperator [lat.], im alten Rom Titel [erfolgreicher] Feldherren; später für: Kaiser.
Imperfekt[um] [lat.], Verbform der Vergangenheit, z. B. [ich] las.
Imperialismus [lat.], Ausdehnungs-, Machterweiterungspol. von Großmächten; *Zeitalter des I.*, Epoche der kolonialen Expansionspol. europ. Staaten gegen Ende des 19. Jh.s.
Imperium [lat.]: **1)** Oberbefehl (höchste mil., zivile u. richterl. Gewalt im antiken Rom); **2)** [röm.] Kaiserreich; **3)** Weltreich.
impermeabel [lat.], undurchlässig, undurchdringlich.
Impertinenz [lat.], Unverschämtheit, Frechheit.
Impfung, Schutzmaßnahme gg. ansteckende Krankheiten durch Einbringung abgeschwächter Krankheitserreger od. Immunseren; ↑Immunität 3).
Implantation [lat.], Einpflanzung von Gewebe- bzw. Organteilen, auch Zähnen u. sonst. Substanzen in den Körper eines Lebewesens.
implizit [lat.], einschließlich.

Impressionismus. *Claude Monet Die Seinebrücke von Argenteuil (1874)*

Import [lat.], Einfuhr; ↑auch Außenhandel.

Impotenz [lat.], Unvermögen; Beischlaf- oder Zeugungsunfähigkeit.

imprägnieren [lat.], poröse Stoffe mit Substanzen (oder Lösungen) durchtränken, die sie z. B. wasserundurchlässig machen, verfestigen oder konservieren.

Impresario [ital.], Theater- u. Konzertunternehmer.

Impressionismus: 1) *bildende Kunst:* Stilrichtung der mod. Malerei-, entstanden 1860–70 in Frkr.; Farbe u. Komposition sind vom momentanen Reiz des opt. Eindrucks best.; Vertreter: Manet, Monet, Pissarro, Sisley, Degas, Renoir, Bonnard, Vuillard. Übersteigerung der Auflösung im Pointillismus. Auch in der Bildhauerkunst impressionist. Tendenzen: Rodin. Den dt. I. vertreten der späte Leibl, Schuch, Trübner, Liebermann, Ury, Corinth u. Slevogt. **2)** *Lit.:* Stilrichtung etwa 1890–1910; erstrebt betont subjekt., differenzierte Wiedergabe persönl. Eindrücke; Vertr. u. a. A. France, Gide, Claudel, D'Annunzio, in Dtl. Liliencron, Hofmannsthal u. Rilke als Lyriker, Schnitzler als Dramatiker; **3)** *Musik:* eigtl. beschränkt auf den Stil Debussys; aus der romant. Musik erwachsen mit Neigung zu Kleinformen, Tonmalerei beeinflusst vom I.: Ravel, Respighi, de Falla, Delius, Ibert.

Impressum [lat.], in Druckschriften Vermerk über Verleger, Drucker, Buchbinder u. a., bei Zeitungen auch über die Redaktion.

Impromptu [ɛprɔ̃'ty; frz.], Fantasiestück, einer Augenblicksstimmung entwachsen.

Improvisation [lat.], Darbietung ohne Vorbereitung, i. d. Kunst häufig über ein vorgegebenes Thema oder Modell.

Impuls [lat.]: **1)** Anstoß, Antrieb; **2)** Produkt aus Masse u. Geschwindigkeit eines Körpers (Physik); **3)** elektr. Signal (kurzzeitiger Stromstoß) in der Elektronik u. Nachrichtentechnik.

In, Symbol für ↑Indium (⚗).

in absentia [lat.], in Abwesenheit [des Angeklagten].

inadäquat [lat.], nicht entsprechend, unangemessen.

inakzeptabel [lat.], unannehmbar.

Inauguraldissertation [lat.], svw. ↑Dissertation.

Inauguration [lat.], feierl. Einsetzung in ein akad. od. polit. Amt od. eine akad. Würde.

Inc., Abk. für: **Inc**orporated [Company], amer. Kapitalges., entspricht der AG.

Inch [ɪntʃ; engl.], Einheitenzeichen in oder ″, engl.-amer. Längenmaß (= 2,54 cm).

incipit [lat.; = es beginnt], Einleitungsfloskel in Handschriften und Frühdrucken.

Incoterms ['ɪŋkəʊtə:mz], Abk. für: **In**ternational **Co**mmercial **Terms,** Zusammenstellung internat. Handelsklauseln.

Incroyable [ɛ̃krwa'ja:bl; frz.], zunächst Bez. für den um 1800 in Frkr. getragenen Zweispitz, dann auch für dessen Träger.

Ind., Abk. für ↑**Ind**iana.

Indanthrenfarbstoffe, urspr. Bez. für Anthrachinonfarbstoffe; heute ist Indanthren® für mehr als 100 licht- u. waschechte Farbstoffe aller Farbstoffklassen.

Indefinitpronomen [lat.], unbest. Fürwort, z. B. jemand.

Independence Day [ɪndɪ'pendəns daɪ], Unabhängigkeitstag der USA (4. Juli).

Independenten [engl.], Anhänger einer relig. Bewegung seit Ende d. 16. Jh.s in England; vertraten die völl. Unabhängigkeit der Einzelgemeinde; verfolgt; Gemeindegründungen in Holland u. in den USA (↑Puritaner, ↑Kongregationalismus).

Index [lat.]: **1)** alphabet. [Stichwort]verzeichnis (v. a. b. Büchern); **2)** Messziffer, die mehrere zahlenmäß. Entwicklungsreihen zusammenfasst u. als Mittelwert errechnet wird (z. B. Preis-I.); **3)** Kennzahl zur Unterscheidung gleichart. Größen (z. B. a_1, a_2, a_3); **4)** I. librorum prohibitorum, Verzeichnis der für Katholiken verbotenen Bücher, erstmals 1559, letzte Ausgabe 1948, in kirchenrechtl. bindender Form 1966 aufgegeben.

Indiaca®, dem Volleyball verwandtes Rückschlagspiel mit einem federballähnl. Spielgerät, das mit der Handfläche gespielt wird.

Indiana [ɪndɪ'ænə], Abk. Ind., Staat im Mittleren W der USA, südl. des Michigansees, 93719 km², 5,55 Mill. E; Hptst. Indianapolis; Anbau von Mais, Getreide, Kartoffeln, Obst und Gemüse; Viehzucht; Bodenschätze: Kohle, Erdöl u. Erdgas, Eisenerz; Metall-, Glas-, Auto- u. Nahrungsmittelindustrie.

Indianapolis [ındıə'næpəlıs], Hptst. des Staates Indiana, USA, 731 000 E; Univ.; Nahrungsmittel-, Masch.-, chem., Textil- u. Elektroind.; Autorennen.

Indianer, mongolide Eingeborenenbev. Amerikas (ohne Eskimo); straffes, schwarzes Haar, gelbl. Hautfarbe, breites Gesicht; autochthone Kulturen (Wildbeuter u. Ackerbauern; keine Hirtennomaden). In Mittel- und Südamerika Hochkulturen (↑altamer. Kulturen). Etwa 150 versch. Sprachgruppen; am wichtigsten in *Nordamerika:* Athapasken, Algonkin, Sioux, Irokesen, Uto-Azteken, Caddo, Muskhogee; in *Südamerika:* Karaiben, Aruak, Tupí, Gês, Pano, Guaikuru, Araukaner, Patagonier, Chibcha, Quechua und Tukano. – In den USA u. Kanada heute rd. 2 Mill. I., hpts. in Reservaten; die indian. Bev. hat hier den infolge Verdrängung u. Ausrottung erreichten zahlenmäß. Tiefstand im 19. Jh. (in den USA um 1870: 26 000 I.) wieder überwunden. In Mittelamerika 3,5–4 Mill., in Südamerika rd. 5 Mill. I., hpts. in den Andenstaaten. Die I. in den östl. Berg- u. Tiefländern sind, außer im Amazonastiefland, weitgehend ausgerottet worden oder in der aus Europa eingewanderten Bev. aufgegangen.

Indi|en, amtl. Bharat, Republik in S-Asien, Bundesstaat, zu dem die Andamanen u. Nikobaren sowie die Lakadiven gehören. *Geograph. Gliederung:* Gebirgsregionen des Karakorum u. des Himalaja im N, südl. anschließend die Flussebenen des Ganges u. Brahmaputra u. das Hochland v. Dekhan, das mit den West- u. Ostghats steil zu den wenig gegliederten Küsten der vorderind. Halbinsel abfällt. *Klima:* im S trop., im N subtrop.-gemäßigt. – Etwa 19 % bewaldet (u. a. Teak-, Rosen- u. Sandelholz). – *Bev.:* in zahlr. Rassen-, Volks-, Sprach- und Stammesgruppen gegliedert; unterschiedl. Kulturhöhe; 80 % Hindus, 11 % Muslime, außerdem Sikhs, Buddhisten, Parsen, Christen. – *Landw.:* Haupterzeugnisse Reis, Weizen, Hirse, Zuckerrohr, Baumwolle, Jute, Tee, Kaffee, Kautschuk; *Viehhaltung:* Rinder (ökonom. bedeutungslos), Büffel, Ziegen, Schafe, Pferde. *Bodenschätze:* Kohle, Eisen- und Manganerze, Glimmer, Gold, Erdöl, Bauxit. *Ind.:* Textil- (Wolle, Baumwolle, Seide), Nahrungsmittel-, Bau-, Hütten-, Fahrzeug-, feinmech. u. Papierind. – *Bed. Häfen:* Bombay, Kalkutta, Madras, Kandla. – *Gesch.:* Etwa 1500–1000 idgm. Einwanderung, Unterwerfung der Ureinwohner (Drawida), im 1. Jt. Bildung eines strengen Kastenwesens durch den Brahmanismus; im 3. Jh. v. Chr. Reich des Aschoka, Förderung der Verbreitung des Buddhismus; seit 700 verdrängt vom Hinduismus; 712 Einfall der Araber, Beginn der Islamisierung; 1398 Eroberung gr. Teile I.s durch den Mongolenherrscher Timur-Leng; Anf. des 16. Jh.s Niederlassungen der Portugiesen in I. (u. a. (Goa); 1526 Gründung des mongol. Reichs der Großmogule (Hptst. Delhi); im 17. Jh. Festsetzung der Brit.-Ostind. Kompanie, die seit 1600 die brit. Macht in I. vertrat; 1857/58 erfolgloser Aufstand gg. Großbrit., Auflösung der Ostind. Kompanie, Übertragung der Verw. an die brit. Krone; 1877 Kgn. Viktoria „Ksn. von I."; nach dem 1. Weltkrieg Selbstständigkeitsbestrebungen (↑Non-Cooperation), 1947 unabh. Dominion im Commonwealth u. Teilung in *Ind. Union* (hinduist.) und Pakistan (muslim.), Grenzstreit, 1948 Krieg gg. Hyderabad u. Konflikt mit Pakistan wegen Kaschmir; 1950 Rep. u. unabh. Mitgl. des Commonwealth; s. den 1. Wahlen 1951/52 regierte bis 1996 die Kongresspartei (Indian National Congress) außer 1977–80 u. 1989–91 (Janatapartei). 1961 Annexion Goas, 1965 offener Krieg zw. I. u. Pakistan wegen Kaschmir; 1971 ind.-pakistan. Krieg, der zur Konstituierung von Bangladesh führte. Auseinandersetzungen mit separatist. Sikhs führten zur Ermordung v. Min.-Präs. I. Gandhi (1984). Militante separatist. Bewegungen u. religiös-ethn. Spannungen, innenpolit. Skandale (u. a. Korruptionsaffäre 1996) sowie die Rivalität mit Pakistan in der Kernwaffenrüstung u. die anhaltende Krise um Kaschmir zogen häuf. Reg.-wechsel nach sich (s. 1999 besteht eine Vielparteienregierung).

Indignation [lat.], Unwille, Entrüstung.

Indigo [span.], ältester u. fr. wichtigster organ. [Küpen]farbstoff, $C_{16}H_{10}N_2O_2$, ermöglicht tiefblaue, echte Färbungen; heute durch neue Farbstoffe verdrängt, aber z. B. noch für Bluejeans verw.

Indikation [lat.]: **1)** Anzeige, Anzeichen; **2)** Heilanzeige; Grund für die Anwendung best. Heilmittel od. Behandlungsmethoden; *Kontra-I.,* Gegenanzeige zu einer Behandlungsmethode.

Indikativ [lat.], Wirklichkeitsform des Zeitwortes.

Indikator [lat.], in der Chemie Sammelbez. für Substanzen, die Zustandsänderungen durch einen Farbumschlag anzeigen; i. w. S. Bez. für Substanzen od. Organismen, deren Fehlen oder Vorhandensein Rückschlüsse auf das betreffende Medium zulassen.

Indio [span.], Bez. für süd- u. mittelamer. Indianer.

indirekt [lat.], mittelbar, nicht geradezu; *i.e Rede,* abhäng., nicht wörtl. Rede („Er sagte, *er sei froh*"); *i.e Steuern,* Steuern, bei denen der Steuerzahler die Steuer vorschießt u. auf andere abwälzt (z. B. Umsatzsteuer); *i.e Wahl,* Wahl eines Kandidaten durch in direkter Wahl gewählte Wahlkörperschaft.

Indien

Fläche: 3 287 263 km²
Einwohner: (1995) 935,7 Mill.
Hauptstadt: Delhi
Amtssprachen: Hindi, Englisch
Zeitzone: MEZ $+4\frac{1}{2}$ Stunden (Delhi)

indische Kunst, Kunst der Inder sowie die Kunst Sri Lankas, Birmas, Siams, Indochinas, Javas, Afghanistans, Tibets. Darst. sinnl. Körperlichkeit, vereint mit höchster Durchgeistigung. Dargestellt: Buddha, die Dreiheit Brahma, Vishnu u. Shiva, zahlr. Naturgottheiten. Buddhist. Tempelform der Stupa; ferner Felsen- u. Höhlentempel (Ajanta). Hauptperioden: 1. Maurjazeit (um 321–185 v. Chr.), Steinsäulen des Herrschers Aschoka mit Löwen- u. Stierkapitellen, 2. Gandharakunst (2. Jh. v. Chr. bis 5. Jh.) in gräkobuddhist. Stil: Idealtypen der Buddhafigur (stehend, sitzend, meditierend, lehrend), 3. Guptaperiode (4. bis 8. Jh.), klass. Zeit der i.n K.: erste

indische Kunst. *Liebespaar. Wandmalerei in einem Höhlentempel von Ajanta (5. Jh.)*

indische Kunst. *Lingaradschatempel von Bhubaneswar (um 1000)*

frei stehende Tempelbauten, Ausbildung einer festen Ikonographie der Götterdarst.; dann Nebeneinander mehrerer Stile; riesige Tempelstädte in S-Indien, Entw. der Tempelkathedrale (v. a. in N-Indien); 13.–18. Jh. indoislam. Kunst; Miniaturen der Mogulzeit (16. bis 18. Jh.).

Indischer Ozean (Indik), kleinstes der drei Weltmeere, zw. Indien, Afrika, Antarktis, Australien; mit dem Roten Meer, dem Pers. Golf u. der Andamanensee als Nebenmeer 75 Mill. km^2. Der untermeer. v. N nach S verlaufende *Indische Rücken* gliedert den Indischen O. in das W- und das (größere) O-Becken: beide 4 000–7 000 m tief; größte Tiefe im Sundagraben 7 455 m (Planet-Tiefe).

indische Sprachen, Sprachen der Völker Vorderindiens, 2 Hauptgruppen: 1. *idgm. Spr.:* Altindisch (Ved., Sanskrit), Mittelind. (Pali, Prakrit), Neuind. (v. a. Westhindi [dazu Hindustani, Urdu], Osthindi, Bengali, Assamisch, Orija, Marathi, Singhales., Sindhi, Pandschabi, Gudscharati, Pahari, Kaschmiri); 2. *drawid. Spr.* (S-Indien): Tamil, Malayalam, Kannada [od. Kanares.], Telugu u. a. Außerdem *austroasiat. Sprachen.*

indiskret [lat.], nicht verschwiegen, taktlos; zudringlich.

indiskutabel [lat.], nicht der Erörterung wert, unannehmbar.

Indium, chem. El., Symbol In, OZ 49, rel. A.-Masse 114,82, Dichte 7,30 g/cm^3, Fp. 156,61 °C, Sp. 2 080 °C; silberweißes, weiches Metall; sehr selten.

Individualismus [lat.], [betonte] Eigenständigkeit eines Menschen gegenüber einer Gemeinschaft.

Individualität: 1) Eigenartigkeit, Einzigartigkeit; **2)** Persönlichkeit.

Individualpsychologie: 1) die mit dem Einzelwesen sich befassende Psychol.; **2)** von A. Adler begr. Richtung der ↑Tiefenpsychol., die das menschl. Verhalten u. die Charakterbildung aus Geltungs- u. Machtstreben ableitet.

Individuum [lat.], Einzelwesen, einzelne Person.

Indiz [lat.], Anzeichen; mittelbar bedeutsame Tatsache.

Indochina, das ehem. frz. Gebiet in Hinterindien (1887 zusammengeschlossen), umfasste Kambodscha, Laos, Vietnam.

Indogermanen, aus den Namen der Randvölker (Inder u. Germanen) gebildete Bez. für alle Völker, deren Sprache zu den ↑indogermanischen Sprachen gehört.

indogermanische Sprachen, auf die erschlossene Ursprache des *Indogerman.* zurückgeführte Sprachen; zahlr. Gruppen: 1. Ind., 2. Iran., 3. Armen., 4. Tochar., 5. Hethit., 6. Lyk., 7. Lyd., 8. Phryg., 9. Thrak., 10. Makedon., 11. Griech., 12. Alban., 13. Illyr., 14. Italisch, 15. Venet., 16. Kelt., 17. German., 18. Balt., 19. Slawisch.

Indolenz [lat.], Gleichgültigkeit, Unempfindlichkeit, Trägheit.

Indonesien, Rep. in SO-Asien, umfasst den größten Teil des Malaiischen Archipels. Zu I. gehören die Großen Sundainseln: Borneo (außer N-Teil), Sumatra, Celebes, Java; die Kleinen Sundainseln, die Molukken und ein Teil von Neuguinea (Irian Jaya). Die meisten Inseln sind gebirgig; größere Ebenen nur auf Borneo u. Sumatra. *Bev.:* überw. Indonesier (meist Muslime; ↑Malaien), daneben Chinesen u. a. Minderheiten. *Klima:* gleichmäßig trop. mit z. T. reichen Niederschlägen. *Vegetation:* über 60 % bewaldet (trop. Regen- und Hochwald; Teakbaum, Bambus, Sagopalmen).

Landw.: Anbau v. Reis, Mais, Maniok, Süßkartoffeln, Sojabohnen (insbes. auf Java); in Plantagen Zuckerrohr, Tee, Kaffee, Tabak, Gewürze; Gewinnung v. Kautschuk, bes. auf Sumatra. *Viehzucht:* Rinder, Ziegen, Schafe; rege Küsten- u. Binnenfischerei. *Bodenschätze:* Zinn, Kohle, ♙, Bauxit. *Bed. Häfen:* Jakarta, Surabaya, Semarang u. a. – *Gesch.:* In der Frühzeit ind. u. chin. Einflüsse, seit dem 14. Jh. Ausbreitung des Islams, s. Ende des 16. Jh.s Aufbau eines niederl. Kolonialreiches (1602 bis 1800 Niederl.-Ostind. Kompanie), zu Beginn des 19. Jh.s niederl. Kolonie, 1942–45 jap. Besetzung, 1945 Unabhängigkeitserklärung der Indones. Rep., Sukarno Staatspräs., 1949 Bildung der Vereinigten Staaten von I. und Anerkennung der Unabhängigkeit durch die Niederlande; 1963 kam das niederl. W-Neuguinea (Irian Jaya) an I., 1963–66 Konflikt mit Malaysia, 1965 nach blutigem Staatsstreich Machtübernahme durch die Armee unter Gen. Suharto (1968–98 Präs.); 1975–79 war Osttimor (zuvor portug.) von I. besetzt (1999 von Terror begleitetes Unabhängigkeitsreferendum); Staats-Präs. s. 1999 ist der islam. Gelehrte A. Wahid.

Indonesien

Fläche: 1 919 443 km²
Einwohner: (1995) 197,59 Mill.
Hauptstadt: Jakarta
Amtssprache: Bahasa Indonesia
Zeitzone: MEZ +6 Stunden (Jakarta)

Indore, ind. St. in Madhya Pradesh, 1,09 Mill. E; Textilind., Baumwollhandel.

Indossament [ital.], svw. ↑Giro 2).

Indra, höchster Gott der wed. Religion; Gewittergott.

in dubio pro reo [lat.], im Zweifelsfall für den Angeklagten (Rechtsgrundsatz).

Induktion [lat.]: **1)** (elektromagnet. I.) Erzeugung einer elektr. Spannung in einem Leiter durch Änderung des ihn durchsetzenden magnet. Kraftflusses, entw. durch Bewegen des Leiters in einem in homogenen Magnetfeld (z. B. beim ↑Generator 1) oder durch Änderung des Magnetfeldes (z. B. beim ↑Transformator); die *induzierte* oder *I.sspannung* ist Ursache für das Auftreten eines *I.sstromes;* **2)** (magnet. I., magnet. Flussdichte) vektorielle physikal. Feldgröße, Produkt aus magnet. Feldstärke u. Permeabilität bzw. I.skonstante.

Induktionsöfen, elektrische Schmelzöfen, bei denen das Metall induktiv unter dem Einfluss eines elektromagnet. Wechselfeldes geschmolzen wird.

induktiv [lat.]: **1)** durch Verallgemeinerung vom Einzelnen auf ein Allg. geschlossen; **2)** durch ↑Induktion hervorgerufen.

Induktivität [lat.]: **1)** elektr. Leiter (v. a. Spule) mit gr. Selbstinduktion u kl. ohmschem Widerstand; **2)** Oberbegriff für Selbst-I. (Maß für die Selbstinduktion eines Leiters) und Gegen-I. (Maß für die Stärke der ↑Induktion 1) in einem Leiter[kreis], wenn sich in einem andern der Strom zeitl. ändert); i. e. S. nur die Selbst-I.

Indus, Fluss in Vorderindien, 3 200 km, Einzugsbereich 1,166 Mill. km².

Induskultur (Harappakultur), altind. Kultur im Indusgebiet, auch in der oberen Gangesebene und in Gujarat; Hauptstädte: Mohenjo Daro u. ↑Harappa; Reste von Stadtanlagen, Stempelsiegel, Kleinplastiken.

Industrialisierung [frz.], Auf- oder Ausbau einer Ind., oft mit Förderung des Staates od. der Gem. [in einem Land oder Landesteil mit bisher vorw. Land- und Forstwirtschaft].

Industrie [lat.], Verarb. v. Rohstoffen und Halbfabrikaten auf mech. od. chem. Wege zu Konsum- oder Produktionsgütern in d. Verbdg. von Lohnarbeit mit Einsatz von Maschinen.

industrielle Revolution, der durch wiss.-techn. Fortschritt bewirkte Übergang v. der Agrar- zur Ind.-Ges. (in Großbrit. etwa s. 1820, in Dtl. etwa s. 1850); Ergebnisse: u. a. Beseitigung der Massenarmut, Entstehung neuer Klassengegensätze, Zerstörung tradit. Wert- u. Ges.-Systeme.

Industrieroboter, computergesteuerter, frei programmierbarer (auch sensorgeführter) Automat, der mit unterschiedl. Greifern, Werkzeugen u. a. ausgestattet werden kann u. an Fertigungsstraßen auch komplizierte Arbeitsvorgänge ohne menschl. Eingriff durchführt.

Industrie- und Handelskammer (IHK), öff.-rechtl. Selbstverw.-Körperschaft der gewerbl. Wirtsch. (ohne Handwerk); ihre Aufgaben: Wahrnehmung der Gesamtinteressen der Gewerbetreibenden, Regelung der Berufsausbildung, Gutachten für Gerichte u. Behörden, Beratung u. a.; in der BRD Zusammenschluss der I.- u. H.n im *Dt. Ind.- u. Handelstag, DIHT,* Sitz Bonn.

Inertgas *(Schutzgas),* Gas, das während eines Bearbeitungsvorgangs od. während der Lagerung unerwünschte Reaktionen mit dem Sauerstoff der Atmosphäre verhindert; I. sind z. B. Stickstoff, Argon, Kohlendioxid.

in extenso [lat.], ausführlich.

INF, Abk. für engl.: Intermediate-range Nuclear Forces = nukleare Mittelstreckenwaffen. Im INF-Vertrag vom Dez. 1987 vereinbarten die UdSSR u. die USA die Beseitigung ihrer landgestützten atomaren Mittelstreckenraketen längerer u. kürzerer Reichweite innerh. v. drei Jahren.

Infallibilität [lat.], svw. ↑Unfehlbarkeit.

infam [lat.], ehrlos; unverschämt.

Infant [lat.], Titel span. und portug. Prinzen s. dem 13. Jh.

Infanterie [ital.], Fußtruppen; heute vielfach motorisiert.

Infantilismus [lat.], körperl. oder/und geist. Stehenbleiben auf kindl. Entwicklungsstufe.

Infantin, weibl. Form von ↑Infant.

Infarkt [lat.], Absterben eines durch Endarterien versorgten Gewebestücks od. Organteils nach plötzl. und andauernder Unterbrechung der Blutzufuhr; u. a. Herz-, Lungeninfarkt.

Infektion [lat.], die Ansteckung durch Krankheitserreger; *Tröpfchen-I.* durch Einatmung von Niesod. Hustentröpfchen, z. B. bei Tuberkulose; *Schmier-I.* durch Berührung keimhalt. Materials, z. B. bei Typhus.

Infektionskrankheiten, durch Infektion entstandene, akute oder chron., meist fiebrig verlaufende, z. T. ↑meldepflichtige Krankheiten.

infektiös, ansteckend.

inferior [lat.], untergeordnet, minderwertig.

infernal[isch] [lat.], höllisch, teuflisch.

Infiltration [lat.], Eindringen, Einsickern.

Infinitiv [lat.], Nennform des Verbs (Zeitworts), z. B. singen.
infizieren [lat.], anstecken.
in flagranti [lat.], auf frischer Tat.
Inflation [lat.], langsam-kontinuierl. *(schleichende I.)* oder rasche *(galoppierende I.)* Geldentwertung aufgrund eines Nachfrageüberhanges; Gründe: defizitäre Budget-, expansive Lohnpol., hohe Exportüberschüsse, gr. Investitionsneigung der Unternehmer; Folgen: Preissteigerungen, Schädigung der Bezieher fester Einkommen, der Gläubiger und Kontensparer, Begünstigung der Schuldner u. Sachwertbesitzer.
Influenz [lat.], Ladungstrennung auf der Oberfläche eines urspr. elektr. neutralen Leiters unter dem Einfluss eines elektr. Feldes.
Influenza, svw. ↑Grippe.
Informatik, Wiss., die sich mit der Informationsverarbeitung durch Computer befasst.
Information [lat.], Nachricht, Auskunft, Belehrung.
informell [lat.]: **1)** aufklärend, mitteilend; **2)** ohne Formalität; **3)** im Stil des ↑abstrakten Expressionismus (Malerei).
Infotainment, Kunstwort aus engl. **info**rmation (Information) und enter**tainment** (Unterhaltung), bezeichnet multimediale Programme zur spieler. Informationsvermittlung.
Infrarot, Bez. für die elektromagnet. Wellen (Strahlung), deren Frequenzen unterh. derer des sichtb. Lichtes liegen (Wellenlängen etwa 0,8 µm bis 1 mm); bei Absorption wird I.energie in Wärme umgewandelt; *I.strahler,* Elektrogerät zur Raumheizung durch Ausstrahlung infraroter Wärmestrahlen; *I.übertragung,* drahtlose Übertragung v. Signalen, Sprache oder Musik (z. B. beim *I.kopfhörer*) mithilfe von I.strahlung.
Infraschall ↑Schall.
Infrastruktur, Gesamtheit aller vorwiegend von der öff. Hand vorgenommenen Investitionen, die Voraussetzung für die Integrations- u. Entwicklungsfähigkeit einer Volkswirtsch. sind. Zur I. gehören demzufolge u. a.: Verkehrs- u. Kommunikationswesen, Energie- und Wasserversorgung, Umweltschutz, Bauten u. Anlagen für Kultur, Sport, Erholung sowie das Bildungs-, Forschungs- u. Gesundheitswesen.
Infusion [lat.], Einführung größerer Flüssigkeitsmengen in den Organismus, intravenös, subkutan oder rektal.
Ing., Abk. für: ↑**Ing**enieur.
Ingelheim am Rhein, St. in Rheinhessen, RP, 23 700 E; Reste einer bed. Kaiserpfalz Karls d. Gr.; chem.-pharmazeut. Industrie, Metallverarbeitung u. a.; in d. Umgebung Weinbau.
Ingenieur [ɪnʒənˈjøːr; frz.] (Ing.), auf Hoch- od. Fachhochsch. ausgebildeter Techniker.
Ingermanland, historische Küstenldsch. am Finn. Meerbusen, Mittelpt. Leningrad.
Inglin, Meinrad, * 1893, † 1971, schweizer. Dichter; „Schweizerspiegel".
Ingolstadt, krsfr. St. in Bay., an der Donau, 112 000 E; spätgot. Kirchen, bed. Barockkirche St. Maria Victoria (1732–36), Altes und Neues Schloss; Museen. Vielseit. Ind., Maschinen- u. Fahrzeugbau, Textil-, Erdölind. (Pipelines).
Ingres, Jean Auguste Dominique [ɛ̃ːgr], * 1780, † 1867, frz. Maler; Klassizist; bed. Porträtist.
Ingwer [sanskr.], [sub]trop. Kulturpfl., Wurzelstock liefert scharfes Gewürz.
Inhaberpapiere, Wertpapiere, die nicht auf den Namen des Besitzers lauten; der jeweil. Inhaber kann die Rechte aus den Papieren geltend machen.
Inhalation [lat.], Einatmung von Heilmitteln in dampfförm. oder zerstäubtem Zustand.
inhärent [lat.], an etwas haftend, innewohnend.
Initialen [lat.], [durch Verzierung, Farbe u. bes. Größe ausgezeichnete] Anfangsbuchstaben.
Initialzünder, ein leicht entzündl. Sprengstoff, der einen schwer entzündl. Sprengstoff zur Explosion bringt.
Initiative [lat.]: **1)** Entschlusskraft; Anregung; **2)** Recht, eine Gesetzesvorlage einzubringen.
Initiator, Urheber, Anreger.
Injektion [lat.], Einspritzung einer flüss. Arznei in den Körper; intravenös, intrakutan, subkutan, intramuskulär verabreicht.
Inka, ehem. indian. Herrscher- u. Adelsschicht in Peru, aus dem Quechuastamm im Cuzcotal hervorgegangen (↑altamer. Kulturen).
Inkarnation [lat.; = Fleischwerdung], Menschwerdung (v. a. Christi); Verkörperung.
Inkasso [ital.], Beitreibung, Einziehung fäll. Forderungen, bes. v. Wechseln; erfolgt häufig über *I.büros* od. Banken aufgrund einer *I.vollmacht* oder nach Abtretung.
inkognito [ital.], unter fremdem Namen, unerkannt.
Inkompatibilität [lat.], Unverträglichkeit, Unvereinbarkeit.
inkompetent [lat.], unzuständig.
Inkongruenz [lat.], Nichtübereinstimmung, Nichtdeckung.
Inkonsequenz [lat.], mangelnde Folgerichtigkeit.
Inkontinenz [lat.], Unvermögen, Harn od. Stuhlgang willkürl. zurückzuhalten (Med.).
Inkorporation [lat.], Einverleibung; Eingemeindung.
inkorrekt [lat.], ungenau; fehlerhaft, unangemessen.
Inkrustation [lat.]: **1)** Verkleidung einer Wand mit Steinplatten (Baukunst); **2)** Überkrustung mit mineral. Stoffen (Geol.).
Inkubationszeit [lat.], Zeit zw. Infektion u. Ausbruch einer Infektionskrankheit.
Inkubator [lat.], svw. ↑Brutkasten.
Inkubus [lat.], nächtl. Dämon, Alb; im ma. Dämonenglauben Buhlteufel der Hexen.
Inkunabeln [lat.] (Wiegendrucke), Drucke aus der Zeit vor 1500.
Inlett [niederdt.], dichtes Textilgewebe, v. a. für Federbetten.
in medias res [lat.], unmittelbar zum Kern der Sache.
in memoriam [lat.], zum Gedächtnis.
Inn, r. Nbfl. der Donau, 510 km.
innere Führung, in der dt. Bundeswehr Bez. für das Prinzip der zeitgemäßen Menschenführung u. geistigen Rüstung.
innere Medizin, Lehre von den Erkrankungen der inneren Organe.
Innere Mission, auf J. H. Wichern zurückgehende Einrichtungen der ev. freien Wohlfahrtspflege; 1957 mit dem Ev. Hilfswerk vereinigt als *„Diakon. Werk – I. M. u. Hilfswerk d. Ev. Kirche in Dtl."*.
Innere Mongolei, autonome Region Chinas nördl. der Chin. Mauer, 1 177 500 km², 22,1 Mill. E; Hptst. Hohhot.
Innozenz III., * 1160/61, † 1216, Papst s. 1198; Höhept. der Machtstellung des Papsttums (Laterankonzil 1215).
Innsbruck, Hptst. von Tirol, Östr., 115 000 E; Handels- und Fremdenverkehrsst., Kulturzentrum N-Tirols mit Univ., Theater, Museen; Hofkirche (1553–63) mit Grabmal Maximilians I., „Landhaus" (1725–28), Hofburg (Ende des 15. Jh.s, v. a. 18. Jh.); Goldenes Dachl (1500; Erker des Fürstenhofes). Ind.-Zentrum, Export- u. Mustermesse; ✈.
Innung, regionaler u. fachl. Zusammenschluss v. Handwerkern; Aufsicht: Handwerkskammer.
inopportun [lat.], ungelegen, unzweckmäßig.
Inowrocław ↑Hohensalza.
in petto [ital.], im Sinne, in Bereitschaft.
in praxi [lat.], in Wirklichkeit, nicht in der Theorie.

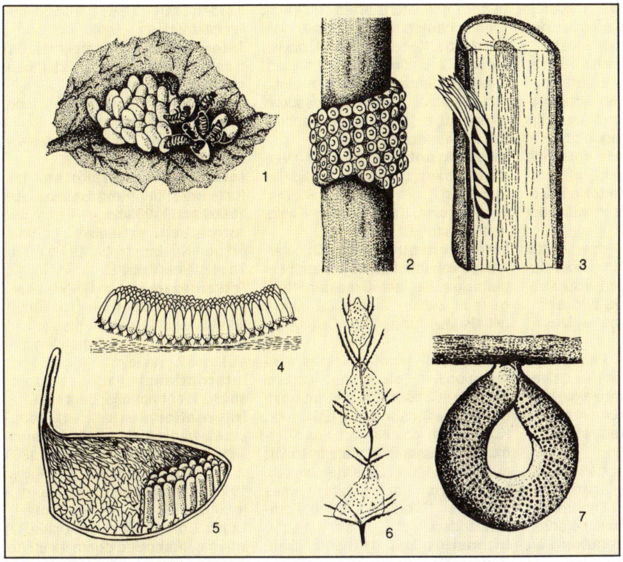

Insekten.
Verschiedene Eigelege: 1 Eiplatte des Kartoffelkäfers, 2 Eiringel des Ringelspinners, 3 Eizelle einer Binsenjungfer, 4 Eischiffchen der Gemeinen Stechmücke und 5 des Kleinen Kolbenwasserkäfers, 6 Laichballen der Gemeinen Smaragdlibelle, 7 Laichring der Frühlingsköcherfliege

in puncto [lat.], hinsichtlich.

Input, Eingangssignal, Eingangsgröße in einen Prozess, z. B. bei der Datenverarbeitung die Eingabe von Daten in einen Computer.

Input-Output-Analyse [-'aʊtpʊt-; engl.; gr.], Modell zur Untersuchung quantitativer Zusammenhänge zw. den versch. Produktions- u. Verbrauchssektoren einer Volkswirtschaft.

Inquisition [lat.], von kirchl. Institutionen durchgeführte Untersuchung u. staatl. betriebene Verfolgung von Häretikern zur Reinerhaltung des Glaubens *(Ketzerverfolgung).* Urspr. eine bischöfl. Einrichtung, wurde die I. seit Innozenz III. durch Sonderbeauftragte des Papstes geleitet. Papst Gregor IX. zentralisierte 1231/32 die I. zu einer päpstl. Behörde, die von den Inquisitoren (vornehml. Dominikaner) verwaltet wurde. 1252 wurde von Innozenz IV. die Anwendung der Folter gestattet. Die Strafen reichten von harmlosen Kirchenstrafen bis zum Tod durch Verbrennen. Die im Zuge der Gegenreformation 1542 von Paul III. errichtete oberste Instanz für alle Glaubensgerichte (das „Hl. Offizium") wurde erst auf dem 2. Vatikan. Konzil (1965) zur Glaubenskongregation umgewandelt.

I. N. R. I., Abk. für: **I**esus **N**azarenus **R**ex **I**udaeorum (= Jesus von Nazareth, Kg. der Juden), Kreuzesinschrift.

Insekten [lat.] (Kerbtiere), artenreichste Tierkl. (etwa 800000 Arten); zweiseitig symmetr., durch Tracheen atmende Gliederfüßer, chitinöses Außenskelett; Kopf mit einem Paar Fühlern, einem Paar Mundwerkzeugen, Brust mit 3 Bein- u. meist 2 Flügelpaaren, Hinterleib; hoch entwickelte Sinnesorgane; getrenntgeschlechtig, meist Eier legend; Brut macht meist eine Metamorphose durch, die Larve (Made, Raupe u. a.) unterscheidet sich vom *Vollinsekt* (Imago) durch einfacheren Körperbau; wichtige Ordnungen: Hautflügler, Käfer, Schmetterlinge, Fliegen, Libellen, Heuschrecken, Flöhe, Termiten u. a.; zu den I. gehören auch die primitiver gebauten, sehr kleinen Urinsekten.

Insektenfresser, Ordn. (mit rd. 375 Arten) weit verbreiteter kl. Säugetiere; in M-Europa Spitzmaus, Igel, Maulwurf.

Insektizid [lat.], chem. Mittel zur Vernichtung von Insekten.

Inseln über dem Winde, Inseln unter dem Winde, zwei Inselgruppen der Kleinen ↑Antillen.

Insemination [lat.]: **1)** svw. ↑Besamung; **2)** künstl. Befruchtung.

Insider ['ɪnsaɪdə; engl.], jemand, der best. Dinge als Eingeweihter genau kennt; *I.geschäfte* an Börsen sind verboten.

Insignilen [lat.], Abzeichen der Macht, des Standes u. der Würde.

in situ, in natürl. Lage, an Ort u. Stelle; Die *In-situ-Vergasung* ist die Untertagevergasung.

Insolvenz [lat.], Zahlungsunfähigkeit (↑Konkurs).

in spe [lat.], zukünftig, baldig.

Inspekteur [-'tø:r; frz.], in der dt. B.-Wehr Dienststellung der ranghöchsten Soldaten der Streitkräfte u. des Sanitäts- u. Gesundheitswesens.

Inspiration [lat.]: **1)** Einatmung; **2)** [göttl.] Eingebung; Anregung.

Inspizient [lat.], Bühnen-, Spielwart (Rundfunk, Theater).

inspizieren, be[auf]sichtigen.

Installation [lat.]: **1)** Einrichtung, Einbau, Anschluss [von techn. Anlagen]; **2)** feierl. Einführung in ein [geistl.] Amt.

Instanz [lat.], zuständ. Stelle, v. a. bei Behörden, Gerichten.

Insterburg (russ. Tschernjachowsk), ostpreuß. St. am Zusammenfl. von Inster u. Angerapp, Russland, 30000 E; Burg des Dt. Ordens; Nahrungsmittelindustrie.

Instinkt [lat.], ererbtes, biol. zweckmäß., arteigenes Verhaltensprogramm, das best. bes. lebenswichtige Handlungen steuert.

Institut [lat.], Einrichtung, Unternehmen; Bildungs-, Forschungsanstalt.

Institut de France [ɛ̃sti'ty də 'frɑ̃s], wiss.-künstler. Institution in Frkr., Sitz Paris; begr. 1795, umfasst die 5 gr. frz. Akademien: Académie française, Académie des inscriptions et belles-lettres, Académie des sciences, Académie des beaux-arts, Académie des sciences morales et politiques.

Institut für deutsche Sprache, Abk. **IDS,** Institut zur Erforschung der dt. Gegenwartssprache, gegr. 1964, Sitz Mannheim.

Institution [lat.], Einrichtung.

Instruktion [lat.], eine Vorschrift bzw. [Dienst]anweisung.

Instrument [lat.], Mittel od. Gerät zur Ausführung best. wiss. od. techn. Arbeiten.

Instrumental[is], das Mittel oder Werkzeug bezeichnender Kasus (in slaw. Sprachen erhalten).

Instrumentalmusik, nur mit Instrumenten vorgetragene Musik; Ggs. Vokalmusik.

Instrumentenflug, Flug [ohne Bodensicht] unter alleiniger Orientierung durch die Anzeige der Flug[navigations]instrumente.

Instrumentenlandesystem ↑ILS.

Insuffizi|enz [lat.], ungenügende Arbeitsleistung eines Organs.

Insulin [lat.], in den Langerhans-Inseln der Bauchspeicheldrüse gebildetes Hormon; reguliert den Blutzuckerspiegel; bei I.mangel Diabetes mellitus.

Insulinde ↑Malaiischer Archipel.

Insult [lat.]: **1)** grobe Beleidigung; **2)** Anfall (Med.).

Inszenierung [gr.], Vorbereitung u. Gestaltung einer Bühnenaufführung, eines Films.

Intarsi|en [ital.], Einlegearbeiten in Holz aus andersfarb. Holz, Elfenbein, Schildpatt, Metall u. a.

integer [lat.], unversehrt, ohne Makel, unbescholten.

Integralrechnung, Teil der ↑Analysis; formale Umkehrung der Differenzialrechnung; ermittelt durch *Integration* eine unbek. *Stammfunktion* $F(x)$ aus ihrer bek. abgeleiteten Funktion $f(x) = F'(x)$ als *unbest. Integral* von $f(x)$, (x) als *unbest. Integral* von $f(x)$, geschrieben $F(x) = \int f(x)dx + C$ (C willkürl. Konstante). Das *bestimmte Integral* $\int_{x_1}^{x_2} f(x)dx$ liefert den Inhalt der Fläche, die von der Kurve $y = f(x)$, der Abszissenachse u. den beiden Ordinaten $f(x_1)$ u. $f(x_2)$ begrenzt wird. Anwendung u. a. zur Flächen- u. Volumenberechnung.

Integration [lat.]: **1)** Wiederherst. einer Einheit, Vervollständigung; **2)** Zusammenschluss von Teilen zu einem übergeordneten Ganzen; *europ. I.,* fortschreitender polit. u. wirtsch. Zusammenschluss Europas; **3)** ↑Integralrechnung.

integrierte Schaltung, Abk. IS oder IC, Schaltung von (über 1 Mill.) extrem miniaturisierten elektron. Bauelementen (Transistoren, Widerstände, Kondensatoren), die auf einem Chip untergebracht sind; verw. als Steuerelemente in elektron. Geräten u. Mikroprozessoren.

Integrität [lat.], Unbescholtenheit; Unverletzlichkeit.

Intellektuelle[r], [einseit.] Verstandesmensch; auch: geistig Geschulte[r].

Intelligenz, [bes.] geist. Fähigkeit, Verstand.

Intelligenzquotient (IQ), Verhältnis von Intelligenzalter zum Lebensalter, das den Grad der Intelligenz in Zahlen wiedergibt. Der I. gilt als Maß für geistige Leistungsfähigkeit.

INTELSAT [Kw. aus engl.: **In**ternational **Tel**ecommunications **Sat**ellite Consortium = Internat. Fernmeldekonsortium], 1964 gegr. Konsortium, das ein globales Kommunikationssatellitennetz betreibt; auch Name der Satelliten selbst.

Intendant [lat.], Leiter eines Theaters, Rundfunk- oder Fernsehsenders.

Intensität [lat.]: **1)** Stärke, Kraft, Gewalt; **2)** Leistung einer Strahlung pro Flächeneinheit (Physik).

intensiv, eindringlich, gründlich.

Intention [lat.], Absicht; Ziel.

inter..., Inter... [lat.], Bestimmungswort; Bed.: „zwischen".

Intercityzüge [-'sɪtɪ] (IC-Züge), der Schnellverbdg. zw. größeren Städten dienende Reisezüge der Dt. Bundesbahn im Ein-Stunden-Takt; zuschlagpflichtig; im grenzüberschreitenden Verkehr sind die *Eurocityzüge* (EC-Züge) eingesetzt. S. 1991 verkehren auf bes. ausgebauten Schnelltrassen die *Intercityexpresszüge* (ICE) mit Reisegeschwindigkeiten bis 250 km/h.

Interessengemeinschaft (IG), ein Zweckverband zur Wahrung gemeinsamer [wirtsch.] Interessen; die rechtl. Selbstständigkeit der Beteiligten bleibt erhalten.

Interface [ɪnte'feɪs] (*Schnittstelle*), in Computern der Übergang zw. Zentraleinheit u. Peripheriegeräten od. zw. Rechenwerk u. Speicher.

Interferenz [lat.], Überlagerung von Wellen, die zu einer räuml. versch. Intensitätsverteilung führt; *interferieren* 2 Wellen gleicher Wellenlänge u. Amplitude, so kommt es bei ganzzahliger Phasendifferenz zu maximaler Verstärkung *(I.maximum),* bei gegenphasigem Gangunterschied (Wellenberg trifft auf Wellental) zur völligen Auslöschung *(I.minimum).*

Interferone, pflanzen- u. tier- (auch Mensch) eigene Virushemmstoffe, artspezif. Glykoproteine, werden seit 1986 gentechnisch hergestellt.

Interieur [ɛ̃teri'øːr; frz.]: **1)** das Innere [eines Raumes]; **2)** Innenraumbild (Malerei).

Interim [lat.], vorläuf. Regelung, Übergangslösung.

Interjektion [lat.], Ausrufewort, z. B. ach! ei!

Interkontinentalraketen, mil. Raketen mit Reichweiten von 15 000 bis 20 000 km.

Interlaken, schweizer. Luftkurort im Kt. Bern, zw. Brienzer u. Thuner See, 4 900 E; ⛷.

Intermezzo [ital.]: **1)** Zwischenspiel (Drama, Oper); selbst. kurzes Musikstück; **2)** kurze Episode.

Internat, Lehr- u. Erziehungsanstalt mit Wohnheim.

international [lat.], zwischenstaatl., nicht national begrenzt.

Internationale [lat.]: **1)** sozialist.-gewerkschaftl. Zusammenschluss auf internat. Ebene; 1864 *1. I.* in London; 1889 *2. I.* in Paris; 1919 *3. (kommunist.) I.* (↑Komintern); 1938 *4. I.* in Mexiko (Trotzki); ↑auch Sozialist. Internationale; **2)** internat. Kampflied der marxist. Arbeiterbewegung.

Internationale Arbeitsorganisation (IAO; International Labour Organization, ILO), gegr. 1919, s. 1946 Sonderorganisation der UN, Sitz Genf; Aufgaben: Abstimmung und Verbesserung der Arbeitsbedingungen der Länder u. a.; erhielt 1969 den Friedensnobelpreis.

Internationale Atomenergie-Organisation (International Atomic Energy Agency, IAEA), 1956 gegr. internat., innerhalb der UN eigenständ. Organisation zur Förderung der friedl. Nutzung der Kernenergie, s. 1957 Sitz Wien.

Internationale Bank für Wiederaufbau und Entwicklung (International Bank for Reconstruction and Development, IBRD, Weltbank), 1944 gegr. Sonderorganisation der UN zur Finanzierung von Wiederaufbau- und Entwicklungsmaßnahmen und zur Förderung des internat. Handels der Mitgl.-Länder; Sitz Washington.

Internationale Handelskammer (IHK, Chambre de Commerce Internationale, ICC), 1920 gegr. Selbstverw.-Körperschaft der gewerbl. Wirtschaft (ohne Handwerk und Landw.) auf internat. Ebene; Sitz Paris.

Internationaler Bund Freier Gewerkschaften (IBFG) ↑Übersicht Gewerkschaften.

Internationaler Gerichtshof, Gerichtshof der UN, gegr. 1945, Sitz Den Haag; Nachf. des Ständigen Internat. Gerichtshofs des Völkerbundes; 15 Richter (gewählt für 9 J.) aus versch. Ländern.

Internationaler Währungsfonds (IWF, International Monetary Fund, IMF), 1944 gegr. Sonderorganisation der UN; Ziel: Zusammenarbeit auf währungspolit. Gebiet, Errichtung eines multilateralen Zahlungssystems, Stabilhaltung der Währung u. a.; Sitz Washington.

Internationales Einheitensystem ↑SI.

Internationales Olympisches Komitee (IOK, International Olympic Committee, IOC), höchste Instanz für die Durchführung der Olymp. Spiele; 1894 gegr., Sitz Lausanne.

Internationales Rotes Kreuz ↑Rotes Kreuz 2).

Internet [engl.], weltweites Datennetz für den paketvermittelten Datenaustausch insbes. über Telefonleitungen; hervorgegangen aus dem 1969 vom amer. Verteidigungsministerium zu militär. Zwecken eingerichteten *ARPA-net,* entwickelte sich zunächst als reines Wissenschaftsnetz. Neben dem Austausch von schriftl. Dokumenten *(E-Mail)* ermöglicht das I. seit der Einführung des *WWW (World Wide Web)* 1993 auch Multimedia-Anwendungen und den Übergang zu Onlinediensten.

internieren [lat.], in [staatl.] Gewahrsam nehmen, in Lagern unterbringen.

Internist [lat.], Facharzt für innere Krankheiten.

Internodium [lat.], der zw. Blattansatzstellen (Knoten) liegende Sprossabschnitt einer Pflanze.

Interpellation [lat.], parlamentar. Anfrage an die Regierung.

Interpol, Kurzbez. für die **Inter**nat. Kriminal**pol**izei, gegr. 1923 (1956 neu gegr.) zur wechselseitigen Unterstützung bei der grenzüberschreitenden Verfolgung v. Verbrechen, Sitz Paris.

Interpret [lat.], Ausdeuter, Erklärer; nachschaffender Künstler.

Interpreter [ɪnˈtəːprɪtə], Computerprogramm, das eingegebene Befehle sofort in die Maschinensprache übersetzt.

Interpunktion [lat.], Zeichensetzung.

Interregnum [lat.; = Zwischenherrschaft], Zeit vom Tode eines Herrschers bis zur Wahl des Nachf.; in der dt. Gesch. v. a. die Zeit zw. 1254 und 1273.

Interrogativ[um] [lat.], Fragefürwort (z. B. wer) oder -umstandswort (z. B. wo).

Intersex [lat.] (Scheinzwitter), krankhafte Mischung ♂ und ♀ Merkmale und Eigenschaften in einem normalerweise getrenntgeschlechtl. Individuum.

Intervall [lat.]: **1)** Zwischenraum, Zeitabstand; **2)** Abstand zweier zusammen- od. nacheinander klingender Töne (𝄞); **3)** (Zahlen-I.) zusammenhängende Teilmenge der reellen Zahlen.

Intervention, Vermittlung; Einmischung in die Angelegenheiten eines anderen [Staates].

Interview [-vju:; engl.], Befragung durch einen Reporter.

Interzellularen, meist mit Luft erfüllte Räume zw. den Zellen vieler pflanzl. Gewebe.

Inthronisation [lat.], feierliche Thronerhebung, Einsetzung.

intim [lat.], vertraut, [eng] befreundet; den sexuellen Bereich betreffend; *Intimsphäre,* der durch Sitte u. Ges. (Briefgeheimnis u. a.) geachtete u. geschützte Bereich des Privatlebens.

intolerant [lat.], unduldsam.

Intonation [lat.]: **1)** Art der Tongebung; **2)** Anstimmen liturg. Gesänge; **3)** Nachstimmen der Orgelpfeifen.

in toto [lat.], im Ganzen.

Intoxikation [lat.; gr.], Vergiftung.

intrakutan [lat.], in der Haut gelegen, in die Haut (Med.).

intramuskulär [lat.], innerh. des Muskels, in den Muskel (Med.).

Intransitiv[um] [lat.], Verbum, von dem kein Akkusativobjekt abhängen kann.

intravenös [lat.], in einer Vene, in die Vene (Med.).

Intrige, Ränkespiel, hinterhältige Machenschaft.

Introduktion [lat.], Einleitung[ssatz] (𝄞).

Introitus [lat.], liturg. Eingangsgesang.

introvertiert, auf sich selbst bezogen u. kontaktarm.

Intuition [lat.]: **1)** unmittelbare ganzheitl. Wahrnehmung; **2)** ohne Reflexion entstandene Erkenntnis, Eingebung.

intus [lat.], innen, inwendig.

Invalide [lat.], Arbeits-, Erwerbsunfähiger (durch Unfall u. a.).

Invarianz, Unveränderlichkeit einer best. Größe *(Invariante)* bei gewissen math. Operationen.

Invasion [lat.], Einfall; Einrücken feindl. Truppen in fremdes Gebiet.

Inventar [lat.]: **1)** Bestand[sverzeichnis] u. a. von Einrichtungsgegenständen; **2)** Verzeichnis der Vermögensgegenstände, das der Kaufmann neben der ↑Bilanz jährl. zu erstellen hat (↑Inventur); **3)** Verzeichnis des Erbnachlasses.

Inventur [lat.], Aufnahme der tatsächl. vorhandenen Vermögensbestandteile.

Inverness, nordostschott. Hafenst., 39 700 E; ⚓.

Inversion [lat.]: **1)** Umkehrung, Umstellung; **2)** Umkehrung der regelmäß. Satzstellung (Gramm.); **3)** Umkehrung des opt. Drehvermögens von Stoffen (☤); **4)** Zunahme der normalerweise mit der Höhe abnehmenden Temp. in einer [dünnen] Schicht der Atm.

Invertebraten [lat.], wirbellose Tiere.

Invertzucker, bei der Spaltung von Rohrzucker (Disaccharid) entstehendes Zuckergemisch aus Glucose u. Fructose.

Investition [lat.], langfrist. Anlage v. Geldkapital in Sachvermögen; *Brutto-I.* (Gesamt-I. in einer Periode), *Ersatz-* od. *Re-I.* (Ersatz der verbrauchten Anlagen), *Netto-* oder *Erweiterungs-I.* (Kapazitätsvergrößerung).

Investitur [lat.]: **1)** nach röm.-kath. Kirchenrecht d. förml. Einweisung in ein Kirchenamt; **2)** im Lehnsrecht der abschließende Akt der Übertragung von *Lehen.*

Investiturstreit, der im 11. Jh. zw. Papst Gregor VII. u. Ks. Heinrich IV. über die Frage der Laieninvestitur (Einsetz. v. Klerikern in ihr Amt durch Laien) ausgebrochene Konflikt; beendet durch das ↑Wormser Konkordat (1122).

Investmentgesellschaften (Investmenttrusts), Kapitalanlage- u. -beteiligungsges., die das durch Ausgabe v. *Investmentzertifikaten* beschaffte Kapital in Wertpapieren (in der Schweiz auch in Immobilien) anlegen u. verwalten.

in vino veritas [lat.], im Wein [ist] Wahrheit.

Invokavit [lat.], der 1. Fastensonntag.

involvieren [lat.], einschließen, in sich begreifen.

Inzest [lat.], sexuelle Beziehungen zw. engen Verwandten.

Inzucht, Fortpflanzung unter nahe verwandten Lebewesen; beschleunigt Art- u. Rassenbildung in der Tier- u. Pflanzenzucht; Gefahr des Auftretens von [rezessiven] Erbkrankheiten.

Io, griech. mythol. Gestalt; Geliebte des Zeus, zum Schutz in eine Kuh verwandelt, von Hera verfolgt, floh sie nach Ägypten.

Iod, Zeich. für ↑Jod.

IOK, Abk. für: ↑**I**nternationales **O**lympisches **K**omitee.

Iokaste, griech. Sagengestalt; Mutter u. Gemahlin des Ödipus.

Ionen [gr.], durch Abgabe (posit. I., Kationen) od. Aufnahme (negat. I., Anionen) v. Elektronen elektr.

Irak

Fläche: 434924 km²
Einwohner: (1995) 20,45 Mill.
Hauptstadt: Bagdad
Amtssprache: Arabisch
Zeitzone: MEZ +2 Stunden

posit. od. negat. geladene Atome, Atomgruppen od. Moleküle. I. treten in Gasen, Flüssigkeiten und festen Körpern auf.

Ionenaustauscher, anorgan. od. organ. Stoffe mit polaren Atomgruppen, von denen Ionen gg. andere Ionen aus einer Lösung ausgetauscht werden können (z.B. Natrium- gg. Calciumionen zur Wasserenthärtung).

Ionenbindung, chem. Bindung durch Anziehung entgegengesetzt geladener Ionen.

Ionenleiter, Stoffe, in denen die elektr. Leitfähigkeit auf der Wanderung von Ionen beruht, z.B. in Elektrolyten.

Ionesco, Eugène, * 1909, † 1994, frz. Dramatiker rumän. Herkunft; Hauptvertr. des absurden Dramas; „Die Stühle", „Die Nashörner", „Der König stirbt".

Ionier, einer der 3 altgriech. Hauptstämme; wanderte im 2. Jt. v. Chr. nach Griechenland ein; später auch an der W-Küste Kleinasiens *(Ionien),* in Sizilien u. Unteritalien.

Ionische Inseln, der W-Küste Griechenlands vorgelagerte Gruppe von griech. Inseln, 2307 km², dichter besiedelt als das griech. Festland. Bed. Baudenkmäler aus Antike; Anbau von Südfrüchten, Wein; Fischfang; Fremdenverkehr.

Ionisches Meer, Nebenmeer des Mittelmeeres zw. Unteritalien u. Griechenland, bis 4901 m tief.

Ionosphäre ↑ Atmosphäre 1).

Iowa ['aɪəwə], Abk. Ia., Io., Staat im M-Westen der USA, 145791 km², 2,78 Mill. E, Hptst. Des Moines; 95,5% der Fläche landw. genutzt; Mais, Hafer, Gerste; bed. Viehzucht; reiche Gipsvorkommen.

Iphigenie, griech. Sagengestalt; von ihrem Vater Agamemnon in Aulis geopfert, von Artemis entführt, Priesterin bei den Tauriern; von ihrem Bruder Orestes befreit.

Ipswich ['ɪpswɪtʃ], engl. St., Hptst. der Gft. Suffolk, 120400 E; Fischerei, vielseit. Ind.; ⚓, ✈.

IQ, Abk. für: ↑ **I**ntelligenz**q**uotient.

Ir, Symbol für ↑ Iridium (☋).

IRA [aɪɑː'eɪ], Abk. für: **I**r.-**R**epublikan. **A**rmee; radikalnationalist., illegale Terrororganisation in der Rep. Irland u. N-Irland mit dem Ziel eines gesamtir. Einheitsstaates; gegr. 1919.

Irak, Rep. in Vorderasien. *Bev.:* Araber, Kurden, Türken, Iraner u. a. *Religion:* 93% Muslime, 5% Christen. Kerngebiet ist Mesopotamien; Hauptflüsse: Euphrat u. Tigris; vorw. Halbwüsten- u. Wüstenvegetation, im NO vereinzelt Waldbestände. Acker- u. Gartenbau vielf. nur durch künstl. Bewässerung mögl.; Anbau v. Getreide, Tabak, Baumwolle; Dattelpalmbestände; Viehhaltung (Schafe, Ziegen, Rinder); von gr. Bed. Erdöl- und Erdgasvorkommen bei Mosul, Kirkuk u. Basra; Ind.-Zentrum Bagdad; *Häfen:* Basra und Umm Kasr. *Hauptexportgüter:* Erdöl, Datteln. – *Gesch.:* Mesopotamien ist die Heimat alter Kulturen (↑ Sumerer, ↑ Babylonien und Assyrien). 1638–1918 osman.; 1921 Einsetzung Kg. Faisals I. durch Großbrit.; 1932 brit. Anerkennung der Unabhängigkeit; 1958 Sturz der Monarchie; 1968 Staatsstreich der Bath-Partei; 1972 irak.-sowj. Freundschaftsvertr.; 1980–88 Krieg mit Iran, u. a. um die Vorherrschaft am Pers. Golf; 1990 Annexion von Kuwait, führte zunächst zu Embargomaßnahmen aufgrund v. UN-Beschlüssen u. Frühjahr 1991 zum Krieg mit einer intern. Truppe unter Führung der USA, die im Auftrag der UN Kuwait befreite. Mitgl. der UN.

Iraklion, griech. Hafenst. an der N-Küste v. Kreta, 102400 E; Museum (u. a. Funde v. Knossos); Teiluniv.; ✈. – Im Altertum *Heraklion.*

Iran (Persien), Staat in Vorderasien. *Bev.:* rd. 70% Perser, daneben Kurden, Turkmenen, Aserbaidschaner, Armenier, Araber u. a. *Religion:* Vorw. Schiiten. Randl. v. hohen Gebirgszügen (Elburs-, Kuhrud-, Sagrosgeb. u. a.) durchzogen, im Innern weite halbwüsten- u. wüstenhafte Hochflächen. Abgestuftes *Klima:* Subtrop., z.T. extrem arid. *Landw.:* Reis, Baumwolle, Obst, Wein, Tee, Tabak; verbreitet Schaf-, Ziegen-, Rinderzucht. *Bodenschätze:* Abbau von Kohle, Eisen-, Chrom- u. a. Erzen u. v. a. Erdölförderung; Verschiffung über die Insel Charg im Pers. Golf. *Ind.:* Erdölraffinerie, Eisen- u. Stahl-, Textil-, Nahrungsmittel- u. a. Ind. – *Gesch.:* Beginn der mod. Entwicklung Persiens (seit 1934 amtl. I.) unter Schah Resa Pahlewi (1925–41); 1941 alliierte Besetzung, 1941–79 Schah Mohammad Resa Pahlewi. Nach Volkserhebung (ab 1978) u. Flucht des Schah, Jan. 1979, rief der schiit. Ajatollah R. Khomeini die radikale „Islam. Republik" aus; nach dessen Tod (1989) leichte Liberalisierungstendenzen; Versuche, die ehem. sowjet. islam. Nachbarstaaten zu beeinflussen. 1980–88 Krieg gg. Irak. Mitgl. der UN; ↑ auch pers. Geschichte.

Irenäus von Lyon, hl., * etwa 140/150, † nach 200, Kirchenvater, Bischof von Lyon u. Vienne (seit 177 oder 178).

Irian Jaya (Westirian), indones. Teil von ↑ Neuguinea 1), 421981 km², 1,65 Mill. E, Hptst. Jayapura.

Iridium [gr.], chem. El., Symbol Ir, OZ 77, rel. A.-Masse 192,22, Dichte 22,65 g/cm³, Fp. 2443 °C, Sp. rd. 4527 ± 100 °C; zu den Platinmetallen gehörendes Edelmetall; sehr selten; verw. v. a. in Legierungen.

Iris ↑ Schwertliliengewächse.

Iris, Regenbogenhaut des Auges.

Irisch, eine der kelt. Sprachen.

Iran

Fläche: 1648000 km²
Einwohner: (1995) 67,28 Mill.
Hauptstadt: Teheran
Amtssprache: Persisch
Zeitzone: MEZ +2½ Stunden

Irishstew ['aırıʃ 'stju:; engl.], Eintopfgericht aus Weißkraut mit Hammelfleisch u. a.

irisieren [gr.], in den Farben des Regenbogens schillern.

IRK, Abk. für: **I**nternat. ↑**R**otes **K**reuz 2).

Irkutsk, St. an der Angara, Russland, 626 000 E; Univ., mehr. Hochschulen; versch. Ind.; ✈; nahebei bed. Magnesitvorkommen.

Irland: 1) Insel im Atlantik, 84 403 km², 5,1 Mill. E; von der brit. Hauptinsel durch die Ir. See getrennt; im N u. S Gebirge, im Innern die geräumige Zentralebene mit gr. Mooren, wasserreichen Flüssen und Seen; ozean. Klima mit reichl. Niederschlägen; waldarm. Der NO (↑Nordirland) gehört polit. zu Großbrit. u. Nordirland; **2)** Rep., umfasst den Hauptteil von 1). *Bev.:* überwiegend kath., urspr. kelt.; erste Amtsspr. Gäl., zweite Engl. *Wirtsch.:* hpts. Viehzucht, auf der 60 % des Exportes basieren. *Bodenschätze:* etwas Steinkohle, Blei-Zink-Erze, Torf. *Industrie:* Automontagewerke, chem.-pharmazeut., Textil-, Maschinen-, Nahrungsmittelind., Brauereien. – *Gesch.:* in vorgeschichtl. Zeit kelt. Besiedlung, im 5. Jh. Christianisierung u. Entstehung der hpts. v. Mönchen getragenen *iroschott. Kirche* (Blüte 6. bis 9. Jh.). 1171 Beginn der engl. Eroberung I.s; s. der Reformation Verstärkung der polit. Gegensätze zu England durch relig. Ggs., da I. kath. blieb; blut. Niederwerfung von Aufständen, bes. durch O. Cromwell; polit. Entrechtung der Iren, Einziehung des Landbesitzes zugunsten engl. Grundherren; 1801 staatsrechtl. Union mit Großbrit., im 19. Jh. Massenauswanderung; 1912–14 Bewilligung der lange geforderten Selbstverw. (Homerule); 1921 *als Freistaat I.* (ohne Nordirland) Dominion, 1937 souveräner Staat, 1949 Austritt aus dem Commonwealth; Mitgl. der UN, der EG u. des Europarats.

Irland

Fläche: 70 283 km²
Einwohner: (1995) 3,55 Mill.
Hauptstadt: Dublin
Amtssprachen: Irisch, Englisch
Zeitzone: MEZ – 1 Stunde

Irminsul (Irminsäule), heidn. Heiligtum der Sachsen, v. Karl d. Gr. nach Eroberung der Eresburg (772) zerstört.

Irokesen, Indianerstämme im NO der USA; bek. durch den im 16. Jh. gegr. *I.bund.*

Ironie [gr.], spött.-distanzierte Über- od. Untertreibung.

irrationale Zahlen, nicht durch Brüche ganzer Zahlen darstellb. reelle Zahlen (z. B. $\sqrt{2} = 1,41...$) mit unendl., nichtperiod. Dezimalstellen.

Irrealis, Zeitwortform der Unwirklichkeit (z. B. wenn du *sähest*).

irritieren [lat.], reizen; unsicher machen, verwirren.

Irrlicht, Leuchterscheinung in sumpf. Gelände; wahrsch. durch Selbstentzündung von Sumpfgas od. Phosphorwasserstoff.

Irtysch, l. Nbfl. des Ob, Sibirien, 4 248 km, entspringt als *Schwarzer I.* im Mongol. Altai.

Irving, Washington ['ə:vıŋ], * 1783, † 1859, amer. Schriftsteller; bed. Kurzgeschichten.

is[o]..., Is[o]... [gr.], Bestimmungswort; Bed.: „gleich".

Isaac (Ysa[a]c), Heinrich, * um 1450 (?), † 1517, fläm. Komponist; Meister des mehrstimm. Satzes.

Isaak, Patriarch des A. T., Sohn Abrahams u. Saras; I.s Opferung wird von Gott gefordert, dann verhindert; seiner Ehe mit Rebekka entstammen Jakob und Esau.

Isabella I., die Kath., * 1451, † 1504, s. 1474 Kgn. v. Kastilien-León; durch Vermählung mit Kg. Ferdinand II. von Aragonien Vereinigung beider Länder.

Isar, r. Nbfl. der Donau, 295 km.

ISBN, Abk. für: **i**nternat. **S**tandard**b**uch**n**ummer (seit 1973); Schlüsselnummer (Aufschlüsselung nach Land, Verlag u. a.), die jedes Buch beim Erscheinen erhält.

Ischia ['iskia]: **1)** ital. Insel im Golf v. Neapel, 46,4 km²; Thermalquellen; Fremdenverkehr; **2)** Ort im NO v. 1), 16 400 E, mit Kastell (15. Jh.); Seebad.

Ischia. *Kastell des Ortes*

Ischias [gr.], anfallartige, auch längere Zeit bestehende Neuralgie im Bereich des Hüftnervs.
Ischtar (Istar), weibl. Hauptgottheit der Babylonier; als Morgenstern Göttin des Kampfes, als Abendstern Göttin der Liebe.
ISDN, Abk. für engl.: **I**ntegrated **S**ervices **D**igital **N**etwork, „Dienste integrierendes digitales Fernmeldenetz", das zur binärcodierten Übertragung von Sprache, Text, Daten u. Bildern geeignet ist. Dem ISDN-Teilnehmer stehen 3 Kanäle zur Verfügung (z. B. Telefon, Telefax, Btx), über die mehrere Geräte parallel laufen können; die Übertragungsgeschwindigkeit liegt bei 64000 Bits/s, sodass auch Bilddaten, z, B. für Videokonferenzen übertragen werden können.
Isegrim [altdt. „Eisenhelm"], Name d. Wolfs in der Fabel.
Isel (Bergisel), östr. Berg südl. v. Innsbruck, 749 m.
Isère [i'zɛːr], l. Nbfl. d. Rhone, vom *Col de l'Iseran* (2769 m), 290 km.
Iserlohn, St. im Sauerland, NRW, 99300 E; Abt. d. Fachhochschule Hagen; ev. Akad.; Masch.-, Metallwaren-, Textil- u. a. Industrie.
Isfahan, Prov.-Hptst. in Iran, rd. 1 Mill. E; Univ.; bed. Moscheen; Nahrungsmittel-, Textilind.; ✈. – 1598 bis Mitte 18. Jh. Hptst. des Iran.
Isherwood, Christopher ['ɪʃəwʊd], * 1904, † 1986, angloamerikan. Schriftsteller; sein Bericht über das Berlin vor 1933 („Leb' wohl, Berlin") ist Grundlage des Musicals „Cabaret"; Romane.
Isidor von Sevilla, hl., * um 560, † 636, span. Kirchenlehrer; um 600 Erzb. von Sevilla; letzter bed. Autor der Spätantike.
Isis, ägypt. Göttin, Schwestergemahlin des Osiris, Mutter des Horus.
İskenderun, türk. Hafenst. am *Golf v. I.* (Mittelmeer), 156000 E; Stahlwerk; Pipeline-Endpunkt.
Islam [arab.; = Hingebung], von Mohammed gestiftete monotheist. Gesetzesreligion; Lehre (Einfluss v. jüd. u. christl. Vorstellungen): Allah der einz. Gott, Mohammed sein Prophet (at. Propheten u. Jesus seine Vorläufer), der Koran ist die unfehlb. Offenbarung Gottes, auf den Gläubigen *(Muslim)* wartet nach Befolgung der Gesetze (tägl. 5-mal. Gebet, Almosen, Fasten im Monat Ramadan u. Pilgerfahrt nach Mekka) das Paradies mit 7 Himmeln; die orth. Hauptrichtung der *Sunniten* (92 %) stützt sich auf die *Sunna* (überlieferte Sprüche und Lebensgewohnheiten Mohammeds), daneben *Schiiten* (eschatol.-neuplaton. Lehre; Streit über die rechtmäß. Nachf. Mohammeds: *Ismailiten, Imamiten, Zaiditen*) u. a. Sekten; rd. 1 Mrd. Anhänger.
Islamabad, Hptst. v. Pakistan, nö. v. Rawalpindi, 236000 E; Univ., Forschungsinstitute.
islamische Kunst, Kunst der islam. Völker; im 7. Jh. in Syrien, Palästina, Ägypten, Mesopotamien u. in Iran (arab. Kunst) entstanden, trat sie das Erbe der Spätantike an. Vorw. Ornamentik mit 4 Gattungen: figürl., vegetabil, geometr., Schrift. Alle Formen flächenhaft. Epochengliederung nach den Dynastien: Omaijaden (661–750): Ausbildung der Moschee; Abbasiden (749–1258): Vordringen des pers. (v. a. im Palastbau) u. des innerasiat. (Grabbauten) Einflusses; Omaijaden in Córdoba (756 bis 1030): Ausbildung der span.-maur. Kunst; Seldschuken (11.–13. Jh.): u. a. Blüte der Buchmalerei; Fatimiden und Mamelucken in Ägypten: Grabmoschee u. a.; Osmanen (Türkei) mit Glasurfarbenkeramik; Mogulzeit in Indien (1526–1858): u. a. reich dekorierte luftige Zentralkuppelbauten.
Island, Inselrep. im nördl. Atlantik. I. ist vulkan. Ursprungs, heute noch rd. 30 tätige Vulkane (1973 Ausbruch auf Heimaey), viele Geysire u. heiße Quellen; im Innern gewaltige Gletscher (Vatnajökull 8456 km^2 u. a.). Im S z. T. Flachküste mit kl. Buchten; übrige Küsten reich gegliedert. Klima im S u. W ozean. mild, im N u. O kühl; im S hohe Niederschläge. Arkt.-alpine Gebirgstundra. Anbau von Kartoffeln, Rüben, auf den meist kärgl. Weiden Ponys, Schafe, Rinder. Wichtigste Erwerbsquelle (80 % des Exports) ist der Fischfang. Fischverarbeitung, Aluminiumhütte. 8000 km [z. T. schlechte] Straßen, viele Flugplätze; keine Eisen-

islamische Kunst. *Fayencendekor (15. Jh.) an der Freitagsmoschee in Isfahan (links); Bodenmalerei (um 740, Syrien; rechts)*

bahn. – *Gesch.:* Um 800 von iroschott. Mönchen, um 874 von Wikingern besiedelt, um 1000 Christianisierung; 1262 norweg., 1380 dän.; 1874 Verf., 1918 Unionsakte: I. selbst. Staat in Personalunion mit Dänemark; 1944 Rep.; nach 1958 wiederholt Fischereikonflikte wegen Ausweitung der Fischereigrenze auf (mittlerweile anerkannte) 200 Seemeilen.

Isländisch, aus dem Altnord. entstand. nordgerm. Sprache.

isländische Literatur, vor 1400 ↑altnord. Lit.; im 19. Jh. Romantik; im 20. Jh. Neu- und Nationalromantik (G. Kamban, G. Gunnarsson), Aufkommen einer realist.-sozialist. Richtung (H. Laxness).

Isländisch[es] Moos, Flechte trockener Heideflächen u. lichter Gebirgswälder; für Hustenmittel.

Isle of Man ['aɪl ɔv 'mæn], ↑Man.

Ismael, im A.T. Sohn Abrahams u. der ägypt. Sklavin Hagar; Stammvater der Ismaeliten (arab. Stämme).

Ismailia, ägypt. St. am Suezkanal, 236 000 E; Verw.- u. Verkehrsleitungszentrum für den Suezkanal.

Isny im Allgäu, St. in Ba.-Wü., 14 500 E; altertüml. Stadtbild; Fachhochsch., Luftkurort; Textilind.

ISO, Abk. für: **I**nternational **O**rganization for **S**tandardization, 1946 gegr. internat. Normenvereinigung.

Isokrates, * 436, † 338 v. Chr., griech. Redner; begr. um 390 bed. Rhetorenschule in Athen.

Isolation [lat.]: **1)** Absonderung; Vereinsamung; **2)** Verhinderung des Übertrittes v. Energie (Wärme, Elektrizität) od. best. Stoffen (Feuchtigkeit) zw. zwei Medien durch Zwischenschaltung einer undurchläss. Schicht *(Isolator).*

Isolde, ma. Sagengestalt (↑Tristan und Isolde).

Isolini|en [gr.; lat.], Linien, die Punkte od. Orte gleicher Werte od. Merkmale verbinden.

Isomere [gr.], chem. Verbdg., die die gleiche Bruttoformel, aber versch. Strukturformeln haben.

Isonzo (slowen. Soča), Zufluss der Adria aus den Jul. Alpen, 138 km, Oberlauf slowen., Unterlauf ital.

isotonisch [gr.], von gleichem osmot. Druck.

Isotope [gr.], Atomarten eines chem. El., mit Atomkernen gleich vieler Protonen, aber unterschiedl. vieler Neutronen.

Isotopenbatterie, Vorrichtung zur direkten Umwandlung von Strahlungs- in elektr. Energie.

Isotopentrennung, Anreicherung eines best. Isotops in einem Isotopengemisch mit physikal. u. chem. Verfahren; wichtig zur Urananreicherung.

Island

Fläche: 103 000 km²
Einwohner: (1998) 277 000
Hauptstadt: Reykjavík
Amtssprache: Isländisch
Zeitzone: MEZ – 1 Stunde

Isra|el: 1) das nördl. der beiden nach dem Tode Kg. Salomos (um 925 v. Chr.) aus seinem Reich entstandenen Teilreiche; **2)** Rep. an der vorderasiat. Mittelmeerküste. *Geograph. Gliederung:* Küstenebene am Mittelmeer, die zum Landinneren in die Hochländer v. Galiläa, Samaria u. Judäa übergeht; ostwärts fällt das Geb. ab zum Jordangraben mit dem Toten Meer (396 m u. d. M.) u. dem See v. Genezareth (209 m u. d. M.); das Wüstengebiet des Negev im S nimmt mehr als die Hälfte des Landes ein. *Klima:* mediterran, Teile d. Jordangrabens u. der Negev arid; I. ist waldarm. *Landw.:* Anbaugebiete sind v. a. die Küstenebene u. der N des Landes; angebaut werden Getreide, Baumwolle, Zitrusfrüchte u. Gemüse; Aufforstung, charakt. ist die genossenschaftl. Siedlungsform des Kibbuz. *Bodenschätze:* Phosphate, Kupfererz, Malachit, Quarzsand, Erdgas, Brom- u. Kalisalze. *Industrie:* Chem. Ind., Stahlwerke, Erdölraffinerien, Baustoff-, Metall-, Fahrzeug-, Textilind., Diamantenschleifereien u. a.; Häfen: Haifa, Tel Aviv-Jaffa, Elat, internat. ✈ in Lod. – *Gesch.:* Am 15. 5. 1948 endete das brit. Mandat über Palästina; Ausrufung des unabhängigen jüd. Staates; der Angriff der arab. Staaten führte zum Krieg; Waffenstillstand im März 1949; verstärkte jüd. Einwanderung, Flucht eines gr. Teiles der arab. Bev.; Okt./Nov. 1956 erneuter bewaffneter Konflikt mit Ägypten zugleich mit der brit.-frz. Intervention in der Suezkrise; 1967 Sechstagekrieg: israel. Eroberung des Gazastreifens, der Sinaihalbinsel, der Golanhöhen (1981 annektiert) u. des Westjordanlands; terrorist. Aktionen durch die PLO sowie isr. Gegenaktionen; 1973 ägypt.-syr. Überraschungsangriff (Jom-Kippur-Krieg); 1979 Friedensvertrag mit Ägypten; Rückgabe der Sinaihalbinsel 1982; 1982 Einmarsch isr. Truppen in den Libanon zur Ausschaltung der PLO; endgültiger Rückzug Mai 2000; 1993 Gaza-Jericho-Abkommen u. 1994/95 Autonomieabkommen mit der PLO (Gewährung palästinens. Selbstverw. im Gazastreifen sowie im Westjordanland); 1994 Friedensvertrag zw. Jordanien u. I.; 1995 Ermordung von ↑Rabin; 1998 Wye-, 1999 Wye-II-Abkommen; ab 1999 Endstatusverhandlungen überfällig (Streitpt.: v. a. Status von Jerusalem, Rückkehr der Flüchtlinge). – 1949–77 Reg.sbildung durch die sozialdemokrat. Mapai bzw. das Bündnis der Arbeiterparteien Maarach, danach durch national-konservativen Likudblock; 1984–90 Koalitionsreg. von Likud u. Maarach, danach von Likud und ultrarechten Splitterparteien, 1992–96 Koalition von Israel. Arbeitspartei mit Meretzblock, 1996–99 Koalition von Likud, Konservativen u. ultrarelig. Splitterparteien; 1999 Wahlbündnis „Ein Israel" (u. a. Arbeitspartei), 2001 Likud und Arbeitspartei.

Israel

Fläche: 20 770 km²
Einwohner: (1998) 5,88 Mill.
Hauptstadt: Jerusalem
Amtssprachen: Hebräisch und Arabisch
Zeitzone: MEZ + 1 Stunde

Italien

Fläche: 301 277 km²
Einwohner: (1998) 57,61 Mill.
Hauptstadt: Rom
Amtssprache: Italienisch
Zeitzone: MEZ

Issos, antike St. in Kilikien, am Golf von Iskenderun; bei I. 333 v. Chr. Sieg Alexanders d. Gr. über den Perserkg. Darius III.

Istanbul (bis 1930 Konstantinopel, im Altertum Byzanz), türk. St. am Bosporus, 6,7 Mill. E; Handels- u. Kulturzentrum, Hochsch. (Univ., TH), wiss. Institute, Museen, Bibliotheken. Zentrum der St. auf d. europ. Ufer mit Hafen (Goldenes Horn); alte Bauwerke: Hagia Sophia, Stadtmauer, Sultanspalast, Moscheen, Galataturm; Hängebrücke über den Bosporus (1 506 m). – S. d. türk. Eroberung (1453, ↑Byzanz) bis 1923 Hptst. der Türkei.

Istri|en, Halbinsel an der Adria; zu Kroatien, im nördl. Teil zu Slowenien; verkarstetes Inneres; an der Küste Seebäder.

Itala, Sammelbez. der altlat. Bibelübersetzungen vor der Vulgata.

Itali|en, Rep. in S-Europa. 97 % röm.-kath.; im N dt., frz., ladin. u. slaw. Minderheiten. Staatsspr. Italienisch, in Südtirol auch Dt., hier u. im Aostatal (frz. Bev.) Autonomierechte; Sizilien u. Sardinien sind autonome Regionen. *Gliederung* u. *Aufbau:* I. gliedert sich in Ober-I. (von den Alpen bis südl. des Po), Mittel-I. (bis nördl. Neapel), S-Italien und Insel-I. (u. a. Sardinien, Sizilien). Im N Anteil an den Alpen (an den Talausgängen des Geb. die oberital. Seen; Gardasee, Comer See, Lago Maggiore u. a.). Die fruchtb., feuchte, von eingedeichten Flüssen durchzogene Poebene dehnt sich in einem Lagunengürtel jährl. um rd. 1 km² ins Adriat. Meer aus. Die kahlen Geb.-Ketten des Apennin bilden den Hauptteil der Halbinsel, dem an der W-Seite eine Kette v. Erhebungen (z. T. vulkan. Ursprungs) vorgelagert ist; zw. ihnen liegen ehem. versumpfte Ebenen. Im SO gliedern sich dem Apennin die Landschaften Apuliens an, im SW findet der Apennin seine Forts. jenseits der Straße v. Messina im hohen Kalkgeb. im N Siziliens, dem sich im S fruchtbares Hügelland anschließt. Erdbeben u. reger Vulkanismus (Vesuv, Ätna, Phlegräische Felder, Vulcano, Stromboli), ferner viele Mineralquellen, Solfataren u. Soffionen. Ein weit verzweigtes Flussnetz hat nur der Po. *Klima:* In der Poebene fast mitteleurop., an den oberital. Seen subtrop. mild; die Halbinsel hat mediterranes Klima. In der *Wirtsch.* ist Ober-I. den anderen Gebieten, bes. Unter-I. („Mezzogiorno"), überlegen. Einen bed. Teil des ital. Exportvolumens machen Güter der Landw. aus: Wein, Tabak, Zitrusfrüchte, Olivenöl, Frühgemüse. An *Bodenschätzen* ist I. relativ arm; Erdöl-, Erdgas-, Zink-, Bauxit-, Kohle-, Eisenerz- u. Quecksilbervorkommen; reich ist das Land an Schwefel u. Marmor. Bed. sind Kfz-, chem., Textil-, Masch.-, Elektro-, Nahrungsmittelind.; Fremdenverkehr. – *Geschichte:* Seit Ende des Weström. Reiches unter german. Herrschaft; auf Odoaker folgte das Ostgotenreich Theoderichs d. Gr. (Hptst. Ravenna); 553 oström.; 568 Eindringen der Langobarden u. Gründung eines Reiches (Hauptst. Pavia); in Mittel-I. Ausbildung des durch die Pippinische Schenkung begr. Kirchenstaates. Karl d. Gr. unterwarf die Langobarden (774) u. wurde Schutzherr des Kirchenstaates. Karls Ks.-Krönung durch den Papst begr. die Verbdg. v. Kirche u. Imperium; I. blieb bis ins späte MA Teil des Reiches. Durch Ausdehnung der stauf. Macht über das Normannenreich in Unter-I. Umklammerung des Kirchenstaates. 1266 Unter-I. an die frz. Anjou (1282 Sizilien, 1442 Neapel an Aragonien). Im N im 14. u. 15. Jh. Entstehung von Mittel- u. Kleinstaaten (u. a. Florenz, Venedig, Mailand), die bed. kulturelle Leistungen hervorbrachten (Humanismus, Renaissance). Im Kampf gg. Frkr. errang Spanien im 16. Jh. die Vormachtstellung in I., 1713 span. Besitzungen (Sardinien, Neapel, Sizilien, Mailand) an Östr.; selbst. blieben im Wesentl. nur der Kirchenstaat u. Piemont-Savoyen, das 1720 Sardinien erhielt. Neapel-Sizilien 1735 an die span. Bourbonen, Toskana 1737 an Habsburg-Lothringen, Korsika 1768 an Frkr. Nach dem Zusammenbruch der napoleon. Herrschaft Rückkehr der alten Dynastien, Wiederherstellung des Kirchenstaates u. des Kgr. Sardinien. Östr. erhielt 1815 außer der Lombardei auch Venetien u. herrschte in Toskana, Modena u. Parma. 1815–70 Zeit des ↑Risorgimento. 1859 gewann Sardinien-Piemont mit frz. Hilfe die Lombardei von Östr. Eine von Cavour entfesselte Nationalbewegung brachte den Anschluss M-I.s (ohne Kirchenstaat); Garibaldi besetzte 1860 Sizilien u. Neapel. 1861 Ausrufung des Kgr. I., ohne Venetien (bis 1866, preuß. Sieg über Östr.) u. Rom (bis 1870, Abzug der frz. Truppen). 1882 Dreibund mit Östr.-Ungarn u. dem Dt. Reich. In Kriegen gg. Abessinien (1887–89) u. die Türkei (1911/12) Gewinn von Kolonien. Im 1. Weltkrieg anfangs neutral, 1915 Kriegseintritt aufseiten der Entente. 1919 Gewinn von S-Tirol bis zum Brenner, Triest u. Istrien. Innenpolit. Krisen, wirtsch. Schwierigkeiten; 1922 Mussolinis Marsch auf Rom, Errichtung der faschist. Diktatur. Aussöhnung des Staates mit der kath. Kirche (↑Lateranverträge 1929). Seit 1933 expans. Pol.; 1936 Annexion Äthiopiens, 1939 Besetzung Albaniens. 1940 Eintritt in den 2. Weltkrieg auf dt. Seite. Nach Landung der Alliierten in I. (1943) Absetzung Mussolinis; Waffenstillstand. 1946 Bildung der Rep.; 1947 Verlust von Istrien u. des dalmatin. Besitzes an Jugoslawien, des Dodekanes an Griechenland, Abtretung der afrik. Kolonien. Triest Freistaat (bis 1954); Spannungen mit Östr. wegen der Autonomie Südtirols durch Vertrag 1971 beigelegt. Nach 1945 häuf. Wechsel der Koalitionsreg. (meist unter Führung der DC); 1993 Staatskrise wegen Korruptionsvorwürfen gg. führende Politiker, Umbruch des Parteiensystems; s. Okt. 1998 Mitte-Links-Koalition, Min.-Präs. seit 2000 G. Amato. Mitgl. der UN, EU, NATO, OECD.

italienische Kunst, die Kunst auf ital. Boden; Entwicklung in Auseinandersetzung mit Formengut der griech.-röm. Antike (zahlreiche Vorbild gebende Monumente), in Maß u. Gliederung nach Klarheit, Ausgewogenheit u. Geschlossenheit strebend; damit anregendes Vorbild für die nat. Ausprägungen der europ. Kunst. *Roman. Kunst* (11./12. Jh.): Bed. Bauwerke, Skulpturen u. Gemäldezyklen; im 11. Jh. v. a. San Marco in

Leon Battista Alberti, Palazzo Rucellai in Florenz (1446 ff.; oben links); Michelangelo, Pietà in der Peterskirche in Rom (1498–1500; oben rechts)

Giovanni Battista Tiepolo, Jupiter und Danae (um 1735; links); Tizian, Himmlische und irdische Liebe (1515; unten)

Venedig, Dom in Pisa, Baptisterium in Florenz. Im 12. Jh. rege Bautätigkeit, bes in Oberitalien (Dome u. Abteikirchen v. Parma, Verona, Cremona, Lucca u. a.), Unteritalien (Bari, Trani) u. Sizilien (Palermo, Monreale; unter normann.-arab. Einfluss). In der Plastik führten die lombard. Bildhauer, in Mittel- u. Unteritalien die Mosaikarbeiten der „Cosmaten" (Kanzeln, Altäre); Freskenzyklen in Rom, Sant'Angelo in Formis, Mosaiken in Venedig, Rom, Palermo, Monreale. *13./14. Jh.:* Neue Grundlagen schufen die toskan. Maler, Bildhauer u. Baumeister: Cimabue, Giotto, Niccolò u. Giovanni Pisano, Arnolfo di Cambio; bes. deutl. an den Florentiner Bauten Santa Maria Novella, Santa Croce, Dom, Palazzo Vecchio. In der Plastik antikisierender Stil: N. Pisano (Kanzeln in Pisa, Siena); Zunahme des got. El. bei Giovanni u. Andrea Pisano, A. Orcagna. In der Malerei bedeutet der Stil Giottos eine Revolution; daneben bed. die Schule von Siena: Duccio di Buoninsegna, S. Martini, P. u. A. Lorenzetti. *Renaissance* (1420–1520/30): „Wiedergeburt" der antiken Formenspr. in den Bauten des Florentiners F. Brunelleschi. In Malerei u. Plastik neues Verhältnis zu Natur u. Wirklichkeit, Entw. des perspektiv. Raumes, neue Sicht des Menschen, v. a. Masaccio, Donatello, A. del Verrocchio. Zur 1. Generation gehören auch Iacopo della Quercia, Ghiberti, Pisanello, Fra Angelico. Es folgen P. Uccello, Piero della Francesca, A. del Castagno, A. Mantegna, Botticelli. *Hochrenaissance* (1500–20/30): Geprägt v. a. von Bramante, Leonardo da Vinci, Raffael, Michelangelo u. Tizian; v. a. Zentralbau von St. Peter (1506 ff.) in Rom. Malerei: Klass. Ausgewogenheit in den Fresken Raffaels. In Venedig ein Höhepunkt der Malerei mit Giorgione u. Tizian. *Spätrenaissance u. Manierismus* (1520–70 bzw. 80): Manierist., bewusst antiklass. Stil einer Krisenzeit, ausgehend von den Spätwerken Michelangelos, bei I. da Pontormo, Rosso Fiorentino u. Bronzino; weitere Vertr.: G. Romano, I. Sansovino, Giovanni da Bologna, Parmigianino, Tintoretto. Klass. Erbe bei A. Palladio. *Barock* (etwa 1580 bis 1750/60): Zentrum in Rom; in der 1. Phase führen G. da Vignola (Il Gesù) u. C. Maderna (St. Peter); in der Malerei Caravaggio u. die Fam. Carracci; im Hochbarock (1625–75) v. a. Pietro da Cortona, G. L. Bernini u. F. Borromini; den Spätbarock (1675 bis 1750) vertraten in Oberitalien G. Guarini u. F. Iuvara. Letzte Blüte der Malerei in Venedig: G. B. Tiepolo, Canaletto, F. Guardi. Der *Klassizismus* (1750/60 bis 1830) best. das Schaffen von A. Canova u. A. R. Mengs. *20. Jh.:* Als Reaktion auf das 19. Jh. entstand der Futurismus (U. Boccioni, C. Carrà, G. Severini u. a.), daneben ist A. Modigliani zu nennen, dann die Pittura metafisica (G. De Chirico). Nach dem 2. Weltkrieg wurden neben G. Santomaso, M. Marini, G. Manzù, R. Guttoso und E. Vedova v. a. die Anstöße der Vertreter grenzüberschreitender Kunst wichtig (A. Burri, Fontana, Manzoni). Von den sparsamen Materialensembles der Arte povera führte der Weg zu großen Rauminstallationen (M. Merz, I. Kounellis, G. Paolini, G. Penone, M. Pistoletti, G. Spagnulo), andererseits zur Transavanguardia; u. a. S. Chia, F. Clemente, G. Cucchi, M. Paladino. Internat. Beiträge leisteten Architekten wie P. L. Nervi oder G. Michelucci u. die Vertreter einer neuen rationalen Architektur (u. a. A. Rossi, G. Grassi, C. Aymonino, M. Botta, C. Scarpa u. a.).

italienische Literatur, Lit. des ital. Volkes, beginnt relativ spät, da die lat. Tradition lange bestimmend war. Zuerst von Frkr. beeinflusst; erstes bed. Werk der „Sonnengesang" des Franz von Assisi (Anf. des *13. Jh.s*). An den Fürstenhöfen bildeten sich Dichterschulen. Um 1300 entstand in der Toskana die Bewegung des Dolce stil nuovo; ihr gehörte auch Dante an, dessen „Divina Commedia" („Göttl. Komödie") den Höhepunkt der ital. Lit. des MA bildet. Im *14. Jh.* schuf G. Boccaccio mit seinem Meisterwerk „Il Decamerone" die Novelle. Zugleich setzt sich das Toskan. als Literaturspr. durch; Petrarca war der gr. Lyriker des 14. Jh.s. Im *15. u. 16. Jh.* Wiederentdeckung der Antike (↑Renaissance); die ital. Lit. wurde zum Vorbild für ganz Europa. Geist. Zentren: Neapel, Venedig, Ferrara, bes. Florenz, wo unter dem Patronat der Medici die Accademia Platonica gegr. wurde. Epos: L. Pulci, L. Ariosto, B. Tasso; Tragödie: G. G. Trissino. Polit. u. militär. Schriften: N. Machiavelli. Neben der klass. Komödie die Commedia dell'arte; Schäferdichtung: J. Sannazaro. Am Ende des 16. Jh.s entwickelte sich die Oper. Neben der ernsten Lyrik (P. Bembo, Michelangelo) die scherzhafte Poesia bernesca (nach ihrem Hauptvertr. F. Berni ben.); Satire: P. Aretino. Parodist. Dichtung in lat.-ital. Mischspr.: T. Folengo. Die Wiederentdeckung der „Poetik" des Aristoteles entzündete die literar. Diskussion. Gr. Einfluss erlangte „Der Hofmann" des Castiglione. Hauptvertr. des barocken Stils im *17. Jh.* und literar. Vorbild war G. Marino. Um die Wende zum *18. Jh.* Überwindung der barocken Formen; die Charakterkomödien C. Goldonis, die Tragödien V. Alfieris; Lyrik: U. Foscolo; Satire: G. Parini; Märchenspiel: C. Gozzi. Die Lit. des *19. Jh.s* steht im Zeichen des Risorgimento. Lyrik: G. Leopardi; Einfluss der Romantik bei A. Manzoni („Die Verlobten"); im klassizist. Stil G. Carduccis u. G. Pascolis zeigt sich die Gegenreaktion. Im frühen *20. Jh.* dominiert G. D'Annunzio. Hauptvertr. des Futurismus: F. T. Marinetti. Manierismus bei den „Crepuscolari" (u. a. G. Gozzano), gesuchte Dunkelheit der „Hermetiker" G. Ungaretti, S. Quasimodo, E. Montale. Bed. v. a. als Dramatiker L. Pirandello. Die nachfolgende Schriftstellergeneration bevorzugt den Roman: R. Bacchelli, D. Buzzati, G. Tomasi di Lampedusa, C. Levi, C. Malaparte, A. Moravia. Nach dem 2. Weltkrieg Neorealismus, den A. Moravia eingeleitet hatte; Hauptvertr.: E. Vittorini, C. Pavese, P. P. Pasolini, I. Silone, I. Calvino, danach Introversion, Melancholie, Experiment u. Zerstörung, auch in Lyrik u. Drama: D. Fo, D. Buzzati. In den 1960er- und 70er-Jahren war Ziel die Befreiung von bürgerlichen Normvorstellungen; avantgardist. „Gruppo '63" (E. Sanguineti) unter dem Einfluss des frz. Nouveau roman; Theorie des Industrieromans (P. Volponi, G. Testori u. a.); Auseinandersetzung mit der faschist. Vergangenheit (P. Levi); Renaissance des histor. Erzählens in Biographie u. Roman als Medium für individuelle Gegenwartsdeutung (U. Cassola), Hintergrund mehrfach das MA (u. a. U. Eco); zunehmende Bed. der literar. Kritik (Eco, C. Segre). Weitere Vertreter der zeitgenöss. ital. Literatur: E. Morante, G. Bassani, N. Ginzburg, F. Lucentini, G. Manganelli, L. Malerba, D. Maraini, A. Tabucchi.

italienische Musik, im frühen MA kam es auf italien. Boden zur Ausbildung der maßgebl. liturg. Musik der lat. Kirche. Erst in der weltl. Musik des 14. Jh.s entstand in Oberitalien auch eine eigenständige, sprachverbundene, aristokrat. Musik (F. Landini). Im 15. u. in der 1. Hälfte des 16. Jh.s wirkten an den aufstrebenden Fürstenhöfen Italiens v. a. niederl. Komponisten:

G. Dufay, Josquin Desprez, H. Isaac, A. Willaert. Gebräuchl. Gattungen waren Madrigal, Motette, Messe, daneben die volkstüml. Gattungen der Frottola, Villanelle, Lauda. Vom 16. bis ins 18. Jh. behauptete die i. M. ihre europ. Vorrangstellung (G. P. da Palestrina, C. de Rore, L. Marenzio, Don C. Gesualdo, A. Willaert). Ende des 16. Jh.s entstand in Venedig die monumentale Mehrchörigkeit der „venezian. Schule", u. a. mit C. Monteverdi, C. Merulo, A. und G. Gabrieli. In Florenz entwickelte sich um 1600 die Oper (I. Peri, G. Caccini, C. Monteverdi). Das Concertoprinzip und der Generalbassansatz wurden zum tragenden Klang- und Stilprinzip des Barock, bedeutendster Meister war C. Monteverdi. – Seit etwa 1650 erlebte die instrumentale Ensemblemusik in Oberitalien einen Höhepunkt. Die „Bologneser Schule" (A. Corelli, G. Torelli u. a.) entwickelte die Gattungen Triosonate, Concerto grosso und Solokonzert. Nach Florenz wurde Venedig (F. Cavalli, P. A. Cesti u. a.) und um 1700 Neapel (A. Scarlatti) zum Zentrum der Opernpflege. Die Gattungen der Opera seria u. der Opera buffa beherrschten bis gegen Ende des 18. Jh.s die europ. Bühnen (G. B. Pergolesi, G. Paisiello, D. Cimarosa). Auch nach 1800 behielt die italien. Oper durch Werke von G. Rossini, V. Bellini und G. Donizetti Weltgeltung. Durch G. Verdi nahm das ital. Operntheater eine Schlüsselstellung in der Musik des 19. Jh.s ein. An den späten Verdi knüpften die Hauptvertreter des „Verismo", R. Leoncavallo, P. Mascagni und G. Puccini z. T. an. An der Entfaltung der modernen Musik sind ital. Komponisten beteiligt. Die Zeitgenossen (L. Dallapiccola, G. Petrassi, L. Nono, L. Berio) benutzen Zwölftontechnik und serielle Methoden.

Italiker, idgm. Stämme, die gg. Ende des 2. Jt.s v. Chr. nach M- u. Unteritalien einwanderten.

Ith, Höhenzug im nördl. Weserbergland, Nds., bis 439 m.

Ithaka (neugriech. Ithaki), eine der Ion. Inseln, 96 km².

Itzehoe [-ho:], Krst. des Kreises Steinburg in Schl.-Ho., 34 300 E; LG, Zementfabriken, ⚓ an d. Stör.

Iwan: *russ. Fürsten:* **1) I. I.** Danilowitsch, gen. Kalita, * 1304, † 1340, Großfürst v. Wladimir s. 1328, s. 1325 Fürst v. Moskau; verlegte den Sitz des Metropoliten nach Moskau; **2) I. III.** Wassiljewitsch, gen. der Große, * 1440, † 1505, Großfürst v. Moskau seit 1462; schuf den

Iwan IV., *der Schreckliche, Zar von Russland*

nat. russ. Einheitsstaat; verh. mit Sophia, der Nichte des letzten byzantin. Ks.; **3) I. IV.** Wassiljewitsch, gen. der Schreckliche, * 1530, † 1584, Großfürst seit 1533, s. 1547 Zar; grausame, absolutist. Herrschaft; Eroberung von Kasan u. Astrachan, vergebl. Krieg um Livland, Beginn der Unterwerfung Sibiriens.

Iwanowo, Hptst. des industriereichen Gebietes I., nö. v. Moskau, 481 000 E; Masch.-, Textil-, chem. Ind.; Hoch- u. Fachschulen.

Iwaszkiewicz, Jaroslaw [ivaʃ'kjɛvitʃ], * 1894, † 1980, poln. Schriftsteller; u. a. Lyrik, histor. Romane.

IWF, Abk. für: Internationaler Währungsfonds.

Iwrith, mod. Hebräisch, Amtssprache in Israel.

İzmir ['iz-], (griech. Smyrna), türk. Hafenstadt am Ägäischen Meer, 1,76 Mill. E; zweitwichtigstes Wirtschaftszentrum der Türkei; Metall-, Textil-, Masch.-, Tabakind.; ✈. – Griech. Gründung (11. Jh. v. Chr.).

İzmit ['iz-], türk. St. am *Golf von I.,* 254 800 E. – I. ist das antike *Nikomedia.*

J

J (Jot, östr. Je), 10. Buchstabe des Alphabets, entstanden aus dem griech. Jota.

J, Einheitenzeich. für: ↑Joule.

J, Symbol für ↑Jod (Ꞩ).

Jabalpur ['dʒʌbalpʊə], ind. St. in Madhya Pradesh, 740 000 E; Univ.; Ind., Verkehrsknotenpunkt.

Jabot [ʒa'bo; frz.], Spitzenrüsche an Blusen u. Hemden.

Jacht [niederl.], [luxuriös eingerichtetes] Motor- od. Segelschiff.

Jáchymov 'jа:ximɔf], Stadt in der ČR, ↑Sankt Joachimsthal.

Jackpot ['dʒæk-; engl.]: **1)** beim Poker Einsatz, der in eine gemeinsame Kasse kommt; **2)** bei Toto u. Lotto bes. hohe Gewinnquote, die dadurch entsteht, dass es im Spiel oder den Spielen vorher keinen Gewinner im 1. Rang gegeben hat.

Jackson ['dʒæksn], **1)** Andrew, * 1767, † 1845, 7. Präs. der USA (1829, Demokrat); **2)** Michael, * 1958, amer. Popstar, machte als Sänger u. Tänzer Karriere.

Jackson ['dʒæksn], Hptst. von Mississippi, USA, 197 000 E; Ind.-Zentrum; ✈.

Jacksonville [dʒæksnvıl], Hafenst. in Florida, USA, 673 000 E; Univ.; ✈.

Jacobi, Friedrich Heinrich, * 1743, † 1819, dt. Philosoph; Gegner I. Kants.

Jacobsen, Jens Peter, * 1847, † 1885, dän. Dichter; Romane („Frau Marie Grubbe", „Niels Lyhne"), Novellen, Lyrik.

Jacquard, Joseph-Marie [ʒa'ka:r], * 1752, † 1834, frz. Seidenweber; erfand 1805 die *J.maschine,* einen Webstuhl zum Abweben großflächiger Muster.

Jade, kl. Zufl. zur Nordsee, 22 km, mündet in den *J.busen,* der durch Sturmfluten entstand (die letzte bed. 1530).

Jadeit [frz.], weißl. grünes, dichtes, körn. bis faser. Mineral, Härte 6,5; nephritähnl., als Schmuckstein *Jade.*

Jaeger, Henry, eigtl. Karl-Heinz J., * 1927, † 2000, dt. Schriftsteller; Zeitromane, Novellen, Gedichte.

Jaén [xa'en], span. Prov.-Hptst. nördl. von Granada, 103 400 E.

Jaffa ↑Tel Aviv-Jaffa.

Jagd (Waidwerk, Weidwerk), Aufsuchen, Verfolgen u. Aneignen des Wildes; heute geregelte Bewirtschaftung des Nutzwildes (z. T. auch des Raubwildes) in Hege u. Abschuss durch ausgebildete Forstleute u. Privatjäger.

Jagdhunde, allg. alle bei der Jagd verw. Hunde, i. e. S. Apportierhunde, Bracken, Erdhunde, Stöberhunde, Schweißhunde, Vorstehhunde, Windhunde.

Jagdrecht, ausschl. Berechtigung, auf einem best. *Jagdgebiet* Wild zu hegen, es zu jagen u. sich als Jagdbeute anzueignen.

Jagdrennen ↑Hindernisrennen.

Jagdschein, Ausweis, der zur Ausübung der Jagd berechtigt; Voraussetzung: Jägerprüfung.

Jagello (Jagiełło), * um 1351, † 1434; seit 1377 Großfürst von Li-

Jaguar

tauen, seit 1386 als Wladislaw II. auch Kg. v. Polen; siegte 1410 bei Tannenberg über den Dt. Orden; begr. die *Jagellonen-Dyn.* (reg. in Polen bis 1572, Böhmen 1471 bis 1526, Ungarn 1440 u. 1490–1526).

Jägerlatein, fantast. [Jagd]bericht, starke Übertreibung.

Jagiello (Jagiełło) ↑Jagello.

Jagst, r. Nbfl. des Neckars, 202 km.

Jaguar [indian.], größte, 1,5 m lange Raubkatze Mittel- u. Südamerikas; leopardenähnl., vorzügl. Kletterer.

Jahn, Friedrich Ludwig, * 1778, † 1852, dt. Erzieher; Initiator der Turnbewegung in Dtl. („Turnvater J."); rief 1811 zur Volkserhebung u. Errichtung eines Nat.-Staats auf, später als „Demagoge" verfolgt; 1848/49 Abg. d. Nat.versammlung.

Jahr, Umlaufzeit der Erde um die Sonne.

Jahresabschluss, die Bilanz, die Gewinn-u.-Verlust-Rechnung sowie der Geschäftsbericht nach Ablauf des Geschäftsjahres.

Jahresringe, jährl. Zuwachszonen bei Baumstämmen, im Querschnitt als konzentrisch angeordnete Ringe; ↑auch Holz.

Jahrtausend (Millennium), künstl. Zeiteinheit (1 000 Jahre). Nach der Zeitzählung des abendländ. Kulturkreises beginnt das 3. J. am 1. 1. 2001; gebräuchl. (nicht wiss. exakt) ist der Beginn mit dem Wechsel der J.-Zahl *(Millenniumfeier).*

Jahwe (Jahve), als JHWH *Tetragramm* und häufigster Gottesname im A. T. (↑Jehova[h]).

Jailagebirge, Geb. am S-Rand der Krim, im Roman-Kosch 1 545 m.

Jainismus [dʒaɪ-], alte ind., dem Buddhismus nahe stehende Religion.

Jaipur [dʒ-], Hptst. des ind. B.-Staates Rajasthan, 1,5 Mill. E; Altstadt v. einer 6 m hohen Mauer mit 7 Toren umgeben, Palast des Maharadschas.

Jak [tibet.] (Yak), langhaar. Rind der zentralasiat. Hochländer; Wildjak u. Hausjak (Grunzochse).

Jakarta [dʒ-], (Djakarta; bis 1949 Batavia), Hptst. u. wichtigster Hafen Indonesiens, auf Java, 8,26 Mill. E; Univ.; vielseit. Ind.; ✈.

Jakob, at. Patriarch; Sohn Isaaks; Zwillingsbruder Esaus, dem J. das Erstgeburtsrecht u. den väterl. Segen ablistet; Stammvater Israels.

Jakob: *England:* **1) J. I.,** * 1566, † 1625, Sohn von Maria Stuart, als J. VI. (seit 1567) Kg. von Schottland, Kg. seit 1603; Vertr. des absoluten Königtums; **2) J. II.,** * 1633, † 1701, als J. VII. Kg. von Schottland, Kg. 1685–89; versuchte vergebl., Absolutismus u. Katholizismus wiederherzustellen; abgesetzt. – *Schottland:* **3) J. VI.** ↑1); **4) J. VII.** ↑2).

Jakobiner, die Mitgl. des s. 1791 radikalsten polit. Klubs der Frz. Revolution; Ende ihrer diktator. Schreckensherrschaft mit dem Sturz Robespierres.

Jakobinermütze (phryg. Mütze), weiche, rote Wollmütze, Freiheitssymbol der Frz. Revolution.

Jakobus, Name von drei bed. Gestalten des N. T.: **1) J.** d. Ä., hl., † 44 n. Chr., Apostel; Bruder Johannes' des Evangelisten; auf Befehl von Herodes Agrippa hingerichtet; **2) J.** d. J., hl., Apostel; fr. in der lat. Kirche mit 3) identifiziert; **3) J.,** „Bruder des Herrn", hl., † 62 n. Chr., Führer der [judenchristl.] Urgemeinde von Jerusalem.

Jalta, Kurort an der S-Küste der Krim, Ukraine, 91 000 E. – Auf der *Konferenz v. J.* zw. Stalin, Roosevelt u. Churchill (4.–11. 2. 1945) Verhandlung u. a. über die Behandlung Deutschlands nach Kriegsende u. die Organisation der UN.

Jalu, Grenzfl. zw. Korea u. der Mandschurei, 790 km.

Jamaika, mittelamer. Staat, drittgrößte Insel der Gr. Antillen; gebirgig, trop.-feuchtes Klima; Zucker-, Bananen-, Tabak-, Kaffee-, Kakao-, Pimentbaumkulturen; Viehzucht; Bauxitlagerstätten und -aufbereitung, Zementwerke, Nahrungsmittel- u. Getränkeind. (Jamaikarum); 1494 v. Kolumbus entdeckt; ab 1509 span. Besiedlung; 1670 engl., 1866 Kronkolonie; 1962 unabh.

Jambus [gr.], Versfuß aus kurzer (unbetonter) u. langer (betonter) Silbe: ◡ –.

James ['dʒeɪmz]: **1)** Henry, * 1843, † 1916, amer. Schriftsteller; psychol.-realist. Romane; auch Dramen u. a.; **2)** William, * 1842, † 1910, Bruder von 1), amer. Philosoph; erster bed. Vertr. des Pragmatismus.

James River ['dʒeɪmz 'rɪvə]: **1)** Fluss in Virginia, USA, 547 km; **2)** linker Nebenfluss des Missouri, USA, 1 143 km.

Jamswurzel (Yamswurzel), Gatt. trop. Windenpfl., z. T. Nutzpfl. (stärkehalt. Knollen).

Janáček, Leoš ['jana:tʃɛk], * 1854, † 1928, tschech. Komponist; Opern („Jenufa"), sinfon. Dichtungen, Chorwerke u. a.

Jandl, Ernst, * 1925, † 2000, östr. Schriftsteller; experimentelle Lyrik („Der gelbe Hund").

Jangtsekiang, größter Fl. Asiens, 6 000 km; entspringt im Hochland v. Tibet; tritt bei Yichang in die Ebene ein, mündet in breitem Trichter bei Schanghai ins Ostchines. Meer, 2 800 km schiffbar.

Janitscharen, osman. Elitetruppe (1329–1826) aus christl. Kriegsgefangenen u. Untertanen.

Jan Mayen, norweg. Insel im Europ. Nordmeer, nö. von Island, 380 km²; gebirgig.

Jannings, Emil, * 1884, † 1950, dt. Schauspieler; auch Filme.

Janosch, eigtl. Horst Eckert, * 1931, dt. Bilderbuchkünstler, Maler u. Erzähler.

Janowitz, Gundula, * 1937, dt. Sängerin (Sopran).

Jamaika

Fläche: 10 991 km²
Einwohner: (1995) 2,45 Mill.
Hauptstadt: Kingston
Amtssprache: Englisch
Zeitzone: MEZ –6 Stunden

Jansenismus, nach C. Jansen (* 1585, † 1638) ben. niederl. und frz. kath. Bewegung des 17./18. Jh.s; rigorist. Angriffe gg. päpstl. Zentralismus u. Jesuiten; durch päpstl. Verurteilungen (1642–1715) u. Ludwig XIV. unterdrückt.

Janssen, Horst, * 1929, † 1995, dt. Grafiker u. Zeichner; z. T. sarkast. figürl. Darstellungen.

Januar [lat.], nach Janus benannter 1. Monat des Jahres (seit der Kalenderreform Cäsars).

Janus, röm. Gott des Tordurchgangs, des Ein- u. Ausgangs, deshalb als *J.kopf* doppelköpfig dargestellt; auch Gott des Anf. u. Endes.

Japan (jap. Nippon), Kaiserreich in O-Asien, umfasst die Hauptinseln Hokkaidō, Honshū, Shikoku u. Kyūshū; insges. besteht J. aus 3922 Inseln; durch das Jap. Meer vom asiat. Kontinent getrennt; vorw. gebirgig, größere Ebenen nur nördl. v. Tokio u. an den Küsten; reich gegliederte Küsten (27000 km Länge), Flüsse kaum schiffbar. *Klima:* außer auf Hokkaidō oft trop. heiße, regenreiche Sommer, milde Winter (außer im Gebirgsland v. Z-Honshū). *Vegetation:* J. ist zu zwei Dritteln bewaldet (bes. Nadelbäume). *Tierwelt:* v. a. Wassertiere u. Insekten; ferner Bär, Wildschwein, Sikahirsch, Fasan, Riesensalamander. *Bev.:* Japaner, vorw. Buddhisten u. Schintoisten. *Landw.:* knapp 16 % der Fläche kulturfäh., über die Hälfte mit Reis bestellt; außerdem Gerste, Weizen, Tee, Kartoffeln, umfangreicher Obstanbau, ferner Viehhaltung, bed. Seidenraupenzucht; bed. Fischerei, bed. Perlmuschelzucht. Relat. dichtes Verkehrsnetz. *Bodenschätze:* Eisen-, Uran-, Silber-, Blei-, Zink-, Zinn-, Kupfererze, Gold, Kohle, Erdöl, Salz u. a.; Hauptind.-Zentren Tokio–Yokohama, Kōbe–Ōsaka, Nagoya u. Kitakyūshū: Eisen-, Stahl-, Auto-, Textil-, Masch.-, chem. u. feinmech. Ind.; bed. Schiffbau. – *Gesch.:* Im 1. Jh. n. Chr. bestanden 100 oder mehr Teilstaaten, die sich bis 400 zum Staat Yamato vereinten. Im 6. Jh. Übernahme des Buddhismus. 646 Taika-Reform: Umbildung des Staates nach chin. Muster, Beamtenstaat; der Ks. (Tenno) absoluter Herrscher. Allm. Übergang der Macht an Adelsgruppen (Feudalstaat). Seit 1192 (bis 1867) Reg. des Kronfeldherrn *(Shogun);* s. Mitte des 16. Jh.s christl. Missionierung (Franz Xaver), im 17. Jh. Ausrottung des Christentums u. Absperrung J.s gg. alle kulturellen Einflüsse v. außen. 1854 Öffnung mehr. Häfen durch die USA. Beginn der mod. Entwicklung; Verf. nach preuß. Muster, Heeresreform, Aufbau einer Flotte u. mod. Großind.; 1894/95 Krieg gg. China (Gewinn v. Taiwan), 1902 Bündnis mit Großbrit.; im Russ.-Jap. Krieg 1904/05 siegreich. 1910 Annexion Koreas, im 1. Weltkrieg auf der Seite der Entente (Eroberung v. Kiautschou), 1931 u. 1932 Besetzung der Mandschurei, s. 1937 Krieg gg. China, der in den 2. Weltkrieg überging, 1940 Dreimächtepakt Dtl.–J.–Italien, 1941 Überfall auf d. US-Pazifikflotte in Pearl Harbor u. Eintritt in den Krieg gg. die USA u. Großbrit.; nach Anfangserfolgen Niederlagen der Flotte, Aug. 1945 Atombombenabwurf der USA auf Hiroshima u. Nagasaki, Kriegserklärung der UdSSR an J., Sept. 1945 Kapitulation u. Besetzung durch amer. Truppen. 1947 Verzicht des Tenno auf göttl. Verehrung. 1951 Friede v. San Francisco mit den USA u. 47 anderen Staaten: Beschränkung J.s auf seine 4 Hauptinseln; Sicherheitsvertr. mit den USA, 1952 Wiedererlangung der Souveränität, 1956 Beendigung des Kriegszustandes mit der UdSSR; Angleichung an die westl. Demokratien, jap.-chin. Friedensvertrag 1978; Mitgl. der UN.

Japaner, Bev. Japans, wahrsch. Mischvolk aus NO-Asiaten, Chinesen, Austronesiern u. a.

Japanisch, Spr. der Japaner, agglutinierende Sprache, vokalreich, viele chin. Wörter.

japanische Kunst, Entw. seit Einführung des Buddhismus, *Hakuhōzeit* (552–710): starker chin. Einfluss in Baukunst (Holztempel mit mehreren Dächern), Plastik u. Malerei; *Narazeit* (710–784): Tempelanlagen, Entfaltung u. höchste Blüte der Plastik, bed. relig. Malerei; *Heianzeit* (794–1185): Lösung v. chin. Erbe, Verfeinerung der Formen, Entw. der Profanmalerei (Yamato-e); *Kamakurazeit* (1192 bis 1333): Einfachheit u. Naturnähe; Porträtmalerei, Kunsthandwerk; *Muromachizeit* (1338–1573): Blüte der Tuschmalerei, insbes. der Landschaftsmalerei (Sesshū) sowie der Töpfer- und Lackkunst; *Tokugawazeit* (1603–1868), bes. großart. Entw. des Farbenholzschnitts (Harunobu, Hokusai, Hiroshige, Utamaro). Seit der jap. Öffnung nach W Verschmelzung des westl. Stils mit der jap. Malerei (Abb. S. 332).

japanische Literatur, Anfänge nach Einflussnahme Chinas auf Japan: Mythen, Sagen, Geschichtswerke, Gedichte, gesammelt im Kojiki, Manyōshū u. a.; der größte Lyriker der Frühzeit: Kakinomoto no Hitomaro. Im *klass. (höf.) Zeitalter* (etwa 800–1200): Blütezeit des Kurzgedichts (Tanka; Slg. „Kokinshū") u. der Prosa (Erzählungen der Murasaki Shikibu und „Das Kopfkissenbuch" der Sei Shōnagon). *Nachklass. Zeit* (1200–1600): Verfall der höf. Kultur, buddhist. Schrifttum u. Blüte des Nō-Spiels. *Neuzeit* (seit 1600): vom Bürgertum getragene, volkstüml. Lit., Lyrik des Bashō; Romane von Ihara Saikaku u. a., Dramen von Chikamatsu Monzaemon u. a. Realist. Darstellungsweise v. a. s. Tsubouchi Shōyo. Neben naturalist. (Shimazaki Tōson u. a.) stimmungsreiche Romane Natsume Sōsekis. Mod. Roman: u. a. Tanizaki Junichirō, Kawabata Yasunari, Mishima Yukio.

japanische Musik, chin. Ausgangspt.; aus der klass. höf. Musik *Gagaku* entstand die einf. Orchestermusik *Kangengaku* der Heianzeit (784–1192); als Tanzbegleitung *Bugaku* gen.; spätere Formen neben der Tanzmusik: *Kumi* (Kunstlied), Heldenepos seit d. 13. Jh., *Nō-Spiele* mit Rezitativen u. Wechselgesängen seit d. 15. Jh., *Katarimono* (Rezitativ; seit d. 17. Jh.). – Pentaton., auf der chin. Zwölftonleiter beruhendes Tonsystem, freier Rhythmus, Mikrotonornamentik; z. T. immer wiederkehrende Tonformeln, oft in lang

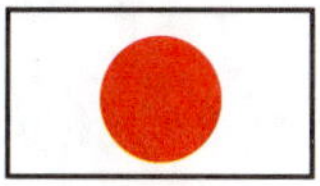

Japan

Fläche: 377 815 km²
Einwohner: (1995) 125,1 Mill.
Hauptstadt: Tokio
Amtssprache: Japanisch
Zeitzone: MEZ +8 Stunden

japanische Kunst. *Gott Sanshuku (951). Detail einer Wandmalerei in der Daigojipagode in Kyōto*

mende Popularität seit Ende des Ersten Weltkriegs.

Jean [ʒã], Großhzg. von Luxemburg, ↑Johann 4).

Jeanne d'Arc [ʒã'dark], hl. (Johanna, gen. Jungfrau von Orléans), * um 1412, † 1431, frz. Bauernmädchen, das sich im Hundertjähr. Krieg durch göttl. Auftrag zur Befreiung Frkr. berufen fühlte, befreite 1429 Orléans u. führte Karl VII. nach Reims zur Krönung; 1430 v. den Burgundern gefangen, nach einem kirchl. Prozess in Rouen als Ketzerin verbrannt, 1456 rehabilitiert; 1920 heilig gesprochen.

Jean Paul [ʒã -], eigtl. Johann Paul Friedrich Richter, * 1763, † 1825, dt. Dichter, dessen „antiklass.", realist. gestalteten Werke von grotesker Fantasie u. liebevollem Humor erfüllt sind.

Jefferson, Thomas ['dʒefəsn], * 1743, † 1826, amer. Politiker; 3. Präs. der USA (1801–09), Verf. der Unabhängigkeitserklärung von 1776; erwarb 1803 Louisiana von Frankreich.

Jefferson City ['dʒefəsn 'sɪtɪ], Hptst. v. Missouri, USA, 36 000 E; Univ.; Ind.; ✈.

gezogenen Tönen, auffallende Intervallsprünge, Begleitinstrumente v. metall. Klang.

japanische Schrift, aus der chin. Schrift abgeleitete Silbenschrift (5. Jh.); heute 2 Formen: *Katakana* u. *Hiragana.*

Japanisches Meer, Randmeer des Pazifiks zw. Japan u. dem asiat. Festland.

japanisches Theater, auf kult. Tänze zurückgehendes Theater; aus buddhist. Tempeltänzen entwickelte sich das *Nō-Spiel* (Blüte 15. Jh.), bei dem auf vorhangloser Bühne von männl. Darstellern in prunkvollen Gewändern Szenen aus Geschichte und Heldensage dargestellt werden. Volkstüml. Theater ist das *Kabuki* in übersteigert realist. Stil, von Männern (zeitweise auch von Frauen) gespielt.

Japanpapier, svw. ↑Reispapier.

Japhet, Sohn Noahs, nach A.T. Stammvater der kleinasiat. od. idgm. Völker.

Jargon [ʒar'gɔ̃; frz.], Sondersprache einer Berufsgruppe od. Gesellschaftsschicht.

Jarmuk, l. Nbfl. d. Jordans, Mdg. südl. d. Sees von Genezareth.

Jarry, Alfred [ʒa'ri], * 1873, † 1907, frz. Dichter; „König Ubu" (dt. 1958), grotesk-satir. Bühnenstück; auch Romane.

Jasmin ↑Ölbaumgewächse.

Jason, Held der griech. Argonautensage; erringt das ↑Goldene Vlies 1) mit der Hilfe Medeas.

Jaspers, Karl, * 1883, † 1969, dt. Philosoph; Vertr. einer krit. Existenzphilosophie.

Jaspis, undurchsicht., intensiv gefärbter (grau, bläul., gelb, rot od. braun), oft gebänderter Chalzedon; Schmuckstein.

Jassy [jaʃj] (rumän. Iași), ostrumän. St., 344 000 E; Univ., TH, Hochschulen, Konservatorium; Holz-, Textil-, chem., Nahrungsmittelind.

Jaufen (ital. Passo del Giovo), Pass in Südtirol, Italien, Übergang zw. Stubaier u. Sarntaler Alpen, 2 094 m ü. d. M.

Jaurès, Jean [ʒɔ'rɛs], * 1859, † 1914 (ermordet), frz. sozialist. Politiker; trat für eine Revision des Dreyfusprozesses u. für eine Verständigung mit dem Dt. Reich ein.

Java, bedeutendste Insel ↑Indonesiens, 127 624 km², 107,6 Mill. E.

Javamensch, svw. ↑Pithecanthropus.

Jawlensky, Alexej von, * 1864, † 1941, dt.-russ. Maler; Mitgl. des Blauen Reiters; Stillleben, Landschaften u. Porträts.

Jayapura [ʒaja-], Hptst. von Irian Jaya (Indonesien), 150 000 E; Univ.; bed. Handels- u. Hafenst.; ✈.

Jazz [jatz, engl. dʒæz; engl.], eigenständ. Musizierform in Nordamerika; in den Südstaaten v. a. in New Orleans, von Schwarzen geschaffen, von Kreolen formal u. stilist. geschliffen; teils afrik., teils europ. Musikelemente; Entstehung vor der Wende zum 20. Jh., zuneh-

B. Jelzin

Jelzin, Boris Nikolajewitsch, * 1931, russ. Politiker, 1985 Sekr. im ZK der KPdSU u. Parteichef von Moskau, stellte sich gg. Korruption u. Bürokratie, von parteiinternen Gegnern 1988 abgesetzt; 1989 Abg., Eintreten für radikale Reformen v. Partei u. Staat; Mai 1990 Wahl zum Vors. der RSFSR, wurde Juni 1991 Präs. Russlands; Staatsstreich v. Aug. 1991 scheiterte an seinem Widerstand; betrieb die Umwandlung der UdSSR zur GUS, setzte gg. altkommunist. u. nationalist. Kräfte Verf.reform durch; Rücktritt 31. 12. 1999.

Jemen (Republik Jemen) Staat im S und SW der Arab. Halbinsel; entstanden 1990 durch Zusammenschluss der Arab. Republik J. und der Demokrat. Volksrepublik. Geogr. Gliederung in N–S-verlaufende Zonen: Küstensaum am Roten Meer (heiß, trocken; Anbau v. Hirse, Gemüse, Südfrüchten), Hochfläche u. -geb. (bis 3760 m) mit zertaltem Steilabfall zum Küstensaum (hohe Luftfeuchtigkeit, reichl. Niederschläge; Landw. auf terrassierten Flächen); im O Wüste u. wüstenhaftes Gebirgsland mit Oasen- u. Nomadenwirtschaft, Viehzucht; in den Tälern u. an der Küste Getreide-, Baumwoll-, Obst- u. Gemüseanbau; Fischfang, Salzgewinnung, wenig Ind. – *Gesch.:* Ab 631 islamisiert, 945 unabh. v. Kalifenreich, 1517 bis 1630 u. 1849–1918 osman., der Bereich um Aden seit 1839 britisch; 1918–62 unabhängig. Königreich, danach *Arab. Republik J.* Aden u. angrenzende Emirate s. 1917 brit. Protektorat, s. 1937 Kronkolonie. 1962 Schaffung der Südarab. Föderation, 1967 aufgegangen in der VR Südjemen, s. 1970 *Demokrat. VR J.* Nach langwierigen Verhandlungen 1990 Vereinigung beider jemenit. Staaten; Bürgerkrieg 1994 aufgrund der Ggs. vom islam. N und sozialist. S endete mit Sieg des Nordens.

Jena, Kreisstadt u. Stadtkreis in Thür., 100 000 E; Univ., Sternwarte, Planetarium; Stadtkirche (um 1500); bes. opt. u. Glasind., pharmazeut. Ind. – Stadtrechte seit 1322; in der Schlacht *v. J. u. Auerstedt* 1806 Sieg Napoleons I. über Preußen.

Jenatsch, Georg (Jürg), * 1596, † 1639, Graubündener Politiker; erkämpfte die Freih. Graubündens gg. Habsb.-Spanien u. Frkr.; ermordet.

Jenissei, Fl. in Sibirien, Russland, 4092 km.

Jens, Walter, * 1923, dt. klass. Philologe u. Schriftsteller.

Jeremia[s], * um 650, † um 585 v. Chr., Prophet des A. T.; at. *Klagelieder* ihm zugeschrieben; *Buch J.* (Slg. v. Reden u. Erz.; Verf. wahrsch. sein Schüler Baruch).

Jerewan (Eriwan), Hptst. der Armen. Republik, 1,28 Mill. E; Univ.; vielseit. Ind.; ⚒.

Jerez de la Frontera [xɛ'rɛð ðe -], (fr. Xeres), span. St. nahe der Bucht von Cádiz, 186 800 E; Alkazar (11. Jh. ff.); bed. Weinanbau: *Jerezweine* (engl. Sherry), bes. alkoholreiche Dessertweine.

Jericho, St. nö. v. Jerusalem, West-Jordanien, im Jordangraben, 270 m ü. d. M., 7 000 E; Funde aus dem 7. Jt. v. Chr. – 1994 palästinens. Selbstverwaltung.

Jemen

Fläche: 531 000 km²
Einwohner: (1995) 14,5 Mill.
Hauptstadt: Sanaa
Amtssprache: Arabisch
Zeitzone: MEZ +2 Stunden

Jerome, Jerome K[lapka] [dʒə'rəʊm], * 1859, † 1927, engl. Schriftsteller; „Drei Mann in einem Boot".

Jérôme ↑Bonaparte 1).

Jersey ['dʒə'zɪ], größte der brit. Kanalinseln, 116 km², Hptst. Saint Hélier; Fremdenverkehr; ⚒; bildet zus. mit den Inseln Les Ecréhou und Miniquiers das Selbstverwaltungsgebiet J.; Amtssprache Frz.

Jersey ['dʒœzɪ; engl.], gewirkte (auch gestrickte) Maschenware.

Jersey City ['dʒə:zɪ 'sɪtɪ], Ind.-St. in New Jersey, USA, am Hudson River gegenüber New York, 219 500 E; Universität.

Jerusalem, Hptst. v. Israel, auf einer Hochfläche über dem Kidrontal, 544 000 E; jüd., christl. u. muslim. Wallfahrtsort; über 70 Synagogen, zahlr. Kirchen u. Moscheen; Univ., mehrere relig. u. archäolog. Inst., Museen; Handelsplatz; Schuh-, Metall-, Nahrungsmittel-, pharmazeut. Ind. – *Gesch.:* J. war um 1000 v. Chr. Hptst. Israels unter ↑David u. ↑Salomo; 587 wurden v. ↑Nebukadnezar II. Stadt u. Tempel zerstört („Babylon. Gefangenschaft"). Nach d. Eroberung durch den Perserkg. Kyros II. wurde der Tempel wieder aufgebaut (520 bis 515). Aufstand der ↑Makkabäer 169 v. Chr.; 63 v. Chr. wurde J. röm. (Pompeius), von ↑Herodes d. Gr. seit 20 v. Chr. zu einer prächtigen St. ausgebaut, 70 n. Chr. nach einem jüd. Aufstand v. ↑Titus erobert, der Tempel zerstört. 637 arab. Eroberung, während des 1. Kreuzzuges 1099 erstürmt, das christl. Kgr. J. gegr.; 1244 fiel es an die Muslime; 1517 türk.; 1917 bis 1948 Teil des brit. Mandatsgebietes Palästina; 1948/49 zw. Israel u. Jordanien geteilt; 1967 wurde der O-Teil J.s auch formal wieder mit dem W-Teil vereinigt.

Jesaja (Isaias), Prophet des A. T. (2. Hälfte des 8. Jh.s v. Chr.).

Jesuiten, Mitgl. der 1534 v. Ignatius v. Loyola begr. *Gesellschaft Jesu* (Societas Jesu, SJ), 1540 v. Papst Paul III. bestätigt; bed. Vorkämpfer der Gegenreformation; 1773 Aufhebung des Ordens, 1814 wiederhergest., in Dtl. 1872–1917 verboten; größter kath. Orden.

Jesus [von Nazareth], * vor 4 v. Chr., † 30 (?), zentrale Gestalt des N. T., Urheber des Christentums; nur wenige außerbibl. Quellen; ab 28/29 Wanderleben in Paläs-

Jerusalem.
Blick auf die Altstadt

tina als Wundertäter u. Lehrer; verkündete den unmittelbar bevorstehenden Einbruch des Reiches Gottes; forderte Umkehr, Gehorsam unter Gottes Willen, totale Gottes- u. Nächstenliebe; weissagte sein Leiden, geriet in Konflikt mit der jüd. Gesetzlichkeit u. Hierarchie; Verrat durch Judas Ischarioth; Passion. Das Urchristentum bekannte u. verehrte J. als **J. Christus,** den ↑Kyrios 2) u. Sohn Gottes.

Jesus Sirach, jüd. Weisheitslehrer vom Anf. des 2. Jh.s v. Chr. u. Verf. d. gleichnam. Buches (auch „Liber Ecclesiasticus") im A.T.

Jet [dʒet; engl.], Flugzeug mit Strahlantrieb, Düsenflugzeug.

JET [dʒet], Abk. für engl.: **j**oint **e**uropean **t**orus = gemeinsames europ. Ringsystem, v. EURATOM, Schweden u. der Schweiz betriebene große Experimentieranlage im brit. Kernforschungszentrum Culham, mit der die Möglichkeit einer techn. Nutzung der Kernfusion erforscht werden soll.

Jetstream [dʒet'strɪ:m; engl.] (Strahlstrom), intensiver, starker Luftstrom in der oberen Troposphäre, Geschwindigkeit oft über 200 km/h (z. T. bis über 600 km/h).

Jever, Krst. nw. von Wilhelmshaven, Nds., 13 400 E, Schloss (15./16. Jh.), Barockbauten; Getreide-, Viehhandel, Brauerei. Umgeben vom *J.land,* einer meist fruchtb. Marschldsch. – Die *Herrschaft J.* kam 1575 an Oldenburg, 1667 an Anhalt-Zerbst, 1793 russ., 1818 oldenburgisch.

Jewish Agency for Palestine ['dʒuɪʃ 'eɪdʒənsɪ fɔ: 'pælɪstaɪn; engl.], 1922 als jüd. Vertretung bei der brit. Mandatsreg. in Palästina tät. öff. Körperschaft des Zionismus. S. 1948 „Jewish Agency for Israel".

Jewtuschenko, Jewgeni Aleksandrowitsch, * 1933, sowjetruss. Lyriker.

Jiddisch, als Spr. der Juden M-Europas entstandene Mischspr. (hpts. dt. Wortbestand, hebr. u. slaw. Elemente); hebr. Schrift.

jiddische Literatur ↑jüdische Literatur.

Jingdezhen [dʒɪŋdedʒen] (Kingtehchen), südostchin. Stadt, 581 000 E; Zentrum der chin. Porzellanherstellung.

Jiu-Jitsu ['dʒi:u 'dʒitsu; jap.], urspr. chin.-jap. Kunst der Verteidigung ohne Waffen, hpts. Hebelgriffe u. Schläge gg. empfindl. Körperstellen (auch tödl.).

Job [dʒɔb; engl.], **1)** Beschäftigung, Stelle; Geschäft; **2)** in der EDV die Gesamtheit der Befehle zur Lösung einer Aufgabe.

Jobeljahr (Jubeljahr, Halljahr), im A.T. jedes 50. Jahr, mit Sklavenfreigabe, allg. Schuldenerlass u. a.

Jobsharing [dʒɔb'ʃɛərɪŋ; engl.] (Arbeitsplatzteilung), Form der Teilzeitbeschäftigung, bei der ein Arbeitsplatz innerhalb der gesamten Arbeitszeit v. 2 od. mehr Beschäftigten besetzt wird.

Joch: 1) Geschirr zum Anspannen v. Zugtieren; **2)** bei Gewölben Teil zw. zwei Gurtbogen; **3)** altes Feldmaß, zw. 30 u. 65 Ar.

Jochbein (Wangenbein), der Backenknochen des Gesichts.

Jochbogen, durch die Knochenfortsätze des Schläfenbeins und des Jochbeins gebildete Knochenbrücke.

Jochum, Eugen, * 1902, † 1987, dt. Dirigent; bed. Bruckner- u. Brahmsinterpret.

Jod (Iod) [gr.], chem. El., Symbol I, OZ 53, rel. A.-Masse 126,9045, Fp. 113,5 °C, Sp. 184,5 °C, Dichte 4,93 g/cm^3, Nichtmetall, Halogen; grauschwarze kristalline Substanz; lösl. in Alkohol; kommt in Form von Salzen (Jodiden, Jodaten) v. a. im Chilesalpeter vor, ferner in Meeresalgen, wicht. Spurenelement.

Jodl, Alfred, * 1890, † 1946, dt. Generaloberst; Stabschef des OKW 1939; in Nürnberg hingerichtet.

Joel, einer der 12 „Kleinen" Propheten des A.T.

Joga ↑Yoga.

Jogging ['dʒɔ-; engl.], lockerer Lauf in mäßigem Tempo.

Joghurt [türk.], nach Eindickung durch Erhitzen u. Einwirkung best. Bakterien gesäuerte Milch.

Jogjakarta ↑Yogyakarta.

Johann: *Böhmen:* **1) J.** v. Luxemburg, gen. der Blinde, * 1296, ⚔ 1346, Kg. s. 1310; begr. die luxemburg. Hausmacht. – *Brandenburg:* **2) J. Sigismund,** * 1572, † 1619, Krfst. s. 1608; erwarb durch Heirat Preußen u. im Jülich-Kleveschen Erbfolgestreit Kleve, Mark und Ravensberg. – *England:* **3) J. I.** ohne Land, * 1167, † 1216, Kg. s. 1199; Nachf. seines Bruders Richard I. Löwenherz; unterzeichnete die Magna Carta libertatum. – *Luxemburg:* **4) J.** (Jean), * 1921, Großherzog seit 1964. – *Polen:* **5) J. II. Kasimir,** * 1609, † 1672, Kardinal, Kg. 1648–68; **6) J. III.** Sobieski, * 1629, † 1696, Kg. s. 1674; war 1683 an der Befreiung Wiens von den Türken beteiligt. – *Sachsen:* **7) J.** der Beständige, * 1468, † 1532, Krfst. s. 1525; Förderer der Reformation; **8) J. Friedrich I.,** der Großmütige, * 1503, † 1554, Sohn von 7), Krfst. 1532; einer der Führer im Schmalkald. Bund, verlor die Kurwürde an Moritz v. Sachsen. – *Spanien:* **9) J. Karl I.** ↑Juan Carlos I.

Johanna, hl., ↑Jeanne d'Arc.

Johanna: *England:* **1) J.** (engl. Jane) Seymour, * um 1509, † 1537, dritte Gemahlin Kg. Heinrichs VIII. – *Kastilien:* **2) J.** die Wahnsinnige, * 1479, † 1555, Kgn. s. 1504; heiratete 1496 Philipp, Sohn Maximilians I.; s. 1506 geistesgestört.

Johannes: Name von Heiligen: **1) J.** [von] Fidanza ↑Bonaventura, hl.; **2) J.** von Nepomuk, hl., * zw. 1340 u. 1350, † 1393, Generalvikar des Prager Erzb.; **3)** ↑La Salle, Jean-Baptiste de, hl.; **4)** ↑Chrysostomus, hl.; **5) J.** der Evangelist, hl., † um 44 oder um 100, Sohn des Zebedäus, Bruder Jakobus' d. Ä.; nach der Tradition Verf. des *J.evangeliums,* der [Geheimen] Offenbarung (Apokalypse) u. der 3 *J.briefe;* **6) J.** der Täufer, hl., † 28 (?) n. Chr., Bußprediger in der Wüste; taufte im Jordan (auch Jesus); auf Befehl des Herodes Antipas enthauptet; **7) J.** vom Kreuz (Juan de la Cruz), hl., * 1542, † 1591, span. Mystiker, Kirchenlehrer und Dichter; Karmelit; Begründer des Ordens der Unbeschuhten Karmeliten.

Johannes: *Päpste.* **1) J. XXII.,** * 1244, † 1334, Papst s. 1316; Gegner Ludwigs des Bayern; **2) (J. XXIII.),** * 1370, † 1419, 1410–15 Gegenpapst Gregors XII.; auf dem Konzil zu Konstanz abgesetzt; **3) J. XXIII.,** vorher Angelo Giuseppe Roncalli, * 1881, † 1963, Papst seit 1958; eröffnete am 11. 10. 1962 das 2. Vatikan. Konzil.

Johannes: *Byzanz:* **1) J. II.** Komnenos, * 1088, † 1143, Ks. s. 1118; siegte gg. Petschenegen, Serben u. Ungarn; **2) J. VIII.** Palaiologos, * 1392, † 1448, Ks. s. 1425; suchte durch kirchl. Union Hilfe gg. die Osmanen, das Kreuzzugsheer wurde aber 1444 geschlagen.

Johannes von Saaz ↑Johannes von Tepl.

Johannes von Tepl, auch J. v. Saaz, * um 1350, † 1414, dt. Dichter; Vorläufer des Humanismus; „Der Ackermann aus Böhmen".

Johannesburg, St. in der Rep. Südafrika; 1,61 Mill. E (städt. Agglomeration); Univ.; Diamantenschleiferei, Maschinenbau, Textil- u. a. Ind.; ⚒.

Johannes Paul: Päpste: **1) J. P. I.,** vorher Albino Luciani, * 17. 10. 1912, † 28. 9. 1978, Papst seit 26. 8. 1978 (Wahl); **2) J. P. II.,** vorher Karol Wojtyła, * 1920, Papst seit 17. 10. 1978 (Wahl), erster poln. u. s. 1522/23 erster nichtital. Papst.

Johannisbeere (Ribes), Stachelbeergewächs; in Dtl. angebaute (z. T. wild) Sträucher mit verschiedenfarb. Beerenfrüchten, u.a. *Rote J.* u. *Schwarze J.* (hoher Vitamin-C-Gehalt).

Johannisbrotbaum, immergrüner Baum des Mittelmeergebietes, essbare Frucht; Futtermittel.

Johanniskrankheit †Übersicht S. 528f.

Johanniskraut, heim. Hartheugewächs an Wegen u. trockenen Stellen; enthält äther. Öle.

Johanniterorden, ältester geistl. Ritterorden, entstand um 1100 in Jerusalem; urspr. zur Pflege kranker Pilger, ab 1137 auch bewaffneter Grenzschutz; s. 1291 Sitz Zypern, 1309–1522 Rhodos, 1530 bis 1798 Malta (*Malteser,* 1834 Sitz Rom; s. 1879 internat. karitativ tätiger Orden). – Auf die im 16. Jh. ev. gewordene Ballei Brandenburg des J.s geht der heutige (ev.) J. (mit Johanniterschwesternschaft, Johanniter-Unfall-Hilfe u. Johanniter-Hilfsgemeinschaft) zurück.

Johnson ['dʒɔnsn]: **1)** Andrew, * 1808, † 1875, 17. Präs. der USA (1865–69; Demokrat); **2)** Lyndon B[aines], * 1908, † 1973, 36. Präs. der USA (1963–69); Verstärkung des mil. Engagements in Vietnam.

Johnson, Eyvind ['junsɔn], * 1900, † 1976, schwed. Schriftsteller; Nobelpreis für Literatur 1974.

Johnson, Uwe [jo:n-], * 1934, † 1984, dt. Schriftsteller; „Mutmaßungen über Jakob", „Das dritte Buch über Achim".

Johor ['dʒohɔ:], Sultanat in Malaysia, 18 985 km², 2,1 Mill. E; Hptst. *J. Bahru;* urwaldbedecktes Tiefland mit isolierten Bergstöcken; Bauxit, Eisen-, Zinnerze, Kautschuk.

Jointventure ['dʒɔɪnt 'ventʃə; engl.], Gemeinschaftsunternehmen mit in- u. ausländ. Partnern.

Joker ['dʒəʊkə], zusätzl. Spielkarte bei best. Kartenspielen; gilt für jede andere Karte.

Joliot-Curie [ʒɔl'joky'ri]: **1)** Frédéric, eigtl. F. Joliot, * 1900, † 1958, frz. Physiker; entdeckte mit 2) die künstl. Radioaktivität (1934), wies das Auftreten einer Kettenreaktion bei der Kernspaltung des Urans nach (1939); Nobelpreis für Chemie 1935 zus. mit 2); **2)** Irène, * 1897, † 1956, verh. mit 1), Tochter von Pierre und Marie Curie, frz. Physikerin; Mitarb. von 1).

Jom Kippur [hebr.] (Versöhnungstag), höchster jüd. Feiertag (Sündenbekenntnis, Läuterung).

Jona[s], einer der 12 „Kleinen" Propheten des A.T.

Jonas, Hans, * 1903, † 1993, dt.-amer. Philosoph u. Religionswissenschaftler; Träger des Friedenspreises des Dt. Buchhandels 1987.

Jordanien

Fläche: 89 206 km²
Einwohner: (1995) 5,44 Mill.
Hauptstadt: Amman
Amtssprache: Arabisch
Zeitzone: MEZ + 1 Stunde

Jonathan, ⚔ um 1010 (?) v. Chr., Sohn Sauls und Freund Davids.

Jones [dʒəʊnz]: **1)** Inigo, * 1573, † 1652, engl. Baumeister; Bauten in London (Whitehall), Greenwich; **2)** James, * 1921, † 1977, amer. Schriftsteller; „Verdammt in alle Ewigkeit".

Joplin, Janis ['dʒɔplɪn], * 1943, † 1970, amer. Rock- u. Bluessängerin.

Jordaens, Jacob [-da:ns], * 1593, † 1678, fläm. Maler; relig., mythol. und Volksszenen.

Jordan, Pascual, * 1902, † 1980, dt. Physiker; mit W. Heisenberg u. M. Born einer der Begr. der Quantenmechanik.

Jordan, Fl. in Palästina, 330 km, vom Hermon (3 Quellfl.) ins Tote Meer; durchfließt den See von Genezareth.

Jordanilen, Kgr. in Vorderasien; $^{9}/_{10}$ des Landes sind Wüste oder Halbwüste; extensive Weidewirtsch., nomad. Beduinen. Wenig Bodenschätze (Phosphat, Kalisalze). Im NW-Teil Regenfeldbau (Winterregen); *Produkte:* Weizen, Gerste, Hülsenfrüchte, Oliven, Feigen, Gemüse, Tabak. ⚓ Akaba am Roten Meer. – *Gesch.:* Im 6. Jh. Eroberung durch muslim. Araber, danach syr.; 1516–1918 osman., danach mit †Palästina brit. Mandat; 1921 Abtrennung v. *Transjordanien* (östl. des Jordans), 1946 unabh. Kgr., 1950 mit Teilen Palästinas Kgr. J.; seit dem Krieg gg. Israel (Juni 1967) Gebiet westl. des Jordans isr. besetzt, 1974 Verzicht zugunsten der PLO; 1994 Ende des Kriegszustands mit Israel.

Joseph, im A.T. Sohn Jakobs, von seinen Brüdern als Sklave nach Ägypten verkauft; dort hoher Amtsträger.

Joseph: Name von Heiligen: **1) J.,** hl., Ehemann Marias, der Mutter Jesu, aus Davids Geschlecht; **2) J.** von Arimathia, hl., Anhänger Jesu, dessen Leichnam er in seinem Felsengrab bestattete.

Joseph: *Hl. Röm. Reich:* **1) J. I.,** * 1678, † 1711, Ks. s. 1705; bemüht um die Wiederherst. eines starken Kaisertums; **2) J. II.,** * 1741, † 1790, Sohn von Kaiser Franz I. u. Maria Theresias, Ks. s. 1765; Vertr. des aufgeklärten Absolutismus, zahlr. Reformen (Aufhebung d. Leibeigenschaft). – *Neapel und Spanien:* **3) J.** Bonaparte †Bonaparte 2).

Joséphine †Beauharnais, Joséphine de.

Josephus Flavius, eigtl. Joseph ben Mathitjahu, * 37 od. 38, † um 100; Verf. einer Gesch. der Juden.

Josia[s], ⚔ um 609 v. Chr., reformeifr. Kg. von Juda (seit etwa 639).

Jospin, Lionel [ʒɔs'pɛ̃], * 1937, frz. Politiker; s. 1997 Min.-Präsident.

Josquin Desprez [ʒɔs'kɛ̃ de'pre], * um 1440, † 1521 (?), niederl. Komponist; Messen, Motetten und weltl. Werke.

Kaiser Joseph I. *(Kupferstich; links).* **J. P. Joule** *(rechts)*

Josua (Josue), Nachf. d. Moses.
Jota, griech. Buchstabe Ι, ι).
Joule, James Prescott [dʒu:l], * 1818, † 1889, brit. Physiker; bestimmte das mech. Wärmeäquivalent. Entdecker der Gesetzmäßigkeit der Erwärmung Strom führender elektr. Leiter; *j.sches Gesetz:* Die in einer best. Zeit entstehende Wärme[menge] *(j.sche Wärme)* ist gleich dem Produkt aus Widerstand, Quadrat der Stromstärke und Zeit.
Joule [dʒu:l; nach J. P. ↑Joule], Einheitenzeich. J, SI-Einheit der Energie (Arbeit, Wärmemenge); 1 J = 1 Ws (Wattsek.) = 1 Nm (Newtonmeter).
Jour [ʒur; frz.], Tag; *J. fixe* [ʒur-'fiks], regelmäß. Empfangstag.
Journal [ʒʊr'na:l; frz.]: **1)** Tageszeitung, Zeitschrift; **2)** Tagebuch.
Journalismus [ʒʊr-; frz.], [Eigenart der] Schriftstellerei für die Massenmedien; Pressewesen.
jovial [lat.], leutselig, gönnerhaft.
Joyce, James [dʒɔɪs], * 1882, † 1941, ir. Schriftsteller, bed. für den mod. Roman seine Technik des inneren „Monologs"; „Ulysses".
jr., Abk. für: ↑junior.
Juan Carlos I. ['xʊan-], * 1938, Kg. von Spanien s. 1975; s. 1969 Prinz von Spanien, s. 1962 verh. mit Sophia von Griechenland.
Juan d'Austria, Don ['xʊan -], * 1547, † 1578, span. Feldherr; unehel. Sohn Karls V., 1571 Sieg bei Lepanto über die Türken.
Juárez García, Benito ['xʊarɛs gar'sia], * 1806, † 1872, mex. Politiker; seit 1861 Präs. u. Diktator; Abwehr der frz.-brit.-span. Intervention.
Jubeljahr: 1) ↑Jobeljahr; **2)** (Heiliges Jahr) in der kath. Kirche seit 1475 jedes 25. Jahr, mit *Jubiläumsablass.*
Jubilate [lat.], 3. Sonntag nach Ostern.
Juchten [russ.], meist mit Weidenrinden gegerbtes u. mit Birkenteeröl eingefettetes, gutes Rinds- oder Rossleder.
Juda, 4. Sohn Jakobs und der Lea; gilt als Stammvater des isr. Stammes Juda.
Judäa, Bergland westl. des Toten Meeres.
Juda Makkabi (Judas Makkabäus), ⚔ 160 v. Chr., bibl. Gestalt, jüd. Heerführer im Befreiungskampf gg. den syr. Kg. Antiochos IV. Epiphanes.
Judas: Name von Heiligen: **1) J.** Jakobi, hl., Apostel; vielleicht ident. mit 2); **2) J.** Thaddäus, hl., Apostel.
Judasbaum, südeurop. Caesalpiniengewächs; Zierbäume.
Judas Ischariot[h] (Iskarioth), Apostel; verriet Jesus für 30 Silberlinge *(Judaslohn)* durch einen Kuss *(Judaskuss);* Selbstmord.
Judas Makkabäus ↑Juda Makkabi.
Juden, Angehörige des jüd. Volkes (↑jüd. Geschichte) u. der ↑jüd. Religion.
Judenkirsche, Nachtschattengewächs, S-Europa bis Japan; blasig aufgetriebener, orangeroter Kelch; häufig als Zierpflanze.
Judentum ↑jüd. Geschichte, ↑jüd. Religion.
Judika [lat.], 2. Sonntag vor Ostern (5. Fastensonntag).
jüdische Geschichte, in frühester Zeit Gesch. semit. Nomadenstämme, nach 1250 v. Chr. in Palästina sesshaft; unter Kg. David einheitl. Reich Israel, Hptst. Jerusalem; um 925 Zerfall in die Kgr. Juda u. Israel, 722 Israel v. Assyrern, 587 Juda v. Babyloniern erobert, Babylon. Gefangenschaft bis 538; dann unter pers., ägypt. u. syr. Oberhoheit; vorübergehend unter den Makkabäern selbst., 63 v. Chr. von den Römern erobert, vergebl. Aufstände, 70 Zerstörung Jerusalems (Titus); neue Aufstände 115–117 u. 132–135 (Bar Kochba); Zwangsumsiedlungen u. Verfolgungen; Zerstreuung der Juden über alle Länder. In Babylon Entstehung des Talmud, in Spanien kulturelle Blütezeit unter Araberherrschaft; 1492 Ausweisungsdekret der Kgn. Isabella: Auswanderung der span. u. portug. Juden nach Italien, Frkr., N-Afrika, d. Türkei. In Frkr. Verfolgungen bes. unter Ludwig IX., unter Philipp IV. mehrf. Ausweisungen; in England Verfolgungen z. Z. der Kreuzzüge, Ausweisung 1290. In Dtl. lebten Juden schon s. der Römerzeit, älteste Gem. im Gebiet Mainz, Worms, Speyer; die Juden waren wirtsch. auf Geldverleih u. Pfandnahme beschränkt u. wurden als Geldgeber v. Ks. u. Fürsten bes. geschützt (Kammerjuden); Verfolgungen während der Kreuzzüge (s. 1096); einen Höhept. der Verfolgungen brachten die Pest (1348–50) und die wirtsch. Krisen des Frühkapitalismus; Auswanderungen nach O-Europa (Litauen, Polen, Galizien, Russland); auch dort wurden die Juden später soz. unterdrückt. Im 18. Jh. (Aufklärung) Emanzipationsbestrebungen; 1776 Gleichberechtigung in den USA, 1782 Toleranzedikt Josephs II.; 1791 Gleichberechtigung in Frkr., v. Napoleon I. in den besetzten Ländern eingeführt, vom Wiener Kongress bestätigt, aber in den meisten dt. Ländern erst viel später verwirklicht. 1858 folgte Großbrit., 1874 die Schweiz, 1876 Spanien, 1896 Ungarn, 1910 Portugal, 1917 Russland. Neue Verfolgungen Ende des 19. Jh.s: Pogrome in Rumänien und Russl.; Dreyfusaffäre in Frkr., Stoeckerbewegung in Dtl.; der wachsende Einfl. der Juden auf polit., wirtsch. u. kulturellem Gebiet war neuer Anlass zu judenfeindl. Propaganda, Höhept. die nat.-soz. Staatspol. (↑auch Antisemitismus). Nach 1945 verstärkte Auswanderung nach den USA u. Palästina; 1948 Gründung ↑Israels 2); ↑auch Zionismus.
jüdische Literatur, 1) von Juden in einer „jüd." Sprache (v. a. Hebräisch u. Jiddisch) geschriebene Lit.; **2)** von Juden über speziell jüd. Themen verfasste Lit. (unabhängig von einer best. Sprache); älteste j. L. (vor dem Exil als *israelit. Lit.* bez.) in hebr. Spr. ist im A. T. aufgezeichnet; späteres Schrifttum überw. in den Landessprachen der jüdischen Diaspora; Hauptvertreter der *jüd.-hellenist. Lit.:* Philon von Alexandria und Josephus Flavius. – Mischna um 200 n. Chr., später in den Talmud aufgenommen. – 800–1492 v. a. *jüd.-arab. Lit.* (bed. v. a. Juda Halevi u. Maimonides), die dem Abendland arab. Werke vermittelte. Ab 13. Jh. *jidd. Lit.,* zunächst mit höf. u. at. Stoffen. Um 1500 der Humanist Levita; meist hebr. die Kabbala; an sie anknüpfend im 18. Jh. der Chassidismus (bed. als Interpret M. Buber). Im 19. Jh. v. a. zu nennen die v. a. Jiddisch schreibenden Mendele Moicher Sforim, Scholem-Alejchem u. J. L. Perez. Im 20. Jh. Asch (jidd. u. engl.), während C. N. Bialik u. S. Tschernichowski in Iwrith (Neuhebr.) schrieben; in der Gegenwart u. a. S. J. Agnon u. A. Oz (hebr.). – Zu den Lit. der „Gastländer" haben Juden Bedeutendes beigetragen.
jüdische Musik, für die Frühzeit nur spärl. Nachrichten in der Thora überliefert. Um 1000 v. Chr. musikal. Ausgestaltung des Gottesdienstes durch David und Salomon (Psalmen). S. etwa 300 v. Chr. griech., seit 63 v. Chr. röm., später arab. Einfl.; durch die Kreuzzüge Aufnahme europ. Kulturgutes. Es bildete sich eine westl., arab.-span. (sephard.) u. eine östl. nordfrz. u. dt. (aschkenas.) Ritusgruppe. Um 1600 hebr. Chöre im Zeitstil von S. Rossi. Später Angleichung des Kultusgesanges an das christl. Kirchenlied; seit Ende des 17. Jh.s Hinzuziehung der Orgel. Im 20. Jh. jüd. Musikleben in Israel mit durchaus eigener Prägung: Zurückgreifen auf alte Tonsysteme u. Einbe-

ziehung altjüd., orient. Melodik, verbunden mit den mod. Kompositionstechniken der europ. Schulen; bed. Schaffen jüd. Musiker in den versch. „Gastländern".

jüdische Religion, die monotheist. Religion der Juden; *Lehre:* der einpersönl. Gott u. Weltenschöpfer hat die Erzväter Abraham, Jakob u. deren Nachkommen, d. Volk Israel, zu bes. Bunde auserwählt (mit Moses am Sinai geschlossen); Betonung des Gesetzlichen u. der rituell prakt. Lebensführung; eigtl. messianist. Universalreligion; stützt sich auf die at. Offenbarung, Talmud u. Midrasch; *Richtungen:* orth., lib. u. Reformjudentum (letzteres urspr. in Dtl., jetzt hpts. in den USA).

Judith, at. Heldin des jüd. Volkes; tötet ↑Holofernes.

Judo, aus japan. Selbstverteidigungssystemen entwickelte Zweikampfsportart.

Jugendarrest, Freiheitsentziehung im Rahmen des Jugendstrafrechts bei leichteren u. mittleren Straftaten (*Freizeit-, Kurz-* u. *Dauerarrest;* höchstens 4 Wochen).

Jugendbewegung, Protestbewegung der Jugend gg. die Verhältnisse im wilhelmin. Dtl.; Rückwendung zu freiem, natürl. Leben; 1901 Gründung des *Wandervogels,* einer Vereinigung Jugendl. zur Pflege des Wanderns. 1913 Proklamierung der Ziele der zur *Freidt. Jugend* zusammengeschlossenen Jugendverbände auf dem Hohen Meißner: Lebensgestaltung in Selbstbestimmung, eigener Verantwortung u. innerer Wahrhaftigkeit. Daneben s. 1909 Pfadfinder. Nach 1918 zahlr. Jugendverbände *(„bünd. Jugend"),* 1933 aufgelöst, nach 1945 teilw. Neugründungen.

Jugendherbergen (JH), Unterkunftsstätten für d. wandernde und reisende Jugend, in Dtl. s. 1909; Träger: *Dt. Jugendherbergswerk,* Hauptverband für Jugendwandern u. J. e. V., Sitz Detmold.

Jugendhilfe, in d. BRD gesetzl. Sammelbez. für Kinder- und Jugendhilfe; Organe für die öff. J.: *Jugendämter* der Stadt- u. Landkreise, die im Vormundschaftswesen, bei der Jugendsozialarbeit, Jugendgerichtshilfe, Beratung v. Jugendlichen, Bekämpfung von Jugendverwahrlosung u. -kriminalität u.a. mitwirken. Im Bereich der Jugendberufshilfe erfüllt die *Bundesarbeitsgemeinschaft Jugendaufbauwerk* (gegr. 1949, Sitz Bonn) wesentl. Sozialarbeit. Mehrere Ges. zum Schutz der Jugend.

Jugendpsychologie, Teil der ↑Entwicklungspsychologie.

Jugendstil. *Alfons Mucha. Plakat für Zigarettenpapier der Marke „Job" (1899)*

Jugendschutz, Schutz der Kinder u. Jugendlichen vor gesundheitl. und sittl. Gefahren. 1) *Jugendarbeitsschutz* (Ges. v. 1978) regelt Beschäftigungszeit (Beschäftigungsverbot für Kinder unter 14 Jahren) u. Mindesturlaub. 2) *Schutz der Jugend in der Öffentlichkeit* (Ges. v. 1985) regelt Besuch von Lokalen u. Veranstaltungen, öffentl. Rauchen u. Genuss v. alkohol. Getränken. 3) *Schutz der Jugend vor jugendgefährdenden Schriften* (Ges. v. 1985).

Jugendstil, etwa 1895–1914 herrschende Stilrichtung; entstand gleichzeitig in Dtl., den Niederlanden, Skandinavien, Belgien, Frkr. (Art nouveau), Östr. (Wiener Sezessionsstil) als Reaktion gg. den Historismus des 19. Jh.s; völlig neue, vegetabil.-lineare Ornamentik; ergriff alle Künste.

Jugendstrafe, Freiheitsentzug v. 6 Monaten bis 10 J. in einer Jugendstrafanstalt; *J. von unbest. Dauer,* höchstens 4 Jahre.

Jugendstrafrecht, auf Jugendliche bes. zugeschnittenes Strafrecht; geregelt im *Jugendgerichtsges.* (JGG); ein Jugendlicher (14–18 J.) ist strafrechtl. verantwortl., wenn er z. Z. der Tat reif genug ist, das Unrecht der Tat einzusehen u. nach dieser Einsicht zu handeln; beim Heranwachsenden (18 J.) wird das J. angewandt, wenn er z. Z. der Tat seiner Entwicklung nach einem Jugendlichen gleichsteht; dem Richter stehen im J. Erziehungsmaßregeln, Zuchtmittel (Jugendarrest) und die ↑Jugendstrafe zur Verfügung.

Jugendvertretung, Betriebsvertretung jugendl. Arbeitnehmer in Betrieben, in denen in der Regel mehr als fünf jugendl. Arbeitnehmer beschäftigt sind.

Jugendweihe, feierl. Einführung der Jugendlichen in die Erwachsenen- u. Arbeitswelt; bei Freireligiösen und Freidenkern entstanden (statt der Konfirmation); in der ehem. DDR ab 1954 Teil des staatl. reglementierten Brauchtums.

Jugoslawi|en, nach dem 1. Weltkrieg entstandener u. bis 1991/92 bestehender Bundesstaat in SO-Europa mit den Teilrep. Serbien (mit den Prov. Kosovo u. Wojwodina), Montenegro, Kroatien, Slowenien, Bosnien-Herzegowina u. Makedonien. – *Gesch.:* 1918 Gründung des „Kgr. der Serben, Kroaten u. Slowenen" (s. 1929 amtl. Kgr. J.); 1934 Ermordung Kg. Alexanders I., 1941 Beitritt zum Dreimächtepakt, Mil.-Putsch; Besetzung durch dt. Truppen, Organisation kommunist. Partisanen (Tito); 1944 Einmarsch der sowj. Armee, Reg. Tito; 1945 Bildung der „Föderat. VR J."; 1947 Pariser Friede mit Italien (Gewinn v.a. Istriens); 1948 Ausschluss der jugoslaw. KP aus dem Kominform, danach Pol. der

Jugoslawien

Fläche: 102 173 km²
Einwohner: (1995) 10,84 Mill.
Hauptstadt: Belgrad
Amtssprache: Serbisch
Zeitzone: MEZ

Blockfreiheit; 1963 neue Verf. („Sozialist. Föderat. Rep. J."). Nach Titos Tod (1980) wurde an der Staats- u. Parteispitze die Ämterrotation eingeführt; führende Rolle der kommunist. Partei; zunehmende Nationalitätenprobleme u. Autonomiebestrebungen; 1991 einseitige Unabhängigkeitserklärung von Slowenien und Kroatien (Jan. 1992 internat. anerkannt), leitete die Auflösung des alten J. ein; noch 1991 folgten die Unabhängigkeitserklärungen von Bosnien u. Herzegowina u. Makedonien (aufgrund griech. Einspruchs erst April 1993 internat. anerkannt); serb. Versuche, alle serb. Siedlungsgebiete zu einem (groß)serb. Staat zusammenzuschließen u. bewusst herbeigeführte ethnische Konflikte führten stufenweise zu krieger. Auseinandersetzungen zunächst in Slowenien, danach in Kroatien sowie in Bosnien u. Herzegowina. Internationale Vermittlungsversuche, der Einsatz von UN-Friedens- sowie NATO-Truppen konnten die Auseinandersetzungen in Bosnien u. Herzegowina erst 1995/96 beenden.

Jugoslawien, Bundesstaat in SO-Europa, bestehend aus den Teilrep. Serbien (mit den Prov. Kosovo u. Wojwodina) sowie Montenegro; Vielvölkerstaat mit serb. Bev.-Mehrheit; daneben Kroaten, Albaner, Montenegriner, Ungarn, nat. Minderheiten. Größtenteils Hügel- u. Gebirgsland mit fruchtbaren Beckenlandschaften; Flüsse: Donau, Save, Theiß, Morava. *Wirtschaft:* Nach Unabhängigkeitserklärung einstiger Teilrep., Kriegshandlungen u. internat. Sanktionen Wirtschaftskrise; Beschäftigungsgrundlage noch Landw.; reiche Bodenschätze (u.a. Braunkohle, Erdöl, Erdgas, Eisenerz, Blei, Kupfer); Ind.-Zentrum Belgrad; wichtigste Ind.-Zweige: Bergbau, Stahlind., Maschinen-, Fahrzeugbau, chem., Textil-, Möbel- u. Nahrungsmittelind. – *Gesch.:* Nach dem Zerfall (1989–92) der Rep. J. vereinbarten Serbien u. Montenegro Febr. 1992 den Zusammenschluss zur Bundesrep. J., die im April 1992 mit Inkrafttreten der Verf. proklamiert wurde.

Juist [jy:st], eine der Ostfries. Inseln, zw. Borkum u. Norderney, Nds., 16,4 km², 1600 E; Seebad; Fähre v. Norddeich.

Jupiter. *Aufnahme der amerikanischen Raumsonde Voyager 1 am 9. Januar 1979*

Julian (Flavius Claudius Julianus), * 331, † 363, röm. Ks. s. 361; Neuplatoniker; versuchte vergebl., das Heidentum wieder einzuführen; von den Christen *J. Apostata* (= der Abtrünnige) genannt.

Juliana * 1909, Kgn. der Niederlande 1948–80; vermählt mit Bernhard zur Lippe-Biesterfeld.

julianischer Kalender ↑Kalender.

Jülich: 1) Stadt an der Rur, NRW, in der fruchtb. *J.er Börde,* 32 000 E, Kernforschungsanlage, Abt. der Fachhochschule Aachen; Papier-, Leder-, Zuckerind.; **2)** ehem. Gft., 1356 Hzgt., 1346 kamen die Gft. Ravensberg, 1348 die Gft. Berg hinzu; 1511 Personalunion J.-Berg-Ravensberg mit Kleve-Mark; 1614 kamen J. und Berg an Pfalz-Neuburg; 1815 preußisch.

Julier (Julierpass), Alpenpass in Graubünden, Schweiz, 2287 m.

Julier, altröm. Patriziergeschlecht, dessen bedeutendster Vertr. Cäsar war.

Julische Alpen, Teil der Südl. Kalkalpen in Slowenien u. Italien; im Triglav 2864 m.

Juneau ['dʒu:nəʊ], Hptst. von Alaska, USA, Hafen an der Pazifikküste, 27 000 E; ✈.

Jung, C[arl] G[ustav], * 1875, † 1961, schweizer. Psychologe und Psychiater; bed. Arbeiten zur Typenpsychol.; Theorie vom „kollektiven Unbewussten".

Jünger: 1) Ernst, * 1895, † 1998, dt. Schriftsteller; „Auf den Marmorklippen", „Strahlungen", „An der Zeitmauer"; **2)** Friedrich Georg, * 1898, † 1977, Bruder v. 1), dt. Schriftsteller; „Dalmatin. Nacht".

Junges Deutschland, Gruppe von Schriftstellern nach 1830, die polit. Engagement der Lit. forderten; Zuwendung zu lib. u. nat. Ideen, Streben nach freier Meinungsäußerung, Emanzipation der Frau u.a.; Hauptvertr.: H. Heine, L. Börne, K. Gutzkow, H. Laube, L. Wienbarg, T. Mundt; 1835 Verbot der jungdt. Schriften.

Junge Union, Jugendorganisation der CDU u. der CSU.

Jungfernhäutchen (Hymen), sichel- bis ringförmige Schleimhautfalte am Scheideneingang; reißt meist beim ersten Geschlechtsverkehr.

Jungferninseln (engl. Virgin Islands), Inselgruppe im Bereich der Westind. Inseln, östl. v. Puerto Rico; meist gebirgig, trop. Passatklima; wichtigster Wirtschaftszweig: Fremdenverkehr. Die J. sind polit. zw. den USA u. Großbrit. aufgeteilt: *Virgin Island of the United States,* 344 km², 102 000 E, Hptst.

Charlotte Amalie auf Saint Thomas; *British Virgin Islands*, 153 km², 17000 E, Hptst. Road Town auf Tortola.
Jungfrau, das Sternbild ↑Virgo.
Jungfrau, Gipfel in den Berner Alpen, 4158 m; *J.bahn,* Zahnradbahn bis zum *J.joch* (3454 m).
Jungfrau von Orléans [- ɔrle'ã] ↑Jeanne d'Arc, hl.
Jungk, Robert, eigtl. R. Baum, * 1913, † 1994, dt.-amer. Wiss.-Publizist u. Futurologe; u. a. „Die Zukunft hat schon begonnen", „Der Atomstaat".
Jungsozialisten (Jusos), Jugendorganisation der SPD.
Jungsteinzeit, svw. jüngere Steinzeit (↑Übersicht Vorgeschichte).
Jüngstes Gericht, nach nt.-christl. Lehre das nach dem *Jüngsten Tag* (Auferstehung der Toten u. Wiederkunft Christi) erwartete Weltgericht.
Jung-Stilling, eigtl. Johann Heinrich Jung, * 1740, † 1817, dt. Gelehrter u. Schriftsteller; Augenarzt; „Henrich Stillings Jugend".
Jungtürken, türk. Partei, die die Türkei nach westl. Muster reformieren wollte; 1908–18 polit. bestimmend, 1926 ausgeschaltet.
Junikäfer, 14–18 mm großer, dicht behaarter, gelbbrauner Brachkäfer in M- u. O-Europa.
Junior..., im Sport Bestimmungswort in Zusammensetzungen, mit der Bed.: Jugend – in Abgrenzung zu Senior. – ↑auch Sport, Gewichtsklassen.
Junkie ['dʒʌnkı; engl.], jargonmäßige Bez. für einen Drogenabhängigen, Rauschgiftsüchtigen.
Junktim [lat.], Koppelung von Verträgen oder Gesetzesvorlagen.
Juno, röm. Göttin, der Hera gleichgesetzt; Gemahlin Jupiters.
Junta [auch: 'xunta; span.], Reg.-Ausschuss (v. a. in Lateinamerika); bes. aus Putschen hervorgegangene provisor. Reg. von Militärs *(Militärjunta)*.
Jupiter (lat. Iup[p]iter, Diovis pater, Diespiter), lat. Name für den Himmelsgott (urspr. idgm.), entspr. dem Zeus.
Jupiter, größter Planet des Sonnensystems; Umlaufzeit um die Sonne 11,86 J.; Durchmesser größer als der 11fache Erddurchmesser; rotiert in weniger als 10 Std. um seine Achse, stark abgeplattet; *Oberfläche* unter dichter Wolkenhülle verborgen (zahlreiche streifige Strukturen, *Großer Roter Fleck* als gewaltiger Wirbelsturm nachgewiesen); äußere Atmosphäre enthält Ammoniak, Wasserstoff u. Helium; Oberflächentemp. etwa –130 °C; starkes Magnetfeld; 16 Monde.
Jura, Geb. in der W-Schweiz *(Schweizer J.)* u. in O-Frkr. *(Frz. J.)*, bis 1718 m (Crêt de la Neige).
Jura, schweizer. Kt., 837 km², 68600 E, Hptst. Delémont; Landw., Uhren-, Maschinen-, Apparate-, Fahrzeug-, Tabak- u. Textilind. sowie Metallverarbeitung. Seit 1. 1. 1979 Kt. der Schweiz (bis dahin Teil des Kt. Bern).
Jura, ↑Geologie, Formationstabelle.
Jura [lat.; = die Rechte], Bez. für die Rechtswissenschaft.
Jürgens: 1) Curd, * 1915, † 1982, dt.-östr. Schauspieler („Des Teufels General"); **2)** Udo, eigtl. U. Jürgen Bockelmann, * 1934, östr. Schlagersänger u. -komponist.
Jurisdiktion [lat.], Rechtsprechung, Gerichtsbarkeit.
Jurisprudenz [lat.], Rechtswissenschaft.
juristisch [lat.], das Recht betreffend, rechtswissenschaftlich.
juristische Personen, mit Rechtsfähigkeit ausgestattete Organisationen zur Erreichung allg. Zwecke. Man unterscheidet *j. P. des öff. Rechts u. des privaten Rechts;* eingeteilt in Körperschaften, Anstalten, Stiftungen.
Jurte [türk.], rundes, mit Filzdecken belegtes Zelt der Hirtennomaden in W- und Zentralasien.
Jury [ʒy'ri, frz.; 'dʒʊərı, engl.]: **1)** Geschworenenkollegium (in ags. Ländern); **2)** Preisrichterkollegium.
Juso, Kurzbez. für **Jungso**zialist.
justieren [lat.], [Mess]geräte od. Maschinen genau einstellen.
Justinian I., d. Gr., * 482 oder 483, † 565, byzantin. Ks. s. 527; vernichtete das Vandalen- (534/35) u. Ostgotenreich (553), ließ das ↑Corpus Iuris Civilis zusammenstellen; Erbauer der ↑Hagia Sophia.
Justitia, röm. Göttin, Verkörperung der Gerechtigkeit.
Justitiar [lat.], Rechtssachverständiger von Unternehmen, Verbänden, Behörden.
Justiz [lat.], Rechtspflege; *J.hoheit,* Befugnis [des Staates], auf dem Gebiet der Rechtspflege organisator., verwaltungstechn. u. Recht sprechend allein tätig zu sein; *J.mord,* Vollstreckung eines auf einem *J.irrtum* beruhenden Todesurteils; *J.verwaltung,* die nichtrichterl. Tätigkeit der Rechtspflege.
Justizvollzugsanstalt, seit 1977 einzige Bez. für Gefängnis.
Jute, trop. Kräuter od. Halbsträucher; Stängel liefern Bastfasern zur Herst. von Säcken u. a.
Jütisches Recht, 1241 v. Kg. Waldemar II. erlassenes dänisches Rechtsbuch. Galt in Dänemark bis 1683, in Schleswig bis zur Einführung des BGB.
Jütland (dän. Jylland), dän. Halbinsel zw. Nord- und Ostsee, 29766 km²; Moränenldsch.; Getreidebau, Milchwirtsch., Schweinezucht; Fischerei. Im O größere Städte u. Häfen.
Juvenal (Decimus Iunius Iuvenalis), * um 60, † nach 127, röm. Satiriker; seine 16 Satiren in Hexametern kritisieren den Sittenverfall in Rom zur Zeit Domitians.

K

K, 11. Buchstabe des Alphabets.
K, Einheitenzeich. für: ↑**K**elvin.
K, Symbol für ↑Kalium (☊).
K, in der Datenverarbeitung Abk. für $2^{10} = 1024$; zur Angabe der Speicherkapazität, z. B. 1 KBit = 1024 Bit.
K 2, höchster Berg des Karakorums, Kaschmir, zweithöchster Berg der Erde, 8611 m; 1954 Erstbesteigung.
Kaaba [arab.; = Würfel], höchstes Heiligtum des Islams in Mekka; steinernes, würfelförm. Gebäude mit dem eingemauerten „schwarzen Stein".
Kabale [hebr.], Intrige.
Kabarett [frz.]: **1)** [zeitkrit.] Kleinkunstbühne; **2)** [drehb.] in kl. Fächer aufgeteilte Speiseplatte.
Kabbala [hebr.], jüd. Geheimlehre, die u. a. hinter Zahlen und Buchstaben den verborgenen Sinn der Welt suchte; Blüte im 13. Jh. in Spanien.
Kabel [frz.]: **1)** isolierte, biegsame, elektr. Leitung; bei *Fernmelde-K.n* bis zu 1200 Doppeladern; als *Erd-, Luft-* od. *See-K.;* **2)** Überseetelegramm; **3)** Drahtseil; **4)** Glasfaser-K., svw. ↑Lichtwellenleiter.
Kabelfernsehen, Verteilung v. (öff. u. privaten) Fernsehprogrammen über ein Breitbandkabelnetz.
Kabeljau [niederländ.], Dorschfisch; wicht. Speisefisch (Atlantik, Nord- u. Ostsee), getrocknet als *Stock-*, getrocknet u. gesalzen als *Klippfisch*.
Kabellänge, naut. Längenmaß, 1 K. = $\frac{1}{10}$ Seemeile = 185,2 m.
Kabinett [frz.]: **1)** Nebenzimmer; Beratungs- od. Arbeitsraum (bes. an Fürstenhöfen); **2)** Gesamtheit der Min.; Regierung; **3)** unterste Prädikatsstufe für Qualitätsweine.

Kairo. *Sultan-Hasan-Moschee (zwischen 1356 und 1362)*

Kabriolett [frz.]: **1)** zweirädr. Einspänner, meist mit Verdeck; **2)** Pkw mit aufklappb. Verdeck.
Kabuki [jap.], volkstüml. Theater in Japan (seit etwa 1600).
Kabul, Hptst. Afghanistans am Fluss Kabul, 1795 m ü. d. M., rd. 2 Mill. E (Agglomeration); Univ.; Wirtsch.- u. Handelszentrum; ✈.
Kabul, r. Nbfl. des Indus, rd. 500 km lang; Kraftwerke.
Kabylen, Kabylisch (Berberspr.) sprechender muslim. Berberstamm in Algerien; Ackerbauern.
Kadaver [lat.], [Tier]leiche; *K.gehorsam,* abwertend für: blinder Gehorsam.
Kadenz [lat.]: **1)** Akkordfolge zum Abschluss eines Musikstückes od. eines Satzteiles; **2)** unbegleitetes Improvisieren des Solisten in einem Konzert; **3)** metr. Form des Versschlusses.
Kader [frz.]: **1)** Stamm[bestand] eines Heeres, einer Sportmannschaft; **2)** im kommunist. Sprachgebrauch: die Gesamtheit der Funktionäre der Partei, führender Personen in Staat oder Wirtschaft.
Kadett [frz.], Zögling einer mil. Lehr- u. Bildungsanstalt.
Kadhdhafi, Al, Umar Muammar (El Gaddafi), * 1942, libyscher Politiker; 1969 am Sturz der Monarchie beteiligt, seitdem Oberbefehlshaber der Streitkräfte, 1969–77 Präs. des Revolutionsrates, 1970–72 auch Min.-Präs., 1977–79 Staatspräs., bestimmt auch nach seinem Rücktritt maßgebl. die Politik.
Kadi [arab.], Richter in islam. Ländern.
Kadmium ↑ Cadmium.
Käfer (Koleopteren), größte Ordn. der Insekten (rd. 350 000 Arten); harter Hautpanzer, stark verhärtete Vorderflügel, Hinterflügel häutig, kauende Mundwerkzeuge; Größe 0,2 mm bis 15 cm; Entw. mit vollkommener Verwandlung (Puppe–Larve–Käfer).
Kaffee [arab.]: **1)** svw. K.bohne (↑ Kaffeebaum); **2)** Getränk aus K.bohnen.
Kaffeebaum, niedr., wahrsch. in O-Afrika heim. Baum, heute in den meisten trop. Gebieten in mehreren Arten angebaut; kirschenähnliche Früchte mit *Kaffeebohnen* (0,7–2,5 % Koffein). Hauptanbaugebiete: Brasilien, Kolumbien, Elfenbeinküste, Mexiko.
Kaffernbüffel ↑ Büffel.
Kafka, Franz, * 1883, † 1924, östr. Dichter; dem Expressionismus nahe Erzählungen: „Das Urteil“, „Die Verwandlung“; Romanfragmente (postum veröffentlicht): „Der Prozess“, „Das Schloss“, „Amerika“, klare Sprache u. Darstellung des Einzelnen bei zunehmender Unwirklichkeit des Ganzen.
Kagel, Mauricio, * 1931, argentin. Komponist; lebt s. 1957 in Köln, experimentiert mit elektroakust. u. audiovisuellen Medien.
Kahlenberg, Anhöhe im N von Wien, 483 m, Weinbau. – 1683 *Schlacht am K.,* Befreiung Wiens von der türk. Belagerung.
Kahler Asten, Berg im Rothaargebirge, 841 m.
Kahlo, Frida, * 1907, † 1954, mexikan. Malerin; das persönl. Schicksal (Unfallfolgen) miteinbeziehende Bilder.
Kahr, Gustav Ritter v., * 1862, † 1934, dt. Politiker; 1920/21 bayr. Min.-Präs., 1923 Gen.-Staatskommissar; warf 1923 den Hitlerputsch nieder, anlässlich des Röhmputsches (↑ Röhm, E.) ermordet.
Kai [niederl.], vertikal befestigtes Ufer, v. a. im Hafengebiet.
Kaimane [indian.], Alligatoren trop. südamer. Flüsse.
Kain, A.T.: erstgeborener Sohn Adams u. Evas, Mörder seines Bruders Abel.
Kaiphas, eigtl. Joseph, jüd. Hoher Priester, überantwortete Jesus dem Pilatus.
Kairo (Al Kahira), Hptst. Ägyptens, am unteren Nil, größte St. Afrikas, 6,6 Mill. E (städt. Ballungsgebiet: 14,2 Mill.); 3 Univ. (K.-Univ. in ↑ Gise), Hochschulen, Institute u. Museen; Zitadelle, teilw. erh. Stadtmauer; neben der engen arab. Altst. die mod. Neust. u. Villenvororte; wichtigste Ind.-St. (Nahrungsmittel-, Textil-, Leder-, Tabak-, Metallind.) des Landes. – Seit 972 ägypt. Hptst.; unter osman. Herrschaft (ab 1517) beginnender Niedergang; s. Ende des 19. Jh.s Entw. zur Weltstadt.
Kairouan [kɛr'ran], Stadt in Tunesien, 72 300 E; bed. islam. Wallfahrtsort, Sidi-Okba-Moschee.
Kaiser: 1) Georg, * 1878, † 1945, dt. Dramatiker des Expressionismus; „König Hahnrei“, „Gas“ (I/II), „Die Bürger v. Calais“, „Oktobertag“; **2)** Jakob, * 1888, † 1961, dt. Politiker (CDU); 1949–57 B.-Min. für gesamtdt. Fragen.
Kaiser [v. lat. Caesar], Bez. für d. röm. Herrscher seit Augustus (in Ostrom bis 1453); abendländ. K.tum s. K.krönung Karls d. Gr. (800); 962 (Otto d. Gr.) bis 1806 (Franz II.) mit dem dt. Königtum verbunden; 1871–1918 war der Kg. v. Preußen dt. K.; Herrschertitel auch in anderen Ländern.
Kaiserchronik, älteste mhd. Geschichtsdichtung (v. der röm. Zeit bis 1147); stammt wahrsch. aus Regensburg (12. Jh.); Sagen u. Legenden, teilw. histor. wertvoll.
Kaisergebirge, Teil der Tirol.-Bayer. Kalkalpen, östl. v. Kufstein; *Wilder Kaiser* bis 2344 m, *Zahmer Kaiser* bis 1999 m.
Kaiserschnitt, operat. Entbindung bei Geburtshindernissen.
Kaiserslautern, Krst. an der Lauter, am N-Rand des Pfälzer Waldes, RP, 102 000 E; Reste der Kaiserpfalz (1152); LG, Arbeitsger., Univ., Fachhochsch.; Nähmasch.-, Büro-, Textilindustrie.
Kaiserstuhl, Geb.-Stock nw. v.

Freiburg im Breisgau, Ba.-Wü., bis 557 m; Obst- u. Weinbau.

Kaiser Wilhelm-Gesellschaft zur Förderung der Wissenschaften e. V. ↑Max-Planck-Gesellschaft.

Kajak [eskimo.]: **1)** schmales, einsitz. Boot der Eskimo; **2)** [mehrsitz.] Sportpaddelboot, im Sitzen mit Doppelpaddeln vorangetrieben.

Kakadus [malai.], Unterfam. meist bis rabengr. Papageien in Australien u. Südostasien mit aufrichtbarem Federschopf auf dem Kopf.

Kakao [span.]: **1)** svw. Kakaobohne; **2)** Getränk aus aufbereiteten Kakaobohnen.

Kakaobaum, ein Sterkuliengewächs, im trop. Amerika beheimatet, heute in vielen trop. Ländern; Samen: *Kakaobohne,* bohnenförmig (40–53% Fett, 15% Eiweiß, 1–4% Theobromin, 0,1–0,4% Koffein); fermentiert, geröstet u. zerrieben zur Schokoladenherstellung verwendet; Hauptanbauländer: Elfenbeinküste, Brasilien, Ghana.

Kakerlak, svw. ↑Küchenschabe.

Kaktusgewächse [gr.; dt.] (Kakteen), Pflanzenfamilie der [sub]trop. amer. Wüsten u. Steppen; Stammsukkulenten, meist mit Dornen; u.a. säulenförm., kugl., abgeflachte, höcker. gegliederte Arten; z.T. Nutzpfl. (u.a. Feigen- u. Riesenkaktus).

Kala-Azar [Hindi], schwere trop. Infektionskrankheit mit Fieber u. Kräfteverfall; Erreger: Flagellaten der Gatt. Leishmania.

Kalabri|en (ital. Calabria), südital. Halbinsel u. Region, durchzogen vom *Kalabr. Apennin,* 15 080 km², 2,1 Mill. E, Hptst. Catanzaro; mediterrane landw. Kulturen.

Kalahari, südafrikan., abflusslose, 800–1 300 m hohe Beckenldsch. zw. Oranje u. Okawango, Sambesi, rd. 1 Mill. km²; Dornstrauchsavanne.

Kalamität [lat.], Verlegenheit, Notlage.

Kalander [frz.], Masch. mit gegenläuf. [heizb.] Walzen zur Be- u. Verarbeitung fläch. Werkstoffe (u.a. Folien, Textilien, Papier).

Kalauer [frz.], [fauler] Wortwitz.

Kalb, Charlotte von, geb. Marschalk v. Ostheim, * 1761, † 1843, dt. Schriftstellerin; mit Schiller, Herder, Hölderlin u. Jean Paul befreundet; Romane u.a.

Kalckreuth, Leopold Gf. von, * 1855, † 1928, dt. Maler; Landschaften, Hafenbilder, Bildnisse.

Kaldaunen ↑Gekröse 2).

Kaleidoskop [gr.], opt. Spielzeug: in einer Röhre erscheinen symmetr., sternförm. Figuren.

Kalendarium [lat.]: **1)** altröm. Zinskalender; **2)** Verzeichnis der kirchl. Gedenk- u. Festtage.

Kalenden (Mrz.; lat. Calendae), bei den Römern der erste Monatstag.

Kalender [mlat., zu lat. Calendae (↑Kalenden)]: **1)** Zeitrechnung, Einteilung eines *K.jahres* nach astronom. Gesichtspt.; natürl. Einteilung: *synod. Monat* mit 29,5306 Tagen zw. 2 Mondphasen, deshalb Wechsel v. 29- u. 30-täg. Monaten im jüd. u. islam. K.; 1 Mondjahr hat entspr. 354,367 Tage, deshalb Schalttage; unterschiedl. Jahresbeginn, begr. durch Differenz zw. Mondjahr u. trop. [Sonnen]jahr; der *julian. K.* Cäsars (46 v. Chr.) führte das Gemeinjahr v. 365 Tagen und alle 4 J. einen Schalttag ein (durchschn. 365,25 Tage); durch die Differenz zum Sonnenjahr ging dieser K. bis zum 16. Jh. 10 Tage vor; beseitigt durch die *K.reform* Gregors XIII. (Schalttag unterbleibt im letzten Schaltjahr eines Jh.s, außer wenn dieses durch 4 teilb. ist); dieser *gregorian. K.* (1 J. = 365,2425 Tage) ergibt erst in 3 333 J. einen Tag zuviel; **2)** Buch od. Heft mit Aufzeichnung des K.s; gedruckte K. s. dem 16. Jh., später mit Wettervoraussage (Hundertjähr. K.) u. *K.geschichten* (Almanach) ausgestattet.

Kalevala, finn. Nationalepos.

kalfatern [niederl.], [Fugen] abdichten (seemänn.).

Kali [arab.], unpräzise Sammelbez. für Kaliumsalze (Dünger), Kaliumhydroxid.

Kaliber [gr.]: **1)** Messgerät für Durchmesser von runden Werkstücken oder Bohrungen; **2)** innerer Laufdurchmesser von Feuerwaffen.

Kalidasa, wahrsch. um 400, bedeutendster ind. Dichter der klass. Zeit; „Shakuntala".

Kalif [arab.], Titel der Nachf. Mohammeds; die Herrschaft der K.en, das **Kalifat,** begann in Medina; zuletzt lag die K.enwürde beim osman. Sultan.

Kaliforni|en: 1) Ldsch. an der sw. Pazifikküste Nordamerikas; im N *Ober-K.* mit dem *Kaliforn. Längstal* (zu den USA); im S die lange, gebirg. Halbinsel *Nieder-K.* (zu Mexiko); zw. Nieder-K. u. dem Küstenvorland der Westl. Sierra Madre d. tief einschneidende *Golf von K.;* **2)** (California) Abk. Cal., Calif., der Ober-K. umfassende Staat der USA, 411 049 km², 29,8 Mill. E, Hptst. Sacramento; im N gemäßigtes Klima, Getreideanbau; im zentralen Kaliforn. Längstal Zitrusfrüchtekulturen, Wein; der S K.s ist wüstenhaft; im Geb. ⚒ (Edelmetalle, Blei, Zink, Chrom, Kupfer, Eisen), Wasserkraftwerke; bed. Erdölförderung; hoch entwickelte Ind.; Haupthäfen: San Francisco und Los Angeles.

Kalinin, Michail Iwanowitsch, * 1875, † 1946, sowj. Politiker; s. 1919 Vors. des ZK d. KPdSU, seit 1938 Staatsoberhaupt.

Kalinin, 1931–90 Name der Stadt ↑Twer.

Kalium, chem. El., Symbol K, OZ 19, rel. A.-Masse 39,0983, silberweiß glänzendes, weiches Alkalimetall, Dichte 0,862 g/cm³, Fp. 63,65 °C, Sp. 774 °C; sehr reaktionsfreudig, kommt daher nur in Verbdg. (u.a. Kainit, Karnallit, Sylvin) in der Natur vor; metall. K. wird durch Schmelzflusselektrolyse erhalten; techn. wicht. sind v.a. die *K.salze,* die insbes. als Düngemittel (K.sulfat, K.hydrogencarbonat, K.nitrat) oder als chem.-techn. Produkte (u.a. K.carbonat [↑Pottasche], K.chlorat als Sauerstofflieferant in Sprengstoffen, K.dichromat als Oxidationsmittel, K.bromid in der Fotogr., K.fluorid als Holzkonservierungsmittel, K.nitrit zur Farbstoffherst., K.permanganat als Desinfektionsmittel) verw. werden.

Kalk, Calciumcarbonat, $CaCO_3$, häufigste Calciumverbdg.; in reinem Wasser fast unlösl.; eines der verbreitetsten Minerale der Erde, gesteinsbildend (Kreide, K.spat, Marmor, K.stein, K.schiefer, K.tuff u.a.); für Bauzwecke z.B. als *K.mörtel, K.beton;* in der chem. Technik wird K. im *K.ofen* erhitzt (gebrannt), Produkt: *gebrannter K.*

Kalkar, St. in NRW, 12 600 E; Nahrungsmittelindustrie.

Kalksinter (Kalktuff), Ablagerung von Calciumcarbonat aus kalkhalt. Wasser; in Höhlen als Tropfstein.

Kalkspat (Calcit, Kalzit), $CaCo_3$, verbreitetes gesteinsbildendes Mineral, meist weiß, trigonal, häufig verzwillingt, gut spaltbar; wegen seiner Doppelbrechung für opt. Instrumente verwendet.

Kalkstein, meist aus Kalkspat bestehendes Sedimentgestein, vorw. aus [Meer]wasser abgesetzt, durch chem. Ausfällung od. aus tier. Kalkschalen; als *dichter [Schicht]kalk,* Kalkoolith, ↑Kalksinter, ↑Marmor od. ↑Kreide 1).

Kalkül [frz.], Berechnung; System v. [Rechen]regeln u. [log.] Operationen.

Kalkulation [lat.], Ermittlung der Kosten für die Leistungseinheit.

Kalkutta (Calcutta), Hptst. des ind. Staates West Bengal, größte St. Indiens, am *Hugli,* dem wich-

tigsten Mündungsarm des Ganges, 4,4 Mill. E (städt. Agglomeration: 11,6 Mill. E); 2 Univ., Bibliothek, Institute; Eisen-, Masch.-, Textilind. (insbes. Jutespinnereien), Leder-, Glasind.; Hafen, ✈.
Kalla (Calla) [gr.], Aronstabgewächs mit kolbenförm. Blütenständen u. weißer umhüllender Spatha; Giftpflanze.
Kallimachos, * um 310, † um 240 v. Chr., griech. Gelehrter u. Dichter; verf. einen Katalog der Bibliothek von Alexandria, Epigramme und Kleinepen.
Kalliope, Muse der ep. Dichtung.
Kallisto, in der griech. Mythol. Jagdgefährtin der Artemis.
Kálmán, Emmerich ['ka:lmə:n], * 1882, † 1953, ungar. Operettenkomponist; „Die Csárdásfürstin".
Kalmare [gr.], schlanke, zehnarmige Tintenfische.
Kalmarer Union, 1397 in Kalmar (Südschweden) abgeschlossener Vertr., führte zur Personalunion d. Kgr. Dänemark, Norwegen und Schweden (bis 1523).
Kalmen [frz.], Windstillen; *K.gürtel,* Gebiet der Windstillen in der Äquatorzone (niederschlagsreich) u. in den ↑Rossbreiten.
Kalmücken, westmongol. Volk an der unteren Wolga, im „Autonomen Gebiet der K." (zur Zeit rd. 175 000 K.); fr. Nomaden.
Kalorie [lat.], (Grammkalorie), Einheitenzeich. cal, im amtl. u. geschäftl. Verkehr nicht mehr zulässige Einheit der Energie (Wärmemenge); gesetzl. Einheit: Joule (J); 1 cal = 4,1868 J; 1 kcal = 1 000 cal = 4,1868 kJ.
Kalotte [frz.]: **1)** Oberflächenabschnitt einer ↑Kugel; **2)** flache Kuppel; **3)** Schädeldach ohne Basis (Med.); **4)** Scheitelkäppchen (kath. Geistliche).
Kaltblut, schwere, ruhige Hauspferderassen; Arbeitspferde.
Kaltblüter (Wechselwarme), Tiere, die ihre Körpertemp. nicht od. nur unvollkommen regeln können; alle bis auf Säugetiere u. Vögel.
Kältemittel, leicht siedende Stoffe mit hoher Verdampfungswärme, die sich zum Betrieb v. Kältemaschinen eignen, z. B. Ammoniak, Fluorkohlenwasserstoffe; neues K.: Propan-Butan-Mischung für „Öko-Kühlschrank".
Kaltenbrunner, Ernst, * 1903, † 1946 (hingerichtet), östr.-dt. nat.-soz. Politiker; 1943 Chef der Sicherheitspolizei u. des Sicherheitsdienstes sowie des R.-Sicherheitshauptamtes; maßgebl. an der Ermordung europ. Juden beteiligt.
Kältepole, kälteste Orte der Erdoberfläche; *Nordhalbkugel:* Ojmjakon in NO-Sibirien (−70,8 °C); *Südhalbkugel:* antarkt. Hochland (Station Wostok: −91 °C).
Kalt[ver]formung, Sammelbez. für ohne Wärmeeinwirkung erfolgende Metallformungsverfahren (z. B. Stauchen, Prägen, Ziehen).
Kaltfront, Grenzzone vordringender Kaltluft gg. Warmluft auf der Rückseite von Tiefdruckgebieten; mit Winddrehung, Quellbewölkung, Niederschlägen.
Kalumet [frz.], Friedenspfeife der nordamer. Indianer.
Kalvari|enberg: 1) svw. ↑Golgatha; **2)** Nachahmung v. 1).
Kalvinismus, von J. Calvin begr. reformator. Lehre, vorw. in den ref. u. presbyterian. Kirchen (↑auch Hugenotten, J. ↑Knox, ↑Puritaner), von gr. Einfluss auf Pol. u. Wirtsch. der mod. Welt; Bekenntnisschriften: Confessio Helvetica, Heidelberger Katechismus, Dordrechter Kanones auf der Dordrechter Synode; lehrt die Prädestination der Auserwählten, die auf Erden schon das Reich Gottes verwirklichen (Staat und öff. Ordnung gottgegeben); Betonung v. Freiheit und Selbstverantwortung.
Kalypso, in der griech. Mythol. Tochter des Atlas, die auf der Insel Ogygia den schiffbrüch. Odysseus aufnimmt u. 7 Jahre festhält.
Kalzium ↑Calcium.
Kama, l. Nbfl. der Wolga, 1 805 km.
Kamasutra, ind. Lehrbuch der Erotik (4. Jh.); Verf.: M. Vatsyayana.

Kambodscha

Fläche: 181 035 km²
Einwohner: (1995) 10,25 Mill.
Hauptstadt: Phnom Penh
Amtssprache: Khmer
Zeitzone: MEZ +6 Stunden

Kambodscha (Kampuchea), Königreich in SO-Asien; Rumpf-ldsch., von bewaldeten Geb. überragt, im Innern Aufschüttungsebenen; mit dem Mekong verbunden der See Tonle Sap; tropisches Monsunklima. *Bev.:* buddhistische Kambodschaner (Khmer). Über 80 % des Kulturlandes Reisfelder; daneben: Sesam, Zuckerrohr, Kautschuk, Tabak, Pfeffer. – *Gesch.:* Seit dem 9. Jh. Zentrum des Khmerreiches, im 13. Jh. von Thai unterworfen; K. unter dem Einfluss v. Annam und Siam; 1887 Frz.-Indochina einverleibt; 1946 autonomer Staat in der Frz. Union, 1954 Austritt u. volle Unabhängigkeit; 1970 Sturz d. Staatschefs Prinz Norodom Sihanuk, der eine neutralist. Pol. betrieb, durch proamer.-antikommunist. Offiziere u. Einbeziehung K.s in d. Vietnamkrieg. Gen. Lon Nol übernahm die Macht (1972–75 Staatspräs.). Bürgerkrieg zw. Reg. u. d. prokommunist. Roten Khmer, der im April 1975 mit d. Einnahme v. Phnom Penh u. d. Übernahme d. Reg.-Gewalt durch die Roten Khmer unter Präs. Norodom Sihanuk endete. Ihr Terrorregime kostete etwa 1 Mill. Menschen das Leben. 1976 Khieu Samphan Präs., Pol Pot Min.-Präs. Seit 1978 militär. Auseinandersetzungen mit Vietnam, das im Jan. 1979 nach mil. Intervention das Regime Pol Pot in Phnom Penh stürzte. Einrichtung einer vietnamfreundl. provisor. Reg. unter Heng Samrin. 1980 erkannte die UN die Reg. Pol Pot als rechtmäßig an. 1982 Bildung einer Exilreg. unter Norodom Sihanuk; 1989 Rückzug der vietnames. Truppen; 1990 UN-Friedensplan; 1991 Friedensabkommen; Staatsoberhaupt wieder Norodom Sihanuk (seit 1993 König).
Kambrium ↑Geologie, Formationstabelle.
Kamee ↑Gemme.
Kamele [gr.], Fam. wiederkäuender, langhals., hochbein. Paarhufer in Steppen u. Wüsten Afrikas, Asiens, Südamerikas; speichern Wasser (Magen) u. Fett (Höcker); Trag- u. Reittiere; ↑Dromedar, ↑Guanako (mit Lama u. Alpaka); ↑Trampeltier.
Kameli|e [nach dem böhm. Naturforscher *G. J. Camel,* * 1661, † 1706], Teegewächs mit rd. 80 Arten in O-Asien; Strauch mit rosenähnl. Büten; Zimmerpflanze.
Kamen, Ind.-St. nö. v. Dortmund, NRW, 47 000 E.
Kamera [lat.], fotograf. Aufnahmegerät; ↑Fotografie.
Kamerun, zentralafrik. Republik. Trop. Regenwald im S u. an der

Küste, Hochland (Savanne) im W mit Vulkanen (v. a. ↑Kamerunberg), trockene Teile des Tschadbeckens im N. *Bev.:* Bantustämme im südl. Waldhochland, Sudanneger im offenen Hochlandgebiet, vereinzelt Fulbe und Haussa. *Wirtsch.:* Plantagen für Kakao, Kaffee, Kautschuk, Bananen, Baumwolle; bed. Erdölvorkommen. – *Gesch.:* 1884 unter dt. Schutz; 1922 als Mandat v. Völkerbund an Frkr. (eigene Verwaltung) und Großbrit. (Eingliederung in die Kolonie Nigeria) vergeben; ab 1946 UN-Treuhandgebiet; 1960 unabh. Rep., Teilung des brit. K. in einen N- (verbleibt bei Nigeria) u. einen S-Teil (Vereinigung mit K.); 1961 B.-Rep., 1972 Vereinigte Rep. K; Mitgl. der UN.

Kamerunberg, höchstes Geb.-Massiv in W-Afrika, Kamerun, im *Fako* 4070 m; Vulkan.

Kamikaze [jap.], jap. freiwillige Kampfflieger im 2. Weltkrieg (stürzten sich unter Selbstaufopferung mit dem Flugzeug auf feindl. Ziele).

Kamille [gr.], Korbblütler; einjähr. Heilpfl., getrocknete Blüten als Aufguss für Umschläge u. Ä.

Kamisarden [frz.], Hugenotten in den frz. Cevennen u. im Languedoc; ihre Aufstände gg. die konfessionelle Unterdrückung durch Kg. Ludwig XIV. führten zum *Cevennenkrieg* (1701–04).

Kammer: 1) Raum zur Aufbewahrung der fürstl. Privathabe; im MA Amt der kgl. Hofhaltung; **2)** Parlament bzw. dessen Teile (1. u. 2. K.); **3)** Spruchkörper bei Gerichten, z. B. Strafkammer.

Kammerflimmern ↑Herzflimmern.

Kammergericht, im MA oberstes Landesgericht in den dt. Ländern; 1835–79 Bez. für den preuß. Staatsgerichtshof, danach für das OLG von Berlin.

Kammerjäger, urspr. Leibjäger eines Fürsten; heute berufsmäß. Vernichter von Ungeziefer.

Kammermusik, urspr. in der „camera", dem höf. Musizierraum, gespielte weltl. Vokal- und Instrumentalmusik; heute jede für eine kl. solist. Gruppe best. Kunstmusik.

Kammerspiele, kl. Theaterraum, bes. für Bühnenstücke mit wenig Ausstattung und Bühnentechnik; auch die dort gespielten Bühnenstücke.

Kammerton (Normalton), auf 440 Hz festgelegter Ton a′ zum Einstimmen von Musikinstrumenten.

Kammgarn, feines, glattes, langfaser. Wollgarn.

Kampagne [kam'panjə; frz.], meist zeitl. begrenzte Aktion mil., polit. oder wirtsch. Art.

Kamerun

Fläche: 475 442 km^2
Einwohner: (1995) 13,23 Mill.
Hauptstadt: Yaoundé
Amtssprachen: Französisch, Englisch
Zeitzone: MEZ

Kampala, Hptst. von Uganda, nördl. d. Victoriasees, 651 000 E; Univ., vielseit. Ind.; ⚓.

Kampanien (ital. Campania), südwestital. Region zw. Lirital u. Golf von Policastro, 13 595 km^2, 5,7 Mill. E, Hptst. Neapel; fruchtb. Ebene mit Anbau von Weizen, Wein, Oliven, Tabak, Gemüse.

Kampanile [ital.], frei stehender Glockenturm [ital. Kirchen].

Kampen (Sylt), Seebad auf d. Insel Sylt, 600 E.

Kampfer (Campher) [sanskr.], farblose oder weiße, charakterist. riechende Verbindung, $C_{10}H_{16}O$ (Herz-, Kreislaufmittel), aus dem Öl des Kampferbaums.

Kampfhunde, Bez. für Hunde, die vom Menschen zu Kampfzwecken gezüchtet werden, dazu sind u. a. Bullterrier, American-Pitbull-Terrier, American-Staffordshire-Terrier bes. geeignet. Ihre Haltung ist gesetzlich eingeschränkt.

Kamp-Lintfort, St. nw. von Duisburg, NRW, 40 400 E; Steinkohlengruben; *als Kloster Kamp* gegr. 1123, erste dt. Zisterzienserniederlassung.

Kamtschatka, nordostasiat. Halbinsel zw. Beringmeer und Ochotskischem Meer, Russland; zwei parallele Geb.-Ketten; z. T. noch tätige Vulkane.

Kanaan, das den Israeliten im A. T. verheißene Land, Gebiet im Raum Syrien-Palästina; *Kanaaniter,* vorisraelit. Bev. Kanaans.

Kanada, Staat in Nordamerika; *Bev.:* zu rd. 43 % brit., 29 % frz. Ursprungs, die Ureinwohner (Indianer und Eskimo) machen 1 % aus; rd. 40 % ev., etwa 50 % röm.-kath. – *Gliederung:* Stark gegliederte Pazifikküste, Küstengeb., das ostwärts in ein Hochplateau übergeht, im O von den Rocky Mountains begrenzt, die sich zur Prärieldsch. des Kanad. Schildes u. den Tiefländern in der Umgebung der Hudsonbai abdachen; das östl. Vorland des Kanad. Schildes bilden die nördl. Ausläufer der Appalachen; den N K.s nimmt die arkt. Inselwelt ein. – *Klima:* Außer an der SO- u. SW-Küste kühl, kontinental, im N arktisch. – *Vegetation:* Im N Tundra, südl. anschließend weite Waldgebiete (etwa 40 % des Landes); nördl. Ausläufer der Prärie. – *Landw.:* Im S Weizen (bed. Export), ferner Hafer, Gerste, Faserpflanzen; Viehzucht; Fischerei. *Bodenschätze:* Reiche Vorkommen an Kohle, Eisenerz, Kupfer-, Zink-, Uran-, Edelmetallerzen, Erdöl, Asbest, Nickel; wichtig sind Nahrungsmittel-, Bau-, Hütten-, Textil- und v. a. Holz verarb. Ind. – *Bed. Häfen:* Montreal und Quebec am St.-Lorenz-Strom, ferner Saint John's u. Halifax am Atlantik, Vancouver u. Victoria am Pazifik. – *Geschichte:* Erste Besiedlung durch Franzosen im 16. u. 17. Jh. längs des St.-Lorenz-Stroms; 1763 ging Kanada in brit. Besitz über; seit 1867 Dominion, seit 1926 Mitgl. des Commonwealth, 1931 Westminsterstatut: K. polit. unabh.; Mitgl. der UN u. der NATO.

Kanadischer Schild (Laurentischer Schild) ↑Kanada.

Kanada

Fläche: 9 970 610 km^2
Einwohner: (1999) 31 Mill.
Hauptstadt: Ottawa
Amtssprachen: Englisch, Französisch
Zeitzonen: MEZ $-4\frac{1}{2}$ bis -9 Stunden

Wassily Kandinsky, *Komposition VIII (1923)*

Kanaille [ka'naljə; frz.], Schurke.

Kanal: 1) künstl. Wasserlauf; **2)** Frequenzband best. Bandbreite.

Kanal, Der (auch Ärmelkanal; engl. English Channel; frz. La Manche), Meeresstr. zw. Großbrit. und Frkr., größte Tiefe 172 m, engste Stelle (zw. Dover und Calais) 35 km. – Seit dem 19. Jh. bestehen Pläne, den K. zu untertunneln. 1986 Vertrag zw. Frkr. u. Großbritannien über Bau eines Eisenbahntunnels, Baubeginn 1987, 1991 Durchstich, 1994 Eröffnung.

Kanalinseln (Normann. Inseln, engl. Channel Islands), Inseln im Kanal vor der frz. Küste, insges. 195 km²; bilden die Selbstverwaltungsgebiete Jersey und Guernsey unter Hoheit der brit. Krone.

Kanari|envogel, Finkenvogel d. Kanar. Inseln; singender Käfigvogel in vielen Zuchtformen (u. a. *Harzer Roller,* einfarbig gelb).

Kanarische Inseln (Islas Canarias), span. Inselgruppe vor der nordwestafrik. Küste: Hierro, La Palma, Gomera, Teneriffa, Gran Canaria, Fuerteventura, Lanzarote, 7273 km², 1,49 Mill. E; gebirg.; subtrop.-atlant. Klima; Anbau von Bananen, Tomaten, Kartoffeln, Getreide; bed. Fremdenverkehr. – Seit Ende des 15. Jh.s span., 1982 Autonomiestatut.

Kandahar, Provinz-Hptst. in S-Afghanistan, 1050 m ü. d. M., 191000 E; Oase; Handelszentrum.

Kandahar-Rennen, bek. alpines Skirennen mit Abfahrtslauf, Slalom und Riesenslalom; s. 1928 jährl. in St. Anton am Arlberg ausgetragen.

Kandelaber [frz.], Standleuchte, Laternenträger.

Kandidat [lat.]: **1)** Anwärter, [Amts]bewerber; **2)** Abk. cand., Student vor od. in der Abschlussprüfung; **3)** Anwärter für die Mitgliedschaft in einer kommunist. Partei bzw. in einem ihrer Gremien.

kandieren [frz.], Früchte u. Pfl.-Teile durch Zuckerguss haltbar machen.

Kandinsky, Wassily, * 1866, † 1944, russ. Maler; einer der ersten Vertr. der abstrakten Kunst, Mitbegr. des ↑ Blauen Reiters; Lehrer am Bauhaus.

Kandis [arab.], an Fäden in großen Stücken auskristallisierter Zucker.

Kangchenjunga [engl. kæŋtʃən'dʒʌŋə], d. dritthöchste Berg der Erde, im Himalaja, zw. Nepal und Sikkim, 8586 m.

Känguruś [austral.], Pflanzen fressende, kaninchengroße bis mannshohe Beuteltiere mit starken Hinter- u. kurzen Vorderbeinen, langem Stützschwanz u. kl. Kopf; v. a. Australien.

KaNgwane, ehem. Bantuheimatland (Autonomstaat) der Swasi in der Rep. Südafrika, 3823 km², 393000 E, Hptst. Louieville.

Kaninchen, zus.fassende Bez. für die Hasengatt. *Wild-K.* u. die Hauskaninchenrassen.

Kanna [gr.-lat.] (Canna, Blumenrohr), Gatt. der Blumenrohrgewächse; z. T. prächt. Zierpflanzen.

Kannenstrauchgewächse, Fleisch fressende Pfl. in sumpf. Urwäldern, bes. des trop. Asiens.

I. Kant

Kannibalismus [span.]: **1)** Menschenfresserei [aus Zauber- od. Ahnenglaube]; **2)** Auffressen von Artgenossen (Zool.).

Kanon [gr.], Regel, Leitfaden: **1)** Gesamtheit der für ein best. Gebiet (z. B. Logik) geltenden Regeln; **2)** musikal. Gattung: zwei od. mehr Stimmen setzen jeweils nacheinander mit dem Thema ein u. führen es bis zur abschließenden Kadenz durch; **3)** Regel für die Proportionierung der menschl. Figur (bildende Kunst); **4)** Liste der kirchl. anerkannten bibl. Schriften; **5)** in der kath. Liturgie das Hochgebet der Eucharistie; **6)** Verzeichnis der Heiligen; **7)** kirchenrechtl. Einzelbestimmung.

Kanone [ital.], langrohriges Geschütz; Arten: *Panzerabwehr-K.* (Pak), *Flugabwehr-K.* (Flak) u. a.; **K.nboot,** kl. Kriegsschiff, v. a. für d. Küstenbereich.

Kanoniker [gr.-lat.], kath. Geistlicher als Mitgl. eines Kapitels (↑ Chorherren).

Kanonisation [gr.-lat.], svw. ↑ Heiligsprechung.

Kanonissen [gr.-lat.], Chorfrauen in [adl.] Damenstiften.

Kanopus: 1) antiker Name eines altägypt. Ortes bei Alexandria; ehem. Tempel, in dem ↑ Osiris in Form eines Kruges verehrt wurde; **2)** ↑ Canopus.

Känozoikum [gr.], ↑ Geologie, Formationstabelle.

Kansas ['kænzəs], Abk. Kans., Staat im zentralen Bereich der USA, 213063 km², 2,48 Mill. E, Hptst. Topeka; Prärieland, Anbau von Weizen, Mais, Gerste, Sojabohnen, Hafer u. a.; Viehzucht. Erdöl- u. Erdgasförderung, Blei-, Zink-, Kohle-⚒, Flugzeug-, Erdöl- u. a. Industrie.

Kansas City ['kænzəs 'sɪtɪ], zwei Nachbarstädte an der Mdg. des Kansas River in den Missouri, USA, Ind.- u. Verkehrszentrum; K. C. in Kansas, 150000 E, in Missouri, 435000 E; Univ.; ✈.

Kant: 1) Hermann, * 1926, dt. Schriftsteller; 1978–89 Präs. des Schriftstellerverbands der DDR; **2)** Immanuel, * 22. 4. 1724, † 12. 2. 1804, dt. Philosoph; seit 1770 Prof. in Königsberg; „Kritik der reinen Vernunft": das Wissen selbst wird Gegenstand der Kritik; jede Erkenntnis muss auf sinnl. Erfahrung und deren „Anschauungsformen" Raum u. Zeit zurückgehen. Das „Ding an sich" ist unerkennb., Seele, Welt, Gott sind „regulat. Ideen" für mögl. Erfahrungswissen; Gewissheit v. Gegenständen wie Freiheit, Gott, Unsterblichkeit zu gewinnen, die jenseits der „Erscheinungswelt" liegen, ist nur in sittl.

Handeln mögl., in dem sich Freiheit als das „Unbedingte“ in unserer „prakt. Vernunft“ erweist; Richtschnur für sittl. Handeln gibt der kategor. Imperativ; „Kritik der prakt. Vernunft“, „Kritik der Urteilskraft“, „Die Metaphysik der Sitten“.

Kantabrisches Gebirge, bis 2613 m hohes Geb. im NW der Iber. Halbinsel, etwa 470 km lang und bis 65 km breit.

Kantate [lat.], Name des 4. Sonntags nach Ostern.

Kantate [lat.], mehrteil., instrumental begleitetes Solo- und/oder Chorgesangsstück (etwa s. 1620); *geistl. K.n* seit Anf. des 18. Jh.s.

Kanther, Manfred, * 1939, dt. Politiker (CDU), 1987–91 hess. Finanzmin., 1993–98 Bundesmin. des Innern.

Kanton, bedeutendste Hafen- u. Handelsst. S-Chinas, im Mdg.-Gebiet des Xi Jiang, 3,54 Mill. E; 3 Univ.; vielseit. Ind.; ⚓.

Kanton [frz.]: **1)** Bez. für die schweizer. Gliedstaaten; **2)** (Canton) Verwaltungseinheit (auch Wahlkreis) in Frkr. und Belgien.

Kantor [lat.], Leiter eines Kirchenchores; Vorsänger, Vorbeter in der Synagoge.

Kanu [karib.-engl.], urspr. leichtes, kielloses Boot aus Baumrinde, Tierhäuten od. als Einbaum; heute als Kajak, Kanadier u. Faltboot.

Kanüle [frz.], spitz geschliffene Hohlnadel für Injektionen u. a.

Kanzel [lat.]: **1)** in der christl. Kirche erhöhter Stand für den Prediger; **2)** (Lehr-K.) in Östr. Lehrstuhl an Hochsch.; **3)** Bergvorsprung.

Kanzlei, urspr. amtl. Schreibstube zur Ausfertigung v. Urkunden, später oberste Reg.- u. Verw.-Behörde; in neuerer Zeit als *Reichs-K.* od. *Staats-K.* Behörde des Reg.-Chefs; in der BRD: *B.-Kanzleramt.*

Kanzleisprachen, regional verschiedene Formen der dt. Spr., die s. der 1. H. d. 13. Jh.s in den Kanzleien das Latein zu ersetzen begannen; maßgebl. Einfluss auf das Mitteldt. (und damit auf die nhd. Schriftsprache).

Kanzler [lat.], im fr. MA Schreiber; s. Ende des 8. Jh.s der Vorsteher der kgl. ↑Kanzlei; oft polit. einflussreich; später hohes Reg.-Amt, z. B. in Preußen der *Groß-K.*, in Östr. der *Staats-K.;* in der BRD Bundeskanzler. ↑auch Reichskanzler.

Kanzone [ital.]: **1)** lyr. Gedichtform, s. dem 12. Jh. in der provenzal. u. nordfrz. Dichtung, s. dem 13. Jh. bes. in Italien (Petrarca u. a.); **2)** auf versch. vokale u. instrumentale Formen angewandter Begriff, v. a. für das ital. Kunstlied der Renaissance.

Kap Verde

Fläche: 4 033 km^2
Einwohner: (1995) 392 000
Hauptstadt: Praia
Amtssprache: Portugiesisch
Zeitzone: MEZ –3 Stunden

Kaolin [nlat.] (Porzellanerde), weicher, formb. Ton; Hauptbestandteil *Kaolinit,* ein Aluminiumsilicat; verw. zur Porzellanherst., als Füllstoff für Papier und Seife.

Kapaun [lat.], kastrierter Hahn.

Kapazität [lat.]: **1)** Aufnahmefähigkeit, Leistungsvermögen; **2)** hervorragender Fachmann; **3)** physikal. Größe (Zeich. *C*), Quotient aus Ladung u. Spannung zw. 2 elektr. Leitern, Einheit Farad (F); **4)** Bez. für Kondensator u. ä. wirkende Bauelemente einer elektr. Schaltung.

Kap der Guten Hoffnung, Kap südl. von Kapstadt, Rep. Südafrika, 34° 20′ s. Br., 18° 25′ ö. L.

Kapelle [lat.]: **1)** kl. Kirchenraum für [gelegentl.] Gottesdienste; **2)** urspr. Sängerchor (↑a cappella); s. dem 16. Jh. das Instrumentalorchester.

Kapern, in Essig eingemachte od. eingesalzene Blütenknospen d. *K.strauches* (Mittelmeergebiet).

Kapernaum (Kafarnaum), histor. Ort am See von Genezareth in N-Israel.

Kapetinger, frz. Königsgeschlecht 987–1328; Nebenlinien bis 1848.

Kapillaren [lat.]: **1)** svw. ↑Haargefäße; **2)** Röhrchen mit sehr kl. Innendurchmesser.

Kapital [lat.], in der *Volkswirtsch.* die produzierten Produktionsmittel (im Ggs. zu Boden u. Arbeit), in der *Betriebswirtsch.* der auf der Passivseite der Bilanz erscheinende Gegenwert des im Betrieb eingesetzten u. auf der Aktivseite der Bilanz erscheinenden Vermögens (Anlage-, Betriebs-K.); beschafft durch Eigen-, Fremd- oder Selbstfinanzierung.

Kapitalabfindung, Abgeltung v. Rentenansprüchen durch einmal. Geldzahlung.

Kapitalanlagegesellschaften, svw. ↑Investmentgesellschaften.

Kapitalflucht, Verbringen von [Geld]kapital ins Ausland.

Kapitalgesellschaften, juristische selbst. Ges., bei denen die Kap.-Beteiligung im Vordergrund steht; für Verbindlichkeiten haftet nur das Ges.-Vermögen, z. B. AG, GmbH, KG auf Aktien.

Kapitalismus [lat.], Wirtsch.- u. Gesellschaftsordn. d. Neuzeit, in der d. wirtsch., soz. u. polit. Verhaltensweisen u. Beziehungen der Menschen wesentl. v. d. Interessen derjenigen bestimmt werden, die über das Kap. verfügen. Vier Hauptmerkmale: 1. *Privateigentum an den Produktionsmitteln;* 2. *Gewinnmaximierung,* d. h., dass alle wirtschaftl. Vorgänge im privatwirtsch. Bereich darauf ausgerichtet sind, möglichst hohen Gewinn zu erzielen; 3. *Produktion für d. Markt* (↑Marktwirtschaft); 4. *Ggs. zw. Kap. u. Arbeit* (Arbeitgeber u. Arbeitnehmer), der nicht nur im wirtsch., sondern auch im polit. u. gesellschaftl. Bereich (Herrschafts- und Machtverhältnisse) spürbar wird. Gemeinhin werden drei Entwicklungsphasen des K. unterschieden: 1. *Früh-K.* od. Handels-K. (etwa ab 1500); 2. *Hoch-K.* od. Industrie-K. (etwa ab 1760); 3. *Spät-K.* od. Monopol-K. (etwa ab 1880), auch organisierter K. gen. Gewerkschaften u. die der Arbeiterbewegung verbundenen polit. Parteien, die über die Parlamente s. d. späten 19. Jh. eine arbeits- u. sozialrechtl. Einschränkung der Kapitalverfügungsgewalt der Eigentümer sowie wirtsch. (tarifpolit.) durch den Aufbau v. Gegenmacht eine allg. Verbesserung der Einkommen u. der Arbeitsbedingungen erreichten, haben zu einer grundlegenden reformer. Weiterentw. des K. beigetragen. Die Klassenggs. sind abgeschwächt worden.

Kapitalverwaltungsgesellschaften, steuerrechtl. Bez. für ↑Investmentgesellschaften.

Kapitän [lat.]: **1)** Schiffs-, Flugzeugführer; *K.leutnant,* Offiziersdienstgrad der Marine; *K. zur See* ↑Oberst; **2)** der Führer einer [Sport]mannschaft.

Kapitel [lat.]: **1)** Abschnitt in einem Schrift- oder Druckwerk; **2)** im kath. Kirchenrecht: 1. Gesamtheit der Geistlichen einer Dom- od.

Kapstadt. *Stadtzentrum*

Stiftskirche *(Kapitulare),* 2. Vers. eines Konvents od. eines größeren Ordensverbandes.

Kapitell [lat.], Kopfstück von Säule, Pfeiler oder Pilaster.

Kapitol: 1) einer der 7 Hügel Roms, westl. vom ↑Forum Romanum; heute Platz mit Reiterstandbild Mark Aurels (Kopie) und drei Palästen n. Plänen von Michelangelo (1546 ff.); **2)** Parlamentsgebäude der USA in Washington.

Kapitulation [lat.]: **1)** allg. die Unterwerfung unter die stärkere Macht; **2)** Bez. für einen Vertr. zw. mil. Befehlshabern, in dem die Unterwerfung einer Seite festgelegt wird (Kriegsvölkerrecht).

Kaplan [lat.], urspr. Geistlicher an der Kapelle des fränk. Königs; heute [Hilfs]geistlicher.

Kapok [malai.], Kapselwandhaare des trop. *K.baumes;* wicht. Polstermaterial.

Kapp, Wolfgang, * 1858, † 1922, dt. rechtsradikaler Politiker; versuchte am 13. 3. 1920 mit Gen. v. Lüttwitz die Reichsreg. zu stürzen; der *K.-Putsch* scheiterte am Generalstreik der Gewerkschaften.

Kappadokilen, antike Ldsch. im östl. Kleinasien.

Kapp-Putsch ↑Kapp, Wolfgang.

Kaplprovinz, bis 1994 größte Prov. d. Rep. Südafrika, 656 500 km², 5,5 Mill. E, Hptst. Kapstadt; z. T. halbwüstenhafte Hochländer, im SW mediterranes Klima mit entspr. Landw.; Bergbau auf Diamanten, Kupfer-, Eisen-, Manganerz u. Asbest; vielseitige Ind.; Haupthäfen: Kapstadt, Port Elizabeth, East London. – 1994 aufgeteilt in W-, O- u. N-Kap.

Kaprun, östr. Gem. im *K.er Tal* (Hohe Tauern), 786 m ü. d. M., 2 800 E; Großkraftwerk. Ausflugs- u. Wintersportort.

Kapstadt (Cape Town, Kaapstad), zweitgrößte St. der Rep. Südafrika, am Fuße des Tafelberges, 2,35 Mill. E (städt. Agglomeration); Univ., TH, bed. Bibliothek, Sitz des Parlaments; Ind.- u. Handelszentrum, wicht. ⚓, ✈. – 1652 v. Jan van Riebeeck gegründet.

Kapuziner ↑Franziskaner; *K.innen,* weibl. Zweig der K., gegr. 1538.

Kapuzinerlaffen, Unterfam. gesellig lebender Breitnasen in M- u. S-Amerika mit kapuzenartiger Oberkopfbehaarung.

Kapuzinerkresse, Gattung der K.ngewächse; schildförmige Blätter, gelborange-rote gespornte Blüten; Südamerika; Zierpflanzen.

Kap Verde, Rep., die die vor der westafrik. Küste gelegenen ↑Kapverdischen Inseln umfasst, Haupthafen: Porto Grande; trop.-atlant. Klima; Zuckerrohr-, Kaffee-, Bananenanbau. – 1455–60 v. Portugiesen entdeckt, s. 1461 portug. besiedelt, 1951 portugies. Überseeprov., seit 1975 unabhängig.

Kapverdische Inseln, Inselgruppe im Atlantik vor dem westafrik. *Kap Verde,* umfasst 13 Inseln (größte *São Tiago,* 992 km²), die den Staat ↑Kap Verde bilden; auf *Sal* ✈.

Kar, wannenart. Hohlform an ehemals vergletscherten Hängen, steile Rück- und Seitenwände, *K.boden* durch *K.schwelle* begrenzt; z. T. heute noch mit *K.gletscher.*

Karabiner [frz.], Gewehr mit relativ kurzem Lauf.

Karaffe [arab.], geschliffene, bauch. Glasflasche [mit Stöpsel].

Karajan, Herbert v., * 1908, † 1989, östr. Dirigent; Chefdirigent der Berliner Philharmoniker.

Karakorum [auch: -'rʊm; türk.], Hochgeb. in Pakistan und Indien, im K 2 8 611 m hoch.

Karakulschaf, ein Fettschwanzschaf, dessen [neugeborene] Lämmer den Persianerpelz liefern.

Karamanlis, Konstantinos, * 1907, † 1998, griech. Politiker; 1955–63 u. 1974–80 Min.-Präs.; 1963–74 im Exil in Paris; 1980–85 sowie 1990–95 Staatspräsident.

Karamell [frz.], gebrannter Zucker.

Karasee, Nebenmeer des Nordpolarmeeres, durch die *Karastraße* mit der Barentssee verbunden.

Karat [gr.]: **1)** Samen des Johannisbrotbaumes (fr. zum Wiegen v. Gold u. Diamanten); **2)** (metr. K.) Abk. Kt. (auch c, k), Einheit für Gewichtsbestimmung von Schmucksteinen (1 Kt = 200 mg); **3)** Maß der Feinheit einer Goldlegierung (24 K. = reines Gold).

Karate [jap.], jap. waffenlose Selbstverteidigungstechnik, basierend auf Schlag u. Tritt; als sportl. Wettkampf mit Scheinangriffen.

Karatschi (Karachi), Haupthafen von Pakistan, am Arab. Meer, 7,5 Mill. E; Univ.; vielseit. Ind.; ✈.

Karavelle [niederl.], Segelschiffe des 14.–16. Jh.s mit 2–3 Masten.

Karawane [pers.], Reiseges. v. Kaufleuten *(Handels-K.)* od. Pilgern *(Pilger-K.)* im arab. Raum bis nach Zentralasien, vorw. auf *K.nstraßen* mit Raststätten *(Karawanserei).*

Karawanken, Gruppe der Südl. Kalkalpen, Grenzgeb. zw. Östr. u. Slowenien; Hochstuhl 2 238 m.

karb[o]..., Karb[o]... [lat.], Bestimmungswort; Bed.: „Kohle".

Karbide ↑Carbide.

Karbol[säure] ↑Phenole.

Karbolineum, Teeröl aus Steinkohlenteerbestandteilen, die über 270 °C sieden; fäulnishemmend.

Karbon ↑Geologie, Formationstabelle.

Karbonari [ital.], Mitglieder eines polit. Geheimbundes in Italien Anf. des 19. Jh.s; Ziel: Einheit Italiens.

Karbonate ↑Carbonate.

Karbunkel [lat.], Anslg. mehr. beieinander stehender ↑Furunkel.

Kardamom [gr.], ein Ingwergewächs, Samen liefert scharfes Gewürz.

Kardangelenk [nach G. Cardano, * 1501, † 1576] (Kreuzgelenk); gelenk. Wellenkupplung zur Aufnahme größerer Winkelabweichungen; beim Kfz überträgt die *Kardanwelle* (mit K.en an beiden Enden) Motorleistung auf Radachsen.
kardanische Aufhängung [nach G. Cardano, * 1501, † 1576], Aufhängevorrichtung, bei der ein Körper allseitig drehbar gelagert ist; 3 Ringe, die um senkr. aufeinander stehende Achsen bewegl. sind.
kardi[o]..., Kardi[o]... [gr.], Bestimmungswort; Bed.: „Herz", auch: „Mageneingang".
Kardinal [lat.], nach dem Papst höchster Würdenträger der [lat.] kath. Kirche; seit 1179 Papstwahl ausschließl. Recht des *K.skollegiums*.
Kardinal... [lat.], Bestimmungswort; Bed.: „Haupt..., Grund...".
Kardinäle, Gruppe amer. Finkenvögel; gute Sänger, Stubenvögel.

Kardinäle. *Roter Kardinal*

Kardinalstaatssekretär, Leiter des päpstl. Staatssekretariats u. damit der kirchl. Außenpolitik.
Kardinaltugenden, nach Platon die Grundtugenden der Sittlichkeit: Weisheit, Gerechtigkeit, Tapferkeit, Besonnenheit.
Kardinalzahl, Grundzahl, ganze Zahl (1, 2, 3 usw.).
Kardiologie [gr.], Lehre vom Herzen u. den Herzkrankheiten.
Karelilen, histor. Gebiet im östl. N-Europa, zw. dem Weißen Meer u. dem Finn. Meerbusen.
Karelier ↑Finnougrier.
Karelische Landenge, Landenge zw. Finn. Meerbusen u. Ladogasee, Russland.
Karenz [lat.], Enthaltsamkeit, Verzicht. *Karenzzeit,* Sperrfrist (u.a. bei Krankenversicherung).
Karerpass, ital. Pass an der Dolomitenstraße zw. Eisack- u. Fassatal, 1753 m ü. d. M.; westl. der *Karersee,* 1530 m ü. d. M.
Karettschildkröte, bis 90 cm lange trop. Meeresschildkröte, nahezu ausgestorben.
Karfreitag, Freitag in der Karwoche, Tag der Passion Christi.
Kargo [span.], Schiffs- od. Fahrzeugladung, versichert durch *K.versicherung.*
Karibadamm, 120 m hoher Staudamm, der den Sambesi zum *Karibasee* (5180 km², 275 km lang) aufstaut, in Simbabwe u. Sambia; bed. Kraftwerk.
Kariben, rd. 90 Stämme einer indian. Sprachfam. im nördl. Südamerika u. auf den Kl. Antillen.
Karibisches Meer, Teil des Amer. Mittelmeeres, zw. den Antillen, der N-Küste Südamerikas u. der mittelamer. Landbrücke.
Kariles [lat.]: **1)** Knochenfraß, Entzündung mit Knocheneinschmelzung, bes. bei Tbc; **2)** svw. ↑Zahnkaries.
Karikatur [ital.], Zerrbild, Darst., bei der besondere körperl. od. charakterl. Merkmale auf humorist. od. satir. Weise hervorgehoben u. überbetont werden.
kariös, von ↑Karies (bzw. ↑Zahnkaries) befallen.
Karitas (Caritas) [lat.]: **1)** tätige christliche [Nächsten]liebe, Wohltätigkeit; **2)** Kurzform für jede organisierte, soz.-karitative Tätigkeit der kath. Kirche.
Karkasse, Gewebeunterschicht des Kfz.-Reifens.
Karl: *Röm. Ks.:* **1) K. d. Gr.,** * 2. 4. 747, † 28. 1. 814, Kg. der Franken s. 768 u. Langobarden s. 774, Ks. s. 800; eroberte das Langobardenreich, unterwarf u. christianisierte die Sachsen, entzog Hzg. Tassilo Bayern; drängte die Araber bis zum Ebro zurück; seine Kaiserkrönung durch Papst Leo III. bedeutete die Erneuerung des röm. (westl.) Imperiums, in dem sich d. Germanentum mit christlich-röm. Überlieferung verband; Gründung zahlr. Bistümer, Neuordnung der Verw.; schuf geist. Zentren im Frankenreich (Abb. S. 348); **2) K. III.,** der Dicke, * 839, † 888, Kg. des Ostfränk. Reiches 876–887 u. des Westfränk. Reiches 885–887, Ks. 881–887. – *Hl. Röm. Reich:* **3) K. IV.,** eigtl. Wenzel, * 1316, † 1378, Röm. Kg. seit 1346 (bis 1347 Gegenkg.), Kg. v. Böhmen s. 1347, Ks. s. 1355, Kg. v. Burgund s. 1365; brachte die Reichsverf. in feste Formen (↑Goldene Bulle), dehnte die luxemburg. Hausmacht aus; 1348 Gründung der Univ. Prag; **4) K. V.,** * 1500, † 1558, als K. I. span. Kg. 1516–56, Röm. Kg. 1519–56, Ks. 1530–56; 1521 von seinem Bruder Ferdinand (I.) im Reich vertreten, beherrschte ein Reich, das das Hl. Röm. Reich, Spanien u. die span. Kolonien umfasste, bekämpfte vergebl. die Ausbreitung der Reformation (Wormser Edikt 1521); 4 erfolgreiche Kriege gg. Frkr. um das burgund. Erbe und Italien, 1529 Abwehr der Türken; nach dem Sieg im Schmalkald. Krieg (1546/47) Augsburger Interim 1548. Die Niederlage gg. den v. Frkr. unterstützten Moritz von Sachsen führte zum Augsburger Religionsfrieden; **5) K. VI.,** * 1685, † 1740, Ks. s. 1711; erwarb im Span. Erbfolgekrieg die Niederlande, Neapel, Sizilien, die Lombardei, suchte durch die Pragmatische Sanktion für seine Tochter Maria Theresia die Thronfolge zu sichern; **6) K. VII.** Albrecht, * 1697, † 1745, s. 1726 Krfst. v. Bayern, s. 1741 Kg. v. Böhmen, s. 1742 Ks.; erhob (Östr. Erbfolgekrieg) Erbansprüche auf Östr. – *Baden:* **7) K. Friedrich,** * 1728, † 1811, Markgf. s. 1738, Krfst. 1803–06, Großhzg. s. 1806; Schöpfer des Großhzgt. Baden. – *Burgund:* **8) K. d. Kühne,** Gf. v. Charolais, * 1433, ⚔ 1477, Hzg. s. 1467; wollte den burgund.-niederl. Länderkomplex [zu einem Kgr.] ausbauen, fiel bei dem Versuch, Lothr. einzugliedern; unter ihm hohe Kulturblüte. – *England:* **9) K. I.,** * 1600, † 1649, Kg. s. 1625; versuchte absolutist. zu regieren; Bürgerkrieg, wurde hingerichtet; **10) K. II.,** * 1630, † 1685, Sohn v. 9), Kg. s. 1660; stellte die Monarchie wieder her; koloniale Ausdehnung; Erlass der Testakte u. der Habeaskorpusakte. – *Fränk. Reich:* **11) K. Martell,** * um 689, † 741, s. 714 Hausmeier; erneuerte das Fränk. Reich; schlug 732 die Araber b. Tours und Poitiers. – *Frkr.:* **12) K. II.,** der Kahle, * 823, † 877, Kg. s. 843, Röm. Ks. s. 875; erhielt 843 im Vertr. v. Verdun das Westfränk. Reich (Frkr.) u. 870 im Vertr. v. Meerssen den westl. Teil Lothrin-

Kaiser Karl V.

Karl der Große
(Reiterstatuette; 9. Jh.)

gens; **13) K. VII.**, * 1403, † 1461, Kg. s. 1422; gewann Orléans durch die Siege der Jeanne d'Arc, vertrieb die Engländer aus Frkr.; **14) K. X.**, Gf. v. Artois, * 1757, † 1836, Kg. 1824; reaktionäre Innenpol.; Eroberung Algiers; durch die Julirevolution gestürzt. – *Neapel-Sizilien:* **15) K. I.** von Anjou, * 1226, † 1285, Gf. v. Anjou, Kg. v. Sizilien 1265–82 u. Neapel s. 1265; v. Papst mit Neapel u. Sizilien belehnt; siegte 1268 b. Tagliacozzo über Konradin u. ließ ihn hinrichten; Verlust Siziliens durch die Sizilian. Vesper 1282. – *Östr.-Ungarn:* **16) K. I.**, * 1887, † 1922, 1916–18 letzter östr. Ks., als K. IV. Kg. v. Ungarn; Thronverzicht. – *Sachsen-Weimar-Eisenach:* **17) K. August**, * 1757, † 1828, Hzg. s. 1775, Großhzg. s. 1815; machte Weimar zum geist. Mittelpunkt v. Dtl.; Verf. 1816. – *Schweden:* **18) K. XII.**, * 1682, ⚔ 1718, Kg. s. 1697; bed. Feldherr; gr. Erfolge im 2. Nord. Krieg, 1709 bei Poltawa aber entscheidend geschlagen, fiel b. der Belagerung der Feste Frederikshald 1718, Schweden verlor durch ihn seine Großmachtstellung; **19) K. XIV. Johann** ↑ Bernadotte, Jean-Baptiste; **20) K. XVI. Gustav**, * 1946, Kg. seit 1973; s. 1976 verh. mit Silvia R. Sommerlath.

Karlistenkriege, die Kriege in Spanien 1833, 1847, 1872–76, in denen Don Carlos (Carlos 2) u. sein Enkel mithilfe ihrer Anhänger, der *Karlisten,* ihre Ansprüche auf den span. Thron verfochten.

Karlmann: *Fränk. Reich:* **1) K.**, * vor 715 (?), † 754, Sohn Karl Martells, Hausmeier v. Austrien u. den östl. R.-Teilen; erhielt 741 den O, sein Bruder Pippin III. den W des Reiches; **2) K.**, * 751, † 771, Kg. s. 768; Bruder u. Mitkg. Karls d. Gr.

Karl Martell ↑ Karl 11).

Karl-Marx-Stadt, 1953–90 Name von ↑ Chemnitz.

Karlowitz ↑ Sremski Karlovci.

Karlsbad (tschech. Karlovy Vary), tschech. Kurort an der Eger, 56 000 E; Glaubersalzthermen (44–72 °C); Keramikind.; ⛏.

Karlsbader Beschlüsse, auf Veranlassung Metternichs 1819 v. der B.-Vers. in Frankfurt am Main vereinbarte Maßnahme zur Unterdrückung der nat. u. demokrat. Bewegung.

Karlskrona [-'kru:nə], südschwed. Prov.-Hptst. (von Blekinge) an der Hanöbucht, 59 400 E; Schiffbau; Marinehafen.

Karlsruhe, Hptst. des Reg.-Bez. K. (6 919 km², 2,6 Mill. E), Krst., Stadtkrs., Sitz d. Regionalverbandes Mittlerer Oberrhein, Ba.-Wü., im Oberrhein. Tiefland, 277 000 E; planmäß. Anlage der 1715 gegr. St. mit fächerförm. Anordnung der Straßen (Schloss, 1752 ff., als Mittelpt.); klassizist. Bauten: ev. Stadtpfarrkirche, St. Stephan, Rathaus, Pyramide; B.-Verf.-Gericht, B.-Gerichtshof, OLG, LG, B.-Anstalt für Wasserbau, Kernforschungszentrum, IHK; Gen.-Landesarchiv, Univ. (gegr. als TH), PH, weitere Hochsch.; Bad. Landesmuseum; Rhein-⚓, Erdölraffinerie, Eisen-, Masch.-, Elektro-, Seifen-, Genussmittelind. u. a.

Karlstadt: 1) eigtl. Andreas Bodenstein, * um 1480, † 1541, dt. Reformator; Verteidiger Luthers gg. Eck; immer radikaler, zuletzt v. Luther bekämpft; **2)** Liesl, * 1892, † 1960, dt. Schauspielerin; Partnerin v. K. Valentin in München.

Karma[n] [sanskr.], Zentralbegriff des Hinduismus, Buddhismus u. Jainismus: das gute od. böse Handeln eines Menschen, bestimmend für die Wiedergeburt.

Karmel, Geb.-Zug in N-Israel, bis 546 m; am Nordfuß *Kap K.,* westl. von Haifa; dort Ursprungskloster der *Karmeliten (Beschuhte Karmeliten),* kath. Bettelorden (organisiert Anf. 13. Jh.), bed. d. beschaul., missionar. und wiss. Reformzweig der *Unbeschuhten Karmeliten* (16. Jh.; begr. von Theresia v. Avila); s. 15. Jh. auch weibl. Zweig *(Karmelitinnen).*

Karmin [frz.], roter Farbstoff.

Karnak, ägypt. Ort bei Luxor, 11 000 E; bed. Tempelruinen.

Karneol, rötl. Abart des ↑ Chalzedons, Schmuckstein.

Kärnten, östr. B.-Land, 9 533 km², 552 500 E (rd. 6 % Slowenen), Hptst. Klagenfurt; größtenteils gebirgig; Zentrum das Klagenfurter Becken mit mildem Klima u. fruchtb. Ackerland; im N Hohe Tauern u. Gurktaler Alpen, im S Karawanken, Karn. Alpen; Fremdenverkehr, Holz- und Almwirtsch.; Bergbau auf Blei, Zink, Magnesit; Holz-, Papier-Ind. – Teil der röm. Prov. *Noricum,* ab 976 Hzgt., habsburg. ab 1335; 1919 Randgebiete an Italien u. Jugoslawien.

Karolinen, Gruppe von über 900 Pazifikinseln (meist Atolle) nördl. des Äquators; zus. 2 150 km², 101 000 E (meist Mikronesier); s. 1947 UN-Treuhandgebiet unter Verw. der USA; 1979 Zusammenschluss d. östl. K. zu den „Föderierten Staaten v. Mikronesien", 1990 Aufhebung d. Treuhandschaft, 1991 Mitgl. d. UN.

Karolinger, fränk. Herrschergeschlecht, ben. nach Karl d. Gr., wegen der Abstammung v. Arnulf von Metz auch *Arnulfinger,* seltener *Pippiniden* gen.; Hausmeier des Fränk. Reiches; s. 751 Kg., erloschen in der lothring. Linie 869, in der ital. 875, in der ostfränk. 911 u. in der westfränk. 1012.

karolingische Kunst ↑ deutsche Kunst.

Karosserie, Ober-, Aufbau eines Fahrzeugs.

Karotin, wicht. Provitamin A, vielfach in Pfl. u. Tieren (u. a. Karotte).

Karotte [gr.-lat.], Kulturform der Möhre mit fleischiger Wurzel.

Karpaten, 1 300 km langer Geb.-Zug im sö. M-Europa, Forts. der Alpen, im Bogen von Preßburg durch Slowakei, Polen, Ukraine, Rumänien (W-K., Wald-K., O-K., S-K.) bis zum ↑ Eisernen Tor 1), in der Gerlsdorfer Spitze (in den West-K.) 2 655 m; waldreich.

Karpato-Ukraine ↑ Transkarpatengebiet.

Karpfenfische, Süßwasserfischfam. mit Schlei, Barbe, Karausche u. a.; bes. der *Karpfen* wird als Nutzfisch gezüchtet.

Karpow, Anatoli Jewgenjewitsch, * 1951, russ. Schachspieler; 1975 bis 1985 Weltmeister.

Karst, infolge Lösung durch kohlensäurehaltiges Wasser entstandener Formenschatz in Kalk- u. Gipsgesteinen; u. a. Erdfälle, Dolinen, Karren, Höhlen.

Kartätsche [frz.]: **1)** Geschütz mit mehreren Rohren (bis 19. Jh.); **2)** veraltet für ↑ Schrapnell.

Kartause, nach dem Stammkloster Chartreuse in S-Frkr. ben. Kloster der Kartäuser.
Kartäuser, kath. Einsiedlerorden; 1084 gegr. (↑Chartreuse); strenger Orden mit absolutem Schweigegebot, vegetar. Nahrung; weißes Habit; s. 1145 auch *Kartäuserinnen.*
Karte, Bez. für eine verebnete, verkleinerte u. generalisierte Abb. geograph. Sachverhalte der Erde, der Weltraumkörper u. des Weltraumes. K.n unterteilt man nach K.nmaßstäben, K.ninhalt (z.B. topograph. K.n, themat. K.n) und K.nzahl (Einzel-K., K.nwerk, Atlas).
Kartell [frz.], Zusammenschluss von rechtl. selbst. Unternehmen zum Zweck der Ausschaltung des Wettbewerbs durch gemeinsames Handeln; geregelt im Ges. gegen Wettbewerbsbeschränkungen (Kartellges.) von 1957, das die besatzungsrechtl. Bestimmungen über ↑Dekartellisierung ablöste; Ziel: Erhaltung des Leistungswettbewerbs durch Preis u. Qualität; zuständige B.-Oberbehörde: *B.-K.amt,* Berlin.
Kartentelefon, öffentl. Fernsprecher, an dem nur bargeldlos mit einer Telefonkarte (Chipkarte) oder Kreditkarte telefoniert werden kann.
kartesisches Koordinatensystem ↑Koordinaten.
Karthago, im Altertum Hptst. des Reiches der *Karthager;* an der nordafrik. Küste; phönik. Gründung des 9. Jh.s v. Chr.; s. dem 7. Jh. v. Chr. Vormachtstellung im westl. Mittelmeer; viele Stützpunkte, u.a. in Westsizilien; Rivalität zu Rom führte zu den Pun. Kriegen u. zur Vernichtung K.s (146 v. Chr.); Wiederaufbau durch Cäsar u. Augustus; 697 von Arabern zerstört.
Kartoffel (Erdapfel), Nachtschattengewächs; einjähr. kraut. Kulturpfl. mit gift. Beeren u. essb., unterird. knollig verdickten, stärkehalt. Ausläufern; Heimat Südamerika, im 16. Jh. nach Europa gebracht.
Kartoffelkäfer (Coloradokäfer, Koloradokäfer) ↑Übers. S. 528 f.
Kartoffelkrebs ↑Übers. S. 528 f.
Kartoffelnematode ↑Übers. S. 528 f.
Kartographie, Wiss. u. Technik der Herst. von ↑Karten und kartenverwandten Darstellungen.
Karton [kar'tõ, auch -'to:n; frz.]: **1)** leichte (Fein-)Pappe; **2)** Schachtel aus Pappe; **3)** auf starkem Papier aufgetragene Kohlezeichnung als Vorlage für Wandmalerei u.a.
Kartusche [frz.]: **1)** Schild mit reich dekoriertem Rahmen; **2)** Behälter mit Geschossladung.
Karwendelgebirge (Karwendel), i.e.S. Geb.-Gruppe östl. der Scharnitz, Östr., i.w.S. Teil der Tirol.-Bayer. Kalkalpen zw. Isartal, Achensee u. Inntal.
Karwoche (Hl. Woche, Stille Woche), die Woche vor Ostern; urspr. die Zeit vorbereitenden Osterfastens.
Karzinom [gr.], bösartige Geschwulst, vom ↑Epithel ausgehend, zu Metastasen neigend; ↑auch Krebs 1).
Kasachstan, Rep. in Mittelasien, reicht im W von der unteren Wolga 3000 km bis zum Altai im O u. vom Westsibir. Tiefland im N über 1600 km bis zum Tienshan im S; überwiegend Ebenen u. niedrige Plateaus; im O und SO Hochgebirgsketten; Binnengewässer: Kasp. Meer, Aral-, Balchasch- u. Saissansee. – Überwiegend Viehzucht, daneben Anbau v. Weizen, Sonnenblumen, Baumwolle. – Reiche Bodenschätze: Kohle, Erdgas u. -öl; Kupfer, Zinn, Zink, Blei, Gold, Silber; umfangreiche Schwermetallind. – Seit dem Paläolithikum besiedelt, 1219–21 von Mongolen erobert, 15. Jh. Ende der mongol. Herrschaft, Ausbildung eines kasach. Reichs; unterstellte sich im 19. Jh. der Oberhoheit Russlands; 1917/18 Etablierung der Sowjetherrschaft; 1920 Autonome Kirgis. Sozialist. Sowjetrep. innerhalb der RSFSR, 1925 umbenannt in Kasach. ASSR, 1936 in Unionsrep. umgewandelt; 1991 Unabhängigkeitserklärung.
Kasandsakis (Kazantzakis), Nikos, * 1887, † 1957, griech. Schriftsteller; „Alexis Sorbas", „Griech. Passion" u.a.
Kasba, v.a. in nordafrik. St. die hochgelegene Burg bzw. die Altstadt.
Kaschmir, Ldsch. u. ehem. Ft. im nw. Himalaja u. südl. Karakorum; Kerngebiet ist das Tal von K. (um 1600 m) mit der St. Srinagar, Tal mit mildem Klima; Anbau von Reis, Mais, Weizen; Obst u. Gemüse; Forstwirtsch.; Seidenraupenzucht; Viehzucht; noch kaum ausgebeutete Lagerstätten von Steinkohle, Eisenerz, Bauxit, Bleierz. Der ind. Teil besteht aus dem B.-Staat *Jammu and Kashmir* mit etwa 139000 km² u. 6 Mill. E; der pakistan. Teil *„Azad (= Freies) Kashmir"* im N u. W des Landes umfasst etwa 84000 km² u. hat rund 1 Mill. E. – *Gesch.:* Die Teilung von Brit.-Indien 1947 hatte den *K.konflikt* zw. der Ind. Union u. Pakistan zur Folge (s. Okt. 1947); 1949 Waffenstillstand; 1957 Eingliederung des ind. besetzten O-Teils v. K. als B.-Staat in d. Ind. Union, 1965 Ausbruch neuer Feindseligkeiten, 1966 Abkommen von Taschkent; 1990 Autonomieforderungen in K. mit blutigen Unruhen.
Kaschnitz, Marie Luise, eigtl. M. L. Freifrau v. K.-Weinberg, * 1901, † 1974, dt. Dichterin; Lyrik, Prosa.
Käse, Milchprodukt mit hohem Gehalt an Eiweiß u. Fett; je nach Sorte aus Milch von versch. hohem Fettgehalt unter Beigabe von Labferment zum Gerinnen gebracht u. mit Zusätzen (u.a. Reifungsbakterien) fertig gestellt; *Sauermilch-K.* z.T. ohne Labferment hergestellt.
Kasein [lat.], wichtigster Eiweißbestandteil der Milch; v.a. aus Phosphorproteiden; u.a. auch verw. als Bindemittel für Malerfarben.
Kasimir: *Polen:* **1) K. III.,** der Gr., * 1310, † 1370, Kg. s. 1333; Schöpfer der poln. Großmachtstellung; ließ das poln. Recht kodifizieren, förderte die dt. Kolonisation, gründete 1364 die Univ. Krakau; **2) K. IV.** Andreas, * 1427, † 1492, Kg. s. 1447, s. 1440 Großfürst v. Litauen; erhielt im 2. Thorner Frieden 1466 Westpreußen u. die Lehnshoheit über Ostpreußen.
Kaskoversicherung, Versicherung gg. Schäden an Transportmitteln (Auto, Schiff); als *Teil-* u. *Voll-K.* möglich.
Kasparow, Gari, * 1963, für Russland startender aserbaidschan. Schachspieler; 1985–93 Weltmeister des Weltschachverbands, seither des von ihm gegr. Profiverbands.

Kasachstan

Fläche: 2717300 km²
Einwohner: (1999) 14,95 Mill.
Hauptstadt: Astana
Amtssprache: Kasachisch
Zeitzone: MEZ +3 Stunden

Kaspisches Meer, größter abflussloser See der Erde, östl. des Kaukasus, im S der GUS. (S-Ufer zu Iran), 371 000 km²; größte Tiefe 995 m.

Kassandra, in der griech. Mythol. Seherin, Tochter des Kg. Priamos v. Troja; *K.ruf,* Unheil verheißende, überhörte Warnung.

Kassation [lat.]: **1)** Musikstück in der Art der Suite (18. Jh.); **2)** im roman. Rechtsgebiet Bez. für die Beseitigung eines Urteils durch ein oberstes Gericht *(K.shof).*

Kassel, Hptst. des hess. Reg.-Bez. K., Krst. u. krsfr. St., an der Fulda, 201 600 E; B.-Sozialger., B.-Arbeitsger., Hess. Verw.-Gerichtshof, LG, IHK; Gesamthochschule, Museen, bed. Bauten (Schloss Bellevue, Wilhelmshöhe, Orangerie). Fahrzeug-, Elektro-, Glas-, feinmech., opt. u. Textilind. – Ehem. Residenz der Ldgf. von Hessen.

Kassette [frz.]: **1)** verschließb. Kästchen für Wertsachen; **2)** Schutzhülle für Bücher u. a.; **3)** vertieft liegendes Feld in flachen od. gewölbten Decken; **4)** lichtdichter Behälter für fotograf. Materialien; **5)** Behälter für Magnetbänder mit Ton- od. Bildaufzeichnungen.

Kassettenrekorder (Cassettenrecorder), Tonbandgerät, bei dem das Band in einer Kassette läuft, die als Ganzes ausgewechselt werden kann.

Kassiber [jidd.], heiml. schriftl. Nachrichten v. Häftlingen untereinander od. an Außenstehende.

Kassi|e [gr.], Caesalpiniengewächs; die *Schmal-* u. *Spitzblättr. K.,* afrik.-arab. Sträucher, liefern Sennesblätter, die *Röhren-K.* Sennesschoten.

Kassiopeia ↑Cassiopeia (Sternbild).

Kastagnetten [kasta'ɲɛtən; frz.], span. Rhythmusinstrument (zusammengebundene muschelförm. Holzschalen).

Kastani|e: 1) Frucht der ↑Edel-K. u. der ↑Ross-K.; **2)** dunkel gefärbter Haarwulst an den Hinterläufen v. Wild (wm.); **3)** Hornwarze an den Beinen von Pferd, Esel, Zebra.

Kaste [frz.], Stand, streng sich abschließende Ges.-Schicht mit bes. Sitten u. Heiratsverbot außerh. der K.; ausgeprägte *K.nordnung* in Indien.

Kastili|en, zentrales Hochland Spaniens, Teil der Meseta, rd. 800 m hoch, durch das *Kastilische Scheidegebirge* in *Alt-K.* im N u. *Neu-K.* im S geteilt. – *Gesch.:* Seit dem 8. Jh. Gft. im Kgr. León-Asturien, im 10. Jh. unabh., im 11. Jh. Kgr.; 1230 endgült. mit León vereinigt, s. 1479 mit Aragonien im span. Gesamtreich.

Kästner: 1) Erhart, * 1904, † 1974, dt. Schriftsteller; **2)** Erich, * 1899, † 1974, dt. Schriftsteller; „Fabian", „Emil u. die Detektive"; satir. Ged.

Kastor, ↑Dioskuren.

Kastor, zweithellster Stern (α) im Sternbild ↑Gemini.

Kastration (Entmannung), Entfernung od. Ausschaltung der männl. Keimdrüsen.

Katakomben.
Katakombe Priscilla in Rom

Kasuare [malai.], große straußenähnl., flugunfähige Vögel Australiens u. Neuguineas.

Kasuistik [lat.]: **1)** in der Moralphilos. u. -theol. die Lehre v. der Anwendung sittl. u. relig. Normen auf den Einzelfall; **2)** Versuch u. Methode einer Rechtsfindung, nicht nach allg., umfassenden, sondern nach für viele Einzelfälle gesetzl. geregelten Tatbeständen (§); **3)** Beschreibung von Krankheitsfällen (Med.).

Kasus [lat.; Mrz.: Kasus]: **1)** Fall, Vorkommnis; **2)** Beugefall des Nomens, im Deutschen 4 K.: Nominativ, Genitiv, Dativ, Akkusativ.

kat[a]..., Kat[a]... [gr.], Bestimmungswort; Bed.: „von ... herab, abwärts, gg., gänzlich".

Katafalk [ital.-frz.], schwarz verhängtes Gerüst für den Sarg bei Leichenfeiern.

Katakomben [lat.], altchristl. unterird. Begräbnisstätten, v. a. in Rom und Neapel (bes. 2. Jh.): Gänge mit Abzweigungen, oft mehr. Stockwerken, in den Wänden Grabnischen; auch größere Kammern, oft mit Wandmalereien.

Katalanen, die Bewohner ↑Kataloniens; eigene Spr. u. Literatur.

Katalanisch, roman. Spr., Mittelstellung zw. Span. u. Provenzal.; bed. Lit. (seit 10. Jh.), s. Nov. 1975 als Regionalspr. anerkannt.

Katalaunische Felder, bei Troyes (Champagne) befindl. Ort der Schlacht, in der Aetius 451 die Hunnen unter Attila besiegte.

Katalonі|en, Region im NO der Iber. Halbinsel, 31 930 km², 6 Mill. E, Hptst. Barcelona; 1979 Autonomiestatut; vom *Katalonischen Bergland* (Montseny 1 676 m) durchzogen. – *Geschichte:* Um 200 v. Chr. röm., 6. bis 8. Jh. westgot., s. 711 arab., um 800 Teil der Span. Mark Karls d. Gr., s. d. Ende des 9. Jh.s fakt. unabh.; 1137 mit Aragonien vereinigt; 1932–38 autonom.

Katalysator [gr.], eine ↑Katalyse bewirkender Stoff; ↑auch Abgaskatalysator.

Katalyse [gr.], Herbeiführung, Verlangsamung od. Beschleunigung chem. Reaktionen durch *Katalysatoren,* d. h. durch Stoffe, die an der Reaktion mitwirken, ohne selbst dabei verbraucht zu werden; man unterscheidet *homogene* (einphasige, gelöste) und *heterogene* (mehrphasige, ungelöste) Katalyse.

Katamaran [tamil.], weitgehend kentersicheres [Sport(segel)]boot mit Doppelrumpf; auch Bez. für größere Schiffe mit doppelt ausgeführtem Rumpf.

Katanga, fr. Name der Prov. ↑Shaba in Zaire.
Kataplexie [gr.], Schreckstarre, Schrecklähmung.
Katapult, Schleudervorrichtung.
Katar, Staat am Pers. Golf, auf der gleichnamigen Halbinsel; Erdölförderung und -export, Erdölraffinerie, chem. Fabr. u. Kraftwerk auf Erdgasbasis. – 1868 selbst. Scheichtum, 1872–1913 osmanisch, 1916 bis 1971 brit. Protektorat, seit 1971 unabh.; Mitgl. der UN u. d. Arab. Liga.

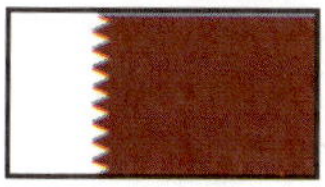

Katar

Fläche: 11 000 km^2
Einwohner: (1995) 55 100
Hauptstadt: Doha
Amtssprache: Arabisch
Zeitzone: MEZ +3 Stunden

Katarakt [gr.]: **1)** svw. ↑Stromschnelle; **2)** svw. grauer ↑Star.
Katarrh [gr.], Schleimhautentzündung mit reichl. Schleimabsonderung, z. B. ↑Bronchialkatarrh.
Kataster [ital.], v. den *K.ämtern* od. Vermessungsämtern geführtes Grundstücksverzeichnis (Grund-K., Flurbuch); Vermessungsgrundlage ist die *K.parzelle* (Flurstück).
Katastrophe [gr.]: **1)** Unheil, Verhängnis; **2)** im [antiken] Drama die entscheidende Wendung [zum Schlimmen].
Katatonie [gr.], Form der Schizophrenie mit Krampfzuständen der Muskulatur u. Wahnideen.
Katechese [gr.], christl. Glaubens- u. Sittenunterweisung durch *Katecheten.*
Katechismus [gr.], im fr. Christentum u. MA der mündl. Religionsunterricht; s. Luther (*Gr. u. Kl. K.,* 1529) das Lehrbuch einer christl. Konfession.
Kategorie [gr.]: **1)** Art, Gattung, Klasse, Familie (Biol.); **2)** nicht mehr auf andere Aussagen rückführb. letzte u. höchste Aussageweisen über das Sein; bei Kant einer der 12 reinen Verstandesbegriffe (Philos.).
kategorisch [gr.], unmittelbar aussagend, behauptend; Ggs. hypothetisch.
kategorischer Imperativ, unbedingtes eth. Pflichtgebot, nach Kant: „Handle so, dass die Maxime deines Willens jederzeit zugleich als Prinzip einer allg. Gesetzgebung gelten könne".
Katharer [gr.; = die Reinen], größte ma. Sekte; Armutsbewegung, ausgehend v. den gnost. Bogomilen, seit 1143; radikale Askese; bed. Gruppen Waldenser u. Albigenser; aufgefangen durch die kirchl. Armutsbewegung, unterdrückt durch die Inquisition.
Katharina v. Siena, hl., eigentlich Caterina Benincasa, * 1347, † 1380, ital. Mystikerin.
Katharina: *England:* **1) K.** v. Aragonien, * 1485, † 1536, 1. Gem. Heinrichs VIII. (1509), Mutter v. Maria der Katholischen; **2) K.** (Catherine Howard), * 1521 (?), † 1542 (hingerichtet), s. 1540 5. Gem. Heinrichs VIII.; **3) K.** (Catherine Parr), * 1512, † 1548, s. 1543 6. Gem. Heinrichs VIII. – *Frkr.:* **4) K.** v. Medici, * 1519, † 1589, s. 1533 Gem. Heinrichs II., Mutter Franz' II. und Karls IX., für die sie d. Regentschaft führte, u. Heinrichs III.; griff in die Kämpfe zw. den Hugenotten u. der guis.-kath. Partei ein, veranlasste die Bartholomäusnacht. – *Russland:* **5) K. I.** (Jekaterina I. Alexejewna), * 1684, † 1727, Zarin s. 1724/25; bäuerl. Herkunft, s. 1712 verh. mit Peter d. Gr., 1725 dessen Nachf.; **6) K. II.,** d. Gr., (Jekaterina I. Alexejewna), geb. Sophie, Prinzessin von Anhalt-Zerbst, * 1729, † 1796; s. 1762 Zarin; s. 1745 verh. mit Peter III.; Vertreterin des aufgeklärten Absolutismus; umfassende Reformen (Verw., Recht, Schulwesen); förderte die dt. Kolonisation, erweiterte das Russ. Reich um den O-Teil Polens, Kurland und die N-Küste des Schwarzen Meeres.
Kathedersozialismus, sozialreformer. Richtung des 19. Jh.s in den Wirtsch.-Wiss. zur Milderung der Klassenggs. (G. v. Schmoller, A. Wagner, L. Brentano u. a.).
Kathedrale [gr.], [erz]bischöfl. Hauptkirche, v. a. in Spanien, Frkr., England; in Dtl. selten für Dom.
Katheten [gr.], im rechtwinkl. Dreieck die beiden Schenkel des rechten Winkels.

Katharina II., die Große

Kathetensatz, svw. ↑euklidischer Lehrsatz.
Katheter [gr.], röhrenförm. Instrument zur Einführung in Körperorgane zu deren Entleerung, Füllung od. Untersuchung.
Kathode, negative Elektrode; *K.nstrahlen,* von der K. einer Elektronen- od. Gasentladungsröhre ausgehende Elektronenstrahlen; *K.nstrahloszillograph,* ↑Oszillograph, bei dem ein K.nstrahl, gesteuert durch elektronenopt. Hilfsmittel, auf einem Leuchtschirm ein Bild des [Schwingungs]vorganges zeichnet.
Katholikentag, s. 1848 meist jährl., s. 1950 meist alle 2 J. stattfindende Vers. der dt. Katholiken.
Katholikos [gr.], kirchl. Titel für versch. Oberhäupter oriental. Kirchen.
katholische Jugend, Sammelbez. für die s. 1947 im *Bund der Dt. K.n J.* (BDKJ) zusammengefassten, organisierten konfessionellen Jugendbünde.
katholische Kirche (röm.-kath. Kirche), konfessionelle Selbstbez. der vom Papst in Rom zentralist. geleiteten Volkskirche röm.-kath. Bekenntnisses; nach eigener Lehre v. Jesus Christus gestiftet, allg. u. allein selig machend, in apostol. Tradition u. Nachfolge, zur Verkündigung des Evangeliums, Feier der Liturgie, Spendung der Sakramente, relig.-sittl. Belehrung der Gläubigen in eschatol. Erwartung; strenge Einheit u. Hierarchie.
Katholische Majestät, Titel der span. Könige s. 1496.
Katholizismus, die kath. Kirche bzw. die von ihr geprägte Weltanschauung.
Kationen ↑Elektrolyse.
Katmandu, Hptst. des Kgr. Nepal, 393 200 E; Univ.; zahlr. Tempel, Königspalast; ⛯.
Kattegat, Meerenge zw. Jütland u. Schweden, im N ins Skagerrak übergehend.
Kattowitz (poln. Katowice), poln. Ind.-St. im oberschles. Ind.-Gebiet,

360 000 E; Univ., Hochsch.; Steinkohlen-⚒, Schwerind.; ✈.

Kattun [arab.], leinwandbind. Gewebe aus Baumwolle (heute auch Chemiefasern).

Katzen, Raubtierfam., rundl. Kopf u. meist einziehb. Krallen, *Löwe, Tiger, Leopard, Luchs* u. a.; die europ. *Wildkatze* unterscheidet sich bes. durch ihre Größe (bis 18 kg) von der *Hauskatze,* die von der afrik. *Falbkatze* abstammt.

Katzenpfötchen, Korbblütler; Trockenlandpflänzchen mit kl., Strohblumen ähnl. Blütenständen.

Kaub, St. am Mittelrhein, RP, 1 200 E; Weinbau, Schieferbrüche; Fremdenverkehr. – Auf kl. Insel im Rhein die „Pfalz", eine ehem. kurpfälz. Zollburg.

Kauderwelsch, unverständl., verworrene Sprache.

Kauf, zweiseit. Vertr., der auf den Umsatz v. Sachen od. Rechten gg. Geld gerichtet ist; durch Abschluss des *K.vertrages* verpflichtet sich der Verkäufer zur Übergabe der verkauften Sache u. der Käufer zur Zahlung des *K.preises.*

Kaufbeuren, krsfr. St. in Bay., 42 700 E; ma. Stadtbild; Textil-, Käseind.; seit 1945 Zentrum der Gablonzer Glasind.: K.-Neugablonz.

Kaufkraft, Wert des Geldes, gemessen am Gegenwert der dafür erhältl. Güter.

Kaufmann, handelsrechtl. derjenige, der ein Handelsgewerbe selbst. betreibt. K. sind auch Handelsges.; freiwillig (Eintragung im Handelsregister) können bes. Kleinbetriebe K. werden. Für den K. gilt das HGB.

Kaufmannsgehilfenbrief ↑Auszubildender.

Kaufunger Wald, Teil des nördl. Hess. Berglandes zw. Fulda und Werra, bis 642 m.

Kaufvertrag ↑Kauf.

Kaukasien, Ldsch. zw. Kasp. u. Schwarzem Meer, Manytschniederung und türk.-iran. Grenze; beherrscht vom ↑Gr. Kaukasus, der *Zis-K.* im N v. *Trans-K.* im S trennt; b. Baku u. Grosny 🛢, im Geb. Kohle- u. Erzbergbau; im N Getreide-, im subtrop. S Wein- u. Obstanbau.

kaukasische Sprachen, alte nichtidgm. Sprachengruppe im Kaukasusgebiet; Gliederung: N-Gruppe (u. a. Tscherkessisch, Abchasisch), O-Gruppe (Inguschisch, Awarisch) u. S-Gruppe (u. a. Georgisch [mit bed. Lit.]).

Kaukasus ↑Großer Kaukasus.

Kaulbach, Wilhelm von, * 1805, † 1874, dt. Maler; Fresken; Buchillustrationen.

Kaulquappe, Larve der Froschlurche.

Kaumagen, muskulöser Magen Körner fressender Vögel u. a. Tiere; zum Zerreiben der Nahrung.

Kaunda, Kenneth, * 1924, samb. Politiker; 1964 Min.-Präs. von N-Rhodesien, dann Staatspräs. Sambias bis 1991.

Kaurischnecke [Hindi; dt.], Schneckengatt. des Ind. Ozeans; Schalen als Schmuck, auch Zahlungsmittel (Afrika).

Kausalität [lat.], Ursächlichkeit; Gesetzmäßigkeit, mit der eine Folge bewirkt wird bzw. wie sie von einer Ursache ausgeht; *K.sprinzip,* philos. Grundgs.: „Existierendes ist stets verursacht".

Kausalsatz, Umstandssatz des Grundes; Einleitung: da, weil.

Kaustik [gr.]: **1)** Brennfläche (Optik); **2)** svw. Kauterisation (↑Kauter).

Kau|tabak (Priem), getrocknete, mit würzenden Zusätzen getränkte Tabakblätter, als Genussmittel gekaut.

Kautel [lat.], Vorkehrung, Absicherung, vertragl. Vorbehalt.

Kauter [gr.], Glühbrenner, chirurg. Instrument zur *K.isation* (Ausbrennung) kranken Gewebes.

Kaution [lat.], Bürgschaft, Sicherheitsleistung durch Hinterlegung von Geld od. Wertpapieren.

Käutner, Helmut, * 1908, † 1980, dt. Schauspieler und Regisseur; „Große Freiheit Nr. 7"; „In jenen Tagen"; „Des Teufels General".

H. Käutner

Kautschuk [indian.] (Natur-K.), eingedicktes bzw. ausgeflocktes Produkt aus dem Milchsaft der K.pfl.; besteht aus fadenförm. Makromolekülen, die etwa 2 000- bis 2 500-mal das Isoprenmolekül als Grundbaustoff enthalten. Durch chem. Reaktion mit Schwefel werden die Fadenmoleküle teilw. vernetzt, der K. wird *vulkanisiert* u. bekommt techn. brauchb. Eigensch.; verw. wird K. als *Gummi* unter Zusatz von Weichmachern, Füllmitteln sowie Alterungsschutzmitteln gg. Licht- u. Lufteinwirkung zur Herst. v. a. techn. Artikel. ↑auch Synthesekautschuk.

Kauz. *Steinkauz*

Kautschukbaum (Gummibaum): **1)** Parakautschukbaum (Hevea brasiliensis), Wolfsmilchgewächs N-Brasiliens; heute in den gesamten Tropen kultiviert; **2)** Ceará-Kautschukbaum (Manihot glaziovii), Wolfsmilchgewächs NO-Brasiliens.

Kautsky, Karl, * 1854, † 1938, östr. sozialist. Theoretiker; Mitverf. des Erfurter Programms; s. 1905 zunehmend gg. radikale Marxisten, später gg. Bolschewismus.

Kauz, Bez. für Eulen, wie Wald-, Stein-, Zwergkauz, ohne Ohrfedern.

Kavalkade [ital.], Reitertrupp, feierl. Aufzug zu Pferde.

Kavallerie [frz.], Reitertruppe.

Kavatine (Cavatine) [ital.], Opernarie von einf., liedmäß. Charakter.

Kaverne [lat.]: **1)** durch Gewebseinschmelzung entstandener Hohlraum, bes. des Lungengewebes bei Lungen-Tbc; **2)** künstl. angelegter oder erweiterter unterird. Hohlraum, z. B. als Erdgasvorratslager.

Kaviar [türk.], gesalzener Rogen versch. Arten von Stören.

Kavitation, Dampfblasenbildung in strömenden Flüssigkeiten, kann Zerstörungen an Turbinenschaufeln, Schiffsschrauben verursachen.

Kawabata Yusūnari, * 1899, † (Selbstmord) 1972, jap. Schriftsteller; Romane „Tausend Kraniche", „Schneeland", Nobelpreis 1968.

Kawasaki, jap. Hafenst. auf Honshū, 1,2 Mill. E; Schwerind.

Kayser, Wolfgang, * 1906, † 1960, dt. Literaturwissenschaftler; „Das sprachl. Kunstwerk".

Kazan, Elia [kəˈzaːn], eigtl. E. Kasanioglus, * 1909, amer. Regisseur u. Schriftsteller griech. Abstammung; u. a.: „Endstation Sehnsucht", „Die Faust im Nacken".
Kazantzakis ↑Kasandsakis.
Kazike [indian.], Stammes- od. Dorfhäuptling (Mittelamerika).
Keaton, Buster [ki:tn], eigtl. Joseph Francis K., * 1896, † 1966, amer. Filmkomiker und -regisseur.
Keats, John [ki:ts], * 1795, † 1821, engl. Dichter der Romantik; bed. Odendichter.
Kebse (Kebsweib), Nebenfrau.
Kefir [tatar.], durch Zusatz v. Milchsäurebakterien, Strepto- u. Mikrokokken sowie Hefepilzen vergorenes Milchgetränk.
Kegel: 1) Körper, der von einer ebenen, meist kreisförm. *(Kreis-K.)* Grundfläche (Basis) u. einer *K.fläche* (Mantel) begrenzt ist; ein *gerader Kreis-K.* entsteht durch Drehung eines rechtwinkl. Dreiecks um eine ↑Kathete, die die Höhe des K.s best.; der schiefe Kreis-K. hat den Höhenfußpt. außerh. des Basismittelpt.; Rauminhalt: $\frac{1}{3}$ Grundfläche × Höhe; *K.stumpf,* K. mit abgeschnittener Spitze; **2)** ↑Kegelsport.
Kegelschnitte, Schnittkurven v. geraden Kreiskegeln (Doppelkegel) u. Ebenen, die nicht durch die Kegelspitze gehen; je nach Neigung der Ebenen gg. die Kegelachse erhält man Kreise, Ellipsen, Hyperbeln, Parabeln; K. sind der geometr. Ort aller Pt., deren Abstände v. einem festen Punkt *(Brennpt.)* der Schnittebene u. einer in ihr liegenden Geraden *(Leitlinie)* ein konstantes Verhältnis haben.
Kegelsport, wettkampfmäß. Kegeln mit *Kegelkugeln* auf Kegelbahnen (Asphalt-, Bohlen-, Scheren-, Bowlingbahnen; 19 m lang), 9 *Kegel* (Hartholz; Höhe 38–43 cm) müssen getroffen werden (beim Bowling 10); seit 1885 *Dt. Keglerbund e. V.*
Kegelstumpf ↑Kegel 1).
Kehl, Stadt am Oberrhein, Ba.-Wü., durch Brücke mit Straßburg verbunden, 32 400 E; Fachhochschule; Ind.; ⚓.
Kehlkopf (Larynx), im Hals vor der Speiseröhre liegendes Rachenorgan, aus mehr. Knorpelteilchen u. den innen befindl. Stimmbändern; Organ zur Stimmbildung u. Luftüberleitung aus dem Rachenraum in die Luftröhre.
Kehrreim (Refrain), ein od. mehr. Verse, die am Strophenende eines Ged. od. Liedes wiederkehren.
Kehrwert (reziproker Wert), Wert eines Bruches bei Vertauschen v. Zähler u. Nenner; z. B. $\frac{1}{2} \rightarrow \frac{2}{1} = 2$; $\frac{3}{4} \rightarrow \frac{4}{3}$.

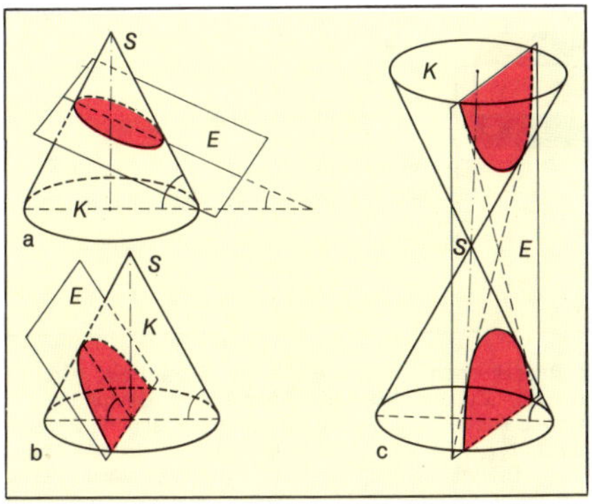

Kegelschnitte *(rot) durch Schnitte von geraden Kreiskegeln K (Spitze S) mit je einer Ebene E. a Ellipse, b Parabel, c Hyperbel*

Keil, Körper mit 2 ebenen, sich unter einem festen Winkel *(K.winkel)* schneidenden Flächen.
Keiler, ♂ Wildschwein nach dem 2. Lebensjahr.
Keilriemen, Treibriemen mit trapezförmigem Querschnitt.
Keilschrift, Schriftsysteme mehrerer altorient. Spr.; älteste (sumer.) K. wahrsch. vor 3000 v. Chr. aus der Bilderschrift entwickelt; in weichen Ton eingedrückt, daher Schriftzeichen gerade u. keilförmig; zuerst nur Sinnwert, später Lautwert.
Keim: 1) svw. ↑Embryo; **2)** aus Brutknospen u. dgl. hervorgehende Pfl.; **3)** Krankheitserreger.
Keimblätter: 1) (Kotyledonen) bei einkeimblättr. Pfl. das erste Blatt, bei zweikeimblättr. die 2 ersten Blätter; **2)** bei Tieren embryonale Zellschichten.
Keimdrüsen ↑Geschlechtsdrüsen.
Keimling ↑Embryo 2).
Keimplasma, das Protoplasma der Keimzellen als Träger des ges. Erbgutes.
Keimung, bei Pflanzen Bez. für die nach einer Ruhezeit *(Keimruhe)* durch Zellteilung u. Differenzierung einsetzende Entwicklung neuer Organismen aus ungeschlechtl. od. geschlechtl. Fortpflanzungszellen.
Keimzellen (Fortpflanzungszellen), Zellen, aus denen neue Organismen hervorgehen; meist als geschlechtl. differenzierte ♂ u. ♀ K. (↑Gameten) ausgebildet, die sich erst nach Verschmelzung weiterentwickeln.
Keitel, Wilhelm, * 1882, † 1946, dt. Gen.-Feldmarschall; s. 1938 Chef des OKW; in Nürnberg verurteilt u. hingerichtet.
Kekkonen, Urho Kaleva, * 1900, † 1986, finn. Politiker; mehrf. Min.-Präs., 1956–81 Staatspräs.
Kelch: 1) [liturg.] Trinkgefäß; **2)** ↑Blüte 1).
Keller, Gottfried, * 1819, † 1890, schweizer. Dichter des poet. Rea-

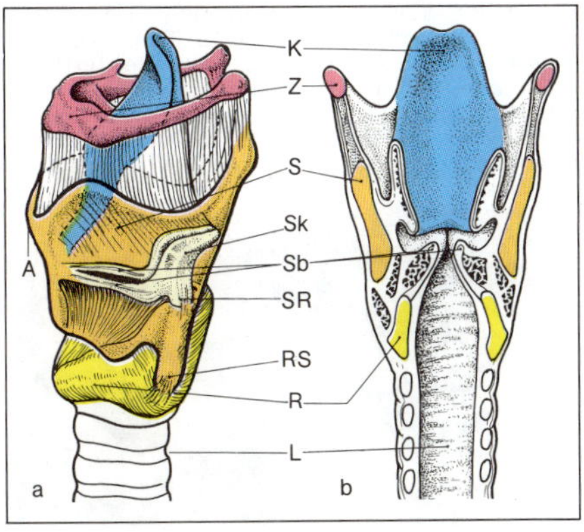

Kehlkopf *des Menschen (a linke Seite, b Frontalschnitt). A Adamsapfel, K Kehldeckel, L Luftröhre, R Ringknorpel, RS Ringknorpel-Schildknorpel-Gelenk, S Schildknorpel, Sb Stimmbänder, Sk Stellknorpel, SR Stellknorpel-Ringknorpel-Gelenk, Z Zungenbein*

Kenia

Fläche: 582646 km²
Einwohner: (1995) 28,26 Mill.
Hauptstadt: Nairobi
Amtssprache: Suaheli
Zeitzone: MEZ +2 Stunden

lismus; „Der grüne Heinrich", „Die Leute v. Seldwyla", „Züricher Novellen", „Martin Salander", „Gesammelte Gedichte".

Kẹllogg, Frank Billings, * 1856, † 1937, amer. Politiker; unterbreitete als Außenmin. (1925) den Mächten des Locarnopaktes den *Briand-K.-Pakt,* einen Plan zur Kriegsächtung; Friedensnobelpreis 1929.

Kẹlly: 1) Gene, * 1912, † 1996, amer. Tänzer, Schauspieler u. Regisseur („Ein Amerikaner in Paris"); **2)** Grace ↑ Gracia Patricia.

Kẹlten, idgm. Volk in W-Europa; im 8. Jh. v. Chr. östl. der Marne nachgewiesen, seit dem 7. Jh. in ganz Gallien, später in fast ganz Europa.

Kelter [lat.], Presse für Obst u. Weintrauben.

kẹltische Kunst, Kunst der kelt. Völker; *alt-k. K.:* Früher La-Tène-Stil (etwa 4000 v. Chr.) mit einer von etruskischer Kunst beeinflussten Ornamentik, erlesene Gold- u. Bronzearbeiten mit Email- od. Koralleneinlagen; mittl. La-Tène-Stil (etwa 300–100) mit erstarrender Ornamentik; später La-Tène-Stil (100 v. bis 50 n. Chr.) mit bes. Blüte der britann. Kunst (v. a. Bronzespiegel); *neu-k. K.:* Im Wesentl. ein völlig neuer Stil, beschränkt auf Irland u. Schottland unter orient. und ags. Einfl.; frühir. Stil (650–850) mit Spiral-, Tierornamentik u. Bandgeflecht (Buchmalerei u. Metallarbeiten); mittelir. Stil (850–1000) mit absinkender Qualität u. spätir. Stil (1000–1150); Nachleben in der kirchl. Kunst v. a. in der Buchmalerei (Bibeldarstellungen).

kẹltische Sprachen, Gruppe der idgm. Spr., Gliederung: 1. *Festlandkelt.* (erloschen), 2. *Inselkelt.* (Ir., Gäl. od. Schott., Manx, Breton., Kymr. od. Walis., Korn. [um 1800 erloschen]).

Kẹlvin, William Thomson, Lord K. of Largs, * 1824, † 1907, brit. Physiker; bed. Arbeiten u. a. zur Thermoelektrizität.

Kẹlvin [nach Lord Kelvin], Einheitenzeich. K, gesetzl. Einheit der thermodynam. Temperatur, SI-Basiseinheit, 0 °C = 273,15 K.

Kemạl Atatụrk, eigtl. Mustafa Kemal Pascha, * 1881, † 1938, türk. Politiker; Führer der nat. Bewegung gg. die alliierte u. griech. Okkupation; als erster türk. Staatspräs. (s. 1923) begann er die Türkei zu einem modernen Nationalstaat westeurop. Prägung umzuformen.

Kemenate [lat.], mit „Kamin" versehener Wohnraum der ma. Burg, v. a. Frauengemach.

Kẹmpen, Stadt nw. von Krefeld, NRW, 36000 E; Textil-, Nahrungsmittelind., graf. Gewerbe.

Kẹmpff, Wilhelm, * 1895, † 1991, dt. Pianist; Interpret klass. und romant. Werke.

Kempọwski, Walter, * 1929, dt. Schriftsteller; schildert Chronik einer Familie unter dem Nat.-Soz. u. in der Nachkriegszeit.

Kẹmpten (Ạllgäu), St. in Bay., an der Iller, 61600 E; LG; süddt. Butter- u. Käsebörse; Textil- und Nahrungsmittelindustrie.

Kẹnia, Republik in O-Afrika; im SW ein über 3000 m ansteigendes Hochplateau mit Mount Kenya (5194 m); hier leben 85 % der Bev.; verbreitet Savanne, trop. Höhenwald (Nebelwald), an der Küste Feuchtwälder, Kaffee-, Tee-, Pyrethrumanbau für d. Export; v. a. Verarb. v. landw. Produkten; bed. Fremdenverkehr. Haupthafen Mombasa. – *Gesch.:* Seit dem 7. Jh. arab., s. dem 10. Jh. pers. Besiedelung; 1505–1729 portugies. besetzt; ab dem 19. Jh. teilw. unter der Herrschaft des Sultanats Sansibar; s. 1895 brit. Protektorat O-Afrika, seit 1920 Kronkolonie; 1952–56 Aufstand der Mau-Mau gg. die brit. Herrschaft; 1963 als Monarchie unabh., s. 1964 als Rep. im Commonwealth.

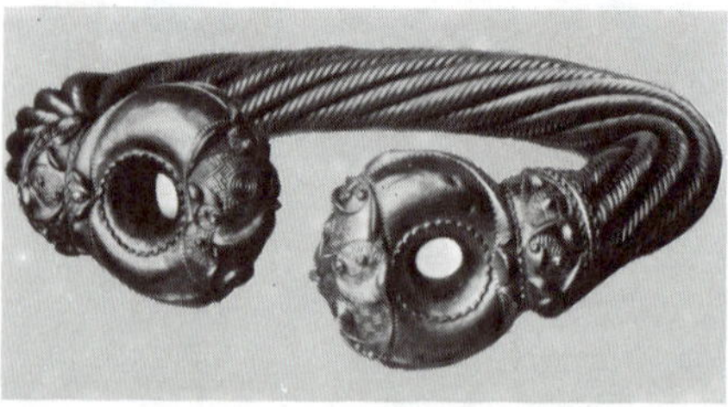

keltische Kunst. *Halsring aus Snettisham, Norfolk (1. Jh. v. Chr.)*

Kennan, George Frost ['kenən], * 1904, amer. Diplomat u. Historiker; bed. Veröffentlichungen.

Kennedy ['kenıdı]: **1)** John F[itzgerald], * 1917, † 1963, 35. Präs. der USA (1961–63; Demokrat); 1953–61 Senator von Massachusetts; 1960 zum Präs. gewählt; Pol. des „New Frontier": Aktivierung aller Kraftreserven des Westens bei gleichzeit. Bemühen um friedl. Ausgleich mit dem Ostblock; Kampf gg. die Rassentrennung in den USA; energ. Lösung der Kubakrise; fiel in Dallas (Texas) einem Attentat zum Opfer; **2)** Robert F[rancis], * 1925, † 1968, Bruder von 1), amer. Politiker (Demokrat); 1961–64 Justizmin., s. 1964 Senator von New York; Vertr. der Bürgerrechtsbewegung; als Bewerber um die Präsidentschaftskandidatur ermordet.

Kẹnnedy, Kap ↑ Canaveral, Kap.

Kennlini|e ↑ Charakteristik 2).

Kennziffer (Charakteristik), ganzzahl. Anteil des Logarithmus, kennzeichnend für d. Stellenzahl des Numerus.

Kenotaph [gr.], leeres Grab, Ehrengrabmal für Verschollene oder an anderer Stelle Begrabene.

Kentaur ↑ Zentaur.

Kentucky [ken'tʌkı], Abk. Ky., Staat der USA, südl. des unteren Ohio, 104660 km², 3,68 Mill. E, Hptst. Frankfort; Tabak-, Maisanbau; Pferdezucht; Kohle, Erdöl und -gas, Flussspat; Nahrungsmittel-, Tabakindustrie.

Kenyạtta, Jomo, * 1891 (?), † 1978, kenian. Politiker; s. 1963 Min.-Präs., s. 1964 auch Präsident.

kephal[o]..., Kephal[o]... [gr.], Bestimmungswort; Bed.: „Kopf".

Kẹpler, Johannes, * 1571, † 1630, dt. Astronom; studierte Theologie; Nachf. T. Brahes als Hofastronom und Mathematiker Rudolfs II.; konstruierte das keplersche ↑ Fernrohr; entdeckte 1605–18 die *k.schen Gesetze* der Planetenbewegungen: 1. die Planeten bewegen sich in Ellipsen, in deren einem Brennpt. die Sonne steht; 2. die Strecke Planet–Sonne (Radiusvektor) überstreicht in gleichen Zeiten gleiche Flächen; 3. die Quadrate der Umlaufzeiten zweier Planeten verhalten sich wie die 3. Potenzen ihrer gr. Bahnachsen.

Kẹrala, ind. B.-Staat an der Malabarküste, 38 864 km², 29 Mill. E, Hptst. Trivandrum; fruchtb. Kulturland.

Keramik [gr.], Sammelbez. für Erzeugnisse aus gebranntem Ton (u. a. Terrakotta, Steingut, Porzellan); erster künstler. Höhept. in der griech. Antike.

Keratine [gr.], tier. bzw. menschl. Hornsubstanzen; komplizierte, hochmolekulare Gerüsteiweißstoffe von Haut, Haaren, Federn u. a.

Kerbel, Doldengewächs; *Garten-K.* in M-Europa in Gärten als Gewürzpfl. und für *Kerbelöl.*

Kerbtiere, svw. ↑Insekten.

Kermanschah ↑Bachtaran.

Kern: 1) ↑Zelle 1); **2)** Formteil für Hohlräume (Gießerei); **3)** ↑Atomkern.

Kernbeißer, fast 18 cm großer Finkenvogel NW-Afrikas u. Eurasiens mit dickem Schnabel.

Kernenergie (Atomenergie), aus den Atomkernen stammende, bei ↑Kernumwandlungen frei werdende Energie; auch die bei Kernfusionsreaktionen (↑Fusion 4) frei werdende Bindungsenergie; rührt daher, dass die Bindungsenergie sehr schwerer Kerne größer ist als die Summe der Bindungsenergien der bei ihrer Spaltung entstehenden leichteren Kerne; der Differenzbetrag wird einer techn. Verwendung zugeführt. Da die im Massendefekt der Kerne sich äußernde Bindungsenergie, pro Nukleon genommen, etwa 10^6-mal größer ist als die bei Prozessen der Elektronenhülle (chem. Reaktionen, Anregung und Ionisation der Atome) umgesetzten Energien, werden bei ↑Kettenreaktionen enorme Beträge an K. frei.

Kernfusion, svw. ↑Fusion 4).

Kernkräfte, die zw. ↑Nukleonen herrschenden Kräfte geringer Reichweite (einige 10^{-15} m), die ihre Bindung zu Atomkernen bewirken; sie sind im Allg. anziehend, für sehr kl. Abstände aber stark abstoßend.

Kernkraftwerk ↑Kernreaktor.

Kernladungszahl, svw. ↑Ordnungszahl 2).

Kernmodelle, phänomenolog. Theorien des Atomkerns; u. a. Tröpfchenmodell, Schalenmodell.

Kernobst, Früchte wie Apfel, Quitte, Birne; ↑Obst.

Kernphysik, Teilgebiet der Physik, in dem die Eigenschaften der ↑Atomkerne u. die Wechselwirkungen der ↑Nukleonen im Bereich der Atomkerne untersucht werden, v. a. mithilfe von ↑Teilchenbeschleunigern; die experimentelle K. bedient sich u. a. der ↑Kernumwandlungen zur Erforschung der Atomkerne; die dabei auftretenden [Elementar]teilchen u. Strahlungen

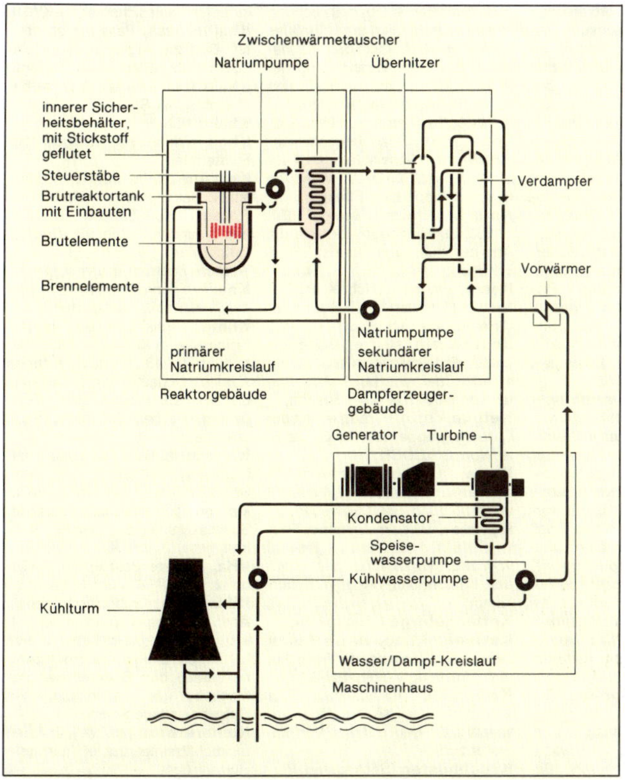

Kernreaktor. *Schematische Darstellung eines Kernkraftwerks mit dem schnellen natriumgekühlten Brutreaktor SNR-300 (thermische Leistung 762 MW, elektrische Leistung 295 MW)*

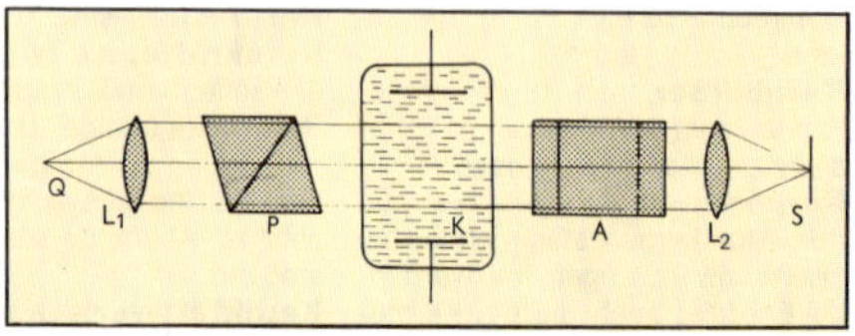

Kerr-Zelle *K zwischen Polarisator P und Analysator A (Q Lichtquelle, L_1 und L_2 Linsen, S Auffangschirm)*

geben Aufschluss über die innere Struktur der Atomkerne.

Kernreaktor (Atomreaktor), Anlage, die die bei ↑Kernspaltungen frei werdende ↑Kernenergie in andere Energieformen (im Wesentl. in Wärme) umwandelt und einer weiteren techn. Verwendung, v.a. der Erzeugung elektr. Energie in einem *Kernkraftwerk* zuführt. Als Brennstoff *(Spaltstoff)* dient vorw. Uran 235 sowie Plutonium (↑Brutreaktor); die Atomkerne dieser Stoffe lassen sich bereits durch langsame *(therm.)* Neutronen spalten, außerdem entstehen 2–3 freie Neutronen für weitere ↑Kernspaltungen. Ein Regelmechanismus, der aus Neutronen absorbierenden Stäben (Bor oder Cadmium) besteht, steuert den K.; er hält die Zahl der freien Neutronen u. damit die Zahl der Kernspaltungen pro Zeiteinheit konstant. Außerdem enthält der *therm. Reaktor* Bremssubstanzen *(Moderatoren),* die die hohe Anfangsgeschwindigkeit der neu entstehenden Neutronen auf therm. Geschwindigkeiten herabsetzen. Die *schnellen Reaktoren* enthalten keine Moderatoren, sondern stark mit U 235 angereichertes Uran u. Plutonium als Brennstoff u. werden zum Brüten v. Plutonium aus U 238 verw.; versch. Bauarten, u.a. Druckwasser-, Siedewasser-, Kugelhaufenreaktor sowie gasgekühlte u. homogene Reaktoren. – Abb. S. 355.

Kernspaltung, die durch Neutronen bewirkte Spaltung von schwersten Atomkernen in 2 leichtere Bruchstücke (Atomkerne z.B. von Barium u. Krypton), bei gleichzeit. Freiwerden von ↑Kernenergie u. mehr. Neutronen; die frei werdenden Neutronen rufen (ggf. nach Abbremsung auf therm. Geschwindigkeiten; ↑Moderator 1) bei Auftreffen auf andere Kerne weitere K.en hervor, sodass bei Vorhandensein einer Mindestmenge an spaltb. Material *(krit. Masse)* eine *Kettenreaktion* von K.en einsetzen kann.

Kernspin|tomographie ↑Tomographie.

Kernteilung ↑Zellteilung.

Kernumwandlung, Umwandlung v. Atomkernen durch „Beschießen" mit Nukleonen, Alphateilchen u. Ä.; ändert sich die Kernladung, so führt die K. zur *Elementumwandlung;* K. kann auch spontan erfolgen (*natürl. K.,* ↑Radioaktivität).

Kernwaffen, svw. ↑Atomwaffen.

Kerosin [gr.], Leucht- u. Heizpetroleum, Treibstoff für Strahltriebwerke; Siedebereich 160–288 °C.

Kerr: 1) Alfred, eigtl. A. Kempner, * 1867, † 1948, bed. dt. Theaterkritiker; Förderer des naturalist. Dramas; auch Lyriker; **2)** Deborah [kɑ:, kə:], * 1921, brit. Filmschauspielerin; **3)** John, * 1824, † 1907, brit. Physiker; entdeckte u.a. die *K.-Effekte,* den *elektroopt. K.-Effekt:* Auftreten v. Doppelbrechung in isotropen Medien unter Einfluss starker elektr. Felder; den *magnetoopt. K.-Effekt:* Veränderung der Polarisation v. Licht bei Reflexion an magnetisierten Metallspiegeln.

Kerr-Zelle, Gerät zur Umwandlung v. elektr. Spannungsschwankungen in Schwankungen der Lichtintensität unter Verwendung des elektroopt. Kerr-Effektes.

Kerschensteiner, Georg, * 1854, † 1932, dt. Pädagoge; forderte die Arbeitsschule und staatsbürgerl. Erziehung.

Kerze, Einheitenzeich. K, fr. Einheit der Lichtstärke, z.B. Hefner-K. (↑Hefner-Alteneck, F. v.).

Kesselstein, steinart. Belag aus unlösl. Erdalkalisalzen u.a. Rückständen, der sich beim Verdampfen von hartem Wasser absetzt.

Ketone, organ. Verbdg.en mit der Carbonylgruppe $\rangle C{=}O$, z.B. *Aceton,* CH_3COCH_3.

Kette: 1) zusammenhängende Glieder aus Metall u.a.; **2)** Fäden in Längsrichtung eines Gewebes.

Ketteler, Wilhelm Emanuel Frhr. von, * 1811, † 1877, s. 1850 Bischof v. Mainz; Vorkämpfer des polit.-soz. Katholizismus (v.a. im Kulturkampf).

Kettengebirge ↑Gebirge.

Kettenreaktion, physikalischer oder chem. Vorgang, der nach einmal. Einleitung v. selbst abläuft.

Ketzer, Bez. für jemanden, der von der offiz. Kirchenlehre abweicht; „K." geht auf das Wort Katharer zurück.

Keuchhusten (Stickhusten, Pertussis), bakterielle Infektionskrankheit der Luftwege, vorw. bei Kleinkindern u. Jugendl.; Hauptsymptom: heft. Hustenstöße mit „Ziehen" u. Erbrechen v. Schleim.

Keuper ↑Geologie, Formationstabelle.

Kevelaer ['ke:vəla:r], St. nw. von Geldern, NRW, 25 700 E; Wallfahrtsort.

Kevlar®, aus aromat. Polyamiden (Aramiden) hergestellte Chemiefasern mit hoher Zugfestigkeit; zur Verstärkung v. Verbundwerkstoffen, für Kfz-Reifen, Trossen, Seile u.a. verwendet.

KFK, Abk. für: **k**ohle**f**aserverstärkte **K**unststoffe (↑CFK).

Kfz, Abk. für: ↑**K**raft**f**ahr**z**eug.

kg, Einheitenzeichen für: ↑**K**ilo**g**ramm.

KG, Abk. für: ↑**K**ommandit**g**esellschaft.

KGaA, Abk. für: **K**ommandit**g**esellschaft **a**uf **A**ktien (↑Kommanditgesellschaft).

KGB, Abk. für russ.: **K**omitet **g**osudarstwennoi **b**esopasnosti, Komitee für Staatssicherheit (↑NKWD).

Khaiberpass, Pass mit gr. strateg. Bed. zw. Afghanistan und Pakistan (Kabul–Peshawar), 1 072 m.

Khaki [Hindi-engl.]: **1)** Erdfarbe; **2)** erdbrauner Stoff.

Khalid ↑Chalid.

Khan [türk.], urspr. mongolischer Fürstentitel.

Khartum, Hptst. der Rep. Sudan, am Zusammenfl. v. Weißem u. Blauem Nil, 557 000 E (mit den Nachbarstädten *Kh.-Nord* u. *Omdurman* 1,42 Mill. E); Univ.; Wirtsch.-Zentrum; Fluss-⚓, ✈.

Khedive [pers.], 1867–1914 Titel der türk. Vizekg. in Ägypten.

Khmer, Volk im südl. Hinterindien, v.a. in Kambodscha; bildete vom 9.–13. Jh. das mächtige *K.reich;* bedeutendstes Denkmal die Tempelst. von Angkor; Reisbauern, Fischer; Buddhisten; reiche Literatur.

Khomeini, Ruhollah (Chomeini) [xɔ'meɪnɪ], * 1900, † 1989, iran. Schiitenführer (Ayatollah) u. Politiker, proklamierte nach Sturz d. Schahs 1979 die „islam. Rep. Iran".

kHz, Einheitenzeichen für: ↑**Kilo**hertz.

Kibbuz (Mrz. Kibbuzim) [hebr.], ländl. Siedlung in Israel, in der kollekt. Wirtsch.- und Lebensweise herrschen; Einkünfte werden zentral gemäß den Bedürfnissen der Mitglieder und des gemeinsamen Betriebes ausgegeben.

Kichererbsen [lat.; dt.], in Asien u. im Mittelmeergebiet kultivierte Hülsenfrucht.

Kiebitz, etwa 30 cm langer Regenpfeifer. Oberseite schwarz, metall. schimmernd, Bauch weiß, schwarze Kopfhaube; v. a. Europa, Asien; Kulturfolger.
Kiefer, Nadelholzgatt. der nördl. Erdhälfte; immergrüne Bäume, liefern Holz, Terpentin, Kolophonium, Pech, Kienöl u. a.; die *Gemeine K.* od. *Föhre* bildet ausgedehnte Wälder; weitere Arten: Berg-, Zirbel-, Schwarz-, Weymouths-, Strand-K., Pinie u. a.
Kiefer, Knochen des Gesichtsschädels, die die Zähne tragen (Ober- und Unterkiefer).
Kiefer, Anselm, * 1945, großformatige expressive Bilder zu mytholog., histor. und polit. Themen.
Kieferhöhle, Höhle im Oberkiefer, in Verbdg. zur Nase.
Kiel, Hptst. von Schl.-Ho., krsfr. St., am S-Ende der 17 km langen *K.er Förde,* 246 000 E; mod. St.-Bild; Univ., PH, Fachhochschule; Museen, Theater; LG; IHK; Schiffbau, Masch.- und Apparatebau, Textil- u. Nahrungsmittelind.; ⚓. – Gegr. zw. 1233 und 1242; 1773 bis 1866 dän., danach preuß.; s. 1946 Landeshauptstadt.
Kiel, unterster Längsverband des Schiffsrumpfes.
Kielbogen, geschweifter Spitzbogen, bes. in der islam. Kunst und der Spätgotik (Baukunst).
Kielboot, kentersicheres Sportboot mit Kielflosse bzw. -schwert unter dem Rumpf.
Kieler Bucht, flache Bucht an der Fördenküste der sw. Ostsee zw. der Halbinsel Schwansen u. der Insel Fehmarn.
Kieler Woche, s. 1882 alljährl. im Juni in der Kieler Bucht stattfindende internat. Segelsportwoche.
Kieling, Wolfgang, * 1924, † 1985, dt. Schau- u. Filmschauspieler.
Kiel|lini|e, Schiffsformation (Hintereinanderfahren).
Kielschwert, in den Kiel einlassb. Platte zur Stabilitätserhöhung; bes. bei Segelbooten.
Kiemen (Branchien), Atmungsorgane der meisten Wassertiere, blutgefäßreiche Hautausstülpungen.
Kien, harzreiches Kiefernholz, leicht entzündb.; fr. verw. für Fackeln (Kienspan).
Kierkegaard, Søren ['kergəgɔ:r], * 1813, † 1855, dän. Theologe u. Philosoph; kam von einer ästhet. Haltung über ein eth. Stadium zur christl. „Geistexistenz"; Einfluss auf Lebens- u. Existenzphilosophie; „Entweder-Oder", „Der Begriff der Angst".
Kies: **1)** Lockersedimente aus [gerundeten] Gesteinstrümmern (Größe 2–60 mm ∅); **2)** sulfid. Erze (z. B. *Kupfer-, Arsenkies*).
Kiesinger, Kurt Georg, * 1904, † 1988, dt. Politiker; 1958–66 Min.-Präs. von Ba.-Wü., 1966–69 B.-Kanzler (Koalitionsreg. CDU/CSU u. SPD); 1967–71 Vors. der CDU.
Kiew ['kiɛf], Hptst. der Ukraine, am Dnjepr, 2,63 Mill. E; bed. Zentrum für Kultur, Wirtschaft, Handel; Univ., Ukrain. Akad. der Wiss., Theater; Sophienkathedrale (11. Jh.), Höhlenkloster; Masch.-, Textil-, Nahrungsmittel-, Holzind.; Fluss-⚓, ✈. – Seit dem 9. Jh. Mittelpt. des K.er Reiches, 1240 v. Mongolen zerstört; 1362 litauisch, 1569 poln.; seit dem 17. Jh. russ.; 1917–19 Hptst. d. unabh. Ukraine.
Kigali, Hptst. der Rep. Rwanda, Z-Afrika, (1992) 363 000 E; ✈.
Kilian, hl., ir. (?) Missionar; „Apostel der Franken" gen.; um 689 in Würzburg getötet.
Kilikilen, histor. Ldsch. im S der Türkei; wegen d. *Kilik. Pforte* (Pass üb. den Mittl. Taurus) s. der Antike oft umstrittenes Durchgangsland.
Kilimandscharo, höchstes Bergmassiv Afrikas, im NO von Tansania, 3 Vulkangipfel; Kibo (5 895 m; vergletschert), Mawensi (5 270 m), Shira (4 000 m).
Killersatelliten, unbemannte Raumfahrzeuge, die Satelliten in der Erdumlaufbahn, aber auch angreifende Interkontinentalraketen zerstören können.
kilo..., Kilo... [gr.], Bestimmungswort; Bed.: „tausendmal so groß".
Kilogramm, Einheitenzeich. kg, Einheit der Masse; 1 kg = 1 000 g, SI-Basiseinheit.
Kilohertz, Einheitenzeichen kHz, das 1000fache der Einheit ↑Hertz.
Kilokalorie, Einheitenzeichen kcal, das 1000fache der Einheit ↑Kalorie.
Kilometer, Einheitenzeichen km, das 1000fache der Längeneinheit Meter.
Kilopond, Einheitenzeichen kp, Einheit der Kraft; gesetzl. nicht mehr zulässig; Kraft, die einer Masse von 1 kg die Normalfallbeschleunigung erteilt; 1 kp = 9,80665 N (Newton).
Kilowattstunde, Einheitenzeichen kWh, gesetzl. Einheit der Energie (v. a. Elektrotechnik); die elektr. Energie, die geliefert wird, wenn 1 Kilowatt eine Std. lang geleistet wird.
Kilt [engl.], knielanger, schott. Faltenrock; Männertracht.
Kimberley ['kɪmbəlɪ], St. in der Rep. Südafrika, 1 220 m ü. d. M., 150 000 E; Zentrum eines der größten Diamantengebiete der Erde, Diamantschleiferei; ✈.
Kimbern, german. Volk; verließen im 2. Jh. v. Chr. Jütland, zogen mit den Teutonen u. Ambronen nach Böhmen, dann donauabwärts, v. den Römern 101 v. Chr. bei Vercellae (nördl. des oberen Po) vernichtend geschlagen.
Kim Il Sung, * 1912, † 1994, nordkorean. Politiker; 1948–72 Min.-Präs. der Demokrat. VR Korea, s. 1972 Staatspräsident.
Kimme, bei Feuerwaffen der meist dreieck. Ausschnitt im hinteren Teil des ↑Visiers.
Kimono [jap.], mantelart. jap. Gewand, Ärmel angeschnitten.
Kind, der Mensch v. der Geburt bis zum Beginn der Pubertät; allg. *Neugeborenes* (bis zum 10. Lebenstag), *Säugling* (bis zum 12. Monat), *Kleinkind* (2. bis 6. Lebensjahr) u. *Schulkind* (7. bis etwa 15. Lebensjahr).
Kindbett, svw. ↑Wochenbett.
Kindbettfieber (Puerperalfieber, Wochenbettfieber), Infektionskrankheit bei Wöchnerinnen im Anschluss an die Entbindung, Ursache von I. Semmelweis entdeckt.
Kinderdörfer, Siedlungen mit Schul- u. Wohnstätten für eltern- u. heimatlose Kinder u. Jugendliche; Familiengruppen; u. a. ↑auch SOS-Kinderdörfer.
Kindergarten, sozialpädagog. Einrichtung für Kinder von 3–6 Jahren bzw. bis zur Einschulung, mit halb- od. ganztägiger Betreuung *(Kindertagesstätte).* Davon zu unterscheiden ist die *Krabbelstube* für Kinder von 1–3 Jahren u. die *Kinderkrippe* für Säuglinge von 6 Wochen b. zu 1 Jahr. *Sonderkindergärten* betreuen u. fördern behinderte Kinder, *Schulkindergärten* betreuen schulpflichtige, aber noch nicht schulfähige Kinder (6–7 Jahre) innerhalb von Schulen.
Kindergeld, staatl. Zuwendungen an Personen mit einem u. mehr. Kindern, v. der B.-Anstalt für Arbeit aus B.-Mitteln gezahlt.
Kinderkrankheiten, i. e. S. Infektionskrankheiten, die vorwiegend od. ausschließlich im Kindesalter auftreten (Keuchhusten, Mumps, Masern, Windpocken u. a.).
Kinderkreuzzug, Kreuzzug dt. u. frz. Kinder 1212, bei dem die meisten Kinder umkamen od. in Sklaverei gerieten.
Kinderlähmung, spinale, svw. ↑Poliomyelitis epidemica.
Kindslage, Lage des Kindes in der Gebärmutter unmittelbar vor der Geburt; meist in *Schädellage* (Kopf des Kindes nach unten, Ge-

sicht nach hinten); *Steiß-, Quer-* und *Schräglagen* komplizieren die Geburt.

Kindspech (Mekonium), erste Darmentleerung d. Neugeborenen.

Kinematik [gr.], ↑Mechanik.

Kinematograph [gr.], erster Apparat zur Aufnahme u. Wiedergabe bewegter Bilder; aus dem Wort K. entstand *Kino* als Bez. für Filmtheater.

Kinetik [gr.], Lehre von der Bewegung durch Kräfte.

kinetische Energie ↑Energie 2).

kinetische Gastheorie, Theorie zur Berechnung von Druck, Viskosität, Wärmeleitfähigkeit u. a. in Gasen auf der Basis der kinet. Energie der Gasmoleküle.

King, Martin Luther, * 1929, † 1968, amer. Bürgerrechtler u. Baptistenpfarrer; Führer des gewaltlosen Kampfes gg. die Rassentrennung; fiel einem Attentat zum Opfer; Friedensnobelpreis 1964.

M. L. King

Kingston [ˈkɪŋstən], Hptst. u. ⚓ an der S-Küste Jamaikas, 644 000 E; ✈.

Kingtehchen ↑Jingdezhen.

Kinkel, Klaus, * 1936, dt. Politiker, 1991–92 Justiz-, 1992–98 Außenmin.; 1993–95 Vors. der FDP.

Kinsey, Alfred Charles [*kinsi*], * 1894, † 1956, amer. Zoologe u. Sexualforscher; statist. ausgewerteter „K.-Report" über menschl. Sexualverhalten; Objektivität u. Wissenschaftlichkeit der Untersuchung neuerdings angezweifelt.

Kinshasa [kɪnˈʃaːza] (fr. Léopoldville), Hauptstadt von Zaire, am Kongo, 3,74 Mill. E; Univ., Textil-, Konserven-, Fahrzeug-, Holzind.; Binnen-⚓, ✈.

Kinski, Klaus, eigtlich Nikolaus Nakszynski, * 1926, † 1991, dt. Bühnen- u. Filmschauspieler; „Aguirre, der Zorn Gottes" u. a.

Kinzig: 1) r. Nbfl. des Oberrheins, 95 km; **2)** r. Nbfl. des Mains, 82 km.

Kiosk [türk.-frz.]: **1)** orient. Gartenhäuschen; **2)** Verkaufshäuschen.

Kipling, Rudyard, * 1865, † 1936, engl. Schriftsteller; vertrat imperialist. Ideen; meisterhafte Kurzgeschichten; bek. Jugendbücher „Im Dschungel", „Das neue Dschungelbuch", „Kim"; Nobelpreis 1907.

Kipphardt, Heinar, * 1922, † 1982, dt. Schriftsteller; auch Dramen („Bruder Eichmann").

Kippschaltung, elektron. Schaltung, die nur 2 feste Zustände annehmen kann.

kippscher Apparat [nach dem niederländ. Apotheker *P. S. Kipp,* * 1808, † 1864], Laborgerät zur Gewinnung v. Gasen durch Reaktion fester Stoffe mit Flüssigkeiten (Säuren).

Kippschwingung, period. elektrische Schwingung von sägezahnoder trapezförm. Verlauf; erzeugt u. a. in Fernsehbildröhren.

Kirche [gr.]: **1)** christl. Gotteshaus; **2)** christl. Religionsgemeinschaft, im Ggs. zur esoter. Sekte als Volks-K. ausgerichtet; nach christl. Lehre v. Christus gestiftet v. a. zur Verkündigung des Evangeliums (Mission) u. zur Spendung der Sakramente; urspr. als Einheit gedacht, spaltete sich im Laufe der Jh.e in versch. Konfessionen.

Kirchenbann, svw. ↑Exkommunikation.

Kirchenbücher, von der Kirchengem. geführte Register über Taufe, Eheschließung, Tod u. a. der Gemeindemitglieder; früher die einzigen Personenstandsregister.

Kirchenjahr, Ordnung des Jahres nach dem kirchl. Festkalender; Beginn am 1. Advent.

Kirchenlied (ev. auch Choral), von der Gemeinde im christl. Gottesdienst gesungenes stroph. volkssprachl. Lied mit z. T. liturg. Funktion.

Kirchenmusik, in frühchristl. Zeit bibl. u. gottesdienstl. Hymne; allm. Bildung geschlossener liturg. Repertoires, im W von Gregor I. um 600 geordnet (gregorian. Gesang); seit dem 9. Jh. mehrstimm. Satzweise über Messtexte. Eindringen weltl. Melodien (1400 bis 1600). Nach 1560 der Satz Palestrinas Muster für den Kirchenstil. Luther führte um 1524 das Kirchenlied ein; neue Formen Solomotette (oft bibl. Texte), Oratorium (Höhepunkte bei Bach u. Händel) u. Kantate; nach den Messen Mozarts u. Haydns neue Versuche bei Brahms, Reger u. Bruckner, ebenso im gegenwärtigen Musikschaffen.

Kirchenordnungen, Anweisungen und Regelslg. für Verfassungen, Disziplin u. seelsorger. Aufgaben von Kirchen.

Kirchenrecht (Ius canonicum), in der kath. Kirche im CIC sowie in Konkordaten zusammengefasste Rechtsnormen; in den prot. Kirchen kein einheitl. K. (vielf. dem staatl. Recht entlehnt).

Kirchenslawisch, alte slaw. Liturgie- und Literaturspr.; *Alt-K.* (850–1100) geht auf eine bulgar.-makedon. Mundart zurück.

Kirchenspaltung ↑Schisma.

Kirchenstaat, das ehem. Herrschaftsgebiet des Papsttums in Italien (hpts. Rom und Pentapolis), begr. durch die Pippinsche Schenkung 754/756; wechselnde Besitzverhältnisse während des ganzen MA; unter Julius II. (1503 bis 1513) größte Ausdehnung; Säkularisierung durch Napoleon, durch den Wiener Kongress Wiederherst.; 1870 Besetzung durch nat. ital. Truppen. Durch die Lateranverträge entstand 1929 die souveräne ↑Vatikanstadt.

Kirchensteuer, in Dtl. von den Kirchen ihren Mitgl. auferlegte, meist von staatl. Behörden eingezogene Abgabe.

Kirchentag ↑Deutscher Evangelischer Kirchentag; ↑auch Katholikentag.

Kirchentonarten, die 8 Tonarten der einstimm. ma. Musik.

Kirchenväter, kirchl. anerkannte altchristl. Kirchenschriftsteller.

Kirchhoff, Gustav Robert, * 1824, † 1887, dt. Physiker; wicht. Arbeiten zur Spektralanalyse (mit ↑Bunsen), Elektrizitätslehre und Strahlungstheorie; *k.sche Regeln:* 1. In elektr. Netzwerken ist in Verzweigungspunkten die Summe der zufließenden Ströme gleich der Summe der abfließenden; 2. In jedem geschlossenen Stromkreis ist die Summe der Teilspannungen gleich der Summe sämtl. elektromotor. Kräfte; *k.sches Strahlungsgesetz:* Das Verhältnis v. spektraler Strahlungsdichte zu dem Absorptionsvermögen eines Temp.-Strahlers ist gleich der Strahlungsdichte eines schwarzen Strahlers für die gleiche Temp. u. Strahlungsfrequenz.

kirchliche Hochschulen, kircheneigene Hochschulen zur Ausbildung ihrer Geistlichen, z. T. auch von Laien in den kirchl. und weltl. Disziplinen.

Kirchner, Ernst Ludwig, * 1880, † 1938, dt. expressionist. Maler und Grafiker; Mitbegr. der „Brücke".

Kirchschläger, Rudolf, * 1915, † 2000, östr. Politiker; 1970–74 Außenmin., 1974–86 Bundespräs.

Kirgisien (Kirgisistan), Republik in Mittelasien, zum größten Teil im Tienshan gelegen; – Baumwollerzeugung; Bergbau auf Gold und Antimon. – 1926 Errichtung der Kirgis. ASSR; 1936 Umwandlung in eine Unionsrep.; Aug. 1991 Unabhängigkeitserklärung, s. Dez. 1991 Mitgl. der GUS; Einleitung v. Wirtschafts- u. polit. Reformen (u. a. neue Verf.).
Kiribati, Rep. im sw. Pazifik, umfasst die Gilbert- u. Phönixinseln (größtenteils), Ocean Island, Christmas Island u. a. kleine Inseln; Kopragewinnung. – 1765/88 Entdeckung der Gilbertinseln, 1892 brit. Protektorat, 1916 Kolonie, 1978 als Rep. K. unabh. im Rahmen des Commonwealth.
Kirow, Sergei Mironowitsch, eigtl. Kostrikow, * 1866, † 1934, sowj. Politiker; 1930 Mitgl. des Politbüros, enger Mitarbeiter Stalins; nach seiner Ermordung „gr. Säuberung" (1934).
Kirsch: 1) Rainer, * 1934, dt. Schriftsteller; krit. Gedichte, Erzählungen, Dramen u. a.; **2)** Sarah, * 1935, dt. Lyrikerin, v. a. zeit- u. sozialkrit. Themen; Erz. u. Kinderbücher. 1996 Büchner-Preis.
Kirschbaum, Gatt. der Rosengewächse mit versch. Steinobstarten (Sauer- und Süßkirsche); Frucht: *Kirsche.*
Kirschblattbräune ↑Übers. S. 528 f.
Kirschfruchtfliege ↑Übers. S. 528 f.
Kirschlorbeer, Rosengewächs des östl. Mittelmeergebiets; immergrüne lederartige Blätter; weiße Blüten in Trauben.
Kirst, Hans Hellmut, * 1914, † 1989, dt. Schriftsteller; Romane: „Null-acht fünfzehn" u. a.
Kisch, Egon Erwin, * 1885, † 1948, tschech. Schriftsteller und Journalist; zeitkrit. Reportagen.
Kishon, Ephraim [kiˈʃɔn], * 1924, isr. Schriftsteller, bekannt v. a. durch seine Satiren.
Kissinger [ˈkɪsɪndʒə], Henry Alfred, * 1923, amer. Politiker dt. Herkunft; 1973 Friedensnobelpreis; 1973–77 Außenminister.
Kisuaheli ↑Swahili.
Kitchener, Horatio Herbert, Earl K. of Khartoum and of Broome [ˈkɪtʃɪnə], * 1850, † 1916, brit. Feldmarschall; warf den Mahdi-Aufstand nieder, zwang in der Faschodakrise die Franzosen zum Abzug, 1900–02 Oberbefehlshaber im Burenkrieg.
Kithara [gr.], altgriech. Saiteninstrument mit kastenförm. Korpus.
Kitzbühel, östr. St. in Tirol (762 m), an der *K.er Ache,* am N-Fuß der *K.er Alpen* (bis 2 559 m), 9 500 E; Luftkurort, bed. Wintersportplatz, Seilbahnen u. a. zum *K.er Horn* (1 996 m).
Kitzler (Klitoris), am vorderen Ende der kl. Schamlippen gelegenes weibliches Geschlechtsorgan (entspr. d. Penis).
Kiwi, Frucht des Chin. Strahlengriffels, eiförmig; Fruchtfleisch säuerl., glasig grün.

Ernst Ludwig Kirchner, *Monstein (1927)*

Klabautermann, im Volksglauben ein Schiffskobold.
Klabund, eigtl. Alfred Henschke, * 1890, † 1928, dt. Schriftsteller; expressionist. Romane und Gedichte, Nachdichtungen chin., pers. u. jap. Dichtungen; „Der Kreidekreis".
Klafter, fr. Längenmaß (1,7 bis 3 m) u. Raummaß für Brennholz (in Preußen 3,339 m³).
Klage, Anrufung des Gerichts um eine richterl. Entscheidung über ein streitiges Rechtsverhältnis, als Leistungs-, Gestaltungs- oder ↑Feststellungs-K.; schriftl. einzureichen; muss das Ger. u. die Parteien bezeichnen, die Gründe des Begehrens enthalten.
Klagemauer, Westwand des Tempelplatzes in Jerusalem, Stätte jüd. Gebets.
Klagenfurt, Hptst. v. Kärnten, Östr., im *K.er Becken* (Senke zw. Gurktaler Alpen u. Karawanken), 89 500 E; Univ.; Dom, Theater; Textil-, Leder-, Metallind.; ✈.
Klages, Ludwig, * 1872, † 1956, dt. Philosoph u. Psychologe; bed. Charakterologe u. Graphologe.
Klapperschlangen, zwei Gatt. amer. Grubenottern mit Hornringen (Klapper) am Schwanzende.

Kirgisien

Fläche: 198 500 km²
Einwohner: (1995) 4,75 Mill.
Hauptstadt: Bischkek
Amtssprache: Kirgisisch
Zeitzone: MEZ + 4 Stunden

Kiribati

Fläche: 830 km²
Einwohner: (1995) 79 300
Hauptstadt: Bairiki
Amtssprache: Englisch
Zeitzone: MEZ + 11 Stunden

Klassizismus. *Karl Friedrich Schinkel, Neue Wache in Berlin (1816–18)*

Klara von Assisi, hl., * 1194, † 1253, ital. Ordensgründerin; mit Franz von Assisi 1212 Mitbegr. von dessen 2. Orden (Klarissen, ↑Franziskaner).

Klarinette [frz.], Holzblasinstrument; zylindr. Bohrung, Schnabelmundstück mit einf., aufschlagendem Rohrblatt.

Klasse [lat.]: **1)** Kategorie der biol. Systematik; **2)** Gruppe mit bes., gemeinsamen Merkmalen (Soziol.); **3)** Gruppe v. etwa gleichaltrigen Schülern *(Schul-K., Jahrgangs-K.)*.

Klassik, Wert- u. Zeitbegriff für eine Kulturepoche, die durch Ausgewogenheit u. Harmonie ihrer künstler. [u. wiss.] Leistungen überzeitl. Vollkommenheit und Gültigkeit erreicht.

Klassizismus: 1) in der *bildenden Kunst* der dem Rokoko folgende Stil (etwa 1770–1830; in Frkr. Louis-seize u. Empire); Rückgriff auf die röm. interpretierte griech. Antike. Die Baukunst geht aus von Palladio, erste Ausprägung in England (I. Jones, C. Wren, J. Vanbrugh), verbreitete sich in Frkr. (J.-A. Gabriel, J.-G. Soufflot, C. Percier, P. Fontaine) u. in Dtl. (F. W. v. Erdmannsdorff, C. G. Langhans, F. Gilly, K. F. Schinkel, L. v. Klenze, F. Weinbrenner). Führende Bildhauer: A. Canova, J. A. Houdon, G. Schadow, C. D. Rauch, J. H. v. Dannecker, B. Thorvaldsen. In der Malerei führt Frankreich (J. L. David, J. A. D. Ingres, P. P. Prud'hon); **2)** in der *Lit.:* Stilrichtung, die an die Antike od. eine auf sie zurückgehende Epoche anknüpft; Bewahrung des Überlieferten, Verbindlichkeit aller dem Vorbild vermeintl. entlehnbaren Gesetze, ohne echte eigene Auseinandersetzung mit dem tradierten Gut od. mit geist. Strömungen der Zeit; v. a. die frz. Lit. des 17. Jh.s (P. Corneille, J. Racine, Molière), eine europ. Bewegung auslösend.

Klaus, Václav, * 1941, tschech. Politiker, 1992–97 Min.-Präs. der Tschech. Republik.

Klausenburg (rumän. Cluj-Napoca, ungar. Kolozsvár), rumän. Kreishptst. in Siebenbürgen, 329 000 E; Univ., Hochschulen, Museen; Handels- u. Wirtschaftszentrum Siebenbürgens; ⚒.

Klausenpass, schweizer. Alpenpass (1 948 m ü. d. M.) an der *Klausenstraße,* Kt. Uri, Verbdg. von Linth- und Reußtal.

Klaustrophobie [gr.], Angst vor geschlossenen Räumen.

Klausur [lat.]: **1)** abgeschlossener, nur den Religiosen vorbehaltener Raum eines Klosters; **2)** Prüfungsarbeit unter Aufsicht.

Klavichord [lat.; gr.] (Clavichord), Vorläufer des Klaviers.

Klavier [frz.], (Piano[forte]), urspr. allg. Bez. für mech. Tasteninstrumente; 1709 erfand *B. Cristofori* (* 1655, † 1731) das *Hammerklavier* (Saitenanschlag durch Hämmerchen), aus dem sich *Pianino* (Saiten senkr.) u. der *Flügel* (Saiten in Tastenrichtung) entwickelten; Tonumfang heute 7 Oktaven (= 85 Töne zw. A_2 u. a^4).

Kléber, Jean-Baptiste [kle'bɛ:r], * 1753, † 1800, frz. Gen.; eroberte im ägypt. Feldzug Kairo; ermordet.

Klebstoffe, Werkstoffe, die zw. 2 Stoffe eingebracht werden, schnell erhärten u. eine feste Verbindung herstellen; u. a. Kitt, Leim; heute häufig aus Kunststoffen.

Klee, Paul, * 1879, † 1940, dt.-schweizer. Maler und Grafiker; gehörte zum Kreis des „Blauen Reiters"; 1921 am Bauhaus; traumhafte Bildwelt aus abstrakten Formen und fantast. Gestalten in sinnl.-heiterer Farbigkeit.

Klee: 1) Bez. für einige Schmetterlingsblütler versch. Gatt., z. B. Wund-, Süß-, Horn-K.; **2)** Gatt. der Schmetterlingsblütler in gemäßigten u. subtrop. Gebieten der Alten Welt; viele Futterpflanzen.

Kleekrebs ↑Übers. S. 528 f.

Kleiber: 1) Carlos, * 1930, argent. Dirigent östr. Herkunft, Sohn von 2); **2)** Erich, * 1890, † 1956, östr. Dirigent; 1923 Gen.-Musikdir. der Berliner Staatsoper; 1936 Emigration nach Argentinien.

Kleiber (Spechtmeise), oberseits blaugraue, unterseits weiß bis rostbraune, Bäume und Felsen bewohnende Singvögel.

Kleinasien, Halbinsel zwischen Schwarzem Meer u. Mittelmeer, W-Teil v. Anatolien.

Kleinbären (Vorbären): **1)** marderähnliche amerikan. Raubtiere, u. a. ↑Waschbär, ↑Wickelbär, ↑Nasenbären; **2)** (Kathenbären) den Bären nahe stehende Raubtiere: *Gr.* (Bambusbär) u. *Kl.* (Katzenbär) *Panda* (Himalajagebiet).

Kleindeutsche, Mitglieder der Frankfurter Nationalvers., die eine dt. Einigung ohne Östr. unter preuß. Führung anstrebten.

Kleine Elster, r. Nbfl. der Schwarzen Elster.

Kleine Planeten ↑Planetoide.

Kleiner Bär ↑Ursa Minor.

Kleiner Belt, Meeresstraße in der dän. Ostsee zw. Jütland und Fünen, engste Stelle 0,7 km breit.

Kleiner Sankt Bernhard, Pass in den frz. Alpen zw. Aosta- u. Isèretal, 2 188 m ü. d. M.

Kleines Ungarisches Tiefland, fruchtb., landw. genutzte Ebene (Becken v. Raab) u. das südl. angrenzende Randgebiet (Hügelldsch.), hpts. in NW-Ungarn.

Kleines Walsertal, Tal in den Allgäuer Alpen in Vorarlberg, Östr.; bek. Wintersportgebiet; dt. Zollanschluss- u. Wirtschaftsgebiet.

Kleinkrebse, niedere Krebse, u. a. Muschelkrebse, Ruderfüßer, Kiemenschwänze.

Kleist, Heinrich v., * 1777, † 1811 (Selbstmord), dt. Dichter zw. Klassik und Romantik; „Amphitryon", „Penthesilea", „Das Käthchen v. Heilbronn", „Der zerbrochene Krug", „Prinz Friedrich v. Homburg"; sprachl. Meisterschaft in straff gebauten Novellen, u. a. „Michael Kohlhaas", „Die Marquise von O...".

Klematis [gr.] (Waldrebe), Gatt. der Hahnenfußgewächse: meist Kletter-, viele Zierpflanzen.

Klemens: *Päpste:* **1) K. V.,** † 1314, Papst s. 1305; residierte s. 1309 in Avignon; hob unter frz. Druck 1311 den Templerorden auf; **2) K. VII.,**

vorher Giulio de' Medici, * 1478, † 1534, Papst s. 1523; 1526 Mitgl. der Liga v. Cognac; 1527 Gefangener des Ks. nach dem ↑Sacco di Roma; **3) K. XIV.,** * 1705, † 1774, Papst seit 1769; hob 1773 unter bourbon. Druck den Jesuitenorden auf.

Klementine, kernlose Sorte der Mandarine.

Klemperer, Otto, * 1885, † 1973, dt. Dirigent.

Klenze, Leo v., * 1784, † 1864, dt. Baumeister; bed. klassizist. Bauten in München, in Petersburg (Neue Eremitage) u. a.

Kleopatra VII., die Große, * 69, † 30 v. Chr., ägypt. Kgn. seit 51; Geliebte Cäsars, dann des Antonius; beging nach der Niederlage v. Aktium Selbstmord.

Klepper, Jochen, * 1903, † 1942, (Selbstmord mit seiner jüd. Frau u. Stieftochter), dt. Schriftsteller; Lyrik, Prosa, „Der Vater", „Kyrie".

Kleptomanie [gr.], krankhafter Trieb zu stehlen.

Klerus [gr.-lat.], Gesamtheit der *Kleriker,* der kath. Welt- und Ordensgeistlichen. *klerikal,* die Geistlichkeit betr., kirchlich.

Klestil, Thomas, * 1932, östr. Politiker u. Diplomat, s. 1992 Bundespräs.

Klette, Korbblütlergatt.; Hüllblätter der Blüten mit Widerhaken.

Kleve: 1) Krst. im Niederrhein. Tiefland, NRW, 48 300 E; LG; Schwanenburg; Nahrungsmittel-, Schuh- u. a. Ind.; **2)** ehem. dt. Gft. am Niederrhein, 1417 Hzgt., 1511 mit Jülich-Berg-Ravensberg in Personalunion verbunden, 1614 mit Brandenburg vereinigt.

Klient [lat.], Auftraggeber, bes. eines Rechtsanwaltes.

Klima, Viktor, * 1947, östr. Politiker (SPÖ), 1991–95 Bundesmin. für öffentl. Wirtschaft u. Verkehr, danach bis 1997 Bundesmin. für Finanzen, seither Bundeskanzler.

Klima [gr.], charakt. durchschn. Zustand der Atmosphäre eines Ortes *(Lokal-)* od. Gebietes *(Groß-K.);* best. aus mittl. Temp., Sonneneinstrahlung (Insolation), Luftfeuchtigkeit, Wind, Niederschlagsmenge u. -häufigkeit, Höhenlage, Luftzusammensetzung; *Klimazonen:* trop., Trocken-, warm gemäßigte, Schnee- und Eisklimate u. Ä.

Klimakterium [gr.], svw. ↑Wechseljahre.

Klimt, Gustav, * 1862, † 1918, östr. Maler des Jugendstils.

Klingenthal/Sa., Krst. in Sa., 11 600 E; Musikinstrumentenbau.

Klinger: 1) Friedrich Maximilian v., * 1752, † 1831, dt. Dramatiker; Drama „Sturm und Drang", namengebend für die literar. Bewegung; **2)** Max, * 1857, † 1920, dt. Maler, Grafiker und Bildhauer; bed. seine Radierungen; dem Jugendstil nahe stehend.

Klinikum [gr.]: **1)** prakt. Teil des Medizinstudiums (in Kliniken); **2)** Gesamtheit der Kliniken einer Universität; klin. Baukomplex.

Klinker [niederl.], Hartziegel, glasartig gebrannt; für Außenmauern, Wandverkleidungen.

Klio, Muse der Geschichtsschreibung.

Klippfisch ↑Kabeljau.

Klippspringer, kl. Springantilope in den Bergen N-Afrikas.

Klirrfaktor, in % angegebene Verzerrung einer sinusförm. Signalspannung beim Durchlaufen eines Verstärkers infolge systembedingter Erzeugung v. Oberschwingungen *(Klirren);* soll bei Hi-Fi-Geräten nicht größer als 1 % sein.

Klischee [frz.]: **1)** Abklatsch, Nachahmung; **2)** ungenaue Bez. für Hochdruckplatten u. Druckstöcke.

Kloake [lat.]: **1)** [unterird.] Abzugskanal, Senkgrube; **2)** Endabschnitt des Darmes, mit Ausmündungsöffnungen der Harn- u. Geschlechtsorgane, z. B. bei Lurchen, Kriechtieren, Vögeln und Kloakentieren.

Klonieren (Klonen), die Herstellung erbgleicher Nachkommen (Pflanzen, Tiere) mit bestimmten (molekular)biolog. Methoden.

Klopffestigkeit, Eigensch. von best. Kraftstoffen für Verbrennungskraftmasch., im Kompressionstakt nicht vorzeitig durch Selbstentzündung *(Klopfen, Klingeln)* zu explodieren (↑Oktanzahl).

Klopfkäfer, svw. ↑Bohrkäfer.

klöppeln, Spitzen auf dem *Klöppelkissen* herstellen durch Kreuzen, Drehen usw. von Fäden, die auf *Klöppel* (Holzstäbe) gewickelt sind; berühmt ist u. a. die erzgebirg. Klöppelkunst.

Klopstock, Friedrich Gottlieb, * 1724, † 1803, dt. Dichter; rhythm.-musikal., von individuellem Empfinden getragene Spr.; von epochemachender Bed. das Epos „Der Messias"; „Oden und Elegien".

P. Klee,
Die Zwitscher-Maschine (1922)

Klistier [gr.], svw. ↑Einlauf.

Klitoris [gr.], svw. ↑Kitzler.

Klitzing, Klaus v., * 1943, dt. Physiker. Arbeiten zur Festkörperphysik; Nobelpreis 1985.

Klivie (Clivia) [nach *Lady Clive,* † 1866], Gatt. der Amaryllisgewächse mit 5 Arten in S-Afrika, Zimmerpfl. mit roten, orangefarbenen od. gelbl. Blüten.

Klose, Hans-Ulrich, * 1937, dt. Politiker (SPD), 1974–81 Erster Bürgermeister v. Hamburg, 1987 bis 1991 Schatzmeister der SPD, 1991–94 Fraktionsvorsitzender.

Kloster [lat.], Wohnkomplex von Ordensleuten (Klausur); urspr. Eremitensiedlung (v. a. in Ägypten, 4. Jh.); lose Anordnung auf dem Athos; feste Anlagenordnung im Abendland (Benediktiner); auch bed. buddhist. u. hinduist. Anlagen.

Klosterneuburg, östr. St. an der Donau oberh. von Wien, 24600 E; Augustiner-Chorherrenstift.

Klotho, eine der Moiren; griech. Schicksalsgöttin, die den Lebensfaden spinnt.

Klotz, Matthias, * 1653, † 1743, Begr. des Mittenwalder Geigenbaus.

Kluft, Gesteinsriss oder -fuge, durch tekton. Zug od. Druck od. Erstarrung magmat. Gesteine entstanden; Klüfte verlaufen meist in best. Richtungen *(K.systeme); K.höhle* ↑Höhle.

Kluge, Alexander, * 1932, dt. Jurist, Schriftsteller u. Filmregisseur.

Kluppe, Gewindeschneider.

Klüverbaum, auf Segelschiffen über den Bug hinausragendes, einziehb. Rundholz zum Befestigen des *Klüversegels* (Vorsegel).

Klytämnestra, in der griech. Mythol. Gem. Agamemnons, Mutter von Orestes und Iphigenie.

km, Einheitenzeichen für: ↑**Kilo**meter.

KMV-Platten [Abk. für: **K**eramik-**M**etall-**V**erbund], Verbundwerkstoff aus metall. Trägermaterial und oxidkeram. Beschichtung; z. B. für schusssichere Westen.

KNA ↑Übers. S. 463.

Knabenkraut, Gatt. der Orchideen in Eurasien, N-Afrika und Nordamerika; oft giftig.

Knallgas, Gemisch aus Sauerstoff (od. Luft) u. Wasserstoff (od. anderen brennb. Gasen); verbrennt explosionsart.; *K.gebläse* beim autogenen Schweißen.

Knappe: 1) im MA Edelknabe, der einem Ritter diente; **2)** alte Bez. für Bergmann.

Knappertsbusch, Hans, * 1888, † 1965, dt. Dirigent.

Knappschaft, Bez. für die ↑Zunft der Bergleute; bis heute gibt es die *K.sversicherung,* Kranken- u. Rentenversicherung für die im Bergbau Beschäftigten.

Knaus, Hermann, * 1892, † 1970, östr. Gynäkologe; begr., gestützt auf Beobachtungen des jap. Arztes *K. Ogino* (* 1882, † 1975), die *K.-Ogino-Methode* zur Empfängnisverhütung durch Beachtung der fruchtb. u. unfruchtb. Tage der Frau.

Knef, Hildegard, * 1925, dt. Schauspielerin, Chansonsängerin u. Schriftstellerin.

Kneipp, Sebastian, * 1821, † 1897, kath. Pfarrer in Bad Wörishofen; Begr. der Hydrotherapie.

Knesset[h] [hebr.], isr. Parlament.

Knie[gelenk], Ober- u. Unterschenkel verbindendes Gelenk, gebildet aus Oberschenkelknochen, Schienbein u. *Kniescheibe.*

Kniebis, Erhebung auf d. Buntsandsteinhochfläche des Nordschwarzwaldes, bis 971 m.

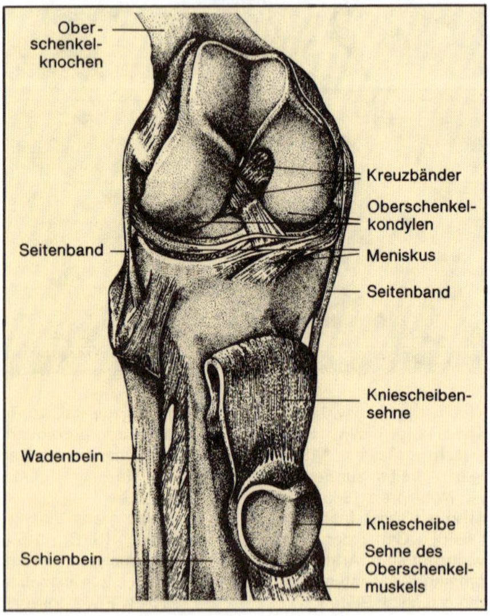

Kniegelenk. *Rechtes menschliches Kniegelenk von der vorderen Wadenbeinseite aus gesehen; die Gelenkkapsel ist entfernt und die Kniescheibe mit der Kniescheibensehne nach unten umgelegt worden*

Knigge, Adolf Frhr., * 1752, † 1796, dt. Schriftsteller; „Über den Umgang mit Menschen".

Knittel, John, eigtl. Hermann K., * 1891, † 1970, schweizer. Schriftsteller: „Via mala".

Knobelsdorff, Georg Wenzeslaus v., * 1699, † 1753, dt. Baumeister; Umbau u. a. der Schlösser Rheinsberg, Charlottenburg, Potsdam und Sanssouci in friderizian. Rokoko.

Knoblauch, Liliengewächs; stark riechende Zwiebelpfl., Gewürz.

Knochen, aus *K.gewebe* (miteinander verbundene *K.zellen* und organ. Interzellularsubstanz) bestehende harte Skelettelemente der Wirbeltiere (einschl. Mensch); gelenkig od. fest miteinander verbunden; lange *Röhren-K.* u. kompaktere *platte K.;* feste Außenschicht, eingehüllt in die *K.haut,* eingelagert das ↑Knochenmark.

Knochenbruch (Fraktur), vollst. od. teilw. Trennung des Knochens. – Erste Hilfe: Ruhigstellung, behelfsmäß. Schienen mit Stock, Latte, Schirm. Festlegen mit Tüchern oder Binden, keine Einrichtungsversuche!

Knochenmark, den Innenhohlraum der Knochen ausfüllendes Zellgewebe; *gelbes K.* in Röhrenknochen, fettreich; *rotes K.* in platten Knochen, u. a. Bildungsstätte der roten Blutkörperchen; *K.entzündung,* als Folge einer Infektion od. nach Verletzung; *K.erkrankungen,* meist bei Blutkrankheiten; *K.transfusion,* Behandlungsmethode bei Strahlenkrankheit u. akuten Blutkrankheiten (intravenöse Injektion eigenen Knochenmarks).

Knöllchenbakteri|en, Luftstickstoff bindende Bakterien der Gatt. Rhizobium; leben symbiot. in Wurzelanschwellungen (Wurzelknöllchen), bes. von Hülsenfrüchtlern.

Knollenblätterpilz, z. T. äußerst gift. Pilzarten der Gatt. Amanita mit weißen Lamellen, weißer Stielmanschette und weißl. Schuppen auf der Hutoberseite; Gelber, Grüner, Weißer Knollenblätterpilz.

Knollennassfäule ↑Übers. S. 528 f.

Knorpel[gewebe], elast.-feste, gg. Druck widerstandsfäh. Stützsubstanz im Wirbeltierskelett, an Gelenkflächen der Knochen.

Knos[s]os, griech. Ort u. antike Ruinenst. auf Kreta, Palastbauten aus minoischer Zeit.

Knoten: 1) Verschlingung von Fäden, Seilen, Tauen u. a. (bes. Schifffahrtswesen); **2)** Einheitenzeichen kn, Einheit für die Schiffsgeschwindigkeit, 1 kn = 1 Seemeile/Std. = 1,852 km/h.

Knöterich, Gatt. der *K.gewächse;* in Dtl. *Vogel-K.* (Volksheilmittel gg. Lungenleiden), Wiesenknöterich u. a.

Know-how [nəʊ 'haʊ; engl.], das theoret. Wissen, wie man ein [Produktions]vorhaben prakt. [-techn.] verwirklicht.

Knox, John [nɔks], * um 1505, † 1572, kalvinist. Reformator in Schottland; schuf die presbyterian. Kirche Schottlands.

Knurrhähne (Seehähne), bis 90 cm gr., räuber. Stachelflosser in trop. u. gemäßigten Meeren.

Knut (Knud, Kanut): *Dänemark:* **1) K. II.,** d. Gr., * um 995, † 1035, Kg. s. 1018; zugleich Kg. v. England (s. 1016) u. Norwegen (s. 1028); mit Konrad II. verbündet, der ihm 1025/35 Schleswig überließ; **2) K. IV.,** der Heilige, * um 1040, † 1086, Kg. s. 1080; Schutzheiliger Dänemarks, ermordet.

Knuth, Gustav, * 1901, † 1987, dt. Schauspieler; bekannt v. a. durch Fernsehrollen.

Koala [austral.], baumbewohnendes, rd. 60 cm gr. Beuteltier Australiens; frisst ausschließl. Blätter von Eukalyptusbäumen.

Koalition [frz.], Zweckvereinigung, Bündnis v. Staaten, Parteien od. Interessentengruppen zur Erreichung best. Ziele.

Koaxialkabel, störungssichere elektr. Leitung aus einem zylindr. Außenleiter (Rohr, Drahtgeflecht) und einem koaxialen Innenleiter.

Kobalt, chem. El., Symbol Co, OZ 27, rel. A.-Masse 58,9332, stahlgraues, glänzendes, magnet. Metall, Dichte 8,9 g/cm^3, Fp. 1 495 °C, Sp. bei 3 100 °C; gg. Luft und verdünnte Säuren beständ.; tritt in Verbdg. (meist farb. Salzen) 2- u. 3-wert. auf; wicht. Legierungsbestandteil in Stählen, Dauermagneten, Hartmetallen; auch verw. als Katalysator; radioakt. ^{60}Co.

Kobaltbombe, Wasserstoffbombe mit Kobaltmantel.

Kōbe, jap. Hafen- u. Ind.-St. an der Ōsakabucht, 1,48 Mill. E; 2 Universitäten; bei Erdbeben 1995 stark zerstört.

Koblenz, Hptst. des Reg.-Bez. K., Krst. u. krsfr. St., RP, an der Mdg. der Mosel in den Rhein, 109 200 E; erziehungswiss. Hochsch., Fachhochschule, Verw.- u. Wirtsch.akad., B.-Archiv, OLG, LG; IHK; ehem. Stiftskirche St. Kastor (836 bis 12. Jh.), rechtsrhein. Feste Ehrenbreitstein; chem., Metall-, Papier-, Gummiind., Sektherstellung. – Röm. Gründung.

Kobold, im Volksglauben meist gutart., zwergenhafter Hausgeist.

Koboldmakis, Unterordn. der Affen; nächtl. lebende Waldtiere der malaiischen Inseln.

Kobra [portug.], sehr gift. Art der Brillenschlangen, bes. im trop. Asien.

Koch, 1) Robert, * 1843, † 1910, dt. Bakteriologe; entdeckte die Bildung keimfähiger Sporen im Milzbrandbazillus, das Tuberkelbakterium (1882) u. den Choleraerreger (1884); Nobelpreis 1905; **2)** Roland, * 1958, dt. Politiker (CDU); s. 1999 Min.-Präs. in Hessen.

Köchel, Ludwig Ritter von, * 1800, † 1877, östr. Musikgelehrter; schuf das *K.verzeichnis,* Abk. KV, Verzeichnis der Werke W. A. Mozarts (1862).

Kocher, r. Nbfl. des Neckars, 180 km.

Kochsalz, Salzgemisch mit 97 % Natriumchlorid; Speisesalz.

Kochsalzlösung (physiolog. K.), Lösung mit einem Gehalt von etwa 0,9 % Kochsalz, dem Blutserum isotonisch.

Kochsalzquellen, Quellwässer mit über 1 g/l festen Bestandteilen (hpts. NaCl).

Koczian, Johanna v. ['kɔtʃian], * 1933, dt. Schauspielerin u. Kinderbuchautorin.

Kodály, Zoltán ['kɔda:j], * 1882, † 1967, ungar. Komponist.

Kodein [gr.] (Codein, Methylmorphin), Alkaloid des Opiums; Hustenreiz unterdrückend u. schmerzstillend.

Kodex (Codex) [lat.]: **1)** Buchform der Spätantike aus zusammengebundenen, wachsüberzogenen Holztafeln od. Pergamentblättern zw. [Holz]deckeln; **2)** gebundene Handschriften des MA; **3)** Gesetzesslg., Gesetzbuch.

Kodifikation [lat.], systemat. Erfassung aller geltenden Rechtsnormen eines Sachgebietes in einem Gesetzbuch.

Ko|effizient [lat.], Vorzahl (Faktor) einer veränderl. Größe.

Koeppen, Wolfgang ['kœ-], * 1906, † 1996, dt. Schriftsteller; zeitkrit. Romane u. a.

Koestler, Arthur ['kœ-], * 1905, † 1983 (Selbstmord), engl. Schriftsteller ungar. Herkunft; setzte sich u. a. mit dem Problem des Totalitarismus auseinander.

Ko|existenz [lat.]: **1)** Zusammensein; Zugleichbestehen von Dingen in Raum u. Zeit od. versch. Eigensch. am selben Ding; **2)** das friedl. Nebeneinander v. Staaten versch. Gesellschafts- und Wirtsch.-Systeme.

Koffein (Thein), Trimethylxanthin, in Kaffeebohne, Teeblatt, Kolanuss enthaltenes Alkaloid; regt das Zentralnervensystem an.

H. Kohl

Kogge, hochbord., bauch. Segelschiff, 13.–16. Jh.; v. a. von der Hanse verwendet.

Kognak ['kɔɲak], analog zu Cognac in Dtl. verwendete Bez. für Weinbrand.

Kogon, Eugen, * 1903, † 1987, dt. Politikwissenschaftler u. Publizist; Mithg. der Frankfurter Hefte; „Der SS-Staat“.

Kohäsion [lat.], der auf molekularen Anziehungskräften beruhende Zusammenhalt eines Stoffes.

Kohinoor (Kohinur) [kohi'nu:r], berühmter Diamant, 108,93 Karat; in Indien gefunden, heute im brit. Kronschatz.

Kohl, Helmut, * 1930, dt. Politiker; 1969–76 Min.-Präs. von RP, 1973 bis 1998 Bundesvors. der CDU, 1976–82 Fraktionsvors. der CDU/CSU im Dt. Bundestag, s. Okt. 1982 Bundeskanzler, 1990–98 des wieder vereinten Deutschland.

Kohle, brennb. Überreste von Pfl., die vor Mill. Jahren in braune bis schwarze Sedimentgesteine umgewandelt wurden. Man unterscheidet (jüngere) Braun-K. (deren trockenes Destillat sauer reagiert) und (ältere) Stein-K. (deren Destillat bas. reagiert). Bei d. Braun-K. höherer, bei der Stein-K. geringerer Wasser-, Asche- und Bitumengehalt. Verw. werden K.n v. a. zur Wärme-(Energie-)Erzeugung (Schwerind., Haushalt), Heizwert v. Stein-K. bis 36 000 kJ/kg, v. Braun-K. bis 25 000 kJ/kg; in der chem. Ind. Ausgangsmaterial für chem. Synthesen. Braun-K. wird zu Briketts gepresst od. gemahlen, getrocknet und als Kohlenstaub verbrannt. Stein-K. wird in großen Mengen direkt verbrannt oder in Kokereien durch trockenes Erhitzen in Koks, Leuchtgas, Ammoniakwasser, Teer verwandelt.

Kohlendioxid, CO_2, farbloses Gas, das bei der Verbrennung von Kohle und allen organ. Verbdg. entsteht und sich auch bei der menschl. und tier. Atmung als Endprodukt bildet; in der Luft zu über 0,03 % enthalten; wird von den Pfl. aufgenommen und in organ. Produkte verwandelt *(Kohlenstoffkreislauf);* techn. hergestelltes K. dient u.a. als Feuerlöschmittel, Schutzgas, auch als Kühlmittel; bewirkt im Verbund mit anderen Spurengasen den ↑Treibhauseffekt.

Kohlenhydrate, organ. Verbdg., die von Pfl. gebildet werden (Zucker, Stärke, Zellulose).

Kohlen[mon]oxid, CO, ☠, geruchloses Gas, entsteht durch Verbrennen von Kohle bei mangelnder Sauerstoffzufuhr; Bestandteil der Motorauspuffgase *(K.vergiftung);* auch für chem. Synthesen verwendet (z.B. ↑Fischer-Tropsch-Verfahren).

Kolabaum *mit Kolanuss*

Kohlensäure, H_2CO_3, schwache, nur in verdünnter wässr. Lösung beständ. Säure; entsteht bei Auflösung v. ↑Kohlendioxid in Wasser.

Kohlenstoff (Carboneum), chem. El., Symbol C, OZ 6, rel. A.-Masse 12,01115, Nichtmetall; tritt als Diamant, Graphit u. Ruß auf; Fp. bei 3550 °C, Sp. 4830 °C; meist 4-, selten 2-wert.; bildet eine Vielzahl von *K.verbindungen,* die v.a. Träger aller Lebenserscheinungen sind (im Sondergebiet organ. Chemie zusammengefasst). K. verbindet sich prakt. mit allen El., bes. mit Wasserstoff u. Sauerstoff; Isotop ^{14}C ist radioaktiv, erweist sich als geeignet zur Altersbestimmung kohlenstoffhalt. Substanzen *(Radiokarbonmethode);* in einigen natürl. Lagern v.a. in Form von Verbdg. (Kohlenwasserstoffe, Carbonate) vorkommend; ↑Kohle, ↑Erdöl, ↑Kalk.

Kohlenwasserstoffe (KW-Stoffe), organ. Verbdg. aus Kohlenstoff u. Wasserstoff; u.a. gesättigte und ungesättigte Verbdg., die Gase (Methan, Acetylen), Flüssigkeiten (Benzol, Petroleum) oder feste Stoffe (Paraffin) sein können, 2 Hauptgruppen, die aliphat. (offenkettige) und aromat. (zykl.) Verbdg.; brennbar und wasserunlösl.; in Erdöl, Treibstoffen, Heizölen enthalten.

Kohlepfennig, in Prozent des Strompreises festgelegte Abgabe, die v. den Stromverbrauchern zur Subventionierung des Einsatzes v. heim. Kohle bei der Stromerzeugung zu entrichten ist.

Köhler (Gründorsch), kleinere Schellfischart im N-Atlantik.

Köhler, Georges, * 1946, † 1995, dt. Immunologe; mit C. Milstein u. N. K. Jerne 1984 für immunbiolog. Forschungen Nobelpreis f. Medizin od. Physiologie.

Kohlerdfloh ↑Übers. S. 528 f.

Kohlfliege ↑Übers. S. 528 f.

Kohlhernie ↑Übers. S. 528 f.

Kohlmeise, oberseits olivgrüne bis graue, unterseits gelbe, 14 cm gr. Meise mit schwarzer „Krawatte" in Eurasien; Insektenvertilger.

Kohlrabi, eine Gemüsekohlvarietät (Kreuzblütler); oberird. Sprossknolle, als Gemüse verwendet.

Kohlrübe (Steckrübe), Gemüse- u. Futterrübe (Kreuzblütler).

Kohlweißling ↑Übers. S. 528 f.

Kohorte, röm. Truppenverband der Legion; in der Kaiserzeit mil. Einheit von 500 oder 1000 Mann.

Kohout, Pavel ['kɔhɔʊt], * 1928, tschech. Schriftsteller; seit 1978 in Östr.; s. 1980 östr. Staatsbürger.

Koinzidenz [lat.], Zusammenfall, -treffen zweier Ereignisse.

Koitus [lat.], svw. ↑Geschlechtsverkehr.

Kojote [mex.], svw. ↑Präriewolf.

Kokain (Cocain) [indian.], Alkaloid der Blätter des *Kokastrauchs,* synthet. herstellbar; Schleimhautanästhetikum, gefährl. Rauschgift, führt zu allg. körperl. und seel. Zerrüttung.

Kokille [frz.], Form zum Gießen metall. Werkstoffe.

Kokon [kɔ'kõ; frz.], Gespinsthülle vom Eigelege od. mancher Insektenpuppe (z.B. der Seidenraupen).

Kokoschka, Oskar, * 1886, † 1980, östr. Maler u. Grafiker; Vertr. des Expressionismus; Städtebilder, Landschaften, psychologisierende Porträts.

Kokosinseln (Keelinginseln), austral. Inselgruppe im östl. Ind. Ozean, 14 km², rd. 600 E; Kopragewinnung; ⚓.

Kokospalme, bis 30 m hohe Palme mit bis 4 m langen Fiederblättern; wicht. Kulturpfl. trop. Meeresküsten; der fleisch. Kern der *Kokosnüsse* (getrocknet und zerkleinert) wird als *Kopra* zur Herst. von Speisefetten u. Ölen verw., Pressrückstände als Viehfutter; die Fasern der Früchte werden zu Matten u.a. verarbeitet.

Kokotte [frz.], Dirne, Halbweltdame.

Koks ↑Kohle.

Kola, Halbinsel, Halbinsel zw. Weißem Meer u. Barentssee, Russland; z.T. gebirgig, Haupthafen Murmansk; Bergbau auf Eisen, Kupfer, Nickel, Nephelin, Apatit.

Kola[nuss]baum [afrik.], Gatt. der Sterkuliengewächse; 6–15 m hohe Bäume, trop. Afrika; die *Kolanüsse* enthalten Koffein.

Kolb, Annette, * 1870, † 1967, dt.-frz. Schriftstellerin; Vermittlerin zw. dt. u. frz. Kultur; Essays und Romane, u.a. „Daphne Herbst", „Die Schaukel"; „Mozart" (Biogr.).

Kolbe: 1) Georg, * 1877, † 1947, dt. Bildhauer; von A. Rodin beeinflusst, Bildnisbüsten, v.a. anmutige Aktfiguren; **2)** Maximilian, hl. (seit 1982), * 1894, † 1941, poln. Franziskanerkonventuale; im KZ Auschwitz freiw. Hungertod für einen zum Tod verurteilten Mitgefangenen.

Kolben: 1) feuerfestes Glasgefäß in der Chemie; **2)** Maschinenteil, der sich [dicht anschließend] in einem Zylinder bewegt.

Kolbenbärlapp (Schlangenmoos), ausdauernde Bärlapppfl. auf Heiden und in Nadelwäldern.

Kolbentriebwerke, Flugzeugtriebwerke, u.a. als Reihen-, V-, Boxer-, Stern- u. Doppelsternmotoren gebaut; Verbrennung fast ausschließl. nach dem Viertakt-Otto-Verfahren; i.w.S. alle Verbrennungsmotoren.

Kolbenwasserkäfer, bis 5 cm gr., schwarzer Schwimmkäfer.

Kolberg (poln. Kołobrzeg), Hafenst. in Pommern, Polen, 43 000 E; See-, Sol-, Moorbad, Fischverarbeitung.

Kolchizin [gr.], Alkaloid der Herbstzeitlose.

Kolchose [Kurzw.], landw. Kollektivwirtsch. in der Form von Produktionsgenossenschaften in der ehem. UdSSR, gemeinsames Eigentum an Grund u. Wirtschaftsgeräten (↑ dagegen Sowchosen).

Kolibakterien [gr.], Darmbakterien (Escherichia coli), verhindern Fäulnisprozesse, zersetzen Kohlenhydrate; außerh. des Darmes auch Krankheitserreger.

Kolibris [karib.], Fam. hummel- bis schwalbengroßer Vögel im [sub]trop. Amerika, nähren sich von Insekten und Nektar.

Kolik [gr.], anfallweise auftretender, krampfart. Leibschmerz (Magen-, Darm-, Gallenstein-, Nierensteinkolik).

Kollaboration [lat.], Zusammenarbeit mit dem [das Land besetzt haltenden] Feind.

Kollaps [lat.], plötzl. auftretende Körperschwäche infolge Kreislaufversagens; Blutdruckabfall, kalter Schweiß, Blässe. – Erste Hilfe: Lagerung in Rückenlage, Beine leicht erhöht.

Kollation [lat.]: **1)** Vergleich einer Abschrift mit d. Urschrift; **2)** Prüfung auf Vollständigkeit d. Bogen in d. Buchbinderei.

Kolleg [lat.]: **1)** akad. Vorlesung; **2)** zum Abitur führende Lehranstalten (Tagesschulen) f. Erwachsene.

Kollegium [lat.]: **1)** Gesamtheit von Personen gleichen Amts od. Berufs; **2)** alle Lehrer einer Schule.

Kollekte [lat.]: **1)** Slg. freiwill. Gaben bei und nach dem Gottesdienst; **2)** kurzes Altargebet.

Kollektiv [lat.], eine Gruppe von Individuen (Klasse, Stand, Volk) mit gemeinsamen Vorstellungen *(K.bewusstsein);* Arbeitsgemeinschaft.

Kollektor [lat.]: **1)** Teil einer elektr. Masch.; Kupferlamellen mit Isolierzwischenlagen, daran angeschlossen die Ankerwicklungen; Stromzuführung oder -abnahme über Bürsten (meist Kohle- bzw. Graphitstücke), die auf dem K. schleifen; **2)** svw. ↑Anode (z.B. beim ↑Transistor).

Kollier [kɔl'je; frz.], Halsgeschmeide.

Kollision [lat.]: **1)** Zusammenstoß; **2)** Widerstreit [unvereinb. Interessen, Rechte u. Pflichten].

Kollo: 1) René, * 1937, dt. Sänger (Tenor); bed. Wagner-Sänger, Enkel von 2); **2)** Walter, eigtl. W. Kollodziejski, *1878, † 1940, dt. Operettenkomponist.

Kolloide [gr.], feste od. flüss. Stoffe in feinster (kolloidaler) Verteilung (mit Teilchendurchmessern von 10^{-5} bis 10^{-7} cm) in einem flüss. oder gasförm. Medium (dem Dispersionsmittel), z.B. feinste Öltröpfchen in Wasser (Emulsion).

Kolloquium (Colloquium) [lat.], [wiss.] Diskussion, Unterhaltung; Prüfung [in Gesprächsform].

Kollwitz, Käthe, geb. Schmidt, * 1867, † 1945, dt. Bildhauerin u. Grafikerin; expressiv-realist. Grafik; „Der Weberaufstand“, „Bauernkrieg“, [anklagende] Themen aus dem Großstadtproletariat.

Köln. *Rheinpanorama mit Groß-Sankt Martin (12./13. Jh.) und Dom*

Köln, Hptst. des Reg.-Bez. K., krsfr. St., NRW, in der fruchtb. *Kölner Bucht,* am Rhein, 965700 E; bed. histor. u. mod. Bauten, v.a. Dom (1248–1560; 1842–80); bed. Museen, Univ., Hochschulen, zahlr. Forschungs- und Lehrinst., Bundesamt für Verf.-Schutz, B.-Verw.-Amt, OLG, LG; IHK; Messen und Ausstellungen; vielseit. Ind.; Verkehrsknotenpunkt; ✈ K.-Bonn. – *Gesch.:* röm. Gründung und Militärlager, seit 50 n. Chr. St. *„Colonia Agrippina“;* später Bischofssitz u. Fränk. Residenz; 795 Erzbistum, später Kurft., 1288 R.-St.; 1803 Säkularisation des Kurfürstentums.

Kol Nidre [hebr. „alle Gelübde“], jüd. Gebet am Jom Kippur; urspr. Ungültigmachung aller im letzten Jahr abgelegten Gelübde, die die Person des Beters selbst betreffen.

Kolonie [lat.]: **1)** Ansiedlung v. Menschengruppen außerhalb ihres Mutterlandes; **2)** auswärt. Territorialbesitz eines Staates; **3)** durch Teilung entstandener loser Verband von einzell. Algen od. Bakterien (Biol.).

Kolonnade [frz.], in der Baukunst Säulengang mit geradem Gebälk (im Ggs. zu Arkaden).

Kolonne [frz.]: **1)** Marschformation der Truppe; **2)** [Zahlen]reihe; **3)** Trennungssäule b. der Destillation (Chem.); **4)** Druckspalte.

Kolophonium [gr.], Rückstand bei der Destillation von ↑Terpentin; verw. zur Herst. von Lacken, Sikkativen, Geigenbogenharz u.a.

Koloradokäfer (Kartoffelkäfer) ↑Übers. S. 528f.

Koloratur [lat.], Ausschmückung u. Verzierung einer Melodie; *K.sopran* ↑Stimmlagen.

Kolorit [ital.]: **1)** Farbgebung in der Malerei; **2)** Klangfarbe in der Musik.

Koloss [gr.], gewaltiges Standbild; bes. der nicht erhaltene *K. v. Rhodos,* die wohl 32 m hohe Erzstatue des Helios-Apoll, eines der sieben Weltwunder (3. Jh. v. Chr. errichtet).

Kolosseum (Colosseum), ries. Amphitheater beim Forum Romanum in Rom.

Kolping, Adolf, gen. der Gesellenvater, * 1813, † 1865, dt. kath. Priester; 1849 Begr. des späteren *K.werks* (Organisation der kath. Gesellenvereine); selig s. 1991.

Kolportage [-'ta:ʒə; frz.], volkstüml., auch minderwertige Druckschrift; *K.roman,* Schundroman.

Kolumbien, Rep. im NW Südamerikas. K. wird von 3 Gebirgsketten der Anden (O-, Z- und W-Kordillere) von N bzw. NO nach S bzw. SW durchzogen. Die Hochplateaus haben gemäßigtes Klima u. sind dicht bevölkert, das weite östl. Tiefland ist trop. heiß (Savannen und Wälder), die Hauptflüsse (Rio Magdalena und Rio Cauca) entwässern zum Karib. Meer, der O K.s ist Einzugsgebiet des Orinoko u. des Amazonas. – *Landw.:* Kaffee, daneben Bananen, Mais, Tabak, Zuckerrohr u.a.; Rinderzucht. – *Bodenschätze:* Erdöl, Kohle; Platin, Gold, Silber, Eisen, Mangan; Smaragdbergwerke bei Muzo; Lebensmittel-, Textilind.; Häfen: Baranquilla, Cartagena (Karib. Meer); Buenaventura (Pazifik). – *Gesch.:* Alte Indianerkulturen; 1499 entdeckt, ab 1511 europ.

Kolumbien

Fläche: 1 138 914 km²
Einwohner: (1995) 35,1 Mill.
Hauptstadt: Bogotá
Amtssprache: Spanisch
Zeitzone: MEZ –6 Stunden

Besiedelung, 1549 Bildung des Gen.-Kapitanats Neugranada, 1717 span. Vizekgr., 1819 Loslösung von Spanien, 1886 zentralistische Verf.; 1899–1901 Bürgerkrieg zw. Konservativen u. Liberalen, erneut s. 1948 offene Gewalttaten; 1974 1. freie Präs.-Wahlen. Wirtsch. u. soziale Probleme bedingten innenpolit. Spannungen, verschärft durch Aktionen von Guerillaorganisationen; neuerdings staatl. Vorgehen gegen Drogenhändlerringe (Medellin- u. Calisyndikat) zur Wiederherstellung der öffentl. Ordnung.

Kolumbus, Christoph (Columbus), * 1451, † 1506, genues. Seefahrer in span. Diensten, landete auf seiner „Indienreise" 1492 auf San Salvador (= Guanahani), entdeckte Kuba u. Hispaniola, 1493 die Kleinen Antillen u. Puerto Rico, 1494 Jamaika, 1498–1500 die Küste Südamerikas, die Insel Trinidad, 1502–04 die Küste Mittelamerikas.

Kolumne [lat.]: **1)** senkr. Reihe v. Zahlen; **2)** in festgelegter Breite gesetzter Schriftsatz bestimmter Höhe; **3)** regelmäßig an einer best. Stelle einer Zeitung oder Zeitschrift veröffentlichter Meinungsbeitrag eines Journalisten.

Koma [gr.; = tiefer Schlaf], andauernde, tiefe Bewusstlosigkeit.

Komantschen, nordamer. Indianerstamm der südl. Präriegebiete; heute in Oklahoma angesiedelt.

Kombinat [lat.], Zusammenschluss ind. Betriebe versch. Produktionsstufen mit Nebenbetrieben, in sozialist. Staaten die vorherrschende Organisationsform der Produktion.

Kombination [lat.]: **1)** Verbdg. mehr. Tatsachen od. Begriffe mit den sich daraus ergebenden Folgerungen; **2)** ↑Kombinatorik.

Kombinatorik [nlat.], Teilgebiet der Math., das sich mit den Anordnungsmöglichkeiten gegebener Elemente befasst. 1. *Permutationen:* Vertauschung von n Elementen untereinander, dabei gibt es $1 \cdot 2 \cdot 3 \ldots n = n!$ (gesprochen: n-Fakultät) Möglichkeiten, 2. *Kombinationen:* Zusammenstellung von m der n Elemente, dabei

$$\frac{n \cdot (n-1) \ldots (n-m+1)}{1 \cdot 2 \cdot 3 \ldots m} = \binom{n}{m}$$

(gesprochen: n über m) Möglichkeiten, 3. *Variationen:* bestehend aus Kombinationen und deren Permutationen (bei n Elementen zur Klassenzahl m insgesamt n^m).

Kometen [gr.], Schweifsterne, neblige, nicht scharf konturierte Himmelskörper des Sonnensystems; die meisten nur in lichtstarken Fernrohren erfassbar; erst zum Zeitpunkt der größten Entw. (in Sonnennähe) bildet sich der bei vielen K. charakt. Schweif; der *K.kopf* besteht aus einem scheibchen- od. sternart. *K.kern* u. der *Koma* (neblige, faserige Hülle). Fast die ges. Masse des K. ist im Kern vereint; aus dem Kopf entwickeln sich die *K.schweife* (Längen bis zu 250 Mill. km); Leuchterscheinung der K. nicht nur durch Reflexion des Sonnenlichtes, sondern auch durch Eigenleuchten von Gasen, die aus dem festen meteorit. Material des K.kerns verdampfen. Bekanntester K. ist der Halleysche K. (Umlaufzeit 76 Jahre); Aufbau 1986 durch die Sonde Giotto untersucht.

Ch. Kolumbus

Kominform, Abk. für: **Informa**tionsbüro der **kom**munist. u. Arbeiterparteien; 1947 gegr. als Nachfolgeorganisation der ↑Komintern, 1956 aufgelöst.

Komintern, Abk. für: **Kom**munist. **Intern**ationale; von Lenin 1919 gegr. III. Internationale; 1943 v. Stalin aufgelöst.

Komitee [frz.], Ausschuss.

Komma [gr.], Beistrich.

Kommandant [lat.], mil. Befehlshaber.

Kommanditgesellschaft (KG), Handelsges. mit gemeinschaftl. Firma, bei der mind. ein Gesellschafter *(Komplementär)* unbeschränkt u. mind. ein Gesellschafter *(Kommanditist)* nur mit seiner Einlage haftet; Geschäftsführer: Komplementär; *K. auf Aktien* (KGaA), Kapitalges. mit eigener Rechtspersönlichkeit; persönlich haftende Gesellschafter u. *Kommanditaktionäre,* die nur mit Einlagen [auf das in Aktien zerlegte Grundkap.] haften; weitgehend gleiche Vorschriften wie bei der Aktiengesellschaft.

Kommers [lat.], student. Trinkgelage; *K.buch,* Slg. v. Studentenliedern.

Kommerzialisierung [lat.], Umwandlung öffentl. in privatwirtsch. Schulden; auf wirtschaftl. Gewinn ausgerichtet.

Kommerzienrat [lat.; dt.], Ehrentitel für Wirtsch.- u. Finanzmagnaten (im Dt. Reich bis 1919).

Kommissar [lat.]: **1)** staatl. Beauftragter; in kommunist. Staaten auch Minister (*Volks-K.* bis 1946); **2)** Dienstbez. (z. B. bei d. Polizei).

kommissarisch [lat.], vertretungsweise beauftragt.

Kommission [lat.]: **1)** Ausschuss; **2)** Auftrag in eigenem Namen für Rechnung eines anderen.

Kommissionär [lat.], Kaufmann, der gewerbsmäßig in ↑Kommission 2) handelt (HGB).

kommunal [lat.], die Gemeinde betreffend, gemeindeeigen.

Kommunalverbände (Gemeindeverbände), Zusammenschlüsse von Gemeinden zu übergeordneten selbst. Gebietskörperschaften: Kreis, Bezirk; *kommunale Spitzenverbände:* Dt. Städtetag, Dt. Städtebund, Dt. Gemeindetag, Landkreistag.

Kommunalwahl, Wahl der Gemeindevertretungen.

Kommune [frz.]: **1)** svw. ↑Gemeinde 1); **2)** revolutionäre Herrschaft des Pariser Gemeinderates 1789–95 u. 1871; **3)** Bez. für eine Lebens- und Wohngemeinschaft mehr. nicht miteinander verwandter Personen.

Kommunikation [lat.], Mitteilung, (Informations-)Austausch;

K.smittel, Träger der Informationsvermittlung (Presse, Funk, Fernsehen); *K.ssatellit* (↑Nachrichtensatelliten); ↑auch Telekommunikation.

Kommuniqué [-myni'ke; frz.], [regierungs]amtl. Mitteilung.

Kommunịsmus [nlat.], polit.-ideolog. Sammelbegriff: 1. I. w. S. Bez. für alle Vorstellungen (s. d. Antike) von einer durch allg. Gütergemeinschaft u. gemeinschaftl. Lebensführung bestimmten Zukunftsgesellschaft. 2. I. e. S. Bez. für Lehren u. Bewegungen s. d. Mitte d. 19. Jh.s, die die Errichtung einer herrschaftsfreien u. klassenlosen Gesellschaft mit völl. Beseitigung des Privateigentums an Produktionsmitteln anstreben. 3. Im allg. Sprachgebrauch des 20. Jh.s Bez. für alle Spielarten des Herrschaftssystems, das zuerst 1917 durch die bolschewist. Oktoberrevolution in Russland, nach 1945 in mehreren europ. u. außereurop. Ländern auf der Grundlage des Marxismus-Leninismus (↑Marxismus) errichtet wurde; in dessen Selbstverständnis die höchste Stufe.

In Russland formierte sich innerhalb der 1898 gegr. Sozialdemokrat. Arbeiterpartei die Gruppe der Bolschewiki um Lenin, die s. der *Oktoberrevolution von 1917* ein Herrschaftssystem (die leninist. Version der *Diktatur des Proletariats*) errichteten, dessen entscheidender Machtträger die *Kaderpartei neuen Typs* war u. das zur Vollendung des Sozialismus u. K. weiterentwickelt werden sollte (↑Sowjetunion, Geschichte). Nach 1945 übernahmen alle Länder in M- u. O-Europa, die unter den beherrschenden mil. u. polit. Einfluss der UdSSR gerieten, aber auch diejenigen, in denen der K. aus eigener Kraft siegte, z. B. Jugoslawien, das sowj. Modell. 1948 Bruch der jugoslaw. KP unter Tito mit der KPdSU. Seit 1957 polit.-ideolog. Streit zw. der sowj. u. chin. KP, der 1962/63 zum offenen Bruch führte, 1989/90 überwunden. In den kommunist. Parteien Italiens und Spaniens fand in den 1970er-Jahren unter dem Schlagwort des Eurokommunismus eine Abkehr vom Kurs der KPdSU statt. Nach polit. Reformen in den meisten osteurop. Ländern verloren die kommunist. Parteien ihre führende Rolle, die KPdSU wurde nach dem missglückten Putsch 1991 vom Obersten Sowjet verboten; s. 1992/93 Nachfolgeorganisationen.

Kommunịstische Partei Deutschlands, Abk. KPD, 1918/1919 gegr.; 1932: 360 000 Mitgl. und 5,9 Mill. Wähler; 1933 verboten, Kampf gg. den Nat.-Soz.; 1946 in der SBZ Vereinigung mit der SPD zur ↑Sozialist. Einheitspartei Dtl.; in der BRD 1956 als verf.widrig verboten.

kommunịstische Parteien, nach der russ. Oktoberrevolution in vielen Ländern durch Abspaltung von sozialist. Organisationen entstandene Parteien auf der Grundlage des ↑Kommunismus.

Kommunịstisches Manifẹst, von K. Marx und F. Engels verf. Grundsatzprogramm (1848) für den *„Bund der Kommunisten"*.

kommunizieren [lat.]: **1)** mitteilen; in Verbdg. stehen; **2)** im christl. Sprachgebrauch svw. das Abendmahl empfangen.

kommunizierende Röhren, untereinander verbundene, oben offene Röhren, in denen Flüssigkeiten überall gleich hoch stehen.

Komparation [lat.], Steigerung der Adjektive und Adverbien; Grundform: *Positiv* (z. B. schön), 1. Steigerungsstufe: *Komparativ* (schöner), 2. Steigerungsstufe: *Superlativ* (am schönsten).

Komparator: 1) Längenmessgerät der Feinmesstechnik; **2)** elektron. Schaltung zum Vergleich von 2 elektr. Größen.

Kompạrse [frz.], [stumme] Nebenperson (Theater und Film).

Kọmpass [ital.], Instrument zur Bestimmung der Himmelsrichtung: 1. *Magnet-K.* (horizontal frei bewegl. Magnetnadel), richtet sich nach dem magnet. N-Pol aus; Missweisung durch ↑Deklination 3) möglich; 2. *Kreisel-K.,* meist elektr. angetriebener Kreisel, der bei hoher Drehzahl die Lage seiner Drehachse im Raum in N-S-Richtung stetig beibehält.

Komoren

Fläche: 1 862 km²
Einwohner: (1995) 653 000
Hauptstadt: Moroni
Amtssprachen: Französisch, Arabisch
Zeitzone: MEZ +2 Stunden

Kommutator [lat.] (Stromwender), ↑Kollektor, mit dessen Hilfe die Wechselspannung eines Generators als Gleichspannung abgenommen werden kann.

Komödie [gr.], dramat. Gestaltung eines [Schein]konflikts, der auf kom. Charakteren od. Situationen beruht und dessen Lösung menschl. Unzulänglichkeiten zeigt oder den Konflikt ad absurdum führt; je nach Gestaltung u. Intention Lustspiel oder Satire; i. w. S. auch Bez. für Schwank, Posse, Farce, Burleske; Ursprung im griech. Dionysoskult.

Komoren, Inselgruppe (Republik) im Ind. Ozean, nw. v. Madagaskar; gebirgig; auf der Hauptinsel Grande Comore (jetzt: Njazidja) der tätige Vulkan *Kartala* (2 360 m). – S. Ende des 16. Jh. unter arab. Einfluss; 1886/1909 frz. Protektorat, 1946 Überseeterritorium; 1975 einseitige Unabhängigkeitserklärung; seit 1978 islam., föderalist. Republik.

Kompagnon ['kɔmpanjɔŋ; frz.], Gesellschafter, Teilhaber.

Kompanie [ital.]: **1)** Truppeneinheit; **2)** [Handels]gesellschaft, Abk. Komp., Co. oder Cie.

Kompensation [lat.]: **1)** Ausgleich für geschädigte Funktion eines Organs, z. B. Herzvergrößerung bei Herzklappenfehler (Med.); **2)** Streben von Voll- od. Überwertigkeit als Ausgleich v. Minderwertigkeitsgefühlen; **3)** Straffreierklärung bei unmittelbarer Erwiderung einer Beleidigung oder leichten Körperverletzung.

Kompensationsgeschäfte, Lieferung v. Waren gg. andere Leistungen als Geld.

Kompetẹnzkonflikt, Zuständigkeitsstreit zwischen Verw.-Behörden od. Gerichten.

Komplementär [lat.-frz.] ↑Kommanditgesellschaft.

Komplementärfarben, Farben des Spektrums, die, additiv gemischt, Weiß ergeben.

komplẹx [lat.]: **1)** vielschichtig; **2)** Eigensch. ↑komplexer Zahlen.

Komplẹx [lat.]: **1)** Gesamtheit; **2)** Bereich; **3)** [Gebäude]block; **4)** Vereinigung versch. Vorstellungs- oder Erlebnisinhalte.

komplẹxe Zahlen, Summen aus einer reellen u. einer imaginären Zahl; z. B. 3+4 i.

Komposition [lat.]: **1)** Zusammensetzung; **2)** Musikstück; **3)**

	**Kongo** Fläche: 342 000 km² Einwohner: (1995) 2,59 Mill. Hauptstadt: Brazzaville Amtssprache: Französisch Zeitzone: MEZ

Aufbau von [sprachl. oder bildl.] Kunstwerken.

Kompositum [lat.], zusammengesetztes Wort (Gramm.).

Kompost [lat.], Humusdünger, aus pflanzl. und tier. Abfällen; meist mit Erde u. Kalk gemischt.

Kompression [lat.]: **1)** Zusammendrücken (z. B. von Gasen); Verdichtung (Kfz); **2)** Zusammendrücken eines Gewebes (z. B. durch eine Geschwulst); K. eines Gefäßes zur Blutstillung (Med.).

Kompressor [lat.], Masch. zum Verdichten von Gasen u. Dämpfen.

Kompromiss [lat.], Vergleich, Ausgleich; *K.ler,* jemand, der zu Kompromissen neigt (abschätzig).

kompromittieren [lat.], bloßstellen.

Komsomol, russ. Kurzwort für den Kommunist. Jugendbund; 1918–91 die staatliche Jugendorganisation der UdSSR.

kon..., Kon... [lat.], Vorsilbe; Bed.: „mit, zusammen".

Kondensation [lat.], Übergang eines Stoffes vom gasförm. in den flüssigen bzw. festen Aggregatzustand infolge v. Abkühlung oder Druckerhöhung; dabei wird *Kondensationswärme* frei.

Kondensator [lat.]: **1)** elektr. Bauel. aus durch ein ↑Dielektrikum getrennten metall. Leitern (z. B. Platten); speichert elektr. Ladungen gemäß seinem als Kapazität bez. Speichervermögen; **2)** Teil einer Kälte- oder Dampfkraftanlage, in dem der Dampf kondensiert.

kondensieren [lat.], verdichten, eindicken; Dampf verflüssigen.

Kondensstreifen (Kondensfahnen), schmale Wolkenstreifen hinter Flugzeugen, die durch Kondensation von Wasserdampf der Triebwerksabgase entstehen.

Kondolenz [lat.], Beileid[sbezeigung].

Kondom [frz.], Präservativ, Gummiüberzug für den erigierten Penis; dient der Empfängnisverhütung, gleichzeitig Schutz vor Ansteckung mit Geschlechtskrankheiten u. AIDS.

Kondor ↑Geier.

Konfekt [lat.], Zuckerwerk, auch Feingebäck.

Konfektion [frz.], serienmäßige Herst. von Kleidungsstücken.

Konfession [lat.]: **1)** [Glaubens]bekenntnis; **2)** svw. Bekenntnisschrift (↑Bekenntnis); **3)** [christliche] Bekenntnisgruppe; *K.sschule,* svw. Bekenntnisschule.

Konfirmation [lat.], in der ev. Kirche feierl. gottesdienstl. Handlung, in der die Getauften im Alter von etwa 14 Jahren unter Handauflegung und Gebet *(Einsegnung)* als aktive Mitgl. in die Gemeinde eingeführt werden.

Konfiskation [lat.], Eigentumsentziehung ohne Entschädigung.

Konfliktforschung, mod., die Ergebnisse mehr. Wiss. auswertende Forschung, die Entstehung u. Ablauf von Konflikten zw. Personen, Gruppen, Ges. u. Staaten aufzuklären u. Konfliktlösungsstrategien zu erarbeiten versucht.

Konföderation [lat.], svw. ↑Staatenbund.

Konformismus, stets um Anpassung bemühte Haltung, im Ggs. zum *Nonkonformismus.*

Konfrontation [lat.], Gegenüberstellung [v. Zeugen]; [polit.] Auseinandersetzung.

Konfuzianismus [nlat.], die sich auf Konfuzius berufende eth., weltanschaul. u. staatspolit. Geisteshaltung in China u. Ostasien; fünf Tugenden: gegenseitige Liebe, Rechtschaffenheit, Weisheit, Sittlichkeit und Aufrichtigkeit sowie drei „unumstößl. Beziehungen": Unterordn. des Sohnes unter den Vater, des Volkes unter den Herrscher u. der Frau unter den Mann.

Konfuzius (Kongfuzi, K'ung-futzu), eigtl. Kong Qiu, * 551, † 479 v. Chr., chin. Philosoph; als höchstes Ziel allen Strebens nach Wissen lehrte er die sittl. Vollkommenheit; s. 200 v. Chr. war seine Philos. bestimmend für die Ges.- u. Soz.-Ordnung Chinas.

Konglomerat [lat.]: **1)** Zusammenballung, Gemisch; **2)** Sedimentgestein aus Gesteinstrümmern und tonigen u. a. Bindemitteln.

Kongo: 1) zweitgrößter Fl. Afrikas, 4 374 km, Einzugsgebiet 3,7 Mill. km²; in der Rep. Zaire als Zaire bezeichnet; **2)** ehem. Königreich am unteren Kongo; 1482 erste Berührung mit den Portugiesen, um 1490 Beginn der [gescheiterten] Christianisierung; das Reich verfiel seit dem 17. Jh.; **3)** Rep. in Z-Afrika; gr. Gebiete mit trop. Regenwald; Ausfuhr: Edelhölzer, Düngemittel, Diamanten, Zucker, Kakao, Kaffee, Palmöl. Hauptbergbauprodukt: Kali, Erdgas, ♖ u. a. – Bis ins 19. Jh. Sklavenhandelsgebiet; s. 1885 frz. Protektorat; ab 1910 Föderation Afrique-Équatoriale Française; 1946 frz. Überseeterritorium; 1960 unabh. Rep.; **4)** Demokrat. Rep. K. ↑Zaire.

Kongregation [lat.]: **1)** klösterl. Genossenschaft mit einf. Gelübden; **2)** engerer Klosterverband innerh. eines Ordens; **3)** relig. Vereinigung mit best. kirchl. Aufgaben.

Kongress [lat.]: **1)** größere polit., fachl. od. berufl. Vers., Tagung; **2)** das Parlament in den USA (Senat u. Repräsentantenhaus).

Kongresspolen ↑Polen.

Kongruenz [lat.], Übereinstimmung; Deckungsgleichheit zweier geometr. Figuren in allen Abmessungen, Zeichen: ≅.

Koniferen [lat.], svw. ↑Nadelhölzer.

König: 1) (ahd. kuning, lat. rex) nach dem Ks. der Träger höchster staatl. Gewalt oder höchster Repräsentant in der Monarchie; zwei Wurzeln: *Stammes-* und *Heereskönigtum;* aus dem fränk. *Reichskönigtum* entstand das dt. u. frz. *K.tum;* **2)** Schachfigur; **3)** Bild im Kartenspiel.

Königgrätz (tschech. Hradec Králové), St. an der oberen Elbe, ČR, 86 300 E; got. Kathedr.; Ind. – Bei K. am 3. 7. 1866 östr. Niederlage gg. das preuß. Heer.

Königsberg (Pr) (russ. Kaliningrad), Hafenst. am Pregel nahe der Mdg. ins Frische Haff, fr. Hptst. v. Ostpreußen, 401 000 E; Univ., got. Dom (Ruine); Eisen-, Masch.-, keram. Ind.; Bernsteinverarb.; mit dem Vorhafen Pillau und Ostsee durch den *Königsberger Seekanal* (42 km) verbunden. – Im 13. Jh. anstelle einer preuß. Fliehburg durch den Dt. Orden gegr., seit 1525 Residenz der Herzöge von Preußen, bed. Erweiterungen im 17., 18. u. 19. Jh.; 1945 sowj. Verw. unterstellt; s. 1991 völkerrechtl. verbindlich zur Sowjetunion, s. 1992 zu Russland.

Königskerze, Rachenblütler; häufig ist die *Echte K.,* Trockenlandpfl. mit Kerzen ähnl. Blütenstand; Heilpfl.: *Gr.* und *Filzkönigskerze.*

Königsschlange (Abgottschlange, Boa constrictor), 3–4 m lange südamer. Boaschlange mit dunkelbraunen, kantigen Flecken auf gelbbraunem Grund; frisst kleine Säugetiere.

Königssee, lang gestreckter See in den Berchtesgadener Alpen, Bay., 603 m ü. d. M., 5,2 km², bis 189 m tief.

Königstein im Taunus, hess. St. am S-Rand d. Taunus, 15 600 E; Luftkurort, philos.-theol. Hochschule.

Königstuhl, Berg bei Heidelberg, 568 m.

Königswasser, Lösungsmittel f. Gold u. Platin, 3 Teile konzentrierte Salzsäure, 1 Teil konzentrierte Salpetersäure.

konisch [gr.], kegelförmig.

Konjugation [lat.]: **1)** Beugung des Verbs nach Person, Numerus, Tempus, Modus, Genus u. Aspekt (Sprachwiss.); **2)** Wechselbefruchtung mit Kernaustausch bei einzell. ↑Wimpertierchen (Biol.).

Konjunktion [lat.]: **1)** neben- oder unterordnendes Bindewort (Sprachwiss.); **2)** ↑Konstellation.

Konjunktionalsatz, durch Konjunktion eingeleiteter Nebensatz.

Konjunktiv [lat.], Möglichkeitsform des Verbs.

Konjunktur [lat.], im Zeitablauf wechselnde wirtsch. Gesamtlage; *K.phasen:* Depression (Krise), Wiederbelebung (Aufschwung, Expansion), Vollbeschäftigung (Boom, Hoch-K.), Rezession (Abschwung, Kontraktion); *K.politik,* staatl. Maßnahmen zur Ausschaltung von K.schwankungen.

konkav [lat.], hohl, nach innen gewölbt; Ggs. konvex.

Konklave [lat.], in der kath. Kirche streng abgeschlossener Versammlungsort der Kardinäle für die Papstwahl; auch Bez. für die Versammlung selbst; 1274 eingeführt.

Konkordat [lat.], völkerrechtl. Vertr. bes. Art zw. Staat u. kath. Kirche, regelt kirchl.-staatl. Angelegenheiten; das älteste K. ist das Wormser K. (1122).

Konkordia, röm. Göttin, Personifikation der Eintracht.

Konkubinat [lat.], außerehel. Lebensgemeinschaft. *Konkubine,* im K. lebende Frau.

Konkurrenz [lat.], Wettbewerb, z. B. zw. Unternehmern.

Konkurs [lat.], gerichtl. Vollstreckungsverfahren zur Aufteilung des Vermögens eines zahlungsunfähigen Schuldners unter sämtl. K.gläubiger nach der K.ordnung v. 1877. S. 1999 regelt die *Insolvenzordnung* für ganz Dtl. das Verfahren zur gemeinschaftl. Befriedigung der Gläubiger eines Schuldners (jurist./natürl. Person, Personenges., Vermögensmasse) durch Verwertung des Schuldnervermögens u. Verteilung des Erlöses od. Festlegung eines abweichenden Verfahrens in einem *Insolvenzplan* (bes. zum Erhalt eines Unternehmens, Sanierung). Das Insolvenzverfahren setzt einen *Eröffnungsgrund* (Zahlungsunfähigkeit, bei jurist. Personen auch Überschuldung) voraus. Deckt die Insolvenzmasse die Verfahrenskosten nicht, wird der Antrag abgewiesen. Arbeitnehmer haben Anspruch auf *Insolvenzgeld* (bei offenen Lohnforderungen für die letzten 3 Monate vor Eröffnung/Abweisung des Insolvenzverfahrens) vom Arbeitsamt. – *Insolvenzstraftaten:* Bankrott, Gläubiger- u. Schuldnerbegünstigung.

Konquistadoren [span.], die Eroberer Mittel- u. Südamerikas im 16 Jh. (v. a. H. Cortez, F. Pizarro), die auf ihren Expeditionen die indian. Reiche (z. B. der Azteken u. der Inka) unterwarfen.

Konrad: *Hl. Röm. Reich:* **1) K. I.,** † 918; s. 911 Kg.; **2) K. II.,** * um 990, † 1039, Kg. s. 1024, Ks. s. 1027; erwarb 1033 das Kgr. Burgund; **3) K. III.,** * 1093 oder 1094, † 1152, Hzg. v. Schwaben, Kg. s. 1138; 1127–35 Gg.kg.; **4) K. IV.,** * 1228, † 1254, Sohn und Nachf. (1250) Friedrichs II., starb während der Rückeroberung seines sizilian. Erbreiches.

Konrad der Pfaffe, auch K. v. Regensburg, mhd. Dichter des 12. Jh.s; übers. das frz. „Rolandslied" ins Mittelhochdeutsche.

Konradin, * 1252, † 1268, Sohn Konrads IV., Hzg. v. Schwaben; bei dem Versuch, sein sizilian. Erbreich zu gewinnen, unterlag er Karl v. Anjou, der ihn in Neapel enthaupten ließ.

Konsekration [lat.], Weihe einer Person od. Sache, v. a. die Verwandlung (↑Transsubstantiation) v. Brot u. Wein in der kath. Eucharistiefeier.

Konsekutivsatz, Umstandssatz der Folge.

Konsens [lat.], Zustimmung, Übereinstimmung, Genehmigung.

Konservatismus (Konservativismus) [lat.], Sammelbez. für alle Bewegungen, die die Erhaltung der bestehenden gesellschaftl.-polit. Verhältnisse anstreben, ohne jedoch Reformen prinzipiell abzulehnen. In *Dtl.* nahm der K. im 20. Jh. eine bes. Entw. Ein gr. Teil des K. in der Weimarer Republik, organisiert v. a. in der Deutschnationalen Volkspartei, erkannte den demokrat. Staat nicht an, erstrebte eine Rückkehr zum Obrigkeitsstaat u. wurde so zum Wegbereiter des Nat.-Soz. Ein Teil dieser Kräfte schloss sich nach 1945 mit dem nur teilweise konservativen polit. Katholizismus zur Christl.-Demokrat. Union zusammen. Ausdrückl. zum K. bekennt sich jedoch nur die Christl.-Soziale Union. Eine wichtige Rolle spielen *konservative Parteien* in Großbrit., wo sich die Conservative and Unionist Party um 1832 aus der Gruppe der Tories entwickelte (s. 1979 Reg.partei); in *Östr.* die Östr. Volkspartei; in der *Schweiz* die Christlich-demokrat. Volkspartei.

Konservator [lat.], mit der Erhaltung von Kunstwerken betrauter Beamter.

Konservatorium [ital.], hochschulart. Ausbildungsstätte für [Berufs]musiker u. häufig interessierte Laien ohne berufl. Ziel auf musikal. Gebiet; vermittelt die Grundausbildung.

Konservierung [lat.], Haltbarmachung; *K.smittel,* chem. Mittel wie Ameisen-, Benzoe-, Sorbinsäure u. a. (Nahrungsmittel-K.).

Konsistenz [lat.]: **1)** Zusammenhang, Dichtigkeit, Festigkeit eines viskosen Stoffes, sein Verhalten bei Formänderung; **2)** Widerspruchslosigkeit (Logik).

Konsonant [lat.], Mitlaut (u. a. *b, k*); Ggs. Vokal.

Konsortium, vorübergehender Zusammenschluss mehr. Personen, Unternehmen (insbes. Banken) zur gemeinsamen Durchführung mit gr. Kapitaleinsatz verbundener Geschäfte, z. B. Börsen- u. Kreditgeschäfte *(Konsortialgeschäfte).*

Konspiration [lat.], Verschwörung.

Konstantin: *röm. Kaiser:* **1) K. I.,** der Große (Flavius Valerius Constantinus), * 280, † 337, Ks. seit 306 (seit 324 Alleinherrscher); Anerkennung der christl. Religion durch das Edikt v. Mailand (313); 325 Einberufung des Konzils v. Nizäa, 330 Einweihung der neuen Hauptstadt Konstantinopel. – *Byzanz:* **2) K. VII.** Porphyrogennetos, * 905, † 959, reg. seit 913, v. a. als Gelehrter bed.; **3) K. XI.** (Dragases) Palaiologos, * 1404, ⚔ 1453, letzter byzantin. Ks. (s. 1449); fiel bei der Eroberung Konstantinopels durch die Türken. – *Griechenland:* **4) K. I.,** * 1868, † 1923, Kg. der Hellenen 1913–17 u. 1920; wegen seiner Neutralität im 1. Weltkrieg v. der Entente gestürzt, 1920 wieder gewählt, dankte nach der Niederlage gg. die Türken 1922 ab; **5) K. II.,** * 1940, Sohn Kg. Pauls I., Kg. 1964–73; seit 1967 im Exil.

Konstantinopel, s. 326/330 Name v. Byzantion, s. 1930 ↑Istanbul.

Konstantinus II., * 317, ⚔ 361, röm. Ks. s. 337; stellte 353 die R.-Einheit wieder her.

Konstanz, Universitäts- u. Krst. am Bodensee, Ba.-Wü., 76 000 E; Univ., Fachhochschule, Münster (11.–16. Jh.), ehem. Dominikanerkloster mit Kreuzgang, Konzilsgebäude; Konservatorium; LG; IHK; Textil- u. a. Ind.; Fremdenverkehr. – Ehem. Reichsstadt; kurz vor 600 Gründung des *Bistums K.* (bis 1821).

Konstruktivismus. *El Lissitzky Proun (1920)*

Konstanza (rumän. Constanta), rumän. Hafenst. am Schwarzen Meer, 350 600 E; archäol. Museum, Metall-, chem. u. a. Ind.; Erdölleitung von Ploieşti; Flottenstützpt.; ✈. – Das antike Tomis.

Konstanzer Konzil, bed. Reformkonzil (1414–18); Absetzung der drei gleichzeitig regierenden Päpste (Ende des Abendländ. Schismas), Verurteilung v. J. Hus.

Konstellation [lat.], Stellung der Gestirne zueinander; je nach ekliptikalem Längenunterschied (↑Elongation 2; = E) zw. Gestirn u. Sonne ergeben sich: 1. *Opposition* (Gegenschein) = 180° E, 2. *Trigonalschein* = 120° E, 3. *Quadratur* (Geviertschein) = 90° E, 4. *Sextilschein* = 60° E, 5. *Konjunktion* (Gegenschein) = 0° E; die inneren ↑Planeten können nicht in Opposition treten, sie erreichen nur eine größte westl. od. östl. E; bed. in der Astrologie.

konsterniert [lat.], bestürzt.

Konstitution [lat.]: **1)** körperl.-seel. Verf.; **2)** Rechtsbestimmung, Verordnung; Verfassung; **3)** päpstl. Erlass; **4)** in der Chemie Art, Aufeinanderfolge und Verbindung der Atome im Molekül einer Verbindung.

konstitutionell [lat.-frz.]: **1)** verfassungsmäßig; *k.e Monarchie* ↑Monarchie; **2)** anlagebedingt (Biol.).

konstitutiv [lat.], grundlegend.

Konstruktion [lat.]: **1)** Bauart, auch techn. Planung v. Masch. u. Ä.; **2)** zeichner. Durchführung einer geometr. Aufgabe (z. B. Dreiecks-K.).

konstruktives Misstrauensvotum, im Verfassungsrecht der BRD: Der Bundestag kann den Bundeskanzler nur stürzen, wenn er mit der Mehrheit der Abg. einen Nachf. wählt u. den B.-Präs. ersucht, den Kanzler zu entlassen.

Konstruktivismus [lat.], Richtung der *Plastik* und *Malerei* der ersten Hälfte des 20. Jh., deren Vertreter einem mathemat.-techn. Gestaltungsprinzip anhängen. Der K. entstand 1914 in Russland: W. Tatlin, K. S. Malewitsch, später N. Gabo, A. Pevsner, El Lissitzky, A. Rodtschenko; 1917 offizielle Kunst der russ. Revolution; beeinflusste nachhaltig Bauhaus, Op-Art, die kinet. Kunst u. a. Richtungen der mod. Kunst.

Konsul [lat.]: **1)** höchster Beamter im alten Rom; **2)** Träger der Exekutive in Frkr. 1799–1804; **3)** Vertr. eines Staates zur Wahrnehmung best. (bes. wirtschaftl.) Interessen; *Berufs-* u. *Wahl-K.;* letzterer ist ein Angehöriger des Gastlandes.

Konsulat [lat.]: **1)** Amt des Konsuls; **2)** in Frkr. die Zeit von 1799 bis 1804, in der anfangs 3 Konsuln, ab 1802 Napoléon Bonaparte allein regierte.

Konsultation [lat.], Befragung; [ärztl.] Beratung.

Kontakt [lat.]: **1)** Berührung, Verbdg.; Fühlungnahme; **2)** leitende Verbdg. zweier Leiter durch bloße Berührung *(Schleif-, Roll-K.),* durch mech. Verbdg. *(Schraub-, Steck-, Feder-, Klemm-K.)* od. durch feste materielle Verbdg. *(Löt-, Schweiß-K.)* (⚡); **3)** Katalysator bei techn.-chem. Prozessen.

Kontaktgifte: 1) Giftstoffe, die die Wirksamkeit v. Katalysatoren herabsetzen; **2)** (Berührungsgifte) Verbdg., die Tiere bei Berührung töten, bes. Insekten und Spinnentiere (Schädlingsbekämpfungsmittel; manche auch für Menschen ☠!).

Kontaktgläser, svw. ↑Haftgläser.

Kontaktsperre, die Unterbrechung jeder Verbindung von best. Gefangenen (z. B. Terroristen) untereinander u. mit der Außenwelt einschl. des schriftl. u. mündl. Verkehrs mit dem Verteidiger.

Kontamination [lat.], Verseuchung mit Krankheitskeimen oder radioakt. Stoffen.

Kontemplation [lat.], myst. beschauen, Betrachtung; [Selbst]-versenkung.

konter..., Konter... [frz.], Bestimmungswort; Bed.: „gegen“.

Konterbande [frz.]: **1)** (Bannware) Kriegsmaterial für ein feindl. Land im Schiffstransport; **2)** Schmuggelgut.

Konterfei [frz.], Bildnis, Abbild.

kontern [engl.], den Gegner im Angriff mit gezielten Gegenschlägen abfangen (Boxsport).

Konterrevolution, marxist. für: [bürgerl.] Gegenrevolution.

Kontext [lat.], umgebender Text; Zusammenhang.

Kontinentalklima, Binnenklima gr. Landflächen (starke jahreszeitl. Temp.-Schwankungen).

Kontinentalsperre, von Napoleon I. 1806 für das europ. Festland verfügte Handelsblockade gg. England; bis 1812.

Kontinentalverschiebungstheorie, Hypothese A. ↑Wegeners, nach der die Kontinente im Laufe der Erdgesch. (als leichtere Sialschollen auf dem zähflüss. Sima) horizontal verschoben wurden; danach lösten sich Antarktika, Australien u. Vorderindien v. Afrika, Amerika vom eurasiat.-afrik. Block; in den Trennungszonen entstanden Atlantik u. Ind. Ozean.

Kontingent [lat.], [Pflicht]beitrag, Anteil; begrenzte Warenmenge (bei Warenbewirtschaftung); *Truppen-K.,* für ein Mitgl. einer Verteidigungsgemeinschaft festgesetzte Truppenstärke. *kontingentieren,* das K. festsetzen, einteilen, zuteilen.

Kọnto [ital.], zahlenmäß. Gegenüberstellung von Geschäftsvorgängen in Buchführung u. Bankwesen; l. Seite wird mit ↑Soll, r. mit ↑Haben bezeichnet.

Kontokorrẹnt [ital.]: **1)** Geschäftsverbdg., bei der die beiderseit. Leistungen nebst Zinsen in Kontoform *(K.konto)* gegenübergestellt werden u. der Saldo (meist halbjährl.) abgerechnet wird; *K.geschäft,* eines der wichtigsten Bankgeschäfte, beruht auf *K.vertrag* zw. Kunden u. Bank; **2)** Hilfsbuch der doppelten ↑Buchführung, mit Konten für Forderungen u. Verbindlichkeiten.

kontra..., Kontra... [lat.], Vorsilbe: **1)** „gegen"; **2)** „in tiefster Lage" (bei Musikinstrumenten).

Kọntrabass (Bassgeige), tiefstes u. größtes Streichinstrument.

kontradiktorisch, widersprechend.

Kontrahẹnt [lat.]: **1)** Vertragspartner; **2)** Gegner [im Zweikampf]; Rivale.

Kontrạkt [lat.], Vertrag, Abkommen.

Kontraktion [lat.]: **1)** Zusammenziehung (z. B. von Muskeln; Med.); **2)** ↑Konjunktur; **3)** Zusammenziehung mehr. Selbstlaute (z. B. nein aus ni-ein).

Kọntrapunkt, Satztechnik, in der die einzelnen Stimmen gleichberechtigt nebeneinander herlaufen; Ggs. *homophoner Satz* mit beherrschender Hauptstimme (𝄞).

konträr [lat.], gegensätzlich.

Kontrạst [lat.], [starker] Ggs., auffallender Unterschied, bes. von Farben; *K.mittel,* zur Röntgendiagnostik in den Körper eingeführte strahlenundurchläss. chem. Mittel.

Kontrazeption [lat.], Empfängnis-, Befruchtungsverhütung.

Kontribution [lat.], Beitragsleistung für den Unterhalt der Besatzungstruppen; Kriegssteuer.

Kontrovẹrse [lat.], [wiss.] Auseinandersetzung.

Kontur [lat.], Umriss[linie].

Konus [gr.], Kegel[stumpf] (Math.).

Konvẹnt [lat.]: **1)** Versammlung d. *Konventualen* (stimmberechtigte Mitgl.) eines Klosters, Kloster; **2)** Vers. der Mitgl. einer Studentenverbindung.

Konvention [lat.]: **1)** Übereinkunft, Vertrag (u. a. ↑Genfer K.); **2)** Brauch, Förmlichkeit.

Konventionalstrafe (Vertragsstrafe), vertragl. vereinbarte Geldbuße bei Nicht- od. Schlechterfüllung eines Vertrages.

N. Kopernikus *(kolorierter Kupferstich)*

Konvergẹnz [lat.], Annäherung, Übereinstimmung: **1)** Annäherung an einen Grenzwert; **2)** Zusammenlaufen zweier Strahlen [in einem Pt.]; **3)** ähnl. Entw. versch. Lebewesen (Biol.); *konvergieren,* sich nähern.

Konversation [lat.], [geselliges] Gespräch, Plauderei; *K.slexikon,* alphabet. geordnetes Nachschlagewerk für alle Wissensgebiete.

Konvẹrter [engl.]: **1)** birnenförm., innen feuerfest verkleideter Stahlbehälter zur Eisenveredelung u. -reinigung durch Hindurchblasen von Luft; **2)** in der EDV Schaltung zur Wandlung analoger in digitale Signale (A/D-Wandler) und umgekehrt (D/A-Wandler); **3)** Frequenzumsetzer in der Fernsehtechnik.

Konvertierbarkeit (Konvertibilität), Berechtigung zum Tausch einer Währung in eine andere od. in Gold.

Konvertit [lat.-engl.], zu einer anderen Konfession Übergetretener.

konvẹx [lat.], nach außen gewölbt; Ggs. konkav.

Kọnvoi [kɔnˈvɔi; lat.], svw. ↑Geleitzug.

konvulsivisch, krampfhaft zuckend.

Kọnya, Hptst. der türk. Prov. K., im südl. Z-Anatolien, 509 200 E; bed. Verkehrsknotenpunkt, ✈; sö. v. K. Fundstätte der bisher ältesten Stadtkultur, ↑Çatal Hüyük.

Konzentration [lat.]: **1)** Zusammenballung [wirtsch. oder mil. Kräfte]; **2)** höchste Aufmerksamkeit; **3)** Gehalt einer Lösung an gelösten Stoffen (⚗).

Konzentrationslager (KZ), Massenlager, in denen Menschen ohne rechtl. Grundlage gefangen gehalten werden; insbes. im Nat.-Soz.: polit. Gefangene, rass. u. sonstige Minderheiten (Juden, Polen, Emigranten) od. vorgebl. soz. „Volksschädlinge"; 22. 3. 1933 1. KZ in Dachau, 1944: 22 KZ mit 165 angeschlossenen Arbeitslagern, bis Jan. 1945 rd. 715 000 K.häftlinge, bewacht v. 40 000 SS-Männern; s. 1941 Einrichtung v. ↑Vernichtungslagern zur (im nat.-soz. Jargon) „Endlösung der Judenfrage"; dort u. in den KZ kamen 6 Mill. jüd. u. 500 000 nichtjüd. Häftlinge um.

konzẹntrisch [mlat.], den gleichen Mittelpt. besitzend; *k.e Kreise,* Kreise mit versch. Radius, aber gleichem Mittelpunkt.

Konzeption [lat.]: **1)** [künstler.] Entwurf; **2)** svw. ↑Empfängnis.

Konzẹrn [engl.], Zusammenschluss wirtsch. Unternehmen bei rechtl. Selbstständigkeit.

Konzẹrt [lat.]: **1)** Musikveranstaltung; **2)** Komposition, die auf das Zusammenwirken gegensätzlicher Klanggruppen angelegt ist; instrumentale u. vokale Formen seit dem 16. Jh.; seit Anf. des 17. Jh.s Concerto grosso; später nur noch K.e für ein od. 2 Soloinstrumente mit Orchester; *geistliches K.,* Vorform der Kantate (17. Jh.).

konzertạnt [lat.-ital.], konzertmäßig; *k.e. Sinfonie,* Konzert für mehr. Soloinstrumente od. Instrumentengruppen.

Konzẹrtmeister, der erste Geiger eines Orchesters.

Konzession [lat.]: **1)** Zugeständnis; **2)** behördl. Genehmigung, z. B. *Schankkonzession.*

koptische Kunst. *Korbkapitell mit Blatt- und Rankenornamenten aus der Klosterkirche von Bawit (7./8. Jh.)*

Konzil [lat.], (Synode), Vers. kirchl. Würdenträger zur Klärung v. Glaubens- u. Sittenfragen u. zur Festsetzung kirchl. Disziplin u. Organisation nach dem Vorbild des Apostel-K.s; neben *Partikular-* (Provinzial-, Nat.-) v.a. ökumen. K.e; eine Art ref. K. war die Dordrechter Synode (↑Dordrecht); anglikan. K.e ↑Lambethkonferenzen.

konziliant [lat.], verbindl., versöhnlich.

konzipieren [lat.], entwerfen.

konzis [lat.], kurz, gedrängt (bes. vom Stil).

Koog [niederdt.], svw. Binnengroden (↑Groden).

Ko|operation [lat.], [wirtsch.] Zusammenarbeit.

Ko|ordinaten [lat.], Größen zur Bestimmung der Lage von Pt., Kurven od. Flächen in einer Ebene od. im Raum; im ebenen *kartes. K.system* ist ein Pt. *P* best. durch seine senkr. aufeinander stehenden Abstände v. 2 Achsen (*Abszissen-* od. *x-* bzw. *Ordinaten-* od. *y-Achse;* im Raum zusätzl. *z*-Achse), im *Polar-K.system* durch seine Entfernung vom Nullpt. *(Radiusvektor)* und durch einen bzw. zwei Winkel.

Ko|ordination [lat.], Abstimmung aufeinander.

Kopeke, fr. russ. Silbermünze, heute Scheidemünze = $^1/_{100}$ Rubel.

Kopelew, Lew Sinowjewitsch, * 1912, † 1997, russ. Schriftsteller; als Regimekritiker ab 1945 fast 10 Jahre in Lagern u. Gefängnissen; lebte s. 1980 in der BRD.

Kopenhagen (dän. København), Haupt-, Residenz- u. bedeutendste Hafenst. Dänemarks, am Sund, im Wesentl. auf Seeland, 618000 E, städt. Agglomeration 1,36 Mill. E; Schloss Rosenborg (1610), Schloss Amalienborg (1754–60), klassizist. Frauenkirche; kultureller Mittelpt. des Landes, Univ., Hochschulen, Museen; Wirtsch.-Zentrum m. Motoren- und Schiffbau, Brauereien, Textilind., Porzellanmanufaktur. – Seit 1254 Stadt.

Kopernikus (Copernicus), Nikolaus, * 1473, † 1543, dt. Astronom; Domherr in Frauenburg; stellte das heliozentr. (kopernikan.) Weltsystem auf (Sonne als Mittelpt. des Planetensystems, Ggs. zur damals anerkannten Geozentrik). – Abb. S. 371.

Kopf, vorderes Körperende bilateral-symmetr. Tiere mit wicht. Sinnesorganen u. Konzentration des Nervensystems (Gehirn), höchst spezialisiert bei Wirbeltieren u. Mensch; b. Insekten chitin. *K.kapsel,* b. Krebsen u. Spinnen zu einer *K.brust* verwachsen.

Kopffüßer (Tintenfische, Cephalopoda, Zephalopoden), K. hoch stehender, kl. bis sehr gr. mariner, getrenntgeschlechtiger Weichtiere mit 8, 10 od. zahlr. sehr bewegl., Saugnäpfe tragenden Armen, die dem Kopf ansitzen; z.T. hoch entwickelte Linsenaugen, Fortbewegung erfolgt durch Rückstoß; Kraken, Oktopus u.a.

Kopfhörer, Vorrichtung zur Umwandlung tonfrequenter Wechselspannungen in Schallschwingungen, die direkt ins Ohr abgestrahlt werden; als *geschlossenes System* mit schalldichter Polsterung, als *offenes System* für Umgebungsgeräusche durchlässig.

Kopfjagd, bei Naturvölkern (Ozeanien, Südostasien, Südamerika) die Jagd nach Köpfen („Sitz der Seele") von Stammesfeinden.

Kopflaus, bis 3 mm gr. Hautparasit in der menschl. Kopfbehaarung.

Kopfschmerz (Zephal[al]gie, Kephal[al]gie), Schmerzempfindungen im Bereich des knöchernen Schädels, u.a. bei nervösen Erschöpfungszuständen, Erkrankungen innerer Organe, des Gehirns, bei Stoffwechselstörungen, chron. Vergiftungen, Bluthochdruck, Halswirbelleiden und Brechungsfehlern der Augen.

Kopfstimme, hohe Stimmlage mit Schädelresonanz *(Kopfregister;* Ggs. *Brustregister).*

Kopie [lat.]: **1)** Abschrift; **2)** Nachbildung; **3)** [Positiv]abzug eines Filmstreifens od. -bildes.

Kopierer (Kopiergerät), Vervielfältigungsgerät, heute ausschließl. auf dem Xerographieprinzip beruhend. Das Vorlagenbild wird auf die Kopiertrommel übertragen, auf den Bildstellen haftet der Toner, der elektrostat. auf Papier übertragen wird.

Kopra ↑Kokospalme.

Koproduktion, Gemeinschaftsherst., z.B. beim Film.

Kopten [arab.], Arab. sprechende christl. Nachkommen der alten Ägypter mit eigener Kirche *(kopt. Kirche),* die auch eine eigene Sprache hat *(Koptisch).*

koptische Kunst, Kunst der christl. Ägypter (4.–9. Jh.), die – ausgehend von der hellenist. Kunst ägypt. Prägung – syr., röm. u. byzantin. El. aufnahm; Architekturornamente, flächenhafte Plastik, Buchmalerei, Textilkunst.

Kopulation [lat.]: **1)** Verbdg., Vermählung; **2)** svw. ↑Begattung; **3)** Verschmelzung v. ↑Gameten; **4)** Pflanzenveredelung (schräg geschnittenes Edelreis).

Korallen [gr.], koloniebildende, Kalk abscheidende ↑Korallentiere, bilden ↑Korallenriffe.

Korallenfische, farbenprächtige, in Korallenriffen lebende Knochenfische wie *Kugel-, Lippfische.*

Korallenmeer, Meeresteil des westl. Pazifiks, nö. von Australien; zahlr. Korallenriffe.

Korallenriffe, aus Korallenskeletten aufgebaute Wälle in trop. Meeren; bilden z.T. *Koralleninseln* (↑Atoll).

Korallentiere (Blumentiere, Anthozoa), Kl. mariner Hohltiere von Polypengestalt, meist festsitzend, Einzeltiere (Seerosen) od. Tierstöcke (Kolonien).

Koran [arab.], Slg. der Offenbarungen Mohammeds (aus den J. 608 bis 632), das hl. Buch des Islams; noch im 7. Jh. redigiert; in 114 *Suren* (Kapitel) eingeteilt, diese wiederum in Verse; gilt für die Muslime auch als Grundlage des Rechts.

Korbblütler (Kompositen), eine der größten Pflanzenfam. (etwa

20000 Arten), meist Kräuter od. Stauden; Blütenstände *(Körbchen);* Früchte (Achäne) häufig mit Flugeinrichtungen; zahlr. Nutz-, Zierpfl. u. Unkräuter (z. B. Sonnenblume, Kamille, Aster).

Körber, Hilde, * 1906, † 1969, dt. Schauspielerin, Bühnenpädagogin.

Kordilleren [kɔrdil'je:rən; span.], Geb. im W des amer. Doppelkontinents, v. Alaska bis Kap Hoorn, rd. 15000 km lang, bis 2500 m breit (↑ auch Anden).

Kordofan, Savannenhochland in der Rep. Sudan, mit den Nubabergen im S; zentraler Ort Al Obeid.

Kordon [kɔr'dõ; frz.]: **1)** Postenkette; **2)** Ordensband.

Kore [gr.], stehende Mädchenfigur der griech. Kunst.

Korea, nach S vorspringende Halbinsel O-Asiens, zw. dem Gelben u. dem Jap. Meer, durch die rd. 180 km breite *K.straße* von Japan getrennt; staatl. aufgeteilt in die *Demokrat. Volksrep. K.* (N-Korea) und die *Rep. Korea* (S-Korea); *Bev.:* Koreaner (Buddhisten u. Konfuzianer). Etwa N–S verlaufende Geb., S- u. W-Küsten stark gegliedert; kühl-gemäßigtes Monsunklima, S-Küste subtrop., vorw. Agrarland, bed. Fischfang, Bodenschätze insbes. in N-K.: Kohle, Graphit, Eisen-, Wolfram-, Molybdän-, Golderze. Ind.: Hüttenwerke, Masch.-, Textil-, Baustoff- u. chem. Ind. Haupthäfen: Inch'ŏn, Pusan u. P'ohang in Süd-K., Wonsan, Namp'o, Ch'ŏngjin in Nord-K. – *Gesch.:* Seit 14. Jh. chin. Oberhoheit (nominell bis 1895), aufgrund ständiger Bedrohungen v. außen (Japaner, Mandschu) 1637–1886 Pol. der Abschließung, s. 1876 Anerkennung der Unabhängigkeit durch versch. Staaten, 1910 Annexion durch Japan; 1945 Besetzung u. Teilung (38. Breitengrad) durch die UdSSR u. USA; 1948 in S-K. Verkündung der Rep. K., in N-K. der Demokrat. VR K. 1950 Ausbruch des *K.krieges* zw. Nord- (unterstützt v. der VR China) u. Süd-K. (UN-Hilfe, v. a. Eingreifen der USA); 1953 Waffenstillstand von Panmunjon; 1972 erste Ansätze zur Entspannung, Gespräche über eine Wiedervereinigung scheiterten bislang; Dez. 1991 Nichtangriffsabkommen u. Jan. 1992 Atomwaffenverzichtsvertrag.

Koreanisch, selbst., agglutinierende Spr. der Koreaner.

koreanische Kunst, zw. chin. u. jap. Kunst stehende, jedoch stark von der chin. abhängige Kunst der Koreaner; bes. Kleinkunst.

koreanische Schrift, 1443–46 geschaffenes Schriftsystem der Koreaner; zuerst 28, jetzt 24 Schriftzeichen.

Süd-Korea

Fläche: 99143 km²
Einwohner: (1995) 44,99 Mill.
Hauptstadt: Seoul
Amtssprache: Koreanisch
Zeitzone: MEZ +8 Stunden

kören, ♂ ♂ Zuchttiere durch eine *Körkommission* auswählen; lt. Tierzuchtges. *Körzwang* für alle ♂ ♂ Zuchttiere vor Zuchteinsatz.

Korfu, zweitgrößte der Ionischen Inseln, 592 km²; aufgebaut aus einem verkarsteten Kalkgebirge (bis 906 m), mildes Klima, üppige südl. Vegetation, Fremdenverkehr.

Koriander [gr.], Doldenblütler; Gewürzpflanze.

Korinth, griech. Hafenst. am S-Ufer des 127 km langen *Golfs v. K.* u. am 1881–93 erbauten *Kanal v. K.* (für Seeschiffe), der die *Landenge v. K.* durchschneidet; 22700 E. Das K. des Altertums lag 5 km sw. (jetziges Alt-K. mit bed. Bauresten). – Dor. Gründung im 9. Jh. v. Chr.; bed. Handels- u. Umschlagplatz; im 7./6. Jh. kulturelle Blüte. 146 v. Chr. v. den Römern zerstört, 44 v. Chr. neu besiedelt. – Abb. S. 374.

Korinthen ↑ Rosinen.

Korinther, Briefe an die K., 2 nt. Paulusbriefe an die Gem. von Korinth; aufschlussreich für das frühchristl. Gemeindeleben.

Kork [span.-niederl.], poröses sekundäres Gewebe unter der Oberhaut vieler Pfl.-Teile; *Verkorkung* durch Einlagerung von Suberinen (Carbonsäureester) in die Zellwände; K. ist elast., beständ. gg. verdünnte Säuren, Öle usw.; fault nicht; geringes spez. Gew.; *K.eiche,* baumförm. Buchengewächs des westl. Mittelmeergebietes; Rinde, der K., für Flaschenkorken, als Isoliermittel u. a.

Kormorane [frz.] (Scharben), bis 1 m gr., Fisch fressende Vögel, weltweit verbreitet, besonders an Seeküsten.

Korn: 1) samenart. Frucht mit harter Schale; **2)** Brotgetreide (Weizen, Roggen u. a.); **3)** ugs. für K.branntwein; **4)** Feingehalt einer Münze aus Edelmetall; **5)** Teil der Visiereinrichtung; **6)** Silberpartikel fotograf. Schichten.

Kornblume, Korbblütler; blau blühendes Getreideunkraut.

Kornea [lat.], svw. ↑ Hornhaut 2).

Körner: 1) Christian Gottfried, * 1756, † 1831, preuß. Staatsrat; gewährte Schiller 1785–87 Gastfreundschaft; **2)** Hermine, * 1882 (1878?), † 1960, dt. Schauspielerin u. Regisseurin; **3)** Theodor, * 1791, ⚔ 1813, Sohn v. 1), dt. Dichter; Dramen, Kampflieder aus den Befreiungskriegen; **4)** Theodor, * 1873, † 1957, östr. Politiker (SPÖ), 1951–57 B.-Präs.

Nord-Korea

Fläche: 120538 km²
Einwohner: (1995) 23,9 Mill.
Hauptstadt: Pjöngjang
Amtssprache: Koreanisch
Zeitzone: MEZ +8 Stunden

Kornett [frz.], aus dem Posthorn entwickeltes kl. Ventilhorn.

Kornrade, purpurfarben blühendes Getreidewildkraut (Nelkengewächs).

Korona [lat.]: **1)** die ↑ Sonne umgebender Strahlenkranz (bei totaler Sonnenfinsternis sichtbar), durch an freien Elektronen u. Ionen gestreute Sonnenstrahlung hervorgerufen; Temp. ca. 1 Mill. °C; **2)** ugs. für [Zuhörer]kreis, Horde; **3)** Glimmerhaut einer ↑ Gasentladung.

Körperbautypen (Konstitutionstypen), nach E. Kretschmer: 1. *leptosomer Typ:* schmal aufgeschossen, mager, mit flachem Brustkorb u. langen, schlanken Gliedern; 2. *athlet. Typ:* grober Knochenbau mit kräft. Muskulatur, breiten Schultern, geräum. Brustkorb; 3. *pykn. Typ:* mittelgr., gedrungen, gewölbter Brustkorb, Neigung zum Fettansatz, kurzer Hals.

Körperverletzung, *Strafrecht:* körperl. Misshandlung od. Gesundheitsschädigung eines anderen; bei gefährl., schwerer u. K. mit tödl. Ausgang erhebl. Strafverschärfung; *Zivilrecht:* Jeder äußere Eingriff in die körperl. Unversehrtheit hat bei nicht gerechtfertigter u. schuldhafter Verletzung Pflicht zum Schadenersatz zur Folge.

Korinth.
Überreste des Apollotempels (nach 550 v. Chr.)

Körperschaft: 1) im Privatrecht zahlenmäßig bestimmb., mitgliedschaftlich organisierte Gemeinschaft. ↑Verein, ↑Kapitalgesellschaften, ↑Genossenschaft und bergrechtl. ↑Gewerkschaft; **2)** im öff. Recht mitgliedschaftl. organisierte, rechtsfäh., mit hoheitl. Befugnissen ausgestattete Verbände, als *Gebiets-K.en* (Gemeinde, Kreis) und *Personal-K.en* (z. B. Berufsverbände, die Kirchen).

Körperschaftsteuer, Einkommensteuer der jurist. Personen; ihr unterliegen Kapitalges., Erwerbs- u. Wirtschaftsgenossensch., Versicherungsvereine auf Gegenseitigkeit u. a. Für die Veranlagung u. Entrichtung der K. gelten die gleichen Vorschriften wie für die Einkommensteuer d. natürl. Personen.

Körpertemperatur, Temp. von Mensch u. Tier; bei ↑Kaltblütern v. der Umgebungstemp. abh., bei ↑Warmblütern gleich bleibende K. (Mensch 36 °C). – ↑Fieber.

Korporal [frz.], in einigen Heeren niedrigster Unteroffiziersdienstgrad.

Korporation [lat.], svw. ↑student. Verbindung.

Korps [ko:r; frz.]: **1)** größerer Truppenverband; **2)** ↑student. Verbindungen.

Korpus (Corpus) [lat.]: **1)** Sammelwerk, z. B. v. Texten; **2)** Resonanzkasten der Saiten- od. die Schallröhre der Blasinstrumente.

Korpuskel [lat.], kleines Materieteilchen, Partikel; *K.-Strahlen* sind Teilchenstrahlen, z. B. Alpha- u. Betastrahlen.

Korrelat [lat.], Wechselbegriff, Ergänzung; *Korrelation,* Wechselbeziehung, -wirkung.

Korrespondent [lat.]: **1)** auswärtiger Mitarb. v. Massenmedien u. Nachrichtenagenturen; **2)** Bearbeiter des kaufmänn. Schriftwechsels.

Korrespondenz [mlat.], Briefwechsel; Schriftverkehr.

Korrosion [lat.], zerstörende Veränderung an der Oberfläche fester Körper, z. B. durch Oxidation, Wasser- und Kohlensäureeinwirkung, Salzbildung, elektrochem. Vorgänge; *K.sschutz* u. a. durch Zulegieren best. El., [nicht]metall. Überzüge.

Korruption [lat.], Bestechlichkeit; Verderbtheit, Sittenverfall.

korrumpieren, jem. bestechen.

Korsar [ital.], Seeräuber[schiff].

Korsika (frz. Corse), frz. Insel u. Region im Mittelmeer, 8680 km^2, 250400 E, Hptst. Ajaccio, Bev.: Korsen. Im Inneren stark zertaltes Geb., bis 2710 m, im O fruchtb. Küstenland, mildes Klima; Kastanien- u. Olivenhaine, Korkeichenwälder, Macchie. – 238 v. Chr. röm., 456 vandal., dann oström. u. fränk., im 9./10. Jh. teilw. arab., im 11. Jh. an Pisa, 1284 an Genua, 1768 an Frkr., 1982 Autonomiestatut.

Korso [ital.]: **1)** Schaufahrt mit blumengeschmückten Wagen; **2)** Prachtstraße; **3)** Wettrennen von reiterlosen Pferden.

Korsør [kɔr'sø:r], dän. Hafen- u. Ind.-St. auf Seeland, 20200 E; Fähren über d. Gr. Belt.

Kortison [Kw.], Nebennierenrindenhormon mit Wirkung auf den Kohlenhydratstoffwechsel; u. a. zur Therapie allerg. Erkrankungen.

Kortner, Fritz, * 1892, † 1970, östr. Regisseur u. Schauspieler.

Kortrijk [-rɛjk], (frz. Courtrai), belg. St. in Westflandern, 76000 E; Abt. der Univ. Löwen; Textilind.

Kortschnoi, Wiktor Lwowitsch, * 1931, schweiz. Schachspieler russ. Herkunft, Internationaler Großmeister seit 1956.

Korund [tamil.], ditrigonales Mineral, Al_2O_3, Härte 9; farblos od. durch andere Metalloxide grau, blau, rot gefärbt, *edle K.e* sind Schmucksteine (↑Rubin, ↑Saphir).

Korvette [frz.], fr. leichtes Segelkriegsschiff, heute v. a. Kriegsschiff für den Geleitschutz.

Koryphäe [gr.], bed. Persönlichkeit; hervorragender Gelehrter, Künstler, Sportler u. a.

Kos, griech. Insel der Südl. Sporaden, 290 km^2; (20400 E) Hauptort K.;

Kosaken [russ.], urspr. turktatar. Wach- u. Raubkommandos, dann auch u. v. a. ostslaw. Gemeinschaften freier Krieger u. geworbener Grenzsoldaten; bis zum Ende des Zarenreichs mobile u. kampfkräftige Reiterverbände im russ. Heer.

koscher [jidd.], taugl., rein (nach jüd. Speisegesetzen).

Koschnick, Hans, * 1929, dt. Politiker (SPD); 1963–67 Innensenator, 1967–85 Bürgermeister in Bremen u. Präs. des Senats; 1994–96 EU-Administrator von Mostar.

Kosciusko, Mount [maʊnt kɔzɪ'ʌskəʊ], höchster Berg Australiens, 2230 m.

Kósciuszko, Tadeusz [kɔsj'tsjuʃkɔ], * 1746, † 1817, poln. Feldherr u. Nationalheld; Führer des missglückten poln. Aufstandes v. 1794.

Košice ['kɔʃitse] (dt. Kaschau), St. im O der Slowakei, 237 000 E; Univ., TH; Dom (1382–1497); Hüttenkombinat. Bis 1918 u. 1938 ungarisch.

Kosinski, Jerzy [kə'zınskı], * 1933, † 1991, amer. Schriftsteller, zeitkrit. Romane, autobiograph. „Der bemalte Vogel".

Kosinus [lat.], ↑Winkelfunktionen; **K.satz,** geometr. Lehrsatz: in einem Dreieck (Seiten *a, b, c,* zugehör. Winkel *α, β, γ*) gilt $a^2 = b^2 + c^2 - 2bc \cdot \cos\alpha$ (entspr. bei zykl. Vertauschung).

Köslin (poln. Koszalin), St. in Ostpommern, Polen, 110 800 E; Nahrungsmittel-, Papier-, Metall-Ind.

Kosmetik [gr.], Körper- und Schönheitspflege.

kosmisch [gr.], das Weltall betr.

kosmische Strahlung ↑Höhenstrahlung.

kosmo..., Kosmo... [gr.], Bestimmungswort; Bed.: „Welt".

Kosmogonie ↑Astronomie.

Kosmologie ↑Astronomie.

Kosmonaut ↑Weltraumfahrer.

Kosmopolit [gr.], Weltbürger.

Kosmos [gr.], Welt[all], Universum.

Kosovo (alban. Kosovë), autonome Prov. innerhalb der jugoslaw. Teilrep. Serbien, 10 887 km², 2,04 Mill. E. (75% muslim. Albaner), Hptst. Priština. – Nach 1981 Spannungen zw. Albanern u. serb. Minderheit; nach Aufhebung der Autonomie (1990) Kämpfe (s. 1996 UÇK) u. ab 1998 internat. Krise (1999 NATO-Militäraktion); seitdem autonom unter internat. Protektorat.

Kossuth, Lajos ['koʃut], * 1802, † 1894, ungar. Politiker; Führer der Unabhängigkeitsbewegung, Reichsverweser 1848/49, Nationalheld.

Kosten, in Geld ausgedrückter Werteverzehr zur Erstellung von betrieblichen Leistungen: 1. *Kapital-K.* (Zinsen, Abschreibungen u. a.), 2. *Arbeits-K.* (Löhne, Gehälter u. a.), 3. *Material-K.* (Roh-, Hilfs- sowie Betriebsstoffe), 4. *Fremdleistungs-K.* (Kosten für Leistungen anderer Betriebe), 5. Steuern, Versicherungen u. a.

Kostüm [frz.]: **1)** [histor.] Kleidung, Tracht; **2)** aus Rock u. Jacke bestehende Damenoberbekleidung; **3)** Maskenanzug.

K.-o.-System, im Sport Modus der Austragung eines Wettbewerbs: der Verlierer scheidet aus dem weiteren Wettbewerb aus.

Kot, svw. ↑Exkremente.

Kotangens [lat.], ↑Winkelfunktionen.

Kotau [chin.], demütige Ehrerweisung; in China (bis 20. Jh.) Berühren des Bodens mit der Stirn.

Kotelett [frz.], Rippenstück v. Kalb, Schwein, Hammel, Wild.

Koteletten [frz.], Backenbart.

Köth, Erika, * 1925, † 1989, dt. Sängerin.

Köthen/Anhalt, Krst. in Sa.-Anh., 32 000 E; Industrie.

Kotor, Stadt in Montenegro, Jugoslawien, am inneren Ende der Bucht von K., 5 800 E; von der Festung Sveti Ivan überragt; maler. Stadtbild (nach Erdbeben wieder aufgebaut), Kathedrale (12. Jh.; Türme 17. Jh.); zählt zum Weltkulturerbe.

Kotzebue, August von [-bu:], * 1761, † 1819, dt. Dramatiker; über 200 bühnenwirksame Stücke. Wegen seiner antilib. Haltung v. dem Burschenschafter K. L. Sand ermordet.

Kourou [frz. ku'ru], Ort an der Küste von Frz.-Guayana, 6 500 E. Seit 1967 frz. Raumfahrtzentrum; ⚓.

kp, Einheitenzeichen für: ↑**K**ilo**p**ond.

KPD, Abk. für: ↑**K**ommunist. **P**artei **D**eutschlands.

KPdSU, Abk. für: **K**ommunist. **P**artei **d**er **S**owjet**u**nion, bis 1990 die einz. Partei der UdSSR, Trägerin der Staatsmacht; aufgelöst nach missglücktem Putsch im Aug. 1991; urspr. entstanden aus der Russ. Sozialdemokrat. Arbeiterpartei (1898).

Kr, Symbol für ↑Krypton (☐).

Krabben: 1) Unterordnung der Zehnfußkrebse, mit kurzem, unter das Kopfbruststück geschlagenem Hinterleib (meist Meerestiere); können seitwärts laufen; **2)** ↑Garnelen.

kracken ['krækən; engl.], höher molekulare Kohlenwasserstoffe durch starkes Erhitzen (meist unter Einsatz von Katalysatoren) in niedere Kohlenwasserstoffe spalten *(Krackverfahren).*

Kraf[f]t, Adam, * um 1460, † 1508 od. 1509, Nürnberger Steinbildhauer der Spätgotik; Epitaphien; Sakramentshaus in St. Lorenz.

Kraft, physikal. Größe (↑Vektor), Ursache v. Bewegungsänderungen gemäß der dynam. Grundgleichung $F = m \cdot a$ (K. = Masse × Beschleunigung); die K. ist festgelegt durch ihren absoluten Betrag (Größe) u. ihre Wirkungslinie (Richtung durch Angriffspt.); gesetzl. Einheit ↑Newton; ↑Kilopond.

Kräfteparallelogramm, geometr. Konstruktion zur graf. Ermittlung der Summe zweier Kräfte bzw. Vektoren.

Kraftfahrt-Bundesamt (KBA), 1951 errichtete Bundesoberbehörde für den Straßenverkehr, Sitz Flensburg; führt u. a. das Verkehrszentralregister.

Kraftfahrzeug (Kfz), nicht schienengebundenes Landfahrzeug, das durch eine Verbrennungskraftmasch. (meist Otto- od. Dieselmotor), seltener durch Elektromotor angetrieben wird; Kfz zur Personenbeförderung (Pkw, Krafträder, Omnibusse), zum Gütertransport (Lkw, Sattelschlepper), landwirtsch. Schlepper u. Sonder-K.e (z. B. Feuerwehrfahrzeuge).

Kraftfahrzeugbrief, vom Hersteller eines Kfz ausgestellte Urkunde mit techn. Daten, amtl. Kennzeichen des Kfz u. Personalien des Halters.

Kraftfahrzeug-Haftpflichtversicherung, obligator. Haftpflichtversicherung, abgeschlossen vom Halter eines Kfz zur Deckung der durch den Gebrauch des Fahrzeugs verursachten Sach- und Personenschäden.

Kraftfahrzeugkennzeichen, zur Registrierung eines Kfz dienendes amtl. Kennzeichen.

Kraftfahrzeugschein, behördl. ausgestellte Urkunde, in der Personalien des Halters, Zulassung des Fahrzeugs, dessen amtl. Kennzeichen sowie die techn. Daten verzeichnet sind; der Schein ist vom Nutzer stets mitzuführen. Entsprechend: *Anhängerschein.*

Kraftfahrzeugsteuer, eine Verkehrsteuer, die den Ländern zufließt. Sie stellt ab auf das Halten eines Kfz od. Anhängers zum Verkehr auf öff. Straßen ohne Rücksicht auf das Ausmaß der Benutzung (Pauschalbesteuerung).

Kraftfeld ↑Feld.

Kraftlini|en, svw. ↑Feldlinien.

Krafträder, einspurige, zweirädrige Kraftfahrzeuge: Motorräder, Motorroller u. Klein-K. (Mofa, Moped, Mokick).

Kraft-Wärme-Kopplung, Kopplung v. Elektrizitätserzeugung u. Abwärmenutzung (zu Fernheizungszwecken) bei modernen Kraftwerken.

Kraftwerk (Elektrizitätswerk), großtechn. Anlage zur Gewinnung von elektr. Energie; *therm. K.e (Wärme-K.e)* nutzen die chem. Energie von fossilen Brennstoffen (Kohle, Erdöl, Erdgas), *Wasser-K.e* die kinet. Energie strömenden Wassers (aus Stauseen, in Flüssen *[Laufwasser-K.]* oder durch den Gezeitenunterschied an Meeresküsten *[Gezeiten-K.]* bewirkt), *Kern-K.e* die Bindungsenergie, die bei der Kernspaltung frei wird, *geotherm. K.e* durch natürliche

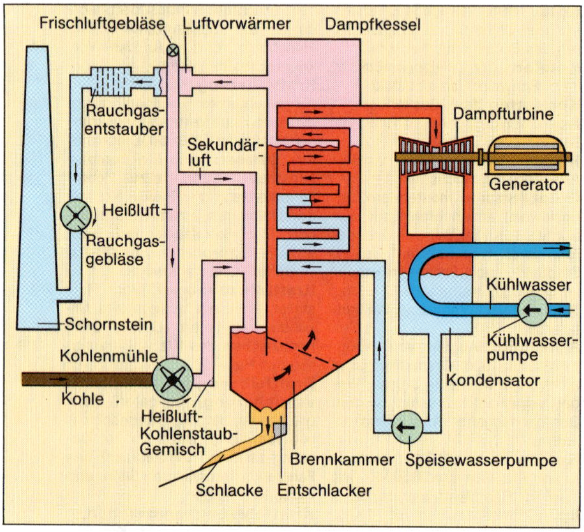

Kraftwerk. *Schematische Darstellung eines Wärmekraftwerks*

↑Erdwärme aufgeheizten Wasserdampf, *Solar-K.e* die mit geeigneten Kollektoren aufgefangene Sonnenenergie, *Windenergieanlagen* die kinet. Energie des Windes. Die Primärenergie kann entw. die Generatoren zur Erzeugung elektr. Energie unmittelbar antreiben od. steht als Wärmeenergie zur Verfügung (bzw. wird in diese umgewandelt), mit deren Hilfe Dampf zum Antrieb von Turbinen erzeugt wird.

Kragstein, Stützstein (Auflager) für das Gebälk, aus der Mauer herausragend.

Krähen, Rabenvögel der Gatt. Corvus: *Rabenkrähe* (westl. der Elbe), *Nebelkrähe* (östl. der Elbe), Saatkrähe u. a.

Kraichgau, fruchtb. Hügelland zw. Odenwald und Schwarzwald, Baden-Württemberg.

Krain (slowen. Krajnska), histor. Gebiet, das den größeren, westl. Teil Sloweniens umfasst.

Krakau (poln. Kraków), südpoln. Woiwodschaftshptst. an der oberen Weichsel, 744 000 E; Univ., Hochschulen, Bibliothek, Akad. der Wiss., Museen, got. Marienkirche mit Marienaltar des Veit Stoß; Dom (1364 geweiht), Schloss, ehem. Tuchhaus; vielseit. Ind.; Fluss-⚓, ✈.

Kraken [norweg.], achtarm. Tintenfische.

Krampfader (Varix), Venenknoten, schmerzhafte Erweiterung einer Vene.

Kran, Maschine zum Versetzen von Lasten, nach Ausführung als Dreh-, Lauf-, Portal-K. u. a. bezeichnet.

Kraniche, hochbein., langhals. Stelzvögel mit kräft. Schnabel; Bodennester in Sumpfgebieten, Nestflüchter.

Krankenhaus, öff. oder private Einrichtung des Gesundheitswesens zur stationären Aufnahme, Untersuchung, Überwachung und Behandlung erkrankter Personen; mit Abteilungen für Chirurgie, innere, Infektions-, Haut-, Augen-, Hals-Nasen-Ohrenkrankheiten, für Gynäkol. u. a. od. als spezialisiertes Krankenhaus.

Krankenkassen, gesetzl. Träger der *Krankenversicherung* (Körperschaften des öff. Rechts): 1. *Allg. Orts-K.* für Beschäftigte in Gewerbe u. Hauswirtschaft, 2. *Betriebs-K.* für gewerbl. Betriebe, 3. Knappschaftsversicherung für Beschäftigte im Bergbau, 4. *Land-K.* für Landwirtschaft und Wandergewerbe, 5. *Innungs-K.* für Angehörige des Handwerks, 6. *See-K.* für Angehörige seemänn. Berufe, 7. *Ersatzkassen,* freiwill. Mitgliedschaft versicherungspflicht. Angestellter [u. Arbeiter] u. freiwill. Weiterversicherter. – Daneben private K. *(Krankenversicherungen)* mit Leistungstarifen (Krankheitskosten, Krankenhaus-, Krankentagegeldversicherung); ↑auch Sozialversicherung.

Krankensalbung (Letzte Ölung), Sakrament im kath. u. orth. Kult, bei schwerer Krankheit von einem Priester (durch Salbung) gespendet.

Krankenversicherung ↑Krankenkassen.

Krankheit, komplementärer Begriff zu Gesundheit; umfasst: Einschränkungen od. Störungen der normalen organ. Funktionen des Organismus oder der spezif. menschl. (bzw. tier.) psych. Leistungen; morpholog. Abweichungen vom normalen Körperbau; einen Zustand des körperl. od. seel. Unwohlseins bzw. Leidens.

Krater [gr.], altgriech. Weinmischkrug.

Krater [gr.], kessel- od. trichterförm. Vertiefung d. Erdoberfläche.

Krätze (Skabies), durch Krätzmilben hervorgerufene juckende und entzündl. Hautkrankheit (Med.).

Kraul [engl.], die schnellste Schwimmart; die Arme werden wechselseitig über den Kopf geführt u. unter Wasser bis zur Hüfte durchgezogen, die Beine locker auf u. ab bewegt.

Kraus, Karl, * 1874, † 1936, östr. Schriftsteller; Aphorismen, Essays, Dramen u. Lyrik; bed. Zeitschrift „Die Fackel", mit scharfer Sprachkritik von K.; „Literatur und Lüge", „Die Sprache", „Die letzten Tage der Menschheit".

Kräuselkrankheit ↑Übers. S. 528 f.

Kräuter, Pflanzen, deren Stängel nicht od. nur z. T. verholzen; sterben am Ende einer Vegetationsperiode ganz od. teilweise ab.

Krautfäule ↑Übers. S. 528 f.

Kreation [lat.], [Mode]schöpfung.

Kreatur [lat.]: **1)** Geschöpf, Lebewesen; **2)** Günstling, Schurke.

Krebs, das Sternbild ↑Cancer.

Krebs: 1) im allg. Sprachgebrauch Sammelbez. für alle bösartigen Geschwülste (↑Karzinome, ↑Sarkome) u. Systemerkrankungen (z. B. Leukämie). – Im Ggs. zu gutartigen Geschwülsten dringen bösartige in Nachbargewebe ein u. zerstören diese. Sie bilden v. a. auf dem Lymph- u./od. Blutweg Absiedelungen (Tochtergeschwülste, Metastasen) in Lymphknoten und Organen. – Während viele tier. K.arten nachgewiesenermaßen virusbedingt sind, kommt beim Menschen wahrscheinl. nur für eine bösartige Lympherkrankung eine virusbedingte Entstehung in Frage. Krebsauslösend wirken im Tierversuch über 1 000 chem. Substanzen, die meisten davon wahrscheinl. auch beim Menschen. Da viele von ihnen zugleich Mutagene sind u. da auch Röntgenstrahlen, ultraviolette u. radioaktive Strahlen K. hervorrufen, ist man heute geneigt, alle Entstehungsweisen des K. auf eine Störung im Steuerungsmechanismus im Zellkern zurückzuführen, der die Zahl der Teilungen normalerweise begrenzt. K. ist sicher nicht vererbbar. Allerdings kann manchmal eine gewisse Anfälligkeit für K. bei best. Personengruppen festgestellt werden. – *Warnzeichen* für K. sind u. a.: jede nicht heilende Wunde u. jedes nicht heilende Geschwür; Knoten u. Verdickungen in od. unter der Haut – bes. im Bereich der Brustdrüse – sowie ungewöhnl. auffällige Lymphknotenschwellungen; jede Veränderung an einer Warze oder einem Muttermal. – Wird ein K. im Frühstadium erkannt und sofort behandelt, sind die Heilungsaussichten weitaus größer als in späteren Stadien. Ein Schwerpunkt der K.früherkennung liegt daher bei der regelmäßigen *Vorsorgeuntersuchung.* – *Behandlung:* viele feste Organtumoren können durch eine *Radikaloperation* entfernt werden. Oft wird anschließend eine chemotherapeut. Nachbehandlung durchgeführt. Die *Strahlentherapie* wird v. a. bei Primärtumoren und deren Ansiedlungen eingesetzt. Bei der *Chemotherapie* mit Zytostatika wird die Entwicklung und Vermehrung von K.zellen gehemmt. An Nebenwirkungen treten dabei Erbrechen, Haarausfall, Schleimhautschäden, Störungen der Blutbildung auf. – Entwickelt wurde auch eine K.therapie durch unspezif. Anregung der körpereigenen Abwehrkräfte, die *Immuntherapie.* Überzeugende Behandlungsergebnisse sind jedoch noch nicht erreicht worden. Auch der Virushemmstoff Interferon erfüllte nicht die in ihn gesetzten Erwartungen; **2)** (Pflanzen-K.) durch versch. Bakterien und Pilze verursachte Wucherungen, hpts. an höheren Pfl.; führen zum Zerfall der Gewebe in Einzelzellen u. zum Absterben der Pfl.; gefährl. v. a. *Kartoffel-, Obstbaum-, Tomaten-K.;* **3)** kontrapunkt. Verarb. von Themen, bei der das Thema rückwärts gelesen wird (♪).

Krebstiere (Krebse, Krustentiere, Krustazeen, Crustacea), Kl. kiemenatmender Gliederfüßer; primär Wassertiere, meist Meeresbewohner, Körper von Chitinpanzer bedeckt; 2 Paar Antennen, mehr als 4 Beinpaare; meist getrenntgeschlechtig, larvale Entwicklung.

Kredit [ital.], der einem Wirtschaftssubjekt für eine best. Zeit von einem Dritten gegen einen Preis (Zins) überlassene Geldbetrag (Darlehen).

Kredit [lat.], in der Buchhaltung die rechte Seite (Haben) eines Bestandskontos; Ggs. Debet.

Kreditgenossenschaften, gewerbl. u. landw. Genossenschaften zur Gewährung von Krediten an ihre Mitglieder.

Kreditinstitute, alle Unternehmen, die Bankgeschäfte im Sinne des § 1 des *Kreditwesenges.* von 1961 betreiben.

Kreditkarte, Ausweiskarte, die den Inhaber berechtigt, Leistungen von Vertragsunternehmen bargeldlos (durch Unterschrift) zu begleichen; Rechnung wird durch K.-Organisation bezahlt, die vom K.-Inhaber Zahlung verlangt.

Kredo (Credo) [lat.; = ich glaube], Glaubensbekenntnis.

Krefeld, krsfr. St. im Niederrhein. Tiefland, NRW, 249 600 E; LG; IHK; Zentrum der dt. Samt- u. Seidenind.; Textil-, Stahl-, Elektroind.; Masch.-, Waggonbau.

Kreide [lat.]: **1)** feinkörniges, v. a. aus $CaCO_3$ bestehendes ↑Sedimentgestein, aus Schalenresten niederer Tiere; weiß, weich; als Schreib-, Schlämm-K. u. a.; **2)** ↑Geologie, Formationstabelle.

kreieren [lat.], erschaffen, erwählen; erstmalig darstellen.

Kreis: 1) geschlossene Kurve, deren Pt. vom Mittelpt. die gleiche Entfernung *r (Radius)* haben; *K.umfang* $= 2\pi r$, *-fläche* $= \pi r^2$; **2)** (Reichs-K.) Einteilungseinheit des Röm. Reiches (1500 wurden 6,1512 10 R.-K.e gebildet); **3)** dt. Verw.-Einheit, Körperschaft des öff. Rechts (Gebietskörperschaft) mit teilw. Selbstverw., als *Land-* od. *Stadt-K.* (kreisunmittelb. Gem.).

Kreisauer Kreis, 1942 v. H. J. Gf. v. Moltke auf seinem Gut Kreisau versammelter, antinat.-soz., von relig. Kräften best. Kreis; beschäftigte sich mit einer zukünft. Staats- u. Gesellschaftsordn.; zahlr. führende Mitgl. nach dem ↑Zwanzigsten Juli hingerichtet.

Kreisel, um einen Festpt. rasch rotierender, meist rotationssymmetr., starrer Körper; die Tendenz des K.s, seine Drehachsenrichtung beizubehalten, wird im *K.kompass* (↑Kompass) u. in Stabilisierungsgeräten ausgenutzt.

kreisfreie Stadt, kreisunmittelbare Gemeinde, ↑Kreis 3).

Kreiskolbenmotor, der ↑Wankelmotor.

Kreisky, Bruno, * 1911, † 1990, östr. Politiker, 1959–66 Außenminister, 1967–83 Vors. der SPÖ; 1970–83 B.-Kanzler.

Kreislauf ↑Blutkreislauf; *K.störungen,* Störungen der Blutverteilung im Körper bei Herzerkrankungen od. mangelhafter Funktion peripherer Gefäße.

Kreisler, Fritz, * 1875, † 1962, östr.-amer. Geiger u. Komponist.

Kreißsaal, Entbindungsraum in Krankenhäusern.

Kreisstadt, Sitz der Behörde eines Kreises; ↑Kreis 3).

Kreis|tag, polit. Vertretung in einem Landkreis, hervorgegangen aus allg., unmittelbaren, freien, gleichen u. geheimen Wahlen.

B. Kreisky

Krematorium [lat.], ↑Feuerbestattung.

Kremer, Gidon, * 1947, russ. Violinist dt. Abkunft.

Kreml [russ.], befestigter, burgart. Stadtteil russ. Städte im MA; v. a. *K. v. Moskau* (die heut. Mauern und Türme z. gr. Teil 1485–95), nach 1918 Sitz des Obersten Sowjets u. der Reg.; Museen.

Kremplinge, Gatt. der Hutpilze mit herablaufenden gelbl. bis braunen Lamellen; giftig.

Krems an der Donau, niederöstr. St. an der Donau, 22 800 E; altes Stadtbild, ma. Gozzoburg, Pfarrkirche (fr. 17. Jh.); Walzwerk, Masch.- u. a. Industrie.

Kremsmünster, oberöstr. Ort an der Krems, 5 900 E; Benediktinerstift (gegr. 777, heutige Bauten hpts. 17./18. Jh.).

Křenek, Ernst [krʒ-], * 1900, † 1991, östr.-amer. Komponist; zahlr. Opern, Orchester-, Kammer- u. Vokalwerke.

Kreolen [span.], in Mittel- u. Südamerika Bez. für Nachkommen roman. Einwanderer *(weiße K.);* in Brasilien auch für die Nachkommen der Negersklaven *(schwarze Kreolen).*

Krepp (Crêpe) [frz.], Gewebe mit krauser Oberfläche (durch K.garne od. bes. Bindung).

Kresse, Bez. für versch. Kreuzblütlerarten (Brunnen-, Gänse-K. u. a.).

Kreta, griech. Insel im östl. Mittelmeer, 8336 km²; größte Stadt: Iraklion; gebirgiges Inneres (Karst), Mittelmeervegetation. – *Geschichte:* 2600–1200 v. Chr. Mittelpt. der kret. od. ↑minoischen Kultur; ab 1400 v. Chr. mehrfach Einwanderung griech. Stämme, 67 v. Chr. v. den Römern erobert, 1204 (4. Kreuzzug) venezian., 1669 osman., 1908/13 Anschluss an Griechenland.

Kretschmer, Ernst, * 1888, † 1964, dt. Psychiater u. Neurologe; begr. die Lehre von den ↑Körperbautypen.

Kreuder, Peter, * 1905, † 1981, dt. Komponist; Filmmusiken, 3 Operetten, zahlr. Schlager.

Kreutzberg, Harald, * 1902, † 1968, östr. Tänzer u. Choreograph des mim. Solotanzes.

Kreutzer: 1) Conrad (Conradin) K. (Kreuzer); * 1780, † 1849, dt. Komponist; zahlr. Opern u. Singspiele, „Das Nachtlager v. Granada"; **2)** Rodolphe, * 1766, † 1831, frz. Violinvirtuose u. Komponist; Beethoven widmete ihm die K.-Sonate (op. 47).

Kreuz, im Christentum Sinnbild der Passion Christi u. damit Symbol des christl. Erlösungsereignisses.

Kreuzbein, dreieckförm. Teil der Wirbelsäule, gebildet aus miteinander verschmolzenen Wirbeln; trägt das knöcherne Becken.

Kreuzblütler (Kruziferen), weltweit verbreitete Pflanzenfam., meist Kräuter od. Halbsträucher, einf., traub. Blütenstände; Frucht meist Schote od. Schötchen; u. a. Gemüsekohl, Raps, Rettich; Zierpfl.; Unkräuter.

Kreuz des Nordens, das Sternbild ↑Cygnus.

Kreuz des Südens, das Sternbild ↑Crux.

Kreuzdorn, Gatt. der K.gewächse; häufig dorn. Sträucher an fels. Abhängen; u. a. Faulbaum.

kreuzen, im Zickzackkurs gg. den Wind segeln.

Kreuzer: 1) nach dem urspr. aufgeprägten Kreuz ben. fr. Münze (Dtl., Östr.-Ungarn); **2)** fr. mittl. Kriegsschiff; heute schwer bewaffnetes, schnelles Schiff.

Kreuzgang, Wandelgang um einen meist quadrat. Binnenhof einer Klosteranlage.

Kreuzgelenk, svw. ↑Kardangelenk.

Kreuzigung, in der Antike häuf. Form der Todesstrafe.

Kreuzkraut (Greiskraut), Gatt. der Korbblütler; Kräuter od. [Halb]sträucher mit kl. bis gr. Blütenköpfchen, z. B. Aschenpflanze.

Kreuzotter, bis 85 cm lange, lebend gebärende, gift. Otter Europas u. N-Asiens; meist mit dunklem Zickzackband auf d. Rücken.

Kreuzritter: 1) Teilnehmer an einem Kreuzzug; **2)** Mitgl. eines geistl. Ritterordens.

Kreuzschnabel, Finkengatt. mit gekreuztem Schnabel.

Kreuzspinne, Radnetzspinne, weißes Kreuz auf dem Hinterleib.

Kreuzung: 1) Paarung erbversch. Paare; meist künstl. zw. versch. Rassen od. nah verwandten Arten zur Erzielung best. Merkmale u. Eigensch. (Biol.); **2)** Schnittpt. v. Verkehrswegen, höhengleich od. plankreuzungsfrei.

Kreuzverhör, Zeugen- u. Sachverständigenvernehmung durch Ankläger u. Verteidiger im ags. Rechtsbereich; im dt. Strafprozess beschränkt zugelassen.

Kreuzweg, kath. Andachtsform, Nachvollzug des Leidensweges Christi in 14 *Kreuzwegstationen.*

Kreuzzug: 1) allg.: Kriegszug gg. Feinde des [christl.] Glaubens; **2)** Kriegszug christl. Heere nach Vorderasien u. N-Afrika mit dem Ziel, die hl. Stätten in ihren Besitz zu bringen; 7 Kreuzzüge: *1. K.* 1096–99, 1099 Erstürmung Jerusalems; Gottfried von Bouillon „Vogt des Hl. Grabes". – *2. K.* 1147–49; veranlasst durch Bernhard v. Clairvaux; scheiterte schon auf dem Marsch in Kleinasien. – *3. K.* 1189–92; nach Einnahme Jerusalems durch Sultan Saladin; beteiligt: das dt. K.sheer unter Ks. Friedrich I. Barbarossa, Kg. Richard Löwenherz v. England u. Kg. Philipp II. August v. Frkr. – *4. K.* 1202–04; letzter allg. K.; Eroberung Konstantinopels, Errichtung des Lat. Kaiserreiches (1204–61); 1212 ↑Kinder-K. – *5. K.* 1228/29; Friedrich II. erhielt durch Vertr. Jerusalem (bis 1244). – *6. K.* 1248–54 u. *7. K.* 1270, v. Ludwig IX. v. Frkr. unternommen; 1291 Eroberung der letzten christl. Besitzung (Akkon) in Palästina durch die Muslime.

Kricket, engl. Schlagballspiel mit 2 Parteien zu je 11 Mann.

Kriechtiere, svw. ↑Reptilien.

Krieg, mit Waffengewalt ausgetragener Konflikt zw. 2 od. mehr. Staaten zur Durchsetzung polit., wirtsch., ideolog. u. mil. Interessen (↑auch Kriegsrecht); *Bürgerkrieg,* bewaffnete Auseinandersetzung zw. Interessengruppen um die Macht im Staat.

Kriegs|anleihe, v. der Bev. zur Aufbringung v. Kriegskosten gezeichnete staatl. Anleihe.

Kriegsbeschädigte, Personen, denen nach dem B.-versorgungsgesetz aufgrund ihrer im Krieg erlittenen gesundheitl. Schädigung Anspruch auf Versorgung zusteht.

Kriegsdienstverweigerung, Verweigerung des Wehr- od. Kriegsdienstes mit der Waffe; das Recht auf K. ist in der BRD im GG verankert; ↑auch Pazifismus.

Kriegs|erklärung, förml. Ankündigung krieger. Handlungen.

Kriegsgefangener, in Feindeshand befindl. Angehöriger der Streitkräfte; völkerrechtl. Status geregelt in der ↑Haager Landkriegsordnung u. im 3. Genfer Abkommen (1949).

Kriegsgräberfürsorge, das Bemühen um Auffindung, Gestaltung u. Pflege der Gräber u. Friedhöfe der im Krieg Getöteten; in der BRD *Volksbund Dt. K.* (gegr. 1919).

Kriegsmarine (Flotte), die Teilstreitkraft eines Staates, mit der dieser die Seemacht in Krieg u. Frieden ausübt.

Kriegs|opferversorgung, die staatl. Versorgung der durch mil. Dienstverrichtung, Kriegseinwirkung, Gefangenschaft u. a. gesundheitl. geschädigten Personen sowie der Witwen u. Waisen *(Kriegshinterbliebenenfürsorge);* geregelt im B.-versorgungsges. von 1950 mit mehrfachen Änderungen (gilt auch für Schädigung von Angehörigen der B.-Wehr).

Kriegsrecht: 1) völkerrechtl. Normen für Krieg führende Staaten zur Vermeidung grausamer u. unnöt. Leiden; auch Bestimmungen über die strafrechtl. Verfolgung best. Kriegsverbrechen; Bemühungen um ein K. seit Ende des 19. Jh.s (↑Haager Landkriegsordnung); **2)** die im Kriegsfall geltenden bes. innerstaatl. Rechtsnormen (↑Notstandsgesetze).

Kriegsverbrechen, von einer Krieg führenden Macht gg. Personen od. Sachgüter eines Feindstaats, eines besiegten od. gewaltsam besetzten neutralen Staats begangene schwer wiegende Verletzungen des Kriegsvölkerrechts (Fledderei, Plünderung, Unterdrückung der Zivilbev.); ↑auch Verbrechen gg. die Menschlichkeit.

Kriemhild, Hauptgestalt der Nibelungensage, Gattin Siegfrieds.

Krill [norweg.], in polarnahen Meeren massenhaft auftretendes tier. Plankton, v. a. Leuchtkrebse (u. a. der 6 cm lange K.krebs).

Krim, Halbinsel in der Ukraine, zw. Asowschem u. Schwarzem Meer, 25 500 km², Hptst. Simferopol; mit dem Festland durch die z. T. nur 6 km breite *Landenge von Perekop* verbunden; im N ebene Steppen, im S Jailageb. (bis 1 545 m); an der S-Küste subtrop. Vegetation; bed. Kurorte; Anbau von Wein, Südfrüchten, Tabak.

Kriminalität [lat.], Straffälligkeit; Gesamtheit der in einem Gebiet begangenen Verbrechen.

Kriminalpolizei, Zweig der Polizei für Verbrechensaufklärung, betraut mit Ermittlung u. Fahndung; ↑auch Interpol.

Krimkrieg, russ.-türk. Krieg 1853 bis 1856; nach Besetzung der Donauft. Moldau u. Walachei durch Russland Bildung einer Koalition gg. Nikolaus I.: Türkei, Großbrit., Sardinien u. Frkr.; Hauptkriegsschauplatz war die Krim; 1855 Eroberung der Festung Sewastopol; 1856 Friede v. Paris (u. a. Neutralisierung des Schwarzen Meeres).

Krimml, östr. Kurort u. Wintersportplatz im Oberpinzgau, 800 E; *K.er Wasserfälle* 380 m (3 Stufen).

Krinoline ↑Reifrock.

Kripo, Abk. für: **Kri**minal**po**lizei.

Krippenspiel, dramat. Darst. der Weihnachtsgeschichte.

Krishna, ind. Gott, gilt als eine der Inkarnationen Vishnus.

Krishna (Kistna), Fl. in Vorderindien, 1 250 km.

Kristall, Festkörper, in dem die atomaren Bausteine (Atome, Ionen, Moleküle) eine räuml. period. Anordnung *(K.gitter)* bilden. K.e entstehen aus Schmelzen, [übersättigten] Lösungen u. a. durch *Kristallisation.*

Kristallglas, Glas, das Blei-, Barium-, Kalium- und/oder Zinkoxid in best. Anteil enthält und weitere best. Bedingungen (Härte, Dichte) erfüllen muss; v. a. für Glasgefäße.

Kristallnacht, Bez. für das planmäß. organisierte, v. Angehörigen der NSDAP u. SA durchgeführte Pogrom gg. jüd. Bürger u. Synagogen in der Nacht vom 9. zum 10. Nov. 1938; 91 Morde, rd. 30 000 Verhaftungen, Zerstörung fast aller Synagogen u. von mehr als 7 000 jüd. Geschäften im Gebiet des Dt. Reiches; wurde als Ausfluss des „Volkszorns" hingestellt, obwohl auf Initiative v. J. Goebbels zurückgehend, sollte die jüd. Mitbürger zur Emigration bewegen.

Kristiania, früherer Name der norweg. Hptst. ↑Oslo.

Kristiansand [-'san], norweg. Ind.- u. Hafenst. am Skagerrak, 67 100 E; Hptst. v. Vest-Agder; ✈.

Kriterium [gr.], Unterscheidungsmerkmal; Kennzeichen.

Kritik [gr.]: **1)** [wiss., künstler.] Beurteilung, Infragestellung, Bewertung; **2)** Tadel; **3)** Unterscheidungsvermögen.

Kroatien

Fläche: 56 538 km²
Einwohner: (1995) 4,49 Mill.
Hauptstadt: Zagreb
Amtssprache: Kroatisch
Zeitzone: MEZ

kritisch: 1) streng prüfend; **2)** tadelnd; **3)** wiss. erläuternd; **4)** bedenkl.; **5)** im Gleichgewicht von Erzeugung u. Verlust der Neutronen im Kernreaktor befindl.; *k.e Masse* ↑Kernspaltung.

kritischer Rationalismus ↑Rationalismus.

Kritizismus, philos. Verfahren, das Erkenntnistheorie u. -kritik an den Anf. philos. Bemühens stellt; Ggs. Dogmatismus.

Kriwoi Rog, Stadt im Gebiet Dnjepropetrowsk, Ukraine, 724 000 E; Eisenerzgewinnung, Eisen- u. Stahlindustrie.

Krk (ital. Veglia), größte Adriainsel Kroatiens, 410 km², 20 000 E, Hauptort K.; gebirgig; Wein-, Ölbaum- u. Obstkulturen; Fischerei, Seebäder; ✈. – Seit 1980 Brücke zum Festland.

Kroati|en, Staat in SO-Europa; stark landw. genutzt; Anbau v. Mais, Weizen, Gemüse, Zuckerrüben, Zitrusfrüchten u. Wein; Viehhaltung; Bodenschätze: Bauxit, Erdöl, Erdgas; Ind. aufgrund d. serb.-kroat. Kriegs stark zurückgegangen; Häfen: Rijeka, Split. – *Gesch.:* Teil der röm. Prov. Pannonien, dann unter wechselnder Herrschaft, 1102 Personalunion mit Ungarn; im 16. Jh. teilw. von Türken erobert; 1699 an Habsburg, 1848/49 auf habsburg. Seite gg. Ungarn, 1849 östr. Kronland, 1867 zu Ungarn, 1868 weitgehend autonom; 1918 Teil Jugoslawiens; 1941 „Unabh. Staat K." mit faschist. Regime. 1990 führten Autonomiebestrebungen zur einseitigen Unabhängigkeitserklärung der „Rep. Kroatien", Konflikte mit der serb. Minderheit führten zu militär. Auseinandersetzungen mit serb. Milizen u. jugoslaw. Bundesarmee; Anfang 1992 internat. diplomat. Anerkennung durch die meisten europ. Staaten.

Krocket [engl.] (frz. croquet), Rasenspiel; 2 Parteien treiben mit langen Holzhämmern Kugeln durch 10 Tore (20 × 20 cm).

Kroetz, Franz Xaver, * 1946, dt. Schauspieler u. Dramatiker.

Krokodile [gr.] (Panzerechsen), Ordnung gr., vorw. Wasser bewohnender Wirbeltiere, Krebse u. Mollusken fressender Reptilien in [sub]trop. Gewässern u. Sümpfen; ↑Alligatoren, ↑Gaviale, *Echte K.* (u. a. *Nilkrokodil,* bis 10 m lang).

Krokus [gr.], Gatt. der Schwertliliengewächse; kl. Knollenpfl. mit grasartigen Blättern u. trichterförmiger Blütenhülle; Frühlingsblüher.

Krolow, Karl [-lo], * 1915, dt. Lyriker; „Wind und Zeit".

Kromlech ↑Übers. Vorgeschichte.

Kronach, bayr. Krst. in Oberfranken, 18 600 E; altertüml. Stadtbild; Porzellan-, Elektroindustrie.

Kronberg im Taunus, hess. St. am S-Hang des Taunus, 17 800 E; Luftkurort.

Krone: 1) Rangabzeichen, Teil der Insignien des Herrschers; urspr. Diadem, dann glatter od. edelsteinverzierter Reif, später mit Flammen (Lilien) u. Bügeln versehen (↑Reichsinsignien); **2)** Währungseinheit versch. Staaten (z. B. Dänemark, Island, Schweden, Norwegen, Tschech. Republik).

Kronkolonie, Bez. für eine von einem Gouverneur verwaltete brit. Kolonie, z. B. Gibraltar.

Kronländer, ab 1804 die in Personal- u. Realunion zur Habsburgermonarchie gehörenden Länder.

Kronrat, Ministerrat unter dem Präsidium des Monarchen.

Kronstadt: 1) (rumän. Brasov) rumän. St. am N-Rand der S-Karpaten, Mittelpt. des ↑Burzenlandes, 323 700 E; Reste der St.-Befestigung, spätgot. „Schwarze Kirche"; Univ.; Ind.-Zentrum. – Anf. des 13. Jh.s vom Dt. Orden gegründet; **2)** russ. Handels-, Kriegshafen u. Festung auf der Insel Kotlin westl. v. St. Petersburg, 40 000 E.

Kronzeuge, im ags. Strafprozess ein Mittäter als Zeuge der Anklage (bleibt straffrei); neuerdings eingeschränkt auch im dt. Strafprozessrecht.

Kropf: 1) (Struma) Schilddrüsenvergrößerung, meist mit hormonaler Unter- od. Überfunktion der Schilddrüse; **2)** (Ingluvies) bei Vögeln Erweiterung der Speiseröhre.

Krösus, * um 595, † 547 (?) v. Chr., s. etwa 560 letzter Kg. v. Lydien; v. Kyros II. besiegt; sein unermessl. Reichtum wurde sprichwörtlich.

Kröten, Fam. plumper, kurzbein. Froschlurche mit drüsig-warziger, oft Giftstoffe enthaltender Haut; feuchtigkeitsliebende Nachttiere; in Europa Erd-, Kreuz- u. Wechselkröte.

Krötentest ↑Schwangerschaftsreaktion.

Kroton, griech. Kolonie in Süditalien, 710 v. Chr. gegr.; 277 v. d. Römern erobert, 194 v. Chr. Bürgerkolonie; heute Crotone.

Krug, Manfred, * 1937, dt. Schauspieler, Jazzinterpret u. Sänger; auch in Fernsehserien.

Kruger, Paulus, ['kryxər], gen. Oom Paul, dt. auch Ohm Krüger, * 1825, † 1904, südafrik. Politiker; 1883–1902 Präs. von Transvaal. Die *Krügerdepesche,* Glückwunschtelegramm K. Wilhelms II. an K. (1896) zur erfolgreichen Abwehr des brit. Überfalls unter Jameson, hatte eine Krise der dt.-brit. Beziehungen zur Folge.

Krüger: 1) Franz, * 1797, † 1857, dt. Maler des Biedermeiers; **2)** Hardy, * 1928, dt. Schauspieler u. Schriftsteller.

Krüger-Nationalpark, Naturschutzgebiet u. Wildreservat in Transvaal, Republik Südafrika; 19485 km².

H. Krüger

Krummstab, Bischofsstab.

Krümmung, Abweichung einer Kurve (Fläche) von der Geraden (Ebene).

Krümpersystem, Scharnhorsts preuß. Reservetruppensystem 1808 bis 1812, kurzfrist. Ausbildung v. Rekruten *(Krümper),* da das Heer auf 42000 Mann beschränkt war (Pariser Vertrag von 1808).

Krupp: 1) Alfried K. v. Bohlen u. Halbach, * 1907, † 1967, dt. Industrieller; im K.-Prozess in Nürnberg anstelle seines Vaters zu 12 J. Haft verurteilt, 1951 entlassen; **2)** Friedrich Alfred, * 1854, † 1902, dt. Industrieller; erweiterte das Unternehmen seines Vaters (Alfred K.); heute Weltkonzern der Montanind.; 1968 Umwandlung in eine Kapitalges. u. Einbringung in die 1967 gegr. *Alfried K. v. Bohlen u. Halbach-Stiftung* (größte dt. Stiftung).

Krupp, Kehlkopfentzündung, -einengung u. -verschleimung; u. a. bei Diphtherie; symptomat. ähnl. der z. T. spast. bedingte *Pseudo-K. (falscher K.),* verursacht durch Eitererreger, Grippeviren, Reizstoffe in der Atemluft.

Kruse, Käthe, geb. Simon, * 1883, † 1968, dt. Kunsthandwerkerin; bek. durch die Käthe-K.-Puppen.

Krüss, James, * 1926, † 1997, dt. Schriftsteller, seine Jugendlit. wurde mehrfach ausgezeichnet.

Krustentiere, svw. ↑Krebstiere.

Kruzifix[us] [lat.], plast. od. gemalte Darst. des gekreuzigten Christus.

Kryomagnet, mit supraleitenden Spulen (ohne Eisenkern) ausgerüsteter Elektromagnet.

Kryopumpe, Einrichtung der Ultravakuumtechnik, bei der ein Teil der Wandung des Behälters stark gekühlt wird, sodass dort Gasmoleküle kondensieren.

Krypta [gr.], urspr. Katakombengrabraum, dann [halb] unterird. Kultraum unter dem Chor einer Kirche; als Grabstätte verwendet.

krypto..., Krypto... [gr.], Bestimmungswort; Bed.: „geheim, verborgen".

Kryptogamen [gr.], blütenlose Pfl., z. B. Moose, Farne; Ggs. Phanerogamen.

Kryptogramm [gr.], Geheimtext, verschlüsselter Text.

Krypton, chem. El., Symbol Kr, OZ 36, rel. A.-Masse 83,80, Edelgas; Dichte 3,733 g/l, Fp. –157,02 °C, Sp. –153,35 °C; gehört zu den seltensten El.; wird aus Luft gewonnen; verw. als Glühlampenfüllung.

KSZE, Abk. für **K**onferenz über **S**icherheit u. **Z**usammenarbeit in **E**uropa (Europ. Sicherheitskonferenz), Konferenz v. 35 europ. Staaten, Kanada u. den USA, am 3. 7. 1973 in Helsinki eröffnet; 30. 7.–1. 8. 1975 Unterzeichnung der Schlussakte: Erklärung der Teilnehmerstaaten u. a. über Gewaltverzicht, Achtung der territorialen Integrität, der Menschenrechte u. Grundfreiheiten, der Gleichberechtigung u. des Selbstbestimmungsrechts der Völker, über zwischenstaatl. Zusammenarbeit. Folgekonferenzen: 1977/78 in Belgrad, 1980–83 in Madrid, 1986–89 in Wien; 1990 auf Pariser KSZE-Gipfeltreffen Abrüstungsvereinbarungen u. Verpflichtung zur Einhaltung v. Menschen- u. Grundrechten sowie Bekenntnis zu Privateigentum u. Marktwirtschaft. 1995 umbenannt in Organisation für Sicherheit und Zusammenarbeit in Europa (OSZE).

Kuala Lumpur, Hptst. von Ma-

Kuala Lumpur.
Regierungsgebäude

laysia, 1,23 Mill. E; Univ.; Zinn-, Kautschukhandel; ⚓; Port Swettenham; ✈.

Kụba: 1) größte Insel der Gr. Antillen, 105 007 km²; **2)** (Cuba) Rep. in Mittelamerika, besteht hpts. aus 1), dazu zahlreiche kleine, küstennahe Inseln und Inselgruppen; größtenteils Hügelland, im S Gebirge bis 1 972 m; trop. Seeklima. *Landw.:* Zuckerrohr- u. Tabakplantagen, ferner Kaffee-, Reis-, Sisal-, Bananen- u. Baumwollanbau, Südfrüchte; bedeutende Rinderzucht; an der S-Küste Schwammfischerei. *Bodenschätze:* Eisen, Chrom, Nickel, Mangan, Gold, Erdöl. *Ind.:* Zucker-, Ölraffinerien, Textil-, Tabakind. *Ausfuhr:* Zucker, Tabak, Kaffee, Südfrüchte, Hölzer; amer. Mil.-Stützpunkt Guantánamo an der S-Küste. – *Gesch.:* 1492 von Kolumbus entdeckt, 1511–1898 span., von den USA besetzt, seit 1902 Rep. (bis 1934 Interventionsrecht der USA); 1958 Revolution unter Führung F. Castros, seitdem Aufbau eines sozialist. Staates; Abwendung v. den USA, Anlehnung an die UdSSR. Wegen Errichtung sowj. Raketenbasen auf K. im Herbst 1962 *K.krise:* Nach Blockade K.s durch die USA Einlenken der UdSSR; 1978 nach 16-jähr. Unterbrechung Wiederaufnahme des regelm. kommerziellen Luftverkehrs zw. K. u. den USA. Mitgl. der UN.

Kuba

Fläche: 110 860 km²
Einwohner: (1995) 11,04 Mill.
Hauptstadt: Havanna
Amtssprache: Spanisch
Zeitzone: MEZ –6 Stunden

Kụbelík, Rafael, * 1914, † 1996, schweiz. Dirigent und Komponist tschech. Herkunft; Opern, Sinfonien, Vokalwerke.

Kubịk... [lat.], Bestimmungswort; Bed.: „dritte Potenz"; *K.inhalt,* Volumen; *K.wurzel,* 3. Wurzel aus einer Zahl. *K.zahl,* 3. Potenz einer Zahl.

Kubịn, Alfred, * 1877, † 1959, östr. Grafiker und Schriftsteller.

kụbische Gleichung, Gleichung 3. Grades, enthält die Unbekannte in der 3. Potenz.

Kubịsmus [lat.], mod. Kunstrichtung des fr. 20. Jh.s; ausgehend v. P. Cézanne, s. 1907 vertreten v. P. Picasso, G. Braque, J. Gris; Auflösung des Organ. in geometr. Formen, Betonung des Kub., Simultandarst. als Folge der zerlegenden Strukturprinzipien.

Kubrick, Stanley [ˈkju:-], * 1928, † 1999, amer. Filmregisseur („2001: Odyssee im Weltraum").

Kụbus [gr.], Würfel; dritte Potenz.

Küchenschabe (Kakerlak), 20 bis 30 mm lange, schwarzbraune Schabe; nächtl. Vorratsschädling.

Kuckucke, weltweit verbreitete Vogelfam.; häufig Brutparasiten, wie der heim., 33 cm gr. *Kuckuck.*

Kụdus [afrik.], mittelgr. bis gr. Antilopenarten der afrik. Steppen.

Kụfra, Oasengruppe in SO-Libyen; größte Oasen El-Djot (Hauptort), Sighan u. Tasirbu; Dattelpalmenkulturen; Umschlagplatz der Karawanen.

Kụfstein, östr. Grenzst. am Inn, 13 500 E; vielseit. Industrie.

Kugel, gleichmäßig gekrümmte, allseitig geschlossene Fläche, deren Punkte v. einem festen Mittelpt. gleichen Abstand *(Radius r)* haben; auch der von dieser Fläche begrenzte Körper; die K.oberfläche ist $4\pi r^2$, der Inhalt $\frac{4}{3}\pi r^3$.

Kugelblitz, seltene Blitzart, grell leuchtend; Existenz wiss. noch nicht nachgewiesen.

Kugelstoßen, leichtathletische Übung mit mass. Metallkugel (7,257 kg f. Männer, 4 kg f. Frauen).

Kụgler, Franz, * 1808, † 1858, einer der Begr. der Kunstwiss.

Kuh|antilopen, Antilopen der afrik. Steppen u. Savannen, u. a. ↑Hartebeests, ↑Gnus.

Kühlschrank ↑Kühlverfahren.

Kühlverfahren, einfachstes K.: therm. Kontakt mit Eis des Wassers (0 °C) od. des Kohlendioxids (Trockeneis; –80 °C); beide schmelzen (bzw. verdampfen) unter Wärmeaufnahme aus der Umgebung, die dadurch abkühlt; auf Verbrauch v. Lösungswärme beruhen *Kältemischungen,* z. B. Eis mit Kochsalz, auf Verbrauch v. Verdampfungswärme *Kompressions-* (Entzug v. Verdampfungswärme bei Verdampfung v. zuvor verdichtetem Ammoniak u. a.) u. *Absorptionsverfahren (Kältemaschinen);* daneben *thermoelektr. Kühlung; Kühlschränke* arbeiten vorw. nach dem Kompressions- od. Absorptionsverfahren.

Kubismus. *Fernand Léger, Die Kartenspieler (1917)*

Kugelblume, Gatt. der K.ngewächse; Kräuter u. Halbsträucher mit kugel. blauen Blütenständen; Alpen, Mittelmeergebiet.

Kugelfische, [sub]trop. Korallenfische; blähen sich zur Abschreckung kugelig auf.

Kugelgelenk: 1) Gelenkverbdg. für Masch.-Teile, bei der sich eine Kugel in einer Hohlkugel dreht; nach allen Richtungen drehbar; **2)** Gelenkform, ermöglicht Bewegungen nach allen Richtungen, z. B. Schultergelenk des Menschen.

Kugelhaufen, kugelförmiger ↑Sternhaufen (100 000 bis 50 Mill. Sterne), Anslg. vieler kugelsymmetr. angeordneter Sterne.

Kugellager, Achslager mit Kugeln zw. Lagerbett u. Achse, setzen die Reibung stark herab.

Kụhnau, Johann, * 1660, † 1722, dt. Komponist; als Thomaskantor in Leipzig Vorgänger J. S. Bachs.

Kuhpocken (Rinderpocken), virusbedingter, mild verlaufender Hautausschlag mit Pustelbildung bei Rindern; Übertragung auf den Menschen möglich.

Kụibyschew, 1935–91 Name von ↑Samara.

k. u. k., Abk. für: **k**aiserl. **u. k**gl. (im ehem. Östr.-Ungarn vor Namen von Behörden beider Reichsteile).

Ku-Klux-Klan [ku:kluks'kla:n; engl.], polit. Geheimbund im S der USA; gegr. nach dem Sezessionskrieg; gg. die Gleichberechtigung der Schwarzen; streng hierarch. Aufbau, ordensähnl. Ritus, Symbole (Flammenkreuz) und Tracht (schwarze, später weiße Kutte, spitze Kapuze); 1871 verboten; lebte im 1. u. nach dem 2. Weltkrieg wieder auf, nun auch gg. Juden, Katholiken, Ausländer u. a.

äußerungen einer Menschengruppe, zeitl. u. örtl. begrenzt; **2)** Bildung, verfeinerte Lebensweise; **3)** Zucht v. Bakterien, Pflanzen u. a.

Kulturgeschichte, Ablauf u. Wandlung der ↑Kultur 1), dargestellt durch die *Kulturgeschichtsschreibung.*

Kulturkampf, Konflikt zw. d. preuß. Staat u. der kath. Kirche 1871–78 (87); staatl. Maßnahmen (u. a. Zivilehe, Verbot der Jesuiten, staatl. Schulaufsicht); schließl. Einlenken Bismarcks; heute allg. für Konflikt zw. Staat u. Kirche.

Ku-Klux-Klan. *Mitglieder*

Kulak [russ.], Bez. für den ehem. russ. Mittel- und Großbauern. 1928–30 wurden die K.en als feindl. „Klasse" liquidiert.

Kulisse [frz.], Dekorations-, Seiten-, Schiebewand beim Theater.

Kulmbach, Hans v., eigtl. Hans Suess, * um 1480, † 1522, dt. Maler; Altäre, Bildnisse, Zeichnungen, Holzschnitte; dreiteilige Gedächtnistafel für Propst Lorenz Tucher.

Kulmbach, bayr. Krst. am Weißen Main, 28 400 E; überragt von der Plassenburg (Renaissance); bed. Brauereien, Textilindustrie.

kulminieren: 1) den Höhept. erreichen; **2)** Durchgang eines Gestirns durch die Mittagslinie.

Kult [lat.]: **1)** sichtb. Form relig. Erlebens einer Gemeinschaft als Zeichen ihrer Verbundenheit mit Gott; gebunden an Ritus u. hl. Orte; als Gottesdienst, Opfer u. Gebet; **2)** übertriebene Verehrung einer Person, übertriebene Sorgfalt im Umgang mit etwas.

Kultur [lat.]: **1)** Gesamtheit der geist., künstler. und prakt. Lebens-

Kulturrevolution, von Lenin konzipierter Begriff, der d. Formung eines neuen sozialist. Menschen durch Einübung neuer soz. Verhaltensnormen postuliert; bes. Bed. hat die chin. K. unter Mao Zedong (1965–69).

Kumasi, Stadt in S-Ghana, 489 000 E; Univ.; Handels- u. Verkehrszentrum; Textil-, Holz- u. a. Ind.; ⚒.

Kümmel, Doldenblütler; Gewürzpfl., auch wild vorkommend.

Kumran (Qumran), 1947 über dem Wadi K. nahe dem NW-Ufer des Toten Meeres entdeckte Höhlen mit Schriftrollen (etwa 3. Jh. v. bis 1. Jh. n. Chr.): Bibelhandschriften, Bibelkommentare; daneben Regeln für die Gemeinde *(Sektenregel),* liturg., gesetzl. *(Kriegsregel)* u. theol. Texte der einst hier ansäss. jüd. Sondergemeinde.

Kumulus [lat.], Haufenwolke, unten flach, Oberteil kuppenartig; „Schönwetterwolke".

Kündigung, einseit. Erklärung der Beendigung eines Rechtsverhältnisses gegenüber dem Vertr.-Partner.

Kündigungsschutz, gesetzl. Schutz eines Vertr.verhältnisses vor Kündigung durch den wirtsch. stärkeren Vertragspartner (Arbeitgeber, Wohnungsvermieter).

Kunersdorf, Gem. östl. von Frankfurt (Oder); bei K. Niederlage Friedrichs d. Gr. 1759.

Küng, Hans, * 1928, schweizer. kath. Theologe. Lehrt in Tübingen, außerh. der kath. theol. Fakultät, da ihm, v. a. wegen seiner krit. Haltung in der Frage der Unfehlbarkeit des Papstes, 1979 die kirchl. Lehrbefugnis entzogen wurde.

Kunlun, etwa von W nach O verlaufendes Gebirgssystem Zentralasiens, z. T. vergletschert; von den Ostketten des Pamir ausgehend, begrenzt es das Hochland v. Tibet im N u. umfasst im S das Tarimbecken; weiter östl. Aufgliederung in mehrere Gebirgsketten (*Prschewalski-, Marco-Polo-Geb.* u. a.), bis 7 723 m.

Kunming, Hptst. der südchin. Prov. Yunnan, 1,12 Mill. E; Univ.; Metallind.; ⚒.

Künneke, Eduard, * 1885, † 1953, dt. Operettenkomponist; „Der Vetter aus Dingsda", „Glückl. Reise".

Kunst, Bez. für die Gesamtheit des von Menschen Hervorgebrachten, das nicht durch eine Funktion eindeutig festgelegt oder darin erschöpft ist, zu dessen Voraussetzungen hohes u. spezif. Können gehört u. das sich durch seine gesellschaftl. Geltung als Ausdruck von Besonderheit auszeichnet. Im heutigen Verständnis ist diese Gesamtheit in die Teilbereiche Literatur, Musik, die bildenden u. die darstellenden Künste gegliedert.

Kunstdruckpapier, für Illustrationsdruck bes. geeignetes Papier mit beschichteter (gestrichener) Oberfläche.

Kunstdünger ↑Düngemittel.

Kunstfasern, svw. Chemiefasern (↑Fasern).

Kunstfehler, einem Arzt durch schuldhafte Verletzung best. wiss. anerkannter Grundsätze unterlaufener Fehler; begründet Haftung.

Kunstgewerbe, zweckgebundene, „angewandte" bildende Kunst, nach Material unterschieden in Goldschmiedekunst, Email, Keramik, Schnitzerei.

Kunstharze, Kunststoffe, die eine ähnl. Konsistenz wie Naturharze haben.

Kunstleder, lederähnl. Produkte auf Kunststoffbasis.

künstliche Befruchtung, die Befruchtung von Eizellen durch künstl. Übertragung von Sperma. I. e. S. spricht man von k. B., wenn Eizelle u. Sperma in einem Reagenzglas zusammengebracht werden (In-vitro-Fertilisation, extrakorporale Befruchtung). Seit 1990 ist die Kostenübernahme für die k. B. durch die Krankenkassen gesetzl. geregelt (Ei- u. Samenzellen müssen vom Ehepaar stammen).

künstliche Intelligenz, die Fähigkeit spezieller Computerprogramme, die menschl. Intelligenz (in best. Bereichen) nachzuvollziehen u. ihr vergleichbare Leistungen zu erbringen, insbes. Informationen schnell zu kombinieren u. entspr. Schlüsse daraus zu ziehen. Nutzung der k. I. v. a. in ↑Expertensystemen zur medizin. Diagnostik.

künstliche Niere (Dialysegerät), Vorrichtung zur Entfernung des Reststickstoffs u. a. harnpflicht. Substanzen aus dem Blutkreislauf beim Versagen der Nieren.

künstlicher Horizont (Kreiselhorizont), Kreiselgerät, das dem Flugzeugführer die Lage des natürl. Horizonts (relativ zur Fluglage) anzeigt.

Kunstmärchen ↑Märchen.

Kunststoffe (Plaste, Plastomere), makromolekulare Werkstoffe, die durch chem. Umwandlung von Naturstoffen (z. B. Holz, Naturkautschuk) oder v. a. vollsynthet. (aus Erdöl, Kohle usw. als Ausgangsmaterialien) hergestellt werden.

Kunze, Reiner, * 1933, dt. Schriftsteller u. Kinderbuchautor; gesellschafts- u. sozialkritische Lyrik.

Kuomintang, chin. demokrat.-nat. Partei, 1912 v. Sun Yat-sen gegr.; spielte unter Chiang Kai-shek (seit 1925) eine bed. Rolle, beherrschte zeitweise ganz S-China; konnte sich im Bürgerkrieg gg. die Kommunisten nicht behaupten; s. 1949 auf Taiwan beschränkt.

Küpenfarbstoffe, Farbstoffe, die sich durch chem. Reduktion in lösl. Stoffe umwandeln lassen u. in dieser Form auf das Gewebe gebracht werden, durch anschließende Oxidation bildet sich der Farbstoff auf den Fasern zurück.

Kupfer, chem. El., Symb. Cu (von lat. Cuprum), OZ 29, rel. A.-Masse 63,546; rötl. glänzendes Metall, das gut Strom u. Wärme leitet; Dichte 8,94 g/cm³, Fp. 1083 ± 0,1 °C, Sp. 2595 °C; Vorkommen v. a. in Form von Erzen, K.kies, K.glanz; verw. v. a. für Elektroartikel (Leitungen, Motorentwicklungen, Spulen); Wärmeüberträger (Rohre, Kessel) usw. K.verbdg. sind für niedere Tiere u. Pfl. starkes Gift.

Kupferkies, $CuFeS_2$, häufigstes Kupfermineral, wicht. Erz.

Kupferstich, ältestes Tiefdruckverfahren, bei dem die Zeichnung mit Grabstichel od. kalter Nadel in die Kupferplatte eingeritzt wird; s. etwa 1400, zunächst in Süddtl.; ältester datierter Stich v. 1446; herausragend in der Frühzeit: Meister E. S., M. Schongauer, A. de Pollaiuolo u. A. Mantegna; am bedeutendsten ist A. Dürer; weiterhin: L. Cranach d. Ä.; A. Altdorfer, Wolf Huber; Marcantonio Raimondi reproduzierte als Erster Gemälde durch K.; letzter Höhept. der frz. Farbstich des 18. Jh.s. – Abb. S. 384.

Kupfervitriol (Kupfersulfat), Kupfersalz der Schwefelsäure, $CuSO_4 \cdot 5H_2O$; verw. u. a. zur Algenbekämpfung u. für galvan. Bäder.

Kupon [-pɔŋ; frz.], (Coupon), Zins- od. Dividendenschein zur Einlösung der Erträge aus festverzinsl. Wertpapieren bzw. Aktien.

Kuppelei, gewohnheitsmäß. od. eigennütz. Vorschubleistung zu sexuellen Handlungen; bei Minderjährigen unter 16 J. strafbar.

Kupplung, meist lösb. Verbdg. zw. Masch., Maschinenteilen, Wellen u. Fahrzeugen, z. B. *Einscheiben-Reibungs-K.* bei Kfz.

Kur: 1) Heilverfahren; **2)** veraltet für Wahl; ↑Kurfürsten.

Kür, Teil eines sportl. Wettkampfes; Zusammenstellung v. Bewegungsfolgen, die der Wettkämpfer nach eigenem Ermessen aussucht.

Kurare [indian.], Extrakt versch. Strychnosarten und Mondsamengewächse; Pfeilgift südamer. Indianer, in der Med. zur Herabsetzung des Muskeltonus bei chirurg. Eingriffen verwendet.

Kürassiere [frz], schwere Kavallerie ab Ende des 15. Jh.; Ausrüstung: Brustharnisch (Kürass), Korbdegen, Lanze, später Karabiner.

Kuratorium, Aufsichtsgremium.

Kümmel. *Echter Kümmel*

Kurbel, einarm. Hebel zum Drehen einer Welle.

Kurbelwelle, gekröpfte Welle, von der Pleuelstange angetrieben.

Kürbisgewächse, kraut., rankende Pfl. mit z. T. gr. Beerenfrüchten; essb. Früchte v. a. Kürbis.

Kurden, Volk in Kurdistan, einem Gebiet zw. Taurus, Sagrosgeb. und Gr. Kaukasus, im O der Türkei, dem Irak und Iran; meist Ackerbauern u. Halbnomaden; Muslime. Anhaltende krieger. Auseinandersetzungen mit der jeweiligen Staatsmacht aufgrund kurd. Autonomiebestrebungen; in den 90er-Jahren Kämpfe zw. türk. Truppen u. der Arbeiterpartei Kurdistans (PKK) verschärft, A. Öcalan, Gen.-Sekr. der PKK, 1999 in der Türkei zum Tode verurteilt.

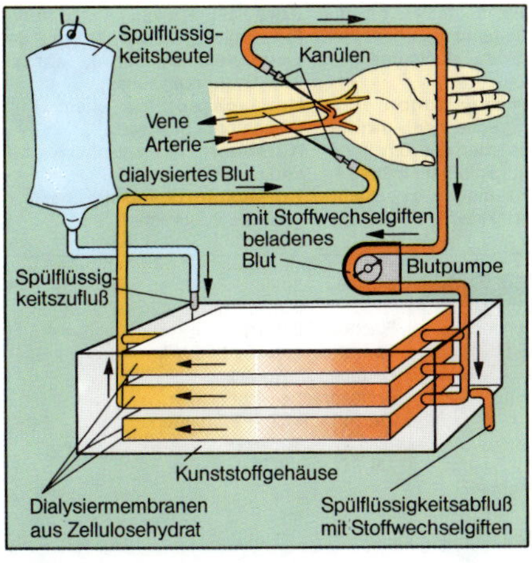

künstliche Niere. *Funktionsschema*

Kupferstich. *Antonio del Pollaiuolo, Kampf der nackten Männer (um 1475)*

Kure, jap. Hafen- u. Ind.-St. auf Honshū, 227 000 E.

Kürettage [-'taʒə; frz.], Auskratzung eines Hohlorgans, insbes. der Gebärmutterhöhle, zu therapeut. od. diagnost. Zwecken mit der *Kürette.*

Kurfürsten, im Hl. Röm. Reich Fürsten, die s. dem 12. Jh. bevorrechtigte (1198), später allein. Wähler (ab 1257) des Kg. waren: die Erzb. von Mainz, Köln u. Trier, der Pfalzgraf bei Rhein, der Hzg. v. Sachsen, der Markgf. v. Bbg. u. der Kg. v. Böhmen; 1623 erhielt Bayern die pfälz. Kur, die 1777 mit der neuen pfälz. Kur (s. 1648) zusammenfiel; 1692 erhielt Hannover die Kurwürde; 1803 neue K.tümer (Salzburg, Baden, Württ., Hessen-Kassel, Regensburg), aufgehoben die von Trier u. Köln; s. 1806 bedeutungslos.

Kurhessen, 1803–66 Bez. für das Kurfürstentum Hessen, die fr. Landgft. Hessen-Kassel.

Kuri|e [lat.]: **1)** älteste Einteilungsform der röm. Bürgerschaft (30 K.), später auch Vers.ort des Senats; **2)** die Leitungsorgane des Apostol. Stuhles; auch der ges. päpstl. Hof.

Kuri|enkongregationen (fr. Kardinalskongregationen), ministerienartige Behörden der röm. Kurie.

Kurier [frz.], (diplomat.) Eilbote.

Kurilen, Inselbogen zw. Kamtschatka u. Hokkaidō, 15 600 km²; gebirg. Vulkaninseln; Pelztier- u. Fischfang. Seit 1945 sowjet. (russ.), Japan verlangt Rückgabe.

Kurisches Haff, Ostseehaff im Gebiet der Memelmdg., 1 619 km², von der Ostsee getrennt durch die 98 km lange *Kurische Nehrung* (Landstreifen mit Dünen).

Kurkuma [arab.], Gatt. der Ingwergewächse; einige Arten liefern den Farbstoff *Kurkumin* (Indikator; Braunfärbung von *Kurkumapapier* in Laugen).

Kurland, histor. Ldsch. in Lettland westl. u. südl. der Düna. – ↑auch Livland.

Kurmark, 1356–1806 Kurland der Mark Brandenburg, s. 1815 Teil der Prov. Brandenburg.

Kurosawa, Akira, * 1910, jap. Filmregisseur u. Produzent; „Rashomon", „Die sieben Samurai".

Kuroshio [japan.], warme Meeresströmung im westl. Pazifik.

Kurpfalz ↑Pfalz.

Kurrentschrift (Kursive), [Schreib]schrift mit untereinander verbundenen Buchstaben.

Kurs [lat.]: **1)** Weg, Fahrtrichtung; **2)** Lehrgang, Kursus; **3)** Preis der Wertpapiere, Devisen u. vertretb. Sachen (Börsenwesen).

Kur|sachsen, das ehem. Kurfürstentum ↑Sachsen.

Kursbuch, Fahrplanbuch öff. Verkehrsmittel.

Kursivschrift, schräg nach r. geneigte Druckschrift.

Kursk, russ. St. nördl. von Charkow, 424 000 E; Eisenerzlager.

Kurtisane [frz.], fr. für Geliebte.

Kurtschatovium [n. dem russ. Physiker I. W. Kurtschatow, * 1903, † 1960], von russ. Forschern vorgeschlagene Bez. für das Element 104, ein Transactinidenelement, OZ 104; anderer Namensvorschlag: *Rutherfordium.*

Kurve [lat.]: **1)** gekrümmte Linie (einschl. der Geraden); *ebene K.n: Gerade, Kreis, Ellipse* u. a.; *Raum-K.n: Schraubenlinie* u. a. K.n werden math. beschrieben durch Gleichungen zw. den Koordinaten ihrer Punkte; **2)** Krümmung, z. B. *Straßenkurve.*

Kurverein von Rhense, Vers. der Kurfürsten in Rhens am Rhein (1338), die festlegte, dass der v. den Krfst. gewählte Kg. nicht der päpstl. Bestätigung bedürfe; zum Reichsges. erhoben.

Kurz: 1) Hermann, * 1813, † 1873, Vater von 2), dt. Schriftsteller; **2)** Isolde, * 1853, † 1944, dt. Schriftstellerin; Gedichte, Erzählungen, Novellen; „Florentiner Novellen".

Kurz|arbeit, herabgesetzte Arbeitszeit, u. a. bei Auftragsmangel; der Arbeitnehmer erhält bis zu einem best. Prozentsatz seines bisherigen Entgelts Kurzarbeitsgeld.

Kürzel ↑Kurzschrift.

Kurzgeschichte, ep. Kleinform, knappe Darst. eines Geschehens, das geradlinig einer zwingenden Lösung zustrebt; Ursprung in der angloamer. *Shortstory.*

Kurzschluss, fast widerstandslose Verbdg. der Pole einer elektr. Stromquelle; Schutz: Stromkreisunterbrechung durch Sicherung od. Überstromschalter.

Kurzschrift (Stenografie), Schrift, die bes. schnelles Schreibtempo durch flüss. Linienführung u. Kurzzeichen ermöglicht; *Verkehrsschrift* u. *Eilschrift (Debattenschrift); geometr. K.* verw. geometr. Formen (Linie, Kreis usw.), die *kurs. K.* Teilzüge der Langschrift; bed. Verkürzung durch fest stehende Kurzformen *(Kürzel, Sigel);* erste mod. K. v. dem engl. Pädagogen *J. Willis* († 1628); seit 1924 ↑Dt. Einheitskurzschrift.

Kurzsichtigkeit (Myopie), Brechungsfehler des Auges (Augenachse gegenüber der Brechkraft von Linse u. Hornhaut zu lang); einfallende [Parallel]strahlen werden vor der Netzhaut vereinigt.

Kurzwellen, elektromagnet. Wellen mit Wellenlängen von 10–100 m (Frequenz 3–30 MHz); gr. Reichweite; wichtig für Überseefunk; *K.therapie,* Form der ↑Elektrotherapie.

Kuwait

Fläche: 17 818 km²
Einwohner: (1995) 1,55 Mill.
Hauptstadt: Kuwait
Amtssprache: Arabisch
Zeitzone: MEZ +2 Stunden

Kusbass [russ. Kurzform für Kusnezker Steinkohlenbecken], bed. Kohlenrevier Russlands in W-Sibirien, 25 000 km²; Vorräte 725 Mrd. t.
Kusch, hebr. für ↑Nubien.
Kuschiten, Sammelbez. für mehr. äthiopide Völker in NO-Afrika (Danakil, Galla, Somal u. a.).
Küste, Grenzsaum zw. Land u. Meer; versch. Typen: u. a. *Schären-, Watten-, Haff-, Fjord-, Boddenküste.*
Kustos [lat.], wiss. Sachbearbeiter in Museen.
Kutis [lat.], Lederhaut; ↑Haut 1).
Kutteln (Kaldaunen), Bez. für das (essbare) Gekröse des Schlachtviehs.
Kutter [engl.]: **1)** einmast. Segelschiff mit *K.takelung* (5 Segel); **2)** seetücht. kl. Fischereifahrzeug; **3)** gr. (Ruder- od. Segel-)Beiboot auf Kriegsschiffen.
Kutusow, Michail Illarionowitsch, Fürst v. Smolensk, auch Golenischtschew-K., * 1745, † 1813, russ. Gen.; Befehlshaber des russ.-östr. Heeres b. Austerlitz (1805); besiegte 1812 bei Smolensk die frz. Truppen unter Ney.
Küvette [frz.], [genormtes] Glasgefäß für chem. u. opt. Untersuchungen.
Kuwait: 1) arab. Scheichtum (Emirat) am Pers. Golf; bed. Erdölförderung, Meerwasserentsalzungsanlage m. chem. Ind.; Fischerei. – 1899 brit. Protektorat, 1961 unabh.; 1990 von irak. Truppen besetzt u. als 19. Prov. dem Irak eingegliedert; auf Beschluss der UN von multinationalem Truppenkontingent 1991 in krieger. Aktionen befreit; Mitgl. der UN; **2)** Hptst. von 1), Hafen an der *Bucht v. K.*, 168 000 E (städt. Agglomeration); Erdölraffinerie; ✈.
kV, Einheitenzeich. für: **Kilovolt**; 1 kV = 1 000 Volt.
KV, Abk. für: **Köchelverzeichnis** (↑Köchel).
kW, Einheitenzeich. für: **Kilowatt**; 1 kW = 1 000 Watt.
KwaNdebele, 1957–94 bestehender Autonomstaat der Süd-Ndebele in Transvaal, Rep. Südafrika, 3 200 km², 236 000 E; Hptst. Mahlanga (Siyabuswa).
KwaZulu, bis 1994 Autonomstaat der Zulu in Natal, Rep. Südafrika, 36 073 km², 3,7 Mill. E, Hptst. Ulundi.
k-Wert, svw. ↑Wärmedurchgangskoeffizient.
kWh, Einheitenzeichen für: ↑Kilowattstunde; 1 kWh = 1 000 Wh.
KW-Stoffe, Abk. für: **Kohlenwasserstoffe**.
Kybele, phryg. Muttergottheit, Vegetationsgöttin, die „Gr. Mutter" („Magna Mater") od. Mutter der Götter; von den Griechen u. Römern übernommen.
Kybernetik [gr.], Wiss. über die [mögl.] Beziehungen zw. Strukturen, Funktionen u. Verhalten v. [sich selbst organisierenden u. regelnden] dynam. Systemen in den versch. Bereichen (math.-techn., biol., soziol. u. a. Vorgänge).
Kyffhäuser ['kɪf-], kl. Waldgeb. südl. der Goldenen Aue, bis 477 m. Nahe dem *K.denkmal* (1896, 457 m ü. d. M.) Ruinen der Burg *Kyffhausen;* am S-Fuß der *Barbarossahöhle* (1 300 m lang); *K.sage,* Sage, nach der im Kyffhäuser ein dt. Kaiser (Friedrich II., später Friedrich I. Barbarossa) verzaubert schläft; sein Aufwachen bedeute die Wiederherst. der Kaisermacht.
Kykladen, Gruppe v. über 200 griech. Inseln in der S-Ägäis, gebirgig, bis 1 400 m; 2 572 km².
Kyklopen ↑Zyklopen.
Kyme, griech. für ↑Cumae.
Kymren, kelt. Bewohner von Wales; Spr.: Kymrisch (↑kelt. Sprachen).
Kyniker [gr.], Vertr. der von Antisthenes begr. popularphilos. Richtung, die Bedürfnislosigkeit u. Selbstgenügsamkeit forderte; der *Kynismus* führte schließl. bis zur Verneinung aller Kulturwerte.
Kyodo ↑Übers. S. 463.
Kyōto, japan. Stadt nö. von Ōsaka, 1,46 Mill. E; ehem. Ks.-Residenz, Zentrum des japan. Buddhismus; 6 Univ.; Elektro- u. Textilind.
Kyrene, antike Hptst. der Cyrenaika, das heutige Schahhat, Libyen; bed. Handelsst.; 631 v. Chr. gegr., ab 301 unter ptolemäischer, ab 96 v. Chr. unter röm. Herrschaft; 643 n. Chr. arabisch.
Kyrie eleison! [gr.; = Herr, erbarme dich!], Gebetsruf der christl. Liturgie.
Kyrill (Klostername des Konstantinos), hl., * um 826, † 869, griech. Slawenapostel; missionierte in Mähren.
Kyrilliza, aus den griech. Majuskeln entstandene slaw. *(kyrill.)* Schrift, löste im 10. Jh. die Glagoliza ab.
Kyrios [gr.; = Heer]: **1)** antiker Herrschertitel; **2)** im N. T. Würdetitel für Christus (als göttl. Messias).
Kyros II., d. Gr., ⚔ 529 v. Chr., pers. Kg. s. 559; errichtete das pers. Weltreich; eroberte um 550 Medien, 547 Lydien, 538 Babylon; fiel im Kampf gg. die Massageten.
Kyūshū, drittgrößte u. südlichste d. japan. Hauptinseln, 42 129 km², 13,4 Mill. E; gebirgig (bis 1788 m ü. d. M.), fruchtbare Küstenebenen; Textil-, Porzellan- u. Schwerind.; im N größtes japan. Steinkohlerevier.
Kyzikos (lat. Cyzicus), antike Hafenst. an der asiat. Küste des Marmarameeres, südl. von Erdek (Türkei). 756 v. Chr. von Milet gegr., Mitgl. des Att.-Del. u. des 2. Att. Seebundes (bis 357/355); 281 seleukid., ab 218 selbst., bis 25 n. Chr. freie Stadt; in spätröm. Zeit Mittelpt. der Prov. Hellespontos; eine der reichsten Städte Kleinasiens in röm. Zeit.

L

L: 1) 12. Buchstabe des Alphabets; **2)** röm. Zahlzeichen für 50.
L: 1) [Währungs]zeichen für: **L**ira; **2)** Abk. für: „von ↑Linné so benannt" (biolog. Systematik).
£, Währungszeichen für: Pfund Sterling.
l, Einheitenzeich. für: **L**iter.
La, Symbol für ↑Lanthan (♃).
Lab (Labferment), Absonderung des *Labmagens* der Kälber; lässt das Kasein der Milch gerinnen.
Laban, im A. T. Bruder der Rebekka, Vater der Lea u. der Rahel.
labial [lat.]: **1)** zu den Lippen gehörig (Med.); **2)** mit den Lippen gebildet (Sprachwiss.).
Labiaten, svw. ↑Lippenblütler.
labil [lat.], schwankend, veränderl., unsicher; *Labilität,* leichte Wandelbarkeit, Wankelmut.
Labkraut (Galium), Gatt. der Rötegewächse; der Saft versch. Arten enthält ein labartiges Ferment.
Laboratorium (Labor) [lat.], Arbeits- und Forschungsstätte für naturwiss., techn. und med. Untersuchungen.
Labour Party ['leɪbə 'pɑːti; engl. = Arbeiterpartei], polit. Partei in Großbrit. und einigen Ländern des Commonwealth; aus gewerkschaftl. u. sozialist. Gruppen 1900 in anfangs enger Verbindung mit den Liberalen entstanden; war Reg.-Partei 1924, 1929–31, 1945–51, 1964–70 und 1974–79; 1981 Abspaltung auf dem rechten Flügel (Social Democratic Party; SDP).
Labrador, ostkanad. Halbinsel zw. Hudsonbai u. Sankt-Lorenz-Golf, rd. 1,4 Mill. km², Hauptorte Battle Harbour, Schefferville; wald- u. seenreiches Hochplateau.
Labradorit (Labrador), in der Schmucksteinind. verw. calciumreicher Feldspat.

Labradorstrom, kalte, N–S gerichtete Meeresströmung an der O-Küste Labradors, in der *Labradorsee* und östl. von Neufundland.
Labyrinth [gr.]: **1)** Irrgarten; z. B. des Minos auf Kreta; übertr. für irrgartenähnl. Gebilde sowie für Wirrsal, Durcheinander; **2)** Innenohr, aus knöchernem und häutigem L.; Sitz des eigtl. Hörorgans u. des Gleichgewichtsorgans.
Lacerta (Eidechse), Sternbild des nördl. Himmels.
Lachgas (Distickstoff[mon]oxid), N_2O, farbloses, geruchloses, ungift. Gas; leichtes Narkosemittel.
Lachse, räuber. Fischfam. nord. Meere u. Flüsse Nordamerikas, N-Asiens und Europas; Speisefische: Forelle, Felchen, Äsche, Huchen; der *Lachs* der nördl. Meere *(Salm)* wandert zum Laichen in die Quellregionen der Flüsse.
Lackarbeiten, mit Lack überzogene, auch aus gehärtetem Lack gefertigte Kunstgegenstände; von alters her in China, später in Japan gepflegt.
Lacke, in flücht. Lösemitteln kolloidal gelöste Stoffe, die auf die zu lackierenden Flächen gebracht und getrocknet werden; erhärten zu einer porenfreien Oberflächenschicht.
Lackmus [niederl.], natürl. Farbstoff aus Flechtenarten; Indikator (wird in Säuren rot, in alkal. Flüssigkeiten bzw. Gasen blau).
Lackschildlaus, süd[ost]asiat. Insektenart, liefert Schellack.
Lacrima Christi [lat.; = Tränen Christi], Wein von den Hängen des Vesuvs.
Lactate [lat.], Salze und Ester der Milchsäure, z. B. Antimonyllactat (Textilhilfsmittel), Äthylactat (Lösungsmittel).
Lactoflavin, svw. ↑Riboflavin.
Lactose [nlat.], svw. ↑Milchzucker.
Ladakh, Hochgebirgsland im Kaschmirhimalaja, Hptst. Leh.
Ladar [Abk. f. engl.: **la**ser **d**etection **a**nd **r**anging; = Entdecken u. Entfernungsmessen mit Laser], svw. ↑Lidar.
Laden, Einlesen des Programms in den Arbeitsspeicher eines Computers.
Ladhakijja, Al (Latakia), syr. Prov.-Hptst., 196 800 E; Univ.; Ind., ⚓.
Ladiner, rätoroman. Bewohner in Südtirol (↑auch Rätoromanen).
Ladino [span.] (Spaniolisch), roman. Sprache iber. Juden, bes. ihrer im 15. und 16. Jh. vertriebenen Nachfahren; L. ist eine auf dem Kastil. basierende Gemeinsprache mit hebr. Schrift u. Elementen aus vielen anderen Sprachen.
Ladislaus I., d. Hl., * um 1040, † 1095, Kg. v. Ungarn s. 1077; verband 1091 Kroatien in Personalunion mit Ungarn.
Ladogasee, See nö. v. Sankt Petersburg, Russland, 17 700 km², bis 230 m tief, 4 m ü. d. M.
Ladung (elektr. L.), die auf einem Körper befindl. posit. oder negat. Elektrizitätsmenge; Einheit der L. ist das Coulomb; ↑auch Elektron 1); *spezif. L.:* Verhältnis v. elektr. L. zur Masse eines Teilchens.
Lady ['leɪdɪ; engl.]: **1)** in Großbrit. Titel der adl. Frau; **2)** angloamer. allg. Bez. für eine Dame.
Laertes, im griech. Mythos Vater des Odysseus.
La Fayette (Lafayette) [-'jɛt]: **1)** Marie Joseph Motier, Marquis de, * 1757, † 1834, frz. Politiker; General im nordamer. Unabhängigkeitskrieg, zeitweilig einer der führenden Politiker der Frz. Revolution; **2)** Marie-Madeleine Gfn. v., * 1634, † 1693, frz. Schriftstellerin, „Die Prinzessin von Clèves".
Lafette [frz.], [fahrbares] Untergestell eines Geschützes.
Lafontaine, Oskar [lafõ'tɛ:n], * 1943, dt. Politiker (SPD); 1985 bis 1998 Min.-Präs. des Saarlandes, 1987–95 stellvertr., 1995–98 Vors. der SPD, 1998–99 Bundesmin. der Finanzen (Rücktritt).
La Fontaine, Jean de [lafõ'tɛ:n], * 1621, † 1695, frz. Dichter; Erneuerer der Fabel; auch [frivole] Erzählungen.
LAFTA, Abk. für engl.: **L**atin **A**merican **F**ree **T**rade **A**ssociation, ↑Lateinamer. Freihandelszone.
LAG, Abk. für: **L**asten**a**usgleichs**g**esetz.
Lager: 1) Maschinenteil zum Tragen drehender Maschinenteile; ↑Kugellager, ↑Wälzlager; **2)** zw. andersartigen Schichten lagernde Gesteins- oder Mineralmassen (Geol.); **3)** Raum für Vorräte, Rohstoffe u. a. (kaufmänn.); **4)** Anlage oder Gebäudekomplex für best. Menschengruppen (Truppen, Gefangene usw.).
Lagergeschäft, Vertr. über Lagerung u. Aufbewahrung von Gütern.
Lagerlöf, Selma, * 1858, † 1940, schwed. Dichterin; „Wunderb. Reise des kl. Nils Holgersson ...", „Gösta Berling"; Nobelpreis 1909.
Lagerpflanzen (Thallophyten), niedere Pfl., deren Körper nicht gegliedert sind: Algen, Pilze, Moose.
Lago Maggiore [- mad'dʒo:re] (Langensee), ital. Alpenrandsee (1/5 schweizer. Anteil), 212 km², bis 372 m tief.
Lagos, Stadt in Nigeria, am Golf v. Guinea, 1,4 Mill. E; Univ.; Ind.; ehem. Hptst., noch Reg.-Sitz; ⚓, ✈.

M. J. Motier, Marquis de La Fayette

Lagune, seichter Strandsee, durch Nehrung vom offenen Meer abgetrennt.
Lähmung, teilw. oder vollst. Unfähigkeit, einen Muskel od. eine Muskelgruppe zu bewegen.
Lahn, r. Nbfl. des Rheins, 245 km.
Lahore [lə'hɔ:], Stadt in Pakistan, im Pandschab, 2,95 Mill. E; Univ., Kultur- u. Verkehrszentrum; Metall-, Textilind.; ✈.
Laibach ↑Ljubljana.
Laich, im Wasser abgelegte Eier von (Wasser)tieren, von Gallerte umhüllt.
Laichkraut, Gatt. d. *L.gewächse,* Wasserpfl. d. gemäßigten Zonen.
Laie [gr.]: **1)** Angehöriger des kath. Kirchenvolkes, nicht des Klerus; **2)** Nichtsachverständiger, Nichtfachmann.
Laien|investitur ↑Investiturstreit.
Laienspiel, Theateraufführung durch Laien; vielf. an die Mysterienspiele anknüpfend.
Laissez-faire, Laissez-aller [lɛse'fɛ:r, lɛsea'le; frz.; = lasst machen, lasst gehen], Schlagwort des wirtsch. Liberalismus.
La|izismus [nlat.], Forderung nach Freiheit des öffentl. Lebens von jeder relig. Bindung.
Lakai [frz.]: **1)** Diener [in Livree]; **2)** unterwürf., kriecher. Mensch.
Lake, Salzlösung, in der Fleisch, Fisch u. a. konserviert wird.
Lakkadiven, ind. Koralleninselgruppe im Ind. Ozean, vor der Malabarküste, Hauptort Kavaratti.
Lakoni|n, griech. Verw.-Gebiet auf der Peloponnes, 3 636 km², 95 000 E, Hptst. Sparta.
lakonisch [gr.], einsilb., wortkarg; kurz und treffend.
Lakritze [gr.], eingedickter Süßholzsaft.
Lakshadweep [læk'ʃædwi:p], ind. Unionsterritorium (umfasst Lakkadiven, Amindiven u. Minicoy)

im Ind. Ozean, 32 km^2, 51 700 E, Hptst. Kavaratti.

Lakshmi, Hindugöttin des Glücks, des Reichtums und der Schönheit; Gattin Vishnus.

Laktoflavin, svw. ↑Riboflavin.

Laktose [lat.], svw. ↑Milchzucker.

L. A. M., Abk. für: **L**iberalium **A**rtium **M**agister.

Lama [tibet.], Priester oder Mönch des Lamaismus.

Lama [span.], kl. höckerloses Steppen- u. Hochgebirgskamel im westl. S-Amerika; Haustier.

Lamaismus, tibet. Form des Buddhismus.

La Manche [la'mãʃ; frz.] ↑Kanal, Der.

Lamarck, Jean-Baptiste de Monet, Chevalier de, * 1744, † 1829, frz. Naturforscher.

Lamarckismus, Hypothese Lamarcks über die Entstehung neuer Arten: Die funktionelle Bedarfsanpassung best. Organe sei erblich.

Lamartine, Alphonse de [lamar'tin], * 1790, † 1869, frz. Dichter der Romantik; v. a. Lyrik u. autobiograph. Bücher.

Lambaréné, St. am Unterlauf des Ogowe, Gabun, 26 300 E; bek. durch das 1913 von A. Schweitzer gegr. Krankenhaus; ✈.

Lambda, elfter Buchstabe des griech. Alphabets (Λ, λ).

Lambda|sonde, Messfühler zur Regelung der Gemischbildung in Ottomotoren, wichtig für Einbett-Abgaskatalysatoren.

Lambsdorff, Otto Graf, * 1926, dt. Politiker (FDP); 1977–84 Bundeswirtschaftsmin.; 1988–93 Vors. der FDP.

Lamé [frz.], Gewebe, das Metallfäden enthält.

Lamelle [frz.]: **1)** dünnes Blättchen, Scheibe (Technik); **2)** Blättchen unter dem Hut der Blätterpilze.

Lamellenpilze, svw. ↑Blätterpilze.

Lametta [ital.], schmale, dünne, glitzernde Metallstreifen als Christbaumschmuck.

laminare Strömung [lat.], wirbelfreie Strömung, bei der alle Teilchen parallel in Richtung des Gesamtstroms fließen.

Laminaria [lat.], Gattung der Braunalgen; liefern z. T. Jod.

laminieren [lat.]: **1)** das Material strecken, um die Fasern längs zu richten (Textilwesen); **2)** einen Bucheinband oder Schutzumschlag mit Glanzfolie überziehen.

Lamm, junges Tier bei Schaf u. Ziege.

Lämmergeier, svw. ↑Bartgeier.

Lammfelle, Felle junger Lämmer; von tot u. früh geborenen od. 3–4 Tage alten Lämmern; bevorzugt zu Pelz verarbeitet, u. a. Persianer, Breitschwanz, Calayos.

Lampedusa, Giuseppe Tomasi di, ↑Tomasi di Lampedusa.

Lamprecht, Günter, * 1930, dt. Schauspieler.

Län, schwed. Verwaltungsbezirk.

Lancashire ['læŋkəʃɪə], engl. Gft. an der Ir. See, Hptst. Preston, 3043 km^2, 1,4 Mill. E; ⚒, vielseitige Industrie.

Lancaster ['læŋkəstə], engl. Dynastie, Nebenlinie der Plantagenets, 1399 bis 1461 reg. 3 Könige aus dem Hause Lancaster.

Lancaster ['læŋkəstə]: **1)** Burt, * 1913, † 1994, amer. Filmschauspieler; „Der Leopard", „Die Haut"; **2)** Joseph, * 1778, † 1838, engl. Quäker u. Pädagoge; richtete in England u. den USA *L.-Schulen* ein (ältere Schüler unterrichteten unter Aufsicht der Lehrer die jüngeren).

Lancaster ['læŋkəstə], engl. St. in Lancashire, 46 300 E; Textilind., Linoleumherstellung.

lancieren [lã'si:ren]: **1)** in Umlauf bringen; **2)** geschickt an eine vorteilhafte Stelle bringen.

J. de La Fontaine

Lancret, Nicolas [lã'krɛ], * 1690, † 1743, frz. Maler, v. a. Theaterszenen, galante Feste in der Art Watteaus, daneben Porträts.

Land, Edwin H[erbert] [lænd], * 1909, † 1991, amer. Physiker und Industrieller; erfand u. a. das fotograf. Sofortbildverfahren *(Polaroid-Land-Kamera).*

Land|ammann, Amtsbez. des Regierungschefs eines schweizer. Landsgemeindekantons.

Landauer, viersitziger Kutschwagen mit nach vorn und hinten abklappbarem Verdeck.

Landeklappe, Einrichtung zur Verringerung der Landegeschwindigkeit von Flugzeugen.

Länderkunde ↑Geographie.

Landerziehungsheime, nach engl. Vorbild in Dtl. auf dem Lande eingerichtete Internatsschulen.

Landesbischof, in einigen ev. Landeskirchen Titel des leitenden Geistlichen.

Landeshauptmann, Vors. der Reg. eines östr. B.-Landes.

Landesherrschaft, seit dem Hoch-MA im Hl. Röm. Reich entstandene Herrschaftsgewalt der R.-Stände; Grundlagen waren u. a. R.- u. Kirchenämter, Regalien, Überlassung der hohen Gerichtsbarkeit u. der Landfriedenswahrung an den Hochadel; die Vereinigung aller Hoheitsrechte zur vollen *Landeshoheit* wurde erst im Westfäl. Frieden 1648 anerkannt.

Landessteuern, Gesamtheit der Steuern, die der Steuerhoheit der Länder [der BRD] unterliegen.

Landesverrat, vorsätzl. Weitergabe der öff. Bekanntmachung von Staatsgeheimnissen sowie Gefährdung des Bestandes eines Landes.

Landesversicherungsanstalten (LVA), regional gegliederte Träger der Arbeiterrentenversicherung.

Landeszentralbanken (LZB), 1947 gegr. regionale Notenbankinst.; seit 1957 Hauptverwaltungen der Dt. B.-Bank.

Landflucht, Massenabwanderung von Angehörigen der Landbevölkerung in Industriegebiete.

Landfriede, im frühen u. hohen MA Gesetz des Kg. od. Ks., im späten MA auch Gesetze der Landesfürsten u. Abkommen der Landesfürsten und Städte untereinander *(L.nsbünde)* zur Einschränkung des Fehdewesens. – *L.nsbruch,* Teilnahme an öff. Zusammenrottung einer Menschenmenge, die gg. Personen oder Sachen Gewalttätigkeiten begeht (§).

Landgraf, dt. Fürstentitel seit dem 12. Jh.; urspr. Vertr. der kgl. Gewalt in Gebieten mit schwacher herzogl. Gewalt.

Landkarte, verkleinerte Projektion der Erdoberfläche auf eine Ebene.

Landkreis ↑Kreis 3).

Ländler, Bez. für versch. mäßig schnelle Volkstänze im $^3/_4$-Takt; Vorform des Walzers.

Landrat: **1)** oberster Beamter eines ↑Kreises 3); in Nds. u. NRW nur Vors. der Kreistage; **2)** in einigen schweizer. Kantonen Bez. für das Parlament.

Landsberg (Warthe) (poln. Gorzów Wielkopolski), St. am N-Rand des Warthebruchs, Polen, 124 600 E; Kunstfaserindustrie.

Landschaft, ein Gebiet der Erdoberfläche von einheitl., charakterist. Gepräge; man unterscheidet:

ursprüngl. *Natur-L.* u. die durch anthropogenen Einfluss gewordene *Kulturlandschaft.*

Landschildkröten, nahezu weltweit verbreitete landbewohnende Schildkröten, vorw. Pflanzenfresser.

Landser, ugs. für einf. Soldat.

Landsgemeinde, in einigen schweizer. Kantonen die jährl. Vers. aller Aktivbürger zur Beratung u. Beschlussfassung in Kantonsangelegenheiten u. zur Wahl der Kantonsbehörden.

Landshut, krsfr. St. u. Krst. an der Isar, Hptst. des Reg.-Bez. Niederbayern, 59200 E; LG; viels. Ind.; bed. Kirchen, Stadtresidenz (Renaissance), Burg Trausnitz (13. bis 16. Jh.); *L.er Fürstenhochzeit* (histor. 1475), Volksfest alle 3 Jahre.

Landsknechte, Bez. für die dt. Söldner des 15./16. Jh.s, erstes geordnetes Fußvolk der Neuzeit, eingeteilt in Fähnlein; Grundlage späterer Heere.

Landsmål [-mo:l; norweg.] ↑norweg. Sprache.

Landsmannschaft: 1) Farben tragende, waffenstudent. Korporation; **2)** nach 1945 Zusammenschlüsse von Vertriebenen und Flüchtlingen.

Landstreicher ↑Nichtsesshafte.

Landsturm, urspr. svw. ↑Landwehr; ab 1813/14 in Preußen, später ähnl. im Dt. Reich u. a. Ländern das Aufgebot aller Wehrfähigen, die weder im aktiven Heer noch in der Reserve od. Landwehr sind u. nur im Notfall aufgeboten werden.

Landtag: 1) Regionalvers., Hoftag eines Landesfürsten, Vers. der Landstände; **2)** im 19. Jh. die gewählten Volksvertretungen (bis 1848 Landstände gen.); **3)** in der BRD u. Östr. die Parlamente der B.-Länder (in Berlin: *Abgeordnetenhaus;* in Bremen u. Hamburg: *Bürgerschaft,* in Wien: *Gemeinderat*).

Landvogt, seit dem 13. Jh. kgl. Amtmann eines Reichsgutbezirks.

Landwehr, Aufgebot der Wehrfähigen (Landsturm); nach der Heeresreform 1813/14 in Preußen bestand die L. aus 2 Aufgeboten: ausgediente Reservisten u. nicht im stehenden Heer Dienende; L.pflicht bis zum 39. Lebensjahr.

Landwirtschaft, wirtschaftl. Nutzung des Bodens durch Acker-, Pflanzenbau u. Tierzucht. Zur L. zählen auch Garten-, Gemüse-, Obst- u. Weinbau; i. w. S. auch Forstwirtsch., Jagd u. Fischerei sowie die landw. Nebenbetriebe (Molkereien, Brennereien, Kellereien usw.). *Wirtschaftsformen:* 1. bäuerl. Betrieb (Farm, Pflanzung), 2. Plantagenwirtsch., 3. Produktionsgemeinschaften, 4. nomadisierte Weidewirtsch., 5. kommerzieller Weidegroßbetrieb. *Betriebsstrukturen:* Vollerwerbs-, Zuerwerbs- u. Nebenerwerbsbetriebe. – L. wird als Pflug-, Haken-, Hackbau (Pflanzbau) betrieben. Während der Zeit der Dreifelderwirtsch. waren noch 4–5 ha für die Ernährung eines Menschen nötig; durch rationelle Wirtschaftsweise der mod. L. sind heute 0,4 ha ausreichend. – Zunehmende Beachtung findet der *alternative Landbau,* der Verluste im Naturhaushalt und Schäden an der menschl. Gesundheit verhindern will. Bek. alternative L.sformen: *Biolog.-dynam.* (schon 1924 von R. Steiner begründet), *organ.-biolog.* u. *naturnaher Landbau.* – Der intensive Ausbau der L.sberatung u. die Unterstützung durch den Grünen Plan ermöglichte es nach dem 2. Weltkrieg der dt. L., ihre Erträge wesentl. zu steigern. Trotzdem kann die BRD ihren Bedarf an Nahrungsmitteln nur z. T. selbst erzeugen. Durch die Europ. Wirtschaftsgemeinschaft entstanden für die dt. L. neue Probleme. – Die moderne L. hat ihre stärksten Impulse durch A. D. Thaer erhalten. Durch J. v. Liebig fanden die Erkenntnisse der Chemie Anwendung in der L. Den Gedanken der Technik brachte M. von Eyth der L. nahe. Um die finanzielle Sicherheit gerade der kleineren Betriebe hat sich bes. E. W. Raiffeisen durch Schaffung der landw. Genossenschaften bemüht.

landwirtschaftliche Genossenschaften ↑Raiffeisengenossenschaften.

landwirtschaftliche Organisationen, Zusammenschlüsse v. Landwirten zur Förderung u. Vertretung gemeinsamer Interessen. Für Dtl. bed. die *Dt. Landw.-Ges.* (DLG), 1884 durch Max von Eyth gegr., Sitz Frankfurt am Main, daneben in den dt. Ländern die *Landvolkverbände;* 1948 Zusammenschluss zum *Dt. Bauernverband e. V.,* Sitz Bonn, der regional und fachl. gegliederten berufsständ. Vertretung der Bauern. Weiter der ↑Dt. Genossenschafts- und Raiffeisenverband u. in den einzelnen Ländern *Landw.-Kammern,* zusammengeschlossen im *Verband der Landw.-Kammern,* Sitz Bonn. Außerdem seit 1949 *Zentralausschuss der Dt. Landw.* Die umfassendste internationale Organisation ist die ↑FAO.

Landwirtschaftliche Produktionsgenossenschaft, Abk. LPG, durch [freiwilligen oder erzwungenen] Zusammenschluss von Landwirten u. landwirtsch. Arbeitskräften entstandener genossenschaftl. Großbetrieb in der ehem. DDR. Erste Gründungen 1952, Abschluss der Kollektivierung 1960; Auflösung der LPG 1990.

Landwirtschaftskammer, berufsständ. Vereinigung zur Wahrnehmung der Belange der Land- u. Forstwirtschaft eines Bezirks; ↑auch landw. Organisationen.

Landwirtschaftstechnik, landw. Geräte, Masch. und Anlagen; als *techn. Hilfsmittel* werden Masch. u. Geräte in der Landw. zur Qualitäts- und Produktionssteigerung sowie zur Einsparung von Arbeitskraft eingesetzt; 1. zur *Bodenbearbeitung* und *-kultivierung* u. a. Bodenfräsen, Eggen, Grubber, Pflüge, Walzen, Dränmasch.; 2. zur *Feldbestellung* u. *Pflanzenpflege* z. B. Drill-, Breitsä-, Dibbel-, Kartoffellegemaschine, Ausdünner, Hackmaschine, Pflanzenschutzgeräte, Düngerstreuer, Dunglader, Beregnungsanlagen; 3. zur *Ernte* u. a. Feldhäcksler, Heuwender, Pressen, Mähdrescher, Zetter, Kartoffel-, Rübenerntemasch.; 4. zum *Transport* des Ernteguts Schlepper u. Ackerwagen; 5. zur *Futterbereitung* u. *Viehhaltung* z. B. Gärfutteranlagen, Selbstfütterungs- u. -tränkeanlagen, Melkmasch. Zunehmend an Bed. ge-

Langusten. *Gemeine Languste*

winnen die Energieerzeugung aus landw. Rohstoffen (Biogasanlagen) u. der automatisierte („computerüberwachte“) Feldbau (Düngung, Beregnung, Reifekontrolle).

Lang, Fritz, * 1890, † 1976, östr.-amer. Filmregisseur u. -produzent („Metropolis“, „M“, „Fury“); emigrierte 1933 in die USA.

Länge: 1) rechner. Größe für die Lagebestimmung eines Punktes: 1. *geograph. L. (L.ngrad):* Winkel zw. den Ebenen des Null- u. Ortsmeridians (↑Gradnetz der Erde); 2. *L. eines Gestirns (ekliptikale L.):* Bogen der Ekliptik vom Frühlingspunkt nach O bis zum Breitenkreis des Gestirns; **2)** Basisgröße des Internationalen Einheitensystems (SI); **3)** in der antiken Metrik das starke rhythm. Element.

Langeland, dän. Ostseeinsel sö. von Fünen, 284 km^2; Landw.

Längengrad ↑Länge 1).

Längenkreis ↑Meridian.

Längenmessung, Vergleich einer Strecke mit einer Längeneinheit (gesetzl.: Meter); Maßstäbe u. Werkzeuge der L. sind durch Vergleich mit *Normalmaßstäben* zu eichen; L.sverfahren in Wiss. u. Technik: 1. Präzisionsmessungen mithilfe der Interferenz des Lichtes *(Additions-* bzw. *Multiplikationsmethode);* 2. vermessungstechn.: *direkte* (Messlatten, Bänder) und *indirekte Methode* (trigonometr. od. opt. Messung eines [konst.] Winkels); 3. *elektron. Entfernungsmessung:* Impulsverfahren (Radar-, Shoran-Verfahren), Phasenverschiebungsmessung (Decca-Navigation), elektroopt. Messung, Phasenvergleichsverfahren (im Mikrowellenbereich).

Langeoog, ostfries. Insel, Nds., 19,7 km^2, 2 100 E; Nordseebad; Fähre v. Bensersiel.

Langenscheidt KG, 1856 v. *G. Langenscheidt* (1832–95) begr. Verlagsbuchhandlung; v. a. fremdsprachliche Wörterbücher; seit 1988 Mehrheitsaktionär bei der Bibliograph. Institut u. F. A. Brockhaus AG.

Langerhanssche Inseln (Inselorgan), Zellgruppen in der Bauchspeicheldrüse, die das Hormon Insulin produzieren.

Langfisch, svw. ↑Leng.

Langgässer, Elisabeth, * 1899, † 1950, dt. Dichterin; Romane, u. a. „Das unauslöschl. Siegel“; Lyrik.

Langhaus (Langschiff), der meist von W nach O (zum Altar) gerichtete Hauptteil einer Kirche.

Langobarden, german. Volksstamm; zogen im 5. Jh. vom Unterelbegebiet nach Böhmen, S-Mähren und Niederöstr.; um 570 fielen sie in Italien ein, gründeten das L.reich (Hptst. Pavia); 774 von Karl d. Gr. unterworfen, der den langobard. Kg.-Titel annahm.

Lanzarote. *Weinstöcke in aus verwittertem Lavagestein ausgehobenen Trichtern*

Languedoc [lãg'dɔk], südfrz. Ldsch. u. histor. Prov. zw. Pyrenäen und unterer Rhone, Teil der Region *L.-Roussillon* (27 376 km^2, 2,11 Mill. E), Hptst. Montpellier.

Langusten [frz.], große marine Zehnfußkrebse; Speisekrebse; *Gemeine L.* bis 8 kg schwer.

Langwellen, elektromagnet. Wellen, Wellenlänge 1 000 bis 10 000 m, Frequenzbereich 300 bis 30 kHz.

Lanolin [lat.], gereinigtes Wollfett; verw. u. a. als Salbengrundlage.

Lanthan [gr.], chem. El., Symbol La, OZ 57, rel. A.-masse 138,91, dehnbares, weißes Metall, Dichte 6,162 g/cm^3, Fp. 920 °C, Sp. 3 469 °C; Legierungshilfsmittel, Katalysator.

Lanthanoide (fr. Lanthanide), Sammelname für die 15 chem. Elemente mit den OZ 57 (Lanthan) bis 71 (Lutetium); unedle Metalle der seltenen Erden.

Lanza, Mario, eigtl. Alfredo Cocozza, * 1921, † 1959, amer. Sänger (Tenor).

Lanzarote [lanθa'rote], nordöstlichste der Kanar. Inseln, 795 km^2, Hauptort Arrecife; Tourismus.

Lanze, svw. ↑Speer 1).

Lanzelot, Held aus der Tafelrunde des Königs Artus.

Lanzettfischchen (Amphioxus, Branchiostoma), primitive, bis 7 cm lange fischförm. Chordatiere, im Schlamm der Meeresküsten; Urtyp der Wirbeltiere.

Laokoon, griech. Sagengestalt, Priester Apolls in Troja, der die Troer vor dem hölzernen Pferd („Geschenk der Danaer“ [= Griechen]) warnt.

Laos, Rep. in Hinterindien, am mittl. Mekong; gebirgig u. teilw. dicht bewaldet. *Bev.:* Lao, Bergstämme (Miao u. a.), Vietnamesen, Chinesen; *Landw.:* Anbau von Reis, Tabak, Mais, Baumwolle, Kardamom, Kaffee. *Bodenschätze:* Zinnerz. – *Gesch.:* Im 13. Jh. Einwanderung des Thaivolkes der Lao; im 19. Jh. Teil Thailands; 1893 frz. Protektorat; 1949 autonomes Kgr. im Rahmen der Frz. Union, 1954 unabh., 1954–73 Eroberung v. $^3/_5$ des laot. Staatsgebietes durch die kommunist. Pathet-Lao-Verbände; 1974 Koalitionsreg., aus der die Nichtkommunisten aber bald ausgeschaltet wurden; 1975 zur Volksdemokratie ausgerufen; Mitgl. der UN.

Laos

Fläche: 236 800 km^2
Einwohner: (1995) 4,88 Mill.
Hauptstadt: Vientiane
Amtssprache: Laotisch
Zeitzone: MEZ +6 Stunden

Laotse, (Laozi), chin. Weiser des 4. od. 3. Jh.s v. Chr.; v. der chin. Tradition wird ihm das Taoteking zugeschrieben.

La Paz ↑Paz, La.

Lapislazuli [mlat.] (Lasurit), meist blaues, feinkörn.-dichtes Mineral, Härte 5,5; Schmuckstein; pulverisiert als natürl. Ultramarinfarbe.

La-Plata-Staaten, die an den Zuflüssen zum Río de la Plata liegenden Staaten Argentinien, Paraguay und Uruguay.
Lappen, Volksstamm im nördl. N-Europa, klein, gelbhäut., dunkelhaarig; Halbnomaden und Ackerbauern.
Lappland, Ldsch. in N-Skandinavien, wald- u. seenreich, im N Tundra; raues Klima, vorw. gebirgig; Rentierhaltung, Fischerei, nur im S geringer Ackerbau; bed. Erzlager (Kiruna, Malmberget).
Lapsus [lat.], Fehler, Versehen; *L. Calami,* Schreibfehler; *L. Linguae,* Sprechfehler; *L. Memoriae,* Gedächtnisfehler.
Laptop ['læptɔp], mit Batterie betriebener tragbarer Computer mit aufklappbarem Bildschirm, Festplatte, Arbeitsspeicher u. Disketten- oder CD-ROM-Laufwerk.
Lärche, Gatt. der Kieferngewächse; sommergrüne Nadelbäume der Geb.; wertvolles Holz.
Laren, röm. Schutzgottheiten des Hauses, der Familie, der Straßen, Städte und des Staates.
Larghetto [ital.], musikal. Tempobez. für ein schnelleres Largo.
Largo [ital.], Musikstück in sehr langsamem Zeitmaß.
Larisa, griech. St. in O-Thessalien, 102 400 E.
larmoyant [larmwa'jã; frz.], weinerl., rührselig.
Larnaka, Hafenst. an der SO-Küste Zyperns, 52 800 E; ✈ für Griech.-Zypern.
La Rochefoucauld, François VI., Herzog von [larɔʃfu'ko], Prince de Marcillac, * 1613, † 1680, frz. Schriftsteller; „Betrachtungen od. moral. Sentenzen und Maximen".
La Rochelle ↑Rochelle, La.
Larousse, Pierre [la'rus], * 1817, † 1875, frz. Lexikograph u. Verleger; gründete 1852 mit s. Bruder *Augustin Boyer L.* (* 1812, † 1896) den Lexikonverlag *Librairie L.* in Paris.
L'art pour l'art [larpur'la:r; frz.; = die Kunst um der Kunst willen], Kunst als Selbstzweck; als ästhet. Grundsatz 1836 von V. Cousin aufgestellt.
Larve [lat.]: **1)** Jugendform von Tieren vor der Umwandlung zum fertigen Tier, z. B. Raupe, Made, Kaulquappe; **2)** Gesichtsmaske.
Laryngitis, Kehlkopfentzündung.
Laryngoskop, Kehlkopfspiegel.
Larynx, svw. ↑Kehlkopf.
La Salle [la'sal]: **1)** Jean Baptiste de, hl., * 1651, † 1719, frz. Ordensstifter (Christl. Schulbrüder); **2)** René Robert Cavelier de, * 1643, † 1687, frz. Seefahrer; erforschte das Stromgebiet des Mississippi.
Las Casas, Bartolomé de, * 1474, † 1566, span. Dominikaner; Missionar; setzte sich für die Indianer M-Amerikas ein.
Lascaux [las'ko; frz.] ↑Montignac.
Laser ['leɪzə], Kurzw. für: **l**ight **a**mplification by **s**timulated **e**mission of **r**adiation. Vorrichtung zur Erzeugung und Verstärkung kohärenten Lichts vom UV- bis in den IR-Bereich. Entscheidend ist dabei die induzierte (erzwungene) Lichtemission beim Übergang von Atomen oder Molekülen von einem höher energet. Zustand in einen niedriger energet. Zustand. Dabei werden Energiequanten (Photonen) abgestrahlt. Das höher energet. Niveau muss dabei stärker besetzt sein als das niedriger energet. Niveau. Das wird durch Zuführung von *Pumpenergie* erreicht. Die L.technik wird in vielen Bereichen eingesetzt: Messtechnik, Medizin (Augenoperationen, Tumorzerstörung), Fertigungstechnik (Schweißen, Schneiden), bei CDs, Bildplatten, Scannerkassen u. a.

F. Lassalle

Laserdrucker, nichtmechan. arbeitender Schnelldrucker, bei dem ein Laserstrahl das zu projizierende Bild auf die mit fotoleitfähigem Material beschichtete Trommel aufbringt, von der es gedruckt wird.
lasieren [pers.], mit dünnen, durchsichtigen Farben *(Lasurfarben)* ein Bild ganz od. teilw. übermalen od. Holz mit einer durchsicht. Schicht (Lasur) überziehen.
Läsion [lat.], Verletzung, Störung.
Lasker-Schüler, Else, * 1869, † 1945, dt. expressionist. Dichterin.
Las Palmas ↑Palmas de Gran Canaria, Las.
Lassalle, Ferdinand [la'sal], * 1825, † 1864, dt. sozialdemokrat. Politiker u. Publizist; 1863 Mitbegründer des „Allg. Dt. Arbeitervereins", aus dem die spätere SPD hervorging; kämpfte für das allg. u. gleiche Wahlrecht, trat für eine sozialist. Ges. ohne Privateigentum an den Produktionsmitteln ein.
Lasso, Orlando di, * um 1532, † 1594, niederl. Komponist; seit 1556 in München.
Lasten|ausgleich, Vermögensausgleich zw. den durch [den 2. Welt]krieg u. Kriegsfolgen Geschädigten u. Nichtgeschädigten in der BRD; vorläufig im *Soforthilfeges.* von 1949, endgült. geregelt durch das *L.sges.* von 1952 zus. mit dem *Feststellungs-* u. *Währungs-* sowie dem 1953 erlassenen *Altsparerges.;* Ausgleichsleistungen erfolgen aus dem *Ausgleichsfonds,* Mittelaufbringung durch *L.sabgaben* (Vermögens-, Hypothekengewinn- u. Kreditgewinnabgabe) u. öff. Zuschüsse. – Sonderreg. für neue Bundesländer.
Lastschrift, Verbuchung auf der Soll-Seite eines Kontos.
Las Vegas, größte St. in Nevada, USA, 258 300 E; Univ.; Vergnügungszentrum; ✈.
Latakia ↑Ladhakijja, Al.
Lätare [lat.; = freue dich!], Name des 4. Fastensonntags.
Latein|amerika (Iberoamerika), Bez. für alle Span. u. Portug. sprechenden amer. Länder.
Latein|amerikanische Freihandelszone (LAFTA), 1960/61 gebildeter wirtschaftl. Zusammenschluss lateinamer. Staaten, 1980 durch die *Lateinamer. Integrationsvereinigung (ALADI)* ersetzt.
lateinische Sprache, urspr. Spr. der St. Rom; durch den Aufstieg Roms wurde die l. Sp., eine idgm. Spr. des ital. Zweiges, zur Weltsprache; Grundlage der roman. Sprachen.
La-Tène-Zeit [la'tɛ:n], Abschnitt der jüngeren europ. Eisenzeit.
latent [lat.], verborgen, nicht gleich erkennbar, ohne typ. Merkmale (bes. v. Krankheiten).
lateral [lat.], seitlich.
Lateran, päpstl. Palast und Basilika in Rom, Exklave der Vatikanstadt; 324–1308 Residenz der Päpste; heute *L.ische Museen* (antike und frühchristl. Kunst, Missionsmuseum).
Laterna magica [Zauberlaterne], Vorläufer des Diaprojektors.
Laterne [gr.]: **1)** wetterfeste Leuchte; **2)** auf die Scheitelöffnung einer Kuppel gesetztes, von Fenstern durchbrochenes Türmchen.
Latex [lat.], Milchsaft einiger trop. Pflanzen, aus dem ↑Kautschuk hergestellt wird.
Latifundi|en [lat.]: **1)** von Sklaven bewirtschaftete Landgüter im Röm. Reich; **2)** großer privater Land- und Forstbesitz.

Latiner, im Altertum die ital. Bewohner von Latium.
Latinum, durch Prüfung nachgewiesene Kenntnisse in der lat. Sprache.
Latium (ital. Lazio), histor. Ldsch. in M-Italien, am Tyrrhen. Meer, heute Region, 17 203 km², 5,18 Mill. E, Hptst. Rom.
Latsche (Legföhre), niederliegende Bergkiefer der O-Alpen.
Lattich: 1) Korbblütlergatt.; Milchsaft führende Kräuter, u. a. Gartensalat; **2)** Bez. für versch. Korbblütler, u. a. Huf- u. Hasenlattich.
Laubblatt ↑Blatt 1).
Laubenvögel, mit den Paradiesvögeln verwandte Singvögel Neuguineas und Australiens; ♂♂ bauen kunstvolle Lauben zum Anlocken der ♀♀.
Laubfrösche, Fam. der Froschlurche; Finger u. Zehen meist mit Haftscheiben; am bekanntesten der grüne *Europ. Laubfrosch.*
Laubhölzer (Laubgehölze), bedecktsamige Pflanzen mit mehrjährigen, meist langlebigen, verholzten Sprossachsen (Bäume, Sträucher, Halbsträucher), die im Ggs. zu den nacktsamigen Nadelhölzern breitflächige Laubblätter ausbilden.
Laubhüttenfest (Sukkoth), jüd. Erntedankfest (Sept./Okt.).
Lauch (Allium), Gatt. der Liliengewächse; Zwiebelpfl. mit röhrenförm. Blättern, u. a. Küchenzwiebel.
Laudatio [lat.], Lob[rede].
Laue-Interferenzen [nach M. von Laue, * 1879, † 1960] (Röntgeninterferenzen), die durch Beugung an Kristallen hervorgerufenen Interferenzen von Röntgen- und Elektronenstrahlen; ergeben sog. *Laue-Diagramme,* die Aufschluss ü. d. Kristallaufbau geben.
Lauenburg, ehem. dt. Hzgt. an der Niederelbe; s. der askan. Teilung Ende des 13. Jh.s Hzgt. *Sachsen-L.;* 1689 an Lüneburg-Celle, mit diesem 1705 an Hannover; 1815 an Dänemark, s. 1865 preuß.
Läufer: 1) längerer schmaler Teppich; **2)** umlaufender Teil an Maschinen; **3)** (L.stein) mit der Langseite parallel zur Mauerflucht verlegter Ziegel; **4)** eine Schachfigur.
Lauf|feldröhre (Wandelfeldröhre), Verstärkerröhre in der Hochfrequenztechnik.
Laufkäfer, Fam. meist nächtl. lebender, räuber. Käfer; fadenförm. Antennen, lange Beine.
Laufkatze, auf einer Tragschiene über den Arbeitsplätzen laufende Hebe- und Transportvorrichtung.
Laufrad: 1) beschaufeltes Rad von Turbinen; **2)** nicht angetriebenes Rad von [Trieb]fahrzeugen; **3)** Draisine (↑Drais, Karl).
Laufzeit, Zeit von der Ausstellung eines Wechsels bis zum Verfalltag.
Laugen: 1) wässrige Lösungen von Basen (⚗); **2)** (Mutter-L.) Salzlösungen, aus denen sich Kristalle abgeschieden haben (Mineral.); **3)** wässrige Lösungen u. Lösungsgemische, die Nutz- u. Ballastbestandteile enthalten.
Laughton, Charles [lɔ:tn], * 1899, † 1962, amer. Schauspieler brit. Herkunft; bed. Charakterdarsteller, auch Filme.
Laura (Lawra), urspr. Eremitensiedlung der Ostkirche, später Name bed. zönobit. Klöster (Athos).
Laurate ↑Laurinsäure.
Laureat [lat.], Preisträger, Ausgezeichneter; insbes. der mit dem Lorbeerkranz gekrönte Dichter (Poeta laureatus).
Laurentius, hl., † 258, röm. Diakon; nach der Legende auf glühendem Rost zu Tode gemartert.
Laurinsäure, höhere gesättigte Fettsäure, $C_{11}H_{23}COOH$; Salze u. Ester der L. *(Laurate)* verw. als Stabilisatoren, Weichmacher u. a.
Lausanne [lo:zan], Hptst. des schweizer. Kt. Waadt, am Genfer See, 117 200 E; Univ.; TH; B.-Gericht; Ind.; Fremdenverkehr.
Läuse, weltweit verbreitete Ordn. abgeflachter, flügelloser Insekten, Blut saugende Parasiten auf Säugetieren u. Mensch.
Läusekraut, Rachenblütlergatt.; Halbparasiten, meist an Gräsern; Blüten ähren- oder traubenförmig.
Lausfliegen, läuseähnl. Fliegen; Blutsauger an Säugetieren und Vögeln.
Lausitz, Ldsch. beiderseits der L.er Neiße u. der oberen u. mittl. Spree, zw. dem Fläming und dem Queis; umfasst Teile von Brdbg., Sachsen u. von Polen. Der *L.er Grenzwall* (Rückenberg 229 m) trennt die *Ober-L.* von der *Nieder-L.* Urspr. das Gebiet der slaw. Lusizer im Bereich der heut. Nieder-L.; 1370 böhm., 1635 Nieder- und Ober-L. an Sachsen, 1815 größtenteils an Preußen.
Lausitzer Neiße (Neiße, Görlitzer Neiße), l. Nbfl. der mittl. Oder, 256 km; Grenzfl. zw. Polen u. Dtl.
Laut, von den Sprachorganen hervorgebrachter Ton (Konsonant, Vokal; ↑auch Phonetik).
Laute, verbreitetes Zupfinstrument mit kurzem Hals und (meist) abgeknicktem Wirbelkasten; in mehr. Stimmlagen.
Lautlehre, der Teil der Sprachwiss., der sich mit den Sprachlauten befasst; Phonetik, Phonologie und Lautgeschichte.
Lautmalerei (Onomatopöie, Klangmalerei), in der stilisierten Spr. der Versuch, im Klang einen außersprachl. Gehöreindruck wiederzugeben.

T. E. Lawrence,
genannt Lawrence of Arabia

Lautsprecher, Gerät zur Umwandlung elektr. Energie eines tonfrequenten Wechselstroms in Schallenergie, die über eine Membran abgestrahlt wird.
Lautstärke, Stärke der Hörempfindung, hängt nach dem ↑Weber-Fechnerschen Gesetz vom Logarithmus des Schalldrucks ab; ↑auch Phon.
Lautverschiebung, Veränderungen der Verschlusslaute in den german. Sprachen. In der *german. L.* (2. Jt. bis um 200 v. Chr.) wurden p, t, k zu stimmlosen (f, ŧh, ch) oder (nach dem Vernerschen Gesetz) zu stimmhaften (b, d, g) Reibelauten; die aspirierten stimmhaften Verschlusslaute bh, dh, gh wurden zu stimmhaften Reibelauten u. später zu b, d, g; b, d, g wurden zu stimmlosen Verschlusslauten (p, t, k). In der *hochdt. L.* (vom 5. Jh. an) wurden p, t, k nach Vokal zu ff, zz, hh, im Anlaut, nach Mitlaut u. bei Verdoppelung zu pf, tz, kch; b, d, g wurden zu p, t, k.
Lava [ital.], bei Vulkanausbrüchen an der Erdoberfläche austretender Gesteinsschmelzfluss (Magma) u. das durch Erstarrung daraus entstandene Gestein, durch Gase oft porös aufgetrieben.
La Valetta ↑Valletta.
Lavendel [ital.], blauviolett blühender, im Mittelmeergebiet heim. Halbstrauch; Blüten liefern äther. Öle (für Seife, Parfüm).
lavieren [niederl.]: **1)** im Zickzackkurs gg. widr. Wind segeln; **2)** vorsichtig zu Werke gehen; **3)** aufgetragene Farben auf einem Bild verwischen.
Law and order ['lɔ: ænd 'ɔdə], polit. Schlagwort, für harte Gesetzes- u. Polizeimaßnahmen zur Bekämpfung von Gewalt u. Kriminalität.

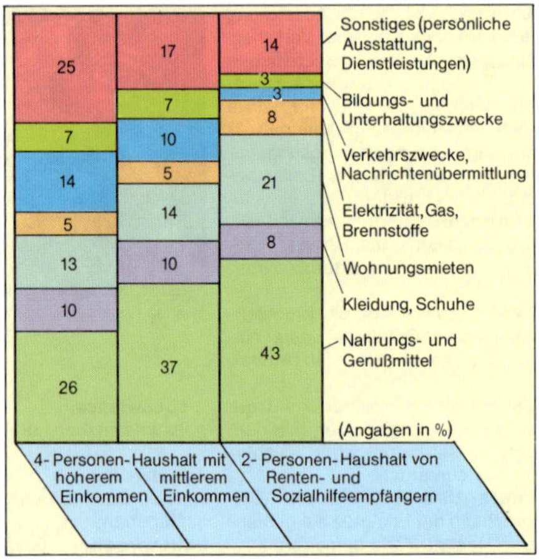

Lebenshaltungskosten. *Zusammensetzung des für ihre Berechnung zugrunde gelegten Warenkorbs*

Lawine [ladin.], an Hängen niedergehende Schnee- und Eismassen: *Staub-L.* (aus Pulverschnee); *Grund-L.* (aus nassem Schnee), folgt meist alten L.ngräben, *Schneebrett-L.* (aus gespanntem, gepresstem Schnee), Abgang in großen Schollen; auch *Eis-L.n* (beim Absturz v. Gletschereis) u. *Steinlawinen.*

Lawrence ['lɔ:rəns]: **1)** D[avid] H[erbert], * 1885, † 1930, engl. Schriftsteller; u. a. „Söhne und Liebhaber", „Lady Chatterley [und ihr Liebhaber]"; **2)** T[homas] E[dward], gen. L. v. Arabien, * 1888, † 1935, engl. Schriftsteller, Orientalist u. polit. Agent; organisierte einen erfolgr. Aufstand der Araber gg. die Türken; „Die sieben Säulen der Weisheit". – Abb. S. 391.

Lawrencium [lɔ:-, nach E. O. Lawrence, * 1901, † 1958], künstl. hergestelltes chem. El., Symbol Lr, OZ 103, Massenzahlen der Isotope 253–260, radioakt. Halbwertszeit von Lr 253 rd. 40 s; Herst. 1961.

lax [lat.], schlaff, lässig.

Laxans (Laxativ[um]) [lat.], Abführmittel (Med.).

Layout [leɪ'aʊt; engl.], Skizze für Text- u. Bildgestaltung; vom *L.er* gestaltet.

Lazarett [ital.], Militärkrankenhaus.

Lazarus, nt. Gestalt, von Jesus vom Tode auferweckt.

Lazarus, Gestalt im Gleichnis Jesu vom reichen Mann u. dem *armen Lazarus.*

Lb, Abk. für lat.: **lib**ra (= Pfund).

l. c., Abk. für: **l**oco **c**itato.

LCD [Abk. f. engl.: **l**iquid **c**rystal **d**isplay = Flüssigkristallanzeige], Anzeigevorrichtung, die numer. Daten mithilfe elektr. gesteuerter flüssiger Kristalle sichtbar macht.

ld, Abk. für: dyad. ↑Logarithmus.

LDP, Abk. für ↑**L**iberal-**D**emokratische **P**artei.

LD-Verfahren, in **L**inz und **D**onawitz (Stadtteil von Leoben, Östr.) entwickeltes Verfahren zur Stahlerzeugung; Frischen durch Aufblasen von techn. reinem Sauerstoff auf flüss. Stahlroheisen.

Lea, im A.T. Tochter Labans u. ältere Schwester Rahels; erste Frau Jakobs.

Lean, David [li:n], * 1908, † 1991, brit. Filmregisseur; „Die Brücke am Kwai", „Doktor Schiwago", „Reise nach Indien".

Leander ↑Hero.

Leander, Zarah, * 1907, † 1981, schwed. Filmschauspielerin u. Sängerin, 1936–45 einer der erfolgreichsten Stars der Ufa („Zu neuen Ufern").

Lear ['li:r], sagenhafter britann. Kg.; Titelheld eines Trauerspiels von Shakespeare.

Leasing ['li:zɪŋ; engl.], Vermietung von längerlebigen Wirtschaftsgütern, v. a. von Industrieanlagen, Autos.

Leben, von der unbelebten Natur grundsätzl. versch. Naturerscheinung, an hochmolekulare Verbindungen, die Eiweiße, gebunden; zur Aufrechterhaltung des L.sprozesses ist dauernder Energie- und Stoffaustausch mit der Umwelt nötig; durch Reizbarkeit wird die Anpassung an versch. Bedingungen ermöglicht; durch Fortpflanzung u. Tod ist das individuelle Dasein, nicht aber das L. selbst begrenzt. Die kleinste selbstständig lebensfähige Form ist die ↑Zelle 1).

Lebensbaum (Thuja), Gatt. der Zypressengewächse; immergrüne Sträucher und Bäume.

Lebensborn, auf Veranlassung H. Himmlers 1935 gegr. Einrichtung zur Unterstützung des „Kinderreichtums der SS", zum Schutz „jeder Mutter u. jedes Kindes guten Blutes"; in den Entbindungsheimen wurden rd. 7 000–8 000 (meist nichtehel.) Kinder geboren.

Lebenserwartung, Anzahl der Jahre, die ein Mensch eines best. Alters und Geschlechts in einer best. Bev. durchschnittl. noch erleben wird. Durchschnittl. L. in der BRD (1994) bei Männern 73,4 Jahre, bei Frauen 79,7 Jahre.

Lebensgemeinschaft: 1) svw. ↑Biozönose; **2)** svw. ↑Ehe, auch Zusammenleben von Mann und Frau ohne formelle Eheschließung.

Lebenshaltungskosten, in der amtl. Statistik die bei der Berechnung des Preisindexes für die Lebenshaltung ermittelten Ausgaben.

Lebensmittelgesetz, Ges. des Lebensmittelrechts v. 1934, neu geregelt 1974, mit zahlr. Ergänzungen u. Änderungen; verbietet u. a. die Herst. von gesundheitsschädl. Lebensmitteln, regelt die Lebensmittelüberwachung u. a.

Lebensstandard, Bez. für die der Kaufkraft u. den Bedürfnissen des Einzelnen oder eines Volkes entspr. Art der Befriedigung der Lebensbedürfnisse.

Lebensversicherung, Versicherung zur Deckung des Vermögensbedarfs v. a. im Falle des Todes; *Kapitalversicherung:* Zahlung einer festen Versicherungssumme (reine Todesfallversicherung, reine Erlebensfallversicherung, kombinierte oder gemischte Todes- u. Erlebensfallversicherung, Versicherung mit festem Auszahlungstermin); *Rentenversicherung:* Zahlung v. a. von Altersrenten.

Leber: 1) Georg, * 1920, dt. Politiker (SPD); 1966–72 B.-Min. für Verkehr, 1969–72 auch für Post- u. Fernmeldewesen; 1972–78 B.-Verteidigungsminister; **2)** Julius, * 1891, † 1945, dt. Politiker (SPD); Widerstandskämpfer, an der Vorbereitung des Attentats v. 20. 7. 1944 beteiligt, hingerichtet.

Leber, größte Drüse des menschl. u. tier. Körpers, unterhalb des Zwerchfells im Bauchraum; Funktionen: Gallenbereitung u. -ausscheidung, Regulation des Eiweiß-, Fett-, Kohlenhydratstoffwechsels, Speicherung von Glykogen u. a.

Leberblümchen, niedriges Hahnenfußgewächs; Blätter dreilappig-herzförmig, Blüten blau; fr. gg. Leberleiden verwendet.

Leber|entzündung (Hepatitis), Bez. für mehrere entzündl. Leberkrankheiten; meist eine Viruserkrankung: *Hepatitis epidemica,* mit Mattigkeit, Hautjucken, Magen-, Darmbeschwerden, Gelbsucht; bes. Form: *homologer Serumikterus* (entstanden durch Übertragung homologen Serums).

Leberfleck (Naevus), Hautmissbildung, fleckenförm. Vermehrung des physiol. Hautfarbstoffes.

Lebertran, an Vitamin A u. D reiches Öl aus der Leber versch. Fischarten, hpts. des Kabeljaus.

Leberzirrhose (Schrumpfleber), chron. Leiden mit Bindegewebsvermehrung und Schrumpfungserscheinungen in der Leber.

le Carré, John [ləka're], eigtl. David John Moore Cornwell, * 1931, engl. Schriftsteller („Der Spion, der aus der Kälte kam" u. a.).

Lecce ['lettʃe], ital. Prov.-Hptst. in Apulien, 100500 E; Univ.; Reste eines röm. Amphitheaters, ma. u. barocke Bauten; Industrie.

Lẹch, r. Nbfl. der Donau, 263 km; trennt Allgäuer u. *L.taler Alpen* (Parseier Spitze 3038 m), unterh. Füssen zum *Forgensee* gestaut, durchfließt das *Lechfeld.*

Lecithin, Lezithin ↑ Phosphatide.

Leck, undichte Stelle [im Schiffsrumpf].

Leconte de Lisle, Charles Marie [ləkɔ̃t də 'lil], eigtl. Lecomte, * 1818, † 1894, frz. Dichter; Haupt der Parnassiens.

Le Corbusier [lekorby'zje], eigtl. Charles Édouard Jeanneret-Gris, * 1887, † 1965, frz. Architekt, Maler u. Bildhauer schweizer. Abstammung; seine Skelettbauweise revolutionierte die mod. Architektur; neue Wohnformen aus prakt. Wohnbedürfnissen entwickelt.

LED [Abk. f. engl.: **l**ight **e**mitting **d**iode; = Licht emittierende Diode] ↑ Leuchtdiode.

Leda, in der griech. Mythol. Geliebte des Zeus, der sich ihr als Schwan nähert; Mutter der Helena und der Dioskuren.

Leda, r. Nbfl. der Ems, 75 km; Mdg. b. Leer (Ostfriesland).

Leder, durch chem. Prozesse haltbar gemachte tier. Haut (↑ Gerberei, ↑ Gerbstoffe).

Lederhaut: 1) ↑ Haut 1); **2)** ↑ Auge.

Lederschildkröte, etwa 2 m lange und 600 kg schwere marine Schildkröte (größte Schildkröte überhaupt).

Lee, die vom Wind abgekehrte Seite des Schiffes; Ggs. ↑ Luv.

Lee, Robert Edward [li:], * 1807, † 1870, amer. General; kommandierte im Sezessionskrieg die Truppen der Südstaaten.

Leeds [li:dz], engl. St. nö. von Manchester, 712000 E; Univ.; Bibliotheken; Woll- u. Bekleidungsind., Maschinenbau.

Leer (Ostfriesland), Krst. an der Mdg. der Leda in die Ems, Nds., 32600 E. Handels- u. Gewerbeort; Fachhochschule für Seefahrt; Hafen. Häuser des 17./18. Jh.s, die Waage (1714) u. das Rathaus (19. Jh.) prägen das Bild der Stadt.

Leeuwarden ['le:wardə], Prov.-Hptst. im Marschengebiet der nördl. Niederlande, 86800 E. Museen; Handelszentrum; Hafen. Grote Kerk (12. Jh., nach 1492 erneuert); Kanzlei, Statthalterhof u. Alte Waage (alle 16. Jh.), Stadthaus (1715); Bürgerhäuser des 17. u. 18. Jahrhunderts.

Lefebvre, Marcel [lə'fɛ:vr], * 1905, † 1991, frz. Erzbischof; Initiator der traditionalist. Internat. Priesterbruderschaft Hl. Pius X.; 1976 von Papst Paul VI. als Bischof suspendiert, 1988 exkommuniziert.

Lefkas (Leukas), eine der Ion. Inseln, 303 km², gebirgig (bis 1158 m); Hpt.ort L., an der Nordspitze.

Lefkosia ↑ Nikosia.

Le Fort, Gertrud Freiin von [lə'fɔ:r], * 1876, † 1971, dt. Dichterin; „Hymnen an die Kirche", „Das Schweißtuch der Veronika".

Lefze, Lippe des Hundes und des Raubwilds (wm.).

legal [lat.], gesetzlich.

Legalisation, Beglaubigung.

Legalitätsprinzip, Pflicht der Staatsanwaltschaft zur Verfolgung aller strafb. Handlungen (§).

Legasthenie [lat.; gr.], Lese- u. Schreibschwäche (Verwechslung v. Buchstaben od. Wortteilen).

Legat [lat.]: **1)** im alten Rom Gesandter; Unterfeldherr; **2)** (apostol. Legat) päpstl. Gesandter (meist ein Kardinal); **3)** svw. ↑ Vermächtnis.

legato [ital.], gebunden, im Ggs. zu staccato (𝄞).

Legendar, Legendenbuch, Slg. von Heiligenviten.

Lẹgende: 1) urspr. Lesung aus einem Legendar, dann erbaul. u. wunderbare Erzählung aus dem Leben eines Heiligen; **2)** sagenhafte, unglaubwürd. Geschichte oder Erzählung; **3)** ep.-lyr. Tonstück, urspr. die Heiligen-L. behandelnd (𝄞); **4)** erklärender Text zu Abb., Landkarten u. a.

leger [le'ʒɛ:r; frz.], ungezwungen, zwanglos, [nach]lässig, leicht.

Léger, Fernand [le'ʒe], * 1881, † 1955, frz. Maler; Vereinfachung der Dinge (auch der menschl. Gestalt) auf geometr. Grundkörper. – Abb. S. 381.

Legföhre, svw. ↑ Latsche.

Leghorn, weiße Haushuhnrasse.

Legierungen [ital.], kompakte Metallgemische, die auch Nichtmetalle (z. B. Kohlenstoff) enthalten können; oft mit völlig andersartigen Eigenschaften als die Ausgangsmetalle.

Legion [lat.]: **1)** Einheit des altröm. Heeres, bis zu 6000 Mann; gegliedert in *Kohorten, Manipel* u. *Zenturien;* **2)** selbst. Truppe von Freiwilligen, die für eine fremde Macht kämpfen; ↑ auch Fremdenlegion; **3)** große Menge, unbestimmte, sehr große Anzahl.

Legionärskrankheit, bakterielle Lungenentzündung; s. 1976 bekannt.

Legislative [lat.], gesetzgebende Gewalt (↑ Gewaltenteilung); auch gesetzgebende Körperschaft.

Legislatur, Beratung u. Verabschiedung von Gesetzen; *L.periode,* Amtsdauer einer [gesetzgebenden] Volksvertretung.

Legitimation: 1) Beglaubigung; Ausweis; **2)** Erlangung der Ehelichkeit eines nichtehel. Kindes; das Kindschaftsrechtsreformges. hob 1998 die unterschiedl. Behandlung ehel. u. nichtehel. Kinder auf u. schaffte die L. ab; **3)** (Sachlegitimation) Stellung als Gläubiger od. Schuldner eines Anspruches.

Leguane [karib.], Echsenfam.; meist mit langem Schwanz; vorw. in Amerika; der *Grüne Leguan* wird bis 1,5 m lang.

Legumin [lat.], Eiweiß der Hülsenfrüchte m. viel Lysin u. Arginin.

Leguminosen ↑ Hülsenfrüchtler.

Lehár, Franz, * 1870, † 1948, östr.-ungar. Operettenkomponist.

F. Lehár

Le Havre ↑ Havre, le.

Lehen (Feudum, Benefiz[ium]), vom Eigentümer *(Lehnsherr)* an einen *Lehnsmann* verliehenes [erbl.] Nutzungsrecht an einer fremden Sache, verbunden mit einem gegenseit. Treueverhältnis; auch die Sache selbst (Grundbesitz, auch nutzb. Rechte und Ämter). Das *Lehnswesen* entstand b. den Franken, beherrschte s. dem 10. Jh. die fränk. u. normann. Reiche u. deren Nachfolgestaaten in polit. und rechtl. Hinsicht.

Lehm, meist graues bis gelbbraunes Sediment, ein Gemenge v. Quarzkörnchen u. Ton.

Lehmbau, Bauweise, bei der Lehm als Baumaterial verwendet wird; mit Zuschlag- u. Füllstoffen wird Lehm zur Festigkeitserhöhung versetzt u. in hölzernen Formen abgetrocknet.

Lehmbruck, Wilhelm, * 1881, † 1919, dt. Bildhauer.

Lehmfüchse ↑ Fuchs 1).

Lehnswesen ↑ Lehen.

Lehnwort, aus einer fremden Spr. übernommenes Wort, das sich lautl., orthograph. u. grammat. angepasst hat.

Lehr|amt, öff. Amt im staatl. Schuldienst, dessen Inhaber Beamte sind (aber auch Lehrkräfte im Angestelltenverhältnis).

Lehre: 1) fr. Bez. für die Ausbildung [eines ↑ Auszubildenden]; **2)** Messvorrichtung zum Nachprüfen der Maße v. Maschinenteilen u. a.; z. B. Schiebe-L.; **3)** Gerüst für die Herst. von Profilen in der Bautechnik.

Lehrling, fr. Bez. für ↑ Auszubildender.

Lehrmittel, Hilfsmittel zur Unterstützung des Lehrers im Unterricht.

Lehrte, St. im O des Großraums Hannover, Nds., 42 000 E; vielseit. Industrie.

Lehrvertrag, fr. Bez. für den Ausbildungsvertrag eines ↑ Auszubildenden.

Lei: 1) (Ley) alte Bez. für Schiefer, Stein, Fels (z. B. Loreley, Erpeler L. u. a.); **2)** Rinnennetz von Wattgebieten; **3)** ↑ Leu.

Leib|eigenschaft, Bez. für die persönl. Abhängigkeit von einem Herrn, entstanden in den german. Reichen des frühen MA; endgültige Abschaffung der L. in Dtl. durch die Bauernbefreiung im 19. Jh.

Leibesvisitation ↑ Durchsuchung.

Leibgarde, Truppe, urspr. zum persönl. Schutz eines Fürsten, später zu bes. Diensten bei Hof.

Leibgedinge [mhd.; = das auf Lebenszeit Ausbedungene]: **1)** svw. ↑ Altenteil; **2)** der der Witwe zustehende ↑ Nießbrauch an einem Grundstück.

Leibl, Wilhelm, * 1844, † 1900, dt. Maler; Darst. des oberbayr. Bauernlebens; Porträts.

Leibniz, Gottfried Wilhelm Frhr. von, * 1646, † 1716, dt. Philosoph und Universalgelehrter; nahm in seiner „Monadologie" als Grundbestandteil d. Welt unendl. viele individuelle seelische Kraftzentren, Monaden, an, die nicht von sich aus ineinander wirken, sondern durch „prästabilierte (vorherbest.) Harmonie" verbunden sind; die bestehende Welt ist die beste aller mögl. Welten („Theodizee"); bed. Werke auch zur Rechts-, Natur-, Sprachwiss. u. Mathematik.

G. W. Freiherr von Leibniz

Leibung (Laibung), innere Mauerfläche bei Wandöffnungen; bei Wölbungen die innere Wölbfläche.

Leicester ['lestə], Hptst. der mittelengl. Gft. L., 279 800 E; Univ.

Leich, mittelhochdt. Liedform mit unregelmäß. Strophen.

Leichengift, Eiweißzerfallsprodukte wie Cadaverin u. Putrescin.

Leichenstarre (Totenstarre), 4 bis 8 Stunden nach dem Tode einsetzendes Starrwerden der Muskulatur infolge Milchsäureanhäufung; löst sich nach etwa 48–52 Stunden.

Leicht|athletik, sportl. Übungen, die den natürl. Bewegungsformen des Menschen entsprechen: Gehen, Laufen, Springen und Werfen.

Leichtgewicht ↑ Übers. S. 658.

Leichtmatrose ↑ Matrose 1).

Leichtmetalle, Metalle, deren Dichte unter 4,5 g/cm³ liegt.

Leicht|öl (Rohbenzol), eine Steinkohlenteerfraktion, die zw. 170 und 190 °C siedet; besteht v. a. aus Benzol, Toluol, Xylol.

Leichtschwergewicht ↑ Übers. S. 658.

Leiden, niederl. St. am Alten Rhein, 113 000 E; Univ. u. Bibliothek, Sternwarte, Museen; Burg (11. Jh.), spätgot. Sint-Pancraskerk, Renaissancebauten; Textil-, Nahrungsmittel-, Papierind.; Maschinenbau.

Leie (frz. Lys), l. Nbfl. der Schelde, 214 km.

Leier [gr.], das Sternbild ↑ Lyra.

Leier [gr.], gezupftes Saiteninstrument.

Leif Eriksson, * um 970, † um 1020, Sohn Erichs des Roten, norweg. Seefahrer; gelangte um 1000 an die O-Küste Nordamerikas.

Leigh, Vivien [li:], eigtl. Vivian Mary Hartley, * 1913, † 1967, brit. Schauspielerin.

Leiharbeit (Zeitarbeit), Tätigkeit im Auftrag einer zugelassenen L.sfirma für einen begrenzten Zeitraum (max. 6 Monate) in einem anderen Unternehmen.

Leihe, vertragsmäß., unentgeltl. Gestattung des Gebrauches einer Sache mit der Verpflichtung zur Rückgabe (§).

Leihmutter, eine Frau, die im Auftrag ein fremdes Kind gegen Bezahlung austrägt, nachdem ihr eine befruchtete Eizelle implantiert wurde; L.schaft ist sehr umstritten.

Leim, flüss. ↑ Klebstoff; man unterscheidet tier. (aus Knochen, Haut, ↑ Kasein), pflanzl. (z. B. Mehl, Gummiharze) und synthet. (z. B. Kunstharze) Leime.

Lein, svw. ↑ Flachs.

Leine, l. Nbfl. der Aller, Nds., 241 km, vom Eichsfeld.

Leinen, glattes Gewebe aus reinem L.garn (Flachsgarn) in Leinwandbindung; ↑ Bindung 1).

Leinkraut, Rachenblütlergatt.; *Gemeines L.,* häufiges Unkraut.

Lein|öl, aus Leinsamen (↑ Flachs) gewonnenes goldgelbes Öl; hoher Gehalt an ungesättigten Fettsäuren (Vitamin F).

Leinwand, svw. ↑ Leinen; *L.bindung* ↑ Bindung 1).

Leipzig: 1) traditionsreiche Hochschul-, Buch- und Messestadt in Sa., 500 000 E; Univ., Akad. der Wiss., TH u. a. Hochsch., u. a. für Binnenhandel, Grafik u. Buchkunst, Musik, Körperkultur, Theater; pädag. Inst., Ing.-Schulen, Buchhändler- und Bibliothekarfachschulen; Dt. Bücherei, Museen, Gewandhausorchester; Thomaskirche (15. Jh.; Thomanerchor), Nikolaikirche (13. bis 16. Jh.), Altes Rathaus (Markt; 1556 ff.), ehem. R.-Gericht, Völkerschlachtdenkmal, Zoo; internat. Messe, graf. Gewerbe, Masch.-, Eisen- u. Stahl-, Elektro-, chem. u. a. Ind.; ✈. – Um 1160 Stadt; um 1500 entwickelten sich die bed. Messen, 1519 *L.er Disputation* zw. M. Luther, Karlstadt und J. Eck; 16. bis 19. 10. 1813 *Völkerschlacht bei L.,* Sieg der verbündeten Preußen, Österreicher, Schweden und Russen über Napoleon I.; 1952–90 Hptst. von 2); **2)** 1952–90 Bezirk in der ehem. DDR, 4 966 km², 1,38 Mill. E; umfasste den Hauptteil der

L.er Tieflandsbucht u. den N des Mittelsächs. Hügellandes; im NO Dahlener und Dübener Heide; größtenteils fruchtb. Ackerbaugebiete mit Weizen-, Zuckerrüben- u. Gemüseanbau; im gesamten W-Teil bed. Braunkohlen-⚒ mit Folgeindustrien, im SW sowie in u. um 1) Textil-, Eisen-, Masch.- u. chem. Industrie.

Leis, geistl. Volkslied, entstanden im 12.–14. Jh. mit der Strophenendung „Kyrieleis".

Leishman, Sir William Boog ['li:ʃmən], * 1865, † 1926, brit. Arzt; entdeckte die Erreger der ↑ Orientbeule und der ↑ Kala-Azar.

Leisten[beuge], Übergang vom Bauch zum Oberschenkel der hinteren bzw. unteren Extremitäten b. Säugetier u. Mensch in Form einer Hautfalte zum darunter liegenden *Leistenband;* vom *Leistenkanal* durchsetzt, durch den bei ♂♂ der Samenstrang, bei ♀♀ das Mutterband zieht; *Leistenbruch* häufigste Form eines ↑ Bruchs 1).

Leistung: 1) Quotient aus verrichteter Arbeit und der dazu benötigten Zeit; *elektr. L.* (Strom-L.), Produkt aus Spannung und Stromstärke; gesetzliche Einheit ↑ Watt (= J/s), nicht mehr gesetzl.: PS, erg/s, kp · m/s; **2)** schuldrechtl. Verpflichtung; *positive L.* besteht in einem Tun, *negative L.* in einem Unterlassen (§).

Leistungsgesellschaft, mod. Ind.-Ges., in der die soz. u. materiellen Chancen, gegenseitige soz. Anerkennung sowie die soz. Position nach Leistung vergeben werden (in ständ. Ges. nach Stand, Herkunft), sofern ihre Strukturprinzipien wirkl. eingelöst u. nicht nur verschleiernde Ideologie sind.

Leistungslohn ↑ Lohn.

Leistungsort ↑ Erfüllungsort.

Leit|artikel, publizist., kommentierender Beitrag zu aktuellen Zeitfragen in einer Zeitung od. Zeitschrift, an bestimmter, oft hervorgehobener Stelle.

Leiter, Stoffe, die den elektr. Strom leiten (Metalle, Halb-L.; Elektrolyte; Plasmen).

Leitfähigkeit: 1) (elektr. L.) Eigenschaft von Stoffen, elektr. Strom zu leiten; **2)** ([spezif.] elektr. L.) Maß von ↑ 1); Kehrwert des spezif. elektr. ↑ Widerstandes 2); Einheit S/m (↑ Siemens).

Leitfossili|en ↑ Fossilien.

Leitha, r. Nbfl. der Donau, in Östr. u. Ungarn, 180 km.

Leitmotiv, in einem Musikwerk oft wiederkehrende Tonfolge (Motiv); für die Lit. übernommen.

Leitner, Ferdinand, * 1912, † 1996, dt. Dirigent.

Leitwert, Kehrwert des elektr. Widerstands; Einheit ↑ Siemens.

Leitz, Ernst, * 1843, † 1920, dt. Industrieller; Leiter der *Ernst L. GmbH* (gegr. 1849 als Opt. Inst. in Wetzlar), Herst. von Mikroskopen u. anderen opt. Geräten sowie Kameras (Leica).

Lektion [lat.], Unterrichtsstunde; Pensum; Abschnitt in einem Lehrbuch; auch Schriftlesung im Gottesdienst.

Lektor [lat.]: **1)** Lehrer für Übungen u. Ä. an einer Hochschule; **2)** wiss. oder literar. ausgebildeter Mitarb. eines Verlages; prüft u. bearbeitet Manuskripte; **3)** Laie als Vorleser in der kath. und ev. Gottesdienstfeier.

Lektorat: 1) Lehrauftrag eines Lektors; **2)** Verlagsabt., in der Manuskripte geprüft und bearbeitet werden.

Lem, Stanisław, * 1921, poln. Schriftsteller, utop. Romane u. Erzählungen; „Solaris", „Provokation. Besprechung eines ungelesenen Buches".

Lemberg: 1) höchste Erhebung in der Schwäb. Alb, 1015 m; **2)** (russ. Lwow) St. in der Ukraine, 802 000 E; Univ.; TH, latein. und armen. Kathedr. (14./15. Jh.), Museen; vielseit. Ind.; ✈. – Um 1250 als Festung gg. die Mongolen gegr.; 1353 poln., 1772 östr. (Hauptstadt des Kronlandes Galizien), 1919 poln., 1939 sowj., heute zur Ukraine.

Lemgo, St. im Lipper Bergland, NRW, 41 400 E; altes Stadtbild; vielseit. Industrie.

Lemma [gr.], Stich-, Merkwort.

Lemminge [norweg.], Wühlmäuse des hohen Nordens; period. Massenvermehrungen führen zu großen Wanderzügen *(Lemmingzüge).*

Lemmon, Jack ['lɛmən], * 1925, amer. Filmschauspieler („Manche mögen's heiß", „Vermisst").

Lemuren, im altröm. Glauben gefürchtete Totengeister.

N. Lenau

Lemuren [lat.], svw. Makis (↑ Affen).

Lena, ostsibir. Fl., vom Baikalgeb. zur Laptewsee, 4 400 km.

Lenau, Nikolaus, eigtl. Nikolaus Franz Niembsch, Edler von Strehlenau, * 1802, † 1850, östr. Dichter; schwermütige Lyrik; ep.-dramat. Dichtungen („Faust", Fragment „Don Juan").

Lende, die Körpergegend zw. Wirbelsäule, unterster Rippe und Darmbeinkamm.

Lendl, Ivan, * 1960, tschech. Tennisspieler; s. Mitte der 80er-Jahre einer der weltbesten Tennisspieler.

Leng (Langfisch), bis 1,9 m langer räuber. Schellfisch des O-Atlantiks; Speisefisch.

Lenggries, Ort im Isartal, Bayer. Alpen, 8 900 E; Sommerfrische, Wintersportplatz.

Lenin, Wladimir Iljitsch, eigtl. W. I. Uljanow, * 1870, † 1924, sowjetruss. Politiker; 1897–1900 in Verbannung in Sibirien, 1900–05 und 1907–17 in der Emigration; 1905 Teilnahme an der russischen Revolution; ab November 1917 errichtete er nach Sturz der Reg. Kerenski die bolschewist. Diktatur. Als bedeutendster Theoretiker des Kommunismus entwickelte er die marxist. Theorie zum *Leninismus*

Lemminge. *Berglemming*

W. I. Lenin

weiter, in dem die führende Rolle der Kommunist. Partei bei der Revolution hervorgehoben wird.

Leningrad, 1924–91 Name von Sankt Petersburg.

Leninismus ↑Lenin, W. I., ↑Marxismus.

Lenin|orden, höchster ziviler sowj. Orden, 1930–91 für bes. Verdienste verliehen.

Lenis [lat.], schwach artikulierter, weich gesprochener Konsonant, z. B. b, w.

Le Nôtre (Le Nostre), André [lə'no:tr], * 1613, † 1700, frz. Gartenarchitekt; eigtl. Schöpfer der barocken Gartenanlage.

lento [ital.], langsam (𝄞).

Lenya, Lotte, * 1900, † 1981, östr. Schauspielerin und Sängerin; bekannt als Interpretin von Brecht-Songs.

Lenz: 1) Jakob Michael Reinhold, * 1751, † 1792, dt. Dichter des Sturm u. Drang; sozialkrit. Dramen „Der Hofmeister", „Die Soldaten"; **2)** Siegfried, * 1926, dt. Schriftsteller; Drama „Zeit der Schuldlosen"; Romane „Deutschstunde", „Das Vorbild", „Heimatmuseum", „Exerzierplatz"; Erz. – Friedenspreis des dt. Buchhandels 1988.

lenzen: 1) Wasser aus dem Schiffskörper herauspumpen, in den es durch ein Leck eingedrungen ist; **2)** bei Sturm ohne Besegelung vor dem Winde laufen.

Lenzing (Lenzmond), alter dt. Name für den Monat März.

Leo: Päpste: **1) L. I.,** d. Gr., hl., † 461, Papst seit 440; Kirchenlehrer u. Prediger; erreichte die Unabhängigkeit des Primatsanspruchs des röm. Bischofs v. staatl. Zustimmung; **2) L. IX.,** hl., * 1002, † 1054, Papst seit 1049; v. Kaiser Heinrich III. erhoben, stellte die absolute Autorität Roms in der Kirche wieder her; **3) L. XIII.,** * 1810, † 1903, Papst s. 1878; vorher V. G. Pecci; beendete den ↑Kulturkampf; behandelte kirchl., wiss. und soz. Fragen.

Leo [lat.] (Löwe), zum Tierkreis gehörendes Sternbild des nördl. Himmels.

Leoben, östr. Bez.-Hptst. an der oberen Mur, 28 500 E; Montanist. Hochschule; Museum; Eisenhüttenwerk im Stadtteil Donawitz.

León: 1) nordspan. histor. Ldsch., ehem. Kgr. (925–1037); **2)** Prov. in 1), 15 468 km², 526 000 E, Hptst. 3); **3)** Hptst. von 2), 137 800 E; got. Kathedr.; landw. Handels- u. Verarb.-Zentrum; ⚒; **4)** St. im mittelmex. Staat Guanajuato, auf fruchtb. Hochebene, 872 500 E; versch. Industrie.

Leonardo da Vinci [-'vintʃi], * 1452, † 1519, ital. Maler u. Zeichner, Baumeister, Bildhauer u. Naturforscher; bed. Gemälde („Mona Lisa", „Hl. Anna selbdritt", „Abendmahl").

Leonberger [nach dem St. Leonberg], bis 85 cm hohe, gelbe bis rotbraune Begleit- u. Wachhunde mit Hängeohren (Rassegruppe: Doggen).

Leoncavallo, Ruggiero, * 1858, † 1919, ital. Komponist; Oper „Der Bajazzo".

Leone, Sergio, * 1929, † 1989, ital. Filmregisseur („Spiel mir das Lied vom Tod").

Leonhard, Wolfgang, * 1921, dt. polit. Schriftsteller.

Leonidas, ⚔ 480 v. Chr., Kg. v. Sparta s. 488; fiel mit 300 Spartiaten bei der Verteidigung der Thermopylen gg. die Perser durch Verrat.

Papst Leo XIII.

Leopard [lat.] (Panther), vorw. nachts jagende Großkatze Afrikas und Asiens; Länge bis 150 cm, Fell gelbl. mit schwarzen Flecken.

Leopold: *Hl. Röm. Reich:* **1)** L. I., * 1640, † 1705, Kg. v. Ungarn (s. 1655) u. Böhmen (s. 1656), Ks. s. 1658; unter ihm wurde Östr. Großmacht; besiegte die Türken; **2) L. II.,** * 1747, † 1792, Ks. s. 1790; umfassende Reform in Wirtsch. und Verw., Ausgleich mit Preußen (1790). – *Anhalt-Dessau:* **3) L. I.,** gen. der Alte Dessauer, * 1676, † 1747, Fürst s. 1693; Feldmarschall im preuß. Dienst; begann eine Reform des preuß. Heeres. – *Belgien:* **4) L. II.,** * 1835, † 1909, Kg. s. 1865; begr. den Kongostaat (↑Zaire); **5) L. III.,** * 1901, † 1983, Kg. (1934–44 u. 1950/51); kapitulierte 1940 vor den dt. Truppen, bis 1945 in dt. Kriegsgefangenschaft, verzichtete 1950 zugunsten seines Sohnes Baudouin auf den Thron.

Léopoldville ↑Kinshasa.

LEP, Abk. für **L**arge **E**lectron **P**ositron Storage Ring, Elektron-Positron-Speicherring des CERN mit 27 km Durchmesser.

Lepanto ↑Nafpaktos.

Lepidolith [gr.], in schupp. und blättr. Aggregaten vorkommendes weißes, zartrosa oder graues Mineral, $KLi_2Al[(F,OH)_2/Si_4O_{10}]$ (o. ä. chem. Zusammensetzung).

Leporellofalzung, harmonikaartige Falzung bei Bilderbüchern, Prospekten u. a.

Lepra [gr.] (Aussatz, Hansen-Krankheit), chron. bakterielle Infektionskrankheit des Menschen mit vorwiegendem Befall der Haut und/oder des peripheren Nervensystems, die zu Verunstaltungen des Körpers führt; Auftreten der L. bes. in den Tropen und Subtropen (derzeit 10–20 Mill. Kranke); Behandlung mit Chemotherapeutika.

lepto..., Lepto... [gr.], Bestimmungswort; Bed.: „schmal, dünn, klein".

Leptonen, Sammelbez. für ↑Elektronen 1), ↑Neutrinos, ↑Myonen und ihre Antiteilchen (leichte Elementarteilchen).

leptosomer Typ ↑Körperbautypen.

Lerchen, Singvogelfam.; braun gestreifte Bodenvögel, sehr fluggewandt; wohltönender Gesang.

Lerchensporn, Gatt. der Mohngewächse, oft Frühjahrsblüher.

Lérida, nordostspan. Prov.-Hptst. im fruchtb. Segretal, 111 800 E; 2 Kathedralen; Industrie.

Lernet-Holenia, Alexander, * 1897, † 1976, östr. Schriftsteller; Lyrik, Romane, Dramen.

Lersch, Philipp, * 1898, † 1972, dt. Psychologe; Arbeiten über den Schichtenaufbau der Persönlichkeit.

lesbische Liebe ↑Homosexualität.

Lesbos, stark gebirg. griech. Insel vor der türk. W-Küste, 1 630 km², 103 500 E; Hauptort Mitilini (fr. Mytilene).

Lesespeicher, der Festwertspeicher eines Rechners, aus dem die gespeicherten Daten nur abgerufen werden können.
Lesestift, stiftförmiger Zeichenleser, der v.a. bei der Datenerfassung im Handel verw. wird, um z.B. im Strichkode oder magnet. kodierte Daten zu erfassen.
Leskọw, Nikolai Semjonowitsch, * 1831, † 1895, russ. Dichter; umfangreiches Erzählwerk.
Lesọtho, Kgr. im südl. Afrika; Anbau von Weizen, Mais, Hirse; Viehzucht; Export: Vieh, Leder, Lederwaren, Wolle. – Seit 1868 brit. Protektorat *Basutoland,* s. 1966 Kgr. L. im Commonwealth.
Lessẹps, Ferdinand Marie Vicomte de, * 1805, † 1894, frz. Diplomat u. Ingenieur; baute den ↑ Sueskanal, begann 1879 mit dem Bau des ↑ Panamakanals.
Lẹssing: 1) Doris, * 1919, engl. Schriftstellerin; v.a. Romane u. Kurzgeschichten über die koloniale Gesellschaft in Schwarzafrika sowie über Probleme der Emanzipation. **2)** Gotthold Ephraim, * 1729, † 1781, dt. Dichter; bedeutendster Vertreter der dt. Aufklärung; Dramaturg am Nationaltheater in Hamburg, „Hamburgische Dramaturgie" (1767–69); mit „Miss Sara Sampson" u. „Emilia Galotti" schuf L. nach engl. Vorbild das dt. bürgerl. Trauerspiel; Lustspiel „Minna v. Barnhelm". Gedanken über Humanität und Toleranz in dem dramat. Gedicht „Nathan der Weise". Theoret. Schriften: „Die Erziehung des Menschengeschlechts", „Laokoon oder..." und theol. Schriften, Epigramme und Fabeln. – Abb. S. 398.
Lesung, Beratung eines Gesetzentwurfes im Parlament.
letạl [lat.], tödlich (Dosis).
L'État c'est moi [letat sɛ 'mwa; frz.; = der Staat bin ich], Ausspruch Kg. Ludwigs XIV. v. Frankreich.
Lethargie [gr.]: **1)** krankheitsbedingte Schlafsucht; **2)** Teilnahmsu. Interesselosigkeit.
Lẹthe [gr.], im griech. Mythos Ebene (mit Fluss), Gewässer od. Quelle; bei Vergil Strom in der Unterwelt, aus dem die Toten das Vergessen trinken.
Lẹtten, balt. Volk, mit den Litauern eng verwandt.
Lettland, Rep. im Baltikum, seen- u. waldreiches Hügel- u. Flachland; Torfvorkommen; vielseit. Landw. und Ind. – 1918 als *Rep. Lettland* selbst. (gebildet aus Kurland, Lettgallen u. dem südl. ↑ Livland), 1940–91 als „Lettische SSR" zwangsweise der UdSSR angegliedert (etwa 100000 Letten deportiert); 1990 einseitige Unabhängigkeitserklärung, Aug. 1991 internat. anerkannte Unabhängigkeit.
Lettner [mlat.; = Lesepult] (Doxale), Schranke zw. Chor u. Langhaus einer ma. Kirche.
Lettow-Vọrbeck, Paul von [-to:-], * 1870, † 1964, dt. General; im 1. Weltkrieg Kommandeur der dt. Schutztruppe in Dt.-Ostafrika.
Letzte Ölung, svw. ↑ Krankensalbung.

León. *Kathedrale (13. bis 14./15. Jh., von Südost)*

Leuchtdichte, Quotient aus der Lichtstärke einer Fläche in einer best. Richtung und der Projektion der leuchtenden Fläche senkrecht zur Anstrahlungsrichtung.
Leuchtdiode (LED; Lumineszenzdiode), Halbleiterdiode, bei der beim Fließen eines elektr. Stromes infolge Rekombination posit. u. negat. Ladungsträger (Elektronen u. „Löcher") Elektrolumineszenz entsteht; verw. z.B. bei der *L.nanzeige (LED-Anzeige)* v. Ziffern u. Buchst. in Taschenrechn., Digitaluhren u.a.

Lesotho

Fläche: 30355 km²
Einwohner: (1995) 2,05 Mill.
Hauptstadt: Maseru
Amtssprachen: Sotho, Englisch
Zeitzone: MEZ + 1 Stunde

Lettland

Fläche: 64500 km²
Einwohner: (1995) 2,55 Mill.
Hauptstadt: Riga
Amtssprache: Lettisch
Zeitzone: MEZ + 1 Stunde

Leuchtenberg, Eugène de Beauharnais, Hzg. von, * 1781, † 1824, Sohn von Alexandre u. Joséphine de Beauharnais, 1805 bis 1814/15 Vizekg. von Italien; 1807 von Napoleon I. adoptiert, 1813 Befehlshaber der frz. Streitkräfte in Deutschland.

Leuchtfeuer, Orientierungshilfen im See- und Luftverkehr; strahlen in gleichmäß. Rhythmus Lichtsignale aus; auf Leuchttürmen, Leuchttonnen, Feuerschiffen u. a.

Leuchtgas, fr. Bez. für ↑Stadtgas.

Leuchtkäfer, Käferfamilie mit Leuchtorganen; einheim. Johanniskäfer; ↑auch Glühwürmchen.

Leuchtröhre, Niederdruck-Gasentladungslampe (bis 7,5 kV) mit kalten Elektroden, meist mit Edelgasen gefüllt (Neon z. B. ergibt rotes Licht); durch Aufbringen von Leuchtstoffen auf den Wandungen *(Leuchtstoffröhren)* lässt sich die Lichtausbeute wesentl. steigern.

Leuchtschirm, mit fluoreszierenden Leuchtmassen beschichtete Fläche zur Sichtbarmachung nicht direkt wahrnehmb. Strahlen, u. a. als Fernseh- und Röntgenbildschirm.

Leuchtstoffe (Luminophore), Stoffe, die nach Belichtung längere Zeit nachleuchten (phosphoreszierende L.) od. bei Bestrahlung mit Röntgen-, Elektronen-, α- oder UV-Strahlen sichtb. Licht aussenden (fluoreszierende L.).

Leuchtstofflampe, mit Netzspannung (220 V) betriebene Gasentladungslampe (Zündspannung 300–400 V, mit Glimmzünder erreicht); UV-Strahlung der Quecksilberdampffüllung wird in der Leuchtstoffschicht der Wandung in sichtb. Licht umgewandelt.

Leuchtturm, Seezeichen in Form eines hohen u. daher weithin sichtbaren Turmes mit einem starken Leuchtfeuer an der Spitze, der an Land oder auch im Wasser an für die Navigation wichtigen Punkten steht u. durch Form, Farbgebung und Lichtkennung identifizierbar ist. Sein Licht wird durch Fresnellinsen und/oder Spiegelsysteme stark gebündelt, sodass es weithin sichtbar ist.

Leukämie [gr.], bösartige akute oder chron. schwere Blutkrankheit, meist mit Überproduktion an Leukozyten *(myeloische L.)* oder Lymphozyten *(lymphat. L.)*.

leuko..., Leuko... [gr.], weiß, hell, glänzend.

Leukozyten ↑Blut.

Leuschner, Wilhelm, * 1890, † 1944 (hingerichtet), dt. Gewerkschaftsführer u. Politiker (SPD); führend in der Widerstandsbewegung.

Leuthen, Dorf westl. v. Breslau, bek. durch den Sieg Friedrichs d. Gr. über die Österreicher 1757.

Leutnant [frz.], unterster Offiziersdienstgrad.

Leuwerik, Ruth, * 1926, dt. Schauspielerin, Star des dt. Nachkriegsfilms („Kgl. Hoheit", „Die Trapp-Familie", „Buddenbrooks").

Levante, Bez. für die Länder an der O-Küste des Mittelmeeres.

Le Vau (Levau), Louis [lə'vo], * 1612, † 1670, frz. Baumeister; 1655–70 Bauleitung des ↑Louvre, der Tuilerien und 1661–70 in Versailles.

Levée en masse [ləveã'mas; frz.], militär. Massenaufgebot für alle 18–25-jährigen Ledigen (zuerst 1793 in Frkr.).

Leverkusen, krsfr. St. nördl. von Köln, NRW, 162 000 E; Sitz der Farbenfabriken Bayer AG; Eisen-, Masch.-, Textilind.; Rhein-⚓.

Levi, Carlo, * 1902, † 1975, ital. Arzt u. Schriftsteller; dokumentar. Roman „Christus kam nur bis Eboli".

G. E. Lessing

Leviathan, at. Ungeheuer, als Drache, Schlange Sinnbild der Weltmächte.

Lévi-Strauss, Claude [levi'stro:s], * 1908, frz. Ethnologe; Begr. der „strukturellen Anthropologie".

Leviten: 1) in den at. Stammesgeschichten Nachkommen Levis, des Sohnes Jakobs; **2)** im A. T. best. Priestergruppen des Heiligtumpersonals; **3)** in der kath. Liturgie Bez. für die assistierenden Geistlichen (Diakon u. Subdiakon) im *levitierten* Hochamt; 1972 aufgehoben.

Levkoje [gr.], Kreuzblütlergatt.; Zierpfl. mit duftenden Blüten.

Lew [lɛf], Mrz. Lewa, Abk. Lw, Währungseinheit in Bulgarien.

Lewis, Jerry ['lu:ɪs], eigtl. Joseph Levitch, * 1926, amer. Filmkomiker.

Lewis with Harris ['lu:ɪs wɪð 'hærɪs], nördlichste u. größte Insel der Äußeren Hebriden, zu Schottland, 2 135 km², Hptst. Stornoway.

Lex [lat.], Gesetz, Gesetzesantrag.

Lexikographie [gr.], Lehre von der Lexikonherst., auch diese selbst. Aufzeichnung und Erklärung des Wortschatzes einer od. mehrerer Sprachen oder von Sachgebieten in Form von Wörterbüchern (Lexika).

Lexikon [gr.], alphabet. geordnetes Nachschlagewerk für ein od. mehrere Sachgebiete od. für den Wortschatz einer od. mehrerer Sprachen (Wörterbuch), auch von Fach-, Sonder- und Gruppensprachen.

Lex Salica [lat.] (Sal. Gesetz), Volksrecht der sal. Franken, älteste u. wichtigste westgerman. Rechtsaufzeichnung; Entstehung des ältesten Teils um 507.

Ley, Robert, * 1890, † 1945 (Selbstmord), dt. nationalsozialist. Politiker; vollzog 1933 die Gleichschaltung der Gewerkschaften, leitete danach die Dt. Arbeitsfront.

Lezithin [gr.] ↑Phosphatide.

Lhasa, Hptst. von Tibet, 343 000 E; 3 650 m ü. d. M.; ehem. Palastburg (Potala) des ↑Dalai-Lama; Tempel, Klöster; Handelszentrum, bed. Ind.; ✈.

Lhotse, vierthöchster Berg der Erde, im Himalaja, 8 501 m.

Li, Symbol für ↑Lithium (☐).

Lianen [frz.] (Kletterpflanzen), Gruppe von Ranken- u. Schlingpfl. sowie Wurzelkletterern, die an anderen Pfl., auch an Felsen, emporklettern.

Liaoho, Fl. in der südl. Mandschurei, 1 345 km.

Liaodong, nordostchin. Halbinsel im Gelben Meer, zw. der Koreabucht und dem *Golf v. Liaodong.*

Lias ↑Geologie, Formationstabelle.

Libanon: 1) Rep. an der vorderasiat. Mittelmeerküste; vorw. Gebirgsland, mediterranes Klima; in Küstenstreifen und Bika (Ebene) Landw. (z. T. künstl. Bewässerung), Anbau v. Zitrusfrüchten, Wein, Ölbäumen, Tabak, Getreide und Obst; Viehzucht bes. im Gebirge; Handel u. Geldgeschäfte; Tabak- u. Textilind.; Haupthafen Beirut, Erdölhäfen mit Raffinerien: Tripoli, Saida. – *Gesch.:* Seit 1516 osman.; 1918 mit Syrien frz. Völkerbundmandat; 1920 Festlegung der heutigen Grenzen; 1944 Unabhängigkeit; Ende der 1940er-Jahre Verstärkung der Spannungen zw. den prowestl. Christen und den

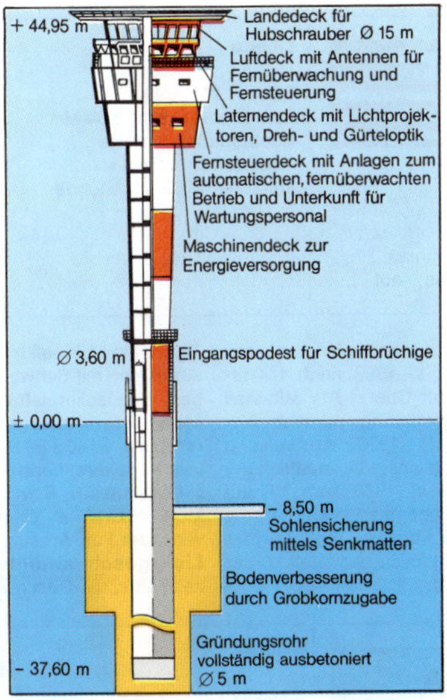

Leuchtturm. *„Großer Vogelsand" (Position 53° 59,8′ n. Br. und 8° 28,7′ ö. L. nördlich der halben Distanz Neuwerk–Scharhörn)*

arab.-nationalist. Muslimen durch zunehmenden arab. Nationalismus, s. 1975 Bürgerkrieg, in den 1976 syr. Truppen eingriffen; palästinens. Guerillatätigkeit, ausgehend v. libanes. Gebiet, bewirkte isr. Vergeltungsschläge; 1982 isr. Besetzung des S-L., Belagerung u. Vertreibung der PLO aus Beirut; 1983 erneutes Aufflammen des Bürgerkriegs in häufig wechselnden Bündnissen; 1991 unter syr. Vermittlung Ende des Bürgerkriegs; Abschluss eines syr.-libanes. Sicherheitsabkommens (1991); Parlamentswahlen 1992 u. 1996. **2)** über 170 km langer Kalk- u. Sandsteingebirgszug in 1), im Kurnat As Sauda 3088 m hoch.

Libau (lett. Liepāja), Hafen- u. Ind.-St. an der Ostsee, Lettland, 114000 E.

Libelle [lat.], Hilfseinrichtung vieler Instrumente zur Horizontierung od. Vertikalstellung; z. B. in Wasserwaagen.

Libellen [lat.] (Wasserjungfern), Ordn. gr., farbenprächt., räuber. Insekten mit gr. Augen, schlankem Körper u. 4 schmalen Flügeln.

Liberal-Demokratische Partei (LDP), polit. konservative Partei in Japan, s. ihrer Gründung (1955) bis 1993 Reg.-Partei.

Liberalisierung [lat.], Schaffung einer freien, auf allg. gültige Gesetze gegründeten Staats- u. Gesellschaftsordnung (bes. Wirtsch.).

Liberalismus [lat.], Denkrichtung, die das Individuum u. sein Recht auf Freiheit in den Vordergrund stellt bei Beschränkung staatl. Gewalt auf ein Mindestmaß.

Liberia, Rep. an der Küste v. W-Afrika; das Land steigt v. der Küste in niedrigen Stufen zum Hochland im Inneren bis auf 1384 m ü. d. M. im Nimba an; heißfeuchtes Tropenklima; vorherrschend ist trop. Regenwald; *Wirtsch.:* Küstenfischerei, für d. Export Anbau von Kautschuk, Kaffee, Kakao; reiche *Bodenschätze:* v. a. Eisen, Gold, Diamanten. – *Gesch.:* Seit 1822 Ansiedlung freigelassener amer. Sklaven an der Küste; 1847 Ausrufung der Rep.; Rivalität zw. Eingeborenen u. Nachkommen der Americoliberianer, die polit. u. wirtsch. Schlüsselstellungen innehatten, führten s. 1989 zu einem Bürgerkrieg, Übergangsreg.en (s. 1990). Trotz Vermittlung (u. a. OAU, UN) brachen die Kämpfe immer wieder aus. 1996 Friedensabk. der einander bekämpfenden Milizen; ihm entspr. fanden 1997 allg. Wahlen statt.

Libertas [lat.], altröm. Personifikation der Freiheit.

Liberté, Égalité, Fraternité [frz.] ↑Freiheit, Gleichheit, Brüderlichkeit.

Libido [lat.], Begierde; Trieb, insbes. Geschlechtstrieb; einer der Zentralbegriffe der psychoanalyt. Triebtheorie, u. a. S. Freuds.

Libreville [librə'vil], Hptst. der Rep. Gabun, 352000 E; Holzexport; ⚓, ✈.

Libussa, sagenhafte Ahnherrin der Dyn. der Przemysliden.

Libyen, Republik in N-Afrika; größtenteils Wüste (Sahara), wenige Oasen; im Küstengebiet mediterrane Landw., bed. Erdölförderung u. Export (95% d. Förderung), auch Erdgasförderung; Nahrungsmittel-, Getränke-, Tabak-, Baustoff-, chem. Ind. – Seit dem 16. Jh. osman., s. 1912 ital., 1943 brit. u. frz. besetzt, 1951

Libanon

Fläche: 10452 km²
Einwohner: (1995) 3 Mill.
Hauptstadt: Beirut
Amtssprache: Arabisch
Zeitzone: MEZ +1 Stunde

Liberia

Fläche: 111 369 km^2
Einwohner: (1995) 3,04 Mill.
Hauptstadt: Monrovia
Amtssprache: Englisch
Zeitzone: MEZ − 1 Stunde

unabh., zunächst als konstitut. Monarchie, s. 1969 nach Militärputsch unter Oberst Al Kadhdhafi Rep. (Islamisierung, panarab. Nationalismus); 1970 Ausweisung fast aller Italiener, Verstaatlichung ausländ. Ges.; 1976 Arab. VR auf der Grundlage des Korans.

Libysche Wüste, östl. Teil der Sahara, in Libyen, Ägypten u. der Rep. Sudan.

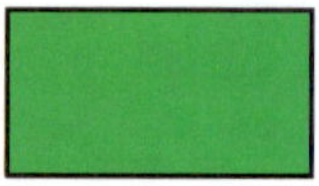

Libyen

Fläche: 1 759 540 km^2
Einwohner: (1995) 5,4 Mill.
Hauptstadt: Tripolis
Amtssprache: Arabisch
Zeitzone: MEZ + 1 Stunde

Licht, elektromagnet. Wellen (bzw. ihre ↑Quanten), auf die das menschl. Auge anspricht; Wellenlänge zw. 380 u. 780 nm; i. w. S. auch das ultraviolette u. infrarote L. *(unsichtb. L.),* das wie das sichtb. L. seinen Ursprung in interatomaren (-molekularen) Zustandsänderungen (Quantensprüngen) hat; ↑auch Lichtgeschwindigkeit.

Lichtbehandlung, svw. ↑Heliotherapie.

Lichtbogen, bogenförm. Leuchterscheinung zw. 2 Elektroden beim Stromdurchgang durch ein Gas, das durch Stoßionisation elektr. leitend wird.

Lichtdruck: 1) Druckverfahren für kl. Auflagen mit sehr guter Halbtonwiedergabe; **2)** Strahlungsdruck des Lichts auf eine Fläche, verursacht durch Impulsänderung der Lichtquanten bei Reflexion bzw. Absorption des Lichts.

lichtelektrischer Effekt ↑Photoeffekt.

Lichtenberg, Georg Christoph, * 1742, † 1799, dt. Physiker und Schriftsteller (Aphoristiker); entdeckte die büschelförm. *l.schen Figuren,* die bei elektr. Entladungen durch eine mit Schwefelpulver o. ä. bestreute Isolierplatte entstehen.

Lichtenfels, bayr. Krst. am oberen Main, 21 400 E; Fachwerkbauten; Korbwarenherstellung.

Lichtenstein, Roy, * 1923, amer. Maler u. Grafiker; einer der Hauptvertr. der Pop-Art.

Lichtgeschwindigkeit, Formelzeichen *c,* die Geschwindigkeit mit der sich die Lichtenergie, allg. die Energie elektromagnet. Wellen, ausbreitet; die Vakuum-L. hat den Wert

$$c_0 = 299\,792\,458 \text{ m/s},$$

d. h. rd. 300 000 km/s; ↑auch Relativitätstheorie.

Lichtgriffel (Lichtstift), in der Datenverarbeitung verw. stiftförmige Vorrichtung, die an ihrer Spitze einen Photodetektor enthält; auf dem Bildschirm eines Datensichtgeräts dargestellte Daten können mit dem L. in bestimmter (programmierter) Weise beeinflusst (ausgewählt, getilgt, verändert) werden.

Lichtjahr, Einheitenzeichen Lj, die Entfernung, die das Licht in einem [trop.] Jahr zurücklegt; 1 Lj = 9,46 · 10^{12} km.

Lichtleiter ↑Glasfaseroptik.

Lichtmaschine, vom Fahrzeugmotor getriebener Gleichstrom- oder Drehstromgenerator, der die elektr. Anlage des Fahrzeugs mit elektr. Energie versorgt.

Lichtmessung, svw. ↑Photometrie.

Lichtnelke, Gatt. der Nelkengewächse mit etwa 35 Arten; meist filzige Kräuter, z. B. Kuckucks-L. (auf Wiesen); auch Zierpflanzen.

Lichtquanten, svw. ↑Photonen.

Lichtsatz ↑Setzerei.

Lichtsinn, Fähigkeit v. Lebewesen, Licht wahrzunehmen mithilfe v. L.eszellen, die über die Körperoberfläche verteilt od. in den L.organen (Augen) konzentriert sind, bzw. L.esorgane.

Lichtstärke: 1) Quotient aus Lichtstrom und durchstrahltem Raumwinkel; Einheit ↑Candela; **2)** größtes einstellb. Öffnungsverhältnis eines fotogr. Objektivs.

Lichttherapie, svw. ↑Heliotherapie.

Lichtwellenleiter (Glasfaserkabel), aus speziellen Glasarten hergestellte, zu *Lichtleitkabeln* zusammengefasste Glasfasern, mit denen aus elektr. Signalen gewonnene Lichtsignale übertragen werden; am Ende des Übertragungswegs erfolgt die Rückwandlung in elektr. Signale; verw. anstelle übl. Breitbandkabel im modernen Fernsprechwesen u. Kabelfernsehen *(opt. Nachrichtenübertragung).*

Lichtwert (Belichtungswert), Maßgröße für Blendenwert-Belichtungszeit-Paarungen, die eine gleiche Belichtung erzielen.

Lidar [Abk. für engl.: **l**ight **d**etecting **a**nd **r**anging; = Entdecken u. Entfernungsmessen mit Licht] (Ladar), mit Laserstrahlen arbeitendes Verfahren zur [Rückstrahl]ortung nach dem Radarprinzip.

Lidice ['lidjitsɛ], Ort östlich von Kladno, Tschech. Rep.; wurde 1942 von der SS als Vergeltung für das Attentat auf Heydrich zerstört, die meisten Einwohner ermordet, die übrigen verschleppt.

Lido [ital.]: **1)** die die Lagune von Venedig abschließende Nehrung; **2)** danach Bez. für freie, nicht an die Küste anschließende Strandwälle oder Nehrungen.

Liebeneiner, Wolfgang, * 1905, † 1987, dt. Schauspieler u. Regisseur.

Liebermann: 1) Max, * 1847, † 1935, dt. Maler und Grafiker; einer der bedeutendsten Vertr. des dt. Impressionismus; Porträtist; **2)** Rolf, * 1910, schweizer. Komponist; serielle Kompositionsweise.

Liebig, Justus Frhr. von, * 1803, † 1873, dt. Chemiker; Arbeiten auf allen Gebieten der Chemie; führte die künstl. Düngung ein. – Abb. S. 402.

Liebknecht: 1) Karl, * 1871, † 1919, Sohn von 2), dt. Politiker (SPD); begr. mit R. Luxemburg den Spartakusbund; ermordet; **2)** Wilhelm, * 1826, † 1900, dt. Politiker; Teilnehmer an der Revolutionsbewegung von 1848/49; Freundschaft mit Marx u. Engels; mit Bebel 1869 Begr. der Sozialdemokrat. Arbeiterpartei.

Liechtenstein, Ft. am r. Ufer des Alpenrheins zw. Östr. u. der Schweiz; mit schweizer. Währung, Post- u. Zollverw.; Ackerbau, Weinbau; Viehzucht; Textilind.; Fremdenverkehr; Sitz zahlr. Dachges. u. gr. Vermögen (aus steuerl. Gründen). – *Gesch.:* 1719 R.-Ft.; 1806–14 Mitgl. des Rheinbundes, 1815–66 des Dt. Bundes; 1862 konstitut. Monarchie; 1918 Zoll- u. Währungsunion mit d. Schweiz (auch diplomat. Vertreter).

Lied, als literar. Gattung Grundform der lyr. Dichtung; Sangbarkeit und einfach gegliederter Strophenaufbau sind charakteristisch.

Liedertafel, Name des von C. F. Zelter in Berlin 1809 gegr. weltweit ersten Männergesangvereins.

Liège ['ljɛ:ʒ; frz.] ↑Lüttich.

Liegenschaften, Grundstücke; das *Liegenschaftsrecht* regelt Entstehung, Inhalt u. Übertragung des Eigentums, der Pfandrechte, des Nießbrauchs, der Grunddienstbarkeiten und Reallasten an Grundstücken.

Liegnitz (poln. Legnica), schles. St. an der Katzbach, Polen, 106 600 E; histor. Bauten; v. a. Gartenbau, Textil- und Maschinenind. – Ma. Piastenschloss. – Um 1250 St.; 1241 Mongolenschlacht auf der Wahlstatt bei L.

Li|enz, östr. St. u. Luftkurort an der Drau, 13 000 E; Hptst. von Osttirol, mit spätgot. Pfarrkirche; Schloss Bruck (13.–16. Jh.); südl. die *L.er Dolomiten,* 2772 m.

Liestal, Hptst. des schweizer. Halbkt. Basel-Ldsch., 12 300 E; Rathaus (16. Jh.); Textil-, Metall-, chem. Industrie.

Life [laɪf], 1936–72 amer. illustrierte Wochenzeitschrift, 1. Bilderzeitschrift im modernen Sinn; 1978 neu begründet.

LIFO, Abk. für **L**ast **i**n/**F**irst **o**ut, Speicherregime der Datenverarbeitung, die letzte Information wird zuerst ausgelesen; Ggs. FIFO (First in/First out).

Liga [lat.-span.]: **1)** v. a. Bez. für Bündnis im 15.–17. Jh.; u. a. *L. v. Cambrai; L. v. Cognac;* die *Hl. L.* von 1538 verband Karl V., den Papst u. die kath. Reichsstände gg. den Schmalkald. Bund; *kath. L.* von 1609 verband die meisten kath. Reichsstände gg. die prot. Union. In neuerer Zeit nat. u. internat. Zusammenschlüsse mit polit. od. weltanschaul. Zielsetzung (L. für Menschenrechte, Arab. L.); **2)** im *Sport* Spielklasse, in der Vereinsmannschaften zusammengefasst sind; höchste Spielklasse in vielen Sportarten in der BRD die Bundesliga.

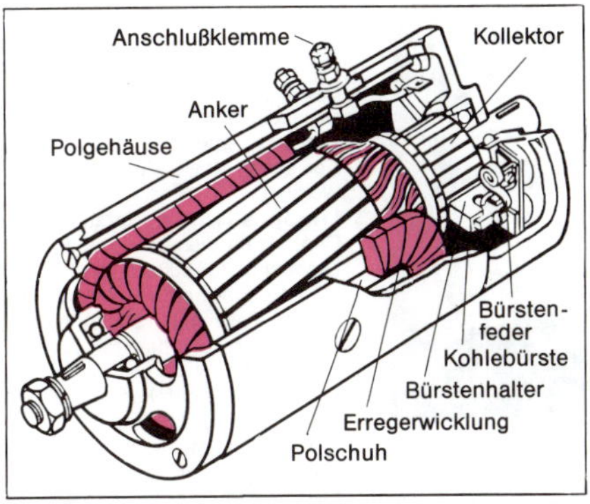

Lichtmaschine. *Gleichstromlichtmaschine*

Ligament [lat.], svw. ↑Band 1).

Ligatur [lat.]: **1)** Buchstabenverbdg. auf einem Typenkörper, z. B. ff, fi, fl (🕮); **2)** Bindung von mehr. Noten zu einer Notengruppe in der Mensuralnotation; Binden zweier Noten gleicher Tonhöhe durch einen Bogen zur Darst. von Synkopen; **3)** Unterbindung von Blutgefäßen (Med.).

Ligeti, György, * 1923, östr. Komponist ungar. Herkunft, Vertreter der Neuen Musik.

Lignin [lat.], Stützbaustoff des Holzes; L. ist in die Zellulosenmembran eingelagert.

Liguri|en (ital. Liguria), Region an der ital. Riviera, 5416 km², 1,66 Mill. E, Hptst. Genua; von *Ligur. Alpen* (bis 2651 m) u. *Ligur. Apennin* (bis 1803 m) nach N begrenzt; ⚓ Genua und La Spezia.

Ligurische Republik, 1797 von Bonaparte geschaffene genues. Rep., 1805–14 französisch.

Ligurisches Meer, Teil des Mittelmeeres zw. Korsika und der Riviera; bis über 2600 m tief.

Liguster [lat.], Ölbaumgewächs; Heckenpfl. mit hartem Holz; giftige schwarze Beeren.

Likasi, St. in Zaire, an der Benguelabahn, 194 500 E; Kupfer-, Kobalt-, Uranerzbergbau.

Likör [frz.], Branntwein mit Zucker[lösung] und aromat. Geschmacksträgern.

Likud, 1973 gebildeter isr. rechtsgerichteter Parteienblock.

Lili|en [lat.], Zwiebelpfl. der nördl. gemäßigten Zone, bek. Zierpfl.; selten wild (auf Gebirgswiesen) die *Feuer-* u. die *Türkenbundlilie,* beide geschützt.

Lili|encron, Detlev von, eigtl. Friedrich Adolf Axel Frhr. von L., * 1844, † 1909, dt. Dichter; impressionist. Lyrik, Romane, Dramen und Novellen.

Lili|engewächse, Pflanzenfam., meist Rhizom- u. Zwiebelpfl., auch Bäume; Zierpfl.: Hyazinthe, Tulpe, Aloe; Nutzpfl.: Spargel, Lauch, Zwiebel; Giftpfl.: Herbstzeitlose.

Lili|enthal, Otto, * 1848, † 1896, dt. Ing. u. Flugpionier; führte ab 1891 (in mit seinem Bruder Gustav L. [* 1849, † 1933] konstruierten Gleitflugzeugen) Flüge bis 350 m Weite durch; tödl. verunglückt.

Liliput, Land der Zwerge in J. Swifts „Gullivers Reisen"; danach Bez. *Liliputaner* für alle bes. kl. Menschen.

Lille [lil], Hptst. des frz. Dep. Nord u. der Region Nord-Pas-de-Calais, 172 000 E; 2 Univ., TH, Textil-, chem. u. a. Ind.; ⚒.

Liechtenstein

Fläche: 160 km²
Einwohner: (1995) 31 000
Hauptstadt: Vaduz
Amtssprache: Deutsch
Zeitzone: MEZ

J. Freiherr von Liebig

Lillehammer, südnorwegische Prov.-Hptst. (von Oppland), 23 500 E; Freilichtmuseum; Luftkurort; 1994 Olymp. Winterspiele.

Lilongwe, Hptst. von Malawi, 220 300 E; Textilind.; ✈.

Lima, Hptst. von Peru, 5,8 Mill. E; Universitäten, tierärztl. Hochsch.; Inkamuseum; Kathedr. (16./17. Jh.), Paläste aus der Kolonialzeit; Textil-, Lebensmittel- u. a. Ind.; ✈; ⚓ ↑Callao. – 1535 v. F. Pizarro als *Ciudad de los Reyes* gegründet.

Limassol (griech. Lemesos), zweitgrößte St. Zyperns u. wichtigster Hafen für den griech. (südl.) Teil der Insel, 136 000 E.

Limburg ['limbyrx]: **1)** südlichste niederl. Prov., Hptst. Maastricht; **2)** (frz. Limbourg) belg. Prov., sw. an 1) angrenzend, Hptst. Hasselt.

Limburg a. d. Lahn, hess. Krst., 33 000 E; LG; IHK; bischöfl. Seminar, Diözesanmuseum (mit der *Limburger Staurothek*); roman.-frühgot. Dom; Glasindustrie.

Limerick (ir. Luimneach), südwestir. Hafenst. am Shannon, 56 000 E; Kathedrale (12. Jh.), Kunstschule; viels. Industrie.

Limerick [engl.], volkstüml., fünfzeiliges iron.-kom. Gedicht.

Limes [lat.]: **1)** ehem. röm. Grenzbefestigung v. a. zw. Rhein u. Donau; Wall u. Graben *(obergerman. L.)* od. Steinmauer *(rät. L.)* mit Wachttürmen u. Kastellen; um 85 begonnen, nach 260 aufgegeben; **2)** ↑Grenzwert.

Limfjord, Meeresarm zw. Nord- u. Ostsee in N-Jütland, Dänemark; 180 km lang; Austernzucht.

Limit [engl.], festgelegte Preisgrenze, die beim Handels- od. Börsengeschäft nicht über- oder unterschritten werden darf.

limited ['lımıtıd; engl.], Abk. Ltd., Ld., Lim., lim., im angloamer. Bereich zur Kennzeichnung der beschränkten Haftung des Gesellschafters.

Limmat, r. Nbfl. der Aare, Schweiz; im Oberlauf bis zum Zürichsee als *Linth;* insges. 140 km, davon als L. (= Abfluss des Zürichsees) 60 km.

Limnos, griech. Insel im nördl. Ägäischen Meer, 476 km²; Obst- u. Weinbau.

Limoges [li'mo:ʒ], Hptst. des frz. Dep. Haute-Vienne u. der Region Limousin, 133 500 E; Kathedrale (13.–15. Jh.), bed. Porzellanmanufaktur, Fayenceherst., berühmte Emailmalerei seit dem MA *(Limosiner Email).*

Limpopo, südafrikan. Fluss zum Ind. Ozean, rd. 1 600 km lang.

Linares, südspan. St., 55 000 E; Bleierz-⚒; Hütten- u. a. Industrie.

Lincke, Paul, * 1866, † 1946, dt. Operettenkomponist; u. a. „Frau Luna".

Lincoln, Abraham ['lıŋkən], * 1809, † 1865 (ermordet), 16. Präs. der USA (seit 1861; Republikaner); trat für allm. Beseitigung der Sklaverei ein, seine Wahl löste den Sezessionskrieg aus.

A. Lincoln

Lincoln ['lıŋkən]: **1)** ostengl. St., 76 700 E; Hptst. der Gft. L.; bed. frühgot. Kathedrale, ma. Schloss; **2)** Hptst. von Nebraska, USA, 192 000 E; 2 Univ.; Ind.; ✈.

Lind, Jenny, * 1820, † 1887, schwed. Sängerin; als „schwed. Nachtigall" gefeierter Sopran.

Lindau (Bodensee), bayr. Krst. am Bodensee, 24 200 E; die Altstadt auf einer durch Brücke u. Bahndamm mit dem Festland verbundenen Insel; barocke Pfarrkirche, spätgot. Rathaus, IHK; Fremdenverkehr; Textil- u. Maschinenind. – 822 erstmals erwähnt, seit etwa 1230 bis 1803 R.-Stadt.

Lindbergh, Charles A[ugustus] ['lındbə:g], * 1902, † 1974, amer. Pilot; überquerte 1927 als Erster im Alleinflug den Atlantik von New York nach Paris.

Linde, Carl von, * 1842, † 1934, dt. Ingenieur u. Industrieller; erfand 1876 die erste Kältemaschine mit Ammoniak als Kältemittel; 1895 *L.-Verfahren* (Gasverflüssigung im Gegenstromverfahren); 1902 Herstell. reinen Sauerstoffs.

Linde, Gatt. der L.ngewächse; sommergrüne Bäume, oft in Alleen; Blätter herzförmig; Blüten für *L.nblütentee* (schweißtreibend), Holz für Drechselarbeiten; in Dtl. v. a. die großblättr. *Sommer-* und die kleinblättr. *Winterlinde.*

Lindenberg, Udo, * 1946, dt. Rockmusiker und -sänger; auch Rocksongtexte.

Linderhof, zur bayr. Gem. Ettal gehörendes Schloss; 1869–78 unter Kg. Ludwig II. erbaut.

Lindgren, Astrid, * 1907, schwed. Kinderbuchautorin („Pippi Langstrumpf"-Bücher).

Lindwurm, häuf. für ↑Drache.

linear [lat.]: **1)** linienförm., geradlinig; eindimensional; **2)** variable od. zu bestimmende Größen in 1. Potenz; durch l.e Gleichungen darstellbar (z. B. l.e Abbildung).

Linearmotor, Elektromotor, dessen Wanderfeld eine geradlinige Bewegung ermöglicht.

Lingen, Theo, eigtl. Theodor Schmitz, * 1903, † 1978, dt.-östr. Schauspieler; Charakterkomiker.

Lingen (Ems), St. im Emsland, Nds., 52 300 E; Kernkraftwerk; Erdölindustrie, Stahlwerk; Zentralviehmarkt; ⚓ am Dortmund-Ems-Kanal.

Lingerie [lɛ̃ʒ'ri; frz.], Wäschegeschäft, v. a. mod. Damenwäsche.

Linguistik, svw. ↑Sprachwissenschaft.

Lini|e [lat.]: **1)** eindimensionales geometr. Grundgebilde; **2)** regelmäßig von [öff.] Verkehrsmitteln befahrene Verkehrsverbdg.; **3)** in der Seefahrt svw. ↑Äquator 1).

Lini|enschiffe, urspr. Kriegsschiffe, die in Kiellinie kämpften, später Schlachtschiffe mit schwerster Panzerung und Bestückung.

Lini|enspektrum, eine Folge v. Spektrallinien; charakt. für jedes chem. Element.

Lini|enzugbeeinflussung, Abk. LZB, Sicherheitseinrichtung der Eisenbahn auf Schnellverkehrsstrecken; Übertragung kodierter Informationen der Streckenzentrale mithilfe von im Gleis verlegten einadrigen Kupferkabeln (Linienleiter) an den Lokomotivführer (Anzeige der Sollgeschwindigkeit u. der im nächsten Streckenabschnitt zu erwartenden Geschwindigkeit).

Linköping ['lintçøpiŋ], schwedische Prov.-Hptst. (von Östergötland), 126 000 E; Univ.; got. Dom; Ind.; ✈.

Linné, Carl von, latin. Carolus Linnaeus, * 1707, † 1778, schwed. Naturforscher; umfassende Systematik des Pflanzen- u. Tierreichs durch Einführung der binären ↑ Nomenklatur (die Abkürzung L. hinter dem wiss. Artnamen besagt: unter diesem Namen zuerst von L. beschrieben); *l.sches System,* das von L. nach Merkmalen der Geschlechtsorgane aufgestellte Pflanzensystem.

Linoleum, Belag für Fußböden; aus Jutegewebe, Kork, Leinöl, Harzen u. a. hergestellt.

Linolsäure, $C_{17}H_{31}COOH$, ungesättigte, essenzielle Fettsäure.

Linse, Schmetterlingsblütler mit essb. Hülsenfrüchten.

Linsen, lichtdurchlässige Körper mit mindestens einer gewölbten Begrenzungsfläche, die durch Brechung des Lichts eine opt. Abbildung vermitteln können. Je nach Art der Wölbung unterscheidet man bei sphär. L. zw. *Konvexlinsen,* die in der Mitte dicker sind als am Rand u. *Konkavlinsen,* die in der Mitte dünner sind als am Rand. Ist das Linsenmaterial opt. dichter als die Umgebung (z. B. Glaslinse in Luft), dann wirken Konvex-L. als *Sammellinse* und Konkav-L. als *Zerstreuungslinse.* Bei Sammel-L. vereinigen sich parallel zur opt. Achse einfallende Strahlen nach Durchgang durch die L. in einem Punkt der opt. Achse, dem *Brennpunkt;* sein Abstand vom L.mittelpunkt wird als *Brennweite* bezeichnet. Bei Zerstreuungs-L. verlaufen parallel zur opt. Achse einfallende Strahlen nach Durchgang durch die L. so, als ob sie von einem Punkt der opt. Achse, dem *Zerstreuungspunkt* (virtueller Brennpunkt) ausgingen.

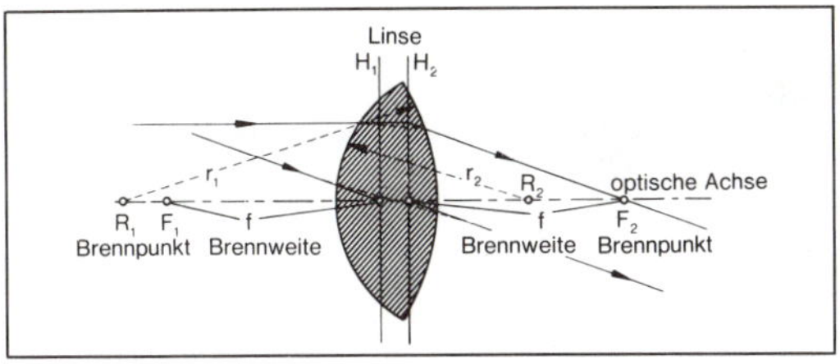

Linsen. *Strahlengang bei der Abbildung durch eine sphärische Linse, H_1 und H_2 Hauptebenen der Linse, F_1 und F_2 Brennpunkte, f Brennweite, R_1 und R_2 Krümmungsmittelpunkte, r_1 und r_2 Krümmungsradien*

Lin Yutang (Lin Yü-tang), * 1895, † 1976, chin. Gelehrter u. Schriftsteller; „Peking, Augenblick und Ewigkeit".

Linz, Hptst. v. Oberöstr., an der Donau, 203 000 E; Univ., Hochschulen; bed. Kirchen, Schloss; OLG; Schwer-, Masch.-, Elektro-, Textil-, Lebensmittel-, chem. Ind., Schiffbau; Donau-⚓, ✡.

Liparische Inseln (Äol. Inseln), ital. vulkan. Inselgruppe nördl. von Sizilien, 117 km², Hauptort Lipari.

Lipasen [gr.], Enzyme, die Fette in Glycerin und Fettsäure spalten.

Lipchitz, Jacques, * 1891, † 1973, frz.-amer. Bildhauer poln. Herkunft; vom Kubismus beeinflusst, später organ. Formen.

Lipezk, St. in Mittelrussland, 450 000 E; Hütten-, Maschinenind.; Mineral- u. Schlammbad; ✡.

Lipizzaner, Pferderasse, edle Reitpferde, meist Schimmel; ben. nach dem Stammgestüt Lipizza (heute Lipica) bei Triest.

Lipoide [gr.], fettähnl., lebenswicht. Substanzen; kommen in tier. und pflanzl. Zellen vor, z. B. Phosphatide, Sterin.

Lippe: 1) r. Nbfl. des Rheins, 226 km; **2)** ehem. dt. Ft., 1529 Reichsgft., 1621 Teilung des Grafenhauses in die Linien *L.-Alverdissen* (seit 1643 ↑ Schaumburg-L.), *L.-Brake* (1709 erloschen) u. *L.-Detmold* (1720 Reichsft., 1918 Freistaat).

Lippenblütler (Labiaten), Fam. vorw. kraut. Pfl.; infolge hohen Gehaltes an äther. Ölen vielf. Parfümpfl., Heilpfl.: Minze, Melisse, Rosmarin, Lavendel, Salbei, Thymian; Gewürzpfl.: Majoran, Basilienkraut; Wildkräuter: Taubnessel u. a.; Zierpfl.: Buntnessel u. a.

Lippi: 1) Filippino, * 1457, † 1504, Sohn von 2), ital. Maler; Schüler Botticellis; bed. Fresken; **2)** Fra Filippo, * um 1406, † 1469, ital. Maler der florentin. Frührenaissance, anmutige Madonnen.

Lippmann, Gabriel, * 1845, † 1921, frz. Physiker; entwickelte die Interferenz-Farbfotografie (L.-Verfahren); Nobelpreis 1908.

Lippstadt, Stadt an der oberen Lippe, NRW, 66 600 E; planmäß. Stadtanlage; vielseit. Ind. – Heilbad im Stadtteil *Bad Waldliesborn.*

Lipscomb, William Nunn ['lɪpskəm], * 1919, amer. Chemiker; u. a.

Lissabon. *Kreuzgang des ehemaligen Hieronymitenklosters im Vorort Belém*

Litauen

Fläche: 65 200 km²
Einwohner: (1995) 3,7 Mill.
Hauptstadt: Wilna
Amtssprache: Litauisch
Zeitzone: MEZ + 1 Stunde

Beiträge zur Technik der Kristallzüchtung. Nobelpreis 1976.

Liquidation [lat.]: **1)** Abwicklung der Rechtsgeschäfte eines aufgelösten Unternehmens; **2)** Kostenrechnung freier Berufe.

Liquidität [lat.], Zahlungsfähigkeit.

Lira [ital.], Währungseinheit in Italien (Italien. L., Abk. Lit.), in der Türkei (Türk. Pfund; Abk. TL.) u. in Malta (Maltes. L., Abk. Lm).

Liselotte von der Pfalz ↑Elisabeth 3) (Elisabeth Charlotte).

Lisieux [li'zjø], frz. St. südl. v. Le Havre, 29 900 E; Wallfahrtsort.

LISP, Abk. für **Lis**t **P**rocessing Language, Programmiersprache v. a. für Probleme der künstl. Intelligenz.

Lissabon (portug. Lisboa), Hptst. und größter Hafen Portugals, am *Mar da Palha* (seeart. Erweiterung des Tejo), 678 000 E; Univ., TU, Hoch- u. Fachsch., Akad. d. Wiss., wiss. Inst., Nat.-Bibliothek; Kathedr. (14. Jh., nach 1755 erneuert), Kloster Belém (1499–1571), ehem. Maurenburg (Kastell), zahlr. Prachtbauten; großzügige Stadtanlage; 2 278 m lange Brücke über den Tejo; vielseit. Ind.; ✈. – Antiker Handelsplatz; s. 1260 Residenz u. Hptst. Portugals, durch Erdbeben 1755 zu ⅔ zerstört. – Abb. S. 403.

List, Friedrich, * 1789, † 1846, dt. Nationalökonom; trat für die Aufhebung der innerdt. Zollschranken, für die Einführung von Schutzzöllen u. Schaffung eines dt. Eisenbahnnetzes ein.

Liszt, Franz von [list], * 1811, † 1886, ungar.-dt. Klaviervirtuose und Komponist; virtuose Klavierkompositionen, sinfon. Dichtungen, Lieder.

Li Taibai (Li T'ai-po), * 701, † 762, chin. Lyriker; neben Du Fu der bedeutendste chin. Lyriker; n. Naturschilderungen Gedichte gegen soziale Ungerechtigkeit; vom Taoismus beeinflusst.

Litanei [gr.], Wechselgebet zw. Vorbeter u. Gemeinde, die mit gleich bleibender Bitte der Anrufung des Vorbeters antwortet.

Litauer, eine balt. Spr. *(Litauisch)* sprechendes, eng mit den Letten verwandtes Volk.

Litauen, Rep. im Baltikum; Flachland, im W u. O Hügelland; Landw.; Holz-, Masch.-, Metall- u. Textilind.; Verarb. landw. Produkte. – Im 14. Jh. Großreich, Ausdehnung nach O (bis Kiew), unter Jagello Verbdg. mit Polen; 1569 erzwang Polen die staatsrechtl. Vereinigung beider Länder; mit d. Teilungen Polens im 18. Jh. an Russland, 1918 selbst. *Rep. Litauen,* 1920 Verlust Wilnas durch poln. Annexion; 1940 der UdSSR angegliedert (Deportation Hunderttausender von Litauern); 1990 einseitige Unabhängigkeitserklärung, Aug. 1991 unabhängig.

Liter, Hohlmaß (= 1 dm³).

Literatur [lat.], Schrifttum, Gesamtbestand aller oder nur der schöngeist. Schriftwerke [eines Volkes].

Litfaßsäule, Anschlagsäule; zuerst 1855 in Berlin von dem Drucker *E. Litfaß* (* 1816, † 1874) nach engl. u. frz. Vorbildern mit behördl. Genehmigung aufgestellt.

Lithium [gr.], chem. El., Symbol Li, OZ 3, A.-Gew. 6,941, silberweißes Alkalimetall, Dichte 0,534 g/cm³, Fp. 180,54 °C, Sp. 1 347 °C; geht beim Erhitzen mit Sauerstoff in Li_2O, mit Wasserstoff in LiH über; als Legierungszusatz, Katalysator u. a. verw., in der Kern- und Reaktortechnik als Neutronenabsorber, Kühlflüssigkeit, Moderator.

F. von Liszt

litho..., Litho... [gr.], Bestimmungswort; Bed.: „Stein, Gestein".

Lithographie [gr.] : **1)** Flachdruckverfahren (Steindruck), um 1796/97 von A. Senefelder erfunden; **2)** graf. Kunstblatt in Steindruck (19. und 20. Jh.).

Litoměřice ['litɔmjɛʒitsɛ], Stadt in der Tschech. Rep., ↑Leitmeritz.

Litschi [chin.], Sapindusgewächs S-Chinas; liefert die saftig süße *Litschipflaume (Lychee).*

Little Rock ['lɪtl 'rɔk], Hptst. von Arkansas, USA, 176 000 E; Möbel, chem. u. a. Ind.; Univ.; ✈.

Liturgie [gr.], der in streng geregelten Formen gefeierte Gottesdienst der christl. Kirchen.

Liudolfinger (Ludolfinger, Ottonen), sächs. Herrschergeschlecht; erlangte mit Heinrich I. die Königskrone. Die L. starben 1024 im Mannesstamm aus.

Liven ↑Finnougrier.

Liverpool ['livəpu:l], brit. St. an der Mdg. des Mersey in die Ir. See, 463 000 E; Hptst. der Metropolitan County Merseyside; Univ., wiss. Inst., Museen, bed. Bibliothek, Sternwarte; St. George's Hall, Kathedr. (beg. 1904); wichtiger Importhafen (bes. Baumwolle); vielseit. Ind.; ⚓, ✈.

Livia Drusilla, * 58 v. Chr., † 29 n. Chr., Gem. Ks. Augustus' (s. 38 v. Chr.) auf diesen von großem Einfluss; sicherte ihrem Sohn Tiberius (aus der Ehe mit Tiberius Claudius Nero) die Nachfolge.

Livingstone, David [lɪvɪŋstən], * 1813, † 1873, brit. Missionar u. Forschungsreisender; bereiste S- u. Zentralafrika; nach ihm wurden d. *L.fälle* im Kongounterlauf ben.

Livius, Titus, * 59 v. Chr., † 17 n. Chr., röm. Historiker; 142 Bücher röm. Geschichte.

Livland, histor. Ldsch. im Baltikum, zw. Ostsee, Peipussee u. lit. Herrschaftsbereich im S, v. finnougr. u. balt. Stämmen bewohnt, im 13./14. Jh vom Schwertbrüderorden bzw. Dt. Orden unterworfen u. christianisiert, von einer dt. Oberschicht beherrscht. Im Ringen zw. Polen-Litauen, Moskau u. Schweden um L. zerbrach im 16. Jh. die alte polit. Einheit. Im N entstand Estland, westl. u. südl. der Düna Kurland, der Name L. verblieb der Mitte, dem „überdünischen Livland", das nach dem 1. Weltkrieg zw. den neuen Staaten Lettland und Estland geteilt wurde.

Livorno, ital. Prov.-Hptst. u. ⚓ am Ligur. Meer, 165 500 E; Handel, Ind., ✈.

Livree [frz.], uniformartige Dienerkleidung.

Lizard ['lɪzəd], südl. Halbinsel von Cornwall, mit *L. Point,* dem südlichsten Punkt Englands.

Lizenz [lat.]: **1)** behördl. Genehmigung (Gewerberecht); **2)** Erteilung der Befugnis durch den Patentinhaber, ein Patent zu nutzen; **3)** Übertragung eines Werknutzungsrechtes durch den Verf. od. Verleger auf einen anderen (Urheber- u. Verlagsrecht); **4)** die einem Berufssportler durch seinen Verband erteilte Erlaubnis zur beruflichen Ausübung seines Sportes.

Ljubljana (dt. Laibach), Hptst. der Rep. Slowenien, 267000 E; Altstadt mit Burg; Univ., Museen; vielseit. Ind.; ✈.

Lloyd George, David [lɔɪd 'dʒɔ:dʒ], Earl of Dwyfor, * 1863, † 1945, brit. lib. Politiker; 1908–15 Schatzkanzler, 1916–22 Premiermin. Bed. Sozialreformen; Gewährung des Dominionstatus für Irland (außer Nordirland) 1921.

Lloyd Webber, Andrew Lord (seit 1997) [lɔɪd 'webə], * 1948, brit. Komponist, v. a. Rockopern (Jesus Christ Superstar) u. Musicals (Cats, Starlightexpress, Das Phantom der Oper u. a.).

lm, Einheitenzeich. für: ↑**Lum**en 1).

Lobby [engl.]: **1)** Wandelhalle im brit. u. amer. Parlament; **2)** Gesamtheit der Lobbyisten.

Lobbyist, Interessenvertr., der Abg. für seine Interessen bzw. die seiner Auftraggeber zu gewinnen sucht.

Lobelie [nach dem flandr. Botaniker *M. de Lobel,* † 1616], Gatt. der Glockenblumengewächse, Gift- u. Zierpflanzen, z. B. Blaue Lobelie.

Locarno, schweizer. St. u. Kurort im Tessin, am N-Ufer des ↑Lago Maggiore, 14300 E.

Locarnopakt (Locarnoverträge), die 1925 in Locarno abgeschlossenen Verträge zw. Dtl. u. den Westmächten sowie Polen u. der ČSR mit dem Ziel des polit. Ausgleichs zw. Dtl. und seinen Gegnern im 1. Weltkrieg (Verzicht auf gewaltsame Revision der W-Grenze).

Loccum, Teil der St. Rehburg-Loccum, Nds.; ehem. Zisterzienserabtei, 1163 gegr., seit Ende des 16. Jh.s ev., mit klösterl. Verf., seit 1820 luth. Predigerseminar, seit 1952 Zentrum landeskirchl. Arbeit.

Loch [lɔx; schott.-gäl.], Bez. für See od. Fjord in Schottland, z. B. Loch Ness.

Lochkarten, Karten, in die durch Lochung best. Felder Daten eingetragen u. so abrufbar gespeichert werden.

Lochner, Stephan, * zw. 1405 und 1415, † 1451, dt. Maler; Hauptvertr. d. Kölner Schule der Spätgotik; u. a. „Maria in der Rosenlaube".

Lochstreifen (Lochband), maschinell lesbarer Datenträger. Die Zeichen werden als Lochkombination quer zur Laufrichtung in den Papierstreifen gestanzt, weitgehend vom Magnetband verdrängt.

Locke, John [lɔk], * 1632, † 1704, engl. Philosoph; Hauptvertr. des engl. Empirismus; polit. vertrat L. die Ideen der Toleranz und des Liberalismus.

Lockstoffe (Attractants), natürl. od. synthet. Duftstoffe, die Schädlinge zu Giftfallen u. a. anlocken.

Lod, isr. Ind.-St. sö. von Tel Aviv-Jaffa, 45500 E; internat. ✈ Israels.

Loden, imprägniertes Wollgewebe für Wander-, Sport- und Trachtenkleidung.

Lodi, ital. St. sö. von Mailand, 42500 E; archäolog. Museum, Pinakothek; Dom (12. Jh.); bed. Nahrungsmittelindustrie.

Lodz (poln. Łódź) [lʊtʃ], bed. poln. Ind.-Stadt, 838000 E; Univ., TH; Textilindustrie; ✈. – 1939–45 *Litzmannstadt* genannt.

Loewe: 1) Frederick, * 1904, † 1988, amer. Komponist östr. Herkunft; Musical „My fair lady"; **2)** Karl L. (Löwe), * 1796, † 1869, dt. Komponist; Balladen, u. a. „Archibald Douglas".

Löffler, Unterfam. der ↑Ibisse.

Lofotinseln (norweg. Lofoten), Inselgruppe vor der NW-Küste Norwegens, rd. 1350 km².

log, Abk. für: ↑**Log**arithmus.

Logan, Mount [maʊnt 'ləʊgən], höchster Berg Kanadas, 5951 m.

Logarithmus [gr.], die Zahl *x,* mit der man eine best. Zahl $a > 0$, die *Basis,* potenzieren muss, um eine [gegebene] Zahl *y,* den *Numerus,* zu erhalten: $x = \log_a y$ od. $y = a^x$. Als Basis wird neben e = 2,71828... (*natürl. L.,* Abk. ln) für numer. Rechnungen v. a. die Zahl 10 verw. (gewöhnl. od. dekad. L., Abk. lg), in der Informationstheorie auch die Zahl 2 (Dual- od. dyad. L., Abk. ld).

Logbuch, gesetzl. vorgeschriebenes Schiffstagebuch.

Loge ['lo:ʒə; frz.]: **1)** Pförtnerraum; **2)** kl. abgeteilter Raum im Theater; **3)** Vereinigung von Freimaurern u. ihr Versammlungsort.

Loggia ['lodʒa; ital.]: **1)** nach vorn offene, gewölbte Bogenhalle auf Säulen oder Pfeilern; **2)** nach außen offener Raum am Haus.

Logik [gr.], Lehre vom folgericht. [gesetzmäß.] Denken, vom [richt.] Schließen aufgrund gegebener Aussagen; die v. Aristoteles begr. *formale L.* basierte auf dem Syllogismus.

Logikschaltungen, elektron. Schaltungsanordnungen, deren Ein- und Ausgangssignale nach den Gesetzen der boolschen Algebra miteinander verknüpft sind.

Logis [lo:'ʒi:; frz.]: **1)** zeitweilige Wohnung; **2)** Mannschaftsraum auf Schiffen.

Logistik [gr.]: **1)** Bez. für alle innerbetriebl. Transport-, Lager- u. Umschlagvorgänge; **2)** mil. Nachschubwesen.

Logo, graf. Symbol eines Unternehmens, meist verbunden mit einer bes. Firmenfarbe u. Schrifttype, trägt als Firmenzeichen zur Identifikation u. Öffentlichkeitsarbeit bei.

Logos [gr.]: **1)** sinnvolles Wort; Begriff; **2)** menschl. Vernunft; Weltvernunft; **3)** im N. T. Wort Gottes (im Prolog zum Johannesevangelium die 2. göttl. Person).

Lohengrin, Held der Gralssage in der frz. u. dt. Lit. des MA; Oper von R. Wagner (1850).

Lohenstein, Daniel Casper von, eigtl. Daniel Casper, * 1635, † 1683, dt. Barockdichter; Trauerspiele.

Lohn (Arbeitslohn), vertragsmäß. ausbedungene Vergütung für Arbeitsleistungen; Formen: *Zeit-L.,* Produkt aus L.satz (der für eine Std. gezahlte L.) u. Zeiteinheit; *Prämien-L.,* Grund-L. mit Prämie für bes. Arbeitsleistung; *Leistungs-L.* (Akkord-L.) ergibt sich aus dem Produkt v. Leistung (gemessen an der Zahl der pro Zeit bearb. Stücke) und dem für die Bearb. eines Stückes geltenden *Stück-L.satz; Nominal-L.,* der für eine Arbeitsleistung gezahlte Geld-L.; *Real-L.,* der Wert des Nominallohns, gemessen an seiner Kaufkraft.

Lohn-Preis-Spirale, Bez. für das Wechselspiel zw. Preisen u. Löhnen, in dem gestiegene Löhne Preiserhöhungen rechtfertigen u. umgekehrt.

Lohnsteuer, Steuer auf Einkommen aus nichtselbst. Arbeit; erhoben vom Bruttolohn; *L.karte,* v. der Gem. ausgestellte Urkunde mit Angaben über Personenstand u. a.

Loipe [norweg.], Langlaufbahn, Langlaufspur im Skisport.

Loire [lwa:r], größter Fl. Frkr., 1012 km, vom sö. Zentralmassiv zum Atlantik.

Lokaltermin [lat.], gerichtl. Termin am Tat- oder Unfallort.

Loki, german. Gott; tötet Baldr u. leitet damit den Untergang der Götter ein.

Lokomotive, die Zugmaschine schienengebundener Fahrzeuge; bei *Dampf-L.n* wird die Kraft einer

London. *Barbican-Kulturzentrum (eröffnet 1982)*

Dampfmasch. über Treib- und Kuppelstangen auf die Triebräder übertr., *elektr. L.n* beziehen ihre Energie über die Fahrleitung, deren hohe Spannung (z. B. 15 000 V Wechselspannung einer Frequenz von 16 ⅔ Hz) im ölgekühlten Transformator auf die Spannung der Fahrmotoren u. elektr. Einrichtungen reduziert wird; *Diesel-L.n* werden von aufgeladenen Dieselmotoren (↑Aufladung 1) getrieben, entw. dieselelektr. über Generator und elektr. Motoren od. dieselhydraul. über ein Getriebe.

Lokris, 2 antike Landschaften in Mittelgriechenland, bewohnt v. den *Lokrern,* am euböischen und korinth. Golf.

Lolland [lɔlan], viertgrößte dän. Ostseeinsel, 1 243 km², Hauptort Maribo; Zuckerrübenanbau.

Lollobrigida, Gina [lollo'bri:dʒida], * 1927 (?), ital. Filmschauspielerin der 50er-Jahre.

Lombardei (ital. Lombardia), oberital. Region, 23 857 km², 8,9 Mill. E; Hptst. Mailand.

Lombardgeschäft, Gewährung eines kurzfrist. verzinsl. (↑Lombardsatz) Darlehens gg. Verpfändung v. Wertpapieren *(Effekten-L.),* Gold u. Silber *(Edelmetall-L.)* oder sonst. bewegl. Sachen.

Lombardsatz (Lombardzinsfuß), Zinssatz, zu dem die B.-Bank Lombardkredite gewährt.

Lomé, Hptst. der Rep. Togo, ⚓ am Golf von Guinea, 400 000 E; ✈.

Lomé-Abkommen, nach Lomé benanntes Abkommen zw. EG und (1996) 70 Entwicklungsländern Afrikas, der Karibik u. des Pazifiks über wirtschaftl. Zusammenarbeit.

Lomond, Loch [lɔx 'ləumənd], größter See im schott. Hochland, 37 km lang.

Lomonossow, Michail Wassiljewitsch, * 1711, † 1765, russ. Universalgelehrter u. Dichter; bed. Grammatik, naturwiss. Forschungen und Entdeckungen, u. a. Begr. der physikal. Chemie; klassizist. Werke.

London, Jack ['lʌndən], eigtl. John Griffith Chaney, später J. G. L., * 1876, † 1916, amer. Schriftsteller; Abenteuer- u. Tiergeschichten, u. a. „König Alkohol", „Wolfsblut".

London ['lʌndən], Hptst. v. Großbrit. u. Nordirland, im *L.er Becken* beiderseits der Themse, 6,74 Mill. E (Greater L.: die City of L. u. 32 Boroughs, 1 580 km²); kgl. Residenz, Reg.-Sitz; Univ. u. Hochschulen; rd. 1600 Kirchen u. Kapellen: Westminster Abbey (1245–69 u. 15. Jh.), St. Paul's Cathedral (1675–1711); Tower (ab 11. Jh.), Parlamentsgebäude; kgl. Paläste: u. a. St. James', Buckingham Palace (kgl. Residenz); British Museum, National Gallery, Tate Gallery, Victoria and Albert Museum u. a. bed. Museen; Barbican-Kulturzentrum; gr. Parks: u. a. Hyde Park, Kensington Gardens, Regent's Park, Kew Gardens (botan. Garten). Den Stadtkern bildet die *City of L.,* das Finanz- und Handelszentrum Großbrit. und des Commonwealth. Bed. Welthafen; Handel mit allen Gütern; vielseit. Ind.; ✈. – Das röm. Militärlager *Londinium* (61 n. Chr.) wurde bald zur bed. Handelsstadt.

Long Island [lɔŋ 'aɪlənd], flache Insel vor der Ostküste der USA, 3 629 km², zum Staat New York; auf dem W-Teil die New Yorker Stadtteile Brooklyn u. Queens. Durch Brücken u. Tunnel mit Manhattan u. dem Festland verbunden; zw. L. I. und der S-Küste des Staates Connecticut der *L. I. Sound.*

Longitudinalwelle [lat.; dt.] (Längswelle), Welle, bei der Schwingungs- und Ausbreitungsrichtung zusammenfallen; ↑auch Transversalwelle.

Löns, Hermann, * 1866, ⚔ 1914, dt. Schriftsteller; liedhafte Lyrik, Romane, Tiergeschichten; u. a.

Looping ['lu:pɪŋ; engl.], Kunstflugfigur; Überschlag nach oben oder unten.

Loos, Adolf, * 1870, † 1933, östr. Architekt; Bahnbrecher des mod. Bauens; kub. Grundformen.

Lop Nor, ehem. Salzsee im östl. Tarimbecken, China, rd. 2 500 km², 780 m ü. d. M., s. einigen Jahren ausgetrocknet; nahebei das chin. Kernwaffenversuchsgelände.

Loran, Abk. für **Lo**ng **Ra**nge **N**avigation, Funkmessverfahren der Luft- u. Seefahrt zur Standortbestimmung.

Lorbeergewächse, [sub]trop. Holzgewächse; u. a. Kampfer, Zimt u. *Lorbeerbaum* (Charakterbaum des Mittelmeergebietes, Gewürz-, Heil-, Zierpflanze).

Lorca, Federico García ↑García Lorca, Federico.

Lorch, St. im Remstal, Ba.-Wü., am Fuß des Hohenstaufen, 11 000 E. Ehem. Benediktinerabtei nö. der St. (gegr. 1102); die roman. Abteikirche war zeitweilig stauf. Grablege.

Lord [lɔ:d; engl.], hoher engl. Adelstitel u. Titel hoher Reg.-Beamter.

Lord-Mayor [lɔ:d 'meɪdʒə], Titel der Oberbürgermeister in London u. 12 anderen Städten.

Lordose [gr.], ↑Rückgratverkrümmung.

Loreley, Rheinnixe auf der L.; von C. Brentano erfundene Sagengestalt; zahlr. literar. Bearb. (Heine, Eichendorff u. a.).

Loreley, 132 m hoher (200 m ü. d. M.), untertunnelter Felsen am r. Rheinufer bei St. Goarshausen; enge u. tiefste Stelle des Rheinbettes (27 m), Strudel.

Loren, Sophia, eigtl. Sofia Scicolone, * 1934, ital. Filmschauspielerin der 50er- u. 60er-Jahre.

Lorengar, Pilar, * 1928, † 1996, span. Sängerin (Sopran).

Lorentz, Hendrik Antoon, * 1853, † 1928, niederl. Physiker; Arbeiten zur Optik, Elektronen- und Relativitätstheorie; 1902 Nobelpreis.

Lorenz, Konrad, * 1903, † 1989, östr. Tierpsychologe; Mitbegr. der vergleichenden Verhaltensforschung; 1973 Nobelpreis.

Loriot [lori'o:], eigtl. Bernhard Victor (Vicco) von Bülow, * 1923, dt. Cartoonist, Schriftsteller, Film- u. Fernsehautor.

Loris [karib.], Halbaffenfam. Afrikas und S-Asiens; langsame Greifkletterer, z. B. Schlanklori.

Loris [niederl.], Unterfam. mittelgr., farbenprächt. Papageien; indoaustral. Region.

Lörrach, Krst. an der schweizer. Grenze, Ba.-Wü., 44 500 E; Textil-, Eisen-, Genussmittelindustrie.

Lorraine [lɔ'rɛn; frz.] ↑Lothringen.

Lorsch, hess. St. sw. v. Bensheim, 11 600 E; ehem. Benediktinerabtei (763 gegr.); karoling. Torhalle, Reste einer Basilika.

Lortzing, Albert, * 1801, † 1851, dt. Opernkomponist; u. a. „Zar und Zimmermann", „Der Wildschütz", „Undine".

Los Alamos [lɔs 'æləməʊs], Ort nw. v. Santa Fe, USA, 11 000 E; Kernforschungszentrum.

Los Angeles [lɔs 'endʒələs], größte St. Kaliforniens, USA, 3,49 Mill. E; Univ., Museen; Erdöl-, Asphaltgewinnung und -verarb., Auto-, Flugzeug-, Masch.-, Eisen-, Glas-, Film-, chem. und Nahrungsmittelind.; ✈. – 1781 gegr. als span. Niederlassung.

K. Lorenz

Los Angeles. *Stadtzentrum*

Loschmidt, Joseph, * 1821, † 1895, östr. Physiker; Arbeiten zur kinet. Gastheorie; bestimmte die *L.-Zahl,* die Anzahl der Moleküle pro Mol eines Stoffes (N_L = $6{,}022 \cdot 10^{23} mol^{-1}$).

Löss, aus Trocken- od. Kältewüsten ausgewehtes, äol. Sediment; gelbbraun, mehlfein, kalkhalt.; sehr fruchtbar.

Lost (Senfgas), $S(CH_2-CH_2Cl)_2$, chem. Kampfstoff (Gelbkreuz; gefährl. Hautgift).

Losung: 1) (Parole) mil. Bez. für: Erkennungswort; **2)** tägl. Bibelspruch.

Lösung, feinste molekulare Verteilung versch. Stoffe ineinander (↑auch Kolloid); vorw. Verteilung fester Stoffe in Flüssigkeiten (z. B. Zucker in Wasser); bei wässr. L. findet häuf. teilw. Zerfall der Moleküle in ↑Ionen statt (z. B. NaCl in Na^+ u. Cl^- durch ↑Dissoziation 2); *gesättigte L.en* enthalten die bei der vorgegebenen Temperatur größtmögl. Menge an gelöstem Stoff, erkennbar daran, dass ein Überschuss des betr. Stoffes ungelöst bleibt (Bodenkörper).

Lot, im A. T. Neffe Abrahams; bei der Zerstörung von Sodom verschont; seine Frau erstarrt zur Salzsäule, als sie auf die brennende Stadt zurückschaut.

Lot: 1) (Senkblei) Metallgew. an einem Faden, der die Senkrechte anzeigt; **2)** Gerät zum Messen der Wassertiefe vom Schiff aus; **3)** in einem Pt. einer Kurve od. Fläche senkr. stehende Gerade (Geometrie); **4)** Metall zum ↑Löten (z. B. Silber-L.); **5)** fr. Handelsgewicht (1/32, später 1/30 Pfund); **6)** fr. Feingehaltsangabe für Silber.

Löten, Verbinden zweier metall. Werkstücke durch eine niedrig schmelzende Legierung mit dem *Lötkolben* ([elektr.] erhitztes Kupferstück mit isoliertem Griff u. gr. Wärmekapazität) oder *Lötlampe* (mit Spiritus od. Benzin betriebener Brenner); *Weich-L.* mit Blei-Zinn-, Zink- u. a. Loten, Schmelzpt. unter 450 °C; *Hart-L.* mit einer Kupfer-Zink-Legierung *(Hartlot),* Schmelzpt. über 450 °C.

Lothar: *Röm. Kaiser:* **1) L. I.,** * 795, † 855, alleiniger Ks. seit 840; erhielt bei der Teilung des Fränk. Reiches (Vertr. von Verdun 843) das Mittelreich. – *Hl. Röm. Reich:* **2) L. III.** von Supplinburg, * 1075 (?), † 1137, Hzg. v. Sachsen s. 1106, Kg. s. 1125, Ks. s. 1133, Konflikt mit den Staufern, Beginn der Ostsiedlung.

Lothringen (frz. Lorraine), frz. Gebiet zw. Vogesen, Champagne u. Ardennen; reiche Eisenerzlager (Longwy, Diedenhofen, Briey), Kohle- u. Salzvorkommen (Nancy); bed. Ind.reviere um Nancy und im N. – L. entstand bei der Teilung des Reiches ↑Lothars I. u. umfasste damals d. Gebiet v. d. Nordsee bis zu den Maas- u. Moselquellen; 925 zum Ostfränk. Reich; 959 Teilung in Nieder- u. Ober-L.; Nieder-L. zerfiel in zahlr. Herrschaften, d. Name L. blieb bei dem Hzgt. Ober-L., das 1735 an Stanislaus I. Leszczyński, 1766 an Frkr. fiel, 1871–1918 teilw. dt. (Elsass-L.); jetzt Region, 23 547 km², 2,32 Mill. E, Hptst. Nancy.

Loti, Pierre, * 1850, † 1923, frz. Schriftsteller; Romane („Islandfischer"), Reiseberichte.

Lotosblume [gr.; dt.], Gatt. der Seerosengewächse, bes. SO-Asien und M-Amerika; Wasserpfl., prächt. Zierpflanzen; z. B. Ind. L. mit rosafarb. oder weißen Blüten.

Lotse [niederl.], Seemann mit Patent, der die Führung v. Schiffen in schwier. Fahrwasser, bes. in Hafeneinfahrten, übernimmt; für best. Gewässer *Lotsenzwang.*

Lotterie [niederl.], Glücksspiel, mit Einsätzen (meist Geld) nach einem vom Veranstalter aufgestellten Spielplan, wobei die Gewinner durch ein völlig oder überwiegend auf den Zufall abgestelltes Verfahren ermittelt werden.

Lotto, Lorenzo, * um 1480, † 1556, ital. Maler; Fresken u. Altartafeln in kühlen Farben, bed. Porträts.

Lotto [ital.], Kurzbez. f. d. Zahlenlotterie in der BRD (↑Lotterie).

Louis [lwi]: *Frkr.:* **1) L. Philippe,** * 1773, † 1850, Hzg. v. Chartres, Kg. (1830–48), gen. der Bürgerkönig, zunächst lib., dann zunehmend antidemokrat.; gestürzt. – *Preußen:* **2) L. Ferdinand,** eigtl. Friedrich Ludwig Christian, Prinz von Preußen, * 1772, ⚔ 1806, preuß. Heerführer; **3) L. Ferdinand,** * 1907, † 1994, Prinz von Preußen, führte das Haus Hohenzollern.

Louis, Joe [lu:is], eigtl. Joseph L. Barrow, * 1914, † 1981, amer. Boxer; 1937–49 Weltmeister im Schwergewicht.

Louisdor [lui'dɔ:r], fr. frz. Goldmünze; geprägt s. 1640, im 19. Jh. Bez. des 20-Francs-Stückes.

Louisiana [lʊɪzɪ'ænə], Abk. La., Staat im S der USA, am Mississippidelta, 123 667 km², 4,22 Mill. E; Hptst. Baton Rouge; Anbau v. Zuckerrohr, Mais, Baumwolle, Tabak; Schwefel, Erdöl und -gas, Steinsalz; Erdölraffinerien, chem., Holz-, Nahrungsmittel- und Papierind. – Altes frz. Kolonialland; 1812 in die Union aufgenommen.

Louis-quatorze [lwika'tɔrz], Stil zur Zeit Ludwigs XIV., d. h. der frz. Klassik (frz. Barock).

Louis-quinze [lwi'kɛ̃:z], Stilbez. für das frz. Rokoko zur Zeit Ludwigs XV.

Louis-seize [lwi'sɛ:z], Zeit Ludwigs XVI., Stil des Frühklassizismus.

Louisville [lu:ɪsvɪl], St. in Kentucky, USA, am Ohio, 269 000 E; Univ.; Tabak-, Nahrungsmittel-, Masch.-Ind.; Fluss-⚓, ✈.

Lourdes [lurd], frz. St. im Dép. Hautes-Pyrénées, 17 400 E; ✈; bek. Marienwallfahrtsort.

Louvois, François Michel Le Tellier, Marquis de [lu'vwa], * 1641, † 1691, frz. Kriegsmin. seit 1668; befahl die Verwüstung der Pfalz (1689).

Louvre [luvr], fr. Schloss der frz. Könige; Neu- u. Umbauten 16.–19. Jh.; s. 1793 öff. Museum, eine der größten Kunstsammlungen.

Low Church ['ləʊ 'tʃə:tʃ; engl.] ↑anglikan. Kirche.

Löwe, das Sternbild ↑Leo.

Löwe, in Rudeln lebende Großkatze der Steppen u. Savannen Afrikas u. in Reservaten Indiens; Höhe bis 1 m; ♂ mit Mähne.

Louis Ferdinand, *Prinz von Preußen (* 1772, ⚔ 1806)*

Löwen (niederl. Leuven, frz. Louvain), belg. St. östl. von Brüssel, 87 000 E; Univ.; histor. Bauten; Nahrungsmittel-, Metallindustrie.

Löwenmaul, Gatt. der Rachenblütler; Kräuter od. Halbsträucher; N-Amerika, Mittelmeergebiet; Zierpflanzen.

Löwenthal, Richard, * 1908, † 1991, dt. Politikwissenschaftler; sozialdemokrat. orientierte Werke über die Zukunft westl. Demokratien.

Löwenzahn, gelb blühender Korbblütler; Rosettenpflanze; im Frühjahr auf Wiesen u. Feldern.

Lowitz, Siegfried, * 1914, † 1999, dt. Schauspieler; Bühne, Film u. Fernsehen (Fernsehserie „Der Alte").

loyal [loa'ja:l; frz.], regierungstreu; redlich.

LSD, Abk. für: **L**yserg**s**äure**d**iäthylamid, eine aus Lysergsäure (charakterist. Bestandteil der Mutterkornalkaloide) hergest. chem. Verbdg.; ruft schon in geringen Dosen Halluzinationen hervor.

Ltd. (Ltd, Ld., Ld), Abk. für: ↑**limited.**

Lu, Symbol für ↑Lutetium (□).

Luanda, Hptst. von Angola, 1,13 Mill. E; vielseit. Ind.; ⚓, ✈.

Luang Prabang, St. am Mekong in N-Laos, ehem. Königsresidenz, 44 000 E; Landw.-Zentrum; ✈.

Lübbecke, Stadt am N-Rand des Wiehengeb., NRW, 25 300 E; Kanal-⚓; Textil- u. a. Industrie.

Lübben (Spreewald), Krst. in der Niederlausitz, Bbg., 15 200 E; Gurkenverarbeitung.

Lübeck, krsfr. Hafenst. an der unteren Trave, nahe der *L.er Bucht,* Schl.-Ho., 217 000 E; trotz starker Zerstörungen im 2. Weltkrieg altertüml. Stadtbild z. T. erhalten; bed. Kirchen, Holstentor, Rathaus (13.–16. Jh.) u. a.; Theater; LG; IHK; Medizin., Musik- u. Fachhochschule; Metall-, Holz-, Lebensmittel- *(L.er Marzipan),* Baustoff-, chem., Werftind., Baumwollspinnerei; im Vorort Travemünde Seebad mit Fährhafen. – 1143 gegr., Entw. des *lüb. [Stadt]rechts,* vorbildl. für zahlr. Städte im Ostseeraum; 1226 R.-Stadt; bed. Handelsplatz, führend in der Hanse; 1815 als Freie u. Hansestadt Mitgl. des Dt., 1867 des Norddt. Bundes, 1871 B.-Staat des Dt. Reiches, 1937 der preuß. Prov. Schl.-Ho. angegliedert.

lübisches Recht ↑Lübeck.

Lubitsch, Ernst, * 1892, † 1947, dt.-amerikan. Filmregisseur („Ninotschka", „Sein oder Nichtsein").

Lübke, Heinrich, * 1894, † 1972, dt. Politiker (CDU); 1959–69 Bundespräsident.

Lublin, poln. St. zw. Weichsel und Bug, im *L.er Hügelland,* 350 000 E; Univ., Hochschulen, Bischofssitz, Theater, ma. Schloss, Kathedr. (16. Jh.); Nahrungsmittel- u. a. Ind. – Stadtrechte 1317.

H. Lübke

Lucas, George ['lu:kəs], * 1944, amer. Filmregisseur („Krieg der Sterne").

Lucca, ital. Prov.-Hptst. nö. von Pisa, 86 200 E; Reste eines röm. Amphitheaters; roman. Kathedr.; Tabak- u. Papierind.; nahebei *Bagni di L.* mit Schwefelquellen.

Lucebert [ly:sə-], eigtl. Luce-Gert Swaaswijk, * 1924, † 1994, niederländ. Schriftst. u. Maler von großer wertschöpfer. u. darsteller. Kraft.

Luchse, Gruppe von 3 Gatt. (Lynx, Caracal, Otocolobus) hochbein. Katzen; kl. Kopf, Pinselohren,

Lübeck. *Sankt Marien, Holstentor und Petrikirche (von links)*

Backenbart, meist mit Stummelschwanz.

Lucia (Luzia), hl., † 304 (?), Märtyrerin, wahrsch. unter Diokletian; Fest am 13. 12. v.a. in Schweden gefeiert mit der *L.braut* als Geschenk- und Lichtbringerin.

Luckner, Felix Graf v., * 1881, † 1966, dt. Seeoffizier; durchbrach im 1. Weltkrieg mit d. Hilfskreuzer „Seeadler" die brit. Blockade; Abenteuerberichte.

Lucknow ['lʌknəʊ], Hptst. des ind. B.-Staates Uttar Pradesh, 1,6 Mill. E; Univ.; versch. Ind.; ✈.

Lucretia, altröm. Sagengestalt, gibt sich, entehrt durch den Königssohn Sextus Tarquinius, selbst den Tod; angebl. Anlass zum Sturz des Königtums.

Lucullus (Lukullus), Lucius Licinius, * um 117, † um 57, röm. Feldherr u. Konsul; sein Reichtum erlaubte L. eine luxuriöse Lebensführung.

Ludendorff, Erich, * 1865, † 1937, dt. General u. Politiker; 1916 als 1. Gen.-Quartiermeister mit Hindenburg mil. Gesamtleitung des Krieges, erzwang 1917 den uneingeschränkten U-Boot-Krieg, maßgebl. am Sturz Bethmann Hollwegs beteiligt; 1918 entlassen.

Lüdenscheid, Krst. im Sauerland, NRW, 81 800 E; vielseit. Ind.

Lüderitz, Franz Adolf, * 1834, † 1886, dt. Großkaufmann; kaufte 1883 in SW-Afrika den Hafen Angra Pequeña (1886 *L.-Bucht,* 1920 L. gen.) einschl. Hinterland, Kern des späteren Dt.-Südwestafrika.

Ludolfinger ↑Liudolfinger.

ludolfsche Zahl (nach dem niederl. Mathematiker *Ludolph van Ceulen,* * 1540, † 1610), die Zahl $\pi = 3{,}14159265...$ (annähernd $^{22}/_{7}$); Verhältnis v. Kreisumfang zu Kreisdurchmesser.

Ludovico il Moro ↑Sforza, Ludovico.

Ludwig: *Röm. Kaiser:* **1) L. I.,** der Fromme, * 778, † 840, s. 813 Mitkaiser seines Vaters, Karls d. Gr., 814 Ks.; beginnender Zerfall des Karolingerreiches. – *Hl. Röm. Reich:* **2) L. IV.,** der Bayer, * um 1283, † 1347, Hzg. v. Oberbayern s. 1294, Kg. seit 1314; ließ sich 1328 in Rom vom Volk zum Ks. krönen; Kampf mit dem Papsttum. – *Baden:* **3) L. Wilhelm I.,** * 1655, † 1707, Markgf. seit 1677, Reichsfeldmarschall; kämpfte siegreich gg. die Türken („Türkenlouis") u. Frkr. – *Bayern:* **4) L. I.,** * 1786, † 1868, Kg. 1825–48, Förderer der Künste und Wiss., musste 1848 abdanken (↑Montez, Lola); – Abb. S. 410; **5) L. II.,** * 1845, † 1886, Kg. s. 1864; romant.-schwärmer. veranlagt, Mäzen Richard Wagners, Prachtschlösser Herrenchiemsee, Neuschwanstein, Linderhof; ertrank im Starnberger See. – *Frkr.:* **6) L. VII.,** der Junge, * 1120, † 1180, Kg. s. 1137; unternahm mit Ks. Konrad III. den 2. Kreuzzug; **7) L. IX.,** der Heilige, * 1214, † 1270, Kg. s. 1226; Stärkung der Monarchie, Ausbau der Zentralverw.; starb auf dem 7. Kreuzzug; **8) L. XI.,** der Grausame, * 1423, † 1483, Kg. s. 1461; legte die Grundlagen für die unbeschränkte Monarchie in Frkr.; **9) L. XIII.,** * 1601, † 1643, Kg. s. 1610; berief 1624 Richelieu zum leitenden Min. u. stützte dessen Machtpol.; **10) L. XIV.,** gen. Sonnenkönig, * 1638, † 1715, Sohn von 9), Kg. s. 1643; vereinigte die Staatsgewalt in seiner Hand (Absolutismus); expansive Außenpol., Höhept. der frz. Machtentfaltung, Beginn der wirtsch., finanziellen u. mil. Zerrüttung, die zur Revolution führte; **11) L. XV.,** * 1710, † 1774, Kg. s. 1715; weitgehend abhängig v. seinen Beratern u. Mätressen; **12) L. XVI.,** * 1754, † 1793, Kg. 1774–92; seine Reformversuche scheiterten; 1793 enthauptet; **13) L. Philipp** ↑Louis Philippe. – *Holland:* **14) L.** (Louis) ↑Bonaparte 4). – *Ostfränk. Reich:* **15) L. (II.),** der Deutsche, * um 805, † 876, s. 817 Kg. in Bayern; erhielt im Vertrag v. Verdun 843 das Ostfränk. Reich. – *Preußen:* **16) Friedrich L. Christian** ↑Louis Ferdinand, Prinz v. Preußen. – *Ungarn:* **17) L. I.,** der Gr., * 1326, † 1382, Kg. s. 1342, s. 1370 auch Kg. v. Polen; Höhept. der ungar. Machtstellung.

Ludwigsburg, Krst. nördl. von Stuttgart, Ba.-Wü., 86 000 E; planmäß. angelegte Residenzstadt mit gr. Barockschloss (1704 ff.); im Park *Schloss Favorite* (1718 ff.); PH; IHK; vielseit. Industrie.

Ludwigshafen am Rhein, krsfr. St. u. Krst. in RP, gegenüber von Mannheim, 167 400 E; IHK; bed. Zentrum der chem. (BASF u.a.) sowie Metall-, Bau-, Nahrungsmittelind., Verkehrsknotenpunkt; gr. ⚓. – 1859 Stadt.

Lueger, Karl, * 1844, † 1910, östr. Politiker; s. 1897 Bürgermeister von Wien; Führer der Christl.-Soz. Partei; mit seinem antisemit. Programm einer d. fr. Anreger Hitlers.

Lues [lat.], svw. ↑Syphilis.

Luffa [arab.], trop. Kürbisgewächs; Gefäßbündelgeflecht der Frucht dient als Schwammersatz.

Luft, das die Erde umgebende Gasgemisch (↑Atmosphäre 1); für die Existenz der meisten Lebewesen wegen des Sauerstoffgehaltes, des Druckes u. des Strahlenschutzes lebensnotwendig.

Luftbrücke, organisierte Versorgung durch die Luft; Bez. erstmals verw. bei der Berliner Blockade 1948/49.

Luftdruck, der von der Luft auf eine Fläche ausgeübte, von der Höhe ü. d. M. abhängige Druck; gemessen mit dem ↑Barometer, angegeben in Hektopascal (hPa), bis 1984 in Millibar (1 mbar = 1 hPa), fr. auch in Millimeter Quecksilbersäule (= Torr); durchschnittl. L. in Meeresniveau rd. 1 000 hPa (festgelegt: 1 013,2 hPa).

Luftelektrizität, Bez. für sämtl. elektr. Prozesse in der Erdatmosphäre; sie verursachen ein *luftelektr. Feld,* dessen Potenzialgefälle in Bodennähe im Mittel 100 Volt/m (Luft +, Erde −) beträgt; Abnahme mit zunehmender Höhe.

Luftfahrt, Benutzung des Luftraumes durch den Menschen mithilfe v. Luftfahrzeugen. – *Gesch.:* Um 1500 erstmals wiss. Überlegungen u. Skizzen zu Hubschrauber u. Fallschirm durch Leonardo da Vinci; 1783 erster bemannter Warmluftballon *(Montgolfiere)* der Brüder ↑Montgolfier, im gleichen Jahr Wasserstoffballon *(Charlière)* v. d. frz. Physiker J. A. C. Charles; Entw. des *Luftschiffes* aus steuerb. Ballonen: 1900 erster Flug des Gf. Zeppelin; der dt. Ing. O. Lilienthal flog ab 1891 mit selbst konstruierten u. -gebauten Gleitern Strecken bis zu 350 m; 1903 erster gesteuerter Motorflug mit einem Doppeldecker durch die amer. Brüder Wright; 1909 Überquerung des Kanals in 27 Min. durch den Franzosen Louis Blériot; 1927 Flug des Amerikaners Ch. Lindbergh über den Atlantik; 1929 erstes Raketenflugzeug, 1935 Hubschrauberflug des frz. Flugzeugkonstrukteurs L. Breguet; 1939 Erstflüge mit Raketentriebwerk (Heinkel 176) und Turbostrahltriebwerk (Heinkel 178); 1947 erstmals Überschallgeschwindigkeit im Horizontalflug; 1949 Flug mit Staustrahlantrieb; 1954 Senkrechtstart eines VTOL-Flugzeugs mit anschließendem Übergang zum Horizontalflug; seit 1966 Versuche mit Raumgleitern, die vom Hyperschallbereich bis zu normalen Flug- bzw. Landegeschwindigkeiten flugfähig sind (als Rückkehrgeräte von Raumfahrtunternehmen). – ↑auch Flugzeuge.

Ludwig I., *König von Bayern*

Luftfeuchtigkeit, Wasserdampfgehalt der Luft; Messung als Dampfdruck (in Hektopascal), *absolute L.* (g Wasserdampf/m^3), *spezif. L.* (g Wasserdampf/kg feuchter Luft) u. als *relat. L.* (Verhältnis v. tatsächl. zu maximal mögl. Feuchtigkeit in %).

Lufthansa ↑Deutsche Lufthansa.

Lufthoheit, Hoheitsrechte des Staates im ges. Luftraum über seinem Staatsgebiet; internat. Abkommen Paris 1919, Chicago 1944.

Luftkissenfahrzeug (Bodeneffektgerät), räderloses, von einem „Kissen" aus komprimierter Luft getragenes Fahrzeug, v. a. zur Überquerung v. Wasserflächen u. unwegsamem Gelände; das Luftpolster wird durch einen aus Düsen nach unten austretenden Luftstrom gebildet; Vortrieb durch Luftschrauben.

Luftpiraterie, die widerrechtl. Inbesitznahme von Luftfahrzeugen *(Flugzeugentführung)* während des Flugs oder im Betrieb am Boden mittels Nötigung; Strafe nicht unter 5 Jahren.

Luftpumpe: 1) Vorrichtung zum Verdichten v. Gasen (z. B. Aufpumpen v. Fahrzeugreifen); ↑auch Kompressor; **2)** Vorrichtung zur Herst. eines Vakuums; *Kolben-L.:* der Pumpenzylinder wird abwechselnd mit dem zu evakuierenden Gefäß u. dem Außenraum verbunden, sodass mit jedem Kolbenhub Gas nach außen befördert wird; *Strahl-L.:* ein Flüssigkeits- od. Dampfstrahl reißt das abzusaugende Gas mit; *Kapsel-L.:* in einem zylindr. Hohlraum rotiert exzentr. ein Metallzylinder mit 2 Schiebern, die durch Federn nach außen gedrückt werden; dabei wird auf einer Seite Gas angesaugt, auf der anderen komprimiert u. ausgestoßen.

Luftröhre (Trachea), mit Flimmerepithel ausgekleidete Röhre zw. Kehlkopf u. Bronchien (beim Menschen etwa 12 cm) zur Weiterleitung der Atemluft.

Luftschiff, lenkbares Luftfahrzeug in Stromlinienform; Auftrieb durch gasgefüllte Zellen, Vortrieb durch [Otto]motoren mit Propeller; als *unstarres* od. *Prall-L.* (pralle Form durch Luftdruckkammern), *halbstarres* od. *Kielgerüst-L.* (mit starrem Kielträger), *Starr-* od. *Gerüst-L.* (mit stoffbespanntem Leichtmetallgerüst, z. B. Zeppelin).

Luftschraube (Propeller), System von 2–5 radial an einer Nabe angeordneten, verwundenen, tragflügelähnl. Flächen (Propellerblätter, oft verstellbar), die bei Rotation Schub in Achsrichtung erzeugen; liefern den Vortrieb v. a. für Flugzeuge u. Luftkissenfahrzeuge.

Luftschutz, Schutzmaßnahmen gg. mil. Angriffe aus der Luft; in der BRD ist der zivile L. Teil des Zivilschutzes.

Luftspiegelung, Spiegelung v. Gegenständen in der Luft durch Brechung und Totalreflexion des Lichtes an der Grenze von unterschiedl. dichten Luftschichten (Fata Morgana).

Luftwaffe, Teilstreitkraft, Gesamtheit der zu Luftangriffen u. deren Abwehr bestimmten Verbände sowie deren Bodenanlagen u. Unterstützungsverbände.

Luftwiderstand, Widerstand, den die Luft einem bewegten Körper entgegensetzt; setzt sich aus Formwiderstand u. Oberflächenreibung des umflossenen Körpers zusammen.

Luganer See (ital. Lago di Lugano), nordital.-schweizer. Alpenrandsee, 49 km^2, bis 288 m tief.

Lugano, schweizer. St. u. Kurort im Kt. Tessin, am Luganer See, 25 300 E; Fremdenverkehr; Verkehrsknoten am Gotthard.

Lügendetektor, Gerät, das kontinuierl. Aufzeichnungen über den Verlauf der Herzströme, der Atemfrequenz, des Blutdrucks u. der Hautfeuchtigkeit einer befragten Person macht; zur Kontrolle des Wahrheitsgehaltes von Aussagen; als Beweismittel vor Gericht allg. nicht zulässig.

Luise: *Preußen:* **1) L.** Auguste Wilhelmine Amalie, * 1776, † 1810, Gem. Kg. Friedrich Wilhelms III., Mutter Friedrich Wilhelms IV. u. Wilhelms I. – *Schweden:* **2) L. Ulrike,** * 1720, † 1782, Schwester Friedrichs II. d. Gr.; Gem. Kg. Adolf Friedrichs von Schweden.

Luitpold, * 1821, † 1912, Prinzregent von Bayern; s. 1886 Regent für Ludwig II. u. Otto I.

Lukács, György (Georg [von])

['luka:tʃ], * 1885, † 1971, ungar. Philosoph und führender marxist. Literarhistoriker.

Lukas (L. der Evangelist), hl., nach kirchl. Überlieferung Verf. des *Lukasevangeliums* und der Apostelgesch.; nach der Legende Maler *(Lukasbilder).*

Lukretia: 1) ↑Lucretia; **2)** ↑Borgia, Lucrezia.

Lukullus ↑Lucullus.

Lullus, Raimundus (katalan. Ramón L[l]ull), * um 1235, † 1316, katalan. Theologe, Mystiker, Enzyklopädist und Dichter; erhob das Katalan. zur Literatursprache.

Lully, Jean-Baptiste [ly'li], * 1632, † 1687, frz. Komponist ital. Herkunft; Schöpfer eines nat. frz. Opernstils, auch geistl. Werke.

Lumbalanästhesie, örtl. Betäubung durch Einspritzungen in den Wirbelkanal der Lendengegend.

Lumbalpunktion, ↑Punktion des Lendenwirbelkanals zur Gewinnung v. Rückenmarkflüssigkeit, auch zur Einspritzung von Medikamenten.

Lumen [lat.]: **1)** Einheitenzeichen lm, Einheit des Lichtstroms; 1 lm ist der Lichtstrom einer Lichtquelle der Lichtstärke 1 Candela (cd), in einem Raumwinkel von 1 Steradiant (sr) ausgestrahlt: 1 lm = 1 cd · sr; **2)** Hohlraum in Organen von Tier u. Pfl., der Flüssigkeit enthalten kann.

Lumenstunde, Einheitenzeich. lm · h, Einheit der Lichtmenge; 1 lm · h erhält man, wenn der Lichtstrom 1 lm eine Stunde lang ausgestrahlt wird.

Lumet, Sidney ['lu:mɪt], * 1924, amer. Regisseur („Network").

Lumineszenz [lat.], Leuchterscheinungen, die (im Ggs. zur Temp.-Strahlung) nicht durch erhöhte Temp. bewirkt werden; je nach Ursache als *Photo-L.* (durch Licht), *Tribo-*(Reibungs-) *L., Lyo-*(Lösungs-)*L., Elektro-L.* (durch Gasentladungen und Elektronenstrahlen), *Chemi-L.* (durch chem. Prozesse, u. a. bei leuchtenden Tieren u. Pfl.) u. a.; ↑auch Fluoreszenz, ↑Phosphoreszenz.

Lumineszenzdiode, svw. ↑Leuchtdiode.

Lummen [nord.], Gatt. koloniebrütender schwarzweißer Alken; Nordmeerinseln, auch auf Helgoland (z. B. Trottellumme).

Luna [lat.], röm. Mondgöttin.

Lund, südschwed. St. nö. von Malmö, 92 000 E; roman. Dom; Univ., TH; graf. Gewerbe.

Lüneburg, Krst. u. Reg.-Bez.-Hptst. am N-Rand der L.er Heide, Nds., 64 500 E; Oberverw.-Gericht (für Nds. und Schl.-Ho.), LG, IHK; Theater, Hochschulen; Akademien; Stadtbild geprägt durch die norddt. Backsteingotik; Eisen- u. chem. Ind.; Kneipp-, Sol-, Moorbad. – Entstand im frühen MA aus drei Siedlungskernen; unter Heinrich dem Löwen Stadtrecht. Bed. Salzerzeugung und -handel sowie Stapel- u. Zwangsumschlagsrechte sicherten bed. Stellung in der ↑Hanse; im 17. Jh. Verlust der Selbstständigkeit.

Lüneburger Heide, Teil des Norddt. Tieflandes, Heidegebiet zw. Aller und Elbe.

Lünen, St. nördl. v. Dortmund, NRW, 91 600 E; Steinkohlen-⚒, Metall-, Masch.-Industrie; Kraftwerke.

Lunéville [lyne'vil], frz. St. sö. von Nancy, 21 500 E; Schloss (18. Jh.); Textil-, Spielwarenind. – Der *Friede v. L.* (1801) bestätigte den Frieden von Campoformio: Abtretung des l. Rheinufers an Frankreich.

Lunge, Atmungsorgan im Brustraum der Luft atmenden Wirbeltiere; beim Menschen 2 Flügel: r. 3, l. 2 Lappen; in den *L.nbläschen* Gasaustausch zw. Lunge und Blut (Kohlensäureabgabe, Sauerstoffaufnahme).

Lungenblutung, Blutung aus einem eröffneten Lungengefäß, z. B. bei Tbc, Geschwülsten u. a.; führt zu Blutspucken, kann als *Blutsturz* tödl. verlaufen.

Lungenemphysem ↑Emphysem.

Lungenentzündung (Pneumonie), schwere, fieberh. Erkrankung mit Atemnot und blut. Auswurf, Fieberdauer 6–8 Tage, dann steiler Abfall (Krise); durch Bakterien, Viren oder Pilze verursacht; *Bronchopneumonie:* meist Folge- u. Begleiterkrankung v. Infektionskrankheiten u. a.; mit Husten, mäß. Temp.-Erhöhung u. Auswurf.

Lungenfische, Ordn. der Fische mit 1 od. 2 Lungen; Haut mit Zykloidschuppen; bis zum Mesozoikum weit verbreitet, heute noch 6 Arten.

Lungeninfarkt ↑Infarkt.

Lungenkraut, Gatt. der Raublattgewächse; niedrige, behaarte Kräuter, Blüten rötl., blau, purpurfarben in Trugdolden.

Lungenkrebs, svw. ↑Bronchialkarzinom.

Lungenödem, Eindringen von Blutflüssigkeit in die Lungenbläschen v. a. bei Herzschwäche.

Lungentuberkulose ↑Tuberkulose.

Lungenwürmer, schmarotzende Fadenwürmer bes. bei Rind, Schaf, Ziege, Schwein u. a.

Lunte: 1) Schwanz v. Fuchs u. Marder (wm.); **2)** mit Bleizucker und Salpeter getränkter Zündfaden.

Lupine [lat.], Gatt. der Schmetterlingsblütler, v. a. in Amerika; gefingerte Blätter, Blüten in Trauben; wichtig für die Landw. (Grünfutter, Gründünger).

Lupinenfliege ↑Übers. S. 582 ff.

Lurche, svw. ↑Amphibien.

Lure, german. Blasinstrument aus Bronze; bis zu 3 m gewundenes Rohr, breiter Zierrand an der Schallöffnung.

Lusaka, Hptst. von Sambia, 982 000 E; Univ.; Ind.; ✈.

Lustspiel, der Komödie nahe stehend, aber nicht auf Komik, sondern auf versöhnl., teilnehmendem Humor aufbauend; Höhepunkte u. a. bei Shakespeare, Lessing, Grillparzer.

Lupine. *Vielblättrige Lupine*

Lüta ↑Dalien.

Lutetium, chem. El., Symbol Lu, OZ 71, rel. A.-Masse 174,967; Fp. 1652 ± 5 °C, Sp. 3327 °C, Dichte 9,84 g/cm^3; Metall (↑Lanthanoide), zu den Yttererden gehörend; fr. Cassiopeium (Cp) genannt.

Luther: 1) Hans, * 1879, † 1962, dt. Politiker; 1922–25 R.-Min., 1925/26 R.-Kanzler; **2)** Martin, * Eisleben 1483, † ebd. 1546, dt. Reformator; s. 1505 Augustiner-Eremit in Erfurt, 1512 Prof. für Hl. Schrift in Wittenberg; beeinflusst v. Humanismus, Nominalismus u. Mystik; innere Auseinandersetzungen über persönl. u. theol. Probleme brachten ihn allm. zur Erkenntnis „sola scriptura, gratia, fide" (allein durch die Schrift, die Gnade u. den Glaubensgehorsam); 1517 Thesenveröffentlichung gg. Ablassmissbrauch (↑Tetzel); 1518 Heidelberger, 1519 Leipziger Disputation, 1520 Verbrennung der päpstl. Bannandrohungsbulle, daraufhin 1521 Exkommunikation und Reichsacht durch das Wormser Edikt; Schutzaufenthalt auf der Wartburg, dort

M. Luther. *Gemälde von Lucas Cranach d. Ä. und Gehilfen (1529)*

die Übers. des N.T. ins Dt.; währenddessen erste luth. Gemeindebildung; 1522 trat L. in Wittenberg gg. radikale „Schwarmgeister" auf; 1525 Heirat mit *Katharina von Bora;* L. verstand die Kirche nicht hierarch.-sakramental, sondern als unter Gottes Wort, Predigt und Sakrament lebende Gemeinschaft der Gläubigen, wobei die weltl. Obrigkeit ihre äußere Ordnung schützt; 1530 Augsburger Bekenntnis; bed. Reformschriften, u. a. „An den christl. Adel dt. Nation", „Von der Freiheit eines Christenmenschen", u. Kirchenlieder.

lutherische Kirchen, Staats-, Volks- und Freikirchen auf der Grundlage der allg. luth. Bekenntnisschriften, teils der ökumen. Bewegung angehörend, teils sie völlig ablehnend; zum größten Teil im Luth. Weltbund; in der BRD u. a. *Vereinigte Ev.-Luth. Kirche Deutschlands* (VELKD) seit 1948, *Selbständige Ev.-Luth. Kirche* (SELK) seit 1972.

Lutherischer Weltbund, 1947 gegr. freie Vereinigung v. luth. Kirchen (1994: 105 Mitgl.-Kirchen mit rd. 55 Mill. Mitgl.); Hauptgeschäftsstelle in Genf.

Lüttich (frz. Liège, niederl. Luik), belg. Prov.-Hptst. an der Mdg. der Ourthe in die Maas, 192 000 E; spätgot. Kirchen; Univ., Akademien. Im L.er Industriegebiet Eisen-, Stahl-, Masch.-, Waffen-, Elektro-, Glas- u. a. Ind.; ⚓, ✈.

Lützen, St. sw. v. Leipzig; in der Schlacht bei L. (1632) fiel Kg. Gustav II. Adolf von Schweden.

Lützow, Ludwig Adolf Wilhelm Frhr. von [-tso], * 1782, † 1834, preuß. Gen. s. 1822; gründete 1813 das *L.sche Freikorps,* das an den Befreiungskriegen teilnahm.

Luv, die dem Wind zugekehrte Seite, z. B. eines Schiffes oder Gebirges (Ggs. ↑Lee); *luven,* mit dem Schiff „an den Wind gehen".

Lux [lat.], Einheitenzeichen lx, Einheit der Beleuchtungsstärke; 1 lx erhält man, wenn der Lichtstrom 1 lm senkr. u. gleichmäßig verteilt auf die Fläche 1 m^2 eingestrahlt wird: 1 lx = 1 lm/m^2.

Luxation [lat.], Verrenkung.

Luxemburg, Rosa, * 1870, † 1919, dt. kommunist. Politikerin poln. Herkunft; begr. mit K. Liebknecht den Spartakusbund, setzte sich für die Räterep. ein, 1918 Mitbegr. der KPD; von Freikorpsoffizieren ermordet.

Luxemburg (frz. Luxembourg): **1)** westeurop. Großherzogtum, im N das stark zertalte 400–500 m hohe Plateau des *Öslings,* im S das fruchtb. *Gutland;* im SW Anteil am lothr. Erzrevier (Minette): Erzgruben, Hüttenind. – *Gesch.:* Gft. des Hl. Röm. Reiches, 1354 Hzgt., 1443 Teil Burgunds, 1477 der habsburg. Niederlande, 1815 Großhzgt. (bis 1890 in Personalunion mit den Niederlanden) u. dt. B.-Staat; 1839 Abtretung der wallon. Gebiete an Belgien; 1843–1919 Mitgl. des Dt. Zollvereins; 1867–1948 Neutralisierung L.s; Mitgl. der UN, NATO, des Europarats, der EU u. der Union ↑Benelux; **2)** Hptst. von 1), an der Alzette, 75 800 E; Reg.-Sitz; Univ., Europaschule, Technikum, Konservatorium; Museen, Staatsbibliothek; got. Kathedr. Notre-Dame, großherzogl. Palais (1572); Metall-, Leder-, Textil-, Tabak- u. Steingutind.; internat. Finanzzentrum, internat. Messe; ✈; **3)** Prov. im sö. Belgien, 4 400 km^2, 233 000 E, Hptst. Arlon.

Luxor, oberägypt. St. am r. Nilufer, 148 000 E; Ruinen des Tempels ↑Amenophis' III. (14. Jh. v. Chr.); ↑auch Theben 1).

Luzern: 1) schweizer. Kt., 1 494 km^2, 335 400 E, im Alpenvorland; **2)** Hptst. von 1), am Vierwaldstätter See, 60 000 E; Stadtmauer mit Türmen (14.–16. Jh.), Holzbrücken, histor. Bauten; internat. Musikfestwochen; Fremdenverkehr; Metall verarb. u. a. Industrie.

Luzerne [frz.], Schmetterlingsblütler; wichtiges Viehfutter.

Luzerneblattnager ↑Übers. S. 528 ff.

Luzernegallmücke ↑Übers. S. 528 ff.

Luzia ↑Lucia.

Luzifer [lat.], urspr. der Morgenstern; kirchenlat. Name Satans.

Luzon [lu'sɔn], größte Insel der Philippinen, 104 688 km^2; 23,9 Mill. E, Hptst. Manila; vorw. gebirg. (bis 2 928 m ü. d. M.), mit z. T. tät. Vulkanen, fruchtb. Ebenen; trop.-feuchtes Äquatorialklima.

Lw, Symbol für ↑Lawrencium (⚗).

lx, Einheitenzeichen für ↑Lux.

Lychee ↑Litschi.

Lydi|en, antike Ldsch. an der W-Küste Kleinasiens, zw. Mysien, Phrygien u. Karien; Mittelpt. Sardes.

Lyki|en, antike Ldsch. an der SW-Küste Kleinasiens; monumentale Grabbauten des 6./5. Jh.s.

Lymphangiom [gr.], gutartige Lymphgefäßgeschwulst.

Lymphe [gr.], aus dem Blutplasma stammende Gewebsflüssigkeit, die in *Lymphgefäßen* verläuft; enthält Eiweißkörper und ↑Lymphozyten; wichtig für den Stoffaustausch der Gewebe.

Lymphknoten, ins Lymphgefäßsystem eingeschaltete, etwa bohnengr. Organe, in denen ↑Lymphozyten gebildet werden; gleichzeit. Filter gg. Krankheitserreger.

Lymphogranuloma inguinale, vener. Lymphknotenentzündung, als vierte ↑Geschlechtskrankheit bezeichnet, durch ein Virus (Chlamydia) hervorgerufen; Behandlung mit Sulfonamiden und Antibiotika.

Lymphogranulomatose (Hodgkin-Krankheit), oft chron. verlaufende, bösartige Erkrankung des lymphat. Systems.
Lymphozyten [gr.], Lymphzellen; im lymphat. Apparat (Lymphknoten, Milz, Tonsillen) entstehende weiße Blutkörperchen.
Lyon [ljõ], Hptst. des frz. Dép. Rhône u. der Region Rhône-Alpes, am Zusammenfl. v. Rhone u. Saône, 415 500 E; Verkehrszentrum; Univ., zahlr. wiss. Inst., Bibliothek, Museen, Theater, histor. Bauten; Börse, internat. Messe; Zentrum der frz. Seidenind., Färbereien, Auto-, Elektro-, chem. u. Schwerind.; ✈. – Röm. Kolonie *(Lugdunum);* 1033 mit Burgund zum Hl. Röm. Reich; 1312 zu Frkr.; Zentrum der Hugenotten (1572 Aufstand).
Lyra [gr.] (Leier), Sternbild des nördl. Himmels; hellster Stern (α) ↑Wega.
Lyra [gr.], svw. ↑Leier.
Lyrik [gr.], Lit.-Gattung neben ↑Epik u. ↑Drama; aus unmittelb. Erleben gewonnene u. dieses gestaltende Dichtung; meist gebunden in Vers u. Strophe, häuf. gereimt; Vielfalt v. Formen: Lied, Ode, Sonett, antike Strophen u. a.; v. a. als Erlebnis-, Natur-, Liebes-L.; *Gedanken-L.:* Gestaltung von Gedanken, Ideen, abstrakt-weltanschaul. Inhalten.
Lys ↑Leie.
Lysergsäurediäthylamid ↑LSD.
Lysine [gr.], zur Auflösung v. ↑Antigen im Körper gebildete spezif. Antikörper.
Lysistrate, Titelfigur einer Komödie von Aristophanes (411 v. Chr.); L. ruft die Frauen Griechenlands auf, sich so lange ihren Männern zu verweigern, bis diese den Peloponnes. Krieg beendet haben. Das Thema wurde bis in die Neuzeit immer wieder bearbeitet.
LZB, Abk. für: **1)** **L**andes**z**entral**b**ank; **2)** **L**inien**z**ug**b**eeinflussung.

M

M, 13. Buchstabe des Alphabets.
M, Abk. für: **M**ark.
M, röm. Zahlzeichen für: 1 000 (Mille).
M, Vorsatzzeich. für: ↑Mega...
m, Einheitenzeich. für: ↑Meter.
m, Vorsatzzeich. für: ↑Milli...
M., Abk. für: **1)** **M**askulinum; **2)** **M**onsieur.

Luxemburg

Fläche: 2 586 km²
Einwohner: (1995) 406 200
Hauptstadt: Luxemburg
Amtssprachen: Französisch, Luxemburgisch, Deutsch
Zeitzone: MEZ

Ma (Mach), Formelzeichen für: **Ma**chzahl (↑Mach, Ernst).
M. A., Abk. für: **M**agister **A**rtium u. für **M**aster of **A**rts (↑Magister).
Mäander: 1) nach dem Fluss M. (heute Büyük Menderes nehri, Türkei) ben. ausschwingende Flussschlingen; **2)** rechtwinkl., auch spiralenförmiges Ornamentband.
Maar [lat.], durch vulkan. Gasexplosion entstandene rundl., trichterförm. Vertiefung in der Erdoberfläche, meist mit Wasser gefüllt, oft v. niedrigem Wall aus Lockermaterial umgeben; z. B. in der Eifel.
Maas (frz. Meuse), Fl. in Frkr., Belgien und den Niederlanden, mündet im Rheindelta, 890 km, schiffb. ab Sedan; z. T. kanalisiert; größter Hafen ist Lüttich.
Maastricht [-'trixt], Hptst. der niederl. Prov. Limburg, an der Maas, 118 000 E; bed. Baudenkmäler; Metall-, Glas-, Papierind. In M. *Maastrichter Vertrag* über die ↑Europ. Union unterzeichnet.
Maat, ägypt. Göttin der Wahrheit und des Gerichtswesens.
Maat [niederdt.], Unteroffizier der dt. Kriegsmarine.
Maazel, Lorin [ma:zl], * 1930, amer. Dirigent.
Mac [mek; gäl.; = Sohn], Abk. M', Mc, Bestandteil schott. Familiennamen.
MAC, Abk. für **M**ultiplexed **A**nalogue **C**omponents, Fernsehübertragungssystem, das in Europa die PAL-Norm ablösen soll. Bild- u. Tonsignale werden in digitalisierter Form getrennt übertragen, dadurch besserer Empfang (kein Flimmern). Seit 1989 können mit Zusatzgerät MAC-Sendungen (Version D2-MAC) empfangen werden.
Macao, s. 2000 Sonderverwaltungszone der VR China an der S-Küste Chinas, westl. v. Hongkong; Halbinsel M. mit gleichnamiger St. und 2 Inseln, 17 km², 356 000 E; Haupterwerb: Fremdenverkehr. – Seit 1557 portug., Grenzvertrag mit China 1887; 1951 portug. Überseeprov.; 1976 Autonomiestatut. 1999 Rückgabe an China (Vertr. v. 1987).
Macbeth [mek'beθ], ⚔ 1057, Kg. v. Schottland seit 1040.
Mac Bride, Séan [mek'braɪd], * 1904, † 1988, ir. Jurist und Politiker (Republikaner); 1948–51 Außenmin., 1961–74 Präs. von Amnesty International; 1973–76 UN-Kommissar für Namibia; mit E. Sato Friedensnobelpreis 1974.
Mach, Ernst, * 1833, † 1916, östr. Physiker u. Philosoph; Vertr. des Empiriokritizismus; Arbeiten zur Optik, Akustik und Mech. sowie zur Gasdynamik; nach ihm ben. die *M.zahl* (Ma, Mach), das Verhältnis der Strömungsgeschwindigkeit eines kompressiblen Mediums (bzw. der Geschwindigkeit eines Körpers in ihm) zur Schallgeschwindigkeit in diesem Medium.
Machiavelli, Niccolò [makja'vɛlli], * 1469, † 1527, ital. Politiker u. Geschichtsschreiber; analysierte in „Il Principe" die Ursachen der polit. Ohnmacht Italiens; allg. polit. Einsichten (von Gegnern als *Machiavellismus,* machtpolit. Skrupellosigkeit abgewertet), Begr. des Grundsatzes der Staatsräson; Briefe u. Gedichte; Komödie „Mandragola".
Macht, „Chance, innerhalb einer soz. Beziehung d. eigenen Willen auch gg. Widerstreben durchzusetzen" (M. Weber); M.verhältnisse bestehen zw. Individuen, Gruppen, Organisationen u. Staaten auf verschiedenen Grundlagen (z. B. phys. od. psych. Überlegenheit, bessere Informiertheit, größeres Wissen, Verfügungsgewalt über Eigentum u. Besitz). M. tendiert zur Institutionalisierung als Herrschaft, wenn sie nicht durch Gegen-M. neutralisiert wird.
Mächtigkeit, die Dicke einer Gesteinsschicht, eines Flözes oder Ganges (Geol.).
Machzahl ↑Mach, Ernst.
Macke, August, * 1887, ⚔ 1914, dt. Maler; Mitgl. des „Blauen Reiters". Abb. S. 414.
Mackensen: 1) August v., * 1849, † 1945, dt. Gen.-Feldmarschall; im 1. Weltkrieg Armeeführer im O; **2)** Fritz, * 1866, † 1953, dt.

August Macke,
Dame in grüner Jacke
(1913)

Maler; Mitbegr. der Worpsweder Künstlerkolonie.

Mackenzie River [mə'kenzı 'rıvə], zweitgrößter Fl. Nordamerikas, Kanada, 4 240 km (mit Peace River); von den Rocky Mountains ins Nordpolarmeer.

MacLaine, Shirley [mə'klεın], eigtl. Sh. McLean Beaty, * 1934, amer. Schauspielerin („Das Mädchen Irma La Douce").

Mac-Mahon, Marie Edmé Patrice Maurice Comte de [makmə'ɔ̃], Hzg. v. Magenta, * 1808, † 1893, frz. Marschall; siegte 1859 b. Magenta über die Österreicher, warf 1871 den Pariser Kommuneaufstand nieder; 1873–79 frz. Präsident.

Macmillan, Harold [mək'mılən], 1. Earl Stockton (s. 1984), * 1894, † 1986, konservat. brit. Politiker u. Verleger; mehrf. Min.; 1957–63 Premierminister.

MAD, Abk. für: ↑**M**ilitärischer **A**bschirm**d**ienst.

Madagaskar, Inselrep. vor der südostafrik. Küste, viertgrößte Insel der Erde. Von Vulkangebirgen (im N bis 2 876 m) überragte Hochplateaus, zu den Küstenebenen steil abfallend; regenreich mit trop. Regenwald, im W vorw. Savanne. *Tierwelt* mit zahlr. endem. Arten (Halbaffen, Chamäleons u. a.). *Landw.:* Anbau von Reis, Maniok, Zuckerrohr, Vanille, Gewürznelken, Kaffee. Im Innern Zeburinder- u. Schafzucht. *Bodenschätze:* Chromerz, Graphit, Glimmer, Kohle u. a. *Ind.:* Erdölraffinerie, Nahrungsmittel-, Textil- u. a. Ind.; Haupt-⚓ Toamasina an der O-Küste. *Ausfuhr:* Kaffee, Reis, Gewürze. – Den Arabern s. dem 9. Jh. bek.; 1506 von Portugiesen entdeckt; 1894/95 v. Frkr. erobert, 1896 frz. Kolonie; wiederholt blut. niedergeschlagene Aufstände, 1958 selbst. Rep. innerhalb der Frz. Gemeinschaft, 1960 unabh.; zunächst parlamentar. Demokratie; nach Militärreg. 1972–75 sozialist. orientierte Reg.; Mitgl. der UN, der EU assoziiert.

Madariaga y Rojo, Salvador de [maðа'riaɣa i'rroxo], * 1886, † 1978, span. Schriftsteller u. Politiker; Gegner Francos, lebte in England; Gedichte, Romane, Biographien.

Mädchenhandel ↑Menschenhandel.

Made, fußlose Larve mancher Insekten (Fliegen, Bienen).

made in ... ['meıd ın], 1887 eingeführte Herkunftsbez. für Waren; *made in Germany* = hergestellt in Deutschland.

Madeira [ma'dε:ra], Hauptinsel der M.gruppe u. der portug. Prov. Funchal, 740 km², Hptst. Funchal; gebirgig (Pico Ruivo 1 862 m); mildes Klima; Anbau von Wein, Zuckerrüben, Gemüse, Bananen; Fremdenverkehr.

Madeira, Rio ['riu ma'dε:ra], r. u. größter Nbfl. des Amazonas, Südamerika. 3 200 km (mit Río Mamoré), mündet östl. v. ↑Manaus.

Madenwurm (Oxyure), weißer Fadenwurm; harmloser Darmschmarotzer des Menschen.

Maderna, Carlo M. (Maderno), * 1556, † 1629, ital. Baumeister; leitete das Hochbarock in Rom ein: Langhaus u. Fassade v. St. Peter.

Mädesüß, hohe, weiß blühende Staude (Rosengewächs) auf feuchten Wiesen u. an Ufern.

Madhya Pradesh ['madja -'deʃ], B.-Staat in Z-Indien, 442 841 km², 66,1 Mill. E; Hptst. Bhopal.

Madison ['mædısn], Hptst. von Wisconsin, USA, 191 000 E; Univ., Handelsplatz; Werkzeugind.; ✈.

Madonna [ital.; = meine Herrin], Bez. für Maria, die Mutter Jesu.

Madonna, eigtl. M. Louise Veronica Ciccone, * 1958, amer. Popsängerin; erot. laszive Auftritte, Videoclips u. Bildbände; Alben „Like a virgin" u. a., auch Filmschauspielerin („Evita" u. a.).

Madras, Hptst. des ind. B.-Staates Tamil Nadu, Hafenst. am Golf v. Bengalen, 3,8 Mill. E; Univ.; Baumwoll-, Metall-, Lederind., Werften; ✈. – 1639 engl. Niederlassung.

Madre, Sierra, die das mex. Hochland im W u. O einfassenden Randgebirge (bis 4 056 m).

Madrid, Hptst. Spaniens, am Manzanares, 2,9 Mill. E; 4 Univ. (u. a. 1508), Akademien, Museen (Prado); zahlr. barocke Kirchen, kgl. Schloss (18. Jh.), Parks; Metall-, Auto- u. Flugzeugind. ✈. – Als maur. Festung erstmals im 8. Jh. gen.; 932, endgültig 1083 von den Christen erobert, seit 1561 Hauptstadt.

Madrigal [ital.]: **1)** aus Italien stammende Gedichtform; ländl.-idyll. Motive; **2)** mehrstimm. weltl. Kunstlied, v. a. im 16. u. 17. Jh.

Madura, indones. Insel vor der NO-Küste Javas, rd. 4 500 km², 2,7 Mill. E; Salzgewinnung, Fischerei.

maestoso [maεs-; ital.], majestätisch (𝄞).

Mafia [ital.], [polit. einflussreicher] terrorist. sizilian. Geheimbund; im 18. Jh. entstanden; die Mitgl. der M. *(Mafiosi)* erpressten unter Gewaltanwendung Bev., Verw., Polizei u. Justiz; v. Faschismus zeitweilig unterdrückt, heute weit verbreitete kriminelle Vereinigung von wirtschaftl. Bedeutung.

Magalhães (Magellan), Fernão de [maɣa'ʎãiʃ], * um 1480, ⚔ 1521, portug. Seefahrer; begann 1519 erste Weltumseglung in westl. Richtung, fand 1520 die *M.straße* zw. dem südamer. Festland u. Feuerland (600 km lang, 3–30 km breit), entdeckte 1521 die Marianen; auf der Philippineninsel Mactan getötet.

Magazin [ital.]: **1)** Vorratshaus; Lager[raum]; **2)** bebilderte, unterhaltende Zeitschrift; **3)** Sendeform in Hörfunk u. Fernsehen; **4)** Patronenkammer in Mehrladegewehren, Masch.waffen u. Pistolen.

Magdalena, Río, größter Fl. Kolumbiens, mündet ins Karib. Meer; 1 540 km.

Magdalénien [magdalen'jɛ̃], letzte Kulturstufe der jüngeren Altsteinzeit W- u. M-Europas (etwa 15000–9000 v. Chr.).

Magdeburg: 1) Hptst. von Sa.-Anh., an der mittl. Elbe, 263 000 E; TH, pädagog. Inst., med. Akad.; Liebfrauenkirche (um 1070 beg.), Dom (1209 ff.); Schwermasch.-, Apparate-, Lebensmittel-, chem. Ind.; bed. Elbehafen. – Im 9. Jh. Grenzort gg. die Slawen; 968 Erzbistum; das *M.er Recht* wurde im 14. Jh. weit in den Osten verbreitet; Zentrum der Reformation; 1631 von Tilly erobert u. geplündert; 1680 an Brandenburg, s. 1815 Hptst. der Prov. Sachsen, 1952–90 Bezirkshptst., s. 1990 Hptst. v. Sa.-Anhalt. **2)** 1952–90 Bez. in der DDR, 11 526 km^2, 1,25 Mill. E; umfasste den W-Teil des nördl. Harzvorlandes, die Altmark und das Gebiet der mittleren Elbe zw. Mulde- u. Havelmündung.

Magdeburger Börde, fruchtb. Lössgebiet zw. Ohre und Saale; Weizen- u. Zuckerrübenanbau.

Magdeburger Halbkugeln ↑Guericke, Otto von.

Magellan ↑Magalhães.

Magen (Ventriculus), der auf die Speiseröhre folgende Teil des Verdauungstraktes, in dem die aufgenommene Nahrung in Speisebrei umgewandelt und verdaut wird. M.eingang ist der *M.mund,* M.ausgang der *M.pförtner* (Schließmuskel). Die *M.schleimhaut* sondert den *Magensaft* (bestehend aus Schleim, Salzsäure, Enzymen) ab, der die Nahrung chem. aufschließt. Die M.peristaltik bewirkt Durchmischung der Nahrung. Fassungsvermögen des menschl. M.s: 1 600 bis 2 400 cm^3. – *M.blutung,* Symptom v. M.- u. Zwölffingerdarmgeschwüren u. M.krebs, als Blutbeimengung im Erbrochenen od. im Stuhl; *M.erweiterung,* z. B. als Folge einer M.ausgangsverengung bzw. eines Ausgangsverschlusses; *M.fistel,* röhrenförm. Verbdg. des M.inneren mit der Bauchdeckenoberfläche od. mit Darmteilen (operativ angelegt od. nach Geschwürdurchbruch entstanden); *M.geschwür,* Geschwürbildung der M.schleimhaut; *M.katarrh* (M.schleimhautentzündung, Gastritis), Entzündung im Bereich der M.wand, mit verminderter M.sekretion, Völlegefühl, Schwindel, Erbrechen u. a.; *M.krampf,* heft. M.schmerz, meist mit Erbrechen; *M.krebs,* bösartige M.geschwulst, Auftreten v. M.blutung, Magendruck, Gewichtsabnahme; *Magenneurose,* nervös bedingte M.-schmerzen mit Erbrechen und ↑Dyspepsie; *M.senkung,* krankhafte Tiefstellung des M.s bei Erschlaffen der Aufhängebänder.

Madagaskar

Fläche: 587 041 km^2
Einwohner: (1995) 14,76 Mill.
Hauptstadt: Antananarivo
Amtssprachen: Malagasy, Französisch
Zeitzone: MEZ +2 Stunden

Magen-Darm-Trakt, Gesamtheit des Verdauungskanals von Magenmund bis After.

Magenfistel ↑Magen.

Magengeschwür ↑Magen.

Magenkatarrh ↑Magen.

Magenkrebs ↑Magen.

Magenschleimhautentzündung ↑Magen.

Maghreb [arab.; = Westen], der W-Teil der arab.-muslim. Welt: Tunesien, N-Algerien und Marokko.

Magie [pers.], Bez. für alle Arten u. Praktiken einer Weltauffassung, die sich durch Zauberei u. Zaubermittel Geheimkräfte in Natur u. Welt dienstbar machen will; *schwarze M.* richtet sich mit Schadensintention gg. [Gruppen]feinde, *weiße M.* will Segen und Glück für die eigene Gruppe erreichen.

Maginot, André [maʒi'no:], * 1877, † 1932, frz. Politiker; schuf als Kriegsminister 1929–32 einen Befestigungsgürtel, die *M.linie,* an der frz. NO-Grenze (im 2. Weltkrieg v. den dt. Truppen umgangen).

Magister [lat.], akad. Grad; im MA höchster Grad der artist. Fakultät *(M. Artium,* Abk. M. A.); in ags. Ländern erhalten als *Master of Arts* (Abk. M. A.) für Geisteswiss., *Master of Science* (Abk. M. Sc.) für Naturwiss., in Östr. als Mag[ister] pharm[aciae] für Apotheker; seit 1966 allg. Titel; seit 1960 von den Univ. der BRD verliehen (M. Artium, Abk. M. A.) in geisteswiss. Fächern.

Magistrat [lat.]: **1)** im alten Rom hoher Beamter, z. B. Konsul, u. dessen Amt; **2)** in Gemeinden mit *M.sverfassung* (↑Gemeindeverfassung) Verw.-Organ.

Madrid. *Die Hochhäuser an der Plaza de España; in der Mitte des Platzes das Denkmal des Cervantes Saavedra*

Magma [gr.], Gesteinsschmelzfluss in den tieferen Bereichen der Erdkruste, Temp. um oder über 1000 °C; tritt als ↑Lava an die Erdoberfläche.

magmatische Gesteine (Erstarrungsgesteine), Silicatgesteine, gegliedert in Tiefengesteine, ↑Ergussgesteine, ↑Ganggesteine.

Magna Charta [Libertatum] [lat.], 1215 v. Adel u. Klerus dem engl. Kg. abgenötigtes Verfassungsdokument, das v.a. deren Rechte u. Freiheiten sicherte.

Magnani, Anna [maɲ'ɲa:ni], * 1908, † 1973, ital. Bühnen- u. Filmschauspielerin, Charakterdarstellerin.

Magnat [lat.]: **1)** fr. hoher Adliger (bes. in Polen u. Ungarn); **2)** Großgrundbesitzer, [Groß]industrieller.

Magnesium [gr.], chem. El., Symbol Mg, OZ 12, rel. A.-Masse 24,305, Dichte 1,738 g/cm³, Fp. 650 °C, Sp. 1107 °C; silberglänzendes, weiches Leichtmetall; Vorkommen v.a. in Silikaten, ferner in Magnesit, Dolomit, Karnallit.

Magnet [gr.], Körper aus ferromagnet. Material, der eine remanente Magnetisierung besitzt und „unmagnet." Eisenstücke anzieht; die Kraftwirkung (bzw. sein Magnetfeld) geht bes. von 2 nahe den Enden befindl. Stellen, den *M.polen,* aus. Ein drehbar aufgehängter kl. M. *(M.nadel)* stellt sich im M.feld der Erde in N–S-Richtung ein (↑jedoch Deklination 3), Verwendung als ↑Kompass). Gleiche M.pole stoßen sich ab, ungleiche ziehen sich an. Formen: *Stab-* u. *Hufeisen-M.* (↑auch Elektromagnet).

Magnetband, Kunststoffstreifen mit magnetisierb. Schicht (z. B. Eisen(III)-oxid, Chromdioxid, Ferrochrom, Reineisenpulver), auf der elektromagnetisch Aufzeichnungen festgehalten werden; verw. zur magnet. Bildaufzeichnung (z. B. in Videogeräten), zur Datenspeicherung in EDV-Anlagen, als Tonband.

Magnetfeld, durch Magnete od. bewegte elektr. Ladungen erzeugtes ↑Feld; beschrieben durch die magnet. Feldstärke *H.*

magnetischer Äquator ↑Äquator 3).

Magnetisierung [gr.]: **1)** Hervorrufung von Magnetismus in vorher unmagnet. (v.a. ferromagnet.) Stoffen durch Einbringen in ein Magnetfeld *(magnet. Influenz)* sowie Bez. für die diesen Prozess kennzeichnende Größe *M;* **2)** (magnet. Polarisation) der Zusammenhang zw. der magnet. Flussdichte *B* u. der magnet. Feldstärke *H,* Formelzeich. *J,* $J = B - \mu_0 H$ (μ_0 = magnet. Feldkonstante).

Magnetismus [gr.]: **1)** mehr od. weniger ausgeprägte Eigenschaft aller Stoffe, insbes. der Ferromagnetika, im Magnetfeld Kraftwirkungen zu erfahren; Arten: *Dia-M.* (bei Stoffen, deren Atome bzw. Moleküle kein magnet. Moment aufweisen; Ausbildung eines Gegenfeldes, das sie vom Feld wegtreibt), *Para-M.* (beruht auf atomaren bzw. molekularen magnet. Momenten, die sich parallel zur Feldrichtung einstellen) u. der wesentl. stärkere ↑Ferromagnetismus; **2)** ↑Heilmagnetismus.

G. Mahler

Magnetkarte, Kunststoffkarte mit einem als Datenträger dienenden Magnetstreifen, dessen Daten über einen M.leser einem Computer zur Verarbeitung zugeführt werden (z. B. Kreditkarte); Weiterentwicklung ist die ↑Chipkarte.

Magnetohydrodynamik [gr.], mod. Teilgebiet der Physik, das die Wechselwirkung zw. Magnetfeldern und strömenden, elektr. leitenden Flüssigkeiten (M. i. e. S.) od. Gasen *(Magnetogasdynamik),* speziell Plasmen *(Magnetoplasmadynamik),* untersucht.

Magneton [gr.], physikal. Konstanten: **1)** *bohrsches M.:* $\mu_B = e\hbar/2m_e = 0{,}9274 \cdot 10^{-24}\,\mathrm{Am}^2$ (*e* elektr. Ladung, m_e Masse des Elektrons, $\hbar = h/2\pi$ [*h* plancksches Wirkungsquantum]); **2)** *Kern-M.:* $\mu_N = e\hbar/2m_p = 5{,}051 \cdot 10^{-27}\,\mathrm{Am}^2$ (m_p Ruhemasse des Protons).

Magnetschwebebahn, Schnellbahnsystem, bei dem Fahrzeuge mithilfe v. Magnetfeldern an oder auf eisernen Fahrschienen schwebend entlanggeführt werden. Antrieb durch Linearmotoren, techn. realisiert beim ↑Transrapid.

Magnolilengewächse [nach dem frz. Botaniker *P. Magnol,* † 1715], asiat. und amer. Holzpfl. mit oft gr. weißen od. roten Blüten; ↑Tulpenbaum und *Magnolie.*

Magritte, René [ma'grit], * 1898, † 1967, bed. Vertreter des Surrealismus.

Magyaren [madʒ-], dem finn.-ugr. Sprachkreis zugehöriges Volk, das im 9./10. Jh., vom Ural abwandernd, das Kerngebiet des heutigen ↑Ungarn besetzte.

Mahagoni [indian.], wertvolles, rötl. braunes Holz, v.a. von Bäumen der Fam. der Meliazeen, amer., asiat. und afrik. Herkunft.

Maharadscha [sanskr.], ind. Großfürst; *Maharani,* Frau eines Maharadschas.

Maharashtra, ind. B.-Staat am Arab. Meer, 307762 km², 78,7 Mill. E, Hptst. Bombay; Anbau von Baumwolle, Reis, Weizen.

Mahatma [sanskr.; = gr. Seele], ind. Ehrentitel für hoch stehende Persönlichkeiten (z. B. Ghandi).

Mahdi ['maxdi; arab.], von den Muslimen erwarteter Glaubens- u. Welterneuerer. Als M. gab sich u. a. *Muhammad Ahmad* (* 1844, † 1885) aus; der v. seinen Anhängern *(Mahdisten)* 1881 begonnene Aufstand gg. die ägypt. Reg. im Sudan wurde 1898/99 niedergeschlagen.

Mahler, Gustav, * 1860, † 1911, östr. Komponist u. Dirigent; Liederzyklen: „Lieder eines fahrenden Gesellen", „Kindertotenlieder"; zehn Sinfonien (die 10. unvollendet), „Das Lied v. der Erde"; M.s Werk wurzelt in der Romantik. – Verh. mit *Alma Mahler-Werfel* (* 1879, † 1964), schrieb seine Biographie u. gab seine Werke heraus.

Mahnverfahren, vereinfachtes Verfahren der ZPO, um dem Gläubiger schnell einen Schuldtitel zu verschaffen: Gesuch des Gläubigers beim Amtsgericht um Erlass eines *Mahnbescheids* gg. den Schuldner, sofern der Anspruch auf Bezahlung einer best. Geldsumme geht od. auf Leistung einer best. Menge vertretb. Sachen oder Wertpapiere; bei Widerspruch durch den Schuldner Einleitung des ordentl. Prozessverfahrens, sonst wird ein *Vollstreckungsbescheid* auf den Mahnbescheid gesetzt.

Mahonile [nach dem amer. Gärtner *B. MacMahon,* † 1816], Gatt. der Sauerdorngewächse; immergrüne, gelb blühende Ziersträucher.

Mahr, Alb, Nachtgespenst.

Mähren (tschech. Morava), histor. Gebiet in der ČR zw. Böhmen und der Slowakei, Hauptort Brünn; mit den Becken von Olmütz, Brünn u. Anteil am Wiener Becken, im W begrenzt durch die Böhm.-Mähr. Höhe, im O durch Karpaten u. Beskiden, S u. N Landesgren-

zen gg. Östr. u. Polen; intensive Landw.; Textil-, Leder- u. Metallind. – Um 100 bis um 60 von kelt. Bojern bewohnt; es folgten german. Stämme, nach deren Abzug nach 550 n. Chr. Slawen nachrückten. Im 9. Jh. war M. Mittelpt. des Großmähr. Reiches; im 11. Jh. endgültig Böhmen einverleibt.

Mährische Brüder, svw. ↑Böhmische Brüder.

Mai, 5. Monat des Jahres.

Maier, Reinhold, * 1889, † 1971, dt. Politiker; 1945–52 Min.-Präs. v. Württemberg-Baden, 1952/53 v. Ba.-Wü., an dessen Bildung er maßgebl. beteiligt war; 1957–60 B.-Vors. der FDP.

Maigesetze, 1873–75 erlassene preuß. Gesetze, die den Höhept. des Kulturkampfes bezeichnen.

Maiglöckchen, Liliengewächs; 10 bis 20 cm hohe, gift. Staude lichter Laubwälder; glöckchenart. weiße Blüten.

Maikäfer, Gatt. brauner Laubkäfer, weiß gefleckter Hinterleib; die weißen Larven (Engerlinge; Entwicklungsdauer 4–5 J.) sind Wurzelschädlinge.

Mailand (ital. Milano), nordital. Prov.-Hptst. u. Hptst. der Region Lombardei, 1,3 Mill. E; Univ., wiss. Institute, Bibliotheken (Ambrosiana), Museen (Brera), Theater, Oper (Scala); Sant'Ambrogio (altchristliche Anlage, heutiger Bau 10.–12. Jh.), Dom (1386 beg.), Kastell (15. Jh.); bed. Wirtschaftszentrum Italiens; zahlr. Banken; Masch.-, Textil-, Elektro-, Auto-, Lebensmittel- und chem. Ind.; internat. Messen; Verkehrsknotenpunkt, ✈. – Von kelt. Insubrern gegr., 22 v. Chr. röm. *(Mediolanum);* im 11. Jh. Kampf um die Stadtherrschaft zw. Bürgern u. Erzb.; M. war Haupt der lombard. Städtebünde im Kampf gg. die Ks. (1162 zerstört; Neuaufbau); Herrschaft d. ↑Visconti, seit 1450 der ↑Sforza; im 16. Jh. zeitw. frz., 1535 habsburg.; im 19. Jh. führend an der Einigung Italiens beteiligt.

Mailbox, elektron. Postfach, über das Computernutzer Serviceleistungen beziehen u. Informationen austauschen können. Benötigt werden ein Modem u. die entspr. Software, genutzt werden die Telefonleitungen u. das Datex-P-Netz.

Mailer, Norman ['meɪlə], * 1923, amer. Schriftsteller; „Die Nackten und die Toten".

Maillol, Aristide [ma'jɔl], * 1861, † 1944, frz. Bildhauer u. Grafiker; Stein- u. Bronzearbeiten (weibl. Akte), Buchillustrationen.

Main, r. Nbfl. des Rheins mit den Quellflüssen *Weißer M.* (Fichtelgeb.) u. *Roter M.* (Fränk. Alb), mündet gegenüber von Mainz, 524 km; bed. Schifffahrtsweg.

Mainau, Insel im Überlinger See (Bodensee), Ba.-Wü., 44 ha; Schloss (1736–46) mit Park.

Main-Donau-Kanal (Europakanal), Teilstück des ↑Rhein-Main-Donau-Großschifffahrtswegs zw. Main und Donau.

Maine [meɪn], Abk. Me, Küstenstaat im NO der USA, 86 156 km², 1,2 Mill. E, Hptst. Augusta; wald- u. seenreich; bed. Holzwirtsch., Fischerei; vorw. Kartoffelanbau; Leder-, Textilindustrie.

Mainz: 1) Hptst. von RP, am Rhein, kreisfreie Stadt und Kreisstadt, 183 700 E; Univ., Akad. der Wiss. u. der Lit., Dt. Fernsehakad., Max-Planck-Inst. für Chemie; Museen (Gutenberg-Museum), Theater; LG, IHK; Kaiserdom (1239 geweiht) u. a. bed. Kirchen; Kurfürstl. Schloss (17. und 18. Jh.), ehem. Deutschordenskommende (1730 bis 1739; jetzt Landtagsgebäude), barocke Adelshöfe; Sitz des ZDF; Metall verarb., chem., Papier-, Zementind., Wein- u. Sektkellereien. Rhein-⚓. – Seit 13 v. Chr. röm. Militärlager *(Mogontiacum),* im 3. Jh. röm. Munizipium, in der Völkerwanderungszeit großenteils zerstört; 747 Sitz Bonifatius', 782 Erzbischofssitz, unter bed. Erzbischöfen und Kurfürsten ein Zentrum des Reiches; bed. Handelsstadt, 1462 Verlust aller städt. Freiheiten, Residenz des Kurstaates; 1476 Gründung der Univ. (bis 1797, 1946 neu gegr.), 1792/93 u. 1797–1814 frz. Nach dem Wiener Kongress an Hessen-Darmstadt, Festung des Dt. Bundes; s. 1950 Hptst. von RP; **2)** ehem. geistl. Kurft., Schwerpunkte am Mittelrhein, im Oberstift (Aschaffenburg), in Hessen (Fritzlar, Amöneburg) u. Thür. (Erfurt, Eichsfeld); 1803 aufgelöst.

Maipo, tätiger Vulkan der Anden, an der chilen.-argent. Grenze, sö. von Santiago de Chile, 5 290 m.

Maire [mɛːr; frz.], in Frkr. Bürgermeister; *Mairie,* Bürgermeisterei.

Mais [indian.], Grasart der amer. Tropen, bis 2 m hoch, mit getrenntgeschlecht. Blüten (einhäusig) u. in *M.kolben* stehenden Samen; eine der wichtigsten Nutzpfl., in allen wärmeren und milden Regionen in vielen Formen kultiviert; die Kohlehydrate und Fett enthaltenden *M.körner* dienen als Nahrung u. zur

Mailand. *Domplatz mit Dom (rechts) und Reiterstandbild König Viktor Emanuels II.*

Makedonien

Fläche: 25 713 km²
Einwohner: (1995) 2,1 Mill.
Hauptstadt: Skopje
Amtssprache: Makedonisch
Zeitzone: MEZ

Herst. von *M.stärke;* wertvolles Futtermittel.

Maisbeulenbrand ↑Übers. S. 528 ff.

Maisch[e], Brei aus zermahlenen Früchten (Obst-, Trauben-M.) oder Malz (Malzschrot mit Wasser); Zwischenprodukt bei der Herst. von Fruchtsaft, Bier, Wein.

Maiszünsler ↑Übers. S. 528 ff.

Majakowski, Wladimir Wladimirowitsch, * 1893, † 1930 (Selbstmord), russ. Dichter; führender Futurist, bewusste Wendung zur polit. Agitationsdichtung; Dramen, Versdichtungen.

Majolika ↑Fayence.

Major [span.], unterster Dienstgrad der Stabsoffiziere.

Major, John ['meɪdʒə], * 1943, brit. Politiker, 1990–97 Premiermin. u. Vors. der Konservativen.

Majoran [mlat.], Lippenblütler aus dem Mittelmeergebiet; einjähr. Gewürz- und Heilpflanze.

Majorität [lat.], Mehrheit.

Majuskel [lat.], Großbuchstabe.

MAK, Abk. für: **m**aximale **A**rbeitsplatz**k**onzentration; die vom B.-Min. für Arbeit u. Sozialordnung veröffentl. *MAK-Werte* sind die Grenzkonzentrationen gas-, staub- oder dampfförm. Substanzen, die als noch erträgl. (nicht gesundheitsschädl.) bei achtstünd. Arbeit am Arbeitsplatz angesehen werden.

Makaken [afrik.], meerkatzenart. Altweltaffen, u. a. Rhesusaffe.

Makarios III., eigtl. Michail Christodulos Muskos, * 1913, † 1977, Politiker, Erzb. u. Primas der autokephalen orth. Kirche v. Zypern; einer der Führer der Unabhängigkeitsbewegung.

Makedoni|en (Mazedonien): **1)** histor. Geb.-Ldsch. auf der Balkanhalbinsel, umfasst den nordgriech. Landesteil *M.* (42 419 km², 2,6 Mill. E, Hptst. Saloniki), die *Rep. M.* und Teile SW-Bulgariens. *Bev.:* überw. Makedonier, Serben, Griechen, Albaner, Bulgaren, Türken. – *Gesch.:* Staatsgründung um 700 v. Chr.; Philipp II. (359–336) erzwang den Zugang zum Meer, besiegte Thebaner u. Athener bei Chaironeia, errang die Hegemonie in Griechenland; Alexander d. Gr. errichtete ein Weltreich, das aber in den Kämpfen der Diadochen zerfiel; mit Antigonos I. Gonatas begann die Antigonidenherrschaft, die mit der Niederlage des Perseus im 3. Makedon. Krieg gg. Rom endete; 148 v. Chr. röm. Provinz, im MA unter bulgar. u. byzantin., später serb. Herrschaft, s. 1317 osman.; nach dem 2. Balkankrieg (1913) zw. Serbien, Bulgarien u. Griechenland geteilt; **2)** Rep. in SO-Europa, grenzt an Jugoslawien (Serbien), Bulgarien, Griechenland u. Albanien; Gebirgsland mit fruchtbaren Beckenlandschaften; Anbau v. Weizen, Roggen, Baumwolle, Reis, Mohn; Obst-, Weinbau; reich an Bodenschätzen: Eisen, Kupfer, Blei, Zink, Antimon u. a. – 1945–91 Teil Jugoslawiens, erklärte sich 15. 9. 1991 für unabhängig, aufgrund griech. Einspruchs zunächst internat. nicht anerkannt; s. 1993 UN-Mitgl.

Makis ↑Affen.

Malawi

Fläche: 118 484 km²
Einwohner: (1995) 11,12 Mill.
Hauptstadt: Lilongwe
Amtssprachen: Englisch, Chichewa
Zeitzone: MEZ + 1 Stunde

Makkabäer (Hasmonäer), jüd. Priestergeschlecht, ben. nach Juda Makkabi; befreiten das jüd. Volk von der syr. Fremdherrschaft. Schilderung ihrer Gesch. in den 2 at. *Büchern der Makkabäer.*

Makler (Mäkler), Gewerbetreibender, der gegen *M.-Gebühr* (Erfolgshonorar) Gelegenheiten zum Abschluss von Verträgen nachweist u. Verträge vermittelt (z. B. Grundstücks-M.).

makr[o]..., Makr[o]... [gr.], Bestimmungswort; Bed.: „lang, groß".

Makrelen [niederl.], Fam. spindelförm., z. T. räuber. Knochenfische; wertvolle Speisefische: ↑Thunfisch, *Makrele* (Atlantik, Mittelmeer, Nord- und Ostsee).

Makrobefehl, in der EDV Befehlsfolge aus Einzelbefehlen zur Reduzierung des Programmieraufwands.

Makrokosmos [gr.], das Weltall im Ggs. zum ↑Mikrokosmos.

Makromoleküle, Moleküle mit einem Molekulargew. von über 10 000 g/mol (z. B. Kautschuk).

MAK-Wert ↑MAK.

Malabarküste, monsuntrop., lagunen- u. haffreiche Schwemmlandküste SW-Indiens; Reisanbau.

Malachit, schwärzl. grünes Mineral, Härte 3,5–4; häuf. Kupfererz; auch verw. für Schmuck.

Maladeta, höchster Geb.-Stock der Pyrenäen, Spanien, im Pico de Aneto 3 404 m.

Málaga, südspan. Prov.-Hptst. und Hafenstadt am Mittelmeer, Kurort, 560 000 E; Kathedrale (16. bis 18. Jh.), Reste der maur. Befestigungen; Univ.; Nahrungs- u. Genussmittelind.; ⚓.

Malaien (Indonesier im weiteren Sinne), überw. mongolide Völkergruppe mit austrones. Spr. in SO-Asien (Indonesien, Malaysia); *Primitiv-M.*: Jäger- u. Sammlerstämme (z. B. Jakun, Kubu); *Alt-M.:* betreiben Feldbau u. Fischerei (z. B. Batak, Dajak, Igorot); *Jung-M.:* Hochkulturvölker (z. B. Balinesen, Javaner, Maduresen, Makassaren u. die M. i. e. S. [Halbinsel Malakka]).

Malaiisch, die Spr. auf Malakka sowie an den Küsten der indones. Inseln; bed. Verkehrssprache.

Malaiischer Archipel (Insulinde, Australasien), die Inselwelt zw. südostasiat. Festland u. Australien: Gr. u. Kl. Sundainseln, Molukken u. Philippinen; polit. Zugehörigkeit: Indonesien, Philippinen, Malaysia (Sarawak und Sabah) und Brunei.

Malakka, Halbinsel (Malaiische Halbinsel), südasiat. Halbinsel, gebirgig, 1 500 km lang, an der schmalsten Stelle (Isthmus v. Kra) 42 km breit; der NW gehört zu Birma, der NO u. der Mittelabschnitt zu Thailand, der S zu Malaysia.

Malaparte, Curzio, eigtl. Kurt E. Suckert, * 1898, † 1957, ital. Schriftsteller; „Kaputt“, „Die Haut“.

Malaria [ital.], durch Mücken (↑Anopheles) übertragene fieberh. Infektionskrankheit trop. u. subtrop. Gegenden mit typ. period. Fieberanfällen. Erreger: ↑M.plasmodien. Arten: *M. tertiana* (fieberfreies Intervall jeden 3. Tag), *M. quartana* (fieberfreies Intervall jeden 4. Tag), *M. tropica* (atyp. Fieberverlauf, oft bösart. verlaufend).

Mälarsee, inselreicher See in M-Schweden, westl. von Stockholm; 1 140 km^2, bis 64 m tief.

Malaspinagletscher, einer der größten Gletscher der Erde, im Vorland der Saint Elias Mountains, S-Alaska, rd. 4 000 km^2.

Malawi, Rep. in O-Afrika, westl. u. südl. des Njassasees; vorw. Landw. (Tabak, Tee, Baumwolle, Mais); Fischfang. – 1891 brit. Protektorat, s. 1953 mit den beiden Rhodesien zur Zentralafrik. Föderation vereint, s. 1963 unabh., 1966 Rep.; Präsidialdemokratie, s. 1993 Mehrparteienstaat; UN-Mitgl.

Malawisee (Njassasee), drittgrößter See Afrikas in Malawi, Tansania u. Moçambique; 30 800 km^2, bis 706 m tief, Abfluss zum Sambesi.

Malaysia, Bundesstaat (13 Gliedstaaten) in Südostasien; besteht aus West-M. auf der Halbinsel Malakka (ehem. Malaiischer Bund) u. den Gliedstaaten ↑Sabah u. ↑Sarawak auf N-Borneo; überw. gebirg., sumpf. Küstenebenen, trop. Klima, trop. Regenwälder im Innern; *Bev.:* Malaien, Chinesen, Inder; *Rel.:* Muslime, Konfuzianer, Buddhisten, Hindus; *Landw.:* Anbau v. Reis, Gewürzen, Gewinnung hpts. v. Kautschuk u. Palmöl; wichtigste *Bodenschätze:* Zinnerz, Erdöl, Bauxit, Kupfererz; *Ind.:* Automontage, Gummi-, Textil-, Elektro-, Erdöl-, Nahrungs- u. Genussmittelind. – Um 1400 Gründung des Sultanats Malakka durch malai. Einwanderer; 1511 portug., 1641 niederl., 1795 brit., seit 1867 brit. Kronkolonie; 1948 Gründung des Malai. Bundes, s. 1957 unabh. innerhalb des Commonwealth; 1963 Proklamation der Föderation v. M. (bis 1965 mit Singapur); UN-Mitglied.

Maleachi (Malachias), einer der 12 „Kleinen“ Propheten.

Malediven, Rep. im Ind. Ozean, Gruppe von Atollen sw. von Sri Lanka; Ausfuhr v. Trockenfisch, Kopra, Kokosöl u. -fasern; Fremdenverkehr. – S. 1645 unter niederl. Schutz, 1887 brit. Protektorat, 1965 souverän, Mitgl. der UN.

Malaysia

Fläche: 329 758 km^2
Einwohner: (1995) 20,14 Mill.
Hauptstadt: Kuala Lumpur
Amtssprachen: Bahasa, Malaysia, Englisch
Zeitzonen: MEZ $+6\frac{1}{2}$ bis +7 Stunden

Malerei, die künstler. Gestaltung einer Fläche mit Farben u. Formen. Die wichtigsten Techniken: Fresko-, Öl-, Wachs-M. (Enkaustik), Aquarell, Gouache, Pastell-M. Nach Format u. Farbträgern unterscheidet man die monumentale Wand-M., Glas- u. Tafel-M., Buch- u. Miniatur-M.; nach dem Stoffgebiet Historien-, Genre-M., Porträt, Stillleben, Interieur, Landschafts-, Marine-M., Architekturbild, gegenstandslose Malerei.

Malediven

Fläche: 298 km^2
Einwohner: (1995) 254 000
Hauptstadt: Malé
Amtssprache: Divehi
Zeitzone: MEZ +4 Stunden

Mali: 1) Rep. in der westl. Sahara u. den Flussgebieten des oberen Niger u. Senegal; Savannen (im S), hier Anbau v. a. von Hirse, ferner Reis, Mais, Baumwolle; Rinderzucht. – 1904 frz. Kolonie Soudan, 1958 autonome Rep., 1959/60 mit Senegal Föderation M. als selbst. Rep., 1960 entstand die heutige Rep. M.; 1968–91 Militärreg., 1992 Präsidentschaftswahlen; 1992–96 Konflikt mit Tuareg im N; **2)** bis ins 17. Jh. Großreich im westl. Sudan, entwickelte sich aus einem kl. Herrschaftsgebiet (seit dem 11. Jh.), Blütezeit 13./14. Jh.

Mali

Fläche: 1 240 192 km^2
Einwohner: (1995) 10,7 Mill.
Hauptstadt: Bamako
Amtssprache: Französisch
Zeitzone: MEZ –1 Stunde

Malewitsch, Kasimir Sewerinowitsch, * 1878, † 1935, russ. Maler u. Kunsttheoretiker; sah den von ihm vertretenen Suprematismus als Entsprechung zum revolutionären u. techn. Zeitalter.

Malherbe, François de [ma'lɛrb], * 1555, † 1628, frz. Dichter; Reformator der frz. Dichterspr.; Oden u. Sonette in klarem, reinem Stil.

Malipiero, Gian Francesco, * 1882, † 1973, ital. Komponist u. Musikschriftsteller.

Mallarmé, Stephane, * 1842, † 1898, frz. Dichter des Symbolismus; „Der Nachmittag eines Fauns“.

Malle, Louis [mal], * 1932, † 1995, frz. Filmreg. („Fahrstuhl zum Schafott“, „Auf Wiedersehen, Kinder“).

Malta

Fläche: 315,6 km²
Einwohner: (1995) 366 000
Hauptstadt: Valletta
Amtssprachen: Maltesisch und Englisch
Zeitzone: MEZ

Mallorca [ma'ʎɔrka], Hauptinsel der Balearen, Spanien, 3 618 km², Hptst. Palma; im NW bis 1 445 m; Wein, Oliven, Zitrusfrüchte; bed. Fremdenverkehr.

Malm ↑Geologie, Formationstabelle.

Malmö, schwed. Prov.-Hptst. u. Hafenst. am Sund, 237 000 E; Schloss M.hus (16. Jh.), Renaissancerathaus, mod. Stadttheater; Masch.-, Schiffbau, Textil-, Zementind.; Fähren nach Kopenhagen, ✈.

Malraux, André [mal'ro], * 1901, † 1976, frz. Schriftsteller u. Politiker; Mitglied der Résistance; 1959–69 Staatsmin. für kulturelle Angelegenheiten; Vertr. der „littérature engagée".

Malta, Mittelmeerinsel südl. Siziliens, 246 km², bildet mit d. Nebeninseln Gozzo, Comino u. a. die Rep. M. – *Gesch.:* Im frühen Altertum phönik. Kolonie; um 400 v. Chr. karthag., 218 v. Chr. röm.; 870 arab., 1090 normann., später Teil des Kgr. Sizilien. Seit 1530 gehörte M. dem Johanniterorden, 1798 v. Napoleon erobert, 1800 v. Großbrit.; 1814 brit. Kronkolonie u. Flottenstützpt.; 1947 autonom, s. 1964 unabh. Mitgl. des Commonwealth; 1974 unabh. parlamentar. Rep.; bis 1979 Abzug aller brit. Truppen; Mitgl. der UN u. des Europarats.

Malter, altes dt. Getreidemaß unterschiedl. Größe.

Malteser[ritter] (nach d. Insel Malta) ↑Johanniterorden.

Malthus, Thomas Robert ['mælθəs], * 1766, † 1834, engl. Nationalökonom u. Sozialphilosoph; untersuchte die Ursachen der soz. Not seiner Zeit.

Malthusianismus, soz. Bewegung des 19. Jh.s, die sich auf das *malthussche Bev.-Ges.* berief, demzufolge sich die Bev. stärker vermehrt, als die Nahrungsmittelproduktion zunimmt, Geburtenbeschränkung daher unerlässlich.

Malvengewächse [lat.; dt.], artenreiche Fam. von [trop.] Holzpfl. und Kräutern; Zierpfl., Nutzpfl. (Baumwolle), Unkräuter.

Malvinen ↑Falklandinseln.

Malz, zum Keimen gebrachtes Getreide (v. a. Gerste) zur Bereitung von Bier u. Kornbranntwein.

Mamba, Gatt. sehr gefürchteter [baumbewohnender] afrik. Giftnattern, z. B. *Grüne Mamba.*

Mamelucken (Mamluken), in Ägypten als Söldner verw. Kaufsklaven; machten sich 1250 zu Herren des Landes, herrschten bis 1517; verloren ihren Einfluss erst durch Mehmed Ali (1811).

Mamertus, hl., † um 475, s. um 461 Erzb. v. Vienne; einer der ↑Eisheiligen.

Mammae [lat.], svw. ↑Brustdrüsen.

Mammut, gg. Ende der Eiszeit ausgestorbener, bis 4 m hoher Elefant der nördl. Halbkugel mit ries. Stoßzähnen u. dichter Behaarung.

Mammutbaum (Sequoia), Gatt. kaliforn. Sumpfzypressengewächse, über 100 m hoch; *Riesen-M.* mit Stamm bis 12 m Ø; älteste Exemplare etwa 4 000 J. alt; in Europa als Parkbaum.

Mammuthöhle: 1) eine der größten Kalksteinhöhlen der Erde, südl. des Green River, Kentucky, USA; fünfstöckig, Gänge auf rd. 250 km erforscht; **2)** größte der Dachsteinhöhlen, 20 km lang, bei Obertraun, Österreich.

Man [mæn] (Isle of Man), Insel in der Ir. See, 572 km², bis 620 m hoch, 64 700 E, Hauptort Douglas; Obst- u. Gemüsebau; Selbstverwaltungsgebiet unter der brit. Hoheit.

Mänaden [gr.], ekstat.-orgiast. Frauen im dionys. Kult.

Management ['mænɪdʒmənt; engl.]: **1)** Leitung, Führung v. Betrieben u. a. soz. Systemen; **2)** die Gruppe der leitenden Angestellten, der Manager.

Management-Buy-out ['mænɪdʒmənt baɪ 'aʊt], Übernahme eines Unternehmens durch die in ihm tätigen Führungskräfte; Übernahme durch fremde Manager: Management-Buy-in.

Manager ['mænɪdʒə; engl.], Leiter eines Betriebes u. a.; Betreuer von Künstlern, Berufssportlern, Artisten.

Managerkrankheit ['mænɪdʒə-], volkstüml. Bez. für: krankhafte Reaktion v. a. von Herz u. Kreislauf auf ständige körperl. u. psych. Überbeanspruchung.

Managua, Hptst. von Nicaragua, 682 000 E; Handels- u. Ind.-Zentrum; ✈. – 1972 durch Erdbeben stark zerstört.

Manáus, Hptst. des brasil. Bundesstaates Amazonas, rd. 1 Mill. E; Univ.; Wirtschaftszentrum; ⚓ am Río Negro, ✈.

Manchester ['mæntʃɪstə]: **1)** mittelengl. St., Verw.-Sitz d. Metropolitan County Greater M., 449 000 E; Univ., Hochschulen, Zentrum der engl. Baumwollind.; Eisen- und Stahlverarb.; Verbdg. zur Ir. See über den *M. Ship Canal;* **2)** St. im südl. New Hampshire, USA, 100 500 E; Textil-, Maschinen- u. a. Ind.; ✈.

Manchestertum ['mæntʃɪstə-], Richtung des extremen wirtschaftspolit. Liberalismus mit der Forderung nach völl. Freiheit der Wirtsch. ohne staatl. Eingriff.

Mandant, Auftrag-, Vollmachtgeber, bes. eines Rechtsanwalts.

Mandarin [sanskr.], europ. Bez. für ehem. hohe chin. Beamte.

Mandarine [frz.], Strauch od. Baum mit kl., apfelsinenähnl. Früchten; kernlose Sorte Satsuma, kernarm Klementine u. Tangerine.

Mandat [lat.]: **1)** Auftrag, Vollmacht; **2)** Amt u. Auftrag eines [gewählten] Abg.; **3)** in Treuhand von einem Staat verwaltetes Gebiet *(M.sgebiet),* bes. z. Z. des Völkerbundes.

Mandel: 1) ↑Mandelbaum; **2)** (Tonsille) Bez. für versch. mandelförmige Organe (Lymphdrüsen), *Gaumen-M.n., Rachen-M.* (am Rachendach) u. *Zungen-M.* (am Zungengrund); **3)** Zählmaß, 15 Stück.

Mandela, Nelson, * 1918, südafrikan. Politiker, s. 1944 Mitgl. des ANC, wandte sich gg. die Apartheid, 1962 verhaftet, 1964 zu lebensslängl. Haft verurteilt, wurde zur Symbolfigur des schwarzen Widerstands gg. die Apartheid; 1990 aus der Haft entlassen, zum Präs. des ANC gewählt, wurde nach Aufhebung der Apartheid 1994 zum ersten farbigen Präs. der Rep. Südafrika gewählt (Rücktritt 1999). 1993 Friedensnobelpreis mit F. De Klerk.

Mandelbaum, Rosengewächs, Baum od. Strauch; Armenien bis Zentralasien; Früchte: *süße Mandeln* (für Mandelöl, Salben u. a.); *bittere Mandeln* (roh giftig; u. a. in Likören u. Seifen verarbeitet).

Mandelentzündung, entzündliche Schwellung der Gaumenmandeln; ↑auch Angina.

Mandoline [ital.], Art kl. Laute mit tief gewölbtem Schallkasten, 4 Doppelsaiten, die mit einem Plektron angerissen werden.

Mandrill [engl.], Hundskopfaffe W-Afrikas; ♂ mit prächtig gefärbtem Gesicht.

Mandschurei, der nö. Teil Chinas, ein bed. Wirtschaftsgebiet; fruchtb. Böden mit Anbau v. Sojabohnen, Hirse, Mais, Weizen; reiche Bodenschätze: Steinkohle, Eisenerz, Erdöl u.a.; bed. Schwerind. in der südl. M. – *Gesch.:* Das südl. Küstengebiet seit dem 3. Jh. v. Chr. chin., im O Tungusen, im W Mongolen. Seit etwa 700 n. Chr. das Reich Pohai unter wechselnden tungus. und mongol. Herrschern. S. 1583 Herrschaft der *Mandschu-Dyn.;* seit 1905 russ. u. jap. Einflusssphären; 1931 v. Japan besetzt; v. Japan abhängiger Staat *Mandschukuo* (1932–45). Seit 1945 wieder Teil Chinas.

Manessische Handschrift, svw. ↑Heidelberger Liederhandschrift 1).

Manet, Édouard [-'nɛ], * 1832, † 1883, frz. Maler; „Vater" des Impressionismus; „Frühstück im Freien", „Olympia" u.a.

Édouard Manet, *Nana (1877)*

Mangan [gr.], chem. El., Symbol Mn, OZ 25, rel. A.-Masse 54,938, Dichte 7,20–7,43 g/cm³, Fp. 1244 °C, Sp. 2032 °C; silbergraues, hartes, sprödes Metall; Vorkommen: v.a. als Pyrolusit, Psilomelan, Manganit, Braunit, in vielen Eisenerzen, als M.knollen im Tiefseebereich; verw. zur Desoxidation v. Eisen u. Stahl, in Stahllegierungen.

Mängelhaftung, Haftung eines Verkäufers, Vermieters, Verpächters od. Unternehmers für Sach- u. Rechtsmängel des Vertragsgegenstandes.

Mangelkrankheiten, allg. Erkrankungen, die durch quantitativ od. qualitativ nicht ausreichende Ernährung verursacht sind.

Mängelrüge, Mitteilung eines Sachmangels durch den Käufer dem Verkäufer gegenüber; gibt dem Käufer das Recht auf ↑Minderung od. ↑Wandlung 2), evtl. auf Schadenersatz.

Mangobaum [tamil; dt.], immergrüner Obstbaum im trop. Asien; m. süßsäuerl. Steinfrüchten.

Mangold, Gänsefußgewächs; Form der Runkelrübe, Gemüse.

Mangrove [engl.], Pflanzenformation trop. Meeresküsten; Wald- u. Buschdickichte, deren Pfl. Stelz- u. Atemwurzeln besitzen.

Mangusten [portug.] (Mungos), Unterfam. der Schleichkatzen im südl. u. östl. Mittelmeergebiet, in Afrika u. S- u. Südostasien; u.a. ↑Ichneumon.

Manhattan [mæn'hætn], Strominsel im Mündungsgebiet des Hudson River, mit dem gleichnam. ältesten Stadtteil v. New York.

Manichäismus, von dem Perser *Mani* (* 215, † 277) begr. Weltreligion; synkretist. aufbauend auf frühchristl. Gnostizismus, mythologisierter hellenist. Lichtmetaphysik, altiran. u. ind. El., lehrte der M. einen extremen Dualismus (Lichtgg. Finsternisreich), Leibfeindlichkeit u. radikale Askese; weiteste Verbreitung im 4./5. Jahrhundert.

Manie [gr.]: **1)** Besessenheit, Sucht, krankhafte Leidenschaft; **2)** psych. Erkrankung mit ständiger Geschäftigkeit ohne nennenswerten Nutzeffekt, grundlos heiterer oder gereizter Stimmung, Rede- u. Bewegungsdrang.

Manierismus, mod. Stilbegriff für die Kunst der Zeit zw. Renaissance und Barock (um 1520–um 1580); Streckung der Figuren, kalte Farben, Zug zur Erstarrung, Abstraktion u. Allegorie; u.a. Pontormo, Bronzino, Tintoretto, El Greco; Cellini, Giovanni da Bologna. – Abb. S. 422.

Manifest [lat.], Grundsatzerklärung, Programm.

Manila, Hptst. u. bedeutendster ⚓ der Philippinen, auf Luzon, an der *M.bucht,* 1,6 Mill. E; mehr. Univ. u. Hochsch.; Hütten-, chem., Gummi-, Nahrungsmittel-, Tabakind.; ✈.

Manilafaser (Abakafaser), Blattfasern der *Hanfbanane* (Heimat: Philippinen, in trop. Ländern kultiviert); für Taue, Netze, Matten.

Maniok [indian.], trop. Wolfsmilchgewächs; stärkereiche Knollen wicht. Nahrungsmittel.

Mangrove. *Mangrovebaum mit kurzem Stamm, dicken, lederartigen Blättern, Atem- und Stelzwurzeln*

Manierismus. *Agnolo Bronzino, Allegorie (um 1546)*

Manipulation [lat.], bewusster und gezielter Einfluss auf Menschen ohne deren Willen (Werbung); absichtl. Verfälschung von Informationen durch Auswahl, Zusätze oder Auslassungen.

manisch-depressive Erkrankung, period. auftretende psych. Krankheit, charakterisiert durch man. (↑Manie 2) und depressive Phasen.

Manitoba [mænɪ'təʊbə], kanad. Provinz sw. der Hudsonbai, 649 947 km², 1,09 Mill. E, Hptst. Winnipeg; seenreich; im S Prärieldsch., vorw. Getreideanbau, im N waldreich; Pelztierjagd; Nickel, Kupfer-, Zinkerz-⚒, ♖.

Manitu [indian.], bei den Algokin svw. ↑Mana, oft auch „Gr. Geist".

Mann: 1) Golo, * 1909, † 1994, Sohn v. 4), dt. Historiker; „Dt. Gesch. des 19. u. 20. Jh.s", „Wallenstein"; **2)** Heinrich, * 1871, † 1950, Bruder v. 4), dt. Schriftsteller; „Professor Unrat" (als Film „Der blaue Engel"), Tril.: „Das Kaiserreich" („Der Untertan", „Die Armen", „Der Kopf"); „Die kleine Stadt"; histor. Romane um den frz. Kg. Heinrich IV. u. a.; **3)** Klaus, * 1906, † 1949 (Selbstmord), Sohn v. 4), dt.-amer. Schriftsteller. Von der Unruhe der Zeit und des Autors geprägte Romane: „Mephisto", „Der Vulkan" u. a.; **4)** Thomas, * 1875, † 1955, dt. Schriftsteller; durch eine fast enzyklopäd. Aufnahme der geist. Strömungen Kultur- und Zeitanalyse; „Buddenbrooks", „Der Zauberberg", „Doktor Faustus", „Lotte in Weimar", die Joseph-Romane, „Bekenntnisse des Hochstaplers Felix Krull"; „Tonio Kröger", „Der Tod in Venedig"; Nobelpreis 1929.

Manna [hebr.]: **1)** zuckerhalt. Ausscheidung versch. Pflanzenarten (u. a. *M.esche*); **2)** im A. T. wunderbar vom Himmel gefallene Nahrung der Israeliten während ihrer Wüstenwanderung.

Mannerheim, Carl Gustaf Emil Frhr. v., * 1867, † 1951, finn. Marschall und Politiker; leitete 1917/18 den finn. Unabhängigkeitskampf, erreichte als Reichsverweser (1918/19) die internat. Anerkennung der finn. Unabhängigkeit, 1939/40 u. 1941–44 Oberbefehlshaber im Kampf gg. die UdSSR; 1944–46 Staatspräsident.

Männertreu, spött. volkstüml. Bez. für Pfl. mit leicht abfallenden Blüten (Ehrenpreis u. a.) od. distelart. Aussehen.

Mannheim, St. an der Mdg. des Neckars in den Oberrhein, Ba.-Wü., Stadtkreis, 316 000 E; mit Ludwigshafen am Rhein bed. Handels- u. Ind.-Zentrum im Rhein-Neckar-Raum; Univ.; LG, Verw.-Gerichtshof Ba.-Wü., IHK; Schloss u. Jesuitenkirche (18. Jh.); bed. Binnen-⚓, Fahrzeug-, Masch.-Bau, Elektro-, Lebensmittel-, Bau-, Textil-, chem. Ind. – 1606 als Festungsst. gegr.; 1622 u. 1689 vollst. zerstört, nach einheitl. Gesamtplan Wiederaufbau (gleichmäßig in Quadrate gegliederte Innenst.); 1720–78 Residenzstadt der Kurpfalz; 1803 badisch.

Manometer [gr.], Gerät zur Messung des Drucks *(p)* in Flüssigkeiten u. Gasen, z. B. durch Verformung einer elast. Feder od. durch unterschiedl. Flüssigkeitsstand *(h)* in einem U-Rohr.

Manöver [frz.]: **1)** größere kriegsmäß. Übung für Führung u. Truppe; **2)** gesteuerte Bewegung z. B. eines Schiffes od. Raumfahrzeugs; **3)** Täuschungsversuch.

Mans, Le [lə'mã], Hptst. des nordwestfranzös. Dep. Sarthe, 145 500 E; got. Kathedrale; Auto-, Textilind.; Autorennstrecke (24-Stunden-Rennen).

Mansarde, ausgebautes Zimmer im Dachgeschoss, ben. nach J. Hardouin-Mansart (↑Mansart), obwohl er nicht Erfinder war; *M.ndach,* Dach, dessen unterer Teil (mit Fenstern) steiler abfällt als der obere.

Mansart [mã'sa:r]: **1)** François, * 1598, † 1666, frz. Baumeister; Hofarchitekt Ludwigs XIV.; Westflügel von Schloss Blois u. Schloss Maisons-Laffitte; **2)** Jules Hardouin-M., eigtl. J. Hardouin, * 1646, † 1708, Großneffe von 1), frz. Baumeister; Hofarchitekt Ludwigs XIV.; Invalidendom in Paris; Schlosskapelle und Grand Trianon in Versailles.

Mansfield, Katherine ['mænsfi:ld], eigtl. Kathleen M. Beauchamp, * 1888, † 1923, engl. Schriftstellerin; Kurzgeschichten u. a. „Das Gartenfest".

Mansur Al, Abu Dschafar Abd Allah (Almansor), * 712, † 775, Kalif s. 754; setzte die Herrschaft der Abbasiden endgültig durch, machte das neu gegr. Bagdad zur Residenz.

Th. Mann

Mantegna, Andrea [man'tɛɲɲa], * 1431, † 1506, ital. Maler und Kupferstecher der Frührenaissance; Fresken und Tafelbilder in Padua, Verona und Mantua.

Mantel: 1) bei Wertpapieren die Urkunde, d. das eigtl. Recht verbrieft, ohne *Kuponbogen* (Erträgnis- u. Erneuerungsschein); **2)** bei Kapitalgesellschaften der Firmenname mit Eintragung in das Handelsregister nebst allen Anteilsrechten, aber ohne alle Aktiva und Passiva; **3)** (M.fläche) gekrümmte, in eine Ebene abwickelb. [Regel]-fläche (z. B. Kegel-M.); **4)** Schale zw. Erdkern und -kruste (Geol.); **5)** bei Weichtieren Teil der Haut, der die Schale absondert; **6)** schützendes Übergewand mit Ärmeln.

Manteltarif, ↑Tarifvertrag, der allg. Arbeitsbedingungen regelt.

Manteltiere, mariner Unterstamm der Chordatiere; u. a. Seescheiden und Salpen.

Mantik [gr.], Kunst des Wahrsagens bes. aus Naturerscheinungen (Wetterorakel, Beobachtung der Himmelskörper, des Vogelflugs).

Mantisse [lat.], Ziffern des ↑Logarithmus hinter dem Komma.

Mantua (ital. Mantova), ital. Prov.-Hptst. in der Lombardei, 51 500 E; Dom (roman., 1545 umgebaut), S. Andrea (L. B. Alberti), Palazzo Ducale (13. bis 17. Jh.), Palazzo del Te (1525 ff.); landw. Handelszentrum. – Wohl etrusk. Gründung, 1167 Anschluss an den Lombardenbund; unter den Gonzaga (s. 1328) 1530 Hzgt.; 1708 östr., 1805–14 frz.; bis 1866 wieder östr., seitdem italienisch.

Manual [lat.], Handklaviatur b. Orgel und Cembalo, Ggs. Pedal.

Manufaktur [lat.], arbeitsteil. Massenerzeugung v. Produkten in gewerbl. Großbetrieben mit vorherrschender Handarbeit; heute z. B. noch in d. Porzellanindustrie.

Manuskript [lat.]: **1)** handschriftl. Buch der Antike u. des MA; **2)** handschriftl. Ausarbeitung eines Werkes; **3)** Druckvorlage eines Textes.

Manutius, Aldus, d. Ä., ital. Aldo Manuzio (Manucci), * um 1450, † 1515, ital. Buchdrucker u. Humanist; einer der berühmtesten Buchdrucker seiner Zeit; vorbildl. Klassikerausgaben.

Manzoni, Alessandro, * 1785, † 1873, ital. romant. Dichter; verdient um die Entw. der ital. Schriftspr.; „Die Verlobten", auch Lyrik u. Tragödien.

Manzú, Giacomo, eigtl. G. Manzoni, * 1908, † 1991, ital. Bildhauer; Einzelfiguren, Porträtköpfe, Reliefs (Bronzetor v. St. Peter, Rom).

Maori, autochthone Bev. Neuseelands, Polynesier; rd. 290 000 M.; hoch stehende Kunst.

Mao Zedong, * 1893, † 1976, chin. Politiker; 1921 Mitbegr. der KPCh (Kommunist. Partei Chinas), 1928 Führer der kommunist. Partisanen in S-China, setzte sich als Parteiführer 1937/40 endgültig durch, 1945–49 Kampf gg. Chiang Kai-shek, Eroberung des chin. Festlandes; 1949–54 Vors. der Zentralen Volksreg. der VR China, 1954–59 Präs. des Zentralen Volksrates (Staatsoberhaupt); 1945–76 Vors. des Politbüros u. des ZK.

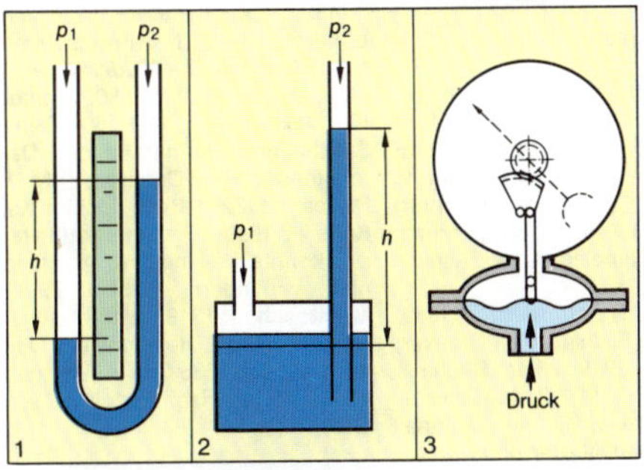

Manometer. *Flüssigkeitsmanometer; 1 U-Rohr-Manometer, 2 Gefäßmanometer; Deformationsmanometer; 3 Plattenfedermanometer*

Mapai [hebr.], gemäßigt sozialist. Partei Israels; gegr. 1930; Zusammenschluss (1968) mit anderen zur Israel. Arbeiterpartei (s. 1992 Avoda).

Mapam [hebr.], linkssozialist. Arbeiterpartei Israels; Abspaltung der Mapai (1948); 1992 an Bildung des Meretz-Block beteiligt.

Maputo (fr. Lourenço Marques), Hptst. von Moçambique, 932 000 E; Univ.; vielseitige Ind.; bed. ⚓ (auch für Südafrika u. Swasiland [Erzexport]), ✈.

Marabu [arab.], bis 1,4 m lange Storchengatt. (Flügelspannweite fast 3 m) mit 3 Arten in SO-Asien, Indien und Afrika.

Maracaibo [-βo], venezolan. Hafenstadt am Golf von Venezuela und am *M.see,* 1,2 Mill. E; Erzbischofssitz; 2 Univ.; Zentrum der venezol. Öl-Ind.; ✈.

Maracuja, essbare Früchte versch. Arten der ↑Passionsblume.

Marais, Jean [ma'rɛ], eigtl. J. Alfred Villain-M., * 1913, † 1998, frz. Theater- u. Filmschauspieler.

Maranhão [-'ʃãu], B.-Staat in NO-Brasilien, an der Atlantikküste, 329 556 km², 4,9 Mill. E, Hptst. São Luís; Anbau von Baumwolle, Kaffee, Zuckerrohr; Viehzucht.

Marat, Jean-Paul [ma'ra], * 1743, † 1793 (v. Charlotte de Corday d'Armont ermordet), frz. Politiker; Mitgl. des Konvents; 1793 Präs. des Jakobinerklubs, mitverantwortl. für die Septembermorde u. die Vernichtung der Girondisten.

Marathon, griech. Ort nö. v. Athen, 2 200 E. – 490 v. Chr. Sieg der Athener unter Miltiades über die Perser; ein Läufer soll die Siegesbotschaft nach Athen überbracht haben; danach: *M.lauf,* Langstreckenlauf über 42,2 km; olympische Disziplin.

Marbach am Neckar, St. nördl. von Stuttgart, Ba.-Wü., 13 400 E; Geburtshaus Schillers, Schiller-Nationalmuseum.

Marburg, hessische Krst. an der oberen Lahn, 76 800 E; Univ., bed. Bibliotheken, Osteuropainst. (Herder-Inst.); LG; Elisabethkirche (1235 ff.), Schloss (13.–15. Jh.); chem., feinmechan., Textilind. – Aus einer Ansiedlung am Fuße des erstmals 1138/39 bezeugten Schlosses entstanden; bek. als Wohnsitz u. Grabstätte der hl. Elisabeth; 1529 *Marburger Religionsgespräch* zw. Luther u. Zwingli.

Marc, Franz, * 1880, ⚔ 1916, dt. Maler u. Grafiker; Mitbegr. des „Blauen Reiters"; Tierstudien.

Marceau, Marcel [mar'so:], * 1923, frz. Pantomime.

Marcel, Gabriel [mar'sɛl], * 1889, † 1973, frz. Philosoph und Dramatiker; Vertr. einer christl. orientierten Existenzphilos.; „Sein u. Haben".

Märchen, fantast. Erzählung, in der die Grenzen zw. Wirklichkeit u. Wunderbarem aufgehoben sind. *Volks-M.:* Schöpfungen unbek. Dichter; Kennzeichen: Formelhaftigkeit, typenhafte Gestalten. Bed. Slg. der orient. Volks-M. „Tausendundeine Nacht", d. dt. „Kinder- u. Haus-M." der Brüder Grimm (1812 ff.). – *Kunst-M.* knüpfen an die Volks-M. an, sind aber durch den Verf. u. den Geist seiner Zeit geprägt. Vertr.: Tieck, C. Brentano, E. T. A. Hoffmann, Hauff, Mörike; Andersen u. a.

Maria Theresia

Marchfeld, fruchtb. Ebene zw. Weinviertel, Donau u. March, Niederöstr.; Schauplatz bed. Schlachten, v. a. Niederlage Ottokars II. v. Böhmen gg. Rudolf v. Habsburg bei Dürnkrut (1278) u. Sieg Erzhzg. Karls gg. Napoleon I. bei Aspern (1809).

Marcks: 1) Gerhard, * 1889, † 1981, dt. Bildhauer u. Grafiker, Onkel v. 2); 1919–25 am Bauhaus tätig; **2)** Marie, * 1922, dt. Karikaturistin, Nichte v. 1); familiärpädagog. u. ges.-polit. Cartoons.

Marconi, Guglielmo Marchese, * 1874, † 1937, ital. Physiker; neben K. F. Braun Begr. des drahtlosen Nachrichtenverkehrs; Nobelpreis (mit K. F. Braun) 1909.

Marco-Polo-Gebirge, Geb. im Kunlun, China, bis 6300 m.

Marcos, Ferdinando Edralin, * 1917, † 1989, philippin. Politiker; 1965–86 Staatspräsident, 1973–81 auch Min.-Präs.; anhaltender Protest gg. seine Amtsführung zwang ihn, das Land zu verlassen.

Marcuse: 1) Herbert, * 1898, † 1979, amer. Soziologe dt. Herkunft; Weiterführung soz.-theoret. Ansätze v. Hegel, Marx u. Freud; „Vernunft u. Revolution", „Eros u. Kultur", „Der Eindimensionale Mensch"; **2)** Ludwig, * 1894, † 1971, dt.-amer. Literarhistoriker u. Philosoph; seit 1963 in der BRD; zahlr. biograph., [populär]philos. und kulturkrit. Werke.

Mar del Plata, argent. Hafenst. südl. v. Buenos Aires, 417000 E; Handelszentrum; Fischfang und -verarb.; Seebad; ✩.

Marder, Fam. meist nächtl. lebender kl. Raubtiere: Raub-M., Dachse, Stinktiere, Otter, Vielfraß; z. T. mit wertvollen Fellen (u. a. Nerz- und Zobelfelle).

Marderhund, waschbärähnl., nachtaktives Raubtier, bis 60 cm lang; urspr. O-Asien, heute bis nach Dtl. vorgedrungen.

Marduk, babylon. Gottheit, oberster Gott und Weltschöpfer.

Margarete: *Dänemark:* **1) M. I.,** * 1353, † 1412, Kgn. von Dänemark, Norwegen und Schweden s. 1387/1389; **2) M. II.,** * 1940, Tochter Friedrichs IX.; seit 1972 Kgn. von Dänemark. – *Frankreich:* **3) M.** v. Valois, gen. la Reine Margot, * 1553, † 1615, Tochter v. Heinrich II. u. Katharina v. Medici; ihre Vermählung (1572) mit dem späteren Heinrich IV. gab Anlass zur ↑Bartholomäusnacht; ihre Ehe wurde 1599 geschieden. – *Navarra:* **4) M.** v. Navarra (Marguerite v. Angoulême), * 1492, † 1549, heiratete 1527 Henri d'Albret, Kg. v. Navarra; schrieb das Heptameron. – *Niederlande:* **5) M.** v. Östr., * 1480, † 1530, Tochter Ks. Maximilians I.; seit 1507 Gen.-Statthalterin; vermittelte den Damenfrieden von ↑Cambrai; **6) M.** v. Parma, * 1522, † 1586, Tochter Ks. Karls V., 1559–67 Gen.-Statthalterin; konnte den niederl. Aufstand nicht verhindern. – *Tirol:* **7) M. Maultasch,** * 1318, † 1369, Erbtochter Hzg. Heinrichs VI. von Kärnten; seit 1335 Gfn. v. Tirol; gab 1363 Tirol an Hzg. Rudolf IV. von Österreich.

Maria Antoinette, *Königin von Frankreich*

Margarine [gr.], durch Emulgieren v. 80 % pflanzl. u. tier. Ölen, etwa 18 % Wasser u. 1–2 % fettfreier Trockenmasse hergestelltes Speisefett.

Marge ['marʒə; frz.], Unterschied zw. Selbstkosten u. Verkaufspreisen; Abstand zw. Emissionskurs u. Tageskurs eines Wertpapiers.

Margerite [frz.] Korbblütler; weiße Zungen-, gelbe Röhrenblüten; Wiesen- u. Zierpflanze.

Maria, hl., nach dem N. T. Mutter Jesu, den sie vom Hl. Geist empfangen hat.

Maria (Marie): *Hl. Röm. Reich:* **1) M. Theresia** ↑2). – *Böhmen und Ungarn:* **2) M. Theresia,** Erzhzgn. v. Östr., * 1717, † 1780. Tochter Ks. Karls VI.; Kgn. v. Böhmen u. Ungarn (s. 1740), als Gem. Ks. Franz' I. Stephan Ksn.; konnte trotz Übermacht Preußens in zwei Schles. Kriegen u. im Östr. Erbfolgekrieg ihre Thronrechte behaupten, verlor aber 1748 Schlesien an Preußen; der Versuch, nach inneren Reformen u. kluger Bündnispolitik Schlesien im Siebenjähr. Krieg zurückzugewinnen, scheiterte; Erwerbung Galiziens, der Bukowina und des Innviertels. – *Burgund:* **3) M.,** * 1457, † 1482, Erbtochter Karls d. Kühnen, heiratete 1477 den späteren Ks. Maximilian I., wodurch die Niederlande in habsburg. Besitz gelangten. – *England:* **4) M. I.** Tudor, gen. die Katholische od. die Blutige, * 1516, † 1558, Tochter v. Heinrich VIII. u. Katharina v. Aragonien, Kgn. seit 1553, heiratete 1554 Philipp II. v. Spanien; versuchte England gewaltsam zu rekatholisieren. – *Frkr.:* **5) M.** v. Medici, * 1573, † 1642, Gem. Heinrichs IV. v. Frkr., Kgn.; Regentin für ihren Sohn Ludwig XIII. s. 1610, v. Richelieu verdrängt; **6) M. Antoinette** (Marie Antoinette) [- ãtwa'nɛt], * 1755, † 1793, Tochter v. 2); Gem. Ludwigs XVI.; in der Frz. Revolution wegen angebl. Verschwörung mit dem Ausland hingerichtet; **7) M. Louise** (Marie Louise) [- lu'i:z], * 1791, † 1847, Tochter Ks. Franz' II., heiratete 1810 Napoleon I.; ihr Sohn der „Kg. von Rom" (Hzg. v. Reichstadt); regierte seit 1816 die Hzgt. Parma, Piacenza u. Guastalla. – *Schottland:* **8) M. Stuart** [- 'stjʊət], * 1542, † 1587, Kgn. 1542–67 (bis 1560 unter der Regentschaft ihrer Mutter), heiratete 1558 Franz II. v. Frkr., 1565 Darnley, 1567 Bothwell; förderte die Katholisierung ihres Landes; musste

Maria Stuart, *Königin von Schottland*

nach England fliehen, wegen angebl. Teilnahme an einer Verschwörung gg. Elisabeth I. enthauptet.

Maria Laach, Benediktinerabtei mit bed. roman. Abteikirche am Laacher See, RP; 1093 gegründet.

Maria Magdalena, hl., im N.T. Augenzeugin der Kreuzigung Jesu und seiner Grablegung.

Marianen, Inselgruppe im westl. Pazifik, 953 km²; im O u. S verläuft der *M.graben* (Witjastiefe I 10924 m u. d. M.). Der mit den USA assoziierte Staat M. umfasst 16 Inseln (außer Guam), 477 km², 43000 E, Hptst. Saipan. – 1521 v. Magalhães entdeckt, s. 1565 span., 1898 kam Guam an die USA, die übrigen Inseln bis 1918 dt., bis 1945 jap. Mandat, s. 1978 Teil der USA mit innerer Autonomie.

Mariazell, östr. St. in der nördl. Steiermark, 1900 E; Kurort, Wintersportplatz; berühmter Wallfahrtsort, Kirche (14.–17. Jh.).

Maribor (dt. Marburg), St. an der Drau, Rep. Slowenien, 104000 E; Univ.; Dom (12. Jh.); Handels- und Ind.-Zentrum.

Marienbad (tschech. Mariánské Lázně), St. u. Kurort nw. von Pilsen, Tschech. Rep., 18400 E; zahlr. Mineralquellen.

Marienburg (Westpr.) (poln. Malbork), westpreuß. St. an der Nogat, Polen, 38000 E; Ordensschloss (gg. 1280 beg.; 1309–1457 Residenz des Hochmeisters des ↑Dt. Ordens).

Marienkäfer, kl., halbkugelförm. Käfer; bunte Larven und Käfer mit Punkt- oder Fleckenzeichnung; nützl. Blattlausfresser.

Marihuana ↑Haschisch.

Marimba [afrik.-span.], afrik. Musikinstrument, dem Xylophon vergleichbar.

Marinade [frz.], Würztunke, u. a. zum Einlegen von Fischen.

Marine [lat.]: **1)** See-, Flottenwesen eines Staates; **2)** Kriegsflotte *(Kriegsmarine)*.

Marini, Marino, * 1901, † 1980, ital. Bildhauer und Maler.

Marino (Marini), Giambattista, * 1569, † 1625, ital. Dichter; gekünstelte, metaphernreiche Spr., übersteigerter Barockstil (nach ihm *Marinismus* benannt).

Marionette [frz.]: **1)** an Fäden hängende bzw. durch Stäbe von unten geführte Gliederpuppe des *M.ntheaters;* **2)** willenloser, als Werkzeug benützter Mensch.

maritim [lat.], Meer u. Schifffahrt betreffend; *m.es Klima,* vom Meer beeinflusstes Klima; charakt.: ausgeglichener Temp.-Gang, hohe relat. Luftfeuchtigkeit, häufige Niederschläge.

Marius, Gaius, * 156, † 86, röm. Feldherr; besiegte 105 v. Chr. Jugurtha, 102 die Teutonen b. Aquae Sextiae; 101 die Kimbern b. Vercellae; im Bürgerkrieg geächtet.

Mark, urspr. Gewichtseinheit (rd. 234 g); Name versch. Münzen, s. 1871 im Dt. Reich (s. 1924 als ↑Reichsmark, s. 1948 in der BRD als DM, in der DDR s. 1964 als M. der Dt. Notenbank, 1967 bis 1990 als M. der DDR).

Mark: 1) lockeres, interzellularenreiches Gewebe in Pflanzenstängeln; Stoff- und Wasserspeicher; **2)** b. Tier u. Mensch Gewebe im Innern v. Kanälen (Knochen-, Rückenmark).

Mark Aurel (Marcus Aurelius Antoninus), eigtl. Marcus Annius Verus, * 121, † 180, röm. Ks. s. 161 (bis 169 zus. mit seinem Adoptivbruder Lucius Verus); kämpfte erfolgreich gg. Parther u. Markomannen; „Selbstbetrachtungen".

Marken (ital. Marche), mittelital. Region, 9694 km², 1,4 Mill. E; Hauptort Ancona.

Marketender [ital.], fr. für die Feldtruppe begleitender Händler bzw. Händlerin *(Marketenderin)*.

Marketing [engl.], Absatzgestaltung unter Berücksichtigung der Ergebnisse der Marktforschung.

Markgraf, s. Karl d. Gr. der mit bes. Befugnissen ausgestattete Stellvertr. des Kg. in Grenzbezirken (Marken).

Markgräfler Land, südlichster Teil des Oberrhein. Tieflandes, zw. Breisgau u. Basel; Weinbau.

Markomannen, sweb. Volksstamm im Maingebiet, 6–8 v. Chr. v. Kg. Marbod nach Böhmen geführt; kämpften 166–180 gg. die Römer *(M.kriege);* Ende des 4. Jh.s südl. der Donau angesiedelt.

Markscheide, Grenzlinie eines Grubenfeldes; *M.kunde,* Vermessungskunde (⚒); *Markscheider,* Vermessungsingenieur, Ausbildung an einer TU oder Bergakademie.

Markt: 1) Ort der Zusammenkunft v. Käufern u. Verkäufern zum Zweck des Warenaustausches; **2)** in der Preistheorie die abstrakte Zusammenfassung aller Angebots- u. Nachfragebeziehungen bezügl. eines best. Gutes unter dem Aspekt der Preisbildung; **3)** Gem., die eine Mittelstellung zw. Dorf und Stadt einnimmt.

Marktformen ↑Monopol 2), ↑Oligopol, ↑Polypol.

Marktforschung, [statist.] Erforschung des Marktes, durch *Marktanalyse* und *Marktbeobachtung;* Grundlage des ↑Marketing.

Marktordnung, in der *Strukturpolitik* die Gesamtheit der Vorschriften u. Maßnahmen zur Erreichung eines Leistungswettbewerbs; in der *Prozesspolitik* die Gesamtheit der staatl. Maßnahmen zur Regulierung von Angebot, Nachfrage u. Preis; die Ziele solcher Maßnahmen sind insbes. die Verhinderung von Überschussproduktion, Preisstürzen u. Einkommensrückgängen; Anwendung heute v. a. auf dem Agrarmarkt (EU-Agrarmarktordnungen).

Marktrecht, im MA das Recht zur Abhaltung von Märkten.

Mark Twain [mɑːk 'twein], eigtl. Samuel Langhorne Clemens, * 1835, † 1910, amer. Schriftsteller; „Die Abenteuer Tom Sawyers", „Abenteuer u. Fahrten des Huckleberry Finn".

Marktwirtschaft, Wirtschaftsform, in der sich der Austausch v. Erzeugnissen u. Leistungen auf dem freien Markt nach dem Ges. v. Angebot u. Nachfrage auf der Grundlage von Privateigentum an den Produktionsmitteln vollzieht; *freie M.:* ohne od. wenige staatl. Eingriffe; *soz. M.* (in der BRD): mit staatl. Eingriffen (Überwachung, struktur- u. konjunkturpolit. Maßnahmen, Eingriffe in die Einkommens- und Vermögensverteilung).

Markus, hl. (M. der Evangelist), Gestalt des N.T., nach der Apostelgesch. Begleiter von Paulus auf der 1. Missionsreise; nach der Überlieferung Dolmetscher des Petrus, Verf. des *Evangeliums nach M.;* Schutzheiliger Venedigs.

Marl, Ind.-St. nö. v. Recklinghausen, NRW, 93000 E; Steinkohlen-⚒, chem. Ind., Maschinenbau.

Marlitt, E[ugenie], eigtl. Eugenie John, * 1825, † 1887, dt. Schriftstellerin; Unterhaltungsromane.

Marlowe, Christopher ['mɑːləʊ], * 1564, † 1593, bedeutendster engl. Dramatiker vor Shakespeare; „Doctor Faust".

Marmoladagruppe, höchster Geb.-Stock der Dolomiten, Italien, 3342 m; vergletschert.

Marmor [gr.], kristallinkörn. Kalkgestein ($CaCO_3$), weiß, durch Metalloxide (braun, gelb, rötl.), Kohle (grau, schwarz) od. Serpentin (grünl.) gefärbt; verw. für Bau- und Bildhauerarbeiten.

Marne: 1) r. Nbfl. der Seine, Frkr., 525 km, durch Kanäle mit Rhein u. Saône verbunden, mündet sö. v. Paris; **2)** frz. Dép., Hptst. Châlons-sur-Marne.

Marokko, Kgr. in NW-Afrika; von der Küste des Mittelmeers (vom Rifatlas begleitet) u. des Atlantiks über die Ketten des Atlas bis in die nw. Sahara; *Bev.:* Berber (rd. 40 %),

Marokko

Fläche: 458 730 km²
Einwohner: (1995) 27,03 Mill.
Hauptstadt: Rabat
Amtssprache: Arabisch
Zeitzone: MEZ −1 Stunde

Araber (rd. 50 %); Getreideanbau, Gemüse-, Obst-, Zitrusfrüchte-, Ölbaum- u. Weinkulturen; Viehzucht (Schafe, Ziegen); Fischfang; *Bodenschätze:* v. a. Phosphat, weiter Eisen-, Mangan-, Kobalt-, Blei-, Zink- u. a. Erze, Erdgas. Vielseitige *Ind.:* Textil-, chem., Metallind.; bed. Hafen Casablanca. – *Gesch.:* Als *Mauretania Tingitana* röm. Prov., im 5. Jh. von Vandalen, im 6. Jh. von Ostrom u. um 700 v. Arabern erobert; seit dem 8. Jh. selbst. unter wechselnden Dyn.; im 16. u. 17. Jh. Beginn enger polit. Beziehungen zu Frkr., das seine Vormachtstellung in den ↑Marokkokrisen festigen konnte: 1912 Errichtung eines frz. u. eines span. Protektorats (ohne Tanger); 1956 Aufhebung der Protektorate u. Unabhängigkeit Marokkos; konstit. Monarchie unter Kg. Hasan II. (1961–99; seitdem Mohammed VI.); 1975/76 scharfe Auseinandersetzungen mit Algerien u. Mauretanien wegen der Entkolonialisierung der Span. Sahara (↑auch Westsahara).

Marokkokrisen, dt.-frz. Auseinandersetzungen über den Einfluss in Marokko: *1. M.* 1905/1906, hervorgerufen durch dt. Einspruch gg. die frz. Marokkopol.; *2. M.* 1911, eingeleitet durch Entsendung des dt. Kanonenboots „Panther" *(„Panthersprung")* nach der frz. Besetzung von Fes.

Maron, Monika, * 1941, dt. Schriftstellerin, zeitkrit. Romane u. Erzählungen.

Marone [ital.], Frucht der Edelkastanie.

Maronenröhrling, essb. Art der Röhrlinge mit braunem Hut u. gelben, blau fleckenden Röhren.

Maroniten ↑unierte Kirchen.

Maros [ungar. 'mɔroʃ] (rumän. Mureș), l. Nbfl. der Theiß, 749 km, mündet bei Szeged.

Marquis [mar'ki; frz.], frz. Adelstitel (weibl. *Marquise*) im Rang zw. Gf. u. Hzg., zurückgehend auf das Amt des Markgf.; entsprechend ital. *Marchese,* engl. *Marquess.*

Marrakesch, marokkan. St. am N-Fuß des Hohen Atlas, 543 000 E; Univ.; zahlr. Moscheen; Oasenwirtsch., Fremdenverkehr; Lebensmittel-, Textilind.; ✈.

Mars, urspr. ital. Bauerngott, Schutzherr der Fluren; in Rom Nat.- und Kriegsgott (dem griech. Ares entsprechend).

Mars, vierter der großen Planeten (mittlerer Sonnenabstand 227 844 000 km, Umlaufzeit 686,98 Tage), 2 Monde (Phobos u. Deimos); *M.atmosphäre* vorw. Kohlendioxid; M. hat wegen seiner Äquatorneigung gg. die ↑Ekliptik einen Jahreszeitenwechsel. *Oberfläche:* Verschwinden der weißen Polkappen im Sommer deutet auf festes Kohlendioxid (Schnee) hin; Wolken, Nebel und Staubwolken aus den Wüstengebieten wurden festgestellt; jahreszeitl. Farbwechsel v. äquatornahen Gebieten nicht durch Pflanzenwuchs verursacht (Mittagstemp. am *M.äquator* im Sommer bis −29 °C, an den Polen Wintertemp. bis −139 °C); keine Anhaltspunkte für organ. Leben.

Marsala, ital. Hafenst. an der W-Küste Siziliens, 80 000 E; Dom; Weinkellereien.

Marschall, urspr. Stallgraf, später als Erzmarschall eines der ↑Erzämter.

Marschflugkörper ↑Cruise-Missile.

Marseillaise [marsɛ'jɛ:z; frz.], 1792 entstandenes frz. Revolutionslied, Text u. Musik von C. J. Rouget de Lisle; 1795 zur frz. Nationalhymne erklärt.

Marseille [mar'sɛj], Hptst. des frz. Dép. Bouches-du-Rhône und der Region Provence-Alpes-Côte d'Azur, am Golfe du Lion, 801 000 E; Univ.; Museen, Theater; Basilika Notre-Dame-de-la-Garde (19. Jh.) mit ries. Marienfigur, Le-Corbusier-Wohnhochhaus (1947 bis 1952); Werften, chem. Ind.; bedeutendster frz. Handels-⚓, ✈. – Um 600 v. Chr. von griech. Phokäern gegr., schon früh ein bed. Handelsplatz.

Marshall [mɑ:ʃl]: **1)** Bruce, * 1899, † 1987, schott. Schriftsteller; „Das Wunder des Malachias"; **2)** George Catlett, * 1880, † 1959, amer. Gen. u. Politiker; 1939–45 Gen.-Stabschef, 1947–49 Außenmin.; Initiator des M.planes; 1953 Friedensnobelpreis.

Marshallinseln [mɑ:ʃl-], Inselstaat im östl. Mikronesien; 2 Hauptgruppen: im W Ralik- (18 Atolle), im O Ratakgruppe (16 Atolle); Hauptatoll Majuro; im NW Bikini u. Eniwetok; Kopragewinnung. – 1529 entdeckt, 1885 dt. Schutz-, 1920 jap. Mandatsgebiet, 1947–90 UN-Treuhandverw. durch USA; seither unabhängig; Mitgl. der UN.

Marshallplan ↑Europäisches Wiederaufbauprogramm.

Marstall, Reit- u. Fahrstall einer fürstl. Hofhaltung.

Martial (Marcus Valerius Martialis), * um 40, † zw. 102 und 104, röm. Dichter; Klassiker des lat. Epigramms.

martialisch [lat.], kriegerisch, grimmig, wild, verwegen.

Martin v. Tours, hl., * 316 oder 317, † 397, s. 371 Bischof von Tours; Missionar in Gallien, Gründer des ersten abendländ. Klosters (Ligugé); Schutzpatron der Franken; volkstüml. Heiliger, *Martinstag:* 11. November.

Martin V., bürgerl. Oddo Colonna, * 1368, † 1431, Papst s. 1417; stellte Macht und Ansehen des Papsttums nach dem Schisma wieder her.

Martin: 1) Archer John Porter ['mɑ:tɪn], * 1910, brit. Biochemiker; arbeitete über Methoden der chem. Analyse, bes. über Chromatographie; Nobelpreis (mit R. L. M.

Marshallinseln

Fläche: 181 km²
Einwohner: (1995) 54 000
Hauptstadt: Uliga (auf Majuro)
Amtssprache: Englisch
Zeitzone: MEZ +11 Stunden

Synge) 1952; **2)** Dean [ˈmɑːtɪn], eigtl. Dino Gocetti, * 1917, † 1995, amer. Sänger u. Filmschauspieler.

Martinique [martiˈnik], Insel der Kl. Antillen, frz. Überseedep., 1 080 km², 360 000 E, Hauptstadt Fort-de-France; Anbau von Zuckerrohr, Bananen, Ananas. – 1502 v. Kolumbus entdeckt, 1674 frz. Kronkolonie, 1946 Überseedep.

Märtyrer (Martyrer) [gr.], Christen der Kirchengesch., die für ihren durch Verfolgung bedrohten Glauben den Tod auf sich nahmen *(Blutzeugen);* allg. Bez. für jeden, der aufgrund seiner Gewissensüberzeugung Leid ertragen muss.

Marx, Karl [Heinrich], * 1818, † 1883, dt. Theoretiker des Sozialismus, Begr. des Marxismus; 1842/44 Chefredakteur der lib. „Rhein. Zeitung" in Köln; 1843–45 in Paris, dann in Brüssel; s. 1844 Zusammenarbeit mit Engels, aus der 1847/48 im Auftrag des Londoner „Bundes der Kommunisten" das „Kommunist. Manifest" entstand; seit 1849 in London; Studien u. wiss. Publikationen: „Zur Kritik der polit. Ökonomie" (Definition des histor. Materialismus), „Das Kapital"; 1867 Mitgründer der „Internat. Arbeiterassoziation" (1. Internationale).

Marxismus, Sammelbegriff für die Lehren v. K. Marx u. F. Engels u. die daran orientierte Richtung des ↑Sozialismus. Marx erklärte die Zustände der kapitalist. Ges. aus den ökonom. Verhältnissen: Den Kapitalisten als Eigentümern der Produktionsmittel steht die Masse der Lohnabhängigen gegenüber, die gezwungen sind, ihre Arbeitskraft zu verkaufen. Der Arbeiter wird sich selbst fremd in seinem Arbeitsprodukt, das ihm nicht gehört *(Entfremdung).* Die Arbeiter, das *Proletariat,* haben die geschichtl. notwendige Aufgabe, die Selbstentfremdung durch Umwandlung der gesellschaftl. Verhältnisse zu überwinden (↑histor. Materialismus, ↑dialekt. Materialismus). Die Voraussetzung ist die Entwicklung des Proletariats zu einer eigenen *Klasse* mit selbstständ. Klassenbewusstsein; die Eroberung der polit. Macht durch die *Diktatur des Proletariats* mit dem Ziel der Schaffung einer *klassenlosen Gesellschaft* u. Abschaffung d. Staates. Im Kapitalismus kommt es nach Marx mit gesetzl. Notwendigkeit zur Konzentration des Kapitals in wenigen Händen, der die *Verelendung der Arbeiterklasse* gegenübersteht, die einen gewaltsamen Umsturz unvermeidl. herbeiführt. – Eine Weiterentwicklung erfuhr der M. durch Lenin im *M.-Leninismus* (↑auch Kommunismus), insbes. durch dessen Lehre von der Herbeiführung des gewaltsamen Umsturzes durch eine klassenbewusste, revolutionäre Elite, die *Partei.* Der M.-Leninismus erfuhr (v. a. in der westl. Welt) unterschiedl. Ausprägungen. Die 1986 in der UdSSR eingeleitete Politik der Perestroika u. die folgenden revolutionären Veränderungen in den Staaten O-Europas (1989/90) sowie der UdSSR (1991) führten fakt. zum Zusammenbruch des marxist.-leninist. begründeten real existierenden Sozialismus. Einzelne Ansätze des Neomarxismus u. die Auseinandersetzung mit dem Stalinismus erhielten sich.

Maryland [ˈmɛərɪlænd], Abk. Md., Staat der USA an der Atlantikküste, 27 092 km², 4,78 Mill. E, Hptst. Annapolis; bed. Fischerei; Weizen-, Mais-, Tabak-, Obst- u. Gemüseanbau; Viehzucht; Nahrungsmittelind.; Werften; größte Stadt: Baltimore.

Marzipan [ital.], Süßware aus Mandeln, Aromen u. Zucker.

Märzrevolution, die aufständ. Bewegungen 1848 in Dtl. u. Östr.; führten zu liberalen Reformen.

Masaryk: 1) Jan, * 1886, † 1948, Sohn v. 2), tschechosl. Politiker; 1940 Außenmin. der Exilreg. in London, seit 1945 in Prag, nach der Reg.-Übernahme durch die Kommunisten Sturz aus dem Fenster (ermordet od. Selbstmord?); **2)** Tomáš Garrigue, * 1850, † 1937, tschechosl. Politiker; kämpfte mit Beneš für einen selbst. tschechosl. Staat, dessen Mitbegr. u. Präs. (1918–35) er war.

Mascagni, Pietro [masˈkaɲɲi], * 1863, † 1945, ital. Komponist; verist. Oper „Cavalleria rusticana".

Maschinen [frz.], Vorrichtungen, mit denen eine zur Verfügung stehende Energieform in eine andere, für best. Zwecke geeignetere umgewandelt wird (*Energie-M., Kraft-M.,* Motoren) oder mit denen die v. einer Kraft-M. gelieferte Energie in [mechan.] Arbeit umgesetzt wird (*Arbeits-M.,* z. B. Werkzeug-M.); *einfache M.* sind mechan. Geräte wie Hebel, Keil, Rolle u. a.

Maschinengewehr (MG), maschinell funktionierende Feuerwaffe mit Schussfolge bis zu 1500 Schuss/min, Kaliber meist 7,62 mm.

Maser [auch engl. ˈmeɪzə; Kurzw. für: **m**icrowave **a**mplification by **s**timulated **e**mission of **r**adiation], Gerät zur Erzeugung und Verstärkung von Mikrowellen; verwendet v. a. als Verstärker hochfrequenter, aber sehr schwacher Signale (z. B. beim Satellitennachrichtenverkehr) u. (im Oszillatorbetrieb) als Atomuhr; im *Laser (opt. Maser)* wird das M.prinzip zur Erzeugung kohärenten monochromat. Lichtes sehr hoher Strahlungsdichte benutzt.

Masereel, Frans, * 1889, † 1972, belg. Maler und Grafiker; Buchillustrationen, Holzschnittfolgen („Die Stadt", „Totentanz"), Zeichnungen u. Gemälde (u. a. Porträts).

Masern (Morbilli), akute, fieberhafte, vorw. Kinder befallende Infektionskrankheit mit rötl., grobfleck. Ausschlag u. Bronchitis; Erreger: M.virus; Inkubationszeit: 14 Tage; häuf. Komplikationen: Lungen-, Mittelohrentzündung.

Masina, Giulietta, eigtl. Giulia Anna M., * 1921, † 1994. Ital. Schauspielerin (⚭ mit F. Fellini); „La Strada" (1954).

Maske [frz.]: **1)** künstl. Hohlgesichtsform; urspr. kult. Form der Gesichtsverhüllung, Mittel mag. Verwandlung; **2)** sich farbl. abhebende Zeichnung am Kopf von Tieren (Biol.); **3)** Datenverarbeitung: Gesamtheit bes. markierter Felder in die mithilfe der Tastatur Zeichen eingegeben werden; **4)** Halbleitertechnik: strukturierte Schutzschicht, ermöglicht selektives Ätzen v. Oberflächenteilen; das photolithograph. Verfahren nutzt v. a. Lacke (Lack-M.), die Halbleiterblocktechnik erzeugt M.en durch Oxidation der Halbleiteroberfläche.

Maske, Henry, * 1964, dt. Berufsboxer; als Amateur im Mittelgewicht 1985, 1987 u. 1989 Europameister; 1988 Olympiasieger; 1989 Weltmeister; 1993–96 IBF-Weltmeister im Halbschwergewicht.

maskulin [lat.], männlich.

Maskulinum, männl. Hauptwort (z. B. *der* Wagen).

Masochismus, nach L. von Sacher-Masoch ben. pervertierte sexuelle Erregung bei Erleiden körperl. Misshandlungen u. Demütigungen durch den Geschlechtspartner; vgl. Sadismus.

Mason, James [meɪsn], * 1909, † 1984, brit. Schauspieler.

Maß, altes Flüssigkeitsmaß (1 bis 2 l).

Massachusetts [mæsəˈtʃuːsɪts], Abk. Mass., Staat im NO der USA, 21 566 km², 6 Mill. E, Hptst. Boston; starke Ind. (Leder, Textilien, Metall, Maschinen).

Massage [-aʒə; frz.], Behandlung des Körpers od. einzelner Körperteile durch den Arzt oder *Masseur* mit best. Handgriffen, z. B. Klopfen, Kneten, Reiben, Streichen; *Vibrations-M.:* Verwendung best.

Apparate oder elektr. Stromes; Zweck der M.: Erweichung geschrumpfter oder verhärteter Gewebe, Belebung des Kreislaufs.

Massai, äthiopides Volk in O-Afrika; Großviehzüchter; Hirtennomadismus, teilw. Feldbau.

Massaker [frz.], blut. Gemetzel.

Massaua, Hafen-St. in Eritrea, am Roten Meer, 15400 E; Salzgewinnung; feuchtheißes Klima (rd. 30 °C Jahresmittel); ⛯.

Masse: 1) Grundeigenschaft der Materie u. daher Grundgröße der Physik; die M. eines Körpers ist Ursache u. Maß seiner *Trägheit,* d. h. seines Widerstandes gg. Bewegungsänderungen *(träge M.),* seines Gewichts u. seiner Fähigkeit, ein Gravitationsfeld zu erzeugen *(schwere M.);* experimentell gilt die Gleichheit (bzw. Äquivalenz) v. träger u. schwerer M. (eine der Grundlagen der allg. Relativitätstheorie). Die M. ist geschwindigkeitsabhängig, ihren Wert in ruhendem Zustand nennt man *Ruhe-M.* (↑auch Energie-Masse-Relation). – SI-Einheit der M. ist ↑Kilogramm (↑auch Masseneinheit); **2)** unstrukturierte Vielheit v. Menschen im Unterschied zur Gruppe od. Gemeinschaft (Soziol.).

Masseneinheit: 1) ([vereinheitlichte] atomare M.) Einheitenzeich. u, 1/12 der Masse eines Atoms des Nuklids ^{12}C (= $1{,}6605655 \cdot 10^{-27}$ kg); **2)** (gesetzl. M.) ↑Kilogramm.

Massenet, Jules [mas'nɛ], * 1842, † 1912, frz. Komponist; Opern: „Manon“, „Werther“.

Massenmedien (Massenkommunikationsmittel), techn. Vervielfältigungs- bzw. Verbreitungsmittel, mit denen Aussagen indirekt an ein gr. Publikum gerichtet werden; im allg. Presse, Hörfunk, Fernsehen, Film, Schallplatte gerechnet.

Massenspektroskopie, von F. W. ↑Aston begr. physikal. Methode zur Bestimmung der Masse geladener Teilchen, die in einem Ionenstrahl enthalten sind, durch ihre Ablenkung in elektr. u./od. magnet. Felder (mit Massenspektrograph od. Massenspektrometer); auch zur Isotopentrennung verw.

Massenwirkungsgesetz, physikal.-chem. Grundgesetz, nach dem homogene chem. Reaktionen niemals vollständig ablaufen. Es stellt sich ein Gleichgewichtszustand ein, bei dem sich die gebildeten Stoffe ebenso stark in die Ausgangsstoffe zersetzen, wie jene sie wieder bilden.

Massenzahl, die auf ganze Zahlen abgerundete relative Atommasse; gleich der Summe v. Protonen- u. Neutronen[an]zahl.

Maßstab: 1) Größenverhältnis einer Abb. od. Karte zum dargest. Original; M. 1:25000 z. B. bedeutet: 1 cm auf der Karte entspricht 25000 cm (= 250 m) in der Natur; **2)** Längenmessstab.

Massys (Metsys), Quinten (Quentin) ['masɛjs], * 1466, † 1530, fläm. Maler; Hauptmeister der Antwerpener Schule.

Mast: 1) Träger v. elektr. Leitungen od. Antennen; **2)** Holzstamm od. Stahlrohr zur Befestigung v. Segeln (Segelschiff) od. v. Ladebäumen (Dampf- u. Motorschiff); bei Segelschiffen (Fünfmastvollschiff) unterscheidet man (vorn beginnend): *Fock-, Groß-, Mittel-, Achter-* u. *Kreuzmast.*

Mastdarm (Rektum), unterster, im After endender Teil des Dickdarms; *M.fistel,* röhrenförm. Kanal zw. M. u. Afterumgebung; *M.krebs* (M.karzinom), im M. auftretende bösart. Wucherung; *M.vorfall,* Ausstülpung von *M.schleimhaut,* auch des M.s durch den After, oft Folge von Stuhlträgheit.

Master [ma:stə; engl.]: **1)** engl. Anrede: junger Herr; **2)** in den ags. Ländern akad. Grad (↑Magister).

Masters, William Howell [ma:stəz], * 1915, amer. Gynäkologe; Pionierarbeiten auf dem Gebiet der Sexualphysiologie; erforschte mit V. E. Johnson erstmals die Mechanismen der sexuellen Erregung.

Mastix [gr.]: **1)** Harz einer mittelmeer. Pistazie; verw. u. a. für Pflaster, Firnisse; **2)** Gemisch aus Bitumen u. Gesteinsmehl (Straßenbelag).

Mastodon [gr.], fossiles Rüsseltier, größer als der Elefant.

Mastroianni, Marcello, * 1924, † 1996, ital. Schauspieler; „Das süße Leben“ (1959), „Die Haut“ (1980).

Masturbation [lat.], sexuelle Selbstbefriedigung od. gegenseit. geschlechtl. Befriedigung durch manuelle Reizung der Geschlechtsorgane.

Masur, Kurt, * 1927, dt. Dirigent; s. 1970–94 Leiter des Leipziger Gewandhausorchesters, s. 1991 auch Chefdirigent der New Yorker Philharmoniker.

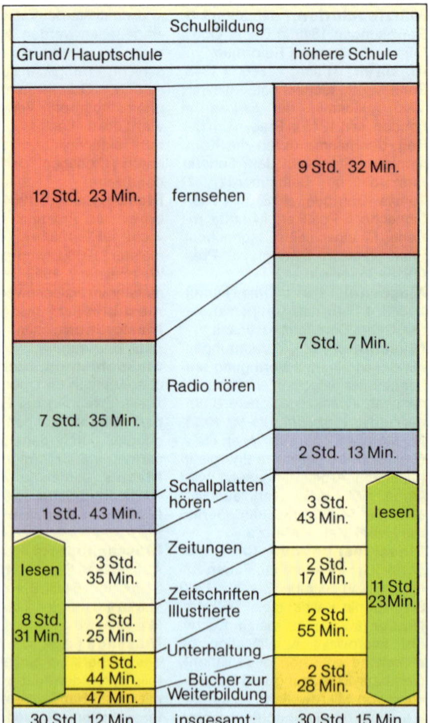

Massenmedien. *Wöchentliches Zeitbudget für Mediennutzung, unterteilt nach Schulbildung*

Masuren, Teil des Preuß. Höhenrückens im südl. Ostpreußen, Endmoränenldsch. mit den *Masur. Seen* (Spirding-, Mauer-, Niedersee u. a.), z. T. durch *Kanäle* verbunden; Kiefernwaldungen; Forst- u. Fischereiwirtschaft.

Mata Hari, eigtl. Margaretha G. Zelle, * 1876, † 1917, niederl. Tänzerin; der Spionage für Dtl. beschuldigt, bei Paris erschossen.

Mataré, Ewald, * 1887, † 1965, dt. Bildhauer.

Match [mætʃ; engl.], [sportl.] Wettkampf; *M.ball,* spielentscheidender Ball bei Rückschlagspielen (u. a. Tennis).

Mate [indian.], koffeinhalt. Teeaufguss aus den Blättern der *M.pflanze* (südamer. Stechpalmengewächs).

Mater [lat.; = Mutter]: **1)** Drucktechnik ↑Matrize; **2)** Negativform bei der Herstellung von Schallplatten.

Materialismus [nlat.], Anschauung, die die Abhängigkeit alles Seienden (auch des Seel.) v. Körperhaftem (Materiellem) lehrt; wurde bes. wirksam im dialekt. u. histor. Materialismus.

Materie [lat.], allg. Stoff, Gegenstand: **1)** in der Philos. svw. ↑Hyle, als Urstoff, im Ggs. zur Form; **2)** in der Physik Substanz od. Stoff, unabh. vom Aggregatzustand, gekennzeichnet durch die Existenz einer Ruhemasse (↑Masse 1); nach der einsteinschen Energie-Masse-Relation auch als Energie auffassbar; die Bausteine der Materie können in Strahlungsenergie übergehen *(Zerstrahlung)* od. aus solcher entstehen *(Materialisation).*

Materiewellen (Wahrscheinlichkeitswellen), Begriff der Quantenmechanik, ein Postulat, nach dem der Materie neben Teilchen- auch Wellenaspekte zuzuordnen sind, die als Beugungs- und Interferenzerscheinungen gedeutet werden können. Die Wellenlänge der M. ist $\lambda = h/p$ (h plancksches Wirkungsquantum, p Teilchenimpuls).

Mathematik [gr.], aus den prakt. Aufgaben des Zählens, Rechnens und Messens hervorgegangene Wiss., nach traditioneller Einteilung gegliedert in Arithmetik, Geometrie, Algebra u. Analysis, zu denen Topologie, Funktionentheorie u. a. hinzukamen. Die *moderne M.* befasst sich v. a. mit der Untersuchung von [algebraischen] Strukturen, die durch die in einer vorgegebenen Menge beliebiger Objekte („Elemente") definierten Relationen u. Verknüpfungen bestimmt sind; wesentl. Grundlage ist hierbei die Mengenlehre.

Matinée [frz.], [künstler.] Morgenveranstaltung.

Matisse, Henri [ma'tis], * 1869, † 1954, frz. Maler und Grafiker; Begr. der ↑Fauves; Interieurs, Stillleben, Akte in fläch. Bildaufbau, Wandmalereien u. Glasfenster der Kapelle von Vence bei Nizza.

Matjeshering, junger, noch nicht geschlechtsreifer Hering; im Handel mild gesalzen.

Mato Grosso, B.-Staat in W-Brasilien, grenzt an Bolivien u. Paraguay, 901 421 km², rd. 2 Mill. E, Hptst. Cuiabá; trop. Savannenklima; Rinderzucht; gr. Eisen- und Manganerzvorkommen.

Mato Grosso do Sul, B.-Staat in W-Brasilien, südl. von Mato Grosso, 357 472 km², 1,78 Mill. E, Hptst. Campo Grande. – Bis 1979 S-Teil v. Mato Grosso.

Matriarchat [lat.; gr.], Gesellschaftsordnung, in der die Frau die bevorzugte Stellung innehat; Stellung u. Abkunft von der mütterl. Verwandtschaftslinie bestimmend *(Mutterrecht).*

Matrix [lat.], rechteck. [Zahlen]schema, in dem $m \cdot n$ Größen *(M.elemente)* in *m* waagerechten *Zeilen* u. *n* senkrechten *Spalten* unter- u. nebeneinander angeordnet sind; für Matrizen gelten best. Rechenregeln *(Matrizenrechnung).*

Matrixdrucker (Nadeldrucker), Ausgabegerät von Computern, bei dem das Druckbild der einzelnen Zeichen mosaikartig [mithilfe feiner Nadeln] aus Punkten zusammengesetzt wird.

Matrize [frz.]: **1)** jede vertiefte Negativform, die dazu dient, auf galvan. Weg, durch Guss od. Prägen Duplikate des Originals herzustellen; **2)** in der Umformtechnik dasjenige Werkzeug, in das ein Werkstück durch die Patrize gedrückt wird.

Matrose: 1) Ausb.-Beruf (3 J.); vom *Schiffsjungen* Aufstieg zum *Jungmann, Leicht-, Voll-M.n;* **2)** unterster Mannschaftsdienstgrad der Marine der dt. Bundeswehr.

Matt [arab.] (Schachmatt), im Verlauf eines Schachspiels diejenige Position, in der der Kg. nicht mehr vor dem Geschlagenwerden bewahrt werden kann.

Matteotti, Giacomo, * 1885, † 1924, ital. Politiker; s. 1922 Gen.-Sekr. der Sozialist. Partei; seine Ermordung durch die Faschisten löste die *M.krise* aus, die durch Errichtung der offenen faschist. Einparteiendiktatur (Anf. 1925) beendet wurde.

Matterhorn (ital. Monte Cervino), Berg sw. v. Zermatt, 4 478 m.

Mattes, Eva, * 1954, dt. Schauspielerin; auch Filme („Wildwechsel", „Ein Mann wie Eva").

Matthau, Walter [mæθɔ:], * 1920, † 2000, amer. Bühnen- u. Filmschauspieler; v. a. kom. Rollen wie in „Die Kaktusblüte", „Grumpy Old Man".

Matthäus, hl., Apostel u. Evangelist; nach altkirchl. Tradition Verf. einer [aramäischen?] Urfassung des kanon. *M.evangeliums.*

Matthias, hl., Apostel; als Ersatz für Judas Ischariot durch das Los zum Apostel bestimmt.

Matthias: *Hl. Röm. Reich:* **1) M.,** * 1557, † 1619, Ks. s. 1612; Bruder Rudolfs II., der ihm 1608 Östr., Mähren und Ungarn überlassen musste; trat für konfessionellen Ausgleich ein. – *Ungarn:* **2) M. I.** Corvinus (Mátyás Hunyadi), * 1440, † 1490, Kg. s. 1458, s. 1469 v. Böhmen; besiegte die Türken, kämpfte gg. Ks. Friedrich III. u. vertrieb ihn 1485 aus Wien.

Matutin [lat.], svw. ↑Mette.

Matzen (Mazzen) [hebr.], meist runde Brotfladen aus Weizenmehl u. Wasser ohne Zusatz von Sauerteig. Im Judentum während der ganzen Passahzeit gegessen.

Mauer, Gem. sö. v. Heidelberg, Ba.-Wü., 3 400 E; Fundort des Homo heidelbergensis (↑Homo).

Mauerassel, bis etwa 17 mm große, landbewohnende, bräunl. Assel; in Kellerräumen.

Mauerpfeffer (Scharfe Fetthenne), Rasen bildende, gelb blühende Fetthenne.

Mauersegler, etwa 16 cm gr., rußschwarzer, heim. ↑Segler.

Maugham, William Somerset [mɔ:m], * 1874, † 1965, engl. Schriftsteller; u. a. „Der Menschen Hörigkeit"; Komödien, Kurzgesch.

Maulbeerbaum, Gatt. der Maulbeergewächse; u. a. *Schwarzer* u. *Weißer M.,* urspr. in Asien; brombeerartige Scheinfrüchte, Holz verwertbar; Blätter des Weißen M.s Nahrung für Seidenraupen.

Maulbronn, St. sö. von Bretten, Ba.-Wü., 6 400 E; ehem. Zisterzienserkloster, fast vollst. erh. Klosteranlage (12.–15. Jh.), roman.-frühgot. Kirche; ev.-theol. Seminar.

Maulesel ↑Esel.

Maulpertsch (Malberz, Maulbertsch), Franz Anton, * 1724, † 1796, bed. dt.-östr. Freskenmaler des Spätbarock.

Maultier ↑Esel.

Maul- und Klauenseuche, wichtigste, infektiöse, meldepflichtige, fieberhafte Viruskrankheit der Klauentiere (bes. Rind, Schwein, Schaf, Ziege); Blasenausschlag an Maul, Euter u. Klauenspalte; auch auf Menschen übertragbar.

Mauretanien

Fläche: 1 030 700 km^2
Einwohner: (1995) 2,27 Mill.
Hauptstadt: Nouakchott
Amtssprachen: Arabisch, Französisch
Zeitzone: MEZ −1 Stunde

Maulwürfe, Fam. der ↑Insektenfresser; *Echte M.* in Eurasien, etwa 15 cm gr., schwarz; graben unterird. Gangsysteme.

Maulwurfsgrille, etwa 5 cm lange, unterirdisch lebende Grille; vorne Grabbeine; Pflanzenfresser.

Mau-Mau, brit. Bez. von Geheimbünden der Kikuyu in Kenia, d. sich mit Gewaltakten gg. d. Kolonialherrschaft erhoben, Höhepunkt ihrer Aktivitäten 1952–56.

Maupassant, Guy de [mopa'sã], * 1850, † 1893, frz. Schriftsteller; naturalist. Novellen („Fettklößchen" u. a.); Romane („Bel ami").

Mauren: 1) in d. Antike Bez. für d. Berber; **2)** das aus Berbern u. Arabern entstandene islam. Mischvolk in NW-Afrika; **3)** Muslime arab. u. berber. Herkunft, die 711–1492 in weiten Teilen Spaniens herrschten.

Maureske [span.-frz.], streng stilisiertes vegetabil. Renaissanceornament islam. Herkunft.

Mauretani|en, Rep. in NW-Afrika; vorw. Wüste; Bev.: Mauren u. Berber, daneben Schwarze; im S Ackerbau, sonst Nomaden- (Viehhaltung) u. Oasenwirtsch.; Fischerei; Gummiarabikumgewinnung, Eisen- u. Kupfererzabbau. – 1061 bis 1147 Teil des Almoravidenreiches, danach im N in loser Abhängigkeit v. Marokko, im S Teil des Reiches Mali; s. 1904 frz. Protektorat, s. 1920 Kolonie; s. 1958 autonome islam. Rep. innerh. der Frz. Gemeinschaft; s. 1960 unabh.; Einparteienstaat; 1975/76 Konflikt mit Algerien u. Marokko um die ehem. span. Westsahara; 1978 unblutiger Militärputsch; 1979 zog M. seine Ansprüche auf die Westsahara zurück. Mitgl. der UN.

Mauriac, François [mɔri'ak], Pseud. Forez, * 1885, † 1970, frz. Schriftsteller; Romane, Biographien; Nobelpreis 1952.

Mauritius, Inselstaat im Ind. Ozean, östl. von Madagaskar; Anbau von Zuckerrohr, Tee. – 1598–1710 niederl.; 1715 bis 1810 frz., dann brit. Kolonie, 1968 selbst. parlamentar. Monarchie im Commonwealth; UN-Mitglied.

Mauritius, die ersten brit. Kolonialpostwertzeichen von 1847, Fehldrucke der 1. Aufl.; philatelist. Kostbarkeiten (*rote* und *blaue Mauritius*).

Maurois, André [mɔ'rwa], urspr. Émile Herzog, * 1885, † 1967, frz. Schriftsteller; psychol. Erzählungen, Romane; biograph. Darstellungen, u. a. über Marcel Proust.

Maus, in der EDV bewegl. Eingabegerät, mit dem ein Markierungssymbol (Cursor) über den Bildschirm gesteuert werden kann.

Mäuse, kl. Nagetiere in zahlr. Arten, manche als Vorratsschädlinge u. Krankheitsüberträger gefürchtet; weltweit verbreitet; Vermehrungsrate sehr hoch.

Mäusebussard, bis 56 cm gr. tagaktiver Greifvogel Eurasiens, fängt vorw. Mäuse.

Mäuseturm, Turm auf Rheininsel bei Bingen (urspr. Mautturm), in dem nach der Sage Erzb. Hatto v. Mainz zur Strafe dafür, dass er Hungernden nicht geholfen hatte, von Mäusen aufgefressen wurde.

Mausoleum [gr.-lat.], monumentales Grabmal; ben. nach dem Grabmonument des kleinasiat. Fürsten *Mausolos* († 353 v. Chr.) in Halikarnassos.

Mauthausen, oberöstr. Gem. an der Donau, sö. v. Linz, 4 400 E; ehem. nat.-soz. KZ (1939–45).

Max, Prinz v. Baden, eigtl. Maximilian Alexander Friedrich Wilhelm, * 1867, † 1929, dt. Politiker; übernahm im Okt./Nov. 1918 als R.-Kanzler die Reg.; richtete das dt. Waffenstillstandsersuchen an die Alliierten, verkündete die Abdankung Ks. Wilhelms II.

Maxentius, Marcus Aurelius Valerius, * um 279, † 312, röm. Ks. s. 306; 312 v. Konstantin I. besiegt, auf der Flucht ertrunken.

Maximilian: *Hl. Röm. Reich:* **1) M. I.,** * 1459, † 1519, Röm. Kg. s. 1486, Ks. s. 1508; heiratete 1477 Maria von Burgund; kluge Hausmachtpol.; 1495 R.-Reform: Schaffung des R.-Kammerger., Verkündung des Ewigen Landfriedens; **2) M. II.,** * 1527, † 1576, Röm. Kg., Kg. v. Böhmen s. 1562, Ks. s. 1564; dem Luthertum zugeneigt, erstrebte konfessionellen Ausgleich. – *Baden:* **3) M.** Alexander Friedrich Wilhelm, Prinz ↑Max, Prinz v. Baden. – *Bayern:* **4) M. I.,** * 1573, † 1651, Hzg. seit 1597; gründete 1609 die kath. Liga, erwarb im Dreißigjähr. Krieg die Oberpfalz u. die pfälz. Kurwürde (1623); **5) M. II.** Emanuel, * 1662, † 1726, Krfst. s. 1679; seit 1692 Statthalter der span. Niederlande; Verbündeter v. Frkr. im Span. Erbfolgekrieg. – *Mexiko:* **6) M.,** eigtl. Ferdinand M., Erzhzg. v. Östr., * 1832, † 1867, seit 1864 Ks. v. Mexiko; Bruder Ks. Franz Josephs I.; unterlag dem mex. Präs. B. Juárez Garcia; erschossen.

Max-Planck-Gesellschaft zur Förderung der Wissenschaften e.V., jurist. Sitz Göttingen, 1948 gegr. wiss. Ges., die die Nachf. der 1911 gegr. *Kaiser Wilhelm-Ges. zur Förderung der Wissenschaften* antrat; unterhält zur Grundlagenforschung *Max-Planck-Inst.,* Forschungsstellen u. sonst. Einrichtungen (v. a. für Naturwiss.); von Staat und Wirtsch. unabhängig.

Maxwell, James Clerk ['mækswəl], * 1831, † 1879, brit. Physiker; bed. Arbeiten zur kinet. Gastheorie u. Elektrizitätslehre; stellte die *m.schen Gleichungen* auf, Grundgleichungen der Elektrodynamik, die die zeitl. u. räuml. Änderungen der elektromagnet. Felder miteinander u. mit Ladungs- u. Stromdichten verknüpfen.

Mauritius

Fläche: 2 045 km^2
Einwohner: (1995) 1,17 Mill.
Hauptstadt: Port Louis
Amtssprache: Englisch
Zeitzone: MEZ +3 Stunden

May, Karl, * 1842, † 1912, dt. Schriftsteller; abenteuerl. Indianer- u. Reiseerzählungen, die ihn zu einem der bis heute meistgelesenen dt. Schriftsteller machten.

Maya, mittelamer. indian. Völker mit gleicher Sprache, aufgegliedert in 18 Stämme, mit mehr als 2 Mill. Menschen; in vorkolumb. Zeit hohe Kultur; monumentale Steinarchitektur (Tempel) und Plastik; Bilderschrift, hohe Entw. von Astronomie und Math. (Stellenwert der Zahlen), Kalender; künstl. Bewässerung; Polytheismus; Menschenopfer erst im Neuen Reich (10. bis 12. Jh.). Z. Z. der span. Eroberung (16. Jh.) Kultur bereits im Niedergang.

Maybach, Wilhelm, * 1846, † 1929, dt. Ingenieur u. Industrieller; erfand den Benzinvergaser; 1895–1907 techn. Dir. der Daimler-Motoren-Ges., gründete in Friedrichshafen in Verbdg. mit Gf. Zeppelin eine Spezialfabrik für Luftschiffmotoren, die spätere *M.-Motorenbau GmbH* (auch Kraftwagenfabrik).

Mayday ['meɪdeɪ], im Funksprechverkehr internat. verwendetes Notsignal (entspricht SOS des Morsealphabets).

Mayer, Julius Robert v., * 1814, † 1878, dt. Arzt u. Physiker; stellte den Satz v. der Erhaltung der Energie auf; bestimmte 1842 das mech. ↑Wärmeäquivalent (unabh. von Joule und Helmholtz).

Mayflower ['meɪflaʊə], Name des Schiffes, das 1620 die ↑Pilgerväter nach Nordamerika brachte.

Mayotte [ma'jɔt], südlichste Insel der Komoren, mit vorgelagerten kl. Inseln, frz. Überseedep. (seit 1976), 374 km², 94 400 E, Hptst. Dzaoudzi (auf Pamanzi-Bé; mit ⚓ u. ✈); Anbau v. Vanille, Kaffee, Zuckerrohr, Pfeffer; seit 1841 frz., entgegen der Unabhängigkeitserklärung der Komoren stimmte die Bev. v. M. 1974 u. 1976 für einen Verbleib bei Frankreich.

Mazarin, Jules [maza'rɛ̃], Hzg. v. Nevers, eigtl. Giulio Raimondo Mazzarini, * 1602, † 1661, frz. Kardinal u. Minister; Vertrauter u. Nachf. Richelieus; warf die Fronde nieder, begr. die frz. Vormachtstellung in Europa.

Mäzen [nach Maecenas], Kunstfreund und Geldgeber für Künstler.

M-Bahn (Magnetbahn), vollautomat. Nahverkehrsmittel mit Linearmotor, das auf einem Luftkissen von 1 bis 3 cm schwebt, dadurch sehr geräuscharm. Seit 1989 ist eine M. in Berlin im Probebetrieb.

mbar (mb), Einheitenzeichen für: **Milli**b**ar** (↑Bar).

MBFR, Abk. für: **M**utual **B**alanced **F**orces **R**eductions = beiderseit. ausgewogene Truppenreduzierung; 1973–89 in Wien geführte „Verhandlungen über beiderseit. Reduzierungen v. Streitkräften u. Rüstungen u. damit zusammenhängende Maßnahmen in M-Europa"; s. 1989 als ↑VKSE fortgeführt.

Mc, Abk. für: ↑**Mac.**

McCarthy [mə'kɑ:θɪ]: **1)** Joseph Raymond, * 1909, † 1957, amer. Politiker (Republikaner); 1950–54 Vors. des Senatsausschusses zur Untersuchung „unamer. Umtriebe", die sich zu einer allg. antikommunist., nationalist. u. antisemit. Verfolgungswelle ausweitete; **2)** Mary, * 1912, † 1989, amer. Schriftstellerin; „Die Clique"; auch Reportagen.

McClintock, Barbara [mə'klɪntɔk], * 1902, † 1992, amer. Botanikerin; entdeckte „bewegl. Strukturen in der Erbmasse"; Nobelpreis 1983.

McCloy, John Jay [mə'klɔɪ], * 1895, † 1989, amer. Politiker; 1949–52 Hoher Kommissar in Dtl., mit Aufbau der BRD verbunden.

McKinley, Mount [maʊnt mə'kɪnlɪ] höchster Berg Nordamerikas, in Alaska, USA, 6 187 m.

Md, Symbol für ↑Mendelevium (⚗).

MdB, Abk. für: **M**itglied **d**es **B**undestages. *MdL,* Abk. für: **M**itglied **d**es **L**andtages. *MdR,* Abk. für: **M**itglied **d**es **R**eichstages.

Mead, Margaret [mi:d], * 1901, † 1978, amer. Ethnologin.

Mechanik [gr.], Teilgebiet der Physik; befasst sich mit den Bewegungen v. Körpern u. den sie verursachenden od. miteinander im Gleichgew. stehenden Kräften: in der *Kinematik* ohne, in der *Dynamik* unter Berücksichtigung der wirkenden Kräfte. Die *Statik* ist die Lehre v. der Zusammensetzung u. dem Gleichgew. v. Kräften. Die *relativist. M.* wendet die Relativitätstheorie auf die M. an; im atomaren Bereich gelten *Wellen-* od. *Quantenmechanik.*

Mecheln (niederl. Mechelen, frz. Malines), belg. Stadt nö. von Brüssel, 75 700 E; gotische Kathedr. u. a. bed. Kirchen, Giebelhäuser (16.–18. Jh.), Rathaus (14. Jh.); Spitzen-, Teppichwebereien.

Mechthild v. Magdeburg, * vor 1212, † um 1280, dt. Mystikerin; Aufzeichnungen ihrer Visionen u. Betrachtungen, „Das fließende Licht der Gottheit".

Meckel, Christoph, * 1935, dt. Schriftsteller u. Grafiker, expressionist. Lyrik u. Grafikzyklen.

Mecklenburg, histor. Territorium an der Ostsee, zw. Schl.-Ho., Bbg. u. Pommern; besteht aus eiszeitl. Aufschüttungen; v. Endmoränenzügen umgebene *M.ische Seenplatte* mit Schweriner See, Plauer See, Müritz u. a. Seen; an der Küste zahlr. Seebäder, Fischerei-

Maya. *Wandmalerei aus der Ruinenstätte Bonampak im mexikanischen Staat Chiapas*

ind., Schiffbau; im Binnenland vorw. Landw. (bes. Getreide, Kartoffeln; Rinderzucht), verbreitet Ziegeleien; Forstwirtschaft. – *Gesch.:* Nach dem Abzug der german. Stämme (um 600 n. Chr.) v. Slawen besetzt; 1160 v. Heinrich d. Löwen endgültig dem Hl. Röm. Reich angegliedert; im 14. Jh. Gebietserwerbungen; 1384 Hzgt.; 1701 Teilung in M.-Schwerin u. M.-Strelitz, 1808 im Rheinbund, s. 1815 Großherzogtümer; 1918 Abdankung des Fürstenhauses; 1934 Vereinigung zum Lande M., nach 1945 Land der SBZ/DDR unter Angliederung des größten Teils von Vorpommern; 1952 auf die Bez. Rostock, Schwerin u. Neubrandenburg verteilt; s. 1990 Teil des neugeschaffenen Bundeslandes Mecklenburg-Vorpommern.

Mecklenburg-Vorpommern, Land der BRD, 23559 km^2, 1,84 Mill. E; Hptst. Schwerin; entstand zum 3. 10. 1990 aus den damaligen Bezirken der DDR Rostock, Schwerin u. Neubrandenburg, vereint die histor. Territorien Mecklenburg sowie weite Teile Vorpommerns, zur Gesch. ↑Mecklenburg.

Medaille [me'daljə; frz.], Schaumünze, herausgegeben zum Andenken an Personen od. histor. Ereignisse; auch Ehrenzeichen.

Medaillon [medal'jõ; frz.], **1)** Rundbild; meist medaillenähnl. Schmuckstück od. Andenkenkapsel. **2)** kleine runde od. ovale Fleischscheibe (Filet), auch vom Hummer- oder Langustenschwanz.

Medea, in der griech. Sage Tochter des Kg. von Kolchis; verhilft Jason zum Goldenen Vlies.

Medellín [meðe'ʎin], Hptst. des kolumbian. Dep. Antioquia, 1,42 Mill. E; Erzbischofssitz, Univ.; Schuh-, Tabak- u. a. Ind.; ✈; Sitz eines Drogenkartells.

Mediatisierung [lat.], im Hl. Röm. Reich zumeist zw. 1803 u. 1806 erfolgte Unterwerfung reichsunmittelb. Stände unter die Landeshoheit eines anderen weltl. Reichsstandes.

Medici ['mɛːditʃi], im 15. Jh. in Florenz zu fürstl. Rang aufgestiegene Bankiersfam., die die Blütezeit der Stadt heraufführte; 1531 Hzg. v. Florenz, 1569 Groß-Hzg. v. Toskana; 1737 erloschen; Vertr.: **1)** Caterina de' ↑Katharina 4); **2)** Cosimo de', gen. C. der Alte, * 1389, † 1464, Stadtherr v. Florenz; förderte Kunst u. Wiss.; **3)** Lorenzo I de', gen. il Magnifico, * 1449, † 1492, Stadtherr v. Florenz s. 1469; trotz seiner selbstherrl. Reg. beliebt; Förderer von Kunst und Wiss.; **4)** Maria de' ↑Maria 5).

Medi|en: 1) Plural v. ↑Medium; **2)** svw. ↑Massenmedien.

Medina, St. nördl. von Mekka, Saudi-Arabien, 350000 E; neben Mekka bedeutendster islam. Wallfahrtsort; islam. Univ.; ✈.

Meditation [lat.]: **1)** Nachdenken, Versenkung; **2)** Übung der seel. Entspannung.

mediterran [lat.], zum Mittelmeer gehörend.

Medium [lat.; = Mitte]: **1)** Bez. für ein Zeitwort, das [durch best. Formen] das Betroffensein des tät. Subjekts durch die Tätigkeit kennzeichnet (bes. im Griech.; Sprachwiss.); **2)** Träger physikal. od. chem. Vorgänge; **3)** für die Verbdg. zum Übersinnl. bes. befähigte Mittelsperson (Okkultismus).

Medizin [lat.]: **1)** Heilkunde, Lehre vom gesunden u. kranken Menschen *(Human-M.)* und Tier (Tierheilkunde, *Veterinär-M.*); Wiss. v. den Krankheitsursachen, der Heilung u. Vorbeugung von Krankheiten; *theoret.* Fächer: Anatomie, Physiol., physiol. Chemie, Biochemie, Immunol., Serol., Pharmakol., Bakteriol., Virol., Pathol.; *angewandte M.:* innere M., Chirurgie, Gynäkol., Pädiatrie, Perinatol., Psychiatrie, Neurol., Hals-, Nasen- und Ohrenheilkunde (Laryngol., Rhinol., Otol.), Orthopädie, Urol., Ophthalmol., Radiol., Dermatol., Zahnheilkunde, gerichtl. M., Arbeits- u. Sozial-M., Balneol., Anästhesiol.; **2)** Heilmittel, Arznei.

Medizinmann, bei Naturvölkern Zauberpriester od. Schamane, der Krankheiten u. böse Geister vertreiben soll u. z. T. auch kult. Handlungen leitet.

Medley, svw. ↑Potpourri.

Médoc [me'dɔk], frz. Weinbauldsch. südl. der Gironde.

Medusa, im griech. Mythos die sterbliche der drei Gorgonen.

Meer, zusammenhängende Wassermasse der Erde, rund 362 Mill. km^2 (71 % der Erdoberfläche). 3 Welt-M.e *(Ozeane):* Pazif., Atlant. u. Ind. Ozean. Zu den *Neben-M.en* gehören *Binnen-M.e* (nur schmale Verbdg. zum offenen Welt-M.), *Mittel-M.e* (zw. Kontinenten liegend), *Rand-M.e* (am Rand eines offenen Ozeans, durch Halbinseln od. Inselketten von diesem getrennt). Vertikale Gliederung (nach Tiefe u. Landferne): Küstenzone, *Flachsee* (mit Schelf bis 200 m u. Kontinentalabhang bis 1000 m), *Tiefsee* (unter 1000 m); die größten Tiefen (bis 10924 m) in Tiefseegräben (Marianengraben [↑Marianen]); durchschnittl. Salzgehalt des *M.wassers* 3,5 %. *M.esbewegungen:* Wellen, Gezeiten und M.esströmungen. 2 gr. Lebensbereiche: M.esboden *(Benthal),* offenes M. *(Pelagial).*

Meeralpen (Seealpen), Teil der Westalpen, bis 3297 m.

Meerbusch, St. im Kr. Neuss, NRW, 54200 E; Edelstahl-, keram. Industrie. – 1970 aus 8 Gem. entstanden.

Meerbusen, größere Meeresbucht.

Meeresschildkröten, Fam. der Schildkröten; u. a. Suppen-, Karettschildkröte.

Meeresspiegel: 1) Meeresoberfläche; **2)** die ideelle Wasseroberfläche des Meeres, auf die sich die geodät. Höhenmessungen beziehen; ↑auch Normalnull.

Meeresverunreinigung, die Verschmutzung des Meerwassers, von Meeresböden u. Meeresstränden durch für Meerestiere u. -pflanzen schädl. feste, flüssige u. gasförmige Stoffe, v. a. durch Zufluss verschmutzter Flüsse, direkte Einleitung (hpts. Nitrate, Phosphate, Schwermetalle) u. Tankerunfälle.

Meergrundeln, kl. Grundfische v. a. der Küstengewässer; manche Arten mit Brutpflege.

Meerkatzenartige, meist auf allen vieren laufende, mittelgr. Affen der Alten Welt; u. a. *Meerkatzen* südl. der Sahara: Husarenaffen, Makaken, Rhesusaffen, Magots.

Meerrettich, Kreuzblütler; Wurzel als scharfes Küchengewürz.

Meersburg, St. am Bodensee, Ba.-Wü., 5400 E; Altes Schloss (hpts. 16./17. Jh.) mit Droste-Museum, Neues Schloss (18. Jh.); Weinbau, Textilindustrie.

Meerschaum (Sepiolith), feinerdig-poröses Mineral, Härte 2–2,5; undurchsichtig, weiß; hpts. in Anatolien; für Pfeifenköpfe u. ä.

Meerschweinchen, südamer. Nagetierfam.; das *Peruan. M.* ist die Wildform des *Haus-M.s.*

meg[a]..., Meg[a]... [gr.], Bestimmungswort; Bed.: „groß, lang, mächtig".

Mega... [gr.], **1)** Vorsatz vor [physikal.] Einheiten, Zeich. M, bez. das 1000000fache der betr. Einheit; **2)** in der EDV Vorsatz vor den Einheiten Bit und Byte mit der Bedeutung $2^{20} = 1024 \times 1024$; Angabe der Speicherkapazität.

megal[o]..., Megal[o]..., svw. ↑meg[a]..., Meg[a]...

Megalithkulturen, süd-, west- u. nordeurop. Kulturgruppen der Jungsteinzeit, zu deren Totenkult *Megalithgräber* (Hünengräber) u. Kultanlagen (z. B. Stonehenge) aus *Megalithen* (großen Steinen) gehören.

Megaphon [gr.], Sprachrohr, Lautsprecher.

Megara, griech. St. am Saron. Golf, 17700 E; im Altertum Hauptort der Ldsch. *Megaris.*

Megäre ↑Erinnyen.

megarische Schule, die von Euklid v. Megara (* um 450, † um 380 v. Chr.) gegr. älteste sokrat. Philosophenschule, zeichnete sich durch sophist. Spitzfindigkeit aus.

Megève [mə'ʒɛ:v], frz. Fremdenverkehrsort in den Alpen, 6000 E; in der Nähe der Montblanc; Wintersportort.

Meghalaya, nordostindischer B.-Staat, 22429 km², 1,76 Mill. E, Hptst. Shillong.

Mehl, i. w. S. jedes feinst zerriebene Material, i. e. S. die feinpulverigen Mahlerzeugnisse von Getreide (v. a. Weizen, Roggen).

Mehlbeere, 3–15 m hoher Baum od. Strauch (Rosengewächs) mit kl. Apfelfrüchten u. unterseits weiß behaarten Blättern; Ziergehölz.

Mehlkrankheit ↑Übers. S. 528 ff.

Mehltau, Echter ↑Übers. S. 528 ff.

Mehltau, Falscher ↑Übers. S. 528 ff.

Mehnert, Klaus, * 1906, † 1984, dt. Politologe u. Publizist; Kritiker des Kommunismus.

Mehrheit, Mehrzahl bei Wahl od. Abstimmung; *einf.* (relat.) *M.* (bei mehreren Vorschlägen die höchste Stimmenanzahl), *absolute M.* (mehr als die Hälfte aller Stimmen), *qualifizierte M.* (ein über der Hälfte liegender Teil der Stimmen, z. B. ⅔-Mehrheit).

Mehrheitswahl, Wahlsystem, bei dem der Kandidat bzw. die Partei mit absoluter od. relativer Mehrheit siegt. Erhält b. absoluter M. kein Bewerber die absolute Mehrheit, entscheidet *Stichwahl* zw. den beiden Bewerbern mit der höchsten Stimmenzahl od. eine *Nachwahl,* bei der die relat. Mehrheit entscheidet.

Mehring, Franz, * 1846, † 1919, dt. Historiker u. Politiker; begr. mit R. Luxemburg u. K. Liebknecht den Spartakusbund.

Mehrkampf, sportl. Wettkampf mit mehreren Einzeldisziplinen; die Leistungsbewertung in jeder Einzeldisziplin erfolgt nach Punkten.

Mehrstimmigkeit, svw. ↑Polyphonie.

Mehrwert: 1) der vom Arbeiter produzierte Wert, der über das hinausgeht, was der Arbeiter als Gegenleistung erhält (Begriff des Marxismus); **2)** im Umsatzsteuerrecht der einem Gut in einem Unternehmen hinzugefügte Wert (= Gesamtwert bei Verlassen des Unternehmens abzügl. Wert der Vorleistungen).

Mehrwertsteuer ↑Umsatzsteuer.

Meier [lat.], im frühen u. hohen MA grundherrlicher Amtsträger und Verwalter der Gutswirtschaft.

Meierei, veraltet für Molkerei; Pachtgut.

Meiji-Reformen [meɪdʒi-], jap. Reformen während der Meiji-Ära 1868–1911/12, die den Anschluss Japans an die Entw. der mod. europ. Ind.-Nationen sichern sollten.

Meile, altes Wegemaß, u. a. *preuß. M.:* rd. 7,5 km; *geograph. M.:* rd. 7,42 km; ↑auch Seemeile.

Meiler [mlat.], mit Erde abgedeckter Holzstoß, der unter minimaler Luftzufuhr zu Holzkohle verglimmt.

Meinecke, Friedrich, * 1862, † 1954, dt. Historiker; Gegner des Nat.-Soz.; u. a. „Weltbürgertum u. Nat.-Staat", „Die Entstehung des Historismus".

Meineid, vorsätzl. Beschwören einer falschen Aussage vor Gericht od. vor einer anderen für Eidesabnahmen zuständ. Stelle; mit Freiheitsstrafe bedroht.

Meiningen, Krst. in Thür., 24600 E; Schloss (16./17. Jh.), Theater; Masch.- und Textilind. – 1680–1918 Residenz der Herzöge von Sachsen-Meiningen.

Meinrad, Josef, * 1913, † 1996, östr. Bühnen- u. Filmschauspieler; s. 1959 Träger des Ifflandringes.

Meinungsforschung (Demoskopie), Teilgebiet der empir. Sozialforschung; Befragung eines repräsentat. Querschnitts; u. a. für Marktforschung, polit. Vorhaben.

Meiose [gr.] ↑Zellteilung.

Meir, Golda, * 1898, † 1978, isr. Politikerin (Mapai); 1949–56 Min. für Arbeit u. soz. Sicherheit; 1956–65 Außenmin.; 1969–74 Ministerpräsidentin.

Meisen, kl., lebhafte Singvögel; Höhlenbrüter; u. a. Kohl-, Blau-, Tannen-, Hauben-, Sumpfmeise.

Meißen: 1) Krst. in Sa., 33500 E; altertüml. Stadtkern, got. Dom, Albrechtsburg (1471 ff.); bed. Porzellan- und keram. Ind.; **2)** histor. Territorium, Mark im Gebiet um Dresden und in der Oberlausitz, 965/68 gegr.; unter Markgf. aus versch. Häusern; seit 1089 im Besitz der Wettiner, wurde Kernland des späteren Kurft. Sachsen.

Meißner (Hoher M.), Teil des nördl. Hess. Berglandes, 754 m.

Meistbegünstigung, Zuerkennung solcher Vorteile an einen Außenhandelspartner, die bereits anderen Handelspartnern gewährt werden.

Meister, Handwerker, der die *M.prüfung* abgelegt hat als Nachweis über die Befähigung, einen Handwerksbetrieb selbst. zu führen u. Auszubildende anzuleiten.

Meistersinger, bürgerl., meist dem Handwerkerstand angehörende Dichter-Komponisten des MA, formal den Minnesängern folgend; im 15. Jh. zunftmäß. *Singschulen,* feste Rangordnung: Schüler, Singer, Dichter, Meister; künstler. Zensur durch die gewählten *Merker* gemäß den Kunstregeln der *Tabulatur;* Höhept. im 15./16. Jh. mit H. Folz, H. Sachs u. a. in Nürnberg.

Meit, Conrad, * um 1480, † 1550 od. 1551, Bildhauer der dt. Renaissance.

Meitner, Lise, * 1878, † 1968, schwed.-östr. Physikerin; bed. Arbeiten zur Kernphysik; entdeckte mit O. Hahn das Protactinium (1917); deutete 1939 mit O. R. Frisch die Uranspaltung, der sie den Namen Kernspaltung gab.

Megalithkulturen. *Megalithgrab (Posekær Stenhus auf Jütland)*

Meitnerium, chem. El., Symbol Mt, OZ 109, ein Transuran.

Mekka, Hptst. von Hedjas, Saudi-Arabien, 550000 E; kult. Mittelpt. u. bedeutendster Wallfahrtsort des Islams; Moschee (775–85) mit Kaaba u. hl. Brunnen.

Mekong, Hauptfl. Hinterindiens, 4500 km, mündet mit breitem Delta ins Südchin. Meer.

Melaka (fr. Malakka): **1)** Gliedstaat Malaysias, 1650 km², 505000 E; **2)** Hptst. von 1) an der Malakkastraße, 87500 E; Holz-, Nahrungsmittelind.; Fischerei; ✈.

Melancholie [gr.]: **1)** eines der 4 Temperamente; **2)** Schwermut, Trübsinn, verbunden mit Antriebsarmut.

Melanchthon, Philipp, eigtl. P. Schwarzerd, * 1497, † 1560, dt. Humanist u. Reformator; Mitarb. Luthers; Verf. der ersten luth. Bekenntnisschriften, Organisator der prot. Gelehrtenschule; prägte das dt. Schul- und Universitätswesen, daher der ehrende Beiname „Praeceptor Germaniae".

Melanesien, westpazif. Inseln nö. von Australien: Neuguinea, Admiralitätsinseln, Bismarckarchipel, Salomoninseln, Louisiadearchipel, Santa-Cruz-Inseln, Neue Hebriden, Loyaltyinseln und Neukaledonien.

Melanom [gr.], bösart. gelb bis schwarz gefärbte Geschwulst mit Melanineinlagerung an Haut u. Schleimhaut.

Melasse [frz.], Rückstand b. der Zuckerfabrikation, enthält 50% Zucker; verw. zur Herst. v. Spiritus u. Presshefe, als Futtermittel.

Melbourne ['melbən], Hptst. des austral. B.-Staates Victoria, 3,02 Mill. E; mehrere Univ.; bed. Ind.-Zentrum (Masch.-, Auto-, Textilind. u. a.); bed. ⚓; ✈. – Gegr. 1835.

Melde, Gatt. der Gänsefußgewächse; Kräuter oder Sträucher; Unkräuter, Zier-, Gemüsepflanzen.

meldepflichtige Krankheiten, der Meldepflicht unterliegende Infektionskrankheiten, u. a. Kindbettfieber, Kinderlähmung, bakterielle Lebensmittelvergiftung, Paratyphus, Ruhr, Tollwut, Typhus, Tuberkulose, Diphtherie.

Melibocus (Malchen), Berg am W-Rand des Odenwaldes, 517 m.

Melioration [lat.], in der Landw. Bodenverbesserung.

Melisse [gr.], aus dem Mittelmeergebiet stammender Lippenblütler; Blätter liefern Melissenöl.

Melk, östr. St. an der Donau, Niederöstr., 6200 E; über der Stadt die Benediktinerabtei *Stift M.* (1702 bis 1726 erbaut).

Melle, Stadt sö. von Osnabrück, Nds., 43800 E; viels. Ind.; Solbad.

Melodie [gr.], singb., in sich geschlossene, nach Klangschritten u. Rhythmus geordnete Tonfolge.

Melodik [gr.], allg. svw. Melodie; im 19. Jh. Melodielehre.

Melodram[a] [gr.], Deklamation od. Schauspiel mit Musikbegleitung.

Melone [ital.], Bez. für saft. Beerenfrüchte versch. Kürbisgewächse, Wasser-, Zuckermelone u. a.

Melonenbaum (Papayabaum), in den Tropen kultivierter Obstbaum mit melonenart., essbaren Früchten.

Melozzo da Forlì, * 1438, † 1494, ital. Maler; Fresken in Rom und Loreto (monumentale, illusionist. Deckenmalerei).

Melpomene, Muse der Tragödie.

Melun [mə'lœ̃], frz. St. an der Seine, 35000 E; Hptst. des Dep. Seine-et-Marne.

Melusine, in der altfrz. Sage eine schöne Meernixe; Titelgestalt eines dt. Volksbuchs (15. Jh.).

Melville, Herman ['melvɪl], * 1819, † 1891, amer. Schriftsteller; Seeromane, „Moby Dick".

Melville Island ['melvɪl 'aɪlənd]: **1)** Insel im Kanad.-arkt. Archipel, die größte der Parry Islands, 42149 km²; von Victoria Island durch den *Melvillesund* getrennt; **2)** Insel vor der nordaustral. Küste, 5800 km².

Membran [lat.], dünne Haut; in der Technik: **1)** ein eingespanntes schwingungsfäh. Plättchen zur Übertragung von Druckänderungen (verw. z. B. in Mikrofonen); **2)** selektiv durchlässiges Häutchen (Ultrafilter) zur Abtrennung kolloidaler Teilchen.

Memel: 1) (litau. Nemunas, russ. Neman) osteurop. Fl., 937 km, entspringt südl. v. Minsk, mündet ins Kur. Haff (Hauptmündungsarme: Gilge u. Ruß); **2)** (litau. Klaipeda) Hafenst. am Ausgang des Kur. Haffs zur Ostsee, Litauen, 208000 E; Fisch-, Zelluloseind.; ✈. – 1252 gegründet (1258 Lüb. Recht).

Memelland, nördl. der Memel u. des Ruß gelegener Teil Ostpreußens, 2830 km², 153000 E (1941; überw. dt. u. ev., z. T. Litauisch sprechend); 1919 im Versailler Vertrag ohne Volksabstimmung an die Alliierten abgetreten; s. 1924 autonomer Teil Litauens; 1939 an das Dt. Reich zurück, s. 1945 Teil der Litauischen SSR, s. 1991 Litauens.

Memento [lat.], im Messkanon Bittgebet für Lebende u. Tote; *M. mori!* Gedenke des Todes!

Memmingen, krsfr. St. nahe der mittl. Iller, Bayern, 40600 E; altertüml. Stadtbild, got. Martinskirche, Rathaus (1589; 1765), spätgot. u. barocke Zunft- u. Wohnhäuser; LG; vielseit. Industrie.

Memoiren [memo'a:rən; frz.], [Lebens]erinnerungen.

Memorandum [lat.], ausführl. [diplomat.] Denkschrift.

Memory-Legierungen ['meməri-], Nickel-Titan- u. Kupfer-Zink-Aluminium-Legierungen mit der Fähigkeit, beim Erwärmen eine frühere Form anzunehmen; Anwendung für Satellitenantennen u. a.

Memphis: 1) antike St. in Ägypten, südl. von Kairo, v. a. während des Alten Reiches (↑ägypt. Gesch.) Hptst. Ägyptens; Ruinen; **2)** St. im sw. Tennessee, USA, am Mississippi, 610000 E; Univ.; Holz- u. Textilind.; Baumwollhandel; Fluss-⚓, ✈.

Menander (griech. Menandros), * 342, † 291 v. Chr., griech. Dichter; bedeutendster Vertr. der neuen att. Komödie, über 100 Werke.

Menchú, Rigoberta [-'tʃu], * 1959, guatemaltek. Bürgerrechtlerin, Eintreten für Rechte d. indian. Bev., Friedensnobelpreis 1992.

Mendel, Gregor Johann, * 1822, † 1884, Augustinerabt; fand 1865 bei Kreuzungsversuchen an Erbsen die *mendelschen Regeln* (↑Vererbung).

Mendelejew, Dmitri Iwanowitsch, * 1834, † 1907, russ. Chemiker; stellte das ↑Periodensystem der chem. Elemente unabhängig von J. L. ↑Meyer auf.

Mendele Mojcher Sforim, eigtl. Schalom Jakob Abramowitsch, * 1835, † 1917, jidd. Dichter; „Fischke der Krumer".

Mendelevium, chem. El., Symb. Md, OZ 101; erstmals 1955 künstl. hergest. ↑Transuran.

Mendelssohn: 1) Arnold Ludwig, * 1855, † 1933, dt. Komponist, Opern, geistl. Chormusik; leitete Reform der ev. Kirchenmusik ein; **2)** Moses, eigtl. Moses Ben Menachem Mendel, * 1729, † 1786, dt. Philosoph; popularisierte die Ideen der Aufklärung, wirkte für die Emanzipation des dt. Judentums; **3)** Peter de, * 1908, † 1982, dt. Journalist; s. 1975 Präs. der Dt. Akademie für Sprache u. Dichtung.

Mendelssohn Bartholdy, Felix, * 1809, † 1847, Enkel von M. Mendelssohn, dt. Komponist; mit einer Wiederaufführung d. Matthäuspassion J. S. Bachs Beginn erneuter Bach-Pflege; 5 Sinfonien, Oratorien, Violinkonzert, Musik zu Shakespeares „Ein Sommernachtstraum".

Menden (Sauerland), St. nö. von Iserlohn, NRW, 58400 E; Metall-, Elektroindustrie.

Mendès-France, Pierre [mɛ̃dɛs

F. Mendelssohn Bartholdy

'frã:s], * 1907, † 1982, frz. Politiker; 1954/55 Min.-Präs.; beendete den Indochinakrieg.

Menelaos, sagenhafter Kg. von Sparta, Gatte der Helena.

Menelik II. ↑Menilek II.

Menetekel [aram.], ernster Warnruf, unheildrohendes Zeichen, nach der Geisterschrift beim frevler. Gastmahl Belsazars.

Menge, Zusammenfassung von [endl. od. unendl. vielen] best., wohl unterschiedenen Objekten (Elementen) zu einem Ganzen, z. B. die M. der ganzen Zahlen.

Mengenlehre, von G. ↑Cantor begr. Zweig der Math., der durch Einführung der Begriffe Menge, Relation u. Abb. fast alle Bereiche dieser Wiss. beeinflusste u. zur Entw. neuer Teilgebiete führte.

Mengistu Haile Mariam, * 1937, äthiop. Offizier u. Politiker; maßgebl. am Sturz Ks. Haile Selassies I. 1974 beteiligt, führender Politiker (s. 1977) in Äthiopien, 1991 gestürzt.

Mengzi, Meng Tzu, latin. Mencius, eigtl. Meng Ko, * 372, † 289 v. Chr., chin. Philosoph; Vertr. der Lehren des Konfuzius.

Menhir [kelt.], unbehauener, aufrecht stehender Stein (bis 20 m hoch); vorw. jüngere Steinzeit.

Menilek II. (Menelik), *1844, † 1913, Ks. v. Äthiopien s. 1889; behauptete sich im Krieg gg. Italien 1895/96 (Sieg b. Adua), erweiterte das Äthiop. Reich.

Meningitis [gr.], svw. Hirnhautentzündung (↑Gehirn).

Meniskus [gr.]: **1)** halbmondförm. Zwischenknorpel im Kniegelenk; *M.riss,* häuf. Sportverletzung; **2)** die gekrümmte Oberfläche einer Flüssigkeit in Kapillaren; **3)** opt. Linse, bei der beide Flächen im gleichen Sinne gekrümmt sind.

Mennige [lat.], Pb_3O_4, rotes Bleioxid; Farbpigment; verw. in Malerfarben und Rostschutzmitteln.

Mennoniten, nach dem fries. Theologen *Menno Simons* (* 1496, † 1561) ben. Anhänger täufer. Freikirchen, vom ref. Bekenntnis geprägt, Erwachsenentaufe, teilw. Kriegsdienst- u. Eidverweigerung; hpts. in den Niederlanden, in Nord- u. Südamerika.

Menopause [gr.], Zeit nach dem endgült. Ausbleiben der ↑Menstruation (Med.).

Menora [hebr.], kult. siebenarmiger Leuchter der jüd. Liturgie, wichtiges Bildmotiv der jüd. Kunst.

Menorca (fr. Minorca), östlichste Insel der Balearen, zu Spanien, 683 km²; Hauptort Mahón; Fischerei; Fremdenverkehr.

Menorrhö [gr.], svw. ↑Menstruation.

Mensa [lat.; = Tisch]: **1)** Altartisch; **2)** Speiseraum für Studenten.

Mensch, als Art *Homo sapiens* (Gatt. Homo) einziges lebendes Mitglied der Fam. Hominiden. Unter Berücksichtigung der fossilen Formen ergibt sich die Unterteilung in drei Unterfamilien: *Vormenschen* (↑Ramapithecus), *Urmenschen* (Australopithecus) und *Echtmenschen* (Hominiden). Letztere werden wiederum in drei Gruppen gegliedert: *Frühmenschen, Altmenschen* und schließl. *Jetztmenschen* (mit den morpholog. Merkmalen des *Homo sapiens* seit etwa 40 000 Jahren).

Menora *auf einem Grabstein (3./4. Jh.)*

In der *Stammesgeschichte* (Phylogenie) haben M. u. Menschenaffe gemeinsame Vorfahren. Wann sich beide getrennt haben, ist unbekannt.

Der M. ist das heute höchstentwickelte Säugetier. Vom Tier im eigtl. Sinn (auch schon von dem ihm nächstverwandten Primaten, dem ↑Schimpansen) unterscheidet er sich aber dadurch, dass er überwiegend in einer selbst geschaffenen, kulturellen Umwelt lebt. Nach Verlassen des Tier-Mensch-Übergangsfeldes vor etwa 3 Mill. Jahren trat als neuer Faktor der Geist in das Ursachengefüge der menschl. Evolution ein. Demgegenüber blieb beim Tier durch Beibehaltung des dominierenden ↑Instinkts die Handlungsfähigkeit begrenzt.

Der menschl. *Körper* setzt sich aus anorgan. (über 60 % Wasser u. etwa 5 % Mineralstoffe) u. organ. (v. a. Eiweiße, Fette, Kohlenhydrate u. Nukleinstoffe) Substanzen zusammen. – Gegliedert wird der Körper in Kopf, Rumpf und Gliedmaßen; das Knochengerüst (Skelett) ist Stütze für die Organe; es besteht aus insgesamt 212 Knochen (Schädel allein 22); Beweglichkeit durch Vielzahl v. Gelenken verschiedener Bauart; das gesamte Knochengerüst ist von Muskulatur (Fleisch) umgeben; den äußeren Abschluss und Schutz gibt die Haut; zentrales, peripheres u. autonomes (vegetatives) Nervensystem regulieren zus. mit dem hormonalen System die Lebensvorgänge (↑auch Seele 1); Sinnesorgane stellen den Kontakt zur Außenwelt her; die Eingeweide stehen in der Funktion der Ernährung und Fortpflanzung, der Atmung, des Kreislaufs u. Stoffwechsels. – ↑auch Körperbautypen. – Abb. S. 436 u. 437.

Menschenaffen, Fam. der Altweltaffen (Schmalnasen) od. als höchststehende Affen der Überfam. Menschenartige, mit Orang-Utan, Gorilla, Schimpanse; *Kleine M.,* svw. ↑Gibbons.

MENSCH I

Tiefe Schicht der Brust- und Baucheingeweide

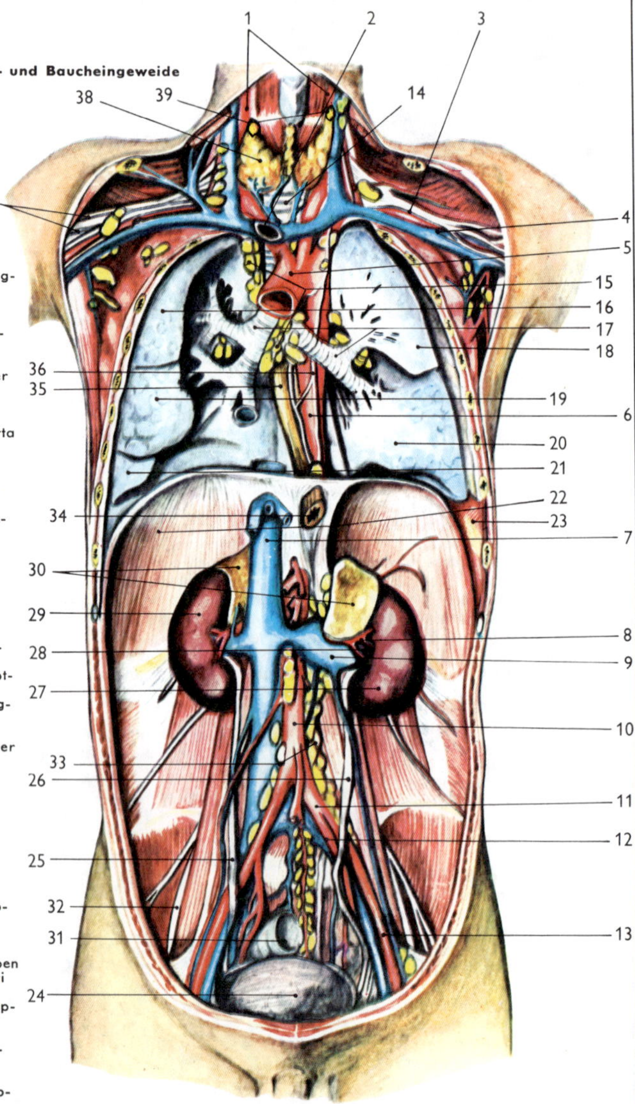

I. Blutbahnen

1 gemeinsame Kopfschlagader (Arteria carotis communis)
2 Anschnitt der oberen Sammelblutader (Hohlvene oder Vena cava cranialis)
3 Schlüsselbeinschlagader (Arteria subclavia)
4 Schlüsselbeinblutader (Vena subclavia)
5 aufsteigender Teil (Aorta ascendens) und Bogen (Arcus aortae) der Hauptschlagader
6 Brustkorbanteil (Aorta thoracica) des absteigenden Teils (Aorta descendens) der Hauptschlagader
7 unter Hohlvene (Vena cava caudalis)
8 Nierenschlagader (Arteria renalis)
9 Nierenblutader (Vena renalis)
10 Bauchanteil (Aorta abdominalis) des absteigenden Teils der Hauptschlagader
11 gemeinsame Hüftschlagader (Arteria ilica communis)
12 innere Beckenschlagader (Arteria ilica interna)
13 äußere Beckenschlagader (Arteria ilica externa)

II. Luftwege

14 Luftröhre (Trachea)
15 Lymphknoten des Lungenhilus, sog. Hilusdrüsen
16 rechter Lungenoberlappen (Lobus pulmonis dextri superior)
17 Hauptbronchien
18 linker Lungenoberlappen (Lobus pulmonis sinistri superior)
19 rechter Lungenmittellappen (Lobus pulmonis dextri medius)
20 linker Lungenunterlappen (Lobus pulmonis sinistri inferior)
21 rechter Lungenunterlappen (Lobus pulmonis dextri inferior)
22 Zwerchfell (Diaphragma)
23 sog. Komplementärraum des Rippenfells (Recessus pleurae)

III. Harnwege

24 Harnblase (Vesica urinalis)
25 rechter Harnleiter (Ureter dexter)
26 linker Harnleiter (Ureter sinister)
27 linke Niere (Ren sinister)
28 Nierenbecken (Pelvis renalis)
29 rechte Niere (Ren dexter)
30 Nebenniere (Corpus suprarenale)

V. Verdauungswege

31 Mastdarm (Intestinum rectum)
32 Oberschenkelnerv (Nervus femoralis)
33 Lymphknoten der Baucheingeweide (Mesenterialdrüsen)
34 Einmündung der Speiseröhre in den Magen (Magenmund; Cardia)
35 Speiseröhre (Oesophagus)
36 X. Hirnnerv (Nervus vagus, der „Herumschweifende")
37 Nervengeflecht des Armes (Plexus brachialis)
38 Schilddrüse (Glandula thyreoidea)
39 Nebenschilddrüse (Glandula parathyreoidea)

MENSCH II

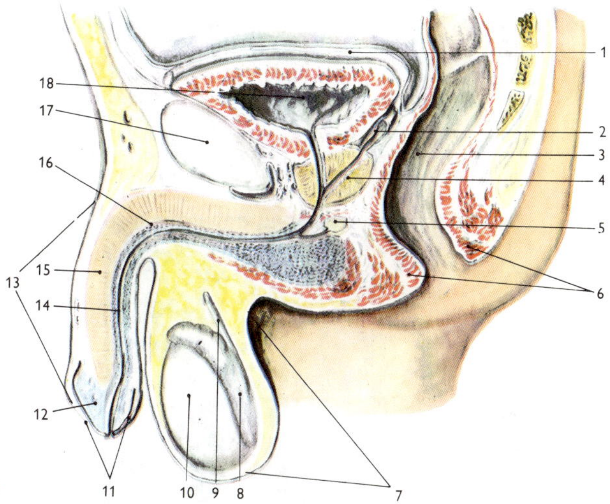

Querschnitt durch das männliche Becken

1 Samenleiter (Ductus deferens)
2 Samenbläschen (Glandula vesiculosa)
3 Mastdarm (Intestinum rectum)
4 Vorsteherdrüse (Prostata)
5 Cowper-Drüse (Glandula bulbourethralis)
6 After (Anus) mit Schließmuskulatur
7 Hodensack (Scrotum)
8 Nebenhoden (Epididymis)
9 Samenleiter (Ductus deferens)
10 Hoden (Testis)
11 Vorhaut (Präputium)
12 Eichel (Glans penis)
13 männliches Glied (Penis)
14 Harnröhre (Urethra masculina)
15 Rutenschwellkörper (Corpus cavernosum penis)
16 Schwellkörper (Corpus spongiosum penis)
17 Symphyse (Symphysis)
18 Harnblase (Vesica urinalis)

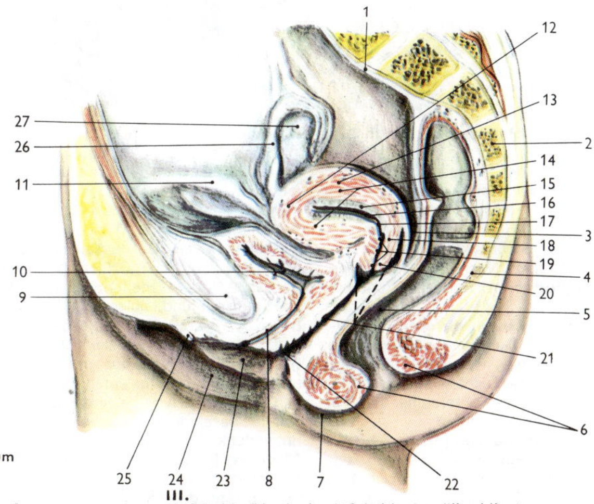

Querschnitt durch das weibliche Becken

I.
1 Vorgebirge (Promunturium)
2 Kreuzbeinwirbel (Os sacrum), durchschnitten
3 Douglas-Raum
4 Steißbeinwirbel (Os coccygis; durchschnitten)
5 Mastdarm (Intestinum rectum)
6 After (Anus) mit Schließmuskulatur
7 Dammgegend (Perineum)
8 Harnröhre (Urethra feminina)
9 Symphyse (Symphysis)
10 Harnblase (Vesica urinalis)
11 rundes Mutterband (Ligamentum rotundum)

II. Gebärmutter (Uterus):
12 Gebärmuttergrund (Fundus uteri)
13 Gebärmutterkörper (Corpus uteri)
14 Gebärmuttermuskulatur (Myometrium)
15 Gebärmutterschleimhaut (Endometrium)
16 Gebärmutterlichtung (Cavum corporis uteri)
17 Gebärmutterenge (Isthmus uteri)
18 Gebärmutterhals (Cervix uteri)
19 äußerer und innerer Muttermund (Orificium uteri)
20 Scheidenteil des Gebärmutterhalses (Portio vaginalis)

III.
21 Scheide (Vagina) mit Scheidengewölbe (dient als „Samentasche")
22 Gegend des Jungfernhäutchens (Hymen)

IV. Scham (Pudendum femininum):
23 kleine Schamlippe (Labium minus pudendi)
24 große Schamlippe (Labium majus pudendi)
25 Kitzler (Clitoris) mit Schwellkörper

V. Anhangsgebilde:
26 rechter Eileiter (Tuba uterina)
27 rechter Eierstock (Ovarium)

Menschenhandel (Frauenhandel, Mädchenhandel), zusammenfassende Bez. für das Anwerben, Verschleppen od. Entführen von Mädchen u. Frauen zum Zweck der Prostitution; strafbar.

Menschenopfer, Tötung von Menschen im relig.-kult. od. mag. Dienst; in der Religionsgesch. vielfach belegt.

Adolph von Menzel. *Das Balkonzimmer (1845)*

Menschenrassen, durch best. (insbes. morpholog. u. serolog., auch psycholog.) Merkmale gekennzeichnete Formengruppen (keine Rassen im systemat. Sinn) der Art Homo sapiens (↑Mensch); drei Großrassen (Rassenkreise): Europide, Negride und Mongolide.

Menschenrechte ↑Grundrechte.

Menschenrechtskonventionen, völkerrechtl. Vertr., in denen Staaten sich zur Gewährleistung v. Menschenrechten an alle ihrer Hoheitsgewalt unterstehenden Personen verpflichten.

Menschewiki [russ.], die gemäßigte Gruppe der russ. Sozialdemokrat. Arbeiterpartei nach 1903; ↑auch Bolschewiki.

Menses [lat.; Mrz.], svw. ↑Menstruation.

Menstruation [lat.] (Menorrhö, Menses, Periode, Regel[blutung]), period. (durchschn. alle 29,5 Tage) auftretende, etwa 3–6 Tage dauernde Blutung aus der Gebärmutter der geschlechtsreifen Frau, wenn ein nicht befruchtetes, reifes Ei mit der Gebärmutterschleimhaut ausgestoßen wird; erste M. i. d. R. mit 12–13 Jahren.

Mensur [lat.]: **1)** Fechterabstand; **2)** in einigen korporierten student. Verbänden heute noch übl. Zweikampf mit blanker Waffe; **3)** Zeitmaß der Noten; allg. Maßbez. bei Instrumenten (𝄞); **4)** Messglas, Messzylinder (⚗).

Mensuralnotation [lat.], Notenschrift mit Noten, die im Ggs. zur älteren Notenschrift die Tondauer erkennen lassen (s. 13. Jh.).

mental [lat.], geistig, den Geist betreffend; *Mentalität,* Denk-, Anschauungsweise, Geisteshaltung.

Menthol [lat.], $C_{10}H_{19}OH$; Hauptbestandteil des Pfefferminzöls; wirkt antisept. und kühlend.

Mentor, Erzieher, Ratgeber (nach dem Lehrer des Telemach).

Menü [frz.]: **1)** Essen aus mehreren, in der Folge festgelegten Gängen; **2)** in der EDV auf einem Bildschirm gezeigte Liste von Programmfunktionen.

Menuett [frz.], frz. Tanz in mäßig schnellem $^3/_4$-Takt; offener Paartanz; s. Anf. des 18. Jh.s Teil der Suite, später auch der Sinfonie und Sonate.

Menuhin, Sir (s. 1996) Yehudi, *1916, †1999, amer. Violinist; auch Dirigent.

Menzel, Adolph von, *1815, †1905, dt. Maler und Grafiker; neben impressionist. Bildern detaillierte Rokokoszenen, „Balkonzimmer", „Tafelrunde", „Flötenkonzert" und „Eisenwalzwerk", Zeichnungen (Federzeichnungen zu Kuglers „Geschichte Friedrichs des Großen").

Mephisto, Mephistopheles, Teufel der Faustsage.

Meppen, Krst. am Dortmund-Ems-Kanal, Nds., 32 100 E; Eisen- u. Textilind.; Erdgaskraftwerk, Hafen.

Meran (ital. Merano), ital. St. u. Kurort in S-Tirol, nw. v. Bozen, 33 600 E; Burg (1540), got. Pfarrkirche.

Mercalli-Skala ↑Erdbeben.

Mercator, Gerhardus, eigtl. Gerhard Kremer, *1512, †1594, niederl. Geograph und Kartograph; Schöpfer der ersten mod. Karten; Entw. der *M.projektion,* einer winkeltreuen Zylinderprojektion für Landkarten.

Mercouri, Melina [mɛr'kuri], eigtl. Maria Amalia Mersuris, *1925, †1994, griech. Schauspielerin und Politikerin; 1967–74 wegen ihres Kampfes gg. Militärjunta ausgebürgert, 1981–85 Kultusministerin, 1985–89 Min. für Kultur, Jugend u. Sport.

Meredith, George ['meredɪθ], *1828, †1909, engl Dichter; psychol., subtil iron. Romane, „Rhoda Fleming", „Der Egoist"; Lyrik.

Mergel, Sammelbez. für Sedimentgesteine der Mischungsreihe Ton–Kalk; häufig Beimengungen.

Mergenthaler, Ottmar, *1854, †1899, dt.-amer. Feinmechaniker: erfand die Zeilensetzmaschine.

Merian: 1) Maria Sibylla, verh. Graff, *1647, †1717, Tochter v. 2), schweizer. Malerin, Kupferstecherin und Naturforscherin; Blumen- und Insektenbilder; **2)** Matthäus, d. Ä., *1593, †1650, schweizer. Kupferstecher u. Buchhändler; Städteansichten.

Mérida: 1) span. St. in Estremadura, 41 800 E; Bauten aus der Römerzeit; **2)** Hptst. des mex. B.-Staates Yucatán, 523 400 E; Univ.; Kathedr.; Zentrum der Sisalverarb.; ✠; **3)** B.-Staat in W-Venezuela, 11 300 km², 615 500 E, Hptst. M.; Kaffeeanbau; **4)** Hptst. von 3), 170 900 E; Univ.; ✠.

Meridian [lat.], der größte Kreis am Himmelsgewölbe, verbindet über die Himmelspole u. den S- u. N-Punkt des Horizontes ↑Zenit u. ↑Nadir; Bez. auch für die übr. durch die Himmelspole gehenden größten Himmelskreise, denen die M.e *(Längenkreise)* des ↑Gradnetzes der Erde entsprechen; *M.-kreis,* astronom. Instrument zur Ortsbestimmung an der Sphäre.

Mérimée, Prosper [meri'me], *1803, †1870, frz. Schriftsteller;

Dramen, Novellen, „Colomba", „Carmen" (Opernvorlage Bizets).

Merkantilismus [lat.], Begriff für die wirtschaftspolit. Maßnahmen im Zeitalter des Absolutismus mit dem Ziel, den nat. Reichtum u. die Macht des Staates zu vergrößern (v.a. Förderung der Gewerbebetriebe, Steigerung des Exports u. Drosselung des Imports).

Merkel, Angela, * 1954, dt. Politikerin (CDU), Physikerin; s. 1990 MdB; 1991–94 Bundesmin. für Frauen und Jugend, 1994–98 für Umwelt, Naturschutz und Reaktorsicherheit; 1998–2000 Gen.-Sekr. der CDU, seitdem Bundesvorsitzende.

Merkur: 1) röm. Gott des Handels, Götterbote, dem griech. Hermes entsprechend; *M.stab,* ein von Schlangen umwundener Stab, Sinnbild des Handels; **2)** der sonnennächste Planet, nur in der Abend- od. Morgendämmerung zu beobachten; Rotationsdauer etwa $^2/_3$ seiner Umlaufzeit um die Sonne (88 Tage); mittl. Sonnenabstand 57,9 Mill. km. M. hat keine Atm.; gr. Temp.-Gegensätze zw. Tag- u. Nachtseite (etwa +310 u. −170 °C); Oberfläche ähnl. der des ↑Mondes 1).

Merlin, 1) Zwergfalke; **2)** Zauberer u. Seher der Artussagen.

Merowinger, fränk. Königsgeschlecht des Früh-MA; größte Machtentfaltung unter Chlodwig I., dann allm. Verfall; 751 mit der Absetzung Childerichs III. v. den Karolingern verdrängt.

Merseburger Zaubersprüche, zwei ahd. Zauberformeln in Stabreimen; in einer Handschrift des 10. Jh.s aus der Merseburger Dombibliothek.

Merseburg/Saale, Krst. in Sa.-Anh., 41700 E; spätgot. Dom (beg. 1015), spätgot. Schloss; TH, Landesarchiv; Masch.-, Zellstoffind. Aluminiumwalzwerk. – Im fr. MA wichtige Grenzburg u. -stadt; 967–1561 Bistum; kursächs. bis 1815, dann preußisch.

Mersey ['mə:zɪ], Zufl. zur Liverpool Bay, England, 110 km.

Merseyside ['mə:zɪsaɪd], Metropolitan County in NW-England, die von Liverpool beherrschte St.- u. Ind.-Ldsch. am unteren Mersey.

Merzig, Krst. an der Saar, Saarland, 31100 E; roman. Stiftskirche; Masch.-, keram. Industrie.

mes[o]..., Mes[o]... [gr.], Bestimmungswort; Bed. : „mittl., mittel, in der Mitte zwischen".

Meschede, Krst. des Hochsauerlandkr., an der oberen Ruhr, NRW, 32600 E; Pfarrkirche mit Ringkrypta (10. Jh.); Industrie.

Meschhed, Hptst. der Prov. Khorasan, Iran, 1,56 Mill. E; Univ.; bed. schiit. Wallfahrtsort; Grabmoschee des Imam Resa, Grab des Harun Ar Raschid, Wein- u. Obstgärten; ✈.

MESFET, Abk. für **Me**tal **S**emiconductor **F**ield **E**ffect **T**ransistor, ein Sperrschicht-Feldeffekttransistor, dessen Sperrschicht durch einen Metall-Halbleiter-Kontakt gebildet wird; für schnelle Logikschaltungen.

Meskalin, $C_{11}H_{17}NO_3$, Alkaloid aus mex. Kakteenart; Rauschgift.

Mesmerismus, svw. ↑Heilmagnetismus.

Mesolithikum [gr.], Mittelsteinzeit, Periode der Steinzeit zw. Paläolithikum und Neolithikum; Beginn etwa 8000 v. Chr., Ende nach Region unterschiedlich.

Mesonen [gr.], Gruppe instabiler Elementarteilchen mit ganzzahligem Spin und 0,15- bis 5,6facher Nukleonenmasse; starke Wechselwirkung mit Nukleonen (kurzzeit. Austausch v.a. von π-M. zw. den Nukleonen ist Ursache der ↑Kernkräfte); seit 1947 experimentell nachgewiesen: π-, K-, η-, ω-, ρ-, Φ-M. u.a.; die bereits 1937 von C. D. Anderson gefundenen *Myonen* (μ-M.) gehören zu den ↑Leptonen.

Mesopotamien [gr.; = (Land) zw. den Strömen] (Zweistromland, Zwischenstromland), Ldsch. in Vorderasien, das Stromgebiet v. Euphrat u. Tigris in Z-Irak u. NO-Syrien. – *Gesch.:* Raum der altoriental. Reiche Babylonien u. Assyrien, ab 539 v. Chr. Teil des Perserreiches, wurde 635/636 arab., 1534 osman.; nach dem 1. Weltkrieg entstand hier Irak.

Mesozoikum [gr.], paläontolog. Bez. für Erdmittelalter mit Trias, Jura, Kreide.

Messe [lat.]: **1)** Bez. der Feier der kath. Eucharistie. – Zahlr. Vertonungen der gesungenen unveränderl. Bestandteile der M., Kyrie, Gloria, Kredo, Sanctus (mit Benedictus), Agnus Dei; **2)** Waren-M. zum unmittelb. Verkauf od. als *Muster-M.,* oft jährl. oder halbjährl.; oft als *Fachmesse.*

Messel, Ort nö. v. Darmstadt, Hessen, 4000 E; in der Grube M. bed. Fossilienfunde in Ölschiefern.

Messenische Kriege, 3 Kriege der Spartaner gg. Messenien (740–720, 660–640, 464–455); Unterwerfung Messeniens.

Messerschmitt, Willy, * 1898, † 1978, dt. Flugzeugkonstrukteur; die Me 262 (1943) war das erste in Serie hergest. Düsenflugzeug.

Messiaen, Olivier [mɛs'jã], * 1908, † 1992, frz. Komponist; bed. Lehrer; neue Klangwirkungen.

W. Messerschmitt

Messianismus [hebr.], relig. od. polit.-soz. Bewegung, die für Gegenwart oder Endzeit Erlösung, Herrschaft oder ein neues Reich von einem Retter („Messias") erwartet.

Messias [hebr.], bibl., kult.-religiöser Hoheitstitel.

Messina, ital. Prov.-Hptst. auf Sizilien, an der Straße von M., 234000 E, Univ., wiss. Inst., Erdbebenwarte; Theater, Museum; mod. Stadtbild; Handels- u. Passagierhafen. – Gegr. als griech. Kolonie (8. Jh. v. Chr.).

Messing, Legierungen aus Kupfer (55–95 %) und Zink (45–5 %); zinkarme Legierungen heißen *Tombak.*

Messner, Reinhold, * 1944, ital. Bergsteiger; bestieg zw. 1978 u. 1986 alle 14 Achttausender ohne Sauerstoffgerät, durchquerte 1990 mit A. Fuchs (* 1953) zu Fuß die Antarktis; schrieb u.a. „Everest", „Überlebt".

Messschraube (Mikrometer[schraube], Schraublehre), Messwerkzeug für Längenmessungen mit mittl. Genauigkeitsanforderungen (Ablesegenauigkeit 0,01 mm).

Messtisch, drehbar auf einem Stativ angebrachte, waagerecht einzustellende Zeichenplatte *(M.platte),* auf der topograph. Karten aufgenommen werden; die *M.blätter* (4-cm-Karten) sind Gradabteilungskarten mit Höhenlinien im Maßstab 1:25000.

Mestizen ↑Mischlinge.

met[a]..., Met[a]... [gr.], Vorsilbe; Bed.: „zw., inmitten, nach[her], später".

Metabolismus, svw. ↑Stoffwechsel.

Metalle [gr.], chem. Elemente, die sich durch Glanz, Undurchsichtigkeit, hohe Leitfähigkeit für Wärme u. Elektrizität u. durch die Neigung zur Bildung posit. Ionen auszeichnen; mit Ausnahme des

Meteosat. *Falschfarbenbild der Erde (Wasserdampfverteilung), aufgenommen von Meteosat aus 36 000 km Höhe*

Quecksilbers sind alle M. bei Zimmertemp. fest. Man unterscheidet nach dem chem. Verhalten ↑Edel-M., *Halbedel-M.* (Zinn, Nickel, Kupfer u. Ä.) u. ↑unedle M. Die M. sind unverändert nur in M.n lösl. (↑Legierungen). Nach dem spez. Gew. unterscheidet man ↑Leicht-M. u. ↑Schwer-M.; Schmelzpunkte zw. −38,87 °C (Quecksilber) u. +3 380 °C (Wolfram). 78 chem. El. zählt man zu den M.n; ↑auch Übergangselemente.

Metalle der seltenen Erden, Bez. für die chem. El. Scandium, Yttrium, Lanthan sowie für die Lanthanoide.

Metallindustrie, Gesamtheit der Betriebe, die in der *Metallhüttenind.* Nichteisenmetalle (Kupfer, Blei, Zinn, Zink, Nickel, Aluminium, Magnesium usw.) aus Erzen bzw. Erden gewinnen u. weiterverarbeiten; i. w. S. wird auch die Eisen- u. Stahlind. zur M. gerechnet.

metallische Gläser (amorphe Metalle), Metalle od. Legierungen, deren Struktur nicht kristallin, sondern glasartig amorph ist (Zustand der festen Schmelze).

Metallisieren, Beschichten von nichtmetall. Stoffen (Kunststoffe, Textilien) mit dünnen Metallüberzügen durch Aufdampfen, Plasmaspritzen, Abscheiden.

Metallkunde, Lehre v. den Metallen, ihrer Struktur, ihren Eigensch. u. den Veränderungen, die sie bei der Verarb. erfahren.

Metalloxide, Verbindungen aus Metallen mit Sauerstoff, die in Wasser gelöst meist Basen ergeben (bzw. mit Säuren Salze).

Metallsalze, heteropolare Verbindungen aus Säuren od. Säureanhydriden mit Metallen, Metalloxiden oder Metallbasen.

Metallurgie [gr.], Wiss. u. Technologie der Gewinnung, Raffination u. Verarb. der Metalle; umfasst Hüttenkunde u. Metallkunde.

metamorphe Gesteine [gr.; dt.], durch ↑Metamorphose 3) umgewandelte Gesteine.

Metamorphose [gr.], Verwandlung, Umgestaltung: **1)** indirekte Entwicklung vom Ei zum geschlechtsreifen Tier durch Einschaltung gesondert gestalteter, selbst. Larvenstadien (hpts. bei Insekten); **2)** Umbildung eines Grundorgans zu einem Organ mit bes. Funktion im Verlauf der Stammesgesch. (z. B. Entstehung der Staubblätter aus dem Laubblatt); **3)** zusammenfassende Bez. für Gesteinsumwandlung innerh. der Erdkruste, meist durch Druck- und Temp.-Änderung.

Metapher [gr.], durch einen Vergleich zustande kommender bildl. Ausdruck, z. B. „ein Löwe in der Schlacht"; *metaphorisch,* bildl., übertragen.

Metaphysik [gr.], urspr. die im Gesamtwerk des Aristoteles nach (griech. „meta") der *„Physik"* (Naturlehre) eingeordneten Bücher; später die philos. Lehre, die das „über" oder „hinter" der sinnl. erfahrb., natürl. Welt Liegende behandelt. Eingeteilt in 1 . *Metaphysica generalis* oder Ontologie u. 2. *Metaphysica specialis* als Lehre v. der natürl. Welt (Kosmol.), v. der menschl. Seele (Psychol. od. Anthropol.), v. Gott u. Unsterblichkeit (natürl. Theol.).

Meta|stase [gr.], Tochtergeschwulst, durch Verschleppung v. Krankheitsstoffen, bes. einer bösart. Geschwulst, an anderer, vom Ursprungsort entfernt gelegener Körperstelle entstanden.

Meteore [gr.], Bez. für die Lichterscheinungen, die durch in die Erdatmosphäre eindringende außerird. Kleinkörper (↑Meteorit) ausgelöst werden. Lichtschwache M. werden *Sternschnuppen,* größere *Feuerkugeln* gen.; *planetar. M.* (aus dem Planetensystem stammend), *kometar. M.* (durch Auflösung von ↑Kometen entstanden), *interstellare M.* (aus dem interstellaren Raum, Existenz noch nicht bewiesen). *Sternschnuppen* haben Massen bis zu einigen Gramm. Das Aufleuchten erfolgt in etwa 120 bis 80 km Höhe, während das Erlöschen (infolge Verdampfung) in etwa 80 bis 20 km Höhe liegt. Die Leuchterscheinung ist wahrsch. als Verdichtung (Kompression) der Luft in einer Stoßwelle zu erklären. Die Beziehung zw. Kometen und *Meteorströmen* gestattet eine Vorhersage von Sternschnuppenfällen.

Meteorit [gr.], ein von außen in die Erdatmosphäre eindringender Kleinkörper, der ganz od. teilw. verdampft. Man unterscheidet nach dem Material *Stein-* u. *Eisen-M.e.* Der größte aufgefundene M. (Hoba in Namibia) hat ein Gew. von 54,4 t. Durch den Niedergang noch weit größerer M.e (etwa 150 m ∅, Gew. rd. 10 Mill. t) entstanden *M.enkrater* mit ∅ bis weit über 1 km, z. B. der Vredefort-Ring (Südafrika) mit 40 km ∅.

Meteorologie [gr.], Wetterkunde; Teilgebiet der Geophysik, versucht die Vorgänge u. Gesetzmäßigkeiten in der Lufthülle der Erde messend u. beobachtend zu erfassen u. nach allg. physikal. Gesetzen zu erklären.

Meteosat [Kw. aus engl. **met**eorological **sat**ellite], von der Europ. Weltraumorganisation ESA entwickelter Wettersatellit; geostationär über dem Kreuzungspunkt von Greenwich-Meridian u. Äquator; liefert über die Empfangsanlage in Michelstadt Bilder an das Europ.

Operationszentrum für Weltraumforschung (ESOC) in Darmstadt.

Meter [gr.], Einheitenzeichen m, Längeneinheit, entspricht etwa dem zehnmillionsten Teil des Erdmeridianquadranten; 1889 definiert durch das *Ur-M.,* einen in Sèvres aufbewahrten Platin-Iridium-Stab; Neufestsetzung 1983 als die Länge der Strecke, die das Licht im Vakuum während des Zeitintervalls von 1/299 792 458 s durchläuft.

Methadon, synthet., nicht bewusstseinsveränderndes Morphinderivat, lindert die Entzugserscheinungen beim Heroinentzug. M. wird in einigen Bundesländern kostenlos an ausgewählte Heroinabhängige verteilt, um den Ausstieg aus harten Drogen zu erleichtern.

Methan [gr.], CH_4, einfachster gesättigter Kohlenwasserstoff; farb- u. geruchloses brennb. Gas; Bestandteil des Erd- u. Grubengases; entsteht im Bodenschlamm v. Sümpfen u. Abwässern durch Einwirkung v. Bakterien auf organ. Substanzen (Sumpfgas); Gewinnung v. a. aus Erdgas.

Methanol (Methylalkohol), einfachster Alkohol, CH_3OH, ☠ (bei *M.vergiftung* Sehstörungen bis zur Erblindung, tödliche Dosis zw. etwa 30 und 100 ml).

Methode [gr.], Unterrichts-, Forschungs-, Herst.-Weise, [planmäß.] Vorgehen, Verfahren.

Methodik, i. e. S. Lehrkunde, Unterrichtslehre, in der Art des Vorgehens festgelegte Arbeitsweise.

Methodismus, aus der anglikan. Kirche hervorgegangene Erweckungsbewegung (begr. um 1730 v. *J. Wesley,* * 1703, † 1791); pietist. beeinflusst; Bibelfrömmigkeit, Laienmitarbeit, Betonung der persönl. Glaubensbindung an Jesus Christus, rasche Verbreitung in Großbrit. u. USA; umfangr. Missionstätigkeit; heute insges. über 50 Mill. *Methodisten.*

Methusalem (in der Vulgata Mathusala), nach 1. Mose 5,27 ff. Großvater Noahs, der 969 Jahre alt wurde.

Methyl- [gr.], $-CH_3$, einwert. Rest des ↑Methans; in vielen natürl. und synthet. Verbindungen; *M.alkohol,* svw. ↑Methanol.

Metier [me'tjɛː; frz.], Beruf, Handwerk, Gewerbe; Geschäft.

Metrik [gr.]: **1)** Lehre vom Versmaß *(Metrum);* Unterscheidung von 3 metr. Prinzipien: *akzentuierend* (Wortakzent und Versakzent, sprachl. und metr. Hebung fallen zus.), *alternierend* (regelmäßiger Wechsel v. Hebung u. Senkung), *quantitierend* (ausschlaggebend ist die Zeitdauer der Silben). Metr. Grundeinheit des Verses ist der *Versfuß:* Jambus, Trochäus, Spondeus, Daktylus, Anapäst u. a.; bekannte Versmaße: Hexameter, Pentameter, Alexandriner, Blankvers, Knittelvers. Die älteste dt. Dichtung ist im Stabreim geschrieben; **2)** Lehre vom Takt (𝄞).

K. W. Fürst Metternich

metrisches System, auf der Längeneinheit ↑Meter, der Masseneinheit ↑Kilogramm u. der Sekunde aufgebautes, internat. Maßsystem (MKS-System); vom Internat. Einheitensystem (→SI) abgelöst.

Metro [frz.], Untergrundbahn, v. a. in Paris.

Metronom [gr.], von *J. N. Mälzel* (* 1772, † 1838) entwickelter Taktgeber (Pendel mit regulierb. Anzahl der Anschläge pro Min.); Abk. M. M. (Mälzels M.) b. der Tempoangabe.

Metropole [gr.], urspr. Mutterstadt, dann Hptst., Mittelpunkt.

Metropolit, Vorsteher einer Kirchenprov.; im kath. Kirchenrecht der Erzbischof.

Metropolitan County [metrə'pɔlıtn 'kaʊntı], Verwaltungseinheit in England, meist ein Geb. mit großer Bevölkerungsdichte.

Mette (Matutin), nächtl. Stundengebet; *Christ-M.,* weihnachtl. Nachtgottesdienst.

Metternich, Klemens Wenzel Nepomuk Lothar Graf (Fürst s. 1813) Hzg. v. Portella, * 1773, † 1859, östr. Staatsmann; seit 1809 Außenmin., seit 1821 Staatskanzler; Gegner Napoleons I., 1815 Vors. des Wiener Kongresses; restaurat. Politik (Niederhaltung der freiheitl. u. nat. Bewegungen); durch die Revolution v. 1848 gestürzt.

Mettmann, Krst. im Berg. Land, NRW, 38 800 E; Metall-, Textil-, Nahrungsmittelindustrie.

Metz, Hptst. des frz. Dep. Moselle, an der Mosel, 120 000 E; got. Kathedr.; Univ.; Eisen- u. Stahlverarb.; ⚓. – Gall. Gründung, später röm. Militärstützpt., in fränk. Zeit Hauptort Austriens; im 13. Jh. R.-St., s. 1552 frz., 1871–1918 Teil Elsass-Lothringens.

Meudon [mø'dɔ̃], St. sw. von Paris, 48 400 E; Schloss (1706) mit Observatorium.

Meuterei, Vereinigung mehrerer Personen (v. a. Soldaten, Gefangene, Seeleute) zur gemeinschaftl. Gehorsamsverweigerung durch Widerstand, Gewalt od. Nötigung gegenüber Vorgesetzten.

México ['mɛxiko], Staat von Mexiko, 21 461 km^2, 9,8 Mill. E, Hptst. Toluca de Lerdo; Landw. und ⚒.

mexikanische Kulturen, ↑altamer. Kulturen im Raum Mexiko.

Mexiko: 1) Staat im S Nordamerikas und im N Z-Amerikas (31 Bundesländer, 1 Bundesdistrikt); *Bev.:* Mestizen, Indianer, Weiße und Kreolen; 96 % kath.; dichteste Besiedlung im südl. Hochland; *Spr.:* Span. *Gliederung:* M. gehört zum größten Teil ($\frac{5}{6}$) zu Nordamerika (einschließl. der Halbinsel Niederkalifornien); von den Geb.-Zügen der Sierra Madre umgebenes mex. Hochland; Hauptsiedlungsgebiet und -vulkanzone (Citlaltépetl und Popocatépetl); mittelamer. Anteil: Bergland v. Chiapas u. flache, wasserarme Kalktafel der Halbinsel Yucatán. *Klima* u. *Vegetation:* Entspr. der Höhengliederung drei klimat. Regionen: trop.-feuchte Tierra caliente mit Wäldern u. Savannen, an den Gebirgshängen u. auf Hochflächen bis 1 800 m die gemäßigte Tierra templada mit trop. Bergwald,

Mexiko

Fläche: 1 958 201 km^2
Einwohner: (1995) 93,67 Mill.
Hauptstadt: Mexiko
Amtssprache: Spanisch
Zeitzonen: MEZ −7, −8, −9 Stunden

Tierra fria, die höheren, kühleren Gebiete mit Höhenwäldern u. Grasfluren. *Landw.:* Etwa 10% Ackerland (Mais, Baumwolle, Zuckerrohr, Kaffee, Tabak, Reis, Weizen, Gerste, Obst, Gemüse, Bananen u. Ananas); rd. 40% Weideland (Rinder, Ziegen, Schafe, Maulesel, Pferde u. Esel). Die Wälder liefern Nutz- u. Edelhölzer (Mahagoni, Zedern-, Ebenholz). Reiche *Bodenschätze:* Silber, Wismut, Fluorit, Blei, Gold, Zink, Kupfer, Eisen, bed. Erdölproduktion am Golf von M. *Ind.:* Hütten-, Textil-, Glas-, Maschinenbau-, Keramik-, Tabak-, Zucker-, chem. Ind.; Haupthäfen: Veracruz und Tampico (Ölhafen). – *Gesch.:* Nach der Eroberung des Aztekenreiches (1519–21) span. Vizekgr. Neuspanien; Unabhängigkeitskrieg (1810–20); Parteienkämpfe, Bürgerkriege; 1864–67 Kaisertum (Maximilian I.); 1877–80 u. 1884–1911 Präsidentschaft v. P. Díaz: Verschlechterung der Lage der Arbeiter; 1911 Beginn der Sozialrevolution (P. Villa, E. Zapata); nach der Verf. v. 1917 ist M. eine Präsidialdemokratie; 1938 Verstaatlichung der in ausländ. Besitz befindl. Ölges., Ende der 1960er-Jahre verschärft einsetzende Wirtschaftskrise verlangte restriktive Sparpolitik; **2)** (Ciudad de México) Hptst. von 1), in einem Becken des Hochlandes (2240 m ü. d. M.), 15,05 Mill. E (Groß-M.); Universitäten, Kathedr. (16.–18. Jh.); Museen; Textil-, Tabak-, Metall-, Papier- u. Baustoffind.; ✈. – Im 16. Jh. erbaut auf den Ruinen der Aztekenhauptstadt Tenochtitlán.

Mexiko, Golf von, Nebenmeer des Atlantiks, vor den Küsten der USA, Mexikos u. Kubas, etwa 1,6 Mill. km², bis 5203 m tief.

Mey, Reinhard, * 1942, dt. Liedermacher, Chansonsänger.

Meyer: 1) Conrad Ferdinand, * 1825, † 1898, schweizer. Dichter; geschichtl. Novellen, Romane, „Das Amulett", „Jürg Jenatsch", „Gustav Adolfs Page", „Angela Borgia"; Gedichte; **2)** Eduard, * 1855, † 1930, dt. Historiker; „Gesch. des Altertums", „Ursprung und Anfänge des Christentums"; **3)** Hans, Enkel v. 4), * 1858, † 1929, dt. Forschungsreisender und Verleger; 1889 Erstbesteigung des Kilimandscharo, 1903 des Chimborasso; **4)** Joseph, * 1796, † 1856, dt. Publizist, Verleger u. Industrieller. – ↑Bibliographisches Institut & F. A. Brockhaus AG; **5)** Julius Lothar, * 1830, † 1895, dt. Chemiker; stellte ein ↑Periodensystem der chem. El. auf (unabhängig von ↑Mendelejew).

Meyerbeer, Giacomo, eigtl. Jakob Liebmann Meyer Beer, * 1791, † 1864, dt. Komponist; Opern „Robert der Teufel", „Die Hugenotten", „Der Prophet", „Die Afrikanerin"; Klavierwerke, Lieder.

Meyrink, Gustav, * 1868, † 1932, östr. Schriftsteller; Romane u. Erzählungen, „Der Golem".

Meysel, Inge, * 1910, dt. Bühnen- u. Fernsehschauspielerin.

MEZ, Abk. für: ↑**m**ittel**e**uropäische **Z**eit.

mezzo..., Mezzo... [ital.], Bestimmungswort; Bed.: „mittel, halb".

Mezzogiorno [-'dʒorno], der Teil Italiens südl. v. Rom, einschl. Sizilien.

Mezzosopran ↑Stimmlagen.

mg, Einheitenzeichen für: **M**illi**g**ramm.

Mg, Symb. für ↑Magnesium (☋).

MG, Abk. für: ↑**M**aschinen**g**ewehr.

Mgr., Abk. für: **1)** ↑**M**onsei**g**neu**r**; **2)** ↑**M**onsi**g**no**r**e.

Miami [maɪ'æmɪ], bed. Badeort und Hafenst. an der SO-Küste Floridas, USA, 359000 E; Elektro-, Textil- u. a. Ind.; ✈; auf einer Nehrung im O *M. Beach* (96000 E).

Micha (Vulgata: Michäas), einer der „Kleinen" Propheten im A. T.

Michael, Erzengel, Führer der himml. Heerscharen; im Christentum Beschützer der Kirche, der christl. Heere und Völker.

Michael: *Byzanz:* **1) M. VIII.** Palaiologos, * 1224, † 1282, Ks. seit 1258; Begr. der Palaiologendyn.; eroberte 1261 Konstantinopel zurück; 1274–81 Union der griech. mit der lat. Kirche. – *Rumänien:* **2) M. I.,** * 1921, Kg. 1927–30 u. 1940–47; 1947 v. der kommunist. Reg. zum Thronverzicht gezwungen; seitdem im Exil. – *Russland:* **3) M.** ↑Michail. – *Serbien:* **4) M.** Obrenović, * 1823, † 1868, Fürst 1839–42 u. seit 1860; erfolgr. Bemühungen um eine musterhafte Verw., ermordet.

Michail Fjodorowitsch, * 1596, † 1645, Zar seit 1613; Begr. der Dyn. Romanow.

Michelangelo [mike'landʒelo], eigtl. M. (Michelagniolo) Buonarroti, * 1475, † 1564, ital. Bildhauer, Maler, Baumeister u. Dichter; einer der berühmtesten Künstler der Renaissance: Pieta in St. Peter, Rom; David, Florenz; Madonna in Brügge; Decken- und Wandfresken in der Sixtin. Kapelle (Jüngstes Gericht), Rom; Medici-Kapelle mit Grabmälern, Biblioteca Laurenziana in Florenz; Fresken im Vatikan, Rom; Kuppel der Peterskirche; Sonette und Madrigale.

Michelozzo di Bartolommeo [mike'lɔttso], * 1396, † 1472, ital. Baumeister und Bildhauer der Frührenaissance; in Florenz San Marco und Palazzo Medici-Riccardi.

Michelstadt, hess. St. im östl. Odenwald, 16500 E; Fachwerkrathaus (1484) u. a. alte Bauten; Metall-, Kunststoffverarb., Elfenbeinschnitzerei.

Michigan ['mɪʃɪgən], Abk. Mich., Staat im N der USA, 151586 km², 9,3 Mill. E, Hptst. Lansing; flachhügelige Ldsch., zahlr. Seen; ertragreiche *Landw.:* Mais, Weizen, Zuckerrüben; Viehzucht; Fischerei; umfangr. ⚒, u. a. Erdöl, Erdgas, Eisen-, Kupfererze; bed. Kfz-Ind. (60% der US-Kraftwagenproduktion; Zentrum Detroit).

Michigansee ['mɪʃɪgən-], zweitgrößter der Großen Seen, USA, 58016 km², bis 282 m tief; fischreich; am Ufer die Ind.-Gebiete um Chicago und Milwaukee.

Mickiewicz, Adam [mits'kjɛvitʃ], * 1798, † 1855, poln. Dichter; Begr. der poln. Romantik.

Microfaser, Konstruktion v. Polyesterfaserstoffen, die aufgrund feinster Faserstrukturen ausgeprägtes Volumen mit vielen Lufteinschlüssen aufweisen; leicht, atmungsaktiv mit gutem Wärmerückhaltevermögen u. Atmungsaktivität.

Midas, Gestalt der griech. Mythologie; phryg. Kg., der v. Dionysos die Gabe erbittet, alles Berührte in Gold zu verwandeln. – M. wird neben Gordios auch als Gründer des phryg. Staates überliefert.

Midgard, in der nordischen Sage die bewohnte Erde; umschlungen von der im Weltmeer lebenden *M.schlange.*

Midlifecrisis ['mɪdlaɪf'kraɪsɪs; engl.], Bez. für eine Phase zw. dem 40. u. 50. Lebensjahr, in der der Betroffene sein bisheriges Leben krit. überdenkt u. häufig gefühlsmäßig in Zweifel zieht.

Miegel, Agnes, * 1879, † 1964, dt. Dichterin; Balladen, Erzählungen.

Miere, Bez. für versch. Nelkengewächse; Stern-, Salz-, Vogel-M. u. a.

Miesbach, oberbayr. Krst. nö. des Tegernsees, 10500 E; Luftkurort, Zuchtviehmärkte.

Miesmuschel (Pfahlmuschel), weltweit verbreitete essbare Muschel, setzt sich an Steinen u. Pfählen fest u. bildet oft Muschelbänke.

Mies van der Rohe, Ludwig, * 1886, † 1969, dt.-amer. Architekt; Trennung v. tragenden u. nicht tragenden Bauelementen, Gliederung des fließenden Raumes durch einzeln stehende Wände; funktionell gegliedertes Wohnhaus, 1930 bis 1933 Leiter des Bauhauses, seit 1938 in den USA.

Miete, gegenseit. Vertrag, in dem sich der *Vermieter* verpflichtet, dem *Mieter* den Gebrauch der vermieteten Sache während der Mietzeit zu gewähren, während der Mieter sich verpflichtet, den vereinbarten *Mietzins* zu entrichten. Der *Mietvertrag* ist formlos; Schriftform ist nur bei Grundstücks-M. (Wohnungen) für die Zeit von mehr als 1 J. erforderlich.

Mieterschutz ↑Kündigungsschutz.

Mifegyne® ↑RU 486.

Mikado [jap.; = erhabene Pforte], poet. Bez. für den jap. Ks. (Tenno).

mikr[o]..., Mikr[o]... [gr.], Bestimmungswort; Bed.: „klein, fein, gering".

Mikro..., Zeichen µ, Vorsatz vor [physikal.] Einheiten, bez. das 10^{-6}fache der betr. Einheit.

Mikroben [gr.], svw. ↑Mikroorganismen, bes. Bakterien.

Mikrobiologie [gr.], Wiss. von ↑Mikroorganismen u. Viren.

Mikrocomputer, mikrominiaturisiertes Rechnersystem, das neben einem Mikroprozessor Speicher und modulare Koppelglieder (Interfaces) für den Anschluss von Peripheriegeräten enthält.

Mikro|elektronik, Teilgebiet der Halbleiterelektronik, das sich mit der Entw. u. Herst. von integrierten Schaltungen befasst.

Mikrofiche [gr.], stark verkleinerte Reproduktion v. Buchseiten, Dokumenten u. a. auf lichtempfindl. Material *(Mikrofilm;* auch xerograph. u. a. Verfahren) für Archive u. Ä.; mit Lesegeräten benutzbar.

Mikrofilm, meist 16 mm breiter hoch auflösender Film zur Raum sparenden Schriftgutspeicherung.

Mikrofon [gr.], elektroakust. Schallempfänger u. -wandler, überführt empfangene Schallenergie in elektr.; die in der Fernsprechtechnik noch verw. *Kohle-M.e* arbeiten mit der Veränderung des Übergangswiderstandes v. Kohlekörnern bei Beschallung, *Kondensator-M.e* mit Kapazitätsschwankungen. *Elektrodynam. M.e* arbeiten nach dem Induktionsprinzip, *piezoelektr. M.e* nutzen die auf best. Kristallen auftretenden elektr. Spannungen.

Mikrokosmos [gr.], die kl. Welt [des Menschen, des Atoms] als verkleinertes Abbild der gr. Welt; Ggs. Makrokosmos.

Mikrometer [gr.]: **1)** Einheitenzeichen µm, der 1 000 000. Teil eines Meters, 1 µm = 10^{-6} m; **2)** svw. ↑Messschraube.

Mikronesi|en: 1) Inselgruppe im westl. Pazifik; **2)** Rep. ebenda, umfasst die Karolinen u. weitere mikrones. Archipele, 702 km², 105 000 E; Hptst. Kolonia auf Pohnpei; unabhängig seit Dez. 1990.

Mikronesien

Fläche: 702 km²
Einwohner: (1995) 124 000
Hauptstadt: Kolonia (auf Pohnpei)
Amtssprache: Englisch
Zeitzone: MEZ + 11 Stunden

Mikro|organismen [gr.], sämtl. Organismen, ausschließl. Viren, der [elektronen]mikroskop. sichtb. Bereiche (Bakterien, Blaualgen, Protozoen, Algen, Pilze).

Mikroprozessor, programmierbares Steuer- u. Rechenwerk in Mikrominiaturbauweise (↑Chip).

Mikroskop [gr.], opt. Gerät zum Betrachten sehr kl. Gegenstände; besteht aus 2 Linsensystemen: Das *Objektiv* entwirft vom Gegenstand ein umgekehrtes, vergrößertes, reelles Bild, das man durch das *Okular* wie durch eine Lupe nochmals vergrößert betrachtet. Das Auflösungsvermögen liegt bei 10^{-4} cm u. ist eine Funktion d. Wellenlänge d. Strahlung, in der man das Objekt betrachtet; mit UV-Licht erhält man daher eine günstigere Auflösung; eine geringfüg. Verbesserung erhält man durch Einbringung eines Öltropfens zw. Objektiv und Objekt *(Immersions-M.);* ↑auch Elektronenmikroskop.

Mikrowellen, elektromagnet. Wellen vom Dezi- bis Millimeterbereich u. Frequenzen zw. 300 MHz u. 300 GHz.

Mikrowellenherd, elektr. Küchenherd, bei dem die Erwärmung der Speisen mithilfe von Mikrowellen erfolgt.

Mikrozensus [gr.; lat.], von der amtl. Statistik in der BRD seit 1957 vierteljährl. durchgeführte Stichprobenerhebung über den Bevölkerungsbestand; Erhebungseinheiten sind die Haushaltungen; erhoben werden hpts. die Merkmale Alter, Geschlecht, Familienstand, Berufsausbildung u. Stellung.

Mikulov (deutsch Nikolsburg), tschech. St. nahe der östr. Grenze; Schloss (15. u. 17. Jh.); Textilind. – *Vorfriede von Nikolsburg* (1866), beendete Krieg v. 1866.

Milane [frz.], Gatt. altweltl. tagaktiver Greifvögel; in M-Europa: *Roter* (stark gegabelter Schwanz) u. *Schwarzer Milan* (schwach gegabelter Schwanz).

Milben, Ordn. der Spinnentiere; meist 0,5–30 mm lang; Kopf, Brust und Hinterleib miteinander verschmolzen; Mundwerkzeuge zum Kauen, Stechen, Saugen; meist Parasiten (u. a. Krätzeerreger).

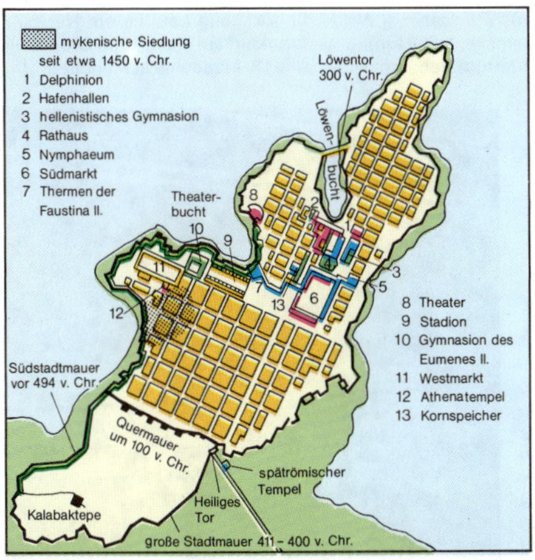

Milch: 1) weiße, undurchsicht. Flüssigkeit mit feinst verteilten, beim Stehenlassen sich an der Oberfläche als *Rahm* ansammelnden Fetttröpfchen; in den M.drüsen ♀ Säugetiere vor u. nach dem Gebären als Nahrung für die Jungen gebildet; Wassergehalt etwa 80–90 %, dazu Fett, M.zucker, Eiweiß, Mineralstoffe, Vitamine; **2)** Samenflüssigkeit der ♂ Fische, der *Milchner.*

Milchner ↑Milch 2).

Milchsäure, organ. Hydroxycarbonsäure, $CH_3-CH(OH)-COOH$; entsteht durch *M.bakterien* in saurer Milch, bei der *M.gärung* (↑Gärung), in Sauerkraut u. a.; ungiftig; verw. in der Nahrungs- und Genussmittel- sowie in der Textilindustrie.

Milchstraße, Hauptebene eines abgeflachten, linsenförm., rotierenden Sternsystems, dem alle sichtb. Sterne u. unsere Sonne angehören. Dieses Sternsystem, *M.nsystem* gen., hat folgende Dimensionen: ∅ der galakt. Scheibe etwa 120 000 Lichtjahre (Lj), Dicke 3 500 Lj, ∅ des galakt. ↑Halo 3) etwa 165 000 Lj; Rotationsgeschwindigkeit am Ort der Sonne etwa 230 km/s, ein Umlauf der Sonne dauert etwa 250 Mill. Jahre; die Masse der M. wird zw. 120 u. 190 Mrd. Sonnenmassen geschätzt. Die Sonne ist etwa 30 000 Lj vom Zentrum entfernt.

Milchzucker (Lactose), Disaccharid aus Glucose und Galaktose; weiße Kristalle, fast ausschließl. in Säugetier- u. Muttermilch; durch Eindampfen v. Molken gewonnen.

mildernde Umstände, bei bes. Straftatbeständen vorgesehene Strafmilderungsgründe.

Mile [maıl; engl.], engl. Längenmaß (1,6 km); *International Nautical Mile* (Seemeile, 1,852 km).

Milet, im Altertum bed. ion. Handelsst. an d. W-Küste Kleinasiens; Blütezeit 7./6. Jh., 494 v. Chr. von den Persern zerstört; wieder aufgebaut; Ausgrabungen der hellenist. Stadt. – Abb. S. 443.

Milhaud, Darius [mi'jo:], * 1892, † 1974, frz. Komponist; Opern, Ballette, Konzerte, Kammermusik.

Milieu [mil'jø; frz.], Lebensumstände, Umwelt; die *M.forschung* untersucht den Einfluss des M.s auf die [individuelle] menschl. Entw.: versch. *M.theorien* über die allein. od. ausschlaggebende Bed. des M.s (Psychologie u. a.).

Militärattaché [-ʃe], Offizier, der einer diplomat. Vertretung zugeteilt ist.

Militärischer Abschirmdienst (MAD), mil. Geheimdienst zum Schutz mil. Anlagen gg. Spionage u. Sabotage.

Mill, John Stuart, * 1806, † 1873, brit. Philosoph u. Nationalökonom; gründete die Logik der Geisteswiss. auf Erfahrung; führender Vertr. des Utilitarismus.

Millais, Sir John Everett [mı'leı], * 1829, † 1896, brit. Maler; Präraffaelit.

Mille [lat.], Abk. M, Tausend.

Millennium [lat.], **1)** ↑Jahrtausend; **2)** das tausendjähr. Reich der Offenbarung des Johannes.

Miller: 1) Arthur, * 1915, amer. Dramatiker; „Der Tod des Handlungsreisenden“, „Hexenjagd“; **2)** Ferdinand v., d. Ä., * 1813, † 1887, dt. Erzgießer; Brunnen, Denkmäler; **3)** Glenn, * 1904, † 1944, amer. Bandleader; klass. Swingstil; **4)** Henry, * 1891, † 1980, amer. Schriftsteller; Romane, „Wendekreis des Krebses“; **5)** Oskar von, * 1855, † 1934, Sohn v. 2), dt. Elektroingenieur; 1891 erste Drehstromkraftübertragung Lauffen am Neckar-Frankfurt am Main, 1903 Gründung des Dt. Museums in München.

minoische Kultur. *Wandmalerei im Thronsaal des spätminoischen Palastes in Knossos (1600 bis 1500 v. Chr.)*

Milli... [lat.], Zeichen m, Vorsatz vor Einheiten im Messwesen, bez. den 1 000. Teil der betr. Einheit, z. B. Millimeter (mm).

Milliarde [frz.], 1 000 Millionen (10^9; in den USA eine ↑Billion).

Millibar ↑Bar.

Millimeter (mm), Teil der Längeneinheit ↑Meter (= 1/1 000 m).

Millimeter Quecksilbersäule, Einheitenzeichen mm Hg, ältere Einheit des Drucks (gesetzl. nicht mehr zulässig); 1 mm Hg entspr. 1,33 mbar = 133 Pascal = 1,33 Hektopascal.

Millstatt, östr. Gem. in Kärnten, am *Millstätter See* (13 km²), sw. der *Millstätter Alpe* (2 086 m), 3 300 E; ehem. Benediktinerstift, im MA bed. Schreib- und Malschule *(Millstätter Handschrift).*

Miłosz, Czesław [mi'ɫɔʃ], * 1911, poln. Schriftsteller, Romane, Lyrik; Nobelpreis 1980.

Miltiades, * um 540, † um 489 v. Chr., griech. Staatsmann; siegte 490 bei Marathon über die Perser.

Milton, John [mıltən], * 1608, † 1674, engl. Dichter; „L'allegro“, „Il penseroso“, „Das verlorene Paradies“; Sonette, Maskenspiele, Streitschriften.

Milwaukee [mıl'wɔ:kı], St. in Wisconsin, USA; bed. Hafen am W-Ufer d. Michigansees, 628 000 E; Univ.; Masch.-, Auto-, Lebensmittelind., Brauereien; ✈.

Milz, in den Blutkreislauf eingeschaltetes lymphat. Organ der Wirbeltiere; beim Menschen unter dem Zwerchfell; Bildung von Erythrozyten (sowie Speicherung u. Abbau) u. Lymphozyten (beim erwachsenen Lebewesen nur Bildung von Lymphozyten).

Mime (Mimir), in der nord. Mythol. Dämon, der den Wodan berät; in der nord. Heldensage ein kunstreicher Schmied.

Mimik [gr.], Gebärden- u. Mienenspiel [des Schauspielers].

Mimikry [engl.]: **1)** Schutztracht (Färbung, Gestalt) wehrloser Tiere, die wehrhafte (Warntracht) od. ungenießb. Tiere nachahmen; **2)** übertr. für: Anpassung.

Mimosengewächse [gr.; dt.], Fam. der Hülsenfrüchtler; die Gatt. *Mimose* ist z. T. charakt. für trop. Savannen; die *Sinnpfl.* (Mimosa pudica) schlägt bei Reizung die Blätter herab.

Minarett [arab.], urspr. Leuchtturm, dann Turm der Moschee.

Minas Gerais ['minaʒ ʒe'rais], B.-Staat im östlichen Brasilien, 586 624 km², 15,73 Mill. E, Hptst. Belo Horizonte; größtenteils gebirgig (Brasil. Bergland), bis 2 821 m; Baumwoll-, Zuckerrohr-, Kaffee-,

Tabak-, Maisanbau; Viehzucht; Eisen-, Mangan-, Zinn- u. Uranerze, Gold, Schmucksteine (Diamanten).

Mindanao, zweitgrößte Insel der Philippinen, 94 630 km², rund 10 Mill. E; gebirgig; ⚒; Holzwirtsch.; Anbau von Reis, Mais, Zuckerrohr, Kokospalmen.

Mindel, r. Nbfl. der Donau, 75 km; namengebend für *M.eiszeit* (drittletzte Eiszeit im Alpengebiet).

Minden, Krst. nördl. der Porta Westfalica, an der Weser, NRW, 83 000 E; got. Dom mit Westwerk (10. Jh.) u. a.; Abt. der FH Bielefeld, Arbeits-, Verw.-Gericht; Kreuzungspunkt der Weser u. des Mittellandkanals; Häfen; Werften, Eisen- u. a. Ind. – Um 798 erstmals gen. (nach 800 Gründung des Bistums M.); um 1230 Stadtrecht; Hansemitgl.; 1648 gelangten Stadt u. Hochstift an Brandenburg.

Minderjährige, Personen, die noch nicht das 18. Lebensj. vollendet haben; der M. kann durch Beschluss des Vormundschaftsger. für volljähr. erklärt werden; ↑auch Geschäftsfähigkeit, Deliktsfähigkeit (↑Delikt), ↑Jugendstrafrecht.

Minderung, Herabsetzung des Kaufpreises wegen eines vom Verkäufer zu vertretenden Mangels.

Mindestreserven, aufgrund gesetzl. Bestimmungen von den Kreditinstituten bei der Zentralbank zu unterhaltende Guthaben zur Sicherung der Zahlungsfähigkeit, deren Höhe durch die Mindestreservesätze bestimmt wird. Die *Mindestreservepolitik* der Dt. Bundesbank besteht in der Veränderung der Mindestreservesätze zur Beeinflussung der Kreditschöpfungsmöglichkeiten der Banken.

Mindszenty, József ['mindsɛnti], eigtl. Joseph Pehm, * 1892, † 1975, ungar. Kardinal; Primas v. Ungarn; 1948–56 in Haft, während der ungar. Volkserhebung 1956 befreit, 1956–71 im Asyl in der amer. Botschaft in Budapest, seitdem in Wien; Febr. 1974 Amtsenthebung durch den Papst; 1990 durch die ungar. Reg. rehabilitiert.

Mine [frz.]: **1)** Bergwerk; Erzlager; unterird. Gang; **2)** Einlage der Schreibstifte; **3)** [geballte] Sprengladung, z. B. *Tret-, Panzer-M.n* als Hindernisse vor militär. Stellungen; im Seekrieg *Treib-, Ankertau-* und *Grund-M.n* (u. a. mit Kontakt-, Druck- oder magnet. Zündern); *Luft-M.n* sind Fliegerbomben größten Kalibers.

Minerale (Mineralien) [frz.], alle anorgan. chem., physikal., strukturell einheitl. u. natürl. gebildeten Körper der Erdkruste; strukturell sind fast alle M. ↑Kristalle. Von den über 2 000 bekannten M.n sind etwa 200 gesteinsbildend; z. T. sind M. wicht. Rohstoffe.

Mineralogie [frz.; gr.], die Wiss. von den Mineralen.

Mineral|öle, aus Kohlenwasserstoffen bestehende Öle, oxidieren nicht an der Luft.

Mineralsalze, in kl. Mengen im Körper vorkommende anorgan. Salze.

Mineralsäuren, anorgan. Säuren (hpts. Phosphor-, Salpeter-, Salz- und Schwefelsäure).

Minerva, röm. Göttin; Herrin der Handwerker, auch Kriegsgöttin.

Minetti, Bernhard, * 1905, dt. Schauspieler.

Ming, chin. Kaiserdyn. (1368 bis 1644); Ausbau der „Gr. Mauer".

Miniatur [lat.], Illustration der Buchmalerei; auch kl. Bildnis, kl. Bild; *M.malerei,* svw. Buchmalerei.

Miniatur..., Bestimmungswort; Bed.: „kl., verkleinert".

Minigolf [Kurzw.] (Bahnengolf), Geschicklichkeitsspiel, bei dem ein Hartgummiball mit Golfschlägern über versch. Hindernisse in Löcher od. Tore zu schlagen ist.

Minimum [lat.], das Geringste, Mindeste; Mindestmaß, -wert.

Minister [lat.], Mitgl. der Reg. eines Staates; im allg. Leiter eines *Ministeriums* (oberste Reg.- u. Verw.-Behörde mit best. Aufgabenbereich); die BRD kennt ↑*Bundes-M.* u. die M. der Länder (in Berlin, Bremen u. Hamburg *Senatoren*). Die Gesamtheit der M. (Reg.) wird als Kabinett, M.-Rat oder Regierung bezeichnet; den Vorsitz führt der M.präs., Premier-M. oder Kanzler.

Ministerialen [lat.], urspr. unfreie Dienstleute im Hofdienst weltl. und geistl. Fürsten; bildeten schließl. einen Teil des niederen Adels; bed. die *Reichs-M.* der Salier und Staufer.

Minkowski: 1) Hermann, * 1864, † 1909, dt. Mathematiker; Arbeiten zur Zahlentheorie und zur [math.] Relativitätstheorie *(M.-Raum);* **2)** Oskar, * 1858, † 1931, Bruder v. 1), dt. Mediziner; entdeckte den Zusammenhang zw. der Wirkung der Bauchspeicheldrüse und dem Auftreten der Zuckerkrankheit.

Minn., Abk. für: ↑**Minn**esota.

Minneapolis [mɪnɪ'æpəlɪs], die größte St. des Staates Minnesota, USA, am Mississippi, 368 000 E; Univ.; Weizenhandel, Getreidemühlen, Schlachtereien; ⚓, ✈. Mit Saint Paul zur Doppelstadt verwachsen.

Minnelli, Liza, * 1946, amer. Schauspielerin, Sängerin u. Tänzerin („Cabaret").

Minnesang, ritterl. Liebeslyrik des 12.–14. Jh.s; das Thema ist die *Minne* zur verheirateten, unerreichbaren Frau, sittl. Läuterung u. seel. Erhöhung des entsagenden Mannes (daneben auch *Mädchen-* und *Tagelieder* von erfüllter Liebe). Keine Erlebnislyrik im mod. Sinn. Durch die Lyrik der Troubadours u. Trouvères angeregt, erreichte der M. mit Heinrich v. Morungen, Reinmar v. Hagenau und Walther v. der Vogelweide um 1200 seinen künstler. Höhept.; die *Minnesänger* waren Dichter, Komponisten und vortragende Sänger.

Minnesota [mɪnɪ'səʊtə], Abk. Minn., Staat im mittl. N der USA, 218 601 km², 4,4 Mill. E, Hptst. Saint Paul; hügelige Ldsch. mit zahlr. Seen und Mooren; vorw. Landw.; Viehzucht; bed. Eisenerzförderung (rd. 50 % der Förderung der USA).

minoische Kultur, nach dem Kg. Minos ben. Kultur Kretas; in der *früh-m.n Periode* (2600–2000 v. Chr.) Steingefäße, mit geometr. Mustern bemalte Keramik; in der *mittel-m.n Periode* (2000–1600 v. Chr.) Paläste in Knossos und Phaistos, Blüte der *Kamareskeramik;* in der *spät.-m.n Periode* (1600–1400 bzw. 1200 v. Chr.) bed. Wandmalereien.

Minos, in der griech. Mythol. Sohn des Zeus u. der Europa, Kg. von Kreta.

Minotaurus, Ungeheuer der griech. Mythol., halb Stier, halb Mensch, v. Minos im Labyrinth gefangen gehalten.

Minsk, Hptst. von Weißrussland, 1,6 Mill. E; Kultur- u. Verkehrszentrum; Univ., Akad. der Wiss.; Maschinenbau u. Metall verarbeitende Ind.; ✈.

Minuend [lat.] ↑Subtraktion.

Minuskel [lat.], kl. Buchstabe.

Minute [lat.-mlat.]: **1)** Zeiteinheit, Einheitenzeichen min, bei Angabe des Zeitpunktes (Uhrzeit): ^{m}; der 60. Teil einer Stunde; 1 min = $^{1}/_{60}$ h; **2)** Winkeleinheit, Zeichen ′; der 60. Teil eines Grades: 1′ = $^{1}/_{60}$°.

Minze [lat.], Gatt. der Lippenblütler; Kräuter; die *Pfeffer-M.* liefert erfrischenden Tee.

Miozän ↑Geologie, Formationstabelle.

Mirabeau, Honoré Gabriel de Riqueti, Gf. von [mira'bo], * 1749, † 1791, frz. Politiker; Abg. des 3. Standes, 1791 Präs. der Nat.-Vers.; kämpfte vergebl. für ein starkes, konstit. Königtum.

Mirabelle [frz.], gelbe, kleinfrücht. Pflaumenart.

Miranda, Bundesstaat in Venezuela, 7 950 km², 2,02 Mill. E, Hptst. Los Teques.

Mirjam, im A.T. Prophetin, Schwester v. Moses u. Aaron.

Miró, Joan, * 1893, † 1983, katalan. Maler, Grafiker; imaginäre Bildwelt aus Zeichen, Symbolen, Figuren.

Misanthrop [gr.], Menschenfeind.

Mischlehe, Bez. für Ehe zw. Ehepartnern mit unterschiedl. Konfession od. mit unterschiedl. Religionszugehörigkeit.

Mischelemente ↑chemische Elemente.

Mischkalkulation, Festsetzung eines Einheitspreises für ein Gut trotz unterschiedl. Leistungen bzw. Kosten (z.B. Ausgleich der gesamten Transportkosten über einen einheitl. Preis); auch die Kalkulation unterschiedl. hoher Handelsspannen im Sortiment eines Handelsbetriebs (etwa zur Erzielung von Sonderangeboten) wird M. genannt.

Mischkonzern, ein Konzern, der weder überwiegend horizontal, noch überwiegend vertikal aufgebaut ist, sondern Unternehmen versch. Wirtschaftszweige u. Produktions- u. Handelsstufen vereinigt; Vorteil: Risikostreuung.

Mischkristallbildung, der Einbau von Atomen od. Ionen eines anderen Stoffes in ein best. Kristallgitter, ohne dass dabei dessen Struktur verändert wird.

Mischkultur, kombinierter Anbau versch. Kulturpflanzen.

Mischling, Mensch, dessen Eltern oder Vorfahren versch. Rassen angehören.

Mischpult, techn. Gerät, mit dem Tonsignale (Sprache, Musik, Geräusche) gemischt u. verändert werden können. Analog werden beim Bild-M. versch. Videosignale gemischt.

Misereor [lat.], 1959 gegr. Hilfswerk der dt. Katholiken gg. Hunger und Krankheit in der Welt.

Miserere [lat.], Anf. u. Bez. des 51. Psalms in der Vulgata.

Mishima Yukio, eigtl. Hiraoka Kimitake, * 1925, † 1970 (Selbstmord), jap. Schriftsteller; Romane, Novellen und Dramen, verbindet die Tradition Japans mit europ. Moderne.

Misogyn [gr.], Weiberfeind.

Mispel, weiß blühendes Holzgewächs (Rosengewächs) mit apfelart. Früchten.

Miss, engl. Anrede: Fräulein.

Miss., Abk. für: ↑**Miss**issippi 2).

Missa [lat.], lat. Bez. der ↑Messe 1); *M. pontificalis,* Pontifikalamt; *M. solemnis,* feierl. Hochamt.

Missale [lat.], Messbuch der kath. Kirche.

Missbildung, auf Erbfaktoren oder Störungen der Fruchtentw. beruhende Veränderung im Aufbau des ganzen Organismus oder einzelner Organe *(Agenesie)* bzw. Gliedmaßen.

Missinglink [engl.], fehlendes Glied in der tier. u. pflanzl. Stammesgeschichte (bes. Übergangsform zw. Mensch und tier. Ahnen).

Missio canonica [lat.], Übertragung von Vollmacht im kath. Kirchenrecht (z.B. Beicht-, Wortverkündigungsvollmacht) an Kleriker [und Laien].

Mission [lat.], Ausbreitung des Christentums, als *Äußere M.* unter den nichtchristl. Völkern; die ev. *Innere M.* u. die kath. *Volks-M.* widmen sich der relig. Erneuerung u. der Sozialarbeit im eigenen Volk.

Mississippi: 1) Fl. in den USA, entsteht als Abfluss aus dem Lake Itasca; Mündung mit gr. Delta (36 000 km²) in den Golf von Mexiko; 3778 km, entwässert mit seinem Stromnetz 40 % der USA; **2)** Abk. Miss., Staat im S der USA, östl. des unteren M., 123 516 km², 2,57 Mill. E, Hptst. Jackson; fast 56 % Wald; Baumwoll-, Reis-, Mais-, Zuckerrohr- u. Obstanbau; an der Lagunenküste Fischerei; Erdöl-, Erdgasgewinnung.

Missouri [mɪˈzʊərɪ]: **1)** r. Nbfl. des Mississippi, im nördl. Mittelwesten der USA, 3725 km; **2)** Abk. Mo., Staat der USA, beiderseits des Unterlaufs von 1), 180 516 km², 5,11 Mill. E, Hptst. Jefferson City; Prärieland im N, im SW wald-, im SO sumpfreich; vorw. Landw.; Viehzucht; Bergbau (Steinkohle, Baryt, Blei).

Misstrauensvotum, Mehrheitsbeschluss des Parlaments, der der Reg. od. dem Reg.-Chef das Vertrauen entzieht (führt zum Rücktritt); ↑konstruktives Misstrauensvotum.

Mistel, bis 1 m hoher, strauchart., immergrüner Halbparasit auf Bäumen; erbsengr. Beeren; Heilmittel.

Mister, Abk. Mr., engl. Anrede: Herr.

Mistkäfer, Unterfam. bis 7 cm gr., meist metall. glänzender Blatthornkäfer; ernähren sich v.a. von Mist; z.B. Pillendreher, Rosskäfer.

Mistral: 1) Frédéric, * 1830, † 1914, neuprovenzal. Dichter; führender Vertr. des „Félibrige" (Bewegung zur Wiederbelebung der provenzal. Spr. u. Lit.); Versdichtung „Mireia", Lyrik; provenzal.-frz. Wörterbuch; Nobelpreis (mit J. Echegaray y Eizaguirre) 1904; **2)** Gabriela, eigtl. Lucila Godoy Alcayaga, * 1889, † 1957, chilen. Dichterin; eine der bedeutendsten Lyrikerinnen der roman. Literatur; Nobelpreis 1945.

Mistral [frz.], rauher, meist trockener u. kalter N-Wind im unteren Rhonetal.

Mistress ↑Mrs.

Mitannireich, Churriterstaat unter einer indoiran. Dyn., etwa

Joan Miró. *Holländisches Interieur I (1928)*

1550–1350; umfasste zeitw. NW-Mesopotamien, Syrien und Palästina; von den Hethitern unterworfen.

Mitbestimmung, Mitwirkung v. Arbeitnehmern in Gremien, die sie betreffende wirtsch., soz. u. personelle Entscheidungen treffen: 1. M. an die ges. Wirtsch. od. zumindest ganze Wirtsch.zweige betreffenden Entscheidungen (überbetriebl. M.); 2. M. an Entscheidungen der Unternehmenspol.; 3. M. an Entscheidungen innerh. eines Betriebes (betriebl. M.).

Mitchell, Margaret ['mɪtʃəl], * 1900, † 1949, amer. Schriftstellerin; „Vom Winde verweht".

Mitchum, Robert ['mɪtʃəm], * 1917, † 1997, amer. Filmschauspieler.

Mitesser (Komedonen), Talganhäufungen in d. Hauttalgdrüsen.

Mitfahrerzentrale, Gewerbebetrieb, der die Beförderung (Mitnahme) v. Personen in privaten Kfz gg. Kostenbeteiligung vermittelt.

Mitgift, das der Braut von den Eltern in die Ehe Mitgegebene.

Mithra[s], in der altiran. Religion Lichtgott; im 2. u. 3. Jh. n. Chr. war sein Kult im ganzen Röm. Reich verbreitet, Staatsreligion unter Aurelian; viele Heiligtümer, *Mithräen,* in Resten erh., ebenso einige Kultbilder mit dem „Urstier".

Mithridates VI. (Mithradates) Eupator, * um 132, † 63 v. Chr., Kg. v. Pontus seit 120; dehnte seine Herrschaft bis zur Krim aus, unterlag den Römern in den *Mithridat. Kriegen.*

Mitla, gut erh. mex. Ruinenstätte sö. v. Oaxaca de Juárez; ehem. Zentrum der Zapoteken; Bauten mit gewalt. Monolithen, Mosaiken und Fresken.

Mitlaut, svw. ↑ Konsonant.

Mitose [gr.] ↑ Zellteilung.

Mitra [gr.]: **1)** mützenart. Kopfbedeckung der Herrscher altorient. Völker; **2)** bei Griechen u. Römern Frauenstirnbinde; **3)** liturg. Kopfbedeckung des Bischofs (kath. u. orth. Kirche) u. mancher Äbte.

Mitropoulos, Dimitri, * 1896, † 1960, griech.-amer. Dirigent.

Mitscherlich, Alexander, * 1908, † 1982, dt. Mediziner u. Psychologe; Vertr. der Psychosomatik.

Mittag: 1) Bez. für Süden; **2)** Durchgang der Sonne durch den Meridian.

Mittagshöhe, die Höhe der Sonne über dem Horizont beim Meridiandurchgang.

Mittagspunkt, svw. ↑ Südpunkt.

Mittäterschaft, bewusstes und gewolltes Zusammenwirken mehrerer bei der Ausführung einer strafbaren Handlung (§).

Mittel, ↑ arithmet. Mittel, ↑ geometr. Mittel, ↑ harmon. Mittel.

Mittel|alter (MA), in der europ. Gesch. Bez. für die Zeit zw. dem Ende des Weströmischen Reiches (476) u. der Eroberung Konstantinopels durch die Türken (1453) bzw. der Entdeckung Amerikas (1492) od. dem Beginn der Reformation (1517); *Früh-* (bis um 1000), *Hoch-* (bis 1250) und *Spät-M.* (bis um 1500).

Mittel|amerika, zusammenfassende Bez. für ↑ Zentralamerika u. die ↑ Antillen; häufig gebraucht an Stelle von Zentralamerika einschl. Mexiko.

Mitteldeutschland: 1) Bez. für d. mittl. Teil Dtl. im Bereich der Mittelgebirgsschwelle v. Rhein. Schiefergebirge bis zu Mähr. Pforte; **2)** Raum im Flussgebiet der Elbe oberh. von Magdeburg sowie der Mulde, der unteren Saale u. der Unstrut.

Mittel|europa, zentraler Teil Europas von den Alpen und Beskiden bis zur Nord- u. Ostsee.

mittel|europäische Zeit (MEZ), die zum 15. Grad ö. L. gehörende ↑ Zonenzeit; liegt um eine Stunde vor der ↑ Weltzeit.

Mittelfell (Mediastinum, Mittelfellraum), in der Brusthöhle zw. den beiden Lungenflügeln liegender Raum, der von Herz, Lymphgefäßen, Nerven, Speiseröhre und vom Thymus ausgefüllt ist.

Mittelfranken, Reg.-Bez. in Bayern, 7 246 km², 1,6 Mill. E, Hptst. Ansbach.

Mittelgewicht ↑ Übers. S. 658.

Mittelhochdeutsch, die 2. Periode des Hochdt. vom Ausgang des Althochdt. (um 1050) bis zum Übergang ins Frühneuhochdt. (2. Hälfte 14. Jh.); die Sprache der höf. Dichtung.

Mittel|ländisches Meer ([Europ.] Mittelmeer), Nebenmeer des Atlantiks zw. Europa u. Afrika; Hauptteile: Alboranmeer, Ligur. Meer, Tyrrhen. Meer, Adriat. Meer, Ion. Meer, Levantin. Meer, Ägäisches Meer, Marmarameer; als Nebenmeer: Schwarzes Meer; 3,2 Mill. km²; größte Tiefe 5 121 m.

Mittel|landkanal, Kanalverbdg. zw. Rhein, Weser und Elbe, 321,3 km; für Schiffe bis 1 000 t.

Mittel|latein, vom klass. wie vom Neulatein differenzierte Spr. (bes. Kirchen- und Gelehrtenspr.) des Abendlandes im MA.

mittel|lateinische Literatur, im Wesentl. von Geistl. geschrieben; neben antiken Formen auch Reim und Silbenzählung; erste Blüte in karoling. (u. a. Einhard) und otton. (u. a. Hrotsvit) Zeit; Höhepunkt unter den Saliern und Hohenstaufen (u. a. Archipoeta; Ruodlieb); Vagantenlyrik (Carmina Burana), didakt. Dichtung und wiss. Lit. bis ins 16. Jh.

Mistel.
Laubholzmistel auf einer Birke

Mittelmächte, im Ersten Weltkrieg Bez. für das Dt. Reich u. Östr.-Ungarn; später auch für deren Bündnispartner Osman. Reich u. Bulgarien.

Mittelmeer: 1) ↑ Meer; **2)** svw. ↑ Mittelländ. Meer.

Mittel|ohr, Teil des Ohres zw. Trommelfell und Labyrinthorgan (aus Paukenhöhle und Ohrtrompete); *M.entzündung,* akute, fieberhafte Entzündung der Schleimhaut des Mittelohrs mit Ohrenschmerzen; Übergang in chron. M.entzündung möglich.

Mittelschwergewicht ↑ Übers. S. 658.

Mittelsteinzeit, svw. ↑ Mesolithikum.

Mithridates VI. *Eupator (Münze um 90 v. Chr.)*

F. Mitterrand

Mittelwellen, Bereich der elektromagnet. Wellen zw. 300 und 1 650 kHz, Wellenlänge zw. 182 und 1 000 m (im Rundfunkbereich).

Mittenwald, bayr. Marktgemeinde an der oberen Isar 8 400 E; Geigenbau; Luft-, Winterkurort.

Mitternacht, Zeitpt. d. unteren Kulmination der Sonne; *M.ssonne,* die im Sommer zw. den Polarkreisen und den Erdpolen stets sichtbare Sonne (bedingt durch Achsenstellung der Erde zur Ekliptik).

Mitterrand, François [mitəˈrã], * 1916, † 1996, frz. Politiker; 1947–57 mehrf. Min.; 1971–81 Erster Sekr. der Sozialist. Partei; 1965 u. 1974 Präsidentschaftskandidat, 1981–95 Staatspräsident.

mittlere Reife, allg. Bez. (nicht offiziell) für den Abschluss des 10. Schulj.; Voraussetzung für versch. (mittlere) Berufsausbildungen und den Besuch einer Fachoberschule.

Mittlerer Osten, hierzu gehören die Länder Afghanistan, Pakistan, Indien, Nepal, Bhutan, Bangladesch u. Sri Lanka.

Mixteken, Indianerstamm in den mex. Staaten Oaxaca u. Puebla; ehem. bed. Kunsthandwerk.

Mixtur [lat.]: **1)** flüss. [Arznei]mischung; **2)** gemischte Orgelstimmen.

Mjøl(l)nir, in der nordgerman. Mythol. Hammer des Gottes Donar, mit dem er seine Feinde zermalmt.

Mlle., Abk. für: ↑**M**ademoise**lle**.

mm, Einheitenz. für: ↑**M**illi**m**eter.

M. M. ↑**M**etronom.

Mme., Abk. für ↑**M**ada**me**.

Mn, Symbol für ↑Mangan (☊).

Mnemosyne, Gestalt der griech. Mythol., Personifikation der Erinnerung, Mutter der 9 ↑Musen.

Mnouchkine, Ariane [mnʊʃˈkiːn], * 1938, frz. Regisseurin; auch Filme („Molière").

Mo, Symbol für ↑Molybdän (☊).

Mo., Abk. für: ↑**M**iss**o**uri 2).

Moabiter, semit. Volksstamm im Hochland östl. des Toten Meeres; Feinde Israels, durch Kg. David tributpflichtig.

Mobilfunk, allg. gebräuchl. Bezeichung für die Gesamtheit aller bewegl. Landfunkdienste, ermöglicht drahtlose Ferngespräche von jedem Ort aus (u. a. Autotelefon). Unterschieden wird v. a. zw. M.-Diensten in nicht öffentl. (Betriebsfunk u. a. bei Taxiunternehmen) und öffentl. (Eurosignal, Cityruf, schnurlose Telefone) Funknetzen. Das 1985 von der Dt. Bundespost eingeführte analoge *C-Netz* (seit 1995: *C-Tel*) soll Ende 2000 abgeschaltet werden. Einen europaweiten Einsatz erlauben die seit 1991 aufgebauten digitalen Funknetze der Telekom-Tochter DeTeMobil *(D1-Netz),* das von Mannesmann betriebene *D2-Netz* und das von Veba/Thyssen betriebene *E-Plus-Netz.*

Mobile [məʊˈbiːl], Hafenstadt in S-Alabama, USA, an der Mdg. des *M. River* in die *M. Bay,* 203 000 E; Baumwollbörse, -ausfuhr; Holzverarb.; Aluminiumwerke, chem. Ind., Werften; ⚓.

Mobile [engl.], hängende bewegl. Drahtplastiken (bes. von A. Calder).

Mobilmachung, die Herstellung der Kriegsbereitschaft der Streitkräfte.

Mobutu, Sese Seko, bis 1972 Joseph Désiré M., * 1930, † 1997, zair. Offizier und Politiker; s. 1960 Oberbefehlshaber, s. 1965 Staatspräs., diktator. Herrschaft, innenpolit. Widerstand s. 1990/91.

Moçambique [mosamˈbɪk; auch musamˈbikə], Staat an der Küste SO-Afrikas; weitgehend Tafelland m. Inselgeb.; Trockensavanne, z. T. Wälder; Anbau v. Zuckerrohr, Cashewnüssen, Baumwolle, Sisal (Export), Reis, Hirse, Maniok, Tee, an der Küste Kokospalmen; teilw. Viehzucht; Zuckerraffinerien, chem., Textil- u. a. Ind.; Energiegewinnung (Cabora-Bassa-Staudamm). Haupthäfen: Lourenço Marques u. Beira. – Ab 1609 portug., zuletzt (1951–74) Überseeprov.; 1964–74 Guerillakrieg der Befreiungsbewegung FRELIMO gg. die portug. Herrschaft; s. 1975 unabh., bis 1992 Bürgerkrieg.

Moçambique

Fläche: 799 380 km²
Einwohner: (1995) 16 Mill.
Hauptstadt: Maputo
Amtssprache: Portugiesisch
Zeitzone: MEZ + 1 Stunde

Moctezuma II. Xocoyotzin [-ʃ-] (Montezuma), * 1467, † 1520, 1502–19 aztek. Herrscher; 1519 beim Versuch, den span. Vormarsch nach Z-Mexiko zu verhindern v. H. Cortéz in Gefangenschaft genommen, wo er starb.

Model [lat.]: **1)** Hohlform für den Guss oder zum Abdruck von Gebäck; **2)** Druckform (für Stoffe, Tapeten); **3)** ↑Fotomodell.

Modell [ital.]: **1)** Muster; Vorbild, Entwurf; **2)** Form zur Herst. d. Gussform; **3)** nur einmal in seiner Art hergest. Kleidungsstück; **4)** Mensch od. Gegenstand als Vorbild für ein Werk der bildenden Kunst.

Modem [Kurzw. aus **Mo**dulator u. **Dem**odulator], Gerät zur Datenübertragung auf Fernsprechleitungen, das digitale Signale in analoge Signale umsetzt und umgekehrt (z. B. beim Bildschirmtext, im Internet).

Modena, ital. St. in der Emilia-Romagna, 176 600 E; Univ., Hochschulen, geophysikal. Observatorium, Dom (1099–1184), ehem. Palazzo Ducale (17. Jh.) u. a. Baudenkmäler; Auto-, Schuh-, Lebensmittelindustrie.

moderato [ital.] (mod.), gemäßigt [im Tempo] (𝄞).

Moderator [lat.]: **1)** Bremssubstanz für die Neutronen hoher Energie im Kernreaktor; **2)** Redakteur in Hörfunk u. Fernsehen, der die Verbindung zw. einzelnen Teilen einer Sendung herstellt.

moderne Architektur, die Baukunst des 20. Jh.s, die den Traditionsbruch endgültig u. demonstrativ vollzogen hat. Sie ist v. a. gekennzeichnet durch den *Funktionalismus* u. den *Brutalismus.* Charakterist. ist die Auflösung in Teilfunktionen bzw. in aufeinander bezogene Raumgruppen u. Einzelkörper sowie eine urspr. im Herstellungsprozess begr. Herausstellung des Baumaterials. Hauptvertr.: Le Corbusier, A. Aalto. In den USA Abkehr von Brutalismus u. Funktionalismus durch die *Formalisten* (E. Saarinen) u. den *Post-* od. *Spätmodernismus,* der vorgefundene triviale Architektur weiterentwickeln will (C. Moore, R. Venturi u. a.). Bedeutung erlangten in den letzten Jahren das ↑ökologische Bauen u. Hightechkonstruktionen.

moderne Kunst, die Kunst, die sich s. der Jh.wende vom Realismus abwendet u. versch. Richtungen einschlägt (Jugendstil, Expressionismus, Kubismus, Futurismus, Konstruktivismus, Bauhaus, Stijl-Gruppe, abstrakte Kunst, Dada, Surrealismus, Neue Sachlichkeit). Während u. nach dem 2. Weltkrieg abstrakter Expressionismus, Farbfeldmalerei, Minimal-art, kinet. Kunst, Konzeptkunst, Nouveau Réalisme, Pop-Art, Environment, Fotorealismus, Aktionskunst, Neuer Realismus u. a.

Modernismo [span.], Bewegung in Lateinamerika und Spanien gg. Ende des 19. u. Anf. des 20. Jh.s als Reaktion auf den Naturalismus; Vertr.: R. Dario, F. Villaespesa, A. Gaudí u. a.

Modersohn, Otto, * 1865, † 1943, verh. mit Paula M.-Becker, dt. Landschaftsmaler; Mitbegr. der Malerkolonie Worpswede.

Modersohn-Becker, Paula, * 1876, † 1907, verh. mit O. Modersohn, dt. Malerin; Figurenbilder u. Landschaften des Expressionismus.

Modifikation [lat.]: **1)** Veränderung, speziell die umweltbedingte, nichterbl. Abänderung v. Merkmalen b. Lebewesen; **2)** durch die Kristallstruktur bedingte Zustandsform eines Stoffes (⚗).

Modigliani, Amedeo [modi'ʎa:ni], * 1884, † 1920, ital. Maler u. Bildhauer; s. 1906 in Paris; lyr.-express. Bildnisse u. Akte.

Modul [lat.]: **1)** Verhältnis von dekad. [oder einem anderen] Logarithmus zum natürl. Logarithmus einer Zahl; **2)** in der Baukunst Maßeinheit der antiken Formenlehre, heute wieder aufgegriffen.

Modul: 1) zu einer Einheit zusammengefasste elektron. Bauelemente; **2)** Teil der Hardware (Hardware-M.) von EDV-Anlagen, das als Ganzes ausgetauscht werden kann. Software-M. sind Unterprogramme.

Modulation [lat.]: **1)** Überlagerung der vom Sender erzeugten [Träger]schwingungen mit den zu übertragenden Wechselspannungen oder Impulsfolgen; man kann entweder die Amplitude *(Amplituden-M.),* die Frequenz *(Frequenz-M.)* oder den Phasenwinkel *(Phasen-M.)* ändern (modulieren). Beim Empfänger muss ↑Demodulation erfolgen; **2)** Übergang von einer Tonart in eine andere (𝄞).

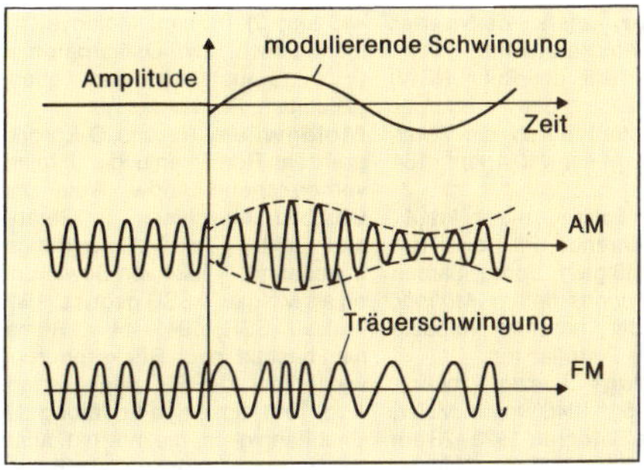

Modulation. *Schema der Amplitudenmodulation (AM) und der Frequenzmodulation (FM)*

Modus [lat.]: **1)** Art u. Weise; **2)** Aussageweise des Zeitworts; in den idgm. Spr.: Indikativ, Konjunktiv, Optativ u. Imperativ.

Modus Vivendi [lat.], Übereinkunft (für das Zusammenleben).

Moers, Stadt im Niederrhein. Tiefland, NRW, 107 100 E; Steinkohlen-⚒, Metall-, Papier- u. chem. Industrie.

Mogadischu, Hptst. und bedeutendster Hafen (am Ind. Ozean) von Somalia, 1 Mill. E; Univ.; Textil-, Leder- u. a. Ind.; ✈.

Mogul [pers.], muslim. Herrscherdyn. in Indien.

Mohair [mo'hɛ:r; engl.], Gewebe aus Angoraziegenhaar.

Mohammed, eigtl. Abul Kasim Muhammad Ibn Abdallah, * um 570, † 632, Stifter des Islams; sah sich etwa 610 durch Visionen zum Propheten Allahs berufen; 622 Übersiedlung nach Medina (↑Hedschra), wo er eine gr. Anhängerschaft gewann; von dort aus Unterwerfung u. Bekehrung der arab. Stämme; Krieg gg. Mekka, 630 endgült. Sieg; Mekka relig. u. polit. Mittelpt.; M. sah sich als Erneuerer der Religion Abrahams, als Nachf. v. Moses u. Isa (Jesus), den er als Propheten betrachtete; ↑auch Koran.

Mohammed: *Afghanistan:* **1) M. Sahir,** * 1914, s. 1933 Kg., 1973 gestürzt. – *Marokko:* **2) M. V.,** * 1909, † 1961, Sultan v. Marokko, Kg. s. 1957. – *Osman. Reich:* **3) M. II.,** Fatih, * 1432, † 1481, Sultan s. 1451; eroberte 1453 Konstantinopel, drang über den Balkan bis Ungarn vor.

Mohammed Resa Pahlewi [-paxlɛ'vi], * 1919, † 1980, s. 1941 Schah v. Iran; 1979 gestürzt, danach im Exil.

Mohenjo-Daro, bed. Ruinenst. am Indus; neben Harappa Hptst. der Induskultur (etwa Mitte des 3. Jt. bis 1500 v. Chr.); planmäßig angelegte St., mehrstöckige Bauten aus gebrannten Ziegeln, Abwässersystem; mehr als 1 200 Siegel erhalten.

Mohenjo-Daro. *Großes Bad (um 2000 v. Chr.)*

Mohikaner, stark dezimierter nordamer. Indianerstamm.
Möhne, r. Nbfl. der Ruhr, NRW, 57 km; am N-Rand des Arnsberger Waldes gestaut durch die *M.talsperre* zum *M.see* (10,4 km², 134 Mill. m³).
Mohngewächse, meist kraut., Milchsaft führende Pfl., bes. der nördl. gemäßigten Zone; Samen des *Schlafmohns* liefern *Mohnöl,* Milchsaft der unreifen Kapseln Opium; viele Zierpflanzen.
Moholy-Nagy László ['mohoj-'nɔdj], * 1895, † 1946, ungar. Maler, Bildhauer u. Fotograf; 1923–28 am Bauhaus; begr. 1937 in Chicago das „New Bauhaus".
Möhrenfliege ↑Übers. S. 528 ff.
Mohrrübe, svw. ↑Karotte.
Mohs, Friedrich, * 1773, † 1839, dt. Mineraloge; führte 1812 die *m.sche Härteskala* (↑Härte 4) ein.
Moi, Daniel Arap, * 1924, kenian. Politiker; 1961–78 mehrf. Min., darunter 1964–78 Innenmin., 1967/68 Vizepräs., s. 1978 Staatspräsident.
Moira [gr.], bei Homer das Göttern u. Menschen zugeteilte Los.
Mojave Desert [məʊ'hɑːvɪ-], wüstenhafte, abflusslose Beckenldsch. in S-Kalifornien, USA, rd. 40 000 km²; größte Depression im Death Valley mit 86 m u. d. M.
Mokassinschlange, Gatt. der Grubenottern in Asien u. Amerika; sehr giftig.
Mokka [arab.; nach dem Ort M. in Jemen]: **1)** Kaffeesorte; **2)** starkes Kaffeegetränk.
Mol [lat.], Einheitenzeichen mol, Basiseinheit des ↑SI, Stoffmenge, die aus ebenso vielen gleichart. Atomen od. Molekülen besteht, wie Atome in 12 g des Nuklids ^{12}C enthalten sind.
Molarität [lat.] (Stoffmengenkonzentration), der Quotient aus der Stoffmenge des gelösten Stoffes u. dem Volumen der Lösung, Einheit ist Mol je Kubikmeter (mol/m³), auch mol/dm³ wird häufig verwendet.
Molche ↑Salamander.
Moldau: 1) (tschech. Vltava) l. Nbfl. der Elbe, Hptfl. Böhmens, 440 km; **2)** (rumän. Moldova) rumän. Ldsch. zw. Ostkarpaten u. Pruth, Hauptstadt des ehem. gleichnam. Ft. war Jassy.
Moldawien, Rep. in O-Europa, grenzt an Rumänien u. die Ukraine; vorherrschend Landw., Wein- und Obstbau; Maschinen- u. Gerätebau, Elektro-, Textil-, Bekleidungs- u. Lederind. – 1924 von Sowjetunion als Moldau. ASSR gegr.; s. 1940 Moldau. SSR, 1941–44 v. Rumänien besetzt, nach Rückeroberung wieder der UdSSR eingegliedert; Aug. 1991 einseitige Erklärung der Unabhängigkeit, die internat. anerkannt wurde. Separatist. Bewegungen nat. Minderheiten.
Molekül [frz.], Baustein der Materie; besteht aus mind. zwei, bei chem. El. gleichart., bei chem. Verbdg. verschiedenart. Atomen; ↑auch Makromoleküle.
Molekularbewegung, svw. ↑brownsche Molekularbewegung.
Molekularbiologie, Teilgebiet der Biol.; beschäftigt sich mit den chem.-physikal. Lebensvorgängen auf molekularer Ebene.
Molekularkräfte, zw. Molekülen wirkende Anziehungskräfte, die Adhäsion u. Kohäsion bewirken.
Molekülmasse: 1) absolute M., die Summe der absoluten Atommassen der das Molekül bildenden Atome; **2)** relative M., dimensionslose Verhältniszahl, die angibt, wie groß die Molekülmasse im Vergleich zu $^1/_{12}$ der Masse des Kohlenstoffisotops ^{12}C ist.
Molfetta, ital. Hafenst. an der Adria, nw. von Bari, Apulien, 66 400 E; Alter Dom (11.–13. Jh.).
Molière [mɔl'jɛːr], eigtl. Jean-Baptiste Poquelin, * 1622, † 1673, frz. Komödiendichter und Schauspieler; Charakterkomödien: „Der Misanthrop", „Der Geizige", „Tartuffe", „Die Schule der Frauen", „Der eingebildete Kranke".
Molina: 1) Luis de, * 1535, † 1600, span. Jesuit; begr. die Gnadenlehre des *Molinismus* (Betonung der menschl. Willensfreiheit); auch bed. Wirtsch.-Ethiker; **2)** Tirso de ↑Tirso de Molina.
Moll [lat.], auf das *b molle* (b) zurückgehende Bez. für das „weiche" Tongeschlecht mit der kl. Terz; *M.akkord* ↑Akkord 1).
Molla ↑Mullah.
Mölln, St. in Schl.-Ho., südl. v. Lübeck, 18 000 E; altertüml. Stadtbild, an der spätroman. Nikolaikirche Grabstein Till Eulenspiegels; Kneippkurort.
Mollusken [lat.], ↑Weichtiere.
Molnár, Franz (Ferenc), * 1878, † 1952, ungar. Schriftsteller; Lustspiele, u. a. „Liliom".
Moloch, at. Name einer semit. Gottheit, der Menschenopfer dargebracht wurden.
Moltke: 1) Helmuth Gf. v., * 1800, † 1891, preuß. Gen.-Feldmarschall; 1858–88 Chef des Gen.-Stabes der Armee, 1867–91 MdR (Konservativer); bed. Militärschriftsteller; **2)** Helmuth v., * 1848, † 1916, Neffe v. 1), preuß. Gen.-Oberst; s. 1906 Chef des Gen.-Stabes der Armee, trat 1914 nach dem Misserfolg an der Marne zurück; **3)** Helmuth James Gf. v., * 1907, † 1945, Großneffe v. 2), dt. Jurist; Gegner des Nat.-Soz., Mittelpunkt des Kreisauer Kreises, nach dem 20. Juli 1944 hingerichtet.
Molukken, indones. Inselgruppe zw. Celebes und Neuguinea, 74 505 km², 1,8 Mill. E, Hptst. Ambon; größte Inseln: Halmahera, Seram, Buru; Gewinnung v. Gewürzen, Kopra, Harz, Holz.
Mol|volumen, der Quotient aus dem Volumen, das eine Stoffmenge einnimmt, und der Stoffmenge. Bei Normalbedingungen beträgt das M. aller idealen Gase 22,4141 l/mol.
Mol|wärme, veraltete Bez. für molare ↑Wärmekapazität.
Molybdän [gr.], chem. El., Symb. Mo, OZ 42, A.-Gew. 95,94, schwer schmelzbares Schwermetall, Fp. 2617 °C, Sp. 4612 °C, Dichte 10,22 g/cm³; luftbeständ., lösl. in verdünnten Säuren; lebenswicht. Spurenelement, wicht. Katalysator, Legierungsbestandteil in hoch beanspruchbaren Stählen.
Mombasa, wichtigste Hafenstadt von Kenia, 425 000 E; bed. Kaffeemarkt; Erdölraffinerie, Stahlwalzwerk u. a. Ind.; Badeort; ✈.
Moment [lat.]: **1)** Augenblick; **2)** kurze Zeitspanne; **3)** Produkt zweier physikal. Größen, von denen eine die Dimension einer Länge hat, z. B. ↑Drehimpuls (Impulsmoment), ↑Drehmoment; ↑auch Trägheitsmoment.
Mommsen, Theodor, * 1817, † 1903, dt. Historiker; 1881–84 MdR (linkslib.); Gegner Bismarcks; „Röm. Gesch.", „Röm.

Moldawien

Fläche: 33 700 km²
Einwohner: (1995) 4,43 Mill.
Hauptstadt: Chişinău
Amtssprache: Rumänisch
Zeitzone: MEZ +1 Stunde

Staatsrecht", „Röm. Strafrecht"; Nobelpreis 1902.

mon..., Mon... ↑mono..., Mono...

Monaco, Mario del, * 1915, † 1982, ital. Sänger (Tenor).

Monaco: 1) Ft. in S-Europa, an der Côte d'Azur; vier miteinander verwachsene Teile: die Städte M., Fontvieille, Monte Carlo u. La Condamine. – Im 5. Jh. v. Chr. gegr.; im 13. Jh. Zufluchtsort der Genueser Fam. der Grimaldi, die M. 1454 gewannen; 1793–1814 frz., 1865 Zollunion mit Frkr.; 1918 Vertr., wonach M. nach Aussterben der Grimaldi unter frz. Protektorat kommt; **2)** Hptst. von 1); Schloss (v. a. 16. Jh.); Ozeanograph. Museum.

Monarchie [gr.], Staatsform, in der eine kraft ihrer Herkunft legitimierte Einzelperson, der *Monarch,* Träger der Staatsgewalt ist; *Erb-M.,* wenn der Monarch durch dynast. Erbfolge, *Wahl-M.,* wenn der Monarch durch Wahl berufen wird. Formen: *absolute M.* (alle Staatsgewalt beim Monarchen), *ständische M.* (monarch. Gewalt eingeschränkt durch Rechte der Stände), *konstit. M.* mit Gewaltenteilung aufgrund einer Verf., *parlamentar. M.* mit nur noch repräsentat. Funktion des Monarchen.

Monat, nach Mondumläufen bestimmtes Zeitintervall; *trop. M.,* Zeitintervall, in dem die ekliptikale Länge des Mondes um 360° wächst (= $27^{d}{,}3216$); *sider. M.,* Zeitintervall eines Bahnumlaufs des Mondes, gemessen an den Sternen (= $27^{d}{,}3217$); *synod. M.,* Zeitintervall von Neumond zu Neumond (= $29^{d}{,}5306$; ↑auch Kalender 1); *anomalist. M.,* Zeitintervall zw. zwei aufeinander folgenden Durchgängen des Mondes durch sein Perigäum (= $27^{d}{,}5546$).

Mönch, Gipfel in den Berner Alpen, sw. von Grindelwald, 4099 m.

Mönch, Angehöriger eines Mönchsordens (↑Mönchtum).

Mönchengladbach, krsfr. St. im westl. Niederrhein. Tiefland, NRW, 266 700 E; Münster (11. bis 13. Jh.), Fachhochschule, LG, IHK; bed. Zentrum der Textilindustrie.

Mönchtum, Lebensform der Mönche, die sich in Absonderung vom weltl. Leben dem Dienst am Heiligen u. der Meditation widmen; v. a. im Buddhismus u. im Christentum. Das *zönobit. M.* geht auf Pachomius zurück; für den Orient verf. Basilius d. Gr. die für das ganze orth. M. verbindl. Regeln; für das Abendland entscheidend Benedikt von Nursia; im 11. Jh. von Cluny ausgehende Erneuerung; im 13. Jh. Entstehen der Bettelorden (u. a. Franziskaner und Dominikaner). Die Reformatoren lehnten die Verdienstlichkeit der *Mönchsgelübde* (Armut, Keuschheit u. Gehorsam) und damit das M. ab.

Monaco

Fläche: 1,95 km^2
Einwohner: (1995) 32 000
Amtssprache: Französisch
Zeitzone: MEZ

Mond: 1) der der Erde weitaus nächste größere Himmelskörper (wahrer Halbmesser 1738,0 km), Satellit der Erde, mittl. Entfernung v. der Erde 384 405 km; Umfang 10 920 km, 2,03 % des Erdvolumens, 1/81,53 der Erdmasse, Schwerebeschleunigung $\approx \frac{1}{6}$ der Fallbeschleunigung auf d. Erde. Die *wahre M.bewegung* erfolgt auf einer Ellipsenbahn. Die Schnittpt. der M.bahn mit der Ekliptik an der Sphäre werden *M.knoten* gen. Die Rotationsdauer des M.es ist genau gleich seiner Umlaufzeit um d. Erde (kehrt deshalb d. Erde immer d. gleiche Seite zu). *M.formationen:* gr. Hochebenen (Mare), Krater, Ringgeb., Wallebenen, Rillen (Kraterketten) und ungeklärte Strahlensysteme; außerordentl. dünne Atmosphäre; gr. Temp.-Ggs. bei Licht und Schatten (rd. +130 °C und −160 °C). Die *M.phasen* (Lichtphasen) sind abhäng. v. der Konstellation von M. u. Sonne zueinander; Erforschung des M.es mit bemannten amer. Apollo-Raumfahrzeugen erfolgte 1969 bis 1973. – ↑Weltraumfahrt; **2)** Trabant eines Planeten; bek. sind 60 M.e in unserem Sonnensystem: Erde 1, Mars 2, Jupiter 16, Saturn 17, Uranus 15, Neptun 8, Pluto 1; Saturn hat sehr wahrscheinlich noch weitere 4 bis 6 M.e.

Mondfinsternis ↑Finsternis.

Mond-Gas [nach dem dt.-brit. Chemiker *L. Mond,* * 1839, † 1909], bei Vergasung eines festen Brennstoffs (unter Wasserdampfzufuhr) entstehendes Gas.

Mondjahr ↑Kalender 1).

Mondrian, Piet, eigtl. Pieter Cornelis Mondriaan, * 1872, † 1944, niederl. Maler der Stijl-Gruppe; abstrakte Bilder mit geometr. Formen.

Mond|ring: 1) Ringhalo beim Mond (↑Halo 1); **2)** helle Schicht im Eichenkernholz.

Mondstein, Abart des ↑Adular, trüb oder durchsicht., bläul. weiß.

Mondsüchtigkeit, im Volksmund für ↑Somnambulismus.

Monegassen, die Bewohner von ↑Monaco.

Monet, Claude [mɔ'nɛ], * 1840, † 1926, frz. Maler des Impressionismus.

Mongolei, zentralasiat. Gebiet, polit. gegliedert in die ↑Mongolei u. die chin. Autonome Region ↑Innere M. – Seit 209 v. Chr. zum Hunnenreich, 407–552 zum Staat der Awaren (v. Türken erobert); 730–840 Reich der Uiguren, von Kirgisen zerstört. Im fr. 13. Jh. Einigung aller Mongolenstämme unter Dschingis Khan, Bildung des mon-

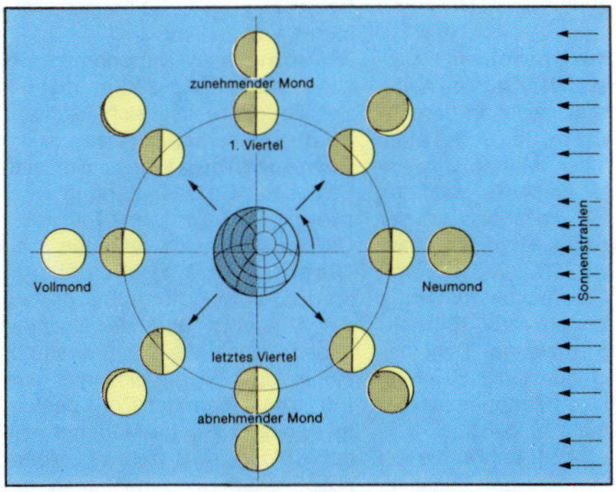

Mond. *Der Mondlauf im Anblick von Norden auf die Mondbahnebene. Im äußeren Ring die Mondphasen*

Mongolei

Fläche: 1,565 Mill. km^2
Einwohner: (1995) 2,41 Mill.
Hauptstadt: Ulan-Bator
Amtssprache: Mongolisch
Zeitzone: MEZ +7 Stunden

gol. Großreiches, das in der Folge in Teilreiche zerfiel; s. d. 17. Jh. Teil des chin. Reiches. 1912 löste sich die Äußere M. von China, 1924 Ausrufung der Mongol. Volksrepublik (s. 1992 Mongolei).

Mongolei, zentralasiat. Staat; Steppenhochland, im S u. SO die Gobi. 1911 erklärte sich die Äußere Mongolei für unabh. v. China; 1924 Gründung der Mongol. Volksrep. unter sowj. Einfluss; 1945 völlig unabh.; 1991 Mehrparteiensystem eingeführt, 1992 neue Verf. u. Umbenennung in Mongolei.

Mongolen, zum mongoliden Rassenkreis gehörende innerasiat. Völkergruppe; Vieh züchtende Steppennomaden; Jurte als Behausung; zu den *West-M.* (in der Dsungarei mit Nachbargebieten) gehören die Dörbeten, Bajaten u. a., auch die Kalmücken; zu den *Ost-M.* (in der Mongolei) die Tschacharen, Ordos u. a. sowie die Chalchamongolen; zu den *Nord-M.* die Burjäten.

mongolider Rassenkreis, einer der drei Menschen-Formenkreise, gelbhäut., schwarzes, glattes Haar, Mittelgesicht u. Nasenwurzel flach, Wangenknochen vorgeschoben, mit Mongolenfleck und Mongolenfalte; meist kurzer, untersetzter Wuchs; u. a.: *Palämongolide* (SO-Asien), *Sinide* (NW- und Mittelchina), *Tungide* (nördl. Z-Asien), *Sibiride* (NW- und NO-Sibirien).

mongolische Sprachen, Gruppe agglutinierender Spr. in Asien (meist zum Uralaltaischen gerechnet); wichtigste m. Sp.: 1. das eigtl. *Mongol.* (in der Mongol. Volksrep.), 2. *Burjät.* (in der Gegend des Baikalsees), 3. *Kalmück.* (an der unteren Wolga), 4. *Oirot.* (im Altai).

Mongolismus (Down-Syndrom), auf einer Chromosomenstörung beruhende angeborene Entwicklungsstörung (geistige Behinderung) mit mongolenähnl. Kopf- u. Gesichtsbildung (Mongolenfalte).

Monilia ↑Übers. S. 528 ff.

Monismus [nlat.], Lehre, die die Welt aus einem einzigen (idealist., spiritualist. oder materialist.) Prinzip erklärt; speziell der *[mechanist.] M.* v. E. Haeckel u. der *[energet.] M.* v. Wilhelm Ostwald.

Monitor [lat.]: **1)** Kontrollsichtgerät beim Fernsehen; **2)** Strahlennachweis- u. -messgerät; **3)** in der EDV Bez. für Bildschirm.

mono..., Mono... [gr.], Bestimmungswort; Bed.: „ein, einzel".

Monochord [gr.], griech. Musikgerät, längl. Resonanzkasten mit einer Saite, durch einen verschiebbaren Steg geteilt.

monochrom, einfarbig.

Monochromasie [gr.] ↑Farbenblindheit.

Monodie [gr.]: **1)** allg. einstimm. Gesang; **2)** begleiteter Sologesang (in Italien entwickelt).

Monogamie, [gr.], svw. Einehe (↑Ehe).

Monogramm, [gr.], Anfangsbuchstabe[n] eines Namens.

Monokel [frz.], Korrekturlinse für ein Auge, von der Muskulatur des Auges gehalten.

monoklin [gr.]: **1)** dem m.en Kristallsystem angehörend; **2)** zweigeschlechtig, zwittrig (von Blüten).

Monokultur, jahrelanger Anbau der gleichen Pfl. auf dem gleichen Feld (typ. Plantagenwirtschaft); erfordert intensive Kunstdüngung.

Monolith [gr.], aus nur einem Stein bestehendes Monument (z. B. Obelisk, Menhir).

Monolog [gr.], Selbstgespräch, literar. v. a. im Drama.

Monomere [gr.], monomere organ. Verbdg. (ungesättigt oder mit akt. Gruppen), die sich leicht zu Polymeren verketten lassen.

Monophthong [gr.], ein einf. Selbstlaut; Ggs. ↑Diphthong.

monoploid [gr.], mit nur einf. Chromosomensatz versehen.

Monopol [gr.]: **1)** alleiniger Anspruch; **2)** Marktform, bei der auf der Angebots- oder der Nachfrageseite eines Marktes jeweils nur ein einziger Marktteilnehmer auftritt; dieser kann den Preis bestimmen; ein Nachfrage-M. nennt man auch *Monopson;* steht ein Monopolist einem Monopsonisten gegenüber, spricht man von *Monemporie.*

Monosaccharide, einf. Zucker d. allg. Formel $C_nH_{2n}O_n$; Hexosen (z. B. Fruchtzucker, Traubenzucker), Pentosen (n = 5; z. B. Ribose).

monosyllabische Sprachen, Spr., die [vorw.] aus einsilb. Wörtern bestehen, z. B. Chinesisch.

Monotheismus, Glaube an einen einz., persönl., transzendenten Gott; im Judentum, Christentum und Islam.

Monroe [mən'rəʊ, 'mʌnrəʊ]: **1)** James, * 1758, † 1831, 5. Präs. der USA (1817–25); 1811–17 Außenmin., 1819 Erwerb Floridas, 1822 Anerkennung der neuen lateinamer. Staaten, 1823 Verkündung der *M.doktrin* gg. die Einmischung europ. Mächte in die amer. Pol. u. umgekehrt; **2)** Marilyn, eigtl. Norma Jean Baker, * 1926, † 1962, amer. Filmschauspielerin; in den 50er-Jahren amer. Sexidol.

Marilyn Monroe

Monrovia, Hptst. u. wichtigster ⚓ von Liberia (Eisenerzausfuhr); 465 000 E; Univ.; Erdölraffinerie.

Mons [mõ:s] (niederl. Bergen), Hptst. der belg. Prov. Hennegau, in der Borinage, 92 600 E; Univ.; spätgot. Waltrudiskirche; Steinkohlenbergbau, Textil-, Metallindustrie.

Monseigneur [mõsɛn'jœ:r; frz.] (Abk. Mgr.), Titel und Anrede hoher frz. Geistlicher und Adliger.

Monsieur [mə'sjø; frz.]: **1)** (Abk. M.) frz. Anrede: Herr; **2)** im 17./18. Jh. Bez. für den ältesten Bruder des frz. Königs.

Monsignore [monsin'jo:re; ital.] (Abk. Mgr., Msgr.), Titel für Prälaten.

Monstranz [lat.] (Ostensorium), Schaubehälter für die konsekrierte Hostie (kath. Kirche).

Monsun [arab.], Luftströmung gr. Ausdehnung im Grenzgebiet von Land u. Meer mit jahreszeitl. Richtungswechsel; v. a. im süd- u. südostasiat. Raum; hier als sommerl.

warmer, feuchter, vom Ind. Ozean wehender SW-M. bzw. als winterl. kalter, trockener NO-M. vom asiat. Kontinent.

Montag, 1. Tag der Woche, gemeingerman. Lehnübers. der lat. Bez. „dies Lunae".

Montage [mɔn'ta:ʒə; frz.] : **1)** Zusammenbau vorgefertigter Einzelteile; **2)** das Aneinanderfügen einzelner Bild- und Handlungseinheiten beim Film; **3)** ↑Fotomontage.

Montaigne, Michel Eyquem de [mɔ̃'tɛɲ], * 1533, † 1592, frz. Schriftsteller u. Philosoph; Schöpfer des literar.-philos. Essays.

montan [lat.], das Bergbau- und Hüttenwesen *(Montanindustrie)* od. das Gebirge betreffend.

Montana [mɔn'tænə; engl.], Abk. Mont., Staat im NW der USA, 380848 km², 799000 E, Hptst. Helena; Land- u. Forstwirtsch.; bed. Bergbaugebiet.

Montand, Yves [mɔ̃tã], eigtl. Ivo Livi, * 1921, † 1991, frz. Schauspieler u. Sänger ital. Herkunft.

Montan|industrie, Ind.-Zweig, der sich mit der bergbaul. Förderung v. Rohstoffen u. deren Weiterverarb. (Hüttenwesen) befasst.

Montan|union ↑Europäische Gemeinschaft für Kohle und Stahl.

Montblanc [mɔ̃blã], höchster Gipfel der Alpen u. Europas, in der *M.gruppe,* 4807 m; Observatorium; Erstbesteigung 1786. *M.tunnel,* von Chamonix-Mont-Blanc nach Courmayeur (Aostatal, Italien), 11,6 km lang (1965).

Monte Carlo, Teil von ↑Monaco, Spielkasino; Seebad.

Montecassino, am Südausläufer des Abruzz. Apennins gelegene Abtei, über der St. Cassino; um 529 von Benedikt v. Nursia gegr.; Mutterkloster der Benediktiner u. des abendländ. Mönchtums. Im 2. Weltkrieg völlig zerstört, 1950 bis 1954 wieder aufgebaut.

Montenegro (serb. Crna Gora), Teil der Bundesrep. Jugoslawien, 13812 km², 626000 E, Hptst. Podgorica; gebirgig, großenteils verkarstet; Landw.; Bauxitgewinnung. – In röm. Zeit Teil der Prov. Dalmatia, später byzantin., serb. u. venezian., 1528 formell unter osman. Oberhoheit; seit 1851 erbl. Ft., s. 1910 Kgr.; 1918 Teil des späteren Jugoslawien; 1941 unter ital. Protektorat, Bildung eines eigenen Staates; nach dem 2. Weltkrieg wieder jugoslaw., s. 1992 Teil der Bundesrep. Jugoslawien.

Montespan, Françoise Athénaïs de Rochechouart, Marquise de [mɔ̃tɛs'pã], * 1641, † 1707, Mätresse Ludwigs XIV.; durch die Marquise de Maintenon verdrängt.

Montesquieu, Charles de Secondat, Baron de La Brède et de [mɔ̃tɛs'kjø], * 1689, † 1755, frz. Staatstheoretiker und Schriftsteller; Begr. der mod. Staatswiss. und der demokrat. Lehre von der ↑Gewaltenteilung; „Geist der Gesetze", „Pers. Briefe".

Montessori, Maria, * 1870, † 1952, ital. Pädagogin u. Ärztin; Grundsatz der Selbsterziehung der Kinder; Entfaltung der Eigentätigkeit mithilfe von didakt. Spiel- und Lernmitteln.

Monteverdi, Claudio, * 1567, † 1643, ital. Komponist; [monod.] Madrigale; Beginn der Operngesch. mit „Orfeo", weitere Opern, Messen, Magnifikat.

Montevideo, Hptst. Uruguays am Río de la Plata, 1,38 Mill. E; 2 Univ.; Kathedr.; Textil-, bed. Lebensmittelind.; Fischerei; ⚓, ✈. – 1724 gegründet.

Montez, Lola ['mɔntɛs], eigtl. Maria Dolores Gilbert, * 1818, † 1861, schott. Tänzerin; ihre Liebesaffäre mit Ludwig I. v. Bayern führte zu dessen Abdankung; nach Münchner Unruhen 1848 ausgewiesen.

Montezuma ↑Moctezuma.

Montgolfier, Joseph [mɔ̃gɔl'fje], * 1740, † 1810, frz. Erfinder; entwickelte mit seinem Bruder Étienne (* 1745, † 1799) die *Montgolfiere* (↑Luftfahrt).

Montgomery, Bernard Law [mənt'gʌmərı], Viscount M. of Alamein, * 1887, † 1976, brit. Feldmarschall; leitete die Offensive gg. Rommel 1942/43 in Nordafrika (mit Eisenhower); 1951–58 stellvertr. Oberbefehlshaber der NATO-Streitkräfte.

Montgomery [mənt'gʌmərı], Hptst. von Alabama, USA, am Alabama River, 187000 E; bed. Baumwollhandel; Textil-, Glas- u. a. Ind.; Fluss-⚓, ✈.

Montignac [mɔnti'ɲak], frz. Ort südl. von Limoges, 2900 E; nahebei die 1940 entdeckte Höhle von *Lascaux* mit gut erh. Felsbildern der jüngeren Altsteinzeit.

Montmartre [mɔ̃'matr], Stadtteil im N von Paris; Vergnügungsviertel; Wahrzeichen die Kirche Sacré-Cœur (1876 begonnen).

Montparnasse [mɔ̃par'nas], sw. Stadtteil v. Paris, in den 1920er- u. 1930er-Jahren Künstlerviertel; berühmter Friedhof.

Montpellier [mɔ̃pəl'jə], Hptst. des südfrz. Dep. Hérault und der Region Languedoc-Roussillon, 208000 E; Univ. (gegr. 1289); Kathedr. (14. Jh.); Weinhandel; ✈.

Montreal [mɔntrıɔ:l], größte Hafen- u. Ind.-St. Kanadas, auf einer Insel im Sankt-Lorenz-Strom, 1,01 Mill. E; 4 Univ.; Kultur- und Wirtsch.-Zentrum; Flugzeugbau u. a. bed. Ind.; Umschlagplatz für Holz, Papier, Pelze, landw. Produkte, Erze; Messen; ✈.

Mont-Saint-Michel [mɔ̃sɛ̃mi'ʃɛl], Felseninsel in der *Bucht von M.-S.-M.,* an der breton. Küste, Frkr.; ehem. Benediktinerabtei mit roman. Kirche.

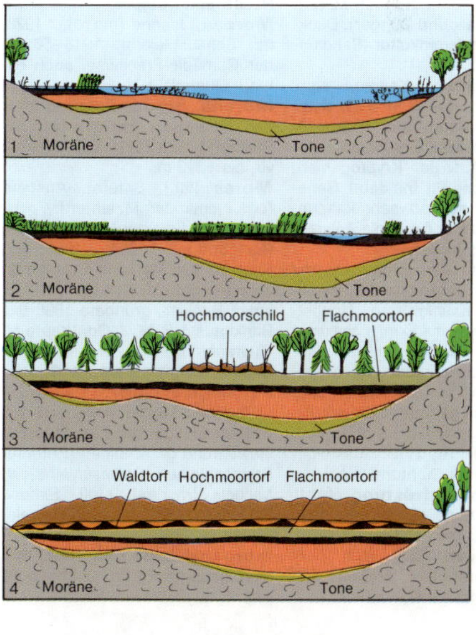

Moor. *Schematische Darstellung der Entwicklungsstadien eines Moores aus einem Moränensee; 1 einsetzende Verlandung des Sees; 2 Flachmoor, der See ist nahezu verlandet; 3 Bildung von Flachmoortorf mit Waldbewuchs, in der Mitte Hochmoorschild, auf dem die Bäume absterben; 4 das Hochmoor bedeckt den alten Waldboden mit Waldtorf und Hochmoortorf*

Montserrat [mɔntsɛ'rrat], Berg im katalan. Hügelland, nw. von Barcelona, Spanien, 1 124 m; berühmtes Benediktinerkloster.

Montserrat [mɔntse'ræt], Insel der Kl. Antillen, brit. Kronkolonie, 102 km², 12 000 E, Hptst. Plymouth; Export v. Rindern, Gemüse, Obst; Fremdenverkehr. S. 1783 endgültig britisch.

Monza, ital. St. nördl. von Mailand, 121 000 E; Dom (13./14. Jh.); Ind.; bek. Autorennstrecke.

Moor, Sumpfldsch. mit Torfbildung, bedingt durch hohen Grundwasserstand oder reichl. Niederschläge; durch Wasserstau erfolgt keine Verwesung, sondern Vertorfung abgestorbener Pflanzenteile; M.entwicklung setzt mit *Flachmoorbildung* unter dem Grundwasserspiegel ein; wächst das M. über den Grundwasserspiegel, so entsteht über das Zwischenstadium *Übergangs-M.* das ↑Hochmoor. – Abb. S. 453.

Moore ['mʊə]: **1)** George [Augustus], * 1852, † 1933, ir. Dichter; naturalist. Frühwerke, im Spätwerk relig. Thematik; Dramen, Lyrik; **2)** George Edward, * 1873, † 1958, engl. Philosoph; Begr. des Neurealismus; **3)** Henry, * 1898, † 1986, brit. Bildhauer; Hauptvertr. der mod. Plastik; **4)** Roger, * 1927, brit. Filmschauspieler.

Moorkultur, die Urbarmachung u. landw. Nutzung von Moorgebieten; seit dem 16. Jh. in den Niederlanden u. später v. a. in NW-Dtl.; u. a. Fehnkultur u. dt. Hoch-M. (Zugabe von Kalk und Dünger), Deck- oder [Moor]dammkultur (Sandaufschüttung).

Moosbrugger, Kaspar, eigtl. Andreas M., * 1656, † 1723, östr.-schweizer. Baumeister; Pläne für die Klosterkirche Einsiedeln.

Moose, Abt. der Kryptogamen; kl., wurzellose Pfl. mit deutl. Generationswechsel; oft sehr kälteunempfindl., daher bis in die Polarzonen hin anzutreffen.

Moped, zu den Fahrrädern mit Hilfsmotor (**mo**torisiertes **Ped**al) zählendes Kleinkraftrad, Höchstgeschwindigkeit 40 km/h, maximaler Hubraum 50 cm³.

Mops, Doggenrasse; kl. u. gedrungen, kurze Schnauze; über dem Rücken getragene Ringelrute.

Moral [lat.]: **1)** Sitte, sittl. Verhalten, Sittenlehre; **2)** Schlussfolgerung aus einer Dichtung u. Ä.

Moralische Aufrüstung, christl. überkonfessionelle Bewegung, begr. von F. Buchman (* 1878, † 1961).

moralisieren [lat.], sich über sittl. Dinge ereifern; *Moralist,* Sittenlehrer, -fanatiker, -richter.

Moräne [frz.], von Gletschern mitgeführter u. abgelagerter Gesteinsschutt.

Moratorium [lat.], gesetzl. od. vertragl. [Zahlungs]aufschub.

Morava: 1) r. Nbfl. der Donau, in Jugoslawien, 221 km; **2)** ↑Mähren.

Moravia, Alberto, eigtl. A. Pincherle, * 1907, † 1990, ital. Schriftsteller; Romane und Erzählungen.

morbid [lat.], kränkl., gebrechl.; angekränkelt, morsch; *Morbidität,* Krankheitsstand, -zahl.

Morbus [lat.], Krankheit (Med.).

Morchel, Gatt. der Schlauchpilze, in Stiel u. wabenart. Hut gegliedert; Speisepilze.

Mord, heimtück. od. grausame Tötung eines Menschen aus M.lust, zur Befriedigung des Geschlechtstriebs, aus Habgier oder aus sonst. niedr. Beweggründen; mit lebenslanger Freiheitsstrafe bedroht.

Mordwinen ↑Finnougrier.

Mordwini|en, Autonome Rep. der Mordwinen innerhalb Russlands, westl. des Kuibyschewer Stausees an der Wolga, 26 200 km², 963 000 E, Hptst. Saransk.

More ['mɔ:]: **1)** Henry, * 1614, † 1687, engl. Philosoph; Vertr. eines myst. Spiritualismus; **2)** Sir Thomas, hl., latin. Morus, * 1478, † 1535, engl. Humanist u. Staatsmann; 1529–32 Lordkanzler; legte nach dem Bruch Heinrichs VIII. mit Rom seine Ämter nieder; wegen Verweigerung des Suprematseides hingerichtet; staatsphilos. Hauptwerk: „Utopia".

Moreau, Jeanne [mɔ'ro], * 1928, frz. Schauspielerin; 1948–53 an der Comédie-Française, auch Filme („Querelle").

Morena, Sierra, Bergland im S der innerspan. Hochfläche, mit Steilabfall zum Tal des Guadalquivir, bis 1 323 m.

Mores [lat.], Sitte[n], Anstand (ugs.: jemanden M. lehren).

Morgan ['mɔ:gən]: **1)** Charles [Langbridge], * 1894, † 1958, brit. Schriftsteller; Romane, Dramen; **2)** John Pierpont, d. Ä., * 1837, † 1913, amer. Bankier; gründete 1895 das Bankhaus J. P. M. & Co. (heute M. Guaranty Trust Co. of New York), Stahl- u. Schifffahrtstrusts; **3)** John Pierpont, d. J., * 1867, † 1943, Sohn v. 2), amer. Bankier; erweiterte den wirtsch. Einfluss der Fam. M. durch Gewährung gr. Anleihen (Entente-Kriegsanleihen, Dawesanleihe); **4)** Michèle [mɔr'gã], eigtl. Simone Roussel, * 1920, frz. Schauspielerin; auch Filme.

morganatische Ehe [mlat.; dt.], standesungleiche, unebenbürt. Ehe, Ehe „zur linken Hand".

Ch. Morgenstern

Morgen, altes dt. Flächenmaß, z. B. preuß. M. 25,532 a, bayr. M. 34,073 a; urspr. Ackerfläche, die an einem Vormittag gepflügt werden konnte, heute allg. svw. 25 a.

Morgengabe, im german. u. im älteren dt. Recht das Geschenk des Mannes an die Ehefrau nach der Brautnacht zur Sicherstellung der Frau [und ihrer Kinder] im Falle der Verwitwung.

Morgenland, poet. (sonst veraltete) Bez. für Orient.

Morgenstern, Christian, * 1871, † 1914, dt. Dichter; tiefsinnige Sprachgrotesken: „Galgenlieder", „Palmström", Aphorismen und Übersetzungen.

Morgenstern: 1) Bez. für den Planeten ↑Venus, wenn er westl. von der Sonne steht; **2)** ma. Schlagwaffe, Keule mit eisernen Spitzen, auch an einer Stange mit einer Kette befestigte Stachelkugel.

Morgenthau, Henry, jr., * 1891, † 1967, amer. Politiker; 1934–45 Fin.-Min.; entwarf 1944 den *M.-Plan,* nach dem u. a. Dtl. aufgeteilt u. zum Agrarland gemacht werden sollte.

moribund [lat.], im Sterben liegend (Med.).

Mörike, Eduard, * 1804, † 1875, dt. Dichter; Roman: „Maler Nolten", Erzählungen, u. a. „Mozart auf der Reise nach Prag"; Lyrik; Märchen, u. a. „Das Stuttgarter Hutzelmännlein"; M.s Lieder wurden häufig vertont.

Morio-Muskat-Rebe, Rebsorte aus der Kreuzung Silvaner u. Weißer Burgunder; intensives Muskatbukett.

Morisken (span. Moriscos), die nach der span. Wiedereroberung in Spanien zurückgebliebenen Mauren; v. der Inquisition verfolgt u. 1609–14 vertrieben.

Moritat, von Bänkelsängern zu entspr. Bildern und Drehorgelmusik strophenweise vorgetragene Schauergeschichte.

Moritz: *Niederlande:* **1) M.,** Prinz v. Oranien, Graf v. Nassau-Dillenburg, * 1567, † 1625, kämpfte als Statthalter der Niederlande (s. 1585) mit Erfolg gg. Spanien. – *Sachsen:* **2) M.,** * 1521, † 1553, Hzg. s. 1541; kämpfte, obgleich Protestant, im Schmalkald. Krieg auf der Seite Karls V. u. erhielt dafür 1547 die Kurwürde; s. 1548 Gegner des Ks.; zwang ihn 1552 zum Passauer Vertrag.

Morley, Thomas ['mɔ:lı], * 1557, † 1603, engl. Komponist; begr. die engl. Madrigalistenschule.

Mormonen, die Mitgl. der von Joseph Smith (* 1805, † 1844) 1830 begr. *„Kirche Jesu Christi der Heiligen der letzten Tage“,* ben. nach dem für ihre Religionsgemeinschaft grundlegenden Buch Mormon. 12 000 M. gründeten 1846/47 in der Nähe des Großen Salzsees ein eigenes Territorium, Utah, als theokrat. verfasstes Gemeinwesen. Das Zentrum der Hptst. Salt Lake City ist der M.tempel, von dem aus nach mormon. Glauben Christus das Jüngste Gericht halten wird.

Morpheus, in der griech. Mythol. Gott der Träume.

Morphin (Morphium) [gr.], bitter schmeckendes Hauptalkaloid des Opiums, $C_{17}H_{17}(NO)(OH)_2$, schmerzstillende u. einschläfernde euphor. Wirkung; *Morphinismus,* chron. Morphinvergiftung (bei Gewöhnung); Folgen: allg. körperl. Verfall u. seel. Zerrüttung.

Morphologie [gr.], allg. Gestalt-, Formenlehre: **1)** Lehre von Gestalt, Funktion u. Bau der Organismen und ihrer Entw. (Med., Biol.); **2)** Lehre von den Formveränderungen der Wörter durch Deklination u. Konjugation; i. w. S. die Lehre von der Funktion der Morpheme als kleinste sprachliche Zeichen (Sprachw.); **3)** ↑ Geomorphologie.

Morse, Samuel [mɔ:s], * 1791, † 1872, amer. Erfinder; konstruierte 1837 den ersten elektromagnet. Schreibtelegrafen *(Morseapparat)* und entwickelte den *Morsecode,* der die Buchstaben durch Kombinationen aus Punkten u. Strichen (langen u. kurzen Stromstößen) darstellt.

Mörser [lat.]: **1)** Steilfeuergeschütz mit kurzem Rohr und gr. Kaliber; **2)** [Labor]gefäß mit gerundetem Innenboden, in dem feste Stoffe mit der *M.keule* (Pistill) zerrieben oder zerstoßen werden.

Mortalität [lat.], svw. ↑ Sterblichkeit.

MOS [Abk. für engl.: **m**etal **o**xide **s**ilicon (bzw. **s**emiconductor) = Metall-Oxid-Silicium (bzw. -Halbleiter)], in der Elektronik verw. Vorsatz für Halbleiterbauelemente u. integrierte Schaltungen, die eine *MOS-Struktur* (Isolatorschicht aus Siliciumdioxid zw. metall. Steuerelektrode u. halbleitendem Grundmaterial aus Silicium) besitzen.

Mosaik [gr.], Einlegearbeiten aus bunten Stein- oder Glasstückchen, v. a. an Wänden und Fußböden; bei den Römern bes. als *Boden-M.,* später an den Wänden; Glas-M.en bes. bei den Byzantinern.

Mosaik|krankheit ↑ Übers. S. 528 ff.

mosaisch [hebr.], jüd., israelit., auf die at. Gesetzreligion bezogen; *m.es Gesetz,* das Gesetz des A. T., i. e. S. der ↑ Dekalog.

Moschav [hebr.] (Mrz. Moschavim), landw. Gruppensiedlung in Israel; im Ggs. zum Kibbuz wirtschaftet jeder Siedler selbst. auf staatseigenem Boden.

Moschee [arab.], Versammlungsort der Muslime zum gemeinsamen Gebet; die gr. M.n heißen *Djami;* angeschlossen oft Medresen (Koranschulen), Bibliotheken u. a.

Moschus [sanskr.] (Bisam), Drüsensekret v. a. des ♂ M.tieres; v. a. zur Parfümherstellung; *M.bock,* moschusartig riechender europ. Bockkäfer; *M.böckchen,* etwa 30 cm hoher Zwergspringer O-Afrikas; *M.ente,* Wildente M- u. Südamerikas; *M.ochse,* schwarzbraunes, bis 1,1 m hohes Horntier der arkt. Tundren; ♂ mit starkem M.geruch; *M.tier,* rehgr., geweihloser Hirsch O- u. M-Asiens; ♂ mit M.beutel; *M.wurzel,* Doldenblütler; hohe Staude des Orients; Wurzel mit Moschusgeruch.

Mosel (frz. Moselle), l. Nbfl. des Rheins, 545 km; ab Trier mäandrierend; bek. die *M.weine,* auch aus den M.seitentälern.

Moseley, Henry ['məʊzlı], * 1887, ⚔ 1915, brit. Physiker; fand 1913 das *m.sche Gesetz,* nach dem die Ordnungszahl eines Elementes der Wurzel aus der Frequenz der Linien im Röntgenspektrum proportional ist.

Moser: 1) Hans, eigtl. H. Julier, * 1880, † 1964, östr. Schauspieler; als Komiker v. a. bekannt durch Filmkomödien; ab 1954 am Wiener Burgtheater; **2)** Lukas, dt. Maler des 15. Jh.s; Meister des Magdalenenaltars in Tiefenbronn bei Pforzheim.

Morsecode

Buchstaben

a	· –	i	· ·	r	· – ·
ä	· – · –	j	· – – –	s	· · ·
b	– · · ·	k	– · –	t	–
c	– · – ·	l	· – · ·	u	· · –
ch	– – – –	m	– –	ü	· · – –
d	– · ·	n	– ·	v	· · · –
e	·	o	– – –	w	· – –
f	· · – ·	ö	– – – ·	x	– · · –
g	– – ·	p	· – – ·	y	– · – –
h	· · · ·	q	– – · –	z	– – · ·
á	· – – · –	é	· · – · ·	ç	– · – · ·
â	· – – · –	è	· · – · ·	ñ	– – · – –
à	· – – · –	ê	– · · – ·		

Zahlen

1	· – – – –	5	· · · · ·	9	– – – – ·
2	· · – – –	6	– · · · ·	0	– – – – –
3	· · · – –	7	– – · · ·		
4	· · · · –	8	– – – · ·		

Satz- und Hilfszeichen

Punkt	· – · – · –
Komma	– – · · – –
Semikolon	– · – · – ·
Doppelpunkt	– – – · · ·
Apostroph	· – – – – ·
Fragezeichen	· · – – · ·
Bindestrich	– · · · · –
linke Klammer	– · – – ·
rechte Klammer	– · – – · –
Schräg-(Bruch-)Strich	– · · – ·
Trennungszeichen(=)	– · · · –
Anführungszeichen	· – · · – ·
Unterstreichung	· · – – · –

Verkehrszeichen

Aufforderung zum Senden [k]	– · –
Anfangszeichen (Spruchanfang) [ka]	– · – · –
Endzeichen (Spruchende) [ar]	· – · – ·
Verkehrsende [sk]	· · · – · –
Warten [eb]	· – · · ·
Empfangsbestätigung [r]	· – ·
Irrung	· · · · · · · ·
Notruf [SOS]	· · · – – – · · ·

Moskau. *Moderne Wohnhochhäuser; im Hintergrund die Lomonossow-Universität*

Moses (Mose), jüd. Gesetzgeber des 13. Jh.s v. Chr. (?); Richter, Prophet u. Befreier seines Volkes aus Ägypten.

MOSFET, Abk. für **M**etal **O**xide **S**emiconductor **F**ield **E**ffect **T**ransistor, ein Feldeffekttransistor, bei dem die Gateelektrode durch eine Metalloxidschicht vom Halbleiterkristall getrennt ist.

Moskau (russ. Moskwa), Hptst. Russlands, an der Moskwa, 8,8 Mill. E; Kultur- u. Wirtsch.-Zentrum; Univ., Hochschulen, Akad. der Wiss.; Bibliotheken, Theater, Museen; ↑Kreml, Lenin-Mausoleum, „Roter Platz" mit Basiliuskathedr. (1554–60); vielseit. Ind.: Fahrzeug-, Masch.-, Apparatebau, Eisen- u. Stahl-, Elektro-, chem. Ind.; ⚓, ✈. – 1147 erstmals erwähnt; 1328–1712 russ. Hptst., 1812 v. Napoleon I. besetzt; 1922–91 Hptst. der UdSSR.

Moskitoküste, Landschaft an der O-Küste Nicaraguas; Niederung mit zahlr. Strandseen.

Moskitos [span.], svw. ↑Stechmücken.

Moslem, svw. ↑Muslim.

Mößbauer, Rudolf, * 1929, dt. Kernphysiker; fand 1958 den nach ihm ben. *M.-Effekt:* rückstoßfreie Emission bzw. Absorption *(Resonanzabsorption)* von Gammaquanten durch radioakt. Kerne, die in ein Kristallgitter eingebaut sind; wicht. für Erforschung der Energiezustände von Atomkernen, der [Elektronen]struktur und Eigenschaften v. Festkörpern u. a.; Nobelpreis (mit R. Hofstadter) 1961.

Most ↑Brüx.

Most, unvergorener Frucht-, bes. Traubensaft; oberdt. Bez. für Obstwein.

Mostrich, svw. Tafelsenf (↑Senf).

Mosul, nordirak. Prov.-Hptst. am Tigris, 571 000 E; Univ.; Textil- u. Lederind.; fr. bed. Webwarenherst. (Musselin); ✈; gegenüber die Ruinen von ↑Ninive.

Motel [Kurzw.; amer.], Hotel an gr. Autostraßen für Autoreisende.

Motette [ital.], musikal. Form (meist mehrstimm. und -textig); zunächst liturg. gebunden, später auch mit freien Texten: *isorhythm. M.* z. Z. Machaults; Höhepunkte 15./16. Jh. u. bei Schütz und Bach.

Motilität [lat.]: **1)** Beweglichkeit bei Organismen od. Zellorganellen; **2)** subkortikal, vegetativ und reflektorisch gesteuerte Bewegungsvorgänge.

Motiv [lat.]: **1)** Beweggrund; **2)** ein zur künstler. Gestaltung oder Aufnahme reizender Gegenstand; **3)** kleinste gestaltbildende Einheit in einem musikal. Thema.

Motivac, automatisch arbeitendes Messgerät zur Ermittlung von TV-Einschaltquoten; die Ergebnisse werden telefonisch abgefragt.

Motocross [engl.], Motorradrennen auf einem geschlossenen Geländekurs (durchschnittl. 1,5 bis 2,5 km lang).

Motodrom [lat./gr.], einem Stadion ähnl., meist ovale Rennstrecke, die ganz od. zum Großteil übersehbar ist.

Motor [lat.], Kraftmasch. zur Umwandlung therm., chem., elektr. od. pneumat. Energie in Bewegungsenergie; heute hpts. Bez. für Kolbenverbrennungs-M.en (z. B. ↑Otto-, ↑Diesel-, Drehkolben-M.) u. Elektromotoren.

Motorik [lat.]: **1)** Lehre von den Bewegungsfunktionen; **2)** kortikal gesteuerte, willkürl. Bewegungsvorgänge (Biol., Med.).

Motor|rad, zweirädriges mit Knieschluss gefahrenes Straßenfahrzeug, meist von Zweitakt-Ottomotor angetrieben; bis 250 cm³ Hubraum Einzylinder-, darüber häufig Zwei- od. Vierzylindermotor.

Motor|roller, einspur. Kraftfahrzeug, Räder kleiner als beim Motorrad.

Motorsport, sportl. Wettbewerbe mit motorgetriebenen Fahrzeugen. *Motorradsport:* jährl. Meisterschaften in: Straßenrennen, Geländerennen, Trial, Speedway, Eis- u. Sandbahnrennen. *Automobilsport:* Meisterschaften für Formelrennwagen, Sportwagen, Prototypen; daneben Rallyemeisterschaften. *Motorbootsport:* Wettbewerbe mit Renn- u. Sportbooten, mit Innen- u. Außenmotoren sowie Hovercraftboote; eingeteilt nach Klassen.

Mott: 1) John Raleigh, * 1865, † 1955, amer. ev. Theologe; 1915–28 Gen.-Sekr. der YMCA; 1921 Präs., 1942 Ehrenpräs. des Internat. Missionsrates; Friedensnobelpreis (mit E. G. Balch) 1946.

Motten, Fam. der Kleinschmetterlinge mit schmalen, lang befransten Flügeln; viele Schädlinge, Larven fressen u. a. Filz, Pelze, Wolle.

mouillieren [mu'jirən; frz.], palatale oder dentale Konsonanten mithilfe eines j erweichen, z. B. ll in brillant [= *briljant*].

Moulin-Rouge [mulɛ̃ 'ru:ʒ; frz.], Name eines bek. Pariser Nachtlokals am Boulevard de Clichy; seit 1889.

Mountains ['maʊntinz; engl.], Gebirge, Bergland.

Mountbatten, Louis, Earl M. of Burma [maʊnt'bætn], * 1900, † 1979 (ermordet), Sohn des Prinzen Ludwig Alexander v. Battenberg, brit. Admiral.

moussieren ['mus-; frz.], schäumen, perlen (von Wein oder Sekt).

Möwenvögel, weltweit verbreitete Vogelfam. an Meeresküsten und Binnengewässern; gute Flieger; Nestflüchter; Unterfam.: Raubmöwen, Möwen, Seeschwalben, Scherenschnäbel.

Mozart: 1) Leopold, * 1719, † 1787, Vater v. 2), östr. Komponist; Hofkomponist u. Vizekapellmeister an der Salzburger Hofkapelle; „Versuch einer gründl. Violinschule"; **2)** Wolfgang Amadeus, * 27. 1. 1756, † 5. 12. 1791, östr. Komponist; Studium durch den Vater geleitet, seit 1769 Konzertmeister der erzbischöfl. Kapelle in Salzburg, s. 1780 in Wien; Höhepunkt der Wiener Klassik; überaus produktiv, u. a. rd. 50 Sinfonien, Konzerte für Klavier, Violine, Bläser, konzertante Sinfonien, Messen, Kantaten, Requiem; Singspiele: „Die Entführung aus dem Serail"; Opern: „Die Hochzeit des Figaro", „Don Giovanni", „Cosi fan tutte", „Die Zauberflöte".

MP, Abk. für: **1) M**aschinen**p**istole; **2)** [em'pi:] **M**ilitary **P**olice (Militärpolizei).

MPa, Einheitenzeichen für: **M**ega**pa**scal (= 1 Mill. Pa).

Mrs. ['misiz; engl.], Abk. für: Mistress; M. (mit Familiennamen) ist im Engl. Anrede für die verheir. Frau.

MS, Abk. für: **M**otor**s**chiff.

M. Sc., Abk. für: **M**aster of **Sc**ience (↑Magister).

MS-DOS, Abk. für **M**icro**s**oft **D**isc **O**perating **S**ystem, Betriebssystem für Einplatzcomputer mit 16-Bit-Prozessor und Einprogrammbetrieb.

Msgr., Abk. für: ↑**M**on**s**i**g**no**r**e.

Mt Einheitenzeichen für: **M**ega**t**onne (= 1 Mill. t).

Mt., Abk. für: **M**oun**t**, **M**on**t** (= Berg).

MTB [Abk. für: Methyl-tert.-butylether], $CH_3-O-C(CH_3)_3$, Antiklopfmittel für Vergasertreibstoffe (als Ersatz für Bleitetraethyl); verbessert die Verbrennung u. verringert den Schadstoffausstoß.

Mubarak, Mohammed Hosni, * 1928, ägypt. Gen. u. Politiker; 1969–72 Stabschef, 1972–75 Oberkommandierender der Luftwaffe, 1975–81 Vizepräs., s. 1981 Min.-Präs. (bis 1982) u. Staatspräsident.

Mucius: 1) Gaius M. Cordus, später G. M. Scaevola, röm. Held des 6. Jh.s v. Chr.; soll 508 den Kg. der Etrusker zum Abzug bewogen haben; **2)** Quintus M. Scaevola, * um 140, † 82 v. Chr. (ermordet), röm. Konsul (95); Statthalter der Prov. Asia; 18 Bücher umfassendes Werk, das Grundlage des bürgerl. röm. Rechts wurde.

Mücken, artenreiche Unterordn. kl. bis mittelgr., meist schlanker u. langbein. Zweiflügler mit vielgliedr. Fühlern; Imagines (erwachsene M.) teils Säfte saugend (Blut, Pflanzensäfte), teils räuberisch lebend;

W. A. Mozart

Larven mit beißenden Mundwerkzeugen, teilw. im Wasser lebend; z. B. Stechmücken, Schnaken.

Mueller-Stahl, Armin ['my-], * 1924, dt. Schauspieler, bek. durch Film- u. Fernsehrollen.

Muezzin [arab.], islam. Gebetsrufer, der die Muslime tägl. fünfmal zum Gebet ruft.

Muffel: 1) Maul und Nasengegend (bes. bei Paarhufern); **2)** Hohlkörper aus feuerfestem Material, von außen beheizt (v. a. zur Destillation, zum Brennen von Porzellan, Keramik, zum Härten v. Stahlwerkzeugen).

Mufti [arab.], islam. Rechtsgelehrter, der nach religiös. Recht gutachtet.

Mugabe, Robert Gabriel, * 1924, simbabw. Politiker; 1964–74 unter Arrest bzw. in Verbannung, 1975 Mitbegr. der Guerillaarmee „Zimbabwe People's Army", 1980–87 Min.-Präs., seither Präsident.

Muhammad ↑Mohammed.

Mühlhausen, Krst. in Thür., 41 800 E; maler. Stadtbild, ma. Kirchen; Textil- u. a. Ind.; ehem. R.-St.; nahebei Kalibergbau, Erdgasvorkommen.

Mühlviertel, der nördl. der Donau liegende Teil von Oberösterreich.

Mühsam, Erich, * 1878, † 1934, dt. Schriftst. und Politiker; radikalanarchist. Dramen, Balladen; 1919 Mitgl. d. Münchener Rätereg.; im KZ ermordet.

Mukden ↑Shenyang.

Mulatten [span.], ↑Mischlinge.

Mulch [engl.], Bodenbedeckung aus Stroh, Gras oder Ähnl. oder synthet. Schaumstoffen v. a. zur Förderung der Bodengare.

Mulde, l. Nbfl. der mittl. Elbe, mit den Quellflüssen *Freiberger* und *Zwickauer M.*, 128 km.

Mülhausen (Mulhouse), frz. St. im Oberelsass, 108 400 E; Univ.; Rathaus (16. Jh.); Textil-, Masch.-, chem. u. a. Ind., Kali-⚒; ⚓ am Rhein-Rhone-Kanal, ✈. – Ehem. Reichsstadt.

Mülheim a. d. Ruhr, krsfr. St. im Ruhrgebiet, NRW, 176 500 E; ma. u. mod. Kirchen, 2 Schlösser; Max-Planck-Inst. für Kohlenforschung; Maschinen-, Metall-, Textil-, elektron. u. Elektroind.; ⚓; ✈.

Mull [engl.]: **1)** feinfäd., sehr poröses Baumwoll-, auch Chemiefasergewebe; **2)** Humusform.

Müll, Abfälle aus Haushalt, Gewerbe- oder Ind.betrieb o. Ä. Unterscheidung u. a. nach *Konsistenz* (fest, schlammförmig, flüssig) u. *Herkunft* (kommunale Abfälle wie Haus-, Sperrmüll, Straßenkehricht, Klärschlamm; gewerbl. Abfälle wie Industriemüll, Altöl, -reifen, Bauschutt, tier. Exkremente, Glas, radioaktive Abfälle). Formen der Entsorgung: Ablagerung auf geordneten Deponien, ↑Müllkompostierung und ↑Müllverbrennung.

Mullah (Molla), Titel für einen islam. Rechts- od. Religionslehrer.

Müller: 1) Friedrich, gen. Maler Müller, * 1749, † 1825, dt. Dichter und Maler; volkstüml. Idyllen, Gedichte, Balladen, Dramen; Zeichnungen, Radierungen; **2)** Gebhard, * 1900, † 1990, dt. Jurist u. Politiker (CDU); 1948–52 Staatspräs. von Südwürtt.-Hohenzollern, 1953–58 Min.-Präs. v. Ba.-Wü., 1958–71 Präs. des B.-Verf.-Ger.; **3)** Heiner, * 1929, † 1995, dt. Schriftsteller u. Dramatiker; u. a. Bearbeitung antiker Vorlagen; **4)** Hermann, gen. H. M.-Franken, * 1876, † 1931, dt. Politiker (SPD); unterzeichnete 1919 als dt. Außenmin. (1919/20) den Versailler Vertr., 1920 u. 1928–30 R.-Kanzler; **5)** Johannes ↑Regiomontanus; **6)** Peter, * 1955, dt. Politiker (CDU); s. 1999 Min.-Präs. im Saarland; **7)** Walther, * 1905, † 1979, dt. Physiker; entwickelte mit H. ↑Geiger das Geiger-M.-Zählrohr; **8)** Wilhelm, gen. Griechen-M., * 1794, † 1827, dt. Dichter der Spätromantik; volkstüml. Lieder, Zyklen, z. T. v. Schubert vertont, Hauptvertreter des literar. Philhellenismus.

Müller-Armack, Alfred, * 1901, † 1978, dt. Nationalökonom u. Soziologe; prägte den Begriff der soz. Marktwirtschaft.

Müller-Thurgau-Rebe, Rebsorte, Kreuzung v. Riesling- und Silvanerreben.

Müllkompostierung, die Umwandlung organ. Müllbestandteile durch Mikroorganismen (nach der Abscheidung von Metallteilen, Glas u. a. und geeigneter Vor- u. Nachbehandlung) in zur Bodenverbesserung geeigneten Kompost.

Müllverbrennung, Verfahren der Abfallbeseitigung; das urspr. Volumen des Mülls wird auf $^1/_5$ bis $^1/_7$ verringert.

multilateral [lat.], mehrseitig; *m.e Verträge,* Verträge zw. mehr als 2 Staaten.

Multimedia [lat.], Zusammenwirken verschiedener Medientypen (Texte, Bilder, Töne, Animationen u. a.) in einem M.-System, das Informationen empfangen, speichern, wiedergeben und verarbeiten kann.

multipel [lat.], vielfach.

multiple Sklerose, chron. Erkrankung des Gehirns u. Rückenmarks mit Bildung zahlr. Entmarkungsherde; Symptome: Augenzittern, Gehunsicherheit, Lähmungserscheinungen u. a.

Multiplier [ˈmʌltɪplaɪə; engl.], svw. ↑Elektronenvervielfacher.

Multiplikation [lat.], Grundrechnungsart, durch · od. × symbolisiertes Malnehmen v. Zahlen (od. anderen math. Größen), den *Faktoren;* das Ergebnis einer M. ist das *Produkt;* bei 2 Faktoren heißt der 1. Faktor *Multiplikand,* der 2. *Multiplikator.*

Multiprozessorsystem, in der Datenverarbeitung Rechnerarchitektur, die mehr als eine Zentraleinheit (Prozessor) enthält.

Mumi|e [arab.], vor Verwesung geschützter Leichnam.

Mumifizierung, svw. Einbalsamierung, auch Entstehen einer Mumie durch natürl. Umstände.

Mumps (Ziegenpeter; Parotitis), virusbedingte Entzündung der Ohrspeicheldrüse mit schmerzhafter Schwellung.

Munch, Edvard [mʊŋk], *1863, †1944, norweg. Maler und Grafiker; Mitbegr. des Expressionismus.

München, Landeshptst. von Bay., krsfr. St., Krst. u. Verw.-Sitz d. Reg.-Bez. Oberbay., an der Isar, im Alpenvorland, 1,23 Mill. E; B.- u. Landesbehörden; Bayer. Akad. d. Wiss., Univ., TU u. a. Hochsch. u. Akademien, Fachhochschulen, Max-Planck-Institute, UNESCO-Institute u. a.; OLG, LG; IHK; bed. Theater, Museen, Bibliotheken; Tierpark Hellabrunn. – Frauenkirche (1468–88), Michaelskirche (1583–97), Theatinerkirche (1663), Kirche St. Johann Nepomuk der Brüder Asam (1733–46) u. a. bedeutende Kirchen; Residenz (16. bis 19. Jh.), Schloss Nymphenburg (1663 ff.) mit Amalienburg (1734 bis 1739) von Cuvilliés; bed. klassizist. Bauten; graf. Gewerbe, Brauereien, Masch.-, Metall-, Elektro-, Fahrzeug-, Apparate-, opt. Ind., Porzellanmanufaktur; Kunsthandel; bed. Ausstellungen, Kongresse; ✈. – 1157/58 v. Heinrich d. Löwen als Mark gegründet, Stadt s. 1294; 1255–1918 wittelsbach. Residenz. – Abb. S. 460.

Münchner Abkommen, der 1938 in München zw. A. N. Chamberlain, E. Daladier, Mussolini u. Hitler geschlossene Vertrag, der die Sudetenkrise durch Abtretung des Sudetenlandes an Dtl. beendete.

Mund, der meist durch Muskeln verschließbare und i. A. durch die Kiefer begrenzte Eingang zum Darmtrakt.

Mund|art (Dialekt), regional gebundene, urspr. u. oft bildhafte Sprachform mit Eigentümlichkeiten des Wortschatzes, der Grammatik u. Phonetik; *M.dichtung* mit [bewusster] Verwendung der M., u. a. bei A. Gryphius; bed. Vertr.: J. P. Hebel, Gotthelf, F. Reuter, K. Groth, E. Niebergall, L. Thoma, G. Hauptmann, W. Siefkes, F. X. Kroetz u. a.

Mündel ↑Vormundschaft.

Mundharmonika, volkstüml. Musikinstrument, bei dem die Töne durch beim Ein- u. Ausatmen in Schwingung versetzte metallene Zungen erzeugt werden.

Mündigkeit, altersmäß. Voraussetzung für eine Rechtshandlung; *Volljährigkeit* mit Vollendung des 18. Lebensj. bringt ↑Geschäftsfähigkeit u. Ehe-M. von Mann u. Frau mit sich. *Eides-M.* (Eidesfähigkeit) nach Vollendung des 16. Lebensjahrs.

Mund|raub (heutige Bez.: Diebstahl u. Unterschlagung geringwertiger Sachen), Entwendung oder Unterschlagung von Nahrungs- od. Genussmitteln u. Ä. in geringer Menge od. v. unbed. Wert

Müllverbrennung. *Schema einer Müllverbrennungsanlage*

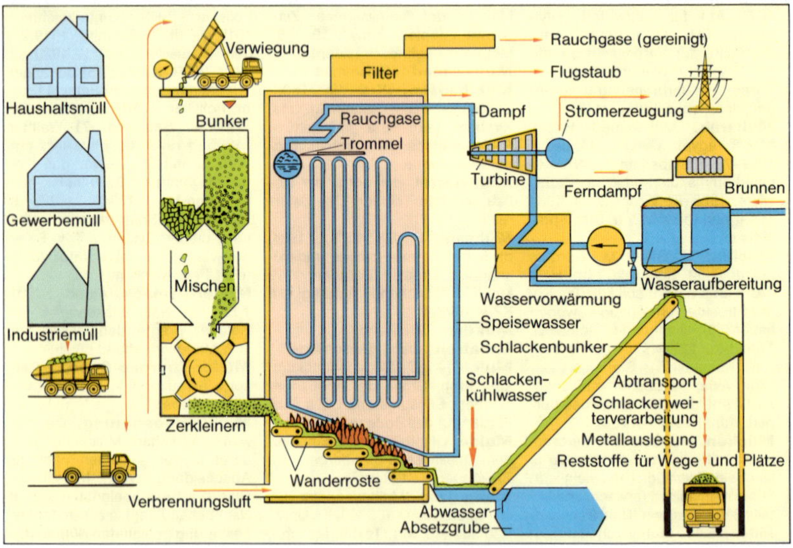

zum sofortigen Eigenverbrauch; auf Antrag strafbar.

Mungo[s] [angloind.]: **1)** svw. ↑Mangusten; **2)** svw. ↑Ichneumon; **3)** (Ind. Mungo) Schleichkatze Indiens; Schlangen- u. Rattenvertilger (oft Haustier).

Münster, krsfr. St. u. Hptst. des Reg.-Bez. Münster, im Münsterland, NRW, 265 100 E; Oberverw.-Ger., LG; IHK; Universität, Verw.-Akad.; Museen; wiederhergestellt: Dom (13. Jh.), Lambertkirche (1350 bis 1450), Rathaus (um 1355), weitere Bogenganghäuser, fürstbischöfl. Residenz (1767 ff.; heute Univ.), städt. Adelshöfe; Masch.-, Fahrzeug-, Textilind.; ⚓ am Dortmund-Ems-Kanal (Stichkanal). – 805 Bischofssitz, s. dem 13. Jh. Hansest.; 1534/35 Herrschaft der Täufer; 1648 Unterzeichnung des Westfäl. Friedens.

Münster [lat.], urspr. das ges. Kloster, dann Kirche eines Klosters oder Kapitels (Stiftskirche), auch gr. Pfarrkirche (Hauptkirche einer Stadt).

Münsterland, Teil der Westfäl. Bucht, nördl. der Lippe, NRW; zahlr. Wasserburgen.

Munthe, Axel, * 1857, † 1949, schwed. Arzt und Schriftsteller; „Das Buch von San Michele".

Müntzer (Münzer), Thomas, * 1489 (?), † 1525 (hingerichtet), dt. Theologe; anfangs Anhänger Luthers; gründete den „Bund getreul. u. göttl. Willens" mit dem Ziel, einen Gottesstaat aufzurichten; Anführer eines Bauernheeres, das bei Frankenhausen vernichtet wurde.

Münze: 1) geprägtes Metallstück, fr. auch gegossen; Gew. u. Feingehalt (bei Edelmetallen) durch Stempeleindruck (Münzbild, -inschrift) verbürgt; **2)** (Münzstätte) Prägestätte v. M.n; in der BRD: Berlin (A), Hamburg (J), Karlsruhe (G), München (D) und Stuttgart (F).

Münzverbrechen und Münzvergehen (Münzdelikte), Tatbestände (§§ 146 ff. StGB), die die Herst. u. Verbreitung von gefälschtem und verfälschtem Geld und Wertzeichen *(Falschmünzerei)* unter Strafe stellen.

Murad: *osman. Sultane:* **1) M. I.,** * 1326 (?), † 1389, reg. s. 1359; eroberte Adrianopel (heute Edirne) u. machte es zur Residenz; besiegte die Serben 1389 auf dem Amselfeld; **2) M. II.,** * 1403/04, † 1451, reg. s. 1421; erweiterte d. Osman. Reich auf dem Balkan.

Muränen [lat.], Fam. räuber., aalförm. Knochenfische in [sub]trop. Meeren, bis 1,5 (selten 3) m lang; Biss giftig; Speisefische, u. a. die *Muräne* im Mittelmeer.

Murano, Stadtteil von Venedig, auf einer Insel in der Lagune v. Venedig; Hauptsitz der venezian. Glasind. (seit dem 13. Jh.).

Murcia ['murθia], südostspan. Prov.-Hptst. am Segura, 322 900 E; Univ.; got. Kathedr.; Konserven-, Seidenindustrie.

Mures ↑Maros.

Murg, r. Nbfl. des Oberrheins, 96 km.

Musäus, Johann Karl August, * 1735, † 1787, dt. Schriftsteller; „Volksmärchen der Deutschen".

Muschelkalk ↑Geologie, Formationstabelle.

Muschelkrebse, Unterkl. niedr. Krebse, selten über 2 mm lang, zweiklappige Schale, rundl. Körper; im Meer und Süßwasser.

Muscheln, Kl. der Weichtiere; meist getrenntgeschlechtig; Körper symmetr. seitl. zusammengedrückt, ohne Kopf u. von zweiklapp. Schale umschlossen, die durch Schließmuskeln verschlossen wird; Kiemenatmung; meist marin; wirtsch. bed. die Perl- und die essb. M. (Austern u. a.).

Edvard Munch. *Vier Mädchen auf der Brücke (1905)*

Murillo, Bartolomé Esteban [mu'riʎo], * 1618, † 1682, span. Maler; relig. Bilder, v. a. Madonnen; bekannte realist. Genrebilder.

Murmansk, russ. Hafenst. und Flottenstützpunkt im N der Halbinsel Kola, 468 000 E; Seefahrthochschule, wiss. Institute; Werften, Fischereiind.; ✈.

Murmeltier, Nagetiergatt.; das halbmeterlange *Alpen-M.* (geschützt) lebt gesell. in selbst gegrabenen Höhlen (Alpen, Karpaten); Winterschläfer.

Murner, Thomas, * 1475, † 1537, elsäss. Volksprediger, Humanist und Dichter; geißelte in Moralsatiren die Torheiten seiner Zeit; Gegner Luthers.

Murray ['mʌrɪ], größter Fluss Australiens, mündet in den Ind. Ozean (sö. von Adelaide); größter Nbfl. Darling (zus. 3 370 km).

Mururoa [frz.], Atoll der frz. Tuamotuinseln im südl. Pazifik, nahe dem Südl. Wendekreis bei etwa 140° w. L.; bis 1996 Zentrum der frz. Kernwaffenversuche.

Musaios, um 500 n. Chr., griech. Dichter; verf. das erot. Kleinepos „Hero und Leander".

Muschg: 1) Adolf, * 1934, schweizer. Schriftsteller, Halbbruder von 2); Romane, Erz.; Georg-Büchner-Preis 1994; **2)** Walter, * 1898, † 1965, schweizer. Schriftsteller; „Tragische Literaturgeschichte" u. a.

Musen, in der griech. Mythol. die neun Töchter des Zeus, Göttinnen der Künste: Erato, Euterpe, Kalliope, Klio, Melpomene, Polyhymnia, Terpsichore, Thalia, Urania.

Musical ['mju:zɪkəl; amer.], mod. Form des Musiktheaters, mit Elementen der Operette, der Revue, des Kabaretts und Singspiels.

Musik [gr.], bei den Griechen zunächst umfassende Bez. für alle schönen Künste; Einengung des Begriffs auf den Bereich der Tonkunst etwa s. d. 5. Jh. v. Chr. – Allg. Unterscheidungen in Instrumental- u. Vokal-M., Volks- u. Kunst-M.; begriffl. Systematik nach Stilelementen u. Stilepochen od. musikal. Formen gegeneinander abgrenzend

München.
Neubau der Neuen Pinakothek

(z. B. Kunstlied, Kantate, Oper, Sonate, Konzert). Darüber hinaus bestimmen die Gegebenheiten der Kulturkreise, die Musiktradition der Völker, die Wirkung von Komponistenpersönlichkeiten sowie die Ausbildung von Schulen das Bild der Musik.

Musikantenknochen, ugs. für den Knochenhöcker an der Innenseite des Oberarmknochens im Ellbogen, wegen des nur oberflächlich verlaufenden Ellennervs charakterist. Schmerzempfindung bei geringfügigem Stoß.

B. Mussolini

Musikdrama, Oper mit bes. Akzent auf dem Dramatischen (bes. R. Wagner).

Musikhochschulen, der musikal. Ausbildung dienende staatl. Schulen für Dirigenten, Komponisten, Musikerzieher, Solisten, Orchestermusiker, Kirchenmusiker.

Musil, Robert [Edler von], * 1880, † 1942, östr. Schriftsteller; Roman „Der Mann ohne Eigenschaften"; Dramen, Erzählungen, Novellen („Drei Frauen").

musisch [gr.]: **1)** die Künste betreffend; **2)** künstler. [begabt], kunstempfänglich.

Muskarin [lat.], stark gift. ↑Alkaloid des Fliegenpilzes, Nervengift.

Muskateller [ital.]: **1)** alte Rebsorte mit Muskatgeschmack; **2)** süßer Wein aus der M.rebe.

Muskatnussbaum, Muskatnussgewächs der Molukken, heute in den Tropen weit verbreiteter Baum; Same u. Samenmantel Gewürz *(Muskatnuss, -blüte).*

Muskelkater, Muskelschmerz nach übermäßiger Muskelarbeit (durch nicht abtransportierte Stoffwechselprodukte, u. a. Milchsäure).

Muskelkrampf, schmerzhafte Zusammenziehung eines Muskels oder einer Muskelgruppe.

Muskeln [lat.], der Bewegung des Körpers, seiner Teile und Organe dienendes kontraktiles Gewebe, oft mit bindegeweb. Anteilen; *quer gestreifte M.* unterliegen dem Willen, *glatte M.* reagieren unwillkürlich.

Muskete [lat.], alte Handfeuerwaffe, erst Luntenzündung, dann Rad-, schließl. Steinschloss; Waffe der *Musketiere* seit Mitte des 16. Jh.s.

Muskulatur [lat.], Gesamtheit der Muskeln.

Muslim (Moslem), Bekenner des Islams.

Muslimbruderschaft, 1928 gegr. Geheimbund zur islam.-nat. Neugestaltung Ägyptens; in vielen arab. Ländern verbreitet; 1954 in Ägypten verboten.

Muslimliga, 1906 gegr. polit. Organisation der Muslime Indiens; erreichte die Errichtung des Staates Pakistan.

Musselin [frz.], feiner, weicher Kleiderstoff (Wolle, Zellwolle u. a.).

Musset, Alfred de [my'sɛ], * 1810, † 1857, frz. Dichter der Romantik.

Mussolini, Benito, * 1883, † 1945, ital. Politiker; Begr. (1919/1921) u. Führer („Duce") der faschist. Partei; 1922 Marsch auf Rom, 1922–43 Min.-Präs.; Bündnis mit Hitler; Kriegseintritt 1940; von ital. Partisanen erschossen.

Mussorgski, Modest Petrowitsch, * 1839, † 1881, russ. Komponist; Vertr. einer nationalruss. Musik; Opern: „Boris Godunow" (2. Fass. 1874), „Chowanschtschina" (unvollst.); „Bilder einer Ausstellung" für Klavier; Lieder.

Mustafa, Name osman. Sultane.

Mustafa (gen. Kara M. „der schwarze M."), * 1634, † 1683, osman. Großwesir s. 1676; belagerte 1683 vergebl. Wien, verlor die Schlacht am Kahlenberge u. wurde auf Befehl des Sultans erdrosselt.

Mustang [span.], verwildertes Pferd der nordamer. Prärie.
Mustermesse ↑Messe 2).
Musterrolle: 1) beim Dt. Patentamt geführtes Verzeichnis über geschützte ↑Gebrauchsmuster; **2)** beim Amtsger. geführtes Register für ↑Geschmacksmuster; **3)** Namenliste aller Besatzungsmitgl. eines Seeschiffes.
Musterung, Begutachtung; Untersuchung der Wehrpflichtigen auf mil. Verwendbarkeit.
mutabel [lat.], wandelbar.
Mutation [lat.]: **1)** plötzl. eintretende, unplanmäß., ungerichtete Veränderung im Erbgefüge (Genotypus) eines Lebewesens bzw. einer Zelle; **2)** svw. ↑Stimmbruch.
Muth, Carl, * 1867, † 1944, dt. Schriftsteller; Mitgl. der Widerstandsgruppe „Weiße Rose".
Mutsuhito, * 1852, † 1912, persönl. Name des jap. Ks. (s. 1867) *Meiji.* Japan wurde unter ihm zur mod. Großmacht.
Mutter, Anne-Sophie, * 1963, dt. Violinistin.
Mutter: 1) Frau, die geboren hat; **2)** Vorsteherin bei Frauenorden u. Ä.; **3)** mit Innengewinde versehenes Gegenstück zum Schraubenbolzen.
Mutterboden (Muttererde), die humusreiche oberste Schicht eines normalen Bodenprofils.
Mutterkorn, hartes Myzelgeflecht (Sclerotium) im Fruchtknoten u. Korn des Getreides; enthält pharmakol. stark wirkende (gift.) Alkaloide, gebildet vom *M.pilz,* einem parasit. Schlauchpilz mit Generationswechsel (↑Übers. S. 528 ff.).
Mutterkuchen, svw. ↑Plazenta.
Muttermal (Naevus), angeborene, fleckförm. Fehlbildung der Haut.
Muttermilch, nach der Geburt von den weibl. Brustdrüsen gebildete Milch (1,2 % Eiweiß, 4 % Fett, 7 % Zucker, 0,25 % Mineralien).
Muttermund ↑Gebärmutter.
Mutterrecht ↑Matriarchat.
Mutterschutz, Gesamtheit aller Maßnahmen zum Schutz der in einem Arbeitsverhältnis stehenden Frauen (einschl. Heimarbeiterinnen) während der Schwangerschaft und nach der Entbindung. Danach sind schwere körperl. Arbeiten, Akkord-, Sonntags- und Nachtarbeit sowie die Beschäftigung von Frauen 6 Wochen vor und 8 Wochen (bei Früh- und Mehrlingsgeburten 12 Wochen) nach der Entbindung verboten. Das Arbeitsverhältnis kann während der Schwangerschaft und bis zum Ablauf von 4 Monaten nach der Entbindung seitens des Arbeitgebers nicht gekündigt werden. Zum 1. Jan. 1986 wurde der *Erziehungsurlaub* (derzeit bis Vollendung des 3. Lebensjahres) unter Zahlung eines monatl. *Erziehungsgeldes* eingeführt.

mykenische Kultur. *Löwentor in Mykene (Detail; um 1250 v. Chr.)*

Mutter Theresa ↑Theresa.
Muzine [lat.], viskose Gemische v. Glykoproteiden (Schleimstoffe).
MWD, Abk. für russ.: **M**inisterstwo **W**nutrennich **D**el [„Min. für Innere Angelegenheiten"], Min. der UdSSR 1946–91, führte die Aufgaben des ↑NKWD weiter.
My [gr.], 12. Buchstabe des griech. Alphabets *(M, μ).*
my[o]..., My[o]... [gr.], Bestimmungswort; Bed.: „Muskel...".
Myanmar, seit 1989 amtl. Bez. für Birma.
Mykenä (Mykene), griech. Ort u. antike Ruinenstätte auf der Peloponnes, nach der Einwanderung der Achäer im 16. Jh. v. Chr. errichtete Herrenburg; Ausgrabungen (zuerst v. H. Schliemann 1874 bis 1876): riesige Palastanlage sowie Schacht- und Kuppelgräber.
mykenische Kultur (späthellad. Kultur), nach ↑Mykenä ben. griech. Kultur der Bronzezeit; in der *frühmyken. Periode* (1600–1500 v. Chr.) erste gr. Palastbauten in Mykenä u. Tiryns, Schachtgräber; in der *mittelmyken. Periode* (1500–1400 v. Chr.) Kuppelgräber, von Kreta beeinflusste Wanddekorationen der Paläste, Vasen; in der *spätmyken. Periode* (1400–1150 v. Chr.) Schatzhaus des Atreus, monumentale Befestigungen der Burgen Mykenä, Tiryns, Athen, Troja. Die m. K. spiegelt sich z. T. noch in den homer. Epen.
Mykologie [gr.], Pilzkunde.
Mykosen [gr.], allg. Bez. für Pilzkrankheiten.
Mylady [mɪˈleɪdɪ], engl. Anrede (ohne Familienname) für eine adl. Dame (Lady).
Mylord [mɪˈlɔːd], engl. Anrede (ohne Familienname) für einen adl. Herrn (Lord).
Myokarditis (Herzmuskelentzündung), im Verlauf einer Infektionskrankheit eintretende Entzündung des Herzmuskels.
Myom [gr.], gutart. Geschwulst des Muskelgewebes, häuf. der Gebärmutter (Med.).
Myon (μ-Meson), elektr. geladenes Elementarteilchen (Lepton); Masse: 207 Elektronenmassen; zerfällt in Elektron u. 2 Neutrinos.
Myrdal: 1) Alva, * 1902, † 1986, schwed. Sozialreformerin u. Politikerin; ⚭ mit 2); Friedenspreis des Börsenvereins des Dt. Buchhandels 1970, Friedensnobelpreis 1982; **2)** Karl Gunnar, * 1898, † 1987, schwed. Nationalökonom u. Politiker; ⚭ mit 1), Handelsmin., Verfasser von Studien über die Armut in der Welt; Friedenspreis des Börsenvereins des Dt. Buchhandels 1970 (mit seiner Ehefrau); Nobelpreis 1974 für Wirtschaftswiss. (mit F. A. v. Hayek).
Myriade [gr.; = 10 000], übertragen für Unzahl.
Myristinsäure [gr.; dt.], eine Fettsäure, $CH_3-(CH_2)_{12}-COOH$.
Myrrhe [semit.], Gummiharze der Myrrhensträucher.
Myrtengewächse [gr.], fast ausschließl. trop., immergrüne Holzgewächse; viele Gewürzpfl. (Gewürznelkenbaum, Eukalyptus), Obstbäume u. Zierpfl. (*Myrte,* weiße, stark duftende Blüten).

Mysischer Olymp ↑Uludağ.

Mysteri|en [gr.-lat.], Geheimkulte der Antike; u. a. ↑Eleusin. M., M. der Kabiren von Samothrake, M. des Dionysos, M. der Isis u. a.

mysteriös, rätselhaft.

Mysterium, Geheimnis, Geheimlehre: **1)** religionsgeschichtl.: Mysterien; **2)** nach kath. Dogmatik Glaubensgeheimnis, auch das einzelne Sakrament.

Mystik [gr.], das Bestreben, durch Hingabe und Versenkung des Gläubigen eine unmittelbare, persönl. Vereinigung mit Gott zu erreichen; in fast jeder Religion (Buddha, Laotse, Al Ghasali). Gr. Bed. der *jüd. M.* (Propheten, Apokalyptik, Kabbala, Chassidismus); Höhepunkt der *ostkirchl. M.* bei Symeon dem Theologen. Die *abendländ. M.* geht von Augustinus aus, dessen Gedankengänge bei Bernhard v. Clairvaux anklingen, der seinerseits mit seiner stark veranschaulichten Gotteserfahrung u. a. auf die dt. Mystikerinnen Hildegard von Bingen, Mechthild v. Magdeburg u. a. wirkte. Meister Eckhart versuchte in seinem „Opus tripartitum" eine Verbdg. von theol. Wiss. u. M.; Schüler: J. Tauler u. H. Seuse; Jan van Ruusbroec betonte die Aufhebung des eigenen Willens, Thomas a Kempis die demüt. Nachfolge Christi. Bed. auch Birgitta u. Katharina v. Siena. Noch einmal hohe Blüte der M. in der Gegenreformation, v. a. Theresia v. Avila u. Johannes vom Kreuz.

Mystizismus, Wunderglaube, [Glaubens]schwärmerei.

mythisch [gr.], dem Mythos angehörend; sagenhaft; *Mythologie,* Gesamtheit der myth. Überlieferungen eines Volkes; Götterlehre; wiss. Erforschung und Darst. der Mythen.

Mythos, Sage und Dichtung v. Göttern, Helden und Geistern [der Urzeit] eines Volkes.

Mytilene ↑Mitilini.

Myx|ödem [gr.], durch schwache od. fehlende Funktion der Schilddrüse bedingte Krankheit; Einlagerung von Glykoproteiden und Mucopolysacchariden in Lederhaut u. Unterhautgewebe bedingt gedunsenes Aussehen.

Myxomatose [gr.], Viruskrankheit der Kaninchen u. Hasen, mit eitriger Bindehautentzündung und Anschwellung der Körperöffnungen, meist tödl. Ausgang.

Myzel (Mycelium) [gr.], die Gesamtheit der Pilzfäden *(Hyphen)* eines höheren Pilzes.

Mzab, Ldsch. in d. nördl. Sahara, Wohngebiet der *Mzabiten,* einer islam. Glaubensgemeinschaft.

N

N, 14. Buchstabe des Alphabets.

N, Einheitenzeich. für: ↑**N**ewton.

N, Symbol für ↑Stickstoff (♌).

n, Zeich. für: ↑**N**ano...

n, Abk. für: **1) N**eutron; **2) n**ormal (♌).

Na, Symbol für ↑**Na**trium (♌).

Naab, l. Nbfl. der Donau, 165 km; Mdg. nahe Regensburg.

Nabe, hülsenförm. Radlager, durch das die Achse geführt wird.

Nabel, rundl. Grube in d. Mitte der Bauchwand bei Mensch und Säugetier; in der Embryonalzeit Ansatzstelle des ↑Nabelstrangs.

Nabelbruch, Bruch im Bereich des Nabels.

Nabelschnur, Nabelstrang, weicher Strang aus Gallertgewebe mit den den Embryo versorgenden Gefäßen u. einer zur Plazenta führenden Amnionhülle.

Nablus, Bez.-Hptst. in Westjordanien, 70 000 E; Handelszentrum.

Nabob [Hindi]: **1)** Statthalter in Indien; **2)** reicher Mann.

Nabokov, Vladimir, * 1899, † 1977, amer. Schriftsteller russ. Herkunft; u. a. größter Erfolg mit erot. Roman „Lolita".

Nachbar|recht, Gesamtheit der das Verhältnis von Eigentümern benachbarter Grundstücke betr. Vorschriften im Zivilrecht; §§ 906 ff. BGB.

Nachdruck: 1) [photomech.] Druck einer Nachauflage; **2)** häufig auch widerrechtl. Vervielfältigung eines Werkes, das urheberrechtl. geschützt ist.

Nach|erbe ↑Erbrecht.

Nachfolgestaaten, auf dem Gebiet eines ehem. gr. Staates entstandene kleinere Staaten, v. a. die nach dem 1. Weltkrieg auf dem Territorium des ehem. Österreich-Ungarn gebildeten od. vergrößerten Staaten.

Nachfrage, das auf dem Markt mit Kaufkraft ausgestattete Bedürfnis.

Nachgeburt ↑Plazenta, ↑Geburt.

Nachlass, Erbschaft, die Hinterlassenschaft des Erblassers; *N.gericht,* das mit allen Angelegenheiten des Erbfalles befasste Gericht, in der BRD das Amtsgericht; *N.konkurs,* bes. Konkursverfahren wegen Überschuldung des Nachlasses; der Erbe haftet nach Eröffnung des N.konkurses nur mit dem Nachlass; *N.pfleger,* der zur Sicherung des Nachlasses vom N.gericht bestellte Pfleger.

Nachrede, üble ↑üble Nachrede.

Nachrichten|agenturen, siehe Übersicht.

Nachrichtendienste, staatl. Geheimdienste zur Beschaffung vorw. geheimer Informationen mil., polit., wirtsch. u. wiss. Natur im Rahmen der Spionage, zur Sabotage sowie Spionage- u. Sabotageabwehr.

Nachrichtensatelliten, unbemannte künstl. Erdsatelliten, die der Übertragung von Ferngesprächen und Telegrafiesendungen (Fernmeldesatellit), Rundfunk- und Fernsehsendungen sowie Informationen u. Daten unterschiedlichster Art über große Entfernungen dienen; v. a. *Synchronsatelliten,* deren Umlaufgeschwindigkeit so gr. ist, dass sie in rd. 36 000 km Höhe scheinbar bewegungslos über einem Punkt der Erde stehen und eine kontinuierl. Nachrichtenübermittlung ermöglichen.

Nachrichtentechnik, Gebiet der Elektrotechnik, das sich mit der Übertragung von Nachrichten befasst; Übers. des Nachrichteninhalts in elektr. Signale; bei der *Telefonie* beim Geber Umwandlung von Schallschwingungen in niederfrequente elektr. Schwingungen, beim Empfänger umgekehrter Vorgang; bei der *Telegrafie* bzw. Bildübertragung findet beim Sender eine *Codierung* statt, d. h. Zuordnung v. Buchstaben zu elektr. Impulsfolgen bzw. v. Helligkeitswerten zu Impulshöhen (umgekehrt beim Empfänger); Übertragung über Draht oder Funk (↑auch Rundfunk).

Nachtblindheit (Hemeralopie), starke Verminderung der Sehkraft des Auges bei dämmerigem Licht od. bei plötzl. Helldunkel-Übergang bzw. Vitamin A-Mangel.

Nachtfalter, Schmetterlinge, die in der Dämmerung u. Dunkelheit fliegen; Ggs. Tagfalter.

Nachtigall, Bez. für versch. Singvögel, bes. *Luscinia megarhynchos* (♂ singt in Dtl. von April bis Ende Juni), *Sprosser* (O-Europa bis W-Sibirien) u. *Chin. N.* (S- und SO-Asien).

Nachtkerzengewächse, Pflanzenfam. trop. u. gemäßigter Gebiete; meist Kräuter od. Stauden; Zierpfl.: ↑Fuchsie u. a.; Unkräuter: *Nachtkerze* u. a.

Nachtpfauen|augen, gr. Augenspinner (Schmetterlinge) mit Augenflecken auf den Flügeln.

Nachtschattengewächse (Solanaceae), kraut. oder holz. Pfl., bes. in den Tropen u. Subtropen Südamerikas; Nutzpfl.: Kartoffel, Tomate, Paprika, Tabak; Giftpfl.: Tollkirsche, Bilsenkraut; Zierpfl.: Judenkirsche u. a.
Nachtviole, Gatt. der Kreuzblütler; als Zierpfl. mit violetten od. weißen Blüten.
Nachtwandeln, svw. ↑Somnambulismus.
Nachwehen, nach der Geburt auftretende Wehen.
Nackenhebel, Armhebelgriff beim Ringen, angesetzt im Nacken des Gegners.
Nacktsamer (Gymnospermen), Unterabt. der Samenpfl., Samenanlagen sitzen offen an den Fruchtblättern; vor allem Nadelhölzer; Ggs. ↑Bedecktsamer. – Abb. S. 464.
Nacktschnecken, Schnecken mit ganz od. teilweise rückgebildetem Gehäuse.
Nadelhölzer (Koniferen), Kl. der Nacktsamer, immergrüne Gehölze, gewöhnl. mit nadel- od. schuppenförm. Blättern; liefern Bau- u. Werkhölzer; u. a. Kiefer, Fichte, Tanne, Lärche, Zypresse, Wacholder.
Nadelspitzen, Bez. für genähte Spitzen.
Nadir [arab.], Fußpunkt; der Schnittpt. des nach unten verlängerten Lotes mit der unendl. gr. gedachten Himmelskugel; Gegenpunkt ↑Zenit.
Nadjd (Nedjd) [nadʒd], Ldsch. u. das größere der beiden Teilkgr. von Saudi-Arabien, im Zentrum des Landes, 1,39 Mill. km², Hptst. Ar Rijad; Halbwüste u. Wüste; Oasen- u. nomad. Weidewirtsch. – Ehem. Reich der Wahhabiten, s. 1926 mit Hedjas in Personalunion, s. 1932 Teil d. Königreichs Saudi-Arabien.
Naegele-Regel ↑Schwangerschaft.
Nafpaktos (klass. Naupaktos, ital. Lepanto), griech. Hafenst. am Golf von Korinth, 9000 E. – 1571

Nachrichtenagenturen
Auswahl

Abk.	Name	Sitz	Gründungsjahr
AAP	Australian Associated Press	Sydney	1983
ADN	Allg. Dt. Nachrichtendienst	Berlin	1946
AFP	Agence France Presse	Paris	1944
ANP	Algemeen Nederlands Persbureau	Den Haag	1934
ANSA	Agenzia Nazionale Stampa Associata	Rom	1945
AP	Associated Press	New York	1848
APA	Austria Presse Agentur	Wien	1946
ATS-SDA	Agence Télégraphique Suisse – Schweizer. Depeschenagentur	Bern	1894
Belga	Agence Télégraphique Belge de Presse/ Belgisch-Pers-Telegraafagentschap	Brüssel	1920
CNA	Central News Agency	Taipeh	1924
ČTK	Česká Tisková Kancelář	Prag	1992
ddp	Dt. Depeschen Dienst GmbH	Bonn	1971
dpa	Dt. Presse-Agentur GmbH	Hamburg	1949
EFE	Agencia EFE	Madrid	1938
epd	Ev. Pressedienst	Frankfurt am Main	1947
IRNA	Islamic Republic New Agency	Teheran	1936
ITAR-TASS	Informations-Telegrafenagentur Russlands	Moskau	1991
Interfax	Interfax	Moskau	1989
KNA	Kath. Nachrichten-Agentur GmbH	Bonn	1953
Kyodo	Kyodo Tsushin-sha/Kyodo News Service	Tokio	1945
MENA	Middle East News Agency	Kairo	1955
MTI	Magyar Távirati Iroda	Budapest	1880
NTB	Norsk Telegrambyrå	Oslo	1867
PAP	Polska Agencja Prasowa	Warschau	1944
PL	Prensa Latina	Havanna	1959
PTI	Press Trust of India	Bombay	1947
RB	Ritzaus Bureau	Kopenhagen	1866
Reuter	Reuters Ltd.	London	1851
Rompres	Agentia Română de Presă	Bukarest	1949
SAD	Springer-Ausland-Dienst	Hamburg	1966
SAPA	South African Press Association	Johannesburg	1938
sid	Sport-Informations-Dienst	Düsseldorf	1945
SSN	Slovenský syndikát novinárov	Preßburg	1990
Tanjug	Novinska Agencija Tanjug (Serbien u. Montenegro)	Belgrad	1943
TT	Tidningarnas Telegrambyrå	Stockholm	1921
UPI	United Press International	New York	1958
VWD	Vereinigte Wirtschaftsdienste GmbH	Eschborn	1949
Xinhua	Xinhua Tongxunshe (Nachrichtenagentur Neues China)	Peking	1937
Yonhap	United News Agency	Seoul	1980

Nacktsamer. *a Palmfarn (Cycas), b Fruchtblatt, c Pollenkorn mit Luftsäcken*

Seeschlacht von Lepanto, Sieg Don Juans d'Austria über Türken.

Naga, Volksstämme in Hinterindien; Paläomongolide mit tibetobirman. Spr.; Ackerbau.

Nagasaki, jap. Hafenst. an der NW-Küste von Kyūshū, 444 600 E; Univ.; Schiffbau, Maschinenind., Fischerei. – 1641–1857 einziger für das Ausland offener jap. Hafen; 1945 durch eine amer. Atombombe nahezu völlig zerstört.

Nagel, Hornplatte an den Endgliedern der Finger u. Zehen bei Menschen u. Affen; dem *N.bett* aufliegend, mit der *N.wurzel* in den *N.falz* (Hauteinsenkung) eingelassen (dessen Wulst *N.wall*).

Nagetiere, größte Ordn. der Säugetiere; Gebiss mit ständig nachwachsenden Nagezähnen; meist kleine, vorw. Pflanzen fressende Tiere: Hörnchen, Biber, Mäuse, Ratten, Hamster, Stachelschweine u. a.

Nagib, Ali Mohammed, * 1902, † 1984, ägypt. General u. Politiker; leitete 1952 den Militärputsch gg. Faruk I.; 1952–54 Min.-Präs., 1953 bis 1954 Staatspräsident, leitete Bodenreformprogramm ein.

Nagorny Karabach ↑Bergkarabach, Autonomes Gebiet.

Nagy, Imre [nɔdj], * 1898, † 1958, ungarischer kommunistischer Politiker; 1953–55 und 1956 Min.-Präs.; erklärte während des Aufstandes 1956 Ungarns Neutralität; hingerichtet; 1989 rehabilitiert.

Nahe, l. Nbfl. des Rheins, 116 km, mündet bei Bingen; am Unterlauf Weinbau.

Naher Osten (Nahost), Großraum, der ↑Vorderasien u. NO-Afrika (Ägypten) umfasst.

Näherung[swert], svw. ↑Approximation.

Nährböden, Flüssigkeiten *(Nährlösung)* oder feste Stoffe, die als Substrat für die Züchtung von Pilz-, Bakterien- oder Algenkulturen bzw. von tier. oder pflanzl. Gewebekulturen oder parasitären Organismen dienen (z. B. Agar-Agar, Gelatine).

Nährhefe, getrocknete Presshefe; hoher Gehalt an Vitaminen und Eiweiß.

Nährsalze, die für die Ernährung d. Lebewesen wicht. Mineralstoffe.

Nahrungskette, Bez. für eine Gruppe von Organismen, die in ihrer Ernährung voneinander abhängig sind. Das Tier ist nicht in der Lage, wie die grüne (autotrophe) Pflanze aus anorgan. Stoffen unter unmittelbarer Ausnutzung des Sonnenlichts organ. Substanzen aufzubauen. Es muss vielmehr seinen Energie- und Baustoffbedarf aus den von den grünen Pflanzen synthetisierten organ. Verbindungen decken. Das tier. und damit auch das menschl. Leben ist also letzten Endes von der Lebenstätigkeit der grünen Pflanzen abhängig. – Die *grünen Pflanzen* bilden somit das erste Glied der N.; die folgenden Glieder der N. bilden die verschiedenen *tier. Verzehrer (Konsumenten):* An erster Stelle stehen die *Pflanzenfresser (Herbivoren; Primärkonsumenten),* als nächstes Glied folgen die *Fleischfresser (Karnivoren, Räuber; Sekundärkonsumenten).* Dazwischen stehen die als Konsumenten an verschiedenen Stellen der N. einstufbaren *Allesfresser (Omnivoren).* Den Schluss der N. bilden die *abbauenden Organismen (Destruenten, Reduzenten).* Diese Gruppe besteht aus Bakterien, Pilzen und vielen bodenbewohnenden Tieren, die sich von toter organ. Substanz (Exkrementen, Aas) ernähren. Sie leben im Humus und produzieren letztlich anorgan. Substanz, wie sie die Pflanze zum Leben benötigt.

Nährwert, der fr. in Kilokalorien (kcal), jetzt in Kilojoule (kJ) ausgedrückte Energiewert von Nahrungsmitteln oder Nährstoffen.

Nahum, einer der „Kleinen Propheten" im A. T.

Nairobi, Hptst. der Rep. Kenia, O-Afrika, 1,5 Mill. E; Univ.; Verkehrs- und Wirtsch.-Zentrum; ✈.

naiv [frz.]: **1)** natürl., unbefangen, kindl., arglos; **2)** einfält., töricht.

naive Malerei, scheinb. realist. Darst. der sichtb. Welt in naiver, kindl. Art; als Laienkunst außerhalb der Stilrichtungen stehend. Ihre Vertr. werden in Frkr. *„peintres naifs"*, in Dtl. meist *„Laienmaler"*, oft auch *„Sonntagsmaler"* genannt. Neben „Heile-Welt"-Bilder treten zunehmend (und weltweit verbreitet) vielfältige Formen sozialen Protests.

Najaden, Quellnymphen der griech. Mythologie.

Nama, Hottentottenstamm in Namibia.

Namas [türk.], das tägl. fünfmal zu betende Gebet der Muslime.

Name, Bez. eines Einzelwesens oder Dinges (Eigenname) oder aller Angehörigen einer Gattung (Gattungsname). Man unterscheidet v. a. geograph. u. Personen-

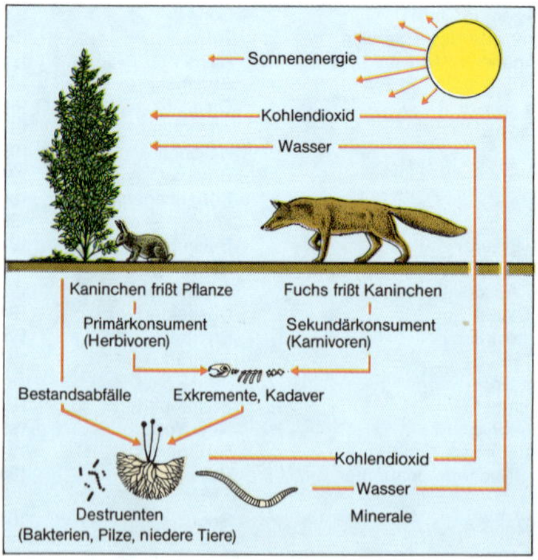

Nahrungskette. *Schematische Darstellung mit den einzelnen Kettengliedern*

N.n; b. den Personen-N.n Vor-N.n und Zu-N.n (Familiennamen).

Namens|aktie, Aktie, die auf den Namen des Eigentümers ausgestellt ist, im Ggs. zum ↑Inhaberpapier; die N. ist ↑Orderpapier.

Namenspapier (Rektapapier), Wertpapier, das den Berechtigten namentl. nennt.

Namensrecht, durch § 12 BGB geschütztes Recht jeder Person, ihren Namen zu tragen; bei unbefugtem Gebrauch kann auf Unterlassung geklagt werden. Als *Familiennamen* kann die Familie den Geburtsnamen des Mannes od. der Frau führen (Einigung bei Eheschließung). Der Ehepartner, dessen Geburtsname nicht Ehename ist, kann diesen dem Ehenamen voranstellen (gilt nicht, wenn Ehenamen aus mehreren Namen besteht). Das ehel. Kind führt den Ehenamen der Eltern, fehlt ein solcher, überträgt das Vormundschaftsger. das Bestimmungsrecht auf einen Elternteil (falls keine Einigung binnen eines Monats).

Namịbia, Staat an der W-Küste des südl. Afrika, zw. Angola, Botswana u. der Rep. Südafrika. Hinter d. Küstenwüste Namib Steilanstieg zu d. Zentralen Hochländern; dort Trockensavanne. Im südl. Teil wüstenhaft; Niederschläge selten u. unregelmäß.; *Bev.:* Bantu (v.a. Ambo), Bergdama, Hottentotten, Buschmänner, Rehobother Baster u.a.; 6,5% Weiße (davon rd. 30% deutschsprach.); *Landw.:* überw. Viehzucht (bes. Schafe, v.a. Karakulschafe u. Rinder), Ackerbau nur in den nördl. Gebieten bei künstl. Bewässerung; Küstenfischerei (Krabben, Sardinen u.a.). *Bergbau* auf Diamanten, Blei-, Zink-, Kupfer-, Mangan-, Zinn-, Wolfram- u.a. Erze; Haupt-⚓ ↑Walfischbai. – *Gesch.:* Im 15.Jh. v. Portugiesen entdeckt, s. 1884/85 dt. Schutzgebiet, nach dem 1. Weltkrieg Mandat des Völkerbundes unter südafrik. Verw., s. 1966 von Südafrika als Prov. behandelt, s. 1977 Sonderstatus. 1963 Anerkennung der SWAPO als nat. Befreiungsbewegung durch die OAU, 1976 durch die UN; 1975–77 Verf.-Konferenz, die eine Verf. mit ethn. Repräsentation entwarf (von der SWAPO abgelehnt). 1988 unter Vermittlung der USA Einigung über „Abkommen zur Unabhängigkeit N.s"; 1989 Wahlen zur verfassunggebenden Vers., 1990 Unabhängigkeit; stärkste polit. Kraft SWAPO.

Namur [na'my:r] (niederl. Namen), belg. St. a.d. Mdg. d. Sambre in die Maas, 105000 E; Kathedr. (18.Jh.), Zitadelle (17.Jh.).

Namibia

Fläche: 823 145 km²
Einwohner: (1995) 1,54 Mill.
Hauptstadt: Windhuk
Amtssprache: Englisch
Zeitzone: MEZ + 1 Stunde

Nạnchang [-dʒaŋ], Hptst. der chin. Prov. Jiangxi, 1,08 Mill. E; Ind., ⚓, ✈.

Nancy [nã'si], Hptst. des frz. Dep. Meurthe-et-Moselle u. der Region Lothringen, 99400 E; Univ.; Kathedr. (18.Jh.), Église des Cordeliers (spätes 15.Jh.; herzogl. Grablege), ehem. Herzogspalast (16.Jh.), Place Stanislas (18.Jh.).

Nạnga Pạrbat, höchster Gipfel des westl. Himalaja, 8126 m; Erstbesteigung durch H. Buhl 1953.

Nạnking, Hptst. der chin. Prov. Jiangsu u. bed. Hafenst. am Unterlauf des Jangtsekiang, 2,1 Mill. E; Univ.; Eisen- u. Stahl-, Textil-, Maschinen-, chem. Ind.; ✈.

Nạnning, Hptst. der südchin. Autonomen Region Guangxi Zhuang u. Hafenst. am Yong Jiang, 890000 E; chem. u.a. Ind.; ✈.

Nano..., Zeichen n, Vorsatz vor [physikal.] Einheiten, bez. den 10^9ten Teil, z.B. 1 nm (Nanometer) = 10^{-9} m.

Na̲notechnologie, mod. Forschungsgebiet, das die Manipulation von Materie im atomaren Maßstab erlaubt, z.B. zur Herst. extrem kleiner Bauelemente.

Nạnshan, Geb.-Kette im nw. China, bis 6346 m.

Nạnsen, Fridtjof, * 1861, † 1930, norweg. Polarforscher u. Diplomat; durchquerte als Erster Grönland v. O nach W (1888/89), driftete mit der „Fram" im Packeis des Nordpolarmeeres (1893–96); leitete nach dem 1. Weltkrieg u.a. als

naive Malerei. *Morris Hirshfield, Unzertrennliche Freundinnen (1941)*

Hochkommissar des Völkerbundes die Heimkehr Kriegsgefangener aus Russland; 1922 wurde auf seine Anregung hin der *N.pass* als Ausweis für Staatenlose geschaffen; Friedensnobelpreis 1922.

Nanterre [nãtɛ:r], frz. St. bei Paris, 88600 E; Hptst. des Dep. Hauts-de-Seine; Kfz-, Flugzeug- u. a. Industrie.

Nantes [nã:t], Hptst. des frz. Dep. Loire-Atlantique und der Region Pays de la Loire, 245000 E; Univ.; spätgot. Kathedr., ehem. herzogl. Schloss (15., 17., 18. Jh.); Museum; Schiff- u. Masch.bau, Ind.; ⚓, ✈. – Residenz der Hzg. der Bretagne; 1598 *Edikt v. N.*, von Kg. Heinrich IV. erlassen, sicherte d. Rechtsstellung der Hugenotten (1685 aufgehoben).

Napalm [Kw.], geleeart. Verdickungsmittel für Benzinbrandbomben; Hauptbestandteil: *Na*trium*palm*itat.

Naphthalin [pers.-gr.], bicycl. aromat. KW-Stoff, $C_{10}H_8$; wird aus den Mittel- und Schwerölen des Steinkohlenteers isoliert; Ausgangsmaterial für Weichmacher, Kunst- u. Farbstoffe.

Napier (Neper), John ['neɪpɪə], Laird of Merchiston, * 1550, † 1617, schott. Mathematiker; entwickelte 7-stellige ↑Logarithmen.

Napoleon: 1) N. I., urspr. Napoleone Buonaparte, später Napoléon Bonaparte, * 15. 8. 1769, † 5. 5. 1821, Ks. der Franzosen (1804–14/15); Artillerieoffizier, warf 1795 den Royalistenaufstand in Paris nieder, Oberbefehl in Italien; zwang Östr. zum Frieden v. Campoformio; 1798/99 Feldzug in Ägypten; am 18. Brumaire des Jahres VIII (9. 11. 1799) Beseitigung des Direktoriums durch Staatsstreich. N. auf 10 Jahre Erster Konsul, durch Plebiszit 1802 auf Lebenszeit; siegr. Abschluss des 2. Koalitionskrieges (Frieden von Lunéville 1801 und Amiens 1802); 1804 Krönung zum Ks. der Franzosen, 1805 zum Kg. von Italien. 3. Koalitionskrieg: Niederlage b. Trafalgar; Sieg bei Austerlitz (Friede zu Preßburg); Gründung des Rheinbundes 1806; Feldzug gg. Preußen mit Siegen b. Jena u. Auerstedt 1806; Friede v. Tilsit Höhepunkt der frz. Hegemonie. Der Zusammenbruch der „Gr. Armee" in Russland 1812 löste die Befreiungskriege aus. 1814 Abdankung N.s. Die Herrschaft der „Hundert Tage" nach N.s Rückkehr von seinem Verbannungsort Elba am 1. 3. 1815 wurde durch die Niederlage bei Waterloo beendet; Verbannung nach St. Helena. N.s Verwaltungs-, Finanz- und Justizreformen (↑auch Code civil) waren v. weit tragender Bedeutung. Ausbreitung der Ideen der Frz. Revolution u. des mod. Staatsgedankens waren Folgen seines Wirkens; **2) N. II.** ↑Reichstadt, Napoléon Hzg. von; **3) N. III.,** eigtl. Charles Louis Napoléon Bonaparte, * 1808, † 1873, Ks. der Franzosen, Neffe v. 1); 1848 Präs. der Rep., 1851 für zehn Jahre im Amt bestätigt, 1852 erbl. Ks.; im Dt.-Frz. Krieg 1870 bei Sedan gefangen genommen; nach Absetzung wurde Frkr. Republik.

Napoleon I. *als Erster Konsul. Gemälde von J. A. D. Ingres (1803/04)*

Napoleondor, frz. Goldmünze (20 Francs), s. 1803 geprägt.

Nappaleder, nachgegerbtes Glacéleder (↑Glacé); feines weiches Leder.

Nara, jap. St. östl. v. Ōsaka, 349400 E; altes relig. Zentrum, zahlr. alte Tempelanlagen; Univ.

Narbada, Fl. in Indien, mündet ins Arab. Meer, 1310 km.

Narbe: 1) Endzustand der Wundheilung; derbes, unelast. gewordenes Bindegewebe (Med.); **2)** Empfängnisorgan am oberen Ende des Fruchtknotens höherer Pflanzen.

Narbonne [-'bɔn], frz. St. im Languedoc, 41600 E; got. Kathedr., ehem. erzbischöfl. Palais (13., 14. u. 19. Jh.), Weinhandel. – 118 v. Chr. röm. Militärkolonie, dann Hauptort der Prov. Gallia Narbonensis; im MA wichtige Handelsstadt.

Narkose [gr.], Betäubung des Organismus mit zentraler Bewusstseins- und Schmerzausschaltung.

Narkotika, lähmend auf das Zentralnervensystem wirkende Stoffe (schmerzstillende, beruhigende, Narkose- und Schlafmittel).

Narodnaja, höchster Berg des Ural, 1894 m.

Narodniki [russ.], Anhänger einer polit. Bewegung Russlands (etwa 1860–95), die eine sozialist.-kommunist. Erneuerung Russlands durch das Bauerntum anstrebte.

Narrentaschen ↑Übers. S. 528 ff.

Narvik, norweg. Hafenst. am inneren Ofotenfjord, 18900 E; eisfreier Exporthafen schwed. Eisenerze; ✈.

Narwa, estn. Hafenst. 14 km vor der Mdg. der Narwa in den Finn. Meerbusen, 82900 E. – 1223 gegr.

Narwal, 4–6 m langer Gründelwal, bes. des nördl. Eismeers, mit bis 3 m langem Stoßzahn.

Narziss, Gestalt der griech. Mythol., schöner Jüngling, der sich in sein Spiegelbild verliebt und sich in Sehnsucht danach verzehrt; übertr.: krankh. in sich Verliebter.

Narzisse [gr.], Zwiebelpfl., bes. des Mittelmeergebiets; *Gelbe N.* (geruchlos), *Weiße N.* (stark duftend); *N.ngewächse,* svw. ↑Amaryllisgewächse.

NASA, Abk. für: **N**ational **A**eronautics and **S**pace **A**dministration, zivile nat. Luft- und Raumfahrtbehörde der USA.
nasal [lat.]: **1)** die Nase betreffend, zur Nase gehörend; **2)** durch die Nase gesprochen, genäselt.
Nasal, Nasenlaut, z. B. m, n, ng; *N.vokal,* Selbstlaut mit nasaler Färbung, z. B. o in Bon [bõ].
Nase, Organ für die Atmung u. den Geruchssinn bei Mensch und Wirbeltieren, oberster Teil der Atmungswege; mit Schleimhäuten u. *Riechepithel;* zahlr. N.nnebenhöhlen (Stirn-, Oberkiefer-, Keilbeinhöhlen und Siebbeinzellen) erweitern den Nasenraum.
Nasenaffe, rd. 70 cm langer Schlankaffe Borneos; ♂ mit 8 cm langer Nase.
Nasenbären (Rüsselbären, Nasua), gesellig lebende amer. Kleinbären mit rüsselförm. Nase und langem Schwanz.
Nasennebenhöhlen ↑Nase.
Nasenpolypen, meist gestielte Geschwülste der chron. entzündeten Nasenschleimhaut.
Nashörner (Rhinozerosse), Fam. der Unpaarhufer; massive Tiere mit 1 od. 2 Nasenhörnern, Haut fast haarlos; einzeln od. paarweise lebend, standorttreu; nach 1½ J. Tragzeit ein Junges; Breitmaul-, Spitzmaul-, Java-, Sumatra-, Ind. Nashorn; Bestände bedroht.
Nashornkäfer, Unterfam. der Blatthornkäfer; ♂♂ gehörnt; u. a. *Herkuleskäfer* (Südamerika), Europ. Nashornkäfer.
Nashville-Davidson ['næʃvɪl 'deɪvɪdsn], Hptst. von Tennessee, USA, am Cumberland River, 488 400 E; 3 Univ.; Textil-, Metall-, Nahrungsmittelind.; ✈.
Nassau: 1) Stadt an d. unteren Lahn, sö. von Bad Ems, RP, 5100 E; Burgruinen Stein und N.; **2)** ehem. dt. Gft., seit 1806 Hzgt., zw. Rhein, Main, Wetterau und Sieg; seit 1255 mehrf. unter die Linien des Hauses N. geteilt, seit 1816 vereinigt, seit 1866 Teil der preuß. Prov. Hessen-N., seit 1945 größter Teil zum Land Hessen; **3)** ['næsɔ:], Hptst. der Bahamas, auf New Providence Island, 135 400 E; Seebad; ⚓, ✈.
Nasser, Gamal Abd el, * 1918, † 1970, ägypt. Politiker; 1952 mit Nagib an der Beseitigung der Monarchie beteiligt; 1954 Min.-Präs., seit 1954 auch ägypt. Staatspräs.; 1958–61 Staatsoberhaupt der VAR.
Nassersee, bei ↑Assuan gestauter See im Nil, 550 km lang.
Natal: 1) ['na:tal] Prov. der Rep. Südafrika, 55 712 km^2, 2,1 Mill. E, Hptst. Pietermaritzburg; Anbau v. Zuckerrohr, Tee, Tabak, Baumwolle; Rinderzucht. – 1497 von Vasco da Gama entdeckt, s. 1837 von Buren kolonisiert, 1843 v. Großbr. annektiert, 1893 Autonomie, s. 1910 Prov. der heutigen Rep. Südafrika; **2)** [na'tal] Hptst. des brasil. B.-Staates Rio Grande do Norte, 607 000 E; Baumwollind.; See-⚓; ✈.
Nathan, Prophet des A.T. zur Zeit Davids, den er zur Buße aufrief; setzte sich erfolgreich für die Thronfolge Salomos ein.
Nathans, Daniel ['neɪθənz], * 1928, amer. Mikrobiologe; Arbeiten v. a. zur Molekulargenetik; 1978 Nobelpreis.
Nation [lat.], eine Lebensgemeinschaft von Menschen mit dem Bewusstsein gleicher polit.-kultureller Vergangenheit u. dem Willen zum Staat.
National Broadcasting Company, Inc. ['næʃnl 'brɔ:dkɑ:stɪŋ 'kʌmpənɪ] (NBC), Rundfunkges. der USA (kommerziell); gegr. 1926.
Nationaldemokratische Partei (NPD), Partei der BRD, gegr. 1964; wegen der Nähe zu neonazist. Kräften wurde 2001 Verbotsantrag beim Bundesverf.-Ger. gestellt.
nationale Minderheiten, von der Mehrheit des Staatsvolks durch Abstammung, Sprache od. Religion verschiedene Volksgruppen.
Nationales Olympisches Komitee (NOK), nat. Organisation der einzelnen Staaten zur Förderung des olymp. Gedankens u. zur Vorbereitung der Olymp. Spiele.
Nationale Volksarmee (NVA), Streitkräfte der ehem. DDR; 1956 aufgestellt; unterstand dem Oberbefehl des Warschauer Pakts; oberste Kommandobehörde: Min. für Nat. Verteidigung; gegliedert in Heer, Luftstreitkräfte u. Volksmarine sowie paramil. Kräfte, u. a. 47 000 Mann Grenztruppen; Truppenreduzierung Frühjahr 1989; mit Vereinigung beider dt. Staaten hörte die NVA auf zu bestehen.
Nationalflagge, Hoheitszeichen eines Staates.
Nationalgarde: 1) frz. Bürgerwehr (1789–1871); **2)** Miliz der Einzelstaaten der USA zum Schutz der Bürger; gleichzeitig Reserve der US-Streitkräfte.
Nationalhymne, das musikalisch die Nationalidentität repräsentierende Lied bei offiziellen Anlässen.
Nationalismus, überspitztes, intolerantes Nationalbewusstsein: Macht u. Größe der eigenen Nation als höchster Wert.
Nationalität, Volks- oder Staatszugehörigkeit.

Gamal Abd el Nasser

Nationalitätenstaat (Vielvölkerstaat), ein Staat, dessen Bev. sich aus weitgehend eigenständigen nat. Gruppen zusammensetzt (z. B. Österreich-Ungarn).
Nationalkirche, im Ggs. zur Welt- u. Volkskirche auf eine Nation beschränkte Kirche.
Nationalkonvent: 1) in der Frz. Revolution die 2. konstituierende Nat.-Vers. in Frkr. (1792–95); **2)** in den USA der Parteikongress, der die Präsidentschaftswahlen vorbereitet.
Nationalliberale Partei, 1867 mit d. Bereitschaft zur Zusammenarbeit mit Bismarck gegr. rechtslib. Partei; 1918 aufgelöst; Nachf.: Deutsche Volkspartei.
Nationalökonomie, svw. ↑Volkswirtschaftslehre.
Nationalpark, ein großräum. Ldsch.-Schutz- und Erholungsgebiet, z. B. in Afrika, den USA; in der BRD 12 N.s: Bayer. Wald, Berchtesgaden, Schleswig-Holstein. Wattenmeer, Niedersächs. Wattenmeer, Hamburg. Wattenmeer, Vorpommersche Boddenlandschaft, Jasmund, Müritz-N., Harz, Hochharz, Sächs. Schweiz, Unteres Odertal.
Nationalrat, in Östr. u. in der Schweiz das Abgeordnetenhaus des Parlaments; auch der einzelne Abgeordnete.
Nationalsozialismus, die in Dtl. 1933–45 herrschende polit. Bewegung, die sich auf die *Nat.-soz. Dt. Arbeiterpartei* (NSDAP) stützte; der N. basierte auf versch. Grundlagen: Nationalismus, Rassismus, Kriegsgedanke; die eigtl. Parteiideol. lieferten v. a. Hitlers Buch „Mein Kampf" (1925/26), daneben Rosenbergs „Der Mythus des 20. Jh.s" (1930): Glaube an die eigene rass. Überlegenheit („Herrenrasse"), Streben nach territorialer Ausweitung für das „Volk ohne Raum", Pol. der Stärke (Beseiti-

Nationalsozialismus. *Hitler, während seiner Reichstagsrede am 1. 9. 1939, in der er den Krieg mit Polen verkündete*

gung des „Schanddiktats" von Versailles); Beseitigung d. Judentums (↑Antisemitismus). Nach 1933 Aufbau einer absoluten Parteidiktatur mit Verfolgung politischer Gegner, seit 1935 besonders der Juden (↑Nürnberger Gesetze) bis hin zur „Endlösung" mit der Ermordung von mehr. Mill. Juden. – *Entw.:* 1921 Übernahme des Vorsitzes der NSDAP durch Hitler; 1923 Scheitern des Novemberputsches in München, Auflösung der Partei; 1925 Neugründung, bis 1932 Anwachsen zur stärksten dt. Partei; 1933 „Machtergreifung", Konzentration der Macht in der Hand des „Führers", dem das ↑Ermächtigungsgesetz diktator. Vollmachten gab; Kontrolle durch die Gestapo, Errichtung von KZ (zunächst für Regimegegner). – *Organisationen:* Kerngruppe die NSDAP (unter dem „Führer", der R.-Leitung und der Parteikanzlei) mit ihrer Organisation (Gaue, Kreise, Ortsgruppen, Zellen, Blocks), den halbmil. Verbänden SA (Sturmabteilung) und SS (Schutzstaffel), den Nebenorganisationen wie HJ (Hitlerjugend), BDM (Bund Dt. Mädel), NS-Frauenschaft, den Verbänden wie DAF (Dt. Arbeitsfront), NSV (NS-Volkswohlfahrt), NS-Berufsverbände u. a. – Nach dem 2. Weltkrieg Zusammenbruch des N.; ↑auch Nürnberger Prozesse.

Nationalstaat, Staat, der durch die in ihm sich organisierende Nation legitimiert wird.

Nationalversammlung, gewählte Volksvertretung, die entweder zur Verf.-Gebung berufen ist (Frankfurter N. v. 1848, Weimarer N. von 1919) od. die das Parlament (bzw. die Abgeordnetenkammer) bildet (in Frkr.).

NATO, Abk. für: **N**orth **A**tlantic **T**reaty **O**rganization; Nordatlantikpakt, 1949 in Washington geschlossenes Verteidigungsbündnis; jetzige Mitgl.: Belgien, BRD, Dänemark, Frkr., Griechenland, Großbrit., Island, Italien, Kanada, Luxemburg, Niederlande, Norwegen, Polen, Portugal, Spanien, Tschech. Rep. Türkei, Ungarn, USA.

Natrium [arab.], chem. El., Symb. Na, OZ 11, rel. A.-Masse 22,9898, Alkalimetall; weiches, schneidbares, an frischen Schnittflächen silberweiß glänzendes Leichtmetall, Fp. 97,81 °C, Sp. 882,9 °C, Dichte 0,97 g/cm^3; reagiert heftig mit Wasser zu N.hydroxid, NaOH (↑Ätznatron, ↑Natronlauge) u. mit Kohlensäure zu N.carbonat (↑Soda); kommt als Metall in der Natur nicht vor, verbrennt bei Erhitzen an der Luft zu N.peroxid; Salze meist farblos u. in Wasser leicht lösl.; als Wärmeträger u. Kühlmittel in Kernkraftwerken; *N.chlorid,* NaCl, Kochsalz, wichtig für den Wasserhaushalt der Tiere u. Menschen (↑auch Salzgewinnung); *N.hydrogencarbonat* (doppeltkohlensaures Natron), $NaHCO_3$, zur Schaumerzeugung in Feuerlöschern und zur Herst. von Backpulver.

Natron, svw. Natriumhydrogencarbonat (↑Natrium).

Natronlauge, stark alkal. reagierende, ätzende Lösung des Natriumhydroxids in Wasser.

Natrontal, arab. **Wadi an-Natrun,** Depressionszone nw. v. Kairo, Ägypten, bis 24 m u. d. M.; zahlr. Salzseen, Kulturlandgewinnung.

Nattern, artenreichste Schlangenfam., meist ungiftig; in M-Europa u. a. *Ringelnatter.*

Natternkopf, kraut., blauviolett blühendes Rauhblattgewächs.

Natter[n]zunge, kl., bleichgrüner Farn mit zungenförm. Wedel.

Naturalabgaben, Abgaben, die nicht in Geld bestehen (z. B. Bodenerzeugnisse, Dienstleistungen).

Naturalilen [lat.], Naturerzeugnisse (v. a. Bodenerzeugnisse).

Naturalisation [lat.], svw. ↑Einbürgerung.

Naturalismus: 1) Wirklichkeitstreue; **2)** philos. Weltanschauung, die alles aus der Natur u. diese allein aus sich selbst zu erklären versucht; **3)** gesamteurop. literar. Bewegung v. 1880 bis 1900, die eine möglichst getreue Wiedergabe der Natur durch die Kunst anstrebte; exakte Beschreibung; Verwendung v. Mundart u. Alltagsspr.; der Mensch als Produkt aus Anlage u. Milieu: Proletariat u. Großstadt, verbunden mit Sozialkritik. – Theoret. wurde der N. durch É. Zola formuliert, in Dtl. durch die Brüder H. u. J. Hart, A. Holz u. a.; zu seinen dt. Vertretern zählen J. Schlaf, H. Sudermann, M. Halbe u. v. a. G. Hauptmann; rhythm. geordnete Prosalyrik (A. Holz u. a.). Naturalist. Züge in den Romanen von L. Tolstoi u. F. M. Dostojewski sowie bei Ibsen; **4)** ↑Realismus 4).

Naturallohn, Arbeitsentgelt in Sachgütern statt in Geld.

Naturdenkmäler, Schöpfungen der Natur von wiss., histor. oder volkskundl. Bed.; die in ein *Naturdenkmalbuch* eingetragenen N. stehen unter Naturschutz.

Naturell [frz.], natürl. Veranlagung, Temperament.

Naturheilkunde, Heilmethoden mit diätet.-physikal. Mitteln; v. a. Diät, Wasser, Kräuter, Bewegung, Wärme.

Naturkonstanten, physikal. Größen, die als unveränderlich angesehen werden, z. B. die Lichtgeschwindigkeit, Avogadro-Konstante, Boltzmann-Konstante u. a.

natürliche Person, als rechtsfäh. anerkannte Einzelperson im Ggs. zur ↑jurist. Person.

natürliche Religion, die im Ggs. zu einer Offenbarungsreligion auf natürl. Erkenntnis beruhende

Verehrung eines höchsten Wesens.

natürliche Zahlen, die posit. ganzen Zahlen: 1, 2, 3, 4, 5 ...

Naturpark, in Dtl. [Wald]ldsch., die in ihrer gegenwärt. Form erhalten bleiben u. insbes. der Erholung der Bev. dienen soll; in der BRD zz. 67 Naturparks (Weiteres ↑Nationalpark).

Naturphilosophie, erkenntniskrit. Untersuchung der naturwiss. Wissensquellen, metaphys. Ergründung v. Ursprung u. Wesen der organ. u. anorgan. Natur sowie Untersuchung und spekulat. Anwendung der Grundbegriffe der Naturwissenschaft.

Naturrecht, Rechtsauffassung, die vor und über jedem posit. Recht ein in der Natur des Kosmos bzw. des Menschen begr. Recht anerkennt, das das posit. Recht bestimmt.

Naturschutz, alle Maßnahmen, die einer Beeinträchtigung der Natur durch menschl. Betätigung entgegenwirken u. der Erhaltung v. ↑Naturdenkmälern dienen.

Naturvölker, Völker, die wegen geringer techn.-zivilisator. Ausstattung in stärkerer Abhängigkeit v. der natürl. Umwelt stehen im Ggs. zu den Hochkulturvölkern.

Naturwissenschaften ↑Wissenschaft.

Naumann, Friedrich, * 1860, † 1919, dt. ev. Theologe u. Politiker; zw. 1907 u. 1918 wiederholt MdR; suchte die Arbeiter für einen christl. Sozialismus u. die Mitarb. am Staat zu gewinnen; 1919 Vors. der DDP.

Naumburg/Saale, Krst. an der Saale, gegenüber der Unstrutmdg., Sa.-Anh., 31 000 E; Dom (13./14. Jh.) mit Stifterfiguren u. Lettner des *Naumburger Meisters.*

Nauru, Insel u. Staat im Pazifik; bed. Phosphatabbau. 1798 entdeckt, 1888 v. Dtl. annektiert, 1919 Völkerbundmandat u. 1947 UN-Treuhandgebiet unter brit., austral. u. neuseeländ. Verw., 1968 selbst. Rep. im Commonwealth.

Nausikala, im griech. Mythos Tochter des Alkinoos, führt den gestrandeten Odysseus in das Haus ihres Vaters.

Nautik [gr.], Schifffahrtskunde.

Navarra, nordspan. Region an der span.-frz. Grenze, 10 421 km², 519 200 E, Hptst. Pamplona; Viehzucht, im Ebrotal Weinbau. – 711 arab. besetzt, 905 bask. Kgr., 1484 unter Herrsch. des Hauses Albret, 1512 eroberte Ferdinand II. v. Aragonien N. südl. der Pyrenäen, das nördl. N. gelangte 1589 an Frkr.; 1982 Autonomiestatut.

Navigation [lat.], Kursbestimmung in der See- u. Luftfahrt; auch Einhaltung des gewählten Kurses. Hilfsmittel der N. waren urspr. Karten, Uhr, Kompass u. Sextanten zur Standortbestimmung mithilfe der Gestirne; heute fast ausschließlich elektron. Geräte (Funkpeilung, Radar, Satellitennavigation u. a.).

Nauru

Fläche: 21,3 km²
Einwohner: (1995) 11 000
Verwaltungssitz: Yaren
Amtssprachen: Englisch, Nauruisch
Zeitzone: MEZ + 10½ Stunden

Navigations|akte, engl. Gesetz von 1651 zur Förderung der engl. Schifffahrt. Es ließ zur Einfuhr ausländ. Waren nur engl. Schiffe oder Schiffe des Ursprungslandes zu. 1849/50 aufgehoben.

Naxos, griech. Kykladeninsel, 428 km², Hauptort N. (14 000 E); Weinbau; Schaf- und Ziegenzucht.

Nay, Ernst Wilhelm, * 1902, † 1968, dt. Maler u. Grafiker; gelangte vom Expressionismus ausgehend zu abstrakten Bildern in lebhafter Farbigkeit.

Nazarener: 1) Beiname Jesu u. seiner Anhänger *(Nazaräer);* **2)** Name (urspr. Spottname) einer Gruppe von dt. Malern in Rom, die zu Anf. des 19. Jh.s bestrebt waren, die christl. Kunst im Sinne des MA. zu erneuern (v. a. J. F. Overbeck, F. Pforr, P. v. Cornelius).

Nazareth, Hptst. des Norddistr. v. Israel, christl. Wallfahrtsort, 49 800 E.

Nb, Symbol für ↑Niob (ϛ).

NBC [enbɪ:'sɪ], Abk. für: ↑**N**ational **B**roadcasting **C**ompany, Inc.

Nd, Symbol für ↑Neodym (ϛ).

N'Djamena (früher Fort-Lamy), Hptst. u. wirtsch. Zentrum der Rep. Tschad, am Schari, 530 000 E; ✈.

Ne, Symbol für ↑Neon (ϛ).

Neandertaler, nach den 1856 in der Feldhofer Grotte im Neandertal bei Düsseldorf gefundenen Skelettresten ben. altsteinzeitl. Menschengruppe; nach späteren Funden kleinwüchsig, mit starken Überaugenwülsten, niedr. Stirn u. fliehendem Kinn. – Abb. S. 470.

Neapel: 1) (ital. Napoli) ital. Hafenst. am *Golf von N.,* Hptst. der Prov. N. u. von Kampanien, 1,06 Mill. E; Univ.; Dom S. Gennaro (Ende 13. Jh. u. später), S. Chiara (14. Jh.), S. Domenico Maggiore (14. u. 19. Jh.), Castel Nuovo (13. u. 15. Jh.), Castel dell'Ovo (12. u. 13. Jh.), Palazzo Reale (1600 ff.), Teatro S. Carlo (1737); Museen, v. a. Museo Nazionale; vulkanolog. Inst.; Ind.- u. Handelszentrum; Schiff- und Fahrzeugbau, Erdölraffinerie, Lebensmittel- u. a. Ind.; ✈; **2)** ehem. Kgr. (Süditalien u. Sizilien); im fr. MA unter langobard., byzantin. u. sarazen. Herrschaft, im 11. Jh. v. Normannen erobert, 1130 als Kgr. vereinigt; durch Heirat mit Konstanze, Erbtochter Kg. Rogers II. v. Sizilien, 1194 an die Staufer (Blüte unter Friedrich II.); unter den Anjou Verlust Siziliens (1282) an Peter von Aragonien. 1442 Süditalien u. Sizilien wieder vereint; s. 1495 frz., 1504–1713 span., kam dann an die östr. Habsburger, 1735 an die span. Bourbonen. Nach der frz. Herrschaft (1799–1815) Kgr. beider Sizilien, 1861 Teil des neuen Kgr. Italien.

neapolitanische Schule, Komponistenkreis des ausgehenden 17. und 18. Jh.s mit dem Zentrum Neapel, u. a. von A. Scarlatti begr.

Nebel: 1) kolloidal in der Luft verteilte Wassertröpfchen (↑Aerosol) als der Erdoberfläche aufliegende Wolke; **2)** (N.flecken) schwach leuchtende, nicht scharf begrenzte Gebilde an der Sphäre (galakt. u. extragalakt. N.).

Nebelhorn, Gipfel in den Allgäuer Alpen, nördl. v. Oberstdorf, Bay., 2 224 m hoch.

Nebenhoden, dem Hoden anliegendes ♂ Geschlechtsorgan, Reifungsort des Samens u. Ableitung in den Samenleiter.

Nebenhöhlen, svw. Nasennebenhöhlen (↑Nase); *N.erkrankungen,* meist entzündl., akut oder chron. (manchmal eitrig).

Nebenklage, der prozessuale Anschluss des – durch eine zur Privatklage berechtigende Straftat – Verletzten *(Nebenkläger)* an die öff. Klage im Strafprozess.

Nebenlinie, in der Genealogie die Nachkommenschaft des Zweit-, Drittgeborenen usw.

Nebennieren, beim Menschen 10 bis 18 g schwere, den oberen

Nierenpolen aufliegende, flache innersekretor. Drüsen; das *N.mark* sondert Adrenalin und Noradrenalin, die *N.rinde* versch. andere, das Stoffwechselgeschehen beeinflussende Hormone (Cortikoide wie Mineralo-, Glucocorticoide, Androgene) ab.

Nebensatz, svw. ↑Gliedsatz.

Nebenschilddrüsen (Epithelkörperchen), bei vielen Säugetieren in die Schilddrüse eingebettete kl. epitheliale endokrine Drüsen (beim Menschen 4); steuern den Calciumstoffwechsel.

Nebenschluss (Shunt), einem elektr. Leiter parallel geschalteter Leiterzweig.

Nebensonne, heller, häufig auch farb. Lichtfleck zu beiden Seiten der Sonne.

Neblina, Pico da, höchster Berg Brasiliens, im B.-Staat Amazonas, 3014 m.

Nebraska [engl. nɪ'bræskə], Abk. Nebr., Staat im Mittelwesten der USA, beiderseits des Platte River, westl. d. Missouri, 200350 km^2, 1,57 Mill. E, Hptst. Lincoln; Landw.; Viehzucht.

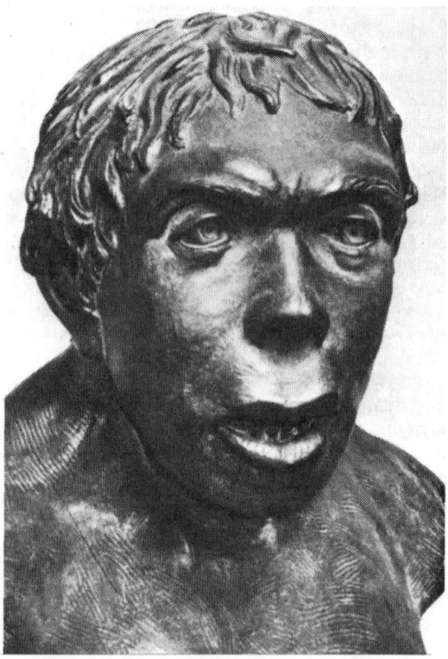

Neandertaler. *Rekonstruktion eines Fundes von Le Moustier (Dordogne)*

Nebukadnezar II., † 562 v. Chr., s. 605 Kg. von Babylon; eroberte (597) u. zerstörte (587) Jerusalem (↑Babylon. Gefangenschaft).

Neckar, r. Nbfl. des Oberrheins, mündet bei Mannheim, 367 km; ab Plochingen kanalisiert (Staustufen) und schiffbar (bis 1350 t).

Neckarsulm, St. an der Mdg. der Sulm in den Neckar, Ba.-Wü., 25000 E; Fahrzeug-, Schiffbau.

Necker, Jacques [nɛ'kɛ:r], * 1732, † 1804, frz. Bankier u. Staatsmann; seit 1777 mehrf. Finanzmin.; seine finanzpolit. Reformpläne scheiterten. Vater v. Madame de Staël.

Negation [lat.]: **1)** Verneinung einer Aussage, Ablehnung; **2)** Verneinungswort; **3)** in der Schaltalgebra log. Verknüpfung, mit der ein Binärwert umgekehrt wird.

negativ [lat.]: **1)** verneinend, ablehnend; **2)** ergebnislos, ungünstig, schlecht; **3)** kleiner als Null (Math.).

Negativ, Bildwiedergabe mit umgekehrter Abstufung der Helligkeitswerte [u. in Komplementärfarben]; durch Kopieren od. Umkehrentwicklung in ein Positiv zu verwandeln.

Neger, die der negriden Rasse zugehörigen Bewohner Afrikas, heute meist als Afrikaner od. Schwarze bezeichnet.

Negev, Wüstengebiet in S-Israel, rd. 12000 km^2; Kupfererz- u. Phosphatabbau; im N Bewässerungsanlagen (v. a. Obstbau).

negieren [lat.], verneinen, bestreiten.

Negligé [negli'ʒe:], leichter Morgenmantel.

Negrelli, Alois, Ritter von Moldelbe, * 1799, † 1858, östr. Bauing.; entwarf Pläne zum Suezkanal.

negride Rassen, einer der 3 Formenkreise der Menschenrassen; dunkelbraune bis schwarze Hautfarbe, krauses, dunkles Haar, wulstige Lippen und abgestumpfte Nase; i. e. S.: die eingeborene Bev.

J. Nehru

Afrikas südl. der Sahara, i. w. S. auch Tasmanier (ausgestorben), Melanesier, Drawida.

Negro, Rio [-gru], Nbfl. des Amazonas in Brasilien, rd. 2000 km.

Negro, Río: 1) Fl. im südl. Z-Argentinien, mündet in den Atlantik, rd. 650 km; **2)** Nbfl. des Uruguay in Uruguay, 800 km; große Stauanlagen.

Negros, Philippineninsel nördl. von Mindanao, 12705 km^2; größte St.: Bacolod; gebirgig, bis 2465 m.

Negro Spirituals ['ni:grəʊ 'spɪrɪtjʊəls], geistl. Gesänge der schwarzen Bev. in den USA; musikal. Verbdg. der überkommenen afrikan. Musik mit europ. Einflüssen, textl. Mischung christl. Vorstellungen u. alltägl. Szenen.

Negus, äthiop. Bez. für König.

Nehemia, Gestalt des A. T.; Statthalter v. Juda im 5. Jh. v. Chr.

Neher, Ernst, * 1944, dt. Biophysiker, zellbiolog. Forschungen, Nobelpreis für Medizin oder Physiologie 1991 mit B. Sakmann.

Nehru, Jawaharlal, gen. Pandit N., * 1889, † 1964, ind. Politiker; Anhänger Gandhis, zw. 1923 u. 1939 mehrf. Gen.-Sekr. u. Präs. des Indian National Congress; s. 1947 Min.-Präs. u. Außenmin.; Neutralitätspolitik.

Nehrung, schmaler, lang gestreckter, flacher Landstreifen, meist mit Dünen bedeckt, der Strandseen (Lagunen, Haffe) v. der See trennt (z. B. Frische N.).

Neidhart von Reuenthal, * zw. 1180 u. 1190, † nach 1237, mhd. Lyriker; Hauptvertr. des nichthöf. Minneliedes.

Neiße, Nebenflüsse der Oder, ↑Glatzer Neiße, ↑Lausitzer Neiße.

Neisse (poln. Nysa), Stadt an der Glatzer Neiße, Oberschlesien, Polen, 45800 E; Elektro- u. Masch.-Industrie.

Nekrassow, Nikolai Alexejewitsch, * 1821, † 1878, russ. Dichter.

Nekrolog [gr.], mit kurzem Lebensabriss verbundener Nachruf auf einen Verstorbenen.
Nekropole [gr.], Gräberfeld (v. a. Vorgesch. u. Altertum), z. T. mit oberird. Bauten.
Nekrose [gr.], Absterben von Gewebsteilen an umschriebener Stelle im lebenden Organismus; *nekrotisch,* abgestorben.
Nektar [gr.]: **1)** der ewige Jugend spendende Trank der griech. Götter; **2)** zuckerhalt. Blütenabsonderung, erzeugt von *Nektarien* (Nektardrüsen).
Nektarine [gr.], Pfirsichvarietät mit glatter Schale u. leicht auslösbarem Stein.
Nekton [gr.], die Gesamtheit der im Wasser aktiv schwimmenden Tiere (z. B. Fische).
Nelkengewächse, Pflanzenfam. bes. der gemäßigten Zonen; meist Kräuter od. Halbsträucher; u. a. Gatt. *Nelke* mit vielen Zierpflanzen.
Nelkenwurz, Gatt. der Rosengewächse; gelb, rot oder weiß blühende Pfl. mit gefiederten Blättern und Nussfrüchtchen.
Nelson, Horatio Viscount [nelsn], * 1758, ⚔ 1805, brit. Admiral; vernichtete 1798 die frz. Flotte bei Abukir u. begr. die brit. Seemachtstellung im Mittelmeer; sicherte 1805 mit dem Sieg über die vereinigte frz.-span. Flotte bei Trafalgar die brit. Herrschaft über die Meere.
NEMAX®, Aktienindex, ↑Neuer Markt.
Nemea, griech. Ort auf der Peloponnes, sw. von Korinth, 4 700 E; altgriech. Zeusheiligtum; alle zwei Jahre zu Ehren des Zeus *Nemeische Spiele.*
Nemesis, griech. Göttin der ausgleichenden Gerechtigkeit.
NE-Metalle, Abk. für: ↑**N**icht**e**isenmetalle.
Nenner ↑Bruch 3).
Nennform, svw. ↑Infinitiv.
Nenni, Pietro, * 1891, † 1980, ital. Politiker; 1945/46 u. 1963–68 stellvertr. Min.-Präs., 1946/47 u. 1968/69 Außenmin.; 1947–63 Gen.-Sekr. der *N.-Sozialisten;* 1966 bis 1969 Präs. der Vereinigten Sozialist. Partei.
Nennleistung: 1) effektive, dauernd abgebbare Vollleistung einer Maschine; **2)** Leistungswert bei elektr. Maschinen, bezogen auf *Nennspannung* (Soll-Spannung) u. Nennbetriebsbedingungen.
Nennwert (Nominalwert), der auf Münzen, Banknoten, Wertpapieren usw. in Zahlen od. Worten angegebene Wert.
neo..., Neo... [gr.], Bestimmungswort; Bed.: „neu, jung“.

H. Viscount Nelson. *Ausschnitt aus einem Gemälde (1798)*

Neodym, chem. El., Symbol Nd, OZ 60, rel. A.-Masse 144,24, gehört zu den Lanthanoiden; Dichte (α-Form) 7,007 g/cm³, Fp. 1 016 °C, Sp. 3 067 °C; als Legierungsbestandteil u. (in Form des Oxids, NdO_2) zum Färben v. Glas u. Email verwendet.
Neofaschismus, Sammelbegriff für rechtsradikale (faschist.) Bestrebungen nach dem 2. Weltkrieg v. a. in Italien, deren Gruppierungen aber auch in der BRD (v. a. die Mitte der 1970er-Jahre entstandenen, teilw. verbotenen Wehrsportgruppen) eine steigende Bereitschaft zu gewalttätigen Aktionen zeigen.
Neoliberalismus, wirtschaftspolit. Lehre, vertritt in Anlehnung an den Liberalismus den freien Wettbewerb, für den der Staat die Rahmenbedingungen schaffen od. erhalten soll; Grundlage der soz. ↑Marktwirtschaft in der BRD.
Neolithikum ↑Übers. Vorgeschichte.
Neologismus [gr.], in allg. Gebrauch übergegangene sprachl. Neubildung; als Stilmittel oft Charakteristikum eines Autors.
Neon [gr.], chem. El., Symbol Ne, OZ 10, rel. A.-Masse 20,179; ↑Edelgas; Fp. −248,67 °C, Sp. −246,048 °C, Dichte $8{,}999 \cdot 10^{-4}$ g/cm³; dritthäufigstes Element im Weltall, auf der Erde nur in geringen Mengen.
neotropische Region (Neotropis), Faunenregion Mittel- und Südamerikas, einschl. der Westind. Inseln; Neuweltaffen, Faultiere, Gürteltiere, Ameisenbären, Nagetiere u. a.
Neozoikum ↑Geologie, Formationstabelle.
Nepal, Kgr. im südl. Himalaja, zw. Indien u. Tibet; viele Bev.-Gruppen; Tibeter, Inder, altnepales. Volksgruppen; Anbau v. Reis, Weizen, Jute, Zuckerrohr, Tabak; Viehzucht; gr. Waldbestände; geringe Verkehrserschließung. – Im 18. Jh. Begründung des Gurkha-Kgr.; 1846 Alleinherrschaft der Rana (adl. Fam.) mit erbl. Ministerpräsidentenamt (bis 1951); s. 1951 konstitutionelle Monarchie; 1959 1. demokrat. Verf.; 1961 Verbot aller Parteien durch den Kg.; 1981 1. allg. Parlamentswahlen s. 1959, nach Demonstrationen zur Abschaffung des bestehenden Reg.-Systems 1990 Wiederzulassung von Parteien u. Bildung eines Mehrparteienkabinetts.
nephr[o]..., Nephr[o]... [gr.], Bestimmungswort; Bed.: „Niere“.
Nephritis [gr.], Nierenentzündung; akute *Glomerulo-N.* als Folge von Infekten, *chron. N.* oft im Anschluss daran, auch mit allm. Nierenschrumpfung; *herdförm. N.* (leichtere Art).
Nephron [gr.], aus *Nierenkörperchen* (kugl. Anfangsteil; Bildung des Primärharns) u. *Nierenkanälchen* (der angeschlossene röhrenförm. Teil, der in das Nierenbecken mündet) bestehendes funktionelles Hauptstück der Niere; dient insbes. der Harnbildung und -ausscheidung.
Nepomuk, Johannes von, ↑Johannes, hl. (Johannes von N.).
Nepotismus [lat.], Vetternwirtschaft, Bevorzugung v. Verwandten bei der Vergabe v. Ämtern.
Neptun, röm. Gott des Meeres, entspr. dem griech. Poseidon.

Nepal

Fläche: 147 181 km²
Einwohner: (1995) 21,98 Mill.
Hauptstadt: Kathmandu
Amtssprache: Nepali
Zeitzone: MEZ + 4½ Stunden

Neptun, von der Sonne aus der Achte der gr. ↑Planeten; 1846 nach Berechnungen von Le Verrier durch J. G. Galle entdeckt; in seinen physikal. Eigensch. wohl dem Uranus ähnl.; drei Monde; Umlaufzeit 165,49 J., mittl. Sonnenentfernung 4509 Mill. km.

Neptunium [lat.], radioakt. chem. El., Symbol Np, OZ 93, rel. Nuklidmasse 237,0482, Fp. 640 °C, Sp. 3902 °C, Dichte 20,25 g/cm³; erstes der durch Kernumwandlung künstl. hergest. ↑Transurane; beim β-Zerfall des Uranisotops 239 entsteht das *N.isotop* 239, das in das Plutoniumisotop 239 zerfällt.

Nereiden, Meeresnymphen der griech. Mythol., die 50 Töchter des Nereus, Gefolge des Poseidon und der Amphitrite.

Neresheim, St. auf der nö. Schwäb. Alb, Ba.-Wü., 8000 E; Benediktinerabtei (gegr. 1095) mit berühmter Klosterkirche (1745 von B. Neumann begonnen); reich stuckierter Kapitelsaal.

Neretva, Zufl. zum Adriat. Meer, durchfließt die Herzegowina, 218 km. Das N.tal ist eine bed. Verkehrsleitlinie.

Nereus, weissagender griech. Meeresgott, Vater der Nereiden.

Nernst, Walther Hermann, * 1864, † 1941, dt. Physiker; Mitbegr. der physikal. Chemie; entdeckte das *n.sche Theorem,* den 3. Hauptsatz d. ↑Wärmelehre; Nobelpreis 1920.

Nero, Claudius Drusus Germanicus Caesar, * 37, † 68, röm. Ks. s. 54; grausame Reg.; lenkte den Verdacht der Brandstiftung Roms auf Juden u. Christen u. veranlasste die 1. systemat. Christenverfolgung (64); vom Senat geächtet, beging er Selbstmord.

Neruda, Pablo [ne'ruða], eigtl. Neftali Ricardo Reyes Basualto, * 1904, † 1973, chilen. Dichter; kommunist. Haltung; surrealist. Gestaltungsweise; „Der große Gesang"; Nobelpreis für Lit. 1971.

Nerva, Marcus Cocceius, * 30, † 98, röm. Ks. 96–98; adoptierte 97 Trajan.

Nerval, Gérard de, eigtl. Gérard Labrunie, * 1808, † 1855, frz. Dichter der Romantik.

Nerven [lat.], aus parallel angeordneten ↑N.fasern bestehende, in Bindegewebshüllen liegende Stränge, die der Erregungsleitung zw. dem Zentralnervensystem und einem Körperorgan od. -teil dienen; übermitteln Bewegungsimpulse *(motor. N.),* leiten die versch. Sinnesempfindungen dem Gehirn zu *(sensible N., Sinnesnerven).*

Nervenchirurgie, svw. ↑Neurochirurgie.

Nero

Nervenentzündung (Neuritis), akute od. chron. Erkrankung der peripheren Nerven mit anat. Veränderungen u. Ausfallerscheinungen.

Nervenfaser, Bez. für die Fortsätze der ↑Nervenzelle: ↑Dendriten 1) u. hpts. *Neuriten,* Bauelement der Nerven[stränge], dienen der efferenten Erregungsleitung.

Nervengewebe, morphol. Substrat des ↑Nervensystems; zentral Nervenzellen mit Fortsätzen (Dendriten, Neuriten) einschl. der meist ausgebildeten *Neuroglia* (bindegeweb. Stützsubstanz) und Stützfunktionen (Gliazellen), peripher Nervenfasern mit der schwannschen Scheide.

Nervengifte (Neurotoxine), vorw. das Nervensystem schädigende Stoffe (Narkotika, Krampf- [Strychnin], Bakteriengifte [bei Tetanus], Nervengase [Phosphorsäureester]), u. a. Kurare, Nikotin, Alkohol, Opiate.

Nervenknoten ↑Ganglion 1).

Nervensystem, Gesamtheit des Nervengewebes, der Reizaufnahme, -verarb., -leitung dienend; *diffuses N.,* einfachste Organisationsform: Netz von durch Ausläufer miteinander verbundenen ↑Nervenzellen; *zentralisiertes N.:* einzelne untereinander verbundene Ganglien; *Zentral-N.,* aus Gehirn und Rückenmark bestehend, zentrale Schalt- und Verarb.-Stelle, gegenüber einem entfernteren *peripheren N.* der übrigen Körperorgane; ferner: *animales (willkürl.) N.* (direkt dem Zentral-N. unterworfen) im Ggs. zum *vegetat. (autonomen, unwillkürl.) N.* mit Sympathikus u. Vagus für Eingeweide, Blutgefäße, Drüsen.

Nervenzelle (Neurozyt), Zellelement des Nervengewebes, Zellkörper mit ↑Nissl-Schollen sowie ↑Nervenfasern.

Nerz, Gatt. der Fam. Marder, meist in sumpfigem Gelände, tauchen u. schwimmen sehr gut, Pelzzuchttiere.

Nessel, leinwandbind. Gewebe aus einf. Baumwollgarnen oder Mischgespinsten, z. B. Kattun.

Nesselgewächse (Urticaceae), kosmopolit. Pflanzenfam., meist Kräuter, unscheinbare Blüten, Bastfasern, z. B. Brennnessel.

Nesselsucht (Nesselfieber, Urtikaria), Hautausschlag mit juckenden Quaddeln.

Nesseltiere, Tierstamm (Hohltiere); die N. besitzen Nesselzellen [mit Nesselkapseln] und Tentakelkranz; fest sitzende *Polypen* u. frei schwimmende Medusen (Quallen).

Nesselwang, Markt, Luftkurort und Wintersportplatz im Allgäu, nw. von Füssen, Bay., 3500 E.

Nestflüchter, schlüpfende Jungvögel mit geöffneten Augen, ausgebildetem Federkleid u. funktionsfäh. Beinen.

Nesthocker, im Ggs. zu den ↑Nestflüchtern hilflos schlüpfende Jungtiere, die noch ernährt u. betreut werden müssen.

Nestor, Held der griech. Sage; als greiser Kg. vor Troja Ratgeber der Griechen.

Nestroy, Johann Nepomuk, * 1801, † 1862, östr. Dichter; meisterhafter Darsteller eigener Rollen; „Der böse Geist Lumpazivagabundus", „Einen Jux will er sich machen"; Parodien, Possen.

Netanjahu, Benjamin, * 1949, israel. Politiker; 1984–88 UN-Botschafter, 1993–99 Vors. des Likud-Blocks, 1996–99 Min.-Präs.

netto [ital.], rein, nach Abzug, ohne Verpackung (Ggs. ↑brutto).

Nettopreis, Preis, der bereits um ↑Skonto u. ↑Rabatt vermindert ist und von dem keinerlei Abzug mehr möglich ist.

Netz: 1) durch Flechten oder Knoten entstandenes Maschenwerk; **2)** Leitungssystem zur Verteilung elektr. Energie; auch Fernsprech-N., Telegrafennetz.

Netzauge, svw. ↑Facettenauge.

Netze (poln. Noteć), r. Nbfl. der Warthe, 361 km; mündet bei Landsberg (Warthe); bei Nakel (von hier an schiffb.) durch Bromberger Kanal Verbdg. zur Brahe u. Weichsel; im Unterlauf das kultivierte *Netzebruch.*

Netzflügler, Insektenordn. mit 4 gr., netzartig geäderten Flügeln und kauenden Mundwerkzeugen; Räuber; z. B. Schlammfliegen.

Netzhaut (Retina), innerste, mehrschicht. Haut des Augapfels; im lichtempfindl. Teil die eigtl. Lichtsinneszellen (Stäbchen u. Zapfen).

Netzmagen, Vormagen der Wiederkäuer, dient in Verbindung mit dem *Pansen* als Sammelmagen u. Gärkammer.

Netzmittel, Substanzen, die die Oberflächenspannung des Wassers herabsetzen (Detergenzien, Seifen, Saponine, Gallensäuren).

Netzwerk, Datenkommunikationssystem, das den Datenaustausch zw. mehreren unabhängigen Geräten ermöglicht.

Neu|apostolische Gemeinde, aus der Kath.-Apostol. Gemeinde um 1860 hervorgegangene christl. Religionsgemeinschaft; zentralist. geleitet von einem „Stammapostel", der absolute Glaubensautorität besitzt; v. a. in der BRD, den Niederlanden und in der Schweiz.

Neuber, Friederike Caroline, gen. die Neuberin, * 1697, † 1760, dt. Schauspielerin u. Leiterin einer Theatertruppe; verbannte d. Figur des Hanswursts von der Bühne.

Neubrandenburg: 1) Krst., Stadtkrs. in Mckbg.-Vorp., 1952–90 auch Bez.-Hptst. von 2), nördl. vom Tollensesee, 85 500 E; Stadtmauer aus dem 14. Jh.; Institute der landw. Fakultät der Univ. Greifswald; Maschinen-, Baustoff- u. a. Industrie. **2)** 1952–90 Bezirk in der ehem. DDR, 10 948 km², 619 600 E; vorw. Landwirtsch.; Landmaschinen-, Nahrungsmittelindustrie.

Neubraunschweig ↑New Brunswick.

Neuburg a. d. Donau, bayr. Krst. westl. v. Ingolstadt, 27 200 E; ummauerte Oberstadt mit Renaissanceschloss, ehem. Hofkirche (1607 ff.) u. a. bed. Bauten; chem., Glasind. – 1505 Residenz von Pfalz-Neuburg; 1808 zu Bayern.

Neuchâtel ↑Neuenburg.

Neu-Delhi ↑Delhi 2).

Neue Hebriden, den Staat ↑Vanuatu bildende Inselgruppe im sw. Pazifik.

Neue Medi|en, Sammelbegriff für moderne Kommunikationsmittel u. Neuentwicklungen der Informationsspeicherung. Zu den N. M. rechnet man z. B. digitales Fernsehen, HDTV, Telefax, CD-Rom, Internet.

Neue Musik, Bez. für die aus der Spätromantik erwachsenen Strömungen in der modernen Musik; Anklänge zur atonalen Musik bereits bei Berlioz, Liszt u. Wagner; Aufbau eines neuen Ordnungsprinzips durch die Zwölftonmusik (*Neue Wiener Klassik:* A. Schönberg) und serielle Musik (↑auch elektron. Musik); daneben Versuche, unter möglichster Wahrung des Tonalitätsprinzips die Entw. aus der Spätromantik weiterzuführen (P. Hindemith, B. Bartók, I. Strawinski u. v. a.).

Neuenburg (frz. Neuchâtel): **1)** schweizer. Kt. im Schweizer Jura u. am N.er See, 797 km², 163 900 E, Hptst. N.; Viehzucht, Uhrenind.; **2)** Hptst. v. 1), am N.er See, 31 700 E; Univ.; Kollegiatskirche (12./13. Jh.), Schloss (12.–15. Jh.); Uhren-, Schokoladenindustrie.

Neuenburger See, größter der schweizer. Jurarandseen, 218 km², 38 km lang; größte Tiefe 153 m.

Neuengland (N.staaten), die 6 nö., zuerst von England aus besiedelten Staaten der USA: Maine, New Hampshire, Vermont, Massachusetts, Rhode Island u. Connecticut.

Neuer Markt, privatrechtlich organisiertes Marktsegment der Dt. Börse AG (seit 1997), bietet die Möglichkeit, in Aktien von Zukunftsbranchen zu investieren (z. B. Biotechnologie, Multimedia). Der Erfassung der Marktentwicklung dient der Index NEMAX®.

Neue Sachlichkeit, Kunstrichtung der 20er-Jahre des 20. Jh.s, die – als Reaktion auf den Expressionismus – die Dinge real darstellte (Verismus); Vertr.: G. Schrimpf, A. Kanoldt, O. Dix, X. Fuhr u. a.

Neues Testament ↑Bibel.

Neue Wilde (junge Wilde), Maler, die Ende der 70er-Jahre in der BRD mit einer betont subjektiven, gefühlsbeladenen Malerei in Erscheinung traten. Themen, Motive (meist figürl.) und Stile (v. a. Fauvismus, Expressionismus) wurden beliebig benutzt. Vergleichbare Tendenzen in Italien („Arte cifra") und den USA („Pattern Painting").

Neufundland, Insel vor der kanad. O-Küste, 108 860 km².

Neufundländer, bis 75 cm gr. Schutz- und Begleithund (Rassengruppe Doggen); lange schwarz(braune) Haare, dichte Unterwolle, herabhängende Ohren.

Neugotik, Kunstrichtung des 18. u. 19. Jh.s, erwachsen aus einer romant. Rückwendung zum MA.

Neugriechisch, die Spr. der Griechen seit etwa 1500.

neugriechische Literatur, an die byzantin. Lit. anschließend; während der Türkenkämpfe reine Volksdichtung (Kriegslieder, Totenklagen); Kunstdichtung im Wesentl. auf Kreta (bis ins 17. Jh.); erst im 18. Jh. größere Werke, sprachl. meist antikisierend; Solomos verband Kunst- u. Volksdichtung; nat. Erneuerung erstrebten K. Palamas, A. Papadiamantis u. a.; Anschluss an die [west]europ. Lit. v. a. durch N. Kasantsakis.

Neuguinea [-gin'ea], zweitgrößte Insel der Erde, nördl. von Australien, 771 900 km², etwa 4,5 Mill. E (Papua, Melanesier, Negrito); N. erstreckt sich von W nach O u. wird v. einem bis 5 030 m hohen zentralen Gebirge durchzogen; im S weite, z. T. sumpf. Schwemmlandebenen; buchtenreiche Küsten; größtenteils trop. Regenwald; artenarme Säugetierfauna (gehört zur austral. Region), zahlr. endem. Vogelarten (Paradiesvögel, Papageien, Kasuare); das schwer zugängl. Innere noch wenig erschlossen. In den Küstengebieten Kokospalmen u. Kautschukbäume; Anbau v. Kaffee u. Tee (Export); reiche Bodenschätze. – 1526 entdeckt; die W-Hälfte s. 1828 niederl., s. 1963 als Irian Jaya Teil Indonesiens; NO-N. dt. Schutzgebiet 1884–1919, s. 1921 austral. Treuhandgebiet; der SO 1884 brit. Protektorat, s. 1906 v. Australien verwaltet, aus beiden Teilen entstand 1973 Papua-Neuguinea (seit 1975 unabhängig).

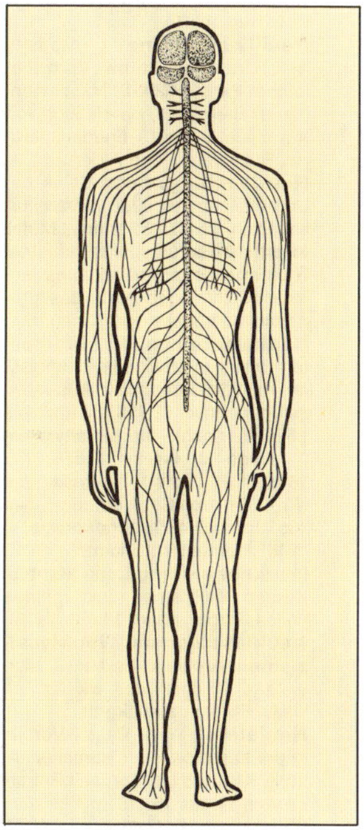

Nervensystem. *Zentralisiertes Nervensystem des Menschen (Zentralnervensystem gepünktelt, peripheres Nervensystem schwarz)*

Neuhochdeutsch, jüngste Stufe der dt. Spr. (s. etwa 1600); davor

Neuseeland

Fläche: 268 112 km²
Einwohner: (1995) 3,57 Mill.
Hauptstadt: Wellington
Amtssprachen: Englisch, Maori
Zeitzone: MEZ + 11 Stunden

als Übergang vom Mhd. *Früh-N.* seit etwa 1350.

Neuhumanismus, Erneuerung des Humanismus u. seiner Vorliebe für die klass. Antike; v. a. Winckelmann, Herder, Goethe, W. v. Humboldt.

Neuilly-sur-Seine [nœ'jisyr'sɛ:n], frz. Stadt im nw. Vorortbereich v. Paris, 64 200 E; Maschinenbau u. chem. Ind., Herstellung von Autozubehör. 1919 Friedensvertr. zw. Bulgarien u. den Alliierten.

Neu-Isenburg, hess. St. in der Untermainebene, südl. v. Frankfurt am Main, 35 800 E; chem., Metall verarb. u. Nahrungsmittelindustrie.

Neujahr, der erste Tag eines Jahres, im Geltungsbereich des gregorian. Kalenders der 1. Januar.

Neukaledonilen, frz. Überseeterritorium in Melanesien, umfasst die rd. 1 500 km östl. v. Australien gelegene Insel N. (16 750 km², bis 1 628 m hoch), die Loyaltyinseln u. einige kl. Inseln, 18 576 km², 164 000 E, Hptst. Nouméa (auf N.). – 1774 von Cook entdeckt, seit 1853 frz. (1864–96 Strafkolonie, s. 1946 Überseeterritorium).

Neukantianismus, an Kant u. dessen Kritizismus anknüpfende philos. Strömung im 19./20. Jh.

Neuklassizismus, Neoklassizismus, Architekturstil der 1. Hälfte des 20. Jh.s, der wieder auf klass. Formen zurückgriff.

Neulatein, vom klass. Vorbild geprägtes Latein der Humanisten; hohe Blüte als Lit.-Spr. seit Petrarca vom 14. bis 16. Jh.

Neumann: 1) Balthasar, * 1687, † 1753, dt. Baumeister des Spätbarock; Würzburger Residenz, Vierzehnheiligen, Klosterkirche Neresheim, Treppenhäuser der Schlösser Bruchsal u. Brühl; **2)** Franz Ernst, * 1798, † 1895, dt. Physiker; begr. die math. Physik in Dtl.; **3)** John von, * 1903, † 1957, amer. Mathematiker; bed. Arbeiten zu den math. Grundlagen der Physik; **4)** Robert, * 1897, † 1975, östr. Schriftsteller; bek. Parodien, „Mit fremden Federn"; **5)** Václav, * 1920, † 1995, tschech. Dirigent.

Neumark, der nö. Teil der alten Mark Brandenburg einschl. der pommerschen Kreise Arnswalde und Friedeberg Nm.

Neumarkt ↑Tîrgu Mureş.

Neumarkt i. d. Opf., bayr. Krst. in der Oberpfalz, am Rand der Fränk. Alb, 38 600 E; viels. Ind.

Neumen [gr.], Notenzeichen des MA.

Neumond, Phase des Mondes, bei der die der Erde zugewandte Seite nicht beleuchtet ist.

Neumünster, krsfr. St. in Holstein, Schl.-Ho., 82 000 E; vielseit. Ind.; Verkehrsknotenpunkt.

Neunlaugen, zu den Rundmäulern gehörende, aalförm., niedere Wirbeltiere; Fischparasiten; *Bach-N.* (bis 35 cm) im Süßwasser; *Fluss-N.* (bis 50 cm), *Meer-N.* (bis 1 m).

Neunkirchen, Krst. im östl. Saarland, 51 800 E; Steinkohlen-⚒, Schwerindustrie.

Neuntöter ↑Würger.

Neuphilologie, Lit.- u. Sprachwiss., die sich mit den lebenden europ. Spr. [u. den überseeischen Zweigen] befasst.

Neuplatonismus, letzte philos. Richtung der griech. Spätantike (3.–6. Jh.), Verbdg. der gr. antiken Philosophiesysteme mit orient. Mystik u. Gnosis u. christl. Religion.

neur[o]..., Neur[o]... [gr.], Bestimmungswort; Bed.: „Nerv".

Neuralgie [gr.], anfallsweise Schmerzen im Ausbreitungsgebiet sensibler Nerven.

Neurath, Konstantin Frhr. v., * 1873, † 1956, dt. nat.-soz. Politiker; 1932–38 R.-Außenmin., 1939 bis 1943 R.-Protektor in Böhmen u. Mähren; 1946 zu 15 J.n Gefängnis verurteilt (1954 entlassen).

Neuritis [gr.], svw. ↑Nervenentzündung.

Neurochirurgie [gr.], Spezialgebiet der Chirurgie, das alle operat. Eingriffe am Zentralnervensystem umfasst.

Neurologie [gr.], Lehre vom Nervensystem u. seinen Krankheiten.

Neuromantik, literar. Strömungen, die seit 1890 als Reaktion auf den Naturalismus die Stimmung betonten u. die Geheimnisvoll-Wunderbares darstellten; Themen oft aus der Geschichte, bes. des MA (etwa Huch, Miegel, von Münchhausen).

Neurose [gr.], auf der Basis gestörter Erlebnisverarb. entstehende krankhafte, aber reversible Verhaltensanomalie mit seel. Ausnahmezuständen und versch. körperl. Funktionsstörungen ohne organ. Ursache; *Neurotiker,* an Neurose Leidender.

Neuruppin, Krst. nw. v. Berlin, Brandenburg, 33 200 E; Stärkeind.; *N.er Bilderbogen,* aus N.er Verlagen stammende, im 19. Jh. weit verbreitete volkstüml. Bildergeschichten.

Neuscholastik, Erneuerung der kath. Theol. u. Philos. im 19. Jh. durch engen Anschluss an die Scholastik; im *Neuthomismus* v. a. Anschluss an Thomas v. Aquin.

Neuschwanstein, Schloss bei Schwangau, Bay.; 1868–86 für Kg. Ludwig II. v. Bayern erbaut.

Neuseeland, parlamentar. Monarchie im Commonwealth, im sw. Pazifik, sö. von Australien; besteht aus der Nord- u. der Südinsel (durch die Cookstraße getrennt; 114 453 bzw. 150 718 km²) u. einigen Nebeninseln; auf der Nordinsel Geb.- u. Hügelland (Ruapehu 2 797 m) mit tät. Vulkanen, Geysiren, Thermalquellen u. reich gegliederten Küsten; auf der Südinsel die Neuseeländ. Alpen (Mt. Cook 3 764 m); *Bev.:* Weiße, meist engl., schott. u. ir. Abstammung; Eingeborene ↑Maori; z. T. endem. Flora und Fauna; *Landw.:* hpts. Viehzucht (Schafe); Kohlen-, Gold-, Silber-⚒; *Ind.:* Verarb. landw. Erzeugnisse, Düngemittel- u. Landmaschinenfabriken, Textil-, Leder- und Baustoffind.; Hauptexport: Wolle, Molkereiprodukte, Gefrierfleisch, Häute; Haupthäfen: Auckland, Wellington, Lyttelton. – 1642 von Tasman entdeckt, 1769 erforschte Cook die Küsten; 1840 brit. Kolonie, 1845–48 u. 1860–70 Maoriaufstände; seit 1907 Dominion, 1931 unabh.; Mitgl. der UN.

Neusiedler See (ungar. Fertő-to), sehr flacher See an der österreich.-ungar. Grenze; Flächengröße wechselnd, maximal 320 km², mittlere Tiefe unter 1 m; Naturschutzgebiet.

Neusilber, sehr harte u. korrosionsfeste Legierung aus 45–67 % Cu, 10–26 % Ni, 12–45 % Zn (Spuren v. Pb, Sn od. Fe). Handelsbez.: *Argentan, Alpaka.*

Neuss, Krst. am Niederrhein, NRW, 148 800 E; spätroman. Stiftskirche St. Quirinus; IHK; Maschi-

nenbau, Stahlwerke, Erdölraffinerie; Rhein-⚓.

Neustadt am Rübenberge, Stadt an der unteren Leine, Nds., 43 300 E; got. Stadtkirche, Schloss (16. Jh.); vielseit. Industrie.

Neustadt an der Weinstraße, krsfr. St. am Haardtrand, RP, Verw.-Sitz des Reg.-Bez. Rheinhessen-Pfalz, 53 800 E; Stiftskirche (14./15. Jh.); Weinhandel, Möbel-, Papierind., Maschinenbau.

Neustri|en, der westl. Teil des nach dem Tod Chlothars I. geteilten Fränk. Reiches (zw. Schelde u. Loire).

Neusüdwales [-'weılz] ↑Australischer Bund.

neutral [lat.], unparteiisch.

Neutralisation, Reaktion zw. Säure u. Lauge bis zum *Neutralpunkt* (Konzentration v. Wasserstoff- u. Hydroxylionen gleich).

Neutralität: 1) Nichtbeteiligung eines Staates an einem Krieg bzw. Konflikt; **2)** Parteilosigkeit.

Neutrino [lat.], ↑Elementarteilchen ohne elektr. Ladung und Ruhemasse.

Neutron, Zeichen n, einer der Bausteine des Atomkerns, ungeladen, Masse nahezu gleich der des Protons; zerfällt als freies Teilchen in Proton und Elektron.

Neutronenwaffe, atomarer Sprengsatz für Artilleriegeschosse u. Mittelstreckenraketen, der bei relativ reduzierter Spreng- u. Hitzewirkung eine starke Neutronenstrahlung auslöst.

Neutrum [lat.], sächl. Hauptwort (z. B. *das* Kind).

Neu-Ulm, bayr. Krst., Nachbarst. v. Ulm, 51 100 E; mod. Pfarrkirche; Metall-, Holz-, Nahrungsmittelind.

Neuwied, Krst. an der Mdg. der Wied in den Mittelrhein, RP, 67 400 E; Schloss (18. Jh.); Bimsstein-, Holz u. Metall verarb. Ind.

Neuzeit, Bez. für die Zeit s. dem Ende des MA (zw. 1450 u. 1500).

Nevada, Abk. Nev., Staat im W der USA, östl. der *Sierra N.,* 286 352 km², 1,2 Mill. E, Hptst. Carson City; vorw. Wüstengebiet; Schafzucht (Wolle); vielseit. Erz-⚒; Fremdenverkehr (Las Vegas); die Wüsten sind Atombombenversuchsgebiet.

Nevers [nə'vɛ:r], Hptst. des frz. Dép. Nièvre, an der Loire, 42 000 E; got. Kathedr., ehem. herzogl. Palast (1475 ff.); Metall-, Textil-, keram. Industrie; ✈.

Newark ['nju:ək], Hafenst. im nö. New Jersey, USA, westl. v. New York, 275 000 E; Univ., TH; chem. u. a. Ind.; ✈.

New Brunswick [nju: 'brʌnzwık] (dt. Neubraunschweig), Prov. im SO Kanadas, 73 440 km², 724 000 E, Hptst. Fredericton; vorw. Land- u. Viehwirtsch.; Bodenschätze.

Newcastle ['nju:kɑ:sl], austral. St. in Neusüdwales, am Pazifik, 428 000 E; Univ.; Schwerind.; Hafen, ✈.

Newcastle upon Tyne ['nju:kɑ:sl ə'pon 'tain], Hptst. der engl. Gft. Northumberland, 192 500 E; Univ., got. Kathedr.; Tabak-, Schiff- u. Masch.bau; Kohleexport-⚓, ✈.

New Deal ['nju: 'di:l; engl.], wirtschafts- und sozialpolit. Reformprogramm F. D. Roosevelts, mit dem ab 1933 in den USA die Folgen der Weltwirtschaftskrise bekämpft wurden.

New Economy [nju: ı'kɔnəmı; engl.], Wirtschaftsbereich, der

New York. *Die Skyline von Manhattan mit dem Empire State Building und dem World Trade Center (rechts)*

innovative, wachstumsorientierte Unternehmen umfasst (z. B. Biotechnologie, Telekommunikation, Multimedia); forschungsintensiv.

Newfoundland ['nju:fəndlænd], kanad. Prov., umfasst Neufundland und O-Labrador, 405 720 km², 568 000 E, Hptst. Saint John's; inselreiche Küsten (bed. Fischerei), waldreiche, hügelige Ldsch. (Pelztierjagd u. -zucht); Holz-, Papier-, Zellstoffind., bed. ⚒.

New Hampshire ['nju: 'hæmpʃə], Abk. N. H., Staat im NO der USA, 24 032 km², 1,1 Mill. E, Hptst. Concord; Gebirgsland, waldreich, zahlr. Seen; Textil-, Lederind.

New Haven ['nju: 'heıvn], Hafenst. in Connecticut, USA, am Long Island Sound, 124 000 E; Yale Univ.; Metall verarb. Ind.; ✈.

New Jersey ['nju: 'dʒə:zı], Abk. N. J., Staat der USA, an der Atlantikküste zw. Hudsonmdg. und Delaware Bay, 20 169 km², 7,7 Mill. E, Hptst. Trenton; fruchtb. Küstenebene (Kartoffeln, Mais, Gemüse, Obst; Viehzucht), im N gebirg. (Eisen- u. Zinkerz-⚒), vielseit. Ind.

Newman ['nju:mən]: **1)** Barnett, * 1905, † 1970, amer. Maler (Farbfeldmalerei); **2)** John Henry, * 1801, † 1890, brit. Kardinal; anglikan., seit 1847 kath. Priester; führend in der Oxfordbewegung; Lyrik, Essays; **3)** Paul, * 1925, amer. Schauspieler u. Regisseur.

New Mexico ['nju: 'meksıkəʊ], Abk. N. Mex., Staat im SW der USA, an der mex. Grenze, 314 925

Niagara River. *Niagarafälle (links der Amerikan. Fall, rechts der Kanad. Hufeisenfall)*

km², 1,51 Mill. E, Hptst. Santa Fe; gr. Teile wüsten- und steppenhaft; Landw. (künstl. Bewässerung); Viehzucht (Rinder, Schafe); Bodenschätze: Uran, Gold, Silber, Blei, Zink, Kupfer, Kalisalze, Erdöl und -gas.

New Orleans ['nju: 'ɔ:lıənz, auch -ɔ:'li:nz], Hafenst. im Deltagebiet des Mississippi, größte St. von Louisiana, USA, 497 000 E; Universitäten; bed. Börsen; Baumwollmarkt; ⚗-, Auto-, Textil-, Tabak-, Zuckerind.; Ausfuhrhafen, internat. ✈; *N.-O.-Jazz* ['dʒæz], in u. um N. O. entstandene Richtung des tradit. Jazz; Hauptvertr.: L. Armstrong.

Newport ['nju:pɔ:t], Hafenst. am Ästuar des Severn, in S.-Wales, Verw.-Sitz v. Gwent, 105 400 E; normann. Kathedr.; Schiffbau, Metall-, Aluminiumindustrie.

Newton, Sir Isaac ['nju:tn], * 1643, † 1727 engl. Physiker, Mathematiker u. Astronom; Begr. der klass. theoret. Physik und der Himmelsmech. *(n.sche Axiome);* Entdecker des Gravitationsgesetzes; grundlegende Erkenntnisse auf vielen anderen Gebieten der Physik, Mathematik u. Astronomie.

Newton ['nju:tn], Einheitenzeichen N, gesetzl. Einheit der Kraft; die Kraft, die der Masse 1 kg die Beschleunigung 1 m/s² erteilt; 1 N = 1 kg m/s².

Newtonmeter ['nju:tn-], gleichbed. mit ↑Joule.

newtonsches Gravitationsgesetz ['nju:tn-; engl.] ↑Gravitation.

New York ['nju: 'jɔ:k]: **1)** Abk. N. Y., Staat im NO der USA, zw. Erie-, Ontariosee, Sankt-Lorenz-Strom u. Mdg. des Hudson River, 127 190 km², rd. 18 Mill. E, Hptst. Albany; vorw. wald- und seenreiches Hügel- und Bergland der nördl. Appalachen; hoch entwickelte Landw.; vielseit. ⚒; Stahlwerke, Druckereien, Textil- u. Nahrungsmittelfabriken; wicht. Binnenschifffahrtswege; **2)** größte St. Amerikas, großenteils auf Inseln an der Mdg. des Hudson River, im S v. 1); 5 Bezirke: Manhattan, Bronx, Brooklyn, Queens u. Richmond, zus. 7,32 Mill. E (781 km²), städt. Agglomeration 8,55 Mill. E. Die Flussinsel Manhattan zw. Hudson River und East River bildet den Stadtkern: größtenteils regelmäß. angelegtes Straßennetz (Broadway, Fifth Avenue, Park Avenue, Wallstreet u. a.), Hochhäuser (Empire State Building, Waldorf-Astoria, Rockefeller Center u. a.), im N Harlem; Manhattan ist durch Brücken u. Tunnel mit dem Festland u. Long Island (Brooklyn u. Queens) verbunden. Zw. Long Island u. Jersey City die Upper N. Y. Bay mit Freiheitsstatue und Ellis Island. Vier Univ. (u. a. Columbia und N. Y. Univ.), zahlr. Inst., Museen, Bibliotheken; Presse-, Rundfunk-, Fernsehzentrum der USA; Kirchen, Theater; Sitz der UN. Neben Handelsunternehmen u. Banken zahlr. Industrien (Druckereien, Metallwaren, Werften, bed. Bekleidungsind.); Ausstellungen versch. Ind.-Zweige; bedeutendstes Verkehrs- und Handelszentrum, größter Hafen der Welt neben Rotterdam, mehrere Großflughäfen (u. a. John F. Kennedy Internat. Airport). – Entstanden aus der 1626 errichteten niederl. Handelsstation *(Nieuw Amsterdam),* Hauptstadt des niederl. Besitzes in Amerika, 1664 engl. u. in N. Y. umbenannt. – Abb. S. 475.

Nexus [lat.], Zusammenhang, Verflechtung.

Ney: 1) Elly, * 1882, † 1968, dt. Pianistin; bed. Beethoven-Interpretin; **2)** Michel [nɛ], Hzg. v. Elchingen, Fürst v. der Moskwa, * 1769, † 1815 (standrechtl. erschossen), frz. Marschall dt. Herkunft; Heerführer Napoleons I.

NF, Abk. für: **N**ieder**f**requenz.

Ni, Symbol für ↑Nickel (☊).

Niagara River [naı'ægərə -], Abfl. des Eriesees zum Ontariosee, Grenzfl. zw. den USA und Kanada, 55 km, mit zahlr. Stromschnellen und den *Niagarafällen* (durch Goat Island in den 790 m breiten, 49 m hohen Kanad. Hufeisenfall u. den 350 m breiten, 51 m hohen Amer. Fall geteilt).

Niamey [nja'mɛ], Hptst. der Rep. Niger, am Niger, 570 000 E; Univ.; Nat.museum mit ethnolog. Freilichtmuseum; Handelszentrum; ✈.

Nibelungen, nach der Sage urspr. die Mannen des *Nibelung,* des dämon. Besitzers des *N.horts;* Übertragung des Namens auf Siegfried und die Burgunder.

Nibelungenlied, anonym überliefertes, um 1200 im Donauraum entstandenes, in vierzeil. Langzeilenstrophen verf. mhd. Heldenepos; 2 Hauptteile (Siegfrieds Tod; der Untergang der Burgunder).

Nicaea, Nizäa, antike St. (heute İznik) in NW-Anatolien; Residenz bithyn. Könige u. röm. Statthalter; Ruinen (Palast, Tore, Wasserleitung); Tagungsort des 1. und 7. ökumen. Konzils (325 und 787).

Nicänisches Glaubensbekenntnis, 325 auf dem 1. Konzil von Nicaea formuliertes Glaubensbekenntnis, hebt Gottheit Christi stark hervor; 381 auf dem 1. Konzil von Konstantinopel erweitert durch Betonung der Göttlichkeit des hl. Geistes; 451 bestätigt; setzte sich in der westl. Kirche als Glaubensbekenntnis durch.

Nicaragua, größte mittelamer. Rep.; vulkan- u. waldreiches Gebirgsland; fruchtb. Pazifikküste; *Bev.:* Mestizen (68%), Weiße (18%), Schwarze (9%), Indios (5%); umfangr. Rinder- u. Schweinehaltung; Export von Baumwolle, Kaffee, Kakao, Zuckerrohr u. Bananen; Gewinnung v. Edelhölzern; Zuckerfabriken. – *Gesch.:* 1502 entdeckte Kolumbus die atlant. Küste N.s; ab 1528 in die span. Verw. eingegliedert; 1823 Mitgl. der Zentralamer. Föderation, 1838 selbst. Rep., seitdem Konflikte zw. Konservativen u. Liberalen, zw. Spaniern u. Misquito-Indianern u. mit den Nachbarrep.; 1912–33 Intervention der USA in d. Bürgerkrieg; 1937–79 diktator. Herrschaft der Fam. Somoza; ab 1978 Bürgerkrieg gg. das Somoza-Regime, bis zu dessen Sturz (1979). Die von der Sandinist. Nat. Befreiungsfront (FSLN) beherrschte Reg. wurde von nationalist.-konservativen Oppositionellen (‚Contras') mit Unterstützung der USA bekämpft. Ab 1988 Verhandlungen u. Demokratisierungsprozess, s. 1990 demokrat. gewählte Regierung.

Nicaraguasee, größter See Nicaraguas, 8264 km^2, bis 70 m tief.

Nice [nis] ↑Nizza.

nichteheliche Kinder, bisher v.a. Bez. für Kinder einer unverheirateten Frau, in einer Nichtehe geborene Kinder od. Kinder, deren Ehelichkeit wirksam angefochten wurde. 1998 wurden die rechtl. Unterschiede zw. ehel. u. n. K.n beseitigt: nunmehr gemeinsame ↑elterliche Sorge möglich; Sonderregelungen im Erbrecht (Erbersatzanspruch) abgeschafft; Unterhaltsrecht für Kinder geschiedener Eltern u. n. K. vereinheitlicht.

Nicht|eisenmetalle (NE-Metalle), Bez. für alle Metalle außer Eisen, z.B. Blei, Nickel, Kupfer, Zinn.

Nichtigkeit, völl. Unwirksamkeit: 1. von Rechtsgeschäften bei Verstoß gg. gesetzl. Verbot, gg. die guten Sitten, bei Geschäftsunfähigkeit, Formmängeln und Willensmängeln, 2. von Urteilen u. Verw.-Akten bei schweren formellen oder materiellen Fehlern; *N.sklage* ↑Wiederaufnahmeklage.

Nichtleiter, Substanzen, die den elektr. Strom nicht leiten.

Nickel, chem. El., Symbol Ni, OZ 28, rel. A.-Masse 58,71; ferromagnet. Metall; Dichte 8,902 g/cm^3, Fp. 1455 °C, Sp. 2730 °C; reines N. ist beständig gg. Luft, Wasser u. Alkalien; löst sich unter Bildung grün gefärbter Salze in Säuren; wicht. Bestandteil in Edelstählen

Nicaragua

Fläche: 130682 km^2
Einwohner: (1995) 4,43 Mill.
Hauptstadt: Managua
Amtssprache: Spanisch
Zeitzone: MEZ –7 Stunden

(nicht rostende Stähle, N.stahl); für Legierungen (u.a. Neusilber), als Katalysator in der Elektroind. In Form von lösl. Salzen wird N. zur galvan. Vernickelung eingesetzt.

Nicolai: 1) Friedrich, * 1733, † 1811, dt. Schriftsteller; Vertr. der literar. Aufklärung; **2)** Otto, * 1810, † 1849, dt. Komponist; kom. Oper „Die lustigen Weiber von Windsor"; Begr. u. Dirigent der Wiener Philharmoniker.

nicolsches Prisma [nach dem brit. Physiker W. Nicol, * um 1768, † 1851], aus 2 Teilprismen opt. einachs. Kalkspats zusammengesetzte opt. Vorrichtung zur Erzeugung linear polarisierten Lichts.

Nidwalden ↑Unterwalden.

Niederbayern, bayr. Reg.-Bez., 10331 km^2, 1,14 Mill. E, Hptst. Landshut; umfasst den NO des dt. Alpenvorlandes u. den Hauptteil des Bayer. Waldes.

keiten u. leichteren Straftaten befasste Gerichtsbarkeit.

Niedere Tauern, Geb.-Zug in den Ostalpen, Östr., bis 2863 m.

Niederfrequenz (NF), Bereich der elektromagnet. Wellen zw. 0 und 10 kHz.

Niederkalifornilen, mex. Halbinsel an der nordamer. W-Küste, trennt den Golf von Kalifornien vom Pazifik, 143000 km^2; gebirg. (bis 3078 m hoch), z.T. wüsten- u. steppenhaft; Erzvorkommen.

Niederlande, europ. Kgr. an der Nordsee, zw. Ems- u. Scheldemündung; *Gliederung:* Tiefland (z.T. Marschland), wenig über, teilw. bis 6 m u. d. M.; v.a. im Rhein-Schelde-Mündungsgebiet buchtenreiche Küste, durch Deiche u. natürl. Dünengürtel gg. Sturmfluten geschützt. Nördl. u. nö. von Den Helder sind der Küste die Westfries. Inseln mit ausge-

Niederlande

Fläche: 41864 km^2
Einwohner: (1995) 15,5 Mill.
Hauptstadt: Amsterdam
Regierungssitz: Den Haag
Amtssprache: Niederländisch
Zeitzone: MEZ

Niederdeutsch, zusammenfassende Bez. für deutsche Mundarten, die an der ahd. Lautverschiebung nicht teilgenommen haben. Zum eigtl. N. rechnen das Niedersächs. (älteste Stufe Altsächs., das im „Heliand" u. d. „Genesis" zwei bed. Zeugnisse hat) u. das Ost-N. Im MA Lit.-, Geschäfts- u. Rechtsspr. (u.a. „Sachsenspiegel" des Eike v. Repgow); Wiederbelebung in der schriftl. Verwendung im 19. Jh. mit K. Groth, F. Reuter, J. Brinckmann u.a.

niedere Gerichtsbarkeit (Niedergericht), im MA bis ins 19. Jh. die mit minderen Rechtsstreitig-

dehntem Watt vorgelagert; gr. Einpolderungen bes. am Ijsselmeer u. in der Rhein-Maas-Mdg., bed. Acker- u. Viehzuchtgebiete; im NO ausgedehnte Geest- u. Hochmoorgebiete (Fehnkulturen); zahlr. eingedeichte Flüsse (bes. Maas, Rhein, Waal) und Kanäle. *Wirtschaft:* Acker-, Gemüsebau (Treibhauskulturen), bed. Blumenzucht (Tulpen); Vieh- u. Milchwirtsch.; chem., Elektro-, Textil-, Nahrungsmittel-, Erdölind.; Erdgasvorkommen; bed. See- und Binnenschifffahrt, Haupt-⚓ Rotterdam (größter Hafen der Welt). – *Gesch.:* Zur Römerzeit von Germanen bewohnt, später ein Teil des Fränk. Reiches; nach der Reichsteilung an das Ostreich Ludwigs d. Deutschen. In der Folgezeit Konsolidierung der Territorien Flandern, Brabant, Hennegau, Namur, Limburg, Lüttich im S, Holland, Seeland, Utrecht u. Geldern im N. Im Spät-MA eines der wirtsch. blühendsten Gebiete Europas. Ende des 14. Jh.s an das Hzgt. Burgund, nach der Heirat Maximilians I. mit Maria v. Burgund 1477 an Habsburg. Nach der Teilung der habsburg. Gebiete unter Karl V. mit Spanien verbunden. Die absolutist. Herrschaft Philipps II., der Versuch gewaltsamer Zurückdrängung der Reformation u. die Missachtung der ständischen Gerechtsame führten nach Entsendung Hzg. Albas 1567/68 zum offenen Ausbruch des Freiheitskampfes. Egmond u. Horne 1568 hingerichtet; Ausweitung des Aufstandes, seit 1572 unter Führung Wilhelms v. Oranien (↑auch Geusen). Erst 1579 die südl., überw. kath. Provinzen auf der Seite Spaniens. Dagegen Zusammenschluss der nördl. Provinzen, Lossagung von Spanien 1581. Im Westfäl. Frieden (1648) Unabhängigkeit der Rep. der Vereinigten N. anerkannt. Aufstieg zur bed. See- u. Weltmacht (Gewinn v. Kolonien in Afrika und Amerika, Niederlassungen der Niederl.-Ostind. Kompanie bis nach Australien). Im Krieg gg. Ludwig XIV. v. Frkr. 1672–78 Wahrung der Unabhängigkeit u. des Besitzstandes (Friede v. Nimwegen). 1795 von frz. Truppen erobert; Batav. Rep.; seit 1806 Kgr. Holland unter Louis Bonaparte, 1810 Frkr. einverleibt. Die südl. N. 1714 als östr. N. zu Habsburg, bereits 1794 Frkr. angegliedert. Sie bildeten mit den nördl. N.n seit dem Wiener Kongress 1815 das „Kgr. der Vereinigten N." unter Wilhelm I.; in der Revolution v. 1830 wieder zerbrochen. Der südl. Teil seitdem selbst. als Kgr. Belgien. Unter Wilhelm II. 1848 lib. Verfassung. Im 1. u. im 2. Weltkrieg strikte Neutralität. Am 10. 5. 1940 widerrechtl. Angriff Hitlers u. Besetzung. Flucht der Kgn. Wilhelmina u. der Reg. nach London (bis 1945). Starke Widerstandsbewegung. 1945 Befreiung durch die Alliierten. Nach 1945 Unabhängigkeitsbewegungen der Kolonien. 1948–80 Kgn. Juliana, s. 1980 Kgn. Beatrix.

Niederländisch, Spr. der Niederlande und Nordbelgiens sowie einiger übersee. Gebiete, entstand hpts. aus dem Niederfränk. (↑deutsche Mundarten). Tochtersprache ist das Afrikaans.

Niederländische Antillen, autonomer Teil der Niederlande im Bereich der Westind. Inseln, bestehend aus den Inselgruppen Curaçao u. Bonaire, die der venezolan. Küste vorgelagert sind, sowie Sint Maarten (S-Teil), Sint Eustatius u. Saba im Bereich der Leeward Islands (die Insel *Aruba,* 193 km², rd. 65 000 E, Hauptort Oranjestad, erhielt am 1. Jan. 1986 Teilunabhängigkeit); insgesamt 800 km², 191 000 E, Hptst. Willemstad.

niederländische Kunst, im Wesentl. die Kunst im Bereich der Niederlande u. (bis 1830) Belgiens. *Hohes MA:* Im 12. Jh. Goldschmiedekunst der Maas-Schule (Nikolaus von Verdun); bed. Sakral- u. Profanbauten u. a. in Gent, Brügge, Ypern, Brüssel, Antwerpen. Gg. Ende des 14. Jh.s beginnende Blüte der *burgund.-niederl. Kunst* mit dem Bildhauer C. Sluter, in der Buchmalerei die Brüder von Limburg. Neben H. u. J. van Eyck bed.: Meister v. Flémalle und R. van der Weyden; weiter D. Bouts, H. van der Goes und H. Memling; später A. van Ouwater, Geertgen tot Sint Jans, H. Bosch, G. David. Manierist. Künstler (16. Jh.) sind C. Floris (Dekorationsstil), im Ausland tätige Bildhauer (Giovanni da Bologna, H. Gerhard u. A. de Vries) sowie die Maler J. Gossaert, Qu. Massys, B. van Orley, J. Patinir, L. van Leyden, J. van Scorel und v. a. P. Breughel d. Ä. *Barock* (17. Jh.): höf. Kunst der südl. (span.-kath.) u. bürgerl. Kunst der nördl. Niederlande. Die fläm. Barockmalerei vertraten A. van Dyck, J. Jordaens, A. Brouwer, D. d. Ä. u. D. d. J. Teniers, F. Snyders, v. a. P. P. Rubens. Im prot. Holland realist. Grundzug der Malerei; neue Bildgattungen: Gruppenbild (F. Hals, Rembrandt), Architekturstück, Stillleben (W. C. Heda, W. Kalf, P. Claesz), Genremalerei (G. Dou, A. van Ostade, G. Terborch, J. Steen, P. de Hooch, G. Metsu, J. Vermeer van Delft), Landschaft (J. Ruisdael, M. Hobbema, J. van Goyen), Tierstück (P. Potter), Seestück (W. van de Velde) u. a.; überragender Künstler: Rembrandt; Baumeister: H. de Keyser u. J. van Kampen. Im *18.* und *19. Jh.* starker frz. Einfluss, im *19./20. Jh.* erlangten V. van Gogh, P. Mondrian u. die Architekten H. P. Berlage, J. J. P. Oud, T. van Doesburg („Stijl-Gruppe") internat. Bedeutung. Nach dem 2. Weltkrieg wurde Amsterdam ein Zentrum des abstrakten Expressionismus.

niederländische Literatur, Beginn der schriftl. Überlieferung der niederl. Lit. mit Heinrich von Veldeke im 12. Jh.; im 13. Jh. die myst. Lyrik der Brabanterin Hadewych; satir. und didakt. Lit. in den fläm. Städten (J. van Maerlant), ma. Dichtung: „Van den vos Reinaerde"; Mirakel- u. Mysterienspiele; Dichtung der Rederijkers; europ. Bed. mit J. van Ruusbroec u. Thomas a Kempis in der Mystik, mit Erasmus von Rotterdam in der humanist. Epoche. Durch die Freiheitskriege Spaltung in fläm. bzw. belg. Lit. u. niederl. Lit. im engeren Sinne; Aufschwung der Letzteren beeinflusst durch die lat. Klassiker. Im 18. Jh. Verfall u. frz. Einfluss. Übergang zur Romantik: E. J. Potgieter, W. Bilderdijk. Um 1880 neue Blüte, „Beweging van Tachtig" (künstler. Individualismus): J. F. H. Perk, A. Verwey, van Eeden, W. J. T. Kloos u. a.; in der Prosa naturalist. Tendenz, später gemäßigter Realismus u. neuromant. Erzählkunst. Um 1900 Lyrik mit soz. u. relig.-myth. Thematik; bis 1935 neben- u. gegeneinander stehende Gruppen, geschart um programmat. Zeitschriften (kosm. Expressionismus, eth. Humanismus u. a.); seit 1935 Resignation, Neue Sachlichkeit; die „Experimentellen" der 50er-Jahre erstreben eine radikale Reformierung des literar. Lebens. Bed. Gegenwartsautor ist C. Nooteboom.

niederländische Musik, nicht nur das Schaffen niederl., sondern 1400 bis 1600 auch fläm. u. burgund. Komponisten; gemein ist ihnen ein um 1400 aufkommender Stil, Chor von 4 od. 5 Stimmen (Polyphonie), in der die Stimmlagen gleiches melod. Material mehrstimm. verwenden, d. h. eine Vereinheitlichung der Stimmen erstrebt wird. Erste Blüte unter G. Dufay. Höhepunkt des Stiles in der melod. Durchimitation der Stimmen und der klaren Architektonik des Satzes bei Josquin Desprez; in seiner Nachf. A. P. Coclico, A. Willaert u. Clemens non Papa. Die niederl. Komponisten nach 1550 (Orlando di Lasso u. a.) strebten immer stärker zum füll. Klang; dieses Abweichen vom eigtl. Prinzip der niederl. Polyphonie bereitete die Epoche der Monodie vor, in der die musikal. Vorherrschaft an Italien abgegeben wurde. Nur in der Orgelmusik blieb die n. M. mit J. P. Sweelinck noch schulbildend. – Bed. in jüngerer Zeit v. a. W. Pijper, H. Badings, T. de Leeuw, P. Schat, O. Ketting, M. Mengeberg, R. de Leeuw, L. Andriessen, E. Raxach, K. Boehmer u. T. Keuris.

Niederländisch-Guayana, fr. Name von ↑Surinam.

niederländische Kunst.
Hieronymus Bosch, Kreuztragung (1515/16; oben links). Anthonis van Dyck, König Karl I. (1633; oben rechts). Pieter Breughel d. Ä., Die Krüppel (1568; links)

Kathedrale Saint-Michel (ehemals Sainte-Gudule) in Brüssel (1226 ff.; unten links). Vincent van Gogh, Die Rhonebarken (1888; unten rechts)

Niederländisch-Indi|en, Bez. für die ehem. niederl. Kolonien im Malaiischen Archipel, das Gebiet der heut. Rep. ↑Indonesien.
Niederlassung, handelsrechtl. ein Ort, an dem sich ein gewerbl. Unternehmen befindet; Erfüllungsort für alle im Zusammenhang mit dem Gewerbebetrieb entstehenden Verbindlichkeiten.
Niederösterreich, das größte östr. B.-Land, 19172 km², 1,48 Mill. E; neue Hptst. ist Sankt Pölten, Verw.-Sitz noch Wien. N. liegt beiderseits der Donau zw. Enns u. March, umfasst u. a. Wald- u. Weinviertel, Tullner Becken, Marchfeld, Wiener Becken; Obst-, Weinbau, Holzverarb., Textil-, Zuckerind.; Erdöl- u. -gasgewinnung.
Niedersachsen, Land der BRD, zw. unterer Elbe und niederl. Grenze, 47348 km², 7,78 Mill. E, Hptst. Hannover. N. hat im S mit dem Weserbergland u. dem westl. Harz noch Anteil am dt. Mittelgeb.; nach N allm. Abflachung (u. a. Lüneburger Heide) zum Norddt. Tiefland bis zu den Marschen an der Küste. Vor der Küste breiter Wattgürtel, der im W durch die Ostfries. Inseln von der Nordsee getrennt wird. Bed. Wasserstraßen: Ems, Weser, Elbe, Elbeseitenkanal, Mittellandkanal. *Wirtsch.:* Ackerbau (Getreide, Hackfrüchte, u. a. Zuckerrüben, Obst, Gemüse), im Norddt. Tiefland bes. Viehwirtsch.; Gewinnung v. Erdöl, Braunkohle, Kali, Steinsalz, Eisenerz. Vielseit. Ind. – 1946 durch Zusammenschluss der fr. preuß. Prov. Hannover mit den Ländern Braunschweig, Oldenburg und Schaumburg-Lippe gebildet.
Niederschlag: 1) meteorolog. Bez. für atmosphär. Wasser in fester oder flüss. Form; Bildung durch Kondensation od. Sublimation v. Wasserdampf; als Tau, Reif, Regen, Schnee, Graupeln, Hagel u. a.; **2)** der aus einer Lösung durch chem. Reaktion ausgefällte Stoff.
Niederspannung, elektr. Spannung bis zu 250 Volt gg. Erde; nach VDE-Vorschriften allg. Bez. für Spannung unter 1000 Volt.
Nieder|ungarisches Tiefland ↑Großes Ungarisches Tiefland.
Niederwald, SW-Teil des Rheingaugeb.; 1877–83 Errichtung des *N.denkmals* zur Erinnerung an den Krieg 1870/71.
Niederwald, heute seltene Wirtsch.-Form des Laubwaldes; Kahlschlag je nach Baumart zw. 10 und 20 J., Verjüngung durch Stockausschlag.
Niederwild, nicht zur hohen Jagd zählende Wildarten, z. B. Reh, Fuchs, Hase, Rebhuhn.
Niello [ital.], Masse u. a. aus Blei, Kupfer, Schwefel, die zum Füllen von [in Metall eingravierten] Zeichnungen verw. wird (Gold- und Silberschmiedekunst).
Nielsbohrium [n. N. ↑Bohr], chem. El., Symbol Ns, OZ 107, ein künstl. erzeugtes Transuran.
Niemöller, Martin, * 1892, † 1984, dt. ev. Theologe; entschiedener Gegner der nat.-soz. Kirchenpolitik, Mitgl. der Bekennenden Kirche; 1938–45 im KZ; 1947–64 Kirchenpräs. der Ev. Kirche in Hessen u. Nassau; überzeugter Pazifist.
Nienburg (Weser), Krst. nw. v. Hannover, Nds., 32700 E; altes Stadtbild; Fachhochschule.
Niere (Ren), Ausscheidungsorgan höher organisierter Tiere; beim Menschen bohnenförm., drüsig, paarig angelegtes Organ beiderseits der oberen Lendenwirbelsäule an der Hinterwand der Bauchhöhle, das insbes. der Ausscheidung v. Stoffwechselprodukten dient sowie der Regulierung des Wasser- und Salzhaushaltes; *N.nbecken,* Sammelbecken für den Urin im Innern der N., von dem die Harnleiter ausgehen; *N.nbeckenentzündung,* bakterielle (meist Kolibakterien) Infektion des N.nbeckens; kombiniert mit N.nentzündung als *Pyelonephritis; N.nentzündung,* svw. ↑Nephritis; *N.nkanälchen* ↑Nephron; *N.nkolik,* meist durch N.nsteine hervorgerufene Kolik; *N.nkörperchen* ↑Nephron;

F. Nietzsche

N.nschrumpfung ↑Schrumpfniere; *N.nsteine,* Ausfällung von Harnsalzen in N.nbecken u. Harnleiter; sandkorn- bis pflaumengr.; kleinere können mit dem Urin abgehen, größere führen bei Einklemmung, bes. im Harnleiter, zu Koliken.
Nießbrauch, unvererbl. u. unveräußerl. Recht einer Person, eine fremde Sache od. ein fremdes Recht zu besitzen, zu verwalten, zu gebrauchen und zu nutzen.
Nieswurz, Gatt. der Hahnenfußgewächse; oft gefiederte Blätter, enthalten z. T. das Herzgift Helleborein; u. a. Christrose.
nieten, Werkstücke im Stahl-, Leichtmetall-, Kessel- u. Behälterbau durch *Niete* (runde Bolzen v. a. aus Stahl mit angestauchtem *Setzkopf*) verbinden.
Nietzsche, Friedrich, * 1844, † 1900, dt. Philosoph; unterschied selbst 3 Perioden seines Denkens: 1. die Welt im apollin.-dionys. Ggs., ästhet. in Genie (Wagner) und Tragödie sichtbar; 2. radikale Befreiung von der Tradition u. den überkommenen (christl.) Werten; Nihilismus, Verkündigung des Todes Gottes; 3. „Willen zur Macht" unter „Umwertung aller Werte"; Hauptwerke: „Unzeitgemäße Betrachtungen", „Die fröhl. Wiss.", „Also sprach Zarathustra", „Jenseits von Gut u. Böse", „Ecce homo".
Niger: 1) drittgrößter Fl. Afrikas; von den Loma Mountains, nahe d. Grenze gg. Sierra Leone, in gr., nach N ausholendem Bogen (Binnendelta) bis zum Golf v. Guinea (breites Delta); 4160 km, 2,092 Mill. km² Einzugsgebiet (wichtigster Nbfl. Benue); **2)** Rep. in Z-Afrika, in der südl. Sahara bis zum Tschadsee im SO, im äußersten SW von 1) durchflossen, überw. Wüsten; im S Anbau v. Mais, Hirse, Reis, Erdnüssen u. Baumwolle; Uranerzabbau. – 1896–1900 v. Frkr. mil. besetzt, 1921 Kolonie;

Niger

Fläche: 1267000 km²
Einwohner: (1995) 9,15 Mill.
Hauptstadt: Niamey
Amtssprache: Französisch
Zeitzone: MEZ

1958 Rep. innerh. der Frz. Gemeinschaft, 1960 unabhängig.

Nigeria, westafrik. Republik im Commonwealth, am Golf von Guinea; Hochfläche im N und W (Savanne), im S Flachland (trop. Regenwald). Anbau von Erdnüssen, Baumwolle, Hirse, Kakao, Ölpalmen, Kautschuk; *Bodenschätze:* Kohle, Kolumbit, Zinnerz, ♙; *Ind.:* Erdölraffinerie, Walzstahlwerk, Nahrungsmittel-, Textil- u. a. Ind., Zementwerke. – N. umfasst ein Gebiet altafrik. Kulturen (u. a. Benin) u. Haussastaaten; ab 1880 Errichtung der brit. Herrschaft, 1914 Kolonie; 1960 unabh.; 1963 Rep.; 1967–70 Bürgerkrieg aufgrund der Abspaltung der O-Region *Biafra* (bis 1970); häufig wechselnde Militärreg.en; 1999 Parlamentswahlen. Mitgl. der UN.

Nigeria

Fläche: 923768 km²
Einwohner: (1995) 111,72 Mill.
Hauptstadt: Abuja
Amtssprache: Englisch
Zeitzone: MEZ

Nightingale, Florence [ˈnaɪtɪŋgeɪl], *1820, †1910, brit. Krankenpflegerin, organisierte im Krimkrieg Verwundeten- u. Krankenpflege.

Nihilismus [lat.], philos. Anschauung von der Nichtigkeit, Sinnlosigkeit alles Bestehenden, des Seienden; weltanschaul. Haltung, die alle positiven Zielsetzungen, Ideale, Werte ablehnt; völlige Verneinung aller Normen u. Werte.

nihil obstat [lat.; = es steht nichts im Wege], kath.-kirchl. Unbedenklichkeitsformel für die Erteilung der Druckerlaubnis.

Nijinskij, Waslaw [niʒ-], eigtl. Wazlaw Fomitsch Nischinskij, *1889, †1950, russ. Tänzer; 1903–13 Star der „Ballets Russes".

Nike, griech. Siegesgöttin; personifizierter Sieg; berühmtester Tempel auf der Akropolis (Athen).

Nikias, *um 470, †413, athen. Staatsmann u. Heerführer; schloss im Peloponnes. Krieg 421 v. Chr. Frieden mit Sparta.

Nikisch, Arthur, *1855, †1922, dt. Dirigent bed. Orchester.

Nikobaren ↑Andaman and Nicobar Islands.

Nikolajew, ukrain. Gebietshptst. an der Mdg. des Bug ins Schwarze Meer, 512000 E; Schiff- und Maschinenbau; ⚓, ✈.

Nikolaus: Name v. Heiligen: **1) N.,** hl., †um 350, Bischof v. Myra; nach der Legende soll er Myra aus gr. Hungersnot gerettet haben, auch Rettung Schiffbrüchiger; Fest am 6. Dez.; **2) N.** v. [der] Flüe, hl., gen. Bruder Klaus, *1417, †1487, schweizer. Bauer, Richter u. Ratsherr; seit 1467 Einsiedler im Ranft; viel besuchter polit. Ratgeber und Vermittler.

Nikolaus: Päpste: **1) N. II.,** *um 980, †1061, Papst s. 1059; verfolgte einen schroffen Reformkurs; **2) N. V.,** *1397, †1455, Papst s. 1447; 1448 Abschluss des Wiener Konkordats mit Friedrich III.; begr. die Vatikan. Bibliothek.

Nikolaus, *russ. Zaren:* **1) N. I.** Pawlowitsch, *1796, †1855, Zar s. 1825; reg. absolutist.; warf den Aufstand der Dekabristen u. den poln. Aufstand 1830/31 nieder, führte den Krimkrieg; **2) N. II.** Alexandrowitsch, *1868, †1918, Zar 1894–1917; nach Ausbruch der Revolution abgesetzt, interniert u. 1918 mit seiner Fam. von den Bolschewiki ermordet.

Nikolaus von Hagenau, Niclas ↑Hagnower.

Nikolsburg ↑Mikulov.

Nikomachische Ethik, eth. Hauptwerk des Aristoteles (vermutl. hg. von seinem Sohn Nikomachos).

Nikosia (griech. Lefkosia), zz. geteilte (türk. N- u. griech. S-Teil) Hptst. von Zypern, 147000 E; Leder-, Textilindustrie.

Nikotin [nach dem frz. Diplomaten *J. Nicot,* †1600], $C_{10}H_{14}N_2$, stark gift. Hauptalkaloid der Tabakpflanze, synthet. herstellbar; wirkt erst anregend, später lähmend auf die vegetat. Ganglien.

Nikotinsäure, zus. mit *N.amid* Bestandteil des Vitamin-B_2-Komplexes.

Nikotinvergiftung, Schwindel, Übelkeit, Krämpfe nach ungewohntem od. übermäß. Tabakgenuss; kann zum Tod durch Atemlähmung führen.

Nil, Fl. in NO-Afrika, entsteht bei Khartum, Rep. Sudan, aus d. Quellflüssen *Blauer N.* u. *Weißer N.,* durchbricht die nub. Kalk- u. Sandsteintafel (sechs Katarakte), durchfließt das Wüstengebiet u. bildet in ihm eine 5–20 km breite Flussoase (Oberägypten), unterh. v. Kairo das rd. 24000 km² gr. *N.delta,* mündet in 2 Haupt- (Rosette-, Damiettearm) u. zahlr. Nebenarmen ins Mittelmeer; mit 6671 km (v. d. Quelle des Ludvironza/Ruvubu [Quellfl. d. Kagera] in Burundi) längster Fl. Afrikas, Einzugsbereich über 2,8 Mill. km²; der Assuanhochdamm (mit Kraftwerk bei Assuan) staut den N. zum 550 km langen *Nassersee* (37 Mrd. m³ Wasser).

Nikolaus I. *Pawlowitsch, Zar von Russland (Stahlstich; um 1845; links).* **Nikolaus II.** *Alexandrowitsch, Zar von Russland (rechts)*

Niloten, im Obernilgebiet u. in den Savannen O-Afrikas lebende Stämme; hamit. beeinflusst; Viehzüchtende Ackerbauern.

Nilpferd ↑Flusspferde.

Nimbus [lat.], Heiligenschein; übertr. für [unverdienten] Ruhm.

Nîmes [ni:m], Hptst. des südfrz. Dep. Gard, 128500 E; bed. antike Baudenkmäler, u. a. Amphitheater, Tempel (Maison Carrée), in der Nähe der St. Aquädukt; Museen; bed. Weinhandel; u. a. Textilind.; ✈. – Keltensiedlung, unter Augustus röm. Kolonie. – N. war einer der Hauptorte der Hugenotten.

Nimrod, im A.T. (Gen. 10, 8ff.) gr. Herrscher und großer Jäger.
Nimwegen (niederl. Nijmegen), niederl. Hafenst. an der Waal, Prov. Geldern, 146400 E; Univ.; St.-Stevenskerk (13.–15.Jh.); Museen; Schiff- u. Masch.-Bau, Textil-, Metall- u.a. Ind. – Kelt. Siedlung, später röm. Kolonie; karoling. Pfalz; 1230 R.-St., 1248 an Geldern; *Friede von N.* 1678/79 zw. Frkr., den Niederlanden, Spanien, Schweden u. dem Hl. Röm. Reich, beendete den Niederl.-Frz. Krieg (s. 1672).
Ninive (assyr. Ninua), Ruinenst. in N-Irak am l. Tigrisufer; s. 704 v.Chr. Hptst. und Residenz des Assyrerreiches (Tempel u. Paläste); berühmte Tontafelbibliothek Kg. Assurbanipals; 612 v.Chr. von Medern u. Babyloniern zerstört.
Niob [gr.; vom Namen der ↑Niobe], chem. El., Symbol Nb, OZ 41, rel. A.-Masse 92,9064, hellgraues, glänzendes Metall; Dichte 8,57 g/cm^3, Fp. 2468±10°C, Sp. 4742°C; in Säuren (auch Königswasser) unlösl.; verw. in Stahllegierungen.
Niobe, in der griech. Mythol. Kgn. von Theben.
Nippon, jap. Bez. für Japan.
Nirwana [sanskr.], Auflösung des Seins als erhoffter Endzustand des gläubigen Buddhisten.
Nischnij Nowgorod, (1932–90 Gorki) Gebietshptst. in Russland, an der Wolga, 1,43 Mill. E; Kreml (1500–19); Univ.; G.-Theater, Hoch- u. Fachschn.; Kfz- u. Transportmasch.-Werk, Flugzeug-, Lokomotiv-, Waggonbau, Elektroind.; ⚓, ✈.
Nissen, Eier von Läusen.
Nitrate [gr.], Salze der Salpetersäure (HNO_3); Oxidations- und Düngemittel.
Nitride [gr.], Verbdg. des Stickstoffs mit Metallen, z.B. Magnesiumnitrid (Mg_3N_2).
Nitrile [gr.], organ. Verbdg., die die *Nitrilgruppe* (–CN) enthalten; einfachstes Nitril: Acetonitril (CH_3-CN).
Nitrite [gr.], Salze der salpetr. Säure (HNO_2).
Nitrofarbstoffe, synthet. organ. Farbstoffe, die Nitrogruppen als farbtragende Gruppen enthalten.
Nitroglyzerin, Salpetersäureester des Glyzerins; öl., geruch- u. farblose Flüssigkeit; entsteht aus Glyzerin u. einem Gemisch aus Salpetersäure, Schwefelsäure u. Schwefeltrioxid; verw. zur Herst. von Sprenggelatine u. Dynamit; med. verw. u.a. bei Asthma und Angina pectoris.
Nitrophosphate, mit Salpetersäure aufgeschlossene Rohphosphate; Düngemittel.
Nitrozellulose (Kollodiumwolle), Salpetersäureester der Zellulose, bei geringem Gehalt an Nitrogruppen verw. als Bindemittel für Lacke, zur Herst. von Kollodium, bei hohem Gehalt an Nitrogruppen als Schießbaumwolle.
Niveau [ni'vo:; frz.]: **1)** ebene Fläche; **2)** feine Wasserwaage an geodät. und astronom. Geräten; **3)** übertragen für: Rang, Stufe, Bildung[sstand].
Niven, David, * 1910, † 1983, brit. Schauspieler; auch Filme.
Nixen, in der german. Mythol. männl. und weibl. Wassergeister.
Nixon, Richard Milhous [nıksn], * 1913, † 1994, amer. Politiker (Republikaner); 1953–60 Vizepräs., 1969–1974 37. Präs. der USA, wegen der *Watergate-Affäre* zurückgetreten.
Nizäa, ↑Nicaea.
Nizza (frz. Nice), Hptst. des frz. Dép. Alpes-Maritimes u. Seebad an der Côte d'Azur, 456100 E; Metall-, Textil-, Lebensmittel- u.a. Ind.; ✈.
N. J., Abk. für: ↑**N**ew **J**ersey.
Njassasee, drittgrößter See Afrikas, ↑Malawisee.
Nkrumah, Kwame, * 1909, † 1972, ghana. Politiker, 1951 Min.-Präs. der Goldküste (1957 als Ghana unabhängig); verband sozialist. Ideengut mit afrikan.-genossenschaftl. Traditionen.
NKWD, Abk. für: **N**arodnyj **K**ommissariat **W**nutrennych **D**el (Volkskommissariat des Innern der UdSSR); bes. bek. als Träger der Geheimpolizei (1917 als Tscheka gegr., 1922 GPU, 1934 dem neu geschaffenen NKWD angegliedert; 1941 als NKGB, Volkskommissariat für Staatssicherheit, wieder ausgegliedert); 1946 wurden beide Volkskommissariate Ministerien: *MWD* und *MGB*. 1953 wurde das MGB in *KGB* (Komitee für Staatssicherheit) umgewandelt.
nm, Einheitenzeichen für: **Nanometer**; 1 nm = 1 milliardstel Meter.
NN (N.N.), Abk. für: ↑**N**ormal**n**ull.
No, Symbol für ↑Nobelium (☈).
Noah (Noe), nach Gen. 6–9 der durch die Arche vor der Sintflut gerettete Stammvater des neuen Menschengeschlechts.
nobel [lat.], adlig, edel; freigebig.
Nobel, Alfred, * 1833, † 1896, schwed. Chemiker u. Industrieller; erfand 1867 das ↑Dynamit, verbesserte die Petroleumdestillation; ↑Nobelstiftung.
Nobel, der Löwe der Tierfabel.
Nobelium [nach A. ↑Nobel], chem. El., Symbol No, OZ 102, Halbwertszeit maximal 185 Sekunden; erstmals 1958 künstl. hergest. ↑Transuran (Actinoid).
Nobelstiftung, testamentar. Stiftung von A. ↑Nobel über etwa 31 Mill. schwed. Kronen, deren jährl. anfallende Zinsen am Todestag Nobels (10. 12.) als *Nobelpreis* für die jeweils fünf bedeutendsten Leistungen auf dem Gebiet der Physik, Chemie, Medizin (oder Physiol.), Lit. u. des Völkerfriedens (ab 1969 auch der Wirtsch.-Wiss.) ohne Berücksichtigung der Nationalität des Preisträgers verteilt werden sollen; ↑Übers. Nobelpreisträger.

A. Nobel

Nobility [nəʊ'bılıtı; engl.], der hohe Adel Großbritanniens im Ggs. zur Gentry.
Nocken, kurvenförm. Erhebung an einer *N.welle* od. *N.scheibe,* die bei Drehung der Welle od. Scheibe anderen Maschinenteilen Bewegungsimpulse erteilt; in Verbrennungsmotoren steuert die N.welle die Ventile.
Nocturne [nɔk'tyrn; frz.] ↑Notturno.
Noel-Baker, Philip John ['nəʊəl 'beıkə], * 1889, † 1982, brit. Politiker (Labour Party), Eintreten für internat. Abrüstung; Friedensnobelpreis 1959.
Nofretete, altägypt. Kgn. des 14.Jh.s v.Chr., Gem. von Amenophis IV.; eine Büste 1912 bei Ausgrabungen in Amarna gefunden.
NOK, Abk. für: ↑**N**ationales **O**lympisches **K**omitee.
Nolde, Emil, eigtl. E. Hansen, * 1867, † 1956, dt. Maler u. Grafiker; Expressionist.
Nolte, Claudia, * 1966, dt. Politikerin (CDU), 1994–98 Bundesmin. für Familie, Senioren, Frauen und Jugend.
Nomaden [gr.], Angehörige eines Wanderhirtenvolkes; auch allg. Bez. für Bevölkerungsgruppen ohne festen Wohnsitz.
Nomen [lat.; = Name], Substantiv u.a. deklinierbare Wörter.

Nobelpreisträger seit 1948

1948: P. M. S. Blackett, Großbrit. (P); A. W. K. Tiselius, Schweden (C); P. H. Müller, Schweiz (M); T. S. Eliot, Großbrit. (L).
1949: H. Yukawa, Japan (P); W. F. Giauque, USA (C); W. R. Heß, Schweiz, u. A. E. Moniz, Portugal (M); W. Faulkner, USA (L); Lord J. Boyd-Orr, Großbrit. (F).
1950: C. F. Powell, Großbrit. (P); K. Alder, D, u. O. Diels, D (C); Ph. Sh. Hench, USA, E. C. Kendall, USA, u. T. Reichstein, Schweiz (M), B. Earl Russell, Großbrit. (L); R. J. Bunche, USA (F).
1951: Sir J. D. Cockcroft, Großbrit., u. E. Walton, Irland (P); E. M. McMillan, USA, u. G. Th. Seaborg, USA (C); M. Theiler, Südafrika (M); P. Lagerkvist, Schweden (L); L. Jouhaux, Frkr. (F).
1952: F. Bloch, USA, u. E. M. Purcell, USA (P); A. J. P. Martin, Großbrit., u. R. L. M. Synge, Großbrit. (C); S. A. Waksman, USA (M); F. Mauriac, Frkr. (L); A. Schweitzer, Frkr. (F).
1953: F. Zernike, Niederld. (P); H. Staudinger, D (C); Sir H. A. Krebs, Großbrit., u. F. A. Lipmann, USA (M); Sir W. Churchill, Großbrit. (L); G. C. Marshall, USA (F).
1954: M. Born, Großbrit., u. W. W. Bothe, D (P); L. C. Pauling, USA (C); J. F. Enders, USA, F. Ch. Robbins, USA, u. Th. Weller, USA (M); E. Hemingway, USA (L); Büro des Hohen UN-Kommissars für Flüchtlinge, Genf (F).
1955: W. E. Lamb, USA, u. P. Kusch, USA (P); V. du Vigneaud, USA (C); H. Theorell, Schweden (M); H. K. Laxness, Island (L).
1956: W. Shockley, USA, J. Bardeen, USA, u. W. H. Brattain, USA (P); N. N. Semjonow, UdSSR, u. C. N. Hinshelwood, Großbrit. (C); W. Forßmann, D, A. F. Cournand, USA, u. D. W. Richards, USA (M); J. R. Jiménez, Spanien (L).
1957: T.-D. Lee, USA, u. Ch. N. Yang, USA (P); Sir A. Todd, Großbrit. (C); D. Bovet, Italien (M); A. Camus, Frkr. (L); L. Pearson, Kanada (F).
1958: P. A. Tscherenkow, UdSSR, I. M. Frank, UdSSR, u. I. J. Tamm, UdSSR (P); F. Sanger, Großbrit. (C); G. W. Beadle, USA, E. L. Tatum, USA, u. J. Lederberg, USA (M); B. L. Pasternak, UdSSR (L); Pater G. Pire, Belgien (F).
1959: E. Segrè, USA, u. O. Chamberlain, USA (P); J. Heyrovský, ČSSR (C); A. Kornberg, USA, u. S. Ochoa, USA (M); S. Quasimodo, Italien (L); Ph. Noel-Baker, Großbrit. (F).
1960: D. A. Glaser, USA (P); W. F. Libby, USA (C); P. B. Medawar, Großbrit., u. Sir F. M. Burnet, Australien (M); Saint-John Perse, Frkr. (L); A. Luthuli, Südafrika (F).
1961: R. Mößbauer, D, u. R. Hofstadter, USA (P); M. Calvin, USA (C); G. v. Békésy, USA (M); I. Andrić, Jugoslawien (L); D. Hammarskjöld, Schweden (F).
1962: L. D. Landau, UdSSR (P); M. F. Perutz, Großbrit., u. J. C. Kendrew, Großbrit. (C); F. H. C. Crick, Großbrit., M. H. F. Wilkins, Großbrit., u. J. D. Watson, USA (M); J. Steinbeck, USA (L); L. C. Pauling, USA (F; verliehen 1963).
1963: E. P. Wigner, USA, M. Goeppert-Mayer, USA, u. H. D. Jensen, D (P); K. Ziegler, D, u. G. Natta, Italien (C); Sir J. C. Eccles, Australien, A. L. Hodgkin, Großbrit., u. A. F. Huxley, Großbrit. (M); G. Seferis, Griechenland (L); Internat. Komitee vom Roten Kreuz, Genf (F).
1964: Ch. Townes, USA, N. G. Bassow, UdSSR, u. A. M. Prochorow, UdSSR (P); D. C. Hodgkin, Großbrit. (C); K. Bloch, USA, u. F. Lynen, D, (M); J.-P. Sartre, Frkr. (L); M. L. King, USA (F).
1965: J. S. Schwinger, USA, R. P. Feynman, USA, u. S. H. Tomonaga, Japan (P); R. B. Woodward, USA (C); F. Jacob, Frkr., A. Lwoff, Frkr., u. J. Monod, Frkr. (M); M. A. Scholochow, UdSSR (L); UNICEF (F).
1966: A. Kastler, Frkr. (P); R. S. Mulliken, USA (C); F. P. Rous, USA, Ch. B. Huggins, USA (M); N. Sachs, Schweden, u. S. J. Agnon, Israel (L).
1967: H. A. Bethe, USA (P); M. Eigen, D, R. G. W. Norrish, Großbrit., und G. Porter, Großbrit. (C); R. Granit, Schweden, H. K. Hartline, USA, u. G. Wald, USA (M); M. A. Asturias, Guatemala (L).
1968: L. W. Alvarez, USA (P); L. Onsager, USA (C); R. W. Holley, USA, H. G. Khorana, USA, u. M. W. Nirenberg, USA (M); Y. Kawabata, Japan (L); R. Cassin, Frkr. (F).
1969: M. Gell-Mann, USA (P); D. H. R. Barton, Großbrit., u. O. Hassel, Norwegen (C); M. Delbrück, USA, A. D. Hershey, USA, u. S. E. Luria, USA (M); S. Beckett, Irland (L); R. Frisch, Norwegen, u. J. Tinbergen, Niederld. (W), Internat. Arbeitsorganisation (F).
1970: H. Alfvén, Schweden, u. L. Néel, Frkr. (P); L. F. Leloir, Argentinien (C); J. Axelrod, USA, U. S. v. Euler-Chelpin, Schweden, u. B. Katz, D (M); A. I. Solschenizyn, UdSSR (L); P. A. Samuelson, USA (W); N. E. Borlaug, USA (F).
1971: D. Gabor, Großbrit. (P); G. Herzberg, Kanada (C); E. W. Sutherland, USA (M); P. Neruda, Chile (L); S. Kuznets, USA (W); W. Brandt, D (F).
1972: J. Bardeen, USA, L. N. Cooper, USA, u. J. R. Schrieffer, USA (P); Ch. B. Anfinsen, USA, W. Stein, USA, u. St. Moore, USA (C); G. M. Edelman, USA, u. R. R. Porter, Großbrit. (M); H. Böll, D (L), J. R. Hicks, Großbrit. (W).
1973: L. Esaki, USA, I. Giaever, USA, u. B. D. Josephson, Großbrit. (P); E. O. Fische, D, u. G. Wilkonson, Großbrit. (C); K. v. Frisch, D, K. Lorenz, D, u. N. Tinbergen, Niederld. (M); P. White, Australien (L); W. W. Leontief, USA (W); H. Kissinger, USA, u. Le Duc Tho, Demokrat. Rep. Vietnam (F).
1974: M. Ryle, Großbrit., u. A. Hewish, Großbrit. (P); P. Flory, USA (C); A. Claude, Belgien, Ch. de Duve, Belgien, u. G. E. Palade, USA (M); E. Johnson, Schweden, u. H. Martinson, Schweden (L); F. A. v. Hayek, Östr., u. G. Myrdal, Schweden (W); E. Sato, Japan, u. S. MacBride, Irland (F).
1975: J. Rainwater, USA, A. Bohr, Dänemark, u. B. Mottelson, Dänemark (P); J. W. Cornforth, Australien, u. V. Prelog, Schweiz (C); D. Baltimore, USA, H. M. Temin, USA, u. R. Dulbecco, Großbrit. (M); E. Montale, Italien (L); L. Kantorowitsch, UdSSR, u. T. C. Koopmans, USA (W); A. Sacharow, UdSSR (F).
1976: B. Richter, USA, u. S. Ting, USA (P); W. N. Lipscomb, USA (C); B. S. Blumberg, USA, u. G. C. Gajdusek, USA (M); S. Bellow, USA (L); M. Friedman, USA (W); B. Williams, Großbrit., u. M. Corrigan, Großbrit. (F; verliehen 1977).
1977: Ph. W. Anderson, USA, Sir N. F. Mott, Groß-

Nobelpreisträger Fortsetzung

brit., u. J. H. Van Vleck, USA (P); I. Prigogine, Belgien (C); R. Guillemin, USA, A. Schally, USA, u. R. S. Yalow, USA (M); V. Aleixandre, Spanien (L); B. Ohlin, Schweden, u. J. E. Meade, Großbrit. (W); Amnesty International (F).

1978: P. L. Kapiza, UdSSR, A. Penzias, USA, u. R. W. Wilson, USA (P); P. Mitchell, Großbrit. (C); W. Arber, Schweiz, D. Nathans, USA, u. H. O. Smith, USA (M); I. B. Singer, USA (L); H. Simon, USA (W), A. As Sadat, Ägypten, u. M. Begin, Israel (F).

1979: Sh. L. Glashow, USA, St. Weinberg, USA, u. A. Salam, Pakistan (P); H. Ch. Brown, USA, u. G. Wittig, D (C); A. M. Cormack, USA, u. G. N. Hounsfield, Großbrit. (M); O. Elitis, Griechenland (L); Sir W. A. Lewis, Großbrit., u. Th. W. Schultz, USA (W); Mutter Theresa, Indien (F).

1980: J. W. Cronin, USA, u. V. L. Fitch, USA (P); P. Berg, USA, W. Gilbert, USA, u. F. Sanger, Großbrit. (C); B. Benacerraf, USA, J. Daussez, Frkr., u. G. Snell, USA (M); C. Miłosz, Polen (L); L. Klein, USA (W); A. Perez Esquivel, Argentinien (F).

1981: N. Bloembergen, USA, A. L. Schawlow, USA, u. K. M. Siegbahn, Schweden (P); K. Fukui, Japan, u. R. Hoffmann, USA (C); R. W. Sperry, USA, D. H. Hubel, USA, u. T. N. Wiesel, Schweden (M); E. Canetti (L); J. Tobin, USA (W); Büro d. UN-Hochkommissars für Flüchtlinge (F).

1982: K. G. Wilson, USA (P); A. Klug, Großbrit. (C); S. K. Bergström, Schweden, B. I. Samuelsson, Schweden, u. J. R. Vane, Großbrit. (M); G. García Marquez, Kolumbien (L); G. J. Stigler, USA (W); A. Myrdal, Schweden, u. A. García Robles, Mexiko (F).

1983: S. Chandrasekhar, USA, u. W. A. Fowler, USA (P); H. Taube, Kanada (C); B. McClintock, USA (M); W. G. Golding, Großbrit. (L); G. Debreu, USA (W); L. Wałesa, Polen (F).

1984: C. Rubbia, Italien, u. S. van der Meer, Niederlande (P); R. B. Merrifield, USA (C); N. K. Jerne, Dänemark, G. F. K. Köhler, D, u. C. Milstein, Argentinien (M); J. Seifert, ČSSR (L); R. Stone, Großbrit. (W); D. Tutu, Südafrika (F).

1985: K. v. Klitzing, D (P); H. A. Hauptman, USA, u. J. Karle, USA (C); M. S. Brown, USA, u. J. L. Goldstein, USA (M); C. Simon, Frkr. (L); F. Modigliani, USA, (W); Internat. Ärztevereinigung zur Verhütung eines Nuklearkriegs (F).

1986: E. Ruska, D, G. Binnig, D, u. H. Rohrer Schweiz (P); D. R. Herschbach, USA, Y. T. Lee, USA, u. J. C. Polanyi, USA (C); S. Cohen, USA, u. R. Levi-Montalcini, Italien (M); W. Soyinka, Nigeria (L); J. M. Buchanan, USA (W); E. Wiesel, USA (F).

1987: J. G. Bednorz, D, u. K. A. Müller, Schweiz (P); Ch. J. Pedersen, USA, Jean-M. Lehn, Frkr., u. D. J. Cram, USA (C); S. Tonegawa, Japan (M); J. A. Brodsky, USA (L); R. M. Solow, USA, (W); O. Arias Sánchez, Costa Rica (F).

1988: L. Lederman, USA, u. M. Schwartz, USA (P); J. Deisenhofer, D, R. Huber, D, u. H. Michel, D (C); J. W. Black, Großbrit., G. B. Elion, USA, u. G. H. Hitching, USA (M); N. Mahfus, Ägypten (L); M. Allais, Frkr. (W); UN-Friedenstruppe (F).

1989: H. G. Dehmelt, D, W. Paul, D, u. N. F. Ramsay, USA (P); S. Altmann, Kanada, u. T. R. Cech, USA (C); M. J. Bishop, USA, u. H. E. Varmus, USA (M); C. J. Cela, Spanien (L); T. Haavelmo, Norwegen (W); Dalai Lama, Tibet (F).

1990: J. Friedman, USA, H. Kendall, USA, u. R. Taylor, Kanada (P); E. J. Corey, USA (C); J. Murray, USA, u. E. D. Thomas, USA (M); O. Paz, Mexiko (L); H. Markowitz, USA, M. Miller, USA, u. W. Sharpe, USA (W); M. S. Gorbatschow, UdSSR (F).

1991: P.-G. Gennes, Frkr. (P); R. Ernst, Schweiz (C); E. Neher, D, u. B. Sakmann, D (M); N. Gordimer, Südafrika (L); R. Coase, Großbrit. (W); Aung San Suu Kyi, Burma (F).

1992: G. Charpak, Frkr. (P); R. A. Marcus, USA (C); E. Fischer, USA, u. E. G. Krebs, USA (M); D. Walcott, Karibik (L); G. Becker, USA (W); R. Menchú, Guatemala (F).

1993: J. H. Taylor u. R. A. Hulse, USA (P); K. B. Mullis, USA, u. M. Smith, Kanada (C); R. J. Roberts, Großbrit., u. P. A. Sharp, USA (M); T. Morrison, USA (L); R. W. Fogel u. D. C. North, USA (W); F. De Klerk u. N. Mandela, Südafrika (F).

1994: B. Brockhouse, Kanada, u. C. G. Shull, USA (P); G. A. Olah, USA (C); A. G. Gilman, USA, u. M. Rodbell, USA (M); Ōe Kenzaburō, Japan (L); J. C. Harsanyi, USA, J. F. Nash, USA, u. R. Selten, D (W); J. Arafat, Palästinenser, S. Peres, Israel, u. Y. Rabin, Israel (F).

1995: M. L. Perl, USA, u. F. Reines, USA (P); P. Crutzen, Niederld., M. J. Molina, USA, u. F. S. Rowland, USA (C); C. Nüsslein-Volhard, D, E. B. Lewis, USA, u. E. F. Wieschaus, USA (M); S. J. Heaney, Irland (L); R. E. Lucas, USA (W); J. Rotblat, Großbrit., u. Pugwash-Bewegung (F).

1996: D. M. Lee, D. D. Osheroff u. R. C. Richardson, USA (P); R. F. Curley, R. E. Smalley, USA, u. H. W. Kroto, Großbrit. (C); R. M. Zinkernagel, Schweiz, u. P. C. Doheerty, Australien (M); W. Szymborska, Polen (L); J. A. Mirless, Großbrit., u. W. Vickrey, Kanada (W); C. F. X. Belo u. J. Ramos-Horta, Indonesien (F).

1997: S. Chu, USA, C. Cohen-Tannoudji, Frkr., u. W. D. Phillips, USA (P); P. D. Boyer, USA, J. E. Walker, Großbrit., u. J. C. Skou, Dänemark (C); S. B. Prusiner, USA (M); D. Fo, Italien (L); R. C. Merton, USA, u. M. S. Scholes, USA (W); Internat. Kampagne zur Ächtung von Landminen, u. J. Williams, USA (F).

1998: R. B. Laughlin, USA, D. C. Tsui, USA, u. H. Störmer, D (P); W. Kohn, USA, u. J. A. Pople, Großbrit. (C); R. Furchgott, USA, L. Ignarro, USA, u. F. Murad, USA (M); J. Saramago, Portugal (L); A. Sen, Indien (W); J. Hurt, Großbrit. (F).

1999: G. tHooft, Niederld., u. M. Veltmann, Niederld. (P); A. Zewail, Ägypten (C); G. Blobel, USA (M); G. Grass, D (L); R. A. Mundell, Kanada (W); Ärzte ohne Grenzen (F).

2000: S. I. Alferow, Russland, J. S. Kilby, USA u. H. Kroemer, D (P); A. J. Heeger, USA, A. G. MacDiarmid, USA u. H. Shirakawa, Japan (C); A. Carlsson, Schweden, P. Greengard u. E. Kandel, USA (M); Gao Xingjiang, China (L); J. J. Heckman u. D. L. McFadden, USA (W); Kim Dae Jung, S-Korea (F).

Abk.: P = Physik, C = Chemie, M = Physiol. o. Med., L = Lit., W = Wirtschaft, F = Frieden.

Nomenklatur, wiss. Namengebung od. Zusammenstellung v. Sach- od. Fachbez. in Naturwiss. u. Technik nach internat. Regeln.
Nominalwert, svw. ↑Nennwert.
Nominativ [lat.], Kasus, antwortet auf die Frage: wer oder was?; auch Werfall oder 1. Fall.
Nomos [gr.], Gesetz, Ordnung.
None [lat.], als Intervall die neunte Stufe über dem Grundton.
Nonen [lat.], im altröm. Kalender der 5. (im März, Mai, Juli u. Okt. der 7.) Monatstag.
Nonkonformismus ↑Konformismus.
Nonne [lat.], Angehörige eines weibl. Ordens; allg. für Klosterfrau.
Nonne, Nachtschmetterling; Raupe Nadelwaldschädling.
Nono, Luigi, *1924, †1990, ital. Komponist; einer der führenden seriellen Komponisten Italiens.
Nonproliferation [nɔnprəʊlıfəˈreıʃn; engl.], Nichtweitergabe von Kernwaffen durch Atommächte.
Nonsens [engl.], Unsinn.
Nooteboom, Cees, *1932, niederländ. Schriftsteller; Gedichte, Erz., Romane, Reiseberichte.
Norbert v. Xanten, hl., *um 1085 (1082?), †1134, dt. Ordensstifter (↑Prämonstratenser); s. 1126 Erzb. von Magdeburg.
Nord|amerika, drittgrößter Erdteil, rd. 21,5 Mill. km²; im W v. Pazifik, im O vom Atlantik begrenzt; im N (Nordpolarmeer) der Kanad.-Arkt. Archipel, im NO Grönland; im NW durch die Beringstraße von Asien getrennt, im S durch den Isthmus v. Tehuantepec gg. Mittelamerika abgegrenzt. Die Atlantikküste stark gegliedert: eingreifende Meeresteile (Hudsonbai), Fjordküsten (Labrador), haff- u. buchtenreiche Flachküsten im O und SO. Die Pazifikküste ist eine buchtenarme Steilküste, die durch die Fjordküste im NW, durch den Alexanderarchipel, Vancouver Island u. im SW durch die Halbinsel Niederkalifornien aufgegliedert ist. *Oberflächengestaltung:* In der Breitenausdehnung nimmt N. von N nach S ab; entspr. laufen die gr. Strukturelemente des Erdteils von S nach N fächerförmig auseinander: Im W vom Hochland von Mexiko ein Gebirgssystem in nordnordwestl. Richtung bis Alaska, der westl., die Pazifikküste begleitende Faltenstrang wird aus der Sierra Madre Occidental, dem Küstengeb., der kaliforn. Sierra Nevada, der Cascade Range, den Coast Mountains u. der Alaska Range gebildet (höchste Erhebungen: Mt. McKinley 6198 m, Mt. Logan 5951 m); parallel der Faltenstrang der Rocky Mountains (Wasserscheide zw. Pazifik u. Atlantik). Östl. Rückgrat N.s ist das von SW nach NO streichende Rumpfschollengeb. der Appalachen; im N leitet der Kanad. Schild mit zahlr. gr. Seen zur arkt. Inselwelt über. Anteil an allen Klimazonen. *Pflanzen- und Tierwelt:* Tundrenzone im N mit Moosen, Flechten, Heidesträuchern, Zwergbirken (Ren, Schneehase, Polarfuchs, an den arkt. Küsten Eisbär, Robbe), südlicher die Nadelwaldzone mit winterharten Nadelhölzern (Bär, Wapitihirsch, Edelpelztiere); in den Präriegebieten Präriehund, Gabelbock, kl. Bisonherden; sommergrüne Laubwälder, immergrüne Laubhölzer u. trop. Vegetation; in den ariden Hochländern Sukkulenten; Tierarten wie Puma, Opossum, Klapperschlange kommen bis Kanada vor, im Übrigen ist d. Tierwelt N.s der N-Asiens und N-Europas sehr nahe verwandt. *Bev.:* Urspr. im N Eskimo, im übrigen N. Indianer; Hauptanteil stellen Weiße (85%), ferner Schwarze, Ostasiaten u. bes. Mischlinge aller Rassen. *Wirtsch.:* ↑Kanada, ↑Mexiko 1), ↑Übers. USA. *Entdeckungsgesch.:* Erste Entdecker Amerikas waren Normannen od. Wikinger (Erich d. Rote, Leif Eriksson); G. Caboto entdeckte die Küsten Neufundlands u. Labradors neu (1497–98); Beginn der europ. Inbesitznahme v. N. mit der Eroberung des Aztekenreiches durch H. Cortés (1519–21); Franzosen erschlossen das Gebiet des Sankt-Lorenz-Stromes, der Gr. Seen u. des Mississippi. Engländer siedelten an der O-Küste (Neuengland), suchten die Nordwestpassage und bereisten den N N.s; J. Cook u. Vancouver erforschten die W-Küste; Spanier drangen vom S N.s aus vor. S. Ende des 18. Jh.s planmäß. Erforschung; ↑auch Amerika.

Emil Nolde. *Feuerlilien und dunkelblauer Rittersporn (um 1915)*

nord|amerikanische Kunst, Die Kunst der nordamerikan. Indianer wurde im 18. Jh. nur langsam von v. a. in Europa ausgebildeten Künstlern abgelöst; in der Baukunst zuerst geprägt vom Kolonialstil, Blüte der Porträtmalerei, überwiegend naive Kunst, die den Hintergrund des internat. Rangs von J. S. Copley bildet; um 1830 eigene Landschaftsmalerei (Hudson River School); s. etwa 1860 die ersten Wolkenkratzer als Wegbereiter eines neuen techn. Baustils. Vertreter: L. Sullivan u. F. L. Wright; später bed. die Europäer E. Mendelsohn, W. Gropius, Mies van der Rohe; wicht. Rolle der n. K. für die mod. Malerei (wegweisend A. Gorky, J. Albers): Actionpainting, Pop-Art, Op-Art, kinet. Lichtkunst (W. De Kooning, J. Pollock, R. Rauschenberg, A. Warhol, R. Lichtenstein, J. Rosenquist), die Farbfeldmalerei (Color-Field-Painting; B. Newman, Ad Reinhard, F. Stella), der Fotorealismus (H. Kanovitz, C. Close, R. Goings, R. Estes); die Bildhauer N. Gabo, J. Lipchitz, A. Calder, D. Smith, L. Nevelson, C. Oldenburg, G. Segal, E. Kienholz, D. Hanson; Konzeptkunst in ihren versch. Richtungen, darunter Land-Art, Body-Art, Performances, Videokunst (J. Kosuth, W. De Maria, Christo, R. Morris, D. Oppenheim, N. J. Paik, L. Anderson, R. Kushner); spontan entstanden in New York die Graffiti jugendl. Slumbewohner (K. Haring u. a.). Sie stehen neben einer als neoexpressionist. oder postmodern eingeordneten Avantgarde (J. Pfaff, J. Schnabel, D. Salle, S. Rothenberg, J. Borofsky, J. Shapiro).
nord|amerikanische Literatur, zunächst relig. u. Erbauungs-

lit., im 18. Jh. aufklärer. Schriften (B. Franklin), 1765–1815 nat., z. T. antieuropäisch. Im 19. Jh. erste Blüte: Während W. Irving wieder Anschluss an die europ. Kultur suchte, griff J. F. Cooper spezif. amer. Themen auf. Um die Mitte des 19. Jh.s klass. amer. Prosawerke von N. Hawthorne, E. A. Poe u. H. Melville, daneben die gg. die Sklaverei in den S-Staaten gerichteten Werke der H. Beecher Stowe. Im S u. W: Mark Twain u. F. B. Harte. Einfluss des Transzendentalismus (R. W. Emerson, H. D. Thoreau u. a.). Den psycholog. Roman vertrat H. James. *Lyrik:* H. W. Longfellow, J. R. Lowell, bed. W. Whitman und E. Dickinson. 20. Jh.: *Realist. Erzähllit.:* T. Dreiser, S. Crane, S. Anderson, S. Lewis u. a.; F. S. K. Fitzgerald gehörte wie J. Dos Passos, E. Hemingway u. a. zu den Schriftstellern der Lostgeneration. Hemingway legte d. Gewicht auf die heroische Bewährung, Dos Passos wurde literar. Wortführer der polit. Linken, zu der sich auch E. Caldwell, J. Steinbeck, U. Sinclair, R. Wright u. a. bekannten. Zu neuer Höhe kam die Lit. des S durch T. Wolfe u. W. Faulkner. Daneben u. a. P. S. Buck. Zu den bedeutendsten Prosaautoren der Gegenwart zählen u. a. S. Bellow, B. Malamud, P. Roth, C. McCullers, T. Capote, N. Mailer, J. Baldwin, M. McCarthy, G. Vidal, J. D. Salinger, K. Vonnegut, J. Updike, J. C. Oates, W. Burroughs, J. Heller, J. Kosinski, W. Abish, J. Barth, T. Morrison, A. Walker, E. Welty, S. Sontag. *Drama:* Durchbruch mit den Werken E. O'Neills. Realist. Grundhaltung u. die Gestaltung von Problemen des mod. Amerikaners: M. Anderson, E. Rice, T. Wilder, T. Williams, A. Miller u. a. Vertreter des psycholog. Dramas: E. Albee; polit. Intentionen bei L. Jones (Imama A. Baraka), E. Bullins; Kritik an der amerikan. Gesellschaft u. an amerikan. Mythen üben u. a. S. Shepard, J.-C. Van Itallie, D. Mamet, D. Rabe; Bildung avantgardist. Theaterensembles (u. a. Living Theatre); Erneuerung des Dramas durch R. Wilsons „Theatre of images". Die *Lyrik* des 20. Jh.s setzte ein mit E. A. Robinson und R. Frost. Um 1912 Schule des Imagismus, u. a. E. Pound, A. Lowell u. H. Doolittle, in deren Nachfolge M. Moore u. C. Aiken. Keiner Gruppe zuzuordnen sind Lyriker wie W. Stevens, W. C. Williams, R. Jeffers, J. C. Ransom, A. MacLeish, E. E. Cummings, H. Crane, R. P. Warren u. a. Vertreter der Beatgeneration sind u. a. A. Ginsberg, L. Ferlinghetti, J. Kerouac. Polit. u. soziale Protestlyrik: u. a. R. Lowell, L. Jones, R. Bly; bestimmend für die neuere Lyrik wurden u. a. E. Bishop, J. Merrill, J. Ashberry, A. Sexton, W. Snodgrass, S. Plath. – In *Kanada* seit 2. H. d. 18. Jh.s frz.-sprach. Lit. unter starkem Einfluss des Mutterlandes. Bed. moderne Autoren: G. Roy, A. Hébert, Y. Thériault. – Eine selbst. kanad. Lit. in engl. Spr. erst seit der 2. H. d. 19. Jh.s (v. a. Lyrik); internat. erfolgreich sind im 20. Jh. die Romane von M. de la Roche; weitere wichtige Prosaautoren: M. E. Atwood, M. Laurence, W. R. Davies, M. Richler, A. Munro, St. Leacock, R. Kroetsch; Neuorientierung der bisher vorwiegend romant. Lyrik (I. Layton, L. Dudek, L. Cohen).

nord|amerikanische Musik, Anfänge der Kirchenmusik mit den ersten brit. Einwanderern; im frühen 18. Jh. Eindringen ital. Kammer- u. Kirchenmusik, dann frz. Einflüsse, nach 1850 starker dt. Einfluss, verdrängt um 1910 durch den frz. Impressionismus; nach dem 1. Weltkrieg bestimmend I. Strawinski, nach 1933 A. Schönberg, B. Bartók, P. Hindemith, E. Křenek; als amer. Komponisten sind neben G. Gershwin zu erwähnen: C. Ives, W. Piston, R. Sessions, L. Bernstein, A. Copland, W. H. Schuman, S. Barber, J. Cage, E. Brown, M. Feldman, G. Wolff; Vertr. der Minimal Music u. a. T. Riley, La M. Young, St. Reich, P. Glass. – In der populären Musik z. T. eigenständ. Entwicklung (u. a. Hillbillie, Folkblues); als eigene Musikgattung Jazz.

Nordatlantikpakt ↑NATO.

Norddeich, Ortsteil v. Norden; Eisenbahnendpt. mit ⚓, Fährverkehr nach Norderney, Juist, Baltrum.

Norddeutscher Bund, der nach Auflösung des Dt. Bundes 1866 gegr. dt. B.-Staat, dem 22 Mittel- u. Kleinstaaten nördl. der Mainlinie unter preuß. Vorherrschaft angehörten; über Zollparlament u. -bundesrat (Dt. Zollverein) waren auch die süddt. Staaten mit dem N. B. verbunden. Organe: B.-Präs. (der Kg. v. Preußen), der B.-Rat (Reg.-Vertr. der einzelnen B.-Staaten) und der Reichstag; ging 1871 im Dt. Reich auf.

Norddeutsches Tiefland, Land nördl. der dt. Mittelgeb. bis zur Nord- u. Ostsee.

Norden, St. in Ostfriesland, Nds., 24 300 E; Ludgerikirche (13.–15. Jh.); Kornbrennerei, Teeverarbeitung, Druckereien.

Nordenham, Hafen- und Ind.-St. an der Unterweser, Nds., 29 300 E; Kernkraftwerk in Esenshamm.

Norderney, eine der Ostfries. Inseln, Nds., 26,3 km², 6 300 E, Nordseebad; Fähre v. Norddeich.

Nordfriesland, Gebiet an der Küste W-Schleswigs zw. Wiedau u. Eider (einschl. der Nordfries. Inseln); Marschldsch., zahlr. Köge.

Nordhorn, Krst. im Emsland, Nds., 51 300 E; Textilindustrie.

Nordirland, N-Teil der Insel Irland, Teil von ↑Großbrit. u. N., 14 120 km², 1,57 Mill. E, Hptst. Belfast; Landw., Weidewirtsch., Geflügelzucht; Nahrungsmittelindustrie, Schiff- und Flugzeugbau, Textil- u. Metallind. – Angesichts des 1919/20 aufflammenden Bürgerkriegs 1921 Teilung in N. u. ↑Irland; in den s. 1968 offen ausbrechenden Bürgerkrieg zw. der soz. u. pol. benachteiligten kath. Minderheit u. der bevorzugten prot. Mehrheit griffen s. 1969 massiv brit. Truppen ein, 1972 Auflösung des Parlaments u. Übernahme der direkten Verw. durch die brit. Reg. Dem Terror der IRA begegnete die prot. UDA mit Gegenterror. Beide Gruppen erklärten 1994 Gewaltverzicht; Allparteienverhandlungen (s. 1995) führten 1998 zu Friedensabkommen; 1999 Übergabe der direkten Verw. an Regionalregierung.

nordische Kombination, Skiwettbewerb für Männer: Sprunglauf sowie Langlauf über 15 km.

Nordischer Krieg, 2 schwedische Hegemonialkriege: *1. N. K.* 1655–60: Zur Abwehr der poln. Ansprüche auf den schwed. Thron fiel Karl X. Gustav in Polen ein, das v. Dänemark u. Ks. Leopold I. unterstützt wurde. 1660 Friede, Schweden konnte seine Stellung im Baltikum behaupten. *2. N. K.* 1700–21: Krieg Schwedens gg. eine Koalition v. Dänemark, Sachsen-Polen und Russland (seit 1715 auch Preußen und Hannover); Karl XII. v. Schweden, nach bed. Erfolgen 1709 bei Poltawa entscheidend geschlagen, fiel 1718. Die Friedensschlüsse (1719–21) beendeten die schwed. Großmachtstellung.

Nordischer Rat, 1952 gegr. Organ für die Zusammenarbeit der Parlamente u. Reg. Dänemarks, Islands, Norwegens, Schwedens u. Finnlands.

Nordkap, 307 m hohes Vorgeb. auf der norweg. Insel Magerøy, 71° 10′ 21″ n. Br.; der nördlichste Punkt Europas ist *Knivskjelodden* (71° 11′ 08″).

Nord-Korea ↑Korea.

Nordlicht ↑Polarlicht.

Nordostpassage (Nordöstliche

Durchfahrt, nördl. Seeweg), der Seeweg zw. Atlantik u. Pazifik im Nordpolarmeer längs der N-Küste Eurasiens, rd. 6500 km; erstmals von A. E. Frhr. v. Nordenskjöld 1878/79 vollständig befahren.

Nord-Ostsee-Kanal (fr. Kaiser-Wilhelm-Kanal), Seekanal zw. Ostsee (Kiel-Holtenau) u. Nordsee (Brunsbüttel), 98,7 km.

Nordpol: 1) der nördl. Schnittpunkt der Erdachse mit der Erdoberfläche u. aller Meridiane des Gradnetzes; inmitten des packeisbedeckten Nordpolarmeeres; **2)** Schnittpt. der [gedachten] Himmelsachse mit der Himmelskugel (in der Nähe des ↑Polarsterns).

Nordpolargebiet ↑Arktis.

Nordrhein-Westfalen, Land d. BRD, 34071 km², 17,9 Mill. E, Hptst. Düsseldorf; ⅓ Gebirge (N-Eifel, Sauerland, Rothaargeb., Teutoburger Wald, NW-Teil des Weserberglandes), ⅔ Tiefland (Münsterland, Niederrhein. Tiefland); Entwässerung hpts. zum Rhein, im O zur Weser, im W zur Maas. Im Übergangsgebiet vom Geb. zum Flachland (Ruhrgebiet u. Aachener Becken) sowie im Münsterland ausgedehnte Steinkohlenvorkommen (Rhein.-Westfäl. Ind.-Gebiet, größtes dt. Ind.-Revier); Erz-⚒ bei Aachen; in der Kölner Bucht Braunkohlentagebau. Am Gebirgsrand Heilquellen; Talsperren. Über die Hälfte des Landes landw. genutzt: Getreide-, Zuckerrübenanbau, Viehwirtsch., Obst- u. Gemüsebau; Duisburg größter Binnen-⚓ Europas. – 1946 aus der preuß. Prov. Westfalen u. der nördl. preuß. Rheinprov. gebildet, dazu kam 1947 das Land Lippe.

Nordrhodesien ↑Sambia.

Nordschleswig, in Dänemark gelegener Teil des ehem. Hzgt. Schleswig, bildet die Amtskommune *Sønderjylland;* 3938 km², 251700 E, Hptst. Apenrade; gemäß dem Versailler Vertr. an Dänemark abgetreten.

Nordsee, europ. Randmeer des Atlantiks zw. den Shetlandinseln, dem Kattegat und der Straße von Dover (Kap Gris-Nez), rund 580000 km²; postglazial entstandenes, flaches Überflutungsmeer; mittl. Tiefe 93 m, Tidenhub bis 7 m; fischreich; bed. Schiffsverkehr.

Nordseekanal, Seekanal von Amsterdam zur Nordsee (Ijmuiden), 27 km lang.

Nordstrand, nordfries. Insel, Schl.-Ho., 49 km², einschließl. *N.ischmoor,* einer Hallig nördl. von N. (2,9 km²), 2400 E; mit dem Festland durch Straßendamm verbunden.

Nord-Süd-Konflikt, Bez. für die Ggs., die sich aus dem wirtsch.-soz. und polit.-kulturellen Entw.-Gefälle zw. den Ind.-Staaten der n. Erdhalbkugel u. den afro-asiat. (u. südamer.) Entw.-Ländern (Nord-Süd-Gefälle) nach dem 2. Weltkrieg spez. im Gefolge der Entkolonisation u. v.a. als Folge v. Bev.-Explosion, Nahrungsmittelknappheit u. unzureichender Industrialisierung ergaben.

Nord-Vietnam ↑Vietnam.

Nordwestpassage (Nordwestliche Durchfahrt), Seeweg zw. Atlantik und Pazifik durch die arktische Inselwelt Nordamerikas, rund 5800 km; seit dem 16. Jh. gesucht, erstmals von Roald Amundsen 1903–06 vollst. befahren.

Norfolk ['nɔ:fək]: **1)** Gft. in England, Hptst. Norwich; **2)** Hafenst. in SO-Virginia, USA, 261000 E; Univ.; Schiffswerften, Düngemittel-, Autoind., Gießereien; Hauptquartier der amer. Atlantikflotte; ⚓.

Nord-Ostsee-Kanal

Norm [lat.], allg. Regel, Richtschnur, Maßstab; im Bes.: **1)** Gebot od. Verbot als Grundlage der Rechtsordnung, dessen Verletzung eine Rechtswidrigkeit darstellt (§); **2)** festgelegte Vereinheitlichung u.a. von Abmessungen, Herstellungsverfahren und Bez. ind. und gewerbl. Produkte (↑DIN Dt. Inst. für Normung e.V.).

Normale, auf einer Geraden, im Berührungspunkt der Tangente auf einer Kurve od. auf der Tangentenebene einer Fläche errichtetes Lot.

Normalnull (NN, N.N.), die zur Ermittlung des Vertikalabstandes von Punkten der Erdoberfläche zum mittl. Meeresspiegelstand (Meereshöhe) festgelegte Bezugsfläche; das N. der Höhenmessung für Dtl. ist vom Nullpunkt des Amsterdamer Pegels abgeleitet.

Normalspur, Bez. für die Eisenbahnspurweite v. 1435 mm.

Normalton, svw. ↑Kammerton.

Normalzeit, Ortszeit, die für ein best. Gebiet gilt; als Bezugszeit mit einer festgelegten Differenz zur mittl. Greenwicher Zeit vereinbart.

Normandie, histor. Prov. und Ldsch. in NW-Frkr., Hauptort Rouen; Viehzucht, Obst-, Frühgemüsebau; Eisenerz-⚒; Textil- und Metallind., Erdölraffinerien; Häfen: Caen, Cherbourg, Le Havre. – *Gesch.:* Im 9. Jh. von Normannen erobert; 911 Belehnung des Normannen Rollo mit dem Hzgt. N.; 1066–87 und 1106–1202/04 Personalunion mit England, 1202 v. Philipp II. August von Frkr. als erledigtes Lehen eingezogen u. erobert. Im Hundertjähr. Krieg vorübergehend wieder englisch.

Normannen, diejenigen Wikinger, die sich auf dem Kontinent (N-Frkr.) niederließen u. v. dort nach England und S-Italien übergriffen; 911 als Vasallen des frz. Kg. in der Normandie ansässig; 1066 Eroberung Englands durch Wilhelm I., den Eroberer; ab 1016 Söldner in Unteritalien, wo sie 1057–85 die Reste des byzantin. Besitzes u. die langobardischen Ft. unterwarfen; 1061–91 Vertreibung der Sarazenen aus Sizilien unter Roger I.; 1130 Vereinigung beider Herrschaftsbereiche unter Roger II. zum Kgr. Sizilien.

Normannische Inseln ↑Kanalinseln.

normannischer Baustil, Stil der roman. Kirchen des 11./12. Jh.s in der Normandie (Caen), in England (Peterborough) u. in S-Italien (Trani); als Vorstufe der Gotik. – Abb. S. 488.

normativ, maßgebend, als Richtschnur dienend.

Normenkontrolle, die [verfassungsgerichtl.] Nachprüfung von Rechtsnormen auf ihre Gültigkeit, v.a. Vereinbarkeit mit verfassungsrechtl. Normen.

Normzustand (Normalzustand), der Zustand eines Stoffes unter best. physikal. Bedingungen, z.B. *physikal. N.:* Normtemperatur T_n =

normannischer Baustil.
Kathedrale in Trani

273,15 K (0 °C), Normdruck P_n = 101 325 Pa (1,01325 bar).

Nornen, die drei Schicksalsgöttinnen der german. Mythol.: Urd (das Gewordene), Verdandi (das Seiende) u. Skuld (das Werdende).

Norodom Sihanuk, * 1922, kambodschan. Politiker; 1941–55 Kg. v. Kambodscha; 1955 durch Wahl Min.-Präs., 1960 Staatsoberhaupt, 1970 gestürzt, 1975/76 erneut Staatschef; 1982–88 Präs. einer Exilreg.; 1991–93 Präs. einer Übergangsreg.; s. 1993 wieder Kg. v. Kambodscha.

Northampton [nɔ:'θæmptən], Hptst. der engl. Gft. N., sö. v. Birmingham, 156 800 E; u. a. St. Sepulchre (12. Jh.); Lederwaren-, Woll- u. Metallindustrie.

North Atlantic Treaty Organization [nɔ:θ ət'læntık 'tri:tı ɔ:gənaı'zeıʃn] ↑NATO.

North Carolina ['nɔ:θ kærə'laınə], Abk. N. C., Staat der USA zw. der Atlantikküste u. den südl. Appalachen, 136 413 km², 6,62 Mill. E, Hptst. Raleigh; Anbau von Tabak (über ⅔ der US-Produktion), Baumwolle, Mais u. a.; Viehzucht; an der Küste Fischerei u. Austernzucht; bed. Möbelindustrie.

North Dakota ['nɔ:θ də'kəʊtə], Abk. N. Dak., Staat der USA im N des Mittl. Westens, an der kanad. Grenze, 183 119 km², 638 800 E. Hptst. Bismarck; hügel. Prärielandschaft beiderseits des oberen Missouri; vorw. Landw.; Braunkohlen-⚒, Erdöl; einige gr. Stauseen.

Northeim, Krst. im Leinetal, nördl. v. Göttingen, Nds. 32 700 E; vielseit. Industrie.

Northrop, John Howard ['nɔ:θrɔp], * 1891, † 1987, amer. Biochemiker; stellte 1941 das Diphtherieantitoxin als ersten Antikörper dar; Nobelpreis 1946.

Northumberland [nɔ:θʌmbələnd], Gft. in England, Hptst. Newcastle upon Tyne.

Norwegen (norweg. Norge), nordeurop. Kgr. im W der skand. Halbinsel. Zu N. gehören in der Arktis Spitzbergen, Bäreninsel, Jan Mayen, in der Antarktis Bouvetinsel, Peter-I.-Insel, Königin-Maud-Land. – Fast ganz N. wird vom skand. Geb. durchzogen; die Küste ist durch Fjorde stark gegliedert, Länge etwa 21 000 km; zahlr. vorgelagerte Inseln. Unter dem Einfluss des Golfstromes regenreiches u. wintermildes Klima, eisfreie Häfen an der W-Küste. Im N Nadelwälder, im S überw. Laubhölzer. *Wirtsch.:* 2,7 % des Landes landw. genutzt (Gerste, Hafer, Kartoffeln, etwas Weizen), Schaf- u. Rinderhaltung; rd. 27 % sind bewaldet (Sägewerke, Holz- u. Papierind.), sonst Ödland; Nahrungsmittel-, chem. und Metallind. (u. a. Aluminiumhütten), Schiffbau; bed. Handels- und Fischereiflotte. ⚒ auf Eisen-, Kupfer-, Zinkerze; bed. Küsten- u. Fjordschifffahrt. – *Gesch.:* Nach Kämpfen der Gaufürsten um 872 Gründung des Königtums durch Harald I. Hårfagre, der N. einte. Ende des 10. Jh. Christianisierung mithilfe v. engl. Missionaren; Gewinn von Grönland (1261) u. Island (1262). 1319 in Personalunion mit Schweden, 1380 mit Dänemark. Die dän. Kgn. Margarete vereinte 1397 in der Kalmarer Union die drei nord. Reiche (mit Schweden bis 1523, mit Dänemark bis 1814 vereinigt). 1536 Teil Dänemarks, Auflösung des norweg. R.-Rats. Im Kieler Frieden 1814 kam N. an Schweden (bis 1905), konnte jedoch eine Sonderverf. erzwingen; 1905 wurde der dän. Prinz Karl als Håkon VII. zum Kg. gewählt; im 1. Weltkrieg neutral; 1920 Gewinn v. Spitzbergen; im 2. Weltkrieg 1940–45 von Dtl. besetzt. Flucht d. Kg. nach Großbr.; unter V. Quisling Bildung einer von Dtl. abhäng. Reg., starke Untergrund- u. Widerstandsbewegung. 1945 Rückkehr d. Kg. u. der Exilreg. Bis 1949 Neutralitätspolitik, 1949 Beitritt zur NATO, 1960 Mitgl. der EFTA; s. Anfang der 70er-Jahre innenpolit. beherrschendes Thema der Anschluss an die EU (1994 durch Volksabstimmung abgelehnt). Kg. seit 1991 Harald V.

norwegische Kunst, im MA überw. unter dem Einfluss der engl., norddt. u. schwed. Kunst (Dom in Drontheim, Schnitzaltäre, Fresken); als Sonderform die hölzernen Stabkirchen; die bedeutendsten Künstler der Neuzeit waren die Maler J. C. Dahl, J. F. Eckersberg, G. Vigeland und E. Munch.

norwegische Literatur, Anfänge ↑altnord. Lit.; 16. Jh. bis 1814 (Lösung von Dänemark) in dän. Spr. (u. a. P. Dass, L. Holberg, J. H. Wessel); dann Aufblühen einer Nat.-Lit. (v. a. H. Wergeland), begünstigt durch Slg. von Volkslit. und Entwicklung des Landsmål; Weltgeltung durch H. Ibsen u. B. Bjœrnson, A. Kielland u. T. Lie; teils vom Naturalismus beeinflusst A. Garborg und K. Hamsun; modernist. Bewegungen fern stehend O. Duun, S. Undset u. J. Falkberget; erst S. Hoel bezieht psychoanalyt. Erkenntnisse ein; bed. Vertr. der Lyrik O. Bull.

norwegische Sprache, aus dem westl. Zweig des Altnordischen hervorgegangene german. Spr. Seit Ausgang des MA war Dän.

Schriftspr. Norwegens. Das Norweg. lebte in *Mundarten* und in einer mit dem Dän. vermischten Form, der *Stadtsprache,* weiter. Auf der Grundlage der Stadtspr. wurde Anf. des 19. Jh.s das *Riksmål* (auch *Bokmål* gen.) als Schriftspr. entwickelt. Im Ggs. dazu wurde von I. Aasen das *Landsmål* (heute *Nynorsk* gen.) geschaffen. S. 1907 sind beide Spr. offiz. gleichberechtigt.

Nọske, Gustav, * 1868, † 1946, dt. Politiker (SPD); 1918 Mitgl. des Rates der Volksbeauftragten; 1919 Niederwerfung des Spartakistenaufstandes; 1919/20 erster Reichswehrminister.

Nō-Spiel, altes jap. Melodram, Szenen aus Geschichte u. Heldensage (Blüte 15. Jh.).

Nostalgie [gr.], Sehnsucht nach vergangenen Zeiten.

Nọ̈stlinger, Christine, * 1936, östr. Schriftstellerin, populäre Kinder- u. Jugendbücher.

Nostradamus, eigtl. Michel de No[s]tredame, * 1503, † 1566, frz. Astrologe u. Arzt Karls IX.; Verf. einer Slg. von Prophezeiungen, von Einfluss bis in die Neuzeit.

Notar [gr.], öff. bestellter Jurist zur Beurkundung v. Rechtsvorgängen u. zur Wahrnehmung von Aufgaben der vorsorgenden Rechtspflege; betreibt *Notariat.*

Note [lat.]: **1)** offiz. Mitteilung im diplomat. Verkehr; *Mantel-N.,* Zusammenfassung mehr. gleichzeit. überreichter N.n, *Verbal-N.,* nicht unterschriebene Zusammenfassung vorangegangener Besprechungen, ähnl. dem ↑Memorandum; **2)** ↑Banknote; **3)** [Leistungs]bewertung (Zensur); **4)** Tonzeichen (𝄞).

Notebook ['nəutbuk; engl.], Personalcomputer in Buchgröße, kleiner als ein Laptop.

Notenbank, eine Bank, die zur Ausgabe von ↑Banknoten berechtigt ist; in der BRD die ↑Deutsche Bundesbank.

Notenschlüssel ↑Schlüssel 2).

Notenschrift (Notation), System von Zeichen zur schriftl. Darst. von Musik; Beginn europ. Notation mit den Neumen; vom 12. Jh. an quadrat. N.; graf. Vereinfachung der Noten und Schlüssel, Einführung von Taktstrichen u. a. bestimmen die mod. Notenschrift.

Notepad ['nəutpæd; engl.], Computer in DIN-A-4-Größe mit elektron. Eingabestift anstelle der Tastatur; setzt Handschrift in Druckschrift um.

Nothelfer, in der kath. Kirche 14 Heilige, die als bes. Helfer in allen Nöten angerufen werden; landschaftl. unterschiedl. Zusammensetzung, meist: Achatius, Ägidius, Barbara, Blasius, Christophorus, Cyriakus, Dionysius v. Paris, Erasmus, Eustachius, Georg, Katharina von Alexandria, Margareta v. Antiochia, Pantaleon, Vitus.

Norwegen

Fläche: 323 895 km^2
Einwohner: (1995) 4,34 Mill.
Hauptstadt: Oslo
Amtssprache: Norwegisch
Zeitzone: MEZ

Notierung, Aufzeichnung und Veröff. von Warenpreisen u. bes. v. Kursen an der Börse. Die notierten Kurse werden im Kurszettel veröffentlicht.

Nötigung, Zwingen eines andern zu einer Handlung, Duldung oder Unterlassung durch Gewalt oder Bedrohung, wenn die Anwendung dieser Mittel zum angestrebten Zweck als verwerfl. anzusehen ist; wird mit Freiheitsstrafe bedroht.

Notre-Dame [nɔtrədam], frz. Bez. für Maria, die Mutter Jesu, auch für ihr geweihte Kirchen.

Notstand: 1) im Strafrecht: Schuldausschließungsgrund, wenn eine an sich strafbare Handlung in einem unverschuldeten, auf andere Weise nicht zu beseitigenden N. zur Rettung aus einer gegenwärt. Gefahr für Leib od. Leben des Täters oder eines Angehörigen begangen worden ist; beim *übergesetzlichen N.,* um ein höherwert. Rechtsgut zu schützen; **2)** im Zivilrecht: Rechtfertigungsgrad bei Eingriffen in das Eigentum eines Dritten zur Abwendung einer gegenwärt. Gefahr u. eines drohenden unverhältnismäßig gr. Schadens; **3)** im Staatsrecht: innerer (Naturkatastrophe, Revolution) od. äußerer (Krieg) staatl. Katastrophenfall.

Notstandsgesetze, Gesetze für den Fall des Notstandes; in der BRD 1965 Verabschiedung von N.n, mit unterschiedl. Maßnahmen für Katastrophenfall, inneren u. äußeren Notstand.

Nottingham ['nɔtɪŋəm], Hptst. der mittelengl. Gft. *N.,* 271 000 E;

norwegische Kunst. *Stabkirche (12./13. Jh.) Borgund*

Univ.; Textil-, Lederwaren- u. a. Ind.; ehem. bed. Spitzenklöppelei.

Notturno [ital.], im 18. u. 19. Jh. mehrsätziges Instrumentalstück (zur Nachtzeit im Freien aufgeführt). Die frz. Bez. *Nocturne* gilt heute für Klavierkompositionen träumer. Charakters.

Notverordnung, mit Gesetzeskraft versehene Anordnungen im ↑Notstand 3) aufgrund des Art. 48 der Weimarer Verf.; im GG nicht vorgesehen.

Notwehr, diejen. Verteidigung, die erforderl. ist, um einen gegenwärt., rechtswidr. Angriff von sich oder einem anderen (Nothilfe) abzuwenden (§); *N.exzess,* Überschreitung der Grenzen der erforderl. Verteidigung, rechtswidrig, aber entschuldigt durch Bestürzung, Furcht oder Schrecken.

Nouakchott [nwak'ʃɔt], Hptst. von Mauretanien, nahe dem Atlantik, 480 000 E; ⚓, ✈; gegr. 1903.

Nougat [nu:gat; frz.] (Nugat), Süßware aus Zucker u. Mandeln (od. Nüssen), meist mit Kakao u. a.

Nouveau Roman [nu'vo rɔ'mã], frz. Romanform s. den 1950er-Jahren: Streben nach objektiver Beschreibung, Ablehnung traditioneller Formen; Vertreter: A. Robbe-Grillet, M. Butor u. a.

Novalis, eigtl. Friedrich Leopold Frhr. v. Hardenberg, * 1772, † 1801, dt. Dichter der Frühromantik; „Hymnen an die Nacht", „Fragmente", „Die Christenheit od. Europa", „Heinrich von Ofterdingen".

Nova Scotia ['nəʊvə 'skəʊʃə] (dt. Neuschottland), kanad. Prov. am Atlantik, 55 490 km², 900 000 E, Hptst. Halifax; waldreiches Hügelland, vorw. Land- und Forstw., Fischerei; Kohlen-⚒.

Novelle: 1) kürzere Erzählung (meist in Prosa), die prägnant u. objektiv ein ungewöhnl. Ereignis wiedergibt; konzentriert auf einen Konflikt, der über einen markanten Wendept. der Lösung zugeführt wird; **2)** abändernder oder ergänzender Nachtrag zu einem Gesetz.

November [lat.], im altröm. Kalender der 9. (bis 153 v. Chr.), dann der 11. Monat des Jahres.

Novemberrevolution, die nach dem mil. Zusammenbruch 1918 im Dt. Reich u. in Östr.(-Ungarn) ausgelöste Revolution, im Dt. Reich v. meuternden Matrosen der Hochseeflotte ausgehend; Sturz der Monarchien, Errichtung parlamentar. Republiken.

Novi Sad (dt. Neusatz), Hptst. des autonomen Gebietes Wojwodina in Serbien, an der Donau, 179 000 E; Univ.; Elektro-, Nahrungsmittelind.; Fluß-⚓.

Novizen, Klosterleute während ihrer Vorbereitungs- und Erprobungszeit *(Noviziat).*

Nowaja Semlja, russ. Doppelinsel zw. Barents- und Karasee, durch die Matotschkin-Schar-Straße in die N-Insel (48 904 km²) und S-Insel (33 275 km²) getrennt; gebirg., Nordinsel größtenteils vergletschert; arkt. Vegetation u. Tierwelt (Lemminge, Polarfüchse, Eisbären); Bev.: Nenzen.

Nowgorod, Gebietshptst. am Wolchow, nördl. des Ilmensees, Russland, 229 000 E; pädag. Inst.; fünfschiff. Sophienkathedr. (11. Jh.), Kreml; z. Z. der Hanse bed. Handelsrepublik.

Nowosibirsk, Gebietshptst. in W-Sibirien, Russland, am Ob, 1,43 Mill. E; Univ., Hochsch., Akad. der Wiss.; Museen; Hüttenind., Masch.bau; ✈.

Np, Symbol für ↑Neptunium (☊).

NPD, Abk. für: ↑**N**ationaldemokrat. **P**artei **D**eutschlands.

NRT, Abk. für: **N**etto**r**egister**t**onne (↑Registertonne).

NSDAP, Abk. für: **N**ational**s**ozialistische **D**eutsche **A**rbeiter**p**artei (↑Nationalsozialismus).

Nuance [ny'ãs; frz.]: feiner Unterschied, Übergang.

Nubien, von Tafelbergen überragtes Savannen- u. Wüstengebiet beiderseits des Nil im N der Rep. Sudan; im O durch das Rote Meer, im W durch die Oasenkette der östl. Libyschen Wüste begrenzt; der nördl. Nilbogen umschließt westl. die *Nub. Wüste,* der südl. Bogen die Bajudasteppe. *Bev.:* überw. muslim. *Nubier* (Savannenbauern) und *Bedja* (Hirtennomaden), beides äthiopide Stämme. – N. ist der Nordteil des bibl. Kusch (8. Jh. v. bis 3. Jh. n. Chr., mit den Hauptstädten Napata u. Meroe); s. dem 6. Jh. christl., im 14. Jh. islamisiert; 1820–85 ägypt., heute größtenteils zur Rep. Sudan.

Nudismus [lat.], svw. ↑Freikörperkultur; *Nudität,* Nacktheit.

Nugget ['nʌgɪt; engl.], Klümpchen gediegenen Goldes.

nuklear [lat.], den Atomkern betr.; *n.e Waffen,* Kernwaffen, Atomwaffen.

Nukleine, svw. ↑Nukleoproteide.

Nukleinsäuren, hochmolekulare Verbindungen, die an Eiweiß gebunden in den ↑Nukleoproteiden vorliegen; bestehen aus Purin- und Pyrimidinbasen, Zuckern (Pentosen wie Ribose od. Desoxyribose) und Phosphorsäure; lassen sich spalten in *Nukleotide* (Mononukleotide; bestehend aus Purin- und Pyrimidinbasen, Pentose und Phosphorsäure); ohne Phosphorsäure: *Nukleoside.* – ↑auch Desoxyribonukleinsäure, ↑Ribonukleinsäure.

Nukleonen [lat.], zusammenfassende Bez. für die Elementarteilchen ↑Proton und ↑Neutron.

Nukleoproteide (Nukleine), zusammengesetzte Eiweißkörper, die aus einem Proteinanteil und ↑Nukleinsäure bestehen; v. a. Bestandteil des Zellkerns, aber auch anderer Zellbestandteile.

Nukleus [lat.], svw. Zellkern (↑Zelle).

Null, Zahl, die zu (von) einer anderen Zahl addiert (subtrahiert) werden kann, ohne dass sich diese ändert. Multiplikation einer Zahl mit N. ergibt N., Dividieren einer Zahl durch N. ist nicht möglich.

Nullleiter, unmittelbar geerdeter Leiter, hat die Funktion eines Schutzleiters.

Nullmeridian, der Meridian v. Greenwich, Ausgangspt. der geograph. Längenzählung (↑auch Gradnetz der Erde).

Nullpunkt, Ausgangspt. einer Skala; absoluter N. ↑thermodynam. Temperaturskala.

Nulltarif, Schlagwort für die unentgeltl. Abgabe einer (öffentl.) Dienstleistung.

Numen [lat.], göttl. Wesen, auch gottgleiches Wesen.

Numerale [lat.], svw. ↑Zahlwort.

numerisch [lat.], zahlenmäßig; *n.e Exzentrizität* ↑Exzentrizität 2).

Numerus [lat.]: **1)** Zahl; **2)** Zahl, deren ↑Logarithmus best. werden soll; **3)** Zahlform des Nomens: Singular, Plural, Dual.

Numerus clausus, zahlenmäß. beschränkte Zulassung (zu einem Beruf, bes. zu einem Studium).

Numidien, im Altertum nordafrik. Reich im östl. Algerien; 46 v. Chr. röm. Provinz, 648 n. Chr. von den Arabern erobert.

Numismatik [gr.], Münzkunde.

Nuntiatur, Amt und Sitz eines Apostol. Nuntius.

Nuntius [lat.] (apostolischer Nuntius), ständ. diplomat. Vertr. des Papstes im Botschafterrang bei einer Staatsregierung.

Nürnberg, bayr. krsfr. St. an der Pegnitz, Mittelfranken, 492 400 E; Wirtsch.-Zentrum N-Bayerns; vor der Zerstörung im 2. Weltkrieg berühmt wegen des ma. Stadtbildes; beim Wiederaufbau wurde d. histor. Grundriss gewahrt; 4 km lange Stadtmauer mit Türmen, Burg (11.–16. Jh.), Lorenzkirche (13. u. 14. Jh.) mit spätgotischem Hallenchor, Sebalduskirche (13./14. Jh.), Albrecht-Dürer-Haus; Mauthalle; Univ. Erlangen-N., Fachhochschule, Verw.- und Wirtsch.-Akad.; OLG,

LG; IHK; German. Nat.-Museum; Metall-, Elektro-, Fahrzeug-, Maschinen-, Spielwaren-, Bleistift-, opt., feinmech., chem. Ind.; Lebkuchenherst., Brauereien; Spielwarenmesse, Exportmusterschau des Handwerks; ⚝. – Erste urkundl. Erwähnung der Burg 1050; im 12. Jh. Entstehung der St.; 1112 reichsfrei; bed. Handelsst., kulturelle und wirtsch. Blüte v. a. im 15., 16. u. 17. Jh.; 1525 Einführung der Reformation; 1806 bayrisch; 1835 erste dt. Eisenbahnstrecke N.–Fürth; 1933–38 Ort der NS-Reichsparteitage; 1945–49 Durchführungsort der ↑Nürnberger Prozesse.

Nürnberger Gesetze, die 1935 während des R.-Parteitages der NSDAP in Nürnberg verkündeten Gesetze, v. a. das „Reichsbürgergesetz" (entzog allen, die nicht „dt. od. artverwandten Blutes" waren, das Bürgerrecht) u. das „Gesetz zum Schutze des dt. Blutes u. der dt. Ehre" (Verbot u. a. der Eheschließung zw. Juden u. „Staatsangehörigen dt. od. artverwandten Blutes" [als „Rassenschande" bezeichnet]).

Nürnberger Prozesse, Sammelbez. für die 1945–49 in Nürnberg gg. führende Personen und Organisationen des nat.-soz. Dtl. geführten Prozesse; der erste vor dem *Internat. Militärgerichtshof,* Gegenstand des Prozesses: Verbrechen gg. den Frieden (Angriffskrieg), Kriegsverbrechen u. ↑Verbrechen gg. die Menschlichkeit. Angeklagt waren 22 Personen (u. a. H. Göring, J. von Ribbentrop, E. Kaltenbrunner, A. Rosenberg, R. Heß) und 6 Organisationen. Ankläger waren Vertr. der 4 Großmächte. Urteilsverkündung am 30. 9. u. 1. 10. 1946 (12 Todesurteile). Es folgten 12 weitere Prozesse vor amer. Militärgerichten gg. Ärzte, Juristen, Männer der Wirtsch., Angehörige der SS u. Gestapo, Generale und Diplomaten.

Nuss: 1) trockene Schließfrucht mit verholzender Fruchtwand, z. B. Hasel-N., Buchecker, Eichel (im botan. Sinne nicht Wal- u. Kokos-N.); **2)** die äußeren ♀ Geschlechtsteile bei Haarraubwild, Hunden, Füchsen, Fischottern; **3)** Keulenstück von Schlachttieren.

Nüstern, Nasenlöcher bes. beim Pferd.

Nut, längl. Führungs- u. Passvertiefung an Wellen, Zapfen, Balken u. dgl. zur Führung oder Befestigung weiterer Teile.

Nutation [lat.], Bez. für best. Schwankungen der Achse eines Kreisels (auch der Erdachse) bei der Präzession.

Nutria [span.]: **1)** svw. ↑Biberratte; **2)** Pelz der Biberratte.

Nutzen, die auf der subjektiven Werteinschätzung eines Gutes beruhende Eigenschaft zur Bedürfnisbefriedigung eines Wirtschaftssubjektes; Bez. auch allg. für die Verwendbarkeit u. Brauchbarkeit v. Gegenständen od. Sachen.

Nutzhölzer, ausdauernde Gewächse mit kräft. Dickenwachstum; wirtsch. u. techn. nutzbar.

Nutzlast: 1) Verkehrsbelastung (veränderl. od. bewegl.) bei Bauwerken; **2)** das [zuläss.] Ladungsgewicht bei Fahrzeugen.

Nutzungsrecht, Recht auf Aneignung v. Erzeugnissen od. Bestandteilen einer fremden Sache.

Nutzwild, alles essbare ↑Wild.

Nylon ['naılɔn; engl.] ®, ein Polyamid (↑Polyamide).

Nymphen, griech. Naturgöttinnen, Töchter des Zeus, die in Grotten, auf den Bergen, im Meer, in Quellen (Najaden) und Bäumen (Dryaden) wohnen.

Nymphen [gr.], kl. Schamlippen.

Nymphenburg, Stadtteil von München mit ehem. kurfürstl. Schloss und Garten (1664–1730); Parkburgen: Pagodenburg, Badenburg, Amalienburg (1734–39, erb. von F. de Cuvilliés d. Ä., Frühwerk des dt. Rokoko).

Nymphomanie [gr.], übersteigerter Geschlechtstrieb bei Frauen.

Nynorsk ↑norweg. Sprache.

Nyx, Personifikation der Nacht (griech. Mythologie).

O

O, 15. Buchstabe des Alphabets.

O, Abk. für: **O**sten.

O, Symbol für ↑Sauerstoff (☊).

Oahu, eine der Hawaiiinseln, 1601 km², Hptst. Honolulu; Ananas, Zuckerrohr; Fremdenverkehr; Marinestützpt. Pearl Harbor.

Oakland ['əʊklənd], St. an der Bucht von San Francisco, Kalifornien, USA, 372000 E; vielseit. Ind.; über eine 8,3 km lange Brücke mit San Francisco verbunden.

OAPEC ↑OPEC.

OAS, Abk. für: **1) O**rganization of **A**merican **S**tates, 1948 gegr.; Mitgl. sind alle unabh. amer. Staaten (außer Belize; ständige Beobachter sind Kanada, Guyana u. Kuba, dessen Mitgliedschaft 1962 suspendiert wurde); Ziele: Bekräftigung der Prinzipien der inneramer. Solidarität, der Gleichberechtigung u. Nichteinmischung, gemeinsame Abwehr aller Angriffe auf eines der Mitgl., soz., wirtsch. u. kulturelle Zusammenarbeit; **2) O**rganisation de l'**A**rmée **S**ecrète, rechtsradikale, extremist. frz.-alger. Geheimorganisation, die für das Verbleiben Algeriens bei Frkr. kämpfte.

Oasen, durch reichen Pflanzenwuchs ausgezeichnete Stellen in Wüsten od. an deren Rand, bei Auftreten v. Süßwasser.

OAU, Abk. für: ↑**O**rganization of **A**frican **U**nity.

Ob, westsibirischer Fluss, Russland, 5410 km (mit Irtysch); entsteht aus den Quellflüssen Katun und Bija, Deltamündung in den *Obbusen* der Karasee.

Obadja, einer der 12 Kleinen Propheten des A. T.

Obduktion [lat.] (Autopsie), svw. ↑Sektion 2).

Obelisk [gr.], hoher, rechteck. Pfeiler, nach oben verjüngt u. in einer Pyramide auslaufend; in Ägypten wohl Sonnensymbol.

Oberammergau, bayr. Ort im Ammergeb., 5300 E; Fachschule für Holzbildhauer; Holzschnitzerei; seit 1634 alle 10 J. *O.er Passionsspiel.*

Oberbayern, bayr. Reg.-Bez., 17529 km², 3,9 Mill. E, Hptst. München; umfasst Bayr. Alpen, Alpenvorland und Donautal bei Ingolstadt.

Oberbefehlshaber, Inhaber der höchsten mil. Kommandogewalt über die Gesamtheit od. Teile der bewaffneten Macht; O. nat. Streitkräfte ist i. d. R. das Staatsoberhaupt; in der BRD: repräsentative Funktionen beim B.-Präs., Befehls- u. Kommandogewalt beim B.-Verteidigungsmin., im Verteidigungsfall beim Bundeskanzler.

Oberbundesanwalt, von der B.-Reg. bestellter Vertr. des öff. Interesses beim Bundesverwaltungsgericht.

Oberdeutsch ↑deutsche Mundarten.

Oberflächenspannung, an Flüssigkeitsoberflächen auftretende, von den Molekularkräften verursachte Erscheinung; bewirkt, dass die Grenzfläche zw. Flüssigkeit und Gasraum bzw. zw. 2 Flüssigkeiten möglichst klein ist.

Oberfranken, bayr. Reg.-Bez. am Unterlauf der Regnitz u. Oberlauf des Mains, 7231 km², 1,11 Mill. E, Hptst. Bayreuth.

Oberhaus: 1) (House of Lords) 1. Kammer des brit. Parlaments; älteste u. zahlenmäßig größte gesetzgebende Kammer der Welt; Mitgl.

sind Adlige (Peers), die durch Geburt, Amt od. Erhebung in den höheren Adelsstand ein Anrecht auf einen Sitz im O. haben; **2)** allg. die 1. Kammer eines Zweikammerparlamentes.

Oberhausen, Ind.-Stadt im Ruhrgebiet, NRW, 224400 E; Verw.- u. Wirtsch.-Akad.; Eisenhütten, Stahlwerke, Glas-, chem. u.a. Industrie; jährl. internat. Kurzfilmtage. 1874 Stadt.

Oberhaut, svw. ↑Epidermis.

Oberkirchenrat, oberste Verw.-Behörde einiger dt. ev. Landeskirchen; auch deren Mitglieder.

Oberlandesgericht ↑Übersicht Gerichte.

Oberlausitz ↑Lausitz.

Oberon (altfrz. Auberon; entspr. dem Zwerg Alberich), Elfenkg., Gemahl der Titania.

Ober|österreich, östr. B.-Land zw. Inn und Enns, 11980 km², 1,34 Mill. E, Hptst. Linz; Holzverarbeitungs-, Textil-, Eisen-, Stahlind.; Fremdenverkehr.

Oberpfalz, bayr. Reg.-Bez., 9691 km², 1 Mill. E, Hptst. Regensburg; umfasst das Einzugsgebiet der Naab mit dem *Oberpfälzer Becken* um Amberg.

Oberpfälzer Wald, Bez. für den dt. Anteil des Böhmerwaldes nw. der Cham-Further Senke, Bayern.

Oberrheinisches Tiefland, Gebiet beiderseits des Oberrheins zw. Basel und Mainz.

Obersalzberg, Berghang östl. v. Berchtesgaden, Bay., bis 1000 m.

Oberschlesi|en (poln. Górny Śląsk), sö. Teil Schlesiens, Polen, Hptst. Oppeln. Im SO das *oberschles. Ind.-Gebiet* auf der *Oberschles. Platte.*

Oberschwingungen, [Partial]-schwingungen eines schwingenden Gebildes (Saite, Membran) mit höheren Frequenzen als die Grundschwingung (bei *harmon. O.* ganzzahl. Vielfache der Grundfrequenz).

Oberst (in der Marine: *Kapitän zur See*), höchster Dienstgrad der Stabsoffiziere.

Oberstdorf, bayr. Kur- u. Wintersportort in den Allgäuer Alpen, 10500 E; 843 m ü. d. M.

Oberste Bundesgerichte ↑Übers. Gerichte.

Oberster Gerichtshof: 1) höchstes Ger. für Zivil- u. Strafsachen in Östr.; **2)** höchstes Ger. in der DDR für Straf-, Zivil-, Arbeits- und Patentsachen.

Oberster Sowjet, höchstes Kontroll- u. höchstes Legislativorgan in der ehem. Sowjetunion u. ihrer Teilrepubliken.

Oberth, Hermann, * 1894, † 1989, dt. Raketenforscher; behandelte als einer der Ersten Weltraumfahrt in wiss. Form.

Obertöne, Teiltöne (akust. ↑Oberschwingungen), die bei jedem Grundton kaum hörbar mitklingen und den „Klang" bestimmen.

Oberursel (Taunus), hess. St. nw. von Frankfurt am Main, 41000 E; Luth. Theol. Hochsch., B.-Schule des DGB; Metall verarb., chem. u.a. Industrie.

Obervolta ↑Burkina Faso.

Objekt [lat.]: **1)** Gegenstand, Sache; Ziel des Handelns; **2)** im Satz eine Ergänzung, die vom Verb gefordert wird.

Objektiv [lat.], Linsensystem eines opt. Gerätes, das dem abzubildenden Objekt zugewandt ist, z. B. bei einer Kamera.

Objektivation (Objektivierung), Vergegenständlichung, Verwirklichung.

Objektivität, strenge Sachlichkeit, ganz vom Gegenstand (Objekt) her best. Haltung, Berücksichtigung aller mögl. Aspekte.

Objektkunst, Begriff für eine künstler. Ausdrucksform der Moderne, die anstelle der Abb. eines Gegenstandes (Objektes) diesen selbst, meist in neuem Zusammenhang, als Kunstwerk präsentiert.

Objektsatz, Gliedsatz in der Rolle eines Objekts.

Oblate [lat.]: **1)** noch nicht konsekrierte Hostie; **2)** sehr dünne Gebäckunterlage; Arzneikapsel.

obligat [lat.], verbindl., erforderl., unentbehrl.; *obligatorisch,* verpflichtend, verbindlich.

Obligation [lat.]: **1)** persönl. Verbindlichkeit; **2)** Schuldverschreibung eines Unternehmens od. einer Gebietskörperschaft; *O.enrecht,* Bez. für das Schuldrecht im schweizer. Zivilgesetzbuch.

Obligo [lat.]: **1)** Verbindlichkeit, Verpflichtung; *ohne O.* (o. O.), ohne Gewähr; **2)** Wechselkonto im *Obligobuch,* das bei Kreditinst. geführt wird, und in das alle eingereichten Wechsel eingetragen werden.

Oboe [frz.], Holzblasinstrument mit doppeltem Rohrblatt, kon. Röhre, bis zu 14 Klappen; mit gr. Obertonreichtum; eine Quinte tiefer als die normale O. das *Englischhorn,* eine Terz tiefer die *O. d'amore.*

Obolus [gr.], kl. altgriech. Münze und Gewichtseinheit.

Obotriten (Abodriten, Abotriten), elbslaw. Volksstamm in W-Mckbg. (7.–12. Jh.).

Obrigkeitsstaat, s. Ende des 19. Jh. polem. Bez. für die monarch.-autoritäre dt. Staatsordnung mit starken bürokrat. Strukturen (Beamtenstaat) u. der sie charakterisierenden Allianz v. Thron u. Altar.

Observanz [lat.]: **1)** örtl. begrenztes Gewohnheitsrecht; **2)** Befolgung der strengeren Regel eines Mönchsordens, auch übertr. verwendet.

Observatorium [lat.], astronom., meteorol. od. geophysikal. Beobachtungsstation.

obskur [lat.], dunkel, verdächtig; unbekannt.

obsolet [lat.], ungebräuchl., veraltet.

Obst, genießb., wohlschmeckende, vitamin- und meist saftreiche Früchte od. Samen meist mehrjähr., im allg. holzart. od. teilw. verholzter Pfl. *(O.gehölz); Beeren-O.* (z. B. Brombeere, Erdbeere, Himbeere), *Kern-O.* (z. B. Apfel, Birne, Quitte), *Schalen-O.* (z. B. Hasel- u. Walnuss), *Stein-O.* (z. B. Aprikose, Kirsche, Mirabelle, Pflaume); *Wildobst,* nicht angebautes Obst; *O.bau,* Zweig der Landw. und des Gartenbaues; Dauerkultur.

Obstbaumkrebs ↑Übers. S. 528ff.

obstinat [lat.], starrsinnig, widerspenstig, unbelehrbar.

Obstipation [lat.], Stuhlverstopfung, auch Stuhlverhaltung.

Obstruktion [lat.]: **1)** Widerstand; parlamentar. Verzögerungstaktik (z. B. durch Fernbleiben bei Sitzungen); **2)** svw. ↑Obstipation.

obszön [lat.], unanständig, schamlos, schlüpfrig.

Obus, Abk. für: **O**berleitungsomni**bus.**

Obwalden ↑Unterwalden.

Öcalan, Abdullah [ˈœdʃ-], * 1949, Führer der PKK, ↑Kurden.

O'Casey, Sean [əʊˈkeɪsɪ], * 1880, † 1964, irischer Dramatiker; schrieb sozialkrit. Stücke („Juno u. der Pfau", 1924).

Ochlokratie [gr.], Pöbelherrschaft; zur Herrschaft der Massen entartete Demokratie.

Ochse, kastriertes ♂ Rind.

Ochsenauge: 1) kl. orangebrauner Schmetterling (Augenfalter); **2)** gelb blühende Gatt. der Korbblütler.

Ochsenzunge, Gatt. der Raublattgewächse mit rd. 40 Arten in Europa, N- u. S-Afrika, W-Asien; meist rauhaar. od. zott. Kräuter, blauviolett od. weiß blühend.

Öchslegrad, Maßeinheit für das spez. Gewicht von Trauben- u. Obstsaft; festgestellt durch die von *F. Öchsle* (* 1774, † 1852) entwickelte *Öchslewaage;* Maß für den Zuckergehalt des Mostes.

Ockeghem, Johannes [ˈoːkəɣəm], * um 1425, † um 1495, fläm. Komponist am frz. Hofe; Messen, Motetten, Chansons.

Ocker, gelbbraune Erdfarbe; besteht aus Brauneisenerz-Ton-Gemischen.

OCR [Abk. für engl. **o**ptical **c**haracter **r**ecognition = opt. Zeichenerkennung], Bez. für maschinell lesbare, genormte (DIN 6608) Schriften; die *OCR-A-Schrift* enthält nur Großbuchstaben, die *OCR-B-Schrift* auch Kleinbuchstaben.

Octane [gr.], zu den Alkanen gehörende KW-Stoffe, C_8H_{18}; farblose, leicht brennbare Flüssigkeiten; wichtig *Isooctan* zur Bestimmung der ↑Oktanzahl.

Ode [gr.], lyr. Strophengedicht; als Chorgesang der griech. Tragödie mit strengem Strophenbau in gehobenem, feierl. Ton; als selbst. Dichtung bei Sappho, Alkäus; großartig-feierl., der Hymne verwandt, die O.n Pindars. Wiederbelebung in der Renaissance; seit M. Opitz in der dt. Literatur.

Ödem [gr.] (Gewebswassersucht), krankhafte Ansammlung seröser Flüssigkeit in den Interzellularräumen infolge Eiweißmangels, Durchblutungsstörungen. – Haut-, Lungen-, Gehirnödem.

Odenwald, Bergland östl. des Oberrhein. Tieflandes, zw. Kraichgau, Bauland, Main u. der Rhein-Main-Ebene; am W-Fuß die Bergstraße; bis 626 m (Katzenbuckel). Im W *Vorderer O.*, im O *Hinterer O.*, südl. des Neckars *Kleiner O.*; reich an Laubwald; Steinbrüche, Kleineisen-, Textilind.; Fremdenverkehr.

Oder: 1) ostdt. Fl. vom Odergeb. zum Stettiner Haff, 910 km (733 km schiffbar); Mündungsarme Peene, Swine, Dievenow (Länge bis Swinemünde 854 km); fließt im Mittellauf durch das *O.bruch;* **2)** r. Nbfl. der Rhume (Harz), mit *O.talsperre* bei Bad Lauterberg im Harz.

Odergebirge, Bergland sw. von Ostrau, ČR, bis 680 m.

Oder-Havel-Kanal (fr. Hohenzollernkanal), bed. Wasserstraße, die Berlin mit Stettin verbindet, 82,8 km.

Oder-Neiße-Lini|e, im Potsdamer Abkommen v. 1945 festgelegte Demarkationslinie. Die östlich der O.-N.-L. gelegenen Gebiete Deutschlands wurden unter poln. bzw. sowjet. Verwaltung gestellt. Die DDR erkannte die O.-N.-L. im Görlitzer Abkommen s. 1950 als Westgrenze Polens an, die BRD unter Vorbehalt im Warschauer Vertrag v. 1970. Im Zusammenhang mit der dt. Wiedervereinigung erzielten die UdSSR, Frkr., Großbritannien und die USA sowie die beiden dt. Staaten im Zwei-plus-vier-Vertrag Einigung darüber, dass die bestehenden Grenzen der DDR zu dritten Staaten die künftigen Grenzen des wieder vereinten Dtl.s zu diesen Staaten bilden sollen.

Objektkunst. *Jean Tinguely, Baluba Nr. 3*

Odessa, bed. Hafen- u. Ind.-St. am Schwarzen Meer, Ukraine, 1,1 Mill. E; Univ., Hochschulen, Museen; vielseit. Ind.; ⚓.

Odilo von Cluny, hl., * um 962, † 1048, seit 994 Abt v. Cluny (Benediktiner); Führer der kluniazens. Reformbewegung.

Odin ↑Wodan.

Ödipus, in der griech. Mythol. Sohn des theban. Kg. Laios u. der Iokaste, der ausgesetzt wird, weil er nach einem Orakelspruch seinen Vater töten u. seine Mutter heiraten wird. Tragödien v. Sophokles, L. A. Seneca, Voltaire, Drama von A. Gide.

Ödipuskomplex, nach S. Freud frühkindl. Bindung an den andersgeschlechtl. Elternteil, als unbewältigte Triebregung verdrängt, kann Neurosen auslösen.

Odoaker (Odowakar), * 433, † 493, german. Heerführer; setzte 476 den letzten weström. Ks. Romulus Augustulus ab, wurde vom Heer zum Kg. ausgerufen; v. Theoderich d. Gr. ermordet.

Odysseus, griech. Sagengestalt, Kg. v. Ithaka, Gem. der Penelope, listenreicher Teilnehmer am Trojan. Krieg; auf seinen Rat Bau des Trojan. Pferdes. Seine abenteuerl. Heimfahrt schildert die *Odyssee* des Homer.

Oe ↑Oersted.

Ōe, Kenzaburō, * 1935, jap. Schriftsteller; gesellschaftskrit. Reportagen; Nobelpreis 1994.

OECD, Abk. für: **O**rganization for **E**conomic **C**ooperation and **D**evelopment (Organisation für wirtsch. Zusammenarbeit und Entw.), s. 1. 10. 61 Rechtsnachfolgerin der ↑OEEC; (1998) 29 Mitgl.; neben der wirtsch. Entw. und Sicherung der Mitgl.-Staaten auch Hilfe zur Entw. anderer Staaten; Sitz Paris.

OEEC, Abk. für: **O**rganization for **E**uropean **E**conomic **C**ooperation; ↑Europ. Wiederaufbauprogramm.

Oersted ['ø:rstɛt; nach H. C. ↑Ørsted] (Einheitenzeichen Oe), nicht gesetzl. Einheit der magnet. Feldstärke; $1\,Oe = 10/(4\pi)\,A/cm = 79{,}577\,A/m$.

Œuvre [œ:vrə; frz.], Lebens-, Gesamtwerk eines Künstlers.

OEZ, Abk. für: ↑**o**steurop. **Z**eit.

Ofen, dt. Name für Buda (↑Budapest).

Ofenpass, schweizer. Pass vom Engadin ins Münstertal, 2149 m ü. d. M.

Offenbach, Jacques (Jacob), * 1819, † 1880, dt.-frz. Komponist;

J. Offenbach

„Orpheus in der Unterwelt", „Die schöne Helena", „Hoffmanns Erzählungen".

Offenbach am Main, hess. Krst. u. krsfr. St. östl. von Frankfurt am Main, 116 500 E; Dt. Ledermuseum, Dt. Schuhmuseum, Klingspormuseum, Hochschule für Gestaltung, Zentralamt des Dt. Wetterdienstes, B.-Monopolverw. für Branntwein; IHK; Maschinenbau, Lederind., Lederwarenmesse.

Offenbarung, Wesens- oder Willensenthüllung des Göttl.; Grundlage aller theist. und dämonist. Religionen, auch des Managlaubens; die gr. *O.sreligionen* sind: ved. Religion, die Religion Zarathustras, Islam, Judentum u. Christentum; christl. Lehre: nach at. O.en (u. a. an die Propheten) im N.T. Höhept. der O. durch Jesus Christus.

Offenbarung des Johannes ↑Apokalypse.

Offenbarungs|eid ↑eidesstattliche Versicherung.

Offenburg, Krst. des Ortenaukreises, Ba.-Wü., 55 300 E; Fachhochschule, LG; histor. Bauten; vielseit. Industrie.

offensiv [lat.], angreifend, angriffslustig; *Offensive,* Angriff.

öffentliche Hand, Staat, Bund, Länder u. Gemeinden als Träger hoheitl. Aufgaben (Einnahmen u. Ausgaben) u. Körperschaften des öff. Rechts v. a. in ihrer Eigensch. als Verwalter des öff. Vermögens.

öffentliche Meinung, Gesamtheit der öff. geäußerten Ansichten zu aktuellen Fragen; findet ihren kollektiven Ausdruck i. d. R. in Parteien, Verbänden, Bürgerinitiativen, durch Flugblätter, Plakate, Broschüren u. kontinuierl. mithilfe der Massenmedien.

öffentlicher Dienst, Tätigkeit von Beamten, Angestellten oder Arbeitern bei Körperschaften des öff. Rechts.

öffentlicher Haushalt, Ausgaben- und Einnahmenwirtschaft des Staates und der Gemeinden, die im *Haushaltsplan* (Voranschlag künftiger Einnahmen und Ausgaben) ausgewiesen wird; Genehmigung und Überwachung durch Volks- bzw. Bürgervertretung und bes. Behörden.

öffentliches Recht, Gesamtheit der Rechtsnormen, die das Verhältnis des Einzelnen zur öff. Gewalt und ihren Trägern sowie deren Verhältnis zueinander regeln: Völker-, Staats-, Verw.-, Straf-, Kirchen-, Verfahrensrecht.

Offerte, [kaufmänn.] Angebot.

Offizialdelikte, Straftaten, die von Amts wegen verfolgt werden; Ggs. ↑Antragsdelikte.

Offizialverteidiger (Pflichtverteidiger), für den Beschuldigten vom Ger. bestellter Verteidiger in Fällen der notwend. Verteidigung (§ 140 StPO), wenn der Beschuldigte keinen Anwalt gewählt hat.

Offizier [lat.-frz.], Soldat mit Dienstgrad v. Leutnant aufwärts.

offiziös [frz.], halbamtlich.

offline [ɔf'laɪn; engl.] ↑online.

Offsetdruck [engl.; dt.], Druckverfahren, bei dem Schrift und Bild auf Zink-, Aluminium- od. Mehrmetallplatten photolithograph. aufkopiert u. anschl. geätzt werden; der Druck erfolgt indirekt über einen mit Gummituch bezogenen Zylinder.

Offshorebohrung ['ɔfʃɔ:-], von bes. Bohrplattformen aus niedergebrachte Erdöl- oder Erdgasbohrung in Küstengewässern oder im Schelfbereich.

OFM, Abk. für: **O**rdo **F**ratrum **M**inorum (Franziskaner).

Og[h]am[schrift] [ir.], aus Strichen bestehende Schrift der ältesten, auf Stein geritzten Inschriften in Irland.

ÖGB, Abk. für: ↑**Ö**sterreichischer **G**ewerkschafts**b**und.

Oger [frz.], Bez. des Menschenfressers in frz. u. ital. Märchen.

Ogusen (Oghusen), Turkvolk, im 7./8. Jh. herrschende Schicht im alttürk. Reich in Z-Asien; im 10./11. Jh. größter Umfang des O.reiches um den Aralsee.

Ohio [əʊ'haɪəʊ]: **1)** größter l. Nbfl. des Mississippi, USA, 2 102 km; **2)** Abk. O., Staat im Mittelwesten der USA, zw. Eriesee und 1), 107 044 km², 10,84 Mill. E, Hptst. Columbus.

Ohm, Georg Simon, * 1789, † 1854, dt. Physiker; Arbeiten auf dem Gebiet der Elektrizitätslehre; fand 1826 das ↑ohmsche Gesetz.

Ohm [nach G. S. ↑Ohm], Einheitenzeichen Ω, Einheit des elektr. Widerstandes; $1\ \Omega = 1\ V/A$.

ohmscher Widerstand (Wirkwiderstand), elektr. Widerstand, dessen Größe von der Frequenz der anliegenden Spannung unabhängig ist; bewirkt Umformung der elektr. in Wärmeenergie.

ohmsches Gesetz, von G. S. ↑Ohm aufgestelltes physikal. Gesetz: Bei konstanter Temp. sind die elektr. Stromstärke I in einem [metall.] Leiter u. die zw. den Leiterenden herrschende elektr. Spannung U einander proportional: $U = R \cdot I$; der Proportionalitätsfaktor R bez. den ↑ohmschen Widerstand des Leiters.

Ohnmacht, plötzl. auftretende, auf mangelnder Sauerstoffversorgung des Gehirns beruhende kurzzeitige Bewusstlosigkeit. – Erste Hilfe: Flachlagerung in frischer Luft, Beine hochlagern (etwa 30 cm), nach Wiedererlangen des Bewusstseins zum Liegenbleiben veranlassen; zu frühes Aufstehen kann zu erneuter O. führen.

Ohr, Bez. für das Gehörorgan der Wirbeltiere (einschl. Mensch); bei Wirbeltieren ist das Hörorgan mit dem Gleichgewichtsorgan im häut. *Labyrinth* innerh. des Schläfenbeins (knöchernes Labyrinth) vereint (inneres O.); *O.muschel* u. *Gehörgang* zum Auffangen u. zur Leitung der Schallwellen ([äußeres] O.), die vom *Trommelfell* aufgenommen u. durch die *Gehörknöchelchen* (Hammer, Amboss, Steigbügel) d. Paukenhöhle (Mittelohr) zum unteren Teil des Labyrinths, dem Sacculus mit *Schnecke* (nur bei Säugetieren u. Mensch) weitergeleitet werden, deren Basilarmembran in Schwingung gerät und die Hörsinneszellen erregt.

Ohr|eulen, Eulen mit Federohren, z. B. Uhu, Wald-, Sumpfohreule.

Ohrid ['ɔhrit], makedon. St. am O.see, 42 100 E; alte byzantin. Kirchen, maler. Stadtbild; Reste der antiken St. *Lychnidos;* 971–1018 Hptst. des Großbulgar. Reichs; *O.see,* See zw. Makedonien u. Albanien, 268 km², bis 286 m tief.

Ohrspeicheldrüse (Parotis), vor dem Ohr u. unterhalb des Ohres gelegene Speicheldrüse bei Säugetieren (einschließl. Mensch); *O.nentzündung, epidemische,* svw. ↑Mumps.

Ohrwürmer, artenreiche Ordn. der Geradflügler; schlank, mit Mundwerkzeugen zum Kauen; *Gemeiner Ohrwurm,* 12–15 mm lang, braun, harmlos.

Oise [wa:z]: **1)** r. Nbfl. der Seine, 302 km; durch Canal du Nord mit nordfrz. Häfen verbunden; **2)** frz. Dép. nördl. von Paris, Hptst. Beauvais.

G. S. Ohm

Oistrach: 1) David, * 1908, † 1974, russ. Geiger; hervorragender Techniker, auch Dirigent; **2)** Igor, * 1931, Sohn von 1), russ. Geiger.

Oka: 1) r. Nbfl. der Wolga, 1500 km; **2)** l. Nbfl. der Angara, 953 km.

Okapi [afrik.], etwa zebragr. Giraffenart in den Urwäldern des Kongo (1901 entdeckt).

Okarina [ital.], Schnabelflöte aus Ton oder Porzellan in Form eines Gänseeies, mit 8 Grifflöchern.

Okayama, jap. St. auf Honshū, 594000 E; Textil- u. chem. Ind.; ✈.

Okeanos, Titan der griech. Mythol., ältester Sohn des Uranos u. der Gäa, Verkörperung des um die Erde fließenden Weltstroms.

O'Keeffe, Georgia [əu'ki:f], * 1887, † 1986, amer. Malerin, Blumenmotive, Landschaften, stilllebenartige Kompositionen.

Oker, l. Nbfl. der Aller, 105 km, Mdg. unterh. v. Gifhorn; bei Altenau im Harz die *O.talsperre:* 47,4 Mill. m^3, max. Stauhöhe 67 m.

Okinawa, Hauptinsel der Ryūkyūinseln, 1254 km^2, 1,25 Mill. E, Hauptort Naha; bis 1972 US-Flotten- u. Luftstützpunkt, danach an Japan zurückgegeben.

Okklusion [lat.], Zusammentreffen von Kalt- u. Warmluftfront, wobei die Warmluft vom Boden abgehoben wird.

Okkultismus [lat.], Sammelbez. für alle Lehren u. Praktiken, die übersinnl. Kräfte betreffen und entspr. veranlagten Personen (Medien) zugängl. werden können, u. a. Fernfühlen, Telepathie, Tischklopfen, Materialisation; wiss. Erforschung durch Parapsychologie.

Okkupation [lat.]: **1)** im Völkerrecht: mil. Besetzung fremden Gebiets od. Inbesitznahme herrenlosen Landes; **2)** im Zivilrecht: Aneignung herrenloser Gegenstände.

Oklahoma [əuklə'həumə], Abk. Okla., Staat der USA, nördl. des mittleren Red River, 181186 km^2, 3,15 Mill. E, Hptst. O. City.

Oklahoma City [- 'sıtı], Hptst. von Oklahoma, USA, 445000 E; Univ.; vielseitige Industrie; Verkehrsknotenpunkt, ✈.

Ökologie [gr.], Lehre von den Beziehungen der Organismen zueinander und zu ihrer Umgebung.

Ökologiebewegung, eine v. a. außerparlamentar., im politisch-sozialen Bereich wirkende Bewegung, wendet sich gg. Auswirkungen und Ursachen der Umweltzerstörung.

ökologische Nische, Gesamtheit der Lebensbedingungen einer Art in einem ökolog. System.

ökologisches Bauen, Richtung der zeitgenöss. Architektur, tritt ein für Errichtung umweltfreundl., energiesparender Gebäude unter Ausschöpfung der natürl. Rohstoffe.

ökologisches Gleichgewicht, Gleichgewicht zw. den Gliedern einer Lebensgemeinschaft, gekennzeichnet dadurch, dass jede Veränderung im System eine Gegenveränderung hervorruft.

Ökonometrie [gr.], moderner Zweig der Wirtschaftswiss., der mithilfe mathemat.-statist. Methoden u. anhand des wirtschaftsstatist. Beobachtungsmaterials wirtschaftstheoret. Modelle u. Hypothesen auf ihren Realitätsgehalt u. Erklärungswert überprüft.

Ökonomie [gr.]: **1)** Wirtschaftskunde, Wirtschaftlichkeit; **2)** veraltet für Landwirtschaft[sbetrieb].

Oktaeder [gr.], von 8 Dreiecken begrenztes Polyeder; speziell das durch 8 gleichseit. Dreiecke begrenzte regelmäß. Oktaeder.

Oktane ↑Octane.

Oktanzahl (OZ), Messzahl für das motor. Verhalten v. Vergaserkraftstoffen; mit der O. steigt deren ↑Klopffestigkeit. Die höchste O. hat *Triptan* (O. 120). Nach DIN 51600 und DIN 51607 hat Superkraftstoff die Mindest-O. 95 (unverbleit) bzw. 98 (verbleit), Normalkraftstoff (unverbleit) die Mindest-O. 91 (jeweils Research-O., ROZ, gemessen im Labor).

Oktav [lat.], Zeichen 8°, früheres dt. Buchformat; *Klein-O.* bis 18,5 cm hoch, *Mittel-O.* bis 22,5 cm, *Groß-O.* bis 25 cm.

Oktave, der 8. Ton einer diaton. Tonleiter, Schwingungsverhältnis 2:1 zum Grundton.

Oktober [lat.], im altröm. Kalender der 8. (bis 153 v. Chr.), dann der 10. Monat des Jahres.

Oktober|revolution, polit.-soz. Umwälzung in Russland, die durch die gewaltsame bolschewist. Machtübernahme in Petrograd am 25./26. Okt. 1917 alten Stils eingeleitet wurde (nach dem Gregorian. Kalender am 7./8. u. 12. Nov., daher auch *Novemberrevolution* gen.); Einsetzung eines bolschewist. „Rats der Volkskommissare" unter Lenins Vors. als neue Regierung.

Oktopus [gr.], achtarm. Tintenfisch, bis 25 kg schwer; in den meisten Meeren.

oktroyieren [ɔktroa'ji:ren; frz.], etwas anordnen; aufzwingen.

Okular [lat.], das dem Auge zugewandte Linsensystem eines opt. Gerätes.

Okulation (Augenveredelung), Form d. ↑Veredelung: ein Edelauge wird unter die Rinde d. Wildlings verpflanzt.

Ökumene [gr.], die bewohnte Erde als menschl. Lebens- u. Siedlungsraum.

ökumenisch [gr.], die ganze bewohnte Erde betr., Welt...; allgemein; *ö.e Bewegung,* zw.- u. überkirchl. Einigungsbestrebungen der christl. Kirchen im 20. Jh.; v. a. getragen vom Ökumen. Rat der Kirchen; *ö.e Konzile,* allg. repräsentat. Bischofsvers. der Gesamtkirche.

Ökumenischer Rat der Kirchen (Weltrat der Kirchen), organisator. Instrument der ökumen. Bewegung mit Sitz in Genf; Konstituierung und 1. Vollvers. 1948 in Amsterdam, Mitgl. kann jede autonome Kirche werden, wenn $^2/_3$ der Vollversammlung od. des Zentralausschusses zustimmen; will über bestehende dogmat. Ggs. hinweg zusammenarbeiten (Interkonfessionalismus), u. a. in der Friedens- und Missionsarbeit.

OKW, Abk. für: **O**ber**k**ommando der **W**ehrmacht; oberste Führung der 3 Wehrmachtsteile 1938–45.

Okzident [lat.], svw. ↑Abendland.

ö. L., Abk. für: **ö**stl. **L**änge.

Olaf: *Norwegen:* **1) O. I.** Tryggvasson, * um 964, ⚔ 1000, Kg. s. 995; unter ihm gewaltsame Christianisierung des Landes; **2) O. II.** Haraldsson, hl., gen. der Heilige, * um 995, ⚔ 1030, Kg. 1015–28; Abschluss der Christianisierung; von Knut d. Gr. vertrieben; Schutzpatron Norwegens; **3) O. V.,** urspr. Alexander Eduard Christian Friedrich Prinz v. Dänemark, * 1903, † 1991, Kg. s. 1957; 1940–45 im Exil in London, 1955–57 Regent für seinen Vater Håkon VII.

Öland, mit 1344 km^2 zweitgrößte schwed. Insel, in der Ostsee, durch den Kalmarsund v. Festland getrennt; 24000 E; Kalkplateau.

Ölbaum, eine der wichtigsten Kulturpfl. des Mittelmeergebiets, bis 10 m hoher, immergrüner Baum;

kirschenähnl. Früchte *(Oliven)*, liefern *Olivenöl.*

Ölbaumgewächse, Holzpfl. der gemäßigten u. subtrop. Gebiete; u. a. Ölbaum, Flieder, Liguster, Forsythie, Echter Jasmin.

Ölberg, mehrf. in der Bibel erwähnter Höhenzug östl. von Jerusalem; am westl. Fuß Gethsemane.

Olbricht, Friedrich, * 1888, † 1944, dt. Gen.; s. 1940 Chef des allg. Heeresamtes im Oberkommando des Heeres, zentrale Rolle bei der Erhebung gg. Hitler am 20. Juli 1944; erschossen.

Old Economy [əʊld ɪ'kɔnɔmɪ; engl.], Bez. für die traditionelle Wirtsch. im Ggs. zur ↑New Economy.

Oldenburg, histor. Gebiet im W des Landes Nds., Tiefland, meist Marsch u. Geest, im S hügelig. – *Gesch.:* seit dem 12. Jh. „Gf. v. O."; 1667 bis 1773 im Besitz der dän. Kg., die dem Hause O. entstammten, 1777 Hzgt., 1815 Großhzgt. mit der Exklave Birkenfeld (fiel 1937 an Preußen), 1918 Freistaat, seit 1946 Teil v. Niedersachsen.

Oldenburg (Oldenburg), Hptst. des Reg.-Bez. Weser-Ems, Nds., krsfr. St. u. Krst., 151 400 E; Schloss u. a. histor. Bauten, OLG, LG, IHK; Univ., Fachhochschule, Museen, Bibliotheken, Theater; landw. Handel; Elektro- u. a. Ind.

Öldruck, Steindruck mit Ölfarben zur Reproduktion von Ölgemälden.

Oldtimer ['əʊldtaɪmər; engl.], histor. Kraftfahrzeuge.

Öle, organ. Verbdg., bei Raumtemp. flüssig, in Wasser unlösl., in organ. Lösungsmitteln meist gut lösl.; *Mineral-Ö.:* Gemische höherer KW-Stoffe; *pflanzl. u. tier. Ö.:* Glyzerinester der Fettsäuren; bes. hoher Gehalt an ungesättigten Fettsäuren bei den *trocknenden Ö.n* (Leinöl, Holzöl). – ↑auch ätherische Öle.

Oleander [ital.], immergrüner giftiger Strauch des Mittelmeergebiets; schmale ledrige Blätter, Blüten rosa (rot, weiß, gelb).

Oleander. *Echter Oleander*

Olefine (Alkene, Alkylene), ungesättigte KW-Stoffe, die eine oder mehrere C=C-Doppelbindungen enthalten (z. B. ↑Äthylen).

Oleg, † 912, seit 879 Großfürst von Nowgorod, eroberte 882 Kiew, Ursprung des Kiewer Reiches.

Olein [gr.-lat.], rohe ↑Ölsaure; in gr. Umfang in der Seifen- u. Textilind. verwendet.

OLG, Abk. für: **O**ber**l**andes**g**ericht (↑Übers. Gerichte).

Olifant [frz.], Signalhorn des MA (nach dem Hifthorn Rolands).

Oligarchie [gr.], Herrschaft einer kl. Gruppe.

Oligopol [gr.], Marktform, bei der auf der Angebots- bzw. Nachfrageseite jeweils nur wenige Anbieter bzw. Nachfrager miteinander in Konkurrenz stehen. Wettbewerbsentscheidend ist meist neben dem Preis die Qualität, der Service u. a.

Oligozän ↑Geologie, Formationstabelle.

Oliva (poln. Oliwa), Stadtteil v. Danzig, Polen, mit ehem. Zisterzienserabtei (um 1178 gegr., 1832 aufgehoben), von gr. Bed. für die Erschließung Preußens; Klosterkirche (Backsteinbau, 13. Jh.).

Olive ↑Ölbaum.

Olivier, Sir Laurence [Kerr] [ɔ'lɪvɪə], * 1907, † 1989, brit. Schauspieler u. bed. Regisseur (v. a. shakespearischer Dramen).

Ollenhauer, Erich, * 1901, † 1963, dt. Politiker (SPD); 1928–33 Vors. der Sozialist. Arbeiterjugend, 1933–46 Emigration; ab 1952 Fraktions- u. Parteivorsitzender.

Ölmalerei, das Malen mit Farben, bei denen als Bindemittel trockene Öle verw. werden; charakt. die hohe Leuchtkraft, Sattheit und Tiefe der Farben.

Olme, lang gestreckte Schwanzlurche; Büschelkiemen, verkümmerte Beine; Wasser bewohnend; z. B. Grottenolm.

Olmütz (tschech. Olomouc), tschech. Stadt an der oberen March, 106 000 E; Univ.; histor. Bauten; Textil-, chem., feinmechan. Ind.; *O.er Punktation,* Abkommen zw. Preußen u. Östr. (29. 11. 1850); Verzicht Preußens auf seine dt. Unionspolitik.

Ölpalme, Palmengatt. im trop. W-Afrika u. Südamerika; Früchte liefern *Palmöl* und *Palmkernöl.*

Öl|pest, Verschmutzung von Meeresküsten durch Rohöl, v. a. aus Tankerunfällen, Kriegshandlungen od. bei Offshorebohrungen, der höchste Anteil stammt aber von Tankspülungen auf hoher See. Das Öl bildet Ölteppiche an der Wasseroberfläche, die den Gasaustausch zw. Luft u. Wasser beeinträchtigen. Es führt zur Verklebung des Gefieders von Seevögeln und meist zum Tod der Vögel. Die leichten Bestandteile des Öls verflüchtigen sich nach 1–2 Wochen, die schwer flüchtigen Bestandteile verklumpen und sinken auf den Grund od. werden abgetrieben.

Öl|säure, einf., ungesättigte Fettsäure, $C_{17}H_{33}COOH$; chem. gebundener Hauptbestandteil vieler tier. und pflanzl. Fette und Öle; wird z. T. aus Fetten isoliert (Olein); ihre Salze sind die Oleate.

Olten, schweizer. St. an der unteren Aare, 18 200 E; Masch.-, Auto-, Elektro-, Textilindustrie.

Olymp: 1) mehrgipfl. Geb.-Massiv in Griechenland, bis 2 917 m ü. d. M.; in der griech. Mythol. Sitz der Götter; **2)** (Mysischer Olymp) ↑Uludağ.

Olympia: 1) griech. Ort (770 E) und antike Ruinenstätte auf der Peloponnes, Schauplatz der Olymp. Spiele des Altertums; **2)** Hptst. des B.-Staates Washington, USA, 33 800 E; Holz- und Nahrungsmittelind.; ⚓, ✈.

Olympiade [gr.]: **1)** in der Antike Zeitspanne von 4 Jahren zw. 2 olymp. Spielen; **2)** Bez. für die Olympischen Spiele.

olympische Fahne, 5 ineinander greifende, die 5 Erdteile symbolisierende farb. Ringe (blau, gelb, schwarz, grün, rot) auf weißem Grund.

Olympische Spiele, die seit 776 v. Chr. bezeugten u. bis 393 n. Chr. alle 4 J. in Olympia veranstalteten (seit dem 5. Jh. ergänzten mus. Darbietungen die Wettbewerbe) u. nach altgriech. Vorbild 1896 wieder ins Leben gerufenen internat. Kampfspiele für Amateure in fast allen Disziplinen; Amateurprinzip ständig weiter ausgehöhlt; s. 1924 auch *Olymp. Winterspiele.*

Omaha ['əʊməhɔ:], St. in Nebraska, USA, 336 000 E; zwei Univ.; Bleierzverhüttung, chem., Masch.- u. a. Industrie. Bed. Viehmärkte, Großschlächtereien; ✈.

Omajjaden, Kalifendyn., 661 bis 750, gründete 756 nach ihrem Sturz durch die Abbasiden das Emirat (s. 929 Kalifat) von Córdoba, das 1031 zerfiel.

Oman, Sultanat im O der Arab. Halbinsel; Wüste, im N *Omangeb.* mit kl. Küstenstreifen; Oasenwirtsch., Viehhaltung, Fischerei; 🛢-Förderung. Im 9. Jh. unabh. Imamat, 1509 portugies. Eroberung (1650 vertrieben); s. den 1970er-Jahren Entw. zum modernen Staat.

Omar I. Ibn Al Chattab, * um 580, † 644, Kalif s. 634; Begr. des islam. Reiches; eroberte Syrien u. Ägypten; ermordet.
Ombudsmann [schwed.], i. d. R. eine v. der Volksvertretung bestellte Vertrauensperson, die ohne unmittelbare Eingriffsmöglichkeit die Rechtsanwendung beaufsichtigen sowie die parlamentar. Kontrolle über best. Verw.-Zweige verstärken soll.
Omdurman, St. in der Rep. Sudan, am l. Nilufer, Teil der Agglomeration Khartum; bed. Handelszentrum; 1898 Schlacht bei O., in der ↑Kitchener die Anhänger des ↑Mahdi vernichtend schlug.
Omega [gr.], letzter Buchstabe des griech. Alphabets (langes O; Ω, ω).
Omega|nebel, ein gr. Gasnebel im Sternbild ↑Sagittarius.
Omen [lat.], [von der Mantik gedeutetes] gutes oder schlechtes Vorzeichen.
Omikron [gr.], 15. Buchstabe des griech. Alphabets (kurzes O; *O, o*).
Omnivoren [lat.] (Allesfresser), Tiere, die pflanzl. u. tier. Nahrung fressen.
Omsk, russ. St. in W-Sibirien, am Irtysch, 1,15 Mill. E; Hochschulen, Museen; Erdölraffinerien, Elektrogerätebau, Nahrungsmittel-, chem., Masch.- u. a. Ind.; ✈.
Onager [gr.], Halbesel der Steppen NO-Irans, NW-Afghanistans und W-Turkestans.
Onanie [engl., Neubildung zum bibl. Namen Onan], sexuelle Selbstbefriedigung.
Onassis, Aristoteles Sokrates, * 1907, † 1975, griech. Reeder; war Besitzer der größten Privatflotte der Welt (hpts. Tanker).
Ondit [õdi:; frz.; = man sagt], Gerücht, Gerede.
Ondra, Anni, eigtl. Anna Ondráková, * 1903, † 1987, dt. Schauspielerin; Filmstar der 1930er-Jahre, verh. mit M. Schmeling.
Onega|see, See im NW Russlands, 9616 km^2, bis 127 m tief.
O'Neill, Eugene [Gladstone] [əʊ'ni:l], * 1888, † 1953, amer. Dramatiker; realist. Darst. des in seiner Schuld hilflos unterlegenen Menschen; „Trauer muss Elektra tragen", „Ein Mond für die Beladenen"; Nobelpreis 1936.
Onestep ['wʌnstep; engl.], Gesellschaftstanz im $^2/_4$- od. $^6/_8$-Takt, Anf. d. 20. Jh.s populär.
online ['ɔnlaɪn; engl.], in direkter Verbdg. mit einer zentralen elektron. Datenverarbeitungsanlage [arbeiten]; Ggs.: *offline* (die Daten werden zunächst zwischengespeichert).

Olympia. *Tempel der Hera*

Ontario, kanad. Prov. zw. der Hudsonbai im N u. den Großen Seen im S, 1068580 km^2, 10,1 Mill. E, Hptst. Toronto; *O.see,* kleinster u. östlichster der Großen Seen, 19529 km^2, bis 243 m tief.
Ontologie [gr.], die Lehre vom Sein, von den Ordnungs-, Begriffs- und Wesensbestimmungen des Seienden; u. a. bei M. Heidegger.
Onyx [gr.], Abart des ↑Chalzedons, schwarzweiß gebänderter Schmuckstein.
op., Abk. für lat.: **Op**us (𝄞).
Opal [gr.-lat.], Abart des ↑Quarzes, eingetrocknete Kieselgallerte, Härte 6,5–5; undurchsichtig, farblos, weiß, oft Farbenspiel; Varietäten, u. a. Edel- u. Feueropal; Schmuckstein.
OPEC, Abk. für engl.: **O**rganization of the **P**etroleum **E**xporting **C**ountries, Organisation der Erdöl exportierenden Länder, gegr. 1960, Sitz Wien; Mitgl.: Algerien, Ecuador (1992 ausgetreten), Gabun, Indonesien, Irak, Iran, Katar, Kuwait, Libyen, Nigeria, Saudi-Arabien, Venezuela, Vereinigte Arab. Emirate. Seit 1973 diktierte die OPEC Preise u. Bedingungen, bis Energiesparerfolge in den Ölimportländern u. bes. die Erschließung neuer Erdölquellen durch Nicht-OPEC-Länder Angebotsüberschuss u. fallende Preise bewirkten. – Übers. S. 499.
Opel, Adam, * 1837, † 1895, dt. Industrieller; begr. 1862 in Rüsselsheim eine Nähmaschinenfabrik, die

Oman

Fläche: 212457 km^2
Einwohner: (1995) 2,16 Mill.
Hauptstadt: Maskat
Amtssprache: Arabisch
Zeitzone: MEZ +3 Stunden

Opalglas (Opakglas), lichtdurchläss. Trübglas; verw. u. a. für Beleuchtungskörper.
opalisieren, farbig schillern.
Op-Art ['ɔp ɑ:t; amer.], mod., illusionist. Kunstrichtung, die u. a. mit geometr. Mustern opt. Erscheinungen erzielt. – Abb. S. 498.
Opatija, kroat. Seebad am Golf von Rijeka, 13000 E; ⚓.
Vorläuferin der heut. *Adam O. AG;* bed. dt. Automobilunternehmen; Tochterges. der General Motors Corporation.
Oper [ital.], in Musik (Gesang und Instrumentalmusik) gesetzte dramat. Handlung. Erste Anfänge in der Florentiner Camerata („Dafne" v. I. Peri, 1598); erste O. im heut. Sinne ist C. Monteverdis „L'Orfeo"

Op-Art. *Victor de Vasarély, Vonal-Ksz (1958).*

(1607), deren Struktur sich bis zu Mozarts O.n hielt; der Text untersteht weitgehend autonom-musikal. Gesetzen. 1637 erstes öff. Opernhaus in Venedig, gg. Ende des 17. Jh.s wurde Neapel führend; bed. die solist. Arie. Die frz. O., aus höf. Balletten entstanden, von J.-B. Lully begr., war textl. hpts. an der klass. frz. Tragödie orientiert (neben Lully v. a. J.-P. Rameau). Die dt. O. stand zunächst ganz unter ital. Einfluss; 1678 Gründung der O. am Gänsemarkt in Hamburg (R. Keiser, G. F. Händel, J. A. Hasse, G. P. Telemann); Entw. der Barock-O. zur subjekt. vorromant. O. einsetzend mit C. W. Gluck. Ein Höhept. die Charakterdarst. mit musikal. Mitteln bei W. A. Mozart, Verschmelzung v. Gesang und Instrumentalmusik; in Italien der virtuose Gesang vorherrschend; erst bei G. Rossini und G. Verdi klangl. Bereicherung u. Auflockerung des Typenhaften. Die frz. Oper verbindet ital. Belkanto und frz. Theatralik (D.-F.-E. Auber, G. Meyerbeer, G. Bizet u. a.). – C. M. v. Webers Oper „Der Freischütz" gilt als erste dt. romant. O. Von dieser gelangte R. Wagner zum Musikdrama als „Gesamtkunstwerk", in dem sich Text u. musikal. Form durchdringen. – Im 20. Jh. neue Impulse (Atonalität, Zwölftontechnik, Jazz, elektron. Musik): I. Strawinski, A. Berg, P. Hindemith, W. Egk, E. Křenek, B. Britten, G. von Einem, R. Liebermann, H. W. Henze u. a.

Operation [lat.]: **1)** allg.: Verrichtung, Arbeitsvorgang; **2)** chirurg. Eingriff; **3)** mil. Begriff für Handlungen im strateg. und takt. Bereich; **4)** Art der Befehlsausführung in der Zentraleinheit eines Computers.

Operator ['ɔpəreɪtə; engl.], Datentechniker, Fachkraft zur Bedienung von EDV-Anlagen.

Operette [ital.], leichtes, unterhaltendes Singspiel mit Dialogen, Arien und Ballett; erstes Zentrum der O. war Paris mit F. Hervé, A. C. Lecocq u. v. a. J. Offenbach; Blütezeit der O. nach 1870 in Wien mit F. v. Suppé, J. Strauß (Sohn), C. Millöcker, K. Zeller, F. Lehár, E. Kálmán, R. Heuberger; ab 1900 in Berlin: P. Lincke, W. Kollo, E. Künnecke u. a. Heute weitgehend vom Musical abgelöst.

Opfer, älteste Form relig.-kult. Handlung; ein lebendes Wesen *(blut. O.)* oder [stellvertretend] eine Sache wird zu Ehren der Gottheit an hl. *O.stätten,* zu best. *O.zeiten,* durch *O.priester,* nach strengem *O.ritual* dargeboten, d. h. geopfert; in der Religionsgeschichte vielfach Kritik an einer rein äußerl. O.praxis und Forderung nach eth. Interpretation der dem O. zugrunde liegenden Verehrung der Gottheit. Im Christentum Deutung des Todes Jesu als Opfer.

Ophüls, Max, eigtl. M. Oppenheimer, * 1902, † 1957, frz. Regisseur dt. Herkunft; „Liebelei" (1932), „Der Reigen" (1950).

Opiate [gr.], opiumhalt. Arzneimittel.

Opitz, Martin, * 1597, † 1639, dt. Dichter des Frühbarocks; strebte eine Bildungslit. in der Nat.-Spr. an; seine Dichtungen sind Zeugnisse für das Bemühen, Formen der europ. Barockdichtung in Dtl. einzuführen: Kunstdrama, Schäferdichtung, Sonett, Ode, Epigramm; bed. seine metr. Regeln; „Buch von der Dt. Poeterey".

Opium [gr.], der an der Luft zu einer plast. Masse getrocknete Milchsaft des Schlafmohns. Roh-O. enthält 20–25% Alkaloide (10 bis 12% Morphin, daneben Noskapin, Thebain, Kodein, Papaverin, Narcein); wegen seiner beruhigenden, schmerzstillenden Wirkung als Rauschmittel missbraucht (geraucht, gegessen oder in Wasser gelöst injiziert). Gereinigtes O. wird als schmerzstillendes Arzneimittel verwendet.

Opiumkrieg, brit.-chin. Krieg 1840–42 (ausgelöst durch das chin. Opiumeinfuhrverbot), mit dem die Periode der Unterwerfung Chinas unter die v. a. wirtsch. Ansprüche westl. Mächte begann.

Opossum [indian.], etwa hauskatzengr. nordamer. Beutelratte, mit Greifhänden; auch Pelztier.

Oppeln (poln. Opole), St. an der oberen Oder, Polen, Verw.-Sitz d. Woiwodschaft O., 129 600 E; Bischofssitz, PH, Freilichtmuseum (s. 1963); vielseit. Metall-, Fahrzeugindustrie, ⚓.

Oppenheim, St. am linken Ufer des Oberrheins, RP, 6 300 E; got. Katharinenkirche, got. Karner, Ruinen der Burg Landskrone (13. Jh.); Weinbau.

Oppenheimer, Robert, * 1904, † 1967, amer. Physiker; Arbeiten u. a. zur Quantentheorie der Atome u. Moleküle; 1943–45 Leiter der US-Atombombenentw. in Los Alamos („Vater d. Atombombe").

opponieren [lat.], widersprechen, sich widersetzen.

Opportunismus, Handeln nach Vorteilhaftigkeit, Anpassung an die jeweil. Lage.

Opposition [lat.]: **1)** Gegensatz; Widerstand, Widerspruch; **2)** die Gesamtheit aller an der herrschenden Reg. nicht beteiligten [u. von daher deren Pol. kritisierenden] Parteien *(O.sparteien)* u. Gruppen; **3)** ↑Konstellation; **4)** Stellung des Daumens zu den anderen Fingern (Med.); **5)** unmittelb. Gegenüberstellung beider Könige auf einer Linie oder Reihe (Schach).

Optik [gr.]: **1)** Lehre vom ↑Licht, seiner Entstehung, Ausbreitung *(physikal. O.)* und seiner Wahrnehmung *(physiol. O.).* Die Entstehung des Lichtes und seine Wechselwirkung mit Materie in atomaren Bereichen behandelt die *Quanten-O.,* die Ausbreitung als geradlin. Strahlen (Vernachlässigung des Wellencharakters), Brechung, Reflexion und opt. Abbildungen die *geometr. O.;* Beugungs- u. Interferenzphänomene erklärt die *Wellen-O.* [aus dem Verhalten elektromagnet. Wellen], ebenso Dispersion u. Polarisation; **2)** Bez. für opt. Teile eines Geräts.

Optimismus [lat.]: **1)** lebensbejahende Grundhaltung, oft bezogen auf die positive Einstellung in einer unsicheren Situation; **2)** Lehre, die die bestehende Welt für die beste aller mögl. und das geschichtl. Geschehen für einen Fortschritt zum Guten u. Vernünftigen hält.

Option [lat.]: **1)** im Völkerrecht die Entscheidung für eine best. Staatsangehörigkeit; v. a. bei Gebietsveränderungen; **2)** im Zivilrecht Voranwartschaft auf Erwerb einer Sache od. das Recht zur künft. Lieferung einer Sache.

optische Aufheller, organ. Verbindungen, die UV-Strahlen in sichtbares (blaues) Licht umwandeln, wodurch der Weißgrad von Geweben opt. verbessert wird.

optische Täuschungen, den objekt. Gegebenheiten widersprechende Gesichtswahrnehmungen.

Opto|elektronik, Spezialgebiet der Elektronik mit Bauelementen, in denen opt. u. elektron. Signale miteinander verknüpft werden. Die O. befasst sich z. B. mit der Energieumwandlung durch Solarzellen u. dient in der Nachrichtentechnik zur Informationsübertragung mit Lichtleitern. Eine wichtige Entwicklungsrichtung der O. ist der opt. Computer, in dem die Daten in Form von Lichtsignalen transportiert werden.

Opus [lat.], das künstler., bes. das literar. oder musikal. Werk; Abk. op.

Oradea (dt. Großwardein, ungar. Nagyvárad), rumän. Stadt am O-Rand des Alföld, 222 800 E; Barockbauten; vielseit. Ind.; ✈.

Oradour-sur-Glane [ɔradursyr'glan], frz. Ort nw. v. Limoges, 1700 E; am 10. 6. 1944 von SS-Truppen als Vergeltung für Partisanentätigkeit niedergebrannt; nahezu alle (etwa 600) Einwohner wurden dabei getötet. Der Ort wurde nahebei neu errichtet.

Orakel [lat.], Ort, an dem die Götter geheimnisvolle Weissagungen erteilen; auch die Weissagung selbst *(O. von Delphi).*

oral [lat.], den Mund betr., am Munde gelegen, durch den Mund.

Oran, alger. Hafenst. am Mittelmeer, 700 000 E; Univ.; Nahrungsmittel-, Textil- u. a. Ind.; ✈.

Orange [ɔ'rãʒ]: **1)** südfrz. St. nördl. v. Avignon, 26 500 E; gut erh. röm. Theater, röm. Triumphbogen; ehem. Kathedr. (11.–12. Jh.); Gemüsebau; Ind.; **2)** ↑Oranien.

Orangeat [ɔrã'ʒa:t; frz.], kandierte Orangenschalen.

Orangerie [ɔrãʒ'ri; frz.], Gewächshaus zum Überwintern von Orangenbäumen u. a. Pfl. (in Parkanlagen des 17.–19. Jh.s).

Orang-Utan [malai.], bis 1,8 m gr., rötl. bis dunkelbrauner Menschenaffe Borneos und Sumatras; fast nacktes Gesicht, sehr lange Arme; Pflanzenfresser.

Orani|en (frz. Orange), ehem. frz. Ft. im heut. Dép. Vaucluse; fiel 1544 an René von Nassau-Dillenburg (* 1519, † 1544), nach dessen Tod an den späteren Statthalter der Niederlande, Wilhelm I., 1713 an Frankreich.

Orani|en-Nassau, Name des regierenden Kg.hauses der Niederlande, zurückgehend auf ehem. Besitzungen, das Ft. Oranien u. die Gft. Nassau-Dillenburg.

Oranje, größter Fl. S-Afrikas zum Atlantik, 1 860 km.

Oranjefreistaat, Prov. der Rep. Südafrika, 129 480 km², 2,78 Mill. E, Hptst. Bloemfontein; Viehzucht, Ackerbau; Diamanten, Gold. – 1835–38 beim „Großen Treck" der Buren besiedelt, 1842 als Burenrep. gegr., 1902–10 brit. Kronkolonie; 1910 zur Südafrikan. Union.

einem Klangkörper. Das O. im mod. Sinn entstand im 17. Jh.; Entw. von vier Instrumentengruppen: Streicher, Holz- u. Blechbläser, Schlagzeug; bis zum Ende des 19. Jh. durch Vervielfachung der Bläser u. Einführung neuer Instrumente Besetzungsstärke mehr als verdoppelt; seit dem 20. Jh. neben *Sinfonie-, Kammer-* u. *Blas-O.* gr. u. kl. *Unterhaltungs-O.* sowie das *Jazz-O.* (Big Band).

Orchideen [gr.], artenreiche Fam. der Monokotyledonen; meist [sub]trop., ausdauernde Kräuter mit oft prächt. gefärbten Blüten.

Ordal [mlat.], Gottesurteil im ma. Recht.

Orden: 1) [Groß]gemeinschaft des Mönchtums nach gemeinsamer Regel; *kath. O.:* Regularkanoniker (u. a. Augustiner-Chorherren), Mönchs- od. monast. O. (u. a. Benediktiner, Zisterzienser, Trappisten), Bettel-O. (u. a. Franziskaner, Dominikaner, Karmeliter), Regularkleriker-O. (u. a. Jesuiten) u. Ritter-O. (u. a. Johanniter); häuf. angeschlossen Zweiter O. (weibl.); ferner Kongregationen, Genossenschaften u. Säkularinstitute; *orth. O.:* Antonianer, Basilianer, Pauliner; *ev. O.:* Bruderschaften; **2)** Ehrenzeichen für mil. u. bürgerliche (auch künstler. u. wiss.) Verdienste; als Schulterband-, Hals-, Brust-O.; O. werden von Staatsoberhäuptern verliehen.

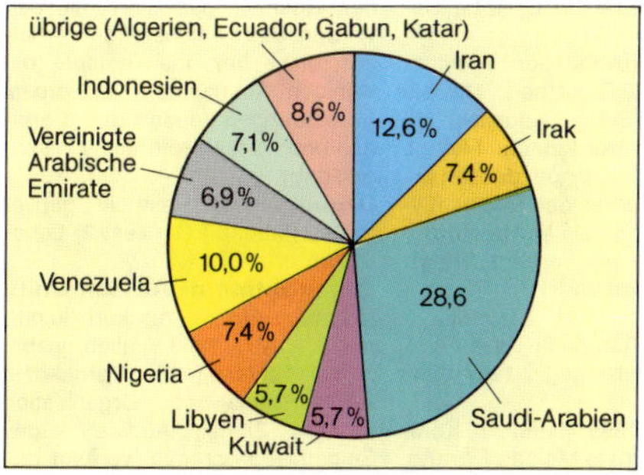

OPEC. *Verteilung der OPEC-Erdölförderung*

Oratorium [lat.]: **1)** Vertonung relig. od. weltl. Texte für Chor, Soli u. Orchester, unter Einfluss der Opernmusik, z. T. auch für szen. Aufführung bestimmt; Hauptmeister: H. Schütz, G. F. Händel, J. S. Bach, J. Haydn; **2)** Andachtsraum.

Orbit, Umlaufbahn von Raumflugkörpern.

Orcagna, Andrea [ɔr'kaɲa], eigtl. A. di Cione, * um 1320 (?), † 1368 od. später, ital. Baumeister, Bildhauer u. Maler; einer der Meister des florentin. Trecento.

Orchester [-k-; gr.]: **1)** Raum für die Musiker zw. Bühne und Publikum; **2)** Vereinigung einer größeren Zahl von Instrumentalisten zu

Orderpapiere, Wertpapiere, in denen ein best. Berechtigter ben. ist, im Übr. aber jedem die Leistung versprochen wird, der Order des Benannten hat. Geborene O. sind Namensscheck, Wechsel, Namensaktie; gewillkürte (gekorene) O. sind kaufmänn. Papiere, die erst kraft *Orderklausel* auf den Namen lauten (u. a. kaufmänn. Anweisungen, Lagerscheine, Ladescheine).

Ordinalzahl [lat.; dt.] (Ordinale), Ordnungszahl, z. B. *zweiter* (2.).

Ordination [lat.], kath. Priesterweihe; feierl. Einsetzung eines ev. Pfarrers in sein Amt.

Ordnung, systemat. Einheit in der Biol., fasst verwandte Fam. zusammen.

Ordnungsstrafe, Strafe, die verhängt wird, wenn keine Straftatbestände erfüllt, sondern Ordnungsvorschriften verletzt worden sind; Anwendung v. a. im Prozessrecht, Verwaltungs- und Disziplinarrecht.

Ordnungswidrigkeit, Zuwiderhandlung gegen eine Verw.-Vorschrift, mit Geldbuße geahndet.

Ordnungszahl: 1) Ordinalzahl; **2)** Stellenzahl eines chem. El. im ↑Periodensystem der chem. El., ident. mit der *Kernladungszahl,* der Anzahl der posit. Elementarladungen (Protonen) der Atomkerne seiner Atome.

Ordonnanz [frz.]: **1)** veraltet für Befehl, Anordnung; **2)** Soldat, der einem Offizier zur Befehlsübermittlung zugeteilt ist; **3)** kgl. Erlass mit Gesetzeskraft (Frkr. 12.–19. Jh.).

Örebro [-'bru:], westschwed. Prov.-Hptstadt am Hjälmarsee, 123 200 E; Schloss (16. Jh.); Schuh- u. Papierindustrie.

Oregon ['ɔrɪgən], Abk. Oreg., Staat im NW der USA, an der Pazifikküste südl. des Columbia River, 251 419 km², 2,84 Mill. E, Hptst. Salem.

Orense, nordwestspan. Provinz-Hptst., 109 300 E; Kathedr. (12. bis 17. Jh.); Ind.; Schwefelquellen.

Orestes, in der griech. Mythol. Sohn des Agamemnon, dessen Ermordung er an seiner Mutter Klytämnestra rächt; als Muttermörder von den Erinnyen verfolgt. Tragödie von Euripides.

ORF, Abk. für: **Ö**str. **R**und**f**unk; staatl. östr. Rundfunk- und Fernsehgesellschaft; gegr. 1957; Sitz Wien.

Orff, Carl, * 1895, † 1982, dt. Komponist; einfachste Melodieführung, zugleich faszinierende Rhythmik; Chor- u. Bühnenwerke; „Carmina Burana", „Der Mond", „Die Kluge", „Catulli Carmina", „Antigonae", „Trionfo di Afrodite".

Organ [gr.]: **1)** Stimme; **2)** (Organon) Körperteil eines mehrzell. Lebewesens, der einer einheitl. Aufgabe dient u. entspr. gebaut ist, z. B. Lunge, Auge; **3)** die für eine jurist. Person handelnde Institution, auch deren gesetzl. Vertr.; **4)** Beauftragter; **5)** Fach-, Vereins-, Parteiblatt.

Organdy ↑Glasbatist.

Organisation [frz.]: **1)** planmäß. Ordnung und ihre Verwirklichung [mit den geeigneten Mitteln]; **2)** zweckbest. Zusammenschluss einer Gesellschafts- od. Interessengruppe zu einer Partei, einem Verein, Verband u. a.; **3)** Bauplan eines Organismus, Gestalt u. Anordnung seiner Organe bzw. Organellen.

C. Orff

Organisation für wirtschaftliche Zusammenarbeit und Entwicklung ↑OECD.

organisch [gr.]: **1)** der belebten Natur angehörend; Ggs. anorgan.; **2)** ein ↑Organ 2) betr.; **3)** zur organ. Chemie gehörend.

organische Chemie, Teilgebiet der Chemie, das sich mit den Verbdg. des Kohlenstoffs beschäftigt; diese bez. man entspr. (mit wenigen Ausnahmen) als *organ. Verbindungen* (außer den Carbiden und wasserstofffreien Chalkogeniden).

Organismus: 1) einheitl., gegliedertes [lebend.] Ganzes; **2)** Lebewesen.

Organization of African Unity [ɔ:gənaɪ'zeɪʃn ɔv 'æfrɪkən 'ju:nɪtɪ; engl.] (OAU), 1963 v. allen unabh. afrikan. Staaten (außer Marokko) in Addis Abeba gegr. Organisation für die Einheit Afrikas; vages Selbsthilfeprogramm, verfolgt das Ziel, bei innerafrikan. Konflikten vermittelnd einzugreifen. Die Rep. Südafrika wurde 1994 aufgenommen.

Organza [ital.], zartes Gewebe aus nicht entbasteter Naturseide (heute aus Chemiefasern).

Orgasmus [gr.], Höhept. der sexuellen Erregung.

Orgel [gr.], Tasteninstrument, mit dem größten Tonumfang; enthält das *Pfeifenwerk* mit Registern (Pfeifen gleicher Klangfarbe) in belieb. Anzahl, von denen jedes möglichst alle Töne enthält. Im *Windwerk* mit Pumpen, Bälgen od. Ventilatoren wird der Luftdruck geregelt; Luftzufuhr im *Regierwerk* gesteuert, früher mech., heute pneumat. oder elektr.; freistehender *Spieltisch* mit meist 2–5 Manualen, einem Pedal, Registerzügen und Koppeln. Der *Prospekt* verbirgt mit einer Pfeifenreihe die Register. Als *Wasser-O.* schon um 246 v. Chr. erwähnt; als Kircheninstrument in Dtl. seit dem 9. Jh.; berühmte *O.bauer:* Compenius, Schnitger, Silbermann.

Orgie [gr.], urspr. geheimer [ekstat.] Gottesdienst (↑Mysterien); ausschweifendes Fest.

Orient [lat.] (veraltet: Morgenland), i. e. S. der Raum der vorderasiat. Hochkulturen (Alter Orient) und die islam. Länder im Nahen Osten und in N-Afrika (im Ggs. zum Okzident bzw. Abendland), i. w. S. auch der Mittlere Osten u. der Ferne Osten.

orientalische Kirchen (Ostkirchen), Sammelbez. für alle christl. Kirchen, die nach der endgültigen Teilung des Röm. Reiches (395) zu dessen Osthälfte gehörten bzw. dort entstanden sind oder von dort aus durch Mission außerhalb der Reichsgrenzen gegr. wurden. Die (noch heute) in den Liturgien der o.n K. gebräuchl. *oriental. Riten* entsprechen den 5 urspr. Kirchen: der *byzantin.,* der *alexandrin.* (kopt. u. äthiop.), der *antiochen.* (westsyr.), der *chaldäische* (ostsyr.) und der *armen.* Ritus. – Im Zusammenhang mit den christolog. Streitigkeiten des 5.–7. Jh.s kam es zu den ersten dauerhaften Loslösungen v. der Gesamtkirche u. damit zur Bildung der *oriental. Nationalkirchen.* – Seit dem Morgenländ. Schisma (1054) sind die aus der byzantin. Kirche hervorgegangenen Ostkirchen *(orthodoxe Kirchen)* von der röm. Kirche getrennt. Sie folgen fast ausnahmslos dem byzantin. Ritus. Es gibt mehrere voneinander unabhängige und selbst. (autokephale) orth. Kirchen, die sich jedoch in Bekenntnis und Liturgie verbunden fühlen.

orientalische Musik, Musik der islam. Völker, im Wesentl. von der unter zahlr. Einflüssen, v. a. der griech. und altpers. Kultur, zur Kunstmusik gewordenen *arab. Musik;* Tonsysteme in der Regel auf diaton. Tonleitern aufbauend, aber auch auf solchen aus ¼-, ¾- u. 5/4-Tönen; die (der griech. entgegengesetzte) Auffassung der Tonleiter als aufsteigender Folge von Tönen ergibt die spezif. „orientale Chromatik". Die Melodien – oft improvisiert, vielfach mit einer hohen Note beginnend – entwickeln sich aus langsam aufsteigenden Intervallschritten; zahllose komplizierte Rhythmusgruppen. Wichtigste *In-*

strumente: Knickhalslaute (Mandolinenart), Brettzither, ventillose Trompete, mundstücklose Längsflöte, Hand- und Schellentrommel, Tamburin.

Orientalistik, Wiss. v. den Spr., Lit. und Kulturen des Orients.

Orientbeule (Aleppobeule), bes. in den Tropen endem. vorkommende ansteckende Hautkrankheit mit Knoten u. Geschwürbildung; Erreger: *Leishmania tropica.*

Origenes, gen. Adamantios, * um 185, † 245, griech. Kirchenschriftsteller; bed. Gelehrter; „De principiis", erstes theol.-philos. System, von überragendem Einfluss.

Original [lat.]: **1)** vom Autor (Künstler) stammende Fassung od. Form; **2)** [rechtswirksame] Urschrift; **3)** eigentüml. Mensch, Sonderling.

Orinoko, Fluss in Venezuela, 2140 km; entspr. in der Sierra Parima, verliert durch Gabelung (Bifurkation) im Río Casiquiare ¼ seines Wassers an den Río Negro, mündet in den Atlantik (breites Delta).

Orion, schöner Jüngling der griech. Mythol.; Sohn des Poseidon, gewalt. Jäger, der von Eos als ihr Geliebter entführt, von Artemis aber getötet wird.

Orion, Sternbild der Äquatorzone, u. a. mit dem gr. *O.nebel.*

Orkan [span.-niederl.], nach der Beaufortskala ↑Windstärke 12 und darüber, über 32,6 m/s.

Orkney ['ɔ:knɪ], schott. Verwaltungsgebiet, die *O.inseln* umfassend, nördl. von Schottland, 975 km², 19800 E; Hptst. Kirkwall; 90 Inseln, davon 28 bewohnt, größte Insel *Mainland.*

Orkus, röm. Gott der Unterwelt, auch Name des Totenreiches.

Orléans [ɔrle'ã; frz.], seit 1344 Herzogstitel von Seitenlinien der frz. Königshäuser Valois u. Bourbon; bed. Vertr.: **1)** Louis Philippe, Hzg. v. ↑Louis (Louis Philippe, Kg. v. Frkr.); **2)** Louis Philippe II. Joseph, Hzg. v., Hzg. v. Montpensier u. Chartres, gen. Philippe Égalité, * 1747, † 1793; in der Frz. Revolution Mitgl. des Jakobinerklubs u. der Bergpartei im Nat.-Konvent, stimmte für den Tod Kg. Ludwig XVI., später ebenfalls hingerichtet; **3)** Philippe I., Hzg. v., * 1640, † 1701, Sohn v. Ludwig XIII., s. 1671 mit Elisabeth Charlotte v. d. Pfalz verh., begr. das heute noch bestehende jüngere Haus Orléans.

Orléans [ɔrle'ã], Hptst. des frz. Dép. Loiret u. der Region Centre, an der Loire, 105000 E; Kathedr. (1279 ff.; 1601–1829); Textil-, Lebensmittel-, Masch.-Ind.; ✈.

Ornament [lat.], plast. aufgelegte, eingelegte und/oder gemalte Verzierungsmotive.

Ornat [lat.], feierl. [kirchl.] Amtstracht.

Ornithologie [gr.], Vogelkunde.

Orogenese [gr.] (Gebirgsbildung), Bewegungen der Erdkruste, die zur Entstehung von Gebirgen führen; *alpinotype O.* findet in den bewegl. Zonen der Erdkruste statt u. liefert Deck- oder Faltengeb.; *germanotype O.* findet in bereits versteiften Gebieten statt (Bruchfalten-, Schollengebirge).

Orpheus, Sänger der griech. Mythol.; bezaubert mit seinem Gesang u. Saitenspiel Tiere u. Pflanzen, erreicht von Hades die Rückgabe seiner Gattin Eurydike aus der Unterwelt.

Orsini [ital.], röm. Adelsgeschlecht, dem mehr. Päpste entstammten; Hauptvertr. der Guelfen.

Ørsted, Hans Christian ['œ:rsdɛð], * 1777, † 1851, dän. Physiker; entdeckte 1820 die Ablenkung einer Magnetnadel durch elektr. Ströme u. damit den Zusammenhang zw. Elektrizität u. Magnetismus (↑Elektromagnetismus); nach ihm ben. die (nichtgesetzl.) Einheit der magnet. Feldstärke, ↑Oersted.

Ort: 1) ↑geometr. Ort; **2)** Lage eines Gestirns, best. durch Koordinaten an der Himmelskugel; **3)** Abbaustelle in einem Bergwerk.

Ortega y Gasset, José [- i -], * 1883, † 1955, span. Philosoph und Soziologe; Betonung d. individuellen Lebensgefühls; „Der Aufstand der Massen", „Das Wesen geschichtl. Krisen".

orth[o]..., Orth[o]... [gr.], Bestimmungswort; Bed.: „gerade, aufrecht; richtig, recht".

orthodox [gr.]: **1)** zur orthodoxen Kirche gehör.; **2)** recht-, strenggläubig.

orthodoxe Kirchen ↑orientalische Kirchen.

Orthographie [gr.], svw. ↑Rechtschreibung.

Orthopädie [gr.], Lehre von der Erkennung u. Behandlung d. angeborenen od. erworbenen Fehler d. Haltungs- u. Bewegungsapparats.

Ortlergruppe, Gruppe der ital. Zentralalpen, nördl. der Adamellogruppe; bis 3899 m *(Ortler).*

örtliche Betäubung ↑Anästhesie.

Ortsbestimmung, Festlegung der sphär. Koordinaten eines Ortes auf der Erdoberfläche (der geogr. Länge und Breite).

Ortsvektor (Radiusvektor), vom Nullpt. eines Koordinatensystems ausgehender, zu einem Punkt im Raum führender ↑Vektor.

Ortszeit, die auf den Meridian des Beobachtungsortes bezogene Zeit; diese stimmt nur bei Orten auf gleichem Längengrad überein.

Ortung, [Stand]ortbestimmung.

Oruro, Stadt im westl. Bolivien, 3700 m ü. d. M., 183000 E; TU, Zentrum eines bed. Zinn- u. Silberbergbaugebietes; ✈.

Orvieto, mittelital. St., 22800 E; got. Dom (13./14. Jh.); Weinbau; Kunsthandwerk.

Orwell, George ['ɔwəl], eigtl. Eric [Arthur] Blair, * 1903, † 1950, engl. Schriftsteller.

Os, Symbol für ↑Osmium (☊).

OSA, Abk. für: **O**rdo **S**ancti **A**ugustini (↑Augustiner).

Ōsaka, zweitgrößte St. Japans an der W-Küste Honshūs an der *Ō.bucht,* 2,62 Mill. E; 5 Univ. u. a. Hochschulen, Schloss, zahlr. Tempel; eine der bedeutendsten Handels- u. Ind.-Städte Japans; ⚓, ✈.

OSB, Abk. für: **O**rdo **S**ancti **B**enedicti (↑Benediktiner).

Osborne, John [James] ['ɔzbən], * 1929, † 1994, brit. Dramatiker; „Blick zurück im Zorn", „Der Entertainer".

Oscar, Filmpreis in den USA, eigtl. Academy Award, auch Bez. für die dabei verliehene Statuette; s. 1928 alljährl. von der Academy of Motion Picture Arts and Sciences in Hollywood verliehen.

Osebergfund, bei dem norweg. Ort Oseberg am Oslofjord 1903 in einem Grabhügel gefundenes hölzernes Schiff aus dem 9. Jh.; reich ausgestattetes Schiffsgrab einer norweg. Königin.

Osiander, Andreas, eigtl. Hosemann, * 1498, † 1552, dt. luth. Theologe; erster ev. Prediger Nürnbergs; wirkte seit 1549 in Königsberg (Pr).

Osiris, altägypt. Gott des Nils u. der Nilüberschwemmung, daher Gott der Fruchtbarkeit.

Oslo (1624–1924 Christiania, Kristiania), Haupt- u. Residenzstadt Norwegens, Hafenst. am inneren Ende des *O.fjordes,* 473300 E; Univ., Hochschulen, Museen; Rathaus (1931–50), Festung Akershus (13. Jh.); Werften, elektrotechn., Lebensmittel-, Bekleidungsind.; Verkehrszentrum S-Norwegens; ✈. – Mitte des 11. Jh.s gegr.; v. Christian IV. nach einem Großbrand neu aufgebaut (1624). – Abb. S. 502.

Osman: *türk. Sultane:* **1) O. I.** Ghasi, * 1258, † 1326, Sultan seit 1299, gilt als eigtl. Gründer des Osman. Reiches; Begründer der gleichnamigen Dynastie; **2) O. II.,** * 1603, † 1622, Sultan seit 1618; v. Kg. Sigismund III. v. Polen besiegt; von aufständ. Janitscharen ermordet.

Osmanen (Ottomanen), von Osman I. Ghasi begr. Dyn., deren Sultane von etwa 1300 bis 1922 das nach ihr ben. *Osman. Reich* beherrschten. I. w. S. Bez. des Stammesverbandes und der herrschenden muslim. Oberschicht, später auch Bez. der weiteren vom Sultan unterworfenen, muslim. gewordenen Bevölkerungsgruppen.

Oslo. *Monolith und Figurengruppen im Frognerpark (1906 ff.) von Gustav Vigeland*

Osmium [gr.], chem. El., Symbol Os, OZ 76, rel. A.-Masse 190,2, Dichte 22,59 g/cm³, Fp. 3045±30 °C, Sp. 5500 °C; graublaues, sprödes Metall, chem. Eigensch. ähnl. denen des Platins; Teil von Edelmetalllegierungen.

Osmose [gr.], einseit. Diffusion bes. des Lösungsmittels von Lösungen od. zw. Gasen unterschiedlicher Konzentration durch eine semipermeable Membran zum Konzentrationsausgleich; der Stofftransport in pflanzl. od. tier. Zellen beruht hpts. auf Osmose.

Osnabrück, kreisfreie Stadt und Kreisstadt, beiderseits der oberen Hase, Nds., 168 600 E; Theater, Museen, roman. Dom (12./13. Jh.), mehrere Kirchen, Rathaus (1487 bis 1512), Schloss (1667 ff.); LG, Univ., Fachhochschulen, Konservatorium, Staatsarchiv; IHK, Eisen-, Masch.-, Automobil-, Textil-, Elektroind. – Unter Karl d. Gr. Bischofssitz; im 12. Jh. St.; Mitgl. der Hanse; 1648 neben Münster Unterzeichnungsort des Westfäl. Friedens.

Ossiacher See, östr. See in Kärnten, rd. 11 km², bis 47 m tief.

Ossietzky, Carl v., * 1889, † 1938, dt. polit. Publizist; Mitarb. u. s. 1927 Hg. der „Weltbühne"; Pazifist; 1931 wegen Landesverrats verurteilt, 1932 amnestiert; Friedensnobelpreis 1935, dessen Annahme ihm die Nat.-Sozialisten untersagten; 1933 verhaftet, s. 1934 im KZ, starb an den Folgen der Haft.

Ossowski, Leonie, * 1925, dt. Schriftstellerin; Romane, Erzählungen, Drehbücher, Hörspiele.

Ostade: 1) Adriaen van, * 1610, † 1685, niederl. Maler; Hauptvertr. des realist. Bauerngenres; **2)** Isaack van, * 1612, † 1649, Schüler u. Bruder v. 1), niederl. Maler; Schnee-, Dorflandschaften, Wirtshausszenen.

Ost|afrikanischer Graben, eine von zahlr. Vulkanen begleitete u. v. gr. Seen durchsetzte tekton. Senkungszone zw. Sambesi und Rotem Meer.

Ostblockstaaten, urspr. Bez. für die UdSSR u. die unter ihrem ideol. u. polit. Einfluss stehenden Staaten Europas [u. Asiens]; danach meist gebraucht für die im Rat für gegenseitige Wirtschaftshilfe u. im Warschauer Pakt zusammengefassten Staaten; nach den Reformen 1989/90 u. 1991 überholt.

Ostchinesisches Meer, Nebenmeer des westl. Pazifiks zw. Taiwan, den Ryūkyūinseln, Kyūshū und dem chin. Festland; bis 2719 m tief.

Ost|ende (niederl. Oostende), belg. Hafenst. und Seebad, 68 800 E; Austernzucht, Hochseefischerei, bed. Fischauktionen; chem., Tabakind., Werften; Fährverkehr nach Großbrit., ✈.

ostentativ [lat.], augenfällig, betont, herausfordernd.

Oster|insel, chilen. Insel im sö. Pazifik, 180 km², rd. 1 900 E; bek. durch die von der Vorbev. der heut. Bewohner errichteten gr. Steinbilder (Mohai) u. Plattformen, ferner zahlr. kl. hölzerne u. steinerne Skulpturen, Holztafeln mit hieroglyphenart. Zeichenschrift. – 1722 von J. Roggeveen am Ostersonntag entdeckt, seit 1888 chilen.

Osterluzeigewächse [mlat.; dt.], kraut. od. holz. (dann kletternde) Pfl. trop. u. gemäßigter Zonen; hpts. Zierpfl.; u. a. Haselwurz, *Osterluzei* (Aristolochia), typ. Mittelmeerpfl., bei uns oft verwildert.

Ostern, Fest der Auferstehung Christi; ältestes christl. Fest, durch das Konzil von Nizaea (325) auf den 1. Sonntag nach dem 1. Frühlingsvollmond festgelegt.

Osterode am Harz, Krst. am Harz, Nds., 26 700 E; Elektro-, Metallind.; Fremdenverkehr.

Österreich, B.-Rep. im S Mitteleuropas; neun B.-Länder: Nieder-Ö., Steiermark, Tirol, Ober-Ö., Kärnten, Salzburg, Burgenland, Vorarlberg u. Wien; etwa ⅔ Ö.s von den Ostalpen (↑Alpen) durchzogen; daneben v. a. Östr. Alpenvorland, Hügelland nördl. der Donau, Marchfeld, Wiener Becken; gr. Täler meist in O–W-Richtung; 38 % der Gesamtfläche Wald, 18 % Ackerland, 27 % Wiesen u. Weiden; an der Donau u. im Osten Weinbau. Viehwirtsch. (Schweine, Rinder); *Bodenschätze:* Eisenerz, ♙, Erdgas, Magnesit, Braunkohle, Blei, Zink, Kupfer, Antimon, Salz; *Ind.:* Schwerind. (Eisen u. Stahl), Holz verarb., Papier-, chem., Textil-, Nahrungs- u. Genussmittelind., Maschinen- u. Fahrzeugbau, Stromerzeugung; bed. Fremdenverkehr. – *Gesch.* ↑Übers. Österreich, Geschichte.

Österreichische Akademie der Wissenschaften, Wien, 1847 gegr. als „Kaiserl. Akad. d. Wiss. in Wien"; gegliedert in philos.-histor. und math.-naturwiss. Klasse.

Österreichische Bundesbahnen (ÖBB), die staatseigenen Eisenbahnen Österreichs.

österreichische Kunst, die Kunst in Östr., bis zum Ende des 18. Jh.s mit der dt. im Rahmen des habsburg. Reichs eine Einheit bildend; stärkere Eigenentwicklung im 19. Jh., zuerst in der Malerei: im Biedermeier (F. G. Waldmüller), im Klassizismus (J. A. Koch) und Romantik (M. von Schwind) sowie im Neubarock (H. Makart), dann im Jugendstil (O. Wagner, J. M. Olbrich, J. Hoffmann als Architekten; als Maler G. Klimt, E. Schiele). Im frühen 20. Jh. fand der Expressionismus bed. Vertreter (A. Kubin, O. Kokoschka). Seit den 1960er-Jahren traten die Wiener Schule des Fantast. Realismus (E. Fuchs), A. Brauer, R. Hausner sowie F. Hundertwasser, H. Rainer u. C. L. Attersee hervor. Der Wiener Aktionismus (O. Muehl, H. Nitsch) wurde durch Happenings bekannt. F. Petzold u. V. Export wurden als Performance- u. Videokünstlerinnen bekannt. In der Bildhauerei machten sich F. Wotruba, A. Hrdlicka, J. Avramides, R. Hoflehner, W. Pichler einen Namen. Viel diskutiert werden Architekturentwürfe und Bauten von H. Hollein, G. Peichl, A. Krischanitz, Haus Rucker – Co., Coop Himmelblau, Hundertwasser u. a.

österreichische Literatur, deutschsprach. Lit. im Raum der ehem. Donaumonarchie und des heut. Östr.; bes. geprägt durch die geograph. bzw. histor.-polit. Konstellation (bis 1918 starker Anteil nat. Minderheiten; Verbdg. u. a. zu Spanien, Burgund, Italien); Östr. war Mittler aller europ. literar. Strömungen u. Vorbilder (v. a. des Barocks, des Impressionismus, des Symbolismus), auch Mittler u. Bewahrer der antiken Lit.; kennzeichnend sind v. a. die Bemühung um sprachl. Genauigkeit u. Schärfe, die Musikalität der poet. Spr., die verfeinerte Aufnahmefähigkeit für Nuancen und Differenzierungen, die Abneigung gg. extreme Thesen literar. Schulen oder Stilrichtungen u. bes. die enge Verbdg. mit dem Theater. Die gemeinsame Spr. lässt die Zuordnung zur dt. Literatur gerechtfertigt erscheinen (↑Übers. deutsche Literatur).

Österreichische Nationalbibliothek (fr. Hofbibliothek), Wien, gegr. unter Ks. Ferdinand I., in d. Wiener Hofburg; zahlr. Handschriften, Autographen, Inkunabeln, Papyri u. a.; ferner Karten-, Porträt- u. Theatersammlung.

Österreichische Post- und Telegraphenverwaltung (Östr. Post- und Telegraphenanstalt, Östr. Post), nicht einheitl. verw. Bez. für die rechtl. unselbst. B.monopolanstalt, die die Einrichtungen verwaltet, durch die der Bund die Angelegenheiten des Postwesens in Östr. besorgt. An der Spitze steht die Generaldirektion für die Post- u. Telegraphenverwaltung.

Österreichischer Erbfolgekrieg, 1740–48 geführter Krieg um die weibl. Thronfolge in den habsburg. Erbländern nach dem Tod Ks. Karls VI.; Östr., seit 1742/43 mit Großbrit.-Hannover, den Generalstaaten u. Sardinien verbündet, kämpfte gg. eine europ. Koalition (zeitweil. Frkr., Spanien, Preußen, Bayern, Sachsen). Der Östr. E. wurde im Zusammenhang mit den ersten beiden Schles. Kriegen u. kolonialpolit. Konflikten zw. Großbrit. und Frkr. geführt. Der Aachener Friede (1748) bestätigte die östr. Großmachtstellung (u. die Pragmat. Sanktion) u. unterstrich die politische Niederlage Frankreichs.

Österreichischer Gewerkschaftsbund (ÖGB), Zusammenschluss der organisierten Arbeitnehmer in Österreich, gegr. 1945.

Österreichischer Staatsvertrag, 1955 zw. Östr. u. den 4 Besatzungsmächten (USA, Großbrit., UdSSR, Frkr.) abgeschlossener Vertr., der Östr. als freien, unabh. u. demokrat. Staat wiederherstellte; hatte den Abzug der Besatzungstruppen zur Folge sowie die freiw. Erklärung der dauernden mil. Neutralität.

Österreich

Fläche: 83 856 km²
Einwohner: (1995) 7,97 Mill.
Hauptstadt: Wien
Amtssprache: Deutsch
Zeitzone: MEZ

Österreichische Volkspartei (ÖVP), 1945 gegr. polit. Partei der christl.-bürgerl. Richtung; 1945–70 u. s. 1987 (in Koalition mit der SPÖ) Reg.-Partei.

Österreich-Ungarn (amtl. 1867 bis 1918: Östr.-Ungar. Monarchie), nach Russland territorial zweitgrößte europ. Großmacht; staatsrechtl. Realunion mit einem verf.rechtl. allen Kronländern gemeinsamen erbl. Herrscher u. Doppelmonarchie zweier gleichberechtigter Reichshälften.

Osterspiele, im MA dramat. Spiele, die zur Osterfeier in u. außerhalb der Kirche aufgeführt wurden. Die O. sind die älteste nachweisbare Form des geistlichen Dramas. Sie stellten das österliche Heilsgeschehen dramatisch dar.

osteuropäische Zeit (OEZ), die ↑Zonenzeit des 30. Längengrades, der ↑mitteleurop. Zeit um eine Stunde voraus.

Ostfriesische Inseln, Inselgruppe vor der ostfries. Nordseeküste, Nds.; v. W nach O: Borkum, Juist, Norderney, Baltrum, Langeoog, Spiekeroog, Wangerooge.

Ostfriesland, Gebiet zw. Dollart u. Jadebusen, Nds., zentrale Orte: Aurich, Emden, Jever, Leer (O.), Norden. – Im 15. Jh. entstand aus kleineren Herrschaftsbereichen die R.-Gft. O. (ohne die Herrschaft ↑Jever) unter der Fam. der Cirksena, 1664 R.-Ft., 1744 preuß., 1815 an Hannover, 1866 erneut preuß., s. 1946 bei Niedersachsen. – ↑auch Friesen.

Ostgoten, Teilvolk der Goten; ihr Reich in S-Russland (s. etwa 350) wurde 375 von den Hunnen unterworfen. Nach dem Ende der hunn. Herrschaft besetzten die O. Pannonien u. zogen unter ihrem Kg. Theoderich d. Gr. nach Italien; 493 Gründung eines mächt. Reiches, das 535–553 von Ostrom vernichtet wurde.

Ostkirchen ↑orientalische Kirchen.

Ostmark, Bez. für zwei ma. Grenzmarken, die *bayr. O.*, die das Kernland Östr. wurde, u. die *sächs. O.*, das Gebiet der Ober- und Nie-

österreichische Kunst. *F. Wotruba, Figurenreliefs (Bronze 1958)*

ÖSTERREICHISCHE GESCHICHTE

Kerngebiet des heut. Ö. war die von Karl d. Gr. gegr. Mark zw. Enns u. Wienerwald, die Otto d. Gr. nach seinem Sieg über die Ungarn (955) als bayr. Ostmark neu einrichtete. 976 Übertragung an die Babenberger, 996 erstmals Erwähnung des Namens Ö. (Ostarrichi), 1156 Erhebung zum Hzgt., 1192 Erwerbung der Steiermark; 1246 Aussterben der Babenberger, 1278 Besiegung Ottokars II. v. Böhmen, der Ö., Steiermark, Kärnten u. Krain an sich gerissen hatte, durch Rudolf v. Habsburg, der 1282 seine Söhne mit Ö. u. Steiermark belehnte. 1335 Gewinn v. Kärnten u. Krain, 1363 v. Tirol, s. 1375 der wichtigsten Gebiete in Vorarlberg u. 1382 v. Triest. Verlust eines Teils der habsburg. Stammlande an die Schweizer. Eidgenossenschaft. 1453 Ö. Erzhzgt.; durch Heiratspol. Gewinn v. Burgund, Anfall v. Spanien. Ks. Karl V. gab die habsburg. Erblande 1521 an seinen Bruder Ferdinand I., der 1526 auch Böhmen u. Ungarn erbte. Im 16. Jh. Kampf gg. die erstarkenden Stände, Bauernerhebung, Protestantismus, Bedrohung durch die Türken (1529 1. Belagerung Wiens). Unter Rudolf II. Gegenreformation; im Dreißigjähr. Krieg Verluste im Elsass. In einer Zeit, in der sich Ö. gg. Türken (1632 2. Belagerung Wiens) u. Frkr. verteidigen musste, Zusammenfassung der Kronländer zu einem einheitl. Staatsgebilde. Im Span. Erbfolgekrieg (1701–13/14) gewann Ö. die span. Nebenländer Niederlande, Mailand, Neapel, Sardinien (später gg. Sizilien getauscht), im Türkenkrieg (1714–18) das Banat. Im Poln. Thronfolgekrieg (1732–1735/38) Verlust Neapels und Siziliens. Maria Theresia (1740 bis 1780) musste ihre Rechte auf die Thronfolge im Östr. Erbfolgekrieg verteidigen; sie verlor Schlesien, das sie vergebl. im Siebenjähr. Krieg zurückzugewinnen suchte, an Friedrich d. Gr. v. Preußen; unter ihr u. ihrem Sohn Joseph II. Reformen. 1772 Gewinn des Innviertels. Franz II., seit 1804 als Franz I. Ks. v. Ö., legte 1806 die Ks.-Krone des Hl. Röm. Reiches nieder. Nach Niederlagen gg. Napoleon I. (1809 östr. Erhebung) Teilnahme an den Befreiungskriegen. Auf dem Wiener Kongress Wiederherst. der Zustände vor der Frz. Revolution: Verzicht auf die westl. Territorien (Niederlande, Breisgau), Rückgliederung Tirols, Vorarlberg, Kärntens, Krains, Triests, Galiziens, der Lombardei, Venedigs und Salzburgs. Unter Metternich Unterdrückung nat. u. konstit. Ideen. Bis 1866 führte Ö. den Vors. im Dt. Bund. Durch die Revolution 1848 Sturz Metternichs, Abdankung Ferdinands I. zugunsten Franz Josephs I. (1848–1916). Aufstände in Ungarn u. Italien, nat. Bewegung der Tschechen, Niederlagen gg. Sardinien-Frkr. im Krieg v. 1859 (Abtretung der Lombardei) u. im Dt. Krieg 1866 gg. Preußen um die Vorherrschaft in Dtl. (Abtretung Venetiens an Italien). 1867 Umgestaltung des Reiches in die Doppelmonarchie Ö.-Ungarn. 1879 Zweibund mit dem Dt. Reich (1882 Erweiterung durch Italien zum Dreibund). 1914 Ermordung des östr. Thronfolgers Franz Ferdinand, Ausbruch des 1. Weltkrieges. 1918 Thronverzicht Ks. Karls I. In den Friedensverträgen v. Saint-Germain-en-Laye u. Trianon 1919/20 Aufteilung Ö.-Ungarns. Ö. als selbst. B.-Rep. verlor u. a. Böhmen u. Mähren an die neugebildete ČSR, Südtirol an Italien, erhielt aber v. Ungarn, dessen 1918 vollzogene Trennung von Ö. aufrechterhalten wurde, das Burgenland. 1920 Aufnahme in den Völkerbund. Belastungen des jungen Staates durch Inflation u. soz. Spannungen, Radikalisierung der innerpolit. Front. 1933 autoritäres Regime unter Dollfuß, Februar 1934 blut. Auseinandersetzungen zw. Reg. u. Sozialdemokratie; Juli 1934 Dollfuß b. einem missglückten nat.-soz.. Putschversuch ermordet. – Schuschnigg bemühte sich um Sicherung der Selbstständigkeit, doch nahm die Macht der Nationalsozialisten in Ö. zu, März 1938 Einmarsch dt. Truppen, Anschluss an das Dt. Reich. Nach dem 2. Weltkrieg bis 1955 Besetzung des Landes durch die 4 Großmächte. 1955 Abschluss des Staatsvertr.: u. a. Unabhängigkeit anerkannt. Verbot des wirtsch. u. polit. Anschlusses an Dtl.; Spannungen mit Italien wegen der Südtirolfrage 1971 beigelegt. Mitgl. der UN (seit 1955), des Europarates (seit 1956) u. der EU (seit 1995). Zum B.-Präs. wurde 1992 T. Klestil gewählt, zum B.-Kanzler einer sozialliberalen Koalitionsreg. 1986 F. Vranitzky, der nach dem Scheitern der Koalition 1987 ein Kabinett aus SPÖ u. ÖVP bildete. 1997 trat Vranitzky zurück, Nachfolger wurde V. Klima. Nach Wahlen 2000 Bildung einer FPÖ-ÖVP-Reg. unter W. Schüssel (ÖVP).

---

derlausitz. – 1938–45 amtl. Bez. für Österreich.

Ostpreußen, ehem. preuß. Prov., Teil des Dt. Reiches, zw. Weichsel/Nogat und der Memel, 36 996 km², 2,5 Mill. E. (1939), Hptst. war Königsberg (Pr). – O. entstand als Hzgt. Preußen 1525 aus dem Staat des Dt. Ordens u. fiel 1618 an Bbg. (↑Preußen); nach dem 1. Weltkrieg durch den Poln. Korridor vom übrigen dt. R.-Gebiet getrennt, Verlust des Memellandes an Litauen sowie des Gebietes um Soldau an Polen. Nach dem 2. Weltkrieg kam der N O.s unter sowjet., der S unter poln. Verwaltung; diese Regelung ist s. 1991 völkerrechtlich verbindlich.

Ostpunkt, der Pt. am Horizont, an dem die Sonne zur Tagundnachtgleiche aufgeht.

Ostrau (tschech. Ostrava, fr. Mähr.-O.), St. in N-Mähren, ČR, 326 300 E; Wenzelskirche (13./14. Jh.); Steinkohlen-⚒, u. a. Schwer-, Maschinen-Ind.; ✈.

Östrogene [gr.], Gruppe ♀ Sexualhormone, z. B. das Follikelhormon Östradiol; auch synthet. hergest. mit d. gleichen Wirkung.

Oströmisches Reich ↑Byzantin. Reich.

Ostrowski, Alexandr Nikolajewitsch, * 1823, † 1886, russ. Dramatiker; Begr. des nat. russ. Theaters; „Gewitter", „Der Wald".

Ostsee (Baltisches Meer), Nebenmeer des Atlantiks, 422 000 km², mittlere Tiefe 55 m, größte Tiefe 459 m, Salzgehalt 0,8 %, im N 4–6 Monate vereist; geringe Gezeiten.

Ostung, aus der Antike übernommene, allg. übl. W–O-Richtung d. christl. Kirche (Altar im O).

Ost-West-Konflikt, Bez. für die Ggs., die nach dem 2. Weltkrieg unter den Siegermächten aufbrachen u. zu einer globalen weltpolit. Polarisierung in ein westl. Lager unter Führung der USA u. ein östl. unter der der UdSSR führten.

Oswald v. Wolkenstein, * um 1377, † 1445, spätmhd. Lyriker u. Liederkomponist.

Oszillation ↑Schwingung.

Oszillator [lat.]: **1)** schwingendes physikal. System (Punktmasse, -ladung, hertzscher ↑Dipol u. Ä.); *linearer O.* bei eindimensionalen Schwingungen; der *harmon. O.* führt sinusförm. Schwingungen aus (rücktreibende Kraft proportional der Elongation); **2)** Gerät zur Erzeugung elektromagnet. Wellen; einen

↑Schwing[ungs]kreis u. ein die Schwingungen anfachendes bzw. steuerndes Bauelement enthaltend (Elektronenröhre, Klystron oder Transistor).

Oszillogramm [lat.; gr.], von einem ↑Oszillographen aufgezeichnetes [Schwingungs]bild.

Oszillograph, Apparatur zum Aufzeichnen [schnell] veränderl. [elektr.] Vorgänge, v. a. Schwingungen; i. e. S. svw. Kathodenstrahl-O. (↑Kathode).

ot[o]..., Ot[o]... [gr.], Bestimmungswort; Bed.: „Ohr".

Otfrid (Otfried) v. Weißenburg, † nach 871, Mönch im Kloster Weißenburg im Elsass; seine Evangelienharmonie (zw. 863 u. 871, in südrheinfränk. Mundart) ist die erste bed. ahd. Endreimdichtung.

O'Toole, Peter [əʊ'tu:l], * 1932, ir. Schauspieler; Theater, Filme.

Otosklerose [gr.], anlagebedingte, zu fortschreitender Schwerhörigkeit führende Erkrankung des Mittelohrs (der Steigbügel wird unbewegl.).

Ottawa ['ɔtəwə], Hptst. von Kanada, am unteren O. River, 314 000 E; 2 Univ., Museen; Observatorium; National Arts Center; Papier-, Holz-, Uhren- u. a. Ind.; ✈.

Otter, Unterfam. dem Wasserleben angepasster Marder; u. a. *Fisch-O.,* in Dtl. fast ausgerottet; *Riesen-O.,* Südamerika; *Meer-O.,* nordpazif. Küstengewässer; wertvolle Felle.

Ottern (Vipern), Giftschlangenfam. Afrikas u. Eurasiens; 30 cm bis fast 2 m lang; heim.: Kreuzotter.

Otto: *Hl. Röm. Reich:* **1) O. I.,** d. Gr., * 912, † 973, Sohn Heinrichs I., Kg. s. 936; Unterwerfung der Stammesherzogtümer; Bischöfe u. Äbte als R.-Beamte die Stützen seiner Königsmacht (R.-Kirchensystem); erneuerte das Kaisertum Karls d. Gr. (Kaiserkrönung 962), dehnte die dt. Vorherrschaft aus. 955 Sieg über die Ungarn; gründete 968 das Erzbistum Magdeburg; **2) O. II.,** * 955, † 983, Kg. s. 961, Ks. s. 967; Sohn v. 1), sicherte auf seinem 980 begonnenen Italienzug die Stellung des Papsttums gg. den stadtröm. Adel, versuchte vergebl., Unteritalien zu erobern; **3) O. III.,** * 980, † 1002, Kg. s. 983, Ks. s. 996; Sohn v. 2), bis 991 unter Vormundschaft seiner Mutter Theophanu, bis 995 seiner Großmutter Adelheid; sein Plan der Erneuerung des Röm. Reiches (Renovatio imperii Romanorum) scheiterte; ein Aufstand der Römer 1001 führte zum Zusammenbruch der kaiserl. Herrschaft in Italien; **4) O. IV.** von Braunschweig, * 1175 od. 1182, † 1218, Kg. 1198–1215, Ks. s. 1209; Sohn Heinrichs des Löwen, Gegenkg. Philipps von Schwaben, nach dessen Ermordung allg. anerkannt; seine Aufnahme der stauf. Pol. (Angliederung Siziliens) führte zur Bannung durch Papst Innozenz III. und zur Anerkennung Friedrichs II.

Otto v. Freising, * nach 1111, † 1158, der bedeutendste dt. Geschichtsschreiber des MA; Sohn des östr. Markgf. Leopold III., Onkel Ks. Friedrichs I. Barbarossa; Zisterzienser u. Abt in Morimond; s. 1138 Bischof v. Freising.

Otto, Nikolaus August, * 1832, † 1891, dt. Ingenieur; Erfinder eines Gasmotors (1862), den er 1876 z. ↑Ottomotor weiterentwickelte.

Ottobeuren, bayr. Marktgem., sö. von Memmingen, 7 900 E; Benediktinerabtei (gegr. 764) mit bed. Klosterkirche (1737–66).

Ottokar (Przemysl O. od. Přemysl Otakar): *Böhmen:* **1) O. I.,** * um 1155, † 1230, Kg. s. 1198; erreichte die Anerkennung des Erbkönigtums für Böhmen; **2) O. II.,** * um 1230, ⚔ 1278, Kg. s. 1253; brachte Östr., Kärnten, Krain u. Steiermark an sich; unterlag 1278 Kg. Rudolf von Habsburg bei Dürnkrut.

Ottomane, niedr. Liegesofa.

Ottomotor, Verbrennungskraftmasch. mit elektr. Zündung des Kraftstoff-Luft-Gemisches; ben. nach dem Erfinder des Viertaktverfahrens N. A. ↑Otto, ausgeführt als Hubkolben- oder Kreiskolbenmotor.

Ottonen, svw. ↑Liudolfinger, bes. Bez. für Ks. Otto I., II. u. III.

ÖTV, Abk. für: Gewerkschaft **Ö**ff. Dienste, **T**ransport u. **V**erkehr.

Ötztal, r. Seitental des Oberinntales, Tirol, Östr., von der *Ö.er Ache* (rd. 40 km) durchflossen.

Ötztaler Alpen, Teil der Zentralalpen zw. Oberinntal, Ötztal, Passeier und Vintschgau; Wildspitze 3 774 m.

Ouagadougou [wagadu'gu], Hptst. v. Burkina Faso, 442 000 E; bed. Handelsplatz; Endpt. der Eisenbahn vom Hafen Abidjan (Elfenbeinküste); ✈.

Oud, Jacobus Johannes Pieter [ɔʊt], * 1890, † 1963, niederl. Architekt; war Mitbegr. der Stijl-Gruppe.

Outsider ['aʊtsaɪdə; engl.], Außenseiter; Sportler (od. Rennpferd), dem unter normalen Bedingungen keine Siegeschancen eingeräumt werden; allg. auch für Einzelgänger.

Ouvertüre [uvɛr'ty:rə; frz.], einleitendes Instrumentalstück einer Oper, Operette, eines Oratoriums, Schauspiels, einer Suite; auch selbst., einsätziges Musikstück.

oval [lat.], länglich rund.

A. G. Graf Oxenstierna

Ovambo (Ambo), Bantuvolk im N Namibias und in S-Angola; Viehzüchter und Hackbauern; Eisenbearbeitung; bewohnen v. a. das **O.land,** Grenzgebiet zw. Namibia u. Angola.

Ovar (Ovarium) [lat.], svw. ↑Eierstock.

Overdrive ['əʊvədraɪv], Zusatzgang in Kfz-Getrieben, der bei hohen Geschwindigkeiten die Motordrehzahl herabsetzt.

Overijssel [ovər'ɛjsəl], niederl. Prov. zw. der unteren Ijssel und der dt. Grenze, Hauptort Zwolle.

Overkill ['əʊvəkɪl; engl.], das mil. Vermögen eines Staates, mit seinem [Kern]waffenpotential den Gegner mehrf. zu vernichten.

Ovid (Publius Ovidius Naso), * 43 v. Chr., † wahrsch. 18 n. Chr., röm. Dichter; „Amores", „Ars amatoria", „Metamorphosen", „Fasti". Aus unbek. Gründen von Augustus nach Tomi (heute Konstanza) am Schwarzen Meer verbannt; dort „Tristia" u. „Epistulae ex Ponto".

Oviedo, span. Prov.-Hptst. in Asturien, 194 600 E; Univ.; histor. Bauten. Metall-, chem. u. a. Ind.

ÖVP, Abk. für: ↑**Ö**sterreichische **V**olkspartei.

Ovulation [lat.], svw. Follikelsprung (↑Eierstock).

Ovulationshemmer, orales Mittel zur Empfängnisverhütung; unterdrückt hormonell die Eireifung.

Owens, Jesse ['əʊɪnz], * 1913, † 1980, amer. Leichtathlet; 4facher olymp. Goldmedaillengewinner 1936 (über 100 u. 200 m, Weitsprung u. 4 × 100-m-Staffel).

Oxalsäure, einfachste Dicarbonsäure, HOOC – COOH, stark saure Verbdg., in vielen Pflanzen enthalten, bes. im Sauerklee; wird auch synthet. hergestellt; verw. u. a. in Form von Salzen *(Oxalaten).*

Oxenstierna, Axel Gustavsson Gf. ['uksənʃæ:rna], * 1583, † 1654, schwed. Staatsmann; s. 1612 R.-

Kanzler; leitete nach dem Tode Gustavs II. Adolf die schwed. Politik in Deutschland.

Oxer [engl.], beim Springreiten Hindernis (Hochweitsprung).

Oxford ['ɔksfəd], Hptst. der mittelengl. Gft. O., an der Themse, 98 500 E; ma. Stadtbild, normann.-roman. Kathedr. (11./12. Jh.); älteste engl. Univ. mit zahlr. Colleges, Bibliotheken; Sternwarte, botan. Garten; Auto-, Metallindustrie.

Oxfordbewegung, eine um 1835 entstandene, von Theologen der Univ. Oxford (H. J. Newman, E. Pusey u. a.) getragene hochkirchl. Erneuerungsbewegung innerh. der anglikan. Kirche.

Oxidasen, Enzyme, in tier. und pflanzl. Zellen als Katalysatoren an Oxidationsvorgängen beteiligt.

Oxidation, chem. Vorgang, bei dem eine Substanz (Element, Verbindung) mit Sauerstoff zum ↑Oxid reagiert („Sauerstoff aufnimmt"; z. B. bei Verbrennung) oder Wasserstoff abgibt (Dehydrierung); allg. chem. Reaktionen mit Elektronenabgabe.

Oxide [gr.], Verbdg. chem. El. mit Sauerstoff, z. B. CaO (Calciumoxid); bei Bindung zweier Sauerstoffatome *Dioxid,* bei drei *Trioxid.*

Oxus ↑Amudarja.

Oxyd... [gr.], veraltete Schreibweise für Oxid...

Oxytozin (Oxytocin) [gr.], Hormon, das im Hypothalamus gebildet wird u. vom Hypophysenhinterlappen ausgeschüttet wird, regt die Gebärmuttermuskulatur bei einer Geburt zu Kontraktionen an.

OZ, Abk. für: ↑**O**ktan**z**ahl.

Özal, Turgut, * 1927, † 1993, türk. Politiker; 1980–82 Vizemin.-Präs., 1983 Gründer u. seitdem Vors. der Vaterlandspartei, 1983–89 Min.-Präs.; s. 1989 Präsident.

Ozean ↑Meer.

Ozeanilen, Bez. für die Gesamtheit der Pazifikinseln, die zw. od. nahe bei den Wendekreisen liegen (einschließl. Neuseeland) u. sich von Neuguinea im W bis zur Osterinsel im O erstrecken; innerer Inselgürtel mit ↑Melanesien, äußerer Inselgürtel mit ↑Mikronesien und ↑Polynesien.

ozeanisches Klima, svw. maritimes Klima (↑maritim).

Ozeanographie, Meereskunde.

Ozelot [frz.], amer. Kleinkatze, bis 1 m lang mit schwarzer Fleckenzeichnung; liefert wertvollen Pelz (Farmzuchten).

Ozelot

Ozenfant, Amédé [ozã'fã], * 1886, † 1966, frz. Maler u. Kunstschriftsteller; mit Le Corbusier Begr. des Purismus.

Ozon [gr.], dreiatom., instabile Form des Sauerstoffes (O_3), starkes Oxidationsmittel; entsteht u. a. bei elektr. Entladungen in Luft und durch energiereiche Bestrahlung von Luft od. Sauerstoff; u. a. verw. zum Bleichen von Lebensmitteln, zum Desodorieren u. Desinfizieren; kommt in der Luft nur in Spuren vor; ist in höheren Konzentrationen stark giftig; die *O.schicht* der Atm. tritt zw. 20 u. 50 km Höhe auf u. wird durch ultraviolette Strahlung erzeugt. Seit den 70er-Jahren wird über der Südpolarregion eine Abnahme der O.schicht beobachtet. Inzwischen tritt dieses *O.loch* auch über der Arktis auf, und auch über Europa u. Nordamerika wurde diese Erscheinung nachgewiesen. Einer Schädigung der O.schicht, etwa durch Fluorkohlenwasserstoffe (Treibgas, Kühl- u. Reinigungsmittel) u. Methan, kommt v. a. wegen der biolog. Auswirkungen (z. B. Zunahme v. Hautkrebserkrankungen) gr. biolog. u. med. Bed. zu; daneben ist möglicherweise auch mit einer Beeinflussung des Klimas (Temperaturanstieg) zu rechnen.

P

P, 16. Buchstabe des Alphabets.

P, Symbol für ↑Phosphor (☊).

P, Kurzzeichen für ↑Peta.

p, Abk. für: **1)** ↑**p**iano (𝄞); **2)** ↑**P**roton (Phys.); **3)** ↑**P**iko...

p., Abk. für: **1) p**agina (pag.; Seite); **2) p**inxit (hat es gemalt).

P., Abk. für: **1) P**apa (Papst); **2) P**ater (Vater); **3) P**astor; **4) P**ontifex.

Pa, Einheitenzeichen für: ↑Pascal.

Pa, Symb. für ↑Protactinium (☊).

p. a., Abk. für: **1) p**er **a**nnum; **2) p**ro **a**nno.

p. A., Abk. für: **p**er **A**dresse (in Briefaufschriften: bei).

Paarlerzeugung, Bildung von Teilchen-Antiteilchen-Paaren aus elektromagnet. Strahlungsenergie; umgekehrt führt die Vereinigung eines solchen Paares zu einer „Zerstrahlung" des Paares (Umwandlung beider Massen in Strahlungsenergie), die als *Paarvernichtung* bez. wird.

Paarhufer (Paarzeher, Zweihufer), Säugetierordnung; weltweit verbreitete Huftiere mit verlängerter 3. u. 4. Zehe (andere Zehen fehlend oder rückgebildet); v. a. Wiederkäuer.

Paarvernichtung ↑Paarerzeugung.

Pachelbel, Johann, * 1653, † 1706, dt. Organist u. Komponist.

Pacher, Michael, * um 1435, † 1498, dt. Maler u. Bildschnitzer; Hochaltar in der Kirche von St. Wolfgang im Salzkammergut.

Pacht: 1) Vertrag, in dem sich der Verpächter (gg. P.zins) verpflichtet, dem *Pächter* den Gebrauch des verpachteten Gegenstandes zu gewähren; **2)** die Überlassung eines best. Teiles des Staatsgebietes an einen anderen Staat auf best. od. unbest. Zeit.

Pack|eis, zusammen- und übereinander geschobene Eisschollen.

pacta sunt servanda [lat.], Verträge müssen eingehalten werden; aus dem röm. Recht stammender Rechtssatz, v. a. für das Völker[gewohnheits]recht von Bedeutung.

Pädagogik [gr.], Wissenschaft v. der Erziehung u. Bildung. Die P. reflektiert die Erziehungs- u. Bildungsziele u. ihre Verwirklichungsmöglichkeit, kritisiert v. ihrem wiss. Standpunkt aus die Erziehungswirklichkeit. Sie befasst sich im Einzelnen z. B. mit den biol., psychol., soziolog. Voraussetzungen der Erziehung, der Überwindung sozial bedingter Barrieren, der Lernmotivation, der Didaktik, der Methodik des Unterrichts, dem Schulwesen bzw. seiner Reform.

pädagogische Hochschulen, Ausbildungsstätten für Grund-, Haupt- und z. T. auch Realschullehrer, meist integriert in Universitäten u. Gesamthochschulen.

Paddel [engl.], ohne Auflagepunkt geführtes Ruder mit schaufelförm. Blatt zur Fortbewegung von *P.booten* (Kajaks, Kanadier u. a.).

Paderborn, Krst. am O-Rand des Münsterlandes, NRW, 133 700 E; Dom (1225–75; nahebei die 200 Paderquellen) u. a. Kirchen; Univ., päpstl. theol. Fakultät; Bibliotheken u. Museen, LG; vielseit. Industrie.

Pädiatrie [gr.], Kinderheilkunde.

Padua (ital. Padova), ital. Prov.-Hptst. in Venetien, 212 600 E; Univ.; ma. Stadtbild, Grabkirche des hl. Antonius v. P. (13. Jh.); ältester botan. Garten Europas; Ind.- und Handelsst.; internat. Messen.

Paestum, antike Ruinenstätte sö. von Salerno, Italien; ehem. griech. Kolonie *(Poseidonia),* später röm.; berühmt durch drei gut erhaltene Tempel (6. und 5. Jh.); Museum. – Abb. S. 508.

Paganini, Niccolò, * 1782, † 1840, ital. Violinvirtuose u. Komponist.

Paganismus [lat.], Heidentum; heidn. Bestandteile im christl. Glauben und Brauch.

Page ['pa:ʒə; frz.], urspr. Edelknabe im Dienst eines Herren; heute: uniformierter, junger [Hotel]diener.

Pagode [drawid.-portug.], turmartige Gebäude der buddhist. Baukunst mit vielen Stockwerken, jedes mit eigenem Dach.

Pahlewi [pax-], die 1925–79 in Iran herrschende Dynastie.

N. Paganini

Päijänne, südfinn. Seensystem zw. Lahti u. Jyväskylä, 78 m ü. d. M., 1 090 km², bis 93 m tief.

Paillette [pa'jɛtə; frz.] : **1)** Metallblättchen zum Aufnähen, Flitter; **2)** leichtes Gewebe.

Paine (Payne), Thomas [peɪn], * 1737, † 1809, brit.-amer. Politiker u. Schriftsteller; setzte sich publizist. für die Unabhängigkeit der amer. Kolonien ein; 1792 Mitgl. des Nat.-Konvents in Frankreich.

Pa|isiello (Paesiello), Giovanni, * 1740, † 1816, ital. Komponist; „Der Barbier von Sevilla".

Paisley ['peɪzlɪ], schott. Ind.-St. westl. von Glasgow, 84 800 E; ⛭.

Pakistan, Staat in Südasien; 97 % Muslime, Rest Hindus, Christen u. a.; Amtssprache: Urdu, daneben Engl.; Ackerbau (Reis, Baumwolle), Viehhaltung, Bergbau. – P. wurde bei d. Teilung Brit.-Indiens 1947 als Dominion durch Abtrennung des vorw. von Muslimen bevölkerten Teils Vorderindiens gebildet; s. 1956 islam. Rep., umfasste bis 1972 West- u. Ost-Pakistan; Konflikte mit Indien v. a. während d. Sezession Ost-Pakistans 1971 († Bangladesch); 1974 hat P. Bangladesch anerkannt; 1977–88 Mil.-regierung unter Gen. M. Zia ul-Haq, dann Rückkehr zur parlamentar. Demokratie; zunehmende Islamisierung d. öffentl. Lebens; 1999 unblutiger Mil.putsch; UN-Mitglied.

Palaiologen, letzte Dyn. des Byzantin. Reiches (1259–1453).

pal[äo]..., Pal[äo]... [gr.], Bestimmungswort; Bed.: „alt, altertüml., ur..., Ur...".

Paläographie [gr.], Lehre von der Entw. der Schrift.

Paläolithikum [gr.], Altsteinzeit († Übers. Vorgeschichte).

Paläontologie, Wiss. von den Lebewesen u. ihrer Entwicklung im Verlauf der Erdgesch.; gegliedert in *Paläozool.* (Lehre v. der vorzeitl. Tierwelt), *Paläobotanik* (Lehre von der vorzeitl. Pflanzenwelt) u. *Paläobiol.* (Lehre von den fossilen Organismen); die *Mikro-P.* (P. der Kleinlebewesen) hat in jüngster Zeit für die Stratigraphie (insbes. innerhalb der Erdölgeologie) gr. Bed. erlangt; zahlr. Sondergebiete.

paläotropisches Florenreich † Florenreich.

Paläozän, svw. Paleozän († Geologie, Formationstabelle).

Paläozoikum † Geologie, Formationstabelle.

Palas [frz.], Hauptbau der ma. Burg mit Saal (ebenfalls P. gen.) und Wohnräumen.

Palästina, seit der Antike Bez. für ein Gebiet, das in etwa dem der heutigen Staaten Israel u. Jordanien entspricht (außer den Wüstengebieten im NO u. SO). Unabhängig vom wechselhaften polit. u. ethnograph. Schicksal dieses Gebietes blieb P. das „Hl. Land" der jüd.-christl. Tradition, v. a. relig.-nat. Bezugspt. für das Judentum. Konkurrierend dazu erwuchs aufgrund der jeweiligen hl. Stätten auch ein christl. u. ein islam. Anspruch auf P. (insbes. auf Jerusalem als „Hl. Stadt"). – Ab 634 eroberten die Araber P.; unter osman. Herrschaft (ab 1517) wuchs die jüd. Bev. in P. wieder sprunghaft an. Ab 1882 begann die osteurop. jüd. P.siedlung. Großbritannien trennte als Mandatsmacht (1920/22–48) das O-Jordanland als Emirat Transjordanien († Jordanien) vom übrigen P. ab. Gg. die durch die Balfour-Deklaration begünstigte zionist. Aufbauphase

Pakistan

Fläche: 796 095 km²
Einwohner: (1995) 140,5 Mill.
Hauptstadt: Islamabad
Amtssprache: Urdu
Zeitzone: MEZ +4 Stunden

Paestum. *Cerestempel (Ende des 6. Jh. v. Chr.)*

richtete sich wachsender arab. Widerstand, der ein arab. P. forderte. Die v. der UN empfohlene Zweiteilung lehnten die Araber ab; 1948 Ausrufung des jüd. Staates Israel; der östl. Teil P.s fiel an Jordanien (1967 von Israel besetzt; ↑Westjordanland). Die palästinens. Araber, 1948/49 weitgehend geflohen od. vertrieben, wurden in den arab. Nachbarländern in Lagern angesiedelt. Durch Guerillakrieg, Terrorismus, Aufstände (Intifada), dann auch auf diplomat. Weg suchten sie, v. a. im Rahmen der PLO, ein arab. P. wieder herzustellen. 1993 Grundsatzabkommen, 1994 Gaza-Jericho-Abkommen; seitdem weitgehende Autonomie (durch Interimsabkommen 1995 auf Westjordanland ausgedehnt). 1996 Wahl des Palästinens. Autonomierats (J. Arafat Präs.). 1997 Hebron-Abkommen; 1998 Wye-Zwischenabkommen (1999 Wye-II-Abkommen); s. 1999 Verhandlungen über Endstatus.

palästinensische Befreiungsbewegungen, Organisationen der arab. Palästinenser, die auf dem Boden Palästinas einen eigenen Staat errichten wollen; Dachorganisation der p.n B. ist s. 1964 die *PLO* (s. 1967 unter J. Arafat), deren Kern die Al ↑Fatah bildet; weitere Mitgl.-Organisationen der PLO sind u. a. die Volksfront zur Befreiung Palästinas u. die Demokrat. Volksfront zur Befreiung Palästinas; s. 1965 terrorist. Anschläge, Geiselnahmen u. Flugzeugentführungen in Israel u. aller Welt; bis 1970 in Jordanien, bis 1982 im Libanon Staat im Staate. 1974 Anerkennung durch alle arab. Staaten als einzige rechtmäßige Vertr. des palästinens. Volkes; 1988 Ausrufung eines Staates „Palästina" (umfasst Westjordanland u. Gazastreifen), internat. nicht anerkannt; ab 1993 Annäherung an Israel; Änderung der PLO-Charta 1996, 1998.

Palatin, einer der sieben Hügel Roms mit Resten der ältesten röm. Ansiedlung.

Palatina [lat.] (Bibliotheca Palatina): **1)** die von Augustus angelegte öff. Bibliothek auf dem Palatin in Rom (64 verbrannt); **2)** ehem. Heidelberger Bibliothek, deren Grundstock im Wesentl. von dem pfälz. Krfst. Otto Heinrich stammt; 1623 in die Vatikan. Bibliothek überführt.

Palau, Rep. auf den P.inseln, einer Gruppe von rd. 200 Inseln (8 dauernd bewohnt) der W-Karolinen, 488 km^2, 16 000 E, Hauptort Koror; 1886 von Spanien erworben, 1899 an Dtl. verkauft, 1914 von Japan besetzt, 1921 japan. Völkerbundsmandat, s. 1947 UN-Treuhandgebiet d. USA, s. 1981 innere Autonomie, 1994 unabhängig; Außen- u. Verteidigungspolitik weiterhin in Verantwortung der USA.

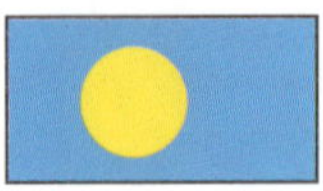

Palau

Fläche: 487 km^2
Einwohner: (1995) 17 200
Hauptstadt: Korror
Amtssprachen: Palauisch, Englisch
Zeitzone: MEZ +8 Stunden

Palenque [pa'leŋke], Ort u. Ruinenstätte (Maya) im N des mex. B.-Staates Chiapas.

Paleozän ↑Geologie, Formationstabelle.

Palermo, Hptst. Siziliens, an der N-Küste der Insel, 694 700 E; Univ., Hochschulen, Observatorium, Museen; Palazzo dei Normanni (9. Jh. beg.), Cappella Palatina (1132–40), Dom (12. Jh.) u. a. Kirchen; vielseit. Ind.; ⚓, ✈. – Phöniz. Gründung.

Palestrina, Giovanni Pierluigi da, * um 1525, † 1594, ital. Komponist; rd. 950 geistl. Werke (Motetten, Hymnen, Offertorien, Messen, Litaneien); auch weltl. Madrigale.

Pali, die dem Mittelind. zuzurechnende Spr. des buddhist. Kanons u. a. buddhist. Schriften.

Palindrom [gr.], Wörter oder Wortfolgen, die vorwärts wie rückwärts gelesen den gleichen od. einen anderen Sinn ergeben, z. B. Egge, Gras–Sarg.

Palisaden [frz.], dicht nebeneinander eingerammte, zugespitzte Pfähle, als Hindernis.

Palisadenwürmer, 5 bis 55 mm lange Fadenwürmer; Parasiten u. Krankheitserreger hpts. bei Säugetieren und Vögeln.

Palisander [indian.] (Palisanderholz), hartes Edelholz mit dunkler, violettbrauner Tönung.

Palitzsch, Peter, * 1918, dt. Regisseur.

Palladio, Andrea, * 1508, † 1580, ital. Baumeister u. Theoretiker; Villen, Paläste u. Kirchen in bzw. bei Vicenza und Venedig.

Palladium, chem. El., Symbol Pd, OZ 46, rel. A.-Masse 106,42, silberweißes, dehnbares Edelmetall, Dichte 12,0 g/cm^3, Fp. 1 550 °C, Sp. 3 125 °C; kann gr. Mengen Wasserstoff absorbieren.

Pallas [gr.], Beiname der Athene (Pallas Athene).

Palm, Siegfried, * 1927, dt. Violoncellist; Interpret zeitgenöss. Werke.

Palma de Mallorca [-ðe maˈʎɔrka] Hptst. u. ⚓ der Baleareninsel Mallorca, 325 000 E; got. Kathedr. u. a. ma. Baudenkmäler, Theater; Ind.- und Handelszentrum; reger Fremdenverkehr; ✈.

Palma, La, nordwestlichste der Kanar. Inseln, 728 km^2; Hauptort Santa Cruz de la P.; Obst- und Gemüsebau.

Palmas de Gran Canaria, Las, span. Prov.-Hptst. im NO der Kanareninsel Gran Canaria, 373 800 E; barocke Kathedr.; Fremdenverkehr; Erdölraffinerie; bed. ⚓.

Palme, [Sven] Olof, * 1927, † 1986 (ermordet), schwed. Politiker; ab 1963 mehrfach Min., ab 1969 Vors. der Sozialdemokratischen Partei, 1969–76 u. ab 1982 Min.Präsident.

Palmen [lat.], meist trop. Bäume, Sträucher od. Lianen, mit nur selten verzweigten Stämmen; viele Nutzpfl. (Kokos-, Dattel-, Öl-, Sagopalmen).

Palmer, Lilli, eigtl. L. Peiser, * 1914, † 1986, brit. Schauspielerin dt. Herkunft; auch Schriftstellerin.

Palmerston, Henry John Temple, Viscount [ˈpɑːmstən], * 1784, † 1865, brit. Politiker; mehrf. Außenmin.; 1855–58 u. ab 1859 Premiermin. (Whig); unterstützte den europ. Liberalismus.

Palmette [frz.]: **1)** palmblattähnl. Ornamentmotiv; **2)** Spalierbaumform an Wänden.

Palmfarne (Cycadales), Klasse [trop.] Nacktsamer, farnart. Blätter.

Palmlilie, svw. ↑Yucca.

Palmsonntag, Sonntag vor Ostern, Beginn der Karwoche.

Palmyra, Oasenstadt in Z-Syrien, 18 000 E; antike Handelsst. (Blüte 2./3. Jh.); kaiserzeitl. Ruinen (Tempel des Baal, Säulenstraßen, Theater, turmart. Grabbauten).

PAL-System ↑Fernsehen.

Palucca, Gret, * 1902, † 1993, dt. Tänzerin griech. Herkunft; Meisterin des mod. Ausdruckstanzes.

Pamir, Hochgebirgsland in Z-Asien, gen. „Dach der Welt"; hpts. Tadschikistan, O zu China, S zu Afghanistan; höchster Gipfel: *Kungur,* 7 579 m.

Pampas [span.], ebene, baumarme Grasländer in Argentinien, zw. Anden, Gran Chaco, Atlantikküste und Patagonien; *P.gras,* südamer. Gras, bis 6 m hoch; bei uns Ziergras; *P.hasen,* langbein. Nagetiere der Steppen Südamerikas (Fam. Meerschweinchen).

Pampelmuse [niederl.], kl. Obstbaum aus dem Malai. Archipel (Anbau auch anderswo) mit bes. gr., gelben, orangeähnl. Früchten (Pampelmusen); ↑auch Grapefruit.

Pamphlet [engl.-frz.], Schmäh-, Streitschrift, polem. Flugschrift.

Pamplona, span. Prov.-Hptst. (von Navarra) am S-Rand der Westpyrenäen, 183 500 E; Kathedr. (15.–18. Jh.). Textil-, Nahrungsmittel-, chem. Ind. – Ehem. Hptst. des Kgr. Navarra.

Pamukkale, Naturdenkmal in Westanatolien, Türkei; Kalksinterterrassen, warme Quellen.

Pan, griech. Waldgott; völlig behaart mit Ziegenhörnern und -füßen dargestellt; Gott der Jäger und Hirten, spielt auf einer Hirtenflöte.

pan..., Pan... [gr.], Bestimmungswort; Bed.: „all, gesamt".

Panama: 1) Rep. im südl. Z-Amerika; Hügel- und Bergland, dessen tiefste Einsattelung vom ↑P.kanal durchschnitten wird; fast 70 % bewaldet; Hauptanbauprodukte Reis, Mais, Kaffee, Bananen, Zuckerrohr, Kakao; etwas Viehzucht; unbed. ⚒; ergieb. Fischerei; gr. Handelsflotte; Häfen: P. und Colón. – Ab 1501 Erforschung P.s, 1538 der span. Kolonialverw. unterstellt; 1739 Teil des Vizekgr. Neugranada; 1821 Anschluss an Großkolumbien; 1903 Entstehen des Staates P. auf Betreiben der USA, die die P.kanalzone „auf unbegrenzte Zeit" pachteten u. ein Interventionsrecht erhielten; nach Vertr. v. 1979 Übergang der Kanalzone bis zum Jahre 2000 in die volle Souveränität P.s (s. 1982 bereits Hoheitsrechte); Ende 1989 Sturz der Militär-Reg. durch militär. Intervention der USA; UN-Mitgl.; **2)** (Ciudad de Panamá) Hptst. und größter ⚓ der Rep. Panama, am *Golf v. P.,* 388 600 E; Univ.; Ind.; ✈. – Gegr. 1519, s. 1903 Hptst. – Bauten der Kolonialzeit.

Pamukkale. *Sinterterrassen*

Panamahut, aus Palmblättern geflochtener, breitkremp. Hut.

Panamakanal, zentralamer. Kanal zw. Atlantik u. Pazifik durch die 50 km breite Landenge, den *Isthmus von Panama;* neben dem Suezkanal wichtigste künstl. Wasserstraße der Erde: 81,6 km lang, Breite bis rd. 152 m, Maximaltiefe 14,3 m. – Baubeginn 1879, s. 1914 in Betrieb. *P.zone,* seit 1903 Hoheitsgebiet der USA beiderseits des P.s (im Allg. je 8 km breit), einschließl. vorgelagerter Inseln, s. 1982 ↑Panamas; 1 432 km^2, 29 000 E; Häfen: Cristobal (Atlantik), Balboa (Pazifik).

panaschieren [frz.], bei der Ver-

Panama

Fläche: 77 082 km^2
Einwohner: (1995) 2,63 Mill.
Hauptstadt: Panama
Amtssprache: Spanisch
Zeitzone: MEZ –6 Stunden

F. von Papen *(links)*
E. Pankhurst *(rechts)*

hältniswahl die Möglichkeit, seine Stimme für Kandidaten versch. Parteien abzugeben.

Panathenäen [gr.], jährl. Fest zu Ehren der Athena im alten Athen.

panchromatisch [gr.], für alle Farben empfindl. (von fotogr. Emulsionen).

Pandas (Katzenbären), Bez. für den Bambusbären und den Kleinen Panda; 65 cm lang; im Himalaja.

Pandora, in der griech. Mythol. von Zeus auf die Erde gesandte Frau, die die Menschen für den Raub des Feuers durch Prometheus bestraft; öffnet ihr Gefäß, die *Büchse der P.,* mit den Leiden und Krankheiten der Menschheit.

Pandschab [sanskr.; = Fünfstromland], Ldsch. in Indien und Pakistan, im NW Vorderindiens; größtenteils Steppe, künstl. bewässert, Getreide-, Zuckerrohr-, Baumwollanbau; Viehzucht.

Paneel [niederl.], das vertieft liegende Feld einer Holztäfelung; auch die ges. Holztäfelung.

panem et circenses [lat.], „Brot u. Zirkusspiele", Anspruch des röm. Volkes während der Kaiserzeit, danach: Vergnügungen zur Zufriedenstellung des Volkes.

Panier [frz.], veraltet für Fahne, Feldzeichen.

Pankhurst, Emmeline ['pæŋkhə:st], * 1858, † 1928, radikale brit. Frauenrechtlerin; Mitbegr. der Suffragettenbewegung.

Pankok: 1) Bernhard, * 1872, † 1943, dt. Architekt und Maler; Vertr. des Jugendstils; **2)** Otto, * 1893, † 1966, dt. Maler u. Grafiker des Expressionismus.

Pankow [-ko], St.-Bez. in Berlin.

Pankratius (Pankraz), hl., röm. Märtyrer, einer der Eisheiligen.

Pankreas [gr.], svw. ↑ Bauchspeicheldrüse; **Pankreatitis,** Entzündung der Bauchspeicheldrüse.

Panmunjom [-dʒʌm], Ort in Nord-Korea, südl. des 38. Breitengrades; in P. am 27. 7. 1953 Abschluss des Waffenstillstandes im Koreakrieg.

Pannonilen, histor. Ldsch., röm. Donauprovinz seit 10 n. Chr.

Panoptikum [gr.], Slg. von Sehenswürdigkeiten; Wachsfigurenkabinett.

Panorama [gr.]: **1)** Rundblick, Ausblick; **2)** gr. Rundgemälde.

Pansen [lat.-roman.], Magenabschnitt bei den Wiederkäuern.

Panslawismus, urspr. sprachwiss. Begriff; nach 1830 Parole für den kulturellen u. polit. Zusammenschluss aller Slawen.

Pantaleon, hl., Märtyrer unter Maximian; einer der 14 Nothelfer, Patron der Ärzte u. Hebammen.

Pantheismus [gr.], Lehre, nach der kein persönl. Gott außerhalb der Welt existiert, sondern Göttliches u. Welt ein u. dasselbe sind.

Pantheon [gr.]: **1)** Gesamtheit der Götter eines Volkes; **2)** Bauwerk (Gedächtnishalle): Tempelbau in Rom, Heiligtum aller Götter (27 v. Chr., erneuert 115–125). *Panthéon* in Paris (1764–89), Ehrentempel der Franzosen.

Panther [gr.], svw. ↑ Leopard.

Pantoffelblume, südamer. Rachenblütlergatt. mit pantoffelähnl. Blüten; Zierpflanzen.

Pantoffeltierchen, pantoffelförm. Wimpertierchen; v. a. in nährstoffreichem Wasser.

Pantomime [gr.], Bühnenspiel nur mit mim. Mitteln, oft auch in Verbdg. mit Musik und Tanz.

Pantschen-Lama (Taschi-Lama), geistl. u. nach dem Dalai-Lama 2. Oberhaupt des Lamaismus.

Panzer [lat.-roman.]: **1)** svw. ↑ Rüstung 1); **2)** schützende Eisenbedeckung von Fahrzeugen u. Befestigungen; **3)** geländegängiges (Vollketten-)Gefechtsfahrzeug, Besatzung bis zu 5, bei Schützen-P.n bis zu 22 Mann; zumeist eine Kanone (Kaliber bis zu 12,2 cm), Maschinenwaffen; Panzerung bis zu 21 cm Stärke (Turm); **4)** Körperbedeckung mancher Tiere, aus Kalk, Horn, Knochen, Chitin.

Panzerfische, älteste Wirbeltiere, urtüml. Fische mit starkem Panzer; Silur bis Unterperm.

Panzergrenadiere, mit Panzern u. a. gepanzerten Fahrzeugen ausgerüstete Infanterie.

Panzernashorn, Indisches, bis 3,4 m langes, bes. dickhäut., einhörn. Nashorn.

Päonile [gr.], svw. ↑ Pfingstrose.

PAP ↑ Übers. S. 463.

Papageien [frz.], [sub]trop. bunte Vögel, klettern mithilfe der Greiffüße u. des kräft. gebogenen Oberschnabels an Bäumen; meist Höhlenbrüter; beliebte, zur Lautnachahmung befähigte Stubenvögel.

Papageienkrankheit (Psittakose), eine meldepflichtige Chlamydienkrankheit; Übertragung durch Papageien, bes. Wellensittiche, u. einige andere Vögel; Inkubationszeit 7–20 Tage; ähnelt schwerer Lungenentzündung.

Papageientaucher (Papageitaucher), etwa 30 cm gr., in Kolonien brütender Alk; Schnabel in der Brutzeit blau-rot-gelb gefärbt; N-Atlantik, Nordpolarmeer.

Papageifische, bis zu 1,8 m lange barschart. Fische trop. Meere mit papageienschnabelähnl. Zahnplatten.

Papandreu: 1) Andreas, * 1919, † 1996, griech. Politiker; Sohn v. 2), 1940–60 u. 1967–74 im Exil, 1974 Gründer u. seitdem Vors. der PASOK, 1981–89, wieder s. 1993 Min.-Präs.; **2)** Georgios, * 1888, † 1968, griech. Politiker; gründete 1933 die Demokrat. (ab 1935 Sozialdemokrat.) Partei, 1961 die Zentrumsunion; mehrfach Min.; 1944/45 u. 1963–65 Min.-Präs.

Papaver [lat.], Gatt. der Mohngewächse; z. B. Klatschmohn.

Papen, Franz v., * 1879, † 1969, dt. Politiker (Zentrum); 1932 R.-Kanzler, setzte die preuß. Reg. durch Notverordnung ab; Vizekanzler in der Reg. Hitler bis 1934, 1936–38 Botschafter in Wien, 1939–44 in Ankara.

Papenburg, St. im Emsland, Nds., 33 600 E; Ind., ⚓. Werft- u. a. Ind.; Stadtrecht seit 1860.

Paperback ['peɪpəbæk; engl.], kartoniertes Buch, meist in Klebebindung.

Papier [gr.-lat.], blattart. Werkstoff, hergest. aus Halbstoffen v. Pflanzenfasern (Zellstoffe bzw. Holzschliff aus Fichten-, Kiefern-, Buchenholz, Stroh), Alt-P. u./od. Hadern mit Leim, Füllstoffen u. a.; neuerdings auch synthet. P. aus Chemiefasern; Unterscheidung in Fein-, Schreib-, Druck-, Pack-, Kraft-P.e, Maschinen- u. Handpappen. Welterzeugung (einschl. Zeitungs-P.): 246 Mill. t P. und Pappe (1993).

Papierchromatographie, chromatograph. Trennverfahren (↑Chromatographie) mithilfe von speziellem Filtrierpapier als stationärer, best. Fließmitteln als mobiler Phase.
Papierformate, Bez. für die Maße von Papierbogen; Vereinheitlichung der Formate 1922 (Normblatt DIN 476); durch Halbierung der Fläche entsteht jeweils das nächstkleinere Format, das Seitenverhältnis beträgt $1:\sqrt{2}$; meistverw. DIN A4 (Briefbogen), DIN A6 (Postkarte), Grundformat DIN A0: 84,1 × 118,9 cm.
Papiergewicht ↑Übers. S. 664.
Papiermaché [papjema'ʃe:; frz.] (Pappmaché), Papiermasse mit Leimzusatz, aus der in Formen gepresste Gegenstände (u. a. Spielzeug) hergestellt werden.
Papierzerfall, Zerstörung von Büchern u. Zeitungen, die etwa seit 1854 hergestellt wurden. Verursacht wird der P. durch die Bildung von Schwefelsäure, wobei der Schwefel aus dem Papierherstellungsverfahren stammt. Die Konservierung der großen Bibliotheksbestände ist sehr aufwendig, aber möglich.
Papilioniden [lat.] (Ritterfalter), Fam. meist bunter, gr., vorw. trop. Tagfalter; z. B. Schwalbenschwanz, Segelfalter, Apollo.
Papillom [lat.], gutart. [Haut]geschwulst.
Papin, Denis [pa'pɛ̃], * 1647, † 1712 (?), frz. Physiker u. Arzt; erfand u. a. 1681 den Dampfkochtopf *(Papintopf),* 1690 die atmosphär. Dampfmaschine.
Pappe, starke od. mehrschicht. Papierart (↑auch Papier).
Pappel [lat.], Gatt. der Weidengewächse; hohe, sommergrüne, schnellwüchs. Bäume, Windblütler; viele Nutzhölzer; u. a. Grau-, Schwarz-, Silber-P., Espe.
Pappenheim, Gottfried Heinrich Gf. zu, * 1594, ⚔ 1632, kaiserl. Reitergen. des Dreißigjähr. Krieges.
Pappmaché [-ma'ʃe], svw. ↑Papiermaché.
Paprika [ungar.] (Capsicum), Nachtschattengewächs mit scharfen, vitaminreichen Früchten (als Gemüse oder Gewürz).
Papst [lat. papa], Oberhaupt der röm.-kath. Kirche, Träger des Primats u. der lehramtl. Unfehlbarkeit. Wird auf Lebenszeit v. den Kardinälen im Konklave gewählt. – ↑auch Übers. Päpste, S. 512 ff.
Papua, eingeborene Bev. Neuguineas, Melanesier; dunkelbraune Hautfarbe, dunkles krauses Haar.
Papua-Neuguinea, Staat im östl. Pazifik, umfasst den O-Teil von

Papua-Neuguinea

Fläche: 462 840 km²
Einwohner: (1995) 4,3 Mill.
Hauptstadt: Port Moresby
Amtssprache: Englisch
Zeitzone: MEZ +9 Stunden

Neuguinea, den Bismarckarchipel, die Admiralitäts- und D'Entrecasteauxinseln, den Louisiadearchipel sowie die nördl. Salomoninseln Bougainville und Buka; Kaffee, Kakao; bed. Kupfererz-⚒ auf Bougainville. – Der aus dem ehem. austral. Territorium Papua u. dem Treuhandgebiet Neuguinea gebildete Staat wurde 1975 unabhängig.
Papyrus [gr.], altägypt. Schreibmaterial in Blatt- u. Rollenform; besteht aus 2 Lagen kreuzweise aufeinander gepresster Streifen des Stängelmarks der P.staude (↑Zypergras).
par[a]..., Par[a]... [gr.], Bestimmungswort; Bed.: „bei, neben, entlang; gg., über – hinaus".
Pará: 1) nordbrasil. B.-Staat an der Amazonasmdg., 1 246 833 km², 5 Mill. E; Hptst. Belém; im Amazonastiefland trop. Regenwald; Kautschukgewinn., Kakao, Reis, Zuckerrohr; **2)** ↑Belém 2).
Parabel [gr.-lat.]: **1)** kurze lehrhafte Dichtung, die eine theol. od. sittl. Wahrheit gleichnishaft darstellt; **2)** Kegelschnitt, geometr. Ort für alle Punkte (P) der Ebene, die v. einem festen Punkt, dem *Brennpunkt* (F), und einer festen Geraden, der *Leitlinie* (l), denselben Abstand haben; der Abstand des Brennpunktes v. der Leitlinie ist gleich der Länge des ↑Parameters 1) (p) der P.; Scheitelgleichung: $y^2 = 2px$.
Parabol|antenne, schüsselförmige Antenne zum Direktempfang des Satellitenfernsehens.
Paraboloid [gr.], Fläche 2. Ordnung, deren ebene Schnitte Parabeln u. Ellipsen *(ellipt. P.)* bzw. Kreise (*Rotations-P.;* entsteht durch Drehung einer Parabel um ihre Achse) od. Parabeln u. Hyperbeln *(hyperbol. P.)* sind.
Parabolspiegel, Hohlspiegel in der Form eines Rotationsparaboloids; durch den Brennpunkt gehende Strahlen sind nach Reflexion achsenparallel u. umgekehrt; verw. bei Spiegelteleskopen und Scheinwerfern.
Paracelsus, Philippus Aureolus Theophrastus, eigtl. T. Bombastus von Hohenheim, * 1493 (?), † 1541, dt. Arzt u. Naturforscher; erkannte die Bed. der physikal. u. chem. Grundlagen alles Lebendigen, Anwendung in d. Heilkunde.
Parade [frz.]: **1)** Truppenschau; **2)** Anhalten *(Parieren)* eines Pferdes od. Gespannes (im Reitsport); **3)** Abwehr eines Angriffs (im Fecht- und Boxsport).
Paradentose ↑Parodontose.
Paradies [pers.]: **1)** glückl. Ur- od. erwarteter Endzustand der

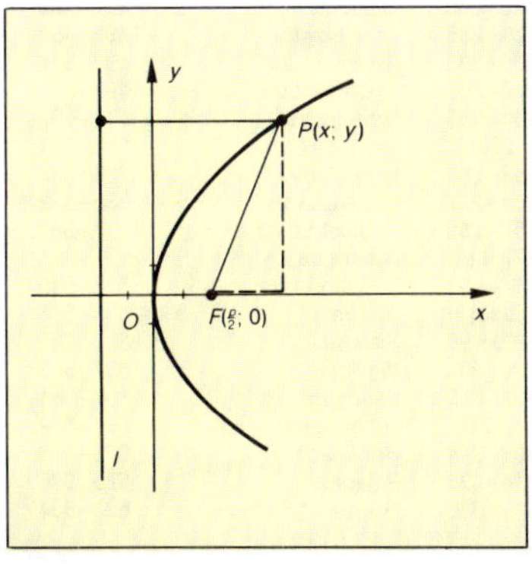

Parabel

Ph. A. Th. Paracelsus

Menschheit an einem Ort der Wonne; **2)** Säulenvorhof oder überdeckte Vorhalle an Kirchen.

paradox [gr.], widersinn., einen Widerspruch enthaltend.

Paraffine [lat.] (Alkane), gesättigte organ. Verbdg., Kohlenwasserstoffe der Summenformel C_nH_{2n+2}; in gr. Mengen im Vergaserkraftstoff, Dieselöl und Schmieröl enthalten.

Paragraph, Zeichen §, [bes. in Gesetzestexten u. wiss. Werken] zur fortlaufenden Nummerierung u. Bez. kleinerer Abschnitte.

Paraguay: 1) größter (r.) Nbfl. des Paraná, 2500 km, entspringt im Mato Grosso (Brasilien), mündet bei Corrientes (Argentinien); **2)** Rep. im Inneren Südamerikas. Nach O leicht ansteigendes Hügelland mit Anteil am Gran Chaco (westl. des P. 1); 50 % bewaldet; Anbau von Zuckerrohr, Tabak, Baumwolle, ferner Getreide, Reis, Zitrusfrüchten, Bananen; Viehzucht (insbes. Rinder); Bodenschätze: Eisen-, Mangan-, Kupfererze, Abbau gering; Ind. hpts. um Asunción. – *Gesch.:* Seit 1536 v. Spanien erobert, 1608 Gründung eines „Ordensstaates" d. Jesuiten; 1768 deren Vertreibung; 1776 Teil des neu gegr. Vizekgr. Río de la Plata; 1811 unabh., durch den Krieg mit Argentinien, Brasilien u. Uruguay (1865–70) gr. Gebietsverluste; 1932–35 ↑Chacokrieg; mehrf. Militärdiktaturen (1954–89 Gen. Stroessner), s. 1991 Demokratisierung. Mitgl. der UN. – Flagge S. 514.

Paraíba, B.-Staat im O von Brasilien, 53958 km², 3,2 Mill. E, Hptst. João Pessoa; in der schmalen Küstenebene Anbau von Tabak, Zuckerrohr, Mais, Kokospalmen u. a., auf den trockenen Hochgebieten Viehzucht und Baumwollanbau.

Parallaxe, Winkel π zw. den Sehstrahlen von zwei Beobachtungsorten A u. B aus zum selben Objekt, beobachtb. als scheinb. Verschiebung (C_1 und C_2) des Objekts vor dem Hintergrund. Die P., bedingt durch den Augenabstand, bewirkt räuml., stereoskop. Sehen.

Päpste

Es gibt bis heute keine verbindl. Papstliste, sowohl hinsichtl. der Regierungsdaten, v. a. der frühen Päpste, als auch hinsichtl. ihrer Anerkennung als Papst oder Gegenpapst. (Gegenpäpste sind eingerückt, * Heilige, ** Selige.)

Petrus*	64(?)	Julius I.*	337–352	Sabinian	604–606
Linus*	64–79(?)	Liberius	352–366	Bonifatius III.	607
Anaklet I.*	79–90/92(?)	Felix (II.)	355–358 († 365)	Bonifatius IV.*	608–615
Klemens I.*	90/92–101(?)	Damasus I.*	366–384	Deusdedit	
Evaristus*	99/101–107(?)	Ursinus	366–367	(Adeodatus I.)*	615–618
Alexander I.*	107–116(?)	Siricius*	384–399	Bonifatius V.	619–625
Sixtus I.*	116–125(?)	Anastasius I.*	399–402	Honorius I.	625–638
Telesphorus*	125–138(?)	Innozenz I.*	402–417	Severinus	640
Hyginus*	138–142(?)	Zosimus*	417–418	Johannes IV.	640–643
Pius I.*	142–154/55(?)	Bonifatius I.*	418–422	Theodor I.	643–649
Anicetus*	154/55–166(?)	Eulalius	418–419	Martin I.*	649–653
Soter*	166–174(?)	Zölestin I.*	422–432	Eugen I.*	654–657
Eleutherus*	174–189(?)	Sixtus III.*	432–440	Vitalianus*	657–672
Viktor I.*	189–198/99(?)	Leo I.*	440–461	Adeodatus II.	672–676
Zephyrinus*	199–217(?)	Hilarus*	461–468	Donus	676–678
Kalixt I.*	217–222	Simplicius*	468–483	Agatho*	678–681
Hippolyt*	217–235	Felix II. (III.)*	483–492	Leo II.*	682–683
Urban I.*	222–230	Gelasius I.*	492–496	Benedikt II.*	684–685
Pontianus*	230–235	Anastasius II.*	496–498	Johannes V.	685–686
Anterus*	235–236	Symmachus*	498–514	Konon	686–687
Fabianus*	236–250	Laurentius	498–506	Theodor	687
Cornelius*	251–253	Hormisdas*	514–523	Paschalis	687–692
Novatian	251–258(?)	Johannes I.*	523–526	Sergius I.*	687–701
Lucius I.*	253–254	Felix III. (IV.)*	526–530	Johannes VI.	701–705
Stephan I.*	254–257	Bonifatius II.	530–532	Johannes VII.	705–707
Sixtus II.*	257–258	Dioskur	530	Sisinnius	708
Dionysius*	259/60–267/68(?)	Johannes II.		Konstantin I.	708–715
Felix I.*	268/69–273/74(?)	(Mercurius)	533–535	Gregor II.*	715–731
Eutychianus*	274/75–282/83(?)	Agapet I.*	535–536	Gregor III.*	731–741
Cajus*	282/83–295/96	Silverius*	536–537	Zacharias*	741–752
Marcellinus*	296–304	Vigilius	537–555	Stephan (II.)	752
Marcellus I.*	307–308	Pelagius I.	556–561	Stephan II. (III.)	752–757
Eusebius*	308 [309, 310]	Johannes III.	561–574	Paul I.*	757–767
Miltiades*	309–314	Benedikt I.	575–579	Konstantin (II.)	767–768
Silvester I.*	314–335	Pelagius II.	579–590	Philipp	768
Markus*	336	Gregor I.*	590–604	Stephan III. (IV.)	768–772

Päpste Fortsetzung

Hadrian I.	772–795
Leo III.*	795–816
Stephan IV. (V.)	816–817
Paschalis I.*	817–824
Eugen II.	824–827
Valentin	827
Gregor IV.	827–844
Johannes	844
Sergius II.	844–847
Leo IV.*	847–855
Benedikt III.	855–858
Anastasius (III.)	855
Nikolaus I.*	858–867
Hadrian II.	867–872
Johannes VIII.	872–882
Marinus I. (Martin II.)	882–884
Hadrian III.*	884–885
Stephan V. (VI.)	885–891
Formosus	891–896
Bonifatius VI.	896
Stephan VI. (VII.)	896–897
Romanus	897
Theodor II.	897
Johannes IX.	898–900
Benedikt IV.	900–903
Leo V.	903
Christophorus	903–904
Sergius III.	904–911
Anastasius III.	911–913
Lando	913–914
Johannes X.	914–928
Leo VI.	928
Stephan VII. (VIII.)	929–931
Johannes XI.	931–935
Leo VII.	936–939
Stephan VIII. (IX.)	939–942
Marinus II.	
Agapet II.	946–955
Johannes XII.	955–964
Leo VIII.	963–965
Benedikt V.	964
Johannes XIII.	965–972
Benedikt VI.	973–974
Bonifatius VII.	974
Benedikt VII.	974–983
Johannes XIV.	983–984
Bonifatius VII.	984–985
Johannes XV.	985–996
Gregor V.	996–999
Johannes XVI.	997–998
Silvester II.	999–1003
Johannes XVII.	1003
Johannes XVIII.	1003/04–1009
Sergius IV.	1009–1012
Benedikt VIII.	1012–1024
Gregor (VI.)	1012
Johannes XIX.	1024–1032
Benedikt IX.	1032–1045
Silvester III.	1045
Gregor VI.	1045–1046
Klemens II.	1046–1047
Damasus II.	1048
Leo IX.*	1049–1054
Viktor II.	1055–1057
Stephan IX. (X.)	1057–1058
Benedikt X.	1058–1059
Nikolaus II.	1058–1061
Alexander II.	1061–1073
Honorius (II.)	1061–1071/72
Gregor VII.*	1073–1085
Klemens (III.)	1080–1100
Viktor III.**	1086–1087
Urban II.**	1088–1099
Paschalis II.	1099–1118
Theoderich	1100–1102
Albert	1102
Silvester (IV.)	1105–1111
Gelasius II.	1118–1119
Gregor (VIII.)	1118–1121
Kalixt II.	1119–1124
Honorius II.	1124–1130
Zölestin (II.)	1124
Innozenz II.	1130–1143
Anaklet (II.)	1130–1138
Viktor (IV.)	1138
Zölestin II.	1143–1144
Lucius II.	1144–1145
Eugen III.**	1145–1153
Anastasius IV.	1153–1154
Hadrian IV.	1154–1159
Alexander III.	1159–1181
Viktor (IV.)	1159–1164
Paschalis (III.)	1164–1168
Kalixt (III.)	1168–1178
Innozenz (III.)	1179–1180
Lucius III.	1181–1185
Urban III.	1185–1187
Gregor VIII.	1187
Klemens III.	1187–1191
Zölestin III.	1191–1198
Innozenz III.	1198–1216
Honorius III.	1216–1227
Gregor IX.	1227–1241
Zölestin IV.	1241
Innozenz IV.	1243–1254
Alexander IV.	1254–1261
Urban IV.	1261–1264
Klemens IV.	1265–1268
Gregor X.**	1271–1276
Innozenz V.**	1276
Hadrian V.	1276
Johannes XXI.	1276–1277
Nikolaus III.	1277–1280
Martin IV.	1281–1285
Honorius IV.	1285–1287
Nikolaus IV.	1288–1292
Zölestin V.*	1294
Bonifatius VIII.	1294–1303
Benedikt XI.**	1303–1304
Klemens V.	1305–1314
Johannes XXII.	1316–1334
Nikolaus (V.)	1328–1330
Benedikt XII.	1334–1342
Klemens VI.	1342–1352
Innozenz VI.	1352–1362
Urban V.**	1362–1370
Gregor XI.	1370–1378
Urban VI.	1378–1389
Klemens (VII.)	1378–1394
Bonifatius IX.	1389–1404
Benedikt (XIII.)	1394–1423
Innozenz VII.	1404–1406
Gregor XII.	1406–1415
Alexander V.	1409–1410
Johannes (XXIII.)	1410–1415
Martin V.	1417–1431
Klemens (VIII.)	1423–1429
Eugen IV.	1431–1447
Felix (V.)	1439–1449
Nikolaus V.	1447–1455
Kalixt III.	1455–1458
Pius II.	1458–1464
Paul II.	1464–1471
Sixtus IV.	1471–1484
Innozenz VIII.	1484–1492
Alexander VI.	1492–1503
Pius III.	1503
Julius II.	1503–1513
Leo X.	1513–1521
Hadrian VI.	1522–1523
Klemens VII.	1523–1534
Paul III.	1534–1549
Julius III.	1550–1555
Marcellus II.	1555
Paul IV.	1555–1559
Pius IV.	1559–1565
Pius V.*	1566–1572
Gregor XIII.	1572–1585
Sixtus V.	1585–1590
Urban VII.	1590
Gregor XIV.	1590–1591
Innozenz IX.	1591
Klemens VIII.	1592–1605
Leo XI.	1605
Paul V.	1605–1621
Gregor XV.	1621–1623
Urban VIII.	1623–1644
Innozenz X.	1644–1655
Alexander VII.	1655–1667
Klemens IX.	1667–1669
Klemens X.	1670–1676
Innozenz XI.**	1676–1689
Alexander VIII.	1689–1691
Innozenz XII.	1691–1700
Klemens XI.	1700–1721
Innozenz XIII.	1721–1724
Benedikt XIII.	1724–1730
Klemens XII.	1730–1740
Benedikt XIV.	1740–1758
Klemens XIII.	1758–1769
Klemens XIV.	1769–1774
Pius VI.	1775–1799
Pius VII.	1800–1823
Leo XII.	1823–1829
Pius VIII.	1829–1830
Gregor XVI.	1831–1846
Pius IX.	1846–1878
Leo XIII.	1878–1903
Pius X.*	1903–1914
Benedikt XV.	1914–1922
Pius XI.	1922–1939
Pius XII.	1939–1958
Johannes XXIII.	1958–1963
Paul VI.	1963–1978
Johannes Paul I.	1978
Johannes Paul II.	seit 1978

Paraguay

Fläche: 406 752 km²
Einwohner: (1995) 4,96 Mill.
Hauptstadt: Asunción
Amtssprache: Spanisch
Zeitzone: MEZ –5 Stunden

In der Astronomie Messung der P. zur Feststellung der Entfernung eines Gestirns; die P. ist dort der Winkel, unter dem die Basis (halber gegenseit. Abstand der beiden Beobachtungspt.) vom Objekt aus erscheinen würde (Benutzung der halben Erdbahn als Basis zur Messung der Stern-P.), $\pi = 1'' = 30{,}8 \cdot 10^{12}$ km = 1 ↑Parsec.

parallel [gr.]: **1)** gleichlaufend, (in der Math.) gesagt von 2 Geraden oder Ebenen, die stets gleichen Abstand voneinander haben; **2)** in gleichem Intervallabstand (𝄞).

Parallelcomputer (Supercomputer), Rechner, bei dem viele Mikroprozessoren gleichzeitig an einer Aufgabe arbeiten (beim dt. P. SUPRENUM z. B. sind es 256). Rechengeschwindigkeit u. Speicherkapazität übertreffen konventionelle Computer.

Parallelen|axiom, Axiom der euklid. Geometrie: zu einer gegebenen Geraden gibt es durch einen nicht auf ihr gelegenen Pt. [nur] eine Parallele.

Parallelkreise, Kreise, die als Schnittkurven paralleler Ebenen mit einer Kugel entstehen; in der Geogr. die *Breitenkreise.*

Parallelogramm [gr.], Viereck, bei dem die gegenüberliegenden Seiten parallel (folgl. auch gleich lang) sind.

Parallelschaltung, elektr. Grundschaltung, bei der alle Verbraucher parallel an der gleichen Spannung liegen.

Paralyse [gr.]: **1)** vollst. Bewegungslähmung [eines Körperteils]; **2)** ↑progressive Paralyse.

Paramagnetismus ↑Magnetismus 1).

Paramaribo, Hptst. von Surinam, 192 000 E; Univ.; Textil- u. a. Industrie, ⚓; ✈.

Parameter: 1) bei Kegelschnitten die senkrecht zur Hauptachse durch den Brennpt. gehende Sehne; **2)** Veränderliche, die für gewisse Betrachtungen als Konstante anzusehen ist.

paramilitärisch, halbmil., militärähnlich.

Paraná: 1) Fluss in Südamerika, 3 700 km, entsteht aus Rio Paranaiba u. Rio Grande, mündet als Río de la Plata in den Atlantik; **2)** südbrasil. Staat zw. Atlantikküste und P. 1), 199 324 km², 8,4 Mill. E, Hptst. Curitiba; **3)** Hptst. der argent. Prov. Entre Ríos, an 1), 207 000 E; Univ.; Fluss-⚓; ✈.

Paranoia [gr.], Geistesstörung bzw. geistige Verwirrtheit mit Sinnestäuschungen und Wahnideen (Größenwahn, Verfolgungswahn), Begleiterscheinung bes. der ↑Schizophrenie.

Paranussbaum [nach dem brasil. Staat *Pará*], Baum des trop. Südamerika; wohlschmeckende, ölhaltige Samen *(Paranüsse).*

Paraphe [frz.], Namenszug, -zeichen, -stempel.

Paraphierung [gr.], die vorläufige Unterzeichnung eines völkerrechtl. Abkommens oder Vertrages ohne Rechtsverbindlichkeit.

Paraphrase: 1) verdeutlichende Umschreibung eines Textes mit anderen (mehr) Worten; auch freie Übertragung (Sprachwiss.); **2)** freie Umspielung einer Melodie (𝄞).

Parapsychologie, Wiss. v. den okkulten Erscheinungen; befasst sich mit außersinnl. Wahrnehmungen (Telepathie, Gedankenlesen, Materialisation, Psychokinese) und sucht diese method. und experimentell zu erfassen.

Parasit [gr.], Schmarotzer.

Parasolpilz [frz.; dt.] (Riesenschirmling), Lamellenpilz in lichten Wäldern Europas u. Nordamerikas.

Parasympathikus, der dem Sympathikus entgegenwirkende Teil des vegetat. Nervensystems.

Parataxe [gr.], Nebenordnung v. Satzgliedern od. Sätzen; Ggs. Hypotaxe.

Para|typhus [gr.], typhusähnl., anzeigepflicht. Infektionskrankheit des Darms; Erreger Salmonellen.

par avion [-a'vjɔ̃; frz.], durch Luftpost.

Parcours [parku:r; frz.], künstl. Hindernisstrecke (Reitsport).

Pardubitz (tschech. Pardubice), tschech. St. östl. von Prag, 94 400 E; TH; versch. Industrien.

par excellence [parɛksɛ'lã:s; frz.], vorzugsweise, vor allem andern, schlechthin.

pari [ital.], gleichwertig, zum Nennwert (Börse).

Paria [angloind.], niedrigste Kaste der indischen Ges., „Unberührbare"; leben als Außenseiter in der Ges.; übertr. für Entrechtete.

parieren [frz.]: **1)** einen Angriff abwehren; **2)** ein Pferd anhalten (↑Parade 2); **3)** ugs. gehorchen.

Paris (auch Alexandros), in der griech. Mythol. Sohn des Priamos u. der Hekuba, Prinz v. Troja; erkennt Aphrodite im Schönheitswettstreit mit Hera u. Athena den Apfel der Eris zu; entführt Helena u. entfesselt damit den Trojan. Krieg.

Paris, Hptst. Frankreichs, an d. Seine unterhalb der Marnemdg., 2,15 Mill. E (städt. Agglomeration rd. 10 Mill. E); bed. Weltst., Sitz internat. Organisationen, Univ. (Sorbonne, 1968 in 13 Univ. aufgegliedert), Akademien, wiss. Institute, Sternwarte, Jardin des Plantes, Nat.-Bibliothek, bed. Museen, Oper, Comédie Française u. andere Theater; bed. Kirchen, u. a. St.-Germain-des-Prés (frühes 11. Jh.), Kathedr. Notre-Dame (1163 beg.), Sainte-Chapelle (1246–48), Invalidendom (1675–1706), Panthéon (1764–89); weitere berühmte Bauten: ↑Louvre (1546 ff.), Arc de Triomphe de l'Étoile (1836 vollendet), Eiffelturm (1887–89); mod. Bauten: u. a. Cité Universitaire (1921 ff.), Gebäude der UNESCO (1958 eröffnet), Centre Georges Pompidou (Kunst- u. Kulturzentrum, 1977 eröffnet), berühmte Straßen und Anlagen. Wichtigste Handelsst. u. bedeutendster Binnenhafen Frankreichs; im Zentrum Bekleidungs-, Luxus-, Parfüm-, Schmuckwarenind., Kunsthandwerk, Porzellan- u. Kristallwarenherst., in den industriereichen Außenbezirken u. a. Waggon-, Auto- u. Flugzeugbau, Filmind.; Mittelpt. des frz. Verkehrsnetzes; mehr. ✈. – Als *Lutetia [Parisiorum]* erstmals v. Cäsar erwähnt, schon im frühen MA ein Zentrum Frankreichs; unter Ludwig XIV. kultureller Mittelpt. Europas.

Pariser Friedensschlüsse: 1) 1763 zw. Großbr. und Portugal, Frkr. und Spanien, beendete den Siebenjährigen Krieg: Frkr. verliert seinen Teil v. Neufrkr. u. das Mündungsgebiet des Senegal an Großbrit., das v. Spanien Florida erhält; **2)** 1783 Anerkennung der amer. Unabhängigkeit durch Großbr.; **3)** 1814 u. 1815 Beendigung der Befreiungskriege: Frkr.

zunächst auf die Grenzen v. 1792, dann auf die v. 1790 beschränkt; **4)** 1856 Abschluss des Krimkrieges: u. a. Garantie der Unabhängigkeit u. des Gebietsbestandes des Osman. Reiches; **5)** 1898 zw. Spanien u. den USA: Abtretung v. Kuba, Puerto Rico, Guam u. der Philippinen an die USA; **6)** *Pariser Vorortverträge* zur Beendigung des 1. Weltkrieges, Friedensschlüsse der Alliierten 1919 mit Dtl. (↑Versailler Vertrag), Östr. (↑Saint-Germain-en-Laye), Bulgarien (Neuilly-sur-Seine), 1920 mit Ungarn (Trianon), Türkei (Sèvres); **7)** 1947 zw. den Siegern des 2. Weltkrieges u. den ehem. dt. Verbündeten Bulgarien, Finnland, Italien, Ungarn, Rumänien.

Pariser Verträge, die Vereinbarungen über die Beendigung des Besatzungsregimes in der BRD, über eine autonome Saarreg. (nicht in Kraft getreten) u. Vertr. über Gründung der Westeurop. Union (1954, ratifiziert 1955); ergänzen den ↑Deutschlandvertrag.

Pariser Vorortverträge ↑Pariser Friedensschlüsse 6).

Parität [lat.]: **1)** Gleichstellung, Gleichberechtigung; **2)** [das in festem Wechselkurs ausgedrückte] Tauschverhältnis zw. zwei oder mehr. Währungen *(Währungs-P.)*; daneben *Gold-* und *Kaufkraft-P.*; **3)** Verhalten v. physikal. Größen und Funktionen bei Raumspiegelung (Vorzeichenwechsel bei *ungerader* Parität).

paritätisch, gleichgestellt, -berechtigt.

Parker ['pɑ:kə], Charlie, eigtl. Charles P., gen. Bird od. Yardbird, * 1920, † 1955, amer. Jazzmusiker; Mitbegr. des mod. Jazz (Bebop).

Parkett [frz.] : **1)** Fußbodenbelag aus Holz als Stab- od. Tafel-P.; meist aus Eiche od. Buche; **2)** im Theater der vordere Teil des Zuschauerraums zu ebener Erde; **3)** der amtl. Börsenverkehr.

Parkhurst, Helen ['pɑ:khə:st], * 1887, † 1959, amer. Schulreformerin.

Parkinson ['pɑ:kınsn]: **1)** Cyril Northcote, * 1909, † 1993, brit. Historiker u. Publizist; Kritik am aufgeblähten Verw.-Apparat, iron. dargestellt; **2)** James, * 1755, † 1824, brit. Arzt; beschrieb die nach ihm ben. erbl. *P.-Krankheit* (Schüttellähmung), Erkrankung (Degeneration) des Hirnstamms.

Parlament [frz.-engl.], in demokrat. Verf.-Staaten aus Wahlen hervorgegangenes oberstes Staatsorgan, *Volksvertretung* (1 od. mehr. Kammern), der ein verfassungsrechtl. garantierter selbst. u. maßgebender Einfluss auf die staatl. Willensbildung eingeräumt ist; Kompetenzen: u. a. Gesetzgebung, Haushalt, Kontrolle v. Reg. u. Verw.

Parlamentär [frz.], zu Verhandlungen mit dem Feind Bevollmächtigter.

Parlamentarier, Abgeordneter.

parlamentarische Anfrage, Auskunftsersuchen des Parlaments an die Reg.; im Dt. B.-Tag: *gr. Anfrage* erfordert Unterschrift v. einer Anzahl Abg. in Fraktionsstärke (zz. 26).

Parlamentarischer Rat, die aus 65 Delegierten der Landtage der 11 westdt. Länder gebildete Vers. zur Ausarbeitung des GG (1. 9. 1948 bis 23. 5. 1949).

Parlamentarismus [engl.], jedes repräsentative polit. System, in dem ein aus Wahlen hervorgegangenes Parlament als Repräsentant der Nation eine zentrale Stelle im polit. Prozess innehat.

Parlando [ital.], dem Sprechen nahe kommender Gesang.

Parler, bed. Baumeisterfam. der Spätgotik, aus Schwäb. Gmünd od. Köln stammend; *Peter P.* (* 1330, † 1399), der bedeutendste der Fam., 1353 v. Karl IV. nach Prag berufen, wo er den Chor des Domes vollendete u. die Karlsbrücke mit dem Altstädter Brückenturm errichtete.

Parma, oberital. Prov.-Hptst. an der Via Emilia, 169 300 E; Univ., Kunsthochsch.; Dom (12. Jh.), Baptisterium (1196–1270); Nationalgalerie, Theater; Nahrungsmittel-, chem., Masch.- und Schuhind. – Im hohen MA Mitgl. des Lombard. Städtebundes; 1512 mit Piacenza Teil des Kirchenstaates; 1545 Hzgt. der Farnese; 1735 östr., 1748 span., 1815 wieder östr., 1847 an Bourbon-P., seit 1860/61 Teil Italiens.

Parmenides, * um 540, † um 480 (460?) v. Chr., griech. Philosoph (Schule der Eleaten); lehrte die Einheit u. Ewigkeit der Substanz.

Parnass, Kalkgebirgsstock in M-Griechenland, 2 457 m. – In der griech. Mythol. Apoll geweiht und Sitz der Musen.

Parochie [gr.-mlat.], Kirchspiel.

Parodie [gr.], satir.-kom. Nachahmung der Form eines meist künstler., oft literar. Werkes od. des Stils eines Künstlers.

Parodontose [gr.] (Paradentose), Zahnfleischschwund, mit Lockerung der Zähne.

Parole [frz.], Motto; Kennwort.

Parotitis [gr.], Entzündung der Ohrspeicheldrüse; *P. epidemica,* svw. ↑Mumps.

Paris. *Basilika Sacré Cœur auf dem Montmartre (1876 begonnen, 1919 geweiht)*

Parsec, Einheitenzeichen **pc,** astronom. Entfernungseinheit; Entfernung, aus der der Erdbahnhalbmesser unter einem Winkel (Parallaxe) von 1 Bogensek. erscheint; 1 pc = $3{,}08 \cdot 10^{13}$ km.

Parseier Spitze, höchster Berg der Lechtaler Alpen, Tirol, Östr., 3 038 m.

Parsismus, Lehre der im 8. Jh. von Persien nach Indien ausgewanderten *Parsen,* Weiterentw. des Mazdaismus; Dualismus zw. Ahura Masda und Ahriman; Luftbestattung auf den „Türmen des Schweigens"; hl. Buch: Awesta.

Pars pro toto [lat.], Redefigur, die einen Teil für das Ganze setzt, z. B. „mit 100 Segeln" für „mit 100 Schiffen".

Partei [lat.-frz.]: **1)** allg.: Gruppe v. Gleichgesinnten; **2)** Vereinigung v. Personen mit gleichart. polit. Meinungen u. Interessen, deren Anliegen es ist, durch Einflussnahme auf die polit. Willensbildung des Volkes die Voraussetzung für die Verwirklichung best. innen- u. außenpolit. Ziele zu schaffen; in der BRD verfassungsrechtl. Bestandteil der Demokratie; die Gründung von polit. P.en ist frei, jedoch muss ihre innere Ordnung demokrat. Grundsätzen entsprechen; das freie Mit- u. Gegeneinander zweier od. mehrerer P.en bestimmt die mod. Demokratien; **3)** ↑Parteifä-

Passau. *Ehemalige Jesuitenkirche Sankt Michael (1665–78)*

higkeit; **4)** Wohnungsinhaber in einem [Miets]haus; **5)** Beklagter od. Kläger in Rechtsstreitigkeiten.

Partei des Demokratischen Sozialismus, polit. Partei, 1989 hervorgegangen aus der SED.

Parteifähigkeit, die Fähigkeit, in einem Prozess Partei zu sein, d. h. zu klagen (aktive P.) u. verklagt zu werden (passive P.).

Parthenogenese [gr.], svw. Jungfernzeugung (↑Fortpflanzung).

Parthenon, Tempel der Athene (Athene Parthenos) auf der Akropolis von Athen (448–432 v. Chr.); bed. Giebelfiguren sowie Reliefs der Metopen und des Cellafrieses *(Parthenonfries)*.

Parther, im Altertum nordiran. Volksstamm, der unter den Arsakiden ein Reich gründete, das sich rasch über Persien u. Mesopotamien ausbreitete (247 v. Chr. bis 226 n. Chr.); von Rom in den *P.kriegen* bekämpft.

Partialschwingung [lat.; dt.], Teilschwingung.

partiell (partial) [frz.], teilw. [vorhanden], anteilig, einseitig.

Partikel [lat.]: **1)** [materielles] Teilchen; **2)** Bez. für alle nicht beugbaren, d. h. Verhältnis-, Umstands-, Bindewörter (Gramm.).

partikular (partikulär) [lat.], einen Teil betreffend, einzeln.

Partisanen, Personen, die sich außerhalb einer offiz. mil. Organisation an einem bewaffneten Konflikt beteiligen.

partitiv [lat.], teilend, die Teilung ausdrückend.

Partitur [ital.], die schriftl. Fixierung eines vielstimm. Tonwerkes.

Partizip [lat.], Mittelwort (Name wegen der Mittelstellung zw. Verb u. Adjektiv); *P. Präsens*: „singend", *P. Perfekt*: „gesungen".

partizipieren, teilhaben.

Parzelle [frz.], kleines [vermessenes] Grundstück (bis 2 ha).

Parzen, den griech. Moiren entspr. röm. Schicksalsgöttinnen.

Parzival, sagenhafte Rittergestalt; dichter. Gestaltung bei Chrétien de Troyes u. Wolfram v. Eschenbach; der „reine Tor" bewährt sich [u. versagt] in versch. Situationen u. wird schließlich Gralskönig; Bühnenweihfestspiel v. R. Wagner.

Pasadena [pæsə'di:nə], St. im nö. Vorortbereich v. Los Angeles, USA, 130 000 E; Sitz v. Raumfahrtbehörden.

Pascal, Blaise, * 1623, † 1662, frz. Mathematiker u. Philosoph; Arbeiten zur Wahrscheinlichkeits- und Infinitesimalrechnung; erfand eine Rechenmasch., stellte das *p.sche Dreieck* auf; Polemik gg. die Jesuiten, setzte sich für den ↑Jansenismus ein; „Pensées sur la religion".

Pascal [nach B. Pascal], Einheitenzeichen Pa, Einheit des Drucks; 1 Pa ist gleich dem auf eine Fläche gleichmäßig wirkenden Druck, bei dem senkrecht auf die Fläche 1 m² die Kraft 1 Newton ausgeübt wird.

PASCAL, nach B. Pascal benannte gut verständl. (dem natürl. Denkprozess angepasste) Programmiersprache.

Pascha [türk.], fr. Titel hoher Offiziere oder Beamter im Osman. Reich.

Paschalis: Päpste: **1) P. I.,** Heiliger, † 824, Papst s. 817; erhielt v. Ludwig dem Frommen die Bestätigung der päpstl. Souveränität im Kirchenstaat; **2) P. II.,** * um 1050 (?), † 1118, Papst s. 1099; musste Heinrich V. im Investiturstreit die volle Investitur zugestehen.

Paschtunen (in Pakistan: Pathanen), staatstragendes Volk Afghanistans, außerdem in Pakistan; meist sunnit. Muslime.

PASOK, Abk. für **Pa**nelliniko **So**sialistiko **K**inima („Panhellen. Sozialist. Partei"), griech. polit. Partei; gegr. 1974 v. A. Papandreu (1981–89 u. 1993–96 Min.-Präs.); vertritt einen demokrat. Sozialismus.

Pasolini, Pier Paolo, * 1922, † 1975 (ermordet), ital. Filmregisseur u. Schriftsteller.

Paspel [frz.], schmaler Vorstoßstreifen an Kanten und Nähten.

Pass [frz.]: **1)** Personalausweis [für d. Ausland]; **2)** Bergübergang; niedrigster Pt. auf Wasser scheidenden Kämmen u. Rücken; **3)** für die got. Baukunst charakt. Maßwerkfigur (als Dreipass, Vierpass usw.); **4)** [genaue] Ballabgabe (u. a. Fußball); **5)** Wechsel beim niederen Haarnutzwild u. beim Raubwild; **6)** (Passgang) Gangart von Tieren (z. B. Kamelen), bei der beide Beine einer Seite jeweils gleichzeitig gesetzt werden.

Passacaglia [-'kaʎʎa; ital.], musikal. Form mit immer wiederkehrendem Thema im Bass; ital. Tanz.

Passage [pa'sa:ʒə; frz.]: **1)** [überdachter] Durchgang; [enge] Durchfahrt; **2)** der Durchgang eines Gestirns durch den ↑Meridian; **3)** Übergang zw. den Themen od. Hauptmotiven eines musikal. Satzes; **4)** Gangart der hohen Schule.

Passah [hebr. „Überschreitung"] (Pessach, Pascha), jüd. Fest, das am 14./15. Nisan (März/April) beginnt u. in Israel 7, in der Diaspora

8 Tage dauert. Fest der Erinnerung an den Auszug Israels aus Ägypten. Seit Zerstörung des Tempels (70 n. Chr.) häusl. Familiengottesdienst, wobei man aus der *Passah-Haggada* (P.erzählung) liest. – Das christl. Abendmahl und das christl. Osterfest gehen histor. auf die P.feier zurück.

Passarge, Zufluss des Frischen Haffs, Ostpreußen; 169 km.

Passate [niederl.], sehr beständige, ganzjährig von den subtrop. Hochdruckgürteln zum Äquator wehende, trockene Winde, die infolge der Erdrotation auf der N-Halbkugel zum NO-, auf der S-Halbkugel zum SO-Passat abgelenkt werden.

Passau, krsfr. St. u. Krst. am Zusammenfluss von Donau, Inn u. Ilz, Bay., 51 000 E; Univ., LG, IHK; maler. Stadtbild, barocker Dom (mit spätgot. Chor u. großer Orgel) u. a. bed. Kirchen, Rathaus (14./15. Jh.), Feste Oberhaus (13., 15. u. 16. Jh.); vielseit. Ind.; Donaukraftwerke; Fluss-⚓. – Entstand als kelt. Oppidum u. röm. Auxiliarkastell.

passé [frz.], vorbei, überholt.

Passepartout [paspar'tu:; frz.]: **1)** Umrahmung aus leichter Pappe für Grafiken, Aquarelle u. a.; **2)** Hauptschlüssel.

Passgang, svw. ↑ Pass 6).

Passion [lat.]: **1)** Leiden Jesu von der Gefangennahme bis zur Kreuzigung. – Teile des P.sberichts der 4 Evangelien s. dem 15. Jh. vertont, deutschsprach. P.en s. Mitte des 16. Jh.s (v. a. von J. S. Bach); **2)** Leidenschaft; Liebhaberei, Hobby.

Passionsblume (Passiflora), Rankgewächse mit wohlschmeckenden *Passionsfrüchten;* in den Blütenteilen glaubte man Dornenkrone u. Kreuzesnägel Christi zu erkennen; Heimat Südamerika; Zierpflanze.

passiv [lat.], untätig, teilnahmslos, duldend; *Passiv* (Leideform), Verhaltensrichtung des Verbs, die vom „leidenden" Subjekt her gesehen ist.

Passiva ↑ Bilanz.

passiver Widerstand, Mittel polit.-soz. Auseinandersetzungen, bei dem unter Gewaltverzicht durch Streik, Boykott, Dienst nach Vorschrift u. a. die eigene Position in einem bestehenden Gegensatzverhältnis durchgesetzt werden soll.

Passivkonto ↑ Haben.

Passus [lat.], Textabschnitt.

Pastellmalerei, mit *Pastellstiften* (Farbpulver mit Bindemittel) auf Papier od. Karton ausgeführte Technik; maler. Wirkungen; Blütezeit im Rokoko.

Pasternak, Boris Leonidowitsch, * 1890, † 1960, russ. Dichter; melod., metaphern- und bilderreiche, unpolit. Lyrik; Roman mit autobiogr. Zügen „Doktor Schiwago"; Nobelpreis 1958 (aus polit. Gründen abgelehnt).

Pasterze, größter östr. Gletscher, am Großglockner, 20 km².

Pasteten [roman.], Fleisch- od. Fischgericht in Blätter- od. Mürbeteighülle.

Pasteur, Louis [pas'tœ:r], * 1822, † 1895, frz. Chemiker und Bakteriologe; Mitbegr. der mod. Bakteriol.; erkannte als Ursache der Gärungen best. Mikroorganismen; führte Schutzimpfungen gg. Tollwut, Milzbrand, Schweinerotlauf u. a. ein.

pasteurisieren, nach der Methode L. ↑ Pasteurs Milch u. a. flüss. Lebensmittel durch Erhitzen auf 60–80 °C haltbar machen.

Pastille [lat.], Kügelchen, Plätzchen, Pille.

Pasto, südwestkolumb. St. in den Anden, 2 525 m ü. d. M., 197 000 E; Univ.; Ind.; ✈.

Pastor [lat.], svw. ↑ Pfarrer.

pastoral [lat.]: **1)** seelsorger.; feierl., würdig; **2)** idyll., ländlich (𝄞).

Pastoraltheologie, praktische Theologie.

Patagonilen, südlichster Teil des festländ. Südamerika, dünn besiedelt; O-P. argent., W-P. chilen.; Steppenhochland mit kühlem, trockenem Klima; vorw. Viehzucht (Schafe); im W die *Patagon. Kordilleren* (bis 4 058 m), Steilküste, im O Tieflandküstensaum, Erdöl- u. Erdgasgewinn.

Patchwork ['pætʃwə:k; engl.], Wandbehänge, Decken, Kleider u. a., die aus Stoff- od. Lederflicken zusammengesetzt sind.

Patent [frz.], das durch Verwaltungsakt auf Antrag verliehene absolute Recht an einer Erfindung (ausgenommen Nahrungs-, Genuss- und Arzneimittel, chem. hergest. Stoffe u. a.); ein P. (Dt. B.-Patent, *DBP*) ist vererbl. und veräußerl. (↑ Lizenz 2), Schutzfrist 18 J. (Dtl., Östr., Schweiz). Zuständig für P.sachen ist das *Dt. P.amt* (München), für Beschwerden das *Bundespatentger.* (München). Der Beruf des *P.anwalts* erfordert techn. u. jurist. Vorbildung.

Pater [lat.; = Vater], kath. Ordensgeistlicher.

Paternoster [lat.], Vaterunser.

Paternosteraufzug, Personenaufzug mit ständig umlaufenden, vorn offenen Kabinen (in der BRD neu nicht mehr zugelassen).

path[o]..., Path[o]... [gr.], Bestimmungswort; Bed.: „Leiden, Krankheit".

Pathanen ↑ Paschtunen.

pathetisch [gr.], leidenschaftl., [übertrieben] feierl., übersteigert.

Pathologe [gr.], Spezialist der **Pathologie,** Wiss. u. Lehre v. den Krankheiten.

Pathos [gr.], leidenschaftl. Ergriffenheit, Gefühlsüberschwang, erhabene Feierlichkeit.

Patio [span.], Innenhof von Häusern, deren Wohnräume sich zum P. öffnen.

Patmos, griech. Insel im Dodekanes, 34 km², etwa 2 500 E. Nach kirchl. Tradition Verbannungsort des Apostels Johannes.

Patna, Hptst. des ind. B.-Staates Bihar, am Ganges, 917 000 E; Univ., Bibliothek; Metall-, Leder-, Textilind.; ✈.

Paton, Alan [Stewart] ['peɪtn], * 1903, † 1988, südafrik. Schriftsteller; trat für Gleichstellung d. Schwarzen ein.

Patras, griech. St. in Achaia, am *Golf v. P.,* 142 000 E; Univ.; Haupt-⚓ der Peloponnes, Textil-, Papierind.

Patriarch [gr.]: **1)** bibl. Erzvater, v. a. Abraham, Isaak, Jakob; **2)** Amts- oder Ehrentitel des Papstes u. kath. od. unierter u. orth. (Moskau, Konstantinopel u. a.) Metropoliten.

patriarchalisch, altväterlich, ehrwürdig.

Patriarchat: 1) Würde u. Amtsbereich eines kirchl. Patriarchen; **2)** (Vaterrecht) Gesellschaftsform, in der der männl. Elternteil Familienoberhaupt ist.

Patrick ['pætrɪk], Heiliger, * um 385 (?), † zw. 457 u. 464 oder zw. 491 u. 493, Missionar, Apostel u. Schutzpatron Irlands.

Patrizi|er [lat.], im alten Rom Mitgl. des Geburtsadels, die durch Senat u. die Konsuln im Alleinbesitz der polit. Macht waren; im MA die ratsfähigen Stadtgeschlechter.

Patron [lat.]: **1)** Schutzherr seiner Freigelassenen oder Klienten im alten Rom; **2)** Schutzheiliger z. B. einer Kirche, einer Berufs- oder Standesgruppe.

Patrone [frz.]: **1)** mit Sprengstoff, Zündung und Geschoss gefüllte Metallhülse *(P.nhülse)* als Munition für Hand-, Faustfeuerwaffen u. a.; **2)** kl., einsetzb. Behälter (für Tinte, Kleinbildfilme u. a.).

Patronymikon [gr.], vom Namen des Vaters abgeleiteter Name (Petersen = Peters Sohn).

Patrouille [pa'truljə; frz.], Streife, Spähtrupp.

Patschulipflanze [tamil.; dt.], südasiat. Lippenblütler; liefert das für Parfüms verw. *Patschuliöl.*

Patt [frz.]: **1)** im Schachspiel: Zugunfähigkeit (Partie unentschieden); **2)** auf den polit. Bereich

Papst Paul VI. *(links)* **Paul I.,** *Kaiser von Russland (rechts)*

übertragene Bez. für die Gleichheit der Kräfte der Reg. u. Opposition oder von mil. Gegnern.

Pau [po:], Hptst. des südwestfrz. Dep. Pyrénées-Atlantiques, 82 200 E; Winterkurort; Weinbau; Metall-, Woll-, Schuhind.; ⚝.

Paul: Päpste: **1) P. III.,** * 1468, † 1549, Papst s. 1534; vorher Alessandro Farnese d. Ä.; bestätigte 1540 den Jesuitenorden, eröffnete 1545 das Konzil v. Trient; **2) P. V.,** * 1552, † 1621, Papst s. 1605; vorher Camillo Borghese; unter ihm Vollendung der Peterskirche durch C. Maderna; **3) P. VI.,** * 1897, † 1978, 1954 Erzb. v. Mailand, 1958 Kardinal, Papst s. 1963.

Paul: *Griechenland:* **1) P. I.,** * 1901, † 1964, Kg. seit 1947; Sohn Konstantins I.; heiratete 1938 Friederike Louise von Braunschweig-Lüneburg. – *Jugoslawien:* **2) P.** Karađorđević, * 1893, † 1976, Prinzregent für Peter II. s. 1934; 1941 gestürzt. – *Russland:* **3) P. I.,** * 1754, † 1801, Ks. s. 1796; wechselte 1799 v. der 2. antifrz. Koalition zu Napoléon Bonaparte; ermordet.

Paul, Bruno, * 1874, † 1968, dt. Grafiker, Designer u. Architekt.

Pauli, Wolfgang, * 1900, † 1958, östr. Physiker; Arbeiten zur Relativitäts- und Quantentheorie; stellte 1925 das *P.-Prinzip* auf, nach dem in einem Atom zwei Elektronen nie in allen [vier] Quantenzahlen übereinstimmen können, gilt allg. für Teilchen[systeme] mit halbzahligem Spin; Nobelpreis 1945.

Pauling, Linus Carl ['pɔ:lɪŋ], * 1901, † 1994, amer. Chemiker; Arbeiten über Molekülstruktur, bes. über die Spiralstruktur der Eiweißkörper; Nobelpreis 1954; Gegner aller Kernwaffenversuche; Friedensnobelpreis 1962.

Paulus, Heiliger, * Tarsus (Kilikien), † Rom vor 66, Apostel; jüd. Name Saul; Pharisäer; vor Damaskus Christusvisionen, Bekehrung, Berufung zum „Heidenapostel"; umfangr. Missionstätigkeit, Verhaftung; Überführung nach Rom, dort Enthauptung. Die *P.briefe* (7 mit gesicherter Verfasserschaft) enthalten seine wesentl. theol. Aussagen (Tod u. Auferstehung Christi als Heilsgeschehen, d. h. Überwindung des at. Gesetzes und damit Erlösung der Menschen).

Paulus, Friedrich, * 1890, † 1957, dt. Gen.-Feldmarschall; kapitulierte als Oberbefehlshaber der 6. Armee am 31. 1. 1943 in Stalingrad; Mitgl. des „Nat.-Komitees Freies Dtl."; s. 1953 in der DDR.

Paumgartner, Bernhard, * 1887, † 1971, östr. Dirigent, Musikforscher u. Komponist.

Pausanias, griech. Schriftsteller des 2. Jh. n. Chr.; Verf. einer Beschreibung Griechenlands.

Pauschale, einmalige Abfindung od. Vergütung anstelle von Einzelleistungen.

Pause [frz.], mit Pauspapier oder auf photochem. Weg *(Lichtpause)* hergest. Kopie.

Pausewang, Gudrun, * 1928, dt. Schriftstellerin, Kinder- u. Jugendliteratur über Nachkriegszeit, Dritte-Welt-Probleme, atomare Gefahren.

Pavane [ital.], langsamer Schreittanz (15./16. Jh., Italien).

Pavarotti, Luciano, * 1935, ital. Sänger (Tenor), führend bei Partien aus Opern G. Donizettis, G. Verdis u. G. Puccinis.

Pavese, Cesare, * 1908, † 1950, bed. ital. Erzähler und Lyriker.

Pavia, ital. Prov.-Hptst. am unteren Tessin, 75 700 E; Univ.; ma. Stadtbild mit roman. Krönungskirche San Michele (1155 vollendet), Dom (15. bis 19. Jh.), Kastell der Visconti; 8 km nördl. die Kartause (*Certosa di P.;* gegr. 1396) mit berühmter Frührenaissancefassade; Masch.- u. a. Ind. – In der *Schlacht bei P.* (1525) Niederlage u. Gefangennahme des frz. Kg. Franz I. durch Karl V.

Paviane [frz.], Gatt. relativ gr. Hundskopfaffen in Afrika u. auf der Arab. Halbinsel.

Pavillon ['pavɪljõ; frz.], freistehendes kl. [rundes] Gebäude; auch selbst. Teil eines größeren Baukomplexes.

Pawlow, Iwan Petrowitsch, * 1849, † 1936, russ. Physiologe und Pathologe; sein Modellversuch mit Hunden bildete die Grundlage für die Lehre v. den bedingten Reflexen u. für das System der objekt. Psychol.; Nobelpreis 1904.

Pax, röm. Friedensgöttin.

Pay-TV, Fernsehsendungen, die gegen eine monatl. Gebühr mithilfe eines Decoders empfangen werden können.

Paz, Octavio [pas], * 1914, mex. Lyriker u. Essayist, Nobelpreis 1990.

Paz, La [la pas], Reg.-Sitz und größte St. Boliviens, sö. des Titicacasees, bis 4 100 m ü. d. M., 711 000 E; zwei Univ.; Museen; Wirtschaftszentrum Boliviens; vielseit. Ind.; ⚝.

Pazifische Inseln, US-amerikan. Treuhandgebiet im W-Pazifik, m. den ↑Karolinen, ↑Marianen u. ↑Marshallinseln.

Pazifischer Ozean (Pazifik, Großer Ozean, Stiller Ozean), größtes der drei Weltmeere, zw. Amerika, Asien und Australien, 165 Mill. km^2 (ohne Nebenmeere); mittlere Tiefe 4 280 m, größte Tiefe 11 516 m; rd. 8 % (15 Mill. km^2) sind Nebenmeere (u. a. Beringmeer, Ochotsk., Jap., Ostchin. Meer und Australasiat. Mittelmeer); diese sind durch Inselbögen vom Hauptozean getrennt. Der Pazif. O. ist bes. im westl. Teil sehr inselreich, hier auch mehr. gr. Tiefseegräben; die Oberflächentemp. schwanken zw. 1 °C (im N) und 29 °C (in den äquatorialen Zonen); Salzgehalt etwa 3,5 %, in den Nebenmeeren z. T. unter 3,2 %; Fischfang bes. im W, Walfang im S, Robbenfang im N, O und S. Verkehrsmäßig weniger bed. als der Atlantik. – Erste Überquerung durch Magalhães 1521 (Kap Hoorn–Philippinen), auf der Linie Peru–Philippinen durch Mendaña de Neira 1567.

Pazifismus [lat.], grundsätzl. Ablehnung des Krieges aus relig., eth. oder polit. Gründen; ↑auch Friedensbewegung, ↑Kriegsdienstverweigerung.

Paznauntal, von der Trisanna durchflossenes linkes Seitental des Inns, Tirol, Österreich.

Pb, Symbol für ↑Blei (⚗).

pc, Einheitenzeichen für: ↑**Parsec**.

PC, Abk. für: ↑**P**ersonal**c**omputer.

PCB, Abk. für: **p**oly**c**hlorierte **Bi**-

phenyle, chem. Verbdg. (Flüssigkeiten) hoher therm. Stabilität, hoher Dielektrizitätskonstante u. flammenhemmender Wirkung; fr. u. a. als Kühl- u. Isolierflüssigkeiten in Transformatoren eingesetzt; wegen Giftigkeit u. Gefahr der Bildung von Dioxinen (oberhalb 270 °C) s. 1989 in der BRD verboten.

Pd, Symbol für ↑Palladium (☐).

PDS ↑Partei des **D**emokratischen **S**ozialismus.

Peak [pi:k; engl.], Bergspitze.

Pearl Harbor [ˈpə:l ˈhɑ:bə], Marinestützpunkt der USA auf der Hawaii-Insel Oahu; der jap. Luftangriff auf P. H. am 7. 12. 1941 eröffnete die amerikan.-jap. Kriegshandlungen im 2. Weltkrieg.

Peary, Robert Edwin [ˈpɪərɪ], * 1856, † 1920, amer. Polarforscher u. Admiral; kam 1909 dem Nordpol am nächsten; 6 Expeditionen nach Grönland u. dem Kanad.-Arkt. Archipel.

Pech, bituminöser Rückstand bei der Destillation v. Erdöl u. Teer; verw. zur Herst. v. Teerpappen, Vergussmassen u. als Bindemittel.

Pechblende, ↑Uranpecherz.

Pechkohle, Hartbraunkohle der oberbayr. Reviere.

Pechnelke, Nelkengewächs mit klebrig überzogenem Stengel.

Pechstein, Max, * 1881, † 1955, dt. Maler u. Grafiker; Vertr. des dt. Expressionismus und der Brücke; insbes. Landschaften.

Peck, Gregory, * 1916, amer. Schauspieler; bed. Charakterdarsteller des amer. Films.

Peckinpah, Sam, * 1925, † 1984, amer. Filmregisseur, Stilisierung v. Gewalt („The Wild Bunch" u. a.).

Pécs [pɛ:tʃ] (dt. Fünfkirchen), südungar. St., 171 600 E; Ind.-Zentrum; ⛯.

Pediküre [frz.], Fußpflege[rin].

Peene: 1) westl. Mündungsarm der Oder, zw. Insel Usedom und Festland; 46 km; **2)** Zufluss des Stettiner Haffs von der Mecklenburg. Seenplatte, 156 km.

Peenemünde, Gem. im NW der Insel Usedom, Mckbg.-Vorp.; im 2. Weltkrieg dt. Forschungs- u. Versuchszentrum für Raketenwaffen.

Peepshow [ˈpi:pʃəʊ; engl.], Zurschaustellung nackter weibl. Körper in einem durch Gucklöcher von mehr. Seiten nach Geldeinwurf einsehbaren Raum. Die Beobachter befinden sich in Einzelkabinen.

Peer [ˈpɪə; engl.], Angehöriger des hohen brit. Adels mit Recht auf Stimme u. Sitz im Oberhaus (dieses Recht verlor der Erbadel 1999); s. 1958/63 können auch Frauen die P.swürde erhalten *(Peeress).*

Pegasus, in der griech. Mythol. geflügeltes [Musen]ross, das aus dem Rumpf der Medusa entspringt, als Perseus ihr das Haupt abschlägt; unter seinem Hufschlag springt am Helikon die Musenquelle Hippokrene hervor.

Pegasus [gr.], Sternbild des nördl. Himmels.

Pegel: 1) Vorrichtung zur Messung von Wasserständen; **2)** Bezugshöhe gegenüber ↑Normalnull; **3)** Stärke eines Signals (Strom, Schalldruck), bezogen auf eine best. Größe.

Pehlewi [ˈpɛç-], mittelpers. Sprachstufe; Amtssprache der Sassaniden.

Peies [hebr.], Schläfenlocken der orth. Juden.

peilen, in der Navigation die Himmelsrichtungen oder die Richtung zu einer best. Navigationshilfe (Leuchtfeuer, Funkfeuer) [mit dem Kompass] zur Standortbestimmung ermitteln.

Peine, Krst. am Mittellandkanal zw. Hannover und Braunschweig, Nds., 49 000 E; Eisenerz-⚒ und -verhüttung, ⛽-Gewinnung, Nahrungsmittel- u. elektrotechn. Ind.

Peipussee, See an der Grenze zw. Estland u. Russland, rd. 2 670 km² (mit Pleskauer See), bis 15 m tief; Abfluss: Narwa.

Peisistratos, * um 600, † 528/527 v. Chr., s. 560 Tyrann v. Athen; begr. die spätere wirtsch. u. kulturelle Bed. Athens.

Pekinese [nach Peking], chin. Zwerghunderasse; Schoßhund mit

Peking. *Himmelstempel mit der „Halle der Jahresgebete" (links)*

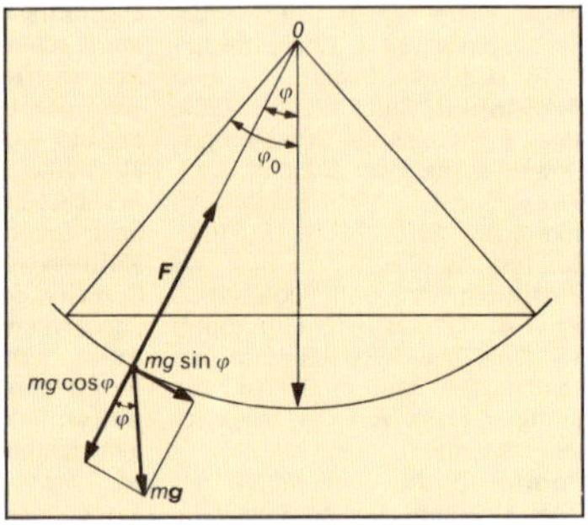

Pendel. *Mathematisches Pendel mit Zerlegung der Schwerkraft mg in die Tangentialkomponente mg sin φ und die Radialkomponente mg cos φ. Die Zwangskraft **F** wirkt der Radialkomponente entgegen*

mopsähnl. Kopf u. seidenweichem, langem Haar.

Peking (Beijing; 1928–49 auch Peiping), Hptst. von China, am Nordrand der Großen Ebene, 11 Mill. E; besteht aus der fast quadrat. angelegten, ehem. ummauerten Inneren St. im N u. der Ks.-St. mit der „Verbotenen Stadt" (ehem. Ks.-Palast, jetzt Museum) sowie der Äußeren St. im S; mehrere Univ., Hochschulen, Kunstsammlungen und Bibliotheken; zahlr. Tempel; vielseit. Ind.; Handels- und Verkehrsknotenpunkt; ✈. – P. war seit etwa 1000 v. Chr. häufig Residenz wechselnder Dynastien, wurde 1215 von Mongolen erobert und 1271–1368 Hptst. eines mongol. Großreiches; seit 1421 Residenz der Ming-, 1644–1912 der Mandschukaiser. – Bild S. 519.

Pelargoni|e (Pelargonium, Geranie) [gr.], Gatt. der Storchschnabelgewächse, v. a. in S-Afrika; Zierpflanzen.

Pelasger, griech. Bez. der voridgm. Bev. am Ägäischen Meer, zu der u. a. die *Karer* in SW-Anatolien gehörten.

Pelé, eigtl. Edson Arantes do Nascimento, * 1940, brasil. Fußballspieler; 78 Länderspieleinsätze, dabei 3 Weltmeisterschaften.

Pelerine [frz.], ärmelloser [Regen]umhang.

Peleus, in der griech. Mythol. Gem. der Nereide Thetis; beider Sohn ist Achill.

Pelikane [gr.], gr., sehr gut fliegende u. schwimmende, vorw. Fische fressende Ruderfüßer; v. a. [Sub]tropen.

Peloponnes, griech. Halbinsel, stark gegliedert, nur durch die Landenge von Korinth mit dem Festland verbunden; gebirg. (bis 2407 m) mit fruchtb. Beckenlandschaften. Die Region P. umfasst 15490 km² mit 606000 E.

Peloponnesischer Krieg, Auseinandersetzung Athens u. des Att.-Del. Seebundes mit Sparta (431–404 v. Chr.) um die Vormacht in Griechenland; Kapitulation Athens, Einsetzung einer oligarch. Reg. u. Auflös. d. Att.-Del. Seebundes.

Pelops, griech. Sagengestalt; Sohn des Tantalus, der ihn den Göttern als Speise vorsetzt; v. den Göttern wieder zum Leben erweckt.

Peltier, Jean Charles Athanase [pɛl'tje], * 1785, † 1845, frz. Physiker; fand 1834 den nach ihm ben. *P.-Effekt:* Fließt durch die Lötstelle zweier versch. metall. Leiter ein elektr. Strom, so tritt dort – je nach Stromrichtung – Erwärmung oder Abkühlung ein; genutzt für Halbleiterkühlelemente.

Pelton-Turbine [nach *L. A. Pelton,* * 1829, † 1908], Freistrahlturbine für geringe Wassermengen bei gr. Fallhöhen.

Pelze, svw. ↑Rauchwaren.

Pelzflatterer (Flattermakis, Riesengleitflieger), Ordn. etwa hauskatzengroßer, baumbewohnender, Pflanzen fressender nachtaktiver Säuger mit Flughäuten (für Gleitflüge bis 70 m); S- und SO-Asien.

Pelzrobben (Seebären), Gruppe der Ohrenrobben; wegen ihrer wertvollen Pelze fast ausgerottet.

Pemmikan [indian.], Nahrungsmittel der Prärie- u. Plainsindianer N-Amerikas; aus pulverisiertem Büffelfleisch, Fett u. Beeren.

P.E.N. (PEN, PEN-Club), Abk. für: **P**oets (Playwrights, Publishers), **E**ssayists (Editors), **N**ovellists, internat. Schriftstellervereinigung, 1921 in London gegr.; in [nat.] *P.E.N.-Zentren* organisiert; Neugründung des dt. Zentrums 1949 in Göttingen, 1951 Bildung des P.E.N.-Zentrums der BRD (1952 anerkannt); Sitz Darmstadt, daneben (bis 1990) ein P.E.N.-Zentrum Ost-West (s. 1967 P.E.N.-Zentrum DDR); östr. P.E.N.-Club gegr. 1922 in Wien.

Penalty ['pɛnəltɪ; engl.], Strafstoß im Eishockey, im Fußball svw. ↑Elfmeter.

Penang ↑Pinang.

Penaten, altröm. Schutzgötter des Hauses u. Vorratsraumes.

Pendant [pã'dã; frz.], ergänzendes Gegenstück.

Pendel [lat.], ein um eine Achse oder einen Punkt drehbarer Körper, der unter dem Einfluss einer Kraft um eine Ruhelage schwingen kann; das *math. P.* besteht aus einem Massenpt., der an einem gewichtslosen Faden aufgehängt ist; es ist annähernd realisierbar durch eine an dünnem Faden aufgehängte kompakte Masse *(Faden-P.); P.länge (l):* Abstand vom Aufhängepunkt zum schwingenden Massenpunkt; *Elongation:* jeweil. Entfernung von der Ruhelage; *Amplitude:* größte Elongation; *Schwingungsdauer (T):* die Zeit für einen vollen Hin- und Rückgang. Bei kl. Amplitude gilt: $T = 2\pi\sqrt{l/g}$ (g = Fallbeschleunigung); das *Sekunden-P.* (Schwingungsdauer 2 s) hat eine P.länge von etwa 1 m. Beim *Zykloiden-P.* (Masse schwingt auf einer ↑Zykloide) ist die Schwingungsdauer unabh. von der Amplitude. Als *physikal. P.* bez. man einen Körper, der um eine nicht durch seinen Schwerpunkt gehende Achse drehbar ist (z. B. das *Reversions-P.,* mit dessen Hilfe die Fallbeschleunigung gemessen werden kann).

Penderecki, Krzysztof [-'rɛtski], * 1933, poln. Komponist; serielle Studien, Vokalwerke u. Oratorien, Kammermusik.

Pendolino, ital. Eisenbahnentwicklung, deren Wagenaufbauten sich bei Kurvenfahrten über eine computergesteuerte Hydraulik zur Seite neigen u. so eine höhere Geschwindigkeit erlauben; in Dtl. s. 1992 in der Erprobung.

Penelope, in der griech. Mythol. Gattin des Odysseus, auf dessen Rückkehr sie 20 J. in unwandelb. Treue wartet.

Penicillin [lat.], von A. ↑Fleming entdecktes (in seiner Wirkung schon 1896 von dem Franzosen E. A. Duchesne nachgewiesenes) Stoffwechselprodukt best. Stämme der Schimmelpilze *Penicillium notatum* und *Penicillium chrysogenum;* ab 1939 Entw. zu einem der wirksamsten ↑Antibiotika.

Peninsula [lat.], Halbinsel.

Penis [lat.], männl. Glied, Teil der äußeren Genitalien des Mannes (die Harnröhre enthaltendes, mit Schwellkörpern versehenes, erektiles Organ).

Penn: 1) Arthur, * 1922, amer. Filmregisseur („Bonnie and Clyde", 1967); **2)** William, * 1644, † 1718, engl. Quäkerführer; gründete die nach seinem Vater ben. Quäkerkolonie Pennsylvania u. 1683 die Stadt Philadelphia.

Pennsylvania, [pensıl'veınjə], Abk. Pa., Staat im O der USA, 117 348 km^2, 11,9 Mill. E, Hptst. Harrisburg; mildes Klima, fruchtb. Landw.-Gebiet; reiche Bodenschätze, bes. Steinkohle, Â, Erdgas; Stahl-, Fahrzeug- u. a. Ind.

Penny ['penı], brit. Münzeinheit, fr. $^1/_{12}$ Shilling, ab 1971 $^1/_{100}$ Pfund.

Pension: 1) ein dem Beamten gesetzl. od. dem Arbeitnehmer vertragl. zugesichertes Ruhegehalt; **2)** Fremdenheim; **3)** Kost und Wohnung.

Pensum [lat.], Aufgabe; Lehrstoff; die in einem best. Zeitabschnitt zu bewältigende Arbeit.

pent[a]..., Pent[a]... [gr.], Bestimmungswort; Bed.: „fünf".

Pentaeder, von 5 Flächen begrenztes Polyeder (Math.).

Pentagon [gr.]: **1)** Fünfeck; **2)** [auch: 'pentəgɔn] auf 5-eckigem Grundriss errichtetes Gebäude des Verteidigungsmin. der USA in Arlington (Va.); auch für das Min.

Pentateuch [gr.], griech., in der Bibelwiss. übl. Bez. für die fünf Bücher Mose.

Pentathlon [gr.], antiker olymp. Fünfkampf; Weitsprung, Wettlauf, Diskus-, Speerwurf u. Ringen.

Penthesilea, in der griech. Mythol. Tochter des Ares, Kgn. der Amazonen; von Achill im Kampf getötet.

Pentium®-Prozessor, moderner, weit verbreiteter Microprozessor mit 32-Bit-Architektur, 64-Bit-Datenbus u. RISC-Kern (reduzierter Befehlssatz), Taktfrequenz erreicht etwa 160 MHz, inzwischen mehr als 3 Mill. integrierte Transistoren.

Penzias, Arno Allan, * 1933, amer. Physiker dt. Herkunft; Arbeiten zur Mikrowellenphysik und Radioastronomie; entdeckte 1964/65 mit R. W. Wilson die kosm. Hintergrundstrahlung; 1978 Nobelpreis für Physik.

Penzoldt, Ernst, * 1892, † 1955, dt. Schriftsteller und Bildhauer; idyll.-humorvolle Erzählwerke.

Pepping, Ernst, * 1901, † 1981, dt. Komponist; führend in der neuen dt. ev. Kirchen- und Chormusik.

Pepsin [gr.], Eiweiß abbauendes Enzym des Magensaftes.

Pepusch, Johann Christoph (John Christopher), * 1667, † 1752, engl. Komponist dt. Herkunft; schuf 1728 mit J. Gay die Ballad opera „The beggar's opera".

Per... [lat.], Bestimmungswort der Chemie, bez. höhere Oxidationsstufen chem. Verbindungen.

per..., Per... [lat.], Vorsilbe; Bed.: „durch, hindurch, über, völlig, ganz und gar".

Perak, Sultanat in Westmalaysia, an der W-Küste von Malakka, 21 005 km^2, 1,88 Mill. E, Hptst. Ipoh; Gewinnung v. Kautschuk u. Zinn.

perdu [perdy:; frz.], ugs. für verloren, auf und davon.

Peres, Shimon, * 1923, israel. Politiker (Israel. Arbeiterpartei); mehrfach Min., 1984–86 Premiermin., 1992–95 Außenmin., 1995/96 erneut Premiermin.; 1994 Friedensnobelpreis mit J. Arafat u. Y. Rabin.

Perestroika [russ. „Umgestaltung"], v. M. S. Gorbatschow s. 1985 verwendeter Begriff zur Kennzeichnung der von ihm geplanten Änderungen im sowjet. Staats- u. Wirtschaftssystem.

Pérez de Cuellar, Javier ['peres ðe ku'eʎar], * 1920, peruan. Politiker; s. 1944 im diplomat. Dienst, s. 1971 bei den UN, 1982–90 als Gen.-Sekretär.

Pérez Esquivel, Adolfo ['peres eski'ßel], * 1931, argentin. Bürgerrechtskämpfer; 1980 Friedensnobelpreis.

Perfekt [lat.], Zeitwortform der vollendeten Gegenwart, z. B. ich habe gesehen.

perforieren [lat.], durchlöchern, durchbohren.

Performance [pə'fɔ:məns; engl.]: **1)** Handlung, Ausführung od. Erfüllung; **2)** Form der Aktionskunst s. den 1970er-Jahren.

Pergament [gr.], zum Beschreiben zubereitetes, geglättetes, haarfreies, ungegerbtes Ziegen-, Schafs- oder Kalbsleder; fr. Schreibmaterial; *P.papier,* aus Rohpapier durch Behandeln mit Schwefelsäure oder Zinkchloridlösung hergestelltes, pergamentähnl., nassfestes Papier.

Pergamon, ehem. Hptst. des *Pergamen. Reiches* (um 280–133 v. Chr.), das heutige Bergama; Ausgrabungen, u. a. der *P.altar,* mit bed. Relieffries (um 180 v. Chr., seit 1930 im *P.museum,* Berlin).

Pergola [ital.], Laubengang.

Pergolesi, Giovanni Battista, * 1710, † 1736, ital. Komponist; Opera buffa „La serva padrona"; Kirchenmusik.

Peri, Iacopo, * 1561, † 1633, ital. Komponist; Mitgl. der Florentiner „Camerata"; 1598 „Dafne" (die erste Oper der Musikgesch.).

peri..., Peri... [gr.], Bestimmungswort; Bed.: „um – herum, über – hinaus".

Périgord [peri'gɔ:r], histor. Ldsch. in SW-Frkr.; Hauptort *Périgueux* [peri'gø], Hptst. des frz. Dép. Dordogne, 30 300 E; röm. und ma. Bauten; Metall-, Textilind.

Perikarditis, Entzündung des Herzbeutels.

Perikles, * um 500, † 429 v. Chr., athen. Politiker; Führer der radikalen Demokraten, trat für polit. Rechte der niederen Schichten ein; Kriege gg. Sparta u. Persien; regierte 15 Jahre lang Athen, das „dem Namen nach eine Demokratie, in Wahrheit die Herrschaft des ersten Mannes" war (Thukydides); kulturelle Hochblüte *(perikleisches Zeitalter);* unter seiner Reg. Ausbruch des Peloponnes. Krieges; starb an der Pest.

Perikope [gr.], Bibelabschnitt als Epistel od. Evangelium zur Verlesung im Gottesdienst.

perinatale Medizin, Fachgebiet der Med.; Teil der Geburtshilfe u. d. Kinderheilkunde. Aufgabe der p. M. ist es, körperl. u. geist. Schäden an ungeborenen Kindern zu erkennen, ihre Ursachen zu erforschen u. diese im Rahmen der vorbeugenden Gesundheitsfürsorge zu verhindern.

Periode [gr.]: **1)** Zeitabschnitt, -raum; **2)** meist mehrgliedr., kunstvoll aus Hauptsatz u. Nebensätzen od. nur aus Hauptsätzen zu einer Einheit gefügter Großsatz; **3)** svw. ↑Menstruation; **4)** Zahl oder Zahlengruppe einer unendlichen Dezimalzahl, die sich ständ. wiederholt, z. B. 0,374374374... (Math.); **5)** Schwingungsdauer (in Sek.), reziproker Wert der ↑Frequenz 2).

Periodensystem der chemischen Elemente, Abk. PSE, von D. I. Mendelejew und J. L. Meyer 1869 unabh. voneinander aufgefundene Systematik der chem. El.: Alle chem. El. werden nach ihrer Ordnungszahl so angeordnet, dass Zeilen *(Perioden)* und Spalten *(Gruppen)* dadurch entstehen, dass El. mit gleichen bzw. ähnl. chem. und physikal. Eigensch. (diese ändern sich von Glied zu Glied gesetzmäß. und kehren dabei period. wieder) in den Spalten untereinander stehen. Erklärung der Systematik liefert die Quantentheorie zus. mit dem Pauli-Prinzip. Nur die aus den Elektronenschalen bestehende Atomhülle bestimmt die chem. Eigensch. des Atoms, daher ist das PSE eine Systematik des Aufbaues der Atomhülle u. sagt nichts über den Atomkern aus (↑auch Übersicht).

Periodika, regelmäß. unter gleichem Titel erscheinende Schriften (z. B. Zeitungen, Zeitschriften).

peripher [gr.], am Rande befindl.; nebensächlich; *p.es Nervensystem* ↑Nervensystem.

Periodensystem der chemischen Elemente[1])

Periode	Gruppe 1 A B	Gruppe 2 A B	Gruppe 3 A B	Gruppe 4 A B	Gruppe 5 A B	Gruppe 6 A B	Gruppe 7 A B	Gruppe 8			Gruppe 0
1	**1 H** Wasserstoff 1,0079										**2 He** Helium 4,00260
2	**3 Li** Lithium 6,941	**4 Be** Beryllium 9,01218	**5 B** Bor 10,81	**6 C** Kohlenstoff 12,011	**7 N** Stickstoff 14,0067	**8 O** Sauerstoff 15,9994	**9 F** Fluor 18,998403				**10 Ne** Neon 20,179
3	**11 Na** Natrium 22,9898	**12 Mg** Magnesium 24,305	**13 Al** Aluminium 26,98154	**14 Si** Silicium 28,0855	**15 P** Phosphor 30,97376	**16 S** Schwefel 32,06	**17 Cl** Chlor 35,453				**18 Ar** Argon 39,948
4	**19 K** Kalium 39,0983	**20 Ca** Calcium 40,08	**21 Sc** Scandium 44,9559	**22 Ti** Titan 47,90	**23 V** Vanadium 50,9414	**24 Cr** Chrom 51,996	**25 Mn** Mangan 54,9380	**26 Fe** Eisen 55,847	**27Co** Kobalt 58,9332	**28 Ni** Nickel 58,71	
	29 Cu Kupfer 63,546	**30 Zn** Zink 65,38	**31 Ga** Gallium 69,72	**32 Ge** Germanium 72,59	**33 As** Arsen 74,9216	**34 Se** Selen 78,96	**35 Br** Brom 79,916				**36 Kr** Krypton 83,80
5	**37 Rb** Rubidium 85,4678	**38 Sr** Strontium 87,62	**39 Y** Yttrium 88,9059	**40 Zr** Zirkonium 91,22	**41 Nb** Niob 92,9064	**42 Mo** Molybdän 95,94	**43 Tc** Technetium [99]	**44 Ru** Ruthenium 101,07	**45 Rh** Rhodium 102,9055	**46 Pd** Palladium 106,4	
	47 Ag Silber 107,868	**48 Cd** Cadmium 112,41	**49 In** Indium 114,82	**50 Sn** Zinn 118,69	**51 Sb** Antimon 121,75	**52 Te** Tellur 127,60	**53 I** Jod 126,9045				**54 Xe** Xenon 131,30
6	**55 Cs** Cäsium 132,9054	**56 Ba** Barium 137,33	**57–71** Lanthanoide s. u.*)	**72 Hf** Hafnium 178,49	**73 Ta** Tantal 180,9479	**74 W** Wolfram 183,85	**75 Re** Rhenium 186,2	**76 Os** Osmium 190,2	**77 Ir** Iridium 192,22	**78 Pt** Platin 195,09	
	79 Au Gold 196,9665	**80 Hg** Quecksilber 200,59	**81 Tl** Thallium 204,37	**82 Pb** Blei 207,2	**83 Bi** Wismut 208,9804	**84 Po** Polonium [210]	**85 At** Astat [210]				**86 Rn** Radon [222]
7	**87 Fr** Francium [223]	**88 Ra** Radium 226,0254	**89–103** Actinoide s. u.**)	**104 Db** Dubnium [261]	**105 Jl** Joliotium [262]	**106 Sg** Seaborgium [263]	**107 Bh** Borium [262]	**108 Ha** Hahnium [265]	**109 Mt** Meitnerium [266]	**110 Uun** Ununnilium [269]	
	111 Uuu Unununium [272]	**112 Uub** Ununbium [277]									

*) Lanthanoide:

57 La Lanthan 138,9055	**58 Ce** Cer 140,12	**59 Pr** Praseodym 140,9077	**60 Nd** Neodym 144,24	**61 Pm** Promethium [147]	**62 Sm** Samarium 150,4	**63 Eu** Europium 151,96	**64 Gd** Gadolinium 157,25	**65 Tb** Terbium 158,9254	**66 Dy** Dysprosium 162,50	**67 Ho** Holmium 164,9304	**68 Er** Erbium 167,26	**69 Tm** Thulium 168,9342	**70 Yb** Ytterbium 173,04	**71 Lu** Lutetium 174,967

**) Actinoide:

89 Ac Actinium 227,278	**90 Th** Thorium 232,0381	**91 Pa** Protactinium 231,0359	**92 U** Uran 238,0289	**93 Np** Neptunium 237,0482	**94 Pu** Plutonium [244]	**95 Am** Americium [243]	**96 Cm** Curium [247]	**97 Bk** Berkelium [247]	**98 Cf** Californium [251]	**99 Es** Einsteinium [252]	**100 Fm** Fermium [257]	**101 Md** Mendelevium [258]	**102 Fl** Flerovium [259]	**103 Lr** Lawrencium [260]

[1]) Für die graf. Darstellung des PSE wird häufig das hier wiedergegebene ›Kurzperiodensystem‹ gewählt, bei dem man die chem. Elemente der Haupt- und Nebengruppen – rechts oder links angeordnet – in einer einzigen Spalte aufführt. In der vorliegenden Darstellung sind Ordnungszahl und Elementsymbol fett gedruckt, darunter stehen der Name des Elements und die Atommasse des natürl. Isotopengemischs, in eckigen Klammern die Masse des langlebigsten der bekannten Isotope oder (bei den Elementen mit den Ordnungszahlen 43, 61 und 84) die Masse des am besten untersuchten Isotops. Daneben sind weitere Arten der Darstellung für das PSE gebräuchlich, so v. a. das ›Langperiodensystem‹ (mit mehreren Varianten), bei dem in den einzelnen Spalten nur Haupt- oder Nebengruppenelemente stehen (Reihenfolge der Gruppen: 1 A bis 7 A, 8, 1 B bis 7 B, 0; Gruppe 0 häufig auch vor 1 A).

Peripheriegeräte, Geräte einer Datenverarbeitungsanlage, die an die Zentraleinheit angeschlossen werden und der ‚Kommunikation' Computer – Mensch dienen, z. B. die Eingabetastatur, Drucker, Plotter, externe Speicher u. a.

Periskop [gr.], Fernrohr mit geknicktem Strahlengang (als ausziehb. Sehrohr v. a. für U-Boote).

Peristaltik [gr.], Bewegungsweise bes. des Magen-Darm-Kanals, bei der sich die einzelnen Organabschnitte nacheinander zusammenziehen (zur Weiterbeförderung des Inhalts).

Peristyl [gr.], der v. Säulen umgebene Innenhof des griech. und röm. Hauses.

Perkins, Anthony ['pə:kınz], * 1932, † 1992, amer. Filmschauspieler.

Perkussion [lat.], von *J. L. von Auenbrugger* (* 1722, † 1809) entwickelte Methode des Beklopfens der Körperoberfläche, um Organgrenzen, Flüssigkeitsansammlung in Brust- od. Bauchhöhle u. a. festzustellen.

perkutan [lat.], durch die Haut hindurch (bei Arzneimitteln).

Perlen, matt glänzende Kügelchen aus Perlmutter, die bes. von der Fluss- u. der Seeperlmuschel um eingedrungene oder [bei *Zucht-P.*] künstl. injizierte Fremdkörper in 10–50 bzw. 4–10 J. gebildet werden. *Künstl. P.* nach versch. Methoden.

Perlhühner, Unterfam. der Fasanen, Heimat Afrika; auch als Ziergeflügel.

Perlmutter (Perlmutt), stark irisierende Innenschicht von Weichtierschalen, bes. Muscheln.

Perlmutterfalter, Gruppe der Fleckenfalter, mit perlmuttschimmernden Flecken auf der Unterseite der Hinterflügel.

Perlon® ↑Polyamide.

Perlpilz, 8–15 cm hoher essb. Wulstling mit großem, meist rotbraun bis fleischfarbenem Hut.

Perlzwiebel, Lauchart mit zahlr. kl. essb. Brutzwiebeln.

Perm (1940–57 Molotow), russ. St. an der Kama, 1,09 Mill. E; Univ., PH, 4 Theater; bed. Ind.-Zentrum; Fluss-⚓, ✈.

Perm ↑Geologie, Formationstabelle.

permanent [lat.], anhaltend.

Permeabilität [lat.]: **1)** Durchlässigkeit (z. B. einer Membran); **2)** das Verhältnis der Beträge von magnet. Induktion und magnet. Feldstärke.

Permoser, Balthasar, * 1651, † 1732, dt. Bildhauer; u. a. Skulpturen am Dresdner Zwinger.

persische Kunst. *Löwengreif; Relief am Palast Darius' I. in Susa (5. Jh. v. Chr.)*

Permutation ↑Kombinatorik.

perniziös [lat.], im medizin. Sprachgebrauch bösartig.

Pernod [-'no; frz.], ein aus Anis u. a. Kräutern hergest. alkohol. Getränk.

Perón: 1) [Maria] Eva Duarte de, gen. Evita P., * 1919, † 1952, argent. Politikerin; s. 1945 ⚭ mit 3); unterstützte den Aufstieg ihres Mannes, widmete sich der Sozialarbeit; **2)** Isabel, eigtl. María Estela Martínez de P., * 1931, argent. Politikerin; s. 1961 ⚭ mit 3); 1973/74 Vizepräs., nach dem Tod ihres Mannes 1974 Präs., 1976 durch Militärputsch gestürzt; **3)** Juan Domingo, * 1895, † 1974, argent. Gen. u. Politiker; führte als Staatspräs. (1946–55) ein autoritäres Regime, entwickelte ein umstrittenes Sozialprogramm; durch Militärputsch gestürzt; Exil in Spanien; 1973/74 erneut Staatspräsident.

per|oral [lat.] (per os), durch den Mund; bes. bei Arzneimitteln gesagt.

Per|oxide, Verbdg. des Sauerstoffs (mit Metallen oder organ. Resten), die die zweiwert. –O–O-Gruppe enthalten; z. B. Natriumperoxid.

per pedes [apostolorum] [lat.], ugs. für: zu Fuß [wie die Apostel].

Perpendicular style [pə:pən'dıkjʊlə 'staıl; engl.], Spätstufe d. engl. Gotik (1350–1520).

Perpendikel [lat.], Uhrpendel.

Perpetuum mobile [lat.], Masch., die ohne Energiezufuhr dauernd Arbeit leistet; nach den Hauptsätzen der Thermodynamik unmöglich.

Perpignan [pɛrpiɲã], Hptst. des frz. Dep. Pyrénées-Orientales, 106 000 E; Kathedr. (14./15. Jh.) u. a. histor. Bauwerke; u. a. Konsumgüterind.; ✈.

per procura [ital.], Abk. pp., ppa., in Vollmacht.

Perrault, Charles [pɛ'ro], * 1628, † 1703, frz. Schriftsteller; Märchenslg. „Feenmärchen für die Jugend".

per saldo [ital.], als Rest zum Ausgleich [auf einem Konto].

Perse, Saint-John ↑Saint-John Perse.

Persephone, in der gr. Mythol. Tochter des Zeus u. der Demeter, Gemahlin des Hades.

Persepolis, Ruinenstätte nö. v. Schiras, Iran; bed. Reste gr. Repräsentativbauten aus der Zeit Darius' I. und Xerxes' I.

Perser, bedeutendstes iran. Volk in Iran u. Afghanistan (Tadschiken); stark von kaukas. u. a. Elementen durchsetzt.

Perserkriege, die Kriege zw. den griech. Stadtstaaten u. den Persern im 5. Jh. v. Chr.; begannen mit Aufstand der kleinasiat. Griechenstädte gg. die pers. Herrschaft (500–494), der von Athen unterstützt wurde; ein pers. Heer wurde 490 bei Marathon geschlagen; 480 unterlag der pers. Kg. Xerxes I. in der Seeschlacht bei Salamis und 479 bei Platää; bis 448 alle Griechenstädte befreit.

Perseus, Held der griech. Mythol., Sohn des Zeus und der Danae; besiegt die Medusa, deren Haupt er Athena schenkt.

Perseus, Sternbild des nördl. Himmels.

Persianer, Fell weniger Tage alter Karakullämmer.

Persi|en, alter Name v. Iran.

Persiflage [-'fla:ʒə; frz.], versteckte [geistreiche] Verspottung.

Persisch, die bedeutendste der lebenden iran. Sprachen; 3 Sprachstufen: Alt-P. (Inschriften der Kg. Darius I. u. Xerxes I. in Keilschrift u. d. Awesta), Pehlewi u. seit etwa 900 n. Chr. Neu-P., mit arab. Vokabular durchsetzte Mischspr.; Schrift: arab. Alphabet (vermehrt

Peru

Fläche: 1 285 216 km²
Einwohner: (1995) 23,78 Mill.
Hauptstadt: Lima
Amtssprachen: Spanisch, Ketschua
Zeitzone: MEZ –6 Stunden

um 4 Buchstaben). Ferdausi (* um 940, † 1020 od. 1026) schuf Nationalepos („Königsbuch") u. Liebesepos, v. Nesami (* 1141, † 1209) zur Blüte gebracht; im 14. Jh. lebte der größte pers. Lyriker, Hafes (* um 1325, † 1390); in d. Folgezeit v. a. histor. Werke. Die mod. Autoren sind von d. europ. Lit. beeinflusst.

persische Geschichte, das v. N eingewanderte idgm. Volk der Perser trat mit den Achaimeniden in die Gesch. ein. Kyros II., d. Gr. (559–29 v. Chr.) begr. durch die Eroberung Mediens (550 v. Chr.), Lydiens (546) u. Babylons (539 v. Chr.) das erste pers. Großreich. Sein Sohn Kambyses II. (529–22 v. Chr.) eroberte 525 Ägypten. Darius I. unterwarf Thrakien u. Makedonien u. unterdrückte einen babylon. Aufstand. Seit 500 v. Chr. Perserkriege (gg. die Griechen). Darius III. 331 v. Chr. von Alexander d. Gr. besiegt; Persien seit 330 v. Chr. Teil des Makedon. Reiches. 323 v. Chr. bis um 250 v. Chr. Herrschaft der Seleukiden (Hellenisierung), dann bis 226 n. Chr. der Parther, 226–651 der Sassaniden. Kämpfe mit den Römern; im Inneren Reformen unter Kg. Chosrau I. (531–579). 651 Unterwerfung durch die Araber, Persien Teil des Kalifenreiches. Mongolenherrschaft von 1258 bis zum Tode Timur-Lengs (1405); die Mongolen unterlagen turkmen. Stämmen, diese 1502 den Safawiden (1502–1722). Schah Abbas I., d. Gr., schuf eine Großmacht (Residenz Isfahan). Seine Nachfolger 1722 v. den Afghanen gestürzt. 1736 Eroberung Persiens durch den späteren Nadir Schah; er erweiterte die pers. Grenzen im O bis zum Indus. 1747 Loslösung Afghanistans v. Persien, 1794–1925 Dyn. der Kadjaren. Fath Ali Schah (1797 bis 1834) verlor Georgien, Transkaukasien und einen Teil Armeniens an Russland. 1907 russ.-brit. Vertr. von Petersburg; Dreiteilung Persiens in eine nördl. russ., eine südl. brit. Interessensphäre u. eine mittlere (neutrale) Zone. 1909 Absetzung d. revolutionär bekämpften Schahs Mohammad Ali; Nachf. Schah Kadachar. Im 1. Weltkrieg trotz Neutralität von türk., brit. u. russ. Truppen besetzt. 1921 Staatsstreich des späteren Schahs Resa Pahlewi; die UdSSR verzichtete auf alle Rechte; weiterhin wirtsch. Vorherrschaft der Briten (Erdöl, Finanzen). 1935 wurde die amtl. Bez. ↑Iran eingeführt.

persische Kunst, die Kunst Persiens zz. der Achaimeniden und Sassaniden; repräsentative Königsbauten in Persepolis und Pasargardae (Grabmal Kyros' II.), Felsgrabmäler; in sassanid. Zeit wird das Erbe der parth. u. spätantiken Kunst in eigener Weise weiterentwickelt; Paläste, u. a. Firusabad, Ktesiphon, Felsreliefs, Stuckreliefs, Silber- u. Bronzegeräte, Siegelsteine.

Persischer Golf, Nebenmeer des Ind. Ozeans, zw. Arab. Halbinsel u. Iran, rd. 240 000 km², bis 170 m tief; bed. 🛢-Förderung, v. a. vor der O- u. S-Küste.

Person [lat.]: **1)** der als geschlossene Einheit in seiner Eigenart sich selbst bewusste Mensch; **2)** jedes mit Rechtsfähigkeit ausgestattete Wesen; ↑natürliche Person, ↑juristische Personen.

Personalcomputer, Abk.: PC, Mikrocomputer mit Tastatur, Datensichtgerät u. Drucker; universell einsetzbar. Mit vernetzten P. (lokale Netzwerke) dringen P. in die Arbeitsgebiete von Großrechnern vor. Die weitere Verkleinerung führte zum Laptop.

Personalpronomen [lat.], persönl. Fürwort, z. B. ich, du.

Personalrat, dem Betriebsrat (↑Betrieb) entspr. Repräsentation der Bediensteten des öff. Dienstes.

Personalsteuern, solche Steuern, die nach der Leistungsfähigkeit erhoben werden, z. B. die Einkommensteuer.

Personal|union, im Staatsrecht eine Staatenverbindung, die im Ggs. zur ↑Realunion durch die dynast. bedingte Gemeinsamkeit des Monarchen besteht.

Personenstand, Alter, Geschlecht und das familienrechtl. Verhältnis einer Person zu anderen Personen (Familienstand).

Personifikation [lat.], Vorstellung eines Begriffs od. einer Sache als Person.

Persönlichkeit, ein Mensch, der in einmal. individueller Prägung seine Anlagen in Auseinandersetzung mit Mitmensch u. Gemeinschaft weitgehend entfaltet hat.

Persönlichkeitsrecht, in der neueren Rechtsprechung der BRD anerkanntes, über die Bestimmungen des BGB hinausgehendes Recht auf Entfaltung der individuellen Persönlichkeit u. Achtung der Menschenwürde, dessen Verletzung einen Schadenersatzanspruch begründet.

Persönlichkeitsspaltung, ↑Schizophrenie.

Persönlichkeitswahl, Art der ↑Mehrheitswahl, bei der die Stimmen für einzelne Kandidaten abgegeben werden.

Perspektive [lat.]: **1)** Ausblick, Durchblick; Aussicht für die Zukunft; der Standpt., v. dem aus Geschehen gesehen u. literar. dargest. wird; **2)** Darst. v. Gegenständen in einer [Bild]ebene durch Zentral- od. auch Parallelprojektion. Bei der *Zentral-P.* (Projektionsstrahlen gehen sämtl. v. einem *Perspektivitätszentrum,* im Allg. vom *Augpunkt* aus) erscheinen im Bild Parallelen als auf einen best. Pt. *(Fluchtpt.)* zustrebende Geraden *(Fluchtlinien),* sofern sie nicht selbst parallel zur Bildebene verlaufen. Mit zunehmendem Abstand von der Bildebene erscheinen die Gegenstände kleiner *(perspekt. Verkürzung).*

Perth [pəːθ]: **1)** schott. St. in der Region Tayside, am Tay, 40 100 E; Textil-, Masch.-Ind.; ✈. – 1006 St., bis 1437 schott. Reg.-Sitz; **2)** Hptst. des austral. B.-Staates Westaustralien, 1,14 Mill. E; (städt. Agglomeration); 2 Univ.; vielseit. Ind.; ⚓ Freemantle, ✈.

Pertini, Alessandro (Sandro), * 1896, † 1990, ital. Politiker (Sozialist); 1935–43 als Gegner des Faschismus verbannt, 1968–76 Präs. der Abg.-Kammer, 1978–85 Staatspräsident.

Peru, Rep. an der Pazifikküste S-Amerikas. Von der schmalen, trocken-heißen, z. T. wüstenhaften Küstenzone (Costa, mit ⅓ der Bev.) steigt das Land zu den Gebirgszügen der Anden (Sierra) auf, die durch zahlr. Längstäler u. Hochbecken gegliedert sind (knapp ⅔ der Bev.); kühlgemäßigtes Klima; den O P.s (Montaña) bildet die Abdachung der Anden zum Amazonasbecken mit trop.-heißem Klima u. gr. trop. Regenwaldgebieten. Landw. v. a. in den Gebirgstälern u. in der Costa: Baumwolle, Zucker, Häute, Felle, Wolle, Kaffee u. Reis; die Wälder liefern Wildkautschuk, Edelhölzer, Chinarinde; *Bodenschätze:* Blei-, Kupfer-, Eisen-, Zink-, Silbererze, Erdöl u. Kohle; bed. Guanolager. *Ind.:* Textil-, Zement-, Metallwaren-, chem., Leder-, Gummi-, Nahrungsmittelind.; Hüttenwerke; Fischerei. – *Gesch.:* Etwa 1200–1532 Inkareich, durch F. Pizarro unterworfen u. span. Vizekgr., 1821–24 Unabhängigkeitskämpfe (S. Bolívar), 1862–66 versuchte Spanien, P. zurückzuerobern, musste jedoch 1879 endgültig die Unabhängigkeit anerkennen; 1879–83 Salpeterkrieg (mit Bolivien gg. Chile); häuf. innere Unruhen; 1968 Militärputsch u. Auflösung des Parlaments, bis 1980 Militärreg., danach Rückkehr zur demokrat.-parlamentar. Regierung, von marxist. orientierter Guerillabewegung bekämpft; 1993 neue Verf. durch Referendum bestätigt; Mitgl. der UN.

Perücke [frz.], künstl. Haartracht.

Perugia [-dʒa], ital. Prov.-Hptst. u. Hptst. der Region Umbrien, östl. des Trasimen. Sees, 147 500 E; 2 Univ., Akad. der Künste, Museen; zahlr. histor. Bauwerke; u. a. Pharmaindustrie.

Perversion, Abweichung von der Norm des Gefühls- u. Trieblebens, v. a. des sexuellen.

Perzeption [lat.]: **1)** das Wahrnehmen als erste Stufe des Erkennens; **2)** Reizaufnahme durch Sinneszellen oder -organe.

Pesaro, ital. Prov.-Hptst. u. Hafenst. an der Adria, sö. von Rimini, 88 000 E; Majolikamuseum; keram. u. a. Industrie.

Pescadoresinseln, zu Taiwan gehörende Gruppe von 64 kl. Inseln (21 bewohnt) in der ↑Formosastraße, insgesamt 127 km², 95 000 Einwohner.

Pescara, mittelital. Prov.-Hptst. u. Seebad an der Adria, 120 600 E; mod. Stadtbild; ✈.

Peseta [span.], Mrz. Peseten, Abk. Pta, span. Währungseinheit.

Peshawar [-ʃ-], nordwestpakistan. Prov.-Hptst., 566 000 E; Univ.; u. a. Masch.-Bau; ✈.

Pesne, Antoine [pɛ:n], * 1683, † 1757, frz. Maler; bed. Porträtist des friderizian. Rokokos.

Peso [span.], Bez. der Währungseinheit in Guinea-Bissau, Mexiko, Kuba u. a. südamer. Staaten. – ↑auch Übers. Währungen.

Pessach [hebr.], svw. ↑Passah.

Pessar [lat.]: **1)** Stützvorrichtung bei Verlagerung der Gebärmutter; **2)** Kappe, die zur ↑Empfängnisverhütung über den Gebärmuttermund gestülpt wird.

Pessimismus [lat.], psychol. die Neigung, alles v. der schlechten Seite her zu betrachten; philos., relig. od. weltanschaul. die Überzeugung, dass die Welt schlecht u. böse [eingerichtet] sei.

Pest [lat.]: **1)** durch P.bakterien verursachte, bes. v. Ratten über *P.flöhe* verbreitete epidem. Krankheit: 1. *Beulen-* od. *Bubonen-P.* (im MA *schwarzer Tod* gen.) mit vereiternden, anschwellenden Lymphknoten (50–90 % der Fälle tödl.), 2. *Lungen-P.* (fast immer tödl.); fr. verheerende Seuchen; **2)** durch Viren hervorgerufene, meist tödl. verlaufende Tierseuche: *Rinder-, Schweine-, Geflügel-P.* (↑Geflügelkrankheiten); meldepflichtig.

Pestalozzi, Johann Heinrich * 1746, † 1827, schweizer. Pädagoge; Grundanliegen: Entfaltung der geist. [u. körperl.] Anlagen statt mechan. Lernen; Betonung der Anschauung; Reformator des Elementarunterrichts.

Pestizide [lat.], Sammelbegriff für chem. Schädlingsbekämpfungsmittel.

Pestwurz, Korbblütler; blüht rötl. an aufrechtem Schaft im Vorfrühling an Bachufern vor Erscheinen der großen herzförmigen Blätter.

Peta-, Zeichen P, Vorsatz vor Einheiten; bezeichnet das 10^{15}fache (Billiarde) der betr. Einheit.

Pétain, Philippe [pe'tɛ̃], * 1856, † 1951, frz. Marschall u. Politiker; 1916 Verteidiger v. Verdun, schloss als Min.-Präs. (ab 1. Juni 1940) am 22./24. 6. 1940 Waffenstillstand mit Dtl. u. Italien, 1940–44 Staatschef (Vichy-Reg.); 1945 wegen Kollaboration zum Tod verurteilt, zu lebenslängl. Haft begnadigt.

Petel, Georg, * 1601, † 1634, dt. Bildhauer des Barocks; bed. Elfenbeinarbeiten, Holz-, Bronzewerke.

Peter: *russ. Zaren:* **P. I.,** d. Gr., * 1672, † 1725, Zar s. 1682; besuchte inkognito W-Europa, führte nach seiner Rückkehr Reformen nach westl. Vorbild durch; begr. die russ. Großmachtstellung durch den Sieg über Schweden im 2. Nord. Krieg; gründete 1703 Sankt Petersburg; nahm 1721 den Kaisertitel an; **2) P. III.,** * 1728, † 1762, Kaiser 1762; schloss Frieden mit Friedrich d. Gr.; gestürzt u. ermordet.

Peterborough ['pi:təbrə], engl. Stadt nö. von Northampton, 115 400 E; normann. Kathedr. St. Peter (12. und 13. Jh.); viels. Ind.

Petermännchen, 15–50 cm langer Bodenfisch mit gift. Stacheln an Rückenflosse u. Kiemendeckel; Speisefisch.

Peters, Carl, * 1856, † 1918, dt. Kolonialpolitiker; gründete die Kolonie Dt.-Ostafrika (1884/85).

Petersen, Wolfgang, * 1941, dt. Fernseh- und Filmregisseur („Das Boot", „Die unendl. Geschichte").

Petersilie [gr.-lat.], Doldenblütler; wicht. Küchengewürz; Wurzel und Blätter harntreibend.

Peterskirche (S. Pietro in Vaticano), Kirchenbau über dem vermuteten Grabe des Apostels Petrus, Rom; Neubau 1506 ff. von Bramante, Raffael, Michelangelo (Kuppel), C. Maderna (Langhaus u. Fassade), G. L. Bernini (Bronzebaldachin über Altar; Kolonnaden) u. a.

Peterspfennig, jährl. Abgabe der Katholiken für den Unterhalt von Papst und Kurie.

Peter und Paul, Fest der Apostel Petrus u. Paulus in der kath. Kirche (29. 6.).

Petit, Alexis Thérèse [pə'ti], * 1791, † 1820, frz. Physiker; Arbeiten über Temp.-Messung und Wärmeausdehnung; formulierte mit P. L. ↑Dulong die dulong-p.sche Regel.

Petition [lat.], schriftl. Eingabe als Bitte od. Beschwerde, bes. an Staatsmänner oder Parlament.

Petra.
Felsengrab

Petition of Right [pɪtɪʃn ɔv 'raɪt; engl.], Bittschrift des engl. Parlaments (1628), v. Kg. Karl I. bewilligt: u. a. keine Abgaben ohne Zustimmung des Parlaments und keine willkürl. Verhaftungen (↑auch Habeaskorpusakte), Garantie eines ordentl. Gerichtsverfahrens; erlangte keine Gesetzeskraft.

Petits fours [pti' fu:r, frz.], feines Kleingebäck.

Petőfi, Sándor, *1823, ⚔1849, ungar. Dichter; am bedeutendsten seine Lyrik, die vom ungar. Volkslied ausgeht; Märchenepos „Held János"; schon zu Lebzeiten als ungar. Nat.-Dichter verehrt, fiel im ungar. Aufstand; *P.-Kreis,* Gruppe ungar. Schriftsteller, die durch freiheitl. Forderungen den ungar. Aufstand im Herbst 1956 mit vorbereiteten; 1957 aufgelöst.

Petra, Ruinenstätte in SW-Jordanien; ehem. Hptst. der Nabatäer u. (seit 106 n. Chr.) der röm. Prov. Arabia Petraea, wicht. Handelsplatz; verfiel seit dem 3. Jh.; bed. Grabbauten. – Bild S. 525.

Petrarca, Francesco, *1304, †1374, ital. Dichter; seine in der Volksspr. geschriebene u. im „Canzoniere" gesammelte Lyrik enthält v. a. Gedichte an Laura, seine Geliebte; trug entscheidend zur Normierung der ital. Spr. bei; durch Erschließung der klass. Lit. und eigene Werke in lat. Spr. gab P. das Vorbild für die spätere neulat. Dichtung u. den Humanismus.

Petri-Schale, flache Glasschale mit übergreifender Deckschale, für Nährböden b. Bakterienkulturen verwendet.

Petrochemie [gr.; arab.]: **1)** die Wissenschaft von der chem. Zusammensetzung der Gesteine; **2)** in Handel und Ind. übl. Bez. für ↑Petrolchemie.

Petrographie [gr.], beschreibende Gesteinskunde, Wiss. von Zusammensetzung, Aufbau und Vorkommen der Gesteine.

Petrolchemie [gr.; arab.], Bez. für die auf Erdöl und Erdgas basierende techn. Gewinnung von Rohstoffen der chem. Industrie.

Petroleum [gr.-lat.], Erdöldestillat mit Siedebereich 150–270 °C; verw. für Beleuchtungszwecke, heute v. a. Treibstoff (Kerosin).

Petronius Arbiter, Gajus, †66 n. Chr., röm. Satiriker; Verf. des teilw. erh. Romans „Satiricon"; berühmt daraus das „Gastmahl des Trimalchio".

Petrosawodsk, Hptst. Kareliens und Hafenstadt am W-Ufer des Onegasees, Russland; 269 500 E; Univ.; Masch.- und Holzind.; ✈.

Petrovaradin (dt. Peterwardein), Vorort von Novi Sad, Serbien, am Gegenufer der Donau; Festung (16. Jh.). Bei P. 1716 Sieg Prinz Eugens über die Türken.

Petrus, hl., eigtl. Simon (Symeon), † zwischen 63 u. 67, Apostel u. Fischer; nach Darstellung der nachösterl. Gemeinde von Jesus bei der Verheißung des „Schlüsselamtes" Kepha (= Fels; griech. Petros) gen.; aus seiner bevorzugten Stellung leitet die kath. Kirche den Primat des Papstes als Nachf. Petri her.

Petrusbriefe, 2 nt. Schriften, nicht von Petrus (hellenist. Verf. des 1. u. 2. Jh. n. Chr.).

Petrus Damiani ↑Damiani, Petrus.

Petrus de Vinea, * um 1190, † 1249 (Selbstmord), Großhofrichter, s. 1225 Leiter der Kanzlei Ks. Friedrichs II. u. dessen Vertrauter; Organisator des sizilian. Beamtenstaates; wegen angebl. Unterschlagungen verhaftet und geblendet.

Petrus Lombardus, * um 1100, † 1160, ital. Theologe; Scholastiker; 1159 Bischof v. Paris; sammelte systemat. das theol. Wissen der Zeit; s. „Sentenzen" waren vom 13. Jh. an das bevorzugte theol. Textbuch.

Petschaft [tschech.], Handstempel zum Siegeln, Siegel.

Petschora, Fl., vom Nördl. Ural zur *P.bucht* (Teil der Barentssee), 1809 km.

Pettenkofer, Max v., *1818, †1901 (Selbstmord), dt. Hygieniker; begr. die experimentelle Hygiene; entwickelte prakt. Maßnahmen zur Seuchenbekämpfung.

Petting [engl.], Form des erot.-sexuellen Kontaktes ohne Vollzug des Geschlechtsverkehrs.

Petunie [indian.-frz.], Zierpfl. mit gr. Trichterblüten.

peu à peu [pø a'pø], nach und nach.

Peutinger, Konrad, *1465, †1547, dt. Humanist; besaß die *p.sche Tafel,* eine Kopie (13. Jh.) einer röm. Straßenkarte.

Pevsner, Antoine [pɛvs'nɛ:r], *1886, †1962, russ.-frz. Maler u. Plastiker; führender Vertr. der abstrakten Plastik.

Peymann, Claus, *1937, dt. Regisseur, seit 1986 Leiter des Burgtheaters in Wien.

Pfadfinder (Boy-Scouts), internat. Jugendorganisation, 1907 v. Baden-Powell in England gegr.; heute rd. 26 Mill. Mitgl. aus 120 Ländern; Pf. verpflichten sich zu Pflichterfüllung, Hilfsbereitschaft u. Einsatzbereitschaft für friedl. u. humane Zwecke.

Pfaffe, Geistlicher (seit der Reformationszeit abschätzig).

Pfahlbauten, menschl. Ansiedlungen an Fluss- u. Seeufern, auf Pfahlroste gestellt zum Schutz vor Menschen u. Tieren. In Europa bes. im Neolithikum u. in der Bronzezeit [an den Voralpenseen].

Pfahlmuschel, svw. ↑Miesmuschel.

Pfalz, ehem. dt. Territorium; die *Pfalzgft. bei Rhein* entstand aus der Verbdg. der lothr. Pfalzgrafenwürde mit den rheinfränk. Gütern der Salier; 1214 den bayr. Wittelsbachern übertragen, 1329 mit der Ober-Pf. von Bayern getrennt; 1356 Bestätigung der Kurwürde (Kur-Pf.); nach 1410 mehrf. geteilt. Nach Einführung der Reformation Erschütterung des Landes durch mehrf. Konfessionswechsel (kalvinist. und luth.), 1623 Verlust der Ober-Pf. an Bayern; Verwüstung der Pf. im *Pfälz. Erbfolgekrieg* (1688–97), in dem Ludwig XIV. von Frkr. fragl. Erbansprüche für seine Schwägerin Elisabeth Charlotte v. Orléans (Liselotte v. der Pfalz) verfocht; 1777 Vereinigung der Pf. mit Bayern. 1801 fiel die linksrhein. Pf. an Frkr., 1816 mit angrenzenden Gebieten an Bayern; der bayr. Reg.-Bez. Pf. kam 1946 zu RP. Die rechtsrhein. Gebiete der Pf. kamen 1803 zumeist an Baden.

Pfalz, im MA Wohnsitz der reisenden Könige bzw. Kaiser; Tagungsort der Hofgerichte.

Pfälzer Bergland, Ldsch. zw. Pfälzer Wald, Pfälzer Gebrüch, Nahe und Rheinhessen, im Donnersberg 687 m.

Pfälzer Wald, waldreiches Bergland zw. Westrich u. Oberrhein. Tiefland; Kalmit 673 m (↑auch Haardt); Naturpark.

Pfalzgraf, mit richterl. u. Verwaltungsfunktion beauftragter kgl. Würdenträger im MA.

Pfälzischer Erbfolgekrieg ↑Pfalz.

Pfandbriefe ↑Schuldverschreibungen.

Pfänder, östr. Berg bei Bregenz, 1064 m; Schwebebahn; seit 1980 6,7 km langer Autotunnel.

Pfandleihe, Darlehensgewährung gg. Verpfänden (Versetzen) bewegl. Sachen; betrieben wird die Pf. durch gewerbsmäß. *Pfandleiher* sowie öff. u. private *Pfandleihanstalten.*

Pfändung, ↑Zwangsvollstreckung in das bewegl. Vermögen; Voraussetzung ist ein vollstreckbarer Titel (z. B. ein für vollstreckbar erklärtes Urteil).

Pfarramt (Pfarrei, Pfarre), Seelsorgegebietseinheit, an eine best. Ortsgemeinde gebunden (auch *Kirchspiel*), daneben auch überörtl. Pfarrämter (Mil.-, Soz.-, Jugend-Pf.; *Personalpfarrei*); auch Amt des Pfarrers.

Pfarrer, im kath. Kirchenrecht der vom Bischof als Seelsorger für eine Pfarrei bestellte Geistliche; im ev. Kirchenrecht der nach Wahl durch die Kirchengem. od. Einsetzung durch die Kirchenbehörde mit der Verw. des Pfarramts beauftragte Geistliche; in ev. Landeskirchen auch Pfarrerinnen.

Pfarrvikar, ein als Gehilfe des Pfarrers od. auch als selbst. Verwalter einer Kirchengem. tät. Geistlicher; in der kath. Kirche meist als Kaplan.

Pfau [lat.], Gatt. gr. südasiat. Fasanen; ♂ mit langen, von Augenflecken gezierten, zu einem „Rad" aufrichtbaren Unterrückenfedern; Ziervogel.

Pfauen|auge, Bez. für versch. Schmetterlingsarten mit Augenflecken auf den Flügeln; z. B. Tag-, Nachtpfauenauge.

Pfeffer [gr.-lat.], Gatt. der *Pf.gewächse,* meist Kettersträucher; der südostasiat. *Pf.strauch,* in vielen Tropenländern angebaut, liefert scharfes Gewürz (halbreife Früchte *schwarzen,* reife *weißen Pfeffer*).

Pfefferminze ↑Minze.

Pfeife [lat.]: **1)** Röhre zur Tonerzeugung mittels schwingender Luftsäulen; man unterscheidet *Labial- (Lippen-)* u. *Zungen-Pf.n, gedackte* und *offene Pf.n;* **2)** engmensurierte, scharfklingende Flötenart; **3)** in der Glasbläserei langes Blasrohr; **4)** Gerät zum Tabakrauchen.

Pfeifenstrauch (Falscher Jasmin), Steinbrechgewächs; südeurop. Zierstrauch mit stark duftenden weißen Blüten.

Pfeifhasen, Fam. der Hasenartigen, in Steppen und Geb. Eurasiens und N-Amerikas; verständigen sich durch hohe Pfiffe.

Pfeil [lat.], Geschoss für den Bogen, auch für Blasrohr od. Armbrust; mit bes. Spitze u. am Ende befiedertem Schaft.

Pfeiler [mlat.], in der Architektur eine Stütze, eckig od. rund; im Ggs. zur Säule ohne Verjüngung.

Pfeilkraut, Froschlöffelgewächs mit pfeilförm. Blättern; Wasserpflanze.

Pfeilwürmer, bes. Tierstamm glasheller, 0,5–2 cm langer, mariner Leibeshöhlenwürmer, u. a. Sagitta.

Pfennig, Abk. Pf, urspr. *Silber-Pf.,* im MA in Dtl. einzige Münze, seit dem 13. Jh. Teilstück ($^1/_{12}$) des Groschens; später Scheidemünze aus Kupfer; heute kleinste dt. Münze ($^1/_{100}$ DM).

Pferde [mlat.], weltweit verbreitete Fam. gr., schnell laufender, hochbein., Gras fressender Unpaarhufer mit 6 rezenten, Herden bildenden Arten in Savannen und Steppen; umfasst Esel, Zebras, Wildpferde (vom Prschewalskipferd stammt das als Reit- u. Zugtier verw. Hauspferd ab); zahlr. Hauspferderassen-Gruppen: Vollblut, Warmblut, Kaltblut, Ponys.

Pfeffer. *Pfefferstrauch (Blätter und Früchte)*

Pferdebohne, svw. ↑Saubohne.

Pferdebremse, bis 2,5 cm gr. Fliegenart; ♀♀ Blutsauger hpts. an Pferd und Rind.

Pferdestärke, Abk. PS, nicht mehr zugelassene Leistungseinheit; 1 PS = 0,736 kW. – ↑auch Horsepower.

Pfifferling (Pfefferling, Eierschwamm), Leistenpilz der Laub- u. Nadelwälder; erscheint Juli bis Ende Sept.; essbarer gelber Hutpilz.

Pfingstbewegung, Sammelbez. für christl. Gemeinschaften, die die Herabkunft des Hl. Geistes erwarten.

Pfingsten, dt. Name für das griech. Wort pentekoste (= der 50. Tag [nach Ostern]), Fest der Ausgießung des Hl. Geistes (nach Apostelgesch. 2, 1 ff.).

Pfingstrose (Päonie), Gatt. der Hahnenfußgewächse; *Echte Pf.* eine beliebte Zierstaude.

Pfirsichbaum, Obstbaum (Rosengewächs) aus China; viele Kultursorten; verlangt mildes Klima; Steinfrucht *Pfirsich.*

Pfitzner, Hans, * 1869, † 1949, dt. Komponist u. Dirigent; Opern: „Der arme Heinrich", „Palestrina" u. a.; Chorwerke, Lieder, Orchesterwerke, Kammermusik.

Pflanzen, Organismen, die sich autotroph ernähren u. nur in Ausnahmefällen zu mehr oder weniger heterotropher Ernährungsweise übergegangen sind (z. B. viele Bakterien u. Pilze); *autotrophe Pf.* sind „offene" Systeme, die im Gegensatz zu den Tieren ihr Wachstum und damit die Entwicklung neuer Organe bis zum Absterben fortsetzen, ihre Organe (Blätter) sind nach außen, dem Licht zugewandt; ↑Assimilation 1), freie Ortsbewegung (Ausnahme: Einzeller) ist kaum möglich, zentrale Organe fehlen, Zellen von festen Zellulosemembranen umgeben; *heterotrophe Pf.* zeigen gewisse Übereinstimmung mit tier. Organismen, beide nehmen komplexe org. Nährstoffe auf.

Pflanzenkunde, svw. ↑Botanik.

Pflanzenschädlinge und Pflanzenkrankheiten ↑Übersicht.

Pflanzenschutz: 1) Schutz wild wachsender Pf. gg. Ausrottung; **2)** Schutz v. Kulturpfl. gg. Schädlinge u. Krankheiten.

Pflanzenzüchtung, Schaffung neuer Kulturpflanzensorten durch Kreuzung od. Erzeugung von Mutationen. Ziel: widerstandsfähigere, ertragreichere, ggf. form- u. farbschönere Sorten.

Pflaster: 1) [selbstklebender] steriler oder mit Arzneistoffen bestrichener Verbandsstreifen; **2)** fester Straßenbelag aus Natur- oder Kunststeinen.

Pflaume [gr.-lat.], Steinobstgewächs aus Vorderasien, in vielen Kultursorten angebaute Bäume mit längl. Früchten *(Pf.n)* mit [rot]violetter Schale; ↑auch Zwetsche.

Pflegeversicherung, Sammelbegriff für Versicherungen zur finanziellen Vorsorge gegen das Risiko der Pflegebedürftigkeit. Zu der bisher freiwillig-privaten Absicherung trat zum 1. 1. 1995 eine gesetzl. Pflegeversicherung unter dem Dach der gesetzl. Krankenversicherung. Die Leistungen der gesetzl. P. umfassen die häusl. Pflege (ab 1. 4. 1995) und die stationäre P. (ab 1. 7. 1996). Leistungen der häusl. P. werden nach dem Grad der Pflegebedürftigkeit gestaffelt. Als Sachleistungen zur Pflege betragen sie monatlich für erheblich Pflegebedürftige bis zu 750 DM, für Schwerstpflegebedürftige bis zu 2 800 DM (in Härtefällen bis zu 3 300 DM). Das Pflegegeld als monatl. Geldleistung beträgt 400–1 300 DM je nach Grad der Pflegebedürftigkeit. In der stationären Pflege werden Leistungen bis zu 2 800 DM monatlich gezahlt (Härtefälle bis zu 3 300 DM). Finanziert wird die P. durch einen vom Arbeitgeber und Arbeitnehmer je zur Hälfte zu tragenden Beitragssatz von 1% (ab 1.1. 1995) bzw. 1,7% (ab 1.7. 1996) des Bruttoeinkommens. Zur Kostenentlastung der Arbeitgeber strichen die meisten Bundesländer einen auf einen Werktag fallenden Feiertag.

Pflegschaft, Fürsorgeverhältnis (beschränkte Vormundschaft) u.a. zur Interessenwahrnehmung Minderjähriger, deren Eltern od. Vormund verhindert sind, für Gebrechliche, Verschollene, Unbekannte sowie für Abwesende od. einen Nachlass.

Pflichtteil, die Hälfte des gesetzl. Erbteils, die einem Abkömmling, dem Ehegatten oder den Eltern des Erblassers zusteht, wenn sie testamentar. ohne schwerwiegende Gründe enterbt od. geringer bedacht worden sind.

Pflichtversicherungen, gesetzl. vorgeschriebene Versicherungen, u.a. ↑Kraftfahrzeug-Haftpflichtversicherung, ↑Sozialversicherung.

Pflichtverteidiger, svw. ↑Offizialverteidiger.

Pflug, Gerät zur Bodenbearbeitung; dient v.a. zum Aufreißen u. Wenden des Ackerbodens.

Pfort|ader, kurze, starke Vene (Vereinigung der oberen Eingeweidevene u. der Milzvene), leitet nährstoffhalt. Blut aus den Verdauungsorganen zur Leber *(Pf.kreislauf)*.

Pförtner: 1) Hauswart; **2)** svw. Magen-Pf. (↑Magen).

Pforzheim, krsfr. St. u. Krst. des Enzkreises, am N-Rand des Schwarzwaldes, Baden-Württemberg, 118000 E; got. Stiftskirche St. Michael; mod. Matthäuskirche; Museen, IHK, Goldschmiede-, Kunst- und Werkschule; Schmuckwaren-, Uhrenindustrie.

Pfronten, bayr. Luftkurort u. Wintersportplatz westl. von Füssen, 7700 E; opt., feinmech. u.a. Ind.

Pfropfung ↑Vered[e]lung 2).

Pfründe, Einkommen aus einem Kirchenamt (kath. Kirche).

Pfund: 1) Zeichen ℔, alte Masse- bzw. Gewichtseinheit (= 500 g) u. Zählmaß (= 240 Stück); **2)** Zeichen £, Name der Hauptwährungseinheit u.a. in Großbritannien.

pH ↑pH-Wert.

Phäaken, in der Odyssee wohlhabendes Seefahrervolk der Insel Scheria.

Phädra, in der griech. Mythol. Tochter des Minos, Schwester der Ariadne, zweite Gem. des Theseus, dessen Sohn Hippolyt Ph.s leidenschaftl. Liebe erregt.

Phädrus (Gajus Julius Phaedrus), † um 50 n.Chr., röm. Fabeldichter; Freigelassener des Augustus; Tierfabeln nach Äsop, Schwänke.

Phaistos, antike Ruinenstätte im südl. Kreta; bed. minoische Funde, u.a. Alter Palast (20.–17. Jh. v. Chr.).

Phalanx [gr.], antike Schlachtordnung; an der Front Schwerbewaffnete, Normaltiefe 8 Mann, an der Flanke durch Leichtbewaffnete od. Reiterei geschützt.

Phaleron ['falirɔn], ältester Hafen

Pflanzenschädlinge und Pflanzenkrankheiten
Pflanzliche und tierische Parasiten an Nutzpflanzen

Zeichenerklärung:
Wirtspflanze: G: Getreide, H: Hülsenfrüchte, KA: Kartoffel, Kl: Klee, K: Kohl, L: Lupine, Lu: Luzerne, O: Obst, Ra: Raps, R: Rüben, S: Spargel, Ta: Tabak, T: Tomate, W: Wein, Z: Zwiebel;
Parasiten: In: Insekten, (I): Insektenlarve, Mi: Milben, Ru: Rundwürmer, AP: Algenpilz, SP: Schlauchpilz, BP: Basidienpilz, B: Bakterie;
Krankheitsbild: b: Blattfall, d: Dürre, fs: Fäulnis, fl: Flecke, fr: Fraßspuren, m: Missbildungen, s: Saftfluss, v: Verfärbungen, w: Welken, z: Zwergwuchs;
Zeitliches Auftreten: 1: Frühjahr, 2: Sommer, 3: Herbst; Bekämpfung: I: Insektizide, II: Fanggürtel, III: Beizung, IV: Spritzung, V: Vernichtung des infizierten Bestandes, VI: Resistenzzüchtung, VII: keine Bekämpfungsmöglichkeit.

Im Allgemeinen sind nur die wichtigsten Wirtspflanzen bzw. Schädlinge angegeben:

Akarinose (versch. Milben) W, d, m, 1, 2, I, IV, Mi;
Apfelblütenstecher (Anthonomus pomorum) O, m, d, 1, 2, I, II, IV, (I);
Apfelmehltau (Podosphaera leucotricha) O, v, d, z, 2, V, SP;
Apfelwickler (Carpocapsa pomonella) O, fr, 2, I, II, IV, (I);

Bakterienwelke (Bacterium michiganense) T, w, d, v, fl, 2, VII;
Bitterfäule (Gloeosporium fructigenum) O, fs, 3, V, SP;
Blattbräune (Clasterosporium putrefaciens) R, fl, d, 3, V, SP;
Blattfallkrankheit (Pseudopeziza ribis) O, fl, d, b, 2, IV, V, SP;
Blattrandkäfer (Sitona lineata) H, Kl, fr, 2, I, V, VII, In;
Blutlaus (Eriosoma lanigerum) O, m, fl, 2, 3, I, IV, V, VII, In (I);
Bohnenrost (Uromyces appendiculatus) H, fl, 3, V, VII, BP;
Brenner, Roter (Pseudopeziza tracheiphila) W, fl, d, b, 1, 3, IV, SP;
Brennfleckigkeit (Colletotrichum lindemuthianum) H, Fl, 2, III, SP;

Drahtwürmer (Elateridenlarven) G, R u.a. d, fr, 1, 2, VII, (I);
Dürrfleckigkeit (Alternaria solani) Ka, T, O, fl, b, fs, 2, 3, VII, SP;

Edelfäule (Botrytis cinerea) W, d, m, 2, 3, IV, SP;
Erbsenrost (Uromyces pisi) H, fl, b, 2, V, BP;
Erbsenwickler (Grapholita dorsana u.a.) H, fr, 2, I, (I);

Fettfleckigkeit (Phytomonas medicaginis) H, fl, b, 2, IV, B;
Fleischfleckigkeit (Polystigma rubrum) O, fl, s, 2, IV, SP;
Fritfliegen (Oscinis frit u.a.) G, w, fs, 1, I, VII, (I);
Fruchtfäule (Fusariumarten) O, v, fs, 3, 3, IV, V, SP;

Gerstenfleckigkeit (Helminthosporium teres) G, fl, 2, VI, BP;
Gerstenstreifigkeit (Helminthosporium gramineum) G, fl, 1, VI, BP;
Getreidehähnchen (Lema cyanella u.a.) G, fl, fr, 1, I, VII, (I);
Getreidelaufkäfer (Zabrus gibbus) G, fr, 2, VII, In;

Pflanzenschädlinge und Pflanzenkrankheiten Fortsetzung

Getreidemehltau (Erysiphe graminis) G, v, w, 2, VII, SP;

Haferflugbrand (Ustilago avenae) G, v, Fl, 2, III, BP;
Haferkronenrost (Puccinia coronifera) G, fl, 2, VI, BP;
Hafermilbe (Tarsonemus spirifex) G, z, v, 1, 2, I, VII, Mi;
Hafernematode (Heterodera schachtii ssp.) G, z, v, 2, VII, Ru;
Halmfliege (Chlorops taeniopus) G, z, m, v, 2, VII, (I);
Halsfäule (Botrytisarten) Z, fs, 2, 3, VII, SP;
Hessenfliege (Mayetiola destructor) G, d, m, 2, I, VII, (I);

Johanniskraut (Fusarium rosinfectum) H, w, d, 2, V, SP;

Kartoffelkäfer (Doryphora decemlineata) Ka, fr, 2, 3, In, (I);
Kartoffelkrebs (Synchytrium endobioticum) Ka, m, fs, 3, V, VI, AP;
Kartoffelnematode (Heterodera schachtii ssp.) Ka, z, w, 2, 3, V, VII, R;
Kirschblattbräune (Gnomonia erythrostoma) O, fl, d, m, 2, V, SP;
Kirschfruchtfliege (Rhagoletis cerasi) O, fr, fl, 2, I, V, (I);
Kleekrebs (Sclerotinia trifoliorum) Kl, m, w, b, 1, 2, 3, VII, SP;
Knollennassfäule (Bacterium phytophthorum) Ka, z, v, m, fs, 1, VI, VII, B;
Kohlerdfloh (Phyllotreta-Arten) K, fr, 1, 2, I, In, (I);
Kohlfliege (Chortophila brassicae) K, z, b, w, v, 1, I, IV, (I);
Kohlhernie (Plasmodiophora brassicae) K, w, m, fs, 1, 2, IV, AP;
Kohlweißling (Pieris brassicae u. a.) K, fr, 2, 3, I, (I);
Kräuselkrankheit (Virus) R, Ka, m, fl, w, z, 1, 2, I, II, VI;
Krautfäule (Phytophthora infestans) Ka, w, fl, fs, 2, IV, AP;

Lupinenfliege (Chortophila trichodactyla) L, w, d, 1, 2, VII, (I);
Luzerneblattnager (Phytonomusarten) Lu, fr, 2, V, (I);
Luzernegallmücke (Contarinia medicaginis) Lu, m, 2, I, VII, (I);

Maisbeulenbrand (Ustilago maydis) G, m, v, 2, III, BP;
Maiszünsler (Pyrausta nubilalis) G, w, d, fr, 2, I, (I);
Mehlkrankheit (Sclerotium cepivorum) Z, w, fs, 1, VII, SP;
Mehltau, Echter (Uncinula necator) W, v, w, 1, 2, IV, SP;
Mehltau, Falscher (Plasmopara viticola) W, fl, b, 1, 2, IV, AP;
Möhrenfliege (Psila rosae) Möhre, v, w, fr, fs, 1, 2, I, IV, (I);
Monilia (Scleratiniaarten) O, fl, d, fs, 1, 2, 3, IV, V, SP;
Mosaikkrankheit (Virus) Ta, T, Ra, R, Ka, Kl, K, H u. a., fl, d, 2, 3, V;
Mutterkornpilz (Claviceps purpurea) G, m, v, 2, III, SP;

Narrentaschen (Taphrina pruni) O, m, fl, 2, 3, IV, SP;

Obstbaumkrebs (Nectria Galliaena) O, d, b, m, 1, 2, 3, V, SP;

Rapserdfloh (Psylliodes chrysocephala) Ra, v, z, fr, 1, I, In, (I);
Rapsglanzkäfer (Meligethes aeneus) Ra, fr, 1, I, II, In, (I);
Rapskrebs (Sclerotinia sclerotiorum) Ras, v, d, m, 2, 3, V, VII, SP;
Reblaus (Phylloxera vastatrix) W, m, w, 2, 3, IV, V, VI, In, (I);
Reisigkrankheit (Virus) W u. a., m, w, z, v, 1, 2, 3, VII;
Ringelspinner (Malacosoma neustria) O, fr, 1, 2, 3, I, II, IV, (I);
Roggenbraunrost (Puccinia triticina) G, fl, 2, VI, BP;
Roggenstängelbrand (Tuburcinia occulta) G, m, v, 2, III, BP;
Rübenblattwespe (Athalia spinarum) R, fr, 1, 2, I, IV, (I);
Rübenfliege (Pegolmyia hyoscyami) R, fl, d, v, 2, 3, I, VII, (I);
Rübennematode (Heterodera schachtii ssp.) R, w, d, v, z, 2, 3, V, Ru;
Rübenrost (Uromyces betae) R, fl, 2, 3, VII, BP;
Rübsaatpfeifer (Evergestis extimalis) Ra, fr, 2, VII, (I);

Samtfleckigkeit (Cladosporium fulvum) T, fl, b, 2, 3, IV, VI, SP;
Schildläuse (Versch. Arten) O, s, m, 1, 2, 3, I, In, (I);
Schneeschimmel (Fusarium nivale) G, fs, 1, V, SP;
Schorfkrankheit (Venturia-Arten) O, fl, m, d, 3, IV, SP;
Schrotschusskrankheit (Clasterosporium carpophilum) O, fr, d, s, m, 1, V, IV, SP;
Schwarzadrigkeit (Pseudomonas campestris) K, v, b, 2, III, V, B;
Schwarzbeinigkeit (Ophiobolus graminis) G, fl, fs, b, 2, VII, SP;
Schwarzrost (Puccinia graminis) G, fl, 2, VI, BP;
Spargelfliege (Platyparaea poeciloptera) S, m, v, d, fr, 1, 2, I, II, (I);
Spargelkäfer (Crioceris-Arten) S, fr, 1, 2, I, In, (I);
Spargelrost (Puccinia asparagi) S, fl, 2, V, BP;
Stängelbräune (Virus) L, fl, m, d, 2, V;
Stängelbrenner (Gloeosporium caulivorum) K, fl, w, d, 2, VII, SP;
Stängelfäule (Didymella lycopersici) T, w, fl, fs, 2, 3, VII, SP;
Stockkrankheit (Tylenchus dipsaci, versch. Rassen) G, v, w, fl, m, z, 1, VII, Ru;

Traubenwickler (Clysia ambiguella u. Polychrosis botrana) W, fr, I, II, IV, (I);

Weizenstinkbrand (Tilletia tritici) G, v, 2, III, BP;
Wildfeuer (Pseudomonas tabaci) Ta, fl, m, z, 2, 3, IV, B;
Wurzelbrand (Pythium Baryanum) R, K u. a., w, v, fs, m, 1, III, AP;
Wurzelkropf (Agrobacterium tumefaciens) O, R, m, 2, 3, VII, B;
Wurzeltöter (Rhizoctonia solani) Ka u. a., z, w, v, fs, V, III, BP;

Zwiebelbrand (Tuburcinia cepulae) Z, m, v, d, 1, 2, VII, BP.

Athens, jetzt Stadtteil von Athen und Seebad.

Phallus [gr.], [erigiertes] männl. Glied; in zahlr. Kulturen als Sinnbild der Zeugungskraft der Natur u. als Unheil abwehrendes u. jagdmag. Symbol verehrt *(Ph.kulte).*

Phänomen [gr.], das Erscheinende, der sinnl. Erfassung unmittelbar zugänglich; das der Erkenntnis sich Darbietende; [ugs. für: seltene] Erscheinung.

Phänomenologie [gr.], Wiss. von den Wesenheiten, vom in der Epoche des intentionalen Bewusstseins vom Vor-Urteil befreiten Eidos der Gegenstände u. Sachverhalte (Husserl).

Phänotypus [gr.], Erscheinungsbild (Summe aller Merkmale) eines Organismus, durch Umwelt u. Erbanlage bedingt.

Phantasie ↑Fantasie.

Phantast ↑Fantast.

Phantom [gr.], Trugbild, Hirngespinst, Sinnestäuschung.

Pharao: 1) Bez. der ägypt. Kg.; **2)** Kartenglücksspiel.

Pharisäer [hebr.], Angehöriger einer altjüd. relig.-polit. Gruppierung z. Z. Jesu; (fälschlich) für: Heuchler, selbstgerechter Mensch.

Pharmakologie [gr.], Arzneimittelkunde; Arzneiverordnungslehre.

Pharmazeut [gr.], Apotheker, Arzneikundiger.

Pharmazie [gr.], Wiss. von den Arzneimitteln, ihrer Zusammensetzung, Beschaffung, Herstellung, Verwendung.

Pharsalos, antike Stadt, heute Farsala, Griechenland. – Sieg Cäsars über Pompejus 48 v. Chr.

Pharus (griech. Pharos), ehem. Insel bei Alexandria (jetzt landfest); dort von Sostratos 279 v. Chr. vollendeter [Leucht]turm (etwa 100 m hoch, eines der sieben Weltwunder).

Phase [gr.]: **1)** Abschnitt einer Entwicklung oder eines Zeitablaufs; **2)** Lichtgestalt der nicht selbst leuchtenden Himmelskörper, deren *Ph.nwechsel* durch die sich ändernde Stellung Sonne–Gestirn (Mond, Planet)–Erde hervorgerufen wird; **3)** eine Größe, die den Schwingungszustand einer Schwingung zu einem belieb. Zeitpt., den einer Welle an einer belieb. Stelle festlegt; **4)** in einem heterogenen System bestehender homogener Bereich, z. B. Aggregatzustände, gelöster Stoff u. Lösungsmittel; **5)** früher Bez. für die Stromzuleitungen des elektr. Netzes bzw. die Spannung (Null-Ph. svw. Nullleiter).

Phasenmodulation ↑Modulation 1).

Phasenverschiebung, die Differenz der ↑Phasen 3) zweier Wellen oder Schwingungen gleicher Frequenz, z. B. die zeitl. Verschiebung des Wechselstroms gegenüber der Wechselspannung.

Phenole [frz.], aromat., kristalline Verbdg., bei denen ein oder mehr. Wasserstoffatome des Benzolringes durch OH-Gruppen ersetzt sind; wicht. Verbindungen: *Phenol* (Karbol[säure], Hydroxybenzol, C_6H_5OH), *Kresole* (Methylphenole), *Xylenole* (Dimethylphenole); techn. vielseit. verwendb., u. a. zur Herst. von Phenolharzen.

Phenolharze (Phenoplaste), synthet. Polykondensationsprodukte aus ↑Phenolen und Aldehyden, v. a. Formaldehyd.

Phenolphthalein [Kw.], ein Triphenylmethanfarbstoff, der in der sauren Lösung farblos, in alkal. Lösung karminrot erscheint; Verwendung als Indikator.

Phenyl- [gr.; dt.], die einwert. chem. Gruppe C_6H_5-.

Pheromone ↑Ektohormone.

Phi, im griech. Alphabet der viertletzte Buchstabe (Φ, φ).

Phiale [gr.], altgriech. flache [Opfer]schale.

Phidias (griech. Pheidias), griech. Bildhauer des 5. Jh. v. Chr.; Hauptmeister der griech. Klassik; Kolossalstatuen der Athene Parthenos für Athen u. des Zeus für Olympia.

phil[o]..., Phil[o]... [griech.], Bestimmungswort: Bed.: „freund...", „lieb...".

Philae, ehem. Nilinsel bei Assuan, Oberägypten; heute überschwemmt; die zahlr. altägypt. Tempel wurden auf der Nachbarinsel *Agilkia* wieder aufgebaut.

Philadelphia [fılə'delfjə], größte St. in Pennsylvania, USA, Seehafen am Mündungstrichter des Delaware River, 1,55 Mill. E; 2 Univ., St. Joseph's College, technol. Inst., Kunstakad., Museen, Bibliotheken, vielseit. Ind.; ⚓. – 1683 v. W. ↑Penn gegr., 1776 Verkündigung der Unabhängigkeit der USA in der Independence Hall; 1790–1800 Hptst. der USA.

Philanthrop, Menschenfreund, Wohltäter.

Philatelie, Briefmarkenkunde.

Philemon, phryg. Sagengestalt; Gatte der Baucis, mit der zus. er trotz seiner Armut Zeus u. Hermes bewirtet; dafür wird ihnen in hohem Alter gleichzeit. Tod gewährt.

Philharmonie [gr.]: **1)** Name für Gesellschaften zur Förderung des Musiklebens einer Stadt; **2)** Name von Konzertsälen.

Philharmoniker, Name, auch Kurzbez. mehr. bed. Orchester, z. B. Wiener, Berliner, New Yorker Philharmoniker.

Philhellenen, Ausländer, die den griech. Freiheitskampf 1821–30 gg. die Türkei unterstützten.

Philip, Prinz von Großbrit. u. N-Irland, * 1921, Hzg. v. Edinburgh s. 1947; s. 1947 verh. mit der späteren brit. Kgn. Elisabeth II.

Philipe, Gérard [fi'lip], * 1922, † 1959, frz. Schauspieler („Fanfan, der Husar").

Philipp: *Hl. Röm. Reich:* **1) Ph.** von Schwaben, * vor 1178, † 1208, Sohn Friedrichs I. Barbarossa, 1196 Hzg. v. Schwaben; 1198 zum Kg. gewählt, konnte sich ab 1204 gg. den Welfen Otto IV. durchsetzen; ermordet. – *Burgund:* **2) Ph. II.** der Kühne, * 1342, † 1404, Hzg. s. 1363; vergrößerte Burgund durch seine Ehe mit Margarete v. Flandern um die Franche-Comté, Flandern, Artois u. Nevers; **3) Ph. III.** der Gute, * 1396, † 1467, Hzg. seit 1419; erwarb Namur, Hennegau, Holland, Seeland, Brabant, Limburg und Luxemburg. – *Frkr.:* **4) Ph. II. August,** * 1165, † 1223, Kg. s. 1180; eroberte die engl. Besitzungen in Frkr. bis auf Teile Aquitaniens; besiegte 1214 eine engl.-welf.-niederrhein. Koalition bei Bouvines; **5) Ph. IV.,** der Schöne, * 1268, † 1314, Kg. seit 1285; brachte das Papsttum unter frz. Einfluss (1309 Übersiedlung v. Klemens V. nach Avignon); verfolgte die Mitgl. des Templerordens. – *Hessen:* **6) Ph. I.,** der Großmütige, * 1504, † 1567, Landgf. s. 1509; neben Johann v. Sachsen Führer der ev. Fürsten; gründete 1527 die Univ. Marburg; im Schmalkald. Krieg 1547 v. Karl V. geschlagen. – *Makedonien:* **7) Ph. II.,** * 382, † 336, Vater Alexanders d. Gr. Regent seit 359, seit um 355 Kg.; bed. Feldherr, verschaffte Makedonien Zugang zum Meer, eroberte Thrakien, begr. das makedon. Reich; sein Sieg über die Griechen b. Chaironeia (338) beendete die außenpolitische Selbstständigkeit der griech. Staaten. – *Spanien:* **8) Ph. II.,** * 1527, † 1598, Sohn Karls V., Kg. s. 1556; Kampf gg. die aufständ. Niederlande (1581 Verlust der nördl. Provinzen); 1580 Angliederung Portugals; 1588 Verlust der Armada; eifriger Verteidiger des Katholizismus.

Philippe Égalité ↑Orléans 2).

Philippi, griech. Ort u. antike Ruinenstätte in Makedonien; bei Ph. siegten 42 v. Chr. Antonius und Oktavian über die Cäsarmörder Cassius u. Brutus; um 50 n. Chr. Gründung der 1. Christengemeinde auf europ. Boden.

Philippika, Reden des Demosthenes gg. Kg. Philipp von Makedonien; allg.: Strafrede[n].

Philippinen, die nö. Inselgruppe des Malaiischen Archipels, 7 100 Inseln u. Eilande (zu 20 % bewohnt); Hauptinseln: Luzon, Mindanao, Samar, Negros, Palawan, Panay, Mindoro, Leyte, Cebu, Bohol u. Masbate. *Bev.:* v. a. Malaien, auf d. nördl. Inseln Reste d. Urbev. (Negritos), ferner Chinesen, Inder, Amerikaner, Europäer; Amtssprachen: Engl., Span., Tagalog; Religion: überw. röm.-kath. – Die Ph. sind gebirg., mit z. T. tät. Vulkanen (Mount Apo auf Mindanao 2 954 m); häuf. Erdbeben, feuchtheißes Monsunklima; 60 % Waldfläche; Anbau von Reis, Mais, Zuckerrohr, Kokospalmen, Kautschuk, Kaffee, Tabak u. Hanf (Manilahanf); Viehzucht. *Bodenschätze:* bes. Eisen-, Mangan-, Kupfer-, Chromerze und Gold. Die Ind. verarbeitet fast nur heim. Rohstoffe: Zuckerrohr, Tabak, Kokosnüsse, Erze. – *Gesch.:* 1521 von F. de Magalhães entdeckt, in der 2. H. d. 16. Jh. span., 1898 an die USA, Guerillakrieg; 1941–45 jap. Besetzung, 1946 unabh.; Anlehnung an die USA; unter Präs. F. E. Marcos (1965–86) diktator. Kurs, danach innenpolit. Demokratisierung u. Stabilisierung; außenpolit. stärkere Orientierung nach O-Asien. UN-Mitglied.

Philippinen

Fläche: 300 000 km^2
Einwohner: (1995) 67,58 Mill.
Hauptstadt: Manila
Amtssprachen: Filipino, Englisch
Zeitzone: MEZ +7 Stunden

Philippus, hl., Apostel des 1. Jh. n. Chr.; wahrsch. aus Bethsaida stammend; Märtyrer.

Philister, ein wohl aus der Ägäis in das Küstengebiet Palästinas eingedrungenes, wohl idgm. Volk.

Philodendron [gr.], Gatt. der Aronstabgewächse; strauchige, baumart. od. kletternde Pfl.; trop. Amerika; Topfpflanzen.

Philoktet, Held der griech. Sage, der v. Herakles Bogen u. tödl. Giftpfeile erhält, mit denen er im Trojan. Krieg Paris tötet.

Philologie [gr.], Erforschung von Spr. u. Lit. eines Volkes; ↑klassische Philologie, ↑Neuphilologie.

Philosophie [gr.; = Liebe zur Weisheit], der Versuch, eine Wesensbestimmung der Ph. anzugeben, stößt auf große Schwierigkeiten, da die Ph. im Unterschied zu den Fachwiss. keinen ihr eigentüml. Gegenstand hat. Doch gilt als allg. Kennzeichen der Ph., dass sie sich als *voraussetzungslos* begreift hinsichtl. der Absicht, auch dort nach Gründen zu fragen, wo sich das alltägl. u. wiss. Bewusstsein mit fakt., allg. akzeptierten Überzeugungen zufrieden gibt, sodass die bes. Rolle der philos. Reflexion beschrieben werden kann als eine *Begründungen ausarbeitende rationale Orientierung in theoret. Form.* In diesem Bemühen liegen Ph. und [Fach-]Wiss. noch ungeschieden beieinander. Abgesehen v. den stärker moral.-prakt. ausgerichteten außereurop. Ph.n (z. B. chin. Ph. u. ind. Ph.) ändert sich an dieser prinzipiellen Verknüpfung in der *Geschichte* der Ph. seit der frühen griech. Ph. bis in die Neuzeit hinein wenig. Die Verselbstständigung der Ph. gegenüber der Fachwiss. kommt erst im 19. Jh. zur Auswirkung als Folge der Verselbstständigung der Fachwiss. selbst. Zudem wächst die über die Aufklärung vermittelte Abneigung gegenüber einer spekulativen Erweiterung des Vernunftgebrauchs. Nach einer Phase des Systemdenkens (dt. Idealismus) zeigen sich extreme Reaktionen philos. Selbstverständnisses, die bis weit ins 20. Jh. reichen: z. B. in Form eines völligen Rückzugs der Ph. aus den Wiss. (Existenz-Ph.) oder im Ggs. dazu in Form einer völligen Beschränkung der Ph. auf reine Wiss.logik (R. Carnap) bzw. eine Analyse der Wiss.sprache. Die Rückbesinnung der Ph. auf ihr urspr. Interesse an der Wiss. macht sich gegenwärtig allg. in Form eines wiss. theoret. Bewusstseins geltend. Entspr. spielen im modernen Ph.verständnis Logik, Sprach-Ph. u. Wiss.theorie i. e. S. als Theorie allg. u. wiss. Begründungszusammenhänge eine beherrschende Rolle. – Die *Einteilung* der Ph. ist sowohl histor. bedingt als auch abhängig v. dem Gegenstand, dem die Ph. sich jeweils zuwendet. Platons Einteilung in Logik, Ästhetik u. Ethik wurde v. Aristoteles durch Hinzufügen v. Metaphysik (Ontologie), Natur-Ph. (einschl. Psychologie), Rhetorik u. Staats-Ph. ergänzt, eine Einteilung, die über die Scholastik (Metaphysik [Ontologie u. Theologie], Physik [Kosmologie u. Psychologie], Ethik [Politik]) u. nach Hinzunahme der Erkenntnistheorie im 17. Jh. (Descartes) für den akadem. Betrieb der Ph. bis heute weitgehend bestimmend blieb. Daneben bildeten sich akadem. Sonderdisziplinen wie z. B. Geschichts-Ph., Rechts-Ph., Religions-Ph., Pädagogik, Sprach-Ph., Kultur-Ph., Wirtschafts- u. Sozialphilosophie.

Phimose [gr.], Verengung der Vorhaut des männl. Gliedes.

Phiole [gr.], bauch. Glasgefäß mit langem Hals [d. Alchimisten].

Phlegma [gr.], [Geistes]trägheit, Schwerfälligkeit; *Phlegmatiker,* der als ruhig u. behäbig charakterisierte Mensch.

Phlox [gr.], Gatt. der Sperrkrautgewächse; beliebte Gartenpfl.

Phnom Penh [pnɔm ˈpɛn], Hptst. von Kambodscha, am unteren Mekong, 920 000 E; Univ.; Pagode (15. Jh.), Königsschloss; Textil- und Nahrungsmittelind.; ⚓, ✈.

Phobie [gr.], krankhafte Angst ohne eigtl. Gefahr.

Phobos, Mond des Planeten Mars.

Phoenix [ˈfiːnɪks], Hptst. von Arizona, USA, am Salt River, 983 000 E; vielseit. Ind.; ✈. – Bed. Erholungsort (Pensionärsstadt *Sun City*). – Gegr. 1871.

Phon [gr.], fr. Hinweiswort, das an Zahlenwerte des Lautstärkepegels angefügt wurde; heute wird die Lautstärke internat. in dB(A) gemessen.

Phon

Lautstärkentabelle

0 Phon	=	Reiz- oder Hörschwelle
20 Phon	=	Flüstern
40 Phon	=	Unterhaltungssprache
60 Phon	=	laute Lautsprechermusik
80 Phon	=	sehr starker Verkehrslärm
100 Phon	=	ungedämpftes Motorrad
120 Phon	=	Presslufthammer (1 m entfernt)
130 Phon	=	Schmerzschwelle (Luftschutzsirene, 20 m entfernt)

Phonograph. *Edinson-Standard-Phonograph von 1901*

phon[o]..., Phon[o]... [gr.], Bestimmungswort; Bed.: „Schall, Laut, Stimme, Ton".

Phonetik, Laut-, Stimmbildungslehre.

Phönikilen, im Altertum Küstenldsch. am östl. Mittelmeer, etwa von Al Ladhakijja bis zum Karmel; einheim. Name Kanaan. Bald nach 2000 v. Chr. Staatenbildungen (Stadtstaaten) durch semit. *Phöniker,* die hier z. T. auf sehr alte städt. Zivilisation trafen; nach 1200 Aufblühen des Seehandels, bed. Seestädte: Sidon (Saida), Tyrus (Sur), Aradus (Ruad bei Tartus), Byblos (Dschubail), Berytos (Beirut) u. a., Gründung zahlr. Handelskolonien (11.–9. Jh. v. Chr.), u. a. Karthago; neue Blütezeit unter den Persern; 64/63 v. Chr. zur römischen Provinz Syria.

Phönikisch, dem Hebräischen verwandte semit. Spr., fast nur inschriftl. belegt (seit etwa 1000 v. Chr.); Buchstabenschrift. Eine jüngere Form ist das Punische.

Phönix, Fabelwesen; urspr. hl. Vogel der Ägypter, als Erscheinung des Sonnengottes verehrt. Nach der späteren Legende verbrennt der Ph. sich selbst, um aus der Asche neu geboren emporzusteigen.

Phonogramm, jede Aufzeichnung von Schallwellen (z. B. Sprache, Musik) auf ein Speichermedium (Schallplatte, Tonband u. a.).

Phonograph, 1877 von T. A. Edison erfundenes Schallspeichergerät, Vorläufer des Grammophons, von diesem rasch verdrängt.

Phonolith [gr.] (Klingstein), Ergussgestein; in Säulen oder dünnen, beim Anschlagen klingenden Platten.

Phosgen [engl.], sehr gift. Gas, $COCl_2$; im 1. Weltkrieg Kampfmittel (Grünkreuz).

Phosphate: 1) Salze der dreibas. Orthophosphorsäure H_3PO_4; Verwendung vorw. als Düngemittel; **2)** die Ester der Phosphorsäure (v. a. Insektizide).

Phosphatide (Phospholipoide), fettähnl. Substanzen (Lipoide), die aus Glycerin, höheren Fettsäuren, Phosphorsäure und einer bas. Substanz (bei Lezithin Cholin) bestehen.

Phosphide, Verbindungen des Phosphors mit Metallen oder Halbmetallen.

Phosphor [gr.], chem. El., Symb. P, OZ 15, rel. A.-Masse 30,9738, Nichtmetall; in mehr. Modifikationen, u. a. wachsweiche Masse, *weißer (gelber)* Ph., *roter,* pulverförm. Ph., *schwarzer,* metall. glänzender Ph.; gelber Ph. entzündet leicht an Luft (Dämpfe sind sehr giftig) u. verbrennt zu Ph.pentoxid, das sich mit Wasser zu ↑Ph.säure umsetzt; zahlr. Ph.verbdg. sind biochem. u. techn. wicht. (Düngemittel, Arzneimittel, ↑Phosphide, ↑Phosphate 1 u. a.). Natürl. *Vorkommen* nur in Verbdg. (↑Apatit, ↑Phosphorite u. a.).

Phosphoreszenz, Eigensch. mancher Stoffe *(Phosphore),* nach Bestrahlung mit Licht-, Röntgen- od. Kathodenstrahlen eine begrenzte Zeit Licht auszusenden.

Phosphorite [gr.], bräunl., erdige, traubig-nierige Sedimentgesteine; Hauptbestandteil Calciumphosphat.

Phosphorsäure (Orthophosphorsäure), mittelstarke, dreibas., ungift. Säure, H_3PO_4; u. a. zur Herst. v. künstl. Phosphatdünger.

photo..., Photo... [gr.], Bestimmungswort; Bed.: „Licht, Lichtbild".

Photo-CD, 1992 zur Marktreife gelangte spezielle Compactdisc zur Speicherung von Kleinbilddias und -negativen, die dazu von einem Scanner abgetastet u. in Pixel (Bildpunkte) zerlegt werden, welche ein CD-Writer digital auf der P.-CD ablegt. Korrekturen der Farbwerte sowie versch. Auflösungen sind möglich. Die Bilder werden über einen entsprechenden Photo-CD-Player od. mithilfe entsprechender Software am Monitor eines PC betrachtet.

Photochemie, Teilgebiet der Chemie; befasst sich mit der Einwirkung von Licht oder elektromagnet. Strahlen auf chem. Vorgänge.

Photoleffekt (photoelektr. Effekt, lichtelektr. Effekt), das Freiwerden v. ↑Elektronen 1) an der Oberfläche v. Metallen *(äußerer Ph., Hallwachs-Effekt)* od. im Innern v. Halbleitern *(innerer Ph.)* beim Einfall v. Licht (auch Röntgen- od. Gammastrahlen). Beim inneren Ph. ergibt sich eine höhere elektr. Leitfähigkeit, an einer inneren Grenzschicht kann sich eine elektromotor. Kraft *(Photo-EMK)* ausbilden.

Photolelement, elektr. El., das seine elektromotor. Kraft durch Ausnutzung des ↑Photoeffekts aus der Energie des Lichtes bezieht, bevorzugt Halbleiterdioden mit einer durchsicht. Elektrode in unmittelb. Nähe der Grenzschicht.

photogen ↑fotogen.

Photogrammmetrie (Raumbildmessung), Bez. für Verfahren, mit deren Hilfe aus fotogr. Bildern geometr. ähnl. Modelle von Raumgebilden erstellt werden (z. B. Landkarten).

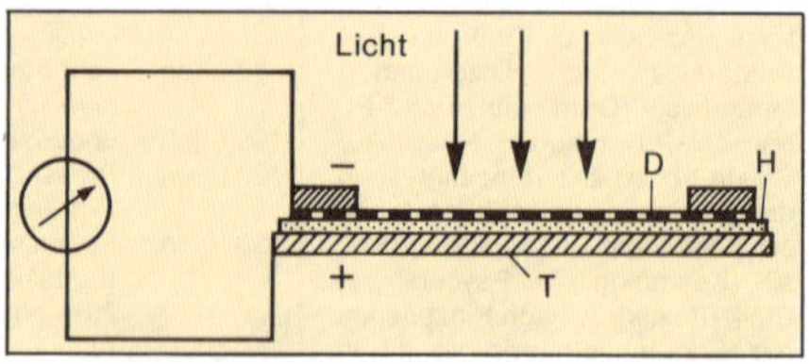

Photoelement. *Schematischer Aufbau (T Metallplatte als Elektrode und Träger, D Deckelelektrode, H Halbleiterschicht)*

Photographie ↑Fotografie.

Photokopie ↑Fotokopie.

Photolithographie 1) Verfahren zur Druckformenherstellung im Offsetdruck, bei dem die Druckvorlagen auf sensibilisierte Metallplatten (fr. auf Stein) kopiert werden; **2)** in der Halbleiterfertigung die Übertragung der Schaltkreismuster auf ein Wafer. Die Strukturen werden durch Bestrahlung einer Photolackschicht durch Masken hindurch, die die Schaltkreisstrukturen aufweisen, erreicht. An den unbestrahlten Lackstellen wird durch Ätzen die Halbleiteroberfläche freigelegt (Leiterbahnen).

Photolyse [gr.], Spaltung von chem. Verbindungen durch Lichteinwirkung.

Photometer, Gerät zur Lichtmessung, v. a. der Lichtstärke v. Beleuchtungsquellen.

Photometrie (Lichtmessung), Messtechnik für Licht im sichtb. Spektralbereich unter Zugrundelegung der Lichtempfindlichkeit des menschl. Auges.

Photomultiplier [-mʌltɪplaɪə] ↑Elektronenvervielfacher.

Photonen [gr.] (Lichtquanten, Strahlungsquanten), Energiequanten der elektromagnet. Strahlung (↑Quanten).

Photonik, Kurzwort aus **Photo**n u. Elektro**nik**, neuere techn. Grundlagentechnologie, befasst sich mit der Übertragung u. Speicherung von Information durch Licht, nutzt hierzu die bes. physikal. Eigenschaften von Photonen (Lichtsignalen).

Photosphäre, diejenige Schicht der Sonne od. eines Sterns, aus der der größte Teil des Lichtes abgestrahlt wird.

Photosynthese [gr.] ↑Assimilation 1).

Photo|voltaik, Technikbereich, der die direkte Umwandlung von Licht- in elektr. Energie zum Arbeitsgebiet hat, z. B. mithilfe von Solarzellen.

Photowiderstand, elektr. Widerstand aus Selen oder Cadmiumsulfid, der bei Belichtung seinen Wert ändert.

Photozelle (lichtelektr. Zelle), Vorrichtung, die Lichtschwankungen in elektr. Stromschwankungen umwandelt; beruht auf dem ↑Photoeffekt.

Phrase [gr.]: **1)** eigtl. Satz, dann Redewendung; leere Redensart; **2)** Gruppe von Tönen oder Klängen.

Phrasierung, melod.-rhythm. Sinngebung eines musikal. Satzes durch Einteilung in Phrasen.

Phrygi|en, histor. Ldsch. in Kleinasien, im 8. Jh. v. Chr. Bildung des Großreichs der *Phryger* mit der Hptst. Gordion (bis um 695 v. Chr.).

Pablo Picasso. *Frau auf Sessel (1941)*

phrygische Mütze, svw. ↑Jakobinermütze.

Phthaleine [pers.-gr.], den Triphenylmethanfarbstoffen verwandte synthet. Farbstoffe, z. B. ↑Phenolphthalein.

Phthalsäuren, Benzoldicarbonsäuren; verw. zur Herstellung v. Chemiefasern, Lackkunstharzen, Weichmachern und Farbstoffen.

pH-Wert, negat. dekad. Logarithmus der Wasserstoffionenkonzentration; saure Lösungen haben pH-Werte kleiner als 7, alkal. über 7.

Phyllit [gr.], grünlich grauer kristalliner Schiefer, vorw. aus Quarz u. Serizit.

Phylogenie (Phylogenese) [gr.], svw. ↑Stammesgeschichte.

Physik [gr.], Wiss., die sich mit der Erforschung, Deutung und [math.] Formulierung der Gesetzmäßigkeiten des Geschehens in der unbelebten Natur befasst. Die Gebiete, in denen die Grundbegriffe und Methoden der Ph. entwickelt werden, sind: Mech., Thermodynamik u. Feldtheorie *(klass. Ph.),* spezielle u. allg. Relativitätstheorie, Quanten- und Quantenfeldtheorie *(mod. Ph.).* Die in den Grundgebieten entwickelten Methoden u. Begriffe können auf die verschiedenartigsten Phänomene angewandt werden (Akustik, Hydrodynamik, Elektrodynamik, Optik, Atom-, Festkörper-, Kern-, Elementarteilchen-Ph., Kosmologie). Grenzdisziplinen sind *Bio-P., Astro-P.* und *physikal. Chemie.*

Physikalisch-Technische Bundesanstalt (PTB), Bundesbehörde für das Prüf-, Eich- u. Zulassungswesen in der BRD, Sitz Braunschweig.

Physikum, früher Prüfung nach den ersten 4 (vorklin.) Semestern des Medizinstudiums.

Physiognomie [gr.], äußere Erscheinung eines Lebewesens, beim Menschen bes. Form u. Ausdruck des Gesichts.

Physiognomik [gr.], Deutung der Gesichtszüge; Lehre von der Gestaltung des menschl. Leibes als Grundlage des Charakters u. der Seele; Teilgebiet der Ausdruckspsychologie.

Physiokraten [gr.], Vertr. der v. a. von F. Quesnay entwickelten, gg. den Merkantilismus gerichteten polit.-ökonom. Theorie *(Physiokratismus):* Der Boden als die urspr. Quelle des gesellschaftl. Reichtums.

Physiologie, Lehre von den Lebensvorgängen im Organismus, bes. von den Funktionen der einzelnen Organe, Gewebe u. Zellen.

physiologische Uhr (biolog. Uhr, endogene Rhythmik, Tageszeitsinn, Zeitgedächtnis, innere Uhr), Bez. für einen rhythm. ablaufenden physiolog. Mechanismus, der bei den Menschen, allen Pflanzen und Tieren vorhanden ist u. nach dem die Stoffwechselprozesse, Wachstumsleistungen u. Verhaltensweisen festgelegt werden.

Physis [gr.], die Natur, das Reale, das naturwiss. [od. sinnl.] Erfahrbare. **physisch,** körperlich.

phyto..., Phyto... [gr.], Bestimmungswort; Bed.: „Pflanze".

Pi (Π, π), 16. Buchstabe des griech. Alphabets mit dem Lautwert p; ↑auch ludolfsche Zahl.

Piacenza [pia'tʃɛntsa], oberital. Prov.-Hptst. am Po, 101 700 E; Dom (1122 ff.), S. Sisto (1499 ff.), got. Rathaus; Univ., Kunstakad.; Nahrungsmittel- u. a. Industrie.

Piaf, Édith, eigtl. É. Giovanna Gassion, * 1915, † 1963, frz. Chansonsängerin.

pianissimo [ital.] (pp), sehr leise.

piano [ital.] (p), leise (𝆏).

Piano ↑Klavier; **Pianoforte** ↑Klavier.

Piasten, poln. u. schles. Herrschergeschlecht, in Polen bis 1370, in Masowien bis 1526, in Schlesien bis 1675.

Piaster (frz. Piastre, ital. Piastra), fr. europ. Bez. für Handelsmünzen bes. im Vorderen Orient, in Afrika u. Ostasien u. Nachahmungen des Pesos in anderen Staaten.

Piazza [ital.], [Markt]platz.

Picador [span.], berittener Stierkämpfer, der den Stier durch Lanzenstiche in den Nacken reizt u. schwächt.

Picardie, nordfrz. Ldsch. und histor. Prov. an der Somme, Hauptort Amiens.

Picasso, Pablo, eigtl. Pablo Ruiz y P., * 1881, † 1973, span. Maler, Grafiker u. Bildhauer; „blaue" (1901–05) u. „rosa" (1905–08) Periode; zus. mit G. Braque Begr. des Kubismus; s. 1917 versch. Stile nebeneinander, vom Kubismus bis zur Abstraktion; „Les demoiselles d'Avignon" (1907; Beginn des Kubismus, radikale Vereinfachung der Formen, strenge Zeichnung u. beginnende Zertrümmerung der menschl. Gestalt), „Guernica". – Abb. S. 533.

Piccadilly, eine der Hauptstraßen des Londoner Westends, zw. Hyde Park Corner u. *Piccadilly Circus.*

Piccard [pi'ka:r]: **1)** Auguste, * 1884, † 1962, schweizer. Physiker; erforschte Stratosphäre u. Tiefsee; **2)** Jacques, * 1922, Sohn von 1), schweizer. Tiefseeforscher; tauchte 1960 in dem Bathyscaph „Trieste" im Marianengraben über 10 900 m; **3)** Jean [Félix], Bruder v. 1), * 1884, † 1963, schweizer. Physiker; Prof. in den USA; erreichte 1934 mit einem Ballon fast 17 500 m.

Piccolomini, Ottavio, Hzg. v. Amalfi, * 1599 (?), † 1656, Feldherr im Dreißigjähr. Krieg; verriet dem Ks. als Wallensteins Vertrauter dessen Pläne.

Picht, Georg, * 1913, † 1982, dt. Pädagoge u. Religionsphilosoph; einer der Wegbereiter westdt. Bildungsreform.

Pickel: 1) Spitzhacke, v. a. ↑Eis-P.; **2)** ugs. für kl. [Haut]effloreszenz.

Pickelhaube, Bez. für den preuß. Infanteriehelm bis zum 1. Weltkrieg.

Picknick [engl.-frz.], Mahl [aus mitgebrachten Speisen] im Freien.

Pico della Mirandola, Giovanni, Gf. v. Concordia, * 1463, † 1494, ital. Humanist u. Philosoph; nach päpstl. Verurteilung Versuch einer Synthese v. neuplaton. und christl. Lehre.

Pidgin-English ['pɪdʒɪn'ɪŋglɪʃ; engl.], bes. in Ostasien verbreitete Mischspr. mit chin. Syntax u. Lautung u. engl. Wortwurzeln.

Pieck, Wilhelm, * 1876, † 1960, dt. Politiker; 1918 Mitbegr. der KPD, 1946–54 (zus. mit O. Grotewohl) Vors. der SED; 1949–60 Präs. der DDR.

Pi|edestal [frz.], Postament, Sockel, Fußgestell.

Pi|emont (ital. Piemonte), Region im westl. Teil Oberitaliens, westl. des Tessin, 25 399 km², 4,3 Mill. E, Hptst. Turin.

Pieper, etwa buchfinkengr., zu den Stelzen gehörende Singvögel.

Pier [engl.], Hafendamm, Landungsbrücke.

Pierre ['pi:ə], Hptst. von South Dakota, USA, am Missouri, 12 900 E; landw. Handelszentrum; ✡.

Pi|età [ital.] (Pietà, Vesperbild), Darst. Marias mit dem Leichnam Jesu auf dem Schoß.

Pi|etät [lat.], Frömmigkeit, Ehrfurcht, Rücksichtnahme.

Pietermaritzburg, Hptst. der Prov. Natal, Rep. Südafrika, 192 000 E; Fakultäten der Univ. v. Natal; vielseit. Industrie.

Pi|etismus [lat.], relig. Bewegung innerh. des Protestantismus im 17./18. Jh.; erstrebte vertiefte individuelle Frömmigkeit, Selbstheiligung und Innerlichkeit; Auftakt war J. Speners Schrift „Pia desideria" (1675); Konventikelbildung; Gründung der Univ. Halle u. der Franckeschen Stiftungen; weite Verbreitung trotz gr. Widerstände.

Pi|ezoelektrizität [gr.], Auftreten elektr. Ladungen an den Grenzflächen best. Kristalle (Quarz u. a.) bei Deformation (Druck, Zug, Torsion) u. die Umkehrung dieses 1880 von P. Curie entdeckten *piezoelektr. Effektes:* ↑Elektrostriktion dieser Kristalle; speziell erzeugen elektr. Wechselfelder mech. Schwingungen äußerst konstanter Frequenz.

Pigalle, Jean-Baptiste [pi'gal], * 1714, † 1785, frz. Bildhauer; klassizist. Marmorwerke.

Pigmente [lat.]: **1)** in Form feinster Körnchen in [Haut]zellen eingelagerte Körperfarbstoffe *(Farbkörper);* **2)** Farbmittel *(Farbpigmente, Pigmentfarben),* die im Ggs. zu den ↑Farbstoffen in Wasser u. a. Lösungsmitteln unlöslich sind und nur mithilfe von Bindemitteln zum oberflächl. Anfärben von Holz, Geweben, Papier usw. verw. werden können.

Pignolen ↑Pinie.

Pik (Pique) [frz.], neben Kreuz die zweite schwarze Farbe in frz. Spielkartenblättern, entspr. dem Grün der dt. Spielkarten.

pikant [frz.]: **1)** [scharf] gewürzt; **2)** prickelnd; anzüglich.

Pikanterie, Würze, bes. reizvolle Note; Anzüglichkeit.

pikaresker Roman, svw. ↑Schelmenroman.

Pike [frz.], langer Spieß der Landsknechte *(Pikeniere).*

Pikee (Piqué) [frz.], [Baumwoll]doppelgewebe mit charakt. Waffel- oder Wabenmuster.

pikieren [frz.]: **1)** vereinzeln (von Sämlingen); **2)** Stofflagen aufeinander nähen.

pikiert, gekränkt.

Pikkolo [ital.], Kellnerlehrling.

Pikkolo[flöte], kl. Flöte.

Piko-, Abk. p, Vorsatz vor Einheiten im Messwesen, bez. das 10^{-12}-fache der betr. Einheit.

Pikrinsäure [gr.; dt.], Trinitrophenol, saure Verbdg.; hochexplosiv, ☠.

Pikten, wohl nichtkelt. Volk in N-Schottland; s. dem 6. Jh. eigenes Kgr.; um 846 einem schott. Großreich eingegliedert.

Piktogramm [lat./gr.], Bildsymbol; formelhaftes graf., Sprechern aller Sprachen verständl. Symbol.

Pilaster [frz.], flache Wandvorlage, durch Basis, Schaft u. Kapitell gegliedert (Baukunst).

Pilatus, Pontius, † 39 n. Chr. (?), röm. Prokurator v. Judäa (26 bis 36/37); verurteilte Jesus.

Pilatus, schweizer. Bergstock am Vierwaldstätter See, 2 120 m; Zahnradbahn.

Pilcher, Rosamunde [pɪltʃə], * 1924, engl. Schriftstellerin. Schrieb zahlr. Bestseller über die brit. Mittelklasse, u. a. „Die Muschelsucher", „September", „Heimkehr".

Pilger [lat.], Wallfahrer, ein nach hl. Orten Wandernder.

Pilgerväter, erste Gruppe der nach Nordamerika ausgewanderten engl. Puritaner; landeten 1620 mit dem Schiff „Mayflower" an der Küste von Massachusetts.

Pilgram, Anton, * zw. 1450 u. 1460, † um 1515, dt. Bildhauer u. Baumeister der Spätgotik.

Pilgrim, † 991, seit 971 Bischof von Passau; Mission in Ungarn; als Oheim Kriemhilds Gestalt des „Nibelungenlieds".

Pille (Antibaby-P.) ↑ Empfängnisverhütung.

Pillendreher (Skarabäus), Gatt. der Mistkäfer der Mittelmeerländer, fertigt aus Mist Kugeln als Nahrung für die Larven od. für sich selbst.

Pillnitz, sö. Stadtteil v. Dresden; bed. Schlossanlage (1720 ff. v. M. D. Pöppelmann erbaut) an der Elbe.

Piloty, Karl v., * 1826, † 1886, dt. Maler; Hauptvertr. der realist. Historienmalerei in Deutschland.

Pilsen (tschech. Plzeň), Hptst. des westböhmischen Gebietes, 172 000 E; spätgot. Kirche, Renaissancerathaus; TH; Masch.-, Motoren- und Kfz-Ind.; bed. Brauereien.

Piłsudski, Jósef Klemens, * 1867, † 1935, poln. Marschall u. Politiker; Mitbegr. der poln. Sozialist. Partei, 1918–22 Staatschef; besiegte 1920 die Rote Armee; errichtete durch Staatsstreich 1926 eine gemäßigte Militärdiktatur, 1926–28 u. 1930 Min.-Präs., 1926–35 Verteidigungsmin. (Nichtangriffspakte mit der UdSSR und dem Dt. Reich).

Pilze, Sporenpfl., Abt. der Lagerpfl.; Parasiten od. Moderpfl., die von lebender od. toter Substanz leben; Reservestoffe vielf. Glykogen u. Fette (nie Stärke); Zellwände meist aus Chitin; P. bestehen meist aus Zellfäden (Hyphen), die als Fadengeflecht (Myzel) das Substrat (Boden, Pflanzenblätter u. a.) durchziehen u. an einzelnen Stellen Fruchtkörper über die Oberfläche treiben, die die Fortpflanzungsorgane tragen; die *Echten P.* werden in *Niedere* (Algen-P.) und *Höhere P.* (mit Schlauch- und Ständer-P.n) gegliedert; nach der Form der Fruchtkörper bei den Höheren P.n unterscheidet man u. a. Hut-, Bauch-, Keulen-P. und Becherlinge; viele P. sind Krankheitserreger oder Gift-P., andere nützl. (v. a. Hefe-P.), versch. Arten liefern Antibiotika, zahlreiche wertvolle Speisepilze.

Pilzvergiftung ↑ Vergiftungen.

Piment [roman.] (Nelkenpfeffer), aus den Beeren des westind. *P.baums* (Myrtengewächs) gewonnenes Gewürz.

Pimpinella [sanskr.], svw. ↑ Bibernelle.

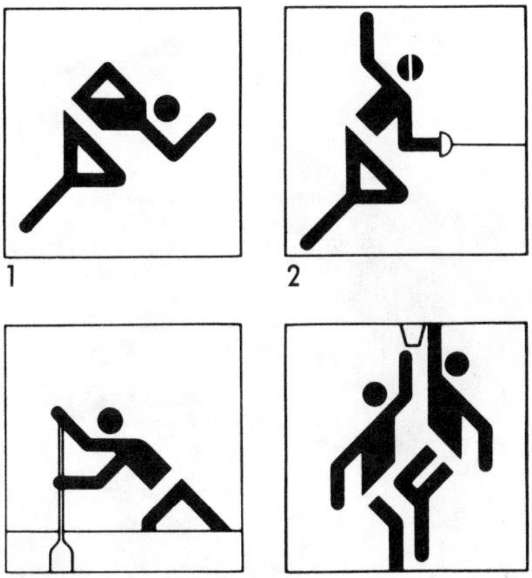

1 2 3 4

Piktogramm. *Für die Olymp. Spiele 1972 entwickelte Bildsymbole 1) Leichtathletik 2) Fechten 3) Kanusport 4) Basketball*

Pinakothek [gr.], Gemäldeslg.

Pinang (Penang), Insel vor der W-Küste der Halbinsel Malakka, 285 km², Hauptort George Town; bildet mit der Province Wellesley auf dem Festland den Gliedstaat Pinang (1 033 km², 1,1 Mill. E) innerhalb Malaysias.

Pindar, * 522 od. 518, † nach 446 v. Chr., griech. Lyriker; pries in seinen Epinikien (Siegeschören) die Sieger im sportl. Wettkampf u. ihre Heimat; führte die Odendichtung auf ihren Höhepunkt.

Pindos (Pindus), griech. Geb. zw. Epirus u. Thessalien, bis 2 637 m.

Pinen [lat.], in Terpentinöl vorkommender natürl. Kohlenwasserstoff, $C_{10}H_{16}$; u. a. verw. als Lösungsmittel und für Synthesen.

Pinguine, bis 1,2 m gr., flugunfäh., dem Wasserleben angepasste Meeresvögel v. a. der Antarktis; gute Taucher, kräft., spindelförm. Körper; beim Schwimmen dienen die Flügel als Ruder; Brutkolonien.

Pinie [lat.], charakt. Kieferngewächs des Mittelmeergebietes, mit schirmförm. Krone; Samen *(Pignolen)* ölhaltig, essbar.

Pinkerton, Allan [pɪŋkətən], * 1819, † 1884, amer. Kriminalist schott. Herkunft; begr. 1850 in Chicago ein privates Detektivbüro, das Weltruhm erlangte.

Pinne: 1) Hebelarm zur Bedienung des Ruders v. Booten; **2)** nadelförm. Stift zum Aufsetzen eines drehb. Gegenstandes.

Pinneberg, Krst. nw. von Hamburg, Schl.-Ho., 38 900 E; Motoren-, elektrotechn., Lederind., Emaillewerk; Rosenzucht.

Pinochet Ugarte, Augusto [pino'tʃɛt-], * 1915, chilen. Gen. u. Politiker; s. 1973 Oberbefehlshaber der Streitkräfte, nach Militärputsch gg. die Reg. Allende Gossens 1973/74 Vors. d. Militärjunta, danach Präs., 1981–90 (nach Erlass einer Verf.) ziviler Präsident.

Pinscher, Hunderassengruppe, z. B. Glatthaar-P., Dobermann, Schnauzer, Griffon.

Pinselschimmel (Penicillium), Schlauchpilzgatt.; best. Arten liefern Penicillin u. a. Antibiotika.

Pint [paɪnt], angloamerikan. Hohlmaß, in Großbrit. 0,568 l, in den USA als *liquid pint* = 0,473 l, als *dry pint* = 0,5506 l.

Pinter ['pɪntə], Harold, * 1930, bedeutendster brit. Dramatiker; auch Kurzgeschichten, Gedichte („Der Hausmeister", Drama).

Pin-up-Girl [pɪn'ʌp gə:rl; engl.; = Anheftmädchen], meist leicht, auch unbekleidetes Mädchen auf Fotos in Zeitschriften.

Pinzette [frz.], federnde Zange zum Fassen v. kl. Körpern.

Pion (π-Meson), zu den ↑ Mesonen gehör. ↑ Elementarteilchen; Masse: 264 *(neutrales P.)* bzw. 273 Elektronenmassen *(geladenes Pion).*

Pioneer [paɪə'nɪə], Name amer. Raumsonden; P. 1 Start 1958, P. 10 und 11 (Jupitersonden, 1972/73) flogen in 131 400 km bzw. 42 000 km Entfernung am Jupiter vorbei u. erreichten die Uranusbahn bzw. den Saturn. Die P.-Venus-Sonde 1 erkundete 1978 die Venusatmosphäre, P.-Venus 2 setzte im gleichen Jahr 4 Forschungssonden auf dem Venusboden ab.

Pipeline ['paɪplaɪn; engl.], Rohrleitung zur Beförderung v. Erdöl u. Erdgas über große Entfernungen.

Pirol
(Männchen)

Pipette [frz.], Stechheber (Glasröhrchen mit [bauch.] Hohlraum) zum Abmessen, Entnehmen kleiner Flüssigkeitsmengen.

Pippin: *Fränk. Reich:* **1) P. I.,** d. Ä., * um 580, † um 640, Hausmeier in Austrien; **2) P. II.,** der Mittlere, * um 635, † 714, Vater Karl Martells, beherrschte s. dem Sieg über den Hausmeier von Neustrien das ganze Fränk. Reich; **3) P. III.,** d. J. (d. Kleine od. Kurze), * 714, † 768, Sohn Karl Martells u. Vater Karls d. Gr. u. Karlmanns, nach der Absetzung des letzten Merowingers 751/752 zum Kg. erhoben; er übertrug 754 dem Papst mit der *P.schen Schenkung* v. a. das Exarchat v. Ravenna u. wurde so der Begr. des Kirchenstaates.

Pique [pik] ↑ Pik.

Piqué [pi'ke; frz.] ↑ Pikee.

Pirandello, Luigi, * 1867, † 1936, ital. Dichter; bahnbrechend für das mod. antiillusionist. Theater, u. a. „Sechs Personen suchen einen Autor"; realist. Novellen u. Romane aus dem sizilian. Volksleben; Nobelpreis 1934.

Piranha [-nja; karib.] (Piraya), gefürchteter südamer. Raubfisch.

Piräus, griech. Hafenst., mit Athen zusammengewachsen, am Golf von Ägina, 196 400 E; Handelszentrum, versch. Ind. – Bedeutendster ⚓ des antiken Athen; 493/492 ausgebaut, 86 v. Chr. von Sulla zerstört.

Pire, Dominique Georges [pi:r], * 1910, † 1969, belg. Dominikaner; gründete 1950 die „Hilfe für heimatlose Ausländer"; 1956 erstes Europadorf b. Aachen; Friedensnobelpreis 1958.

Pirmasens, krsfr. St. u. Krst. am W-Rand des Pfälzer Waldes, RP, 48 400 E; Schuhfachschule; Schuh-, Leder-, chem. Ind., Druckereien; Fachmesse.

Piroge [karib.], Indianerboot, Einbaum [mit Plankenaufsatz].

Pirol (Golddrossel, Pfingstvogel), starengr. Singvogel, ♂ gelb, Flügel u. Schwanz schwarz; Gesang flötend; Zugvogel.

Pirouette [pirʊ'ɛtə; frz.]: **1)** Figur der hohen Schule: Drehen auf der Hinterhand (Reitsport); **2)** Standwirbel um die eigene Körperachse (Eiskunst-, Rollschuhlauf, Ballett); **3)** Kunstflugfigur: senkrechter Aufwärtsflug mit Drehung um die Längsachse.

Pisa, ital. Prov.-Hptst. am unteren Arno, 97 000 E; Univ., Theater, Museen; u. a. romanischer Dom (1118 geweiht), Baptisterium (1152 begonnen), Kampanile (Schiefer Turm von P., 1173 begonnen), Camposanto (13./14. Jh.); Handelsplatz; Textil- u. a. Ind.; Fremdenverkehr; ✈. – Etrusk. Siedlung, 180 v. Chr. röm., im MA bed. See- und Handelsstadt.

Pisano: 1) Andrea, * um 1290, † 1348 od. 1349, ital. Baumeister, Bildhauer und Goldschmied; schuf eine der Bronzetüren des Baptisteriums in Florenz; **2)** Giovanni, * um 1250, † nach 1314, Sohn v. 3), ital. Baumeister u. Bildhauer; bedeutendster ital. Bildhauer des MA, v. a. Kanzeln; **3)** Nicola (Niccolò), * um 1225, † nach 1278, ital. Bildhauer; wichtigster Vertr. der ital. Plastik der Protorenaissance; neue Kanzelform.

Piscator, Erwin, * 1893, † 1966, dt. Regisseur und Theaterleiter; polit. engagierte Inszenierungen; Anwendung v. Film, Projektionen u. a. techn. Mitteln.

Pisces [lat.] (Fische), zum Tierkreis gehörendes Sternbild der Äquatorzone.

Pissarro, Camille, * 1830, † 1903, frz. Maler u. Grafiker; führender Impressionist, zeitweise dem Pointillismus nahe stehend.

Pistazie [gr.], Gatt. der Anakardiengewächse; Sträucher u. Bäume; v. a. im Mittelmeergebiet; *Pistacia lentiscus* liefert ↑ Mastix, die *Echte P.* die *P.nnüsse.*

Pistoia, ital. Prov.-Hptst. nw. von Florenz, 87 000 E; roman. Dom u. Kirche Sant' Andrea (12. Jh.), Baptisterium (14. Jh.) u. a. bed. Kirchen, viele Kunstschätze; Textil-, Metall verarb. Industrie.

Pistole [tschech.]: **1)** kurze Handfeuerwaffe, heute als *Selbstlade-P.* mit Magazin; **2)** dt. Goldmünze (5-Taler-Stück) des 18./19. Jh., urspr. Bez. des frz. Louisdor.

Piston [pis'tõ; frz.]: **1)** Pumpenventil bei Blechblasinstrumenten; **2)** svw. ↑ Kornett.

Pitchpine [-paɪn; engl.], harzreiches Kernholz versch., hpts. mittelamer. Kiefernarten; für Schiff-, Brückenbau, Fußböden.

Pitești [pɪ'teʃtj], Hptst. des rumän. Kreises Argeş, nw. von Bukarest, 179 000 E; 🛢- u. a. Industrie.

Pithec|anthropus [gr.], Frühmensch aus dem mittl. Pleistozän; 1891 v. E. Dubois erstmals in Z-Java *(Javamensch)* entdeckt; aufrecht gehend *(Homo erectus);* etwa 1,50 m gr.; relativ kleiner Gehirnschädel (Inhalt 775 bis 950 cm^3), starke Überaugenwülste, Prognathie, nahezu Gebiss d. heutigen Menschen.

Pitt: 1) William, d. Ä., Earl of Chatham, * 1708, † 1778, brit. Politiker; Leiter der brit. Außenpol. 1756–61; Unterstützung Preußens im Siebenjähr. Krieg; Zerschlagung der frz. Kolonialmacht; **2)** William, d. J., * 1759, † 1806, Sohn von 1), brit. Politiker; 1782/83 Schatzkanzler, 1783–1801 u. seit 1804 Premiermin.; Haupt der europ. Koalition gg. das revolutionäre u. napoleon. Frkr.; erwarb neue Kolonien (Kapland, Ceylon); vereinigte das brit. und das ir. Parlament.

Pittsburgh ['pɪtsbə:g], Ind.-Stadt in O-Pennsylvania, USA, am oberen Ohio, inmitten reicher Eisen-, Kohlen- und Erdöllager, 2,2 Mill. E; 3 Univ., Kernforschungsinstitut; Schwerind.zentrum; Fluss-⚓, ✈.

più [pju; ital.], mehr, z. B. *p. forte:* lauter (𝄞).

Pius: Päpste: **1) P. II.,** * 1405, † 1464, Papst seit 1458; vorher Enea Silvio Piccolomini; Dichter, Geschichtsschreiber; bed. Brief- u. Memoirenschreiber, Maler, Ethnograph, Geograph; **2) P. VII.,** * 1742, † 1823, Papst seit 1800; vorher Luigi Barnaba Chiaramonti; suchte Ausgleich mit Napoleon I. (Konkordat 1801, Mitwirkung b. Napoleons Krönung 1804), trotzdem Besetzung des Kirchenstaates 1808, verhaftet 1809, Rückkehr 1814; Neubegr. des Jesuitenordens, nach dem Wiener Kongress (1815) Wiederherst. des Kirchenstaates und Konkordate mit mehr. Ländern; **3) P. IX.,** * 1792, † 1878, Papst s. 1846; vorher Graf Giovanni Maria Mastai-Ferretti; absolutist. Reg., Verlust des Kirchenstaates an Italien, 1870 Dogma v. der Unfehlbarkeit des Papstes; **4) P. X.,** hl., * 1835, † 1914, Papst s. 1903; vorher Giuseppe Sarto; Kampf gg. den Modernismus; Kodifizierung des kanon. Rechts; **5) P. XI.,** * 1857, † 1939, Papst seit 1922; vorher Achille Ratti; 1929 Lateranverträge u. Konkordat mit der ital. Reg., 1933 mit der dt. Reg.; **6) P. XII.,** * 1876, † 1958, Papst seit 1939; vorher Eugenio Pacelli; 1917–29 Nuntius in Dtl.; 1950 Dogma v. der leibl. Himmelfahrt Mariens.

Pixel, Kw. aus **Pi**cture **El**ements, kleinstes Bildelement eines Rasterbildschirms.

Piz [ladin.], Bergspitze.

Pizarro, Francisco, * um 1475, † 1541 (ermordet), span. Konquistador; eroberte ab 1531 als Gen.-Kapitän das Inkareich in Peru, ließ den letzten Inkaherrscher Atahualpa hinrichten.

pizzicato [ital.], mit den Fingern gezupft, angerissen (Spielanweisung in der Musik).

Pkw (PKW), Abk. für: **P**ersonen**k**raft**w**agen.

Placebo [lat.], Scheinarzneimittel, äußerl. einem echten Medikament gleichend.

Placet ↑ Plazet.

Plädoyer [plɛdwaˈjeː; frz.], zusammenfassender Schlussvortrag des Strafverteidigers od. Staatsanwalts vor Gericht.

Plagiat [lat.], Diebstahl geist. Eigentums.

plan [lat.], eben, flach.

Planck, Max, * 1858, † 1947, dt. Physiker; Präs. der Kaiser Wilhelm-Ges.; Arbeiten zur Thermodynamik; fand die spektrale Intensitätsverteilung der Hohlraumstrahlung *(p.sches Strahlungsgesetz)* durch Annahme einer quantenhaften Abgabe der Energie E u. ihrer Proportionalität zur Strahlungsfrequenz ν: $E = h\nu$. Der Proportionalitätsfaktor $h = 6{,}626 \cdot 10^{-34}$ J · s, das *p.sche Wirkungsquantum,* erwies sich als universelle Konstante; damit Begr. der Quantentheorie; Nobelpreis 1918.

planetarische Nebel (Ringnebel), meist ringförm. Gasnebel, deren leuchtende, sehr dünne gasförm. Materie von einem im Zentrum befindl. schwachen Stern wegzustreben scheint.

Planetarium [gr.], Vorrichtung zur Darst. v. Bewegung u. Stellung der Gestirne, im *Projektions-P.* durch Projektion auf das Innere einer Kuppel.

Planeten [gr.], Wandelsterne, im reflektierten Sonnenlicht leuchtende gr. Himmelskörper des Sonnensystems; nach wachsender Entfernung von der Sonne: Merkur, Venus, Erde, Mars, Jupiter, Saturn, Uranus, Neptun, Pluto; P.bewegung nach den Gesetzen der allg. Gravitation auf Ellipsenbahnen geringer Exzentrizität um die Sonne; Merkur u. Venus bewegen sich innerh. der Erdbahn *(innere P.,* die anderen *äußere P.);* die Helligkeit schwankt stark mit wechselnder ↑ Phase 2).

Planetoiden (Asteroiden, Kleine Planeten) [gr.], planetenähnliche Kleinkörper zw. Mars u. Jupiter, die wie die Planeten nur im reflektierten Sonnenlicht leuchten.

Planfeststellung, durch Behörden vorzunehmende Prüfung, rechtl. Gestaltung u. Durchführung eines Bauvorhabens.

Planierraupe, svw. ↑ Bulldozer.

Planimeter [gr.], Gerät zur mech. Ausmessung ebener Flächen.

plan|konkav [lat.], auf der einen Seite eben, auf der anderen nach innen, bei *plankonvex* nach außen gekrümmt.

Plankton [gr.], Gesamtheit kleinster, im Wasser schwebender tier. und pflanzl. Lebewesen ohne oder mit nur geringer Eigenbewegung.

Planspiel, Lehrverfahren, bei dem am Modell einer (vereinfachten) wirtsch., gesellschaftl. od. mil. Situation den Lernenden Handlungsentscheidungen abverlangt werden.

Plantage [planˈtaːʒə; frz.]: **1)** auf Lohnarbeitsverfassung basierender landw. Großbetrieb in trop. Ländern (meist ↑ Monokultur); **2)** gr. Anpflanzung v. meist mehrjähr. Nutzpflanzen, z. B. Obstplantage.

Plantagenet [plænˈtædʒɪnɪt] (Anjou-P.), engl. Königshaus, reg.

Pisa. *Dom mit Kampanile (Schiefer Turm von Pisa)*

M. Planck

1154–1399, mit Nebenlinien Lancaster und York bis 1485.

Planwirtschaft, zentral gelenkte Wirtschaftsordnung, in der Wirtschaftspläne von einer staatl. Stelle aufgestellt werden. Die P. als zentrale Verwaltungswirtsch. war Kennzeichen fast aller sozialist. regierten Staaten.

Plasma [gr.]: **1)** svw. Blutplasma (↑Blut); **2)** [hoch]ionisiertes, elektr. leitendes, im Allg. sehr heißes Gas, das aus neutralen Atomen und Molekülen, [posit.] Ionen sowie freien Elektronen u. Photonen besteht.

Plasmakonserve ↑Blutkonserve.

Plasmodium [gr.]: **1)** Gatt. der Sporentierchen, darunter die Erreger der ↑Malaria; **2)** vielkern. Protoplasmakörper der Schleimpilze, Sporentierchen u. a.

Plasmolyse [gr.], Erscheinung bei vakuolisierten Pflanzenzellen, die auf Osmose beruht: Durch eine höher als die Vakuolenflüssigkeit konzentrierte Außenlösung wird der Vakuole über die semipermeablen Membranen der Zelle Wasser entzogen, sodass die Vakuolen schrumpfen u. sich der Protoplast von der Zellwand abhebt.

Plasmon [gr.], Gesamtheit aller außerh. der Chromosomen lokalisierten Erbfaktoren der Zelle.

Plastik [gr.]: **1)** Bildnerei, Bildhauerkunst; auch das einzelne bildner. Werk; **2)** operat. Formung, Wiederherst. v. Organen u. Gewebeteilen (z. B. bei Verletzungen), oft durch Transplantation; **3)** allg. Bez. für Kunststoff.

Plastilin [gr.-nlat.], Knetmasse zum Modellieren.

Plastizität, Verformbarkeit, Verformung von Feststoffen, die auch nach Wegfall der verformenden Kraft bestehen bleibt.

Plata, La, argent. St. sö. von Buenos Aires, 520 500 E; Univ., Museen, Observatorium; Erdöl-, Nahrungsmittel-, Textil-, Zementind.

Plata, Río de la, Mdg.-Trichter von Paraná u. Uruguay, an der Mdg. 50–200 km breit.

Platane [gr.], Gatt. der P.ngewächse; hohe [Allee]bäume, ahornähnl. Blätter, können über 1 000 J. alt werden.

Plateau [pla'to:; frz.], Hochebene, Tafelland; *P.gebirge* ↑Gebirge.

Platin [span.], chem. El., Symb. Pt, OZ 78, rel. A.-Masse 195,08, Dichte 21,45 g/cm^3, Fp. 1 772 °C, Sp. 3 830 ± 100 °C; grauweißes, nicht sehr hartes, in der Hitze schmied- u. schweißb. Edelmetall; kommt gediegen u. als Erz vor; verw. u. a. als Katalysator, zur Herst. von Speziallegierungen für chem. Geräte, Schmuckgegenstände; *P.metalle,* die chem. verwandten, in der Natur meist gemeinsam auftretenden Edelmetalle P., Ruthenium, Rhodium, Palladium, Osmium, Iridium.

Platine [frz.]: **1)** in der *Metallverarbeitung* ein geschmiedetes, vorgewalztes oder zugeschnittenes Formteil; **2)** eine Montageplatte für elektron. Bauelemente.

Platitüde [frz.], Plattheit; abgedroschene Redewendung.

Platon, * 427, † 347/48 v. Chr., griech. Philosoph; Schüler v. Sokrates; Begr. der Akad. in Athen; grundlegend seine Lehre von der Idee, zu der nur der Intellekt vordringt und an der die vergängl. Dinge Anteil haben; die Seele ist Prinzip der Bewegung und kennt aus einer Vorexistenz die Ideen; utop. Staatslehre; Weiterwirken im *P.ismus* seiner Schüler, in Renaissance u. Idealismus sowie in ges. abendländ. Philos.; die wichtigsten der erh. Werke: „Apologie des Sokrates“, „Phaidon“, „Gastmahl“, „Staat“ u. „Timaios“.

Platoniker, Kenner od. Vertr. der Philos. Platons.

Plattensee (ungar. Balaton), lang gestreckter See in W-Ungarn, 591 km^2, etwa 78 km lang, bis 11 m tief, teilw. stark verlandet. – Fremdenverkehr.

Plattenspieler, elektroakust. Gerät zur Wiedergabe von Spr. u. Musik durch Abtasten einer sich gleichmäßig drehenden ↑Schallplatte; *Plattenwechsler* ermöglichen die automat. Abspielung mehrerer Platten; wird zunehmend durch CD-Player verdrängt.

Plattfische, Ordn. der Knochenfische mit seitl. stark abgeflachtem Körper; liegen mit der einen (blinden) Seite auf dem Grund od. vergraben sich im Sand; fast ausschließl. Meeresfische (bes. flacher Küstengewässer); u. a. Heil-, Steinbutt, Scholle, Flunder.

Platon. *Römische Marmorkopie (um 365 v. Chr.)*

plattieren [frz.], eine Schutzmetallschicht auf korrosionsgefährdete Metalle aufwalzen, -schweißen od. galvan. niederschlagen.

Plattwürmer (Plathelminthes), Stamm niederer Würmer mit Strudel-, Saug- und Bandwürmern.

Platzangst (Agoraphobie), die zwanghafte Angst, allein über freie Plätze zu gehen (Psychol.).

Plauen, St. im Vogtland, Sa., 69 500 E; histor. Bauten; Textilfachsch.; Spitzen-, Gardinenherst., Textilmaschinenbau.

plausibel [frz.], einleuchtend.

Plautus, Titus Maccius, * um 250, † 184 v. Chr., röm. Komödiendichter, der mit Witz und Gestaltungskraft griech. Stücke in die röm. Volkssprache umsetzte.

Playbackverfahren ['pleıbæk; engl.], tontechn. Verfahren, bei dem eine vorher hergestellte Tonaufnahme während der Film- oder Fernsehbildaufzeichnung bzw. -sendung über Lautsprecher wiedergegeben wird oder die zu produzierende Tonaufnahme durch Zusammenspielen mehrerer zuvor hergestellter Aufnahmen entsteht.

Playboy ['pleıbɔı; engl.], [junger] Mann, der, wirtsch. unabh., nur seinem Vergnügen lebt.

Play-off ['pleıɔf], Austragungssystem in Meisterschaftsendrunden versch. Spiele (z. B. Eishockey), bei dem der Verlierer (nach Hin-, Rück- u. evtl. Entscheidungsspielen) ausscheidet.

Plazenta [lat.] (Placenta), den Stoffaustausch zw. Mutter u. Fetus vermittelndes schwamm. Organ, an dem die Nabelschnur des Fetus ansetzt; wird nach der Geburt ausgestoßen *(Nachgeburt).*

Plazet [lat.]: **1)** allg. Bestätigung, Erlaubnis, Zustimmung; **2)** das staatl. Recht, kirchl. Erlasse vor ihrer Bekanntmachung zu prüfen u. zu genehmigen.

Plebejer [lat.]: **1)** Angehöriger der Plebs im alten Rom; **2)** gewöhnl., ungehobelter Mensch.
Plebiszit [lat.], Volksbeschluss, Volksabstimmung, -befragung.
Plebs [lat.]: **1)** im alten Rom nichtadlige, breite Volksschicht neben den Patriziern, rechtl. gleichgestellt, aber polit. v. öffentl. Leben ausgeschlossen; **2)** Pöbel.
Pleiße, r. Nbfl. der Weißen Elster, 90 km in Sachsen.
Pleistozän ↑Geologie, Formationstabelle.
Plejaden, in der griech. Mythol. die 7 Töchter des Atlas, die, vom Jäger Orion verfolgt, von Zeus an den Himmel versetzt werden.
Plejaden (Siebengestirn), Sternhaufen im Sternbild Taurus, rd. 120 bek. Sterne.
Plektron [gr.], Plättchen (aus Holz, Elfenbein, Metall u. a.) zum Anreißen der Saiten eines Zupfinstrumentes.
Plenar... [lat.], Bestimmungswort; Bed.: „voll, gesamt".
Plenum [lat.], Gesamtheit, Vers. eines Kollegiums, bes. eines Parlaments.
Plenzdorf, Ulrich, *1934, dt. Schriftsteller, bekannt v. a. durch „Die Leiden des jungen P." (nach Goethes „Werther"), Drehbücher.
pleo..., Pleo... [gr.], Bestimmungswort; Bed.: „mehr[fach]".
Pleonasmus [gr.-lat.], [meist überflüssige] Häufung sinngleicher od. sinnähnl. Wörter.
Pleskau (russ. Pskow), St. in Russland, sö. des *P.er Sees,* des S-Teils des ↑Peipussees, 204 000 E; eine der ältesten russ. Städte, Kreml (12.–16. Jh.) mit Kathedrale (14. u. 17. Jh.).
Plessen, Elisabeth, eigtl. E. Gräfin v. Pl., *1944, dt. Schriftstellerin, sozialkrit. Prosa u. Fernsehspiele.
Pleuelstange, Maschinenelement, das die Schubkraft eines Kolbens auf andere bewegl. Maschinenelemente überträgt.
Pleura [gr.], svw. Brustfell (↑Brustkorb).
Pleuritis [gr.], svw. ↑Rippenfellentzündung.
Plexiglas® ↑Polymethacrylsäureester.
Plexus [lat.], Geflecht, netzart. Verknüpfung von Nerven oder Blutgefäßen.
Plinius: 1) P. d. Ä. (Gajus P. Secundus), *23 od. 24, †79 n. Chr., röm. Schriftsteller; starb beim Vesuvausbruch; „Naturalis historia"; **2) P.** d. J. (Gajus P. Caecilius Secundus), *61 od. 62, †um 113 n. Chr., Neffe u. Adoptivsohn v. 1), röm. Staatsmann und Schriftsteller; berühmt durch seine als Zeitdokument interessante Briefsammlung.
Pliozän ↑Geologie, Formationstabelle.
Plissee [frz.], gefälteltes Gewebe.
PLO, Abk. für: **P**alestine **L**iberation **O**rganization (↑palästinens. Befreiungsbewegungen).
Ploiești [plo'jeʃti], rumän. St. am S-Rand der Südkarpaten, 252 700 E; Zentrum des bedeutendsten rumän. ⛽-Gebietes, Raffinerien, Pipelines nach Konstanza und Giurgiu, Zulieferindustrie.
Plombe [frz.]: **1)** [Zahn]füllung; **2)** Metallsiegel (z. B. zum Verschließen von Behältern).
Plotter [engl.], von einem Computer gesteuertes Zeichengerät.
Plötzensee, Strafanstalt in Berlin-Charlottenburg, in deren Waschhaus im Dritten Reich über 2 000 polit. Gefangene (u. a. Widerstandskämpfer des 20. Juli 1944) hingerichtet wurden.
Plowdiw, bulgar. St. an der Maritza, 340 800 E; Univ.; bed. Handelsplatz mit jährl. Messen; neben Sofia größte St. Bulgariens.
Pluhar, Erika, *1939, östr. Schauspielerin u. Chansonsängerin.
Plural [lat.], Mehrzahl (Gramm.).
Pluraletantum [lat.], nur in der Mehrzahl vorkommendes Wort, z. B. Leute.
Pluralis majestatis [lat.] (Pluralis majestaticus), Selbstbez. des Fürsten mit „Wir".
Pluralismus [lat.]: **1)** Anschauung, dass es kein idealist. Einheitssystem gebe, sondern die Welt aus vielen selbst. Wesenheiten bestehe (Philos.); **2)** gleichberechtigtes Nebeneinander verschiedener soz. Gruppen innerh. eines Staates *(pluralist. Gesellschaft).*
plus [lat.], Zeichen +: **1)** Rechenzeichen der ↑Addition 1); **2)** Vorzeichen positiver Zahlen.
Plus, Gewinn, Überschuss.
Plusquamperfekt [lat.], Zeitwortform der Vorvergangenheit, z. B. ich hatte gesehen.
Plutarch, *um 46, †zw. 120 u. 125 n. Chr., griech. Philosoph u. Schriftsteller; vergleichende Biographien (je eines berühmten Griechen und Römers), davon 44 erhalten; histor., polit., wiss. Schriften.
Pluto [gr.], sonnenfernster Planet; 1930 entdeckt; Umlaufzeit 247,7 J., mittlere Sonnenentfernung 5 946 Mill. km. Zus. mit seinem Mond Charon wird P. auch als Doppelplanet bez.
Plutone [gr.], gr. magmat. Gesteinskörper innerh. der Erdkruste, in 5 bis 10 km Tiefe erstarrt.
Plutonium [gr.], radioakt. hochgiftiges chem. El., Zeich. Pu, OZ 94, Transuran, Massenzahl des stabilsten bek. Isotops 244; ^{239}Pu ist neben ^{235}U der Explosivstoff der Atombombe; ↑Brutreaktor.
Plutos, griech. Gott des Reichtums und des Überflusses; bisweilen auch dem Gott *Pluton* (eigtl. Hades) gleichgesetzt.
Plymouth ['plɪməθ], Hafenst. in SW-England, am *Plymouth-Sound,* 258 100 E; Werften, Fischerei; Militär- und Handels-⚓, ⚓.
Pm, Symbol für ↑Promethium (⚗).
p. m., Abk. für: **1)** ↑**p**ost **m**ortem; **2)** ↑**p**ro **m**ille.
Pneu, Kurzw. für: **1)** ↑**Pneu**matik 1); **2)** ↑**Pneu**mothorax.
Pneumatik: 1) (Pneu) aus Gummi hergest. Luftreifen an Fahrzeugrädern; **2)** Teilgebiet der Mech., über das Verhalten der Gase.
Pneumonie [gr.], svw. ↑Lungenentzündung.
Pneumothorax [gr.] (Pneu), Luftansammlung im Brustfellraum, u. a. nach Verletzungen, nach Platzen v. Lungenbläschen u. Durchbruch des Lungenfells sowie therapeut. bei kavernösen tuberkulösen Lungenprozessen.
pn-Übergang, Grenzschicht zw. p- und n-leitendem Gebiet eines Halbleiters.
Po, Fl. in N-Italien, 652 km, von den Cott. Alpen zur Adria; Deltamündung; geringe Schifffahrt. Die *Poebene* zw. Alpen, Apennin u. Adria ist die dichtest besiedelte Ldsch. Italiens.
Po, Symbol für ↑Polonium (⚗).
Pöbel [lat.-frz.], Gesindel, Pack.
Pocken: 1) (Blattern, Variola) durch das Pockenvirus hervorgerufene, äußerst ansteckende, gefährl. Infektionskrankheit; 1979 von der WHO für erloschen erklärt; **2)** (Pockenseuche) ansteckende Viruskrankheit bei Tieren, bes. beim Schaf, auch bei Ziege, Schwein, Rind und Pferd.
Pockenschutzimpfung, vorbeugende Immunisierung gg. ↑Pocken 1) mit Kuhpockenlymphe; gesetzl. Impfzwang in BRD 1976 aufgehoben.
Podgorica [-tsa], 1946–92 Titograd, Hptst. v. Montenegro, 118 000 E; Univ.; Verkehrsknoten.
Podiebrad, Georg v. P. und Kunstatt ['pɔdjɛbrat], *1420, †1471, Kg. v. Böhmen s. 1458; Führer der utraquist. Hussiten, trat vor der Krönung zum Katholizismus über; 1462 und 1466 v. Papst gebannt.
Podium [gr.-lat.], Erhöhung [für Dirigenten od. Redner]; Bühne.
Podolilen, histor. Gebiet zw. dem Oberlauf des südl. Bug u. dem Dnjestr.

Polen

Fläche: 312683 km^2
Einwohner: (1995) 38,4 Mill.
Hauptstadt: Warschau
Amtssprache: Polnisch
Zeitzone: MEZ

Podolsk, St. südl. von Moskau, 208500 E; Baustoff-, elektrotechn., Maschinenindustrie.

Poe, Edgar Allan [pəʊ], * 1809, † 1849, amer. Journalist u. Dichter; Versdichtungen, Lyrik; fantast.-unheiml. Kurzgeschichten nehmen die mod. Detektiverzählung vorweg.

Poem [gr.], Gedicht.

Poesie [gr.], Dichtkunst, Dichtung; i. e. S. die in Versen geschriebene Dichtung im Ggs. zur Prosa.

Poet [gr.-lat.], Dichter.

Poetik [gr.; = Dichtkunst], Lehre vom Wesen, von den Gattungen u. Formen der Dichtung.

Pogrom [russ.], im zarist. Russland mit Plünderungen u. Mord verbundene Judenverfolgung; danach allg.: Ausschreitungen gg. Minderheiten.

Poincaré, Raymond [pwɛ̃ka're], * 1860, † 1934, frz. Politiker; 1912/13, 1922–24 u. 1926–29 Min.-Präs., 1913–20 Staatspräs.; Republikaner; veranlasste die Besetzung des Ruhrgebietes 1923.

Pointe ['pwɛ̃tə; frz.; = Spitze], geistreicher, auch überraschender Schlusseffekt [eines Witzes u. Ä.].

Pointer ['pɔıntə; engl.], gescheckter kurzhaar. Vorstehhund.

Pointillismus [pwɛ̃-; frz.] (Neoimpressionismus), Spätform des † Impressionismus mit einer Maltechnik, bei der Farbtupfen unverbunden nebeneinander stehen (z. B. G. Seurat, P. Signac).

Poitier, Sidney ['pwa:ti:eı], * 1927, amer. Filmschauspieler, bekannt v. a. durch „Porgy and Bess", „Lilien auf dem Felde" (erster Oscar für einen schwarzen Darsteller), „In der Hitze der Nacht", auch Regisseur.

Poitiers [pwa'tje], Hptst. des frz. Dep. Vienne und d. Region Poitou-Charentes, 79000 E; Univ., Museen; roman. Kirchen. – 732 bei Tours u. P. Sieg Karl Martells über die Araber.

Poitou [pwa'tu; frz.], histor. Prov. in W-Frkr., Hauptort Poitiers.

Poker [engl.], amer. Kartenglücksspiel für mind. 4 Spieler mit 52 frz. Karten.

Pol [gr.]: **1)** (geograph. P.) Schnittpt. der Drehachse der Erde mit der Erdoberfläche (N- u. S-P.); **2)** (Himmels-P.) die während der tägl. Drehung der Erde ruhenden Pt. der Himmelskugel; **3)** Pt. v. bes. Lage (z. B. der P. einer Kugel als jener Pt. der Oberfläche, der von allen Punkten eines Großkreises gleiche Entfernung hat) bzw. bes. Bed. (z. B. Unendlichkeitsstelle einer Funktion); **4)** Anschluss v. Stromquellen *(Plus-* u. *Minus-P.* bei Gleichstrom), auch von sonst. Schaltelementen; **5)** Magnet-P. († Magnet).

Pola † Pula.

Polanski, Roman, * 1933, poln. Filmregisseur u. Schauspieler; „Tanz der Vampire".

Polarfuchs, Fuchs des hohen Nordens; wechselt die Farbe, im Winter weiß; Pelztier, bes. der † Blaufuchs.

Polargebiete, die Gebiete im Bereich v. † Arktis u. † Antarktis.

Polarhund (Grönlandhund), zur Rassengruppe der Nordlandhunde zählender Schlittenhund.

Polarisation [gr.]: **1)** *dielektr. P.:* Bildung gerichteter elektr. Dipole aus [neutralen] Atomen (Molekülen) in einem äußeren elektr. Feld (Verschiebung der Elektronenhüllen gg. die Atomkerne); **2)** *[elektro]chem. P.:* Auftreten einer † Polarisationsspannung; **3)** *P. des Lichts:* Auftreten eines best. regelmäß. Schwingungszustandes beim Licht (allg. bei Transversalwellen); bei *linearer P.* schwingt der Vektor der elektr. Feldstärke (allg. der Schwingungsvektor) stets in einer Ebene *(Schwingungsebene),* bei *zirkularer* bzw. *ellipt. P.* dreht sich die Schwingungsebene um die Fortpflanzungsrichtung; polarisiertes Licht kann z. B. durch Reflexion, Brechung und Doppelbrechung entstehen.

Polarisationsgerät, Gerät zur Untersuchung v. Substanzen mithilfe v. linear polarisiertem Licht; besteht aus 2 Polarisationsvorrichtungen, dem *Polarisator* zur Erzeugung und dem *Analysator* zum Nachweis polarisierten Lichtes; P.e sind z. B. das *Polarisationsmikroskop* u. das *Polarimeter.*

Polarität, Gegensätzlichkeit von 2 einander bedingenden Polen.

Polarkreise, die von beiden Erdpolen um $23\frac{1}{2}^\circ$ entfernten Parallelkreise (nördl. und südl. Polarkreis); math. Trennlinie der Polarzonen (arkt. u. antarkt. Zone) von den gemäßigten Zonen.

Polarlicht, nächtl. zu beobachtende Leuchterscheinung in den polaren Gegenden der N- *(Nordlicht)* u. S-Halbkugel *(Südlicht).* P.er entstehen dadurch, dass die Atome der hohen Erdatmosphäre durch eine von der Sonne ausgehende Korpuskularstrahlung zum Leuchten angeregt werden.

Polarnacht, die Zeit, in der die Sonne länger als 24 Std. unter dem Horizont bleibt; zutreffend für Orte, deren geograph. Breite größer als $66\frac{1}{2}^\circ$ ist; die P. beträgt an den Polen nahezu $\frac{1}{2}$ J.; herrscht in der Polarregion einer Erdhalbkugel P., ist auf der anderen *Polartag.*

Polarstern ([Stella] Polaris, Nordstern), Stern im Sternbild † Ursa Minor mit der scheinb. vis. Helligkeit der Größenklasse 2,0; Doppelstern; sein Abstand vom N-Pol beträgt knapp 1°.

Polarzone † Polarkreise.

Polder [niederl.], svw. Binnengroden († Groden).

Polemik [gr.], literar., relig. oder wiss. Auseinandersetzung.

Polen, Rep. im östl. M-Europa. Im S Anteil an den waldreichen Beskiden (Fremdenverkehr); nordwärts von oberer Weichsel u. San das erzreiche südpoln. Hügel- und Stufenland (Łysogóry, bis 611 m); im Tiefland des nördl. M-P. u. im N Endmoränenzüge, Geschiebemergelflächen u. Urstromtäler. Hauptstrom ist die Weichsel. Klima kontinental mit vorw. sommerl. Niederschlägen. *Landw.:* 63 % der Landfläche werden landw. genutzt; Hauptanbaupflanzen sind Kartoffeln, Getreide, Zuckerrüben; Viehzucht: Rinder, Schweine, Schafe. *Bodenschätze:* bed. Stein- und Braunkohlenvorkommen, außerdem Eisen-, Blei-, Zink-, Kupfererze, im Beskidenvorland Salz, Erdöl u. -gas. *Ind.:* Schwerind., Metall-, Masch.-, Nahrungsmittel-, chem. u. elektrotechn. Ind., Werften; Binnenschifffahrt auf der Oder; Haupthäfen: Stettin, Danzig, Gdynia. – *Gesch.:* Im 9./10. Jh. zw. Weichsel u. Oder Entstehung des poln. Staatswesens unter dem Geschlecht der Piasten. Mieszko I. nahm das Christentum an u. trat in Abhängigkeit zu Otto I.; Boleslaw I.,

Chrobry, begr. vorübergehend ein großpoln. Reich.
1138–1320 Zeit d. Teilreiche; s. dem 13. Jh. starke dt. Einwanderung. Unter Kasimir d. Gr. innerer Ausbau Polens u. Wendung gg. Osten. 1386 Personalunion zw. P. und Litauen (seit 1569 Realunion); größte Macht in O-Europa. 1410 Sieg über den Dt. Orden b. Tannenberg, 1466 Westpreußen mit Ermland poln., 1525 Lehnshoheit über Ostpreußen. Nach dem Aussterben der Jagellonen P. Wahlkönigtum, Adelsherrschaft. Verlust Livlands an Schweden, der östl. Ukraine an Russland, der Lehnshoheit über Preußen an Brandenburg. 1772, 1793 u. 1795 drei *Teilungen P.s* zw. Russland, Preußen u. Östr., 1794 vergebl. Aufstände unter T. Kościuszko; 1807 Gründung des napoleon. *Großhzgt. Warschau;* auf dem Wiener Kongress in das Kgr. P. *(Kongress-P.)* umgewandelt u. in Personalunion mit Russland verbunden; nach der missglückten Revolution (1830/31) russische Prov.; neuer Aufstand 1863/64 unterdrückt; s. 1918 unabh. Rep., Gewinn v. fast ganz Westpreußen, Posen u. Galizien durch die Verträge v. Versailles u. Saint-Germain-en-Laye; 1920 erfolgr. Krieg gg. Sowjetrussland; 1926 Putsch Marschall J. Piłsudskis. 1939 dt. Besetzung P.s, Teilung zw. Dtl. und der UdSSR. Nach Ende des 2. Weltkriegs Wiederherst. P.s; Abtretung der O-Gebiete an die UdSSR, die dt. Gebiete östl. d. Oder-Neiße-Linie (ohne nördl. Ostpreußen) kamen zu P.; Volksdemokratie; Verstaatlichung der Ind. u. Bodenreform. Die Entstalinisierung führte in P. 1956 zu polit. Unruhen. Im Dez. 1970 führte Unzufriedenheit über die Wirtschaftspol. zu Streiks u. Demonstrationen u. in der Folge zu einem Wechsel in der polit. Führung (Gomułka-Gierek). 1976 Vereinbarungen mit der BRD: pauschale Abgeltung der Rentenansprüche (1,3 Mrd. DM) gg. die poln. Verpflichtung, bis rd. 125 000 Personen dt. Volkszugehörigkeit ausreisen zu lassen. Eine erneute krisenhafte innenpolit. Entwicklung im Jahre 1980 führte zu einer breiten Streikbewegung u. zur Bildung unabhängiger Gewerkschaften („Solidarität“ unter L. Wałesa), deren Wirken jedoch ab Dez. 1981 unterdrückt wurde; 1982 Verbot der „Solidarität“; 1989 auf Druck der Bev. Wiederzulassung, s. Parlamentswahlen 1989 stärkste polit. Kraft; T. Mazowiecki als erster Nichtkommunist 1989–91 Min.-Präs., vollendete die demokrat. Umgestaltung; 1990–95 L. Wałesa Präs.; seither A. Kwaśniewski (parteilos); seit 1999 ist P. Mitgl. der NATO.

Polhöhe, der Winkelabstand des Himmelspols (↑Pol 2) vom Horizont eines Beobachtungsortes; P. ist gleich der geograph. Breite dieses Ortes.

Poliklinik [gr.], Abt. der [Universitäts]kliniken zur [meist] ambulanten Krankenbehandlung.

Polio, Kurzw. für ↑Poliomyelitis epidemica.

Poliomyelitis epidemica (spinale Kinderlähmung), meist epidem., vorw. im frühen Lebensalter auftretende, durch Viren hervorgerufene Entzündung der grauen Rückenmarkssubstanz (bes. der motor. Ganglienzellen), die mit Lähmung u. Atrophie best. Muskeln verbunden ist; Vorbeugung: Schluckimpfung od. Serumimpfung.

Polis [gr.], altgriech. Stadtstaat mit völker- u. staatsrechtl. Souveränität sowie wirtsch. Autarkie.

POLISARIO ↑FPOLISARIO.

Politbüro [Kurzw. für *Polit*isches *Büro*], Führungs- u. eigtl. Entscheidungsgremium kommunist. Parteien nach dem Vorbild der KPdSU; war bis zur demokrat. Umgestaltung das eigtl. polit. Führungsorgan u. traf alle grundsätzl. polit., organisator. sowie wesentl. personelle Entscheidungen in Partei, Staat u. Ges., geleitet v. einem Generalsekretär bzw. 1. Sekretär.

Politik [gr.], berechnendes, auf Durchsetzung best. Vorstellungen (Ziele) gerichtetes Verhalten, u. a. durch Führung u. Vertretung eines Gemeinwesens, auch eines Interessenverbandes oder einer Partei; staatl. Handeln durch Einwirkung u. Entscheidungen in versch. Bereichen: Außen-, Innen-, Sozial-P. usw.

politische Gefangene, politolog., nicht rechtl. Bez. für Personen, die oppositionelle polit. Auffassungen vertreten, diese mit friedl. Mitteln durchzusetzen versucht haben u. deshalb inhaftiert wurden; i. w. S. auch Personen, die wegen Rasse, Religionszugehörigkeit od. als Angehörige einer nat. Minderheit verfolgt werden.

politische Polizei, bes. Polizeiorgane (z. T. auch Geheimpolizei gen.), deren Aufgabenfeld die polit. Strafsachen sind; in allen modernen Diktaturen, Einparteienstaaten u. totalitären Systemen wesentl. Funktion als Instrument der Herrschaftssicherung.

politische Straftaten, Straftaten, die gg. den Bestand des Staates gerichtet sind: Hochverrat, Staatsschutzdelikte, Landesverrat.

politische Wissenschaft, i. w. S. Teil der Sozialwissenschaften; beschäftigt sich mit dem Wesen u. Aufbau des Staates u. der polit. Gestaltung des Lebens in der Gemeinschaft.

Politologie [gr.], svw. ↑polit. Wissenschaft.

Polizei [gr.], 1. die gesamte Tätigkeit v. Verw.-Behörden und Vollzugsorganen (z. B. Bau- u. Gewerbeaufsicht) zur Abwehr v. Gefahren für die öffentl. Sicherheit u. Ordnung sowie zur Beseitigung bereits eingetretener Störungen; 2. die im Vollzugsdienst tätigen Dienstkräfte, d. h. die im Außendienst verwendeten uniformierten P.kräfte u. die Kriminalpolizei. Das P.recht (Vorschriften über Aufgaben u. Befugnisse sowie Organisation der Polizei) ist Teil des Verw.-Rechts; die der Gefahrenabwehr dienenden Rechtsnormen werden als Ordnungsrecht (Sicherheitsrecht) bez.; die Regelung beider unterliegt grundsätzl. der Gesetzgebungskompetenz der Länder, jedoch ist das Ordnungsrecht überw. durch den Bund geregelt.

Polizeistaat, ein das politische, wirtsch. u. soz. Leben reglementierender Staat im Ggs. zum Rechts- u. Verf.-Staat. Die Reg. greift in die persönl. Freiheit u. Privatsphäre der „Untertanen“ ein, gewöhnl. durch willkürl. Machtausübung seitens der Polizei, v. a. der Geheimpolizei.

Polizeistunde ↑Sperrzeit.

Pollen [lat.], svw. Blütenstaub (↑Blüte 1).

Pollock, Jackson ['pɔlək], * 1912, † 1956, amer. Maler; einer der Hauptvertr. des Actionpainting.

Pollution [lat.], unwillkürl. Samenentleerung [im Schlaf].

Pollux [lat.], hellster Stern (β) im Sternbild ↑Gemini.

Polnisch, westslaw. Sprache; lat. Schrift; Erhaltung der alten slaw. Nasalvokale, auf die vorletzte Silbe festgelegte Betonung.

polnische Kunst, weitgehend vom mitteleurop. Einfluss bestimmte Kunst Polens; erst in der Malerei im 19. u. 20. Jh. eigene Leistungen.

polnische Literatur, im 12. Jh. lat. Viten u. Chroniken; poln. Zeugnisse seit dem 13. Jh.; *Goldenes Zeitalter* (16. Jh.): humanist. Drama u. Lyrik (J. Kochanowski), Predigt (P. Skarga); *Barock* (17. Jh.): Epik (S. K. Graf Potocki u. A. T. Twardowski); *Aufklärung* (18. Jh.): Satire und Fabel (J. Krasicki), poln. Theater; *Romantik* (1. H. 19. Jh.): Dichter als Träger des Nat.-Bewusstseins (A. Mickiewicz, J. Słowacki, Z. Krasiński); *Realismus*

Marco Polo

vertreten durch B. Prus, *Naturalismus* durch G. Zapolska u. den jungen W. S. Reymont; um 1900 die histor. Romane v. H. Sienkiewicz; symbolist.-neuromant. das *Junge Polen* mit S. Wyspiański, S. Przybyszewski, J. Kasprowicz und S. Zeromski; zw. den Weltkriegen die *Skamander-Gruppe* (u. a. die Lyriker J. Tuwim und J. Lechón), realist. Romanciers (J. Kaden-Bandrowski, M. Dąbrowska); als Dramatiker J. Szaniawski. Seit 1949 sozialist. Realismus offiz. gefordert, am wenigsten abhängig die Lyrik. 1956 Rebellion gg. die Reglementierung. Im Exil u. a. C. Miłosz, W. Gombrowicz, zeitw. Zofia Kossak-Szczucka, von den Jüngeren M. Hłasko; bed. sind ferner S. Mrożek, S. Lem, Z. Herbert.

Polnischer Korridor, im Versailler Vertr. 1919 v. Dtl. an Polen abgetretener Gebietsstreifen zw. Pommern u. der Weichsel, der Polen Zugang zur Ostsee gab.

Polnischer Thronfolgekrieg, Krieg 1733–35/38 um die Nachfolge August II., des Starken; der Ks. und Russland unterstützten den sächs. Krfst. Friedrich August II., Frkr. den poln. Exkg. Stanislaus I. Leszczyński, Schwiegervater Kg. Ludwigs XV., der 1735/38 auf die Krone verzichtete u. mit Lothringen u. Bar abgefunden wurde.

Polnische Teilungen ↑Polen, Geschichte.

Polo, Marco, * um 1254, † 1324, venezian. Kaufmann; bereiste Z-Asien u. China (1271–95); Reiseberichte.

Polo [engl.], Treibballspiel zw. 2 Mannschaften (als Pferde-P., Kanu-P., Rad-P.).

Polonaise (Polonäse) [frz.], urspr. poln. Reihentanz in mäßig bewegtem, feierl. $^3/_4$-Takt; oft zur Balleröffnung.

Polonium, radioakt. chem. El., Symb. Po, OZ 84, Massenzahl des bekanntesten Isotops 210, Metall; Dichte 9,169 bzw. 9,398 g/cm^3, Fp. 254 °C, Sp. 962 °C; radioakt. Zerfallsprodukt der Uran-Radium-Zerfallsreihe.

Poltawa, St. sw. von Charkow, Ukraine, 320 000 E; Masch.-, Leder-, Nahrungsmittelind. – 1709 entscheidender Sieg Peters d. Gr. über Karl XII. von Schweden.

poly..., Poly... [gr.], Bestimmungswort; Bed.: „mehr, viel".

Poly|acrylharze (Polyacrylate, Polyacrylsäureester, Acrylharze), weiche, z. T. klebr., auch paraffinähnl. Kunststoffe, die durch Polymerisation von Estern der Acrylsäure hergestellt werden; verw. als Klebrohstoffe, zum Imprägnieren, Kaschieren u. a.

Poly|acrylnitril, Polymerisationsprodukt aus Acrylnitril; verw. v. a. zur Herst. v. Chemiefasern *(P.fasern)* für Textil-, Filtergewebe usw.; Handelsbez. z. B. *Dralon.*

Poly|amide, Abk. PA, durch Polykondensation (z. B. von Hexamethylendiamin und Adipinsäure) oder Polymerisation (z. B. von ε-Caprolactam) hergestellte Kunststoffe mit der periodisch wiederkehrenden Peptid-(Amid-)bindung $-CO-NH-$; wicht. Rohstoffe zur Herst. von Chemiefasern (Handelsbez. z. B. *Nylon, Perlon*), von techn. Teilen.

Poly|äthylen, durchscheinender bis milchig-undurchsicht. Kunststoff aus polymerisiertem ↑Äthylen; für Röhren, Verpackungsfolien, chemikalienfeste Behälter, Haushaltsgegenstände u. a..

Poly|eder [gr.], Vielflächner, von ebenen Flächen begrenzter Körper.

Poly|ester, wicht. Kunststoffe, die formal aus 2-wert. Alkoholen und 2-wert. Säuren durch vielf. Veresterung entstehen; zur Herst. v. *P.fasern* (Handelsbez. z. B. *Trevira, Diolen*), reißfester und knitterarmer Chemiefasern; auch für Harze, Lackrohstoffe u. a.

Polygamie ↑Ehe.

Polyglotte [gr.], Wörterbuch, das mehrere Sprachen umfasst; mehrsprach. Werkausgabe (u. a. *Polyglottenbibel*).

Polygon [gr.], Vieleck.

Polyhymnia, Muse des ernsten Gesanges.

Polykrates, † um 522 v. Chr., Tyrann von Samos s. 538; Seeherrschaft über das Ägäische Meer; unter ihm polit. u. kulturelle Blüte.

Polymerie [gr.], Zusammenwirken mehr. gleichartig wirksamer Gene bei der Ausbildung eines Merkmals (Biol.).

Polymeth|acrylsäureester, glasart. durchsicht., nicht splitternde Kunststoffe, die aus Methacrylsäureestern durch Polymerisation hergestellt werden; u. a. für Schutzbrillen, Verglasungen (z. B. Dusch-Kabinen), Prothesen, Haushaltswaren.

Polyneikes, griech. Sagengestalt, Bruder des Eteokles.

Polynesi|en, Bez. für die Inseln im Pazifik im Gebiet zw. Hawaiiinseln (N), Osterinsel (O) u. Neuseeland (S), auf denen hpts. Polynesier leben.

Polynom [gr.], aus mehr als 2 durch + oder – verbundenen Gliedern zusammengesetzter math. Ausdruck (z. B. 4-gliedr. P.: $a+2b-4c-d$; ↑auch Binom) od. ein Ausdruck der Form $a_0+a_1x+\cdots+a_nx^n$ (*n* Grad des Polynoms).

Polyp [gr.]: **1)** ↑Nesseltiere; **2)** veraltete, noch volkstüml. Bez. für Tintenfisch, bes. Krake; **3)** gutart. Geschwulst der Schleimhäute, oft gestielt vorkommend (z. B. an der Nasenschleimhaut).

Polyphem, einäugiger Zyklop der griech. Mythol., Sohn Poseidons, v. Odysseus geblendet.

Polyphonie, Mehrstimmigkeit mit selbst. linearem Verlauf jeder Stimme ohne akkord. Bindung.

Polysaccharide, Kohlenhydrate, die sich aus zwei od. mehr Zuckermolekülen aufbauen.

Polystyrol, vielseitig verwendbarer, Kunststoff aus polymerisiertem ↑Styrol; verw. u. a. für Haushaltsgegenstände, Kühlschränke, geschäumt als Isoliermaterial; Handelsbez. z. B. *Styropor.*

Polytetrafluor|äthylen, Polymerisationsprodukt des Tetrafluoräthylens, $F_2C=CF_2$; chem. äußerst beständ. Kunststoff; verw. als Isoliermaterial, Auskleidungsmaterial von Kesseln u. Röhren, Fasern u. a.; Handelsbez. z. B. *Teflon.*

Polytheismus [gr.], Vielgötterei; Kult einer Vielzahl persönl. gedachter Gottheiten.

Poly|urethane, Abk. PUR, durch Polyaddition von Di- oder Triisocyanaten (Verbdg., die die Gruppe $-NCO$ zwei- oder dreifach enthalten) und Glykolen (Dialkoholen) hergestellte Kunststoffe; enthalten die period. wiederkehrende Gruppe $-NH-COO-$; verw. für Borsten, Fasern, Isoliermaterial (für elektr. Artikel), Schaumstoffe u. a.

Polyvinylacetat, Abk. PVAC, Kunststoff, wird hergestellt durch die Polymerisation von Vinylacetat ($CH_2=CH-OOC-CH_3$); verwendet als Lackrohstoff, für Klebstoffe, Bodenbelag, Kunstleder u. a.

Polyvinylchlorid, Abk. PVC, PVDC, unbrennbarer, säurefester

Kunststoff aus polymerisiertem Vinylchlorid ($CH_2=CHCl$); für Säureschutzbekleidung, Bodenbeläge, Abdichtungen, Folien u. a.

Pomeranze [ital.], Unterart der Orange; die bittere Fruchtschale liefert *Orangeat.*

Pommern, histor. Territorium beiderseits der unteren Oder; s. etwa 600 n. Chr. von slaw. Stämmen besiedelt, vom 10. bis zum frühen 12. Jh. unter poln. Oberhoheit, 1181 Hzgt. im Verband des Hl. Röm. Reiches; im 13. Jh. dt. Besiedlung; 1648 Vor-P. schwed., Hinter-P. brandenburg.; 1720 Vor-P. bis zur Peene an Bbg.-Preußen, 1815 auch das restl. P.; 1945 Ost-P. unter poln. Verw. gestellt, 1991 völkerrechtlich verbindlich zu Polen, der W-Teil mit Mecklenburg (SBZ) vereinigt; bildet mit diesem s. 1990 das Bundesland Mecklenburg-Vorpommern.

Pommersche Bucht, Ostseebucht vor Usedom und Wollin.

Pompadour, Jeanne Antoinette Poisson, Marquise de [pɔ̃pa'du:r], * 1721, † 1764, Mätresse Ludwigs XV. v. Frkr.; gr. Einfluss auf die frz. Politik.

Pompeji (ital. Pompei), ital. St. u. antike Ruinenstätte am SO-Fuß des Vesuv, 22 900 E. – 79 n. Chr. bei einem Vesuvausbruch unter vulkan. Asche begraben; weitgehende Freilegung durch systemat. Ausgrabungen seit 1860.

Pompejus: 1) Gnaeus P. Magnus, * 106, † 48 v. Chr., röm. Feldherr und Staatsmann; 66 Oberbefehlshaber gg. Mithridates VI. Eupator, 60–53 1. Triumvirat mit Cäsar und M. L. Crassus, unterlag Cäsar im Kampf um die Alleinherrschaft 48 b. Pharsalos, auf der Flucht in Ägypten ermordet; **2)** Sextus P. Magnus, * um 70, † 35 v. Chr., Sohn v. 1), röm. Feldherr; 43 Oberbefehlshaber der röm. Flotte, 36 von Agrippa geschlagen; auf Befehl des M. Antonius getötet.

Pompidou, Georges [pɔ̃pi'du], * 1911, † 1974, frz. Wirtschaftsfachmann und Politiker (UDR); 1962–68 Min.-Präsident, 1969–74 Staatspräsident.

Poncho ['pɔntʃo; indian.], urspr. von den Indianern M- u. Südamerikas getragene Schulterdecke mit Kopfschlitz.

Pond [lat.], Einheitenzeichen p, gesetzl. nicht mehr zulässige Einheit der Kraft; der 1 000. Teil eines ↑ Kiloponds.

Poniatowski, poln. Magnatenfam.: **1)** Józef Fürst, * 1763, † 1813, poln. Gen.; 1794 Teilnehmer am Kościuszko-Aufstand, ab 1807 Kriegsmin., an der Völkerschlacht v. Leipzig beteiligt (dort gefallen); noch heute populäre Heldengestalt; **2)** Stanisław, * 1676, † 1762, poln. Feldherr; kämpfte mit Karl XII. v. Schweden bei Poltawa; **3)** Stanisław August ↑ Stanislaus II. August, Kg. von Polen.

Ponnelle, Jean-Pierre [pɔ'nɛl], * 1932, † 1988, frz. Bühnenbildner u. Regisseur.

Ponten, Josef, * 1883, † 1940, dt. Schriftsteller; Erzählungen, Novellen, Romane.

Pontifex [lat.], Mitgl. des höchsten Priesterkollegiums im alten Rom, an dessen Spitze der *P. maximus* (s. Leo I. Übernahme des Titels durch die Päpste).

Pontifikal|amt, vom Bischof (auch Abt od. höherem Prälaten) gehaltenes Hochamt.

Pontifikat [lat.], Amtsdauer des Papstes oder eines Bischofs.

Ponton [pɔ̃'tɔ̃; frz.], flaches, hochbord. Wasserfahrzeug der Pioniere, zum Übersetzen und als Träger von Schiffbrücken *(P.brücken).*

Pontormo, Iacopo da, eigtl. I. Car[r]ucci, * 1494, † Ende 1556, ital. Maler; bedeutendster Meister des frühen Manierismus.

Ponys [engl.], bis 148 cm schulterhohe, kleinwüchs. Pferderasse, meist stämmig u. sehr widerstandsfähig; bes. in N-Europa.

Pool [pu:l; engl.], Zusammenfassung, -legung; in der Wirtsch. Vertrag zw. versch. Unternehmen über die Zusammenlegung der Gewinne u. die Gewinnverteilung untereinander; auch Zusammenfassung von Beteiligungen am gleichen Objekt.

Poole [pu:l], südengl. Hafenst., 118 900 E; Masch.-Bau, Töpferei; Seebad.

Poona ['pu:nə], ind. St., ↑ Pune.

Popanz [slaw.], Schreckgestalt; ugs. für unbed., willenloser Mensch.

Pop-Art ['pɔpɑ:t; engl.], Richtung der mod. Kunst v. a. der 60er-Jahre in den USA sowie in Großbrit.; vorfabrizierte Gegenstände der techn. bzw. der Konsumwelt werden in einem der Werbung entsprechenden plakativen Stil in Serienproduktion wiedergegeben. Vertreter u. a. A. Warhol, R. Lichtenstein.

Popcorn [engl.] ↑ Puffmais.

Pope, Alexander [pəʊp], * 1688, † 1744, engl. Dichter; didakt. u. satir. Dichtungen; entwickelte eine bed. klassizist. Poetik nach dem Vorbild Frankreichs.

Pope [russ.], orth. Weltgeistlicher.

Popelin[e] [frz.], mit sehr feinen Querrippen versehenes Gewebe aus Wolle, Baumwolle, Chemiefasern; in Leinwandbindung.

Popmusik, i. w. S. im angloamerikan. Bereich die volkstüml. Musik, v. a. die kommerzielle Song- bzw. Schlagermusik, aber auch folklorenahe Formen wie z. B. Country and Western sowie breite Bereiche des Jazz. – I. e. S. seit den 1960er-Jahren Bez. für eine neuartige jugendspezif. Populärmusik. Ihr Kern war die auf den amerikan. Rock 'n' Roll zurückgreifende brit. Beatmusik, die aufgrund der intensiven Vermarktung durch die internat. Musikindustrie mit Gruppen wie den „Beatles" u. „Rolling Stones" verhältnismäßig lange wirkte. Sie wird heute zur Rockmusik gerechnet.

J. A. Poisson Marquise de Pompadour

Popocatépetl, Vulkan in Mexiko, sö. der Hptst., 5 452 m.

Pöppelmann, Matthäus Daniel, * 1662, † 1736, dt. Baumeister; Vertr. des dt. Barocks; sein Hauptwerk ist der Dresdner Zwinger.

Popper, Sir (s. 1964) Karl Raimund, * 1902, † 1994, brit. Philosoph u. Wissenschaftslogiker östr. Herkunft; Begr. des krit. ↑ Rationalismus in Auseinandersetzung mit Positionen des Neopositivismus („Logik der Forschung").

Popularität [lat.], Volkstümlichkeit, allg. Beliebtheit, *populär,* volkstümlich.

Population: 1) svw. ↑ Bevölkerung; **2)** Gesamtheit der Individuen einer Art in begrenzten Bereichen; **3)** Gruppe v. Sternen, die hinsichtl. Alter, chem. Zusammensetzung und Anordnung ähnl. sind.

Populismus, opportunist., oft demagog. Politik, die darauf abzielt, durch Überzeichnen der Situation die Zustimmung der Massen zu gewinnen.

Pordoijoch (ital. Passo Pordoi), ital. Dolomitenpass, 2 239 m ü. d. M., vom Fassatal nach Cortina d'Ampezzo.

Pore [gr.], allg. Durchgang, Öff-

Portugal

Fläche: 92389 km²
Einwohner: (1995) 9,85 Mill.
Hauptstadt: Lissabon
Amtssprache: Portugiesisch
Zeitzone: MEZ –1 Stunde

nung; *Haut-P.,* Ausführungsöffnung einer Schweißdrüse.
Pori (schwed. Björneborg), finn. Hafenst. am Bottn. Meerbusen, 76400 E; Holz-, Textilind., Buntmetallhütte; ✈.
Pornographie [gr.], sprachl. und/oder bildl. (einschl. film.) Darstellung sexueller Handlungen unter einseitiger Betonung des genitalen Bereichs.
porös [gr.], löchrig, durchlässig.
Porphyr [gr.], alle Ergussgesteine, in deren dichte, feinkörn. Grundmasse größere Kristalleinsprenglinge eingestreut sind, z. B. Quarz-P., ↑Porphyrite u. a.
Porphyrite [gr.], dunkelgraue (oft grünl. od. braune) Ergussgesteine; charakt. Gemengteile: Plagioklas, Hornblende, auch Augit, Biotit; im *Quarzporphyrit* Einsprenglinge von Quarz in dichter Grundmasse.
Porsche, Ferdinand, * 1875, † 1951, östr.-dt. Ingenieur; konstruierte Kompressorrennwagen, den Volkswagen u. P.-Sportwagen.
Porta [lat.], Pforte, Tor.
Portable ['pɔ:təbl], tragbares Gerät, z. B. Fernseher, Computer.
Portal [mlat.], monumental gestalteter Eingang.
Porta Nigra [lat.; = schwarzes Tor], monumentales röm. Stadttor (Ende 2. Jh. n. Chr.) in Trier.
Portativ [frz.], kl. tragb. Orgel.
Port-au-Prince [pɔrto'prɛ̃s], Hptst. der Rep. Haiti, 753000 E; Univ.; vielseit. Ind.; ⚓, ✈.
Porta Westfalica: 1) (Westfälische Pforte; Kurzform: Porta), Durchbruch der Weser zw. Weser- u. Wiehengebirge; **2)** St. in NRW im Bereich von 1), 36000 E, Verw.-Sitz Hausberge; Metall-, Möbel- u. a. Industrie.
Portefeuille [pɔrt'føːj; frz.]: **1)** veraltet für Brieftasche, Aktenmappe; **2)** Wertpapierbestand einer Bank; **3)** Geschäftsbereich eines Ministers.
Port Elizabeth [- ɪ'lɪzəbəθ], Ind.- und Hafenst. in der Rep. Südafrika, 652000 E; Univ.; ✈.
Porten, Henny, * 1890, † 1960, dt. Filmschauspielerin; Heroine des dt. Stummfilms.
Porter: 1) Cole, * 1893, † 1964, amer. Komponist; erfolgr. Schlager u. Musicals; **2)** George, * 1920, brit. Chemiker; Arbeiten zum Ablauf chem. Reaktionen; Nobelpreis (mit M. Eigen u. R. G. W. Norrish) 1967; **3)** Katherine Anne, * 1894, † 1980, amer. Schriftstellerin; Kurzgeschichten, Romane; **4)** Rodney H., * 1917, † 1985, brit. Biochemiker; Arbeiten zur Struktur der Antikörper; Nobelpreis (mit G. Edelman) 1972.
Porter [engl.], dunkles obergäriges Bier.
Portikus [lat.], Säulenhalle als Vorbau eines Gebäudes.
Portland ['pɔ:tlənd], größte St. und bedeutendster ⚓ Oregons, USA, 437000 E; Univ.; Ind.; ✈.
Portmann, Adolf, * 1897, † 1982, schweizer. Zoologe; Arbeiten über Entwicklungsgeschichte.
Porto ['portu], portug. Stadt nahe der Mdg. des Douro, 350400 E; Univ.; Kathedr. (12. bis 18. Jh.); Textil-, Konservenind., Gießereien, Weinhandel u. -export (Portwein); ⛽-Raffinerie, ⚓, ✈.
Porto Alegre, ['portu a'lɛgri], Hptst. des südbrasil. B.-Staates Rio Grande do Sul, am N-Ufer der Lagoa dos Patos, 1,4 Mill. E; 2 Univ.; vielseitige Industrie; ⚓, ✈.
Portofino, ital. Seebad, 700 E; sö. von Genua, ⚓.
Porträt [pɔr'trɛ; frz.], Brustbild, künstler. Darstellung eines Menschen (Plastik, Malerei, Grafik, Fotografie).
Port-Royal [pɔ:rrwa'jal], ehem. Zisterzienserinnenkloster b. Versailles, gegr. 1204; berühmt als Zentrum des Jansenismus.
Port Said [- zaɪt], ägypt. Hafenst. an der N-Einfahrt zum ↑Sueskanal, 401000 E; Erdölraffinerie; ✈. – Gegr. 1859.
Portsmouth ['pɔ:tsməθ]: **1)** südengl. Hafenst. am Kanal, 179400 E; Kriegs- u. Handels-⚓; Ind.; Docks, Werften; ✈; **2)** Hafen- u. Ind.-Stadt in Virginia, USA, 111000 E; Marinestützpunkt.
Portugal, Rep. im W der Iber. Halbinsel. – Im N u. O verkehrsfeindl.; nördl. des Tejo gebirgig (bis 1990 m), verbreitet Ziegen- und Schafzucht; südl. des Tejo u. an der zentralen W-Küste Flachland mit inselart. kl., waldreichen Bergzügen: Weizen-, Mais-, Kartoffelanbau, Korkeichen-, Kastanienhaine, verbreitet Macchien, an der Küste u. in den Flusstälern Weinbau, Oliven- u. Eukalyptushaine, z. T. Reisanbau; im S ↑Algarve mit Feigen- und Dattelpalmenanbau. *Klima:* maritim, im S mediterran. *Bodenschätze:* Kupfer, Wolfram, Zinn, Steinkohle. Wenig Ind., bed. Fischfang (Sardinen). Haupthäfen: Lissabon, Porto. Fremdenverkehr. – *Gesch.:* Hervorgegangen aus der Gft. P. zw. Minho u. Tejo, die 1093 an eine burgund. Dyn. kam; 1139 Kgr., territoriale Ausbreitung unter Alfons III.; im 15. u. 16. Jh. (Entdeckungsfahrten) eine der führenden See- u. Kolonialmächte Europas; 1580 Personalunion mit Spanien unter Philipp II.; Verlust des größten Teils der ostind. Kolonien an die Niederlande; 1640 P. nach einem Volksaufstand wieder selbst., enge Verbdg. mit England; 1807–14 v. Napoleon I. besetzt, 1822 Verlust Brasiliens; unter Karl I. koloniale Ausdehnung in Afrika, in P. Korruption u. Staatsbankrott; 1910 Sturz der Monarchie u. Ausrufung der Rep.; Teilnahme am 1. Weltkrieg ab 1916 (gg. Dtl.); 1926 mil. Staatsstreich u. Errichtung einer rechts gerichteten Diktatur; Min.-Präs. 1932–68 A. de Oliveira Salazar. Neutralität im 2. Weltkrieg; s. 1961 Guerillakämpfe in den afrik. Kolonien (Angola, Moçambique, Guinea-Bissau); im April 1974 Mil.putsch unter Gen. Spinola („Nelkenrevolution"), zunächst sozialist. Kurs, s. 1976 demokrat. Reg.wechsel; 1974–76 Entlassung aller Kolonien in die Unabhängigkeit; Mitgl. der NATO, UN, EU.
Portugiesisch, in Portugal u. (mit Abweichungen) v. a. in Brasilien gesprochene roman. Spr.; typ.: reiche Nasalierung, keine deutl. hörbaren Wortgrenzen.
portugiesische Kunst, die Kunst Portugals; fassb. s. Anf. des 12. Jh.s; roman. Kathedr. von Braga, Coimbra u. Lissabon (südwestfrz. Einfluss); Abteikirchen v. Alcobaça (in burgund.-zisterziens. Stil) u. Batalha (Einfluss der frz. Gotik). Höchste Blüte u. Originalität der Baukunst u. -skulptur unter Emanuel I. (1495–1521) und seinen Nachfolgern *(Emanuelstil),* u. a. João de Castilho; Bauten der Klös-

Portugiesische Kunst. *Das ehemalige Zisterzienserkloster Alcobaça (1178 ff.) in Mittelportugal*

ter Belém, Batalha u. Tomar, Festung Torre de Belém; Höhept. der spätgot. Malerei mit Nuño Gonçalves, danach Niedergang der nat. Kunst; ital. u. frz. Einflüsse.

portugiesische Literatur, erste Blüte im *13./14. Jh.* mit portug.-provenzal. Minnesang und Ritterromanen des breton. Sagenkreises; *um 1500* Wendung zum ital. u. antiken Vorbild; die bukol. Dichtung Ribeiros führt zum *goldenen Zeitalter:* bed. Anthol. der Lyrik von G. de Resende, volkstüml. Dramen v. G. Vicente, Bemühungen um poet. Regeln, Einführung von Ode und Sonett durch F. de Sá de Miranda, bed. Reiselit., von L. Vaz de Camões die „Lusiaden"; *im 17. Jh.* herrscht span. Einfluss vor (Gongorismus). *Ab 1700* frz. Einfluss. Erneuerung des Dramas durch J. B. da Silva Leitão de Almeida Garrett. Erst *im 19. Jh.* (Romantik) Wiederbelebung aller literar. Gattungen auf nat. Grundlage: Herculano de Carvalho e Araújo u. C. Castelo Branco; gg. die Romantik wandte sich die realist. „Schule von Coimbra", v. a. A. T. de Quental u. J. T. Fernandes Braga. Soz. Problemstellung auch bei A. M. de Guerra Junqueiro; den realist. Roman begr. M. Eça de Queiroz. Nach frz. Vorbild der *Symbolismus* (E. de Castro u. A. Nobre). *Im 20. Jh.* erneut nat. Rückbesinnung, Lyrik v. a. von C. Pessoa, Correia de Oliveira, A. Lopes Vieira, Dramen von J. Dantas; regionalist. Romane von A. Ribeiro, neorealist.-sozialkrit. v. J. M. Ferreira de Castro. Bed. Lit.-Kritik v. M. de Figueiredo.

Portwein [nach der St. Porto], roter u. weißer Likörwein.

Porzellan [ital.], keram. Erzeugnis aus Kaolin, Quarz u. Feldspat (Mischung unterschiedl. bei Hart- u. Weich-P.); die Masse wird geformt durch Drehen od. Gießen, dann getrocknet, erstmalig gebrannt (bei etwa 1 000 °C), glasiert, nochmals gebrannt (bei 1 400 bis 1 450 °C). Vor dem Glasieren werden die *Unterglasurfarben* aufgetragen; farbenfreudigere Dekors werden mit Aufglasurfarben erreicht, die in einem 3. Brand bei 800–900 °C eingebrannt werden. – P.arten: Nach der Höhe der Brenntemp. unterscheidet man *Hart-P.* mit hoher Brenntemp. (im Allg. das europ. P.) u. *Weich-P.* mit niedrigerer Brenntemp. (im Allg. das ostasiat. P.). P. wurde zuerst (wohl seit dem 7. Jh.) in China hergestellt; in Europa (Meißener P.) seit 1708 von J. F. Böttger.

Porzellanerde, svw. ↑Kaolin.

Porzellanschnecken, Fam. der Vorderkiemer mit porzellanart. Schale; v. a. ↑Kaurischnecke.

Posaune [lat.-frz.], Blechblasinstrument mit Kesselmundstück u. ausziehb. Röhrenteil.

Poseidon, griech. Gott des Meeres, Bruder des Zeus.

Posen (poln. Poznań), westpoln. St. an der Warthe, 590 100 E; Kathedrale, Univ., Hochschulen, Theater; Fahrzeugbau, Textil-, chem. Ind.; internat. Messe; Flusshafen, ✈. – 1793–1919 preußisch.

Positiv: 1) die ungesteigerte Form (Grundform) des Eigenschaftsworts, z. B. gut; **2)** kl. Standorgel; **3)** fotograf. Bild des Aufnahmeobjekts, das tonwertrichtig ist.

Positivismus, von A. Comte eingeführte Bez. für eine Wiss. und Philos., die sich nur auf die Feststellung des „Positiven", in innerer u. äußerer Wahrnehmung von unzweifelhaft Tatsächlichem, sowie auf dessen gesetzmäß. Verknüpfungen beschränkt; Ablehnung der Metaphysik.

Positron [lat.; gr.], positiv geladenes Elementarteilchen, Antiteilchen des Elektrons.

Posse [frz.], volkstüml. Komödie mit vordergründiger Situations- oder Charakterkomik.

Possessiv[um] [lat.] (Possessivpronomen), besitzanzeigendes Fürwort, z. B. mein, dein.

post..., Post... [lat.], Vorsilbe; Bed.: „nach, hinter".

Post ↑Post- und Fernmeldewesen.

Postament [lat.], Sockel.

post Christum [natum] [lat.], Abk. p. Chr. [n.], nach Christi [Geburt], nach Christus.

Postmoderne. *Ch. Moore, Wohnhäuser am Tegeler Hafen, Berlin*

Poster ['pəʊstə; engl.], [künstler.] Plakat, vorwiegend für dekorat. Zwecke.
poste restante ['pɔst rɛs'tãt; frz.], postlagernd.
post festum [lat.; = nach dem Fest], zu spät, hinterher.
posthum ↑postum.
Postille [mlat.], ma. schulmäß. Bibelauslegung; auch Slg. v. Predigten; im Gottesdienst verlesen od. für die häusl. Erbauung.
Postillion [lat.], Postkutscher.
Postleitzahl, Kennziffer für Postleitgebiete, in Dtl. 1943 eingeführt; s. 1993 in der BRD fünfstell. Kennziffern.
Postmoderne, zentraler Begriff der Kulturtheorie, in der Architektur seit Mitte der 1970er-Jahre Abkehr v. Funktionalismus u. Rationalismus; heute allg. verwendet.
Postojna (dt. Adelsberg), St. in Slowenien, 6300 E; nahebei die *Adelsberger Grotten* (slowen. Postojnska jama), Karsthöhlen im Kreidekalk.
Postskript[um] [lat.], Abk. PS, Nachschrift.
Postulat [lat.]: **1)** [sittl.] Forderung; **2)** Denkforderung, die sachl. oder begriffl. notwendig, jedoch nicht beweisbar ist.
postum [lat.] (posthum), nachgeboren (nach dem Tod des Vaters); nachgelassen (Schriften u.a.).
Post- und Fernmeldewesen, Zweig des öffentl. Sektors Dienstleistungen, der Nachrichten-, Personen-, Güter- u. Zahlungsverkehr sowie andere Verkehrsbereiche umfassen kann. Durch das Poststrukturgesetz von 1989 wurde die Dt. Bundespost in 3 Teilbereiche (öffentl. Unternehmen) gegliedert, in *Postdienst* (Brief- u. Paketdienst), *Postbank* (Postgiro- u. Sparkassendienst) u. *Telekom* (Fernmelde- u. Telekommunikationsdienste).
Postwertzeichen ↑Briefmarke.
potemkinsche Dörfer ↑Potjomkin, Grigori Alexandrowitsch.
Potentat [lat.], Machthaber, regierender Fürst.
Potentialis [lat.], Möglichkeitsform des Verbs.
Potentiometer (Spannungsteiler, Stellwiderstand), elektr. Widerstand mit 2 Anschlüssen an den Enden u. einem verstellb. Abnehmer. Liegt Spannung an den Enden, kann eine belieb. Teilspannung zw. einem Ende u. dem Abnehmer abgegriffen werden.
Potenz [lat.]: **1)** Fähigkeit zum Geschlechtsverkehr, Zeugungsfähigkeit; **2)** Bez. für ein Produkt gleicher Faktoren, z.B. $a^3 = a \cdot a \cdot a$; *a* ist die *Basis* (Grundzahl), 3 der *Exponent* (Hochzahl); **3)** philos. Bez. für die unentfaltete Möglichkeit im Ggs. zur eigtl. entfalteten Wirklichkeit *(Akt)*.
Potenzial [lat.]: **1)** Leistungsfähigkeit, z.B. Wirtschafts-P., Kriegs-P.; **2)** allg. Funktion mehr. physikal. Größen (z.B. Ortskoordinaten, Temp., Druck u.a.), aus der sich durch Differenziation nach diesen Größen andere physikal. Größen ergeben; i.e.S. sind P.e skalare Ortsfunktionen, aus denen sich durch Gradientenbildung die Kraftfelder bzw. Feldstärken herleiten lassen, z.B. das den Massen der Körper u. dem Kehrwert ihres Abstandes proportionale *newtonsche Gravitations-P.* In der Mech. auch svw. potenzielle ↑Energie 2). – Das *elektr[ostat.]. P.* bestimmt den Zustand des elektr. Feldes, das einen geladenen Körper umgibt. Die *P.differenz* zw. 2 Punkten in diesem Feld liefert die zw. diesen Punkten bestehende elektr. Spannung.
potenziell, möglich.
potenzieren: 1) ein Produkt aus gleichen Faktoren bilden (Math.); **2)** die Wirkung [eines Arznei- od. Narkosemittels] verstärken.
Potiphar, bibl. Gestalt; Kämmerer u. Befehlshaber der pharaon. Leibwache, in dessen Haus Joseph, Sohn Jakobs, diente.
Potjomkin, Grigori Alexandrowitsch, Fürst Tawritscheski, * 1739, † 1791, russ. Feldherr u. Politiker; Günstling Katharinas II., d. Gr.; soll ihr auf einer Krimreise Dorfattrappen gezeigt haben, um Wohlstand vorzutäuschen; daher *potemkinsche Dörfer* sprichwörtl. für Trugbilder, Vorspiegelungen.
Potpourri ['pɔtpuri; frz.], aus versch. Melodien zusammengesetztes Musikstück.
Potsdam: 1) Hptst. von Brandenburg, 1952–90 auch Hptst. von 2), Nachbarstadt von Berlin, an der Havel, 138700 E; Hochschulen, Sternwarte, astrophysikal. Observatorium; Innenstadt im 2. Weltkrieg stark zerstört, wieder hergestellt die Nikolaikirche (1830–37 von ↑Schinkel erbaut); im Park von Sanssouci Schloss Sanssouci (1745–47) u. das Neue Palais (1763–69); der Park mit Schloss Charlottenhof; Filmproduktion, Maschinenbau, Textil-, chem.-pharmazeut. Ind. – 1685–1918 brandenburg.-preuß. Residenz neben Berlin. **2)** 1952–90 Bez. in der ehem. DDR, 12568 km², 1,12 Mill. E; umfasste das westl. von Berlin gelegene Gebiet von Bbg., zw. der Prignitz u. dem Fläming, mit mehr. Moränenzügen, feuchten Niederungen (Havel), Heide- u. Waldlandschaften; in der Nähe Berlins industriereich.
Potsdamer Abkommen, von den USA, der UdSSR u. Großbrit. auf der *Potsdamer Konferenz* (17. 7. – 2. 8. 1945) beschlossene Vereinbarung über die polit. u. wirtsch. Grundsätze für das gemeinsame Vorgehen in Dtl., Bestätigung des Alliierten Kontrollrats u. der Einteilung Dtl.s in 4 Besatzungszonen bei Wahrung der Wirtschaftseinheit, Entmilitarisierung, Reparationen, Demontagen, Bestrafung der Kriegsverbrecher, Unterstellung der dt. Gebiete östl. der Oder-Neiße-Linie unter poln. bzw. des N-Teils v. Ostpreußen unter sowj. Verw. bis zum Friedensvertrag.
Pottlasche [niederl.], Kaliumcarbonat (K_2CO_3), zur Herst. von Seife und Glas.

Pottwale, Fam. der Zahnwale; 2 Arten: *Gemeiner Pottwal,* ♂ bis 20 m lang, heute nahezu ausgerottet; *Zwergpottwal,* bis 4 m lang, selten.
Poulenc, Francis [pu'lɛ̃k], * 1899, † 1963, frz. Komponist; Mitgl. der Gruppe der „Six" in Paris, komponierte v. a. vokal. best. Werke, u. a. Opern, Ballette, Chorwerke, Kammermusik.
Pound, Ezra [Loomis] [paʊnd], * 1885, † 1972, amer. Dichter; bed. Anreger des Imagismus; „Cantos", über 100 Gedichte im Konversationston, die zeitkrit.-polit. Aussagen mit einer Fülle mythol., histor. u. literar. Überlieferungen verbinden; lebte s. 1909 in Europa, in den USA wegen profaschist. Reden polit. umstritten.
Pound [paʊnd; engl.]: **1)** Pfund, engl. Gewichtseinheit (453,592 g); **2)** brit. Währungseinheit *(P. Sterling).*
Pour le Mérite [purləme'rit; frz.; = für das Verdienst], 1740 von Friedrich II., dem Gr., gestifteter, 1810–1918 auf mil. Verdienste beschränkter preuß. Orden. 1842 Schaffung einer Friedensklasse für Verdienste in Kunst u. Wiss. (1952 erneuert).
Poussin, Nicolas [pu'sɛ̃], * 1594, † 1665, frz. Maler; Repräsentant des heroisch-klass. Stils.
Powerplay ['paʊəpleɪ; engl.], im Eishockey gemeinsames, anhaltendes Anstürmen aller Feldspieler auf das gegner. Tor.
Pozzuoli, ital. Stadt am Golf von Neapel, 77 600 E; Dom auf den Grundmauern eines augusteischen Tempels, röm. Ruinen (u. a. Amphitheater); Masch.-Bau, Gummiind.; Thermalbad.
pp, Zeichen für ↑pianissimo.
pp., Abk. für: ↑**p**er **p**rocura.
ppa., Abk. für: ↑**p**er **p**rocur**a**.
ppm, Abk. für engl.: **p**arts **p**er **m**illion; = Teile auf eine Million (bei der Angabe von Konzentrationen).
Pr, Symbol für ↑Praseodym (☐).
prä..., Prä... [lat.], Vorsilbe; Bed.: „vor, voran, voraus".
Präambel [lat.], Einleitung, Vorrede, Eingangsformel (b. Gesetzen und Verträgen).
Prädestination [lat.], göttl. Vorherbestimmung u. -entscheidung über das eschatologische Heil oder Unheil d. Menschen.
Prädikant [lat.], ev. [Hilfs]prediger.
Prädikat [lat.]: **1)** Bewertung, Zensur; **2)** Rangbez., Titel (beim Adel); **3)** Satzaussage; Satzteil, der etwas über das Subjekt aussagt (Gramm.).
Praetorius (Prätorius), Michael, eigtl. M. Schultheiß, * 1571, † 1621, dt. Komponist u. Musikschriftsteller; Werke aller Gattungen weltl. und geistl. Musik.
Präfekt [lat.]: **1)** hoher Zivil- od. Militärbeamter im alten Rom; **2)** oberster Verw.-Beamter eines frz. Dép. bzw. einer ital. Provinz.
Prag (tschech. Praha), Hptst. der Tschech. Rep., an der Moldau, 1,21 Mill. E; Univ., TH u. a. Hochschulen, Akad. der Wiss., bed. Bibliotheken und Museen; P. ist bes. geprägt durch die spätgot. Bauten aus der Zeit Karls IV. (Burg auf dem Hradschin; Dom, 1344–85; Karlsbrücke u. a.) und die barocken Bauten (St. Nikolaus auf der Kleinseite und viele Adelspaläste); Masch.-, Fahrzeug-, Metall-, Textil-, Papier-, Nahrungsmittel- und chem. Ind.; internat. Messe, Fremdenverkehr; Untergrundbahn; Fluss-⚓, internat.

Potsdam. *Nikolaikirche (1830–37) von K. F. Schinkel und Rathaus (1753–55)*

Prag. *Blick über Moldau und Karlsbrücke auf den Hradschin und Sankt-Veits-Dom*

⚔. – Im 8. Jh. erstmals erwähnt, erlangte Bed. v. a. durch das 973 gegr. Bistum (s. 1344 Erzbistum) und als Residenz der Przemysliden; im 12. Jh. Niederlassung dt. Kaufleute; im 14. Jh. Blüte als Residenz Ks. Karls IV.; im 19. Jh. Zurückdrängung des Deutschtums; wurde 1918 Hptst. der neugegründeten Tschechoslowakei; s. 1993 Hptst. der Tschech. Rep. – Der 1. *P.er Fenstersturz* (1419) leitete die Hussitenkriege ein, der 2. *P.er Fenstersturz* (1618) den Dreißigjähr. Krieg.

Prägedruck: 1) Druckverfahren, bei dem Schrift od. Bild reliefartig *(Reliefdruck),* erhaben od. vertieft, erscheinen; **2)** Aufdrucken haltb. Prägemuster auf Textilien (aus Chemiefasern) mit heißen *Prägewalzen.*

pragmatisch [gr.], anwendungs-, handlungs-, sachbezogen; sachl., auf Tatsachen beruhend.

Pragmatische Sanktion, svw. Staatsgrundges.; im Besonderen das Hausges. Ks. Karls VI. v. 1713, das die Unteilbarkeit der habsburg. Länder festlegte u. die weibl. Erbfolge zuließ. – Die *P. S. v. Bourges,* v. Kg. Karl VII. v. Frkr. 1438 erlassen, schränkte die Einflussnahme des Papstes auf die frz. Kirche zugunsten des Kg. ein (1461/67 aufgehoben).

Pragmatismus [gr.], i. w. S. jede Weltanschauung u. Philos., die das Handeln über die Vernunft stellt u. die Wahrheit von Ideen u. Theorien nur nach ihrem Erfolg misst; der P. i. e. S. versteht den Menschen ausschließl. als handelndes Wesen.

prägnant [lat.], treffend, knapp.

prähistorisch, vorgeschichtlich.

Prahm, kastenförm. Wasserfahrzeug, Arbeits- u. Transportschiff.

Präjudiz [lat.]: **1)** eine vorgefasste Meinung, Vorentscheidung; **2)** [höchst]richterl. Entscheidung, die bei Beurteilung künft. ähnl. Rechtsfälle richtungweisend ist.

Präkambrium ↑Geologie, Formationstabelle.

Präkanzerose [lat.], Vorstadium eines Krebses (z. B. chron. Veränderungen oder Entzündungen).

Praktik [gr.], Handhabung, Verfahren; Kniff, Kunstgriff.

Praktikant, Berufsanwärter in prakt. Ausbildung.

Prälat [lat.]: **1)** in der kath. Kirche geistlicher Würdenträger (Bischof u. a.); auch Ehrentitel *(päpstl. Haus-P.);* **2)** in einigen ev. Landeskirchen die Leiter von Kirchensprengeln.

Präliminarien [lat.], [diplomat.] Vorverhandlungen.

Präludium [lat.], meist frei improvisiertes Vorspiel; auch selbst. Instrumentalstück (𝄞).

Prämie [lat.]: **1)** Belohnung für bes. Leistungen; **2)** Vergütung; **3)** vertragl. vereinbartes Entgelt des Versicherungsnehmers für die Gewährung von Versicherungsschutz; **4)** Sondergewinn in einer Lotterie.

Prämienanleihe (Losanleihe), Anleihe, bei der neben od. anstelle v. regelmäß. Zinszahlungen lotteriemäß. ausgespielte Prämien gezahlt werden.

Prämienlohn ↑Lohn.

Prämisse [lat.], Voraussetzung; Vordersatz eines Schlusses (Philos.).

Prämonstratenser, 1120 von Norbert v. Xanten in Prémontré bei Laon begr. Reformorden der Augustiner-Chorherren; weiße Ordenstracht.

Prandtauer, Jakob, * 1660, † 1726, östr. Baumeister u. Bildhauer des Spätbarocks; Erbauer des Stiftes Melk.

Pranger, Schandpfahl (oft mit Halseisen), an dem Verbrecher öff. zur Schau gestellt wurden.

Präparat [lat.], kunstgerecht Zubereitetes, z. B. Arzneimittel; konservierter Pflanzen- od. Tierkörper.

Präposition [lat.], Verhältniswort; bezeichnet das Verhältnis eines Dinges zu einem anderen, z. B. in, auf (Gramm.).

Präputium [lat.], svw. ↑Vorhaut.

Präraffaeliten, Bruderschaft brit. Künstler, 1848 gegr. von D. G. Rossetti, W. H. Hunt, J. E. Millais, hinzu kamen W. Morris u. E. Burne-Jones; Ziel: Befreiung der Kunst von Akademismus u. Klassizismus; Vorbilder: die ital. Maler des 15. Jh. (Vorläufer Raffaels).

Prärie [lat.-frz.], Grasland (Steppe) in Nordamerika zw. Mississippi u. Great Plains; teilw. fruchtb. Böden, heute weitgehend Getreideanbau.

Präriehund, etwa 35 cm langes Nagetier (Erdhörnchen) der nordamer. Prärien; lebt in Kolonien in unterird. Gangsystemen.

Präriewolf (Kojote), hundeart. Raubtier der Prärien Nordamerikas.

Präsens [lat.], Gegenwartsform des Verbs, z. B. [ich] lese.

Präsent [lat.], Geschenk.

Präsenz [lat.], Anwesenheit.

Praseodym [gr.], chem. El., Symbol Pr, OZ 59, rel. A.-Masse 140,907, Metall aus der Gruppe der Lanthanoide.

Präservativ [lat.], Mittel zur Verhütung einer Schwangerschaft u. Schutz vor Ansteckung mit Geschlechtskrankheiten (↑Kondom).

Präses [lat.], [geistl.] Präs., Vorsitzender.

Präsident [lat.], Vors., Vorstand; Titel des Staatsoberhaupts einer Rep., des Parlamentsvors., des Leiters v. Verw.-Behörden u. Gerichten, Berufskammern, Verbänden, Universitäten.

Präsidialsystem, Reg.-System mit striktem Dualismus zw. Exekutive (Reg.) u. Legislative (Parlament); der Präs. (i. d. R. vom Volk direkt gewählt) ist gleichzeitig Staatsoberhaupt u. Reg.-Chef; er ist vom Vertrauen des Parlaments unabhängig, kann v. ihm nicht abgewählt werden; er kann aber auch nicht das Parlament auflösen; der Präs. hat keine Gesetzesinitiative; das Kabinett ist allein dem Präs. verantwortlich.

prätentiös, anspruchsvoll, anmaßend.

Präteritum [lat.], i. w. S. eine Vergangenheitsform des Verbs, i. e. S. svw. ↑Imperfekt.

Prätor [lat.], im frühen Rom Oberbefehlshaber des Kg., während der Rep. Diktator, s. 366/362 v. Chr. für die Rechtsprechung zuständig, s. 228/227 auch Prov.-Statthalter.

Prätorianer, kaiserl. Leibwache im alten Rom; von gr. polit. Einfluss beim Thronwechsel.

Praunheim, Rosa von, eigtl. Holger Mischwitzky, * 1942, dt. Filmregisseur („Ein Virus kennt keine Moral").

prävalent [lat.], überwiegend.

Prävention [lat.]: **1)** Zuvorkommen (z. B. mit einer Rechtshandlung); **2)** Vorbeugung; Abschreckung vor Straftaten.

präventiv [lat.], vorbeugend, verhütend; *Präventivkrieg,* Angriffskrieg, der einem voraussichtl. Angriff des Gegners zuvorkommt.

Praxis [gr.]: **1)** [Berufs]ausübung, Tätigkeit; Erfahrung durch tät. Übung; **2)** Räume für Berufsausübung, bes. eines Arztes od. Anwalts.

Praxiteles, griech. Bildhauer des 4. Jh. v. Chr., dessen Meisterwerke durch röm. Marmorkopien bek. sind: Aphrodite v. Knidos, Hermes v. Olympia (Original?).

Präzession [lat.], Drehbewegung einer Kreiselachse entlang einer Kegelfläche, durch äußere Kräfte hervorgerufen; insbes. die P. der Erdachse, die ihr durch die Gravitationskräfte des Mondes u. der Sonne und in geringerem Maße durch die Wirkung der Planeten aufgezwungen wird.

Predella [ital.], Untersatz (auf dem Altartisch) eines Flügelaltars od. des Retabels mit gemaltem oder geschnitztem Bildwerk.

Prediger [Salomo], at. Weisheitsbuch, Sentenzensammlung.

Preetz, St. sö. von Kiel, Schl.-Ho., 15200 E; alte Klosteranlage mit Kirche (14. Jh.); Nahrungsmittelind., Dachpappenherstellung.

Pregel, Hauptfl. Ostpreußens, vom Zusammenfluss der Quellflüsse Angerapp u. Inster an 128 km; mündet westl. von Königsberg (Pr) ins Frische Haff.

Preis: 1) der meist in Geld ausgedrückte Marktwert einer Ware oder Dienstleistung; auf einem funktionierenden Markt wird der P. durch das freie Spiel von Angebot u. Nachfrage bestimmt; auf unvollkommenen Märkten wird der P. vom Anbieter oder vom Nachfrager oder auch vom Staat festgelegt; neben den freien u. den staatl. festgesetzten Mindest-, Höchst- u. Fest-P.en unterscheidet man Erzeuger-, Großhandels- u. Einzelhandels-P., Einstands-P. (Einkaufs-P. zuzügl. Transport u. a. Nebenkosten) u. Verkaufs-P. u. a.; **2)** Auszeichnung, Belohnung.

Preisbindung, gesetzl. od. vertragl. Verpflichtung des Einzelhandels zur Einhaltung best. Preise beim Verkauf. Die früher vielfach übliche *P. der zweiten Hand* ist, ausgenommen bei Verlagserzeugnissen, in der BRD verboten. Zulässig ist lediglich die Preisempfehlung.

Preiselbeere [slaw.; dt.] (Kronsbeere), ein Heidekrautgewächs; Zwergstrauch an trockenen, torf. Stellen mit roten, erbsengr., herbsauren Beeren.

Preis|index, von der amtl. Statistik erstellte Indexziffer zur Erfassung der Preisbewegungen bei Waren und Dienstleistungen, die von privaten Haushalten für die Lebenshaltung in Anspruch genommen werden. Erfasst werden die Preisänderungen, nicht die tatsächl. Lebenshaltungskosten.

Preisniveau [-nivo], die jeweilige Höhe der Güterpreise; erfasst im repräsentativen Preisindex für alle Güter einer Volkswirtschaft, in dem die einzelnen Güter entsprechend ihrer Bed. für die Gesamtversorgung berücksichtigt werden.

Preiss, Wolfgang, * 1910, dt. Schauspieler; auch zahlreiche Film- u. Fernsehrollen.

prekär [lat.], misslich, heikel, bedenklich.

Prellbock, Vorrichtung an Gleisenden zum Anhalten von Wagen.

Prellung, Verletzung durch stumpfe Gewalteinwirkung, meist mit Quetschung v. Haut u. Muskulatur.

Prélude [pre'lyd; frz.], fantasieart. Musikstück für Klavier oder Orchester.

Premier [prə'mje; frz.], Kurzbez. für *P.minister* (Regierungschef, bes. in Großbritannien).

Premiere [frz.], Erstaufführung.

Preminger, Otto, * 1906, † 1986, amer. Regisseur u. Filmproduzent östr. Herkunft („Porgy u. Bess", „Exodus").

Presbyter [gr.; = der Ältere], urchristl. Gemeindevorsteher; Priester (schon um 100 hinter den Bischöfen zurücktretend); in versch. dt. ev. Kirchen Mitgl. des Gemeindekirchenrats.

Presbyterianer, i. w. S. alle ref. Kirchenverbände; i. e. S. ref. kirchl. Gemeinschaften, die v. Schottland aus (J. Knox) die kalvinist.-hugenott. Synodalverf. verwirklichten; v. a. in Großbr. u. den USA.

Presbyterium: 1) svw. ↑ Gemeindekirchenrat; **2)** Chorraum, Altarraum einer Kirche.

Presley, Elvis ['prɛslɪ], * 1935, † 1977, amer. Sänger u. Gitarrist. Löste als Rock-'n'-Roll-Sänger weltweite Begeisterung aus.

Preßburg (slowak. Bratislava, ungar. Pozsony), Hptst. der Slowak. Republik u. Verw.Sitz des Westslowak. Bez., an der Donau, 446700 E; Univ., TH, Akad. der Wiss.; got. Martinsdom, Altes Rathaus (15. Jh.), Burgruine; Textil-, Metall-, Nahrungsmittel-, chem. Ind.; Messe; Fluss-⚓, ✈.

Presse [lat.(-frz.)]: **1)** Vorrichtung zum Zusammendrücken, Formen od. Entwässern v. Stoffen in vielen Bereichen der Technik; **2)** i. w. S. alle Produkte der Drucker-P., die in Schrift u./od. Bild Mitteilungen an ein Publikum machen: Flugblatt, Plakat, Buch, Zeitung, Zeitschrift; i. e. S. Bez. für die Periodika Zeitung u. Zeitschrift.

Pressefreiheit, eines der Grundrechte freiheitl. Verfassungen; in der BRD in Art. 5 GG garantiertes Grundrecht.

Presserecht, Gesamtheit der Rechtsvorschriften, die die Verhältnisse der ↑ Presse 2) regeln. In der BRD Gewährleistung der *Pressefreiheit*, Verbot jeder Zensur.

Pression [lat.], Druck, Zwang.

Pressluft, svw. ↑ Druckluft.

Presslufthammer, svw. Drucklufthammer (↑ Druckluft).

Pressmassen, Gemische, die durch Erhitzen und Zusammenpressen v. Bindemitteln (meist Kunstharzen) u. Füllstoffen (Holzmehl, Glasfasern u. a.) entstehen.

Pressuregroup ['prɛʃə 'gru:p; engl.], amer. Bez. für Interessenverbände, die – oft mit Druckmitteln – auf Parteien, Parlament, Reg., Verw. u. öff. Meinung Einfluss zu gewinnen versuchen.

E. Presley

Prestige [prɛs'ti:ʒ; frz.], Ansehen, Geltung.

prestissimo [ital.], sehr schnell.

presto [ital.], schnell (𝄞).

Pretoria, Reg.-Sitz der Rep. Südafrika u. Hptst. von Transvaal, 823000 E; 2 Univ., Museen, vielseit. Ind. – Gegr. 1855.

Preußen, histor. Territorium; urspr. das aus dem Staat des Dt. Ordens hervorgegangene Hzgt. (↑ Ostpreußen), das 1618 mit ↑ Brandenburg vereinigt u. durch Friedrich Wilhelm, den Gr. Krfst., von der poln. Lehnshoheit befreit wurde; 1701 Name des in P. begr. Kgr., das aber auch die anderen Länder der Hohenzollern umfasste. 1720 Erwerb v. Vorpommern bis zur Peene. Im Innern Verw.-Reformen, stärkere Zentralisierung, Errichtung eines schlagkräft. Heeres. Friedrich II., d. Gr., erwarb Ostfriesland u. durch die Schles. Kriege Schlesien. Bei den 3 Teilungen Polens gewann P. West-P., das Ermland, den Netzedistrikt u. a. und wurde neben Östr. europ. Großmacht. Nach der Niederlage gg. Napoleon I. b. Jena u. Auerstedt (1806) Verlust der Hälfte des Staatsgebiets (Friede von Tilsit 1807). Innere Reformen durch Stein, Hardenberg und Scharnhorst (u. a. Bauernbefreiung, Städteordnung, Judenemanzipation, Heeresreform, Bildungsreform). 1813–15 Befreiungskriege, auf dem Wiener Kongress (1814/15) Gewinn des Restes v. Vorpommern, der Rheinprov., v. Westfalen u. fast der Hälfte des Kgr. Sachsen. 1848 Märzrevolution in Berlin, 1849 Ablehnung der dt. Ks.-Krone durch den Kg., 1850 neue Verf. (Dreiklassenwahlrecht); 1862 Berufung O. v. Bismarcks zum Min.-Präs., 1864 Krieg gg. Dänemark, 1866 gg. Östr. und dessen Verbündete, 1870/71 Dt.-Frz. Krieg, 1871 Zusammenschluss der süddt. Staaten (außer

Östr.) mit dem Norddt. Bund zum Dt. Reich, einem B.-Staat mit dem preuß. Kg. als erbl. dt. Ks., Bismarck als preuß. Min.-Präs. auch R.-Kanzler. 1918 Verzicht Ks. Wilhelms II. auch als preuß. Kg., P. wird Rep.; 1919 Gebietsverluste durch den Versailler Vertr.; 1932 Gleichschaltung d. Reg. Preußens mit dem Reich; nach dem 2. Weltkrieg 1947 durch Kontrollratsges. formell aufgelöst.

Preußler, Otfried, * 1923, dt. Schriftsteller; namhafter Kinderbuchautor („Die kleine Hexe", „Der Räuber Hotzenplotz").

Prévert, Jacques [pre'vɛ:r], * 1900, † 1977, frz. Dichter; „Gedichte u. Chansons"; Drehbücher („Die Kinder des Olymp").

Prévost, Marcel [pre'vo], eigtl. Eugène Marcel, * 1862, † 1941, frz. Schriftsteller; psychol. und Gesellschaftsromane.

Prey, Hermann, * 1929, † 1998, dt. Sänger (Bariton).

preziös [frz.], kostbar; geziert.

Priamos, in der griech. Mythol. Kg. v. Troja; Vater v. 50 Söhnen u. 50 Töchtern, darunter Hektor, Paris, Kassandra.

Priel [niederdt.], Wasserrinne im Wattengebiet der Nordsee.

Priester [gr.], in den meisten Religionen durch Weihe bestellter, oft gesondert lebender *(P.kaste, P.sippe)* Träger bes. relig. Charismas, Mittler zur Gottheit, Leiter von Kult, Opfer, Gebet, myst., mag. u. myth.-relig. Unterweisung u. Hüter des Heiligtums; *Amts-P.tum* in der kath. und orth. Kirche (durch *P.weihe* begr.), daneben allg. P.tum aller Gläubigen (gemeinchristl. Lehre).

Priestley ['pri:stlı], John [Boynton], * 1894, † 1984, engl. Schriftsteller; Romane, Dramen („Ein Inspektor kommt").

Prim [lat.]: **1)** Morgengebet des Stundengebets; **2)** im Fechtsport Klingenhaltung, bei der die nach vorn gerichtete Klinge abwärts zeigt.

Prim[e] [lat.], erste Stufe der Tonleiter; als Intervall Einklang.

Prima [lat.], Bez. für die beiden obersten Klassen des Gymnasiums *(Unter-* und *Oberprima).*

Primaballerina [ital.], erste Solotänzerin, Tänzerin der Hauptrolle (Ballett).

Primadonna [ital.], Sängerin der Hauptpartie in der Oper.

primär [lat.], urspr., wesentlich.

Primär|energie, Energieinhalt fossiler Brennstoffe (Kohle, Erdöl, Erdgas), des Urans, regenerativer Energiequellen (Wasserkraft, Solar-, Windenergie, Gezeiten, Erdwärme), der in *Sekundärenergie* (elektr. Energie, Wärme, mechan. Arbeit) umgewandelt wird.

Primarstufe, die Grundschule (1.–4. Schuljahr).

Primary ['praımərı], in allen Staaten der USA gesetzl. vorgeschriebene Vorwahl, die der Kandidatenaufstellung für öffentl. Wahlen, in 31 Staaten auch bei Präsidentschaftswahlen, dient.

Primat [lat.], Vorrang, bevorzugte Stellung.

Primaten (Herrentiere), Säugetierordn., umfasst Halbaffen u. Affen, schließt zoolog. den Menschen ein.

Primel [lat.] (Himmelsschlüssel, Schlüsselblume), Gatt. der P.gewächse; meist Kräuter mit trichter- od. tellerförm. Blumenkrone.

primitive Kunst, im 19. Jh. geprägte Bez. für die Kunst der Naturvölker sowie der Völker vorgeschichtl. Zeit; Wurzeln in der Magie, im Götzen- u. Totenkult; die Anfänge zeigen einen Naturalismus (Ritzzeichnungen u. Malereien von Jagdtieren in Felsen u. Höhlen); Plastik in Holz, Ton u. Stein (Figuren, Masken, Totempfähle), Töpferkunst, Weberei.

Primiz [lat.], feierl. Messe eines neu geweihten kath. Priesters.

Primo de Rivera y Saenz de Heredia [- ðe rri'βera i 'saenð ðe e'reðja], José Antonio, Marqués de Estella, * 1903, † 1936, span. Politiker; 1933 Gründer der ↑Falange, im Bürgerkrieg erschossen.

Primogenitur [lat.], Erstgeburtsrecht; Vorzugsrecht des [fürstl.] Erstgeborenen u. seiner Linie bei der Erbfolge.

Primus [lat.], [Klassen]erster; *P. inter Pares,* Erster unter Gleichen.

Primzahl, eine nur durch 1 u. durch sich selbst ohne Rest teilb. natürl. Zahl; 2, 3, 5, 7, 11 usw.

Prince [prıns], s. 1996 **Symbol,** * 1959, amer. Rocksänger, Schauspieler; Album „Purple Rain".

Princeton ['prınstən], Stadt in New Jersey, USA, 14 200 E; bed. Universität (gegr. 1746).

Prinz, weibl.: *Prinzessin,* Titel nichtregierender Mitgl. souveräner Fürstenhäuser.

Prinzregent, Stellvertr. aus d. Familie eines an der Ausübung der Reg. verhinderten Monarchen.

Prionen, infektiöse Partikel uneinheitl. Größe, die überwiegend aus Protein bestehen. P. sind die Ursache u. a. von ↑BSE, ↑Creutzfeldt-Jakob-Krankheit.

Prior [lat.], kath. [Kloster]vorsteher; Stellvertr. des Abtes.

Priorität [lat.], Vorrecht, Vorrang; Vorzugsrecht; *P.saktien,* svw. ↑Vorzugsaktien.

Pripjet, r. Nbfl. des Dnjepr, 775 km.

Prise [frz.]: **1)** Seebeute; von einer Krieg führenden Macht aufgebrachtes feindl. od. ↑Konterbande 1) führendes neutrales Schiff bzw. dessen beschlagnahmte Ladung; **2)** so viel [Tabak, Salz u. a.], wie zw. 2 Fingern zu greifen ist.

Prisma [gr.]: **1)** Polyeder aus 2 kongruenten Vielecken (*n* Ecken) in zueinander parallelen Ebenen als Grund- bzw. Deckfläche und Parallelogrammen als Seitenflächen; sind diese rechtwinklig, heißt das P. *gerade,* andernfalls *schief* (Math.); **2)** Körper aus durchsicht., lichtbrechendem Material, mind. v. 2 sich schneidenden Ebenen begrenzt, meist als 3-seit. P.; verw. zur Erzeugung eines Spektrums, für starke Richtungsänderung von Lichtstrahlen bzw. Bildumkehr u. Ä.

Prismenfernrohr, Fernrohr mit totalreflektierendem Prismensystem im Strahlengang, um aufrechte u. seitenricht. Bilder zu erhalten.

privatim, persönl., vertraulich.

Privatisierung, Überführung öff. Vermögens in Privathand.

Privatklage, durch eine Privatperson ohne Mitwirkung der Staatsanwaltschaft erhobene Anklage; zulässig u. a. bei Beleidigung, Sachbeschädigung, Körperverletzung. Bei öff. Interesse kann die Staatsanwaltschaft die Strafverfolgung übernehmen.

Privatschulen, nichtöff., d. h. nicht vom Staat oder von den Selbstverw.-Körperschaften unterhaltene Schulen; Träger sind Kirchen, Vereine, Stiftungen oder Privatpersonen; staatlich anerkannte P. unterstehen der staatl. Schulaufsicht, während die übrigen ledigl. anzeigepflichtig sind.

Privileg [lat.], Vor-, Sonderrecht.

pro..., Pro... [lat.], Vorsilbe; Bed.: **1)** vor[her]; **2)** für, zu jemandes Gunsten; **3)** anstelle von.

pro anno [lat.], Abk. p. a., jährlich.

probat [lat.], erprobt, bewährt.

Probezeit, 1. die mind. ein- bis höchstens 3-monatige gesetzl. Eingewöhnungs- u. Bewährungszeit zu Beginn eines Berufsausbildungsverhältnisses; 2. Zeitraum der Eingewöhnung u. Erprobung des Arbeitnehmers, in dem für eine Kündigung nur die gesetzl. Mindestfristen gelten.

Prochorow, Alexandr Michailowitsch, * 1916, sowj. Physiker; Arbeiten zur Quantenelektronik; Nobelpreis 1964.

Prodi, Romano, * 1939, ital. Politiker; 1996–98 Min.-Präs., s. 1999 Präs. der Europ. Kommission.

pro domo [lat.; = für das (eigene) Haus], in eigener Sache.
Produkt [lat.]: **1)** wirtschaftl.: das Erzeugnis, das Ergebnis eines Produktionsprozesses; **2)** Math.: Ergebnis einer ↑ Multiplikation.
Produktionsgüter, Güter, die als Rohstoffe u. Halbfabrikate weiterverarbeitet werden; die Gesamtheit der Betriebe, die P. herstellen, heißt *Produktionsgüterindustrie.*
Produktivität: 1) Fruchtbarkeit, Schaffenskraft; **2)** Ergiebigkeit des Wirtschaftsprozesses.
Produktivkapital, das als produziertes Produktionsmittel zur Güterherst. eingesetzte Kapital.
Produktpiraterie, illegales Kopieren v. a. von hochwertigen Markenartikeln.
produzieren, schaffen, erzeugen; *sich p.,* sich zur Schau stellen.
Prof., Abk. für: **Prof**essor.
Pro Familia [lat.], Dt. Ges. für Sexualberatung u. Familienplanung e.V.; 1952 gegr.; konfessionell u. polit. neutral.
profan [lat.], ungeheiligt, gemein, weltl., alltäglich; *Profanbauten,* nichtkult. Bauten; Ggs. Sakralbauten; *profanieren,* entweihen, entheiligen; *Profanierung* (Profanation), Entweihung.
Profession, Beruf, Gewerbe.
Professional [auch: prɔ'fɛʃənl; engl.]: **1)** Berufssportler; **2)** jemand, der etwas berufsmäßig, fachmänn. betreibt.
Professor [lat.], Abk. Prof.: **1)** Hochschullehrer; **2)** in einigen Ländern Titel für Lehrer an höheren Schulen (z. B. Frkr., Östr.); **3)** Titel als Anerkennung für hervorragende wiss. oder künstler. Leistungen.
Profi, Kurzw. für ↑ Professional.
Profil [ital.]: **1)** Seitenansicht [eines Gesichtes], Umriss; **2)** das vorspringende Einzelglied eines Baukörpers, z. B. am Gesims (⊞); **3)** Vertikalschnitt, z. B. Walz-P. b. Form- u. Stabstahl; **4)** Riffelung b. Gummireifen u. Ä.
Profit [frz.-niederl.], der Ertrag des in den Produktionsprozess eingesetzten Produktionsfaktors Kapital (Verzinsung, Pioniergewinn, Marktlagengewinn). Das Verhältnis des Gewinns zum eingesetzten Kapital heißt *Profitrate;* allg. svw. Nutzen, Gewinn.
pro forma [lat.], der Form halber, zum Schein.
profund [lat.], tief, gründlich.
Progesteron [Kw.], svw. Gelbkörperhormon (↑ Gelbkörper).
Programm [gr.]: **1)** Plan, Ziel, Darlegung von Grundsätzen; **2)** festgelegte Folge; **3)** Theaterzettel; **4)** systemat. Zusammenstellung der zur Steuerung eines Ablaufs (z. B. bei elektron. Rechenanlagen) erforderl. Einzelschritte (Rechenoperationen); **5)** Gesamtheit der im Hörfunk u. Fernsehen ausgestrahlten Sendungen.
Programmiersprache, in der Datenverarbeitung verwendetes System von Symbolen (Code) u. Festlegungen, die die Art u. Reihenfolge angeben, in der die Symbole zu sinnvollen, für die EDV-Anlage „verständl." Mitteilungen kombiniert werden können; verschiedene P.n für unterschiedl. Zwecke, z. B. ALGOL, BASIC, FORTRAN, PROLOG u. a.
Programmmusik, Musik, der ein außermusikal. Programm zugrunde liegt, dieses aber durch musikal. Effekte wiederzugeben versucht (auch Tonmalerei); u. a. bei H. Berlioz, F. Liszt, F. Smetana, R. Strauss.
Progression [lat.], Steigerung, Fortschreiten.
progressiv, fortschrittlich.
progressive Paralyse, fortschreitende Gehirnerweichung als Spätfolge der Syphilis.
Prohibition [lat.], staatl. Verbot der Alkoholherst. u. -abgabe (z. B. 1919–33 in den USA).
Projekt [lat.], Plan, Entwurf.
Projektion [lat.]: **1)** Abb., bei der die Bildfigur dadurch entsteht, dass man v. den Punkten der Originalfigur aus parallele Geraden zeichnet *(Parallel-P.)* od. Geraden durch einen Pt. *(P.szentrum)* gehen lässt *(Zentral-P.)* u. diese mit der Bildebene zum Schnitt bringt; Schnittpt. sind die *Bildpt.* (Math.); **2)** Abb. von Gegenständen mit P.sapparaten auf Bildschirmen.
Projektions|apparat (Projektor, Bildwerfer), Gerät zur Erzeugung eines reellen vergrößerten Bildes auf einer Bildwand; *Episkop,* P. für undurchsicht., *Diaskop* für durchsicht. Bilder, *Epidiaskop* für beide Arten.
Proklamation [lat.], Bekanntmachung, Aufruf; *proklamieren,* verkünden, öff. bekannt geben.
Prokofjew, Sergei Sergejewitsch, * 1891, † 1953, russ. Komponist; vielseit. Werk, u. a. Opern („Die Liebe zu den drei Orangen"), Ballette („Romeo und Julia"), das sinfon. Märchen „Peter u. der Wolf", Sinfonien.
Prokonsul [lat.], im Röm. Reich Konsul, der nach Ablauf des Amtsjahres Provinzstatthalter wurde.
Prokrustes (auch Damastes od. Polypem[on]), Riese der griech. Sage, der Wanderer durch Abhacken od. Strecken der Gliedmaßen einem Bett *(P.bett)* anpasst.
Prokura [ital.], die dem *Prokuristen* vom Inhaber eines Handelsgeschäftes erteilte Vollmacht, gerichtl. u. außergerichtl. Geschäfte und Rechtshandlungen vorzunehmen; kann einem Einzelnen *(Einzel-P.)* od. mehreren gemeinsam *(Gesamt-P.)* erteilt werden.
Prokurator [lat.]: **1)** in der röm. Ks.-Zeit Titel für kaiserl. leitende Beamte der Hof- u. R.-Verw.; auch Statthalter kleinerer Prov.; **2)** Prozessvertr. oder Geschäftsträger eines Ordens beim Hl. Stuhl *(Gen.-Prokurator).*
Prokurist ↑ Prokura.
Prokyon, der hellste Stern (α) im Sternbild ↑ Canis Minor.
Prolaktin [lat.] (Laktationshormon), die Milchsekretion anregendes Hormon des Hirnanhangs.
Prolegomena [gr.], Vorbemerkungen, Einleitung.
Proletari|er [lat.], im alten Rom die unterste, vermögenslose Bev.-Schicht (von Steuern und Heeresdienst befreit); heute Angehörige des *Proletariats,* soz. Klasse der rechtl. freien, wirtsch. abhäng. Lohnarbeiter, im Marxismus die durch das gemeinsame Bewusstsein ihrer Lage zur revolutionären Auflösung der bürgerl. Gesellschaft berufene Klasse.
Prolog [gr.], Vorrede, -spiel.
Prolongation [lat.], Verlängerung, z. B. der Laufzeit eines Wechsels.
Prometheus, Gestalt der griech. Mythol.; den Menschen freundl. gesinnter Titan; weil er versuchte, Zeus zu täuschen, u. den Menschen das Feuer brachte, an einen Felsen geschmiedet; ein Adler frisst tägl. an seiner Leber (die nachts wieder nachwächst).
Promethium [gr.], künstl. erzeugtes, radioakt. chem. El., Symb. Pm, OZ 61.
pro mille [lat.], je Tausend, Zeichen ‰, Abk. p. m.; *Promille.*
Promiskuität [lat.], der Geschlechtsverkehr mit ständig wechselnden Partnern.
Promoter [engl.], Veranstalter von Berufssportwettkämpfen od. von Konzerten, Tourneen u. Ä.
Promotion [lat.], Erwerbung bzw. Verleihung d. Doktorgrades.
Pronomen [lat.], Wort, das ein Nomen vertritt, Fürwort; Arten: Possessiv-, Personal-, Demonstrativ-, Relativ-, Interrogativ- und Indefinitpronomen.
prononciert [prɔnɔ̃si:rt; frz.], scharf betont, deutlich.
Propaganda [lat.], Versuch, mittels geeigneter Publikationsmittel und Werbemethoden die [polit.] Meinung anderer zu beeinflussen; Werbetätigkeit.

Propan [gr.], C_3H_8, brennb., gasförm. KW-Stoff; Brenn- u. Treibstoff (↑Flüssiggas).
Propeller [lat.] ↑Flugzeug.
Properz (Sextus Propertius), * um 50, † um 15 v. Chr., röm. Dichter aus dem Kreis des Maecenas.
Prophet [gr.], geisterfüllter [ekstat.] Sprecher der Offenbarungen numinoser Mächte, der relig. und sittl. Weisung sowie zukünft. Ereignisse öff. verkündet; außerbibl. Zarathustra, Mani, Mohammed; im A. T. v. a. Elia, Elisa, Nathan, daneben die 4 *„Großen"* (Jesaja, Jeremia, Ezechiel, Daniel) und die 12 *„Kleinen"* Propheten.
Prophylaxe [gr.], Vorbeugung.
Proportion [lat.]: **1)** Größenverhältnis; **2)** Verhältnisgleichung; Gleichung der Form $a:b = c:d$; die *Außen-* (a u. d) u. *Innenglieder* (b u. c) dürfen unter sich vertauscht werden; ihre Produkte sind gleich ($a \cdot d = b \cdot c$).
Proporz, Kurzw. aus Proportionalwahl (Verhältniswahl): **1)** Verteilung v. Sitzen u. Ämtern nach dem Verhältnis der abgegebenen Stimmen bzw. der Partei-, Konfessionszugehörigkeit o. Ä.; **2)** (östr. u. schweizer.) Verhältniswahlsystem.
Propst [lat.]: **1)** in der kath. Kirche erster Würdenträger in Dom- und Stiftskapiteln; **2)** in einigen ev. Kirchen svw. ↑Superintendent od. Inhaber eines bes. geistl. Amts.
Propyläen [gr.], Eingangstorbau monumentaler Anlagen, z. B. der Akropolis von Athen (5. Jh. v. Chr.).
Propylen [gr.], $CH_3-CH=CH_2$, gasförm., ungesättigter KW-Stoff, wird v. a. beim Kracken von Erdöl gewonnen; wicht. Rohstoff für die Kunststoffindustrie.
Prosa [lat.], freie Sprachform, keine Bindung durch Metrik od. Reim; Ggs. Poesie.
Prosaiker, Prosadichter.
Proselyt [gr.], Neubekehrter, bes. zur jüd. Religion übergetretener Heide.
Proserpina, lat. Name der Persephone (↑Hades).
Prospekt [lat.]: **1)** [perspektiv.] naturgetreue Stadt- oder Landschaftsansicht als Gemälde, Zeichnung oder Stich; **2)** [gemalter] Bühnenhintergrund; **3)** vorderer Teil des Orgelgehäuses; **4)** Werbeschrift.
Prosperität, Wohlstand, Blüte; Periode allg. wirtschaftl. Aufschwungs.
Prostaglandine [gr.; lat.], aus ungesättigten Fettsäuren in zahlr. Organen gebildete hormonähnl. Substanzen mit u. a. gefäßerweiternder (d. h. blutdrucksenkender), Wehen auslösender u. Erschlaffung der Bronchialmuskulatur hervorrufender Wirkung.
Prostata [gr.] (Vorsteherdrüse), den Anfangsteil der männl. Harnröhre umschließendes drüsig-bindegewebsartiges Organ; sondert das alkal. *P.sekret* ab (Hauptanteil des Samenergusses).
Prostitution [lat.], das Anbieten des eigenen Körpers zur Befriedigung sexueller (auch homosexueller) Bedürfnisse anderer gg. Entgelt, entweder in Häusern (Bordell) oder auf der Straße („auf den Strich gehen").
prot[o]..., Prot[o]... [gr.], Bestimmungswort; Bed.: „erster, vorderster, wichtigster".
Prot|actinium [gr.], radioakt. chem. El., Symb. Pa, OZ 91, Massenzahl des stabilsten bek. Isotops 231; Metall.
Protagonist [gr.], Hauptdarsteller, erster Schauspieler [im altgriech. Drama]; übertr. für Vorkämpfer.
Protagoras, * um 480, † um 410 v. Chr., griech. Philosoph; in Athen wegen Gottlosigkeit verurteilt; bedeutendster der älteren Sophisten; Maxime: „Der Mensch ist das Maß aller Dinge".
Protegé [prɔte'ʒe; frz.], Günstling, Schützling.
Proteide ↑Eiweiße.
Proteine ↑Eiweiße.
Protektionismus [nlat.], Wirtschaftspol., die die inländ. Wirtschaft gg. Auslandskonkurrenz schützen will.
Protektorat [lat.], Schutzherrschaft eines Staates über ein fremdes Gebiet (auch dieses selbst).
Protest [lat.]: **1)** Einspruch, Verwahrung; **2)** amtl. Beurkundung über Annahmeverweigerung bei Wechseln, über Zahlungsverweigerung bei Wechseln *(Wechselprotest)* u. Schecks *(Scheckprotest).*
Protestantismus, Gesamtheit der aus der Reformation hervorgegangenen christl. Kirchen und Bewegungen; Name von der *Protestation* der ev. Stände u. Städte gg. die kaiserl. Religionspol. auf dem Reichstag zu Speyer (1529). Neben den luth. u. ref. Bekenntniskirchen zählen zu den *Protestanten:* Anglikaner, Baptisten, Kongregationalisten, Puritaner, Quäker, Methodisten, Adventisten u. a.; sehr unterschiedl. Bekenntnis; z. T. starke ökumen. Bewegung.
Proteus, weissagender, sich in jede Gestalt verwandeln können der Meergreis der griech. Sage.
Prothese [gr.], künstl. Ersatz für fehlende Körperteile.
Protokoll [gr.]: **1)** förml. Niederschrift, Tagungsbericht, schriftl. Zusammenfassung der Ergebnisse einer Verhandlung; **2)** Gesamtheit diplomat. und völkerrechtl. gebräuchl. Formen.
Proton [gr.], physikal. Symbol p, mit einer posit. Elementarladung versehenes Elementarteilchen; Masse $m_p = 1{,}6726 \cdot 10^{-24}$ g, P. u. Neutronen bilden den A.-Kern.
Prototyp [gr.], Urbild, Muster; Inbegriff.
Protuberanzen ↑Sonne.
Proudhon, Pierre Joseph [pru'dõ], * 1809, † 1865, frz. sozialist. Schriftsteller; utop. Wirtsch.- u. Sozialtheorien („Eigentum ist Diebstahl").
Proust, Marcel [pru:st], * 1871, † 1922, frz. Romanschriftsteller; das Thema seiner Werke ist die zerstörer. Wirkung der Zeit auf Mensch u. Welt; „Auf der Suche nach der verlorenen Zeit".
Provence [prɔ'vãs], histor. Prov. in SO-Frkr., zw. unterer Rhone u. Meeralpen; mildes Klima; Landw. (Gemüse, Reis); Fremdenverkehr. – Nach Zugehörigkeit zum Fränk. Reich beim Kgr. Niederburgund (Arelat), mit diesem s. 1033 unter der Oberhoheit des Hl. Röm. Reichs; 1481 an die frz. Krone.
Provenienz [lat.], Herkunft, Ursprung [von Waren].
Provenzalisch, westroman. Spr., umfasst die Mundarten v. S-Frkr., i. e. S. die Spr. der Provence.
Providence ['prɔvɪdəns], Hptst. v. Rhode Island, USA, 161 000 E; Univ.; bed. Schmuckwaren- u. a. Ind.; ⚓, ✈.
Provinz [lat.]: **1)** im alten Rom ein erobertes Gebiet außerhalb Italiens; **2)** staatl. od. kirchl. Verw.-Einheit; **3)** das Hinterland im Ggs. zur Hauptstadt.
Provision [lat.], vorw. im Handel gebräuchl. Form der Vergütung (v. a. für Handelsvertreter), die meist in Prozenten vom Umsatz berechnet wird; P. für jedes vermittelte, tatsächl. zustande gekommene Geschäft.
Provokateur [tø:r; frz.], Aufwiegler; Spitzel, Agent.
Prozedur [lat.], Verfahren; umständl. Vorgang (ugs.).
Prozent [lat.], Zeichen %, Abk.: p. c., v. H. (= von Hundert), hundertster Teil, Hundertstel (Hinweis bei Zahlenangaben, die sich auf die Vergleichszahl 100 beziehen).
Prozess [lat.]: **1)** Verlauf, Ablauf, Entwicklung; **2)** gerichtl. Verfahren zur Entscheidung von Rechtsstreitigkeiten; nach Gegenstand des Verfahrens in ↑Zivil-, Arbeitsgerichts-, Verwaltungsgerichts- und ↑Straf-P. unterschieden; daneben

das Dienststrafverfahren, das Verfahren vor den Finanz- u. Sozialgerichten, das verfassungsgerichtl. Verfahren; geregelt in den *P.ordnungen* (ZPO, StPO).
Prozession [lat.], feierl. kirchl. Umzug (Umgang).
Prozesskosten, Gerichtskosten und außergerichtl. Kosten (Rechtsanwalts-, Gerichtsvollziehergebühren).
Prozesskostenhilfe (fr.: Armenrecht), Recht auf vollständige od. teilweise Befreiung einer minderbemittelten Prozesspartei von den Prozesskosten.
Prozessrechner, elektron. Datenverarbeitungsanlage zur Steuerung u. Regelung techn. u. chem. Prozesse.
Prschewalski, Nikolai Michailowitsch, * 1839, † 1888, russ. Asienforscher; Gen.-Major; erforschte v.a. Z-Asien, entdeckte hier den Lop Nor und Altyn Tagh; nach ihm ben. das *P.gebirge*, ein bis 7723 m hoher Geb.-Zug des Kunlun, u. das *P.pferd* (mongol. Wildpferd).
Prüfungstermin, im Konkursverfahren Termin zur Prüfung der angemeldeten Konkursforderungen.
Pruth (rumän. Prut), l. Nbfl. der Donau, 967 km, bildet im Mittel- u. Unterlauf d. rumän.-moldaw. Grenze.
Przemyśl ['pʃɛmysjl], poln. St. am San, 68 300 E; Kathedr. (14. Jh.); Holz- und Nahrungsmittelindustrie.
Przemysliden ['pʃɛ-], böhm. Herrschergeschlecht; erhielten 1198 die erbl. Königswürde, starben 1306 mit Kg. Wenzel III. in der männl. Linie aus.
Przybyszewski [pʃibi'ʃɛfski], Stanislaw, poln. Schriftsteller, * 1868, † 1927, einer der Führer des ‚Jungen Polen', naturalist. Werke mit antibürgerl. Tendenz in dt. und poln. Sprache.
PS, Abk. für: **1)** ↑**P**ferde**s**tärke; **2)** ↑**P**ost**s**kript[um].
Psalmen [gr.], 150 im Psalter des A. T. gesammelte relig. Lieder des jüd. Volkes.
Psalterium (Psalter) [gr.]: **1)** Buch der ↑Psalmen; **2)** trapezförm. Zither des MA.
Psammetich I., † 610 v. Chr., ägypt. Kg. seit 664; Begr. der 26. Dyn., befreite Ägypten v. der assyr. Oberhoheit.
pseud[o]..., Pseud[o]... [gr.], Bestimmungswort; Bed.: „falsch, unecht, vorgetäuscht".
Pseudokrupp ↑Krupp.
Pseudonym [gr.], Deckname.
Psittakose [gr.], svw. ↑Papageienkrankheit.
Psoriasis [gr.], svw. ↑Schuppenflechte.
psych[o]..., Psych[o]... [gr.], Bestimmungswort; Bed.: „Seele, Gemüt".
Psyche, Seele; in der griech. Kunst als geflügeltes Wesen dargest.; nach Apulejus Geliebte des Eros (Amor).
psychedelisch [gr.], rauschhaft, tranceartig; bezogen auf einen durch Rauschmittelgenuss bewirkten Gemütszustand.
Psychiatrie [gr.], Teilgebiet der Med., das sich mit körperl. u. medikamentöser Behandlung der seel. Krankheiten befasst.
Psycho|analyse [gr.], hpts. von S. Freud entwickeltes Verfahren zur Untersuchung und Behandlung seel. Fehlleistungen, Störungen oder Verdrängungen sowie psychogener körperl. Erkrankungen mithilfe der Erforschung der aus dem Unbewussten entstammenden Triebkonflikte.

Propyläen *der Akropolis in Athen*

Psychologie [gr.], Forschung u. Lehre von den Erscheinungen u. Zuständen des bewussten und unbewussten Seelenlebens. Als Erfahrungswiss. erforscht die P. das Verhalten sowie die dem Verhalten zugrunde liegenden Anlage- und Umweltfaktoren (Instinkt u. Intelligenz; materieller, sozialer u. geistiger Umwelteinfluss). Diese Fragen der *reinen P.* werden in der *angewandten P.* auf das prakt. u. kulturelle Leben bezogen.
Psychopathologie [gr.], Wiss., die Entstehung, Symptome u. Verlauf von Persönlichkeits- u. Verhaltensstörungen erforscht u. dabei sowohl vererbte als auch organ. bedingte Einflüsse berücksichtigt.
Psychopharmaka, Arzneimittel, die eine steuernde Wirkung auf die psych. Abläufe im Menschen ausüben.
Psychose [gr.], Sammelbegriff für verschiedenartige Krankheitszustände, die mit erhebl. Störungen psych. Funktionen einhergehen, wobei meist offenkundige Fehleinschätzungen der Realität (z. B. durch Wahn, Halluzinationen, schwere Gedächtnis- oder Affektstörungen bedingt) sowie unmotiviert erscheinende Verhaltensänderungen auftreten.

G. Puccini

Psychosomatik, Lehre von den Wechselwirkungen seel. u. körperl. Vorgänge bei der Entstehung u. beim Verlauf v. Krankheiten.

Psychotherapie, therapeut. Beeinflussung von Verhaltensanomalien u. seel. Leiden.

Pt, Symbol für ↑Platin (☊).

Ptah, Hauptgott Ägyptens (neben Amun u. Re), als Schöpfer der Welt verehrt, Vater des Sonnengottes Re; Schutzherr der Handwerker und Künstler; Ortsgottheit von Memphis.

Pterosaurier [gr.], svw. ↑Flugsaurier.

Ptolemäer, die 323–30 v. Chr. in Ägypten herrschende makedon. Dynastie.

Ptolemaios: *Ägypten:* **1) P. I.** Soter, * um 367, † 283 v. Chr., Heerführer Alexanders des Gr.; 323 Satrap, 304–285 v. Chr. Kg. v. Ägypten; **2) P. II.** Philadelphos, * 308, † 246 v. Chr., Kg. s. 285; Pflege der Wiss.; begr. den ptolemäischen Herrscherkult.

Ptolemäus, Claudius, * um 100, † um 180, alexandrin. Astronom, Mathematiker und Geograph; sein Werk „Großes astronom. System" vermittelt das astronom. Wissen des 2. Jh.s n. Chr. u. das *ptolemäische Weltsystem,* das die Erde als Kugel u. als Mittelpunkt der Welt ansah.

Pu, Symbol für ↑Plutonium (☊).

Pub [pʌb], engl Bez. für Gasthaus.

Pubertät [lat.], die zur Geschlechtsreife führende Entw.-Phase des jugendl. Menschen; in M-Europa bei Mädchen etwa ab 11. bis 15./16., bei Jungen ab 12. bis 16./17. Lebensj.; körperl. und seel. Veränderungen.

Public School ['pʌblɪk skʊːl; engl.], in Großbrit. [exklusive] private Schulen, meist Internat; z. B. Eton, Harrow, Rugby.

Publizistik, die Beschäftigung mit allen die Öffentlichkeit interessierenden Angelegenheiten in Buch, Presse, Rundfunk, Film, Fernsehen sowie die Lehre von den Massenmedien.

Publizität, Öffentlichkeit, öff. Darlegung; *P.spflicht,* Veröffentlichungspflicht für Jahresabschlüsse einer AG sowie für Unternehmen anderer Rechtsform bei Vorliegen best. Voraussetzungen.

Puccini, Giacomo [put'tʃiːni], * 1858, † 1924, ital. Opernkomponist; „Manon Lescaut", „La Bohème", „Tosca", „Madame Butterfly", „Das Mädchen aus dem goldenen Westen", „Turandot".

Pückler-Muskau, Hermann Fürst v., * 1785, † 1871, dt. Schriftsteller und Schöpfer berühmter Parkanlagen.

Pudel, Rasse meist geschorener kraushaar. Hunde (schwarz, braun, weiß); lebhaft, leicht abrichtbar.

Puebla (P. de Zaragoza), Hptst. des mex. B.-Staates P. (33 902 km^2, 4,12 Mill. E), sö. von Mexiko, 1 Mill. E; Univ.; Kathedrale (16./17. Jh.); Handels- und Ind.-Zentrum; ✈.

Pueblo|indianer, Indianerstämme im SW Nordamerikas; Ackerbau; leben in festen Dorfanlagen (Pueblos).

Puerto Barrios, guatemaltek. St. am Atlantik, 24 000 E; ⚓, ✈.

Puerto Cabello [- kaß'ejo], venezol. Hafenst. westl. v. Caracas, 129 000 E; Erdölraffinerie; ✈.

Puerto Rico, östlichste Insel der Großen Antillen; gehört mit 3 weiteren Inseln als Commonwealth of P. R. zu den USA; 8 897 km^2, 3,5 Mill. E, Hptst. San Juan; Gebirgsland (bis 1 338 m), trop. Klima; Anbau v. Zuckerrohr, Tabak, Kaffee, Südfrüchten; Viehzucht; Nahrungsmittel-, Metall-, Textilind. – *Gesch.:* 1493 v. Kolumbus entdeckt, seit 1508 span. Kolonisation; 1898 an die USA abgetreten; 1917 erhielten die Einwohner die eingeschränkte Staatsbürgerschaft der USA; die Insel erhielt den Status eines v. den USA verwalteten Territoriums; volle Autonomie bis auf die Außen- und Verteidigungspolitik, diese von den USA wahrgenommen.

Puffbohne, svw. ↑Saubohne.

Puffer: 1) federnde Vorrichtung an Schienenfahrzeugen zur Übertragung u. Dämpfung von Druckkräften; **2)** Kombination von Chemikalien, die den pH-Wert von Lösungen konstant zu halten vermag, auch wenn Säuren oder Laugen zugesetzt werden.

Puffmais, Maissorte in Mexiko u. den USA; Körner liefern geröstet *Popcorn* od. Maisflocken.

Puff|otter, gift. afrik. Schlange.

Puig, Manuel [pu'iɣ], * 1932, † 1990, argentin. Schriftsteller („Der Kuss der Spinnenfrau").

Pula (ital. Pola), Hafenst. in Kroatien, im S Istriens, 62 400 E; ehem. östr. Kriegshafen; röm. Bauwerke.

Pulcinella [pultʃin'ɛlla; ital.], kom. Diener, Hanswurst der neapolitan. Commedia dell'Arte (↑Commedia).

Pulitzer, Joseph, * 1847, † 1911, amer. Journalist und Verleger ungar. Herkunft; s. 1917 Verleihung der von ihm gestifteten *P.preise* für bes. journalist. u. literar. Leistungen.

Pullman, George Mortimer, * 1831, † 1897, amer. Industrieller; führte im Eisenbahnverkehr komfortable Schlaf-, Speise- und Durchgangswagen *(P.wagen)* ein.

pulmonal, die Lunge betreffend, zu ihr gehörend; *Pulmonalarterie,* Lungenschlagader.

Pulque ['pulkə; indian.], alkohol. Getränk aus gegorenem Saft versch. mex. Agavenarten.

Puls [lat.], Anstoß der vom Herzschlag durch das Arteriensystem getriebenen Blutwelle an den Gefäßwänden.

Pulsare [lat.], kosm. Radioquellen (schnell rotierende Neutronensterne), die mit großer Regelmäßigkeit Radiostrahlungspulse von einigen Millisekunden Dauer aussenden.

Pultdach, einseitig geneigtes Dach (halbes Satteldach).

Pulver, Liselotte, * 1929, schweizer. Schauspielerin; auch Filme.

Pulvermetallurgie, Herstell. von Formkörpern aus Metallpulvern od. -körnern durch Pressen u. Sintern.

Pulververschwörung, der misslungene Versuch kath. Edelleute (unter G. Fawkes), Kg. Jakob I. u. das engl. Parlament am 5. 11. 1605 in die Luft zu sprengen, um für die Katholiken größere Freiheiten durchzusetzen.

Puma [peruan.] (Silberlöwe), 1,8 m körperlang, bis 75 cm hohe nachtaktive Kleinkatze Amerikas.

Pumpen, Arbeitsmaschinen zum Fördern v. Flüssigkeiten u. Gasen, auch zum Verdünnen oder Verdichten v. Gasen (Vakuum-P., Luft-P.); *Kolben-P.* fördern mit einem period. in einem Zylinder hin- und herbewegten Kolben als Verdränger, *Membran-P.* besitzen anstelle des Kolbens eine biegsame Membran, *Flügel-P.* einen schwenkb. Flügel; bei *Kreisel-P.* schleudert ein rotierendes Schaufelrad die Flüssigkeit nach außen in das Druckrohr, bei *Zahnrad-P.* fördern ineinandergreifende Zahnräder die Flüssigkeit. Bei den *Strahl-P.* saugt ein mit hoher Geschwindigkeit austretender Wasser- od. Dampfstrahl das zu fördernde Medium an u. reißt es mit sich fort.

Pumpernickel, dunkles, schweres, süßl. westfäl. Schwarzbrot.

Pumps ['pœmps; engl.], leichter, ausgeschnittener Damenschuh.

Puna [span.], Bez. für das kalte, trockene Hochland v. a. in Bolivien u. S-Peru; Gras-, Strauchsteppe.

Punchingball ['pʌntʃiŋ bɔ:l], in Kopfhöhe hängendes birnenförmiges u. mit Leder überzogenes Trainingsgerät des Boxers.

Pune [fr. engl. Poona], ind. St. sö. von Bombay, 1,56 Mill. E; Univ., Tempel und Paläste aus dem 17. und 18. Jh.; vielseitige Ind.; ✈.

Punische Kriege, Bez. für d. 3 Kriege Roms gg. die Karthager *(Punier)* um d. Vorherrschaft im westl. Mittelmeer: 1. 264–241 v. Chr., hpts. in Sizilien geführt, das mit Ausnahme v. Syrakus an Rom fiel; 2. 218–201 v. Chr., zunächst Sieg Hannibals in Italien (216 Cannae), dann Eroberung Spaniens durch Rom, Übersetzen nach Afrika u. 202 Sieg bei Zama (mit dem Verlust aller auswärt. Besitzungen für Karthago); 3. 149–146 v. Chr., endete mit Karthagos Zerstörung durch Scipio Africanus d. J.

Punjab ['pʌn'dʒɑ:b]: **1)** B.-Staat in NW-Indien, 50 362 km², 20,2 Mill. E, Hptst. Chandigarh; **2)** nordpakistan. Prov., 205 345 km², 50,5 Mill. E, Hptst. Lahore.

Punk [pʌŋk; engl.; = miserabel, nichts wert], 1976/77 in den westl. Ind.staaten entstandene Protestbewegung v. Jugendlichen gg. Arbeitslosigkeit u. Langeweile; polit. indifferent; provozierendes, bewusst exaltiertes Auftreten; zog *Punkrock,* hekt.-aggressive, musikal. einfache Rockmusik mit meist zynisch-resignativen Texten nach sich.

Punkt [lat.]: **1)** geometr. Gebilde der Dimension Null; **2)** Satzzeichen; **3)** ↑Schriftgrad.

Punktion [lat.], Entnahme von Flüssigkeiten (seltener Gewebe) aus Körperhöhlen od. Organen mittels einer Hohlnadel.

Punsch [engl.], [Heiß]getränk aus Wein, Zucker, Wasser (Tee), Weinbrand, Südfrüchten, Gewürzen.

Pupille [lat.]: **1)** Sehloch; kreisrunde, dunkel erscheinende Öffnung in der Mitte der Regenbogenhaut des Auges; **2)** Bild der die Apertur begrenzenden ↑Blende 1).

Pupillenreaktion (Pupillenreflex), Verengung der Pupille bei Zunahme der Helligkeit, auch beim Nahsehen; bei abnehmender Helligkeit Pupillenerweiterung.

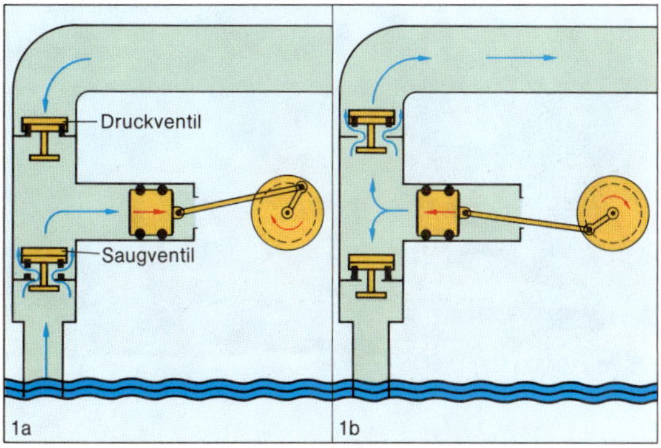

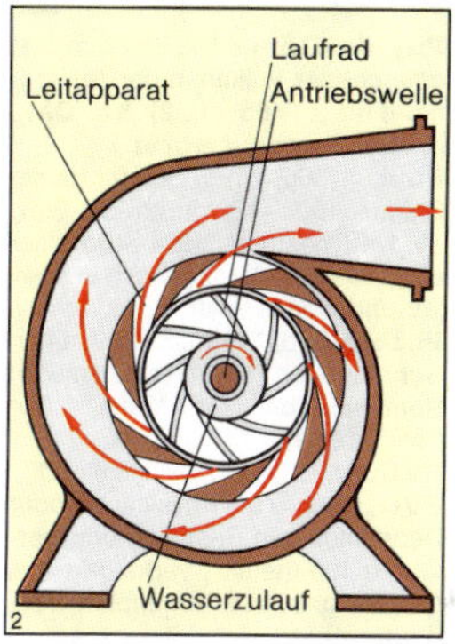

Pumpen. *1 Funktionsprinzip einer Kolbenpumpe, 2 Kreiselpumpe*

Puppenspiel, Hand-, Stock-, Stabpuppen- oder Marionettentheater, von alters her bei allen Völkern, versch. Arten; im Orient und O-Asien, bes. in Java hohe künstler. Formung; im ma. Abendland durch Spielleute gepflegt; noch heute beliebt.

PUR, Abk. für: ↑**Polyur**ethane.

Purana[s] [sanskr.], ind. Erzählwerk über Kosmogonie, Götter- u. Königsgenеal. und erbaul. Stoffe; wahrsch. 5./4. Jh. v. Chr.

Purcell [pə:sl], Henry, * 1659, † 1695, engl. Komponist; Kirchenkompositionen, Sonaten, Klavierstücke, Schauspielmusiken, Opern („Dido und Äneas").

Purismus [lat.], übertriebenes Streben, Sprache oder Kunstwerke von fremden Elementen rein zu halten bzw. zu reinigen.

Puritaner, Anhänger einer streng kalvinist. engl. Bewegung (s. um 1570); bekämpften Episkopalsystem, Liturgie und Lehre der Anglikaner; Auswanderung der ↑Pilgerväter; der *Puritanismus* prägte weitgehend Religiosität, Volkscharakter u. Lit. in England u. den USA.

Purpur [gr.], rotvioletter Farbstoff aus der *P.drüse* von P.schnecken (antiker P.); heute durch synthet. Farbstoffe ersetzt.

Purpurschnecken, Fam. mariner Schnecken; bes. die Gatt. *Murex* und *Purpura* enthalten als Drüsensekret ↑Purpur.

Purrmann, Hans, * 1880, † 1966, dt. Maler und Grafiker; Stillleben u. Landschaften, v. a. von Matisse beeinflusst.

Pusan, südkorean. Hafenst., 3,8 Mill. E; 2 Univ.; Schiffbau, Masch.-, Textil-, chem., Metallind.; ✈; Fährverkehr nach Shimonoseki (Japan).

Puschkin, Alexandr Sergejewitsch, * 1799, † 1837, vielseitiger russischer Dichter; sprachl. vollendete Lyrik; Verserzählung „Ruslan u. Ljudmila"; Versroman „Eugen Onegin"; Drama „Boris Godunow"; Märchen, Novellen.

Pustertal (ital. Val Pusteria), Tal der Rienz u. der oberen Drau in Südtirol (Italien) und Osttirol (Östr.).

A. S. Puschkin *(Gemälde; 1827)*

Pyramide. *Die unter König Djoser (3. Dynastie) errichtete Stufenpyramide bei Sakkara*

Puszta [ungar.], baumlose, steppenart. Ebene im Gr. u. Kl. Ungar. Tiefland; vorw. Viehzucht; Acker-, Wein-, Obstbau.

Putin, Wladimir Wladimirowitsch, * 1952, russ. Politiker; 1999–2000 Min.-Präs., 2000 zum Staatspräs. gewählt.

Putsch, staatsstreichähnl. Umsturz zur Übernahme der Staatsgewalt; i. d. R. von kleineren Gruppen [v. Militärs] durchgeführt; dagegen ↑Staatsstreich.

Putten [ital.], nackte, oft geflügelt dargest. Knaben in der Renaissance- und Barockkunst.

Puttgarden, Ortsteil von *Bannesdorf auf Fehmarn* (2300 E), Schl.-Ho.; Fähr-⚓ und Fährbahnhof nach Rødbyhavn (Dänemark) im Verlauf der ↑Vogelfluglinie.

Puvis de Chavannes, Pierre [py'vis də ʃa'van], * 1824, † 1898, frz. Maler; symbolist. Wandbilder.

Pythagoras. *pythagoreischer Lehrsatz*

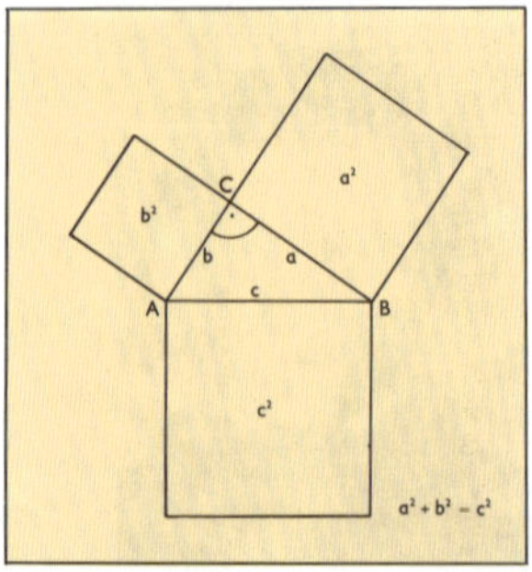

Puy de Dôme [pɥidə'do:m]: **1)** erloschener Vulkan in der Auvergne, Frkr., 1465 m; **2)** frz. Dép., Hptst. Clermont-Ferrand.

Puyi, * 1906, † 1967, letzter Kaiser Chinas 1908–12, durch die Rev. 1911/12 gestürzt, 1934–45 Kaiser von Mandschukuo, danach in sowjet. und chines. Haft.

Puzo, Mario, * 1920, † 1999, amer. Schriftsteller ital. Abstammung; Romane über die Mafia („Der Pate", 1969).

PVC, Abk. für: ↑**P**oly**v**inyl**c**hlorid.

PVD, Abk. für **P**hysical **V**apour **D**eposition, ein Beschichtungsverfahren für metall. Werkstoffe aus der Dampfphase (Ionenplattieren, Sputtern).

Pygmäen, Zwergvolk in Z-Afrika (Gabun, Kamerun, Zaire), etwa 140 bis 145 cm groß, Jäger und Sammler; Windschirme als Behausung.

Pygmalion, Bildhauer der griech. Sage, der sich in eine v. ihm geschaffene weibl. Statue verliebt, die auf seine Bitten hin v. Aphrodite zum Leben erweckt wird.

Pyhrn, Pass in den Nördl. Kalkalpen, Oberöstr., 945 m ü. d. M., Eisenbahn- u. Autobahntunnel.

pyknisch [gr.], von untersetztem, rundl. Körperbau; *p.er Typ* (Pykniker) ↑Körperbautypen.

Pylon [gr.]: **1)** das v. festungsart. Türmen flankierte Eingangstor des ägypt. Tempels; **2)** Pfeiler einer Hängebrücke.

Pyramide [gr.]: **1)** monumentaler Grabbau der ägypt. Pharaonen; quadrat. Grundfläche; im Innern Bestattungsräume; v. a. bek. die Cheops-P.; **2)** geometr. Körper mit ebenem Vieleck als Grundfläche u. 3-eck., in Kanten zusammenstoßenden Seitenflächen mit gemeinsamer Ecke in der P.nspitze; Rauminhalt: $\frac{1}{3}$ Grundfläche mal Höhe.

Pyramidenbahn, eine der Nervenleitungsbahnen, gibt die Erregung für willkürl. Muskelbewegungen vom Gehirn zum Rückenmark weiter.

Pyramus und Thisbe, Liebespaar der antiken Sage; nur von Ovid in den „Metamorphosen" überliefert.

Pyrenäen, Grenzgeb. zw. Frkr. und Spanien, im Innern Andorra, rd. 435 km lang, 100–140 km breit, bis 3404 m hoch; steiler N-Anstieg, flacherer S-Abfall, fehlende Längstäler, verkehrsfeindl.; *West-P.:* bis rd. 2500 m, waldreich, Weidewirtsch.; *Zentral-P.:* Hochgebirgscharakter, Gletscher, alpine Flora; *Ost-P.:* bis rund 2900 m, Mittelmeerklima, Olivenhaine, Maisbau, Wasserkraftwerke; Thermalbäder, Fremdenverkehr.

Pyrenäenhalbinsel ↑Iberische Halbinsel.

pyro..., Pyro... [gr.], Bestimmungswort; Bed.: „Feuer, Hitze, Fieber".

Pyromanie [gr.], krankhafter Trieb zur Brandstiftung.

Pyromantie [gr.], Wahrsagung aus dem Feuer, Ausdeutung der Flammen.

Pyrotechnik, Technik der Herstellung von Feuerwerkskörpern für Vergnügungs- u. techn. Zwecke.

Pyrrhus, * 319, ⚔ 272 v. Chr., Kg. v. Epirus 306–302, 297–272; besiegte die Römer 280 u. 279, erlitt aber große Verluste; *P.sieg,* Bez. für einen zu teuer erkauften Sieg.

Pythagoras [von Samos], * um 570, † 497/496 v. Chr., griech. Philosoph; soll sich nach weiten Reisen um 530 in Kroton niedergelassen und dort eine esoter., konservat.-aristokrat. relig. Bruderschaft *(pythagoreischer Bund)* begr. haben; wiss. Aufgabe: math.-astronom. Erforschung des Kosmos;

Pythagoreer, Anhänger der naturphilos. Schule des P., denen die Zahl als Ordnungsprinzip aller Wirklichkeit galt; *pythagoreischer Lehrsatz* (Satz des P.), ein Fundamentalsatz der Geometrie: Im rechtwinkl. Dreieck ist die Summe der Quadrate über den Katheten gleich dem Hypothenusenquadrat.

Pythia, Priesterin Apolls in Delphi; nach antiker Tradition saß sie auf einem Dreifuß über einer Erdspalte, aufsteigende Dämpfe versetzten sie in einen Trancezustand für ihre Orakelsprüche; charakt. deren Vieldeutigkeit.

Pythonschlangen [gr.], Unterfam. bis 9 m langer, v. a. Vögel u. Säugetiere verschlingender Riesenschlangen, überw. dämmerungs- u. nachtaktiv; Afrika, Asien, Australien.

Q

Q, 17. Buchstabe des Alphabets.

Q., Abk. für lat.: **Q**uintus.

Q-Fieber (Balkanfieber, Queenslandfieber), auf den Menschen übertragbare Zoonose; atyp. Bronchopneumonie mit Fieber.

Qinghai [tʃiŋ-], nordwestchines. Provinz, 721000 km², 4,6 Mill. E; Hptst.: Xining.

Quaddel [niederl.], juckende Anschwellung.

Quader [lat.]: **1)** vierseit. gerades ↑Prisma 1), sechs Rechtecke als Begrenzungsflächen (Math.); **2)** gr. rechteck., an der Ansichtsfläche grob behauener Mauerstein.

Quadflieg, Will, * 1914, dt. Schauspieler u. Regisseur; auch Filme („Faust").

Quadrant [lat.]: **1)** 4. Teil des Kreisumfangs od. der Kreisfläche; beim ebenen Koordinatensystem die zw. 2 Achsen liegende Viertelebene (Math.); **2)** histor. astron. Instrument.

Quadrat [lat.], Viereck mit 4 gleich langen Seiten (Länge *a*) u. 4 rechten Winkeln; Fläche $F = a^2$.

Quadrat... [lat.], Bestimmungswort von Zusammensetzungen mit der Bedeutung „2. Potenz", bez. als Vorsatz vor Längenangaben Flächeneinheiten, fr. Abk. q, z. B. qm, qkm (gesetzl. nicht mehr zulässig; jetzt: m², km²).

quadratische Gleichung, Gleichung 2. Grades, eine Gleichung, die die Unbekannte in 2. Potenz enthält: $x^2 + px + q = 0$ (Normalform), dabei ist x^2 das quadrat., px das lineare u. q das absolute Glied; für $p = 0$ ist die qu. G. *reinquadrat.*, für $p \neq 0$ *gemischtquadratisch.*

Quadratur [lat.]: **1)** Bestimmung des Flächeninhalts einer Figur; *Q. des Kreises,* Aufgabe, einen Kreis nur mit Zirkel u. Lineal in ein flächengleiches Quadrat zu überführen; wegen der Transzendenz der Zahl π unlösbar; **2)** ↑Konstellation.

Quadratwurzel, die 2. Wurzel einer Zahl a (geschrieben $\sqrt{a}$), d. h. diejenige Zahl, die mit sich selbst multipliziert a ergibt, z. B. $\sqrt{25} = 5$, da $5^2 = 5 \cdot 5 = 25$.

Quadriga [lat.] (Viergespann), Streit-, Renn- od. Triumphwagen [der Antike] mit 4 Pferden nebeneinander.

Quadrille [ka'dri:j; frz.] **1)** von je 4 Paaren im Karree getanzter Kontertanz; **2)** im Pferdesport Gruppenreiten nach Musik.

Quadrillion [frz.], 4. Potenz der Million $= 10^{24}$ (1 mit 24 Nullen).

Quai d'Orsay [kedɔr'sɛ], Straße (Kai) in Paris; auch Bez. für das dort gelegene frz. Außenministerium.

Quäker (Quakers, Gesellschaft der Freunde) [engl.], Anhänger einer von G. Fox begr. myst.-spiritualist., antikirchl. Bewegung, die Sakramente, Dogma, Kirche und Priestertum ablehnt, schlichten Biblizismus und die innere Gegenwart des Hl. Geistes lehrt; fordern Wahrhaftigkeit, Abstinenz, Anspruchslosigkeit, lehnen Kriegsdienst und Sklaverei ab; umfangr. karitat. Tätigkeit; v. a. in Großbrit. u. USA; Friedensnobelpreis 1947.

Qualifikation [lat.], Befähigung, Eignung; Beurteilung.

Qualle (Meduse), frei schwimmende Form der ↑Hydrozoen, der Scyphozoen (↑Scyphozoa) und der Rippenquallen.

Qualtinger, Helmut, * 1928, † 1986, östr. Schriftsteller, Kabarettist u. Schauspieler.

Quanten [lat.], die kleinsten in einem Wellenvorgang (z. B. Licht, Gammastrahlung, Schallwellen) der Frequenz ν auftretenden und sich wie Teilchen verhaltenden Energiemengen $E = h\nu$ (h plancksches Wirkungsquantum); die Elementarteilchen (Ausnahme: Photonen) sind Ruhemasse (↑Masse) besitzende Q. von Materiewellen.

Quantenfeldtheorie, die auf [im allg. gekoppelte] Felder angewendete Quantentheorie; beschreibt das Verhalten von wechselwirkenden Teilchen, die als ↑Quanten dieser Felder auftreten.

Quantenmechanik, die durch Quantisierung der Orts- u. Impulskoordinaten aus der klass. [Punkt]mech. entstehende ↑Quantentheorie; sie liefert u. a. eine Erklärung für den Aufbau der Elektronenhülle der Atome, der chem. Bindung und Molekülstruktur, der physikal. Eigenschaften der Festkörper, ferner eine widerspruchsfreie Vereinigung v. Wellen- u. Teilchenaspekt mikrophysikal. Erscheinungen; 2 Formen: die von W. Heisenberg u. a. entwickelte *Matrizenmech.* (physikal. Größen werden durch Matrizen dargestellt) und die von E. Schrödinger entwickelte *Wellenmech.;* beide Formalismen sind inhaltl. äquivalent.

Quanten|optik ↑Optik 1).

Quantensprünge ↑Atom.

Quantentheorie, math.-physikal. Formalismus zur Beschreibung der Zustände, Eigensch. u. Bewegungsabläufe mikrophysikal. Systeme; für diese sind die physikal. Größen bei Produktbildungen im Allg. nicht miteinander vertauschbar; Vorgabe best. Vertauschungsrelationen für sie *(Quantisierung)* führt zu einer *Quantelung* von Energie (Auftreten von Quanten in Wellen und Feldern, diskrete Energieniveaus in atomaren Systemen), Drehimpuls u. a. – Die Q. liefert nur Wahrscheinlichkeitsaussagen über mögl. Messergebnisse bei Messung mikrophysikal. Größen.

Quantenzahlen, von der Quantentheorie gelieferte ganze oder halbe ganze Zahlen, die die gequantelten Werte *(Eigenwerte)* beobachtb. physikal. Größen (z. B. Energie, Drehimpuls u. a.) in den versch. Zuständen eines mikrophysikal. Systems charakterisieren.

Quantität [lat.]: **1)** Menge, Masse, Anzahl, Umfang; **2)** das Zeitmaß (Länge, Kürze) einer Silbe; Grundlage des antiken Verses.

Quantum [lat.], Menge, Anzahl, Anteil, [best.] Maß.

Quantz, Johann Joachim, * 1697, † 1773, dt. Flötist und Komponist; ab 1741 Hofkomponist Friedrichs d. Gr., der sein Flötenschüler war.

Quarantäne [frz.], [zeitl. begrenzte] Absonderung von Personen u. Sachen, durch die Einschleppung von Seuchen zu befürchten ist, oder Absperrung eines Infektionsherdes, z. B. Wohnung, Schiff (gelbe *Q.flagge*).

Quark [slaw.] (Topfen, Weißkäse), geronnenes, weiß ausgeflocktes Kasein der Kuhmilch; etwa 17,2 % Eiweiß, 0,6 % Fett, 1,8 % Kohlenhydrate.

Quarks [Kw., kwɔ:ks], Bez. für mehrere (vermutl. 6) subnukleare Teilchen mit drittelzahliger Ladung, aus denen alle Baryonen u. Mesonen aufgebaut sind; können als freie Elementarteilchen nicht existieren.

Quart [lat.]: **1)** zweimal gefalzter Papierbogen, Zeichen 4°; **2)** (Quarte) 4. Ton der diaton. Tonleiter; Intervall aus dem 1. und 4. Ton einer diaton. Tonleiter *(reine Q.);* Alteration ab- u. aufwärts ergibt verminderte u. übermäßige Quart; **3)** Fechthieb, trifft die linke Körperseite des Gegners.

Quartär ↑Geologie, Formationstabelle.

Quarte ↑Quart 2).

Quartett [ital.]: **1)** Musikstück für 4 Instrumente (Streicher od. Bläser, auch gemischt), auch die Gruppe der Musizierenden; Streich-Q.; **2)** Kartenspiel, bei dem je 4 Karten zusammengehören; **3)** vierzeilige Strophe des Sonetts.

Quebec. *Hotel „Château Frontenac" (19. Jh.)*

Quartier [frz.], Unterkunft, Nachtlager, auch Truppenunterkunft; Stadtviertel.

Quartier Latin [kar'tje la'tɛ̃], Hochschulviertel von Paris, am l. Ufer der Seine.

Quarz, gesteinsbildendes Mineral, SiO_2 (wasserfreie Kieselsäure); sehr verbreitet, nichtmetall. Glanz, oft farbig, muschel. Bruchflächen, Härte 7, trigonalhexagonal kristallisierend; u. a. als *Bergkristall* (farblos, wasserklar), *Rauch-Q.* (rauchbraun), *Zitrin* (gelb, durchsichtig), *Amethyst* (violett), *Rosen-Q.* (rosarot); Schmucksteine; mikrokristalliner Q. ↑Chalzedon; wegen Härte, Säure- u. Temperaturbeständigkeit u. a. in der opt., elektrotechn. u. feinmech. Ind. verw.; reiner *Q.sand* Rohstoff für die Glasherstellung.

Quarzglas, aus geschmolzenem Quarz hergestelltes Glas; säurefest, temperaturunempfindlich, durchlässig für UV-Strahlen.

Quarzuhr ↑Uhr.

Quasar [Kw.] (quasistellare Radioquelle), kosm. Objekt, das extrem starke Radiofrequenzstrahlung aussendet u. starke Rotverschiebung der Spektrallinien zeigt.

Quasimodo, Salvatore, * 1901, † 1968, ital. Lyriker; „Das Leben ist kein Traum"; Nobelpreis 1959.

Quasimodogeniti [lat.], der 1. Sonntag nach Ostern, auch Weißer Sonntag genannt.

Quastenflosser, Unterkl. der Fische, vermutl. Ahnen der Amphibien, zuerst im Devon; einz. bek. lebende Art *Latimeria chalumnae.*

Quästor [lat.], röm. Magistrat; zunächst Untersuchungsrichter, dann v. den Konsuln als Gehilfen für Verw.-Aufgaben ernannte, ab 447 v. Chr. gewählte Jahresbeamte.

Quebec [kwɪ'bek]: **1)** größte kanad. Prov., umfasst den größten Teil von Labrador, 1540680 km², 6,79 Mill. E (rd. 80 % Frankokanadier); waldreich (61 % der Fläche), im N Tundra; Hauptsiedlungsgebiet am St.-Lorenz-Strom (Ackerbau, Viehzucht, vielseit. Ind.). Bed. ⚒ auf Asbest, Eisen, Kupfer, Edelmetalle; ergiebige Küsten- und Hochseefischerei; **2)** Hptst. von 1), am Unterlauf des St.-Lorenz-Stromes, 167000 E; Univ., Schloss Frontenac (Hotel); Metallwaren-, Papier-, Textil- und Masch.-Ind.; ⚓, ✈. – 1608 gegr., frz. Festung, 1759 britisch.

Quecke, Süßgrasgatt.; u. a. *Gemeine Q.,* lästig. Unkraut.

Quecksilber, chem. El., Symbol Hg (von gr.-lat. Hydrargyrum), OZ 80, rel. A.-Masse 200,59; silberglänzendes, bei Raumtemp. flüss. Metall, Fp. −38,84 °C; Sp. 356,58 °C, Dichte bei 20 °C 13,59 g/cm³; wird von oxidierenden Säuren leicht, von trockener Luft nicht angegriffen; bildet meist farblose Salze, v. denen die wasserlösl. sehr giftig sind; bildet mit vielen Metallen Legierungen *(Amalgame);* eines der seltensten El. der Erde, wird als Mineral (z. B. Zinnober) oder gediegen gefunden; verw. zur Füllung von Thermometern u. Barometern, bei der Edelmetallgewinnung (durch Amalgambildung), für Q.diffusionspumpen, Q.dampflampen u. Q.gleichrichter, für Präzisionsabgüsse bei tiefen Temp. u. a.; die Amalgame werden als Zahnfüllmasse benutzt (jetzt umstritten). Q.dampf ist sehr giftig; greift auch nicht rostende Stähle u. a. Nichteisenmetalle an; *Q.verbindungen:* gelbes od. rotes Q.oxid (HgO) für Schiffsbodenfarben (zur Algenabwehr), rotes (in der Natur als Zinnober, verw. als Farbpigment) u. schwarzes Q.sulfid (HgS); Q.(I)-chlorid (Hg_2Cl_2; Kalomel), verw. u. a. in der Porzellanmalerei zum Goldauftragen, Q.(II)-chlorid ($HgCl_2$; Sublimat), verw. als Antiseptikum; Saatbeizmittel, zur Holzkonservierung usw.

Quecksilberdampflampe (Quarzlampe), mit Quecksilberdampf gefüllte Gasentladungslampe; neben sichtb. Licht wird eine starke UV-Strahlung erzeugt, die einen auf der Innenwand befindl. Leuchtstoff anregt.

Quedlinburg, Krst. in Sa.-Anh., 26000 E; mittelalterl. Stadtbild, bed. Kirchen, u. a. St. Servatius (11./12. Jh.; in der Schatzkammer s. 1993 der Q.er Domschatz, der einzig vollständig erhaltene dt. Kirchenschatz), got. St. Ägidius-, St. Benediktus- u. Nikolaikirche; Renaissancerathaus (17. Jh.) mit Roland (1427).

Queen [kwi:n; engl.], Königin.

Queensland ['kwi:nzlənd], Bundesland des Austral. Bundes im NO von Australien, 1727200 km², 3,1 Mill. E, Hptst. Brisbane; Anbau v. Zuckerrohr u. Weizen, Viehzucht; Bodenschätze: Kohle, Zinn-, Kupfererze, Bauxit, Erdöl u. -gas.

Quellen, natürl. Austritte von Wasser (Grundwasser od. juveniles Wasser); bes. Arten: ↑Geysir, ↑artes. Brunnen; ↑Thermal-Q., ↑heiße Quellen.

Queller, Gänsefußgewächs v. a. an Meeresküsten (die *Q.wiesen* des Watts fördern die Schlickablagerung und damit die Landneubildung).

Quellinus, Artus, d. Ä., * 1609, † 1668, niederl. Barockbildhauer.

Quemoy [kɪ'mɔɪ], Insel in der Formosastraße, nahe der chin. Küste, 138 km²; zu Taiwan.

Queneau, Raymond [kə'no], * 1903, † 1976, frz. Schriftsteller; Romane.

Querétaro [ke-]: **1)** mex. B.-Staat im Hochland von Mexiko, 11449 km², rd. 1 Mill. E; Mais- und Getreideanbau, Gewinnung von Edel- u. Buntmetallerz; **2)** Hptst. von 1), 385500 E; Univ.; Textilind.

Querschiff (Querhaus), der Raum einer Kirche, der quer vor dem Langhaus liegt oder dieses in der Vierung durchkreuzt.

Querschnittslähmung, Lähmung von Körperteilen unterhalb eines best. Rückenmarkquerschnitts nach Verletzung od. Erkrankung.

Quersumme, Summe der Ziffern einer natürl. Zahl; die Q. von 375 ist 3+7+5 = 15.

Querulant [lat.], Nörgler, Quertreiber; [oft krankhaft] Streitsuchender.

Quesal [kɛ-; indian.] (Quetzal): **1)** vorw. Früchte fressender Vogel mittelamer. Gebirgswälder, ♂ oberseits glänzend smaragdgrün, unterseits scharlachrot; Bestände bedroht; **2)** Währungseinheit Guatemalas.

Quesnay, François [kɛ'nɛ], * 1694, † 1774, frz. Chirurg und Nationalökonom; Begr. des Physiokratismus (↑Physiokraten), erste Darstellung des volkswirtschaftl. Kreislaufs.

Quetzal, svw. ↑Quesal.

Quetzalcoatl [kɛtsakoatl; aztek.; = gefiederte Schlange], altmex. Gott, in aztek. Zeit mit vielen Zügen synkretist. verbunden. Hauptzug: unblutige Verehrung. Gleichnam. histor. Priesterkg. der Tolteken.

Quiche [ki:ʃ], warm gegessene Specktorte aus Mürbe- od. Blätterteig.

Quickborn, kath. Jugendbund innerhalb der Jugendbewegung, gegr. 1909; 1939–46 aufgelöst; 1966 aufgegangen im Bund der Dt. Kath. Jugend.

Quidde, Ludwig, * 1858, † 1941, dt. Historiker u. Politiker; 1914–29 Präs. der Dt. Friedensges., 1921 bis 1929 Vors. des Dt. Friedenskartells; Friedensnobelpreis 1927.

Quietismus [lat.], Lehre von der vollst. Seelenruhe des Menschen, Taten- und Willenlosigkeit als höchstes Ziel; relig. als Aufgehen in Gott (Mystik); bed. Einfluss auf den Pietismus.

Quincke, Georg Hermann, * 1834, † 1924, dt. Physiker; Arbeiten über Oberflächenspannung, Kapillarität u. Akustik: *q.sches Rohr* zur Bestimmung der Schallwellenlänge mittels Interferenzen.

Quinn, Anthony, * 1915, amer. Schauspieler („La Strada"; „Alexis Sorbas").

Quinquagesima [mlat.], Sonntag vor Aschermittwoch.

Quint[e] [lat.]: **1)** 5. Ton der diaton. Tonleiter; Intervall aus 1. u. 5. Ton einer diaton. Tonleiter; Alteration ab- und aufwärts ergibt verminderte bzw. übermäßige Quinte; **2)** Fechthieb, der v. der rechten Hüfte zur linken Schulter führt.

Quintessenz [lat.], Hauptinhalt, Hauptgedanke, Wesenskern.

Quintett [ital.], Musikstück für 5 Instrumente od. Singstimmen; auch eine Gruppe v. 5 Musizierenden oder Sängern.

Quintus [lat.; = der Fünfte]: **1)** röm. Vorname; **2)** die 5. Stimme in mehrstimm. Kompositionen (𝄞).

Quirinal, einer der 7 Hügel Roms mit Tempel des röm. Kriegsgottes *Quirinus,* den Thermen Diokletians u. Konstantins I.; der *Palazzo del Quirinale* (1574 ff.) war päpstl. Sommerresidenz (16.–18. Jh.), kgl. Palast (1870–1946), jetzt Sitz des ital. Staatspräs.

Quito [kito], Hptst. von Ecuador, 2850 m ü. d. M., 1,1 Mill. E; Univ.; vielseit. Ind., Kunsthandwerk; ⛯.

Quitte, Rosengewächs; apfel- oder birnenähnl. gelbe Früchte (für Gelee und Mus).

Quittung [lat.-frz.], schriftl. Empfangsbestätigung des Gläubigers an den leistenden Schuldner mit Orts- u. Zeitangabe sowie Unterschrift.

Quiz [kvɪz; engl.], Frage-und-Antwort-Spiel nach best. Regeln.

Qumran ↑Kumran.

Quote [lat.], Teil eines Ganzen, der auf den Einzelnen bzw. eine Einheit entfällt.

Quotient [lat.], das Ergebnis einer Division; auch Bez. für eine unausgerechnete Divisionsaufgabe in Form eines Bruches.

R

R, 18. Buchstabe des Alphabets.

R, Abk. für: **1)** ↑**R**eaumur; **2) r**echte Hand (𝄞); **3) r**echter Winkel, 1 R = 90° (Math.); **4) R**eprise (𝄞); **5) R**esponsorium (𝄞); **6)** ↑**R**ydberg-Konstante.

r, Abk. für: ↑**R**adius 1).

Ra, Symbol für ↑Radium (☍).

Raab, Julius, * 1891, † 1964, österr. Politiker; 1945 Mitbegr. der ÖVP, 1952–60 deren Obmann, 1953–61 B.-Kanzler; Abschluss des Staatsvertr. (1955).

Raab, r. Nbfl. der Donau, 283 km.

Raabe, Wilhelm, Pseud. Jakob Corvinus, * 1831, † 1910, dt. Dichter; realist. Erzähler; Ggs. v. inhumaner, übermächtiger Wirklichkeit und verinnerlicht-idealist. Haltung der Helden; „Die Chronik der Sperlingsgasse", „Der Hungerpastor", „Die schwarze Galeere".

Rab, Insel in N-Dalmatien, zu Kroatien, 94 km²; Seebäder (v. a. die Stadt R., 3300 E, mit venezian. Bauten des 11.–14. Jh.).

Rabanus Maurus ↑Hrabanus Maurus.

Rabat, Hptst. Marokkos, an der Atlantikküste, 840 000 E; Univ., kgl. Palast; zahlr. Moscheen, Stadtmauer aus d. 12. Jh. erhalten; Textil-, Leder-, Nahrungsmittelind.; ⛯.

Rabatt [ital.], meist in Prozenten ausgedrückter Preisnachlass; gemäß *R.gesetz* vom 25. 11. 1933 nicht mehr als 3 %; z. B. *Mengen-R.* (bei Abnahme größerer Warenmengen), *Treue-R.* (bei langer Geschäftsverbindung), *Wiederverkäufer-R., Sonder-R.* (bei bes. Anlässen), *Barzahlungs-R., Termin-R.* (zum Ausgleich von Absatzschwankungen).

Rabbiner [hebr.], Titel der jüd. [Schrift]gelehrten u. relig. Funktionsträger.

Rabelais, François [ra'blɛ], * zw. 1483 u. 1494, † 1553, frz. Dichter; Humanist, Geistlicher und Arzt; satir.-burleskes Prosawerk „Gargantua u. Pantagruel", scharfe Kritik an überkommener Lebensweise, an Kaiser, Kirche und dem Kanon klösterl. Erziehung und universitärer Bildung.

Rabenvögel, Fam. gr. Singvögel; stark ausgeprägte Gehirnentwicklung, hochentwickelte Brutpflege; u. a. Raben, Krähen, Dohlen, Elstern, Häher.

Rabin, Yitzhak, * 1922, † 1995, isr. Gen. und Politiker (Isr. Arbeiterpartei), 1964–68 Gen.-Staatschef, u. a. 1974–77, wieder s. 1992 Premiermin.; Friedensnobelpreis 1994 mit J. Arafat u. S. Peres. – Fiel dem Attentat eines extremist. jüd. Gegners seiner Verständigungspolitik zum Opfer.

Rachen (Pharynx), Abschnitt der oberen Luftwege zw. Speiseröhre und Mund- bzw. Nasenhöhle.

Rachenblütler, artenreiche Pflanzenfam.; meist Kräuter und Stauden; u. a. Ehrenpreis, Fingerhut, Löwenmaul, Königskerze.

Rachitis [gr.] (engl. Krankheit), Vitamin-D-Mangelkrankheit (bes. im frühen Kleinkindalter) mit mangelh. Verkalkung des Knochengewebes, nachfolgender Knochenerweichung, Verformung von Beinen, Becken u. a.

Rachmaninow, Sergei Wassiljewitsch, * 1873, † 1943, russ.-amer. Komponist u. Pianist; Opern, Sinfonien, Klavierkonzerte, Chorwerke, Kammermusik.

Racine, Jean [ra'sin], * 1639, † 1699, frz. Dichter; neben Corneille Schöpfer u. Vollender des klass. frz. Dramas; strenge Anwendung der drei Einheiten; „Andromache", „Britannicus", „Phädra", „Athalie", „Berenike".

Rackenvögel, Ordnung vorw. [sub]trop., den Spechten nahe ste-

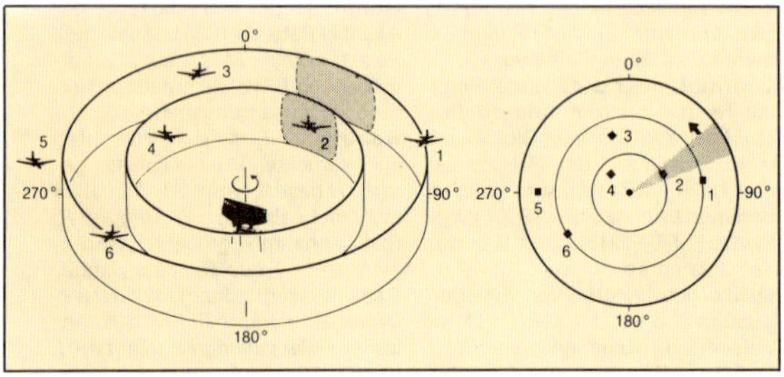

Radar. *Prinzip des Rundsichtradars: Luftraum im Umkreis einer Rundsichtradarantenne und dazugehöriges Radarschirmbild*

hender Vögel; u. a. Ra[c]ken (Blauracke), Eisvögel, Hopfe, Nashornvögel.

rad, Einheitenzeichen für: ↑**Ra**-**d**iant 1).

Radar, Abk. für engl.: **Ra**dio **d**etecting **a**nd **r**anging; Geräte u. Verfahren zur Ortung von Gegenständen (z. B. Schiffen, Flugzeugen), auch zur Geschwindigkeitsbestimmung *(Verkehrs-R.)* mithilfe gebündelter elektromagnet. [Zentimeter]wellen, die v. einem Sender ausgesendet, am Objekt reflektiert und als Echo über einen Empfänger auf einem Bildschirm sichtbar gemacht werden.

Radebeul, St. nw. von Dresden, Sa., 30 400 E; Indianer-Museum; chem., feinmech. u. a. Industrie.

Radecki, Sigismund v. [ra'dɛtski], * 1891, † 1970, dt. Schriftsteller.

Rädelsführer, Anführer bei Aufruhr, Landfriedensbruch, Meuterei u. a.

Radetzky, Joseph Gf. R. von Radetz, * 1766, † 1858, östr. Feldmarschall; maßgebl. Anteil am Sieg in der Völkerschlacht bei Leipzig, sicherte mit seinen Siegen über die Italiener bei Custoza (1848) und bei Novara (1849) die östr. Herrschaft in Oberitalien.

Radhakrishnan [-ʃ-], Sir Sarvapalli, * 1888, † 1975, ind. Philosoph u. Politiker; 1962–67 Staatspräs.; bed. Arbeiten zur vergleichenden Philos.- und Religionsgeschichte; 1961 Friedenspreis des Dt. Buchhandels.

radial [lat.], v. einem Mittelpt. aus- od. auf ihn zugehend; strahlenförmig.

Radiant [lat.]: **1)** Einheitenzeichen *rad,* Winkeleinheit; der ebene Winkel, für den das Längenverhältnis Kreisbogen zu Kreisradius den Zahlenwert 1 besitzt; **2)** scheinbarer Ausgangspt. der Sternschnuppen am Himmel.

Radiator [lat.], großfläch. Heizkörper zur Abstrahlung der Heizwärme, bes. für Zentralheizungen.

Radierung [lat.], graf. Kunsttechnik, bei der die Zeichnung mit der *Radiernadel* (aus Stahl) in den Ätzgrund (Wachs-Harz-Schicht) der Kupferplatte geritzt wird, dann Ätzung; Abzüge im Tiefdruck; ohne nachfolgende Ätzung: *Kaltnadelradierung.*

Radieschen, Nutzpfl. (Kreuzblütler) mit kl., roten, auch rotweißen essbaren Knollen.

Radikal [lat.], in der Chemie Bez. für ungesättigte, elektr. neutrale Atomgruppen, die ein oder mehrere ungepaarte Elektronen besitzen; ein R. reagiert als Ganzes, besitzt aber nur eine kurze Lebensdauer.

Radikalen|erlass, svw. ↑Extremistenbeschluss.

Radikalismus [lat.], Bez. für weltanschaul. geprägte Richtungen, die bestehende [gesellschaftl. u. polit.] Verhältnisse grundlegend, von der Wurzel (lat. radix) her, umgestalten wollen; häufig abwertend gebraucht.

Radikand ↑Wurzel 3).

Radio [lat.], svw. Rundfunk[empfänger].

radioaktiver Niederschlag (Fall-out), durch Regen od. trockene Sedimentation bedingte Ablagerung von radioakt. Staub (nach Kernwaffenexplosionen, 1986 nach dem Reaktorunfall von Tschernobyl) aus der Atmosphäre.

Radio|aktivität, spontaner Zerfall von Atomkernen, meist unter Aussendung von Alpha-, Beta- u./od. Gammastrahlung; solche instabilen Atomkerne, *Radionuklide,* kommen z. T. in der Natur vor *(natürl. R.)* od. werden durch Kernreaktion aus stabilen Kernen erzeugt *(künstl. R.);* bei künstl. Kernumwandlung meistens Aussendung v. Protonen, Neutronen u. a.; der Zerfall v. Uran, Thorium, Actinium u. Neptunium vollzieht sich in nach diesen El. ben. *Zerfallsreihen,* bis ein stabiles Endprodukt (Blei) entsteht; die ↑Halbwertszeiten streuen v. Sek.-Bruchteilen bis zu 10^{10}

Raffael, *Madonna del Cardellino (um 1506)*

Jahren; Anwendung der [künstl.] R. in Biol. und Med. zur Behandlung von Krankheiten (z. B. Krebs) und zu [bio]chem. Untersuchungen, physikal. Messungen u. a.

Radio|astronomie, Teilgebiet der Astronomie, erforscht die aus dem Weltall einfallende *Radiofrequenzstrahlung* (Wellenlängenbereich von etwa 1 cm bis etwa 30 m) von Sonne, Planeten, interstellarer Materie und einzelnen punktförm. Radioquellen (*Radiosterne:* u. a. bes. Galaxien u. Reste v. Supernovä); verwendet werden v. a. ↑Radioteleskope.

Radiokompass, Flugnavigationsgerät, das den Winkel zw. Flugrichtung u. automat. angepeiltem Funkfeuer anzeigt.

Radiologie [lat.; gr.], Strahlenkunde; ↑Röntgenologie.

Radiometer [lat.; gr.], Gerät zur Strahlenmessung (v. a. Wärmestrahlung); nutzt die Kraft, die infolge einer Temp.-Differenz zw. bestrahlter u. unbestrahlter Seite auf ein dünnes [Glimmer]plättchen ausgeübt wird *(R.effekt).*

Radioteleskop, Gerät zum Empfang der kosm. Radiofrequenzstrahlung (↑Radioastronomie); meist Parabolantenne, Verstärker- und Anzeigeanlagen.

Radiotherapie, svw. ↑Strahlentherapie.

Radium, chem. El., Symbol Ra, OZ 88, rel. A.-Masse 266; weiß glänzendes, radioaktives Schwermetall (Erdalkalimetall); Dichte 5,50 g/cm³, Fp. 700 °C, Sp. 1 140 °C; eines der seltensten Elemente; Vorkommen in Uranpechblende.

Radius [lat.]: **1)** math. Formelzeichen *r,* Halbmesser des Kreises od. der Kugel; **2)** svw. ↑Speiche 1).

Radkurve, svw. ↑Zykloide.

Radolfzell am Bodensee, Stadt in Ba.-Wü., 28 000 E; Vogelwarte in Möggingen, Kneippkurort.

Radon [auch: ra'do:n], chem. El., Symbol. Rn, OZ 86, Massenzahl d. stabilsten bek. Isotops 222; Edelgas, Fp. −71 °C, Sp. −61,8 °C; R.-Isotope entstehen als Zwischenprodukte beim natürl. Zerfall v. Uran, Thorium u. Actinium.

RAF, Abk. für **R**ote-**A**rmee-**F**raktion (↑Terrorismus).

Raffa|el (Raphael), eigtl. Raffaello Santi (Sanzio), * 1483, † 1520, ital. Maler u. Baumeister; in seinen Werken ist das ideale Menschenbild der klass. Kunst am vollkommensten verwirklicht worden; u. a. „Sposalizio", Madonnenbilder u. Bilder der Hl. Familie, „Grablegung Christi"; Fresken in den Stanzen u. Loggien des Vatikans, Sixtin. Madonna, Fresken in der Villa Farnesina (Rom); Kartons für Bildteppiche.

Raffination [frz.], [Verfahren zur] Reinigung u. Veredelung v. Naturstoffen u. techn. Produkten.

Raffinerie [frz.], meist größere chem. Fabrik, in der Naturstoffe gereinigt u. veredelt werden; in einer *Erdöl-R.* werden aus Erdöl u. a. Vergaserkraftstoffe, Dieselöle, Schmieröle, Düsentreibstoffe und zahlreiche Rohstoffe der chem. Industrie hergestellt.

Rage ['raʒə; frz.], ugs. für Wut, Raserei.

Raglan ['ræglən; engl.; auch: 'raglan], [Sport]mantel mit am Ärmel angeschnittenem Schulterteil; auch Bez. für die Schnittform.

Ragtime ['rægtaɪm; amer.], nordamer. Musik-, v. a. Klavierspielform, Blütezeit zw. 1890 u. 1915; urspr. allg. Bez. für frühen Jazz.

Ragusa: 1) ital. Prov.-Hptst. in S-Sizilien, 68 500 E; Barockkirchen; Erdölförderung und -verarb., Asphaltgewinnung; **2)** ital. Name der Stadt ↑Dubrovnik.

Rah, waagr., bewegl. angebrachte Stange am Schiffsmast zum Befestigen v. *Rahsegeln.*

Rahmenerzählung, literar. Form, bei der die eigtl. Erzählung von einer anderen eingefasst ist.

Rahmengesetz, Ges. mit nur allg. Richtlinien, die später durch Detailregelungen ausgefüllt werden.

Rahner, Karl, * 1904, † 1984, dt. kath. Theologe; Jesuit; führender Konzilstheologe.

Raiffeisen, Friedrich Wilhelm, * 1818, † 1888, dt. Agrarpolitiker; auf ihn gehen die *R.genossenschaften* (landw. Kreditgenossenschaften) zurück.

Raimund, Ferdinand, eigtl. F. Raimann, * 1790, † 1836, östr. Dramatiker u. Schauspieler; neben Nestroy bed. Vertreter der Wiener Volkskomödie; „Das Mädchen aus der Feenwelt oder Der Bauer als Millionär", „Der Alpenkönig und der Menschenfeind".

Rainfarn, goldgelb blühender Korbblütler mit farnähnl. Blättern.

Rainier III. [rɛnj'e], * 1923, seit 1949 Fürst von Monaco.

Raketen [ital.], Bez. für Flugkörper (auch Antriebsvorrichtungen, z. B. für Hochgeschwindigkeitsflugzeuge), die ihren Vortrieb durch den Rückstoß (Schub) eines Antriebstrahls erhalten; sie führen alle zur Erzeugung der Vortriebsenergie bzw. des Schubs erforderl. Mittel mit sich, können sich daher unabhängig von der Atmosphäre bewegen und sind so bes. für Zwecke der Raumfahrt geeignet.

Raketen. *Dreistufige Trägerrakete „Ariane" (ESA) beim Start in Kourou (Französisch-Guayana)*

R. bestehen im Wesentl. aus der R.struktur *(R.zelle, R.körper)* als der eigtl. Tragekonstruktion, dem aus Brennkammer und Strahlaustrittsdüse bestehenden *R.triebwerk,* den meist in die R.struktur integrierten Treibstoffbehältern und dem Treibstofffördersystem sowie aus der Instrumentenausrüstung mit elektron. Geräten. Eine Steigerung der Endgeschwindigkeit ist mithilfe der *mehrstufigen Rakete* möglich. Jede Stufe besitzt ein eigenes Triebwerk u. enthält in ihrer Zelle den erforderl. Treibstoffvorrat, die letzte Stufe trägt außerdem die Nutzlast. Bei *Feststoffraketentriebwerken* wird Treibstoff in fester Form verwendet. Beim *Flüssigkeitsraketentriebwerk* werden die flüssigen Treibstoffkomponenten in getrennten Behältern in der Zelle untergebracht u. dem Triebwerk in einem best. Verhältnis zugeführt. Bei *Hybridtriebwerken* kommt die eine Treibstoffkomponente in flüssiger Form, die andere in fester Form zum Einsatz.

Rákosi, Mátyás ['ra:koʃi], * 1892, † 1971, ungar. Politiker; 1945–56 Gen.-Sekr. der ungar. KP, 1952/

1953 Min.-Präs., 1962 aus der Partei ausgeschlossen.

Raleigh (Ralegh), Sir Walter ['rɔ:lɪ], * um 1554, † 1618 (hingerichtet), engl. Seefahrer, Entdecker u. Schriftsteller; Günstling Elisabeths I.; Vorkämpfer für die engl. Seeherrschaft; Raub- und Entdeckungsfahrten, v. a. in mittelamer. Gewässern.

Raleigh ['rɔ:lɪ], Hptst. von North Carolina, USA, 208 000 E; Univ.; Textil- u. a. Ind.; ✈.

Rallen, Vogelfam., meist Sumpf- u. Wasservögel, sperlings- bis hühnergr.; in Europa: Wasserralle, Teich- und Blässhuhn u. a.

Rallye ['rali; auch: 'rælɪ; engl.-frz.], Automobilsportveranstaltung, heute v. a. Sonderprüfungsabschnitte mit Verbindungsstrecken z. T. noch im öff. Straßenverkehr; mit abgewandelten serienmäß. Pkw betrieben.

RAM [Abk. für engl.: *r*andom *a*ccess *m*emory; = Speicher mit wahlfreiem Zugriff], svw. ↑Randomspeicher.

Rama IX., Bhumibol Adulyadeh, * 1927, Kg. v. Thailand s. 1946; s. 1950 verh. mit Sirikit Kitiyaka (* 1932).

Ramadan [arab.], 9. Monat des islam. Mondjahres, Fastenmonat.

Ramakrishna [-ʃ-], urspr. Gadadhar Chattopadhyaya, * 1836, † 1886, ind. Mystiker u. Philosoph; erfasste das Göttl. als Erscheinungsform des Absoluten aller Religionen.

Ramalho Eanes, António dos Santos [ra'maʎu r'anɪʃ], * 1935, portugies. Gen. u. Politiker; schlug 1975 als Stabschef den Putsch linksextremer Truppen nieder, 1976–86 Staatspräsident.

Ramapithecus, fossiler menschenähnl. Primat aus dem Pliozän, 1934/35 südl. des Himalaja entdeckt, vermutl. ein Vorläufer des Menschen.

Rambouillet [rãbu'jɛ], frz. St. sw. v. Versailles, 25 400 E; Schloss (14. bis 18. Jh.).

Rameau, Jean-Philippe [ra'mo:], * 1683, † 1764, frz. Komponist u. Musiktheoretiker; Konzerte für Cembalo, Opern, Ballette.

Rampal, Jean-Pierre [rã'pal], * 1922, frz. Flötist.

Rampe [frz.]: **1)** geneigte Ebene zur Überwindung v. Höhenunterschieden; Auffahrt; auch horizontale Verladebühne; **2)** im Theater vordere Kante des Bühnenbodens.

Ramsauer, Carl Wilhelm, * 1879, † 1955, dt. Physiker; Arbeiten über Gasentladungen; entdeckte 1920 den *R.-Effekt,* period. Schwankungen der Durchlässigkeit von Elektronen beim Durchgang durch Materie in Abhängigkeit von der Elektronengeschwindigkeit.

Ramses, 11 ägypt. Könige der 19. u. 20. Dyn.; bed.: **1) R. II.,** † 1224 v. Chr., s. 1290 Kg.; kämpfte gg. die Hethiter um Syrien; bed. Bauten, u. a. Abu Simbel; **2) R. III.,** † etwa 1153 v. Chr., s. etwa 1184 Kg.; musste Einfälle der Libyer und der „Seevölker" abwehren.

Ranch [ræntʃ; engl.], in Nordamerika landw. Betrieb mit Viehwirtschaft.

Rand, Währungseinheit der Rep. Südafrika. – ↑auch Währungen.

Randomspeicher (Direktzugriffsspeicher), Abk. RAM, ein Datenspeicher mit direkt mögl. wahlfreier Ansteuerung seiner Speicherplätze od. Speicherzellen.

Ranger ['reɪndʒə; engl.], in den USA 1. bes. ausgebildete Soldaten; 2. Angehörige der Polizeitruppe in einigen B.-Staaten; 3. uniformierte Wächter in den Nat.-Parks.

Rang|ordnung, die soziale Hierarchie bei Tieren (u. Menschen) durch Regelung der auf die einzelnen Angehörigen einer Gruppe entfallenden Rechte und Pflichten. – Das ranghöchste Tier wird *Alphatier,* das rangniedrigste *Omegatier* genannt.

Rangun, s. 1989 **Yangon,** Hptst. von Myanmar (Birma) am O-Rand des Irawadideltas, 2,5 Mill. E; Univ.; Shwe-Dagon-Pagode (z. T. vergoldet); See- und Fluss-⚓; Handels- und Ind.-Zentrum Myanmars (Birmas) – 1753 gegr., s. 1948 Hauptstadt.

Ranke, Leopold von, * 1795, † 1886, dt. Historiker; führender Vertreter des Historismus, Begr. der mod. quellenkrit. Geschichtswissenschaft.

Ranken, aus Sprossen od. Blättern gebildete, schnurartige Klammerorgane best. Pflanzen.

Rankune [frz.], Rachsucht, heiml. Feindschaft.

Rapacki, Adam [-tski], * 1909, † 1970, poln. Politiker; 1956–68 Außenmin., bek. durch den 1957 veröffentlichten *R.-Plan,* nach dem M-Europa eine kernwaffenfreie Zone werden sollte.

Rapallo, ital. Seebad sö. von Genua, 29 500 E; Tagungsort.

Rapalloverträge: 1) ital.-jugoslaw. Vertr. v. 1920 über d. Grenzziehung in Dalmatien; **2)** dt.-sowj. Vertr. v. 1922: Aufnahme diplomat. u. wirtsch. Beziehungen, gegenseit. Verzicht auf Ersatz ihrer Kriegskosten u. -schäden.

Rapha|el, einer der Erzengel des A. T.; Begleiter des Tobias, daher Patron der Reisenden.

Raphia (Raphiapalme, Raffia) [madagass.], Palmengatt., Arten mit über 15 m langen Blättern liefern z. T. Bastfasern *(Raphiabast);* die *Westafrik. Weinpalme* liefert Palmwein und Sago.

Rappen, schweizer. Münzeinheit ($^{1}/_{100}$ des Schweizer Frankens).

Rapport [frz.]: **1)** [v. a. mil.] Bericht, Meldung; **2)** sich ständig wiederholendes Webmuster.

Raps, Kreuzblütler; wicht. Ölpfl., Samen enthalten 35–45 % Öl (Rüböl, neuerdings Treibstoff für Dieselfahrzeuge); Pressrückstand *(R.kuchen)* Futtermittel.

Raps|erdfloh ↑Übers. S. 528 ff.

Rapsglanzkäfer ↑Übers. S. 528 ff.

Rapskrebs ↑Übers. S. 528 ff.

Rapunzel [mlat.], svw. ↑Feldsalat.

Rarität [lat.], Seltenheit, Kostbarkeit.

Rangun. *Andachtshallen der Shwe-Dagon-Pagode (1564)*

Raschi, eigtl. Rabbi Salomo ben Isaak, * 1040, † 1105, jüd. Gelehrter aus Troyes; bed. u. populärster Bibel- und Talmudkommentator; zeitw. in Worms.

Raskolniki [russ.], Anhänger russ. Sekten, Altgläubige (Starowerzen) gen., da sie die liturg. Reform des Patriarchen Nikon (1654) nicht anerkannten; gespalten in *Bespopowzy* (Priesterlose) u. *Popowzy* (altgläub. Gemeinde mit Priestertum).

Rasmussen, Knud, * 1879, † 1933, dän. Polarforscher; ethnograph. Forschungen in N-Grönland (1906–08), unternahm 7 Polarexpeditionen (1912–33).

Räson [rɛ'zõ; frz.], Vernunft, Einsicht.

räsonieren: 1) sich wortreich äußern; **2)** schimpfen, nörgeln.

Rasputin, Grigori Jefimowitsch, eigtl. G. J. Nowych, * 1864 od. 1865, † 1916 (ermordet), russ. Mönch; galt als Wundertäter; unheilvoller Einfluss am Hofe des Zaren Nikolaus II.

Rasse: 1) (Zucht-R.) bei Haustieren u. Kulturpfl. durch d. Menschen aufgrund künstl. Auslese u. sexueller Isolation erzüchtete Formengruppe mit (erwünschten) gleichen charakterist. Merkmalen; **2)** † Menschenrassen.

Rassismus, Haltung, die Angehörige anderer „Rassen" für minderwertig, die eigene „Rasse" aber für hochwertig ansieht; Begründung für Diskriminierung, Unterprivilegierung od. Unterdrückung ethn. Gruppen (oft Minderheiten), die als Vertr. anderer Rassen bez. werden; außenpolit. wurde der R. zur Rechtfertigung v. Imperialismus u. Kolonialismus herangezogen.

Rastatt, Krst. im Oberrhein. Tiefland, Ba.-Wü., 51 500 E; Schloss u. a. barocke Bauten; versch. Ind.; sö. von R. das Lustschloss Favorite. – 1705–71 Residenz der Markgf. v. Baden. – Der *Friede v. R.,* 1714 zw. Ks. Karl VI. und Frkr. geschlossen, beendete den Span. Erbfolgekrieg.

Raster: 1) Liniennetz od. Punktsystem auf Glasplatte oder Folie zur Zerlegung von Halbtonbildern in verschieden gr. *R.punkte* bei Herst. v. Autotypien; **2)** Zeilen u. Bildpunkte eines Fernsehbildes.

Rätesystem, 1917 in Russland begr. Reg.-Form: Vereinigung von gesetzgebender, ausführender u. rechtsprechender Gewalt in den Händen v. *Arbeiter-und-Soldaten-Räten;* später nur nominell und durch die Verf. v. 1936 ersetzt; vorübergehend auch in Bayern u. Ungarn 1919 *Räterepubliken.*

G. J. Rasputin

Rat für gegenseitige Wirtschaftshilfe, RGW, RgW, engl.: Council for Mutual Economic Aid (COMECON), Organisation für wirtschaftl. Integration Ost- u. Ostmitteleuropas auf der Basis der Koordination der nat. Volkswirtschaftspläne u. der Spezialisierung der ind. Produktion innerhalb der internat. sozialist. Arbeitsteilung; gegr. 1949; Mitgl.: UdSSR, Polen, Tschechoslowakei, Ungarn, Rumänien, Bulgarien (Gründungsmitglieder), Albanien (s. 1949), DDR (1950–90), Mongol. Volksrep. (s. 1962), Kuba (s. 1972), Vietnam (s. 1978), assoz. Mitgl.: Jugoslawien (s. 1964). RGW löste sich 1991 auf.

Rathenau: 1) Emil, * 1838, † 1915, dt. Industrieller; gründete die beiden Stammfirmen der späteren AEG-Telefunken-Gruppe; **2)** Walther, * 1867, † 1922, Sohn von 1), dt. Politiker (DDP); 1915 Aufsichtsratsvors. der AEG, 1921 Wiederaufbaumin., ab Febr. 1922 Außenmin.; schloss den Rapallovertrag ab; erreichte eine Herabsetzung der Reparationszahlungen 1922; von Rechtsradikalen als „Erfüllungspolitiker" diskriminiert und ermordet.

Rätilen (lat. Raetia), im Altertum das v. den Rätern, einem Volk unsicherer Herkunft, bewohnte Gebiet, das vom Alpennordrand bis zu den oberital. Seen u. vom St. Gotthard bis zum Brenner reichte.

Ratifikation [lat.], Bestätigung eines abgeschlossenen völkerrechtl. Vertrages durch das Staatsoberhaupt, in vielen Fällen erst zulässig nach Billigung durch die gesetzgebende Körperschaft.

Ratingen, St. nö. an Düsseldorf anschließend, NRW, 89 500 E. U. a. Metall verarb., Elektro-, keram., Baustoffindustrie.

Rätikon, Teil der Ostalpen zw. Montafon und Prättigau (Schesaplana 2 965 m).

Ratio [lat.], Vernunft, Verstand, Grund (Philos.).

rationale Zahlen, alle Zahlen, die sich durch Brüche mit ganzzahl. Zähler u. Nenner darstellen lassen.

Rationalisierung, zweckmäß. Gestaltung der Arbeitsvorgänge zur Steigerung der Wirtschaftlichkeit (Leistungssteigerung u. Kostensenkung), z. B. durch Normung († DIN Dt. Institut f. Normung e. V.) u. Typung, Arbeitsstudien († REFA), Spezialisierung, Einf. entspr. Maschinen u. Geräte u. a.; Erfolge der R. sind durch Sinken der Selbstkosten schnell nachweisbar. Letzte Stufe der R. ist die Automation.

Rationalismus [lat.], Geisteshaltung, die rationales Denken als einz. Erkenntnisquelle zulässt und alles Sein für vernünftig erklärbar hält; der *erkenntnistheoret. R.* der Aufklärung (R. Descartes) leitet die Erkenntnisfähigkeit aus „angeborenen Ideen" ab, mit deren Hilfe die Wirklichkeit auch ohne Erfahrungen (Empirismus) und sinnl. Wahrnehmung (Sensualismus) eingesehen werden kann. Der *krit. R.,* v. K. R. † Popper begr. u. so bezeichnete philos. u. wiss.-theoret. Schule, bezweifelt die zur Verifikation empir. Behauptungen benutzten Induktionsschlüsse; vertritt einen methodolog. u. wiss.-theoret. Pluralismus.

rationell [lat.], zweckmäßig, wirtschaftlich.

Rationierung, begrenzte Zuteilung von verknappten Gütern.

Rätische Alpen, Teil der Ostalpen zw. Arlberg, Veltlin, Splügen und Reschenpass.

Rätoromanen, Alpenvolk mit eigener roman. Spr., hpts. in Friaul, Graubünden, Südtirol († Ladiner).

Rätoromanisch, westroman. Spr. mit 3 Dialektgruppen; davon ist das Graubündnerische seit 1938 4. Landesspr. d. Schweiz.

Ratte, weltweit verbreitete Nagetiergatt.; Allesfresser; Krankheitsüberträger u. Vorratsschädlinge; einheim. Haus- u. Wanderratte.

Rattenfänger von Hameln, ma. Sagengestalt, ein Pfeifer; befreite angebl. 1284 Hameln v. der Rattenplage (um den Lohn betrogen, entführt er die Kinder der Stadt).

Ratzeburg, Krst. des Kreises Hzgt. Lauenburg in Schl.-Ho., z. T. auf einer Insel im *R.er See* (14 km^2, bis 24 m tief), 12 800 E; roman. Dom (12./13. Jh.).

Ratzinger, Joseph, * 1927, dt. kath. Theologe u. Kardinal. Seit 1969 Prof. f. Dogmatik, 1977–82

Erzb. von München u. Freising, s. 1982 Präfekt der Kongregation für die Glaubenslehre der röm. Kurie.

Rau, Johannes, * 1931, dt. Politiker; 1978–98 Min.-Präs. in NRW, 1982–99 stellvertr. B.-Vors. der SPD; s. 1999 Bundespräsident.

Raub, Diebstahl unter Gewaltanwendung od. unter Bedrohung mit unmittelb. Gefahr für Leib und Leben; mit Freiheitsstrafe bedroht; Strafverschärfung bei Raub mit Körperverletzung oder Todesfolge.

Raubtiere, Säugetierordn., umfasst die Fam. Katzen, Schleichkatzen, Hyänen, Hunde, Bären, Marder, Kleinbären; Fleischfresser, jedoch auch vegetar. lebende Arten; Gebiss mit kräft. Eck- u. [scharfen] Reißzähnen.

Raubvögel, veralt. Bez. für Greifvögel und Eulen.

Rauch, Christian Daniel, * 1777, † 1857, dt. Bildhauer; Hauptmeister des Berliner Klassizismus.

Rauch, Schwebeteilchen (Ruß, Teertröpfchen, Flugasche u. a.), die bei Verbrennung entstehen; *R.gase,* flücht. Verbrennungsprodukte fester u. a. Brennstoffe.

Rauchgas|entschwefelung, die Entfernung von Schwefelverbdg. (Schwefeldioxid) aus den Verbrennungsabgasen von Kohle, Erdöl od. Erdgas (Schwefelanteil 1–4 %), insbes. bei Großfeuerungsanlagen; neben dem Auswaschen der Abgase kommen Verfahren der Umwandlung des Schwefels zu Sulfaten (z. B. Wirbelschichtverfahren) infrage. Dabei entstehen große Mengen Gips.

Rauchwaren (Pelzwerk), Bez. für veredelte Felle, Pelzfelle im Handel u. in der Kürschnerei.

Räude, Hautkrankheit bei Haustieren; durch Milben verursacht; Pferde- u. Schaf-R. meldepflichtig.

Rauhes Haus, v. J. H. Wichern 1833 in Hamburg-Horn gegr. Anstalt zur Betreuung gefährdeter männl. Jugendlicher in familienähnl. Gruppen; angeschlossen die *Diakonenanstalt des Rauhen Hauses.*

Raum, urspr. die äußere, sich in 3 Dimensionen (Länge, Breite, Höhe) darstellende Form der sinnl. erfahrb. Wirklichkeit; in der Geometrie Euklids als *abstrakter (math.) R.* verstanden; bei I. Newton als *absoluter R.* mit eigener Existenz; dagegen bei G. W. v. Leibniz u. Ch. Huygens als *relativer R.,* der durch die in ihm enthaltenen materiellen Körper definiert ist; bei I. Kant ist R. eine a priori gegebene Form der Anschauung (daher Gültigkeit der euklid. Geometrie für alle Erfahrungsgegenstände); in der Relativitätstheorie wird der physikal. R. mit der Zeit zu einem vierdimensionalen *R.-Zeit-Kontinuum* verbunden; die Metrik des R.es hängt dabei von der Verteilung der Materie im R. ab.

Raumer, Friedrich von, * 1781, † 1873, dt. Historiker.

Raumfahrt ↑Weltraumfahrt.

Rauminhalt, svw. ↑Volumen 1).

Raumkurve, Kurve, deren Pt. nicht in einer Ebene liegen.

Raum|meter (Ster), Raummaß für Holz: 1 m³ gestapeltes Holz mit Schichtungszwischenräumen; im Ggs. zum ↑Festmeter.

Raum|ordnungspolitik, Maßnahmen zur optimalen Gestaltung der Siedlungs- u. Verkehrsverhältnisse in einem Großraum unter bes. Berücksichtigung des Natur- u. Landschaftsschutzes.

Raumsonde, Raumflugkörper zur Erforschung des Weltraums in größerer Entfernung von der Erde, z. B. des Mondes *(Mondsonde)* oder der Planeten u. ihrer Umgebung (↑Voyager).

Raumtransporter, im Ggs. zu vorher verw. Weltraumraketen wieder verwendbares Trägersystem für den Transport einer Nutzlast auf eine Satellitenbahn. Der erste von der NASA entwickelte R. *(Spaceshuttle)* startete am 14. 4. 1981.

Raumwelle, die v. einem Funksender ausgestrahlte u. sich, im Ggs. zur ↑Bodenwelle, im Raum ausbreitende Welle.

Raumzahl, in m³ angegebener Raumgehalt (Bruttoraumgehalt: gesamtes Innenvolumen; Nettoraumgehalt: eigentl. Nutzraum, d. h. Lade- u. Passagierräume) eines Schiffes; bei der vereinfachten Schiffsvermessung ist die *Brutto-R.* = 0,24 Bruttoraumgehalt (0,55 Länge × größte Breite × Höhe zw. Kiel u. Oberdeckskante + Rauminhalt der Aufbauten); die *Netto-R.* = 0,3 Bruttoraumzahl.

Raupe, Jugendstadium v. a. der Schmetterlinge.

Raureif, Ablagerung v. feinen Eiskristallen aus Nebeltröpfchen oder feuchtem Dunst an festen Gegenständen bei Frost.

Rauschgifte, Rauschzustände bewirkende Gifte wie Opium, Morphin, Kokain u. a. Alkaloide, auch Haschisch, LSD, Designerdrogen; in der Med. meist zur Schmerzstillung verw. (Betäubungsmittel); führen zu Süchtigkeit; in allen Staaten strenge Rauschgiftges.; in der BRD unterliegen die meisten R. dem *Betäubungsmittelges.* v. 28. 7. 1982; Strafvorschriften 1992 durch Ges. zur Bekämpfung des illegalen Rauschgifthandels drastisch verschärft. Internat. Bekämpfung des illegalen *Rauschgifthandels* in enger Zusammenarbeit der einzelnen Staaten (durch Interpol).

Rauschning, Hermann, * 1887, † 1982, dt. Politiker; 1933/34 nat.-soz. Senatspräs. von Danzig, floh 1936 in die Schweiz; krit. Bücher über den Nationalsozialismus.

Raute, Gatt. der R.ngewächse; heim. Art: *Wein-R.,* Gewürz- u. Heilpflanze.

Raute, svw. ↑Rhombus.

Rautengewächse, meist Holz-

Raumtransporter. *Orbiter „Enterprise" mit großem Tank und zwei externen Feststofftriebwerken in Kap Canaveral*

pflanzen, die äther. Öle führen; v. a. Zitruspfl. wie Mandarine u. Zitrone.

Ravel, Maurice, * 1875, † 1937, frz. Komponist; Klavierkonzerte, Orchesterwerke: „La valse", „Boléro"; Opern: „Die span. Stunde"; Ballette, Kammermusik.

Ravenna, oberital. Prov.-Hptst. nahe am Adriat. Meer, 136 600 E; zahlr. frühchristl. Baudenkmäler, z. T. mit bed. Mosaiken; Grabmäler Theoderichs u. Dantes. – Blüte im 5. Jh. als Residenz der weström. Ks.; 493 Sitz d. ostgot. Könige.

Ravensberg, ehem. dt. Gft., im Gebiet um Herford, Vlotho, Halle (Westf.) und Bielefeld; fiel 1346 an Jülich, 1614 an Bbg.; jetzt *R.er Land.*

Ravensburg, Krst. nördl. des Bodensees, Ba.-Wü., 46 800 E; LG, IHK; histor. Bauten; Masch.-, Metall-, Textil- u. a. Industrie.

Rawalpindi, pakistan. Stadt im Pandschab, 928 000 E; Metall verarb. u. a. Ind.; ✈.

Raymond, Fred, eigtl. Friedrich Vesely, * 1900, † 1954, östr. Komponist; Operetten („Maske in Blau"); Schlager- und Filmmusik.

Razzia [arab.], [groß angelegte] Fahndungsstreife der Polizei.

Rb, Symbol für ↑Rubidium (☐).

Re, altägypt. Sonnengott; Hauptgott Ägyptens neben Amun und Ptah.

Re, Symbol für ↑Rhenium (☐).

Re, Zeichen für: ↑Reynolds-Zahl.

re..., Re... [lat.], Vorsilbe; Bed.: „zurück, wieder".

Reader's Digest ['ri:dəz 'daɪdʒəst; engl.], amer. Monatsschrift (s. 1921) mit Nachdrucken von Aufsätzen und Auszügen aus neu erschienenen Büchern; auch dt.: „Das Beste aus R. D.".

Read-Methode ['ri:d] ↑schmerzlose Geburt.

Reagan, Ronald Wilson ['reɪgən], * 1911, amer. Schauspieler und Politiker; ab 1940 zahlreiche Spielfilme; erst Demokrat, dann Republikaner (rechter Flügel), 1966–75 Gouverneur von Kalifornien; 1981–88 40. Präs. der USA.

Reagenz (Reagens) [lat.], chem. Stoff, der mit einem anderen eine best. Reaktion herbeiführt u. ihn so identifiziert; *R.glas,* dünnwand., einseitig geschlossenes Glasröhrchen für chem. Untersuchungen; *R.papier,* mit best. chem. R.ien getränktes Filterpapier, das durch Farbänderung best. chem. Verbdg. u. saure od. alkal. Reaktionen anzeigt.

Reaktion [lat.]: **1)** Rückwirkung, Gegenkraft; **2)** ↑Reaktionär; **3)** chem. Vorgang, der unter stoffl. Veränderungen abläuft.

Reaktionär [lat.], Anhänger einer polit. Richtung, die zu veralteten Zuständen zurückkehren will oder starr am Bestehenden festhält.

Reaktor [lat.-engl.]: **1)** Behälter, in dem eine chem. Reaktion abläuft; **2)** svw. ↑Kernreaktor.

real [lat.], wirkl., tatsächl., sachlich.

Real|einkommen ↑Einkommen.

Reali|en [lat.], wirkl. Dinge; Math. und naturwiss. Unterrichtsfächer (im Ggs. zu den geisteswiss. Fächern).

Reali|enstreit (Universalienstreit), Streit v. a. zw. dem Realismus (vertreten durch Anselm von Canterbury und Thomas v. Aquin) u. dem Nominalismus (v. a. Abaelard) über den realen oder bloß gedankl. Gehalt der Allgemeinbegriffe.

realisieren [lat.], verwirklichen; klar erkennen, einsehen; in Geld umwandeln.

Realismus: 1) [prakt.] Wirklichkeitssinn; **2)** vieldeut. philos. Begriff; der *naive R.* meint, die Dinge seien so, wie sie wahrgenommen werden; der *krit. R.* untersucht die Beziehung Erkenntnis – Wirklichkeit; zum *Begriffs-R.* der Scholastik ↑Realienstreit; **3)** in der Lit. allg. eine Stilrichtung, die auf objekt. Betrachtung u. sachgetreuer Darst. der Wirklichkeit beruht; i. e. S. europ. literar. Strömung, etwa 1830–80; vorw. Romane und Erzählungen; Vertr. des R. sind u. a. H. de Balzac, G. Flaubert, C. Dickens, L. Tolstoi, F. M. Dostojewski, im dt. Sprachgebiet Storm, Keller, C. F. Meyer, Fontane, Raabe u. a.; **4)** Gestaltungsweise der bildenden Kunst, die Welt der Erscheinungen „wirklichkeitsnah" darzustellen (Ggs. Idealismus); die Begriffe R. u. *Naturalismus* werden in diesem Bereich oft synonym verw. (Abgrenzung umstritten).

Realität, Wirklichkeit, tatsächl. Lage.

Realkonkurrenz [lat.], Verwirklichung mehrerer Straftatbestände durch den gleichen Täter [in *einem* Verfahren abgeurteilt]; Ggs. ↑Idealkonkurrenz.

Real|last, Belastung eines Grundstücks in der Weise, dass vom jeweiligen Eigentümer wiederkehrende Leistungen aus dem Grundstück verlangt werden können.

Realpolitik, Pol., die vom Möglichen ausgeht.

Realschulen, in der BRD die bis zur mittleren Reife führenden Lehranstalten; bauen auf Grundschule od. Förderstufe auf.

Real|union [lat.], eine verf.-rechtl. Verbindung staatsrechtl. selbst. Staaten durch das gemeinsame monarch. Staatsoberhaupt u. gemeinsame staatl. Institutionen (z. B. Östr.-Ungarn 1867–1918).

Johannes Rau

Realwert, der wirkl. Wert einer Sache; Ggs. ↑Nennwert.

Réaumur [reo'myr], Zeichen R, Temp.-Angaben (in Grad), die sich auf die Réaumur-Skala (0° R Eispunkt, 80° R Siedepunkt des Wassers) beziehen; eingeführt von d. frz. Biologen u. Physiker R.-A. Ferchault de Réaumur (* 1683, † 1757).

Rebe ↑Weinrebe.

Rebekka, Gestalt des A. T., Schwester Labans, Gattin Isaaks und Mutter Esaus und Jakobs.

Rebellion [lat.], Aufruhr, Aufstand, Widerstand.

Rebhuhn, braune, etwa 30 cm gr. Art der Fasanenartigen auf Feldern und Wiesen; jagdb. Standvogel.

Reblaus ↑Übers. S. 528 f.

Rebus [lat.], Bilderrätsel.

rebus sic stantibus [lat.] ↑Clausula rebus sic stantibus.

Récamier, Jeanne Françoise Julie Adélaïde [reka'mje], geb. Bernard, * 1777, † 1849, frz. Schriftstellerin, in deren Salon sich zeitw. die Gegner Napoleons I. trafen; befreundet mit Chateaubriand.

Rechen|anlage (Rechenautomat), Gerät zur schnellen Durchführung ausgedehnter, komplizierter Rechenoperationen. R.n arbeiten heute auf elektron. Grundlage – entweder als ↑Analogrechner oder als ↑Digitalrechner. Die Möglichkeit der Datenspeicherung u. die Programmsteuerung, insbes. unter Verwendung von Programmiersprachen, die durch spezielle Übersetzungsprogramme *(Assembler, Compiler)* in der R. in deren Maschinensprache übersetzt werden, sind Ursachen ihrer Universalität. Für noch weiter gehende Flexibilität bei der Behandlung math. Probleme hat man *Hybridrechner,* Kombinationen aus Analog- und Digitalanlagen, sowie Parallelcomputer entwickelt, bei denen viele Mikroprozessoren an einer Aufgabe arbeiten.

Rechenschieber, Rechengerät mit festen u. gg. diese verschiebb. [logarithm.] Skalen zur Ausführung v. Multiplikation, Division u. Ä. durch Addition bzw. Subtraktion von Strecken; von Taschenrechnern völlig verdrängt.

Recherche [rə'ʃɛrʃə; frz.], Nachforschung, Ermittlung.

Recht: 1) im objekt. Sinn: Gesamtheit der Bestimmungen, die die soz. Beziehungen einer Gemeinschaft ordnen; ↑Naturrecht, ↑öffentl. Recht; **2)** im subjekt. Sinn: ↑Grundrechte gegenüber Staat (Freiheitsrechte, Wahlrecht); R.smacht einer Person über eine andere (Anspruch, ↑Forderung) od. über eine Sache (dingl. Recht).

Recht|eck, rechtwinkl. Parallelogramm, dessen Diagonalen gleich lang sind.

Rechtfertigung, in der christl. Heilslehre die Wiederherst. des durch Erbsünde und Sünde gestörten Verhältnisses zw. Gott und Mensch; *kath.:* R.sstand begr. durch die Taufe, die die heilig machende [R.s]gnade schenkt; *ev.:* R. kommt aus Gnade durch den Glauben an die ungeschuldete Zusprechung der Erlösung Christi.

Rechts|anwalt, freiberufl. Volljurist: Berater in allen Rechtsangelegenheiten und berufener Vertr. vor Gericht [↑Prozess 2)].

Rechtsbeugung, bewusst falsche Rechtsanwendung durch einen Richter, Beamten od. Schiedsrichter; in der BRD mit Freiheitsstrafe bedroht.

Rechtschreibung (Orthographie), einheitl. Schreibordnung; in Dtl. erst s. Ende des 19. Jh.; bes. Verdienst von K. Duden, dessen „Orthograph. Wörterbuch" (1880), später „Duden" gen., im ganzen dt. Sprachraum für die R. maßgebenden Einfluss gewann. 1996 wurden Regeln für eine reformierte R. beschlossen.

Rechtsfähigkeit, Fähigkeit, Träger von Rechten u. Pflichten zu sein; Eigensch. jurist. u. natürl. Personen, beginnt mit der Geburt.

Rechtsgeschäft, Tatbestand, der eine oder mehrere Willenserklärungen enthält u. best. Rechtswirkungen nach sich zieht; *einseit. R.:* Willenserklärung einer Partei (z. B. Kündigung); *zweiseit. R.:* gegenseit., einander entspr. Willenserklärungen (Vertrag).

Rechtshilfe, gegenseit. Hilfeleistung v. Gerichten bei Amtshandlungen eines Ger. eines anderen Bezirks od. eines anderen Staates.

Rechtskraft, grundsätzl. Endgültigkeit gerichtl. Entscheidungen.

Rechtsmittel, prozessuale Mittel zur Anfechtung einer behördl. od. gerichtl. Entscheidung sowie zur Nachprüfung durch ein Ger. höherer Instanz; R. sind: Klage, ↑Berufung, ↑Revision 3), ↑Beschwerde.

Rechtsnachfolge (Sukzession), Erwerb von Rechten eines Rechtsträgers durch einen anderen; im Staats- u. Völkerrecht: Staatensukzession.

Rechtsparteien, Parteien mit konservativer oder reaktionärer u. meist nat. Einstellung, die seit der Frz. Revolution im Parlament [vom Präsidentenstuhl aus gesehen] auf der rechten Seite sitzen.

Rechtspfleger, Beamter des gehobenen Justizdienstes; mit best. übertragb. richterl. Aufgaben betraut.

Rechtsstaat, Verfassungsstaat, in dem die Befugnisse der Staatsgewalt, Grundrechte u. Pflichten des Bürgers durch Verf. u. Rechtsordnung festgelegt und garantiert sind.

Rechtsweg, der für die Entscheidung eines Rechtsstreites gesetzl. vorgeschriebene Instanzenweg (↑Übers. Gerichte).

Rechtswidrigkeit, gegen eine Rechtsnorm verstoßende Handlung oder Unterlassung.

Rechtswissenschaft, Wiss. vom Grund und den Erscheinungsformen des Rechts: 1. Rechtsphilos., -gesch. und -soziol.; 2. Rechtsanwendungslehre: Rechtsdogmatik, -systematik, -politik.

Recife [re'sifi] (früher auch Pernambuco), Hptst. des nordostbrasil. B.-Staates Pernambuco, 1,3 Mill. E; 2 Univ.; Ind.; ⚓, ✈.

Reck, Turngerät mit stählerner, in der Höhe verstellb. *R.stange* (∅ 28 mm) auf 2 Ständersäulen.

Recklinghausen, Krst., Ind.-St. im Ruhrgebiet, NRW, 127 200 E; Bergamt, Verw.- u. Wirtsch. Akad.; Ikonenmuseum, Ruhrfestspiele; Steinkohlen-⚒; ⚓ am Rhein-Herne-Kanal.

Reclam, Anton Philipp, * 1807, † 1896, dt. Verleger; begr. 1828 den Verlag *Philipp R. jun.,* 1867 *R.s Universalbibliothek,* eine Slg. preiswerter Einzelausgaben v. a. von Werken der Weltliteratur.

Recycling [ri:'saɪklɪŋ; engl.], die Wiederverwendung von Abfällen, Nebenprodukten u. a. als Rohstoffe für die Herst. neuer Produkte. Bei der Entwicklung neuer Produkte wird jetzt häufig schon das R. berücksichtigt, z. B. die Möglichkeit einer raschen Trennung der Teile bei der Demontage, um sortenreine R.-Materialien zu erhalten.

Redford, Robert ['redfəd], * 1937, amer. Schauspieler u. Regisseur.

Redgrave ['redgreɪv]: **1)** Sir Michael, * 1908, † 1985, brit. Schauspieler; **2)** Vanessa, * 1937, brit. Schauspielerin; Tochter von 1), zahlreiche Filme („Blow up").

Rediskontierung [lat.-ital.] ↑Diskont.

Rednitz (amtl. unterh. v. Fürth: Regnitz), l. Nbfl. des oberen Mains, rd. 200 km.

Redoxsystem ↑Reduktion 2).

Red River ['red 'rɪvə]: **1)** (R. R. of the North) Zufl. zum Winnipegsee, USA u. Kanada, 877 km; **2)** (R. R. of the South) r. Nbfl. des Mississippi, USA, rd. 2 000 km.

Reduktion [lat.]: **1)** allg.: Zurückführung; Verringerung; Herabsetzung; **2)** chem. Vorgang, bei dem ein Stoff *(R.smittel)* Elektronen an einen anderen abgibt; dieser wird *reduziert,* d. h. nimmt Elektronen auf, während das R.smittel selbst *oxidiert* wird. Derartige Kopplungen von R. und Oxidation bilden ein *Redoxsystem.*

Redundanz [lat.]: **1)** das Vorhandensein eigtl. überflüssiger Bauteile oder Informationselemente zur Erhöhung der Sicherheit oder Zuverlässigkeit einer techn. Anlage oder Information; **2)** Überladung einer Aussage mit überflüss. Informationsgehalt.

Reduplikation [lat.], Wiederholung eines Wortes od. Wortteiles als Mittel der Wort- od. Formbildung, z. B. Kuckuck, Bonbon.

reduzieren [lat.], zurückführen; einschränken.

Ree! [niederdt.], Kommando zum Wenden od. Halsen eines Segelschiffs.

Reed, Sir Carol [ri:d], * 1906, † 1976, brit. Filmregisseur („Der dritte Mann").

Reede [niederdt.], Ankerplatz vor einem Hafen; *Reeder,* Kaufmann, Eigentümer eines Schiffes; *Reederei,* Schifffahrtsunternehmen.

reell [frz.], den Erwartungen entsprechend, wirklich; ehrlich.

Reep [niederdt.], Schiffstau.

Reeperbahn, Seilerbahn (seemänn.); danach bekannte [Vergnügungs]straße im Hamburger Stadtteil St. Pauli.

REFA, Abk. für: **Re**ichsausschuss **f**ür **A**rbeitszeitermittlung, gegr. 1924, jetzt *Verband für Arbeitsstudien-REFA-e. V.,* Sitz Darmstadt; untersucht Arbeitsvorgänge durch Arbeits- und Zeitstudien; Ziele sind u. a. Optimierung des Arbeitsablaufes u. Rationalisierung, auch Ausbildung von Fachpersonal.

Refektorium [lat.], Speisesaal in Klöstern.
Referat [lat.] : **1)** Bericht, Vortrag; Gutachten; **2)** Sachgebiet eines Referenten.
Referendar [lat.], Bewerber für die höhere Beamtenlaufbahn nach der ersten Staatsprüfung.
Referendum [lat.], Volksabstimmung über einen Gesetzentwurf; in der Schweiz obligator. u. a. bei Verf.-Änderungen.
Referent [lat.]: **1)** Berichterstatter; Gutachter; **2)** Sachbearbeiter.
Referenz [lat.], Empfehlung; Beziehung.
reffen, die Segelfläche verkleinern.
Refinanzierung, die Aufnahme fremder Mittel, um damit selbst Kredit zu gewähren.
reflektieren [lat.]: **1)** zurückstrahlen, spiegeln; **2)** nachdenken, erwägen; **3)** auf etwas Absichten haben.
Reflektor: 1) Hohlspiegel hinter einer Lichtquelle zur Bündelung des Lichtes; **2)** Vorrichtung zur Bündelung elektromagnet. Wellen an Sende- u. Empfangsantennen.
Reflex: 1) Widerschein, Rückstrahlung; **2)** durch äußere Reize ausgelöste unwillkürl. Reaktion, z. B. Muskelkontraktion (Med.).
Reflexion: 1) das Zurückwerfen v. Licht, elektromagnet. Wellen u. Schallwellen an Grenzflächen; **2)** Nachdenken.
Reflexivpronomen (Reflexivum) [lat.], rückbezügl. Fürwort.
Reform [lat.], Neuordnung, Verbesserung des Bestehenden.
Reformation, durch M. Luther ausgelöste relig. Bewegung; wie die Reformbewegungen u. -versuche des 14./15. Jh. wollte die R. die Kirche erneuern, d. h. die Heilsverkündigung in urspr. Reinheit wiederherstellen; die Zerstörung der konfessionellen Einheit des Abendlandes ergab sich aus der raschen Verbreitung reformator. Ideen, begünstigt durch polit. Verhältnisse u. das neue wiss. Weltbild; die dogmat. Ggs. zw. den einzelnen Reformatoren führten zu versch. Bekenntnisformen (v. a. luth. u. ref.); die Bildung der neuen Kirchengemeinschaften wurde weitgehend durch das Zusammenwirken mit obrigkeitl. Kräften geprägt; über den relig. Bereich hinaus hat die R. die Neuzeit v. a. in polit. und kultureller Hinsicht entscheidend beeinflusst; ↑auch Protestantismus, ↑Ev. Kirche in Dtl., ↑luth. und ↑ref. Kirche, ↑Gegenreformation.
Reformationsfest, ev. Fest zum Gedächtnis der ↑Reformation, am Sonntag nach dem 31. Okt., dem *Reformationstag* (Veröffentlichung der Thesen Luthers).

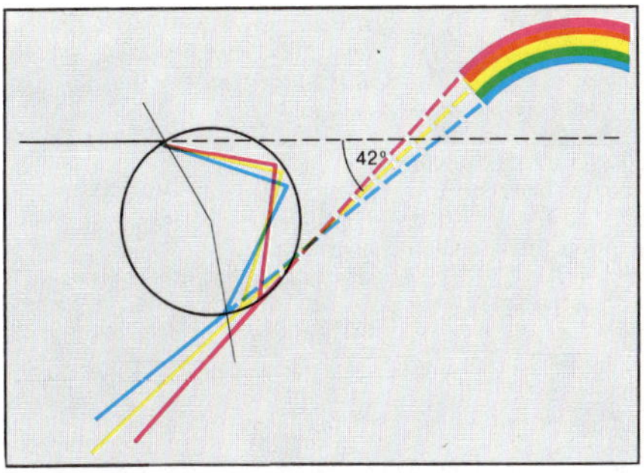

Regenbogen. *Entstehung des Hauptregenbogens durch einmalige innere Reflexion am Regentropfen*

Reformator, Erneuerer; Bez. der Väter der ↑Reformation des 16. Jh. (M. Luther, U. Zwingli, J. Calvin, P. Melanchthon u. a.).
reformierte Kirche, die auf die Reformatoren ↑Zwingli u. ↑Calvin zurückgehenden ev. Glaubensgemeinschaften (Lehre ↑Kalvinismus); zusammengefasst im *Reformierten Weltbund* (gegr. 1877).
Refrain [rəˈfrɛ̃; frz.], ↑Kehrreim.
reg., Abk. für: ↑**reg**istered.
Regalien [lat.], s. Ende des 11. Jh. wirtsch. nutzbare Hoheitsrechte (z. B. Münzrecht), vom König verliehen.
Regatta [ital.], Bootswettfahrt auf spez. markierten Strecken.
Regel: 1) Norm; **2)** svw. ↑Menstruation.
Regelung, automat. erzwungener Ablauf, bei dem die zu regelnde Größe *(Regelgröße)* gemessen und bei Abweichung vom Sollwert über einen Regler so verändert wird, dass die Regelabweichung beseitigt ist; hierbei geschlossener Regelkreis; bei der *Steuerung* ist der Wirkungsablauf offen.
Regen: 1) l. Nbfl. der Donau, Quellflüsse *Schwarzer* und *Weißer R.*, 165 km; **2)** bayr. Krst. am Schwarzen R., 12 400 E; opt. u. a. Ind.; Erholungsort.
Regen, flüss. Niederschlag; durch Abkühlung von wasserdampfreicher Luft bewirkte Tropfenbildung.
Regenbogen, auf Brechung, Beugung u. Reflexion des Sonnenlichtes an Regentropfen u. Interferenz beruhende atmosphär. Lichterscheinung: bogenförm. ↑Spektrum (innen blau, außen rot).
Regenbogenhaut, Iris (↑Auge).
Regenbogenpresse, Zeitschriftentyp der unterhaltenden Wochenblätter (nach der Aufmachung).
Régence [reˈʒãs; frz.], Stil während der Regentschaft Philipps II. in Frkr. (1715–23), Übergang vom Barock zum Rokoko.
Regeneration [lat.]: **1)** allg. svw. Erneuerung; **2)** Ersatz verloren gegangener od. beschädigter Organ[teil]e; **3)** Wiederherstellung chem. oder physikal. Stoffeigenschaften.
Regenpfeifer, kräftige, kurzschnäbl. Watvögel; Unterfam.: Kiebitze, Echte Regenpfeifer.
Regensburg, Hptst. des Reg.-Bez. Oberpfalz, Bay., krsfr. St. u. Krst., an der Mdg. des Regen u. der Naab in die Donau, 125 800 E; Univ., Verw.- und Wirtsch.-Akad., bischöfl. Priesterseminar; LG, IHK; Dom (um 1250 ff.), roman. Kirche St. Emmeram mit barocker Innenausstattung, „Schottenkirche" St. Jakob (um 1150 bis 1200) u. a. bed. Kirchen; Herzogshof (12./13. Jh.), Altes (14. Jh.) u. Neues (1661) Rathaus; burgähnl. Patrizierhäuser mit Türmen; westl. der Stadt Benediktinerklosterkirche St. Georg in R.-Prüfening (1109 gegr.) mit bed. roman. Wandmalereien; Schiffswerften, Leder-, Lebensmittel-, chem. u. a. Ind.; Donau-⚓. – Kelt. Siedlung, sw. davon im 2. Jh. n. Chr. angelegtes röm. Legionslager *Castra Regina*, 4. bis 8. Jh. Residenz der Agilolfinger, seit 739 Bischofssitz; 1245 Reichsst., bed. Handelsplatz; 1663 bis 1806 Sitz des permanenten Reichstages; seit 1810 bayrisch. Abb. S. 568.
Regent [lat.], monarch. Staatsoberhaupt; verfassungsmäß. Vertreter des Monarchen.
Regenwald, immergrüner Wald in ganzjährig feuchten Gebieten der Tropen, Subtropen u. frostfreien Außentropen.
Regenwürmer, Fam. der Ringelwürmer; Zwitter; in feuchter Erde; fressen pflanzl. Stoffe u. Erde.
Regenzeiten, für trop. u. subtrop. Gebiete charakt. Jahreszeiten mit hohen Niederschlägen.

Regensburg.
Stadtansicht mit Dom

Reger, Max, * 1873, † 1916, dt. Komponist; vielseit., kontrastreiches Werk, Synthese mod., die Chromatik bevorzugender Harmonik mit spätbarocker Polyphonie u. Klassik; Orgel- u. Kammermusik, Orchesterwerke.

Reggae ['regeı], urspr. volkstüml. Musik in Jamaika, s. etwa 1973 Modeströmung in der Rockmusik.

Reggio di Calabria ['rɛdʒo-], südital. Prov.-Hptst. an der Straße von Messina, 178 700 E; Handel, Nahrungsmittel-, Fischind.; ⚓, ✈.

Reggio nell'Emilia ['rɛdʒo-], oberital. Prov.-Hptst. sö. v. Parma, 134 200 E; Dom (13.–16. Jh.), Museen; Nahrungsmittel- u. a. Industrie.

Regie [re'ʒi:; frz.], Gesamttätigkeit eines *Regisseurs* (Spielleiters); szen. oder akust. Einstudierung eines dramat. Werkes.

Regierung [lat.], Staatsorgan, das die Exekutivgewalt in einem Staatswesen ausübt.

Regierungsbezirk, aus versch. Stadt- u. Landkr. bestehender höherer Verw.-Bez. in einigen Ländern der BRD.

Regierungsrat: 1) Amtsbez. höherer Verw.-Beamter; **2)** vom Volk gewählte Exekutive in schweizer. Kantonen.

Regime [re'ʒim; frz.], [totalitäre] Regierung[sform], Herrschaft.

Regiment [lat.]: **1)** Reg., Herrschaft; **2)** Truppenverband aus mehreren Bataillonen derselben Waffengattung.

Regiomontanus, eigtl. Johannes Müller, * 1436, † 1476, dt. Mathematiker und Astronom; veröff. neue Planetenephemeriden.

Regisseur [reʒi'sør; frz.] ↑ Regie.

Register [lat.]: **1)** Verzeichnis, Sach- oder Wortweiser; **2)** amtl. Verzeichnis rechtl. Vorgänge (z. B. Standes-R.); **3)** Tonlagen der menschl. Stimme (Brust-, Kopf-, Falsett-Stimme); **4)** Pfeifengruppe mit charakt. Klangfärbung bei Orgel u. Harmonium; **5)** ein Speicher des Computers.

registered ['redʒıstəd; engl.], Abk. reg., in ein Register eingetragen, patentiert, gesetzl. geschützt.

Registertonne, Abk. RT, Maßeinheit für die Bestimmung des Rauminhalts von Schiffen; *Brutto-R.* (BRT), Gesamtraum des Schiffes einschl. Maschinenanlagen u. Besatzungsräumen; *Netto-R.* (NRT) für die Beladung nutzb. Raum. Die R. war noch bis 1994 zugelassen, dann durch die ↑ Raumzahl abgelöst.

Regler, Gerät zur automat. ↑ Regelung einer techn. Anlage, z. B. wattscher Fliehkraft-R. bei Dampfmasch., Öl- bzw. Druckluft-R., Temp.-Regler.

Regnitz ↑ Rednitz.

regressiv [lat.], rückwirkend; zurückschreitend, -bildend.

Regulus [lat.], hellster Stern (α) im Sternbild Leo.

Reh, Art der Trughirsche, in Europa und Asien; ♀ geweihlos, ♂ meist mit dreispross. Geweih.

Rehabilitation [lat.]: **1)** (Rehabilitierung) Wiedereinsetzung in fr. [Ehren]rechte; **2)** gesellschaftl. Rückgliederung von Strafgefangenen, Kranken, Kriegs- oder Unfallverletzten.

Rehburg-Loccum, St. in Nds., 10 600 E; Ev. Akademie; spätroman.-frühgot. Kirche des ehem. Zisterzienserklosters ↑ Loccum.

Reibung, Widerstandskraft bei Änderung der relat. Lage sich berührender Körper *(äußere R.)* oder Teilen eines Körpers *(innere Reibung)*.

Reichardt, Johann Friedrich, * 1752, † 1814, dt. Komponist u. Musikschriftsteller; 1775 Kapellmeister Friedrichs d. Gr.

Reichenau, Insel im Bodensee, Ba.-Wü., 4 km²; (Gemeinde R.: 4 700 E); Gemüse-, Weinbau, Blumenzucht; Damm nach O zum Festland. – Ehemalige Benediktinerabtei (724 bis 1757), bed. Zentrum frühma. Kultur: Stiftskirchen in Ober- und Niederzell, Münster in Mittelzell.

Reichert, Willy, * 1896, † 1973, dt. Schauspieler, Kabarettist und Schriftsteller.

Reich-Ranicki, Marcel [-ra'nıtski], * 1920, dt. Literaturkritiker und Schriftsteller poln. Abstammung.

Reichs|adler, Wappentier des Hl. Röm. Reiches; 1433–1806 Doppeladler; seit 1871 im Wappen des Dt. Reiches einköpfig.

Reichs|apfel ↑ Reichsinsignien.

Reichs|arbeitsdienst (RAD), ↑ Arbeitsdienst im 3. Reich.

Reichsbanner Schwarz-Rot-Gold, von dt. Sozialdemokraten 1924 gegr. überparteil. Kampfverband, der die Weimarer Rep. gg. radikale Elemente schützen sollte; 1931 mit den freien Gewerkschaften u. a. Verbänden Zusammenschluss zur *Eisernen Front* (gg. die ↑ Harzburger Front); 1933 verboten.

Reichsdeputationshauptschluss, Beschluss der letzten außerordentl. Reichsdeputation vom 25. 2. 1803: Entschädigung der weltl. dt. Fürsten für die an Frkr. im Frieden von Lunéville (1801) abgetretenen l.-rhein. Gebiete durch säkularisierte geistl. Fürstentümer und mediatisierte R.-Stände auf r.-rhein. Gebiet. 112 R.-Stände verschwanden (fast alle geistl. Ft.) u. die R.-Städte bis auf 6, starke Gebietsvergrößerung u. -abrundung der süd- und westdt. Mittelstaaten u. Preußens.

reichsfrei, ↑ reichsunmittelbar.

Reichsfürst, s. fränk. Zeit Angehöriger der Spitzengruppe des Adels; nach 1180 Aufstieg in den R.-Fürstenstand, der sich v. freien Herren u. R.-Grafen abgrenzte.

Reichsgericht, höchster Gerichtshof des Dt. Reichs von 1879 bis 1945, in Leipzig.

Reichsgraf, im Hl. Röm. Reich dem hohen Adel angehörender Graf.

Reichs|insigni|en, Krönungsinsignien des Hl. Röm. Reiches; v. a. *R.-Krone* (vermutl. um 962, spätere Ergänzungen), *R.-Apfel* (2. H. des 12. Jh.s), Zepter (1. H. des 14. Jh.s), R.-Schwert (*Mauritiusschwert;* 11. Jh.), R.-Kreuz (frühes 11. Jh.), R.-Evangeliar (Anf. des 9. Jh.s); i. w. S. svw. *Reichskleinodien* (Krönungsornat, Handschuhe u. Heiltümer). Die R. werden in Wien aufbewahrt.

Reichskammergericht, höchster unabh. Gerichtshof des Hl. Röm. Reiches (s. 1495); zunächst in Frankfurt am Main, seit 1527 in Speyer, 1693–1806 in Wetzlar.

Reichskanzler: 1) im Hl. Röm. Reich das Erzamt des Erzb. von Mainz; **2)** nach der R.-Verf. von 1871 der vom Ks. ernannte, allein verantwortl. u. einz. Min. des Dt. Reichs, der die R.-Pol. leitete u. den Vorsitz im B.-Rat führte; **3)** nach der Weimarer Verf. der Vors. der R.-Reg., der die Richtlinien der Pol. bestimmte, verantwortl. dem R.-Tag.

Reichskleinodi|en ↑Reichsinsignien.

Reichskonkordat, Konkordat v. 1933 zw. der nat.-soz. R.-Reg. und dem Hl. Stuhl, das die Rechte der kath. Kirche absichern sollte. Das Hitlerregime gewann durch das R. innen- wie außenpolit. an Prestige.

Reichsmark, Abk. RM, dt. Währungseinheit 1924–48.

Reichsministerialen ↑Ministerialen.

Reichsnährstand, 1933–45 nat.-soz. Zwangsorganisation für alle auf dem Gebiet der Ernährungswirtsch. tätigen Personen u. Betriebe.

Reichspräsident, nach der Weimarer Verf. das vom Volk auf 7 J. gewählte Staatsoberhaupt des Dt. Reiches; der R. hatte den Oberbefehl über die Reichswehr, hatte die Rechte zur Auflösung des R.-Tages, zur Ernennung u. Entlassung des R.-Kanzlers u. zur Verhängung des Ausnahmezustandes.

Reichsrat, nach der Weimarer Verf. die Vertretung der dt. Länder bei Gesetzgebung und Verw. des Reiches mit nur suspensivem Veto gegenüber v. R.-Tag beschlossenen Gesetzen.

Reichsregierung, im Dt. Reich 1919–45 die Trägerin der Regierungsgewalt: nach der Weimarer Verf. zunächst der R.-Kanzler mit den R.-Min., später (1930–32) die Präsidialkabinette; nach dem Ermächtigungsges. vom 24. 3. 1933 der „Führer u. R.-Kanzler" Hitler.

Reichsritterschaft, im Hl. Röm. Reich bis 1806 die Gemeinschaft des reichsunmittelbaren niederen Adels.

Reichs|sicherheitshauptamt (Abk. RSHA), s. 1939 dt. Behörde, Zusammenfassung der Sicherheitspolizei (u. a. Gestapo) u. des Sicherheitsdienstes der SS; ab 1941–45 auch mit der techn. Durchführung der Massenvernichtung der Juden befasst.

Reichs|städte, im MA reichsunmittelbare, v. Kg. errichtete u. ihm zu Diensten u. Abgaben verpflichtete Städte; zu unterscheiden v. den v. versch. R.-Pflichten befreiten Freistädten *(freie Städte);* freie u. R. wurden später vielfach unter der Bez. „freie R." zusammengefasst.

Reichs|stände, im Hl. Röm. Reich bis 1806 die reichsunmittelb. Glieder mit Sitz u. Stimme im Reichstag *(Reichsstandschaft): geistl.* und *weltl. R.* (mit Reichsstädten).

Reichstadt, Napoléon Hzg. v., * 1811, † 1832, Sohn Napoleons I. und Ksn. Marie Louises, führte den Titel „Kg. v. Rom"; 1815 als Ks. Napoleon II. ausgerufen; konnte die Reg. nicht antreten.

Reichstag: 1) im Hl. Röm. Reich die Vers. der Reichsstände; Mitwirkung bei R.-Gesetzen, Auferlegung von Steuern u. a.; 1663–1806 permanenter Gesandtenkongress in Regensburg; **2)** im Norddt. Bund u. im Dt. Reich von 1871–1918 die gewählte Volksvertretung mit dem Recht zur Gesetzesinitiative u. Beschlussfassung; **3)** in der Weimarer Rep. die mit der Legislative betraute Volksvertretung; ab 1933, nach dem Ermächtigungsges., nur noch formell aufrechterhalten.

Reichstagsbrand, Brand des Reichstagsgebäudes in Berlin am 27. 2. 1933; führte zu Massenverhaftungen von Kommunisten u. zum KPD-Verbot; die Alleintäterschaft des Holländers Marinus van der Lubbe wird weiterhin vereinzelt angezweifelt; Anlass für die Notverordnung des R.-Präs. v. 28. 2. 1933 (Aufhebung der wichtigsten Grundrechte).

reichsunmittelbar, im Hl. Röm. Reich für: direkt Kg. (Ks.) u. Reich unterstehend.

Reichsversicherungsordnung, Abk. RVO, Gesetz zur Regelung der öff.-rechtl. Invaliden-, Alters-, Kranken- und Unfallversicherung vom 19. 7. 1911; zahlr. Änderungen und Ergänzungen. S. 1976 Teil des ↑Sozialgesetzbuchs.

Reichsverweser: 1) (R.-Vikar) im Hl. Röm. Reich Vertr. des Kg. (Ks.) bei Minderjährigkeit, Verhinderung, Tod; R. waren gemeinsam der Kurfürst von Sachsen und der Pfalzgraf bei Rhein. **2)** der von der Frankfurter Nat.-Vers. 1848 bis zur vorgesehenen Ks.wahl bestellte Inhaber der Zentralgewalt (Erzhzg. Johann).

Reichswehr, die durch den Versailler Frieden auf 115 000 Mann begrenzten Streitkräfte des Dt. Reiches 1919–35 (R.-Heer u. R.-Marine) unter Oberbefehl des R.-Präs.; nur Berufssoldaten; von der Wehrmacht abgelöst.

Reichsinsignien. *Kaiserkrone des Heiligen Römischen Reiches (10. Jh.)*

Reichwein, Adolf, * 1898, † 1944, dt. Pädagoge; als Mitgl. des Kreisauer Kreises hingerichtet.
Reif, abgesetzter Niederschlag in Form feiner Eiskristalle.
Reifeprüfung, svw. ↑Abitur.
Reifrock, weiter, durch ein Reifengestell gesteifter Frauenrock; im 18. Jh. weit verbreitet; im 19. Jh. als *Krinoline* getragen.
Reihe, math. Ausdruck der Form

$$a_1 + a_2 + \cdots + a_n = \sum_{i=1}^{n} a_i$$
(endl. R.) bzw.

$$a_1 + a_2 + \cdots + a_n + \cdots = \sum_{i=1}^{\infty} a_i$$
(unendl. Reihe),

gebildet aus den Gliedern einer Zahlenfolge a_1, a_2, ...; bei *arithmet. R.n* ist die Differenz, bei *geometr. R.n* der Quotient zweier aufeinander folgender Glieder gleich.
Reihenschaltung, svw. ↑Hintereinanderschaltung.
Reiher, Fam. storchenähnl. Stelzvögel mit langem Schnabel; meist gesellig, brüten oft in Kolonien auf Bäumen, fressen v. a. Fische (u. a. der heim. *Fischreiher*).
Reiherschnabel, Storchschnabelgewächs; häuf. Unkraut.
Reim, Gleichklang zweier oder mehr. Silben, v. a. in der Versdichtung; man unterscheidet nach der Zahl der gereimten Silben: *männl.* oder *stumpfen* (Sitz/Blitz), *weibl.* oder *klingenden* (kamen/Namen), *reichen* od. *gleitenden R.* (wendige/lebendige), nach der Stellung im Vers am häufigsten der *End-R.,* nach der R.folge *Paar-* (aabb), *Kreuz-* (abab), *umarmenden* (abba) u. *Schweif-R.* (aabccb) – ↑auch Stabreim.
Reims [rɛ̃s], frz. St. nö. von Paris, Hptst. der Region Champagne-Ardenne, 185 000 E; Univ.; got. Kathedr., Abteikirche St. Rémi (1005 beg.), Rathaus (1630); Textil-, Auto-, Flugzeug- u. a. Ind., Kellereien

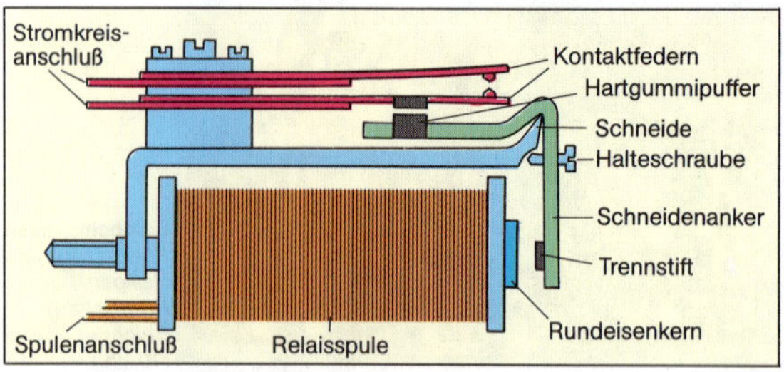

Relais. *Funktionsprinzip eines elektromagnetischen Klappankerrelais*

Reiher. *Fischreiher*

(Champagnerherst. u. -handel). – Ehem. Krönungsst. der frz. Könige.
Reinbek, St. sö. von Hamburg, in Schl.-Ho., 24 500 E; Schloss (16. Jh.), B.-Forschungsanstalt für Forst- und Holzwirtsch., Verlage.
Rein|eisenband, mit Reineisenpulver beschichtetes ↑Magnetband.
Reinhardswald, Teil des Weserberglandes zw. Weser, Fulda und Diemel; bis 472 m.
Reinhardt, Max, eigtl. M. Goldmann, * 1873, † 1943, östr. Regisseur u. Theaterleiter; Schauspieler, dann schulebildender Leiter am Dt. Theater Berlin u. a. Bühnen in Berlin und Wien; Mitbegr. der Salzburger Festspiele.
Re|inkarnation [lat.], Wiederverleiblichung (↑Seelenwanderung).
Reinmar (Reimar) von Hagenau, auch R. der Alte, * zw. 1160 u. 1170, † zw. 1205 u. 1210, mhd. Dichter; Meister der hohen Minnelyrik.
Reis, Johann Philipp, * 1834, † 1874, dt. Physiker; konstruierte den ersten brauchbaren Fernsprecher.
Reis, zu den Süßgräsern gehörende Getreideart, wichtigste Kulturpfl. in S- u. Ostasien; in vielen trop. u. subtrop. Gebieten, auf bewässerten Feldern als *Wasser-R.* od. auf trockenerem Boden bis zu 2 000 m Höhe (in den Tropen) als *Trocken-R.* (Bergreis) angebaut.
Reisescheck (Travellerscheck), Zahlungsmittel im internat. u. nat. Reiseverkehr; R. sind scheckähnl. Urkunden.
Reisige [mhd.], schwerbewaffnete berittene Krieger des MA.
Reisigkrankheit ↑Übers. S. 528 f.
Reis|papier (China-, Japanpapier), handgeschöpftes, seidenfeines, aber sehr festes u. dauerhaftes Papier.
Reißbrett, Zeichenbrett; für techn. Zeichnungen unter Zuhilfenahme der *Reißschiene* (Lineal mit senkr. Querleiste, an den R.kanten führbar), wird zunehmend durch ↑CAD verdrängt.
Reit im Winkl, bayr. Höhenluftkurort und Wintersportplatz (über 700 m) in den Chiemgauer Alpen, 2 800 Einwohner.
Reitsch, Hanna, * 1912, † 1979, dt. Fliegerin; seit 1931 mehr. Segelflugweltrekorde, Testpilotin.
Reit|sport, alle Sportarten, die der Mensch auf Pferden ausüben kann; u. a. *Dressur-, Spring-, Vielseitigkeits-, Freizeitreiten,* ergänzt durch Fahrsport; hinzu kommen als Teil des Pferdesports Galopp- u. Trabrennen sowie Polo.
Reitz, Edgar, * 1932, dt. Filmregisseur u. -produzent; „Heimat" u. „Die zweite Heimat".
Reiz, physiol. wirksamer Faktor (von außen oder innen), der den Organismus zu einer Zustandsänderung (z. B. Empfindung) veranlasst.
Reizker, svw. ↑Milchlinge.
Reizkörpertherapie, intramuskuläre oder subkutane Einspritzung von *Reizkörpern* (u. a. artfremdes Eiweiß) zur Aktivierung von körpereigenen Abwehrkräften; wissenschaftlich umstritten.
rekapitulieren [lat.], wiederholen, zusammenfassen.
Reklamation [lat.], Beanstandung; Rückforderung.
Reklame [frz.], svw. Werbung.
rekonstruieren [lat.], den urspr. Zustand wieder herstellen.
Rekonvaleszenz [lat.], Genesung.
Rekord [engl.], Höchstleistung.
Rekrut [frz.], Soldat in der Grundausbildung.
rektal [lat.], zum Mastdarm gehörend, durch ihn erfolgend (Med.).
Rektapapier, svw. ↑Namenspapier.
Rektifikation [lat.]: **1)** ↑Destillation; **2)** Bestimmung d. Länge einer Kurve.
Rektor [lat.]: **1)** Leiter v. Haupt-, Real-, Sondersch.; **2)** Leiter der akad. Selbstverw. an wiss. Hochschulen.

Rektoskop ↑Endoskop.
Rektum [lat.], svw. ↑Mastdarm.
rekursiv [lat.], zurückgehend [bis zu bek. Werten] (Math.).
Relais [rəˈlɛː; frz.], Schaltorgan, das mit geringer Steuerleistung eine relat. hohe Arbeitsleistung schaltet; Schaltung *magnet.* mittels Elektromagneten, *therm.* mittels Bimetallstreifen, *elektrostat.* mittels Aufladung durch hohe Steuerspannungen, *elektromech.* mittels eines Drehspulsystems od. *elektron.* mittels Röhren, Transistoren u. a. in geeigneter Schaltung (⚡).
Relation [lat.], Beziehung, Verhältnis; Bericht, Mitteilung.
relativ [lat.], auf etwas bezogen, vergleichsweise, verhältnismäßig; Ggs. ↑absolut.
relativieren: **1)** in eine Beziehung bringen; **2)** einschränken.
Relativismus, erkenntnistheoret. Lehre, nach der nur die Beziehungen der Dinge zueinander, nicht aber diese selbst erkennbar sind und jede Erkenntnis nur relativ richtig, jedoch niemals allg., gültig sein kann.
Relativität, Bedingtheit, Verhältnismäßigkeit.
Relativitätstheorie, von Einstein begr. math.-physikal. Theorie; schon das *Relativitätsprinzip* der newtonschen Mech. besagte, dass durch mech. Experimente unmögl. zu beweisen ist, ob man in absoluter Ruhe od. in gleichförm. geradlin. Bewegung ist; nachdem der nach d. amer. Physiker A. A. Michelson (* 1852, † 1931) ben. Michelson-Versuch empir. die Konstanz der Lichtgeschwindigkeit in allen Bezugssystemen ergeben hatte, formulierte Einstein 1905 die *spezielle R.:* Längen- und Zeitmessungen sind abhängig vom Bewegungszustand des Beobachters; materielle Körper haben mit ihrer Geschwindigkeit wachsende Massen; größere Geschwindigkeiten als die des Lichtes zur Übertragung einer Wirkung sind nicht mögl.; 1916 v. A. Einstein zur *allg. R.* erweitert: Nichtunterscheidbarkeit der Wirkung v. beschleunigter Bewegung und Gravitationsfeldern (Gleichheit von träger u. schwerer Masse); Unmöglichkeit, überhaupt einen absoluten Bewegungszustand festzustellen; ↑auch Gravitation.
Relativpronomen, bezügl. Fürwort, z. B. der, welcher.
Relativsatz, durch ein Relativadverb od. Relativpronomen eingeleiteter Gliedsatz.
Relaxans [lat.], Medikament zur [Muskel]erschlaffung.

Relief. *Die Frauen am Grabe. Relief an einer Ziboriumssäule (5. Jh.) in San Marco in Venedig*

Relegation [lat.], Verweisung von der [Hoch]schule.
relevant [frz.], erhebl., wichtig.
Relief [frz.]: **1)** Geländeoberfläche; **2)** aus einer Fläche herausgearbeitetes (auch eingetieftes) plast. Bildwerk; je nach *R.grad* (Höhe) als *Hoch-* od. *Flachrelief.*
Reliefdruck, svw. ↑Prägedruck 1).
Religion [lat.], weltweit verbreitete Verhaltensweise von Menschen angesichts des für den Einzelnen u. die Gesellschaft *Heiligen.* Diese Verhaltensweise gründet sich auf subjektive wie kollektive Einstellungen und/oder Erfahrungen wie z. B. die der Übermächtigkeit oder Höherwertigkeit des Heiligen gegenüber den Menschen; viele Formen der Verehrung u. des Versuchs der Kontaktnahme mit dem Heiligen: z. B. Gebet, Kult u. Opfer. Unterschiedl. begriffl. gefasst u. gedeutet, z. B. theist. (Polytheismus, Monotheismus); ↑auch Christentum, ↑Islam, ↑Hinduismus.
Religionsphilosophie, Wiss. vom Wesen der Religion, ihrer erkenntnistheoret. Begründung u. geistesgeschichtl. Einordnung.
Religionswissenschaft, wiss. Erforschung relig. Erscheinungen in Gesch. und Gegenwart.
Religiosität, Frömmigkeit.
Relikt [lat.], [vereinzelter] Restbestand.
Reling [niederdt.], Bordwandgeländer um freiliegende Schiffsdecks.
Reliquiar [lat.], künstler. gestalteter, kostb. Reliquienbehälter.
Reliquien [lat.], Überreste von Heiligen, d. h. Gebeine, Asche, auch Kleider od. v. ihnen benutzte Gebrauchsgegenstände *(Berührungs-R.);* bed. *R.kult* in der kath. und den orth. Kirchen.
Rem (Einheitenzeichen rem), Abk. für engl.: **r**oentgen **e**quivalent **m**an, fr. Einheit der Äquivalentdosis radioaktiver Strahlung[sgemische]; gesetzl. Einheit seit 1986 Sievert (Sv); 1 rem = 0,01 Sv.
Remagen, St. am Mittelrhein, RP, 16 300 E; röm. Baureste; Holz verarb., Möbel- u. Textilind., Masch.-Bau; Fremdenverkehr.
Remanenz (Restmagnetisierung), zurückbleibende [permanente] Magnetisierung eines ferromagnet. Stoffes, der sich in einem Magnetfeld befunden hat.
Remarque, Erich Maria [rəˈmark], eigtl. E. Paul Remark, * 1898, † 1970, dt.-amer. Schriftsteller; Antikriegsroman „Im Westen nichts Neues".
Rembrandt, eigtl. R. Harmensz. van Rijn, * 1606, † 1669, niederl. Maler, Zeichner u. Radierer; Hauptmeister der holl. Barockmalerei; 1656 Auflösung des Besitzes (Haus u. Kunstslg.) durch Versteigerung; R. starb verarmt. Drei Hauptschaffensperioden: *Leidener Frühzeit* (1625–31): Innenraumszenen, meist kleinformat. Bilder. *Frühe Amsterdamer Zeit* (1631 bis 1656): Entw. des typ. Helldunkels, wobei dem Licht symbol. Kraft zukommt („Anatomie des Dr. Tulp", „Das Opfer Manoahs", „Die Nachtwache", „Christus in Emmaus", Landschaften und Bildnisse). *Spätere Amsterdamer Zeit:* Verzicht auf dramat. Wirkung, Farben von bes. Leuchtkraft („Saul

Rembrandt, *Jugendliches Selbstbildnis (1633/34)*

u. David", „Verleugnung Petri", „Staalmeesters"; letzte Werke: „Judenbraut", „Familienbildnis", „Die Rückkehr des verlorenen Sohnes"); rd. 300 meisterh. Radierungen, etwa 1200 Zeichnungen. – Die Bilder R.s werden seit 1968 krit. untersucht, viele, darunter „Der Mann mit dem Goldhelm", werden danach Schülern und anderen Werkstätten zugeschrieben.

Reminiszenz [lat.], Erinnerung, Anklang [an früher Erfahrenes].

remis [rə'mi; frz.], unentschiedener Ausgang.

Remittenden [lat.], fehler- und schadh., auch nicht verkaufte Bücher u. Zeitschriften, die der Händler dem Verleger zurückgibt.

Remoulade [-mu-; frz.], Kräutermajonäse.

Remscheid, krsfr. St. im Berg. Land, NRW, 122300 E; Röntgen-Museum, IHK; Zentrum der dt. Werkzeugindustrie.

Remus, mit Romulus sagenhafter Gründer Roms.

Ren [nord.] (Rentier), subarkt. Trughirsch, ♂ und ♀ mit Geweih; Herdentier; Zug-, Reit-, Milch- u. Fleischtier.

Renaissance [rənɛ'sã:s; frz. = Wiedergeburt], kulturgeschichtl. Begriff; i.e.S. die Kultur u. Kunst am Beginn der Neuzeit, bes. in Italien im 15./16. Jh. (i.w.S. auch andere Epochen, z.B. karoling. und stauf. R.); künstler. Forderungen: das Kunstwerk sollte ein Abbild der Wirklichkeit sein; Vorbild waren die wieder entdeckte Kunst u. Kultur d. klass. Antike; Durchbruch um 1420 in Florenz bei F. Brunelleschi (Wiederaufnahme der antiken Säulenordnungen), Donatello (Entdeckung der Gesetze der Ponderation des menschl. Körpers) und Masaccio (Naturnachahmung). Die *Früh-R.* wurde um 1500 in Italien durch die *Hoch-R.* abgelöst (Leonardo, Michelangelo, Raffael), die um 1520 bis 1533 in die *Spät-R.* bzw. den Manierismus überging. In Dtl. u. Frkr. setzte sich der Einfl. der ital. R. erst nach 1500 durch (A. Dürer, L. Cranach). Hinzu traten Humanismus und [staatspolit.] Individualismus (Machiavelli); literar. Ausdruck v.a. in den roman. Ländern (Ariosto, L. Vaz de Camões, Pléiade); in Dtl. mündete die Entw. in die Reformation ein.

Rendezvous [rãde'vu; frz.]: **1)** Verabredung, Stelldichein; **2)** übertr. für: gesteuertes Zusammentreffen von Raumflugkörpern.

Rendite [ital.], tatsächl. [Jahres]ertrag eines Anlagekapitals.

Rendsburg, Krst. am Nord-Ostsee-Kanal, Schl.-Ho., 31000 E; got. Marienkirche, Rathaus (16. Jh.); 42 m hohe, 2460 m lange Eisenbahn- und Straßenhochbrücke über u. 1,28 km langer Straßentunnel unter dem Kanal; Werften, Eisenhütten, Kanal-⚓.

Reneklode [frz.], eine Pflaumensorte; Früchte grünl., kugelig.

Reni, Guido, * 1575, † 1642, ital. Maler u. Radierer, kühler, eleganter Barockstil.

Rennes [rɛn], Hptst. des frz. Dép. Ille-et-Vilaine u. der Region Bretagne, 197500 E; Univ., Justizpalast (17. Jh.); Masch.-, Textil-, Leder-, Auto- u.a. Industrie; ✈.

Rennsteig (Rennweg), Höhenwege in Mittelgeb., bes. der 168 km lange R. (heute Wanderweg) im Thüringer Wald.

Renoir [rən'wa:r]: **1)** Auguste, * 1841, † 1919, frz. Maler; einer der Hauptvertr. des Impressionismus; Auflösung der Farbflächen mit locker aufgetragenen Farbtupfen; auch Plastiken; **2)** Jean, * 1894, † 1979, frz. Filmregisseur; Sohn von 1); poet. Realismus u. impressionist. Stimmungen.

Rentabilität, erzielter Gewinn im Verhältnis zum Gesamt- oder zum Eigenkapital (in %).

Rente [frz.], regelmäß. Zahlung in gleichen Zeiträumen (Jahr, Monat) aufgrund eines Versorgungs- od. Rechtsanspruchs (Kapitalanlage, Versicherung, Schadenersatzanspruch).

Rentenformel, Gleichung zur Ermittlung der Renten in der gesetzl. Rentenversicherung: jährl. Rente *(R)* errechnet sich aus: $R = r \cdot n \cdot p \cdot B$ (*r* Steigerungssatz, *n* anrechnungsfähige Versicherungsj., *p* persönl., *B* allg. Rentenbemessungsgrundlage).

Rentenmark, Abk. RM, 1923 eingeführte dt. Papierwährung zur Stabilisierung der Währung und Beendigung der Inflation (1924 durch die ↑Reichsmark abgelöst).

Rentenversicherung, Versicherung, für die vertragl. Rentenzahlungen an den Bezugsberechtigten vereinbart sind; Teil der privaten ↑Lebensversicherung sowie der ↑Sozialversicherung.

Rentier, svw. ↑Ren.

Rentierflechte, Art der Flechten, Polster bildend; Nahrung der Rentiere.

rep., Abk. für lat.: **rep**etatur, Vermerk auf Rezepten: „kann wieder verlangt werden".

Reparationen [lat.], Kriegsentschädigungen (Geld-, Sachleistungen) von besiegten Staaten an die Siegermächte.

Repatriierung [lat.]: **1)** Entlassung v. Gefangenen in die Heimat; **2)** Wiederverleihung der Staatsangehörigkeit.

Repetiergewehr, Mehrladegewehr mit Patronenmagazin.

Repetitor, beim Einstudieren des Examensstoffes Behilflicher.

Repin, Ilja Jefimowitsch, * 1844, † 1930, russ. Maler; bedeutendster

russ. Naturalist; Bildnisse, Historienbilder, Volksszenen u. a.
Reportage [repɔr'ta:ʒə; frz.], [Erlebnis]bericht eines Reporters (Presse, Film, Funk, Fernsehen).
Repräsentant [lat.], Vertr. eines Volkes, einer Firma, Gruppe oder Idee; auch Abgeordneter.
Repräsentantenhaus, dem brit. Unterhaus entsprechende Abg.-kammern, z. B. in Australien, Neuseeland u. v. a. in den USA, wo R. u. Senat den Kongress bilden.
Repräsentation [lat.]: **1)** standesgemäßes Auftreten; **2)** [legitimierte] Stellvertretung.
Repräsentativ|erhebung, statist. Befragung einer Teilmasse als typ. Vertreterin der Gesamtmasse.
Repressali|en [lat.], Druckmittel, Vergeltungsmaßnahmen.
Reprise [frz.]: **1)** im Sonatensatz der 3., den 1. Teil wiederholende Satzteil (𝄞); **2)** Neuaufführung eines früher gespielten Stückes.
Reproduktion [lat.]: **1)** Wiedergabe, Vervielfältigung durch *manuelle* (Holzschnitt, Kupferstich, Radierung, Lithographie) od. *photochem. R.sverfahren* (u. a. Autotypie, Tiefdruckätzung) (🕮); **2)** svw. ↑Fortpflanzung (Biol.); **3)** Wiederherst. od. Wiederbeschaffung eines Wirtschaftsgutes.
Reptili|en [lat.] (Kriechtiere), Kl. der Wirbeltiere; wechselwarm, mit drüsenarmer, stark schuppig bis schildartig verhornter Haut, lungenatmend, vorw. Eier legend, ohne Metamorphose; bes. in wärmeren Gebieten, meist Landtiere; u. a. Krokodile, Schildkröten, Brückenechsen, Echsen, Schlangen.
Republik [lat.], eine Staatsform, in der [im Ggs. zur Monarchie] mehrere Personen oder das Staatsvolk Träger der Staatsgewalt sind.
Republikaner, Die, Partei der BRD, gegr. 1983, keine scharfe Abgrenzung zu rechtsextremist. Positionen.
Republikanische Partei (Republican Party), 1854 gegr. amer. polit. Partei; um die Jh.wende konservative Vertr. der Interessen v. Ind.- u. Bankkapital, Verfechterin imperialist. Expansion; Präs. der R. P. u. a. A. Lincoln, Th. Roosevelt, H. C. Hoover, D. D. Eisenhower, R. M. Nixon, R. Reagan, G. Bush, G. W. Bush.
Republikflucht, in der ehem. DDR Bez. für das unerlaubte Verlassen der DDR; Straftatbestand.
Reputation [lat.], [guter] Ruf.
Requi|em [lat.], Bez. der kath. Toten- od. Seelenmesse; berühmte Vertonungen (u. a. von Mozart, Berlioz, Verdi).

Renaissance. *Filippo Brunelleschi, Pazzikapelle (1430 ff.), Florenz*

requiescat in pace! [lat.; = (er) möge in Frieden ruhen], Grabinschrift (Abk. R. I. P.).
Requisiten [lat.], [Theater]geräte; Zubehör auf der Bühne.
Resa Pahlewi (Reza Pahlevi) [-pax-]: **1)** R. P., urspr. Resa Khan, * 1878, † 1944, Vater von ↑Mohammed Resa Pahlewi, Schah v. Iran s. 1925; begr. die Dyn. Pahlewi; stürzte als Kommandeur einer Kosakenbrigade 1921 die pers. Reg.; 1923–25 Min.-Präs.; 1941 v. den Alliierten zur Abdankung gezwungen; **2)** Mohammed ↑Mohammed Resa Pahlewi.
Reschenpass (ital. Passo di Resia), Alpenpass zw. Oberinntal (Tirol, Östr.) und Vintschgau (Südtirol, Italien), 1 504 m.
Reseda [lat.] (Wau), Gatt. der R.gewächse; *Garten-R.,* Zierpflanze.
Reservat [lat.]: **1)** Vorbehalt, Sonderrecht; **2)** in Kanada u. den USA den Indianern als Wohngebiete zugewiesene, fest umgrenzte Landesteile (eigene Verw. u. Gerichtsbarkeit).
Reserve [lat.]: **1)** Zurückhaltung; **2)** Ersatz, Rücklage.
Reservoir [rezɛr'vwa:r; frz.], Sammelbecken, Wasserspeicher.
Residenz, Wohnsitz eines Staatsoberhauptes, eines Fürsten.
Resignation [lat.], Entsagung; Verzicht [auf ein Amt].
Résistance [rezis'tɑ̃s; frz.], frz. Widerstandsbewegung im 2. Weltkrieg.
Resistenza [lat.-ital.], nach der dt. Besetzung Italiens 1943 gg. die dt. Truppen u. die republikan. Faschisten kämpfende antifaschist. ital. Widerstandsbewegung.

Renaissance. *Michelangelo, David (1501–04), Florenz*

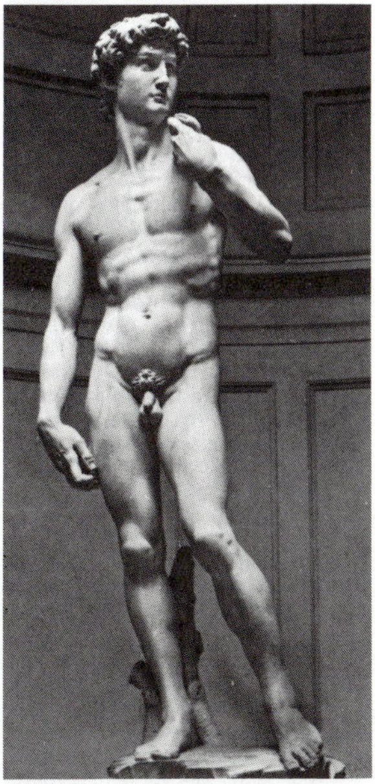

Restauration. *Wappentafel des Wilhelm von Effern (17. Jh.) am Treppenturm des ehemaligen Bischofshofes in Ladenburg. Zustand im Juli 1960 (links) und im Juli 1976*

Resnais, Alain [rɛ'nɛ], * 1922, frz. Filmregisseur; Vertr. der Neuen Welle („Hiroshima mon amour").

Resolution, [programmat.] Entschließung [polit.] Gremien.

Resonanz [lat.]: **1)** [starkes] Mitschwingen eines schwingungsfäh. Systems bei äußeren period. Einwirkungen, deren Frequenz gleich der Eigenfrequenz *(R.frequenz)* des Systems ist; *R.schwingungen* werden u. a. in der Akustik (R. von Luftsäulen u. a.) u. in der Elektrotechnik (zur Abstimmung von Sendern und Empfängern) verwendet; **2)** übertr. für Anklang, Widerhall; **3)** ↑Elementarteilchen.

Resorption [lat.], Aufnahme flüss. oder verflüssigter Stoffe ins Blut bzw. in andere Körpersäfte.

Resozialisierung, Wiedereingliederung in das soz. Gefüge (v. a. nach Strafverbüßung).

respektive [lat.], Abk. resp., beziehungsweise, oder.

Respighi [rɛs'pi:gi], Ottorino, * 1879, † 1936, ital. Komponist; Opern, Vokalwerke, sinfon. Werke, Kammermusik.

Respirator, Atmungsgerät bzw. Atemfilter.

Responsorium [mlat.], liturg. Wechselgesang mit Kehrvers.

Ressentiment [rɛsãtimã; frz.], negat. Vorbehalt gegenüber Personen[gruppen]; Wiedererleben eines schmerzhaften Gefühls (Psychol.).

Ressort [rɛ'so:r; frz.], Geschäfts-, Amtsbereich; Arbeitsgebiet.

Ressource [rə'surs; frz.], Zufluchtsort; natürl. Produktionsmittel für die Wirtsch.; Hilfsquelle, Reserve; Geldmittel.

Restauration [lat.]: **1)** Wiederherst. der alten polit.-soz. Ordnung nach einem Umsturz; *R.szeit* v. a. 1815–30 (bzw. bis 1848), in der man in fast ganz Europa die Zustände der Zeit vor der Frz. Revolution wiederherzustellen versuchte; **2)** (Restaurierung) Wiederherst. oder Konservierung von Bauwerken, Gemälden, Skulpturen u. a. durch *Restauratoren.*

Restitutionsedikt, 1629 v. Ks. Ferdinand II. erlassener Befehl auf Herausgabe aller s. dem Passauer Vertrag (1552) durch Protestanten eingezogenen Kirchengüter (1648 eingestellt).

Restlichtverstärker, zum Sehen in der Dunkelheit verw. Bildwandler mit Elektronenvervielfacher, der das nächtl. Restlicht etwa 40 000fach verstärkt.

Resultante [lat.-frz.], svw. ↑Resultierende.

Resultierende (Resultante), die Diagonale im ↑Kräfteparallelogramm als Summe zweier Vektoren.

Resümee [frz.], Zusammenfassung [der Hauptergebnisse].

Retabel [lat.], Altaraufsatz; nachweisbar seit dem 11. Jh.; ↑auch Flügelaltar.

Rethel, Alfred, * 1816, † 1859, dt. Maler und Grafiker; monumentaler Freskenzyklus für das Aachener Rathaus; bed. Holzschnitte („Auch ein Totentanz").

Retinitis, svw. Netzhautentzündung.

Retorte [frz.], rundl., gläsernes Labordestillationsgefäß mit umgebogenem, verjüngtem Hals; in der chem. Ind. mit feuerfestem Material ausgekleideter Behälter zum Destillieren (☊).

Retortenbaby, umgangssprachl. Bez. für: durch extrakorporale Besamung (Eizellen und Sperma werden außerhalb des Körpers zusammengebracht, auch als In-vitro-Fertilisation bezeichnet, die befruchtete Eizelle wird in die Gebärmutter verpflanzt) entstandenes Kind.

retro..., Retro... [lat.], Vorsilbe; Bed.: „hinter, rückwärts".

Retrospektive, Rückblick, Rückschau; Präsentation des [frühen] Werks eines Künstlers (u. a. in Form einer Ausstellung).

Rettich, Kreuzblütler; Gemüsepflanze mit scharf schmeckender, rübenähnl. Knolle.

Retusche [frz.], Überarbeitung von Bildvorlagen od. Negativen, um Einzelheiten herauszuarbeiten, Tonwerte zu verbessern u. Ä.

Reuchlin, Johannes, gräzisiert Kapnion, Capnio, * 1455, † 1522, dt. Humanist; vertrat die myst. Richtung des Neuplatonismus mit bes. Neigung zur Kabbala; verteidigte die Lektüre hebr. Schriften *(r.scher Streit);* begr. in Dtl. das lat. Schuldrama.

Reuenthal, Neidhart v. ↑Neidhart von Reuenthal.

Réunion [rey'njõ], Insel im Indischen Ozean, frz. Überseedep., 2 512 km², 600 000 E, Hptst. Saint-Denis; gebirg. (bis 3 069 m), z. T. tät. Vulkane; trop. Seeklima; Ausfuhr bes. von Zucker und Rum; 1513 entdeckt, s. 1638 französisch.

Reunionen, Annexionen Ludwigs XIV. auf [umstrittener] rechtl. Grundlage; 1697 bis auf Elsass u. Straßburg zurückgegeben.

Reuß: 1) r. Nebenfl. der Aare, Schweiz, 159 km; **2)** zwei ehem. dt. Fürstentümer (im ostthüring. Raum) der Fürsten v. R.; *R. ältere Linie* (Greiz, 1778 gefürstet) und *R. jüngere Linie* (Schleiz, 1806 gefürstet); reg. bis 1918.

reüssieren [frz.], gelingen; Erfolg, Glück haben.

Reuter: 1) Christian, * 1665, † nach 1712, dt. Dichter zw. Barock und Aufklärung; satir. Komödien u. Parodien auf das Spießbürgertum und die Fehler seiner Zeit; Schelmenroman „Schelmuffsky"; **2)** Ernst, * 1889, † 1953, dt. Politiker (SPD); 1933–35 2-mal im KZ, 1935–46 in türk. Exil, s. 1948 Oberbürgermeister, s. 1951 Regierender Bürgermeister v. Berlin (West); **3)** Fritz, * 1810, † 1874, dt. Schriftsteller; als Burschenschafter 1833 bis 1840 in Festungshaft; z. T. autobiograph. Romane und Erzählungen in niederdt. Spr.: „Ut mine Festungstid".

Reuters Ltd. ↑Übers. S. 463.

Reutlingen, Krst. im Vorland der Schwäb. Alb, Ba.-Wü., 107 800 E; IHK; bed. Textilindustrie.

Reval (estn. Tallinn), Hptst. der Rep. Estland, 442 700 E; Akad. der

Wiss., 4 Hochsch., Museen; histor. Bauten; Ind.; ⛯.

Revanchismus [-vãʃ-], polit. Einstellung, die auf Vergeltung für polit. oder mil. Niederlagen u./od. die Rückgewinnung verlorener Staatsgebiete bzw. die Annullierung aufgezwungener Verträge zielt.

Reventlow, Franziska Gräfin zu [-lo], * 1871, † 1918, dt. Schriftstellerin; Erzähl., Briefe, Tagebücher.

Revers [re'vɛ:r; frz.]: **1)** Aufschlag an Jacken und Mänteln; **2)** Rückseite einer Münze; **3)** Verpflichtungsschein.

reversibel [lat.], umkehrbar; heilbar ohne Restschaden; Ggs. ↑irreversibel.

Revier [frz.]: **1)** Bezirk; **2)** Jagd- u. Forstbezirk; **3)** Abbaugebiet (⚒); **4)** Krankenstube der Soldaten; **5)** kleinere Polizeidienststelle.

Revirement [revirə'mã; frz.], Umbesetzung diplomat., mil. u. a. Stellen.

Revision [lat.]: **1)** Nach-, Überprüfung (Buchhaltung, Bankwesen); **2)** Änderung, z. B. einer Ansicht; **3)** bei d. höchsten Gerichten (oberste Gerichtshöfe des Bundes; auch OLG) gg. ein [Berufungs]urteil innerhalb einer best. *R.sfrist* einzulegendes Rechtsmittel, das die Überprüfung behaupteter fehlerh. Gesetzesanwendung fordert; **4)** Abänderung von Verträgen (Völkerrecht).

Revisionismus, Streben nach Änderung eines [völkerrechtl.] Zustandes od. eines polit. Programms; bes. die sozialdemokrat. Neuorientierung gegenüber dem Marxismus Ende des 19. Jh.s, die die These vom zwangsläufigen Zusammenbruch des Kapitalismus bestritt.

Revolution [lat.], [gewaltsamer] Umsturz der polit.-soz. Ordnung.

Revolver [engl.], kurze Handfeuerwaffe mit drehb. Trommel als Magazin.

Revue [rə'vy:; frz.]: **1)** Zeitschrift mit allg. Überblicken; **2)** Programmfolge von tänzer., akrobat. und musikal. Darbietungen, oft durch eine Handlung verbunden.

Rexrodt, Günter, * 1941, dt. Politiker (FDP). 1985–89 Finanzsenator in Berlin (West); 1991/92 Vorstands-Mitgl. der Treuhandanstalt; 1993–98 Bundes-Min. f. Wirtschaft.

Reykjavík ['rɛjkjavi:k], Hptst. Islands, an der Faxabucht, 102 000 E; Univ.; Kultur- u. Wirtsch.-Zentrum, bed. ⚓, ⛯.

Reynolds ['renldz]: **1)** Burt, * 1936, amer. Filmschauspieler; **2)** Sir Joshua, * 1723, † 1792, engl. Maler; [aristokrat.] Porträts.

Reynolds-Zahl ['renldz-; nach dem engl. Physiker *O. Reynolds,* * 1842, † 1912], physikal. Zeichen Re, Kenngröße der Strömungslehre; die *krit. R.-Z.* kennzeichnet den Übergang v. laminarer zu turbulenter Strömung.

rezent [lat.], gegenwärtig lebend; Ggs. fossil.

Rezept [lat.], ärztl. Vorschrift zur Bereitung bzw. Abgabe einer Medizin durch den Apotheker.

Rezeption [lat.], Auf-, Übernahme; Empfangsbüro eines Hotels.

Rezeptoren [lat.], Sinnesorgane oder -zellen, die der Aufnahme eines Reizes dienen.

Rezession, rückläufige ↑Konjunktur.

reziprok [lat.], gegenseit., aufeinander bezügl.; *r.er Wert,* svw. ↑Kehrwert; *r.e Zahlen,* Zahlen, deren Produkt 1 ergibt.

Rezitation [lat.], kunstvoller Vortrag von Dichtungen.

Rezniček ['rɛznitʃek], Emil Nikolaus Frhr. v., * 1860, † 1945, östr. Komponist; Opern („Donna Diana"), Schauspielmusik zu Strindbergs „Ein Traumspiel", Sinfonien.

Rezzori, Gregor v., eigtl. G. v. Rezzori d'Arezzo, * 1914, † 1998, dt. Schriftsteller; „Maghrebin. Geschichten".

Rh, Symbol für ↑Rhodium (☊).

Rhabarber [ital.], Gatt. der Knöterichgewächse; aus Asien stammende, ausdauernde Pfl. mit gr. Blättern; z. T. Zier- u. Nutzpfl. (essbare Blattstiele).

Rhea, in der griech. Mythol. Tochter des Uranos u. der Gäa, Schwester u. Gem. des Kronos, Mutter des Zeus.

Rheda-Wiedenbrück, St. im östl. Münsterland, an der Ems, NRW, 42 200 E; Holz- und Möbelind., Fahrzeugbau.

Rhein, Fl. u. wichtigste Binnenwasserstraße Europas, Gesamtlänge 1 320 km, Anlieger: Schweiz, Liechtenstein, Österreich, BRD (865 km). Quellen des *Vorder-Rh.s* im Gotthardmassiv, des *Hinter-Rh.s* im Adulamassiv; von deren Vereinigung als *Alpen-Rh.* bis zum Bodensee, von dort bis Basel als *Hoch-Rh.,* dann in nördl. Richtung, dem Oberrheingraben folgend, als *Ober-Rh.* bis Bingen, weiter in maler. Durchbruchstal durch das Rhein. Schiefergeb. als *Mittel-Rh.* bis Bad Godesberg; im Unterlauf als *Nieder-Rh.* durch das westl. Norddt. Tiefland bis zur Gabelung in die Hauptmündungsarme Waal und Lek; Mdg. in die Nordsee (Delta); insgesamt 900 km (in der BRD 778 km) schiffbar; Einzugsgebiet 252 000 km².

Rheinbund: 1) Bündnis einzelner dt. Reichsstände mit Frkr. gg. die habsburg. Pol. (1658–68); **2)** unter Napoleon I. 1806 gegr., gg. Östr. gerichteter Bund von 16 (später 36) dt. Fürsten, die aus dem Reichsverband austraten; außerh. blieben nur Östr., Preußen, Braunschweig u. Kurhessen; zerfiel Ende Oktober 1813.

Rheine, St. im nördl. Münsterland, NRW, 74 600 E; Textil- u. a. Ind., Solbad; ⚓ am Dortmund-Ems-Kanal.

Rheinfall, rd. 20 m hoher u. 150 m breiter Fall des Rheins bei Schaffhausen (Schweiz).

Rheingau, S-Abdachung des Taunus zum Rhein zw. Wiesbaden und Assmannshausen.

Rhein-Herne-Kanal, Kanal zw. dem Rhein (bei Duisburg) und dem Dortmund-Ems-Kanal (bei Henrichenburg), 45,6 km.

Rheinhessen-Pfalz, Reg.-Bez. in RP, 6 830 km², 1,97 Mill. E, Verw.-Sitz Neustadt an der Weinstraße.

Rheinisches Schiefergebirge, westl. Teil der dt. Mittelgebirgsschwelle, beiderseits des Mittelrheins (Taunus, Hunsrück, Eifel, Ardennen, Westerwald, Sauerland, Rothaargebirge).

Rheinisch-Westfälisches Industriegebiet, Ind.-Gebiet an Ruhr und Niederrhein, zw. Lippe und Wupper, zw. Mönchengladbach u. Hamm; der östl. des Rheins zw. Lippe u. Ruhr gelegene Teil: *Ruhrgebiet;* bedeutendstes dt. u. europ. Ind.-Revier u. das Gebiet mit der größten Bev.-Dichte Europas; günst. Verkehrslage; Grundlage der ind. Entw. waren die bed. Steinkohlevorkommen. *Ind.:* Stahl-, Eisen-, Gas- und Elektrizitätserzeugung, chem. Ind., Erdölraffinerien.

Rheinländer (Rhein. Polka), variantenreicher, der Polka ähnl. Paartanz im $^2/_4$-Takt.

Rheinland-Pfalz, Land der BRD, 19 846 km², 3,96 Mill. E (rd. 41 % ev., 56 % kath.), Hptst. Mainz; umfasst (von N nach S) Teile der Eifel und des Westerwalds, Mosel- u. Lahntal, Hunsrück, Nahetal, Nordpfälzer Bergland, Westrich, Pfälzer Wald mit Haardt, den NW des Oberrhein. Tieflands. *Wirtsch.:* Weinbau am Mittelrhein, in Rheinhessen, der Pfalz, im Ahr-, Mosel- u. Nahetal, Obst-, Gemüse-, Zuckerrüben- u. Tabakanbau im Oberrhein. Tiefland u. in Rheinhessen; intens. Forstwirtsch. mit Folgeind.; größtes dt. Bimssteinvorkommen im Neuwieder Becken; Mineralquellen. *Ind.* bes. in Ludwigshafen am Rhein, Mainz, Pirmasens, Kaiserslautern, Neuwied. – *Gesch.:*

Armand Jean du Plessis, Herzog von Richelieu

Das Land Rh.-Pf. entstand 1946 durch Zusammenlegung der ehem. bayr. Pfalz, der hess. Prov. Rheinhessen sowie von Teilen der preuß. Rheinprov. und der preuß. Prov. Hessen-Nassau.

Rhein-Main-Donau-Großschifffahrtsweg, 1992 fertig gestellte europ. Binnenwasserstraße, die eine Verbindung von der Nordsee zum Schwarzen Meer herstellt, für Schiffe bis 1350t; zahlr. Schleusen und Staustufen.

Rhein-Rhone-Kanal, 320 km, verbindet den Rhein (Straßburg) über den ↑Doubs 1) mit der Saône; eröffnet 1833.

Rheinseitenkanal (frz. Grand Canal d'Alsace), linksrhein. Kanal zw. Basel u. Straßburg; 112 km; 8 Staustufen mit Kraftwerken.

Rhenium, chem. El., Symb. Re, OZ 75, rel. A.-Masse 186,2, weißglänzendes, sehr hartes Metall, Dichte 21,04 g/cm³, Fp. 3186 °C, Sp. 5900 °C; unlösl. in Salzsäure, lösl. in Salpetersäure; *Vorkommen:* in Molybdänglanz, Kolumbit, Gadolinit (Häufigkeit etwa wie Gold).

rheo..., Rheo... [gr.], Bestimmungswort mit der Bed.: „Fließ..., Fluss...".

Rheologie [gr.], Teilgebiet der Physik, untersucht Fließerscheinungen von flüss., kolloidalen u. festen Systemen unter der Einwirkung äußerer Kräfte.

Rhesusaffe [gr.; dt.], 50–65 cm körperlanger Makake; in S-Asien.

Rhesusfaktor (Rh-Faktor), dominante erbl. Eigensch. der roten Blutkörperchen vieler Menschen (rd. 85% der ges. Bevölkerung), bewirkt als Antigen in Rh-freiem Blut (*rh*-Blut) die Bildung des *Anti-Rh* (Antikörper), das bei Zusammentreffen mit *Rh*-Blut dieses zusammenklumpt (agglutiniert); gefährl. bei Bluttransfusionen u. für den Embryo einer 2. Schwangerschaft (wenn Vater Rh, Mutter rh u. Embryo Rh).

Rhetor [gr.], Redner; Lehrer der **Rhetorik,** der Lehre v. der kunstmäß. Gestaltung von Reden.

Rheumatismus (Rheuma) [gr.], Sammelbez. für versch., akut od. chron. verlaufende Erkrankungen von Gelenken *(Gelenk-Rh.),* Muskeln *(Muskel-Rh.),* Bändern und Sehnen.

Rhinozerosse [gr.], svw. ↑Nashörner.

Rhizom [gr.] (Wurzelstock, Erdspross), unterird., ausdauernde Sprossachse von Stauden, meist mit Speicherfunktion; treibt im Frühjahr neue Pfl. aus.

Rhode Island [rəʊd'aɪlənd], Abk. R. I., kleinster B.-Staat der USA, an d. Atlantikküste, nö. von New York, 3144 km², 1 Mill. E, Hptst. Providence; vielseit. Industrie.

Rhodesi|en ↑Simbabwe.

Rhodium [gr.], chem. El., Symbol Rh, OZ 45, rel. A.-Masse 102,905, Metall aus der Gruppe der Platinmetalle, silberweiß, dehnbar, Dichte 12,41 g/cm³, Fp. 1970 ± 3 °C, Sp. 3730 °C; wird in kompakter Form von keiner Säure angegriffen.

Rhododendron [gr.], svw. ↑Alpenrosen.

Rhodos: 1) griech. Insel vor der kleinasiat. Küste, Hauptinsel der Dodekanes, 1398 km²; gebirg., bis 1215 m, wald-, wasserreich; Obst-, Weinbau, Olivenhaine. – Schon in myken. Zeit dicht besiedelt; um 1000 v. Chr. dor.; 305/304 v. Chr. vergebl. Belagerung der Stadt durch Demetrios I. Poliorketes (Siegeszeichen: Koloss von Rh. [↑Koloss]); s. 1308 Hauptsitz des Johanniterordens; 1523 osman., 1912–47 ital.; **2)** Hauptort von 1), an der NO-Spitze der Insel, 41400 E; Baureste aus dem Altertum u. bed. Bauten aus dem MA.

Rhomboid [gr.], ↑Parallelogramm mit paarweise ungleichen Seiten.

Rhombus [gr.] (Raute), schiefwinkl. ↑Parallelogramm mit 4 gleich langen Seiten.

Rhön, Mittelgebirge zw. Werra, Haune, Sinn u. Fränk. Saale; *Hohe Rh.* mit Wasserkuppe (950 m).

Rhone, Fl. in der W-Schweiz und in S-Frkr., 812 km; entspringt dem *Rh.gletscher* (Dammagruppe, 8 km lang), durchfließt das Wallis u. den Genfer See, von Lyon an die Rh.-Saône-Senke nach S, Mdg. (gr. Delta) ins Mittelmeer.

Rhönrad, Sportgerät, 2 Stahlrohrreifen von 1,60–2,20 m ∅, die in einem Abstand v. 41–47 cm durch Querstangen verbunden sind; für akrobat. Übungen.

Rhythm and Blues [rɪðm ænd blu:z; engl.-amer.], simplifizierende Musizierart des Jazz; Ausgangspunkt des Rock 'n' Roll.

Rhythmus [gr.]: **1)** Gleichmaß, gleichmäß. gegliederte Bewegung; period. Wiederkehr natürl. Vorgänge, z. B. Ebbe u. Flut; **2)** die bes. einem Musikstück gegebene Zeitgliederung, eingefügt in d. Taktmetrum; **3)** harmon. Ablauf v. Bewegung und Betonung in einem literar. Kunstwerk, bes. ausgeprägt im Vers; **4)** (Bio-Rh.) der rhythm. Lebensablauf von Organismen (u. a. weibl. Menstruationszyklus).

R. I., Abk. für: ↑**R**hode **I**sland.

Ribbentrop, Joachim v., * 1893, † 1946, dt. nat.-soz. Politiker; 1938 bis 1945 R.-Außenmin.; in Nürnberg hingerichtet.

Riboflavin [Kw.] (Lactoflavin), Vitamin B_2; Enzym des Zellstoffwechsels; in Leber, Gemüse, Hefe und Eigelb.

Ribonukleinsäure (RNS, RNA), ↑Nukleinsäure, die als Zuckerbestandteil ↑Ribose und als Basenbestandteile Adenin, Guanin, Zytosin und Uracil enthält; kommt in den Zellen sämtl. Lebewesen (im Zellkern und Zellplasma, v. a. in den Ribosomen) vor; wicht. für die Proteinbiosynthese; bei niederen Organismen (Viren) auch Träger von genet. Informationen.

Ribose [Kw.], $C_5H_{10}O_5$, ein Zucker (Pentose); Baustein der ↑Ribonukleinsäuren.

Ribosomen, submikroskop. kl., aus Protein u. zu 40–60% ↑Ribonukleinsäure bestehende Körnchen im Zellplasma; Orte der Proteinsynthese.

Ricardo, David [rɪk'ɑ:dəʊ], * 1772, † 1823, brit. Nationalökonom; entwickelte die Lehre von A. Smith zur klass. Nationalökonomie weiter.

Richard: *England:* **1) R. I.** Löwenherz, * 1157, † 1199, Kg. s. 1189; auf dem Rückweg vom 3. Kreuzzug 1192 von Hzg. Leopold V. von Östr. festgenommen, an Ks. Heinrich VI. ausgeliefert, 1194 gg. Lösegeld u. Lehnseid freigelassen; **2) R. II.,** * 1367, † 1400, Kg. s. 1377; nach Willkürherrschaft v. Heinrich (IV.) 1399 abgesetzt; **3) R. III.,** * 1452, ⚔ 1485, Kg. s. 1483; ließ seinen Neffen, den rechtmäßigen Thronfolger Eduard V., und dessen Bruder R. ermorden, setzte seine Erhebung zum Kg. durch.

Richardson ['rɪtʃədsn]: **1)** Dorothy, * 1873, † 1957, engl. Erzählerin, Vorläuferin v. V. Woolfe u. J. Joyce, „Pilgerfahrt"; **2)** Samuel, * 1689, † 1761, engl. Schriftsteller, Schöpfer d. bürgerl. Familienromans, „Clarissa", „Pamela".

Richelieu, Armand Jean du Plessis, Hzg. von [riʃəl'jø], * 1585, † 1642, frz. Staatsmann; s. 1622 Kardinal, s. 1624 leitender Min.; setzte den kgl. Absolutismus gg. den Adel durch, besiegte die Hugenotten u. griff im Dreißigjähr. Krieg gg. Habsburg ein; Begr. der frz. Vormachtstellung; gründete 1635 die Académie française.

Richmond ['rɪtʃmənd], Hptst. von Virginia, USA, 203 000 E; 2 Univ.; Tabak-, Stahl-, Textilind.; ✈.

Richt|antenne (Richtstrahler), Antenne, die die Strahlung hpts. in eine best. Richtung lenkt bzw. aus ihr empfängt (z. B. mithilfe metall. Parabolspiegel).

Richter: 1) Gerhard, * 1932, dt. Maler u. Grafiker. Schuf ab 1964 nach fotograf. Vorlagen Bilder in verwischten Grautönen, die das Prinzip „Abbildung" reflektieren; **2)** Hans Werner, * 1908, † 1993, dt. Schriftsteller; von eigenem Erleben geprägte Kriegsromane; Initiator und Organisator der „Gruppe 47"; **3)** Horst-Eberhard, * 1923, dt. Psychoanalytiker u. Sozialpsychologe; kulturkrit., psychosomat. u. psychiatr. Arbeiten; **4)** Johann (Jean) Paul Friedrich ↑Jean Paul; **5)** Karl, * 1926, † 1981, dt. Organist u. Dirigent; bed. Bach-Interpret; **6)** [Adrian] Ludwig, * 1803, † 1884, dt. Maler und Grafiker; ital. u. dt. Landschaften in romant. Auffassung, volkstüml. Zeichner und Illustrator; **7)** Swjatoslaw, * 1915, † 1997, ukrain. Pianist.

Richter, Personen im Staatsdienst, die mit der Recht sprechenden Gewalt betraut sind (Dt. R.-Ges. vom 8. 9. 1961); Befähigung zum R.amt durch Ablegung zweier jurist. Staatsprüfungen.

Richter-Skala [nach Ch. F. Richter, * 1900, † 1985], nach oben offene Erdbebenskala auf instrumenteller Basis; Werte für stärkste beobachtete Beben bei etwa 8,5.

Richthofen: 1) Ferdinand Frhr. v., * 1833, † 1905, dt. Geograph u. Geologe; 1868–72 Reisen in China; von Bedeutung für die Entwicklung der mod. Geographie in Dtl.; begr. die Geomorphol. als selbst. Zweig der Geographie; **2)** Manfred Frhr. v., * 1892, ⚔ 1918, 1916–18 erfolgreichster dt. Jagdflieger, genannt der „Rote Baron".

Rickettsi|en, [nach dem amer. Pathologen *H. T. Ricketts,* * 1871, † 1910], Erreger zahlr. Infektionskrankheiten *(Rickettsiosen),* gramnegative, meist intrazellular parasitierende Bakterien.

Ried, Rohr, Schilf; moor. Gebiete.

Riedböcke, antilopenart. Rinder in Afrika südl. der Sahara.

Riedgräser (Sauergräser), Fam. grasähnl. Kräuter und Stauden, meist an feuchten Standorten.

Riemann: 1) Bernhard, * 1826, † 1866, dt. Mathematiker; Mitbegr. der Funktionentheorie; Arbeiten über Verteilung der Primzahlen, abelsche Funktionen, Differenzialgleichungen und nichteuklid. (r.sche) Geometrie; **2)** Hugo, * 1849, † 1919, dt. Musikwissenschaftler; bed. seine Funktionstheorie; Lehrbuch der Komposition, der Harmonik, des Kontrapunktes; „Musik-Lexikon".

Riemenboot, Ruderboot, in dem jeder Ruderer mit beiden Händen nur ein Ruder *(Riemen)* bedient.

Riemenschneider, Tilman (Till, Dill), * um 1460, † 1531, dt. Bildhauer und Bildschnitzer; einer der Hauptmeister der dt. Spätgotik; Schnitzaltäre v. St. Jakob in Rothenburg ob der Tauber, Creglingen und Dettwang; Arbeiten in Stein, u. a. „Adam und Eva" (Würzburg) und Marienfiguren.

Rienzo (Rienzi), Cola di, auch Niccolò Lorenzo, * 1313, † 1354, ital. Sozialrevolutionär; vertrieb 1347 als „Volkstribun" die Anführer der Adelspartei aus Rom, verkündete die Wiedererrichtung der röm. Rep.; forderte die nat.-staatl. Einigung Italiens; in einem Volksaufstand erschlagen.

Ries, Adam (nicht A. Riese), * 1492, † 1559, dt. Rechenmeister und Hofarithmetikus; verf. eines der ersten dt. Rechenbücher; daher sprichwörtl.: „nach Adam Riese".

Ries, Papierzählmaß; 1 R. = 1 000 Bogen = $^1/_{10}$ Ballen Papier.

Riesen, übergroße Gestalten aus Sage u. Mythos.

Riesengebirge, nw. u. höchster Teil der ↑Sudeten, Schneekoppe 1 602 m, Kammhöhe bei 1 300 m; Quellgebiet der Elbe (Südabdachung); Wintersportgebiet (u. a. Schreiberhau).

Riesenschildkröten, svw. ↑Elefantenschildkröten.

Riesenschlangen, bis 9 m lange, ungift. Schlangen; u. a. Python-, Boaschlangen, Anakonda.

Riesenslalom (Riesentorlauf), Skiwettkampf, bei dem Elemente des Slaloms u. des Abfahrtslaufs vereinigt werden: mind. 30 Tore bei einem Höhenunterschied von 400–500 m (Männer) bzw. 350 bis 400 m (Frauen) müssen möglichst schnell durchfahren werden.

Riesling, führende Rebsorte in Dtl.; Trauben hellgelb, mittelgroß u. dichtbeerig.

Rieti, ital. Prov.-Hptst. in Latium, 45 300 E; Dom (12./13. Jh.) u. a. histor. Bauten.

Riff [engl.-amer.], meist lang gestreckte, bis nahe unter die Wasseroberfläche reichende Aufragung des Meeresgrundes, z. B. Korallenriff.

Riga, Hptst. der Republik Lettland, am R.ischen Meerbusen, 874 000 E; Akad. der Wiss., Univ., Museen; Dom u. a. Baudenkmäler; Werften, Waggon-, chem. u. Baustoffind.; Fischerei; ⚓, ✈.

Riga|ischer Meerbusen, Bucht an der östl. Ostseeküste zw. Estland u. Lettland, bis 62 m tief.

Rigi, schweizer. Geb.-Massiv zw. Zuger See u. Vierwaldstätter See, im R.kulm 1 798 m; Bergbahnen.

Rigorismus [lat.], unbeugsames, starres Festhalten an Grundsätzen.

Rigorosum, mündl. Doktorprüfung.

Rigveda, ältestes Buch des Veda.

Rijad, Ar, Hptst. Saudi-Arabiens u. des Nadschd, rd. 2 Mill. E; zwei Univ.; Handel u. Oasenwirtsch.; ✈.

Rijeka (fr. ital. Fiume), Hafenstadt am *Golf von R.,* in Kroatien, 168 000 E; Univ., Museen; Erdölraffinerie, Masch.-, Schiffbau u. a. Industrie.

Rijksmuseum ['rɛi̯ks-] (Reichsmuseum), 1808 gegr. bed. Gemäldegalerie in Amsterdam.

Rikscha [jap.], von einem Menschen gezogenes, zweirädr. Verkehrsmittel in Ostasien.

Rilke, Rainer Maria, eigtl. René M. R., * 1875, † 1926, östr. Dichter; nach den Frühwerken („Die Weise von Liebe und Tod des Cornets Christoph Rilke" u. a.) unter dem Eindruck Rodins maler.-modellbezogene „Dinggedichte"; teilw. autobiograph. Roman „Die Aufzeichnungen des Malte Laurids Brigge"; „Duineser Elegien" und „Sonette an Orpheus" mit myst.-schicksalsbejahender Einstellung.

Rimbaud, Arthur [rɛ̃'bo], * 1854, † 1891, frz. Dichter des Symbolismus; intime Freundschaft mit Verlaine; Auflehnung gg. alles Herkömml. in Ges., Kunst u. Religion; folgte den Eingebungen des Unterbewussten; durch eine verwirrende Vielfalt v. Stimmungen u. Bildern, in denen sich alle sinnl. Eindrücke spiegeln, neue Realität.

Rimini, ital. Hafenst. u. Seebad an der Adria, 131 000 E; röm. und ma. Bauwerke; Textilind.; rd. 20 km Strand.

Rimskij-Korsakow, Nikolaj Andrejewitsch, * 1844, † 1908, russ. Komponist; Opern, sinfon. Dichtung „Sadko" (später als Oper), Suite „Scheherazade", Volkslieder; überarbeitete auch Werke anderer Komponisten.

Rio de Janeiro. *Blick über die Bucht von Botafogo auf den Zuckerhut*

Rinde (Kortex), Außenschicht best. Organe (z. B. Gehirn) bei Tier und Mensch oder des Vegetationskörpers best. Pflanzen.

Rinder, Unterfam. der Paarhufer, umfasst Hausrind, Auerochse, Büffel, Bison, Wisent u. a.

Ring Christlich-Demokratischer Studenten, Abk. RCDS, 1951 gegr. polit. Studentenverband, der der CDU nahe steht.

Ringelnatter, einheim., schwärzl. Schlange mit gelben Flecken am Hinterkopf; ♀ bis 1,5 m lang.

Ringelnatz, Joachim, eigtl. Hans Bötticher, * 1883, † 1934, dt. Dichter; auch Maler; als Kabarettist Interpret seiner eigenen Werke.

Ringelspinner ↑ Übers. S. 528 f.

Ringen, sportl. Zweikampf, bei dem der Gegner durch Griffe u. Schwünge mit beiden Schultern auf den Boden gezwungen werden soll; im Unterschied zum ↑ Freistil 2) erlaubt das *griech.-röm. R.* nur Griffe vom Scheitel bis zur Hüfte, ohne Einsatz der Beine; Kampfdauer 3 × 3 Min. mit je 1 Min. Pause.

Ringnebel ↑ planetarische Nebel.

Ring|ofen, Industrieofen für Dauerbetrieb mit ringförm. angeordneten Brennkammern (u. a. in Ziegeleien).

Ringstorff, Harald, * 1939, dt. Politiker (SPD); s. 1998 Min.-Präs. von Mecklenburg-Vorpommern.

Rinser, Luise, eigtl. L. Herrmann, * 1911, dt. Schriftstellerin; psychol. Romane; kath. Tendenz.

Rio (span. Río), portug. u. span. Bez. für Fluss.

Rio de Janeiro ['riu di ʒa'neiru]: **1)** brasil. Küstenstaat, 43 653 km², 12,8 Mill. E; Hptst. R. de J.; Anbau v. a. von Zuckerrohr und Kaffee; bed. Ind.; **2)** Hptst. von 1), 5,47 Mill. E; an der W-Seite der Bucht v. Guanabara (mit 395 m hohem *Zuckerhut*); 4 Univ., Bibliotheken, Museen; vielseit. Ind.; ⚓, ✈.

Rio Grande ['riu 'grandi]: **1)** Atlantikhafen S-Brasiliens, 125 000 E; Univ.; Erdöl-, Textil-, Fleischind.; ✈; 2) ['ri:əʊ 'grændɪ], Fl. in Nordamerika, zum Golf v. Mexiko, Grenzfl. zw. USA u. Mexiko, rd. 3 034 km.

Rio Grande do Norte ['riu 'grandi du 'nɔrti], nordostbrasil. Küstenstaat, 53 167 km², 2,4 Mill. E, Hptst. Natal; Landwirtschaft.

Rio Grande do Sul ['riu 'grandi du 'sul], südbrasilianischer B.-Staat, 280 674 km², 9,1 Mill. E, Hptst. Pôrto Alegre.

Río Negro: 1) ↑ Negro, Río 1) u. 2); **2)** argent. Prov. in N-Patagonien, 203 013 km², 506 000 E, Hptst. Viedma; Viehwirtsch.; Eisenerz-⚒.

Riopelle, Jean-Paul [rjɔ'pɛl], * 1923, frz. Maler kanad. Herkunft; einer der Begr. des frz. Tachismus.

R. I. P. ↑ **r**equiescat **i**n **p**ace.

Rippe: 1) in der got. Baukunst ein aus dem Gewölbe hervortretender gratart. Bogen (u. a. Kreuz-R.n); **2)** im Maschinenbau Verstärkung von fläch. Bauteilen zur Erhöhung der Querversteifung; bei Wärmekraftmaschinen *Kühl-R.n* zur Oberflächenvergrößerung.

Rippen, an der Wirbelsäule ansetzende, lange, bogenförm., abgeplattete Röhrenknochen, enden teilw. am Brustbein *(echte R.),* teilw. frei *(falsche Rippen).*

Rippenfell, Teil des Brustfells.

Rippenfell|entzündung (Brustfellentzündung, Pleuritis), meist als Begleiterkrankung auftretende Entzündung des Rippenfells; *trockene R.* mit Reizhusten, *feuchte R.* mit erhöhter Temp. u. Exsudat.

Risalit [ital.], vorspringender Gebäudeteil (Mittel-, Eck- oder Seiten-R.) v. a. an barocken Schloss- und Palastfassaden.

Risorgimento [risordʒi'mento; ital.; = Wiedererstehung], Bez. für die ital. Einigungsbestrebungen im 18. u. 19. Jh., v. a. 1815–70.

Risotto [ital.], ital. Reisgericht.

Rispe, zusammengesetzter traubiger Blütenstand.

Rispengras, Grasgatt.; *Wiesen-R.,* vorzügl. Futtergras.

Riss, r. Nbfl. der Donau, 53 km; danach ben. die *R.eiszeit,* die vorletzte Eiszeit des Quartärs.

ritardando [ital.] (rit.), verzögernd, langsamer werdend (𝄞).

Ritenkongregation, 1588 gegr. Kardinalskongregation für die lat. Liturgie sowie für Selig- u. Heiligsprechungsprozesse; 1969 in 2 Kurienkongregationen geteilt.

Ritornell [ital.], ein mehrf. wiederkehrender Teil: **1)** 3-zeil. Strophenform, aus Italien stammend; **2)** instrumentales Vor-, Zwischen- und Nachspiel.

Ritter: 1) Carl, * 1779, † 1859, dt. Geograph; neben A. v. Humboldt Neubegr. der wiss. Geographie; **2)** Gerhard, * 1888, † 1967, dt. Historiker; „Luther", „Die Dämonie der

Macht", „Carl Goerdeler u. die dt. Widerstandsbewegung".

Ritter: 1) im alten Rom urspr. der zu Pferd kämpfende Krieger; dann neben den Senatoren der 2. Stand, der alle größeren Handels- u. Kapitalgeschäfte in seiner Hand vereinigte, schließl. zum Kennzeichen des kaiserl. Dienstes wurde; **2)** im ma. W- u. M-Europa zunächst der edelfreie, voll gerüstete, zu Pferd kämpfende Krieger; bis zum 13. Jh. mit den aufsteigenden Ministerialen zum R.stand zusammengewachsen; abgeschlossener Stand mit festen Formen, der R.begriff verengte sich auf den niederen Adel; seit dem späteren MA allm. bedeutungslos.

Ritterkreuz, im *Ordenswesen* meist die unterste Klasse im fünfstufigen System; in Dtl. war das R. 1939–45 die höhere Stufe des Eisernen Kreuzes.

Ritterling, Pilzgatt., Hutpilze; viele essbare Arten.

Ritter|orden, während der Kreuzzüge des 11. u. 12. Jh.s entstandener relig. Zusammenschluss v. Kriegern zur Bekämpfung der Glaubensfeinde; v. a. Johanniterorden, Deutscher Orden, Templerorden, Schwertbrüderorden.

Rittersporn, Gatt. der Hahnenfußgewächse, *Feld-R.,* heim. Ackerunkraut; viele Zierstauden.

Ritualmord, Tötung eines Menschen aus religiösen Gründen; im MA. unbegr. Anschuldigung gg. Juden, Anlass für Judenpogrome.

Ritus [lat.], mag. od. gottesdienstl. Brauch, vollzogen durch Wort, Geste, Handlung.

Ritzel, kl. Zahnrad, das ein größeres antreibt.

Rivalität, Nebenbuhlerschaft.

Rivera, Diego, * 1886, † 1957, mex. Maler, ⚭ mit Frida Kahlo; Vertr. einer nat. gestimmten, realist. Monumentalmalerei.

Riviera, schmaler Küstensaum am Ligur. Meer, zw. Saint-Raphaël und La Spezia, größtenteils ital., von Genua aus in die westl. *R. di Ponente* u. die östl. *R. di Levante* geteilt; frz. Anteil: Côte d'Azur; bed. Badeorte: Cannes, Nizza, Monte Carlo, San Remo, Alassio, Rapallo, La Spezia, Viareggio.

Rizinus [lat.], Wolfsmilchgewächs; in den Tropen schnellwüchs. Baum, bei uns einjähr. Zierpfl.; Samen liefern *R.öl* (Schmieröl, Abführmittel), Pressrückstand (☠) Düngemittel.

Rn, Symbol für ↑Radon (☢).

RNS, Abk. für: ↑**Ribo**nukle**in**s**äure.

Roastbeef ['ro:stbi:f; engl.], gewöhnlich nicht ganz durchgebratenes mageres Rippenstück v. Rind.

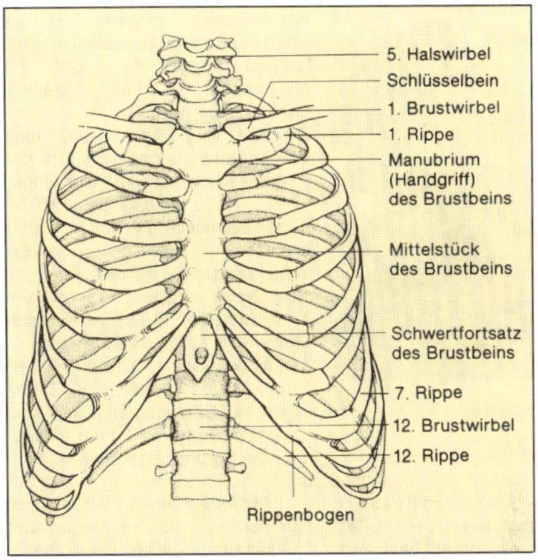

Rippen. *Brustkorb des Menschen*

Robbe-Grillet, Alain [rɔbgri'jɛ], * 1922, frz. Schriftsteller; Hauptvertr. des Nouveau roman; Drehbuch „Letztes Jahr in Marienbad".

Robben, Unterordn. der Säugetiere; dem Wasserleben angepasste Fleischfresser, Beine zu Flossen umgewandelt; leben gesellig, bes. in kalten Meeren; Pelze wertvoll; Seehunde, Ohren-R., Walrosse.

Robbia: 1) Andrea della, * 1435, † 1525, ital. Bildhauer; führte die Werkstatt seines Onkels (↑2) fort; **2)** Luca della, * 1400, † 1482, ital. Bildhauer in Florenz; bed. Vertreter d. Florentiner Frührenaissance.

Robbins: 1) Frederick Chapman, * 1916, amer. Kinderarzt; entwickelte Züchtungsmethoden des Poliomyelitisvirus; Nobelpreis 1954; **2)** Jerome, * 1918, † 1998, amer. Tänzer und Choreograph; Schöpfer eines spezif. Tanzstils; „West side story".

Robert: *Apulien:* **1) R. Guiscard** [gıskart], * 1016, † 1085, Hzg. s. 1059/60; Normannenfürst; eroberte einen gr. Teil Unteritaliens. - *Normandie:* **2) R. I.,** der Teufel, auch R. der Großartige, * um 1006, † 1035, Hzg. s. 1027; starb auf einem Pilgerzug nach Jerusalem. – *Schottland:* **3) R. I.** Bruce, * 1274, † 1329, Kg. s. 1306, siegte 1314 bei Bannockburn über die Engländer, setzte 1328 die Unabhängigkeit Schottlands durch.

Robertson, George ['rɔbərtsn], * 1946, brit. Politiker; s. 1999 Gen.-Sekr. der NATO.

Robespierre, Maximilien de [rɔbɛs'pjɛ:r], * 1758, † 1794, frz. Revolutionär; urspr. Advokat, 1789 Mitgl. der Konstituierenden Nat.-Vers., radikaler Jakobiner, s. 1792 einer der Führer der Bergpartei, seit 1793 Mitgl. des Wohlfahrtsausschusses; führte die Schreckensherrschaft zum Höhepunkt (Guillotinierung Dantons, Héberts u. a. Gegner, später wahllose Hinrichtungen der „Verdächtigen"); vom Konvent abgesetzt und hingerichtet.

Robin Hood ['rɔbın 'hʊd], legendärer engl. Held, bes. in Volksballaden des 14. u. 15. Jh.s; edelmüt. Räuber und Helfer der Armen.

Robini|e [nach dem frz. Botaniker *Jean Robin,* † 1629], nordamer. Schmetterlingsblütler; bis 25 m hoch, mit Fiederblättern, weißen duftenden Blüten in Trauben.

Robin Wood ['rɔbın 'wʊd, engl.], 1982 gegr. Aktionsgruppe, macht auf Umweltschädigungen u. -zerstörungen aufmerksam.

Roboter, [ferngesteuerte] Apparaturen, die gewisse manuelle Funktionen eines Menschen ausführen können *(Maschinenmensch);* ↑auch Industrieroboter.

Robben. *Mähnenrobbe*

M. de Robespierre

Rocaille [rɔ'kaj; frz.], Muschelwerk, als Ornament das wichtigste Dekorationselement des Rokokos.

Rochade [rɔx-, auch rɔʃ-; frz.], im Schachspiel ein unter best. Voraussetzungen zuläss. Doppelzug von König und Turm.

Rochefoucauld ↑La Rochefoucauld.

Rochelle, La [rɔ'ʃɛl], frz. Hafenst. am Golf von Biskaya, Hptst. des Dép. Charente-Maritime, 71 100 E; ma. Befestigung; Ind.- u. Handelszentrum; bed. Fischerei-⚓. – 1572–1628 Hauptstützpunkt der Hugenotten.

Rochen, Ordn. der Knorpelfische; Körper abgeflacht, scheibenförmig, Augen an der Oberseite; Raubfische, z. T. mehrere Meter lang, leben vorw. am Meeresboden; *Adler-* u. *Stech-R.* mit Stachelschwanz, *Zitterrochen* mit elektr. Organ.

Roggen

Rochester ['rɔtʃɪstə], Hafenstadt am Ontariosee, USA, 232 000 E; Univ.; Herst. opt. und phototechn. Geräte; Masch.-, chem., Textil- u. a. Ind.; ✈.

Rock [engl.] (Rockmusik), eine v. a. angloamer. geprägte Art der Popmusik, die sich mit der Rock-'n'-Roll-Welle Anfang der 1950er- u. der Beatwelle der 1960er-Jahre entfaltete. Die histor. erste Erscheinungsform ist der *Rock 'n' Roll.* Neue Impulse brachte um 1960 der *Beat.* R. ist vorwiegend Musik von jungen Leuten für Jugendliche. Grundtyp der Besetzung: 2 Sänger-Gitarristen, Bassgitarre u. Schlagzeug. Die Texte sind in der Regel realitäts- u. alltagsnah, die Darbietungsweise ist ausdrucksbetont. Die urspr. swingende Rhythmik verwandelt sich in hämmerndes Durchschlagen der Zählzeiten, gefällig im *Discosound,* bewusst einfach, aber aggressiv im *Punkrock.*

Rockefeller, John Davison, * 1839, † 1937, amer. Großindustrieller; Mitbegr. einer Erdölraffinerie in Cleveland, aus der 1870 die *Standard Oil Company of Ohio* hervorging; vereinigte fast die ges. amer. Ölwirtsch. im *Standard Oil Trust* (1882–92), heute Exxon Corp. (seit 1972); 1890 Gründer der Univ. Chicago, 1913 der *R. Foundation.*

Rocker, Angehöriger einer jugendl. Bande; charakterist.: Lederkleidung u. Motorrad.

Rock 'n' Roll ['rɔkn 'rəʊl; engl.], Modetanz im $^4/_4$-Takt mit starkem Rhythmus; ↑auch Rock.

Rocky Mountains [- 'maʊntɪnz], die von Alaska bis New Mexico ziehende, vielf. gegliederte (östl.) Hauptkette der nordamer. Kordilleren, bis 4 395 m; zahlr. Bodenschätze.

Roda Roda, Alexander, urspr. (bis 1908) A. Friedrich Roda, * 1872, † 1945, östr. Schriftsteller; Romane, Lustspiele, Anekdoten und Satiren.

Rodel, überwiegend aus Holz gebautes (Freizeit) Wintersportgerät, gleitet auf 2 Stahlkufen über festgefahrenen Schnee; wettkampfmäßig als *Schlittensport,* olymp. Disziplin für Damen u. Herren.

Rodeo [span.-amer.], Reiterwettkämpfe der Cowboys in den USA.

Rodgers, Richard ['rɔdʒəs], * 1902, † 1979, amer. Komponist; Musicals, „Oklahoma!".

Rodin, Auguste [rɔ'dɛ̃], * 1840, † 1917, frz. Bildhauer; sein bed. Werk gilt als Beginn der mod. Plastik; „Die Bürger v. Calais".

Rogate, Name des 5. Sonntags nach Ostern.

Rogen, Eier der Fische; ↑auch Kaviar.

Roger, normann. Herrscher von Sizilien: **1) R. I.,** * 1031, † 1101, Gf.; eroberte im Kampf gg. die Sarazenen Sizilien; 2) **R. II.,** * 1095, † 1154, Sohn v. 1), Schwiegervater Ks. Heinrichs VI., nach dem Tode der Erben Robert Guiscards Kg. v. Sizilien, Kalabrien u. Apulien (1130); begr. den zentralist. sizilian. Staat.

Roggen, Süßgrasart, Heimat Vorderasien; in Dtl. wichtigste Getreidepfl. u. Hauptbrotfrucht.

Roggenbraunrost ↑Übersicht S. 528 f.

Roggenstängelbrand ↑Übers. S. 528 f.

Rogier van der Weyden ↑Weyden, Rogier van der.

Rohan [rɔ'ã], frz. Adelsgeschlecht: **1)** Henri I., Hzg. v., * 1579, † 1638, frz. Hugenottenführer; kämpfte gg. Richelieu in den Hugenottenkriegen 1621/22 und 1625 bis 1629, schloss sich ihm nach der Niederlage v. La Rochelle an; **2)** Louis Prinz v., * 1734, † 1803, frz. Kardinal seit 1778; Fürstbischof v. Straßburg 1779–1801.

Röhm, Ernst, * 1887, † 1934, dt. nat.-soz. Politiker; am Aufbau der SA entscheidend beteiligt; ab 1931 „Stabschef der SA", ab 1933 R.-Min. ohne Geschäftsbereich; wurde 1934 unter dem Vorwand angebl. Putschpläne (*Röhmputsch*), in Wahrheit aufgrund v. R.s Bestreben, die R.-Wehr durch die SA im Rahmen eines revolutionären Milizheeres auszuschalten, auf Befehl Hitlers verhaftet u. mit mehr. SA-Führern ermordet. Hitler nutzte die Aktion, um auch konservative Gegner u. missliebige Politiker umbringen zu lassen.

Rohrblatt, aus einer best. Art v. Schilfrohr geschnitzte, durch Lippendruck u. Atemzufuhr beeinflussbare Zunge an Blasinstrumenten; *R.instrumente* mit einf. R.: Klarinette, Saxophon; mit doppeltem R.: Oboe, Englischhorn, Fagott u. a.

Rohrdommel, im Röhricht lebender, rd. 75 cm gr. Reiher; bei Gefahr charakt. „Pfahlstellung".

Röhrenpilze, svw. ↑Röhrlinge.

Rohrkolbengewächse, Sumpfpfl. mit kriechendem Rhizom; *Rohrkolben* an Ufern, Blüten in 2 walzenförm., übereinander stehenden Kolben.

Röhrlinge, Fam. der Ständerpilze; viele Speisepilze (Steinpilz, Maronen-, Birkenröhrling); giftig der Satansröhrling.

Rohrpost, Anlage zur Beförderung von Schriftstücken u. Ä. in Rohrleitungen auf pneumat. Wege.

Rohrsänger, Grasmückengatt.; v.a. in Schilfdickichten.

Rojas Zorrilla ['rrɔxas θo'riʎa], Francisco de, * 1607, † 1648, span. Dramatiker.

Rökk, Marika, * 1913, dt. Tänzerin, Schauspielerin u. Sängerin ungar. Herkunft.

Rokoko [frz.], Stilphase der europ. Kunst (Spätphase des Barocks), um 1720–30 bis etwa 1780; im Wesentl. ein Dekorationsstil mit asymmetr. Behandlung des Ornaments, geschmeidigen Formen, naturalist. pflanzl. Motiven neben ostasiat. Elementen (Chinoiserie), v.a. hervorragend in der Dekoration d. Innenraums (Amalienburg in Nymphenburg, F. de Cuvilliés). Pastellmalerei (M. Quentin de La Tour), Porträtstich, Porzellanplastik, Möbelkunst; Maler: A. Watteau, F. Boucher, J.-B. Chardin, J.H. Fragonard, F. Guardi, daneben A. Pesne, G. B. Piranesi, F. Maulpertsch; Bildhauer: É.-M. Falconet, P. Egell, I. Günther; Porzellanmodelleure: J. J. Kändler, F. A. Bustelli. – In der *Lit.* Stilrichtung zw. 1730 u. 1770, von der Spätzeit des höf. Klassizismus (A. R. Lesage, A.-F. Prévost d'Exiles u.a.) beeinflusst, letzte Phase des Barocks: Auflösung der gr. dualist. Form in verspielte, zierl. Kleinkunst (galante, Schäfer- und Graziendichtung); Hauptvertr. des dt. R.s: F. v. Hagedorn, S. Geßner, C. M. Wieland, Goethe (Leipziger Zeit).

Roland (Hruotland, ital. Orlando), ⚔ 778, Neffe Karls d. Gr., Markgf. der Bretagne; Held des altfrz. Rolandsliedes.

Rolland, Romain [rɔ'lã], * 1866, † 1944, frz. Schriftsteller; idealist. u. kosmopolit. Tendenz; „Danton" (Drama), „Johann Christof" (Roman); Nobelpreis 1915.

Rolle: 1) runde, um eine Achse drehb. Scheibe; dient als *feste R.* der Richtungsänderung, als *lose R.* (zus. mit einer festen) der Verkleinerung bzw. Vergrößerung einer Kraft; ↑auch Flaschenzug; in der Mechanik zählt die R. zu den einfachen Maschinen; **2)** von einem Schauspieler darzustellende Gestalt eines [Bühnen]stückes; **3)** Zentralbegriff der mod. Soziologie: Gesamtheit der Erwartungen u. Ansprüche der Ges. an das Verhalten des Inhabers einer soz. Position.

Rollhockey [-hɔki], dem Hockey u. Eishockey eng verwandter Rollschuhsport; eine Mannschaft besteht aus 5 Spielern; Spielzeit 2×20 Min.

Rolling Stones, The ['rəʊlɪŋ stəʊnz], engl. Rockgruppe; *Michael P. („Mick") Jagger* (* 1943), Gesang, Mundharmonika; *Keith Richard* (* 1943), Gesang, Gitarre; *Brian Jones* (* 1942, † 1969), Gitarre, Mundharmonika, Klavier, Orgel, Sitar; nach dessen Tod *Michael („Mick") Taylor* (* 1949), für ihn ab 1975 *Ron Wood* (* 1947), beide Gitarre; *Bill Wyman* (* 1941), Bassgitarre, Klavier; *Charles („Charlie") Watts* (* 1941), Schlagzeug. Erstmals 1962 aufgetreten.

Rokoko. *François Boucher, Sylvia wird von einem verwundeten Wolf verfolgt (1756)*

Rollschuhsport, auf Rollschuhen in Hallen od. Freiluftanlagen ausgeübte Sportart: 1. *Rollschnelllauf,* auf Bahnen; 2. *Rollkunstlauf,* Einzel- u. Paarlauf auf einer Lauffläche mit einem Belag aus Terrazzo, Hartbeton od. Kunststoff; 3. ↑ *Rollhockey.*

ROM [Abk. für engl.: **r**ead **o**nly **m**emory; = Nurlesespeicher] (Festwertspeicher), ein Datenspeicher, dessen Daten unveränderbar sind.

Rom (ital. Roma), Hptst. Italiens u. d. Region Latium, am unteren Tiber, 2,7 Mill. E; Stadtgebiet Vatikanstadt als exterritoriales Gebiet. R. ist auf 7 Hügeln entstanden u. lagert sich konzentr. um den Kern, das ↑Forum Romanum. Bed. Bauwerke, u.a. Konstantinsbogen, ↑Kolosseum, ↑Pantheon 2), ↑Engelsburg; ↑Katakomben; frühchristl. Basiliken und Baptisterien; Renaissance- und Barockbauten (↑Peterskirche); bed. mod. Bauten u. Anlagen; Univ., zahlr. Akad., Hochsch., kirchl. Hochsch., wiss. Institute,

Rokoko. *Germain Boffrand, ovaler Salon im Hôtel Soubise in Paris*

Romanik. *Speyerer Dom, der Ostchor (1082/1106) mit Türmen (Helme Anf. 13. Jh.) Apsis mit Zwerggalerie sowie Querhaus u. Vierungskuppel (Helm barock)*

Planetarium, Bibliotheken, Museen, bed. Kunstsammlungen; vielseit. Ind.; Kunsthandel; nat. und internat. Ausstellungen; reger Pilger- und Fremdenverkehr; ✈. – Um 575 v. Chr. (nach der Legende 753) unter etrusk. Herrschaft aus Einzelsiedlungen entstanden; nach Zerstörung durch die Kelten (386) wieder aufgebaut u. erstmals ummauert; unter Nero 64 n. Chr. fast völlig abgebrannt, 271 zum 2. Mal ummauert; nach der Teilung des Röm. Reiches 395 (↑röm. Geschichte) verlor die St. an Bed. und wurde im 5. Jh. von Westgoten und Vandalen geplündert und teilweise zerstört; im 8. Jh. durch die Pippinsche Schenkung Hptst. des Kirchenstaates, in den folgenden Jh.en oft Schauplatz der Kämpfe röm. Adelsparteien; 1084 von Normannen geplündert; Niedergang während des Exils der Päpste in Avignon im 14. Jh., neue Blüte in der Renaissance; 1527 ↑Sacco di Roma; im 17. Jh. Ausdehnung der St., 1798 v. Frkr. besetzt; seit 1871 Hptst. des Kgr., s. 1946 der Rep. Italien.

Rọma, Selbstbez. urspr. osteurop. Zigeunergruppen, die lange unter rumän.-walach. Einfluss standen; verschiedentlich auch als Bez. für alle ↑Zigeuner benutzt.

Romạn [frz.], ep. Großform in Prosa; nach der *Art der Aussage* u. a. satir., realist., didakt., psychol. R., nach der *Form:* Ich-, Brief-, Tagebuch-, chronikal. R. u. a., nach den *Inhalten:* Abenteuer-, Schelmen-, Bildungs-, Entw.-, Geschichts-, Zeit-, Kriegs-, Gesellschafts-, Heimat-, Kriminal-R. u. a.

Romạnik, erster universaler Kunststil des europ. MA; Beginn versch. angesetzt, *hochroman. Periode* 1050–1150, *Spätromanik* 1150–1250 (in Dtl.: Kunst der Stauferzeit; in Frkr. teilw. bereits 1140 Frühgotik). Neben monumentalen Wölbungsbauten (z. B. rhein. Kaiserdome) flach gedeckte Basiliken der Reformorden der Hirsauer u. Zisterzienser, neben zentralisierenden Anlagen (Doppelchörigkeit) richtungsbetonte Bauten; ausgeprägte Landschaftsstile (Frkr. mit Burgund, Normandie, Poitou, Auvergne, Aquitanien, Provence; Italien mit der Lombardei, Toskana, Unteritalien und Sizilien; Dtl., Spanien u. a.); bed. Bildhauer- und Goldschmiedekunst, Wand- und Buchmalerei.

romanische Sprachen, die aus dem Vulgärlateinischen entwickelten Sprachen; zu den r. S. gehören: Ital., Span., Portug., Katalan., Frz., Provenzal., Sard., Rätoroman. und Rumänisch.

Romanịstik [lat.], Wiss. v. den ↑roman. Sprachen u. den zugehörigen Literaturen.

Romạnow, russ. Zarendyn., die v. 1613 (Michael III.) bis zum Tod der Zarin Elisabeth Petrowna (1762), der Tochter Peters I., d. Gr., regierte (Herrscher aus der Linie R.-Holstein-Gottorf bis 1917).

Romạntik, geist. Strömung, die im 18. Jh. von England ausging (T. Gray, E. Young; in Frkr. J.-J. Rousseau), u. a. gg. Aufklärung u. Klassizismus gerichtet (in Dtl. ähnl. Intentionen im Sturm u. Drang); durch Ausbildung nat. Lit. auch von polit. Bed. Die dt. R. setzte gg. Ende des 18. Jh.s ein (bis etwa 1830), knüpfte sowohl an außerdt. Strömungen als auch an den dt. Idealismus an. *Lit.:* Vereinigung aller poet. Gattungen v. a. im Roman (Einfügung von Lied, Märchen, Einzelerzählung); Neuentdeckung des MA (W. H. Wackenroder, A. v. Arnim). Sehnsucht nach Vereinigung von Natur u. Geist durch Gefühl u. Fantasie (Novalis), Aufhebung des Widerstreits zw. Unendlichem und Endlichem durch Ironie u. Auflösung des Dargest. durch Witz u. Parodie zu Spiel u. Schein (L. Tieck, C. Brentano) bis zur grellen Dissonanz zw. Wirklichkeit und bindungsloser Fantasie (Hoffmann); schlichte, klangschöne Lyrik (v. a. Brentano und J. v. Eichendorff); Slg. der Volkslieder (Brentano, Arnim), der Sagen, Märchen (Gebrüder Grimm) u. Volksbücher. Neben Erzählung u. Novelle v. a. Märchen (Novalis, Brentano, E. T. A. Hoffmann, F. H. Fouqué). Nachblüte in der schwäb. R. – In der *bildenden Kunst* die zw. 1780 u. 1830 (neben dem Klassizismus) herrschende Stilrichtung, kennzeichnend literar. u. relig. Bindungen; neben der Rückwendung ins MA bzw. zur Renaissance die bürgerl. Kunst des Biedermeiers (M. v. Schwind, L. Richter, C. Spitzweg). Dominierend die *Landschaftsmalerei* mit kosm. Symbolik (P. O. Runge, C. D. Friedrich), daneben Nazarener, „ideale Landschaften" (J. A. Koch, C. Rottmann), dt. Landschaften (Heidelberger Romantiker); auch in Frkr. u. in England Malerei der R. (E. Delacroix, W. Blake). – In der *Musik* eine in wesentl. Zügen auf Beethoven zurückgehende, vorw. dt. Musikrichtung, die um 1810 einsetzte, bis etwa zur Mitte des 19. Jh.s die eigtl. R., dann Neu-R. u. Spät-R.; gekennzeichnet durch regen Austausch mit der romant. Lit., geprägt von ähnl. Intentionen. Der Auffassung von der Musik als Darstellungsmittel von Naturstimmungen, Gefühlswerten, seel. Schwingungen entspricht eine Änderung ihrer Struktur: Immer kompliziertere Rhythmik, Instrumentierung, Harmonik, immer krassere Dissonanztechnik bis hin zu R. Wagners „Tristan u. Isolde"; Sinfonie u. Sonate, sinfon. Dichtung, Klaviermusik,

Fantasiestücke R. Schumanns, F. Mendelssohns „Lieder ohne Worte", F. Chopins Nocturnes, Chorwerke, Blüte des dt. Liedes (F. Schubert, Schumann), Durchsetzung der dt. Oper (C. M. v. Webers „Freischütz") gegenüber der ital.; es folgten Werke H. Marschners, A. Lortzings u. a., in Wagners als Gesamtkunstwerk konzipierten Musikdramen Vereinigung allen romant. Strebens. Über J. Brahms, H. Wolf, P. Cornelius, G. Mahler, R. Strauss u. a. romant. Nachklänge bis heute.

Romanze [span.]: **1)** in Spanien entstandenes, kurzes ep. Gedicht mit farb. Schilderung urspr. von Begebenheiten der altspan. Heldenepik; in der dt. Lit. v. a. in der Romantik; **2)** liedart. Musikstück mit bes. Stimmungsgehalt.

Römerbrief, Schrift des N.T., Brief des Apostels Paulus an die christl. Gemeinde Roms; Thema: die rechtfertigende Kraft aus der Erlösungstat Christi.

römische Geschichte, 753 v. Chr. sagenhafte Gründung Roms durch Romulus u. Remus; der röm. Überlieferung nach Herrschaft von 7 Königen (zuletzt Etrusker), 509 (?) Rep.; s. dem 5. Jh. Ständekampf zw. Patriziern u. Plebejern, die 287 die polit. Gleichstellung erreichten. Parallel dazu Aufstieg Roms zur Hegemonialmacht in Italien: erfolgreiche Kämpfe gg. Etrusker, Latinerkrieg (340–338); in 3 Samnitenkriegen (zw. 343 und 290) Unterwerfung M-Italiens; 282–272 Eroberung Tarents und Gewinnung S-Italiens. Durch das Ausgreifen nach S Konflikt mit Karthago: Ausbruch der Punischen Kriege, die 146 mit der Zerstörung Karthagos endeten. Ausgreifen auch nach dem O (Dalmatien) u. N; Siege über Makedonien (148 Prov.), Griechenland u. Syrien; durch Erbe 133 Prov. Asia gewonnen. Damit beherrschte Rom das Mittelmeer. Im Innern Verschärfung der soz. Gegensätze, die Reformen der Gracchen (133 u. 121) scheiterten jedoch am Widerstand der Optimaten. Bürgerkrieg zw. Popularen (Marius) u. Optimaten (Sulla). 60 1. Triumvirat zw. Cäsar, Pompejus u. Crassus; 44 Cäsar, inzw. Alleinherrscher, ermordet. 43 2. Triumvirat zw. Antonius, Oktavian u. Lepidus. Nach dem Sieg über Antonius (31) Oktavian (↑Augustus) Alleinherrscher, 27 v. Chr. Beginn des Prinzipats. Sicherung und Vorschieben der Grenzen bis Euphrat u. Donau, unter Ks. Trajan größte Ausdehnung des Reiches, unter Hadrian Defensivpol.; Mark Aurel hatte gg. Markomannen u. Parther zu kämpfen. Krisen im Innern unter den vom Heer erhobenen Soldatenkaisern (193 bzw. 235–284 n. Chr.). Aufstieg des Christentums (Verfolgungen unter Decius). Festigung des Reiches durch Diokletians Reformen (Verw.-Teilung; 293 Tetrarchie). Konstantin I., d. Gr., erkannte 313 das Christentum an u. gründete 330 die neue Hptst. Konstantinopel. Unter Theodosius I. wurde das Christentum Staatsreligion. 395 Reichsteilung: Oström. (↑Byzantin. Reich) u. Weström. Reich, das 476 von Odoaker zerschlagen wurde.

römische Kunst, die Kunst in Rom u. im röm. Weltreich ist auf der Grundlage der italischen u. etrusk. Kunst unter starker Einwirkung der hellenist. Kunst erwachsen; v. a. Baukunst, Porträt u. histor. Relief, in ihnen ist am unmittelbarsten röm. Geist und röm. Ethos. *Baukunst:* wichtigste architekton. Elemente waren die Wölbetechnik u. der Kuppelbau; röm. Tempelform der Podiumtempel mit Betonung der Frontseite, daneben auch der Rundtempel. Das Bild der röm. Stadt ist durch gr. Staatsbauten bestimmt: Tempel, Foren (mit Basiliken, d. h. gr. Markt- u. Gerichtshallen), Theater, Thermen, Triumphbögen, Ehrensäulen, Stadttore, Aquädukte. Bed. Beispiele röm. Architektur v. a. in Rom, ferner Diokletianspalast in Split, Bauten in Trier, Nîmes, Arles, Baalbek u. a. – *Plastik u. Malerei:* 1. Republik: Porträt in nüchtern-trockenem Realismus, 2. frühe Kaiserzeit: augusteischer Klassizismus (Friedensaltar des Augustus), illusionist. klassizist. Malerei, pompejan. Wandmalerei. In der Plastik unter den Flaviern illusionist. Auffassung (weibl. Porträtköpfe), aber auch Steigerung des Realismus (Vespasian-Porträt), unter Trajan u. Hadrian wieder klassizist. (Trajanssäule, Reliefschmuck an Sarkophagen; rege Kopistentätigkeit). Den Leitfaden für die weitere Entwicklung im 2. u. 3. Jh. n. Chr. geben die Kaiserbildnisse, 3. Spätantike, die mit der Kunst des späten 3. Jh. einsetzt: Porträtköpfe mit teilweise übersteigertem Ausdruck. – Abb. S. 584.

römische Literatur, die ältesten Zeugnisse lat. Schrifttums sind kult. (Saliar- und Arvallied) u. Gesetzestexte (Zwölftafelgesetz um 450 v. Chr.); die eigtl. r. L. beginnt mit Livius Andronicus, Naevius (Tragödien, Komödien, Satiren) und Ennius, der an Stelle des Saturniers den griech. Hexameter übernahm. Ennius, Pacuvius u. Accius traten bes. als Tragiker, Plautus, Caecilius Statius u. Terenz als Komödiendichter hervor; Lucilius brachte die von ihm begr. Gattung der Satire zu hoher Blüte. Griech. Einfluss zeigen dagegen Rhetorik (Cato, die Gracchen) und Annalistik, deren erste Vertreter griech. schrieben. Die *klass. Periode* der r.n L. von 80 v. Chr. bis 14 n. Chr. brachte den Redner und Philosophen Cicero, die Historiker Cäsar und Sallust, Lukrez' philos. Lehrepos, Catulls am griech. Vorbild

Romantik. *Caspar David Friedrich, Abtei im Eichwald (um 1808)*

römische Kunst. *Trajansbogen in Benevent (114–120; links); Theseus als Befreier der athenischen Kinder (zwischen 60 und 79; rechts). Wandgemälde aus dem Haus des Gavius Rufus in Pompeji*

geformte Lyrik und die Werke Varros hervor und erreichte mit Vergil, Horaz und den Elegikern Tibull, Properz und Ovid höchste Vollendung. Livius schuf eine umfassende röm. Geschichte. Die Fachwiss. blühten auch in der Folgezeit (Quintilian, Plinius, Columella, Vitruv); das Epos pflegten Lukan und Statius, die Tragödie Seneca, die Satire Persius u. Juvenal, das Epigramm Martial, den Roman Petronius Arbiter, die Geschichtsschreibung Tacitus. Nach 117 begann für die r. L. der Niedergang, den die Kaiserbiographien Suetons, der Roman des Apulejus u. bes. das bunte Sammelwerk des Gellius zeigen. Nur die Rechtswiss. blieb davon verschont (v. a. Papinian). Tertullian als Begr. des christl. Lateins, Hieronymus, Ambrosius und auch Augustinus stehen dem Mittelalter näher als dem Altertum, das mit dem Historiker Ammianus Marcellinus, dem Philosophen Boethius und der Kodifikation des Corpus Iuris Civilis sein Ende fand.

römische Religion, Religion der Römer der Antike. Seit dem 6. Jh. v. Chr. fremde Götter aus Etrurien u. dem griech. Kulturkreis an der Seite der einheim. [Natur]gottheiten, allm. mit diesen verschmolzen. Älteste Staatsgötter Jupiter, Mars, Quirinus; Hauptgötter dann Jupiter, Juno, Minerva. Träger des staatl. Kultes war zunächst der Pontifex maximus, dem die übr. Priester, Opferpriester u. die Vestalinnen unterstanden. Seit dem 2. Jh. v. Chr. allm. Verfall der r.n R. (philos. Aufklärung, orient. Mysterien, Christentum).

Römischer Kaiser, Herrschertitel, ↑deutsche Geschichte, Übers. Könige u. Kaiser.

Römischer König, Herrschertitel, ↑deutsche Geschichte, Übers. Könige u. Kaiser.

römisches Recht, das Recht des röm. Staates von den Anfängen der röm. Bürgergemeinde bis zum Ende des Weström. Reiches; ausgehend vom ↑Zwölftafelgesetz im 5. Jh. v. Chr. u. den danach ergangenen Volksgesetzen entwickelte es sich in den ersten drei nachchristl. Jh.en über die rechtsbildenden prätorian. Edikte (↑Prätor) u. die vorw. gutachtl. Tätigkeit der röm. Rechtslehrer und Juristen zum Kaiserrecht; das röm. R., wie es durch die Rezeption in die europ. Rechtsbereiche Eingang gefunden hat, ist das des ↑Corpus Iuris Civilis u. dessen Fortentw. durch die Glossatoren u. Postglossatoren.

Römisches Reich (Imperium Romanum), in der Antike der Befehlsbereich des röm. Volkes, umfasste neben Rom u. Italien die Provinzen; größte Ausdehnung unter Trajan (98–117); ↑auch röm. Geschichte.

römische Ziffern, Zahlzeichen der Römer mit festem Wert (Ggs. Stellenwert): I = 1, V = 5, X = 10, L = 50, C = 100, D = 500, M = 1 000; sie werden so oft gesetzt, wie Einheiten einer Zahl vorhanden sind, jedoch maximal dreimal; 4 u. 9 werden durch Vorsetzen der kleineren Einheit vor die nächstgrößere gebildet: IV = 4, IX = 9, desgleichen XL = 40, XC = 90, CD = 400, CM = 900.

römisch-katholisch, zum Bekenntnis der röm.-kath. Kirche gehörend; ↑katholische Kirche.

Rommé [-'me; frz.], Kartenspiel für 3–6 Personen mit 2 frz. Kartenspielen; die Karten sind in best. vollst. Gruppen möglichst schnell abzulegen.

Rommel, Erwin, * 1891, † 1944, dt. Gen.-Feldmarschall; errang legendären Ruhm im Kommando des dt. Afrikakorps 1941–43. Schloss sich 1944 der Widerstandsbewegung an u. wurde nach dem 20. Juli zum Selbstmord gezwungen.

Romulus, sagenhafter Gründer Roms und erster röm. Kg.; als Kind mit seinem Zwillingsbruder *Remus* ausgesetzt und von einer Wölfin gesäugt; bei der Gründung der Stadt Rom erschlägt R. im Zorn seinen Bruder.

Romulus Augustulus, eigtl. R. Augustus, 475/476 röm. Ks.; seine Absetzung durch Odoaker bedeutete das Ende des Weström. Reiches.

Rondeau [rõ:do; frz.], urspr. ma. frz. Tanzlied, mit 2 Reimen u. Refrain; s. Mitte des 15. Jh.s [12- bis] 15-zeiliges Gedicht, dessen erste Wörter nach dem 8. u. 14. Vers als Refrain wiederkehren.

Rondo [ital.], aus dem Rondeau

entwickelte, variierbare musikal. Satzform, oft im Schlusssatz von Sonate, Streichquartett, Sinfonie.

Rønne ['rœnə], Hptst. u. Hafenst. der dän. Insel Bornholm, 15 400 E.

Röntgen, Wilhelm Conrad, * 1845, † 1923, dt. Physiker; entdeckte 1895 die ↑Röntgenstrahlen; Nobelpreis 1901.

Röntgen [nach W. C. ↑Röntgen], Einheitenzeichen R, fr. Einheit der Ionendosis; 1 R = 258 μC/kg.

Röntgenlithographie, modernes Verfahren der Mikroelektronik zur Übertragung der Schaltungsstrukturen im Submikrometerbereich (unterhalb 10^{-6} m).

Röntgenologie, Spezialgebiet der Med., das sich mit der Anwendung der ↑Röntgenstrahlen für diagnost. und therapeut. Zwecke befasst.

Röntgenröhre, [hoch] evakuierte Stahl- od. Glasröhre mit einer Glühkathode als Elektronenquelle, einer Anode zur Elektronenbeschleunigung u. einer schräg gestellten, als Anode geschalteten Antikathode. Zw. beiden liegt hohe Spannung (bis 10^6 Volt) zur Beschleunigung der Elektronen, die b. Aufprall an d. [oft rotierenden und] gekühlten (Dreh-)Anode Röntgenstrahlen erzeugen.

Röntgenschichtaufnahme ↑Tomographie.

Röntgenstrahlen [nach W. C. ↑Röntgen] (X-Strahlen), elektromagnet. Strahlen mit Wellenlängen zw. 10^{-8} u. 10^{-12} m, die sich insbes. für med. Anwendung (↑Röntgenologie), für die Erforschung der Kristallstruktur (Röntgenstrukturanalyse), für zerstörungsfreie Materialprüfung und für grundlegende Erkenntnisse auf dem Gebiet der Struktur der Atomhülle als äußerst wertvoll erwiesen haben. R. entstehen z. B. bei der Abbremsung schneller Elektronen beim Aufprall auf Materie; diese *Bremsstrahlung* hat ein kontinuierl. Spektrum *(Bremsspektrum),* das bei einer der maximalen Elektronenenergie entspr. Grenzfrequenz abbricht. Außerdem entsteht ein Linienspektrum *(charakt. Röntgenspektrum),* das als charakt. Eigenstrahlung der einzelnen Atomarten von Elektronenübergängen zw. sehr kernnahen Elektronenschalen herrührt. Mithilfe dieser *Röntgenspektroskopie* kann man Aufschluss über die innere Struktur der Atomhülle erhalten. Treffen R. auf Materie, so entsteht eine sekundäre Streustrahlung niedrigerer Frequenz sowie eine Elektronenstrahlung als Photoeffekt. – Die R. werden in einer ↑Röntgenröhre erzeugt. Als *Röntgenfilter* kann man Scheiben aus Metallblech verwenden (Al, Cu), die durch Absorption die Strahlungsintensität herabsetzen. Dicke Pb-Schichten schützen vor R. – In der *Röntgenastronomie* werden aus dem Weltraum (z. T. von *Röntgenquellen)* eintreffende R. beobachtet.

F. D. Roosevelt *(links)* **Th. Roosevelt** *(rechts)*

Roon, Albrecht Gf. von, * 1803, † 1879, preuß. Gen.-Feldmarschall; 1859–73 Kriegs-, 1861–71 auch Marinemin.; setzte mit Bismarck die Heeresreform durch; 1873 preuß. Min.-Präsident.

Roosevelt ['rəʊzvelt]: **1)** [Anna] Eleanor, * 1884, † 1962, verh. mit 2), Nichte v. 3), amer. Politikerin; 1947–51 Vors. der UN-Menschenrechtskommission; **2)** Franklin Delano, * 1882, † 1945, 32. Präs. der USA (s. 1933); Demokrat; berief Min. aus beiden Parteien u. Intellektuelle als Berater (↑Braintrust) und führte die Pol. des ↑New Deal durch; Eintritt der USA in den 2. Weltkrieg; Pacht- und Leihges., ↑Atlantikcharta, bereitete die Gründung der UN vor; **3)** Theodore, * 1858, † 1919, 26. Präs. der USA (1901–09); Republikaner; sicherte den Bau des Panamakanals; imperialist. Pol.; für Mitwirkung an der Beendigung des Russ.-Jap. Krieges 1904/05 Friedensnobelpreis 1906.

Roquefort [rɔk'fɔːr; frz.], Edelpilzkäse aus Schafsmilch.

Rorschach, Hermann, * 1884, † 1922, schweizer. Psychiater; entwickelte den nach ihm ben. Charakter- und Intelligenztest.

Rosa v. Lima, hl., * 1586, † 1617, peruan. Dominikanertertiarin u. Mystikerin; Patronin Lateinamerikas.

Rosario, zweitgrößte St. Argentiniens, am unteren Paraná, 1,1 Mill. E; vielseit. Ind.; bed. Umschlaghafen, ⚓.

Rosas, Juan Manuel de, * 1793, † 1877, argentin. Diktator; schuf ab 1835 den straffen argentin. Einheitsstaat, 1852 gestürzt.

Rosazea [lat.] (Kupferfinnen, Rotfinnen), chron. Hautkrankheit mit charakt. Rötung, Hautabschuppung u. Knötchenbildung (Gesichtshaut).

Rose, Gatt. der R.ngewächse; Sträucher, meist mit Stacheln u. gefiederten Blättern, Frucht Hagebutte; Zierpfl. (mehr als 5 000 Zuchtsorten). – Abb. S. 586.

Rosegger, Peter, * 1843, † 1918, östr. Schriftsteller; Romane, Erinnerungsbücher („Waldheimat") u. Erzählungen um das bäuerl. Leben der heimatl. Steiermark.

Rosenberg, Alfred, * 1893, † 1946, dt. nat.-soz. Politiker; seit 1933 R.-Leiter der NSDAP u. Leiter des Außenpolit. Amtes der NSDAP, ab 1938 Hg. des „Völk. Beobachters", s. 1941 Reichsmin. für die besetzten Ostgebiete; „Der Mythus des 20. Jh.s" (nat.-soz. Rassenideol.); in Nürnberg hingerichtet.

Rosengarten (ital. Catinaccio), sagenumwobener Geb.-Stock in den nw. Dolomiten, Südtirol, Italien, 3 004 m; Kalke u. Dolomite.

Rosengewächse, formenreiche, fast weltweit verbreitete Pflanzenfam.; viele Kultur- u. Zierpfl.; neben Rose u. a. Apfel-, Birn-, Kirsch-, Pflaumen-, Pfirsichbaum, Eberesche, Erdbeere, Fingerkraut, Frauenmantel, Rose.

Rosenheim, bayr. Krst. an der Mdg. der Mangfall in den Inn, 58 900 E; Fachhochschule.

Rosenholz, Sammelbez. für Hölzer, deren Duft od. Farbe an Rosen erinnern.

Rosenkranz (Rosarium), in der kath. Kirche Gebetsart zu Ehren Marias; auch die dafür benutzte Gebetsschnur.

Rose. *Gloria Dei*

Rosenkreu[t]zer, teils wohl legendäre, teils wirkl. existierende Geheimbünde des 15.–18. Jh.s; humanist.-ethisch, pansoph.; im 20. Jh. Neubildungen.

Rosenkriege, Bez. für die Kämpfe der Häuser York (Wappen: weiße Rose) u. Lancaster (Wappen: rote Rose) um den engl. Thron 1455–85, in denen sich Heinrich VII., Erbe des Hauses Lancaster, gg. Richard III. durchsetzte u. die Dyn. Tudor begründete.

Rosette [frz.]: **1)** Ornamentmotiv in Form einer stark stilisierten Rose, z. B. als got. Maßwerkform; **2)** Schliffform für flache Diamanten.

Roséwein, blassroter Wein aus weiß gekelterten blauen Trauben.

Rosinen [frz.], luftgetrocknete Weinbeeren; mit den Sorten *Sultaninen* (gr., hell u. kernlos) und *Korinthen* (kl., dunkel u. kernlos).

Roskilde ['rɔskılə], dän. Prov.-Hptst. u. Hafenst. am *R.fjord* auf Seeland, 50 700 E; Dom (Grablege dän. Könige), Museum mit Wikingerschiffen; Masch.-Bau, Papier-, Nahrungsmittel-, chem. Ind. – Der *Friede zu R.* beendete 1658 den Krieg zw. Dänemark/Norwegen u. Schweden.

Rosmarin [lat.], Lippenblütler S-Europas; Heilpfl.; liefert äther. Öl für Parfüms.

Ross, Sir James Clark, * 1800, † 1862, schott. Polarforscher; entdeckte u. a. als Leiter einer S-Polarexpedition (1839–43) Victoria Island u. den Mount Erebus.

Rossbreiten, windschwache Zone im subtrop. Hochdruckgürtel, zw. etwa 25° u. 35° nördl. (hier u. a. das ↑Azorenhoch) u. südl. Breite.

Rossellini, Roberto, * 1906, † 1977, ital. Filmregisseur, bedeutendster Vertr. des ital. Neorealismus („Rom – offene Stadt", 1945).

Rösselsprung, Rätselart; auf Felder verteilte Wortteile müssen im Sinn der Bewegung des Springers (ebenfalls R.) beim Schachspiel geordnet werden.

Rossini, Gioacchino [Antonio], * 1792, † 1868, ital. Komponist; Opern („Tancredi", „Der Barbier v. Sevilla", „Wilhelm Tell"), Vokalwerke („Stabat Mater"), Kammermusik; Meister der Opera buffa.

Rosskäfer, Gatt. der Mistkäfer; dunkel glänzend, plump, mit Grabbeinen.

Rosskastanie (Aesculus), Gatt. der R.ngewächse; *Gemeine R.*, bis 30 m hoch, Samen *(Kastanien)* u. a. als Viehfutter verwendet.

Rossmeer, buchtart. antarkt. Randmeer des Pazifik; 1841 v. J. C. ↑Ross entdeckt.

Rost, braungelbe bis rötlich braune poröse Schicht (Korrosionsprodukt) von FeO, Fe_2O_3 und H_2O, die in feuchter Luft od. in sauerstoffhalt. Wasser auf Eisen entsteht.

Rostand, Edmond [rɔ'stã], * 1868, † 1918, frz. Dichter; neuromant. Versdramen; „Cyrano de Bergerac".

Rostock: 1) Krst. in Meckbg.-Vorp., 1952–90 Hptst. von 2); an der unteren Warnow, 237 300 E; Univ., Musikhochsch., Theater; berühmt durch seine Backsteingotik, bes. die Marienkirche (13.–15. Jh.); bed. Fischerei-⚓, Übersee-⚓ im Breitling, Werften, Fischkombinat, Dieselmotorenwerk, Lebensmittelind.; der Ortsteil *Warnemünde* ist Seebad und Vorhafen mit Fährverkehr nach ↑Gedser. **2)** 1952–90 Bez. der DDR, 7 075 km², 901 700 E, mit den Inseln Poel, Hiddensee, Rügen, Usedom. Kliff- u. Boddenküste; fruchtb. Moränenldsch.; Getreide- und Zuckerrübenanbau, Viehzucht; Werften, Fischerei, Fischverarbeitung, Kreideind.; Häfen: Wismar, R., Stralsund, Saßnitz; Seebäder.

Rostow am Don, Handels-, Ind.- u. Hafenst. in Russland, am rechten Ufer des Don nahe der Mdg., 1,02 Mill. E; Univ.; ✈.

Rostpilze, Ordn. der Ständerpilze; Schmarotzer, sehr kl.; verursachen Pflanzenkrankheiten.

Rostropowitsch, Mstislaw Leopoldowitsch, * 1927, russ. Violoncellist u. Dirigent.

Röt, dunkelviolette ton. Schichten des oberen Buntsandsteins.

Rot|algen, Algenkl.; rosenrot bis violett; festsitzend, meist vielzell.; vorw. im [subtrop.] Meer.

Rotary Club ['rəutəri klʌb; engl.], internat. Vereinigung führender Persönlichkeiten in örtl. Klubs mit nur je einem Vertr. der versch. Berufe; gegr. 1905 in Chicago.

Rotation [lat.]: **1)** Drehung (z. B. eines Körpers) um eine feste Achse *(R.sachse)*, wobei jeder Punkt eine Kreisbahn beschreibt; in der Astronomie Eigendrehung eines Himmelskörpers. **2)** Abk. rot, auf Vektorfelder angewendete Differenzialoperation der Vektoranalysis; liefert die Wirbel eines Vektorfeldes.

Rotationsprinzip, in der BRD erstmals v. der Partei „Die Grünen" versuchsweise angewandtes Verfahren, bei dem alle Parteiämter in regelmäßigem Turnus neu besetzt wurden; Anwendung bei Land- und Bundestagsmandaten verfassungsrechtl. umstritten.

Rot|auge, bis 30 cm langer Karpfenfisch; Europa, N-Asien; rote Augenringe, rötl. Flossen.

Rotbarsch (Goldbarsch), Speisefisch; N-Atlantik; *Gr. R.* bis 100 cm, *Kl. R.* bis 50 cm lang.

Rotbart, Kaiser, ↑Friedrich I. Barbarossa.

Rotdorn, rot blühende Kulturform des Weißdorns.

Rote Armee, 1918–46 Bez. für die Sowjetarmee.

Rote-Armee-Fraktion (RAF) ↑Terrorismus.

Rote Kapelle, dt. Spionage- u. Widerstandsgruppe, mit Kontakt zu sowj. Stellen; 1942 aufgedeckt und viele Mitgl. hingerichtet.

Rote Khmer, kommunist. orientierte kambodschan. Bewegung, die sich polit. u. mil. gg. die Khmer-Rep. richtete (↑Kambodscha).

Rötel, aus Gemischen von feinschupp. Roteisenstein mit Ton od. Kreide bestehender, weicher Farbstoff von bräunl. roter Farbe; s. der Steinzeit (Höhlenmalereien) als Farbstoff verwendet *(R.stift)*.

Röteln (Rubeola), akute, gutart. Infektionskrankheit mit masernähnlichem Hautausschlag und Lymphknotenschwellung (v. a. im Nacken); während der Schwangerschaft können R. die Leibesfrucht schädigen.

Rötelzeichnung, mit Rötelstift (↑Rötel) ausgeführte Zeichnung; beliebt v. a. im frz. Rokoko (A. Watteau u. a.).

Rot|erde, weit verbreiteter Bodentyp der Tropen; oberster Bodenhorizont, mit Anreicherung von Aluminium- und Eisenoxid.

Roter Halbmond, in mehreren muslim. Ländern eine dem Roten Kreuz entspr. Organisation.

Roter Sand, wandernde Sandbank in der Nordsee (Außenweser), nö. von Wangerooge; ehem. *Roter-Sand-Leuchtturm,* 28 m hoch.

Rotes Kreuz: 1) Symbol und Schutzzeichen v. 2), rotes Balkenkreuz auf weißem Feld; **2)** (RK) 1863 auf Anregung H. Dunants in Genf gegr. Organisation des *Internat. Roten K.es* (IRK); 1864 Genfer Konvention; in der BRD: *Dt. R. K.* (DRK) mit Sitz in Bonn; erste Hilfe, Rettungsdienst, Krankenpflege, Suchdienst, Wohlfahrtspflege; ehrenamtl. Helfer u. Helferinnen; Friedensnobelpreis 1917, 1944 u. 1963 an das Internat. Komitee vom Roten Kreuz; ↑ auch Roter Halbmond.

Rotes Meer, lang gestrecktes Binnenmeer d. Ind. Ozeans zw. NO-Afrika u. d. Arab. Halbinsel, 438 000 km², bis 2604 m tief, Salzgehalt um 4 %; eines der wärmsten Meere (Oberflächentemperatur bis 35 °C); mit dem Ind. Ozean durch die Meerenge Bab el-Mandeb, mit dem Mittelmeer durch den Sueskanal verbunden.

Rotgültig|erz, Bez. für 2 Silbererze: **1)** *dunkles R.* (Pyrargyrit), Ag_3SbS_3, schwarz bis dunkelrot, blendeart. bis stark metall. Glanz; **2)** *lichtes R.* (Proustit), Ag_3AsS_3, scharlach- bis zinnoberrot, blendeart. Glanz.

Rotguss, Bez. für Kupferlegierungen mit 4–10 % Sn, 2–7 % Zn, 1–4 % Pb; hpts. verw. für Armaturen, Lager u. a.

Roth: 1) Eugen, * 1895, † 1976, dt. Schriftsteller; Verse auf die menschl. Unzulänglichkeiten; „Ein Mensch"; **2)** Joseph, * 1894, † 1939, östr. Schriftsteller; Romane, Erzählungen, Essays; „Radetzkymarsch", „Die Kapuzinergruft".

Rot|haargebirge, nö. Teil des Rhein. Schiefergebirges, Quellgebiet von Ruhr, Lahn, Sieg, Eder; Langenberg 843 m, Kahler Asten 841 m.

Rosmarin. *Echter Rosmarin*

Rot|haut, [abwertende] Bez. für Indianer (fr. bei manchen Stämmen übl. rote Bemalung).

Rothenburg ob der Tauber, bayr. St. am NW-Fuß der Frankenhöhe, 12 000 E; altertüml. Stadtbild mit ma. Stadtmauer, Giebelhäuser der Gotik u. Renaissance, Rathaus (13.–16. Jh.), Jakobskirche mit Riemenschneider-Altar.

Rot|hirsch, braune Hirschart in Europa, NW-Afrika, Asien, Nordamerika; der *Westeurop. R.* wird bis 2,5 m lang.

Rot|holz, ausländ. Farbholz von Bäumen versch. Gattungen (z. B. Bahiaholz; Kiefernholz aus Skandinavien).

Rothschild, Fam. bek. Privatbankiers, *Mayer Amschel R.* (* 1743, † 1812) begr. das *Bankhaus R.* in Frankfurt am Main; bald Filialen in mehr. europ. Hauptstädten; Einfluss auf die pol. und wirtsch. Entw. des 19. Jh.s.

Rotkehlchen, kl. olivbrauner Singvogel mit rostroter Kehle, nistet oft am Boden.

Rotkohl (Rotkraut, Blaukraut), Kulturform des Gemüsekohls (Kreuzblütler) mit Kopfbildung.

Rotlauf, bei Schweinen gefährl., anzeigepflicht., durch Bakterien verursachte Erkrankung, Tod meist nach 3–4 Tagen; kann durch Wundinfektion auf den Menschen übertragen werden.

Rotor [lat.], rotierender Teil einer [elektr.] Maschine (Läufer); **R.flugzeuge,** svw. Hubschrauber (↑ Flugzeug).

Rotschwanz, Gatt. der Drosseln mit rostrotem Schwanz.

Rot|tanne, Art der ↑ Fichten.

Rotterdam, niederl. Hafenst. an der Neuen Maas, 590 000 E; Börse, Univ., Wirtsch.-Hochsch., Akad., Institute, bed. Museen; Zoo; mod. Stadtkern (nach starken Zerstörungen im 2. Weltkrieg); vielseit. Ind.; größter Hafen der Erde (Europoort, v. a. Erdölumschlag), mit der Nordsee durch den *Nieuwe Waterweg* (schleusenloser Kanal für Schiffe bis 12 m Tiefgang; Bau 1866–72) verbunden. – 1340 Stadtrechte, gewann im 17. Jh. als Hafen an Bedeutung.

Rottweiler, kräft., 55–68 cm hohe Haushunderasse mit Stummelschwanz und Hängeohren; Wach- u. Schutzhund.

Rotunde [lat.], Rundbau, runder Saal.

Rotverschiebung, Verschiebung der Spektrallinien im Spektrum eines kosm. Objekts in Richtung auf größere Wellenlängen (nach Rot), wenn es sich vom Beobachter entfernt; Ursache ist der Dopplereffekt (↑ Doppler). Mit der R. kann die Radialgeschwindigkeit eines Sterns berechnet werden.

Rotwelsch, dt. Gaunersprache („rot" = Bettler; „welsch" = roman. Sprachen, unverständl. Redeweise); zahlr. Wörter aus dem Jidd. und dem Romani (Zigeunersprache).

Rotwild, wm. Bez. für den Rothirsch; das ♂ Tier heißt Hirsch, Rot- od. Edelhirsch, das ♀ Tier Rot- od. Edeltier, das Kalb Hirsch- (♂) bzw. Wildkalb (♀).

Rotz, meist tödl. verlaufende Infektionskrankheit bei Pferden u. Raubtieren; auch auf den Menschen übertragbar.

Rot|zunge, ein Plattfisch.

Rouault, Georges [ru'o], * 1871, † 1958, frz. Maler und Grafiker; bed. Vertr. einer sakralen Kunst.

Rouen [rwã], Hptst. des frz. Dép. Seine-Maritime u. der Region Haute-Normandie, 102 700 E; got. Kathedr. (12.–16. Jh.) u. a. histor. Bauten; Schiffbau, Masch.- u. a. Ind., Erdölraffinerien; bed. Binnen- und Seeschifffahrts-⚓, ✈.

Rouget de Lisle, Claude Joseph [ru'ʒɛ 'dlil], * 1760, † 1836, frz. Pionieroffizier; Verf. und Komponist der Marseillaise.

Roulett [ru'lɛt; frz.], Glücksspiel; eine Kugel auf drehb. Scheibe mit roten und schwarzen (0 und 1–36) Fächern bestimmt den Gewinner; der Spielplan enthält außer den Zahlen die Abt.: *Rouge* (Rot), *Noir* (Schwarz), *Pair* (Gerade), *Impair* (Ungerade), *Manque* (1–18; Klein), *Passe* (19–36; Groß), *Douze premier* (1. Dtz.), *Douze milieu* (2. Dtz.), *Douze dernier* (3. Dtz.).

Rousseau [ru'so]: **1)** Henri, gen. „der Zöllner", * 1844, † 1910, frz. Maler; Autodidakt; malte in [später bewusst] naiver Manier Szenen aus dem bürgerl. Alltag sowie mag.-romant. Urwaldbilder; **2)** Jean-Jacques, * 1712, † 1778, frz. Schriftsteller und Kulturphilosoph schweizer. Herkunft; überwand die Aufklärung, glaubte alles Übel der Welt als Folge der Zivilisation zu erkennen und pries daher einen naturhaften Urzustand der Menschheit; forderte in der Schrift „Der gesellschaftl. Vertr." eine radikale Neuordnung der Ges., die freiwill. Unterwerfung des Einzelnen unter den Kollektivwillen u. erkannte damit in der freiwill. Selbstbeschränkung des Menschen dessen eigtl. Freiheit; „Julie oder die neue Heloïse", „Bekenntnisse", „Émile od. über die Erziehung"; Einfl. auf die

Peter Paul Rubens, *Verkündigung Mariä (um 1612)*

Frz. Revolution u. die europ. Romantik.

Roussillon [rusiˈjɔ̃], Ldsch. in S-Frkr., Hauptort Perpignan.

Routine [ruˈtiːnə; frz.], Kunstfertigkeit, Gewandtheit, Übung.

Rowdy [ˈraʊdɪ; engl.], Raufbold, Lümmel, Rohling.

Rowling [ˈrəʊlɪŋ], Joanne K., *1965, brit. Schriftstellerin; weltbekannt durch die „Harry-Potter"-Romane.

Rowohlt, Ernst, *1887, †1960, dt. Verleger; begr. 1908 den *R.-Verlag,* verlegte mod. internat. Belletristik, führte das Taschenbuch nach amer. Vorbild in Dtl. ein.

royal [rwaˈjal; frz.], königlich.

Royal Air Force [ˈrɔɪəl ˈɛəfɔːs; engl.], Abk. R. A. F., die kgl. brit. Luftwaffe.

Royalismus [rwajaˈlismus; frz.], Königstreue; **Royalist,** Anhänger des Königtums.

Royal Society [ˈrɔɪəl səˈsaɪətɪ; engl.; = Kgl. Ges.], 1660 in London gegr. Akad. der Wiss.; zur Förderung der Naturwiss.

Rp., Abk. für lat.: **recipe** (= nimm) auf ärztl. Rezepten.

RR-Lyrae-Sterne, Gruppe von ↑Veränderlichen 2), Perioden des Lichtwechsels kürzer als 1,2 Tage.

RSFSR, Abk. für: **R**uss. **S**ozialist. **F**öderat. **S**owjet**r**ep.; 1917 gegr., größte der sowj. Unionsrepubliken; erklärte sich 1991 für unabhängig, ↑russische Geschichte, ↑Russland.

RSHA, Abk. für: ↑**R**eichs**s**icherheits**h**aupt**a**mt.

RT, Abk. für: ↑**R**egister**t**onne.

Ru, Symbol für ↑Ruthenium (☊).

Ruanda (Rwanda), Rep. in O-Afrika; Hochland östl. des Kiwusees; Anbau von Mais, Hirse, Bananen, f. den Export Kaffee, Tee; Viehzucht; ⚒ auf Zinn u. Wolframerz. – 1899 dt. Protektorat (Dt.-O-Afrika); s. 1920 Völkerbundsmandat, s. 1946 UN-Treuhandgebiet, v. Belgien als ↑Ruanda-Burundi verw.; 1962 unabhängig; 1973 blutiger Armeeputsch, Gen. J. Habyarimana Staatspräs.; nach dessen Tod unter ungeklärten Umständen 1994 Aufhetzung der Hutu-Bevölkerungsmehrheit und der von Hutu dominierten Armee zum Völkermord an der Minderheit der Tutsi durch nationalist. Reg.-Mitgl.; Machtübernahme durch von Tutsi geführter Befreiungsbewegung; UN-Friedensmission (1996 beendet) konnte den Flüchtlingsstrom v. a. nach Burundi u. Zaire nicht verhindern; Reg. der nat. Einheit, 1994 gebildet, neue Verf. 1995.

Ruanda-Urundi, v. ehem. Dt.-O-Afrika 1919/20 abgetrennter, unter belg. Völkerbundsmandat gestellter Landesteil, s. 1946 unter UN-Treuhandschaft, 1962 in die Rep. Burundi und Rwanda geteilt.

rubato [ital.], „kl. Abweichungen vom Grundzeitmaß erlaubt" (𝄞).

Rubel, Währungseinheit (1 R. = 100 Kopeken) Russlands, einiger GUS-Staaten sowie der UdSSR.

Rüben, knoll. verdickte Speicherorgane der zweikeimblättrigen Pflanzen.

Rübenblattwespe ↑Übersicht S. 528 f.

Rübenfliege ↑Übers. S. 528 f.

Rübenkohl, svw. ↑Rübsen.

Rübennematode ↑Übersicht S. 528 f.

Rübenrost ↑Übers. S. 528 f.

Rubens, Peter Paul, *1577, †1640, fläm. Maler; Hauptmeister der fläm. Barockmalerei; nach Italienaufenthalt (1600–08) in Antwerpen tätig; histor., allegor. u. mythol. Darst., Bildnisse, Landschaften, Tier- u. Jagdstücke; Entwürfe für Teppiche; Grafik; großer Werkstattbetrieb. Reifezeit (1608–28): drei Altäre in der Kathedr. v. Antwerpen, „Gr. Jüngstes Gericht" und „Höllensturz" (München), Medici-Zyklus (Louvre, Paris). Spätzeit (1628–40): Ildefonso-Altar (Wien), Bildnisse der Helene Fourment, Landschaften.

Rübezahl, Berggeist des Riesengebirges, hilft den Armen.

Rubidium [lat.], chem. El., Symb. Rb, OZ 37, rel. A.-Masse 85,47, Alkalimetall; weiß glänzend, weich, Dichte 1,532 g/cm^3, Fp. 38,7 °C, Sp. 688 °C; unedel, entzündet sich bei Sauerstoffzutritt; seine Verbdg. gleichen denen des Kaliums.

Rubikon (ital. Rubicone), ital. Küstenfluss nw. von Rimini, im Altertum Grenze zw. Italien u. der Prov. Gallia cisalpina (↑Gallien). Mit Cäsars Übergang über den R. 49 v. Chr. Beginn des Bürgerkriegs.

Rubin [mlat.], roter Schmuckstein, Abart des ↑Korunds, Härte 9.

Rubinglas (Goldrubinglas), rotes Glas, dessen Farbe durch kolloidal verteiltes Gold (Zersetzung einer Goldverbdg.) bewirkt wird.

Ruanda

Fläche: 26 338 km^2
Einwohner: (1995) 7,95 Mill.
Hauptstadt: Kigali
Amtssprachen: Kinyaruanda, Französisch
Zeitzone: MEZ + 1 Stunde

Rubinstein, Art[h]ur, * 1887, † 1982, poln.-amer. Pianist; bed. Interpret Chopins und mod. Musik.
Rüb|öl, Handelsbez. für das Öl von Raps- oder Rübsensamen.
Rübsaatpfeifer ↑Übers. S. 528 f.
Rübsen (Rübsamen, Rübenkohl), ein- *(Sommer-R.)* od. zweijähr. *(Winter-R.)* Kreuzblütler, dem Raps sehr ähnl.; wertvolle Ölpfl.
Rückenmark, bei allen Wirbeltieren ein in Körperlängsrichtung im Wirbelkanal verlaufender Strang mit wicht. motor. u. sensiblen Nervenbahnen; entsteht aus dem embryonalen Nervenrohr.
Rückenschwimmer, bis 16 mm lange, kahnförmige Wasserwanzen, schwimmen auf dem Rücken.
Rückert, Friedrich, Pseud. Freimund Raimar, * 1788, † 1866, dt. Dichter; Lyriker; meisterhafte Übertragung orient. Dichtung.
Rückfallfieber (Febris recurrens, Rekurrensfieber), in Fieberschüben auftretende epidem. Infektionskrankheit mit Schüttelfrost, Gliederschmerzen.
Rückgrat, svw. ↑Wirbelsäule.
Rückgratverkrümmung, Verbiegung der Wirbelsäule, nach der Seite *Skoliose,* nach hinten *Kyphose,* nach vorn *Lordose* genannt.
Rückkopplung, Funktionsprinzip von Regelvorgängen in Technik, Biologie, Psychologie u. a., bei dem Änderungen der Ausgangsgrößen auf die Eingangsgrößen rückwirken (engl. feedback); bei Verstärkern die Rückführung einer der Ausgangsspannung proportionalen Signalspannung auf den Eingang oder die Steuerelektrode des verstärkenden elektron. Bauelements; *[elektro]akust. R.* tritt als Pfeifgeräusch auf, wenn sich ein Lautsprecher im Hörbereich eines angeschlossenen Mikrofons befindet.
Rücklagen, aus der Zurückbehaltung von Gewinnen im Unternehmen od. der Einzahlung von Gesellschaftern stammende Kapitalreserven eines Unternehmens; Einteilung in *offene R.* (gesetzl. u. freie R.) u. in *stille R.* (durch Unterbewertung von Vermögensgegenständen).
Rückstellungen, Passivposten in der Bilanz, Verbindlichkeiten in ihrer Zweckbestimmung, nicht in Höhe u. Fälligkeit festgelegt, z. B. R. für Pensionen.
Rücktritt, einseit. Lossage vom Vertrag mit der Folge, dass beide Vertragspartner zur Rückgewähr bereits erbrachter Leistungen verpflichtet sind.
Rückversicherungsvertrag, 1887 abgeschlossener dt.-russ. Neutralitätsvertr., für den Fall eines frz. Angriffs auf Dtl. od. eines Angriffs von Östr.-Ungarn auf Russland; 1890 nicht mehr erneuert.
Rüde: 1) ♂ der Hundeartigen und Marder; **2)** Hatzhund (wm.).
Ruder: 1) bewegl. Steuerfläche: 1. zum Steuern eines Schiffes (durch Drehen erhält es einen seitl. Druck, den es auf den Schiffskörper überträgt); 2. bei Flugzeugen am Trag- *(Quer-R.)* und Leitwerk *(Seiten-R.* u. *Höhen-R.),* zur Steuerung der Bewegung um die Hauptachsen; **2)** ↑Riemenboot.
Rudern, Wassersport, im *Renn-R.* vorw. Mannschaftssport; gg. die Fahrtrichtung sitzend, bewegen die Ruderer auf Rollsitzen mittels Riemen oder Skulls das Boot; Einer, Doppelzweier, Zweier u. Vierer ohne Steuermann bzw. Zweier, Vierer, Doppelvierer und Achter mit Steuermann; Länge der Wettkampfstrecke 2 000 m (Männer) bzw. 1 000 m (Frauen) u. 1 500 m (Jugendliche).
Rüdesheim am Rhein, St. im Rheingau, Hessen, 10 200 E; Weinbau und -handel, Sektkellereien; Fremdenverkehr.
Rudiment [lat.]: **1)** Rest, Überbleibsel; Bruchstück; **2)** nicht mehr vollst. ausgebildete Ausgangsform (Biol.).
Rudolf: *Hl. Röm. Reich:* **1) R. v. Schwaben,** Gf. v. Rheinfelden, † 1080, 1057 Hzg. von Schwaben, seit 1077 Gegenkg. Heinrichs IV.; **2) R. I.,** Gf. von Habsburg, * 1218, † 1291, 1273 zum Kg. gewählt, wodurch das Interregnum beendet wurde; besiegte Ottokar II. von Böhmen, belehnte seine Söhne mit Östr. u. Steiermark u. begr. damit die habsburg. Hausmacht im O des Reiches; **3) R. II.,** * 1552, † 1612, Kg. v. Ungarn (1572–1608) u. Böhmen (1575–1611), Ks. (s. 1576); Anhänger der Gegenreformation; versuchte vergebl., sich durch Zugeständnisse an die Protestanten in Böhmen (Majestätsbrief 1609) gg. seinen Bruder Matthias zu behaupten. – *Östr.:* **4) R. IV.,** der Stifter, * 1339, † 1365, Hzg. s. 1358; erwarb 1363 durch Vertr. von Margarete Maultasch Tirol; gründete 1365 die Univ. Wien; **5) R.,** * 1858, † 1889, Sohn K.s Franz Josephs I., Erzhzg. (Kronprinz); fand unter nicht völlig geklärten Umständen (anscheinend durch Selbstmord) mit seiner Geliebten, der 17-jähr. Baronesse Mary Vetsera, auf Schloss Mayerling den Tod.
Rudolfinische Tafeln, zu Ehren Ks. Rudolfs II. ben., von ↑Kepler hg. Planetentafeln.
Rudolfsee ↑Turkanasee.
Rudolstadt, St. in Thüringen, 29 500 E; histor. Bauten; Kunstfaser-, Porzellanind., Röntgenröhrenherst. – 1573–1918 Residenz der Grafen und Fürsten von Schwarzburg-Rudolstadt.
Rugby ['rʌgbɪ; engl.], Ballspiel mit einem eiförm. Hohlball, den jede Mannschaft (15 Spieler) in das gegner. Malfeld zu tragen oder zu treten versucht; das R.feld besteht aus dem eigentlichen Spielfeld (95–100 m × 68,4 m) u. dem Malfeld; Spielzeit 2 × 40 Minuten.
Rügen, größte dt. Insel, vor der vorpommerschen Ostseeküste, 926 km²; durch den *R.damm* Verbdg. mit Stralsund; stark gegliederte Küste, im N u. O z. T. Kliffküste; zahlr. vorgeschichtl. Fundplätze; Ackerbau, Kreidegewinnung; Fischereiwirtsch.; an der O-Küste Seebäder. Saßnitz–Trelleborg Eisenbahnfähre.
Rühe, Volker, * 1942, dt. Politiker (CDU), 1989–92 CDU-Gen.-Sekr., 1992–98 Bundesmin. der Verteidigung.
Rühmann, Heinz, * 1902, † 1994, dt. Schauspieler u. Regisseur.
Ruhpolding, Fremdenverkehrsort in Obb., um 700 m ü. d. M., 6 500 E.
Ruhr, r. Nbfl. des Niederrheins, 213 km.
Ruhr (Dysenterie): **1)** Bakterienruhr (Erreger: Shigella dysenteriae [Shiga-Kruse-Bakterium], Shigella flexneri [Flexner-Bakterium]), meist epidem., akute, infektiöse, anzeigepflicht. Darmerkrankung mit Durchfällen, Fieber, Blutabgang im Stuhl; **2)** svw. ↑Amöbenruhr.
Ruhrbesetzung, Besetzung des Ruhrgebietes 1923–25 (durch frz. u. belg. Truppen) wegen angeblich vorsätzlich versäumter dt. Reparationslieferungen; die Reg. Cuno reagierte mit passivem Widerstand *(Ruhrkampf).*
Ruhrgebiet ↑Rheinisch-Westfälisches Industriegebiet.
Rührmichnicht|an (Springkraut), Balsaminengewächs; Frucht springt bei Berührung auf.
Ruin [lat.], Zusammenbruch, Zerrüttung, Verderb, Untergang.
Ruiz de Alarcón y Mendoza, Juan ['rʊiθ ðe ala'kɔn i men'doθa], * 1581, † 1639, span. Dramatiker; formal glänzende Komödien.
Ruländer (Grauer Burgunder, Pinot gris, Malvoisie, Tokay d'Alsace), helle Rebsorte, die nährstoffreiche Böden und beste Lagen beansprucht; wenig säurebetonte, körperreiche Weine.
Rum [engl.], Trinkbranntwein aus Melasse od. Saft des Zuckerrohrs; am bekanntesten der Jamaika-R.;

Rumänien

Fläche: 237 500 km²
Einwohner: (1995) 22,83 Mill.
Hauptstadt: Bukarest
Amtssprache: Rumänisch
Zeitzone: MEZ +1 Stunde

R.verschnitt aus echtem R. (mind. 5%), Alkohol u. Wasser.

Rumänen, aus romanisierten Dakern hervorgegangenes südosteurop. Volk; in Rumänien, Bessarabien u. a. Nachbarländern.

Rumäni|en, Rep. in SO-Europa; *Bev.:* überwiegend Rumänen, 1,7 Mill. Ungarn, ferner dt. (350 000) u. a. Minderheiten; *Religion:* vorw. rumän.-orthodox. R. wird durch die Karpaten großräum. gegliedert; im Karpateninnenbogen das Siebenbürg. Hochland, begrenzt durch das Westsiebenbürg. Geb. im W; nach NW und W zu öffnet sich R. zum Gr. Ungar. Tiefland; zw. S-Karpaten u. Donau das steppenhafte, fruchtbare, in Kl. u. Gr. Walachei gegliederte Donautiefland, zw. Ostkarpaten und Pruth das stark zerschnittene Hügelland der Moldau; östl. der unteren Donau das Tafelland der Dobrudscha mit der Schwarzmeerküste; westlich und nördl. der Dobrudscha gr. Sumpfgebiete der Donauniederung u. des Donaudeltas. *Wirtsch.:* Anbau von Getreide (Mais, Weizen), Sonnenblumen, Baumwolle, Flachs, Hanf, Tabak, Obst und Wein; Viehzucht; bed. Erdölgewinnung und -ind. (bes. bei Ploieşti; zahlr. Pipelines), ⚒ auf Kohle, Eisen; Salz; vielseit. Ind.; Seehafen: Konstanza; Galatz und Brăila als bed. Donauhäfen. – *Gesch.:* Ft. R. 1862 aus den unter türk. Oberhoheit stehenden, aber weitgehend autonomen Ft. Moldau und Walachei (entstanden 1310 und 1352/53) gebildet; 1878 Unabhängigkeit; 1881 Kgr.; 1916 Eintritt in den Krieg gg. die Mittelmächte, die R. besetzten und zum Frieden von Bukarest (7. 5. 1918) zwangen. Bed. Gebietserweiterungen durch die Pariser Friedensschlüsse 1919/20. 1940 Abtretung der N-Bukowina und Bessarabiens an die UdSSR, N-Siebenbürgens an Ungarn und der S-Dobrudscha an Bulgarien; 1940 Errichtung einer profaschist. Militärdiktatur unter Gen. I. Antonescu (bis 1944); 1941 Kriegseintritt auf dt. Seite; 1943/44 Besetzung durch die Rote Armee; Waffenstillstand, starker kommunist. Einfluss in der Reg.; 1947 Friedensvertrag, Rückgliederung Nord-Siebenbürgens; erzwungene Abdankung des Kg., Ausrufung der Volksrep.; seit Juni 1965 „Sozialist. Rep. R." offiz. Name; 1965 N. Ceauşescu Führer d. Kommunist. Partei, s. 1967 auch Staatsoberhaupt; Dez. 1989 Sturz seines diktator. Herrschaftssystems durch v. Militär unterstützten Volksaufstand; Ausrufung d. Republik, führende Rolle der KP aufgehoben; Mitgl. der UN. – *Kunst:* Repräsentiert v. a. in der Kunst der Landschaften Walachei und Moldau; im MA im Wesentl. byzantin. Einfluss; verbreiteter Kirchentypus die Kreuzkuppelkirche. Die erst 1919/20 an R. angeschlossenen Gebiete sind durch Austausch mit mitteleurop. Kunstzentren geprägt. – Bed. Ikonenmalerei; Freskenzyklen an Außenwänden moldauischer Kirchen (16. Jh.); Anklänge an Barock und Klassizismus im 18. und 19. Jh.; Beitrag zur Moderne durch C. Brancuşi – *Lit.:* Erst im *19. Jh.* größere Eigenständigkeit durch das Bewusstsein des lat. Ursprungs; Inspiration teilw. durch rumän. Folklore; Einfluss der frz. Lit. u. a. bei Alexandrescu, der dt. Lit. bei T. L. Maiorescu und M. Eminescu; die Zeitschrift „Semănătorul" brachte nat. Tendenzen; bed. auch die Gruppe Junimea. Im *20. Jh.* symbolist. u. expressionist. Einflüsse, 1945–89 Einfluss des sozialist. Realismus. – *Musik:* Zunächst nur durch Volkslieder bek., seit Anf. des 20. Jh.s (u. a. von B. Bartók) gesammelt. In der Kunstmusik Vorherrschen westeurop. Musik, dann Aufkommen nat.-rumän. Elemente, anfangs unter dem Einfluss v. a. C. Debussys u. M. Mussorgskis; Vertr.: v. a. G. Enescu, A. Alessandrescu, M. Andricu, M. Mihalovici.

Rumänisch, roman. Spr. mit sehr eigenständ. Entw. (Einfluss der Spr. benachbarter Völker); bis zur Mitte des 19. Jh.s kyrill., dann lat. Schrift.

Rumba, kuban. Tanz im 4/4-Takt; s. etwa 1930 Gesellschaftstanz.

Rumeli|en, das europ. Gebiet des Osman. Reiches s. 1352/54 (Statthalterschaft); der Name lebt im bulgar. Ost-R. fort (SO-Bulgarien).

Runde, Ortwin, * 1944, dt. Politiker (SPD); s. 1997 Erster Bürgermeister v. Hamburg.

Rundfunk, nach amtl. Definition „die für die Allgemeinheit bestimmte Veranstaltung und Verbreitung von Darbietungen aller Art in Wort, in Ton u. in Bild unter Benutzung elektr. Schwingungen ohne Verbindungsleiter oder längs oder mittels eines Leiters". – Beim *Ton-R.* (Bez. zur Abhebung gegenüber dem ↑Fernsehen) werden die akust. Signale (Sprache, Musik) von Mikrofonen aufgenommen und in niederfrequente elektromagnetische Schwingungen umgesetzt; die Tonfrequenzspannungen werden verstärkt einem *R.sender* zugeführt und modulieren (↑Modulation 1) dessen Trägerfrequenz; nach Abstrahlung v. einer *Sendeantenne* u. Aufnahme über eine *Empfangsantenne* wird das Signal im Empfänger meist in eine andere Frequenz *(Zwischenfrequenz)* umgesetzt, verstärkt und demoduliert (↑Demodulation), um die urspr. Signale wieder zu erhalten, die über Lautsprecher hörbar werden.

Rundwürmer ↑Schlauchwürmer.

Runen [german.; = Geheimnis], Schriftzeichen, die von allen german. Stämmen verwendet wurden; meist in Holz, Erz u. Stein eingeritzt, als Inschriften, Symbole, Zaubermittel; die altgerman. R.reihe (Futhark) umfasst 24, die jüngere nord. 16 Zeichen.

Runge, Philipp Otto, * 1777, † 1810, dt. Maler und Schriftsteller; Hauptvertreter der romant. Malerei („Tageszeiten"; relig.-myst. und romant. Ideen); Porträts („Die Eltern"); kunsttheoret. Schriften.

Ruprecht: *Hl. Röm. Reich:* **1) R. v. der Pfalz,** * 1352, † 1410, 1398 Krfst. v. d. Pfalz (R. III.), s. 1400 Kg. (nach Absetzung Wenzels), nur teilw. anerkannt. – *Pfalz:* **2) R. I.,** * 1309, † 1390, Krfst. s. 1353; gründete 1386 die Univ. Heidelberg.

Rur (niederl. Roer), r. Nbfl. der Maas, 248 km; nördl. v. Schleiden *Rurtalsperre Schwammenauel.*

Rushdie 'rʊʃdɪ], Salman, * 1947, brit. Schriftsteller ind. Abkunft; 1988 wg. seines nach radikal-islam. Auffassung gotteslästerl. Romans „Satan. Verse" von Ayatollah Khomeini mit „Todesstrafe" belegt.

Rushhour ['rʌʃaʊə], tägl. Hauptverkehrszeit.

Ruska, Ernst, * 1906, † 1988, dt. Physiker. Baute 1931 mit M. Knoll das erste Elektronenmikroskop mit magnet. Linsen. Nobelpreis 1986 (mit G. Binnig u. H. Rohrer).

Ruß, tiefschwarzes, feines Pulver aus grafitart. Kohlenstoffkristallen; wichtig als Pigment von Druckfarben u. als Füllstoff in Gummimischungen.

Rüssel, muskulöse, sehr bewegl., röhrenart., als Greif- oder Tastorgan dienende Verlängerung der Nasenregion bei ↑Rüsseltieren.

Rüsselkäfer, größte Käferfam. (rd. 43 000 bek. Arten), mit rüsselartig verlängertem Kopf; reine Pflanzenfresser; madenförm. Larven; zahlr. Pflanzenschädlinge (Fichten-, Kiefern-R., Apfelblütenstecher, Kornkäfer).

Russell [rʌsl]: **1)** Bertrand [Arthur William] Earl, * 1872, † 1970, brit. Philosoph u. Mathematiker; mit A. N. ↑Whitehead Begr. der math. Logik, Versuch einer Rückführung der Math. auf wenige log. Axiome („Principia Mathematica"); Vertr. einer skept. Erkenntnistheorie, als Publizist sozialist. u. pazifist. Ideen; Nobelpreis für Lit. 1950; **2)** Henry Noris, * 1877, † 1957, amer. Astronom; brachte die v. E. ↑Hertzsprung gefundene Beziehung zw. Leuchtkraft und Temp. von Sternen in die Form des ↑Hertzsprung-R.-Diagramms.

Rüsselsheim, St. am Main, östl. von Mainz, Hessen, 60 300 E; Opelwerke. – 830 erstmals genannt; Stadterhebung 1437; im 16./17 Jh. als Festung bed.; erhielt 1937 erneut Stadtrecht.

Rüsseltiere, Säugetierordn.; Nase als ↑Rüssel verlängert; umfasst u. a. Dinotherium, Mammut, Mastodon u. die (rezenten) Elefanten.

Russen, ostslaw. Volk überwiegend in Russland; s. dem 17. Jh. auch ↑Großrussen genannt.

Russisch, Spr. der [Groß]russen, bildet mit dem Ukrain. u. Weißruss. die ostslaw. Sprachengruppe; Eigenständigkeit der drei Spr. spätestens s. dem 14./15. Jh.; davor *Alt-R.;* im R.en viele Elemente des Kirchenslawischen (bis zum 18. Jh. Schriftspr. der Russen); Schrift Kyrilliza.

Russische Föderation, amtl.: Name von ↑Russland.

russische Geschichte, die Entstehung des Russ. Reiches geht zurück auf die Waräger (↑Normannen). 862 Rurik Fürst von Nowgorod; Gründung des Kiewer Reiches durch den Zusammenschluss Nowgorods u. Kiews unter Oleg; rasche Slawisierung, Einführung des orth. Christentums unter Wladimir d. Hl.; nach Blütezeit (11. Jh.) Zerfall in Teilreiche. Im 13. Jh. Niedergang durch Mongoleneinfall, südl. u. westl. Gebiete im 14. Jh. an Litauen u. Polen. Verlagerung des polit. Schwergew. nach Moskau, dessen Großfürst Iwan III., d. Gr., Russland von der Mongolenherrschaft befreite u. zum autokrat. Einheitsstaat machte; Festigung der Zentralgewalt unter Iwan IV., dem Schreckl.; s. 1582 Erschließung Sibiriens. 1605–13 Zeit der Wirren: Bedrohung des Reiches durch poln. Intervention, Auftreten falscher Prätendenten; 1654 die Ukraine unter russ. Oberhoheit; weitere Expansion gg. die Türkei gerichtet. Unter Peter I., d. Gr., Europäisierung, Erwerbung der Ostseeprovinzen im Nord. Krieg. 1703 Gründung der neuen Hptst. Sankt Petersburg, Russland wurde Großmacht. Beteiligung am Siebenjähr. Krieg. Katharina II., d. Gr., gewann d. Schwarzmeerküste v. d. Türkei u. in den Teilungen Polens Litauen, Kurland, Weißrussland sowie Teile der W-Ukraine. Stärkung der eu-

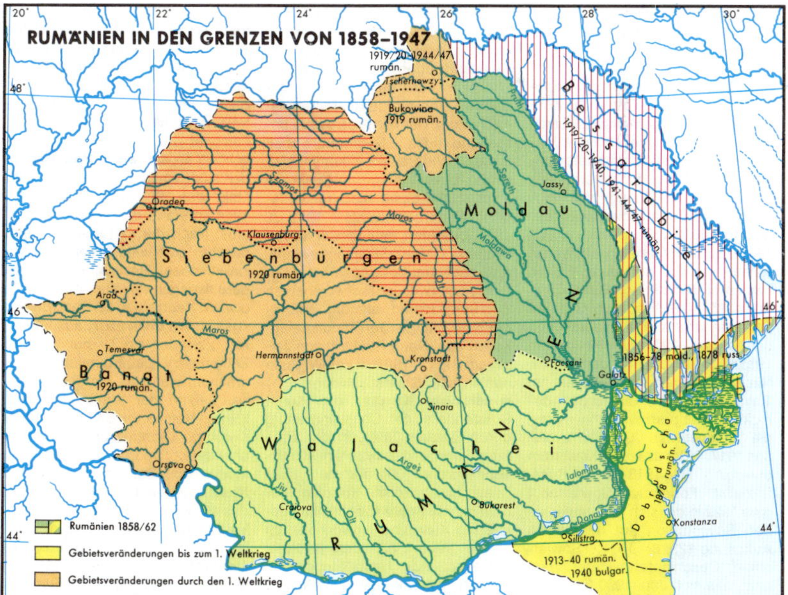

russische Kunst. *Dimitri-Kathedrale in Wladimir (1194/97; links); Andrei Rubljow, Dreifaltigkeitskrone (um 1411; rechts)*

rop. Stellung im Kampf gg. Napoleon I. Bessarabien, Finnland u. Kongresspolen wurden russ.; Beteiligung an der Heiligen Allianz. Niederwerfung des Dekabristenaufstandes (1825) u. der Aufstände in Polen. Keine Lösung der soz. Spannungen durch die Bauernbefreiung 1861. Außenpolit. war das 19. Jh. durch Expansionsstreben in Asien u. bes. auf dem Balkan bestimmt (Krimkrieg, Russ.-Türk. Krieg 1877/78), dadurch Ggs. zu Östr.-Ungarn. Niederlage im Krieg gg. Japan 1904/05; Revolution 1905/06; Einrichtung der Duma. Nach schweren Niederlagen im 1. Weltkrieg zuerst die bürgerl.-demokrat. Februarrevolution, dann die bolschewist. Oktoberrevolution 1917, in der das russ. Kaisertum unterging. Die 1918 gegr. „Russ. Sozialist. Föderative Sowjetrep." ging 1922 in der sich konstituierenden Sowjetunion auf. Mit deren Auflösung (25. 12. 1991, ↑Sowjetunion, Geschichte) bildete Russland, das sich Juni 1990 für unabhängig erklärt hatte (Präs. s. Juni 1991: B. Jelzin) und beim Putsch orthodoxer Kräfte (Aug. 1991) an der Spitze des Widerstands gestanden hatte, im Dez. 1991 mit Weißrussland u. der Ukraine die „Gemeinschaft Unabhängiger Staaten" (GUS), der sich fast alle übrigen Unionsrep. anschlossen, Russland übernahm den UN-Sicherheitsratsitz der UdSSR u. betrachtet sich als deren Teilrechtsnachfolger. Der von Präs. Jelzin betriebene radikale Reformkurs stieß auf den Widerstand altkommunist. Kräfte (bewaffneter Putschversuch Sept. 1993 blutig niedergeschlagen). Parlamentswahlen 1993 u. 1995 brachten den konservativen Kräften starke Stimmengewinne. Autonomiebestrebungen nat. Minderheiten (v. a. in Tschetschenien s. 1994) lösten ständig aufbrechende blutige Territorialstreitigkeiten aus. Nach Rücktritt von Jelzin am 31. 12. 1999 wurde W. Putin amtierender Staatspräsident.

russische Kunst, die Kunst Russlands s. der Christianisierung durch Byzanz (988); in der *Baukunst* wurde die byzantin. Kreuzkuppelkirche übernommen: fünf (meist zwiebelförm.) Kuppeln über dem griech. Kreuz (Sophienkathedralen in Kiew und Nowgorod); im 12. Jh. neuer Typ der Kirchen: beherrschende Hauptkuppel und kleinere Nebenkuppeln. In Moskau erste bed. Kirche die Uspenskikathedr. (1475 bis 1479); von westl. Gotik beeinflusst die Moskauer Basiliuskathedr. (1555 bis 1560). Die *Malerei,* zuerst ganz byzantin., entwickelte erst im späten 12. Jh. einen eigenen Stil. Höhepunkt der russ. Ikonenmalerei im Werk des Rubljow. Die neuruss. Kunst setzte ein mit der Gründung von St. Petersburg (1703); ital., frz. u. dt. Baumeister u. Bildhauer (B. F. Rastrelli, A. Schlüter, K. Rossi, É.-M. Falconet u. a.) bewirkten den Anschluss an den westeurop. Barock u. Klassizismus. Der bedeutendste Maler des 19. Jh.s war I. J. Repin. 1914 entstand der ↑Konstruktivismus. Nach der Oktoberrevolution passten sich viele Maler dem sozialistischen Realismus an; andere dagegen verließen die UdSSR, u. a. W. Kandinsky, M. Chagall.

russische Literatur, aus *vorliterar. Zeit* der r.n L. nur unklare Zeugnisse v. Liedern heidn. Inhalts erhalten; wahrsch. christl. Einflüsse. Beginn der *altruss. Lit.* des Kiewer Reichs um 988 (Christianisierung); Literaturspr. des Altkirchenslaw.; bed. u. a. Wladimir II. Monomach, Ostromir-Evangelium, Nestor, Igorlied u. ein Paterikon des Kiewer Höhlenklosters. Allm. Verlagerung des polit. und kulturellen Zentrums nach Nord[ost]en; *Übergangslit.* (u. a. bed. Hagiographien); Moskau wird allm. führend; *Moskauer Periode,* nat. Selbstbewusstsein: A. M. Kurbski, Maxim Grek sowie „Domostroi" u. „Stoglaw". *17. Jh.:* stärkere westl. Einflüsse; bed. v.a. Awwakum, Simeon Polozki; Bruch mit der moskowit. Tradition unter Peter d. Gr.; *18. Jh.:* bes. frz. Einfluss (u.a. W. M. Lomonossow); satir. Komödien z.Z. Katharinas II.; klassizist. Epiker Cheraskow, G. R. Derschawin; Empfindsamkeit (A. N. Radischtschew, N. M. Karamsin). *19.* u. *beginnendes 20. Jh.:* neues Nationalgefühl; Liberalismus der Dekabristen; spätes Eindringen der Aufklärung; Prosa: Realismus u. Naturalismus, neue Blüte der Lyrik im Symbolismus. – Prosa: A. S. Puschkin, N. W. Gogol, M. J. Lermontow, Turgenjew, I. A. Gontscharow, L. N. Tolstoi, F. M. Dostojewski, N. S. Leskow, A. P. Tschechow, D. S. Mereschkowski; Westler und Slawophile; Kritiker u.a. W. G. Belinski, A. I. Herzen, D. I. Pissarew. – Versdichtung: Fabeln v.a. von I. A. Krylow; vorromant. Dichtung von W. A. Schukowski, Fürst Wjasemski; Versdichtung der Romantik: J. A. Baratynski, F. I. Tjutschew, M. J. Lermontow, Höhept. bei Puschkin; nachromant. Dichtung bei N. A. Nekrassow. 1. Generation der Symbolisten: F. Sologub, Mereschkowski, S. N. Hippius, W. J. Brjussow; 2. Generation: W. I. Iwanow, A. A. Blok, A. Bely. – Drama: erste bed. Komödie des 19. Jh.s von A. S. Gribojedow; bed. romant. Bühnenwerke von Puschkin u. Gogol; Dramen von A. N. Ostrowski, A. K. u. L. N. Tolstoi, Tschechow, Gorki. – Nach der Oktoberrevolution suchte der entstandene sowjet. Staat die Tradition der r. L. für seine Ziele nutzbar zu machen. In der Folge war die Literatur von den Prinzipien des sozialist. Realismus bestimmt, die ihrerseits von den jeweil. polit. Konstellationen abhingen. Großen Einfluss übte in der Anfangsphase Gorki aus. Bed. Erzähler: A. N. Tolstoi, F. W. Gladkow, I. E. Babel, M. A. Scholochow, N. A Ostrowski, K. A. Fedin, K. G. Paustowski; bed. Satiriker: M. M. Soschtschenko, I. Ilf, J. P. Petrow; in der Tauwetterperiode v.a. I. Ehrenburg u. W. D. Dudinzew. Versdichtung bes. v. A. A. Blok u. A. Bely; Bauerndichtung v.a. S. A. Jessenin; bed. Futuristen: W. W. Majakowski u. B. L. Pasternak; der bekannteste zeitgenöss. Lyriker: J. A. Jewtuschenko, der bedeutendste zeitgenöss. Prosaist: A. I. Solschenizyn (1976–91 emigriert). Im Theaterleben wirkte die von K. S. Stanislawski repräsentierte Tradition fort; Dramen u.a. von W. W. Majakowski, W. P. Katajew, N. F. Pogodin. Bed. Leistungen auch in der nichtruss. (bes. ukrain. u. weißruss.) Literatur.

russische Musik, v.a. die Musik der Großrussen, Weißrussen u. Ukrainer; spät aufgezeichnete Volkslieder. Einstimm. Kirchengesang s. dem 11. Jh. notiert; Mehrstimmigkeit s. dem 17. Jh. Eindringen europ. Musik nach 1600; v.a. ital. Musiker am Petersburger Hof (u.a. G. B. Pergolesi, D. Cimarosa). Die nat.-russ. Musik beginnt mit den Opern M. I. Glinkas, ihm folgte Dargomyschski; eigenständ. u. von der westeurop. Musik übernommene Züge nebeneinander, wie auch bei P. I. Tschaikowski. Den Durchbruch zur typ. r.n M. brachte M. P. Mussorgski; zunächst zur Gruppe der „Fünf", dem „mächtigen Häuflein" gehörend (ebenso M. A. Balakirew, A. P. Borodin, Z. A. Kjui u. N. A. Rimskij-Korsakow). Dessen Schüler A. Glasunow, N. J. Mjaskowski u.a. setzen diese Linie fort, während die Nachf. Tschaikowskis – S. W. Rachmaninow, A. N. Skrjabin – stärkeren westl. Einfluss zeigen. Von den Modernen sind außer I. Strawinski v.a. S. S. Prokofjew, A. Chatschaturjan und D. D. Schostakowitsch im westlichen Ausland bekannt geworden; in der UdSSR galten daneben noch J. A. Schaporin, L. K. Knipper, W. J. Schebalin als herausragend.

Russisch-Japanischer Krieg (1904/05), durch die expansive russ. Fernostpol. u. das jap. Großmachtstreben in O-Asien verursachter Krieg: 1904 Zerstörung der russ. Kriegsflotte in Port Arthur durch Japan; nach weiteren Niederlagen musste Russland 1905 u.a. Japan die Pacht v. Liaodong u. den S-Teil der Insel Sachalin überlassen, das ein Protektorat über Korea errichtete.

russisch-orthodoxe Kirche, nach Lehre, Liturgie und bes. Frömmigkeitsprägung ganz den orth. Kirchen (↑orientalische Kirchen) zugehör. Kirchenverband; eigenständ. Ausprägung (slaw. Liturgie und Kirchenspr., russ. Mönchtum); zunächst enger Anschluss an Byzanz. Sitz des Metropoliten (nach Kiew u. Wladimir) s. 1325 Moskau. Nach dem Fall Konstantinopels 1453 Moskau als das „Dritte Rom"; 1589 Moskauer

Salomon van Ruysdael, *Flusslandschaft mit Fähre (1639)*

Patriarchat. Wiederholte Kämpfe zw. Kirchen- u. Staatsoberhaupt. Die Reform des Patriarchen Nikon 1654 führte zur Abspaltung der „Altgläubigen" *(Starowerzen).* Bed. Reform durch Peter d. Gr., sein „Geistl. Reglement" (1721) ersetzte den Patriarchen durch den Hl. ↑Synod; 1917 Wiederherst. der Patriarchatsverf.; 1918 staatl. Dekret über Trennung von Kirche u. Staat; Schließung der kirchl. Lehranstalten, Enteignung des kirchl. Vermögens, Verfolgung der Geistlichkeit; 1929 Zusicherung der Kultusfreiheit; s. 1961 im Weltrat d. Kirchen.

Russland: 1) Russisches Reich, umgangssprachlich für das bis 1917 in O-Europa, Nord- u. Innerasien bestehende Zarenreich u. die aus ihm hervorgegangene ↑Sowjetunion. **2) Russische Föderation,** Rep. in O-Europa, Nord- u. Innerasien, hervorgegangen aus der *Russ. Sozialist. Föderativen Sowjetrep.,* gegr. 1918, 1922 in der Sowjetunion aufgegangen, mit 76% der Fläche u. 53% der Bev. deren Kerngebiet, auch in polit. u. wirtschaftl. Hinsicht. – R. ist reich an Bodenschätzen (Gold, Steinkohle, Erdöl- und Erdgasvorkommen, Eisen- und Nichteisenmetalle). Neben Maschinen-, Fahrzeug-, Apparate- u. Gerätebau ist die chem., Erdöl verarbeitende u. Nahrungsmittelind. von Bedeutung. – Bei der landwirtschaftl. Nutzung kommt der Viehzucht wertmäßig höhere Bedeutung als dem Pflanzenbau zu. – ↑russische Geschichte.

Rüster, svw. ↑Ulme.

Rüstung: 1) (Panzer) mil. Schutzkleidung im Altertum u. MA, gepolsterte Lederjacke, dann ärmellose Panzerjacke u. Panzerhemd *(Brünne)* mit Beinschutz, schließl. Voll-R. *(Harnisch)* mit Plattenpanzer; **2)** materielle Ausstattung der Streitkräfte eines Staates; **3)** Trägergerüst aus Holz od. Stahlrohren für die Verschalung v. [Gewölbe]bauten, z. B. für Stahlbetonbau.

Rut (Ruth), Titelgestalt des at. *Buches R.;* Stammmutter des judäischen Königshauses.

Rute, 1) wm. Bez. für den Penis von Schalenwild, Raubwild u. Hund; **2)** altes dt. Längenmaß zw. 3 u. 5 m.

Ruthenium [nlat.], chem. El., Symbol Ru, OZ 44, rel. A.-Masse 101,07, Metall aus der Gruppe der Platinmetalle; silberweiß, spröde, Dichte 12,40 g/cm³, Fp. 2500 °C, Sp. 3900 °C; in Königswasser lösl.; für Legierungen (für Federspitzen, Spinndüsen), Katalysatoren u. a.

Rutherford, Ernest [ˈrʌðəfəd], Lord R. of Nelson and Cambridge, * 1871, † 1937, brit. Physiker; Arbeiten über radioakt. Strahlen u. Zerfallsreihen, über Aufbau der Atome. 1919 erste künstl. Atomumwandlung; Nobelpreis 1908.

Rütli, Bergwiese über dem Urner See, Kanton Uri. – Der Überlieferung nach wurde hier durch den [histor. nicht verbürgten] *R.schwur* 1291 die Schweizer. Eidgenossenschaft gegründet.

Rüttgers, Jürgen, * 1951, dt. Politiker (CDU), 1994–98 Bundesmin. für Bildung, Wiss., Forschung u. Technologie.

Ruysdael, Salomon van [ˈrœjsdaːl], * nach 1600, † 1670, niederl. Maler; einer der ersten bed. Vertr. einer spezif. holl. Landschaftsmalerei. – Abb. S. 593.

RU 486 (Mifepriston, Mifegyne®, Abtreibungspille), Hormonpräparat zur Durchführung eines Abbruchs in der Frühschwangerschaft (bis zum 49. Tag).

Rwanda ↑Ruanda.

Rydberg-Konstante [nach dem schwed. Physiker *J. Rydberg,* 1854 bis 1919] (physikal. Zeichen *R*), Konstante in Serienformeln für die Spektrallinien von Linienspektren: $R = 109\,737{,}31\ \mathrm{cm}^{-1}$.

Ryle, Martin [raɪl], * 1918, brit. Astrophysiker, Radioteleskope zur Untersuchung von Radioquellen im Universum, erhielt mit A. Hewish Nobelpreis 1974.

Ryūkyūinseln, jap. Inselkette zw. Kyūshū (Japan) und Taiwan, rd. 4700 km², 98 Inseln, davon 47 bewohnt; größte Insel Okinawa mit der Hptst. Naha. – 1945–72 unter amer. Verwaltung.

Rzeszów [ˈʒɛʃuf], poln. Ind.-St., 156700 E; Erdöl-, Porzellanind.

Russland

Fläche: 17075400 km²
Einwohner: (1995) 147 Mill.
Hauptstadt: Moskau
Amtssprache: Russisch
Zeitzone: 11 Zeitzonen; Moskau: MEZ +2 Stunden

S

S, 19. Buchstabe des Alphabets.

S, Abk. für: **1) S**chilling; **2)** ↑**S**iemens; **3) S**üden.

S, Symbol für ↑Schwefel (🜍).

S, Einheitenzeich. für: ↑Siemens.

s, Einheitenzeich. für: ↑**S**ekunde 1).

S., Abk. für: **1)** ital. **S**an, **S**anto, **S**anta; portug. **S**anto, **S**ão; span. **S**an; **2) S**eite.

SA, Abk. für: **1)** frz. **S**ociété **a**nonyme (svw. ↑Aktiengesellschaft); **2) S**turm**a**bteilung, die uniformierte polit. Kampf- u. Propagandatruppe der NSDAP; 1920 als Vers. Schutz der Partei gegr., s. 1921 v. ehem. Freikorpsoffizieren zur paramil. Kampforganisation umgeformt, nach dem Hitler-Putsch 1923 verboten; 1925 Neuaufbau auf lokaler Ebene; sie wurde als Massenheer in Straßenkampf u. Propaganda zur Terrorisierung polit. Gegner u. der Staatsgewalt eingesetzt; mit dem Röhm-Putsch (1934) verlor die SA ihre polit. Bedeutung.

Sa., Abk. für: **S**umm**a**, Summe.

Saale, l. Nbfl. der Elbe, 427 km.

Saalfeld/Saale, Krst. in Thür., 32600 E; ma. und barocke Bauten, Masch.-, Farben-, Süßwaren- und Kartonagenind.; im SW die *Feengrotten* (farb. Tropfsteinhöhlen).

Saar (frz. Sarre), r. Nbfl. der Mosel, 246 km.

Saarbrücken, Hptst. des Saarlandes, 187000 E (Stadtverband S.: 358000 E); Univ., Fachhochschulen, Konservatorium, Verfassungsgerichtshof des Saarlandes, OLG, LG; IHK; Oberbergamt; got. Kirchen, barocke Ludwigskirche; Schloss (18. u. 19. Jh.); Zentrum des saarländ. Steinkohlen-⚒, der Hütten- u. Maschinenind.; ferner Elektro-, Textil- u. a. Ind.; Saarmesse; Fluss-⚓.

Saarland, Land der BRD, 2570 km², 1,08 Mill. E, Hptst. Saarbrücken; Anteil am Saar-Nahe-Bergland, Hochwald, Westrich u. Lothr. Stufenland; Hauptfl. die Saar mit ihren Nebenflüssen Blies u. Prims; unmittelbares Nebeneinander von Ind.- u. Waldlandschaft. *Wirtsch.:* Grundlage der Steinkohlen-⚒ im *Saarkohlenbecken;* bed. Hütten-, Stahl- und Maschinenind. baut sich darauf auf; wichtig auch keram. u. Glasind.; durch Kanalverbdg. zum Rhein-Marne-Kanal Anschluss an das frz. Wasserstraßennetz; Anschluss an das dt. durch die Moselkanalisierung. – *Gesch.:* Der größte Teil des heut. S.es war als Gft. Saarbrücken seit 1381 nassauisch; 1801–15 frz., dann preuß.; 1920 als *Saargebiet* auf 15 J. der Verw. des Völkerbundes unterstellt, 1925 Eingliederung in das frz. Zollgebiet, nach Volksabstimmung 1935 wieder zum Dt. Reich. Nach dem 2. Weltkrieg Vergrößerung um zahlr. Gemeinden, wirtsch. Anschluss an Frkr. als autonomes Glied. Nach Ablehnung des *Saarstatuts* (1955) durch Volksabstimmung (vorgesehen war die Europäisierung des S.es) 1957 Anschluss an die BRD, 1959 auch wirtsch. Rückgliederung.

Saarlouis [-'lʊi] (1936–45 Saarlautern), Krst. an der Saar, Saarland, 38 500 E; Oberverw.-Gericht; vielseit. Ind., Automontage. – 1680–86 von Ludwig XIV. nach Plänen Vaubans als frz. Festung erb., 1815 preußisch.

Saat: 1) das Einbringen von S.gut in den dafür vorbereiteten Boden; **2)** svw. Saatgut (Pflanzensamen) u. die daraus keimenden Pflänzchen.

Saatkrähe, etwa 46 cm gr., schwarzer Rabenvogel; Koloniebrüter; nützl. Schädlingsvertilger.

Saaz, Johannes v., ↑Johannes v. Tepl.

Saba, Kgr. (1. Jt. v. Chr.–6. Jh. n. Chr.) in S-Arabien, um 575 n. Chr. pers. Prov., 628 schloss sich der letzte Statthalter dem Islam an.

Sabah, Gliedstaat der Föderation Malaysia, im NO v. Borneo, 73 619 km^2, 1,74 Mill. E; Hptst. Kota Kinabalu; zugehörig die Insel Labuan; gebirgig, bis 4 101 m.

Sabbat [hebr.] (jidd. Schabbes), jüd. Ruhe- u. Feiertag, der 7. Tag der Woche (Samstag).

Säbel, leicht gekrümmte, einschneidige Hieb- u. Stichwaffe berittener Truppen, deren Griff zum Schutz der Faust mit Bügel od. Korb versehen ist; auch Fechtsportwaffe.

SABENA, Abk. für: **S**ociété **A**nonyme **B**elge d'**E**xploitation de la **N**avigation **A**érienne, belg. Luftverkehrsges., Sitz Brüssel.

Sabin, Albert Bruce ['sæbɪn], * 1906, † 1993, poln.-amer. Virusforscher; entwickelte die ↑Schluckimpfung gg. Poliomyelitis.

Sabiner, italischer Volksstamm im antiken Italien.

Sabiner Berge (ital. Monti Sabini), westl. Randgeb. des Abruzz. Apennins, nö. von Rom, Italien, bis 1 365 m.

Sabotage [sabɔ'ta:ʒə; frz.], planmäßige Beeinträchtigung eines wirtsch. Produktionsablaufs, mil. Operationen u. a. durch [pass.] Widerstand od. Zerstörung v. Einrichtungen.

Saccharasen [zaxa-; gr.], Enzyme, die Rohrzucker in Trauben- und Fruchtzucker spalten.

Saccharate [zaxa-], Salze u. Ester der Zuckersäure.

Saccharin [zaxa-], Benzoesäuresulfimid, kristallines, süß schmeckendes Pulver (500fache Süßkraft von Zucker); ohne Nährwert; Zuckerersatz.

Saccharose [zaxa-] ↑Zucker.

Sacco di Roma, Plünderung Roms durch Söldner Karls V. nach der Erstürmung 1527.

Sachalin, Insel zw. Ochotsk. u. Jap. Meer, Russland, 76 400 km^2, waldreiches Geb.-Land mit rauem Klima; Fischfang u. -verarb.; Erdöl-, Kohlenlager; durch den Tatarischen Sund vom Festland getrennt. – S. wurde 1643 entdeckt; N-S. ist seit 1853 russ., S-S. war bis 1875 jap., dann russ., 1905–45 wieder jap., fiel dann an die UdSSR.

A. D. Sacharow

Sacharow, Andrei Dmitrijewitsch, * 1921, † 1989, russ. Physiker; maßgebl. an der Entwicklung der ersten sowjet. Wasserstoffbombe beteiligt; setzt sich s. 1968 als Systemkritiker für eine Liberalisierung in der UdSSR ein; 1975 Friedensnobelpreis; von Jan. 1980 bis Dez. 1986 nach Gorki verbannt.

Sachbeschädigung, vorsätzl. und rechtswidrige Beschädigung oder Zerstörung einer fremden Sache; auf Antrag strafbar.

Sachbezüge (Naturalabgaben), Arbeitsentgelt in Sachgütern (z. B. freie Wohnung und Kost, Waren jeder Art).

Sacher-Masoch, Leopold Ritter von, * 1836, † 1895, östr. Schriftsteller; die in seinem Roman „Venus im Pelz" angesprochene Form der Erotik trug der entspr. Triebrichtung den Namen *Masochismus* ein.

Sachs: 1) Hans, * 1494, † 1576, dt. Meistersinger aus Nürnberg; zahlr. Meisterlieder, Spruchgedichte, Erzählungen und Schauspiele; **2)** Nelly, * 1891, † 1970, schwed.-dt. Dichterin; Gestaltung des jüd. Schicksals; Nobelpreis 1966 (mit S. J. Agnon).

Sachsen, westgerman. Stamm, um Chr. Geburt nördl. der unteren Elbe sesshaft, s. dem 3. Jh. Vorstoß zum Harz u. Niederrhein; ein Teil zog mit den Angeln u. Jüten im 5. Jh. nach Britannien. 4 Volksgruppen: die *Engern* beiderseits der mittl. Weser, östl. davon die *Ostfalen,* im W die *Westfalen,* im N die *Nordalbingier.* In den *S.kriegen* (772–804) wurden die S. durch Karl d. Gr. christianisiert u. dem Fränk. Reich eingegliedert; im 9. Jh. entstand ein sächs. Hzgt., zunächst in der Hand der Liudolfinger, dann der Billunger, Lothars v. Supplinburg und der Welfen; nach Heinrichs des Löwen Sturz (1180) Aufteilung. Name u. Herzogswürde fielen mit Ostfalen an die Askanier, die um Lauenburg u. Wittenberg saßen und deren Gebiet 1260 in S.-Lauenburg u. S.-Wittenberg geteilt wurde (S.-Lauenburg 1689 an das Hzgt. Braunschweig-Lüneburg, 1705 an Hannover; S.-Wittenberg s. 1356 im Besitz der Kurwürde, 1423 an die wettin. Markgf. von Meißen).

Sachsen, 1) Zum 3. 10. 1990 gebildetes Land der BRD (Freistaat S.), 18 407 km, 4,6 Mill. E; Hptst. Dresden; hat im SW Teil an der mitteldt. Gebirgsschwelle, im O an der Leipziger Tieflandsbucht; Landwirtsch., Braunkohleabbau, chem. Ind., Stein- u. Kalisalze. – Gesch. ↑Sachsen 2); **2)** histor. Territorium; Kernland: Mark Meißen, s. 1089 im Besitz der Wettiner, 1423 Vereinigung mit S.-Wittenberg zum Kurft. S. *(Kursachsen);* durch die Teilung der Besitzungen 1485 entstanden 2 Linien: *Ernestiner,* die die Kurlande, Gebiete im mittl. Thür. u. das Vogtland erhielten, *Albertiner,* die die Markgft. Meißen, das Leipziger Gebiet, das nördl. Thür. erhielten. Die *Ernestiner* förderten die Reformation, Johann Friedrich der Großmütige (1532–47) unterlag im

Safran

Schmalkald. Krieg Karl V. u. dem Albertiner Moritz v. S., der daraufhin die sächs. Kurwürde u. den größten Teil des Landes erhielt (1547). Während der Restbesitz durch Teilungen zersplittert wurde (↑Sächs. Herzogtümer), konnten die *Albertiner* ihre Stellung verbessern. Im Dreißigjähr. Krieg Gewinn der Lausitz; 1697–1763 in Personalunion mit Polen. Beteiligung am Kampf gg. Frkr. im 1. u. 4. Koalitionskrieg, 1806 Kgr. u. Mitglied des Rheinbundes. Auf dem Wiener Kongress musste S. fast die Hälfte seines Territoriums an Preußen abtreten, das daraus mit preuß. Gebietsteilen die preuß. *Provinz S.* bildete (1944 in die Prov. Magdeburg u. Halle-Merseburg aufgeteilt, 1945 mit dem Land Anhalt zur Prov. S.-Anhalt vereinigt). Nach Unruhen (1830) Gewährung einer Verf. (1831); verstärkte Industrialisierung, innenpol. Schwierigkeiten (Maiaufstand 1849). 1918 Ausrufung der Rep. S. durch Arbeiter- u. Soldatenräte, 1920 Verf. für das *Land Sachsen,* das 1952 durch Verw.-Reform aufhörte zu bestehen; 1990 als Land der BRD wieder gegründet.

Sachsen-Anhalt, 1) Zum 3.10. 1990 gebildetes Land der BRD, 20444 km², 2,75 Mill. E; Hptst. Magdeburg; hat im SW Teil an der mitteldt. Gebirgsschwelle, im NW an der Norddt. Tiefebene; Braunkohleabbau, chem. Ind., Landwirtschaft. – Gesch. ↑Sachsen 2); **2)** 1947–52 Land der SBZ bzw. DDR; gebildet 1945 durch Zusammenschluss der ehem. Prov. Sachsen u. des ehem. Landes Anhalt.

Sachsenspiegel, das erste und bedeutendste dt. Rechtsbuch, in dem Eike v. Repgow um 1224–31 das im sächs. Gebiet geltende Gewohnheitsrecht zusammenfasste.

Sächsische Herzogtümer, die Teil-Hzgt. im thüring. Raum, die das ernestin. Hzgt. Sachsen ab 1572 zersplitterten. 1826 umfassende Neuordnung in die Hzgt. *Sachsen-Meiningen, Sachsen-Altenburg, Sachsen-Coburg und Gotha; Sachsen-Weimar-Eisenach* war bereits 1815 (Wiener Kongress) zum Groß-Hzgt. erhoben worden. 1918 dankten sämtl. thüring. Fürsten ab; 1918–21 entstand aus den S.n H.n u. den anderen thüring. Freistaaten das Land Thüringen; Coburg fiel an Bayern.

Sachverständigenrat zur Begutachtung der gesamtwirtschaftlichen Entwicklung, 1964 von der B.-Reg. bestelltes Gremium von 5 Nationalökonomen, das jährl. ein Gutachten u. bei Bedarf Sondergutachten erstellt.

Sacramento [sækrəˈmentəʊ], Hptst. Kaliforniens, USA, am unteren S. River, 369000 E; vielseit. Ind.; ✈; *S. River,* Zufl. zum Pazifik, Kalifornien, USA, 615 km.

Sadat, As, Muhammad Anwar, * 1918, † 1981 (ermordet), ägypt. Politiker; 1969/70 Vizepräs., s. 1970 Staatspräs., suchte nach dem Krieg v. 1973 einen Ausgleich mit Israel (Friedensvertr. v. 1979); Friedensnobelpreis (mit M. Begin) 1978.

Sadduzäer [hebr.], religiös-polit. (konservative) Gruppierung des Judentums, die sich um 200 v. Chr. herausgebildet hatte und v. a. einflussreiche u. wohlhabende Kreise der Bev. umfasste.

Sade, Donatien Alphonse François Marquis de [sad], * 1740, † 1814, frz. Schriftsteller; psychol.-aufklärer., stark obszöne Romane und Erzählungen; nach ihm ben. *Sadismus,* anomale Triebbefriedigung durch körperl. und seel. Quälen des Partners.

Sadi, Abu Abdellah Moscharrefoddin Ebn Moslehoddin, * zw. 1213 u. 1219, † 1292, pers. Dichter u. Mystiker.

Sadismus ↑Sade.

Sado, jap. Insel im Jap. Meer, 857 km², 64000 E; ehemals bed. Goldbergbau.

Safari [arab.], in O- u. S.-Afrika Bez. für mehrtägige Fahrt zur Jagd oder Tierbeobachtung (Foto-S.).

Safawiden, persische Dynastie (1502–1722), die mit der Schaffung eines einheitl. Staates u. der Einführung einer Staatsreligion (Zwölferschia) die Grundlagen des heutigen Iran legte.

Safe [seɪf; engl.], Geldschrank; Schließfach im Tresor [eines Geldinstituts] zur Aufbewahrung v. Geld, Schmuck u. a.

Saffianleder [pers.], feines, weiches, gefärbtes Ziegenleder.

Safi, marokkan. Hafenst. am Atlantik, 330000 E; chem., Fischkonservenind.; Phosphatexport; ✈.

Safran [pers.-arab.], Gewürz und gelber Farbstoff; aus den Blütennarben des kultivierten Echten Safrans gewonnen.

Saga [altnord.], ma. altnord. Prosaerzählung, erwachsen aus der Familientradition der isl. Großbauern u. Siedler; urspr. mündl. überliefert und zw. dem 12. und 14. Jh. aufgezeichnet.

Sagan, Françoise [saˈgã], eigtl. F. Quoirez, * 1935, frz. Schriftstellerin, „Bonjour tristesse", „Die seidene Fessel".

Sage, auf anonymer, meist mündl. Überlieferung beruhende Prosaerzählung, die an reale Gegebenheiten anknüpft u. diese fantasievoll ausmalt; bei der mündl. Verbreitung Umbildungen u. Erweiterungen; Entstehung von *S.nkreisen,* bes. in der Heldensage.

Säge|rochen (Sägefische, Pristidae), Rochen mit langem, bezahntem Schnauzenfortsatz.

Sagittarius [lat.] (Schütze), zum ↑Tierkreis gehörendes Sternbild des südl. Himmels.

Sahara, größte Wüste der Erde, in N-Afrika, zw. Atlantik u. Rotem Meer; Wärmewüste; Kies- und Felswüsten, Sandgebiete, im Zentrum Geb. (Ahaggar, bis 3000 m; Tibesti, bis 3415 m); die innere S. fast vegetationslos; rd. 1,5 Mill. Bewohner, v. a. in Oasen. Bed. Bodenschätze: Erdöl, Erdgas (Libyen, Algerien), Eisenerze (Mauretanien), Uranerz (Rep. Niger), Phosphat (West-Sahara).

Sahara. *Wüstenpiste*

Sahel, der S-Saum der Sahara, nomad. Weidewirtsch., dürregefährdet.
Saida, libanes. St. sw. v. Beirut, 38 000 E; Erdölraffinerie, ⚓, Endpt. der Trans-Arabian Pipeline. S. ist das antike *Sidon* (Ruinen).
Saigon ↑Ho-Chi-Minh-Stadt.
Saimasee, Seensystem im SO der Finn. Seenplatte, 4 400 km², 76–82 m ü. d. M., bis 82 m tief; entwässert durch den Vuoksi zum Ladogasee; der eigentliche S. misst 1 490 km²; Schiffsverkehr.
Saint ↑Sankt.
Saint-Brieuc [sɛ̃bri'ø], Hptst. des frz. Dép. Côtes-d'Armor, 44 700 E; Kathedr. (13., 15. u. 18. Jh.); Metall-, Holz-, Gummiind.; Fremdenverkehr; ⚓, ✈.
Saint Christopher and Nevis [snt'krıstəfə ænd 'ni:bis] ↑Saint Kitts and Nevis.
Saint-Cloud [sɛ̃'klu], frz. St. im westl. Vorortbereich von Paris, 28 700 E; Schloss (16. Jh.), Flugzeugbau u. a. Industrie.
Saint-Denis [sɛ̃'dni]: **1)** frz. Stadt nördl. von Paris, 90 000 E; got. Kathedr. mit Königsgräbern; Metall-, Masch.-, chem. Ind,; **2)** Hptst. des frz. Überseedep. Réunion, an der N-Küste, 122 000 E; Verarb. landw. Produkte; ✈.
Sainte ↑Sankt.
Saint Elias Mountains [engl.; sıntı 'laıəs 'maʊntınz], höchste Gruppe des nordamer. Küstengeb. am Golf von Alaska (Mt. Logan 5 951 m, Mt. Saint Elias 5 489 m).
Saint-Étienne [sɛ̃te'tjɛn], Hptst. des frz. Dép. Loire, 199 400 E; Eisen- u. Stahl-, Masch.- u. a. Industrie.
Saint-Exupéry, Antoine de [sɛ̃tɛksype'ri], eigtl. Marie Roger Comte de S.-E., * 1900, ⚔ 1944, frz. Schriftsteller; sein dichter. Werk erwuchs aus d. Erlebnissen als Flieger; „Nachtflug", „Der kleine Prinz".
Saint-Germain-en-Laye [sɛ̃ʒɛrmɛ̃ã'lɛ], frz. St. im westl. Vorortbereich von Paris, 38 500 E; Schloss (16. Jh.). – Am 10. 9. 1919 Abschluss des Friedensvertrages zw. Östr. und den Alliierten; Trennung Ungarns von Östr., Abtretung gr. Gebiete, Gründung bzw. Vergrößerung der ↑Nachfolgestaaten; der Anschluss an Dtl. wurde untersagt.
Saint Helena [snt'helına], brit. Kolonie im S-Atlantik, m. den Inseln ↑Sankt Helena, ↑Ascension, Tristan da Cunha, 314 km², 5 600 E, Hptst. Jamestown.
Saint Helens, Mount [engl. 'maʊnt snt'helınz], tätiger Vulkan in der Cascade Range, USA, 2 594 m (vor Ausbruch 1980: 2 948 m).

Saint Kitts and Nevis

Fläche: 261,6 km²
Einwohner: (1995) 41 000
Hauptstadt: Basseterre
Amtssprache: Englisch
Zeitzone: MEZ –5 Stunden

Saint-John Perse [sɛ̃dʒɔn 'pɛrs], eigtl. Alexis Léger, * 1887, † 1975, frz. Diplomat und Lyriker; feierl. Hymnendichtung; „Anabasis"; Nobelpreis 1960.
Saint John's [snt'dʒɔnz], Hptst. der kanad. Prov. Newfoundland, ⚓ an der Ostküste, 96 000 E; Univ.; Fischerei, Fischverarbeitung; Schiffbau; ✈.
Saint-Just, Louis Antoine Léon [sɛ̃'ʒyst], * 1767, † 1794, frz. Revolutionär; 1792 Mitgl. des Nat.konvents, 1793 des Wohlfahrtsausschusses; zus. mit Robespierre hingerichtet.
Saint Kitts and Nevis (Saint Christopher and Nevis) [snt'kıts ænd ni:vis], Staat im Bereich der Kleinen Antillen, besteht aus den Inseln Saint Kitts (Saint Christopher), Nevis u. Sombrero. – Ab 1623/28 brit. Kolonie; ab 1967 Mitgl. der Westind. Assoziierten Staaten (fakt. bis 1971, formal bis 1980 als Saint Christopher-Nevis-Anguilla); 1983 unabhängig.
Saint Louis [snt'lʊıs], St. in Missouri, USA, am r. Mississippiufer, 397 000 E; Erzb.; 2 Univ., Museen, Bibliotheken; Handelszentrum, vielseit. Ind.; ✈.
Saint Lucia [snt'lu:ʃə], Staat im Bereich der Westind. Inseln; Export von Bananen, Kokosöl, Kakao; Fremdenverkehr. Seit 1814 brit., 1958–62 Mitgl. der Westind. Föderation, 1967–79 der Westind. Assoziierten Staaten; s. 1979 unabhängig.
Saint-Malo [sɛ̃ma'lo], nordfrz. St. u. Seebad am *Golf v. S.-M.*, 49 300 E; Fischerei-⚓; Gezeitenkraftwerk.
Saint-Nazaire [sɛ̃na'zɛ:r], westfrz. Hafenst. am Atlantik, 64 800 E; Schiffs- u. Flugzeugbau, Masch.- und chem. Ind.; ✈.
Saint Paul [snt'pɔ:l], Hptst. von Minnesota, USA, am l. Mississippiufer, 272 000 E; Univ.; Erzb.; vielseit. Ind.; ↑auch Minneapolis.
Saint-Pierre-et-Miquelon [sɛ̃'pjɛ:r e mikelɔ̃], Gruppe von 2 größeren u. 6 kleineren Inseln südl. von Neufundland, frz. Überseedepartement, 242 km², 6 400 E, Hauptort *St. Pierre* (5 600 E); Fischfang, Nerz- und Silberfuchszucht. Im 19. Jh. frz. besiedelt, s. 1946 Überseeterritorium, s. 1976 Überseedepartement.
Saint-Quentin [sɛ̃kã'tɛ̃], nordfrz. St. an der Somme, 60 600 E; got. Kollegiatskirche, Rathaus (14. bis 16. Jh.); Industrie.
Saint-Saëns, Camille [sɛ̃'sãs], * 1835, † 1921, frz. Komponist; v. a. sinfon. Werke; Oper „Samson u. Dalila".
Saint-Simon [sɛ̃si'mɔ̃], Claude Henri de Rouvroy, Gf. von, * 1760, † 1825, frz. Sozialreformer; Begr. des utop. Sozialismus; *Saint-Simonismus,* die von seinen Anhängern gegr. sozialist. Schule, betrachtete gg. S.-S. das Privateigentum an Produktionsmitteln als Grundfehler der bestehenden Ges.
Saint-Tropez [sɛ̃trɔ'pe], frz. Fischerei-⚓ und Seebad sw. von Cannes, 5 800 E.
Saint Vincent and the Grenadines [snt'vınsənt ænd ðı grenə-

Saint Lucia

Fläche: 616 km²
Einwohner: (1995) 142 000
Hauptstadt: Castries
Amtssprache: Englisch
Zeitzone: MEZ –5 Stunden

Saint Vincent and the Grenadines

Fläche: 389 km²
Einwohner: (1995) 112 000
Hauptstadt: Kingstown
Amtssprache: Englisch
Zeitzone: MEZ −5 Stunden

'di:nz], Staat im Bereich der Westind. Inseln, umfasst die Insel Saint Vincent sowie die nördl. Grenadine Islands, 389 km², 107 600 E, Hptst. Kingstown; gebirgig (im Vulkan Soufrière 1 234 m). – 1493 v. Kolumbus entdeckt; s. 1783 brit.; 1958–62 Mitgl. der Westind. Föderation, 1969–79 der Westind. Assoziierten Staaten; s. 1979 unabhängig (im Commonwealth).

Saison [sɛ'zɔ̃; frz.], Hauptgeschäftszeit, Hauptreisezeit, Haupterntezeit, Theaterspielzeit.

Saite, elast., dünnes, fadenähnl. Gebilde; Material: [zusammengedrehter] Darm, Seide, Metall, Kunststoffe; v. a. für Musikinstrumente.

Sakrileg [lat.] (Gottesraub), Vergehen gg. Heiliges.

Säkularisation, Einziehung v. kirchl. Besitz durch die weltl. Hand, am bekanntesten die S. durch die Landesfürsten während der Reformation u. die S. durch den Reichsdeputationshauptschluss 1803.

Säkularisierung: 1) Verweltlichung; Loslösung menschl., gesellschaftl. und staatl. Ordnungen aus den Bindungen an die Kirche; **2)** Erlaubnis für Ordensgeistliche, in den Weltklerus überzutreten.

Saladin, * 1137 od. 1138, † 1193, Sultan von Ägypten u. Syrien s. 1175; begr. 1171 die Dyn. der Aijubiden, schlug 1187 die Kreuzfahrer, eroberte Jerusalem.

Salomoninseln

Fläche: 28 370 km²
Einwohner: (1995) 378 000
Hauptstadt: Honiara
Amtssprache: Englisch
Zeitzone: MEZ +10 Stunden

Sake [jap.], jap. Reiswein.

Sakkara, ägypt. Dorf rd. 20 km südl. von Kairo, in der Umgebung Pyramidenfeld u. Nekropole; Totenst. von Memphis.

Sakmann, Bert, * 1942, dt. Biophysiker, zellbiolog. Forschungen, mit E. Neher 1991 Nobelpreis für Medizin oder Physiologie.

sakral [lat.]: **1)** heilig, den Gottesdienst betreffend; **2)** das Kreuzbein betreffend (Med.).

Sakrament [lat.], in den christl. Kirchen symbol. Handlung, charakterisiert durch: äußere Zeichen der Gnadenvermittlung, v. Christus eingesetzt od. auf ihn zurückgeführt; nach kath. Lehre 7: Taufe, Firmung, Eucharistie, Buße, Krankensalbung, Priesterweihe, Ehe; die Reformation ließ nur Taufe und Abendmahl gelten.

Salamanca, span. St. am Tormes, 162 000 E; Univ., Alte (12. Jh.) u. Neue (1513 ff.) Kathedr., Adelspaläste, maler. Plaza Mayor.

Salamander [gr.], Fam. der Schwanzlurche, umfasst S. und *Molche;* während die Molche einen im Querschnitt oft ovalen Schwanz haben u. mehr im Wasser leben, ist der Schwanz der S. rund; in Dtl. der ↑Feuer-S. u. der schwarze *Alpen-S.:* bis 16 cm lang, lebend gebärend.

Salamis, griech. Insel im Saron. Golf, 95 km², Hauptort S.; 480 v. Chr. bei S. Sieg der griech. über die pers. Flotte.

Salär [frz.], Lohn, Gehalt.

Salazar, António de Oliveira [-'zar], * 1889, † 1970, portug. Politiker; wurde 1928 Fin.-Min. mit umfassenden Vollmachten; gründete 1930 die Nat. Union als Einheitspartei; reg. 1932–68 als Min.-Präs. diktatorisch.

Salbe, kosmet. od. Arzneimittel zum äußerl. Gebrauch.

Salbei [mlat.], vorw. [sub]trop. Lippenblütlergatt.; in Dtl. auf sonn. Hügeln u. Wiesen, *Wiesen-S.; Garten-S.* als Küchengewürz, Gurgelmittel u. a.; z. T. Zierpflanze.

Saldo [ital.], in der Buchhaltung Unterschiedsbetrag zw. Soll- und Habenseite eines ↑Kontos.

Salem ['seɪləm]: **1)** St. im B.-Staat Tamil Nadu, Indien, 364 000 E; Textilind.; **2)** Hptst. von Oregon, USA, 108 000 E; Univ.; Verarbeitung landw. Produkte; ✈.

Salerno, ital. Prov.-Hptst. u. Hafenst. am *Golf von S.,* 146 500 E; normann. Dom (11. Jh.) u. langobard. Kastell; einflussreich war die med. Schule (Blütezeit 11.–13. Jh, 1812 aufgehoben).

Salesianer, Mitgl. der Ges. des hl. Franz v. Sales, 1857 von Don Bosco gegr. Kongregation für Seelsorge u. Betreuung der männl. Jugend.

Salesianerinnen, Mitgl. des Ordens von der Heimsuchung Marias, 1610 von Franz v. Sales u. der hl. *Jeanne Françoise Frémyot de Chantal* (1572–1641) gegr.; Krankenpflege und Jugenderziehung.

Salicylsäure [lat.; gr.] (o-Hydroxybenzoesäure), starke Phenolcarbonsäure; verw. als Ausgangsmaterial für med. Präparate gg. Fieber u. Rheumatismus u. als Konservierungsmittel.

Salier: 1) Stammesgruppe der Franken; im 5. Jh. am Nd.-Rhein und in N-Gallien; **2)** fränk. Adelsgeschlecht mit Macht- u. Besitzschwerpunkt im Nahe-, Speyer- u. Wormsgau; gelangte mit Konrad II. 1024 zur Kg.sherrschaft, 1125 erloschen (Heinrich V.).

Saline [lat.], Anlage zur Salzgewinnung; in *Meeres-S.n* (Salzgärten) Auskristallisation von Salz durch Verdunstung von Meerwasser; mod. S.n arbeiten die ↑Sole in Sudpfannen u. mit nachgeschalteten Zentrifugen auf od. benutzen Verdampfersysteme.

Salisbury [sɔ:lzbərı], Robert Arthur Talbot Gascoyne-Cecil, Marquess of, * 1830, † 1903, brit. konservat. Politiker; Gegenspieler Gladstones; mehrf. Außenmin. u. Premiermin., verfolgte eine imperialist. Kolonialpolitik (Ägypten, O- u. S-Afrika).

Salisbury [sɔ:lzbərı]: **1)** engl. Stadt nw. Southampton, 35 400 E; got. Kathedrale (1258); Masch.- u. a. Ind.; **2)** ↑Harare.

Saljut, Typenbez. für Raumstationen der UdSSR u. ihrer Nachfolgestaaten.

Salk, Jonas Edward ['sɔ:(l)k], * 1914, † 1995, amer. Bakteriologe; entwickelte einen Impfstoff gg. ↑Poliomyelitis epidemica.

Sallust (Gaius Sallustius Crispus), * 86, † 35 v. Chr., röm. Politiker (Parteigänger Cäsars) und Geschichtsschreiber; u. a. „Die Verschwörung des Catilina", „Der Jugurthin. Krieg".

Salm ↑Lachse.

Salmiak [lat.] (Ammoniumchlorid), NH_4Cl, hergest. durch Einwirkung von Salzsäure auf ↑Ammoniak; *S.geist* ↑Ammoniak.

Salmonellen [nach dem amer. Bakteriologen *D. E. Salmon,* 1850–1914], Gruppe gramnegat. Bakterien, Erreger von Enteritis und [Para]typhus.

Salome, † zw. 54 u. 62, Enkelin von Herodes d. Gr., Tochter der Herodias u. Stieftochter des Herodes Antipas, von dem sie nach berückendem Tanz das Haupt Johannes' des Täufers forderte.

Salomo, † um 925 (932?) v. Chr., Kg. v. Juda u. Israel s. etwa 963, Sohn Davids; Ausbau der Handelsbeziehungen, Bau der Paläste u. des Tempels in Jerusalem, reiche Entfaltung des geist. Lebens; nach der Überlieferung Verf. einiger bibl. Bücher (Sprüche, Prediger, das Hohelied; Psalmen).

Salomoninseln, Staat im westl. Pazifik, umfasst die S. (außer Buka u. Bougainville) sowie Ontong Java, die Santa-Cruz-Inseln, die Duff Islands sowie die Reef Islands. – 1885 und 1899 Aufteilung zw. Dt. Reich u. Großbrit., 1975 Buka u. Bougainville zu Papua-Neuguinea, seit 1978 unabhängig; UN-Mitgl.

Salon [za'lɔ̃; frz.]: **1)** repräsentativer Raum als Gesellschafts-, Empfangszimmer; danach Bez. für Ausstellungsräume (auch die Ausstellung selbst) u. Ladengeschäfte; **2)** gesellschaftl. Kreis während des 17., 18. u. 19. Jh. (der sich regelmäßig im S. traf).

Saloniki (griech. Thessaloniki), griech. St. am Thermaischen Golf, 406 000 E; Univ.; histor. Bauten; Textil-, Tabak- u. a. Ind.; ⚓, ✈.

Salpeter, Bez. für einige [Erd]alkalimetallsalze der Salpetersäure (z. B. Natrium-, Kalium-, Calciumnitrat); wichtig als Düngemittel.

Salpetersäure, HNO_3; wicht. anorgan. Säure, wird durch katalyt. Oxidation von Ammoniak mit Luft gewonnen, löst bis auf Platin, Gold u. wenige seltenere Metalle alle Metalle zu *Nitraten* auf; wirkt in konzentrierter Form stark oxidierend; zum Beizen von Metallen.

Salzburg. *Stadtansicht mit der Franziskanerkirche (1223 geweiht; Mitte links) und dem Dom (rechts)*

SALT [sɔlt], Abk. für: **S**trategic **A**rms **L**imitation **T**alks; s. 1969 geführte Abrüstungsverhandlungen zw. der UdSSR u. den USA; 1972 SALT I: Vertr. über die Einschränkung der Raketenabwehrsysteme u. Interimsabkommen (bis 1977) über Maßnahmen zur Begrenzung v. strateg. Offensivwaffen; 1979 SALT II: Verminderung des gesamten strateg. Potenzials (aufgrund des sowj. Afghanistaneinmarsches 1979 v. den USA nicht ratifiziert), aber von beiden Mächten freiwillig eingehalten.

Salt Lake City ['sɔ:lt 'leɪk 'sɪtɪ], Hptst. von Utah, USA, sö. des Great Salt Lake, 160 000 E; Univ.; Zentrum der Mormonen; Erdölraffinerien, Buntmetallhütten, Maschinenbau u. a. Ind.; ✈.

Salto [ital.], Luftsprung, bei dem der Körper mind. eine volle Umdrehung um die Horizontalachse ausführen muss; *S. mortale* („Todessprung") mit 2 u. mehr Körperumdrehungen.

Salvador (São S. da Bahia), Hptst. des brasil. B.-Staates Bahia, am Atlantik, 2,1 Mill. E; histor. Bauten; Univ.; Erzb.; vielseit. Ind.; ✈. – 1549 gegr., bis 1763 Hauptstadt von Brasilien.

Salvador, El, zentralamer. Rep. am Pazifik; grenzt im W an Guatemala, im N u. O an Honduras; schmaler Küstenstreifen; gebirg., fruchtb. Inneres; hpts. Landw. (80 % des Landes kultiviert); Hauptanbauprodukt Kaffee. Geringe Bodenschätze (Gold, Silber). – 1524/25 von Spaniern erobert, bis 1821 span.; gehörte dann zu der Zentralamer. Konföderation; 1841/59 Rep.; ab 1931 Militärdiktatur; 1960 Machtübernahme durch eine linksgerichtete Militärjunta,

El Salvador

Fläche: 21 041 km²
Einwohner: (1995) 5,77 Mill.
Hauptstadt: San Salvador
Amtssprache: Spanisch
Zeitzone: MEZ –7 Stunden

Samarkand. *Teilansicht der Schah-Sinde-Moschee (Ende des 14. Jh.)*

1961 Rechtsputsch; s. 1978 verstärkte Unruhen v.a. unter den Bauern; nach Putsch 1979 Junta aus Militärs u. christdemokrat. Politikern; seither Guerillakrieg zw. (von den USA unterstützten) Regierungstruppen u. linksgerichteten in der Farabundo Martí para la Liberación Nacional (FMLN); nach neuer Verf. und Präsidentschaftswahlen 1984 erste Friedensgespräche; Beendigung des Bürgerkriegs 1992; FMLN seit 1994 zweitstärkste polit. Kraft.

Salve [frz.], gleichzeit. Schießen mit Gewehren oder Geschützen auf Kommando; auch als Salut bei feierl. Anlässen.

Salzburg: 1) östr. B.-Land, 7154 km², 484 000 E, Hptst. S.; umfasst einen Teil der Salzburg.-Oberöstr. Kalkalpen, das westl. Salzkammergut, die östl. Kitzbüheler Alpen, die nördl. Hohen und westl. Niederen Tauern; Hauptfluss Salzach; Holz-, Viehwirtsch.; Salz-, Kupfererz-⚒; bed. Wasserkraftwerke (Kaprun, Mooserboden); Fremdenverkehr. – Ehem. geistl. Ft., entstanden aus dem um 700 gegr. Bistum (739 organisiert, 798 Erzbistum); 1803 säkularisiert, 1805 bzw. 1816 an Östr.; 1849 Kronland, 1920 B.-Land; **2)** Hptst. von 1), an der Salzach, 144 000 E; Univ., Mozarteum; altertüml. Stadtbild (z.T. italienisierende Bauweise), Stiftskirche St. Peter (1130–43, im Innern Rokoko), Stiftskirche auf dem Nonnberg (1463–1506/07), Dom (1614–28) u.a. bed. Kirchen, Festung Hohensalzburg (1077, spätere Anbauten); Residenz (1595–1792); Schloss Mirabell (1721 ff.); Schlösser am Stadtrand, u.a. Hellbrunn (1613–19); seit 1920 *S.er Festspiele.* – Abb. S. 599.

Salze, heteropolare chemische Verbdg. (die nicht Säuren, Basen od. Oxide sind), die ein aus Kationen u. Anionen bestehendes Kristallgitter (Ionengitter) bilden; sie entstehen v.a., wenn die Wasserstoffionen von Säuren durch Metallionen (bzw. äquivalente Kationen) vollst. *(neutrale S.)* od. teilweise *(saure S.)* ersetzt werden; *bas. S.* (Hydroxy-S.) entstehen, wenn in Basen mit mehr. Hydroxylgruppen diese nur teilweise durch Säurereste ersetzt werden; i.e.S. versteht man unter Salz das ↑Kochsalz (Natriumchlorid).

Salzgewinnung, Gewinnung v. Stein- u. Siedesalz, entw. durch bergmänn. Abbau v. Salzlagerstätten oder aus natürl. Salzquellen (↑Sole) u. dem Meerwasser (↑Saline). Im *Salzbergwerk* wird das Salzgestein fast ausschließl. durch Bohr-, Schieß- u. Schrämarbeiten abgebaut, wobei große Hohlräume entstehen, die durch *Salzpfeiler* gesichert sind; die Aufbereitung erfolgt durch mech. Zerkleinerung, Flotation, Sedimentation, Löse- u. Rekristallisationsverfahren (↑auch Gradierwerk).

Salzgitter, krsfr. St. im nördl. Harzvorland, Nds., 117 700 E; 224 km², weitläuf. Verteilung der Ortsteile, 60 % landw. genutzt; Hüttenwerke, Eisen verarb., Textil-, Elektro-, Papier-, Nahrungsmittel- u. Pharmaind; Stichkanal vom Mittellandkanal; Kneippanlagen, Solbad. – Die St. (seit 1929) S. wurde 1942 mit 27 anderen Gemeinden zusammengeschlossen.

Salzkammergut, seenreiches Gebiet in den Nördl. Kalkalpen, Östr., u.a. mit Sankt-Wolfgang-See, Mond-, Atter-, Traunsee, Hallstätter See; randlich begrenzt durch die z.T. stark verkarsteten Gebirge Dachstein, Totes Geb., Höllengebirge; Salzgewinnung; Fremdenverkehr.

Salzsäure, wässr. Lösung von Chlorwasserstoff, HCl; starke anorgan. Säure, die in der Metallurgie, zum Beizen und Ätzen, zur Herst. von Chloriden, zur Holzverzuckerung, zur Darst. zahlr. Farb- u. Weißpigmente u. in der übr. chem. Ind. in gr. Mengen verbraucht wird. S. wird hergest. aus Kochsalz und Schwefelsäure od. durch Verbrennung von Chlor mit Wasserstoff.

Salzseen, meist abflusslose Seen in Trockengebieten mit hohem Salzgehalt (z.B. Totes Meer).

Samara, 1935–1991 Kuibyschew, St. an der mittl. Wolga, 1,26 Mill. E, Univ.; Handels-, Ind.- u. Umschlagplatz.

Samaria: 1) histor. Ldsch. westl. des Jordans; **2)** (S. Sebaste) antike Stadt in 1), nw. von Nablus (das heut. Dorf Sabastijja); bed. Ausgrabungen (Reste israelit. Königspaläste und herodian. Bauten).

Samaritaner (Samariter), Bewohner von ↑Samaria 1), Angehörige eines jüd. Mischvolkes mit einem seit dem 5. Jh. v. Chr. selbstständigen Kult; von den rechtgläub. Juden befehdet. Die Gemeinde der S. besteht noch im heutigen Nablus.

Samaritervereine, Ende des 19. Jh. gegr. freie Vereinigungen zur Leistung erster Hilfe; 1937 zwangsweise mit dem Roten Kreuz vereinigt; nach 1945 Neugründung des *Arbeiter-Samariter-Bundes Dtl. e.V.* (rd. 625 000 Mitgl.), v.a. im Gesundheits- u. Rettungswesen, Katastrophenschutz.

Samarium [nlat.], chem. El., Symb. Sm, OZ 62, rel. A.-Masse 150,4, Metall der seltenen Erden; hat keine techn. Bedeutung.

Samarkand, St. in Usbekistan, 370 500 E; altes kulturelles und polit. Zentrum des westl. Z-Asien mit Baudenkmälern des 14.–17. Jh.s; Univ.; Ind.; Teppichhandel; ✈.

Samarra, irak. St. am Tigris, oberh. v. Bagdad, 63 000 E; schiit. Wallfahrtsort; nahebei die Ruinen der im 10. Jh. verfallenen Abbasidenresidenz.

Samba, urspr. brasil. Volkstanz, nach dem 2. Weltkrieg Modetanz.

Sambesi, größter Fl. im südl. Afrika, 2736 km; entspr. im äußersten N von Sambia; bei Maramba die

↑Victoriafälle, durch den *Karibadamm* (120 m hoch, 580 m lang) zum *Karibasee* (275 km lang, rd. 5 000 km²) gestaut; mündet bei Chinde mit Delta in den Ind. Ozean.

Sambia (Zambia), Rep. im südl. Afrika; vorw. Savanne, Anbau v. Mais, Hirse, Maniok, Erdnüssen, Zuckerrohr, Baumwolle, Tabak, Kaffee; Viehzucht; bed. Kupfererz-⚒, Kupferhütten, erbringen 95 % der Exporterlöse. – Das Gebiet kam durch Cecil Rhodes unter brit. Einfluss, 1899–1964 brit. Protektorat (seit 1911 als Nordrhodesien), 1953–63 Mitgl. der Zentralafrikan. Föderation, s. 1964 als Rep. S. unabh. Mitgl. des Commonwealth; seit 1972 Einparteienstaat; 1980/81 innere Unruhen; 1964–91, Präs. K. Kaunda; seither F. Chiluba.

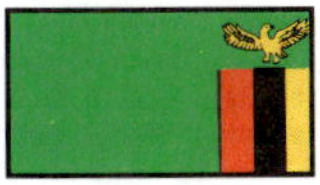

Sambia

Fläche: 752 614 km²
Einwohner: (1995) 9,46 Mill.
Hauptstadt: Lusaka
Amtssprache: Englisch
Zeitzone: MEZ + 1 Stunde

Samen, Verbreitungsform der Samenpfl.: aus einer Samenanlage entstandener, vorübergehend ruhender ↑Embryo 2); fast stets von Samenschalen umschlossen u. mit Nährstoffen versehen.

Samen|anlage, das Fortpflanzungsorgan der ↑Samenpfl.; aus ihm gehen nach der Befruchtung Samen hervor.

Samenpflanzen (Spermatophyten, Blütenpflanzen), Abt. der höchstentwickelten Pfl.; gekennzeichnet durch Blüten- u. Samenentwicklung; Unterabt.: ↑Nacktsamer, ↑Bedecktsamer.

Sämischleder, durch Fettgerbung (Tran) entstandenes, bes. weiches Leder; für Handschuhe.

Samisdat [russ.; = Selbstverlag], in der ehem. Sowjetunion die Herstellung u. Verbreitung von Schriften, die von der Zensur verboten waren oder offiz. nicht veröffentlicht wurden.

Samjatin, Jewgenij Iwanowitsch, * 1884, † 1937, russ. Schriftsteller; einer der bedeutendsten russ. Satiriker, emigrierte 1932 nach Paris.

Samland, Halbinsel zw. Frischem u. Kur. Haff, Ostpreußen.

Samoa|inseln, Inselgruppe im südl. Pazifik, gebirgig, vulkan., bewaldet, trop. Regenklima, Bev. Polynesier; die östl. Inseln bilden ↑Amerikan.-Samoa, die westl. ↑Westsamoa; Hauptinseln Savaii (1 715 km²) u. Upolu (1 121 km²), Tutuila (mit Aunuu 137 km²); zus. 3 028 km²; trop. Regenklima. – 1722 v. Europäern entdeckt, 1899 zw. den USA (Amer.-Samoa) u. dem Dt. Reich (W-Samoa) geteilt.

Samos, griech. Insel der Sporaden, 476 km², Hpt.ort ist S. (5 600 E); Olivenhaine, Tabak-, Getreide-, bed. Weinbau.

Samowar [russ.], russ. Tischwassererhitzer für die Teezubereitung.

Samstag, regionale Bez. für Sonnabend.

Samt, Gewebe mit einem Flor, der das Grundgewebe 2–3 mm überragt; 2 Arten: *Kett-S., Schuss-S.* (Velvet).

Samtfleckigkeit ↑Übersicht S. 528 f.

Samu|el, letzter Richter Israels; Prophet, Heerführer; wirkte an der Errichtung des Königtums mit, setzte Saul als Kg. ein (später David); die *Zwei Bücher S.* des A. T. wohl nur nach ihm benannt.

Samurai [jap.], in der jap. Feudalzeit Bez. für alle Angehörigen der Kriegerkaste; i. e. S. alle Vasallen der Shōgune u. der Lehnsfürsten; ab dem 17. Jh. oberste Klasse; strenger Ehrenkodex.

San, r. Nbfl. der Weichsel, 444 km.

San ↑Sankt.

Sana, Hptst. der Rep. Jemen, in einem Hochbecken, 2 350 m ü. d. M., 500 000 E; Univ.; mehrstöckige Lehmziegelbauten, von hoher Stadtmauer umgeben.

San Antonio [sæn ən'təʊnɪəʊ], St. in Texas, USA, 936 000 E; 2 Univ.; Erzb.; chem. u. a. Ind., Erdölraffinerien; Winterkurort; bed. Verkehrs- u. Handelszentrum; ✈.

Sanctus [lat.; = heilig], Anf. u. Bez. des akklamator. Lobgesangs, in den die Präfation ausgeht.

Sand: 1) George [sãd], eigtl. Aurore Dupin, verh. Baronin Dudevant, * 1804, † 1876, frz. Schriftstellerin; Romane, in denen sie für die Emanzipation der Frau eintrat; literar. bedeutender sind ihre Dorfgesch.; **2)** Karl Ludwig, * 1795, † 1820 (hingerichtet), dt. Theologiestudent und Burschenschafter; erdolchte 1819 A. v. Kotzebue, in dem er einen russ. Spion sah, u. gab damit Anlass zu den Karlsbader Beschlüssen.

Sand, klast. Sedimentgestein; lose Mineralkörnchen (Korngröße in mm): *Schluff* 0,002–0,063, *Fein-S.* 0,063–0,2, *Mittel-S.* 0,2–0,63, *Grob-S.* 0,63–2,0; am verbreitetsten ist Quarz-S.; versch. Färbungen durch Eisenoxide (braun, gelb), Glaukonit (grünlich); bei Baustoffzuschlägen: *Feinst-S.* bis 0,25, *Fein-S.* bis 1 mm, *Grob-S.* 1–4 mm.

Sand|dorn, Ölweidengewächs; Nutz- u. Zierstrauch; Früchte mit hohem Vitamin-C-Gehalt.

San Francisco. *Stadtansicht mit einem Wagen der seilgezogenen Straßenbahn (Cable Car) im Vordergrund*

Sandelholz, Holz versch. [trop.] Bäume, das u. a. für Schnitzereien, für Räucherwerk u. zur Gewinnung des äther. *Sandelöls* dient; am wichtigsten das Holz des indomalai. *Sandelbaums.*

Sandfloh, trop. Floh, dessen ♀♀ sich u. a. unter Fußnägeln in die Haut einbohren u. dort bis zu Erbsengröße heranwachsen.

Sandgarnele, anderer Name der Nordseegarnele (↑Garnele).

San Diego [sæn dɪˈeɪgəʊ], St. an der südkaliforn. Pazifikküste, USA, 1,1 Mill. E; Univ.; Seebad; Flugzeug- u. a. Ind.; Flottenstützpunkt; ⚓, ✈. – Gegr. 1769 als span. Missions- u. Militärstation.

Sandinistische Nationale Befreiungsfront (Frente Sandinista de Liberación Nacional; Abk. FSLN), 1962 gegr. Befreiungsbewegung in Nicaragua; benannt nach *César Augusto Sandino* (*1893, †1934), der 1927 einen Kleinkrieg gegen die amerikan. Truppen in Nicaragua führte. Die sozialrevolutionär orientierte S. N. B. führte 1979 den Sturz des Präs. A. Somoza Debayle herbei; bis zu den Wahlen 1990 polit. beherrschende Kraft in Nicaragua.

Sandrock, Adele, * 1863, † 1937, dt. Schauspielerin niederl. Herkunft; zuerst klass. Rollen, später meist als komische Alte.

Sandstein, Sedimentgestein, größtenteils aus Quarzkörnern, die durch Bindemittel verkittet sind; nach der Art des Bindemittels unterscheidet man Ton-, Kalk-, Kiesel- und Eisen-S.; in fast allen geol. Formationen; als Bau-, Schleif- u. Mühlstein; infolge Porosität oft Speichergestein für Erdöl.

Sandstrahlgebläse, Gerät, das mit Druckluft feinen, trockenen Quarzsand auf eine Oberfläche schleudert, die durch die Scheuerwirkung des Sandstrahls gereinigt, geglättet oder aufgeraut wird.

San Francisco, St. in Kalifornien, USA, auf einer Halbinsel zw. Pazifik und S. F. Bay, 724 000 E; Univ., Museen, Theater; Schiff-, Masch.-Bau, Erdölraffinerien, chem. u. a. Ind.; einer der bedeutendsten ⚓ der USA an der Pazifikküste, ✈; 12 km lange Brücke nach Oakland; ↑auch Golden Gate. – 1776 als befestigte Siedlung *Yerba Buena* gegr., 1848 von Spanien an die USA abgetreten u. S. F. gen.; wirtsch. Aufschwung durch Entdeckung von Goldvorkommen; 1906 durch Erdbeben größtenteils zerstört. – Abb. S. 601.

Sänfte, von Menschen od. Lasttieren getragenes Gestell zur Personenbeförderung.

Sangallo, ital. Baumeisterfam.: **1)** Antonio da, d. Ä., eigtl. A. Giamberti, * um 1455, † 1534; Hauptwerk der Zentralbau von Madonna di S. Biagio in Montepulciano; **2)** Antonio da, d. J., eigtl. A. di Bartolomeo Cordi[a]ni, * 1483, † 1546, Neffe und Schüler von 1); nach Raffaels Tod Bauleiter an St. Peter in Rom; Palazzo Farnese in Rom.

Sängerkrieg auf der Wartburg, svw. ↑Wartburgkrieg.

San Gimignano [-dʒimiˈɲa:no], ital. Stadt nw. von Siena, 7 300 E; die Stadtanlage mit ihren 13 noch erh. Geschlechtertürmen bietet das Bild einer ma. toskan. Stadt.

Sanguiniker [lat.], heiterer und temperamentvoller Mensch.

Sanherib, † 681 v. Chr. (ermordet), Kg. v. Assyrien s. 704; zerstörte Babylon, eroberte daneben Jaffa u. Sidon, baute Ninive zur bedeutendsten St. des Reichs aus.

Sanitäter, in der ersten Hilfe Ausgebildeter u. Angehöriger des Sanitätspersonals.

Sanitätswesen, allg. das öff. Gesundheitswesen, speziell das mil. Gesundheitswesen (von der *Sanitätstruppe* betreut).

San José [saŋxoˈse], Hptst. von Costa Rica, 303 000 E; 1 160 m ü. d. M.; Univ.; bed. Kaffeehandel; Industrie; ✈.

San Juan [-ˈxuan], Hptst. v. Puerto Rico, an der N-Küste, 427 000 E; Univ.; ⚓ und bed. Handelsplatz, Ind.; ✈. – 1508 gegr.

Sankt [lat.], Abk. St., heilig, vor Heiligennamen und in auf solche zurückgehenden Ortsnamen; *engl.:* Saint [snt], Abk. St.; *frz.:* Saint [sɛ̃], Abk. St., weibl. Sainte [sɛ̃t], Abk. Ste; *ital.:* San, Santo, weibl. Santa, Abk. S.; *niederl.:* Sint; *portug.:* Santo [-to], São [sɐ̃u], Abk. S., weibl. Santa, Abk. Sta.; *span.:* San, Abk. S., weibl. Santa, Abk. Sta.

San Marino

Fläche: 61,19 km²
Einwohner: (1995) 25 200
Hauptstadt: San Marino
Amtssprache: Italienisch
Zeitzone: MEZ

Sankt Augustin, Gem. im Rhein-Sieg-Kreis, NRW, BRD, 55 000 E; Luftfahrt-, Musikschule, Forschungsinst.; Maschinenbau, Kunststoffverarbeitung.

Sankt Bernhard ↑Großer u. ↑Kleiner Sankt Bernhard.

Sankt Blasien, St. und Luftkurort im Südschwarzwald, Ba.-Wü., 4 600 E; ehem. Benediktinerabtei (s. 1934 Jesuitengymnasium) mit frühklassizist. Kuppelkirche.

Sankt Florian, Augustiner-Chorherrenstift in *Markt S. F.* (sö. von Linz, 5 200 E), Oberöstr.; barocker Bau (Stiftskirche; Brucknerorgel).

Sankt Gallen: 1) Kt. in der nö. Schweiz, 2 026 km², 437 000 E; Hptst. S. G.; Alm- und Holzwirtsch., im Rheintal Weinbau; Textil-, Masch.-Ind. – 1803 aus den Gebieten der im 8. Jh. aus der Klause des hl. Gallus entstandenen Abtei gebildet, die s. 1206 R.-Abtei war, aus mehreren Vogteien sowie der St. S. G., die sich 1457 aus der Oberhoheit der Äbte gelöst hatte; **2)** Hptst. von 1), 72 400 E; Hochsch. für Wirtsch. und Soz.-Wiss., Museen, Theater, botan. Garten; berühmte ehem. Benediktinerabtei, barocke Stiftskirche (1755–1769) mit spätkaroling. Westkrypta; Stiftsbibliothek mit bed. Handschriftenslg.; Mittelpunkt der ostschweizer. Textil- (Stickerei, Spitzen) und Masch.-Industrie.

Sankt Gotthard ↑Gotthardgruppe.

Sankt Helena, brit. Vulkaninsel im S-Atlantik, 122 km², 5 600 E, Hauptort Jamestown; 1815–21 Verbannungsort Napoleons I.

Sankt Ingbert, St. nö. von Saarbrücken, Saarland, 41 000 E; Schwerindustrie.

Sanktion [lat.], Bestätigung; Erteilung der Gesetzeskraft; wicht. Staatsgesetz (↑Pragmat. S.).

Sanktionen, Sicherungen; Zwangsmaßnahmen.

Sankt-Lorenz-Golf, Bucht des Atlantiks an der nordamer. Küste.

Sankt-Lorenz-Strom, Fluss in Nordamerika, mit dem nördl. von Duluth (am Oberen See) entspringenden Quellfluss Saint Louis River rd. 3 000 km; Grenzfluss zw. USA u. Kanada und Abfluss der Großen Seen zum Sankt-Lorenz-Golf;

weitgehend kanalisiert und als *Sankt-Lorenz-Seeweg* für Seeschiffe bis Chicago und Duluth befahrbar.

Sankt Moritz [auch - 'morız], bed. schweizer. Fremdenverkehrsort im Oberengadin, 1772 bis 1832 m ü. d. M.; 5900 E; Eisenquellen.

Sankt Petersburg, Stadt an der Newamdg., Russland, 4,5 Mill. E; Univ., Akademien, Hochschulen, Museen; planmäß. St.-Anlage, zahlr. histor. Bauten; vielseit. Ind., Kernkraftwerk; ✈. – 1703 gegr., hieß 1703 bis 1914 S. P., 1914–24 Petrograd, 1924–1991 Leningrad; war 1712 bis 1917 Hptst. Russlands, 1991 nach Volksentscheid Rückbenennung.

Sankt Pölten, Landeshptst. v. Niederöstr., westlich von Wien, 49800 E; roman. Dom (barockisiert); Textil-, Maschinenindustrie.

Sankt Wolfgang im Salzkammergut, oberöstr. Ort am *Sankt-Wolfgang-See* (13,5 km², 114 m tief), 2700 E; spätgot. Kirche mit bed. Schnitzaltar von M. Pacher (1471–81); Fremdenverkehr.

San Luis Potosí: 1) mex. B.-Staat, 63068 km², 2,0 Mill. E; **2)** Hptst. v. 1), 488000 E; Univ.; Textil-, Hütten- u. a. Ind.; ⚒; ✈.

San Marino: 1) Rep. am O-Hang des Etrusk. Apennins; Weinbau, Schafzucht; Keramik- u. Bausteinindustrie, Fremdenverkehr, Briefmarkenverkauf. – S. dem 13./14. Jh. unabh., 1599 Schaffung einer im Wesentl. bis heute gültigen Verf., 1862 Zollunion, 1897 Freundschaftsvertrag (1953 erneuert) mit Italien, im 1. u. 2. Weltkrieg (bis Sept. 1944) neutral; **2)** Hptst. von 1), auf dem Gipfel des *Monte Titano,* 4300 E.

Sanmicheli, Michele [-'kɛ:li], * 1484, † 1559, ital. Baumeister; bahnbrechend im Palast- u. Festungsbau in Verona und Venedig.

Sannazaro, Iacopo, * 1456, † 1530, ital. Dichter span. Abkunft; begr. mit „Arcadia" (1502) den europ. Schäferroman.

San Remo, ital. Seebad an der westl. Riviera, 57000 E.

San Salvador, Hptst. von El Salvador, 423000 E; Univ.; Nahrungsmittel-, Textil- u. a. Ind.; ✈.

Sansculotten [sãky'lɔtən; frz.; = ohne Kniehosen], in der Frz. Revolution Spottname für die Revolutionäre, die keine höf. Kniehosen, sondern lange Pantalons trugen, später Bez. für Republikaner.

San Sebastián, span. Hafenst. am Golf von Biskaya, 183900 E; Seebad; viels. Industrie.

São Paulo. *Blick von der auf dem höchsten Gebäude der Stadt gelegenen Terraça Italia nach Südosten auf die City*

Sansevieria [nlat.; nach dem ital. Gelehrten *R. di Sangro, Fürst v. San Severo,* † 1774] (Bogenhanf), Gatt. der Liliengewächse; liefern wertvolle Faser, Zierpflanzen.

Sansibar (engl. Zanzibar): **1)** Teilstaat der Vereinigten Rep. ↑Tansania, umfasst die Inseln S. u. Pemba mit vorgelagerten kleinen Inseln, 2644 km², 641000 E, Hptst. S.; Anbau von Gewürznelken (80 % der Welternte) u. a.; S. wurde im Dez. 1963 unabh., s. April 1964 mit Tanganjika zu Tansania vereinigt; **2)** (amtl. Unguja) Insel vor der ostafrik. Küste, 1660 km², 375500 E. – S. war seit dem MA arab., 1503–1698 portug., danach beim Sultanat Oman (s. 1828 Sitz d. Sultans); 1890–1963 brit. Protektorat (Helgoland-Sansibar-Vertr.); 1963 als Sultanat unabh.; 1964 Zusammenschluss mit Tanganjika zur Vereinigten Rep. v. ↑Tansania; **3)** Hptst. von 1) u. 2), an der W-Küste von 2), 157600 E; Handelszentrum; ⚓, ✈.

Sanskrit, altind. Schriftspr., etwa 400 v. Chr. wohl vom ind. Grammatiker *Panini* fixiert; *klass. S.,* bis ins 20. Jh. als Lit.- u. Gelehrtenspr. gebräuchl. (wie etwa das Latein im Abendland), unterscheidet sich vom altertüml. S. der Epen.

Sansovino, il: 1) eigtl. Andrea Contucci [del Monte S.], * 1460, † 1529, ital. Bildhauer; tätig in Florenz und Rom; wegweisender Vertr. der Hochrenaissance; **2)** eigtl. Iacopo Tatti, * 1486, † 1570, ital. Baumeister und Bildhauer; Schüler v. 1); seit 1527 in Venedig; erbaute die Bibliothek u. Loggetta v. S. Marco (mit Statuen u. Reliefschmuck); Kolossalstatuen für den Dogenpalast.

Sanssouci [sãsu'si; frz.; = Sorgenfrei], Schloss und Park in Potsdam; über Terrassen liegend, als einstöck. Bau z. T. nach Plänen Friedrichs d. Gr. 1745–47 v. Knobelsdorff erbaut.

Santa ↑Sankt.

Santa Catarina, südbrasil. B.-Staat, 95318 km², 4,5 Mill. E, Hptst. Florianópolis; Plantagenwirtsch.; Ind.; bed. Kohlen-⚒.

Santa Cruz [- krus]: **1)** größtes boliv. Dep., 370621 km², 1,35 Mill. E, Hptst. *S. C. de la Sierra* (695000 E; ✈); **2)** Prov. im südl. Argentinien, 243943 km², 160000 E, Hptst. Río Gallegos.

Santa Fe ['sæntə feı], Hptst. v. New Mexico, USA, 56000 E; Erzb.; bed. Fremdenverkehr.

Santa Fe: 1) nordargent. Prov., 133007 km², 2,7 Mill. E; Viehzuchtgebiet; **2)** Hptst. v. 1), am unteren Río Salado, 343000 E; 2 Univ.; Erzb.; Ind.; Fluss-✈.

Santer, Jacques, * 1937, luxemburg. Politiker, 1984–94 Min.-Präs.; 1995–99 Präs. der Europ. Kommission.

Santiago (S. de Compostela), nordwestspan. St., 91400 E; Univ.; bed. Wallfahrtsort; Kathedrale (1075–1128; barockisiert), soll über dem Grab des Apostels Jakobus d. Ä. errichtet worden sein; Hospital Real (v. a. 16. Jh.); ✈.

Santiago de Chile [- ðə 'tʃile], Hptst. Chiles, 4,2 Mill. E; 2 Univ., TU; Erzb.; Kathedr. (barock); Textil-, Leder-, chem. u. a. Ind.; ✈.

Santiago de Cuba, Hptst. d. kuban. Prov. S. de C., an der SO-Küste, 438 000 E; Univ.; Erzb.; Erdölraffinerie, petrolchem., Textil-, Tabak- u. a. Ind.; ✈.

Säntis, höchster Gipfel der Appenzeller Alpen, NO-Schweiz, 2 503 m; Seilbahn.

Santo ↑Sankt.

Santo Domingo (1936–61 Ciudad Trujillo), Hptst. der Dominikan. Rep., auf Hispaniola, 1,6 Mill. E; Univ.; Erzb.; Ind.; ⚓, ✈.

Santos, südbrasil. Hafenst., Welthandelsplatz für Kaffee, auf der Küsteninsel São Vicente, 428 500 E; ✈. – 1543 gegr.

São ↑Sankt.

São Miguel [sãu mi'ɣɛ:l], größte Insel der Azoren, Portugal, 747 km², Hauptort Ponta Delgada; bis 1 105 m ü. d. M.; Anbau v. Ananas.

Saône [so:n], r. Nbfl. der Rhone, 480 km.

São Paulo [sãu 'paulu]: **1)** südostbrasil. B.-Staat, 248 256 km², 33,7 Mill. E, Hptst. S. P.; wirtsch. führender brasil. Staat; **2)** Hptst. von 1), wichtigstes Ind.-Zentrum Brasiliens, 11,13 Mill. E; 4 Univ., Seruminstitut Butantan; Erzb.; viels. Ind.; ✈. – 1554 gegr. – Abb. S. 603.

Sarabande [span.-frz.], Tanz span. Ursprungs im Dreiertakt; Satz der frz. Suite.

Saragat, Giuseppe, * 1898, † 1988, ital. Politiker; Mitbegr. der Sozialist. Arbeiterpartei (1947), später der Sozialdemokratischen Partei Italiens (PSDI), 1949–54, 1957–64 u. 1976 deren Gen.-Sekr., 1964–71 Staatspräsident.

Sarajevo, Hptst. der Republik Bosnien und Herzegowina, 415 600 E; Univ.; Moscheen, Basare; Tabak-, Teppichind., Kunsthandwerk; ✈. – Die Ermordung des östr.-ungar. Thronfolgerpaares anlässl. eines Besuchs in S. am 28. 6. 1914 löste den 1. Weltkrieg aus.

Sarawak, Gliedstaat Malaysias, auf Borneo, 124 450 km², 1,67 Mill. E, Hptst. Kuching; gebirgig, stark bewaldet (rd. 70 %), schmaler Küstensaum mit feuchttrop. Klima; Anbau v. Reis, Sagopalmen und Pfeffer; beträchtl. Küstenfischfang; bed. Kautschukgewinnung, Erdöl-, Kohle-, Gold-, Bauxitgewinnung. – 1888 brit. Protektorat, 1946–63 Kolonie.

Sarazene [arab.], Bez. des Arabers im MA; später des Muslims.

São Tomé und Príncipe

Fläche: 964 km²
Einwohner: (1995) 133 000
Hauptstadt: São Tomé
Amtssprache: Portugiesisch
Zeitzone: MEZ

São Tomé und Príncipe [sãu tu'mɛ - 'prinsipi], Rep. im Golf von Guinea, umfasst die beiden Inseln (ehem. Vulkane) *São Tomé* (836 km²) u. *Príncipe* (128 km²), die 135 km voneinander entfernt liegen; trop. Klima; Anbau von Kakao, Kokos- u. Ölpalmkulturen.

Saphir [gr.], Abart des ↑Korunds, Härte 9; blau (auch farblos od. gelb); Edelstein.

Sappho, griech. Dichterin um 600 v. Chr., die in Mytilene (↑Lesbos) einen Kreis junger Mädchen in kult.-erzieher. Gemeinschaft um sich sammelte; Götterhymnen, Hochzeitslieder, Liebeslyrik.

Sapporo, Hptst. der jap. Insel Hokkaidō, 1,67 Mill. E; Univ.; Textil- u. a. Ind.; Wintersportort; ✈.

Sara, Gestalt des A. T.; Halbschwester u. Frau Abrahams, dem sie Isaak gebar.

Sardellen [ital.], versch. Arten kl. heringsart. Fische; ↑Anschovis 1).

Sarden, Bev. Sardiniens.

Sardine [ital.], 15–25 cm langer Heringsfisch, bes. an den Küsten W-Europas u. des Mittelmeeres; Speisefisch (Ölsardinen).

Sardinilen (ital. Sardegna): **1)** ital. Insel im W des Tyrrhen. Meeres, 23 813 km², als Region (mit Nebeninseln) 24 090 km², 1,65 Mill. E, Hptst. Cagliari; bis 1 834 m (Punta Lamarmora); Schafzucht, Wein-, Obst-, Getreideanbau, Korkeichenhaine; ⚒; Meersalzsalinen bei Cagliari; Fremdenverkehr. – *Gesch.:* Im 9. Jh. v. Phönikern besiedelt, im 6./5. Jh. karthag., 238 v. Chr. röm., im MA arab., dann unter d. Oberhoheit Pisas, 1297 an Aragonien, 1713 an Östr., das 1720 S. gg. Sizilien an die Hzg. v. Savoyen gab; **2)** ehemaliges Kgr. (1720–1861), umfasste die Insel S., die Herzogtümer Savoyen, Aosta, Montferrat u. Genua, die Gft. Nizza u. als Kernland das Ft. Piemont; nach 1848 Stützpt. der nat. Bewegung in Italien u. Kernland des späteren Kgr. Italien.

Sardonyx [gr.], rote od. braune, weiß gebänderte Varietät des ↑Chalzedons.

Sargon, Name mehrerer altorient. Herrscher: **1) S. v. Akkad,** etwa 2350–2295 v. Chr., begr. das erste semit. Großreich; **2) S. II.,** ⚔ 705 v. Chr., Kg. von Assyrien s. 722; eroberte Samaria, Urartu und Babylon.

Sari [Hindi], kunstvoll gewickeltes, auch den Kopf umhüllendes Gewand der Inderin.

Sarkasmus [gr.-lat.], beißender Spott; *sarkastisch,* spött., höhnisch.

Sarkom [gr.], bösart., aus dem Stütz- und Bindegewebe hervorgehende, meist abnorm zellreiche Geschwulst mit heterologem Bau und Neigung zur Metastasierung (häufig auf dem Blutwege).

Sarkophag [gr.], monumentaler, meist reich geschmückter Sarg aus Stein, Ton, Metall oder Holz.

Sarmaten, antikes zentralasiat.-iran. Nomadenvolk, Reiter und Bogenschützen; vom 3. Jh. v. Chr. bis zum 2. Jh. n. Chr. in S-Russland.

Sarnen, Hauptort des schweizer. Halbkt. Unterwalden ob dem Wald, am *Sarner See* (7,7 km², 51 m tief), 8 700 E; Barockbauten; Fremdenverkehr.

Sarong [malai.], um die Hüfte geschlungener, bunter Rock der Indonesierinnen.

Saroyan, William [sə'rɔıən], * 1908, † 1981, amer. Schriftsteller armen. Abstammung; Kurzgeschichten, die poet. Aspekte des amer. Alltagslebens schildern; „Ich heiße Aram“, „Menschl. Komödie“; auch Dramen.

Sarraute, Nathalie [sa'ro:t], * 1900, † 1999, frz. Schriftstellerin russ. Herkunft; Vorläuferin u. Wegbereiterin d. Nouveau roman.

Sarthe [sart]: **1)** l. Quellfl. der Maine, Frkr., 285 km; **2)** westfrz. Dép., Hptst. Le Mans.

Sarto, Andrea del, eigtl. Andrea d'Agnolo [di Francesco], * 1486, † 1530, ital. Maler; Hauptmeister der florentin. Hochrenaissance; Freskenzyklen in Florenz (in SS. Annunziata u. im ehem. Scalzo-Kloster), Altarbilder, Bildnisse; bed. [Rötel]zeichnungen.

Sartre, Jean-Paul [sartr], * 1905, † 1980, Großneffe v. A. Schweitzer, frz. Philosoph und Schriftsteller; Vertr. des frz. Existenzialismus;

1952–56 Mitgl. der KP; sieht den Menschen „zur Freiheit verurteilt", in das Nichts gestellt; der v. allen Bindungen befreite Mensch setzt den Sinn des Lebens selbst, trägt die totale Verantwortung; „Das Sein u. das Nichts"; Dramen: „Die Fliegen", „Die ehrbare Dirne", „Die schmutzigen Hände"; „Das Spiel ist aus" (Drehbuch), Autobiographie „Die Wörter"; lehnte den ihm 1964 zuerkannten Nobelpreis für Lit. ab. Philos. Hauptwerk „Kritik der dialekt. Vernunft".

Saudi-Arabien

Fläche: 2,15 Mill. km^2
Einwohner: (1995) 17,88 Mill.
Hauptstadt: Riad
Amtssprache: Arabisch
Zeitzone: MEZ +3 Stunden

SAS, Abk. für: **S**candinavian **Air**lines **S**ystem, skand. Luftverkehrsges.; 1946 durch Zusammenschluss der dän., norweg. und schwed. Flugges. gegründet.
Saskatchewan [səs'kætʃɪwən], zentralkanadische Provinz, 652 330 km^2, 989 000 E, Hptst. Regina; im S fruchtb. Prärieland, im N seenreiche Waldgebiete; bed. Landw.; Bodenschätze: Erze, Erdöl, Erdgas, Braunkohle, Kalisalze.
Sassafrasbaum [frz.; dt.], nordamer. Baum, liefert das in der Pharmazie verw. *Sassafrasholz* u. *Sassafrasöl* (für Parfüm).
Sassaniden, pers. Dyn. (224 bis 651), nach dem Priester Sassan.
Saßnitz, Hafenort und Seebad an der O-Küste v. Rügen, 12 700 E; Fischverarbeitungs-, Kreideind.; Eisenbahnfähre nach Trelleborg (Schweden) u. Memel.
SAT 1, dt. privater Fernsehsender, Sitz in Mainz.
Satan [hebr.], bibl. der Widersacher Gottes u. der Menschen, Fürst der gefallenen Engel *(Teufel)*.
Satanismus, Bez. für jegl. Verehrung des Satans bzw. Teufels als des widergöttl. Prinzips; oft verknüpft mit schwarzer Magie.
Satellit [lat.]: **1)** Gefolge, Gefolgsmann; **2)** Trabant, Mond, Himmelskörper, der einen Planeten umkreist. – ↑auch Erdsatellit.
Satellitenfernsehen, über Rundfunk- u. Fernmeldesatelliten ausgestrahlte Fernsehprogramme, die über Parabolantenne od. Kabel empfangen werden können.
Satellitenstaat, Staat, der trotz völkerrechtl. Unabhängigkeit unter dem bestimmenden Einfluss einer Großmacht steht.
Satie, Erik, eigtl. Alfred E. Leslie-S., * 1866, † 1925, frz. Komponist; führend in der Gruppe der „Six"; Vorläufer d. Avantgarde des 20. Jh.; gg. jeden romant. Gefühlsausdruck.
Satin [sa'tɛ̃; frz.], Gewebe in Atlasbindung (dadurch glatte Oberfläche); v. a. Futterstoff.
satinieren [frz.], Papier zw. Walzen glätten (↑Kalander).
Satire [lat.], Lit.-Gattung, die heiter-spött. od. bissig Unzulänglichkeiten der menschl. Natur, gesellschaftl.-politische Verhältnisse od. weltanschaul. u. literar. Erscheinungen kritisiert; an keine best. literar. Form gebunden; bed. Vertr. sind u. a. Lukian, Voltaire, Swift, Heine, Wedekind, Shaw.
Satisfaktion [lat.], Genugtuung, bes. durch Ehrenerklärung oder Zweikampf.
Satō, Eisaku, * 1901, † 1975, jap. Politiker; nach dem 2. Weltkrieg Min. in versch. Kabinetten; 1964 bis 1972 Min.-Präs. u. Vors. der LDP, erreichte die Normalisierung des Verhältnisses zu S-Korea; Friedensnobelpreis 1974.
Satrap [pers.], altpers. Statthalter in den Provinzen, urspr. Stellvertreter des Großkönigs.
Satsuma, samenlose Varietät der Mandarine.
Sattel: 1) Sitz- oder Tragvorrichtung auf Reit- bzw. Lasttieren; **2)** Einsenkung eines Gebirgskammes; **3)** Schichtaufwölbung (Geol.).
Satteldach, Dach aus zwei mehr oder weniger stark geneigten Flächen, d. im First zusammenstoßen.
Sättigung: 1) Erreichen eines Grenzzustandes in einem physikal. System; S. ist erreicht, wenn eine physikal. Größe, die bei Änderung einer anderen monoton zunimmt, von einem best. Wert ab konstant bleibt; **2)** Grad der Buntheit einer Farbe im Vergleich zum gleich hellen Grau (Farbmetrik).
Satu Mare (dt. Sathmar), nordwestrumän. Stadt am Szamos, 132 000 E; Eisenind., Masch.-, Waggonbau, Textil-, Holz- u. a. Ind.; sw. von S. M. Siedlungsgebiet der im 18. Jh. aus SW-Dtl. ausgewanderten *Sathmarer Schwaben,* bäuerl. Kolonisten.
saturiert [lat.], zufrieden gestellt, gesättigt.
Saturn, alter, aber nicht einheim. röm. Gott des Ackerbaus, dem griech. Gott Kronos gleichgestellt.
Saturn, 6. (von der Sonne aus gezählt), zweitgrößter Planet; fester Gesteinskern von rd. 3facher Erdmasse, Mantel v. a. aus festem bzw. flüssigem Wasserstoff, dichte, wolkige Atmosphäre v. a. aus Wasserstoff (89 %) u. Helium; neben 23 Monden besitzt S. ein ihn frei schwebend umgebendes Ringsystem (mehrere tausend Einzelringe) aus vermutl. metergroßen Eisbrocken, die ihn als kl. Satelliten umkreisen. Umlaufzeit 29,628 J.; mittl. Entfernung von der Sonne 1 428 Mill. km.
Saturnali|en [lat.], altröm. Fest zu Ehren des Gottes Saturn (Mitte Dez.); während der S. Gleichheit zw. Herren und Sklaven.
Satyrn, lüsterne, meist bocksgestalt. Naturdämonen, Begleiter des Dionysos.
Satyrspiel, Gattung des griech. Dramas, bei dem die Mitgl. des Chors als Satyrn auftraten.
Satz: 1) geordnete Wortfolge zur Wiedergabe eines Gedankens; **2)** musikal. Schreibweise, z. B. homophoner, kontrapunkt. S.; Bestandteil einer größeren musikal. Form (einer Sonate, Sinfonie, Suite u. a.); **3)** aus Lettern oder Schriftzeilen zusammengesetzte Druckform (↑Setzerei); **4)** im Sport Bez. für einen bei Erreichen eines best. Spielergebnisses beendeten Spielabschnitt (u. a. im Tennis).
Satz|aussage ↑Prädikat 3).
Satzung, Rechtsvorschriften über die Verf. v. Ges. (z. B. bei AG, GmbH, Körperschaften des öff. Rechts).
Sau ↑Save.
Saubohne (Pferde-, Puffbohne), Art der Hülsenfrüchtler; Gemüse- u. Futterpfl., Bienenweide.
Saud Ibn Abd Al Asis, * 1902, † 1969, Sohn von Kg. Abd Al Asis ↑Ibn Saud, 1953–64 Kg. von Saudi-Arabien; lebte dann im Exil.
Saudi-Arabi|en, den größten Teil der Arab. Halbinsel einnehmendes Kgr., grenzt im W an das Rote Meer, im N an Jordanien, Irak und Kuwait, im O an den Pers. Golf, im SO an Katar und die Vereinigten Arab. Emirate, im S an Oman und Jemen. Das Küstengebiet am Ro-

ten Meer steigt steil zur inneren Hochfläche an, die sich zum Pers. Golf hin allm. abdacht; Küstengebiete feuchtheiß, im (meist abflusslosen) Innern arides Klima (ausgedehnte Sandwüsten). *Wirtsch.:* Oasenwirtsch., nomad. Weidewirtsch.; bed. Erdölförderung am Pers. Golf (die Vorräte sind die größten der Erde). – *Gesch.:* Die Wahhabiten unter Abd Al Asis ↑Ibn Saud verdrängten 1913 die Osmanen aus dem NO der Arab. Halbinsel, 1926 ließ er sich zum Kg. von Nedjd u. Hidjas ausrufen; 1932 wurde das Land Kgr.; Kg. Faisal (1964–75) öffnete S.-A. dem westl. Lebensstil, behielt jedoch die autokrat. Herrschaftsform bei; nach seiner Ermordung folgte Kg. Chalid, 1982 Kg. Fahd; Mitgl. der UN u. der Arab. Liga.

Sauer|ampfer ↑Ampfer.

Sauerbruch, Ernst Ferdinand, * 1875, † 1951, bed. dt. Chirurg; grundlegende Arbeiten auf dem Gebiet der Brustkorbchirurgie (Einführung des Druckdifferenzverfahrens); entwickelte die *S.-Hand,* eine Hand- und Armprothese mit bewegl. Fingern.

Sauerkraut, fein gehobelter Weißkohl, d. durch Milchsäuregärung haltbar gemacht worden ist.

Sauerland, gebirg. S-Teil Westfalens, im NO des Rhein. Schiefergeb., mit Ebbe u. Teilen des ↑Rothaargeb.; waldreich; Wintersport, Textil- und Kleinindustrie.

Sauerstoff, chem. El., Symbol O (von lat. oxygenium), OZ 8, rel. A.-Masse 15,9994, farb- u. geruchloses Gas, Fp. −218,4 °C, Sp. −182,97 °C; reagiert mit allen El. außer den Edelgasen; die entstehenden Verbdg. heißen Oxide; S. liegt überwiegend als O_2-Molekül vor (O_3 ↑Ozon). S. ist das häufigste aller chem. El.; die Weltmeere, Seen und Flüsse bestehen aus nahezu 90 Gew.-%, die feste Erdkruste aus 47,3 Gew.-% gebundenem S.; die erdnahe Luft enthält 20,95 Vol.-% S.; wird durch Verflüssigung von Luft und anschließende fraktionierte Destillation rein dargestellt; lebensnotwendig für fast alle Lebewesen.

Sauerstoffgeräte, Atemgeräte für den Aufenthalt in Umgebungen mit nur unzureichenden Sauerstoffmengen, z. B. unter Wasser (Tauchgeräte) od. Höhenatemgeräte in großen Höhen.

Sauerstoffzelt, zeltförm. Kunststoffüberwurf für ein Krankenbett, mit Luftumwälzvorrichtung, O_2-Dosieranlage (zur Erhöhung der O_2-Konzentration) u. Wasservernebler (zur Kühlung und Anfeuchtung der Umgebungsluft); bei Herz-, Lungen-, Bronchialerkrankungen u. a.

Sauerteig, stark gärender Teig, der die Gärung auf den gesamten Brotteig überträgt; Teiglockerung v. a. durch CO_2-Entwicklung.

Sauerwurm, Raupe der 2. Generation des Traubenwicklers; zerstört die Beeren des Weinstocks (die 1. Generation, der *Heuwurm,* schadet bes. den Blüten).

Säugetiere, Kl. der höchstentwickelten Wirbeltiere; außer den Kloakentieren lebend gebärend, ♀♀ ernähren die Jungen mit Milch aus Milchdrüsen; lungenatmende Warmblüter mit drüsenreicher, meist behaarter Haut, gewöhnl. 4 Gliedmaßen; Gehirn stark entwickelt; weltweit verbreitet: auf dem Land, in der Luft (Fledermäuse) und im Wasser (Wale). Ältester Säugetierfund aus der afrik. oberen Trias.

Saugheber ↑Heber.

Saugwürmer (Trematoden), Kl. parasit. Plattwürmer mit Haftorganen (Saugnäpfen, Haken); Entwicklung meist mit Metamorphose, oft Generationswechsel; z. B. Leberegel.

Saul, erster Kg. v. Israel (bis um 1002 v. Chr.); von Samuel designiert u. gesalbt, durch die Huldigung der israelit. Stämme Volkskg.; Selbstmord nach der Niederlage gg. die Philister.

Säule, kreisrunde Stütze, frei stehend als Ehrenmal, Grabmal oder Träger einer Statue; tekton. Hauptelement des antiken Tempels (in der Renaissance u. im Barock oft nur noch dekorativ).

Säulen des Herkules, antike Bez. für die Felsen beiderseits der Straße von Gibraltar.

Säule. *a Teile einer Säule; b dorische, c ionische, d korinthische Säulenordnung*

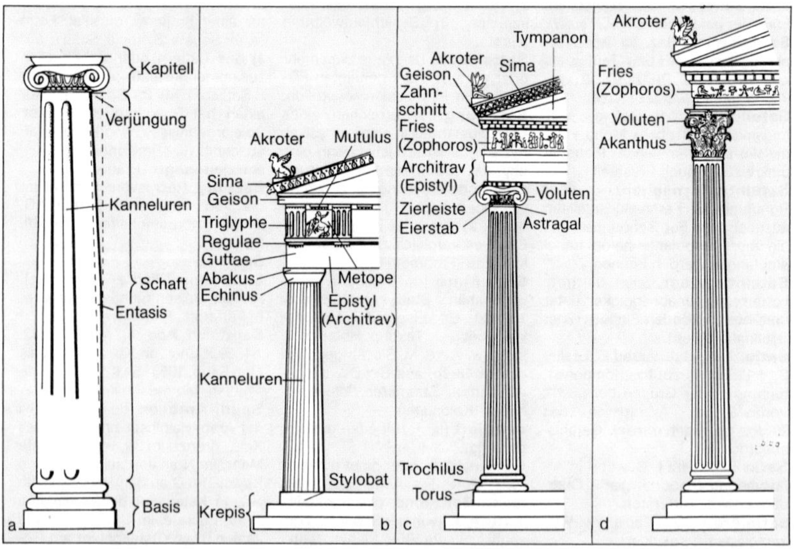

Säumniszuschläge ↑Steuerzuschläge.
Saumur [so'myr], frz. St. an der Loire, 31900 E; histor. Bauten; Kavallerieschule; Wein-, Sektkellereien.
Sauna [finn.], urspr. finn. Heißluftbad; Dampferzeugung durch Übergießen heißer Steine mit Wasser; anschließend Bad in kaltem Wasser, auch im Schnee.
Saura, Carlos, * 1932, span. Regisseur („Der Garten der Lüste"; „Carmen").
Säure-Base-Gleichgewicht, Bez. für d. durch physiolog. Regelungsprozesse eingestellte, durch den biolog. neutralen pH-Wert 7,38–7,43 des Blutplasmas bzw. 7,28 der Zellen gekennzeichnete Gleichgewicht d. in den Körperflüssigkeiten enthaltenen Säuren u. Basen. Zur Konstanthaltung des *Säure-Base-Haushalts* tragen die Puffereigenschaften des Blutes u. d. Gewebe, der Gasaustausch in d. Lunge u. d. Ausscheidungsmechanismen d. Niere bei.
Säuren, chem. Verbdg., die in wässr. Lösung u.a. polaren Lösungsmitteln infolge elektrolyt. Dissoziation Wasserstoffionen (Protonen) abgeben; diese lagern sich an die Moleküle des Lösungsmittels und bewirken die „saure" Reaktion der Lösung: saurer Geschmack, Umfärbung von Indikatoren (z.B. Lackmus von blau nach rot). Mit ↑Basen bilden S. Salze (der Säurewasserstoff wird durch Metall[e] ersetzt). Einige S. lösen unter Wasserstoffentwicklung u. Salzbildung Metall[oxid]e auf.
saurer Regen, Bez. für säurehaltige Niederschläge, entsteht durch Reaktion von Wasser u. Sauerstoff der Luft mit bei Verbrennungsprozessen entstehendem Schwefeldioxid (SO_2) u. Stickoxiden (NO_x); führt zu einer Versauerung des Bodens und gilt als eine der Ursachen des Waldsterbens.
Saurier [gr.], ausgestorbene Reptilien (bes. Trias, Jura, Kreide), teilw. riesengr.; Raubtiere und Pflanzenfresser, Land-, Wasser- und Luftbewohner.
Saussure [so'sy:r], Ferdinand de, * 1857, † 1913, schweizer. Sprachforscher; Begr. der mod. Linguistik; erkannte als erster das idgm. Vokalsystem.
Savanne [span.], Vegetationsform der wechselfeuchten Tropen, Grasland mit einzelnen Bäumen und Baumgruppen.
Save, r. Nbfl. der Donau, 945 km, mündet bei Belgrad.
Savoir-vivre [savwar'vi:vr; frz.], [feine] Lebensart.

Schaben. *Küchenschabe*

Savona, ital. Prov.-Hptst. u. Hafenstadt an der westl. Riviera, 66000 E; chem., Schwer- u.a. Industrie.
Savonarola, Girolamo, * 1452, † 1498, ital. Dominikaner u. Bußprediger; der bedeutendste Sittenprediger seiner Zeit, s. 1482 in Florenz; nach der Vertreibung der Medici (1494) machte S. Florenz zu einer theokrat.-demokrat. Rep. u. suchte die Bürger für ein wirkl. christl., streng asket. Leben zu gewinnen; 1497 von Papst Alexander VI. exkommuniziert und als Schismatiker u. Häretiker gehenkt und verbrannt.
Savoyen, frz. Geb.-Ldsch. südl. des Genfer Sees. – 1033 mit Burgund an das Hl. Röm. Reich, 1416 Hzgt. (Kernland Piemont), 1720 Tausch des 1713 gewonnenen Sizilien gg. Sardinien, 1860 Abtretung S.s an Frankreich.
Sawallisch, Wolfgang, * 1923, dt. Dirigent und Pianist.
Saxophon, v. dem belg. Instrumentenbauer Antoine-Joseph Sax (* 1814, † 1894) erfundenes Blasinstrument mit aufschlagendem Rohrblatt u. Blechkörper, Schnabelmundstück, Klappensystem.
Sayers, Dorothy [Leigh] ['seɪəz], * 1893, † 1957, engl. Schriftstellerin; psychol. Kriminalromane, Dramen, Essays.
Sb, Symb. für ↑Antimon (☊).
SBZ, Abk. für: **S**owjetische **Be**satzungs**z**one.
Sc, Symb. für ↑Scandium (☊).
Scaliger (della Scala), nordital. Adelsgeschlecht, 1259 bis 1387 Stadtherren v. Verona; gehörten zu den Ghibellinen.
Scaliger, Julius Cäsar, eigtl. Bordone della Scala, * 1484, † 1558, ital. Humanist; seine Poetik bestimmte Theorie und Praxis auch der dt. Dichtung bis ins 18. Jh.
Scandium [nlat.], chem. El., Symbol Sc, OZ 21, rel. A.-Masse 44,956, Metall der seltenen Erden; techn. bedeutungslos.
Scanner ['skænə; engl.], allg. Bez. für ein Gerät, das ein zu untersuchendes Objekt punkt- bzw. zeilenweise (z.B. mit einem Licht- [Laser-] oder Elektronenstrahl) abtastet u. die ermittelten Messwerte registriert oder weiterverarbeitet.
Scarlatti: 1) Alessandro, * 1660, † 1725, ital. Komponist; einer der Hauptmeister der neapolitan. Oper; Kantaten, Oratorien; **2)** Domenico, * 1685, † 1757, Sohn von 1), ital. Komponist; über 500 Klavier- u. Orgelwerke; Opern, Kirchenmusik.
Scene, Bez. für eine [alternative] Subkultur für „Aussteiger" aus der Gesellschaft.
Schaaf, Johannes, * 1933, dt. Regisseur; Inszenierungen u.a. für die Salzburger Festspiele, auch Filme („Tätowierung", „Trotta", „Traumstadt", „Momo").
Schabbes, jidd. für ↑Sabbat.
Schaben, Ordn. flacher, behänder Insekten mit Laufbeinen; Flügel oft verkürzt; lange, fadenförm. Antennen, kauende Mundwerkzeuge; Vorratsschädlinge; z.B. Küchenschabe.

Schachtelhalme. *Ackerschachtelhalm*

Schabkunst (Mezzotinto), Kupferstichverfahren, bes. für Gemäldereproduktionen.
Schablone, ausgeschnittene Vorlage [zur Vervielfältigung], Muster; übertr. für Nachahmung.
Schachspiel, Brettspiel, Turnierschach sportl. Disziplin, gespielt v. 2 Personen mit je 16 Figuren (8 Offiziere: Kg., Dame, 2 Läufer, 2 Springer u. 2 Türme sowie 8 Bauern), von denen jede eine vorgeschriebene Gangart hat; quadrat. Spielbrett mit 64 abwechselnd hellen u. dunklen Feldern; jede Partei versucht bei abwechselndem Ziehen ein ↑Matt zu erzielen.

Schacht, [Horace Greely] Hjalmar, * 1877, † 1970, dt. Finanzpolitiker; 1923–30 u. 1933–39 Reichsbankpräs.; 1932/33 Förderer Hitlers; 1935–37 Wirtschaftsmin., betrieb die dt. Aufrüstung; 1937–43 Min. ohne Geschäftsbereich; 1946 v. Internat. Militärgerichtshof in Nürnberg freigesprochen.

Schacht, senkrechter od. schräger, in die Tiefe führender Grubenbau; u. a. für Fahrung, Förderung, Wetterführung (⚒).

Schachtelhalme, Klasse der Farnpfl.; meist kraut. Pfl., Hauptentwicklung im Erdaltertum mit baumart. Vertr.; heute noch die *Sch.* i. e. S. mit der einz. Gatt. *Schachtelhalm,* meist an feuchten Orten; *Ackerschachtelhalm,* Volksheilmittel. – Abb. S. 607.

schächten, nach jüd. Ritus schlachten; mit schnellem Schnitt wird die Halsschlagader des Schlachttieres durchschnitten und damit völl. Ausbluten bewirkt.

Schadow [-do]: **1)** [Johann] Gottfried, * 1764, † 1850, dt. Bildhauer; Hauptmeister des dt. Klassizismus; Quadriga auf dem Brandenburger Tor, Prinzessinnengruppe; **2)** Wilhelm v., * 1788, † 1862, Sohn von 1), dt. Maler; schloss sich 1810 in Rom dem Kreis der Nazarener an, Begr. der Düsseldorfer Malerschule.

Schafblattern, svw. ↑Windpocken.

Schafe, Wiederkäuergatt.; vorw. gebirgsbewohnende Herdentiere, ohne Kinnbart, ♂ mit oft mächt., gedrehten Hörnern; wild lebende Formen: Dickhornschaf, Mufflon; das *Hausschaf* dient bes. als Woll- und Fleischlieferant.

Schäferdichtung, Lyrik, Romane und Dramen, die in einer idyll., erfundenen Schäferwelt spielen (auf bukolische Dichtung zurückgehend), bes. im Barock und Rokoko.

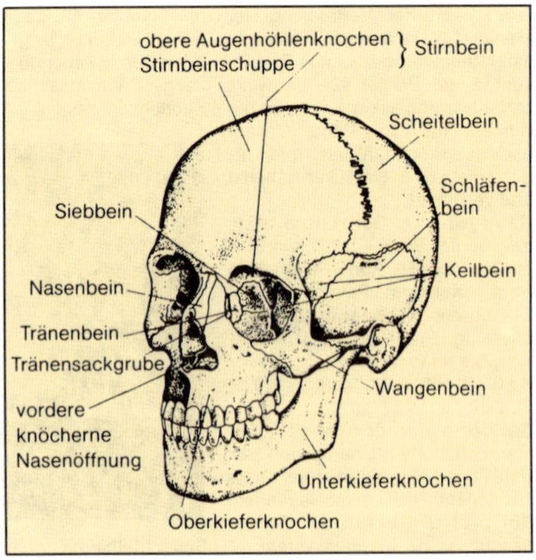

Schädel. *Ansicht des menschlichen Schädels von vorn*

Schädel, Knochenaufbau des Kopfes, beim Menschen aus 24 Sch.knochen: *Hirn-Sch.* mit 1 Stirnbein, 2 Scheitel-, 2 Schläfen-, 2 Felsenbeinen, 1 Keil-, 1 Sieb-, 1 Hinterhauptbein; *Gesichts-Sch.* mit 2 Oberkieferknochen, 2 Gaumen-, 2 Joch-, 2 Tränen-, 2 Nasen-, 2 Muschelbeinen, 1 Pflugscharbein, 1 Unterkiefer; die Sch.knochen werden durch Knorpelfugen oder Sch.nähte miteinander verbunden.

Schädel|lage ↑Kindslage.

Schaden, Nachteil, den eine Person an einem ihrer Rechtsgüter, insbes. an ihrem Vermögen, erleidet; **Sch.ersatz,** Wiederherst. des Zustandes, der ohne das schadenstiftende Ereignis bestehen würde; durch Naturalrestitution od. Ersatz in Geld.

Schäferhunde, v. a. zum Hüten von Schafen geeignete Haushunderassen; u. a. *Dt. Schäferhund, Collie, Bobtail, Belg. Schäferhund.*

Schaffhausen: 1) schweizer. Kt. am Hochrhein, 298 km², 73 600 E; Hptst. Sch.; Obstbau, Ackerbau, Forstwirtsch.; **2)** Hptst. von 1), am Hochrhein nahe dem ↑Rheinfall, 34 000 E; histor. Bauten; Masch.-, feinmech. u. a. Industrie.

Schafgarbe, Gatt. der Korbblütler; *Gemeine Sch.* häufig auf Wiesen und Äckern, bis 50 cm hoch, weiße, kleine Blüten.

Schaf[s]kopf, altes dt. Kartenspiel, das mit einer Karte von 32 Blatt gespielt wird, ben. nach der dem Sch. ähnl. Figur, die bei der Strichnotierung der Spiele gemalt wird; weiterentwickelt zum Doppelkopf.

Schafott [niederl.], [erhöhte] Stätte für Hinrichtungen; Blutgerüst.

Schah [pers.], Herrschertitel; in d. Regel für Schahinschah (Kg. der Könige), war der Titel des iran. Kaisers.

Schakal [türk.], Wildhund; mehr. Arten, bis 1 m lang; nächtl. Jäger, räuber. Allesfresser; Afrika, Asien, SO-Europa.

Schalenmodell, Modell zur [quantenmech.] Beschreibung der Verhältnisse im Atomkern.

Schaljapin, Fjodor Iwanowitsch, * 1873, † 1938, russ. Sänger (Bass); gefeiert als „Boris Godunow".

Schall, mit räuml. u. zeitl. Änderungen der Dichte bzw. d. Druckes verbundene Störung eines materiellen Mediums, die sich wellenförm. ausbreitet *(Sch.wellen), wo*bei alle davon erfassten Teilchen um ihre „Ruhelage" schwingen *(Sch.schwingungen);* Frequenzen zw. 16 und 20 000 Hz *(Hörbereich)* rufen eine Gehörempfindung hervor; Frequenzen unterhalb 16 Hz: *Infra-Sch.,* oberhalb 20 kHz: ↑Ultra-Sch.; oberhalb 10^9 Hz: *Hyper-Sch.;* bei Sch.wellen in Flüssigkeiten und Gasen schwingen die Teilchen des Mediums in Ausbreitungsrichtung (longitudinale Wellen), in festen Körpern auch senkrecht zu ihr (transversale Wellen); Sch. wird als Ton, Klang, Geräusch, Knall empfunden.

Schalla, Hans, * 1904, † 1983, dt. Regisseur; 1949–72 Intendant des Bochumer Schauspielhauses.

Schalldämpfer, Vorrichtung zur Minderung des Auspuffgeräuschs von Verbrennungskraftmasch.; im Auspufftopf werden durch Reflexion und/oder Absorption Wechseldruckanteile stark vermindert; bei Schusswaffen werden ähnl. gebaute Vorrichtungen auf den Lauf aufgesetzt, um den Mündungsknall zu dämpfen.

Schallgeschwindigkeit, die Ausbreitungsgeschwindigkeit der Schallwellen; bei festen und flüss. Stoffen von Elastizitätsmodul und Dichte, bei Gasen von Molekulargew. u. Temp. abhängig. Bei 0 °C beträgt die Sch. in Luft: 331 m/s, in Wasser: 1 485 m/s, in Stahl: 5 100 m/s.

Schallmauer, Geschwindigkeitsbereich in der Nähe der Schallgeschwindigkeit, in dem der

Schanghai. *Im europäischen Stil errichtete Geschäfts- und Verwaltungsgebäude am Bund, einer Uferstraße am Huangpu Jiang*

Luftwiderstand für Luftfahrzeuge steil ansteigt; die beim Überschallflug auftretenden Verdichtungsstöße sind auf der Erde als Knall (Lärmteppich) wahrnehmbar.

Schallplatte, scheibenförm. Träger v. Schallaufzeichnungen; mit einem Plattenschneider werden die Schallschwingungen als Rillen (mit seitl. Auslenkungen) in eine Folie eingraviert; Vervielfältigung durch Pressen mit der nach der Folie hergest. Matrize; genormte Umdrehungszahlen (v.a. $33^1/_3$, 45, 78 U/min); bei *Stereo-Sch.n* werden die Schallschwingungen in 2 unter 45° gg. die Plattenoberfläche geneigten Rillenflanken codiert; *Digital-Sch.n* (Compactdisc, Abk. CD) enthalten die digitalisierte Musikinformation in Form von mikroskop. kleinen Vertiefungen („Pits"), die von einem Laserstrahl abgetastet werden.

Schalmei [frz.], altes Holzblasinstrument mit doppeltem Rohrblatt, Vorläufer der Oboe.

Schalom [hebr.], jüdischer [Friedens]gruß.

Schalotte [frz.], 15–80 cm hohe Zwiebelart.

Schaltbild, svw. ↑Schaltplan.

Schalter, Vorrichtung zum Verbinden od. Unterbrechen v. Stromkreisen; *Niederspannungs-Sch.* (bis 1000 V) und *Hochspannungs-Sch.* (über 1000 V).

Schaltjahr ↑Kalender 1).

Schaltplan, Darst. elektr. Einrichtungen durch genormte Schalt[kurz]zeichen zur Bez. ihrer Wirkungsweise, des Stromverlaufs, der Leitungsverbindungen.

Schalttag ↑Kalender 1).

Schaltung: 1) Anordnung von elektr. Schaltelementen in einem Stromkreis (↑auch integrierte Schaltung); **2)** (Gang-Sch.) Hebelsystem zur Bedienung des Wechselgetriebes zum Einlegen der Gänge bei Kfz-Motoren.

Schaluppe [frz.], einmastiger Frachtsegler; [Riemen]beiboot.

Schamanismus [tungus.], Religionsform, bei der zauberkund. *Schamanen* durch Opfer, ekstat. Tänze u.a. Kontakt mit Gottheiten u. Dämonen aufnehmen zur Abwehr v. Krankheit u. Gefahr, zum Schaden der Feinde u.Ä.; bes. bei indones., nord-, zentralasiat. und indian. Völkern.

Schambein, in der Schamgegend liegender Teil des knöchernen Beckens.

Schamir, Yitzhak, * 1915, isr. Politiker (Cherut); 1955–65 leitende Position im Geheimdienst Mossad, 1977–80 Präs. der Knesset, 1980–83 u. 1984–86 Außenmin., 1983/84 u. 1986–92 Min.-Präs.

Schamlippen, äußere weibl. ↑Geschlechtsorgane: 1. *äußere* od. *große Sch.,* zwei behaarte, die Schamspalte umschließende Hautfalten; 2. *kl. Sch.,* zwei v. den gr. Sch. überdeckte kleinere Schleimhautfalten.

Schamotte [ital.], feuerfester, doppelt gebrannter Ton; zur Ausmauerung von Feuerungsanlagen.

Schanghai, größte St. Chinas, im Mündungsgebiet des Huangpu Jiang in den Jangtsekiang, 13,5 Mill. E; mehrere Univ.; wichtiges Wirtschaftszentrum, bedeutendster Hafen und Handelsplatz Chinas; vielseit. Ind.; ✈. – 1842 Erschließung für den europ. Handel, 1869–1941 exterritoriale internat. u. frz. Niederlassungen.

Schanker [frz.], 2 versch., v.a. beim Geschlechtsverkehr übertragene Geschlechtskrankheiten mit Geschwürbildung, bes. an den Geschlechtsorganen: 1. *harter Sch.,* erstes Zeichen (Primäraffekt) der ↑Syphilis; 2. *weicher Sch.,* flache, Eiter bildende Geschwüre; Erreger: Haemophilus ducreyi (Brucellaart).

Schantungseide, svw. Honanseide (↑Honan).

Schanze: 1) Erdwerk als Stützpt. einer mil. Feldstellung (bis Ende des 19. Jh.s); **2)** Sportanlage zum Sprunglauf, besteht aus Anlaufbahn, Schanzentisch, der sich der Flugbahn des Springers annähernden Aufsprungbahn u. dem Auslauf.

Schaper, Edzard [Hellmuth], * 1908, † 1984, dt. Schriftsteller; „Die Freiheit des Gefangenen" (Roman).

Scharade [frz.], Rätsel, bei dem d. Lösungswort in Einzelsilben zerlegt wird, d. umschrieben, graf. od. pantomim. dargestellt werden.

Scharbockskraut, Hahnenfußgewächs; kl. gelb blühende Pfl. in Laubmischwäldern mit glänzenden rundl. Blättern.

Schären, scharenweise auftretende, durch eiszeitl. Gletscher abgeschliffene kleine Felsinseln, v.a. vor den skand. Ostseeküsten.

W. Scheel

Scharf, Kurt, * 1902, † 1990, dt. ev. Theologe; führendes Mitgl. der Bekennenden Kirche; 1966–76 Bischof der Ev. Kirche in Berlin-Brandenburg (Berlin-West), 1961–67 Vors., s. 1967 stellvertr. Vors. bzw. Mitglied des Rates der EKD.

Scharfrichter (Henker), Vollstrecker von Todesurteilen.

Scharhörn, Watteninsel in der Außenelbe, Hamburg, 2,7 km²; Vogelschutzwarte.

Scharia, religiös begr. Recht d. Islam, regelt Rechtsfragen u. enthält Normen der Sozialethik.

Scharlach, meldepflicht. Infektionskrankheit, v. a. bei Kindern, mit hohem Fieber, Halsschmerzen, Mandelschwellung u. einem kleinfleck. („scharlachroten") Ausschlag am ganzen Körper (außer Mundpartie); nach etwa 14 Tagen Abschuppung; Erreger: hämolytische Streptokokken.

Scharnhorst, Gerhard Johann David von, * 1755, † 1813, preuß. Gen.; 1807–10 Chef des neu geschaffenen Kriegsmin.; Heeresreform: u. a. Beseitigung des Adelsprivilegs auf Offiziersstellungen, Verstärkung des Heeres (↑Krümpersystem), allg. Wehrpflicht; 1813 Gen.-Stabschef Blüchers.

Scharnier [frz.], Gelenkband, v. a. aus Metall, zur bewegl. Verbindung zweier Teile.

Scharon, Ariel, * 1928, israel. Politiker; Offizier; Mitgl. des Likud; war zw. 1977 und 1999 mehrfach Min.; Febr. 2001 zum Min.-Präs. gewählt.

Scharoun, Hans Bernhard [-'ru:n], * 1893, † 1972, dt. Architekt; funktionell-organ. Bauweise; Berliner Philharmonie.

Scharping, Rudolf, * 1947, dt. Politiker (SPD), 1991–94 Min.-Präs. von Rheinl.-Pfalz; 1993–95 Bundes-Vors. der SPD, s. 1998 Bundesmin. der Verteidigung.

Schatt Al Arab, gemeinsamer Mdg.-Strom v. Euphrat u. Tigris in d. Pers. Golf, 150 km lang; Grenzverlauf zw. Irak u. Iran umstritten.

Schatten, der nicht oder weniger beleuchtete Raum hinter einem reflektierenden od. stark absorbierenden Körper; in den *Kern-Sch.* gelangen keine, in den *Halb-Sch.* nur Lichtwellen der Teile der Lichtquelle, die durch den Körper nicht verdeckt werden.

Schattenkabinett, Bez. für d. Spitzengruppe d. Opposition, d. beim Reg.-Wechsel das neue Kabinett bilden soll.

Schattenmorelle, schwarzrotfruchtige Sauerkirschensorte.

Schattenriss (Schattenbild, Silhouette), aus schwarzem Papier geschnittenes Profilbildnis.

Schattenspiel, bes. Form des Puppenspiels, bei dem ausgeschnittene Figuren hinter einer beleuchteten, durchscheinenden Fläche bewegt werden. Das Sch. kam von China und Java über die orient. Länder nach Europa (17. u. 18. Jh.).

Schattenwirtschaft, wirtsch. Tätigkeit, die zur gesamtwirtsch. Wertschöpfung beiträgt, jedoch nicht in die amtl. Statistik eingeht, weil sie entweder nicht ermittelt (z. B. Hausarbeit, Nachbarschaftshilfe, Eigenarbeit) oder nicht erfasst werden kann, da sie mit Steuerhinterziehung verbunden ist (v. a. Schwarzarbeit).

Schatz, nach bürgerl. Recht eine bewegl. Sache, die so lange verborgen lag, dass der Eigentümer nicht mehr zu ermitteln ist; gehört je zur Hälfte dem Entdecker und dem Eigentümer der Sache, in der der Sch. verborgen war.

Schatz|anweisungen, kurz- oder mittelfrist. ↑Schuldverschreibungen des Staates.

Schäuble, Wolfgang, * 1942, dt. Politiker (CDU); 1989–91 Bundesinnenmin., 1991–2000 CDU-Fraktionsvors. im Dt. Bundestag, 1998–2000 auch Vors. der CDU.

Schau|insland, Erhebung im Schwarzwald, sö. von Freiburg im Breisgau, 1284 m.

Schaumburg: 1) ehem. Gft., ben. nach der Burg Sch. im Wesertal östl. v. Rinteln; nach dem Erlöschen der Grafen v. Sch. (1640) geteilt: Braunschweig-Lüneburg erhielt den Ostteil, Hessen-Kassel den S (ehem. Kr. Gft. Sch., Nds.), der Rest fiel an Lippe; **2)** Landkr. in Nds., Krst. ↑Stadthagen, 1977 gebildet aus den ehem. Kreisen Gft. Sch. u. Sch.-Lippe.

Schaumburg-Lippe, der lipp. Anteil der ehem. Gft. ↑Schaumburg; seit 1807 Ft., s. 1815 Mitgl. des Dt. Bundes, 1918 Freistaat (Hptst. Bückeburg); seit 1946 Teil Niedersachsens (bis 1977 als Kr. Sch.-L., Krst. Stadthagen).

Schaumgummi, blasig aufgelockerter Gummi.

Schaumkraut, Kreuzblütlergatt.; beim *Wiesen-Sch.* an den Stängeln oft Schaumklümpchen (darin die *Schaumzikadenlarve*).

Schaumwein, durch Kohlensäure stark schäumender Wein. Die Kohlensäure entsteht durch Gärung (in Flaschen od. Tanks) od. wird künstl. zugeführt; 3 Güteklassen: Sch., Sekt und Qualitätssekt b. A. (best. Anbaugebiete).

Schauspiel, allg. für Drama; i. e. S. für ein Drama, das zw. Tragödie und Komödie steht (Tragik wird überwunden, z. B. in Goethes „Iphigenie").

Schausteller, Personen, die außerhalb der Räume einer gewerbl. Niederlassung (u. a. auf Messen, Jahrmärkten) Lustbarkeiten aller Art darbieten; in der BRD Reisegewerbekarte notwendig.

Scheck [engl.], Urkunde, die eine Zahlungsanweisung an eine Bank enthält; gemäß Sch.ges. vom 14. 8. 1933 muss der Sch. enthalten: die Bez. als Sch., die unbedingte Anweisung, eine best. Geldsumme zu zahlen, den Namen dessen, der zahlen soll, den Zahlungsort, Tag u. Ort der Ausstellung u. die Unterschrift des Ausstellers; *Bar-* od. *Kassen-Sch.* (wird bar eingelöst), *Verrechnungs-Sch.* (Sch. wird nur dem Konto des Empfängers gutgeschrieben).

Scheck|karte, von Kreditinstituten an ihre Kunden ausgeg. Garantiekarte, in der sie sich verpflichten, auf sie gezogene Schecks bis zu einem best. Betrag einzulösen, auch wenn diese nicht gedeckt sind; ↑eurocheque.

Sched|dach [engl.; dt.] (Sheddach, Sägedach), v. a. bei Industriebauten angewandte Dachform mit sägezahnartig angeordneten Dachflächen.

Schedel, Hartmann, * 1440, † 1514, Nürnberger Arzt, Humanist u. Geschichtsschreiber; Verf. einer 1493 gedruckten Weltchronik.

Scheel, Walter, * 1919, dt. Politiker; 1961–66 B.-Min. für wirtsch. Zusammenarbeit, 1968–74 Vors. der FDP, 1969–74 Außenmin. u. 1974–79 B.-Präsident.

Scheele, Karl Wilhelm, * 1742, † 1786, schwed. Chemiker dt. Herkunft; entdeckte zahlr. chem. El. u. Verbdg., u. a. Sauerstoff, Chlor, Mangan, Glyzerin, Weinsäure, Oxalsäure.

Scheffel, Joseph Victor von, * 1826, † 1886, dt. Schriftsteller;

„Der Trompeter von Säckingen", „Ekkehard"; Wander- und Studentenlieder.

Scheffel, früher dt. Hohlmaß für Trockengut (*preuß. Sch.* rund 54,96 l); auch Flächenmaß, *Sch. Aussaat* (Ackerfläche, für die beim Säen 1 Sch. Saatgut erforderl. war).

Scheherazade [-'zade], die Erzählerin der Märchen in der Slg. „Tausendundeine Nacht".

Scheibenbock, Gattung an Laub- und Nadelbäumen schädlicher, etwa 15 mm gr., gedrungener, metall. glänzender Bockkäfer.

Scheich [arabisch; = Ältester], Oberhaupt eines Beduinenstammes; islam. Ehrentitel.

Scheide (Vagina), häut., muskulös-elast. Hohlorgan, von dem zw. den kl. Schamlippen liegenden *Sch.nvorhof* zum Gebärmutterhals.

Scheidegg: 1) zwei schweizer. Alpenpässe im Kt. Bern: *Gr. Sch.,* 1962 m ü. d. M., zw. Haslital u. Grindelwald; *Kl. Sch.,* 2061 m ü. d. M., am Fuß der Jungfrau; **2)** Luftkurort im Allgäu, 804 m ü. d. M., 4000 E, Wintersport.

Scheidemann, Philipp, * 1865, † 1939, dt. Politiker (SPD); rief am 9. 11. 1918 die Rep. aus; 1919 Min.-Präs.; emigrierte 1933.

Scheidung ↑ Eherecht.

Scheinfrucht, Frucht, an deren Aufbau außer den Fruchtblättern andere, fleischig gewordene Teile der Blüte beteiligt sind, z. B. die Blütenachse wie beim Apfel u. der Hagebutte.

Scheingeschäft, nichtiges Rechtsgeschäft, bei dem die Vertragspartner ihre Erklärungen nur zum Schein abgegeben haben.

Scheintod, todesähnl. Zustand mit kaum mehr erkennbaren Lebensvorgängen (Atmung, Herzschlag).

Scheinwerfer, Vorrichtung zur Bündelung von Lichtstrahlen mittels Parabolspiegel.

Scheinzwitter, svw. ↑ Intersex.

Scheitel: 1) mittl. oberer Teil d. Kopfes; **2)** beim Winkel Schnittpunkt der Schenkel; **3)** svw. ↑ Scheitelpunkt 1).

Scheitelbein, den Scheitel und teilw. die Seitenwand des Schädels bildender Knochen.

Scheitelpunkt: 1) höchster Pt. einer Kurve, eines Gewölbes u. a.; **2)** Schnittpunkt zweier Geraden (Sch. des Winkels); **3)** svw. ↑ Zenit.

Schelde, frz.-belg.-niederl. Fluss, von der Picardie bis nw. von Antwerpen, 370 km, Mündungsarme: *Wester-* und *Oosterschelde* (seit 1860 abgedämmt).

Scheler, Max, * 1874, † 1928, dt. Philosoph; Hauptvertr. der husserlschen Phänomenol.; Neubegr. der philos. Anthropologie.

Schelf [engl.], Kontinentalsockel (↑ auch Meer); die entspr. Meeresregion ist das *Sch.meer* (z. B. Nordsee).

Schell: 1) Maria, * 1926, schweizer. Schauspielerin; Theater, Film u. Fernsehen, Schwester von 2); **2)** Maximilian, * 1930, schweizer. Schauspieler, Regisseur u. Bühnenautor.

Schellack [niederl.], meist dunkelrotbraune Mischung aus Baumharz u. Wachsabscheidungen bes. der Lackschildlaus; u. a. für Lacke, Isolierungsmaterial, Siegellack, fr. auch für Schallplatten.

Schellenbaum, urspr. türk. Rasselinstrument der Militärkapellen; Stange mit kl. Glöckchen und Rossschweifen.

Schellfisch, bis 90 cm langer Dorschfisch an der europ. u. ostamer. Küste; wicht. Speisefisch.

Schelling: 1) Friedrich Wilhelm Joseph v., * 1775, † 1854, dt. Philosoph; neben J. G. Fichte und G. W. F. Hegel Hauptvertr. des dt. Idealismus; betonte Fichte gegenüber den Vorrang v. Natur u. Kunst, fasste die Wirklichkeit als schöne Entfaltung der Weltvernunft auf; „Ideen einer Philos. der Natur", „System des transzendentalen Idealismus"; **2)** Caroline v. ↑ Schlegel, Caroline von.

Schelmenroman (pikaresker Roman), im 16. Jh. in Spanien entwickelter realist. Abenteuerroman (Lazarillo de Tormes) um die Figur des Picaro (Schelm), in Dtl. Höhepunkt mit Grimmelshausens „Simplicissimus".

Schelsky, Helmut, * 1912, † 1984, dt. Soziologe; Untersuchungen zur soz. Situation der Fam. u. der Jugendlichen.

Schema [gr.], Muster, anschaul. [graf.] Darst.; Entwurf, Form.

Schenkendorf, Max v., * 1783, † 1817, dt. Lyriker; patriot.-begeisterte, volkstüml. gewordene Lieder („Freiheit, die ich meine").

Schenkung, vertragl. unentgeltl. Zuwendung; die *Hand-Sch.* ist formlos; *Sch.sversprechen* bedürfen der gerichtl. oder notariellen Beurkundung; Widerruf der Sch. innerh. von 10 J. mögl. bei grobem Undank des Beschenkten od. bei Verarmung des Schenkers.

Scherenfernrohr, binokulares Prismenfernrohr; Objektive an 2 schwenkb. Armen.

Scherf, Henning, * 1938, dt. Politiker (SPD), seit 1995 Bürgermeister des Landes Bremen.

Ph. Scheidemann

Scherif [arab.], Titel der Nachkommen Mohammeds.

Schermaus, Nagetier; 2 Arten (Ost-Sch. [Mollmaus, Wasserratte], West-Sch.), Eurasien; gefürchtet als „Wühlmaus" in Gärten.

Scherung, svw. ↑ Schub 2).

scherzando [skεr-; ital.], scherzend (𝄞); *Scherzo,* 3-takt. Mittelsatz in Sonate und Sinfonie (statt Menuett); auch selbst. Instrumentalstück; *scherzoso,* launig.

Schesaplana (fr. Scesaplana), höchster Berg des Rätikons, Östr.-Schweiz, 2965 m.

Scheurebe, frühreife Weißweinrebe, Kreuzung aus Silvaner u. Riesling, bukettreiche Weine.

Scheveningen ['sxe:vəniŋə], St.-Teil u. Seebad v. Den Haag.

Schewardnadse, Eduard Ambrossijewitsch, * 1928, georg. Politiker. 1972–85 1. Sekr. der KP in der Georg. SSR, 1985–90, wieder Ende 1991 sowjet. Außen-Min.; s. Okt. 1992 georg. Staatsoberhaupt.

Schicht: 1) tägl. Arbeitszeit in Betrieben, wenn Arbeitsplätze zur intensiveren Nutzung v. versch. Arbeitnehmern in einem best. Turnus mehrmals am Tag besetzt werden; **2)** ↑ Schichtenlehre; **3)** ↑ Schichtung; **4)** durch Ablagerung entstandener plattiger Gesteinskörper.

Schichtenlehre, Vorstellung, nach der die menschl. Persönlichkeit durch übereinander gelagerte Schichten [vom Unbewussten zum Bewussten] bestimmt wird; Vertr. E. Rothacker, Ph. Lersch u. a.

Schichtgesteine, svw. ↑ Sedimentgesteine.

Schichtpressstoffe, aus mit Kunstharzen imprägnierten Papierbahnen o. Ä. in mehreren Schichten aufgebaute Werkstoffe, die unter Druck aushärten.

Schichtstufenlandschaft, Landschaftstyp in Gebieten mit verschieden widerständigen,

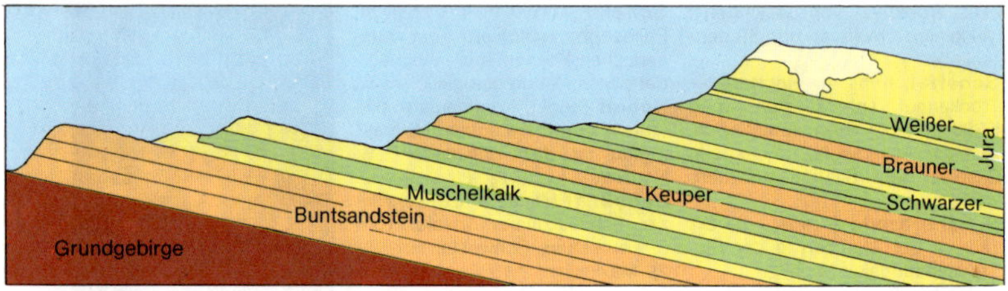

Schichtstufenlandschaft. *Schematische Darstellung (stark überhöht)*

schwach geneigten Gesteinsschichten; *Landterrassen* (weichere Schichten) und *Land-* oder *Schichtstufen* (härtere Schichten); *Auslieger* oder *Zeugenberge* (Reste abgetragener Stufen).

Schichtung, soziolog. Begriff zur Beschreibung des Aufbaus einer Ges.; soz. *Schichten* werden nach Merkmalen der soz. Position (z. B. Beruf, Einkommen, Bildung), des soz. Verhaltens und/oder der gegenseitigen Bewertung unterschieden. Grobe Einteilung: Ober-, Mittel-, Unterschicht.

Schichtwolke, svw. ↑Stratus.

Schickele, René, * 1883, † 1940, elsäss. Schriftsteller des Expressionismus; bemüht um die Versöhnung dt. und frz. Kultur.

Schiedam [sxi:dam], niederl. Hafenst. an der Neuen Maas, westl. von Rotterdam, 71 200 E; bed. Schiffbau u. a. Industrie.

Schieder, Theodor, * 1908, † 1984, dt. Historiker; s. 1948 Prof. in Köln; u. a. Hg. des „Handbuchs der europ. Geschichte", Biogr. „Friedrich d. Gr.".

Schiedsgerichte: 1) nach Parteivereinbarung *(Schiedsvertrag)* anstelle eines staatl. Gerichts angerufene *Schiedsrichter.* Soweit das *Schiedsverfahren* nicht von den Parteien geregelt ist, greifen die Vorschriften der ZPO ein. Es endet mit *Schiedsvergleich* od. *-spruch;* beide können bei vorher. Unterwerfung des Schuldners und nach Vollstreckbarerklärung des Gerichts vollstreckt werden; **2)** im Völkerrecht die von den streitenden Staaten eingesetzten *Schiedskommissionen* unter Vors. eines Neutralen, ferner v. a. der Internat. Ständ. Schiedshof in Den Haag.

Schiedsrichter: 1) der Unparteiische, der den regelgerechten Ablauf eines Wettkampfes überwacht u./od. die Leistung bewertet; **2)** ↑Schiedsgerichte 1).

Schiedsvertrag ↑Schiedsgerichte 1).

Schiefer, in dünnen, ebenen Platten brechendes Gestein; 1. *kristalline Sch.,* Hauptgruppe der ↑metamorphen Gesteine, aus Sediment- u. Magmagesteinen durch Schieferung hervorgegangen (z. B. Gneis, Glimmer-Sch., Phyllit), 2. *Sch.ton,* nach parallelen Schichtebenen spaltb., verfestigter Ton; hellgrau, auch dunkel od. bunt (z. B. Brand-Sch.), 3. *Ton-Sch.,* bläulich graue oder bräunl. Gesteine, durch Druckerhöhung bei Gebirgsbildungsprozessen aus Sch.ton entstanden; heute v. a. als Dachplatten.

Schielen (Strabismus), Abweichen der Gesichtslinien der Augen od. eines Auges von der Parallelstellung nach außen oder innen.

Schienbein, der stärkere der beiden Unterschenkelknochen.

Schiene: 1) aus Draht, Gips od. Holz bestehende Verstärkung eines Verbandes zur Ruhigstellung v. Gliedmaßen; **2)** Fahrbahn aus Stahl mit unterschiedlichem Profil für Sch.nfahrzeuge; **Sch.nomnibus** ↑Eisenbahn.

Schierling, versch. Doldenblütler; *Gefleckter Sch.,* Staude an Hecken, Zäunen u. a. (an ihrem Gift *[Sch.sbecher]* starb Sokrates); *Wasser-Sch.,* sehr gift. petersilienähnl. Staude, an feuchten Orten.

Schießpulver, für Geschosse verw., relativ langsam abbrennende Explosionsstoffe; Gemische versch. Chemikalien; *Schwarzpulver* besteht aus Kaliumnitrat, Holzkohle, Schwefel.

Schiff: 1) Wasserfahrzeug zur Personen- u./od. Güterbeförderung; Form u. Antrieb abhängig von den Aufgaben, die das Sch. bewältigen soll; Aufbau des Sch.s aus dem Kiel, verbunden mit den Bodenwrangen u. den seitl. Spanten; über diesem Sch.sgerippe die Außenhaut, die vorn u. hinten mit einem Steven abgeschlossen ist; in den Sch.skörper werden Schotten und Decks eingebaut. Antrieb: Ruder, Segel, Dampfmasch., Gasturbinen, Verbrennungskraftmaschinen (Dieselmotoren), Elektromotoren, Atomreaktoren). Nach der Verwendung Unterscheidung von Fahrgast-, Handels- u. Kriegs-Sch.en; **2)** Laienhaus im christl. Kirchenbau; in Basilika u. Hallenkirche in Mittel-, Quer- u. Seitenschiffe geteilt.

Schiffchen: 1) (Schützen, Web-Sch.) bootförmiges Werkzeug mit Spule, das den Schussfaden durch das Webfach führt (Weberei); **2)** an der Nähmasch. Vorrichtung, die den Unterfaden durch die Schlinge des Oberfadens führt.

Schifffahrt, jeder Verkehr mit Schiffen, untergliedert nach Verkehrswegen in ↑Binnen-Sch. und *See-Sch.* (*Linien-Sch.* auf regelmäßig befahrenen Routen und *Tramp-Sch.* nach Bedarf zw. oft belieb. festzusetzenden Häfen); ↑auch Handelsflotte.

Schiffsbohrwurm, etwa 20 [bis 45] cm lange, wurmförm. Muschel, bohrt sich in das Holz von Schiffen und Hafenbauten.

Schiffshebewerk, Vorrichtung zum Heben u. Senken von Schiffen zw. versch. hohen Wasserspiegeln; die Schiffe fahren in einen wasserdichten Trog, der in einer Führung vertikal oder auf einer geneigten Ebene bewegl. ist.

Schiffsmakler, Handelsmakler, der die Vermittlung von Frachtverträgen für Schiffe besorgt.

Schiffsregister, beim Amtsgericht geführtes Register, in das, getrennt nach Seeschiffen, Binnenschiffen und Schiffbauwerken, alle Schiffe mit ihrer Größe u. den sachenrechtl. Verhältnissen eingetragen werden.

Schiffstagebuch ↑Logbuch.

Schiiten ↑Islam.

Schikaneder, Emanuel, eigtl. Johann Joseph Schickeneder, * 1751, † 1812, dt. Bühnendichter und Theaterdir.; gründete das „Theater an der Wien"; Textbuch zu Mozarts „Die Zauberflöte".

Schildbürger, die Bürger des sächs. Städtchens Schildau (Schilda), deren törichte Streiche in einem Volksbuch (1598) beschrieben werden.

Schilddrüse, unterh. des Kehlkopfs liegende gr. Drüse; Regulationsorgan des Stoffwechsels (produziert Thyroxin); Überfunktion führt zu ↑Basedowkrankheit, Unterfunktion zum ↑Myxödem, Versagen der Sch.nfunktion zum Kretinismus (↑Kretin).

Schildfarn, weltweit verbreitete Farngatt.; 4 einheim. Arten.

Schildkröten, Ordn. der Reptilien in [sub]trop. Gebieten; mit einem Knochenplattenpanzer, dessen Rückenteil gewölbt und dessen Bauchteil flach ist u. in den meist Kopf u. Gliedmaßen zurückgezogen werden können; Körper kurz u. breit, Schwanz gering entwickelt; landbewohnende Sch. leben hpts. von pflanzl., wasserbewohnende von tier. Nahrung; größte Sch.: ↑Lederschildkröte.

Schildläuse ↑Übers. S. 528 f.

Schildpatt, Hornplatten des Panzers v. a. der Karettschildkröte; fr. zu Kämmen, Knöpfen u. a. verarbeitet.

Schilfrohr, Gatt. der Gräser, bis 4 m hoch; an Ufern u. in stehenden Gewässern; Schilfhalme für Matten, Dachbedeckungen u. a.

Schill, Ferdinand von, * 1776, ⚔ 1809, preuß. Offizier; Verteidiger von Kolberg 1807; fiel beim Versuch einer Erhebung gg. Napoleon I.

Schiller: 1) [Johann Christoph] Friedrich von, * Marbach am Neckar 10. 11. 1759, † Weimar 9. 5. 1805; dt. Dichter; 1773–80 auf der Karlsschule, zunächst Rechts-, seit 1775 Medizinstudium, Regimentsarzt, nach der Uraufführung der „Räuber" in Mannheim (1782) Desertion; Theaterdichter in Mannheim 1783/84; 1785–87 Gast Ch. G. Körners, s. 1789 Prof. für Gesch. in Jena; 1790 Trauung mit Charlotte v. Lengefeld; s. 1791 zunehmendes Leiden an Tbc; befreundet mit W. v. Humboldt u. Goethe; Hg. der Zeitschrift „Horen" und des „Musenalmanachs". Seine frühen Dramen, bes. „Die Räuber" u. „Kabale und Liebe", noch J.-J. Rousseau u. dem Sturm und Drang verpflichtet, weisen aber bereits auf das klass. Drama; daneben Gedichte u. Erzählungen; histor. Studien: „Gesch. des Abfalls der vereinigten Niederlande...", „Gesch. des dreyßigjähr. Kriegs"; Theorie v. der Einheit des Idealen u. des Wirklichen in der Kunst: „Über Anmut und Würde", „Über die ästhet. Erziehung des Menschen"; „Über naive u. sentimental. Dichtung"; gr. philos. Gedichte, Balladen; „Die Verschwörung des Fiesko zu Genua", „Don Carlos, Infant v. Spanien", Wallenstein-Trilogie, „Die Jungfrau von Orleans", „Wilhelm Tell", „Maria Stuart", „Die Braut v. Messina", „Demetrius" (unvollendet); **2)** Karl, * 1911, † 1994, dt. Nat.-Ökonom u. Politiker; 1946–72 u. s. 1980 Mitgl. der SPD; 1966–71 B.-Wirtschaftsminister, 1971/72 B.-Min. für Wirtsch. u. Finanzen.

Schillerlocken, geräucherte Bauchscheiben vom Dornhai.

Schiller-Nationalmuseum (Deutsches Literaturarchiv), Marbach am Neckar, 1903 gegr. Mus., sammelt umfassend Bildnisse, Handschriften u. Erstdrucke von F. Schiller, F. Hölderlin, E. Mörike u. den schwäb. Romantikern; verbunden mit dem 1955 gegr. größten Literaturarchiv Dtl.s, dient der literaturwiss. Forschung.

Schillerwein, Roséwein aus Württemberg.

Schilling, fr. Währungseinheit in dt. Staaten u. Großbrit. (Shilling), noch heute in Östr.; ↑auch Übers. Währungen.

Schimäre [nach der Chimära], Trugbild, Hirngespinst.

Schimmelpilze, Sammelbez. für Pilze, die auf feuchten organ. Stoffen weiße, graue, bläulich grüne, flaumig-flock. oder staub. Überzüge *(Schimmel)* bilden.

Schimpanse [afrik.], Menschenaffe Äquatorialafrikas, mit dunklem Fell, 1,30–1,70 m gr.; Baumbewohner, lebt in Familien bzw. kl. Horden; Fruchtfresser.

Schinderhannes, eigtl. Johann Bückler, * 1783 (1777 ?), † 1803, dt. Räuberhauptmann am Mittelrhein; in Mainz hingerichtet; romant. verklärte Figur der Volkserzählung; Drama v. C. Zuckmayer.

Schinkel, Karl Friedrich, * 1781 † 1841, dt. Baumeister u. Maler; Verbdg. v. klassizist. u. romant. Elementen; Bauten in Berlin: Neue Wache, Schauspielhaus, Schloss Tegel, Altes Museum, Friedrichswerdersche Kirche; Schloss Charlottenhof im Park v. Sanssouci u. Nikolaikirche in Potsdam; Bühnenbilder, Architekturgemälde.

Schinto ↑Shinto.

Schirach, Baldur von, * 1907, † 1974, dt. nat.-soz. Politiker; 1933–40 R.-Jugendführer; 1940 bis 1945 Gauleiter und R.-Statthalter in Wien; 1946 in Nürnberg zu 20 J. Gefängnis verurteilt.

Schirmakazie ↑Akazie 1).

Schirokko [arab.-ital.], warmer S-Wind im Mittelmeergebiet.

Schisma [gr.], Kirchenspaltung, begr. durch die Weigerung, sich dem Papst unterzuordnen; *Morgenländ. Sch.* (s. 1054): Trennung v. morgen- u. abendländ. Kirche; *Abendländ. Sch.* (1378–1417): Nebeneinander von zunächst 2, dann 3 Päpsten, beigelegt durch das Konstanzer Konzil.

F. von Schiller

Schitomir, Stadt westl. von Kiew, Ukraine, 298 000 E; vielseit. Industrie.

Schiwa, eine der Hauptgottheiten des Hinduismus.

Schiwkow, Todor, * 1911, † 1998, bulgar. Politiker; s. 1954 Erster Sekr. des ZK der KP, 1962–71 Min.-Präs., 1971–89 Vors. des Staatsrates (Staatsoberhaupt).

Schizophrenie [gr.], in versch. Formen auftretendes Spaltungsirresein; meist bereits im Pubertätsalter manifest; Wesensänderung des Personganzen mit Denkzerfall, Sinnestäuschungen, Wahnideen, absonderl. Verhalten u. a.; häufig progressiv.

Schlabrendorff, Fabian von, * 1907, † 1980, dt. Jurist u. Widerstandskämpfer; trat bes. bei versuchten Bombenanschlägen auf Hitler im März 1943 hervor, im August 1944 verhaftet; 1967–75 Richter am B.-Verf.-Gericht.

Schlacke: 1) Gemisch von im Schmelzfluss entstandenen Oxiden (ggf. auch Sulfide u. a.); bildet sich beim metallurg. Schmelzen aus der Gangart und den Zuschlägen; Hochofen-Sch. zu *Sch.nsteinen, Sch.nwolle* (Isolierungsmaterial) u. a. verarbeitet; **2)** Verbrennungsrückstand (Herd-Sch. u. a.); **3)** blasig-poröser Lavabrocken.

Schlaf, Johannes, * 1862, † 1941, dt. Schriftsteller; mit A. Holz Begr. des konsequenten Naturalismus.

Schlaf, der Erholung des Zentralnervensystems als Schutz gg. Erschöpfung dienender Ruhezustand mit herabgesetzten Körperfunktionen und ausgeschaltetem Bewusstsein (jedoch erhöhter Hirndurchblutung).

Schlafkrankheit, durch Trypanosomen hervorgerufene Infek-

tionskrankheit: Schlafsucht, nervöse Störungen und Auszehrung; Übertragung durch ↑Tsetsefliegen.
Schlafmittel (Hypnotika), Arzneimittel, die durch zeitweil. Ausschalten best. Gehirntätigkeiten (damit Nervenberuhigung) Schlaf hervorrufen.
Schlafwandeln, svw. ↑Somnambulismus.
Schlagadern, svw. ↑Arterien.
Schlaganfall (Schlagfluss, Apoplexie), plötzl. Aussetzen der Funktion eines Organs (im Verlauf einer starken Organblutung, z. B. infolge einer Embolie); i. e. S. *Gehirnschlag,* Ausfall umschriebener Hirnregionen als Folge von Hirnblutungen oder infolge Gefäßverschlusses, mit Lähmungen und verschiedenart. Störungen.
Schlagball, mit Baseball u. Kricket verwandtes Ball- und Laufspiel zw. 2 Mannschaften zu je 12 Spielern (Fang- und Schlagpartei).
schlagende Wetter, explosive Gemische von Grubengas (Methan) u. Luft, deren Explosionsfähigkeit bei 5 bis 14 % Methangehalt liegt; Ursache der meisten Grubenkatastrophen.
Schlager, gängiges, meist sentimentales od. tanzart., in der Regel kurzleb. Unterhaltungsstück (𝄞).
Schlagfluss, svw. ↑Schlaganfall.
Schlag|obers, östr. für Schlagsahne.
Schlagsahne, steif geschlagene Sahne; Mindestfettgehalt 28 %.
Schlagseite, starke seitl. Neigung eines Schiffes, z. B. infolge Wassereinbruchs.
Schlagzeug, Bez. für Musikinstrumente, deren Ton durch Schlagen (mit Klöppel, Hammer, Metallstab o. Ä.) erzeugt wird: Trommel, Pauke, Becken, Triangel, Celesta, Xylophon, Glockenspiel u. a.
Schlammbad, Bad oder Packung von mineralhalt. Küsten-, Fluss-, See- od. Moorschlamm zur Behandlung von rheumat. u. neuralg. Erkrankungen sowie von Frauenleiden.
Schlammfliegen, Unterordn. der Netzflügler; heim.: *Wasser[flor]fliegen,* Larven räuber. in Gewässerschlamm.
Schlämmkreide, durch Aufschlämmen gereinigtes natürl. weißes Calciumcarbonat, u. a. verwendet für Maueranstriche, Zahnputzmittel.
Schlammspringer, Fam. der Knochenfische in trop. Küstengewässern; können atmosphär. Luft atmen, klettern u. springen; verlassen häufig das Wasser.
Schlangen, Unterordnung der Schuppenkriechtiere mit rd. 2500 Arten; lang gestreckte, fußlose Reptilien, die sich durch „Schlängeln" fortbewegen; Extremitäten fast immer vollständig rückgebildet (Schultergürtel und Brustbein fehlen); bis über 400 bewegl. Rippenpaare; häuf. mit Giftzähnen; Oberhaut (mit Schuppen u. Schildern) wird regelmäßig abgeworfen; fressen bes. Wirbeltiere; Erd-, Baum-, Wasserbewohner.
Schlangengift, Absonderung der Giftdrüsen von Giftschlangen, injiziert durch Giftzähne; wirkt auf das Nervensystem u. auf Herz u. Kreislauf. Erste Hilfe: Abbinden des gebissenen Gliedes; Arzt!
Schlangenmoos, svw. ↑Kolbenbärlapp.
Schlank|affen, Unterfam. langschwänz. Meerkatzenartiger; u. a. Nasenaffen.
Schlanklori, nachtaktiver, bis etwa 25 cm körperlanger Lori S-Indiens und Sri Lankas.
Schlaraffenland, märchenhaftes Land, wo Milch u. Honig fließen, wo Faulheit verdienstvoll u. Tugend das höchste Laster ist.
Schlauchpilze, Unterkl. der höheren Pilze mit Sporenbildung im Inneren von Zellschläuchen; z. T. Krankheitserreger.
Schlauchwürmer (Rundwürmer, Nemathelminthen), sehr uneinheitl. Tierstamm; faden- od. walzenförm., unsegmentierte Würmer; zahlr. Parasiten; u. a. Rädertiere, Fadenwürmer.
Schlechtwettergeld, 1995 entfallene, auf Antrag von der Arbeitslosenversicherung gezahlte Lohnersatzleistung für witterungsbedingten Arbeits- u. Lohnausfall im Baugewerbe.
Schlegel: 1) August Wilhelm v., * 1767, † 1845, Bruder v. 2), dt. Dichter und Literaturwissenschaftler; systematisierte und verbreitete die romant. Ästhetik, führte das Interesse d. Romantiker an fremden Spr. und Kulturen bis zu intens. wiss. Studien; Mitbegr. der Indologie u. der histor. Schule der Lit.-Wiss.; „Vorlesungen über schöne Lit. und Kunst"; begann die sch.-tiecksche Shakespeare-Übers.; **2)** Friedrich von, * 1772, † 1829, Bruder von 1), dt. Dichter und Kritiker; Theoretiker und Programmatiker der Romantik, deren Kunstprinzipien er in genialen und geistvollen Aphorismen formulierte: „Krit. Fragmente", „Gespräch über die Poesie"; Mithg. d. Zeitschrift „Athenäum"; „Lucinde"; **3)** Caroline v., * 1763, † 1809, 1796 bis 1802 Gattin von 1), später F. W. J. v. Schellings; zentrale Figur der Jenaer Frühromantik.
Schlehdorn (Schwarzdorn), Rosengewächs, Strauch an Waldrändern, Rainen u. Ä., blüht im Vorfrühling weiß; schwarzbläul. Früchte *(Schlehen)* nach mehrmal. Durchfrieren genießbar.
Schleichen, Echsenfam., mit weitgehend od. völlig rückgebildeten Gliedmaßen; u. a. Blindschleiche.
Schleicher, Kurt von, * 1882, † 1934, dt. Gen. und Politiker; am Sturz H. Brünings (1932) beteiligt; 1932/33 R.-Kanzler; versuchte mithilfe der R.-Wehr, der Gewerkschaften und der oppositionellen Gruppen innerhalb d. NSDAP die Reg.-Übernahme der Nat.-Sozialisten zu verhindern; mit seiner Frau im Zusammenhang mit dem Röhm-Putsch ermordet.
Schleichkatzen, kurzbeinige Raubtierfam., von marder- od. katzenähnl. Aussehen, meist mit Duftdrüsen; in Afrika, Asien, S-Europa; u. a. Zibetkatzen.
Schleie, Karpfenfische, v. a. in ruhigen, pflanzenreichen, warmen Süßgewässern Eurasiens; geschätzter Speisefisch.
Schleier|eulen, Unterfam. der Eulenvögel; Augen von herzförm. Federkranz (Schleier) umgeben.
Schleierkraut, bis 1 m hohes Nelkengewächs; Zierpflanze.
Schleiermacher, Friedrich Ernst Daniel, * 1768, † 1834, dt. Philosoph u. ev. Theologe; vertrat einen romant.-christl. Idealismus; schuf die Grundlage einer wiss. Hermeneutik.
Schleierschwanz, Zuchtform des Goldfischs.
Schleifen: 1) Verfahren d. Material abtragenden Formung, bei d. durch Abnehmen v. feinen Spänen Unebenheiten am Werkstück entfernt werden; mit *Schleifmasch.,* deren Schleifscheiben u. Ä. mit *Schleifmitteln* gr. Härte (z. B. Siliciumcarbid) besetzt sind; **2)** Abreißen von Festungsanlagen.
Schleif|lacke, Lacke, die sich nach dem Eintrocknen glatt schleifen lassen.
Schleim: 1) dickflüss. Sekret der *Sch.drüsen* bei Tier und Mensch; enthält u. a. ↑Muzine; **2)** zäher, aus Kohlenhydraten bestehender Stoff bei Pflanzen, bes. in Zwiebeln und Sukkulenten.
Schleimbeutel, mit ↑Schleim 1) od. Gelenkschmiere gefüllter Gewebebeutel zw. aufeinander gleitenden Körperoberflächen (bes. zw. den Knochen eines Gelenks).
Schleimhaut, Schleim erzeugende Hautschicht, mit der innere Organe u. Eingeweide ausgekleidet sind.

Schleimpilze (Myxomyzeten), Kl. niederer Pilze; in best. Entwicklungsstadium schleim., ungegliederte Massen.

Schleißheim, 2 Schlösser nördl. v. München; Altes Schloss (1616 ff., 1944 stark zerstört) und Neues Schloss (1701 ff.; Gemäldeslg.).

Schlemmer, Oskar, * 1888, † 1943, dt. Maler und Bildhauer; 1920–29 Prof. am Bauhaus; Darst. des Menschen im Raum nach geometr. Prinzipien.

Schlepper: 1) kl., mit kräft. Maschine ausgerüstetes Motorschiff, das größere Schiffe in Gewässern bewegt, in denen sie nicht mit eigener Kraft fahren können, Lastkähne schleppt u. a.; **2)** (Traktor, Trecker) meist von einem Dieselmotor angetriebenes Fahrzeug, v. a. zum Ziehen v. landwirtschaftl. Anhängern und Landmaschinen, auch zu deren Antrieb (über bes. Zapfwellen), häufig mit spezieller hydraul. Anlage zur Betätigung von Hubvorrichtungen.

Schleppnetz, trichterförm. Fischernetz, das von einem oder zwei Booten gezogen wird; *Grund-Sch. (Trawl)* mit Stahlkugeln beschwert.

Schlesien, histor. Territorium beiderseits der mittl. Oder, im NW in die Niederlausitz reichend. Name von den *Silingen* (Teilstamm der Vandalen), nach deren Abzug in der Völkerwanderung Slawen nach Sch. eindrangen; Ende des 10. Jh.s unter Oberhoheit der poln. Piasten, 1163 selbst. Hzgt. der Piasten; dt. Besiedlung s. der Mitte des 12. Jh.s bis um 1350. Im 14. Jh. Lehnshoheit an Böhmen, 1526 habsburg.; durch die Schles. Kriege kam der größte Teil Sch.s an Preußen (Rest östr., 1919 an die ČSR); nach dem 1. Weltkrieg mussten Teile Sch.s an die ČSR u. Polen abgetreten werden; 1945 kam der östl. der Oder-Neiße-Linie gelegene Teil Sch.s unter poln. Verw. (s. 1991 völkerrechtl. verbindlich zu Polen gehörend).

schlesische Dichterschulen, 2 zeitl. aufeinander folgende literar. Richtungen; zur ersten zählt man die Dichter um M. Opitz, zur zweiten die um C. Hofmann von Hofmannswaldau.

Schlesische Kriege, 3 Kriege zw. Östr. u. Preußen um den Besitz Schlesiens: 1. 1740–42, nach Siegen bei Mollwitz u. Chotusitz erhielt Preußen im Frieden von Berlin fast ganz Schlesien und die Gft. Glatz; 2. 1744/45, preuß. Siege bei Hohenfriedeberg und Soor, der Friede v. Dresden bestätigte den preuß. Besitzstand; 3. 1756–63, ↑Siebenjähriger Krieg.

Schleiereulen. *Mitteleuropäische Schleiereule*

Schleswig, Krst. an der inneren Schlei, Schl.-Ho., 26 800 E; OLG, Landesverw.-Ger.; Dom (12. bis 15. Jh.), Schloss Gottorp (16. bis 18. Jh., heute Landesmuseum); Zucker-, Leder-, Mühlenindustrie; Fremdenverkehr.

Schleswig-Holstein, Land der BRD, 15 731 km², 2,7 Mill. E, Hptst. Kiel. Im W ein Marschensaum mit Dünen- und Marscheninseln (Nordfries. Inseln, ↑Halligen); in der Mitte ein Geest- und Heidestreifen, im O an d. hafenreichen Fördenküste (Flensburg, Eckernförde, Kiel, Lübeck) ein seen- und waldreicher Grund- und Endmoränengürtel mit der ↑Holstein. Schweiz. *Wirtsch.:* v. a. Landw. (Rinder- u. Pferdezucht, Anbau von Getreide, Futterpfl. u. Hackfrüchten); Fischerei; Erdölvorkommen in Dithmarschen; Schiffbau in Kiel, Lübeck, Flensburg; ↑Nord-Ostsee-Kanal. – *Gesch.:* Vereinigung Sch.-H.s 1386, als die Gf. v. Holstein das Hzgt. Schleswig als dän. Lehen erhielten. 1460 verband der dän. Kg. Christian I. Schleswig u. Holstein in Personalunion mit Dänemark und versprach, dass die Herzogtümer „ewig ungeteilt" bleiben sollten; dennoch 1490, 1544, 1564 und 1581 Landesteilungen. 1773 waren beide Länder wieder unter einer Krone, Teil des dän. Gesamtstaates. 1806 gliederte der dän. Kg. das herrenlose Holstein ein, das 1815 Glied d. Dt. Bundes wurde, seitdem Bestrebungen Dänemarks, Schleswig von Holstein zu trennen und Dänemark einzuverleiben; antidän. Widerstand in den Herzogtümern. Sieg Dänemarks im Dt.-Dän. Krieg 1848–50; nach dem Dt.-Dän. Krieg 1864 musste Dänemark Sch.-H. u. Lauenburg an Preußen und Östr. abtreten; bis 1866 Sch.-H. von Preußen und Östr. gemeinsam verwaltet, dann zus. mit Lauenburg preuß. Prov.; 1920 Nordschleswig an Dänemark; 1946 wurde das Land Sch.-H. gebildet.

Schleudersitz, Sitzgestell für [Kampf]flugzeuge, mit dem sich im Gefahrenfall der Pilot aus der Maschine schleudern kann; Landung am Fallschirm.

Schleuse, Vorrichtung zur Überführung von Schiffen zw. Gewässern versch. hohen Wasserstandes; besteht aus einer durch *Sch.ntore* verschließb. *Sch.nkammer,* in der durch Ablassen oder Einlassen von Wasser der Wasserstand gesenkt bzw. gehoben wird.

Schlichtung, Verfahren zur Bereinigung von Meinungsverschiedenheiten zw. den Parteien des kollekt. Arbeitsrechts.

Schlieffen, Alfred Gf. v., * 1833, † 1913, preuß. Gen.-Feldmarschall; 1891–1905 Chef des Gen.-Stabes der Armee; entwickelte den *Sch.-plan* für den Fall des Zweifrontenkrieges: strateg. Durchbruch in Belgien u. Lothringen (Neutralitätsverletzung), rasche Vernichtung der frz. Streitkräfte, um sich dann gg. Russland zu wenden.

Schliemann, Heinrich, * 1822, † 1890, dt. Archäologe; Entdecker u. Ausgräber von Troja, Mykene u. a.

Schliersee: 1) See im Mangfallgeb., Obb., 2,2 km², bis 40 m tief, 777 m ü. d. M.; **2)** Markt am S., 6 400 E; Kurort, Wintersportplatz.

Schließmuskel, ringförm. Muskel an der Mdg. eines natürl. Ausführungsganges (After-Sch. u. a.).

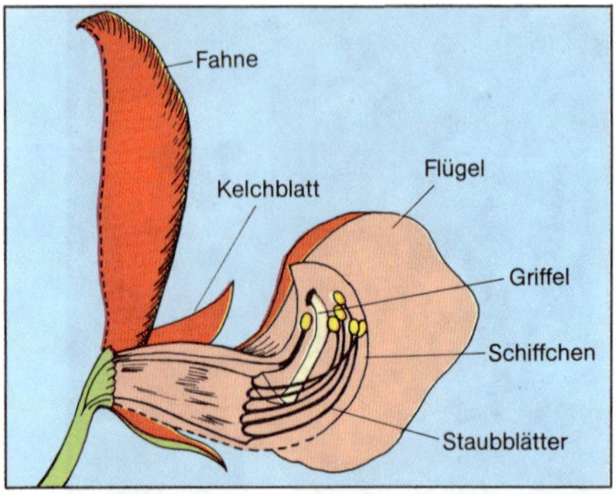

Schmetterlingsblütler. *Schemazeichnung der Schmetterlingsblüte*

Schliff: 1) Schleifen von Metall, Glas, Edelsteinen sowie die dadurch erzeugte glatte Oberfläche; **2)** ugs. für feines Benehmen.

Schlingern, Schwanken des Schiffes um seine Längsachse; gedämpft durch Schiffsstabilisierung: längsseit. *Schlingerkiele,* Wassertanks *(Schlingertanks),* hydraul. gesteuerte *Stabilisierungsflossen.*

Schlingnatter, bis 70 cm lange, harmlose Natter; Europa, W-Asien.

Schlingpflanzen, sich schraubenart. [um Stützen in die Höhe] windende Pflanzen.

Schlöndorff, Volker, * 1939, dt. Filmregisseur (Homo Faber).

Schloss: 1) Verschlussvorrichtung; Kasten-, Einlass-, Einsteck- u. Vorlege-Sch.; Erhöhung der Sicherheit durch Einbau mehrerer Zuhaltungen *(Sicherheits-Sch.),* durch *Zahlen-* bzw. *Buchstaben-Sch.* (nur zu öffnen, wenn eine best. Zahlen- od. Buchstabenkombination eingestellt wird) od. durch *Zeit-Sch.* (nur zu best. Zeiten zu öffnen); **2)** Teil der Handfeuerwaffe, in dem die Patronenzuführung, das Abfeuern u. Auswerfen der Hülse erfolgt; **3)** stattl. [baul. bed.] Wohnsitz; im Ggs. zur Burg meist nicht wehrhaft.

Schluck|impfung, von A. B. ↑Sabin entwickelte Schutzimpfung gg. Poliomyelitis mit oral verabreichten lebenden Viren aus best., durch Tierpassage abgeschwächten Virusstämmen.

Schlupfwespen, Unterordn. meist kl. bis sehr kl. Hautflügler; Larven entwickeln sich meist parasit. in Jugendstadien anderer Insekten oder Pflanzengallen; u. a. Echte Sch., Gallwespen.

Schluss, Denkoperation der Logik, die von einem od. mehreren Urteilen zu einem *Sch.satz* (Konklusion) führt; bed. v. a. der ↑Syllogismus.

Schlüssel: 1) Instrument zum Betätigen von Schlössern; **2)** (Noten-Sch.) stilisierter Tonbuchstabe zu Beginn eines Liniensystems, der die absolute Tonhöhe fixiert; heute v. a. *Violin(G-)* u. *Bass(F-)Schlüssel* (𝄞).

Schlüsselbein, S-förmig gekrümmter Röhrenknochen, der vor u. über der ersten Rippe über die Seitenwand des Brustkorbs hinausragt.

Schlüsselblume, svw. ↑Primel.

Schlüsselroman, Roman, in dem wirkl. Personen unter anderem Namen u./od. veränderten Ereignissen dargestellt sind.

Schlussstein, am Schnittpunkt der Gewölberippen angebrachter Stein, meist kreisförm. und reliefiert (v. a. got. Baukunst).

Schlussverkauf, Verkauf zu herabgesetzten Preisen an der Wende eines Verbrauchsabschnitts (Saison-Sch.); Sommer-Sch. beginnt am letzten Montag im Juli, Winter-Sch. am letzten Montag im Januar.

Schlüter: 1) Andreas, * um 1660 (oder 1664), † 1714, dt. Baumeister u. Bildhauer; in Warschau, Berlin u. Petersburg; Berlin: Schloss, Masken sterbender Krieger am Zeughaus, Reiterdenkmal des Gr. Krfst. (heute im Ehrenhof v. Schloss Charlottenburg); eigener norddt. klassizist. Barockstil; **2)** Poul, * 1929, dän. Politiker; 1974–77 u. s. 1981 Vors. der Konservativen Volkspartei, 1974–82 Fraktionsführer, 1982–93 Ministerpräsident.

Schmalfilm, Film von 8 oder 16 mm Breite (Normalfilm 35 mm).

Schmalkalden, Krst. in Thür., 16 100 E; Renaissanceschloss Wilhelmsburg; Ingenieurschule; Kleineisenind., Präzisionswerkzeugbau. – 874 erstmals genannt.

Schmalkaldische Artikel, von Luther 1536 verf. Bekenntnisschrift (1580 in das Konkordienbuch aufgenommen).

Schmalkaldischer Bund, der in Schmalkalden 1531 gegr. Bund ev. Fürsten und Städte unter Führung Kursachsens u. Hessens zur Abwehr der R.-Exekution in Glaubenssachen; im *Schmalkald. Krieg* 1547 bei Mühlberg/Elbe von Ks. Karl V. besiegt, der Krfst. Johann Friedrich I. v. Sachsen u. Landgraf Philipp I. v. Hessen gefangen nahm.

Schmalnasen, Überfam. der Affen der Alten Welt; schmale Nasenscheidewand, dicht beieinander stehende, nach vorn gerichtete Nasenlöcher.

Schmarotzer, svw. ↑Parasit 2).

Schmarotzerfliegen, Fam. der Zweiflügler; Larven parasitieren in Säugetieren u. Raupen, auch im Aas.

Schmätzer, Unterfam. wenig geselliger Drosseln, v. a. auf Wiesen und Feldern, z. B. Steinschmätzer (♂ oberseits grau, schwarzer Wangenfleck und Schwanz).

Schmeißfliege, Gattung der Schmarotzerfliegen, groß, blauschwarz glänzend; Eiablage u. a. auf Fleisch.

Schmeling, Max, * 1905, dt. Berufsboxer; 1930–32 Weltmeister im Schwergewicht.

Schmelz: 1) weicher Glanz, glänzender Überzug; **2)** ↑Zähne.

Schmelzen, Übergang eines Stoffes aus dem festen in den flüss. Aggregatzustand; erfolgt abrupt bei der Schmelztemperatur *(Schmelzpt.).*

Schmerle, Grundfisch, bis 15 cm lang, in klaren, fließenden Gewässern Eurasiens.

Schmerz, unangenehme, durch best. äußere od. innere Reize ausgelöste Empfindung; hat z. T. Warnfunktion; die Zentren der *Sch.empfindung* sind Hirnrinde und Sehhügel des Zwischenhirns.

Schmerzensgeld, angemessene Entschädigung in Geld für die durch Körperverletzung, Freiheitsberaubung od. unsittl. Handlung (an Frauen) entstandenen immateriellen Schäden.

schmerzlose Geburt, von dem brit. Gynäkologen *G. Dick-Read* entwickeltes Verfahren zur Erreichung einer Geburtserleichterung durch entspr. Aufklärung der Schwangeren über den Geburtsvorgang u. Entspannungsübungen.

Schmetterlinge, Ordn. kl. bis sehr gr. Insekten mit vollst. Metamorphose; Larven typ. Raupen; rd. 150 000 (3 000 einheim.) Arten; Fühler Träger des hoch entwickelten Geruchssinnes; meist saugende Mundwerkzeuge zur Aufnahme von Pflanzensäften; Flügel (meist 4) in der Ruhe seitwärts gespreizt od. hoch geklappt, mit winz. farb. Schuppen; Tag- u. Nachtfalter.

Schmetterlingsblütler (Papilionazeen), Fam. der Ordn. Hülsenfrüchtler; äußerst artenreich; in den Tropen holzige, in außertrop. Gebieten krautige Formen überwiegend; Blüten typ. gebaut (Schmetterlingsblüten), Früchte im Allg. als Hülsenfrüchte; wirtsch. bed. u.a. Klee, Luzerne, Erbse, Bohne, Linse, Erdnuss.

Schmetterlings|stil (1960–80 Delphinschwimmen, auch Butterflystil), Schwimmstil: beide Arme schwingen über Wasser nach vorn, der Körper ist in Wellenbewegung, die Beine schlagen auf u. ab.

Schmid, Carlo, * 1896, † 1979, dt. Politiker (SPD); 1948/49 als Mitgl. des Parlamentar. Rates maßgebl. an der Ausarbeitung des GG beteiligt; 1949–66 u. 1969–72 Vizepräs. des Bundestages; 1966 bis 1969 B.-Min. für Angelegenheiten des B.-Rates u. der Länder; wiss. u. literar. Publikationen.

Schmidt: 1) Arno, * 1914, † 1979, dt. Schriftsteller; experimentierender Avantgardist; „Zettels Traum"; **2)** Helmut, * 1918, dt. Politiker; MdB 1953–62 und 1965–87; 1967–69 Fraktionsvors., 1968–84 einer der stellvertr. Parteivors. der SPD; 1969–72 B.-Verteidigungsmin., Juli bis Dez. 1972 B.-Min. für Wirtschaft u. Finanzen, 1972–74 B.-Finanzmin.; ab 1974 B.-Kanzler, 1982 durch konstruktives Misstrauensvotum gestürzt. Ab 1983 Mithg. der Wochenzeitung „Die Zeit".

Schmidt-Jortzig, Edzard, * 1941, dt. Rechtswiss. u. Politiker (FDP), 1996–98 Bundesmin. der Justiz.

Schmidt-Rottluff, Karl, eigtl. K. Schmidt, * 1884, † 1976, dt. Maler u. Grafiker; 1905 Mitbegr. der Brücke, einer der Hauptvertr. des dt. Expressionismus.

schmieden, dehnb. Metalle [in glühendem Zustand] durch Schlag- od. Pressdruck formen; das Werkstück wird im *Schmiedeofen* auf *Schmiedetemp.* (bei Stahl z.B. zw. 700 u. 1350 °C) gebracht und mit Hämmern oder *Schmiedemaschinen* bearbeitet *(Freiform-Sch.).*

Schmiele, Gatt. der Süßgräser; *Rasen-Sch.* auf feuchten Wiesen.

Schmier|infektion ↑Infektion.

Schmiermittel, Mittel, die die Gleitreibung herabsetzen (bes. in Lagern): *Schmieröle* (die über 350 °C siedenden Bestandteile des Erdöls), *Schmierfette* (in Schmieröl aufgelöste Metallseifen), auch z.B. Graphit, Molybdändisulfid (meist in Öl dispergiert).

Schmitt, Carl, * 1888, † 1985, dt. Staatsrechtler; lehnte die Parteienzersplitterung der Weimarer Rep. ab, verfocht die Freund-Feind-Theorie als fundamentale Kategorie des Politischen.

Schmucksteine, Minerale und Gesteine, die sich durch bes. schöne Farben u. Lichtwirkungen sowie gr. Härte auszeichnen; wertvolle Sch. werden auch *Edelsteine,* weniger wertvolle *Halbedelsteine* genannt.

H. Schmidt

Schmuggel [niederdt.], Entziehung zollpflicht. Ware bei der Ein-, Aus- oder Durchfuhr der Verzollung.

Schnabel: 1) Artur, * 1882, † 1951, östr. Pianist u. Komponist; **2)** Ernst, * 1913, † 1986, dt. Schriftsteller; Romane, Erzählungen, Hörspiele; **3)** Franz, * 1887, † 1966, dt. Historiker; Arbeiten v.a. zur dt. Gesch. der Neuzeit.

Schnabel, die mit Hornscheiden überzogenen Kiefer der Vögel, Schildkröten, des Schnabeltiers und des Ameisenigels.

Schnabelkerfe, Überordn. der Insekten; Mundwerkzeuge stechend-saugend, schnabelartig; Körper abgeflacht, 4 Flügel; Verwandlung unvollkommen; u.a. Wanzen, Zikaden.

Schnabeltier, Kloakentier Australiens u. Tasmaniens; bis 60 cm lang, Eier legend; zahnloser Schnabel, Schwimmfüße.

Schnaderhüpfl (Schnadahüpfl), alpenländ., improvisierte vierzeil. Scherz- und Spottliedchen.

Schnaken: 1) Mückenfam.; gr., schlanke, nicht stechende Insekten mit sehr langen Beinen; **2)** ugs. für ↑Stechmücken.

Schnecke: 1) Teil d. ↑Labyrinths 2); **2)** in einen Schaft eingeschnittene Schraube; bildet mit dem *Sch.nrad* (Zahnrad) das *Sch.ngetriebe;* **3)** Verzierung am Ende des Halses von Streichinstrumenten; **4)** svw. ↑Volute.

Schnecken (Gastropoden), Kl. der Weichtiere, rd. 85 000 Arten; der urspr. immer asymmetr. Körper besteht aus Kopf, Fuß, Eingeweidesack, Mantel; Kopf vielf. mit Fühlern u. Augen; Fuß meist als Kriechsohle ausgebildet; der Mantel scheidet das kalk. [spiralig gedrehte] Gehäuse ab, in dem sich der Eingeweidesack befindet; das Gehäuse kann z.T. od. ganz zurückgebildet sein *(Nackt-Sch.);* vielf. Zwitter. Unterscheidung nach d. Atmungsorganen: *Lungen-Sch., Vorder-* und *Hinterkiemer.*

Schneckenklee, Gattung der Schmetterlingsblütler; u.a. (landwirtschaftl. bedeutend) Luzerne.

Schnee, fester Niederschlag, v.a. in Form 6-strahl. Eissternchen od. -plättchen auskristallisiert (oft zu Sch.flocken zusammengelagert).

Schneebeere, Gatt. der Geißblattgewächse; v.a. Nordamerika; anspruchslose Ziersträucher.

Schneeberg: 1) höchster Berg des Fichtelgeb., Bay., 1051 m; **2)** Bergst. im sächs. Erzgebirge, 18 400 E; spätgot. Kirche mit Werken von L. Cranach d.Ä.; ehem. Erz-⚒ (Silber, Uran), Nickelhütte, Ind.; zu Sch. gehört das ehem. bed. Radiumbad-Oberschlema; **3)** (Krainer Sch.; slowen. Snežnik) Berg in Innerkrain, Slowenien, 1796 m; **4)** Berg in den Nördl. Kalkalpen, Östr., 2076 m.

Schneeblindheit, akute Bindehautentzündung infolge übermäß. Einwirkung ultravioletter Strahlen auf die Augen (bes. auf Gletschergebieten im Hochgebirge).

Schnabeltier

Schneebrett, durch Winddruck oberflächlich brettartig verfestigter, oft hohl liegender Schnee; *Sch.lawine* ↑Lawine.

Schneeglöckchen, Bez. für versch., meist zu Beginn des Frühj. blühende Pfl. (Echtes Sch., Frühlingsknotenblume).

Schneekoppe, höchster Berg des Riesengeb., 1602 m.

Schneemensch (Yeti), angebl. affenähnl. Großsäugetier im Himalaja, für dessen Existenz Fußspuren, Exkremente u. a. zeugen sollen.

Schneeschimmel ↑Übersicht S. 528 f.

Schneewechte, an Steilhängen dachartig überstehende Schneemassen.

Schneidemühl (poln. Piła), St. nördl. des Netzebruchs, Polen, 74 400 E; Glühlampenherstellung.

Schneider: 1) Reinhold, * 1903, † 1958, dt. Schriftsteller; deutete die europ. Gesch. als Auseinandersetzung zw. Macht u. christl. Gewissen; „Las Casas vor Karl V."; Essays, autobiograph. Werke; **2)** Romy, eigtl. Rosemarie Albach, * 1938, † 1982, östr.-dt. Schauspielerin; differenzierte Charakterdarstellerin.

Schneiderhan, Wolfgang, * 1915, östr. Violinist; 1956 mit R. Baumgartner Begr. des Kammerorchesters „Festival Strings Lucerne".

Schneidkluppe, ein Gewindeschneider für Außengewinde mit 2 verstellb. Schneidbacken.

Schnellkäfer, Fam. schlanker, kurzbein. Käfer; befreien sich aus der Rückenlage, indem sie in die Höhe schnellen; Larven *(Drahtwürmer)* fressen unterird. Pflanzenteile; viele Schädlinge.

Schnepfen, Watvögel mit langem, dünnem, geradem Schnabel; in M-Europa u. a. *Sumpf-* u. *Waldschnepfen.*

Schnirkelschnecken, Familie landlebender Lungenschnecken; Zwitter; größte Art: Weinbergschnecke.

Schnittlauch, Liliengewächs; Gewürzpfl.; an Flussufern und auf feuchten Wiesen gelegentl. wild.

Schnitzler, Arthur, * 1862, † 1931, östr. Schriftsteller; impressionist., psycholog. subtile Konversationsstücke.

Schnorr von Carolsfeld, Julius, * 1794, † 1872, dt. Maler u. Zeichner; Nibelungenfresken in der Münchner Residenz, „Bibel in Bildern" (Holzschnittfolge); Landschafts- und Bildniszeichnungen.

Schnupfen, durch Viren verursachte Entzündung der Nasenschleimhaut; *nervöser Sch.* tritt anfallsweise auf.

Schnupftabak, durch Zusätze aromatisierter Tabak in Pulverform; reizt die Nasenschleimhaut.

Schnürboden: 1) Rollenboden, ein über dem Bühnenraum liegendes Geschoss, in dem Zugvorrichtungen, Beleuchtungsbrücken u. a. untergebracht sind; **2)** Raum auf der Werft, in dem der Bauspantenriss eines neuen Schiffes auf einem Holzbelag „aufgerissen" wird.

Schnurkeramik, mit Schnurabdrücken verzierte Gefäße versch. vorgeschichtl. Kulturen, bes. der danach ben. mitteleurop. spätneolith. Fundgruppe (2. Hälfte des 3. Jt. v. Chr.).

Schnurre, Wolfdietrich, * 1920, † 1989, dt. Schriftsteller; Erz. aus der Kriegs- und Nachkriegszeit, Romane, Hörspiele, Lyrik.

Schock, fr. Zählmaß (= 60 Stück).

Schock, physiopsych. Zustand nach plötzl. auftretenden, unerwarteten u. katastrophenartigen Ereignissen, der mit Orientierungsverlust, Fassungslosigkeit, starker Erregung oder Erstarrung einhergeht u. (einschl. begleitender Körpersymptome wie fahle Blässe, Schweißausbruch, Kreislaufstörungen u. a.) normalerweise nur kurz andauert.

Schoeck, Othmar, * 1886, † 1957, schweizer. Komponist u. Dirigent; Opern u. v. a. Lieder.

Schoeps, Hans-Joachim, * 1909, † 1980, Historiker u. Religionswissenschaftler, Veröffentlichungen zu Preußen u. zur jüd. Religionsgeschichte.

Schöffe (fr.: Geschworener), ehrenamtl. bestellter Richter in Strafsachen.

Schöffengericht, in der BRD Spruchkollegium bei Amtsgerichten, in Östr. bei Landes-(Kreis-) Gerichten.

Schokolade [niederl.], Nahrungs- u. Genussmittel aus gemahlenen Kakaobohnen, Zucker u. a. Zusätzen.

Scholastik [gr.-lat.], Sammel-Bez. für die Wiss. des lat. MA seit dem 9. Jh., v. a. für dessen Philosophie und Theologie. Man unterscheidet *Früh-Sch.* (9.–12. Jh.; Hauptvertreter: Johannes Scotus Eriugena, Anselm von Canterbury, P. Abaelard), *Hoch-Sch.* (13. bis frühes 14. Jh.; Albertus Magnus, Thomas von Aquin, Duns Scotus) und *Spät-Sch.* (spätes 14. und 15. Jh.; Wilhelm von Ockham). – Charakterist. für die gesamte S. sind Theologieabhängigkeit sowie Text-, Autoritäts- und Schulgebundenheit.

Scholem-Alejchem, eigtl. Schalom Rabinowitsch, * 1859, † 1916, jidd. Schriftsteller; Erzählungen in humorist. gebrochener Sicht, u. a. „Die Geschichten Tewjes des Milchmanns".

Scholl: 1) Hans, * 1918, † 1943, dt. Widerstandskämpfer; Student in München; als Mitgl. der Widerstandsgruppe Weiße Rose bei einer Flugblattverteilung in der Univ. verhaftet, hingerichtet; **2)** Sophie, * 1921, † 1943, dt. Widerstandskämpferin; Studentin in München, mit ihrem Bruder Hans hingerichtet.

Scholle (Goldbutt), Plattfisch der Küsten Europas; oberseits mit orangeroten Flecken, bis 90 cm.

Schöllkraut, Mohngewächs; gelb blühende Ruderalpfl.; gelber Milchsaft giftig; Volksheilmittel.

Scholochow, Michail Alexandrowitsch, * 1905, † 1984, russ. Schriftsteller; bedeutendster Vertr. des sozialist. Realismus; „Der stille Don"; Nobelpreis 1965.

Scholz, Hans, * 1911, † 1988, dt. Maler und Schriftsteller; „Am grünen Strand der Spree".

Schön, Helmut, * 1915, † 1996, dt. Sportlehrer; 1937–41 16-mal in der Fußballnationalmannschaft; 1964–78 B.-Trainer des Dt. Fußballbundes.

Schönberg, Arnold, * 1874, † 1951, östr. Komponist; emigrierte 1933 in die USA; entwickelte in den 20er-J. neben J. M. Hauer die Zwölftontechnik (↑Zwölftonmusik); Kammersinfonie für 15 Soloinstrumente, Streichquartette, Lieder, Chorwerke, Melodramen, Opern; theoret. Schriften.

Schönbrunn, ehem. kaiserl. Schloss mit gr. Park in Wien, erb. nach Plänen von Fischer v. Erlach (1695 ff.). Im *Frieden v. Sch.* zw. Östr. und Napoleon I. (1809) verlor Östr. u. a. Salzburg, das Innviertel, O-Tirol, Teile Kärntens, Dalmatien, Galizien.

Schoner [engl.], mehrmast. Segelschiff mit Gaffeltakelung.

Schongauer, Martin, * um 1450, † 1491, dt. Maler und Kupferstecher der Spätgotik; „Madonna im Rosenhag" (Colmar), Fresken des Jüngsten Gerichts im Breisacher Münster; bed. Kupferstichwerk.

Schönherr, Albrecht, * 1911, dt. ev. Theologe; 1973–81 Bischof von Berlin-Brandenburg u. Vors. der Kirchenleitung des Bundes Ev. Kirchen in der DDR.

Schonzeit, Zeitraum, in dem Fang u. Jagd best. Tierarten gesetzl. verboten sind.

Schopenhauer, Arthur, * 22. 2. 1788, † 21. 9. 1860, dt. Philosoph; Gegner Hegels u. dessen Schule, in seinem Hauptwerk „Die Welt als

Schönbrunn. *Gartenfront*

Wille und Vorstellung" entwickelte er sein System eines metaphys. Voluntarismus; das Christentum lehnte er als unphilos. ab; höchstes Ziel der Philos.: Aufhebung des Wollens in einem „interesselosen Anschauen" der Kunst; Einfluss auf R. Wagner u. den jungen Nietzsche; nahm Motive der Psychoanalyse vorweg.

Schoppen, altes Flüssigkeitsmaß (0,4–0,5 l).

Schöps, svw. ↑Hammel.

Schorfkrankheit ↑Übersicht S. 528 f.

Schorndorf, St. östl. von Stuttgart, Ba.-Wü., 38 000 E; vielseit. Industrie.

Schostakowitsch, Dmitrij Dmitrijewitsch, * 1906, † 1975, russ. Komponist; Sinfonien, Opern, Ballette, Instrumentalkonzerte, Vokalwerke; Film- u. Schauspielmusik (u. a. zu „Hamlet"), Oratorien.

Schote, aus 2 verwachsenen Fruchtblättern bestehende Öffnungsfrucht der Kreuzblütler, mit falscher Scheidewand; **Sch.ndotter** (Schöterich), Kreuzblütlergatt.; meist gelb blühend, z. T. Unkräuter; einige Zierpflanzen.

Schott: 1) Anselm, * 1843, † 1896, dt. Benediktiner; durch sein lat.-dt. „Messbuch der hl. Kirche" Förderer der kath. liturg. Bewegung in Dtl.; **2)** Bernhard, * 1748, † 1809, dt. Verleger; 1770 in Mainz Begr. des Musikverlags B. Schott's Söhne; **3)** [Friedrich] Otto, * 1851, † 1935, dt. Chemiker; stellte neue Glassorten für chem. u. opt. Zwecke her, begr. mit E. Abbe das „Jenaer Glaswerk Sch. und Gen.".

Schotten, wasserdichte u. feuersichere Längs- und Querwände in Schiffen.

Schottisch, aus dem Altengl. Northumberlands hervorgegangene nordengl. Mundart; immer stärker vom Engl. verdrängt.

Schottland, Nordteil der brit. Hauptinsel, nördl. des Hadrianswalls, einschl. d. Hebriden, Orkney- u. Shetlandinseln 78 783 km^2, 5,1 Mill. E; (hpts. Presbyterianer, rd. 15 % kath.), Hptst. Edinburgh. – Gebirg. Land, von zahlr., von Flüssen und Seen durchzogenen, SW–NO gerichteten Tälern zerfurcht; zahlr. Inseln, weit ins Land reichende Fjorde u. Buchten; regenreiches, kühles Klima. 3 Teile: im S die *Southern Uplands* (Merrick 842 m): Schafzucht, in den Tälern Ackerbau; im N die unwirtl., hpts. von Moor u. Heide bedeckten *Highlands* (Ben Nevis 1 343 m); nur im O größere Siedlungen u. einige Hafenstädte; zw. Highlands u. Southern Uplands die Senke der industriereichen *Lowlands:* Steinkohlen-⚒, chem., Schwerind., bed. Schiff- und Masch.-Bau, dicht besiedelt, mit den größten schott. Städten Glasgow u. Edinburgh. – *Gesch.:* Im Altertum von Pikten bewohnt, gg. die die Römer den Hadrianswall errichteten. Seit Anf. des 6. Jh.s Einwanderung ir. Skoten; um 550 bestanden 4 Kgr., die bis ins 11. Jh. vereinigt wurden. Verteidigung der Unabhängigkeit gegenüber England, 1286–1314 unter engl. Lehnsoberhoheit, seit 1371 Haus Stuart; im 16. Jh. Einführung der Reformation (J. Knox). 1603 mit England in Personalunion, 1707 in Realunion vereinigt (Großbritannien).

schraffieren [ital.-niederl.], eine Fläche mit parallelen Linien bedecken.

Schramm, Percy Ernst, * 1894, † 1970, dt. Historiker; Arbeiten zur ma. u. neueren Geschichte.

Schrammelmusik, volkstüml. Wiener Musik, benannt nach *Johann* (* 1850, † 1893) und *Josef Schrammel* (* 1852, † 1895); Besetzung: 2 Violinen, Gitarre und Ziehharmonika.

Schrapnell [engl.], mit Bleikugeln gefülltes Artilleriesprenggeschoss, von dem brit. Oberst *H. Shrapnel* (* 1761, † 1842) erfunden.

Schraube: 1) mit einem ↑Gewinde versehenes Masch.-El. aus Stahl, Messing u. a. zur Herst. lösb. Verbdg. oder zur Übertragung von Dreh- in Längsbewegungen; *Masch.-Sch.n* (zur Verbdg. von Metallteilen) besitzen einen zylindr. Sch.nschaft, *Holz-Sch.n* (zum Einschrauben in Holz) einen schwach kon. Schaft. Unterschiedl. Kopfformen, z. B. Vierkant-, Sechskant-, Zylinder-, Flügelkopf-Sch.n u. a.; **2)** (Schiffs-Sch.) Vorrichtung zur Umwandlung der Drehbewegung der Schiffsmaschine in Schubkraft, meist mit 3 od. 4 Flügeln, bei Großschiffen mit 5 od. 6 Flügeln (∅ über 8 m); **3)** ↑Luftschraube.

Schreber, Daniel Gottlob Moritz, * 1808, † 1861, dt. Arzt und Pädagoge; schuf Spielplätze, die mit Kinderbeeten u. Gärten für Erwachsene verbunden waren *(Sch.gärten).*

Schreibmaschine, [Büro]maschine für Schreibarbeiten; *mech. Sch.n* serienmäßig seit 1873 v. Ph. Remington hergest.; bei *elektr. Sch.n* Antrieb durch Elektromotor, Typen meist auf einem drehbaren Kugelkopf; *elektron. Sch.n* (mit Kugelkopf oder Typenrad) enthalten einen Mikroprozessor, der zahlreiche Funktionen automat. ausführt (z. B. Randausgleich, Zentrieren, Löschen); *Speicher-Sch.n* besitzen LCD-Anzeige bzw. Bildschirm und Datenspeicher, z. T. an Computer u. a. anschließbar.

Schrift, System graf. Zeichen, die sprachl. Elemente wiedergeben (geschriebene Spr.); in den Anfängen der Sch.-Entw. ist die Beziehung zur Spr. nicht od. nur in geringem Maße gegeben (bildl. Darst. als „Gedankenschrift"); Entw.-Stufen: 1. v. der *Wort-Sch.* zum *Wortsilbensystem:* entwickelt b. den Sumerern um 3100 v. Chr.; Wort-, Silben- u. Hilfszeichen nebeneinander, ebenso z. B. in den ägypt. u. hethit. Hieroglyphen u. in der chin. Sch.; 2. Entw. zum *Sil-*

bensystem: elam. Keil-Sch., westsemit. Sch., zypr. und jap. Sch.; 3. Entw. zum *Alphabet* durch Ausbau des Vokalsystems bei den Griechen, die die [semit.] Sch. der Phöniker übernahmen; Verbreitung des griech. Alphabets, u. a. bei den Slawen (Glagoliza, Kyrilliza) u. den italischen Völkern (Etrusker, Latiner u. a.). Lat. *Majuskel-Sch.* (Kapital-Sch.) für Inschriften, auch als Buch-Sch. (gleich hohe, unverbundene Buchstaben) oder mit Ligaturen als Geschäfts-Sch. (*Majuskelkursive* und später *Minuskelkursive,* die „jüngere röm. Kursive"); daneben Verwendung der *Unzial-Sch.* u. der *Halbunziale* mit Minuskelcharakter; Kursive u. Halbunziale verbreiteten sich über Europa; dann setzte sich d. *karoling. Minuskel* (v. a. aus der Halbunziale entwickelt) durch; spätma. Formen: die *got. Minuskel,* die *Bastarden* sowie die *Fraktur* und die *Schwabacher;* in der Renaissance neue Blüte der karoling. Minuskel in der Form der humanist. Minuskel, jetzt *Antiqua* gen. (fälschlicherweise für antike Sch. gehalten), ihre Kleinbuchstaben entstammen der karoling. Minuskel, ihre Großbuchstaben der röm. Kapitale. Die Antiqua setzte sich bes. in den roman. Ländern u. in England durch, erst im 19. u. 20. Jh. auch in M- u. N-Europa. Mit der Buchdruckerkunst begann die Schreib-Sch. sich v. der Druck-Sch. abzuheben; 1941 Einführung der *Dt. Normal-Sch.,* die dem lat. Alphabet entspricht.

Schriftgrad, Höhe eines Druckbuchstabens, meist noch angegeben in der Maßeinheit *typograph. Punkt* (≈ 0,4 mm).

Schrimpf, Georg, * 1889, † 1938, dt. Maler; einer der Hauptvertr. der Neuen Sachlichkeit.

Schrittmacher: 1) Läufer od. Fahrer, bes. im Radrennsport (Steher), der einem anderen das Tempo angibt; **2)** svw. ↑Herzschrittmacher.

Schröder: 1) Ernst, * 1915, † 1994, dt. Schauspieler u. Regisseur; **2)** Gerhard, * 1944, dt. Politiker (SPD); war u. a. 1978–80 Vors. der Jungsozialisten, 1990–98 Min.-Präs. von Nds.; führt s. 1998 als Bundeskanzler eine Koalitionsreg. aus SPD und Bündnis 90/Die Grünen, s. 1999 auch Vors. der SPD; **3)** Rudolf Alexander, * 1878, † 1962, dt. Dichter; „Die weltl. Gedichte", „Die geistl. Gedichte"; Übersetzungen von Homer, Vergil bis T. S. Eliot u. a.

Schrödinger, Erwin, * 1887, † 1961, östr. Physiker; Arbeiten zur Quanten- u. Relativitätstheorie;

Gerhard Schröder

entwickelte Wellenmech.; Nobelpreis (mit P. A. M. Dirac) 1933.

Schrödinger-Gleichung, von E. ↑Schrödinger 1926 aufgestellte grundlegende Differenzialgleichung der ↑Wellenmechanik.

schröpfen, lokal Blut ansaugen durch Blutegel od. *Schröpfkopf* (luftleer gemachte Glasglocke).

Schrot: 1) grob zerkleinerte Getreidekörner; **2)** kl. Kugeln aus Blei-Antimon-Legierungen.

Schroth: 1) Carl Heinz, * 1902, † 1989, dt. Schauspieler u. Regisseur; **2)** Johann, * 1800, † 1856, östr. Landwirt u. Naturheilkundiger; verw. warmes Wasser zur Heilbehandlung; *Sch.-Trockenkur:* kalorienarme Kohlenhydratnahrung und wenig Flüssigkeit.

Schrotschusskrankheit ↑Übersicht S. 528 f.

Schrumpfleber, svw. ↑Leberzirrhose.

Schrumpfniere (Nephrozirrhose), degenerat. Nierenerkrankung mit Bindegewebswucherung innerh. der Niere, Verkleinerung der Niere.

Schruns, östr. Ort im Montafon, 4 000 E; Fremdenverkehr.

Schub: 1) Kraft, mit der ein von einem Propeller-, Strahl- od. Raketentriebwerk angetriebener Körper vorwärts bewegt wird; **2)** (Scherung) Beanspruchung eines Körpers durch parallel zu einer fest gehaltenen Querschnittsfläche wirkende Kräfte (Sch.kräfte).

Schubart, Christian Friedrich Daniel, * 1739, † 1791, dt. Dichter und Publizist; volksliednahe Sturm-und-Drang-Lyrik, auch polit.-aktuelle Gedichte; wegen freiheitl. Gesinnung 10 J. Festungshaft auf dem Hohenasperg.

Schubert, Franz, * 1797, † 1828, östr. Komponist; Gipfelpunkt dt. Liedkomposition, über 600 Lieder nach Texten von Goethe, F. G. Klopstock, H. Heine, Wilhelm Müller (Zyklen: „Die schöne Müllerin", „Die Winterreise") u. a.; bed. Kammermusik (darunter das Streichquartett „Der Tod u. das Mädchen", das „Forellenquintett"), bed. Klavierwerke, 8 Sinfonien, u. a. die „Unvollendete" in h-Moll, Chorwerke, Kirchenmusik u. a.

Schublehre, Gerät zur Längenmessung; der zu messende Gegenstand wird zw. einer feststehenden u. einer verschiebb. Messschneide eingeklemmt u. die Länge an einer Skala abgelesen.

Schudra [sanskr.], Mitgl. der 4., dienenden niederen Hauptkaste im alten Indien.

Schuh, Oscar Fritz, * 1904, † 1984, dt. Regisseur und Theaterleiter; 1963–68 Intendant des Dt. Schauspielhauses Hamburg.

Schuhplattler, oberbayr. Volkstanz; in der Haupttour schlagen die Burschen Oberschenkel, Knie u. Schuhsohlen mit den Händen u. umtanzen dabei die Mädchen.

Schukow, Georgij Konstantinowitsch, * 1896, † 1974, sowj. Marschall; 1945/46 sowjet. Oberbefehlshaber in Dtl., 1955 Verteidigungsmin.; 1957 aller Ämter enthoben.

Schuld: 1) im Zivilrecht die persönl. Verpflichtung eines Schuldners gegenüber seinem Gläubiger; unterschieden nach Art der ↑Schuldner und der geschuldeten Leistung: *Spezies-Sch.* oder *Stück-Sch., Gattungs-Sch.* (*Geld-Sch.* ist Gattungs-Sch.); nach dem Ort, an dem die Sch. zu erfüllen ist, unterscheidet man: *Hol-, Bring-* u. *Schick-Sch.;* eine Sch. wird in der Regel im Rahmen eines kausalen Rechtsgeschäfts begr., aber auch durch ein schriftl. *Sch.versprechen* oder schriftl. *Sch.anerkenntnis;* eine bes. Art des Sch.versprechens ist die ↑Sch.verschreibung; **2)** im Strafrecht die Verantwortlichkeit für ein rechtswidr. Verhalten; Sch.voraussetzung ist die Sch.fähigkeit, als wesentl. Sch.element gilt das Unrechtsbewusstsein; die Sch. entfällt bei Vorliegen eines *Sch.ausschließungsgrundes* oder *Entschuldigungsgrundes* (z. B. Notstand, Notwehrexzess).

Schuldfähigkeit (fr. Zurechnungsfähigkeit), Fähigkeit, die sittl. Zulässigkeit des eig. Verhaltens zu beurteilen; bei Bewusstseinsstörung, krankhafter Störung der Geistestätigkeit od. bei Geistesschwäche kann Sch. fehlen *(Schuldunfähigkeit)* od. herabgesetzt sein *(verminderte Sch.),* was strafbefreiend od. -mindernd sein kann.

Schuldner, der dem Gläubiger zu einer Leistung Verpflichtete.

Schuldnerverzug, die vom Schuldner zu vertretende Nichterfüllung einer fäll. u. angemahnten Schuld. Die Folgen (z. B. Verzugszinsen, Verspätungsschaden) hat der Schuldner zu tragen.
Schuldrama, Bez. für die an Humanistenschulen des 16. und 17. Jh.s von Schülern zuerst nur in lat., seit etwa 1530 auch in dt. Spr. aufgeführten lehrhaften Schauspiele, die die Schüler in Moral u. Humanität erziehen sollten; wichtig für die Entw. des dt. Dramas.
Schuldschein, schriftl. Bekenntnis über das Bestehen einer Forderung.
Schuldunfähigkeit ↑Schuldfähigkeit.
Schuldverhältnis, durch einen Vertrag festgelegtes Rechtsverhältnis zw. Schuldner u. Gläubiger.
Schuldverschreibungen, langfrist., auf den Inhaber lautende festverzinsl. Wertpapiere; *Ind.-Obligationen* (Sch. der gewerblichen Wirtsch.), ↑Anleihen, *Pfandbriefe* (Sch. der Realkreditinst. und Schiffsbanken).
Schule [gr.-lat.], Institution, in der durch planmäß. Unterricht Kinder u. Jugendl. erzogen und ihnen Wissen und Bildung vermittelt werden.
Schulenburg: 1) Friedrich Werner Gf. v. der, * 1875, † 1944, dt. Diplomat; 1934–41 Botschafter in Moskau; wegen Teilnahme am Widerstand gg. Hitler hingerichtet; **2)** Fritz-Dietlof Gf. von der, * 1902, † 1944, Widerstandskämpfer in der Bewegung um L. Beck; als Offizier maßgebl. am Attentat auf Hitler 1944 beteiligt, hingerichtet.
Schülermitverantwortung, Prinzip der Beteiligung der Schüler am Schulleben durch selbst. Mitgestalten.
Schulfunk, Aufgabenbereich d. Rundfunks für Sendungen, die den Schulunterricht ergänzen sollen; ähnl. Aufgaben hat das *Schulfernsehen;* ↑auch Telekolleg.
Schulgeld, für die Leistungen der Schule zu zahlender Beitrag; *Sch.freiheit* besteht für alle öff. Schulen der BRD, für die Schulpflicht besteht.
Schulpflicht ↑Schulrecht.
Schulrecht, Gesamtheit der rechtl. Bestimmungen zur Regelung des Schulwesens; Teil des ↑öff. Rechts; fällt unter die Kulturhoheit der Länder; das GG bestimmt die staatl. Schulaufsicht u. das Recht zur Errichtung von ↑Privatschulen. Die allg. *Schulpflicht* beginnt nach der Vollendung des 6. Lebensj.; die Vollzeitschulpflicht beträgt 9 od. 10 J. (Grund- u. Hauptschule), die Berufsschulpflicht im Anschluss daran beträgt mind. (für jeden, der in der Berufsausbildung steht) 3 J. Anstelle der Hauptschule können weiterführende Schulen (u. a. Gymnasien, Realschulen) besucht werden.

F. Schubert *(links).*
R. Schumann *(rechts)*

Schulschiff, der seemänn. Ausbildung dienendes [Segel]schiff; bei der Marine *Ausbildungsschiff.*
Schulte, Dieter, * 1940, dt. Gewerkschafter, s. 1994 Vors. des DGB.
Schulter-Arm-Syndrom, kompliziertes, in den Arm ausstrahlendes Krankheitsgeschehen im Bereich der Schulter.
Schultheiß (Schulze), urspr. Vollstreckungsbeamter des ordentl. Richters, dann u. a. Dorf- und Stadtrichter; Bürgermeister.
Schultz, Johannes Heinrich, * 1884, † 1970, dt. Psychiater; führte das ↑autogene Training als psychotherapeut. Methode ein.
Schulze, svw. ↑Schultheiß.
Schulze-Delitzsch, Hermann, * 1808, † 1883, dt. lib. Politiker; Begr. der gewerbl. Genossenschaften, bes. der Kreditgenossenschaften für den gewerbl. Mittelstand (Volksbanken); lehnte jede Staatshilfe ab.
Schumacher: 1) Kurt, * 1895, † 1952, deutscher Politiker (SPD); 1930–33 MdR, 1933–45 KZ-Haft; seit 1946 Vors. der SPD; lehnte das Zusammengehen mit den Kommunisten ab; ab 1949 Vors. der SPD-Bundestagsfraktion; **2)** Michael, * 1969, Automobilrennfahrer; Formel-1-Fahrer; u. a. Weltmeister 1994, 1995, 2000.
Schuman, Robert [ʃu'man; frz.], * 1886, † 1963, frz. Politiker; Mitbegr. des Mouvement Républicain Populaire, zw. 1946 u. 1956 mehrf. Min.-Präs. u. Min.; Initiator der Europ. Gemeinschaft für Kohle und Stahl (Sch.plan); 1958–60 1. Präs. des Europ. Parlaments.
Schumann: 1) Clara [Josephine], geb. Wieck, * 1819, † 1896, verh. mit 2), dt. Pianistin; Interpretin von Beethoven, Chopin, Brahms u. der Werke ihres Mannes; **2)** Robert, * 1810, † 1856, dt. Komponist der Romantik; Klavierwerke („Papillons", „Fantasiestücke", „Kinderscenen", „Kreisleriana"), Liedzyklen („Liederkreis"; „Frauenliebe und -leben", „Dichterliebe"), Kammermusik, Instrumentalkonzerte, 4 Sinfonien, Chorwerke; bed. Kritiker u. Ästhetiker; gründete 1834 die „Neue Zeitschrift für Musik".
Schuppen: 1) plattenförm. Hautgebilde bei Reptilien, Vögeln (an den Beinen), manchen Säugetieren und insbes. bei den Fischen; **2)** Chitingebilde bes. auf den Flügeln der Schmetterlinge.
Schuppenflechte (Psoriasis), chron. nicht ansteckendes Hautleiden mit Bildung silberweißer, geschichteter Schuppen.
Schuppentiere, Ordn. afrik. u. südasiat. Säuger, bis 1,80 m lang, niedrig gebaut, kl. spitzer Kopf, langer Schwanz; Körperoberseite u. Schwanz mit Hornschuppen; Schnauze zahnlos, Zunge wurmförmig; mächt. Grabklauen; nächtl. Ameisen- und Termitenfresser; tagsüber in Höhlen.
Schurz, Carl, * 1829, † 1906, amer. Politiker dt. Herkunft; nahm 1849 am pfälz.-bad. Aufstand teil, emigrierte 1852 nach den USA; im Sezessionskrieg Gen. der Nordstaaten; 1877–81 Innenminister.
Schuschnigg, Kurt, * 1897, † 1977, östr. Politiker (christl.-soz.); 1934–38 B.-Kanzler; versuchte den Anschluss Österreichs an das nat.-soz. Dtl. zu verhindern; nach 1938 in Haft, 1945–67 in den USA.
Schüttelfrost, Körperzittern u. Kältegefühl bei plötzl. Fieber.
Schüttellähmung, svw. Parkinsonkrankheit (↑Parkinson 2).
Schüttelreim, Reimspiel, bei dem die Anfangskonsonanten der reimenden Silben vertauscht werden, sodass neue Worte entstehen.
Schütz, Heinrich, * 1585, † 1672, dt. Komponist; Verbdg. der Polyphonie mit ital. Elementen (Mo-

nodie); fast ausschließl. geistl. Vokalmusik nach bibl. Texten, „Psalmen Davids", Weihnachtshistorie, Lukas-, Johannes- und Matthäuspassion, schrieb erste dt. Oper „Dafne" (Musik verschollen).

Schütz: 1) Absperr- u. Regulierungsvorrichtung an Wassergräben, Kanälen, Schleusen; **2)** fernbetätigter elektromagnet. Schalter.

Schütze, Sternbild ↑Sagittarius.

Schụtze, unterster Mannschaftsdienstgrad in der dt. B.-Wehr.

Schutzfrist, die Frist, während der ein Erzeugnis geist. Schaffens gg. unbefugte Benutzung gesetzl. geschützt ist (↑Copyright 2), ↑Gebrauchsmuster, ↑Patent, ↑Urheberrecht).

Schutzhaft, in totalitären Staaten übl. polizeil. Verwahrung polit. Missliebiger. – In der BRD ist nach Landespolizeigesetzen *Schutzgewahrsam* zulässig: Eine Person kann von der Polizei zu ihrem eigenen Schutz bei unmittelbarer Gefahr für Leib und Leben in Gewahrsam genommen werden; spätestens bis Ablauf des nächsten Tages muss der Verwahrte einem Richter vorgeführt werden.

Schutzherrschaft ↑Protektorat.

Schwạb, Gustav, * 1792, † 1850, dt. Dichter; mit L. Uhland u. J. Kerner Hauptvertr. der schwäb. Romantik; Hg. von „Die schönsten Sagen des klass. Altertums".

Schwạbach, mittelfränk. krsfr. St. südl. von Nürnberg, Bayern, 37 600 E; histor. Bauten; Goldschlägereien, Metallindustrie.

Schwạben: 1) Reg.-Bez. in Bayern, 9 993 km², 1,72 Mill. E, Hptst. Augsburg; hat Anteil an den Allgäuer Alpen, dem Alpenvorland, der Donauniederung und der Schwäb. Alb; **2)** ehem. Hzgt., entstanden im frühen 10. Jh., umfasste das alemann.-schwäb. Stammesgebiet (↑Alemannen), 1079–1268 stauf., danach Zerfall in mehrere Territorien; Bez. Sch. seitdem für den inneren Bereich des ehem. Hzgt., zw. Schwarzwald, Lech und Bodensee; 1488–1533 bestand der polit. einflussreiche *Schwäb. Bund* des schwäb. Adels u. der R.-Städte zur Erhaltung des Landfriedens.

Schwạ̈bische Ạlb (fr. auch Schwäb. Jura), Hochfläche zw. Donau, oberem Neckar und Ries; Lemberg 1 015 m.

Schwạ̈bischer Bund ↑Schwaben 2).

schwạ̈bische Romạntik, Nachblüte der Romantik in einem *schwäb. Dichterbund* (schwäb. Schule); volksliedhafte Lyrik (Balladen), Sagen; u. a. L. Uhland, J. Kerner, W. Hauff, G. Schwab.

Schwạ̈bisch Gmụ̈nd, St. an der oberen Rems, Ba.-Wü., 63 700 E; altes Stadtbild; PH, Schmuckwaren- und Gablonzer Glasind. – Ehem. Reichsstadt.

Schwạ̈bisch Hạll, Krst. östl. v. Heilbronn, Ba.-Wü., 34 400 E; histor. Bauten; Kunststoff-, Papier- u. a. Ind.; Solbad. – Ehem. Reichsstadt.

Schwachsinn, angeborener oder frühkindl. erworbener Intelligenzmangel, meist verbunden mit mangelnder Persönlichkeitsentwicklung; ↑auch Dementia.

Schwadrọn [ital.] (Eskadron), fr. Einheit der Kavallerie, entspricht der Kompanie.

Schwalben, fast weltweit verbreitete Singvogelfam.; Kopf flach mit gr. Augen, kurzem Schnabel, weitem Rachen; Flügel sehr lang; Beine kurz; sehr fluggewandt; Insektenfresser; heim.: *Mehlschwalbe* (nistet an der Außenseite von Gebäuden), *Rauchschwalbe* (nistet in Häusern und Ställen), *Uferschwalbe* (nistet in selbst gegrabenen Röhren in Sand- u. Lehmwänden); überwintern u. a. in Afrika.

Schwalbenschwanz, gr. Tagfalter der Fam. Ritter; Flügel gelb, schwarz gezeichnet, Hinterflügel mit schwanzartiger Spitze.

Schwalbenschwanzverbindung, trapezförm., formschlüss. Verbdg. im Holz- u. Maschinenbau.

Schwämme, Stamm der Metazoen; meist marine, fest sitzende [koloniebildende] Tiere, unter 1 cm bis 2 m gr.; echte Organe u. Nervenzellen fehlen; Körper zweischichtig, von zahlr. Poren durchsetzt; durch schlagende Geißeln der inneren Zellschicht wird Wasser mit Nahrung zu den Poren eingesaugt; meist mit Innenskelett aus Kalk u. a.; Vermehrung ungeschlechtl. durch Knospung, geschlechtl. über Schwimmlarven.

Schwäne, fast weltweit verbreitete Unterfam. bis 1,8 m gr. Entenvögel mit langem Hals, v. a. auf vegetationsreichen Gewässern; z. B. der rein weiße Höckerschwan.

Schwangerschaft (Gravidität), Zustand der Frau von der Empfängnis bis zur Geburt; *Sch.sdauer* 266 Tage (vom 1. Tag der letzten Menstruation an gerechnet 280 Tage); gesetzl. Empfängniszeit (für den Nachweis der Vaterschaft): 181.–302. Tag vor der Geburt. Berechnung des voraussichtl. Geburtstermins: vom 1. Tag der letzten Menstruation 3 Monate abziehen u. dann 7–10 Tage zuzählen *(Naegele-Regel).*

Schwangerschaftsabbruch (Abtreibung, Abortus artificialis, Interruption), gynäkologisch-fachärztlicher Eingriff zum Abbruch einer intakten Schwangerschaft. Der Eingriff bei Sch. muss laut Gesetz von einem Facharzt für Gynäkologie in einem Krankenhaus ausgeführt werden (↑auch Indikation).

Schwangerschaftsreaktion, Schwangerschaftstest, Verfahren zur frühzeitigen Feststellung einer Schwangerschaft; beruhen auf dem Nachweis des in den ersten Schwangerschaftsmonaten gebildeten und mit dem Harn ausgeschiedenen Hormons Choriongonadotropin (HCG). Bei früher gebräuchl. *biolog. S.* werden Tieren Harnproben eingespritzt (z. B. *Froschtest, Krötentest, aschheimzondeksche Reaktion* an infantilen Mäusen), die bei positivem Ausfall zu Veränderungen v. a. an den Geschlechtsorganen führen. Heutige *immunolog. S.* weisen eine Antigen-Antikörper-Reaktion des HCG nach. Ihre Zuverlässigkeit liegt bei über 95 %; auch als Schnell- u. Selbsttest im Handel.

Schwank, scherzhafter Einfall und dessen [literar.] Ausführung; kurze, laun., oft auch unflät. Erzählung in Versen oder Prosa (v. a. MA und bes. 16. Jh.).

Schwạnthaler, Ludwig von, * 1802, † 1848, dt. Bildhauer; Hofbildhauer Ludwigs I. v. Bayern; Klassizismus.

Schwanzlurche, Ordn. der Amphibien, Körper nackt, lang gestreckt, langer Schwanz; 2 Paar kurze Gliedmaßen; manche Formen zeitlebens mit Kiemen atmend; u. a. Salamander, Molche, Olme.

Schwärmer, Schmetterlingsfam.; Dämmerungstiere, ausgezeichnete Flieger mit langen Rüsseln, z. B. Ligusterschwärmer; einige Arten Wanderfalter.

Schwạrz (Schwartz), Berthold, gen. Bartholdus (Bertholdus) Niger, dt. Mönch; soll im 14. Jh. das Schießpulver *(Sch.pulver)* erfunden haben, nahm jedoch wahrscheinlich nur Verbesserungen vor.

Schwarz|adrigkeit ↑Übers. S. 528 f.

Schwarz|arbeit, Dienst- oder Werkleistungen von erhebl. Umfang unter vorsätzl. Missachtung der wettbewerbs- und gewerberechtl. Vorschriften; nach dem Gesetz zur Bekämpfung der Sch. mit Geldstrafe bedroht.

Schwarzbeinigkeit ↑Übers. S. 528 f.

Schwạrzburg, ehem. dt. Fürstentümer: *Sch.-Rudolstadt* und *Sch.-Sondershausen,* 1918 Freistaaten, gingen 1920 in Thüringen auf.

Schwarzdorn, svw. ↑Schlehdorn.

Schwarze Elster, r. Nbfl. der mittl. Elbe, 181 km.

Schwarzenberg/Erzgebirge, St. in Sa., 19600 E; Metall- u. Holzind.

Schwarzer, Alice, *1942, dt. Publizistin; Hg. der Frauenzeitschrift „Emma" (ab 1977).

schwarzer Humor, makabrer Witz durch Verharmlosung oder Übertreibung von Ernstem, Tragischem.

schwarzer Körper, svw. ↑schwarzer Strahler.

schwarzer Markt, illegaler Markt, in Notzeiten zuweilen geduldet; bietet Waren, die sonst nicht oder nur schwer zu erhalten sind, zu überhöhten Preisen oder zum Tausch an.

schwarzer Strahler (schwarzer Körper), idealer Strahler, der elektromagnet. Strahlung aller Wellenlängen vollst. absorbiert und selbst Strahlung entspr. seiner Temp. gemäß dem planckschen Strahlungsges. (spektrale Emission) bzw. dem stefan-boltzmannschen Ges. (Gesamtemission) abstrahlt.

schwarzes Loch, in der Astronomie Bez. für infolge der Schwerkraft völlig in sich zusammenstürzende Sterne einschließl. des sehr kleinen Raumbereichs um sie herum, aus dem infolge hoher Gravitation kein Licht mehr herausgelangen kann. Beobachter können ein sch. L. nur an seiner starken Gravitationswirkung auf in der Nähe befindl. Materie erkennen.

Schwarzes Meer, großes Nebenmeer des Mittelmeeres, zw. SO-Europa u. Vorderasien, rd. 423000 km^2, bis 2245 m tief, 1,5–1,8 % Salzgehalt; Verbdg. zum Mittelmeer durch Bosporus, Marmarameer u. Dardanellen; im N trennt die Halbinsel Krim das Asowsche Meer als Nebenmeer ab. In 100–200 m Tiefe starke Sauerstoffverminderung u. in größeren Tiefen Anreicherung v. Schwefelwasserstoff; bed. Fischfang nur auf Störe. Zuflüsse: Donau, Dnjestr, Dnjepr, Don, Kızılırmak; größere Häfen: Warna, Konstanza, Odessa, Sewastopol, Noworossisk, Batumi. – Im Altertum als *Pontus Euxinus* v. griech. Kolonien gesäumt, lebh. Handelsverkehr.

Schwarze Witwe, gefürchtete Giftspinne Amerikas; Körper schwarz mit roten oder rötl. gelben Flecken.

Schwarzkopf, Elisabeth, *1915, dt.-schweizer. Sängerin (Sopran).

Schwarzrost ↑Übers. S. 528f.

Schwarzwald, sö. Randgebirge des Oberrhein. Tieflandes, zw. dem Hochrhein u. dem Kraichgau, Ba.-Wü., rd. 160 km lang, 30–60 km breit; Steilabfall nach W, allm. Abdachung nach O. Die Kinzig unterteilt den Sch. in einen nördl. (Hornisgrinde 1164 m) u. einen südl. Teil (Feldberg 1493 m). Mehrere Seen (Titi-, Schluch-, Feldsee), von zahlr. Flüssen entwässert, stark bewaldet (rd. 60 %, vorw. Nadelwald); bed. feinmech. Ind. (Uhren), ferner elektrotechn., Holz-, Textil-, Papierind., z. T. Maschinenbau; Viehzucht; viele Luftkurorte und Heilbäder.

Schwarzwasserfieber, schwere Komplikation der trop. ↑Malaria mit Blutauflösung (schwarzbraune Verfärbung des Urins).

Schwarzwurzel, Gatt. d. Korbblütler; schwarzbraune Wurzeln der Garten-Sch. als Gemüse.

Schwebung, period. Amplitudenschwankung durch Überlagerung zweier harmon. Schwingungen gleicher Amplitude, die sich in ihrer Frequenz nur wenig voneinander unterscheiden.

Schweden, nordeurop. Kgr.; besteht mit Ausnahme der Halbinsel Schonen im S u. des westl. Hochgeb. aus einer gr., in sich gestuften Rumpfscholle, eiszeitl. überformt: Moränenzüge, weite Seen (z. B. Väner-, Vätter-, Mälarsee), Schärenküste, reich gegliedert. Rd. 50 % des Landes bewaldet; *Klima:* kontinental, gemäßigte Sommer und strenge Winter. *Landw.:* intensiv, hoch entwickelt und rationalisiert; knapp 11 % der Fläche landw. genutzt (Getreide, Kartoffeln, Zuckerrüben, Raps), Viehzucht, im N Ren- u. Pelztierzucht; ertragreicher Fischfang. *Bergbau* auf hochwertige Eisenerze, ferner auf Silber-, Blei-, Kupfer-, Zink-, Wolfram- und Manganerze, Schwefelkies. Bed. *Ind.,* dank Wasserkraft (92 % der Elektrizitätserzeugung) Maschinen-, Schiff-, Automobilbau, Holzverarb. (v. a. Papier), Stahlwerke, elektrotechn., Glas- u. a. Ind.; rege Küsten- u. Hochseeschifffahrt, Haupthäfen Göteborg, Malmö u. Stockholm; Luleå ist Erzhafen. – *Gesch.:* Entstehen eines Staatsverbandes unter Olaf III. Skötkonung, nach dessen Taufe (1008) allmählich Christianisierung, 12./13. Jh. Eroberung Finnlands; seit 1250 Könige aus dem Geschlecht der Folkunger (bis 1363); durch die Kalmarer Union (1397) Vereinigung Sch.s mit Norwegen und Dänemark, 1523 unter dem Haus Wasa wieder selbst., Einführung der Reformation, 1561 Gewinn von Estland; unter Gustav II. Adolf Aufstieg zur Großmacht, Eroberung v. Ingermanland, Ostkarelien u. Livland. Nach Teilnahme am Dreißigjähr. Krieg 1648 Erwerb von Vorpommern, Verden u. Bremen. Nach dem 2. Nord. Krieg Gebietseinbußen und Verlust der Großmachtstellung. 1809 trat Sch. Finnland an Russland ab. 1810 Wahl des frz. Marschalls J.-B. Bernadotte zum Kronprinzen, der seit 1818 als Kg. Karl XIV. Johann regierte u. die jetzige Dyn. begründete; 1814 erhielt Sch. gg. den Verzicht auf Vorpommern Norwegen, das bis 1905 in Personalunion mit ihm vereinigt blieb; Neutralität im 1. u. 2. Weltkrieg; in den Nachkriegsjahrzehnten Muster des modernen Wohlfahrtsstaats; 1932–76 u. 1982–91 reg. die Sozialdemokrat. Partei; 1991–94 bürgerl. Koalition, nach Wahlen 1994 sozialdemokrat. Minderheitsreg. Mitgl. der UN, der EU (s. 1995), des Europarats. – Kg. ist seit 1973 Karl XVI. Gustav.

Schweden

Fläche: 449964 km^2
Einwohner: (1995) 8,78 Mill.
Hauptstadt: Stockholm
Amtssprache: Schwedisch
Zeitzone: MEZ

Schwedisch, aus dem Altnord. hervorgegangene nordgerman. Spr. des ostnord. Zweiges; Alt-, Mittel-, Neu-Sch. (s. dem 16. Jh.). Grundlage der Schriftsprache (Rikssprák) ist die Mundart von Östergötland; die Umgangsspr. (Talsprák) ist dialekt. gefärbt.

Schwedische Akademie, 1786 von Kg. Gustav III. nach dem Vorbild der Académie française gestiftete Ges. mit 18 Mitgl. zur Pflege der schwed. Sprache, Dichtung u. Rhetorik mit Sitz in Stockholm; verleiht s. 1901 den Nobelpreis für Literatur.

schwedische Literatur, aus vorchristl. Zeit nur kurze Runeninschriften; im 14. Jh. christl. Lit. (Visionen der hl. Birgitta); nach der Kalmarer Union Verfall der Lit.; kam erst in der Aufklärung (18. Jh.) in Europa zur Geltung (J. H. Kellgren, C. M. Bellman); Hauptvertr. der Romantik: P. D. A. Atterbom, neben ihm v. a. E. J. Stagnelius, C. J. Almquist, E. Tegnér; Durchbruch des Naturalismus um 1880 mit A. Strindberg, dessen Entw. über den Symbolismus zum Expressionismus führte; daneben der Heimat u. der nat. Vergangenheit zugewandte Lit. (P. A. L. Hallström, S. Lagerlöf); bed. im 20. Jh.: H. Bergman, P. F. Lagerkvist, H. Martinson, E. Johnson, die Lyriker V. Ekelund, G. Ekelöf, J. Edfelt, die Romanschriftsteller Sara Lidman, P. O. Sundman, P. O. Enquist, L. Gustafsson.

Schwedt/Oder, St. im Krs. Frankfurt/Oder, 49 600 E; petrolchem. Ind., Betonwerk; Endpunkt der Erdölleitung aus der GUS.

Schwefel, chem. El., Symbol S (von lat. sulfur), OZ 16, rel. A.-Masse 32,064, Nichtmetall; in mehr. Modifikationen, bei gewöhnl. Temp. als rhomb. Sch. (α-Sch.), bei Temp. über dem Umwandlungspunkt (95,6 °C) als monokliner Sch. (β-Sch.); am wichtigsten der gewöhnl. Sch. (gelbe Brocken od. Pulver, *Sch.blume*); monokliner Sch. schmilzt bei 119 °C, rhomb. Sch. bei 112,8 °C, Sp. bei 444,6 °C. Sch. verbrennt mit Sauerstoff zu *Sch.dioxid* (SO_2) u. *Sch.trioxid* (SO_3), die sich mit Wasser zu schwefl. Säure od. Sch.säure verbinden; Vorkommen: elementar, als *Sulfid* in Erzen, als *Sulfat* in Salzlagern, als Schwefelwasserstoff in vulkan. Gasen.

Schwefelkopf, Gatt. der Blätterpilze, mit schwefelgelben (alt purpurschwarzen) Lamellen.

Schwefelquellen, Wässer mit einem Schwefelgehalt von mind. 1 mg/l (Schwefelwasserstoff u. a.).

Schwefelsäure, H_2SO_4, wicht. u. sehr starke anorgan. Säure. Aus sulfid. Erzen (Pyrit) wird Schwefeldioxid hergest., das zu Schwefeltrioxid oxidiert wird, dessen Verbdg. mit Wasser Sch. liefert. Schwefelsäure und schwefelsaure Salze (Sulfate) sind wicht. Grundchemikalien.

Schweine, Paarhuferfam. der Alten Welt; gesellig lebende Allesfresser feuchter Wälder, durchwühlen mit rüsselförm. Schnauzen den Boden; Haarkleid borstig; weibl.

A. Schweitzer

Tiere mit kräft. Eckzähnen; das *Wildschwein* ist Stammvater des europ. *Hausschweins,* das in vielen Rassen gezüchtet wird.

Schweinepest ↑Pest 2).

Schweinfurt, krsfr. St. u. Krst. am Main, Bay., 55 700 E; LG, Polytechnikum; histor. Bauten; Ind.: Wälzlager, Kupplungen, Motoren, Farben; ⚓. – 791 gen., ehem. Reichsstadt.

Schweinfurth, Georg, * 1836, † 1925, dt. Afrikaforscher; Reisen bes. in NO- u. O-Afrika; entdeckte den Uele; völkerkundl. u. pflanzengeograph. Arbeiten, erste Berichte über die Pygmäen.

Schweiß, farblose, geruchlose, salzhaltige Flüssigkeit, abgesondert durch die *Sch.drüsen.*

Schweißbrenner, Gerät zur ↑autogenen Metallbearbeitung.

Schweißen, Verbinden v. Werkstoffen (Metalle, Kunststoffe) unter Anwendung von Wärme u./od. Druck teilweise unter Schutzgas.

Schweitzer, Albert, * 1875, † 1965, ev. Theologe, Musiker, Arzt, Philosoph; Theologe und Organist in Straßburg, dann Arzt und Gründer eines Spitals in Lambaréné; nach seiner krit. Bestandsaufnahme der Leben-Jesu-Forschung („Geschichte der Leben-Jesu-Forschung") bedeutendster Vertr. eines radikal eschatol. Jesusbildes; herausragender Interpret J. S. Bachs, 1952 Friedensnobelpreis.

Schweiz, amtl. Schweizer. Eidgenossenschaft, Staat im sw. M-Europa; 26 Kt.: Aargau, Appenzell Außerrhoden, Appenzell Innerrhoden, Basel-Stadt, Basel-Landschaft, Bern, Freiburg, Genf, Glarus, Graubünden, Jura, Luzern, Neuenburg, Sankt Gallen, Schaffhausen, Schwyz, Solothurn, Tessin, Thurgau, Unterwalden nid dem Wald, Unterwalden ob dem Wald, Uri, Waadt, Wallis, Zug, Zürich; *Spr.:* rd. 74 % Dt., rd. 20 % Frz., rd. 5 % Ital., 1 % Rätoroman. *Religion:* rd. 45 % ev., rd. 47 % kath. 60 % des Landes sind Hochgeb., höchste Höhen in den Walliser Alpen, Berner Alpen u. der Berninagruppe; den Alpen ist im N u. NW die seenreiche, hügelige Hochfläche des Schweizer Mittellandes vorgelagert; im NW die bewaldeten Mittelgebirgshöhen des Jura. *Klima:* im N kühl gemäßigt, im S mediterran, im Hochgeb. Heilklima (bed. Höhenkurorte). Dank zahlr. Alpenpässe (Gr. St. Bernhard, St. Gotthard, Simplon, Furka, Splügen) ist d. Sch. Durchgangsland. Von der Gesamtlandfläche werden rd. 6 % als *Ackerland* genutzt (hpts. in den fruchtb. Gebieten des Mittellandes; Anbau von Getreide, Kartoffeln, Futter- u. Zuckerrüben; am Genfer See, im Tessin u. Wallis auch Obst-, Wein- u. Tabakanbau), 20 % als *Wiesen* u. *Weiden* (bed. Rinderzucht, insbes. auf Milchertrag eingestellt), 26 % forstwirtsch. genutzt; zur Energiegewinnung wird weitgehend Wasserkraft genutzt. Bed. *Ind.* hpts. in Klein- und Mittelbetrieben: Präzisionsmaschinen und -instrumente, Textilien, Uhren, Apparate, Papierwaren, Schuhe, Farben, Lacke, Arzneimittel, Kunststoffe u. Parfüms sowie Holzverarbeitung. Gut ausgebautes *Verkehrsnetz,* Eisenbahnen völlig elektrifiziert; lebhafter Fremdenverkehr, zahlr. Kur- u. Wintersportorte; gr. u. mod. Rheinhafen

Schweiz

Fläche: 41 284 km²
Einwohner: (1995) 7,2 Mill.
Hauptstadt: Bern
Amtssprachen: Deutsch, Französisch, Italienisch
Zeitzone: MEZ

in Basel. – *Gesch.:* Nach Unterwerfung der Helvetier (58 v. Chr.) u. der Räter (15 v. Chr.) unter röm. Herrschaft; in der Völkerwanderungszeit von Burgundern (im SW) u. Alemannen besiedelt. Nach Zugehörigkeit zum Fränk. Reich größtenteils zum Hzgt. Schwaben. 1033 kam die W-Sch. mit Burgund ebenfalls an das Hl. Röm. Reich. Gg. die habsburg. Landesherrschaft 1291 Ewiger Bund der Waldstätte Uri, Schwyz und Unterwalden, dem 1332 Luzern, 1351 Zürich, 1352 Glarus u. Zug u. 1353 Bern beitraten (bis 1513 Anwachsen des Bundes auf 13 „Orte"). Siege über die Österreicher 1315 am Morgarten und 1386 b. Sempach, über Burgund 1476 b. Grandson u. Murten. Im 15. Jh. Ausbildung eines festen Staatssystems, der *Eidgenossenschaft* der Schweizer. Im Schwabenkrieg 1499 Erreichung der tatsächl. Unabhängigkeit (1648 staatsrechtl. Loslösung aus dem Reichsverband). Nach Einführung der Reformation (Zwingli, Calvin) konfessionelle Spaltung des Landes. 1798 *Helvet. Rep.,* 1803 durch d. Mediationsakte in einen Staatenbund (19 Kantone) umgewandelt; 1815 Zahl der Kantone auf 22 (später 25, da 3 Kt. in je 2 Halbkt. geteilt) erhöht, ewige Neutralität v. den europ. Mächten anerkannt. Der Sieg der lib. Kantone über den kath. Sonderbund (*Sonderbundskrieg* 1847) ermöglichte die Umwandlung in einen Bundesstaat (1848). Im 1. und 2. Weltkrieg neutral. 1979 wurde der Kt. Jura als 26. Kt. gebildet. Die Sch. trat den UN nicht bei, ist jedoch Mitgl. in deren nichtpolit. Sonderorganisationen; Mitgl. des Europarats und der EFTA.

Schweizergarde, Truppe aus angeworbenen Schweizern, heute noch als päpstl. Ehrenwache im Vatikan.

schweizerische Kunst, den sprachl. u. kulturellen Unterschieden der Schweiz entspr. eine Kunst, die in O-, W- u. S-Schweiz jeweils dem Nachbarland Dtl., Frkr., Italien bzw. Tirol bes. nahe steht. Die Kunst im schweizer. Raum bildete einen Teil der karoling. u. dann lange der ↑deutschen Kunst, z. T. wurden starke Einflüsse aus Frkr. u. Italien wirksam, auch regionale Besonderheiten prägten sich ein. Viele schweizer. Künstler waren v. a. im Ausland tätig, z. B. F. Borromini, J. H. Füssli, A. Böcklin, im 20. Jh. P. Klee, Le Corbusier, A. Giacometti, M. Bill. 1916 war Zürich Zentrum der Avantgarde (Dada). Die zeitgenöss. Kunst ist in der Schweiz in allen ihren Richtungen vertreten, u. a. durch B. Luginbühl (* 1929), J. Tinguely (*1925, † 1991), D. Spoerri (*1930), R. P. Lohse (*1902), K. Gerstner (* 1930), M. Distler (* 1949) u. den Architekten M. Botta (* 1943) u. B. Tschumi (* 1944).

schweizerische Kunst. *Johann Heinrich Füssli, Ruhender Frauenakt und Klavierspielerin (1799/1800)*

schweizerische Literatur, im frz. u. ital. Sprachgebiet durch nahezu ausschließl. Gebrauch der Hochspr. integrierender Bestandteil des betreffenden Schrifttums. Die rätoroman. Lit. spiegelt das bodenständ. Leben Graubündens. Im dt. Sprachraum der Schweiz, in dem bis heute das Alemann. (Schwyzerdütsch) Umgangsspr. ist, war Lit. bis ins 18. Jh. Mundartdichtung. Erst zur Zeit J. J. Bodmers und J. J. Breitingers gewann hochdt. Schrifttum an Bed.; damit wurde eine enge Beziehung zur Lit. in Dtl. hergestellt. Einen Höhepunkt erreichte die dt.-schweizer. Dichtung im Realismus, u. a. J. Gotthelf, G. Keller, C. F. Meyer. In neuester Zeit nimmt sie durch M. Frisch u. F. Dürrenmatt wieder einen bed. Rang ein. Bekannte Autoren sind ferner P. Bichsel, J. Federspiel, K. Guggenheim, K. Marti, A. Muschg, Gertrud Leutenegger, B. Brechbühl, F. Hohler. – Die frz.-sprachige s. L. gelangte im 18. u. frühen 19. Jh. mit J.-J. Rousseau, Mme. de Staël u. B. Constant zu europ. Wirkung. Weitere bekannte Autoren: A. Vinet, E. Rambert, V. Cherbulilez, J. Olivier, M. Zermatten. – In der ital.sprachigen s. L. ragte im 20. Jh. bes. F. Chiesa heraus; daneben G. Zoppi, G. Galgari sowie Giovanni u. Giorgio Orelli.

Schweizerischer Gewerkschaftsbund (SGB), 1880 gegr. Spitzenverband von 15 Einzelgewerkschaften (1992: rd. 425600 Mitgl.), konfessionell u. parteipolit. neutral, Sitz in Bern.

Schweizerische Volkspartei (SVP), 1971 durch den Zusammenschluss der 1919 gegr. Bauern-, Gewerbe- u. Bürgerpartei (BGB) mit der Demokrat. Partei der Kt. Glarus und Graubünden entstandene schweizer. polit. Partei; konservativ geprägt.

Schweizer Käse, Hartkäse mit Hohlräumen (durch Gasbildung bei der Gärung verursacht).

Schwelm, Krst. (des Ennepe-Ruhr-Kreises) im nw. Sauerland, NRW, 30700 E; Metall-, Textilind.

Schwerathletik, zusammenfassende Bez. für athlet. Sportarten wie Boxen, Ringen, Gewichtheben, Judo, Rasen- u. Kunstkraftsport.

Schwerbehinderte, Personen, die körperl., geistig oder seel. behindert u. dadurch in ihrer Erwerbsfähigkeit um wenigstens 50 % gemindert sind. Nach dem Sch.ngesetz gelten für Sch. versch. bes. rechtl. Regelungen.

schwerer Wasserstoff ↑Deuterium.

schweres Wasser (Deuteriumoxid), D_2O, Wasser, das statt des gewöhnl. Wasserstoffs ↑Deuterium enthält; u. a. als Moderator in Kernreaktoren.

Schwergewicht ↑Übers. S. 658.

Schwerin. *Ehemaliges Residenzschloss (1843 ff.)*

Schwerhörigkeit, dauernd od. vorübergehend vermindertes Hörvermögen, ein- oder doppelseitig.

Schwerin: 1) s. 1990 Hptst. v. Mckbg.-Vorp., 1952–90 auch v. 2); am SW-Ufer des Schweriner Sees, 122 200 E; got. Dom, ehem. Residenzschloss (1843 ff.); Museen; Metall-, Holz-, Textilind.; **2)** 1952–90 Bezirk der DDR, umfasste den größten Teil v. W-Mckbg. (außer Küstenstreifen) u. der westl. Prignitz, 8672 km², 592 500 E; im N fruchtb. Grund- und Endmoränenldsch., im S Sander- und Talsandflächen; vorw. Landw.; Baustoffind. (Ziegeleien), geringer Braunkohlen-⚒.

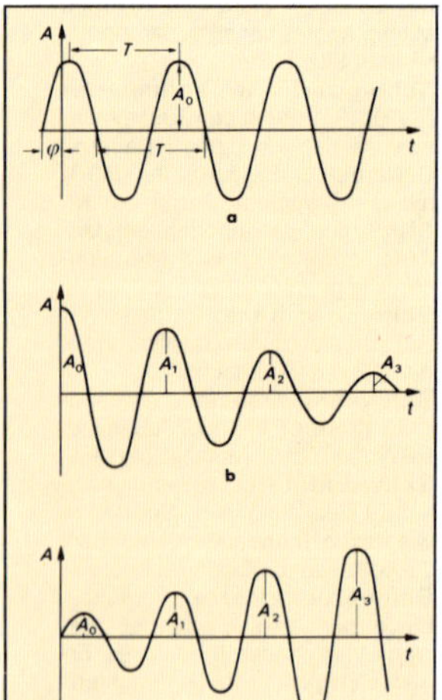

Schwingung. *Ungedämpfte (a), gedämpfte (b) und explosive harmonische Schwingung (c). A Amplitude, T Schwingungsdauer, φ Phasenverschiebung*

Schwer|industrie, Sammelbez. für die Unternehmen der ↑Montanindustrie.

Schwerkraft ↑Gravitation.

Schwermetalle, Metalle mit einer Dichte über 3,5–5 g/cm³.

Schwer|öl, zw. 230 u. 270 °C siedende Anteile des Erdöls und des Teers; verwendet als Treibstoff, Schmier- und Heizöl.

Schwerpunkt (Baryzentrum), ein für jedes Teilchensystem (z. B. starrer Körper) definierter Punkt, der sich so bewegt, als ob die gesamte Masse des Systems in ihm vereinigt sei u. alle auf das System wirkenden äußeren Kräfte in ihm angriffen. Ein im Sch. unterstützter (gelagerter) Körper ist (bei allein. Wirkung der Schwerkraft) in jeder belieb. Lage im stabilen Gleichgewicht; *Sch.ssatz* ↑Erhaltungssätze.

Schwert: 1) ein- od. zweischneid. Hieb- od. Stichwaffe mit meist gerader Klinge; **2)** ↑Kielschwert.

Schwertbrüder|orden, 1202 gegr. Ritterorden, 1237 dem Dt. Orden inkorporiert; eroberte u. christianisierte ↑Livland.

Schwerte, St. am N-Rand des Sauerlandes, NRW, 50 700 E; Schwer-, chem. u. Nahrungsmittelindustrie.

Schwertfisch, bis 4 m langer Knochenfisch mit langem Oberkieferfortsatz (Schwert).

Schwertlili|engewächse, Pfl. mit Rhizomen od. Knollen, selten mit Zwiebeln; schwertförm., der Sprossachse aufsitzende Blätter; beliebte Gartenpfl. sind: *Schwertlilie* (Iris), Krokus, Gladiole u. a.

Schwetzingen, St. westl. v. Heidelberg, Ba.-Wü., 21 700 E; Barockschloss mit Theater u. bed. Parkanlage; Spargel- und Tabakbau; versch. Ind.; Festspiele.

Schwiele, durch mech. Druck hervorgerufene Hornschichtverdickung der Haut.

Schwimmblase, gasgefüllte Blase bei Fischen; Ausstülpung des Vorderdarmes.

Schwimmen, Fortbewegung im Wasser; im sportl. Wettkampf Brust-, Kraul-, Rücken-, Schmetterlings-(Delphin-)Sch. (üb. Distanzen zw. 100 und 1500 m in Einzel- od. Staffelwettbewerben).

Schwimmer ↑Vergaser.

Schwind, Moritz von, * 1804, † 1871, dt. Maler und Zeichner der dt. Spätromantik; poet. Märchenbilder; Gemälde, Fresken (Wartburg), Illustrationen.

Schwindel, Gleichgewichtsstörung (Dreh-Sch., Schwank-Sch.); u. a. bei Innenohrerkrankungen, Kreislaufstörungen (anomaler Blutdruck).

Schwindsucht ↑Tuberkulose.

Schwingkölbchen ↑Halteren.

Schwing[ungs]kreis, ein geschlossener elektr. Stromkreis mit Kondensator (Kapazität *C*) u. Spule (Selbstinduktivität *L*), in dem Elektronen zu [elektr.] Schwingungen angeregt werden können, die zu einem period. Ent- u. Aufladen des Kondensators bei gleichzeit. Auf- bzw. Abbau eines Magnetfeldes in der Spule u. damit zur Entstehung veränderl. elektromagnet. Felder führen, die als Wellen abgestrahlt werden können (Sender).

Schwingung (Oszillation), zeitl. period. Zustandsänderung, die auftritt, wenn bei Störung eines mech., elektr. od. auch therm. Gleichgewichts Kräfte wirksam werden, die dieses wiederherzustellen suchen; bei *mech. Sch.en* zeitl. period. Lageänderungen (Sch.en um eine Ruhelage) materieller Teilchen, z. B. die Bewegung eines Pendels, bei *elektromagnet. Sch.en* die von Elektronen; man bezeichnet den Momentanwert der schwingenden Größe (i. e. S. bei mech. Sch.en die Auslenkung aus der Ruhelage) als *Elongation,* ihren maximalen Betrag als *Amplitude,* die Zeit zw. 2 Zuständen mit gleicher Elongation als *Sch.sdauer* u. die Zahl der Sch.en pro Zeiteinheit als *Sch.szahl* od. *Frequenz;* auch svw. Welle.

Schwund ↑Fading.

Schwungrad, Rad gr. Masse zur Speicherung mech. Energie.

Schwurgericht, selbst., vergrößertes Schöffenger. (beim LG), das über best. schwere Verbrechen urteilt.

Schwyz [-i:-]: **1)** schweizer. Kt. südl. vom Zürichsee, 908 km², 118500 E; vorw. Weidewirtsch.; Textil- u. Masch.-Ind.; **2)** Hauptort v. 1), am Fuß des Mythen, 13100 E; barocke Pfarrkirche; Bundesbriefarchiv mit bed. histor. Erinnerungsstücken; Fremdenverkehr.

Schwyzerdütsch (Schwyzertütsch) [-i:-], Sammelbez. für die in der deutschsprach. Schweiz gesproch. Mundarten.

Schygulla, Hanna, * 1943, dt. Schauspielerin, v. a. in Filmen R. W. Faßbinders.

Sciencefiction ['saɪənsfɪkʃən; engl.], engl.-amer. Bez. für den naturwiss.-techn. utop. Roman.

Scipionen: röm. Patrizierfam., bed.: **1)** Publius Cornelius Scipio Aemilianus Africanus d. J., * 185 od. 184, † 129 v. Chr., röm. Feldherr und Staatsmann; Konsul 147 u. 134, Zensor 142, eroberte u. zerstörte 146 Karthago, nahm 133 Numantia ein; **2)** Publius Cornelius Scipio Africanus d. Ä., * um 235, † 184 od. 183 v. Chr., röm. Feldherr u. Staatsmann; Konsul 205 u. 194, Zensor 199; vertrieb 210–206 die Karthager aus Spanien, landete 204 in Afrika u. schlug 202 Hannibal bei Zama.

Scorpius [gr.-lat.] (Skorpion), Sternbild des südl. Himmels.

Scotchterrier ['skɔtʃ-; engl.], meist schwarzer, bis 28 cm hoher Terrier mit gedrungenem Körper, spitzen Stehohren und aufrecht getragener Rute.

Scotland Yard ['skɔtlənd 'jɑ:d; engl.], Bez. für die Londoner [Kriminal]polizei, nach ihrem urspr. Hauptquartier.

Scott: 1) Robert Falcon, * 1868, † März 1912, brit. Polarforscher; erreichte 1912, vier Wochen nach R. Amundsen, den Südpol; kam auf dem Rückweg ums Leben; **2)** Sir Walter, * 1771, † 1832, schott. Dichter; histor. Romane; „Waverley", „ Ivanhoe", „Das Herz v. Midlothian", edierte altes schott. Balladen- u. Liedgut.

Scotus, Johannes Duns ↑Duns Scotus.

Scout [skaʊt; engl.; = Späher], Pfadfinder.

Scribe, [Augustin] Eugène [skri:b], * 1791, † 1861, frz. Dramatiker; rd. 400 bühnenwirksame, problemlose Komödien und Opernlibretti; „Das Glas Wasser".

Scudéry, Madeleine de [skyde'ri], * 1607, † 1701, frz. Schriftstellerin; bereitete den frz. psychol. Ges.- und Liebesroman vor.

sculpsit [lat.; = hat gestochen], Abk. sculps., sc., auf Kupferstichen vor od. hinter dem Namen des Stechers.

Scylla ↑Szylla.

Scyphozoa [gr.], Kl. rein mariner Nesseltiere, meist mit Generationswechsel zw. geschlechtl. Medusen u. ungeschlechtl. Polypengeneration; Auftreten häufig in riesigen (bis 15 km lang) Schwärmen.

SD, Abk. für: ↑**S**icherheits**d**ienst.

SDI, Abk. für: **S**trategic **D**efense **I**nitiative.

SDP, Abk. für: **S**ocial **D**emocratic **P**arty.

Se, Symbol für ↑Selen (♂).

Seaborg, Glenn Theodore ['si:bɔ:g], * 1912, amer. Chemiker; 1961–71 Leiter der amer. Atomenergiekommission; Mitentdecker v. ↑Transuranen; Nobelpreis 1951.

Seal[skin] ['si:lskɪn; engl.], Handelsbez. für das fertig bearb. Fell von Pelzrobben.

Sealsfield, Charles ['silzfi:ld], eigtl. Karl Anton Postl, * 1793, † 1864, östr. Schriftsteller; realist. Erzählungen, „Das Kajütenbuch".

Seattle [sɪ'ætl], Hafenst. am Puget Sound in Washington, USA, 516300 E; 3 Univ.; Schiff-, Masch.-, Flugzeugbau; Stahlwerke.

Sebastian, hl., Märtyrer des 3. Jh.s aus Mailand; nach der Legende Tribun der Garde, als Christ zum Tode verurteilt, von Pfeilen durchbohrt u. für tot gehalten, geheilt, dann mit Keulen erschlagen; über seinem Grabe eine der 7 Hauptkirchen Roms.

Sebastopol ↑Sewastopol.

Seberg, Jean ['si:bə:g], * 1938, † 1979 (Selbstmord), amer. Filmschauspielerin („Saint Joan").

Seborrhö [lat.; gr.], gesteigerte Absonderung der Talgdrüsen.

sec, Funktionszeichen für ↑Sekans.

sec [frz.], Qualitätsbez. bei Wein und Sekt: trocken, herb.

Sechstagerennen, Radrennen auf Hallenbahnen über 6 Tage u. 6 Nächte für Mannschaften aus 2 sich beliebig ablösenden Berufsfahrern.

Secondhandshop ['sekənd 'hænd ʃɔp; engl.], Gebrauchtwarengeschäft.

Secret Service ['sikrɪt 'sə:vɪs; engl.], der brit. Geheimdienst.

SED, Abk. für: ↑**S**ozialistische **E**inheitspartei **D**eutschlands.

Sedan [sə'dã], frz. St. an der Maas, 22400 E; Textil- u. a. Ind. – Ehem. Festung; bei S. siegten am 1. 9. 1870 zwei dt. Armeen über die frz. Armee Mac-Mahons; Napoleon III. wurde gefangen genommen.

Sedativa [lat.], beruhigende Arzneimittel.

Moritz von Schwind, *Die Hochzeitsreise (um 1855)*

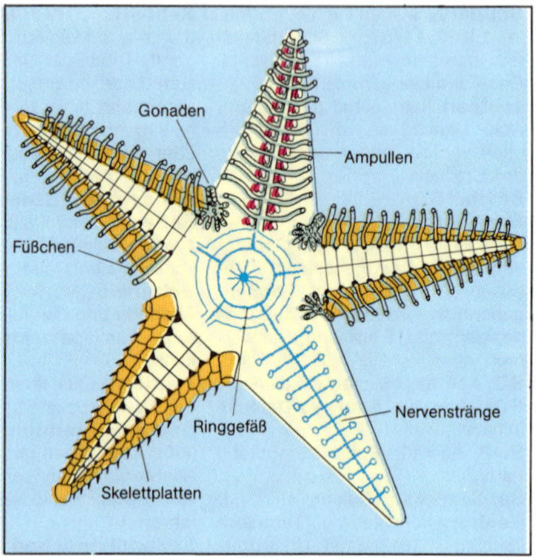

Seesterne. *Bauplan des Gemeinen Seesterns*

Sediment [lat.], i. e. S. nicht verfestigte Ablagerung, i. w. S. ↑Sedimentgesteine.
Sedimentation [lat.]: **1)** Bodensatzbildung in Flüssigkeiten; **2)** Ablagerung von Stoffen, führt zur Bildung v. ↑Sedimentgesteinen.
Sedimentgesteine (Schicht-, Absatzgesteine), meist in Schichten abgelagerte Verwitterungsprodukte der Gesteine, z. B. Sand, Ton, Kalkstein, Gips, Kohle.
Sedisvakanz [mlat.], das Freistehen des päpstl. oder eines bischöfl. Stuhles.
Sedum [lat.], svw. ↑Fetthenne.
See, Wasseranslg. in einer Hohlform *(S.becken)* der Landoberfläche ohne unmittelb. Zusammenhang mit dem Meer; Gesamtoberfläche aller natürl. Seen auf 2,5 Mill. km² geschätzt.
See|aal: Art der Meeraale, bis zu 3 m lang; Atlantik, Mittelmeer, Ind. Ozean.
See|adler ↑Adler.
See|alpen ↑Meeralpen.
Seebären, svw. ↑Pelzrobben.
Seeckt, Hans v., * 1866, † 1936, dt. Gen.-Oberst; 1920–26 Chef der Heeresleitung und Organisator der R.-Wehr, an der Bildung der Harzburger Front beteiligt.
See|elefanten, Gatt. der Rüsselrobben; Arten: *Südl. Seeelefant* (größte Robbenart, bis 3 000 kg schwer), *Nördl. Seeelefant.*
Seefeld in Tirol, östr. Fremdenverkehrsort nw. von Innsbruck, 1 185 m ü. d. M., 2 800 E.
Seegras, untergetaucht wachsendes grasartiges Laichkrautgewächs in Meeren der nördl. Halbkugel in Küstennähe; u. a. für Polster und als Düngemittel.
Seehähne, svw. ↑Knurrhähne.
Seehofer, Horst, * 1949, dt. Politiker (CSU), 1992–98 Bundesmin. für Gesundheit.
Seehunde, Robbenfam., vorw. Fischfresser, bewohnen alle Meere u. einige gr. Binnengewässer; Ohren u. Nase verschließbar; z. T. wicht. Pelztiere.
See|igel (Echinoidea), Kl. der Stachelhäuter; meist kugel. Körper, ohne Arme; Hautskelett aus fest miteinander verwachsenen Platten u. mit bewegl. Stacheln; in allen Meeren.
Seejungfer, Fam. der Libellen.
Seekadett, Marineoffiziersanwärter.
Seeklima, svw. maritimes Klima (↑maritim).
Seekühe (Sirenen), Säugetierordn.; gr., ständig im Wasser lebende Pflanzenfresser, äußerl. den Walen ähnl.; Vorderbeine u. Schwanz zu Flossen umgewandelt, Hinterbeine rückgebildet; leben gesellig in warmen Küstenmeeren, Flussmündungen, einigen gr. Seen.
Seelachs, Handelsbez. für den ↑Köhler.
Seeland: 1) (dän. Sjælland) Hauptinsel Dänemarks, zw. dem Gr. Belt und dem Sund, 7 026 km², Hauptort Kopenhagen; intensive Landw., Schwerpt. d. dän. Ind.; **2)** (niederl. Zeeland) niederl. Prov. im Gebiet der Scheldemündung, 1 796 km², 359 000 E; Hptst. Middelburg; fruchtb. Polderland.
Seele, in psychol. Deutung Verhaltensantrieb u. Ausdruck v. körperl. Funktionsabläufen, u. a. auch als Selbstwahrnehmung u. Verarbeitung der Lebensvorgänge; in Religions- und Philosophiegesch. versch. S.nvorstellungen, u. a. S. als Sitz des Lebens *(Hauch-S.),* Sitz v. Geist, Wille, Gemüt *(Ich-S.),* nur lose mit dem Leib verbunden *(Schatten-S.);* bei Platon ist die *Welt-S.* die alles bewegende Kraft u. Ursache der Erkenntnis.
Seelenmesse ↑Requiem.
Seelenwanderung (Metempsychose), Vorstellung, dass die Seele nach dem Tode in einem anderen Leib wieder geboren wird (Reinkarnation), meist als Läuterungsweg der Seele gedacht.
See|leopard, räuber. Robbe der Antarktis.
Seelili|en, Gruppe der ↑Haarsterne.
seelische Krankheiten, Sammelbez. für Störungen bzw. Abweichungen des Verhaltens u. Erlebens von der Norm: 1. exogene (körperl. begründbare) Psychosen u. organ. Psychosyndrome; 2. endogene (oder funktionelle) Psychosen, bei denen die Zusammenhänge zw. körperl. Ursachen bzw. Veränderungen u. Verhaltensänderungen weitgehend unklar sind; 3. Neurosen, Konfliktreaktionen u. Psychopathien (mit unterschiedl. Grenzen zur gesellschaftl. Norm).
Seelöwen, Gruppe der Ohrenrobben; u. a. *Kaliforn. Seelöwe,* leicht abrichtbar.
Seemeile, Einheitenzeichen sm, Längenmaß in der Schifffahrt (1,852 km).
Seenadeln, Fam. meist sehr schmaler Meeresfische.
Seepferdchen, Gatt. der Seenadeln, Kopf und Vorderkörper pferdeähnlich.
Seeräuber, an der Seeräuberei beteiligter Seemann; *S.ei,* Angriff auf ein Seeschiff ohne Ermächtigung eines Völkerrechtsubjekts (Staates), um sich des Schiffs, seiner Ladung od. der Passagiere zu bemächtigen.
Seerecht, Gesamtheit der Sondernormen, die das Recht der See und der Seeschifffahrt betreffen. Das *private S.* umfasst insbes. das Seefrachtrecht (im 4. Buch HGB); das *Seearbeitsrecht* (hpts. im Seemannsgesetz vom 26. 7. 1957) ordnet die Dienstverhältnisse der Schiffsbesatzung. Das innerstaatl. *öff. S.* enthält u. a. das Flaggenrecht und das Seestraßenrecht, das *Seevölkerrecht* internat. Bestimmungen über Schifffahrt u. Seewesen.
Seerosengewächse, Wasser- od. Sumpfpfl. mit rosenähnl. Blüten und ledr. Schwimmblättern; u. a. Lotosblume, in Dtl. *Weiße Seerose* und *Teichrose.*
Seeschlangen, meeresbewohnende Giftnattern, lebend gebä-

rend, selten über 2 m lang; Pazif. u. Ind. Ozean.

Seeschwalben, Unterfam. der Möwenvögel; schwalbenähnl.

Seesterne, Kl. der Stachelhäuter, in allen Meeren; Körper zentrale Scheibe, von der 5 od. mehr unverzweigte Arme ausgehen; meist mit Stacheln besetzt; in Rinnen der Armunterseiten Saugfüßchen zur Fortbewegung; Mund auf der Unter-, After auf der Oberseite oder rückgebildet.

Seetang (Tang), gr. Braun- u. Rotalgen.

Seezungen, Fam. der Plattfische; Augen auf der rechten Körperseite; Atlantik, Mittelmeer.

Segel, aus festem, dichtem Baumwoll- od. Kunststoffgewebe (Segeltuch) hergest. Tuchfläche, die ausgespannt durch Winddruck ein Fahrzeug vorwärts bewegt.

Segelboot, ein mit Segeln ausgerüstetes Boot; entw. Schwert- oder Kielboote; versch. *olymp. Bootsklassen.*

Segelflug, antriebsloser Gleitflug, bei dem aufsteigende Luftströmungen (Hangaufwinde, ↑Thermik) zum Höhengewinn genutzt werden.

Segelflugzeug, Leichtflugzeug gr. Spannweite und Flügelstreckung, ohne eigene Antriebskraft (jedoch auch mit Hilfsmotor, Motorsegler). Bauweise heute meist aus glasfaserverstärkten Kunststoffen; Start mit Schleppwinde oder Flugzeugschlepp.

Segelschiff, Schiff, das durch Wind, der sich in den Segeln fängt, vorwärts bewegt wird (oft mit Hilfsmotor).

Segen, kult. Handlung (u. a. Handauflegung), durch die Personen oder Sachen bes. Kraft u. Gnade verliehen werden soll.

Segesta, Ruinenstätte in NW-Sizilien; Ruinen eines in Felsen gehauenen Theaters u. eines unvollendeten dor. Tempels.

Segge, Gatt. der Riedgräser, meist auf feuchten Böden.

Seghers, Anna, eigtl. Netty Radványi, * 1900, † 1983, dt. Schriftstellerin; 1933–47 Exil, s. 1947 in Berlin (Ost); Darst. soz.-revolutionärer Kämpfe u. des antifaschist. Widerstandes; „Der Aufstand der Fischer von St. Barbara", „Das siebte Kreuz".

Segler, Fam. sehr schnell fliegender, den Schwalben ähnl. Vögel; brüten in Höhlen (Nesthocker); Insektenfresser; einheim. Alpen-S., Mauersegler.

Segment [lat.], durch Sehne od. Sekante u. den abgeschnittenen Kurvenbogen begrenzte Fläche (z. B. Kreis-S.).

Segovia [se'ɣoβia], span. Prov.-Hptst. am NW-Rand der Sierra de Guadarrama, 55 200 E; maler. Stadtbild.

Segrè, Emilio [se'grɛ], * 1905, † 1989, ital.-amer. Kernphysiker; mit ↑Seaborg Entdecker des Plutoniums 239 u. mit O. Chamberlain des Antiprotons; Nobelpreis 1959.

Segregation [engl.], Absonderung v. Personen mit gleichen soz. Merkmalen (z. B. relig. od. schichtspezif. Art).

Sehne: 1) straffes Bündel paralleler Bindegewebsfasern (Verbdg. von Muskeln mit den Knochen); **2)** eine Gerade, die 2 Punkte einer gekrümmten Linie (speziell eines Kreises) verbindet.

Sehnenscheidenentzündung (Tendovaginitis), Entzündung des Gleitapparates der Sehnenscheiden.

Seh|nerv (Nervus opticus), II. Hirnnerv, paar. angelegte sensor. Faserbahn, die mit ihren Endverzweigungen die Netzhaut des Auges versorgt.

Seide, von den Raupen versch. Seidenspinner erzeugter Faden; besteht zu 3/4 aus Fibroin, der eigtl. Seidensubstanz, u. 1/4 aus Sericin, dem Seidenleim. *S.nfäden* sind hoch elast., gut wärmeisolierend u. feinfädig. Die bei der Verpuppung der Maulbeerspinnerraupe *(edle S.)* oder der Eichenspinnerraupe *(wilde S.)* entstandenen *Kokons* werden in heißem Wasser eingeweicht und durch Bürsten von der *Flock-S.* (lockere Außenschicht) befreit; danach werden mehrere Kokons gleichzeit. abgehaspelt u. die Fäden zum Strang gezwirnt; durch Entbasten höherer Glanz.

Seidel: 1) Heinrich, * 1842, † 1906, dt. Schriftsteller; „Leberecht Hühnchen"; **2)** Ina, * 1885, † 1974, Nichte v. 1), dt. Dichterin; Lyrik, Romane, „Das Labyrinth", „Das Wunschkind", „Lennacker".

Seidelbast (Daphne), Gatt. der *S.gewächse;* meist reich verzweigte Sträucher, duftende Blüten; u. a. *Gemeiner S.,* mit gift. Beeren.

Seidenspinner, allg. Bez. für Schmetterlingsarten, deren Raupen *(Seidenraupen)* durch ihre Puppenkokons wirtsch. verwertb. Seide liefern, v. a. *Maulbeerspinner,* Raupe an Maulbeerbäumen.

Seidenstraßen, mindestens s. dem 2. Jh. v. Chr. Karawanenwege zw. China u. Syrien, auf denen v. a. chin. Seide in den Vorderen Orient gebracht wurde.

Seifen, Gemische aus Natrium- oder Kaliumsalzen langkettiger Fettsäuren mit Zusätzen von Wasser, Glyzerin, Farb- und Duftstoffen u. Ä.; als Waschmittel verwendet; *harte S.* (Kern-S., Natrium-S.) u. *weiche S.* (Leim-S., Kalium-S.).

Seifenkistenrennen, Wettfahrt mit selbstgebauten, motorlosen Fahrzeugen auf abschüss. Bahn.

Seifenkraut, Gatt. der Nelkengewächse; in den Wurzeln des *Gemeinen S.s* Glykosidsaponine (offizinell gebraucht).

Seigneur [sɛ'ɲœ:r; frz.], in Frkr. bis 1789 Lehns- od. Grundherr.

Seilbahn, Beförderungsmittel, bei dem die Wagen oder Kabinen mithilfe langer Drahtseile bewegt werden; *Stand-S.en* laufen auf Schienen am Boden, *Seilhängebahnen* an Hängeschienen, *Seilschwebebahnen* (Luft-S.en, S.en i. e. S.) an Tragseilen.

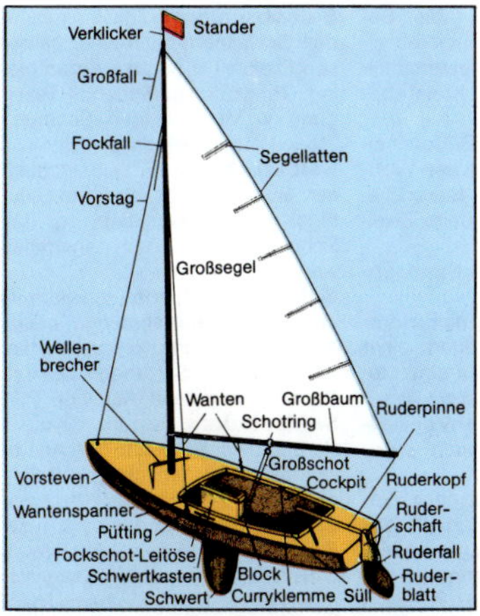

Segelboot. *Bezeichnung der Bootsteile*

Seine [sɛn], frz. Fl. zum Kanal, 776 km.

Seipel, Ignaz, * 1876, † 1932, östr. Politiker; kath. Theologe; 1922–24 u. 1926–29 B.-Kanzler; Sanierung der Staatsfinanzen; propagierte eine autoritäre ständ. Verf.-Reform u. wurde damit zum Wegbereiter der Reg. Dollfuß.

Seismograph [gr.] (Seismometer), Gerät zur Registrierung v. Bodenerschütterungen (Erdbeben, atomare Explosionen) in *Seismogrammen.*

Seite, Berndt, * 1944, dt. Politiker (CDU), 1992–98 Min.-Präs. von Mcklbg.-Vorpommern.

Sejm, das poln. Parlament.

Sekans [lat.], Formelzeichen sec, eine trigonometr. Funktion; im rechtwinkl. Dreieck das Verhältnis von Hypotenuse zu Ankathete (sec $\alpha = 1/\cos\alpha$).

Sekante [lat.], eine Gerade, die eine Kurve (speziell einen Kreis) schneidet.

Sekret [lat.], das Abgesonderte, die Ausscheidung.

Sekretär: 1) ↑Sekretär[in]; **2)** Schreibschrank (mit Klappe).

Sekretär[in] [lat.]: **1)** Beamter des mittl. Dienstes; **2)** Bürokraft, die ihre Vorgesetzten mit ihrer Arbeit unmittelbar unterstützt; **3)** leitende Persönlichkeit einer Institution.

Sekretion [lat.], Absonderung von Sekreten.

Sekte [lat.], eine Gruppe, die sich von einer größeren Religionsgemeinschaft abgespalten hat.

Sektierer, Anhänger, insbes. Wortführer einer Sekte.

Sektion [lat.]: **1)** Abt. [einer Behörde], Zweig, Gruppe; **2)** (Obduktion) Leichenöffnung zur Feststellung der Todesursache.

Sektor [lat.]: **1)** [Sach]gebiet, Bezirk, Teil; **2)** von den Schenkeln eines Winkels u. einer gekrümmten Linie (speziell einem Kreis) begrenztes Flächenstück.

Sekundant, Berater, Betreuer eines Sportlers während des Wettkampfs (v. a. beim Boxen u. Schach); fr. Beistand beim Zweikampf (Duell).

sekundär, an zweiter Stelle, untergeordnet.

Sekundär|elektronen, Elektronen, die beim Auftreffen einer Elektronenstrahlung [auf eine Metalloberfläche] ausgelöst werden.

Sekundär|elektronenvervielfacher, svw. ↑Elektronenvervielfacher.

Sekunde: 1) SI-Basiseinheit, Einheitenzeichen s, definiert als das 9 192 631 770fache der Periodendauer die dem Übergang zw. den beiden Hyperfeinstrukturniveaus des Grundzustandes von Atomen des Cäsiumnuklids ^{133}Cs entsprechenden Strahlung; **2)** Einheitenzeichen ″, Winkelmaß, der 3600ste Teil eines Winkelgrades; **3)** der der Prim folgende 2. Ton einer Tonleiter; Intervall eines Halb- od. Ganztones mit dissonanter, d. h. auflösungsbedürft. Wirkung.

sekundieren, helfen, schützen, beistehen.

Sekundogenitur [lat.], im Ggs. zur ↑Primogenitur in fürstl. Häusern die von einem Nachgeborenen begr. Nebenlinie.

Sela [hebr.], häuf. Wort in at. Psalmen (vermutl. Intonations- oder Rezitationsanweisung).

Selam [arab.], Wohlbefinden, Friede (arab. Grußwort); *S. aleikum!,* Friede mit Euch! (arab. Gruß).

Selb, St. sö. von Hof, Bayern, 19 500 E; u. a. Porzellanindustrie.

Selbstbestäubung (Eigenbestäubung, Idiogamie), die Bestäubung unter den Blüten desselben Vegetationskörpers, neben der Nachbarbestäubung *(Geitonogamie)* zw. benachbarten Blüten derselben Pflanze v. a. die Bestäubung derselben Blüte *(Autogamie, direkte Bestäubung).*

Selbstbestimmungsrecht, Prinzip der nat. Selbstbestimmung über die Reg. u. Staatsform.

Selbst|erhaltungstrieb, Sammelbez. für psych. Antriebe oder Bedürfnisse in Bezug auf die [Gesund]erhaltung des (menschl. oder tier.) Individuums.

Selbsthilfe, eigenmächt. [gewaltsame] Durchsetzung oder Sicherung eines Anspruchs; nur erlaubt, wenn obrigkeitl. Hilfe nicht rechtzeitig verfügbar u. ohne sie der Anspruch gefährdet ist.

Selbstreinigung, die bei gesunden Gewässern nach einer gewissen Fließzeit u. -stärke durch biolog. Tätigkeit stattfindende Reinigung v. fäulnisfähigen Schmutzstoffen durch Mikroorganismen.

Selbstschuldner (selbstschuldner. Bürge), Bürge, der vom Gläubiger ohne Vorausklage gg. den Schuldner in Anspruch genommen werden kann.

Selbstverwaltung, eigenverantwortl. Wahrnehmung staatl. Aufgaben durch Körperschaften, Anstalten und Stiftungen des öff. Rechts unter staatl. Aufsicht.

Seldschuken, alttürk. Dyn. in Vorderasien, 1040–1157 (in Anatolien bis 1308); mächtiges Reich, das sich v. Palästina bis zum Amudarja erstreckte, zerfiel nach 1092.

Selektion [lat.], svw. ↑Auslese.

Selektionstheorie (Darwinismus), von C. R. Darwin begr. Theorie zur Erklärung der heut. Artenzusammensetzung bei Tier u. Pfl. durch natürl. Auslese: Überleben der bestangepassten Individuen; Voraussetzungen: Nachkommenüberschuss und genet. Abweichen der Nachkommen durch Mutationen (↑Deszendenztheorie).

selektiv, auswählend.

Selen [gr.], chem. El., Symbol Se, OZ 34, rel. A.-Masse 78,96; Halbmetall mit mehr. Modifikationen (drei rote; zwei schwarze; eine graue, metall.), Fp. 60–80 °C (rot), 217 °C (grau), Sp. 684,9 ± 1,0 °C, Dichte 4,79 g/cm³ (rot); S. ist in seinen Verbdg. dem Schwefel ähnl., findet sich spurenweise in vielen natürl. Sulfiden (Zinkblende, Kupferkies, Eisenkies usw.); die graue metall., kristalline Modifikation ist ein Halbleiter und ändert bei Belichtung ihre elektr. Leitfähigkeit.

Selenzelle, Photoel., in dem der Photoeffekt in einer als Sperrschicht wirkenden Selenschicht zur Erzeugung von elektr. Spannung bzw. Strom genutzt wird.

Seleukeia, Name antiker, von Seleukos I. Nikator gegr. vorderasiat. Städte; u. a. S. am Tigris, um 300 v. Chr. als Hptst. des Seleukidenreiches gegr., vom röm. Ks. Trajan zerstört.

Seleukiden, makedon. Dyn. in Syrien (312–64 v. Chr.), begr. von *Seleukos I. Nikator* (* um 358, † 281 v. Chr.), einem der Diadochen, s. 305 syr. König.

Seligenstadt, St. am unteren Main, Hessen, 18 700 E; Einhardsbasilika (840 vollendet, im 13. Jh. erweitert), ehem. Abtei, Reste der Kaiserpfalz; maler. Stadtbild; Leder-, elektrotechn., Metall verarb. u. a. Industrie.

Seligsprechung ↑Heiligsprechung.

Selim: *osman. Sultane:* **1) S. I.,** der Strenge, * 1467 oder 1470, † 1520, Sultan s. 1512; kämpfte gg. Persien, eroberte Mesopotamien, Syrien u. Ägypten; **2) S. II.,** * 1524, † 1574, Sultan seit 1566; eroberte Zypern; seine Flotte wurde 1571 bei Lepanto besiegt.

Selinunt, Ruinenstätte an der SW-Küste Siziliens; Reste von 9 dor. Tempeln (6. u. 5. Jh. v. Chr.) der antiken griech. Stadt *Selinus.*

Sellafield ['selafi:ld], Kernforschungszentrum an der nw. engl. Küste, ssö. von Whitehaven, mit Reaktor (32 MW) u. Wiederaufbereitungsanlage für Kernbrennstoffe.

Sellagruppe (ital. Gruppo di Sella), Geb.-Gruppe in den Dolomiten, Italien, bis 3 151 m, mit *Sellajoch,* Pass vom Grödner Tal ins Fassatal, 2 214 m ü. d. M.

Sellerie [gr.], Doldengewächs; alte Gemüse- *(Stangen-S., Knollen-S.)* und Gewürzpflanze *(Blattsellerie)*.
Sellers, Peter, * 1925, † 1980, brit. Filmschauspieler.
Selten, Reinhard, * 1930, dt. Wirtschaftswissenschaftler, 1994 für wirtschaftsmathemat. Forschungen Nobelpreis für Wirtschaftswissenschaften.
Sem, ältester Sohn Noahs, Stammvater der Semiten.
Semantik [gr.], Lehre von den Zeichen u. Symbolen u. ihren Beziehungen zum bezeichneten Denkinhalt (math. Logik, Sprachwiss.).
Semester [lat.], Studienhalbjahr.
semi..., Semi... [lat.], Bestimmungswort; Bed. „halb".
Semideponens, Deponens, das im Aktiv in best. Zeitwortformen teils aktiv., teils passiv. Endungen zeigt.
Semikolon [lat.; gr.], Strichpt.; dem Trennungswert nach zw. Komma u. Pt. stehend.
Seminar [lat.]: **1)** Hochschulinst. sowie ein dort stattfindender Übungskurs; **2)** Ausbildungsstätte, bes. f. pädag. und geistl. Berufe.
semipermeabel [lat.], halbdurchlässig (Chem., Biol.).
Semiramis, griech. Name der assyr. Kgn. Sammuramat, der Städtegründungen und die Hängenden Gärten von Babylon zugeschrieben werden.
Semiten, auf 1. Mos. 10, zurückgehende Bez. für eine Völkergruppe mit untereinander verwandten Sprachen, die im Wesentl. zu den Orientaliden gehört.
semitische Sprachen, Gruppe der semito-hamit. Sprachen, gegliedert in: 1. ostsemit. Gruppe (Akkadisch), 2. das Ugaritische, 3. die westsemit. Gruppe.
semito-hamitische Sprachen (hamito-semit. Sprachen), Bez. für die hamit. (zugehör. Ägypt., libysch-berber. und kuschit. Gruppe) und semit. Sprachen.
Semmelweis, Ignaz Philipp (Ignác Fülöp), * 1818, † 1865, ungar. Gynäkologe; Entdecker von Ursache und Ansteckungsweise des Kindbettfiebers.
Semmering, östr. Pass vom Mürztal ins Wiener Becken, 985 m ü. d. M.; mit *S. Kurort,* 1 000 E, Luftkurort und Wintersportplatz; von der 1848–54 erbauten *S.bahn* (15 Tunnels und 16 Viadukte) in einem Tunnel (1 430 m lang) unterfahren.
Semper, Gottfried, * 1803, † 1879, dt. Baumeister; Hauptwerke in Dresden (Opernhaus, Galerie) u. Wien (Entwurf für Burgtheater u. Neue Hofburg).

Senegal

Fläche: 196 192 km²
Einwohner: (1995) 8,3 Mill.
Hauptstadt: Dakar
Amtssprache: Französisch
Zeitzone: MEZ – 1 Stunde

Senat [lat.]: **1)** im antiken Rom „Rat der Alten"; beratende Vers. aus 300 (seit Sulla 600) lebenslängl. Mitgl.; bis zur Kaiserzeit die entscheidende polit. Macht; **2)** in polit. Zweikammersystemen 1. Kammer des Parlaments; **3)** die Reg. in den Ländern Berlin, Bremen u. Hamburg; **4)** Richtergremium bei höheren Gerichten; **5)** Organ der Selbstverw. an wiss. Hochschulen der BRD, in Östr. u. in der Schweiz.
Senatus Populusque Romanus [lat.; = der Senat und das röm. Volk] (S.P.Q.R.), offiz. altröm. Bez. für den röm. Staat; von der mod. röm. Stadtverw. übernommen.
Senckenbergische Naturforschende Gesellschaft, 1817 gegr. zur Förderung u. Pflege der Naturwiss.; später wurde das *Senckenberg-Museum,* Frankfurt am Main, angegliedert.
Sendai, jap. St. auf Honshū, 918 400 E; Univ.; Metall-, chem. u. a. Industrie.
Sender, Anlage zur Erzeugung und Ausstrahlung von elektromagnet. Wellen oder Schallwellen.
Seneca: 1) Lucius Annaeus, d. Ä., * um 55 v. Chr., † um 40 n. Chr., röm. Schriftsteller; Verf. von Redeübungen, bed. für die Kenntnis der antiken Schulrhetorik; **2)** Lucius Annaeus, d. J., * um 4 v. Chr., † 65 n. Chr., Sohn von 1), röm. Dichter und Philosoph; Erzieher Neros; Moralphilosoph, gemäßigter Stoiker („Oedipus", „Phaedra"); Selbstmord auf Befehl Neros.
Senegal: 1) Fl. in W-Afrika, m. Quellfl. Bafing 1 430 km; **2)** Rep. in W-Afrika; Küstentiefland; im S z. T. Feuchtwälder, Anbau von Erdnüssen, Hirse, Mais, Reis; Viehzucht; Phosphatabbau; Ind. bes. um Dakar; Haupthafen Dakar. – *Gesch.:* 1854 bis 1946 frz. Kolonie, danach Überseeprov.; 1958 autonome Rep. innerh. der Frz. Gemeinschaft, 1960 unabhängig. 1982 bis 1989 war S. mit Gambia konföderiert *(Senegambia).*
Senf [gr.-lat.], versch. Kreuzblütler (Futter-, Gewürz-, Ölpfl.); bes. der *Schwarze S.* (Samen v. a. für *S.pflaster* [Hautreizmittel] und *S.öl*) u. der *Weiße S.* (Samen vorw. als Gewürz und zur Herst. von Tafel-S. [Mostrich]); *Acker-S.,* Unkraut.
Senfgas, svw. ↑Lost.
Senghor, Léopold Sédar, * 1906, senegales. Politiker und Dichter; 1960–81 Präs., 1962–70 auch Min.-Präs. der Rep. Senegal; führender Vertr. der „Négritude", der frz.sprachigen Literatur Schwarzafrikas; Lyrik: „Botschaft und Anruf"; „Tam-Tam Schwarz", 1968 Friedenspreis des Dt. Buchhandels; s. 1984 Mitgl. der Académie française.
senil [lat.], greisenhaft; im hohen Lebensalter auftretend.
senior [lat.], Abk. sen., älter; hinter Namen: der Ältere.
Senkblei, svw. ↑Lot 1).
Sennerei, sommerl. Milchwirtschaft; v. a. auf den Alpenalmen.
Sennesblätter [arab.; dt.], getrocknete, in der Volksmed. als Abführmittel *(S.tee)* verw. Blätter von 2 Arten der Kassie.
Sensation [lat.], urspr. Sinnesempfindung; heute: Aufsehen erregendes Ereignis, überraschende Leistung, Nervenkitzel.
Sensibilisierung (Sensibilisation) [lat.]: **1)** allg. das Hervorrufen bzw. die Steigerung einer [Sinnes]empfindlichkeit (Sensibilität); **2)** in der *Immunologie* ein Vorgang im Organismus, auf dem die Fähigkeit des Organismus oder eines Gewebes zur Antikörperbildung gegen ein bestimmtes Antigen beruht. – ↑auch Allergie, ↑Desensibilisierung 1).
Sensor, elektr. Bauelement, das physikal. oder chem. Größen erfasst u. in ein elektr. Messsignal umsetzt.
Sensualismus, philos. Richtung, die alle Erkenntnisse nur aus der Sinneswahrnehmung ableitet.
Sentenz [lat.]: **1)** knapper, treffender Ausspruch; Denkspruch; **2)** Urteil, kirchl. Lehrsatz.
Sentimentalität [engl.], Empfindsamkeit; Rührseligkeit, Gefühlsseligkeit.
Senussi (Sanussi, arab. Sunusi), Anhänger eines von Muhammad

Ibn Ali As Sunusi (* um 1790, † 1859) um 1835 in Mekka gegr. krieger., streng islam. Ordens (1896 nach Al Kufra verlegt); zeitw. starker polit. Einfluss.

Seoul. *Stadtansicht mit dem Südtor (1396) im Vordergrund*

Seoul [se'ul], Hptst. von Süd-Korea, 10,6 Mill. E; mehrere Univ. u. Hochschulen; Königsgräber und ehem. Königspaläste, Marmorpagode; vielseit. Ind.; Verkehrs- und Handelszentrum; ⚓, ✈.

Separatismus, allg. das Bestreben nach Loslösung oder Abspaltung eines best. Gebietes aus dem Staatsganzen; v. a. die Bestrebungen der *Separatisten* zur Loslösung der Rheinlande vom Dt. Reich nach dem 1. Weltkrieg (von Frkr. u. Belgien gefördert); scheiterten in lokalen Kämpfen am Widerstand der Bevölkerung.

Sephardim [hebr.], Bez. für die span.-portug. Juden u. ihre Nachkommen, die sich nach d. Vertreibung (1492 u. 1496) vorw. in Italien, N-Afrika u. im Osman. Reich niederließen; von den ↑Aschkenasim unterschieden durch eigenen Ritus und abweichende Ausspr. des Hebräischen.

Sepia [gr.], Gatt. der Tintenfische (zehnarm. ↑Kopffüßer); z. B. Gemeiner Tintenfisch.

Sepsis [gr.], allg. Blutvergiftung bei Überschwemmung des Organismus mit auf dem Blutweg verbreiteten Bakterien eines Ausgangsherdes.

September [lat.], im altröm. Kalender bis 153 v. Chr. der 7., danach der 9. Monat des Jahres.

Septett [ital.], Musikstück für 7 Instrumente od. 7 Singstimmen.

Septime [lat.]: **1)** der 7. Ton über der Prim einer Tonleiter; **2)** Intervall aus 1. u. 7. Ton (kl. oder gr. S.), auflösungsbedürftige Wirkung.

Septimius Severus, Lucius, * 146, † 211, röm. Ks. s. 193; sicherte die Grenzen, reorganisierte die Finanzverw. u. die Rechtspflege.

septisch [gr.], auf die ↑Sepsis bezügl., sepsisartig; keimhaltig.

Septuaginta [lat.; = 70], Abk. LXX, Bez. für die in Alexandria im 3.–1. Jh. v. Chr. entstandene griech. Übers. des A. T.

Sequenz [mlat.]: **1)** liturg. Hymnus und Gesang; von den zahlr. ma. S.en nur noch 5 in der kath. Liturgie gebräuchl.; **2)** 1- bis 16-mal. Wiederholung eines Klanges, einer Tongruppe usw. auf einer höheren oder niedrigeren Tonstufe; **3)** Serie aufeinander folgender Karten gleicher Farbe (Kartenspiel).

Sequoia [indian.], svw. ↑Mammutbaum.

Serail [ze'rai(l); pers.-türk.], fürstl. Schloss, Palast des Sultans; auch gr. Haus.

Seraph (Mrz. Seraphim) [hebr.], sechsflügel. Engelwesen.

Serapis, altägypt. Gott der hellenist. Zeit; Fruchtbarkeitsgott, der Züge von Osiris, Zeus u. Pluto in sich vereinigt.

Serben, größtenteils in Serbien lebendes südslaw. Volk.

Serbien, bildet (einschl. der Prov. Kosovo und Wojwodina) s. April 1992 mit Montenegro die Bundesrep. Jugoslawien, 88 361 km², 9,85 Mill. E; Hptst.: Belgrad; gebirg., erzreich, Steinkohlenlager; im N fruchtb. Ackerland, Anbau von Mais, Weizen, Tabak, Gerste, Flachs, Hanf; Obstkulturen. – *Gesch.:* Zw. 5. u. 7. Jh. Einwanderung der Serben, Ende d. 12. Jh.s von Byzanz unabh.; unter ↑Stephan Dušan Vormachtstellung im Balkanraum, die nach dessen Tod wieder verloren ging; s. 1389 unter türk. Oberherrschaft (1459 osman. Prov.); Anf. des 19. Jh.s Freiheitskämpfe, 1830 autonomes Erbfürstentum unter türk. Oberhoheit, 1878 unabhängig; 1882 Kgr.; in den Balkankriegen 1912/13 Gewinn des nördl. Makedonien; wachsender Ggs. zu Östr.-Ungarn. 1918, nach dem 1. Weltkrieg, Teil des Kgr. der Serben, Kroaten u. Slowenen; bis 1991 dominierende Rep. innerhalb Jugoslawiens, nach Zerfall Jugoslawiens 1992 Zus.schluss mit Montenegro zur Bundesrep. Jugoslawien; 1991 bis 1995 Eingreifen in die Bürgerkriege in Kroatien u. Bosnien u. Herzegowina; 1998/99 Krise um Kosovo (massive Vertreibungen; 1999 NATO-Militäraktion). Nach Sturz S. Miloševićs 2000 demokrat. Wahlen, Min.-Präs. Z. Djindjić (Demokrat. Opposition Serbiens, DOS).

Serbokroatisch, Spr. der Serben und Kroaten im ehem. Jugoslawien; Schriftsprache der Serben, Kroaten und Montenegriner; nach dem Auseinanderfallen Jugoslawiens sind die Varianten Kroatisch (Zentrum: Zagreb, latein. Schrift) u. Serbisch (Zentrum: Belgrad; kyrill. Schrift) in den jeweiligen Gebieten bzw. Staaten Amtssprachen. Eine Variante ist in den muslim. Gebieten von Bosnien und Herzegowina im Entstehen.

Serenade [frz.], Abendmusik: vokales und/oder instrumentales Ständchen.

Serengeti, ebene Kurzgrassavanne in N-Tansania, Kerngebiet d. großwildreichen *S.-Nationalparks.*

serielle Musik, eine s. etwa 1950 aus der Reihentechnik der Zwölftonmusik entwickelte Kompositionstechnik, bei der außer den Tonhöhen u. -folgen auch die anderen musikal. Elemente zu aufeinander bezogenen Strukturreihen geordnet werden. Vertr. u. a. P. Boulez, L. Nono, K. Stockhausen.

Serienschaltung, svw. ↑Hintereinanderschaltung.

Serodiagnostik [lat.; gr.], diagnost. Untersuchungen des Blutplasmas, v. a. für den Antikörpernachweis.

Serotherapie (Serumtherapie) [lat., griech.], Injektion spezif. Immunseren zur Behandlung von Infektionen oder Vergiftungen (z.B. bei Diphtherie, Tetanus, Tollwut, Schlangenbiss).

Serotonin [lat.; gr.] (Enteramin, 5-Hydroxytryptamin), Neurotransmitter; Gewebshormon mit gefäßverengender u. -zusammenziehender Wirkung; Angriffspt. an glatter Muskulatur.

Serpent [lat.]: **1)** schlangenförm. gewundenes Blasinstrument, mit Kesselmundstück, Bass der Zinkenfam.; **2)** 16-Fuß-Orgelzungenregister.

Serpentin [lat.]: **1)** gesteinsbildendes, vorw. grünl. Mineral; *Faser-S.*, mit den Unterarten Edler S., Gemeiner S. u. ↑Asbest; *Blätter-S.*, schuppig-blättrig. S.e entstehen durch Verwitterung von Olivin; für feuerfeste Steine; **2)** kristalliner Schiefer, vorw. aus 1) bestehend.

Serum [lat.]: **1)** svw. Blutserum (↑Blut); **2)** svw. ↑Heilserum.

Serval [frz.], schlanke, sehr langbein. schwarz gefleckte, gelbl. bis bräunl. Kleinkatze im südl. Afrika.

Servatius hl., † vor 400, Bischof von Tongern (s. vor 345); Gegner des Arianismus auf den Synoden v. Serdica (heute Sofia; 342) u. Rimini (359/60); einer der Eisheiligen.

Servo|einrichtung [lat.; dt.], Einrichtung zur Erzeugung einer die einleitende Betätigungskraft übersteigenden Hilfskraft; beim Kfz z.B. für Servolenkung.

Sesam [semit.], Gatt. der S.gewächse; u.a. *[Ind.] S.*, bes. in Indien u. China angebaute kraut. Pfl., Samen liefern *S.öl* (u.a. als Speiseöl).

Sesshū [sɛʃʃu:] (Mönchsname S. Tōjō, eigtl. Oda), * 1420, † 1506, jap. Maler; z.T. mattfarb. getönte Tuschmalereien nach chin. Vorbild, aber völl. selbst. gestaltet; Landschaften von unerschöpflichem Erfindungsreichtum; meist in schwarzer Tusche.

Sesterz [lat.], altröm. Münze.

Sète [sɛ:t], frz. Hafenst. am Golfe du Lion, 41 900 E; meeresbiolog. Inst.; Erdölraffinerie, chem. u.a. Ind.; Fischerei; Seebad.

Seth, ägypt. Gott; zeitw. Schutzgott Oberägyptens u. als solcher Gegner des Osiris, den er ermordet; Vertr. des Bösen; dargestellt mit Tierkopf.

Setter [engl.], dem Spaniel nahe stehende Rassengruppe langhaariger Vorstehhunde.

Setzerei, Arbeitsstätte, in der der Schriftsatz gesetzt wird, entweder im *Handsatz* (Zusammensetzen von vorgegossenen Bleilettern mit Hand) oder im *Maschinensatz:* traditionell mit Einzelbuchstaben- oder Zeilen-Setz-und-Gießmaschinen, im modernen *Lichtsatz (Photosatz)* mithilfe digital (in Magnetspeichern) gespeicherter Schriftzeichen, die auf einem Bildschirm dargestellt und in der jeweils gewünschten Größe auf dem (als Druckvorlage dienenden) Fotomaterial abgebildet werden.

Seuche, als ↑Endemie oder ↑Epidemie plötzlich und massenhaft auftretende Infektionskrankheit; *S.nbekämpfung* durch gesetzl. vorgeschriebene Maßnahmen, u.a. Meldepflicht, Isolierung erkrankter oder krankheitsverdächtiger Personen od. Tiere, Schutzimpfungen, Quarantäne, Desinfektion.

Seume, Johann Gottfried, * 1763, † 1810, dt. Schriftsteller; erzwungener brit. Kriegsdienst in Amerika; Fußreisen durch ganz Europa; zeitgeschichtlich aufschlussreiche Memoiren; auch Lyriker, Aphoristiker, Dramatiker.

Seurat, Georges [sœ'ra], * 1859, † 1891, frz. Maler; nach intens. Studien der Farbenlehre mit P. Signac Begr. des Pointillismus.

Seuse, Heinrich, latinisiert Suso, * um 1295, † 1366, dt. Mystiker; Dominikaner; Schüler Meister Eckharts, dessen Mystik er im „Büchlein der Wahrheit" verteidigte; Passionsmystik.

Seveso-Gift ↑Dioxine.

Sevilla [sɛ'ßiʎa], span. Prov.-Hptst. am Guadalquivir, 678 200 E; Univ., histor. Bauten; Hütten-, Textil-, Glas-, Waffen-, Masch.- u.a. Ind.; ⚓, ✈. – *Gesch.:* Wahrsch. phönik. Gründung, 45 v.Chr. von Cäsar erobert, 411 von den Vandalen, fiel in der 1. Hälfte des 6.Jh.s an die Westgoten, 712 von den Arabern eingenommen; unter ihnen Blütezeit; 1248 an Kastilien.

Sèvres ['sɛ:vr], frz. St. sw. v. Paris, 20 100 E; Fachhochsch. für Ind.-Keramik, Museum für Keramik; bed. Porzellanmanufaktur.

Seward Peninsula ['sju:əd pɪ'nɪnsjʊlə], Halbinsel Westalaskas, USA, 50 000 km²; im *Kap Prince of Wales* westlichster Punkt des amer. Kontinents.

Sewastopol (fr. auch Sebastopol), Kriegs- und Handelshafen auf der Krim, Ukraine, 366 000 E; biol. Station; Werften. – Im ↑Krimkrieg u. im 2. Weltkrieg heftig umkämpft.

Sex [engl.], Geschlecht; geschlechtl. Verhalten.

Sexagesimalsystem, auf 60 als Basis aufbauendes Zahlensystem (Stellenwertsystem) der Babylonier; 60 versch. Zahlzeichen.

Sexappeal ['seksəpi:l; engl.], bes. Attraktivität einer Person auf Angehörige des Gegengeschlechts.

Sextant [lat.], Winkelmessinstrument zur Bestimmung der Höhe eines Gestirns; ein Sechstelkreis, mit der freien Hand gehalten.

Sexte [mlat.], der 6. Ton der diaton. Tonleiter, auch das Frequenzintervall zw. diesem Ton u. dem Grundton.

Sextett [lat.-ital.], Musikstück für 6 Instrumente oder Singstimmen: Gruppe von 6 Musizierenden.

Sexualhormone (Geschlechtshormone), von den Keimdrüsen gebildete Hormone; regulativ auf die Entw. der sekundären Geschlechtsmerkmale u. die Ovarialtätigkeit einwirkend (z.B. Androgene [hpts. Testosteron], Östrogene [Östradiol, Östriol, Östron], Gestagene [hpts. Progesteron]).

Sexualität, Geschlechtlichkeit.

Sexualneurose, Sammelbez. für

Sevilla. *Palacio Central an der Plaza de España*

Neuroseformen, bei denen sexuelle Unstimmigkeiten physiolog. (Funktionsablauf) und psycholog. Art (Erleben) im Vordergrund stehen u. die mit gesteigerter oder gehemmter Sexualerregbarkeit verbunden sind.

Sexualpädagogik, Lehre v. der richtigen sexuellen Aufklärung u. Erziehung zur sittl. Verantwortung gegenüber dem anderen Geschlecht; nach 1968 wurde die S. Teil der schul. Erziehung.

Sexualstraftaten, die in den §§ 173–184 b StGB gen. Straftatbestände. Das Sexualstrafrecht wurde 1973 weitgehend neu gefasst.

sexuell, geschlechtl., auf die Geschlechtlichkeit bezogen.

Sexus, svw. ↑Geschlecht 1).

Seychellen [zɛʃ-], Rep. im Ind. Ozean, umfasst die nördl. von Madagaskar gelegene Inselgruppe der S. (32 Inseln, rd. 220 km²) u. zahlr. kleinere Inseln; trop. Klima. Export v. Kopra u. Zimt; Fremdenverkehr. Anf. des 16. Jh. v. Portugiesen entdeckt; 1743 frz., 1814 brit. (s. 1903 mit anderen Inseln Kronkolonie); 1976 unabh. Rep.; Mitgl. d. Commonwealth u. der UN.

Seychellen[nuss]palme [zɛʃ-] (Maledivennusspalme), Palme der Seychellen mit bis 20 kg schweren Früchten (*Seychellennuss,* größte Baumfrucht der Erde).

Seymour, Jane ['simɔ:] ↑Johanna 1).

Sezession [lat.]: **1)** im Völkerrecht die Herauslösung eines Staatsteils aus einem Einheitsstaat od. einer Staatenverbindung, wobei der herausgelöste Staatsteil unmittelbar Teil eines anderen Staatsverbandes wird; **2)** Absonderung einer Künstlergruppe von einer älteren Künstlergemeinschaft, z. B. Münchner S. (1892).

Sezessionskrieg, Bürgerkrieg in den USA, 1861–65, verursacht durch die polit., wirtschaftsgeogr. u. soz. Gegensätze zw. den N- u. den S-Staaten, die sich in der Frage der Sklaverei zuspitzten; ausgelöst durch die Wahl A. Lincolns zum Präs. der USA u. den daraufhin erfolgenden Austritt v. 11 S-Staaten aus der Union (Konföderierte Staaten v. Amerika); der S. endete mit der Niederlage der S-Staaten.

sezieren [lat.], [eine Leiche] kunstgerecht öffnen, zerlegen.

Sforza, ital. Adelsgeschlecht; bed.: **1)** Francesco I., * 1401, † 1466, ital. Kondottiere; s. 1450 Hzg. v. Mailand, erwarb 1464 Genua; **2)** Ludovico, gen. il Moro, * 1452, † 1508, Hzg. v. Mailand (1494–99); s. 1500 in frz. Gefangenschaft, bed. Kunstmäzen.

sfr, Abk. für: **S**chweizer **Fr**anken.

Sgraffito [ital.], Technik der Fassadenmalerei; Zeichnung auf der hellen Oberschicht wird bis auf die dunkle Grundfarbe eingeritzt.

's-Gravenhage ↑Haag, Den.

Shaanxi [ʃa:nçi], mittelchin. Prov., 195 000 km², rd. 34 Mill. E, Hptst. Xi'an; ⚒ (Steinkohle).

Shaba ['ʃaba] (fr. Katanga), Prov. im S v. Zaire, 496 877 km², 4,77 Mill. E, Hptst. Lubumbashi; Savannenhochland; Bodenschätze: Uran, Kupfer-, Kobalt-, Zinn- u. a. Erze, Kohle; Hüttenwerke, chem., Textil- u. a. Ind. – Nach 1960 ergebnislose Sezessionsbestrebungen.

Shaftesbury ['ʃɑ:ftsbərı]: **1)** Anthony Ashley Cooper, Earl of, * 1621, † 1683, engl. Staatsmann; großer Anteil an der Restauration des Hauses Stuart; 1672/73 Lordkanzler; setzte 1679 die Habeaskorpusakte durch; **2)** Anthony Ashley Cooper, Earl of, * 1671, † 1713, Enkel v. 1), engl. Philosoph; ästhet.-pantheist. Aufklärer; Ideal einer allseitig. Ausbildung der Persönlichkeit; bed. Einfluss auf J. G. Herder, Schiller und Goethe.

Shakespeare, William ['ʃeıkspıə], * 1564, † 1616, engl. Dichter; wahrscheinlich seit Ende der 80er-J. im Londoner Theaterleben; Mitbesitzer des Globe Theatre, seit 1608 auch des Blackfriars Theatre; Rückkehr in seinen Geburtsort Stratford-upon-Avon 1610. – Frühwerk: in den Dramen vielf. Rückgriff auf ältere Vorbilder (z. B. Plautus, C. Marlowe), wie etwa in der „Komödie der Irrungen“ od. in der Rachetragödie „Titus Andronicus“; die fr. histor. Dramen sind breit angelegte Darst. des polit. Geschehens („Heinrich VI.“), in den späteren ist die übersteigerte Persönlichkeit Träger des dramat. Geschehens („Richard III.“, „Richard II.“); die Dramen der 2. Periode (1594–99) dem allg. Zeitstil wenig verhaftet; die Komödien „Ein Sommernachtstraum“, „Wie es euch gefällt“, „Was ihr wollt“, „Der Widerspenst. Zähmung“, „Viel Lärm um nichts“ sind heiterrealist. und unheilvoll-drohend, kraftvoll-burlesk und träumer.-verspielt, die Stimmung trägt die Handlung; die Historien sind objektiver und differenzierter; das Prinzip der Vernunft triumphiert („Kaufmann v. Venedig“); in der Tragödie der 3., sog. „düsteren“ Periode liegt das Verhängnis im Charakter der Titelhelden, die bis zur letzten Konsequenz ohne Einsicht oder trotz der Einsicht wider die Vernunft handeln („Hamlet“, „Othello“, „König Lear“, „Macbeth“); selbst in den Komödien pessimist. Züge („Die lust. Weiber v. Windsor“); in d. letzten Periode (nach 1608) höchste dichter. Reife in d. Märchendramen („Cymbeline“, „Das Wintermärchen“, „Der Sturm“); daneben vom persönl. Erlebnis bestimmte Liebeslyrik mit 154 Sonetten; in Dtl. wurde sein Werk schon sehr fr. durch engl. Komödiantentruppen bek.; seit G. E. Lessings, J. G. Herders, Goethes bes. Interesse zunehmende Bed. im dt. Sprachraum; bisher unübertroffene dt. Übers. von A. W. Schlegel, unter Leitung L. Tiecks v. D. Tieck und W. H. Gf. v. Baudissin fortgesetzt.

Shandong [ʃ-], ostchin. Küstenprov., umfasst die ins Gelbe Meer vorspringende Halbinsel S. und ihr Hinterland, 153 300 km², 86,1 Mill. E; Hptst. Jinan.

W. Shakespeare

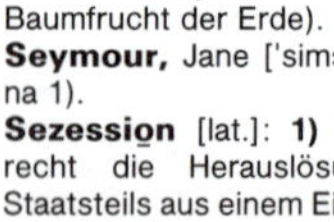

Seychellen

Fläche: 453 km²
Einwohner: (1995) 73 400
Hauptstadt: Victoria
Amtssprache: Kreolisch
Zeitzonen: MEZ +2 bzw. +3 Stunden

Shannon ['ʃænən], Fl. zum Atlantik, Rep. Irland, 370 km.

Shanxi [ʃansji:], chin. Prov. westl. d. Gr. Ebene, 157 100 km², 29,8 Mill. E; Hptst. Taiyuan.

Sharif, Omar [ʃ-], eigtl. Michael Chalhoub, * 1932, ägypt. Schauspieler („Lawrence von Arabien", „Dr. Schiwago").

Shaw, George Bernard [ʃɔ:], * 1856, † 1950, ir. Schriftsteller; 1885–98 Theater- u. Musikkritiker in London; seit 1884 Mitgl. der Fabian Society; skept. Unvoreingenommenheit gegenüber der Tradition, Kritik an Konventionen und überkommenen Klischees; satir. Polemik gg. gesellschaftl. u. individuelles Vorurteil; „Frau Warrens Gewerbe", „Helden", „Candida", „Cäsar und Cleopatra", „Pygmalion", „Die hl. Johanna".

Sheffield ['ʃefi:ld], engl. Ind.-St. sö. v. Manchester, 528 300 E; Univ., Stahl- u. a. Industrie.

Shenyang [ʃɛnjaŋ], fr. Mukden, Hptst. der chin. Prov. Liaoning, bed. Industriestadt der Mandschurei, 4,0 Mill. E; Univ., TH, ⛭, ⚒.

Sheridan, Richard Brinsley ['ʃerıdən], * 1751, † 1816, ir. Dramatiker; verband Charakter- u. Sittenkomödie.

Sheriff ['ʃerıf; engl.]: **1)** ehrenamtl. Verwaltungsbeamter einer engl. Gft.; **2)** in den USA höchster gewählter Exekutivbeamter mit richterl. u. Verw.-Aufgaben.

Sherpa [ʃ-; tibet.-engl.], tibet. Bergvolk in Nepal; vielf. Träger bei Expeditionen und Bergbesteigungen im Himalaja.

Sherry ['ʃerı; engl.], heute allg. übl. Bez. für Jerezweine.

's-Hertogenbosch ↑Herzogenbusch.

Shetland ['ʃetlənd], schott. Verw.-Gebiet, die *S.inseln* umfassend, eine Inselgruppe nö. der Orkneyinseln (etwa 100 meist unbewohnte Inseln), 1 427 km²; 22 800 E, Hptst. Lerwick.

Shikoku [ʃ-], kleinste d. 4 japan. Hauptinseln, 18 808 km², 4,22 Mill. E; Landw. u. Kupfererz-⚒; Nahrungsmittel-, Textilindustrie.

Shinto, Schinto [jap.; = Weg der Götter], System u. Mythol. des *Shintoismus,* der durch Jt.e von der kaiserl. Dyn. gelenkten Nationalreligion der Japaner; entstanden aus Naturmythol., Ahnenkult, Polytheismus, konfuzian. Ethik, Taoismus u. bes. durch den s. dem 9. Jh. vorherrschenden Buddhismus; Ks. und R.-Gründung gelten als göttl. Ursprungs; zahlr. Sekten.

Shōgun (Schogun), in Japan urspr. ein im 8. Jh. erstmals verliehener militär. Titel (Oberbefehlshaber); 1192–1867 erbl. Titel des Kronfeldherrn, der anstelle des machtlosen Kaisers die Reg. (Shogunat) leitete.

Shortstory [ʃɔ:t'stɔ:rı; engl.] ↑Kurzgeschichte.

Shrewsbury ['ʃru:zbərı], Hptst. der westengl. Gft. Shropshire, am Severn, 59 800 E; ma. Stadtbild.

Shunt [ʃʌnt] (Nebenschluss, Nebenleitung): **1)** in der *Medizin:* 1. infolge angeborenen Defekts in der Herzscheidewand od. infolge falscher Einmündung der großen, herznahen Blutgefäße auftretender Nebenschluss zw. großem und kleinem Kreislauf; 2. operativ hergestellte künstl. Verbdg. zw. Blutgefäßen des gr. u. kl. Kreislaufs; **2)** in der *Technik* ↑Nebenschluss.

Si, Symbol für ↑Silicium (Ꞩ).

SI, Abk. für frz.: **S**ystème **I**nternational d'Unités = Internat. Einheitensystem [des Messwesens]; die im SI festgelegten *SI-Einheiten* sind seit 1969 in der BRD gesetzl. ↑Einheiten des Messwesens.

Sial [aus *Si*licium u. *Al*uminium], oberste Zone der Erdkruste.

Siam ↑Thailand.

siamesische Zwillinge, eineiige Zwillinge, die an einer Stelle miteinander verwachsen sind (meist Brust- oder Kreuzbein), ben. nach den Zwillingen Eng u. Chang aus Siam (* 1811, † 1874).

Siangkiang ↑Xiang Jiang.

Sibelius, Jean, eigtl. Johan Julius Christian S., * 1865, † 1957, finn. Komponist; „Finlandia" u. a. sinfon. Dichtungen, Sinfonien, Violinkonzert, Chorwerke, Lieder, Kammermusik, Schauspielmusik.

Sibirien, nordasiatische Großlandschaft, größtenteils zu ↑Russland, etwa 10 Mill. km², rd. 26 Mill. E; 5 Großräume: *Westsibir. Tiefland* mit weithin versumpftem Flachland zw. Ural und Jenissei, der Eismeerküste (Tundra) u. der Kasach. Schwelle, etwa zu 70 % Sumpftaiga; Erdöl- u. Erdgaslager; *Mittelsibir. Bergland,* zw. Jenissei, Lena, Aldan u. Baikalsee, verbreitet Lärchentaiga, im N Tundra; reiche Bodenschätze; *Nordostsibir. Geb.-Land,* umfasst d. ganzen NO-Teil Asiens, durch d. Werchojansker Geb. vom übrigen S. getrennt; unwirtlichstes u. am dünnsten besiedeltes Gebiet S.s, bei Oimjakon der Kältepol der nördl. Erdhalbkugel; *Südl. Randgebirge,* umfassen den Altai u. d. Sajangeb. mit ihren Vorländern; in dem an Bodenschätzen reichen Kusbass u. im Minussinsker Becken relat. hohe Bev.-Dichte u. zahlr. Ind.; der *Ferne Osten* schließt das Gebiet östl. des Jablonowy-, Stanowoi-, Bureja-, Dschugdschur- und Kolymagebirges ein; erhebl. Bodenschätze, bed. Ind. – *Klima:* im Allg. (im NO extrem) kontinental. – *Bev.:* größtenteils Russen; zahlr. mongolide Völkerschaften, im äußersten NO Altsibirier. Durch Ausbeutung der reichen Bodenschätze u. die wachsende Industrialisierung zahlr. Großstädte.

Sibylle, weissagende Frau des Altertums; v. a. die S. v. Cumae, der man die *Sibyllin. Bücher* zuschrieb, die in Zeiten der Not auf Beschluss des röm. Senats befragt wurden.

Sicherheitsdienst (SD), 1931 v. R. Heydrich gegr. selbst. Nachrichtendienst gg. polit. Gegner u. Oppositionelle innerh. der NSDAP, ab 1936 offiz. Nachrichtendienst des Reiches; Informationslieferant für die Gestapo; 1939 mit der Sicherheitspolizei im RSHA unter Heydrich zusammengeschlossen; v. Militärgerichtshof in Nürnberg zur verbrecher. Organisation erklärt.

Sicherheitsrat der UN ↑UN.

Sicherung, Vorrichtung zum Schutz elektr. Anlagen vor Überlastung; u. a. *Schmelz-S.* (Draht in Sandbettung, der bei Überlastung schmilzt u. den Stromkreis unterbricht), *S.sautomat* (Bimetallstreifen, der nach einer best. Erwärmung bei [kl.] Überströmen den Stromkreis unterbricht).

Sichteinlagen ↑Depositen.

Sichuan (Szetschuan) [-tʃu̯an], Prov. in Z-China, 596 000 km², 110 Mill. E, Hptst. Chengdu; z. T. Hochgebirgsland, fruchtbare Becken u. Täler, mildes Klima.

Sickingen, Franz von, * 1481, † 1523, R.-Ritter; Anhänger der Reformation u. Freund U. v. Huttens; setzte sich für dessen polit. Ideen ein; unterlag in einer Fehde gg. Kurtrier, Kurpfalz und Hessen.

Siddhartha [sanskr.], weltlicher Name Buddhas.

Siebdruck, Druckverfahren, bei dem die Maschen eines feinen Siebes an den bildfreien Stellen photomech. verschlossen werden. An den Bildstellen wird die Farbe mit einem Rakel durch das Sieb auf den Bedruckstoff gedrückt.

Siebenbürgen (Transsilvanien, rumän. Transilvania, auch Ardeal, ungar. Erdély), Becken- und Gebirgslandschaft in Rumänien, von Karpatenbogen und Westsiebenbürg. Geb. umgeben, von der Maros durchzogen, rd. 80 000 km², in fruchtbaren Senken Landw., im Geb. Waldbau, Schafzucht. Erdgasvorkommen, Gold-, Bauxit-, Salz-⚒; Textilind.; größte Städte sind Klausenburg, Kronstadt u.

Hermannstadt; in der Bev. bilden Ungarn u. Deutsche bed. Minderheiten. – S. war s. 106 Teil der röm. Prov. Dacia, im 10. Jh. Teil Ungarns; im 12./13. Jh. Ansiedlung dt. Kolonisten („Sachsen"), s. 1541 eigenständiges Ft. unter osman. Oberhoheit, 1691 östr., 1867 ungar., 1920 rumän., N-S. 1940 ungar., seit 1947 wieder rumänisch.

Siebengebirge, Berggruppe sö. von Bonn, am r. Rheinufer, Teil des Rhein. Schiefergebirges.

Siebengestirn, svw. ↑Plejaden.

Siebenjähriger Krieg, Bez. für den 3. Schles. Krieg u. die gleichzeit. Auseinandersetzung zw. Frkr. und Großbrit. in den Kolonien (1756–63); Preußen (mit Großbrit.) erlitt im Kampf gg. Östr. (mit Frkr., Russland, Schweden u. der Mrz. der R.-Stände) nach Siegen (u. a. bei Roßbach und Leuthen) bei Kunersdorf (1759) eine schwere Niederlage und wurde nur durch Russlands Ausscheiden aus dem Krieg gerettet; 1763 *Friede von Hubertusburg:* Preußen im Besitz v. Schlesien bestätigt. – Frkr. verlor nach bed. brit. Siegen in Kanada u. O-Indien im *Pariser Frieden* 1763 seine wertvollsten Kolonialgebiete in Nordamerika u. Indien, Spanien trat Florida an Großbrit. ab.

Siebenkampf, leichtathletischer Mehrkampf für Frauen, besteht aus 100-m-Hürdenlauf, Kugelstoßen, Hochsprung, 200-m-Lauf am ersten Tag sowie Weitsprung, Speerwerfen und 800-m-Lauf am 2. Tag.

Sieben Weltwunder ↑Weltwunder, Sieben.

Siebs, Theodor, * 1862, † 1941, dt. Germanist; Erforscher des Fries.; „Dt. Hochspr." wurde maßgebend für die Einheitsaussprache des Deutschen.

Siebzehnter Juni, Gedenktag (bis 1990 gesetzl. Feiertag) in der BRD anlässlich des Arbeiteraufstands 1953 in Berlin (Ost) und der DDR, von sowj. Truppen niedergeschlagen.

Siècle [sjɛkl; frz.], Jahrhundert.

Sieden, Übergang einer Flüssigkeit in den gasförm. Zustand, erfolgt (im Ggs. zur ↑Verdampfung) im ganzen Flüssigkeitsvolumen. Bei der vom äußeren [Luft]druck abhäng. *Siedetemp.* erreicht der Dampfdruck die Höhe des Luftdrucks. Die Angabe der Siedetemp. *(Siedept.)* wird auf den Druck von 1013 hPa (760 Torr) bezogen.

Siefkes, Wilhelmine, * 1890, † 1984, dt. Schriftstellerin, führende Vertreterin der ostfries. Regionallit.; Werke in hoch- u. niederdt. Spr.; „Keerlke" (sozialkrit. Roman).

Sieg, r. Nbfl. des Niederrheins, 130 km; durchfließt das eisenerzreiche *Siegerland.*

Siegel (lat. sigillum), Abdruck eines geprägten od. geschnittenen [einmal.] Stempels in eine weiche, später erhärtende Masse; auch Wiedergabe durch Farbe oder Blindprägung; Erkennungs- und Beglaubigungszeichen von hoher rechtl. Qualität; schon im 3. Jt. v. Chr. bekannt.

Siegellack, Gemisch von Schellack u. Kolophonium mit Farbstoffen, für ↑Siegel.

SIEDLUNG

Allgemein nennt man S. jede Art eines menschl. Wohnplatzes. Die einfachsten *S.sformen* bestehen bei Naturvölkern, die durch Jagen und Sammeln ihren Lebensunterhalt erwerben und keine feste Behausung haben, sondern – wie auch die Hirtennomaden – nur kurzzeitig Windschirme od. Zelte errichten. Dauersiedlungen sind erst bei Ackerbau treibenden, sesshaften Völkern üblich; man unterscheidet hier ländl. S.en (z. B. Gehöft, ↑Dorf) u. städt. S.en (z. B. Klein-, Großstadt).

Die ältesten *städt. S.en* auf dt. Boden – von einigen bed. kelt. Oppida abgesehen – entwickelten sich aus röm. Heerlagern und Verwaltungszentren (z. B. Trier, Mainz). Die dt. Städte des MA entstanden meist durch Ansiedlung von Handwerkern und Kaufleuten um eine kgl. Pfalz, ein größeres Kloster, einen Bischofssitz oder eine Burg, die ausreichenden Schutz boten. Die im Laufe der Zeit um diesen Kern angelegten Häuser und Straßenzüge führten meist zu *unregelmäßigem* Grundriss ebenso wie die Erweiterung mancher ehem. ländl. Siedlung mit bes. günstiger Lage (Straßenknoten, Furt, strateg. günstige Position). Seit dem Hoch-MA aber begannen die Territorialherren planmäßig Städte völlig neu zu gründen oder Dörfer zu Städten auszubauen. Es entstanden Städte mit *regelmäßigem Grundriss:* Im dt. Altsiedelland haben sie meistens *Leiter-* oder *Rippenform* (1–2 Längsstraßen), oft mit Straßenmarkt; bei einer größeren Zahl sich rechtwinklig kreuzender Straßen entstand dann eine *Gitterform.* Die im Zuge der dt. Ostkolonisation gegr. Städte haben – je später und weiter im O in desto stärkerem Maße – viel regelmäßigere Grundrisse, meist *schachbrettförmig,* bei kreisförmigem oder ellipt. Umfang und einem weiten rechteckigen Platz mit Rathaus, Markthalle [u. Kirche] im Zentrum („ostdt. Kolonialgrundriss"). Auch den dt. Städtegründungen der Renaissance- und Barockzeit lagen geometr. Pläne zugrunde, so den Gründungen für Glaubensflüchtlinge (z. B. Freudenstadt) u. vor allem den auf ein Schloss ausgerichteten Residenzstädten (z. B. Karlsruhe, Mannheim, Ludwigsburg) sowie den Festungsstädten (z. B. Saarlouis), die meist nach frz. Vorbild angelegt wurden.

Erst seit Ende des 19. Jh.s wurden für Wohnsiedlungen am Rande von Großstädten (Satellitenstädte) wieder aufgelockerte Formen gewählt. Der Grundriss zeigt meist unregelmäßige, von der Hauptstraße abzweigende Sackstraßensysteme, die ausschließl. dem Anliegerverkehr dienen. Eine durch die Industrialisierung in neuester Zeit entstandene und durch Raumordnungspläne der Gegenwart entstehende Siedlungsform ist die der *Stadtlandschaft.* Sie entwickelt sich in Ballungsräumen (z. B. Ruhrgebiet) dadurch, dass immer mehr Wohnsiedlungen und Industrieanlagen am Rande der St. entstehen, die stadtnahen Dörfer im Weichbild der St. aufgehen und schließl. die Stadt mit den sich ebenso entwickelnden Nachbarstädten zusammenwächst, meist nur noch durch Grüngürtel voneinander getrennt.

Eine Gliederung der städt. S.en nach der äußeren Form (nach dem Grundriss) erwies sich jedoch als unbefriedigend, da eine Stadt in ihrem Wesen weitgehend durch ihre Funktion[en] bestimmt ist. So rückte denn auch die Gliederung in Stadttypen nach funktionalen Gesichtspunkten früh in den Vordergrund. So unterscheidet man *Handelsstadt* (Marktort, Messest.), *Industriestadt, Verwaltungsstadt* (fr. Residenzst., heute Landeshptst., Krst.), *Verkehrsstadt* (Hafenst., Verkehrsknotenpunkt) oder die von einer best. Menschengruppe bestimmte St. (Universitätsst., Kurst., Badeort, Garnisonst.). Je größer eine St. ist, desto mehr Funktionen wird sie auf sich vereinigen. Unter diesen funktionalen Stadttypen sind meist nur die Hafenst. u. die von einem gr. Industriewerk bestimmte Stadt auch im Grundriss als solche zu erkennen.

Siegen, Krst. an der Sieg, NRW, 111 400 E; LG; IHK; histor. Bauten; Masch.- u. Eisen-, opt., Elektro-, Papier- u. a. Industrie.

Siegfried (Seyfried, Sigurd), german. Sagengestalt; Leben und Wirken in einem älteren („Edda") u. einem jüngeren („Nibelungenlied") Überlieferungszweig tradiert; S. erwirbt den Nibelungenhort, vermählt sich mit Kriemhild, gewinnt für Kg. Gunther Brunhilde; von Hagen ermordet.

Siegmund ↑Sigismund.

Siemens, Werner von, * 1816, † 1892, dt. Ingenieur und Industrieller; entdeckte das ↑dynamoelektr. Prinzip u. wurde damit zum Begr. der Starkstromtechnik; erfand 1866 die Dynamomasch.; zahlr. weitere, für die ges. Elektrotechnik grundlegende Erfindungen (Zeigertelegraf, Induktor mit Doppel-T-Anker u. a.); 1847 Gründung der Telegrafenbauanstalt *S. & Halske,* heute Siemens AG.

Siemens (S), Einheit des elektr. Leitwertes: 1 S = 1/Ω (Ohm).

Siemens-Martin-Verfahren, Verfahren zur Erzeugung von Stahl im *Siemens-Martin-Ofen;* Roheisen und Schrott werden eingeschmolzen und durch langsame Verbrennung der Nebenbestandteile unter Zuschlag von Kalk u. unter Einblasen von Luft umgewandelt (gefrischt, nur noch selten eingesetzt).

Siena, ital. Prov.-Hptst. südl. v. Florenz, 56 500 E; alte Univ.- und Kunstst. mit zahlr. Baudenkmälern.

Sierra [span.], Gebirgskette.

Sierra Leone, Rep. in W-Afrika; feuchtes Küstentiefland, im O Mittelgeb., im N Savannen, im S Regenwald; für d. Export Anbau von Kakao, Kaffee, Ingwer, Kolanüssen u. a.; Bergbau auf Diamanten (Hauptexportgut), Eisenerz, Bauxit, Rutil; Ölpalmpflanzungen. – *Gesch.:* 1461 v. Portugiesen entdeckt; 1808 wurde die Halbinsel um Freetown brit. Kronkolonie, 1896 das ganze Hinterland brit. Protektorat; 1961 unabh. innerhalb des Commonwealth; 1971 nach Militärputschen Republik.

Sierra Nevada, Hochgeb. im W der USA (Kalifornien, Nevada), im Mount Whitney 4 418 m.

Siesta [span.], sechste Tagesstunde; [Mittags]ruhe.

Sievert [nach R. Sievert, *1896, † 1966], Einheitenzeichen Sv, gesetzl. Einheit der Äquivalentdosis (↑Dosis); 1 Sv = 1 Joule/kg.

Sigel [lat.], festgelegtes Abkürzungszeichen für Silben, Wörter oder Wortgruppen.

Sigismund: *Hl. Röm. Reich:* **1)**

Sierra Leone

Fläche: 71 740 km^2
Einwohner: (1995) 4,5 Mill.
Hauptstadt: Freetown
Amtssprache: Englisch
Zeitzone: MEZ –1 Stunde

S., * 1368, † 1437, Kg. v. Ungarn (s. 1387) u. Böhmen (s. 1419/36), Röm. Kg. (s. 1410/11), Ks. (s. 1433); Sohn Karls IV.; leitete das Konstanzer Konzil, führte die Hussitenkriege, verteidigte Ungarn v. a. gg. die Osmanen, belehnte Friedrich VI. von Hohenzollern mit Brandenburg (1415) u. den Markgf. v. Meißen, Friedrich den Streitbaren, mit Sachsen-Wittenberg. – *Polen:* **2) S. II. August,** auch August I., * 1520, † 1572, Großfürst v. Litauen (s. 1522[?]/44), Kg. v. Polen (s. 1529/48); erzwang 1569 die *Lubliner Union* (Umwandlung der Personalunion mit Litauen in eine Realunion); **3) S. III. Wasa,** * 1566, † 1632, Kg. v. Polen (s. 1587) und Schweden (1592–99); Sohn Johanns III. v. Schweden, förderte die Gegenreformation, konnte seinen Erbanspruch in Schweden u. die Herrschaft seines Sohnes Władisław in Moskau nicht durchsetzen.

Sigma [Σ, σ, in Endstellung ς], 18. Buchstabe des griech. Alphabets; Σ math. Zeichen für Summe.

Sigmund ↑Sigismund.

Signatur [lat.]: **1)** allg. [Kenn]zeichen, Unterschrift, Kurzzeichen; **2)** Kurzbez. für den Standort eines Buches (Bibliothekswesen).

Signet [sɪ'ɲɛ; frz.], Druckerzeichen, Verlegerzeichen.

signieren, unterzeichnen.

Signor[e] [si'ɲo:rɛ; ital.]: **1)** Herr; **2)** Stadtherr (↑Signoria).

Signora [si'ɲo:ra; ital.], Frau; *Signorina,* Fräulein.

Signoret, Simone [siɲɔ'rɛ], eigtl. S. Kaminker, * 1921, † 1985, frz. Schauspielerin.

Signoria [siɲo'ri:a; ital.] (Signorie), monarchisch-autokrat. Herrschaftsform in Italien s. dem Versagen des kommunalen Kollegialregiments im 13. Jh.: Übernahme der Stadtherrschaft durch einen Träger entscheidender städt. Ämter *(Signore).* Im oligarch. Venedig u. im republikan. Florenz leitende Behörde.

Signum [lat.], Zeichen; verkürzte Unterschrift, Monogramm.

Sigurd ↑Siegfried.

Sihanuk ↑Norodom Sihanuk.

Sikh, Anhänger einer von *Nanak* (* 1469, † 1539) gegr. ind. Religionsgemeinschaft, deren monotheist. Religion eine Synthese des Islams u. des Hinduismus ist; im 17. Jh. mil.-theokrat. organisiert, 1849 v. den Briten unterworfen; heute meist im ind. B.-Staat Punjab (rd. 14 Mill. Anhänger).

Sikiang, Fluss in China, ↑Xi Jiang.

Sikkim, ind. Bundesstaat im östl. Himalaja, 7 096 km^2, 405 000 E, Hptst. Gangtok; in den Tälern bei trop. Klima Anbau v. Getreide, Tee, Gewürzen, Südfrüchten; Viehzucht. – 1641 Kgr., 1861 brit. Protektorat; s. 1950 ind. Protektorat, 1974 Indien assoziierter Staat, 1975 Bundesstaat.

Silage [si'laʒə; frz.], svw. ↑Gärfutter.

Silber, chem. El., Symb. Ag, OZ 47, rel. A.-Masse 107,8682; Edelmetall; weiß glänzendes, polierfähiges Schwermetall, das die höchste Leitfähigkeit für Wärme und Elektrizität besitzt; nach Gold das dehnbarste Metall; Fp. 960,8 °C, Sp. 2 212 °C; Dichte: 10,5 g/cm^3; gegenüber Luft und nicht oxidierenden Säuren beständig, belieb. legierbar mit Gold, Quecksilber u. Palladium, empfindl. gg. Halogene u. Schwefelwasserstoff abgebende Schwefelverbdg. (Schwärzung); S.ionen sind in Lösung unter allen Metallionen am stärksten keimtötend; seltenes El., kommt in Erzen sowie gediegen vor; Nebenprodukt der Blei-, Gold-, Kupfer- und Zinkgewinnung; aus silberhalt. Blei unter Verwendung von Zink (Parkes-Verfahren), auch durch *Cyanidlaugung* (Spülung mit Natriumcyanidlösung, dann Elektrolyse) gewonnen: in Legierungen mit 10–20 % Kupfer zur Münzherst., für die Fotogr. (S.salze), für Schmuck, Bestecke, zu Versilberungen, für die techn. Chemie u. a. verwendet.

Silberbromid, AgBr, Silbersalz der Bromwasserstoffsäure; zur Herst. lichtempfindl. Schichten verw. (Fotogr.).

Silberdistel ↑Eberwurz.
Silberfischchen (Zuckergast), etwa 1 cm langes, silberglänzend beschupptes Urinsekt; v. a. in feuchtwarmen Räumen.
Silberne Hochzeit ↑Hochzeit.
Silbernitrat, $AgNO_3$, Silbersalz d. ↑Salpetersäure; in der Fotogr. und Med. benutzt; stark ätzend, giftig (↑Höllenstein).
Silcher, [Philipp] Friedrich, * 1789, † 1860, dt. Komponist u. Musikerzieher; sammelte u. bearb. Volkslieder, schuf eigene Volkslieder („Ännchen v. Tharau") u. Kirchenmusik, förderte die Schul- und Hausmusik; theoret. Werke.
Silene, griech. mythol. Gestalten, Mischwesen aus Mensch u. Pferd; Begleiter des Dionysos; ähnl. den Satyrn, oft ihnen gleichgesetzt.
Silentium [lat.], Schweigen, Stille.
Silhouette [zilu'ɛtə; frz.; nach dem frz. Min. *Étienne de S.* (* 1709, † 1767)], svw. ↑Schattenriss.
Silicium [lat.], chem. El., Symbol Si, OZ 14, rel. A.-Masse 28,0855; in seinen Eigensch. zw. Metall und Nichtmetall; stark metall. glänzende, dunkelgraue bis schwarze Oktaeder (Diamanttypus), sehr spröde, härter als Glas; Fp. 1410 °C, Sp. 2355 °C; verbrennt bei gr. Hitze zu SiO_2; löst sich in einigen Metallen, bildet teilw. mit Metallen metallähnl. *Silicide* (Hartstoffe), tritt fast nur 4-wert. auf, verhält sich ähnl. wie ↑Kohlenstoff in seinen Verbdg. (↑Silikone); nach Sauerstoff zweithäufigstes El. der Erde u. wichtigstes Material der Halbleitertechnik u. Mikroelektronik.
Siliciumdioxid, SiO_2, häufigste anorgan. Verbdg., tritt kristallin v. a. als Quarz auf, erdig als Kieselgur.
Silicone, wicht. Gruppe hochpolymerer siliciumorgan. Verbdg. (Zwischenstellung zw. organ. und anorgan. Stoffen); [gasförm.,] flüss. oder fest, bilden Öle, Fette, gummi- oder harzart. Stoffe, sind wärmebeständ., ungift., Wasser abweisend; *Silikonöle* u. a. verw. als Hydrauliköle, Imprägniermittel, *Silikonharze* als Isoliermaterial.
Silikose [lat.], durch eingeatmeten kieselsäurehalt. Staub verursachte Staublungenerkrankung.
Silja, Anja, * 1940, dt. Opernsängerin (Sopran) u. Regisseurin.
Silo [span.]: **1)** Großspeicher (für Getreide, Erz u. a.); **2)** Gärfutterbehälter.
Silvaner (Zierfandler, Grünfränkischer), mittelfrühe Weißweinrebsorte, um 1900 verbreitetste dt. Rebsorte; liefert einen milden, fast geschmacksneutralen Wein.
Silvanus, altröm. Gott des Waldes, Schutzherr der Tiere und Pflanzen.
Silvester: Päpste: **1) S. I.,** hl., † 335, Papst seit 314; nach der *S.legende* hat S. Ks. Konstantin I. vom Aussatz geheilt u. getauft; **2) S. II.,** * um 940, † 1003, Papst s. 999; erster frz. Papst; trat mit Otto III. für die Erneuerung des Röm. Reiches im Sinne einer christl. Theokratie (Renovatio imperii) ein, reorganisierte mit Unterstützung des Ks. die Kirche in Polen und Ungarn; galt als der größte Gelehrte seiner Zeit.
Silvia, urspr. Silvia Renate Sommerlath, * 1943, Kgn. v. Schweden; s. 1976 verh. mit Karl XVI. Gustav, Kg. v. Schweden.
Silvrettagruppe, Gruppe der Zentralalpen nw. vom Unterengadin, bis 3411 m; zw. Partenen (Montafon) und Galtür (Paznauntal) von der *Silvretta-Hochalpenstraße* überquert; *Pass Bielerhöhe* 2036 m; hier der *Silvrettastausee,* 2,5 km lang, 0,75 km breit.
Sima [Kurzw.], untere Zone der Erdkruste (v. a. **Si**licium und **Ma**gnesium).
Simbabwe, Ruinenstätte sö. v. Fort Victoria, Simbabwe; früheste Besiedlung wohl im 4. Jh.

Simbabwe

Fläche: 390 759 km²
Einwohner: (1995) 11,26 Mill.
Hauptstadt: Harare
Amtssprache: Englisch
Zeitzone: MEZ +1 Stunde

Simbabwe, Binnenstaat in S-Afrika; im Zentrum Hochland mit Savannenvegetation, im N u. S Flachland mit Dornsträuchern und Trockenwäldern; Anbau von Mais, Tabak und Baumwolle; Rinderzucht im Hochland; Abbau v. Steinkohle (bei Wankie), Gold, Silber, Asbest, Chrom-, Eisen-, Kupfer-, Antimon- u. a. Erzen; Eisen- u. Stahlwerke, Erdölraffinerie, Nahrungsmittel- u. a. Ind., v. a. in Harare u. Bulawayo. – Seit 1923 britische Kolonie (S-Rhodesien), 1953–63 zus. mit N-Rhodesien (s. 1964 als Sambia unabh.) u. Njassaland (s. 1964 als Malawi unabh.) zur Zentralafrikan. Föderation vereinigt; 1965 einseitige Unabhängigkeitserklärung als Rhodesien mit Minderheitsreg. unter I. Smith; 1970 Ausrufung der Rep. Rhodesien; 1. 6. bis 11. 12. 1979 gemischtrass. Reg. unter dem schwarzen Premiermin. Bischof A. Muzorewa (S.-Rhodesien), danach wieder brit. Kolonie (Rhodesien), s. 1980 als S. unabh., R. Mugabe Min.-, s. 1987 Staatspräsident.
Simenon, Georges [simə'nõ], Pseud. G. Sim, * 1903, † 1989, belg. Schriftsteller; Kriminalromane um „Kommissar Maigret"; auch psychol. Romane.
Simeon, hl., prophet. Gestalt des N. T.; frommer Greis, der Jesus bei der Darst. im Tempel als den zukünft. Messias begrüßt.
Simeon I., d. Gr., * um 864/865, † 927, Khan (s. 893) u. Zar (s. 918) der Bulgaren; erfolgr. Kriege gg. Byzanz; sein Reich erstreckte sich über den größten Teil der Balkanhalbinsel; in der Zeit seiner Reg. Blüte d. altbulgar. Literatur.
Simili [lat.], Nachahmung, insbes. von Schmucksteinen (S.steine).
Simonie [nlat.], Kauf oder Verkauf v. geistl. Ämtern u. Dingen; nach kath. Kirchenrecht unter Strafe gestellt, in der Kirchengesch. jedoch häufig.
Simonis, Heide, * 1943, dt. Politikerin (SPD), s. 1993 Min.-Präs. von Schl.-Holstein.
Simon Makkabi (Simon der Makkabäer, Simon Makkabäus), † 135 v. Chr., Bruder des Juda Makkabi, jüd. Hoher Priester (seit 143); Gründer der Dyn. der Makkabäer.
Simon Petrus ↑Petrus.
Simplex [lat.], einfaches, nicht zusammengesetztes Wort, im Ggs. zum Kompositum (Gramm.).
simplifizieren, vereinfachen.
Simplon, schweizer. Pass vom Oberwallis (Brig) nach Oberitalien (Domodossola), 2005 m ü. d. M.; mit dem 19,8 km langen *S.tunnel* (2 eingleis. Paralleltunnel, eröffnet 1906/1922, Scheitelhöhe 700 m).
Simson (in der Vulgata Samson), Gestalt des A. T., israelit. Richter; mit außergewöhnl. Leibeskräften begabt; wendete sich gg. die Philister; von Delila seiner Stärke beraubt.
Simulator [lat.], Gerät, in dem

Bedingungen, die den Anforderungen später zu handhabender Geräte entsprechen, oder Umweltverhältnisse, unter denen Menschen oder Geräte eingesetzt werden sollen, künstl. hervorgerufen werden (z. B. Flugsimulator).

simulieren [lat.], vortäuschen; wirklichkeitsgetreu nachahmen.

simultan [lat.], gemeinsam; gleichzeitig.

Simultanspiel, von einem Spieler an mehr. Brettern gg. versch. Gegner gleichzeitig geführte Schachpartien.

sin, Formelzeichen für **Sin**us (↑Winkelfunktionen).

Sinai, Halbinsel, Halbinsel zw. dem Golf von Suez und dem Golf von Akaba, häufig bis zur Mittelmeerküste gerechnet; überw. wüstenhaft, im S das zerklüftete und vielgipfel. *Sinaigeb.* (im *Djebel Katherin* bis 2637 m), im NW Erdölförderung; zu Ägypten, ab 1967 z. größten Teil v. Israel besetzt; schrittweise Rückgabe an Ägypten 1982 abgeschlossen.

Sinatra, Frank, eigtl. Francis Albert S., * 1915, † 1998, amer. Sänger und Filmschauspieler italien. Herkunft.

Sindbad, abenteuerl. Seefahrer; Hauptfigur eines Teils der Märchenslg. Tausendundeine Nacht.

sine tempore ↑akad. Viertel.

Sinfonie (Symphonie) [ital.]: **1)** im 17. Jh. Bez. für den Einleitungssatz einer Oper, Kantate oder Suite; **2)** 3- bis 4-sätz. Orchesterwerk, das sich seit etwa 1750 entwickelte und die Suite ablöste; übl. Satzfolge: Allegro (in Sonatensatzform), Andante od. Adagio (in Liedform), Scherzo (Frühform: Menuett mit Trio), Allegro (in Sonatensatz-, Rondo- oder Menuettform).

sinfonische Dichtung, [einsätz.] musikal. Form für Orchester, die nach einem Programm gearbeitet ist; Anfänge bei Berlioz („Phantast. Sinfonie"); dann ausgeprägt u. a. bei Liszt („Tasso", „Eine Faust-Symphonie") u. R. Strauss („Don Juan", „Till Eulenspiegels lustige Streiche").

Singapur: 1) Rep. in SO-Asien, umfasst die Insel S. und kl. Nebeninseln vor der S-Spitze der Halbinsel Malakka, Bev.: rd. 76,5% Chinesen; fruchtb. Hügelland; Kautschuk-, Kokospalmenpflanzungen; durch Damm (Straße u. Eisenbahn) mit dem Festland verbunden. – 1819 Errichtung einer Faktorei der brit. Ostind. Kompanie; 1867 brit. Kronkolonie, 1942–45 jap. besetzt; 1946 Status einer eigenen Kolonie; 1963–65 Teilstaat der Föderation Malaysia; 1965 souveräner Staat, Mitgl. des Commonwealth; 1976 Abzug der letzten brit. Truppen; **2)** Hptst. von 1), an der S-Küste, 1,3 Mill. E; bed. ⚓ u. Umschlagplatz; 3 Univ.; zahlr. Kirchen, Moscheen, Tempel; Kautschuk-, Elektro-, Erdölind., Schiffbau, Lederind.; Knotenpunkt für Luft- und Seeverkehr; Handels- und Ind.-Messe. – Im 13. Jh. bed. Hafenstadt, 1365 zerstört; 1819 als brit. Handelsstützpt. gegründet.

Singapur

Fläche: 626 km²
Einwohner: (1995) 2,84 Mill.
Hauptstadt: Singapur
Amtssprachen: Englisch, Bahasa Malaysia, Chinesisch, Tamil
Zeitzone: MEZ +7 Stunden

Singen (Hohentwiel), St. am Fuß des Hohentwiel, Ba.-Wü., 44200 E; Ruine Hohentwiel; Nahrungsmittel-, Aluminiumindustrie.

Singhalesen, im 5. Jh. v. Chr. aus Indien nach Ceylon eingewandertes indides Volk; größte Bevölkerungsgruppe in Sri Lanka.

Singspiel, [heiteres] Bühnenstück mit gesprochenem Dialog, Lied- u. Musikeinlagen; Zwischenform von Oper u. Lustspiel; u. a. J. A. Hiller, J. Haydn, F. Gaßmann, K. Ditters von Dittersdorf u. bes. W. A. Mozart.

Singular [lat.], Einzahl (Gramm.).

singulär, vereinzelt, selten, eigenartig.

Sinkiang (Uigurische Autonome Region S.), autonome Region im NW von China, nördl. von Tibet, 1646900 km², 15,8 Mill. E; Hptst. Ürümqi; umfasst das Tarimbecken, die Dsungarei u. den östl. Tienschan; weitgehend wüsten- u. steppenhaftes Gebiet mit kontinentalem Klima; Anbau von Getreide, Baumwolle, Zuckerrüben u. Obst in Oasen; Wanderviehzucht; Bodenschätze: v. a. Erdöl, Uran-, Eisenerze, Gold, Steinkohle.

Sinne, physiol. Fähigkeiten des Menschen, Reize durch die den versch. S.n zugeordneten *S.sorgane* zu empfinden: Gesichts-, Gehör-, Geruchs-, Geschmacks-, Haut- (Tast- [Druck-], Temp.- und Schmerzeindrücke) und Gleichgewichtssinn.

Sinnestäuschung, Trugwahrnehmung im Bereich der Sinnesorgane: Illusion, Halluzination.

Sinn Féin [ʃɪn fɛɪn; ir.; = wir selbst], nationalist. ir. Partei, gegr. 1905, forderte eine selbst. ir. Rep.; nach dem brit.-ir. Vertr. v. 1921 über die Errichtung des Ir. Freistaats Spaltung ↑Fine Gael und ↑Fianna Fáil.

Sinngedicht, svw. ↑Epigramm.

Sinologie [gr.], Wiss. von der chin. Sprache und Kultur.

Sinowatz, Fred, * 1929, östr. Politiker (SPÖ), s. 1971 Unterrichtsmin., ab 1981 auch Vizekanzler, 1983–86 Bundeskanzler.

Sintenis, Renée, * 1888, † 1965, dt. Bildhauerin und Grafikerin; Tierplastiken; Bildnisbüsten.

Sinter, Mineralablagerung aus Quellen, Bächen, auch in Wasserrohren, amorph oder kristallin; Kalk- u. Kiesel-S. verbreitet; bilden oft Terrassen od. Tropfsteine.

Sintern, Verdichten von pulverförmigen Werkstoffen in der Hüttentechnik, Pulvertechnologie und Kunststofftechnik, wobei die Körner an den Grenzflächen miteinander verschweißen.

Sintflut, im A. T. geschilderte Überschwemmung, die Jahwe als Strafe über die sünd. Menschheit verhängt; nur Noah wird mit seiner Familie u. seinen Tieren in der Arche gerettet.

Sinti ↑Roma.

Sinus ↑Winkelfunktionen.

Sioux ['ziːʊks], Sprachfam. der nordamer. Indianer; urspr. Ackerbauern, später Wildbeuter.

Sippe: 1) Gruppe v. Individuen mit gleicher Abstammung (Biol.); **2)** Lebensgemeinschaft, Familienverband einer größeren Gruppe Blutsverwandter mit best. Organisation unter Führung eines Sippenältesten.

Sippenhaftung, Einstehen einer Sippe für von einem ihrer Mitgl. begangene Delikte; heute unzulässig, jedoch in Unrechtsstaaten praktiziert (z. B. Terrormaßnahmen gg. Angehörige polit. Gegner).

Sir [səː; engl.], allg. engl. Anrede (ohne Namen) im Sinne v. „Herr"; vor Vornamen engl. Adelstitel.

Sixtinische Kapelle. *Michelangelo, Jüngstes Gericht (Altarwand, 1536–41)*

Sire [si:r; frz.], frz. Anrede mit d. Bed. „Majestät".

Sirene [gr.], Gerät zur Schallerzeugung (Signaleinrichtung); einfachste Bauart *Loch-S.:* ein Luftstrom wird durch eine rotierende Lochscheibe periodisch unterbrochen; Tonfrequenz hängt v. Lochzahl u. Drehzahl ab.

Sirenen [gr.], griech. Sagengestalten; Mischwesen, teils Frau, teils Vogel; locken vorüberfahrende Schiffer durch ihren Gesang („Sirenenklänge") ins Verderben.

Sirius [gr.-lat.] (Hundsstern), der hellste Fixstern des Himmels im Sternbild Canis Maior.

Sirmilen (Syrmien), fruchtb. Ldsch. zw. unterer Save u. Donau, größtenteils zu Serbien.

Sirtaki [gr.], griech. Volkstanz, in Ketten- od. Kreisform getanzt.

Sisal (S.hanf), Blattfaser aus den Blättern versch. *S.agaven* (angebaut u. a. in O- und W-Afrika, Brasilien, Mexiko), zur Herst. von Seilerwaren, Teppichen u. Ä.

sistieren [lat.]: **1)** ein Verfahren unterbrechen, [vorläufig] einstellen (§); **2)** jemanden zur Feststellung seiner Personalien polizeil. festnehmen.

Sisyphus, Gestalt der griech. Sage; dazu verdammt, in der Unterwelt einen Felsblock einen Berg hinaufzuwälzen, der ihm immer wieder entgleitet; danach *S.arbeit* als Ausdruck für eine sinnlose Arbeit oder vergebl. Anstrengung.

Sitar [pers.], ind. Langhalslaute mit birnenförmigem Schallkörper; 4–7 Saiten.

Sittiche, allg. Bez. für kl., lang- u. spitzschwänz., oft bunte Papageien; viele Zimmervögel, u. a. *Wellensittich, Nymphensittich.*

Sixtinische Kapelle, päpstl. Hauskapelle im Vatikan, v. Papst Sixtus IV. erbaut; Fresken u. a. v. S. Botticelli, D. Ghirlandaio; Deckenfresken und Jüngstes Gericht Michelangelos.

Sixtus, Prinz v. Bourbon-Parma, * 1886, † 1934, Schwager Ks. Karls I. v. Östr.; belg. Offizier im 1. Weltkrieg; er versuchte 1917 eine geheime Friedensvermittlung zw. Östr. u. der Entente *(S.affäre).* In den an S. gerichteten *S.briefen* versprach Ks. Karl, die frz. Forderung auf Rückgabe Elsass-Lothringens zu unterstützen. Die Aktion scheiterte v. a. an der ital. Forderung nach Abtretung S-Tirols.

Siyaad Barre, Mohammed, * 1919, † 1995, somal. Gen. u. Politiker; nach einem Putsch 1969 Staatsoberhaupt, s. 1976 auch Vors. des Ministerrats, 1991 gestürzt.

Sizilianische Vesper, Volksaufstand in Palermo gg. die frz. Besatzung, ausgebrochen während der Ostermontagsvesper 1282; Karl I. v. Anjou musste Peter III. v. Aragonien Sizilien überlassen.

Sizililen (ital. Sicilia), größte ital. Insel, 25 426 km², autonome Region (mit Nebeninseln), 5,0 Mill. E, Hptst. Palermo, im Mittelmeer, südl. der ital. Halbinsel, im ↑Ätna bis 3 263 m; im N gebirgig; Weizen- u. Maisbau, Zitrus-, Ölbaumkulturen; Weinbau und Korkeichen; Schwefelgruben um Caltanissetta u. Agrigent. – *Gesch.:* Älteste histor. bek. Bewohner Sikaner u. Sikuler; im 8. Jh. v. Chr. griech., im 6. Jh. phönik. (karthag.) Einwanderung. Im 1. Pun. Krieg (264–241 v. Chr.) von Rom erobert, im frühen MA unter ostgot., byzantin. und arab. Herrschaft, im 11. Jh. von Normannen erobert; Roger II. vereinigte S. 1130 mit seinen unterital. Besitzungen zu einem Kgr. (↑Neapel).

SJ, Abk. für: **S**ocietas **J**esu (↑Jesuiten).

Skabiose [lat.], vorw. mediterrane Gatt. der Kardengewächse.

Skagen, dän. St. an der N-Spitze Jütlands, 13 900 E; Seebad, Fischerei-⚓; unweit *Skagens Horn,* die N-Spitze Jütlands.

Skagerrak, Meeresarm (Teil der Nordsee) zw. d. Skand. Halbinsel u. Jütland, 225 km lang, 110–150 km breit; vor Jütland flach, in der *Norweg. Rinne* 725 m tief. Vor dem S. wurde am 31. 5./1. 6. 1916 die einzige große Seeschlacht des 1. Weltkriegs geschlagen.

Skala [ital.], Einteilung eines Maßstabes durch Linien u. Zahlen, z. B. beim Thermometer.

Skalar [ital.], durch eine einzige Zahl charakterisierte [math.] Größe; ↑auch Vektor.

Skaldenlieder, Preislieder der *Skalden* (altnord. Dichter u. Sänger); zuerst um etwa 800 in Norwegen, von da nach Island, dort bis ins 13. Jh. gepflegt.

Skalp [engl.], fr. indian. Trophäe: abgezogenes, behaartes Stück Kopfhaut des Gegners.

Skalpell [lat.], chirurg. Messer mit fest stehender Klinge.

Skandinavilen, Bez. für einen Teil Nordeuropas; i. e. S. synonym mit *Skand. Halbinsel,* also ↑Norwegen und ↑Schweden umfassend, vielfach auch einschl. ↑Dänemark. I. w. S. wird auch Finnland zu S. gerechnet, hierfür wird jedoch neuerdings der urspr. rein geolog. Begriff *Fennoskandien* verwendet.

Skarabäus [gr.-lat.]: **1)** svw. ↑Pillendreher; **2)** altägypt. geschnittener Siegelstein mit Nachbildung des den Ägyptern hl. Pillendrehers.

Skateboard ['skeɪtbɔ:d; engl.] (Rollerbrett), Freizeitsportgerät, bestehend aus einem Brett (75–100 cm lang, 15–25 cm breit), an dem 4 federnd gelagerte Rollen angebracht sind.

SKE, Einheitenzeichen für: ↑**S**tein**k**ohlen**e**inheit.

Skeleton ['skelɪtn; engl.], niedr., schwerer Sportrennschlitten; in Bauchlage mit Händen u. Füßen, v. a. aber durch Gewichtsverlagerung zu steuern. 1959 letztmals S.weltmeisterschaft.

Skelett [gr.], Stützapparat tier. Organismen; als *inneres S.* (z. B. bei Blumen- u. Wirbeltieren) den Körper durchziehend, als *äußeres S.* (z. B. bei Weichtieren) den Körper umhüllend; i. e. S. das *Gerippe* bei Wirbeltieren und Menschen.

Skepsis [gr.], Zweifel aufgrund sorgfält. Überlegung; Bedenken, Misstrauen, Zurückhaltung.

Sketch [skɛtʃ; engl.], kurze, dramat. Szene mit effektvoller Schlusspointe.

Ski [ʃi:; norweg.], aus Holz, Metall oder Kunststoff gefertigtes, etwa 2 m langes u. 8–10 cm breites Schnee[gleit]brett mit spezieller Skibindung; *S.kjöring,* Skilauf hinter einem Vorspann (Pferd oder Motorrad); *S.lauf,* Fortbewegung auf S.ern als Sport: ↑Slalom, ↑Riesenslalom, ↑Langlauf, ↑Abfahrtslauf, ↑Sprunglauf *(S.springen),* ↑S.fliegen; *S.lift,* für die Anforderung des Wintersports eingerichtete Seilbahn.

Skibob [ʃi:-], Wintersportgerät; besteht aus einem Stahlrohrrahmen, der auf einem kurzen Ski (Gleitkufe) montiert ist, u. einer Lenkvorrichtung mit Lenk- od. Leitkufe; der Fahrer sitzt auf dem S. wie auf einem Fahrrad.

Skiff [engl.], schmales Einmannruderboot.

Skifliegen [ʃi:-], Skispringen v. einer Sprunganlage (nur v. Männern ausgeübt), wobei im Ggs. zum Sprunglauf nur die erzielte Weite bewertet wird.

Skinheads ['skɪnhedz; engl.; = Hautköpfe], in Gruppen auftretende, v. a. männl. Jugendliche, die durch Kurzhaarschnitt bzw. Glatze gekennzeichnet sind u. zu aggressivem Verhalten u. Gewalttätigkeiten (auf der Grundlage rechtsradikalen Gedankengutes) neigen.

Skinke [gr.] (Wühlechsen), Fam. der Echsen, Beine z. T. rückgebildet.

Sklavenkriege, Kämpfe der Römer gg. aufständ. Sklaven v. a. in Sizilien (136–132 u. 104–101 v. Chr.) u. in Italien (73–71 v. Chr., Aufstand des ↑Spartakus).

Sklaverei, Zustand der völl. rechtl. u. wirtsch. Abhängigkeit eines Menschen *(Sklave),* der Eigentum seines Herrn ist; früh bezeugte Erscheinungsform der menschl. Ges. (Orient, Griechenland); kommerzialisiert und rechtl. erfasst in der Antike, insbes. in Rom, hielt sich die S. bis in die Neuzeit, v. a. in Afrika u. Vorderasien. Nach der Entdeckung Amerikas (1492) blühte die S. stark auf: Handel mit Negersklaven aus [W-]Afrika v. a. nach Nord- u. Südamerika (führte in Nordamerika zum Sezessionskrieg). Im 19. Jh., dann erneut vom Völkerbund (1926) und der UNO (1948) verboten.

Sklerose [gr.], krankhafte Verhärtung von Geweben, Organen oder Organteilen wie z. B. bei der ↑Arterienverkalkung.

Skoliose ↑Rückgratverkrümmung.

Skonto [ital.], [Zahlungs]abzug, Nachlass [bei Barzahlung].

Skopje, Hptst. der Rep. Makedonien, 563 000 E; Univ.; vielseit. Ind.; ✈. – 1963 durch ein Erdbeben zerstört; danach neu aufgebaut.

Skorbut [mlat.] (Scharbock), durch Vitamin-C-Mangel hervorgerufene Krankheit; äußert sich in Zahnfleisch-, Magen-Darm-Blutungen, Appetitlosigkeit, Gewichtsverlust, allg. Schwäche.

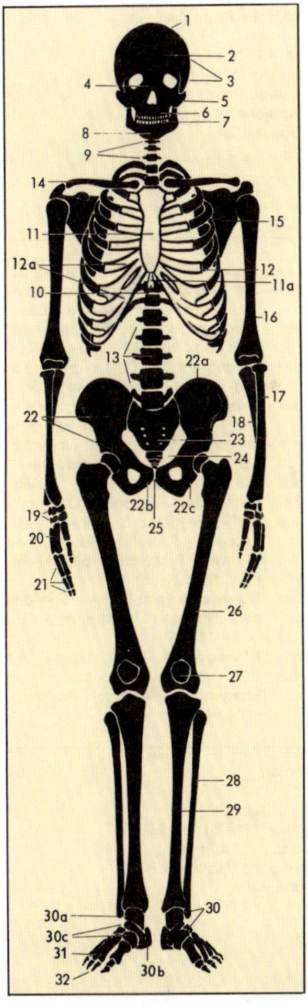

Skelett des Menschen.
1 Scheitelbein, 2 Stirnbein, 3 Keil- und Schläfenbein, 4 Nasenbein, 5 Wangenbein, 6 Oberkieferbein, 7 Zähne, 8 Unterkiefer, 9 Halswirbel, 10 Brustwirbel, 11 Brustbein mit a Schwertfortsatz, 12 Rippen mit a Rippenknorpel, 13 Lendenwirbel, 14 Schlüsselbein, 15 Schulterblatt, 16 Oberarmknochen, 17 Speiche, 18 Elle, 19 Handwurzelknochen, 20 Mittelhandknochen, 21 Fingerknochen, 22 Hüftbein mit den Anteilen a Darmbein, b Schambein, c Sitzbein, 23 Kreuzbein, 24 Steißbein, 25 Schambeinfuge, 26 Oberschenkelknochen, 27 Kniescheibe, 28 Wadenbein, 29 Schienbein, 30 Fußwurzelknochen mit a Sprungbein, b Fersenbein, c Keilbeinen, 31 Mittelfußknochen, 32 Zehenknochen

Skorpion, das Sternbild ↑Scorpius.
Skorpione [gr.], Ordn. der Spinnentiere, bis 18 cm lang; mit ungegliedertem Vorderkörper, Scheren, 4 Fußpaaren und Giftstachel am Schwanzende (Stich einiger Arten auch für den Menschen lebensgefährlich).
Skoten ↑Schottland, Geschichte.
Skrjabin, Alexandr Nikolajewitsch, * 1872, † 1915, russ. Komponist; in seinen letzten Werken Wegbereiter der Neuen Musik; Klavier- und Orchesterwerke.
Skrotum [lat.], Hodensack.
Skuld, eine der drei Nornen.
Slalom [norweg.], Torlauf, bei dem eine Reihe von Flaggentoren durchfahren werden muss; u. a. im alpinen Skisport (Männer 55–75, Frauen 40–60 Tore bei einem Höhenunterschied v. 180–220 bzw. 120–180 m).
Slang [slæŋ; engl.], läss. Umgangsspr., gekennzeichnet durch neue Wortprägungen u. neuartige Verwendung gebräuchl. Wörter; auch für Jargon.
Slapstick ['slæpstık; engl.], Art der Lustspielkomik, die ausschließl. auf dem Bild- u. Bewegungsmäßigen beruht (H. Lloyd, B. Keaton, Ch. Chaplin).

Slowakische Republik

Fläche: 49 035 km²
Einwohner: (1995) 5,35 Mill.
Hauptstadt: Preßburg
Amtssprache: Slowakisch
Zeitzone: MEZ

Skull [engl.], leichtes, paarweise verw. „Ruder".
Skulptur [lat.], plast. Bildwerk, aus festem Material herausgearbeitet.
Skunke [indian.], svw. ↑Stinktiere.
Skutari|see, größter See der Balkanhalbinsel, rd. 390 km².
Skylab [skailæb; engl.], erste bemannte amer. Raumstation (1973–79) zur Erforschung des erdnahen Raumes sowie zu Beobachtungen des Weltraumes (Observatorium).
Skylla ↑Szylla.
Skythen, Name eines iran. Reitervolkes, das im 8. Jh. v. Chr. vom O in den Donauraum vorstieß; das letzte skyth. Ft. auf der Krim wurde 109/108 v. Chr. dem Pont. Reich eingegliedert. Hoch entwickelte Goldschmiedekunst (v. a. Treibarbeiten).
Slawen, urspr. nördl. der Karpaten zw. Weichsel u. Dnjepr beheimatete einheitl. europide Völkergruppe, heute in O-, SO- und M-Europa verbreitet; durch Wanderung um 500 Differenzierung in Ost-, Süd- und Westslawen.
slawische Sprachen, Sprachfam. des indogerman. Sprachstammes, in 3 Gruppen eingeteilt: *Ostslawisch* (Russ., Ukrain., Weißruss.), *Westslaw.* (Poln., Polab., Ostseeslaw., Kaschub., Obersorb. und Niedersorb. [= Wend.], Tschech., Slowak.) und *Südslaw.* (Slowen., Serbisch, Kroat., Makedon., Bulgarisch).
Slawistik [nlat.], Wiss. von den slaw. Spr. und Literaturen; Anfänge im 18. Jh.
Slawoni|en, kroat. Ldsch. zw. Drau und Save, mit fruchtbaren Ebenen u. bewaldeten Höhenzügen; Hauptort: Osijek.

Slowenien

Fläche: 20 251 km²
Einwohner: (1995) 1,95 Mill.
Hauptstadt: Ljubljana
Amtssprache: Slowenisch
Zeitzone: MEZ

Slevogt, Max, * 1868, † 1932, dt. Maler u. Grafiker; einer d. führenden dt. Impressionisten; Bildnisse, Illustrationen.
Slezak, Leo ['slɛzak], * 1873, † 1946, östr. Sänger (Heldentenor); auch Filme.
Slibowitz [slaw.], hochprozent. Pflaumenbranntwein.
Slogan ['sloʊgən; engl.], urspr. schott. Schlachtruf; einprägsamer [polit.] Werbespruch, Werbeschlagwort.
Slowakei, histor. Gebiet der Tschechoslowakei, seit 1969 Nationalstaat (↑Slowakische Republik).
Slowaken, westslaw. Volk in der Slowakei u. SO-Mähren.
slowakische Literatur, Anfänge im MA, s. der Reformation hpts. in tschech. Spr., mit Aufklärung u. erwachendem Nationalismus gewann die Lit. in der Volksspr. an Bed., jedoch erst Mitte des 19. Jh.s entstand eine allg. slowak. Schriftspr.; die bedeutendsten Dichter waren S. Hurban-Vajanský und Hviezdoslav; die s. L. nach dem 2. Weltkrieg lehnt sich eng an die tschech. Lit. an. Bekannte Autoren: Jaroslava Blažková, R. Jašik, P. Jilemnicky, P. Karvaš, F. Král', L. Mňačko.
Slowakische Republik (slowak.: Slowenská Republika), Staat in Mitteleuropa, östl. der March und der Mähr. Pforte; überw. Geb.-land mit Holzwirtsch. u. Viehzucht; breite Tallandschaften mit Weizen-, Mais-, Zuckerrüben-, Wein-, Tabakbau, in der Donauebene außerdem Obst- und Gemüsebau; Bergbau auf Kupfer, Eisen, Nickel, Braunkohle; im Marchfeld Erdölfunde; Holz-, Papier-, Metall-, Erdöl- und Textilind. – Im 6./7. Jh. von Slowaken besiedelt, um 800 Ausbildung eines eigenen Ft. um Neutra, um 830 dem Großmähr. Reich angegliedert; nach dessen Untergang 906–1918 zu Ungarn gehörend; 1918 in der Tschechoslowak. Rep. (CSR) aufgegangen, nach 1945 wieder Teil der Tschechoslowakei (CSSR, CSFR), mit deren Auflösung zum 1. 1. 1993 unabhäng. Republik.
Slowenen, südslaw. Volk in NW-Slowenien, in Italien, Österreich u. Ungarn.
Sloweni|en, Rep. auf dem Balkan: v. Drau u. Save durchflossenes, waldreiches Bergland; Quecksilber-, Bleierz-, Braunkohlen-⚒, Erdölvorkommen; Wein-, Ackerbau, Schafzucht; Hütten-, Metall-, Textilindustrie. – 1918 aus Teilen der östr. Kronländer Krain, Kärnten u. Steiermark u. dem ungar. Übermurgebiet (Prekmurje)

gebildet, zu Jugoslawien gehörend; 1991 einseitige Unabhängigkeitserklärung mit rascher internat. Anerkennung.

Slowenisch, südslaw. Sprache; eine der offiziellen Sprachen des ehem. Jugoslawiens, heute Slowenien.

Slowfox ['slәʊfɔks; engl.], langsamer Foxtrott.

Slum [slʌm; engl.], am Rande v. [Groß]städten gelegene Elendsquartiere, in denen v. a. die untersten Schichten soz. Minderheiten u. benachteiligter Gruppen leben.

sm, Einheitenzeichen für: ↑**Seemeile**.

Sm, Symbol für ↑Samarium (☊).

Smaragd [gr.], Abart des ↑Berylls, durchsichtig, grün; beliebter Schmuckstein.

Smetana, Friedrich (tschech. Bedřich), * 1824, † 1884, tschech. Komponist; Schöpfer und Repräsentant einer nat. tschech. Musik; Opern („Die verkaufte Braut"), sinfon. Dichtungen („Mein Vaterland"), Kammermusik, Klavierwerke u. a.

Smith [smɪθ]: **1)** Adam, * 1723, † 1790, schott. Nationalökonom u. Moralphilosoph; Begr. der klass. Nationalökonomie; Hauptvertr. des frühen Liberalismus; **2)** Bessie, eigtl. Elizabeth S., * 1898, † 1937, amer. Sängerin; gilt als die bedeutendste Bluessängerin aller Zeiten; **3)** Ian Douglas, * 1919, rhodes. Politiker; 1961 Mitbegr. der rassist. Rhodes. Front, 1962–64 Fin.-Min., proklamierte 1965 als Premiermin. (1964–79) einseitig die rhodes. Unabhängigkeit von Großbrit.; 1979/80 Min. ohne Geschäftsbereich in Simbabwe-Rhodesien; **4)** Joseph, * 1805, † 1844, Stifter des Mormonentums.

Smog [engl.], dicker Nebelrauch, Dunstglocke (Anreicherung von Schadstoffen) über Ind.städten bei Inversionswetterlagen.

Smolensk, St. am oberen Dnjepr, Russland, 341 000 E; Maschinenbau, Autoersatzteil-, Elektrogerätefabrik, Leinen- u. a. Industrie.

Smuts, Jan Christiaan [smœts], * 1870, † 1950, südafrik. Gen. u. Politiker; 1919–24 u. 1939–48 Min.-Präs. der Südafrik. Union.

Smyrna ↑İzmir.

Sn, Symbol für ↑Zinn (☊).

Snellius, Willebrordus, eigtl. Willebrord Snel van Royen, * 1580, † 1626, niederl. Physiker und Mathematiker; Arbeiten zur Trigonometrie u. geometr. Optik; fand das *s.sche Brechungsgesetz:* Bei der Brechung [v. Lichtstrahlen] an der Grenzfläche zw. 2 versch. Medien stehen die Sinus des Einfalls- u. des Brechungswinkels im gleichen Verhältnis zueinander.

Sofia. *Alexander-Newski-Kathedrale im Stadtzentrum*

Snob [engl.], eingebildeter blasierter Mensch.

Snowdon ['snәʊdn], Bergkuppe im NW von Wales, 1 085 m.

Soapopera ['sәʊpɔpәrә; engl.; = Seifenoper], in den USA entstandener Typ von Familienserien in Hörfunk u. Fernsehen, z. T. von der Waschmittelind. finanziert.

Soares, Mario [su'ariʃ], * 1924, portug. Politiker; gründete im Exil in der BRD 1973 die Sozialist. Partei, seitdem deren Gen.-Sekr.; 1974/75 Außenmin., 1976–78 u. 1983–85 Premiermin., 1986–96 Staatspräsident.

Social Democratic Party ['sәʊʃl demә'krætɪk 'pɑ:tɪ; engl.] (SDP), brit. soz.-demokrat. Partei; 1981 durch Abspaltung v. rechten Flügel der Labour Party entstanden.

Societas Jesu ↑Jesuiten.

Soda [span.], Natriumcarbonat, als *kalzinierte S.* Na_2CO_3, als *Kristall-S.* $Na_2CO_3 \cdot 10\,H_2O$ (*Natrit;* in Krusten auftretend, farblos, grau od. gelbl.); wicht. Massenprodukt der chem. Großindustrie.

Sodalithgruppe, Gruppe isomorpher kub., glas- bis fettglänzender Minerale mit wechselnder Zusammensetzung; *Sodalith* (farblos, blau, grünl.), *Nosean* (grau, blau, schwarz) u. *Hauyn* (blau); Vorkommen hpts. in Ergussgesteinen.

Sodbrennen, brennendes Gefühl in der Speiseröhre, meist Folge von übermäß. Magensäureabsonderung, seltener Untersäuerung.

Sodomie [nach der bibl. St. Sodom], sexueller Verkehr von Menschen mit Tieren.

Sodom und Gomorrha, im A. T. gen. kanaanit. Städte, durch „Feuer u. Schwefel" v. Gott wegen ihrer Lasterhaftigkeit vernichtet; gerettet wurde nur Lot.

Soest [zo:st], Krst. sö. v. Hamm, NRW, in der *S.er Börde* (fruchtb. Lössboden), 47 700 E; Stiftskirche St. Patroklus (12. Jh.), Maria zur Höhe (Hohnekirche, 1225 ff.), St. Maria zur Wiese (1343 ff.); Masch.-, Elektroindustrie. – Ehem. Hansest., erkämpfte in der *S.er Fehde* (1444–49) Unabhängigkeit von Kurköln.

Sofia, Hptst. von Bulgarien, 1,1 Mill. E; Univ., Hochschulen, Akad. der Wiss., Nat.-Museum, Bibliothek, Alexander-Newski-Kathedrale (1896–1912); ehem. kgl. Schloss; Fahrzeug-, Masch.-, Schuh-, Textil- und Nahrungsmittelind.; ✈. – Seit Trajan röm. Kolonie *(Serdica),* 447 von Hunnen zerstört; unter Ks. Justinian wieder aufgebaut; 809 v. Bulgaren, 1382 von Türken erobert, seit 1878 bulgar. Hauptstadt.

Software ['sɔftwɛә; engl.], Bez. für die zum Betrieb einer Datenverarbeitungsanlage erforderl. nichtapparativen Funktionsbestandteile (System- und Dienstprogramme des Betriebssystems u. Anwenderprogramme).

Sohar, Hauptwerk der Kabbala.

Söhnker, Hans, * 1903, † 1981, dt. Schauspieler; spielte Theater, bes. bekannt durch zahlr. Film- u. Fernsehrollen.

Soiree [soa're; frz.], Abendges., Abendvorstellung.

Sojabohne [jap.; dt.], in O-Asien heim. Schmetterlingsblütler; liefert die S.n (Eiweiß rd. 40 %, Fett 20 %, Lezithin 2 %), ein wichtiges Nahrungs- u. Futtermittel.
Sojus [russ.], Name einer Serie bemannter sowj. Raumflugkörper der UdSSR, heute der GUS, die seit 1967 in Erdumlaufbahnen gebracht wurden u. s. 1971 als „Zubringer" von Kosmonauten für die Saljut-Raumstationen dienen.
Sokolowski, Wassilij Danilowitsch, * 1897, † 1968, Marschall der Sowjetunion, 1946–49 sowjet. Oberbefehlshaber in Dtl., 1952–60 Gen.-Stabschef.
Sokrates, * 470 od. 469, † 399 v. Chr., griech. Philosoph in Athen; mit seiner Ironie u. der *sokrat. Methode* (Mäeutik) suchte er bei seinen Gesprächspartnern hohles Scheinwissen zu entlarven; v. a. Ethiker; Tugend ist ident. mit Wissen u. lehrbar, absichtl. Tun des Bösen unmöglich. Infolge Verleumdungen zum Tod verurteilt; trank Gift („Schierlingsbecher"); seine Lehren überlieferte Platon.

Sokrates

Sol, röm. Sonnengott, dem griech. Helios entsprechend.
Solana Madariaga, Javier, * 1942, span. Politiker (PSOE). 1995–99 Gen.-Sekr. der NATO, s. 1999 Hoher Beauftragter für die Gemeinsame Außen- u. Sicherheitspol. der EU u. Gen.-Sekr. der WEU.
solar [lat.], zur Sonne gehörig.
Solarkonstante, die Energiemenge, die bei mittlerer Sonnenentfernung die Erde an der Grenze der Atmosphäre pro cm^2 in der Minute zugestrahlt bekommt, (= 8,12 J/[cm^2 · min]).
Solarplexus, svw. ↑Sonnengeflecht.
Solarzelle, großflächige Ausführungsform eines ↑Photoelements, das Sonnenlicht direkt in elektr. Energie wandelt; Energielieferant für die Bordfunktionen von Raumflugkörpern.
Sold [lat.], Lohn (Entlohnung), bes. für Kriegsdienste.
Soldateska [ital.], disziplinloses, rohes Kriegsvolk.
Söldner, Soldat, der um des Solds willen Kriegsdienste leistet; das *S.wesen* war eine vom MA bis zur Frz. Revolution vorherrschende mil. Erscheinungsform.
Sole, i. e. S. [koch]salzhaltige Quelle, i. w. S. jede Salzlösung; *Solsalz,* aus S. gewonnenes Salz.
Solferino, ital. Ort südl. des Gardasees. – Bei S. 1859 frz.-sardin. Sieg über Österreich.
Solidarność [-nɔsjtsj; = Solidarität], unabhängiger poln. Gewerkschaftsverband, nach vorangegangenen Streiks u. Bürgerprotesten gegr. am 17. Sept. 1980 in Danzig, Vors. war L. Wałesa. Mit der Verhängung des Kriegsrechts über Polen am 13. Dez. 1981 wurde jede Tätigkeit der S. untersagt; 1989 erneute Legalisierung erzwungen, als „Bürgerkomitee S." 1989/90 polit. beherrschende Kraft, danach zerfallen.
Solingen, krsfr. St. im Berg. Land, NRW, 165 700 E; Forschungsinst. f. Schneidwarenind., IHK, Zentrum der dt. Schneidwaren- und Besteckindustrie.
Solipsismus [lat.], philos. Lehre, die nur das eigene Ich als erkennb. od. real ansieht.
Solist [lat.], Einzelsänger oder -spieler.
Solitär, einzeln gefasster Brillant; einzeln stehender Gartenbaum.
Solitude [-'ty:d; frz.; = Einsamkeit], für Hzg. Karl Eugen von Württ. 1763–67 erbautes Lustschloss westl. von Stuttgart.
Soll, linke Seite eines Kontos; zeigt bei Aktivkonten Vermögenszunahme, bei Passivkonten Schuldenabnahme.
Söller, svw. ↑Altan.
Solling, Teil des Weserberglandes zw. Weser und Leine, Nds.; bis 528 m (Gr. Blöße).
Solmisation [ital.], v. Guido v. Arezzo um 1025 aufgestelltes Namensystem der Töne für den Hexachord; Ut (später Do), Re, Mi, Fa, Sol, La (dazu später Si).
Solnhofen, Gem. nw. v. Ingolstadt, Bay., 1 800 E; *S.er Plattenkalk,* in den Steinbrüchen bei S. (Fossilienfunde, ↑Archäopteryx) gebrochener dünnplatt. Kalkstein.
Solon, * um 640, † um 560 v. Chr., athen. Gesetzgeber u. Dichter; hob die Schuldknechtschaft auf, schuf die Solon. Verf., die u. a. die polit. Rechte u. mil. Pflichten nach dem Einkommen abstufte (Timokratie).
Solothurn: 1) schweizer. Kt. im Jura u. im Mittelland, 791 km^2, 236 400 E; im Geb. Forst- und Viehwirtsch., im Mittelland vorw. Ackerbau; bed. Uhren-, Maschinen-, Textilind.; Fremdenverkehr; **2)** Hptst. von 1), an der Aare, 15 600 E; Reste der röm. und ma. Befestigung, Barock- u. Renaissancebauten.
Solschenizyn, Alexandr Issajewitsch, * 1918, russ. Schriftsteller; setzt sich in seinen Erzählungen u. Romanen mit dem Kommunismus auseinander; Nobelpreis 1970; 1974 ausgebürgert, s. 1976 in den USA, 1991 rehabilitiert, 1994 Rückkehr nach Russland.
Solstitium [lat.], der Zeitpt., an dem die Sonne auf ihrer scheinb. Bahn die größte bzw. kleinste ↑Deklination 2) hat: Sommer- bzw. Winteranfang.
Soltau, St. in der Lüneburger Heide, Nds., 21 000 E. Zinngießerei, Konserven- u. a. Industrie.
Solti, Sir Georg (György) ['ʃolti], * 1912, † 1997, brit. Dirigent ungar. Herkunft.
Somal, ostäthiopides Volk auf der Somalihalbinsel, vorw. Hirtennomaden (Kamel-, Rinderzucht); etwa 5,4 Mill. S.; Muslime; sprechen Somali, eine kuschit. Sprache.
Somalia, Rep. in O-Afrika (auf der *Somalihalbinsel*); vorw. Trockensavanne, mit Weidewirtsch. (Haupterwerbsquelle); im S, im Bereich der Flüsse Webbe Shibeli u. Juba, Anbau von Zuckerrohr, Bananen, Hirse, Mais, Baumwolle; Fischerei. – Der N war ab 1884 brit., der S ab 1885 ital. Protektorat, beide erlangten 1960 die Unabhängigkeit und schlossen sich zur Rep. S. zusammen. Nach dem Militärputsch v. 1969 wurde M. Siyaad Barre Staatschef, 1979 in den ersten Parlamentswahlen s. 1969 bestätigt; Grenzkonflikte mit Äthiopien; 1991 Sturz d. Reg. nach lang anhaltenden bewaffneten Auseinandersetzungen mit opposition. Gruppen.
Somatotropin [gr.], Wachstumshormon.
Somme [sɔm]: **1)** nordfrz. Fluss zum Kanal, 245 km lang; **2)** nordfrz. Dep., Hptst. Amiens.
Sommer, Jahreszeit, ungefähr die Zeit vom S.solstitium um den 21. 6. bis zum Herbstäquinoktium um den 23. 9. (N-Halbkugel) bzw. vom 23. 12. bis zum 20. 3. (S-Halbkugel).

Somalia

Fläche: 637 657 km²
Einwohner: (1995) 9,3 Mill.
Hauptstadt: Mogadischu
Amtssprachen: Somali, Arabisch
Zeitzone: MEZ +2 Stunden

Sommergetreide, Getreide, das im Frühjahr gesät u. im gleichen Jahr geerntet wird; Ertrag geringer als beim *Wintergetreide,* das bereits im Herbst gesät wird.

Sommerzeit, um meist eine Stunde vorverlegte Zonenzeit während der Sommermonate; in vielen europ. Ländern üblich, in der BRD 1980 eingeführt.

Somnambulismus [lat.] (Nachtwandeln, Schlafwandeln, Noktambulismus), schlafähnl. Dämmerzustand, in dem sich der Betroffene so verhält, als sei er wach.

Sonant [lat.], Silben bildender Laut (Vokal od. sonant. Konsonant wie *l* in Kind*l*).

Sonate [ital.], 3- oder 4-sätz. Musikstück (schneller Satz, langsamer Satz, [Menuett], schneller Satz).

Sonatine, kleinere Sonate.

Sonderausgaben, im Einkommensteuerrecht steuerfreie Anteile der privaten Aufwendungen, bestehend aus *Vorsorgeaufwendungen* (z.B. Versicherungsprämien) und *übrigen S.* (z.B. dauernde Lasten, gezahlte Vermögen- u. Kirchensteuer, Spenden).

Sonderschulen, Schulen für körperl. u./oder geistig behinderte Kinder, die dort eine auf sie ausgerichtete Förderung erfahren.

Sonderziehungsrechte, Abk. SZR, 1969 geschaffenes zusätzl. Reservemedium des Weltwährungssystems; an dem SZR-Konto beim ↑Internat. Währungsfonds werden die Mitgliedsländer entsprechend ihrer Quote beteiligt. S. stellen eine Art Buchgeld dar, das nur im Verrechnungswege umläuft.

Sonett [ital.], Gedichtform ital. Herkunft; besteht in der Regel aus 14 Zeilen von 2- bis 4-zeil. *(Quartette)* u. 2- bis 3-zeil. *(Terzette)* Strophen.

Sonnabend (Samstag), 6. Tag der Woche (Vorabend des Sonntags).

Sonne, Zentralkörper des S.nsystems, dessen Planeten (und ihre Monde) und dessen Kleinkörper er durch seine gr. Masse (332 270 Erdmassen) auf kreisähnl. Bahn hält; etwa 15 Parsec nördl. von der Ebene der Milchstraße, rd. 10 kpc v. Zentrum entfernt (rd. ⅔ vom Radius der Milchstraße); rotiert um das Milchstraßenzentrum mit etwa 250 km/s Geschwindigkeit (ein Umlauf dauert etwa 200 Mill. Jahre); Radius 696 000 km, Masse $1{,}99 \cdot 10^{33}$ g, mittlere Dichte 1,41 g/cm³; absolute visuelle Helligkeit +4,71 Größenklassen, scheinb. vis. Helligkeit −26,86 Größenklassen. Die S. ist ein ↑Stern (etwa 75 % Wasserstoff, 23 % Helium u. 2 % schwerere El.); im Zentrum Temp. von etwa 15 Mill. K und Druck von 10^{11} bar; die Energieerzeugung verläuft im S.nzentrum durch Kernprozesse, wobei ein geringer Bruchteil von Materie in Energie umgewandelt, dann durch Konvektion und Strahlung an die Oberfläche transportiert und von dort in einer etwa 400 km dicken Schicht, der *Photosphäre* (Temp. rd. 5 800 K), abgestrahlt wird. Die Dichte fällt stetig nach außen ab, die Oberfläche ist nicht gleichmäßig hell, zeigt vielmehr eine körn. Struktur, hervorgerufen durch aufsteigende, etwa um 300 K heißere Gaselemente (Granulen; rund 1 000 km ⌀). Größere fleckige Gebilde auf der S.nscheibe sind die *S.nflecken* von etwa 2 000 bis 50 000 km ⌀. Es sind Gebiete mit starkem Magnetfeld. Die Fleckenhäufigkeit schwankt in Perioden von 11,07 Jahren, dem *S.nfleckenzyklus. Fackeln,* Ausbrüche heißer Gase *(S.neruptionen),* lassen sich am S.nrand beobachten. Größere Ausbrüche, in denen Gasmassen bis über 100 000 km hoch geschleudert werden, nennt man *Protuberanzen.*

Sonnenbatterie, Anordnung v. mehreren Tausend Halbleiter-Photoelementen (Solarzellen); durch Ausnutzung des inneren ↑Photoeffekts wird Sonnenenergie in elektr. Energie umgewandelt.

Sonnenblume (Helianthus), Gatt. der Korbblütler, wahrsch. aus Mexiko stammende einjähr. Zier- und Nutzpfl., bis 4 m hoch; die Samen (Sonnenblumenkerne) liefern Speiseöl.

Sonnenfisch, Art der Mondfische, bis 2 m langer, seitl. zusammengedrückter Fisch in allen Meeren; Speisefisch.

Sonnengeflecht (Plexus solaris), im oberen Bauchraum unterhalb des Zwerchfells gelegenes, größtes u. wichtigstes vegetat. Nervengeflecht.

Sonnenkollektor (Solarkollektor), Anlage, die die Sonnenenergie absorbiert u. die entwickelte Wärme zur Warmwasserbereitung, Gebäudeheizung od. zur Stromerzeugung nutzt.

Sonnenkönig (frz. Roi Soleil), Beiname König Ludwigs XIV. von Frankreich.

Sonnenparallaxe, Winkel, unter

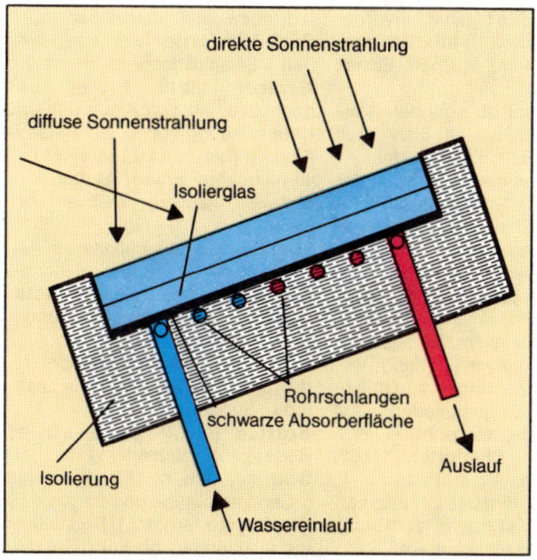

Sonnenkollektor. *Schnitt durch einen das Sonnenlicht nicht bündelnden Sonnenkollektor*

dem der Äquatorradius der Erde vom Mittelpt. der Sonne aus erscheinen würde: 8,794 Bogensek.; durch S. und Erdradius ist die ↑astronom. Einheit festgelegt.

Sonnenstein, Abart des Oligoklas, Härte 6–6,5; durchscheinend, rosa u. in metall. Farben schillernd; Schmuckstein.

Sonnensystem, die Sonne mit den sie umkreisenden Körpern (Planeten, Kometen, Meteorströme, interplanetare Materie).

Sonnentau (Drosera), Gatt. der S.gewächse; in Dtl. bes. der *Rundblättr. S.,* Fleisch fressende Pfl. der Flach- und Hochmoore, kl., ausdauernd.

Sonnentierchen (Heliozoen), Ordn. der Wurzelfüßer; kugel. Körper mit strahlenart. Fortsätzen; meist Süßwasserbewohner.

Sonnenzeit, durch den scheinb. tägl. Umlauf der Sonne um die Erde festgelegte Zeit. Wegen der Bewegung der Erde in ihrer Bahn um die Sonne sind die durch die Sonne angezeigten *wahren Sonnentage* nicht gleich lang; deshalb wird zur Zeitmessung eine fikt. „mittl. Sonne" eingeführt, die im Äquator mit einer mittl. Geschwindigkeit in derselben Zeit umläuft, in der die wahre Sonne ihre scheinb. Bahn, die Ekliptik, durchläuft; ergibt den *mittleren Sonnentag.*

Sonntag, 7. Tag der Woche, als Tag der Auferstehung Christi in den meisten christl. Ländern gesetzl. Ruhetag.

Sonnwendfeier, Fest der Sommer- u. der Wintersonnenwende.

Sonọra, mex. B.-Staat am Golf von Kalifornien, 182052 km², 1,82 Mill. E, Hptst. Hermosillo.

Soor (Schwämmchen), durch den *S.pilz* (Candida albicans) hervorgerufener graufleck. Haut-, Schleimhautbelag (Mund, Rachen, Eichel, Scheide).

Sophia, altchristl. legendäre Märtyrerin in Rom; eine der Eisheiligen („kalte Sophie"); Tag: 15. Mai.

Sophie: *Hannover:* **1) S.** v. der Pfalz, * 1630, † 1714, Tochter Friedrichs V. von der Pfalz; Enkelin Jakobs I. v. England, übertrug ihre Rechte auf den engl. Thron ihrem Sohn Georg Ludwig; **2) S. Dorothea,** gen. Prinzessin v. Ahlden, * 1666, † 1726, Gem. Georg Ludwigs von Hannover (s. 1682); wegen ihrer Beziehungen zu Gf. Königsmarck 1694 geschieden u. auf Schloss Ahlden verbannt. – *Preußen:* **3) S. Charlọtte,** * 1668, † 1705, Gem. Kg. Friedrichs I., Tochter v. 1), förderte Leibniz, veranlasste die Gründung der Preuß. Akad. der Wissenschaften.

Sophịsten [gr.], griech. Philosophen, die als Wanderlehrer im 5. Jh. v. Chr. entgeltl. v. a. in Philos., Staatskunde, Lit. und Rhetorik unterrichteten; verdient um die Ausbildung der Dialektik und Pädagogik; Anwendung rhetor. Spitzfindigkeiten *(Sophistereien);* Vertr. Gorgias, Hippias, Protagoras.

Sophokles, * um 496, † wahrsch. 406 v. Chr., griech. Tragiker; hohe Staatsämter in Athen; Schöpfer der klass. Form der Charaktertragödie; 7 Tragödien u. Teile eines Satyrspiels erh.: u. a. „Antigone", „Kg. Ödipus", „Elektra", „Ödipus auf Kolonos".

Sopran ↑Stimmlagen.

Soprapọrte [ital.], Wandfeld über der Tür u. das hier angebrachte Gemälde oder Relief.

Sọrben, in der Lausitz (bes. im Spreewald) ansäss. kl. westslaw. Volksgruppe; in der ehem. DDR Kulturautonomie; s. 1991 gefördert durch Stiftung für das sorb. Volk.

Sorbonne [sɔr'bɔn; frz.], alter ugs. Name der Pariser Universität, die seit 1970 umorganisiert ist (es gibt jetzt 13 Univ. von Paris).

Sorgerecht ↑elterliches Sorgerecht.

Sọrpetalsperre (Sorpesee), Stausee der *Sorpe* sw. von Arnsberg, NRW, 3,3 km², 70 Mill. m³.

Sorrẹnt (ital. Sorrento), ital. Hafenst. am Golf von Neapel, 17300 E; Fremdenverkehr.

SOS, internat. [See]notzeichen (im Morsealphabet); gedeutet als: **s**ave **o**ur **s**hip (= Rettet unser Schiff!) od.: **s**ave **o**ur **s**ouls (= Rettet unsere Seelen!).

Sọschtschenko, Michail Michailowitsch, * 1895, † 1958, russ. Schriftsteller; Satiren auf das Alltagsleben des Sowjetmenschen.

SOS-Kinderdörfer, von dem östr. Sozialpädagogen *Hermann Gmeiner* (* 1919, † 1986) 1949 gegr. bes. Art von Kinderdörfern; Unterbringung von in der Regel 8 Kindern (bis zu 14 J.) u. einer unverheirateten Frau („Mutter") in Einfamilienhäusern; weltweit verbreitet.

sostenuto [ital.], gehalten, etwas langsamer (𝄞).

Soter [gr.], svw. ↑Heiland; **Soteriologie,** Lehre vom Erlösungswerk Christi.

Sotho (Basuto), Bantugruppe (Nord-S., Süd-S., Tswana) in Lesotho u. Südafrika.

Sottise [frz.], dumme, alberne Rede; freche Bemerkung.

Sou [su], alte frz. Münze, auf das 5-Centimes-Stück übertragen.

Soubrẹtte [su-; frz.], Darstellerin meist munterer, oft kom. Sopranpartien in Oper und Operette; auch im Kabarett.

Souffleur [su'flø:r; frz.] (weibl. Souffleuse), Angestellter des Theaters, der bei Theateraufführungen [aus dem *S.kasten*] textunsicheren Schauspielern bzw. Sängern deren Part zuflüstert.

Souper [su'pe; frz.], [anspruchsvolles] Abendessen.

Soutane [su-; frz.], langes, enges Gewand des kath. Geistlichen.

Souterrain [sutɛ'rɛ̃; frz.], Kellergeschoss.

Southampton [saʊθ'æmptən], bed. engl. Hafenst. am Kanal, 204400 E; Univ.; Ind.; ✈.

South Carolina [saʊθ kærə'laɪnə], Abk. S. C., Staat im SO der USA, 80582 km², 3,48 Mill. E, Hptst. Columbia; vorw. Anbau von Baumwolle, Tabak, Getreide; Textil-, Metallind.; bed. ⚓ Charleston.

South Dakota [saʊθ də'koʊtə], Abk. S. Dak., Staat im N der USA, 199730 km², 696000 E, Hptst. Pierre; Getreide- u. Flachsanbau; Viehzucht; ⚒ v. a. auf Gold u. Beryll; Nahrungsmittelindustrie.

South Shields [saʊθ 'ʃildz], Hptst. des engl. Metropolitan County Tyne and Wear, an der Mdg. des Tyne, 87200 E; Schiffbau u. a. Industrie.

Souvanna Phouma, Prinz [su'vana 'fuma] ↑Suvanna Phuma.

Souvanna Vong, Prinz [su'vana vɔŋ] ↑Suvanna Vong.

Souvenir [suvə'ni:r; frz.], Andenken, [kl.] Erinnerungsgeschenk.

Souverän, [unumschränkter] fürstl. Herrscher [eines Landes].

Souveränität (Staatshoheit), rechtl. Unabhängigkeit eines Staates von anderen Staaten *(äußere Souveränität)* und der höchsten Staatsgewalt im Innern *(innere Souveränität).*

Sovereign ['səvrɪn], ehem. engl. Goldmünze, erstmals 1489 geprägt. Nach Einführung der Goldwährung 1816 wurde die neue Goldmünze zu 20 Shillings (Pound Sterling) wieder S. genannt.

Sowchose [Kurzw.; = Sowjetwirtsch.], staatseigener landw. Betrieb in der UdSSR.

Soweto, Wohnsiedlung (urspr. Getto für Schwarze) im sw. Vorortbereich v. Johannesburg, Rep. Südafrika, 2 Mill. E.

Sowjẹt [russ. sowet; = Rat], staatl. od. gesellschaftl. Organ aller Ebenen u. Sachgebiete in der ehem. Sowjetunion.

Sowjẹtische Besatzungszone (Sowjetzone), Abk. SBZ, Teil Dtl., der 1945 v. sowj. Truppen besetzt u. in dem 1949 die DDR errichtet wurde.

SOWJETUNION

Sowjetunion
(Stand Dezember 1991)

Amtl. Bez. bis 25. 12. 1991: Union der Sozialistischen Sowjetrepubliken, Abk. UdSSR, Staat in O-Europa u. Asien, 22,1 Mill. km², 278,8 Mill. E (1991), Hptst. Moskau; staatl. Gliederung nach nat. und territorialem Prinzip in 15 Unionsrepubliken. Größere od. nat. vielfältige Unionsrep. waren in autonome Rep., autonome Gebiete und autonome Kreise unterteilt. Größtes Staatsgebiet der Erde u. nach China u. Indien das volkreichste, mit 13 E/km² eines der am dünnsten besiedelten Länder. Größte Bev.-Dichte im europ. Teil der S. (Umgebung von Moskau, Donbass, Waldsteppenanteil der Ukrain. SSR), im asiatischen Teil lokale Bev.-Konzentration (Kusbass), sonst weite Gebiete menschenleer. Vielfältige nat. Zusammensetzung aus über 100 größeren u. kleineren Völkern.

Geographie: Die S. erstreckte sich über die durch flache Höhenrücken gegliederte osteurop. Ebene u. über ganz Sibirien. Im S hatte die S. Anteil an den jungen alpid. Faltengeb., so in den Karpaten, im Jailageb. an der S-Küste der Halbinsel Krim, im Gr. Kaukasus (Kegel der erloschenen Vulkane Elbrus, 5633 m, u. Kasbek, 5047 m, über der Schneegrenze), im Koppe Dagh (bis 2942 m) u. im Hochland von Pamir, mit z. T. gletschererfüllten (Fedtschenkogletscher, 77 km lang) Hochtälern in 2500–4000 m, Geb.-Kämmen in 5000–6000 m Höhe u. Gipfeln über 7000 m (Pik Kommunismus 7495 m, höchster Pt. der S.). Östl. des Pamir hintereinander gelagerte, schwer passierbare Hochgeb. (Alaigeb. bis 5539 m, Tienschan bis 7439 m, Altai bis 4506 m, Westl. u. Östl. Sajan bis 3491 m). – *Klima u. Vegetation:* Im N Tundra v. der Halbinsel Kola bis Kamtschatka (3 Mill. km²); lange, kalte Winter, kurze, kühle Sommer; keine höhere Baumvegetation; Mittel des wärmsten Monats nicht über 10 °C; Gerste u. Sommerweizen nur an der S-Grenze; verbreitet Renzucht, Fischerei; im S Waldzone (11 Mill. km²), teils ↑Taiga i. e. S.; von W nach O zunehmend kontinentales Klima; z. T. Dauerfrostböden (9 Mill. km²); bed. Pelztierfang. – In O-Europa natürl. Mischwaldgebiet; Übergangsgebiet zur Nadelwaldtaiga des N ist ein Waldsteppengebiet. Übergang von braunen Waldböden zu humusreichen Steppenschwarzböden auf Lössgrundlage (intensiver Ackerbau, gefährdet durch lange, trockenheiße Sommer, Julimittel 20 bis 23 °C). Weiter im S Steppen mit Sondercharakter; dann Übergang zur Halbwüste (Wüstensteppe, Julimittel 24 bis 26 °C) u. (bei gelegentl. Auftreten von Salzböden) zu den Wüsten des asiat. Teils der S. (1,75 Mill. km²). Hier bei Julimitteln bis 32 °C nur auf 50 % des Gebietes extensive Viehzucht, sonst Ödland. Zum Teil Winterweide. Bei künstl. Bewässerung ergieb. Oasenkultur (v. a. an den lössreichen Gebirgsrändern). – *Bodenschätze:* Die S. war reich an oft in verkehrsentlegenen Gebieten lagernden Bodenschätzen aller Art. Trotz bed. Kohlenvorräte hatten nur 4 Kohlenreviere überregionale Bed.: Donbass, Kusbass, Karaganda-Kohlenbecken u. Petschora-Kohlenbecken (Förderzentrum Workuta). Die Erdölförderung in der Aserbaidschan. SSR (Baku) wurde bereits 1950 von der im Zweiten Baku (zw. Ural u. Kuibyschewer Stausee der Wolga) übertroffen; neue bed. Fundstätten lagen in W-Sibirien u. im W der Kasach. SSR. Die wichtigsten Eisenerzvorräte bei Kriwol Rog (Ukrain. SSR) u. auf der Halbinsel Kertsch (zus. 33 % der Vorräte), bei Kursk, am Ural u. in der Kasach. SSR. Bunt- u. Edelmetalle in den alten Gebirgskernen: im Ural Kupfer, Nickel, Gold, im Alaigeb. u. westl. Tienschan Kupfer, Antimon, Quecksilber, im kasachstan. Hügelland Kupfer, Wolfram, Molybdän, in O-Sibirien Gold. Bei Solikamsk im Uralvorland die größten Kalivorkommen der Erde. – *Polit. System:* Die S. war ein multinat. kommunist. Unionsstaat, der sich als Diktatur des Proletariats verstand u. von Anbeginn an totalitäre Züge aufwies. 1936 war die führende Rolle der Kommunist. Partei der S. (KPdSU) in allen staatl. u. gesellschaftl. Bereichen u. damit ein Einparteiensystem auch in der Verf. verankert worden. Die Monopolstellung der KPdSU mit enger Verzahnung von Partei und Staat führte zum Ausbau eines zentralist. geführten, bürokrat. Wirtschafts- u. Verwaltungssystems, das auf Staatseigentum in allen Wirtschaftsbereichen basierte. Ihre Führungs- und Kontrollfunktion auf allen Ebenen der Gesellschaft übte die Partei über weitgehende Weisungsrechte, das Vorschlagsrecht für die Zusammensetzung staatl. Organe sowie eine von ihr dominierte Personalpolitik aus. Die Ausübung der Staatsmacht erfolgte durch ein auf dem Prinzip des „demokrat. Zentralismus" basierenden System der Sowjets der Volksdeputierten. Nach der (mehrfach revidierten) Verf. v. 1977 fungierte das von seinem Vors. geleitete Präsidium des Obersten Sowjet als kollektives Staatsoberhaupt. De facto galt jedoch der Gen.-Sekr. der Partei als oberster Repräsentant des Staates. 1990 übernahm ein mit weitgehenden Vollmachten ausgestatteter Präs. das Amt des Staatsoberhaupts. Höchstes Staats- u. Legislativorgan war s. 1989 der Kongress der Volksdeputierten (2250 Mitgl., für 5 Jahre gewählt). Als ständig tätiges Gesetzgebungs- u. Kontrollorgan fungierte der Oberste Sowjet (bis 1989 höchstes Machtorgan), bestehend aus 2 Kammern mit je 271, für 5 Jahre gewählten Deputierten (Unions- u. Nationalitätensowjet); ihm oblagen u. a. die Ernennung des Kabinetts unter Leitung des Min.-Präs., die Ernennung des Gen.-Staatsanwalts der Union sowie die Gesetzesauslegung. Exekutivorgan der Union war der Min.-Rat (bis 1946 Rat der Volkskommissare), dessen Dekrete u. Verfügungen bindend waren. Einzige Partei bis 1990 war die KPdSU.

Geschichte: Im März 1917 Ausbruch der Revolution in Russland, Sturz des Zaren Nikolaus II., Ausrufung der Rep., Diktatur Kerenskis, der durch die bolschewist. Oktoberrevolution gestürzt wurde. Einführung des Rätesystems. 1918 Friede mit den Mittelmächten in Brest-Litowsk u. Bildung der Russ. Sozialist. Föderat.

Sowjetrep. (RSFSR). Erfolgreiche Kämpfe gg. antirevolutionäre Kräfte u. ausländ. Interventionen; langsame innere Konsolidierung. 1922 dt.-sowj. Vertr. von Rapallo; durch Staatsvertr. der RSFSR mit der Ukrain., der Weißruss. u. der Transkaukas. Sowjetrep. Schaffung der Union der Sozialist. Sowjetrepubliken (UdSSR), die allm. internat. Anerkennung fand. Nach Lenins Tod 1924 Stalin Nachf., Ausschaltung Trotzkis. Kollektivierung der Landw., verstärkte Industrialisierung. Beseitigung mögl. Gegner durch „Säuberungen" 1933. 1939 Dt.-Sowj. Nichtangriffspakt und sowj. Einmarsch in Polen. Im Winterkrieg 1939/40 Gewinn von Teilen des finn. Karelien; 1940 Annexion Litauens, Lettlands und Estlands. 1941 dt. Überfall auf die UdSSR. Nach Ende des 2. Weltkrieges wurde die UdSSR zur Weltmacht; sie wurde im Besitz O-Polens bestätigt, erhielt von der ČSR das Transkarpatengebiet, von Rumänien die N-Bukowina u. Bessarabien, übernahm die Verw. in N-Ostpreußen u. erhielt von Japan die Kurilen u. S-Sachalin. Schaffung eines Gürtels von Satellitenstaaten in Europa u. Asien; Spannungen zw. der UdSSR u. den westl. Alliierten führten zur Blockbildung; verstärkte imperialist. Pol. der UdSSR; Unterdrückung des Aufstandes in Ungarn 1956; Ultimatum über den Status Berlins 1958. Nach Stalins Tod (1953) Erster Sekr. d. ZK Chruschtschow (s. 1958 auch Vors. d. Min.-Rats), der auf dem XX. Parteitag der KPdSU (1956) die Entstalinisierung verkündete. Der latent vorhandene Ggs. zu China trat auf dem XXII. Parteitag 1961 bes. deutl. zutage; seitdem ideol. Streitigkeiten um die „Reinheit der Lehre" u. um die Führung im Weltkommunismus; 1964 Sturz Chruschtschows, Nachf. als Min.-Präs. Kossygin, als Erster Sekr. d. ZK (s. 1966 Gen.-Sekr.) Breschnew (s. 1977 auch Staatsoberhaupt); mit d. mil. Intervention der Warschauer-Pakt-Staaten (ohne Rumänien) in der ČSSR auf Veranlassung der UdSSR wurden Ansätze eines „demokrat. Sozialismus" erstickt; danach „Breschnew-Doktrin" von der beschränkten Souveränität sozialist. Staaten; s. Ende d. 60er-Jahre Normalisierung der Beziehungen zur BRD (↑Dt.-Sowjet. Vertrag) u. Entspannungspol. gegenüber den USA bzw. der NATO (↑auch KSZE) bis zum Einmarsch sowj. Truppen in Afghanistan Ende 1979. Nachf. Breschnews als Parteisekr. u. Staatsoberhaupt ab 1982/83 Andropow, dem 1984 Tschernenko, 1985 als Staatsoberhaupt Gromyko folgte. Generalsekr. wurde 1985 M. Gorbatschow. Er drang auf eine Verjüngung der Parteispitze und brachte im Innern Hand in Hand mit einer Liberalisierung die Umstellung der Wirtschaft auf Leistung und größere Eigenverantwortung in Gang. Zu der von ihm eingeleiteten Politik der „Perestroika" (Umgestaltung) gehörte auch ein gesteigerter öffentl. Informationsfluss („Glasnost"), mit dem Partei u. Gesellschaft auf die Reformpolitik festgelegt werden sollten. Notwendige staatsrechtl. Änderungen wurden Nov. 1988 vom Obersten Sowjet gebilligt. Gorbatschow wurde zum Staatsoberhaupt gewählt, nach verabschiedeter Präsidial-Verf. (März 1990) am 14.3. 1990 vom Kongress d. Volksdeputierten zum Präs. gewählt. Der Alleinvertretungsanspruch der KPdSU wurde aus der Verf. gestrichen, einem Mehrparteiensystem der Weg geebnet. Die Liberalisierungstendenzen ließen die in der UdSSR seit langem unterschwellig bestehenden Nationalitätenkonflikte aufleben. Die balt. Sowjetrep. Litauen, Lettland u. Estland verlangten die Wiederherstellung ihres Status als souveräne Staaten, in der autonomen Region Nagorny-Karabach stellte sich die armen. Bev.-Mehrheit gegen die Reg. v. Aserbaidschan, weitere Nationalitätenkonflikte brachen in Georgien zw. Georgiern u. Abchasen sowie in Usbekistan zw. Usbeken u. Abchasen aus. Dem Versuch Litauens, seine staatl. Souveränität durch einseitige Unabhängigkeitserklärung u. durch Volksabstimmung durchzusetzen, begegnete die Reg. mit dem Hinweis auf verfassungswidriges Vorgehen u. durch den Einsatz v. Militär gg. öffentl. Gebäude in Wilna (Jan. 1991), wobei jedoch die Möglichkeit einer polit. Lösung eingeräumt wurde. Dez. 1990 hatte der Oberste Sowjet Gorbatschow weitgehende Vollmachten, u.a. das Recht zur direkten Verwaltung einzelner Sowjetrep. u. die zentrale Lenkung der Wirtschaft, übertragen.

Am 18./19.8. 1991 versuchten konservative polit. Kräfte, unterstützt von Militär u. Geheimdienst, durch einen Putsch Präs. Gorbatschow zu stürzen u. die eingeleiteten Reformen rückgängig zu machen. Am 21.8. brach der Putsch zusammen, nachdem sich unter der Führung des russ. Präs. B. Jelzin eine breite Widerstandsfront gebildet hatte. Gorbatschow trat daraufhin als Gen.-Sekr. der KPdSU zurück (24.8. 1991) und drängte auf deren Auflösung. Die Partei wurde zunächst in Russland, später in der gesamten UdSSR vom Obersten Sowjet verboten, ihr Eigentum staatl. Verwaltung unterstellt. Die balt. Staaten Lettland, Litauen und Estland konnten ihre staatl. Unabhängigkeit mit Billigung der UdSSR durchsetzen; andere Sowjetrep. wie z.B. Ukraine, Weißrussland, Aserbaidschan erklärten einseitig ihre Souveränität. Am 8.12. 1991 beschlossen die Präs. Russlands u. der Ukraine sowie der Parlamentspräs. Weißrusslands die Bildung einer Union der drei slaw. Rep.; vorangegangen war der Beschluss des ukrain. Parlaments, aus der UdSSR auszutreten. Von Gorbatschow u. den Präs. der übrigen Rep. wurde das Vorgehen als rechtswidrig bezeichnet, bes. im Hinblick auf eine Umgestaltung der UdSSR, der der Kongress der Volksdeputierten im Sept. 1991 zugestimmt hatte. Danach war die Schaffung eines Bundes unabhängiger Rep. vorgesehen. Die Umwandlung in einen Unionsstaat scheiterte, nachdem neben den slaw. Rep. weitere Unionsrep. ihre Zustimmung verweigerten. Am 21.12. 1991 schlossen sich Russland, Weißrussland, die Ukraine, Kasachstan, Kirgisien, Turkmenistan, Tadschikistan, Usbekistan, Armenien u. Aserbaidschan zur „Gemeinschaft Unabhängiger Staaten", einem Staatenbund, zusammen. Mit dem Rücktritt von Präs. M. Gorbatschow u. dem Auflösungsbeschluss des Parlaments hörte die UdSSR am 25.12. 1991 auf zu bestehen. Als Teilrechtsnachfolger trat Russland (nicht unumstritten) in viele der internat. Vertragsverpflichtungen der Sowjetunion ein.

Sowjetunion.
Staatsoberhäupter

Swerdlow	1917–1919
Kalinin	1919–1946
Schwernik	1946–1953
Woroschilow	1953–1960
Breschnew	1960–1964
Mikojan	1964–1965
Podgorny	1965–1977
Breschnew	1977–1982
Andropow	1983–1984
Tschernenko	1984–1985
Gromyko	1985–1988
Gorbatschow	1988–1991
(s. Juni 1989 als Präs.)	

sozial [lat.], die Gesellschaft, Gemeinschaft betr., gesellschaftl.; gemeinnützig, wohltätig.

Sozial|arbeiter, Beruf mit Fachhochschulausbildung, tätig in der öff. od. freien Jugend-, Familien- und Altenhilfe, in Bewährungshilfe u. Behindertenfürsorge.

Sozialdemokratie, polit. Bewegung der Arbeitnehmer, die in einer gerechten u. solidar. Gesellschaft umfassende Freiheitsrechte durch die Demokratisierung aller wirtsch., sozialen u. staatl. Bereiche verwirklichen will. Gründung des „Allg. Dt. Arbeitervereins" (↑auch F. Lassalle), der 1875 mit der 1869 gegr. marxist. Sozialdemokrat. Arbeiterpartei (SDAP mit A. Bebel u. W. Liebknecht) vereint wurde. Starker Einfluss v. K. Marx; 1878–90 durch Bismarcks Sozialistengesetz verboten, 1890 in *Sozialdemokrat. Partei Dtl.* (SPD) umbenannt. Sie unterstrich mit dem Erfurter Progr. von 1891 (v. K. Kautsky mitverfasst) ihren revolutionären Charakter. Seit 1918 unterscheidet sich die SPD vom Kommunismus durch antirevolutionäre, demokrat.-parlamentar. Haltung, nachdem sie 1914 die Kriegskredite bewilligt hatte u. 1916 bzw. 1917 der linke Flügel unter H. Haase und Kautsky (↑Unabhängige Sozialdemokratische Partei Deutschlands) sowie Karl Liebknecht u. Rosa Luxemburg (↑Spartakusbund) ausgeschieden war. Nach dem 1. Weltkrieg stärkste dt. Partei. 1931 Abspaltung der linkssozialist. Sozialist. Arbeiterpartei (SAP). 1933 Verbot durch den Nat.-Soz. Neu gegr. 1945, unter K. Schumacher zweitstärkste Partei der BRD, s. dem Godesberger Progr. v. 1959 als linke Volkspartei; 1966–69 große Koalition mit der CDU/CSU, 1969–82 Koalition mit der FDP, s. 1998 mit Bündnis 90/Die Grünen; Vors. 1964–87 W. Brandt, 1987–91 H.-J. Vogel, 1991–93 B. Engholm, 1993–95 R. Scharping, 1995–99 O. Lafontaine, s. 1999 G. Schröder. – Die SPD der SBZ wurde 1946 mit der KPD zur SED vereinigt (↑Sozialist. Einheitspartei Dtl.), s. Okt. 1989 wieder eigenständig, Sept. 1990 Zusammenschluss mit der SPD. – *Östr.:* Die 1888/89 unter Viktor Adler entstandene *Sozialdemokrat. Arbeiterpartei Österreichs* (SPÖ) versuchte nach 1900, die Lehren Marx' mit denen Lassalles zu verbinden (↑Austromarxismus), erstrebte den Anschluss an Dtl.; 1918–20 Reg.-Partei, danach in der Opposition; Radikalisierung, die 1927 in Wien zu militanten Demonstrationen führte; 1934 nach den blutigen Februarunruhen Verbot durch E. Dollfuß. 1945 als *Sozialist. Partei Östr.* (SPÖ) von K. Renner neu begr., 1945–66 an der großen Koalition beteiligt, 1970–83 alleinige Reg.partei unter B.-Kanzler B. Kreisky, 1983–86 Reg.-Koalition mit der FPÖ, s. 1987 mit der ÖVP. – *Schweiz:* 1888 Gründung der *Sozialdemokrat. Partei der Schweiz* (SPS), die sich 1921 nach Abspaltung des linken Flügels als KP der Schweiz zur Volkspartei entwickelte; 1935, 1955, stärkste Partei im Nationalrat, 1943–53 u. s. 1959 an der Reg. beteiligt. – ↑auch Sozialismus, ↑Marxismus.

soziale Marktwirtschaft, wirtschaftspolit. Konzeption, ↑Marktwirtschaft.

Sozialethik, institutioneller oder allg. gesellschaftl. Rahmen zur moral. Begründung und Beurteilung von menschl. Handlungen; damit verbunden, bes. in der Tradition der *ev. Soziallehre,* das Verständnis, dass jede Ethik S. ist, da eth. Probleme erst im Zusammenleben der Menschen und dessen institutioneller Regelung entstehen.

Sozialgerichtsbarkeit, bes. Zweig der ↑Verw.-Gerichtsbarkeit, zuständig bei Streitigkeiten auf dem Gebiet der Sozialversicherung einschl. des Kassenarztrechtes, der Arbeitslosenversicherung und der Kriegsopferversorgung (geregelt im Sozialgerichtsgesetz vom 3. 9. 1953); die S. wird durch bes. Verw.-Ger., die *Sozialger.,* ausgeübt.

Sozialgesetzbuch, Abk. SGB, Gesetzbuch, das die wesentl. Teile des Sozialrechts zus.fassen soll. In Kraft: I. Allg. Teil, III. Arbeitsförderung, IV. Sozialversicherung – Gemeinsame Vorschriften, V. Gesetzl. Krankenversicherung, VI. Gesetzl. Rentenversicherung, VII. Gesetzl. Unfallversicherung, VIII. Kinder- u. Jugendhilfe, X. Verw.-verfahren, Schutz der Sozialdaten u.a., XI. Soziale Pflegeversicherung.

Sozialhilfe, öff. Wohlfahrtspflege, bis 1962 *Fürsorge* genannt, geregelt im *B.-Sozialhilfegesetz;* Leistungen: *Hilfe zum Lebensunterhalt* wird weitgehend nach Leistungspauschalen als Geldleistung gewährt zur Deckung des Bedarfs an Ernährung, Unterkunft, Kleidung u.a.; *Hilfe in bes. Lebenslagen* umfasst Hilfe zum Aufbau od. zur Sicherung der Lebensgrundlagen, Ausbildungsbeihilfen, Krankenhilfe u.a.; durchgeführt von örtl. (Sozialämter der kreisfreien Städte und Landkr.) u. überörtl. (kommunale Selbstverwaltungskörperschaften u. Behörden) Trägern.

sozialistischer Realismus. *Isaak Israilewitsch Brodski, Lenin vor dem Kreml in Moskau (1924); Gemälde im Zentralen Lenin-Museum in Moskau*

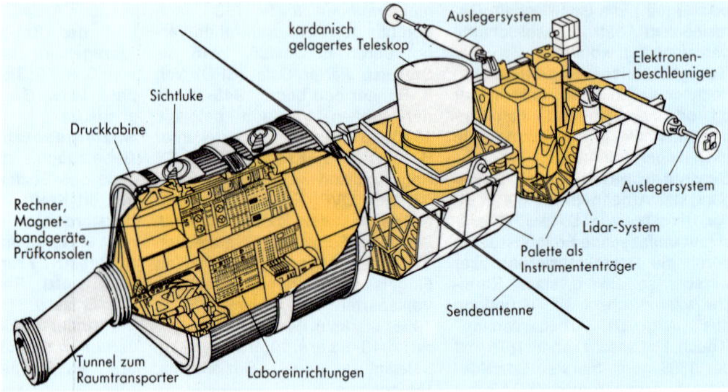

Spacelab. *Schnittdarstellung einer möglichen Anordnung*

Sozialismus [lat.], im 19. Jh. gg. den Frühkapitalismus entstandene Bewegung, die eine antikapitalist., institutionell gesicherte Gesellschaftsordnung durch gesellschaftl. Gleichheit aller und gerechte Teilnahme aller an den materiellen Gütern erstrebt; Vorform der soz.-eudämonist. *utop. S.* (Renaissance); Hauptrichtungen sind der revolutionäre Marxismus u. der parlamentar.-demokrat., auf gesellschaftl. Reformen ausgerichtete S. der Sozialdemokratie.

Sozialistengesetz, nach 2 v. Bismarck den Sozialdemokraten angelasteten Attentaten auf Ks. Wilhelm I. am 21. 10. 1878 verabschiedetes Gesetz „gg. die gemeingefährl. Bestrebungen der Sozialdemokratie"; sollte die Parteiorganisation zerschlagen; u. a. Vers.-, Publikationsverbot; lief (nach mehrf. Verlängerung) 1890 ab.

Sozialistische Einheitspartei Deutschlands, Abk. SED, 1946 bis 1989 bestehende, Staat und Gesellschaft beherrschende Partei der DDR; entstanden durch den (von der sowjet. Besatzungsmacht erzwungenen) Zusammenschluss von KPD und SPD in der SBZ im April 1946, zunächst paritätisch mit Sozialdemokraten und Kommunisten besetzt (Partei-Vorsitzende: W. Pieck u. O. Grotewohl), wurde bis 1955 nach dem Vorbild der KPdSU umgewandelt (mit vom Parteitag gewähltem Zentralkomitee [ZK], dessen ständige Organe Politbüro und Sekretariat unter dem Gen.-Sekretär die eigtl. Machtzentrale bildeten). Gen.-Sekretäre (1953 bis 1976 1. Sekretär gen.), waren W. Ulbricht (1950–71), E.Honecker (1971–89), E.Krenz (1989). – 1989 änderte die SED ihren Namen in SED – Partei des Demokrat. Sozialismus (SED-PDS); im Febr. 1990 erfolgte die Umbenennung in Partei des Demokrat. Sozialismus.

Sozialistische Internationale, 1951 gegr. Vereinigung (hpts. europ.) sozialist. u. sozialdemokrat. Parteien; bekennt sich zum demokrat. Sozialismus.

sozialistischer Realismus, offiz. Kunstrichtung der ehem. UdSSR u. a. sozialist. Staaten; Forderung der Wirklichkeitstreue bei optimist. Darst. der sozialist. Welt.

Sozialkunde (Gesellschaftslehre), Schulfach, das gesellschaftl. u. polit. Zusammenhänge durchschaubar machen und der polit. Bildung dienen will.

Sozialpolitik, Gesamtheit der staatl. u. privaten Maßnahmen zur Sicherung eines Minimums an soz. Sicherheit.

Sozialprodukt, zusammengefasstes Produktionsergebnis einer Volkswirtsch. in einer best. Periode.

Sozialstaat, mod. Bez. für eine soz. verantwortl. Demokratie.

Sozialversicherung, öffentl.-rechtl., genossenschaftl. Vorsorge gegenüber bestimmten Risiken, beruhend auf dem Gedanken der organisierten Kollektivhilfe; sie garantiert Sicherheit im Krankheitsfall (↑Krankenkassen), bei Unfall (↑Unfallversicherung), Arbeitslosigkeit (↑Arbeitslosenversicherung) und im Alter (↑Rentenversicherung). – Die S. wurde in Dtl. in den 1880er-Jahren eingeführt. – In Östr. gilt (nach Anfängen s. 1887/88) seit 1956 das Allg. S.sges. (ASVG) vom 9. 9. 1955; in der Schweiz fällt – bei staatl. Unterstützung – die Aufgabe der S. den Kantonen zu.

Sozialwissenschaften, Gesellschaftswiss. (Soziol., ganz oder teilw. Sozialphilos., Wirtsch.- und Rechtswiss., Politol. u. Psychol.).

Sozietät [lat.], Genossenschaft, [Versicherungs]gesellschaft, Gemeinschaft.

Soziologie [lat.; gr.], Wiss., die Struktur-, Funktions- u. Entwicklungszusammenhänge der Ges. im Ganzen u. in Teilbereichen darstellt u. zu erklären versucht; begr. durch A. Comte; heute wichtige Grundlage für die Sozialpolitik.

Sozius [lat.]: **1)** Teilhaber, Gesellschafter; **2)** Beifahrer [auf dem Motorrad], auch für Beifahrersitz.

Spa, belg. Kurbad südl. v. Verviers, 10 100 E; alkalisch-eisenhalt. Quellen.

Spacelab ['speɪslæb; engl.], Bez. für das von 10 europ. Staaten u. den USA gemeinsam entwickelte Weltraumlabor; es wurde 1983 an Bord eines Raumtransporters in eine Erdumlaufbahn gebracht und diente dort wiss. und technol. Experimenten.

Spaceshuttle ['speɪsʃʌtl; engl.], ↑Raumtransporter.

Spalier [ital.]: **1)** Gitterwand, an der [Obst]pfl. *(Sp.obst)* hochgezogen werden; **2)** Ehrenformation beiderseits eines Weges.

Spanferkel, junges, noch nicht vom Muttertier entwöhntes Schwein.

Spani|els [frz.-engl.], v. a. in England und Amerika herausgezüchtete Rassengruppe etwa 40–60 cm schulterhoher Stöberhunde (Cocker-, Springer-, Clumberspaniel) bzw. Luxushunde, z. B. Toyspaniel, Pekinese, Papillon.

Spani|en, südwesteurop. Staat auf d. Iber. Halbinsel. – Kerngebiet das zentrale Hochland; nach W zur atlant. Küste (Portugal) abfallend; im NO steppenhafte Trockenlandschaften, im SW das z. T. fruchtb. u. klimat. günstige Guadalquivirbecken; die Flüsse (bes. Ebro, Duero, Tajo, Guadiana, Guadalquivir) haben Bed. v. a. für künstl. Bewässerung u. Energiegewinnung. *Klima:* im Binnenland kontinental, im W u. N atlant., im S u. O mediterran. – Siedlungszentren sind die Küstenzonen, das Guadalquivir- und Ebrobecken sowie das Madrider Gebiet. *Landw.:* vorherrschend Weizen-, Mais-, Zuckerrüben- und Reisanbau, im S Südfrüchte-, Wein-, Ölbaum- und Tabakkulturen; auf d. kargen Hochflächen extensive Viehzucht; durch Nutzung der Korkeichen bed. Korklieferant; bed. Küsten- u. Hochseefischfang. *Bodenschätze:* Eisenerze, Steinkohle, Schwefelkies, Kupfer-, Blei-, Zink- und Wolframerze, bed. Quecksilbergruben. *Ind.:* Hütten- und Metallind., Textilind. (vorw. Baumwolle); ferner Papier-, Nahrungs- u. Genussmittelind.; größte Häfen: Barcelona, Bilbao, Cartagena.

Geschichte: Im 1. Jt. v. Chr. Verschmelzung der Iberer mit den v. N eingewanderten Kelten *(Keltiberer),* s. dem 6. Jh. v. Karthagern aufgesucht (im 3. Jh. Ausdehnung bis zum Ebro); s. dem 2. Pun. Krieg röm.; in der Völkerwanderung zuletzt v. Westgoten erobert, die 711 den Arabern unterlagen; s. 756 Begründung des Emirats (ab 929 Kalifats) v. Córdoba, Hochblüte islam.-maur. Kultur; 1030 Zerfall des Reiches in Teil-Ft. Im N Herausbildung christl. Reiche: Kastilien, Aragonien, Navarra, León, Portugal u. a. Durch Heirat Isabellas v. Kastilien u. Ferdinands v. Aragonien (1479) Vereinigung beider Staaten in Personalunion u. Begründung des span. Reiches; Abschluss der Kämpfe gg. die Mauren mit der Eroberung v. Granada (1492); Begründung des span. Kolonialreiches durch die span. Konquistadoren. Unter Philipp II., Sohn Kg. Karls I. (als Röm. Ks. Karl V.), Ausbildung des Absolutismus, Höhept. der span. Macht u. Kultur. 1580 Portugal an Sp.; Niedergang: 1581 Abfall der nördl. Niederlande, 1588 Vernichtung der Armada durch die Engländer, 1640 Portugal unabh.; nach dem Span. Erbfolgekrieg zw. Östr. u. Frkr. (1701 bis 1713/14) fielen im Frieden v. Utrecht (1713) die südl. Niederlande u. die span. Besitzungen in Italien an Östr.; Gibraltar an Großbr. Aufschwung unter den Bourbonen; 1808 Napoleons I. Bruder Joseph Kg. v. Sp., gg. ihn Volkserhebung, die sich zum span. Unabhängigkeitskrieg ausweitete, 1810–25 Befreiungskampf der südamerikan. Kolonien; 1833–39, 1847–49 u. 1872–76 ↑Karlistenkriege; durch den Krieg gg. die USA (1898) Verlust v. Kuba, Puerto Rico u. der Philippinen. Im 1. Weltkrieg neutral. 1923–30 Mil.-Diktatur unter Primo de Rivera y Orbaneja; 1931 verließ Alfons XIII. das Land; Ausrufung der Rep.; Verschärfung der soz. Gegensätze, Radikalisierung der Parteien. Aufstände in Asturien u. Volksfrontreg. der Linksparteien (1936) führten zur Mil.-Revolte des Gen. Franco Bahamonde in Span.-Marokko, Ausweitung zum Span. Bürgerkrieg (1936–39), Sieg Francos, der seitdem das Land diktator. regierte. Trotz Beitritt zum Antikominternpakt 1939 trat Sp. nicht in den 2. Weltkrieg ein; 1947 formelle Umwandlung Sp.s in eine Monarchie. Nach Francos Tod (1975) wurde Prinz Juan Carlos von Bourbon König; 1977 1. Parlamentswahlen s. dem Bürgerkrieg; 1978 demokrat. Verf.; zahlr. polit. Morde, Entführungen, Attentate v. rechter u. linker Seite (die bask. terrorist. Organisation ETA) versuchten den Demokratisierungsprozess zu verhindern. S. 1979 Vergabe v. Autonomiestatuten an die Regionen. 1981 Putschversuch rechtsgerichteter Militärs niedergeschlagen. 1982–96 sozialist. Reg.; s. 1996 konservative Reg., Min.-Präs. J. M. Aznar López. Mitgl. der UN, der NATO u. der EU.

Spanien

Fläche: 504 782 km²
Einwohner: (1998) 39,75 Mill.
Hauptstadt: Madrid
Amtssprache: Spanisch
Zeitzone: MEZ

Spanisch, roman. Spr.; gesprochen in Spanien sowie in S- u. M-Amerika mit Ausnahme v. Brasilien.

spanische Kunst, die Kunst auf der Iber. Halbinsel; ist durch die Einwirkung ganz versch. Kulturkreise geprägt worden. Grundlage ist die röm. Spätantike; auf diese folgen die westgot. (Bauten in und bei Oviedo), die islam. Baukunst (u. a. Moschee v. Córdoba) u. die abendländ. roman. Kultur (bes. Blüte der katalan. Kunst im Kirchenbau u. in der Buchmalerei; bed. Kathedralen u. a. in Santiago de Compostela, Salamanca [Alte Kathedrale], Zamora, Cuenca u. Tarragona; bed. Plastik, Wandmalerei u. Tafelmalerei). In der Gotik

spanische Kunst. *Diego Rodríguez de Silva y Velázquez, „Die Infantin Margareta Theresia" (1659)*

spanische Kunst. *Links: Teil der 1551–75 an die Kathedrale von Sevilla angebauten Capilla Real mit „Giralda" (1184–98 als Minarett errichtet, 1402–98 zum Glockenturm ausgebaut); rechts: El Greco, Der hl. Lukas als Maler (um 1608)*

Einflüsse aus Italien u. den Niederlanden; die hochgot. Kathedralen von Burgos, Toledo, León u. Barcelona haben ihre Vorbilder in Frkr.; in der Spätgotik islam. Einflüsse bei den Kathedralen v. Zaragoza, Sevilla, Valencia. Hauptdenkmal des Mudejarstils: der Alkazar in Sevilla (14. Jh.). Blüte der Tafelmalerei (J. Huguet, B. Bermejo, F. Gallegos, P. Berruguete). In der Renaissance und im Barock dekorat. Prachtbauten; im plateresken Stil die Kathedrale v. Salamanca, Granada u. a. Wendung zum klass.-ital. Stil unter Karl I. (Palast auf dem Alhambrahügel in Granada, 1526 ff.) und Philipp II. (El Escorial, 1563 bis 1584). Meister der Plastik u. der Malerei dieser Zeit: Gil de Siloé, F. Vigarny, A. G. de Berruguete, L. de Morales, El Greco, A. Sánchez Coello. Europ. Geltung erlangte die span. Malerei mit J. de Ribera, F. Zurbarán, D. Velázquez, B. E. Murillo, F. de Goya. Im Modernismo, dem span. Jugendstil, v. a. A. Gaudí. Vertr. der Kunst des 20. Jh.s: P. Picasso, J. Gris, J. Miró, S. Dalí, J. Gonzáles, E. Arroyo, E. Chillida, R. Bofill, A. Saura u. A. Tàpies.

spanische Literatur, die Lit. der Iber. Halbinsel in span. Sprache; setzt infolge der arab. Herrschaft verhältnismäßig spät (mit der Herausbildung des Kgr. Kastilien) mit Heldenepik („Cantar de mio Cid") ein, deren Stoffe auch in Form von Romanzen Verbreitung fanden. Kg. Alfons X. begründete eine kastil. Prosa: Chroniken, Biographien; weitere Ausbildung im 14. Jh. (Juan Ruiz, P. Lopez de Ayala); Verbreitung ritterl. Erzählstoffe. Im 15. u. 16. Jh. Einfluss der ital. Renaissance (Petrarca) bes. in der Lyrik: Juan de Mena, Garcilaso de la Vega u. a. Ein Meisterwerk der fr. Renaissance ist das Lesedrama „Celestina". Mit der staatl. Macht Spaniens erreichte auch die span. Lit. ihr Goldenes Zeitalter. Das span. Theater erlangte höchste Blüte mit L. F. de Vega Carpio, Calderón de la Barca, Tirso de Molina, J. Ruiz de Alarcón y Mendoza. Der bedeutendste Barocklyriker war L. de Góngora y Argote (Gongorismus). Der Prosaroman fand seine wesentl. Ausprägungen im Ritter- (Amadisroman), Schäfer- (J. de Montemayor) und bes. im Schelmenroman. Höhepunkt: M. de Cervantes Saavedras Meisterwerk „Der sinnreiche Junker Don Quijote von der Mancha". Das 18. Jh. stand unter dem Einfluss des frz. Klassizismus. Die Romantik setzte erst nach 1830 ein; Drama u. Roman: Herzog v. Rivas, M. José de Larra, J. de Espronceda, F. Martínez de la Rosa, J. Zorilla y Moral, G. A. Bécquer u. a. Bed. ist der regionalist. naturalist. Roman: P. A. de Alarcon y Ariza, J. Valera y Alcalá Galiano, B. Pérez Galdós u. a. Um 1900 forderte die „Generation von 98" nach der Niederlage Spaniens im Kampf gg. die USA (1898) Besinnung auf tradit. span. u. abendländ. Werte sowie die Lösung aus der Isolation (M. de Unamuno y Jugo, Azorín, P. Baroja y Nessi u. a.). Im 20. Jh. herrscht zunächst der von Rubén Darío beeinflusste Modernismo (in der Lyrik: A. u. M. Machado y Ruiz, J. R. Jiménez; in der Prosa: R. del Valle-Inclán); bed. als Dramatiker, Lyriker und Erzähler F. García Lorca. Zeitgenossen und Nachf. (die z. T. während des Span. Bürgerkrieges emigrierten) sind u. a. die Lyriker R. Alberti, P. Salinas, J. Guillén, V. Aleixandre, die Dramatiker J. Benavente, A. Casona, J. M. Pemán y Pemartín, die Prosaisten R. Pérez de Ayala, R. Gómez de la Serna; den Essay pflegten v. a. J. Ortega y Gasset, S. de Madariaga y Rojo; bed. Vertr. des mod. span. Romans: M. Aub, I. Aldecoa, R. J. Sender, C. J. Cela, J. M. Gironella, J. Goytisolo, Carmen Laforet, Ana María Matute, Carmen Martín Gaite, J. Benet Goitia, J. Marsé Carbo.

spanische Musik, Musiktradition der Iber. Halbinsel: abendländ. Bed. hatte Isidor v. Sevilla mit seinen um 600 verfassten Schriften. Im 6. u. 7. Jh. Ausbildung des mozarab. Gesangs; reiche Musikpflege im Kalifat von Córdoba sowie an den christl. Höfen. Überlieferung ein- u. mehrstimmiger Musik des 12. Jh.s aus Santiago de Compostela sowie in den „Cantigas de Santa Maria" von Alfons X., dem Weisen; mehrstimmige Musik des 13. Jh.s aus dem Zisterzienserkloster Las Huelgas bei Burgos. Um 1500 trat J. del Encina hervor, im 16. Jh. A. de Cabezón u. C. Morales. T. L. de Victoria vertrat in seiner Kirchenmusik den Palestrina-Stil. In der Zarzuela bringt Spanien einen eigenen Beitrag zu den Bühnenwerken des 17./18. Jh.s. Die span. Orgelmusik des 17. Jh.s dokumentiert sich in den Werken von J. Cabanilles. Das 18. Jh. war stark von der italien. Musik bestimmt. Umgekehrt drang mit span. Formen (nach Folia, Sarabande, Passacaglia seit dem 16./17. Jh. nun Bolero, Fandango, Flamenco, Seguidilla) span. Kolorit in die europ. Musik ein. Mit F. Pedrell verbanden sich im 19. Jh. nat.-span. Tendenzen. Neben dem Einfluss R. Wagners trat um 1900 der der frz. Musik, u. a. bei I. Albéniz, E. Granados y Campiña, M. de Falla u. J. Turina hervor. Komponisten der jüngeren Generation sind u. a. C. Halffter Jiménez, L. de Pablo Costales u. E. Raxach.

Spanische Reitschule (Sp. Hofreitschule), die die klass. Reitkunst pflegende berühmte Hofreitschule in Wien; Dressur- und Reitpferde sind die Lipizzaner. Die Sp. R. wurde 1572 gegründet.

Spanische Sahara [-'sa:hara, sa'ha:ra], ↑Westsahara.

spanische Wand, mehrteil. bewegl. Wand zum Aufteilen eines Raumes.

Spannbeton, Stahlbeton, d. mithilfe von gespannten Stahldrahteinlagen im unbelasteten Zustand vorgespannt (unter Druckspannung gesetzt) wird; ergibt große Zugfestigkeit.

Spanne, altes Längenmaß; von der Spitze des Daumens bis zu der des kl. Fingers bei gespreizter Hand, unterschiedl. Werte.

Spanner, Fam. der Nachtfalter; ihre nackten, oft astähnl. Raupen bewegen sich mit „spannender" Bewegung (Zusammenkrümmen u. Strecken) fort; z. T. Obstbaum- und Forstschädlinge.

Spannung: 1) (elast. Sp.) im Innern elast. Körper bei Deformation auftretende Gegenkräfte, die die Formänderung wieder rückgängig zu machen suchen; **2)** ↑elektr. Spannung.

Spannungsreihe, Anordnung der chem. El., v. a. der Metalle, nach wachsenden elektr. Spannungen; in der *elektrochem. Sp.* so, dass bei Eintauchen zweier Metalle in einen geeigneten Elektrolyten das in der Sp. zuerst stehende (unedlere) Metall zum negat., das in der Sp. später folgende (edlere) Metall zum posit. Pol wird.

Spannungsteiler, svw. ↑Potentiometer.

Spargel [gr.], Liliengewächs; unterird. (in manchen Gegenden auch junge oberird.) Sprosse; vorzügl. Gemüse.

Spargelfliege ↑Übers. S. 528 f.

Spargelkäfer ↑Übers. S. 528 f.

Spargelkohl (Brokkoli), mit dem Blumenkohl verwandte Gemüsekohlvarietät.

Spargelrost ↑Übers. S. 528 f.

Sparkassen, meist öff.-rechtl. Kreditinst., die insbes. den Sparverkehr pflegen; regional in Sp.- u. Giroverbänden mit regionalen Girozentralen zusammengeschlossen.

Sparta, griech. St. im S der Peloponnes, 19 000 E, Hauptort d. Verw.-Gebietes Lakonien. – Als Lakedaimon gegr.; seit Ende 6. Jh. v. Chr. neben Athen Vormacht in Griechenland; nach der Lebensweise der *Spartaner* (Ende d. 7. Jh.s v. Chr. rigorose Militarisierung) bedeutet *spartanisch* noch heute hart, anspruchslos, einfach.

Spartakus, ⚔ 71 v. Chr., Anführer des 3. Sklavenaufstandes gg. die Römer; thrak. Herkunft; eroberte Süditalien; von Crassus besiegt und getötet.

Spartakusbund, 1917 durch Abspaltung von der dt. Sozialdemokratie entstandene linksradikale, revolutionäre Bewegung in Dtl. (unter Karl Liebknecht u. Rosa Luxemburg), aus der 1918/19 die KPD entstand.

Sparte, Fach, Gebiet, Abteilung.

Spasmus [gr.], Krampf (Med.).

spastisch, svw. spasmisch (krampfhaft, krampfartig).

Spatel, flaches, längl. [Labor]gerät aus unterschiedl. Material zum Schaben, Entnehmen usw.

Späth, Lothar, * 1937, dt. Politiker; in Ba.-Wü. 1978 Innenmin., 1978–91 Min.-Präs., 1980–89 Mitgl. des Präsidiums der CDU.

Spätlese, zweite Prädikatsstufe für Qualitätsweine mit Prädikat; Reben nach der allg. Lese gelesen.

Spatzen, svw. ↑Sperlinge.

SPD, Abk. für: **S**ozialdemokrat. **P**artei **D**eutschlands (↑Sozialdemokratie).

Spechte (Picidae), fast weltweit verbreitete Fam. der Spechtvögel; mit Kletterfüßen, Stützschwanz u. langem, kräft. Schnabel, mit dem sie Bruthöhlen in Baumstämme hämmern u. unter der Rinde Insekten suchen; Buntspechte, Grün- und Schwarzspecht.

Spechtmeise, svw. ↑Kleiber.

Speci|es (Spezies) [lat.] ↑Art 1).

Speedwayrennen [spi:dweı-; engl.] (fr. Dirt-Track-Rennen), Motorradrennen auf einem Rundkurs (Aschenbahn od. Eis [Eisspeedway]); Fahrzeuge ohne Wechselgetriebe u. Bremsanlagen.

Speer, Albert, * 1905, † 1981, dt. Architekt u. Politiker (NSDAP); errichtete ab 1933 für Hitler gigant. Repräsentationsbauten, 1942 R.-Min. für Bewaffnung u. Munition (1943 für Rüstung u. Kriegsproduktion); im Nürnberger Kriegsverbrecherprozess 1946 zu 20 Jahren Haft verurteilt, 1966 freigelassen.

Speer: 1) Stangenwaffe für Stoß u. Wurf, meist aus Holz mit einer Stein- od. Metallspitze; **2)** Sportgerät der Leichtathletik (Speerwerfen) aus Holz od. Metall.

Speiche: 1) (Radius) Unterarmknochen an der Daumenseite; **2)** stabförm. Radteil, verbindet ↑Nabe und ↑Felge.

Speichel, Absonderung der *Sp.drüsen;* dient dem Aufweichen trockener Speisebestandteile.

Speicher [lat.]: **1)** Raum oder Gebäude zur Lagerung von Gegenständen; **2)** Teil einer Datenverarbeitungsanlage, in dem Daten in codierter Form (z. B. magnet.) aufbewahrt u. wieder abgerufen werden können (↑Randomspeicher, ↑Festplatte, ↑ROM).

Speiseröhre (Ösophagus), meist ausschließl. dem Nahrungstransport dienender Teil des Verdauungskanals zw. Schlund und Magen.

Speisesalz ↑Kochsalz.

Spektral|analyse [lat.; gr.], chem. Analyse fester, flüss. oder gasförm. Stoffe durch Herst. ihres [Emissions- od. Absorptions]spektrums u. dessen Beobachtung und Ausmessung mit einem Spektralapparat. – Abb. S. 654.

Spektral|apparat, Gerät, das eine Zerlegung des Lichtes nach Wellenlängen ausführt (↑Dispersion 1); man unterscheidet: *Prismen-* und [mit Beugungsgitter versehene] Gitter-Sp. u. Interferenzspektralapparate. – Abb. S. 654.

Spektralklassen, Reihe der Sternspektren. Die Reihenfolge wird 1. durch die Intensitätsverteilung im kontinuierl. Spektrum, 2. durch die spektralen Merkmale des Linienspektrums (die von Klasse zu

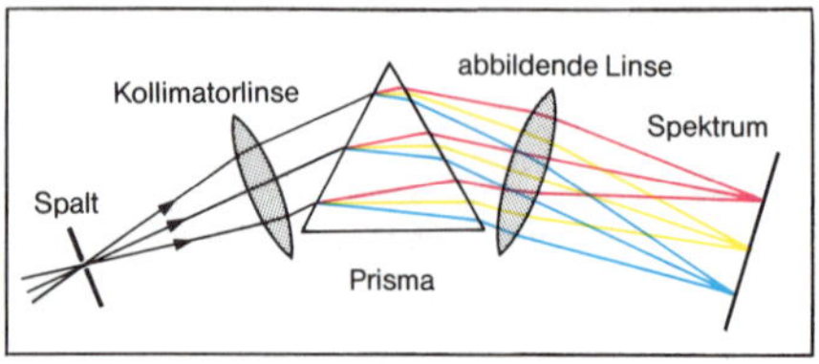

Spektralapparat. *Grundschema eines Prismenspektralapparats mit Entstehung des Spektrums*

Klasse – bez. mit O, B, A, F, G, K, M, N, S, R – einen stet. Übergang zeigen) gegeben; gleichzeitig eine Skala abnehmender Oberflächentemperatur.

Spektrum [lat.], allg. die [relat.] Häufigkeits- bzw. Intensitätsverteilung der Bestandteile eines Gemisches in Abhängigkeit v. einer gemeinsamen Eigenschaft, z. B. der Energie *(Energie-Sp.),* Masse (*Massen-Sp.,* u. a. bei der Massenspektroskopie), v. a. von der Wellenlänge bzw. Frequenz *(spektrale Verteilung);* i. e. S. das farb. Lichtband, das entsteht, wenn weißes Licht durch ein Glasprisma fällt (Farbfolge: Rot, Gelb, Grün, Blau, Violett). Glühende Körper geben ein kontinuierl., leuchtende Gase ein diskretes Emissions-Sp., das für jedes El. charakt. ist (↑Spektralanalyse); senden Moleküle Licht aus, so zeigen sich Gruppen von Linien in ihrem Sp. *(Banden-Sp.).* Ein *Absorptions-Sp.* erhält man, wenn nicht leuchtende Gase und Dämpfe aus einer Strahlung mit kontinuierl. Sp. Licht der gleichen Wellenlänge absorbieren, das sie selbst emittieren können (fraunhofersche Linien). – Als *elektromagnet. Sp.* bez. man das Gesamt-Sp. der elektromagnet. Wellen.

Spekulation [lat.]: **1)** die Erkenntnis von jenseits der Erfahrung liegenden Begriffsbereichen; **2)** wirtsch. Verhalten, das darauf ausgerichtet ist, aus der Entw. der Marktpreise Nutzen zu ziehen; **3)** allg. svw. vage Berechnung.

Spelzen, trockenhäut., zweizeilig angeordnete Hochblätter der Ährchen u. Blüten der meisten Gräser.

Spengler, Oswald, * 1880, † 1936, dt. Kulturphilosoph; „Der Untergang des Abendlandes".

Sperber, Manès ['ʃpɛrbər], * 1905, † 1984, frz. Schriftsteller östr. Herkunft; setzte sich mit Kommunismus und Totalitarismus auseinander; Romane („Wie eine Träne im Ozean", Trilogie), Essays; 1983 Friedenspreis des Börsenvereins des Dt. Buchhandels.

Sperber, tagaktiver, oberseits schiefergrauer Greifvogel der Unterfam. Habichte, jagt v. a. Kleinvögel; Eurasien, NW-Afrika.

Sperlinge, Singvogelgatt. (Webervögel) der Alten Welt; der *Haus-Sp.* nistet an Gebäuden, der kleinere *Feld-Sp.* u. a. in Baumhöhlen.

Spermien (Spermatozoen) [gr.], haploide ♂ Geschlechtszellen bei Mensch und Tieren (ausgenommen Einzeller); meist mit kl., den Zellkern enthaltenden Kopf, kurzem Mittelstück und langem, dünnem, als Bewegungsorganell dienendem Schwanzfaden; in den Samenkanälchen des Hodens gebildet; Länge beim Menschen etwa 0,05 bis 0,06 mm.

Sperrzeit, die durch Verordnung der zuständigen obersten Landesbehörde festzusetzende Zeit, in der Gaststätten geschlossen werden müssen *(Polizeistunde).*

Sperber. *Die Brut wird ausschließlich vom Weibchen gefüttert, während das Männchen die Beutetiere schlägt*

Spesen [ital.], die Auslagen, die in Verbdg. mit der Erledigung eines Geschäfts erwachsen.

Spessart, Bergland im Mainviereck, südl. der Kinzig (Geiersberg 585 m), Bayern und Hessen.

Speyer, krsfr. St. am Oberrhein, RP, 49 700 E; Hochsch. für Verw.-Wiss., Landesbibliothek, Archive, Museen, Kaiserdom (1030 bis gg. 1100) mit Grablege ma. Kg. und Ks.; „Altpörtel" (Stadttor, 13. Jh.); vielseit. Ind.; Rhein-⚓. – 150 v. Chr. erstmals als *Noviomagus* erwähnt, vom 1. Jh. v. Chr. bis ins 3. Jh. n. Chr. *Civitas Nemetum,* im 6. Jh. *Spira;* alter Bischofssitz. Um 1294 Befreiung von der bischöfl. Herrschaft; 1527–1689 Sitz des R.-Kammergerichts; 1689 Zerstörung durch frz. Truppen; allmähl. Wiederaufbau im 18. Jahrhundert.

Spezies [lat.]: **1)** ↑Art 1); **2)** ↑Grundrechenarten.

spezifisch [lat.], arteigen, kennzeichnend.

spezifische Masse, svw. ↑Dichte.

spezifizieren, einzeln aufführen, verzeichnen; zergliedern.

Sphäre [gr.]: **1)** Himmelskugel (↑Himmel 1); **2)** Umwelt, Gesellschafts-, Wirkungskreis.

sphärisch: 1) kugelförmig; die Himmelskugel betr.; **2)** durch größte Kreise auf einer Kugelfläche gebildet (von Figuren, z. B. s.es Dreieck ↑Dreieck).

Sphäroid [gr.], kugelähnl. Körper (bzw. seine Oberfläche); Rotationsellipsoid.

Sphinx [gr.], Ungeheuer der griech. Mythol., Rumpf eines geflügelten Löwen, Kopf und Brust einer Frau; saß vor Theben, gab jedem Vorübergehenden ein Rätsel auf, von Ödipus bezwungen. – In der ägypt. Kunst als männl. kgl. Wesen (S. v. Gise) dargestellt.

Spiegel: 1) durch Auftragen best. Substanzen (meist Silber oder Aluminium) reflektierend gemachte Fläche; *Plan-Sp.* (eben) in der Optik zur Brechung von Strahlengängen, *Hohl-* u. *Konvex-Sp.* als Teile opt. Systeme, *Parabol-Sp.* hpts. für Scheinwerfer; **2)** Bez. für den Gehalt einer Flüssigkeit an einer bes. Substanz, z. B. des Blutes an Zucker (Zucker-Sp.).

Spiegelreflexkamera, fotograf. Apparat, bei d. der Bildausschnitt durch das Aufnahmeobjektiv oder ein 2. Objektiv über Spiegel auf einer Mattscheibe sichtbar gemacht wird.

Spiegelteleskop (Reflektor), auf der lichtsammelnden u. -bündelnden Wirkung eines Parabolspiegels beruhendes astronom. Fernrohr.

Spiekeroog, eine der Ostfries. Inseln, Nds., 17,0 km², 730 E, See-

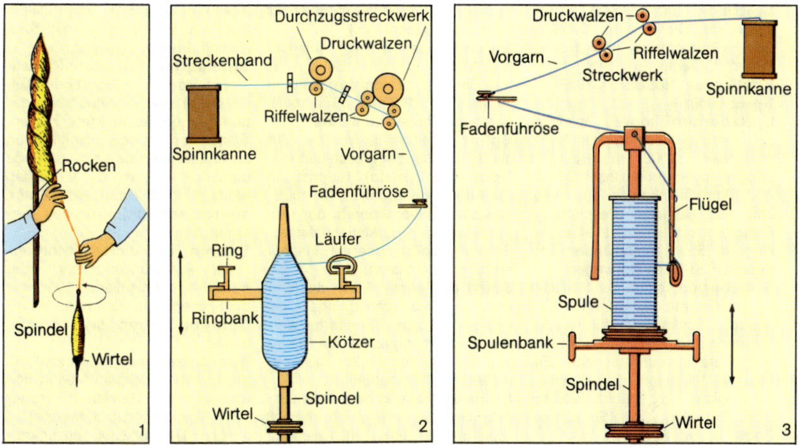

bad; älteste erh. ostfries. Inselkirche (1696). Fähre v. Neuharlingersiel.

Spiel, bei Erwachsenen im Unterschied zur Arbeit zweckfreies Tun, beim Kind eine grundlegende Form der Auseinandersetzung mit der Umwelt; das Sp. dient der Bewältigung der Realität.

Spielberg, Steven ['spi:lbə:g], * 1947, amer. Filmregisseur („Der weiße Hai"; „E. T. – Der Außerirdische"; „Jurassic Park"; „Schindlers Liste").

Spielkarte, steifes, rechteck. Kartenblatt, trägt auf der Vorderseite Figuren (Ass, Kg., Dame, Bube) oder Ziffern sowie die *Spielfarben* (im frz. Spiel Kreuz, Pik, Herz, Karo).

Spielleute, fahrende Sänger des MA, die Dichtungen vortrugen.

Spieltheorie, Zweig der angewandten Math.; Gegenstand der Sp. sind strateg. Spiele, also solche, deren Ausgang mindestens z. T. vom Verhalten der Spieler abhängt (z. B. Schach); bed. Anwendungen in der Wirtschaftstheorie, der Soziologie, der Statistik u. für mil. Planspiele.

Spießbürger, fr. mit Spieß bewaffneter Stadtbürger; heute abwertend kleinl., engstirn. Mensch.

Spießrutenlaufen, mil. Strafe v. a. im 16.–19. Jh.; der Verurteilte wurde durch eine Doppelreihe v. Soldaten getrieben, die ihn mit Ruten schlugen.

Spin [engl.], gequantelter Eigendrehimpuls von [Elementar]teilchen.

spinal [lat.], zur Wirbelsäule, zum Rückenmark gehörig; *sp.e Kinderlähmung,* svw. ↑Poliomyelitis epidemica.

Spinat [pers.-arab.], Gatt. der Gänsefußgewächse; bes. der *Echte Sp.* liefert Blattgemüse.

Spinett [ital.], Tasteninstrument; Saite mit einem Dorn od. einem Federkiel angerissen.

Spinnen, Ordn. der ↑Sp.tiere; rd. 30 000 Arten von knapp 1 bis 90 mm Körperlänge; Kieferfühler mit Giftdrüsen, Kiefertaster beim ♂ als Begattungsorgan; 1–4 Paar Punktaugen am Kopf-Brust-Stück, 1–4 Paar Spinnwarzen; bauen Fangnetze od. jagen Beutetiere im Sprung, lähmen sie durch Gift und saugen sie aus.

Spinnen, Verdrillen von Fasern zu beliebig langen und beliebig starken Fäden; auch Herst. von Chemiefäden.

Spinnentiere, Kl. der Gliederfüßer; u. a. Spinnen, Skorpione, Afterskorpione, Weberknechte, Milben.

Spinoza, Baruch (Benedictus) de, * 1632, † 1677, niederl. Philosoph; entstammte einer jüd. Familie, entwickelte ein konsequent rationalist. System eines pantheist. Monismus; Gott bzw. die Natur als einzige, absolute, ewige Substanz; utilitarist. Staatsphilosophie.

Spion [ital.]: **1)** Späher, Horcher, heiml. Kundschafter; **2)** außen am Fenster angebrachter Spiegel, zur Beobachtung der Straße; entspr. an Türen.

Spionage [-ʒə], Auskundschaftung [geheimer] mil. und wirtsch. Vorgänge und Einrichtungen für eine fremde Macht (↑Landesverrat).

Spirale [gr.-lat.], Kurve, die in unendl. vielen, immer weiter werdenden Windungen einen festen Pt. (Pol) umläuft.

Spinnen. *1 Handspinnen, 2 Ringspinnmaschine, 3 Flügelspinnmaschine*

Spiralnebel, ↑Sternsystem, bestehend aus einer zentralen Verdichtung, um die sich 2 od. mehr. Arme spiralig anordnen.

Spirant (Spirans) [lat.], svw. ↑Frikativlaut.

Spiritismus [lat.], Lehre, die Phänomene des Okkultismus u. Ä. als Mitteilungen von Verstorbenen („aus der Geisterwelt") erklärt, die sich mithilfe eines Mediums mitteilen.

Spiritualismus [mlat.], Begriff der Philos.- u. Theol.-Gesch., betont im Ggs. zum Materialismus das Geistige; als *metaphys. Sp.* (Geist als Grundwirklichkeit), *relig. Sp.* (myst.-spekulat. Betonung der individuellen Beziehung zw. Gott und Mensch).

Spirituals ['spɪrɪtjʊəls; engl.], svw. ↑Negro Spirituals.

Spirituosen [lat.-frz.], Getränke mit Alkoholgehalt von mind. 20 % (z. B. Weinbrand, Liköre).

spirituoso [ital.], svw. ↑con spirito (𝄞).

Spiritus [lat.], volkstüml. Bez. für Äthanol (Äthylalkohol, ↑Alkohole); *synthet. Sp.,* aus ↑Äthylen hergest. Sp.; *denaturierter Sp.,* Äthanol, für Genusszwecke durch Zusätze unbrauchb., für techn. Zwecke steuerbegünstigt freigegeben.

Spiritus rector [lat.], belebender, treibender Geist.

Spirochäten [gr.], Ordn. spiralig gedrehter Bakterien, u. a. die Erreger v. Syphilis u. Rückfallfieber.

Spirometer [lat.; gr.], Atmungsmesser.

Spitteler, Carl, * 1845, † 1924, schweizer. Dichter; ep. Dichtungen, „Prometheus und Epimetheus", „Olymp. Frühling"; Lyrik, Erzählungen; Nobelpreis 1919.

Spitz ↑Spitze.

Spitzbergen (norweg. Spitsbergen), norweg. Inselgruppe im Nordpolarmeer, 63 000 km², Hauptort Longyearbyen; größte Insel: Sp. mit 39 368 km²; Steinkohlen-⚒ (norweg. und russ. Betriebe), Pelztierfang; Forschungsstationen. 1194 v. Wikingern, 1596 v. Niederländern entdeckt; 1920/25 an Norwegen.

Spitzbogen, eines der formalen Hauptelemente der got. Baukunst.

Spitze, Sammelbez. für Hunderassen mit spitzen Stehohren u. Ringelrute. Man unterscheidet *Europ. Sp.* (Großspitze, Kleinspitze, Wolfsspitze, Lappenspitz, Isländer Spitz, Eurasier), *Chin. Sp.* (Chow-Chow) u. *Jap. Sp.* (Akita-Inu).

Spitzen, feines, durchbrochenes Gewebe, das zur Verzierung von Kleidungsstücken, Wäsche oder kirchl. Gewändern seit dem MA verw. wird; versch. Herstellungsweisen: geklöppelt, gehäkelt, gestrickt u. geknüpft.

Spitzmäuse, Fam. [sehr] kl., mäuseähnl. Insektenfresser; u. a. Zwerg-, Wald-, Feld-, Hausspitzmäuse.

Spitzweg, Carl, * 1808, † 1885, dt. Maler u. Illustrator; kolorist. reizvolle Genrebilder; humorist. Schilderer des kleinbürgerl. Biedermeiers, zuletzt von nahezu impressionist. Wirkung.

spleißen, Tauenden miteinander verflechten (seemänn.).

Splendid Isolation ['splendɪd aɪsə'leɪʃn; engl.], polit. Schlagwort für die brit. Bündnislosigkeit im 19. Jh. (bis 1902/04), um polit. Handlungsfreiheit zu wahren.

Splint [niederdt.], Vorsteckstift als Sicherung, bei Maschinen u. a.

Split (ital. Spalato), Hafenst. an der Adria, Rep. Kroatien, 189 400 E; Altstadt mit Dom innerh. der Ummauerung des Diokletianpalastes; Schwefelquellen, Seebad; Fischerei- u. Handelshafen, ✈.

Splitting [engl.], Form der Einkommensteuerveranlagung; die Einkommen beider Ehegatten werden zusammengezählt, die Steuer aus dem halben Einkommen berechnet und verdoppelt.

Splügen, Pass an der schweizer.-ital. Grenze, zw. Hinterrheintal (Splügen) u. Bergell (Chiavenna), 2 117 m ü. d. M.

SPÖ, Abk. für: **S**ozialist. **P**artei **Ö**str. (↑Sozialdemokratie).

Spoerl, Heinrich ['ʃpœrl], * 1887, † 1955, dt. Schriftsteller; humorvolle, z. T. zeitkrit. Romane und Erzählungen; „Die Feuerzangenbowle".

Spohr, Louis, eigtl. Ludewig Sp., * 1784, † 1859, dt. Komponist, Violinvirtuose und Dirigent; 10 Opern, darunter „Faust", „Jessonda"; 9 Sinfonien, Violinkonzerte, Lieder, Kammermusik.

Spoiler ['spɔɪlə], Luftleitbleche an Kraftwagen, bes. Sportwagen, erhöhen die Bodenhaftung.

Spoleto, ital. St. in Umbrien, 37 400 E; Dom (11./12. Jh.; 1634 bis 1644 im Innern erneuert); röm. Ruinen; Fremdenverkehr.

Sponsoring ['spɔnsərɪŋ], finanzielle Förderung in Sport oder Kultur durch eine Einzelperson oder durch eine oder mehrere Firmen.

Sporaden, griech. Inselgruppen im Ägäischen Meer; nö. v. Euböa die *Nördl. Sp.;* sw. der kleinasiat. Küste die *Südl. Sp.* (↑Dodekanes).

sporadisch [gr.], vereinzelt, verstreut, selten.

Sporen [gr.], ungeschlechtl. erzeugte Fortpflanzungszellen oder mehrzellige Fortpflanzungskörper bei Sporenpfl. u. -tierchen.

Sporenpflanzen, svw. ↑Kryptogamen.

Sporentierchen (Sporozoa), Kl. der Einzeller; schmarotzen in tier. und menschl. Geweben; Erreger zahlr. Krankheiten (u. a. Malaria).

Sporn: 1) in der Zool. spitzer knöcherner od. knorpel. Fortsatz bei Wirbeltieren (Verteidigung, Stütze, Reizorgan); **2)** in der Botanik hohle Ausbuchtung eines Kron- oder Kelchblattes, meist zum Speichern von Nektar; **3)** Metallbügel mit Stachel oder scharfem Rädchen, am Reitstiefel getragen, dient zum Anspornen des Pferdes; **4)** Teil der Geschützlafette, bohrt sich in die Erde und überträgt Rückstoßkräfte; **5)** bei [Segel]flugzeugen Gleitkufe unter dem Heck.

Sport [engl.], planmäß. körperl. Betätigung um ihrer selbst willen; trifft heute nur noch für den echten *Amateur-Sp.* zu, der den idealen Grundgedanken im Ggs. zum *Berufs-Sp.* aufrechterhält. – ↑auch Tab. S. 658.

Sport|abzeichen, Deutsches, in 3 Stufen (Bronze, Silber, Gold) nach Altersklassen vom Dt. Sportbund verliehenes Abzeichen für Leistungen eines best. Niveaus in 5 versch. Sportarten.

Spot [spɔt; engl.], Werbekurzfilm im Fernsehen, in Kinos oder Toneinblendungen im Rundfunk von kurzer Dauer.

Spotlight [spɔtlaɪt; engl.], Scheinwerfer mit engem Lichtbündel für Effektbeleuchtung.

Spottvögel, Vögel, die andere Vögel od. auch Geräusche in ihren Gesängen nachahmen („spotten"); u. a. Papagei, Star, Amsel.

S.P.Q.R., Abk. für lat.: ↑**S**enatus **P**opulus**q**ue **R**omanus.

Sprache, System von Zeichen, das der Gewinnung von Gedanken, ihrem Austausch zw. versch. Menschen sowie der Fixierung von erworbenem Wissen dient. Sp. kann als akust. (Folge von Schallereignissen), soziales (mindestens

Carl Spitzweg. *Der arme Poet (1839)*

2 Sprecher/Hörer sind beteiligt) oder psych. Phänomen (setzt innerpsych. Prozesse *vor* einer sprachl. Äußerung und *nach* deren Rezeption voraus) oder auch als System log. Operationen aufgefasst werden. Die Beziehung zw. Zeichen (z. B. sprachl. Äußerung) und Bezeichnetem (Ausschnitt aus der außersprachl. Wirklichkeit) hängt v. der jeweiligen Sprachgemeinschaft ab, die einem best. Ausschnitt aus der Wirklichkeit ein best. Zeichen konventional zuordnet.

Sprachlehre, svw. ↑Grammatik.

Sprachwissenschaft (Linguistik), Wiss. von der Spr. in ihrer Ganzheit. Neben der Untersuchung u. systemat. Darst. des Wortschatzes u. der Grammatik Erforschung der Beziehungen zw. Spr. u. Geist, zw. Spr. u. Kultur und zw. Spr. und Gemeinschaft.

Spranger, 1) Carl-Dieter, * 1939, dt. Politiker (CSU), Jurist; 1991–98 Bundesmin. für wirtsch. Zusammenarbeit; **2)** Eduard, * 1882, † 1963, dt. Philosoph u. Pädagoge; Schüler Diltheys, entwickelte eine geisteswiss. Psychol. („Lebensformen").

Spray [spreı; niederl.-engl.], Flüssigkeit (z. B. Farblack, Deodorant, Haarfestiger), die unter Druck (heute meist durch Pumpen komprimierte Luft, früher Treibgas) aus der druckfesten Sp.dose durch ein Ventil in feinsten Tröpfchen versprüht werden kann.

Sprechfunkgeräte, Funkgeräte zur Übermittlung v. Nachrichten in Form gesprochener Wörter (im Ggs. zu Telegrafiegeräten); kleinere, im UKW-Bereich arbeitende, tragb. Geräte werden meist als *Funksprechgeräte (Walkie-Talkie)* bezeichnet.

Spree, l. Nbfl. der Havel, 382 km.

Spreewald, Gebiet zahlr. Verzweigungen der mittl. Spree. Urspr. Sumpfwaldgebiet, heute landw. genutzt; Bev. z. T. Sorben.

Sprengkapsel, kleiner Behälter, der Initialsprengstoff (Bleiazid, Bleipikrat o. Ä.) enthält und vor der Sprengung in den eigentl. Sprengstoff eingebettet wird; Zündung durch Schlag oder elektr. Funken.

Sprengstoffe, svw. ↑Explosivstoffe.

Sprichwort, im Volksmund überlieferte Sentenz, die eine Regel des sittl. Verhaltens od. eine Erfahrung des prakt. Lebens ausdrückt.

Springbock, etwa 85 cm schulterhohe Gazelle in Halbwüsten S-Afrikas.

Springer, Axel Cäsar, * 1912, † 1985, dt. Verleger; baute seit 1945 den heute größten Zeitungs- und Zeitschriftenkonzern der BRD auf.

Springfield ['sprıŋfi:ld], Hptst. von Illinois, USA, 105 000 E; Masch.-, Elektroind.; ✵.

Springflut (Springtide), bes. starke Flut (↑Gezeiten), tritt bei Voll- und Neumond auf.

Springkraut, svw. ↑Rührmichnichtan.

Springmäuse, Nagetierfam. mit den Unterfam. Hüpfmäuse, Streifenmäuse, Wüstenspringer u. a., in Steppen u. Wüsten Eurasiens, Nordamerikas, Afrikas.

Sprinkler|anlagen, Feuerlöschanlagen zur Berieselung von Räumen; automat. Auslösung beim Auftreten höherer Temperaturen.

Sprinter [engl.], Kurzstreckenläufer (z. B. in der Leichtathletik Distanzen bis 400 m).

Spritzguss, Herst.-Verfahren für Teile aus thermoplast. Kunststoffen (u. a. Polyäthylen, Polyamide) mithilfe von Sp.maschinen, die mit einem beheizten Zylinder, mit Kolben und Spritzdüsen arbeiten.

Spross (Trieb), der die Blätter u. Blüten hervorbringende, aus Knospen hervorgehende Teil der Sprosspfl.; als unterird. stark modifizierter Sp. z. B. ↑Rhizom, Sp.knollen, Zwiebel.

Sprossenwand, Turngerät, eine maximal 2,6 m hohe Gitterwand aus Holz, v. a. für Streck- und Dehnübungen.

Sprosser, Singvogel, ↑Nachtigall.

Sprosspflanzen, Stamm des Pflanzenreichs; Pfl., die deutl. in Wurzel und Spross gegliedert sind (Farn- und Samenpflanzen).

Sprotte, 12–15 cm langer Heringsfisch; Speisefisch.

Spruchdichtung, mittelhochdeutsche Dichtungsgattung: 1. einstrophige Sprechverse lehrhaften Inhalts (Freidank), 2. sehr unterschiedl. [mehrstroph.] Gedichte v. a. gesellschaftskrit. und polit. Inhalts (Walther von der Vogelweide, Reinmar von Zweter u. a.).

Sprüche (Buch der Sp., Sprüche Salomos), Salomo zugeschriebene moral. Lehrschrift des A. T.

Sprunglauf (Skispringen), Springen mit Spezialskiern von einer *Sprungschanze* (nur Männer); bewertet: Flughaltung u. -weite.

SPS, Abk. für: **S**ozialdemokrat. **P**artei der **S**chweiz (↑Sozialdemokratie).

Spule: 1) röhrenförm. Körper zum Aufwickeln von Garn, Draht u. a.; **2)** Wicklung eines [isolierten] elektr. Leiters in Form eines Zylinders, eines Vielecks, eines Torus u. a.; wicht. elektrotechn. Bauelement zur Darstellung einer Induktivität.

H. Spoerl

Spulwürmer (Askariden), Fam. der Fadenwürmer; Darmparasiten; Eier gelangen mit Kot ins Freie u. werden mit verschmutzter Nahrung von Tier bzw. Mensch wieder aufgenommen; Jugendstadien gelangen vom Darm in den Blutstrom und durchwandern Lunge, Bronchien, Speiseröhre, bevor sie im Darm geschlechtsreif werden.

Spumante [ital.], ital. Bez. für Schaumwein.

Spund [lat.], Stöpsel, Fassverschluss.

Spur: 1) (Spurweite) Abstand zw. den Reifenmitten zweier an einer Achse befindl. Räder; **2)** wm. Bez. für Fußabdrücke von nicht auf Schalen gehendem Haarwild.

Spuren|elemente, chem. El., die für die menschl., tier. u. pflanzl. Ernährung unentbehrl. sind; wichtig u. a. As, B, Cl, Co, Cu, F, Fe, J, Mn, Mo, Zn.

Spurt [engl.], Steigerung der Geschwindigkeit, bes. in d. Endphase eines Rennens über eine längere Strecke (bes. in der Leichtathletik).

Spurweite: 1) lichte Weite zw. den Schienenköpfen bei Gleisen; **2)** svw. ↑Spur 1).

Sputnik [russ.; = Gefährte], Name für die ersten künstl. sowj. Erdsatelliten; Sp. 1 am 4. 10. 1957 gestartet.

Sputum [lat.], Auswurf, Sekrete d. Schleimhaut d. ges. Luftwege.

Squash [skwɔʃ; engl.], Rückschlagspiel gg. eine Wand; gespielt wird mit einer Art Tennisschläger u. einem hohlen Weichgummiball; Einzel, Doppel, gemischtes Doppel. – Abb. S. 659.

Squaw [skwɔ:; indian.-engl.], Indianerfrau.

Sr, Symbol für ↑Strontium (☐).

Gewichtsklassen in verschiedenen Sportarten[1]

Boxen

Gewichtsklasse	Schüler, Jugendliche	Junioren, Senioren	Berufsboxer
Papiergewicht	bis 42		
Papiergewicht B	bis 45		
Junior-Fliegengewicht			bis 47,049 (= 104 lb)
Halbfliegengewicht	bis 48	bis 48	
Bantamgewicht	bis 54	bis 54	bis 53,524 (= 118 lb)
Junior-Federgewicht			bis 55,338 (= 122 lb)
Federgewicht	bis 57	bis 57	bis 57,152 (= 126 lb)
Junior-Leichtgewicht (auch Super-Federgewicht)			bis 58,963 (= 130 lb)
Leichtgewicht	bis 60	bis 60	bis 61,237 (= 135 lb)
Halbweltergewicht	bis 63	bis 63,5	
Junior-Weltergewicht			bis 63,503 (= 140 lb)
Weltergewicht	bis 66	bis 67	bis 66,678 (= 147 lb)
Halbmittelgewicht	bis 69	bis 71	
Junior-Mittelgewicht			bis 69,853 (= 154 lb)
Mittelgewicht	bis 72	bis 75	bis 72,574 (= 160 lb)
Halbschwergewicht	bis 75	bis 81	bis 79,378 (= 175 lb)
Schwergewicht	über 75	über 81	über 79,378 (= 175 lb)

Gewichtheben

Gewichtsklasse	Jugend	Junioren u. Aktive	Gewichtsklasse	Jugend	Junioren u. Aktive
Fliegengewicht	bis 52	bis 52	Leichtschwergewicht	bis 82,5	bis 82,5
Bantamgewicht	bis 56	bis 56	Mittelschwergewicht	bis 90	bis 90
Federgewicht	bis 60	bis 60	Schwergewicht I		bis 100
Leichtgewicht	bis 67,5	bis 67,5	Schwergewicht II		bis 110
Mittelgewicht	bis 75	bis 75	Superschwergewicht		über 110

Judo

Schüler	B-Jugend weiblich	B-Jugend männlich	A-Jugend weiblich	A-Jugend männlich	Damen	Junioren, Senioren	
bis 27	bis 36	bis 36	bis 44	bis 45	bis 48	Superleichtgewicht	bis 60
bis 30	bis 40	bis 40	bis 48	bis 49	bis 52	Halbleichtgewicht	bis 65
bis 33	bis 44	bis 45	bis 52	bis 53	bis 56	Leichtgewicht	bis 71
bis 36	bis 48	bis 49	bis 56	bis 57	bis 61	Halbmittelgewicht	bis 78
bis 40	bis 56	bis 53	bis 60	bis 62	bis 66	Mittelgewicht	bis 86
über 40	über 56	bis 57	bis 65	bis 68	bis 72	Halbschwergewicht	bis 95
		über 57	über 65	bis 75	über 72	Schwergewicht	über 95
				bis 83		Allkategorie	60 bis über 95
				über 83		(nur bei Europa- u. Weltmeisterschaften)	

Ringen

Gewichtsklasse	Schüler bis 10 Jahre (Jugend C)	Schüler bis 14 Jahre (Jugend B)	Jugend von 14–18 Jahren (Jugend A)	Junioren von 15–20 Jahren	Junioren, Senioren
1.	bis 21	bis 25	bis 40	bis 48	bis 54
2.	bis 23	bis 27	bis 44	bis 52	bis 58
3.	bis 25	bis 29	bis 48	bis 57	bis 63
4.	bis 27	bis 31	bis 52	bis 62	bis 69 A
5.	bis 29	bis 34	bis 56	bis 68	bis 69 B
6.	bis 31	bis 37	bis 60	bis 74	bis 76 A
7.	bis 34	bis 40	bis 65	bis 82	bis 76 B
8.	bis 37	bis 44	bis 70	bis 90	bis 85
9.	bis 40	bis 48	bis 75	bis 100	bis 97
10.	bis 44	bis 52	bis 81	bis 130	bis 125
11.	bis 48	bis 56	bis 87		
12.	über 48	über 56	über 87		

[1] Gewichte, wenn nichts anderes angegeben, in kg.

Sremski Karlovci [-lɔvtsi] (dt. Karlowitz), serb. St. nw. v. Belgrad, 7000 E; der *Friede v. Karlowitz* (1699) beendete den letzten großen Vorstoß der Türken.

SRG, Abk. für: **S**chweizerische **R**adio- u. Fernseh**g**esellschaft.

Sri Lanka (Ceylon), Rep. im Ind. Ozean, umfasst die Insel Ceylon u. Nebeninseln sö. von Indien; zentrales Hochland, W u. S regenreich mit trop. Vegetation, im N u. O Savanne; Bev.: hpts. Singhalesen (Buddhisten) und Tamilen (Hindus). Reisanbau, Kautschuk-, Kokospalmen- und Teeplantagen. Hafen: Colombo. – Schon im Altertum bekannt; 1505 landeten Portugiesen, 1656/57 durch Niederländer verdrängt; 1795/96 brit., 1815 Kronkolonie; s. 1948 unabhängig; 1972 neue Verf.: Rep. S. L. (bisher Ceylon); anhaltende, immer wieder zu blutigen Unruhen eskalierende Spannungen zw. der singhales. Bev.-Mehrheit u. der tamil. Minderheit; 1977 Einführung des Präsidialsystems; Autonomiebestrebungen d. Tamilen; Mitgl. der UN u. des Commonwealth.

Sri Lanka

Fläche: 65 610 km^2
Einwohner: (1995) 18,35 Mill.
Hauptstadt: Colombo
Amtssprachen: Singhalesisch, Tamil
Zeitzone: MEZ $+4^1/_2$ Stunden

Srinagar, Hauptstadt des ind. B.-Staates Jammu and Kashmir im nw. Himalaja, am Jhelum, 1768 m ü. d. M., 595 000 E; Univ.; Fremdenverkehr; ✈.

SS, Abk. für: **S**chutz**s**taffel, 1925 entstandene Sonderorganisation zum Schutz Hitlers u. a. NSDAP-Funktionäre, unter ihrem R.-Führer H. Himmler (s. 1929) zugleich „Polizeidienst" innerhalb der NSDAP; bis zum Röhm-Putsch 1934 formal der Obersten SA-Führung, danach Hitler unmittelbar unterstellt; ab 1933 aus dem Reservoir der Allg. SS (1939: rd. 240 000 Mitgl.) Aufstellung kasernierter Verbände: die SS-Verfügungstruppe (1939: 18 000 Mann) u. die SS-Totenkopfverbände (Ende 1938: 8 500 Mann) zur Bewachung der KZ (↑auch Waffen-SS); 1946 zur verbrecher. Organisation erklärt.

SSD, Abk. für: ↑**S**taats**s**icherheits**d**ienst.

SSW, Abk. für: ↑**S**üd**s**chleswigscher **W**ählerverband.

St (St., Sta.) ↑Sankt.

Staat, Gesamtheit der Institutionen, die das dauerhafte u. geordnete Zusammenleben eines St.s-volkes auf einem abgegrenzten St.sgebiet gewährleisten soll.

Staatenbund (Konföderation, Föderation), völkerrechtl. Zusammenschluss souveräner Staaten, die einen Teil ihrer Aufgaben gemeinsamen Organen übertragen haben, ohne eine den Einzelstaaten übergeordnete Staatsgewalt anzuerkennen; Ggs. ↑Bundesstaat.

Staats|angehörigkeit, rechtl. Zugehörigkeit von Personen zu einem Staat; unterschiedl. Regelung in den versch. Staaten kann zu *Doppel-St.* oder *Staatenlosigkeit* führen; in Dtl. Erwerb der St. durch Geburt als Kind eines dt. Elternteils (*Ius sanguinis,* im Ggs. zum *Ius soli* oder *Territorialitätsprinzip,* das die St. nach dem Geburtsland verleiht) und durch ausdrückl. Verleihung *(Einbürgerung);* ab 2000 durch Geburt als Kind ausländ. Eltern im Inland. Verlust der St.: durch Entlassung, Adoption durch Ausländer, Erwerb ausländ. St. u. Verzicht.

Staats|anwaltschaft, staatliche Strafverfolgungsbehörde, d. strafrechtliche Tatbestände zu ermitteln, Verdächtige anzuzeigen u. die gerichtl. verhängte Strafe zu vollstrecken hat; Verw.-Organisation: 1. Amtsanwaltschaft beim Amtsger., 2. St. bei den Landger., geleitet vom *Oberstaatsanwalt,* 3. St. bei den Oberlandesger., geleitet vom *Generalstaatsanwalt,* 4. St. beim BGH, geleitet vom *Generalbundesanwalt.*

Staatsbanken, öff.-rechtl. Kreditinst. mit eigener Rechtspersönlichkeit u. eigenem Vermögen *(Dotationskapital);* urspr. für die Verw. v. Staatsgeldern, heute den übr. Kreditinst. gleichgestellt.

Staats|examen, vor staatl. Prüfungsämtern abzulegende Prüfung best. [akad.] Berufe (Gymnasiallehrer, Juristen, Ärzte u. a.).

Staatsgefährdung, in der BRD jede Beeinträchtigung der Einheit u. Selbstständigkeit sowie der freiheitl. demokrat. Grundordnung durch umstürzler. (aber, im Ggs. zum ↑Hochverrat, gewaltlose) Handlungen.

Staatsgerichtshof, Bez. für die

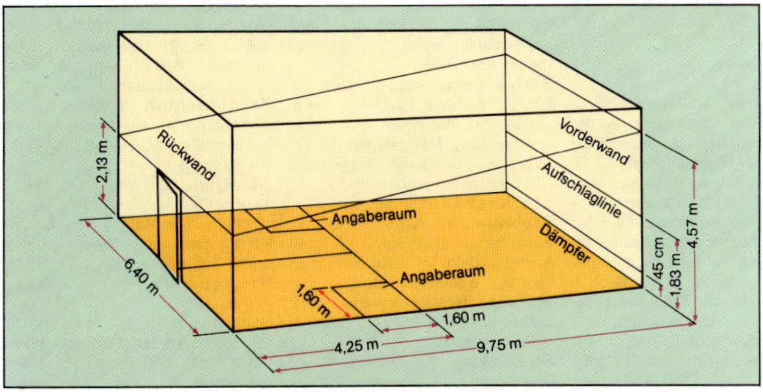

Squash. *Spielhalle*

Verfassungsgerichte einiger Länder in der BRD.

Staatsgewalt ↑Souveränität.

Staatshaftung, Haftung des Staates für den von seinen Beamten in Ausübung der öff. Gewalt Dritten zugefügten Schaden.

Staatshaushalt, svw. ↑öffentlicher Haushalt.

Staatshoheit, svw. ↑Souveränität.

Staatskapitalismus, Wirtschaftsform, in der der Staat sich direkt wirtsch. Unternehmen bedient, um best. Zwecke zu erreichen. In die *marxist. Terminologie* wurde der Begriff von Lenin eingeführt u. bez. hier die letzte Stufe in der Entw. des Kapitalismus: die Produktionsmittel sind direktes Eigentum des (bürgerl.) Staates.

Staatskirche, kirchenpolit. System, nach dem eine Konfession *Staatsreligion* (als einzige zugelassen od. weitgehend bevorzugt) ist; z. B. in Großbritannien, Spanien und Griechenland.

Stachelschwein

Staatsräson, auf Machiavelli zurückgehender Grundsatz v. der Berechtigung des Staates, sich zugunsten der Staatsinteressen, die allem anderen vorangehen, über Recht u. Moral hinwegzusetzen.

Staatsrat, Kollegialorgan auf der obersten Ebene eines Staates mit unterschiedl. Aufgaben u. Kompetenzen; s. dem 19. Jh. nur noch in einzelnen Ländern mit vorw. beratenden Funktionen (in Großbrit. bis heute [Privy Council]); in der Schweiz Reg. mehrerer Kt.; 1960 bis 1989 in der DDR kollektives Staatsoberhaupt (ähnl. auch in anderen sozialist. Ländern).

Staatsrecht, allg. das vom Staat gesetzte Recht, im Ggs. zum Völker- u. Kirchenrecht; i. e. S. Gesamtheit der die Staatsordnung u. das polit. Leben des Staates betreffenden Rechtsnormen (v. a. in der Verf. enthalten).

Staatsreligion ↑Staatskirche.

Staats|schutzdelikte, Straftaten gg. den Bestand und die verfassungsmäßigen Einrichtungen des Staates, z. B. Hoch- u. Landesverrat, Rechtsstaatsgefährdung.

Staats|sekretär, Träger hoheitl. Funktionen; in den ags. Ländern svw. Min., in der BRD höchster Beamter eines Ministeriums (auch im B.-Kanzleramt u. im Büro des B.-Präs.), Vertr. des Ministers; *parlamentar. St.,* Bundestagsabg., der einem Min. (als sein polit., nicht rechtl. Vertr.) zur Unterstützung beigegeben ist.

Staats|sicherheitsdienst, Abk. SSD, die Stasi, polit. Geheimpolizei der DDR; 1950 als Min. für Staatssicherheit gegr., Ende 1989 aufgelöst; nur der SED-Führung verantwortlich.

Staats|streich, verfassungswidriger, planmäßig u. meist gewaltsam durchgeführter Umsturz(versuch) durch einen bereits etablierten Träger eines Teils der Staatsgewalt; dagegen ↑Putsch.

Staatsvertrag, völkerrechtlicher Vertrag zw. Staaten (auch Vertrag zw. Staat u. Kirche); in der BRD werden Staatsverträge durch den B.-Präs. unterzeichnet; polit. Verträge bedürfen der Zustimmung des Parlaments.

Stab|bau, nord. Holzbauweise (Wände aus senkr. Planken), v. a. bei ma. norweg. *Stabkirchen.*

Stabheuschrecken, Gruppe stabförmig gestalteter Gespenstheuschrecken.

Stabhochsprung, Disziplin der Leichtathletik; Sprung über eine Latte mithilfe einer Sprungstange (heute aus Glasfiber).

Stabilitä̱tsgesetz, B.-Ges. v. 1967, das Bund, Länder u. Gem. verpflichtet, bei ihren wirtschafts- u. finanzpolit. Maßnahmen die Erfordernisse des gesamtwirtschaftl. Gleichgewichts zu beachten.

Stabkirche ↑Stabbau.

Stabreim, im Altnord., Altengl., Altsächs. u. Ahd. durch gleichen Anlaut gebildeter Lautreim (z. B. „*w*ehe, *w*altender Gott"); der *St.vers* besteht aus Anvers (1 od. 2 Stäbe) u. Abvers (meist 1 Stab) in einer Langzeile.

Stabs|arzt, Sanitätsoffizier im Dienstgrad eines Hauptmanns.

Stabwerk, profilierte Pfosten got. Maßwerkfenster (▦).

Stachelbeere (Ribes), Steinbrechgewächs (oft verwildert), Obststrauch.

Stachelhäuter (Echinodermata), Tierstamm der Wirbellosen; meist frei lebend am Meeresboden; meist fünfstrahlig radiärsymmetr. gebaut; Skelett der Unterhaut aus Kalkplatten, die oft Stacheln tragen; plankton. Larven; u. a. Seesterne, -igel, -gurken.

Stacheln: 1) stark verhornte Haare mancher Säugetiere (Igel, Stachelschwein); **2)** Lege- oder Giftstacheln mancher Gliederfüßer (Biene, Skorpion); **3)** harte, spitze Bildungen der Oberhaut bei Pflanzen, im Ggs. zu ↑Dornen.

Stachelpilze, Ständerpilze; Fruchtschicht auf der Hutunterseite stachelig ausgebildet, z. B. Habichtspilz, Semmelstoppelpilz.

Stachelschweine, zwei Nagetierfam.: 1. *Altwelt-St.,* mit Grabkrallen, tagsüber in selbst gegrabenen Höhlen; u. a. das bis 70 cm lange *Stachelschwein* des Mittelmeergebietes, mit sehr langen Stacheln, 2. die amer. *Baum-St.,* Klettertiere mit Greifschwanz.

Stạde, Krst. in den Elbmarschen, westlich von Hamburg, Nds., 45 100 E; ma. Kirchen, Rathaus (1667); LG, IHK; Museen; Schiffswerft, vielseit. Ind. – 1652–1712 Sitz der schwed. Reg. für die Hzgt. Bremen und Verden; Brand 1659.

Stạdion [gr.]: **1)** Sportstätte mit Zuschauerrängen; Kampfbahn; **2)** griech. Längenmaß (altgriech. = 184,98 m, neugriech. = 1 km).

Stạdium [gr.-lat.], Zustand; Entwicklungsstufe, Abschnitt.

Stadt: 1) geschlossene Siedlung mit zentraler Funktion in Gewerbe, Handel, Kultur, Verw. u. a.; statist. Unterscheidung: *Landstadt* mit 2 000 bis 5 000, *Kleinstadt* mit 5 000 bis 20 000, *Mittelstadt* mit 20 000 bis 100 000, *Groß-St.* mit über 100 000 E; **2)** Titel von Großgemeinden, deren Zentrum eine [ehem. selbst.] Stadt 1) ist.

Stadtdirektor, Amtsbez. des leitenden Gemeindebeamten in kreisangehör. Städten in NRW und Niedersachsen.

Stadtgas, Gasgemisch für Heizzwecke; ☠ u. explosiv; wird durch trockene Destillation von Steinkohle gewonnen; heute meist durch Erdgas ersetzt.

Stadtguerilla [-ge'riʎa] ↑Tupamaros.

Stadthạgen, Krst. des Landkr. ↑Schaumburg, westlich von Hannover, Nds., 23 600 E; got. St.-Martini-Kirche mit fürstl. Mausoleum

(1609–25, Abb. S. 744), Bauten der Weserrenaissance; Holz verarb., Textil-, Leder-, Metall- u. a. Ind. – Gegr. um 1225; 1619–21 Universität.

Stadtkreis ↑Kreis 3).

Stadtmission: 1) Seelsorgezweig der Inneren Mission; **2)** kath. Volksmission auf Stadtebene.

Stadtrat, Gemeinderat (↑Gemeindeverfassung) einer Stadt; auch Mitgl. des St.s oder des ↑Magistrats 2).

Stadtrecht, das im MA aus fürstl. Privilegien, Gewohnheits-, Kaufmanns- u. Marktrecht entstandene Recht der Stadtbürger.

Stadtstaat, Staat, dessen Staatsgebiet aus einer Stadt u. dem sie umgebenden Stadtgebiet besteht, bes. in Antike (Polis) und MA; heute in d. BRD noch Bremen, Hamburg, Berlin.

Staeck, Klaus, * 1938, dt. Grafiker; v. a. gesellschaftskrit. polit. Plakate (Fotomontagen).

Staël, [Anne Louise] Germaine Baronin v. St.-Holstein, gen. Madame de St., * 1766, † 1817, frz. Schriftstellerin schweizer. Abstammung; Romane („Corinna"), geistreiche Schriften, u. a. über Deutschland.

Staffel, Einheit eines Luftwaffengeschwaders; bei der Marine Formation eines Verbandes auf Fahrt.

Staffelei, Bildergestell des Malers, Höhe u. Neigung verstellbar.

Staffel|lauf, sportl. Mannschaftswettbewerb, bei dem jeder Läufer einen Holzstab „in fliegendem Wechsel" dem nächsten übergibt.

Staffelstein, St. im oberen Maintal, am Fuß des *Staffelberges* (539 m), Bay., 10 700 E; Fachwerkrathaus (1684); Porzellan- und Maschinenindustrie. Nahebei ↑Vierzehnheiligen u. ↑Banz.

Stagflation [Kw. aus **Stag**nation u. **Inflation**] ↑Stagnation.

Stagnation [lat.], Stillstand, Streckung, insbes. der wirtsch. Entwicklung; herrschen in der Wirtsch. gleichzeitig St. u. Inflation, spricht man von *Stagflation.*

Stahl, schmied- u. walzb. Eisen mit einem Kohlenstoffgehalt bis zu 1,7%; versch. Methoden der Herst.: neben dem älteren ↑Thomasverfahren u. dem ↑Siemens-Martin-Verfahren heute v. a. Herst. von Sauerstoff-Blasstahl (insbes. nach dem ↑LD-Verfahren); ↑auch Elektrostahl.

Stahlbeton, mit Stahleinlagen versehener ↑Beton; die geringe Zugfestigkeit des Betons (~$\frac{1}{15}$ bis $\frac{1}{10}$ der Druckfestigkeit) wird dadurch erheblich erhöht; ↑auch Spannbeton.

Stahlhelm (St., Bund der Frontsoldaten), v. F. Seldte 1918 gegr. Zusammenschluss v. Soldaten des 1. Weltkriegs (s. 1924 auch Nichtkriegsteilnehmer); bekämpfte ab 1929 die Rep.; 1935 aufgelöst, 1951 in d. BRD neu gegründet.

Stahlstich, dem Kupferstich ähnl. graf. Verfahren.

Staket [niederl.], Lattenzaun, Gestäbe.

Stakkato [ital.], musikal. Vortragsweise, bei der jeder Ton kurz abgestoßen („staccato") zu spielen oder zu singen ist.

Stalagmiten ↑Tropfsteine.

Stalaktiten ↑Tropfsteine.

Stalin, Iossif Wissarionowitsch, eigtl. I. W. Dschugaschwili, * 1879, † 1953, sowjet. kommunist. Politiker; 1917 an der Vorbereitung u. Durchführung der Oktoberrev. beteiligt; Gen.-Sekr. der KP s. 1922, konnte in dem Machtkampf nach Lenins Tod (1924) seinen Rivalen Trotzki ausschalten; ab 1927 unumschränkter Diktator (offiz. Reg.-Chef erst seit 1941), rücksichtslose Vernichtung mögl. Gegner („Säuberungen", Schauprozesse); erreichte durch den Pakt mit Hitler 1939 bed. Annexionen an d. W-Grenze; als Marschall (1943) u. Generalissimus (1945) weitere Steigerung des Personenkults; durch geschickte Pol. gegenüber den Westmächten dehnte er den sowj. Machtbereich auf M-Europa aus; nach 1945 Ausbau der Großmachtstellung der UdSSR, harter Kurs in der Innen- u. Außenpol. (Deportation ganzer Völker, Konflikt mit Tito, kalter Krieg mit den Westmächten). Auf dem 20. Parteitag der KPdSU (1956) Verurteilung St.s u. des ↑Stalinismus.

Stalingrad, 1925–61 Name v. ↑Wolgograd.

Stalinismus, Theorie und Praxis des internat. Kommunismus, wie sie unter der Herrschaft Stalins erstmals praktiziert wurde; gekennzeichnet durch Dogmatisierung des Marxismus, starre Schematisierung, Förderung der soz. Differenzierung, Personenkult, prävent. Liquidierung jeder mögl. Opposition.

Stalin|orgel, Bez. für sowj. Mehrfachraketenwerfer (im 2. Weltkrieg).

Stamitz, Johann, * 1717, † 1757, böhm. Geiger und Komponist; seit 1741 am Mannheimer Hof (Begr. der Mannheimer Schule); Sinfonien, Violinkonzerte, Kammermusik.

Stamm|aktie, Aktie ohne bes. Vorrechte; Ggs. ↑Vorzugsaktie.

Stammbaum: 1) bildl., schemat. Darst. des Abstammungsweges einer Gruppe v. Lebewesen (Geneal., Tier- u. Pflanzenzucht); **2)** bildl. Darst. der natürl. Verwandtschaften zw. den systemat. Einheiten des Tier- bzw. Pflanzenreichs.

Iossif Wissarionowitsch Stalin

Stamm|einlage, die v. einem Gesellschafter einer GmbH zu entrichtende Beteiligung am Stammkapital.

Stammesgeschichte (Phylogenie), biol. Wiss. v. der geschichtl. Entw. der Lebewesen und der Entstehung der Arten.

Stammfunktion ↑Integralrechnung.

Stammkapital ↑Grundkapital.

Stammtafel, genealog. Tafel, die alle Söhne u. Töchter der Ehen eines Geschlechts erfasst, nicht aber die Nachkommen verh. Töchter; *Ahnentafel* ist die Darst. aller Vorfahren.

Stammwürze, in % angegebene Menge an lösl. Malz[zucker] und Dextrinen in der Würze des Biers.

Stand, geschlossene Gruppe innerh. der [feudalen] Ges., gekennzeichnet u. a. durch Geburt, Besitz oder Beruf, Privilegien; im MA weitgehend eingeteilt in: Klerus, Adel und [später] Bürgertum; im 19. Jh. kam die Bez. „vierter Stand" für die unterprivilegierte Arbeiterklasse auf.

Standard [engl.]: **1)** allg. Maßstab, Norm; **2)** ↑Lebens-St.; **3)** anerkannter Qualitätstyp (Normalmaß, Durchschnittsmuster) bzw. durch Vereinheitlichung fester Maßstab für die Lieferung best. Waren (Handel).

Standardwerk, grundlegendes Werk [eines Fachgebietes].

Standarte [german.], [kl., 4-eck.] Fahne berittener Truppen; auch die Flagge der Staatsoberhäupter.

Stander, dreieck. od. zweizack. Flagge als Signal- oder Kommandozeichen auf Schiffen, Dienstflagge an Kraftwagen.

Stare. *Gemeiner Star*

Ständelrat, die 2. Kammer der schweizer. Bundesvers.; aus den Abg. der Kantone zusammengesetzt.

Standeslamt, staatl. Behörde zur Beurkundung von Geburten, Eheschließungen und Todesfällen durch Eintragung in die Personenstandsbücher durch den *Standesbeamten.*

Ständestaat, Staat, in dem best. Stände Träger der Staatsgewalt sind; in W-, N- und M-Europa herrschende Staatsform im MA und in der fr. Neuzeit.

Ständiger Schiedshof ↑Haager Friedenskonferenzen, ↑auch Schiedsgerichte 2).

Standrecht, der im Kriegs- od. Ausnahmezustand bestehende Rechtszustand, nach dem die Strafgerichtsbarkeit den *Standgerichten* (Urteile in abgekürztem Verfahren) überlassen ist.

Stängelbräune ↑Übers. S. 528 f.

Stängelbrenner ↑Übersicht S. 528 f.

Stängelfäule ↑Übers. S. 528 f.

Stanislaus: *poln. Könige:* **1) St. I. Leszczyński** [lɛ'ʃtʃiski], * 1677, † 1766; während der Vertreibung Augusts II., des Starken, 1704–09 Kg.; 1733 zum Gegenkg. Augusts III. erhoben; erhielt 1736 als Entschädigung für die poln. Krone das Hzgt. Lothringen zugesprochen (↑Poln. Thronfolgekrieg); **2) St. II. August** (St. A. Poniatowski), * 1732, † 1798, Kg. 1764–95; noch vor der 3. Teilung Polens zur Abdankung gezwungen.

Stanley, Sir Henry Morton ['stænlı], eigtl. John Rowlands, * 1841, † 1904, brit. Afrikareisender; fand auf einer Suchexpedition den verschollenen D. Livingstone (1871); Forschungsreisen, Gründung belg. Niederlassungen; nach ihm ben. die *St.fälle* des Kongos, der *St. Pool* (die seenart. Verbreiterung des Kongos b. Kinshasa u. Brazzaville) u. *St.ville* (heute Kisangani).

Stạns, Hauptort des schweizer. Kt. Unterwalden nid dem Wald, südl. des Vierwaldstätter Sees, 6 500 E; Drahtseilbahn auf das *Stanserhorn.*

Stạnze [ital.], 8-zeil. Strophenform ital. Herkunft, Reimschema abababcc; die ital. Zeile hat 11 Silben, die dt. seit J. J. W. Heinse und Goethe meist 5 Jamben.

Stạnzen [ital.; stanza = Zimmer], von Raffael u. seinen Schülern (1509–17) mit Wandmalereien geschmückte Räume im Vatikan.

Stapellauf, Zuwasserbringen des Schiffsrumpfes auf einem Schlitten.

Staphylokọkken [gr.], traubenförmig angeordnete Kugelbakterien; Eitererreger.

Star, Bez. für versch. Augenkrankheiten; *grauer St.:* Trübung der Augenlinse, angeboren oder erworben, häufig altersbedingt (Alters-St.); *grüner St.:* beruht auf erhöhtem Augeninnendruck, der zur Schädigung von Sehnerv u. Netzhaut [u. zur Erblindung] führt; *schwarzer St.:* 1. degenerative Erkrankung von Netzhaut u. Sehnerv; 2. Erblindung, bei der jede Lichtempfindung erloschen ist.

Stare, Singvogelfam. bes. d. Alten Welt; fressen Würmer, Insekten, Früchte; der in Europa heim. *Star* ist bei uns Zugvogel.

Stärke (Amylum), Polysaccharid $(C_6H_{10}O_5)_n$, feinste weiße bis gelbl. Körner, pflanzl. Reservestoff (Getreide, Kartoffeln, Reis u. a.); erstes sichtb. Assimilationsprodukt; verw. v. a. als Nahrungsmittel, für die Alkoholgewinnung, zur Herst. von Klebstoffen, Stärkezucker u. a.

Starkstromtechnik, Verfahren u. Anlagen zur Gewinnung von Elektroenergie u. deren Umwandlung in andere Energieformen.

Stạrnberg, Krst. am N-Ufer des *St.er Sees* (57 km^2), Bay., 21 300 E; Schloss (16./17. Jh.); Ind.; Fremdenverkehr.

Starrkrampf, svw. ↑Tetanus.

Stars and Stripes ['stɑːz ənd 'straıps; engl.; = Sterne u. Streifen], die Nationalflagge der USA, das Sternenbanner.

START [stɑːt; engl.], Abk. für: **S**trategic **A**rms **R**eduction **T**alks, 1982–89 in Genf geführte u. nach Verhandlungspause wieder aufgenommene, 1991 abgeschlossene Abrüstungsverhandlungen zw. den USA u. der UdSSR; vereinbart wurde eine Reduzierung (30 %) der strateg. Waffenpotenziale; 1993 Abschluss des S.-II-Vertrags zw. USA u. Russland zum Abbau der strateg. Kernwaffenpotenziale um 2 Drittel bis 2003.

Stasi, Kurzwort für den **Sta**ats**si**cherheitsdienst bzw. für einen seiner Bediensteten in der DDR.

State Department ['steıt dı'pɑːtmənt; engl.], das Außenministerium der USA.

Statement ['steıtmənt; engl.], öffentl. [polit.] Erklärung.

Statik ↑Mechanik.

stationär: 1) bleibend, ortsfest; zeitl. unveränderl.; **2)** den Aufenthalt im Krankenhaus betreffend; Ggs. ambulant (Med.).

statisch [gr.]: **1)** die Statik betr.; ruhend; **2)** auf das Stehen, das Gleichgewicht bezogen.

Statịstik [lat.], wiss. Methode, Massenerscheinungen durch Zählung u. Auswertung (Ordnung nach Art, Menge u. a.) zu übersichtl., interpretierb. Ergebnissen zusammenzufassen.

statịstische Ämter, Behörden zur Durchführung v. amtl. statist. Erhebungen; in der BRD v. a. das *Statist. Bundesamt* (begr. 1953, Sitz Wiesbaden), in Östr. das *Östr. Statist. Zentralamt* (Wien), in der Schweiz das *Eidgenöss. Statist. Amt* (Bern).

Stativ [lat.], Stützvorrichtung zur Aufstellung von Apparaturen, z. B. von Messinstrumenten, Fotoapparaten u. a.

Statthalter, ständiger Vertr. eines Staatsoberhauptes od. einer Reg. in einem best. Teil des Staatsgebiets.

Status [lat.], Zustand, Bestand, Stand; soziol. Bez. für die Stellung, die einem Menschen innerhalb der Ges. von anderen eingeräumt wird; *St. quo,* gegenwärt. Zustand; *St. quo ante,* früherer Zustand.

Statut [lat.], Satzung, Gesetz.

Staubblätter ↑Blüte 1).

Staubgefäße, svw. Staubblätter (↑Blüte 1).

Staublunge (Pneumokoniose), Sammelbez. für alle durch Einatmung v. Staubteilchen hervorgerufenen Lungenkrankheiten, u. a. ↑Asbestose, ↑Silikose.

Staudamm, Talsperre, die im Ggs. zur massiven *Staumauer* (Massen- od. Stahlbetonbau) aus verdichteten Lockerbaustoffen aufgeschüttet wird.

Staude, ausdauernde kraut. Pfl., mit dicht über od. unter der Erde gelegenen basalen Teilen.

Stau|druck, Differenz zw. Gesamtdruck und hydrostat. Druck in einem strömenden Medium; *St.messer,* Gerät zur Messung der Geschwindigkeit v. Flugzeugen, v. Flüssigkeits- u. Gasströmungen.
Staudte, Wolfgang, * 1906, † 1984, dt. Filmregisseur; bis 1955 in der DDR; v.a. realist., zeitkrit. Filme („Die Mörder sind unter uns"; „Die Pawlaks").
Staufer, schwäb. Fürstengeschlecht, Stammburg Hohenstaufen; seit 1079 Herzöge von Schwaben; 1138–1254 Kg. u. Ks. des Hl. Röm. Reiches; erloschen 1268 mit Konradin.
Stauffenberg, Claus Schenk Gf. v., * 1907, † 1944, dt. Offizier und Widerstandskämpfer; Chef des Stabes des Befehlshabers des Ersatzheeres; unternahm am 20. 7. 1944 das misslungene Attentat auf Hitler; am gleichen Tag erschossen.

Claus Schenk Graf von Stauffenberg

Staupe, gefährl. Viruskrankheit bei Hunden, Katzen u. bes. bei in Farmen gezüchteten Pelztieren (Füchse, Nerze).
Stavanger, Hafenst. im westl. S-Norwegen, 101500 E; Dom (12./13. u. 19. Jh.); Schiffbau; Verw.- u. Versorgungszentrum für d. norweg. Erdölförderung in d. Nordsee; ⛯.
Ste ↑Sankt.
Stealth-Bomber [stelθ-], amer. Kampfflugzeug, das aufgrund seiner Formgebung u. Beschichtung vom Radar kaum wahrgenommen werden kann.
Stearin [gr.], Gemisch aus St.- u. Palmitinsäure; zur Kerzenherst., auch in der kosmet., Leder- u. Textilind. verwendet; *St.säure,* $CH_3(CH_2)_{16}COOH$, gesättigte organ. Säure; ihre Ester mit Glycerin sind Bestandteil der [halb]festen tier. und pflanzl. Fette; verw. zur Herst. von Natrium- u. Kaliumseifen.
Steatit ↑Talk.
Stechapfel, giftiges Nachtschattengewächs; Ruderalpfl.; offizinell.
Stechfliege, Blut saugende Fliege, der Stubenfliege ähnl.; Larven im Kuhmist.
Stechginster, Gatt. der Schmetterlingsblütler; gelb blühende dorn. Sträucher; in W-Europa und N-Afrika verbreitet.
Stechheber ↑Heber.
Stechmücken (Gelsen, Moskitos), Mückenfam.; ♂♂ mit fiedr. Antennen, nicht stechend, die meist Blut saugenden ♀♀ mit langem Stechrüssel; Entwicklung der Larven in stehendem Wasser; zu den St. gehören Gelbfieber- und Malariamücke.
Stechpalme, Strauch oder niedr. Baum mit immergrünen, ledr., dornig gezähnten Blättern; Unterwuchs in Buchenwäldern; in W- und NW-Dtl. wild.
Steckbrief, öff. Aufforderung des Gerichts, der Staatsanwaltschaft oder der Polizei zur Fahndung nach einer im St. beschriebenen Person.
Steen, Jan, * 1626, † 1679, niederl. Maler; neben A. Brouwer u. A. v. Ostade Sittenschilderer niederl. Bürger- u. Bauerntums.
Steg: 1) kl. Brücke; **2)** Holztäfelchen, das die Saiten der Streichinstrumente trägt.
Stegreif, *aus dem St.,* unvorbereitet.
Steher, im Radrennsport ein Fahrer, der eine längere Strecke hinter einem Schrittmacher fährt.
Steiermark, östr. Bundesland, 16387 km², 1,18 Mill. E, Hptst. Graz; in M- u. SO-Östr., von der Mur-Mürz-Furche in 2 Teile gegliedert. Im N *Ober-St.* mit den höchsten Geb.ketten, Teilen der Nördl. Kalkalpen (Hoher Dachstein 2995 m) und den Niederen Tauern; Alm-, Holzwirtsch., bed. Magnesit-, Eisenerz-, Braunkohlenbergbau, Hüttenind., Fremdenverkehr; im S die klimat. mildere *Unter-St.* mit dem *Grazer Feld* u. dem *Oststeir. Hügelland;* Landw. (Weizen-, Mais-, Wein-, Tabak-, Obstbau). 51% des Landes sind waldbedeckt; Ind. hpts. im Mur- u. Ennstal. – In röm. Zeit Teil der Provinzen Noricum und Pannonien, Ende des 6. Jh.s v. Slowenen, dann von Bayern besiedelt, 1180 Hzgt., 1192 babenberg., 1282 habsburg., 1919 S-St. an Jugoslawien.
Steiger, Bergleute, die nach Besuch einer Bergschule Aufsichtsaufgaben im Bergbau auch unter Tage durchführen.
Steigerwald, Bergland mit westl. Steilrand in Franken, zw. oberer Aisch u. Main; im Hohenlandsberg 498 m.
Steigung, Maß der Abweichung v. der Waagerechten (u. a. Straßenbau); 2% St. bedeutet: auf 100 m langer Strecke beträgt die Höhendifferenz +2 m; Ggs. Gefälle.
Stein: 1) Charlotte von, geb. v. Schardt, * 1742, † 1827, Freundin Goethes v. 1775 bis zu seiner ersten Italienreise; **2)** Edith, sel., * 1891, † 1942 (KZ Auschwitz), dt. Philosophin; Schülerin E. Husserls, v. Judentum zum Katholizismus übergetreten; Karmelitin; **3)** Gertrude, * 1874, † 1946, amer. Schriftstellerin; s. 1902 in Frkr.; Mittelpunkt eines Künstlerkreises (u. a. H. Matisse, P. Picasso); von gr. Einfluss auf die amer. Schriftsteller der Lost Generation, v. a. auf E. Hemingway u. J. Dos Passos; **4)** Heinrich Friedrich Karl Reichsfrhr. vom u. zum, * 1757, † 1831, dt. Staatsmann; 1804–07 preuß. Finanz- u. Wirtsch.-Min., 1807/08 leitender Min., Reformen, u. a. 1807 die Bauernbefreiung, 1808 die Städteordnung (Einführung der Selbstverw.); 1812 Berater des Zaren Alexander I.; vermittelte das preuß.-russ. Bündnis (1813) u. wurde eine der treibenden Kräfte der Befreiungskriege; regte die Monumenta Germaniae Historica an.
Steinbeck, John [Ernst], * 1902, † 1968, amer. Schriftsteller; humorist., soz.-krit. u. trag. Romane und Erzählungen; „Früchte des Zorns", „Die wunderl. Schelme v. Tortilla Flat", „Die Straße der Ölsardinen"; Nobelpreis 1962.

R. Steiner

Steinbock, Wildziege des Hochgeb. mit bis über 1 m langen Hörnern (♂); Europa, Asien, N-Afrika.
Steinbock, das Sternbild ↑Capricornus.
Steinbrechgewächse, Pflanzenfam., Stauden oder Holzgewächse mit für die nördl. Hochgeb.

typ. Gatt. *Steinbrech;* viele Arten als Zierpfl. in Steingärten.

Steinbutt, Plattfisch an europ. Küsten, bis 1 m lang.

Stein der Weisen, in der Alchimie ein sagenhaftes Mittel zur Läuterung unedler Metalle zu Gold sowie zur Krankenheilung.

Steiner, Rudolf, * 1861, † 1925, östr. Anthroposoph; Begr. der Anthroposophie; begr. die Freien Waldorfschulen.

Steinernes Meer, Geb.-Massiv der Nördl. Kalkalpen, südl. vom Königssee, bis 2653 m.

Steinfliegen, Insektenordn.; Mundwerkzeuge kauend, Antennen fadenförmig, 4 Flügel; Larven räuber. im Wasser.

Steinfrucht, Schließfrucht, bei der die Fruchtwand außen fleisch., innen hart *(Steinkern)* ausgebildet ist; der Kern schließt den Samen ein (z. B. Kirsche).

Steinfurt, Krst. im NW des Münsterlandes, NRW, 33300 E; Textil-, Metall verarb. u. Tabakind.; 1975 durch Vereinigung v. *Burgsteinfurt* u. *Borghorst* entstanden.

Steingut, feinkeram. Erzeugnis aus Ton, Kaolin, Quarz, Talk u. a. mit weißl., porösem Scherben; allg. mit durchsicht. Glasur.

Steinholz (Xylolith), Werkstoff aus gemahlener kaust. Magnesia, Füllstoffen (z. B. Sägemehl) und Magnesiumchlorid als Bindemittel; gut wärmedämmender Fußboden- u. Wandbelag.

Steinhuder Meer, See nw. von Hannover, 29 km², bis 3 m tief; Insel mit der ehem. schaumburg-lippischen Festung *Wilhelmstein* (1761 ff.).

Steinklee, Gatt. der Schmetterlingsblütler; *Echter* u. *Weißer St.,* wertvolle Futterpflanzen.

Steinkohle, harte, schwarze, pechart. od. glänzende Sedimentgesteine mit hohem Kohlenstoffgehalt; † auch Kohle.

Steinkohlen|einheit (SKE), durch den mittl. Energiegehalt von 1 kg Steinkohle (29400 kJ = 7000 kcal) definierte Energieeinheit.

Steinkohlenteer, aus Steinkohle bei der Verkokung (unter Luftabschluss bei 1100 °C) gewonnene braun- bis tiefschwarze, zähe Flüssigkeit; enthält über 10000 verschiedene Verbdg.; bei der Destillation v. St. erhält man Leicht-, Mittel-, Schwer-, Anthracenöl u. Steinkohlenpech bzw. St.pech.

Steinmispel (Zwergmispel, Steinquitte, Quittenmispel, Cotoneaster), Gatt. der Rosengewächse im gemäßigten Asien; immer- oder sommergrüne Sträucher, u. a. die bis 1,5 m hohe *Gemeine Steinmispel* mit blassroten Blüten u. purpurroten Früchten, Zierstrauch.

Stein|obst, Bez. für Obstsorten aus der Gatt. Prunus (v. a. Kirsche, Pflaume, Mirabelle, Reneklode, Pfirsich, Aprikose), deren Früchte einen Steinkern enthalten.

Steinpilz, Röhrling; einer der wertvollsten Speisepilze, in Laub- und Nadelwäldern.

Steinsalz, kub., farbloses, durch Verunreinigung zuweilen gefärbtes Mineral, NaCl, Härte 2; gesteinsbildende Vorkommen in fast allen geol. Formationen; bergmänn. abgebaut.

Steinwälzer, Unterfam. der Regenpfeifer, v. a. an arkt. Küsten u. Inseln; wälzt bei der Nahrungssuche Steinchen um.

Stendhal

Steinzeit † Übers. Vorgeschichte.

Steinzeug, keram. Produkt aus Tonen und Magerungsmitteln mit gesintertem, dichtem Scherben; durch Glasur porzellanart. Aussehen; für Haushaltsgeschirr, sanitärkeram. Produkte.

Steißbein, aus 3–5 miteinander verwachsenen kl. Wirbeln bestehendes unteres Ende der Wirbelsäule des Menschen.

Stele [gr.], im Altertum frei u. aufrecht stehende Steinplatte für Inschriften, v. a. als Grabdenkmal.

stellar [lat.], Sterne betreffend.

Stellwerk † Eisenbahn.

Stelzen, weltweit verbreitete Singvogelfam., umfasst u. a. Stelzen (Bachstelzen) u. Pieper.

Stelzvögel, Ordn. meist langbein. u. -hals. Vögel; u. a. Ibisse, Störche, Reiher.

Stempel: 1) Gerät mit einer Fläche aus Metall, Holz oder Gummi mit Reliefmuster, das mit aufgetragener Farbe abgedruckt od. eingeprägt wird; **2)** amtl. Beglaubigungs-, Merkzeichen; **3)** Ausbauelement im Bergbau aus Holz, Stahl u. a. zur Abstützung; **4)** Fruchtknoten, Griffel u. Narbe als einheitl. ♀ Geschlechtsorgan der Samenpflanzen; **5)** in der Umformtechnik in das Werkstück eintauchendes Werkzeug (Patrize); **6)** Werkzeuge der Münzproduktion (Ober- u. Unter-S.).

Stendal, Krst. in der Altmark, Sa.-Anh., 45500 E; zahlr. Bauten der Backsteingotik; Nahrungsmittelindustrie.

Stendhal [stɛ̃'dal], eigtl. Marie Henri Beyle, * 1783, † 1842, frz. Schriftsteller; gehört mit seinen zeitkrit., soz.-krit. u. psychol. Darstellungen zu den Vorläufern des frz. Realismus; Romane, u. a. „Rot u. Schwarz", „Die Kartause von Parma"; Novellen, Biographien.

Stenografie, svw. † Kurzschrift.

Stenogramm [gr.], in Kurzschrift nachgeschriebenes Diktat oder nachgeschriebene Rede.

Stenotypist[in], Bürokraft, die Kurzschrift und Schreibmaschine beherrscht.

Stentor, stimmgewalt. griech. Held im Trojan. Krieg; nach ihm *St.stimme,* eine laute, gewalt. Stimme.

Stepanakert, Hptst. v. Berg-Karabach, Aserbaidschan, 55200 E.

Stephan: *Serbien:* **1) St. Dušan** [- 'duʃan], * um 1308, † 1355, Zar seit 1331; dehnte sein Reich bis nach Thessalien aus, begr. die Selbstständigkeit der serb. Kirche. – *Ungarn:* **2) St. I.,** der Heilige, * um 969 (um 975 ?), † 1038, Kg. s. 1001; seine Königskrönung u. die Gründung des Erzbistums Gran (1001) bedeuteten eine feste Bindung Ungarns an das westeurop. Christentum; nach ihm heißt die ungar. Königskrone *Stephanskrone.*

Stephan, Heinrich v., * 1831, † 1897, Organisator des dt. Postwesens; Gründer des Weltpostvereins (1874).

Stephanie, urspr. Stéphanie de Beauharnais, * 1789, † 1860, Großhzgn. v. Baden; Adoptivtochter Napoleons I., Nichte der Ksn. Joséphine, 1806 mit Großhzg. Karl Ludwig Friedrich von Baden vermählt.

Stephanus, † zw. 31 u. 36 n. Chr., der erste Märtyrer (Erzmärtyrer) des Christentums; Diakon der Urgem., wurde verleumdet, gefangen genommen und gesteinigt.

Steppe [russ.], baumlose, trockene Vegetationsformation mit Kräutern, Gräsern, hochwüchs. Stauden, Zwiebel- u. Knollengewächsen in außertrop. Klimazonen; *Wald-, Strauch-, Gras-, Wüsten-St.,* Sonderformen: *Salz-St.* u. *Kälte-St.* († Tundra).

Stepptanz (engl. Tap dance), artist. Tanz, bei dem der Rhythmus durch Klappen mit *Steppeisen* an Schuhspitze und -absatz hörbar gemacht wird.

Ster, svw. ↑Raummeter.

Steradiant [gr.; lat.], Einheit des räuml. Winkels, Zeichen sr; der räuml. Winkel, der als gerader Kreiskegel mit der Spitze im Mittelpt. einer Kugel vom Radius 1 m aus d. Kugeloberfläche eine Kalotte v. 1 m^2 ausschneidet, 1 sr = 1 m^2/m^2.

Sterblichkeit (Mortalität), Bez. für das Verhältnis der Todesfälle zur Gesamtbev. eines Landes.

stereo..., Stereo... [gr.], Bestimmungswort; Bed.: „starr; räuml., körperlich".

Stereofotografie, Herst. fotogr. Bilder *(Stereobilder),* die beim Betrachten [durch bes. Stereowiedergabegeräte] eine Raumwirkung erzielen; es werden stets 2 Bilder eines Objekts von 2 im Augenabstand voneinander entfernten Objektiven aufgenommen.

Stereometrie ↑Geometrie.

Stereophonie [gr.], elektroakust. Schallübertragung, die raumgetreues *(stereophon.)* Hören gestattet; Anwendung im Tonfilm (mehrere Magnettonspuren; räuml. aufgestellte Wiedergabegeräte), bei Schallplatten, Tonbändern u. in der Rundfunktechnik (Hochfrequenzstereophonie).

stereotyp [gr.], feststehend, starr; abgedroschen.

Stereotypie: 1) Verfahren zur Anfertigung von Druckplatten *(Stereos)* für den Hochdruck; **2)** gleichförm. Wiederholen v. Worten und Sätzen od. v. motor. Äußerungen, auch Verharren in der gleichen Haltung; bei Schizophrenie.

steril [lat.]: **1)** keimfrei; **2)** unfruchtbar.

Sterilisation (Sterilisierung): **1)** Entkeimung; **2)** Unfruchtbarmachung durch Unterbinden der Samenstränge bzw. der Eileiter.

Sterine [gr.], Gruppe der ↑Steroide; polycycl. sekundäre Alkohole; Bestandteile jeder tier. u. pflanzl. Zelle; u. a. Cholesterin, Ergosterin.

Sterling ['stə:lıŋ], fr. engl. Pennymünze in Silber; heute: *Pfund St.* – ↑auch Übers. Währungen.

Stern: 1) Carola, eigtl. Erika Zöger, geb. Assmus, * 1925, dt. Schriftstellerin; grundlegende Arbeiten über die SED u. den Staatsapparat der DDR; 1961 Mitbegr. der dt. Sektion v. Amnesty International; **2)** Otto, * 1888, † 1969, dt.-amer. Physiker; Arbeiten u. a. zur Molekularstrahlphysik; 1921 mit W. Gerlach Nachweis der Richtungsquantelung des magnet. Moments einzelner Atome im *St.-Gerlach-Versuch;* Bestimmung des magnet. Moments des Protons (1933); Nobelpreis 1943.

Stettin. *Blick über die Oder auf das Schloss der Herzöge von Pommern*

Stern, allg. Bez. für jedes leuchtende Objekt an der Himmelskugel (außer Mond); astronom. unterscheidet man *Wandel-St.e* (↑Planeten) und *Fix-St.e* (St.e im eigtl. Sinn; von den Astronomen des Altertums als feststehend angenommen). Der uns nächste St. ist unsere ↑Sonne, der die Mrz. der St.e in Aufbau, Größe, Masse, Dichte u. Energieerzeugung ähneln. Daneben extreme *St.typen: Überriesen* (Größe bis zu 2 000 Sonnendurchmessern), *Weiße Zwerge* (Dichte von der Größenordnung 10^5 bis 10^7 g/cm^3) u. a. Die ermittelten St.alter liegen zw. einigen Mill. und etwa 10 Mrd. Jahren.

Sternbedeckung, Bedeckung eines Sterns durch Mond od. Planeten.

Sternberg, Josef von, * 1894, † 1969, amer. Filmregisseur östr. Herkunft; Entdecker von Marlene Dietrich („Der blaue Engel").

Sternbilder, Gruppen von Fixsternen, deren Zusammenfassung u. Benennung wahrsch. schon in frühgeschichtl. Kulturkreisen erfolgten.

Sterndeutung, svw. ↑Astrologie.

Sterne, Laurence [stə:n], * 1713, † 1768, engl. Schriftsteller; Wegbereiter des mod. Romans; „Leben u. Meinungen des Tristram Shandy".

Sternhaufen, Ansammlung von kosmogon. zusammengehör. Sternen; Größe unterschiedl.; Arten (verschiedene Durchmesser und Mitgl.-Zahl): *offene St., Sternassoziationen,* ↑Kugelhaufen.

Sternheim, Carl, * 1878, † 1942, dt. Dramatiker u. Erzähler; karikiert in seinem Werk die bürgerl. Ges. des Wilhelmin. Zeitalters; „Die Hose", „Bürger Schippel".

Sternkataloge, systemat. geordnete Sternverzeichnisse, meist mit der für einen best. Zeitpt. (Epoche) gült. Angabe des Sternortes.

Sternmiere, Gatt. der Nelkengewächse; u. a. *Vogelmiere,* Grünfutter für Vögel.

Sternschnuppen ↑Meteore.

Sternsystem, Ansammlung von etwa 100 Mill. bis 200 Mrd. Sternen, die kosmogon. und dynam. eine Einheit bilden; z. B. das Milchstraßensystem.

Sterntag, die Zeit zw. 2 aufeinander folgenden Kulminationen des Frühlingspt. durch den Meridian; der St. ist 3 min 56,6 sek kürzer als ein mittl. Sonnentag.

Sternzeit, Stundenwinkel des Frühlingspt.; als Zeitmarke an der Sphäre wird ein Stern, genauer der Frühlingspt. (↑Frühling) benutzt.

Steroide [gr.], gr. chem. Stoffklasse; umfasst u. a. Gallensäuren, Nebennierenrinden- (Aldosterin u. a. Kortikoide) u. Sexualhormone wie Androgene u. Östrogene *(Steroidhormone),* ↑Sterine u. einige pflanzl. u. tier. Giftstoffe.

Sterzing (ital. Vipiteno), St. in Südtirol, Italien, im oberen Eisacktal, 5 300 E; maler. Stadtbild mit spätgot. Bauten; Fremdenverkehr.

Stethoskop [gr.], Hörrohr zur ↑Auskultation; *Schlauch-St.* mit Membrantrichter.

Stetigkeit, grundlegender math. Begriff: Eine Funktion $y = f(x)$ ist stet., wenn sich durch eine geringe Änderung von x auch der Funktionswert y nur geringfügig und nicht sprunghaft ändert.

Stettin (poln. Szczecin), Hafenst. an der Oder vor ihrer Mündung ins ↑Stettiner Haff, Polen, 416400 E; med. Akad., PH, landw. Hochschule, Polytechnikum; Hüttenwerk, Werften, Fahrzeugbau-, Kunstfaser-, Baustoff-, Lebensmittel-, chem. Ind.; bed. Umschlagplatz; ✈. – Slaw. Gründung, erhielt 1243 Magdeburger Stadtrecht; 1648 schwed., 1720 preußisch; 1945 zu Polen.

Stettiner Haff (auch Oderhaff, Das Haff), Haff im Gebiet der Odermdg., südl. der Inseln Usedom u. Wollin, 650 km², rd. 4 m (maximal 9 m) tief; O-Teil (Küstengebiete zu Polen) *Gr. Haff*, W-Teil (Küstengebiete zur BRD) *Kl. Haff*.

Steuben, Friedrich Wilhelm v., * 1730, † 1794, amer. Gen. dt. Herkunft; ging 1777 nach Nordamerika, organisierte die amer. Armee u. kämpfte im Nordamerik. Unabhängigkeitskrieg erfolgreich gg. die Briten.

Steuerbefreiung, Ausnahme von einem ↑Steuertatbestand: Befreiung von der Steuerpflicht bzw. der Steuerzahlungspflicht aufgrund ausdrückl. vom Gesetzgeber berücksichtigter Tatbestände.

Steuerberatung, geschäftsmäßige Hilfeleistung in Steuersachen, d. h. Beratung, Vertretung gegenüber der Finanzverwaltung u. den Finanzgerichten sowie Beistand bei der Bearbeitung der Steuerangelegenheiten u. bei der Erfüllung der steuerl. Pflichten; durchgeführt vom *Steuerberater* oder *Steuerbevollmächtigten.*

Steuerbescheid, Bescheid des Finanzamts über die Festsetzung der zu entrichtenden Steuer; enthält u. a. Besteuerungsgrundlagen, Zahlungsbedingungen.

Steuerbord, rechte Seite eines Schiffes oder Luftfahrzeuges (in Fahrtrichtung).

Steuer|erklärung, Darst. der Vermögens- und Einkommensverhältnisse des Steuerpflichtigen zur Festsetzung von Einkommen- u. a. Steuern.

Steuerfahndung, die den St.s-beamten d. Oberfinanzdirektionen als Hilfsbeamten der Staatsanwaltschaft obliegende Prüfung bei Verdacht eines Steuervergehens.

Steuergeheimnis, Verschwiegenheitspflicht aller Amtsträger, Vertragsangestellten u. amtl. zugezogenen Sachverständigen über ihnen bekannt gewordene Verhältnisse von Steuerpflichtigen; das St. ist unverletzlich, es sei denn, es besteht Auskunftspflicht bei Kapitalverbrechen.

Steuerhinterziehung, Hauptdelikt des Steuerstrafrechts; der Tatbestand der St. umfasst: das Erschleichen nicht gerechtfertigter Steuervorteile (z. B. Kinderermäßigungen); die Steuerverkürzung, die begeht, wer vorsätzl. bewirkt, dass Steuereinnahmen entweder zu niedrig festgesetzt oder bei Fälligkeit nicht oder zu niedrig entrichtet werden; schließl. die Zweckentfremdung von Sachen, für die Steuervorteile oder Steuerbefreiung gewährt wurden. In allen Fällen muss aufseiten des Täters ↑Steuerunehrlichkeit vorliegen.

Steuerhoheit, Recht zur Ausübung der Staatsgewalt durch den Bund und die Länder zur Gesetzgebung (Gesetzgebungshoheit), zur Ausgestaltung v. Modalitäten (Ertragshoheit) u. zur Verwaltung (Verwaltungshoheit) im Bereich des Abgabenwesens; neben dieser Staatshoheit gibt es noch die (verliehene) Verbandshoheit öff.-rechtl. Religionsges. u. die den Gemeinden bzw. Gemeindeverbänden verliehene Steuerhoheit.

Steuern, einmalige oder laufende Geldleistungen, die nicht eine Gegenleistung für eine bes. Leistung darstellen u. v. einem öff.-rechtl. Gemeinwesen zur Erzielung von Einkünften allen auferlegt werden, bei denen der Tatbestand zutrifft, an den das jeweilige Steuergesetz die Leistungspflicht knüpft.

Steuer|oasen, Bez. für Länder mit keinen oder niedrigen Steuern (z. B. San Marino, Liechtenstein).

Steuerpflicht, die unabhängig davon, ob im Einzelfall eine konkrete Steuerschuld entstanden ist, bereits mit der Geburt einer Person entstehende Verpflichtung, Einkommen-, Körperschaft- u. Vermögensteuer zu entrichten; auch svw. *Steuerzahlungspflicht,* die eine konkrete Steuerschuld voraussetzt.

Steuerpolitik, Gesamtheit der Maßnahmen der Finanzpolitik auf dem steuerl. Sektor: 1. Bereitstellung der für den Staat benötigten Mittel nach dem ökonom. Prinzip, 2. Besteuerung nach der Leistungsfähigkeit, 3. konjunktur- u. verteilungspolit. Beeinflussung des Wirtschaftsablaufs.

Steuer|recht, wichtigstes Teilgebiet des Abgabenrechts (neben dem Recht der Gebühren u. der Beiträge); es umfasst die Gesamtheit der Rechtsvorschriften, die das Rechtsverhältnis zw. Steuergläubiger u. Steuerschuldner, die Rechtshandlungen, die sich aus den Rechten u. Pflichten ergeben, sowie die Verwaltung der Steuern regeln. Das *allg. St.* ist für die BRD in der Abgabenordnung, im Steueranpassungsgesetz und in der Finanzgerichtsordnung geregelt. Das steuerl. *Verfahrensrecht* umfasst das Veranlagungsverfahren (↑Veranlagung) u. das Erhebungsverfahren, die zusammen das Besteuerungsverfahren ausmachen. Das *bes. (materielle) St.* umfasst die einzelnen Steuergesetze u. die dazu erlassenen Rechtsverordnungen; ↑auch Steuerstrafrecht.

Steuersatz, der auf eine Steuereinheit entfallende Steuerbetrag.

Steuerstrafrecht, derjenige Teil des Nebenstrafrechts, der sich auf Verstöße gg. die Steuer- u. Zollgesetze bezieht; grundsätzl. gelten die allg. Vorschriften des Strafrechts. Das St. schützt v. a. den Anspruch des Staates auf Mitwirkung des Bürgers bei der Festlegung der Steuern u. auf Offenbarung der Bemessungsgrundlagen, nicht aber auf Zahlung der festgesetzten Steuerschulden (diese erfolgt durch Beitreibung). Nicht zum St. zählen die Zwangsstrafen u. Säumniszuschläge. – Das St. unterscheidet zw. *Steuervergehen* (Steuerhinterziehung, Bannbruch, Bandenschmuggel, Steuerhehlerei u. Verletzung des Steuergeheimnisses) u. *Steuerordnungswidrigkeiten* (leichtfertige Steuerverkürzung, Steuergefährdung, unbefugte Hilfeleistung in Steuersachen).

Steuertatbestand, die Gesamtheit der Voraussetzungen, an die ein Steuergesetz die Steuerpflicht unabhängig von der Person des Steuerpflichtigen knüpft.

Steuer|überwälzung, Übertragung der Steuertraglast durch den Steuerschuldner auf andere Wirtschaftsobjekte im Verlauf eines Preisbildungsprozesses (Behandlung der Steuern als Kosten).

Steuer|unehrlichkeit, das Täuschen des Finanzamts über die Höhe oder Fälligkeit einer Steuerschuld durch Verschleierung von Tatsachen in dem Bewusstsein, dass ein Steueranspruch bestehe; subjektives Merkmal der Steuerhinterziehung u. a. Steuervergehen.

Steuerung, Vorgang in einem dynam. System, bei dem eine od. mehr. Eingangsgrößen *(Steuerbefehl)* über eine nicht geschlossene Kette v. Übertragungsgliedern *(Steuerkette)* die Ausgangsgröße[n] *(Steuerwirkung)* gemäß der dem System eigenen Gesetzmäßigkeit beeinflussen *(steuern).* Im Ggs. zur Regelung erfolgt keine Rückwirkung. Auch Bez. für die ges. der St. dienende Vorrichtung.

Steuerveranlagung ↑Veranlagung.

Steuervergünstigung, in einem Steuergesetz enthaltene Vergünstigung, die aus soz. oder wirtschaftspolit. Gründen gewährt wird.

Steuerverkürzung, Teiltatbestand der ↑Steuerhinterziehung. Eine leichtfertige St. begeht, wer seine steuerl. Pflichten fahrlässig grob vernachlässigt u. dadurch bewirkt, dass Steuereinnahmen verkürzt oder ihm Steuervorteile zu Unrecht gewährt werden; wird als Steuerordnungswidrigkeit im Steuerstrafrecht geahndet.

Steuerzahler, derjenige, der gesetzl. zur Zahlung der Steuer verpflichtet ist; meist der Steuerschuldner, gelegentl. auch eine 3. Person, z. B. der Arbeitgeber bei der Abführung der Lohnsteuer.

Steuerzuschläge: 1) zu dem Zweck einer vorübergehenden Steigerung der Ergiebigkeit einer bestehenden Steuer erhobene Zusatzabgaben (z. B. Ergänzungsabgabe, Konjunkturzuschlag); **2)** Verspätungs- u. Säumniszuschläge, die in der Abgabenordnung für die Fristüberschreitung als Ungehorsamsfolgen vorgesehen sind.

Steven [niederdt.], vorderer *(Vorder-St.)* oder hinterer *(Achter-St.)* Abschluss eines Schiffes.

Stevenson, Robert Louis [Balfour] ['sti:vnsn], *1850, †1894, schott. Schriftsteller; Abenteuererzählung „Die Schatzinsel"; Erzählung „Der seltsame Fall des Doctor Jekyll u. des Herrn Hyde"; histor. Romane, Südsee-Erzählungen, Lyrik, Essays.

Steward[ess] ['stjʊəd, 'stjʊədɪs; engl.], Betreuer[in] der Passagiere an Bord von Schiffen, in Flugzeugen u. in Omnibussen.

Stewart, James ['stjʊət], *1908, †1997, amer. Schauspieler.

Steyler Missionare, Mitgl. einer 1875 v. *A. Janssen* (*1837, †1909) in Steyl (Prov. Limburg, Niederlande) begr. Missionskongregation für die Äußere Mission.

Steyr, östr. Stadt an der Enns, Oberöstr., 39 500 E; spätma.-barockes Stadtbild; Automobil-, Masch.-, Metallwarenindustrie.

StGB, Abk. für: ↑**Str**af**g**esetz**b**uch.

Stibium [lat.], svw. ↑Antimon.

Stich, graf. Blatt in Grabsticheltechnik, z. B. Kupfer-, Stahlstich.

Stichlinge, Knochenfischfam.; Flossen mit Hartstrahlen, ♂♂ bauen Nester für Eier u. Junge, die sie pflegen.

Stichprobe, Teilmenge einer statist. Masse, die dieser nach best. Verfahren entnommen wird u. die sie mit best. Wahrscheinlichkeit repräsentiert.

Stichwahl ↑Mehrheitswahl.

Stick|oxide, svw. ↑Stickstoffoxide.

Stickstoff, chem. El., Symbol N (von ägypt.-gr. Nitrogenium), OZ 7, rel. A.-Masse 14,0067, farb- u. geruchloses, geschmackfreies, unbrennb. Gas; Dichte 1,2506 g/l, Fp. −209,86 °C, Sp. −195,8 °C, chem. sehr träge; kommt v. a. als Hauptbestandteil der Luft (78,09 Vol.-%) vor, ferner chem. gebunden in einigen Salzen (Chilesalpeter); ist in geringen Mengen v. a. in den Eiweißstoffen aller Pflanzen u. Tiere enthalten. Gasförm. St. wird verw. in der *St.ind.* zur Herst. von ↑Ammoniak, ↑St.oxiden, Salpetersäure, ↑Düngemitteln u. a.

Stickstoffoxide, Symbol NO_x, chem. Verbdg. aus Sauerstoff u. Stickstoff; v. a. *Distickstoffoxid,* N_2O, ↑Lachgas; *Stickstoffmonoxid,* NO, und *Stickstoffdioxid,* NO_2, techn. Zwischenprodukte bei der Herst. v. Salpetersäure und von zahlreichen anorgan. und organ. Stickstoffverbindungen. NO u. NO_2 entstehen u. a. bei Verbrennungsprozessen (Rauchgase) hoher Temp. (Umweltschadstoffe).

Stiefmütterchen, Veilchengewächs, kl. Pflänzchen auf Feldern u. Wiesen; Stammart der zahlr. *Gartenstiefmütterchen.*

Stieglitz (Distelfink), bunter Finkenvogel mit roter Gesichtsmaske; beliebt als Stubenvogel.

Stier, das Sternbild Taurus.

Stier ↑Bulle.

Stierkampf, bereits im alten Ägypten u. in Mesopotamien bek. Kampf v. Menschen mit Stieren, heute in Spanien, Portugal, S-Frkr. u. Lateinamerika; der Torero, die Picadores u. die Banderilleros reizen u. schwächen den Stier, auf dem Höhept. des St.es kämpft der Torero (jetzt *Matador* gen.) allein gg. den Stier u. tötet ihn durch einen Degenstoß; in Portugal, S-Frkr. u. Lateinamerika meist unblutig.

Stift: 1) Körperschaft eines Domes (Domkapitel), eines Kollegiats *(Kollegiat-St.);* mit *St.svermögen* ausgestattet; auch für Bistum, Erzbistum *(Erz-St.);* **2)** von einem Wohltäter gestift. karitat. Anstalt.

Stifter, Adalbert, *1805, †1868, östr. Dichter; sein ästhet.-sittl. Ideal bekundet sich im „sanften Gesetz", das im Stillen u. Schlichten die bewahrende, alle leidenschaftl. Bewegungen in Natur und Menschenleben bezwingende Kraft erkennt; gilt als größter östr. Erzähler.

Stiftung, eine zu einem best. Zweck zur Verfügung gestellte Vermögensmasse, die meist als [in der Regel staatl. beaufsichtigte] ↑jurist. Person des öff. oder privaten Rechts auftritt.

A. Stifter

Stiftung Deutsche Sporthilfe, 1967 gegr. Einrichtung zur materiellen Unterstützung v. Spitzensportlern in der BRD; Sitz Frankfurt am Main.

Stiftung Preußischer Kulturbesitz, 1957 durch B.-Ges. errichtete Stiftung des öff. Rechts zur Verw. des ehem. preuß. Kulturbesitzes; Sitz Berlin.

Stiftung Volkswagenwerk, 1961 von der BRD und dem Land Nds. gegr. Stiftung zur Förderung von Wiss. u. Technik in Forschung u. Lehre; Sitz Hannover.

Stiftung Warentest, staatl. unterstütztes, 1964 mit Mitteln des Bundes gegr. Warentestinstitut; Sitz Berlin.

Stigma [gr.]: **1)** Mal, Zeichen; Wundmal; **2)** Mündungsöffnung der Tracheen bei Gliederfüßern.

Stigmatisation, im theolog. Sinn Auftreten der Leidensmale Christi am Leib eines lebenden Menschen, z. B. bei Franz von Assisi.

Stijl-Gruppe [niederl. 'stɛjl-], von P. Mondrian, T. van Doesburg u. a. 1917 in den Niederlanden gegr. Gruppe, die für die Entw. der mod. Kunst wesentl. wurde; erstrebte geometr. Klarheit; internat. Verbreitung durch das Bauhaus.

Stil [lat. stilus = Schreibgriffel], die Einheit der [bes.] Ausdrucksformen eines Kunstwerkes, einer Epoche; Darstellungsweise, Art (Baustil, Schreibstil).

Stilfser Joch (ital. Passo dello Stelvio), ital. Pass zw. Vintschgau (Etsch) u. Veltlin (Adda), 2 757 m.

stille Reserven, durch Unterbewertung von Aktiva od. Überbewertung von Passiva entstehende Rücklagen, die nach außen nicht erkennbar sind.

Stiller Ozean ↑Pazif. Ozean.

Stockholm. *Insel Riddarholm mit der Riddarholmskirche (Mitte rechts)*

Stillleben, maler. Darst. von toten od. reglosen Dingen (Blumen, Früchte, Tiere, Gläser u. a.).

Stimmbänder, im Kehlkopf der Säugetiere (einschl. Mensch) ausgespannte elast. Bänder.

Stimmbruch (Mutation, Stimmwechsel), Tieferwerden der Stimmlage in der Pubertät beim ♂ Geschlecht infolge Wachstums des Kehlkopfes u. Stimmbandverlängerung.

Stimme, Lautäußerung des Menschen u. vieler Tiere, die vorw. durch rhythm. Schwingungen der angespannten Stimmbänder im Kehlkopf entsteht; die Schwingungen werden durch die an den Stimmbändern vorüberstreichende, aus den Lungen ausgeatmete Luft erzeugt; Resonanz gibt der Brustkorb sowie der Kopf mit dem Nasennebenhöhlensystem.

Stimmgabel, nach der Überlieferung 1711 v. *John Shore* († 1752) erfundenes gabelförm. Gerät aus ungehärtetem Schmiedestahl zur Erzeugung eines best. Tones (heute Kammerton).

Stimmlagen, Bereiche der menschl. Stimme, nach den Tonhöhen eingeteilt in *Sopran* (etwa c^1–a^2, Koloratursopran bis f^3 und höher), *Mezzosopran* (etwa a–g^2), *Alt* (etwa f–f^2) bei den Frauenstimmen, *Tenor* (etwa c–a^1), *Bariton* (etwa A–e^1), *Bass* (etwa E–d^1) bei den Männerstimmen.

Stimmritze ↑Glottis; *St.nkrampf,* svw. Glottiskrampf, ↑Glottis.

Stimmung: 1) in der Musik Tonbestimmung durch Festlegung: 1. der absoluten Tonhöhe nach dem Kammerton, 2. der relativen Tonhöhe (Verhältnis der Töne innerh. der Oktave; in der heute übl. *gleich schwebend temperierten St.* ist die Oktave in 12 gleiche Teile geteilt); **2)** festgelegte Tonhöhe eines Instruments bzw. der einzelnen Saiten.

Stimulans [lat.], Mrz. Stimulanzien (Stimulantia), [die Zentren im Gehirn, Drüsen mit innerer Sekretion usw.] anregendes, Reize auslös. Arzneimittel.

R. Stolz

Stinkmorchel, aasartig riechender Bauchpilz; Sporenverbreitung durch Aasfliegen.

Stinktiere (Skunke, Mephitinae), Unterfam. der Marder; Kleintierfresser, die ihre Angreifer mit einem Sekret aus paar. Stinkdrüsen (am After) bespritzen; Nord-, Mittel-, Südamerika; Pelztiere.

Stinnes, Hugo, * 1870, † 1924, dt. Industrieller; entwickelte das von seinem Großvater *Mathias St.* (* 1790, † 1845) begr. Unternehmen zu einem umfangr. Konzern der Montanind., der Binnen- u. Seeschifffahrt; der Konzern zerfiel später in mehrere Gruppen.

Stinte [niederdt.], Fam. lang gestreckter Knochenfische in Küstengewässern kalter u. gemäßigter Meere und im Süßwasser der nördl. Hemisphäre.

Stipendium [lat.], Geldbeihilfe, bes. für Studenten.

Stirn, über den Augen gelegener, vom *St.bein* (als einheitl. Deckknochen ausgebildet aus 2 St.beinen) gebildeter Teil des Gesichts; über dem Nasenansatz im St.bein die *St.höhlen.*

Stoa [gr.], nach ihrem Lehrplatz, der *St. Poikile* (= bunte Säulenhalle) in Athen, ben. hellenist.-röm. Philosophenschule; Zeno v. Kition begr. um 300 v. Chr. die *ältere St.* (bis 150); *mittl. St.* (150–30 v. Chr.; Poseidonios) u. *späte St.* (50–250 n. Chr.; v. a. Seneca d. J., Epiktet, Mark Aurel); der *Stoizismus* ist v. a. eine Lebensweisheitslehre; die stoische Ethik forderte vom Weisen naturgemäßes Leben, Streben nach der als Wissen lehrb. Tugend, gleichmüt. Erdulden auch des Übels; kosmopolit. ausgerichtet war die Lehre von dem für alle Menschen gleich geltenden Recht und Gesetz.

Stöcker, Helene, * 1869, † 1943, dt. Frauenrechtlerin u. Pazifistin; 1905 Mitbegr. des Bundes für Mutterschutz u. Sexualreform, aktiv in der Dt. Friedensges. u. in der Internationale der Kriegsdienstgegner, emigrierte 1933.

Stockfisch ↑Kabeljau.

Stockflecke, durch Schimmelpilz od. Bakterieneinwirkung v. a. auf Stoffen und Papier gebildete gräul. od. bräunl. Flecke.

Stockhausen, Karlheinz, * 1928, dt. Komponist; v. entscheidender Bed. auf dem Gebiet der seriellen u. elektron. Musik.

Stockholm, Hptst. v. Schweden, auf Schären, Inseln u. Halbinseln zw. Ostsee u Mälarsee; 684 500 E; Kultur- u. Wirtsch.-Zentrum, Nobelinstitute u. -stiftung, Univ., TH, Fachhochschulen, bed. Bibliotheken, Museen; internat. Messe; Maschinenbau, Metall-, Papier-, Textil-, Nahrungsmittel- u. a. Ind.; bed. ⚓, 2 ✈. – Um 1250 gegr., in der Hansezeit bed. Handelsplatz, s. dem 17. Jh. Hauptstadt.

Stockkrankheit ↑Übers. S. 528 f.

Stonehenge. *Gesamtanlage*

Stockschwämmchen, essb. bräunl. gelber Ständerpilz, wächst in Büscheln an Baumstümpfen.

Stoecker, Adolf, * 1835, † 1909, dt. ev. Theologe u. Politiker; 1878 gründete er die Christl.-soz. Arbeiterpartei; gewann durch seinen wirtschaftl.-soz. Antisemitismus v.a. den Mittelstand; begr. 1890 den „Ev.-Soz. Kongress".

Stoffwechsel (Metabolismus), Gesamtheit der Lebensvorgänge, bei denen der Organismus Stoffe (z.B. Aufbau-, Energiestoffe) von außen aufnimmt, sie in seinem Innern in körpereigene Substanzen *(Assimilation)* chem. umsetzt bzw. abbaut *(Dissimilation)* und andere Stoffe (Abbauprodukte, Sekrete) nach außen abgibt; *St.krankheiten:* Fett-, Magersucht, Zuckerkrankheit, Rachitis, Gicht u.a.

Stoiber, Edmund, * 1941, dt. Politiker (CSU), 1988–93 bayer. Innen-Min., seit 1993 Min.-Präs. von Bayern.

Stoiker [gr.]: **1)** Vertr. der Stoa; **2)** Mensch v. *stoischer* (unerschütterl., gleichmüt.) Gelassenheit.

Stoke-on-Trent ['stəʊk ɔn 'trent], engl. St. am SW-Fuß der Pennines, 246 800 E; Zentrum der engl. keram. u. Porzellanind.; Eisen- u. Stahlindustrie.

Stoker, Bram ['stəʊkə], eigtl. Abraham St., * 1847, † 1912, ir. Schriftsteller; hatte Welterfolg mit seinem Vampirroman „Dracula".

Stokowski, Leopold, * 1882, † 1977, amer. Dirigent; 1912–36 Leiter des Philadelphia Orchestra, 1962–73 des v. ihm gegr. American Symphony Orchestra in New York.

Stola [gr.]: **1)** falt., knöchellanges Obergewand der Frau im antiken Rom; **2)** streifenförm. liturg. Gewandstück der kath., der anglikan. u. teilw. der luth. Geistlichen; **3)** langer schmaler Umhang (Damenmode).

Stolberg (Rhld.), St. östl. von Aachen, NRW, 58 200 E; Burg (um 1450); Metallind., Holz-, Textil-, chem.-pharmazeut. Industrie.

Stollen: 1) die metr. gleich gebauten Teile des Aufgesangs, bes. in der Meistersangstrophe; **2)** Kuchen od. Brot in längl. Form (bes. *Christ-St.*); **3)** im Bergwesen leicht ansteigender Grubenbau; **4)** runde Teile aus Metall, Kunststoff u.a. an der Sohle von Sportschuhen, um sie rutschfest zu machen.

Stolp (poln. Słupsk), St. in Ostpommern, Polen, 102 000 E; Marienkirche (14./15. Jh.), Schloss (16. Jh.); Möbelind.; 18 km nw. Hafen u. Ostseebad *St.münde.*

Stolpe, Manfred, * 1935, dt. Politiker (SPD), s. 1959 im Dienst der Evang. Kirche in Berlin-Brandenburg, 1982–90 dort Konsistorial-Präs.; s. 1990 Min.-Präs. von Brandenburg.

Stoltenberg, Gerhard, * 1928, dt. Politiker (CDU); 1965–69 B.-Min. für wiss. Forschung, 1971–82 Min.-Präs. von Schl.-Ho., 1982–89 B.-Min. der Finanzen, 1989–92 (Rücktritt) B.-Min. für Verteidigung.

Stolz, Robert, * 1880, † 1975, östr. Operettenkomponist; zahlr. Operetten, Filmmusiken u. Lieder.

Stone, Sharon [stəʊn, engl.], * 1958, amer. Filmschauspielerin. Internat. Erfolg u.a. „Basic Instinct", „Diabolisch".

Stonehenge ['stəʊnhendʒ; engl.], monumentale vorgeschichtliche Steinsetzung um einen „Altarstein" in S-England, nördl. von Salisbury.

Stoph, Willi, * 1914, † 1999, dt. Politiker (SED); 1952–55 Innen-, 1956–60 Verteidigungsmin., s. 1953 Mitgl. des Politbüros des ZK der SED, 1964–73 Vors. des Min.-Rats der DDR, 1973–76 Vors. des Staatsrats, 1976–89 wieder Vors. d. Min.-Rats.

Stoppard, Tom, * 1937, engl. Dramatiker tschech. Herkunft.

Störche, Fam. bis 1,6 m gr., gut segelnder, hochbein. u. langhals., vorw. Fische, Kleinsäuger, Frösche u. Insekten fressender Stelzvögel; v.a. in ebenen, feuchten Gegenden; z.B. Weiß-, Waldstorch, in Dtl. nur noch selten.

Storchschnabelgewächse, Pflanzenfam. gemäßigter Gebiete, oft Trockenpfl., meist Kräuter od. Halbsträucher; u.a. *Storchschnabel* (Geranium), auch als Gartenzierpfl., u. Pelargonie.

Store [ʃto:r; frz.], meist durchsicht. Fenstervorhang, Zuggardine.

Störe, Fischordn. mit knorpel. Skelett, unterständigem Maul u. unpaarer Schwimmblase; 2 Fam.: *St.,* nördl. Erdhälfte, meist marin, wandern zum Laichen in die Flüsse; Körper schlank, meist mit Knochenplatten; *Löffel-St.,* mit lang ausgezogener Schnauze und nackter Haut; 2 Arten in Nordamerika und China.

Th. Storm

Storm, Theodor, * 1817, † 1888, dt. Dichter des poet. Realismus; schuf als Lyriker zarte Stimmungsgedichte; Novellen: „Immensee", „Pole Poppenspäler", „Die Söhne des Senators", „Der Schimmelreiter".

stornieren [ital.], etwas rückgäng. machen, z. B. eine Buchung, eine Bestellung.

Störtebeker, Klaus, † 1401, Seeräuber aus Wismar; Führer der Vitalienbrüder; in Hamburg hingerichtet.

Story ['stɔ:rı; engl.], Geschichte, Erzählung.

Stoß, Veit, * um 1445, † 1533, dt. Bildhauer; einer der Hauptmeister der Spätgotik; leidenschaftl. Bewegung, Monumentalität und Verinnerlichung kennzeichnen sein Werk; Hochaltar für die Marienkirche in Krakau, „Engl. Gruß" in St. Lorenz (Nürnberg), Bamberger Altar, Marienfiguren und Kruzifixe.

Stoß: 1) Zusammenprall zweier sich relat. zueinander bewegender Körper, die dabei ihre Geschwindigkeit nach Größe u. Richtung ändern; **2)** Verbdg.-Stelle zweier [Bau]elemente (ohne Überlappung); **3)** seitl. Begrenzungsfläche eines Grubenbaus (⚒).

Stoßdämpfer, beim Kfz eine zw. Rad u. Aufbau angebrachte Vorrichtung zum Dämpfen der durch Bodenunebenheiten hervorgerufenen Schwingungen.

Stößel: 1) Mörserkeule; **2)** stabförm. Vorrichtung zur Übertragung v. Stoßbewegungen (z. B. Ventil-St. beim Kfz-Motor).

Stoß|ionisation, Ionisation von Atomen od. Molekülen, bei der die benötigte Ionisierungsenergie durch die kinet. Energie der stoßenden Elektronen od. Ionen geliefert wird.

Stottern, krampfhaftes mehrf. Wiederholen des Anlautes od. der Anfangssilbe eines Wortes; meist aufgrund seel. Störungen.

Stout [staʊt; engl.], dunkles engl. Bier (relat. hoher Hopfenanteil).

Stowe, Harriet [Elizabeth] Beecher [stəʊ], geb. Beecher, * 1811, † 1896, amer. Schriftstellerin; „Onkel Toms Hütte".

StPO, Abk. für: ↑**St**raf**p**rozess**o**rdnung.

Strabo, * um 63 v. Chr., † 28 (?; nach 23/26) n. Chr., griech. Geograph und Geschichtsschreiber; mehr. Reisen; „Geographica" (17 Bücher).

Stradella, Alessandro, * 1642, † 1682 (ermordet), ital. Komponist; Orchesterarien mit solist. Violinbegleitung, Concerti grossi, Opern, Oratorien, Kantaten.

Stradivari, Antonio, * 1644, † 1737, ital. Geigenbauer; Schüler N. Amatis; entwickelte um 1690 eine eigene Geigenform: breit, mit vollendeten Proportionen, goldgelbem Lack; mit gr., vollem Ton.

Straf|anstalten ↑Strafvollzug.

Straf|anzeige, Bekanntgabe strafb. Handlungen an die Staatsanwaltschaft, die Polizei od. das Amtsgericht zum Zweck der Einleitung eines Strafprozesses.

Straf|aufschub, ausnahmsweise zuläss. Aufschub der Vollstreckung, insbes. einer Freiheitsstrafe (z. B. bei schwerer Krankheit).

Strafbefehl, amtsrichterl. Strafentscheidung bei Vergehen, die ohne vorher. Hauptverhandlung auf Antrag der Staatsanwaltschaft ergeht u. nur auf Geld- od. Freiheitsstrafe zur Bewährung bis zu 1 Jahr lauten darf. Der St. ist binnen 2 Wochen mit *Einspruch* anfechtbar, aufgrund dessen dann eine Hauptverhandlung herbeigeführt wird.

Strafe, die zur Abgeltung eines begangenen Unrechts dem Täter auferlegte Buße; 1. Kriminal-St.n: in der BRD Freiheits-, Geld- u. Vermögens-St. als *Haupt-St.n,* einzige *Neben-St.* ist das Fahrverbot; 2. nichtkriminelle St.n: u. a. im Disziplinarrecht die Disziplinarmaßnahmen, die Maßregeln der Besserung u. Sicherung.

Straf|erlass ↑bedingte Strafaussetzung.

Straf|freiheit, das Befreitsein von den strafrechtl. Folgen best. Handlungen aufgrund persönl. Eigensch. im Einzelfall oder aufgrund eines *St.sges.* (↑Amnestie).

Strafgesetzbuch (StGB), Gesetz vom 15. 5. 1871, in der BRD in der Fassung vom 13. 11. 1998. Der 1. od. allg. Teil enthält die allg. Grundsätze des dt. materiellen ↑Strafrechts, der 2. od. bes. Teil die einzelnen Straftatbestände. – In der DDR 1968 neues StGB, dessen teilweise Fortgeltung im Einigungsvertrag 1990 geregelt ist.

Strafmandat, Bez. für die polizeil. gebührenpflicht. ↑Verwarnung (auch für ↑Strafbefehl, ↑Strafverfügung).

Strafmündigkeit, das Alter, von dem an eine kriminelle Bestrafung eintreten kann; beginnt mit Vollendung des 14. Lebensjahres (↑Jugendstrafrecht).

Strafprozess, in der BRD das in der StPO geregelte Verfahren *(Strafverfahren)* vor den Strafgerichten, das die Anwendung des materiellen kriminellen Strafrechts im Einzelfall zum Gegenstand hat. Gliedert sich in folgende Abschnitte: a) *Vorverfahren* (mit Ermittlungsverfahren), b) *Zwischenverfahren* (eröffnet durch die staatsanwaltschaftl. Anklage), c) *Hauptverfahren* (eingeleitet durch den Eröffnungsbeschluss des Gerichts; Kernstück die ↑Hauptverhandlung); d) *Vollstreckungsverfahren* (↑Strafvollzug); daneben bes. Arten (z. B. das Privatklageverfahren).

Strafprozessordnung (StPO), Gesetz vom 1. 2. 1877 in der Fassung vom 7. 4. 1987, das den Gang des ↑Strafprozesses in der BRD regelt.

Strafraum, beim Fußballspiel ein um das Tor abgegrenzter Raum, in dem der Torwart bes. Vorrechte zur Abwehr hat u. in dem Vergehen der verteidigenden Mannschaft bes. streng geahndet werden.

Strafrecht, untergliedert in Strafprozessrecht und materielles St.; das materielle St. ist im StGB geregelt; dient dem Schutz bestimmter Rechtsgüter (z. B. Leben, Eigentum); legt die Merkmale strafbaren Handelns fest u. knüpft an sie Strafe oder Maßregeln der Besserung u. Sicherung. Nicht zum St. gehören Ordnungswidrigkeiten- u. Disziplinarrecht. Das St. wurde durch 6 St.-Reformgesetze (1969–98) wesentl. geändert.

Strafregister, amtl. Verzeichnis von Verurteilungen aufgrund strafb. Handlungen; St.führung fr. im Bez. des Geburtsortes. 1971

Gründung eines *B.-Zentralregisters,* das vom Gen.-Bundesanwalt beim B.-Gerichtshof als zentrales Register in Berlin geführt wird; Justiz- und höheren Verw.-Behörden ist auf Ersuchen Auskunft zu erteilen.

Strafstoß ↑Elfmeter, ↑Penalty.

Strafverfahren, svw. ↑Strafprozess.

Strafverfügung, amtsrichterl. Strafentscheidung bei geringfüg. Übertretungen ohne vorhergehende Hauptverhandlung anhand direkt von den Polizeibehörden übersandter Unterlagen.

Strafvollzug, Verwirklichung der im Urteil festgestellten Freiheitsstrafe in Justizvollzugsanstalten.

Strahl: 1) Gesamtheit der Punkte einer Geraden, die auf ein und derselben Seite eines Punktes dieser Geraden (dem Anfangspunkt des St.s) liegen (Math.); **2)** von einer punktförm. Quelle sich geradlinig ausbreitender Energie- oder Teilchenstrom (Physik).

Strahlenbiologie, Wiss. und Lehre von der biol. Wirkung von Strahlen.

Strahlenflosser (Aktinopterygier, Stachelflosser), Unterklasse der Knochenfische (Mehrzahl der rezenten Arten).

Strahlenpilze (Aktinomyzeten), Ordn. stäbchenförm., gramposit. Bakterien; liefern z.T. Antibiotika; z.T. krankheitserregend.

Strahlenschutz, alle Maßnahmen und Vorrichtungen zum Schutz von Personen gg. Schädigung durch Strahlen aller Art, bes. durch Röntgen-, Gamma- u. Korpuskularstrahlung; v.a. Abschirmung durch Absorptionsmaterial; in der BRD *St.verordnung* vom 13. 10. 1976 über Ein- u. Ausfuhr von u. Umgang mit radioakt. Stoffen.

Strahlentherapie (Radiotherapie, Strahlenbehandlung), Ausnutzung biol. wirksamer Strahlen[energie] zu Heilzwecken: 1. Lichtbehandlung (u.a. Höhensonne), 2. Behandlung mit längerwell. Strahlen (Kurzwellen) oder 3. mit kurzwelligen energiereichen Strahlen (Röntgen-, Radiumtherapie).

Strahlentierchen (Radiolarien), Ordn. der Wurzelfüßer; marin, oft mit kompliziert gebauten Skeletten.

Strahlstein (Aktinolith), meist grünes, monoklines Hornblendemineral; durchscheinend, mit Glas- od. Seidenglanz.

Strahltriebwerk ↑Flugzeug.

Strahlung, räuml. Ausbreitung von Energie; eine prinzipielle Unterscheidung zw. *Wellen-St.* (Schallwellen, elektromagnet. Wellen) und *Teilchen-St.* (z.B. α-St., β-St., Höhen-St.) ist nicht durchführbar, da sich alle Teilchenerscheinungen auch als Wellenvorgänge beschreiben lassen und umgekehrt.

Stralsund, Krst. in Mckbg.-Vorp., am Strelasund gegenüber Rügen, 69 200 E; in der Innenst. zahlr. Bauten der Backsteingotik, u.a. Marienkirche (13./14. Jh.), Nikolaikirche (14. Jh.), Rathaus (13./14. Jh.); Werften, Maschinenbau, Fischverarb.; ⚓. – 1209 gegr., 1234 Lüb. Stadtrecht, 1278 Mitgl. der Hanse; 1648–1814 schwed., 1814 dän., 1815 preußisch.

Stranddistel, geschützte Art der Gatt. Mannstreu an den Küsten von Nord-, Ostsee u. Mittelmeer.

Strandhafer, Gatt. der Süßgräser; auf Dünen an den Küsten Europas, des Mittelmeers und Nordamerikas.

Strandläufer, Gatt. bis amselgr., gedrungener Schnepfenvögel; an Eismeerküsten, in Tundren.

Strandsee, Haff, das vom Meer vollkommen abgeriegelt ist.

Strandsegeln, dem Eissegeln ähnl. Wettbewerb mit 3- od. 4-rädrigen Segelwagen auf Sandpisten od. Sandstränden.

Strandung, Auflaufen eines Schiffes auf Grund.

Strangguss, Gussverfahren zur Fertigung v. Körpern gleichmäß. Querschnitts, bei dem das Metall in eine wassergekühlte Kokille gegossen und der erstarrte Teil durch Zugwalzen fortlaufend aus der Kokille herausgezogen wird.

Strangpressen, 1) Verfahren der Umformtechnik zur Rohr- u. Profilherstellung; **2)** (Extruchieren), in der Kunststofftechnik die Herstellung von Bändern, Folien, Schläuchen aus thermoplast. Formmassen.

Strangulation [lat.]: **1)** Abschnürung bzw. Abklemmung v. Darmabschnitten durch mech. Einwirkung; **2)** Erdrosselung.

Strapaze [ital.], [Über]anstrengung, Mühe; *strapazieren,* übermäß. beanspruchen.

Strasberg, Lee ['stræsbə:g], * 1901, † 1982, amer. Regisseur östr. Herkunft; 1930 Begr. des avantgardist. Group Theater in New York.

Strass [nach dem frz. Juwelier *G. F. Stras,* 18. Jh.], Glasmasse aus Kieselsäure, Pottasche u. Bleioxid; für Schmucksteinimitationen.

Straßburg (frz. Strasbourg), Hptst. des frz. Dep. Bas-Rhin u. der ostfrz. Region Elsass, an Ill und Rhein, 252 000 E; Sitz des Europarates u. Tagungsort des Europ. Parlaments; Univ.; Museen; im Zentrum z.T. altertüml. Stadtbild, Münster (erster Bau 1015 begonnen; 1176 ff. Neubau auf altem Grundriss; 1276 ff. Westfassade, 1399–1439 Turm) mit bed. Skulpturenschmuck und Glasfenstern; mehr. got. Kirchen; stattl. Bürgerhäuser, v.a. Kammerzellsches Haus (15. u. 16. Jh.); Schloss Rohan (1730–42); Rathaus (1730), Europahaus (1950–54); vielseit. Ind.; ✈. – St. entstand an der Stelle des um 16 n. Chr. bei einer kelt. Siedlung gegr., um 350 zerstörten röm. Legionslagers Argentoratum; s. 1262 Freie Stadt; s. 1520 Einführung der Reformation; 1538 Gründung der Univ.; 1681 von Frkr. annektiert.

Straßenbahn (Tram[bahn]), elektr. betriebene Schienenbahn im Stadt- u. Vorortverkehr, deren Gleise auf Straßen verlegt sind (auch Führung auf bahneigenen Strecken u. unterird. als Unterpflasterbahn); Antrieb durch Gleichstrom (40–80 kW; Fahrleitung 500–750 Volt).

Straßendorf ↑Dorf.

Straßenverkehrsgesetz, Abk. StVG, in der BRD Gesetz vom 19. 12. 1952 (mehrf. Änderungen,

Stoßdämpfer. *Einrohrdämpfer (1 Dichtung, 2 Kolbenstange, 3 Kolben mit Ventilen, 4 Arbeitszylinder, 5 Trennkolben, 6 Gas)*

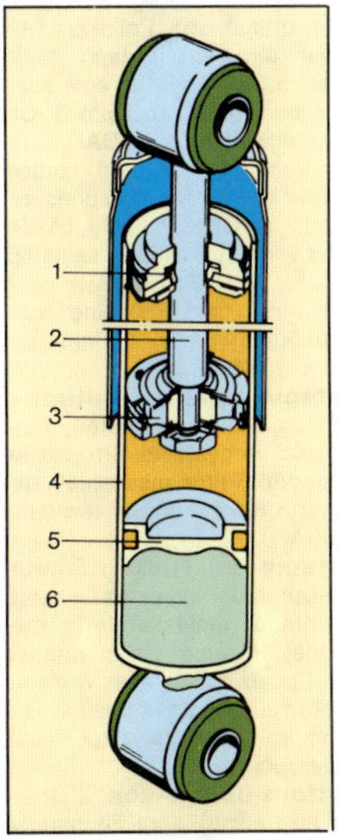

Johann Strauß *(Vater; links).* **Johann Strauß** *(Sohn; rechts)*

letzte Fassung vom 27. 12. 1993) mit allg. Vorschriften über Zulassung von Kfz, Führerschein, Übungs- u. Prüfungsfahrten, Entziehung der Fahrerlaubnis, Verkehrssünderkartei, Haftpflicht, Strafen u. gebührenpflicht. Verwarnungen, Kleinkrafträder.

Straßenverkehrsordnung (StVO), in der BRD Vorschriften über das Verhalten im Straßenverkehr vom 16. 11. 1970 (zuletzt geändert durch VO vom 14. 12. 1993) mit Anlage: Abb. der Verkehrszeichen u. -einrichtungen; in Östr. Ges. von 1960 (dazu Novellen).

Straßenverkehrs-Zulassungs-Ordnung (StVZO), in der BRD Rechtsverordnung in der Fassung vom 15. 11. 1974 (zuletzt geändert durch VO vom 28. 9. 1988) über Zulassung, Bauart u. Betrieb der Fahrzeuge.

Strasser: 1) Gregor, * 1892, † 1934, dt. nat.-soz. Politiker; Teilnehmer am Hitler-Putsch 1923; vertrat im Ggs. zu Hitler eine soz.-revolutionäre Pol., ab 1928 R.-Organisationsleiter der NSDAP, legte 1932 seine Parteiämter nieder; während des Röhm-Putsches ermordet; **2)** Otto, * 1897, † 1974, Bruder v. 1), dt. Politiker; seit 1925 Mitgl. der NSDAP; gründete nach Bruch mit Hitler 1930 eine soz.-revolutionäre Partei („Schwarze Front"), 1933–55 im Exil.

Strategic Defense Initiative [strəˈtiːdʒɪk dɪˈfens ɪˈnɪʃətɪv], Abk. SDI, 1983 vorgestelltes Projekt eines durch Weltraumsatelliten gestützten Raketenabwehrsystems der USA.

Strategie [gr.]: **1)** allg. d. Entwurf u. die Durchführung eines Gesamtkonzepts; **2)** umfassende [vorbereitende] Planung eines Krieges unter Einbeziehung aller wesentl. Faktoren auch außerh. des mil. Bereiches im Unterschied zur Taktik u. Operation.

Stratford-upon-Avon [ˈstrætfəd əˈpɔn ˈeɪvən], engl. St. südl. v. Birmingham, 20 900 E; Geburtshaus (Museum) und Grab (in der Holy Trinity Church) Shakespeares, Shakespeare-Gedächtnistheater.

Stratocumulus [lat.], grobe „Schäfchenwolken" (bis in 3 000 m Höhe).

Stratosphäre [gr.] ↑Atmosphäre.

Stratus [lat.], tiefe (in 0–3 km Höhe), gleichmäß. Schichtwolke ohne großtropf. Niederschlag.

Straub: 1) Agnes, * 1890, † 1941, dt. Schauspielerin; leitete ab 1936 das Agnes-Straub-Theater in Berlin; **2)** Johann Baptist, * 1704, † 1784, dt. Bildhauer; 1737 Hofbildhauer in München; Altäre für Ettal, Berg am Laim (heute zu München) und Schäftlarn; **3)** Jean Marie [stro:b], * 1933, frz. Filmregisseur; 1958–69 in der BRD („Chronik der Anna Magdalena Bach").

Straubing, krsfr. St. u. Krst. an der Donau, Bay., 44 300 E; altes Stadtbild; Kirchen des 12. und 14.–16. Jh.s; Masch.-, Baustoff-, Textilindustrie.

Strauß: 1) Botho, * 1944, dt. Schriftsteller; viel gespielter Bühnenautor; **2)** David Friedrich, * 1808, † 1874, dt. ev. Theologe u. Philosoph; Junghegelianer; „Das Leben Jesu"; **3)** Franz Joseph, * 1915, † 1988, dt. Politiker; Mitbegr. u. s. 1961 Vors. der CSU; ab 1953 B.-Min. versch. Ressorts, u. a. 1956–62 B.-Verteidigungsmin., 1966–69 B.-Finanzmin.; s. 1978 Min.-Präs. v. Bay.; **4)** Johann St. (Vater), * 1804, † 1849, östr. Komponist; 1825 in Wien eigene Kapelle; zahlr. Walzer und Märsche (Radetzkymarsch); **5)** Johann St. (Sohn), * 1825, † 1899, Sohn v. 4), östr. Komponist; 1844 eigene Kapelle, in der auch seine Brüder, die Komponisten *Josef* (* 1827, † 1870) u. *Eduard St.* (* 1835, † 1916) wirkten; „An der schönen blauen Donau", „Wiener Blut" u. a. berühmte Walzer; Operetten: „Die Fledermaus", „Der Zigeunerbaron", „Eine Nacht in Venedig"; Schöpfer der Wiener Operette.

Strauß, bis 2,6 m hohe, schnell laufende (bis 50 km/h), in kl. Trupps lebende Art der Flachbrustvögel in den Steppen und Wüsten Afrikas, Syriens, Arabiens; Eier bis 1,5 kg schwer.

Strauss, Richard, * 1864, † 1949, dt. Komponist; sehr persönl. Stil mit reicher Instrumentierung u. kühner Harmonik; Opern: „Salome", „Elektra", „Der Rosenkavalier", „Ariadne auf Naxos", „Arabella"; sinfon. Dichtungen: „Don Juan", „Till Eulenspiegels lust. Streiche", „Don Quixote", „Ein Heldenleben"; Lieder, Kammermusik.

Strauß und Torney, Lulu von, * 1873, † 1956, dt. Dichterin; realist. Erzählwerke und Balladen.

Strawinski, Igor [Fjodorowitsch], * 1882, † 1971, amer. Komponist russ. Herkunft; schrieb für S. Diaghilew die Ballette „Der Feuervogel", „Petruschka", „Le sacre du printemps"; Frühwerk unter dem Einfluss P. I. Tschaikowskis, N. A. Rimski-Korsakows u. C. Debussys; Wendung zu stilist. Einfachheit und Strenge: „Die Gesch. vom Soldaten"; nach 1950 Versuche mit Zwölftontechnik u. serieller Musik; Oper „The rake's progress", szen. Oratorium „Oedipus Rex", „Psalmensinfonie".

Strecke, 1) durch 2 Punkte begrenztes Stück einer Geraden. **2)** Grubenbau zur Erschließung einer Lagerstätte, Förderung, Wetterführung u. a.

Streckverband, svw. ↑Extensionsverband.

Streep, Meryl [stri:p, engl.], * 1949, amer. Schauspielerin, Charakterdarstellerin v. a. durch Filme wie u. a. „Holocaust" (Fernsehserie), „Jenseits von Afrika", „Das Geisterhaus".

Strehler, Giorgio, * 1921, † 1997, ital. Regisseur u. Theaterleiter; Mitbegr. des Piccolo Teatro della Città di Milano (1947); auch Operninszenierungen.

Streicher, Julius, * 1885, † 1946, dt. nat.-soz. Politiker; 1923 maßgebl. am Hitler-Putsch beteiligt; 1928–40 NSDAP-Gauleiter in Franken; Hg. des antisemit. Hetzblattes „Der Stürmer"; in Nürnberg zum Tode verurteilt und hingerichtet.

Streichhölzer ↑Zündhölzer.

Streich|instrumente, Musikinstrumente, deren Saiten durch Streichen mit einem Bogen o. Ä. zum Erklingen gebracht werden: Violine, Bratsche, Gambe, Violoncello, Kontrabass.

Streichquartett, Musikstück für 2 Violinen, Bratsche und Violoncello, auch die Gruppe der Musizierenden; **Streichquintett** für 2 Violinen, 2 Bratschen u. 1 Violoncello (od. 1 Bratsche u. 2 Violoncelli).
Streik [engl.], allg. die zeitweil. Verweigerung eines geschuldeten od. übl. Verhaltens als Mittel zur Durchsetzung einer Forderung od. als Ausdruck eines Protestes; im Arbeitsrecht als Form des Arbeitskampfes die vorübergehende kollektive Arbeitsniederlegung durch Arbeitnehmer zur Durchsetzung von Forderungen, die sich auf Entlohnung od. Arbeitsbedingungen beziehen. Organisierter St. erfolgt nach einer Urabstimmung, geleitet von der Gewerkschaft, die mit dem Tarifpartner die Verhandlungen führt (Ggs. *wilder St.*); aus Gewerkschaftsmitteln werden für den Lohnausfall Entschädigungen an die organisierten Streikenden gezahlt. Der *Generalstreik,* d. alle Arbeitnehmer eines Landes umfasst, wird hpts. als polit. Kampfmittel eingesetzt. Das *St.recht* wird heute in der BRD den anerkannten Arbeitnehmerorganisationen zugebilligt; kein St.recht haben Beamte und Soldaten.
Streisand, Barbra ['straɪsənd], * 1942, amer. Sängerin, Schauspielerin, Regisseurin u. Produzentin („Yentl").

R. Strauss

Streitwagen, im Altertum (s. dem 3. Jt. v. Chr.) von 2 oder 4 Pferden gezogener zweirädriger Wagen für Krieg, Jagd u. sportl. Wettkämpfe.
Streitwert, im Prozessrecht der für die Zuständigkeit des Ger., die Zulässigkeit von Rechtsmitteln und die Berechnung der Gerichtskosten maßgebende Wert des Streitgegenstandes (z. B. Höhe der Geldforderung).
Strelitzi|e [nlat.; nach *Charlotte Sophia,* Prinzessin von Mckbg.-Strelitz, † 1818], südafrik. Gatt. der Bananengewächse; u. a. *Paradiesvogelblume,* Zierpflanze.
Streptokokken [gr.], kettenartig gelagerte, kugelförm., gramposit. Bakterien; Eitererreger.
Streptomyzeten [gr.], Fam. der Strahlenpilze; viele Antibiotikabildner.
Streptomyzin [gr.], von dem Strahlenpilz Streptomyces griseus gewonnenes oder synthet. hergestelltes Antibiotikum, gg. gramnegat., v. a. Tuberkelbakterien.
Stresa, ital. Kurort am W-Ufer des Lago Maggiore, 5 500 E. – Auf der *Konferenz v. St.* (1935) einigten sich Frkr., Großbrit. und Italien auf die gemeinsame Abwehr der vermuteten dt. Expansionspolitik; die *St.front* zerbrach im gleichen Jahr durch das ital. Vorgehen gg. Äthiopien.
Stresemann, Gustav, * 1878, † 1929, dt. Staatsmann; 1917 wesentl. am Sturz T. v. Bethmann Hollwegs beteiligt; gründete 1918 die Dt. Volkspartei; 1923 R.-Kanzler, 1923–29 Außenmin.; setzte sich für Verständigung mit den ehem. Feinden, bes. mit Frkr., ein, erreichte eine relative Stabilisierung der Weimarer Rep.; Abschluss des ↑Locarnopaktes 1925, Eintritt Dtl. in den Völkerbund 1926, Vorbereitung des Youngplans; mit A. Briand Friedensnobelpreis 1926.
Stress [engl.], psych. Belastung, starke Beanspruchung.
Streu|ung: 1) Ablenkung eines Teils einer [gebündelten] Teilchen- oder Wellenstrahlung aus seiner urspr. Richtung durch kl., im Allg. atomare Teilchen; **2)** Abweichung (z. B. von Messwerten) von einem best. Wert; **3)** räuml. Verteilung der Aufschlagspunkte v. Geschossen, die v. einer Waffe auf einen Zielpt. abgefeuert werden; **4)** in der *Statistik* Abweichung von Einzelwerten einer Häufigkeitsverteilung von best. Mittelwerten.
Strich|ätzung, Druckplatte für d. Hochdruck; gibt scharf begrenzte Bildformen ohne Halbtonwirkung wieder (ohne Raster).
Strichcode, maschinell lesbare Codierung numer. Daten in Form von parallel laufenden, unterschiedl. dicken dunklen u. hellen Linien, z. B. beim ↑EAN-System.
Stricker, Der, † um 1250, mhd. Dichter und fahrender Sänger bürgerl. Herkunft; einer der ersten bed. Vertreter der moralsatir., schwankhaften Verserzählung; „Die Schwänke des Pfaffen Amis"; Bearbeitung des Rolandsliedes: das Volksepos „Karl".

I. Strawinski

Strindberg, [Johan] August, * 1849, † 1912, schwed. Dichter; zentrales Thema ist die Unmöglichkeit einer echten menschl. Beziehung, bes. der zw. Mann und Frau; bahnbrechend für den Naturalismus in Schweden; entscheidender Einfluss auf die Dramatik des 20. Jahrhunderts.
stringendo [strin'dʒendo; ital.], schneller werdend (𝄞).
stringent [lat.], bündig, streng, zwingend.
Strittmatter, 1) Erwin, * 1912, † 1994, dt. Schriftsteller; viel gelesener Schriftsteller in der DDR; Erzählungen und Romane, u. a. „Ole Bienkopp", „Der Laden" (3 Bde.); **2)** Thomas, * 1961, † 1995, dt. Schriftsteller, bekannt mit Theaterstücken in der Tradition des Volkstheaters („Der Polenweiher"), Roman („Raabe Baikal").
Stroboskop [gr.], Gerät zur Beobachtung einzelner Phasen schneller period. Bewegungen (z. B. Schwingungen von Maschinenteilen), meist mithilfe v. Lichtblitzen bestimmter Frequenz.
Strohblumen: 1) Gatt. der Korbblütler mit etwa 500 Arten in der Alten Welt; Blüten mit trockenhäutigen Hüllblättern; **2)** svw. ↑Immortellen.
Stroheim, Erich von * 1885, † 1957, amer. Filmschauspieler und -regisseur östr. Herkunft; nach 1933 (ab 1936 in Frkr.) nur noch Schauspieler.
Strohmann, Person als Träger von Rechten u. Pflichten für einen Hintermann.
Strom ↑elektrischer Strom.
Stromboli, ital. Insel (12,6 km^2) in der Gruppe der Lipar. Inseln, mit tät. Vulkan (926 m).
Stromkreis, ein geschlossener Kreis elektr. Leiter, in dem, durch eine elektromotor. Kraft verursacht, ein elektr. Strom fließt.
Stromlini|en, Linien, die in jedem Punkt die Richtung der augen-

blickl. Strömungsgeschwindigkeit haben; *St.form,* Gestalt eines Körpers, die dem St.verlauf angepasst ist u. dadurch Wirbelbildung (Turbulenzen) vermeidet (Strömungswiderstand dadurch sehr klein).

Stromschnellen (Katarakt), Flussstrecke, in der das Wasser schneller (meist reißend) fließt.

Stromstärke ↑elektrische Stromstärke.

Stromwärme, svw. joulesche Wärme (↑Joule).

Strontium [nlat.; nach dem schott. Ort *Strontian*], chem. El., Symbol Sr, OZ 38, rel. A.-Masse 87,62, Fp. 768 °C, Sp. 1 380 °C; Dichte 2,54 g/cm³; Erdalkalimetall; silberweißes, unedles Leichtmetall; sehr reaktionsfähig, geht an feuchter Luft schnell in *St.hydroxid* über; kommt nur in Form v. Verbdg. vor; verw. in der Feuerwerkerei (rote Flammenfärbung), zur Herst. von Spezialgläsern. – Das radioakt. Sr 90 (das bei Atombombenexplosionen entsteht) wird vom Organismus aufgenommen und in Knochen abgelagert.

Strophanthine [gr.], Hauptglykoside aus dem Samen afrik. Strophantusarten (Hundsgiftgewächse); wicht. Herzmittel, Pfeilgifte.

Strophe [gr.], Verbdg. mehrerer Verse zu einem metr. Ganzen; versch. Formen, unterschieden nach Verszahl, Reimart, Metrum.

Štrougal, Lubomir ['ʃtrɔʊgal], * 1924, tschechosl. kommunist. Politiker; 1961–65 Innenminister, 1970–88 Ministerpräsident.

Stroux, Karlheinz [ʃtrʊks], * 1908, † 1985, dt. Regisseur u. Theaterintendant.

Struck, Karin, * 1947, dt. Schriftstellerin; autobiograph. Bekenntnisliteratur, wie „Klassenliebe" u. „Lieben".

Strudelwürmer (Turbellarien), Kl. überw. wasserbewohnender bewimperter Plattwürmer.

Struktur [lat.]: **1)** innerer Aufbau eines Ganzen aus Einzelelementen, z. B. bei einem Gestein; **2)** Begriff für die Vorgänge des Seelenlebens als eines gegliederten Gesamtgefüges, in dem jeder Teil eine für das Ganze bed. Leistung vollbringt; **3)** Bau, Gliederung [der El.] einer Spr., z. B. St. des Satzes.

Strukturalismus, mod. Richtung der Linguistik, die v. a. die Struktur der Spr. untersucht. Bes. in Frkr. als allgemeine Methode auch auf andere Wissenschaften (z. B. Anthropologie) übertragen.

Struve: 1) Friedrich Georg Wilhelm v., * 1793, † 1864, dt. Astronom; **2)** Hermann von, * 1854, † 1920, Sohn v. 4), dt. Astronom; seit 1904 Dir. des Berliner Observatoriums; **3)** Otto, * 1897, † 1963, Enkel v. 4), amer. Astronom; Arbeiten über Doppelsterne und interstellare Materie; **4)** Otto Wilhelm von, * 1819, † 1905, Sohn von 1), dt. Astronom; Arbeiten über Doppelsterne und Sternparallaxen.

Strychnin [gr.], gift. Alkaloid der Brechnuss, lähmt hemmende Synapsen; *St.vergiftung* führt zu Krämpfen u. zu Atemlähmung.

Stuart ['stjʊət], schott. Dynastie, regierte seit 1371 in Schottland, 1603–49 und 1660–1714 auch in England; 1807 erlosch die männl. Linie, weibl. u. Nebenlinien bestehen noch.

Stubaier Alpen, Teil der Zentralalpen zw. dem Ötztal u. dem Wipptal, Östr., im Zuckerhütl 3 507 m; im *Stubai[tal]* Fremdenverkehr.

Stubbenkammer, Abschnitt der Kreidesteilküste der Halbinsel Jasmund auf der Ostseeinsel Rügen, nördl. von Saßnitz; Königsstuhl 119 m.

Stuck, Franz v., * 1863, † 1928, dt. Maler und Grafiker; bed. Vertr. des Münchner Jugendstils.

Stuck [ital.], rasch hart werdende Masse aus Gips, Kalk u. Sand zur Formung von Plastiken und Ornamenten an Wänden und Decken.

Stückelung, die Aufteilung einer Emission auf die Nennbeträge der einzelnen, auf Teilbeträge lautenden Wertpapiere.

Stucken, Eduard, * 1865, † 1936, dt. Schriftsteller; Dramenzyklus mit Themen aus der Gralssage; Romane („Die weißen Götter"), Balladen.

Stücklen, Richard, * 1916, dt. Politiker; 1953–57 und 1967–76 stellvertr. Vors. der CDU/CSU-Fraktion; 1957–1966 B.-Min. für das Post- und Fernmeldewesen; 1976–79 u. 1983–91 Vizepräs., 1979–83 Präs. des Dt. Bundestages.

stud., Abk. für lat.: **stud**iosus; z. B. stud. med. = Student der Medizin.

Student [lat.], zur wiss. Ausbildung an einer Hochsch. oder Fachsch. Immatrikulierter.

studentische Verbindungen (Korporationen), Vereinigungen von Studenten an den deutschsprachigen Hochsch.; z. T. Farben tragend, z. T. schlagend; Entw. der st.n V.: Nationen und Bursen der ma. Univ., Landsmannschaften, nicht mehr landsmannschaftl. gebundene Korps, Burschenschaften, um die Mitte des 19. Jh.s Gründung christl. st.r V. (CV, KV, Unitas, Wingolf); im Dritten Reich gingen die st.n V. teils im Nat.-soz. Dt. Studentenbund auf, teils wurden sie aufgelöst; nach 1945 wieder zugelassen; in der DDR waren st. V. verboten.

Studienassessor, Lehrer an höheren Schulen nach dem 2. Staatsexamen bis zur Ernennung zum Studienrat.

Studienrat, Inhaber eines Lehramts (Beamter auf Lebenszeit) an höheren Schulen u. Fachschulen.

Studienreferendar, Lehramtskandidat vor d. 2. Staatsexamen.

Studienstiftung des deutschen Volkes e. V., Organisation zur Förderung der Hochbegabten; 1925 gegr. (1948 Neugründung); Sitz Bonn-Bad Godesberg.

Studio [ital.]: **1)** Künstlerwerkstatt (Atelier); **2)** Aufnahmeraum (Film, Fernsehen, Rundfunk od. Schallplatten).

Studium [lat.]: **1)** wiss. Beschäftigung mit einer Sache; **2)** Ausbildung an einer Hoch- od. Fachhochschule.

Studium generale [lat.]: **1)** im MA Bez. für Univ.; **2)** an den heut. Hochsch. allgemein bildende Vorlesungen u. Seminare (v. a. Philos., Pol. und Sozialwissenschaften).

Stuhlgang, [feste] Ausscheidung unverdaul. Nahrungsreste (Stuhl, Kot).

Stuka, Abk. für: **Stur**z**ka**mpfflugzeug.

Stülpnagel, Karl-Heinrich von, * 1886, † 1944, dt. Gen.; 1942–44 Militärbefehlshaber in Frkr.; als Mitgl. der Widerstandsbewegung gg. Hitler hingerichtet.

Stummheit, fehlendes Sprachvermögen infolge angeborener Taubheit *(Taubstummheit)* oder Gehirn- u. Kehlkopferkrankungen; auch psychogene Stummheit.

Stunde, Einheitenzeichen h, Zeiteinheit; 1 h = 60 min = 3 600 s.

Stundenkreis, jeder größte Kreis, der auf dem Himmelsäquator senkrecht steht; *Stundenwinkel,* der Winkel zw. Meridian und dem St. eines Gestirns, gemessen auf dem Himmelsäquator.

Stundung, Vereinbarung zw. Gläubiger u. Schuldner, durch die die Fälligkeit einer Leistung über den urspr. festgelegten Zeitpt. hinausgeschoben wird.

Stuntman ['stʌntmən; engl.], Schauspieler, der sich [in Film und Fernsehen] auf gefährl., akrobat. Leistungen spezialisiert hat u. anstelle des eigtl. Darstellers [als Double] bei riskanten Szenen eingesetzt wird.

Stupa [sanskr.], buddhist. Kultbau des ind. Kulturkreises; kuppelart. Bau über einem Sockel, Zaun mit 4 verzierten Toren.

stupend [lat.], erstaunlich.

stupid[e] [lat.], stumpfsinnig, beschränkt, dumm.
Sturm und Drang, Epoche der dt. Lit., etwa 1770–85; ben. nach einem Drama von F. M. Klinger; Vorbilder: G. E. Lessing, F. G. Klopstock, J. G. Hamann, J. G. Herder u. a.; Auflehnung gg. den Absolutismus, Postulierung v. Originalität und Genialität als Kriterien für echte Dichtung; Drama literar. Hauptform; Vertr.: Klinger, J. M. R. Lenz, H. L. Wagner, Goethe u. Schiller (beide in den Jugenddramen); Ballade (u. a. G. A. Bürger) und volksliedhaft schlichte Lyrik.
Sturmvögel, Vogelordn.; Hochseevögel mit röhrenförm. vorgezogenen Nasenlöchern; Schnabelspitze hak.; gewandte Flieger; 4 Fam.: Albatrosse, Möwen-, Taucher-St., Sturmschwalben.
Sturz, Träger über einer Maueröffnung (⊞).
Stute, geschlechtsreifes ♀ Tier der Fam. Pferde u. Kamele.
Stuttgart, Hptst. von Ba.-Wü., am Neckar, 585 600 E; Staatsgerichtshof, OLG, LG, IHK; Univ. (fr. TH), Univ. Hohenheim (landw. Hochsch.); Max-Planck-Inst. für Metallforschung, Hochsch. für Musik, Akad. der bildenden Künste, Staatsbauschule, zahlr. Fachhochschulen, Südd. Büchereischule, Verw.- und Wirtsch.-Akad., Inst. für Auslandsbeziehungen; Archive, Museen, Kunstsammlungen, Landesbibl.; Staatstheater, „Liederhalle", Fernsehturm (211 m); zahlr. mod. Hochhäuser, wiederhergestellt u. a. Stiftskirche (14.–16. Jh.), Altes (im Wesentl. 16. Jh.) u. Neues Schloss (1746 ff.). Vielseit. Ind.; Neckar-⚓, ✈; sehr ergieb. Mineralquellen sowie Kuranlagen und -einrichtungen am Neckar in den Stadtteilen *St.-Berg* und *St.-Bad Cannstatt.* – Um 1160 erstmals gen., im MA Weingärtner- und Handwerkerstadt, später zeitw. Residenz der Hzg. (später der Kg.) von Württemberg.
StVG, Abk. für: ↑**Stra**ßen**v**erkehrs**g**esetz; **StVO,** Abk. für: ↑**St**raßen**v**erkehrs**o**rdnung; **StVZO,** Abk. für: ↑**St**raßen**v**erkehrs-**Z**ulassungs-**O**rdnung.
Styrol, $C_6H_5-CH=CH_2$ (Vinylbenzol), ungesättigter Kohlenwasserstoff, wicht. Ausgangsstoff für Kunststoffe (↑Polystyrol u. a.).
Styropor® ↑Polystyrol.
Styx, in der griech. Mythol. Fluss der Unterwelt.
Suada (Suade) [lat.], Redefluss.
Suaheli, stark arabisierte Bevölkerungsgruppen an der ostafrik. Küste u. auf den vorgelagerten Inseln; Muslime; ihre Spr.: ↑Swahili.
Suárez González, Adolfo ['sʊarɛð gɔn'θalɛθ], * 1932, span. Politiker; 1976–81 Min.-Präs., leitete die Demokratisierung Spaniens ein.
sub..., Sub... [lat.], Vorsilbe; Bed.: „unter".
subarktische Zone, südl. an die Arktis anschließender Klimagürtel; sehr kalte Winter, überw. sommerl. Niederschläge; auf der S-Halbkugel *subantarkt. Zone.*
Subdominante (Unterdominante), 4. Ton einer Tonleiter u. der darauf aufgebaute Dreiklang.
Subiaco, ital. St. östl. v. Rom, 8 900 E; maler. Lage; nahebei die Klöster Santa Scolastica (von Benedikt von Nursia gegr.) und San Benedetto oder Sacro Speco (Fresken des 13. Jh.s in der Ober- und Unterkirche).
Subjekt [lat.]: **1)** Satzgegenstand (Gramm.); **2)** in der Erkenntnistheorie das Ich als Träger v. Erkenntnisvermögen u. -funktionen; **3)** verächtl. für Person, heruntergekommener Mensch.
subjektiv [lat.], das Subjekt (Ich) betr., von ihm ausgehend; persönl.; unsachl., einseitig.
Subjektivismus [lat.], im Ggs. zum Objektivismus die philos. Auffassung, nach der alle Erkenntnis und/oder Wirklichkeit beim Subjekt beginnt u. nur für alle Subjekte od. nur für ein Subjekt gültig ist.
Subjektivität [lat.]: **1)** Inbegriff dessen, was zu einem Ich gehört; **2)** Eigenständigkeit des Ichs als Zentrum des geist. Lebens; Ggs. Objektivität; **3)** ugs. für persönl. Auffassung; Einseitigkeit.
Subkultur, relativ geschlossene Kulturgruppierung innerh. eines umfassenden Kulturbereichs, oft in bewusstem Ggs. zur herrschenden Kultur stehend.
subkutan [lat.], unter der Haut, unter die Haut (Med.).
sublim [lat.], erhaben, fein.
Sublimation [lat.], direkter Übergang vom festen Aggregatzustand in den gasförm. (od. umgekehrt), ohne dass der flüss. Zustand angenommen wird.
Sublimierung (Sublimation) [lat.], Umsetzung seel. (nach S. Freud v. a. sexueller) Triebimpulse in sozial bzw. kulturell hoch bewertete Tätigkeiten.
submarin [lat.], unter der Meeresoberfläche befindl. oder lebend.
subsidiär (subsidiarisch) [lat.], Hilfe leistend, unterstützend.
Subskription [lat.], Verpflichtung zur Abnahme (Bücher, Wertpapiere u. a.).
Substantiv [lat.], Hauptwort, Dingwort; bez. auf eine Person, ein Ding oder ein Abstraktum.
Substanz [lat.]: **1)** das Eigentliche, Beharrende, Besitzende am Seienden im Ggs. zum Wechselnden seiner Zustände u. Eigensch. (Philos.); **2)** allg. für Kern [der Sache], Grundlegendes, Wesentliches; **3)** Stoff od. Materie.
substanziell [lat.], wesentl.; stofflich.
Substitution [lat.]: **1)** Ersetzung von Gütern od. Produktionsfaktoren durch andere; **2)** Ersatz v. Atom[grupp]en in chem. Verbindungen durch bestimmte andere Atom[grupp]e[n] *(Substituenten);* **3)** Ersetzung einer math. Größe durch eine andere.
subsumieren [lat.]: **1)** allg. für ein-, unterordnen; **2)** einen Begriff von engerem Umfang einem Begriff von weiterem Umfang unterordnen (Logik).
subtil [lat.], fein; spitzfindig.
Subtraktion [lat.], Abziehen; Bildung der Differenz [zweier Zahlen], symbolisiert durch das Zeichen – („minus"); *Minuend* minus *Subtrahend* ergibt d. *Differenz* (Math.).
Subtropen, Gebiete des therm. Übergangs von den Tropen zur gemäßigten Klimazone.
Subvention [lat.], Finanzhilfe, bes. Zuschuss, den die öff. Finanzwirtsch. an einzelne Unternehmen, Wirtschaftszweige oder -gebiete zweckgebunden ohne Gegenleistung geben.
subversiv [lat.], umstürzlerisch.
Sucre, offiz. Hptst. Boliviens (Reg.-Sitz La Paz), in den boliv. Anden, 2 800 m ü. d. M., 131 000 E; Univ.; Erzb.; ✈. – 1538 gegr., seit 1839 Hptst.
Südafrika, Rep. im äußersten S Afrikas. S. ist im Zentrum ein muldenförm. Hochland, das sich nach N zur Kalahari senkt, im S u. SW von Randgebirgen gesäumt wird u. mit d. steilen Großen Randstufe zur schmalen Küstenzone abfällt; im O das Hochgeb. d. Drakensberge (in S. bis 3 376 m). Hauptflüsse Oranje, Vaal und Limpopo. *Klima:* im Innern semiarid bis arid, im südlichsten Küstengebiet Mittelmeerklima mit Winterregen; der östl. Küstenstreifen heiß mit reichl. Niederschlägen. *Vegetation:* Feucht-, Trocken- u. Dornstrauchsavannen, offene Grasländer, an den Flüssen Galeriewälder. *Bev.:* 19,7 % Weiße, 64,9 % Bantu, 12 % Mischlinge, 3,4 % Asiaten (Inder); Amtsspr. Afrikaans und Englisch. *Landw.:* rd. 80 % des Ackerlandes werden mit Mais, Weizen, Hirse, Kartoffeln, Ölfrüchten bestellt; in der südl. Kapprov. Obst- u. Weinbau, Zitruskulturen, ferner Tabak-, Baumwoll-, Zuckerrohrplantagen (z. gr. Teil bei

Südafrika

Fläche: 1 225 815 km²
Einwohner: (1998) 44,3 Mill.
Hauptstadt: Pretoria
Amtssprachen: Afrikaans, Englisch
Zeitzone: MEZ +1 Stunde

künstl. Bewässerung); im Binnenland Viehzucht (bes. Schafe und Angoraziegen, Rinder); umfangr. Küsten- u. Hochseefischerei. S. ist reich an *Bodenschätzen;* für Platin, Gold u. Diamanten ist S. einer d. wichtigsten Lieferanten am Weltmarkt; bed. Lithium-, Antimon-, Chrom-, Manganerz- und Asbest-⚒; auch Kupfer- und Eisenerz- sowie Kohlen-⚒. *Ind.:* Hütten- u. Stahlwerke; führend sind Lebensmittel-, Metall-, Maschinen-, Baustoff-, Textil- und chem. Ind.; Hauptind.-Gebiet um Johannesburg. Haupthäfen: Durban, Kapstadt, East London u. Port Elizabeth. – *Gesch.:* 1652 Gründung Kapstadts durch Niederländer; 1795/1806 brit. Kronkolonie; nach 1835 Abzug v. 14 000 Buren in benachbarte Gebiete (blutige Kämpfe), s. 1838 in Natal, im Oranjegebiet u. in Transvaal Gründung mehr. Rep., die nach der Niederlage der Buren im Burenkrieg (1899–1902) brit. Kolonien wurden, 1910 zum Dominion Südafrik. Union vereinigt; s. 1948 forcierte Apartheidpolitik, Aufteilung der Schwarzen auf Homelands; anhaltende u. blutige Unruhen der Schwarzen gg. die Rassenpolitik der Reg.; begleitet v. ständigem internat. Druck auf die weiße Minderheit. 1961 Ausscheiden S.s aus dem Commonwealth; 1986 Verhängung d. Ausnahmezustands, zunehmende Rassenauseinandersetzungen; Wiederzulassung d. ANC (1990) u. teilweise Aufhebung der Apartheid, 1991/92 Aufgabe der Apartheidpolitik u. Dialog d. Reg. mit ANC u. polit. Organisation der Zulu; führte 27. 4. 1994 zu ersten freien, gleichen u. allgemeinen Wahlen; stärkste polit. Kraft wurde der ANC; Präs.: 1994–99 N. Mandela, s. 1999 T. M. Mbeki.

Südamerika, südl. Teil des Doppelkontinents Amerika, mit 17,6 Mill. km² viertgrößter Erdteil; fast allseit. von Meeren umgeben, durch die Landbrücke von Zentralamerika mit Nordamerika verbunden; N–S-Erstreckung (zw. Punta Gallinas u. Kap Hoorn) über 7 500 km, O–W-Ausdehnung (zw. Kap Branco u. Punta Pariñas) rd. 5 000 km; im W das Faltengebirgssystem der Anden (Kordilleren), dem nur stellenweise schmale Küstenebenen vorgelagert sind, größte Höhen im mittl. Teil (Aconcagua 6 959 m; zahlr. Vulkane); im NO u. O die ausgedehnten Bergländer von Guayana u. Brasilien; zw. diesen Bergländern und den Anden ein Streifen von gr. Tiefländern, die sich in den Mündungsgebieten v. Orinoko, Amazonas, Paraná u. Río Colorado bis zum Meer erstrecken. Die Anden sind Klimascheide; an der pazif. Küste von N nach S in regelmäß. Abfolge: trop. Regenwald-, Wüsten-, subtrop. und ozean.-gemäßigtes Klima; östl. der Anden: im Amazonasbecken feuchtheißes Äquatorialklima, nördl. und südl. davon Zonen wechselfeuchten Tropenklimas; weiter südl. folgen Gebiete mit warmen, regenreichen Sommern und mäß. warmen, regenarmen Wintern, sodann die Flussgebiete des unteren Paraná und Uruguay, mit ständ. feuchtem ozean. u. westl. davon (südl. Andenvorland) mit Steppenklima (längere Trockenheit); der S ist ozean.; Feuerland stürm. u. nasskalt. Das Amazonasbecken ist das größte zusammenhängende trop. Regenwaldgebiet der Erde; im N u. S schließen sich Savannen an, südl. folgen am oberen Paraná subtrop. Regen- u. Höhenwald; westl. u. südl. davon baumlose Grassteppen (u. a. Pampas), in Patagonien u. auf Feuerland heideart. Pflanzenformationen (z. T. Tundren). S. gehört der neotrop. Faunenregion an; gr. Artenreichtum, zahlr. endem. Formen; unter den Säugetieren z. B. Ameisenbär, Faultier, Gürteltier, Guanako, Vikunja, Jaguar, unter den Vögeln Hokkohuhn, Kondor, viele Kolibris, Papageien; *Bev.:* die indian. Urbev. (↑auch altamer. Kulturen) ist von Weißen u. Schwarzen stark zurückgedrängt; der größte Teil S.s ist sehr dünn besiedelt. *Wirtsch.:* In den meisten Staaten dominiert die Landw.; angebaut werden fast alle landw. Produkte der trop. u. subtrop. u. viele der gemäßigten Zonen; sehr verbreitet Viehzucht; der ⚒ fördert hpts. Erdöl, Bunt- und Edelmetalle, Schmucksteine (insbes. Diamanten), Salpeter, Guano; die Wälder liefern Nutz- und Edelhölzer; die ind. Entwicklung ist sehr unterschiedl., doch haben Erdöl-, Textil-, Leder- und Nahrungsmittelind. (wichtig die Fleischverarb.) an Bed. stark zugenommen. – *Entdeckungsgesch.:* Auf seiner 3. Reise entdeckte Kolumbus 1498 das südamer. Festland nahe der Orinokomdg.; bereits in der Mitte des 16. Jh.s waren die Umrisse S.s bekannt; Spanien besaß den N u. W, Portugal den O als Kolonien. Die wiss. Erforschung wurde durch die Reisen Alexander v. Humboldts (1799–1804) eingeleitet.

Sudan: 1) afrik. Großldsch. südl. der Sahara, von der Atlantikküste im W bis zum Abessin. Hochland im O, im S durch die trop. Regenwaldgebiete der Guineaküste u. des Kongobeckens begrenzt; der S. wird in W-S. (Senegal- u. Nigergebiet), Mittl. S. (Gebiete um den Tschadsee) u. O-S. (größtenteils die Rep. S. umfassend) gegliedert. Meist hügel., einige bed. Erhebungen (z. B. Djebel Marra 3 088 m); bildet klimat. die Übergangszone vom äquatorialen Regengebiet im S zum trockenen Wüstengürtel im N; vorherrschend Savanne; an den Flussläufen Galeriewälder; *Bev.:* Sudanneger, Fulbe, Haussa, Tuareg, Niloten; **2)** (Rep. Sudan) Rep. in NO-Afrika, im O von Sudan 1). Im N Trockengebiet mit Halbwüste, südl. schließen Savannen an, im S stellenweise trop. Regenwald; *Landw.:* Anbau von Hirse, Mais, Sesam, zw. Weißem u. Blauem Nil und am Atbara bed. Baumwollanbau; S. ist am Weltmarkt Hauptlieferant von Gummiarabikum; extens. Viehzucht (z. T. in Nomadenwirtsch.; Rinder, Schafe, Ziegen). *Bergbau* auf Eisen-, Kupfer- u. Manganerze, Salzgewinnung; wenig Ind.; See-⚓ Port Sudan; Binnenschifffahrt auf d. Weißen Nil. – *Gesch.:* Im 19. Jh. Ausdehnung der ägypt. Herrschaft über den S., nach Beilegung der Faschodakrise 1899 Proklamation des Kondominiums *Anglo-Ägypt. S.;* 1953 brit.-ägypt. Vertr. über eine Volksabstimmung im S. über Unabhängigkeit od. Anschluss an Ägypten; 1956 unabh. Republik, Bürgerkrieg mit der nach Autonomie strebenden S-Prov. (1972 weitgehend gewährt); Einparteienstaat; Präs. (durch Putsch) 1969–85 Gen. G. M. An Numairi; 1986 demokrat. Wahlen; Bildung einer zivilen Regierung; 1989 Militärputsch unter O. H. A. al Bashir (s. 1993 ernannter Präs.); anhaltender Bürgerkrieg im S gegen die islam. Zentralregierung.

Südaustralien, B.-Land des Austral. Bundes, nö. der Großen Austral. Bucht, 984 000 km², 1,46 Mill. E, Hptst. Adelaide; im W z. gr. T. wüsten-, z. T. steppenhaftes Tafelland; Hauptsiedlungs- u. Wirtschaftsgebiete sind das Küstenhinterland des Spencer- und Saint-Vincent-Golfs mit Eyrehalbinsel u. Yorke Peninsula. Anbau von Getreide, Wein, Obst u. Gemüse; Schaf- und Rinderzucht; ⚒ auf Eisenerze, Opale, Kohle, Uranerz, Erdöl u. Erdgas; Hütten-, Kfz-Industrie.

Südchinesisches Meer, westl. Randmeer des Pazifiks, bis 4 374 m tief.

Südeifel, Naturpark in der südl. Eifel, RP, 433 km², Teil des Dt.-Luxemburg. Naturparks.

Sudeten, Geb. entlang der schles./böhm.-mähr. Grenze, zw. der Lausitzer Neiße u. der Mähr. Pforte; Quellgebiet von Elbe und Oder; waldreich, bes. in den Kesseln zw. den Geb.-Teilen dicht besiedelt; ⚒ auf Steinkohle, Kupfer, im S Eisen; Textil-, Glas-, keram. Ind.; Fremdenverkehr.

Sudetendeutsche, seit 1919 allg. Bez. für die dt. Volksgruppe in der ČSR (etwa 3,5 Mill.), die größtenteils am Rande des böhm. Beckens in einem geschlossenen Sprachgebiet lebte; das *Sudetenland* wurde 1938 dem Dt. Reich angegliedert (↑Münchner Abkommen); nach dem 2. Weltkrieg Vertreibung (dabei Massaker) fast aller Deutschen.

Südholland (niederl. Zuid-Holland), niederl. Küstenprovinz, 3 359 km² (Landfläche 2 871 km²), 3,27 Mill. E, Hptst. Den Haag.

Süd-Korea ↑Korea.

Südliche Kalkalpen, Teil der Südalpen südl. von Puster-, Gail- u. Drautal, zw. Bergamasker Alpen im W u. Karawanken im O.

Süd-Orkney-Inseln [-'ɔ:knɪ-], Inselgruppe im Südpolarmeer, nö. der Antarkt. Halbinsel, 622 km², außer Forschungsstationen unbewohnt; gehören z. Brit.-Antarkt. Territorium, von Argentinien beansprucht.

Südpol: 1) der südl. Schnittpt. der Erdachse mit der Erdoberfläche, in der Antarktis gelegen; **2)** (magnet. S.) ↑Magnet, ↑Erdmagnetismus.

Sudan

Fläche: 2 505 813 km²
Einwohner: (1995) 28,1 Mill.
Hauptstadt: Khartum
Amtssprache: Arabisch
Zeitzone: MEZ + 1 Stunde

Südpolargebiet, svw. ↑Antarktis.

Südpolarmeer (Südl. Eismeer), die antarkt. Bereiche d. Atlant., Ind. u. Pazif. Ozeans, nördl. Grenze bei 60° s. Br.

Südpunkt (Mittagspunkt), einer der 2 Schnittpt. von Meridian und Horizont.

Südschleswigscher Wählerverband, Abk. SSW, polit. Vertretung der dän. Minderheit in Schl.-Ho., für die seit 1955 die Fünfprozentklausel keine Anwendung mehr findet.

Südsee, volkstüml. Bez. für die zentralen Teile des Pazifiks, in denen die Inseln Polynesiens liegen.

Süd-Shetland-Inseln [-'ʃetland-], gebirg., vergletscherte Inselkette im Südpolarmeer, nördl. der Antarkt. Halbinsel, zus. 4 462 km²; gehören zum Brit.-Antarkt. Territorium.

Südtirol (ital. Alto Adige), der südl. des Brenners gelegene Teil Tirols, entspricht der ital. Prov. Bozen; auch Bez. für den südl. des Brenners gelegenen Teil des altöstr. Kronlandes Tirol, der 1919 an Italien fiel; ↑auch Trentino-Südtirol.

Südvictorialand, Gebiet in der Antarktis, umfasst die westl. Küstenländer des Rossmeeres; stark gegliederte Gebirgszüge (Alexandra-, Prinz-Albert-Geb.), die steil zum Rossmeer u. -schelfeis abfallen.

Süd-Vietnam ↑Vietnam.

Südwestafrika ↑Namibia.

Sueben ↑Sweben.

Suez, ägypt. St. am S-Ausgang des Suezkanals, 392 000 E; ⚓ am *Golf von S.* (nw. Bucht d. Roten Meeres), 🛢-Raffinerien.

Suezkanal, Großschifffahrtskanal zw. Mittelmeer (Port Said) u. Rotem Meer (Suez) in NO-Ägypten; durchsticht unter Benutzung des Timsah- sowie des Gr. u. Kl. Bittersees die *Landenge v. Suez;* 195 km lang, 20 m tief, 365 m breit, ohne Schleusen. – 1859–69 von F. de Lesseps erbaut, als Folge d. Isr.-Arab. Krieges 1967–75 gesperrt.

Suezkrise, polit.-mil. Nahostkrise 1956, ausgelöst nach dem Abzug der brit. Truppen aus der Kanalzone durch die ägypt. Verstaatlichung der Suezkanalges.; im Okt. brit. u. frz. mil. Intervention, im Nov. auf Druck der USA u. UdSSR Waffenstillstand, im Dez. Ersetzung der brit.-frz. Truppen durch UN-Truppen.

Suffragetten [engl.], [militante] Frauenrechtlerinnen, die um 1900, bes. in Großbr., für die polit. Gleichberechtigung der Frau eintraten.

Suggestion [lat.], gezielte seel.-geist. Beeinflussung unter weitgehender Umgehung des Rationalen, als *Fremd-S.* od. als *Auto-S.;* erhöhte Beeinflussbarkeit *(Suggestibilität)* in der Hypnose; *Mas-*

Sudeten. *Nördlich von Tetschen, in der Böhmischen Schweiz, befindet sich im Sandsteinmassiv ein natürliches Felsentor*

sen-S. bed. für die Werbung und polit. Beeinflussung.

Suharto, * 1921, indones. Gen. und Politiker; nach 1945 bedeutendster Partisanenführer Z-Javas, 1962 Kommandant der Truppen zur Befreiung W-Neuguineas, schlug 1965 einen Aufstand prokommunist. Teile der Armee nieder; entmachtete Sukarno, s. 1966 Min.-Präs., 1968–98 Präsident.

Suhl: **1)** Krst. in Thür., 1952–90 auch Bezirks-Hptst., am SW-Rand des Thüringer Waldes, 52 400 E; got. Marienkirche; Fahrzeug-, feinmech., Waffenindustrie. **2)** 1952 bis 1990 Bez. der DDR, 3 856 km², 549 600 E; umfasste den NW- u. S-Teil des Thüringer Waldes, das obere Werratal u. den NO der Rhön; waldreich; siedlungs- u. industriereich die Täler des Thüringer Waldes (Glas-, Spielwaren-, Kleineisenind.); bei Vacha u. Bad Salzungen Kali-, bei Schmalkalden u. Schmiedefeld Eisenerz-⚒; zahlr. Kurorte.

Suhle, kl. Wassertümpel (wm.).

Sühneversuch, im Zivil- und Strafprozess gerichtl. Einigungsversuch zur gütl. Beilegung eines Rechtsstreits; Klagevoraussetzung bei Privatklagedelikten. – ↑auch Güteverfahren.

Suite ['svi:tə; frz.]: **1)** [mil.] Gefolge [eines Fürsten]; **2)** Folge v. untereinander verbund. Räumlichkeiten (in Hotels, Palästen usw.); **3)** Folge v. im Tempo versch., in der Tonart [im Allg.] gleichen Instrumentalsätzen (Tanzsätze), auch Zusammenstellung aus Opern und Balletten.

sumerische Kunst. *Widder mit Blütenstaude aus dem Königsfriedhof in Ur (frühdynastisch, um 2550 v. Chr.). Gold, Silber, Lapislazuli, Muschelschale und roter Kalkstein auf Holzkern*

Suizid [lat.], svw. Selbsttötung.

Sujet [sy'ʒɛ; frz.], Gegenstand, Stoff, künstler. Thema.

Sukarno, Ahmed, * 1901, † 1970, indones. Politiker; maßgebl. Führer der indones. Unabhängigkeitsbewegung, 1945–67 Präs., 1959–66 zugl. Min.-Präs.; setzte 1949 die Anerkennung der Souveränität der von ihm mitproklamierten Rep. Indonesien durch, s. 1965 v. Gen. Suharto schrittweise entmachtet.

Sukkulenten [lat.] (Fettpflanzen), Pfl. trockener Gebiete mit bes. Wasser speichernden Geweben; *Blatt-S.:* Aloe, Fetthenne u. a., *Stamm-S.:* Kakteen u. a., *Wurzel-S.* sind u. a. manche Rübenpflanzen.

Sukzession [lat.]: **1)** Thron-, Erbfolge (auch ↑apostol. S.); **2)** svw. ↑Rechtsnachfolge; **3)** Abläufe, durch die eine Biozönose in eine andere übergeht (Ökol.).

Suleiman II. (Soliman, Sulaiman), d. Gr. oder der Prächtige, * 1494 (?), † 1566, türk. Sultan s. 1520; eroberte Ungarn, belagerte 1529 vergebl. Wien; unter ihm größte Ausdehnung des Osman. Reiches, kulturelle Blüte.

Sulfate [lat.], Salze der ↑Schwefelsäure.

Sulfide [lat.], Salze des Schwefelwasserstoffs (Verbdg. aus Schwefel und Metallen) bzw. organ. Verbdg., die sich vom Schwefelwasserstoff ableiten.

Sulfonamide, chem. Verbdg. mit der Gruppe $-SO_2NH_2$; Farbstoffe, Textilhilfsmittel, v. a. Chemotherapeutika, die bakteriostat. auf viele gramposit. u. gramnegat. Erreger (insbes. Kokken) u. einige Chlamydien- sowie auf best. Protozoenarten wirken.

Sulla, Lucius Cornelius, * 138, † 78 v. Chr., röm. Feldherr u. Politiker; besiegte Mithridates VI. u. schlug zugleich eine Erhebung der Anhänger des Marius nieder; 88 u. 80 Konsul, 82–79 Diktator; Verf.-Reform im Sinne der Senatspartei.

Sultan [arab.], Titel islam. Herrscher, bes. der Türkei (bis 1922).

Sultaninen ↑Rosinen.

Sumatra (indones. Sumatera), zweitgrößte der Gr. Sundainseln, Indonesien, 425 000 km², 36,9 Mill. E, größte St. Medan. Entlang der W-Küste v. hohen Gebirgsketten (Barisangeb.) mit mehreren tät. Vulkanen durchzogen (Kerinci 3 805 m); der O ist Flachland mit schwer zugängl. Küsten (Mangroven); feucht-trop. Klima, verbreitet trop. Regenwald, weniger als 10 % Kulturland. Anbau von Reis, Tabak, Kautschuk, Tee, Kaffee, Sisal, Ölpalmen (Plantagen); die Wälder liefern Edelhölzer u. Harze. *Bodenschätze:* Erdöl u. -gas, Steinkohle, Braunkohle.

Sumerer, die ältesten histor. bek., um die Mitte des 4. Jt.s v. Chr. von O oder SO her eingewanderten Bewohner S-Mesopotamiens; Stadtstaaten (Ur, Lagasch, Kisch, Uruk u. a.); Keilschrift; um 1800 v. Chr. in den semit. Akkadern aufgegangen.

sumerische Kunst, die von den Sumerern u. Akkadern getragene Kunst in Mesopotamien; Blütezeit im 3. Jt. v. Chr.; gr. Tempelbauten u. Zikkurats mit reicher Ausstattung (Mosaike), Palastanlagen, Großplastik, Rollsiegel; Grundlage der babylon. Kunst.

Summa [lat.], systemat. Gesamtdarst. eines Wissensstoffes, eine Hauptform der scholast. systemat. Enzyklopädie; u. a. Thomas von Aquins „S. theologica".

Summe [lat.]: **1)** Ergebnis einer ↑Addition 1); **2)** Geldbetrag.

Summepiskopat, Bez. des 19. Jh.s für die Fülle des landesherrl. [bischöfl.] Kirchenregiments.

Sumo [jap.], tradit. jap. Ringkampf; mit speziellen Griffen muss der Gegner zu Boden gebracht od. aus dem Ring geworfen werden.

Sumpfbiber, svw. ↑Biberratte.

Sumpfdotterblume, heim. Art der Gatt. ↑Dotterblume.

Sumpffieber, svw. ↑Malaria.

Sumpfgas, bei Fäulnisvorgängen entstehende Gasgemische mit hohem Gehalt an ↑Methan.

Sumpfhühner, Gatt. bis etwa amselgr., oberseits schwärzl., oft weiß getüpfelter, kurzschwänz. Rallen.

Sumpfschildkröten, Familie meist wasserbewohnender Schildkröten, v. a. in den wärmeren Zonen der nördl. Halbkugel; die *Europ. Sumpfschildkröte* in Dtl. unter Naturschutz.

Sund (Öresund), Meerenge zw. Seeland (Dänemark) u. Schonen (Schweden), geringste Breite 4 km.

Sund, svw. Meerenge.

Sundagraben, Tiefseegraben südl. von Java, bis 7 455 m (Planettiefe), größte Tiefe im Ind. Ozean.

Sundainseln, die Inseln des Malaiischen Archipels zw. Südchin. Meer u. Ind. Ozean; vier *Gr. S.:* Borneo, Sumatra, Celebes, Java; zahlr. *Kl. S.:* u. a. Timor, Flores, Sumbawa, Sumba, Bali, Lombok.

Sundastraße, Meeresstraße zw.

Sumatra und Java, an der engsten Stelle 22 km breit.

Sünde, theol. Begriff, mit dem in theist. Religionen ein Verstoß gg. Gottes Willen bezeichnet wird; Ursache der gestörten Harmonie Gott–Mensch; *kath. Lehre:* Erb-S. (in der Taufe vergeben); schwere S. („Tod-S.", z. B. Mord) u. lässl. S.n (kleinere S.n) vergebbar im Bußsakrament; *ev. Lehre:* Erb-S. als bleibende Störung des Verhältnisses Gott–Mensch, Betonung des übergeschichtl. sündhaften Zustandes und des Angewiesenseins auf göttl. *S.nvergebung.*

Sündenfall, Bez. für die Ursünde Adams und Evas (↑Erbsünde).

Sundgau, Ldsch. im S des Elsass, zw. Vogesen, Rhein und Jura.

Sunion, Kap, Kap an SO-Spitze von Attika, Griechenland; Ruinen des dor. Poseidontempels.

Sunna ↑Islam.

Sunniten ↑Islam.

Sun Yat-sen (auch Sun Wen od. Sun Chungshan), * 1866, † 1925, chin. Politiker, Gründer der Revolutionspartei Kuomintang; floh 1895 ins Ausland, nach der Revolution (1911) vorläuf. Staatspräs., 1917/18 u. s. 1921/22 Präs. der Gegenreg. in Kanton.

super..., Super... [lat.], Vorsilbe; Bed.: „über [- hinaus]".

Super|intendent [lat.], höherer ev. Geistlicher, Vorsteher eines Kirchenkreises.

Superior [lat.], Oberer, Leiter eines Klosters od. klösterl. Verbandes.

Superlativ [lat.] ↑Komparation.

Superleichtgewicht ↑Übers. S. 658.

Superphosphat, Gemisch aus primärem Calciumphosphat und Gips, Kunstdünger.

Superschwergewicht ↑Übers. S. 658.

Suppé, Franz von, * 1819, † 1895, östr. Komponist; Operetten: „Die schöne Galathee", „Leichte Kavallerie", „Boccaccio".

Suppenschildkröte, bis 1,4 m lange Schildkröte der Weltmeere; stark bedroht; umfangreiche Schutzmaßnahmen.

Supplement [lat.], Ergänzung, Nachtrag; *S.winkel,* Winkel, der einen anderen zu 180° ergänzt.

Support [frz.], bewegl., durch Schrauben mittels Kurbel oder Vorgelege transportierb. Schlitten an Werkzeugmaschinen.

Suppositorium [lat.] (Zäpfchen), Abk. Supp., Arzneiform zur rektalen Applikation.

supra..., Supra... [lat.], Bestimmungswort; Bed.: „über, oberhalb".

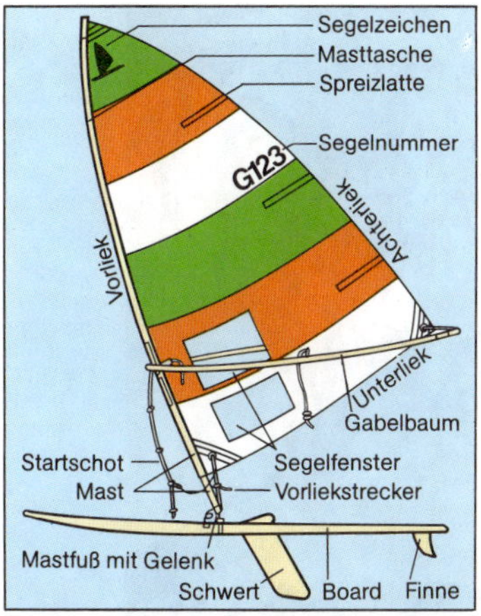

Surfen. *Windsurfer (schematisch)*

Supraleitfähigkeit (Supraleitung), Eigensch. vieler Metalle, Metalllegierungen u. intermetall. Verbdg., unterh. einer nahe dem absoluten Nullpt. liegenden Temp. *(Sprungtemp.)* keinen elektr. Widerstand mehr aufzuweisen. Inzw. gibt es Materialien mit Sprungtemp., die mit flüssigem Stickstoff aufrechterhalten werden können.

Supremat (Suprematie) [lat.], Oberhoheit, Obergewalt; Vorrang.

Supremat[s]eid, eidl. Anerkennung der kirchl. Oberhoheit des engl. Kg., die seit 1534 v. jedem engl. Geistlichen u. Staatsbeamten gefordert wurde (1829 teilw., 1867 ganz abgeschafft).

Sure [arab.], Kapitel des Koran.

Surfen ['sə:fən], urspr. Wassersportart polynes. Ursprungs; der Surfer lässt sich, auf einem flachen Brett heute meist aus Kunststoff (2,5–2,8 m lang, 0,5 m breit) stehend, mit den Brandungswellen ans Ufer tragen; ein Freizeit- und Wettkampfsport mit einem mit steuerbarem Segel versehenem Kunststoffbrett; unterschieden werden *Allroundbretter* und *Funboards* (ohne Baubeschränkungen).

Surinam (niederl. Suriname), Republik an der N-Küste Südamerikas; von den Küstenebenen ansteigend zum Hochland von Guayana (Wilhelminagebirge bis 1280 m); ¾ des Landes trop. Regenwald u. Savanne; Anbau v. Zuckerrohr, Kaffee, Zitrusfrüchten; reiche Vorkommen an Bauxit; Ausfuhr: Bauxit, Gold, Zucker, Kaffee, Holz u. a. – Haupt-⚓: Paramaribo. – S. 1593 span., s. 1650 brit., s. 1667 (1815 endgültig) niederländ., 1954 autonomer, gleichberechtigter R.-Teil des Kgr. der Niederlande; 1975 unabh.; 1980 nach Putsch Machtübernahme durch einen Nat. Militärrat; mehrere gescheiterte Putschversuche; 1987 Parlamentswahlen, 1988 Bildung einer demokrat. gewählten Reg.; 1990 unblutiger Militärputsch mit anschließenden Wahlen. – Mitgl. der UN.

Surrealismus [syr-; lat.], s. etwa 1921 sich ausbreitende, im Wesentl. auf Frkr. beschränkte künstler. Bewegung. Ihre Anhänger versuchten, das psych. Unbewusste, Visionen, Träume, Assoziationen u. Rauscherlebnisse in Lit. und Kunst darzustellen, und zwar ohne den

Surinam

Fläche: 163 820 km²
Einwohner: (1995) 423 000
Hauptstadt: Paramaribo
Amtssprache: Niederländisch
Zeitzone: MEZ – 4½ Stunden

Surrealismus. *Jacques Herold, Die Köpfe (1939)*

ordnenden Eingriff des Intellekts od. der an die tradit. Vorstellungen gebundenen Empirie. Hauptvertr.: *Lit.:* A. Breton, L. Aragon, P. Éluard; *Malerei:* G. De Chirico, H. Arp, M. Ernst, R. Magritte, J. Miró, A. Masson, J. Tanguy, S. Dalí.

Surrogat [lat.], Ersatz.

Susa, ehem. Hptst. von Elam (um 646 v. Chr. zerstört), später (seit 539 v. Chr.) Residenz der Achämeniden; Ruinen bei Schusch (sö. v. Desful) in W-Iran.

Susanna, schöne u. tugendhafte Jüdin im A. T.; im Bade v. zwei Richtern überrascht, verleumder. des Ehebruchs angeklagt u. von Daniel gerettet.

Suso, Heinrich ↑Seuse, Heinrich.

suspekt [lat.], verdächtig.

Suspension [lat.]: **1)** Aufschwemmung, feinste Verteilung fester Stoffe in Flüssigkeiten (⚗); **2)** Aufschiebung des Eintritts der Rechtskraft u. damit der Vollstreckbarkeit einer Entscheidung durch Einlegung *suspensiver Rechtsmittel;* **3)** [einstweilige] Dienstenthebung (Beamte).

Süßholzstrauch, Gatt. der Schmetterlingsblütler; die Wurzel von *Glycyrrhiza glabra* liefert Süßholzsaft.

Süßmost, alkoholfreier Fruchtsaft aus unvergorenen frischen Früchten.

Süssmuth, Rita, * 1937, dt. Politikerin (CDU). – Hochschullehrerin; 1985–88 Bundesmin. für Jugend, Familie, Frauen (s. 1986) und Gesundheit, 1988–98 Präs. des Dt. Bundestags.

Süß-Oppenheimer, Joseph, gen. *Jud Süß,* * 1698/99, † hingerichtet 1738, Finanzmin. Herzog Karl Alexanders v. Württemberg

Süßstoffe, synthet. organ. Verbindungen, die eine höhere Süßkraft als Rohrzucker besitzen, z. B. Saccharin, Cyclamate.

Susten (S.pass), schweizer. Pass in den Urner Alpen, 2224 m ü. d. M.

Sutermeister, Heinrich, * 1910, schweizer. Komponist; u. a. Opern, „Romeo u. Julia", „Die Zauberinsel", „Raskolnikoff", „Madame Bovary".

Sutherland ['sʌðələnd], Joan, * 1926, austral. Sängerin (Koloratursopran).

Sutra [sanskr.; = Leitfaden], Lehrbücher des Hinduismus mit knappen, autoritativen, zum Auswendiglernen best. Sätzen.

Sütterlin, Ludwig, * 1865, † 1917, dt. Grafiker u. Pädagoge; die von ihm geschaffene *S.schrift* war die Grundl. der 1935 (bis 1941) an dt. Schulen als Normalschrift eingef. „Dt. Schreibschrift".

Suttner, Bertha Freifrau v., geb. Gfn. Kinsky, * 1843, † 1914, östr. Pazifistin u. Schriftstellerin; weltbekannt ihr Roman „Die Waffen nieder!"; Friedensnobelpreis 1905.

Suvanna Phuma [-fu:ma], Prinz, * 1901, † 1984, laot. Politiker; 1951–54, 1956–58, 1960 und 1962–75 Ministerpräsident.

Suvanna Vong, Prinz, * 1912 (?), laot. prokommunist. Politiker, Halbbruder v. Suvanna Phuma, 1975–86 Staatspräsident.

Süverkrüp, Dieter, * 1934, dt. Liedermacher, einer der ersten dt. Protestsänger.

Sv, Einheitenzeichen für: ↑Sievert.

SVP, Abk. für: ↑**S**chweizer. **V**olks**p**artei.

Swahili (Suaheli, Kisuaheli), Bantusprache in O-Afrika, weit verbreitet, Amtsspr. in Kenia, Tansania u. Uganda.

Swakopmund, St. an der Küste Namibias, nördl. v. Walfischbai, 15500 E; Schulst.; Seebad; 🐟; nahebei Salzgewinnung.

Swansea ['swɔnzi], Hptst. der brit. Gft. West Glamorgan in Wales, am Bristolkanal, 167800 E; College der Univ. von Wales; Hüttenind., Motoren- u. Schiffbau.

SWAPO, Abk. für: **S**outh **W**est **A**frican **P**eople's **O**rganization, 1958 gegr. Widerstandsbewegung gg. die südafrikan. Mandatsmacht in Namibia, s. 1990 dort Reg.-Partei.

Swasi, Bantuvolk in S-Afrika, in ↑Swasiland u. der Rep. Südafrika, 930000 S.; Feldbau, Viehhaltung; Arbeiter.

Swasiland (Ngwane), Kgr. in S-Afrika; Anbau von Mais, Reis, Baumwolle, Tabak, Zuckerrohr, Zitrusfrüchten u. a.; Viehzucht; Eisenerz- u. Asbest-⚒, Holz-, Nahrungsmittelind. – Seit 1894 südafrik., 1907–67 brit. Protektorat, s. 1968 unabhängig. Kg. 1921–82 Sobhusa II., der 1973 die Verf. außer Kraft setzte u. die gesamte Staatsgewalt in des Kg.s Händen vereinigte. König (s. 1986) Mswati III. – Mitgl. der UN.

Sweben (Sueben), Verband westgerman. Stämme (Hauptgruppe: Semnonen), urspr. im Gebiet zw. Elbe u. Oder; v. hier gelangten Markomannen nach Böhmen, Quaden nach Mähren, Triboker, Nemeter und Vangionen unter Ariovist an d. Oberrhein; im 3. Jh. drangen neue Stämme, die Alemannen, nach Südwestdeutschland vor (Schwaben).

Swedenborg [-bɔrj], Emanuel, * 1688, † 1772, schwed. Naturforscher u. Theosoph; bed. Einfluss auf die schwed. Literatur.

Swerdlowsk, 1924–91 Name von ↑Jekaterinburg.

Swift, Jonathan, * 1667, † 1745, ir.-engl. Satiriker der Aufklärung; Geißelung der Missstände in Ges., Kirche u. Wiss.; Hauptwerk „Des Capitains Lemuel Gulliver Reisen".

Swasiland

Fläche: 17 364 km²
Einwohner: (1995) 855 000
Hauptstadt: Mbabane
Amtssprachen: Swasi, Englisch
Zeitzone: MEZ + 1 Stunde

Swinemünde (polnisch Świnoujście), Hafenst. u. Seebad auf Usedom u. Wollin, Polen, 42 000 E.

Swing [engl.]: **1)** v. a. zw. 1930 u. 1940 vorherrschender Jazzstil zw. tradit. und mod. Jazz; charakt. der schwingende Rhythmus *(swing);* **2)** b. 2-seit. Handelsverträgen Betrag, bis zu dem ein Land, das mit seiner Leistung im Verzug ist, vom Handelspartner Kredit erhält.

Swissair ['svisɛ:r], 1931 gegr. schweizerische Luftverkehrsgesellschaft; Sitz Zürich.

Syberberg, Hans-Jürgen, * 1935, dt. Filmregisseur u. -produzent.

Sydney ['sɪdnɪ], Hafenst. an der SO-Küste Australiens, 3,54 Mill. E (Metrop. Area); größte St. und wichtigstes Handels- u. Verkehrszentrum Australiens; 3 Univ., Konservatorium, Museen, Bibliotheken, Opernhaus (1959–73), botan. und zool. Gärten; Schwer-, Nahrungsmittel-, Automobil-, chem., Textilind., Werften; ✈. – Gegr. 1788.

Sydow ['sydov], Max v., * 1929, schwed. Schauspieler; v. a. bekannt durch Filme unter der Regie v. I. Bergman.

Sykomore [gr.], Maulbeergewächs mit feigenähnl. Früchten, wertvolles Holz.

Syllogismus [gr.], deduktiver Schluss, der v. zwei Prämissen durch einen beiden gemeinsamen Mittelbegriff auf den Schlusssatz (Konklusion) schließt.

Sylt, größte der Nordfries. Inseln, Schl.-Ho., 99 km²; über d. Hindenburgdamm Bahnverbdg. zum Festland; Seebäder; ✈.

Sylvester ↑Silvester.

sym..., Sym... [gr.], svw. ↑syn..., Syn...

Symbiose [gr.], Zusammenleben v. Organismen versch. Arten zu gegenseit. Nutzen, z. B. Einsiedlerkrebs und Seerose.

Symbol [gr.]: Sinnbild, bedeutungsvolles Zeichen für einen [übersinnl.] Begriff.

Symbolik [gr.]: **1)** sinnbildl. Bilderspr.; Verwendung v. Symbolen; **2)** Konfessionskunde.

Symbolismus [gr.], als Reaktion auf den Naturalismus Ende des 19. Jh.s in Frkr. entstandene literar. Strömung, die auf fast alle europ. Lit. wirkte; Steigerung der Musikalität der Spr., Verwendung v. Symbolen; u. a. C. Baudelaire, S. Mallarmé, A. Rimbaud, P. Verlaine, M. Maeterlinck, Verhaeren; G. D'Annunzio; in Dtl. St. George, R. M. Rilke, H. v. Hofmannsthal (alle nicht im Spätwerk).

Symmetrie [gr.], Gleich-, Ebenmaß; Spiegelungsgleichheit, Zerlegbarkeit einer geometr. Figur in 2 spiegelgleiche Teile; spiegelbildl. Lage in Bezug auf eine Ebene *(S.-ebene),* eine Gerade *(S.achse)* od. einen Pt. *(Symmetriezentrum).*

Sympathikolytika (Sympatholytika) [gr.], Arzneimittel, die aufgrund ihrer chem. Ähnlichkeit mit Noradrenalin u. Adrenalin, den natürl. Überträgerstoffen des Sympathikus, in der Lage sind, die Wirkung einer sympath. Erregung (oder Sympathikusreizung) u. auch diejenige von ↑Sympathikomimetika auf das Erfolgsorgan zu verhindern oder aufzuheben. Die *α-Sympathikolytika (α-Blocker),* z. B. hydrierte Mutterkornalkaloide und Phentolamin, verdrängen α-Sympathikomimetika vom α-Rezeptor; die *β-Sympathikolytika (β-Blocker),* z. B. Propranolol, verdrängen β-Sympathikomimetika vom β-Rezeptor; Anwendung bei Herzarrhythmien.

Sydney. *Opernhaus (1959–73) mit der Hafenbrücke im Hintergrund*

Syrien

Fläche: 185 180 km²
Einwohner: (1995) 14,7 Mill.
Hauptstadt: Damaskus
Amtssprache: Arabisch
Zeitzone: MEZ +1 Stunde

Sympathiko|mimetika (Sympathomimetika) [gr.], Arzneimittel, deren Wirkung einer Erregung des Sympathikus gleicht. *Direkt wirkende S.* können die adrenergen Rezeptoren im Erfolgsorgan (aufgrund ihrer chem. Ähnlichkeit mit den natürl. Überträgerstoffen Noradrenalin u. Adrenalin) direkt beeinflussen. Dabei sind *α-Wirkungen* (über α-Rezeptoren; meist die Kontraktion glatter Muskeln; Gefäßverengung) von *β-Wirkungen* (über β-Rezeptoren; im Allg. die Erschlaffung glatter Muskeln wie Gefäßerweiterung, Bronchodilatation u. Herzerregung) zu unterscheiden.

Sympathikus [gr.], bes. die Eingeweide versorgender, den Grenzstrang mit Ganglienkette einschließender, vorw. in Begleitung der Blutgefäße im Körper sich verbreitender Teil des vegetat. Nervensystems.

Sympathisant, jmd., der einer Angelegenheit, einer Anschauung u. a. wohlwollend gegenübersteht [u. sie unterstützt].

Sympatholytika, svw. ↑Sympathikolytika.

Symposion (Symposium) [gr.]: **1)** Gastmahl im alten Griechenland, mit geistvollen Gesprächen (griech. Titel eines platon. Dialogs); **2)** [wiss.] Tagung, auf der in Vorträgen u. Diskussionen best. Fragen zwanglos erörtert werden.

Symptom [gr.], Anzeichen, Vorbote, bes. Krankheitszeichen.

Symptomatologie [gr.], Lehre von den Krankheitszeichen.

syn..., Syn... [gr.], Vorsilbe; Bed.: „mit, zus., gleichzeitig mit".

Synagoge [gr.; = Versammlung], jüd. Versammlungsstätte zu Gebet und Belehrung.

synchron [gr.], gleichzeitig, zeitgleich [verlaufend]; mit gleicher Frequenz [ablaufend].

Synchronisierung (Synchronisation) [gr.]: **1)** allg.: Herst. des Gleichlaufs zw. 2 Vorgängen; **2)** in der Filmtechnik nachträgl. Vertonung eines in einer fremden Spr. od. stumm aufgenommenen Films.

Synchrotron, Teilchenbeschleuniger, bei dem die geladenen atomaren Teilchen (v. a. Protonen) im Ggs. zum ↑Zyklotron während des ganzen Beschleunigungsvorgangs auf einer Kreisbahn mit konstantem Radius umlaufen.

Syndikalismus [gr.], um 1890 unter dem Einfluss anarchist. und sozialist. Ideen entstandene Arbeiterbewegung, die in den Gewerkschaften das wichtigste organisator. Moment einer herrschaftsfreien, sozialist. Ges. sah; Ablehnung des polit. Kampfes als Umweg; Theoretiker: A. Labriola, G. Sorel.

Syndikat: 1) Amt eines Syndikus; **2)** Kartell mit zentralisiertem Ein- und Verkauf; **3)** als Geschäftsunternehmen getarnte Verbrecherorganisation in den USA.

Syndikus, der von einer Körperschaft zur Besorgung ihrer Geschäfte bestellte Bevollmächtigte; Rechtsbeistand.

Syndrom [gr.], Krankheitsbild mit mehr. charakt. Symptomen.

Synedrium [gr.-lat.] (Synedrion, Hoher Rat, hebr. Sanhedrin), oberste relig., gerichtl. u. polit. Behörde des Judentums in röm. Zeit (71 Mitgl.); nach Zerstörung des Tempels (70 n. Chr.) entscheidende polit. Instanz des Judentums des gesamten Röm. Reiches; bestand bis 425.

Synge, John Millington [sɪŋ], * 1871, † 1909, ir. Schriftsteller; Dramen in angloir. Dialekt, in denen er das Dasein v. Fischern u. Bauern gestaltet.

Synkope [gr.], Betonung eines unbetonten Taktwertes (während die betonten Werte ohne Akzent bleiben), häuf. durch Bogenbindung, auch über den Taktstrich hinweg (𝄞).

Synod [gr.] (Hl. S., offiziell: Allerheiligster Dirigierender S.), heute nur noch neben dem Patriarchat bestehendes, 1721–1917 jedoch oberstes Organ der russ.-orth. Kirche, staatl. Instrument in der Hand des Zaren.

Synodale [gr.], Mitglied einer Synode.

Synodalverfassung, Art der Kirchenverf., die in der Synode die oberste (v. a. in ref. u. unierten Kirchen) od. ein entscheidendes Organ der Kirchenleitung (luth. Kirchen) sieht.

Synode [gr.]: **1)** svw. ↑Konzil; **2)** in der kath. Kirche Regionalkonzil einer Diözese *(Diözesan-S.)* bzw. eines Landes; **3)** in den ev. Kirchen partikuläre od. überregionale Kirchenvers.; über den *Kreis-S.n* die *Landes-S.n* der Landeskirchen, darüber die *Gen.-S.n* der EKD, VELKD u. EKU.

synodische Umlaufzeit, auf die Stellung von Sonne u. Erde zueinander bezogene Umlaufzeit eines Planeten od. des Mondes; z. B. die Zeit zw. zwei aufeinander folgenden Neumonden; synod. Monat (↑Kalender 1).

Syn|ökie (Synözie) [gr.], Zusammenleben zweier od. mehr. Arten v. Organismen, ohne dass die Gemeinschaft den Wirtstieren nutzt od. schadet.

Synonym [gr.], sinnverwandtes Wort, z. B. *sehen* und *schauen.*

Syn|opse (Synopsis) [gr.], vergleichende Übersicht; v. a. vergleichende Nebeneinanderstellung der [teilw. übereinstimmenden] Evangelien nach Matthäus, Markus und Lukas *(Synoptiker).*

Syntax [gr.; = Zusammenstellung], Satzlehre, Teil der Grammatik, der Bau u. Gliederung des Satzes behandelt.

Synthese [gr.]: **1)** Zusammenfügung [einzelner Teile zu einem Ganzen]; **2)** erkenntnistheoret. ein Verfahren, das in der prakt. oder gedankl. Verbdg. einzelner El. zu einem Ganzen besteht; **3)** Aufbau v. [komplizierten] Substanzen aus einfacheren Stoffen; allg. Verfahren zur Herst. anorgan. oder organ. chem. Verbindungen.

Synthesekautschuk, auf künstlichem Wege hergestellte Elastomere, die in ihrem chem. Aufbau od. in ihren physikal.-chem. Eigensch. dem ↑Kautschuk ähneln, in techn. Gebrauchseigensch. den Naturkautschuk sogar übertreffen; gewonnen z. B. durch Polymerisieren von Butadien, Chloropren, Isobutylen, durch Mischpolymerisation v. Styrol u. Butadien, Acrynitril u. Butadien usw.

synthetisch [gr.], zusammengesetzt, auf Synthese beruhend, künstl. hergestellt.

Syphilis [nlat.] (Lues), gefährliche Geschlechtskrankheit, durch Mikroorganismen (Treponema pallidum) hervorgerufen, meist durch Geschlechtsverkehr übertragen bzw. angeboren; chron. in mehreren Stadien verlaufend: 1. Auftreten des *Primäraffekts,* eines harten, bald geschwür. zerfallenden Knötchens (harter Schanker) an der Kontaktstelle; 2. vielgestalt. Veränderungen an Haut und Schleimhäuten; 3. zerstörende Prozesse an Haut und inneren Organen; Spätstadium: Erkrankung des Zentralnervensystems (oft erst nach Jahrzehnten): progress. ↑Paralyse 1) und ↑Tabes dorsalis. Ausheilung im 1. u. 2. Stadium möglich.

Syrakus (ital. Siracusa), ital. Prov.-Hptst. u. ⚓-St. an der O-Küste Siziliens, 127 500 E; Kathedrale (in einen Athenatempel gebaut); griech. Theater (3. Jh. v. Chr.), röm. Amphitheater. – Griech. Gründung (734 v. Chr.); Blütezeit im 5.–3. Jh., 212 v. Chr. von Rom erobert.

Syrdarja, Zufluss des Aralsees, 3019 km; durchfließt Usbekistan, Tadschikistan u. Kasachstan.

Syrilen, Rep. in Vorderasien; im S u. W gebirg. (Anteil am Antilibanon u. Hermon), sonst ebenes Tafel-, im N u. S Bergland; O u. SO von der Syr. Wüste eingenommen; Hauptfluss Euphrat; Anbau (teilw. bei künstl. Bewässerung) v. Getreide, Hülsenfrüchten, Gemüse, Baumwolle (Hauptexportgut); Obst-, Zitrus-, Reb-, Tabak-, Ölbaumkulturen; Viehzucht (z. T. durch Nomaden), bes. Schafe und Ziegen. Erdölförderung, Phosphatabbau. Erdölraffinerie. Haupthafen: Al Ladhakijja, für Erdöl: Banijas. – *Gesch.:* Im 3./2. Jt. Einwanderung semit. Völker; im 2. Jt. Streitobjekt zw. Ägypten, dem Mitanni-Reich und den Hethitern, später assyr., babylon., im 6. Jh. pers.; 333 von Alexander d. Gr. erobert, 64 v. Chr. röm. Prov. (später mehrf. geteilt), ab 395 Teil des Oström. Reiches; im 7. Jh. arab., 1517 türk., 1920 frz. Völkerbundsmandat, 1944 endgült. unabh., 1958 Zusammenschluss mit Ägypten zur Vereinigten Arab. Rep. (VAR), 1961 wieder selbstständig. Maßgebl. an den isr.-arab. Kriegen beteiligt (1967 Verlust der Golanhöhen); s. 1976 Eingreifen im libanes. Bürgerkrieg; nach israel. Invasion dort (1982) verstärkte Aktivitäten S.s, s. 1988 offiziell zur Schutzmacht Libanons erklärt; 1990/91 Beitritt zur antiirak. Allianz; s. 1991 vorsichtige Bemühungen um Lösung der Nahostprobleme mit Israel. Staatspräsident 1971–2000 H. Asad, seitdem sein Sohn B. Asad. – Mitgl. der UN u. der Arab. Liga.

Syrisch, eine der zur westsemit. Gruppe gehörenden aramäischen Spr.; als Umgangsspr. seit dem 7. Jh. vom Arab. verdrängt.

syrische Kirchen, Bez. für eine Gruppe ↑oriental. Kirchen, u. a. die *ost-s.n K.* (pers. Nestorianer, assyr. u. chaldäische Kirche) u. die *west-s.n K.* (Jakobiten, Maroniten u. a.).

Syrische Wüste, Kalkplateau westl. d. mittleren Euphrat, in Syrien, Irak u. Jordanien.

Syrlin (Sürlin, Sirlin): **1)** Jörg, d. Ä., * um 1425, † 1491, dt. Bildschnitzer u. Schreiner; spätgot. Chorgestühl im Ulmer Münster; **2)** Jörg, d. J., * um 1455, † nach 1521, dt. Schreiner u. Bildschnitzer; Mitarb. des Vaters, später Leiter der Werkstatt; u. a. Chorgestühl in Blaubeuren.

Syrmilen ↑Sirmien.

System [gr.]: **1)** allg. Gliederung, einheitl. geordnetes Ganzes; **2)** Lehrgebäude; **3)** Regierungs-, Staatsform; **4)** Zusammenstellung artl. versch. Tiere oder Pflanzen; **5)** in der Physik abgegrenzter Bereich; **6)** in der Datenverarbeitung das Betriebs-S.

Systematik [gr.]: **1)** planmäß. Darst.; **2)** in der Biol. die Einordnung aller pflanzl. u. tier. Lebewesen in ein ↑System 4).

Székesfehérvár ['sekɛʃfɛhe:rva:r] (dt. Stuhlweißenburg), ungar. St. nö. d. Plattensees, 109 800 E; Aluminiumwalzwerk, Omnibuswerk, Maschinen-, Fernsehgerätebau. Krönungs- u. Bestattungsort ungar. Kg. (bis 1540).

Szenarium [gr.], Angaben über Szenenfolge, auftretende Personen, Requisiten, techn. Vorgänge u. a. zu einer Theateraufführung.

Szene [gr.]: **1)** Schauplatz einer Handlung; Bühne; **2)** kleinere Einheit eines Films o. Ä.; **3)** Anblick.

Szetschuan, Prov. im südl. Z-China, ↑Sichuan.

Szintigraphie, nuklearmed. Untersuchungsverfahren, gestattet durch die Aufzeichnung der Gammastrahlung von in den Körper eingebrachten schwach radioaktiven Materialien ein zweidimensionales Bild von Organen oder Geweben.

Szintillation [lat.]: **1)** das Glitzern u. Funkeln der Sterne, verursacht durch die turbulente Strömung der unteren Atm.; **2)** Aufblitzen durch Auftreffen von schnellen Teilchen (α-, β-Teilchen, Proton) auf fluoreszierende Stoffe.

Jörg Syrlin d. Ä., *Selbstbildnis im Chorgestühl (1469–74) des Ulmer Münsters*

Systole [gr.], Zusammenziehung eines muskulösen Hohlorgans, bes. des Herzens.

Szabó, István ['sɔbo:], * 1938, ungar. Filmregisseur („Mephisto“, „Oberst Redl“).

Szeged ['sɛ-] (dt. Szegedin), ungar. St. an der Theiß, 178 500 E; Univ., TH; Lebensmittelind.; ✈.

Szombathely ['sombɔthɛj] (dt. Steinamanger), westungar. St. an der Güns, 85 800 E; Leder-, Textil-, Masch.-Ind.; ✈.

Szylla (Skylla), bei Homer sechsköpfiges Meerungeheuer, das in einer Meerenge (Straße von Messina?) zus. mit der *Charybdis* die Seefahrer bedroht.

T

T, 20. Buchstabe des Alphabets, entspricht dem griech. Tau.

T, Abk. für: **1)** ↑Tara; **2)** ↑Taxkurs; **3)** ↑absolute **T**emperatur; **4)** (Vorsatzzeichen) ↑Tera...; **5)** **T**ertius, **T**itulus, **T**itus, **T**ribunus (in röm. Inschriften); **6)** (Einheitenzeichen) ↑**T**esla; **7)** **T**iefdruck (auf Wetterkarten); **8)** ↑**T**onika; **9)** ↑**T**ritium.

t, Abk. für: **1)** ↑**T**emperatur; **2)** **T**empus (Formelzeichen für die Zeit); **3)** ↑**T**onne 1).

Ta, Symbol für ↑Tantal (⚗).

Tabak [span.], Gatt. der Nachtschattengewächse; wirtsch. wichtig sind zwei stark nikotinhalt. Arten: der bis 3 m hohe *Virgin. T.* aus Ecuador u. Peru, der bis 1,2 m hohe, auch als Zierpfl. gezogene *Bauern-T.;* sie werden in fast allen warmen u. gemäßigten Ländern angebaut; die reifen Blätter werden geerntet, getrocknet und fermentiert, hierauf zu *Rauch-, Kau-* od. *Schnupf-T.* verarb.; bes. gute T.sorten für Zigaretten liefern u. a. Nordamerika, der Balkan und die Türkei (Orient-T.e), für Zigarren: SO-Asien, Mittel- (Kuba, Honduras) u. Südamerika (Brasilien).

Tabasco, südostmex. Staat, am Golf von Campeche, 25 267 km², 1,5 Mill. E, Hptst. Villahermosa; feuchttrop. Küstentiefland; Erdöl.

Tabernakel [lat.], kunstvoll gearbeitetes Gehäuse zur Aufbewahrung von konsekrierten Hostien.

Tabor, Berg in Israel, östl. von Nazareth, 588 m.

Täbris, iran. St. östl. des Urmiasees, 1,1 Mill. E; Univ.; Fahrzeugbau, Teppichknüpfereien; ✈.

Tabu [polynes.]: **1)** Meidungsgebote versch. Art in Zusammenhang mit Managlauben; **2)** als unantastbar geltende Norm in einer Ges.

Tabulatur [nlat.]: **1)** Notierungsweise für mehrstimm. Instrumente; meist Buchstaben für die unteren, Mensuralnotation für die Oberstimmen *(Orgel-T.);* Griffschrift (Zahlen u. Zeichen), z. T. bis heute erhalten *(Lauten-T.);* **2)** ↑Meistersinger.

Tachismus [taʃ-; frz.] ↑abstrakter Expressionismus.

tacho..., Tacho... (tachy..., Tachy...) [gr.], Bestimmungswort mit der Bed.: „schnell".

Tachometer [gr.], Geschwindigkeitsmesser v. a. zur Anzeige der Geschwindigkeit v. Fahrzeugen.

Tacitus, Publius (?) Cornelius, * um 55, † um 120, röm. Geschichtsschreiber; bes. bekannt: „Agricola", „Germania", „Annalen", „Historien".

Tadschikistan, Rep. in Zentralasien, weitgehend Hochgebirgsland zw. Usbekistan, Kirgisien, China u. Afghanistan; Bev. (Tadschiken, Usbeken, Russen, Tataren u. Minderheiten) überwiegend sunnit. Muslime; Viehhaltung u. Baumwollanbau; reich an Uranerz; Gold. – Kam im 6. Jh. v. Chr. an das pers. Großreich; im 7./8. Jh. n. Chr. Vordringen der Araber u. Islamisierung; 13. Jh. Mongoleneinfall; s. 16. Jh. Vorherrschaft der Usbeken; Mitte des 19. Jh. an Russland, 1929 Tadschik. SSR, 1991 Unabhängigkeitserklärung, Mitgl. der GUS.

Tagore, Rabindranath, eigtl. R. Thakur, * 1861, † 1941, ind. Dichter u. Philosoph; Mittler zw. westl. u. östl. Kultur; Nobelpreis 1913.

Tagundnachtgleiche ↑Äquinoktium.

Tahiti, größte der Gesellschaftsinseln, 1 042 km², Hauptort Papeete.

Taifun [chin.-engl.], trop. Wirbelsturm im ostasiat. Küstengebiet.

Taiga [russ.], die boreale Pflanzenformation der osteurop.-sibir. Waldgebiete zw. mittl. Wolga und Ochotsk. Meer; mit Nadelhölzern, Eschen, Espen, Birken.

Taille ['taljə; frz.]: **1)** Teil des Rumpfes zw. Hüfte u. Brust; **2)** Gürtelweite; **3)** bis 1789 kgl. Steuer in Frankreich.

Tadschikistan

Fläche: 143 100 km²
Einwohner: (1995) 6,1 Mill.
Hauptstadt: Duschanbe
Amtssprache: Tadschikisch
Zeitzone: MEZ +4 Stunden

Tadsch Mahal ↑Agra.

Taekwondo [tɛ-], korean. Zweikampfsportart auf der Basis v. Fuß- (Tae) u. Handtechniken (Kwon).

Tafelmalerei, die Malerei auf Holz, Kupfer oder Leinwand; selbst. Tafelbilder schon in der Antike, in der Kunst des MA seit dem 11. Jh. (Antependien).

Tag, durch die Rotation der Erde gegebene natürl. Zeitunterteilung; je nach Bezugspt. an der Sphäre unterscheidet man Sonnen- und Sterntag.

Taganrog, Hafenst. am Asowschen Meer, Russland, 293 600 E; Stahlindustrie.

Tag der deutschen Einheit, Nationalfeiertag anlässlich des Beitritts der DDR zur BRD am 3. 10. 1990, gesetzl. Feiertag in der BRD.

Tagebau, Abbau von Bodenschätzen (z. B. Braunkohle) in offenen Gruben.

Tagelied, Gatt. des Minnesangs, schildert den Abschied zweier Liebender beim Wächter- oder Vogelruf am Morgen.

Tages|sehen ↑Farblehre.

Tagfalter: 1) zusammenfassende Bez. für tagsüber fliegende Schmetterlinge; **2)** Überfam. farbenprächt., nur am Tage fliegender Schmetterlinge; u. a. Trauermantel, Gr. Fuchs, Admiral.

Taimyr, Halbinsel, nordsibir. Halbinsel, zw. Jenissei- und Chatangamündung, 862 100 km², vom *Byrrangageb.* durchzogen (bis 1 146 m); an dessen S-Fuß der *Taimyrsee* (4 500 km²).

Taine, Hippolyte [tɛ:n], * 1828, † 1893, frz. Philosoph, Historiker und Literaturwissenschaftler.

Taipeh, Hptst. von Taiwan, 2,7 Mill. E; 6 Univ.; vielseit. Ind.; ✈.

Taiwan, Rep. in Ostasien, besteht aus der Insel T. (Formosa) u. zahlr. kleineren Inseln; dicht bewaldetes Gebirgsland (bis 3 997 m), fruchtb. Küstenstreifen (bes. im W und NW); subtrop., im Tiefland feuchtheißes Klima. *Landw.:* Anbau v. Reis, Spargel, Zuckerrohr, Ananas, Bananen und Tee; Fischfang. *Bodenschätze:* Kohlenlager, ferner Kupfer- und Golderze, Erdöl; *Haupthäfen:* Keelung und Kaohsiung; Textil-, Masch.-, Elektro-, chem. Industrie. – *Gesch.:* 1590 v. Portugiesen entdeckt; 1642–62 niederl., 1683 chin., 1885 jap., s. 1945/51 erneut chin.; nach Flucht der Kuomintang-Reg. vor den Kommunisten v. chin. Festland 1950 Ausrufung der „Rep. China" durch Staatspräs. Chiang Kai-shek

(1948–75), dessen Sohn Chiang Ching-kuo († 1988) 1972 Regierungs-, 1978 Staatschef wurde; anfangs wirtsch. u. polit. Unterstützung durch die USA, die jedoch nach d. Neuorientierung ihrer Chinapolitik 1978 die diplomat. Beziehungen abbrachen; bis 1971 Mitgl. der UN.

Taiwan

Fläche: 36 179 km²
Einwohner: (1995) 21,12 Mill.
Hauptstadt: Taipeh
Amtssprache: Chinesisch
Zeitzone: MEZ +7 Stunden

Tajo ['taxo] (portug. Tejo), Fl. auf der Iber. Halbinsel, 1 007 km, Mdg. bei Lissabon.

Tajumulco [taxu-], höchster Berg Zentralamerikas, Guatemala, 4 210 m.

Takelage [-'la:ʒə], Sammelbez. für Masten, Tauwerk u. a. zur Handhabung der Segel eines Schiffes.

Takt [frz.]: **1)** Schicklichkeits-, Feingefühl, Lebensart; Zurückhaltung; **2)** abgemessene Bewegung der Töne nach best. Zeitmaß; durch T.striche abgeteilte Zusammenfassung von 1, 2, 3, 4, 5 usw. T.einheiten od. Schlagzeiten, die zu Beginn eines jeden Satzes vorgezeichnet sind (𝄞); **3)** bei Verbrennungsmotoren ein einzelner Arbeitsgang (z. B. Ansaugen, Verdichten, Verbrennen, Ausstoßen beim Viertaktmotor).

Taktik [gr.]: **1)** die Kunst der Truppenführung auf dem Gefechtsfeld; **2)** kluges, absichtsvolles Verhalten.

Tal, durch fluviatile Einschneidung und Ausräumung gebildete, lang gestreckte Hohlform, mit Gefälle zum T.ausgang. Es besteht aus: *T.schluss, T.boden, T.ausgang, T.hängen* und *T.rändern.*

Talar [lat.], knöchellanges, weites Amtskleid von Geistlichen, Richtern, Anwälten u. (als Festtracht) akad. Lehrern.

Talent [gr.], altgriech. Gew. (in Athen 26,2 kg).

Taler, ehem. dt. Silbermünze, urspr. Guldengroschen (wertmäßig dem Goldgulden entspr.), seit etwa 1525 nach dem Münzort St. Joachimsthal kurz T. genannt.

Talg (Unschlitt), feste gelbe Fettmasse, die aus inneren Fettgeweben von Rindern oder Schafen ausgeschmolzen wird.

Talisman [arab.], Gegenstand, der gg. Schäden u. Bezauberung schützen und Glück bringen soll.

Talk [arab.], monoklines weißes, gelbl., grünl. oder farbloses gesteinsbildendes Mineral; in dichten Massen als *Speckstein* (Steatit); vielseit. Verwendung (Puder, Poliermittel u. a.).

Tallahassee [tælə'hæsı], Hptst. v. Florida, USA, 125 000 E; 2 Univ.; Holzind., Apparatebau; ✈.

Talleyrand, Charles Maurice de [talə'rã], Fürst v. Benevent, Hzg. v. T.-Périgord, Hzg. v. Dino, * 1754, † 1838, frz. Staatsmann; 1797 bis 1807 Außenmin., setzte sich 1814 für die Rückkehr der Bourbonen ein, wurde Außenmin. u. erreichte durch meisterhafte Politik auf dem Wiener Kongress für Frkr. die Gleichberechtigung als Großmacht.

Talmi [frz.], vergoldeter Tombak (↑ Messing); übertr. für Unechtes.

Talmud [hebr.], Sammelwerk der kodifizierten rabbin. Thoraauslegung u. der außer- u. nachbibl.

Ch. M. de Talleyrand

Gesetzesüberlieferung, -kommentierung und -kasuistik.

Talon [ta'lõ; frz.]: **1)** Erneuerungsschein bei Wertpapieren; **2)** beim Kartenspiel der nicht ausgegebene Kartenrest.

Talsperre, Anlage, die als Talabriegelung einen Stauraum zur Wasserspeicherung schafft; besteht aus dem eigtl. Sperrenbauwerk (Staudamm, Staumauer) u. dazugehörenden Betriebsanlagen (zur Hochwasserregulierung, Trinkwasser- und/od. Energiegewinnung).

TA Luft, Abk. für: **T**echn. **A**nleitung zur Reinhaltung der Luft; allg. Verwaltungsvorschrift zum B.-Immissionsschutz-Ges.; enthält Auflagen für die Betreiber genehmigungsbedürftiger Anlagen.

Tamariske [lat.], Gatt. der *T.ngewächse,* Bäume oder Sträucher der Steppen u. Wüsten mit schuppenförmigen Blättern u. kleinen rosafarbenen Blüten; z. T. Ziergewächse.

Tambour [tã'bu:r; frz.]: **1)** einf. Trommel; **2)** Trommler; **3)** zylindr. od. polygonaler Unterbau der Kuppel, meist mit Fenstern.

Tambourmajor [tã'bu:r-], Leiter eines Spielmannszuges.

Tamburin [frz.], kl., einseitig mit Fell bespannte Trommel, in deren Holzrahmen beckenförm. Metallplättchen eingelassen sind.

Tamil, wichtigste der drawid. Spr. (↑ ind. Sprachen); verbreitet im SO Indiens u. in Sri Lanka, Afrika, Mauritius, Malaysia, Fidschi.

Tamil Nadu (fr. Madras), südind. B.-Staat, 130 058 km², 55,6 Mill. E, Hptst. Madras; Reis-, Baumwoll-, Hirseanbau; Textilindustrie.

Tamina, l. Nbfl. des Alpenrheins, Schweiz, 26 km; in der *T.schlucht* (500 m lang, 250 m hohe Wände) radioaktive Quellen, deren Wasser nach Bad Ragaz geführt werden (Kraftwerk Mapragg; 280 MW).

Tampere (schwed. Tammerfors), St. in SW-Finnland, 174 000 E; Univ.; vielseit. (v. a. Textil-)Ind.; ✈.

Tampon [frz.], Bausch aus Gaze oder Watte zum Aufsaugen von Flüssigkeiten und zur *Tamponade,* dem Trockenlegen von natürl. Körperhöhlen u. Wundhöhlen.

tan, Formelzeichen für Tangens (↑ Winkelfunktionen).

Tanagra, altgriech. Handelsstadt in Böotien bei Theben; Fundort der **T.figuren** (bemalte Tonfiguren, 4.–3. Jh. v. Chr.).

Tandem [lat.-engl.]: **1)** Wagen mit 2 hintereinander gespannten Pferden; **2)** Doppelfahrrad mit 2 Sitzen hintereinander.

Tang [skand.], svw. ↑ Seetang.

Tanganjika, Teilstaat v. Tansania, 937 058 km². – 1885–1918 dt. Schutzgebiet (Dt.-Ostafrika), s. 1919 brit. Völkerbundmandat, 1946 UN-Treuhandgebiet, s. 1961 unabh., vereinigte sich 1964 mit Sansibar zu Tansania.

Tanganjika|see, zweitgrößter See Afrikas, im Zentralafrik. Gra-

Tansania

Fläche: 945 087 km^2
Einwohner: (1995) 29,6 Mill.
Hauptstadt: Dodoma
Amtssprache: Suaheli
Zeitzone: MEZ +2 Stunden

ben, 34 000 km^2, bis 1 435 m tief (Kryptodepression, bis 773 m u. d. M.); Fischfang; Schifffahrt.

Tange, Kenzō, * 1913, jap. Architekt; gilt als einer der bedeutendsten Architekten der Gegenwart.

Tangens ↑Winkelfunktionen.

Tangente [lat.]: **1)** Gerade, die eine Kurve in nur einem Pt. berührt (Math.); **2)** etwa spatenförm. Metallstück, das beim Klavichord von unten an die Saiten schlägt.

Tanger, marokkan. Ind.- und Hafenst. an der Straße v. Gibraltar, 363 000 E; Univ.; Textil-, Fischkonserven- u. a. Ind.; ✈.

Tango [span.], geradtakt. südamer. Volkstanz; seit etwa 1912 Gesellschaftstanz in Europa.

Tank [engl.]: **1)** Flüssigkeitsbehälter; **2)** Panzer (urspr. im 1. Weltkrieg benutzter Deckname).

Tanker, für den Transport flüss. Ladung ausgerüstetes Frachtschiff, z. B. *Öl-T., Gas-T.* (für verflüssigte Gase).

Tanne, Gatt. der Kieferngewächse der nördl. Halbkugel; *Weiß-* od. *Edel-T.,* bis 80 m hoch, S- u. M-Europa, liefert Bau- und Tischlerholz.

Tannenberg (poln. Stębark), Ort im westl. Masuren, Polen. – Bei T. 1410 poln.-litau. Sieg über den Dt. Orden; 1914 dt. Sieg über ein russ. Heer. Das 1927 errichtete *T.denkmal* wurde 1945 gesprengt.

Tanner, Alain, * 1929, schweizer. Filmregisseur („Messidor").

Tannhäuser (mhd. Tanhuser), * nach 1200, † kurz nach 1266, mhd. Dichter, Minne- u. höf. Tanzlieder; im 16. Jh. mit der Sage v. Venusberg in Verbdg. gebracht; Oper v. R. Wagner (1845).

Tannin [frz.] (Gallusgerbsäure), aus Galläpfeln gewonnener Gerbstoff; T.e allg. Bez. für pflanzl. Gerbstoffe.

Tansania, B.-Rep. in O-Afrika, besteht aus d. Teilstaaten ↑Tanganjika (festländ. Teil) u. ↑Sansibar. Der Festlandsteil T.s ist Hochland (1000 bis 2 000 m ü. d. M.), das steil zum Tanganjikasee abbricht; zahlreiche Vulkanmassive (z. B. Kilimandscharo, 5 895 m); hpts. Savannen, an den Gebirgshängen Wald; *Landw.:* Anbau von Hirse, Mais, Reis, Maniok, Zuckerrohr, Sesam u. a., für den Export v. a. Kaffee, Baumwolle, Gewürznelken (Sansibar), Sisal, Cashewnüsse, Tee, Tabak. Bed. Viehzucht auf den Hochebenen (Rinder, Ziegen, Schafe); *Bergbau* auf Diamanten, Gold, Kohle, Zinnerz. Wichtige Ind.- u. Hafenstädte: Daressalam u. Tanga. – 1964 Zusammenschluss v. Tanganjika u. Sansibar unter Beibehaltung eigener Legislativ- u. Exekutivorgane sowie Rechtssysteme zu der Vereinigten Rep. Tansania. – Mitgl. der UN.

Tantal [gr.], chem. El., Symbol Ta, OZ 73, rel. A.-Masse 180,948; hartes, sehr zähes, elast. Metall; Fp. 3 020 °C, Sp. 5 427 ± 100 °C, Dichte 16,6 g/cm^3; bei nicht zu hoher Temp. chem. sehr beständ.; zur Herst. chem. Geräte u. ärztl. Instrumente; fr. auch als Glühdraht in *T.lampen.*

Tantalus, im griech. Mythos Sohn des Zeus, ein kleinasiat. Kg., der den olymp. Göttern seinen Sohn Pelops als Speise vorsetzt, um ihre Allwissenheit zu erproben; muss in der Unterwelt *T.qualen* erleiden (Hunger und Durst).

Tantieme [tãtj'ɛ:mə; frz.], Beteiligung am Gewinn eines Unternehmens; auch Zahlung an Autoren musikal. oder literar. Werke für Aufführungen.

Tanz, im Allg. v. Musik begleitete rhythm. Bewegungen des Körpers, die seel. Zuständen Ausdruck verleihen, dramat. Vorgänge wiedergeben od., v. a. als Paar- u. Gruppentanz, der gesellschaftl. Unterhaltung dienen; urspr. Lebensäußerung des Menschen, bei Naturvölkern weit verbreitet u. meist mit zauber.-relig. Vorstellungen verknüpft: Tiertänze, Liebestänze, Fruchtbarkeitstänze, Maskentänze, Tänze bei Jugendweihen u. bei Treffen v. Männerbünden, Kriegstänze; auch bei den Kulturvölkern zunächst mag. Zweckhandlung. Paartänze sind erst seit dem 14. Jh. bekannt; bes. Pflege des T.es in der Renaissance (Italien u. Frkr.). Die höf. T.formen (Gavotte, Courante u. a.) erreichten ihre höchste Entfaltung im Menuett am Hof Ludwigs XIV. Seit Ende des 18. Jh.s wurden Volks- und Nationaltänze gesellschaftsfähig: Wiener Walzer, Polka, Mazurka u. a. Seit etwa 1910 drangen amer. T.formen (Tango, Foxtrott, Charleston u. a.) nach Europa; nach 1945 Samba, Rock' n' Roll u. a. Im *T.sport* Einteilung der Gesellschaftstänze in die 5 Standardtänze Langsamer Walzer, Tango, Slowfox, Wiener Walzer, Quickstepp u. lateinamer. Tänze Rumba, Samba, Cha-Cha-Cha, Pasodoble u. Jive.

Tanzmaus, durch Mutation der ostasiat. Hausmaus entstandene Form; hat die [krankhafte] Gewohnheit, sich im Kreis herumzudrehen.

Tanzschrift, schriftl. Fixierung von Tänzen durch Bewegungssymbole od. durch Zeichen auf einem Liniensystem; versch. T.en seit dem 16. Jahrhundert.

Tao [chin.; = der Weg], Grundbegriff der chin. Philos.; Urgrund des Seins, Vernunft, Wort, das All-Eine.

Taoismus [zu Tao], von Laotse begr., v. a. von Chuang-tzu (Zhuang Zi) weitergeführtes System der chin. Philos., dessen Ideale um das Tao kreisen; seit dem 2. Jh. v. Chr. chin. Volksreligion.

Taormina, ital. Seebad an der O-Küste Siziliens, 10 200 E; berühmtes griech. Theater.

Tao-te-ching (Dao-de-jing), klass., Laotse (Laozi) zugeschriebenes Werk des Taoismus, Lehre vom Tao und der Tugend.

Tàpies, Antoni, eigtl. A. T. Puig, * 1923, katalan. Maler. Vom Surrealismus beeinflusst; gegenstandslose Materialbilder mit reliefartigem Farbauftrag.

Tapire [indian.], Fam. der Unpaarhufer, mit kurzem, bewegl. Rüssel; SO-Asien, Mittel- u. Südamerika; der südamer. *Flachlandtapir* ist rd. 1 m hoch; auf Malakka u. Sumatra *Schabrackentapir,* schwarz mit weißer Schabrackenzeichnung.

Tapisserie [frz.], Wandteppich; Stickereiarbeit auf Kanevas.

Tara [ital.], Abk. **T**, Verpackungsgewicht, Verpackung.

Tarantella [ital.], südital. Volkstanz in raschem $^3/_8$- oder $^6/_8$-Takt.

Taranteln [ital.], best. trop., z. T. giftige, bis 5 cm gr. Wolfsspinnen; z. B. *Apul. Tarantel,* Biss schmerzhaft, ungiftig.

Tarascon [taras'kõ], südfrz. Ort an der Rhone, 11 200 E; Schloss (14./15. Jh.); Wein- und Obstbau; Kunststofffabrik.

Tarent (ital. Taranto), ital. Prov.-Hptst. u. Hafenst. am *Golf von T.,* 214000 E; Dom (11. Jh.), Kastell (15./16. Jh.); Werft-, Eisen-, Stahl-, chem. Industrie.

Tarif [arab.], Verzeichnis der Preis- bzw. Gebührensätze für best. Lieferungen und Leistungen.

Tarifa, span. Hafenst. an der Straße von Gibraltar, 15200 E; nahebei *Punta Marroqui;* der südlichste Punkt des europ. Festlands.

Tarifpartner (Tarif[vertrags]parteien), Bez. für Arbeitgeber u. -nehmer bzw. ihre Repräsentanten (Arbeitgeberverbände und Gewerkschaften, z. B. beim Abschluss von ↑Tarifverträgen).

Tarifvertrag, im Arbeitsrecht ein zw. einem Arbeitgeber[verband] u. einer Gewerkschaft (Tarifpartner) schriftl. abgeschlossener Kollektivvertrag zur Regelung arbeitsrechtl. Beziehungen.

Tarnkappe, in der german. Sage unsichtbar machender Mantel mit Kapuze.

Tarock [arab.], Kartenspiel für 3 Personen mit 78 Karten; versch. Abarten, u. a. bayr.-östr. Art mit 36 Blatt.

Tarquinia, ital. St. am S-Rand der Maremmen, 13200 E; östl. v. T. die Reste der etrusk. St. *Tarquinii.*

Tarquinier, etrusk. Geschlecht, dem der röm. Sage nach 2 röm. Könige entstammten: **1) Tarquinius Priscus,** 5. Kg. (616–578 v. Chr.); soll u. a. das Forum Romanum u. den Circus maximus angelegt haben; **2) Tarquinius Superbus,** Lucius, 7. Kg. (533–509 v. Chr.); die Entehrung der Lucretia durch seinen Sohn war Anlass zum Sturz d. Kg.tums.

Tarragona, span. Prov.-Hptst. u. Hafenst. am Mittelmeer, 112400 E; bed. Kathedrale (12./13. Jh.), altchristl. Nekropole; Konserven-, Textil- u. Schuhind.; Weinbau.

Tartarus, in der griech. Mythol. [Teil der] Unterwelt, mit einer dreifachen Mauer und vom Pyriphlegethon (Feuerstrom) umgebener Ort.

Tartini, Giuseppe, * 1692, † 1770, ital. Geiger u. Komponist; Violinkonzerte u. -sonaten („Teufelstrillersonate").

Taschenkrebs, bis etwa 20 cm breite Krabbe an den europ. und nordafrik. Küsten.

Taschenrechner, kleine, handl. elektron. Rechengeräte mit mindestens 2 Registern (Anzeige- und Rechenregister). Die Anzeige der Werte erfolgt in Leuchtdioden- oder Flüssigkristallanzeige (LED- bzw. LCD-Anzeige). Nach der Ausstattung unterscheidet man gewöhnl. T. (4 Grundrechenarten), T. mit Funktionstasten (für die Berechnung von Prozenten, Wurzeln, trigonometr. Funktionen usw.), T. mit Hierarchie oder mit Klammertasten, T. mit saldierenden, rechnenden oder adressierbaren Speichern u. programmierbare T. (für eigene Programmerstellung oder Eingabe fertiger Programme).

Taschkent, Hptst. Usbekistans, 2,12 Mill. E; Kultur- und Wirtschaftszentrum Z-Asiens; Univ., Hochschulen, Akad. der Wiss., Theater, Museen, astronom. Observatorium; Masch.-Bau, Tabak-, Textilind.; ⚒.

Taranteln. *Apulische Tarantel*

Tasmanien: 1) (fr. Van Diemen's Land) austral. Insel, 64800 km^2; waldreiche Geb. und Grashochländer, Getreide-, Kartoffel-, Obstanbau, Schafzucht; Zink-, Blei-, Kupfer-, Zinnerze, Schwefel; **2)** B.-Land des Austral. Bundes, 67800 km^2, 471000 E, Hptst. Hobart; umfasst 1) und Nebeninseln.

Tasmanier, ausgerottete Urbev. Tasmaniens (Wildbeuter).

TASS ↑Übers. S. 463.

Tassilo III., * um 742, † nach 794, Hzg. von Bayern 748/49–788; Agilolfinger, auf Veranlassung Karls d. Gr. abgesetzt.

Tasso, Torquato, * 1544, † 1595, ital. Dichter; Kreuzzugsepos „Das befreite Jerusalem", Schäferspiel „Aminta"; Lyrik in der Art der Petrarkisten u. a.

Tastatur [ital.]: **1)** Anordnung der Drucktasten bei Geräten, die nach Betätigung einer *Taste* einen best. Vorgang auslösen; **2)** sämtl. Ober- u. Untertasten bei Tasteninstrumenten (𝄞).

Tastsinn (Fühlsinn), mechan. Sinn, der Tiere u. den Menschen befähigt, Berührungsreize (mittels Tastkörperchen bzw. Tasthaaren) wahrzunehmen.

Tataren, urspr. ein mongol. Stamm, später Bez. für das Mischvolk aus Mongolen, Turkvölkern, Wolgafinnen u. Ostslawen; im Wolgagebiet, S-Russland, in der Ukraine und W-Sibirien.

tatauieren [tahit.] (wiss. für tätowieren), Muster od. Zeichnungen [mit Farbstoffen] in die Haut einritzen; die *Tatauierung* gilt als Schmuck, Abzeichen, relig. Symbol.

Tati, Jacques, eigtl. J. Tatischeff, * 1907, † 1982, frz. Filmschauspieler u. -regisseur („Die Ferien des Herrn Hulot").

Tätigkeitswort ↑Verb[um].

tätowieren ↑tatauieren.

Tatra, höchste Geb.-Gruppe der W-Karpaten (Polen, Slowakei); Teile: *Liptauer T.* im W, *Hohe T.* (in der Gerlsdorfer Spitze 2655 m) und *Belaer T.* im Osten.

Tattersall [nach dem engl. Stallmeister *Richard T.,* * 1724, † 1795], geschäftl. Unternehmen für reitsportl. Veranstaltungen, für Verleihen u. Einstellen von Pferden; Reitbahn, Reithalle.

Tau, Niederschlag kl. Tröpfchen, die sich durch Kondensation v. Wasserdampf infolge Abkühlung in Bodennähe absetzen.

Tauben, Fam. drossel- bis rabengr. T.vögel, weltweit verbreitet; die 1–2 Jungen (Nesthocker) werden mit „Kropfmilch" geatzt; die *Felsentaube* des Mittelmeerraumes ist die Stammform der *Haustaube,* die seit Jt.en in vielen Rassen gezüchtet wird.

Taubenschwänzchen, ein einheim. ↑Schwärmer.

Taubenvögel, Ordn. fast weltweit verbreiteter, bis 80 cm gr. Vögel mit gr. Kropf; 3 Fam.: Flughühner, Tauben, Dronten.

Tauber, Richard, * 1891, † 1948, brit. Sänger östr. Herkunft (lyr. Tenor).

Tauber, l. Nbfl. des mittl. Mains, 120 km.

Taubheit (Gehörlosigkeit), angeborene od. durch Krankheit erworbene hochgradige Schwerhörigkeit oder völl. Hörunfähigkeit; angeborene oder in sehr frühem Alter erworbene T. ist verbunden mit Stummheit *(Taubstummheit);* Erziehung und Bildung der Taubstummen in Gehörlosenschulen (Besuch für Taubstumme obligator.); Verständigung durch Laut- od. Zeichenspr., Fingerspr. mit Handalphabet; daneben Benutzung v. Hörgeräten.

Täubling, Gatt. farbenprächt. Blätterpilze mit essb. (Speise-T. u. a.) und gift. (Spei-T.) Arten.

Taubnessel, Lippenblütlergatt.;

Kräuter mit brennnesselähnl., nicht brennenden Blättern.
Taubstummheit ↑Taubheit.
Tauchen, Schwimmen unter Wasser; als schwimmsportliche Übung *Strecken-T.* (ohne Hilfsmittel, bis 50 m). Für längere Strecken (sportl., wiss. und mil. Zwecke) Schwimmflossen, Atemgeräte u. Spezialanzüge (beim Militär Kampfschwimmer). *Tief-T.* (v. a. bei Schiffsreparaturen, Beseitigung von Hindernissen) mit Taucherglocken oder Tauchanzügen mit Metallhelmen und Atmungsgeräten (Tiefen bis etwa 50 m); *Panzertaucher* mit Greifwerkzeugen für Tiefen bis 200 m; für *Tiefsee-T.* bes. Konstruktionen (Stahlkugel u. a.).
Taucherglocke, an einem Gerüst hängender Druckluftsenkkasten für Arbeiten unter Wasser.
Tauern ↑Hohe Tauern, ↑Niedere Tauern.
Taufe, christl. Sakrament der Initiation, Reinigung, Wiedergeburt und Rechtfertigung; damit Aufnahme in die Kirche.
Täufer (Anabaptisten, Wiedertäufer), nach ihrer [strikten] Praxis der Erwachsenentaufe ben. Anhänger einer uneinheitl., bald unterdrückten Nebenbewegung der Reformation mit eigenständigen theol. Ansätzen v. a. in der polit. Ethik und in der Lehre von der Kirche.
Tau|fliegen (Essigfliegen), Fam. kl. Fliegen, Larven entwickeln sich in Wein, Essig u. a.; *Drosophila melanogaster* wurde bes. für genet. Untersuchungen bedeutsam.
Taufstein (Taufbecken), urspr. ein großes Becken in der Mitte des Baptisteriums, etwa seit dem 11. Jh. in reduzierter Form meist neben dem Eingang der Kirche.
Tauler, Johannes, * um 1300, † wahrsch. 1361, dt. Mystiker; vielleicht Schüler Meister Eckharts.
Taumelkäfer, Fam. 5–10 mm langer Schwimmkäfer; schwimmen kreisend an der Wasseroberfläche.
Taunus, sö. Teil des Rhein. Schiefergeb., zw. Lahn, Rhein, Main und der Wetterau; im Wesentl. Hochfläche (Rumpffläche; 400 m); im Gr. Feldberg 879 m.
Taupunkt, Temp., unterh. welcher ↑Kondensation des Dampfes infolge Übersättigung eintritt.
Tauroggen (litau. Tauragė), litau. St., 25 000 E. – Am 30. 12. 1812 während des Russlandfeldzuges durch den preuß. Gen. L. Yorck v. Wartenburg u. den russ. Gen. J. Diebitsch-Sabalkanskij Abschluss der *Konvention v. T.,* die die Trennung der preuß. Truppenkontingente von der frz. Armee einleitete.
Taurus, Geb.-System in der südl. u. östl. Türkei; Teile: West- oder *Lyk. T.* (bis östl. d. Golfes v. Antalya; bis über 3 000 m), M- oder *Kilik. T.* (bis nw. v. Adana; bis 3 585 m), *Aladağ* (fr. auch *Anti-T.,* bis 3 734 m) gabelt sich nun in d. nördl. Ketten *Innerer Ost-T.* (bis z. Ararat) u. die südl. Ketten *Äußerer Ost-T.* (früher *Armen. Taurus*).
Tausch, Vertrag über die gegenseit. Leistung individueller wirtsch. Güter (nicht Geld).
Täuschung, Hervorrufen oder Aufrechterhalten einer irr. Vorstellung in einer anderen Person; Tatbestandsmerkmal des Betrugs (§).
Tauschwirtschaft, Wirtschaftsform: Ware gg. Ware.
Tausendblatt, Gatt. der Meerbeerengewächse; Unterwasser- od. Sumpfpflanzen; Aquarienpfl.
Tausendfüßer (Myriapoden), Kl. der Gliederfüßer; Kopf mit einem Antennenpaar; Rumpf aus vielen gleichförm. Ringen, die je ein (Hundertfüßer) oder 2 (Doppelfüßer) Paar Beine tragen (bis über 170 Beinpaare); Kieferfüße der *Hundertfüßer* mit Giftdrüsen.
Tausendgüldenkraut ↑Enziangewächse.
Tausendjähriges Reich, vom Nat.-Soz. ins Polit. gewendeter, urspr. das Friedensreich nach der Wiederkunft Christi bezeichnender Begriff (↑auch Chiliasmus).
Tausendundeine Nacht, im 9. Jh. (?) ins Arab. übersetzte Slg. von Erzählungen der verschiedensten literar. Gatt., im Wesentl. pers. Bestandteile; die heutige Form wahrsch. aus dem 16./17. Jh.
Tautologie [gr.], Wiedergabe des gleichen Sachverhalts in einer Wortgruppe mit 2 synonymen Wörtern, z. B. einzig und allein.
Taxe [lat.]: **1)** Schätzung, Wertbeurteilung; **2)** [amtl.] festgesetzter Preis; Gebühr, Gebührenordnung.
Taxkurs, geschätzter *(taxierter)* Kurs eines Wertpapiers, das [seit einiger Zeit] nicht notiert wurde; im Kursblatt mit T gekennzeichnet.
Taxus [lat.], svw. ↑Eibe.
Tay [teɪ], schott. Fl., 193 km, von den Grampian Mountains zum *Firth of T.* (Nordsee).
Taylor ['teɪlə]: **1)** Elizabeth, * 1932, amer. Filmschauspielerin brit. Herkunft; **2)** Frederick Winslow, * 1856, † 1915, amer. Ingenieur; entwickelte das *T.-System* der wiss. Betriebsführung.
Tb, Symbol für ↑Terbium (☞).
Tbc, Abk. für: ↑Tuberkulose.
Tc, Symbol für ↑Technetium (☞).
tdw, Abk. für: **t**ons **d**ead**w**eight, Maß für die Tragfähigkeit eines Schiffes (Tonne zu 1 000 kg, in ags. Ländern 1 016 kg).
Te, Symbol für ↑Tellur (☞).
Teakbaum ['ti:k-; engl.], Eisenkrautgewächs SO-Asiens; das sehr dauerhafte und termitenbeständ. *Teakholz* wird im Schiffbau u. in d. Möbelind. verwendet.
Team [ti:m; engl.], Arbeitsgruppe; Mannschaft (Sport); *T.work* [-wə:k], Gemeinschafts-, Gruppen-, Zusammenarbeit.
Tebaldi, Renata, * 1922, ital. Sängerin (Sopran).
Technetium [gr.], chem. El., Symbol Tc, OZ 43; radioakt., bisher nur künstl. hergestelltes El.; ein dem Rhenium chem. ähnl. Schwermetall; Fp. 2 140 ± 20 °C, Sp. 5 030 °C; Dichte 11,5 g/cm³.
Technik [gr.]: **1)** Gesamtheit der Maßnahmen, Einrichtungen u. Verfahren zur Nutzbarmachung der von der Natur dargebotenen Energie- u. Rohstoffquellen sowie der naturwiss. Erkenntnisse für die zivilisatorischen Bedürfnisse des Menschen; **2)** ausgebildete Fähigkeit (Kunstfertigkeit), die zur richtigen Ausübung einer Tätigkeit bzw. zur Erzielung spezieller Leistungen (z. B. im Sport) notwendig ist; **3)** Gesamtheit der Kunstgriffe u. Verfahren, die auf einem best. Gebiet übl. sind; Arbeitsweise.
Technikum, svw. Ingenieurschule (heute Fachhochschule).
Technisches Hilfswerk (THW), dem B.-Amt für Zivilschutz eingegliederte B.-Anstalt, gegr. 1950, heutiger Status seit 1953; nimmt als Teil des Katastrophenschutzes techn. Dienste wahr; über 60 000 ehrenamtliche Helfer.
technische Universitäten (TU), wiss. Hochschulen für Forschung und Lehre in den Natur- u. Ing.-Wiss.; Fachrichtungen v. a. Math., Physik, Chemie, Maschinenwesen, Elektrotechnik, Architektur, Ing.-Bauwesen; Studienziel: Dipl.-Ing., danach Promotion zum Dr.-Ing. möglich; früherer Name: techn. Hochschulen (TH), so noch in Aachen und Darmstadt.
Technokratie [gr.], Herrschaft der Technik.
Technologie [gr.], Wiss. von der Gewinnung u. Verarbeitung von Roh- u. Werkstoffen zu techn. Produkten; auch die Gesamtheit der dazu nötigen Prozesse bzw. angewendeten Methoden.
Teck, Vorsprung am Steilrand der Schwäb. Alb, 773 m; mit den Resten der *Burg T.,* dem Stammsitz der *Herzöge v. T.,* einer im 12. Jh. begr. Seitenlinie der Zähringer (1439 ausgestorben).
Teckel, svw. ↑Dackel.
Tee, ↑Teestrauch.
Teenager ['ti:neɪdʒə; engl.], Junge

od. Mädchen im Alter von 13 bis 19 Jahren.

Teer, bei der Schwelung und Verkokung von organ. Substanzen entstehendes, meist zähflüssiges, braunes bis tiefschwarzes Produkt, z. B. ↑Steinkohlenteer.

Teerfarbstoffe, überholte Bez. für Farbstoffe, die urspr. aus den im ↑Steinkohlenteer enthaltenen Verbdg. gewonnen wurden; heute meist synthet. hergestellt.

Teestrauch [chin.; dt.], hpts. in S- u. SO-Asien u. O-Afrika angebautes, bis zu 15 m hohes Tee[strauch]gewächs; die immergrünen Blätter enthalten flücht. Öle (Aroma), Koffein (rd. 1–4 %), Gerbstoff u. a.; sie werden mehrmals im J. geerntet; nach dem Welken werden sie fermentiert u. getrocknet u. gelangen als *Tee* in den Handel; aus China gelangte Tee im 17. Jh. nach Europa, wo er in Großbr. und Russland zum Volksgetränk wurde.

Teflọn® ↑Polytetrafluoräthylen.

Tẹgernsee: 1) bayr. See nördl. des Mangfallgeb., 9 km², bis 72 m tief, 725 m ü. d. M.; **2)** bayr. St. und Luftkurort an 1), 4 300 E.

Tegnér, Esaias [tɛŋ'nɛ:r], * 1782, † 1846, schwed. Schriftsteller, Vertreter der nord. Romantik.

Tegucigalpa [-si'ɣalpa], Hptst. von Honduras, 670 000 E; Univ.; Erzb.; vielseit. Ind.; ✈. – Gegr. 1579; Hptst. seit 1880.

Tẹheran, Hptst. v. Iran, am S-Fuß des Elbursgeb., 6,6 Mill. E; 6 Univ., mehrere Hochsch., Institute u. Museen; Wirtsch.-Zentrum m. Textil-, chem. (u. a. Erdölraffinerie), Nahrungsmittel- u. a. Ind.; Verkehrsknotenpt., ✈. – In T. 1943 1. Konferenz zwischen W. Churchill, T. Roosevelt u. J. Stalin, die mil. u. polit. Maßnahmen gg. Deutschland u. seine Verbündeten absprachen.

Tẹide ['tɛjðe], **Pịco de,** höchster Berg der Kanar. Inseln, auf Teneriffa, 3 718 m.

Teilchenbeschleuniger, Apparaturen zum Beschleunigen elektr. geladener Teilchen (Elektronen, Protonen, Ionen); die nach Durchlaufen der Beschleunigungsstrecke hochenerget. Teilchen werden v. a. zu kernphysikal. Experimenten, zur Erzeugung von Elementarteilchen bzw. Atomkernen der Transurane verw., die in Betatrons beschleunigten Elektronen auch in der Strahlentherapie und Werkstoffprüfung zur Erzeugung sehr harter Röntgenstrahlen. Man unterscheidet: *Linear-B.* (Beschleunigung durch elektr. [Hochfrequenz]felder auf geradlin. Strecken) und *Kreis-B.* (Teilchen werden durch Magnetfelder auf eine Kreisbahn od. Spirale gezwungen und durch elektr. Hochfrequenzfelder auf hohe Geschwindigkeiten gebracht), z. B. ↑Betatron, ↑Synchrotron, ↑Zyklotron.

Teestrauch. *Zweig mit Blüten*

Teiler, Zahl, durch die eine gegebene Zahl ohne Rest teilbar ist.

Teilhard de Chardin, Pierre [tɛja:rdəʃa'dɛ̃], * 1881, † 1955, frz. Theologe, Paläontologe und Philosoph; Jesuit; entwarf eine Philos., Anthropol. und Christol. nach dem Prinzip der Evolution („Der Mensch im Kosmos"); kirchlicherseits wegen Infragestellung der Erbsünde kritisiert.

Teilzahlungsgeschäft, svw. ↑Abzahlungsgeschäft.

Teilzeitbeschäftigung, Arbeitsverhältnis, bei dem eine geringere als die übl. durchschnittl. Arbeitszeit vereinbart ist.

Teịn [chin.], fr. Bez. für das in Teeblättern enthaltene Koffein.

Teint [tɛ̃; frz.], Beschaffenheit, Tönung der [Gesichts]haut.

Teirẹsias, Gestalt der griech. Mythol., blinder Seher in Theben.

Tẹjo ↑Tajo.

Tel Avịv-Jạffa, isr. St. am Mittelmeer, 353 000 E; 2 Univ., Fachschulen, Institute, Museen; Wirtsch.-Zentrum m. bed. Diamantenbörse, Messe und vielseitiger Industrie. – 1908 gegr., 1921 Stadt.

tele..., Tele... [gr.], Bestimmungswort; Bed.: „fern, weit".

Tẹlefax [Kw.], von der Dt. Bundespost betriebenes Fernkopiersystem. T.teilnehmer können mit Fernkopiergeräten zu jeder Zeit Schrift- od. Zeichenvorlagen übertragen bzw. empfangen.

Telefọn [gr.], svw. Fernsprecher (↑Fernsprechen).

Telegrafịe [gr.], die Übermittlung von Informationen in Form von codierten Signalen. Bei der heute übl. Art der T. werden die zu übertragenden Informationen vom Sender (z. B. Fernschreiber) nach einem bestimmten Code (Telegrafenalphabet) in elektr. Schrittfolgen (Impulse) umgesetzt u. nach der Übertragung über Leitungen (als modulierter Gleichstrom bei der *Gleichstrom-T.* bzw. mittels amplituden- od. frequenzmodulierter Wechselströme bei der *Wech-*

Teheran. *Die Sapah-Salar-Moschee dient heute als theologisches Seminar für islamische Geistliche*

selstrom-T.) od. auf dem Funkwege (*Funk-T.*) im Empfänger wieder in ihre urspr. Form zurückverwandelt.

Telegramm, von der Post im Telegrafendienst telegrafisch übermittelte Nachricht.

Telekolleg, allgemein bildende oder fachspezif. Unterrichtssendung in Serienform im Fernsehen.

Telekom, einer der 3 Teilbereiche der Dt. Bundespost: für den Telefon-, Fernmelde- u. Datenbereich; s. 1995 als AG privatisiert.

Telekommunikation, der Austausch von Informationen über Fernsprech-, Fernschreib- u. Datennetze.

Telemach, griech. Sage: Sohn des Odysseus und der Penelope.

Telemann, Georg Philipp, * 1681, † 1767, dt. Komponist; umfangreiches kompositor. Werk, sämtl. Gattungen; bereitete den klass. Stil vor; veranstaltete als einer der Ersten öff. Konzerte.

Telemetrie [gr.], die automat. Übertragung v. Messdaten über größere Entfernungen.

Teleobjektiv, fotogr. Linsensystem gr. Brennweite zur Aufnahme weit entfernter Objekte.

	°C	°F	K
Temperatur im Explosionszentrum einer Atombombe	rund 50 Mill.	rund 90 Mill.	
Temperatur im Innern der Sonne	20 Mill.	36 Mill.	
Temperatur der Sonnenoberfläche	5600	10112	5873,15
Explosionstemperatur in Zylindern von Ottomotoren	bis 1650	bis 3000	1923,15
hell glühendes Eisen	1000	1832	1273,15
Siedepunkt reinen Wassers	100	212	373,15
höchste gemessene Lufttemperatur (Libyen)	58	136,4	331,15
	30	86	303,15
	25	77	
	20	68	293,15
	15	59	
	10	50	283,15
	5	41	
Gefrierpunkt reinen Wassers	0	32	273,15
	-5	23	
	-10	14	263,15
	-15	5	
	-20	-4	253,15
Kältemischung	-25	-13	
Alkohol und Schnee	-30	-22	243,15
tiefste auf der Erdoberfläche gemessene Temperatur (Antarktis)	-94,5	-138,1	178,65
Siedepunkt des Sauerstoffs	-182,97	-361,35	90,18
Siedepunkt des Heliums	-268,9	-452,02	4,25
absoluter Nullpunkt	-273,15	-459,7	0

Temperatur. *Gegenüberstellung von Celsius-, Fahrenheit- und Kelvinskala mit ausgewählten Temperaturen*

Telepathie [gr.], Fernfühlen; svw. *Gedankenübertragung.*

Teleshopping [-ʃɔpɪŋ], telefon. Einkauf von auf dem Bildschirm präsentierten Waren.

Teleskop [gr.], svw. ↑Fernrohr (↑auch Spiegelteleskop).

Telespiele ↑Bildschirmspiele.

Teletex, Fernmeldedienst der Dt. Bundespost Telekom für die Textkommunikation; Übertragungsgeschwindigkeit 2400 Bit/s. Als T.-Endgeräte können u.a. Speicherschreibmaschinen u. Textverarbeitungsanlagen verw. werden.

Television, svw. ↑Fernsehen.

Telexnetz [Kw.], Fernschreibnetz für private Teilnehmer; weltweit rückläufig, in der BRD 55400 Telexanschlüsse (1993).

Tell, Wilhelm, sagenhafter Nationalheld der Schweiz; gibt mit der Ermordung Geßlers das Zeichen zum Aufstand gg. die Habsburger.

Teller, Edward, * 1908, amer. Kernphysiker; entwickelte die amer. Wasserstoffbombe.

Tellerschnecken, Fam. im Wasser lebender Schnecken mit tellerförm. aufgerolltem Gehäuse.

Tellur [lat.], chem. El., Symbol Te, OZ 52, rel. A.-Masse 127,60, Übergangselement zw. Metallen u. Nichtmetallen; kristalline u. amorphe Form; Fp. 449,5 °C, Sp. 990 °C; Dichte: rhombisch 6,24 g/cm^3; Halbleiter; in seinen Verbdg. ähnl. denen des ↑Schwefels; als Legierungsbestandteil, zum Färben von Gläsern u. a.

Tellus, röm. Göttin der Erde.

Telophase [gr.] ↑Zellteilung.

Temesvar ['tɛmɛʃva:r], (rumän. Timisoara, dt. auch Temeschburg), rumän. St. im Banat, 334000 E; Univ.; Theater; Schloss (Museum); Elektro-, Textil-, chem., Schuh- u. a. Ind.; ✈. – 1552 türk., 1716 östr. (Neubau der Festung u. der Stadt), 1779 ungar., 1920 rumänisch.

Tempel [lat.], urspr. abgegrenzter hl. Bezirk, dann der einem Gott od. auch mehr. Göttern geweihte Kultbau. Der *griech. T.* besteht aus einem lang gestreckten und fensterlosen Raum (*Cella*), der durch Säulenreihen in mehr. Schiffe geteilt ist; hier meist das Götterbild, davor eine Vorhalle (*Pronaos*). Der *röm. T.* ist frontal angelegt; eine Treppe führt an der Vorderseite zu der Vorhalle. – Neben diesen Grundformen auch Rundtempel.

Temperament [lat.], Gesamtheit der individuellen Verhaltensweisen. Die Einteilung in 4 T.e (Sanguiniker, Choleriker, Melancholiker u. Phlegmatiker) geht auf Hippokrates zurück.

Temperatur [lat.], [Maß für den]

Wärmezustand eines Körpers; dabei ist die T. eine Eigenschaft der Gesamtheit der Moleküle, also des Kollektivs; nach der kinet. Wärmetheorie entsprechen schnellere Molekularbewegungen höherer T.; zur Messung der T. bedient man sich im Allg. der therm. Ausdehnung (z.B. beim ↑Thermometer), zur Festlegung einer Skala empir. Fixpunkte (Gefrier- u. Siedept. des Wassers; ↑Celsius, ↑Fahrenheit, ↑Reaumur) bzw. theoret. Überlegungen (absolute T.; ↑Kelvin, ↑thermodynam. Temperaturskala).

Temperguss, Hartguss aus Eisen mit 2,4–3 % Kohlenstoff; wird mehr. Tage lang oberhalb 900 °C geglüht *(getempert).*

temperieren [lat.]: **1)** die Temperatur regeln; [ein wenig] erwärmen; **2)** mäßigen, mildern.

Temple, Shirley [templ], * 1928, amer. Filmschauspielerin; populärster Kinderstar der 1930er-Jahre.

Templer|orden, geistl. Ritterorden, entstanden aus einem 1119 im Hl. Land gegr. Bund frz. Ritter. Vom frz. Kg. Philipp IV. der Ketzerei u. Unsittlichkeit bezichtigt, wurden 1307 alle Templer in Frkr. verhaftet, viele als Ketzer verbrannt. Papst Klemens V. musste den T. 1312 auflösen.

Tempo [ital.]: **1)** Geschwindigkeit, Schnelligkeit, Hast; **2)** einem Musikstück oder seinen Einzelteilen zugrunde liegendes Zeitmaß; gebräuchlichste *T.bezeichnungen:* adagio, andante, moderato, allegro, vivace, presto.

Temporalsatz, Gliedsatz mit zeitl. Bestimmung, eingeleitet mit „als", „nachdem" u.a.

temporär [lat.], zeitweilig, vorübergehend.

Tempus [lat.] (Mrz. Tempora), Bez. für die Verbform, die die Zeitstufe (Vergangenheit, Gegenwart, Zukunft) ausdrückt.

Tendenz [lat.-frz.]: **1)** Neigung, Absicht, Streben nach best. Zweck od. in best. Richtung; Entwicklungslinie; **2)** allg. Grundstimmung an der Börse.

tendenziös, auf einen best. Zweck ausgerichtet.

Tender [engl.]: **1)** Hilfsfahrzeug der Marine (Begleit- od. Versorgungsschiff); **2)** Anhänger an einer Dampflokomotive mit Brennmaterial- und Wasservorräten.

Teneriffa (span. Tenerife), größte der Kanarischen Inseln, Spanien, 2057 km², 600 000 E; größte Stadt Santa Cruz de Tenerife; im Pico de Teide 3718 m; Anbau von Wein, Südfrüchten, Gemüse, Obst, Tabak; Spitzenherst.; Erdölraffinerie; bed. Fremdenverkehr.

Teniers, David, d.J. [tə'ni:rs], * 1610, † 1690, niederl. Maler; v.a. bäuerl. Wirtshausszenen; auch Landschaften.

Tennessee [tenə'si:], Abk. Tenn., Staat der USA zw. dem Mississippi und den südlichen Appalachen, 109 152 km², 4,87 Mill. E, Hptst. Nashville. Rinder- und Schweinezucht; Anbau von Kartoffeln, Getreide, Baumwolle, Tabak, Sojabohnen; Steinkohlen-⚒, bed. Phosphatförderung; chem., Metall- u.a. Industrie.

Tennessee River [tenə'si: 'rıvə], l., größter Nbfl. des Ohio, USA, 1049 km.

Tennis [engl.], 1875 in Großbrit. entwickeltes Ballspiel auf Hart-, Zement- od. Rasenplätzen *(Lawn-T.)* oder in der Halle; 2 oder 4 Spieler (Doppel); Schläger (Rakett) mit Darm- od. Kunstsaiten bespannt; Spielfeld: 23,77 × 8,23 m (Doppel: 10,97 m breit), Netzhöhe 91 cm. Ziel des Spielers ist es, den Ball im gegner. Feld so zu platzieren, dass der Gegner ihn nicht retournieren kann (darf höchstens 1-mal auf jeder Spielfeldseite auf dem Boden aufspringen).

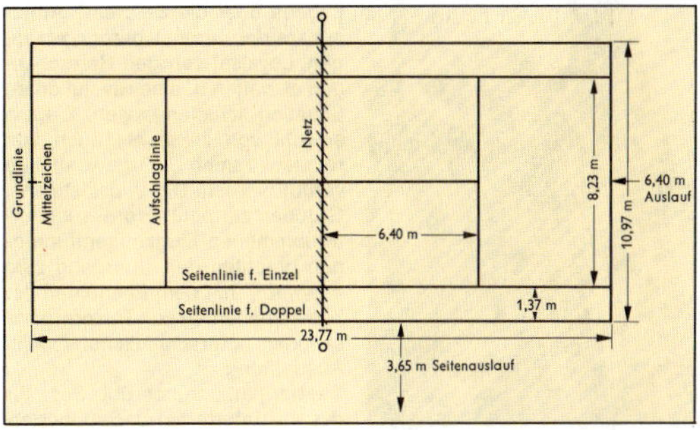

Tennis. *Spielfeld*

Tenor ↑Stimmlagen.

Tenor [lat.]: **1)** Haltung, Inhalt, Sinn, Wortlaut; **2)** der entscheidende Teil des Urteils (§).

Tentakel [lat.], svw. ↑Fangarme.

Teotihuacán, nördl. der Stadt Mexiko gelegene Ruinenstadt, gegr. 2. Jh. v. Chr., im 8. Jh. aufgegeben.

Teppich, Bodenbelag oder Wandbekleidung aus textilem Material. Die Technik der *gewirkten* oder *geknüpften* T.e entwickelte sich im Orient. In Europa kam die *T.wirkerei* mit den Gobelins u. Aubusson-T.en zur Blüte. S. dem 19. Jh. trat die [maschinelle] *T.weberei* an erste Stelle. Man unterscheidet T.e ohne Flor (Haargarn u.a.), T.e mit aufgeschnittenen Noppen (Velours-T., Tournai-T.) und T.e mit unaufgeschnittenen Noppen (Brüsseler u.a.).

Tequila [te'ki:la], aus ↑Pulque durch Destillation gewonnener mex. Branntwein.

Tera... [gr.], Vorsatzzeichen T, Vorsatz vor physikal. Einheiten; bez. das 10^{12}fache der betr. Einheit.

Terbium [nlat.; nach dem schwed. Ort *Ytterby*], chem. El. (Metall) aus der Gruppe der ↑Lanthanoide, Symbol Tb, OZ 65, rel. A.-Masse 158,925; Fp. 1356 °C, Sp. 3123 °C; techn. von geringer Bedeutung.

Terborch (ter Borch), Gerard [tɛr'bɔrx], * 1617, † 1681, niederl. Maler; glänzender Schilderer der bürgerl. Gesellschaft.

Terebinthe [gr.], Pistazienart im Mittelmeergebiet, wesentl. Bestandteil der Macchie.

Terenz (Publius Terentius Afer), * 185 (um 195?), † 159 v. Chr., röm. Dichter libyscher Herkunft; Komödien nach griech. Vorbild, „Der Eunuch".

Teresa, Mutter ↑Theresa.

Teresina, Hptst. des brasil. B.-Staates Piaui, 598 500 E; Nahrungsmittel- u.a. Ind.; ✈.

Terezin ['tɛrɛzi:n] (dt. Theresienstadt), tschech. St. an der Eger, 2700 E; ehem. Festung (1780 bis 1882); 1941–45 nat.-soz. KZ.

Termin [lat.], festgelegter Zeitpunkt; Liefer-, Zahlungstag; Frist.

Terminal ['tə:mınl; engl.]: **1)** Abfertigungsgebäude od. -anlage eines Flughafens für Fluggäste od. Luftfracht *(Fracht-T.);* Umschlaganlage für Container *(Container-T.)* in Häfen u. an Bahnanlagen; Be- u. Entladeanlage für Tanker *(Erdöl-T.);* **2)** in der elektron. Datenverarbeitung svw. Datenstation; besteht aus Ein- u. Ausgabewerk (im Allg.

mit Tastatur, Datensichtgerät, Drucker u.a.) u. Datenübertragungswerk.

Termingeschäft, Börsengeschäft, dessen Erfüllung zu einem späteren, bei Geschäftsabschluss vereinbarten Termin erfolgt.

Terminologie [lat.; gr.], Gesamtheit der in einem Fachgebiet übl. Fachwörter und -ausdrücke sowie die Lehre von ihnen.

Terminus [technicus] [lat.], Fachausdruck, Fachbegriff.

Termiten. *Termitenbau*

Termiten [lat.], Ordn. meist trop. Insekten; bilden Staaten, bestehend aus einer Kgn., einem Kg. u. vielen ♂♂ u. ♀♀ mit verkümmerten Geschlechtsorganen und verschieden aufgeteilten Aufgaben, z.B. Arbeiter, Soldaten; versch. Arten bauen ihre Nester als steinharte, bis 7 m hohe *T.burgen;* gefürchtete Holzschädlinge.

Terpene [gr.], gr. Gruppe von Kohlenwasserstoffen (Kondensationsprodukte des Isoprens) und von ihnen abgeleit. Alkohole, Aldehyde, Ketone, Säuren; in äther. Ölen und Harzen zahlr. Pflanzen.

Terpentin [gr.], Harz von harzreichen Kiefern, das sich aus 70–75% festen Harzstoffen (Kolophonium) und 15–30% *T.öl,* einem hpts. aus Terpenen bestehendem farblosen äther. Öl, zusammensetzt.

Terpsichore, Muse des Tanzes.

Terra [lat.], Erde, Land.

Terrakotta [ital.], gebrannte Tonware, v.a. Kleinplastik, z.T. bemalt.

Terrarium [lat.], Behälter zur Pflege bes. von Lurchen u. Kriechtieren.

terrestrisch [lat.], die Erde, das Land betreffend, auf der Erde entstanden; irdisch.

Terrier [engl.], engl. Rassengruppe kl. bis mittelgr. Haushunde, z.B. Fox-, Airedale-T.

Territorialheer, Teil d. Heeres der Bundeswehr, der im Ggs. zum Feldheer im Verteidigungsfall nicht der operativen Führung der NATO unterstellt ist.

Terror [lat.], Schreckens-, Gewaltherrschaft; gewalttätige Form des polit. Machtkampfes.

Terrorismus [lat.], polit. motivierte Gewaltanwendung v.a. durch revolutionäre u./od. extremist. Gruppen u. Einzelpersonen, die mit *direkten Aktionen* (Attentate, Geiselnahme oder Luftpiraterie) gg. Persönlichkeiten des öffentl. Lebens oder die Bev. eine Atmosphäre der Verunsicherung erzeugen, Loyalität von den Herrschenden abziehen u. eine revolutionäre Situation schaffen wollen. T. kann sowohl von links- als auch von rechtsextremen Organisationen verübt werden. Die v. palästinens. Gruppen zur polit. Erpressung unternommenen Flugzeugentführungen brachten den Übergang zum *internat. T.* mit dem Phänomen der Zusammenarbeit von Terrororganisationen unterschiedlichster polit. Ausrichtung.

Tertia [lat.], früher übl. Bez. für das 4. (Untertertia) u. 5. (Obertertia) Schuljahr an Gymnasien (8. u. 9. Klasse).

tertiär [lat.-frz.]: **1)** die 3. Stelle [in einer Reihe] einnehmend, sie betreffend; **2)** das ↑Tertiär betreffend.

Tertiär ↑Geologie, Formationstab.

Tertium Comparationis [lat.], Vergleichspunkt; das Gemeinsame zweier versch. Gegenstände.

Tertullian (Quintus Septimius Florens Tertullianus), * um 160, † nach 220, lat. Kirchenschriftsteller; trat für die Reinhaltung der christl. Lehre ein.

Terz [lat.], 3. Ton einer diaton. Leiter; Intervall aus erstem u. drittem Ton; *gr. T.* (Dur) aus 2 Ganztönen, *kl. T.* (Moll) aus Ganz- und Halbton.

Terzett [ital.]: **1)** Komposition für 3 Singstimmen (meist mit Instrumentalbegleitung); **2)** ↑Sonett.

Terzine [ital.], urspr. ital. Strophenform aus drei elfsilb. Versen; Reim läuft über die Strophen hinaus weiter: aba, bcb, cdc, ..., yzy, z.

Tesla [nach N. Tesla (* 1856, † 1943)], Einheit der magnet. Flussdichte (Induktion), Zeichen T; $1\ T = 1\ Wb/m^2 = 1\ Vs/m^2$.

Tessin (ital. Ticino): **1)** l. Nbfl. des Po, 248 km; **2)** südschweizer. Kt., 2812 km², 298000 E, Hptst. Bellinzona; im Geb. Almwirtsch., in den Tälern Getreide-, Tabak-, Wein-, Obst-, Gemüsebau; Fremdenverkehr.

Tessiner Alpen, Teil der Westalpen südl. der Gotthardgruppe, bis 3273 m.

Test [engl.], [Stich]probe; Methode der angewandten Psychol. zur Ermittlung der individuellen Beschaffenheit eines Menschen (Intelligenz-, Begabungs-, Leistungs-, Persönlichkeits-, Entwicklungstest).

Testament ↑Erbrecht.

Testamentsvollstrecker ↑Erbrecht.

Testat [lat.], Bescheinigung, Zeugnis, Beglaubigung.

Testierfähigkeit, die Fähigkeit, ein gültiges Testament zu errichten (mit Vollendung des 16. Lebensjahres).

Testosteron [Kw.], $C_{19}H_{28}O_2$, ♂ Geschlechtshormon.

Tetanie [gr.], durch ton. Muskelkrämpfe der Gliedmaßen u. Übererregbarkeit des Nervensystems gekennzeichnete Erkrankung bei ↑Hypokalzämie, u.a. bei Unterfunktion der Nebenschilddrüse; Blutcalciumspiegel etwa $< 1{,}8$ mmol Ca^{++} pro Liter Blut.

Tetanus [gr.] (Wundstarrkrampf), schwere Wundinfektionskrankheit, ausgelöst durch das Toxin des T.bazillus; mit sardon. Lachen, Muskelkrämpfen, ton. Starre, Fieber, Erstickungsanfällen u.a. Komplikationen; Vorbeugung durch Schutzimpfung.

J. Tetzel

Tête-à-tête [tɛta'tɛ:t; frz.; = Kopf an Kopf], unter vier Augen; zärtl. Beisammensein.

Tethys [gr.], einer der Satelliten des Planeten Saturn.

tetr[a]..., Tetr[a]... [gr.], Bestimmungswort; Bed.: „vier".

Tetrachlorkohlenstoff (Tetra), CCl_4, farblose, stark lichtbrechende giftige Flüssigkeit; verw. u. a. als unentflammbares Lösungs- und Extraktionsmittel, fr. zur chem. Reinigung.

Tetrachord [gr.], Folge von 4 Tönen einer Tonleiter.

Tetraeder [gr.], von 4 gleichseitigen Dreiecken begrenzter Körper.

Tetralogie [gr.], eine Folge von 4 eine innere Einheit bildenden Dichtwerken, Kompositionen u. a.

Tetzel (Tezel), Johannes, * um 1465, † 1519, dt. Dominikaner; auf finanziellen Erfolg ausgerichtete Ablasspredigten (Anlass für Luthers Thesen).

Teufel ↑ Satan.

Teufel, Erwin, * 1939, dt. Politiker (CDU), s. 1991 Min.-Präs. von Baden-Württemberg.

Teufelsaustreibung, svw. ↑ Exorzismus.

Teufelskralle, Gatt. der Glockenblumengewächse; meist blau blühende Pfl., oft auf Wald- oder Bergwiesen.

Teutoburger Wald, lang gestreckter (etwa 120 km) Höhenzug des Weserberglandes, im Barnacken 446 m; laubwaldbedeckt; Teile: *Iburger Wald, Osning* und *Lippischer Wald.*

Teutonen, german. Volk, im 4. Jh. v. Chr. in Jütland, zogen mit den Kimbern südwärts u. wurden 102 v. Chr. von Marius bei Aquae Sextiae besiegt.

Texas, Abk. Tex., Staat im S der USA, 691 027 km², 16,9 Mill. E, Hptst. Austin; Hauptanbaugebiet der USA für Baumwolle, ferner Reis, Mais u. a. Getreide, Obst; führend in der Rinder- u. Schafzucht der USA; wichtigstes Erdöl- u. Erdgasgebiet der USA; ⚒ auf Schwefel, Gips u. Salz; Erdölraffinerien, Aluminiumhütten und Masch.-Fabriken, chem. Industrie.

Texel ['tɛsəl], größte der Westfries. Inseln, Niederlande, 161 km², 12 800 E; Schafzucht, Fischerei, Fremdenverkehr. Hauptort Den Burg; Fähre nach Den Helder.

Text [lat.]: **1)** der eigtl. Wortlaut einer Schrift im Ggs. zu den Anmerkungen, der genaue Wortlaut oder der Wortlaut im Ggs. zur Illustration, zu einer Melodie u. a.; **2)** Folge von Sätzen, die untereinander in Zusammenhang stehen und eine größere sprachl. Einheit bilden.

tg, Formelzeichen für Tangens (↑ Winkelfunktionen).

Th, Symbol für ↑ Thorium (☌).

Thackeray, William Makepeace ['θækərı], * 1811, † 1863, engl. Schriftsteller des Realismus; z. T. scharfe Satire; auch Karikaturist.

Terrakotta. *Terrakottakopf der Sao aus Nordkamerun (etwa 6. Jh.)*

Thai (Tai), palämongolide Völkerstämme in S-China u. Hinterindien.

Thailand (fr. Siam), hinterind. Kgr.; Z-Gebiet die Aufschüttungsebene des Menam, im O bis zum Mekong ein großfläch., wenig fruchtb. Sandsteinplateau; N und W gebirgig, ebenso z. T. der thailänd. Anteil der Halbinsel Malakka; trop. Monsunklima; verbreitet Regenwald an den Geb.-Hängen, an Küsten Mangroven. Reisanbau, außerdem u. a. Mais-, Maniok-, Baumwolle-, Tabak-, Zuckerrohranbau; Rinder, Büffel meist nur als Arbeitstiere; die Wälder liefern Edelhölzer (rückläufig); Kautschukgewinnung; umfangr. Hochsee- u. Binnenfischerei; ⚒ auf Zinn, Wolfram, Antimon, Blei, Eisenerze, Edelsteine. Ind. hpts. in Bangkok. – *Gesch.:* Insbes. s. 1253 Einwanderung der Thai aus S-China; im 14. Jh. Gründung des Reiches von Ayutthaya (bis 1767); s. 1686 zeitw. Errichtung frz. Handelsniederlassungen, Missionstätigkeit; Begründung der heut. Dyn. durch Gen. Paya Chakkri (Kg. Rama I., reg. 1782–1809); unter Rama V. (regierte 1868–1910) bed. Gebietsverluste; 1932 konstit. Monarchie, 1938–44 Militärdiktatur; im 2. Weltkrieg mit Japan verbündet, danach zahlr. blutige Putsche, Militärreg., unterbrochen durch kurzfristige Zivilregierungen. Staatsoberhaupt seit 1946 Kg. Rama IX. Bhumibol Adulayadej; UN-Mitgl.

Thalamus [gr.], Bez. für die den dritten Gehirnventrikel umschließenden Wände des Zwischenhirns (↑ Gehirn) der Wirbeltiere.

Thalbach, Katharina, * 1954, dt. Schauspielerin, Regisseurin, Filme: „Die Blechtrommel“ u. a., Regie: „Der Hauptmann v. Köpenik“.

Thales von Milet, * um 640 oder um 624, † um 545 v. Chr.; Begr. der ion. Naturphilosophie.

Thailand

Fläche: 513 115 km²
Einwohner: (1995) 58,8 Mill.
Hauptstadt: Bangkok
Amtssprache: Thai
Zeitzone: MEZ + 6 Stunden

Thalia, Muse der heiteren Dichtkunst u. des Lustspiels.

Thallium [gr.], chem. El., Symbol Tl, OZ 81, rel. A.-Masse 204,37, weiß glänzendes, weiches Metall, Fp. 303,5 °C, Sp. 1457 ± 10 °C, Dichte 11,85 g/cm³; wenig beständ., überzieht sich an der Luft mit einer grauen Oxidschicht, ist in seinen Verbdg. ein- und dreiwert., giftig (fr. verw. als Rattengift).

Thallus [gr.], flächiger bis fadenförm., einf. gebauter Pflanzenkörper ohne echte Blätter, Stängel und Wurzeln.

Thälmann, Ernst, * 1886, † 1944, dt. Politiker; 1924–33 MdR, 1925–33 Leiter der KPD, 1925 u. 1932 Kandidat für die R.-Präs.wahl; im KZ Buchenwald ermordet.

Thalysia, Erntefest der griech. Antike.

Thanatos, griech. Gott des Todes; Zwillingsbruder des Hypnos.

Thanh Phô Hô Chi Minh (früher Saigon), ↑ Ho-Chi-Minh-Stadt.

Thatcher, Margaret Hilda ['θætʃə], Baroness T. of Kesteven (s. 1992), * 1925, brit. konservative Politikerin; 1970–74 Erziehungsmin., 1979–90 Premierministerin.

Theater [gr.; = Schauplatz], die Gesamtheit der darstellenden Künste; Ursprung in kult. Spielen, in Europa im dionys. Kult der Griechen. Höchste Entfaltung der griech. Tragödie durch Aischylos, Sophokles und Euripides, der griech. Komödie durch Aristophanes und Menander. Die röm. Komödiendichter (Terenz, Plautus) hielten sich weitgehend an griech. Vorbilder; beliebter jedoch die eigenen Formen des Mimus und der Pantomime. Das ma. geistl. Th. entwickelte sich aus der Liturgie: Osterspiel, Passionsspiel. Allm. Verweltlichung durch Einbeziehung von Possen und Scherzen (13./14. Jh.). Aus Fronleichnamsprozessionen ist d. *Wagenbühne* (auf aufeinander folgenden Wagen wurde je eine Szene gespielt) v. a. in Spanien u. England entstanden. In der Renaissance weitere Verweltlichung des Th.s, Entwicklung des Humanistendramas. Blütezeit des Th.s im Elisabethan. England (C. Marlowe, W. Shakespeare, B. Jonson). Neue szen. Möglichkeiten durch Erfindung der *Kulissenbühne,* große Prachtentfaltung des höf. Barock-Th.s; Entwicklung von Oper und Ballett. In Dtl. entstand unter Einfluss der engl. Komödianten und der Commedia dell'Arte ein Berufsschauspielerstand. Bemühungen um ein dt. National-Th. in Hamburg (G. E. Lessing, F. L. Schröder), Mannheim (H. W. v. Dalberg), Weimar (Goethe, Schiller) und Wien (J. Schreyvogel); vom Historismus beherrscht waren die Aufführungen der Meininger. 1887 in Paris Gründung des „Théâtre Libre", 1889 der „Freien Bühne" in Berlin: Förderung des gesellschaftskrit. und naturalist. Th.s. Musik-, Farb- und Lichtwirkungen waren die Ausdrucksmittel der symbolisierenden, expressiven Bühnenkunst zu Beginn des 20. Jh.s (M. Reinhardt, L. Jessner); parallel dazu Entw. eines agitator. polit. Th.s (v. a. Piscator). Im heut. Th. konkurrieren v. a. d. Boulevard-Th., d. polit. Th. u. d. experimentelle Th. (z. B. absurdes Th., Happening); ↑ auch Bühne.

M. H. Thatcher

Theben: 1) ehem. St. in Oberägypten am Nil, an der Stelle des heutigen Karnak u. Luxor; zeitw. Hptst. (18. Dyn.) und relig. Mittelpt.; heute v. a. Bez. für Th.-West, die riesige Nekropole der St.; **2)** griech. St. nw. von Athen, 18700 E; auf dem Haupthügel der antiken St. Th. gelegen; antike Baureste.

Themistokles, * um 525, † 460 (?) v. Chr., athen. Feldherr u. Staatsmann; siegte 480 über die Perser bei Salamis; ließ 479/78 Athen befestigen; 471 verbannt, floh 465 nach Persien.

Themse (engl. Thames), Hauptfl. Englands, 346 km, bis London für Seeschiffe befahrbar.

Theoderich: *Gotenkönige:* **1) Th. I.,** ⚔ auf den Katalaun. Feldern 451, Kg. der Westgoten seit 418; begr. das Tolosan. Reich; **2) Th. d. Gr.,** * um 453, † 526, Kg. der Ostgoten (ab 474, in Italien ab 493); führte sein Volk nach Italien, besiegte Odoaker 493, eroberte Ravenna und errichtete ein starkes Germanenreich auf röm. Boden, Residenz in Ravenna (dort auch sein Grabmal); als Dietrich von Bern Held der dt. Sage.

Theodolit [Herkunft unsicher], geodät. Instrument zur Horizontal- u. Höhenwinkelmessung.

Theodorakis, Mikis, * 1925, griech. Komponist; Filmmusik zu „Alexis Sorbas".

Theodosius I., d. Gr., * 347, † 395, röm. Ks. s. 379; siedelte die Westgoten südl. der unteren Donau an; 392 Verbot der heidn. Kultausübung; nach seinem Tode Teilung des Reiches.

Theokratie [gr.; = Gottesherrschaft], Herrschaftsform, bei der die Staatsgewalt allein religiös legitimiert wird, aber im Ggs. zur Hierokratie nicht von Priestern ausgeübt zu werden braucht.

Theologie [gr.], wiss., method., histor. bzw. systemat. Entfaltung des in einer theist. Religion im Glauben der Gläubigen u. in der verkündeten Offenbarung vorhandenen Glaubensgutes; Hauptdisziplinen der *christl. Th.:* systemat., histor., prakt. Theologie.

Theophanie [gr.], Gotteserscheinung (↑ auch Epiphanie).

Theophanu (Theophano), * zw. 950 u. 955, † 991, byzantin. Prinzessin; seit 972 Gattin Ks. Ottos II., war zeitweise Regentin für ihren Sohn Otto III.

Theorie [gr.]: **1)** Bez. für ein log. geordnetes Nachdenken über einen begrenzten Gegenstandsbereich; **2)** wiss. Darst., Betrachtungsweise; Lehrmeinung; Lehre; **3)** reine Erkenntnis ohne Rücksicht auf prakt. Verwertung (Philos.); **4)** nur eingebildete, wirklichkeitsfremde Vorstellung.

Therapie [gr.], die Behandlung von Krankheiten.

Theresa (Teresa), gen. Mutter Th., * 1910, † 1997, ind. kath. Ordensgründerin alban. Herkunft. Gründete die „Missionaries of Charity"; Friedensnobelpreis 1979.

Theresia vom Kinde Jesu (Th. von Lisieux), hl., eigtl. Marie Françoise Thérèse Martin, gen. Kleine hl. Th., * 1873, † 1897, frz. Karmelitin.

Theresia von Ávila (Teresa de Jesús), hl., eigtl. Teresa de Cepeda y Ahumada, * 1515, † 1582, span. Mystikerin; reformierte den Karmelitenorden und gründete seit 1567 zahlr. Klöster.

Theresienstadt ↑ Terezín.

therm[o]..., Therm[o]... [gr.], Bestimmungswort; Bed.: „Wärme, Hitze".

Thermalquellen, Quellen mit Wassertemperatur von über 20 °C.

Thermen, öffentl. Badeanstalten der Antike.

Thermik [gr.], aufwärts gerichtete Luftströmungen, die durch starke Sonneneinstrahlung u. die damit verbundene Erwärmung der Erdoberfläche oder durch andere Wärmequellen verursacht werden.

Thermodynamik ↑Wärmelehre.

thermodynamische Temperaturskala (absolute Temperaturskala, Kelvinskala), Temperaturskala, deren Nullpunkt bei −273,15 °C = 0 K (absoluter Nullpunkt) liegt; ihre Gradeinteilung entspricht der Celsiusskala.

Thermo|element, Leiterkreis aus versch. Metallen od. Halbleitern, deren Verbindungsstellen auf unterschiedl. Temp. gebracht werden u. dann (Seebeck-Effekt) *Thermospannung* bzw. *-strom* liefern; v. a. zur Temp.- u. Strahlungsmessung sowie zur Umwandlung von Wärme- in elektr. Energie.

Thermographie, Verfahren zur Abbildung von Objekten mittels ihrer Wärmestrahlung (Infrarotstrahlung) mit Wärmebildwandlern; in der Bautechnik: Überprüfung von Wärmedämmungen, in der Medizin: Nachweis von Durchblutungsstörungen, Tumorbildungen u. a.

Thermolumineszenz, durch Wärmezufuhr ausgelöste (nicht erzeugte) ↑Lumineszenz.

Thermometer [gr.], Gerät zur Messung der Temp.; beim *Gas-Th.* wird die Temp. aus der Druck- bzw. Volumenänderung einer abgemessenen Gasmenge ermittelt, beim *Bimetall-Th.* aus der Verformung eines ↑Bimetallstreifens, beim *Flüssigkeits-Th.* aus der Volumenänderung einer in einem Glasrohr mit angesetztem Glaskolben befindl. Th.flüssigkeit (z. B. Quecksilber, Alkohol); das Flüssigkeits-Th. macht das Festhalten von Extremwerten (z. B. Maximum-Minimum-Th.) mögl.; auf Änderung elektr. Größen beruhen z. B. das *Widerstands-Th.,* bei dem die Temp. aus der Änderung des elektr. Widerstandes eines Stoffes ermittelt wird, od. das *thermoelektr. Th.* (↑Thermoelement).

Thermopylen, histor. bed. Engpass in M-Griechenland südl. von Lamia; bek. durch die Verteidigung des Leonidas 480 v. Chr.

Thermostat [gr.], Vorrichtung zum Konstanthalten der Temp. eines Raumes oder Gefäßes.

These [gr.], aufgestellter [Lehr-, Leit]satz; zu beweisender Behauptung; Ggs. Antithese.

Theseus, griech. Sagenheld; erlegt mithilfe Ariadnes den Minotaurus im Labyrinth.

Thermographie. *Thermogramm eines Hauses, die verschiedenen Farben sind ein Maß für die unterschiedlichen Intensitäten (linke Leiste; unten höchster Wärmegrad) der Wärmeabstrahlung*

Thessali|en, griech. Region a. d. NW-Küste der Ägäis, 14 037 km², 731 200 E, Hptst. Larisa.

Thessalonicherbriefe, im N. T. 2 Paulusbriefe an die Gemeinde in Saloniki; die Echtheit des 2. Briefes wird angezweifelt.

Thessaloniki ↑Saloniki.

Thia... ↑Thio...

Thidrekssaga (þíðreks saga), norweg. Prosaroman um die Gestalt Dietrichs von Bern.

Thielicke, Helmut, * 1908, † 1986, dt. ev. Theologe; Vertr. der ↑Bekennenden Kirche.

Thiers, Adolphe [tjɛːr], * 1797, † 1877, frz. Politiker und Historiker; 1836 u. 1840 Min.-Präs. u. Außenmin., 1871–73 Präs. der 3. Rep.; „Geschichte des Consulats u. des Ks.reiches" (20 Bde.).

Thierse, Wolfgang, * 1943, dt. Politiker (SPD); s. 1990 stellvertr. Vors. der SPD, s. 1998 Präs. des Dt. B.-Tages.

Thieß, Frank, * 1890, † 1977, dt. Schriftsteller; Romane, Novellen, Erzählungen, Essays u. a.

Thietmar von Merseburg, * 975, † 1018, Geschichtsschreiber, seine Chronik der Liudolfinger ist bed. Quelle v. a. zur otton. Ostpolitik.

Thimig: 1) Hans, * 1900, † 1991, östr. Schauspieler u. Regisseur, Sohn von 4); **2)** Helene, * 1889, † 1974, östr. Schauspielerin, verh. mit M. Reinhardt, Tochter von 4); **3)** Hermann, * 1890, † 1982, östr. Theater- u. Filmschauspieler, Sohn von 4); **4)** Hugo, * 1854, † 1944, östr. Schauspieler; s. 1874 am Wiener Burgtheater (1912–17 Dir.).

Thing, german. Volks-, Gerichts- u. Heeresversammlung.

Thio... [gr.], Bestimmungswort; Bed.: „Schwefel" (in d. Chemie kennzeichnend f. Verbdg. mit der Gruppe –S–).

Thisbe ↑Pyramus und Thisbe.

Thoma: 1) Hans, * 1839, † 1924, dt. Maler und Grafiker; Landschaften, Tier- u. Figurenbilder; **2)** Ludwig, * 1867, † 1921, dt. Schriftsteller; urwüchsiger, humorvoller, z. T. satir. Schilderer des bayr. Lebens; „Jozef Filsers Briefwexel", „Lausbubengeschichten".

Thomanerchor, seit 1358 bezeugter Knabenchor der Thomasschule in Leipzig; bed. *Thomaskantoren:* J. H. Schein, J. S. Bach, G. Ramin, K. Thomas, E. Mauersberger, G. C. Biller.

Thomas: Name von Heiligen: **1) Th.,** hl., Apostel, zweifelte an der Auferstehung Jesu (daher sprichwörtl. „ungläubiger Th."); **2) Th.** von Aquin, hl., * 1225 (1226 ?), † 1274, bedeutendster scholast. Philosoph u. Theologe des HochMA; Dominikaner; überragender spekulativer Denker; philos.-theol. Synthese von platon.-augustin. und aristotel. Konzeption in einer spekulativen, das gesamte christl. Glaubensgut durchdringenden Theol.; Hauptwerke: Aristoteleskommentare, „Summa contra gentiles", „Summa theologica", eucharist. Hymnen; **3) Th.** von Canterbury ↑Becket, Thomas.

Hans Thoma. *Im Sonnenschein (1867)*

Thomas a Kempis, eigtl. Th. Hemerken, * 1379 od. 1380, † 1471, dt. Mystiker; „Nachfolge Christi" (Verfasserschaft umstritten).

Thomas: 1) [Charles Louis] Ambroise [tɔ'ma], * 1811, † 1896, frz. Opernkomponist; „Mignon"; **2)** Dylan [Marlais] ['tɔməs], * 1914, † 1953, brit. Dichter; „Unter dem Milchwald"; **3)** [Georg Hugo] Kurt, * 1904, † 1973, dt. Komponist; Thomaskantor 1956–60; Chorwerke; **4)** Sidney Gilchrist ['tɔməs], * 1850, † 1885, brit. Metallurg; entwickelte d. ↑Thomasverfahren zur Stahlerzeugung u. Gewinnung des Phosphatdüngers *Th.schlacke.*

Thomasverfahren, von S. G. Thomas entwickeltes Verfahren zur Stahlerzeugung; Roheisen in einem Konverter *(Thomasbirne)* mit bas. Futter wird durch Einblasen von Luft und Schlackenbildung von Phosphor befreit.

Thomismus, Lehre des Thomas von Aquin; bis in die jüngste Zeit philos.-theol. Grundlage des kirchl. Lehramtes der kath. Kirche; *Neu-Th.* ↑Neuscholastik.

Thor, norweg. u. isl. für: Donar.

Thora [hebr.; = Lehre], das jüd. Gesetz; der auf einer Rolle *(Th.rolle)* aufgezeichnete ↑Pentateuch.

Thorax [gr.], svw. ↑Brustkorb.

Thorium [altnord.], chem. El., Symbol Th, OZ 90, rel. A.-Masse 232,038, platinart., weiches, dehnbares Metall, Fp. 1750 °C, Sp. 3850 °C, Dichte 11,7 g/cm^3; radioaktiv (Halbwertszeit von $^{232}_{90}$Th ist 1,405 · 10^{10} Jahre), Ausgangssubstanz der *Th.-Zerfallsreihe* (↑Radioaktivität); beständig gegen Luft, verdünnte Säuren u. Ätzalkalien; Legierungszusatz in der Elektronik. Im Gemisch mit Plutonium oder Uran als Kernbrennstoff verwendet; findet sich v. a. in *Thorit* ($ThSiO_4$) u. *Thorianit* $(Th, U)O_2$.

Thorn (poln. Toruń), poln. St. an der Weichsel, 202000 E; Univ.; Baudenkmäler aus der Zeit des Dt. Ordens; Metall-, chem., Nahrungsmittelind.; ⚓. – 1233 Culmer Stadtrecht; 1411 Abschluss des 1., 1466 des 2. *Thorner Friedens* zw. Polen u. dem Dt. Orden. 1466 poln., 1793 preuß., 1919 polnisch.

Thorvaldsen, Bertel, * 1770, † 1844, dän. Bildhauer; klassizist. Schöpfungen, u. a. „Segnender Christus"; „Löwe von Luzern".

Thot, ägypt. Mondgott; dargestellt mit Ibiskopf.

Thrakilen: 1) (Thrazien) histor. Ldsch. nördl. des Ägäischen Meeres, im Altertum urspr. Bez. für die gesamte Balkanhalbinsel, dann für deren O-Teil südl. der Donau, jetzt i. w. S. südl. des Balkans, i. e. S. davon nur die griech. und türk. Gebiete; **2)** die nordöstlichste griech. Region, 8578 km^2, 337500 E, Hauptort Komotini.

Thriller ['θrɪlə; amer.], auf Spannungseffekte abgestellter, reißerischer Film, aufregende Kriminalgeschichte.

Thrombose [gr.], durch Bildung eines Blutgerinnsels *(Thrombus)* innerh. der Blutgefäße oder im Herzen verursachte Verlangsamung oder Unterbrechung der Blutströmung in die Blutbahn; ↑auch Blutgerinnung.

Thrombozyten [gr.] ↑Blut.

Thuja [gr.], svw. ↑Lebensbaum.

Thukydides, * um 460, † um 400 v. Chr., griech. Geschichtsschreiber; Begründer der wiss. Geschichtsschreibung; „Gesch. des Peloponnes. Krieges".

Thule: 1) Luftstützpt. der USA an der NW-Küste Grönlands; **2)** im Altertum v. Pytheas entdecktes Gebiet nördl. von Britannien; galt als nördlichstes Gebiet der Erde *(ultima Thule).*

Thulin, Ingrid, * 1929, schwed. Schauspielerin; auch Filme, v. a. unter der Regie von I. Bergman („Das Schweigen").

Thulium [nlat.; nach der Insel Thule], chem. El., Symbol Tm, OZ 69, rel. A.-Masse 168,934, Metall aus der Gruppe der ↑Lanthanoide; Fp. 1545 °C, Sp. 1727 °C, Dichte 9,32 g/cm^3.

Thun, schweizer. Bez.-Hauptort an dem von der Aare durchflossenen *Th.er See* (48 km^2, bis 217 m tief), im Berner Oberland, 38200 E; zahlr. spätgot. Bauten; Waffen-, Nahrungsmittel-, Textilindustrie.

Thunfisch, bis 5 m lange Makrele, v. a. Atlantik, Mittelmeer; Raubfisch; Speisefisch.

Thurgau, schweizer. Kt. am S-Ufer des Bodensees, 991 km^2, 217000 E, Hptst. Frauenfeld; von der *Thur* durchflossen; Textil-, Masch.- u. a. Ind. – *Gesch.:* 58 v. Chr. v. den Römern unterworfen; s. 455 alemann.; im 8. Jh. Gau des Fränk. Reiches; fiel 1264 als Landgft. an die Habsburger; 1460 von den Eidgenossen erobert, 1803 selbst. Kanton.

Thüringen, am 3. 10. 1990 entstandenes Land der BRD, 16175 km^2, 2,5 Mill. E, Hptst.: Erfurt; Maschinen- u. Fahrzeugbau, Mikroelektronik, Keramikind., Kaligewinnung, Forstwirtschaft. – *Gesch.:* Im 5. Jh. Kgr., 531–534 v. Franken u. Sachsen erobert, 1130–1247 Landgrafschaft der Ludowinger, s. deren Erlöschen an die Wettiner (ohne ↑Hessen), s. dem späten MA vielf. geteilt u. zersplittert. 1920 Zusammenschluss der ehem. ernestin., reuß. u. schwarzburg. Territorien zum Land Th., das 1944 um den Reg.-Bez.

Erfurt u. den Kreis Schmalkalden vergrößert, 1952 in Bezirke aufgeteilt wurde.

Thüringer Wald, waldreicher Geb.-Zug nw. des Frankenwaldes; Gr. Beerberg 984 m, Schneekopf 978 m, Gr. Inselsberg 916 m.

Thurn und Taxis, dt., urspr. oberital. Geschlecht, s. 1615 im Besitz des erbl. R.-Postgeneralats; 1695 R.-Fürsten; 1806 mediatisiert; 1815 bundesunmittelbare Stellung; mussten 1867 die gesamte Postorganisation an Preußen verkaufen.

Thutmosis, Name ägypt. Könige (18. Dyn.), v. a.: **Th. III.** (reg. 1490 bis 1436 v. Chr.); zunächst unter der Vormundschaft Hatschepsuts; Feldzüge nach Syrien u. Palästina.

THW, Abk. für: **T**echn. **H**ilfs**w**erk.

Thymian [gr.], Gatt. der Lippenblütler, meist äther. Öle enthaltende Halbsträucher; *Feld-Th.* u. *Garten-Th.* offizinell, auch Gewürz.

Thymus [gr.], paar., im Hals- od. oberen Brustbereich lymphdrüsenähnl. Organ bei Wirbeltieren einschl. Mensch; fast vollst. Rückbildung bei der Geschlechtsreife.

Thyristor [gr.-lat.], steuerbares Halbleiterbauelement (Siliciumgleichrichter), bei dem der Stromdurchgang durch einen Steuerimpuls freigegeben wird; dient zur kontaktlosen u. schnellen Schaltung bei hohen Stromstärken (z. B. in Elektrolokomotiven).

Ti, Symbol für ↑Titan (♂).

Tiber (ital. Tevere), mittelital. Fl. zum Tyrrhen. Meer, 405 km.

Tiberias, isr. St. am See v. Genezareth, 37 600 E; Kurort dank heißer (60 °C) Mineralquellen.

Tiberius (T. Claudius Nero), * 42 v. Chr., † 37 n. Chr., röm. Ks. s. 14 n. Chr.; als Feldherr in Germanien u. Pannonien; auf Erhaltung des äußeren Friedens bedacht.

Tibet, autonome Region in W-China, 1,22 Mill. km², 2,28 Mill. E (Tibeter, Chinesen), Hptst. Lhasa; umfasst den Großteil des *Hochlandes v. T.,* des ausgedehntesten Hochlandes der Erde, in Zentralasien zw. Kunlun im N u. Himalaja im S, rd. 2 Mill. km², durchschnittl. 4 500–5 000 m ü. d. M.; von zahlr. Gebirgsketten durchzogen; kontinentales Klima; dürftige Vegetation; Herden von Jaks, Wildeseln, Wildschafen, Antilopen; Raubtiere sind häufig; vorw. nomad. Viehhaltung. Bodenschätze noch weitgehend unerschlossen. *Gesch.:* im 7. Jh. Vereinigung tibet. Stämme zu einem Reich, Einführung des Buddhismus; im 13. Jh. zeitw. unter mongol., s. dem 14. Jh. unter chin. Vorherrschaft; im 18. Jh. chin. Protektorat; seit 1904 gewann Großbrit. polit. und wirtsch. Einfluss in T.; 1911 Lösung von China; 1950/51 Einmarsch chin. Truppen, unter Zusicherung regionaler Autonomie in die VR China eingegliedert; 1959 Flucht des 14. Dalai Lamas nach Indien, wo er eine Exilreg. bildete; 1965 Errichtung der „Autonomen Region Tibet".

Tibetisch, zur tibetobirman. Sprachengruppe gehörende Spr.; reiches *Schrifttum:* älteste Belege sind Übers. buddhist. Texte aus dem Sanskrit (7.–13. Jh.); in Europa wurde v. a. das tibet. Totenbuch bek.; der gelehrt-relig. (lamaist.) Lit. (bed. *Kandschur,* Slg. buddhist. Texte, kommentiert im *Tandschur*) steht das volkstüml. Epos vom Kg. Kesar gegenüber; einen Höhepunkt erreichte die tibet. Dichtung im Werk Milaraspas (11. Jh.; bed. Gedichtslg. „Gurbum").

Tic [frz.], gleichförm. wiederkehrende, unwillkürl. Bewegungsabläufe in einzelnen Muskeln od. Muskelgruppen (z. B. Gesichtszuckungen, Blinzeln).

Tiden, svw. ↑Gezeiten.

Tieck: 1) Christian Friedrich, * 1776, † 1851, Bruder von 3), dt. Bildhauer; Vertr. des Berliner Klassizismus; **2)** Dorothea, * 1799, † 1841, Tochter von 3), mit ihm an der Übers. Shakespeares beteiligt; **3)** Ludwig, * 1773, † 1853, dt. Dichter der Romantik; Romane („Franz Sternbalds Wanderungen"), Märchendrama „Der gestiefelte Kater", Kunstmärchen („Der blonde Eckbert"), „Volksmärchen" (Hg.), Novellen; setzte die von A. W. Schlegel begonnene Shakespeareübers. (u. a. mit 2) fort.

Tief: 1) Fahrrinne in Küstengewässern, meist zw. Sandbänken; **2)** ↑Tiefdruckgebiet.

Tiefdruck, Druckverfahren, bei denen die Druckelemente vertieft in der Druckform liegen; Farbe bleibt nach dem Abrakeln nur in den Vertiefungen und wird auf das Papier übertragen.

Tiefdruckgebiet (Depression, Zyklone), meteorol. Bez. für ein Gebiet, in dem gegenüber seiner Umgebung ein niedrigerer Luftdruck herrscht.

Tiefen|erosion ↑Erosion 1).

Tiefenpsychologie, Sammelbegriff für alle Lehren, die versuchen, das Wesen des bewussten Seelenlebens durch Erforschung des ↑Unbewussten aufzuhellen.

Ti|enschan, innerasiat. Geb.-System zw. Tarimbecken im S sowie der Dsungarei im N; höchster Berg Pik Pobeda (7 439 m); zahlr. Bodenschätze (Erdöl, Kupfer, Uran u. a.); hpts. zu China, der W zu Russland.

Tientsin [tjɛn-], provinzfreie Stadt sö. von Peking, 9,2 Mill. E; 2 Univ.; Ind.-, Handels- und Verkehrszentrum; ⚓, ✈.

Tiepolo, Giambattista, * 1696, † 1770, ital. Maler; Freskomaler des Barock, Hauptwerke von leuchtend transparenter Farbenpracht in Venedig, Würzburg und Madrid; monumentale Kompositionen, Einzelbilder und Radierungen.

Tier|arzt (Veterinär), approbierter Veterinärmediziner; freiberufl. tätig oder im staatl. und kommunalen Dienst mit Aufgaben der Lebensmittelüberwachung und Seuchenbekämpfung u. der Marktkontrolle betraut.

Tiere, weltweit verbreitete, sich im Ggs. zu den ↑Pflanzen heterotroph ernährende, meist frei bewegl., ein- od. vielzell. Lebewesen mit rd. 1,2 Mill. bek. rezenten Arten (fossil etwa 500 Mill. [sehr grobe Schätzung]); im Ggs. zu den Pfl. geschlossene Systeme mit sehr ausgeprägter Reizbarkeit über Sinnesorgane und Nervensysteme; im Allg. keine festen Zellmembranen, keine Zellulose.

Tierkreis (Zodiakus), urspr. die Zone der 12 *T.sternbilder* entlang der scheinbaren Sonnenbahn (↑Ekliptik); heute die gleichmäß. Einteilung der Ekliptik in 12 Teile zu je 30° Länge, die (wegen der ↑Präzession) nicht mehr mit den T.sternbildern zusammenfallen, deren Namen sie tragen: Widder, Stier, Zwillinge, Krebs, Löwe, Jung-

Thymian. *Feldthymian*

frau, Waage, Skorpion, Schütze, Steinbock, Wassermann, Fische.

Tierschutz, Maßnahmen zum Schutz der Tiere, bes. zur Vermeidung von Tierquälerei (T.gesetz).

Tierwanderungen, period. od. unregelmäßig auftretende Wanderzüge einzelner Tierarten; meist von (ererbtem) *Wandertrieb* ausgelöst und gesteuert.

Johann Tserclaes Graf von Tilly

Tiffany, Louis Comfort ['tıfənı], * 1848, † 1933, amer. Kunsthandwerker des Jugendstils.

Tiflis (Tbilisi), Hptst. Georgiens, 1,28 Mill. E; Akad. der Wiss.; Univ., Hochschulen, Bibliotheken; histor. Bauten; warme Schwefelquellen; Ind.; Eisenbahnknotenpunkt, ✈.

Tiger [pers.-gr.], Großkatze in NO- bis S- und Südostasien, gelbbraun mit schwarzen Streifen; Einzelgänger.

Tiger|auge, Mineral aus Verwachsungen von feinfaser. Quarz mit ebensolchem Serpentinasbest, Härte 7; undurchsichtig, gelbbraun mit reizvollem Lichterspiel; beliebter Schmuckstein.

Tigerkatzen, Bez. für mehr. gestreifte oder getüpfelte Katzen, z. B. Serval und Ozelot.

Tigris, Fluss in Vorderasien, 1950 km, vereinigt sich im Unterlauf mit dem Euphrat zum Schatt Al Arab; Lebensader Mesopotamiens.

Tikal, Ruinenstätte aus der Mayazeit im nördl. Guatemala; Stadtanlage mit Palästen u. Tempeln.

Tilde [span.], Aussprachezeichen, bewirkt im Span. die mouillierte Aussprache des n (z. B. doña ['doɲa]), im Portug. die nasalierte Aussprache eines Vokals (z. B. Camões [ka'mõiʃ]).

Tilgung ↑Amortisation 1).

Tillich, Paul, * 1886, † 1965, dt.-amer. ev. Theologe u. Religionsphilosoph; „Systemat. Theologie".

Tilly, Johann Tserclaes, Graf v., * 1559, † 1632, bed. Feldherr im Dreißigjähr. Krieg; Oberkommandierender d. kath. Liga.

Tilsit (russ. Sowjetsk), St. in Ostpreußen, an der Memel, Russland, 41000 E. – 1807 *Friede v. T.,* durch den Preußen seine Großmachtstellung verlor.

Timbuktu, Oasenst. in Z-Mali, nahe d. Niger, 20500 E; um 1000 gegr.; Handelsplatz, ✈.

Timmermans, Felix, * 1886, † 1947, fläm. Dichter; Romane u. Erzählungen, u. a. „Pallieter", „Adriaan Brouwer"; Legende „Das Jesuskind in Flandern".

Timor, größte der Kl. Sundainseln, östl. von Flores, Indonesien, 33600 km², etwa 1,5 Mill. E; gebirgig (bis 2960 m); vorw. Savanne und Buschformation; Anbau von Kaffee, Kokospalmen, Reis, Tabak. O-Teil bis 1975 portugiesisch.

Timothe|us, † 97 (?), Schüler und zeitw. Begleiter des Apostels Paulus, nach der Tradition Märtyrer unter Domitian; *Briefe an T.,* im N. T. zwei Pastoralbriefe, die an T. adressiert sind.

Timur-i-Läng (Tamerlan), * 1336, † 1405, mongol. Herrscher seit 1369; durch seine Grausamkeit berüchtigt; Begr. eines mongolischen Weltreiches in Mittelasien, das nach seinem Tode zerfiel.

Tinbergen, Nikolaas, * 1907, † 1988, niederl. Zoologe; Prof. in Oxford; Mitbegr. der vergleichenden Verhaltensforschung; 1973 Nobelpreis für Medizin.

Tinguely ['tıŋəli], Jean, * 1925, † 1991, schweiz. Objektkünstler.

Tinktur [lat.], alkohol. od. äther. Lösung bzw. Auszug aus Drogen.

Tintenfische, svw. ↑Kopffüßer.

Tintenpilz, Gatt. der Blätterpilze; der *Schopftintling* ist jung sehr schmackhaft, alt zu schwarzer Flüssigkeit zerfließend.

Tintenstrahldrucker, Ausgabegerät von Computern, stellt die zu druckenden Zeichen vor jedem Druckvorgang neu mithilfe eines matrixförmigen angeordneten Blocks von Rasterpunkten zusammen u. bringt sie mit einer Spezialtinte zu Papier.

Tintoretto, eigtl. Iacopo Robusti, * 1518, † 1594, ital. Maler; relig. best. Manierismus. Hauptwerk: Wand- und Deckengemälde der Scuola di S. Rocco, Venedig. – Abb. S. 699.

Tirana, Hptst. von Albanien, 243000 E; Univ., Hochschulen; Textilind.; ✈.

Tîrgu Mureş [-reʃ] (dt. Neumarkt, ungar. Marosvásárhely), rumän. St. sö. v. Klausenburg, 164400 E; Zentrum des Szeklerlandes; Hochschulen; u. a. Textilind., Erdölraffinerie.

Tirol, östr. B.-Land, 12647 km², 630400 E, Hptst. Innsbruck; Geb.-Land in den Nördl. Kalkalpen u. den Z-Alpen; je rd. ⅓ der Fläche sind Weide- u. Waldland; Viehzucht, Milch- und Forstwirtsch., Ackerbau im Inntal; Metallind.; geringer Bergbau; Fremdenverkehr; *N-T.* umfasst den östr. Teil des Inntales u. seine Seitentäler; räuml. v. N-T. getrennt liegt *O-T.,* im Quellgebiet von Drau u. Isel am S-Abfall der Hohen Tauern. – *Gesch.:* In röm. Zeit Teil der Prov. Noricum u. Rätien, im 6. Jh. v. Bayern besiedelt; 788 zum Fränk. Reich; bis ins 13. Jh. unter den *Gf. von T.* geeint; 1363 habsburg., 1805 bayr., 1809 Freiheitskampf unter A. Hofer, v. bayr., frz. u. ital. Truppen niedergeschlagen; 1814 wieder östr., nach dem 1. Weltkrieg S-Tirol an Italien.

Tirpitz, Alfred v., * 1849, † 1930, dt. Großadmiral; ab 1892 Stabschef der Marine, systemat. Ausbau der dt. Kriegsflotte.

Tirso de Molina, eigtl. Gabriel Téllez, * 1571 (?), † 1648, span. Dramatiker; Komödien („Don Gil von den grünen Hosen").

Tiryns, Burg und Stadt in der Argolis (Griechenland), nahe bei Mykenä; ausgegraben v. H. Schliemann und W. Dörpfeld (1884/85).

Tischbein, hess. Malerfamilie des 18. u. 19. Jh.s: **1)** Johann Friedrich August (der „Leipziger T."), * 1750, † 1812, Bildnisse; **2)** Johann Heinrich, d. Ä. (der „Kasseler T."), * 1722, † 1789, vorzügl. Frauenbildnisse; **3)** Johann Heinrich Wilhelm (der Goethe-T.), * 1751, † 1829, Bildnis Goethes in der Campagna; wandte sich dem Klassizismus, später der Romantik zu.

Tischtennis, Ballrückschlagspiel auf 0,76 m hoher Holzplatte v. 1,525 × 2,743 m; das Netz in der Mitte ist 15,25 cm hoch; 2 od. 4 Spieler versuchen den Kunststoffhohlball mit einem Holzschläger mit elast. Auflage so auf die gegner. Plattenhälfte zu schlagen, dass er nicht mehr regelgerecht zurückgespielt werden kann.

Titan, größter (etwa wie Merkur) der Saturnmonde; Umlaufzeit 15,945 Tage; 1655 entdeckt.

Titan [gr.], chem. El., Symbol Ti, OZ 22, rel. A.-Masse 47,90, Metall; reines T. ist silberweiß, gut schmied- u. walzbar, Fp. 1668 °C, Sp. 3260 °C, Dichte 4,51 g/cm³, sehr korrosions- u. säurebeständig. Wichtigstes T.mineral ist der ↑Ilmenit, weitere T.minerale sind Anatas, Brookit, Rutil, Titanit u. a.

Tintoretto, *Susanna im Bade (undatiert)*

Zur Gewinnung des Metalls Umsetzung mit Chlor zu *T.tetrachlorid,* aus dem durch Reduktion mit Natrium T. gewonnen wird; T.stahl und titanhalt. Hartmetalle werden u.a. für Raketen, Düsentriebwerke, spezielle Motorenteile und korrosionsfeste Behälter verwendet.

Titanen, in der griech. Mythol. die 6 Söhne u. die 6 Töchter des Uranos u. der Gäa, die von Zeus in einem gewalt. Kampf *(Titanomachie)* besiegt werden.

Titanic, brit. Schnelldampfer, 47000 BRT, der 1912 auf seiner Jungfernfahrt nach der Kollision mit einem Eisberg im Nordatlantik mit etwa 1500 Menschen sank; Wrack 1985 geortet u. fotograf. dokumentiert.

Titel [lat.]: **1)** Amts-, Dienstbez., [Ehren]anrede[form]; **2)** Überschrift, Aufschrift; **3)** (Rechts-T.) auf rechtskräft. gerichtl. Entscheidung beruhende Grundlage der ↑Zwangsvollstreckung.

Titelschutz, Rechtsschutz eines Buch-, Zeitungs-, Zeitschriften-, Filmtitels nach dem ↑Urheberrecht oder nach dem Wettbewerbsrecht.

Titicacalsee, See im peruan.-boliv. Hochland, 3812 m ü.d.M., 8300 km², bis 281 m tief.

Titilsee, See im S-Schwarzwald, Ba.-Wü., 1,1 km², bis 40 m tief, 846 m ü.d.M.

Titisee-Neustadt, St. im südl. Schwarzwald, an der Gutach, Ba.-Wü., 12200 E; Kneippkurort und Wintersportzentrum; Papier- und Schraubenfabrik, Fertighausbau.

Tito, Josip, eigtl. J. Broz, * 1892, † 1980, jugoslaw. Marschall u. Politiker; organisierte 1941 d. kommunist. Partisanenkampf gg. die dt. u. ital. Besatzung; begr. die Föderat. Volksrep. Jugoslawien; ab 1945 Min.-Präs. u. Verteidigungsmin., s. 1953 Staatspräs.; widersetzte sich s. 1948 dem sowjet. Einfluss, führender Sprecher der Blockfreien (↑Titoismus).

Titograd, 1945–92 Name der Hptst. von Montenegro, ↑Podgorica.

Titoismus, von J. Tito entwickelte Variante des Kommunismus: Einführung der Arbeiterselbstverw., Durchsetzung marktwirtsch. Tendenzen bei weiter bestehender Vormachtstellung der Partei, offenere Kulturpolitik, außenpolit. Übergang zur „Blockfreiheit"; heute weitgehend überholt.

titrieren [frz.], chem. Lösungen unbek. Gehaltes mit maßanalyt. Reagenzlösungen genau bek. Gehaltes (Titerlösung) quantitativ umsetzen.

Titus (T. Flavius Vespasianus), * 39, † 81, röm. Ks. seit 79; schlug den jüd. Aufstand nieder (70 Zerstörung Jerusalems); 69 Caesar, 71 Imperator; vollendete als Ks. das Kolosseum; *T.bogen* (81 erbaut) erinnert in Rom an seinen Sieg über d. Juden.

Tivoli, ital. St. in Latium, östl. von Rom, 52800 E; Villa d'Este, mit bek. Wasserkünsten; Villa Adriana.

Tizian, eigtl. Tiziano Vecelli[o], * um 1488, † 1576, ital. Maler; vom rein Malerischen ausgehende Bildauffassung, im Spätwerk Auflösung aller festen Bildstrukturen; u.a. „Himml. und ird. Liebe", „Dornenkrönung"; bed. Porträts. – Abb. S. 700.

Tjost [frz.], im MA ritterl. Zweikampf mit scharfen Waffen.

Tl, Symbol für ↑Thallium (☊).

Tm, Symbol für ↑Thulium (☊).

TNT, Abk. für: ↑**T**ri**n**i**t**rotoluol.

Toast [to:st; engl.]: **1)** geröstete Weißbrotscheibe; **2)** Trinkspruch.

Tobago [təˈbeɪgəʊ], Insel nö. von Trinidad, 300 km², 50300 E, Hauptort Scarborough; Anbau von Kakao u. Zuckerrohr, Tabak; Viehzucht. – Bildet s. 1962 mit Trinidad ↑Trinidad und Tobago.

Tobias, Titelgestalt des apokryphen at. Buches Tobias.

Tobruk, ostlibysche Hafenst. am Mittelmeer, 94000 E; Erdölexporthafen (Pipelineendpunkt).

Tocharisch, ausgestorbene idgm. Sprache; Texte aus dem 6. und 7. Jh. Anf. des 20. Jh.s in Ostturkestan gefunden.

Tochtergesellschaft, ↑Kapitalgesellschaft, deren Anteile sich teilw. od. vollst. in der Hand einer anderen *(Mutterges.)* befinden.

Tocqueville, Charles Alexis Henri Clérel de [tɔkˈvil], * 1805, † 1859, frz. Historiker, Staatstheoretiker und Politiker; 1848 Mitgl. der Nat.-Vers.; 1849–51 Außenmin.; 1841 Mitgl. der Académie française; Hauptwerk: „Über die Demokratie in Amerika".

Tod, endgült. Erlöschen der Gesamtheit der Körperfunktionen, bes. der des Herzens, Kreislaufs und des Gehirns; Zeichen: Toten-

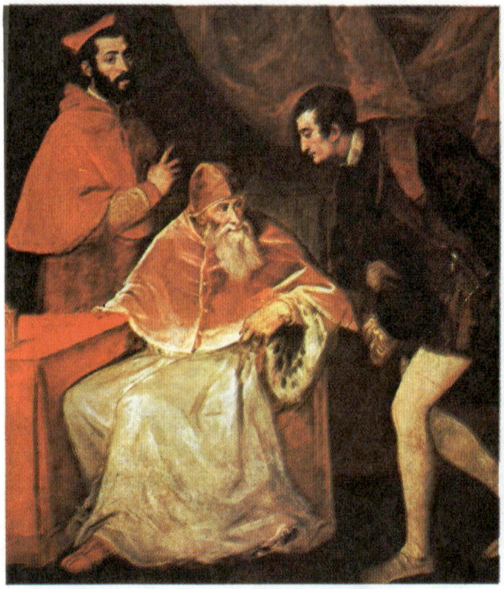

Tizian. *Papst Paul III. und seine Nepoten (1546)*

flecken (blaurote Flecke an den tieferliegenden Teilen der Leiche, durch Senkung des Blutes), Leichenblässe, ↑Leichenstarre, Leichenkälte (die Temp. der Leiche liegt durch Verdunstung etwas unter der der Umgebung), ferner Sistieren von Herzschlag (Pulslosigkeit) u. Atmung; einzelne Organe können auch einige Stunden nach dem T. noch einigermaßen funktionstücht. sein.

Todd: 1) Sir Alexander [Robertus], *1907, †1997, brit. Chemiker; Arbeiten über Vitamine u. Sterine; Nobelpreis 1957; **2)** Michael (Mike), *1907, †1958, amer. Theater und Filmproduzent; nach ihm ben. das *T.-AO-Verfahren*, ein Filmbreitwandverfahren.

Todes|erklärung, behördl. Toterklären einer Person nach einem Aufgebotsverfahren durch gerichtl. Beschluss.

Todes|strafe, in den Strafrechtsordnungen vieler Länder vorgesehene schwerste Kriminalstrafe.

Toga [lat.], über der Tunika getragenes, knöchellanges Obergewand freier röm. Bürger, ein Kreissegment von mehr als 3 m Länge.

Togliatti, Palmiro [toʎ'ʎatti], *1893, †1964, ital. Politiker; 1921 Mitbegr. der KP Italiens; 1944/45 stellvertr. Min.-Präs., s. 1947 Gen.-Sekr. der KP.

Togo, Republik in W-Afrika; ein etwa 600 km landeinwärts reichender, schmaler Landstreifen, im Innern z.T. gebirgig; hpts. Savannen; Anbau v. Mais, Hirse, Maniok, Kakao, Kaffee, Erdnüssen, Baumwolle; Phosphatabbau. – *Gesch.:* 1471 von Portugiesen entdeckt, 1884 dt. Kolonie durch Abschluss von „Schutzverträgen", 1919 Mandat des Völkerbundes, 1946 UN-Treuhandgebiet unter frz. u. brit. Verw.; das frz. T. wurde 1960 als Rep. T. unabh.; Mitgl. der UN; das brit. Togo wurde der Goldküste (heute Ghana) angegliedert.

Tohuwabohu [hebr.; = wüst u. leer], nach 1. Mos. 1,2 die Welt im ungeordneten Urzustand; übertr.: Durcheinander, Wirrwarr.

Togo

Fläche: 56 785 km²
Einwohner: (1995) 4,1 Mill.
Hauptstadt: Lomé
Amtssprache: Französisch
Zeitzone: MEZ –1 Stunde

Tokio, Hptst. Japans, an der Bucht v. T. (O-Küste Honshūs), 8,2 Mill. E (Groß-T. 11,9 Mill. E). T. ist Kultur-, Handels- und Verkehrszentrum Japans; im Zentrum der Kaiserpalast (2 km²); mehr. Univ., Akad., Hochschulen, Theater, Museen, Bibliotheken, botan. u. zool. Gärten; zahlr. Tempel, vielseit. Ind.; T. bildet mit Yokohama eine Hafengemeinschaft (Schiffsverkehr hpts. über Yokohama); ✈. – Als *Edo* Residenz der Tokugawa-Shōgune, s. 1869 als T. Kaiserresidenz.

Tokkata [ital.], in freier Improvisation gestaltetes Musikstück, v. a. als Präludium für Tasteninstrumente.

Toledo: 1) span. Prov.-Hptst. am Tajo, sw. von Madrid, 60 700 E; bed. Bauten, u. a. Kathedrale (1277–1493), Alkazar (16. Jh.); Metallwarenind., Handel. – 6. Jh. bis 711 Hptst. des span. Westgotenreiches (auch *Tolosan. Reich* [↑Westgoten]), bis zur Eroberung durch Alfons VI. von Kastilien (1085) Hauptstützpunkt der Mauren; dann Hptst. v. Kastilien; **2)** [tə'li:dəʊ] Ind.-St. im nördl. Ohio, am Eriesee, USA, 333 000 E; Univ.; vielseit. Ind.; ⚓.

Toleranz [lat.]: **1)** Duldsamkeit; **2)** Widerstandsfähigkeit gg. Arzneimittel, auch gg. Alkohol; **3)** Differenz zw. dem zulässigen größten u. kleinsten Wert (z. B. bei den Abmessungen eines Werkstücks).

Tolkien ['tɔlki:n], John Ronald Reuel, *1892, †1973, brit. Schriftsteller u. Philologe; „Der Herr der Ringe" (Romantrilogie) stellt ein ganzes mytholog. System dar.

Toller, Ernst, *1893, †1939, dt. expressionist. Schriftsteller; Dramen, u. a. „Masse Mensch".

Tollkirsche (Belladonna), Nachtschattengewächs mit kirschenähnl., dunkelvioletten Früchten; Extrakt der T. enthält u. a. ↑Atropin.

Tollwut (Lyssa, Rabies), meldepflicht., durch ein Virus verursachte Infektionskrankheit der Warmblüter, bes. bei Hunden, Katzen und einzelnen Wildtieren; durch Biss übertragbar; Krankheitsanzeichen beim Tier: Wasserscheu, Bissigkeit, gesträubtes Haar, Verschlingen unverdaul. Gegenstände, Lähmungen; Tod nach spätestens 10 Tagen; beim Menschen: Beginn mit Rötung der Bissnarbe, Kopfweh, Beklemmungszuständen, ferner Schlingbeschwerden und Erstickungsgefühle, Durstgefühl ohne schlucken zu können, Wasserscheu, Tobsuchtsanfälle; Tod nach 1–4 Tagen; bei T.verdacht nach Biss sofortige Schutzimpfung.

Tölpel, Fam. bis 1 m gr. Meeresvögel mit langem, kräft. Schnabel, fluggewandt; nisten in Kolonien.

Tolstoi, Lew Nikolajewitsch Graf (Leo T.), * 1828, † 1910, russ. Schriftsteller; z. T. stark autobiograph. best. Werk; versuchte, zu einem urchristl. Leben zurückzufinden, wandte sich vom orth. Christentum ab und bezog sich auf die Grundsätze der ↑Bergpredigt; im Vordergrund seiner Ethik standen Dienst am Nächsten, Gewaltlosigkeit u. Askese; bed. Einfluss auf Realismus u. Naturalismus; u. a. Romane „Krieg u. Frieden", „Anna Karenina", Erz. „Kreutzersonate".

Tolteken, altmex. Indianervolk im Hochland v. Mexiko, v. hoher Kultur u. Kunstfertigkeit; Blüte etwa 900 bis 1168.

Toluol [span.; arab.] (Methylbenzol), wicht., aus Erdöl u. aus Steinkohlenteer gewinnbarer aromat. Kohlenwasserstoff, $C_6H_5-CH_3$, verw. u. a. als Lösungsmittel f. Öle, Lacke u. a. und als Ausgangssubstanz vieler Benzolderivate und Sprengstoffe, Trinitro-T. (TNT).

Tomahawk ['tɔməhɔ:k; indian.-engl.], leichte Axt der nordamer. Indianer; Waffe und Werkzeug.

Tomasi di Lampedusa, Giuseppe, auch G. Tomasi, Fürst von Lampedusa, * 1896, † 1957, ital. Schriftsteller; Roman „Der Leopard" (verfilmt); auch Erzählungen „Die Sirene" u. a.

L. N. Graf Tolstoi

Tomate [mex.-span.], Nachtschattengewächs; Kulturpfl. aus Mittel- und Südamerika mit saft., vitaminreichen, roten Früchten.

Tombola [ital.], Verlosung von [gestifteten] Gegenständen.

Tomographie [gr.], Methode der Röntgenuntersuchung; sie liefert durch gegensinnige Bewegung v. Röntgenröhre u. -film um einen Drehpt. ein scharfes Bild der in der Drehpunktebene gelegenen Körperschicht *(Röntgenschichtaufnahme).* Die *Computer-T.,* bei der die v. Strahlendetektoren gemessene Röntgenstrahlabsorption in einer best. Körperschicht mithilfe eines Computers zu einem Bild aufgebaut wird, ermöglicht eine direkte Darst. (auch v. Weichteilstrukturen) auf einem Fernsehbildschirm. Die *Kernspin-T.* arbeitet mit Hochfrequenzimpulsen (statt Röntgenstrahlen), wobei der Patient in einem extrem starken Magnetfeld gelagert wird; sie nutzt die auftretenden Kernspinresonanzen (Umklappen des Spins der Atomkerne), v. a. der Protonen des körpereigenen Wasserstoffs.

Tokio. *Blick auf die Innenstadt*

Ton [gr.]: **1)** (harmon. oder reiner T.) Schall von sinusförm. Schwingungsverlauf; *T.höhe* (als Empfindung) abhäng. von der *T.frequenz,* T.stärke als Maß für die Amplitude der T.schwingungen (↑Phon). In der Musik sind Töne eigtl. Klänge, d. h. aus mehreren harmon. Tönen zusammengesetzt; sie sind die Bausteine für Themen, Melodien und Mehrklänge; die charakt. Klangfarbe eines T.es ergibt sich aus Anzahl u. Intensität der Obertöne (Töne ohne Obertöne nur auf elektron. Wege); **2)** in der Malerei der fein abgestufte Farbwert.

Ton|art, System von Tönen, die auf eine Tonika bezogen sind; im heute übl. abendländ. System kann Tonika der Dur- od. Mollklang auf jedem der 12 Töne der chromat. Tonleiter sein.

Tonband, Kunststoffstreifen mit magnetisierb. Schicht zur Schallaufzeichnung, -speicherung und -wiedergabe mithilfe v. *T.geräten* od. *Kassettenrecordern;* bei der Aufnahme wird das T. durch Vorbeiführen am Aufnahmekopf im Rhythmus der Schallschwingungen durch tonfrequente Wechselströme (vom Mikrofon, Rundfunkempfänger, 2. Band) unterschiedl. stark magnetisiert, umgekehrt bewirkt das Vorbeiführen des magnetisierten T.s am Wiedergabekopf (oft mit Aufnahmekopf als Kombikopf vereint) die Induzierung von Wechselspannungen bzw. -strömen, die über Verstärker u. Lautsprecher in die ursprüngl. Schallschwingungen umgewandelt werden können. Löschen des Bandes (Entmagnetisierung) mithilfe eines bes. Löschkopfs. Als magnetisierbare Schicht dient mit Bindemitteln und Zusatzstoffen versehenes γ-Eisen(III)-oxid (γ-Fe_2O_3) beim *Eisenoxidband* und/oder Chrom(IV)-oxid (Chromdioxid, CrO_2) beim *Chromdioxidband.* Tonbänder mit Eisenoxid- und Chromdioxidbeschichtung, *Doppelschicht-* oder *Zweischichten-Tonbänder,* die für hochwertige Musikaufzeichnungen bes. gut geeignet sind, werden als *Ferrochrom-, Ferrichrom-* oder *FeCr-Bänder* bezeichnet. Neuentwicklungen sind Tonbänder mit nichtoxid. Beschichtung, z. B. *Reineisenbänder, Metallpigment- (MP-)* oder *Metall-Alloy-Bänder (MA-Bänder).*

Tone, verbreitete ↑Sedimentgesteine, Gemenge aus *Tonmineralien* (Kaolinit, Montmorillonit, Bentonit u. a.), Quarz und Glimmer; aus Rückständen der chem. Verwitterung feldspathalt. Gesteine in ruhenden Gewässern entstanden, durch Verunreinigungen meist grau, schwärzl. od. rötl., oft auch gebändert (Bändertone).

Tonga

Fläche: 780 km²
Einwohner: (1995) 98 800
Hauptstadt: Nuku'alofa
Amtssprachen: Tongaisch, Englisch
Zeitzone: MEZ + 12 Stunden

Tọnga, Kgr. im südl. Pazifik; umfasst die T.inseln (*Freundschaftsinseln;* rd. 170 Vulkan- u. Koralleninseln). – 1616 v. Niederländern entdeckt, s. 1845 christl. Kgr., s. 1900 brit. Protektorat, s. 1970 unabh. u. Mitgl. d. Commonwealth.

Tọnika [gr.], Abk. T, ↑Prim[e] einer Tonleiter; Dreiklang auf der Prim; Zentrum einer Tonart, d. h. der Klang, auf den sich alle anderen Klänge beziehen.

Tonkin (Tongking), Gebiet im nördl. Vietnam, umfasst das dicht besiedelte Deltagebiet des Roten Flusses am Golf von T. u. das hügelige Hinterland, das zu einem bewaldeten Bergland ansteigt (bis 3143 m); Anbau von Reis u. a.; Zinn-, Wolframerze, Steinkohle.

Tonleiter, Stufenfolge von Tönen in Ganz- und Halbtonabstand innerh. einer Oktave: **1)** 7-stuf. *diaton. T.n:* authent. u. plagale ↑Kirchentonarten, Dur-T.n (c d e f g a h c), Moll-T.n (a h c d e f g a); **2)** 12-stuf., *chromat. T.n* mit Halbtönen c cis (des) d dis (es) e f fis (ges) g gis (as) a ais (b) h c; **3)** 6-stuf. *Ganz-T.n* (c d e fis as b c oder cis es f g a h cis); **4)** 5-stuf. halbtonlose, *pentaton. T.n* (c d e g a).

Tonnage [tɔ'na:ʒə; frz.], Rauminhalt, Tragfähigkeit od. Wasserverdrängung eines Schiffes oder einer Flotte.

Tonne [mlat.]: **1)** Abk. t, Masseneinheit (1 000 kg); auch fr. dt. Hohlmaß (*preuß. T.* rd. 219,8 l); **2)** svw. ↑Registertonne; **3)** gr. Fass; **4)** schwimmendes Seezeichen.

Topas [gr.-lat.], $Al_2[F_2/SiO_4]$, versch. gefärbtes glasglänzendes Mineral, Härte 8; klarer u. reinfarb. *Edel-T.* als Schmuckstein.

Topeka [tɔ'pi:kə], Hptst. von Kansas, USA, am unteren Kansas River, 119 900 E; Univ.; Ind.; ✈.

Tọpfer, Klaus, * 1938, dt. Politiker (CDU), 1987–94 B.-Min. für Umwelt, Naturschutz u. Reaktorsicherheit, 1994–98 für Raumordnung, Bauwesen u. Städtebau, seitdem Dir. des UN-Umweltprogramms.

Topinambur [brasil.], ausdauernder Korbblütler mit winterharten Knollen; fr. Gemüse, heute vielfach Viehfutter.

topo..., Topo... [gr.], Bestimmungswort; Bed.: „Ort, Gegend, Gelände".

Topographie [gr.], Orts- und Lagebeschreibung.

topographische Karten, großmaßstäbige Karten mit sehr detailliertem Karteninhalt.

Tọpspin, im [Tisch]tennis Bez. für einen [starken] in der Flugrichtung wirkenden Aufwärtsdrall des Balles; auch der Schlag selbst.

Tọrberg, Friedrich, eigtl. F. Kantor-Berg, * 1908, † 1979, östr. Schriftsteller u. Publizist („Süßkind von Trimberg"); auch Übersetzer.

Tọrdalk [schwed.], etwa 40 cm großer, oberseits schwarzer, unterseits weißer Alk.

Torero [span.], Stierkämpfer.

Torf, brennb. Zersetzungsprodukt v. Pfl., Vorform der Kohle; *Flachmoor-T.* unter oder in Höhe des Grundwasserspiegels, kann als *Hochmoor-T.* über diesen hinauswachsen; Abbau im *T.stich;* als Heizmaterial od. Humusdünger *(T.mull)* verwendet.

Torfmoos (Sphagnum), Gatt. der Laubmoose, wichtigste Torfbildner, in Mooren und in Wäldern.

Tọrgau, Krst. an der Elbe, nö. v. Leipzig, Sa., 21 400 E; Renaissanceschloss Hartenfels; Glas-, keram. u. a. Ind. – 1526 *T.er Bund,* ein Schutzbündnis ev. Reichsstände; 1760 Sieg Friedrichs d. Gr. über Östr.; 1945 vereinigten sich bei T. die amer. und sowj. Kampflinien.

Tories ['tɔ:rɪz; engl.], s. 1679 Parteigänger d. engl. Kg., Gegner d. Whigs; ab 1832 Wandlung d. T. zur Konservativen u. Unionist. Partei.

Tornado [span.], außertrop., verheerender Wirbelsturm in Nordamerika u. im Golf von Mexiko.

Torọnto, Hptst. der kanad. Prov. Ontario, zweitgrößte St. Kanadas, am W-Ufer des Ontariosees, 635 500 E (mit Vororten 3,9 Mill. E); Univ., Kunstakad., Museen, Observatorium; CN-Tower (Fernsehturm, höchstes frei stehendes Gebäude, 553 m); Erzb.sitz; bed. Handels- u. Ind.-Zentrum; ⚓, ✈.

Torpẹdo [lat.], längl. Unterwassergeschoss mit Eigenantrieb zum Versenken feindl. Schiffe; Steuerung ggf. nach Progr.; aus *T.rohren* über od. unter Wasser ausgestoßen oder von Flugzeugen abgeworfen; **T.boot,** fr. kl., schnelles Kriegsschiff mit T.bewaffnung; durch Schnellboote ersetzt.

Tọrr [nach E. Torricelli], physikal. Einheit des Druckes; in der BRD gesetzl. nicht mehr zugelassen; 1 Torr = 1/760 atm = 1,33 hPa.

Torricelli, Evangelista [-'tʃɛlli], * 1608, † 1647, ital. Physiker u. Mathematiker; Arbeiten über Luftdruck, u. a. *t.scher Versuch* (Nachweis des Luftdrucks durch eine Quecksilbersäule in einem einseit. geschlossenen Glasrohr).

Torsion [ital.] (Drillung), schraubenförm. Verdrehung eines Körpers durch Drehmomente.

Tọrso [ital.]: **1)** unvollendete Statue; **2)** allg.: Bruchstück, unvollendetes Werk.

Tortur [lat.], Folter; Qual.

Toscanini, Arturo, * 1867, † 1957, ital. Dirigent; Leiter der Mailänder Scala, der Metropolitan Opera u. a.

Toskana (ital. Toscana), mittelital. Ldsch. u. Region, m. dem *Toskan. Archipel* 22 992 km², 3,52 Mill. E, Hptst. Florenz; Kerngebiet das fruchtb. Arnotal, nördl. u. östl. davon der Apennin, im S landw. wenig ertragr. Hochfläche; an der Küste die Maremmen (Küstenebenen u. -höfe); Abbau von Quecksilber- u. a. Erzen; Marmorbrüche; Fremdenverkehr. – *Gesch.:* Die T., im Bereich des antiken Etrurien, bildete im 9. Jh. die Markgft. *Tuszien* und zerfiel später in mehr. rivalisierende Stadtstaaten; im 14./15. Jh. erlangte Florenz die Vorherrschaft (↑auch Medici); s. 1737 habsburg.; 1860 Anschluss an den ital. Nationalstaat.

Totalisator, Einrichtung zur Entgegennahme von Wetten beim Renn- u. Turniersport.

Totalitarismus [lat.], Bez. für ein Herrschaftssystem, das alle Lebensbereiche des Einzelnen wie der Ges. umfassend steuert (ausgearbeitete Ideologie, eine einzige Massenpartei, Terrorsystem, Monopol der Massenkommunikation u. der Waffen, zentrale Lenkung der Wirtsch. durch bürokrat. Koordinierung).

Totalität, Gesamtheit, Vollständigkeit, Ganzheit.

Totem [indian.], bei Naturvölkern Lebewesen od. Ding, das als Ahne od. Verwandter eines Menschen, einer Sippe od. einer soz. Gruppe gilt; als zauber. Helfer verehrt, darf nicht getötet od. verletzt werden; *T.pfahl,* geschnitzter Holzpfahl mit Bildern des *T.tiers* od. aus der Ahnenlegende der Sippe.

Totemismus, Glaube an die übernatürl. Kraft eines Totems und seine Verehrung.

Totenmesse ↑Requiem.

Totensonntag, Bez. für den *Ewigkeitssonntag* (Gedächtnis des Jüngsten Gerichts), letzter Sonntag im Kirchenjahr.

Totenstarre ↑Leichenstarre.

Totentanz, in der bildenden Kunst Darst. eines vom Tod angeführten Reigens v. Toten (Angehörige aller Stände u. Altersstufen); bek. der T. von Holbein.

Totes Gebirge, Gebirgsstock der Nördl. Kalkalpen, in der Steiermark u. Oberöstr.; stark verkarstet, ausgedehntes Höhlensystem; im Gr. Priel 2515 m hoch.

Totes Meer, abflussloser Salzsee im Jordangraben (Jordanien, Israel); 403 m u. d. M., 940 km², bis 398 m tief, Salzgehalt 29 %.

totes Rennen, Pferderennen od. sportl. Wettlauf, in dem 2 od. mehr. Teilnehmer zu gleicher Zeit das Ziel passieren.

Toto, Kurzw. aus ↑Totalisator; heute Wettverfahren im Fußball (Fußballtoto).

Totschlag, vorsätzl. Tötung eines Menschen (soweit nicht ↑Mord).

Tötung, fahrlässige, Verursachung des Todes eines Menschen durch Fahrlässigkeit.

Toul [tul], ostfrz. Stadt an der Mosel, 17700 E; Festung; Kathedr. (13. bis 15. Jh.); Textil-, Reifen-, Glasind.; Flusshafen.

Toulon [tu'lɔ̃], Hptst. des frz. Dép. Var, Hafenst. am Mittelmeer, 167600 E; Kathedr. (12. u. 17. Jh.); Werften, Masch.-, chem. Ind.; wichtigster frz. Kriegshafen.

Toulouse [tu'lu:z], Hptst. des südfrz. Dép. Haute-Garonne u. der Region Midi-Pyrénées, 359000 E; Univ,; Kathedr. (11.–16. Jh.), St.-Sernin (um 1060), Renaissancerathaus; Luft-, Raumfahrt- u. a. Ind.; ⚓, ✈. – T. ist das antike *Tolosa.*

Henri de Toulouse-Lautrec, *Weiblicher Clown (1896)*

Toulouse-Lautrec, Henri [Marie Raymond] de [tuluzlo'trɛk], * 1864, † 1901, frz. Maler u. Grafiker; Motive aus Kabarett, Tanzlokal, Bordell, Café, Zirkus, Rennbahn; v. a. Farblithographien.

Toupet [tu'pɛ:; frz.], Halbperücke, Haarersatzstück.

Tour [tu:r; frz.]: **1)** Ausflug, Wanderung; Reise; **2)** Wendung, Runde; **3)** Umlauf, Umdrehung, z. B. eines Maschinenteils.

Tour de France [turdə'frɑ̃s; frz.], längstes, jährl. in Frkr. stattfindendes Etappenrennen für Berufsradfahrer (4000–4600 km in 20–23 Etappen; Zielort stets Paris); seit 1903; s. 1984 auch eine Streckenführung für Damen.

Tour de Suisse [tu:r də 'sɥis], Etappenrennen für Berufsfahrer, jährlich wechselnde Streckenführung durch die Schweiz; s. 1933.

Touring-Club der Schweiz [tu:rɪŋ-] (TCS), größter schweizer. Automobilisten- u. Touristenverband; gegr. 1896; Sitz Genf.

Tourismus, svw. ↑Fremdenverkehr.

Touristenklasse, preiswertere Reiseklasse auf Passagierschiffen, im Eisenbahnschlafwagen u. im Flugverkehr.

Tourist Trophy ['tʊərɪst 'trəʊfɪ], ältestes u. schwerstes Motorradrennen der Welt; seit 1907 alljährl. auf der Insel Man.

Tournai [tur'nɛ] (niederl. Doornik), belg. St. an der Schelde, 68000 E; Kathedr. (um 1140 ff.) u. a. bed. Baudenkmäler; Teppich- u. a. Industrie.

Tournee [tur'ne:; frz.], Gastspielreise; Rundreise.

Tours [tu:r], Hptst. des frz. Dép. Indre-et-Loire, 129500 E; Univ.; got. Kathedrale; Masch.-, Textil-, u. a. Ind. – Bei *T. u. Poitiers* besiegte Karl Martell 732 die Araber.

Tower ['taʊə; engl.; = Turm], ältestes erh. Bauwerk Londons, v. Wilhelm dem Eroberer errichtetes Festungswerk, mehrf. erweitert; gelegentl. Residenz, bis 1820 Staatsgefängnis; heute Museum.

Toxikologie [gr.], Lehre von den Giften und den Vergiftungen des Organismus.

Toxine [gr.], Bez. für Giftstoffe, die v. Pflanzen, Tieren od. Bakterien ausgeschieden werden bzw. beim Zerfall von Bakterien entstehen (Bakteriengifte).

Toxoplasmose [gr.], durch Toxoplasmaarten (Parasiten) hervorgerufene Infektionskrankheit; verschiedene Symptome (zerebrale Veränderungen).

Trab, Gangart des Pferdes und anderer Huftiere: ein Vorderfuß u. der entgegengesetzte Hinterfuß werden gleichzeitig aufgesetzt.

Trabant [tschech.] ↑Satellit 2).

Traben-Trarbach, St. an der Mosel, RP, 6200 E; bed. Weinhandel; Fremdenverkehr.

Trabrennen, Leistungsprüfung, bei der die Pferde, meist einspännig vor Sulkys gespannt, nur traben dürfen.

Trabzon (fr. Trapezunt), osttürk. St. am Schwarzen Meer, 144800 E; TU; Agrarzentrum (Tabak, Tee, Haselnüsse); ⚓, ✈.

Tracheen [gr.]: **1)** der Atmung dienende Luftröhren bei Tausendfüßern, Insekten, Spinnentieren; **2)** Wasserleitungsbahnen in Pflanzen.

Trachom [gr.], svw. ↑ägyptische Augenkrankheit.

Tracht: 1) die versch. Völkern, Stämmen und Ständen eigentüml. Bekleidung; i. e. S. die *Volks-T.* (Bauern-T.), deren Formen z. T. bis heute bewahrt worden sind; **2)** v. Bienen, hpts. der Honigbiene, eingetragene Nahrung, v. a. Nektar, Pollen, Honigtau.

Trächtigkeit, Schwangerschaft der lebend gebärenden Wirbeltiere, bes. der Säugetiere; T.sdauer *(Tragezeit)* im Allg. v. der Körpergröße abhängig (Beutelratte 12, Elefant 640 Tage).

Tracy, Spencer ['treɪsɪ], * 1900, † 1967, amer. Schauspieler; ausdrucksstarkes Spiel, auch Filme („Der alte Mann und das Meer“).

Trackball [træk'bɔːl, engl.], *Datenverarbeitung:* Periphere Positionierungseinheit eines Personalcomputers für den Cursor auf dem Bildschirm mittels einer in einer fixierten Mulde rollbar gelagerten Kugel.

Tradition [lat.]: **1)** Überlieferung kultureller, gesellschaftl. u. relig. Wertvorstellungen u. Normen; **2)** in der kath. Glaubenslehre die mündl. Überlieferung, zus. mit der Hl. Schrift Quelle der Offenbarung.

Trafalgar, Kap, span. Kap sö. von Cádiz; 1805 entscheidender Sieg Nelsons über die frz.-span. Flotte.

Trafo, Kurzw. für ↑**Trans**for**m**ator.

Trägerfrequenz, Bez. für hochfrequente elektromagnet. Schwingungen, deren Amplitude oder Frequenz mit niederfrequenten (tonfrequenten) Schwingungen moduliert werden.

Träger|rakete, Rakete, die zum Transport v. Menschen (in Raumkapseln) u. Material [in eine Umlaufbahn um die Erde] dient.

Trägheit ↑Masse 1).

Trägheitsgesetz, physikal. Gesetz: Ein Körper verharrt im Zustand der Ruhe od. der gleichförm. geradlin. Bewegung, solange keine äußere Kraft auf ihn wirkt.

Trägheitsmoment, Maß für die Trägheit eines rotierenden Körpers b. Änderung der Rotationsgeschwindigkeit; das T. eines Massenpt. ist das Produkt aus seiner Masse u. dem Quadrat seines Abstandes v. der Drehachse.

Tragik [gr.], philos.-ästhet. Grundbegriff, in der Lit. wesentl. Gattungsmerkmal der Tragödie.

Tragikomödi|e, Drama, in dem Tragisches mit Komischem verbunden ist.

Tragödi|e, Drama, das das Tragische gestaltet; die T. zeigt Grundsituationen zw. Freiheit und Notwendigkeit, zw. Sinn und Sinnlosigkeit auf; der Mensch versucht, seine Autonomie gg. die [göttl.] Autorität zu behaupten, u. fordert gerade dadurch seine Vernichtung heraus; in der T. der Neuzeit überwiegt der in der Individualität selbst angelegte bzw. zwischenmenschl. Konflikt oder die Spannungen histor. und gesellschaftl. Entwicklung.

Training ['treɪnɪŋ; engl.], planmäß. Üben zur Erreichung der individuellen Best- oder absoluten Höchstleistung, v. a. im Sport.

Trajan (Marcus Ulpius Traianus), * 53, † 117, röm. Ks. s. 98; während seiner Reg. kulturelle Blüte, größte Ausdehnung des Röm. Reiches.

Trakl, Georg, * 1887, † 1914, frühexpressionist. östr. Dichter.

Trakt [lat.]: **1)** Gebäudeteil; **2)** Zug, Strang (z. B. Darmtrakt).

Traktat [lat.]: **1)** Abhandlung (heute pejorativ); **2)** [relig.] Flugschrift.

traktieren, behandeln; misshandeln.

Traktor [lat.], svw. ↑Schlepper 2).

Traminer, spätreife Weißweinrebsorte mit goldgelber bis rotbrauner Schale; Wein süß und aromatisch, säurearm.

Tramp [træmp; engl.], Landstreicher, herumziehender Gelegenheitsarbeiter.

Trampeltier, zweihöckerige Kamelart Zentralasiens.

Trampolin [ital.], Federsprungtuch für sportl. u. artist. Darbietungen.

Trance ['trãs; engl.], schlafähnl. Zustand mit herabgesetzter Willens- und Entscheidungsfähigkeit (z. B. in Hypnose).

Tranche [trãʃ; frz.]: **1)** [Fleisch-, Fisch-, Käse]schnitte; **2)** Teil einer Wertpapieremission.

Trane, v. a. von Meeressäugetieren (Wale, Robben) u. Fischen gewonnene dickflüss. Öle; u. a. zu Heilzwecken (Lebertran).

Tränen, wässer., alkal. reagierende, schwach salz. Flüssigkeit als Absonderungsprodukt der *T.drüsen* (am äußeren, oberen Rand der Augenhöhle).

Tränendes Herz (Flammendes Herz, Herzblume), Zierstaude mit herzförm., hängenden Blüten.

Tränengase, chem. Verbdg., die noch in hoher Verdünnung die Augen zu Tränen reizen (Bromaceton, Brombenzylcyanid u. a.).

Tranquilizer ['træŋkwɪlaɪzə; engl.], beruhigende Medikamente, gg. Angst- und Spannungszustände.

tranquillo [ital.], ruhig (𝄞).

trans..., Trans... [lat.], Vorsilbe; Bed.: „quer, durch – hindurch, hinüber, jenseits“.

Trans|aktion [lat.], [außerh. der übl. Geschäftsvorfälle liegendes] Geldgeschäft.

Transaxle-Bauweise [træns'æksl-; engl.], Kfz-Bauweise mit Frontmotor, aber an den angetriebenen Hinterrädern liegendem Getriebe.

Transfer [engl.]: **1)** Überführung [im Reiseverkehr]; **2)** Umwandlung und Überführung der Währung eines Landes in die eines anderen.

Transformation [lat.], Umformung, Umwandlung.

Transformator [lat.], Gerät zur Erhöhung od. Erniedrigung elektr. Spannungen bei Wechselströmen; die Wirkungsweise beruht auf elektromagnet. Induktion: 2 Spulen *(Primär-* u. *Sekundärspule)* sind auf den Schenkel eines geschlossenen Eisenkerns gewickelt; eine Wechselspannung in der Primärspule induziert ein magnet. Wechselfeld im Eisenkern, das seinerseits eine elektr. Wechselspannung in der Sekundärspule induziert.

Transhimalaja (Hedingeb.), Geb.-

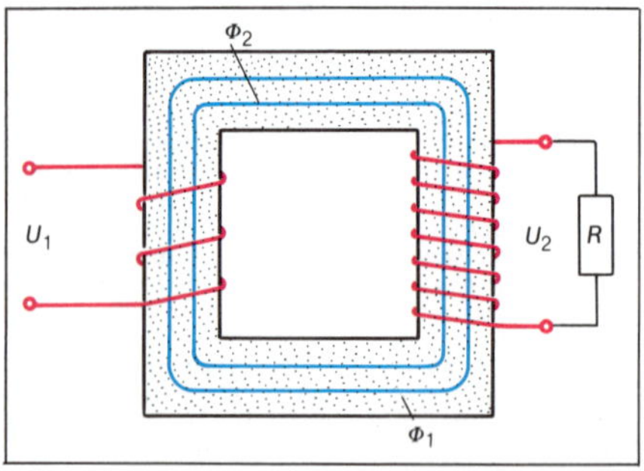

Transformator. *Schema eines Einphasentransformators mit Primärspannung U_1 und Sekundärspannung U_2 sowie den magnetischen Flüssen Φ_1 und Φ_2* R Wechselstromwiderstand

System im südl. ↑Tibet, China, im Kailas 6714 m.

Transistor [engl.], Halbleiterbauelement zur Verstärkung v. elektr. Strömen u. Spannungen (auch als Schaltelement); besteht aus einem [Ge- od. Si-]Kristall mit 3 Gebieten unterschiedl. Leitfähigkeit *(Emitter-, Basis-, Kollektor[zone])*, die, mit Elektroden versehen, jeweils zu zweit Teile zweier Stromkreise sind. Ein dem Emitterstrom aufgeprägtes Signal kann spannungsverstärkt am Kollektorausgang abgenommen werden.

Transit [lat.], Durchfuhr von (verplombten) Waren u. Beförderung von Personen von einem Staat in eine Exklave od. einen anderen Staat durch das Hoheitsgebiet eines dritten Staates.

Transitiv[um] [lat.], Verbum, von dem ein Akkusativobjekt abhängt.

Transkarpati|engebiet (fr. Karpato-Russland, Karparto-Ukraine), das 1945 von der UdSSR annektierte ehem. östlichste Gebiet der ČSR, jetzt als *Transkarpatien* Gebiet der Ukraine 12800 km², 1,3 Mill. E, Hptst. Uschgorod. – Das T. gehörte bis 1919 zu Ungarn.

Transkei, ehem. Bantuhomeland in Südafrika, in 3 Teilgebieten zw. Lesotho u. dem Ind. Ozean, rund 43798 km², 3,37 Mill. E (v. a. Xhosa), Hptst. Umtata; Landwirtschaft, Ind. im Aufbau. Erz- u. Kohlevorkommen. 1976 von Südafrika für unabh. erklärt, 1994 wieder eingegliedert.

Translation [lat.], allg. Übertragung, Übersetzung; geradlin. fortschreitende Bewegung.

Transmission [lat.], Kraftübertragung von einer Antriebsmasch. auf mehr. Arbeitsmaschinen (mittels Treibriemen).

Transparent: 1) Spruchband; **2)** durchscheinendes Bild.

Transpiration [lat.]: **1)** [Haut]ausdünstung, Schwitzen; **2)** Abgabe von Wasserdampf durch die Spaltöffnungen der Pflanzen.

Transplantation [lat.], Gewebs- oder Organverpflanzung.

Transputer [-'pju:tər], Mikroprozessor mit eigenem Arbeitsspeicher, eingesetzt in Parallelrechnern.

Transrapid, in Dtl. entwickelte Magnetschwebebahn, Geschw. zw. 400 u. 500 km/h.

Trans|sibirische Eisenbahn (Transsib), bed., z. T. viergleis. Eisenbahnstrecke zw. Moskau u. Wladiwostok (9300 km), i. e. S. nur der rd. 7500 km lange sibir. Teil; erbaut 1891–1903. Entlastung durch die ↑Baikal-Amur-Magistrale.

Trans|silvani|en ↑Siebenbürgen.

Trans|substantiation [lat.], nach kath. Lehre die Verwandlung der Substanzen v. Brot u. Wein in die Substanz v. Leib u. Blut Christi bei der Eucharistie.

Trans|urane, künstl. hergest. chem. El., deren OZ größer als 92 ist, die also im Periodensystem der chem. El. hinter dem Uran stehen.

Transvaal, ehem. Prov. der Rep. Südafrika, 262500 km², 8,63 Mill. E, Hptst. Pretoria; Bergbau (Gold, Platin, Diamanten, Kohle u. a.), um ↑Johannesburg bed. Ind.-Gebiet. – *Gesch.:* von Buren gegr., 1858 Teil der „Südafrik. Rep.", 1877–81 von Großbrit. annektiert, 1884 als selbst. anerkannt; nach dem Burenkrieg wurde T. brit. Kronkolonie; 1910 Prov. der Südafrik. Union; 1994 aufgeteilt in mehrere Provinzen.

Transversale, Gerade, die eine geometr. Figur schneidet.

Transversalwellen, Wellen, bei denen die Schwingungen senkr. zur Fortpflanzungsrichtung erfolgen (z. B. elektromagnet. Wellen).

Transvestismus (Transvestitismus) [lat.], Bevorzugung von Kleidungsstücken, die typ. für das andere Geschlecht sind; dem T. liegt meist die Disposition eines psych. Hermaphroditismus zugrunde.

Transvestit, zum Transvestismus Neigender.

transzendent [lat.]: **1)** die Grenzen der Erfahrung u. der sinnl. erkennb. Welt überschreitend; Ggs. immanent; **2)** nicht algebraisch, über das Algebraische hinausgehend.

Transzendenz, Bereich außerh. von Erfahrung u. menschl. Bewusstsein; das Absolute; Ggs. Immanenz.

Trapani, ital. Prov.-Hptst. an der W-Küste Siziliens, 69600 E; Salzgärten, Fischerei; ⚓.

Trapez [gr.]: **1)** Viereck mit 2 parallelen, nicht gleich langen Seiten; **2)** Turngerät für Schwungübungen.

Trapezunt ↑Trabzon.

Trapper [engl.], Fallensteller, nordamer. Pelztierjäger.

Trappisten, Mitgl. des nach der Abtei La Trappe ben. Reformzweiges der Zisterzienser (s. 1892 selbst. Orden); beschaul. Orden (stetes Schweigen).

Trasimenischer See, mittelital. See in Umbrien, 128 km², bis 7 m tief; 217 v. Chr. Sieg Hannibals über die Römer.

Trassant [ital.], Aussteller eines gezogenen ↑Wechsels 1); *Trassat,* Bezogener eines gezogenen Wechsels.

Tratte ↑Wechsel 1).

Traube: 1) Form des Blütenstandes; **2)** Bez. für den Fruchtstand der Weinrebe.

Traubenwickler ↑Übersicht S. 528 f.

Traubenzucker (Glucose, Dextrose), $C_6H_{12}O_6$, verbreitete natürl. Zuckerart, die in zahlr. Naturprodukten (Früchte, Honig u. a.) vorkommt; wesentl. am Aufbau von Di- u. Polysacchariden beteiligt.

Trauermantel, Tagfalter mit dunkelbraunen, hell umrandeten Flügeln.

Traum, in best. Phasen des Schlafs auftretende, vorwiegend bildhafte seel. Erlebnisse mit ungeordnetem Situations-, Zeit- u. Persönlichkeitsbewusstsein; Ursprung versch. erklärt u. gedeutet: nachwirkende Sinnesreize, Triebwünsche (↑Freud), unbewältigte fr. Erlebnisse, Komplettierung des Bewussten durch das Unbewusste (↑Jung).

Trauma [gr.], Verletzung, Wunde; seel. Erschütterung (Schock).

Traun, r. Nbfl. der Donau, Östr., 153 km.

Traunsee (Gmundner See), östr. See im Salzkammergut, 24 km², 191 m tief.

Traunstein, Krst. im Vorland der Chiemgauer Alpen, Obb., 17700 E; LG; Kneippkurort.

Trave, Küstenfl. zur Ostsee, 118 km; mündet bei *T.münde* (Stadtteil von ↑Lübeck).

Travellerscheck ['trævələ-; engl.], svw. ↑Reisescheck.

Traven, B., * 1882 (?), † 1969, in Mexiko beheimateter Schriftsteller, der stets bemüht war, s. Identität zu verbergen u. sich auch Richard Maurhut, Ret Marut, Hal Croves nannte u. als T. Torsvan Croves starb. Sozialkrit. Romane, u. a. „Das Totenschiff".

Trawl ['trɔ:l; engl.] ↑Schleppnetz.

Trawler ['trɔ:lə], Fischdampfer, der mit Schleppnetz arbeitet.

Trebbia, r. Nbfl. des mittl. Po, 115 km.

Trebegänger, im Berliner Dialekt Bez. für einen jugendl. Ausreißer, der sich ohne festen Wohnsitz und ohne Arbeit im subkulturellen Milieu der Großstadt bewegt.

Treblinka, poln. Ort am Bug, nordöstlich v. Warschau; bei T. befand sich 1942–43 ein dt. KZ (Vernichtungslager).

Trebur, hess. Gem. westl. von Groß-Gerau, 11800 E. – 829 als Pfalz Ludwigs d. Frommen gen., erlangte T. *(Tribur)* vom 9. bis 12. Jh. Bed. als Tagungsort von R.-Tagen und Synoden.

Treck [niederdt.], Zug, Auszug;

urspr. Auswanderungszüge der Buren aus der Kapkolonie (s. 1835); auch allg. Bez. für Flüchtlingszüge.

Trecker, svw. ↑Schlepper 2).

Treibhaus ↑Gewächshaus.

Treibhaus|effekt, allmähl. Erhöhung der Durchschnittstemp. der Atmosphäre infolge erhöhter Kohlendioxidemissionen. CO_2, Wasserdampf u. Methan absorbieren Infrarotstrahlung u. vermindern damit die nächtl. Wärmeabstrahlung.

Treib|stoffe, gasförm., flüss. od. feste Kohlenwasserstoffe, deren Verbrennungsenergie weitgehend in mech. Arbeit umgewandelt werden kann.

Trelleborg [-'bɔrj], schwed. Hafenst. an der S-Küste Schonens, 36900 E; Ind.; Eisenbahn- u. Autofähre nach Saßnitz, Autofähre nach Lübeck-Travemünde.

Trema [gr.], 2 Punkte über einem von 2 nebeneinander stehenden Vokalen zur Bez. der getrennten Aussprache.

Trematoden [gr.], svw. ↑Saugwürmer.

Tremolo [ital.], Bebung; leicht flackernde Tonführung (𝄞).

Trenchcoat ['trentʃkəʊt; engl.], Regenmantel.

Friedrich Freiherr von der Trenck

Trenck: 1) Franz Frhr. v. der, * 1711, † 1749, östr. Offizier preuß. Herkunft; berüchtigt war die Grausamkeit seiner pandur. Reiter; **2)** Friedrich Frhr. v. der, * 1726, † 1794, preuß. Offizier; Vetter v. 1), als Ordonnanzoffizier Friedrichs d. Gr. 1745 wahrsch. wegen Spionage inhaftiert, auf Bitten Maria Theresias 1763 freigelassen, als Spion in Paris hingerichtet.

Trend [engl.], Grundrichtung einer Entwicklung (z. B. Wirtschaft, Mode).

Trenker, Luis, * 1892, † 1990, Regisseur, Schriftsteller und Filmschauspieler aus Südtirol; „Der Feuerteufel" u. a. in den Bergen spielende Filme und Romane.

Trennung von Tisch und Bett, kath. Kirchenrecht: Aufhebung der ehel. Lebensgemeinschaft bei rechtl. Fortbestand der Ehe.

Trense [span.-niederl.], leichter Pferdezaum.

Trentino-Südtirol (bis 1972 Trentino-Tiroler Etschland; ital. Trentino-Alto Adige), autonome Region in Oberitalien; 13607 km², 903600 E, Hptst. Trient; zweisprach. (ital. u. dt.); Forst- u. Holzwirtsch.; Obst- u. Weinbau; Viehzucht; Fremdenverkehr.

Trenton ['trentn], Hptst. von New Jersey, USA, am Delaware River, 88700 E; Masch.-, Metall-, keram. u. a. Ind., Fluss-⚓.

Treuhand, Verw. fremden Vermögens od. fremder Forderungsrechte durch *Treuhänder,* T.ges. od. Staaten bzw. internat. Organisationen.

Treuhandanstalt, ugs. Bez. für die Bundesanstalt zur treuhänder. Verwaltung volkseigenen Vermögens, April 1990 von der DDR gegr. Gesellschaft zur Privatisierung der Volkseigenen Betriebe, 1995 von der *Bundesanstalt für vereinigungsbedingte Sonderaufgaben* abgelöst.

Treuhandgebiet, svw. Mandatsgebiet (↑Mandat 3).

Treu und Glauben, Grundsatz des dt. Rechts, nach dem bei Berücksichtigung der Verkehrssitte die Auslegung von Willenserklärungen u. Vertr., die Art der Leistungsbewirkung sowie die Möglichkeit der Rechtsverfolgung beurteilt wird (§§ 157, 242 BGB).

Treviso, ital. Prov.-Hptst. nördl. von Venedig, 82000 E; Dom (15./16. Jh.) u. a. bed. Bauten; Textil-, Nahrungsmittelindustrie.

tri..., Tri... [gr.], Bestimmungswort; Bed.: „drei".

Triade [gr.], Dreiheit, Dreizahl.

Trialsport ['traɪəl-], fahrtechn. Geschicklichkeitsprüfung für Motorradfahrer; befahren werden Steilhänge, Wasserdurchfahrten, Geröll-, Sand-, Schlammstrecken.

Triangel [lat.], Schlaginstrument, ein zu einem an einer Ecke offenen Dreieck gebogener Stahlstab; aufgehängt mit Metallstab geschlagen.

Trianon [tria'nɔ̃; frz.], zwei Lustschlösser im Park von Versailles, *Grand-T.* (1687/88), *Petit-T.* (1764 bis 1768). – 1920 Friedensvertr. zw. Ungarn, das v. Östr. abgetrennt wurde, u. den Alliierten.

Trias [gr.]: **1)** Dreiheit, Dreizahl; **2)** ↑Geologie, Formationstabelle.

Triathlon [gr.; = Dreikampf]: **1)** Ausdauer-Mehrkampf aus Schwimmen, Radfahren u. Laufen an einem Tag. T. entstand um 1977 auf Hawaii. T.-Wettbewerbe weisen unterschiedliche Bedingungen auf, Sieger ist der Teilnehmer mit der besten Gesamtzeit; **2)** Mehrkampf aus 15-km-Skilanglauf, Schießen u. Riesenslalom.

Tribadie [gr.] ↑Homosexualität.

Triberg im Schwarzwald, St. im mittl. Schwarzwald, Ba.-Wü., 5800 E; Uhrenind.; Kurort, Wintersportplatz; *Triberger Wasserfälle* (162 m).

Tribunal: 1) [hoher] Gerichtshof; **2)** häufig polit. Sondergericht.

Tribüne, meist schräg nach hinten ansteigende, z. T. überdachte Tragkonstruktion für Zuschauer[sitzplätze] in Sportstadien u. Ä.

Tribut [lat.], bis in die Neuzeit Geld- od. Sachleistungen der Besiegten an den Sieger; übertr. für Opfer, Beitrag, auch Hochachtung.

Trichinen [gr.], parasit. Fadenwurmart in Menschen u. in Fleisch fressenden Säugetieren; gelangen bei Genuss von trichinösem Fleisch in den Darm und werden dort geschlechtsreif, begattete ♀♀ bohren sich in die Darmwand u. gebären dort bis über 1000 Larven; diese gelangen über Lymph- und Blutgefäße in die Muskeln, entwickeln sich u. werden vom Gewebe des Wirts eingekapselt; die *T.krankheit* (Trichinose) kann zum Tod führen; Verhütung durch Fleischbeschau.

Tri|chloräthylen, $CHCl{=}CCl_2$, Abk. Tri, farblose Flüssigkeit, wicht. Lösungsmittel.

Tri|chlormethan, svw. ↑Chloroform.

Tri|chomonas (Trichomonaden) [gr.], Gatt. der Flagellaten. *Trichomoniase,* Erkrankung durch Trichomonaden (des Magen-Darm- od. Urogenitaltrakts).

Trichterbecherkultur ↑Übersicht Vorgeschichte.

Tridentinum [nlat.], das durch die Reformation veranlasste Konzil, tagte 1545–63 (mit Unterbrechungen) in Trient; das Ziel, die Beendigung der Glaubensspaltung, wurde nicht erreicht; Anstoß zur Gegenreformation.

Trieb: 1) svw. ↑Spross; **2)** junger Zweig; **3)** svw. ↑Antrieb (Psychol.).

Trient (ital. Trento), ital. St. an der Etsch, Hptst. der autonomen Region Trentino-Südtirol, 103000 E; roman.-got. Dom, Kastell (13. bis 15. Jh.); Textil- u. a. Industrie.

Trier, Hptst. des Reg.-Bez. T., an der Mosel, RP, krsfr. St. u. Krst., 99400 E; LG, Arbeitsger., IHK,

Univ., Theater; Reste röm. Bauten, u. a. Porta Nigra; Dom (11. Jh.) und Liebfrauenkirche (um 1235 beg.); vielseit. Ind.; ⚓. – Als röm. Kolonie *Augusta Treverorum* um 15 v. Chr. von Augustus an der Stelle einer Ufersiedlung der kelt.-german. Treverer gegr., im 3./4. Jh. Residenz röm. Ks.; s. dem 3. Jh. Mittelpt. des Bistums, späteren Erzbistums und Kurft. T., das 1803 säkularisiert wurde.

Triest (ital. Trieste), ital. Hafenst. am *Golf v. T.,* Prov.-Hptst. u. Hptst. der Region Friaul (= Julisch-Venetien), 226 700 E; Reste v. Römerbauten (Theater), Dom (14. Jh.), Kastell (15.–18. Jh.); Museen; Erdölraffinerien, Werften, Masch.-, Metall-, chem. Ind.; internat. Messen; Adria-⚓, ✈. – T., das antike *Tergeste,* wurde 1382 östr., war 1719–1891 Freihafen, 1919 ital.; der 1947 aus St. u. Hinterland gebildete *Freistaat T.* wurde 1954 zw. Italien u. Jugoslawien geteilt.

Trifels, Bergkegel im Dahner Felsenland (Pfälzer Wald) b. Annweiler am T., RP, teilw. ausgebaute Ruine einer Reichsburg (11. Jh.).

Trigeminus [lat.], med. Kurzbez. für *Nervus trigeminus,* 5. Gehirnnerv bei Wirbeltier u. Mensch.

Trigonalschein ↑Konstellation.

Trigonometrie [gr.], Dreiecksmessung; Lehre v. den Beziehungen zw. den Seiten u. Winkeln ebener u. sphär. Dreiecke. Dreiecksberechnungen erfolgen mithilfe der in der *Goniometrie* behandelten trigonometr. Funktionen. Grundlage der *ebenen T.* ist das rechtwinkl. Dreieck, Grundlage der in der Astronomie, Navigation, Geodäsie u. a. unentbehrl. *sphär. T.* das aus Großkreisen gebildete sphär. Dreieck.

trigonometrische Funktionen, svw. ↑Winkelfunktionen.

Trikolore [frz.], s. 1790 die senkr. gestreifte frz. Nationalflagge (Blau-Weiß-Rot).

Trikot [tri'ko; frz.]: **1)** eng anliegendes gewirktes Kleidungsstück; **2)** maschinengestricktes Gewebe.

Triller [ital.], Zeichen tr., schneller, aber rhythm. genau aufgeteilter Wechsel zw. einem Ton u. seiner kl. oder gr. Obersekunde (𝆖).

Trillion [lat.], eine Mill. Billionen (= 10^{18}, Eins mit 18 Nullen).

Trilogie [gr.], Folge von 3 zusammengehörenden literar. und musikal. Werken.

Trimester [lat.], Zeitabschnitt von 3 Monaten; $\frac{1}{3}$ des Unterrichtsjahres.

trimmen: 1) Schiffe bzw. Flugzeuge in die richtige Lage bringen; **2)** elektr. Schwingkreise auf eine feste Frequenz einstellen, abgleichen; **3)** Hunden das Fell ausdünnen, scheren.

Trinidad und Tobago

Fläche: 5 128 km²
Einwohner: (1995) 1,3 Mill.
Hauptstadt: Port of Spain
Amtssprache: Englisch
Zeitzone: MEZ –5 Stunden

Trinidad, Hauptinsel von T. und Tobago, 4 828 km², über 1,05 Mill. E, Hptst. Port of Spain; im N Küstenkette (bis 941 m), sonst meist flach; Anbau von Zuckerrohr, Zitrusfrüchten, Bananen u. a., Erdölförderung, Asphaltgewinnung. S. 1962 Teil v. ↑Trinidad u. Tobago.

Trinidad und Tobago, unabh. Rep. im Commonwealth, seit 1962, bestehend aus ↑Trinidad u. ↑Tobago, vor der N-Küste Südamerikas. – 1498 v. Kolumbus entdeckt, ab 1552 span. Kolonisation; Trinidad 1802, Tobago 1814 brit.; 1958–62 Mitgl. der Westind. Föderation; 1962 unabh.; 1976 Rep. (bisher Monarchie) im Rahmen des brit. Commonwealth; UN-Mitglied.

Trinität [lat.] (Dreifaltigkeit), zentrale Lehre des Christentums, wonach der eine Gott in 3 Personen, als Vater, Sohn und Hl. Geist, lebt.

Trinitrotoluol [Kw.] (Trotyl, TNT), $C_6H_2(NO_2)_3CH_3$, stoßunempfindl. Explosivstoff.

Trintignant, Jean-Louis [trɛ̃ti'ɲã], * 1930, frz. Schauspieler.

Trio [ital.]: **1)** Musikstück für 3 Instrumente, auch die Ausführenden; **2)** Mittelteil eines Menuetts, Marsches od. Scherzos.

Triode ↑Elektronenröhre.

Tripel... [frz.], Bestimmungswort; Bed.: „drei".

Tripoli, libanes. Hafenst. am Mittelmeer, 160 000 E; Endpt. d. Pipeline v. Kirkuk, Irak; ♜-Raffinerie.

Tripolis, Hptst. von Libyen, Hafenst. am Mittelmeer, 591 000 E; Univ.; u. a. Leder-, Tabakind.; ✈.

Tripper [niederdt.] (Gonorrhö), akut einsetzende Geschlechtskrankheit, die die Schleimhäute der Harnröhre und Geschlechtsorgane befällt; kann Allgemeinerkrankungen hervorrufen; Erreger Gonokokken; Behandlung mit Antibiotika und Sulfonamiden.

Triptychon [gr.], Flügelaltar aus 3 Teilen, d. h. ein Altaraufsatz mit 2 Flügeln, geschnitzt od. gemalt.

Tristan und Isolde, Hauptgestalten eines ma. Sagenstoffs, Quelle wahrsch. kelt. (od. pers.?); Tristanepos von Gottfried von Straßburg; Oper von R. Wagner.

Triptychon. *Georgsaltar in Schloss Ambras*

Tritium [gr.] (überschwerer Wasserstoff), Zeich. T, Isotop des Wasserstoffs, rel. A.-Masse 3; Atomkern *(Triton)* aus 1 Proton u. 2 Neutronen; radioakt.; natürl. Vorkommen selten; künstl. z. B. aus Lithium durch Beschuss mit Neutronen herstellbar.

Triumph [lat.]: **1)** Siegesfreude, -jubel; Erfolg; Genugtuung; **2)** im antiken Rom Einzug des siegreichen Feldherrn *(Triumphator).*

Triumphbogen, zu Ehren eines Ks. oder Feldherrn errichteter torartiger Bogen, z. B. Titusbogen in Rom.

Triumvirat [lat.], Zusammenschluss dreier Männer [zu polit. Herrschaft].

trivial [lat.], alltägl., abgedroschen; selbstverständlich.

Trivialliteratur, Schrifttum ohne literar. Anspruch u. in billiger Aufmachung (Romanhefte); Gut u. Böse stehen undifferenziert gegeneinander, Abenteuer u. Gefahr umgeben den Helden. Das wirkl. Leben wird weitgehend durch eine Scheinrealität ersetzt.

Tropfsteine

Troas, histor. Ldsch. in Kleinasien (um Troja); im 7./6. Jh. v. Chr. Teil des Lyderreiches, danach pers.; in hellenist. Zeit Teil des Pergamen. Reiches, ab 133 v. Chr. des Röm. Reiches.

Trochäus [gr.], Versfuß aus langer (betonter) u. kurzer (unbetonter) Silbe: (–́◡).

Trocken|eis, ↑Kohlendioxid in festem Aggregatzustand.

Trockensavanne, Vegetationstyp in trop. Gebieten mit 5–7 ariden Monaten; Gras bis 2 m hoch, Bäume zur Regenzeit grün.

Trockenzeit, die zw. den ↑Regenzeiten liegende niederschlagsarme od. -freie Zeit der Tropen und Subtropen.

den Siedlungen; vermutl. ist in der 6. Schicht das *homer. T.* anzunehmen, Schauplatz der Erzählung vom Trojan. Krieg.

Trojanischer Krieg, altgriech. Epos vom Krieg der Griechen gg. die Trojaner um die vom trojan. Prinzen Paris entführte Helena. Im 10. J. Sieg der Griechen mit List; sie lassen ein hölzernes Pferd, *Trojanisches Pferd* zurück, das nach scheinb. Abzug von den Trojanern in die St. geholt wird; ihm entsteigen griech. Krieger u. öffnen den griech. Truppen die Tore. Durch Grabungsfunde ist der Trojan. K. nicht endgültig zu belegen.

Troll, Thaddäus, eigtl. Hans Bayer, * 1914, † 1980 (Selbstmord), dt. Schriftsteller („Deutschland, deine Schwaben").

Tschad

Fläche: 1 284 000 km²
Einwohner: (1995) 6,36 Mill.
Hauptstadt: N'Djamena
Amtssprachen: Arabisch, Französisch
Zeitzone: MEZ + 1 Stunde

Troika [russ.], Dreigespann vor Wagen od. Schlitten.

Troisdorf ['tro:s-], St. in der südl. Kölner Bucht, NRW, 68 800 E; Eisen-, Kunststoff-, chem. Industrie, Maschinen- und Apparatebau.

Troja, antike St. nahe der nw. kleinasiat. Küste; bei den Ausgrabungen (H. Schliemann, W. Dörpfeld u. a.) ergaben sich 9 Schichten von aufeinander folgenden Siedlungen; vermutl. ist in der 6. Schicht das *homer. T.* anzunehmen, Schauplatz der Erzählung vom Trojan. Krieg.

Trommelfell ↑Ohr.

Trompete [frz.]: **1)** Blasinstrument aus Messing mit Kesselmundstück und Ventilen; **2)** Orgelregister mit Zungenstimmen.

Tromsø ['trumsø:], norweg. Hafenst. u. Hptst. der Prov. *Troms,* auf der Insel *Tromsø* (21,7 km²), 53 400 E; Univ.; ✈.

Trondheim ↑Drontheim.

Tropen [gr.], Gebiete zw. den Wendekreisen mit ständ. hohen (außer in Gebirgen) Temp. von größerer Tages- als jahreszeitl. Schwankung; für das Klima Trocken- u. Regenzeiten charakt.; in äquatornahem Gebiet Trockenzeiten nur kurz u. schwach ausgeprägt, immergrüner Regenwald charakt. Vegetationsformation; in der Nähe des Wendekreises überwiegen die Trockenzeiten (versch. Formen der Savanne).

Tropfsteine, in Höhlen auftretende Kalkausscheidungen; von der Decke her entwickeln sich eiszapfenart. *Stalaktiten,* von der Sohle her spitze, turmart. *Stalagmiten.*

tropisch [gr.]: **1)** auf den Frühlingspt. (↑Frühling) bezogen, im Frühlingspt. beginnend, z. B. trop. Jahr; **2)** die ↑Tropen betreffend.

Trotta, Margarethe von, * 1942, dt. Schauspielerin u. Regisseurin („Rosa Luxemburg").

Trott zu Solz, Adam von, * 1909, † (hingerichtet) 1944, Diplomat, suchte bei den Alliierten Unterstützung für die dt. Widerstandsbewegung zu gewinnen, an der Verschwörung des 20. 7. 1944 beteiligt.

Trotzki, Leo (Lew), eigtl. Leib Bronstein, * 1879, † 1940, russ. Politiker; führend an der Oktoberrevolution beteiligt; organisierte als Volkskommissar für Verteidigung (s. 1918) die Rote Armee; unterlag mit Forderung nach permanenter Revolution Stalin; 1927 aus KPdSU ausgeschlossen, 1929 des Landes verwiesen; im mex. Exil ermordet.

Troubadour ['tru:badu:r; provenzal.-frz.], provenzal. Dichter des 12. u. 13. Jh.s; Mittelpt. der *T.dichtung* ist die Frauenverehrung; u. a. Wilhelm von Poitou, Bernart de Ventadour, Bertran de Born; entspr. in N-Frkr. die *Trouvères.*

Troyat, Henri [trwa'ja], eigtl. Lew Tarassow, * 1911, frz. Schriftsteller russ. Herkunft; Romane, Dramen.

Troyes [trwa], Hptst. des frz. Dép. Aube, 59 300 E; Kathedr. (13. bis 17. Jh.) mit bed. Glasfenstern; Wirkwaren- u. a. Industrie.

Truchsess, Inhaber des vornehmsten der german. Hausämter, Hausverwalter u. Küchenmeister.

Truffaut, François [try'fo], * 1932, † 1984, frz. Filmregisseur.

Trüffel, Schlauchpilzgatt. mit unterird., knollenart. Fruchtkörpern; z. T. geschätzte Speisepilze.

Trugdolde (Scheindolde), Blütenstand, b. dem die Blüten zwar in einer Höhe liegen, ihre Stiele aber v. versch. Pt. am Stamm abzweigen; Ggs. ↑Dolde.

Truman, Harry S[pencer] ['tru:mən], * 1884, † 1972, 33. Präs. der USA (1945–53); Demokrat; verfolgte eine gg. die sowj. Expansion gerichtete Politik, förderte mit der Marshallplanhilfe den wirtsch. Wiederaufbau W-Europas, engagierte die USA im Koreakrieg.
Truman-Doktrin ['tru:mən-], außenpolit. Leitlinie der USA, wonach sie anderen „freien" Völkern auf deren Ersuchen hin mil. u. wirtsch. Hilfe gg. eine Gefährdung ihrer Freiheit gewährten; 1947 v. Präs. H. S. Truman formuliert.
Trust [trʌst; engl.], Unternehmenszusammenschluss unter einer Holdingges., meist unter Aufgabe der Selbstständigkeit.

P. I. Tschaikowski

Trut|hühner, Fam. bis 1,3 m gr., ungern auffliegender Hühnervögel; Waldbewohner (Amerika); u. a. *Wildtruthuhn,* Stammform des *Haustruthuhns.*
Tsch... ↑auch Ch...
Tschad, Rep. in Zentralafrika, 1 284 000 km², 6,27 Mill. E, Hptst. N'Djamena, drei Landschaftszonen: Savanne, Sahel, Wüste, im NW das Tibesti; Anbau von Erdnüssen, Hirse, Süßkartoffeln, Baumwolle; Viehzucht. – 1910 Teil des Gen.gouvernements Frz.-Äquatorialafrika, 1946 Überseeterritorium; 1960 unabh. Rep.; Mitte der 70er-Jahre ausgebrochener Bürgerkrieg endete 1990.
Tschad|see, abflussloser, inselreicher Süßwassersee in Zentralafrika, Größe stark schwankend; Hauptzufluss: Schari.
Tschaikowski, Pjotr Iljitsch (dt. Peter T.), * 1840, † 1893, russ. Komponist; von der dt. Romantik beeinflusster, eigener express. Stil; Hauptwerke: 6 Sinfonien (darunter die „Pathétique"), Ballette („Der Schwanensee", „Dornröschen", „Der Nußknacker"), Opern („Eugen Onegin", „Pique Dame"), Instrumentalkonzerte, Kammer- u. Klaviermusik, Ouvertüren.

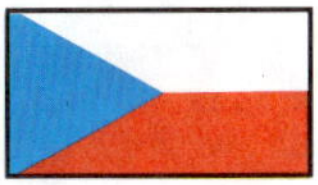

Tschechische Republik

Fläche: 78 864 km²
Einwohner: (1998) 10,28 Mill.
Hauptstadt: Prag
Amtssprache: Tschechisch
Zeitzone: MEZ

Tschechen, westslaw. Volk v. a. in Böhmen und Mähren.
tschechische Kunst, im 9. Jh. kleine Rundkirchen in Böhmen u. Mähren als frühe Baudenkmäler, Prag im 14. Jh. als Residenzst. Kaiser Karls IV. Zentrum der ma. Kunst in Europa, Prager Dombauhütte mit bed. Leistungen in Wölbetechnik u. Plastik (u. a. P. Parler), hohe Blüte der Malerei (Meister v. Wittingau u. a.), von europ. Rang das böhm. Barock (Dientzenhofer u. a.), bed. Beiträge zum Jugendstil (A. Mucha) sowie zur abstrakten Kunst. In den 1980er- u. 1990er-Jahren Rückbesinnung auf eigene Traditionen, aber auch Öffnung für Tendenzen des internat. Kunstbetriebs.
tschechische Literatur, *alttschech. Epoche* 11.–14. Jh.: geistl. Lieder, Legenden, Versepen („Dalimilchronik" u. a.); Ende des 14. Jh.s didakt. u. wiss. Lit.; *das hussit. Schrifttum* war reformator.-revolutionär u. betont nat. (P. Chelčický); nach der Spaltung der Hussiten übernahmen die Böhmischen Brüder die literar. Tradition (Comenius; Kralitzer Bibelübers.); nach 1620 wurde Tschech. als Spr. der Protestanten unterdrückt; erst *Ende des 18. Jh.s* neuer Aufschwung: philol. u. histor. tätig war bes. J. Palacký; Beeinflussung der Dichtung durch Romantik und Panslawismus; nach 1848 wurde der Realismus wirksam (J. Neruda u. a.); gg. *Ende des 19. Jh.s* Durchbruch der Moderne, Überwindung der volkskundl.-patriot. Richtung; erzählende Dichtung stand im Mittelpunkt; europ. Geltung erlangten nach dem *1. Weltkrieg* K. M. Čapek-Chods und J. Hašek; *nach 1945* sozialist. Realismus; später Durchdringen lib. Tendenzen; internat. Anerkennung u. a. der Theateravantgarde. Zu den bekanntesten Namen gehören P. Kohout, M. Kundera (* 1929) und V. Havel.
tschechische und slowakische Musik, die landschaftl. sehr unterschiedl. Volksmusik der Tschechen s. dem 11. Jh. belegt, bes. der geistl. Volksgesang, der auf die Lieder der Böhm. Brüder Anfang d. 16. Jh.s einwirkte. Im 16.–18. Jh. waren die böhm. Musiker in ganz Europa berühmt (Stamitz, Benda, Reicha), Entfaltung einer tschech. Nationalmusik unter Smetana u. Dvořak, Janáček baute auf mähr. u. ostslowak. Volksmusik auf. Zur Moderne zählen der folklorist. Martinů u. der Avantgardist Hába, ferner Seidel, Dobiás, Tausinger u. Kopelent. – In der Slowakei Höhepunkt d. geistl. Liedes im 16. Jh., Beginn einer eigenen Musikpflege im 19. Jh. (J. L. Bella 1. nat. Komponist), eigtl. Aufschwung nach 1918, internat. Ansehen mit J. Cikker, D. Kardos, zeitgenöss. Komponisten u. a. O. Ferenczy, L. Burlas, T. Salva, J. Hatrik.
Tschechische Republik, Abk. ČR, Staat in Mitteleuropa, grenzt an Dtl., Polen, die Slowak. Rep. u. an Österreich; umfasst ↑Böhmen, umgrenzt von Böhmerwald, Erzgebirge u. Sudeten, gg. ↑Mähren abgegrenzt durch das Böhm.-Mähr. Hügelland; hoch entwickelte Agrar-, Vieh- u. Waldwirtsch.; Ind.: Masch.- sowie Glas-, Leder-, Schuh-, Elektro-, Glas-, Porzellan- u. chem. Ind. Ind.-Zentren an den Rändern von Erzgeb., Sudeten u. Nordmähr. Becken. – *Gesch.:* Böhmen, Mähren u. (Österreichisch-) Schlesien gehörten 1620–1918 zu Österreich-Ungarn, bildeten danach den dominierenden Teil der ČSR (↑Tschechoslowakei, Geschichte) u. später der ČSSR. Mit dem gewaltfreien Zusammenbruch deren kommunist. Herrschaft (1989/90) erfolgte Frühjahr 1990 die Umwandlung in eine föderative Rep. (T. R.) innerhalb der ČSFR. Die von V. Mečiar vorangetriebenen Separationsbestrebungen der Slowakei mündeten in die Trennung der beiden Rep., die T. R. konstituierte sich am 1. 1. 1993. Präs.: V. Havel. Mitgl. der UN und s. 1999 der NATO.

A. P. Tschechow *(links).* **K. Tucholsky** *(rechts)*

Tschechoslowakei, amtl. 1918 bis 1939 u. 1945–60 Tschechoslowak. Rep., Abk. ČSR, 1960–89 Tschechoslowak. Sozialist. Rep., Abk. ČSSR, 1990–92 Tschech. u. Slowak. Föderative Rep., Abk. ČSFR, 1918–92 bestehende Bundesrep. in M-Europa, 127 905 km², 15,6 Mill. E; Hptst.: Prag. – *Gesch.:* Am 28. 10. 1918 Ausrufung der Tschechosl. Rep. (ČSR), bestehend aus Teilen Östr.-Ungarns (Böhmen, Mähren, Östr.-Schlesien, Slowakei). Beitritt zur Kl. Entente; durch das Münchner Abkommen Vereinigung der sudetendt. Gebiete mit dem Dt. Reich; 1939 Unabhängigkeit der Slowakei („Schutzstaat"), Einmarsch dt. Truppen in d. Restgebiet u. Schaffung des R.-Protektorats Böhmen u. Mähren (Selbstverw. unter dt. Oberaufsicht); das slowak. ↑Transkarpatengebiet von Ungarn besetzt. 1945 Wiederherst. der T.; KPČ stärkste polit. Kraft. 1948 Umbildung in eine volksdemokrat. Rep.; Anlehnung an die UdSSR; 1960 neue Verf. (sozialist. Rep., ČSSR). Die Anf. 1968 unter A. Dubček einsetzende Liberalisierung („Prager Frühling") hatte am 21. 8. 1968 das mil. Eingreifen des Warschauer Paktes (Besetzung der T.) zur Folge. S. 1969 war die T. ein Bundesstaat, der aus der Tschech. u. aus der Slowak. Rep. bestand. Die s. 1968 nie ganz verstummte Bürgerrechtsbewegung erstarkte v. a. nach der in der UdSSR eingeschlagenen Reformpolitik und erreichte Ende 1989 die Ablösung der kommunist. Reg. sowie die Abkehr vom kommunist. Machtmonopol. 1990 erste freie Wahlen; Umwandlung in föderative Rep.; nach Separationsbestrebungen Auflösungsvertrag, der zum 31. 12. 1992 in Kraft trat.

Tschechow, Anton Pawlowitsch, *1860, †1904, russ. Erzähler u. Dramatiker; meisterhafte Kurzgeschichten, u. a. „Das Duell"; Dramen, u. a. „Die Möwe", „Der Kirschgarten".

Tscheljuskin, Kap, nördlichster Punkt des asiat. Festlands, auf der russ. Halbinsel Taimyr, Sibirien.

Tschenstochau (poln. Częstochowa), poln. St. nördl. von Kattowitz, 259 500 E; Wallfahrtsort (Schwarze Muttergottes v. T.); Hütten- und Textilindustrie.

Tscherenkow, Pawel Alexejewitsch, *1904, russischer Physiker; entdeckte 1934 den T.-Effekt.

Tscherenkow-Effekt, das Auftreten elektromagnet. Strahlung *(T.-Strahlung),* die entsteht, wenn ein elektr. geladenes Teilchen ein durchsicht. Medium mit einer Geschwindigkeit durchquert, die größer als die Lichtgeschwindigkeit in diesem Medium ist.

Tscherkessen, kaukas. Volk in Russland u. in der Türkei; Ackerbauern u. Hirten; Muslime.

Tschernobyl, Stadt am Pripjet, Ukraine, rd. 15 000 E. – Im Block 4 d. Kernkraftwerks kam es am 26. 4. 1986 zum bislang folgenschwersten Unfall in der Kerntechnik.

Tschetschenien, Rep. in Russland, im N des Kaukasus, 16 100 km², 1 Mill. E, Hptst. Grosnyi; nach einseitiger Unabhängigkeitserklärung (1991), 1994–96 mil. Auseinandersetzung mit Russland, 1997 Friedensvertr. u. Präs.wahl; weiterhin instabile Lage (Machtkämpfe, Terroranschläge), 1999 erneut russ. Militärintervention.

Tschiangkaischek ↑Chiang Kai-shek.

Tschou En-lai ↑Zhou Enlai.

Tschuktschen, altsibir., nomadisch lebendes Volk (Renzüchter, Fischer, Jäger) auf der *T.halbinsel* (nordöstlichst. Halbinsel Asiens).

Tsetsefliegen [Bantuspr.; dt.], Fliegengatt. im trop. Afrika; übertragen durch ihren Stich Krankheiten (u. a. Schlafkrankheit, Nagana).

Tsingtao, amtl. Qingdao, chin. Hafenst. an der S-Küste der Halbinsel Shandong, 2,04 Mill. E; Univ.; Maschinen-, Textil- u. a. Ind. – 1898–1914 Hptst. des ehem. dt. Pachtgebietes Kiautschou.

Tsushima, jap. Inselgruppe in der Koreastraße, 698 km². – Bei T. vernichteten die Japaner 1905 die russ. Flotte.

Tuareg, Berbervolk in der westl. Z-Sahara; Muslime; Nomaden.

Tuba [lat.]: **1)** gerade Heerestrompete bei den Römern; **2)** Blechblasinstrument mit Kesselmundstück u. meist 4 Ventilen.

Tube (Tuba), svw. ↑Eileiter.

Tuberkulose (Tb, Tbc), durch das ↑Tuberkelbakterium hervorgerufene Infektionskrankheit; Knötchenbildung in den befallenen Organen, meist chron. verlaufend, häufigste Infektionsquelle der tuberkulöse Mensch; Übertragungsarten: Tröpfchen- u. Staubinfektion, Einverleibung von Tuberkelbakterien durch den Magen-Darm-Kanal; bed. für die Erkrankung ist auch eine gewisse T.anfälligkeit; 3 Stadien: *Primärkomplex:* Ansiedlung von Bakterien u. Ausbildung eines oder mehr. Tuberkeln, meist in den Lungenlappen, häuf. (oft unbemerkt) im frühen Kindesalter, später oft verkalkend; *Sekundärstadium:* Neuinfektion, Vergrößerung des Primärherdes od. allg. Durchseuchung des Körpers (u. a. Blut); *Tertiärstadium:* isolierte Organ-T.n durch Ausbreitung der Tuberkelbakterien in best. einzelnen Organen; gefürchtete Komplikation die ↑Kaverne, die meist die Grundlage der „offenen" T. darstellt. – Vorbeugende Maßnahmen: Tuberkuloseschutzimpfung, Isolierung ansteckender T.kranker.

Tübingen, Hptst. des Reg.-Bez. Tübingen, am Neckar, Ba.-Wü., Krst., 81 800 E; Univ.; Ev.-theol. Stift, B.-Forschungsanstalt für Viruskrankheiten der Tiere, Max-Planck-Inst., Bibliotheken; LG; maler. Stadtbild, überragt v. Schloss Hohen-T. (1507 ff.); Metall-, Textil-, feinmech. Ind., Verlage.

Tubus [lat.; = Röhre]: **1)** Fassungsrohr für Linsen an opt. Geräten; **2)** Rohransatz an Glasgeräten.

Tucholsky, Kurt, *1890, †1935, dt. Schriftsteller; scharfsinn., satir. Vers- u. Prosawerke; „Rheinsberg", „Schloß Gripsholm"; 1933 ausgebürgert, beging Selbstmord.

Tucson [tu:'scɔn], St. im südl. Arizona, USA, 405 400 E; Univ.; Flugzeugbau, chem., Pharma- u. a. Ind.; ✈.

Tudjman, Franjo, *1922, †1999, kroat. Politiker, s. 1990 Präs. Kroatiens, 1995 im Amt bestätigt.

Tudor ['tju:də], walis. Geschlecht, engl. Königshaus 1485–1603 (Heinrich VII. bis Elisabeth I.).

Tudorstil ['tju:də-], Bez. für die Spätphase der engl. Gotik.

Tuff: 1) verfestigte vulkan. Lockermassen; Decken oder Aufschüttungskegel auf fast allen Ergussgesteinen; **2)** meist poröse, mürbe Mineralabscheidungen oft an Quellen, z. B. Kalk-T. *(T.stein),* Kieseltuff.

Tuilerien [tɥilə'ri:ən; frz.], ehem. Schloss der frz. Könige in Paris, begr. 1564, 1871 großenteils abgebrannt; erhalten Seitentrakte und *T.garten.*

Tula, St. südl. von Moskau, 540 000 E; Kreml (16. Jh.) u. a. Baudenkmäler; Hüttenwerk, Rüstungsind.; bek. auch durch die *T.arbeiten* (T.silber), Silberarbeiten (Moreskenornamentik) in Niellotechnik (↑Niello).

Tulpe, Gatt. der Liliengewächse; Zwiebelpfl.; bek. Gartenzierpfl., in zahlr. Sorten gezüchtet (v. a. in den Niederlanden).

Tulpenbaum, ein Magnoliengewächs mit tulpenähnl. Blüten.

Tulsa ['tʌlsə], St. im nö. Oklahoma, USA, 367 300 E; 2 Univ.; Erdöl verarb. Ind., Bohrausrüstungen; internat. Erdölausstellung; ✵.

Tumba [gr.]: **1)** Scheinbahre beim kath. Trauergottesdienst; **2)** sarkophagart. Überbau eines Grabes mit Grabplatte.

Tümmler, Gatt. der ↑Delphine.

Tumor [lat.], svw. ↑Geschwulst.

Tumorviren (onkogene Viren), Viren, die infizierte tier. (auch menschl.) Zellen zu tumorigem Wachstum veranlassen können.

Tundra [finn.], Kältesteppe, baumlose Vegetationsformation der polaren und subpolaren Zonen, vorw. Flechten, Moose, Sträucher, Kräuter; *Wald-T.* in der Übergangszone zw. T. und Wald.

Tunesi|en, nordafrik. Republik; im N Bergland (Ausläufer des Tellatlas), im S Anteil an d. Sahara (Senke mit *Schott Djerid;* Kalkplateau); Getreideanbau, ausgedehnte Ölbaumkulturen, Weinbau, Zitrushaine; Alfagras- u. Korkgewinnung; Küstenfischerei. Bergbau auf Phosphate, Erdöl, Eisen-, Blei- u. Zinkerze; Nahrungsmittel-, chem., Textilind., Zementfabriken, Eisen- und Stahlwerk, Erdölraffinerie. Haupthäfen: Tunis (La Goulette), Biserta, Sfax und Sousse. – *Gesch.:* Nach 146 v. Chr. Teil der röm. Prov. Africa, im 5. Jh. von Vandalen, im 6. Jh. v. Ostrom erobert; s. dem 7. Jh. unter arab. Herrschaft, s. 1574 unter osman. Oberhoheit, 1705–1957 Herrschaft der Husaniden; 1881 (1883) frz. Protektorat, 1956 unabhängig. Mitgl. der UN u. der Arab. Liga.

Tunesien

Fläche: 163 610 km^2
Einwohner: (1995) 8,9 Mill.
Hauptstadt: Tunis
Amtssprache: Arabisch
Zeitzone: MEZ

Tunguska, 2 r. Nbfl. des Jenissei, Russland: *Steinige (Mittlere) T.,* 1 865 km, u. *Untere T.,* 2 989 km; als *Obere T.* wird häufig der Unterlauf der ↑Angara bezeichnet.

Tunika [lat.], hemdart. Untergewand (meist aus Wolle) der altröm. Männer und Frauen.

Tunis, Hptst. Tunesiens, nahe der N-Küste, 626 000 E; Univ.; archäol. Museum; Wirtsch.-Zentrum m. Nahrungsmittel-, Textil-, Metall-, chem. Ind., Messe; bed. ⚓, ✵.

Tüpfelfarn (Polypodium), Gatt. der ↑Farne, meist trop. und subtrop. Arten; u. a. *Gewöhnl. T.* (Engelsüß), eines der bekanntesten heim. Farnkräuter.

Tupí, südamerik. Sprachfam. im trop. Waldgebiet, bis Paraguay; das T. ist Verkehrsspr. in Brasilien.

Tupolew, Andrei Nikolajewitsch, * 1888, † 1972, russ. Flugzeugkonstrukteur.

Turban [türk.], gewickelte Kopfbedeckung orient. Völker.

Turbine [lat.-frz.], Strömungs[kraft]masch., die durchfließenden Medien mit beschaufelten Rädern mech. Energie entzieht u. diese als Rotationsenergie über Wellen u. Kupplungen an anzutreibende Aggregate (z. B. eines Schiffsantriebs) abgibt. Bei *Wasser-T.n* strömt ein Wasserstrahl frei gg. die Schaufelmulden eines Laufrads *(Freistrahl-T.)* od. wird durch Leitvorrichtungen in nach innen sich verengende u. öffnende Zellen des Laufrades gedrückt (z. B. Francis-T.); *Dampf-T.n* (Dampf strömt aus einem Druckgefäß mit gr. Geschwindigkeit gg. die Schaufeln) bauen den zugeführten Dampfdruck in mehr. Stufen ab; bei *Gas-T.n* ist der Läufer v. Kammern umgeben, in denen ein verdichtetes Brennstoff-Luft-Gemisch zur Explosion gebracht od. gleichmäß. verbrannt wird; die expandierenden Verbrennungsgase treiben das Laufrad an. – In Verbdg. mit Strahltriebwerken liefern T.n die erforderl. Rotationsenergie für Propeller.

Turbogenerator, aus einer Turbine u. einem mit ihr gekoppelten Stromerzeuger (Generator) bestehender Maschinensatz.

Turbolader, svw. Abgasturbolader (↑Aufladung).

Turboprop, engl. Kurzbez. für Propeller-Turbinen-Luftstrahltriebwerk (PTL-Triebwerk; ↑Flugzeug).

Turboverdichter, Bez. für Kreiselpumpen, die gasförm. Arbeitsmedien fördern; arbeiten ein- od. mehrstuf.; *Turbogebläse,* T., die Drücke bis 3 bar erzeugen.

Turbulenz, durch Wirbelbildung u. unregelmäß. Schwankungen des Strömungsverlaufes gekennzeichneter Zustand v. Strömungen in Flüssigkeiten und Gasen, insbes. der Luft.

Turf [tə:f; engl.], Rennbahn, allg. Bez. für den Pferderennsport.

Turgenjew, Iwan Sergejewitsch, * 1818, † 1883, russ. Dichter; Romane, u. a. „Väter und Söhne"; Novellen, Dramen.

Türkei

Fläche: 779 452 km^2
Einwohner: (1995) 61,9 Mill.
Hauptstadt: Ankara
Amtssprache: Türkisch
Zeitzone: MEZ +1 Stunde

Turin (ital. Torino), ital. Prov.-Hptst. am oberen Po, Hptst. der Region Piemont, 945 600 E; Univ., Kunsthochschulen; Dom (1492 bis 1498), ehem. kgl. Schloss (17. Jh.); Kfz-, Flugzeug-, Aluminium-, Bekleidungs-, chem. Ind.; ✈.

Turkana|see (fr. Rudolfsee), abflussloser See im Ostafrik. Graben, N-Kenia, über 8 500 km², bis 73 m tief; fischreich.

Türkei, Rep. in Vorderasien u. SO-Europa, im N vom Schwarzen Meer, im W u. westl. S vom Mittelmeer begrenzt; stößt an Griechenland, Bulgarien, Georgien, Armenien, Iran, Irak u. Syrien; europ. T. (Ostthrakien), ein v. Mittelgebirgen umrahmtes Tiefland, asiat. T. (Anatolien), ein weites Hochland, v. küstenparallelen Gebirgsketten (im N Pont. Geb., im S Taurus) umrahmt, die sich im O zu einem unwegsamen Gebirgsland vereinigen (im Ararat 5 165 m). Beide Teile sind durch Dardanellen, Marmarameer u. Bosporus getrennt. *Klima u. Vegetation:* im W u. S mediterran, im Innern trocken-kontinental, hpts. Steppe; im N ganzjährig Niederschläge; Geb. bewaldet. *Anbau* v. Weizen, Mais, Kartoffeln, Tabak, Schlafmohn (für Opium), Baumwolle, Gemüse, Feigen, Zitrusfrüchten, Reben (für Rosinen), im NO v. Haselnüssen u. Tee; in Inneranatolien v. a. *Viehzucht* (Schafe, Angoraziegen, Rinder); Küstenfischerei. *Bergbau* auf Eisen-, Chrom-, Kupfer-, Antimon-, Blei-, Zink-, Manganerz, Bauxit, Stein- u. Braunkohle, Erdöl, Schwefel. *Ind.* im Ausbau, bes. Textil-, Tabak-, Nahrungsmittel-, chem., Baustoff-, Montageind., Eisen- u. Stahlwerke, Erdölraffinerien. Haupt-⚓: Istanbul, İzmir, İskenderun. – *Gesch.:* Osman I. (1288–1326) begr. das *Osman. Reich,* das sich über ganz Kleinasien u. auf dem Balkan rasch ausdehnte (1453 Eroberung Konstantinopels), unter Selim I. Gewinn von Armenien, Syrien und Ägypten; s. 1517 trug der Sultan auch den Kalifentitel u. übernahm den Schutz der hl. Stätten des Islams in Mekka u. Medina. Höhept. der türk. Macht unter Suleiman II., d. Gr., der Belgrad, Rhodos u. den größten Teil Ungarns eroberte; 1529 erste Belagerung Wiens. In den darauf folgenden krieger. Auseinandersetzungen, bes. nach der 2. Belagerung Wiens (1683) fortwährender Machtzerfall und Abbröckeln der europ. Besitzungen. 1699 Ungarn und Siebenbürgen, 1718 auch das Banat an Östr.; Kriege gg. Russland führten zum Verlust des N-Ufers des Schwarzen Meeres; nach dem griech. Freiheitskampf 1829/30 Abtrennung Griechenlands. Der Russ.-Türk. Krieg 1877/78 brachte weitere Gebietsverluste: Serbien, Rumänien u. Montenegro erweitert u. unabh., Bulgarien selbst. Vasallenft.; Östr. besetzte Bosnien u. die Herzegowina, Großbrit. Zypern. 1881–85 besetzte Frkr. Tunesien, Großbritannien, Ägypten, Bulgarien O-Rumelien. Nach dem Krieg gg. Griechenland 1896/97 Kreta autonom. 1908 Revolution der Jungtürken. 1911/12 Verlust von Tripolis, des Dodekanes u. der Cyrenaika an Italien. Nach den Balkankriegen 1912/13 blieb die T. auf dem europ. Festland auf O-Thrakien beschränkt. Teilnahme am 1. Weltkrieg aufseiten der Mittelmächte. Besitzstand nach dem Frieden v. Sèvres (1920) u. seiner Revision in Lausanne (1923): Kleinasien, fast ganz Armenien, Konstantinopel u. O-Thrakien. 1919–22 griech. Besetzung İzmirs; 1918–23 Istanbul u. die Meerengen unter alliierter Verw.; s. 1919 Kemal Atatürk in Anatolien an der Spitze der nat. Widerstandsbewegung, Vertreibung der Griechen aus den v. ihnen besetzten westanatol. Gebieten (1919–22). 1923 Ausrufung der Rep. unter Präs. Kemal Atatürk, zahlr. Reformen (Aufhebung v. Sultanat u. Kalifat, Religion und Staat getrennt), Anerkennung der türk. Hoheit über die Meerengen. Weitere Festigung der T. unter dem Nachf. İsmet İnönü (ab 1938); im 2. Weltkrieg Neutralität (bis Februar 1945), dann Anlehnung an die W-Mächte. 1960 Sturz der autoritären Reg. Menderes (s. 1950), 1961 neue Verf. (Wiederherst. der Demokratie). Blutige Unruhen u. Terrorakte führten zum Eingreifen des Militärs, das Demirel (s. 1965) 1971 zum Rücktritt zwang. 1974 Besetzung des N-Teils von Zypern; 1980 Militärputsch; 1982 neue Verf. (parlamentar. Reg.-System bei starker Stellung des Mil.). Der Ausbruch der Kämpfe der Kurden (bes. Arbeiterpartei Kurdistans [PKK]) f. kurd. Staat führte fakt. zum Krieg gg. diese; 1999 Hochverratsprozess u. Todesurteil gg. Öcalan (Gen.-Sekr. der PKK). Die T. ist Mitgl. der UN, der NATO, des Europarats; seit 1964 der EU assoziiert. – Flagge S. 711.

Tutanchamun. *Maske der Mumie (um 1337 v. Chr.). Gold mit Einlagen*

Türken: 1) (Turkvölker) mongolide Völkergruppe in W- (Aserbaidschaner, Tataren u. ↑2), Mittel- (Turkmenen, Usbeker, Kasachen, Uiguren u. a.), N-Asien (Jakuten) und O-Europa (Baschkiren, Tataren); überw. sunnit. Muslime; **2)** zu 1) gehörendes Volk in Kleinasien und den östl. angrenzenden Ländern sowie im sö. Europa.

Türkenlouis ↑Ludwig Wilhelm I.

Turkestan, innerasiat. Gebiet, 2 durch Pamir und Tienschan getrennte Großlandschaften.
Türkis, wachsglänzendes, blaues, blaugrünes od. grünes Mineral, Härte 5–6; Schmuckstein.
Türkisch (Türkeitürkisch), die den Turkspr. (Südturkgruppe) zugehör. Spr. der Türkei.
türkische Kunst, innerhalb der islam. Kunst zeitweise bes. geprägte Kunst, z. B. der seldschuk. u. der osman. Stil.
türkische Literatur, von den Anfängen im 13./14. Jh. bis ins 19. Jh. unter pers. Einfluss; bed. Lyrik und Epik; in der Volksspr. Hymnen des Mystikers Junus Emre (13. Jh.). Im *15. Jh.* Pflege der höf. Lyrik, zahlr. Diwane; Blütezeit im *16. Jh.;* vorherrschende dichter. Formen v. a. Ghasel, Kasside; größte Dichter des 16. Jh.s: die Lyriker Fusuli und Baki; Ausklingen der Klassik im *17. Jh.,* Überbetonung der Form: Satiren von Nefi; Lyrik von A. Nedim, Mathnawidichtung v. Galib Dede; im späten *19. Jh.* europ. Einflüsse, gefördert durch Übers. (von Ibrahim Schinasi u. a.). Im *20. Jh.* Aufkommen einer nat. Strömung, bes. Pflege der Volksspr.; erste türk. Dramen von Abdülhak Hamid u. a.; Romane u. Erzählungen von Halide Edip Adıvar, Satiren v. A. Nesin u. a. Seit den 1970er-Jahren Migratenproblematik: A. Ören (Lyrik) u. O. Pamuk (Roman). – Eine bes. Stellung nimmt die *türk. Volkslit.* ein: Märchen, Heldensagen u. Schwänke.
Turkmenistan, Rep. in Asien, angrenzend an Afghanistan u. Iran. – Baumwollerzeugung; Viehwirtschaft; Erdöl- u. Erdgasförderung. – Im 8. Jh. von Turkmenen besiedelt, im 13. Jh. von Mongolen erobert; seit 16. Jh. unter wechselnden Herrschaften; nach 1877 russ., 1925 Turkmen. SSR, 1991 unabhängig, Mitgl. der GUS.

Turkmenistan

Fläche: 488 100 km^2
Einwohner: (1995) 4,1 Mill.
Hauptstadt: Aschchabad
Amtssprache: Turkmenisch
Zeitzone: MEZ +3 Stunden

Turksprachen, von O-Europa bis Z-Asien u. NO-Asien verbreitete Sprachgruppe, umfasst die bulgar., Südturk-, Westturk-, Ostturk- und Nordturkgruppe.
Turks- und Caicosinseln [tə:ks-, 'kaıkəs-], brit. Kronkolonie im Bereich der Westind. Inseln, zus. 430 km^2, 12 000 E, Verw.-Sitz Cockburn Town.
Turku (schwed. Åbo), südwestfinn. Hafenst., Hptst. der Prov. T.-Pori, 159 400 E; 2 Univ.; Dom (13. Jh.), Schloss (13./17. Jh.); Schiff-, Masch.-Bau, Stahlwerk, Textil- u. a. Ind.; ✈.
Turmalin [singhal.-frz.], in verschiedenen Farbvarianten vorkommendes Mineral, Magnesiumaluminiumborosilicat; Härte 7–7,5; wegen des starken Pleochroismus u. d. pyro- und piezoelektr. Eigensch. techn. wichtig; Schmuckstein.
Turmfalke ↑Falken.
Turnen, v. F. L. Jahn 1810 geprägte Bez. für alle Leibesübungen; i. e. S. Geräteturnen (Reck, Barren, Pferd u. a.), i. w. S. alle im Dt. Turner-Bund gepflegten Arten des T.s (Geräteturnen, Gymnastik, Turnspiele, u. a.); wettkampfmäßig ausgetragene Form des T.s ist das Kunstturnen.
Turner ['tə:nə], **1)** Tina, * 1939, amer. Rocksängerin; **2)** William, * 1775, † 1851, engl. Landschaftsmaler, v. a. Aquarelle atmosphär. Farbmalerei.
Turnier [frz.]: **1)** ritterl. Kampfspiel im MA zu Fuß od. zu Pferd mit stumpfen oder scharfen Waffen nach Regeln; **2)** von mehr. Einzelsportlern od. von Mannschaften ausgetragener Wettbewerb.
Turnus [lat.], in gleicher Weise sich wiederholender Ablauf, Reihenfolge, regelmäß. Wechsel.
Tusche [frz.], feine Farbpulveraufschwemmung od. Farbstofflösung zum Zeichnen; *chin. T.:* urspr. Ruß, mit Bindemitteln angerieben, getrocknet u. bei Gebrauch mit Wasser verdünnt.
Tuschmalerei, Art der ostasiat. Aquarellmalerei, ausgeführt mit schwarzer Tusche auf Papier, Seide oder Stoff.
Tusculum [lat.], antike St. in Latium, in den Albaner Bergen, sö. von Rom; mit Villen reicher Römer (Ciceros Landsitz *Tusculanum.*
Tutanchamun (Tutenchamun), † 1337 v. Chr. (ermordet), ägypt. Kg. (s. 1347) der 18. Dyn.; Schwiegersohn Amenophis' IV.; sein fast unversehrtes Grab wurde 1922 v. H. Carter entdeckt.
Tutsi (Batutsi), äthiopides Volk (rd. 1 Mill. T.) im Zwischenseengebiet O-Afrikas; Großviehzüchter; Bantusprache.
Tuttlingen, Krst. an der oberen Donau, Ba.-Wü., 35 000 E; Ruine *Honberg;* feinmech. u. a. Industrie.
Tutu, Desmond Mpilo, * 1931, anglikan. Erzb. v. Kapstadt (bis 1996); trat für friedl. Ausgleich der Rassengegensätze in Südafrika ein; Friedensnobelpreis 1984.
TÜV, Abk. für: **T**echnischer **Ü**berwachungs-**V**erein.
Tuvalu, Inselstaat im sw. Pazifik, Mitgl. des Commonwealth, umfasst die Ellice-Inseln (9 Atolle) nördl. der Fidschiinseln; Verw.-Sitz, ⚓ u. ✈ auf Funafuti; Kopragewinnung, Briefmarkenverkauf. – Seit 1877 brit., s. 1978 unabhängig.
Twain, Mark, ↑Mark Twain.
Tweed [twi:d; engl.], locker gewebter [Woll]stoff mit kl. Mustern aus groben Streichgarnen.
Twer, bis 1990 Kalinin, Stadt an der Wolga, Russland, 451 000 E; Textil-Ind.; Kernkraftwerk.
Twinset [engl.], Pullover und Strickjacke von gleicher Farbe und aus gleichem Material.
Twist: 1) Baumwollgarn; mehrfäd. Stopfgarn aus Baumwolle od. Reyon; **2)** Modetanz der späten 1950er-Jahre im $^4/_4$-Takt, bei dem die Partner getrennt tanzen.

Tuvalu

Fläche: 24 km^2
Einwohner: (1995) 10 300
Hauptstadt: Fongafale
Amtssprachen: Tuvalu und Englisch
Zeitzone: MEZ +11 Stunden

Tyche, griech. Göttin des Schicksals; Personifikation des unberechenbaren Schicksals.
Tympanon [gr.], beim griech. Tempel Giebelfeld, beim roman. u. got. Portal Bogenfeld zw. Türsturz und den Archivolten.
Typhus [gr.], Infektionskrankheit des Verdauungskanals mit Fieber, Schmerzen, Milzschwellung, Benommenheit, Apathie, Hauteffloreszenzen, Durchfällen und Darmgeschwüren; Erreger: T.bakterien (Salmonella typhi); Übertragung meist durch verseuchte Nahrungsmittel u. Trinkwasser; Vorbeugung: T.schutzimpfung, Isolierung der T.kranken.
Typographie [gr.]: **1)** Schriftsetzerkunst; **2)** Ausstattung, Gestaltung eines Druckwerkes.
Typologie [gr.], Lehre von der Gruppenzuordnung aufgrund einer umfassenden Ganzheit von Merkmalen, die den Typ kennzeichnen, dessen [gedachter] Idealfall Eingliederung und Grad der Annäherung bestimmen.
Tyrann [gr.]: **1)** im Altertum [ungesetzl.] Alleinherrscher, dann willkürl. Gewaltherrscher; **2)** übertr. für: herrschsücht. Mensch, Peiniger.
Tyrrhenisches Meer (ital. Mare Tirreno), Teil des Mittelmeers zw. Apenninenhalbinsel, Sizilien, Korsika und Sardinien.
Tyrus, nach 1200 v. Chr. eine der führenden Städte Phönikiens (heute die St. *Sur* in S-Libanon); 332 v. Chr. Eroberung durch Alexander d. Gr., s. 64/63 röm., 638 arab., 1124–1291 in Händen der Kreuzfahrer.
Tzara, Tristan, *1896, †1963, frz. Schriftsteller rumän. Herkunft, Mitbegr. des Dada in Zürich. Ab 1917 Hg. der Zeitschr. „Dada"; ab 1920 in Paris. Wandte sich später dem Surrealismus zu.

U

U, 21. Buchstabe des Alphabets.
U, Symbol für ↑Uran (☊).
Ubangi, größter (r.) Nbfl. des Kongo, rd. 1 000 km, schiffbar.
Überbein, svw. ↑Ganglion 2).
Überblendung, allm. Abblenden einer Bildeinstellung mit gleichzeit. Aufblenden eines neuen Bildes (Film-, Fernsehtechnik); entspr. *Ton-Ü.* bei Schallplattenaufnahmen u. -wiedergaben.
Überbrettl, das erste künstler. bed. dt. Kabarett; gegr. 1901 in Berlin von E. von Wolzogen.
Überdruck, Druck, der höher als der normale Luftdruck ist.
Übergangselemente, Bez. für die chem. El. (Metalle) mit den Ordnungszahlen 21 bis 30, 39 bis 48, 57 bis 80 und 89 bis 103 (104, 105), bei denen [bei im Allg. gleicher Anzahl von Valenzelektronen] in den Atomen innere Elektronenschalen weiter aufgefüllt werden (↑Periodensystem der chem. El.).
Überhangmandate, bei gemischten Wahlsystemen, v. a. bei der Bundestagswahl, errungene Direktmandate einer Partei, die über die Zahl der durch Listenwahl (Zweitstimmen) erreichten Mandate hinausgehen. Ü. bleiben der betr. Partei erhalten u. erhöhen die gesetzl. Zahl der Parlamentssitze.
Überlagerung (Superposition), gleichzeit. Zusammenwirken mehr. physikal. Größen gleicher Art, insbes. von zeitl. period. Größen, v. a. von Wellen; ↑auch Interferenz.
Überlieferung, svw. ↑Tradition.
Überlingen, St. am Bodensee, Ba.-Wü., 20 500 E; spätgot. Münster; Maschinenbau; Fremdenverkehr.
Überrollbügel, v. a. bei Sport- u. Rennwagen, Kabrioletts od. Schleppern ein über dem Sitz verlaufender Stahlbügel, der dem Fahrer, falls das Fahrzeug sich überschlägt, Schutz bieten soll.
übersättigte Lösung (unterkühlte L.), Lösung, die mehr gelöste Substanz als unter normalen Bedingungen enthält.
Überschallgeschwindigkeit, Geschwindigkeit eines Körpers, die größer ist als die Schallgeschwindigkeit (↑Schall) im umgebenden Medium (Mach-Zahl größer als 1); ↑auch Schallmauer.
Überschuldung, das Vermögen übersteigende Verschuldung eines Schuldners; bei jurist. Personen Konkursanmeldung erforderlich.
überschwerer Wasserstoff, svw. ↑Tritium; ↑auch Wasserstoff.
Übersetzung: 1) Verhältnis der Drehzahlen zweier Wellen, gerechnet in Richtung des Kraftflusses (Technik); **2)** Übertragung des gesprochenen od. geschriebenen Wortes in eine andere Sprache.
Überstunden, über die regelmäßige Arbeitszeit hinausgehende Arbeitsstunden.
Ubier, westgerman. Volksstamm, vom röm. Feldherrn Agrippa 38 v. Chr. um das heutige Köln angesiedelt.
üble Nachrede, Behauptung od. Verbreitung von unwahren, verächtlich machenden oder herabwürdigenden Tatsachen über einen anderen; strafrechtlich verfolgbar.
U-Boot ↑Unterseeboot.
Udet, Ernst, *1896, †1941 (Selbstmord), dt. General; im 1. Weltkrieg Jagdflieger, 1935 Oberst im R.-Luftfahrtmin.; s. 1938 Generalluftzeugmeister; wurde für das Scheitern der Schlacht um England verantwortl. gemacht.
Udine, ital. Prov.-Hptst. in Friaul = Julisch-Venetien, 97 000 E; im 18. Jh. barockisierter Dom, Kastell (16. Jh.); Metall-, Textilind.
UdSSR ↑Übers. Sowjetunion.
Üechtland, Teil des Schweizer Mittellandes, um Freiburg.
UEFA, Abk. für frz.: **U**nion **E**uropéenne de **F**ootball **A**ssociation, Europ. Fußballunion; 1954 in Basel gegr. internat. Vereinigung der europ. Fußballverbände.
Uelzen ['yltsən], Krst. in der Lüneburger Heide, Nds., 35 500 E; Marienkirche (13./14. Jh.); Kieselgurwerke, Asbest-, Masch.- u. a. Ind.
Uexküll, Jakob Johann Baron v. ['yskkyl], *1864, †1944, dt. Biologe; Schöpfer der Umweltforschung u. Mitbegr. der neueren vergleichenden Physiologie.
Ufa: 1) r. Nbfl. der Belaja, 933 km; **2)** Hptst. von Baschkirien, autonome Rep. innerhalb Russlands, 1,1 Mill. E; Univ.; Erdölraffinerien, Masch.-, chem. Ind.; ✈.
Ufa, Abk. für: **U**niversum-**F**ilm **A**G, 1917 gegr. dt. Filmunternehmen.
Uffizien, bed. Gemäldegalerie in Florenz; erb. von G. Vasari 1560 ff.
UFO (Ufo), Kurzbez. für **u**nbekanntes **F**lug**o**bjekt, „fliegende Untertasse".
Uganda, Rep. in O-Afrika; vorw. mit Savanne bedecktes Hochland (rd. 1 100 m ü. d. M.), im SW d. Ruwenzori, im O d. Vulkan Mount Elgon; Anbau v. Kaffee u. Baumwolle (wichtigste Exportgüter), ferner v. Tee, Tabak, Mais, Erdnüssen, Hirse, Maniok, Zuckerrohr; Viehzucht. Abbau v. Phosphaten, Kupfer-, Zinn- u. Wolframerzen. Ausfuhr über Mombasa. – S. 1890 unter brit. Einfluss, s. 1896 brit. Protektorat, s. 1962 unabh., s. 1963 Rep.; s. 1966 A. M. Obote Staatsoberhaupt (sozialist. Kurs); 1971 Armeeputsch, Idi Amin Dada Präs. [auf Lebenszeit]: systematischer Terror, Massenmorde. 1978/79 eroberten tansan. Truppen U., Amin Dada floh; 1980 Rückkehr Obotes, erneut Präs., 1985 durch Militärputsch gestürzt; die Militär-

reg. musste 1986 der Nat. Widerstandsbewegung unter Y. Museveni weichen; 1995 neue Verf.; Mitgl. der UN.

Ugarit, antike St. an der östl. Mittelmeerküste; Blüte im 2. Jt. v. Chr.

Ugrier ↑Finnougrier.

Ugrisch ↑finnisch-ugrische Sprachen.

Uhde, Fritz v., * 1848, † 1911, dt. Maler; relig. Szenen; Bildnisse.

UHF, Abk. für: **U**ltra**h**och**f**requenz (Bereich der Dezimeterwellen).

Uhland, Ludwig, * 1787, † 1862, dt. Dichter der schwäb. Romantik.

Uhr, Zeitmessgerät, das als Zeitmaß period. wiederkehrende Vorgänge benutzt; histor. Formen: *Wasser-U.* (Auslauf eines immer wieder gefüllten Behälters), *Sonnen-U.* (period. Wandern des Sonnenschattens eines Stabes), *Sand-U.* (period. Entleerung eines Sandbehälters); heute U.en mit Zeigerstellung od. ziffernmäßiger Zeitdarstellung *(Digital-U.).* Bei *mechan. U.en* stellen die Schwingungen eines Pendels oder Drehpendels (Unruh) das Frequenznormal dar, bei *Quarz-U.en* die period. Schwingungen eines piezoelektrisch erregten Quarzkristalls (Schwingquarz). Bei den extrem genauen *Atom-U.en* liefern Atom- oder Molekülschwingungen zw. best. Energieniveaus das Frequenznormal.

Uhu, größte europ. Eule (bis 70 cm); auch N-Afrika, Asien; jagt nachts Kleinsäuger u. Vögel, nistet unter Felsen u. in hohlen Bäumen.

Uhuru Peak [pi:k], amtl. Name des Kibo (↑Kilimandscharo).

Uiguren, Turkvolk, urspr. in der O-Dsungarei (Sinkiang), im 8. Jh. bis zur Mongolei; hohe Kultur (eigene Schrift, reiche, relig. Lit.).

U. K., Abk. für: **U**nited **K**ingdom of Great Britain and Northern Ireland (Vereinigtes Kgr. Großbritannien und Nordirland).

Ukas [russ.], fr.: Erlass des Zaren; allg.: Verordnung, Befehl.

Ukraine, Rep. im SW der Gemeinschaft Unabhängiger Staaten, nördl. des Schwarzen Meeres; berühmtes Schwarzerdegebiet, ehem. Waldsteppe, eine der wichtigsten Ackerbaulandschaften der ehem. Sowjetunion. Im O das an Ind. und Steinkohlenvorkommen reiche Donezbecken (↑Donbass); umfangr. Eisenerzbergbau bes. bei Kriwoi Rog, Erdöl- und -gasgewinnung am Karpatenrand. – *Gesch.:* Seit dem 10. Jh. Zentrum des Kiewer Reiches (↑Russland, Gesch.); im 14. Jh. kam Galizien an Polen, die übrige U. an Litauen, 1569 ebenfalls an Polen; 1648 durch einen Aufstand der Saporoger Kosaken unter Chmelnizki selbst. Staat, 1654 unter russ. „Schutz“, 1667 zw. Russland u. Polen geteilt, nach der Niederlage Masepas bei Poltawa 1709 Verlust der Autonomie; 1772 Galizien zu Östr.; 1917 Ausrufung der Ukrain. VR, Bündnis mit den Mittelmächten, die 1919 in Kiew einziehenden Bolschewiki wurden nur noch vorübergehend verdrängt; 1921 Galizien an Polen; 1922 Gründungsmitgl. der UdSSR. Unabhängigkeitserklärung Aug. 1991, Mitgl. der GUS u. der UN. – Flagge S. 716.

Uganda

Fläche: 241 038 km²
Einwohner: (1995) 21,3 Mill.
Hauptstadt: Kampala
Amtssprachen: Suaheli, Englisch
Zeitzone: MEZ + 2 Stunden

Ukrainer, ostslaw. Volk (rd. 41 Mill.), hpts. in der Ukraine; bed. Volkskultur.

Ukrainisch, Spr. der Ukrainer, gehört zum östl. Zweig des Slaw.; Verwendung der Kyrilliza.

Ukulele [hawai.], hawai. viersait. Kleingitarre.

UKW, Abk. für: ↑**U**ltra**k**urz**w**ellen.

Ulan Bator (bis 1924 Urga), Hptst. der Mongol. Rep., 1 350 m ü. d. M., 575 000 E; Univ.; vielseit. Ind.; Verkehrsknotenpunkt, ⚔.

Ulanen [poln.], fr. mit Lanzen bewaffnete Reiter; erstmals im 16. Jh.

Uhr. *Aufbau einer mechanischen Uhr mit Unruh und Spiralfeder*

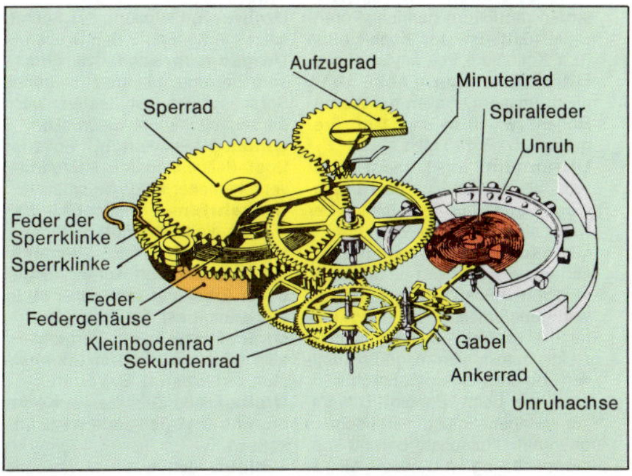

Ulanowa, Galina Sergejewna, * 1910, † 1998, russ. Tänzerin; ehem. Primaballerina des Moskauer Bolschoi-Theaters.

Ulbricht, Walter, * 1893, † 1973, dt. Politiker; Kommunist; nach Rückkehr aus der Emigration 1946 Mitbegr. u. bis 1950 stellvertr. Vors. der SED, als 1. Sekr. des ZK (bis 1971, 1950–53 Gen.-Sekr.) Parteiführer; 1949–60 1. Stellvertr. Min.-Präs., s. 1960 Vors. des Staatsrats (Staatsoberhaupt). U. bestimmte – unter sowj. Anleitung – 2 Jahrzehnte lang die Entw. der SED u. der DDR.

Ulfilas (Wulfila), * um 311, † 383 (?), Bischof der Westgoten; Arianer; übers. die Bibel ins Got.

Ulkus [lat.], svw. ↑Geschwür.

Ullmann, Liv, * 1938, norweg. Schauspielerin; Filme v. a. unter der Regie von I. Bergman.

Ullrich, Jan, * 1973, Straßenradrennfahrer; u. a. Sieger der Tour de France 1997, Weltmeister 1999, Olympiasieger 2000.

Ulm, krsfr. St. u. Krst. an der Donau, Ba.-Wü., 115 700 E; Univ., LG, IHK; bed. Münster (1377–1529) mit 161,6 m hohem Turm; Fahrzeug-, Rundfunkgeräte-, Textil- u. Maschinenind. – 854 erstmals er-

Ukraine

Fläche: 603 700 km²
Einwohner: (1995) 51,4 Mill.
Hauptstadt: Kiew
Amtssprache: Ukrainisch
Zeitzone: MEZ +1 Stunde

wähnt, ehem. R.-St., 1803 bayr., 1810 württembergisch.

Ulme (Rüster), Gatt. der U.ngewächse; meist sommergrüne Bäume od. Sträucher mit unsymmetr. Blättern u. geflügelten Früchten; v.a. nördl. gemäßigte Zone.

Ulrich von Lichtenstein (Liechtenstein), * um 1200, † um 1275, mhd. Dichter; „Frauendienst", eine der ersten Icherzählungen der dt. Lit., Minnelieder.

Ulrich von Türheim, * um 1200, † wahrsch. nach 1250, mhd. Dichter; vollendete den „Tristan" Gottfrieds v. Straßburg u. mit seinem „Rennewart" den „Willehalm" Wolframs v. Eschenbach.

Ulster ['ʌlstə], histor. Prov. in N-Irland, seit 1921 geteilt in Nordirland und in die Grafschaften Cavan, Donegal u. Monaghan der Rep. Irland.

Ultimatum [lat.], letzte, äußerste Aufforderung [eines Staates an einen anderen], bevor harte Maßnahmen ergriffen werden.

Ultimo [lat.], letzter Tag [eines Monats].

ultra..., Ultra... [lat.], Bestimmungswort; Bed.: „jenseits von, über – hinaus".

Ultrafiltration, v.a. zur Abtrennung v. Kolloiden verw. Filtrierverfahren mit Filtern geringer Porenweite (0,01 µm) aus Kunststoffen (u.a. Kollodium, Polyvinylalkohol).

Ultrakurzwellen, Abk. UKW, elektromagnet. Wellen mit Wellenlängen zw. 10 m und 1 m; Frequenz: 30 bis 300 MHz.

Ultramarin, ungift., meist leuchtend blaues, lichtechtes Farbpigment, $Na_8Al_6Si_6O_{24}S$; kommt in der Natur als ↑Lapislazuli vor.

Ultraschall, Schall mit Frequenzen von etwa 20 kHz an aufwärts; wird vom menschl. Ohr nicht mehr wahrgenommen; Erzeugung mittels U.pfeifen, U.sirenen bzw. elektr. mithilfe von magnetostriktiven und piezoelektr. Schallgebern; verw. u.a. beim ↑Echolot; *U.therapie,* Heilbehandlung mit hochfrequentem Ultraschall; bewirkt u.a. Wärmebildung im Gewebe, Mikromassage; *U.diagnostik,* Verfahren zur Erkennung krankhafter Veränderungen im Organismus u. Fehlentwicklungen des Fetus während der Schwangerschaft.

ultraviolette Strahlung, unsichtb. elektromagnet. Strahlung; Wellenlänge etwa zw. 400 nm und 3 nm, schließt sich im Spektrum an Violett an; biol. wirksam im Wellenlängenbereich zw. 310 nm und 200 nm.

Uludag [u'ludɑ:] (Mysischer Olymp), Bergmassiv in NW-Anatolien, Türkei, 2 543 m; Fremdenverkehr (Seilbahn v. Bursa).

Umberto: *ital. Könige:* **1) U. I.,** * 1844, † 1900, Kg. s. 1878; Dreibund mit Dtl. u. Östr.-Ungarn; von einem Anarchisten erschossen; **2) U. II.,** Enkel von 1), * 1904, † 1983, s. 1944 Gen.-Statthalter des Kgr., Mai/Juni 1946 König.

Umbra [lat.]: **1)** dunkler Kern eines Sonnenflecks, umgeben von der helleren *Penumbra;* **2)** braune Malerfarbe (Fe- u. Mn-haltiger Ton).

Umbrer, ital. Volksstamm, nach 1000 v. Chr. in Ober- und Mittelitalien, dann im Apennin, um 300 v. Chr. v. d. Römern unterworfen.

Umbrilen (ital. Umbria), ital. Region im mittl. Apennin, 8 456 km², 819 000 E, Hptst. Perugia.

Umbruch, Einteilung des Schriftsatzes in Seiten für den Druck.

Umgangssprache, zw. Hochsprache und Mundart stehende Sprachschicht mit festen, auch derben, bildhaften Ausdrücken.

Umiak [eskimoisch], offenes Boot (fellbespanntes Holzgerüst) verschiedener Eskimostämme.

Umkehrfilm, Film, der beim Entwickeln ein Positiv liefert.

Umlageverfahren, Verfahren zur Verteilung von Aufwendungen u. zur Erhebung finanzieller Mittel aus einem best. Personenkreis.

Umlaufvermögen, Vermögensteile, die nur kurzfrist. im Unternehmen verbleiben (z.B. Vorräte).

Umlaufzeit, Zeit, die ein Körper braucht, um einen anderen zu umkreisen.

Umlaut, den west- u. nordgerman. Spr. eigentüml. Veränderung eines Vokals unter Einfluss des Vokals der Folgesilbe; für die dt. Spr. bed. der i-U.: z.B. werden a, o, u unter Einfluss eines (urspr.) i oder j der Folgesilbe zu e (bzw. ä), ö, ü.

Umsatz, Wert der innerh. eines Zeitraums abgesetzten Güter und Dienstleistungen.

Umsatzsteuer, Steuer auf Lieferungen u. sonst. Leistungen inländ. Unternehmen, auf den Eigenverbrauch u. auf die Einfuhr, rechtl. geregelt im U.gesetz v. 29. 5. 1967, das die alte Brutto-U. durch eine Netto-U. (Mehrwertsteuer) ersetzte; besteuert wird nicht mehr der Gesamtwert, sondern die Wertschöpfung.

Umstands|sätze (Adverbialsätze), Gliedsätze, die nach ihrem Sachgehalt Temporal-, Modal- oder Kausalsätze sein können.

Umstandswort (Adverb), das dem Verb beigefügte, vielfach auch als Attribut ein Substantiv, Adjektiv oder ein anderes U. näher bestimmende Wort, das die Umstände einer Handlung (oder eines Zustands) kennzeichnet.

Umweltbundesamt, durch Ges. 1974 in Berlin errichtete Bundesoberbehörde im Bereich des Bundesmin. des Innern, nimmt Planungs-, Forschungs-, Aufklärungs-, Verwaltungsaufgaben zum Umweltschutz wahr.

Umweltforschung, Untersuchungen der subjekt. Umwelt einzelner Lebewesen; begr. von J. v. Uexküll.

Umweltkriminalität, Zuwiderhandlungen gg. Bestimmungen des Umweltschutzes, werden nach dem Ges. zur Bekämpfung der U. (v. 28. 3. 1980) geahndet.

Umweltprobenbank, Sammelstelle von organ. Material sowie von tierischem und pflanzl. Gewebe zur Langzeitkonservierung; erlaubt Vergleichsanalysen mit später gezogenen Proben.

Umweltschäden, nachteilige Beeinflussung der belebten und unbelebten Welt innerhalb der Großräume Luft (Abgase und Rauch von Industrie, Verkehrsmitteln), Wasser (häusl. und industrielle Abwässer) und Boden (Verseuchung durch chem. Stoffe), bewirkt v.a. durch den chemisch-physikalisch-techn. Zivilisationsfortschritt. Durch die U. können beim Menschen zusammen mit anderen Faktoren (z.B. Lärmbelastung, psychischen Stresswirkungen) Zivilisationsschäden und -krankheiten verursacht werden.

Umweltschutz, Bez. für wiss.-techn. Maßnahmen, die der Umweltgefährdung entgegenwirken, um d. Leben v. Menschen, Tieren, Pflanzen zu erhalten. Aufgaben des U.es sind: Luft- u. Wasserreinhaltung (Verhinderung von Immissionen, Bau von Kläranlagen), Abfallbeseitigung (Anlage geordneter Deponien für Haus- u. Industriemüll), Einschränkung des Einsatzes v. Pestiziden, Lärmbekämpfung u. a.; in d. BRD s. 1972 bundeseinheitl. Maßnahmen möglich.

Umwelt|technik, Umwelttechnologie, die Bereiche der Technik und Technologie, die für Maßnahmen des Umweltschutzes von Bedeutung sind, z. B. Abwasserreinigung, Vorrichtungen zur Wasserreinhaltung, zur Beseitigung von Luftverschmutzung.

Umwelt|toxikologie, Lehre von der Wirkungsweise der Gifte auf die belebte und unbelebte Umwelt; untersucht die zivilisationsbedingten Giftstoffe.

Umweltverträglichkeitsprüfung, nach den EG-Richtlinien von 1985 angestrebtes Verfahren zur Prüfung von Bauvorhaben wie Kraftwerke, Müllverbrennungsanlagen, Autobahnen u. a. auf ihre Auswirkungen auf die Umwelt.

Umweltzeichen, Bildsymbol zur Kennzeichnung umweltfreundl. Produkte, besteht aus dem Umweltzeichen der Vereinten Nationen (blauer Engel) und der Umschrift „umweltfreundlich weil ...“; in der Bundesrep. Dtl. verliehen von der Jury Umweltzeichen.

UN, Abk. für engl.: **U**nited **N**ations (= Vereinte Nationen), am 26. 6. 1945 v. 51 Nationen in San Francisco gegr. überparteil. und überstaatl. Organisation zur Erhaltung des Weltfriedens und zur Förderung der internat. Zusammenarbeit, Sitz in New York; 185 Mitgliedstaaten. Die Charta der Vereinten Nationen sieht als oberstes Organ die *Gen.-Vers.* (Vollvers.) aller Mitgl. vor, die mind. einmal jährl. (ordentl. Sitzung) tagt. Ständ. tagendes Organ ist der *Sicherheitsrat* mit 5 ständ. (China, Frkr., Großbrit., Russland, USA) u. 10 von der Gen.-Vers. auf Zeit (in der Regel auf 2 J.) gewählten Mitgl.; soll auf die Beilegung von internat. Streitigkeiten hinwirken und bei Bedrohung des Weltfriedens friedl., notfalls mil. Sanktionen beschließen. Rein exekut. Organ ist das ständ. geschäftsführende Sekretariat unter dem *Gen.-Sekr.* (s. 1996: K. Annan). Weitere Organe: Internat. Gerichtshof, Wirtschafts- u. Sozialrat, Treuhandrat (Aufsicht über die Treuhandgebiete der Mitgl.); Sonderorganisationen u. a.: UNESCO, FAO, Internat. Atomenergieorganisation.

Unabhängige Sozialdemokratische Partei Deutschlands (USPD), polit. Partei in Dtl. 1917–22; aus der SPD als Abspaltung der Kriegsgegner hervorgegangen; 1920 Vereinigung der linken Mehrheit mit der KPD, 1922 der Restpartei mit der SPD.

Unberührbare ↑Paria.

unbewegliche Sachen, svw. ↑Immobilien.

Unbewusstes, Bereich der Verhaltensprogrammierung bzw. des (instinktiven) Verhaltensantriebs; U. wird nach psychoanalyt. Vorstellung erst nach Überwindung anerzogener Hemmung dem Bewusstsein zugänglich.

Uncle Sam ['ʌŋkl 'sæm], scherzhaft für die USA, die Amerikaner (nach U. S. [= United States] als Abk. für Uncle Sam).

Underdog ['ʌndədɔg; engl.], sozial Benachteiligter, Schwächerer.

Underground ['ʌndəgraʊnd; engl.]: **1)** Gruppe, Organisation außerhalb der etablierten Gesellschaft; **2)** avantgardist. künstler. Protestbewegung gegen das künstlerische Establishment.

Understatement [ʌndə'steɪtmənt; engl.], das Untertreiben, Unterspielen; nüchterne, unpathet., andeutende Ausdrucksform.

un|edle Metalle, Metalle, die an der Luft oxidieren und von nichtoxidierenden Säuren auch unter Luftabschluss angegriffen werden. Unter den etwa 65 metall. El. sind u. M. etwa 55.

un|endlich, Formelzeichen ∞, größer als jeder [endl.] Zahlenwert.

UNESCO, Abk. für engl.: **U**nited **N**ations **E**ducational, **S**cientific and **C**ultural **O**rganization; 1945 zum Zwecke der internat. Zusammenarbeit auf den Gebieten der Erziehung, Wiss. u. Kultur gegr. Sonderorganisation der UN, Sitz Paris.

Unfallversicherung, als Privatversicherung finanzielle Absicherung gg. aus Unfällen aller Art herrührende Schadensersatzforderungen; als ↑Sozialversicherung gesetzl. Schutz gg. berufsbedingte Unfälle und Krankheiten.

Unfehlbarkeit, kath. Lehre von der Irrtumslosigkeit der Kirche in der Auslegung der Hl. Schrift; Träger v. a. die ökumen. Konzile und der Papst, wenn er förml. *ex cathedra* (in voller Lehrautorität) eine gesamtkirchl. Lehre verkündet; 1870 dogmatisiert.

Unfruchtbarmachung ↑Sterilisation 2).

Ungarisch ↑finnisch-ugrische Sprachen.

ungarische Kunst, mit Ausnahme der Frühzeit im Wesentl. der westeurop. Stilentw. zugehör. Kunst Ungarns; im 13. u. 14. Jh. bes. starker frz. Einfluss, im 15. Jh. ital.; eigene nat. Kunstentw. erst im späten 19. Jh.; unter Aufnahme v. a. frz. Vorbilder nach dem 2. Weltkrieg internat. Einflüsse.

ungarische Literatur, literar. Denkmäler erst nach der Christianisierung (um 1000), geistl. Lit. in lat. Spr.; erste ungar. Zeugnisse 13./14. Jh.; erster bed. Lyriker B. Balassi; kunstvolle Prosa seit dem 17. Jh. (u. a. P. Pázmány); erstes ungar. Heldenepos von M. Zrinyi; im 18. Jh. Lyrik (u. a. F. Faludi); im frühen 19. Jh. Klassizismus (F. Kazinczy) und Romantik (S. Kisfaludy); S. Petőfi als bedeutendster ungar. Lyriker, bed. Epiker J. Arany; nach der Revolution von 1848 G. Reviczky (romant. Pessimismus) u. S. Bródy (Naturalist) bed.; mit der Zeitschrift „Nyugat“ (Mitarb. u. a. E. Ady u. M. Babits) polit. u. soz. fortschrittl. Ideen; bekannt wurden auch F. Molnár und L. Zilahy; nach 1945 verstummten einige Schriftsteller, andere emigrierten; Opposition gg. die Pol. im Petőfi-Kreis (u. a. T. Déry), der in den 1970er-Jahren zum Schweigen gebracht wurde; bed. das Werk von L. Németh, G. Illyés, I. Mándy, Magda Szabó, M. Mészőly u. a.; Liberalisierung.

ungarische Musik, in der Kunstmusik starker Einfluss der westeurop. Musik, eigene Elemente bes. in der Volksmusik mit Vielfältigkeit in Rhythmik und Melodik; bed. Einfluss der Zigeunermusik (Zigeunermoll), die v. a. von F. Liszt als spezifisch u. M. angesehen wurde. Weitgehend von der Folklore gingen aus: E. Dohnányi, B. Bartók, Z. Kodály u. a.

Ungarische Pforte (Hainburger Pforte), Donaupforte zw. den Kl. Karpaten u. Hainburger Bergen.

Ungarisches Mittelgebirge, Geb.-Zug beiderseits der Donau, Ungarn, im *Kékes* 1015 m.

Ungarisches Tiefland, Tiefland zw. Alpen, Karpaten u. Dinar. Gebirge (Kroatien, Serbien, Rumänien, Slowakei, Ungarn); ↑Kleines U. T. u. ↑Großes U. Tiefland.

Ungarn, Staat im sö. M-Europa; *Bev.:* etwa 98,0% ↑Magyaren, 1,5% Deutsche, daneben Slowaken, Serben, Kroaten, Rumänen. – Im W v. Ausläufern der Alpen begrenzt, im NW das Kl. Ungar. Tiefland, anschließend das Ungar. M.-Geb., östl. der Donau das Gr. Ungar. Tiefland. Agrar- und Ind.-Land; Anbau v. a. von Mais, Wei-

Ungarn

Fläche: 93 032 km²
Einwohner: (1999) 10,09 Mill.
Hauptstadt: Budapest
Amtssprache: Ungarisch
Zeitzone: MEZ

zen, Zuckerrüben u. Kartoffeln; Viehzucht (v. a. Schweine). Vorkommen v. a. von Bauxit, Braunkohle, Steinkohle; Erdöl, Erdgas. Schwer-, Leicht- (v. a. Textil-) und Nahrungsmittelindustrie. – *Gesch.:* Im 5. Jh. Kerngebiet des Hunnen-, dann bis ins 8. Jh. des Awarenreiches; um 900 Landnahme der Magyaren, Ende ihrer Einfälle in westl. Nachbarländer durch Ottos d. Gr. Sieg auf dem Lechfeld (955). Unter Kg. Stephan d. Hl. (997–1038) Christianisierung; Angliederung Kroatiens (1091) u. Dalmatiens (1102) in Personalunion; im 12./13. Jh. Ansiedlung der Siebenbürger Sachsen; im späten MA unter wechselnden Herrscherhäusern, zeitw. in Personalunion mit Polen u. Böhmen verbunden. 1526 der größte Teil U.s türk., der W habsburg., Siebenbürgen selbst.; im Türkenkrieg 1683–99 Zurückdrängung der Türken, U. östr. Kronland. Nach dem ungar. Freiheitskampf 1703–11 wurde die Unteilbarkeit des Habsburgerreiches gesetzl. festgelegt. 1848/49 ungar. Revolution unter Kossuth von Östr. mit russ. Hilfe erstickt. 1867 östr.-ungar. Ausgleich: U. im Rahmen der Doppelmonarchie Östr.-U. gleichberechtigt. Die Niederlage im 1. Weltkrieg führte zur Ausrufung der Rep. (16. 11. 1918), jedoch Verlust von rd. ⅔ seines Territoriums (Vertr. von Trianon 1920). 1919 kommunist. Räterep. unter Béla Kun, 1920 wählte die Nat.-Vers. M. Horthy zum R.-Verweser, 1921 sprach sie die Thronenthebung der Habsburger aus. Durch die *Wiener Schiedssprüche* 1938/1940 (von Dtl. u. Italien gefällt) Wiedergewinnung 1920 verlorener Gebiete (1947 wieder aufgehoben); seit 1941 Teilnahme am 2. Weltkrieg auf dt. Seite, 1944/45 von sowjet. Truppen erobert, 1946 Proklamation der Rep., s. 1949 Volksrep., 1946–49 sozialist. Umgestaltung des Landes nach sowj. Muster; Okt./Nov. 1956 Volksaufstand gg. die kommunist. Herrschaft durch sowj. Truppen blutig niedergeschlagen; weiter bestehende lib. Tendenzen führten nach Aufkommen der sowjet. Reformpolitik 1989/90 zur polit. Umgestaltung: 1989 Einführung des Mehrparteiensystems, freie Präsidentschafts- sowie 1990 freie Parlamentswahlen; 1990 wurden die Führer des Aufstands v. 1968 rehabilitiert. Mitgl. der UN, s. 1999 der NATO.

Ungarn ↑Finnougrier.

ungerade Zahl, nicht durch 2 teilb. natürl. Zahl (z. B.: 1, 3, 5, 7).

Ungerer, Tomi, * 1931, frz. Zeichner; karikaturist. Zeichnungen, Buchillustrationen.

ungeschlechtliche Fortpflanzung ↑Fortpflanzung.

uni ['yni; frz.], einfarbig, ohne Muster (bes. bei Geweben).

UNICEF, Abk. für engl.: **U**nited **N**ations **I**nternational **C**hildren's **E**mergency **F**und, Weltkinderhilfswerk der UN; gegr. 1946; Sitz New York; 1965 Friedensnobelpreis.

unierte Kirchen: 1) Gruppe ↑orientalischer Kirchen, die mit Rom verbunden (uniert) sind, v. a. *Maroniten* (1445; urspr. monotheletist. syr. Christen, v. a. im Libanon), *ruthen.* (1595/96; byzantin.-slaw. Ritus, v. a. in der Ukraine, Slowakei, Ungarn) u. *chaldäische Kirche* (seit dem 16. Jh.; urspr. nestorian.; ostsyr. Liturgie); **2)** im 19. Jh. aus Zusammenschlüssen von Lutheranern u. Reformierten entstandene dt. ev. Landeskirchen.

Unikat [lat.], einzige Ausfertigung eines Schriftstückes.

Union [lat.], allg. Bund, Vereinigung: **1)** Verbdg. von Staaten oder versch. kirchl. Gemeinschaften; **2)** auf Betreiben der Kurpfalz 1608 geschlossenes Bündnis süd- u. westdt. prot. Reichsstände, erwies sich bei Ausbruch des Dreißigjähr. Krieges als der kath. Liga nicht gewachsen; Mai 1621 aufgelöst.

Union Jack ['ju:njən 'dʒæk; engl.], volkstüml. Bez. der brit. Nationalflagge.

Unitari|er [lat.]: **1)** aus emigrierten *Sozinianern* (v. *F. Sozzini,* * 1539, † 1604, geeinigte poln. Antitrinitarier) entstandene relig. Gruppen u. Gemeinschaften, die die Trinitätslehre ablehnen (v. a. im ags. Raum); **2)** (Dt. U.) 1945 aus freiprot. Gruppen gegr. freie dt. Religionsgemeinschaft.

United Nations ↑UN.

United Press International [ju:'naɪtɪd pres ɪntə'næʃnl; engl.] ↑Übers. S. 463.

United States of America ↑Vereinigte Staaten von Amerika.

universal [lat.], allgemein, gesamt; weltweit, umfassend.

Universali|en [lat.], Allgemeinbegriffe (Philos.); *U.streit,* svw. ↑Realienstreit.

Universität [lat.], Institution zur Pflege der Wiss. in Forschung u. Lehre; älteste Art der wiss. Hochsch.; urspr. korporat. Zusammenschluss von Lehrern und Studierenden in ma. Städten; älteste U. des Hl. Röm. Reiches 1348 in Prag gegr.; die ma. U. hatte 4 Fakultäten; neuzeitl. dt. U. durch W. v. Humboldt begr. (idealist.-neuhumanist. Bildungsideal); an der Spitze Rektor mit Senat, Dekane vertreten die Fakultäten (heute oft Fachbereiche), neben den U.en Entw. der techn. Hochsch. (heute meist techn. Universitäten) sowie auch von wiss. Hochschulen einzelner Fachrichtungen (z. B. Med., Bergbau, Wirtschaft), heute meist U.en eingegliedert oder in U.en umgewandelt.

Universum [lat.], das Weltall.

Unken, Gatt. der Froschlurche; in Dtl.: Gelbbauch- oder Hochlandunke, Feuerkröte.

unlauterer Wettbewerb, gg. die guten Sitten verstoßender Wettbewerb (z. B. vergleichende Reklame, Boykott).

Unna, Krst. im östl. Ruhrgebiet, NRW, 66 500 E; Masch.-, Rohrleitungs-, Apparatebau. Ehem. Hansestadt.

UNO, Abk. für: **U**nited **N**ations **O**rganization (↑UN).

Unpaarhufer, Ordn. der Huftiere mit ungerader Zehenzahl; Mittelzehe dominiert, andere mehr od. weniger zurückgebildet; Pflanzenfresser; u. a. Tapire, Nashörner, Pferde.

Unpfändbarkeit, Schutz best. Sachen u. Forderungen zur Vermeidung v. *Kahlpfändung* (Pfändung v. Sachen, die dem persönl. Gebrauch od. der Erwerbstätigkeit dienen) durch Gläubiger.

Unstrut, l. Nbfl. d. Saale, 192 km, mündet bei Naumburg/Saale; um Freyburg/U. Weinbau.

Unterbewusstsein, vom Wachbewusstsein überdeckte bzw. von der rationalen seel. Steuerung überlagerte Schicht des Bewusstseins.

Unterbrecher, Vorrichtung zur period. Unterbrechung eines [Gleich]stromkreises, z.B. bei der Kfz-Zündanlage.

Unterfranken, nordbayr. Reg.-Bez., 8532 km², 1,31 Mill. E; Hptst. Würzburg.

Unterglasurfarben, Porzellan- oder Steingutfarben, die durch Glasur geschützt werden.

Untergrundbewegungen, polit. Bewegungen, die im Geheimen auf den Umsturz bestehender Verhältnisse hinarbeiten; häufig dadurch bedingt, dass keine legale Opposition zugelassen ist, od. in bewusster Abkehr v. legaler polit. Opposition.

Unterhaltspflicht, gesetzl., gegenseit. Pflicht v. Verwandten in gerader Linie (Eltern–Kinder, einschließl. Vater/Mutter–nichteheliches Kind) und Ehegatten untereinander zur Leistung des Lebensunterhalts; Voraussetzungen: Bedürftigkeit u. Leistungsfähigkeit; U. besteht stets für Eltern gegenüber minderjähr. Kindern.

Unterhaltungsmusik (U-Musik), i. e. S. eine im 19. Jh. entstandene, sich zu einem eigenständigen, musikkulturellen System im Ggs. zur „ernsten" Musik entfaltende Musikart; zur U. zählen u. a. Tanz- und Salonmusik, Operette, Musical, Song, Schlager, Pop- u. Rockmusik.

Unterhaus, verbreitete Bez. für die 2. Kammer eines Zweikammerparlaments, v. a. für das brit. *House of Commons.*

unterkühlte Lösung, svw. ↑übersättigte Lösung.

Unterlassungsdelikt, strafb. Unterlassung einer v. der Rechtsordnung erwarteten Handlung.

Unterlassungsklage, Klage auf Unterlassung rechtswidr. Eingriffe.

Untermiete, Vertrag, durch den ein Mieter die v. ihm gemietete Sache weitervermietet; bedarf der Erlaubnis des [Haupt]vermieters.

Unternehmen, aus der Zielsetzung (Gewinnerzielung) u. dem Organisationswillen des Unternehmers bzw. Kapitalgebers sich ergebende Gestaltungseinheit.

Unternehmer, Person, die selbst. und eigenverantwortl. ein Unternehmen leitet; Kapitaleigentum nicht erforderl. (↑auch Manager); *U.verbände,* Vereinigungen zur Wahrung v. U.interessen (z. B. Arbeitgeberverbände).

Unter|offizier, mil. Dienstgrad; in der Marine *Maat.*

unter pari, unter dem Nennwert.

Untersberg, Geb.-Stock in den Salzburg.-Oberöstr. Kalkalpen, in Östr. u. Bay.; 1972 m.

Unterschlagung, rechtswidr. Aneignung einer fremden bewegl. Sache, die der Täter im Besitz od. Gewahrsam hat.

Unterseeboot (U-Boot), Kriegsschiff v. a. für Unterwasserfahrten (Rumpf als Druckkörper, Tauch- u. Ballasttanks, Trimmzellen, Tiefenruder, Torpedoausstoßrohre an Bug und/oder Heck); im 1. und 2. Weltkrieg hpts. als Torpedoangriffswaffe; Diesel- u. Elektromotoren als Antrieb; heute z. T. mit über 5000 t Wasserverdrängung, durch [Druckwasser]reaktoren über Dampfturbinen angetrieben (Atom-U.), mit prakt. unbegrenzter Reichweite u. Einsatzdauer; meist Träger von Mittelstreckenraketen.

Untersuchungs|ausschuss, mit der Aufklärung best. Sachverhalte beauftragtes Gremium; die vom Dt. B.-Tag eingesetzten parlamentar. U.e (jeweils für best. Fälle) erheben [in der Regel in öff. Verhandlung] Beweise nach den Vorschriften der Strafprozessordnung.

Untersuchungshaft, Freiheitsentzug eines einer Straftat Verdächtigen bei Fluchtverdacht, Verdunkelungs-, Wiederholungsgefahr u. a. (durch Haftbefehl).

Untersuchungsrichter, der die gerichtl. Voruntersuchung durchführende Richter.

Unterwalden, schweizer. Kt. südl. des Vierwaldstätter Sees; geteilt in die Halbkantone *U. nid dem Wald* (Kurzform *Nidwalden,* 276 km², 35400 E, Hptst. Stans) u. *U. ob dem Wald* (Kurzform *Obwalden,* 491 km², 30800 E, Hptst. Sarnen); Milchwirtschaft, Obstbau, Fremdenverkehr.

Unterwelt: 1) in vielen Religionen das unter der Erde liegende, v. Gewässern umflossene Reich der Toten; **2)** das [organisierte] großstädt. Verbrechertum.

Untreue, strafb. Missbrauch der Verfügungsgewalt über das Vermögen eines anderen od. Pflichtverletzung bei der Wahrnehmung seiner Vermögensinteressen.

Unze [lat.]: **1)** fr. dt. Gewicht, 1 U = $^1/_{16}$ Zollpfund = 31,25 g; **2)** brit. U. (Ounce) 28,35 g.

Unzialschrift, im 4./5. Jh. entw. abgerundete Majuskelschrift.

Unzucht, ehem. Begriff des Sexualstrafrechts, 1973 durch „sexuelle Handlungen" ersetzt.

Unzurechnungsfähigkeit, fr. Bezeichnung für Schuldunfähigkeit (↑Schuldfähigkeit).

Upanishaden ↑Veda.

Updike, John [Hoyer] [ˈʌpdaɪk], * 1932, amer. Schriftsteller; Kurzgesch. und Romane; „Hasenherz", „Ehepaare".

UPI [juːpiːˈaɪ; engl.] ↑Übers. S. 453.

Upper ten [ʌpə-; engl.], die oberen Zehntausend, Oberschicht.

Uppsala, schwed. Prov.-Hptst. nw. von Stockholm, 174600 E; Kulturzentrum m. Univ., Univ.-Bibliothek, Hochschulen, Afrikainstitut, Museen, got. Dom (13.–15. Jh.); graph. Gewerbe.

Upstalsboom (altfries. Obstallisbaem), Platz bei Aurich (Ostfriesland), wo sich im MA die Vertreter der fries. Seelande zu Beratungen, Rechtsprechung und Landfriedenswahrung versammelten; Symbol fries. Freiheit.

up to date [ˈʌp tə ˈdeɪt; engl.], zeitgemäß, modern.

UPU, Abk. für: **U**nion **P**ostale **U**niverselle (↑Weltpostverein).

Ur (sumer. Urim), Ruinenstätte (Tell Mukajir, Irak) einer bed. sumer. Stadt (um 3000 v. Chr.); nach bibl. Tradition Heimat Abrahams.

Ur, svw. ↑Auerochse.

Ur|abstimmung, in versch. Organisationen Abstimmung aller Mitgl. zur Entscheidung grundsätzl. Fragen, v. a. über Einleitung bzw. Beendigung eines ↑Streiks durch gewerkschaftl. organisierte Arbeitnehmer.

Ural: 1) Grenzgeb. zw. Europa u. Asien, über 2000 km lang, Mittelgebirgscharakter; gegliedert in *Polar-U.* (bis 1400 m); *Subpolarer U.* (bis 1894 m); *Nördl. U.* (bis 1617 m) mit Tundra, im S Wald, fast unbewohnt; *Mittl. U.* (bis 993 m), stark bewaldet; *Südl. U.* (bis 1640 m), z. T. Wald-, z. T. Steppenldsch.; reiche Bodenschätze (Kohle, Eisen, Bunt-, Edelmetalle, u. a. Platin; Schmuck- u. Edelsteine, Asbest, Bauxit, Öl), Ballungsraum d. verarb. u. Schwerind.; **2)** Zufl. zum Kasp. Meer, 2428 km.

uralische Sprachen, Sprachfam. der finn.-ugr. und samojed. Sprachen (in N-Asien).

Urämie [gr.], Harnvergiftung des Organismus, wenn mit dem Harn auszuscheidenden Stoffwechselschlacken, z. B. bei Nierenversagen, zurückgehalten werden.

Uran [gr.], chem. El., Symbol U, OZ 92, rel. A.-Masse 238,03, silberweißes, schweres Metall, Fp. 1132,3 °C, Sp. 3818 °C, Dichte 19,1 g/cm³; alle U.isotope sind radioaktiv; das Hauptisotop U 238 ist Ausgangsstoff der U.-Radium-Zerfallsreihe (↑Radioaktivität), deren Endprodukt das U.blei ($^{206}_{82}$Pb) ist; das zu 0,7 % in natürl. U. enthaltene Isotop U 235 (eigentl. Ausgangsstoff der Actinium-Zerfallsreihe) ist durch langsame Neutronen spaltb. und ermöglicht die Kettenreaktion von Kernspaltungen in Kernreaktoren und Atombomben; aus U 238 wird durch Neutronenanlagerung in Brutreaktoren das spaltb. Plutoniumisotop 239 erzeugt; Vorkommen in angereicherter Form in der Pechblende u. im Carnotit.

Urania, Muse der Astronomie.

Uranos, in der griech. Mythol. Sohn u. Gem. der Gäa, Vater der Titanen, Ahnherr aller Götter.

Uranpech|erz (Uraninit, Pechblende), UO_2, wichtigstes Uranerz (schwarz, pechglänzend).

Uranus, von der Sonne aus der 7. gr. ↑Planet (von W. ↑Herschel entdeckt); Rotationsachse fast genau in seiner Bahnebene; mittl. Abstand von der Sonne 2872 Mill. km; Umlaufzeit 86,04 Jahre; 15 Satelliten u. Ringsystem.

Urban: Päpste: **1) U. II.,** sel., * um 1035, † 1099, vorher Oddo v. Chatillon (od. Lagery), Papst s. 1088; setzte das Werk Gregors VII. fort, leitete die Kreuzzugsbewegung ein; **2) U. VIII.,** * 1568, † 1644, vorher Maffeo Barberini, Papst seit 1623; unterstützte im Dreißigjähr. Krieg Frkr. gg. Habsburg; Nepotismus; bed. Bautätigkeit (Vollendung der Peterskirche); 2. Prozess gg. Galilei.

Urbanisation [lat.]: **1)** städtebaul. Erschließung; **2)** durch 1) entstandene moderne Stadtsiedlung; **3)** (Urbanisierung, Verstädterung) der Prozess zunehmender Bev.-Verdichtung in städt. Gebieten bei entspr. Rückgang der Bev. in ländl. Bereichen als Folge der Industrialisierung.

urbi et orbi [lat.; = der Stadt (Rom) u. dem Erdkreis], Bez. des päpstl. Segens [von der Loggia der Peterskirche].

Urbino, ital. St. südl. von Rimini, 15200 E; Univ. (s. 1506); Palazzo Ducale (15. Jh.), Geburtshaus Raffaels; Fremdenverkehr. – In der Antike Urbinum Metaurense.

Urchristentum, Frühchristentum des 1. Jahrhunderts.

Urd, eine der 3 Nornen.

Urdu, neuind. Spr.; stark mit pers. u. arab. Wörtern durchsetzt; Amtssprache in Pakistan.

Urethane, Ester der Carbamidsäure $H_2N-COOH$; einige Verbdg. als Schlafmittel u. für andere med. Zwecke verwendb.; ↑Polyurethane sind wicht. Kunststoffe.

Urfa, südosttürk. St., 278500 E; Handelszentrum; ⚒. – Seit dem 2. Jt. v. Chr. bed. St.; makedon. u. ma. *Edessa;* 1098–1146 Kreuzfahrergft., s. 1637 türkisch.

Urfehde, im MA der eine Fehde beendigende Eid der Parteien, Frieden zu halten; bis ins 19. Jh. auch der eidl. Verzicht des Freigesprochenen od. Haftentlassenen auf Rache am Kläger od. Richter.

Urgemeinde, die erste christl. Gem. in Jerusalem.

Urgeschichte, ältester Abschnitt der Menschheitsgesch.; s. den 1920er-Jahren vielfach statt Vorgesch. od. für deren ältere Abschnitte (Paläo- u. Mesolithikum) verw. Begriff.

Urheberrecht, das absolute Recht an einem geistigen Werk, das dem Schöpfer *(Urheber)* für eine gewisse Zeit die alleinige Einwirkungs- und Verwertungsbefugnis hinsichtl. seines „geist. Eigentums" sichert; Gegenstände des U.s sind: 1. *literar. Werke,* 2. *Tonwerke* (↑auch GEMA); 3. *Werke der bildenden Kunst.* – Das U. entsteht mit der Schöpfung des Werkes u. endet grundsätzl. mit Ablauf des 70. Jahres nach dem Tod des *Urhebers.* Das U. ist übertragbar [durch Veräußerung oder Vererbung] u. mit Rechten belastbar; Verletzung verpflichtet zum Schadenersatz. Das dt. U. ist geregelt durch das Ges. v. 1965, das internat. U. durch die Berner Konvention v. 1886, die Pariser Zusatzakte v. 1896 sowie die Rom-Fassung v. 1928, die Brüsseler Fassung v. 1948 u. das Welturheberrechtsabkommen von 1952.

Uri, schweizer. Kt. am N-Abfall der Gotthardgruppe, 1077 km², 35700 E, Hptst. Altdorf (UR); Milchwirtsch., Holzind., Fremdenverkehr.

Urin [lat.], svw. ↑Harn.

Ur|insekten (Apterygoten), niederste u. älteste Insekten (bereits im Devon); kl., zarthäutig, flügellos; u. a. Borstenschwänze (Silberfischchen), Springschwänze.

Uris, Leon [Marcus] [ˈjʊərɪs], * 1924, amer. Schriftsteller; Roman „Exodus".

Urknall, Big Bang [- bæŋ], kosmolog. Theorie von der Entstehung des Weltalls aus einem extrem verdichteten u. heißen Zustand vor 15 bis 20 Mrd. Jahren.

Urkunde, jede in Schriftzeichen verkörperte Gedankenerklärung, die eine rechtserhebl. Tatsache beweisen kann; *U.nfälschung,* Herst. einer unechten od. Verfälschung einer echten U.; strafbar, auch im Versuch; *U.nprozess,* bes. beschleunigter Zivilprozess, wenn alle zur Begründung des Anspruchs erforderlichen Tatsachen durch U.n bewiesen werden können.

Urlaub, die dem Arbeitnehmer bei Fortzahlung des Arbeitsentgelts für eine best. Zeit zu gewährende Arbeitsbefreiung, die seiner Erholung zu dienen hat; gesetzl. Mindest-U. 24 Werktage.

Urnen, hohe [geschlossene] Gefäße zur Aufnahme des Leichenbrandes; meist aus Metall od. Ton.

Urnenfelderkultur, nach der Sitte, die Leichenbrände ihrer Toten in Urnenfeldern zu bestatten, ben. Kulturgruppe der späten Bronzezeit (↑auch Übers. Vorgeschichte).

Urologie [gr.], Wiss. von den Krankheiten der Harnorgane.

Ursa Maior [lat.] (Großer Bär, Großer Wagen), bekanntestes Sternbild des nördl. Himmels.

Ursa Minor [lat.] (Kleiner Bär), Sternbild, in dem der nördl. Himmelspol liegt.

Urstromtäler, breite, flache Talungen, entstanden während der pleistozänen Eiszeit als Sammelrinnen für die Schmelzwässer des Inlandeises, die sie vor dem Eisrand ableiteten; in N-Dtl. u. Polen Hauptrichtung O–W.

Ursula, hl., Märtyrerin; nach der Legende eine brit. Königstochter, die 452 zus. mit 11[000] (?) Jungfrauen in Köln den Märtyrertod erlitt; Stadtpatronin von Köln.

Ursulinen, 1535 gegr. kath. weibl. Ordensgenossenschaft für Jugenderziehung und Unterricht.

Urteil: 1) in der tradit. Logik eine Aussage oder Behauptung; in ihrer einfachsten Form bestehend aus log. Subjekt, log. Prädikat und Kopula; **2)** (Gerichts-U.) richterl. Entscheidung, die ein Verfahren abschließt; enthält *U.stenor* im *U.skopf* (den eigtl. U.sspruch) u. die *U.sbegründung.* Das U. lautet im Strafprozess: Freispruch, Verurteilung, Anordnung einer Maßregel der Sicherung u. Besserung od. Einstellung des Verfahrens; in den anderen Prozessarten auch Zwischen-U.e zur Entscheidung eines Zwischenstreites möglich.

Ur|tierchen (Protozoen), niedrigster Tierstamm; Einzeller, meist mikroskop. klein; Plasmaleib oft hochkompliziert durch Ausbildung versch. Zellorganellen und Strukturen; Fortpflanzung bzw. Vermehrung durch Zwei- od. Vielteilung, Knospung, Kopulation oder Konjugation; z. T. pathogen; u. a. Geißeltierchen, Wurzelfüßer, Sporen-, Wimpertierchen.

Uruguay: 1) Zufl. zum Río de la Plata, 1600 km; **2)** Republik in Südamerika, an der SO-Küste; niedr. Hügelland (bis 500 m), meist Grasland, das im S und

Uruguay

Fläche: 176 215 km²
Einwohner: (1995) 3,19 Mill.
Hauptstadt: Montevideo
Amtssprache: Spanisch
Zeitzone: MEZ −4 Stunden

SO in die argentinische Pampas übergeht. Haupterwerbszweig ist die Viehzucht, ferner Anbau von Weizen, Mais, Reis, Erdnüssen, Sonnenblumen; unbed. Bodenschätze; die Ind. (Zentrum Montevideo) verarbeitet hpts. landw. Produkte (Fleisch, Wolle). – *Gesch.:* 1515 v. Spaniern entdeckt; erst Ende des 17. Jh.s span. u. portug. Siedlungen; nach der Erhebung gg. die span. Kolonialherrschaft (1811) 1817 von Portugal annektiert u. Brasilien angegliedert, 1825–28 Erkämpfung der Unabhängigkeit. Seit 1838 Bürgerkrieg zw. „Weißen" (Großgrundbesitzer) u. „Roten" (Landarbeiter); 1865 bis 1870 mit Argentinien u. Brasilien Krieg gg. Paraguay; Ende des 19. Jh.s innere Konsolidierung; 1952 Verf.-Reform: Staatspräs. durch einen kollegial besetzten Nat.-Rat ersetzt (bis 1966); vor dem Hintergrund der Guerillatätigkeiten der soz.-revolutionären Tupamaros Entw. zu einem diktator. Staat; 1973 Staatsstreich: Parlament durch Staatsrat ersetzt; 1976 Militärputsch mit nachfolgender Militärreg. bis zu den Parlaments- u. Präsidentschaftswahlen 1984; Mitgl. der UN.

Uruk (heute Warka), altsumer. St. in SO-Irak; Residenz mehr. sumer. Dyn.; von 3000 bis 2700 v. Chr. Hauptstadt Babyloniens; Schauplatz des Gilgamesch-Epos; Kulturmittelpunkt, sakrales Zentrum; wichtige Fundstätte.

Urwald, ein weitgehend vom menschl. Einfluss unberührter u. in einem natürl. Gleichgewicht befindl. Wald in versch. Klimabereichen der Erde.

Urzeugung (Abiogenese, Archigonie), Entstehung von Lebe[wese]n aus unbelebter Materie.

Usambaraveilchen [nach den Usambara Mountains in Tansania] (Saintpaulie), ostafrik. Gesneriengewächs; kleine Rosettenpflanzen, fleischige, weich behaarte Blätter; Zimmerpflanze.

Usbeken, in mehrere Stämme gegliedertes Turkvolk (16,7 Mill.) in Usbekistan, N-Afghanistan und W-Xinjiang (China).

Usbekistan, Staat in Mittelasien, grenzt an Kasachstan, Kirgisien, Tadschikistan, Afghanistan u. Turkmenistan; liegt zum größten Teil im Zwischenstromland von Amudarja u. Syrdarja; Bev. zu rd. 74 % Usbeken; Viehhaltung (Karakulschafe), Baumwollanbau; Erdgas- und Erdölförderung, Goldgewinnung. – Gehörte zum histor. Großraum Turkestan; v. Alexander d. Gr. im 4. Jh. v. Chr. erobert, gehörte nach dessen Tod zum Seleukidenreich; im 7. Jh. von Arabern besetzt, im 13. Jh. von Mongolen erobert; um 1500 Gründung usbek. Khanate; 1860/70 von Russland unterworfen, 1924 Bildung der Usbek. SSR, s. 1925 Teil der UdSSR; 1991 unabhängig.

Usedom, stark gegliederte Ostseeinsel zw. dem Stettiner Haff u. der Pommerschen Bucht, 445 km²; Ackerbau, Fischerei; Seebäder; O-Rand mit Swinemünde.

USPD, Abk. für: ↑**U**nabh. **S**ozialdemokrat. **P**artei **D**eutschlands.

Ussuri, r. Nebenfluss des Amur, z. T. Grenze China/Russland, mündet bei Chabarowsk, 897 km.

Ustinov, Sir Peter [Alexander], * 1921, brit. Schriftsteller und Schauspieler; geistvolle, meist satir. Komödien.

Ust-Urt-Plateau [-plato], wüstenhaftes Plateau zw. Kasp. Meer und Aralsee, 200–370 m ü. d. M.

Usurpation [lat.], widerrechtl. Inbesitznahme, gesetzwidr. Machtergreifung.

Utah ['ju:tɑ:], Staat im W d. USA, 219 889 km², 1,72 Mill. E, Hptst. Salt Lake City; Anbau v. Getreide, Kartoffeln, Zuckerrüben, Luzerne, Obst; wichtigste Bodenschätze: Kupfer, Erdöl; Metall-, chem., Nahrungsmittelind. – 1847 von Mormonen besiedelt, 1850 Territorium, seit 1896 Staat der USA.

Uterus [lat.], svw. ↑Gebärmutter.

U Thant, Sithu, * 1909, † 1974, birman. Politiker; ab 1957 ständiger Vertr. bei den UN, 1961–71 deren Gen.-Sekretär.

Utica, histor. Ort in N-Tunesien, im 11. Jh. v. Chr. v. Phöniziern gegr., Niedergang nach Versandung des Hafens im 3. Jh.

Utilitarismus [lat.], philos. Lehre, die Nützlichkeit und Sittlichkeit gleichsetzt; Nutzen ist Prinzip des Handelns (J. Bentham, J. u. J. St. Mill u. a.); ↑auch Pragmatismus.

Utopie [gr.; = Nirgendland], als unausführb. geltender Plan ohne reale Grundlage; Hirngespinst.

Utraquisten [lat.], Anhänger einer gemäßigten Richtung innerhalb der hussit. Bewegung (↑Hussiten).

Utrecht ['ʏ:trɛxt], niederl. Provinzhauptstadt am Amsterdam-Rhein-Kanal, 234 200 E; Kathedr. (1254–1517); Univ.; bed. Museen; nat. und internat. Fachmessen; Schwer-, Möbel-, Konfektions-, Lebensmittel-, Elektro-, chem. Ind., Brauereien u. Tabakverarb. – Der *Friede von U.* (1713) beendete, zus. mit den Friedensverträgen von Baden u. Rastatt (1714), den Span. Erbfolgekrieg; Anerkennung des Systems eines polit. Gleichgewichts der europ. Mächte. – In der *Union von U.* verbanden sich 1579 die nördl. Niederlande gg. die span. Herrschaft.

Utrillo, Maurice [u'trɪʌo], * 1883, † 1955, frz. Maler; Pariser Stadtlandschaften in sehr persönl. geprägtem Stil. – Abb. S. 722.

Uttar Pradesh ['ʊtə prə'deɪʃ], ind. B.-Staat in der oberen Gangesebene, 294 411 km², 139 Mill. E, Hptst. Lucknow; dicht besiedeltes fruchtb. Flachland mit

Usbekistan

Fläche: 447 400 km²
Einwohner: (1995) 22,8 Mill.
Hauptstadt: Taschkent
Amtssprache: Usbekisch
Zeitzone: MEZ +4 Stunden

Maurice Utrillo, *Impasse Cottin (um 1910)*

mehr. Großstädten als Kultur- u. Wirtschaftszentren.

UV, Abk. für: **U**ltra**v**iolett (↑ultraviolette Strahlung).

Uxmal [uʃ'mal], Kultstätte der Maya auf der Halbinsel Yucatán, Mexiko. Besiedelt zw. dem 7. u. 11. Jh. Bed. Stadt mit Bauten, deren Außenwände mit Steinmosaikfriesen verziert sind.

V

V: 1) 22. Buchstabe des Alphabets; **2)** röm. Zahlzeichen für: fünf; **3)** Einheitenzeichen für: ↑**V**olt; **4)** Formelzeichen für: ↑**V**olumen 1).

V, Symbol für ↑Vanadium (☋).

v, Abk. für lat.: **v**elocitas (= Geschwindigkeit; in physikal. Formeln).

VA, Einheitenzeichen für: ↑**V**olt**a**mpere.

Vaasa (schwed. Vasa), westfinn. Prov.-Hptst. am Bottn. Meerbusen, 53 800 E; Industrie; ⚒.

Vabanque [va'bãk; frz.; „es geht um die Bank"], *V. spielen,* alles aufs Spiel setzen.

Vademekum [lat.; = geh mit mir!], Taschenbuch, kl. Lehrbuch, Leitfaden.

Vadim, Roger, * 1928, † 2000, frz. Filmregisseur.

Vaduz [*f*-], Hptst. v. Liechtenstein, am Alpenrhein, 5 000 E; Schloss (Residenz); Fremdenverkehr.

vae victis! [lat.; = wehe den Besiegten], angebl. Ausspruch des Keltenfürsten Brennus.

Vaganten [lat.], fahrende Schüler des 12. u. 13. Jh.s; die lat. u. lat.-dt. *V.dichtung* besingt v. a. den Lebensgenuss; Slg. Carmina Burana.

Vagina [lat.]: **1)** svw. ↑Scheide; **2)** Gewebsscheide, -hülle, z. B. Sehnenscheide.

Vagotonie [lat.; gr.], erhöhte Erregbarkeit des parasympath. Nervensystems.

Vagus [lat.], 10. Hirnnerv, Hauptvertr. des Parasympathikus, versorgt Lunge, Magen und Darm.

Vajrayana (Wadjrajana), svw. Diamantfahrzeug, ↑Buddhismus.

Vakuole [lat.], vom Plasma abgegrenzter Raum in tier. u. pflanzl. Zellen, enthält Zellsaft, Reservestoffe, Verdauungspartikel.

Vakuum [lat.], Raum bzw. Zustand in einem Raum, in dem der Druck (bzw. d. Molekülzahl) wesentl. geringer ist als in der umgebenden Atmosphäre.

Vakzination [lat.], Schutzimpfung (Med.); *Vakzine,* Impfstoff aus abgeschwächten oder abgetöteten Krankheitserregern.

Valencia: 1) span. Prov.-Hptst. an d. Mdg. des Turia in den *Golf v. V.,* 777 400 E; Univ.; Kathedr. (1262 bis 1482), Lonja de la Seda (1483–95), Palacio de la Generalidad del Reino (1510 bis 1579), wicht. Handels- u. Hafenplatz; Schwer-, Keramik-, chem., Textilind.; internat. Mustermesse; ⚒. – 138 v. Chr. von den Römern gegr.; Hptst. eines maur. Kgr.; 1238 von Aragonien erobert, behielt bis 1707 Sonderrechte; **2)** Hptst. des venezol. B.-Staates Carabobo, westl. des Lago de V., 904 000 E; Univ.; vielseit. Industrie.

Valentin, Karl [f-], eigtl. Valentin Ludwig Fey, * 1882, † 1948, dt. Komiker u. Schriftsteller; Couplets, Monologe u. grotesk-kom. Szenen von abstrakter, absurder Logik.

Valentinian: *röm. Kaiser:* **1) V. I.** (Flavius Valentinianus), * 321, † 375, Ks. s. 364; übertrug seinem Bruder Valens die Reg. des Ostens, sicherte die Rhein- u. Donaugrenze; **2) V. III.** (Flavius Placidus Valentinianus), * 419, † 455, weström. Ks. s. 425; zuerst unter der Vormundschaft seiner Mutter Galla Placidia, dann unter Einfluss des Feldherrn Aetius.

Valentino, Rudolph, eigtl. Rodolfo Guglielmi, * 1895, † 1926, ital.-amer. Schauspieler; Frauenidol.

Valenz [lat.], Wertigkeit eines chem. El.; gibt an, wie viel Atomen des einwert. Wasserstoffs sich ein Atom des betr. El. verbinden kann; *V.elektronen,* die für die chem. Reaktionen verfügbaren Elektronen in den unvollst. besetzten äußeren Elektronenschalen eines Atoms.

Valera, Eamon de [və'leərə], * 1882, † 1975, ir. Politiker; führend im ir. Unabhängigkeitskampf; lehnte als Führer des radikalen Flügels der Sinn Féin (Präs. 1917–22) den v. seinen Unterhändlern mit Großbrit. abgeschlossenen Vertr. über die Errichtung des ir. Freistaates unter Abtrennung v. N-Irland ab; gründete die Fianna Fáil; 1932 bis 1948, 1951–54 und 1957–59 Premiermin., 1959–73 Staatspräs. der Rep. Irland.

Valerian[us], Publius Licinius, * um 200, † nach 260, röm. Ks. s. 253; übertrug die Reg. des Westens seinem Sohn Gallienus als Mitks. und zog gg. die Perser.

Valéry, Paul Ambroise [vale'ri], * 1871, † 1945, frz. Dichter; seine Lyrik ist vollendete „poésie pure"; Dramen.

Val Gardena ↑Grödner Tal.

Valladolid [baʎaðɔ'lið], span. St. am Pisuerga, nö. seiner Mdg. in den Duero, 333 700 E; Univ.; unvollendete Kathedr. (16. u. 18. Jh.), Museen; Ind.standort. – 1449 bis 1561 Hptst. v. Kastilien.

Valletta, Hptst. von Malta, 9 200 E; Univ., botan. Garten; ✈; ⚓; Schiffbau. – Ben. nach dem Großmeister des ↑Johanniterordens *La Valette* (* 1494, † 1568).

Valmy [val'mi], Gem. im frz. Dép. Marne, 290 E. – Mit der *Kanonade von V.* (20. 9. 1792) begann der siegreiche Vormarsch der frz. Revolutionsarmee zum Rhein.

Valois [val'wa], ehem. Gft., später Hzgt. in Frkr., heute Teil der Dép. Oise u. Aisne, Hpt.ort Crépy-en-V. – Das *Haus V.,* eine Seitenlinie d. Kapetinger, reg. Frkr. 1328–1498, mit den Nebenlinien *V.-Orléans* und *V.-Angoulême* bis 1589.

Valparaíso, chilen. Hafenst. westl. von Santiago de Chile, 277 000 E; 2 Univ., TU; versch. Ind.; Handelsplatz; ✈.

Valuta [ital.]: **1)** Geld fremder Währung; **2)** svw. ↑Sorten; **3)** Wertstellung auf dem Konto; Datum, von dem an ein Betrag verzinst oder zinspflicht. wird.

Vamp [væmp; engl.], verführer., erot. anziehende, oft berechnende Frau.

Vampir [serb.], im Volksglauben ein „Untoter", der nachts sein Grab verlässt, um Lebenden das Blut auszusaugen.

Vampire, Fam. der Kleinfledermäuse im wärmeren Amerika; bis 9 cm Körperlänge; nächtl. Blutsauger bei Mensch und Tier, Krankheitsüberträger.

Vanadinit, kurzsäulig, prismat. oder auch in derben Massen vorkommendes Mineral, $Pb_5Cl(VO_4)_3$, wicht. Vanadiumerz.

Vanadium [altnord.] (Vanadin), chem. El., Symbol V, OZ 23, rel. A.-Masse 50,942, Metall; in reinster Form dehnbar und geschmeidig; Fp. 1 910 °C, Sp. ≈ 3 380 °C, Dichte 6,12 g/cm³; verw. v. a. als Legierungszusatz.

Vanadiumstähle, Stähle, deren Härte, Zähigkeit, Schwingungs- und Hitzebeständigkeit durch Zusatz von ↑Vanadium (bis zu 1 %) bed. verbessert worden ist.

Van-Allen-Gürtel [væn'ælən-; nach dem amer. Physiker *J. A. Van Allen,* * 1914], Strahlungsgürtel in großer Höhe (rotationssymmetr. zur magnet. Erdachse), in dem die elektr. geladenen Teilchen der ↑Höhenstrahlung vom Magnetfeld der Erde eingefangen werden.

Vancouver [væn'ku:və], bedeutendster Pazifik-⚓ Kanadas, 472 000 E (städt. Agglomeration 1,6 Mill.); Univ.; vielseit. Ind.; ✈.

Vanille. *Blüten der Pomponvanille*

Vancouver Island [væn'ku:və 'aɪlənd], durch Fjorde gegliederte Insel vor der südwestkanad. Küste, 31 284 km², Hauptort Victoria.

Vandalen (Wandalen), ostgerman. Stamm; urspr. in Skandinavien, im 1. Jh. v. Chr. in Schlesien und Polen, Ende des 2. Jh.s auch an der oberen Theiß; überquerten 406 den Rhein bei Mainz, 409 die westl. Pyrenäen, 429 die Straße von Gibraltar, gründeten unter Geiserich ein Reich in Nordafrika; 455 Plünderung Roms; 533/534 Zerstörung des V.reiches durch den oström. Feldherrn Belisar.

Vanen (auch Wanen), Göttergeschlecht der german. Mythologie, das Fruchtbarkeit beschert.

Vangionen (Wangionen), Teilvolk der ↑Sweben; siedelten sich unter Ariovist um Worms an.

Vanille [va'nilje; lat.], auf Bäumen wachsende trop. Orchidee; wertvolles Gewürz; synthet. gewonnen als *Vanillin.*

Vanuatu, Republik im sw. Pazifik, umfasst die Neuen Hebriden. – Landwirtsch.: Kokosnüsse, Kakao; Kaffee; Fremdenverkehr. – 1606 span. Entdeckung der Neuen Hebriden; 1906 unter frz.-brit. Verw.; 1980 als V. unabh.; Mitgl. des Commonwealth u. der UN.

var., Abk. für: **var**ietas (Varietät, Abart).

Varanasi (fr. Benares), ind. St. am mittl. Ganges, 926 000 E; relig. Zentrum des Hinduismus; 2 Univ.; Handel; ✈.

Varese, ital. Prov.-Hptst. östl. des Lago di V., 85 500 E; histor. Bauten; versch. Industrie; ✈.

Varèse, Edgar [va'rɛ:z], * 1885, † 1965, amer. Komponist frz. Herkunft; radikaler Avantgardist, arbeitet mit geräuschhaften Schlagzeugeffekten.

Varia [lat.], Verschiedenes.

variabel [lat.], veränderlich.

Variable (Veränderliche), eine [math.] Größe, deren Wert nicht festgelegt ist.

Variante [lat.]: **1)** Abwandlung, Abweichung; Spielart; **2)** abweichende Lesart einer Textstelle; **3)** eine von mehr. mögl. Fortsetzungen des [Schach]spiels.

Variation [lat.]: **1)** ↑Kombinato-

Vanuatu

Fläche: 12 190 km²
Einwohner: (1995) 169 000
Hauptstadt: Port Vila
Amtssprachen: Bislama, Englisch, Französisch
Zeitzone: MEZ + 10 Stunden

Vatikanstadt

Fläche: 0,44 km²
Einwohner: (1995) 1 000
Amtssprache: Italienisch
Zeitzone: MEZ

rik; **2)** Veränderung eines musikal. Themas in melod., rhythm. u./od. harmon. Hinsicht; in der Zwölftontechnik ausschließl. Prinzip; **3)** Abweichung der Individuen einer Art von der Norm (Biol.).

Variationsrechnung, Teilgebiet der Math., das sich mit der Berechnung der Extremalwerte best. Integrale befasst.

Varieté [frz.], Theater mit bunt wechselndem Programm (bes. artist. Darbietungen).

Variometer [lat.; gr.]: **1)** Gerät zur Messung geringfügiger Änderungen best. Messgrößen (z. B. erdmagnet. Feld, Luftdruck), i. e. S. zur Messung der Steig- u. Sinkgeschwindigkeit eines Flugzeugs; der *Variograph* zeichnet die Messwerte selbst. auf; **2)** Spule mit stetig veränderl. Selbstinduktion.

Varix [lat.], svw. ↑Krampfader.

Varnhagen von Ense ['farn-]: **1)** Karl August, * 1785, † 1858, dt. Schriftsteller; Mitgl. des Nordsternbundes der Berliner Romantik; „Biograph. Denkmale"; **2)** Rahel, geb. Levin, * 1771, † 1833, Gattin von 1); in ihrem Berliner Salon verkehrten bed. Künstler.

Varro, Marcus Terentius, gen. Reatinus, * 116, † 27 v. Chr., röm. Schriftsteller; erforschte Kultur-, Religions-, Lit.-Gesch. u. Sprachwissenschaft.

Varuna, oberster Gott des Veda; mit Mithra Hüter der ewigen Weltordnung.

Varus, Publius Quinctilius, * um 46 v. Chr., † 9 n. Chr., röm. Statthalter Germaniens ab 7 n. Chr.; Niederlage gg. den Cherusker Arminius im Teutoburger Wald; Selbstmord.

Vasall [lat.], im Lehnswesen der Freie, der sich in den Schutz eines mächtigen Herrn begab, v. diesem seinen Unterhalt bezog u. sich dafür zu Gehorsam u. Dienst, später zu Rat u. Hilfe verpflichtete.

Vasarély, Victor de [vazare'li], * 1908, † 1997, frz. Maler ungar. Herkunft; um 1951 formulierte er die Prinzipien der Op-Art bzw. der Farbkinetik.

Vasari, Giorgio, * 1511, † 1574, ital. Maler, Baumeister u. Kunstschriftsteller; Slg. von Lebensbeschreibungen ital. Künstler von Cimabue bis Michelangelo.

Vasco da Gama ↑Gama, Vasco da.

Västerås [vɛstər'o:s], schwed. Prov.-Hptst. (von Västmanland) am N-Ufer des Mälarsees, 121 000 E; Domkirche; Elektromasch.-, Metallindustrie; bed. Binnenhafen.

Vaterrecht, svw. ↑Patriarchat.

Vaterschaft, Verhältnis vom Vater zum Kind, im Kindschaftsrecht v. Bed. Die gesetzl. V.svermutung (aufgrund der gesetzl. Empfängniszeit) hat mind. die ↑Unterhaltspflicht des vermuteten Vaters zur Folge. Diese Vermutung kann durch negat. V.snachweis entkräftet werden. Ist die V. für ein anderes Rechtsverhältnis als die Unterhaltspflicht von Bed., kann allg. auf Feststellung der tatsächl. V. geklagt werden; ein *V.snachweis* ist meist nur negativ (Ausschluss der V.) möglich (Blutgruppenbestimmung u. a.).

Vaterunser (Gebet des Herrn), von Jesus den Jüngern gegebener Gebetstext (in 2 Versionen überliefert: Matth. 6, 9–13 und Luk. 11, 2–4).

Vatikan, auf dem *Mons Vaticanus,* zw. Engelsburg u. Janiculum, gelegener Wohnsitz des Papstes in Rom. Im 15. und 16. Jh. zur größten Palastanlage der Welt ausgebaut; mit Sixtin. Kapelle, den *V.ischen Sammlungen* (Antikenslg., Pinakothek), Vatikan. Bibliothek und Vatikan. Archiv.

Vatikanische Konzile, Bez. des 20. und 21. ökumen. Konzils (im Vatikan abgehalten): *I. Vaticanum* 1869/70, auf dem die Unfehlbarkeit definiert wurde; vertagt, als Rom am 20. 9. 1870 von ital. Truppen besetzt wurde; *II. Vaticanum* 1962–65, unter Johannes XXIII. u. Paul VI., Themen: das Selbstverständnis der Kirche, der Dialog mit der mod. Ges. und den anderen christl. Konfessionen, Kurien-, Liturgiereform.

Vatikanstadt (ital. Città del Vaticano), am rechten Tiberufer in Rom gelegener kleinster Staat der Erde, 0,44 km², 750 E; ↑Vatikan, Vatikan. Bibliothek, ↑Peterskirche. Zahlr. wiss. Einrichtungen (Akademien, Hochschulen), Rundfunkanstalt, Observatorium. Weltl. Hoheitsgebiet aufgrund der Lateranvertr. v. 1929 (↑auch Kirchenstaat).

Vauban, Sébastien le Prestre de [vo'bã], * 1633, † 1707, frz. Marschall; bed. Festungsbaumeister, legte im gesamten N u. O Frkr.s Sperrfestungen an. Einer der Begr. der Statistik.

Vaudeville [vod'vi:l; frz.], frz. Gassenhauer; auch Volks- und Trinklied; später burleskes oder satir. Singspiel.

v. Chr., Abk. für: **v**or **Chr**istus.

VDE, Abk. für: ↑**V**erband **D**eutscher **E**lektrotechniker (VDE) e. V.

VDEW, Abk. für: **V**ereinigung **D**eutscher **E**lektrizitäts**w**erke – VDEW – e. V.; Frankfurt am Main.

VDI, Abk. für: **V**erein **D**eutscher **I**ngenieure e. V.

VDS, Abk. für: **V**ereinigte **D**eutsche **S**tudentenschaften.

VEB, Abk. für: ↑**v**olks**e**igener **B**etrieb.

Veda (Weda), älteste religiöse Lit.-Sammlung der Inder, vermutl. aus der Zeit vor dem 1. Jt. v. Chr.; gegliedert in Rigveda (Hymnen an die Götter), Samaveda (Lieder), Yajurveda (Opfersprüche) u. Atharvaveda (Zauberlieder); gelten als Offenbarung.

Vega Carpio, Lope Félix de, * 1562, † 1635, span. Dichter des Hochbarocks; als bed. Lyriker und Begr. des nat. span. Theaters v. gr. Volkstümlichkeit; erzählende Prosa; Hauptleistung auf dramat. Gebiet, von angebl. 1 500 Dramen rd. 500 erhalten.

Vegetari|er, Anhänger des *Vegetarismus,* einer Ernährungsweise, die ausschließl. rein pflanzl. Kost gelten lässt *(strenger V.);* der gemäßigtere *Lakto-V.* lässt auch Milch, Milcherzeugnisse und Eier zu.

Vegetation [lat.], Gesamtheit des Pflanzenbestandes [einer best. Gegend].

vegetativ [lat.]: **1)** pflanzl.; **2)** ungeschlechtl.; **3)** dem Willen nicht unterliegend (von Nerven; Med.).

Veilchen (Viola), Gatt. der V.gewächse; Kräuter, Blüten zweiseitig-symmetr., mit Sporn, oft blau bis violett; zahlr. Arten, u. a. Stiefmütterchen.

Veit, hl. ↑Vitus, hl.

Vektor [lat.], eine Größe, die durch Betrag und Richtung festgelegt ist, graf. Darst. als gerichtete Strecke best. Länge.

Vektor|rechnung, Teilgebiet der Math., das den rechner. Umgang mit V.en zum Gegenstand hat; umfasst *Vektoralgebra* und *Vektoranalysis*.

Velarlaut [lat.; dt.], mithilfe des Gaumensegels gebildeter Laut, z.B. „ch" in „ach".

Velázquez, Diego Rodríguez de Silva y [ve'laskɛs], * 1599, † 1660, span. Maler; Hauptmeister des span. Barocks; Hofmaler in Madrid; relig. und mythol. Szenen, Bildnisse und Gruppenbilder.

Velbert [f-], St. nw. von Wuppertal, NRW, 89800 E; bed. Metallwarenindustrie.

Velde, 1) Adriaen van de, * 1636, † 1672, niederl. Maler und Radierer; Landschafts- und Tierbilder in warmer Farbigkeit; **2)** Henry Clemens van de, * 1863, † 1957, belg. Architekt; einer der Begr. des Jugendstils („Vom neuen Stil"); Entwürfe für Bauten, Möbel u. Kunsthandwerk; **3)** Theodo[o]r Hendrik van de, * 1873, † 1937, niederl. Gynäkologe und Sexualforscher; „Die vollkommene Ehe"; **4)** Willem van de, d. J., * 1633, † 1707, Bruder von 1), niederl. Zeichner und Maler; s. 1674 Hofmaler in London (Seeschlachten).

VELKD, Abk. für: **V**ereinigte **E**vangelisch-**L**utherische **K**irche **D**eutschlands (↑lutherische Kirchen).

Veltlin [f-] (ital. Valtelina), ital. Talschaft der Adda obh. des Comer Sees, Hauptort Sondrio; Weinbau, Viehzucht. – 1512–1797 bei Graubünden, 1814/15 östr., 1859 italienisch.

Venda, ehem. Heimatland der V. in der Rep. Südafrika, 7460 km², 529000 E, Hptst. Thohoyandou. 1979–94 formal von Südafrika unabh., internat. nicht anerkannt.

Venedig (ital. Venezia), ital. Prov.-Hptst. u. Hafenst. am *Golf von V.,* Hptst. der Region Venetien, 306500 E; auf 118 kl. Inseln in der *Lagune von V.* erbaut, von über 150 Kanälen (rd. 400 Brücken) durchzogen (Canal Grande 3,8 km), durch Strandwälle von der offenen Adria getrennt, mit dem Festland durch 3,6 km lange Auto- und Eisenbahnbrücke verbunden; bed. Kulturzentrum, Museen, Kunstausstellungen (Biennale), Musik-, Filmfestspiele; Mittelpt. der St. der Markusplatz mit der Markuskirche (im Wesentl. 11. Jh.) bzw. die Piazzetta mit dem Dogenpalast, der Alten Bibliothek, den Prokurazien; am Canal Grande (mit Rialtobrücke) zahlr. Paläste aus Gotik, Renaissance u. Barock; bed. Kirchen, u. a. Frarikirche (14./15. Jh.) mit Tizians „Assunta", S. Maria della Salute (1631 ff.; von B. Longhena). Bed. Kunstgewerbe; Erdölraffinerien, Masch.-, Schiffbau, Metall-, chem. u. a. Ind.; ✈. – *Gesch.:* Im 5./6. Jh. v. Venetern besiedelt, s. 697 unter einem gewählten Dogen; s. dem 9./10. Jh. Haupthandelspartner v. Byzanz u. der Levante; s. dem 12. Jh. Ausbau seiner polit. u. wirtsch. Stellung im östl. Mittelmeer (Dalmatien, Istrien, griech. Inseln, Peloponnes), s. dem 15. Jh. auch Handelsverbindungen nach England u. Flandern; Ausbildung einer oligarch. Verf.; im 17. Jh. Machtverlust; nach Absetzung des letzten Dogen 1797 durch die Franzosen östr.; 1805–14 an das Napoleon. Kgr. Italien; 1815 erneut östr., 1866 italienisch.

Venedig. *Der Canal Grande mit der Rialtobrücke im Hintergrund (1618–20)*

Venen, Adern, die kohlensäurehaltiges Blut zum Herzen führen.

Venen|entzündung, Entzündung der Venenwände; kann zu Thrombose u. Embolie führen.

Veneter, antike Völker: **1)** im nö. Italien ansäss. Volk mit hoher Kultur; **2)** kelt. Volksstamm nördl. der Loiremündung.

Veneti|en (ital. Veneto), nordital. Region, 18365 km², 4,4 Mill. E, Hptst. Venedig.

Venezuela, Rep. im N Südamerikas. Im S und SO Bergland von Guayana, das im S, W und N vom Orinoko, dem Hauptstrom V.s, umflossen wird; nw. und nördl. davon im Orinokotiefland die Llanos; den NW V.s bilden die Ausläufer der Ostkordillere der Anden, die das zum *Golf v. V.* hin geöffnete Maracaibobecken (mit Maracaibosee) einschließen; Ackerbau vorw. im N u. NW, Anbau von Mais, Reis u. a. Getreide, Zuckerrohr, Bohnen, Maniok, Kaffee, Obst, Baumwolle, Sisal; Viehzucht (Rinder, Pferde); bed. Erdölvorkommen im Maracaibobecken und in O-V., hochwertige Eisenerze, Gold u. Diamanten, Kohle; vielseit. Ind.; Haupthäfen: Maracaibo, La Guaira, Puerto Cabello. – *Gesch.:* 1498 v. Kolumbus entdeckt, 1528–46 Versuch der Kolonialisierung durch die Welser, 1546–1717 zum Vizekgr. Neuspanien, danach zum Vizekgr. Neugranada; 1811 Unabhängigkeitserklärung, Ausrufung der Rep.; s. 1819 Teil Groß-Kolumbiens, s. 1830 unabh., häufig innere Wirren; nach

Venezuela

Fläche: 912050 km²
Einwohner: (1995) 21,84 Mill.
Hauptstadt: Caracas
Amtssprache: Spanisch
Zeitzone: MEZ –5 Stunden

Erschließung der Ölfelder (1918) starker wirtsch. Aufschwung. 1964 1. verfassungsmäß. Präs.-Wechsel. Mitgl. v. UN, OAS, OPEC.

veni, vidi, vici [lat.; = ich kam, ich sah, ich siegte], kurze Mitteilung Cäsars über seinen Sieg bei Zela (47 v. Chr.).

Venizelos (Weniselos), Eleftherios, * 1864, † 1936, griech. Politiker; 1910–33 mehrf. Min-Präs., erreichte eine Gebietserweiterung Griechenlands, 1915 v. Kg. zum Rücktritt gezwungen, rief er 1916 eine provisor. Reg. aus, erklärte 1917 den Mittelmächten den Krieg.

Ventil [lat.]: **1)** steuerb. Absperr- od. Drosselvorrichtung für Rohrleitungen; **2)** Vorrichtung an der Orgel zur Regelung der Luftzufuhr an den Blasebälgen sowie b. Blechblasinstrumenten zur Verkürzung od. Verlängerung d. Rohrs.

Ventrikel [lat.]: **1)** svw. ↑Magen; **2)** Bez. für Herz-, Gehirnkammer.

Ventura, Lino, eigtl. Angelo Borrini, * 1919, † 1987, frz.-ital. Filmschauspieler („Der Maulwurf“).

Venus, italische Frühlings- und Gartengöttin, später der griech. Göttin Aphrodite gleichgesetzt als Göttin der Schönheit u. Liebe.

Venus [lat.], 2. Planet (von der Sonne aus); erdnächster innerer Planet (mittl. Entfernung von der Sonne 108,2 Mill. km); größte Elongation (von der Erde aus) 47°, V. daher *Abend-* oder *Morgenstern;* erdähnl. Dimensionen, dichte Wolkenhülle, Oberflächentemp. etwa 460 °C b. einem Druck v. 90 bar; Umlaufzeit 225 Tage, Eigenrotation in 243 Tagen.

Venusberg, 1) Name mehr. Berge in Dtl., v. a. in Thüringen u. Schwaben, in denen Frau Venus haust (Tannhäusersage); **2)** svw. Schamhügel der Frau.

Veracruz [bera'kru:s], mex. Staat, am Golf von Mexiko, 71 699 km², 6,2 Mill. E, Hptst. Jalapa Enríquez.

Veracruz Llave [bera'kru:s 'jaße], mex. Hafenstadt in Veracruz, 328 000 E; ⚓. – Als erste span. St. Mexikos 1519 von H. Cortez gegr., Ausgangshafen der „Silberflotten“.

Ver|änderliche: 1) svw. ↑Variable; **2)** (veränderl. Sterne) Sterne, bei denen eine od. mehr. Zustandsgrößen (v. a. die scheinb. Helligkeit) einer zeitl. Änderung unterworfen sind; als *Pulsations-V.* (u. a. Cepheiden, Mira-, RR-Lyrae-Sterne) od. *erupt. V.* ([Super]novä u. a.).

Ver|ätzungen, [Schleim]hautverletzungen durch Säuren und Laugen. – Erste Hilfe: 1. *Äußere V.:* Kleider herunter u. sofort verätzte Stellen mit Wasser ausgiebig abspülen, keimfreier Verband. 2. *Innere V.* durch Verschlucken von Säuren u. Laugen: Verunglückten Wasser oder Tee trinken lassen.

Verb[um] [lat.], Zeit-, Tätigkeitswort; wird als Prädikat eines Satzes in je 3 Personen des Singulars u. Plurals sowie in versch. Zeiten (Gegenwart, Vergangenheit, Zukunft) konjugiert, wobei die tät. od. leidende Anteilnahme des Subjekts durch Aktiv oder Passiv, die tatsächl. Aussage durch den Indikativ, die mögl. durch den Konjunktiv ausgedrückt wird.

Verband: 1) soz. Gebilde, das durch Zusammenschluss zur Verfolgung gemeinsamer Interessen entsteht; **2)** Zusammenschluss mehrerer Einheiten (mil.); **3)** Mittel zur Wundversorgung u. zur Ruhigstellung verletzter Glieder: Deck-, Druck-, fester V. (z. B. Gips-V.), Heftpflaster-, Bindenverband; **4)** algebraische Struktur mit 2 zweistell. Verknüpfungen, für die best. Axiome gelten.

Verband Deutscher Elektrotechniker e. V. (VDE), 1893 gegründete wiss.-techn. Ges. der Elektroingenieure, Sitz Frankfurt am Main.

Verband deutscher Schriftsteller e. V. (VS), 1969 aus der *Bundesvereinigung Dt. Schriftsteller e. V.* (BDS) hervorgegangener Schriftstellerverband.

Verband für Arbeitsstudien – REFA – e. V. ↑REFA.

Verbindlichkeit: 1) persönl. Verpflichtung gegenüber einem Gläubiger; **2)** (V.en) alle Schulden eines Unternehmens.

Verbraucherschutz, Gesamtheit der rechtl. Vorschriften, die den Verbraucher vor Benachteiligungen schützen sollen (u. a. Preisauszeichnungspflicht, Produkthaftungs-Ges.).

Verbrauchsteuern, Steuern auf den Verbrauch best. Güter (z. B. Kaffee, Tee, Tabak).

Verbrechen, i. w. S. jede mit Kriminalstrafe bedrohte Handlung, i. e. S. strafbare Handlung, die im Mindestmaß mit Freiheitsstrafe v. einem Jahr od. darüber bedroht ist.

Verbrechen gegen die Menschlichkeit, die in den Nürnberger Prozessen als Kriegsverbrechen i. w. S. bestraften Handlungen gg. die Zivilbev., insbes. Ausrottung, Versklavung, Verschleppung u. Verfolgung aus polit., rass. u. relig. Gründen.

Verbrennung: 1) unter Flammenbildung ablaufende Reaktion von Stoffen (v. a. mit Sauerstoff); **2)** Folge zu starker Einwirkung v. Hitze, Strahlenenergie (Sonne, Röntgenstrahlen, Radium, radioaktive Isotope), Dampf, Elektrizität auf Haut u. Körpergewebe; Hautrötung (V. 1. Grades), Blasenbildung (V. 2. Grades), große Brandwunden m. absterbendem Gewebe (V. 3. Grades), Verkohlung (V. 4. Grades). – Erste Hilfe: Flammen mit Decken o. Ä. ersticken, evtl. auch durch Herumwälzen des Brennenden. Festgeklebte Kleider nicht entfernen, Brandblasen nicht öffnen; keimfreier Verband, kein Brandpuder, kein Öl, keine Salbe! Bei größeren V.en keinen Verband!

G. Verdi

Verbrennungsmotoren (Explosionsmotoren), Kraftmaschinen, in denen Kolben bewegt u. so über diese Wärme- in mech. Energie umgewandelt wird; Viertakt-, Zweitakt-, Otto-, Diesel-, Wankel-[Drehkolben]motor.

Verbundmaschine, Doppelschlussgenerator; elektr. Maschine mit einer vom Laststrom durchflossenen Reihenwicklung u. der Nebenschlusswicklung, die für praktisch konstante Spannung zw. Leerlauf und Volllast sorgt.

Verbundwirtschaft, techn.-organisator. Wirtschaftsform, v. a. in der Energiewirtsch.: Zusammenschluss mehr. Betriebe zur Steigerung der Wirtschaftlichkeit.

Vercingetorix, * um 82, † 46 v. Chr., Kg. der gall. Arverner; Führer des gesamtgall. Aufstands gg. die Römer (52); nach Cäsars Triumph über Gallien getötet.

Verdampfung, Übergang eines Stoffes vom flüss. in den gasförm. Aggregatzustand; findet im Ggs. zum Sieden nur an der Oberfläche statt; *V.swärme,* Wärmemenge, die notwendig ist, um die Mengeneinheit einer Flüssigkeit ohne Temp.-

Vereinigte Arabische Emirate

Fläche: 83 600 km^2
Einwohner: (1995) 1,9 Mill.
Hauptstadt: Abu Dhabi
Amtssprache: Arabisch
Zeitzone: MEZ +3 Stunden

Erhöhung vom flüss. in den gasförm. Aggregatzustand zu überführen; Einheit J/kg.

Vẹrdandi, eine der Nornen.

Verdau|ung (Digestion), durch enzymat. Zerlegung in niedermolekulare Substanzen gekennzeichneter Abbau der Nahrung in [für den Organismus] resorptionsfäh. Stoffe b. Tier u. Mensch; Abbau der Eiweiße zu Aminosäuren, der Kohlenhydrate zu Monosacchariden und der Fette zu Glyzerin u. Fettsäuren; *V.skanal* (V.strakt), die am V.svorgang beteiligten Hohlorgane (Mundhöhle, Rachen, Speiseröhre, Magen, Darm).

Vẹrdi, Giuseppe [Fortunino Francesco], * 1813, † 1901, ital. Opernkomponist; Gegenspieler R. Wagners, ebenfalls um die Gestaltung des Musikdramas bemüht in seinem ganz vom Text her best. Kompositionsstil; „Rigoletto", „Der Troubadour", „La Traviata", „Die sizilian. Vesper", „Ein Maskenball", „Die Macht des Schicksals", „Don Carlos", „Aida", „Othello", „Falstaff"; Streichquartett e-Moll, „Requiem" u. „Stabat mater".

Verdienstorden der Bundesrepublik Deutschland (B.-Verdienstkreuz), v. B.-Präs. 1951 gestiftete Auszeichnung für „Leistungen, die im Bereich der polit., wirtsch., soz. u. geistigen Arbeit dem Wiederaufbau des Vaterlandes dienten"; 3 Klassen.

Verdrängung, Hemmung psych. ↑Antriebe durch „Abschieben" aus dem Bewusstsein in das Unbewusste (Psychoanalyse).

Verdun [vɛr'dœ̃], frz. St. im Dép. Meuse, 21 500 E; roman. Kathedr., barockes Rathaus. – Kelt. Gründung, im 13. Jh. R.-St., 1648 an Frkr. abgetreten, von Vauban zur starken Festung ausgebaut, im 1. Weltkrieg (Schlacht um V.) hart umkämpft. – Im *Vertr. von V.* (843) teilten die Söhne Ks. Ludwigs des Frommen das Fränk. Reich: Karl d. Kahle erhielt den W, Lothar das Mittelreich u. die Kaiserwürde, Ludwig der Deutsche den Osten.

Verdunkelungsgefahr, Gefahr der Vernichtung v. Spuren einer Straftat od. anderen Beweismitteln od. Gefahr einer die Wahrheitsermittlung erschwerenden Beeinflussung von Zeugen oder Mitschuldigen durch den Beschuldigten; Grund für ↑Untersuchungshaft.

Vered[e]lung: 1) Bez. für Weiterbe- od. Weiterverarb.; **2)** Maßnahme zur Qualitätsverbesserung eines Holzgewächses durch Übertragung eines Teils einer edleren Pfl. *(Edelreis);* bes. im Obst- u. Weinbau und in der Gärtnerei; versch. Verfahren: Okulation, Pfropfung, Kopulation.

Verein, eine auf Dauer angelegte Personenvereinigung, die unter einem *V.snamen* ein einheitl. Ziel verfolgt u. in ihrem Bestand vom Wechsel der Mitgl. unabh. ist: 1. *rechtsfähiger V.:* jurist. Person des privaten Rechts; Erlangung der Rechtsfähigkeit b. Gewinnstreben mittels wirtsch. Geschäftsbetriebes *(wirtsch. V.)* durch staatl. Verleihung, bei einem V. ohne Gewinnstreben *(Ideal-V.)* durch Eintragung ins V.sregister; 2. *nichtrechtsfähiger Verein:* organisiert wie rechtsfähiger V., Anwendung der Vorschriften über die Ges. des bürgerl. Rechts.

Vereinigte Arabische Emirate, 1971/72 gebildete Vereinigung der Scheichtümer Abu Dhabi, dessen Herrscher Präs. wurde, Dubai, Ajman, Fujaira, Ras al Khaima, Sharja u. Umm al Kaiwain im O der Arab. Halbinsel, am Pers. Golf, die fr. das brit. Schutzgebiet *Befriedetes Oman* bildeten; Erdölförderung, -raffinerie, daneben Meerwasserentsalzungsanlagen.

Vereinigte Arabische Republik (VAR), 1958–61 Staatenbund zw. Syrien u. Ägypten, dann bis 1971 Staatsname v. Ägypten.

Vereinigte Deutsche Studentenschaften, Abk. VDS, student. Dachverband der wiss. Hochschulen der BRD.

Vereinigte Evangelisch-Lutherische Kirche Deutschlands (VELKD) ↑lutherische Kirchen.

Vereinigte Staaten von Amerika (United States of America, USA), Union von 50 B.-Staaten u. einem B.-Distrikt in Nordamerika. Drei unterschiedl. gr., weit voneinander getrennte Teilräume: ↑Alaska im NW des Erdteils, die ↑Hawaii-Inseln u. das Hauptgebiet der 48 B.-Staaten: Alabama, Arizona, Arkansas, Colorado, Connecticut, Delaware, Florida, Georgia, Idaho, Illinois, Indiana, Iowa, Kalifornien, Kansas, Kentucky, Louisiana, Maine, Maryland, Massachusetts, Michigan, Minnesota, Mississippi, Missouri, Montana, Nebraska, Nevada, New Hampshire, New Jersey, New Mexico, New York, North Carolina, North Dakota, Ohio, Oklahoma, Oregon, Pennsylvania, Rhode Island, South Carolina, South Dakota, Tennessee, Texas, Utah, Vermont, Virginia, Washington, West Virginia, Wisconsin, Wyoming. *Gliederung* (↑auch Nordamerika): Hauptgebiet erstreckt sich vom Pazifik nach O über mehr als 4 000 km zur atlant. Küste, von der kanad. Grenze im N bis Mexiko u. zum Golf von Mexiko im S über mehr als 2 000 km. Das westl. Drittel u. Alaska werden von den Kordilleren (Rocky Mountains, intermontane Zone, Küstengebirge) durchzogen; der mittl. Teil ist ein riesiges, vorw. aus paläo- u. mesozoischen Gesteinen aufgebautes, zum Mississippi sich senkendes Stufenland. Die Appalachen im O haben Mittelgebirgscharakter, flache Atlantikküste. *Klima:* Sehr un-

Vereinigte Staaten von Amerika

Fläche: 9 372 614 km^2
Einwohner: (1995) 263,25 Mill.
Hauptstadt: Washington (D.C.)
Amtssprache: Englisch
Zeitzonen: (von W nach O)
MEZ −12 bis −6 Stunden

terschiedl.; S-Florida subtrop., die kaliforn. Küstenregion südl. von San Francisco mediterran mit Winterregen; der größte Teil der USA liegt in der gemäßigten Zone u. hat kontinentales Klima; in den intermontanen Ldsch. des W jährl. Niederschlagsmenge nicht über 250 mm, der ges. N hat strenge Winter u. gemäßigte Sommer; Alaska nur am pazif. Gebirgsrand regenreich, meist boreales, im N Tundrenklima. *Vegetation:* Mehr als $^1/_4$ der Gesamtfläche ist bewaldet; westl. der Appalachen u. a. Prärie, im äußersten S in eine subtrop. Dornbuschsavanne übergehend; in den Tälern u. Beckenldsch. zw. den Geb.-Zügen viel Wüstensteppe, teilw. absolute Vegetationslosigkeit; im südl. Klimabereich Kaliforniens verbreitet macchienartige Hartlaubgewächse; das Yukonbecken Alaskas größtenteils mit borealem Nadelwald, der W u. N gehören zur Tundrenregion, die vegetationslosen Geb. sind arkt. Kältewüste. *Tierwelt:* ↑Nordamerika. *Bev.:* Die USA hatten 1990 (Volkszählung) 248,71 Mill. E (1980: 226,5 Mill. E). Von ihnen waren 199,7 Mill. Weiße, 29,98 Mill. Schwarze, 1,95 Mill. Indianer 7,27 Mill. Asiaten oder Bewohner pazif. Inseln, 9,8 Mill. Angehörige anderer Volksgruppen. 1990 wurden 1,83 Mill. Einwanderer gezählt. Am dichtesten besiedelt sind einige NO-Staaten; die geringste Bev.-Dichte hat Alaska. *Religion:* 35 % Protestanten (v. a. Baptisten u. Methodisten), 24 % Katholiken, 2,4 % Juden, 2 % Angehörige von orth. Kirchen. *Wirtsch.:* Freie Marktwirtsch. (free enterprise), durch Staat u. Monopole lenkend beeinflusst. Land- u. forstwirtsch. genutzt werden fast 80 % der Festlandfläche; v. a. Mais, Weizen u. Hafer; wichtig sind auch Baumwolle, Tabak, Zuckerrohr, Obst, Gemüse. Bed. Bewässerungswirtsch.; hochgradige Mechanisierung der Landw.; führend in der Welterzeugung bei Sojabohnen, Mais, Hafer, Tabak u. Baumwolle. *Viehzucht:* Rinder, Schweine, Schafe, Geflügel. Umfangr. Küsten- u. Hochseefischfang, v. a. Kabeljau, Makrelen, Heringe; auch etwa 75 % der Weltproduktion an Austern. Außerordentl. vielseitige u. umfangreiche *Bodenschätze*, in vielen Erzeugnissen führend in der Weltproduktion; zahlr. Kohlenlager, bis heute nur teilw. ausgebeutet (umfangreichste im Bereich der Appalachen). Bed. Erdöllager in Texas, Kalifornien und Louisiana mit rd. $^2/_3$ der US-Erdölproduktion. Allg. sind die Erdölgebiete auch sehr reich an Erdgas. Die größten der zahlreichen Wasserkraftwerke sind die des Grand Coulee Dam und des Hoover Dam; auch zahlr. Kernenergieanlagen. Reiche Eisenerzlager am Oberen See (Mesabi Range) und in Alabama (Birmingham). Mit 1,64 Mill. t Raffinadekupfer (1991) an 2. Stelle in der Weltkupfererzeugung. Gold wird vorw. in Kalifornien gewonnen; wichtig sind ferner Silber-, Blei-, Zink-, Molybdän-, Vanadin-, Wolfram- sowie Magnesiumerzlagerstätten; Bauxit, Quecksilber, Mangan, Chrom u. Antimon nur in geringem Umfang; Zinn u. Nickel fehlen fast vollkommen; Uranerze werden v. a. in Colorado, Utah u. New Mexico gefördert. Nichtmetall. Minerale: Schwefel, Phosphate u. Kalisalze. Die Eisen- u. Stahlerzeugung hat ihre Standorte v. a. in den Ind.-Gebieten von Pittsburgh, Youngstown, Steubenville, Wheeling, Detroit, Toledo, Chicago, Gary; in Alabama das südappalach. Ind.-Gebiet; bed. Metall verarbeitende Ind. in Philadelphia, Chicago u. Dayton, Worcester, St. Louis, Syracuse; Hauptzentren der Automobilind. in Michigan (v. a. Detroit); Gummiind. (zunehmend synthet. Produkte) bes. in Akron u. Los Angeles; Flugzeugind. v. a. längs der W-Küste (Seattle, Los Angeles, San Diego, Burbank, Long Beach, Inglewood), in Kansas u. Texas. Bed. Schiffswerften v. a. an d. atlant. Küste: Sparrows Point bei Baltimore, Quincy bei Boston, Kerny, Newport News, Camden u. a. In der Textilind. (bes. im O der USA) überwiegt die Baumwollverarb.; in den nördl. Staaten Wollind. Rasche u. umfangr. Entwicklung der chem. Ind., an der Golfküste Chemiedistrikt mit dem Zentrum Houston. Bed. ferner die Elektro-, elektron., opt. u. feinmech. Industrie. Vielseitige Nahrungs- und Genussmittelindustrie, hervorzuheben sind: Schlachthäuser und Fleischkonservierungsfabriken des Mittl. Westens (Chicago, St. Louis, Kansas City); Obst- und Gemüsekonservierung (v. a. in Kalifornien), Tabakwarenind. (bes. in Virginia, North Carolina, Tennessee u. Kentucky). Verkehrsmäßig gut erschlossener Wirtschaftsraum; dichtes Netz der Straßen u. Schienenwege, bes. im O; bed. Rolle der Binnenschifffahrt u. des Flugverkehrs; rd. 6,3 Mill. km Straßen, davon etwa 5,6 Mill. km mit fester Decke, 1990 mehr als 145 Mill. Kraftfahrzeuge. Schienenlänge der Eisenbahnen: 259 000 km; der Luftverkehr (rd. 17 400 Flugplätze) verbindet alle wichtigen Zentren. 95 % der ges. Agrar- und Industrieproduktion werden im Land verbraucht; importiert werden hpts. Rohstoffe; Hauptausfuhrgüter: Maschinen u. Fahrzeuge, Eisen u. Stahl, Erdöl u. Erdölderivate, Kohle, Baumwolle u. Baumwollwaren, Kunstfasern, Getreide, Tabak und Tabakwaren, Nahrungsmittel (Konserven), Chemikalien, Medikamente u. a. Haupthafen der USA ist New York, wo etwa ein Viertel des Gesamtverkehrs zusammenläuft; bed. am Atlantik sind ferner Boston, Philadelphia u. Baltimore; Galveston u. New Orleans am Golf von Mexiko sind Baumwollausfuhrhäfen; am Pazifik sind San Francisco, Los Angeles u. Seattle die größten Häfen.

Geschichte: Die USA entstanden aus brit. Kolonien an der nordamer. O-Küste, von denen Virginia die älteste war. Seit 1620 erfolgte die Besiedlung der Gebiete nördl. von Virginia durch puritan. Einwanderer, die jüngste Gründung war Georgia (1733). Durch wachsendes polit. Selbstbewusstsein der Kolonien Auseinandersetzungen mit dem Mutterland. 1774 Zusammenschluss der 13 Kolonien auf dem 1. Kontinentalkongress in Philadelphia. 1775–83 Unabhängigkeitskrieg (1776 Unabhängigkeitserklärung). Die B.-Verf. von 1787 errichtete eine Präsidialdemokratie; sie wurde mehrfach ergänzt u. ist heute noch gültig: Der Präs., der alle vier Jahre v. Volk indirekt gewählt wird, ist Staatsoberhaupt u. führt die Reg. Gesetzgebendes Organ ist der Kongress, bestehend aus dem Senat mit je zwei Mitgl. pro Bundesstaat u. dem Repräsentantenhaus mit 435 Mitgl. – 1803 Louisiana von Frkr. gekauft, 1819 Florida von Spanien. 1821 26 B.-Staaten. 1823 Monroedoktrin (↑Monroe, J.). Durch Aufnahme von Texas in die Union (1845) Krieg mit Mexico (1846-48), der die Einverleibung von New Mexico u. Kalifornien zur Folge hatte. Wegen des Ggs. zw. Nord- u. Südstaaten (bes. Sklavenfrage) Austritt von 11 Südstaaten aus der Union als Konföderierte Staaten von Amerika; durch den Sieg der Nordstaaten im Sezessionskrieg (1861–65) wurde die Einheit der Union wiederhergestellt. 1867 Kauf Alaskas v. Russland. In der Folgezeit gr. Aufschwung von Handel u. Ind. (1869 Eröffnung der ersten Pazifikbahn). In der Ära des Imperialismus Aufstieg zur Weltmacht; 1897 Hawaii annektiert, 1898 im Krieg gg. Spanien die Philippinen u. Puerto Rico

Präsidenten

1. George Washington, Föderalist	1789–1797	23. Benjamin Harrison, Rep.	1889–1893
2. John Adams, Föderalist	1797–1801	24. S. Grover Cleveland, Dem.	1893–1897
3. Thomas Jefferson, Rep. (Dem.)	1801–1809	25. William McKinley, Rep.	1897–1901
4. James Madison, Rep. (Dem.)	1809–1817	26. Theodore Roosevelt, Rep.	1901–1909
5. James Monroe, Rep. (Dem.)	1817–1825	27. William H. Taft, Rep.	1909–1913
6. John Qu. Adams, Unabhängiger	1825–1829	28. T. Woodrow Wilson, Dem.	1913–1921
7. Andrew Jackson, Dem.	1829–1837	29. Warren G. Harding, Rep.	1921–1923
8. Martin Van Buren, Dem.	1837–1841	30. Calvin Coolidge, Rep.	1923–1929
9. William H. Harrison, Whig	1841	31. Herbert C. Hoover, Rep.	1929–1933
10. John Tyler, Whig (später Dem.)	1841–1845	32. Franklin D. Roosevelt, Dem.	1933–1945
11. James K. Polk, Dem.	1845–1849	33. Harry S. Truman, Dem.	1945–1953
12. Zachary Taylor, Whig	1849–1850	34. Dwight D. Eisenhower, Rep.	1953–1961
13. Millard Fillmore, Whig	1850–1853	35. John F. Kennedy, Dem.	1961–1963
14. Franklin Pierce, Dem.	1853–1857	36. Lyndon B. Johnson, Dem.	1963–1969
15. James Buchanan, Dem.	1857–1861	37. Richard M. Nixon, Rep.	1969–1974
16. Abraham Lincoln, Rep.	1861–1865	38. Gerald R. Ford, Rep.	1974–1977
17. Andrew Johnson, Dem.	1865–1869	39. James E. Carter, Dem.	1977–1981
18. Ulysses S. Grant, Rep.	1869–1877	40. Ronald W. Reagan, Rep.	1981–1989
19. Rutherford B. Hayes, Rep.	1877–1881	41. George Bush, Rep.	1989–1993
20. James A. Garfield, Rep.	1881	42. Bill Clinton, Dem.	1993–2001
21. Chester A. Arthur, Rep.	1881–1885	43. George W. Bush, Rep.	seit 2001
22. S. Grover Cleveland, Dem.	1885–1889	*Rep.: Republikaner; Dem.: Demokrat*	

gewonnen. Nach anfängl. Neutralität im 1. Weltkrieg führte die dt. Erklärung des uneingeschränkten U-Boot-Krieges zur Kriegserklärung der USA an das Dt. Reich (1917). Präs. T. W. Wilson (1913 bis 1921) konnte seine Friedenspläne auf der Grundlage der von ihm aufgestellten 14 Punkte nicht durchsetzen. Eine Ratifizierung des Versailler Vertr. lehnte der Kongress ebenso ab wie einen Beitritt zum Völkerbund. Rückkehr zu einer isolationist. Pol. Ende des Wirtschaftsaufschwunges der Nachkriegszeit in der Weltwirtschaftskrise 1929, die Präs. F. D. Roosevelt durch den New Deal bekämpfte. Bei Beginn des 2. Weltkrieges wahrten die USA trotz ihres ideol. Ggs. zu den Achsenmächten die Neutralität, doch wurden durch ein bed. Rüstungsprogramm zugleich die europ. Westmächte unterstützt. Der jap. Überfall auf Pearl Harbor (Dez. 1941) löste den Kriegseintritt der USA aus, der kriegsentscheidend werden sollte. Die gute Zusammenarbeit mit der UdSSR während des Krieges zerbrach nach 1945. Präs. H. S. Trumans neuer Kurs suchte, in bewusster Abkehr von der Monroedoktrin, der kommunist. Expansion durch mil. u. wirtsch. Unterstützung der westl. Welt entgegenzuwirken (↑Europ. Wiederaufbauprogramm; Hilfe für die Türkei u. Griechenland; Hilfe für unterentwickelte Gebiete; Koreakrieg). In weltweiten Bündnissystemen (NATO u. a.) sind die USA Führungsmacht. Bei Prosperität u. relativer Stagnation der Ära Eisenhower wirkte als Schock der Start von Sputnik 1 (1957), wodurch die Überlegenheit der UdSSR in einem [auch strateg.] wesentl. Bereich erwiesen war. In den 60er-Jahren verschärfte sich der Rassenkonflikt, der durch die Bürgerrechts- u. Sozialgesetzgebung unter den Präs. J. F. Kennedy u. L. B. Johnson nur gemildert wurde. Nach der Konfrontation mit der UdSSR in der Kubakrise (1962) Übergang zu einer Pol. der Ost-West-Entspannung. S. etwa 1962 mil. Engagement in Vietnam. Die Eskalation des Vietnamkrieges ab 1964 wurde zur schweren innenpolit. Belastung (militante Protestbewegung). 1973 Rückzug der US-Truppen aus Indochina. Die Eroberung Kambodschas u. Süd-Vietnams durch die kommunist. Truppen 1975 war die erste mil. Niederlage der USA in ihrer Geschichte. Nachdem R. Nixon wegen seiner schuldhaften Verstrickung in die Watergate-Affäre zurückgetreten war, wurde 1974 G. R. Ford Präs. der USA. Unter dem Demokraten J. E. Carter geriet die Entspannungspol. nach dem sowj. Einmarsch in Afghanistan (Ende 1979) ins Stocken (keine Ratifikation der SALT-II-Vertr., Boykott der Olymp. Sommerspiele 1980 in Moskau u. a.). Innenpolit. wurde die Geiselnahme der amer. Botschaftsangehörigen in Teheran (Nov. 1979) u. deren fehlgeschlagener Befreiungsversuch (April 1980) zu einer starken Belastung. J. E. Carters Nachfolger, der Republikaner R. W. Reagan, betrieb eine Pol. der Stärke gegenüber der UdSSR u. linksgerichteten Reg. in Mittelamerika (1983 Invasion Grenadas; 1989 mil. Intervention in Panama). Präs. G. Bush (s. 1989) vertrat außenpolit. entschieden die Interessen der USA, v. a. im ↑Golfkrieg 1991, konnte im Innern aber keine entscheidenden Impulse setzen. B. Clinton, Präs. s. 1993 (wieder gewählt 1996), setzte sich im Innern für Sozialreformen ein, in der Außenpol. suchte er im Nahostfriedensprozess zu vermitteln. Im Kosovokonflikt übernahmen die USA 1999 die Führung eines NATO-Mil.schlags gg. die Bundesrep. Jugoslawien, beteiligten sich danach maßgebl. an Friedensregelung. – ↑nordamerikan. Kunst, ↑nordamerikan. Literatur, ↑nordamerikan. Musik.

Vereinigte Wirtschaftsdienste GmbH (VWD) ↑Übers. S. 463.

Vereinigungsfreiheit, das im GG verbürgte Recht aller Deutschen, Vereine und Gesellschaften zu bilden, soweit deren Zweck od. Tätigkeit nicht den Strafges. zuwiderlaufen u. soweit sie nicht gg. die verfassungsmäß. Ordnung od. den Gedanken der Völkerverständigung gerichtet sind.

Vereinigungskirche e. V., 1954 von dem Koreaner San Myung Mun (* 1920) aufgrund einer Vision gegr. neue Religion, seit 1975 *„Gesellschaft vom Heiligen Geist zur Vereinigung der Weltchristenheit"*, meist nach ihrem Gründer *„Mun-Sekte"* genannt.

Vereinte Nationen ↑UN.

Vereisung: 1) Eisbildung an Tragflächenvorderkanten, am Leitwerk u. Propeller beim Flug durch unterkühlte Wasserwolken; **2)** Unempfindlichmachung umschriebener Hautbezirke durch Aufsprühen v. Kohlensäureschnee od. Chloräthyl zur Vornahme kl. operat. Eingriffe.

Ver|erbung, Übertragung best., für eine Art charakt. Eigensch. und Merkmale auf die Nachkommen; beruht auf Weitergabe der in den Genen bzw. der ↑Desoxyribonukleinsäure der Chromosomen des Zellkerns festgelegten genet. Information; folgt mit Ausnahme der Plasma-V. weitgehend den *mendelschen Regeln:* 1. *Uniformitätsregel,* nach der die Bastarde der 1. Filialgeneration (F_1) aus der Kreuzung reinerb. Eltern (P) untereinander geno- u. phänotyp. völlig gleich sind; 2. *Spaltungsregel,* nach der die aus der 1. Filialgeneration (F_1) durch Geschwisterkreuzung hervorgehende 2. Filialgeneration (F_2) die Merkmale der reinerb. Eltern (P) in voller Reinheit in best. Zahlenverhältnissen wieder zeigt; 3. *Unabhängigkeitsregel,* nach der bei den Nachkommenschaften v. Elternteilen, die sich in mehr als einem Merkmalpaar unterscheiden, sich jedes einzelne Anlagenpaar nach der Spaltungsregel vererbt, sodass neue Merkmalskombinationen entstehen können.

Verfassung, Rechtsnormen, die Zweck, Einrichtung, Organe u. Verw. jurist. Personen u. sonstiger organisierter Gemeinschaften regeln; in Gesetzen od. Satzungen (Statuten) enthalten.

Verfassungsbeschwerde, Beschwerde, die jedermann mit der Behauptung, durch die öff. Gewalt in seinen verfassungsmäß. Rechten (insbes. Grundrechten) verletzt worden zu sein, beim Bundesverfassungsgericht (wegen Verletzung des GG) u. bei den Verfassungsgerichten der Länder (wegen Verletzung der Landesverf.) erheben kann. Zulässig in der Regel erst nach Erschöpfung des normalen Rechtsweges (↑Verfassungsgerichtsbarkeit).

Verfassungs|eid, der Eid des Staatspräs. u. der Reg.-Mitgl. auf die Verf. (in der BRD Art. 56 u. 64 GG).

Verfassungsgerichte der Länder, Gerichte in den Ländern der BRD, die über die Auslegung der Länderverf., über die Vereinbarkeit von Landesrecht und Verf. u. a. entscheiden.

Verfassungsgerichtsbarkeit, die von den Verfassungsgerichten des Bundes u. der Länder in allen die Verf. des Staates betr. Streitigkeiten ausgeübte Gerichtsbarkeit (Bundesverfassungsgericht, Verfassungsgerichte der Länder).

Verfassungs|schutz, in der BRD Schutz der verfassungsmäß. Ordnung und Organe auch durch repressive Abwehrmaßnahmen gg. verfassungsfeindl. Aktionen; das *B.-Amt für V.* untersteht dem B.-Min. des Innern.

Verfügung, im Zivilrecht im techn. Sinn jedes auf ein Recht unmittelbar einwirkende Rechtsgeschäft; im Prozessrecht die richterl. Maßnahme, die nicht Beschluss oder Urteil ist; im Verw.-Recht der ein Gebot oder Verbot aussprechende Verwaltungsakt.

vergällen ↑denaturieren.

Vergaser, Vorrichtung beim ↑Ottomotor, durch die das zündfäh. Kraftstoff-Luft-Gemisch hergest. wird; aus dem Tank fließt der Kraftstoff in das Schwimmergehäuse; der *Schwimmer* regelt über die Schwimmernadel den Zufluss so, dass der Kraftstoff stets in Höhe der Öffnung einer mit dem Schwimmergehäuse durch eine *Dosierungsdüse* verbundenen *Zerstäuberdüse* steht; an dieser streicht der vom Zylinder angesaugte u. durch eine Drosselklappe regulierte Luftstrom vorüber; der Brennstoff wird dabei angesaugt, zerstäubt und verdampft teilw.; *Leerlaufdüse* und Startautomatik sorgen dafür, dass der Motor auch bei geringen Drehzahlen, wenn der Luftstrom zu schwach ist, um genügend Kraftstoff an der Zerstäuberdüse mitzureißen, ein genügend fettes Gemisch erhält.

Vergasung, Überführung fester od. flüss. Stoffe durch starkes Erhitzen, meist unter Mitwirkung chem. reagierender Gase (Sauerstoff), in den Gaszustand oder Umwandlung in gasförm. Produkte.

Vergehen, alle mit Freiheitsstrafe v. 6 Wochen bis zu 1 Jahr od. mit Geldstrafe v. mehr als 500 DM bedrohten strafbaren Handlungen.

Vergesellschaftung, Bez. für den Prozess, der zu einer komplexen Ges. führt (Soziol.).

Vergewaltigung (Notzucht), Straftat gegen die sexuelle Selbstbestimmung der Frau; Nötigung einer Frau mit Gewalt oder durch Drohung mit gegenwärtiger Gefahr für Leib und Leben zum außerehel. Beischlaf.

Vergiftungen, Erkrankungen durch Gifte; V. durch Gase (↑Gasvergiftung), Genuss verdorbener Nahrungsmittel od. giftiger Pflanzen (Pilze u. a.), durch Arzneimittel, Chemikalien, Pflanzenschutzmittel, Alkohol, ↑Schlangengift u. a. – Erste Hilfe: Je nach Ursache verschieden; bei Arzneimitteln, Alkohol, Pflanzen bei vorhandenem Bewusstsein zum Erbrechen bringen: reichlich trinken lassen, anschließend Finger in den Rachen stecken; bei Säuren und Laugen **nicht** zum Erbrechen bringen (Gefahr der Verätzung!). Bei Schaum bildenden Chemikalien (Spülmittel) kein Wasser zu trinken geben. – In jedem Fall den Arzt rufen; Giftreste, Tablettenröhrchen, Erbrochenes sicherstellen und in das Krankenhaus mitgeben; bei Atemstillstand: Atemspende (keinesfalls bei Pflanzenschutzmitteln [Kontaktgifte!]); Giftnotrufzentrale anrufen.

Vergil (Publius Vergilius Maro), *70, †19 v. Chr., röm. Dichter; Frühwerk „Bucolica"; Lehrgedicht „Georgica"; Hauptwerk „Äneis"; Deutung der weltgeschichtl. Sendung Roms v. der augusteischen Ordnung her.

Vergissmeinnicht, Gatt. der Raublattgewächse; Kleinstauden mit blauen Blüten; z. T. Zierpflanzen.

Vergleich, Vertrag, durch den ein Rechtsstreit durch gegenseit. Nachgeben beseitigt wird; bes. Arten: *Prozess-* u. *außergerichtl. Vergleich.*

Vergleichsverfahren, gerichtl. Verfahren zur Abwendung eines drohenden ↑Konkurses; Voraussetzung u. a.: Vergleichsvorschlag des Schuldners mit einer Mindestquote von 35%. Der Vergleich kommt zustande, wenn die Mehrheit der Gläubiger zustimmt und das Gericht den Vergleich bestätigt. Zur Prüfung der wirtsch. Lage u. Geschäftsführung d. Schuldners wird ein *Vergleichsverwalter* bestellt.

Vergnügungsteuer, Gemeindesteuer auf Veranstaltungen (z. B. Kino-, Theatervorführungen, Tanz).

Vergütung: 1) Wärmebehandlung v. Stahl, um die Kerbschlagzähigkeit erhebl. zu erhöhen; **2)** Entspiegelung v. Linsen u. a. durch Aufdampfen dünner Schichten (meist Leichtmetallfluoride); V.en sind vielfach mehrschichtig *(Multicoating)* zur Entspiegelung im gesamten Spektrum.

Verhaltensforschung: 1) (Ethologie) Zweig der Biol., beschäftigt sich mit den objektiv beobachtb. Verhaltensformen der Tiere; **2)** ↑Behaviorismus.

Verhältnis, Quotient zweier Zahlen, geschrieben: *a*b* oder *a/b*, gesprochen: „*a* verhält sich zu *b*" oder „*a* zu *b*" (↑auch Proportion 2).

Verhältniswahl (Listenwahl, Proportionalwahl), Wahlsystem, bei dem die Mandate im Verhältnis der für die einzelne Partei auf Wahllisten abgegebenen Stimmen verteilt werden; ermöglicht auch eine Vertretung der Minderheiten (↑auch Wahl); Ggs. Mehrheitswahlrecht.

Verhältniswort ↑Präposition.

Verhüttung, Verarb. von Erzen.

verifizieren [mlat.], durch Überprüfen die Richtigkeit einer Sache bestätigen.

Verismus (ital. verismo), in der 2. Hälfte des 19. Jh.s aufgekommene Stilrichtung der ital. Lit., Musik u. bildenden Kunst, deren Ziel die schonungslose Darst. der Wirklichkeit ist.

Verjährung, der durch Ablauf best. *V.sfristen* eintretende Verlust der Befugnis, ein Recht auszuüben. Im *Zivilrecht* unterliegen die Ansprüche der V.; die regelmäß. V.sfrist beträgt 30 Jahre. Ansprüche aus Geschäften des tägl. Lebens verjähren in 2, aus unerlaubter Handlung (Verletzung best. fremder Rechtsgüter) in 3 Jahren, die Gewährleistungsansprüche [↑Wandlung 2), ↑Minderung] in 6 Monaten. Im *Strafrecht* unterliegt das Recht des Staates, Straftaten zu verfolgen u. zu vollstrecken, der V. (außer bei Mord od. Völkermord). Die Fristen betragen 3 Monate bis 30 Jahre. Die V. wird durch Hemmung oder Unterbrechung der V.sfristen aufgehalten.

Verkalkung, Kalkablagerung im Körpergewebe, meist Folge gestörter Stoffwechselvorgänge im Gewebe.

Verkehrsgefährdung, konkrete Gefährdung der Gesundheit od. des Lebens eines anderen od. Gefährdung von bed. fremden Sachwerten im Verkehr.

Verkehrshypothek ↑Hypothek.

Verkehrs|sünderkartei, svw. ↑Verkehrszentralregister.

Verkehrs|unterricht, von der Polizei durchgeführter Unterricht für Verkehrsteilnehmer, die gegen die Verkehrsvorschriften verstoßen haben; kann bei schweren Verkehrsdelikten (neben der Bestrafung) und bei leichten Verstößen als Besserungsmaßnahme verhängt werden. Nichterscheinen b. V. ist nach §48 StVO strafbar.

Verkehrswacht, gemeinnützige Vereinigung zur Erhöhung der Verkehrssicherheit; organisiert in Form von rechtsfähigen Vereinen auf Orts-, Landes- und Bundesebene. Durchführung v. Verkehrserziehungswochen, Kursen u. a.

Verkehrszeichen, Zeichen zur Verkehrsregelung: Warn-, Gebots-, Verbots-, Hinweiszeichen durch Schilder, Ampeln, Zeichen von Polizeibeamten.

Verkehrszentralregister, s. 1958 beim *Kraftfahrt-Bundesamt* in Flensburg-Mürwik geführte Zentralkartei über Versagungen und Entziehungen der Fahrerlaubnis, Verbote des Führens von Fahrzeugen, Verurteilungen wegen Verkehrsstraftaten.

verklappen, Abfallstoffe (z. B. Klärschlamm, Dünnsäure) durch Öffnen von Klappen oder Ventilen der Laderäume von [Spezial]schiffen ins Meer einbringen.

Verkleinerungsform ↑Diminutiv[um].

Verkohlung, therm. Zersetzung von organ. Stoffen unter Luftabschluss od. unter heft. Entzug von Wasser.

Verkokung, Kohleveredelungsverfahren, bei dem Stein- od. Braunkohle (auch Holz, Torf u. Ä.) unter Luftabschluss zersetzt werden (trockene Destillation); Produkte der V. sind v. a. Koks, Teer und brennb. Gase.

Verkündung: 1) öff. Bekanntmachung von Ges. durch Publikation im amtl. Gesetzblatt; **2)** öff. Verlesung v. Urteilen bei Gericht.

Verlag, wirtsch. Unternehmen, das im Allgemeinen geist. u. künstler. Werke (Bücher, Kunstblätter, Landkarten, Noten, Zeitschriften od. Zeitungen) vervielfältigt u. gewerbsmäß. vertreiben lässt.

Verlaine, Paul [vɛr'lɛ:n], *1844, †1896, frz. Dichter; einer der bedeutendsten Lyriker des frühen Symbolismus und der frz. Lit.; 1871–73 intime Freundschaft mit A. Rimbaud; Begr. des mod. freien Rhythmus in der frz. Dichtung.

Verleumdung, Behauptung und Verbreitung einer einen anderen betr. Tatsache *wider besseres Wissen,* die geeignet ist, diesen verächtl. zu machen od. in der öff. Meinung herabzuwürdigen.

Vermächtnis (Legat), Zuwendung eines Vermögensvorteils durch Verfügung v. Todes wegen (Testament), die eine Forderung des Bedachten (V.nehmer) gg. den mit dem V. Beschwerten (den Erben) begründet.

Vermeer, Johannes, gen. V. van Delft, *1632, †1675, niederl. Maler; Interieurs v. größter Einfachheit der Komposition und höchstem maler. Reiz, in subtiler Farbgebung.

Vermehrung, svw. ↑Fortpflanzung.

Vermieterpfandrecht, gesetzl. Recht des Grundstücks- oder Wohnraumvermieters, eingebrachte Sachen des Mieters zu pfänden, sobald dieser mit seinen Verpflichtungen aus dem Mietverhältnis in Rückstand kommt.

Vermittlungsausschuss, im Gesetzgebungsverfahren institutionalisiertes Organ zur Harmonisierung der Gesetzgebungsarbeit zw. B.-Tag u. B.-Rat (je 11 Mitgl.); über seine Änderungsempfehlungen müssen beide Gesetzgebungsorgane beschließen.

Vermögen, die auf der Aktivseite der Bilanz ausgewiesenen V.sgegenstände: *Anlage-V., Umlauf-V.;* nach Abzug der Schulden ergibt sich das *Reinvermögen.*

Vermögensbildung (V. in Arbeitnehmerhand), die durch das 3. V.gesetz vom 27. 6. 1970 (mit späteren Änderungen) geförderte, heute meist tariflich vereinbarte Zuwendung *vermögenswirksamer Leistungen* der Arbeitgeber an Arbeitnehmer. Die Anlage erfolgt nach dem Sparprämiengesetz, nach dem Wohnungsbau-Prämiengesetz, durch Erwerb von Belegschaftsaktien u. die Anlage als Darlehen an den Arbeitgeber sowie durch Abschluss einer Lebens- und Todesfallversicherung.

Vermögensteuer, direkte Steuer, welche die Einkommensteuer insofern ergänzt, als sie das Vermögen als Quelle der fundierten Einkommen zusätzl. belastet. Das Aufkommen fließt den Ländern zu.

Vermont [və:mɔnt], Abk. Vt., Staat im NO der USA, 24 900 m^2, 563 000 E, Hptst. Montpelier (8 200 E; ⚔); gebirgig (Green Mountains); Anbau von Getreide, Obst, Kartoffeln; Rinderzucht; Forstw.; Marmorabbau; Textil- u. Masch.-, Nahrungsmittelindustrie.

Verne, Jules [vɛrn], *1828, †1905, frz. Schriftsteller; Bühnenstücke, utop.-halbwiss. Abenteuerromane; u. a. „20 000 Meilen unter'm Meer", „Reise um die Erde in 80 Tagen".

Vernichtungslager, im Unterschied zu den nat.-soz. KZ v. der SS s. Ende 1941 zur Massentötung europ. Juden aus Geheimhaltungsgründen im besetzten Polen errichtete Lager (u. a. Bełżec, Chełmno, Sobibór, Treblinka; mit Doppelfunktion [auch KZ]: Auschwitz-Birkenau, Lublin-Majdanek).

Vernissage [vɛrni'sa:ʒ; frz.], Vorbesichtigung einer Kunstausstellung durch geladene Gäste am Tage vor der offiziellen Eröffnung.

Paolo Veronese, *Golgatha (Ausschnitt; undatiert)*

Vernunft, nach I. Kant das „obere Erkenntnisvermögen", das die vom Verstand diskursiv erfassten Erkenntnisgegenstände verbindet, übergreifende Sinnzusammenhänge u. Einheit von Wissen und Handeln stiftet.

Verona, nordital. Prov.-Hptst. östl. des Gardasees, 256800 E; röm. Theater, Amphitheater, San Zeno Maggiore (um 1125ff.) u.a. bed. Kirchen; Scaligerburg („Castel Vecchio", 14.Jh.), Scaligergrabmäler; Papier- u.a. Industrie.

Veronese, Paolo, eigtl. P. Caliari, * 1528, † 1588, ital. Maler; von Tizian und Tintoretto beeinflusst; Freskenzyklen und großformat., dekorative Leinwandgemälde in leuchtenden Farben.

Veronika, hl., nach frühchristl. Legende die Frau, die Jesus auf dem Wege nach Golgatha ihren Schleier reichte, auf dem der Abdruck seines Gesichtes zurückblieb *(Schweißtuch der Veronika).*

Veronika [nlat.; nach der hl. Veronika], svw. ↑Ehrenpreis.

Ver|ordnung, Rechtsnorm, die an eine unbestimmte Vielzahl von Personen gerichtet ist und auf Grund gesetzl. Ermächtigung von einer nichtparlamentar. Instanz (Reg. od. Min.) erlassen wird.

Verpuppung, Umwandlung der Larve zur Puppe bei Insekten mit vollkommener Metamorphose.

Verrenkung, gewaltsame Trennung v. Gelenkteilen mit Überdehnung od. Zerreißung der Gelenkkapsel u. der Bänder. – Erste Hilfe: ruhig stellen, ohne die augenblickl. Stellung zu verändern; Arzt aufsuchen.

Vers [lat.]: **1)** rhythm., meist in V.füße unterteilbare, ggf. durch Endreime begrenzte Einheit der gebundenen Rede (im Gedicht, Epos, Drama); sowohl eine Folge betonter und unbetonter Silben (dt. V.) als auch von Längen und Kürzen (antiker V.) oder auch nur eine best. Silbenzahl (jap. Haiku). Lehre von V.bau u. V.maßen: ↑Metrik 1); **2)** Bez. für die einzelne Strophe, z.B. im ev. Kirchenlied; auch kleinster Bibelabschnitt.

Versailler Vertrag [vɛr'zajər-], wichtigster der Pariser Vorortvertr. v. 28.6.1919 zw. dem Dt. Reich u. 26 alliierten u. assoziierten Mächten, der den 1. Weltkrieg beendete. Inhalt: 440 Art. in 15 Teilen: I. Völkerbundssatzung. II. u. III. Grenzregelungen und Landabtretungen, die nicht immer korrekt durchgeführt wurden: Elsass-Lothringen an Frkr., Moresnet u. Eupen-Malmedy an Belgien, fast ganz Westpreußen und Posen, Kreis Soldau und Ostoberschlesien an Polen; Danzig wurde „Freie St."; Teile Ostpreußens (↑Memelland) kamen unter alliierte Verw., später an Litauen; Nordschleswig an Dänemark, das Hultschiner Ländchen an die ČSR. Weiterhin wurde das Saargebiet abgetrennt und wirtsch. an Frkr. angeschlossen; eine Volksabstimmung sollte nach 15 J. stattfinden. Verbot des Anschlusses von Östr. an das Dt. Reich; alliierte Besetzung des linken Rheinufers mit den Brückenköpfen Mainz, Koblenz, Köln. Räumung in 3 Zonen nach 5, 10 und 15 J. IV. Abtretung der dt. Kolonien an den Völkerbund. V. Beschränkung des Heeres auf 100000 u. der Marine auf 15000 Mann; Rüstungsbeschränkungen, Auslieferung des Kriegsmaterials. VI. u. VII. Anordnungen über die Freilassung der Kriegsgefangenen und die Auslieferung der Kriegsverbrecher (darunter Wilhelm II.). VIII. Im Art. 231 wurde die alleinige Schuld Deutschlands u. seiner Verbündeten am Ausbruch des 1. Weltkrieges festgestellt; Festsetzung der Reparationen. IX.–XV. Finanzielle und wirtsch. Forderungen: Internationalisierung der Elbe, Oder, Donau u. des Rheins u.a. – Der am 10. 1. 1920 in Kraft getretene Friedensvertrag, in Dtl. als Diktat empfunden, war eine der Ursachen für das Scheitern der Weimarer Rep. und die Entfaltung rechtsradikaler Strömungen in Deutschland.

Versailles [vɛr'zaı], Hptst. des frz. Dép. Yvelines, sw. von Paris, 87800 E; berühmte Schloss- und Parkanlage Ludwigs XIV., 1661 bis 1689 erb. von L. Le Vau und J. Hardouin-Mansart. – 1783 Beendigung des Nordamer. Unabhängigkeitskrieges durch den *Frieden v. V.;* am 18. 1. 1871 Proklamation Wilhelms I. zum dt. Ks.; am 26. 2. 1871 Beendigung des Dt.-Frz. Krieges im *Vorfrieden v. V.* (bestätigt im Frankfurter Frieden); ↑auch Versailler Vertrag.

Versali|en [lat.], große [Anfangs]buchstaben.

Versammlungsfreiheit, nach Art. 8 GG das Recht aller Deutschen, sich ohne Anmeldung oder Erlaubnis friedl. u. unbewaffnet zu versammeln; für Versammlungen unter freiem Himmel kann dieses Recht durch Gesetz beschränkt werden.

Versäumnis|urteil, das Urteil, das im ↑Zivilprozess bei Säumnis (Nichterscheinen od. Nichtverhandeln) einer Partei auf Antrag der anderen ergeht.

Verschleppung: 1) das Verbringen eines anderen durch List, Drohung od. Gewalt in ein Gebiet außerhalb der BRD; auch die Veranlassung, sich dorthin zu begeben, od. das Abhalten davon, von dort zurückzukehren; mit Freiheitsstrafe bedroht; **2)** als völkerrechtl. Delikt ↑Verbrechen gg. die Menschlichkeit.

verschneiden: 1) Weine versch. Lagen vermischen; **2)** Edelbranntwein mit Spiritus und Wasser

(Rum-, Weinbrandverschnitt) vermischen; **3)** svw. kastrieren (↑Kastration).

Verschulden, zivilrechtl. Bez. für vorwerfbares Verhalten, das die Verpflichtung zur Ersatzleistung nach sich zieht.

Versicherung, gegenseitige Deckung eines im Einzelnen zufälligen, im Ganzen aber schätzbaren Geldbedarfs durch eine Vielzahl gleichartig bedrohter Wirtschaftseinheiten.

Versicherungs|aufsicht, staatl. Überwachung des Privatversicherungsgewerbes und des Sozialversicherungswesens durch Aufsichtsämter auf Landes- u. B.-Ebene.

Versicherungsbetrug, allg.: Herbeiführen eines Schadens in der Absicht, Versicherungsleistungen zu erschleichen; i. e. S. betrüger. Inbrandsetzen einer gg. Feuergefahr versicherten Sache, auch das Sinken- oder Strandenlassen eines versicherten Schiffs; strafbar.

Versicherungsteuer, Verkehrsteuer auf die Zahlung des Versicherungsentgelts; der Steuersatz beträgt i. d. R. 10% der Prämie u. ist vom Versicherungsnehmer an den Versicherer zu zahlen, der ihn abzuführen hat. Ausgenommen Kranken-, Pensions- u. Sozialversicherungen.

Versicherungsvertrag, privatrechtl. Vertrag, durch den der Versicherer sich gg. Entgelt *(Versicherungsprämie)* verpflichtet, entweder dem Versicherungsnehmer den Schaden aus einem zukünftigen ungewissen Ereignis *(Versicherungsfall)* zu ersetzen oder nach Eintritt des Versicherungsfalls die vereinbarte Leistung (Geldbetrag oder Rente) zu erbringen. Gesetzl. geregelt im V.sgesetz; der Versicherer ist verpflichtet, dem Versicherungsnehmer eine unterschriebene Urkunde über den V. *(Versicherungspolice)* auszuhändigen.

Versöhnungstag ↑Jom Kippur.

Verstaatlichung, Überführung von Privateigentum in Eigentum des Staates.

Verstädterung ↑Urbanisation.

Verstand, Fähigkeit zu denken, Begriffe zu bilden, zu abstrahieren, Schlussfolgerungen zu ziehen und Urteile zu bilden.

Verständigungsfriede, seit dem 1. Weltkrieg polit. Parole für einen Frieden, der im Ggs. zum „Siegfrieden" auf einem Verhandlungskompromiss zw. den Kriegführenden beruht.

Verstärker: 1) Lösung von Metallsalzen, die unterbelichtete Negative dichter macht (Fotogr.); **2)** Geräte oder elektron. Schaltungen, mit denen Spannungen, Ströme od. Leistungen verstärkt werden (z. B. Vor-, Zwischenfrequenz- u. Niederfrequenz-V. in Rundfunkgeräten). Als V. dienen aktive Bauelemente (Transistoren, selten noch Elektronenröhren).

Verstauchung, Gewalteinwirkung auf ein Gelenk mit Verschiebung seiner Anteile, teilweiser Dehnung u. Zerreißung seiner Kapsel. – Erste Hilfe: ↑Verrenkung.

Versteigerung (Auktion), Sonderform des Kaufs; im Wechselspiel zw. *Versteigerer* (Auktionator) und mehr. Kaufinteressenten wird der Preis des zum Verkauf stehenden Gegenstands durch Überbieten der Kaufinteressenten gesteigert; dem Meistbietenden wird der Zuschlag erteilt.

Versteinerungen, svw. ↑Fossilien.

Versuch: 1) im Strafrecht der Beginn (im Ggs. zur Vollendung) eines ↑Verbrechens oder ↑Vergehens durch Handlungen, die auf die Ausführung des Delikts gerichtet sind. Der V. wird bei Verbrechen immer, bei Vergehen nur in den gesetzl. ausdrückl. vorgesehenen Fällen bestraft, unter Umständen aber milder als die vollendete Tat; **2)** (Experiment) planmäß. Auslösung best. Vorgänge, deren Ablauf wiss. beobachtet und beschrieben wird.

Verteidigung: 1) im Strafprozess das Bestreben des Beschuldigten oder des Verteidigers, den strafrechtl. Vorwurf zu entkräften; **2)** Zivil- und Strafrecht: Notwehr; **3)** im Völkerrecht die mil. Abwehr eines bewaffneten Angriffs.

vertikal [lat.], senkrecht.

Vertikalkreis, ein auf dem Horizont senkrecht stehender Großkreis an der Sphäre, geht durch den Zenit des Beobachtungsortes. *Erster Vertikal,* der V., der durch den O- und W-Punkt geht.

Vertrag, ↑Rechtsgeschäft, das auf der erklärten Willensübereinstimmung zweier oder mehrerer Parteien zur Herbeiführung eines einheitl. Rechtserfolgs beruht. Man unterscheidet 1. nach den Rechtsfolgen: einseit. (↑Schenkung) und zweiseit. verpflichtende Verträge; 2. nach Rechtsgebieten: Verträge des öff. Rechts u. des Privatrechts; hier insbes. die des Schuldrechts (z. B. Miete, Kauf), des Sachenrechts (z. B. Übereignung), des Familienrechts (↑Annahme als Kind) u. des ↑Erbrechts. Einem gültigen V. können sich die Beteiligten nur unter best. Voraussetzungen, insbes. durch ↑Anfechtung, ↑Kündigung, ↑Widerruf, entziehen. Auslegung nach ↑Treu u. Glauben. Verträge sind grundsätzl. formlos; nur in Ausnahmefällen Schriftform od. notarielle od. gerichtl. Beglaubigung.

Versailles. *Trakt des Schlosses vom Schlossgarten aus gesehen*

Vertrauens|arzt, Arzt, der das Vertrauen der gesetzl. Kranken- und Rentenversicherung genießt u. in deren Auftrag beratende und gutachterl. Funktionen, v. a. bezüglich der Beurteilung von Arbeitsfähigkeit von Versicherten, Berentung und Rehabilitationsmaßnahmen, ausübt.

Vertrauensfrage, v. Reg.-Chef gestellter Antrag an das Parlament, ihm das Vertrauen auszusprechen; bei Ablehnung erfolgt i. d. R. der Rücktritt der Reg. u./od. Auflösung des Parlaments.

Vertriebene, dt. Staatsangehörige od. dt. Volkszugehörige, die ihren Wohnsitz in den ehem. dt. Ostgebieten od. in den Gebieten außerh. des Dt. Reiches (Gebietsstand v. 31. 12. 1937) hatten u. diesen im Zusammenhang mit den Ereignissen des 2. Weltkriegs durch Ausweisung od. Flucht verloren haben; als *Heimatvertriebene* gelten V., die am 31. 12. 1937 od. bereits einmal vorher ihren Wohnsitz im Vertreibungsgebiet hatten.

Ver|untreuung, ↑Unterschlagung von Sachen, die jemand mit der Maßgabe erhalten hat, sie zurückzugeben oder in best. Weise zu verwenden.

Ver|ursacherprinzip, Grundsatz des Umweltrechts, wonach derjenige die Kosten für die Beseitigung von Umweltschäden zu tragen hat, der für deren Entstehen verantwortl. ist.

Verwaltung, die Tätigkeit des Staates oder eines sonst. Trägers öff. Gewalt außerhalb der Rechtsetzung u. Rechtsprechung, also insbes. die Ausführung der Gesetze u. ihre Anwendung im Einzelfall. Die V. obliegt in der Regel den Ländern; diese führen auch die B.-Gesetze grundsätzl. als eigene Angelegenheit oder im Auftrag des Bundes aus, soweit das GG nichts anderes bestimmt. Innerhalb der V. *unmittelb. Staats-V.,* die von den staatl. Behörden (deren höchste die einzelnen Ministerien) ausgeübte V., *mittelb. Staats-V.,* die weitgehend mit der Selbst-V. ident. V. der sonst. Träger öff. Gewalt. Aufsichtsbefugnisse über die Träger bundeseigener V. hat der Bund, hinsichtl. der übrigen (insbes. der kommunalen Körperschaften) die Länder.

Verwaltungs|akt, jede Maßnahme, die von einer Verw.-Behörde zur Regelung eines Einzelfalls auf dem Gebiet des öff. Rechts getroffen wird.

Verwaltungsgerichtsbarkeit, bes. Zweig der Rechtspflege für alle öff.-rechtl. Streitigkeiten, die nicht zur Zuständigkeit der ↑Verfassungsgerichtsbarkeit gehören u. nicht ausdrückl. einem anderen Gericht zugewiesen sind.

Verwaltungsrat, Kontrollorgan bei Körperschaften und Anstalten des öff. Rechts, entspr. dem ↑Aufsichtsrat der AG.

Verwaltungsrecht, Gesamtheit der die Verw. betr. u. regelnden Rechtsnormen; *allg. V.,* weitgehend ungeschriebene, von der V.swiss. entwickelte Grundsätze über Begriffe, Einrichtungen und Tätigwerden der Verw.; *bes. V.,* die die einzelnen Rechtsgebiete betr. gesetzl. Regeln, insbes. des Kommunal-, Polizei-, Gewerbe-, Bau- und Sozialrechts.

Verwandten|ehe, verbotene Ehe zw. Blutsverwandten in gerader Linie u. zw. voll- u. halbbürt. Geschwistern; ebenso zw. Verschwägerten in gerader Linie.

Verwandtschaft, im Recht 1. i. e. S. die *Bluts-V.:* in gerader Linie Personen, deren eine von der anderen abstammt, in der Seitenlinie Personen, d. v. derselben Person abstammen; 2. i. w. S. auch V. infolge Eheschließung (Schwägerschaft) u. ↑Annahme als Kind. – Rechtl. Bed. v. a. für die gesetzl. ↑Unterhaltspflicht, die Eheverbote (↑Verwandtenehe), das ↑Erbrecht.

Verwarnung: 1) (gebührenpflichtige V.) Maßnahme gg. Ordnungswidrigkeiten, u. a. für Verkehrsübertretungen von der Polizei ausgesprochen; **2)** v. a. bei Mannschaftsspielen im Sport Androhung des Schiedsrichters, einen sich unsportl. od. regelwidrig verhaltenden Spieler des Spielfeldes zu verweisen (z. B. im Fußball Zeigen der „gelben Karte“).

Verwerfen, vorzeit. Ausstoßen der [nicht lebensfäh.] Leibesfrucht bei Tieren.

Verwerfung (Bruch, Paraklase), Störung der urspr. Gesteinslagerung, bei der an einer Bewegungsfläche 2 Schollen gegeneinander verschoben werden.

Verwirkung, Verlust einer Rechtsposition aufgrund eigenen rechtsmissbräuchl. Verhaltens. *Zivilrecht:* V. eines Anspruchs, wenn längere Zeit die Möglichkeit bestand, ihn geltend zu machen und die spätere Geltendmachung gg. ↑Treu und Glauben verstoßen würde. *Staatsrecht:* V. versch. Grundrechte (insbes. Freiheit der Meinungsäußerung, Asylrecht), vom B.-Verfassungsger. gg. Personen ausgesprochen, die diese Grundrechte zum Kampfe gg. die freiheitl. demokrat. Grundordnung der BRD missbrauchen (Art. 18 GG).

Verwitterung, der durch die Einwirkung exogener Faktoren (Frost, Temperaturschwankungen, Wasser u. a.) bewirkte Zerfall von Gesteinen u. Mineralen an oder nahe der Erdoberfläche: *mech. V.* aufgrund mech. Vorgänge (z. B. Frostsprengung), *chem. V.* auf der lösenden Wirkung des Wassers beruhend, *biol. V.* durch Pfl. (z. B. Wurzelsprengung) u. Tiere verursacht.

Verzicht, einseit. Willenserklärung, mit der die Aufgabe von Rechten bekundet wird.

Verzug: 1) ↑Schuldnerverzug; **2)** Gläubiger- od. ↑Annahmeverzug.

Vespasian[us], Titus Flavius, * 9 n. Chr., † 79, röm. Ks. seit 69; Begr. der 1. flav. Dyn.; ordnete die durch die neron. Misswirtschaft zerrütteten Finanzen (rigorose Steuerpol. u. Sparsamkeit); Oberbefehlshaber im 1. jüd.-röm. Krieg (ab 66).

Vesper [lat.; = Abend]: **1)** liturg. Abenddank des kirchl. Stundengebetes; in der ev. Kirche Abendgottesdienst (z. B. Christ-V.); **2)** Mahlzeit am Nachmittag; Abendbrot.

Vesperbild, svw. ↑Pietà.

Vespucci, Amerigo [vɛs'puttʃi], * 1454 (1451?), † 1512, ital. Seefahrer in span. u. portug. Diensten; Reisen an die Küsten Mittel- und Südamerikas (1497–1504), entdeckte die Mdg. des Amazonas; nach ihm ist „Amerika“ ben.

Vesta, röm. Göttin des Herdfeuers.

Vestalinnen, in Rom die in klosterähnl. Gemeinschaft lebenden jungfräul. Priesterinnen der Göttin Vesta, die das ewige Feuer unterhielten.

Vestibül [lat.], Vorhalle, Treppenhalle.

Vesuv, Vulkan in Unteritalien, am Golf v. Neapel, 1 281 m, Gipfelkrater z. Z. 300 m ∅ u. über 100 m Tiefe; letzter größerer Ausbruch 1944 (vorher 1906). 79 n. Chr. wurden ↑Pompeji, ↑Herculaneum und Stabiae verschüttet. Weinbau (Lacrima Christi); auf 608 m ü. d. M. vulkanolog. Inst. u. Observatorium.

Veterinär [lat.], svw. ↑Tierarzt.

Veterinärmedizin ↑Medizin 1).

Veto [lat.; = ich verbiete], Einspruch, mit dem der Beschluss eines Gremiums endgültig (absolutes V.) od. aufschiebend (suspensives V.) verhindert wird.

Vetter, Heinz Oskar, * 1917, † 1990, dt. Gewerkschaftsführer; 1969–1982 Vors. des DGB.

Vexierbild [lat.; dt.], Suchbild, das eine nicht sofort erkennb. Figur enthält.

VHF, Abk. für engl.: **V**ery **H**igh **F**requency, svw. ↑Ultrakurzwellen.

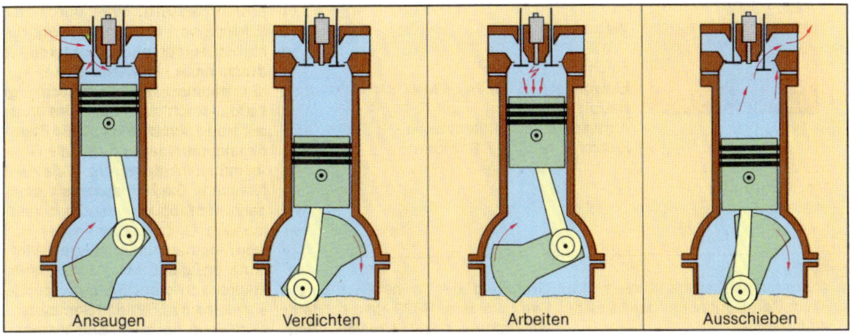

Viertaktmotor. *Ablaufschema des Viertaktverfahrens bei einem Ottomotor*

Via [lat.], Weg, Straße, z. B. **V. Appia,** röm. Militärstraße v. Rom über Capua nach Brindisi, 312 v. Chr. beg.; **V. dolorosa,** Kreuz-, Schmerzensweg; **V. Mala,** Schlucht des Hinterrheins in Graubünden, bis 600 m tief, 6 km lang.

Viadukt [lat.], über ein Tal führende [Eisenbahn]brücke.

Viagra® [v-] (Sildenafil), Arzneimittel zur Behandlung v. Potenzstörungen (erektile Fehlfunktion).

Vian, Boris [vjã], * 1920, † 1959, frz. Schriftsteller; fantast.-groteske Romane u. Erzählungen; auch Theaterstücke u. Chansons.

Viareggio [via'reddʒo], ital. Seebad u. Winterkurort am Ligur. Meer, nw. von Pisa, 57 800 E.

Vibraphon [gr.], dem Xylophon ähnelndes Schlaginstrument.

Vibration [lat.], Schwingung, Erschütterung, Beben; *V.smassage* ↑ Massage.

Vibrionen [lat.], Gatt. kommaförm., bewegl. Bakterien; u. a. Erreger der Cholera.

Vicarius ↑ Vikar; *V. Christi,* Stellvertr. Christi (Papsttitel).

vice [f-; lat.], an Stelle von; *v. versa,* umgekehrt.

Vicenza [vi'tʃentsa], ital. Prov.-Hptst. nw. von Padua, am SO-Fuß der *Vicentiner Alpen* (zw. Etsch und oberer Brenta, bis 2341 m), 108 000 E; durch Bauten Palladios geprägt; vielseit. Industrie.

Vichy [vi'ʃi], frz. St. nö. von Clermont-Ferrand, 28 000 E; Kurort mit alkal. Eisen- u. Kohlensäurethermen; ✈. – 1940–44 Sitz der *V.-Reg.* (Pétain).

Vickershärte ['vɪkəz-; engl.; dt.], Abk. HV, nach bes. Prüfverfahren ermittelte Härte eines Werkstoffes.

Vicomte [viːkõt; frz.], frz. Adelstitel (zw. Gf. und Baron).

Victoria [vɪk'tɔːrɪə]: **1)** B.-Staat im SO Australiens, 227 600 km², 4,4 Mill. E, Hptst. Melbourne; von den Ostaustral. Kordilleren durchzogen, im NW Flachland; Melbourne (mit 70 % der Bev.) ist Wirtschafts-, Verkehrs- und Kulturzentrum; **2)** Hptst. der kanad. Prov. British Columbia, 71 000 E; Univ.; Werften, Holz-, Bekleidungs-, Nahrungsmittelind.; ⚓, ✈; **3)** Verw.sitz v. ↑ Hongkong am Fuße des *V. Peak* (556 m), 1,1 Mill. E; **4)** Hptst. der Seychellen, auf Mahé, 24 300 E.

Victoriafälle, Wasserfälle des mittl. Sambesi, obh. von Livingstone; d. Fluss stürzt auf einer Breite v. 1 700 m in eine 110 m tiefe u. 50 m breite Schlucht.

Victoria|see, größter See Afrikas, im ostafrik. Hochland, 1 134 m ü. d. M., 68 000 km², bis 85 m tief; Schifffahrt, Fischerei.

Video... [lat.], Bestimmungswort von Zusammensetzungen mit den Bed. „Bildschirm...", „mit Bildschirmaufzeichnung arbeitend".

Videokamera, Laufbildkamera, mit der Bilder auf Magnetband (Videokassette) in einem angeschlossenen [tragbaren] ↑ Videorecorder aufgezeichnet werden; bei Camcordern wird das Aufnahmeband (8-mm-Magnetband, Super-VHS, Hi-8) in die Kamera eingelegt.

Videoplatte, svw. ↑ Bildplatte.

Videorecorder, stationäres od. tragbares Magnetbandgerät zur Bildaufzeichnung und -wiedergabe über ein angeschlossenes Fernsehgerät; arbeitet mit Halbzoll- oder 8-mm-Magnetband in entspr. Kassetten im Schrägspurverfahren; aufgenommen und/oder wiedergegeben werden Fernsehsendungen, Bild-Ton-Inhalte von käufl. oder leihweise erhältl. Videokassetten und mit einer ↑ Videokamera aufgenommene Bild-Ton-Streifen.

Videospiele, svw. ↑ Bildschirmspiele.

Videotext, auf dem Fernsehbildschirm abrufbare Textinformationen, die im Ggs. zum ↑ Bildschirmtext von den Fernsehanstalten (in den Austastlücken des Fernsehbildes) ausgestrahlt werden.

Videothek, für Verleihzwecke eingerichtete od. private Sammlung von Videokassetten.

Viel|eck, geometr. Gebilde aus *n* Pt. u. deren Verbindungslinien; *regelmäß. V.e* haben gleich lange Seiten und gleich große Winkel.

Vielfraß (Järv), plumper ↑ Marder, bis 1 m lang; N-Skandinavien, N-Sibirien u. nördl. Teile Amerikas.

Vielvölkerstaat, svw. ↑ Nationalitätenstaat.

Vientiane [vjɛnti'ɑːnə], Hptst. von Laos, am Mekong, 377 000 E; Zigarettenfabriken; Handelszentrum; ⚓, ✈.

Vier|eck, von 4 Geraden (Seiten) begrenzte Figur; Winkelsumme des ebenen V.s 360°.

Vierer, ein von 4 Ruderern mit (Länge 13,5 m, Breite 0,5 m) u. ohne Steuermann (Länge 12 m, Breite 0,5 m) gefahrenes Boot.

Viererbande, Bez. für die nach Mao Zedongs Tod (1976) verhafteten Exponenten des „ultralinken Flügels" der chin. KP-Führung, u. a. Maos Witwe Jiang Qing († 1991), die sich dem mehr pragmat. ausgerichteten Parteikurs widersetzten; zu hohen Freiheitsstrafen verurteilt.

Viermächteabkommen über Berlin, svw. Berlinabkommen (↑ Berlin).

Viertaktmotor, ↑ Verbrennungsmotor, bei dem auf je 2 Umdrehungen (= 4 Takte; 1 Takt = 1 Auf- oder Abgang des Kolbens) nur eine Zündung kommt, also nur bei jedem 4. Takt Nutzarbeit verrichtet wird. 1. Takt: Ansaugen des Brennstoff-Luft-Gemisches, 2. Takt: Kompression (Verdichten), 3. Takt: Zündung u. Verbrennung (Arbeitshub), 4. Takt: Ausstoßen (Ausschieben) der Verbrennungsgase.

vierte Dimension, die Zeit als 4.

Vietnam

Fläche: 329 556 km²
Einwohner: (1995) 74,54 Mill.
Hauptstadt: Hanoi
Amtssprache: Vietnamesisch
Zeitzone: MEZ +7 Stunden

Koordinate neben den 3 räuml. im Raum-Zeit-Kontinuum der ↑Relativitätstheorie.

vierte Republik, die frz. Republik 1944–58.

vierter Stand ↑Stand.

Vierte Welt, Sammelbez. für die Staaten Afrikas, Asiens, Ozeaniens und Lateinamerikas, die am schwersten vom Preisanstieg für ind. Güter und Energieträger („Most Seriously Affected Countries", Abk. MSAC) betroffen sind.

Vierung, [in der ma. Basilika] der meist quadrat. Raum, in dem sich Längs- und Querschiff durchdringen; meist mit *Vierungsturm.*

Vierwaldstätter See, schweizer. See am N-Rand der Alpen, von der Reuß durchflossen, 114 km², bis 214 m tief, 434 m ü. d. M.; Teile: Urner, Küssnachter, Luzerner, Alpnacher See.

Vierzehnheiligen, Wallfahrtskirche in Ofr., südl. von Lichtenfels, Bay.; Barockbau (1743–72) von B. ↑Neumann, im Rokokostil ausgestattet.

Vietcong [viɛt-], s. 1957 in S-Vietnam, dann auch in der westl. Welt gebräuchl. für die südvietnames. kommunistischen Guerillakämpfer (↑auch Vietnamkrieg).

Vietnam, sozialistische Republik in Südostasien, entlang der Ostküste der Halbinsel Hinterindien. V. wird vorw. von lang gestreckten Küstengeb. eingenommen, im NW Geb. bis über 3 000 m, im N u. S die Tiefländer um die Deltas v. Rotem Fluss und Mekong; rd. 44 % des Landes sind bewaldet (bes. im Gebirge Teakholz u. Bambus); *Bev.:* vorw. Vietnamesen, ferner Thai, Miao, Cham, Chinesen. *Wirtsch.:* Haupterzeugnis Reis, Zuckerrohr, Kautschuk, Baumwolle, Tee, Tabak, Mais, Kaffee, Gewürze; Seidenraupenzucht; Fischfang; Bodenschätze: insbes. Steinkohle, Chrom-, Eisen-, Zink- und Zinnerze, Gold, Phosphate, Salz; Metall-, Baustoff-, chem., Textil-, Nahrungsmittelindustrie. – *Gesch.:* Im 3. Jh. v. Chr. 1. Staatenbildung (Au lac); s. 111 v. Chr. chin. Prov., 939 Gründung der 1. nat.-vietnames. Dyn.; im S s. 1620 unabh. Herrschaftsgebiet der Nguyên. 1862 kamen die reichsten Prov. des S an Frkr., das 1887 Annam, Tonkin u. Cochinchina zur Indochin. Union vereinigte. 1941 ging aus der v. Ho Chi Minh 1930 gegr. KP Indochinas die antikolonialist. Freiheitsbewegung *Vietminh* hervor. 1945 rief Ho Chi Minh die *Demokrat. Rep. V.* (DRV) aus, die die frz. Rekolonialisierungspolitik 1954 abwehren konnte (↑Vietnamkrieg). 1954 Genfer Abkommen: Teilung V. in das prowestl. S-V. u. das kommunist. N-V. (bis 1969 Ho Chi Minh Staatspräs., zunehmende sowj. Orientierung). In S-V. 1955 Ausrufung der Rep. S-V., Ngô Đinh Diêm Präs.; seine Gewaltherrschaft führte zum Erstarken der kommunist. geführten Nat. Befreiungsfront v. S-V. (FNL; Vietcong); 1963 Ngô Đinh Diêm v. der Armee gestürzt; der in der Folge entbrennende Vietnamkrieg endete 1975 mit der Kapitulation der Saigoner Reg., Errichtung einer provisor. Revolutionsreg. der FNL in S-V. 1976 Vereinigung beider Landesteile zur *Sozialist. Rep. V.* Ende 1977 Beginn krieger. Auseinandersetzungen mit dem nach China orientierten Kambodscha, das bis 1979 weitgehend besetzt wurde, deswegen militär. Auseinandersetzungen mit China; Ende der 80er-Jahre vorsichtige wirtschaftl. Öffnung u. folgend Bemühungen um Ausgleich mit USA (1994 Aufhebung des Wirtschaftsembargos durch Letztere). UN-Mitglied.

Vietnamesen (fr. Annamiten), sinid-palämongolides Hochkulturvolk in Hinterindien, das Staatsvolk ↑Vietnams; urspr. nur im Tonkindelta ansässig, vom 2. Jh. v. Chr. bis 10. Jh. n. Chr. unter chin. Herrschaft (starke chin. Einflüsse in der Kultur); s. d. 15. Jh. Ausbreitung nach Süden.

Vietnamkrieg, in zwei Phasen verlaufener Krieg in Indochina, bes. in Vietnam. In der 1. Phase (1946–56) kämpfte die kommunist. Frontorganisation Vietminh unter Führung von Ho Chi Minh gg. die frz. Herrschaft (ab 1950 unterstützt durch amer. Finanzhilfe) wie gg. die traditionelle Oberschicht im Lande. Nach dem Sieg des Vietminh bei Điên Biên Phu 1954 Beendigung des Krieges durch die Genfer Indochina-Konferenz (↑Vietnam [Gesch.]). Die 2. Phase des V.s begann 1957/58 mit ständig zunehmenden Guerillaaktionen der von Nord-Vietnam unterstützten Vietcong gg. die s. Mitte 1964 immer stärker von den USA unterstützte südvietnames. Reg.; Bombenabwürfe auf Nord- u. Süd-Vietnam, 1968 545 000 amer. Soldaten in Süd-Vietnam. 1970 Ausweitung des Krieges auf Kambodscha; Waffenstillstand wurde im Jan. 1973 von den USA, Nord-Vietnam, Süd-Vietnam u. der provisor. Revolutionsreg. von Süd-Vietnam in Paris unterzeichnet. Bis zu diesem Zeitpunkt hatte die 2. Phase des V.s rd. 2 Mill. Menschenleben gefordert. In der Folgezeit zogen die USA fast sämtl. amer. Soldaten ab. Der V. endete mit der völligen Niederlage der südvietnames. Reg.

Vignette [vinˈjɛtə; frz.]: **1)** [Weinranken]ornament, Titelbildchen [in Druckschriften]; **2)** Aufkleber (z. B. als Gebührennachweis).

Vigny, Alfred Comte de [viˈɲi], * 1797, † 1863, frz. Dichter der Romantik; Romane („Cinq-Mars"), Dramen („Chatterton"), Gedichte.

Vikar [lat.]: **1)** Stellvertr. in einem kath. geistl. Amt, u. a. Apostol., Gen.-, Pfarr-V.; **2)** ev. Kirche: 1. svw. ↑Pfarrvikar, 2. Kandidat der ev. Theol.; **3)** schweizer. für Stellvertr. eines Lehrers.

Viktor: *Italien:* **1) V. Emanuel II.,** * 1820, † 1878, Kg. seit 1861; 1849–61 Kg. v. Sardinien; begr. mit C. Cavour die nat. Einheit Italiens; **2) V. Emanuel III.,** * 1869, † 1947, Kg. (1900–46); berief 1922 Mussolini zum Reg.-Chef; im Zusammenspiel mit dem monarchist. Flügel im Großrat des Faschismus gelang es V. E., ihn 1943 zu stürzen; beauftragte P. Badoglio mit der Reg.-Bildung; dankte 1946 ab. – *Sardinien:* **3) V. Amadeus I.,** * 1666, † 1732, Hzg. v. Savoyen (1675 bis 1730 als V. A. II.), König von Sizilien (1713–1718/20) und Sardinien (1718/20–30); Wegbereiter des aufgeklärten Absolutismus.

Viktoria, röm. Siegesgöttin, der griech. Nike entsprechend.

Viktoria: *dt. Kaiserin:* **1) V.,** * 1840, † 1901, preuß. Kgn. u. Ksn.; Tochter v. 2), Gattin Ks. Friedrichs (s. 1858), Mutter Ks. Wilhelms II., dessen Pol. sie z. T. kritisierte. –

Großbritannien u. Irland: **2) V.,** * 1819, † 1901, Kgn. s. 1837, Ksn. von Indien s. 1876; s. 1840 verh. mit Albert von Sachsen-Coburg-Gotha; ihre Reg.-Zeit, das *Viktorianische Zeitalter,* wird als Glanzepoche der brit. Gesch. empfunden; charakt. die imperialist. Ideol. des Besitzbürgertums, höchste polit. Machtentfaltung (Burenkrieg).

Viktualien [lat.], alte Bez. für Lebensmittel.

Villach [f-], östr. St. an der Drau, Kärnten, 55 000 E; Holz-, Masch.-, chem. u. a. Ind.; Fremdenverkehr. In *Warmbad V.* Thermalquellen (30 °C). – V. entstand um die 878 erstmals gen. Draubrücke.

Villingen-Schwenningen [f-], Krst. des Schwarzwald-Baar-Kreises, Ba.-Wü., an der Brigach u. am Neckar, 80 700 E; in Villingen Münster (13. Jh.), gr. Teile der Stadtmauer erhalten; elektrotechn., feinmech. Ind.; Kurort; 1971 Zusammenschluss von Villingen im Schwarzwald und Schwenningen am Neckar.

Villon [vi'jõ], François, eigtl. F. de Montcorbier od. des Loges, * um 1431, † nach 1463, frz. Dichter; sein Werk ist Ausklang und Höhepunkt der frz. Vagantendichtung; „Das große Testament"; derb-zyn. Witz neben tiefer Empfindung und erschütternder Aufrichtigkeit.

Vincennes [vɛ̃'sɛn], östl. Vorort von Paris, 43 000 E; Schloss (hpts. got.), Park, Rennbahn; Elektro-, Foto-, Masch.- u. a. Ind.

Vineta, sagenhafte, versunkene Ostseest., wahrsch. eine gr. normann.-slaw. Handelssiedlung auf Wollin.

Vinylbenzol, svw. ↑ Styrol.

Vinylgruppe [lat.; gr.; dt.] (Äthenylgruppe), der einwert. Rest $CH_2{=}CH-$; organ. Verbdg., die eine V. enthalten *(Vinylverbdg.),* sind sehr reaktionsfähig, oft polymerisierbar, liefern wertvolle Kunststoffe *(Vinylharze).*

Vinzentinerinnen, 1633 von Vinzenz v. Paul u. L. de Marillac begr., heute größte kath. Frauengenossenschaft; sozialkaritative Zielsetzung.

Vinzenz v. Paul, frz. Vincent de Paul, hl., * 1581, † 1660, frz. kath. Theologe; Begr. der neuzeitl. Karitasarbeit; Prediger, Seelsorger, Erzieher, Betreuer von Galeerensträflingen; Begr. der Lazaristen und der Vinzentinerinnen.

Viola [ital.], Familie von Streichinstrumenten (u. a. Gamben), Kennzeichen: Schalllöcher in C-Form; 6–7 Saiten, Griffbrett mit Bünden; *V. da braccio* [- *'brattʃo*], svw. ↑ Bratsche; *V. da gamba,* svw. ↑ Gambe; *V. d'amore,* Gambe in der Altlage, 7 Griff- u. 7 Resonanzsaiten.

Viktor Emanuel III., *König von Italien (links).* **Viktoria,** *Königin von Großbritannien und Irland (rechts)*

Viola [ital.], svw. ↑ Veilchen.

Violine [ital.] (Geige), aus der Viola entwickeltes Streichinstrument mit hellerem, durchdringenderem Klang; in Quinten gestimmt: g d[1] a[1] e[2]; bed. Geigenbauer: N. Amati, A. Stradivari, A. u. G. A. Guarneri, C. Bergonzi.

Violinschlüssel ↑ Schlüssel.

Violoncello [-'tʃɛllo; ital.], kurz Cello, Streichinstrument aus der Fam. der Violinen, mit bed. größerem Korpus als diese; wird mit einem Stachel auf den Boden aufgesetzt u. zw. den Knien gespielt; 4 Saiten in der Stimmung C, G, d, a.

VIP, Kurzw. für engl.: **v**ery **i**mportant **p**erson, wichtige Persönlichkeit [mit bes. Privilegien].

Vipern [lat.], svw. ↑ Ottern.

Virchow, Rudolf ['virço], * 1821, † 1902, dt. Pathologe; grundlegende Untersuchungen zur pathol. Anatomie, v. a. Geschwulstforschung; Begr. der Zellularpathol.; Vorkämpfer der Hygiene (Desinfektion, Kanalisation); Mitbegr. der Dt. Fortschrittspartei.

Viren [lat.]: **1)** sehr kl., mit Ultramikroskopie sichtb. gemachte, ganz oder zum gr. Teil aus Nukleoproteiden (DNS oder RNS) bestehende Körper von kugel. bis stäbchenförm. Gestalt, parasit., außerordentl. geringfügig differenzierte Krankheitserreger (z. B. Grippe, Poliomyelitis, Masern) an der Grenze zw. Belebtem und Unbelebtem; Vermehrung nur in der Wirtszelle; viele *Viruserkrankungen (Virosen)* erzeugen lebenslängl. Immunität, daher vorbeugende, akt. Immunisierung vielfach erfolgreich; **2)** ↑ Computerviren.

Virginia [auch: və'dʒɪnjə], Abk. Va., Staat im Osten der USA, 105 586 km², 6,18 Mill. E, Hptst. Richmond; von der Atlantikküste (südl. Chesapeake Bay) bis in die Appalachen; Anbau von Getreide, Mais, Tabak, Kartoffeln, Bataten, Erdnüssen, Obst; Viehzucht; Küstenfischerei (Austern); reiche Bodenschätze; Schiffbau, Tabak- u. Kunstfaserindustrie.

Virginität [lat.], Jungfräulichkeit; Unberührtheit.

Virgo [lat.] (Jungfrau), zum Tierkreis gehörendes Sternbild der Äquatorzone, mit dem hellen Stern (α) Spica.

viril [lat.], männlich.

Virologie [lat.; gr.], Wiss. und Lehre von den Viren.

virtuell [lat.], der Möglichkeit nach vorhanden oder wahrscheinl.; auch scheinbar.

virtuos [lat.], meisterhaft, techn. vollendet; **Virtuose,** ausübender Künstler (bes. Musiker), der seine Kunst mit vollendeter [techn.] Meisterschaft beherrscht.

Viruserkrankungen ↑ Viren.

vis-à-vis [viza'vi; frz.], gegenüber.

Visconti, lombardische Adelsfam. (Ghibellinenpartei), herrschte 1277–1447 in Mailand.

Visconti, Luchino, * 1906, † 1976, ital. Regisseur; Vertr. des Neorealismo, sozialkritisch-revolutionäres Engagement („Der Tod in Venedig").

Viscount ['vaɪkaʊnt; engl.], dem ↑ Vicomte entspr. brit. Adelstitel.

Visier [frz.]: **1)** der bewegl., das Gesicht deckende Teil des [ma.] Helmes; **2)** Zielvorrichtung bei [Hand]feuerwaffen.

Vision [frz.] (Gesicht), übernatürl. Erscheinung; Offenbarung; auch Trugbild; **visionär,** seher., traumhaft.

Visitation [lat.]: **1)** Durchsuchung (z. B. des Gepäcks); **2)** Besuchsdienst des vorgesetzten Geistlichen in den ihm unterstellten Gemeinden.

Visite [lat.], Krankenbesuch des Arztes.

Viskose [lat.], aus Zellulose durch

Tränken mit Natronlauge und Behandlung mit Schwefelkohlenstoff gewonnene zähflüss. Lösung; auch Bez. für die daraus gewonnenen Zelluloseregeneratfasern (fr. Reyon).

Viskosität [lat.], Zähigkeit, innere Reibung v. Flüssigkeiten u. Gasen, gemessen m. d. *Viskosimeter.*

visuell [lat.], das Sehen, den Gesichtssinn betreffend.

Visum [lat.; = Gesehenes], Sichtvermerk im Pass.

Vita [lat.], Leben, Lebenslauf.

Vitamine [Kw.], lebenswicht., vorw. in Pfl. gebildete Wirkstoffe; werden im Ggs. zu Hormonen und Enzymen vom tier. u. menschl. Organismus nicht synthetisiert, sondern mit der Nahrung zugeführt; regulieren in kleinsten Mengen biol. Lebensvorgänge, sind als Koenzyme an der Enzymbildung beteiligt; der menschl. Vitaminbedarf wird durch normale Mischkost gedeckt.

Vitoria [bi-], span. Prov.-Hptst. (von Álava) sö. von Bilbao, 209 500 E; Kathedrale (14. Jh.); versch. Industrie.

Vitrine [frz.], gläserner Schaukasten, Glasschrank.

Vitriol [mlat.], schwefelsaures Salz zweiwert. Metalle; z. B. Eisen-V. (Eisensulfat); *V.öl,* rauchende Schwefelsäure.

Vitruv (Marcus Vitruvius Pollio), röm. Architekturtheoretiker des 1. Jh.s v. Chr.; „De architectura" bed. als Quelle über die antike Architektur.

Vitus (Veit), hl., † zw. 303 u. 305, Märtyrer unter Diokletian in Sizilien; einer der 14 Nothelfer.

vivace [vi'va:tʃe; ital.], lebhaft (𝄞).

Vivaldi, Antonio, gen. il Prete rosso, * 1678, † 1741, ital. Komponist und Violinist; Opern, Violinkonzerte, Sinfonien, Kammermusik.

vivipar [lat.]: **1)** lebend gebärend; **2)** auf der Mutterpfl. keimend.

Vivisektion [lat.], Eingriff am [narkotisierten] lebenden Tier.

Vize... [f-; lat.], Bestimmungswort; Bed.: „an Stelle von ..., stellvertretend".

VKSE, Abk. für **V**erhandlungen über **k**onventionelle **S**treitkräfte in **E**uropa, die MBFR fortführenden Abrüstungsverhandlungen, führten 1990 zu weit reichenden Abrüstungsvereinbarungen.

Vlaminck, Maurice de [vla'mɛ̃k], * 1876, † 1958, frz. Maler; schloss sich 1901 den ↑Fauves an.

Vlies: 1) [Schaf]fell; Rohwolle des Schafes; **2)** ↑Goldenes V.; **3)** breite, geordnete Faserschicht.

Vlies|stoffe, Faserverbundstoffe, die weder gewebt noch gewirkt sind; der Zusammenhalt wird bei ihnen u. a. durch Verkleben mit einem Bindemittel, durch Anlösen oder Verschweißen bewirkt.

Vogel: 1) Bernhard, * 1932, dt. Politiker (CDU); Bruder v. 2), 1967–76 Kultusmin., 1976–88 Min.-Präs. v. RP; s. 1992 Min.-Präs. von Thüringen. **2)** Hans-Jochen, * 1926, dt. Politiker (SPD); Bruder v. 1), 1960–72 Oberbürgermeister v. München, 1972–77 Landesvors. der bayr. SPD, 1972–74 B.-Min. f.

A. Vivaldi

Raumordnung, Bauwesen u. Städtebau, 1974–81 B.-Justizmin., 1981 Reg. Bürgermeister von Berlin (West), 1983–91 Fraktionsvors. der SPD im Dt. Bundestag u. 1987–91 Parteivors. der SPD.

Vögel, etwa 8 600 Arten umfassende Kl. warmblüt., meist flugfäh., von den Reptilien abstammender, Eier legender Wirbeltiere mit Federn u. zu Flügeln umgebildeten Vordergliedmaßen.

Vogelbeerbaum ↑Eberesche.

Vogelfluglini|e, dem Weg der Zugvögel über die Inselbrücke zw. Mitteleuropa u. der skandinav. Halbinsel folgende Fernverkehrsstrecke (Eisenbahn u. Straße) mit Fähre zw. Puttgarden auf Fehmarn (BRD) und Rødbyhavn auf Lolland (Dänemark).

vogelfrei, rechtlos, friedlos.

Vogelmiere ↑Sternmiere.

Vogelschutz, Schutz wild lebender [nicht jagdb.] Vögel; erreicht durch Einrichtung von V.gebieten, Fütterung der Vögel im Winter u. a.; *V.warte,* Inst. für V. u. angewandte Vogelkunde, in der BRD u. a. in Essen, Frankfurt am Main, Garmisch-Partenkirchen, Hamburg, Hannover, Steckby.

Vogelspinnen, Fam. bis 9 cm langer trop. Spinnen; überwältigen Beutetiere im Sprung; Biss giftig.

Vogelwarte, Inst. für wiss. Vogelforschung, zugl. Vogelberingungszentrale; in der BRD u. a. auf Helgoland (Sitz Wilhelmshaven).

Vogesen [v-] (fr. dt. Wasgenwald; frz. Vosges), Mittelgeb. am W-Rand des Oberrhein. Tieflandes, von der Zaberner Senke im N bis zur Burgund. Pforte im S; im Gr. Belchen 1 424 m.

Vogt, im MA Inhaber einer Schutzherrschaft (häufig mit Gerichtsbarkeit), die Kirchenvogtei od. weltl. *Vogtei* sein konnte; später landesherrl. Verw.-Beamter.

Vogtland, histor. Ldsch. zw. oberer Saale u. dem Quellgebiet der Zwickauer Mulde; zw. Plauen u. Greiz die *Vogtländische Schweiz;* bed. Textilind. – Das V. wurde s. dem 12. Jh. von Reichsvögten verwaltet; 1569 an Kursachsen.

Vogue [vɔg; frz.], [Mode]strömung (↑en vogue).

voilà [vwa'la; frz.], sieh da!; da ist ..., da sind ...

Vokabel [lat.], [Einzel]wort.

Vokabular, Wörterverzeichnis.

Vokal [lat.], Selbstlaut (a, e, i, o, u).

Vokalmusik, für Singstimmen geschriebene Musik mit od. ohne Begleitung.

Vokativ [lat.], Anredefall, Kasus idgm. Spr., im Lat. erh.; im Dt. gleich Nominativ.

vol., Abk. für ↑**Vol**umen 2).

Volant [vo'lɑ̃; frz.]: **1)** angekrauster Besatz an Kleidungs- u. Wäschestücken; **2)** Lenkrad; Steuerrad des Kfz.

Volapük [Kw.], von *J. M. Schleyer* (* 1831, † 1912) geschaffene Welthilfssprache.

Voliere [vol'jɛ:rə; frz.], Vogelhaus, gr. Flugkäfig.

Volk, durch gemeinsame Sprache, gemeinsames kulturelles Erbe und histor. Schicksal gekennzeichnete Lebensgemeinschaft von Menschen. Oft im Sinn von Nation und Staats-V. verw., aber nicht notwendig ident.; das Staats-V. ist in der Demokratie Träger der verfassung- u. gesetzgebenden Gewalt (↑Volkssouveränität).

Völkerbund, die auf der Versailler Friedenskonferenz v. 1919, insbes. auf Veranlassung von W. Wilson, gegr., 1920–46 bestehende internat. Organisation zur Erhaltung des Weltfriedens u. zur Beachtung der Regeln des Völkerrechts, jedoch ohne Teilnahme d. USA; Dtl. war 1926–33 Mitgl.; zeitw. 59 Mitglieder; im 2. Weltkrieg aktionsunfähig u. damit bedeutungslos. Seine Ziele werden heute durch die ihm entspr. Organisation der UN verfolgt.

Völkerkunde, Wiss. von den Kulturerscheinungen der schriftlosen Völker (Naturvölker) außerhalb der Hochkulturen. Einteilung in *Ethnographie* (Beschreibung der

Vitamine

Vitamin	Funktion	Vitaminmangelerkrankungen	Vorkommen in
A (Retinol, Axerophthol) fettlöslich	Schutz und Regeneration epithelialer Gewebe; Aufbau des Sehpurpurs	Nachtblindheit, Epithelschädigungen von Auge und Schleimhaut; Überdosis giftig!	Lebertran, Milch, Butter; Vorstufe Carotin in Karotten und Tomaten
B_1 (Thiamin, Aneurin) wasserlöslich	in Form des Koenzyms Cocarboxylase (Thiaminpyrophosphat) an der Regulation des Kohlenhydratstoffwechsels (Abbau der Brenztraubensäure) beteiligt	Beriberi; Polyneuritis, kardiovaskuläre Störungen, Appetitlosigkeit, Motilitätsstörungen des Verdauungskanals	Silberhäutchen des Reiskorns, Hefe, Weizenkeimlingen, Milch, frischem Gemüse, Nüssen
B_2-Komplexe, u. a.: **Riboflavin;** wasserlöslich	Koenzym des gelben Atmungsenzyms der Zelle, auch in Koenzymen zahlreicher anderer Enzyme enthalten	lokale Haut- und Schleimhauterkrankungen (Horn- und Bindehaut des Auges, Mundwinkel)	Hefe, Leber, Fleischextrakt, Milch, Eiern, frischem Gemüse
Nikotinsäure (Niacin) wasserlöslich	in Koenzymen zahlreicher Wasserstoff übertragender Enzyme enthalten	Pellagra	Hefe, Leber, Reiskleie, Weizenkeimen
Biotin (Vitamin H) wasserlöslich	Koenzym bei Enzymen, die für Carboxylierungsvorgänge verantwortl. sind	Dermatitis, Haarausfall, Appetitlosigkeit, Nervosität	Hefe, Leber, Reiskleie, Eidotter, Erdnüssen
Folsäure	in Form des Koenzyms F (Tetrahydrofolsäure) an Stoffwechselreaktionen (Übertragung von C_1-Bruchstücken) beteiligt	Wachstumsverzögerung, Veränderungen des Blutbilds (Leukopenie, megalozytäre Anämie)	Leber, Muskeln, Spargel, Hefe
Pantothensäure	wesentl. Bestandteil des Koenzyms A (wichtig für Auf- und Abbau von Eiweiß, Kohlenhydraten und Fetten)	unbekannt	Hefe, Eidotter, Milch, Leber, Nieren
B_6 (Pyridoxolgruppe, Adermin) wasserlöslich	Koenzym des Aminosäurestoffwechsels	Hautveränderungen	Hefe, Getreidekeimlingen, Kartoffeln
B_{12}-Gruppe (u. a. Cyanocobalamin) wasserlöslich	Reifungsfaktor der roten Blutkörperchen	perniziöse Anämie	Leber, Rindfleisch, Bries, Austern, Eidotter
C (Ascorbinsäure) wasserlöslich	Redoxsubstanz des Zellstoffwechsels	Skorbut ([Möller-]Barlow-Krankheit bei Kindern)	Orangen, Zitronen, Grapefruit, Schwarzen Johannisbeeren, Paprika
D-Gruppe (u. a. D_3 Calciferol) fettlöslich	Regulation des Calcium- und Phosphatstoffwechsels (enterale Calciumresorption)	Rachitis, Osteomalazie, Osteoporose; Überdosis giftig!	Lebertran, bes. von Thunfisch, Heilbutt, Dorsch; Eigelb, Butter, Milch
E-Gruppe (Tocopherole) fettlöslich	noch nicht ganz geklärt; bei Ratten Antisterilitätsfaktor; wird als Antioxidans (v. a. für Fette) verwendet	Mangelsymptome beim Menschen umstritten	Weizenkeimöl, Baumwollsamenöl, Palmkernöl
F (essenzielle Fettsäuren) fettlöslich	umstritten; Regulation des Cholesterinspiegels im Blut	selten; Ekzeme, Furunkulose u. a. Hautkrankheiten	Fetten
K-Gruppe (u. a. Phyllochinon) fettlöslich	Bildung des zur normalen Blutgerinnung nötigen Prothrombins	Blutungen durch Verminderung des Prothrombins	Kohl, Spinat; wird auch durch Darmbakterien gebildet
P (Rutin) wasserlöslich	Normalisierung der Kapillarresistenz (Abdichtung der Haargefäße)	Herabsetzung der Kapillarresistenz (umstritten)	Zitronen, Paprika (mit Vitamin C); Gartenraute, Buchweizen

materiellen Kultur, Gesellschaftsformen u. Religionen) u. *Ethnol.* (allg. Untersuchung der Kulturentw. u. Theorienbildung); in Dtl. s. Ende des 19. Jh.s selbst. Wiss.

Völkermord (Genozid), schwere Schädigung oder Ausrottung einer nat., rass., relig. oder durch ihr Volkstum bestimmten Gruppe; völkerrechtl. in der Konvention vom 9. 12. 1948 unter Strafe gestellt (in der BRD in § 220 a StGB).

Völker|recht, Rechtsnormen zur Regelung der Beziehungen souveräner Staaten u. internat. Organisationen untereinander; beruht auf Gewohnheitsrecht oder völkerrechtl. Vertr.; Einteilung in *Friedens-* u. *Kriegs-V.* Die Wahrung des V.s obliegt den UN und der internat. Schiedsgerichtsbarkeit, Selbsthilfe nur in best. Grenzen zulässig; allg. Regeln des V.s Bestandteil des Bundesrechts.

Völkerwanderung, eine s. dem späten 4. Jh. einsetzende Wanderung german. Völkerschaften und Stammesverbände; frühe german. Wanderungen (Kimbern, Teutonen) bereits im 2. Jh. v. Chr., verstärktes Auftreten im 3. Jh. n. Chr. Hauptbewegung nach Einbruch der Hunnen in Europa (um 375) durch die Goten. Die Westgoten errichteten nach langen Zügen ein Reich in S-Frkr., die Vandalen in N-Afrika, die Ostgoten in Italien, die Langobarden in Oberitalien u. die Burgunder in Südostgallien. Britannien wurde in der 2. H. d. 5. Jh.s v. Angeln, Sachsen u. Jüten erobert (↑ Angelsachsen). Die german. Reiche d. V.szeit verfielen verhältnismäßig rasch. Nur das Fränkische Reich konnte seinen Bestand wahren, wurde bed. v. a. für die abendländ. Geschichte.

Volks|abstimmung: 1) svw. ↑ Volksentscheid; **2)** Volksentscheidung über die staatl. Zugehörigkeit eines best. Gebietes.

Volksbegehren, Recht einer Mindestzahl von Stimmberechtigten, einen Gesetzentwurf dem Parlament zur Behandlung vorzulegen; nach manchen Verf. kann auch ein ↑ Volksentscheid erforderl. sein.

Volksbüchereien, meist von den Gemeinden unterhaltene *öffentl. Büchereien* für jeden; entstanden im 19. Jahrhundert.

Volksdemokratie, nach marxist.-leninist. Lehre eine Staatsform, in der im Unterschied zur bürgerl. Demokratie die Herrschaft v. der Mehrheit des Volkes (nicht v. der herrschenden Klasse) ausgeht; histor. angewendet auf die nach dem 2. Weltkrieg entstandenen kommunist. regierten Staaten (außer der UdSSR); wichtigste Merkmale: Vergesellschaftung der Produktionsmittel, Herrschaftsmonopol der kommunist. Partei. Die meisten V. lösten sich 1990/91 auf.

Volksdeutsche, außerh. Dtl. (in den Grenzen v. 1937) u. Östr. lebende Personen dt. Volks- u. fremder Staatszugehörigkeit, v. a. in O- u. SO-Europa bis 1945.

volks|eigener Betrieb, Abk.: VEB, in der DDR Namenszusatz der verstaatlichten bzw. vom Staat errichteten Betriebe; bestanden bis 1990, danach privatisiert.

Volks|einkommen, Summe aller den inländ. Wirtschaftssubjekten aus dem In- u. Ausland in einer Periode zufließenden Einkommen; stimmt wertmäßig mit dem ↑ Sozialprodukt, genauer gesagt: mit dem Nettosozialprodukt zu Faktorkosten, überein.

Volks|entscheid (Volksabstimmung), Entscheidung des Staatsvolkes über Gesetzesvorlagen; in der BRD in den einzelnen Länderverf. vorgesehen, nach dem GG nur im Fall der Neugliederung des B.-Gebietes; ↑ auch Referendum.

Volksfront, Koalition der bürgerl. Linken mit Sozialisten und Kommunisten zum Zweck der Reg.-Übernahme.

Volksfront zur Befreiung Palästinas ↑ palästinensische Befreiungsbewegungen.

Volksgerichtshof, das während des 3. Reiches 1934 errichtete Sonderger. für polit. Straftaten (Terrorurteile).

Volkshochschule, Einrichtung für die Erwachsenenbildung, v. a. in Abendkursen, zuerst in Dänemark von N. F. S. Grundtvig gegr. (1844); auch für berufl. Weiterbildung.

Volkskammer, bis 1990 Volksvertretung der DDR.

Volkskommissar, in Sowjetrussland bzw. in der Sowjetunion u. ihren Gliedstaaten 1917–46 Bez. für die Minister.

Volkskunde, Wiss. von den Lebensformen u. -äußerungen d. Volkes, seinen geistig-seel. Schöpfungen (Volksglaube, -brauch, -spr., -dichtung, -musik) u. handwerkl. Erzeugnissen (Haus, Gerät, Tracht, Kunst).

Volksmusik, von nat. und landschaftl. Eigentümlichkeiten best. Musik, im Wesentl. mündl. überliefert. Hauptgebiete das Volkslied u. die Begleitung zum Volkstanz auf V.instrumenten.

Volkspolizei (Dt. V.), ugs. Vopo, bis 1990 die Polizei der DDR, durch den Min. des Innern u. den Chef der V. zentral geleitet.

Volks|schule, in der BRD fr. Bez. für Grund- und Hauptschule.

Volks|souveränität, Grundelement demokrat. Staatsform, das

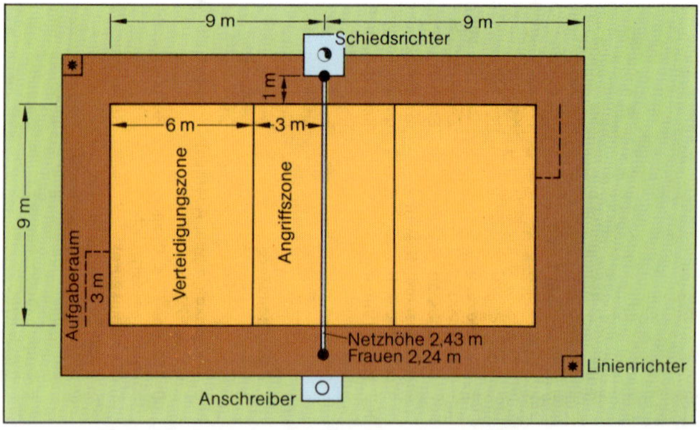

Volleyball. *Spielfeld*

dadurch realisiert wird, daß die Reg. dem v. Volk gewählten Parlament verantwortl. ist.

Volks|sturm, s. 1944 aus allen nicht der dt. Wehrmacht angehörigen, waffenfähigen Männern zw. 16 u. 60 Jahren gebildete Kampforganisation; unterstand dem R.-Führer SS, H. Himmler; sollte in unmittelbar bedrohten Heimatgebieten vorübergehend zur Verstärkung der Wehrmacht eingesetzt werden.

Volks|tänze, die im Volk erhaltenen Tanzformen im Ggs. zu Gesellschafts- und Kunsttänzen.

Volks|trauertag, nat. Trauertag zum Gedenken an die Opfer beider Weltkriege u. des Nat.-Soz.; in der BRD der 2. Sonntag vor dem 1. Advent.

Volks|tribunen, in der frühen röm. Rep. 10 Sonderbeamte, die die Plebejer gegenüber dem Senat vertraten, nach 287 v. Chr. den anderen Magistraten gleichgestellt.

Volksvermögen, Summe der Realvermögensbestände (Sachgüter wie Boden, Gebäude, Maschinen, Vorräte) zuzügl. der Differenz zw. den Forderungen an das Ausland u. den Verpflichtungen gegenüber dem Ausland.

Volksversammlung, das Zusammentreten aller stimmberechtigten Bürger eines Staatswesens zur Wahrnehmung ihrer polit. Rechte; in versch. Staaten Bez. für das Parlament.

Volksvertretung ↑Parlament.

Volkswirtschaft, Zusammenfassung aller einzel- u. gesamtwirtschaftl. Phänomene innerhalb des mit dem Staatsgebiet eines Volkes zusammenfallenden Wirtschaftsraums. Eine V. erhält durch ein einheitl. Wirtschaftssystem, eine einheitl. Geld- u. Währungsordnung, die staatl. Wirtschaftspolitik, die gegebenen Rechts- u. Gesellschaftsverhältnisse, die natürl. Ausstattung des Wirtschaftsraums u. a. ihr bes. Gepräge.

Volkswirtschaftslehre (Nationalökonomie, polit. Ökonomie), Teilgebiet der Wirtschaftswissenschaften, dessen Objekt die gesellschaftl. Wirtschaft ist, wobei neben der Analyse einzelwirtschaftl. Phänomene die Beschreibung u. Erklärung gesamtwirtschaftl. Zusammenhänge, Größen u. Prozesse im u. über den Rahmen der Volkswirtschaft hinaus bes. Bedeutung haben.

Volkszählung, umfassende statist. Erhebung zur Feststellung der Bevölkerungszahl in einem Gebiet. In der BRD zuletzt 1987.

Vollbeschäftigung, volle Auslastung des volkswirtschaftl. Produktionsapparates u. voller Einsatz aller Arbeitswilligen im Produktionsprozess; optimaler Zustand einer Volkswirtschaft.

A. Graf Volta

Vollbeschäftigungspolitik, Gesamtheit der staatl. Maßnahmen zum Erreichen bzw. zur Aufrechterhaltung der Vollbeschäftigung; insbes. konjunktur-, geld-, finanz- u. außenwirtschaftspolit. Maßnahmen.

Vollblut, rassereines, schlankes, sehr temperamentvolles Hauspferd mit den Rassen Arab. V. und Engl. Vollblut.

Volleyball ['vɔle-; engl.; dt.], Rückschlagspiel für 2 Mannschaften zu je 6 Spielern, die den Ball mit den Händen so über ein Netz zu schlagen versuchen, dass er im gegner. Feld den Boden berührt od. nur fehlerhaft angenommen werden kann.

Volljährigkeit ↑Mündigkeit.

Vollmacht, durch einseit. Erklärung erteilte Vertretungsmacht; *General-V.* für alle Geschäfte, *Gattungs-V.* für einen größeren Geschäftskreis, *Spezial-V.* für best. einzelne Geschäfte (↑auch Prokura, ↑Handlungs-V.); *Einzel-V.* steht einem allein zu, bei *Gesamt-V.* kann die Vertretungsmacht nur mit anderen gemeinsam ausgeübt werden. – Der Rechtsanwalt vertritt die Partei aufgrund einer *Prozessvollmacht.*

Vollstreckungsbescheid, ↑Mahnverfahren.

Vollstreckungstitel (vollstreckbare Titel), öff. Urkunden, die die Möglichkeit, einen bes. Anspruch im Wege der Zwangsvollstreckung durchzusetzen, ersichtl. machen; u. a. Endurteile, Vollstreckungsbefehle.

Volontär [frz.], in Ausbildung befindl. Arbeitnehmer, der keine abgeschlossene Berufsausbildung, sondern Einarbeitung in eine best. Tätigkeit anstrebt.

Volt [nach A. Gf. ↑Volta], Abk. V, Einheit der elektr. Spannung; gesetzl. festgelegt als die Spannung (Potentialdifferenz) zw. 2 Pt. eines fadenförm., homogenen, gleichmäßig temperierten metall. Leiters, in dem bei einem zeitl. unveränderl. Strom der Stärke 1 A zw. den beiden Pt. die Leistung 1 W umgesetzt wird. 1 V = 1 W/A.

Volta, Alessandro Gf., * 1745, † 1827, ital. Physiker; bahnbrechende Arbeiten auf dem Gebiet der Elektrizitätslehre; gab die *v.sche (galvan.) Spannungsreihe* der Elemente an; konstruierte die aus einzelnen galvan. El. (V.-Elemente) bestehende *v.sche Säule,* die (b. geringer Leistung) hohe Gleichspannungen liefert.

Voltaire

Volta-Element ↑Element 5).

Voltaire [vɔl'tɛ:r], eigtl. François Marie Arouet, * 1694, † 1778, frz. Philosoph und Schriftsteller; wichtigster Vertr. der frz. Aufklärung; 1750–53 Gast Friedrichs d. Gr. in Berlin; umfangreiches lyr., ep. u. dramat. Werk; Romane u. Novellen; histor. Darstellungen, Essays, Korrespondenz.

Voltampere [-'pɛ:r] (VA), Einheit der elektr. Scheinleistung von Wechselströmen, 1 VA = 1 Watt.

Volte [frz.]: **1)** Reitfigur (Kreis von meist 6 Schritt Durchmesser); **2)** seitl. Ausweichen aus der Gefechtslinie beim Fechten; **3)** Kunstgriff beim Kartenmischen, durch den einem Kartenblatt eine gewünschte Lage gegeben wird.

voltigieren [vɔlti'ʒi:rən; frz.], wettkampfmäßige Geschicklichkeitsübungen auf an der Longe im Kreis galoppierendem Pferd.

Voltmeter, Gerät zur Messung der elektr. Spannung; direkt u. leistungslos mit *elektrostat. V.n,* z. B. Elektrometer; meistens aber mit in Volt geeichten Amperemetern mit hohem Innenwiderstand, die, in

Nebenschluss geschaltet, den der Spannung proportionalen Strom messen.

Volumen [lat.]: **1)** Rauminhalt eines festen, flüss. od. gasförm. Körpers; **2)** Abk. vol., Schriftrolle, Teil eines größeren Werkes, Band.

Volute [lat.], spiralförmiges Ornament od. Bauelement.

Vopo, Abk. für: **Vo**lks**po**lizist.

Vorlarlberg, westlichstes östr. B.-Land, 2601 km², 333100 E, Hptst. Bregenz; erstreckt sich vom Bodensee u. Alpenrhein im W bis „vor" den Arlberg (westl. davon) im O; Obst- u. Ackerbau in der Rheinebene, Milch- u. Viehwirtsch. im Geb. (über 50% der Gesamtfläche Grünland); Textilind. u. Wasserkraftwerke (Energieexport) u. a. Ind.; zahlr. Sommerfrischen u. Wintersportorte. – V. war s. dem 6. Jh. Teil des Hzgt. Schwaben, zerfiel später in kleine Territorien, die vom 14. bis 16. Jh. an die Habsburger kamen.

Vorbehaltsgut, das Vermögen eines Ehegatten [in einer Gütergemeinschaft], das seiner alleinigen Verfügung u. Verw. unterliegt.

Vorderlasilen, der SW Asiens; umfasst d. asiat. Teil d. Türkei, Israel, Libanon, Jordanien, Syrien, die Staaten auf d. Arab. Halbinsel, Irak, Iran u. Afghanistan.

Vorderlindilen, südasiat. Subkontinent, deckt sich größtenteils mit den Staatsgebieten ↑Indiens und ↑Bangladeshs; Anteil haben auch ↑Pakistan und ↑Sri Lanka.

Vorderlader, alte Handfeuerwaffe, Ladung und Geschoss von vorn in den Lauf eingeführt.

Vorderlösterreich, seit dem 16. Jh. Bez. für die habsburg. Besitzungen im Elsass (1648 an Frkr.), im Breisgau, in der Schweiz, in Schwaben, der Ortenau und der Pfalz; 1801–05 ging der größte Teil des verbliebenen V. an Bayern, Württemberg u. Baden.

Vorfahrt, das Recht eines Fahrzeugführers, eine Kreuzung oder Straßeneinmündung vor einem anderen zu befahren, soweit keine Regelung durch Polizeibeamte oder Signalanlage erfolgt. Vorfahrt hat in den meisten Ländern, wer von rechts kommt, es sei denn, dass eine Straße durch ein amtl. Verkehrszeichen als *V.sstraße* gekennzeichnet ist.

Vorgabe, svw. ↑Handikap 2).

Vorgeschichte ↑Übersicht.

Vorhaut (Präputium), über die Eichel des ↑Penis verschiebbare Hautduplikatur.

Vorkaufsrecht, durch Vereinbarung erworbene Berechtigung, eine Sache zu erwerben, die der Eigentümer verkaufen will; *dingl. V.* an Grundstücken (Eintragung im Grundbuch).

Vormärz, Bez. für die Zeit der dt. Gesch. von 1815 (Wiener Kongress) bis zur Märzrevolution v. 1848, gekennzeichnet v. a. durch die Zersplitterung Dtl.s in zeitw. 39 Einzelstaaten, die erzwungene innere Ruhe durch eine reaktionäre Knebelung aller nat. u. liberalen Bewegungen (u. a. Karlsbader Beschlüsse), die zögernd einsetzende Industrialisierung u. verbreitetes Massenelend.

Vormundschaft, die Wahrnehmung der Interessen eines anderen, der zur Besorgung seiner Angelegenheiten nicht in der Lage ist, durch eine vom *V.sgericht* (Amtsgericht) bestellte u. beaufsichtigte Vertrauensperson, den *Vormund.* Dieser hat das Sorgerecht u. ist gesetzl. Vertr. seines *Mündels* (Minderjährige, die nicht unter elterl. Sorge stehen, u. Volljährige, die entmündigt sind). Neben der *privaten* od. *Einzel-V.* steht die *Amts-V.* des Jugendamtes über alle ↑nichtehel. Kinder.

Vorsatz: 1) Wille zur Verwirklichung insbes. einer strafbaren Handlung unter Kenntnis aller zum Tatbestand gehör. Tatumstände; zivilrechtl. das Wollen eines rechtswidr. (bei best. Verhalten Schaden stiftenden) Erfolges; **2)** [Doppel]blatt, das zur Hälfte auf die vordere Innenseite eines Buchdeckels geklebt wird; entspr. der *Hintersatz;* **3)** im Messwesen zur Bez. von dezimalen Vielfachen u. Teilen der Einheiten verw. Bestimmungswörter (z. B. Giga..., Kilo..., Mega..., Nano...).

Vorstand, Organ eines Vereins, insbes. einer Aktiengesellschaft, dem Geschäftsführungsbefugnis und Vertretungsmacht zustehen.

Vorsteherdrüse, svw. ↑Prostata.

Vorstehhund, Sammelbez. für meist mittelgr. Jagdhundrassen, die Wild durch „Vorstehen" (Stehenbleiben in charakt. Körperhaltung) anzeigen, z. B. Deutsch Kurzhaar, Pointer.

Vorstrafen, die zeitl. vor einer erneuten Verurteilung rechtskräftig gg. einen Straftäter verhängten Strafen.

Vorteil, Bestimmung im Fußball, Rugby u. Hockey: Bei einem regelwidrigen Verhalten braucht der Schiedsrichter das Spiel nicht zu unterbrechen, wenn die benachteiligte Mannschaft dennoch im Ballbesitz bleibt.

Vorluntersuchung, im ↑Strafprozess Untersuchung strafrechtl. erhebl. Tatsachen u. Slg. v. Beweisen gg. best. Personen durch den ↑Untersuchungsrichter; im Anschluss an das ↑Ermittlungsverfahren.

Vorlurteil, vorgefasste Meinung, deren Wahrheitsgehalt und sachl. Begründung fragl. ist; auch kritiklose Übernahme gängiger Urteile.

VOR-Verfahren (VOR = **V**ery High Frequency **O**mnidirectional **R**ange), Funknavigationsverfahren, das den richtungsabhängigen Phasenunterschied zweier von einem UKW-Drehfunkfeuer abgestrahlter elektromagnet. Wellen ausnutzt.

Vorzugslaktien (Prioritätsaktien), Aktien mit Vorrechten (z. B. erhöhte Dividende) gegenüber den Stammaktien.

Voscherau, Henning, * 1941, dt. Politiker (SPD); 1988–97 Erster Bürgermeister v. Hamburg.

Vosges [vo:ʒ]: **1)** ↑Vogesen; **2)** Dép. in O-Frkr., Hptst. Épinal.

Voß [f-], Johann Heinrich, * 1751, † 1826, dt. Dichter; Mitbegr. des Göttinger Hains; Idyllen; bed. Übers. der „Ilias" u. „Odyssee".

votieren [lat.], [für etwas] stimmen.

Votiv [lat.], wiss. Bez. für: *V.gabe,* Opfergabe, Weihgeschenk an Götter od. Heilige, bes. in Wallfahrtsorten (*V.tafeln* [Bildtafeln] u. Schrifttafeln, plast. Darst. von Sachen, Tieren, Körperteilen u. a.); auch in Form von *V.prozessionen, -messen* oder *-festen.*

Votum [lat.], Gelübde; Urteil, Gutachten; Wahlstimme, [Volks]entscheid[ung].

Voyager ['vɔɪədʒə; engl.], Name zweier amer. Raumsonden, die 1977 zur Erforschung der äußeren Planeten des Sonnensystems gestartet wurden. Im März 1979 erreichte V. 1 den kürzesten Abstand zum Jupiter (rd. 278000 km). Im Juli 1979 erreichte V. 2 den Jupiter (Abstand 647000 km). V. 1 passierte im Nov. 1980 den Saturn in rd. 123000 km Entfernung. Der Vorbeiflug von V. 2 am Saturn (Aug. 1981) in einem Abstand von 101000 km von der Wolkengrenze, am Uranus (Jan. 1986) in einem Abstand v. rd. 81500 km u. am Neptun (Aug. 1989) im Abstand von 5000 km brachte eine Vielzahl neuer Erkenntnisse (u. a. Entdeckung neuer Monde).

VPS, Abk. für **V**ideo-**P**rogramm-**S**ystem, Codesystem zum automat. Einschalten von Videorecordern für Fernsehaufzeichnungen.

Vranitzky, Franz, * 1937, östr. Politiker (SPÖ). Wirtschaftswissenschaftler; 1984–86 Finanzmin., 1986 bis Jan. 1997 Bundeskanzler.

VORGESCHICHTE

Vorgeschichte bez. 1. den Zeitraum der menschl. Vergangenheit, der vor der durch schriftl. Überlieferung erhellten Geschichte liegt. Unter *Frühgeschichte* wird in der Regel die Übergangsphase verstanden, für deren Erhellung die mit archäol. Methoden gewonnenen Erkenntnisse mit den mit histor. gewonnenen mindestens gleichbedeutend sind.
Sie bez. 2. den Wiss.-Zweig, der der Erforschung u. histor. Auswertung aller sichtb. oder sichtbar zu machenden Überreste aus der V. dient (auch *Urgeschichte* oder prähistor. Archäol.). – Überreste aus der V. wurden gelegentl. schon in der Antike, häufiger seit der humanist. Bewegung des 16. Jh.s beobachtet u. zur Illustration der myth. gedachten V. herangezogen. Zum selbst. Wiss.-Zweig wurde die V. erst im Verlauf des 19. Jh.s. Der Däne Ch. J. Thomsen begr. zu Beginn des 19. Jh.s durch method. Ordnung des Fundmaterials das Dreiperiodensystem: Steinzeit–Bronzezeit–Eisenzeit (das spekulativ schon im Altertum entwickelt worden war). Der Franzose J. Boucher de Perthes setzte gg. langen Widerstand der zeitgenöss. Wiss. um 1860 die Erkenntnis durch, dass Menschen schon vor etwa 1 Mill. Jahren Zeitgenossen „antediluvialer" Tiere waren. Bis dahin herrschte der Glaube vor, die Menschheit sei nur wenige Jt.e alt. Den wenigen Aufklärern, die an zehn und mehr Jt.e dachten, fehlte die empir. Begründung. Jetzt erst war eine Zeitdimension für die universalgeschichtl. Epochengliederung gewonnen. Zw. 1880 u. 1912 wurden für Europa die noch heute gebräuchl. chronol. Systeme geschaffen. Die Epochengliederung ist jedoch nur für begrenzte Gebiete gültig. Fast jeder der verwendeten Begriffe hat zwei Bedeutungen: als Bez. für eine zeitl. Periode u. für eine kulturelle Einheit. Das Neolithikum z. B. endet in Ägypten im 4. Jt. v. Chr., in M-Europa zu Beginn des 2. Jt.s, im inneren Neuguinea dauert es z. T. heute noch an.
Die *Steinzeit* wurde zunächst in eine ältere *(Altsteinzeit, Paläolithikum)* und eine jüngere *(Jungsteinzeit, Neolithikum)* Periode unterteilt, später die Mittlere Steinzeit *(Mesolithikum)* dazwischengeschoben. Auch das Paläolithikum wurde zunächst zweigeteilt: Alt- (auch Archäolithikum) u. Jungpaläolithikum. Der jüngere Abschnitt des Altpaläolithikums wird jetzt oft Mittelpaläolithikum genannt.
Nach der auf B. Franklin zurückgehenden Definition des Menschen als „Werkzeuge herstellendes Lebewesen" beginnt das Forschungsgebiet der V. mit dem frühesten Werkzeuggebrauch. Es ist sehr unwahrsch., dass es vor der Steinzeit eine längere „Holz- bzw. Knochenzeit" gab. Die ältesten bisher bekannten Werkzeuge sind aus Stein und stammen aus der ältesten, basalen Phase des Pleistozäns, die vor 1948 meistens noch dem Pliozän zugerechnet wurde. Fundstellen in O- u. N-Afrika, im Jordantal, in Rumänien, M- und W-Europa. Mit den altpaläolith. *Faustkeilgruppen* (Abbevillien, Chelléen, Acheuléen) werden Andeutungen regional begrenzter Kulturen erkennbar. Ihr Schwerpunkt liegt in Afrika, W-Europa u. Vorderasien bis Indien. Daneben gibt es auch faustkeilfreie Gruppen. Späte Faustkeilgruppen gibt es auch aus M- u. O-Europa u. Asien (bis Java u. Japan). Von nun an häufen sich auch Funde aus Höhlen. – Das Mittelpaläolithikum im engeren Sinne ist die Zeit der *Neandertaler.* Formen u. Herstellungstechnik der Steinwerkzeuge werden stärker differenziert; einige Typen waren sicher geschäftet (zus.-gesetzt); früheste Belege für Bestattung von Toten. – Jungpaläolith. Formengruppen (Aurignacien, Gravettien, Solutréen, Magdalénien) gibt es zunächst nur in Europa, W-Asien u. N-Afrika (Cyrenaika). Später dringen vereinzelte Gruppen auch ins übrige Afrika u. in Asien ein. Zu dieser Zeit – der Endphase des Pleistozäns – lassen sich auch die frühesten eindeut. menschl. Kulturreste in Amerika nachweisen (z. B. Sandia, Folsom-Kultur). Wichtigste jungpaläolith. Kulturerscheinungen: verfeinerte Herstellungstechnik der Stein- u. Knochenwerkzeuge, Fernwaffen (Speerschleuder, am Ende wohl auch Bogen), Zelt- u. Hüttenbauten, v. a. Kunstwerke: kleine Schnitzereien u. Gravierungen auf Schäftungen u. Kultgeräten aus versch. Material, Felsbilder in Höhlen.
Um 8000 v. Chr. Übergang zum Mesolithikum. Zu dieser Zeit gab es in S-Asien vielleicht schon Kulturen, die Fruchtbäume u. Knollengewächse kultivierten u. den Hund domestiziert hatten (umstritten). Älteste Belege für Kulturformen des Neolithikums im Vorderen Orient noch ohne Keramik, aber mit Kulturpflanzen (Hülsenfrüchte, Hirse?) u. Tierhaltung (Hund, Schaf, Ziege). In Europa, N-Asien u. Afrika lebt die Bev. noch lange vom Sammeln und Jagen, d. h. in mesolith. Lebensformen. – Von nun an gibt es keine Einheit der V. mehr. Jede Teilregion der Alten u. Neuen Welt wäre getrennt zu behandeln. Die neolith. Kulturen Europas (Kupferzeit) gingen v. a. auf vorderasiat. Anregungen zurück. In M-Europa blühte im 4. Jt. v. Chr. als früheste jungsteinzeitl. Gruppe die *Bandkeramik:* Dörfer mit Langhäusern, Getreide, als Haustiere Rind, Schaf, Ziege, Schwein u. Hund. Nördl. davon im 3. Jt. v. Chr. die *Trichterbecherkultur:* Megalithgräber neben Erdbestattungen. Andere megalith. Erscheinungen, wie Menhire (unbehauene Steinblöcke) u. Steinkreise *(Kromlechs),* sind mehr auf W-Europa beschränkt u. kommen auch noch später vor. Im W und SW M-Europas Blüte der *Michelsberger Kultur.* Gg. Ende der Jungsteinzeit Auftreten von *Streitaxtkulturen* in N- (Bootaxtkultur), O- u. M-Europa *(Schnurkeramik).* Vorherrschende Grabform war das Hockergrab (oft unter einem Grabhügel). Zu Beginn des 2. Jt.s drangen aus W-Europa die Träger der *Glockenbecherkultur* ein. Aus ihnen erwuchsen versch. Kulturgruppen der europ. Bronzezeit.
Die Kultur der mittleren Bronzezeit (ab 16. Jh. v. Chr.) stand zu Beginn unter Einflüssen aus dem SO (Schachtgräber von Mykenä). Seit dem 13. Jh. v. Chr. führten weit verbreitete, wohl vom nördl. Balkan ausgehende Umschichtungen zur Herausbildung der *Urnenfelderkulturen* (Lausitzer Kultur). Wahrsch. handelt es sich um Anzeichen einer ähnl. Bewegung, wie sie die german. Völkerwanderung und die Keltenzüge des 4./3. Jh.s v. Chr. darstellen. – Im Verlauf des 8. Jh.s v. Chr. Übergang zur älteren vorröm. Eisenzeit *(Hallstattkultur).* Versch. Lokalkulturen neben der eigtl. Hallstattkultur, z. B. die späte Lausitzer Kultur; gg. Ende im NW die *Jastorfkultur.* Es bildeten sich die Stämme heraus, die später als Kelten, Germanen usw. ins Licht der Geschichte traten. Im 5. Jh. v. Chr. Übergang zur jüngeren vorchristl. Eisenzeit (La-Tène-Zeit). Die eigtl. *La-Tène-Kultur,* von Kelten getragen, beeinflusste die nördl. wohnenden german. Stämme. Mit der römischen Okkupation trat Mitteleuropa in die Frühgeschichte ein.

Adriaen de Vries, *Bronzefiguren und -relief am Marmorsarkophag im Mausoleum des Fürsten Ernst v. Schaumburg in Stadthagen*

Vries [f-]: **1)** Adriaen de, * um 1545, † 1626, niederl. Bildhauer; tätig u. a. in Augsburg (Merkur- u. Herkulesbrunnen), in Prag am Hofe Rudolfs II. (Büsten Rudolfs); **2)** Hugo de, * 1848, † 1935, niederl. Botaniker; einer der Wiederentdecker der mendelschen Regeln (↑Vererbung); Begründer der Mutationstheorie.

VSBM, Abk. für **V**erhandlungen über **s**icherheits**b**ildende **M**aßnahmen in Europa, in Nachfolge der KVAE s. 1989 tagende Abrüstungskonferenz, deren Ergebnisse in die VKSE-Vereinbarungen übernommen wurden.

VTOL ↑Flugzeug.

Vulcanus, röm. Gott des Feuers; dem griech. Hephäst entspr.; auch kunstfert. Schmied.

Vulgata [lat.], seit dem Tridentinum Bez. für die v. a. von Hieronymus revidierte lat. Bibelübersetzung; heute gilt die 1979 fertig gestellte revidierte Fassung *(Neo-V.)* als authent. Bibeltext.

Vulkan [lat.], eine Stelle der Erdoberfläche, an der aus dem Erdinneren gefördertes Magma zutage tritt; i. e. S. ein durch derart. Stoffanhäufung entstandener Berg, dessen Form u. Bau durch die Art der geförderten Massen best. wird; *tätige V.e* kommen in den Schwächezonen der Erdrinde vor (längs junger Faltengebirgsketten, an den Kontinentalrändern od. auf den diesen vorgelagerten Inselketten); Ursache der *V.ausbrüche* sind Magmenansammlungen in der Erdrinde (*V.herde* in bis zu 20 km Tiefe); der Aufstieg des Magmas wird aktiviert durch Temp.-Erniedrigung, Druckentlastung u. Kristallisationsvorgänge.

Vulkanfiber [lat.-engl.], aus Zellulose durch Pergamentierung mit Zinkchlorid u. anschließende Verfilzung der gequollenen Fasern gewonnener Kunststoff; verw. für Dichtungen, als Koffermaterial.

Vulkanite, svw. ↑Ergussgesteine.

Vulpecula [lat.] (Fuchs, Füchschen), Sternbild der Milchstraße.

Vulpius, Christiane, ↑Goethe, Christiane von.

Vulva [lat.], äußere weibl. Geschlechtsteile.

V-Waffen, Kurzform für: **V**ergeltungs**waffen**; dt. Waffen, die im 2. Weltkrieg seit 1944 v. a. gg. London eingesetzt wurden. *V 1,* Flugkörper mit Pulsionsstrahltriebwerk und rd. 850 kg Sprengladung; *V 2,* Flüssigkeitsrakete mit 980 kg Sprengladung.

VWD ↑Übers. S. 463.

W

W, 23. Buchstabe des Alphabets.

W, Einheitenzeichen für: ↑**W**att.

W, Symbol für ↑Wolfram (☐).

Waadt (W.land; frz. Vaud), Kt. in der W-Schweiz, zw. dem Neuenburger u. dem Genfer See, 3211 km², 597 000 E, Hptst. Lausanne; im W Kettenjura, Hauptteil zum Schweizer Mittelland, im SO Alpenanteil; Milch-, Holzwirtsch., am Genfer See u. im Rhonetal Wein-, Tabakbau; Uhrenind., Kurorte.

Waage, Messgerät zur unmittelb. od. mittelb. Best. des Gew. eines Körpers; *unmittelbare W.:* Feder-W.; die bei der Dehnung der Feder auftretende, der Längenänderung proportionale Kraft hält dem Gew. das Gleichgew.; *mittelbare W.:* Balkenwaage; ein zweiarm. Hebel, im Drehpunkt auf einer Schneide gelagert, vergleicht die Masse eines Körpers mit d. Masse eines geeichten Gewichtsstücks; *Brücken-W.n* (z. B. *Dezimal-W.*) erlauben die Feststellung gr. Massen mit Hilfe kl. Eichmassen; bei *Neigungs-W.n* (z. B. Brief-W.) wird beim Auflegen der Last ein Gegengew. schräg angehoben u. dadurch der Hebelarm verlängert; bei *Laufgewichts-W.n* wird die Veränderung des Hebelarmes durch Verschieben eines Massenstückes auf einer Skala, an der das Gew. abgelesen werden kann, bewirkt (Küchen-W.); bei *hydraul. W.n* drückt die Last auf den Kolben eines mit Flüssigkeit gefüllten Zylinders (Druck auf Manometer abzulesen); bei *elektromagnet. W.n* wird das durch das Gewicht hervorgerufene Drehmoment durch ein elektromagnet. Gegendrehmoment kompensiert; bei *elektron. W.n* wird das Gewicht in elektr. Größen umgesetzt u. mit elektr. Messinstrumenten gemessen (Anzeige meist als Digitalanzeige).

Wachau, Durchbruchstal der Donau zw. Melk u. Krems an der Donau in Niederösterreich; Weinbau.

Wacholder (Juniperus), Gatt. der Zypressengewächse; einheim.: *Gemeiner W.* in Heiden und Nadelwäldern; *W.beeren* verwendet u. a. in der Volksmedizin, als Gewürz, zur Schnapsherstellung.

Wachsblume, Schwalbenwurzgewächs; Epiphyt; Zimmerpflanze.

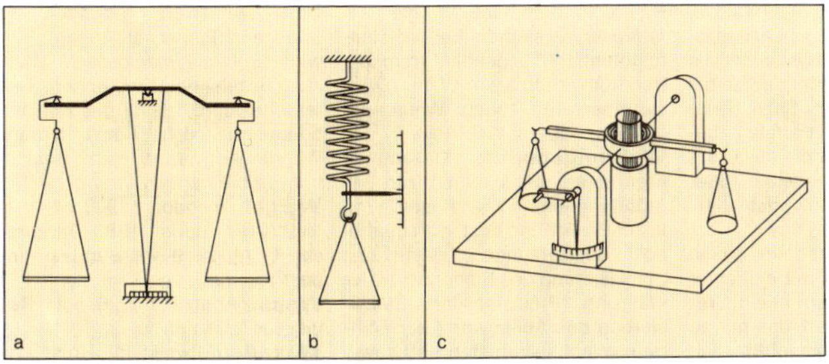

Waage. *a gleicharmige Balkenwaage, b reine Federwaage, c elektromagnetische Waage*

Wachse, Gruppe von chem. uneinheitl., kompliziert zusammengesetzten Gemischen organischer Verbdg., die unter 40 °C fest bis knetbar sind, über 40 °C unzersetzt schmelzen.

Wachsfigurenkabinett, eine Sammlung von meist lebensgr. Nachbildungen berühmter, auch berüchtigter Persönlichkeiten; am bekanntesten das W. der *Madame Tussaud* (* 1761, † 1850), London.

Wachsmalerei, svw. ↑Enkaustik.

Wachstum, durch Zellteilungen u./od. Zellvergrößerungen hervorgerufene Körpergrößenzunahme während der Individualentwicklung der Organismen; Größe und Art des W.s wird durch innere (z. B. Hormone) und äußere Faktoren bestimmt.

Wachtel, kl. Feldhuhn Eurasiens u. Afrikas, lebt am Boden, frisst Samen u. a.; Zugvogel, überwintert im trop. Afrika u. in Indien.

Wachtraum, traumähnl. Fantasievorstellungen erwünschter od. gefürchteter Situationen im Wachzustand.

Wackenroder, Wilhelm Heinrich, * 1773, † 1798, dt. Schriftsteller der Romantik.

Wadai, ehem. mittelsudan. Reich, seit dem 17. Jh. fassbar; 1912 frz. Kolonialgebiet.

Wade, hinterer, gewölbter Teil des Unterschenkels; *W.nbein* (Fibula), hinterer der beiden Unterschenkelknochen; *W.nkrampf,* schmerzhafter ton. Krampf der Wadenmuskulatur.

Wadi [arab.], tief eingeschnittenes Bett eines Wüstenflusses; führt episod. od. period. Wasser.

Wadjrajana ↑Vajrayana.

Waechter, Friedrich Karl, * 1937, dt. Schriftsteller u. Karikaturist, satir. Zeichnungen, illustrierte auch Kinderbücher („Der Antistruwwelpeter").

Wafer ['weɪf;ə engl.], Halbleiterscheibe (Ø 2,5–5,5 cm) für integrierte Schaltkreise; wird in 1–16 mm² große Chips zerteilt.

Waffen-SS, s. 1939/40 Bez. für die bewaffneten Formationen der SS: im Krieg eingesetzte mil. Verbände u. Wachmannschaften der KZ. Grundstock waren die polit. Bereitschaften der SS (später SS-Verfügungstruppe) u. die Totenkopfverbände, die die W.-SS v. 100 000 (1940) auf rd. 900 000 Mann (1944) anwachsen ließen (zunächst Freiwillige, ab 1942 auch Wehrpflichtige; daneben Volksdeutsche u. ausländ. Freiwillige).

Waffenstillstand, Einstellung der Feindseligkeiten zw. Krieg führenden Parteien auf d. Grundlage eines Abkommens (bis zum Abschluss eines Friedensvertrages).

Wagenrennen, v. a. im Altertum geübter Wettkampf mit zweirädrigen Wagen [die in der Arena von Pferden gezogen wurden].

Waggerl, Karl Heinrich, * 1897, † 1973, östr. Schriftsteller; Romane, Erzählungen, Lyrik; „Brot", „Das Jahr des Herrn".

Wagner: 1) Adolph, * 1835, † 1917, dt. Nationalökonom; führender Politiker in der christl.-soz. Arbeiterpartei; Vertr. des Staatssozialismus; **2)** Cosima, * 1837, † 1930, Tochter Franz Liszts; zuerst mit dem Dirigenten Hans v. Bülow, s. 1870 mit 3) verh.; nach dessen Tod künstler. u. kaufmänn. Leitung der Bayreuther Festspiele; **3)** Richard, * 1813, † 1883, dt. Komponist; von Liszt gefördert, mit F. Nietzsche befreundet (1878 Bruch); 1849 Flucht nach Zürich; 1876 Einweihung des mit Unterstützung Ludwigs II. erbauten Festspielhauses in Bayreuth, das W.s Idee vom *Gesamtkunstwerk* als gemeinschaftl. Erlebnis eines Volkes verwirklichen sollte; Musik in engster Verbdg. mit dem von W. selbst geschaffenen Text als Ausdruck *eines* künstler. Willens; Opern: „Rienzi", „Der Fliegende Holländer", „Tannhäuser", „Lohengrin", „Der Ring des Nibelungen" (Tetral.), „Tristan und Isolde", „Die Meistersinger von Nürnberg", „Parsifal"; **4)** Siegfried, * 1869, † 1930, Sohn v. 3) u. 2), dt. Dirigent u. Komponist; 1909 Gesamtleitung der Bayreuther Festspiele; Opern, „Der Bärenhäuter"; **5)** Wieland, * 1917, † 1966, Sohn v. 4), dt. Regisseur; 1951 Neubegr. u. mit seinem Bruder Wolfgang Leiter der Bayreuther Festspiele; schuf durch Abstraktion u. Symbolisierung einen neuen Inszenierungsstil; **6)** Winifred, * 1897, † 1980, Frau von 4), Mutter von 5) u. 7); leitete 1930–44 die Bayreuther Festspiele; **7)** Wolfgang, * 1919, Sohn v. 4), dt. Regisseur; übernahm nach dem Tod seines Bruders (↑5) die Gesamtleitung der Bayreuther Festspiele.

Wagrien, Teil des Ostholstein. Hügellandes zw. Kieler und Lübecker Bucht.

Wahl, Berufung von Personen in eine öff., kirchl. od. private Stellung durch Abstimmung einer Anzahl von W.berechtigten; *W.recht* im objekt. Sinne ist die Gesamtheit der die W. betreffenden Normen, im subjekt. Sinne das Recht des Einzelnen, zu wählen *(akt. W.recht)* od. gewählt zu werden *(pass. W.recht).* In der Demokratie Mittel zur Bestellung der leitenden Staatsorgane, bes. der Volksvertretung. *W.system* in der BRD: Die W.en zum B.-Tag (u. entspr. die W.en in Ländern, Kreisen u. Gemeinden) müssen sein: 1. allg.: Jedem Deutschen über 18 J. (in Nds. bei Kommunalwahlen 16 J.) steht d. aktive u. pass. W.recht zu; 2. unmittelb.: Die Abg. der Volksvertretung werden durch Direktentscheid aller W.berechtigten gewählt; 3. frei: Jedem muss die Entscheidung ohne fremden Einfluss mögl. sein; 4. gleich: Alle W.berechtigten haben gleichgewicht. Stimmrecht; 5. geheim: durch verdeckte Stimmzettel. – Bei den Bundestags-W.en wird ein gemischtes W.system aus ↑Mehrheits- u. ↑Verhältniswahl angewandt. Jeder Wähler hat zwei Stimmen: eine für den Kandidaten s. W.kreises u. eine für die Landesliste der jeweil. Partei. Dabei gilt die *Fünfprozentklausel,* derzufolge bei der Verteilung der Sitze nach Zweitstimmen nur Parteien berücksichtigt werden, die mind. 5% aller Zweitstimmen erhalten (oder mind. drei Direktmandate errungen) haben.

Wahlmänner, Personen, die in einem polit. System mit indirekter Wahl v. den Urwählern in ein Gremium gewählt werden, das nur zu dem Zweck zusammentritt, den od. die eigtl. Vertr. bzw. Amtsträger zu wählen.

Wahlrecht ↑Wahl.

Wahlvergehen, die mit Strafe bedrohten Handlungen, die sich gegen die rechtmäßige Durchführung von Wahlen und die freie Ausübung des Wahlrechts richten; insbes.: Verletzung des Wahlgeheimnisses, Hinderung der freien Wahl anderer durch Nötigung u. Bestechung zur Herbeiführung bestimmter Wahlentscheidungen anderer.

Wahrscheinlichkeitsrechnung, Teilgebiet der Math., das sich mit der Untersuchung der Gesetzmäßigkeiten zufäll. Ereignisse befasst, die bei Massenerscheinungen versch. Art auftreten. Die Wahrscheinlichkeit für das Eintreten eines Ereignisses kann definiert werden als die relat. Häufigkeit, mit der das Ereignis bei einer hinreichend gr. Zahl von Versuchen, Vorkommnissen u. a. eintritt.

Währung, die W.seinheit eines Landes, die gesetzl. Zahlungsmittel ist. Der *Außenwert* einer W. ist die Kaufkraft der inländ. W. im Ausland, die durch den Wechselkurs festgelegt wird; das Verhältnis zweier W.en zueinander heißt *W.sparität.* Das W.sgebiet ist der Raum, in dem eine W. gilt. Die *W.sreserven* sind die bei der Zentralnotenbank liegenden fremden, frei konvertierbaren W.en (Devisenreserven); ↑auch Währungssystem; ↑Übers. Währungen.

Währungspolitik, Gesamtheit aller staatl. Maßnahmen zur Begründung einer Währungsordnung u. zur Erreichung best. wirtschaftspolit. Zielsetzungen. Hauptziele: Stabilisierung des Binnenwerts der Währung (Preisstabilität), Stabilisierung des Außenwerts der Währung (Wechselkursstabilität) sowie Geldschöpfungspolitik zur Erhaltung der Vollbeschäftigung u. des wirtschaftl. Wachstums.

Währungsreform, Neuordnung eines aus polit. u./oder wirtschaftl. Ursachen zerrütteten Geldwesens. Durch die W. in den drei Westzonen vom 21. 6. 1948 (in Groß-Berlin: 24. 6. 1948) wurde im Gebiet der späteren BRD u. West-Berlins die Reichsmark durch die DM im Verhältnis 1 : 1 abgelöst, aber Sonderbest. änderten dieses Verhältnis wieder. Die natürl. Personen erhielten pro Kopf eine Erstausstattung von 40 DM gg. 40 RM, zwei Monate später erhielten sie nochmals 20 DM („Kopfbetrag"). Die Altgeldguthaben wurden im Verhältnis 100 RM zu 6,50 DM umgestellt, bei den übrigen Verbindlichkeiten galt ein Verhältnis von 10 : 1 (Ausnahme Mieten u. Pensionen, Verhältnis 1 : 1). Die SBZ (die spätere DDR) folgte mit einer eigenen W. am 22. 6. (bis 26. 6.) 1948.

Währungs|system, Geldordnung eines Landes. Man unterscheidet: 1. *gebundene Währung,* die an einen best. Stoff gebunden ist, z. B. an Gold oder an Gold u. Silber (Mono- bzw. Bimetallismus); 2. *freie Währung,* die nicht an einen best. Metallwert gebunden ist (meistens Papierwährungen); sie wird auch als *manipulierte Währung* bezeichnet. Eine andere Unterscheidung betrifft die Konvertierbarkeit: Nicht konvertierbare Währungen nennt man *weiche,* konvertible *harte Währungen.*

Waigel, Theodor, * 1939, dt. Politiker (CSU); Jurist; 1988–99 Vors. der CSU, 1989–98 Bundes-Min. der Finanzen.

Wajda, Andrzej, * 1926, poln. Regisseur („Danton").

Wakefield ['weɪkfi:ld], Hptst. der engl. Metropolitan County West Yorkshire, südl. v. Leeds, 60 500 E; Ind. u. Kohlen-⚒.

Walachei, rumän. Ldsch. zw. S-Karpaten und Donau; im S sumpf. Gebiet der Donauniederung, im SO der Bărăgan; nach N zu hügel. Aufschüttungsgebiet mit tief eingeschnittenen Flusstälern; großenteils lössbedeckt; Getreide-, Baumwoll-, Flachs-, Raps-, Gemüseanbau, im W u. am Karpatenrand Wein- u. Obstbau; Erdöllager bei Ploieşti. Teile (durch den Alt getrennt): *Gr. W.* (Muntenien), Hauptort Bukarest, u. *Kl. W.* (Oltenien), Hauptort Craiova. – Gesch. ↑Rumänien.

Walchensee, See in den Bayer. Voralpen, 16,4 km², bis 192 m tief, 802 m ü. d. M. Mit dem 200 m tiefer liegenden Kochelsee durch das *W.kraftwerk* (124 MW) verbunden.

Wald, mit Bäumen dicht bewachsene größere Fläche; eine bis in die unteren Bodenhorizonte reichende natürliche Lebensgemeinschaft u. Ökosystem. – Abb. S. 748.

Waldburga (Walburg[a], Walpurgis), hl., * um 710, † 779, ags. Benediktinerin; Äbtissin des Doppelklosters Heidenheim.

Waldemar: *Dänemark:* **1) W. I.,** d. Gr., * 1131, † 1182, Kg. s. 1157; begr. die dän. Großmachtstellung; **2) W. II.,** der Sieger, * 1170, † 1241, Kg. s. 1202, Sohn v. 1); eroberte die dt. Ostseeküste, 1219 auch Estland; 1227 v. dt. Fürsten bei Bornhöved geschlagen; **3) W. IV.** Atterdag, * um 1320, † 1375, Kg. s. 1340; eroberte 1361 Visby auf Gotland, führte Krieg gg. die Hanse (zw. 1361 u.1370).

Waldenburg (Schlesi|en) (poln. Wałbrzych), St. im *Waldenburger Bergland* (nördl. Teil der Mittelsudeten), Polen, 140 600 E; Steinkohlen-⚒, Industriezentrum.

Waldenser, Anhänger einer nach ihrem Gründer *Petrus Waldes* († zw. 1184 u. 1218) aus Lyon ben., um 1175 entstandenen relig. Laienbewegung, die nach dem Armutsideal lebte und zur Buße aufrief; sehr bald im Ggs. zum Klerus ste-

Währungen
Auswahl

Land	Währungseinheit (Abk.) = Untereinheiten
Ägypten	1 Ägypt. Pfund (ägypt£) = 100 Piaster (PT) = 1 000 Milliemes
Algerien	1 Alger. Dinar (DA) = 100 Centimes (CT)
Angola	1 Readjusted Kwanza (Kzr) = 100 Lwei (Lw)
Argentinien	1 Argentin. Peso (arg$) = 100 Centavos
Armenien	1 Dram (ARD) = 100 Luma (Lm)
Äthiopien	1 Birr (Br) = 100 Cents (ct.)
Australien	1 Austral. Dollar ($A) = 100 Cents (c)
Belgien	1 Belg. Franc (bfr) = 100 Centimes (c)
Bolivien	1 Boliviano (Bs) = 100 Centavos (c.)
Brasilien	1 Real (R$) = 100 Centavos
Bulgarien	1 Lew (Lw) = 100 Stótinki (St)
Chile	1 Chilen. Peso (chil$) = 100 Centavos
China	1 Renminbi ¥uan (RMB.¥) = 10 Jiao = 100 Fen

hend, wurde sie 1184 von der Kirche verurteilt; heute hpts. in Italien.

Waldersee, Alfred Gf. v., * 1832, † 1904, preuß. Gen.-Feldmarschall; Gegner Bismarcks als Verfechter einer antiruss. Politik; 1889–91 Chef des Großen Gen.-Stabes, 1900/01 Oberbefehlshaber der europ. Interventionstruppen im Boxeraufstand.

Waldgrenze, Grenze des geschlossenen Waldes gg. [infolge Kälte oder Trockenheit] waldlose Gebiete.

Waldheim, Kurt, * 1918, östr. Politiker; 1968–70 Außenminister, 1972–81 UN-Generalsekretär; 1986 bis 1992 als Kandidat der ÖPV B.-Präsident.

Waldmeister, Art d. Gatt. Labkraut, bes. in Laubwäldern verbreitet; z. T. angebaut, Verwendung als Aromamittel u. offizinell.

Waldorfschulen, Freie, nach den Grundsätzen R. Steiners geführte, von der Grundschule bis zum Abitur reichende Schulen; angestrebt wird umfassende Fantasie-, Gemüts- und Willensbildung.

Wald|stätte, Bez. für die um den Vierwaldstätter See liegenden schweizer. Kantone Uri, Schwyz, Unterwalden und Luzern.

Wald|sterben (Baumsterben), in M-Europa regional unterschiedl. stark auftretende Erkrankung von Waldbäumen; Ursachen: Luftschadstoffe, die Übersäuerung des Bodens (↑ auch saurer Regen) verursachen u. damit das Wurzelwachstum u. die Nährstoffversorgung verschlechtern, Immissionen von Schwefeldioxid, Stickoxiden, Fluor- u. Chlorverbindungen, Ozon.

Wale, Ordn. ganz zum Wasserleben übergegangener Säugetiere; 2 Unterordn.: ↑ Barten-W., ↑ Zahn-W.; Körper fischförm., Vorderextremitäten flossenart., Hinterextremitäten äußerl. fehlend, Schwanz zu einer breiten, horizontalen Flosse umgewandelt, meist mit Rückenfinne; hervorragende Schwimmer, tauchen sehr tief, leben (meist gesell.) als Kosmopoliten bes. in nördl. Meeren; viele Arten vom Aussterben bedroht.

Wales [weɪlz] (walis. Cymru), Teil von Großbr., umfasst die Halbinsel zw. der Ir. See und dem Bristolkanal sowie die Insel Anglesey, 20 768 km², 2,9 Mill. E (hpts. Waliser, Spr. Engl., z. T. Kymrisch), Hptst. Cardiff; vorw. waldarmes Bergland; Schaf- u. Rinderzucht; Küstenfischerei; im S bed. Hütten- u. Metall verarb. Ind. (reiche Steinkohlen- u. Eisenerzvorkommen in Cardiff, Rhondda, Swansea), ein zweites entspr. Ind.-Gebiet bei

Währungen
Fortsetzung

Land	Währungseinheit (Abk.) = Untereinheiten
Dänemark	1 Dän. Krone (dkr) = 100 Øre
Deutschland	1 Dt. Mark (DM) = 100 Pfennig (Pf)
Estland	1 Estn. Krone (eKr) = 100 Senti
Finnland	1 Finnmark (Fmk) = 100 Penniä (p)
Frankreich	1 Französ. Franc (FF) = 100 Centimes (c)
Georgien	1 Lari (GEL) = 100 Tetri
Ghana	1 Cedi (₵) = 100 Pesewas (p)
Griechenland	1 Drachme (Dr.) = 100 Lepta
Großbritannien	1 Pfund Sterling (£) = 100 Pence (p)
Indien	1 Ind. Rupie (iR) = 100 Paise (P.)
Indonesien	1 Rupiah (Rp.) = 100 Sen (S)
Irak	1 Irak-Dinar (ID) = 1 000 Fils
Iran	1 Rial (Rl.) = 100 Dinars (D.)
Irland	1 Ir. Pfund (Ir£) = 100 Pence (p)
Island	1 Isländ. Krone (ikr) = 100 Aurar
Israel	1 Neuer Schekel (NIS) = 100 Agorot
Italien	1 Italien. Lira (Lit) = 100 Centesimi (Cent.)
Japan	1 Yen (¥) = 100 Sen
Jugoslawien	1 Jugoslaw. Neuer Dinar (N. Din) = 100 Para (p)
Kanada	1 Kanad. Dollar (kan$) = 100 Cents (c)
Kenia	1 Kenia-Schilling (K.Sh.) = 100 Cents (cts)
Kroatien	1 Kuna (K) = 100 Lipa (lp)
Lettland	1 Lats (Ls) = 100 Santims (s)
Libanon	1 Libanes. Pfund (L£) = 100 Piastres (P. L.)
Libyen	1 Libyscher Dinar (LD.) = 1 000 Dirhams
Litauen	1 Litas (LTL) = 100 Centas (ct)
Luxemburg	1 Luxemburg. Franc (lfr) = 100 Centimes (c)
Malta	1 Maltesische Lira (Lm) = 100 Cents (c) = 1 000 Mils (m)
Marokko	1 Dirham (DH) = 100 Centimes (C)
Mexiko	1 Mexikan. Peso (mex$) = 100 Centavos (¢)
Neuseeland	1 Neuseeland-Dollar (NZ$) = 100 Cents (c)
Niederlande	1 Holländ. Gulden (hfl) = 100 Cent (c, ct)
Norwegen	1 Norweg. Krone (nkr) = 100 Øre (Ø)
Österreich	1 Schilling (S) = 100 Groschen (Gr, g)
Pakistan	1 Pakistan. Rupie (pR) = 100 Paisa (Ps)
Paraguay	1 Guaraní (₲) = 100 Céntimos (cts)
Peru	1 Neuer Sol (S/.) = 100 Céntimos
Philippinen	1 Philippin. Peso (₱) = 100 Centavos (c)
Polen	1 Zloty (Zl) = 100 Groszy (Gr, gr)
Portugal	1 Escudo (Esc) = 100 Centavos (c, ctvs)
Rumänien	1 Leu (l) = 100 Bani
Russland	1 Rubel (Rbl) = 100 Kopeken
Saudi-Arabien	1 Saudi Riyal (S.Rl.) = 20 Qirshes = 100 Hallalas
Schweden	1 Schwed. Krone (skr) = 100 Öre
Schweiz	1 Schweizer Franken (sfr) = 100 Rappen (Rp), Centimes (c)
Senegal	CFA-Franc
Spanien	Peseta (Pta)
Sri Lanka	1 Sri-Lanka-Rupie (S.L.Re.) = 100 Sri-Lanka-Cents (S.L.Cts.)
Südafrika	1 Rand (R) = 100 Cents (c)
Syrien	1 Syr. Pfund (syr£) = 100 Piastres (PS)
Tansania	1 Tansania-Schilling (T.Sh.) = 100 Cents (Ct.)
Thailand	1 Baht (฿) = 100 Stangs (St., Stg.)
Tschech. Rep.	1 Tschech. Krone (Kč) = 100 Hellers (h)
Tunesien	1 Tunes. Dinar (tD) = 1 000 Millimes (M)
Türkei	1 Türk. Pfund/Lira (TL.) = 100 Kuruş (krş.)
Ungarn	1 Forint (Ft) = 100 Fillér (f)
Uruguay	1 Uruguayischer Peso (urug$) = 100 Centésimos (cts)
USA	1 US-Dollar (US-$) = 100 Cents (c, ¢)
Venezuela	1 Bolívar (Bs.) = 100 Céntimos (c, cts)
Zaïre	1 Neuer Zaïre (NZ) = 100 Makuta (K)
Zypern	1 Zypern-Pfund (Z£) = 100 Cents (c)

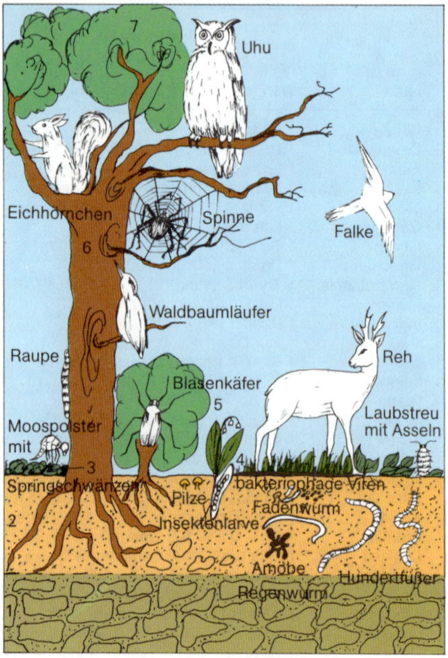

Wald. *Schichtung im mitteleuropäischen Laubwald; 1 Unterboden, 2 Oberboden, 3 Bodenoberflächenschicht, 4 Krautschicht, 5 Strauchschicht, 6 Stammschicht, 7 Kronendach*

Wrexham im NO von W.; Seebäder. – *Gesch.:* Das kelt. Ft. W. wurde im späten 13. Jh. vom engl. Kg. Eduard I. völl. unterworfen, 1536 (1542) England dann endgült. einverleibt, rechtl., polit. u. administrativ gleichgestellt; s. 1301 führen die engl. Thronfolger den Titel *Prince of Wales.*

Wałesa, Leszek („Lech") [va'tɛ̃sa], * 1943, poln. Gewerkschafter; 1970 u. 1980 Streikführer der Werftarbeiter in der Danziger Bucht; setzte vorübergehend die Zulassung freier Gewerkschaften in Polen durch, im Sept 1980 Vors. des Dachverbands der freien Gewerkschaften Polens („Solidarität"); 1981 bis Nov. 1982 interniert; 1983 Friedensnobelpreis; 1990–95 Staatspräs. von Polen.

Walfisch (Cetus), ausgedehntes Sternbild der Äquatorzone.

Wạlfischbai, Gebiet mit wicht. Hafenst. (30 000 E; bed. Fischverarb.) an der Küste v. Namibia, 1 124 km², 26 000 E; Exklave der Kapprovinz (Rep. Südafrika), 1991–94 gemeinsam mit Namibia verwaltet, seitdem zu Namibia. ⚝.

Wạlhall, in der nord. Mythol. Aufenthaltsort der in der Schlacht gefallenen Helden.

Walhạlla, Ruhmeshalle bei *Donaustauf* (östl. von Regensburg, Bay.), mit Bildnisbüsten berühmter Deutscher; 1830–42 nach einem Entwurf L. v. Klenzes als Nachahmung eines griech. Tempels erbaut.

Walkie-Talkie ['wɔ:kɪ'tɔ:kɪ; engl.] ↑Sprechfunkgeräte.

Walkụ̈ren, Kampfjungfrauen der nord. Mythol., wählen die für Walhall geeigneten toten Krieger aus.

Wallace, Edgar ['wɔlɪs], * 1875, † 1932, engl. Schriftsteller; erfolgr. Kriminalromane, „Der Hexer".

Wallach, kastriertes ♂ Pferd.

Wạllenstein (Waldstein), Albrecht Wenzel Eusebius v., Hzg. von Friedland (s. 1625), Hzg. von Mecklenburg (s. 1627/29), Fürst von Sagan (s. 1627/28), gen. der Friedländer, * 1583, † 1634, kaiserl. Heerführer im Dreißigjähr. Krieg; seit 1604 in habsburg. Diensten; stellte mit eigenen Mitteln ein Heer auf, 1625 Oberbefehl über alle kaiserl. Truppen im Reich, zahlr. mil. Erfolge, 1630 auf Druck der R.-Fürsten hin entlassen, 1632 erneut Oberbefehlshaber; Verhandlungen mit Schweden, Sachsen und Brandenburg brachten ihn in Ggs. zu Wien; 1634 abgesetzt; mit mehr. seiner Generale (A. E. Terzky, W. Ilow, C. v. Kinský) ermordet.

Wallfahrt, Fahrt (meist Wanderung) zu einer hl. Stätte; relig. Übung, oft als Sühne oder um der Erfüllung eines Anliegens willen.

Wạllis (frz. Valais), Kt. in der SW-Schweiz, 5 224 km², 266 700 E, Hptst. Sitten; Hochalpenland; Almwirtsch., im Rhonetal Obst-, Wein- und Gemüsebau; Wasserkraftwerke, Fremdenverkehr.

Wạlliser Ạlpen, Teil der Westalpen südl. des Rhonetals, bis 4 634 m ü. d. M. (Dufourspitze).

Wallo̲nen, Bez. für die frz. Mundarten sprechende Bev. Belgiens.

Wạllraff, Günter, * 1942, dt. Schriftsteller; v. a. bekannt durch „Ganz unten".

Wall Street ['wɔ:lstri:t], Banken- und Börsenstraße in New York; übertragen für das amer. Finanzzentrum.

Walnussbaum (Walnuss), Art der Walnussgewächse; wahrsch. aus dem Orient stammender Baum, bereits von den Römern in Dtl. eingeführt; liefert Möbelholz *(Nussbaum);* die *Walnüsse* enthalten über 50 % Öl (für Speiseöl).

Walpole, Sir Robert, 1. Earl of Orford [wɔ:lpoʊl], * 1676, † 1745, brit. Staatsmann (Whig); 1721–42 als Schatzkanzler u. 1. Lordschatzmeister erster brit. Premiermin. mit Gesamtverantwortung; Periode d. Friedens u. d. Prosperität; erklärte 1739 gg. seinen Willen Spanien den Krieg.

Walpụrgisnacht, die Nacht vor dem 1. Mai, in der nach dem Volksglauben die Hexen zu ihren Tanzplätzen fliegen.

Walrosse, Fam. der Robben mit d. einzigen Art *Walross;* dem Wasserleben angepasste Säugetiere, in nördl. Meeren; etwa 3 (♀) bis 4,5 (♂) m lang; wegen ihrer Elfenbein liefernden Hauer stark bejagt, Bestand gefährdet.

Wạlser, Martin, * 1927, dt. Schriftsteller; u. a. gesellschafts- u. zeitkrit. Romane, „Halbzeit", „Finks Krieg"; Drama: „Eiche und Angora" u. a.

Walstatt, Kampfplatz der Helden in der german. Sage.

Wạ̈lsungen, Heldengeschlecht der german. Sage, dem Siegfried entstammt.

Wạlter: 1) Bruno, eigtl. B. W. Schlesinger, * 1876, † 1962, amer. Dirigent dt. Herkunft; Gen.-Musikdir. in München, Berlin, Wien; ab 1939 meist in den USA; **2)** Fritz, * 1920, dt. Fußballspieler; Spielführer d. dt. Weltmeisterschaftsmannschaft 1954; 61 Länderspiele (1940 bis 1958).

Wạlther v. der Vogelweide, * um 1170, † um 1230, mhd. Dichter; Vollender der Formkunst der höf. Minnelyrik u. zugleich Überwinder ihrer Stilisierung u. Vergeistigung durch neue, persönl. Erlebniskraft; Spruchdichtung als scharfe, treffsichere polit. Waffe.

Walzer, Gesellschaftstanz im ¾-Takt; Blüte als Wiener W. unter J. Lanner sowie Johann Strauß Vater und Sohn.

Wälzlager, Maschinenelement zur Führung drehbarer Teile, bei dem zur Verringerung d. Reibung Kugeln (Kugellager) oder Rollen (Rollenlager) eingebaut sind.

Walzwerk, Ind.-Anlage, in der Metallhalbzeuge auf *Walzstraßen* (mit versch. *Walzgerüsten*) zu Walzwerkerzeugnissen (Bänder, Draht u. a.) umgeformt werden.

Wampum [indian.], bei nordamer. Indianern Schnüre aus Muschelscheibchen, Schnecken oder Glasperlen (Zahlungsmittel oder Urkunde bei Verträgen).

Wams [frz.], urspr. der unter dem Panzer, später unter dem Überrock getragene gesteppte Rock des Mannes; nach dem 17. Jh. durch die Weste ersetzt.

Wanderniere (Senkniere, Nephroptose), Herabsinken einer oder beider Nieren.

Wandlung: 1) Teil u. einer der Höhepunkte der kath. Eucharistiefeier (Transsubstantiation der Abendmahlsgaben); **2)** (Wandelung) im Rahmen der Mängelhaftung beim Kauf die Rückgängigmachung des Vertrages wegen mangelhafter Beschaffenheit des Vertragsgegenstandes.

Wandmalerei, Malerei auf Wänden, an Decken und Gewölben, entw. auf die trockene Wand (al secco) od. auf die feuchte Wand (al fresco); Darstellungen figuraler oder ornamentaler Art.

Wandzeitung, im Allg. handschriftl. hergestellter, öffentl. Anschlag politisch aktueller Mitteilungen, generell nur in einem Exemplar.

Wanen ↑Vanen.

Wange: 1) Mundhöhlenseitenwand zw. Jochbein u. Unterkiefer; **2)** seitl. Teil (z. B. einer Treppe), seitl. Fläche (z. B. des Blattes einer Axt).

Wangenbein, svw. ↑Jochbein.

Wangerooge, östlichste der Ostfriesischen Inseln, Nds., 5,01 km², 1 300 E; Nordseebad; Fähre v. Harlesiel.

Wankelmotor (Kreiskolbenmotor), Verbrennungskraftmaschine mit stetig umlaufenden Kolben in Gestalt eines Bogendreiecks, konstruiert von *Felix Wankel* (* 1902, † 1988) in Zusammenarbeit mit den NSU Motorenwerken AG.

Wanne-Eickel, ehem. St. im Ruhrgebiet, NRW, seit 1. 1. 1975 nach Herne eingemeindet.

Wannsee: 1) Havelsee im SW v. Berlin, 2,6 km², bis 9 m tief; **2)** Ortsteil des Bezirks Zehlendorf in Berlin.

Wannseekonferenz, am 20. 1. 1942 abgehaltene Konferenz v. Spitzenvertr. oberster R.- u. Parteidienststellen unter Vors. v. R. Heydrich im Berliner Interpolgebäude am Wannsee mit dem Ziel, grundsätzl. Fragen der „Endlösung der Judenfrage" zu klären; vorgesehen war die Deportation der jüd. Bev. in den O zur Vernichtung anstelle der bisher praktizierten Auswanderung.

Wanten, starke Draht- oder Hanfseile, die die Masten nach der Seite zur Bordwand hin abstützen.

Wanzen. *Stinkwanze*

Wanzen: 1) (Halbflügler, Heteroptera), Ordn. der Schnabelkerfe; Körper meist flach, Vorderflügel teilw. ledrig; oft mit Stinkdrüsen; v. a. Pflanzensauger, auch Räuber sowie Ektoparasiten (Bettwanze); unvollkommene Verwandlung; Unterordn.: *Land-* u. *Wasserwanzen;* **2)** Bez. f. kl. Abhörgeräte.

Wappenkunde (Heraldik), Lehre vom Wappenwesen, eine der histor. Hilfswissenschaften; das *Wappen,* urspr. Unterscheidungsmerkmal gepanzerter Ritter, dann nur noch bildl. Abzeichen einer Person, einer Fam. od. einer Körperschaft, ist vererbl., nach best. Regeln zusammengestellt u. wird mit anerkannter Berechtigung geführt; bei den Wappenbildern unterscheidet man *Heroldsbilder* (Schildteilungen) u. *gemeine Figuren* (Darst. von Menschen, Pflanzen, Tieren, Geräten u. a.), auch Kombinationen sind möglich.

Waräger, Bez. für die in O-Europa eingewanderten Normannen.

Warane [arab.], Fam. gr. Echsen; Schwanz lang, Zunge tief gespalten; lebhafte Raubtiere der Alten Welt und Australiens.

Warentest, vergleichende Prüfung von Markenartikeln der Konsumgüterind. auf Qualität u. a.

Warenzeichen (Schutzmarke), Kennzeichen in Wort und Bild, die der Unterscheidung der Waren eines best. Geschäftsbetriebes von Waren anderer dienen. Beim Patentamt in der *W.rolle* eingetragen; Schutz 10 J., kann jedoch verlängert werden.

Warft (Warf) ↑Wurt.

Warhol, Andy ['wɔːhɔl; engl.], eigtl. Andrew Warhola, * 1928, † 1987, amer. Popkünstler und Filmregisseur; Konsumwelt, Starkult und Zeitgeschehen wurden Themen seiner Pop-Art, menschl. Verhalten, z. B. Sexus od. Sucht, Thema seiner Filme.

Warmblut ↑Pferde.

Warmblüter, Tiere, deren Körpertemp. gleich bleibend u. unabhängig von der Außentemp. ist.

Wärme, spezif. physiol. Empfindungen auslösende Energieform; die Summe der in einem Körper enthaltenen Bewegungsenergie seiner Moleküle.

Wärme|austauscher, Vorrichtungen, die von einem Medium zu einem zweiten Wärme übertragen; W. sind z. B. die Regeneratoren in den Kokereien.

Wärmedurchgangskoeffizient (Wärmedurchgangszahl, k-Wert), Kennzahl der Wärmeübertragung bzw. -dämmung; gibt an, welche Wärmeleistung bei einer Temp.-Differenz von 1 K [zw. Innen- u. Außenluft eines Gebäudes] durch 1 m² Wand hindurchtritt; Einheit: W/(m² · K).

Wärmelehre (Thermodynamik), Teilgebiet der Physik, in dem das Verhalten der Körper bzw. Stoffe bei Zu- od. Abführung von Wärmeenergie untersucht wird. Die W. nahm ihren Ausgang in der Untersuchung der Umwandlungsmöglichkeit v. Wärme in mech. Arbeit in Wärmekraftmasch. (heute das Gebiet der *techn. Thermodynamik*); sie untersucht insbes. die makroskop. Zustandsgrößen von thermodynam. Systemen sowie ihre Änderung bei mech., therm., elektr. u. a. Einwirkungen, z. B. die Änderung des Aggregatzustandes. Die *allg. Thermodynamik* geht v. den unmittelbar messb. Größen aus u. leitet das Verhalten thermodynam. Systeme mithilfe der 3 *Hauptsätze der W.* ab. Der *1. Hauptsatz* besagt, dass die Gesamtenergie eines abgeschlossenen Systems, d. h. die Summe aus mech., elektr., chem. u. therm.

Energie, konstant bleibt (allg. Energie[erhaltungs]satz). Wärmeenergie kann aus mech. bzw. elektr. Energie erzeugt u. in mech. (elektr.) Arbeit umgewandelt werden; diese sind äquivalente Energieformen (J. R. Mayer). Der *2. Hauptsatz* (Entropiesatz) drückt den Richtungscharakter aller Wärmevorgänge aus; Wärme kann nicht von selbst aus einem Körper niedr. Temp. in einen solchen höherer Temp. übergehen *(clausiussches Prinzip)*; eine periodisch arbeitende Wärmekraftmasch. benötigt also stets 2 unterschiedl. Arbeitstemp., zw. denen dem Arbeitsmedium (Luft, Gas, Dampf) Zustandsänderungen aufgezwungen werden, die period. wiederkehren (Kreisprozess). Der *3. Hauptsatz* (nernstsches Theorem) besagt, dass es unmögl. ist, den absoluten Nullpt. (0 K) völlig zu erreichen. – Indem man die zw. den Zustandsgrößen geltenden empir. Gesetzmäßigkeiten *(Zustandsgleichungen)* u. die Abhängigkeit der versch. physikal. Größen v. diesen Zustandsgrößen heranzieht, liefert die W. mithilfe der Hauptsätze Aussagen über das Verhalten spezieller thermodynam. Systeme u. der Wärmevorgänge in ihnen.

Warmfront, Aufgleitfront bei vordringender wärmerer Luft; führt zur Bildung von Schichtbewölkung und zu Niederschlägen.

Warschau (poln. Warszawa), Hptst. von Polen, an der Weichsel, 1,64 Mill. E; Zentrum d. poln. Kultur u. Wirtsch.; Univ., TH, Akad. der Wiss., Fach- u. Kunsthochschulen, Bibliotheken, Museen, Theater; got. Kathedr., got. Marienkirche, Palast für Kultur u. Wiss. (227 m hoch, 1952–55); Masch.-, Fahrzeugbau, Schwer-, Textil-, Glas-, Leder-, Schuh-, Holz-, Nahrungsmittel-, feinmech. u. chem. Ind., Druckereien, Verlage; Fluss-⚓, ✈. – Im 2. Weltkrieg stark zerstört, v. a. bei der Vernichtung des jüd. Ghettos (April bis Juni 1943) u. der Niederwerfung des am 1. 8. 1944 ausgebrochenen poln. Aufstandes.

Warschauer Pakt (Warschauer Vertrag), 1955 geschlossener Militärpakt von Albanien (bis 1968), Bulgarien, ČSSR, DDR (bis 1990), Polen, Rumänien, UdSSR, Ungarn (Gegenstück zur NATO); Auflösung der militär. Struktur zum 1. 4. 1991, der polit. Organisation zum 1. 7. 1991.

Warschauer Vertrag: 1) ↑Warschauer Pakt; **2)** svw. ↑Deutsch-Polnischer Vertrag.

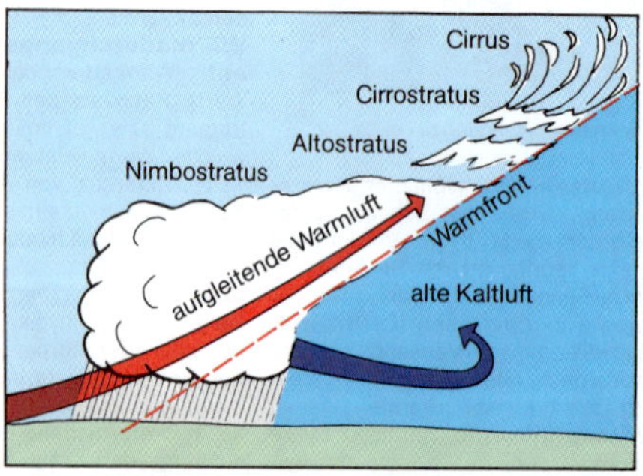

Warmfront. *Bildung einer Warmfront (schematisch)*

Wärmepumpe, Anlage, die unter Aufwendung mechan. bzw. elektr. Energie einem auf relativ niedriger Temp. befindl. Wärmespeicher Wärmeenergie entzieht u. sie einem anderen Wärmespeicher bzw. Wärmetauscher, der bereits eine höhere Temp. besitzt, zuführt und ihn so weiter erwärmt. W. werden heute v. a. zur Heizung von Gebäuden, zur Wärmerückgewinnung u. zur Abwärmenutzung verwendet.

Wärmetod, Bez. für den hypothet. Endzustand des Weltalls, der durch den Ausgleich aller Temp.-differenzen gekennzeichnet ist.

Warstein, St. im O des Arnsberger Waldes, NRW, 29 600 E; Eisen-, Textil-, Holzind.; sw. die *W.er Höhle* (Tropfsteinhöhle).

Wartburg, oberhalb von Eisenach gelegene Burg, 394 m ü. d. M., um 1075 gegr. (heut. Bau 1180 ff.); Zufluchtsort Luthers, der auf der W. das N. T. übersetzte.

Wartburgkrieg (Sängerkrieg auf der Wartburg), mhd. Gedicht (Mitte des 13. Jh.s), das vom sagenhaften Wettstreit mhd. Dichter auf der Wartburg berichtet.

Warthe, r. Nbfl. der Oder, 808 km.

Warwick, Richard Neville, Earl of ['wɔrɪk], * 1428, ⚔ 1471, engl. Staatsmann; gen. der Königsmacher; stützte in den Rosenkriegen zunächst Eduard IV., schwenkte später zur Lancasterpartei um u. reg. 1470/71 für Heinrich VI.; fiel im Kampf gg. Eduard IV.

Warze (Verruca), durch Wucherung der Hautpapillen entstehende Hautknöllchen.

Wasa, schwedisches Königsgeschlecht, reg. 1523 (Gustav I.) bis 1654 (Thronverzicht der Kgn. Christine) in Schweden, 1587–1668 in Polen.

Wasalauf [zur Erinnerung an die Flucht v. Gustav Erikson Wasa (Kg. Gustav I.) vor den Dänen 1521], s. 1922 jährl. ausgetragener schwed. Skilanglauf v. Sälen nach Mora in Mittelschweden (etwa 90 km).

Waschbär, Gattung der Kleinbären Nord- u. Mittelamerikas; „waschen" in Gefangenschaft ihre Nahrung im Wasser; eingebürgert in M-Europa der Nordamerikan. Waschbär.

Washington, George ['wɔʃɪŋtən], * 1732, † 1799, amer. Gen. und Politiker; 1. Präsident der USA (1789–97); im Nordamer. Unabhängigkeitskrieg Oberbefehlshaber der amer. Armee 1775–83, leitete 1787 den Verfassungskonvent; unter seiner Präsidentschaft festigte sich der neue Staat; außenpolit. Neutralität; verzichtete 1796 auf die Wiederwahl.

Washington ['wɔʃɪŋtən]: **1)** B.-Hptst. der USA am unteren Potomac River, als Verw.-Bez. ident. mit dem *District of Columbia* (Abk. D.C.) 178 km^2, 607 000 E; Kapitol (Kongressgebäude), ↑Weißes Haus; 5 Univ., Institute, Museen, Bibliotheken, Theater, zahlr. Kirchen und Denkmäler; zool. u. botan. Garten; ✈. – 1790 gegr., s. 1800 Sitz der Unionsreg.; **2)** Abk. Wash., Staat im NW der USA, 176 479 km^2, 4,86 Mill. E, Hptst. Olympia; zw. Coast Range und Cascade Range der fruchtb. N-Teil der pazif. Längssenke, im O das steppenhafte Columbia Plateau; Anbau v. Obst, Gemüse, Getreide, Kartoffeln; Rinder- und Schafzucht; Fischerei; Bodenschätze: Kohle, Magnesit, Zink- u. Bleierze. Größte St. und Ind.-Zentrum ist Seattle.

Washingtoner Artenschutzabkommen ['wɔʃɪŋtənər -; engl.] ↑Artenschutz.

Wasser, H_2O, geschmack- und geruchlose, durchsicht. Flüssigkeit, Gefrierpt. 0 °C, Sp. 100 °C (bei 1 bar); größte Dichte bei 4 °C: 1 g/cm^3; Dichte (flüssig) bei 0 °C 0,9998 g/cm^3; bzw. 0,91674 g/cm^3 (Eis); die elektr. Leitfähigkeit v. reinem W. ist sehr gering (bei Zimmertemp. $4 \cdot 10^{-8}$ S), da nur sehr wenige W.moleküle in H^+- und OH^--Ionen dissoziieren (Prüfmittel für seine Reinheit). Da im Wasserstoff neben dem leichten (Protium) auch ein schweres Wasserstoffisotop (Deuterium) mit 0,0145 % vorkommt, enthält W. zu einem sehr geringen Anteil schwerere H_2O-Moleküle; durch Isotopentrennverfahren ist es mögl., schwere H_2O-Moleküle zu isolieren u. ein Konzentrat (99,99 %) von schwerem Wasser (Deuteriumoxid) herzustellen (Moderator in Kernreaktoren u. a.). – Im Labor wird W. destilliert, d. h. chem. rein (als Aqua destillata) verw., in der Natur enthält es feste u. gelöste Bestandteile (Ca- und Mg-Verbindungen), durch deren Mengenanteil seine Härte bestimmt wird (10 mg CaO in 1 l H_2O entspr. 1 dt. Härtegrad). – Wasser bedeckt 71 % der Erdoberfläche, die Atmosphäre nimmt bei +21 °C u. Normaldruck 15 g W. pro kg Luft auf; Tiere u. Pflanzen enthalten zw. 60 u. 98 % Wasser.

G. Washington

Wasser|amsel, schwärzl. Singvogel mit weißer Brust und Kehle, lebt bevorzugt an schnell strömenden Bächen.

Wasser|aufbereitung, Sammelbez. für Verfahren zur Gewinnung von Trink- und Brauchwasser (f. gewerbl. u. ind. Zwecke); neben der *Wasserreinigung* (Reinigung des Grundwassers durch Klärung, Enteisenung, Beseitigen von geruch- u. geschmackverursachenden Stoffen) gewinnt in zunehmendem Maße die Aufbereitung von Meerwasser Bed., z. B. durch Destillation bzw. Entspannungsverdampfung, Gefrierverfahren, Elektrodialyse, Ionenaustausch (für kl. Mengen).

Wasserball, Ballspiel zweier Schwimmmannschaften (je 7 Spieler), dem Handballspiel ähnlich; Spielzeit 4 × 7 Min.

Warschau. *Palais Radziwitt*

Wasserflöhe, Unterordn. der Kleinkrebse, vorw. im Süßwasser; wicht. Fischnahrung.

Wasserflugzeuge ↑ Flugzeug.

Wasserglas, glasartige Alkalisilicate (Natron-, Kali-W.) u. ihre wässrigen Lösungen; z. T. Imprägnierungs-, Binde-, Konservierungs-, Flammschutzmittel u. a.

Wasserkopf (Hydrozephalus), abnorm vergrößerter Schädel infolge übermäß. Anslg. v. Zerebrospinalflüssigkeit in den Hirnhöhlen od. zw. Gehirn- u. Schädelinnenwandung.

Wasserkraftwerk, Anlage zur Umwandlung der Energie fließenden od. stürzenden Wassers in elektr. Energie.

Wasserläufer: 1) Gatt. hochbein. Schnepfenvögel, an Gewässern, in Sümpfen u. auf nassen Wiesen; **2)** Fam. die Wasseroberfläche bewohnender Landwanzen.

Wasserlili|e: 1) svw. Weiße Seerose (↑ Seerosengewächse); **2)** am Wasser wachsende, gelb blühende Schwertlilie.

Wassermann, August v., * 1866, † 1925, dt. Bakteriologe; Entw. der nach ihm ben. *W.-Reaktion,* als Nachweis einer bestehenden Syphilis dienende Komplementbindungsreaktion.

Wassermann (Aquarius), zum Tierkreis gehörendes Sternbild der Äquatorzone.

Wasserpest, Gatt. der Froschbissgewächse; Wasserpfl., z. T. aus Amerika eingeschleppt.

Wasser|recht, gesetzl. Bestimmungen über Gewässerschutz, Wasserstraßenbenutzung, Be- und Entwässerung.

Wasserscheide, Grenze zw. zwei Abflussgebieten.

Wasserschlangen, allg. Bez. für im Wasser lebende Schlangen.

Wasserschlauch, Gatt. der W.-gewächse; Fleisch fressende Pfl.

Wasserschutzpolizei, in der BRD von den Ländern getragene Polizei zur Wahrnehmung schifffahrtspolizeil. Aufgaben.

Wasserschwein, größtes Nagetier, bis 1 m lang, guter Schwimmer. Südamerika.

Wasserski, verkürzter, bis 21 cm breiter Ski, mit dem man, meist im Schlepp eines Motorbootes, über das Wasser gleitet; beim Slalom meist nur mit einem breiteren Ski.

Wasserspeier, über die Mauer vorspringendes Ende des Regenabflussrohres; an got. Kirchen in Form fantast. Tiere, Menschen und Fabelwesen.

Wasserstoff (Hydrogenium), chem. El., Symbol H, OZ 1, rel. A.-Masse 1,0079; Nichtmetall; farb-, geruchloses u. geschmackfreies Gas; 3 Isotope: gewöhnl. W. (Protium, H), Deuterium (D) und das radioakt. Tritium (T); Fp. (H) −259,14 °C, Sp. −252,5 °C; verbreitetstes El. des Weltalls; verbindet sich heft. mit Sauerstoff, den Halogenen und einigen Metallen. W. wird u. a. durch elektrolyt. oder chem. Spaltung von Wasser, durch Lösen billiger unedler Metalle in Säuren, durch Abspaltung aus Kohlenwasserstoffen in techn. Umfang gewonnen; verw. in gr. Mengen für Hydrierungen (Benzin, Treibgas), zur Ammoniaksynthese, zur Gewinnung weiterer techn. wicht. Chemikalien (u. a. Methanol), zum autogenen Schweißen, als Heizgas (im Gemisch mit anderen brennbaren Gasen), zur Reduktion von Eisenerzen, zur Rein-

darstellung von Metallen wie Kobalt, Germanium, Nickel. Die Verwendung als ein wichtiger Energieträger der Zukunft wird diskutiert.
Wasserstoffbombe ↑Atomwaffen.
Wasserstoffper|oxid, H_2O_2; Oxidations-, Desinfektions- und Bleichmittel; im Handel als wässer. Lösung (meist 30 oder 3 Vol.-% H_2O_2).
Wasserstraßen, i. e. S. die natürl. od. künstl. Verkehrswege der Binnenschifffahrt.
Wasserwaage (Setzwaage), Instrument zur Prüfung der waagrechten bzw. geneigten Lage ebener Flächen mithilfe einer ↑Libelle.
Wasserzeichen, im Papier in der Durchsicht erscheinende Muster; bes. als Echtheitsnachweis bei Banknoten und Wertpapieren.
Wästberg, Per [-bærj], * 1933, schwed. Schriftsteller; 1979–86 Präs. des Internat. PEN; sozialkritische Romane.
Watergate-Affäre ['wɔ:təgeɪt-], bed. polit. Skandal in den USA; ein Einbruch im demokrat. Wahlkampfhauptquartier in den Watergate-Appartements in Washington im Sommer 1972 u. die zw. den Einbrechern u. dem Komitee für die Wiederwahl Präs. R. Nixons bestehenden Verbindungen führten zu einer erhebl. Belastung engster Mitarbeiter des Präs., schließl. zu dessen Rücktritt (1974); sein Nachfolger G. R. Ford befreite Nixon v. jeder Strafverfolgung.
Waterloo, belg. Gem. südl. von Brüssel; in der Schlacht bei W. siegten 1815 Wellington u. Blücher über Napoleon I.
Waterproof ['wɔ:təpru:f; engl.], wasserdichter Stoff; Regenmantel.
Watt, James [wɔt], * 1736, † 1819, brit. Ingenieur; erfand 1765 die erste brauchb. Dampfmasch. für größere Leistungen und in Verbdg. damit das *w.sche Parallelogramm* zur Führung der Kolbenstange und den *w.schen Fliehkraftregler* zur Regelung bzw. Konstanthaltung der Drehzahl einer Dampfmaschine.
Watt [nach J. ↑Watt], Einheitenzeichen W, Leistungseinheit; 1 W = 1 J/s = 1 Nm/s = 1 V · A.
Watt [niederdt.], aus Sand u. Schlick bestehender Meeresboden flacher Gezeitenküsten, der bei mittlerem Niedrigwasser trockenfällt u. bei mittlerem Hochwasser überspült wird. Wattpfl. sind u. a. Queller u. Salzmelde.
Watteau, [Jean] Antoine [va'to], * 1684, † 1721, frz. Maler; sein Stil bildet die vollkommenste maler. Ausprägung des frz. Rokokos.
Wattsekunde, Einheitenzeichen Ws, Einheit der Energie u. der Arbeit: 1 Ws = 1 Joule; gebräuchlicher ist die ↑Kilowattstunde.
Watvögel, Vogelordn.; Sumpfvögel mit langem Hals u. langen Beinen; Schnepfen, Ibisse, Störche, Reiher u. a.

J. Watt

Waugh, Evelyn [Arthur St. John] [wɔ:], * 1903, † 1966, engl. Schriftsteller; satir. Romane, Ges.-Kritik aus kath. Sicht: „Wiedersehen mit Brideshead", „Tod in Hollywood".
Wayne, John [weɪn], eigtl. Marion Michael Morrison, * 1907, † 1979, amer. Schauspieler; v. a. Westerndarsteller.
Wb, Einheitenzeichen für: ↑Weber.
Weber: 1) Adolf, * 1876, † 1963, dt. Nationalökonom; Arbeiten zur Wirtsch.- u. Soz.-Pol. u. zum Bankwesen; **2)** Alfred, * 1868, † 1958, Bruder v. 9), dt. Nationalökonom u. Soziologe; entwickelte eine histor.-soziol. Kulturtheorie; Mitbegr. der Standortlehre; „Über den Standort der Industrie"; „Kulturgesch. als Kultursoziol."; **3)** A[ndreas] Paul, * 1893, † 1980, dt. Zeichner; pessimist. zeitkrit. Satire; **4)** Carl Maria v., * 1786, † 1826, dt. Komponist; Pianist, Kapellmeister; Opern („Der Freischütz", „Abu Hassan", „Euryanthe", „Oberon"), Bühnenmusiken, Männerchöre, Klavierwerke, Kammermusik; **5)** Ernst Heinrich, * 1795, † 1878, dt. Anatom u. Physiologe; Mitbegr. der Psychophysik; Arbeiten über Mech. des Blutkreislaufs u. den Tastsinn der Haut; **6)** Friedrich Wilhelm, * 1813, † 1894, dt. Lyriker u. Epiker; „Dreizehnlinden"; **7)** Helene, * 1881, † 1962, dt. Politikerin; 1924–33 MdR (Zentrum), s. 1949 MdB (CDU); s. 1952 Vors. des Kuratoriums des Dt. Müttergenesungswerkes; **8)** Marianne, * 1870, † 1954, Gattin v. 9), dt. Publizistin; führend in der ↑Frauenbewegung seit 1898; **9)** Max, * 1864, † 1920, dt. Sozialwissenschaftler; trat für eine wertfreie Forschung in der Wiss. und eine verstehende Soziol. ein, unter Verwendung v. Idealtypen als log. Konstruktionen; Begründer der Religionssoziol.; „Wirtsch. und Ges."; **10)** Wilhelm Eduard, * 1804, † 1891, Bruder v. 5), dt. Physiker; Arbeiten zur Elektrizitätslehre, konstruierte mit C. F. ↑Gauß den ersten elektromagnet. Telegrafen; schuf experimentelle Grundlagen für J. C. Maxwells elektromagnet. Lichttheorie.
Weber [nach W. E. ↑Weber], Einheitenzeichen Wb, Einheit des magnet. Flusses; 1 Wb = 1 V · 1 s.
Weber|aufstand, Hungerrevolte der schles. Weber in Peterswaldau u. Langenbielau (4.–6. 6. 1844); 3000 Aufständische zerstörten Maschinen u. Bücher der Fabrikanten u. Verleger; 1. proletar. Erhebung in Dtl. mit überregionaler Bed.; v. preuß. Truppen blutig niedergeschlagen.
Weberei, Herst. von Geweben auf einem Handwebrahmen od. ↑Webstuhl durch Vereinigung von Fadensystemen, Vorarbeiten für die W. sind das Spulen der Schussfäden auf Kegel od. Zylinder, die in das Schiffchen gelegt werden, das Schären (Spannen) der Kettfäden auf dem Schärrahmen u. das Aufbäumen (Aufwinden) der Kette auf den Kettbaum des Webstuhls.
Weberknechte (Kanker), Ordn. der Spinnentiere; sehr lange Beine, Hinterleib in voller Breite dem Vorderkörper ansitzend.
Webern, Anton (von), * 1883, † 1945, östr. Komponist; Zwölftontechnik; Orchesterstücke, Lieder, Kammermusik.
Website [-saɪt, zu engl. web „Netz" u. site „Sitz"], bez. im Zus.hang mit dem Internet ein komplettes Angebot im WWW, das aus mehr. Seiten bestehen kann.
Webstuhl, Textilmaschine zur Herst. von Geweben aus 2 sich rechtwinkl. kreuzenden Fadensystemen, von denen die *Kette* senkrecht und der *Schuss* (Schütze) quer verläuft. Nach best. Bindungen bilden die Kettfäden ein *Fach* zum Eintragen des Schusses (Hindurchtreiben des ↑Schiffchens 1), das auf einer Spule den Schussfaden enthält). Beim *Hand-W.* werden alle Bewegungen zur Gewebeherst. von den Händen und Füßen ausgeführt; der *Maschinen-W. (Webmasch.)* besitzt zum Heben und Senken des Webegeschirrs einen elektr. oder mech. Antrieb.

Webautomaten arbeiten mit selbsttätigem Spulen- oder Schützenwechsel.

Wechsel: 1) schriftl., unbedingte, jedoch befristete Zahlungsverpflichtung in gesetzl. vorgeschriebener Form (Wertpapier); *gezogener W.* (Tratte): Aussteller weist Schuldner (Bezogener) an, einen best. Geldbetrag (W.summe) bei Verfall an einen Dritten (W.nehmer oder Remittenten) oder dessen Order zu zahlen, der Bezogene verpflichtet sich durch sein Akzept zur Zahlung; *Sola-W.:* wechselmäß. Zahlungsversprechen des Ausstellers, bei Verfall die W.summe an den W.nehmer oder dessen Order (den Indossatar) zu zahlen. Wesentl. Bestandteile des W.s: W.klausel, d. h. die ausdrückl. Bez. als W. im Text der Urkunde, unbedingte Anweisung, eine best. Geldsumme zu zahlen, Angabe des Bezogenen, der Verfallzeit, des Zahlungsortes u. des W.nehmers, Tag u. Ort der Ausstellung, eigenhänd. Unterschrift des Ausstellers; heute grundsätzl. Einheitsvordrucke, Zusätze sind z. B.: Domizilvermerk (Domizil-W.), Bez. als „erste Ausfertigung" (Prima-W.). Der W. wird mit allen Rechten aus dem Papier durch Indossament vom Indossanten auf den Indossatar übertragen; der Indossant haftet dem rechtmäß. W.inhaber wie der Aussteller für die Annahme u. die Bezahlung des W.s; durch Blankoindossament wird der W. zum Inhaberpapier. – Der W. ist am Verfalltag zur Zahlung fällig; dieser ist: ein best. Kalendertag (Tages-W.), eine best. Zeit nach der Ausstellung (Dato-W.), der Tag der Vorlegung des W.s (Sicht-W.) oder eine best. Zeit danach (Nachsicht-W.); zahlungspflichtig ist der Bezogene, der akzeptiert hat; die Weigerung der Zahlung (wie der Annahme) muss durch ↑Protest 2) festgestellt werden. Der W., urspr. nur Zahlungsmittel, ist heute v. a. ein Instrument des Kreditverkehrs zur kurzfrist. Finanzierung des Warenhandels; auch Sicherungsmittel (Depot-W.); **2)** von Tieren durch Begehen ausgetretener Pfad.

Wechseljahre (Klimakterium, Klimax), Zeitraum zw. 45. u. 50. Lebensjahr (heute oft später) der Frau, in dem die Funktion der Keimdrüsen erlischt; Unregelmäßigkeit und schließliches Aufhören der ↑Menstruation.

Wechselkurs, Preis der ausländ. Währung, gemessen an der inländ. Währung.

Wechselrichter, Gerät zur Umwandlung von Gleichstrom in Wechselstrom mittels Zerhacker od. elektron. Schaltung.

Wechselstrom, elektr. Strom, dessen Stärke u. Richtung sich period. mit der Zeit ändern; entsteht stets primär im elektr. Generator durch Drehen des Ankers im Magnetfeld (infolge period. Änderung des magnet. Flusses); gegenüber ↑Gleichstrom hat W. den Vorteil der Transformierbarkeit (↑Transformator) u. dadurch der verlustärmeren Fortleitung; *W.generator,* Wechselstrommasch. als Generator; *W.gerät,* Gerät, das nur mit W. betrieben werden kann.

Weck, Peter, * 1930, östr. Schauspieler, Regisseur, 1983–92 künstler. Leiter d. Vereinigten Bühnen Wien.

Weck|amine, Sammelbez. für eine Gruppe von Phenylalkylaminen, die das Zentralnervensystem erregen; wichtig sind das dem Adrenalin verwandte Amphetamin u. Methamphetamin; führen zu psych. u. phys. Abhängigkeit. – Im Sport als Dopingmittel missbraucht.

Wecker, Konstantin, * 1947, dt. Liedermacher; polit. Lieder u. Chansons.

Weckherlin, Georg Rudolf, * 1584, † 1653, Lyriker, Vertreter des literar. Frühbarock in Deutschland.

Weda ↑Veda.

Wedda, Ureinwohner Sri Lankas, den Europiden nahe stehende Menschenrasse Asiens, etwa 1 000.

Weddellmeer (Weddellsee), v. dem brit. Seefahrer J. Weddell (* 1787, † 1834) 1823 entdecktes antarkt. Randmeer des Atlantik, zw. Antarkt. Halbinsel u. Coatsland; zw. 500 m u. 5 000 m tief; S-Teil mit Filchner-Ronne-Schelfeis.

Wedekind, Frank, * 1864, † 1918, dt. Dramatiker; griff in seinen Dramen die konventionelle bürgerl. Moral an: „Der Erdgeist", „Die Büchse der Pandora" (zusammengefasst u. d. T. „Lulu", danach Oper von A. Berg).

Wedel (Holstein), St. an der Unterelbe, Schl.-Ho., 31 700 E; Erdöl-, Metall-, opt. u. chem. Ind.

Weekend [wi:k-; engl.], Wochenende.

Wega, der hellste Stern (α) im Sternbild ↑Lyra.

Wegener: 1) Alfred [Lothar], * 1880, † 1930, dt. Geophysiker; mehr. Expeditionen nach Grönland (Durchquerung 1912/13), Arbeiten zur Physik der Atm.; Schöpfer der ↑Kontinentalverschiebungstheorie; **2)** Paul, * 1874, † 1948, dt. Schauspieler und Filmregisseur („Der Student von Prag", „Der Golem"); später auch Tonfilme.

Wegerich, Gatt. der W.gewächse; weltweit verbreitete Kräuter; Blätter des Gr. u. des Spitz-W.s Volksheilmittel gg. Erkrankung der Atmungsorgane u. a.

Weggis, schweizer. Kurort am Vierwaldstätter See, 2 400 E.

Wegwarte ↑Cichorium.

Wehen, schmerzhafte Zusammenziehungen der Gebärmutter zur Austreibung der Frucht bei der ↑Geburt.

Wehner, Herbert, * 1906, † 1990, dt. Politiker; 1927–42 Mitgl. der KPD, 1935–46 im Exil (v. a. in der UdSSR u. in Schweden); 1949–83 MdB (SPD). 1958–73 stellvertr. Parteivors. der SPD; 1966–69 B.-Min. für gesamtdt. Fragen, 1969–83 Fraktionsvors. im Bundestag.

Wehr, feste oder mit bewegl. Verschlüssen versehene Stauanlage zur Hebung der Wasserstände fließender Gewässer, zur Änderung des Gefälles oder zur Regelung des Abflusses zum Zwecke der Energiegewinnung.

Wehrdienst, aufgrund der Wehrpflicht geleisteter mil. Dienst; Grund-W. in der BRD 12 Monate.

Wehrdienstverweigerung ↑Kriegsdienstverweigerung.

Wehrkirchen, befestigte oder zu einer burgähnl. Anlage (Kirchenburg) ausgebaute Kirchen des MA (v. a. in Siebenbürgen).

Wehrmacht, 1935–45 Bez. der dt. Streitkräfte mit den 3 W.steilen Heer, Marine und Luftwaffe; oberster Befehlshaber war A. Hitler.

Wehrpflicht, Verpflichtung zum Waffendienst, in der BRD für Männer zw. 18 u. 45 J. (b. Offizieren u. Unteroffizieren sowie im allg. Kriegsfall bis 60 J.).

Weichkäse, gereifter Käse mit weichem Teig, z. B. Camembert.

Weichmacher, Stoffe, die spröden Harzen u. Kunststoffen zugesetzt werden, damit diese geschmeid. und elast. werden; z. B. schwerflücht. Ester, fette Öle, Weichharze, Kampfer.

Weichsel (poln. Wisła), größter Fluss zur Ostsee, 1 047 km.

Weichsel: 1) kultivierte Sauerkirsche; **2)** Zierbaum (Rosengewächs) mit kl. Kirschfrüchten.

Weichtiere (Mollusken), Stamm wirbelloser Tiere (rd. 128 000 Arten) im Meer, Süßwasser u. auf dem Land; Körper (zweiseitigmetr., unsegmentiert) besteht aus Kopf, Eingeweidesack, Mantel, Fuß; Haut sondert meist eine Kalkschale ab; Fortpflanzung geschlechtl.; vielf. mit Metamorphose; u. a. Schnecken, Muscheln, Kopffüßer.

Weinberg-schnecke

Weidengewächse, Holzgewächse v. a. der nördl. gemäßigten Zone; zweihäus. Blüten in Kätzchen; Gatt.: Weide, Pappel.

Weiden i. d. OPf., krsfr. St. am W-Rand des Oberpfälzer Waldes, Bay., 43 200 E; Verw.- und Wirtsch.-Akad.; LG; spätgot. Pfarrkirche; Porzellan- u. Glasind.

Weidmann, Jäger, der gleichzeit. Heger des Wildes ist.

Weigel, Helene, * 1900, † 1971, dt. Schauspielerin u. Theaterleiterin östr. Herkunft; verh. mit B. Brecht, s. 1949 Intendantin des gemeinsam mit Brecht in Berlin (Ost) gegr. Berliner Ensembles.

Weihe, rituelle Kulthandlung, durch die Personen oder Sachen bes. geheiligt od. in göttl. Dienst gestellt werden sollen.

Weihen, Unterfam. schlanker Greifvögel; lange Flügel, langer Schwanz; in Europa Rohr-, Korn- u. Wiesenweihe.

Weihnachten, gesamtchristl. Fest der Geburt Jesu Christi, seit 354 am 25. Dez. gefeiert, dem Tag des heidn. Geburtsfestes der röm. Gottheit Sol invictus. Im Brauchtum verlagert sich die Weihnachtsfeier zunehmend auf die Weihnachtsvigil, den Abend des 24. Dez. (Christnacht, Hl. Abend, Hl. Nacht).

Weihnachts|stern, Zierpfl. aus dem trop. Amerika; Blüten unscheinbar, von meist roten Hochblättern umgeben.

Weihrauch (Olibanum), Gummiharz, das aus einigen Boswellia-Arten gewonnen wird; strömt auf glühenden Kohlen aromat. Duft aus; verw. in antiken und altorient. Kulten, im röm.-byzantin. Hofzeremoniell sowie in der christl. (kath. u. orth.) Liturgie.

Weihwasser, Sakramentale der kath. Kirche; unter Beimengung von geweihtem Salz geweiht.

Weil am Rhein, St. im südl. Markgräfler Land, Ba.-Wü., 27 900 E; Büromöbel- u. a. Ind.; Architekturpark; bed. Grenzverkehr.

Weiler, Dorfform, einfachste Form der Kleinsiedlung.

Weill, Kurt, * 1900, † 1950, amer. Komponist dt. Herkunft; schrieb zu Texten v. Georg Kaiser u. Bertolt Brecht Opern mit soz.-krit. Tendenz; im Stil Einflüsse v. Jazz, Chanson, Moritat, Foxtrott- und Tangorhythmen.

Weimar, krsfr. St. an der Ilm, in Thüringen, 63 000 E; zu Goethes Zeit Zentrum des dt. Geisteslebens; zahlr. Erinnerungsstätten: Goethehaus, Goethe-Nationalmuseum, Goethes Gartenhaus, Schillerhaus, Fürstengruft, Wittumspalais und Neues Schloss; Schloss Tiefurt; Dt. Nationaltheater, Herderkirche mit Cranachaltar, Liszt-Haus, Goethe- u. Schiller-Archiv; Hochsch. für Musik, Architektur u. Bauwesen; Landmasch.-, Porzellan-, Baustoff-, feinmech. u. opt. Ind., Verlage.

Weimarer Nationalversammlung, die am 19. 1. 1919 gewählte verfassunggebende Vers. der Weimarer Rep., die vom 6. 2. bis 30. 9. 1919 in Weimar, später in Berlin (bis 21. 5. 1920) tagte; am 11. 2. 1919 Wahl F. Eberts zum vorläufigen R.-Präs., am 22. 6. 1919 Annahme des Versailler Vertr. nach anfängl. Ablehnung, am 31. 7. 1919 Verabschiedung der Weimarer R.-Verf. gg. die Stimmen der DNVP, DVP, USPD.

Weimarer Republik, nach der Stadt Weimar, dem 1. Tagungsort der verf.gebenden dt. Nat.vers. 1919, ben. Periode der dt. Gesch. (1918–33).

Wein, gesetzl. gesicherte Bez. für das durch alkohol. Gärung aus frischem Beerensaft der Weinrebe hergestellte Getränk. Seit mehr als 5 000 J. in Ägypten, Mesopotamien und den Ländern des östl. Mittelmeers nachzuweisen. – Wichtige Rebsorten: Riesling, Muskateller, Burgunder, Gewürztraminer, Silvaner, Gutedel, Kerner, Portugieser, Müller-Thurgau, Trollinger, Elbling u. a. *W.ernte:* Okt. bis Nov.; *Spätlesen* nach Beendigung der allg. Lese (qualitat. über dem Durchschnitt); *Auslesen* stehen noch über Spätlesen (überreife, oft edelfaule Trauben oder Beeren). Ein Qualitätsmerkmal des W.s ist das *Mostgewicht* (Zuckergehalt, gemessen in Öchslegraden).

Weinbergschnecke, sehr häuf. einheim. Lungenschnecke mit rd. 4 cm großem Haus, landlebend; gilt als Delikatesse.

Weinbrand, Trinkbranntwein, dessen Alkoholanteil ausschließl. der Destillation v. Traubenweinen entstammt.

Weinert, Erich, * 1890, † 1953, dt. Schriftsteller; propagandist. Gedichte u. Prosa.

Weingarten, St. in Oberschwaben, Ba.-Wü., 23 400 E; Benediktinerabtei (gegr. im 11. Jh.) mit bed. Wallfahrtskirche (1715 ff.).

Weinheber, Josef, * 1892, † 1945 (Selbstmord?), östr. Lyriker; gedankl. Oden- und Hymnendichtung, „Adel und Untergang".

Weinheim, St. nö. v. Mannheim, Ba.-Wü., 42 800 E; ehem. Schloss; obh. v. W. Wachenburg u. Burgruine Windeck; Leder-, Kunststoff-, chem., Nahrungsmittel- u. a. Ind., Verlage.

Weinrebe, Gatt. der W.ngewächse; meist sommergrüne, kletternde Sträucher; u. a. *Echte W.,* aus deren Wildrassen die schon im alten Ägypten angebaute *Kulturrebe* hervorging, mit zahlr., in vielen Gebieten der gemäßigten und subtrop. Zonen kultivierten Sorten; Verwendung der Beeren frisch (Tafelobst), getrocknet (Rosinen), als süßer Saft (Traubensaft) od. vergoren zu Wein od. Weinessig.

Weinsäure (Weinsteinsäure), $C_4H_6O_6$, in vielen Pflanzen auftretende organ. Säure, die in 2 opt. akt. und 2 inakt. Modifikationen vorkommt.

Weinsberg, St. östl. von Heilbronn, Ba.-Wü., 11 300 E. – Über der St. Ruine *Weibertreu,* 1140 von Ks. Konrad III. erobert; der Ks. gestattete den Frauen von W., ihr kostbarstes Gut zu retten, worauf sie ihre Männer aus der St. trugen.

Weinsteinsäure, svw. ↑Weinsäure.

Weinstraße (Dt. W.), Straße von Bockenheim an der Weinstraße bis zum *Dt. Weintor* bei Schweigen, RP; als erste Touristikstraße 1936 benannt u. festgelegt.

Weisenborn, Günther, * 1902, † 1969, dt. Dramatiker u. Erzähler; 1942–45 wegen Widerstandstätigkeit in Haft; zeit- und soz.-krit. Themen; „Memorial", „Der lautlose Aufstand".

Weiser, Grethe, * 1903, † 1970, dt. Schauspielerin u. Kabarettistin; auch Filme („Die göttl. Jette").

Weisheit Salomos, das at. Buch der Weisheit.

Weisheitszähne, 3. u. hinterste Backenzähne des Menschen, oft erst nach dem 20. Lebensjahr durchbrechend.

Weismantel, Leo, * 1888, † 1964, dt. Schriftsteller; symbolist. Romane, Mysterien- u. Festspiele, kulturpolit. u. folklorist. Schriften.

Weiss, Peter, * 1916, † 1982, dt. Schriftsteller und Maler; seit 1939 in Schweden; [autobiograph.] Romane und Erzählungen; polem. [Dokumentations]stücke; „Die Verfolgung und Ermordung Jean Paul Marats", „Die Ermittlung".

Weißblech, zum Schutz gg. Rost mit Zinn überzogenes Eisenblech.

Weißbuche, svw. ↑Hainbuche.

Weißdorn, Gatt. der Rosengewächse; Sträucher od kl. Bäume [mit Dornen], weiß oder rot blühend, Früchte fleisch.-mehl.; z.T. Heilpfl. (gg. Herzkrankheiten) od. Ziersträucher.

Weiße Elster, r. Nbfl. der Saale, 257 km.

Weißenburg (frz. Wissembourg), frz. St. im Elsass, an der dt.-frz. Grenze, 7500 E; ma. Stadtbild, got. Stiftskirche; Industrie.

Weißenfels, Krst. in Sachsen-Anhalt, 34700 E; Barockschloss; Schuhindustrie.

Weißer Berg (tschech. Bílá Hora), Berg östl. von Prag, 380 m. In der *Schlacht am Weißen B.e* (1620) wurde das prot. Heer Friedrichs V. von der Pfalz, des böhm. „Winterkönigs", von den Truppen Ks. Ferdinands II. u. der kath. Liga vernichtend geschlagen.

Weißer Nil (arab. Al Bahr Al Abjad; Oberlauf *Albertnil,* später *Bahr Al Gabal*), Fl. in NO-Afrika; Teil d. Nil-Stromsystems zw. Albertsee u. Khartum; rd. 1900 km.

Weiße Rose, student. Freundeskreis in München, der mit Flugblattaktionen an der Univ. 1942/43 zum Widerstand gg. das NS-Regime aufrief; die wichtigsten Mitgl. (u.a. S. u. H. Scholl, K. Huber) wurden im Febr. u. März 1943 hingerichtet.

Weißer Sonntag, 1. Sonntag nach Ostern, ben. nach den weißen Gewändern der frühchristl. Täuflinge in der Osterwoche; oft Termin der Erstkommunion.

Weißes Haus, seit 1800 der Amts- u. Wohnsitz des Präs. der USA in Washington, D. C. (in übertragenem Sinne auch Bez. für die Exekutive der USA).

Weiß Ferdl, eigtl. Ferdinand Weisheitinger, * 1883, † 1949, dt. Komiker; bes. populär mit humorvollen Liedern (z.B. „Ein Wagen von der Linie 8").

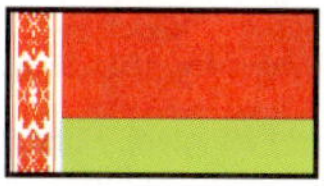

Weißrussland

Fläche: 207600 km²
Einwohner: (1995) 10,14 Mill.
Hauptstadt: Minsk
Amtssprache: Weißrussisch
Zeitzone: MEZ + 1 Stunde

Weißfisch, volkstümliche Bez. für versch. kleinere Karpfenfische, z.B. Ukelei, Perlfisch.

Weißgold, Legierung von Gold mit Nickel, Kupfer, Zink oder (bei hochwert. Legierungen) mit Palladium (und Silber); für Schmuck.

Weißherbst, aus blauen Spätburgunder- od. Portugiesertrauben gewonnener rosafarbener Wein.

Weißmuller, Johnny ['waɪsmʌlə], * 1904, † 1984, amer. Schwimmer u. Filmschauspieler; 1924 u. 1928 mehrfacher Olympiasieger, 22 Weltrekorde; s. 1932 als Titelheld der „Tarzan"-Filmserie bekannt.

Weißrussen (B[j]elorussen), ostslaw. Volk, rd. 10 Mill., vorw. in Weißrussland; Spr. *Weißrussisch,* eine ostslaw. Spr., im 16./17 Jh. Kanzleispr. im Großft. Litauen; Kunstdichtung erst im 19. Jahrhundert.

Weißrussland, Republik in Osteuropa, 207600 km², 10,3 Mill. E, Hptst. Minsk; flachwellige Moränenldsch.; wicht. landw. Anbaugebiet; Masch.bau, Leicht-, Holz- u. Nahrungsmittelind. – 1795 an Russland, 1922 Gründungsmitglied d. UdSSR, 1991 unabhängig, Mitglied der GUS.

weisssche Bezirke ↑Ferromagnetismus.

Weitsichtigkeit, svw. ↑Hypermetropie.

Weitsprung, Disziplin der Leichtathletik; nach (innerh. der Anlage) beliebig langem Anlauf Absprung v. Sprungbalken, der nicht übertreten werden darf.

Weizen, Süßgrasgatt., deren Arten z.T. zu den ältesten, bes. als Brotgetreide verw. Kulturpfl. zählen; am häufigsten angebaut: *Saat-W.,* einjährig als Sommer- od. überwinternd als Winter-W.; weitere W.arten sind: Dinkel, Emmer, Gommer, Hart- u. Rauweizen.

Weizenbier, svw. ↑Weißbier.

Weizenstinkbrand ↑Übers. S. 528f.

Weizmann, Chaim, * 1874, † 1952, isr. Politiker u. Chemiker; erwirkte 1917 die Balfour-Deklaration, gründete 1918 die Hebr. Univ. Jerusalem; 1920–31 u. 1935–46 Präs. der zionist. Weltorganisation u. ab 1929 der Jewish Agency, 1948/49 provisor. Staatsoberhaupt, ab 1949 Staatspräs. von Israel.

R. Freiherr von Weizsäcker

Weizsäcker: 1) Carl Friedrich Frhr. v., * 1912, Sohn v. 2), dt. Physiker u. Philosoph; bed. Arbeiten zur Kern- u. Astrophysik sowie zur Naturphilos.; **2)** Ernst Frhr. v., * 1882, † 1951, dt. Diplomat; Staatssekretär im Auswärt. Amt 1938–43, Botschafter beim Vatikan 1943–45; informierte die brit. Reg. über die Absichten nat.-soz. Außenpolitik, 1949 in Nürnberg zu 7 Jahren Haft verurteilt, 1950 vorzeitig entlassen; **3)** Richard Frhr. v., * 1920, dt. Politiker (CDU); Sohn v. 2), 1964–70 Präs. des Ev. Kirchentages; 1969–81 MdB, 1972–79 stellvertr. Fraktionsvors. der CDU im B.-Tag, 1979–81 Vizepräs. des B.-Tages; 1981–84 Regierender Bürgermeister von Berlin (West), 1984–94 Bundespräsident.

Welfen, dt. Fürstengeschlecht, seit dem 8. Jh. nachweisbar; 2 Linien, die ältere (1055 ausgestorben) und die jüngere, der u.a. Heinrich d. Stolze u. Heinrich d. Löwe entstammten; Teilung in mehrere Nebenlinien; u.a. Braunschweig-Lüneburg (reg. bis 1866 in Hannover, bis 1918 in Braunschweig, 1714–1901 in Großbr.); *W.schatz,* Kirchenschatz des Hauses Braunschweig-Lüneburg, mit Hauptwerken roman. u. gotischen Kunsthandwerks; Welfenkreuz (11. Jh.), Eilbertus-Altar (um 1150), Kuppelreliquiar (um 1175) u. a.

Wẹlk, Ehm, eigtl. Thomas Trimm, * 1884, † 1966, dt. Schriftsteller („Die Heiden von Kummerow").

Welle: 1) urspr. die durch eine Störung hervorgerufene zeitl. u. räuml. Änderung der Oberflächengestalt des Wassers *(Wasser-W.),* die sich als *Oberflächen-W.* ausbreitet; heute allg. Bez. für jede zeitl. u. räuml. period. Zustandsänderung physikal. Größen (z. B. elektromagnet. und Schall-W.n), die sich entw. räuml. ausbreitet *(laufende W.)* od. nicht *(stehende W.);* die einfachste *W.nform* hat die laufende W. mit ebenen *W.nflächen* (Flächen gleicher ↑Phase 3); diese *ebene W.* wird durch eine Sinusfunktion beschrieben *(harmon.* od. *Sinus-W.);* sie wird neben der *Amplitude* (größter Wert der sich period. ändernden Größe) durch die *W.nlänge* (Abstand zweier aufeinander folgender Orte gleicher ↑Phase 3), die ↑Frequenz 2), eine Phasenkonstante sowie den *W.nvektor* gekennzeichnet. Alle anderen W.nformen lassen sich stets in Sinus-W.n zerlegen bzw. aus ihnen zusammensetzen (die stehende W. aus 2 gegeneinander laufenden ebenen W.n). Man unterscheidet ferner zw. ↑Longitudinal-W.n und ↑Transversal-W.n; vgl. auch huygenssches Prinzip (↑Huygens, Ch.); **2)** Masch.-El., das u. a. auf Verdrehung beansprucht werden kann u. zur Übertragung von Drehmomenten innerh. von Antriebssystemen dient.

Wellenmechanik, von Erwin ↑Schrödinger 1926 entwickelte nichtrelativist. Formulierung der ↑Quantentheorie (↑auch Quantenmech.), die v. der Vorstellung der Materiewellen ausgeht u. die Zustände atomarer Systeme als Lösungen, die zugehör. Energien als Eigenwerte der ↑Schrödinger-Gleichung berechnet.

Wellenreiten ↑Surfing.

Wellensittich ↑Sittiche.

Welles, Orson [welz], * 1915, † 1985, amer. Schauspieler u. Regisseur; Filme, in denen er oft die Hauptrolle übernahm („Citizen Cane", „Der dritte Mann").

Wellington, Arthur Wellesley, Hzg. v. ['welɪŋtən], * 1769, † 1852, brit. Feldmarschall u. Politiker; leitete s. 1808 das brit. Expeditionskorps in Portugal u. Spanien; 1815 Vertr. Großbrit. auf dem Wiener Kongress; siegte mit Blücher bei Waterloo über Napoleon I.; 1828–30 Premiermin., 1834/35 Außenmin.

Wellington ['welɪŋtən], Hptst. v. Neuseeland, an der S-Küste der Nordinsel, 326 000 E; Univ.; Werften, Metall- u. a. Ind.; ⚓, ✈.

Wells, H[erbert] G[eorge] [welz], * 1866, † 1946, brit. Schriftsteller; gesellschaftskrit. u. populärwiss. Schriften; „Die Zeitmaschine".

Wẹls, Otto, * 1873, † 1939, dt. Politiker (SPD); 1912–33 MdR (bzw. Mitgl. der Weimarer Nat.vers), s. 1931 Parteivors.; sprach 1933 im R.-Tag für seine Partei gg. das Ermächtigungsges., dann Emigration u. Leitung der Exil-SPD von Prag u. Paris aus.

Wẹls, oberöstr. St. an der Traun, am Rande der *W.er Heide,* 53 000 E; ehem. kaiserl. Burg, barockes Rathaus; Masch.-, Holz- u. a. Ind.; Landwirtschaftsmesse.

welsch, urspr. svw. „kelt.", dann roman., fremdländ., auch für unverständlich (Kauderwelsch).

Welse, Unterordn. der Knochenfische, fast ausschließl. im Süßwasser lebend, weltweit verbreitet (bes. Tropen); meist mit Barteln, ohne echte Schuppen; vielf. Brutpflege; einz. einheim. Art: *Wels,* bis über 3 m lang; gefräß. Räuber.

Wẹlser, s. dem 13. Jh. nachweisbares augsburg. Patriziergeschlecht, das bed. Handelsunternehmungen gründete. *Bartholomäus W.* (* 1484, † 1561) war Bankier Karls V.; erhielt 1528 das Recht zur Kolonisierung von Venezuela; 1797 erlosch die Hauptlinie.

Welt|all, die Welt als Ganzes, der Kosmos, der ges. mit Materie erfüllte Raum, in dem sich alles uns fassb. Zeitl. u. Räuml. abspielt; Erforschung der raum-zeitl. Struktur des W.s durch die Kosmol.; sie stützt sich auf Beobachtungsbefunde der Astronomie, deren theoret. Deutungen letztl. zu Weltmodellen führen. Ein Beobachtungsfaktum, das alle kosmol. Theorien erklären müssen, ist die ↑Rotverschiebung der Spektrallinien in den Spektren der Spiralnebel. Deutet man sie als Dopplereffekt (↑Doppler, Ch.), so liegt eine Expansion des W.s vor, die in ihrem zeitl. Verlauf aber noch nicht geklärt ist. Alle Theorien führen auf ein zeitl. u. räuml. endl. W. Das *Weltalter* wird heute mit über 20 Mrd. J. angenommen; die Größe des Weltalls wird mit über 15 Mrd. Lichtj. ∅ angegeben.

Weltbank (Internat. Bank für Wiederaufbau und Entwicklung; engl. International Bank for Reconstruction and Development, Abk. IBRD), Sitz Washington (D. C.), 1945 ins Leben gerufene Institution zur Finanzierung von Wiederaufbau- u. Entwicklungsmaßnahmen, die den Internat. Währungsfonds in seinen Aufgaben ergänzen soll. Gemeinsam mit ihrem Tochterinstitut, der *Internat. Entwicklungsorganisation* (engl. International Development Association, Abk. IDA), gegr. 1959, u. ihrem Schwesterinstitut, der *Internat. Finanz-Corporation* (International Finance Corp., Abk. IFC), gegr. 1956, half sie den Mitgliedsländern beim Wiederaufbau, fördert private Kapitalanlagen u. regt ihre Mitgliedsländer zu einer das Gleichgewicht ihrer Zahlungsbilanzen beachtenden Politik u. zur Förderung des Welthandels an.

Weltchroniken, Gatt. der ma. Geschichtsschreibung, die, in heilsgeschichtl. Konzeption, die gesamte Geschichte von der Schöpfung ab darstellt.

Wẹltenburg, Benediktinerabtei bei Kelheim, Bay., am Beginn des Donaudurchbruchs, um 760 gegr., mit bed. Kirche der Brüder Asam.

Welterbe, Bez. für bes. erhaltenswerte Stätten des Menschheitserbes, die von der UNESCO entweder als *Weltkulturgüter (Welterbe)* od. *Naturdenkmäler* anerkannt und in die Liste des W.s (World Heritage List) aufgenommen wurden.

Weltergewicht ↑Übers. S. 658.

Weltgeschichte (Universalgeschichte), der in der Geschichtsschreibung unternommene Versuch, die geschichtl. Entw. aller Völker u. Kulturen darzustellen.

Weltgesundheitsorganisation (World Health Organization, WHO), 1948 gegr. Sonderorganisation der UN, befasst sich mit Fragen übernat. Gesundheitsfürsorge; Sitz Genf.

Welthilfssprachen, künstl. gebildete, zum internat. Gebrauch best. Sprachsysteme mit vereinfachter Formenbildung; u. a. ↑Esperanto, Ido, Interlingua, Volapük.

Weltkrieg Übers. S. 758 ff.

Weltmarkt, der als Einheit aufgefasste ↑Markt für die auf der ganzen Welt gehandelten Wirtschaftsgüter, bestimmt durch die wechselseitige Abhängigkeit der nat. Märkte; von Bed. die gr. Weltbörsen, die entspr. den Preistendenzen reagieren, und die genau abgrenzbaren internat. [Roh]warenmärkte, die bes. die W.preise noch stark beeinflussen.

Weltpostverein (Union postale universelle, UPU), auf Anregung des dt. Generalpostmeisters H. v. Stephan 1874 gegr. internat. Vereinigung des Postverkehrs in aller Welt, Sitz Bern; s. 1948 Sonderorganisation der UN.

Weltrat der Kirchen, svw. ↑Ökumenischer Rat der Kirchen.

Weltraumfahrt (Raumfahrt, Astronautik), die Bewegung jedes bemannten oder unbemannten künstl. Flugkörpers (Raumflugkörper, Raumfahrzeug), dessen Bahn weit über die Lufthülle der Erde hinausreicht. Die Flugkörper werden mit mehrstuf. Raketen oder durch Raumtransporter (mit Raketenantrieb) auf eine Bahn gebracht, die von der Geschwindigkeit u. der Lage der Raketen im Brennschlusspunkt und von den Gravitationskräften der Himmelskörper abhängt *(Trägheitsbahn).* Die vom Raketentriebwerk erzeugte Antriebsenergie dient zur Überwindung des Gravitationsfeldes der Erde und des Luftwiderstandes. Flugkörper, die sich auf kreis- oder ellipsenförm. Bahnen um die Erde bewegen, werden *Satelliten* genannt. Körper, die das Gravitationsfeld der Erde verlassen, bezeichnet man als *Raumsonden.* Für einen in 200 km Höhe über der Erdoberfläche umlaufenden Satelliten beträgt die Kreisbahngeschwindigkeit 7,8 km/s, die Umlaufzeit 88 min. Ein Satellit, der in 35 900 km Höhe über dem Äquator in Richtung der Erddrehung mit einer Geschwindigkeit von 3,1 km/s in 24 h umläuft, erscheint von der Erde aus als stillstehend und wird als *geostationärer Satellit* oder *Synchronsatellit* bezeichnet.

Weltrekord, Weltbestleistung in einer Sportart, die nach den Bestimmungen des zuständ. internat. Verbandes erzielt und anerkannt sein muss.

Weltwirtschaftskrise, insbes. die durch den Kurssturz an d. New Yorker Börse am 24. 10. 1929 ausgelöste u. bis 1931 reichende weltwirtsch. Depression; Zusammenbruch der Goldwährung und des internat. Kreditsystems, Massenarbeitslosigkeit.

Weltwunder, sieben, Aufzählung aus dem 3. Jh. v. Chr. der 7 berühmten Bau- u. Kunstwerke des Altertums: 1. ägypt. Pyramiden, 2. Hängende Gärten der Semiramis in Babylon, 3. Tempel der Artemis (Artemision) in Ephesus (6. Jh. v. Chr.), 4. Kultbild des Zeus von Olympia (von Phidias, um 430 v. Chr.), 5. Mausoleum zu Halikarnassos (4. Jh. v. Chr.), 6. Koloss von Rhodos (Statue des Helios, um 300 v. Chr.), 7. Leuchtturm der Insel Pharus bei Alexandria (vollendet 279 v. Chr.).

Weltzeit. *Weltzeituhr mit 24-Stunden-Zifferblatt, auf dem die verschiedenen Zonenzeiten gleichzeitig angegeben werden*

Weltzeit, Abk. UT (von engl. Universal Time), die ↑Zonenzeit des nullten Längenmeridians (Meridian v. Greenwich).

Wendekreis, Deklinationskreis an der Himmelssphäre, in dem die Sonne zum Zeitpt. der Sommersonnenwende (21. Juni; *W. des Krebses*) bzw. der Wintersonnenwende (21. Dez.; *W. des Steinbocks*) steht; auch Bez. für die beiden Parallelkreise auf der Erdkugel, über denen die Sonne zu den Solstitien (↑Solstitium) senkrecht steht (± 23° 27′ geograph. Breite).

Wẹndelstein, Gipfel im Mangfallgeb., Bay., 1 838 m.

Wẹnden, Bez. für slaw. Bev.-Gruppen in Dtl., v. a. die ↑Sorben in der Lausitz; im Wendland (um Lüchow, Dannenberg u. Salzwedel); Sorbisch wird noch von einigen Zehntausend gesprochen.

Wẹnders, Wim, * 1945, dt. Filmregisseur u. -produzent; Vertr. des *Neuen Dt. Films* („Paris, Texas").

Wẹnzel: *Hl. Röm. Reich:* **1) W.,** * 1361, † 1419, Röm. König 1376/1378–1400, Kg. v. Böhmen (als W. IV.) s. 1363; Sohn Ks. Karls IV., wegen Erfolglosigkeit 1400 von den vier rhein. Krfst. abgesetzt. – *Böhmen:* **2) W. I.,** der Heilige, * um 903, † 935, Hzg. s. 921/22; förderte die Christianisierung seines Landes; von seinem Bruder Boleslaw I. ermordet; Landespatron Böhmens; **3) W. II.,** * 1271, † 1305, Kg. seit 1283; Sohn Ottokars II., beanspruchte 1300 die Krone Polens, gewann die Lehnsherrschaft über die oberschles. Fürstentümer.

Wẹnzelskrone, böhm. Königskrone; im 14. Jh. aus der alten böhm. Königskrone gearbeitet.

Werbung, in der Wirtsch. alle Maßnahmen zur Beeinflussung v. Einzelnen oder Personengruppen zwecks Förderung des Absatzes.

Werbungskosten, nach dem Einkommensteuerges. steuerl. absetzb. Aufwendungen zur Erwerbung u. Erhaltung der Einnahmen (u. a. Ausgaben für Fahrten zur Arbeitsstätte).

Werder, Flussinsel, auch entwässertes Niederungsland od. zw. Flüssen und stehenden Gewässern gelegenes Gebiet; urbar gemachtes Land (z. B. Bremer W.).

Wẹrfel, Franz, * 1890, † 1945, östr. Lyriker, Erzähler und Dramatiker; expressionist. Lyrik, Dramen, dann Wendung zu polit.-histor. Realismus; relig. u. histor. Stoffe; Drama „Spiegelmensch", „Jacobowsky und der Oberst"; Romane „Die 40 Tage des Musa Dagh", „Der veruntreute Himmel", „Das Lied von Bernadette", „Stern der Ungeborenen" u. a.

Werft [niederl.]: **1)** Schiffbauplatz am Wasser; Ind.-Unternehmen für Bau, Ausrüstung und Reparatur v. Schiffen; **2)** Halle zur Überholung u. Reparatur von Luftfahrzeugen.

Wergeld [ahd. wer = Mann], auch als Blutgeld bezeichnet, im german. Altertum u. im frühen Mittelalter Sühnegeld für einen Totschlag, zu zahlen vom Täter an die Sippe des Getöteten.

Werkbund, Deutscher, 1907 gegr. (1947 wieder gegr.) Verband zur Verbesserung der Qualität handwerkl. u. ind. Erzeugnisse.

WELTKRIEG

Der Erste Weltkrieg 1914–18

Vorgeschichte. Verschiedenartige Ursachen waren für den Kriegsausbruch verantwortlich. Die Expansionspolitik der rivalisierenden europ. Großmächte seit etwa 1860 führte zu Interessenkollisionen in Übersee. Frz. Revanchebestrebungen für die Niederlage von 1870/71, der dt.-engl. Konkurrenzkampf im Welthandel, der forcierte dt. Flottenbau, das Streben Russlands nach den Meerengen sowie die panslawist. Bewegung (↑Panslawismus) auf dem Balkan waren Faktoren, die zu einem übersteigerten Nationalismus führten. Die Ermordung des österr.-ungar. Thronfolgers Erzherzog Franz Ferdinand durch serb. Nationalisten am 28. 6. 1914 in Sarajevo war der Anlass, der die Katastrophe auslöste. Österreich-Ungarn verlangte am 23. 7. in einem unannehmbaren Ultimatum von Serbien faktisch die Aufgabe seiner polit. Eigenständigkeit. Am 28. 7. folgte die Kriegserklärung. Die Verflechtungen im europ. Bündnissystem veranlassten Dtl., die Partei Österreich-Ungarns zu ergreifen und nacheinander Russland (1. 8.) und Frankreich (3. 8.) den Krieg zu erklären. Nach dem dt. Einmarsch in Belgien (4. 8.) trat Großbritannien auf der Seite Russlands und Frankreichs (Alliierte Mächte) in den Krieg ein.

Das Kriegsjahr 1914. Die dt. OHL (Oberste Heeresleitung, Gen.-Ob. v. Moltke) wollte gemäß dem Schlieffen-Plan vorerst unter Defensive im O die Entscheidung im W suchen und hierzu die 1.–5. Armee durch Belgien auf Paris-Verdun vorführen, um das frz. Heer gegen die Schweiz zu drängen. Die 6. und 7. Armee sollten frz. Vorstöße nach Elsass-Lothringen abwehren. Das geschah bei Mülhausen (9./10. 8.) und in Lothringen (20.–22. 8.). Die dt. Hauptkräfte schlugen nach Wegnahme von Lüttich (6.–16. 8.) und Rückzug der Belgier nach Antwerpen die Briten bei Mons, warfen die Franzosen nach S zurück und überschritten Anfang Sept. die Marne. Am 5. 9. erfolgte aus Paris ein frz. Gegenangriff, der zur Marneschlacht führte. Trotz günstigen Verlaufs wurde sie von der OHL am 9. abgebrochen, die Front hinter die Aisne zurückgenommen. Den erkrankten Gen. v. Moltke ersetzte Gen. v. Falkenhayn. Er vereitelte die feindl. Umfassungsversuche, konnte aber in der Schlacht in Flandern (20. 10.–3. 11.) nicht durchbrechen. Die Front erstarrte im Stellungskrieg.

In Ostpreußen vernichtete die dt. 8. Armee unter Gen. v. Hindenburg (Stabschef Gen. Ludendorff) bei Tannenberg (26.–31. 8.) eine vom Narew vorgegangene russ. Armee und schlug an den Masur. Seen (6.–14. 9.) die vom Njemen vorgerückten Russen. Das in Galizien aufmarschierte österr.-ungar. Heer musste nach Anfangserfolgen in Südpolen vor der russ. Übermacht im Sept. in die Karpaten zurückgehen. Zu seiner Unterstützung im Okt. von Oberschlesien bis südl. Warschau vorgestoßene dt. Kräfte sahen sich durch drohende Umfassung zum Rückzug genötigt. Eine neue dt. Offensive von NW im Nov. führte zur Einkesselung russ. Korps um Lodz, infolge eines russ. Gegenstoßes aber nicht zu vollem Erfolg. Im Dez. kam es an der ganzen Ostfront zum Stellungskrieg. In Serbien eroberten die Österreicher am 2. 12. Belgrad, serb. Gegenangriffe nötigten sie aber bald zur Räumung des Landes.

Das Kriegsjahr 1915. In der Champagne und im Artois versuchten die Alliierten im Frühjahr und Herbst vergeblich, die dt. Westfront zu durchbrechen. Ein dt. Angriff bei Ypern (22. 4.–24. 5.) hatte nur anfangs Erfolg. Im O schlug Hindenburg den russ. Nordflügel im Febr. in Masuren. Der zur Entlastung des Verbündeten am 2. 5. begonnene Angriff Mackensens bei Gorlice-Tarnów brachte die russ. Front in Galizien zum Einsturz und führte zu siegreicher Offensive an der Ostfront, die Ende Sept. in der Linie Tarnopol-Dünaburg-Riga eingestellt wurde. Italien, anfangs neutral, erklärte am 23. 5. Österreich-Ungarn den Krieg und versuchte vergeblich, die österr.-ungar. Isonzofront zu durchbrechen. Die Türkei, seit Okt. 1914 an der Seite der Verbündeten im Krieg, wehrte von März bis zum Jahresende an den Dardanellen See- und Landangriffe der Alliierten ab. Um Landverbindung mit der Türkei zu bekommen, warfen die Verbündeten mit bulgar. Hilfe Serbien nieder. Am 5. 10. bei Saloniki gelandete brit.-frz. Kräfte wurden zurückgeworfen, Montenegro und Albanien Anfang 1916 besetzt.

Das Kriegsjahr 1916. Im W führten der dt. Großangriff auf Verdun (21. 2.) und der brit.-frz. Großangriff an der Somme (24. 6.) zu monatelangem entscheidungslosem, blutigem Ringen um jeden Fußbreit Boden. Ein österr.-ungar. Angriff in Tirol (15. 5.) lief fest. Hingegen erzielte eine russ. Offensive gegen den Südteil der Ostfront (4. 6.) Geländegewinn. Die gespannte Lage und die rumän. Kriegserklärung an Österreich-Ungarn (27. 8.) veranlassten die Ersetzung Falkenhayns durch Hindenburg und Ludendorff (29. 8.). Sie stellten den Angriff auf Verdun ein und wandten sich gegen die Rumänen. Diese wurden von den Verbündeten in der Dobrudscha und in Siebenbürgen (bei Hermannstadt 26.–28. 9., bei Kronstadt 3.–8. 10.) geschlagen u. aus der Walachei (Besetzung Bukarests 6. 12.) bis hinter den Sereth zurückgeworfen. Die Errichtung des Kgr. Polen (5. 11.) brachte den Mittelmächten keinen Gewinn. Ihr Friedensangebot vom 12. 12. wurde von der Entente abgelehnt; eine amerikan. Friedensnote vom 18. 12. blieb wirkungslos.

Das Kriegsjahr 1917. Im W wurden nach Zurückverlegung der dt. Front im Sommegebiet in die Siegfriedstellung (März) alliierte Großangriffe an der Aisne, in der Champagne und bei Arras (April/Mai) sowie in Flandern (31. 7. bis 10. 11.) in bewegl. Verteidigung abgewehrt, in der Tankschlacht bei Cambrai (20.–29. 11.) an die Briten verlorenes Gelände zurückerobert. Der Ausbruch der Revolution in Russland am 12. 3. und Siege der Verbündeten (Eroberung Ostgaliziens im Juli, Rigas 3. 9., der balt. Inseln im Okt.) führten zum Zusammenbruch des russ. Heeres. Die am 7. 11. zur Macht gelangten Bolschewiki schlossen am 15. 12. Waffenstillstand, aber erst nach neuem dt. Vormarsch am 3. 3. 1918 den Frieden von Brest-Litowsk. Ihm folgte am 7. 3. ein Sonderfriede mit Finnland, das mit dt. Hilfe die Bolschewiki vertrieb, und am 7. 5. der Friede mit Rumänien. Ein zur Entlastung der Isonzofront am 24. 10. 1917 bei Flitsch-Tolmein begonnener dt.-österr. Angriff warf die Italiener hinter den Piave zurück. Am Ansturm gegen die dt.-bulgar. Front in Makedonien beteiligte sich seit 27. 6. auch Griechenland. Die Türken verloren am 11. 3. Bagdad, am 9. 12. Jerusalem an die Briten. Der seit 1. 2. uneingeschränkte dt. U-Boot-Krieg führte zur Kriegserklärung der USA am 6. 4. 1917.

Das Kriegsjahr 1918. Die dt. Großangriffe (zw. Arras u. La Fère 21. 3., bei Armentières 9. 4., zw. Noyon u.

Reims 27.5., beiderseits Reims 15.7.) brachten trotz großer Erfolge nicht den entscheidenden Sieg. Die am 18.7. einsetzende alliierte Gegenoffensive drückte das geschwächte dt. Westheer bis Anfang Nov. in die Antwerpen-Maas-Stellung zurück. Inzwischen hatten Bulgarien in Makedonien, die Türkei in Palästina und Österreich-Ungarn am Piave (28.10.) schwere Niederlagen erlitten und am 29. 9., 31. 10. und 3. 11. Waffenstillstand mit der Entente geschlossen, die Reichsregierung auf Drängen der OHL schon am 5.10. den amerikan. Präsidenten um Waffenstillstand und Einleitung von Friedensverhandlungen ersucht. Auf dessen Forderung wurde der U-Boot-Krieg am 20.10. eingestellt. Aus Meutereien bei der Hochseeflotte entwickelte sich eine Revolution, die am 9.11. in Berlin zur Ausrufung der Republik führte. Gemäß dem am 11.11. im Wald von Compiègne mit der Entente geschlossenen Waffenstillstand wurden die besetzten Gebiete und Elsass-Lothringen binnen 14, das linke Rheinufer mit den Brückenköpfen Köln, Koblenz und Mainz binnen 30 Tagen von den dt. Truppen geräumt, die U-Boote und große Mengen Waffen ausgeliefert, die Flotte in Scapa Flow interniert sowie alle Kriegsgefangenen ausgeliefert.

Das Ziel der dt. **Seekriegführung** in der Nordsee, den Gegner durch U-Boote und Minen zu schwächen und dann zur Schlacht zu stellen, wurde wegen der Fernblockade der brit. Flotte nicht erreicht. Dt. Vorstöße gegen die engl. Ostküste führten am 24.1.1915 zur Schlacht an der Doggerbank, ein Vorstoß der Hochseeflotte am 31.5. 1916 vor dem Skagerrak zum unentschiedenen Kampf mit der brit. Flotte. Die im Aug. 1914 nach Konstantinopel durchgebrochene dt. Mittelmeerdivision (Kreuzer „Goeben" und „Breslau") bekämpfte als Kern der türk. Flotte die russ. Seestreitkräfte im Schwarzen Meer. Das dt. Kreuzergeschwader in Ostasien besiegte am 1.11. 1914 bei Coronel brit. Kreuzer, erlag aber am 8.12. bei den Falklandinseln einem brit. Geschwader. Der am 4.2. 1915 eröffnete, aber erst seit 1.2. 1917 uneingeschränkte U-Boot-Krieg gegen die feindl. Handelsschifffahrt brachte Großbritannien in eine gefährl. Lage, wirkte aber nicht kriegsentscheidend.

Die **dt. Kolonien** und Schutzgebiete erlagen der feindl. Übermacht (Togo 27.8., Tsingtao 7.11.1914, Dt.-Südwestafrika 9. 7. 1915, Kamerun 15. 2. 1916). Nur die Schutztruppe von Dt. Ostafrika unter Gen. v. Lettow-Vorbeck behauptete sich bis Kriegsende.

Der Krieg wurde durch die **Friedensschlüsse** von Versailles (mit dem Dt. Reich 28.6.1919), St.-Germain (mit Österreich 10.9.1919), Trianon (mit Ungarn 4.6. 1920), Neuilly (mit Bulgarien 27.11.1919) und Sèvres (mit der Türkei 10.8.1920) abgeschlossen.

Die im Versailler Vertrag ausgesprochene dt. Alleinschuld am W. löste eine Kriegsschulddiskussion aus, die bislang keinen Abschluss fand. Weitgehende Übereinstimmung besteht in der wissenschaftl. Forschung darüber, dass 1914 kein verantwortl. Staatsmann den Ausbruch eines großen Krieges vorsätzlich herbeiführen wollte, dass aber die dt. Regierung ein hohes Maß an Mitverantwortung trifft, weil sie den auslösenden Angriff Österreich-Ungarns gegen Serbien nicht verhindert, sondern, um die Großmachtstellung der Donaumonarchie zu erhalten, gefördert hat.

Der Zweite Weltkrieg 1939–45

Vorgeschichte. Der 2. Weltkrieg war in einem weit zutreffenderen Sinn ein globaler Krieg als der Erste. Seit die Weltwirtschaftskrise (1929–33) die Schwächen der Mächte USA, Großbritannien und Frankreich, die die 1919/20 errichtete Ordnung faktisch garantierten, offenkundig werden ließ, strebten die im 1. Weltkrieg besiegten oder bei der Friedensregelung benachteiligten Großmächte Deutschland, Italien und Japan verstärkt eine Revision der Ordnung von 1919/20 an. Deutschland unter A. Hitler beabsichtigte über eine schrittweise Ausweitung seiner kontinentaleurop. Position, nach Ausschöpfung aller „friedlichen" Möglichkeiten durch lokalisierte „Feldzüge" („Blitzkriege"), die militär. Ausschaltung Frankreichs und die Eroberung des europ. Russland; nach der Errichtung einer kontinentalimperialen Basis, die mit einer rassenideolog. Umgestaltung Europas verbunden werden sollte (↑Nationalsozialismus), war der Ausbau einer Weltmachtstellung mit Kolonien in Afrika, einer starken Flotte und Stützpunkten im Atlantik vorgesehen hinsichtlich einer für später erwarteten Auseinandersetzung mit der Weltmacht USA. Das faschist. Italien strebte auf Kosten Großbritanniens und Frankreichs ein Mittelmeerimperium (mit einem kolonialen Ergänzungsraum in Nordostafrika und im Nahen Osten) an. Japan suchte die Hegemonialmacht in einem China, Südostasien und die westpazif. Inseln umfassenden „Großraum" zu werden. Trotz Abkommen (↑Antikomintern-Pakt und Stahl-Pakt) handelten die drei revisionist. Mächte ohne Absprache. Hitler erwies sich dabei als die vorwärts treibende Kraft.

Mit der Zerschlagung der Tschechoslowakei verließ die dt. Politik den nationalen Rahmen endgültig. Durch die Garantie der Unabhängigkeit Polens (31.3. 1939) suchte Großbritannien das europ. Gleichgewicht zu erhalten. Die Bemühungen, die Garantieerklärung durch eine Einbeziehung der UdSSR wirksamer zu gestalten, scheiterten an den sowjet. Forderungen bezüglich der balt. Staaten. Nach parallel hierzu geführten dt.-sowjet. Geheimverhandlungen kam es am 23.8.1939 zum Abschluss des dt.-sowjet. Nichtangriffspakts, dessen geheimes Zusatzprotokoll u. a. die balt. Staaten, O-Polen und Finnland der sowjet. Interessensphäre zurechnete. Großbritannien hatte sich am 25.8. in einem Bündnis gegenüber Polen festgelegt, sodass es nach Hitlers Angriff auf Polen (1.9. 1939) zus. mit Frankreich am 3.9. 1939 Dtl. den Krieg erklärte. Hitler sah sich nun in einen Krieg verstrickt, für den das Reich nur unzureichend gerüstet war.

Von der Eroberung Polens bis zur Niederwerfung Frankreichs (Sept.1939 bis Juni 1940). Infolge der Konzentration der dt. Heeres- und Luftwaffenverbände und der Passivität der Westmächte an der nur schwach geschützten dt.-frz. Grenze gelang die militär. Eroberung Polens in wenigen Wochen (28.9.1939 Kapitulation Warschaus). Gemäß den dt.-sowjet. Abmachungen rückte die Rote Armee am 17.9. in Polen ein und nahm das Gebiet bis zur Weichsel, dann – nach Abschluss eines dt.-sowjet. Grenz- und Freundschaftsvertrages (28.9. 1939) – das Gebiet bis zum Bug in Besitz. Litauen kam von der dt. in die sowjet. Interessensphäre. Über Danzig sowie die ehem. preuß. Provinzen Westpreußen und Posen hinaus wurde ein breites Gebiet des westl. Polen in das Reichsgebiet eingegliedert; Zentralpolen wurde als „Generalgouvernement" zu einem Nebenland des Dt. Reiches. Im Winter 1939/40 begann von dt. und sowjet. Seite die systemat. Ausrottung der poln. Intelligenz. Die Absicht der Westmächte, in den finnisch-sowjet. **Winterkrieg** (30.11. 1939 bis 12.3. 1940) über

Norwegen/N.-Schweden einzugreifen, veranlasste dt. Planungen, dem durch eine Besetzung Norwegens zuvorzukommen. Trotz Abschluss des finnisch-sowjet. Friedens (12. 3. 1940), bei dem Finnland unter Gebietsverlusten seine Selbstständigkeit wahren konnte, wurde diese Absicht am 9. 4. 1940 mit der Besetzung Dänemarks und (April–Juni 1940) Norwegens verwirklicht.

Am 10. 5. 1940 begann unter Verletzung der Neutralität Belgiens, der Niederlande und Luxemburgs der Feldzug im Westen. Nach Hitlers Plänen sollte die vollständige militär. Niederlage Frankreichs Voraussetzung sein für ein Arrangement mit Großbritannien und für einen Feldzug gegen die UdSSR. Militärisch war der Feldzug erfolgreich: Vorstoß über die Maas zur Kanalküste bei Abbéville; Kapitulation des belg. Heeres, Gefangennahme der frz. Nordarmee; Einnahme von Dünkirchen (4. 6. 1940), aus dem jedoch das brit. Expeditionskorps entkam. Nach Fortsetzung der dt. Offensive nach Innerfrankreich hinein (14. 6. 1940 Einzug in Paris) und nach dem Kriegseintritt Italiens (Kriegserklärungen an Großbritannien und Frankreich am 10. 6. 1940) fand sich die neue frz. Regierung (Marschall P. Pétain) zum Waffenstillstand bereit (22. 6. 1940 in Compiègne), der die dt. Besetzung der gesamten frz. Atlantikküste vorsah, Frankreich jedoch Flotte und Kolonialreich beließ. Von London aus rief General C. de Gaulle (18. 6. 1940) zur Fortsetzung des Krieges durch das „Freie Frankreich" auf. Der von Hitler angestrebte „Ausgleich" mit Großbritannien („Friedensappell" v. 19. 7. 1940) kam nicht zustande. Mit Hilfszusagen des amerikan. Präs. F. D. Roosevelt setzte Großbritannien den Kampf fort.

Die Kriegshandlungen in der Zeit von Juni 1940 bis Juni 1941. Dt. Anstrengungen, durch Vorbereitungen einer Landung auf der brit. Insel und durch eine Luftoffensive („Battle of Britain") Großbritannien zum Einlenken zu bewegen, scheiterten. Die Zahl der dt. U-Boote war zu gering, um die Zufahrtswege über den Atlantik ernsthaft zu gefährden. Die Unterstützung durch die USA nahm zu. Die Produktion Großbritanniens übertraf bereits die dt. (bes. an Panzern und Flugzeugen). Hitler sah im Herbst 1940 nur zwei Möglichkeiten, den Krieg erfolgreich fortzuführen: 1. durch den Aufbau eines „Kontinentalblocks" von Spanien bis Japan (unter Einschluss der UdSSR) eine so gewaltige Machtstellung zu gewinnen, dass Großbritannien aufgab und die USA sich auf den amerikan. Doppelkontinent zurückzogen; 2. trotz Fortdauer des Krieges im Westen den Eroberungszug nach Osten gegen die UdSSR zu führen und sogleich danach in den Nahen Osten (bis Afghanistan) und über Gibraltar nach NW-Afrika und auf die portugies. Inseln vorzudringen, während Japan nach Singapur vorstieß und Indien von Osten bedrohte, um die gesamte östl. Hemisphäre gegenüber den USA abzusichern. Die weit gespannte polit. Kombination gelang nur zum Teil: mit Japan und Italien wurde am 27. 9. 1940 der „Dreimächtepakt" abgeschlossen. Daher setzte Hitler Ende 1940 endgültig die militär. Ost-Lösung als nächste Etappe seines improvisierten Kriegsplans fest. Das Scheitern des ital. Angriffs auf Griechenland (28. 10. 1940) zwang zur Vorbereitung einer dt. Entlastungsoffensive über Rumänien-Bulgarien. Schon im Sommer 1940 hatten das sowjet. Ultimatum an Rumänien zur Abtretung der N-Bukowina und Bessarabiens und die Revisionsansprüche Ungarns und Bulgariens gegenüber Rumänien zu einem dt. Engagement in SO-Europa geführt (2. Wiener Schiedsspruch 30. 8. 1940: Abtretung N-Siebenbürgens an Ungarn; Garantie Rest-Rumäniens durch Dtl. und Italien). Die Niederlage der ital. Armee in N-Afrika und die brit. See- und Luftüberlegenheit im Mittelmeerraum führten s. Dez. 1940 zur Entsendung dt. Luftwaffen- und Heeresverbände nach Italien und Libyen (Afrikakorps unter Gen. E. Rommel). Vom 6. 4. 1941 an wurden Griechenland und Jugoslawien, das nach dem Putsch antidt. Kräfte (27. 3. 1941) in die militär. Planung einbezogen worden war, von dt. Truppen besetzt, vom 20. 5. bis 1. 6. 1941 auch die Insel Kreta. Dt. Truppen drangen in N-Afrika vom 27. 3. bis 14. 4. 1941 von der Großen Syrte bis zur libysch-ägypt. Grenze vor, konnten jedoch Tobruk nicht einnehmen.

Hitler verknüpfte bei der Planung des dt. Angriffs auf die UdSSR die militär. Zielsetzung mit seinem rassenideolog. Programm: Er befahl die systemat. Ausrottung der Juden in den eroberten sowjet. Territorien durch „Einsatzgruppen" des Sicherheitsdienstes (SD) und der Sicherheitspolizei (SIPO) und strebte die Vernichtung der kommunist. Führungsschicht („Kommissarbefehl") und die Dezimierung der slaw. Bevölkerung an. Ein „Generalplan Ost" sah eine millionenfache Aus- und Umsiedlung mit dem Ziel einer Germanisierung weiter Teile Osteuropas vor. Die sowjet. Kriegsvorbereitungen hielten sich in Grenzen, da J. W. Stalin nicht von einem dt. Angriff vor Abschluss des Krieges im Westen überzeugt werden konnte und sich bis zuletzt um einen Ausgleich mit Hitler bemühte. Japan, das am 13. 4. 1941 einen Neutralitätsvertrag mit der UdSSR geschlossen hatte, setzte die im Sept. 1940 mit der Besetzung N-Indochinas begonnene Südexpansion mit dem Vorstoß nach S-Indochina fort und lehnte eine Mitwirkung am Krieg gegen die UdSSR ab. Die USA vervielfachten mit dem „Leih-Pacht-Gesetz" vom 11. 3. 1941 ihre Unterstützung für Großbritannien.

Die Wende des Krieges (Juni 1941 bis 1942). Dem dt. Angriff auf die UdSSR (22. 6. 1941) schlossen sich Rumänien, Italien, Finnland und Ungarn an. In Grenzschlachten sollte das Gros der Roten Armee ausgeschaltet werden, ehe die sowjet. Führung die auf 10–12 Mill. Mann geschätzten Reserven mobilisieren konnte. Danach sollten die dt. Truppen in die Tiefe des russ. Raumes bis Archangelsk-Astrachan vorstoßen. Dieses Ziel ließ sich nicht erreichen. Es gelang, in mehreren Kesseln, u. a. am Bialystok, östl. Kiew und im Raum Wjasma-Brjansk, rd. 3,5 Mill. sowjet. Kriegsgefangene in dt. Gewahrsam zu bringen, doch konnte die sowjet. Führung einen Zusammenbruch der Anfang Dez. 1941 bis auf 40 km vor Moskau zurückgedrängten russ. Front verhindern. Leningrad wurde von allen Landverbindungen abgeschnitten (in 3 Jahren Belagerung mindestens 800 000 Hungertote) sowie die Ukraine und die Krim von den Dt. erobert. Die sowjet. Gegenoffensive im Raum Moskau (ab 6. 12. 1941) drängte die dt. Truppen zurück.

Nach Befehl v. 31. 7. 1941 wurden am 20. 1. 1942 während der Wannsee-Konferenz die organisator. Planungen für die Verwirklichung der „Endlösung", d. h. die systemat. Ausrottung aller Juden im dt. Machtbereich, festgelegt. In den Vernichtungslagern Auschwitz, Treblinka, Maidanek u. a. begann in den folgenden Monaten das Genozid an den Juden (etwa 6 Mill. Opfer). Die brutale dt. Besatzungspolitik verschaffte der Partisanenbewegung im besetzten Teil der UdSSR seit Herbst 1941 wachsenden Zulauf. Auch im übrigen dt.-besetzten Europa gewannen Widerstandsbewegungen an Bedeutung (u. a. in Jugoslawien, Polen, Frankreich). Am 14. 8. 1941 verkündeten F. D. Roosevelt und W. Churchill die Atlantik-Charta.

Japanisch-amerikan. Verhandlungen im Sommer 1941 erreichten am 26.7. 1941 ihren toten Punkt, nachdem die amerikan. Reg. die japan. Besetzung S-Indochinas mit einem Öl-Embargo beantwortet hatte. Japan entschied sich zur Eroberung der südostasiat. Rohstoffgebiete durch Angriff auf den dortigen Kolonialbesitz Großbritanniens, der Niederlande und der USA, verbunden mit einem Überraschungsschlag auf die amerikan. Pazifik-Flotte in Pearl Harbor (7.12. 1941). Hitler und Mussolini erklärten am 11.12. 1941 den USA den Krieg. Damit wuchsen der europ. und der japan.-chines. Krieg zusammen. Ziel der Japaner war es, nach der Eroberung von Singapur (15.2. 1942), der Philippinen, Niederländisch-Indiens und Birmas sowie von Inselgruppen im W-Pazifik zur Defensive überzugehen und die erwarteten Gegenoffensiven der Amerikaner und Briten abzuwehren, um mit ihnen zu einem Remis-Frieden zu kommen. In der See-Luft-Schlacht bei den Midway-Inseln (3.–7.6. 1942) zeigte sich aber, dass die USA trotz anfängl. Niederlagen ihre Überlegenheit gewahrt hatten. Mit der Landung auf Guadalcanal (7.8. 1942) ergriffen sie die Initiative (Beginn des „Inselspringens").
Ohne Absprache mit Japan hatte Hitler als Ziel für 1942 die Eroberung wichtiger sowjet. Rohstoffgebiete und einen Vorstoß über den Kaukasus nach Iran festgelegt. Eine Offensive der Armee Rommel in N-Afrika in Richtung Sueskanal war als Nebenoperation gedacht. Der U-Boot-Krieg gegen die brit. Verbindungen im Atlantik erreichte seinen Höhepunkt. Die Offensive im Südteil der Ostfront begann am 28.6. 1942 und blieb Anfang Sept. 1942 in Stalingrad sowie am Nordrand des Kaukasus stecken. Die Offensive Rommels (ab 26.5. 1942) kam nach der Eroberung Tobruks (21.6.) am 30.6. 1942 an der El-Alamein-Linie westl. von Alexandria zum Stehen.
Der Krieg in Europa und Afrika vom Herbst 1942 bis Mai 1945. Die Hauptlast des Krieges gegen Dtl. trug die UdSSR. Stalins Forderung nach einer „Zweiten Front" wurde von den Westalliierten unter Hinweis auf das Transportproblem und das globale Ausmaß des Krieges zunächst auf 1943 verwiesen. Stattdessen wurde als Vorbereitung für eine Invasion in W-Europa eine Großoffensive im Mittelmeerraum mit dem Ziel der Ausschaltung Italiens und der Errichtung einer Abnutzungsfront beschlossen. Mit Beginn der brit. Offensive gegen die Armee Rommel bei El-Alamein (23.10. 1942) und der amerikanisch-brit. Landung in Marokko und Algerien (7./8.11. 1942) wurde die Wende auf diesem Kriegsschauplatz eingeleitet. Die deutsch-ital. Gegenzüge, Besetzung ganz Frankreichs und Errichtung eines Brückenkopfes in Tunesien (11.11. 1942), hatten nur aufschiebende Wirkung. Die seit Frühjahr 1942 laufende brit. Bomberoffensive gegen dt. Städte wurde durch den Einsatz amerikan. Bomberverbände ergänzt. Am 24.1. 1943 verkündeten Roosevelt und Churchill als Kriegsziel die „bedingungslose Kapitulation" Dtl.s, Italiens und Japans. Die Niederlage der 6. dt. Armee im Raum Stalingrad (Winter 1942/43) markierte die äußere Wende auf dem östl. Kriegsschauplatz. Nach Abwehr der letzten dt. Offensive im Raum Kursk (5.7. 1943) trat die Rote Armee zur Gegenoffensive an und überschritt im Jan. 1944 die Grenze nach Polen, im April 1944 die nach Rumänien. Aus der Kapitulation Italiens (3.9. 1943) nach der Besetzung Tunesiens durch die Alliierten (13.5. 1943), der Landung auf Sizilien (10.7. 1943) und dem Sturz Mussolinis (25.7. 1943) erwuchsen vorübergehend Spannungen zw. den Alliierten. Politisch kam es 1943 zur inneren Festigung der Anti-Hitler-Koalition, nachdem es im Zusammenhang mit der Entdeckung von Massengräbern poln. Offiziere bei Katyn (April 1943) noch einmal zu einer Krise gekommen war: die UdSSR brach die Beziehungen zur poln. Exil-Reg. in London ab (26.4. 1943) und stellte in Moskau den Kern einer künftigen kommunist. poln. Regierung bereit.
Auf der Konferenz von Teheran (28.11. bis 1.12. 1943) einigten sich Roosevelt, Churchill und Stalin über die gemeinsame Niederwerfung Dtl.s (Invasion im Westen im Mai 1944), die Verschiebung Polens nach Westen auf Kosten Dtl.s bis zur Oder (im Osten im Wesentl. Curzon-Linie, ↑Curzon, als poln.-sowjetische Grenze) und die Anerkennung Titos als alliierten Partner in Jugoslawien.
Von Mitte 1944 an engte sich der Raum der von Dtl. beherrschten improvisierten „Festung Europa" schnell ein. Die Proklamation des „totalen Krieges" (Febr. 1943, wiederholt im Aug. 1944) änderte daran nichts. Am 4.6. 1944 mussten die dt. Truppen Rom aufgeben. Am 6.6. 1944 begann die alliierte Großinvasion in der Normandie; ab 22.6. 1944 zerschlug die Rote Armee die dt. Heeresgruppe Mitte und drang bis an die ostpreuß. Grenze und Warschau vor. Sie ließ es zu, dass die dt. Besatzungsmacht den Warschauer Aufstand der nationalpoln. Heimatarmee niederschlug (1.8. bis 2.10. 1944).
Der Versuch der deutschen ↑Widerstandsbewegung (Schenk von ↑Stauffenberg), durch ein Attentat auf Hitler das nat.-soz. Regierungssystem zu beseitigen und eine schnelle Beendigung des Krieges herbeizuführen, scheiterte am 20.7. 1944. Am 31.7. 1944 durchbrachen die Alliierten die Front in der Normandie, befreiten am 25.8. 1944 Paris (Regierungsübernahme in Frankreich durch de Gaulle) und drangen in wenigen Wochen bis zur dt. Grenze vor. Rumänien, Bulgarien, Finnland wechselten im Aug./Sept. 1944, Ungarn im Dez. 1944 die Fronten.
Hitlers Versuch, durch die Ardennenoffensive (ab 16.12. 1944) im Westen eine Wende herbeizuführen, scheiterte. Am 12.1. 1945 begann die Rote Armee zw. der Ostsee und den Karpaten eine Großoffensive, die sie bis zum 30.1. 1945 an die Oder brachte.
Auf der Konferenz von ↑Jalta (4.–11.2. 1945) hatten sich Roosevelt, Churchill und Stalin um eine Einigung über ihre Dtl.- und Polen-Politik bemüht u. wichtige Vorentscheidungen getroffen. Gegen polit. und territoriale Zugeständnisse in SO-Asien erklärte sich die UdSSR zu einem Kriegseintritt gegen Japan nach Beendigung des Krieges in Europa bereit.
Seit dem 8.2. 1945 drangen die Westalliierten in das Innere Dtl.s vor. Sie hielten Mitte April 1945 an der Linie Elbe-Mulde inne. Am 16.4. 1945 begann die Rote Armee ihre Endoffensive. Sie nahm am 2.5. Berlin ein. Hitler hatte am 30.4. 1945 in Berlin Selbstmord verübt. Zu seinem Nachfolger war Großadmiral K. Dönitz ernannt worden. Dieser ließ am 7.5. in Reims und am 9.5. in Berlin-Karlshorst die Kapitulation der dt. Wehrmacht unterzeichnen. Seine Reg. wurde am 23.5. 1945 in Flensburg verhaftet.
Auf der Potsdamer Konferenz (17.7. bis 2.8. 1945) trafen die Mächte der Anti-Hitler-Koalition in Formelkompromissen Vereinbarungen, die die wirtschaftl. und polit. Einheit eines um die Gebiete östl. von Oder und Görlitzer Neiße verkleinerten Dtl. erhalten sollten. Die Aussiedlung der dt. Bev. aus Polen, der Tschechoslowakei und Ungarn „in humaner Weise" wurde beschlossen. Über 10 Mill. wurden aus ihrer Heimat vertrieben. Ein alliierter Kontrollrat übernahm die höchste Reg.-Gewalt in Dtl.

Der Krieg im Pazifik 1942–45. Die Rückgewinnung der von Japan eroberten Gebiete vollzog sich langsam, obwohl seit 1943 etwa die Hälfte der amerikan. Kräfte im Pazifik konzentriert war. Sie drangen im Zuge ihres „Inselspringens" von Ost nach West vor, die Briten von Indien aus nach Birma. Japan änderte seine Besatzungspolitik und förderte seit 1943 die Unabhängigkeitsbewegungen in Indochina, auf den Philippinen, in Birma und Indonesien. Das japan. Heer eroberte in einer Sommeroffensive 1944 weite Teile Chinas und suchte eine Landverbindung nach Indochina herzustellen. Am 4. 5. 1945 kündigte die UdSSR den Neutralitätspakt mit Japan. In Jalta hatte Stalin den Kriegseintritt spätestens drei Monate nach Kriegsende in Europa zugesagt. Am 6. 8. wurde die erste Atombombe auf Hiroshima geworfen (über 90 000 Tote), am 9. 8. 1945 die zweite auf Nagasaki. Am 8. 8. 1945 erklärte die UdSSR Japan den Krieg. Die sowjet. Fernostarmee drang in die Mandschurei und in N-Korea ein. Sie setzte ihren Vormarsch auch fort, als Kaiser Hirohito am 14. 8. 1945 die Kapitulation Japans verkündete (am 2. 9. 1945 unterzeichnet). Amerikan. Truppen besetzten die japan. Hauptinseln sowie S-Korea. Die Kolonialmächte kehrten nach SO-Asien zurück, gerieten jedoch in Konflikt mit den Unabhängigkeitsbewegungen in den Ländern, die nach der japan. Kapitulation ihre Selbstständigkeit proklamiert hatten. Die Reg. Chiang Kai-shek hatte am 14. 8. 1945 die von Roosevelt und Churchill in Jalta zugestandenen Einschränkungen der chines. Souveränität in einem „Freundschaftsvertrag" mit der UdSSR akzeptieren müssen. Große Teile N-Chinas wurden von den Truppen Mao Zedongs eingenommen.

Bilanz des 2. Weltkrieges. Dtl., Italien und Japan schieden als Großmächte aus dem Weltmächtesystem aus. In Europa hatten die USA und die zur Weltmacht aufgestiegene UdSSR die Entscheidung herbeigeführt. Ihren Macht- und Einflusssphären gemäß wurde Europa geteilt. In O-Asien dominierten zunächst die USA. Der Abstieg Großbritanniens und Frankreichs begann sich abzuzeichnen.

Zu Friedensschlüssen kam es nur mit Italien und den kleineren europ. Verbündeten des nat.-soz. Dtl. (10. 2. 1947). Die USA schlossen 1951 mit Japan Frieden. Österreich erhielt 1955 einen Staatsvertrag. Angesichts der Interessengegensätze zwischen den beiden Weltmächten war ein gemeinsamer Friedensschluss mit Dtl. von Anfang an unwahrscheinlich. Die Westmächte erklärten 1951 (UdSSR 1955) den Kriegszustand mit ganz Dtl. für beendet.

Der 2. Weltkrieg forderte insgesamt über 30 (nach anderen Schätzungen bis zu 55) Mill. Tote. Davon entfielen allein auf die UdSSR etwa 20 Mill., Dtl. 5,25 Mill., Polen 4,5 Mill., Jugoslawien 1,7 Mill., Japan 1,8 Mill. Die USA hatten 259 000 Kriegstote, Großbritannien 386 000, Frankreich 810 000, Italien 330 000, Rumänien 378 000, Ungarn 420 000, Finnland 84 000 Kriegstote. Die Zahl der getöteten Zivilisten betrug im Fall der UdSSR 7 Mill., Japans 600 000, Dtl.s 500 000, Frankreichs 470 000, Großbritanniens 62 000.

Werkstoffprüfung (Materialprüfung), Prüfung der in der Technik verw. Werkstoffe (Materialien) auf ihre technolog., physikal. und chem. Eigenschaften, u. a. bei der Fertigung von Werkstücken, bei der Abnahme, im Gebrauch, bei der Entw. neuer Werkstoffe usw.; erfolgt mit mech., physikal., chem., mikroskop. Verfahren sowie mit den Methoden der *zerstörungsfreien W.* (z. B. Röntgenstrahl-, Ultraschallprüfung).

Werkvertrag, gegenseit. Vertr., der den Unternehmer zur Herst. eines Werkes (Arbeitserfolges) u. den Besteller zur Entrichtung der vereinbarten Vergütung verpflichtet. Beim *Werklieferungsvertrag* verpflichtet sich der Unternehmer, das Werk aus einem von ihm zu beschaffenden Stoff herzustellen u. dem Besteller das Eigentum an der hergest. Sache zu verschaffen.

Werkzeugmaschinen, Produktionsmasch. zur spanlosen oder spanabhebenden Formung von Gegenständen; *spanlos:* Gieß-, Schmiede-, Pressmasch. u. a.; *spanabhebend:* Drehbänke, Bohr-, Fräs-, Hobelmasch. u. a.; man unterscheidet *Universal-* u. *Einzelmasch.* für versch. Bearb.-Arten bzw. zur Durchführung eines oder mehr. Arbeitsgänge. W. sind heute meist programmgesteuert (Numerik- oder NC-Maschinen).

Wermut[wein], alkoholhaltiges Getränk aus Südwein und Zuckerlösung unter Zusatz v. Wermutkraut (↑Artemisia).

Werne, St. westl. v. Hamm, NRW, 30 500 E; Solbad; Steinkohlen-⚒; u. a. Stahl- und Möbelindustrie.

Wernigerode, Krst. in Sachsen-Anhalt, 36 200 E; Stadtkern mit vielen Fachwerkbauten u. Fachwerkrathaus (15. Jh.), Schloss (Museum); Holzverarb., pharmazeut., Glas- u. a. Ind.; Luftkurort.

Werra, Hauptquellfluss der Weser, 292 km.

Werst [russ.], altes russ. Längenmaß (rd. 1,067 m).

Wert: 1) in der Wirtschaftstheorie die objektive Bedeutung *(objektiver W.)* oder die subjektive Beurteilung *(subjektiver W.)* von Waren, Leistungen u. Geld im Hinblick auf die mittelbar *(Tausch-W.)* oder unmittelbar *(Gebrauchs-W.)* durch ihren Besitz gegebenen Möglichkeiten, der Befriedigung menschl. Bedürfnisse zu dienen; **2)** Beziehung, die zw. einer Sache u. einem übergeordneten Maßstab durch den Menschen gefühlt oder gedacht wird, wodurch die Sache den Charakter des Guten u. „Wertvollen" erhält. Je nachdem, wie die Seinsweise des Wertes aufgefasst wird, ergeben sich versch. Werttheorien: 1. W. ist eine subjektive Setzung (z. B. F. Nietzsches Lehre von der „Umwertung aller Werte" durch den „Willen zur Macht"), 2. W. haben objektive Gültigkeit, bilden ein an sich seiendes „Reich der Werte" als oberste Maßstäbe menschl. Verhaltens (in Max Schelers materialer Wertethik u. bei N. Hartmann; Philos.).

Wertfortschreibung, Neufeststellung des Einheitswertes v. Grundstücken oder gewerbl. Betrieben nach bed. Änderungen zw. zwei Feststellungszeitpunkten.

Wertigkeit, svw. ↑Valenz.

Wertpapiere, Urkunden, die ein privates Recht mit Vermögenscharakter verbriefen, das ohne sie nicht geltend gemacht werden kann; nach Art der Übertragung unterschieden: ↑Inhaber-, ↑Namens- u. ↑Orderpapiere, nach der Verzinsung: *Gläubiger-* und *Teilhaberpapiere,* nach der Art des verbrieften Forderungsrechtes: *Geld-* und *Warenpapiere.*

Wertsicherungsklauseln, Vertragsklauseln, die Gläubiger von Geldschulden vor der Gefahr einer Geldentwertung sichern sollen. Arten: *Berechnungsklauseln* (Verknüpfung der Höhe des geschuldeten Geldbetrags mit dem Wert einer fremden Währung), *Goldklausel* (Verknüpfung mit dem Goldpreis), *Indexklauseln* (Verknüpfung mit einem statist. Index) u. *Valutaklauseln* (Schuldung eines Betrags in einer fremden Währung). W. sind, um nicht das Vertrauen in die DM zu untergraben, in der BRD grundsätzl. verboten; Ausnahmen können genehmigt werden.

Werwolf, im Volksglauben ein Mensch, der Wolfsgestalt annehmen kann.

Wesel, Krst. an der Mdg. der Lippe in den Niederrhein, NRW, 61 600 E; spätgot. Willibrordikirche (neu aufgebaut), Berliner Tor; vielseit. Ind.; Rhein- u. Rhein-Lippe-⚓.

Weser, Fluss in N-Dtl., 432 km, schiffb.; entsteht bei Münden aus Fulda 1) und Werra, Mdg. bei Bremerhaven; schiffb. Nebenfl.: Aller (mit Leine), Lesum, Hunte, Geeste; bei Minden vom Mittellandkanal überbrückt.

Weserbergland, Berg- und Hügelland beiderseits der Weser zw. Münden und Minden, bis 500 m ü. d. M.

Weser-Ems, Reg.-Bez. in Nds., 14 959 km², 2,36 Mill. E, Hptst. Oldenburg (Oldenburg).

Wesir [arab.], seit dem 14. Jh. Würdenträger (später Min.) in islam. Staaten. – ↑auch Großwesir.

Wespen: 1) allg. Sammelbez. für die meisten Hautflügler (außer Ameisen, Bienen); **2)** meist gelbschwarz gezeichnete Hautflügler mit Brutpflege, Mundwerkzeuge kauend, Flügel längs faltbar; mit Giftstachel; Arten der Gatt. Vespa (z. B. Hornisse) staatenbildend.

Wesseling, St. in NRW, 33 500 E; bed. Hafenanlagen am Rhein für Braunkohlen- u. Erdölumschlag, chem. Großind., Raffinerien.

Wessely, Paula, *1907, †2000, östr. Schauspielerin; verh. mit A. Hörbiger, s. 1953 am Wiener Burgtheater.

Wessobrunn, bayr. Ort sw. des Ammersees; 2 000 E; ehem. Benediktinerabtei (753[?]–1803), bek. durch das *W.er Gebet,* ein ahd. Schöpfungsgedicht aus einer lat. Handschrift des Klosters.

West: 1) Benjamin, *1738, †1820, brit. Maler amer. Herkunft; Bildnisse, Historien; **2)** Mae, *1893, †1980, amer. Schauspielerin; Sexstar der 1930er-Jahre in den USA; **3)** Morris L[anglo], *1916, austral. Schriftsteller; Drehbücher, Dramen, Feuilletons, Romane; „In den Schuhen des Fischers"; **4)** Rebecca, eigtl. Dame Cecily Isabel Andrews, *1892, †1983, engl. Schriftstellerin; Romane, Essays, Reiseberichte.

Westaustralien, das flächenmäß. größte B.-Land des Austral. Bundes, umfasst das ges. westl. Australien, 2 525 500 km², 1,67 Mill. E, Hptst. Perth; Anbau v. Weizen, Hafer, Obst, Wein, Südfrüchten; in den Steppengebieten Schaf- und Rinderzucht; im N Perlenfischerei; ⚒ auf Gold (Kalgoorlie, Coolgardie), Eisen-, Nickel-, Uranerze, Bauxit; Wirtsch.-Zentrum ist Perth mit Fremantle (⚓).

Westminster. *Westminster Abbey*

West Bengal ['west bɛŋ'gɔ:l], ind. B.-Staat am unteren Ganges, westl. Teil ↑Bengalens, 87 853 km², 67,9 Mill. E, Hptst. Kalkutta; Anbau von Reis, Jute, Zuckerrohr, Mais, Bananen, Tee; Steinkohlenbergbau, Bauxitlager.

Westerland, St. u. Seebad auf Sylt, Schl.-Ho., 9 400 E.

Westerwald, Teil des Rhein. Schiefergeb. zw. Rhein, Sieg, Dill und Lahn, im Fuchskauten 656 m, der westl. *Unter-W.* waldreich, der *Hohe W.* großenteils entwaldet; teilw. Naturpark.

Westeuropäische Union (WEU), 1954 aus dem Brüsseler Pakt (1948) hervorgegangener Beistandspakt zw. Großbrit., Frkr., Belgien, den Niederlanden, Luxemburg, Italien, der BRD; der NATO angegliedert.

westeuropäische Zeit (WEZ), die Zonenzeit des Meridians v. Greenwich; gilt in Europa in Großbrit., Irland, Portugal.

Westfalen, NO-Teil von NRW, umfasst die *Westfäl. Bucht,* das nw. Weserbergland u. das Sauerland; Hauptort Münster. – Bis 1180 beim Hzgt. Sachsen, dann als *Hzgt. W.* an Köln, jedoch bald Zerfall des Territoriums in zahlr. Herrschaften; 1807 bildete Napoleon I. aus westfäl., hess., hannoverschen, braunschweig., preuß., sächs. u. a. Gebieten für Jérôme Bonaparte das *Kgr. W.* (Hptst. Kassel); 1815 preuß. *(Prov. W.),* nach dem 2. Weltkrieg zum Land Nordrhein-Westfalen.

Westfälischer Friede, 1648 v. Ks. u. R.-Ständen mit Frkr. in Münster (Westf.), mit Schweden in Osnabrück abgeschlossene Verträge zur Beendigung des Dreißigjähr. Krieges; Schweden erhielt Vorpommern, Wismar u. die Hzgt. Bremen u. Verden, Frkr. die östr. Gebiete im Elsass und die Bistümer Metz, Toul u. Verdun; an Bbg. kamen u. a. Minden, Halberstadt u. Hinterpommern. Die Schweiz u. die Niederlande schieden aus dem R.-Verband aus; die R.-Stände erhielten volle Landeshoheit für ihre Territorien u. das Recht, Bündnisse zu schließen; Wiederherst. des Augsburger Religionsfriedens.

Westfriesische Inseln, die zu den Niederlanden gehörende westl. Gruppe der Fries. Inseln, mit (von W nach O) Texel, Vlieland, Terschelling, Ameland, Schiermonnikoog, Rottumerplaat und Rottumeroog.

Westgoten, Teilvolk der Goten, verließen um 395 ihre Lebensräume südl. der unteren Donau, plünderten 410 Rom u. gründeten 419 in SW-Gallien das *Tolosan. Reich,* das Chlodwig I. 507 zerschlug; Verlagerung des Schwergewichts des Reiches in das Gebiet um Toledo; es wurde 711 von den Arabern vernichtet.

Wẹst|indische Inseln (Westindien), der mittelamer. Inselbogen der Bahamainseln u. der Gr. u. Kl. Antillen.

Westjordanland (West Bank [engl.; = Westufer]), westl. des Jordans gelegener Teil des ehem. brit. Mandatsgebiets ↑Palästina, der, 1948 v. jordan. Truppen besetzt, 1950 annektiert, s. 1967 unter isr. Verw. steht und auf den Jordanien 1974 u. 1988 zugunsten der Palästinens. Befreiungsorganisation verzichtete. 1993 Einigung zw. Israel u. PLO über schrittweise palästinens. Autonomie.

Westminster ['westmɪnstə] (offịziell: City of W.), Stadtbezirk von London; mit *W. Abbey* [- 'æbɪ], Krönungskirche und Grablege der engl. Könige; Hauptwerk des ↑Decorated style. – Abb. S. 763.

Westpreußen, 1815 bis 1918 preuß. Provinz beiderseits der unteren Weichsel; 1919 zum größten Teil an Polen; 1939–45 Reichsgau Danzig-W.; 1945 ganz W. unter poln. Verwaltung, s. 1991 völkerrechtl. verbindlich zu Polen.

Weströmisches Reich, die 395 bei der Teilung des Röm. Reiches geschaffene westl. R.-Hälfte.

Wẹstsiebenbürgisches Gebịrge (rumän. Munţii Apuseni), zusammenfassende Bez. für den Gebirgskomplex in NW-Rumänien zw. Siebenbürg. Hochland im O u. Gr. Ungar. Tiefland im W, zw. der Maros im S und dem Flusssystem des Szamos im N. Das Zentrum bildet das bis 1848 m hohe *Bihargebirge* (rumän. Munţii Bihariei).

Westsamoa, Staat im S-Pazifik, umfasst den W-Teil der ↑Samoainseln, 2835 km², 163000 E, Hptst. u. ⚓ Apia; größte Inseln Savaii u. Upolu; Ausfuhr v. Bananen, Kopra, Kakao. – Seit 1900 dt. Protektorat, s. 1920 als Mandatsgebiet des Völkerbundes, s. 1946 als UN-Treuhandgebiet unter neuseeländ. Verw.; seit 1962 unabhängige Republik; Mitglied der UN u. des Commonwealth.

West Virginia [- və'dʒɪnjə], Abk. W. Va., Staat im O der USA, 62760 km², 1,79 Mill. E, Hptst. Charleston; Hauptanbauprodukte Obst, Mais, Tabak; Viehzucht; 75 % der Gesamtfläche Waldland; bedeutendste Steinkohlenförderung der USA, ⛽-, Erdgasgewinnung.

Westwall, 1938/39 erbaute Befestigungsanlagen an der dt. W-Grenze zw. Aachen und Basel; nach 1945 geschleift.

Westsamoa

Fläche: 2831 km²
Einwohner: (1995) 171000
Hauptstadt: Apia
Amtssprachen: Samoanisch, Englisch
Zeitzone: MEZ +12 Stunden

Westsahara (fr. Spanische Sahara). Gebiet in NW-Afrika, am Atlantik zw. Marokko u. Mauretanien, 266769 km², rd. 204000 E (Sahraoui od. Sahrawigen); Nomaden- u. Oasenwirtschaft, im N Phosphatabbau. 1885/1912 span. Protektorat; 1946 *Span.-Westafrika,* 1958 Überseeprovinz *Span. Sahara;* 1975/76 nach Abzug der Spanier Aufteilung der W. unter Mauretanien u. Marokko ohne die vorgesehene Volksabstimmung, gleichzeitig Ausrufung der Demokrat. Arab. Rep. Sahara (bis 1995 v. über 70 Staaten anerkannt) in Algerien durch die Befreiungsbewegung FPOLISARIO, die den Guerillakrieg verstärkte; 1978 besetzte Marokko auch den v. Mauretanien aufgegebenen Teil.

Wettbewerb, Leistungskampf zw. Wirtschaftseinheiten mit den Mitteln der Werbung, Produktgestaltung, Preispolitik u. a.; rechtl. geregelt im *Wettbewerbsrecht.*

Wetter: 1) [sinnl.] wahrnehmb. Zustand der Atm. zu einem best. Zeitpunkt an einem best. Ort; **2)** das in einer Grube vorhandene Gasgemisch (⚒).

Wetterdienst, staatl. Einrichtung, die Wetterbeobachtungen u. -analysen durchführt u. Wetternachrichten, Wettervorhersagen u. a. herausgibt. *Zentralamt des Dt. W.es* (DWD) in Offenbach am Main, für regionale Aufgaben 11 *Wetterämter* und das Seewetteramt Hamburg, meteorolog. Stationen u. a.; internat. Zusammenarbeit in der *Weltorganisation für Meteorologie* (World Meteorological Organization, WMO).

Wẹtterhorn, schweizer. Berggipfel in den Berner Alpen, 3701 m.

Wetterkarte, kartograph. Darst. von Wetterlagen; zeigt Lage der Hoch- und Tiefdruckgebiete, Kalt- und Warmfronten u. a.

Wetterkunde, i. w. S. svw. ↑Meteorologie; i. e. S. svw. *synopt. Meteorol.* (vergleichende ↑Wettervorhersage).

Wetterlampe, Grubenlampe (Benzinsicherheitslampe), die das Auftreten von Grubengas durch eine charakterist. Veränderung der Flamme anzeigt.

Wettersatelliten, künstl. Satelliten zur globalen Beobachtung u. Erforschung des Wetters.

Wẹttersteingebirge, Teil der Tirol.-Bayr. Kalkalpen zw. der Loisach und der Isar; Zugspitze 2962 m.

Wettervorhersage (Wetterprognose), erfolgt *kurzfrist.* aus Extrapolation der in 3-stünd. Abständen vorgenommenen Wetteranalysen; *mittelfrist.* für 3–6 Tage aus weiterer Extrapolation der Wetterlage, z. T. mit statist. Mitteln; *langfrist. W.* nur durch Vergleich ähnlicher fr. Daten möglich.

Wettịner, s. dem 12. Jh. nach der Burg Wettin ben. dt. Fürstengeschlecht; erwarben die Mark Meißen, Thüringen u. 1423 das Hzgt. Sachsen-Wittenberg mit der Kurwürde; 1485 Teilung in *Ernestin.* u. *Albertin. Linie;* Albertiner waren 1806–1918 Kg. von ↑Sachsen, 1697–1706 u. 1709–63 zugleich v. Polen.

Wẹtzlar, Krst. an der Lahn, Hessen, 53900 E; roman.-got. ehem. Dom; IHK; opt. Ind., Eisen- und Stahlwerke, Radioröhrenfabrik. – Ehem. R.-St.; 1689 (1693)–1806 Sitz des Reichskammergerichts.

WEU, Abk. für: ↑**W**est**e**uropäische **U**nion.

Weyden, Rogier van der ['wɛjdə], * 1399 od. 1400, † 1464, fläm. Maler; feierl. Strenge u. höf. Zurückhaltung der Figuren; stilbildend für dt. u. niederländ. Kunst; „Kreuzabnahme" (Madrid), „Jüngstes Gericht" (Beaune), „Columba-Altar" (München).

Weỵrauch, Wolfgang, * 1907, † 1980, dt. Schriftsteller; z. T. aggress. Lyrik, zeitkrit. Erzählwerk und Hörspiele.

WEZ, Abk. für: ↑**w**esteurop. **Z**eit.

Wheatstone, Sir Charles ['wi:tstən], 1802, † 1875, brit. Physiker; fand unabh. von W. v. Siemens das dynamoelektr. Prinzip; Verdienste um die Entw. der Telegrafie; *w.sche Brücke,* Brückenschaltung zur Messung elektr. Widerstände.

Whigs [wɪgz; engl.]: **1)** Ende des 17. Jh.s entstandene engl./brit.

Partei, die im Ggs. zu den Tories stand; Interessenvertr. der aristokrat. Grundbesitzer u. des Großbürgertums; aus ihr ging die Lib. Partei hervor; **2)** 1834–56 föderalist. Partei in den USA.

Whisky ['wıskı; engl.], Trinkbranntwein (Mindestalkoholgehalt 43 Vol.-%) mit Rauchgeschmack; v.a. in Schottland u. Irland *(Whiskey)* auf Gersten- u. Weizenbasis, in Kanada u. den USA auf Roggen- *(Rye)* od. Maisbasis *(Bourbon)*; lange Reifezeiten.

Whist [wıst; engl.], Kartenspiel für 4 Spieler (je 2 sind Partner) mit 52 Karten.

Whitehall ['waıthɔ:l], repräsentat. Straße in London; Sitz v. Ministerien und Behörden.

Whitehead ['waıthed], Alfred North, * 1861, † 1947, brit. Philosoph u. Mathematiker; mit B. Russell Begr. einer math. Logik, in der die grundlegenden Begriffe u. Theoreme der Math. u. Logik in einheitl. Aufbau systemat. definiert u. abgeleitet werden.

Whitman, Walt[er] ['wıtmən], * 1819, † 1892, amer. Dichter; verherrlichte den Aufstieg der Massen u. die Kraft des einf. Menschen; Glaube an den Fortschritt der menschl. Ges.; „Grashalme".

WHO, Abk. für: **W**orld **H**ealth **O**rganization (↑Weltgesundheitsorganisation).

Wichern, Johann Hinrich, * 1808, † 1881, dt. ev. Theologe; begr. 1833 das *Rauhe Haus* (für elternlose Kinder) in Hamburg; rief die ev. Kirchen auf dem Wittenberger Kirchentag 1848 zur „Inneren Mission" auf.

Wichte, Verhältnis v. Gewicht zum Volumen eines Körpers.

Wicke, Gatt. der Schmetterlingsblütler; Futterpfl. und Unkräuter.

Wickelbär, Art der Kleinbären; gewandter Kletterer, Nachttier; Mittel- u. Südamerika.

Wicki, Bernhard, * 1919, † 2000, östr. Schauspieler u. Regisseur; auch Filme („Die Brücke").

Wickler, Fam. kl. Schmetterlinge; Raupen leben u.a. in Blättern, die sie zusammenrollen und verspinnen, oder in Früchten.

Widder, das Sternbild ↑Aries.

Widder, ♂ Schaf.

Widerrist, bei Huftieren, bes. Pferden, die vom Rücken zum Hals verlaufende Erhöhung (Dornfortsätze der ersten Brustwirbel).

Widerruf, Rücknahme einer privatrechtl. Willenserklärung [durch einseit., empfangsbedürft. Willenserklärung].

Widerspruch: 1) im Zivilprozess der eine mündliche Verhandlung herbeiführende Rechtsbehelf des Schuldners gg. Arrest, einstweil. Verfügung und Mahnbescheid (↑auch Mahnverfahren); **2)** der dem verwaltungsgerichtl. Verfahren vorgeschaltete Rechtsbehelf gg. rechtswidr. ↑Verwaltungsakte.

Rogier van der Weyden. *Maria mit dem Kind und den Heiligen Petrus und Johannes dem Täufer, Kosmas und Damian (Ausschnitt um 1450)*

Widerstand: 1) die der Bewegung eines Körpers entgegengerichtete Kraft, z.B. ↑Luftwiderstand; **2)** (elektr. W.) der Quotient aus der zw. den Enden eines elektr. Leiters bestehenden Spannung u. der in ihm herrschenden Stromstärke; zur Erhöhung des W.s werden bes. Schaltelemente (ebenfalls W. genannt) verw., z.B. Draht-, Schicht-, Schiebe- und Stöpselwiderstände.

Widerstand gegen die Staatsgewalt, unter Strafe gestellte Handlungen gg. den Staatswillen u. gg. die zu dessen Ausführung berufenen Organe; i.e.S. der Widerstand durch Gewalt bzw. durch Bedrohung mit Gewalt.

Widerstandsbewegung, gemeinschaftl. organisierte Auflehnung gg. eine als tyrann., unrechtmäßig od. verf.widrig empfundene od. v. einer ausländ. Macht eingesetzte Herrschaft (v.a. die frz. Résistance u. versch. dt. W.en gg. die nat.-soz. Herrschaft); *Widerstandskämpfer* kamen in Dtl. aus der polit. verfolgten Linken: Kommunisten, Sozialdemokraten, Gewerkschaften (W. Leuschner), aus den christl. Konfessionen (M. Niemöller, Kardinal von Galen), aus dem Kreisauer Kreis (H. J. Gf. von Moltke), aus Militär u. Diplomatie (C. Schenk Gf. von Stauffenberg, C. F. Goerdeler, L. Beck, E. von Witzleben, Solf-Kreis); daneben kleinere Gruppen von Studenten (Weiße Rose), Intellektuellen, Künstlern.

Widerstandsrecht, das überstaatl. Grundrecht des Einzelnen, sich offenkund. verfassungswidr. od. [naturrechtl.] gg. das Sittengesetz verstoßenden Eingriffen der Staatsgewalt zu widersetzen, wenn die Ausübung des W.s nach den Umständen des Falles das einz. Mittel ist, das Aussicht auf die Erhaltung od. Wiederherst. des Rechts bietet.

Widia® [Kw.], Wolframcarbid-Kobalt-Legierungen mit Zusätzen u.a. von Titancarbid; fast Diamanthärte; verw. für Werkzeuge.

Widmark, Richard ['wıdmɑ:k], * 1914, amer. Filmschauspieler („Mord im Orient-Expreß").

Widukind (Wittekind), † zw. 804 u. 812 (?), Führer der aufständ. Sachsen (778–785) im Kampf gg. Karl d. Gr.; entfachte s. 777 immer wieder Aufstände gg. die Franken; unterwarf sich 785 u. ließ sich taufen.

Widukind v. Corvey, * um 925, † nach 973, sächs. Benediktiner im Kloster Corvey; Verf. einer Sachsengesch., bed. Quelle bes. für die Zeit der Ottonen.

Wiechert, Ernst, Pseud. Barany Bjell, * 1887, † 1950, dt. Schriftstel-

ler; Romane u. Erz.; „Das einfache Leben", „Die Jerominkinder".
Wieck, Clara Josephine ↑Schumann, Clara [Josephine].
Wiedehopf, etwa 28 cm gr., in Baumhöhlen brütende Art der Hopfe mit aufrichtb. Federschopf.
Wieder|aufarbeitungsanlage ↑Entsorgung.
Wieder|aufnahmeklage, Klage auf Beseitigung eines rechtskräft. Urteils zur Neuverhandlung einer Sache, bei *Nichtigkeitsklage* wegen schwerster Verfahrensmängel, bei *Restitutionsklage* wegen unricht. Grundlagen (falsche Urkunden, Meineid) eines Urteils (§).
Wiedergeburt, in der Religionsgesch. Bez. für [den Glauben an] die Wiederverleiblichung nach d. Tod; ↑auch Seelenwanderung.
Wiedergutmachung, Entschädigung der BRD an Opfer der nat.-soz. Verfolgung, die Schaden an Leben, Körper, Gesundheit, Freiheit, Eigentum, Vermögen od. im berufl. od. wirtsch. Fortkommen erlitten haben; Grundlage v. a. das B.-Entschädigungsges. von 1956 und 1965 (BEG-Schlussgesetz).
Wiederkäuer, Unterordn. der Paarhufer, mit mehrteil. Magen; Nahrung wird zunächst fast ungekaut verschlungen, gelangt später vom Netzmagen u. Pansen ins Maul zurück, wo sie dann gründl. gekaut u. wieder geschluckt wird; u. a. Hirsche, Giraffen, Rinder.
Wiedertäufer ↑Täufer.
Wieland, Gestalt der german. Heldensage; halbgöttl. Wesen, v. Kg. Nidhad gefangen gehalten und zu Schmiedearbeit gezwungen.
Wieland, Christoph Martin, * 1733, † 1813, dt. Dichter; pietist. Jugendgedichte; Wendung zur aufgeklärten, weltmänn. Kultur des frz. Spätrokoko; entwickelt in s. ep. Werken ein dem Klassischen sich näherndes Humanitätsideal; „Gesch. des Agathon", „Musarion", „Die Abderiten", „Oberon".
Wien, östr. B.-Land (415 km²) u. Hptst. von Östr., zugl. Verw.-Sitz v. Niederöstr., 1,53 Mill. E; Sitz der Internat. Atomenergie-Organisation u. der UNIDO; Kultur- und Wirtschaftszentrum von Östr.; Univ., TH, Hochschulen und Akademien, bed. Museen; Theater- und Musikstadt mit Staatsoper, Burgtheater u. a., auch Filmateliers. Der Kern der Stadt hpts. durch barocke Bauten geprägt, mit einigen bed. ma. Akzenten wie Stephansdom, Maria am Gestade (14. Jh.), Minoritenkirche (14. Jh.); barocke Kirchen, u. a. Jesuitenkirche, Peterskirche, Karlskirche; Hofburg mit Burgkapelle (1447–49), Östr. Nat.-Bibliothek, Span. Hofreitschule sowie Weltl. und Geistl. Schatzkammer; Schloss Schönbrunn u. Schloss Belvedere; zahlr. Adelspaläste des 17. und 18. Jh.s, Prachtbauten des 19. Jh.s am Ring, zahlr. Parks; Kunstgewerbe, Verlage, Druckereien, Fahrzeug-, Masch.-Bau, Erdölraffinerie, chem. u. a. vielseit. Ind.; internat. Messe, Donau-⚓, ✈ in Schwechat. – *Gesch.:* an Stelle der kelt. Siedlung u. des röm. Militärlagers *Vindobona* entstanden, 1137 erstmals als St. erwähnt, s. dem 12. Jh. Residenz der östr. Herzöge; 1276 habsburg.; 1529 und 1683 vergebl. von den Türken belagert; im 18. Jh. Ausbau; 1814/15 Tagungsort des ↑Wiener Kongresses; 1848 Aufstände; im 19. Jh. Entwicklung zur mod. Großstadt.
Wiener, Norbert, * 1894, † 1964, amer. Mathematiker; entwickelte mit C. Shannon die mod. Nachrichtentheorie; Begr. der ↑Kybernetik.
Wiener Klassik, stilgeschichtl. Bez. für die hochklass. Periode d. Musikgesch., deren Hauptvertr. (J. Haydn, W. A. Mozart, L. v. Beethoven) hpts. in Wien lebten.
Wiener Kongress, Vers. europ. Herrscher und Staatsmänner 1814/1815 unter Leitung Metternichs in Wien zur Neuordnung Europas nach dem Sturz Napoleons; Schaffung des Dt. Bundes; Russland erhielt den größten Teil des Hzgt. Warschau als Kgr. in Personalunion (Kongresspolen), Preußen die Hälfte des Kgr. Sachsen, Vorpommern, Westfalen u. die Rheinprov., Östr. verzichtete auf die niederl. und vorderöstr. Lande, erhielt die s. 1797 verlorenen Gebiete zurück, die Schweiz erhielt 3 Kt. u. die Garantie ihrer immer währenden Neutralität; Wiederherst. des Kirchenstaates, Vergrößerung der Niederlande um das spätere Belgien; Begründung der Hl. Allianz.
Wiener Neustadt, östr. St. im südl. Wiener Becken, 35 300 E; Stadtpfarrkirche (13. Jh.), ehem. Burg (um 1250; mehrfach umgebaut).
Wienerwald, Mittelgeb. westl. von Wien, NO-Ausläufer der Alpen, bis 893 m.
Wies, Wallfahrtskirche b. Steingaden in Obb., Hauptwerk des bayr. Rokoko, 1745–54 von D. Zimmermann erbaut.
Wiesbaden, Hptst. von Hessen u. krsfr. St., vom S-Rand des Taunus bis zum Rhein, 267 100 E; Statist. B.-Amt, B.-Kriminalamt, Staatsgerichtshof, Verw.-Ger., LG, IHK; Werkkunstsch., Konservatorium, Museen, Staatstheater; Kurhaus, 27 Thermalquellen; internat. Maifestspiele; Herst. von Zement, Zellglas, Zellstoff, Kälteanlagen, Dünger, Konfektionswaren, chem. Produkten, Sekt; Verlage. – Röm. Siedlung; im 13. Jh. an Nassau, im 19. Jh. Hptst. des Hzgt. Nassau.
Wiesel, Elie, * 1928, amerikan.-jüd. Schriftsteller, erzählende u. essayist. Werke um die Vernichtung der Juden im Nat.-Soz.; Friedensnobelpreis 1986.
Wiesel, Gatt. der Raubmarder; heim. Maus-W., Hermelin; eingebürgert der Mink.
Wiesenschaumkraut ↑Schaumkraut.
Wight [waɪt], brit. Kanalinsel u. Gft., 381 km², 124 800 E, Hptst. Newport; Sommer-, Winterkurorte.
Wigman, Mary, eigtl. Marie Wiegmann, * 1886, † 1973, dt. Tänzerin u. Choreographin; bed. Vertr. des mod. Ausdruckstanzes.
Wigwam [indian.-engl.], urspr. nur die kuppelförmige Hütte der Algonkin, später Bez. für alle Behausungen der Indianer Nordamerikas.
Wikinger, skandinav. Kriegerscharen, die vom 6. bis 11. Jh. ganz Europa mit Plünderungsfahrten überzogen und die Handelswege beherrschten; sie erlernten früh die Segeltechnik; die Züge der *Norweger* führten v. a. zu den Brit. Inseln (8. Jh.), nach Island, Grönland (9./10. Jh.) u. Nordamerika, die der *Dänen* nach dem Kontinent (s. 834), nach England (866, 1013 erobert) u. der Normandie (911), die Züge der *Schweden* in den Ostseeraum u. nach Russland.
Wild, Sammelbez. für alle jagdb. Tiere, v. a. das zur hohen Jagd gehör. *Hoch-W.* (im Unterschied zum Nieder-W.); *Haar-W.* (Säugetiere), *Feder-W.* (Vögel).
Wildbad im Schwarzwald, St., Ba.-Wü., 11 700 E; Thermalquellen. – 1345 erstmals genannt.
Wilde, Oscar Fingal[l] O'Flahertie Wills [waɪld], * 1854, † 1900, brit. Dichter ir. Herkunft; hervorragendster Vertr. des Ästhetizismus in Großbr.; Romane, Tragödien, geistreiche Ges.-Komödien, Märchen, Lyrik; „Dorian Gray", „Lady Windermeres Fächer", „Salome"; Bekenntnisschrift „De profundis".
Wilde Jagd, im Volksglauben gespenst. Heer, das, angeführt vom *Wilden Jäger,* in den Sturmnächten durch die Lüfte reitet.
Wilder ['waɪldə]: **1)** Billy, eigtl. Samuel W., * 1906, amer. Filmregisseur östr. Herkunft („Das Mädchen Irma La Douce"); **2)** Thornton [Niven], * 1897, † 1975, amer. Schriftsteller; europ.-abendländ.

Wien. *Blick vom Rathaus auf die Stadt, im Vordergrund das Burgtheater*

bestimmt; Romane, u. a. „Die Brücke v. San Luis Rey", u. Dramen, u. a. „Unsere kl. Stadt", „Wir sind noch einmal davongekommen".

Wilderei, unerlaubtes Jagen od. Fischen od. Zueignung, Beschädigung, Zerstörung v. Sachen, die einem fremden Jagd- bzw. Fischereirecht unterliegen.

Wilder Kaiser, S-Teil des Kaiser-Geb. in Tirol, Östr., 2344 m.

Wildfeuer ↑Übers. S. 528 f.

Wildleder, urspr. aus der Haut von Rehen, Gemsen usw., heute auch von Ziegen, Schafen u. a. durch Sämischgerbung hergestellte Leder mit samtart. Oberfläche.

Wildschaden, jeder durch Wild verursachte [Vermögens]schaden; zu ersetzen ist der Schaden, der an einem in einem Jagdbez. gelegenen Grundstück u. seinen Erzeugnissen von best. wild lebenden Tieren verursacht wird.

Wildschwein, bis 1,8 m körperlange Schweineart Europas, Asiens, N-Afrikas; v. a. in deckungsreichem Gelände; Stammform des Hausschweins.

Wildspitze, höchster Gipfel der Ötztaler Alpen, Östr., 3768 m.

Wilhelm: *Dt. Reich:* **1) W. I.,** * 1797, † 1888, Kg. v. Preußen s. 1861, dt. Kaiser s. 1871; floh 1848 nach vergebl. Versuch, die Revolution gewaltsam zu unterdrücken; 1858–61 Regent für seinen geisteskranken Bruder, Einleitung der lib. Neuen Ära; berief nach dem Verf.-Konflikt Bismarck zum preuß. Min.-Präs., dessen polit. Führung er – oft widerstrebend – folgte; **2) W. II.,** * 1859, † 1941, Dt. Ks. u. Kg. v. Preußen (1888–1918); Sohn Friedrichs III.; der Ggs. zu Bismarck führte 1890 zu dessen Entlassung; beeinflusste durch seine unausgeglichene Innen- u. Außenpol. u. sein betont krieger. Auftreten die weltpolit. Entw. in einer für Dtl. oft verhängnisvollen Weise; ging am 10. 11. 1918 in die Niederlande und verzichtete auf den Thron. – *England/Großbritannien:* **3) W. I.,** der Eroberer, * 1027, † 1087, Kg. s. 1066, Hzg. der Normandie s. 1035; Sohn Roberts I., d. Teufels, begr. durch seinen Sieg b. Hastings 1066 die Herrschaft d. Normannen in England; führte das normann. Feudalsystem ein; **4) W. III.** v. Oranien, * 1650, † 1702, Kg. s. 1689; seit 1674 Erbstatthalter der Niederlande; verh. mit Jakobs II. Tochter Maria seit 1677; nach der *Glorreichen Revolution* von 1688 vom engl. Parlament zum Kg. berufen; Einleitung der Entwicklung zur konstit. Monarchie. – *Niederlande:* **5) W. I.,** der Schweiger, * 1533, † 1584, Gf. v. Nassau, s. 1544 Prinz v. Oranien; mit Gf. v. Egmond u. Gf. v. Horne Führer im Freiheitskampf der Niederlande gg. Spanien; 1559 zum Statthalter von Holland, Seeland, Utrecht u. der Franche-Comté gewählt, vereinte 1576 alle niederl. Prov., konnte sie infolge des konfessionellen Ggs. nicht in einer Aufstandsbewegung zusammenhalten; vor der Wahl zum Fürsten der Niederlande ermordet.

Wilhelmina, * 1880, † 1962, Kgn. der Niederlande 1890–1948; bis 1898 unter der Regentschaft ihrer Mutter; s. 1901 verh. mit Hzg. Heinrich v. Mecklenburg-Schwerin; 1940–45 im brit. Exil; verzichtete 1948 zugunsten ihrer Tochter Juliana auf den Thron.

Wilhelmshaven, krsfr. St. am Jadebusen, Nds., 90 700 E; PH, Meeresaquarium, Forschungsanstalten; Masch.-, Textilind., Werft; Erdölleitung ins Ruhrgebiet; größter dt. Erdöl-⚓. – W. entstand neben dem 1856 gegr. preuß. Kriegshafen.

Willendorf in der Wachau, östr. Ort bei Krems an der Donau; jungpaläolith. Fundplätze (bek. die *Venus von Willendorf,* eine altsteinzeitl. Kalksteinstatuette).

Willens|erklärung, Erklärung des Willens in der Absicht, eine Rechtsfolge herbeizuführen; *unmittelbar* (mündl., schriftl. od. durch eine best. Handlung) od. mittelbar (durch konkludente Handlung, auch durch Stillschweigen).

Williams ['wɪljəmz]: **1)** Betty, * 1943, nordir. Friedenskämpferin; begr. mit M. Corrigan die Bewegung „Women for Peace", später „Community of the Peace People"; 1976 mit Corrigan Friedensnobelpreis; **2)** Tennessee, eigtl. Thomas Lanier W., * 1914, † 1983, amer. Dramatiker; die Gestalten seiner v. der Psychoanalyse beeinflussten Dramen sind leidenschaftl. überspannte oder primit. Charaktere. „Die Glasmenagerie", „Endstation Sehnsucht", „Die Katze auf dem heißen Blechdach", „Die Nacht des Leguan".

Willibrord, hl., gen. Apostel der Friesen, * 658, † 739, ags. Missionar; missionierte seit 690 bei den Friesen, Thüringern und Dänen; 695 Erzb. der Friesen; begr. 698 das Kloster Echternach.

Willigis (Willegis), hl., † 1011,

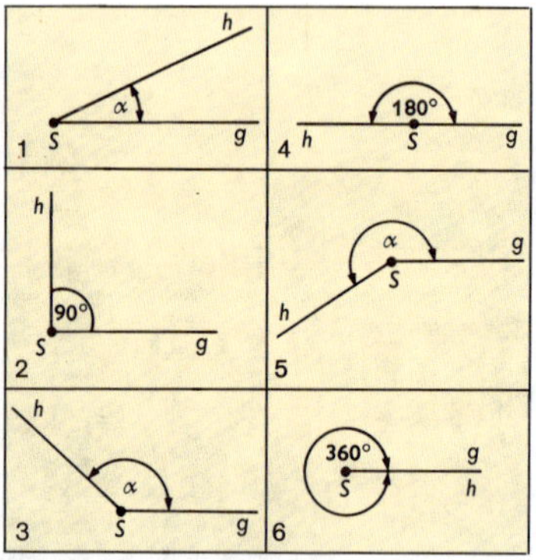

Winkel.
1 spitzer,
2 rechter,
3 stumpfer,
4 gestreckter,
5 überstumpfer,
6 Vollwinkel

Erzb. v. Mainz seit 975; starker Einfluss auf die Vormundschaftsregierungen der Ksn. Theophanu und Adelheid für Otto III.; begann den Bau des Mainzer Domes.

Wilna (litau. Vilnius), Hauptstadt der Rep. Litauen, 590 000 E; Univ., Hochschulen; got., Renaissance-, Barock- und klassizist. Kirchen; vielseit. Ind.; ✈. – Im 10. Jh. gegr., seit 1795 russ. (1920–39 polnisch).

Wilson ['wılsn]: **1)** Sir Harold, * 1916, † 1995, brit. Politiker (Labour Party); seit 1945 im Unterhaus; 1963–76 Parteiführer, 1964–70 u. 1974–76 Premiermin., seit 1983 Lord W. of Rievaulx; **2)** [Thomas] Woodrow, * 1856, † 1924, 28. Präs. der USA (1913–21); Demokrat, zahlr. innere Reformen; trat auf Seite der Alliierten in den 1. Weltkrieg ein (6. 4. 1917); legte 1918 sein Friedensprogramm in den Vierzehn Punkten dar, scheiterte jedoch damit in Europa am Interessenkampf der Staaten, in den USA am Widerstand der Isolationisten; erreichte weder die Ratifikation des v. ihm unterzeichneten Versailler Vertrags durch den amer. Kongress noch den Beitritt der USA zum Völkerbund; 1919 Friedensnobelpreis.

Wimperg, got. Ziergiebel über Portalen, Fenstern und Arkaden.

Wimpertierchen, Kl. der Urtierchen; Fortbewegung durch Wimpern, Vermehrung durch Querteilung od. Knospung; u. a. Pantoffeltierchen.

Winchester ['wıntʃıstə], Hptst. der engl. Gft. Hampshire, nördl. v. Southampton, 30 600 E, normann.-got. Kathedrale u. a. Baudenkmäler; Fremdenverkehr.

Winckelmann, Johann Joachim, * 1717, † 1768 (ermordet), dt. Archäologe und Kunsthistoriker; Begr. der klass. Archäol.; 1763 Aufsicht über die Altertümer in u. um Rom; seine ästhet. Kunstbetrachtung („edle Einfalt, stille Größe") bestimmte das Schönheitsideal der dt. Klassik.

Winde, Gatt. der Windengewächse; u. a. Acker-, Zaunwinde.

Winde, Fördermittel zum Heben u. Senken oder Heranziehen von Lasten; *Seil-, Schrauben-, Zahnstangen-* (u. a. als Wagenheber), *hydraul. Winde.*

Windelband, Wilhelm, * 1848, † 1915, dt. Philosoph; Neukantianer; „Lehrbuch der Gesch. der Philosophie".

Windenergie|anlage, Einrichtung zur Umwandlung der kinet. Energie des Windes in elektr. Energie. In Dtl. wurde 1991 der größte *Windpark* Europas in Nordfriesland eröffnet.

Winder ['waındə; engl.], Elektromotor zum schnellen Filmtransport bei fotograf. Kameras.

Windhuk (amtlich Windhoek), Hptst. von Namibia, 1 654 m ü. d. M, 125 000 E; Wirtsch.- u. Verkehrszentrum des Landes; Nahrungsmittel- u. a. Ind.; ✈.

Windhunde, Rassengruppe hochbein., schlanker Haushunde; urspr. für Hetzjagden gezüchtet; z. B. Afghan. Windhund, Saluki, Greyhound, Italien. Windspiel.

Windischgrätz, Alfred Fürst zu, * 1787, † 1862, östr. Feldmarschall; unterdrückte 1848 den Aufstand in Prag u. die Oktoberrevolution in Wien; leitete 1848/49 die Unternehmungen gg. die ungar. Aufständischen.

Windkanal, Anlage zur Untersuchung der aerodynam. Eigensch. v. [Modell]körpern; W. für Überschallgeschwindigkeiten mit Axialverdichtern u. austauschb. bzw. verstellb. Düsen.

Windkraftmaschinen, Maschinen zur Umwandlung der Strömungsenergie des Windes in techn. nutzb. Arbeit (Antrieb v. Pumpen, Mühlen u. a.); älteste Form die *Windmühle,* moderner die *Windräder* bzw. *-turbinen.*

Windmesser ↑Anemometer.

Windpocken (Schafblattern, Varizellen, Wasserblattern), durch ein Virus hervorgerufene Infektionskrankheit (v. a. im Kindesalter) mit Hautausschlag in Form von flüssigkeitsgefüllten Bläschen; wenig gestörtes Allgemeinbefinden.

Windröschen, Bez. für einige Anemonenarten.

Windrose, Kreis mit Angabe der 4 Haupthimmelsrichtungen u. der dazwischenliegenden Teilungen (0–360°, fr. bis 64 Strich).

Windsor ['wınzə; engl.], seit 1917 Name der brit. Dyn. Sachsen-Coburg-Gotha, ben. nach der Residenz.

Windsor ['wınzə], engl. St. an der Themse, westlich von London, 28 300 E; mit der kgl. Sommerresidenz *W. Castle* (11.–19. Jh.).

Windspiel (Italien. Windspiel) ↑Windhunde.

Windstärke, Geschwindigkeit des Windes, geschätzt nach der 17-teil. Windskala, urspr. Beaufortskala (1806) 12-teilig.

<table>
<tr><th colspan="2">Bezeichnung der Windstärke</th><th>mittl. Windgeschwindigkeit in m/s</th></tr>
<tr><td>0</td><td>Windstille</td><td>0 – 0,2</td></tr>
<tr><td>1</td><td>leiser Zug</td><td>0,3– 1,5</td></tr>
<tr><td>2</td><td>leichte Brise</td><td>1,6– 3,3</td></tr>
<tr><td>3</td><td>schwache Brise</td><td>3,4– 5,4</td></tr>
<tr><td>4</td><td>mäßige Brise</td><td>5,5– 7,9</td></tr>
<tr><td>5</td><td>frische Brise</td><td>8,0–10,7</td></tr>
<tr><td>6</td><td>starker Wind</td><td>10,8–13,8</td></tr>
<tr><td>7</td><td>steifer Wind</td><td>13,9–17,1</td></tr>
<tr><td>8</td><td>stürmischer Wind</td><td>17,2–20,7</td></tr>
<tr><td>9</td><td>Sturm</td><td>20,8–24,4</td></tr>
<tr><td>10</td><td>schwerer Sturm</td><td>24,5–28,4</td></tr>
<tr><td>11</td><td>orkanart. Sturm</td><td>28,5–32,6</td></tr>
<tr><td>12</td><td rowspan="6">Orkan</td><td>32,7–36,9</td></tr>
<tr><td>13</td><td>37,0–41,4</td></tr>
<tr><td>14</td><td>41,5–46,1</td></tr>
<tr><td>15</td><td>42,2–50,9</td></tr>
<tr><td>16</td><td>51,0–56,0</td></tr>
<tr><td>17</td><td>über 56</td></tr>
</table>

Windsurfing ['wındsə:fıŋ; engl.] ↑Surfing.

Windthorst, Ludwig, * 1812, † 1891, dt. Politiker; Gegenspieler Bismarcks im R.-Tag, nach 1870 Führer des Zentrums; organisierte während des Kulturkampfes eine Front mit den partikularist. Oppositionsgruppen.

Winkel, geometr. Gebilde aus 2 v. einem [*Scheitel*]pt. *S* ausgehenden Strahlen *(Schenkel) g* und *h,* auch der v. diesen eingeschlossene Teil der Ebene; Größe in Grad angegeben; Arten: *spitzer W.* (kleiner als 90°), *rechter W.* (gleich 90°), *stumpfer W.* (größer als 90°, kleiner als 180°), *gestreckter W.* (gleich 180°), *überstumpfer W.* (größer als 180°, kleiner als 360°), *Voll-W.* (gleich 360°).

Winkelfunktionen (trigonometrische Funktionen), Seitenverhältnisse im rechtwinkl. Dreieck, die von der Größe eines spitzen Winkels abhängig sind; *Sinus* (sin) = Gegenkathete/Hypotenuse; *Kosinus* (cos) = Ankathete/Hypotenuse; *Tangens* (tan, tg) = Gegenkathete/Ankathete; *Kotangens (cot) = Ankathete/Gegenkathete.*

Winkelhalbierende, ein vom Scheitel eines Winkels ausgehender Strahl, teilt d. Winkel in zwei gleiche Teile.

Winkelmesser (Transporteur), Gerät zum Messen u. Übertragen v. Winkeln; Gradeinteilung auf [halb]kreisförm. Skala.

Winkelried, Arnold (Erni), ⚔ 1386, sagenhafter schweizer. Nat.-Held; soll in der Schlacht bei Sempach 1386 ein Bündel feindl. Spieße mit den Armen umfasst u. so im Fallen eine Gasse in das östr. Ritterheer gebahnt haben.

Winkler: 1) Angela, * 1944, dt. Schauspielerin; **2)** Gerhard, Pseud. Ben Bern, * 1906, † 1977, dt. Schlagerkomponist („Caprifischer"); **3)** Hans Günter, * 1926, dt. Springreiter; mehrfach Olympiasieger.

Winnipeg, Hptst. der kanad. Prov. Manitoba, 652 000 E; 2 Univ.; Verkehrs- u. Wirtschaftszentrum W-Kanadas; ✈. – W. entstand neben einem 1835 gebauten Fort.

Winnipegsee, See im S der kanad. Prov. Manitoba, 217 m ü. d. M., 24 390 km², bis 21 m tief.

Winter, Jahreszeit; astronom. Dauer: 89 Tage, vom W.solstitium bis zum Frühlingsäquinoktium.

Wintergetreide ↑Sommergetreide.

Wintergrün, Gatt. der W.gewächse; Kräuter mit immergrünen Blättern; z. B. *Nickendes W.* mit glockigen, gelblich weißen Blüten.

Winterkohl ↑Grünkohl.

Winterkönig, Beiname ↑Friedrichs V. von der Pfalz.

Winterling, Gatt. der Hahnenfußgewächse; *Kl. W.,* gelb blühende Kleinstaude des Vorfrühlings.

Winterschlaf: 1) v. a. durch Absinken der Körpertemp. auf nahezu die der Umgebung gekennzeichneter Zustand tiefer Lethargie im Winter bei best. Säugetieren (z. B. Fledermaus, Igel, Murmeltiere); *Winterruhe* (ohne Sinken der Temp.) z. B. bei Dachs und Braunbär; **2)** (künstl. W., Hibernation) Schlafzustand des Organismus nach Herabsetzung der Körpertemp. bis auf etwa 29 °C mithilfe von Eispackungen und Ganglienblockern; bei Operationen.

Winterthur, schweizer. St. nö. von Zürich, 109 000 E; Technikum; Musikkollegium, Kunstsammlungen; Masch.- und Textilindustrie.

Wipptal, Talschaft in Östr. (Tirol) u. Italien (Südtirol); umfasst das Tal der Sill, die Brennerfurche u. das obere Eisacktal bis Sterzing, bildet die kürzeste Verbindung zw. Inntal (Innsbruck) u. Etschtal; wichtige Verkehrsleitlinie (Brennerbahn, -straße u. -autobahn).

Wirbel: 1) Bez. für die einzelnen Knochen der Wirbelsäule; man unterscheidet *W.körper, W.bögen* (umschließen den *W.kanal*) und *W.fortsätze;* nach Körperregion ben.: *Hals-, Brust-, Lenden-, Kreuz[bein]- u. Steiß[bein]-W.;* **2)** (Strudel) drehende Bewegung einer Flüssigkeit od. eines Gases mit kreisförm. Strömungslinien um eine *W.achse;* **3)** Schlagmanier bei Pauken und Trommeln; **4)** Holzpflöckchen an Saiteninstrumenten zum Spannen der Saiten.

Wirbellose, Tiere ohne Wirbelsäule (Würmer, Weichtiere, Insekten, Stachelhäuter usw.).

Wirbelsäule (Rückgrat), Achse des Skeletts aus gelenk. u. durch Bänder und Muskeln miteinander verbundenen ↑Wirbeln 1) und zwischengeschalteten Bandscheiben.

Wirbelströme, elektr. Ströme, die durch ein magnet. Wechselfeld in einem Leiter induziert werden u. deren Energie sich dort in Wärme umsetzt.

Wirbelstürme, heftige, orkanartige Luftwirbel; trop. W. mit Windgeschwindigkeiten über 200 km/h; ↑Hurrikan, ↑Taifun, ↑Tornado.

Wirbeltiere (Vertebraten), Unterstamm der Chordatiere; höchst entwickelte Tiere, *niedere W.* (Rundmäuler, Fische, Lurche, Kriechtiere) u. *höhere W.* (Vögel, Säugetiere); Körper bilateralsymmetr., festes inneres Skelett, Wirbelsäule, Schädel, 2 Paar Gliedmaßen (außer Rundmäuler); Gehirn stets vorhanden, Sinnesorgane hoch entwickelt; fast immer getrenntgeschlechtig.

Wirsing, Kulturform des Gemüsekohls, mit lockerer Kopfbildung.

Wirtel (Quirl), Stellung v. Blättern, die in 3- bis Vielzahl auf gleicher Höhe der Sprossachse entspringen.

Wirth, Joseph, * 1879, † 1956, dt. Politiker (Zentrum); 1920/21 R.-Finanzminister, 1921/22 R.-Kanzler, 1930/31 R.-Innenmin., 1933 bis 1948 im schweizer. Exil.

Wirtschaft, die Gesamtheit aller Einrichtungen und Maßnahmen menschl. Daseinsgestaltung, die sich auf Produktion u. Konsum knapper Güter beziehen. Die Gesamtheit der laufenden Produktions- u. Konsumvorgänge wird als der W.sprozess bezeichnet, der Mensch als Gestalter der W. als Wirtschaftssubjekt.

Wirtschafts|ausschuss, Organ der Arbeitnehmer in Betrieben (Ausnahme: Tendenzbetriebe) mit mehr als 100 Arbeitnehmern; Zweck: Sicherstellung der Unterrichtung in wirtsch. Angelegenheiten.

Wirtschaftsfachschulen, höhere, heute umbenannt und erweitert zu Fachhochschulen; führen zum Betriebswirt (grad.).

Wirtschaftsgeographie, Zweig der Geographie, der sich mit der wiss. Betrachtung der räuml. Verteilung von Wirtsch.-Phänomenen nach geograph. Gesichtspt. beschäftigt.

Wirtschaftsgymnasi|en, höhere Schulen, deren Lehrplan neben den allgemein bildenden Fächern Wirtsch.-Fächer umfasst; die Fächerkombination heute als Wahlmöglichkeit der reformierten gymnasialen Oberstufe.

Wirtschaftshochschule, wiss. Hochschule, Studienabschluss als Diplomkaufmann, -handelslehrer u. Dr. rer. pol.; in der BRD sind die W.n heute alle in Univ. eingegliedert bzw. zu Univ. erweitert worden, in Östr. Hochsch. für Welthandel, Wien, Hochsch. für Wirtsch.- und Sozialwiss. in Linz; Hochsch. für Wirtsch.- u. Sozialwiss. in Sankt Gallen (Schweiz).

Wirtschaftskrieg, die staatl. Kampfmaßnahmen gg. die Wirtsch. eines anderen Staates, v. a. in Form des *Handelskriegs,* durch den der Außenhandel des Gegners beeinträchtigt oder unterbunden werden soll; im Frieden v. a. Zollkrieg, Boykott, Embargo, Dumping, kredit- und währungspolit. Maßnahmen; im Krieg zusätzl. Blockade, Unterbindung der Zufuhr v. Rohstoffen, Lebensmitteln u. Industriegüter.

Wirtschaftskriminalität, Bez. für Straftaten wie Steuerhinterziehung, Versicherungsbetrug und Konkursdelikte sowie für unbefugtes Benutzen bzw. schädigendes Programmieren von Computern (*Computerkriminalität*).

Wirtschafts|ordnung, zusammenfassende Bez. für alle das Wirtschaftsleben regelnden qualitativen Normen wie Rechtsnormen (sie bilden die Wirtschaftsverfassung), Sitten u. Konventionen (in ihnen spiegelt sich der Geist einer

Gesellschaft wider). Man unterscheidet hpts. individualist. orientierte W.en (Liberalismus mit der W. der freien Marktwirtschaft) und kollektivist. orientierte W.en (Plan- od. Zentralverw.wirtsch.).

Wirtschaftspolitik, die staatl. Maßnahmen zur Gestaltung des Wirtschaftslebens.

Wirtschaftsprüfer, öffentl. bestellte Person, die die Durchführung betriebl. Überprüfungen, insbes. von Jahresabschlüssen, die steuerl. Beratung u. Vertretung u. die Erstellung von betriebswirtschaftl. Gutachten vornehmen darf.

Wirtschaftswissenschaften, Forschung u. Lehre, die sich mit Wesen, Ordnung, Aufbau, Ablauf u. Ziel der Wirtschaft beschäftigen; eingeteilt in Betriebs- u. Volkswirtschaftslehre (einschl. Finanzwissenschaft).

Wirtschaftswunder, Schlagwort v.a. für die rasche wirtsch. Entwicklung in der BRD nach der Währungsreform (1948).

Wirtswechsel, bei manchen Parasiten Übergang v. einem Wirt *(Zwischenwirt)* auf einen anderen; im *Endwirt* erreicht der Parasit Geschlechtsreife.

Wischnẹwski, Hans-Jürgen, * 1922, dt. Politiker; 1966–68 B.-Min. für wirtsch. Zusammenarbeit; 1968–72 B.-Geschäftsführer der SPD; 1974–76 Staatsmin. im Auswärt. Amt, 1976–80 u. 1982 im B.-Kanzleramt, 1979–82 stellvertr. Vors., 1980–83 stellvertr. Fraktionsvors., 1984/85 Schatzmeister.

Wịschnu ↑Vishnu.

Wisconsin [wɪs'kɔnsɪn], Abk. Wis., Staat im N der USA, 145 436 km², 4,89 Mill. E, Hptst. Madison; hügel., wald- u. seenreich; Anbau v. Getreide, Kartoffeln, Gemüse; bed. Viehzucht (bes. Milchkühe); ⚒ auf Blei- und Zinkerze; bed. Metallind., Masch.- und Fahrzeugbau; Ind.-Zentrum Milwaukee.

Wịsent, sehr kräft. gebautes, zu Beginn des 20. Jh. in freier Wildbahn fast ausgerottetes europ. Wildrind; heutiger Bestand etwa 1 000 z.T. frei lebende Tiere.

Wịsmar, krsfr. Hafenst. an der *W.bucht* der Ostsee, Mckbg.-Vorp., 53 100 E; Ing.-Schule; altertüml. Stadtkern mit Marien-, Georgen- und Nikolaikirche (14./15. Jh.); vielseit. Ind., Werften; Fischerei.

Wịsmut (Bismut), chem. El., Symbol Bi, OZ 83, rel. A.-Masse 208,980, Fp. 271,3 °C, Sp. 1 560 °C, Dichte 9,79 g/cm³; rötl. weißes, glänzendes, sprödes Metall; nicht sehr beständig, leicht legierbar; *Verwendung* v.a. in Form seiner niedrig schmelzenden Legierungen für Schmelzsicherungen und Weichlote; harte Legierungen für den Guss von Druckstöcken; einige (organ.) *W.verbdg.* werden pharmazeut. verwendet; *W.glanz,* Bi_2S_3, strahlig-nadeliges, zinnweißes Mineral; wichtigstes W.erz.

Wissenschaft, das eine geordnete Gesamtheit von auf den gleichen Gegenstand[sbereich] bezogenem u. in einem Begründungszusammenhang stehendem Wissen anstrebende Bemühen um Erkenntnis; Einteilung nach Objekt (Ideal-, Real-, Geistes-, Natur-W.en) oder Methode („verstehende" Geistes- u. „erklärende" Natur-W.en [Dilthey]).

Wissenschaftsrat, 1957 begr. Institution zur Erarbeitung eines Rahmenplans für die Förderung der Wiss. in der BRD; Sitz Köln.

Wịtebsk, St. an der Düna, Weißrussland, 369 200 E; Theater; Masch.-Bau, Textilindustrie.

Wịttekind ↑Widukind.

Wịttelsbacher, bayr. Fürstengeschlecht, ben. nach der Burg *Wittelsbach* b. Aichach in Obb.; 1180 Hzg. v. Bayern, 1214 auch Pfalzgf. b. Rhein; 1294 Teilung in bayr. (bis 1777) u. pfälz. Hauptlinie; 1806–1918 Kg. von Bayern.

Wịtten, Hans, fr. Meister H. W., Bildhauer um die Wende zum 16. Jh.; unter dem Einfluss von V. Stoß: „Tulpenkanzel" in Freiberg, „Schöne Tür" in Annaberg.

Wịtten, St. sw. von Dortmund, NRW, 104 800 E; Private Univ. W./Herdecke; Stahlwerk, Glas-, Eisen- u.a. Industrie.

Wịttenberg (amtl. Lutherstadt W.), Krst. a. d. mittl. Elbe, Sa.-Anh., 52 500 E; got. Stadtkirche, spätgot. Schloss mit Schlosskirche (Gräber Luthers u. Melanchthons), Luther-, Melanchthonhaus, Augusteum (Predigerseminar), Rathaus (1522); Maschinen-, Gummi-, chem. Industrie; Elb-⚓. – 1423–1547 Residenz der Wettiner; 1517 Beginn der Reformation; 1547 *W.er Kapitulation* (Ende des Schmalkald. Krieges); 1817 Vereinigung der 1502 gegr. Univ. mit der Univ. Halle.

Wittenbẹrge, St. an der Elbe, Bbg., 23 600 E; Zellstoffind., Nähmaschinenmuseum; Elb-⚓.

Wịttgenstein, Ludwig, * 1889, † 1951, östr. Philosoph, schuf aus einer Kritik der philosoph. Logik seiner Zeit Theorien zur Logik, Mathematik u. Wahrscheinlichkeit.

Wịttig-Reaktion, von Georg Wittig (* 1897, † 1987) 1953 entwickelte Synthese von Olefinen durch Umsetzen von Aldehyden od. Ketonen mit Yliden; wichtig zur Herst. von Vitamin A und D, Karotinoiden u. Cholesterinderivaten.

Wịttmund, Krst. in Ostfriesland, Nds., 20 800 E; Kunststoffverarb.; barocke Kirche (1775).

Witwatersrạnd, über 200 km langer Höhenzug in S-Transvaal, Rep. Südafrika; durch die überaus reichen Vorkommen von Gold u. Uranerz entstand hier das größte Siedlungs- u. Ind.-Gebiet Afrikas, Zentrum ↑Johannesburg.

Wịtz, Konrad, latin. Conradus Sapientis, * um 1400, † um 1445, dt. Maler; einer der ersten gr. Realisten der dt. Kunst, statuar., plast. modellierte Figuren; Heilspiegelaltar, Genfer Altar.

Wịtzleben, Erwin von, * 1881 † 1944, dt. Gen.-Feldmarschall; im 2. Weltkrieg Armee-, Heeresgruppenführer und Oberbefehlshaber West in Frkr.; s. 1938 an Umsturzplänen gg. Hitler beteiligt; hingerichtet.

Wladịmir: 1) W. I. Swjatoslawitsch, gen. der Heilige od. d. Gr., * 956, † 1015, Großfürst v. Kiew s. 978; 969 Fürst v. Nowgorod, ließ sich 988 od. 989 taufen u. erhob das orth. Christentum zur Staatsreligion, verbreitete die byzantin. Kultur in Russland; **2) W. II.** Wsewolodowitsch Monomach, * 1053, † 1125, Großfürst v. Kiew seit 1113; mit ihm endete die Vormachtstellung Kiews; seine „Belehrung" ist Denkmal der altruss. Literatur.

Wladịmir, St. nö. von Moskau, 350 000 E; berühmtes Zentrum des ma. Kirchenbaus und der Ikonenmalerei, Kathedralen (12. Jh.); vielseit. Industrie.

Wlạdislaw: *Böhmen:* **1) W.,** * 1456, † 1516, Kg. s. 1471; nach dem Tod des Matthias Corvinus als W. II. auch Kg. v. Ungarn (s. 1490), das er gg. Maximilian I. behauptete. – *Polen:* **2) W. I.,** Lokietek, * 1260/61, † 1333, Kg. s. 1320; einigte die poln. Teilft. zu einem erneuerten zentralen Königtum; **3) W. II.** ↑Jagello.

Wladiwostọk, Hafenst. am Jap. Meer, Russland, 648 000 E; Univ.; vielseit. Ind.; Fisch-, Krabben-, Robben-, Walfang; bed. Umschlagplatz; ✩. – 1860 gegründet.

WMO, Abk. für: **W**orld **M**eteorological **O**rganization (↑Wetterdienst).

Woche, Zeitraum von 7 Tagen, als Kalender-W. zur fortlaufenden Unterteilung des Kalenderjahres ohne Rücksicht auf die Monats- u. Jahresanfänge; beginnt nach internat. Vereinbarung am Montag.

Wochenbett (Kindbett), Zeitraum von 6–8 Wochen nach der Entbindung, in dem es zur Rückbildung der am weibl. Körper durch die Schwangerschaft hervorgerufenen Veränderungen kommt.

Wochenbettfieber, svw. ↑Kindbettfieber.

Wochenfluss (Lochien), Absonderungen der Gebärmutter während der ersten Tage nach der Entbindung.

Wöchnerin, Frau in der Zeit des ↑Wochenbetts.

Wodan (Wotan, nordgerman. Odin), in der german. Mythol. die höchste Gottheit; entw. Wanderer od. schneller Reiter, begleitet v. den beiden Raben Hugin u. Munin u. den Wölfen Geri u. Freki; reitet auf dem achtbein. Ross Sleipnir.

Wodka [russ.], Trinkbranntwein aus Kartoffel- oder Kornfeindestillat.

Wogulen ↑Finnougrier.

Wohlfahrts|ausschuss, in der Frz. Revolution oberstes Exekutivorgan des Nationalkonvents; unter Robespierre (27. 7. 1793–27. 7. 1794) eines der wichtigsten Organe der jakobin. Schreckensherrschaft.

Wohlfahrtsstaat, polit. Begriff für einen privatwirtsch. organisierten Staat, der sich die Sicherung der materiellen Existenz der Bürger zur Aufgabe macht.

Wohlstandsgesellschaft, Schlagwort für eine Ges., deren weit überw. Teil dank wirtsch. Prosperität über dem Existenzminimum verdient.

Wohmann, Gabriele, * 1932, dt. Schriftstellerin; Romane, Erzählungen, Hör- u. Fernsehspiele.

Wohngeld, wird allen Mietern als Mietzuschuss oder Eigentümern eines Eigenheims als Lastenzuschuss gewährt, deren Familieneinkommen eine best., regelmäßig neu festgesetzte Grenze nicht übersteigt, wobei die Anzahl der Familienmitgl. berücksichtigt wird.

Wohnsitz, Ort der ständ. Niederlassung einer Person, begr. durch den tatsächl. Aufenthalt an frei gewähltem Ort (↑Freizügigkeit).

Wohnungs|eigentum, [Sonder]eigentum an Wohnungen, dessen Übertragung den gleichen Formvorschriften unterliegt wie die Eigentumsübertragung an Grundstücken.

Woiwode [poln.], urspr. slaw. Heerführer (dem Hzg. entspr.); in Russland Mitte 17. Jh. bis 1775 Vorsteher der Provinzialverw., in Polen s. dem 12. Jh. Statthalterposten, s. 1918 oberster Beamter einer Prov. *(Woiwodschaft).*

Wojwodina (serb. Vojvodina), autonome Prov. in Serbien, Bundesrep. Jugoslawien, an Theiß und Donau, 21 506 km², 2,0 Mill. E, Hptst. Novi Sad; bed. Agrargebiet. – Bis 1945 lebten hier rd. 500 000 Deutsche (Donauschwaben).

Wolf: 1) Christa, * 1929, dt. Schriftstellerin; Romane, Essays u. Filmdrehbücher; **2)** Erik, * 1902, † 1977, dt. Jurist; Arbeiten zur Rechtsphilos. und zum Kirchenrecht; **3)** Hugo, * 1860, † 1903, österr. Komponist; zahlr. Lieder (Eichendorff-, Goethe-, Michelangelo-, Mörike-, Heine-Texte); „Span. Liederbuch", „Ital. Liederbuch", Chorwerke, Oper „Der Corregidor", Kammermusik.

Wolf, Raubtier der Fam. Hundeartige, einem gr. Dt. Schäferhund sehr ähnl., Stammform des Haushundes; lebt in gr. Wäldern u. Ödländern, vorw. Dämmerungs- und Nachttier; nördl. Erdhälfte.

Wolf, Zerkleinerungsmaschine; u. a. als Fleisch-W., als Zerreißmaschine für Papier, zur Auflockerung von Wolle benutzt.

Wolfe, Thomas [Clayton] [wʊlf], * 1900, † 1938, amer. Schriftsteller; „Schau heimwärts, Engel!".

Wolfenbüttel, Krst. südl. von Braunschweig, Nds., 53 700 E; Lessing-Haus, Hzg.-August-Bibliothek (mit wertvollen Beständen), ehemaliges Schloss (17. Jh.), Marienkirche (1608 ff.); Masch.-, chem. u. a. Ind. – 1283–1753 Residenz des Ft. Braunschweig-Wolfenbüttel.

Wolff, Christian Frhr. v. W. (Wolf), * 1679, † 1754, dt. Philosoph; führend in der dt. Aufklärung, der „Schulmetaphysik", einer dogmat.-rationalist. Systematisierung der leibnizschen Philos.

Wolfgang, hl., * 924, † 994, dt. Benediktiner; 972 Bischof von Regensburg; Erzieher Heinrichs II.; nach der Legende Einsiedler am Sankt-Wolfgang-See.

Wolfram v. Eschenbach, * um 1170, † nach 1220, mhd. Dichter; einer der größten Epiker des MA; „Parzival", „Willehalm", „Titurel", Minnelieder.

Wolfram, chem. El., Symbol W, OZ 74, rel. A.-Masse 183,85, Fp. 3387 °C, Sp. ≈ 5900 °C, Dichte 19,25 g/cm³; weiß glänzendes, sehr festes Metall, gg. Säuren sehr beständ., in der Hitze reagiert es mit Halogenen zu Halogeniden; verw. u. a. als Bestandteil säurebeständ. Legierungen (W.stahl), als Glühdraht in Lampen und Senderöhren, zur Herst. von ↑Widia.

Wolfsburg, krsfr. St. an d. Aller und am Mittellandkanal, Nds., 204 km², 126 300 E; ehem. Schloss (Renaissance); 1938 aus zwei Gem. gegr.; durch das Volkswagenwerk geprägt.

Wolfsmilchgewächse (Euphorbiengewächse), Fam. kraut. u. holz., z. T. kakteenart. Gewächse, mit bisweilen gift. Milchsaft; vorw. in warmen Gebieten; u. a. Kautschukbaum, Rizinus, Maniok, Wolfsmilch, Christusdorn.

Wolfsrachen, schwere, angeborene Missbildung, Lippen-, Kiefer- und Gaumenspalte.

Wolga, größter europ. Fluss, 3530 km, Einzugsgebiet 1,36 Mill. km², von den Waldaihöhen bis zum Kasp. Meer.

Wolgadeutsche, v. Katharina II. 1746–67 an der unteren Wolga angesiedelte Deutsche (etwa 27 000); nach Auflösung der *Wolgadt. Rep.* (ASSR der W.n mit Hptst. Engels, 1924–41) nach Sibirien u. M-Asien (wegen angebl. Spionage) deportiert; 1964 rehabilitiert, Autonomiebestrebungen.

Wolgafinnen ↑Finnougrier.

Wolgemut, Mich[a]el, * 1434, † 1519, dt. Maler und Zeichner; Lehrer A. Dürers; gr. Werkstatt in Nürnberg.

Wolgograd (bis 1925 Zarizyn, bis 1961 Stalingrad), russ. St. an der unteren Wolga, 1 Mill. E; Univ., Hochschulen; Planetarium; Traktorenwerk, Erdölraffinerien, Stahl-, Holz- u. a. Industrie; ⚓, ✈. – Die Kesselschlacht von Stalingrad 1942/43 bezeichnete die Wende des 2. Weltkrieges an der Ostfront. Die Reste der geschlagenen dt. 6. Armee (rd. 90 000 v. etwa 300 000 Mann) kapitulierten am 31. 1./2. 2. 1943.

Wolken, Ansammlungen v. Kondensationsprodukten des Wasserdampfes (d. h. Tröpfchen oder Eiskristalle) in der Atm.; entstehen bei Abkühlung der Luft (meist durch Hebung hervorgerufen); Grundformen: Feder-W. (Zirrus), Schicht-W. (Stratus), Haufen-W. (Kumulus) sowie die hohen oder Alto-Wolken; heute benutzt man internat. eine Einteilung in 10 Gattungen.

Wolle: 1) durch Schur als Vlies gewonnene, verspinnb. Wollhaare vom Hausschaf *(Schaf-W.);* man unterscheidet *Schur-W.* (beste Qualität), *Haut-* od. *Schlacht-W.* u. *Sterblings-W.* (schlechteste Qualität); **2)** Bez. für alle spinnfäh. tier. Haare (z. B. von Angorakaninchen u. -ziege).

Wollgras, Gatt. der Riedgräser; in Sümpfen u. Mooren; nördl. gemäßigte Zone, Arktis.

Wollin, Insel an der pommerschen Ostseeküste, zw. dem Stettiner Haff u. der Pommerschen Bucht, Polen, 265 km².

Wols, eigtl. Wolfgang Schulze, * 1913, † 1951, dt. Maler u. Grafiker; Begr. des Tachismus; fein verästelte Bilder, auch Illustrationen zu Werken v. J. P. Sartre, F. Kafka.

Wolsey, Thomas ['wʊlsɪ], * um 1475, † 1530, engl. Kardinal s. 1515 u. Staatsmann; als Lordkanzler (seit 1515) Heinrichs VIII. Leiter der Reg., 1529 abgesetzt, als es ihm nicht gelang, v. Papst eine Nichtigkeitserklärung der Ehe des Kg. mit Katharina v. Aragonien zu erlangen; starb als Gefangener.

Wolverhampton ['wʊlvəhæmtən], Hptst. der Metropolitan County West Midlands im westl. M-England, 249 400 E; Ind.standort.

Wolynien (Wolhynien), histor. Ldsch. im NW der Ukraine.

Wolzogen, Ernst Frhr. v., * 1855, † 1934, dt. Schriftsteller; auch als Rezitator u. Regisseur tät.; begr. das Kabarett „Überbrettl".

Wombats [australisch-englisch] (Plumpbeutler), sehr plumpe, bis etwa 1,2 m lange, grabende Beuteltiere Australiens.

Wombats. *Nacktnasenwombat*

Women's Liberation Movement ['wɪmɪnz lɪbə'reɪʃn 'mu:vmənt; engl.] (Women's Lib), amer. Frauenbewegung, die sich in der Bürgerrechtsbewegung Mitte der 1960er-Jahre herausbildete.

Wondratschek, Wolf, * 1943, dt. Schriftsteller; Prosa u. Hörspiele.

Woolf, Virginia [wʊlf], * 1882, † 1941, brit. Schriftstellerin; zeitweil. führende Vertr. der Bloomsbury group; Romane und Erzählungen; Darst. des Stream of consciousness b. Verzicht auf realist. Charakterdarst.; „Eine Frau von 50 Jahren", „Die Fahrt zum Leuchtturm".

Woomera ['wʊmərə], Ort in S-Australien, westl. des Lake Torrens; wicht. Raketenversuchsgelände; unweit von W. *Island Lagoon,* mit mod. Weltraumbeobachtungsstation.

Worcestersoße ['wʊstə-], eine scharfe Würztunke.

Wordsworth, William ['wə:dzwəθ], * 1770, † 1850, engl. Dichter der 1. Romantikergeneration; die v. ihm u. S. T. Coleridge hg. Slg. „Lyrical ballads" leitete die eigtl. engl. Romantik ein; über 500 Sonette, daneben Oden.

Worldcup ['wə:ldkʌp; engl.] (Weltpokal), meist jährl. stattfindende Wettbewerbe in mehreren Sportarten.

World Jewish Congress ['wə:ld 'dʒu:ɪʃ 'kɔŋgres; engl.] (Jüd. Weltkongress), Abk. WJC, internat. Zusammenschluss der jüd. Organisationen der einzelnen Staaten zur Vertr. jüd. Anliegen in der Welt; gegr. 1936; Sitz New York.

World Wide Fund for Nature ['wə:ld waɪd 'fʌnd fɔ: 'neɪtʃə], Abk. WWF, 1961 als World Wildlife Fund gegr. unabhängige internat. Organisation (Sitz Morges, Schweiz), die Naturschutzprojekte verwirklicht und sich um die Beschaffung von Mitteln für solche Projekte kümmert.

Worms, krsfr. St. am Oberrhein, RP, 80 000 E; Fachhochschule; Museen, Bibliothek, Gemäldegalerie; Dom (spätroman., 1170–1230), Pauluskirche (1016 ff.), Martinskirche (1265) u. a. bed. Kirchen, roman. Synagoge (wieder aufgebaut) mit Judenbad; ma. Judenfriedhof; Metall-, Masch.-, Elektro-, Möbel-, chem. Ind., Weinbau, Weinhandel. – Bereits in vorgeschichtl. Zeit besiedelt; nach kelt. Zeit *(Borbetomagus)* Einwanderung der ↑ Vangionen und röm. Besetzung *(Civitas Vangionum);* s. dem 4. Jh. Bischofssitz. Um 420 Mittelpt. d. Burgunderreiches, s. Mitte d. 5. Jh.s alemann., um 500 fränk.; bed. Reichs- und Fürstenversammlungen; s. 1002 unter der Herrschaft der Bischöfe, im 12. Jh. durch kaiserl. Privilegien bed. Freiheiten; 1273 erkannte Rudolf v. Habsburg die Reichsfreiheit an. Seit dem 15./16. Jh. sank die Bed. von St. u. Bistum infolge des Übergewichts mächtigerer Nachbarn (Mainz, Kurpfalz). 1689 durch frz. Truppen verwüstet, 1801 an Frkr. u. 1816 an Hessen-Darmstadt; Bistum W. 1803 säkularisiert.

Wormser Edikt, auf dem R.-Tag in Worms 1521 erlassenes Edikt, das über Luther u. dessen Anhänger die R.-Acht verhängte.

Wormser Konkordat, 1122 zw. Ks. Heinrich V. und den päpstl. Legaten in Worms getroffene Vereinbarung, die den Investiturstreit vorerst beendete; nahm dem Ks. das Recht der geistl. Investitur, gestattete ihm aber in Dtl. die vorher. weltl. Investitur.

Wörner, Manfred, * 1934, † 1994, dt. Politiker (CDU); 1976–82 Vors. des Bundestagsausschusses für Verteidigung, 1982–88 B.-Min. für Verteidigung, s. 1988 Gen.-Sekr. der NATO.

Worpswede, Gem. im Teufelsmoor, nördl. von Bremen, Nds., 9 300 E; bek. als Malerkolonie.

Wörther See, See im Klagenfurter Becken, Östr., 19,3 km², bis 86 m tief; Badeorte.

Wostok: 1) von der ehem. UdSSR eingerichtete, heute russ. antarkt. Forschungsstation; bei 78° 27′ s. Br. und 106° 52′ ö. L.; **2)** Name bemannter sowjet. Raumflugkörper; ↑ auch Weltraumfahrt.

Wotan ↑ Wodan.

Wotjaken ↑ Finnougrier.

Wotruba, Fritz, * 1907, † 1975, östr. Bildhauer; aus Blöcken komponierte Steinfiguren, auch Bühnenbilder und Handzeichnungen.

Wouk, Herman [wəʊk], * 1915, amer. Schriftsteller; „Die Caine war ihr Schicksal".

Wouverman ['wɔʊwərman], Philipp, * 1619, † 1668, niederl. Maler; Reiter-, Kriegs- u. Lagerszenen; fein abgestimmtes Kolorit.

Wrangel: 1) Carl Gustav, Gf. v. Salmis, * 1613, † 1676, schwed. R.-Marschall (s. 1664) u. R.-Admiral (s. 1657); kämpfte erfolgr. im Dreißigjähr. Krieg (s. 1646 Oberbefehl in Dtl.) u. im schwed.poln.-brandenburg.-dän. Krieg (1655 bis 1660); **2)** Friedrich Heinrich Ernst Gf. v., gen. Papa W., * 1784, † 1877, preuß. Gen.-Feldmarschall s. 1856; besetzte im Nov. 1848 Berlin u. sprengte die Nat.-Versammlung.

Wren, Sir Christopher [rɛn], * 1632, † 1723, brit. Baumeister; Pläne für den Wiederaufbau Londons nach dem Brand v. 1666; St. Paul's Cathedral; Profanbauten: Greenwich (Hospital), Erweiterungen an Hampton Court und Kensington Palace.

Wright [raɪt]: **1)** Frank Lloyd, * 1869, † 1959, amer. Architekt, dt.

Herkunft, überragender Einfluss auf die Entw. der mod. Architektur; Wohnbauten in enger Verbdg. mit der Natur; „Haus über dem Wasserfall" (Bear Run, Penn.); Guggenheim-Museum in New York; **2)** Orville, * 1871, † 1948, u. sein Bruder *Wilbur,* * 1867, † 1912, amer. Luftfahrtpioniere; führten 1903 mit dem selbst gebauten „Flyer I" die ersten gesteuerten Motorflüge durch; 1905 bereits Streckenflüge bis 45 km; **3)** Richard [Nathaniel], * 1908, † 1960, farb. amer. Schriftsteller; Romane und Erzählungen; „Onkel Toms Kinder".

Ws, Einheitenzeichen für: **W**att**s**ekunde.

Wucher, Ausbeutung der Notlage, des Leichtsinns od. der Unerfahrenheit eines anderen zur Erreichung eines unverhältnismäßig gr. Vermögensvorteils; *zivilrechtl.* sind wucher. Rechtsgeschäfte nichtig; im *Strafrecht* in den versch. Formen des einf. und gewerbsmäß. *Kredit-W.s* (überhöhte Zinsen) u. *Sach-W.s* mit Geld- oder Freiheitsstrafe bedroht; allg. *Preistreiberei* nach Wirtsch.-Strafges. vom 9. 7. 1954 strafbar.

Wucherblume (Chrysanthemum), Korbblütlergatt.; einheim.: Margerite, Rainfarn u. a.; die aus O-Asien stammenden *Chrysanthemen* sind geschätzte Zierpflanzen.

Wucherung, volkstüml. Bez. für ↑Geschwulst 2), ↑Polyp 3), auch ↑Granulation 3).

Wudu [afrik.], aus W-Afrika stammender mag.-relig. Geheimkult in Haiti; ekstat. Riten.

Wuhan, chin. Hafenst. an der Mdg. des Han Shui in den Jangtsekiang, 3,28 Mill. E; Univ.; Eisen-, Stahl- u. a. Ind.; Handels- und Verkehrszentrum; ✈.

Wühlmäuse, Unterfamilie der Mäuse; plump, stumpfe Schnauze, im Fell versteckte Ohren; schaden durch Wurzelfraß; Feldmaus, Bisamratte, Lemming, Schermaus.

Wulfenit [nlat.; nach dem östr. Mineralogen *F. X. v. Wulfen,* * 1728, † 1805] (Gelbbleierz), durchsicht. bis durchscheinendes gelbes od. orangerotes Mineral, $PbMoO_4$.

Wulfila ↑Ulfilas.

Wunde (Vulnus), durch Schnitt, Hieb, Stich, Einschuss od. Quetschung verursachte Gewebsdurchtrennung der Haut bzw. Schleimhaut, ggf. auch des darunter liegenden Gewebes; ferner *Ätz-* und *Brandwunden.*

Wunder, außergewöhnl., Staunen u. Furcht erregendes Ereignis, v. relig. Menschen als Machtbezeugung, [Vor]zeichen, Strafe od. Wohltat der Gottheit gedeutet.

Worms. *Dom (Südseite)*

Wunderblume (Mirabilis), Gatt. der W.ngewächse; Gartenzierpflanzen.

Wunderlich, Fritz, * 1930, † 1966, dt. Sänger (lyr. Tenor).

Wundfieber, bei größeren Wunden in den ersten Tagen auftretende, leichte Temperaturerhöhung.

Wundklee, Art der Schmetterlingsblütler; gelb blühende Futter- u. Weidepfl., auch Wundheilmittel.

Wundstarrkrampf ↑Tetanus.

Wundt, Wilhelm, * 1832, † 1920, dt. Mediziner, Philosoph und Psychologe; Begr. der systemat. Psychol. (1. psychol. Inst.); Schöpfer des psychol. Voluntarismus; bed. Beiträge zur Völkerpsychologie.

Wünschelrute, zweigegabelter Weiden- od. Haselzweig, auch gebogener Draht (Bandeisen) u. a., wird vom Rutengänger in beiden Händen im labilen Spannungsgleichgew. gehalten; der Rutenausschlag soll Bodenschätze, z. B. Wasser, Erdöl, Erze, anzeigen.

Wunsiedel, bayr. Krst. im Fichtelgeb., 10 600 E; Fachsch. für Steinbearbeitung; jährl. Festspiele; got.-barocke Stadtkirche; Porzellan-, Stein- u. a. Industrie.

Wunstorf, St. westl. v. Hannover, Nds., 40 100 E; Nahrungsmittel- u. Baustoffind.; Bahnknotenpunkt.

Wupper, r. Nbfl. des Niederrheins, 105 km.

Wuppertal, krsfr. St. an der Wupper, NRW, 381 900 E; Gesamthochsch., techn., Verw.- und Wirtschaftsakad., ev. kirchl. Hochsch., Fachschulen; IHK, LG; botan. und zoolog. Garten; Schwebebahn (13,3 km, 1898–1903 erbaut); chem.-pharmazeut., Metall- u. a. Ind.

Würfel, von 6 gleich gr. Quadraten begrenzter achteck. Körper; Volumen $V = a^3$ (*a* Kantenlänge).

Würger, Fam. der Singvögel, spießen ihre Nahrung (kl. Tiere) auf Dornen od. spitzen Ästchen auf, z. B. Raub-W., Neuntöter.

Würger. *Raubwürger*

Wurm, Theophil, * 1868, † 1953, dt. ev. Theologe; 1929–33 Kirchenpräs., 1933–49 Landesbischof v. Württ., stellte sich gg. Eingriffe des nat.-soz. Regimes in kirchl. Angelegenheiten; 1945–49 Vors. des Rates der EKD.

Würmer, volkstüml. Sammelbez. für meist lang gestreckte, bilateralsymmetr. Wirbellose ohne nähere systemat. Verwandtschaft untereinander; u. a. Platt-, Schlauch-, Ringel- u. Pfeilwürmer.

Wurmfarn, Tüpfelfarngewächs, in Wäldern u. auf Lichtungen.

WWW [Abk. f. engl. **W**orld **W**ide **W**eb], Dienst im Internet, der über eine Benutzeroberfläche den Zugriff auf weltweit verteilte Information ermöglicht.

Würzburg. *Blick von der alten Mainbrücke auf die Festung Marienberg*

Wurmkrankheiten, Erkrankungen des menschl. od. tier. Organismus durch Wurmbefall (Band-, Faden-, Saugwürmer, Blasenwurm).

Wurt[e] (Warft), künstl. aufgehöhter Erdhügel im norddt.-niederl. Marschengebiet und auf den Halligen.

Württemberg, östl. Teil von Ba.-Wü., mit den Reg.-Bez. Stuttgart u. Tübingen. – *Gesch.:* W. entstand aus den Besitzungen der Herren (s. 1135 Grafen) von W. (Wirdeberch) im mittl. Neckartal und im Remstal, die im stauf.-welf. Thronstreit und nach dem Ende der Staufer (1268) beträchtl. Teile der stauf. Gebiete in Schwaben erwerben konnten. Die Besitztitel der Grafen v. W. wurden 1495 durch den Ks. zu einem einheitl. Reichslehen, dem *Hzgt. W. u. Teck,* zusammengefasst. 1520–34 habsburg.; 1803 Kurft., 1806 Kgr.; bed. Gebietserweiterungen südl. der Alb sowie in N u. O. Kg. Wilhelm II. verzichtete 1918 auf den Thron, und W. wurde Freistaat; 1919–33 demokrat. Verf.; seit 1952 Teil des Landes Baden-Württemberg.

Würzburg, Hptst. des Reg.-Bez. Unterfranken, Bayern, krsfr. St. und Krst., am Main, 127 300 E; Univ., Polytechnikum, Verw.- u. Wirtschaftsakad., Museen, LG; IHK; Dom (11.–13. Jh.) mit bed. Grabdenkmälern, Neumünster (13. Jh., barock umgestaltet), Marienkapelle (1377–1479), Stift Haug (1670–91), Käppele (Wallfahrtskirche, 1747–50) u. a. bed. Kirchen; Festung Marienberg (12./13. bis 18. Jh.) mit Marienkapelle (vielleicht 8. Jh.) u. Mainfränk. Museum; ehem. fürstbischöfl. Residenz (bed. dt. Barockbau, 1720–44) mit berühmtem Treppenhaus von B. Neumann, ausgemalt von Tiepolo, Alte Mainbrücke (um 1500); Druckpressenherstellung, versch. Ind., Weinbau u. -handel, ⚓. – *Gesch.:* 704 erstmals urkundl. gen., seit 741/42 Bischofssitz; Ausbau d. bischöfl. Landeshoheit im Kampf v. a. gg. die Gf. v. Henneberg und die St. W.; seit 1168 waren die Bischöfe auch Hzg. v. Franken. 1803 St. u. Bistum an Bayern.

J. Wyclif

Wurzel: 1) Grundorgan der Wurzelpflanzen, hpts. zur Verankerung der Pfl. im Boden u. zur Nahrungsaufnahme und -speicherung; Erd- u. Luft-W.n; **2)** der einer Gruppe etymol. verwandter Wörter zugrunde liegende Lautkomplex; **3)** diejenige Zahl *b*, die man beim Zerlegen der Zahl *a* in *n* gleich große Faktoren *b* erhält; i. e. S. die Lösungen einer Gleichung der Form $x^n = a$ (*n* posit. ganze Zahl); geschrieben $x = \sqrt[n]{a}$; *a* heißt *Radikand, n [W.]exponent,* die Rechenoperation selbst *W.ziehen* oder *Radizieren.*

Wurzelbrand ↑Übers. S. 528 f.

Wurzelfüßer (Rhizopoden), Kl. der Urtierchen, Fortbewegung und Nahrungsaufnahme durch veränderl., wurzelförm. Scheinfüßchen, Fortpflanzung durch Zweiteilung, Knospung od. multiple Teilung, z. T. auch geschlechtl.; u. a. Amöben, Foraminiferen.

Wurzelkropf ↑Übers. S. 528 f.

Wurzelstock, svw. ↑Rhizom.

Wurzeltöter ↑Übers. S. 528 f.

Wurzelziehen ↑Wurzel 3).

Wurzen, Krst. in Sachsen, 18 000 E; got. Kirche, Schloss (Ende 15. Jh.); u. a. Masch.bau.

Wüste, vegetationsloses od. -armes Gebiet. Ursachen der W.nbildung: Wasser- oder Wärmemangel: *Trocken-W.* (in den ariden u. semiariden Gebieten der Erde) bzw. *Kälte-W.; Eis-W.n* von Schnee u. Eis bedeckt. Erscheinungsformen: *Sand-* (oft mit Dünen), *Geröll-* oder *Kies- (Serir, Reg), Fels-W.n (Hammada),* außerdem *Salz-, Lehm-, Mergel-* oder *Staubwüsten.*

Wüstenfuchs, svw. ↑Fenek.

Wutach, r. Nbfl. des Hochrheins, Ba.-Wü., 112 km; Abfluss des Feldsees, bis zum Titisee als *Seebach,* danach bis zur Einmdg. der Haslach als *Gutach.*

Wyborg (finn. Viipuri), russ. Hafenstadt am Finn. Meerbusen, 81 000 E; Burg (16. Jh.); Nahrungsmittel-, Metall- und Elektroindustrie.

Wyclif[fe] (Wiclif), John ['wɪklɪf], * vor 1330, † 1384, engl. Philosoph u. Theologe; sein extremer Realismus u. Biblizismus führten zur Kritik am Papsttum u. an der kirchl. Lehre; forderte die Armut der Kirche u. deshalb Säkularisation des Kirchengutes; übersetzte die Bibel ins Engl.; seine Anhänger, die *Lollarden,* verbreiteten als Laienprediger seine Ideen; seine Lehre war Ausgangsbasis für J. Hus.

Wyk auf Föhr [vi:k], St. auf Föhr, Schl.-Ho., 4 600 E; Seebad.

Wyler, William ['waɪlə], * 1902, † 1981, amerikan. Filmregisseur schweizer. Herkunft („Ein Herz und eine Krone", „Ben Hur").

Wyoming [waɪ'əʊmɪŋ], Abk. Wyo., Staat der USA in den Rocky Mountains und in den Great Plains, 253 326 km², 454 000 E, Hptst. Cheyenne; Landw. größtenteils nur bei künstl. Bewässerung, Viehzucht (Schafe, Rinder); bed. Erdölförderung, ⚒ auf Kohle, Uranerze u. a. Im NW der Yellowstone National Park.

Wyschinskij, Andrej Januarjewitsch, * 1883, † 1954, sowjet. Politiker, 1935 Generalstaatsanwalt der UdSSR, war 1936 bei den Moskauer Schauprozessen der „Großen Säuberung", 1949–53 Außenminister.

Wyszyński, Stefan [vɪ'ʃɪĩski], * 1901, † 1981, poln. Kardinal (seit 1952), Primas von Polen; 1953–56 in Haft, um Ausgleich zw. Kirche u. Regierung bemüht.

X

X: 1) 24. Buchstabe des Alphabets; **2)** röm. Zahlzeichen für 10.

x, math. Formelzeichen für eine veränderl. od. unbek. Größe; in Funktionsgleichungen Symbol für die unabhängige Variable.

x-Achse ↑Koordinaten.

Xạnten, St. westl. von Wesel, NRW, 18 900 E; Dommuseum; ehem. Dom-Stiftskirche St. Viktor (1263–1530) mit roman. Westfassade; Kleinind. – Röm. Gründung.

xanth[o]..., Xanth[o]... [gr.], Bestimmungswort; Bed.: „gelb".

Xanthen [gr.], (Dibenzopyran), tricycl. aromat. Ringsystem mit einem O-Atom, $C_{13}H_{10}O$; Grundgerüst der *X.farbstoffe,* brillanter, aber wenig lichtechter Farbstoffe.

Xanthịppe, Gem. des ↑Sokrates; sprichwörtl. ihre Zanksucht.

Xanthom [gr.], gutart., gelbl., knotenart. Cholesterinablagerung in Haut, Unterhaut u. Organen b. Störung des Cholesterinstoffwechsels; im Alter an Augenlidern als *Xanthelasma.*

Xạnthos, größte St. und bed. Kunstzentrum des antiken Lykien (SW-Türkei), 546 (Perser) u. 42 v. Chr. (Römer) zerstört; bed. Grabbauten ausgegraben.

Xaver (Franz X.), eigtl. Francisco Javier, hl., * 1506, † 1552, Mitbegr. des Jesuitenordens; Missionar („Apostel Asiens").

X-Bein, Abknickung der Unterschenkel in den Kniegelenken nach außen.

X-Chromosom, Träger der das ♀ Geschlecht bestimmenden Erbfaktoren bei den meisten Tieren u. beim Menschen; meist hat der ♀ Organismus die Chromosomenkombination XX (↑Chromosomen).

Xe, Symbol für ↑Xenon (⚗).

xen[o]..., Xen[o]... [gr.], Bestimmungswort; Bed.: „Gast...; fremd".

Xenilen [gr.], Epigramme in Form von Distichen; urspr. röm. Gastgeschenkbegleitverse; Titel der v. J. W. v. Goethe u. F. v. Schiller verf. Epigramme (1796).

Xenon [gr.], chem. El., Symb. Xe, OZ 54, rel. A.-Masse 131,29, farb- u. geruchloses einatom. Edelgas, Fp. – 111,9 °C, Sp. – 108,06 °C, Litergew. bei 50 °C (Gas) 4,907 g/l; bildet im Allg. keine chem. Verbdg.; *Vorkommen:* in der Luft, aus der es bei Verflüssigung gewonnen wird; Füllgas in Leuchtröhren u. a.

Xẹnophon, * um 430, † nach 355 v. Chr., griech. Geschichtsschreiber; nahm 401 am Kriegszug Kyros' d. J. gg. Artaxerxes II. teil, leitete nach der Schlacht b. Kunaxa den Rückzug der 10 000 griech. Söldner zum Schwarzen Meer (beschrieben in seiner „Anabasis"); schloss sich danach den Spartanern an; „Hellenika" (griech. Gesch. 411–362 v. Chr.).

xer[o]..., Xer[o]... [gr.], Bestimmungswort; Bed.: „trocken, dürr".

Xerographie ↑Druckverfahren.

Xẹrxes I. (im A.T. Ahasverus), * um 519, † 465 v. Chr., Kg. v. Persien s. 486; Sohn Darius' I., unterdrückte Aufstände in Ägypten u. Babylonien, versuchte vergebl., Griechenland zu erobern (↑Perserkriege); bed. Bautätigkeit (Persepolis); ermordet.

Xhosa (Xosa) ['ko:sa], Bantuvolk in der Rep. Südafrika.

Xi, 14. Buchstabe des griech. Alphabets, Ξ, ξ.

Xi'an [sji-], Hptst. der mittelchin. Prov. Schaanxi, 2,65 Mill. E; Univ.; Masch.-, Textilind.; ✈ – Mehrfach Hptst. d. Chin. Reiches.

Xiang Jiang (Siangkiang), r. Nbfl. des Jangtsekiang, China, rd. 800 km.

XP ['çi:ro:] ↑Christusmonogramm.

X-Strahlen, svw. ↑Röntgenstrahlen.

xyl[o]..., Xyl[o]... [gr.], Bestimmungswort; Bed.: „Holz".

Xylographie [gr.], svw. Holzschneidekunst (↑Holzschnitt).

Xylophon [gr.], Schlaginstrument; auf Holzrahmen befestigte abgestimmte Holzstäbe (auch Metallplatten), mit Holzschlegeln geschlagen.

Y

Y ['ypsilɔn; als Mitlaut Ausspr. wie J, als Selbstlaut wie Ü od. I], 25. Buchstabe des Alphabets.

Y, Symbol für ↑Yttrium (⚗).

y, math. Formelzeichen für eine zweite veränderl. oder unbek. Größe (↑auch x); in Funktionsgleichungen Symbol für abhäng. Variable.

y-Achse ↑Koordinaten.

Yạk, svw. ↑Jak.

Yale University ['jeıl ju:nı'və:sıtı], Univ. in New Haven (Conn.), gegr. 1701 als College, Univ. seit 1887, s. 1908 mit eigenem Verlag.

Yạmswurzel, svw. ↑Jamswurzel.

Yangon, s. 1989 Name von ↑Rangun.

Yạng Shangkun [jaŋ ʃaŋ-], * 1907, † 1998, chin. Politiker; 1988 bis 1993 Staatspräsident.

Yankee ['jæŋkı; engl.], in den USA Spitzname für die Bewohner Neuenglands, außerh. der USA für US-Bürger.

Yankee-doodle ['jæŋkı du:dl; engl.], um 1755 entstandenes amer. Volkslied.

Yaoundé [jaun'de], Hptst. der Rep. Kamerun, 776 000 E; Univ., Handelszentrum, Ind., ✈.

Yard [engl.], Längenmaß in Großbrit. und USA (= 0,9144 m).

Yb, Symbol für ↑Ytterbium (⚗).

Y-Chromosom, bei den meisten Tieren u. beim Menschen Träger der das ♂ Geschlecht bestimmenden Erbfaktoren; meist hat der ♂ Organismus die Chromosomenkombination XY (↑Chromosomen).

Yeats, William Butler [jeıts], * 1865, † 1939, ir. Dichter; Förderer u. hervorragendster Vertr. einer engl.-sprach. ir. Lit.; Mitbegr. des späteren „Abbey Theatre"; beteiligt an der ir. Freiheitsbewegung; lyr., dem frz. Symbolismus verpflichtete Dramen mit der Atmosphäre ir. Märchen u. Sagen; später Gestaltung gedanklich-weltanschaul. Themen unter dem Einfluss östl. Religionen; Nobelpreis 1923.

Yellowstone River ['jeləustəun 'rıvə], r. Nbfl. des Missouri, USA, 1 080 km. Am Oberlauf liegt der *Yellowstone National Park* (Weltkulturerbe); Naturschutzgebiet, 8 953 km², umfasst ein vulkan. Plateau der Rocky Mountains; zahlr. Geysire, heiße Quellen, reiche Tierwelt; im Zentrum der *Yellowstone Lake* (355 km²).

Yẹmen ↑Jemen.

Yẹn, jap. Währungseinheit.

Yẹti [nepales.], svw. ↑Schneemensch.

Ỵggdrasil, in der nord. Mythol. die immergrüne Weltesche, Mittelpt. der Welt.

YMCA [waıemsi:'eı; engl.], Abk. für: **Y**oung **M**en's **C**hristian **A**ssociation (↑Christlicher Verein Junger Menschen).

Ynglingar ['yŋliŋar; schwed.], älteste schwed. Kg.dyn., v. der auch die fr. norweg. Kg. abstammen; mit Björn dem Alten (etwa 900–950) greifbar, nahm um 1000 das Christentum an, erlosch etwa 1056.

Yọga [sanskr.], ind. System von körperl. u. geist. Konzentrationsübungen.

Zagreb *mit dem Stephansdom*

Yogyakarta (fr. Jogjakarta, Djokjakarta), indones. St. im mittl. S-Java, 430 000 E; 2 Univ.; Handelszentrum, Ind.; ✈.

Yohimbin, Alkaloid des afrik. *Yohimbebaumes,* gefäßerweiternde Wirkung, Aphrodisiakum.

Yokohama, Hafenstadt südl. von Tokio, Japan, 3,22 Mill. E; 2 Univ., Museen, Theater; Schiffbau, Masch.-, Auto- u. chem. Industrie.

Yorck von Wartenburg: 1) Johann (Hans) David Ludwig Gf., * 1759, † 1830, preuß. Feldmarschall s. 1821; befehligte im Russlandfeldzug Napoleons I. 1812 das preuß. Hilfskorps, schloss die Konvention von ↑Tauroggen, erkämpfte 1813 den Elbeübergang b. Wartenburg; **2)** Paul Gf., * 1835, † 1897, Enkel von 1), dt. Philosoph; befreundet mit W. Dilthey; geschichtsphilos. Schriften; **3)** Peter Gf., * 1904, † 1944, dt. Widerstandskämpfer; Enkel v. 2), Jurist; Mitbegr. des Kreisauer Kreises, nach dem Zwanzigsten Juli hingerichtet.

York [jɔ:k], engl. St. nö. von Leeds, 100 000 E; Kathedr. (1230 ff.), Stadtummauerung; vielseit. Ind. – Als *Eburacum* bed. St. Britanniens in röm. Zeit, dann Hptst. des ags. Kgr. Northumbria.

York, engl. Dyn., Nebenlinie des Hauses Plantagenet; der Thronanspruch Richards, Hzg. von Y. (* 1411, † 1460), gg. Heinrich VI. Lancaster führte zu den Rosenkriegen; reg. 1461–85; erlosch 1499 in männl. Linie.

Yoruba (Joruba), Sudannegervolk in Nigeria; Hackbau mit Kleintierhaltung; Handwerk; im 11. bis 18. Jh. *Y.reich* mit Gottkönigtum.

Young [jʌŋ]: **1)** Brigham, * 1801, † 1877, amer. Mormonenführer; leitete den verlustreichen Mormonentreck nach Utah; führte 1852 die Vielehe ein; **2)** Owen D., * 1874, † 1962, amer. Finanzmann und Politiker; Vors. der internat. Kommission zur Regelung der dt. Reparationen nach dem 1. Weltkrieg (*Y.plan:* Tilgung sollte sich über 59 Jahre erstrecken).

Young Men's Christian Association [jʌŋ menz 'krɪstjən əsəʊsɪ'eɪʃn; engl.] ↑Christlicher Verein Junger Menschen.

Youngplan ↑Young 2).

Yourcenar, Marguerite [jursə'na:r], eigtl. M. de Crayencour, * 1903, † 1987, frz. Schriftstellerin belg. Herkunft; u. a. psycholog. fundierte Romane; „Ich zähmte die Wölfin". Ab 1980 Mitgl. der Académie française.

Ypern (offiz. Ieper), belg. St. in Westflandern, 35 000 E; die im 1. Weltkrieg zerstörte got. Kathedr. und die got. Tuchhalle mit Belfried im alten Stil wieder aufgebaut; v. a. Spitzen-, Tuchind. (größte Blüte im MA).

Ypsilon ['ypsilɔn], 20. Buchstabe des griech. Alphabets; *Y, υ.*

Yselin (Iselin), Heinrich ['i:zəli:n], † 1513, dt. Bildschnitzer; Gestühl der Klosterkirche Weingarten (heute Schlossmuseum Berchtesgaden).

Ysop ['i:zɔp; semit.], Lippenblütler S-Europas und Vorderasiens, violett oder weiß blühend; Gewürz- und Heilpflanze.

Ytterbium [nlat.; nach dem schwed. Fundort *Ytterby*], chem. El., Symb. Yb, OZ 70, rel. A.-Masse 173,04, Metall der ↑Lanthaniden.

Yttrium [nlat.; nach dem schwed. Fundort *Ytterby*], chem. El., Symb. Y, OZ 39, rel. A.-Masse 88,9059, gehört zur Gruppe der ↑Metalle der seltenen Erden.

Yuan, Yüan, Mongolendyn. in China 1271–1368, begr. von Khubilai, dem Enkel Dschingis-Khans.

Yucatán, Halbinsel, mittelamer. Halbinsel am Golf von Mexiko, größtenteils zu Mexiko; Ruinen aus der Mayazeit.

Yucca [span.] (Palmlilie), mittelamer. Gatt. der Liliengewächse, Sträucher od. Bäume; einige Arten liefern Fasern.

Yukon River ['ju:kɔn 'rɪvə], Zufl. zum Beringmeer, im nw. Nordamerika, mit Teslin River/Nisuthin River 3 185 km.

Yukon Territory [- 'terɪtərɪ], nordwestkanadisches Territorium, 483 450 km^2, 27 800 E, Hauptort Whitehorse; reiche Bodenschätze.

Yunnan [jy-], Prov. in SW-China, 436 200 km^2, 38,3 Mill. E, Hptst. Kunming; Geb.-Land; Anbau u. a. v. Reis, Weizen, Mais, Tee; Viehzucht; Bergbau (Eisen-, Zinn-, Kupfererze, Kohle).

Yverdon-les-Bains [ivɛr'dɔ̃ lɛ 'bɛ̃], schweizer. Bez.-Hauptort am Neuenburger See, 22 800 E; Schloss (13. Jh.; Stadtmuseum; 1805–25 Wirkungsstätte H. Pestalozzis); Tabak- u. a. Ind.; Schwefelthermen (s. 1977 Heilbad).

Z

Z, 26. Buchstabe des Alphabets.

z, math. Formelzeichen für eine 3. Unbekannte neben *x* u. *y;* auch Bez. für eine ↑komplexe Zahl.

Zackenbarsche, Fam. den Barschen nahe stehender Knochenfische, meist bunte Raubfische wärmerer Meere.

Zadar ['za-], Hafenstadt u. Seebad in Kroatien, 76 300 E; philos. Fakultät; röm. Forum, roman. Dom, venezian. Bauten.

Zadek, Peter, * 1926, dt. Regisseur; spektakuläre Inszenierungen; 1980–85 Spielleiter an der Freien Volksbühne Berlin (West), 1985–88 Intendant des Dt. Schauspielhauses in Hamburg.

Zadkine, Ossip [zad'kin], * 1890, † 1967, russ.-frz. Bildhauer; kubist. Werke, dann aufgelockerte, abstrahierende Gestaltungen der menschl. Figur (Mahnmal für das zerstörte Rotterdam).

Zagreb [z-] (fr. dt. Agram), Hptst. von Kroatien, 707 000 E; Univ., Fachhochschulen, mehr. Akademien; Metall-, Textil-, Elektro-, Nahrungsmittel- und chem. Industrie. Fremdenverkehr.

Zahl, ursprünglich Begriff zur Bez. einer Menge (positive ganze Z.en: 1, 2, 3, ...); unbeschränkte Subtraktion führt zu den negat. ganzen Z.en (-1, -2, -3, ...) u. der Null (Bereich der *ganzen Z.en*); uneingeschränkte Division (außer durch Null) führt zu den Brüchen (zus. mit den ganzen Z.en Bereich der *rationalen Z.en*); der Bereich der *reellen Z.en* nimmt noch die *irrationalen* Z.en (z. B. $\sqrt{2}$) hinzu; *imaginäre Z.en:* Produkte aus reellen Z.n u. der imaginären Einheit $i = \sqrt{-1}$; Summen aus reellen u. imaginären ergeben die *komplexen Z.en.* – *Geschichte:* Um 2000 v. Chr. rechneten die Ägypter u. Sumerer mit Brüchen, die Pythagoreer (um 500 v. Chr.) entdeckten die *irrationalen Z.en,* den Indern schreibt man die Erfindung der Null u. der *negat. Z.en* zu; ab 1580 rechnete man mit Dezimalbrüchen, seit 1550 sind die *komplexen Z.en* bekannt.

Zahlensystem, aus den Ziffern und den ihnen zugehörigen Zahlendarstellungsregeln gebildete Systeme, u. a. *Dezimal-* (10 versch. Zahlzeichen) und ↑Dualsystem.

Zähler: 1) ↑Bruch 3); **2)** svw. ↑Elektrizitätszähler.

Zählrohr, svw. Geiger-Müller-Zählrohr (↑Geiger, H.).

Zahlungsbefehl, veraltete Bez. für Mahnbescheid (↑Mahnverfahren).

Zahlungsbilanz, zusammengefasste Gegenüberstellung der Werte aller wirtschaftl. Transaktionen zw. Inländern u. Ausländern in einer Periode. In der Z., die definitionsgemäß stets ausgeglichen ist, sind mehrere Teilbilanzen zusammengefasst: 1. *Handelsbilanz,* 2. *Dienstleistungsbilanz,* 3. *Übertragungsbilanz* (Schenkungsbilanz), 4. *Bilanz des langfristigen Kapitalverkehrs,* 5. *Bilanz des kurzfristigen Kapitalverkehrs,* 6. *Devisenbilanz,* 7. *Restposten.* Handels- u. Dienstleistungsbilanz ergeben zusammen die *Leistungsbilanz,* diese u. die Übertragungsbilanz ergeben die *Bilanz der laufenden Posten,* deren Saldo die Veränderung der *Nettoposition* eines Landes angibt; die Bilanzen des kurzfristigen u. des langfristigen Kapitalverkehrs sowie die Devisenbilanz werden zur *Kapitalverkehrsbilanz* zusammengefasst.

Zahlwort (Numerale), Wortklasse der Grund-, Ordnungs-, Vervielfältigungs-, Verteilungszahlen.

Zahnbein (Dentin), knochenart. Gewebe, Hauptbestandteil des Zahnes.

Zähne, feste Skelettteile, die v. a. zum Zerteilen u. Zerkleinern der Nahrung dienen; Grundsubstanz ↑Zahnbein; die *Zahnkrone* ist v. *Zahnschmelz* (noch härter als Zahnbein) überzogen; die von [Zahn]zement umhüllte *Zahnwurzel* wird von der Zahnwurzelhaut bedeckt u. sitzt in der ↑Alveole 1); in die *Zahnhöhle* (Pulpa) münden Nerven u. feine Blutgefäße. Bei Reptilien, Amphibien u. Fischen werden die Z. öfter erneuert als bei Säugetieren. – Bei Säugetieren u. Menschen drei Zahntypen: Schneide-, Eck- und Backen-Zähne; Zahnschema (Mensch):

$$\frac{3\cdot2\cdot1\cdot2\,|\,2\cdot1\cdot2\cdot3}{3\cdot2\cdot1\cdot2\,|\,2\cdot1\cdot2\cdot3};$$

↑auch Gebiss.

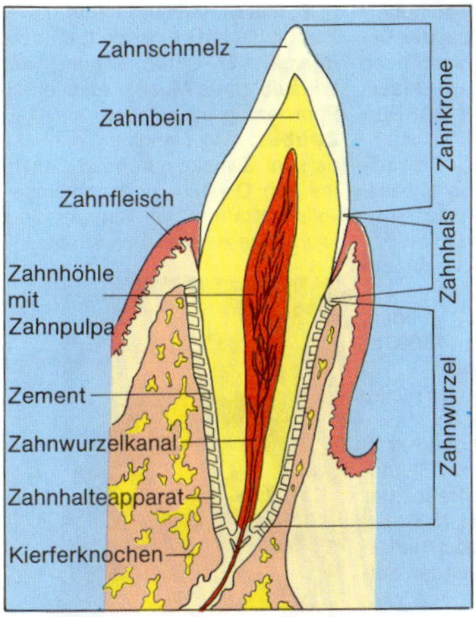

Zähne. *Bau und Verankerung eines Schneidezahns*

Zahn|ersatz, künstl. Zähne, Ersatz defekter od. verlorener Zähne; bei einzelnen Zähnen, deren Zahnwurzel noch intakt ist, durch Zahnkronen (aus Gold, Stahl, Porzellan u. a.) od. durch Stiftzahn; größere Lücken können überbrückt werden, wenn die „Pfeilerzähne" gesund sind; Ersatz gr. Gebissabschnitte od. des ganzen Gebisses durch Prothesen.

Zahnkari|es, krankh. Zerstörung des Zahnhartgewebes.

Zahnkarpfen, Familie kleiner [(sub)trop. Süß- u. Brackwasser]-fische; Unterfam.: *Eier legende* und *lebend gebärende Z.;* viele Aquarienfische.

Zahnlaut (Dentallaut), an den Zähnen od. in ihrer Nähe gebildeter Konsonant, z. B. t, d, th [θ], n.

Zahnrad, Maschinenelement zur Kraft- bzw. Bewegungsübertragung zw. versch. Wellen mit versch. Drehzahlen; kreisförm. Scheibe mit Verzahnungen am Rand, die in eine entspr. Verzahnung eines anderen Z.es eingreifen; Arten: Stirn-, Kegel-, Schneckenräder. *Z.getriebe* sind die am häufigsten eingesetzten Rädergetriebe, übertragen größte Leistungen.

Zahnschmelz ↑Zähne.

Zahnstein, Kalksalzablagerung am Zahnhals; Folge: Zahnfleischentzündung und Parodontose.

Zahnwale, Unterordn. der Wale; besitzen Zähne (bei den Bartenwalen durch Barten ersetzt); u. a. Delphine, Pottwale.

Zähringer, schwäb. Grafengeschlecht, ben. nach der Burg Zähringen (Freiburg im Breisgau); in der männl. Linie 1218 ausgestorben; 1078 spaltete sich eine markgräfl. Linie ab (Baden), 1187 die Linie der Hzg. von Teck.

Zaire [z-] (bis 1971 u. ab 1997 Demokrat. Rep. Kongo), Rep. in Z-Afrika; nimmt den größten Teil des Kongobeckens ein u. wird im O durch den Zentralafrik. Graben begrenzt; im S das Hochland v. Shaba; *Bev.:* meist Bantu. Neben der *Landw.* ist der *Bergbau,* bes. in ↑Shaba, von großer Bedeutung (Kobalt, Kupfer, Zinn, Mangan, Zink, Cadmium, Wolfram, Silber, Gold), bed. Diamantenfelder in den Kasai-Prov. – *Gesch.:* 1482 Entdeckung durch Portugiesen;

Zaire
(Demokratische Republik Kongo)
Fläche: 2345409 km²
Einwohner: (1995) 43,9 Mill.
Hauptstadt: Kinshasa
Amtssprache: Französisch
Zeitzonen: (von W nach O) MEZ bis MEZ +1 Stunde

1881–85 erwarb H. M. Stanley für Leopold II. v. Belgien weite Teile des Kongobeckens als Protektorat *(Unabh. Kongostaat)*; 1960 Ausrufung der *Demokrat. Rep. Kongo,* Beginn der Kongokrise: Bürgerkrieg, Abspaltung der Prov. Katanga (v. den UN 1962 gewaltsam beendet); 1965 Machtübernahme durch das Militär, Mobutu Präs., 1971 Umbenennung in Zaire, 1977 u. 1978 Aufstände in Shaba niedergeschlagen; 1994–96 Flüchtlinge aus Ruanda; 1997 Machtübernahme durch L.-D. Kabila, der *Demokrat. Rep. Kongo* ausrief, nach seiner Ermordung 2001 wurde sein Sohn J. Kabila Präs.; seit 1998 Bürgerkrieg; Mitgl. der UN.

Zamora [θa-], span. Provinzhauptstadt nördl. von Salamanca, 63400 E; Kathedr. (1151–74), Templerkirche (12. Jh.), Landw.

Zander, durchschn. 40–50 cm langer Barsch; Speisefisch.

Zandvoort ['zantfo:rt], niederl. Seebad westl. v. Haarlem, 16000 E; Autorennstrecke (4,2 km).

Zanussi, Krzystof [za'nusji], * 1939, poln. Filmregisseur.

Zäpfchen, svw. ↑Suppositorium.

Zapfen: 1) ährenförm. ↑Blütenstand, dessen Achse u. Tragblätter bei der Reife verholzen (z. B. bei Nadelhölzern); **2)** Maschinenel., Bolzen, der Drehbewegungen aufnimmt u. a.

Zapfenstreich, mil. Abendsignal; bei feierl. Anlässen *Gr. Zapfenstreich.*

Zapoteken, Indianerstamm in S-Mexiko; Ackerbau; Bilderschrift (↑auch altamer. Kulturen).

Zappa ['zæpə], Frank, * 1940, † 1993, amer. Rockgitarrist u. Komponist, Vertreter des Rock-Underground.

Zar [slaw.], Herrschertitel in Russland (1547–1917) und Bulgarien (1908–46).

Zaragoza [θara'ɣoθa] (Saragossa), span. Prov.-Hptst. am mittl. Ebro, 592700 E; Univ.; roman.-got. Kathedr. u. a. bed. Kirchenbauten, Reste des Maurenschlosses; Börse (Renaissance); Ind., Handel.

Zarathustra (gr. Zoroaster), * um 630 (?), † um 553 (?), iran. Religionsstifter; begann nach Visionen die prophet. Verkündigung über Ahura Masda; stellte dem altiran. Pantheismus den optimist.-dualist. Mazdaismus entgegen.

Zarewitsch [slaw.], bis 1718 offiz. Titel d. Zarensohnes, *Zesarewitsch* ab 1797 Titel d. russ. Thronfolgers.

Zarge, tragende Rahmenkonstruktion (z. B. Tür-Z.), Seitenwand (z. B. von Musikinstrumenten).

Zäsur [lat.]: **1)** Einschnitt im Vers (Metrik); **2)** Unterbrechung des Verlaufs eines Musikstücks durch Phrasierung oder Pause.

Zauber, mag. Handlung, die best. persönl. Zwecke durch Zuhilfenahme von Geistern und geheimnisvollen Kräften mit *Z.mitteln* od. *-sprüchen* zu erreichen sucht.

C. Zeiss

Zauberwürfel (Rubik-Würfel), aus in Schichten und einzeln gegeneinander drehbaren Teilwürfeln bestehender Würfel; bei einer von rd. 43 Trillionen mögl. Stellungen der an ihren Seiten unterschiedl. gefärbten Teilwürfel zeigt der Z. auf jeder Seite eine einheitl. Farbe.

Zaum, Vorrichtung zum Lenken und Zügeln des Pferdes: durch Riemenzug *(Kopfgestell)* gehaltenes stählernes Mundstück *(Gebiss),* an dem die Zügel sitzen.

Zaunkönige, Fam. bis 9,5 cm lange Singvögel bes. Amerikas; in Europa nur der *Zaunkönig* (kugel. Nester, schmetternder Gesang).

ZDF, Abk. für: **Z**weites **D**eutsches **F**ernsehen.

Zebaoth [hebr.], Heerscharen, *Adonai Zebaoth* (Herr Z.; = Herr der Heerscharen), at. Erweiterung des Gottesnamens.

Zebrafink, austral. Prachtfink.

Zebrafisch, bis 5 cm langer, schwarz u. silbern längs gestreifter asiat. Karpfenfisch; Aquarienfisch.

Zebras [afrik.], schwarzweiß gestreifte, wild lebende Pferdearten afrik. Savannen u. Steppen; 3 noch lebende Arten: *Grevy-Z.,* O-Afrika, *Steppen-* u. *Berg-Z.,* S-Afrika.

Zebu [tibet.], Hausrind mit buckelförm. Fetthöcker; uraltes Haustier, bes. in Asien (Indien) und Afrika; vermutl. hpts. vom Auerochsen abstammend.

Zech, Paul, * 1881, † 1946, dt. Schriftsteller; expressionist. Lyrik mit soz.-revolutionärer Tendenz; Erzählungen, Dramen.

Zeche, Bergwerk, Grube.

Zechine (ital. Zecchino), venezian. Goldmünze s. dem 13. Jh., Vorbild des Dukaten.

Zechstein ↑Geologie, Formationstabelle.

Zecken, Gruppe sehr flacher, derbhäut., Blut saugender Milben, z. T. Krankheitsüberträger; schwellen bei Blutaufnahme an.

Zeder [gr.], Gatt. lärchenähnl. Kieferngewächse; die *Libanon-Z.* war v. a. im Altertum bed. Holzlieferant; heute häufiger als Parkbäume: *Atlas-* und *Himalajazeder.*

Zeffirelli [dze-], Franco, * 1923, ital. Regisseur; Opern, aber auch Spielfilme.

Zehen ↑Fuß; *Z.gänger,* Säugetiere, die nur mit den Z. auftreten, ohne die Fußsohle aufzusetzen, z. B. Katzen und Hundeartige.

Zehnfußkrebse, Ordn. der Höheren Krebse, bis rd. 60 cm lang, mit 5 Schreitfußpaaren; meist marin, einige Süßwasser- u. Landformen; Unterordn.: Garnelen, Panzer-, Mittelkrebse, Krabben u. a. mit Flusskrebsen, Hummer.

Zehnkampf, leichtathlet. Mehrkampf d. Männer mit 10 versch. Übungen (100-m-, 400-m-, 1500-m-Lauf, 110-m-Hürdenlauf, Hoch-, Weit-, Stabhochsprung, Diskus- u. Speerwerfen, Kugelstoßen), bestritten an 2 aufeinander folgenden Tagen.

Zehnt (Dezem), ma. Bez. für Abgabe, urspr. 10% vom Bodenertrag (Viehbestand); nach bibl. Vorbild s. dem 5. Jh. v. der Kirche erhoben (abgeschafft im 18./19. Jh.);

urspr. in Naturalien, s. dem 13. Jh. auch in Geld.

Zeichenleser, in der Datenverarbeitung verw. Geräte, die sichtb. Zeichen (Strichmarkierungen beim *Markierungsleser,* direkt lesb. Schriftzeichen beim *Klarschriftleser)* „erkennen" u. einer weiteren Verarbeitung zugängl. machen.

Zeisig, etwa 12 cm langer Finkenvogel, bes. in Nadelwäldern, Birken- und Erlenbeständen.

Zeiss, Carl, * 1816, † 1888, dt. Optiker u. Feinmechaniker; gründete 1846 eine opt. Werkstatt in Jena, seit 1889 Eigentum der Carl-Z.-Stiftung (↑Abbe, E.); Mitbegr. der Fa. „Jenaer Glaswerk Schott u. Gen.", seit 1891 bzw. 1919 im Besitz der Carl-Z.-Stiftung.

Zeit: 1) *physikal.:* kontinuierl. Veränderliche, auf die die Veränderung v. Zuständen od. eine Ereignisfolge bezogen werden kann; da es keine Möglichkeit gibt, eine ideale *absolute Z.* (I. Newton) festzustellen od. zu messen, wird seit der ↑Relativitätstheorie für jedes bewegte Bezugssystem eine eigene Z. angenommen und Raum u. Z. werden im *Raum-Z.-Kontinuum* verknüpft; ↑auch Zeitmessung; **2)** *astronom.:* ↑Sonnen-, ↑Stern-Z.; **3)** *philos.:* Ordnung des Nacheinander in den 3 Dimensionen: Vergangenheit, Gegenwart, Zukunft; I. Kant hat dem Z.begriff transzendentalen Sinn gegeben: Z. ist eine subjekt. Form des inneren Sinnes und in Bezug auf die Erscheinungswelt deren formale aprior. Bedingung; existentiale Z.auffassung bei M. Heidegger; **4)** in der Grammatik svw. ↑Tempus.

Zeitgeschichte, die der unmittelbaren Gegenwart vorausgehende Epoche u. die ihr gewidmete histor. Disziplin.

Zeitlose (Colchicum), Gatt. der Liliengewächse; einz. heim. Art: Herbstzeitlose; enthält das giftige Alkaloid Kolchizin.

Zeitlupe, Bildaufnahme mit erhöhter Bildwechselzahl; bei Vorführung mit normaler Geschwindigkeit werden schnelle Vorgänge verlangsamt sichtbar; *Zeitraffer* wirkt umgekehrt.

Zeitmessung, Messung der Zeit durch eine durch period. Vorgänge zu definierende *Zeiteinheit,* der ↑Sekunde 1).

Zeitraffer ↑Zeitlupe.

Zeitrechnung, Jahresrechnung v. einem best. Ereignis an; *abendländ. Z.* v. Geburt Christi an; antike *griech. Z.* nach Olympiaden (4 J.) v. 776 v. Chr. an, *röm.* v. der legendären Gründung Roms *(ab urbe condita)* 753 v. Chr. an; *jüd. Z.* v. der Welterschaffung (konstruiert nach A.T.) 3761 v. Chr. an; *muslim. Z.* v. der Hedschra an (622 n. Chr.).

Zeitschrift, ein regelmäßig erscheinendes Druck-Erzeugnis, das einen meist festliegenden Leserkreis über ein best. Stoffgebiet unterrichtet (Fach-, Kunst-, Börsen-Z. u. a.) od. auch nur der Unterhaltung (Illustrierte) dient.

Zeitung, Druck-Erzeugnis, das in regelmäß. Folge über allg. [Tages]-ereignisse unterrichtet u. diese in Leitartikeln, Glossen, Kritiken u. a. kommentiert. – *Gesch.:* Erste regelmäß. Veröffentlichungen polit. Mitteilungen waren Cäsars „Acta diurna publica populi Romani"; Ende des MA period. Zusammenfassungen v. Nachrichten zu Messen u. Flugblätter (v. a. zu bes. Ereignissen); erh. die Nachrichtenslg. der Fugger; erste dt. Z.en 1609 in Straßburg u. Augsburg, erste Tages-Z. der engl. „Daily Courant" (1702 gegr.); in Dtl. bis ins 19. Jh. staatl. *Pressezensur.* – Übersicht S. 780 f.

Zeitwort ↑Verb[um].

Zebu

Zeitz, Krst. in Sa.-Anh., 36 700 E; frühgot. Kirche, Moritzburg, Rathaus (Anf. 16. Jh.); Eisengießereien, Hydrierwerk, Klavierbau.

Zeitzone, Gebiet, in dem eine best. Zonenzeit gült. ist.

Zell am See östr. St. am *Zeller See* (4,7 km^2, bis 69 m tief), Salzburg, 8 500 E; Sommerfrische, Wintersportplatz.

Zelle: 1) kleinste lebensfäh. Grundeinheit aller lebenden Substanz v. den ↑Einzellern bis zum Menschen (rd. 70 Billionen Z.n); die Z. besteht aus *Zellleib* (Protoplast), umschlossen von einer *Zellmembran* (semipermeable dünne u. elast. Doppellamellen-Membran; bei Pfl. zusätzl. eine feste *Zellwand*); die Z. enthält im zähflüss. *Zellplasma* (Zytoplasma) als wichtigste lebende Differenzierungen: *Zellkern* (Träger der ↑Chromosomen, lebensnotwend. für ↑Zellteilung und Lebensvorgänge in der Z.), Zentrosom (bei Tieren und vielen Pflanzen) u. a.; leblose Bestandteile: Einschlüsse (Fette, Harze, äther. Öle, Eiweiß-, Kieselsäurekristalle u. a.) u. Ausscheidungen; viel primitiver organisiert sind die Z.n der Bakterien u. Blaualgen; die Größe der Z.n schwankt zw. $^1/_{10}$ bis $^1/_{100}$ mm; **2)** enger [Gefängnis-, Kloster]raum; **3)** El. einer Batterie (⚡).

Zeller, Carl, * 1842, † 1898, östr. Komponist; Operetten; „Der Vogelhändler", „Der Obersteiger".

Zeller See ↑Zell am See.

Zellteilung, Vermehrung der Zellen durch autonome Zerlegung des Zellleibes in mehrere Tochterzellen; erfolgt, wenn die ↑Zelle 1) eine best. Entw. erreicht hat; beginnt mit Teilung des Zellkerns (Erbgut wird gleichmäß. auf Tochterkerne übertragen), läuft in komplizierten Phasen nach best. Schema ab; hpts. 3 Arten der Z.: 1. *Z. mit indirekter Kernteilung* (Mitose), dient der Zellvermehrung; in der ersten Teilungsphase *(Prophase)* werden die ↑Chromosomen als Fäden sichtbar, erfahren jeweils eine Längsspaltung in zwei Tochterchromosomen mit gleichem Erbgut; in der *Prometaphase* entsteht die Kernspindel (sorgt für die gleichmäß. Verteilung der Tochterchromosomen auf die Tochterkerne); in der *Metaphase* ordnen sich die längs geteilten Tochterchromosomen in der Äquatorialebene der Kernspindel an; in der *Anaphase* wandern sie zu den Polen der Kernspindel, in der *Telophase* bilden sich die Tochterkerne; 2. die *Reduktionsteilung* (Meiose), sie dient der Bildung von Fortpflanzungszellen (Chromosomenpaare werden dabei in einzelne Paarlinge getrennt, bevor sie neue Kerne bilden); 3. *direkte Teilung* (Amitose), einf. Durchschnürung des Zellkernes ohne Spindelbildung u. ohne dass Chromosomen sichtbar wer-

Zeitungen Auswahl

Zeitungstitel	Auflage (in 1 000)
Deutschsprachige Länder	
BR Deutschland	
Tageszeitungen	
Aachener Volkszeitung	177,4
Abendzeitung (München)	247,3
Allgäuer Zeitung (Kempten)	122,2
Allgemeine Zeitung (Mainz)	149,8
Augsburger Allgemeine	260,0
Badische Neueste Nachrichten (Karlsruhe)	175,0
Badische Zeitung (Freiburg)	207,6
Berliner Zeitung	267,6
Bild Zeitung (Hamburg, überregional)	5 612,1
Braunschweiger Zeitung	225,1
B. Z. (Berlin)	364,4
Darmstädter Echo	70,1
Donau Kurier (Ingolstadt)	89,0
Express (Köln)	481,2
Flensburger Tageblatt	112,0
Frankenpost (Hof)	112,9
Frankfurter Allgemeine FAZ	464,4
Frankfurter Neue Presse	120,5
Frankfurter Rundschau	198,8
Fränkischer Tag (Bamberg)	81,6
Fuldaer Zeitung	56,4
General-Anzeiger (Bonn)	96,5
Die Glocke (Oelde)	68,9
Hamburger Abendblatt	323,4
Hamburger Morgenpost	217,9
Handelsblatt (Düsseldorf)	155,6
Hannoversche Allgemeine Zeitung	248,0
Heilbronner Stimme	106,3
HNA Hessische/Niedersächsische Allgemeine (Kassel)	290,4
Kieler Nachrichten	127,6
Kölner Stadt-Anzeiger	302,1
Kölnische Rundschau	169,6
Kreiszeitung (Syke)	89,0
Lausitzer Rundschau (Cottbus)	201,9
Leipziger Volkszeitung	392,8
Lübecker Nachrichten	129,3
Magdeburger Volksstimme	329,6
Main-Post (Würzburg)	161,0
Mannheimer Morgen	109,2
Märkische Allgemeine (Potsdam)	244,8
Mittelbayerische Zeitung (Regensburg)	143,1
Mitteldeutsche Zeitung (Halle)	434,7
Münchner Merkur	216,0
Münstersche Zeitung	74,5
Neue OZ Osnabrücker Zeitung	332,0
Der neue Tag (Weiden)	94,3
Neue Westfälische (Bielefeld)	278,9
Niedersächsisches Tageblatt (Lüneburg)	154,1
nordkurier (Neubrandenburg)	153,6
Nordsee-Zeitung (Bremerhaven)	81,0
Nordwest Zeitung (Oldenburg [O])	350,5
Nürnberger Nachrichten	349,6
Offenburger Tageblatt	77,0
Ostsee-Zeitung (Rostock)	233,7
Passauer Neue Presse	172,8
Recklinghäuser Zeitung	82,9
Rheinische Post (Düsseldorf)	440,9
Rhein-Neckar-Zeitung (Heidelberg)	113,9
Die Rheinpfalz (Ludwigshafen)	257,7
Rhein-Zeitung (Koblenz)	261,3
Ruhr Nachrichten (Dortmund)	246,4
Saarbrücker Zeitung	210,9
Schwäbische Zeitung (Leutkirch)	203,2
Schwarzwälder Bote (Oberndorf)	153,9
Schweriner Volkszeitung	174,6
Siegener Zeitung	65,3
Straubinger Tageblatt	141,9
Stuttgarter Zeitung	238,0
Süddeutsche Zeitung (München)	457,0
Südkurier (Konstanz)	163,9
Südwest Presse (Ulm)	75,8
die tageszeitung taz (Berlin)	77,5
Thüringer Allgemeine (Erfurt)	583,1
Trierischer Volksfreund	105,2
tz (München)	185,5
Weinheimer Nachrichten	29,5
Die Welt (Hamburg)	277,3
Westdeutsche Allgemeine WAZ (Essen)	1 320,9
Westfalen-Blatt (Bielefeld)	151,8
Westfälische Nachrichten (Münster)	243,1
Wetzlarer Neue Zeitung	78,6
Wiesbadener Kurier	92,7
WZ Westdeutsche Zeitung (Düsseldorf)	202,9
Wochenzeitungen	
Bayernkurier (München)	166,5
Die Woche (Hamburg)	169,0
Rheinischer Merkur (Bonn)	111,3
Die Zeit (Hamburg)	585,1
Österreich	
Kärntner Tageszeitung (Klagenfurt)	54
Kleine Zeitung (Graz)	268
Kurier (Wien)	334
Neue Kronen-Zeitung (Wien)	510
Neue Zeit (Graz)	70
Oberösterreichische Nachrichten (Linz)	114
Die Presse (Wien)	92
Salzburger Nachrichten	96
Der Standard (Wien)	95
Tiroler Tageszeitung (Innsbruck)	94
Wiener Zeitung	27
Schweiz	
Basler Zeitung	114
Berner Zeitung	122
Blick (Zürich)	382
Der Bund (Bern)	62
Luzerner Neueste Nachrichten	58
Luzerner Zeitung	76
Neue Zürcher Zeitung	151
St. Galler Tagblatt	72
La Suisse (Genf)	70
Tages-Anzeiger (Zürich)	272
Tribune de Genève	62
24 Heures (Lausanne)	97

Die Angaben wurden dem Europa Year Book 1995 sowie dem Presse- und Medienhandbuch „Stamm 1996" entnommen.

Zeitungen Fortsetzung

Zeitungstitel	Auflage (in 1 000)
Weitere Länder:	
Ägypten	
Al Ahram (Kairo)	900
Al Akhbar (Kairo)	800
Argentinien	
Clarin (Buenos Aires)	700
Crónica (Buenos Aires)	437
La Nación (Buenos Aires)	346
Belgien	
Het Laatste Nieuws (Antwerpen)	301
Le Soir (Brüssel)	182
China	
Beijing Ribao (Peking)	1 000
Beijing Waubao	1 200
Dänemark	
Berlingske Tidende (Kopenhagen)	135
Politiken (Kopenhagen)	151
Finnland	
Helsingin Sanomat (Helsinki)	476
Frankreich	
Le Figaro (Paris)	421
France Soir (Paris)	607
Le Monde (Paris)	530
Griechenland	
Apogevmatini (Athen)	100
Eleftherotypia (Athen)	126
Ethnos (Athen)	122
Großbritannien	
Daily Express (London)	1 301
Daily Mail (London)	1 761
Daily Mirror (London)	2 490
The Daily Telegraph (London)	1 075
The Financial Times (London)	287
The Guardian (London)	402
The Sun (London)	4 071
The Times (London)	609
Italien	
Avanti! (Rom)	88
Corriere della Sera (Mailand)	704
Il Messaggero (Rom)	335
La Stampa (Turin)	574
L'Unità (Mailand/Rom)	244
Japan	
Asahi Shimbun (Tokio)	4 479
Yomiuri Shimbun (Tokio)	6 059
Jugoslawien	
Borba (Belgrad)	13
Politika (Belgrad)	236
Niederlande	
Algemeen Dagblad (Rotterdam)	416
De Courant Nieuws van de Dag (Amsterdam)	57
De Telegraaf (Amsterdam)	751
NRC Handelsblad (Rotterdam)	268
Norwegen	
Aftenposten (Oslo)	279
Arbeiderbladet (Oslo)	52
Dagbladet (Oslo)	227
VG (Oslo)	378
Polen	
Trybuna (Warschau)	120
Zycie Warszawy (Warschau)	308
Rumänien	
Libertatea (Bukarest)	150
România Liberă (Bukarest)	200
Russland	
Argumenty fahty (Moskau)	3 161
Prawda (Moskau)	500
Trud (Moskau)	1 300
Schweden	
Aftonbladet (Stockholm)	393
Dagens Nyheter (Stockholm)	384
Expressen (Stockholm)	451
Svenska Dagbladet (Stockholm)	204
Spanien	
ABC (Madrid)	403
Diario (Madrid)	130
Ya (Madrid)	80
Tschechische Republik	
Práce (Prag)	145
Svobodné Slovo (Prag)	150
Türkei	
Hürriyet (Istanbul)	700
Milliyet (Istanbul)	450
Türkiye	303
Ungarn	
Esti Hírlap (Budapest)	40
Népszabadság (Budapest)	380
USA	
Chicago Tribune	740
Los Angeles Times	1 161
Daily News	1 391
New York Post	901
New York Times	1 271
Washington Post	852
Vatikanstadt	
L'Osservatore Romano (ital. Ausg.; Rom)	15

Zentralafrikanische Republik

Fläche: 622 436 km²
Einwohner: (1995) 3,3 Mill.
Hauptstadt: Bangui
Amtssprache: Französisch
Zeitzone: MEZ

den. – Die Z. kann als Zweiteilung erfolgen, als *multiple Z.* (mehr. Male „freie Kernteilung"), als *Zellknospung* od. *-sprossung* (an der Mutterzelle knospenart. Auswüchse).

Zellulitis [lat.], Zellgewebsveränderung mit Vermehrung des Fettgewebes u. Lymphstauung; bes. im Oberschenkel- u. Gesäßbereich bei Frauen.

Zelluloid [lat.; gr.], ältester Kunststoff aus Nitrozellulose u. Kampfer als Weichmacher; für Folien, Knöpfe, Kämme u. a.

Zellulose [nlat.], Gerüstsubstanz fast aller Pfl.; häufigste organ. Verbdg.; ein makromolekulares Kohlenhydrat (Polysaccharid) aus mehr als 10 000 Glucosemolekülen; aus Holz, Schilf, Stroh u. a. gewinnt man reine Z. *(Zellstoff)* durch chem. Aufschluss in Hitze u. unter Druck mit Wasser u. Calciumhydrogensulfit od. Natronlauge u. Ä.

Zeloten [gr.]: **1)** fanat. Streiter; **2)** radikale, nationalist., antiröm. jüd. Partei z. Z. Christi.

Zelter, Carl Friedrich, * 1758, † 1832, dt. Komponist; gründete in Berlin 1809 die ↑„Liedertafel", 1822 das Kgl. Inst. für Kirchen- und Schulmusik.

Zement [lat.], hydraul. Bindemittel aus Kalkstein u. Ton, Kalk u. Bauxit, Kalk u. Eisenoxiden oder Kalk, Ton u. Hochofenschlacke.

Zen [jap.], buddhist. Kontemplationsart; *Z.-Buddhismus* ↑Buddhismus.

Zenit, Scheitelpt., Pol der Horizontebene eines Beobachtungsorts an der gedachten Himmelskugel (Gegenpt. ↑Nadir); *Z.distanz,* Winkelabstand eines Gestirns vom Z. des Beobachtungsortes.

Zeno: 1) Z. v. Elea, auch Z. d. Ä., Z. der Eleat, * um 490, † um 430 v. Chr., griech. Philosoph; verteidigte als Schüler des Parmenides dessen Seinslehre; berühmt sein Trugschluss vom Wettlauf des Achill mit der Schildkröte; **2) Z.** v. Kition, gen. Z. d. J., * um 336, † um 264 v. Chr., griech. Philosoph; um 300 Begr. der älteren Stoa in Athen.

Zenobia, Septimia (syr. Bathsabbai), † wohl im Herbst 272, Gem. des Kg. Odenathus von Palmyra; reg. 267–272 für ihren Sohn Vaballathus, eroberte Syrien und Ägypten; s. 271 v. Ks. Aurelian bekämpft u. besiegt.

Zensoren [lat.], altröm., gewählte, für Vermögensschätzung und sittl. Ordnung zuständ., niemandem verantwortl. Beamte wohl s. dem 5. Jh. v. Chr.; die Wahl der je 2 Z. erfolgte für max. 18 Monate.

Zensur [lat.]: **1)** Schulnote; **2)** Amt der altröm. Zensoren; **3)** behördl. Aufsicht über Veröffentlichungen in Wort und Bild.

Zensus [lat.]: **1)** Vermögensschätzung; **2)** Verzeichnis aller bek. Exemplare v. Frühdrucken (Bibliothekswesen); **3)** Volkszählung.

Zensuswahlrecht, Wahlrecht, das an den Nachweis eines best. Besitzes, Einkommens od. einer Steuerleistung (Zensus) gebunden ist (z. B. im antiken Rom, in Preußen das Dreiklassenwahlrecht).

Zentaur ↑Centaurus.

Zentaur (Kentaur), wildes Fabelwesen der griech. Mythol. mit menschl. Oberkörper, Pferdeleib u. -beinen.

Zenti... [lat.], Vorsatzzeichen c, Vorsatz vor Einheiten, bedeutet den Faktor 10^{-2} (Hundertstel), z. B. ↑Zentimeter.

Zentimeter, Einheitenzeichen cm, 1 cm = $^1/_{100}$ m.

Zentner, Einheitenzeichen Ztr., altes Handelsgew., = 50 kg; *Doppel-Z.* (dz) = 100 kg.

Zentralafrikanische Republik, Rep. in Z-Afrika; hpts. Savannen, im SW trop. Regenwald, Anbau von Baumwolle, Kaffee, Kautschuk für den Export; Holznutzung; bed. Diamantgewinnung. – Ende des 19. Jh. erwarb Frkr. die Kolonie Ubangi-Schari, 1910 Teil des Gen.-Gouv. Frz.-Äquatorialafrika, 1946 Überseeterritorium; 1960 als Z. R. unabh., weiterhin enge Zusammenarbeit mit Frkr.; 1965/66 Staatsstreich Gen. J.-B. Bokassas (ab 1972 Präs. auf Lebenszeit), 1976 Proklamation des *Zentralafrikan. Ks.reichs;* 1979 Sturz des Schreckensregiments Bokassas I., Wiederherstellung der Rep.; 1981–93 Militärherrschaft.

Zentral|amerika, von NW nach SO verlaufende Landbrücke zw. Nord- u. Südamerika; zw. dem Isthmus von Tehuantepec im N u. dem Isthmus von Darién im S (bis zur Mdg. des Rio Atrato); Länge 2300 km, rd. 800 000 km²; von Faltengeb. mit z. T. tätigen Vulkanen durchzogen, die die nordamer. Kordilleren fortsetzen; Steilabfall zur Pazifikküste, unregelmäß. gestaltete O-Küste mit vielfach flachem Hinterland. *Klima:* trop., nach Höhenlage und Exposition unterschiedl. Temp. u. Niederschläge. Vorw. *Landw.:* Mais, Kaffee, Bananen, Baumwolle, Tabak, Zuckerrohr, Gemüse, Obst; Edelhölzer. – Naturvölker bis auf kl. Reste ausgestorben; Anteil an den ↑altamer. Kulturen; in der span. Kolonialzeit gehörte das Generalkapitanat Guatemala, das ganz Z. umfasste, bis 1823 zu Mexiko; dann kl. Teilstaaten bis 1838; heut. polit. Gliederung: S-Mexiko, Belize, Guatemala, El Salvador, Honduras, Nicaragua, Costa Rica u. Panama.

Zentral|asien, die durch zahlr. Geb.-Züge gegliederten, v. Himalaja, Pamir, Altai, Tienschan, Westl. und Östl. Sajan, Jablonowygeb. u. Gr. Chingan umgebenen inneren Hochländer Asiens.

Zentralbank, in vielen Staaten die einzige ↑Notenbank; in der BRD die ↑Deutsche Bundesbank.

Zentralbau, auf ein Zentrum ausgerichteter Bau, häuf. von einer Kuppel überwölbt (Ggs. Längsbau); Grundform: Kreis, Ellipse, Quadrat, Achteck; bed. das antike ↑Pantheon 2) in Rom; im MA als Tauf-, Grab- u. Palastkirchen, auch die ↑Hagia Sophia; vereinzelt in Renaissance u. Barock.

Zentrale: 1) Hauptstelle; **2)** Fernsprechvermittlung; **3)** Gerade durch die Mittelpt. v. 2 Kreisen.

Zentralheizung, Sammelheizung (zentrale Feuerstelle) für mehr. Räume; Wärmeüberträger sind Dampf, Warmwasser, Luft.

Zentralisation, organisator. Zusammenfassung zu einem einheitl., zentral geleiteten Komplex; staatl. als *Zentralismus* (Ggs. ↑Föderalismus); Zwischenform im dezentralisierten Einheitsstaat.

Zentralkomitee (ZK), vom Parteitag gewähltes Vorstandsorgan in (v. a. kommunist.) Parteien. – *Z. der dt. Katholiken,* Zusammenschluss aller Laienkräfte des dt. Katholizismus in ihren verschiedensten Organisationsformen. Sitz Bonn-Bad Godesberg.

Zentralmassiv (frz. Massif Central), nach W allm. sich abdachende, nach O zur Saône und Rhone steiler abfallende Hochfläche in Frkr. mit aufgesetzten erloschenen Vulkanen (bis 1886 m).

zentrieren [lat.], auf den Mittelpt. (Zentrum) einstellen.

Zentrifugalkraft (Fliehkraft), bei krummlin. Bewegung eines Körpers (z. B. Drehung) auftretende Kraft, die die Richtungsänderung der Bewegung zu verhindern sucht; ihr gegenüber steht eine gleichgr., entgegengesetzt gerichtete Kraft, die *Zentripetalkraft;* Größe der Z. auf einer Kreisbahn bei unveränderl. Geschwindigkeit:

$$F_z = m \cdot v^2/r = m r \omega^2$$

(m Masse des bewegten Körpers, v seine Geschwindigkeit, r Radius der Krümmung der Bahn am betrachteten Bahnpunkt, ω Winkelgeschwindigkeit).

Zentrifuge [gr.-lat.] (Separator), Vorrichtung zur Trennung v. Substanzen mithilfe der ↑Zentrifugalkraft, z. B. Wäscheschleuder.

Zentripetalkraft ↑Zentrifugalkraft.

Zentriwinkel, Winkel zw. 2 Kreisradien.

Zentrum (Z.spartei), 1870 gegr. dt. Partei des polit. Katholizismus, v. a. im Kulturkampf Oppositionspartei gg. Bismarcks Pol.; 1918 Abspaltung der Bayer. Volkspartei; s. 1919 maßgebl. Reg.-Partei, Beteiligung an der Weimarer Koalition; 1933 aufgelöst. Die 1945 neu gegr. Dt. Z.spartei blieb ohne größere Bedeutung. Die Führer des ehem. Z.s waren nach 1945 maßgebl. an der Gründung der Christl.-Demokrat. Union beteiligt.

Zenturi|e [lat.], Einheit der röm. Armee v. 60 (urspr. 100) Mann; unter einem *Zenturio;* 60 Z.n machten 1 Legion aus.

zephal[o]... ↑kephal[o]...

Zeppelin, Ferdinand Gf. von, * 1838, † 1917, dt. Luftschiffkonstrukteur u. General; widmete sich nach 1891 ganz dem Luftschiffbau, konstruierte das nach ihm ben. lenkbare Starrluftschiff (1900 Start v. LZ 1).

Zepter [gr.], Herrscherstab, Teil der Krönungsinsignien.

Zerberus, in der griech. Mythol. Höllenhund, der die Unterwelt bewacht; er lässt jeden in die Unterwelt hinein, aber keinen zurück.

zerebral [lat.], das Gehirn betr., zu ihm gehör. (Med.).

zerebrospinal [lat.], Gehirn u. Rückenmark betr. (Med.).

Zermatt *mit Matterhorn*

Zermatt, schweizer. Ort in den Walliser Alpen, 4600 E; Sommerfrische, Wintersportplatz.

Zerstörer, schnelles, mittelgroßes (1500–5000 t), vielseitig einsetzbares Kriegsschiff, u. a. als Torpedo-, Raketen-Z., v. a. für Begleitschutz.

Zertifikat [lat.], [amtl.] Bestätigung, Bescheinigung, Zeugnis; Anteilscheine bei Investmentgesellschaften.

F. Graf von Zeppelin

Zervelatwurst [ital.; dt.], Dauerwurst aus Schweine-, Rindfleisch und Speck.

Zession [lat.], Abtretung einer Forderung; *Zessionar,* der Empfangende b. einer ↑Abtretung.

Zeta, 6. Buchstabe des griech. Alphabets: Z, ζ.

Zetkin, Clara, geb. Eißner, * 1857, † 1933, dt. Politikerin; baute die sozialist. Frauenbewegung auf, Mitbegr. der Spartakusgruppe u. der USPD, 1917–29 Mitgl. des ZK der KPD, 1920–33 MdR.

Zeuge: 1) Person, deren Anwesenheit zur Wirksamkeit best. Rechtshandlungen unentbehrl. ist (z. B. *Trau-Z.*); **2)** Person, die in einem gerichtl. (sie selbst nicht betr.) Verfahren zum Beweis vernommen wird; Auslagen sind zu ersetzen *(Z.ngeld);* der Z. hat die Pflicht, zu erscheinen und [unter Eid] wahrheitsgemäß auszusagen *(Zeugnispflicht).*

Zeugen Jehovas (bis 1931 Ernste Bibelforscher), auf die Ideen von Ch. T. Russell (* 1852, † 1916) zurückgehende Religionsgesellschaft, die die bald. Wiederkunft Christi lehrt (Berechnungen für 1914, 1918, 1925 erwiesen sich als unhaltbar), Antitrinitarier, Chiliasmus; Kriegsdienstverweigerung, Erwachsenentaufe, rege missionar. Tätigkeit; Hpt.sitz der „theokrat. Organisation" Brooklyn (N. Y.).

Zeugnis: 1) Aussage über Tatsachen; **2)** Beurkundung v. Leistungen: 1. bei Beendigung eines Dienstverhältnisses vom Arbeitgeber auszustellen über Art u. Dauer der Beschäftigung, auf Verlangen auch über Führung u. Leistungen des Arbeitnehmers; bei Beendigung eines Berufsausbildungsverhältnisses: *Z.;* 2. *Schul-Z.se* über die Leistungen der Schüler zum Versetzungstermin, in der Mitte des Schulj. u. beim Schulabgang.

Zeugnisverweigerung, Aussageverweigerung eines ↑Zeugen 2) (mit Geldstrafe oder Haft bis 6 Wochen bedroht) oder Sachverständigen; *Z.srecht* haben 1. Verlobte, Ehegatten, best. Verwandte, 2. Geistliche u. andere Personen mit ↑Schweigepflicht, 3. Abg. in best. Fällen.

Zeugung, Hervorbringung eines

Heinrich Zille. *„Mit dem Orje vakehre ick nich mehr. Der is schon dreizehn Jahr und jloobt noch an den Klapperstorch" Federzeichnung (1906).*

Lebewesens durch Begattung mit nachfolgender Befruchtung; *Z.sunfähigkeit* ↑Impotenz.

Zeus, höchster griech. Gott; Sohn des Kronos; Gott des Donners u. des Blitzes.

z. H., Abk. für: **z**u **H**änden.

Zhejiang [dʒedʒjan], Prov. an der chin. O-Küste, 101 800 km², 42,3 Mill. E; Hptst. Hangzhou.

Ziaul Haq, Mohammad [zi:au:l 'ha:k], * 1924, † 1988, pakistan. Gen. u. Politiker; übernahm durch Putsch 1977 die Macht, betonte als Staatspräsident (s. 1978) die islam. Ausrichtung Pakistans.

Zibeben [arab.], svw. ↑Rosinen.

Ziborium [lat.]: **1)** abdeckbarer eucharist. Speisekelch (kath. Kult); **2)** baldachinart. Altarüberbau, getragen v. Säulen und Bögen.

Ziegenartige, Gatt. der Rinder, Horntiere; meist erdfarben, vielf. mit Kinnbart; *Wildziegen* leben als geschickte Kletterer gesell. in euras. Geb. (auch NO-Afrika); die *Hausziege* ist mit 9 Monaten zur Zucht verwendbar und wirft nach 22 Wochen meist 1–2 Junge; durchschn. Milchleistung pro J.: 600–1 000 l.

Ziegenbart, Bez. für versch. Arten der Keulenpilze; u. a. *Gelber Z.,* jung als Speisepilz.

Ziegenpeter, svw. ↑Mumps.

Ziegler, Karl, * 1898, † 1973, dt. Chemiker; seit 1943 Dir. des Max-Planck-Inst. für Kohlenforschung in Mülheim a. d. Ruhr; bed. Forschungen zur Herst. v. Kunststoffen; Nobelpreis (mit G. Natta) 1963.

Ziehharmonika, volkstüml. Musikinstrument mit Blasebalg u. frei schwing. Zungenstimmen.

Zieten (Ziethen), Hans Joachim von, * 1699, † 1786, preuß. Reitergen.; zeichnete sich in den Schles. Kriegen aus; entschied 1760 die Schlacht bei Torgau.

Ziffern [arab.], Zahlzeichen.

Zigeuner, im dt. Sprachgebrauch verbreitete Benennung einer weltweit (Ausnahme SO- u. O-Asien) ethn. Minderheit ind. Herkunft; von dieser als diskriminierend abgelehnt; erreichten, zw. 800 u. 1000 aus ihrer Heimat vertrieben, im 11. Jh. den Balkan (↑Roma), nach 1400 W-Europa; Ausbildung kleinerer „nat." Bev.gruppen, in Dtl. Selbstbez. „Sinti"; in Frkr. „Manouches", in Großbritannien „Gypsies", in Spanien „Cále" od. „Gitanos".

Zikaden [lat.], Unterordn. der Gleichflügler; Fühler sehr kurz, Hinterbeine oft als Sprungbeine entwickelt; ♂♂ mit Zirporgan am Hinterleib.

Zikkur[r]at ↑babylon. Kunst.

Ziliarkörper [lat.; dt.], ringförm. Wulst um die Augenlinse (↑auch Auge).

Ziliarmuskel, im ↑Ziliarkörper gelegener Muskel, ändert die Linsenform (↑Akkommodation).

Zille, Heinrich, * 1858, † 1929, dt. Zeichner; mit Humor u. Satire gestaltete Szenen aus dem Berliner Milieu der proletar. Viertel, Mitarb. am „Simplicissimus".

Zillertal, r. Seitental des Unterinntales in Tirol; Fremdenverkehr.

Zillertaler Alpen, Teil der Zentralalpen, zw. Brenner und Birnlücke; im Hochfeiler 3 510 m.

Zimbel [gr.-lat.]: **1)** Becken in der antiken Musik; **2)** dem ma. Hackbrett ähnl. Instrument.

Zimmermann: 1) Bernd Alois, * 1918, † 1970, dt. Komponist; Vertr. d. dt. Avantgarde; **2)** Dominikus, * 1685, † 1766, dt. Baumeister; Barockkirchen von Steinhausen, Günzburg u. die Wies; v. Licht u. Farbe erfüllte Innenräume, deren Grundform das Oval ist.

Zimt [semit.-gr.], Gewürz aus der Rinde von versch. Z.baumarten; gemahlen oder als *Stangen-Z.; Z.öl,* aus Z. gewonnenes äther. Öl; Aromamittel.

Zimtbaum, Gatt. der Lorbeergewächse, u. a. *Ceylon-Z.* und *Chin. Z.;* liefern Zimt.

Zink, chem. El., Symbol Zn, OZ 30, rel. A.-Masse 65,39, im reinen Zustand stark glänzendes, bläul. weißes Metall, Fp. 419,505 °C, Sp. 907 °C, Dichte 7,13 g/cm³; zieml. unbeständig gg. Säuren, Salzlösungen, heißes Wasser; geringe Z.mengen für den Stoffwechsel v. Pfl., Tier u. Mensch unentbehrl.; bildet meist farblose Salze: *Z.chlorid* verw. für Batterien, Lötwasser, zum Verzinken von Metallen, zum Desinfizieren u. a., *Z.sulfat* zur Konservierung v. Häuten u. Holz, zur Herst. von Z.pigmenten: *Zinkweiß* (ZnO), Z.sulfid (für Leuchtfarben), *Zinkgelb* (Z.chromat); *Z.präparate,* desinfizierende u. adstringierende Wundsalben *(Z.salbe)* und Lösungen (in größeren Mengen genossen *Z.vergiftung*); *Gewinnung:* aus Kieselgalmei, Z.carbonat oder Z.blende.

Zinken, Gaunerzeichen.

Zinksalbe ↑Zink.

Zinksulfat ↑Zink.

Zinksulfid, ZnS, wicht. Zinkverbdg., in Weißpigmenten (v. a. Lithopone) enthalten; auch verw. als intens. grün leuchtende Leuchtmasse (zus. mit Spuren v. Kupfer) mit gr. Nachleuchtvermögen.

Zinkvergiftung ↑Zink.

Zinkweiß ↑Zink.

Zinn, chem. El., Symbol Sn, OZ 50, rel. A.-Masse 118,71, silberweißes, glänzendes, sehr weiches Schwermetall, kommt in mehr. Modifikationen vor, v. a. α- und β-Modifikation (kub. bzw. tetragonal), Umwandlungstemp. 13,2 °C; Fp. 231,89 °C, Sp. 2 270 °C, Dichte (α) 5,75 bzw. (β) 7,29 g/cm³; beständ. gg. Wasser, Luft u. viele Chemikalien (u. a. Lebensmittelbestandteile, daher *Zinngeschirr*); starke Säuren und Laugen greifen Z. an; wichtigstes Z.erz Zinnstein; Z. wird verw. zur Veredelung von Eisenblechen (Weißblech) od. als dünne Folie (Stanniol, Z.folie); Z.guss kann sich langsam, bei tiefen Temp. schnell in graues, pulver. Z. (α-Z.) umwandeln und zerfallen *(Z.pest);* durch Zulegieren von geringen Mengen Sb, Bi oder anderen Metallen kann man diesen Zerfall verhindern. *Z.legierungen* haben Bed. als Bronze, Lagermetall, Letternmetall, Löt-Z.; *Z.verbdg.:* Zinn(II)-chlorid u. Zinn(IV)-chlorid als Katalysatoren und Färbehilfsmittel, Z.oxide (Z.asche) als Polier- und Trübungsmittel für Milchglas u. Email.

Zinnober meist rotes, glänzendes Mineral, HgS, wichtigstes Quecksilbererz; ☉.

Zins, Preis für die Überlassung von Geldkapital bzw. Sachkapital (z. B. Miet-Z. für die Überlassung einer Wohnung) auf Zeit. Der Nominal-Z. ist der auf den Nennwert von Wertpapieren bezogene Z.satz, der Effektiv-Z. der aus dem Verhältnis zw. Z.erträgen u. Kaufpreis eines Wertpapiers resultierende Zinssatz.

Zinseszins, Zinsen, die entstehen, wenn die Zinsen eines Kap. in best. Zeitabständen zum Kap. geschlagen u. im folgenden Zeitabschnitt mitverzinst werden. Formel: $K = K_0 \cdot (1+i)^n$ (K = Kapital im Jahr n, K_0 = Kapital im Jahr 0, i = Zinsfuß, Höhe d. Zinsen in % des Kapitals).

Zinsrechnung, Berechnung des Zinses nach der *Zinsformel:*

$$Z = \frac{K \cdot t \cdot p}{100}$$

(K = Kap., t = Jahre, p = Zinsfuß).

Zinzendorf, Nikolaus Ludwig Gf. v. Z. u. Pottendorf, * 1700, † 1760; Stifter der Herrnhuter Brüdergemeine (1722) aus einer Ansiedlung Böhm. Brüder, einer relig. Gemeinschaft, auf seinem Besitz.

Zion, urspr. Name der Festung v. Jerusalem; dann Name für den Tempelberg, auch für die Stadt Jerusalem; *Tochter Z.,* Personifizierung der Stadt Jerusalem.

Zionismus, auf nat. Wiedergeburt des jüd. Volkes abzielende Bewegung, deren polit. Ziel mit der Proklamation des Staates Israel 1948 erfüllt wurde; Anstoß von Th. Herzl.

Zips (slowak. Spiš), Gebiet im östl. Vorland der Hohen Tatra, Slowakei; im 12./13. Jh. von dt. Bauern, Handwerkern u. Bergleuten („Zipser Sachsen") besiedelt. 1945 wurde die dt. Bev. aus der Z. vertrieben.

Zirbeldrüse (Epiphyse), oberh. des Mittelhirns liegende endokrine Drüse; steuert beim Menschen best. körperl. Funktionen, u. a. im Kindesalter die Keimdrüsenentwicklung.

Zirbelkiefer (Arve, Zirbe), 12 bis 22 m hoch wachsende Kiefernart des Hochgebirges (bis etwa 2500 m); wertvolles Holz.

Zirkel [lat.]: **1)** Gerät zum Zeichnen von Kreisen (auch anderer Kurven, z. B. Ellipsen-Z.), zum Abgreifen von Maßen (Greif-Z.), Übertragen von Strecken (Stech-Z.) u. a.; **2)** gesellschaftl. Kreis.

Zirkonium, chem. El., Symb. Zr, OZ 40, rel. A.-Masse 91,22, Fp. 1852 °C, Sp. 4300 °C, Dichte 6,50 g/cm^3, stahlähnl. aussehendes, sehr widerstandsfäh. Metall.

zirkum..., Zirkum... [lat.], Vorsilbe; Bed.: „um, um – herum".

Zirkumflex [lat.], diakrit. Zeichen, im Griechischen als Dehnungszeichen über naturlangen Vokalen (῀), in der frz. Sprache (ˆ) in der Regel über Vokalen für ein ausgefallenes e oder s; auch im Rumän., Türk. und Portugies.

Zirkus [lat.]: **1)** lang gestreckte, altröm. Kampfspielbahn, Austragungsort der *zirzens. Spiele;* **2)** gr. Zelt od. Gebäude mit Manege, in der Tierdressuren, Artistik u. Ä. gezeigt werden; auch das Unternehmen selbst.

Zirndorf, bayr. St. westl. von Nürnberg, 25700 E; Spielwaren- u. a. Ind.; Durchgangslager für ausländ. Flüchtlinge.

Zirrhose [gr.], narb. Schrumpfung u. Verhärtung eines Organs nach Entzündung oder Wucherung, u. a. ↑ Leberzirrhose.

Zirruswolken (Cirrus; Abk.: Ci), hohe (über 6 km), aus Eiskristallen bestehende Wolkengattung; feine, faser. Struktur.

zirzensische Spiele ↑ Zirkus 1).

zis... [lat.], Vorsilbe; „diesseits".

ziselieren [frz.], polierte Metallflächen mit Stichel, Punze u. Ä. ornamentieren.

Zisterne [gr.], unterird. Behälter zum Auffangen von Regenwasser.

Zisterzienser (SOC[ist]), v. Robert v. Molesme in Cîteaux 1098 gegr. benediktin. Reformorden; Blüte im 13./14. Jh.; gemäßigter Zentralismus; Betonung von Innerlichkeit und Einfachheit in Kult und Kunst, *Z.baukunst* ohne Türme und dekorat. El.; prakt. Arbeit (Musterlandw., Ostkolonisation); angeschlossen die *Z.innen.*

Zita v. Bourbon-Parma, * 1892, † 1989, letzte Ksn. von Östr. u. Kgn. v. Ungarn (1916–18); s. 1911 mit dem späteren Ks. Karl I. vermählt; nach 1919 im Exil lebend.

Zitadelle [ital.], Festung innerh. od. am Rande einer Stadt.

Zither [gr.], volkstümliches Zupfinstrument; bis zu 42 Saiten über flachem Resonanzkörper.

Zitronat [lat.-roman.], kandierte Fruchtschale der *Z.zitrone,* einer Zitrusfrucht; Gewürz.

Zitrone [lat.-ital.], immergrüner, bis 7 m hoher Baum; Blüten weiß, Früchte (Z.n) mit hohem Vitamin-C-Gehalt; Heimat südl. Himalaja; heute gr. Kulturen v. a. in Italien und den USA.

Zitronenfalter, Tagfalter der Fam. der Weißlinge, ♂ leuchtend gelb.

Zitronenöl, äther. Öl aus den Schalen best. Zitruspfl.; als Aroma und für Parfüms.

Zitronensäure, dreibas. organ. Säure; in Zitronen u. a. Früchten, auch in tier. Organismen; verw. v. a. in der Lebensmittelindustrie.

Zitronensäurezyklus, von H. A. Krebs u. a. 1937 entdeckter, in der lebenden Zelle ablaufender Stoffwechsel-Kreisprozess, bei dem die zu einf. chem. Verbdg. zerlegten Nahrungsstoffe zu CO_2 und H_2O oxidiert werden. Bei den höheren Lebewesen werden $^2/_3$ der in der Nahrung enthaltenen Energie durch den Z. gewonnen.

Zitrusfrüchte [lat.; dt.], Früchte der Zitruspfl., v. a. Apfelsine, Zitrone, Mandarine, Grapefruit.

Zittau, Krst. in Sa., 31000 E; Kirchen (13. bis 15. Jh.) u. a. Baudenkmäler; Textil-, Masch.-, Auto-, chem. Ind.; im *Z.er Becken* Braunkohlen-⚒.

Zitterrochen ↑ Rochen.

Ziu (Tiu, Tyr), german. Gott des Krieges und des Rechts.

Zivilcourage [-kura:ʒə], Mut, auch misslieb. Meinungen zu äußern.

Zivildienst (früher: ziviler Ersatzdienst), dem Allgemeinwohl dienender Dienst anerkannter Kriegsdienstverweigerer insbes. in Krankenanstalten.

Zivilehe, vor dem staatl. Beamten geschlossene Ehe; *Z.trauung* in Dtl. obligator. seit 1875.

Zivilprozess, Verfahren zur Entscheidung bürgerl.-rechtl. Streitigkeiten, geregelt in der *Z.ordnung* (ZPO), Verfahrensges. vom 30. 1. 1877, gültige Fassung vom 12. 9. 1950; ↑ Prozess 2), ↑ Mahnverfahren, Urkundenprozess (↑ Urkunde), Versäumnisverfahren (↑ Versäumnisurteil), ↑ Zwangsvollstreckung.

Zivilschutz (ziviler Bevölkerungsschutz), Begriff, der alle Maßnahmen umfasst, die erforderl. sind, um die Bev., die lebens- und verteidigungswicht. zivilen Betriebe u. Anlagen vor Kriegseinwirkungen zu schützen, deren Folgen zu beseitigen od. zu mildern, sowie Kulturgut zu schützen (Schutz- u. Sicherstellungsgesetze 1957 bis 1965); *zuständ.:* B.-Min. des Innern, B.-Amt für Z.; *Maßnahmen:* Aufklärung und Warnung der Bev., Schutzbauten, Arzneimittelbevorratung, Kulturgutschutz.

ZK, Abk. für: ↑ **Z**entral**k**omitee.

Zloty [zlɔti; poln.], 1528–1864 der poln. Gulden, heute Währungseinheit in Polen, Abk. Zl.

Zn, Symbol für ↑ Zink (☊).

Zobel [slaw.], Raubmarder im nördl. Asien; Pelztier mit wertvollem, begehrtem Fell.

Zola, Émile [zɔ'la], * 1840, † 1902, frz. Schriftsteller; trat in dem berühmten offenen Brief „J'accuse"

Zola *(Gemälde von Manet)*

für A. Dreyfus ein; Hauptvertr. des frz. literar. Naturalismus; Romanzyklus in 20 Bänden „Die Rougon-Macquart. Gesch. einer Fam. unter dem 2. Kaiserreich"; zuletzt soz.-reformer. Themen.

Zölibat [lat.], Ehelosigkeit und geschlechtl. Enthaltsamkeit von Priestern, Mönchen u. Nonnen (Buddhismus, röm.-kath. Kirche u. a.).

Zoll [gr.-mlat.]: **1)** Abgabe auf Waren bei Grenzübertritt; Bemessungsgrundlagen sind Preis *(Wert-Z.)* u. Mengeneinheit oder Gewicht *(spezif. Z.)*; Arten: *Finanz-Z.* (Z.-erhebung zur Einnahmengewinnung), *Schutz-Z.* (Schutz vor ausländ. Konkurrenz); Ausfuhr- u. Durchfuhr-Z. spielen keine Rolle mehr, v. a. Einfuhr-Z.; **2)** altes Längenmaß (rd. 2,6 cm).

Zollgrenzbezirk, Gebietsstreifen an der Zollgrenze mit verschärfter Zollüberwachung.

Zöllner, fr. für Zoll- (Steuer)-Einnehmer; ugs. für Zollbeamter.

Zoll|union, Zusammenschluss v. Staaten zu einem Zollgebiet.

Zombie, wieder erweckter Toter, williges Werkzeug dessen, der ihn wieder zum Leben erweckt hat; die Vorstellung vom Z. stammt aus dem Wudukult Haitis; Motiv des Horrorfilms.

Zone [gr.]: **1)** Erdgürtel; beim Klima Unterscheidung von *trop. Z.* (beiderseits des Äquators), *gemäßigter Z.* (zw. Wende- und Polarkreisen) und *Polar-Z.*; **2)** ↑Zeit-Z.; **3)** bei Rotationskörpern zw. 2 parallelen Ebenen liegender Oberflächenstreifen, z. B. *Kugel-Z.*; **4)** Gürtel, Bezirk (Med.).

Zonengrenzen, die auf der Grundlage v. Vereinbarungen zw. Großbrit., den USA u. der Sowjetunion festgelegten Grenzlinien zw. den dt. Besatzungszonen; zw. den W-Zonen bald wieder aufgehoben, zur SBZ bzw. DDR hin 1961–89 hermet. abgeriegelt; nach Urteil des B.-Verf.gerichts v. 1973 war diese „innerdt. Grenze" eine staatsrechtl. Grenze.

Zonenzeit, die für best. Zeitzonen der Erde gültige Zeit (z. B. mitteleurop. Zeit).

Zoo, Kurzw. für zool. Garten.

zo|o..., **Zo|o...** [gr.], Bestimmungswort; Bed.: „Leben, lebendig".

Zo|ologie [gr.], Teilgebiet der Biol., Wiss. von den Tieren (Bau, Leben, Entwicklung, Verhalten, Beziehungen zur Umwelt u. a.).

zo|ologische Gärten, Anlagen zur Haltung, Vorführung und wiss. Beobachtung v. einheim. u. ausländ. Tieren in Freilandgehegen, *Aquarien, Terrarien* (Reptilien), *Insektarien.*

Zoom|objektiv [zu:m; engl.] (Varioobjektiv, Gummilinse), fotograf. Objektiv mit stufenlos veränderl. Brennweite; besteht aus Grundobjektiv u. afokalem Vorsatz (fokussierbare Frontlinsengruppe, ungleichförmig verschiebbare Variator- u. Kompensatorgruppe); durch zusätzl. Verschiebung des Grundobjektivs bzw. des Kompensators sind auch Nahaufnahmen mögl. *(Makrozoomobjektiv).*

Zoppot (poln. Sopot), St. an der Danziger Bucht, Polen, 50 000 E; Hochschulen, Ind.; Seebad.

Zorn, Anders [so:rn], * 1860, † 1920, schwed. Maler u. Radierer; Impressionist; Frauenakte, Bildnisse, Genreszenen.

Zoroaster ↑Zarathustra.

Zote, unanständiger Witz.

ZPO, Abk. für: **Z**ivil**p**rozess**o**rdnung (↑Zivilprozess).

Zr, Symbol für ↑Zirkonium (♂).

Zschokke, Heinrich [tʃ-], * 1771, † 1848, schweizer. Schriftsteller dt. Herkunft; realist. Erzählungen u. Dramen mit moralisierender Tendenz, anfangs Einfluss der Schauerromantik, dann liberalist.-aufklärer. Tendenz.

Zuaven: 1) Kabylenstamm im heutigen Algerien, stand im Ruf großer Tapferkeit. **2)** eine seit 1831 aus Z. rekrutierte frz. Infanterietruppe, später nur noch durch Franzosen ergänzt, 1963 aufgelöst.

Zuccalli, Enrico (Johann Heinrich), * um 1642, † 1724, schweizer. Baumeister; Vollendung der Theatinerkirche in München, Neues Schloss Schleißheim (1701 ff.).

Zuccari: 1) Federico, gen. Cavalier d'Arpino, * 1540 (?), † 1609, Bruder v. 2), ital. Maler; bed. Vertr. des Spätmanierismus; erbaute den Palazzo Z. in Rom (allegor. Fresken); **2)** Taddeo, * 1529, † 1566, ital. Maler; Hauptvertr. des röm. Manierismus; Fresken im Schloss Caprarola u. im Vatikan.

Zucchini [tsu'ki:ni; ital.], nicht rankende, buschige Kürbisvarietät mit grünen bis gelben, länglichen Früchten.

Zuchthaus, Strafanstalt; *Z.strafe,* Form der ↑Freiheitsstrafe, in der BRD 1969 abgeschafft.

Zuchtmittel, nach dem Jugendstrafrecht Mittel zur Ahndung der Straftat eines Jugendlichen; keine [einzutragende] Strafe; Z. sind im Einzelnen die Verwarnung, die Auferlegung bes. Pflichten, der Jugendarrest.

Züchtung, zielbewusst durch Anwendung v. Vererbungsgesetzen durchgeführte Verbesserung der Eigensch. und Leistungen von Pfl. u. Tieren.

Zucker, süß schmeckende, wasserlösl., meist weiße, kristalline Kohlenhydrate, die sich (direkt od. nach Spaltung) vergären lassen; i. e. S. Rohr- u. Rüben-Z. (Saccharose); i. w. S. alle ↑Mono-, ↑Di- und ↑Polysaccharide. – *Z.fabrikation: Z.rohr* (bis 20 % Z.) wird zermahlen bzw. *Z.rüben* (bis 21 % Z.) werden geschnitzelt; danach Extraktion des Z.s durch Wasser, Behandeln des rohen Z.saftes mit Kalk und Kohlensäure, Filtern, Einengen der wässr. Lösung in Verdampfern, Abscheiden der Melasse (Sirup), Waschen der Rohzuckerkristalle, Umlösen, Entfärben u. erneute Konzentrierung der entstandenen reinen Zuckerlösung; als Flüssig-,

Kristall-, Würfel-, Platten-, Hut-, Kandis- od. Puder-Z. im Handel.

Zuckerhut, Berg an der Baía de Guanabara, Brasilien, 395 m. – Wahrzeichen von Rio de Janeiro.

Zuckerkrankheit ↑Diabetes.

Zuckerpalme, Palmart Ostindiens u. Indonesiens, liefert neben Fasern eine Art Zucker.

Zuckerrohr, Grasart mit 3–6 m hohen Stängeln, nur in Kultur bek. (Heimat und Abstammung noch ungeklärt); Anbau in zahlr. trop. Ländern; Mark liefert Rohrzucker, der Sirup dient zur Herst. von Rum; ↑auch Zucker.

Zuckerrübe, mit der Runkelrübe verwandtes Gänsefußgewächs, aus dessen Rübe ↑Zucker gewonnen wird; eine der jüngsten landw. Kulturpflanzen.

Zuckersäure, organ. Säure, entsteht bei der Oxidation von einfachen Zuckern.

Zuckmayer, Carl, * 1896, † 1977, dt.-schweizer. Schriftsteller; realist. Dramen: „Der fröhl. Weinberg"; „Der Hauptmann v. Köpenick", „Katharina Knie", „Des Teufels General"; Romane, Erzählungen („Die Fastnachtsbeichte"), Gedichte.

Zufalls|auswahl, in der Statistik Auswahlmethode, bei der der Zufall entscheidet, welches Element für die Untersuchung herangezogen wird; eine wesentl. Grundlage der Stichprobentechnik.

Zug: 1) schweizer. Kt. um den Z.er See, 239 km², 88 600 E, Hptst. Z.; Viehhaltung; Ackerbau, etwas Obst- und Weinbau; Masch.-, Textil-, Holz-, Papierind. – 1352 Ewiger Bund mit den eidgenössischen Orten; **2)** Hptst. v. 1), 21 900 E, ma. Stadtbild; Textil- u. a. Ind.; Fremdenverkehr.

Zügel, Heinrich v., * 1850, † 1941, dt. Maler, Mitbegr. der Münchner Sezession, zunächst realist., später impressionist. Tierbilder.

Zuger See (Zugersee), See nördl. des Rigi, Schweiz, 38,3 km², bis 198 m tief, 414 m ü. d. M.

Zugewandte Orte, bis 1798 die der Schweizer Eidgenossenschaft oder einzelnen Orten nur locker verbundenen Städte oder Territorien, hatten keinen Einfluss auf die eidgenöss. Politik, genossen, zum Kriegsdienst verpflichtet, jedoch Schutz.

Zugewinngemeinschaft, ↑Eherecht.

Zugfunk, öffentl. und nichtöffentl. beweglicher Funkdienst für Funksprechverkehr zw. Eisenbahnzügen und ortsfesten Funkstellen, ermöglicht auch Telefonate zw. Zug u. Privatanschlüssen.

Zugpflaster, früher häufig verwendete Pflaster mit Zusatz von Hautreizmitteln, bes. zur Verkürzung eines Entzündungsprozesses.

Zugriffszeit, in der Datenverarbeitung Zeitspanne, die für das Lesen oder Schreiben eines Speicherinhalts notwendig ist; liegt bei leistungsfähigen Computern im Nanosekundenbereich.

Zugspitze, höchster Gipfel des Wettersteingeb. u. höchster Berg in Dtl., 2 963 m; auf dem Westgipfel Münchner Haus und meteorol. Observatorium. *Bayer. Zugspitzbahn* von Garmisch-Partenkirchen zum Zugspitzplatt.

Zugvögel, Vögel, die alljährl. in best. Winterquartiere ziehen.

Zuhälterei, Straftatbestand; Z. begeht eine Person, die eine Person, die der Prostitution nachgeht, ausbeutet od. überwacht; mit Freiheitsstrafe bis zu 5 J. bedroht.

Zukrowski, Wojciech [ʒuˈkrɔfski], * 1916, poln. Schriftsteller, gesellschaftspolit. stark engagierte Novellen u. Romane, daneben Kinderliteratur.

Zukunft, svw ↑Futur.

Zukunftsmusik, zeitgenössische spött. Bez. für R. Wagners Musik, spielte auf dessen Schrift „Das Kunstwerk der Zukunft" an.

Zulassung, i. Allg. formloser Verwaltungsakt, bes. auf Gewährung der Benutzung von öffentl. Anstalten oder öffentl. Sachen im Allgemeingebrauch. Eigene Regelung für die Z. von Personen und Fahrzeugen zum Verkehr auf öffentl. Straßen in der Straßenverkehrs-Z.-Ordnung (StVZO) und die Z. zur Ausübung eines selbstständigen Gewerbes.

Zulliger, Hans, * 1893, † 1965, schweizer. Psychologe und Pädagoge, führte die Psychoanalyse in die Kinderpsychologie ein.

Zülpich, Stadt in NRW, Kr. Euskirchen, an den nördl. Ausläufern der Eifel in der Zülpicher Börde, 18 900 E; Verpackungs-, Papier- u. Textilindustrie.

Zulu, Bantuvolk, Bantuheimatland Kwa Zulu, Rep. Südafrika; Ackerbauern, z. T. Viehzüchter, Ind.- u. ⚒-Arbeiter.

Zunder: 1) salpetergetränkter ↑Feuerschwamm, fr. zum Feueranmachen verw.; **2)** bei hoher Temp. in oxidierenden Gasen auf einer Metalloberfläche entstehende Korrosionsprodukte (Oxidschichten).

Zugspitze. *Gipfel mit Blick nach Süden*

Zündhütchen, Metallkapsel (fr. Sprengkapsel) mit Zündsätzen.

Zündkerze, Vorrichtung zur Zündung des im Verbrennungsraum von Ottomotoren verdichteten Kraftstoff-Luft-Gemischs durch einen elektr. Funken. Der Funkenüberschlag erfolgt zw. Mittel- u. Masseelektrode (Abstand 0,7 bis 0,8 mm; übl. Spannungen 5 000 bis 17 000 V).

Zündnadelgewehr, erstes brauchbares Hinterladergewehr, von J. N. v. Dreyse (* 1787, † 1867) in den 1830er-Jahren erfunden.

Zündschnur, Mittel zur Zündung von Sprengkapseln. Schwarzpulver-Z. werden durch Umspinnen u. Teeren eines Schwarzpulverstrangs hergestellt; detonierende Spreng-Z. für sehr hohe Zündgeschwindigkeiten bestehen aus ummanteltem Nitropentaerythrit.

Zündspule, Transformator, der die zur Bildung des Zündfunkens an der ↑Zündkerze benötigte hohe Spannung erzeugt.

Zündung, Auslösung einer Verbrennung oder Explosion, meist durch Erhitzung des Explosivstoffes mittels Funken oder Kompression. Bei Verbrennungskraftmasch.: *Funken-Z.* mittels ↑Zündkerze (Batterie-, Magnet-Z., elektr. Z.; *Früh-Z.* erfolgt zeitl. vor, *Spät-Z.* nach oberer Totlage des Kolbens; *Fehl-Z.* bei Aussetzen der Z.); in der Sprengstoff- und Waffentechnik: Auslösung durch *Zündstoffe (Initialzünder),* die z.B. durch Bolzenschlag detonieren und die Sprengstoffreaktion auslösen (z.B. Knallquecksilber, Tetrazen); in Wasserstoffbomben werden zur Erzeugung der für die ↑Fusion 4) erforderl. Temp. Uran[atom]bomben als Initialzünder verwendet.

Zündverteiler, bei mehrzylindr. Verbrennungskraftmasch. erforderl. Vorrichtung, die die Spannung der ↑Zündspule zum gewünschten Zündzeitpt. an die ↑Zündkerzen d. Zylinder verteilt.

Zündwilligkeit, Eigenschaft von Dieselkraftstoffen, unmittelbar nach Einspritzung in die Luftladung des Zylinders mit der Verbrennung einzusetzen; zulässiger Zündverzug bei rasch laufenden Dieselmotoren: 0,001 sec; Maßzahl für Z. die Cetanzahl (↑Cetan).

Zünfte, bis ins 19. Jh. bestehende Genossenschaften v.a. der selbst. Handwerker; Meister und Gesellen waren zum Beitritt verpflichtet *(Zunftzwang).* In *Zunftordnungen* wurden Preisgestaltung, Qualität der Waren, Ausbildung der Lehrlinge u.a. festgelegt; mit Einführung der Gewerbefreiheit s. der Frz. Revolution (1791 in Frkr., 1810/11 in Preußen, 1859 in Östr.) aufgelöst; heute Zusammenschluss der Handwerker in Innungen.

Zunge, muskulöses, bewegl., im Mundraum gelegenes Organ, mit derber Schleimhaut überzogen; dient zum Saugen, Kauen u. zur Lautartikulation; Hauptsitz des Geschmackssinns.

Zungenblüten, Randblüten der Korbblütler.

Zurbarán, Francisco de [θurβa'ran], * 1598, † 1664, span. Maler; relig. Bilder, Legendenzyklen.

Zürich: 1) Kt. in der N-Schweiz, 1729 km², 1,16 Mill. E; Teil des Schweizer Mittellandes mit breiten, dem Rhein zustrebenden Tälern; Ackerbau, Vieh-, Milchwirtsch.; verbreitet Textil- u. Metallind.; **2)** Hptst. von 1), am Z.see u. an der Limmat, 343 000 E; bed. Kultur-, Wirtsch.-, Handels-, Verkehrszentrum, der Geldmarkt (u.a. Börse) der Schweiz; Univ., Eidgenöss. TH, Konservatorium, Museen; Großmünster u.a. bed. Kirchen, Zunft- u. Patrizierhäuser; Masch.-, Textil-, Papier-, Nahrungsmittelind., graf. Gewerbe, Verlage; Fremdenverkehr; ✈. – Röm. Gründung; 929 erstmals als Stadt erwähnt.

Zürichsee, schweizer. See am N-Rand der Alpen, von der ↑Limmat durchflossen, 90 km², bis 143 m tief, 406 m ü. d. M.

Zürich. *Großmünster; davor links das Haus „Zum Rüden" und das Zunfthaus „Zur Zimmerleuten"*

Zürn, Jörg, * um 1583, † vor 1635, dt. Bildhauer; Leiter einer gr. Werkstatt in Überlingen; frühbarocker Hochaltar im Überlinger Münster.

Zuse, Konrad, * 1910, † 1995, dt. Ing.; entwickelte die 1. programmgesteuerte Rechenmaschine (in Relaistechnik), fertig gestellt 1941.

Zustand, Gesamtheit der physikal. Größen, die zu einer best. Zeit die Form u. Eigensch. eines physikal. Systems beschreiben; in der Wärmelehre lässt sich die Zahl der *Z.sgrößen* auf 3 reduzieren (Druck *p,* Temp. *T,* Volumen *V*); die *Z.sgleichung* zeigt deren funktionalen Zusammenhang im thermodynam. Gleichgewicht: $f(p, T, V) = 0$; die Z.sänderung eines Systems (bei Änderung einer Größe) wird im *Z.sdiagramm* dargestellt.

Zustellung, förml. Übergabe eines Schriftstücks durch eine amtl. Person unter Ausfertigung einer *Z.surkunde.*

Zwangs|ernährung, die gegen den Willen u. u.U. gg. den Widerstand eines Gefangenen od. Untersuchungshäftlings vorgenommene künstl. Ernährung durch einen Arzt. Die Vollzugsbehörden haben ein Recht zur Z. bei Lebensgefahr u. schwerwiegender Gefahr für die Gesundheit des Gefangenen.

Zwangshandlungen, vom bewussten Willen unbeeinflussb. Handlungen; Folge von ↑Zwangsvorstellungen.

Zwangsneurose, Psychoneurose mit Zwangssymptomen, Angst und Schuldgefühlen.

Zwangsvollstreckung, Verfahren zur Durchsetzung von Ansprüchen durch staatl. Zwang im Auftrag des Berechtigten; als *Verw.-Z.,* v.a. als *gerichtl. Z.,* die der Verwirklichung der im Zivilprozess zuerkannten Ansprüche dient, betrieben durch *Gerichtsvollzieher* u. ↑Amtsger. als Vollstreckungsger.; Gegenstand ist das Vermögen des Schuldners. – 1. *Z. wegen Geldforderungen* in das bewegl. Vermögen durch ↑Pfändung, in das unbewegl. Vermögen (Grundstücke) v.a. durch Zwangsversteigerung u. Zwangsverw.; 2. *Z. zur Erwirkung der Herausgabe von Sachen* erfolgt durch Wegnahme oder sonst. Besitzenthebung durch Gerichtsvollzieher und Übergabe an den Gläubiger; 3. *Z. zur Erwirkung von Handlungen und Unterlassungen* durch Beugestrafen, bei vertretb. Handlungen durch Ersatzvornahme durch Dritte auf Kosten des Schuldners; 4. bei der Verpflichtung zur *Abgabe einer Willenserklärung* wird kein Zwang ausgeübt, vielmehr gilt

(↑Fiktion 3) die Erklärung, zu der der Schuldner verurteilt ist, als abgegeben, sobald das Urteil rechtskräftig (↑Rechtskraft) ist. Rechtsbehelfe gg. unrechtmäß. Z.: für den *Schuldner* die *Erinnerung* gg. die Art und Weise der Z., *Vollstreckungsklage* gg. den zugrunde liegenden Anspruch; für einen betroffenen *Dritten* die *Drittwiderspruchsklage.*

Zwangsvorstellungen, gegen den eigenen Willen auftretende, nicht verdrängbare Vorstellungen, die zu ↑Zwangshandlungen und ↑Zwangsneurosen führen können.

Zwanzigster Juli [1944], Datum des versuchten Attentats auf Hitler im Rahmen des wichtigsten Umsturzplans der seit etwa 1938 mit unterschiedl. Stärke bestehenden u. unterschiedl. Auffassungen vertretenden dt. Widerstandsbewegung; häufig auch Bez. des Attentats selbst.

Nach dem Scheitern versch. Attentatsversuche auf Hitler zw. 1938 u. 1943 erhielt der dt. Widerstand durch Oberst C. Schenk Graf von ↑Stauffenberg neue Impulse. Mit einem Attentat auf Hitler sollte gleichzeitig der Alarmplan „Walküre", eigtl. für den Einsatz des Ersatzheeres im Fall eines inneren Notstandes entworfen, ausgelöst werden u. mithilfe des Ersatzheeres eine von der Widerstandsbewegung zusammengestellte Staatsführung an die Macht gebracht werden. Der von Schenk von Stauffenberg aufgrund seines Zugangs zu Hitler persönlich ausgeführte Anschlag ging fehl. Die Nachricht vom Überleben Hitlers löste bei den Verschwörern in Berlin Unentschlossenheit aus, sodass Gegenmaßnahmen regimetreuer Kräfte den Aufstand am Abend des 20.7. zusammenbrechen ließen. Lediglich in Paris war die Verschwörungsaktion mit der Ausschaltung von SS und Sicherheitsdienst planmäßig verlaufen, war aber auch hier zum Scheitern verurteilt. – Im Zusammenhang mit dem Attentat wurden etwa 1000 Personen verhaftet. Einige der führenden Verschwörer, neben ranghohen Militärs führende Mitgl. der liberalen und konservativen Opposition, begingen Selbstmord oder wurden standrechtlich erschossen. Die Übrigen wurden in entehrenden Verfahren vor dem Volksgerichtshof zum Tod verurteilt.

Zweibrücken, krsfr. St. im Westrich, RP, 36100 E; spätgot. Alexanderkirche, barockes Schloss; berühmter Rosengarten; OLG, LG; bed. Pferdezucht; Masch.-, Schuh- und Textilind. – 1477–1778 Residenz der Herzöge v. Pfalz-Zweibrücken.

A. Zweig *(links).* **St. Zweig** *(rechts)*

Zweibund, 1879 abgeschlossenes Defensivbündnis zw. dem Dt. Reich und Östr.-Ungarn für den Fall eines Angriffs Russlands (auf Östr.-Ungarn) od. dessen Unterstützung für eine andere angreifende Macht (Frkr. gg. Dtl.). 1882 zum ↑Dreibund erweitert.

Zweier, von 2 Ruderern gefahrenes Boot (Z. mit od. ohne Steuermann u. Doppel-Z.; Länge: 10,5 bzw. 10 m, Breite 0,4 m).

Zweiflügler, Insektenordn. mit rd. 85000 etwa 1–55 mm gr. Arten; nur Vorderflügel, diese glasartig, Hinterflügel rudimentär als Schwingkolben; 2 Unterordnungen: ↑Mücken, ↑Fliegen.

Zweig: 1) Arnold, * 1887, † 1968, dt. Schriftsteller; soz., zeitgeschichtl. Themen in Dramen u. Erzählwerken; „Der Streit um den Sergeanten Grischa", „Junge Frau v. 1914", „Erziehung vor Verdun"; **2)** Stefan, * 1881, † 1942 (Selbstmord), östr. Schriftsteller; dem Wiener Expressionismus verhaftete Ged. u. Dramen; im dichter. Essay Deuter v. Menschen u. entscheidenden Konstellationen der europ. Gesch.: „Sternstunden der Menschheit", „Joseph Fouché"; „Verwirrung der Gefühle" sowie „Ungeduld des Herzens" hellen mit subtiler Sprachkunst seel. Verwirrungen psychoanalyt. auf.

Zweihäusigkeit ↑Diözie.

Zweikammersystem, Organisationsform der Volksvertretung mit 2 gesetzgebenden Körperschaften (Kammern): 1. Kammer (z.B. Senat, Ober-, Herrenhaus), feudale, ständ. od. regionale Vertretung, 2. Kammer (z.B. Unterhaus, Abg.-Haus), gewählte Abg.; Ggs. ↑Einkammersystem.

Zweikeimblättrige (Dikotyledonen), Klasse der Bedecktsamer mit meist 2 Keimblättern.

U. Zwingli

Zwei-plus-vier-Vertrag, 1990 zw. beiden dt. Staaten einerseits u. den USA, der UdSSR, Frankreich u. Großbritannien andererseits geschlossener Vertrag, worin die alliierten Siegermächte der Vereinigung von BRD und DDR innerhalb der zu Vertragsabschluss bestehenden Grenzen zustimmen.
Zweistärkengläser, svw. ↑Bifokalgläser.
Zweistromland, svw. ↑Mesopotamien.

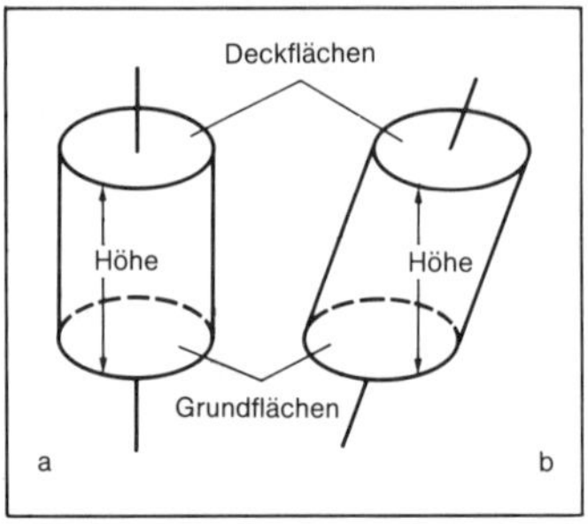

Zylinder. *a gerader, b schiefer Zylinder*

Zweitaktmotor, Verbrennungskraftmasch., bei der jeder 2. Kolbenhub (Takt) ein Arbeitshub ist; 1. Takt: Brennstoff wird verdichtet u. gezündet, 2. Takt: Kolben bewegt sich infolge der Explosion nach unten, dabei Vorverdichtung des für die nächste Explosion angesaugten Brennstoff-Luft-Gemisches im Kurbelgehäuse; beim tiefsten Stand des Kolbens puffen die verbrannten Gase aus, u. das neue Gemisch tritt ein.
zweiter Bildungsweg, Einrichtungen, die Berufstätigen, die nur eine Haupt- od. Realschule besucht haben, den Erwerb des Abiturs (Hochschulreife) oder der Fachhochschulreife ermöglichen.
Zwerchfell, quer verlaufende, kuppelförm., teils muskulöse, teils sehn. Trennwand von Brust- u. Bauchhöhle; bed. b. der Atmung.
Zwerenz, Gerhard, *1925, dt. Schriftsteller; Essayist, Lyriker; zeitkrit., auch erot. Romane.
Zwerge: 1) im Volksglauben kl., geisterhafte, meist hilfreiche Wesen; **2)** Menschen mit rass. (Pygmäen) oder individuellem *Zwergwuchs* (unter etwa 130 cm), pathol. Ursachen: Schilddrüsen-, Hypophysenstörungen; **3)** svw. ↑Zwergsterne.
Zwergmispel, ↑Steinmispel.
Zwergsterne, Sterne d. Leuchtkraftklasse V, Weiße u. Unterzwerge; ↑auch Hertzsprung-Russell-Diagramm.
Zwetsche (Zwetschge), Form der Pflaume mit kleineren, blauen, bereiften Früchten *(Z.n);* Fruchtfleisch gelb, säuerlich.
Zwickau, St. in Sa., 108 000 E; spätgot. Marienkirche, spätgot. Gewandhaus (heute Stadttheater); fr. Steinkohlen-⚒; Textil-, Maschinenbau- u. Autoindustrie.
Zwiebel [lat.], westasiat. Liliengewächs; weit verbreitete, in vielen Sorten kultivierte Gewürz- u. Gemüsepflanze.
Zwiebel, [unterird.] Spross mit gestauchter Achse, an der fleisch. verdickte, zu Schutzhüllen und Speicherorganen umgewandelte Blattorgane stehen.
Zwiebelbrand ↑Übers. S. 528 f.
Zwiebelhaube, Turmbedachung mit zwiebelförmiger Spitze, v. a. in der russ. und in der islam. Baukunst; seit d. 16. Jh. auch in S-Dtl. häufig.
Zwiefalten, Gem. nördl. v. Riedlingen, Ba.-Wü., 2300 E; spätbarocke Abteikirche mit reicher Rokokoausstattung.
Zwiesel, St. im hinteren Bayer. Wald, 10 500 E; bed. Kristall- u. Farbglasherstellung; Wintersportplatz.
Zwillinge, Sternbild ↑Gemini.
Zwillinge: 1) 2 gleichzeit. entwickelte Leibesfrüchte bei Mensch u. Tier mit Geburt in kurzem zeitl. Abstand; beim Menschen sind *zweieiige Z.* häufiger (gleichzeit. Befruchtung von 2 Eizellen; Ähnlichkeit wie bei normalen Geschwistern), seltener *eineiige Z.* (schwer unterscheidbar; am Anf. der Entw. Spaltung der Keimanlage der von einer Samenzelle befruchteten Eizelle); **2)** in der Kristallographie gesetzmäß. Verwachsung zweier artgleicher Kristallindividuen; stehen in einf. symmetr. Beziehung zueinander; u. a. bei Orthoklas, Quarz, Gips, Kalkspat.
Zwinger: 1) bei Stadt- u. Burgbefestigungen Bereich zw. innerer u. äußerer Ringmauer, häufig als Bären-Z. od. für ritterl Spiele benutzt; **2)** von M. D. Pöppelmann geschaffener barocker Festplatz in Dresden (1711–28).
Zwingli, Ulrich (Huldrych), *1484, ⚔1531, schweizer. Reformator; s. 1518 am Großmünster in Zürich; vom Humanismus u. auch v. Luther beeinflusst, enge Beziehung zu Erasmus v. Rotterdam; 1523 1. und 2. Züricher Disputation über seine „67 Schlußreden" (Thesen); 1525 „De vera et falsa religione commentarius"; 1523 in Zürich Bruch mit dem Konstanzer Bischof; Abschaffung der Messe; Armenordnung; Sitten- und Eheger.; Ausbreitung der Reformation in der O-Schweiz; in der Entscheidungsschlacht bei Kappel am Albis zw. den ref. u. den kath. gebliebenen Kantonen fiel Z. als Feldprediger. – Stärker von der kirchl. Praxis bestimmt als Luther, mit dem er sich bes. über die Abendmahlslehre auseinander setzte (Marburger Religionsgespräch 1529).
Zwischenhirn ↑Gehirn.
Zwischenwirt ↑Wirtswechsel.
Zwitter (Hermaphrodit): **1)** Organismus mit normal ausgebildeten ♂ und ♀ Geschlechtsorganen; häuf. b. Tieren (u. a. Bandwurm) und Pfl. (u. a. einhäus. Pfl.); **2)** durch Entw.-Störungen entstandener scheinb. Z. bei normalerweise getrenntgeschlechtigem Tier.
Zwölffingerdarm (Duodenum), am Magenausgang beginnender oberster Dünndarmabschnitt; *Z.geschwür,* im Anfangsteil des Z.s auftretende Geschwürbildung mit Nüchtern- und Nachtschmerz.
Zwölfkampf, turner. Mehrkampf der Männer: je 6 Pflicht- u. Kürübungen an Reck, Barren, Pferd (Seitpferd u. Pferdsprung), Ringen u. im Bodenturnen.
Zwölftafelgesetz, um 450 v. Chr. auf 12 Tafeln aufgezeichnetes ältestes röm. Gesetzgebungswerk; nur fragmentar. erhalten.
Zwölften (Zwölfnächte), im dt. Sprachgebiet in Volksglauben u. -brauch die Zeit zw. Thomas- (21. 12.) u. Dreikönigstag (6. 1.), Zeit der Toten- u. Geisterumzüge.
Zwölftonmusik (Zwölftontechnik, Dodekaphonie), Kompositionsart, die nach der atonalen Musik eine neue strenge Ordnung schuf; voneinander unabhängige Versuche im 1. Viertel dieses Jh.s, zuerst wohl bei J. M. Hauer; Festlegung der Regeln bei A. Schönberg: zunächst Aufstellung der *Reihe,* die alle 12 Töne der chromat. Tonleiter enthält u. das Gerippe der Thematik bildet. Ein Ton darf erst

nach Ablauf der Reihe, die vielf. verändert werden kann, wiederkehren (Umkehrung, ↑Krebs 3); Vertr. neben Schönberg v. a. A. v. Webern, A. Berg, dann L. Dallapiccola, E. Křenek; später W. Fortner, H. W. Henze, R. Liebermann, P. Boulez u. a.

Zwolle ['zwɔlə], Hptst. der niederl. Prov. Overijssel, 98 300 E; spätgot. Michaelskirche, Stadthaus (15. Jh.); Handel, Ind.; ehem. Hansestadt.

Zyankali[um], Trivialname für Kaliumcyanid, KCN, farblose hygroskop. Kristalle; ☠.

zykl[o]..., Zykl[o]... [gr.], Bestimmungswort; Bed.: „Kreis", „kreisförmig".

Zyklamen [gr.], svw. ↑Alpenveilchen.

Zykloide [gr.] (Radkurve), Kurve, die von einem Pt. auf dem Radius bzw. auf der Verlängerung des Radius eines rollenden Kreises beschrieben wird.

Zyklon [gr.-engl.], heft. Wirbelsturm in trop. Gebieten.

Zyklopen, einäug. Riesen der griech. Mythol., die für Zeus Blitze u. Donnerkeile schmieden; bekannt v. a. Polyphem aus der Odyssee.

Zyklotron [gr.], Gerät zur Beschleunigung elektrisch geladener Teilchen auf hohe Energien (durch Hochfrequenzwechselspannung); die Teilchen laufen auf Spiralbahnen von innen nach außen.

Zyklus [gr.]: **1)** Kreis[lauf]; **2)** Reihe zusammengehörender [literar., musikal.] Werke, Vorträge u. Ä.; **3)** Zeitraum vom 1. Tag der Regelblutung bis zum Beginn der nächsten ↑Menstruation (Med.).

Zylinder [gr.]: **1)** geometr. Körper aus zwei parallelen, ebenen, kongruenten Grundflächen, die durch eine Mantelfläche verbunden sind; *Kreis-Z.:* Grundflächen sind Kreise; *gerader Z.* (Ggs. *schiefer Z.*): senkr. auf der Grundfläche stehende Mantelfläche; **2)** röhrenförm. Hohlkörper, in dem sich gleitend der Kolben bewegt (z. B. bei Dampf- und Verbrennungskraftmasch.); **3)** hoher Herrenhut; urspr. aus schwarzer Seide, später auch farbig u. aus Filz.

Zypern

Fläche: 9 251 km²
Einwohner: (1995) 742 000
Hauptstadt: Nikosia
(grch. Lefkosia, türk. Lefkoşa)
Amtssprachen: Neugriechisch und Türkisch
Zeitzone: MEZ + 1 Stunde

Zylinderprojektion, Kartenprojektion, bei der die Meridiane durch parallele Geraden gleichen Abstandes dargestellt werden.

Zynismus [gr.], destruktive, verächtl. machende Kritik.

Zypergras [nach ↑Zypern] (Cyperus), Gatt. der Riedgräser; die afrik. Art *Papyrusstaude* diente im Altertum zur Papierherstellung, einige Arten Zierpflanzen.

Zypern, Inselstaat im östl. Mittelmeer, 9 251 km², 762 000 E (80 % orth. Griechen, 19 % muslim. Türken), Hptst. Nikosia. De facto ist Z. jedoch seit 1974 geteilt in den griech. S-Teil (5 750 km²) u. den türk. N-Teil (3 300 km²); zw. beiden Teilen Niemandsland mit UN-Truppen; außerdem bestehen 2 souveräne brit. Stützpunkte. Die zentrale fruchtb. Schwemmlandebene der Messaria wird im N v. der schmalen küstenparallelen Gebirgskette des Pentadaktylos, im SW vom Massiv d. Troodos (bis 1 953 m) begrenzt. Anbau von Weizen, Kartoffeln, Gemüse; Zitrus-, Ölbaum- u. Rebkulturen (Weinbereitung); Viehhaltung, Fischerei; Abbau v. Kupfererz (zz. eingestellt), Asbest, Umbra u. a.; Lebensmittel-, Textilind., Zigarettenfabr., Erdölraffinerie. Haupthäfen: Famagusta für den türk., Limassol für den griech. Teil; auch getrennte . – *Gesch.:* S. etwa 1400 v. Chr. besiedelt, s. 1200 v. Achäern, s. 10. Jh. v. Phöniziern besiedelt; 58 v. Chr. röm.; 1192 selbst. Kgr. unter dem Haus Lusignan; 1489 an Venedig, 1573 osman.; s. 1878 unter brit. Verw., 1925 brit. Kronkolonie; s. 1931 Terrorakte griech. Zyprer, die den Anschluss an Griechenland forderten (s. 1950 unter Erzbischof Makarios III.), s. 1955 Guerillakampf gg. die brit. Kolonialmacht; 1960 unabh. Rep.; die Einschränkung türk. Sonderrechte 1963 führte zum Bürgerkrieg zw. den Volksgruppen, 1964 Entsendung einer UN-Friedenstruppe; 1967 Errichtung der „Provisor. türk.-zypr. Verw."; 1975 Besetzung des N-Teiles der Insel durch türk. Truppen. Ausrufung des „Türk. Föderationsstaates v. Z.", 1983 die „Türk. Rep. N-Z." ausgerufen (internat. nicht anerkannt). Der griech. Reststaat stand seit dem Tod v. Erzbischof Makarios (1977) unter der Führung von Sp. Kiprianu als Staatspräs. (von den Türken jedoch nur als Repräsentant der griech. Volksgruppe angesehen), dem 1988 J. Vassiliu u. 1993 G. Klerides folgten.

Zypresse [gr.-lat.], Gatt. der Z.ngewächse; meist immergrüne Bäume; u. a. *Echte Z.* (20–25 m hoch, meist kegelförm.), charakt. Baum des Mittelmeergebietes.

Zyste [gr.]: **1)** im od. am Körper gebildeter, sackart., mit Flüssigkeit gefüllter Hohlraum (Med.); **2)** bei niederen Pfl. u. Tieren auftretendes kapselart. Dauerstadium zum Überstehen ungünst. Lebensbedingungen, z. B. bei Bakterien.

zyto..., Zyto... [gr.], Bestimmungswort; Bed.: „Zelle".

Zytologie [gr.], Lehre von der Zelle (Biol.).

zytostatische Mittel [gr.; dt.] (Zytostatika), die Entw. und Vermehrung schnell wachsender Zellen hemmende, als Krebsmittel verwendete Substanzen, z. B. radioakt. Stoffe.

zz., z. Z., Abk. für: **z**ur **Z**eit.

Bildquellenverzeichnis

ABB, Mannheim 60. – Air France, Frankfurt am Main 131. – Fratelli Alinari, Florenz 726. – E. Andres (†), Hamburg 72. – Archiv für Kunst und Geschichte, Berlin 13, 26f., 50, 59, 67, 102, 186, 233, 240, 278, 288, 299, 329, 335, 344, 351, 386, 408, 410, 416, 424, 472, 481, 494, 507, 510, 512, 518, 542, 563, 576, 585, 634, 668, 672, 692. – ARDEA, London 347, 617, 772. – Kunstarchiv Arntz, Haag 543. – Artothek, J. Hinrichs, Peissenberg 101, 134, 261, 347, 533, 555, 765. – artur, Köln 546. – The Associated Press, Frankfurt am Main 358. – Australische Botschaft, Bonn 681. – BAVARIA Bildagentur, Gauting 20, 24, 27, 35, 180, 193, 406f., 417, 502, 596, 599, 692, 707, 738, 788. – E. Bednarik, Wiener Neustadt 708. – Bibliographisches Institut & F. A. Brockhaus, Mannheim 12–15, 19–23, 25, 28, 30, 37–39, 42, 45–50, 52f., 56f., 59, 61–63, 69, 71–73, 76, 80f., 86–88, 90f., 93–95, 97, 100, 103, 105, 108, 111–116, 120, 124f., 127, 133, 137–139, 158, 161, 166–168, 173, 177, 181f., 185f., 189, 195–198, 200f., 204, 207–209, 212, 214, 217–219, 224, 227, 234, 236, 239f., 244, 249, 253f., 257, 259, 265, 269–271, 273, 276–279, 281, 287, 295f., 302, 304f., 308–311, 315–317, 319, 322–327, 330–333, 335, 337f., 342f., 345, 349, 351, 353–356, 359f., 362, 364, 366–368, 370, 372f., 376, 379, 381, 383f., 389, 392, 395, 397, 399–401, 403f., 413–415, 418–420, 423, 426, 428, 430, 436f., 441, 443f., 447–453, 457, 464–466, 469, 471, 473f., 477, 480f., 489, 497, 499, 503, 505, 507–509, 511, 514f., 520, 522, 524, 531f., 535, 538, 540, 544, 555f., 560, 567, 570f., 573, 579–582, 584, 588, 590, 593f., 597–599, 601f., 604–606, 608, 612, 616, 621, 623f., 626, 628f., 631, 634, 637–639, 641f., 645, 647, 651f., 654f., 659, 661, 667, 676f., 679, 681–686, 690f., 693, 698, 700–704, 707–709, 711, 713, 715f., 718, 721, 723–725, 727, 735f., 740f., 745, 748, 750f., 755, 757, 764, 768, 773, 777f., 782f., 789–791. – Bildarchiv Foto Marburg, Marburg 479, 652. – Bildarchiv Preußischer Kulturbesitz, Berlin 31, 43f., 91, 119, 143, 153, 194, 239, 284, 289, 292f., 297, 366, 371, 384, 387, 390, 396, 435, 438, 481, 580, 583, 663, 670, 706, 709, 712, 737, 778. – Bilderberg, Archiv der Fotografen, Hamburg 509. – Britisches Museum, London 35, 266, 354, 678. – Prof. O. Bustamante, New York 229. – Canon Europa-Photo, Willich 226. – Prof. Dr. M. A. Dettmer, Bochum 701. – Deutsche BP, Hamburg 695. – Deutsche Luftbild, W. Seelmann & Co., Hamburg 99, 124, 476, 568. – Deutsches Institut für Filmkunde, Frankfurt am Main 224. – Deutsches Museum, München 402, 495. – Diafrance, Paris 40, 42. – documenta archiv, Kassel 285. – H. Dossenbach, Oberschlatt, Schweiz 29. – dpa Bildarchiv, Frankfurt am Main und Stuttgart 17, 26, 41, 51, 73, 77f., 81, 85, 97f., 102, 104, 117, 126, 128, 175, 186, 192, 234, 243, 264, 268, 297, 332, 352, 377, 382, 407f., 467, 470, 500, 595, 610, 617, 620, 663, 673, 694, 755, 767, 789. – Prof. Dr. T. Ellinger (†), Kopenhagen 71. – Elsevier, Amsterdam 374. – Energie- und Wasserwerke Rhein-Neckar, Mannheim 458. – ENIT - Staatliches Italienisches Fremdenverkehrsbüro, Frankfurt am Main 55, 119. – ESA Meteosat Bild - eumetsat, Darmstadt 440. – ESOC - European Space Operations Centre, Darmstadt 561, 650. – Eupra Bildarchiv, München 665, 677, 776. – Fackelträger-Verlag, Hannover 784. – Fichtel & Sachs, Schweinfurt 671. – E. Fischer (†), Bad Bramstedt 447, 461, 587, 689, 723. – Galleria Borghese, Rom 327. – Galleria Nazionale d'Arte Antica, Rom 292. – Gamma, Studio X, Limours 104, 363. – H. Gassner, Hamburg 649. – Geopress, H. Kanus, München 70, 558. – Glyptothek, München 305. – Goethe-Haus und Frankfurter Goethe-Museum, Freies Deutsches Hochstift, Frankfurt am Main 613. – Prof. Dr. K. Gößwald, Würzburg 33. – Dr. G. Grill, Mannheim 172. – Guggenheim Museum, New York 344. – Hamburger Kunsthalle 291, 308, 421. – W. Heinemann, Kraichtal 34, 228. – Dr. W. & I. HENZE-KETTERER, Wichtrach/Bern 359. – J. Herkert, Ladenburg 640. – Prof. Dr. A. Herold, Gerbrunn 751. – Herzog Anton Ulrich-Museum und Burg Dankwarderode, Braunschweig 394. – Dr. B. Heukemes, Ladenburg 574. – Dr. J. E. Howoldt, Mannheim 465, 680. – Hulton Getty Picture Collection, London 41. – IFA-Bilderteam, Taufkirchen 11, 29, 109, 187, 205, 282, 323, 403, 496, 508, 525, 536, 632, 660, 697, 779. – Interfoto Pressebild-Agentur Bildarchiv, München 163. – Dr. V. Janicke, München 289, 333, 601. – Johann-Sebastian-Bach-Museum, Leipzig 67. – Dr. W. Jopp, Niedernhausen 619. – Jürgens, Ost + Europa Photo, Berlin 171, 456, 547. – R. Kalb, Dauchingen 35. – Lichtbildarchiv Keil, Neckargemünd 16, 30, 65, 415, 556. – W. Keimer, Heidelberg 51. – Keystone Pressedienst, Hamburg 37, 66, 149, 253, 301, 335, 350, 391, 393, 396, 404, 422, 435, 460, 482, 510, 554, 585, 611, 657, 710, 774. – KNA - Kath. Nachrichten Agentur, Frankfurt am Main 518. – A. Koch Kunstverlag, München 31, 74, 153, 242. – P. Kohlhaupt, Sonthofen 294. – Prof. Dr. G. Kohlhepp, Tübingen 603. – Dr. R. König, Kiel 221, 388, 421, 506, 596, 607, 687. – Dr. H. Kramarz, St. Augustin 626, 643. – Dr. J. Kronjäger, Mannheim 290, 573. – Kunstgewerbemuseum, Teheran 211. – Kunsthistorisches Museum, Wien 569, 588, 651, 699. – Kunstmuseum, Basel 204, 625. – Helga Lade Fotoagentur, Frankfurt am Main 18, 33, 56, 497, 553, 562, 733. – F. K. Frhr. von Linden, Waldsee, Pfalz 87, 221, 669. – Louvre, Paris 45, 55, 133, 348, 479, 523, 732. – F. Mader, Hamburg 82f.. – M. Matzerath, Karlsruhe 431, 479, 656. – Bildagentur Mauritius, Mittenwald 36, 39, 64, 340, 346, 380, 460, 475, 586, 600, 662, 783. – The Metropolitan Museum of Art, New York 22, 269. – T. Molter, Wolfenbüttel 398. – A. Münchow, Aachen 493. – Musée d'Art Moderne de la Ville de Paris, Paris 498. – Musée des Beaux-Arts, Tours 581. – Musée d'Orsay, Paris 314. – Musée d'Histoire Naturelle et d'Ethnographie de La Rochelle 693. – Musée National d'Art Moderne, Paris 722. – Musée National des Châteaux de Versailles et de Trianon, Châteaux de Versailles, Versailles 664, 741. – Museen der Stadt Wien, Wien 79. – Museo Archeologico Nazionale, Neapel 584, 644. – Museo i Gallerie Nazionali di Campodimonte, Neapel 700. – Museo-Tesoro Basilica di San Francesco, Assisi 257. – Museum Moderner Kunst Stiftung Ludwig, Wien 503. – Museum of Modern Art, New York 237, 361, 446. – Museum voor Schone Kunsten, Gent 479. – National Gallery, London 229, 422. – National Gallery of Art, Washington D. C. 174. – Nationalmuseum, Damaskus 324. – National Portrait Gallery, London 471, 752. – New China Pictures, Peking 519, 609. – Nolde-Stiftung, Seebüll 485. – Tierbilder Okapia, Frankfurt am Main 238, 330, 579. – Österreichische Nationalbibliothek, Wien 44, 230. – Peugeot Deutschland, Saarbrücken 255. – Pictor International, München 213. – PICTURE PRESS Bild- und Textagentur, Hamburg 300. – A. Prien, Hamburg 399. – Prof. Dr. W. Rauh (†), Heidelberg 18, 20, 23, 53, 215, 527. – Dr. E. Retzlaff, Römerberg 169, 411, 654, 749, 754. – Rijksmuseum Kröller-Müller, Ede-Otterlo, Niederlande 262, 381. – F. S. Rothenberg (†), Korbach 34. – SCALA, Florenz 786. – Schack-Galerie, München 216, 627. – Schiller-Nationalmuseum und Deutsches Literaturarchiv, Marbach am Neckar 395. – J. Schmidt, Ludwigshafen am Rhein 32. – Schmuckmuseum, Pforzheim 263. – Bildarchiv Schneiders, Lindau am Bodensee 46, 153, 267, 365, 409, 433, 487f., 516, 537, 545, 633, 668, 763, 773f., 787. – K. Scholz, Haimhausen in Oberbayern 578, 689. – H. Schrempp, Breisach am Rhein 199, 260, 307, 352, 570, 615. – Sven Simon Fotoagentur, Essen 448. – Prof. Dr. G. Smolla, Königstein 66. – Staatliche Antikensammlungen, München 200. – Staatliche Kunsthalle, Karlsruhe 696. – Staatliches Museum für Naturkunde, Stuttgart 470. – Städtische Kunstsammlungen, Chemnitz 153. – Stedelijk Museum, Amsterdam 14. – Sternwarte, Göttingen 243. – Stockholms Universitets Konstsamling, Stockholm 327. – Süddeutscher Verlag Bilderdienst, München 25, 29, 49, 51, 81, 94, 128, 140, 165, 169, 176, 210, 249, 439, 454, 538, 565. – Tate Gallery, London 190. – K. Thiele, Warburg 58. – K. Thome, Mannheim 244, 389. – Tretjakow-Galerie, Moskau 592. – Uffizien, Florenz 412, 560, 572. – Ullstein Bilderdienst, Berlin 26, 104, 181, 202, 280, 380, 402, 441, 452, 468, 549, 624, 673, 710, 789. – University Museum, Oxford 289. – U. S. Information Service, Bonn 338, 564. – Walraff-Richartz-Museum, Köln 459. – Westfälisches Industriemuseum, Dortmund 96. – H. Weyer, Braunfels 203. – Prof. Dr. K.-H. Willer, Heidelberg 607. – F. Wirz, Luzern 547. – Dr. H.-W. Wittenberg, Worms 489, 744. – Woodmansterne, Watford, Großbritannien 75, 110. – WOSTOK Verlagsgesellschaft, Berlin 592.

Reproduktionsgenehmigungen für Abbildungen künstlerischer Werke von Mitgliedern und Wahrnehmungsberechtigten wurden erteilt durch die Verwertungsgesellschaft BILD-KUNST/Bonn.

Weitere grafische Darstellungen, Karten und Zeichnungen Bibliographisches Institut & F. A. Brockhaus, Mannheim.

Anhang

Alpen

Hauptgruppen und höchste Gipfel

Westalpen

Innere Gneisalpen

Ligurische Alpen, Marguareis 2651 m
Seealpen (östl. Teil), Argentera 3297 m
Cottische Alpen, Monte Viso 3841 m
Grajische Alpen, Gran Paradiso 4061 m
Walliser Alpen, Monte Rosa (Dufourspitze) 4634 m
Tessiner Alpen, Basodino 3273 m
Adula, Rheinwaldhorn 3402 m

Äußere Gneisalpen

Seealpen (westl. Teil), Mt. Pelat 3053 m
Dauphiné-Alpen, Pelvoux (Barre des Écrins) 4102 m
Savoyer Alpen, Montblanc 4807 m
Berner Alpen, Finsteraarhorn 4274 m
Glarner Alpen, Tödi 3614 m

Kalkalpen

Provenzalische Alpen, Blayeul 2191 m
Französische Kalkalpen, Obiou 2791 m

Ostalpen

Nördliche Kalkalpen

Rätikon, Schesaplana 2965 m
Allgäuer Alpen, Großer Krottenkopf 2657 m
Lechtaler Alpen, Parseier Spitze 3038 m
Tirolisch-Bayerische Kalkalpen (Wetterstein, Karwendel, Kaisergebirge), Zugspitze 2963 m
Salzburger und Berchtesgadener Kalkalpen, Hochkönig 2941 m
Salzkammergutberge, Hoher Dachstein 2995 m
Steyr- und Ennstaler Alpen, Hochtor 2372 m
Steirisch-Niederösterreichische Kalkalpen, Hochschwab 2278 m

Zentralalpen

Rätische (auch Graubündner oder Albula-)Alpen und Silvretta, Piz Kesch 3420 m
Verwallgruppe, Hoher Riffler 3168 m
Berninagruppe und Engadiner Alpen, Piz Bernina 4049 m
Ortlergruppe, Ortler 3899 m
Ötztaler Alpen, Wildspitze 3768 m
Stubaier Alpen, Zuckerhütl 3507 m
Sarntaler Alpen, Hirzer Spitze 2785 m
Zillertaler Alpen, Hochfeiler 3510 m
Kitzbüheler Alpen, Kreuzjoch 2559 m
Hohe Tauern, Großglockner 3797 m
Defereggengebirge und Rieserfernergruppe, Hochgall 3435 m
Schober-, Kreuzeckgruppe, Petzeck 3283 m
Niedere Tauern, Hochgolling 2863 m
Gurktaler Alpen, Eisenhut 2441 m
Lavanttaler Alpen, Zirbitzkogel 2397 m
Eisenerzer und Mürztaler Alpen, Gößeck 2215 m

Südliche Kalkalpen

Bergamasker Alpen, Pizzo di Coca 3052 m
Adamello-, Presanellagruppe, Cima Presanella 3564 m
Brenta, Cima Tosa 3176 m
Brescianer Alpen, Cornone di Blumone 2830 m
Vicentiner Alpen, Cima Dodici 2341 m
Südtiroler Dolomiten, Marmolada 3342 m
Venetianer Alpen, Cima dei Preti 2703 m
Karnische Alpen, Hohe Warte 2780 m
Gailtaler Alpen und Lienzer Dolomiten, Große Sandspitze 2772 m
Julische Alpen, Triglav 2864 m
Karawanken (Hochstuhl 2238 m) mit Steiner Alpen, Grintavec 2558 m

Alpenstraßen, Alpenbahnen, Alpenpässe

Auswahl, Reihenfolge von SW nach NO

Pass	m ü. M.	verbindet	Geschichte und Ausbau
Colle di Tenda	1873	Nizza und Ventimiglia mit Cuneo und Turin	Fahrstraße 1782 erbaut (Tunnel 1882, 3,2 km lang, 1316 m ü. M.); Bahn (Tunnel 8,1 km, 1037 m ü. M.).
Mont Genèvre	1854	Briançon (Durance) mit Susa (Dora Riparia)	Übergang der Gallier 388 v. Chr., früheste Römerstraße über die Alpen (›Mons Matronae‹), durch Pompejus 77 v. Chr. angelegt, unter Augustus ausgebaut, trat seit fränk. Zeit hinter dem Mont Cenis zurück; 1807 zur Fahrstraße erweitert.
Mont Cenis	2083	Grenoble und Modane (Arc) mit Susa und Turin (Dora Riparia)	Im 6. Jh. eröffnet, von den dt. Kaisern 13-mal benutzt, Hospiz nahe der Passhöhe, Fahrstraße 1810, Bahn 1871 erbaut (Tunnel 25 km südwestlich des Passes unter dem Col de Fréjus, 12,2 km lang, 1294 m ü. M.), Straßentunnel seit 1980.
Col de l'Iseran	2769	Val d'Isère mit Arctal	Höchster Pass der ›Route des Grandes Alpes‹.

Alpenstraßen, Alpenbahnen, Alpenpässe
Auswahl, Reihenfolge von SW nach NO; Fortsetzung

Pass	m ü. M.	verbindet	Geschichte und Ausbau
Kleiner Sankt Bernhard	2188	Albertville (Isère) mit Aosta (Dora Baltea)	Von den Kelten benutzt, wahrscheinlich Hannibals Übergang 218 v. Chr., unter Augustus ausgebaut (›Alpis Graia‹), von den dt. Kaisern 4-mal benutzt (seither Hospiz), dann verödet, heute Autostraße.
Montblanc-Straßentunnel	1392	Chamonix (Arve) mit Aosta (Dora Baltea)	1965 eröffnet, 11,6 km lang, 1300 m ü. M., kürzeste Verbindung zw. Rom und Paris.
Großer Sankt Bernhard	2472	Martigny (Rhône) mit Aosta (Dora Baltea)	Seit der Bronzezeit benutzt, unter Augustus ausgebaut (›Alpis Poenina‹), bevorzugter Pass der Karolinger (im MA ›Mons Jovis‹), von den dt. Kaisern 20-mal benutzt, Hospiz auf der Passhöhe; Überquerung durch Napoleon 1800 mit 30000 Mann auf dem Wege nach Marengo. Neue Straße 1905; Tunnel (5,8 km lang, 1924 m ü. M., mit Erdölleitung) 1964 erbaut.
Simplon	2005	Brig (ob. Rhône) mit Domodossola (Toce)	Zur röm. Kaiserzeit angelegt; Fahrstraße 1807, Bahn mit Tunnel 1906 fertig gestellt, Paralleltunnel 1922 (Tunnel 19,8 km lang, 700 m ü. M.); Hospiz.
Lötschberg	2690	Kandersteg mit Brig (Goppenstein)	Bahn 1913 erbaut (Tunnel 14,6 km, 1242 m ü. M.; Autoverladung).
Grimsel	2165	Aare mit Rhônetal	Straße 1894 erbaut (Anschluss an die Furkastraße).
Brünigpass	1007	Aaretal mit Luzern	Autostraße und Schmalspurbahn.
Sustenpass	2224	Reußtal mit Aaretal	Autostraße seit 1945, heute 36 km lang.
Klausenpass	1952	Altdorf mit Glarus	Straße 1899 fertig gestellt.
Furka	2431	Goms (ob. Rhônetal) mit Urseren (ob. Reußtal)	Fahrstraße 1866 erbaut; 14,4 km langer Tunnel mit Schmalspurbahn seit 1982; Autoverladung.
Sankt Gotthard	2108	Reußtal (Altdorf) mit Tessintal (Bellinzona)	Anfang 13. Jh. eröffnet, seither Hospiz auf der Passhöhe, für den Wagenverkehr 1830 ausgebaut (Tunnel 16,3 km, 1175 m ü. M., seit 1980). Bahn 1882 erbaut (Tunnel 15 km lang, 1154 m ü. M.; Autoverladung).
Oberalppass	2048	Urserental mit Vorderrhein	Fahrstraße und Schmalspurbahn.
Lukmanier	1917	Disentis (Vorderrheintal) mit Biasca (Tessintal)	Zur sächs. Kaiserzeit angelegt, von den Kaisern 2-mal benutzt, Hospiz im MA., Fahrstraße seit 1877.
San Bernardino	2065	Thusis mit Bellinzona	Zur sächs. Kaiserzeit angelegt, Hospiz im MA., Fahrstraße seit 1823; Tunnel (6,6 km lang, 1644 m ü. M.), 1967 eröffnet.
Splügen	2117	Thusis mit Chiavenna	Zur röm. Kaiserzeit angelegt, Fahrstraße 1826.
Septimer	2311	Bivio mit Casaccia	Reste eines röm. Hospizes, in fränk. Zeit Hauptübergang, von den dt. Kaisern 17-mal benutzt; als erste Alpenstraße für Wagenverkehr 1387 ausgebaut; seit Eröffnung des Maloja nur Saumpfad.
Julier	2284	Bivio mit Silvaplana	Zur röm. Kaiserzeit angelegt, Fahrstraße 1826 erstellt.
Maloja	1815	Oberengadin mit Bergell	Seit dem 16. Jh. benutzt, Straße 1839 erbaut.
Albulapass	2312	Tiefencastel mit Oberengadin	Straße 1865, Bahn 1903 erbaut (Tunnel 5,9 km, 2063 m ü. M.).
Flüela	2383	Davos mit Unterengadin	Straße 1867 erbaut.
Arlberg	1793	Landeck im Inntal mit Bludenz im Illtal	Seit 1375 ausgebaut, Fahrstraße 1786, heutige Straße 1825 (14 km langer Tunnel seit 1978), Bahn 1882 erbaut (Tunnel 10,3 km lang, 1310 m ü. M.).
Bernina	2330	Oberengadin mit Veltlin	Straße 1865, Berninabahn 1910 fertig gestellt (ohne Tunnel).
Ofenpass	2155	Zernez (Oberengadin) mit Münstertal	Straße 1872 eröffnet.

Alpenstraßen, Alpenbahnen, Alpenpässe
Auswahl, Reihenfolge von SW nach NO; Fortsetzung

Pass	m ü. M.	verbindet	Geschichte und Ausbau
Wormser Joch (Umbrailpass)	2502	St. Maria (Münstertal) mit Bormio (Addatal)	Straße 1901 eröffnet.
Stilfser Joch	2757	Spondinig mit Bormio	Straße 1825 eröffnet.
Reschenpass	1504	Nauders und Oberinntal mit Mals (Vintschgau)	Unter Claudius angelegt (›Via Claudia‹), im frühen MA. bedeutend. Schnellstraße Mailand–Ulm (mit Tunnel) geplant.
Fernpass	1209	Imst mit Becken von Ehrwald und Lermoos	Unter Claudius angelegt (›Via Claudia‹), seitdem stets benutzt. Schnellstraße Mailand–Ulm mit Tunnel geplant.
Jaufen	2094	Sterzing mit Passeiertal	Im MA. viel begangen, heutige Straße 1911 eröffnet.
Brenner	1371	Innsbruck (Inn) mit Sterzing und Bozen (Eisack, Etsch)	Von den Etruskern und Kelten begangen, unter Septimius Severus ausgebaut, von den dt. Kaisern 66-mal benutzt; Wagenverkehr seit 1772. Bahn 1867 fertig gestellt (ohne Tunnel). Autobahn.
Seefelder Sattel	1185	Mittenwald mit Zirl	Straße zur röm. Kaiserzeit angelegt. Mittenwaldbahn 1912 eröffnet.
Gerlospass	1628	Ziller- mit Salzachtal	Autostraße 1962 eröffnet.
Felber Tauern	2545	Mittersill (Salzach) mit Matrei in Osttirol und dem Iseltal	Straßentunnel (5,6 km, 1652 m ü. M.) 1967 fertig gestellt. Tunnel für Erdölleitung.
Großglockner-Hochtor	2576	Salzach- mit Mölltal	Großglockner-Hochalpenstraße (mit Tunnel in 2505 m ü. M.) 1935 eröffnet.
Niederer und Hoher Tauern	2431 2460	Gasteiner Tal mit Mallnitz und dem Mölltal	Mittelalterl. Weg über den Hohen oder Korntauern. Bahn 1908 erbaut (Tunnel 8,5 km, 1225 m ü. M.; Autoverladung).
Plöcken	1360	Kötschach mit Tolmezzo	Zur röm. Kaiserzeit erbaut; heute Autostraße.
Radstätter Tauern	1739	Radstadt (Enns) mit St. Michael im Lungau	Zur spätröm. Kaiserzeit angelegt; im MA viel benutzt; heute Autostraße. Autobahn Salzburg–Villach (Tauerntunnel 6,4 km, 1340 m ü. M.).
Katschberg	1641	St. Michael im Lungau mit Spittal a. d. Drau	Seit der Eisenzeit begangen; spätröm. Straße; heute Autostraße sowie Tunnel (5,4 km, 1194 m ü. M.) der Autobahn Salzburg–Villach.
Saifnitzer Sattel	804	Udine mit Villach	Zu Beginn der röm. Kaiserzeit angelegt, noch heute Hauptweg zw. Wien und Italien; Straße und Bahn, Autobahn im Bau.
Predil	1156	Tarvisio mit Bovec	Übergang der Langobarden 568; Straße 1404 erbaut.
Pyhrn	945	Windischgarsten und das Steyrtal mit Liezen (Enns)	Römerstraße; Bahn 1906 erbaut (Tunnel 4,8 km lang, 727 m ü. M.). Pyhrnautobahn (Bosrucktunnel 5,5 km, 742 m ü. M., seit 1983).
Hohentauern	1265	Liezen (Enns) mit Judenburg (Mur)	Frühgeschichtl. Salz- und Eisenstraße; in der röm. Kaiserzeit ausgebaut, Fahrstraße.
Schoberpass	849	Ennstal mit Murtal	Bahn und Autostraße.
Präbichl	1227	Hieflau mit Leoben	Frühgeschichtl. Eisenstraße; Bahn (Tunnel 1204 m ü. M.), Autostraße.
Neumarkter Sattel	888	Murtal mit Gurktal	Zur röm. Kaiserzeit angelegt; Bahn Wien–Klagenfurt; Autostraße über den Perchauer Sattel, 995 m ü. M.
Wurzen	1073	Villach mit Savetal	Autostraße.
Karawanken	637	Rosenbach mit Jesenice	Bahn 1906 erbaut (Tunnel 8 km lang, 637 m ü. M.).
Loibl	1368	Klagenfurt mit Ljubljana	Straße 1717 angelegt, Autotunnel (seit 1965).
Semmering	985	Gloggnitz (Schwarza) mit Mürzzuschlag (Mürz)	Im MA. angelegt; 1728 alte, 1842 neue Straße, Schnellstraße bis Gloggnitz 1985 gebaut, Bahn 1854 fertig gestellt (Tunnel 1,4 km lang, 897 m ü. M.).

Brücken			
Name und Lage	vollendet	größte Spannweite in m	Gesamtlänge in m
Steinerne Gewölbebrücken			
Pont du Gard bei Nîmes (Frankreich)	19 v. Chr.	24,5	242
Engels-B. über den Tiber in Rom (Italien)	136 n. Chr.	10	100
Tsiho-B., Zhaozhou bei Harbin (China)	650	37	50
Steinerne B. über die Donau in Regensburg	1146	15	312
Skaliger-B. über die Etsch in Verona (Italien)	1356	48,7	150
Karls-B. über die Moldau in Prag (Tschech. Rep.)	1358	20	497
Neretva-B. in Mostar (1993 zerstört; Bosnien-Herzegowina)	1566	30	–
Karl-Theodor-B. in Heidelberg	1788	25	200
Göltzschtal-B. bei Netzschkau, Sachsen	1851	31	577
Syratal-B. in Plauen	1904	90	135
Stahlbeton- und Spannbetonbrücken			
Bogenbrücken			
Isar-B. in Grünwald bei München	1903	70	200
Albert-Louppe-B. über den Elorn bei Brest (Frankreich)	1929	179	700
Traneberg-B., Stockholm (Schweden)	1934	181	538
Chimki-B. bei Moskau (Russland)	1934	116	–
Teufelstal-B. bei Jena	1938	138	253
Sandö-B. über den Ångermanälv, Kramfors (Schweden)	1940	264	813
Paraná-B. (Brasilien–Paraguay)	1962	290	552
Arrábida-B., Porto (Portugal)	1963	270	–
Parramatta-B., Sydney (Australien)	1963	305	580
B. über den Saarkanal, Wawern–Kanzem	1984	169	179
Eistobeltal-B. bei Isny, Allgäu	1986	145	230
Schrägseilbrücken (seilverspannte Balken)			
Maracaibosee-B. (Venezuela)	1962	235	8272
Dnjepr-B., Kiew (Ukraine)	1963	144	276
Polceveratal-B. bei Genua (Italien)	1967	208	1203
Wadi-El-Kuf-B. (Libyen)	1971	282	477
Werks-B. der Hoechst AG über den Main, Frankfurt a. M.	1972	148	300
Waal-B. bei Tiel (Niederlande)	1974	267	1419
Brotonne-B. über die Seine bei Rouen (Frankreich)	1976	320	1278
Penang-B. (Malaysia)	1985	–	13500
Hängebrücken			
B. bei Merelbeke, bei Gent (Belgien)	1962	100	192
B. bei Hudson Hope, British Columbia (Kanada)	1965	207	–
Balkenbrücken			
Straßen-B. Aue, bei Zwickau	1937	69	308
Pontchartrain-B., New Orleans (USA)	1956	17,1	38600
Autobahn-B. über den Main bei Wertheim	1961	140	310
Alnösund-B., Sundsvall (Schweden)	1963	134	1152
Wolga-B. Saratow–Engels (Russland)	1965	166	2790
Oosterschelde-B. (Niederlande)	1965	95	5020
Autobahn-B. über den Rhein bei Bendorf	1965	208	1029
Oléron-B. (Frankreich)	1966	79	2862
Autobahn-B. (Siegtal-B.) bei Siegen	1969	105	1050
Moskwa-B., Moskau-Nagatino (Russland)	1969	114	807
Hang-B. zw. Villeneuve und Montreux (Schweiz)	1970	104	2150
Nusletal-B., Prag (Tschech. Rep.)	1970	115,5	485
neue Save-B. in Belgrad (Bundesrep. Jugoslawien)	1970	250	350
Carola-B., Dresden	1971	120	400
Rhein-B. Bonn-Süd	1971	230	–
Öland-B. über den Kalmarsund (Schweden)	1972	130	6072
Pine-Valley-Creek-B. bei San Diego, Calif. (USA)	1974	137	550
Autobahn-B. über die Mosel in Schweich, bei Trier	1974	192	1000
Autobahn-B. über die Donau bei Novi Sad (Bundesrep. Jugoslawien)	1975	210	2250
Uruguay-B. bei Fray Bentos (Argentinien–Uruguay)	1976	220	3408
Hamanasee-B., bei Hamamatsu (Japan)	1976	240	1437
Vejlefjord-B. bei Vejle (Dänemark)	1978	114	1720

Brücken Fortsetzung

Name und Lage	vollendet	größte Spannweite in m	Gesamtlänge in m
Rahmenbrücken			
Kanalhafen-B., Heilbronn	1950	108	174
Dischinger-B., Berlin	1956	94	120
Stahlbrücken			
Bogenbrücken			
Müngstener B. über die Wupper bei Solingen	1897	170	485
Kill-van-Kull-B., New York (USA)	1930	504	1762
Hafen-B., Sydney (Australien)	1932	503	1150
Storstrøm-B. (Dänemark)	1937	136	3200
Karmsund-B. bei Haugesund (Norwegen)	1955	184	690
Niagara-B., Queenstone–Lewiston (Kanada–USA)	1962	305	478
Fehmarnsund-B.	1963	248	964
Port-Mann-B., Vancouver (Kanada)	1965	366	2092
Eisenbahn-B. über den Rhein Düsseldorf–Neuss	1987	250	812
Schrägseil- und Zügelgurtbrücken			
Rhein-B. Krefeld-Uerdingen	1935	250	857
Severin-B., Köln	1959	302	691
Rhein-B. Emmerich	1965	500	–
Rheinknie-B., Düsseldorf	1966	320	564
Friedrich-Ebert-B., Bonn	1967	280	1290
Autobahn-B. über den Rhein bei Duisburg-Neuenkamp	1970	350	780
Donau-B., Preßburg (Slowak. Republik)	1972	303	432
Köhlbrand-B., Hamburg	1974	325	520
Ishikari-B., auf Hokkaidō (Japan)	1975	–	1400
Loire-B. bei Saint-Nazaire (Frankreich)	1975	404	3356
Dnjepr-B., Kiew (Ukraine)	1976	300	783
Fleher B. (Autobahn-B.) bei Düsseldorf	1979	368	1147
Hängebrücken			
Golden-Gate-B., San Francisco (USA)	1937	1280	2150
Chesapeakebai-B., Virginia (USA)	1952	488	6491
Autobahn-B. über den Rhein bei Köln-Rodenkirchen	1954	378	567
Seine-B. bei Tancarville nahe Le Havre (Frankreich)	1959	608	1400
Elisabeth-B. über die Donau in Budapest (Ungarn)	1964	290	404
Verrazano-Narrows-B., New York (USA)	1964	1298	4170
Straßen-B. über den Firth of Forth (Schottland)	1964	1006	2400
Tejo-B., Lissabon (Portugal)	1966	1013	2278
Bosporus-B., Istanbul (Türkei)	1973	1074	1570
Humber-B. bei Kingston upon Hull (England)	1979	1410	2200
Vollwandbalkenbrücken			
Rhein-B. Düsseldorf–Neuss	1951	206	677
alte Save-B. in Belgrad (Bundesrep. Jugoslawien)	1956	261	311
Europa-B. der Brennerautobahn bei Innsbruck	1963	198	785
Zoo-B., Köln	1966	259	597
San-Mateo-Hayward-B., San Francisco (USA)	1967	229	10877
Autobahn-B. (Moseltal-B.) bei Winningen	1972	218	935
Hoch-B. über die Guanabarabucht, Rio de Janeiro–Niterói (Brasilien)	1974	300	7400
Elbe-B. Wittenberge	1978	160	1110
Fachwerkbalkenbrücken			
Eisenbahn-B. über den Firth of Forth (Schottland)	1890	521	2466
Sankt-Lorenz-Strom-B., Quebec (Kanada)	1917	549	988
East-Bay-B., San Francisco (USA)	1936	427	3600
Jangtsekiang-B., Wuhan (China)	1957	128	1670
Mullet-Key-B. über die Tampa Bay, Florida (USA)	1957	263	6100
Mississippi-B., New Orleans (USA)	1958	480	920
Panamakanal-B. (Panama)	1962	343	1900

Brücken Fortsetzung

Name und Lage	vollendet	größte Spannweite in m	Gesamtlänge in m
Jangtsekiang-B., Nanking (China)	1968	160	6772
Hafen-B., Ōsaka (Japan)	1974	510	980
Ob-B. in Westsibirien (Russland)	1975	110	2000
Mala-Rijeka-Tal-B. (Kroatien)	1976	250	498
Elbe-B. Herrenkrug, Magdeburg	1978	135	681
Bewegliche Brücken (Stahl)			
Hubbrücken			
B. über den Cape Cod Canal, Mass. (USA)	1935	166	–
Arthur-Kill-B., New York (USA)	1959	170	–
Drehbrücken			
B. bei Fort Madison, Iowa (USA)	1927	160	–
Suezkanal-B. bei El-Ferdan (Ägypten)	1965	167,5	–
Klappbrücken			
Tower Bridge, London (England)	1894	61	–
B. bei Sault Sainte Marie, Mich. (USA)	1941	102	–

Die längsten Flüsse der Erde

Fluss	Länge in km	Einzugsgebiet in 1000 km²	Einmündungsgewässer
Nil (mit Kagera)	6671	2870	Mittelmeer
Amazonas	6518	7180	Atlantischer Ozean
Mississippi (mit Missouri)	6021	3221	Atlantischer Ozean
Jangtsekiang	6000	1827	Ostchinesisches Meer
Ob (mit Irtysch)	5410	2990	Nordpolarmeer
Hwangho	4845	771	Gelbes Meer
Mekong	4500	810	Südchinesisches Meer
Amur (mit Argun)	4444	1843	Ochotskisches Meer
Lena	4400	2490	Nordpolarmeer
Kongo	4374	3690	Atlantischer Ozean

Die größten Inseln der Erde in km²

Grönland	2130800	Island	103100*	Southampton Island	41214
Neuguinea	771900	Mindanao (Philippinen)	94630	Spitzbergen, Hauptinsel	39043
Borneo	754770*	Irland	84403*	Kyūshū (Japan)	36554
Madagaskar	587041*	Hokkaidō	77900	New Britain (Bismarck-Archipel)	36500*
Baffin Island	507451	Sachalin	76400	Taiwan	35873
Sumatra	425000	Hispaniola	76192	Hainan (China)	34380
Honshū	227414	Banks Island	70028	Prince of Wales Island	33338
Victoria Island	217290	Ceylon (Sri Lanka)	65610*	Nowaja Semlja, Südinsel	33275
Großbritannien	216777	Tasmanien	63326	Timor (Sundainseln)	32300
Ellesmere Island	196236	Devon Island	55247	Vancouver Island	31284
Celebes (Sulawesi)	189216*	Nowaja Semlja, Nordinsel	48904	Sizilien	25426
Neuseeland, Südinsel	150718	Marajó	48000	Somerset Island	24786
Java	118000	Feuerland, Hauptinsel	47000	Sardinien	23813
Neuseeland, Nordinsel	114453	Alexander-I.-Insel	43200	Bananal (Brasilien)	20000
Neufundland	108860	Axel Heiberg Island	43178		
Kuba	105007	Melville Island	42149		
Luzon (Philippinen)	104688				

* Mit Nebeninseln.

Die größten Seen der Erde

See	Fläche in km²	Seespiegel in m ü. M.	größte Tiefe in m	Abfluss
Kaspisches Meer (Westasien)	371 000	−28	1 025	ohne Abfluss
Oberer See (Nordamerika)	82 414	183	406	Saint Mary's River
Victoriasee (Ostafrika)	68 000	1 134	85	Victorianil
Huronsee (Nordamerika)	59 596	176	229	Saint Clair River
Michigansee (Nordamerika)	58 016	177	282	Straits of Mackinac
Aralsee (westl. Mittelasien)	37 000*	39	55	ohne Abfluss
Tanganjikasee (Ostafrika)	34 000	773	1 435	Lukuga
Baikalsee (Südsibirien)	31 500	455	1 620	Angara
Großer Bärensee (Nordamerika)	31 153	156	413	Great Bear River
Malawisee (Südostafrika)	30 800	472	706	Shire
Großer Sklavensee (Nordamerika)	28 570	156	614	Mackenzie

* Ständiger Rückgang des Seespiegels seit 1960 (damals 64 100 km²).

Große Stauseen der Erde Auswahl*

Name (Talsperre)	Land	Fluss	Fläche in km²	Fertigstellung	Stauinhalt in Mio. m³
Voltasee (Akosombo)	Ghana	Volta	8 482	1965	148 000
Smallwood Reservoir	Kanada	Churchill River	6 527	1974	28 000
Samaraer Stausee	Russland	Wolga	6 450	1955	58 000
Nassersee (Sadd al-Ali)	Ägypten/Sudan	Nil	5 900	1970	165 000
Buchtarmastausee	Kasachstan	Buchtarma (Irtysch)	5 500	1966	53 000
Bratsker Stausee	Russland	Angara	5 470	1961	169 270
Nischnekamsker Stausee	Russland	Kama	5 400	1978	13 000
Karibasee	Simbabwe/Sambia	Sambesi	5 230	1959	180 000
Rybinsker Stausee	Russland	Wolga	4 580	1941	25 400
Embalse de Guri/ Presa Dr. Raúl Leoni	Venezuela	Río Caroní	4 300	1985	140 000
Lac Caniapiscau	Kanada	Caniapiscau	4 285	1987	53 790
Sobradinho-Stausee	Brasilien	Rio São Francisco	4 214	1980	34 100
Wolgograder Stausee	Russland	Wolga	3 117	1958	31 500
Speichersee von La Grande 2	Kanada	La Grande-Rivière	2 835	1978	61 715
Sejastausee	Russland	Seja	2 740	1973	68 400
Cabora-Bassa-See	Moçambique	Sambesi	2 700	1974	159 000
Zimljansker Stausee	Russland	Don	2 700	1952	23 900
Tucuruí-Stausee	Brasilien	Rio Tocantins	2 420	1982	45 800
Sanmen	China	Hwangho	2 350	1962	36 000
Tscheboksaryer Stausee	Russland	Wolga	2 274	1985	13 800
Krementschuger Stausee	Ukraine	Dnjepr	2 250	1959	13 500
Kachowkaer Stausee	Ukraine	Dnjepr	2 155	1955	18 200
Krasnojarsker Stausee	Russland	Jenissej	2 000	1967	73 300
Manicouagan Réservoir	Kanada	Manicouagan	1 942	1967	141 851
Ust-Ilimsker Stausee	Russland	Angara	1 873	1974	59 400
Kossou	Elfenbeinküste	Bandama	1 750	1972	25 000
Williston Lake	Kanada	Peace River	1 660	1967	70 300
Brokopondo-Stausee/ Van-Blommestein-Meer	Surinam	Suriname	1 560	1964	12 400
Lake Oahe	USA	Missouri	1 440	1958	29 100
Rincón-del-Bonete-Stausee	Uruguay	Río Negro	1 400	1946	6 600
Itaipú-Stausee	Brasilien/Paraguay	Paraná	1 350	1984	29 000
Furnas-Stausee	Brasilien	Rio Grande	1 350	1962	20 900
Kainji-Stausee	Nigeria	Niger	1 243	1969	15 000
Três-Marias-Stausee	Brasilien	Rio São Francisco	1 130	1961	19 300
Atatürkstausee	Türkei	Euphrat	1 065	1990	48 700

* Zum Vergleich: Bodensee 571,5 km².

Tunnel Auswahl von Tunneln über 2,5 km Länge

Name	Lage	Länge in m	er-öffnet
	Straßentunnel		
Neuer Elbtunnel	Bundesrep. Dtl. (Hamburg)	2653	1975
Brooklyn-Battery-Tunnel	USA (New York)	2970	1950
Transpyrenäentunnel	Frankreich–Spanien	3010	1971
Merseytunnel	Großbritannien (Liverpool)	3400	1934
Kammontunnel*	Japan (Honshū–Kyūshū)	3605	1958
Katschbergtunnel	Österreich (Niedere Tauern)	5424	1975
Viellatunnel	Spanien (Pyrenäen)	5430	1929
Felber-Tauern-Tunnel	Österreich (Hohe Tauern)	5600	1967
Großer-Sankt-Bernhard-Tunnel	Schweiz–Italien (Rhônetal–Aostatal)	5885	1964
Tauerntunnel	Österreich (Niedere Tauern)	6400	1975
San-Bernardino-Tunnel	Schweiz (Graubünden)	6596	1967
Vogesentunnel	Frankreich (Schlettstadt–Saint-Dié)	6872	1976
Karawankentunnel	Österreich–Slowenien	7860	1991
Gleinahntunnel	Österreich (Wels–Graz)	8320	1978
Seelisbergtunnel	Schweiz (Beckenried–Altdorf)	9250	1980
Montblanctunnel	Frankreich–Italien (Chamonix–Courmayeur)	11600	1965
Fréjustunnel	Frankreich–Italien (Modane–Bardonecchia)	12720	1980
Arlbergtunnel	Österreich (Vorarlberg–Tirol)	13972	1978
Gotthardtunnel	Schweiz (Reußtal–Tessintal)	16322	1980
	Eisenbahntunnel		
Brandleitetunnel	Bundesrep. Dtl. (Erfurt–Meiningen)	3038	1884
Distelrasentunnel	Bundesrep. Dtl. (Fulda–Hanau)	3575	1914
Kirchheimtunnel	Bundesrep. Dtl. (Hannover–Fulda)	3820	1991
Kaiser-Wilhelm-Tunnel	Bundesrep. Dtl. (Koblenz–Trier)	4203	1879
Zugspitzbahntunnel	Bundesrep. Dtl. (Zugspitze)	4466	1930
Bosrucktunnel	Österreich (Linz–Graz)	4770	1906
Rauhebergtunnel	Bundesrep. Dtl. (Hannover–Fulda)	5211	1991
Pfingstbergtunnel	Bundesrep. Dtl. (Mannheim–Stuttgart)	5380	1991
Freudensteintunnel	Bundesrep. Dtl. (Mannheim–Stuttgart)	6800	1991
Severntunnel*	Großbritannien (Cardiff–Bristol)	7011	1886
Jungfraubahntunnel	Schweiz (Berner Oberland)	7123	1912
Somporttunnel	Spanien (Pyrenäen)	7260	1928
Karawankentunnel	Österreich–Slowenien	7976	1906
Colle-di-Tenda-Tunnel	Frankreich–Italien (Seealpen)	8100	1898
Andentunnel	Argentinien–Chile	8100	1910
Tauerntunnel	Österreich (Badgastein–Mallnitz)	8551	1909
Grenchenbergtunnel	Schweiz (Kt. Solothurn)	8578	1915
Rickentunnel	Schweiz (Kt. St. Gallen)	8603	1910
Shimizutunnel	Japan (Honshū)	9702	1931
Arlbergtunnel	Österreich (Langen–Sankt Anton)	10250	1884
Mündener Tunnel	Bundesrep. Dtl. (Hannover–Fulda)	10525	1991
Landrückentunnel	Bundesrep. Dtl. (Fulda–Würzburg)	10785	1988
Cascadetunnel	USA (Cascade Range)	12542	1929
Fréjus-(Mont-Cenis-)Tunnel	Frankreich–Italien (Modane–Bardonecchia)	13657	1871
Hokurikutunnel	Japan (Honshū)	13870	1962
Lötschbergtunnel	Schweiz (Rhônetal–Kandertal)	14612	1913
Gotthardtunnel	Schweiz (Reußtal–Tessintal)	14998	1882
Furkatunnel	Schweiz (Rhônetal–Reußtal)	15407	1982
Rokkōtunnel	Japan (Honshū)	16250	1971
Apennintunnel	Italien (Bologna–Florenz)	18519	1934
Shin-Kammon-Tunnel*	Japan (Honshū–Kyūshū)	18560	1974
Simplontunnel	Schweiz–Italien		
Erste Röhre	(Rhônetal–Domodossola)	19803	1906
Zweite Röhre		19823	1922
Daishimizutunnel	Japan (Honshū)	22200	1979
Kanaltunnel*	Frankreich–Großbritannien		
	(Fréthun bei Calais–Cheriton bei Folkstone)	49400	1994
Seikantunnel*	Japan (Honshū–Hokkaidō)	53850	1988

[1] Unterwassertunnel.

Bekannte Wasserfälle

	Fallhöhe in m		Fallhöhe in m
Angelfall, Venezuela	978	Velinofälle, Italien	180
Yosemite Fall, Kalifornien (USA), drei Stufen	739	Triberger Wasserfälle, Deutschland	162
Cuqueánfall (Kukeánfall), Venezuela	610	Tocefall La Frua, Italien, drei Stufen	160
Sutherland Falls, Neuseeland, drei Stufen	580	Vøringfoss, Norwegen	145
Roraima Fall, Guyana	457	Yellowstonefälle, Wyoming (USA), zwei Fälle	127
Gavarniefälle, Frankreich, Grande Cascade	422	Ruacanafälle, Namibia/Angola	120
Tugelafälle, Rep. Südafrika, größter Fall	411	Sete-Quedas-Fälle, Paraguay/Brasilien	117
Krimmler Wasserfälle, Österreich, drei Stufen	380	Victoriafälle, Simbabwe/Sambia, fünf Fälle	110
Giessbachfälle, Schweiz		Teveronefälle, Italien	108
7–15 Einzelfälle (je nach Wasserstand)	300	Gasteiner Fälle, Österreich, unterer Fall	85
Skykkjedalsfoss, Norwegen	300	Krkafälle, Kroatien, höchster Fall	85
Vettisfoss, Norwegen	275	Paulo-Afonso-Fälle, Brasilien, Hauptfall	84
Staubbachfall, Schweiz, unterer Fall	260	Churchill Falls, Kanada	75
Gersoppafälle, Indien, vier Stufen	253	Iguaçufälle, Argentinien/Brasilien	60–80
Mardalsfoss, Norwegen*	250	Niagarafälle, USA/Kanada, American Falls	51
Kaieteurfälle, Guyana, größter Fall	226	Rheinfall, Schweiz, Hauptfall 19 m, insgesamt	24

* Durch Bau einer Wasserkraftanlage nicht mehr in ursprüngl. Form vorhanden.

Kraftfahrzeugkennzeichen Deutschland

Ortsnamen in der Klammer bezeichnen den Sitz der Zulassungsstelle. – Kennzeichen, die nicht mehr zugeteilt werden und auslaufen, sind in der Übersicht nicht berücksichtigt (Stand: Januar 1999).

A Augsburg
AA Ostalbkreis (Aalen)
AB Aschaffenburg
ABG Altenburger-Land (Altenburg)
AC Aachen, Aachen (Würselen)
AIC Aichach-Friedberg (Aichach)
AK Altenkirchen (Westerwald)
AM Amberg
AN Ansbach
ANA Annaberg
AÖ Altötting
AP Weimarer-Land (Apolda)
AS Amberg-Sulzbach (Amberg)
ASL Aschersleben-Staßfurt (Aschersleben)
ASZ Aue-Schwarzenberg (Aue)
AUR Aurich
AW Ahrweiler (Bad Neuenahr-Ahrweiler)
AZ Alzey-Worms (Alzey)
AZE Anhalt-Zerbst (Coswig)

B Berlin
BA Bamberg
BAD Baden-Baden
BAR Barnim (Eberswalde)
BB Böblingen
BBG Bernburg
BC Biberach
BGL Berchtesgadener Land (Bad Reichenhall)
BI Bielefeld
BIR Birkenfeld Nahe, Idar-Oberstein
BIT Bitburg-Prüm (Bitburg)
BL Zollernalbkreis (Balingen)
BLK Burgenlandkreis (Naumburg)
BM Erftkreis (Bergheim)
BN Bonn
BO Bochum
BÖ Bördekreis (Oschersleben)
BOR Borken
BOT Bottrop
BRA Wesermarsch (Brake Unterweser)
BRB Brandenburg
BS Braunschweig
BT Bayreuth
BTF Bitterfeld
BÜS Büsingen am Hochrhein
BZ Bautzen

C Chemnitz
CB Cottbus
CE Celle
CHA Cham
CLP Cloppenburg
CO Coburg
COC Cochem-Zell (Cochem)
COE Coesfeld
CUX Cuxhaven
CW Calw

D Düsseldorf
DA Darmstadt
DAH Dachau
DAN Lüchow-Dannenberg (Lüchow)
DAU Daun
DBR Bad Doberan
DD Dresden
DE Dessau
DEG Deggendorf
DEL Delmenhorst
DGF Dingolfing-Landau (Dingolfing)
DH Diepholz
DL Döbeln
DLG Dillingen a. d. Donau
DM Demmin
DN Düren
DO Dortmund
DON Donau-Ries (Donauwörth)
DU Duisburg
DÜW Bad Dürkheim Weinstraße
DW Weißeritzkreis (Dippoldiswalde)
DZ Delitzsch

E Essen
EA Eisenach
EB Eilenburg
EBE Ebersberg
ED Erding
EE Elbe-Elster (Bad Liebenwerda)
EF Erfurt
EI Eichstätt
EIC Eichsfeld (Heiligenstadt)
EL Emsland (Meppen)
EM Emmendingen

Kraftfahrzeugkennzeichen Fortsetzung

EMD	Emden
EMS	Rhein-Lahn-Kreis (Bad Ems), Lahnstein
EN	Ennepe-Ruhr-Kreis (Schwelm)
ER	Erlangen
ERB	Odenwaldkreis (Erbach Odenwald)
ERH	Erlangen-Höchstadt (Erlangen)
ES	Esslingen Neckar
ESW	Werra-Meißner-Kreis (Eschwege)
EU	Euskirchen
F	Frankfurt am Main
FB	Wetteraukreis (Friedberg Hessen)
FD	Fulda
FDS	Freudenstadt
FF	Frankfurt/Oder
FFB	Fürstenfeldbruck
FG	Freiberg
FL	Flensburg
FN	Bodenseekreis (Friedrichshafen)
FO	Forchheim
FR	Freiburg im Breisgau-Hochschwarzwald (Freiburg-Breisgau)
FRG	Freyung-Grafenau (Freyung)
FRI	Friesland (Jever)
FS	Freising
FT	Frankenthal Pfalz
FÜ	Fürth
G	Gera
GAP	Garmisch-Partenkirchen
GC	Chemnitzer Land (Glauchau)
GE	Gelsenkirchen
GER	Germersheim
GF	Gifhorn
GG	Groß-Gerau
GI	Gießen
GL	Rheinisch-Bergischer Kreis (Bergisch Gladbach)
GM	Oberbergischer Kreis (Gummersbach)
GÖ	Göttingen
GP	Göppingen
GR	Görlitz
GRZ	Greiz
GS	Goslar
GT	Gütersloh
GTH	Gotha
GÜ	Güstrow
GZ	Günzburg
H	Hannover
HA	Hagen
HAL	Halle
HAM	Hamm
HAS	Haßberge (Haßfurt)
HB	Hansestadt Bremen, Bremerhaven, Bremen-Nord (Bremen-Vegesack)
HBN	Hildburghausen
HBS	Halberstadt
HD	Rhein-Neckar-Kreis (Heidelberg), Heidelberg
HDH	Heidenheim Brenz
HE	Helmstedt
HEF	Hersfeld-Rotenburg (Bad Hersfeld)
HEI	Dithmarschen (Heide/Holstein)
HER	Herne
HF	Herford (Kirchlengern)
HG	Hochtaunuskreis (Bad Homburg v. d. Höhe)
HGW	Hansestadt Greifswald
HH	Hansestadt Hamburg, Hamburg-Bergedorf, Hamburg-Harburg
HI	Hildesheim
HL	Hansestadt Lübeck
HM	Hameln-Pyrmont (Hameln)
HN	Heilbronn
HO	Hof
HOL	Holzminden
HOM	Saarpfalz-Kreis (Homburg Saar)
HP	Bergstraße (Heppenheim, Bergstraße)
HR	Schwalm-Eder-Kreis (Homberg)
HRO	Hansestadt Rostock
HS	Heinsberg
HSK	Hochsauerlandkreis (Meschede)
HST	Hansestadt Stralsund
HU	Main-Kinzig-Kreis (Hanau)
HVL	Havelland (Rathenow)
HWI	Hansestadt Wismar
HX	Höxter
HY	Hoyerswerda
IGB	St. Ingbert
IK	Ilm-Kreis (Arnstadt)
IL	Ilmenau
IN	Ingolstadt
IZ	Steinburg (Itzehoe)
J	Jena
JL	Jerichower Land (Burg)
K	Köln
KA	Karlsruhe
KB	Waldeck-Frankenberg (Korbach)
KC	Kronach
KE	Kempten (Allgäu)
KEH	Kelheim
KF	Kaufbeuren
KG	Bad Kissingen
KH	Bad Kreuznach
KI	Kiel
KIB	Donnersbergkreis (Kirchheimbolanden)
KL	Kaiserslautern
KLE	Kleve
KM	Kamenz
KN	Konstanz
KO	Koblenz
KÖT	Köthen
KR	Krefeld
KS	Kassel
KT	Kitzingen
KU	Kulmbach
KÜN	Hohenlohekreis (Künzelsau)
KUS	Kusel
KYF	Kyffhäuserkreis (Sondershausen)
L	Leipzig, Leipzig Land (Leipzig)
LA	Landshut
LAU	Nürnberger Land (Lauf a. d. Pegnitz)
LB	Ludwigsburg
LD	Landau
LDK	Lahn-Dill-Kreis (Wetzlar)
LDS	Dahme-Spreewald (Königs Wusterhausen)
LER	Leer (Ostfriesland)
LEV	Leverkusen
LG	Lüneburg
LI	Lindau (Bodensee)
LIF	Lichtenfels
LIP	Lippe (Detmold)
LL	Landsberg a. Lech
LM	Limburg-Weilburg (Limburg Lahn)
LÖ	Lörrach
LOS	Oder-Spree (Beeskow)
LU	Ludwigshafen Rhein
LWL	Ludwigslust
M	München
MA	Mannheim
MB	Miesbach
MD	Magdeburg
ME	Mettman
MEI	Meißen
MEK	Mittlerer Erzgebirgskreis (Marienberg)
MG	Mönchengladbach
MH	Mülheim a. d. Ruhr
MI	Minden-Lübbecke (Minden)
MIL	Miltenberg
MK	Märkischer Kreis (Lüdenscheid)
ML	Mansfelder Land (Eisleben)
MM	Memmingen
MN	Unterallgäu (Mindelheim)

Kraftfahrzeugkennzeichen Fortsetzung

MOL	Märkisch-Oderland (Bad Freienwalde)
MOS	Neckar-Odenwald-Kreis (Mosbach)
MQ	Merseburg-Querfurt (Merseburg)
MR	Marburg-Biedenkopf (Marburg Lahn)
MS	Münster
MSP	Main-Spessart (Karlstadt)
MST	Mecklenburg-Strelitz (Neustrelitz)
MTK	Main-Taunus-Kreis (Hofheim am Taunus)
MTL	Muldentalkreis (Grimma)
MÜ	Mühldorf a. Inn
MÜR	Müritz (Waren)
MW	Mittweida
MYK	Mayen-Koblenz (Koblenz)
MZ	Mainz, Mainz-Bingen (Bingen)
MZG	Merzig-Wadern (Merzig Saar)
N	Nürnberg
NB	Neubrandenburg
ND	Neuburg-Schrobenhausen (Neuburg a. d. Donau)
NDH	Nordhausen
NE	Neuss
NEA	Neustadt a. d. Aisch – Bad Windsheim (Neustadt a. d. Aisch)
NES	Rhön-Grabfeld (Bad Neustadt a. d. Saale)
NEW	Neustadt a. d. Waldnaab
NF	Nordfriesland (Husum)
NI	Nienburg (Weser)
NK	Neunkirchen
NM	Neumarkt i. d. Opf.
NMS	Neumünster
NOH	Grafschaft Bentheim (Nordhorn)
NOL	Niederschlesischer Oberlausitzkreis (Niesky)
NOM	Northeim
NR	Neuwied Rhein
NU	Neu-Ulm
NVP	Nordvorpommern (Grimmen)
NW	Neustadt Weinstraße
NWM	Nordwestmecklenburg (Grevesmühlen)
OA	Oberallgäu (Sonthofen)
OAL	Ostallgäu (Marktoberdorf)
OB	Oberhausen
OD	Stormarn (Bad Oldesloe)
OE	Olpe
OF	Offenbach am Main
OG	Ortenaukreis (Offenburg)
OH	Ostholstein (Eutin)
OHA	Osterode Harz
OHV	Oberhavel (Oranienburg)
OHZ	Osterholz (Osterholz-Scharmbeck)
OK	Ohrekreis (Haldensleben)
OL	Oldenburg, Oldenburg (Wildeshausen)
OPR	Ostprignitz-Ruppin (Neuruppin)
OS	Osnabrück
OSL	Oberspreewald-Lausitz (Senftenberg)
OVP	Ostvorpommern (Anklam)
P	Potsdam
PA	Passau
PAF	Pfaffenhofen a. d. Ilm
PAN	Rottal-Inn (Pfarrkirchen)
PB	Paderborn
PCH	Parchim
PE	Peine
PF	Pforzheim, Enzkreis (Pforzheim)
PI	Pinneberg
PIR	Sächsische Schweiz (Pirna)
PL	Plauen
PLÖ	Plön Holstein
PM	Potsdam-Mittelmark (Belzig)
PR	Prignitz (Perleberg)
PS	Pirmasens
QLB	Quedlinburg
R	Regensburg
RA	Rastatt
RD	Rendsburg-Eckernförde (Rendsburg)
RE	Recklinghausen (Marl)
REG	Regen
RG	Riesa-Großenhain (Großenhain)
RH	Roth
RO	Rosenheim
ROW	Rotenburg (Wümme)
RS	Remscheid
RT	Reutlingen
RÜD	Rheingau-Taunus-Kreis (Bad Schwalbach)
RÜG	Rügen (Bergen)
RV	Ravensburg
RW	Rottweil
RZ	Herzogtum Lauenburg (Ratzeburg)
S	Stuttgart
SAD	Schwandorf
SAW	Altmarkkreis Salzwedel (Salzwedel)
SB	Saarbrücken
SBK	Schönebeck
SC	Schwabach
SDL	Stendal
SE	Segeberg (Bad Segeberg)
SFA	Soltau-Fallingbostel (Fallingbostel)
SG	Solingen
SGH	Sangerhausen
SHA	Schwäbisch Hall
SHG	Schaumburg (Stadthagen)
SHK	Saale-Holzlandkreis (Eisenberg)
SHL	Suhl
SI	Siegen-Wittgenstein (Siegen)
SIG	Sigmaringen
SIM	Rhein-Hunsrück-Kreis (Simmern)
SK	Saalkreis (Halle)
SL	Schleswig-Flensburg (Schleswig)
SLF	Saalfeld-Rudolstadt (Saalfeld)
SLS	Saarlouis
SM	Schmalkalden-Meiningen (Meiningen)
SN	Schwerin
SO	Soest
SOK	Saale-Orla-Kreis (Oberböhmsdorf)
SÖM	Sömmerda
SON	Sonneberg
SP	Speyer
SPN	Spree-Neiße (Forst)
SR	Straubing, Straubing-Bogen (Straubing)
ST	Steinfurt
STA	Starnberg
STD	Stade
STL	Stollberg
SU	Rhein-Sieg-Kreis (Siegburg)
SÜW	Südl. Weinstraße (Landau)
SW	Schweinfurt
SZ	Salzgitter
TBB	Main-Tauber-Kreis (Tauberbischofsheim)
TF	Teltow-Fläming (Zossen)
TIR	Tirschenreuth
TO	Torgau-Oschatz (Torgau)
TÖL	Bad Tölz-Wolfratshausen (Bad Tölz)
TR	Trier, Trier-Saarburg (Trier)
TS	Traunstein
TÜ	Tübingen
TUT	Tuttlingen
UE	Uelzen
UER	Uecker-Randow (Pasewalk)
UH	Unstrut-Hainich (Mühlhausen)
UL	Ulm Donau, Alb-Donau-Kreis (Ulm Donau)

Kraftfahrzeugkennzeichen Fortsetzung

UM	Uckermark (Prenzlau)
UN	Unna
V	Vogtlandkreis (Plauen)
VB	Vogelsbergkreis (Lauterbach Hessen)
VEC	Vechta
VER	Verden (Verden Aller)
VIE	Viersen
VK	Völklingen
VS	Schwarzwald-Baar-Kreis (Villingen-Schwenningen)
W	Wuppertal
WAF	Warendorf
WAK	Wartburgkreis (Bad Salzungen)
WB	Wittenberg
WE	Weimar
WEN	Weiden i. d. OPf.
WES	Wesel
WF	Wolfenbüttel
WHV	Wilhelmshaven
WI	Wiesbaden
WIL	Bernkastel-Wittlich (Wittlich)
WL	Harburg (Winsen Luhe)
WM	Weilheim-Schongau (Weilheim i. OB)
WN	Rems-Murr-Kreis (Waiblingen)
WND	St. Wendel
WO	Worms
WOB	Wolfsburg
WR	Wernigerode
WSF	Weißenfels
WST	Ammerland (Westerstede)
WT	Waldshut (Waldshut-Tiengen)
WTM	Wittmund
WÜ	Würzburg
WUG	Weißenburg-Gunzenhausen (Weißenburg i. B.)
WUN	Wunsiedel i. Fichtelgebirge
WW	Westerwald (Montabaur)
Z	Zwickau, Zwickauer Land (Werdau)
ZI	Löbau-Zittau (Zittau)
ZW	Zweibrücken

Österreich

A	Amstetten
B	Bregenz
BA	Bad Aussee
BL	Bruck an der Leitha
BM	Bruck an der Mur
BN	Baden
BR	Braunau am Inn
BZ	Bludenz
DL	Deutschlandsberg
DO	Dornbirn
E	Eisenstadt
EF	Eferding
EU	Eisenstadt-Umgebung
FB	Feldbach
FE	Feldkirchen
FF	Fürstenfeld
FK	Feldkirch
FR	Freistadt
G	Graz
GB	Gröbming
GD	Gmünd
GF	Ganserndorf
GM	Gmunden
GR	Grieskirchen
GS	Güssing
GU	Graz-Umgebung
HA	Hallein
HB	Hartberg
HE	Hermagor
HL	Hollabrunn
HO	Horn
I	Innsbruck
IL	Innsbruck-Land
IM	Imst
JE	Jennersdorf
JO	St. Johann im Pongau
JU	Judenburg
K	Klagenfurt
KB	Kitzbühel
KF	Knittelfeld
KI	Kirchdorf an der Krems
KL	Klagenfurt-Land
KO	Korneuburg
KR	Krems (Bezirk)
KS	Krems an der Donau
KU	Kufstein
L	Linz
LA	Landeck
LB	Leibnitz
LE	Leoben
LF	Lilienfeld
LI	Liezen
LL	Linz-Land
LN	Leoben (Stadt)
LZ	Lienz
MA	Mattersburg
MD	Mödling
ME	Melk
MI	Mistelbach
MU	Murau
MZ	Mürzzuschlag
ND	Neusiedl am See
NK	Neunkirchen
OP	Oberpullendorf
OW	Oberwart
P	St. Pölten (Stadt)
PE	Perg
PL	St. Pölten (Bezirk)
RA	Radkersburg
RE	Reutte
RI	Ried im Innkreis
RO	Rohrbach
S	Salzburg
SB	Scheibbs
SD	Schärding
SE	Steyr-Land
SL	Salzburg-Umgebung
SP	Spittal an der Drau
SR	Steyr
SV	St. Veit an der Glan
SW	Schwechat
SZ	Schwaz
TA	Tamsweg
TU	Tulln
UU	Uhrfahr-Umgebung
VB	Vöcklabruck
VI	Villach
VK	Völkermarkt
VL	Villach-Land
VO	Voitsberg
W	Wien
WB	Wiener Neustadt
WE	Wels
WL	Wels-Land
WN	Wiener Neustadt (Stadt)
WO	Wolfsberg
WT	Waidhofen an der Thaya
WU	Wien-Umgebung
WY	Waidhofen an der Ybbs
WZ	Welz
ZE	Zell am See
ZT	Zwettl

Kraftfahrzeugkennzeichen Fortsetzung

Schweiz

AG	Aargau	GR	Graubünden	SZ	Schwyz
AI	Appenzell-Innerrhoden	JU	Jura	TG	Thurgau
AR	Appenzell-Außerrhoden	LU	Luzern	TI	Tessin
BE	Bern	NE	Neuenburg	UR	Uri
BL	Basel-Land	NW	Nidwalden	VD	Waadt
BS	Basel-Stadt	OW	Obwalden	VS	Wallis
FR	Freiburg	SG	Sankt Gallen	ZG	Zug
GE	Genf	SH	Schaffhausen	ZH	Zürich
GL	Glarus	SO	Solothurn		

Nationalitätszeichen (Auswahl)

A	Österreich	GR	Griechenland	RI	Indonesien
AFG	Afghanistan	GUY	Guyana	RIM	Mauretanien
AL	Albanien	H	Ungarn	RL	Libanon
AND	Andorra	HK	Hongkong	RM	Madagaskar
AUS	Australien	HR	Kroatien	RMM	Mali
B	Belgien	I	Italien	RN	Niger
BD	Bangladesh	IL	Israel	RO	Rumänien
BDS	Barbados	IND	Indien	ROK	Süd-Korea
BG	Bulgarien	IR	Iran	ROU	Uruguay
BH	Belize	IRL	Irland	RP	Philippinen
BIH	Bosnien u. Herzegowina	IRQ	Irak	RSM	San Marino
		IS	Island	RUS	Russ. Föderation
BOL	Bolivien	J	Japan	RWA	Rwanda
BR	Brasilien	JA	Jamaika	S	Schweden
BRN	Bahrein	JOR	Jordanien	SD	Swasiland
BRU	Brunei	K	Kambodscha	SGP	Singapur
BS	Bahamas	KWT	Kuwait	SK	Slowak. Republik
BY	Weißrussland	KZ	Kasachstan	SLO	Slowenien
C	Kuba	L	Luxemburg	SME	Surinam
CDN	Kanada	LAO	Laos	SN	Senegal
CH	Schweiz	LS	Lesotho	SP	Somalia
CO	Kolumbien	LT	Litauen	SY	Seychellen
CR	Costa Rica	LV	Lettland	SYR	Syrien
CY	Zypern	M	Malta	THA	Thailand
CZ	Tschech. Republik	MA	Marokko	TN	Tunesien
D	Deutschland	MAL	Malaysia	TR	Türkei
DK	Dänemark	MC	Monaco	TS	Tadschikistan
DOM	Dominikan. Republik	MEX	Mexiko	TT	Trinidad und Tobago
DZ	Algerien	MS	Mauritius	UA	Ukraine
E	Spanien	MW	Malawi	UAE	Vereinigte Arabische Emirate
EAK	Kenia	N	Norwegen		
EAT	Tansania	NIC	Nicaragua	USA	Vereinigte Staaten von Amerika
EAU	Uganda	NL	Niederlande		
EC	Ecuador	NZ	Neuseeland	V	Vatikanstaat
ES	El Salvador	P	Portugal	VN	Vietnam
EST	Estland	PA	Panama	WAG	Gambia
ET	Ägypten	PE	Peru	WAL	Sierra Leone
ETH	Äthiopien	PK	Pakistan	WAN	Nigeria
F	Frankreich	PL	Polen	WD	Dominica
FIN	Finnland	PY	Paraguay	WG	Grenada
FJI	Fidschi	RA	Argentinien	WL	Saint Lucia
FL	Liechtenstein	RB	Botswana	WS	Westsamoa
GB	Großbritannien und Nordirland	RC	Taiwan	YU	Jugoslawien
		RCA	Zentralafrikan. Republik	YV	Venezuela
GCA	Guatemala	RCB	Kongo	ZA	Südafrika
GE	Georgien	RCH	Chile	ZRE	Zaire
GH	Ghana	RH	Haiti	ZW	Simbabwe

Erste Hilfe

Als e. H. bezeichnet man die sofortige, vorläufige Hilfeleistung bei Unfällen oder plötzlich auftretenden Erkrankungen, bis ein Arzt die weitere medizin. Versorgung übernimmt. Jedermann ist gesetzlich verpflichtet (§ 330 c StGB), e. H. zu leisten. – Kurse zum prakt. Erlernen der e. H. veranstalten das Dt. Rote Kreuz, die Johanniter-Unfall-Hilfe, der Malteser-Hilfsdienst und der Arbeiter-Samariter-Bund.

Grundsätzlich beschränkt sich die e. H. an Unfallbetroffenen oder Erkrankten auf: Rettung aus unmittelbarer Gefahr, Versorgung und Lagerung bis zum Eintreffen des Rettungsdienstes oder Notarztes, Überwachung und Abwehr lebensbedrohl. Zustände (Ersticken, Atemstillstand, Verblutung, Schock).

Bei der **Bergung eines Bewusstlosen** aus einem Unfallfahrzeug oder allg. aus einer Gefahrenzone stellt sich der Helfer mit gespreizten Beinen hinter den Verletzten, den Oberkörper nach vorn gebeugt. Der Helfer greift dann von hinten mit beiden Armen unter den Achselhöhlen des Verletzten hindurch und erfasst mit beiden Händen einen rechtwinklig vor der Brust abgewinkelten Arm des Verletzten **(Rautek-Griff).** Im Rückwärtsgehen zieht er den Verletzten aus der Gefahrenzone. Da Bewusstlosen Ersticken durch Verlegung der Atemwege mit Blut, Schleim oder Erbrochenem droht, müssen sie in eine Seitenlage gebracht werden, aus der sie nicht zurücksinken können und bei der das Gesicht so zur Erde gewendet ist, dass Blut und Schleim abfließen können, ohne dass die Atmung behindert ist. Um diese **stabile Seitenlage** (auch **stabile Seitenlagerung** oder **NATO-Lage** genannt) zu erreichen, wird der Verletzte in Hüfthöhe etwas angehoben und der dem Helfer nahe liegende Arm des Betroffenen gestreckt unter das Gesäß geschoben. Das nahe liegende Bein wird gebeugt. Der Helfer fasst an Schulter und Hüfte der fernen Seite und dreht den Verletzten zu sich herum. Der unter dem Körper liegende Arm wird am Ellbogen etwas nach hinten gezogen. Der Kopf des Verletzten wird in den Nacken zurückgebeugt, das Gesicht erdwärts gewendet.

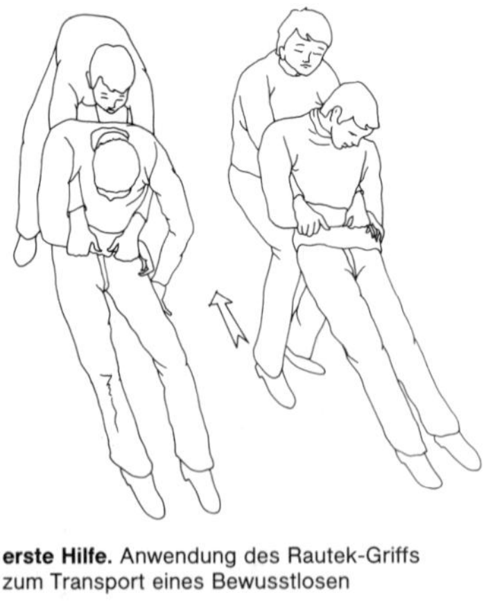

erste Hilfe. Anwendung des Rautek-Griffs zum Transport eines Bewusstlosen

Die Finger der oben liegenden Hand werden unter die Wange geschoben, Handfläche nach unten, damit der Kopf seine zurückgebeugte Lage behält. Danach nochmals die Atmung des Betroffenen überprüfen, z. B. durch Ertasten des Zwerchfells (eine Hand am Rippenbogen, die andere etwas gegen den Magen verschoben). Die Abwehr akuter Lebensgefahr und die Versorgung schwerer Verletzungen haben Vorrang vor der Behandlung leichterer bzw. nicht unmittelbar lebensbedrohl. Verletzungen.

Alle weiter gehenden Maßnahmen (Umlagerung, Transport, Knochenbruchbehandlung) sollten dem Notarzt und den Rettungssanitätern überlassen werden, da sie, von ungeübten Helfern durchgeführt, zusätzl. Schädigungen herbeiführen können.

Notsituation	Symptome	1. Maßnahmen
Atemstillstand, Atmungsversagen	flache, unregelmäßige Atmung bzw. keine Atembewegung feststellbar, blaue Verfärbung der Haut, erweiterte Pupillen, Bewusstlosigkeit	Freimachen bzw. Freihalten der Atemwege, nachdem der Bewusstlose in die stabile Seitenlage gebracht wurde; bei Atemstillstand künstlich beatmen

Künstliche Beatmung: Freimachen der Atemwege, Schleim, Erbrochenes, Zahnprothesen oder andere Fremdkörper aus der Mundhöhle entfernen. Diese mit einem um zwei Finger gewickelten Taschentuch auswischen. Durch Krampf der Kiefermuskulatur fest verschlossenen Mund vorher durch **Kieferöffnungsgriff (Esmarch-Griff)** öffnen (Vorschieben des Unterkiefers durch Zufassen am senkrecht stehenden Unterkieferast). Da bei Bewusstlosen der Mund jetzt noch immer durch den zurückgesunkenen Zungengrund verschlossen ist, muss der Kopf nackenwärts überstreckt und gleichzeitig der Unterkiefer angehoben werden. Zum Freihalten der Atemwege sollte diese Lage beibehalten werden. Man kniet nun seitlich neben den Kopf des Verletzten, fasst mit einer Hand an dessen Stirnhaargrenze und schiebt den Kopf weit zurück. Unterstützung dieser Lage durch die zweite Hand, die man unter den Unterkieferrand legt, den man hochdrückt. Daumen dieser Hand bei **Mund-zu-Nase-Beatmung** längs über den Mund legen, um Wiederausströmen der Luft zu verhindern. Zur Beatmung wird die Luft im Rhythmus der Eigenatmung, d. h. beim Erwachsenen etwa 16-mal pro Minute, eingeblasen. Bei der **Mund-zu-Mund-Beatmung** werden die Nasenlöcher mit den Fingern der Hand verschlossen, und die Atemluft wird in den geöffneten Mund geblasen. Zur Kontrolle wird der Brustkorb beobachtet, der sich nun heben und senken muss.

Notsituation	Symptome	1. Maßnahmen
Herzversagen, Herzstillstand	Bewusstlosigkeit, Pupillenerweiterung, Pulslosigkeit, Atemstillstand	äußere Herzmassage, Atemspende

Die **äußere Herzmassage** darf nur von dazu bes. ausgebildeten Ersthelfern ausgeführt werden. Dabei wird die Herztätigkeit durch kräftiges Zusammenpressen (etwa 60-mal pro Minute) des Herzens zwischen Brustbein und Wirbelsäule ersetzt. Dadurch wird das Blut aus den Herzhohlräumen ausgepresst und eine künstl. Blutzirkulation hervorgerufen. Bei erfolgreicher Herzmassage lässt sich an der Handwurzel wieder ein Puls fühlen. Da bei minutenlangem Herzstillstand immer auch das Zentralnervensystem und mit diesem die Atmung gelähmt wird, muss gleichzeitig bzw. abwechselnd mit der Herzmassage eine Atemspende erfolgen. Steht ein zweiter Helfer zur Verfügung, so führt einer die Herzmassage, der andere die Atemspende im 5:1-Rhythmus (auf fünf Herzkompressionen folgt ein Atemstoß) durch. Ist nur ein Helfer da, gilt ein 15:2-Rhythmus.

Notsituation	Symptome	1. Maßnahmen
Kreislaufversagen, Schock	Unruhe, Angst, Verwirrtheit; schwacher, beschleunigter Puls; feuchte, blasse, kalte Haut	Hochlagerung der Beine (nicht bei Kopf- und Brustverletzungen sowie bei Knochenbruch der Beine), Schutz vor Unterkühlung, Beruhigung

Bei Bewusstlosigkeit und Atemstillstand ist sofort mit der Atemspende, bei Herzversagen mit der kombinierten Wiederbelebung zu beginnen.

Notsituation	Symptome	1. Maßnahmen
Bewusstlosigkeit	Erschlaffung der Muskulatur, Fehlen der Schutzreflexe	stabile Seitenlage, Überwachung von Atmung und Herztätigkeit

Im Notfall die Atemspende bzw. Herzmassage durchführen.

Notsituation	Symptome	1. Maßnahmen
Ohnmacht	plötzl. Zusammensinken, kurz dauernde Bewusstlosigkeit, feuchtkalter Schweiß, langsamer Puls	flache Rückenlage, Hochlagerung der Beine

Das Bewusstsein kehrt innerhalb weniger Sekunden (bis Minuten) wieder zurück.

Notsituation	Symptome	1. Maßnahmen
Schlagaderblutung	pulsierender Blutaustritt, hellrote Farbe des Blutes	Druckkompression im Wundbereich, Abdrücken der Schlagader von Hand

Der Druck hat fest, stetig und so zu erfolgen, dass die Blutung zum Stillstand kommt. Eine Abbindung an Arm oder Bein darf nur im äußersten Notfall angelegt werden (z. B. Abtrennung; große Fremdkörper in stark blutenden Wunden; großflächige, zerfetzte, stark blutende Wunden). In diesem Fall muss der Verletzte mit einem Vermerk ausgestattet werden, aus dem der Zeitpunkt der Abbindung hervorgeht. Ärztl. Versorgung ist unverzüglich notwendig.

Notsituation	Symptome	1. Maßnahmen
Herzinfarkt	Schmerzen in der Brust, „Vernichtungsangst", rote bis blaue Gesichtshaut, prall gefüllte Halsvenen, schnappende Atmung	halb sitzende Lagerung, eventuell Atemspende und Herzmassage
epileptischer Krampfanfall	krampfartige Zuckungen der Gliedmaßen, röchelnde Atmung, Schaum vor dem Mund	Entfernung harter oder scharfkantiger Gegenstände aus der Umgebung des Betroffenen
Schlaganfall	meist Bewusstlosigkeit bei meist normaler Atmung und verlangsamtem bis normalem Puls, Lähmungserscheinungen im Bereich einer Körperhälfte	Hochlagerung des Kopfes
diabetisches Koma	Müdigkeit, vertiefte Atmung, trockene, warme, meist leicht gerötete Haut, Ausatmungsluft riecht nach Aceton („Obstgeruch")	Freihalten der Atemwege

Schneller Transport in ein Krankenhaus. Bei Unterzuckerung (hypoglykäm. Koma, Anzeichen u. a. kalter, klebriger Schweiß) sollte, sofern der Betroffene bei Bewusstsein ist, Zucker oder Zuckerlösung gegeben werden.

In allen diesen Notfällen sind der Rettungsdienst und der Notarzt zu rufen.

Augenverletzungen

Bei *Verätzungen* Ober- und Unterlid auseinander spreizen und mit Wasser ausspülen; beide Augen verbinden und den Verletzten zum Arzt begleiten. Bei Fremdkörpern hinter dem Unterlid lässt man den Verletzten nach oben sehen, zieht das Unterlid nach unten und streicht mit einem sauberen Tuchzipfel den Fremdkörper in Richtung Nasenrücken heraus. Bei Fremdkörpern unter dem Oberlid lässt man den Verletzten nach unten sehen, klappt das Oberlid vorsichtig nach außen und wischt den Fremdkörper in Richtung Nasenrücken aus dem

Bindehautsack heraus. – *Offene Augenverletzungen* werden mit einem sterilen Verband abgedeckt, sofortiger Transport zum Arzt oder in eine Klinik.

Bauchverletzungen

Bei *stumpfen Bauchverletzungen* sollte der Verletzte mit erhöhtem Kopf, angewinkelten Knien und abgestützten Füßen gelagert werden, um die Bauchdecke zu entspannen. – *Offene Bauchverletzungen* sind keimfrei abzudecken. Auf keinen Fall eventuell hervorquellende Darmteile zurückschieben oder eingedrungene Fremdkörper entfernen.

Blutungen

Kleinere Blutungen nach Verletzung der Haut kommen meist kurze Zeit nach Auflegen eines keimfreien Verbandes zum Stillstand. – *Nasenbluten* lässt sich durch festes Andrücken des Nasenflügels gegen die Nasenscheidewand stillen. Zur reflektor. Gefäßverengung kann man auch ein nasses, kaltes Tuch oder einen Eisbeutel auf Stirn und Nacken legen. – *Innere Blutungen* aus Lunge (Bluthusten), Magen (Bluterbrechen), Darm (schwarzer, flüssiger Stuhl), Niere oder Blase (blutiger Harn) müssen unverzüglich in einem Krankenhaus ärztlich versorgt werden.

Brustkorbverletzungen

Bei *stumpfen Brustkorbverletzungen* kann das Durchatmen sehr schmerzhaft sein (Rippenbruch). Bei Verletzungen des Lungengewebes durch gebrochene Rippen hustet der Verletzte schaumig durchmischtes Blut aus. Zunehmender Lufthunger kommt hinzu. Lagerung mit erhöhtem Oberkörper, beengende Kleidungsstücke öffnen (Unterkühlung vermeiden), schonenden Transport in eine Klinik veranlassen. – *Offene Brustkorbverletzungen* müssen mit einem keimarmen Verband bedeckt werden. Der Verletzte wird mit erhöhtem Oberkörper auf der verletzten Seite gelagert und schnellstens in ein Krankenhaus gebracht. Eventuell eingedrungene Fremdkörper dürfen nicht entfernt werden.

elektrische Unfälle

Vor Berührung des Verletzten Stromzufuhr unterbrechen. Bei Herzversagen und Atemstillstand ist sofort mit der Wiederbelebung zu beginnen. Eventuelle Strommarken keimfrei abdecken. Sofortiger Transport in ein Krankenhaus ist notwendig.

Erfrierungen

Bei *Erfrierungen 1. Grades* (blasse, gefühllose Haut) Erwärmung durch Massage und aktive Bewegung der Gliedmaßen; wenn möglich Wechselbäder; anschließend Abdeckung der erfrorenen Körperteile mit einem Polsterverband. – Bei *Erfrierungen 2. Grades* (Blasenbildung) und *3. Grades* (Gewebstod mit blauschwarzer Verfärbung der Haut) einen Polsterverband anlegen; Wiedererwärmung nur unter Aufsicht des Arztes.

Ertrinken

Bei Atemstillstand sofort Atemspende; bei Herzstillstand gleichzeitig Herzmassage; unverzüglich in eine Klinik bringen.

Fremdkörper

Fremdkörper in der Nase können eventuell durch Zuhalten der nicht betroffenen Nasenseite und kräftiges Schneuzen entfernt werden. – Bei *Fremdkörpern im Gehörgang* Kopf zur betroffenen Seite neigen, dabei Hüpf- oder Springbewegungen ausführen. – Bei *Fremdkörpern in der Luftröhre* Kopf vornüber neigen lassen, durch kräftige Schläge auf den Rücken den Betroffenen zum Husten bringen. Kleine Kinder hebt man an den Beinen hoch, sodass der Kopf nach unten hängt, und schüttelt sie kräftig oder schlägt ihnen mit der flachen Hand auf den Rücken. Hilft dies nicht, muss der Betroffene sofort ins Krankenhaus gebracht werden.

Hitzschlag

Den Betroffenen an einen kühlen, schattigen Ort bringen, bei blassem Gesicht flach, bei rotem Gesicht mit erhöhtem Kopf lagern; bei Bewusstlosigkeit Seitenlagerung, eventuell Atemspende, Kleider öffnen.

Insektenstiche

Den eventuell stecken gebliebenen Stachel entfernen; bei stärkerer örtl. Rötung, Schwellung und Schmerzen Kühlung mit Wasser oder Eisstückchen. Insektenstiche im Mund-Rachen-Raum erfordern unverzügl. Transport in ein Krankenhaus (Erstickungsgefahr).

Knochenbrüche

Sie sind gewöhnlich an einer schmerzhaften Schwellung, der Gebrauchseinschränkung, der unnatürl. Form und einer abnormen Beweglichkeit des betroffenen Körperteils erkennbar. Ist durch den Bruch auch die Haut verletzt *(offener Bruch)*, so wird zunächst ein keimfreier Verband über die Wunde und eventuell herausragende Knochensplitter gelegt. Sind größere Schlagadern verletzt, muss zunächst die Blutung durch Abdrücken oder Druckverband gestillt werden. Die Ruhigstellung der gebrochenen Gliedmaßen erfolgt bei Beinbrüchen mit Schienen, bei Armbrüchen mit Dreiecktüchern. Mit dem gebrochenen Knochen müssen gleichzeitig auch die benachbarten Gelenke ruhig gestellt werden. – *Verschobene Brüche* (kenntlich an der unnatürl. Form der Gliedmaßen) dürfen vom Helfer nicht eingerichtet werden; die Schiene soll der veränderten Form der Gliedmaßen angepasst werden. – Bei *Schlüsselbeinbrüchen* wird der Arm mit einem Dreiecktuch ruhig gestellt. – Bei *Wirbelbrüchen* ist zunächst zu prüfen, ob Hände, Arme und Beine beweglich sind. Sind Hände und Arme unbeweglich, liegt wahrscheinlich eine Verletzung der Halswirbelsäule vor. Sind die Beine und Zehen gelähmt, so sind tiefere Wirbelsäulenabschnitte verletzt. Bei der Lagerung ist darauf zu achten, dass der Kopf immer stabil in einer waagerechten Linie mit dem Körper gehalten wird. – Bei *Beckenbrüchen* darf der Verletzte nur sehr vorsichtig und auf harter Unterlage (eventuell mit gebeugten Knien) transportiert werden.

Erste Hilfe Fortsetzung

Schädelverletzungen

Sie sind meist die Folge einer äußeren Gewalteinwirkung bei Unfällen, müssen jedoch nicht in jedem Fall äußerlich sichtbar sein. Charakteristische, ein- oder beidseitig auftretende Blutungen aus Mund, Nase und Ohr sowie ein Brillenhämatom deuten auf einen *Schädelbasisbruch* hin. – Maßnahmen: Seitenlagerung; Freihalten der Atemwege, da Schädelverletzte zu Erbrechen neigen; prompter, schonender Transport ins Krankenhaus.

Schlangenbiss

Schlangenbisse sind an zwei kleinen, nebeneinander liegenden, punktförmigen Stichen (fast immer am Fuß oder Knöchel) zu erkennen. Die betroffene Extremität schwillt an. Der Verletzte wird müde und benommen, später zeigen sich Herz- und Atemstörungen. – An dem betroffenen Glied wird körperwärts eine Stauung angelegt; der Verletzte ist unverzüglich in ein Krankenhaus zu bringen.

Verätzungen

Verätzungen der Haut mit Säuren oder Laugen werden sofort mit viel Wasser abgespült, Wunden werden keimfrei abgedeckt. – *Innerliche Verätzungen* sind je nach dem Grad der Schädigung mit heftigen Schmerzen im Mund, im Rachen und im Magen, ferner mit blutigem Erbrechen und schließlich mit Schock und Bewusstlosigkeit verbunden. Schneller Transport in ein Krankenhaus ist notwendig.

Verbrennungen (Verbrühungen)

Verbrennungen 1. Grades (schmerzhafte Rötung der Haut) werden zuerst mit kaltem Wasser behandelt, ebenso *Verbrennungen 2. Grades* (Rötung und Blasenbildung) an kleineren Hautflächen. Brandblasen dürfen nicht geöffnet werden. Bei *großflächigen Verbrennungen 3. Grades* (Verkohlung der Haut) werden die Wunden mit keimfreien Tüchern abgedeckt. – Bei Verbrühungen muss unbedingt die Kleidung entfernt werden.

Vergiftungen

Magenspülungen dürfen nur durchgeführt werden, wenn der Vergiftete nicht bewusstlos ist, die Giftaufnahme (durch den Mund) nicht länger als 3–4 Stunden zurückliegt und keine Vergiftung mit Säuren oder Laugen vorliegt. Zur *Magenspülung* lässt man Erwachsene ½ Liter warmes Salzwasser, Kinder reichlich Himbeersaft trinken und reizt danach die Rachenhinterwand mit dem Finger oder einem Löffelstiel, bis Erbrechen eintritt. Das wird wiederholt, bis der Vergiftete klare Flüssigkeit erbricht. Bei Bewusstlosigkeit u. U. Atemspende und äußere Herzmassage, stabile Seitenlage; sofortige ärztl. Hilfe in Anspruch nehmen bzw. Krankenhauseinweisung veranlassen. Bei Vergiftungen mit Pflanzenschutzmitteln (Kontaktgiften) nur mit Beatmungsgeräten beatmen.

Verrenkungen und Verzerrungen

Diese sind erkennbar an der raschen, schmerzhaften Schwellung und Beweglichkeitseinschränkung des betroffenen Gelenks. Das Gelenk wird ruhig gestellt; feuchtkühle Umschläge.

Wunden

Wunden werden mit einem keimfreien Verband abgedeckt, eingedrungene Fremdkörper dürfen nicht entfernt werden. Bei stärkeren Blutungen ist ein Druckverband anzulegen. Alle größeren Schnitt- und Schürfwunden sowie Stich-, Platz-, Quetsch-, Riss-, Schuss-, Kratz- und Bisswunden müssen einem Arzt gezeigt werden.

KARTENTEIL

Inhalt

Legende

Orte bis 100 000 Einwohner

Orte über 100 000 – 500 000 Einwohner

Orte über 500 000 – 1 Mio. Einwohner

Orte über 1 Mill. Einwohner

Hauptstadt — BERLIN

Staatsgrenzen

Grenze für Bundesländer und Bundesstaaten

Haupteisenbahnstrecke

Kanal

WELTKARTE

AFGHANIST.	AFGHANISTAN	DOMINIK. REP.	DOMINIKANISCHE REPUBLIK	LIB.
ALB.	ALBANIEN	EST.	ESTLAND	L.
A.	ANDORRA	FINNL.	FINNLAND	LIT.
ANT. U. BARB.	ANTIGUA UND BARBUDA	G.	GEORGIEN	MAK.
ÄQUA. GUIN.	ÄQUATORIALGUINEA	GRIECH.	GRIECHENLAND	MOL.
AR.	ARMENIEN	GROSSBRIT.	GROSSBRITANNIEN UND NORDIRLAND	MON.
AS.	ASERBAIDSCHAN	ISR.	ISRAEL	NIED.
BAHR.	BAHRAIN	JORD.	JORDANIEN	ÖST.
B.D.	BANGLADESH	JUG.	JUGOSLAWIEN	POL.
BE.	BELGIEN	KAMB.	KAMBODSCHA	RUM.
B.	BOSNIEN UND HERZEGOWINA	KIRG.	KIRGISTAN	ST. KITTS
BULG.	BULGARIEN	KR.	KROATIEN	S.M.
DÄN.	DÄNEMARK	LETT.	LETTLAND	S.
DTLD.	DEUTSCHLAND			

LIBANON
LIECHTENSTEIN
LITAUEN
MAKEDONIEN
MOLDAWIEN
MONACO
NIEDERLANDE
ÖSTERREICH
POLEN
RUMÄNIEN
SAINT KITTS UND NEVIS
SAN MARINO
SCHWEIZ

S.R.	SLOWAKISCHE REPUBLIK
SL.	SLOWENIEN
SYR.	SYRIEN
TAD.	TADSCHIKISTAN
T.R.	TSCHECHISCHE REPUBLIK
TURK.	TURKMENISTAN
UNG.	UNGARN
USBEK.	USBEKISTAN
V.	VATIKANSTADT
V.A.E.	VEREINIGTE ARABISCHE EMIRATE
W.-R.	WEISSRUSSLAND
ZENTRALAFR. REP.	ZENTRALAFRIKANISCHE REPUBLIK

Berl.	Berlin
Buk.	Bukarest
Hels.	Helsinki
Kop.	Kopenhagen
Lond.	London
Sto.	Stockholm
War.	Warschau

Maßstab am Äquator etwa 1: 160 Mill.

EUROPA
ISLAND
IRLAND
GROSSBRITANNIEN
NORWEGEN
SCHWEDEN
FINNLAND
DÄNEMARK
ESTLAND
LETTLAND
LITAUEN
WEISSRUSSLAND
POLEN
DEUTSCHLAND
NIEDERL.
BELGIEN
LUX.
FRANKREICH
SCHWEIZ
LIECHT.
ÖSTERREICH
TSCHECH. REP.
SLOWAK. REP.
UNGARN
SLOWENIEN
KROATIEN
BOSNIEN U. HERZEG.
JUGOSLAWIEN
MAKED.
ALBANIEN
GRIECHENLAND
BULGARIEN
RUMÄNIEN
MOLDAWIEN
UKRAINE
RUSSLAND
KASACHSTAN
USBEK.
TURKMEN.
GEORGIEN
ARMENIEN
ASERBAIDSCHAN
TÜRKEI
ZYPERN
LIBANON
IRAN
IRAK
ITALIEN
MALTA
ANDORRA
SPANIEN
PORTUGAL
MAROKKO
ALGERIEN
TUNESIEN
ATLANTISCHER OZEAN
EUROPÄISCHES NORDMEER
Nordsee
Ostsee
Mittelmeer
Schwarzes Meer
Kaspisches Meer
Barentssee
Golf von Biscaya
Nördl. Polarkreis
750 km

NORDASIEN

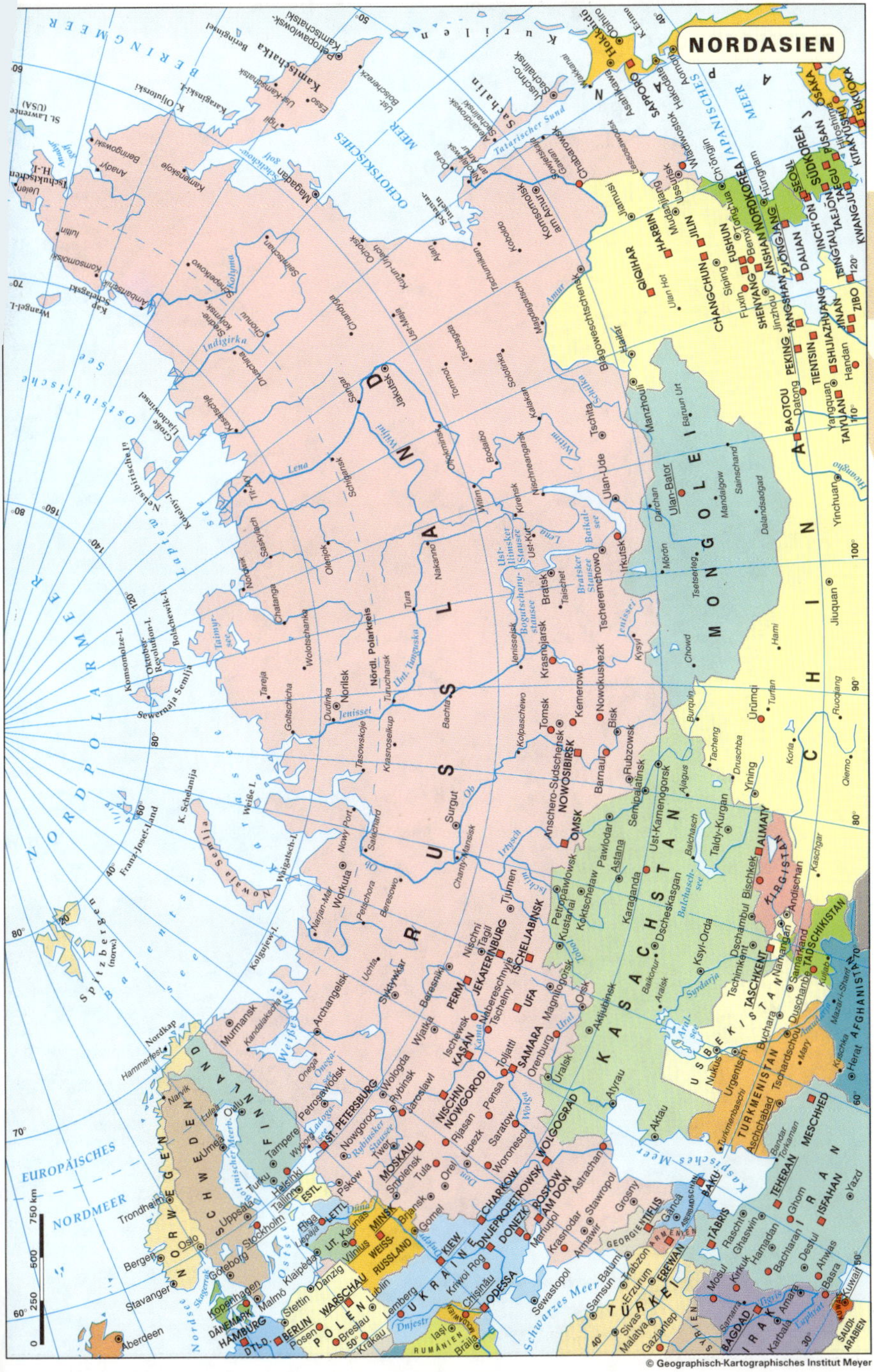

NORDASIEN
RUSSLAND
KASACHSTAN
MONGOLEI
CHINA
IRAN
TÜRKEI
UKRAINE
POLEN
SCHWEDEN
NORWEGEN
FINNLAND
USBEKISTAN
TURKMENISTAN
KIRGISTAN
TADSCHIKISTAN
AFGHANISTAN
IRAK
JAPAN
NORDKOREA
SÜDKOREA
WEISSRUSSLAND
NORDPOLARMEER
BERINGMEER
OCHOTSKISCHES MEER
JAPANISCHES MEER
EUROPÄISCHES NORDMEER
Barents-See
Karasee
Laptewsee
Ostsibirische See
Kaspisches Meer
Schwarzes Meer
Nördl. Polarkreis
MOSKAU
ST. PETERSBURG
NOWOSIBIRSK
OMSK
JEKATERINBURG
TSCHELJABINSK
PERM
UFA
SAMARA
KASAN
NISCHNI NOWGOROD
WOLGOGRAD
ROSTOW AM DON
KIEW
CHARKOW
DNJEPROPETROWSK
DONEZK
ODESSA
MINSK
WARSCHAU
BERLIN
HAMBURG
ALMATY
TASCHKENT
TEHERAN
MESCHHED
ISFAHAN
TÄBRIS
BAKU
TIFLIS
EREWAN
BAGDAD
HARBIN
QIQIHAR
CHANGCHUN
JILIN
SHENYANG
FUSHUN
ANSHAN
DALIAN
PEKING
TIENTSIN
TANGSHAN
SHIJIAZHUANG
TAIYUAN
BAOTOU
JINAN
ZIBO
PJÖNGJANG
SEOUL
INCH'ON
TAEJÖN
TAEGU
PUSAN
KWANGJU
SAPPORO
OSAKA
KITAKYUSHU
FUKUOKA
Ulan-Bator
Irkutsk
Krasnojarsk
Jakutsk
Magadan
Chabarowsk
Wladiwostok
Kamtschatka
Sachalin
Tschukotka
Spitzbergen (norw.)
Franz-Josef-Land
Nowaja Semlja
Sewernaja Semlja
Neusibirische I.
Wrangel-I.
Baikalsee
Balchaschsee
Aralsee
Lena
Jenissei
Ob
Irtysch
Amur
Wolga
Ural
Kolyma
Indigirka
0 250 500 750 km

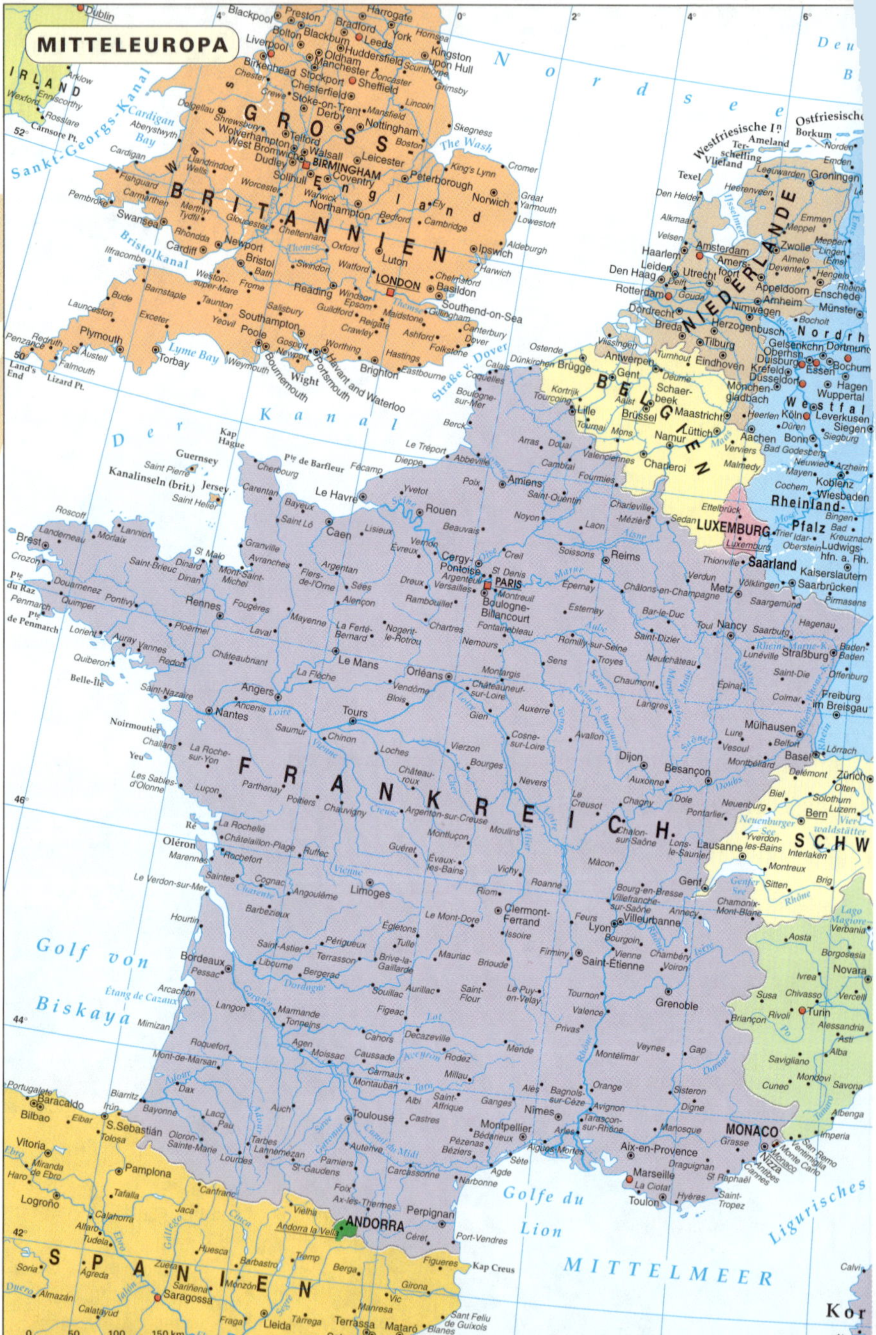

MITTELEUROPA
IRLAND
Dublin
Arklow
Wexford
Enniscorthy
Rosslare
Carnsore Pt.
GROSS-BRITANNIEN
Wales
England
Sankt-Georgs-Kanal
Cardigan Bay
Bristolkanal
N o r d s e e
The Wash
Blackpool
Preston
Harrogate
Bradford
Leeds
York
Hornsea
Liverpool
Bolton
Blackburn
Kingston upon Hull
Huddersfield
Oldham
Manchester
Birkenhead
Stockport
Doncaster
Scunthorpe
Chester
Sheffield
Grimsby
Crewe
Chesterfield
Stoke-on-Trent
Mansfield
Lincoln
Dolgellau
Derby
Nottingham
Skegness
Aberystwyth
Shrewsbury
Telford
Wolverhampton
Boston
West Bromwich
Walsall
Cardigan
Dudley
BIRMINGHAM
Leicester
King's Lynn
Cromer
Llandrindod Wells
Solihull
Coventry
Peterborough
Fishguard
Norwich
Great Yarmouth
Pembroke
Carmarthen
Worcester
Warwick
Merthyr Tydfil
Northampton
Lowestoft
Swansea
Rhondda
Gloucester
Cheltenham
Bedford
Cambridge
Cardiff
Newport
Oxford
Ipswich
Aldeburgh
Ilfracombe
Bristol
Swindon
Luton
Harwich
Bath
Watford
Chelmsford
Weston-super-Mare
Frome
Reading
LONDON
Basildon
Barnstaple
Taunton
Windsor
Epsom
Southend-on-Sea
Bude
Salisbury
Guildford
Maidstone
Gillingham
Launceston
Exeter
Yeovil
Southampton
Reigate
Canterbury
Crawley
Ashford
Dover
Plymouth
Poole
Gosport
Worthing
Folkestone
Penzance
Redruth
St Austell
Torbay
Lyme Bay
Weymouth
Newport
Bournemouth
Portsmouth
Havant and Waterloo
Hastings
Brighton
Eastbourne
Land's End
Falmouth
Lizard Pt.
Wight
Straße v. Dover
Calais
Coquelles
D e r   K a n a l
Ostfriesische
Borkum
Norden
Westfriesische In.
Ameland
Terschelling
Vlieland
Texel
Emden
Leeuwarden
Groningen
Den Helder
Heerenveen
Alkmaar
Emmen
Meppel
IJsselmeer
Velsen
Haarlem
Amsterdam
Zwolle
Leiden
Amersfoort
Almelo
Den Haag
Delft
Utrecht
Deventer
Hengelo
Rotterdam
Gouda
Apeldoorn
Enschede
Arnheim
Rheine
Dordrecht
Nimwegen
Münster
Breda
Herzogenbusch
Bocholt
Tilburg
Eindhoven
NIEDERLANDE
Ostende
Dünkirchen
Brügge
Vlissingen
Antwerpen
Turnhout
Gelsenkchn.
Dortmund
Oberhsn.
Duisburg
Essen
Bochum
Gent
Krefeld
Düsseldorf
Hagen
Kortrijk
Schaerbeek
Mönchengladbach
Wuppertal
Tourcoing
Lille
Aalst
Brüssel
Maastricht
Heerlen
Köln
Leverkusen
Düren
Bonn
Siegen
Tournai
Mons
Lüttich
Aachen
Siegburg
BELGIEN
Namur
Verviers
Bad Godesberg
Charleroi
Malmedy
Neuwied
Mayen
Koblenz
Cochem
Wiesbaden
Rheinland-Pfalz
Ettelbrück
LUXEMBURG
Luxemburg
Bingen
Bad Kreuznach
Trier
Idar-Oberstein
Ludwigshfn. a. Rh.
Kaiserslautern
Saarland
Saarbrücken
Völklingen
Pirmasens
Saargemünd
Nordrhein-Westfalen
Hagenau
Baden-Baden
Straßburg
Offenburg
Freiburg im Breisgau
Lörrach
Basel
Delémont
Zürich
Olten
Solothurn
Luzern
Biel
Bern
Neuenburg
Neuenburger See
Vierwaldstätter See
Yverdon-les-Bains
Interlaken
SCHW
Lausanne
Montreux
Sitten
Brig
Genf
Genfer See
Rhône
Lago Maggiore
Verbania
Aosta
Borgosesia
Ivrea
Novara
Vercelli
Chivasso
Susa
Turin
Rivoli
Alessandria
Asti
Alba
Savigliano
Mondovi
Cuneo
Savona
Albenga
Imperia
San Remo
Ventimiglia
Monte Carlo
Monaco
MONACO
Nizza
Antibes
Cannes
Grasse
Ligurisches
Kap Hague
Guernsey
Saint Pierre
Kanalinseln (brit.)
Jersey
Saint Helier
Pte de Barfleur
Cherbourg
Fécamp
Dieppe
Le Tréport
Berck
Boulogne-sur-Mer
Abbeville
Arras
Douai
Valenciennes
Cambrai
Amiens
Poix
Fourmies
Saint-Quentin
Carentan
Bayeux
Le Havre
Yvetot
Rouen
Charleville-Mézières
Sedan
Roscoff
Saint Lô
Caen
Lisieux
Beauvais
Noyon
Laon
Lannion
Morlaix
Landerneau
Brest
Granville
Vernon
Évreux
Soissons
Reims
Thionville
Crozon
Avranches
Cergy-Pontoise
Creil
St Malo
Dinard
Saint-Brieuc
Dinan
Mont-Saint-Michel
Argentan
Flers-de-l'Orne
Sées
Dreux
Argenteuil
Versailles
St Denis
PARIS
Montreuil
Épernay
Verdun
Metz
Pte du Raz
Douarnenez
Quimper
Pontivy
Fougères
Alençon
Rambouillet
Boulogne-Billancourt
Châlons-en-Champagne
Penmarch
Pte de Penmarch
Rennes
Mayenne
Esternay
Bar-le-Duc
Nancy
Saarburg
Lorient
Ploërmel
Laval
La Ferté-Bernard
Nogent-le-Rotrou
Chartres
Fontainebleau
Toul
Auray
Vannes
Redon
Nemours
Romilly-sur-Seine
Saint-Dizier
Lunéville
Quiberon
Châteaubriant
Le Mans
Sens
Troyes
Neufchâteau
Rhein-Marne-K.
Saint-Dié
Belle-Île
La Flèche
Orléans
Montargis
Chaumont
Épinal
Saint-Nazaire
Angers
Vendôme
Blois
Châteauneuf-sur-Loire
Colmar
Ancenis
Nantes
Loire
Tours
Gien
Auxerre
Langres
Noirmoutier
Saumur
Chinon
Cosne-sur-Loire
Avallon
Mülhausen
Challans
La Roche-sur-Yon
Loches
Vierzon
Lure
Vesoul
Belfort
Yeu
Bourges
Dijon
Besançon
Montbéliard
FRANKREICH
Châteauroux
Nevers
Auxonne
Les Sables-d'Olonne
Parthenay
Poitiers
Luçon
Chauvigny
Le Creusot
Chagny
Dole
Pontarlier
Argenton-sur-Creuse
Moulins
Ré
La Rochelle
Châtelaillon-Plage
Montluçon
Chalon-sur-Saône
Lons-le-Saunier
Oléron
Marennes
Rochefort
Ruffec
Guéret
Évaux-les-Bains
Mâcon
Saintes
Cognac
Vichy
Le Verdon-sur-Mer
Angoulême
Limoges
Roanne
Bourg-en-Bresse
Charente
Riom
Villefranche-sur-Saône
Annecy
Chamonix-Mont-Blanc
Barbezieux
Clermont-Ferrand
Hourtin
Le Mont-Dore
Feurs
Lyon
Villeurbanne
Issoire
Égletons
Tulle
Bourgoin
Golf von Biskaya
Saint-Astier
Périgueux
Terrasson
Brive-la-Gaillarde
Mauriac
Firminy
Saint-Étienne
Vienne
Chambéry
Voiron
Bordeaux
Pessac
Libourne
Bergerac
Brioude
Dordogne
Étang de Cazaux
Arcachon
Souillac
Aurillac
Saint-Flour
Le Puy-en-Velay
Tournon
Grenoble
Langon
Marmande
Tonneins
Figeac
Valence
Mimizan
Lot
Decazeville
Privas
Briançon
Roquefort
Agen
Cahors
Moissac
Caussade
Rodez
Mende
Montélimar
Veynes
Gap
Mont-de-Marsan
Aveyron
Carmaux
Millau
Durance
Dax
Montauban
Tarn
Albi
Saint-Affrique
Alès
Bagnols-sur-Cèze
Orange
Sisteron
Biarritz
Irún
Bayonne
Lacq
Pau
Auch
Toulouse
Castres
Ganges
Nîmes
Avignon
Digne
Tarascon-sur-Rhône
Arles
Montpellier
Bédarieux
Pézenas
Béziers
Aigues-Mortes
Manosque
Aix-en-Provence
Oloron-Sainte-Marie
Tarbes
Lannemezan
Lourdes
Auterive
Canal du Midi
Sète
Agde
Draguignan
St-Gaudens
Pamiers
Carcassonne
Narbonne
Marseille
La Ciotat
Toulon
Hyères
St Raphaël
Saint-Tropez
Foix
Ax-les-Thermes
Perpignan
Golfe du Lion
ANDORRA
Andorra la Vella
Céret
Port-Vendres
Kap Creus
MITTELMEER
Portugalete
Baracaldo
Bilbao
Eibar
S. Sebastián
Tolosa
Vitoria
Miranda de Ebro
Haro
Pamplona
Tafalla
Canfranc
Logroño
Jaca
Vielha
Calahorra
Alfaro
Tudela
Ebro
Huesca
Tremp
SPANIEN
Soria
Ágreda
Zuera
Barbastro
Berga
Figueres
Monzón
Girona
Duero
Almazán
Sariñena
Saragossa
Vic
Manresa
Calatayud
Tàrrega
Terrassa
Mataró
Sant Feliu de Guíxols
Blanes
Fraga
Lleida
Sabadell
Badalona
Valls
l'Hospitalet de Ll.
BARCELONA
Calvi
Kor
Ajaccio
0 50 100 150 km

MITTELEUROPA
DÄNEMARK
RUSSLAND
DEUTSCHLAND
POLEN
TSCHECHISCHE REPUBLIK
SLOWAKISCHE REPUBLIK
ÖSTERREICH
UNGARN
SLOWENIEN
KROATIEN
BOSNIEN U. HERZEGOWINA
JUGOSLAWIEN
ALBANIEN
ITALIEN
SAN MARINO
VATIKANSTADT
LIECHTENSTEIN
Ostsee
Adriatisches Meer
Golf v. Genua
Meer

SKANDINAVIEN
EUROPÄISCHES NORDMEER
NORWEGEN
SCHWEDEN
FINNLAND
ESTLAND
LETTLAND
LITAUEN
DÄNEMARK
Ostsee
Bottnischer Meerbusen
Finnischer Meerbusen
Rigaer Bucht
Skagerrak
Kattegat
Nordsee
Danziger Bucht
Hanöbucht
Vestfjord
Lofotinseln
Vesterålinseln
Ålandinseln
Gotland
Öland
Bornholm (dän.)
Seeland
Fünen
Lolland
Falster
Møn
Hiiumaa (Dagö)
Saaremaa (Ösel)
Gotska Sandö
Nordkap
Nordkinn
Magerøy
Senja
Hitra
Frøya
Smøla
Oslo
Stockholm
Helsinki
Tallinn (Reval)
Riga
Vilnius (Wilna)
Kopenhagen
Trondheim
Bergen
Stavanger
Kristiansand
Narvik
Tromsø
Bodø
Kiruna
Luleå
Umeå
Sundsvall
Gävle
Uppsala
Västerås
Örebro
Norrköping
Linköping
Jönköping
Göteborg
Helsingborg
Malmö
Karlskrona
Kalmar
Visby
Oulu
Tampere
Turku
Vaasa
Espoo
Vantaa
Ålborg
Århus
Odense
Tartu (Dorpat)
Liepāja (Libau)
Klaipėda (Memel)
Kaunas
Šiauliai (Schaulen)
Panevėžys
Daugavpils (Dünaburg)
Königsberg
Vänersee
Vättersee
Mälarsee
Hjälmarsee
Siljansee
Storsjö
Mjøsa
Inarisee
Päijänne
Peipussee
0 50 100 150 km

BRITISCHE INSELN UND ISLAND
EUROPÄISCHES NORDMEER
Nördl. Polarkreis
ISLAND
Reykjavík
Akureyri
Breiðafjord
Faxabucht
Húnabucht
Westmänner-inseln
Färöer (dän.)
Tórshavn
Shetlandinseln
Orkneyinseln
Hebriden
Herma Ness
Fair Isle
Pentland Firth
Moray Firth
ATLANTISCHER OZEAN
Nordsee
Irische See
Nordkanal
Sankt-Georgs-Kanal
Bristolkanal
Cardigan Bay
Morecambe Bay
Firth of Forth
Firth of Lorne
The Wash
Lyme Bay
Straße v. Dover
Donegal Bay
Galway Bay
IRLAND
Nordirland
Schottland
England
Wales
GROSSBRITANNIEN
Dublin
Belfast
Cork
Limerick
Galway
Glasgow
Edinburgh
Aberdeen
Dundee
Inverness
Newcastle upon Tyne
Middlesbrough
Leeds
York
Manchester
Liverpool
Sheffield
Nottingham
Leicester
BIRMINGHAM
Coventry
Cardiff
Swansea
Bristol
Plymouth
Southampton
LONDON
Norwich
Ipswich
Brighton
Man
Anglesey
Wight
Scilly-Inseln
Land's End
0 50 100 150 km

ITALIEN UND BALKANLÄNDER
DEUTSCHLAND
Bayern
MÜNCHEN
Ingolstadt
Augsburg
Ulm
Stuttgart
Göppingen
Freising
Landshut
Passau
Kaufbeuren
Kempten (Allgäu)
Füssen
Garmisch-Partenkirchen
Rosenheim
Bad Tölz
Starnberg
Memmingen
Ravensburg
Friedrichshafen
Konstanz
Lindau
Bregenz
Dornbirn
Vorarlberg
Feldkirch
LIECHTENSTEIN
Vaduz
Schaffhausen
Zürich
St. Gallen
Basel
Mülhausen
Lörrach
Belfort
Bern
Luzern
Zug
Schwyz
Chur
Davos
SCHWEIZ
Lausanne
Montreux
Interlaken
Brig
Neuenburg
Biel
Solothurn
Olten
Delémont
Genfer See
Vierwaldstätter See
Bodensee
Zürichsee
Neuenburger See
Sitten
FRANKREICH
Lure
Montbéliard
Chamonix-Mont-Blanc
Briançon
MONACO
Nizza
Cannes
Antibes
Grasse
St. Raphaël
Saint-Tropez
Menton
ÖSTERREICH
Tirol
Innsbruck
Landeck
Kitzbühel
Kufstein
Salzburg
Berchtesgaden
Braunau am Inn
Oberösterreich
Linz
Steyr
Vöcklabruck
Bad Ischl
Niederösterreich
WIEN
Sankt Pölten
Wiener Neustadt
Eisenstadt
Neunkirchen
Burgenland
Steiermark
Graz
Leoben
Judenburg
Kärnten
Klagenfurt
Villach
Spittal an der Drau
Lienz
Osttirol
Gmünd
Retz
Krems
Melk
Amstetten
Stockerau
Breclav
SLOWAKISCHE REPUBLIK
Preßburg
Trnava
Nitra
Levice
Nové Zámky
Komárno
Esztergom
Vác
UNGARN
BUDAPEST
Győr
Sopron
Mosonmagyaróvár
Szombathely
Pápa
Székesfehérvár
Veszprém
Plattensee
Siófok
Dunaújváros
Zalaegerszeg
Keszthely
Nagykanizsa
Kaposvár
Dombóvár
Szekszárd
Pécs
Baja
Paks
Marcali
SLOWENIEN
Ljubljana
Maribor
Celje
Kranj
Jesenice
Novo Mesto
Postojna
Kočevje
Idrija
KROATIEN
Zagreb
Varaždin
Koprivnica
Karlovac
Sisak
Osijek
Vukovar
Vinkovci
Slavonski Brod
Nova Gradiška
Virovitica
Rijeka
Opatija
Pazin
Pula
Rovinj
Krk
Cres
Rab
Senj
Gospić
Pag
Lošinj
Zadar
Dugi otok
Biograd
Šibenik
Knin
Trogir
Split
Sinj
Omiš
Brač
Hvar
Vis
Šolta
Korčula
Mljet
Dubrovnik
Herceg Novi
Kotor
Budva
BOSNIEN U. HERZEGOWINA
Sarajevo
Banja Luka
Tuzla
Zenica
Mostar
Jajce
Travnik
Bihać
Prijedor
Doboj
Zavidovići
Livno
Konjic
Foča
Trebinje
Metković
Bosanski Petrovac
Bosanska Krupa
Bugojno
Jablanica
ITALIEN
Bozen
Meran
Brixen
Cortina d'Ampezzo
Trient
Feltre
Belluno
Udine
Görz
Triest
Pordenone
Treviso
Venedig
Padua
Vicenza
Verona
Bergamo
Brescia
Rovereto
Como
Varese
Lugano
Locarno
Bellinzona
MAILAND
Monza
Novara
Busto Arsizio
Turin
Aosta
Ivrea
Vercelli
Pavia
Vigevano
Alessandria
Asti
Alba
Cuneo
Savigliano
Mondovì
Tortona
Piacenza
Cremona
Mantua
Parma
Reggio nell' Emilia
Modena
Bologna
Ferrara
Rovigo
Adria
Imola
Ravenna
Forlì
Cesena
Rimini
SAN MARINO
Pesaro
Fano
Senigallia
Ancona
Iesi
Macerata
Fabriano
Genua
Savona
Rapallo
Chiavari
La Spezia
Albenga
Imperia
San Remo
Ventimiglia
Carrara
Massa
Viareggio
Lucca
Pistoia
Prato
Florenz
Pisa
Livorno
Cecina
Siena
Arezzo
Cortona
Perugia
Assisi
Piombino
Grosseto
Orbetello
Orvieto
Spoleto
Terni
Viterbo
Rieti
Tarquinia
Civitavecchia
VATIKANSTADT
ROM
Lido di Ostia
Frascati
Latina
Nettuno
Frosinone
Cassino
Terracina
Gaeta
Ascoli Piceno
San Benedetto del Tronto
Atri
Pescara
L'Aquila
Chieti
Ortona
Avezzano
Vasto
Termoli
Foggia
Manfredonia
Vieste
San Severo
Cerignola
Barletta
Molfetta
Andria
Bari
Monopoli
Benevent
Caserta
Aversa
NEAPEL
Castellammare di Stabia
Torre del Greco
Sorrent
Salerno
Eboli
Potenza
Altamura
Gioia del Colle
Brindisi
Lecce
Otranto
Tarent
Massafra
Manduria
Matera
Tricarico
Pisticci
Metaponto
Gallipoli
Sala Consilina
Sapri
Lauria
Castrovillari
Corigliano Calabro
Rossano
Paola
Cosenza
Crotone
Lamezia Terme
Catanzaro
Pizzo
Vibo Valentia
Palmi
Siderno
Reggio di Calabria
Ischia
Capri
Sizilien
Palermo
Bagheria
Monreale
Trapani
Marsala
Alcamo
Corleone
Castelvetrano
Sciacca
Agrigent
Caltanissetta
Caltagirone
Enna
Licata
Gela
Ragusa
Modica
Noto
Pachino
Syrakus
Augusta
Lentini
Catania
Adrano
Taormina
Messina
Patti
Cefalù
Lercara Friddi
San Fratello
K. S. Vito
K. Passero
K. Spartivento
Liparische Inseln
Stromboli
Panarea
Lipari
Salina
Vulcano
Ägidische Inseln
Pantelleria (it.)
Pelagische Inseln (it.)
Linosa
Lampedusa
MALTA
Valletta
Gozo
Malta
Korsika
Bastia
Calvi
Corte
Aléria
Ajaccio
Porto-Vecchio
Bonifacio
Kap Corse
Sardinien
Sassari
Porto Torres
Alghero
Olbia
Tempio Pausania
Ozieri
Nuoro
Dorgali
Oristano
Tortolì
Sanluri
Guspini
Villacidro
Iglesias
Cagliari
Quartu Sant' Elena
San Vito
Teulada
Sant' Antioco
S. Pietro
K. Teulada
K. Spartivento
K. Carbonara
Asinara
K. Testa
Elba
Portoferraio
Giglio
Montecristo
Tyrrhenisches Meer
Ligurisches Meer
Adriatisches Meer
Ionisches Meer
MITTELMEER
G. v. Genua
G. v. Venedig
G. v. Manfredonia
G. v. Tarent
Golf v. Squillace
G. v. Catania
G. v. Cagliari
G. v. Asinara
Str. v. Bonifacio
Str. v. Messina
Straße von Sizilien
Str. v. Galite
Lago Maggiore
Comer See
Gardasee
Trasimener See
Bolsenasee
Valli di Comacchio
Po
Tiber
Arno
Etsch
Adda
Drau
Save
Donau
Inn
Enns
Mur
Isar
Lech
TUNESIEN
Tunis
Biserta
K. Blanc
K. Bon
Porto-Farina
Golf v. Tunis
La Goulette
Kelibia
Mateur
Jedeida
Béja
Tabarka
Jendouba
Le Kef
Zaghouan
Nabeul
Hammamet
Golf von Hammamet
Enfida
Sousse
Monastir
Moknine
Mahdia
Msaken
Kairouan
Maktar
Les Salines
Ksour
Île de la Galite
ALGERIEN
Annaba
El Kala
Azzaba
Guelma
Souk-Ahras
Sedrata
M'Daourouch
Aïn-Beida
0 50 100 150 km
6° 8° 10° 12° 14° 16° 18°
48° 46° 44° 42° 40° 38° 36°

ITALIEN UND BALKANLÄNDER
RUMÄNIEN
MOLDAWIEN
UKRAINE
UNGARN
JUGOSLAWIEN
BULGARIEN
MAKEDONIEN
ALBANIEN
GRIECHENLAND
TÜRKEI
Schwarzes Meer
Marmarameer
Ägäisches Meer
Ionisches Meer
Thermaischer Golf
Nördl. Sporaden
Kykladen
Dodekanes
Peloponnes
Kreta
Rhodos
BUKAREST
SOFIA
BELGRAD
Tirana
Skopje
Athen
ISTANBUL
IZMIR
BURSA
ODESSA
Chişinău
Saloniki
Konstanța
Warna
Burgas
Plowdiw
Kronstadt
Klausenburg
Temesvar
Debrecen
Szeged
Iaşi
Galaţi
Brăila
Craiova
Niš
Priština
Podgorica
Patras
Korfu
Lesbos
Chios
Samos
Limnos
Thasos
Euböa
Kefallinia
Andros
Naxos
Kos
Karpathos
Heraklion
Donau
Str. v. Otranto

IBERISCHE HALBINSEL

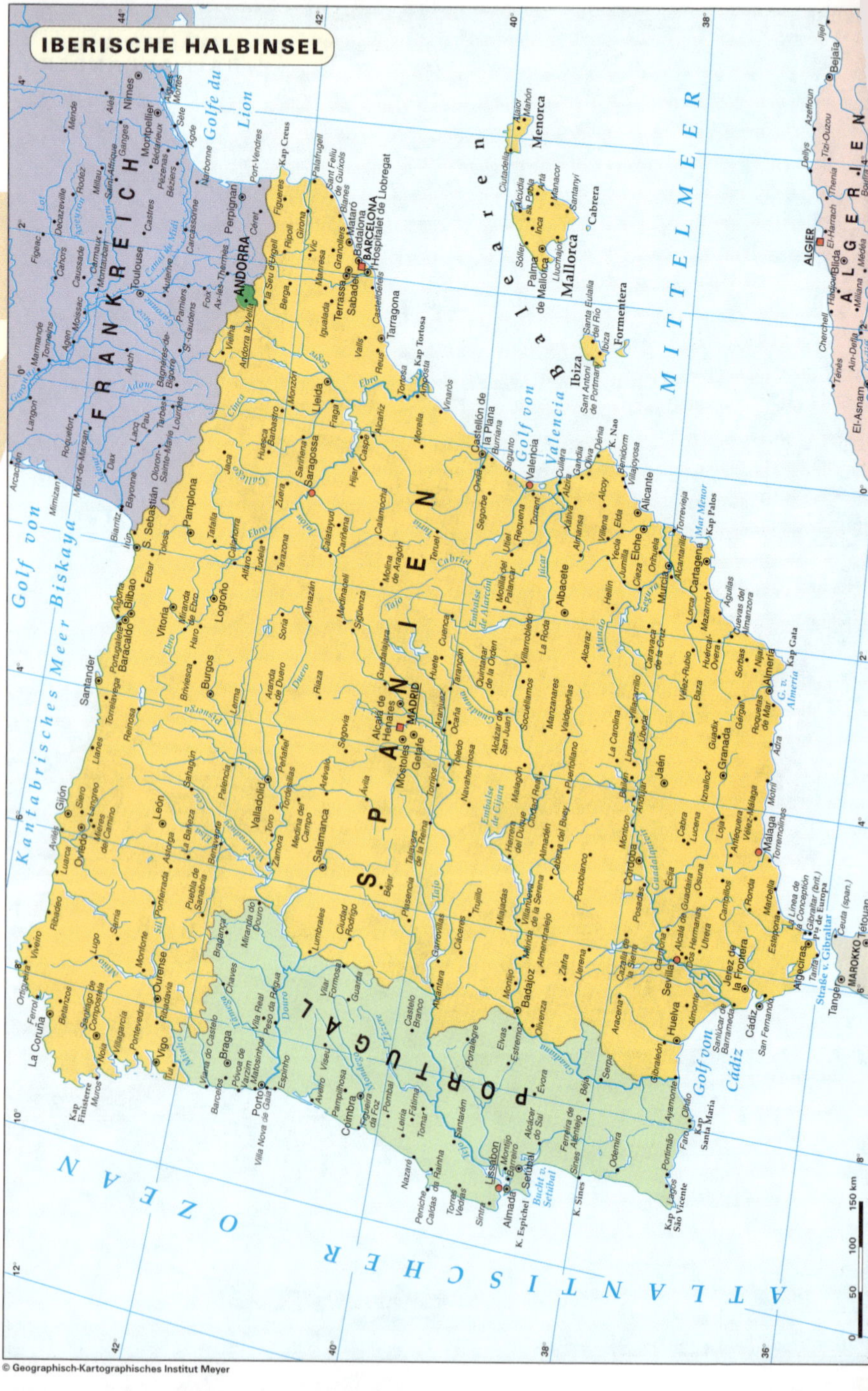

AFRIKA
ATLANTISCHER OZEAN
MITTELLÄNDISCHES MEER
Schwarzes Meer
Kaspisches Meer
Rotes Meer
INDISCHER OZEAN
Golf von Guinea
Golf v. Aden
Pers. Golf
Str. v. Moçambique
Nordsee
Ostsee
Golf von Biskaya
Äquator
Nördl. Wendekreis
Südl. Wendekreis
Azoren (port.)
Madeira (port.)
Funchal
Kanarische Inseln (span.)
Las Palmas
Ascension (brit.)
Sankt Helena (brit.)
GROSSBRITANNIEN U. NORDIRLAND
LONDON
IRLAND
Dublin
Belfast
NORWEGEN
SCHWEDEN
FINNLAND
DÄNEMARK
ESTL.
LETTL.
LIT.
WEISSRUSSLAND
POLEN
WARSCHAU
BERLIN
DEUTSCHLAND
NIEDERL.
BELGIEN
LUX.
FRANKREICH
PARIS
Marseille
SCHWEIZ
LIECHT.
ÖSTERREICH
TSCHECH. REP.
SLOWAK. REP.
UNGARN
SLOW.
KROATIEN
BOS. U. HERZEG.
JUGOSL.
RUMÄNIEN
BELGRAD
BULGARIEN
MAKED.
ALB.
GRIECHENLAND
Athen
ITALIEN
ROM
NEAPEL
Palermo
Sizilien
Sardinien
Korsika
MONACO
S. M.
MALTA
ANDORRA
SPANIEN
MADRID
BARCELONA
Balearen
PORTUGAL
Lissabon
RUSSLAND
ST. PETERSBURG
MOSKAU
NISCHNI NOWGOROD
KASAN
PERM
UFA
SAMARA
UKRAINE
KIEW
CHARKOW
DNJEPROPETROWSK
DONEZK
ODESSA
ROSTOW AM DON
Astrachan
MOLD.
KASACHSTAN
Aktjubinsk
Atyrau
Aktau
USBEKISTAN
TURKMENISTAN
GEORGIEN
TIFLIS
ARM.
ERIWAN
ASER.
BAKU
TÜRKEI
ANKARA
ISTANBUL
IZMIR
Antalya
ZYPERN
Nikosia
SYRIEN
DAMASKUS
LIBANON
BEIRUT
ISRAEL
Jerusalem
JORDANIEN
Amman
IRAK
BAGDAD
Mosul
Basra
KUWAIT
IRAN
TEHERAN
TÄBRIS
Rascht
MESCHHED
Ghom
ISFAHAN
Yazd
Abadan
SCHIRAS
SAUDI-ARABIEN
RIAD
Medina
Mekka
DJIDDA
At Taif
Dammam
Hofuf
BAHRAIN
Menama
KATAR
Doha
VEREIN. ARAB. EMIRATE
Abu Dhabi
JEMEN
SANAA
Aden
Taiz
Makalla
MAROKKO
Rabat
CASABLANCA
Tanger
Fès
Marrakesch
Safi
Agadir
ALGERIEN
ALGIER
Oran
Constantine
Annaba
Sidi-Bel-Abbès
Laghouat
Biskra
Tuggurt
Béchar
Ghadamis
Tindouf
Reggane
Tamanrasset
TUNESIEN
Tunis
Sfax
Gabès
LIBYEN
TRIPOLIS
Bengasi
Tobruk
Sabha
Ghat
Audjila
ÄGYPTEN
KAIRO
ALEXANDRIA
GISEH
Port Said
Al Faijum
Assiut
Luxor
Kina
Assuan
Abu Simbel
Nassersee
Wadi Halfa
Westsahara
El-Aaiún
Ad Dachla
MAURETANIEN
Nouakchott
Nouadhibou
Fdérik
Oualata
SENEGAL
DAKAR
Kaolack
GAMBIA
Banjul
GUINEA-BISSAU
Bissau
GUINEA
CONAKRY
Labé
Kankan
SIERRA LEONE
Freetown
LIBERIA
Monrovia
Harper
ELFENBEINKÜSTE
Man
Bouaké
Yamoussoukro
ABIDJAN
MALI
Bamako
Kayes
Mopti
Timbuktu
Kidal
BURKINA FASO
Ouagadougou
Bobo-Dioulasso
GHANA
Accra
Kumasi
Tamale
Sekondi-Takoradi
TOGO
Lomé
BENIN
Porto-Novo
NIGER
Niamey
Agadès
Zinder
Maradi
Djado
Fachi
Bilma
NIGERIA
Abuja
LAGOS
IBADAN
Ogbomosho
Iwo
Kaduna
Kano
Sokoto
Maiduguri
Enugu
Port Harcourt
TSCHAD
N'Djamena
Tschadsee
Abéché
Sarh
Moundou
Bardai
KAMERUN
Yaoundé
Douala
Garoua
Lomié
ZENTRALAFRIKANISCHE REPUBLIK
Bangui
Bangassou
Bondo
ÄQUATORIALGUINEA
Malabo
SÃO TOMÉ UND PRÍNCIPE
Pagalu
GABUN
Libreville
Lambarene
REP. KONGO
Brazzaville
Pointe-Noire
DEM. REPUBLIK KONGO
KINSHASA
Mbandaka
Bandundu
Kisangani
Kindu
Bukavu
Kananga
Mbuji-Mayi
Kalemie
Kamina
Kolwezi
Likasi
Lubumbashi
Matadi
Cabinda
ANGOLA
LUANDA
Malanje
Lobito
Benguela
Huambo
Lubango
Namibe
Cassinga
SUDAN
Khartoum
OMDURMAN
Port Sudan
Atbara
Kassala
Wad Madani
Al Obeid
Kusti
Nyala
Dongola
Waw
Juba
Uweinat
ERITREA
Asmara
Dahlak-arch.
ÄTHIOPIEN
ADDIS ABEBA
Gondar
Dire Dawa
Harar
Tanasee
DJIBOUTI
Djibouti
SOMALIA
Mogadischu
Berbera
Hobyo
Belet Huen
Baardheere
Kismaayo
Kap Guardafui
Hafun
KENIA
NAIROBI
Kisumu
Eldoret
Marsabit
Mombasa
Turkanasee
UGANDA
Kampala
Jinja
Gulu
Victoriasee
Albertsee
Kiogasee
RUANDA
Kigali
BURUNDI
Bujumbura
TANSANIA
Dodoma
DARESSALAM
Sansibar
Tanga
Mwanza
Tabora
Mbeya
Kasanga
Lindi
Tanganjikasee
Mweru-see
Bangweolosee
Malawisee
SAMBIA
Lusaka
Kabwe
Kitwe
Livingstone
MALAWI
Lilongwe
Blantyre
MOÇAMBIQUE
MAPUTO
Nampula
Nacala
Quelimane
Tete
Beira
Inhambane
SIMBABWE
HARARE
Bulawayo
Karibasee
Victoriafälle
BOTSWANA
Gaborone
NAMIBIA
Windhuk
Walfischbai
Lüderitz
Tsumeb
SÜDAFRIKA
Pretoria
JOHANNESBURG
Welkom
Bloemfontein
Pietermaritzburg
Durban
East London
Port Elizabeth
Kapstadt
Kap der Guten Hoffnung
Mossel Bay
De Aar
Oranje
Limpopo
Mbabane
SWASILAND
LESOTHO
Maseru
MADAGASKAR
ANTANANARIVO
Toamasina
Antsirabe
Fianarantsoa
Toliary
Taolanaro
Antsiranana
KOMOREN
Moroni
Mayotte (frz.)
SEYCHELLEN
Aldabra I.
Kongo
Ubangi
Nil
Weißer Nil
Blauer Nil
Wolga
Don
Dnjepr
Donau
Ural
Aralsee
Ladogasee
Onegasee
Der Kanal
Ebro
Tajo
Str. v. Gibraltar
Rhodos
Kreta
Kap Verde
KAP VERDE
São Tiago
Praia
0 250 500 750 km

ASIEN
NORDPOLARMEER
Spitzbergen (norw.)
Franz-Josef-Land
Sewernaja Semlja
Neusibirische Iⁿ
Ostsibirische See
Laptewsee
Barentssee
Karasee
Nowaja Semlja
K. Schelanija
Weiße I.
Taimyrsee
Wrangel-I.
Kap Schelagski
Große Ljachowinsel
NORWEGEN
SCHWEDEN
FINNLAND
Trondheim
Narvik
Hammerfest
Nordkap
Luleå
Oulu
Umeå
Tampere
Turku
Stockholm
Helsinki
ESTL.
Tallinn
Riga
LETTL.
LIT.
WEISSR.
MINSK
UKRAINE
Murmansk
Kolgujew-I.
Kandalakscha
Ladogasee
Onegasee
ST. PETERSBURG
Petrosawodsk
Archangelsk
Nowgorod
Pskow
Smolensk
Gomel
MOSKAU
Tula
Wologda
Jaroslawl
N. NOWGOROD
Ischewsk
KASAN
PERM
Wjatka
Syktywkar
Uchta
Narjan-Mar
Petschora
Workuta
Salechard
Beresowo
Uljanowsk
Toljatti
SAMARA
UFA
Pensa
Saratow
Woronesch
CHARKOW
DONEZK
ROSTOW AM DON
WOLGOGRAD
Orenburg
Uralsk
Orsk
Magnitogorsk
JEKATERINBURG
TSCHELJABINSK
Tjumen
Kurgan
OMSK
Petropawlowsk
Koktschetaw
Astana
Karaganda
Dudinka
Norilsk
Nördl. Polarkreis
Urengoi
Krasnoselkup
Turuchansk
Tura
Surgut
Chanty-Mansisk
Bachta
Nischnewartowsk
Jenisseisk
Kolpaschewo
Tomsk
Kemerowo
NOWOSIBIRSK
Krasnojarsk
Barnaul
Bisk
Nowokusnezk
Rubzowsk
Semipalatinsk
Ust-Kamenogorsk
Bratsk
Ust-Kut
Bratsker Stausee
Tscheremchowo
Irkutsk
Kysyl
Baikalsee
Ulan-Ude
Tschita
Nischneangarsk
Kirensk
Bodaibo
Witim
Kalakan
Goltschicha
Tareja
Wolotschanka
Chatanga
Nordwik
Saskylach
Tiksi
Olenjok
Schigansk
Sangar
Jakutsk
Ust-Maja
Olekminsk
Tommot
Aldan
Tschagda
Solotinka
Lena
RUSSLAND
Kasatschje
Ambartschik
Druschina
Srednekolymsk
Chonuu
Seimtschan
Magadan
Chandyga
Ochotsk
Kurun-Urjach
Ajan
Tschumikan
Schantar-Iⁿ
OCHOTSKISCHES MEER
Ocha
Nikolajewsk am Amur
Sachalin
Alexandrowsk-Sachalinski
Komsomolsk am Amur
Juschno-Sachalinsk
Chabarowsk
Sowjetskaja Gawan
Blagoweschtschensk
Magdagatschi
Koboldo
Komsomolski
Iultin
Uelen
Anadyr
Anadyrgolf
Beringowski
Kamenskoje
Schelichowgolf
K. Oljutorski
Karaginski-I.
Ust-Kamtschatsk
Petropawlowsk-Kamtschatski
Ust-Bolscherezk
St. Lawrence I. (USA)
Kolyma
Amur
KASACHSTAN
Aralsk
Dscheskasgan
Aralsee
Balchaschsee
Balchasch
Kaspisches Meer
Atyrau
Aktjubinsk
Astrachan
Aktau
Groshny
TIFLIS
ASERBAIDSCHAN
BAKU
Syr-Darja
Ksyl-Orda
Taldy-Kurgan
Tschimkent
Bischkek
ALMATY
TASCHKENT
KIRGISTAN
USBEKISTAN
TURKMENISTAN
Nukus
Urgentsch
Buchara
Aschchabad
Mary
Namangan
Andischan
Samarkand
TADSCHIKISTAN
Duschanbe
Rascht
Ghaswin
TEHERAN
Ghom
ISFAHAN
IRAN
MESCHHED
Yazd
Kerman
Herat
Mazar-e Sharif
AFGHANISTAN
KABUL
Kandahar
Quetta
Bandar Abbas
Gilgit
Islamabad
Peshawar
Rawalpindi
Srinagar
LAHORE
FAISALABAD
PAKISTAN
Multan
Sukkur
Bahawalpur
Hyderabad
KARATSCHI
Maskat
Sur
OMAN
Al Masira
ARABISCHES MEER
Amritsar
LUDHIANA
Chandigarh
DELHI
Rampur
Bikaner
Jodhpur
JAIPUR
Agra
LUCKNOW
KANPUR
Varanasi
Allahabad
Patna
AHMADABAD
VADODARA
INDORE
BHOPAL
Jabalpur
SURAT
BOMBAY
NAGPUR
Amravati
Ranchi
Jamshedpur
Raipur
INDIEN
PUNE
Kolhapur
Belgaum
Hubli
Solapur
HYDERABAD
Godavari
Krishna
Kurnool
Guntur
Vishakhapatnam
Kakinada
Cuttack
KALKUTTA
Haora
DHAKA
BANGLADESH
CHITTAGONG
Mangalore
BANGALORE
Mysore
Coimbatore
Salem
MADRAS
Nellore
Cochin
Thiruvananthapuram
Madurai
Jaffna
Trincomalee
Lakkadiven (ind.)
Colombo
SRI LANKA
Kandy
Galle
Sri Jayawardanapura
Male
MALEDIVEN
Äquator
Andamanen (ind.)
Nikobaren (ind.)
Andamanensee
Golf von Bengalen
NEPAL
Kathmandu
Thimphu
BHUT.
Tsangpo
Brahmaputra
Ganges
Narmada
Gauhati
Imphal
Myitkyina
Lashio
Mandalay
BIRMA
Myingyan
Prome
Akyab
Henzada
RANGUN
Moulmein
Tavoy
Gar
Lhasa
Shihtu
Dêgê
Saluen
Mekong
Hotan
Qiemo
Ruoqiang
Kaschgar
Yining
ÜRÜMQI
Turfan
Hami
Jiuquan
Golmud
Qinghai Hu
Xining
LANZHOU
Yinchuan
CHINA
MONGOLEI
Chowd
Tsetserleg
Erdenet
Darchan
Ulan-Bator
Tschoibalsan
Baruun Urt
Mandalgowi
Sainschand
Dalandsadgad
Manzhouli
Hailar
QIQIHAR
HARBIN
Jiamusi
Ulan Hot
CHANGCHUN
JILIN
Fuxin
FUSHUN
SHENYANG
ANSHAN
Benxi
Chongjin
NORDKOREA
PJÖNGJANG
SEOUL
SÜDKOREA
INCH'ON
TAEJON
TAEGU
KWANGJU
PUSAN
Baotou
Hohhot
PEKING
TANGSHAN
TIENTSIN
DALIAN
Datong
TAIYUAN
SHIJIAZHUANG
Hwangho
Handan
JINAN
ZIBO
TSINGTAU
Luoyang
ZHENGZHOU
XI'AN
Baoji
Xuzhou
HUAINAN
NANKING
Wuxi
SCHANGHAI
Hefei
Suzhou
HANGZHOU
Nanchong
Wanxian
CHENGDU
WUHAN
NANCHANG
CHONGQING
CHANGSHA
Zhuzhou
Wenzhou
FUZHOU
Hengyang
Ganzhou
Keelung
Xiamen
TAIPEH
TAIWAN
Tainan
KAOHSIUNG
KUNMING
GUIYANG
Liuzhou
Gejiu
Nanning
KANTON
KOWLOON
VICTORIA
HONGKONG
Macau
Zhanjiang
Haikou
Hainan
HANOI
HAIPHONG
VIETNAM
LAOS
Vientiane
Hue
Da Nang
Qui Nhon
THAILAND
BANGKOK
KAMBODSCHA
Phnom Penh
HO-CHI-MINH-STADT
Long Xuyen
Golf v. Thailand
Kap Ca Mau
Jangtsekiang
Gelbes Meer
OSTCHINESISCHES MEER
SÜDCHINESISCHES MEER
JAPANISCHES MEER
Ryūkyūinseln
Amami-Iⁿ
Okinawa-Iⁿ
Naha
Nördl. Wendekreis
PAZIFISCHER OZEAN
Wakkanai
Asahikawa
SAPPORO
Hokkaidō
Hakodate
Aomori
Akita
Morioka
Sendai
Honshū
TOKIO
YOKOHAMA
NAGOYA
KYOTO
OSAKA
KOBE
HIROSHIMA
KITAKYUSHU
FUKUOKA
Shikoku
Kumamoto
Kyūshū
Kagoshima
Ussurijsk
Wladiwostok
Babuyan-Iⁿ
Laoag
San Fernando
Luzon
Tarlac
MANILA
QUEZON CITY
Batangas
Mindoro
PHILIPPINEN
Samar
Panay
Leyte
Iloilo
Cebu
Negros
Cagayan de Oro
Mindanao
Zamboanga
Davao
Palawan
Sulusee
Talaud
Morotai
Halmahera
Manado
Waigeo
Gorontalo
Ternate
Obi
Ceram
Fakfak
Sorong
Phuket
George Town
Kota Baharu
Ipoh
MALAYSIA
KUALA LUMPUR
Melaka
SINGAPUR
Banda Aceh
MEDAN
Malakkastr.
Pematangsiantar
Nias
Pakanbaru
Padang
Siberut
Telanaipura
Bengkulu
Sumatra
PALEMBANG
Bangka
Belitung
Tanjungkarang
Kota Kinabalu
Sandakan
BRUNEI
Bandar Seri Begawan
Celebessee
Natuna-Iⁿ
Kuching
Pontianak
Borneo
Kapuas
Samarinda
Banjarmasin
Makassarstr.
Palu
Celebes
Kendari
Buton
Ujung Pandang
Molukken
INDONESIEN
Bandasee
JAKARTA
BANDUNG
SEMARANG
Java
Yogyakarta
SURABAYA
Madura
Malang
Bali
Lombok
Sumbawa
Flores
Komodo
Sumba
Kupang
Timor
Ost-Timor
Dili
Wetar
Babar
Tanimbar-Iⁿ
Arafurasee
Timorsee
Melville I.
Darwin
Kl. Sundainseln
Sundainseln
Christmas I. (austr.)
Wyndham
Derby
Broome
Halls Creek
AUSTRALIEN
INDISCHER OZEAN
0 250 500 750 km

AUSTRALIEN UND OZEANIEN
SINGAPUR
Pontianak
Pakanbaru
Padang
Bangka
PALEMBANG
Belitung
Borneo
Große Sundainseln
Samarinda
Banjarmasin
Celebes
Palu
Poso
Gorontalo
Makassarstr.
Ujung Pandang
Butung
INDONESIEN
Javasee
JAKARTA
SEMARANG
SURABAYA
Madura
BANDUNG
Yogyakarta
Malang
Java
Bali
Lombok
Sumbawa
Flores
Floressee
Sumba
Timor
Ost-Timor
Dili
Wetar
Kl. Sundainseln
Timorsee
Christmas I. (austr.)
Molukken
Obi
Sorong
Buru
Ceram
Fakfak
Kaimana
Bandasee
Aru-I^n
Tanimbar-I^n
Yos Sudarso
Babar
Arafurasee
Irian Jaya
Schouten-I^n
Jayapura
Sepik
Madang
PAPUA-NEUGUINEA
Lae
Tanahmerah
Okaba
Daru
Port Moresby
Torresstraße
Kap York
Admiralitäts-I^n
Lavongai
New Irland
Rabaul
Bismarck-archipel
New Britain
D'Entrecasteaux-I^n
Louisiade-arch.
Tagula
Choiseul
New Georgia
Isabel
Honiara
Malaita
Guadalcanal
San Cristóbal
Rennell I.
Salomon-I^n
SALOMON-INSELN
Santa-Cruz-I^n
PAZIFISCHER
Korallenmeer
Espiritu Santo
Neue Hebriden
VANUATU
Pentecost I.
Malekula
Efate
Vila
Eromanga
Tana
Î^s Chesterfield
Neukaledonien (frz.)
Neukaledonien
Nouméa
Loyalty-I^n
Melville I.
Darwin
Arnhemland
Groote I.
Carpentariagolf
Moreton
K. Flattery
Cairns
Normanton
Wyndham
Larrimah
Borroloola
Derby
Broome
Burketown
Fitzroy R.
Halls Creek
Nord-territorium
Tennant Creek
Forsayth
Townsville
Flinders R.
Mount Isa
Hughenden
Mackay
Port Hedland
Dampier
Nordwestkap
Alice Springs
Queensland
Longreach
Rockhampton
AUSTRALIEN
Bundaberg
Fraser I.
Gympie
Charleville
Warrego
Balonne
Südl. Wendekreis
Carnarvon
Westaustralien
Wiluna
Meekatharra
Mt. Magnet
Laverton
Oodnadatta
Eyresee
Quilpie
Toowoomba
Ipswich
BRISBANE
Gold Coast
Südaustralien
Marree
Lake Torrens
Cunnamulla
Bourke
Walgett
Darling
Neu-südwales
Armidale
Dubbo
Maitland
Newcastle
Geraldton
Coolgardie
Kalgoorlie
Rawlinna
Tarcoola
Whyalla
Port Augusta
Pt. Pirie
Broken Hill
Orange
PERTH
Northam
Narrogin
Bunbury
Augusta
K. Leeuwin
Albany
Esperance
Große Australische Bucht
Port Lincoln
ADELAIDE
Murray
Wagga Wagga
Albury
SYDNEY
Wollongong
Canberra
Känguruh-I.
Mount Gambier
Ballarat
Victoria
Geelong
MELBOURNE
Bombala
Orbost
King I.
Bass-Str.
Wilson's Promontary
Flinders I.
Devonport
Launceston
Tasmanien
Hobart
Südostkap
Norfolk I. (austr.)
OZEAN
Tasmansee
INDISCHER
OZEAN
NEUSEELAND
Nordinsel
Nordkap
Whangarei
Auckland
Manukau
Hamilton
Rotorua
Wanganui
Gisborne
Hastings
Nelson
Lower Hutt
Wellington
Greymouth
Christchurch
Südinsel
Timaru
Invercargill
Dunedin
Stewart I.
Südwestkap
Chatham I^s (neus.)
90°
100°
110°
120°
130°
140°
150°
160°
170°
180°
10°
20°
30°
40°

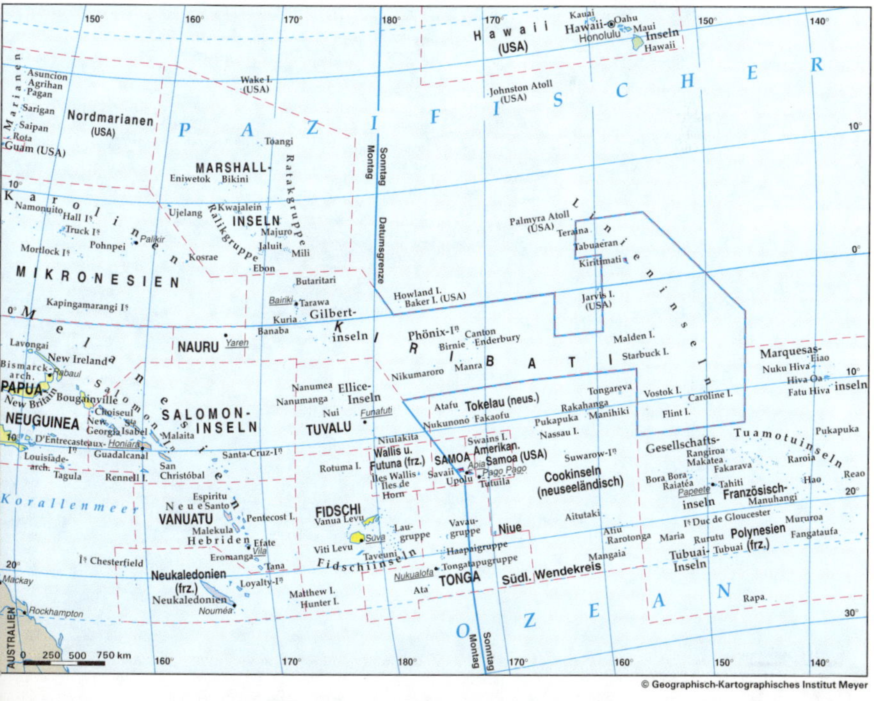
Hawaii (USA)
Kauai
Oahu
Honolulu
Hawaii-Inseln
Maui
Hawaii
Marianen
Asuncion
Agrihan
Pagan
Sarigan
Saipan
Rota
Guam (USA)
Nordmarianen (USA)
Wake I. (USA)
Johnston Atoll (USA)
PAZIFISCHER
Toangi
MARSHALL-INSELN
Eniwetok
Bikini
Ratakgruppe
Ralikgruppe
Kwajalein
Ujelang
Majuro
Jaluit
Mili
Ebon
Sonntag
Montag
Datumsgrenze
Karolinen
Namonuito
Hall I^s
Truck I^s
Palikir
Pohnpei
Mortlock I^s
Kosrae
MIKRONESIEN
Kapingamarangi I^s
Butaritari
Bairiki
Tarawa
Kuria
Gilbert-inseln
Banaba
NAURU
Yaren
Howland I.
Baker I. (USA)
Palmyra Atoll (USA)
Teraina
Tabuaeran
Kiritimati
Linieninseln
Jarvis I. (USA)
KIRIBATI
Phönix-I^n
Canton
Enderbury
Birnie
Manra
Nikumaroro
Malden I.
Starbuck I.
Melanesien
Lavongai
New Ireland
Rabaul
Bismarck-arch.
PAPUA-NEUGUINEA
New Britain
Bougainville
Salomon-I^n
Choiseul
New Georgia
Isabel
SALOMON-INSELN
Malaita
Honiara
Guadalcanal
D'Entrecasteaux-I^n
Louisiade-arch.
Tagula
Rennell I.
San Cristóbal
Santa-Cruz-I^n
Nanumea
Nanumanga
Ellice-Inseln
Nui
Funafuti
TUVALU
Atafu
Tokelau (neus.)
Nukunono
Fakaofu
Tongareva
Rakahanga
Manihiki
Pukapuka
Nassau I.
Vostok I.
Caroline I.
Flint I.
Marquesas-inseln
Eiao
Nuku Hiva
Hiva Oa
Fatu Hiva
Niulakita
Rotuma I.
Wallis u. Futuna (frz.)
Îles Wallis
Îles de Horn
SAMOA
Apia
Savaii
Upolu
Swains I.
Amerikan. Samoa (USA)
Pago Pago
Tutuila
Suwarow-I^n
Cookinseln (neuseeländisch)
Gesellschafts-inseln
Rangiroa
Makatea
Fakarava
Bora Bora
Raiatea
Tahiti
Papeete
Französisch-Polynesien (frz.)
Tuamotuinseln
Raroia
Pukapuka
Hao
Reao
Manuhangi
Korallenmeer
Espiritu Santo
Neue Hebriden
VANUATU
Pentecost I.
Malekula
Efate
Vila
Eromanga
Tana
FIDSCHI
Vanua Levu
Suva
Viti Levu
Taveuni
Lau-gruppe
Fidschiinseln
Vavau-gruppe
Niue
Haapaigruppe
Tongatapugruppe
Nukualofa
TONGA
Ata
Aitutaki
Atiu
Rarotonga
Mangaia
Î^s Duc de Gloucester
Mururoa
Fangataufa
Maria
Rurutu
Tubuai
Tubuai-Inseln
Südl. Wendekreis
Î^s Chesterfield
Mackay
Neukaledonien (frz.)
Neukaledonien
Nouméa
Loyalty-I^n
Matthew I.
Hunter I.
Rockhampton
AUSTRALIEN
OZEAN
Rapa
0 250 500 750 km
150°
160°
170°
180°
140°
10°
0°
20°
30°

NORDAMERIKA
RUSSLAND
Beaufortsee
NORDPOLARMEER
Grönland (dän.)
ISLAND
Reykjavík
Dänemarkstraße
Irmingersee
Nördl. Polarkreis
Baffinmeer
Baffinland
Davisstraße
Labradorsee
Hudsonstraße
Hudsonbai
James Bay
Foxe Basin
Alaska
Anchorage
Fairbanks
Pt. Barrow
Prudhoe Bay
Nome
Bethel
Dillingham
Bristol Bay
Aleuten
Kodiak I.
Golf von Alaska
Juneau
Sitka
Alexander Arch.
Queen Charlotte I.
Prince Rupert
Yukon Territory
Whitehorse
Dawson
Northwest Territories
Yellowknife
Fort Smith
Hay River
Inuvik
Kugluktuk
Cambridge Bay
Baker Lake
Arviat
Churchill
Iqaluit
Victoria I.
Banks I.
Prc. of Wales I.
Queen Elizabeth Islands
Ellesmere Island
Axel Heiberg I.
Sverdrup I.
Parry Islands
Devon I.
Somerset I.
Southampton I.
Coats I.
Mansel I.
Belcher I.
Prc. Charles I.
Kap Chidley
British Columbia
Alberta
Saskatchewan
Manitoba
Ontario
Quebec
Newfoundland
New Brunswick
Nova Scotia
Pr. Edw. I.
KANADA
Edmonton
Calgary
Saskatoon
Regina
Winnipeg
Vancouver
Victoria
Kamloops
Thunder Bay
Sudbury
Toronto
Ottawa
MONTREAL
Quebec
Chicoutimi
Halifax
Sydney
St. John's
Gander
Labrador City
Schefferville
Goose Bay
Anticosti I.
St. Anthony
Kap Race
Oberer See
Huronsee
Michigansee
Eriesee
Ontariosee
Winnipegsee
VEREINIGTE STAATEN
Wash.
Oreg.
Id.
Mont.
Wyo.
Nev.
Calif.
Uh.
Col.
Ariz.
N. Mex.
N. D.
S. D.
Nebr.
Kans.
Okla.
Tex.
Minn.
Ia.
Mo.
Ark.
La.
Wis.
Ill.
Mich.
Ind.
O.
Ken.
Tenn.
Miss.
Ala.
Ga.
Fla.
S. C.
N. C.
Va.
W. Va.
Pa.
N. Y.
Md.
Del.
N. J.
Conn.
R. I.
Mass.
Vt.
N. H.
Me.
Seattle
Tacoma
Portland
Salem
Eugene
Spokane
Sacramento
San Francisco
Oakland
San José
Fresno
Bakersfield
LOS ANGELES
Long Beach
SAN DIEGO
Las Vegas
Reno
Salt Lake City
Boise
Denver
Colorado Springs
Phoenix
Tucson
Albuquerque
El Paso
Oklahoma City
Tulsa
Wichita
Kansas City
Omaha
Lincoln
Des Moines
Minneapolis
St Paul
Duluth
Milwaukee
CHICAGO
DETROIT
Cleveland
Pittsb.
Columbus
Cincinnati
Indianapolis
St. Louis
Louisville
Memphis
Nashville
Atlanta
Birmingham
Jacksonville
Orlando
Tampa
Miami
New Orleans
HOUSTON
DALLAS
Ft Worth
San Antonio
Austin
Corpus Christi
Washington
Baltimore
PHILADELPHIA
NEW YORK
Boston
Providence
Hartford
Albany
Buffalo
Norfolk
Richmond
Raleigh
Charlotte
Columbia
Charleston
Savannah
Kap Hatteras
Kap Canaveral
Bermudainseln (brit.)
Hamilton
ATLANTISCHER OZEAN
Golf von Mexiko
MEXIKO
Tijuana
Mexicali
Hermosillo
Chihuahua
Ciudad Juarez
Ciudad Obregón
Los Mochis
Culiacán
Torreón
Durango
Mazatlán
MONTERREY
Saltillo
Nuevo Laredo
Matamoros
Ciudad Victoria
Tampico
S. Luis Potosí
Aguascalientes
GUADALAJARA
León
Querétaro
MEXIKO
PUEBLA
Veracruz
Morelia
Acapulco de Juárez
Oaxaca de Juárez
Villahermosa
Mérida
Cancún
Campeche
La Paz
K.S. Lucas
K.S. Lázaro
Nieder-Kalifornien
Golf von Kalifornien
Islas Revillagigedo (mex.)
I. de Guadalupe (mex.)
Nördl. Wendekreis
BELIZE
Belmopan
GUATEMALA
HONDURAS
Tegucigalpa
EL SALV.
S. Salvador
NICARAGUA
Managua
COSTA RICA
S. José
PANAMA
Panama
HAVANNA
KUBA
Santiago de Cuba
Holguín
BAHAMAS
Nassau
JAMAIKA
Kingston
HAITI
Port-au-Prince
DOMINIKAN. REP.
SANTO DOMINGO
Hispaniola
Puerto Rico (USA)
San Juan
Große Antillen
KARIBISCHES MEER
Aruba
Curaçao (nied.)
Bonaire
MARACAIBO
VALENCIA
CARACAS
VENEZUELA
BARRANQUILLA
Cartagena
Santa Marta
MEDELLÍN
BOGOTÁ
KOLUMBIEN
CALI
QUITO
ECUADOR
GUAYAQUIL
PERU
LIMA
BRASILIEN
PAZIFISCHER OZEAN
Clipperton (frz.)
I. del Coco (cost.)
Galápagosinseln (ec.)
I. Isabela
Äquator
0 250 500 750 km

SÜDAMERIKA
Golf von Mexiko
Tampa
Fort Lauderdale
Grand Bahama I.
Gt Abaco I.
Eleuthera I.
Miami
K. Sable
Key West
Nassau
Cat I.
BAHAMAS
San Salvador
Long I.
Acklins I.
Andros I.
HAVANNA
Pinar del Rio
Sta Clara
Turks- u. Caicos-In (brit.)
K. Cartoche
Mérida
Cancún
Campeche
KUBA
Holguín
Camagüey
Santiago de Cuba
MEXIKO
HAITI
DOMINIKAN. REP.
SANTO DOMINGO
Jungferninseln (USA, brit.)
JAMAIKA
Port-au-Prince
Hispaniola
Puerto Rico (USA)
San Juan
ST. KITTS UND NEVIS
ANTIGUA UND BARBUDA
Guadeloupe (frz.)
Basse-Terre
Kingston
BELIZE
Belmopan
Pto Barrios
GUATEMALA
HONDURAS
K. Gracias a Dios
KARIBISCHES MEER
Große Antillen
DOMINICA
Roseau
Martinique (frz.)
Fort-de-France
Kleine Antillen
SAINT LUCIA
SAINT VINCENT AND THE GRENADINES
BARBADOS
Bridgetown
EL SALV.
S. Salvador
Tegucigalpa
NICARAGUA
Managua
Pta Gallinas
Aruba
Curaçao (niederl.)
Bonaire
GRENADA
TRINIDAD U. TOBAGO
Port of Spain
Santa Marta
BARRANQUILLA
MARACAIBO
VALENCIA
Cartagena
Barquisimeto
CARACAS
Cumaná
Maturín
COSTA RICA
S. José
Panama
Maracaibosee
Montería
Cúcuta
San Cristóbal
Cd Bolívar
Cd Guayana
PANAMA
David
G. v. Panama
Pta Naranjas
I. del Coco (cost.)
MEDELLÍN
Bucaramanga
Tunja
VENEZUELA
Georgetown
Paramaribo
Cayenne
GUYANA
SURINAM
Franz. Guayana
Brokopondo
Inini
Manizales
Buenaventura
BOGOTÁ
Armenia
CALI
KOLUMBIEN
Neiva
Popayán
Pasto
Tumaco
R. Meta
Pto Ayacucho
Orinoko
Boa Vista
Roraima
San Carlos
Mitú
Amapá
Macapá
I. Caviana
ATLANTISCHER OZEAN
Äquator
QUITO
Manta
Ambato
Galápagosinseln (ec.)
Portoviejo
ECUADOR
GUAYAQUIL
Cuenca
Machala
G. v. Guayaquil
Talara
Piura
Chiclayo
Cajamarca
Trujillo
Chimbote
Huacho
Callao
LIMA
Huancayo
Huancavelica
Pisco
Ica
Ayacucho
Cuzco
Sicuani
Cerro de Pasco
Pucallpa
PERU
Iquitos
Leticia
R. Marañón
R. Ucayali
R. Putumayo
Uaupés
R. Japurá
Rio Negro
Tefé
MANAUS
Parintins
Santarém
Altamira
BELÉM
Tijoca
São Luís
Parnaíba
FORTALEZA
Fernando de Noronha
Amazonas
Maués
R. Madeira
R. São Manuel
Manicoré
Humaitá
Pará
Marabá
R. Tocantins
Coroatá
Maranhão
Teresina
Ceará
Mossoró
Rio Grande do Norte
Natal
João Pessoa
Paraíba
Campina Gde
Pernambuco
Olinda
RECIFE
Garanhuns
Alagoas
Maceió
Eirunepé
R. Purus
Lábrea
Porto Velho
Rio Branco
Acre
Abunã
Guajará-Mirim
Rondônia
Riberalta
Araguaina
Floriano
Piauí
BRASILIEN
Tocantins
Porto Nacional
Senhor do Bonfim
Juazeiro
Sergipe
Aracaju
Feira de Santana
Bahia
Alagoinhas
SALVADOR
Ilhéus
Itambé
Mato Grosso
Cuiabá
Goiás
BRASÍLIA
Goiânia
Anápolis
Mtes Claros
Araçuaí
Minas Gerais
Caravelas
Governador Valadares
Uberlândia
Uberaba
BELO HORIZONTE
Juiz de Fora
Vitória
Espírito Santo
Trinidad
BOLIVIEN
La Paz
Titicacasee
Cochabamba
Sta Cruz de la Sierra
Oruro
Potosí
Sucre
Uyuni
Tarija
Roboré
Corumbá
Mato Grosso do Sul
Campo Grande
S. José d. R. Prêto
Ribeirão Prêto
Bauru
Campinas
Sorocaba
SÃO PAULO
Santos
Santo André
RIO DE JANEIRO
NOVA IGUAÇU
Campos
Juliaca
Puno
Arequipa
Tacna
Arica
Pisagua
Iquique
Calama
Antofagasta
Südl. Wendekreis
Nördl. Wendekreis
Embarcación
PARAGUAY
Concepción
Asunción
Londrina
Paraná
CURITIBA
Paranaguá
S. Salvador de Jujuy
Salta
Formosa
Taltal
Catalina
San Miguel de Tucumán
Resistencia
Posadas
Sta Catarina
Florianópolis
Desventuradoinseln (chil.)
Copiapó
Tinogasta
Santiago del E.
Corrientes
Huasco
Vallenar
Catamarca
La Rioja
Uruguay
Passo Fundo
Rio Grande do Sul
Sta Maria
Pto ALEGRE
La Serena
Ovalle
S. Juan
Santa Fe
Concordia
Salto
Bagé
Pelotas
Rio Grande
Mendoza
CÓRDOBA
Paraná
Paysandú
URUGUAY
Viña del Mar
Valparaíso
Mercedes
Rosario
Zárate
San Rafael
SANTIAGO DE CHILE
BUENOS AIRES
MONTEVIDEO
Rancagua
Talca
La Plata
Rio de la Plata
Sta Rosa
Azul
Tandil
Talcahuano
Concepción
Chillán
Bahía Blanca
Mar del Plata
Kap Corrientes
Temuco
Zapala
Neuquén
R. Colorado
R. Negro
Valdivia
Osorno
Puerto Montt
Viedma
S.-Matías-Golf
Ancud
Castro
Esquel
Rawson
Chiloé
Las Plumas
K. Dos Bahías
Comodoro Rivadavia
Pto Aisén
Sarmiento
S.-Jorge-Golf
Las Heras
K. Tres Puntas
Pto Deseado
CHILE
ARGENTINIEN
PAZIFISCHER OZEAN
Puerto Sta Cruz
Falklandinseln (brit.)
Stanley
I. Wellington
Río Gallegos
Magalhães-Str.
Punta Arenas
Feuerland
K. S. Diego
Staaten-I.
I. Sta Inés
Ushuaia
Kap Hoorn
Südgeorgien (brit.)
Elephant I.
Süd-Orkney-In (brit.)
Süd-Shetland-In (brit.)
0 250 500 750 km
90° 80° 70° 60° 50° 40° 30° 20° 10° 0°

POLARGEBIETE